Variantenwörterbuch
des Deutschen

Variantenwörterbuch des Deutschen

Die Standardsprache in Österreich, der Schweiz und Deutschland sowie in Liechtenstein, Luxemburg, Ostbelgien und Südtirol

von
Ulrich Ammon
Hans Bickel
Jakob Ebner
Ruth Esterhammer
Markus Gasser
Lorenz Hofer
Birte Kellermeier-Rehbein
Heinrich Löffler
Doris Mangott
Hans Moser
Robert Schläpfer †
Michael Schloßmacher
Regula Schmidlin
Günter Vallaster

unter Mitarbeit von
Rhea Kyvelos
Regula Nyffenegger
Thomas Oehler

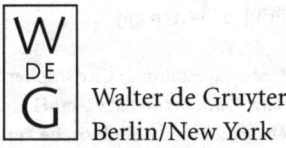

Walter de Gruyter
Berlin/New York

♾ Gedruckt auf säurefreiem Papier, das die US-ANSI-Norm über Haltbarkeit erfüllt.

ISBN 3-11-016575-9 (geb.)
ISBN 3-11-016574-0 (brosch.)

Bibliografische Information Der Deutschen Bibliothek
Die Deutsche Bibliothek verzeichnet diese Publikation in der Deutschen Nationalbibliografie; detaillierte bibliografische Daten sind im Internet über http://dnb.ddb.de abrufbar.

Printed in Germany

Einbandgestaltung: Christopher Schneider, Berlin
Satz: Dörlemann Satz GmbH & Co. KG, Lemförde
Druck und buchbinderische Verarbeitung: Bercker GmbH & Co. KG, Kevelaer

Inhalt

Vorwort

Dieses Wörterbuch ist das Gemeinschaftswerk vieler. Initiative und wissenschaftliche Grundlegung stammen von Ulrich Ammon. Die hauptamtlichen Mitglieder der drei Arbeitsgruppen in Basel, Innsbruck und Duisburg sind als Autorinnen und Autoren genannt. Alle von ihnen haben entscheidend zum Gelingen des Werkes beigetragen; beispielhaft seien jedoch Jakob Ebner für seine besonderen lexikographischen und Lorenz Hofer für seine Computer- und Internet-Kenntnisse hervorgehoben, die dem Wörterbuch zugute kamen. Darüber hinaus waren an der mehr als sechsjährigen Wörterbucharbeit zahlreiche weitere Personen beteiligt, denen Dank und Anerkennung gebührt.

Die »Regionalexperten« lieferten aus den Gebieten, für die sie zuständig waren, in aufwändiger und sachkundiger Zuarbeit zahlreiche Informationen, die für das Wörterbuch wesentlich sind. Sie prüften sämtliche Stichwörter auf Gebräuchlichkeit und Geltung im jeweiligen Gebiet, wodurch überhaupt erst die nationale und regionale Variation des Standarddeutschen in ihrer Vielfalt erfasst werden konnte. Für manche Regionen konnten Mitglieder des Autorenteams als Regionalexperten dienen, nämlich für die meisten Regionen Österreichs, für sämtliche Regionen der Schweiz sowie für Südwest- und Mittelwest-Deutschland. Für die übrigen Nationen und Regionen waren die folgenden Personen zuständig:

Für Südost-Österreich: Heinz-Dieter Pohl.

Für Südost-Deutschland: Gerhard Köpf und Ludwig Zehetner.

Für Mittelost-Deutschland: Ingrid Kühn und Christine Römer.

Für Nordost-Deutschland: Helmut Schönfeld.

Für Nordwest-Deutschland: Ulf Bichel und Reinhard Goltz.

Für Liechtenstein: Robert Allgäuer, Roman Banzer, Herbert Hilbe, Lorenz Jehle, Graham Martin und Victor Sialm-Bossard.

Für Luxemburg: Nico Weber.

Für Ostbelgien: Edie Kremer.

Für Südtirol: Franz Lanthaler.

Ferner verdienen die folgenden Personen Dank für wertvolle Beratung auf unterschiedlichen Gebieten:

Für Österreich: Wolfgang Bendel (Börse), Gerhard Ditz (Bundespolizeidirektion), Dorotheum, Doris Esterhammer (Bezirksgericht), Reinhard Gastl (Bank), Walter-Michael Grömmer (Arbeits- und Sozialrecht), Jörg Hofer (Arbeiterkammer), Titus Jindra (Immobiliendienst), Susanne Köhle (Bank), Karl Kohlegger (Oberlandesgericht), Hans-Marcel Leber (Heilsarmee), Kuratorium der Beobachtungsstelle Sprache am Südtiroler Kulturinstitut, Gerhard Mangott (Politikwissenschaft), Herbert Mangott (Fleischverwertung, Agrargemeinschaft Fließ), Edith Margreiter (Stadtmagistrat), Gunter Mayr (Öffentliches Recht, Finanzrecht und Politikwissenschaft), Heidemaria Mißmann (Arbeitskreis Vorsorgemedizin), Christoph Neuner (Landessanitätsdirektion), Helmut Praxmarer (Landesregierung), Gottfried Salchner (Militärkommando), Elisabeth Semmelhofer (Mühle Anton Rauch), Heribert Schiedel (Dokumentationsarchiv des Österr. Widerstands), Klaus Schönach (Arbeiterkammer), Franz Stocker (Redaktion »Kirche«), Harald Stockhammer (Bezirksgericht), Harald Thurnherr (Gebietskrankenkasse), Helmut Vinatzer (Ärztekammer).

Für die Schweiz: Kurt Meyer.

Unschätzbare Hilfe bei der Korpusanalyse, vor allem beim Auffinden und Exzerpieren von Belegen, teilweise auch bei anderen Arbeiten, leisteten die folgenden wissenschaftlichen oder studentischen Hilfskräfte, die unterschiedlich lang an den einzelnen Standorten tätig waren:

In Innsbruck: Heidemaria Abfalterer, Kathrine Bader, Tanja Hörtnagl, Ursula Karu, Uta Löser, Martin Oberhauser, Martin Saboi, Doris Schwienbacher, Hubert Selhofer und Christine Wurdack.

In Basel: Michael Brunner, Gisela Bürki, Jolanda Eggenberger, Christa Fäh, Susanne Gubser, Sara Hägi, Antonia Hesse, Petra Leuenberger, Samuel Müller, Suzanne de Roche, Elisabeth Schläpfer, Christian Spring, Michael Steiner, Rahel Strohmeier und Dominique Wagner.

In Duisburg: Corinna Bäumer, Tina Becker, Florian Brors, Klaus Dedner, Kordula Esser, Alexander Holopow, Martin Krallmann, Markus Linke, Sandra Moll, Holger Montag, Simone Rath, Ulrich Reker, Sabine Rexforth, Michaela Rothenhäuser, Corinna Schiller, Kerstin Schönfeld, Eva Steinbrich, Maria Tentrup und Corinna Voigt.

Für die aufwändige Durchsicht und Kommentierung eines Vorentwurfs des Wörterbuchs im Rahmen einer Fragebogen-Aktion und weitere Anregungen ist folgenden Personen besonders zu danken: Yvonne Becak, Niklaus Bigler, Karl Blüml, Kerstin Bonk, Peter Braun, Nicole Breitenmoser, Michael Bürkle, Michael Clyne, Kurt Egger, Franz Fischer, Alice Gasser, Christoph Grolimund, Willi Heikämper, Maria Hieslmayr, Ingrid Hove, Birgit Jeller, Angelika Kerschbaumer, Ludwig Laher, Marianne Lauper, Uwe Loewer, Klaus-Dieter Ludwig, Barbara Maier, Hans-Jürg Meier, Petra Nachbaur, Daniela Neiss, Hermann Niebaum, Lars-Olof Nyhlén, Madeleine Perler, Manfred Pfurtscheller, Heinz-Dieter Pohl, Peter von Polenz, Hermann Scheuringer, Rosa Scheuringer, Werner Schmidlin, Renate Schmidt, Winfried Schmidt, Ingo

Schneider, Richard Schrodt, Werner Scholze-Stubenrecht, Ulrike Steiner, Andreas Stutter, Herbert Ernst Wiegand, Gerald Wolfauer und Werner Wolski.

Für fachliche Beratung vor allem bei der Einteilung in Regionen, teils aber auch zusätzlich die Kommentierung des Vorentwurfs, sei Dank entboten an Günter Bellmann, Jürgen Eichhoff, Klaus J. Mattheier, Horst Haider Munske, Kurt Rein, Oskar Reichmann, Karl Spangenberg, Dieter Stellmacher, Norbert Richard Wolf sowie Ludwig Zehetner.

Schließlich sei den Institutionen bzw. den dort verantwortlich tätigen Personen vielmals gedankt, deren großzügige finanzielle Förderung die Erarbeitung dieses Wörterbuchs ermöglicht hat. Hauptförderer waren:

In Österreich: der Fonds zur Förderung wissenschaftlicher Forschung (FWF).

In der Schweiz: der Schweizerische Nationalfonds zur Förderung der wissenschaftlichen Forschung.

In Deutschland: die Deutsche Forschungsgemeinschaft.

Weitere wichtige Förderer waren:

In Österreich: der Jubiläumsfonds der Österreichischen Nationalbank und der Verlag öbv&hpt, Wien;

In der Schweiz: der Fonds zur Förderung von Lehre und Forschung an der Universität Basel, die Freiwillige Akademische Gesellschaft der Universität Basel und die Max Geldner-Stiftung der Universität Basel.

In Deutschland: die Fritz Thyssen Stiftung.

In Südtirol: das Südtiroler Kulturinstitut in Bozen und die Autonome Provinz Bozen-Südtirol.

Besonderer Dank gebührt auch den Universitäten an den drei Standorten des Projektes.

Die Autorinnen und Autoren wissen aufgrund zahlreicher Rückmeldungen und Anfragen um die Notwendigkeit dieses Wörterbuchs und hoffen, dass es dementsprechend nicht nur wissenschaftlichem Interesse dient, sondern auch praktische Zwecke erfüllt. Möge es nützliche Informationsquelle sein

- für Übersetzer und Dolmetscher, belletristische Autoren, Journalisten, Politiker oder auch Werbetexter, kurz: bei der Erstellung von Texten, in denen die nationale oder regionale Variation des Deutschen eine Rolle spielt;
- für Lehrer und Lerner von Deutsch als Mutter- oder als Fremdsprache;
- für Leser deutscher Literatur, die sich für nationale und regionale Eigenheiten der Texte interessieren oder die Informationen für das Textverständnis brauchen;
- für Touristen, die Genaueres über das Deutsch ihres Reiseziels wissen wollen;

- für Angehörige von Firmen, vor allem Manager und Eigner, mit Niederlassungen in verschiedenen deutschsprachigen Ländern und Regionen, die etwas über die Sprachunterschiede wissen sollten;
- für sonstige Liebhaber der deutschen Sprache oder an ihr interessierte Personen;
- für Sprachwissenschaftler mit Interesse an der nationalen und regionalen Variation der deutschen Sprache;
- schließlich für Wörterbuchverfasser der deutschen Sprache, aber auch anderer Sprachen, für die ein solches Wörterbuch bislang nicht vorliegt.

Bei aller Reichhaltigkeit der hiermit bereit gestellten Informationen bleibt die weitere Verbesserung und andauernde Aktualisierung dieses neuartigen Wörterbuchs eine Zukunftsaufgabe.

Basel, Duisburg, Innsbruck im April 2004

Hinweise zur Benutzung

Auswahl der Stichwörter (Lemmata)

Dies ist ein Wörterbuch des Standarddeutschen, also des im öffentlichen Sprachgebrauch als angemessen und korrekt geltenden Deutschs. In das vorliegende Wörterbuch wurden jedoch nicht alle Wörter und Wendungen des Standarddeutschen aufgenommen, sondern nur solche, die nationale oder regionale (areale) Besonderheiten aufweisen, sowie – soweit vorhanden – deren gemeindeutsche Entsprechungen. Auf fachsprachliches, veraltetes und dialektales Wortgut wurde bewusst verzichtet. Für die Aufnahme der Stichwörter war im Einzelnen ausschlaggebend, ob regionale oder nationale Besonderheiten in einer der folgenden Hinsichten vorlagen:

- Vorkommen des ganzen Wortes,
- in der Bedeutung,
- in der Verwendung in bestimmten Situationen,
- nach Sprach-, Stil- oder Altersschicht,
- nach Verwendungshäufigkeit.

Die Aufnahme eines Wortes oder einer Wendung war auch abhängig von der Häufigkeit des Vorkommens in den zugrunde liegenden Quellen einschließlich Internet, von seiner Behandlung in der Forschungsliteratur und in anderen Wörterbüchern sowie – unvermeidlich – von den Sprachkenntnissen der Mitarbeiterinnen und Mitarbeiter in den einzelnen Arbeitsstellen. Dies führte zur Aufnahme folgender Wörter und Wendungen:

- Spezifische und unspezifische Besonderheiten Österreichs, der Schweiz und Deutschlands. Spezifische Besonderheiten sind solche, die in ihrer Verwendung auf eine Nation beschränkt sind, während unspezifische auch darüber hinaus vorkommen, aber dennoch nicht gemeindeutsch, also nicht im ganzen deutschen Sprachgebiet gebräuchlich sind,
- vorwiegend spezifische Besonderheiten Liechtensteins, Luxemburgs, Ostbelgiens und Südtirols,
- Bezeichnungen nationaler und regionaler Sachspezifika und Institutionen, soweit sie von nationaler Bedeutung oder in irgendeiner Form typisch sind,
- Redewendungen (Phraseologismen) mit national oder regional bedingten Unterschieden in Verbreitung, Form oder Bedeutung,

- national oder regional beschränkte Abkürzungen und Kurzwörter,
- geographische Namen sowie national typische Vornamen,
- gemeindeutsche Wörter zu Verweiszwecken, im Fall vorhandener nationaler und regionaler Entsprechungen.

Folgende Wörter und Wendungen blieben dagegen unberücksichtigt:

- Nicht der Standardsprache, sondern dem Dialekt oder der Umgangssprache zuzurechnende. Sie wurden allerdings dann aufgenommen, wenn sie öfter auch in Standardtexten vorkommen und deshalb einen Grenzfall des Standards darstellen,
- Wörter, die sich ausschließlich in Aussprache oder Schreibung unterscheiden. Solche Unterschiede werden überblicksmäßig im Kapitel »Nationale und regionale Besonderheiten des Standarddeutschen«, S. LI ff., behandelt
- fachsprachliche,
- Wörter und Wendungen der ehemaligen DDR, soweit sie heute außer Gebrauch sind,
- spontane Bildungen und individualsprachliche Besonderheiten, die nicht zum festen Bestand der Sprache gehören,
- drei- und mehrgliedrige Zusammensetzungen, sofern sie nicht ausgesprochen häufig gebraucht werden.

Anordnung der Stichwörter

Die Stichwörter im Wörterbuch sind alphabetisch geordnet und jedes bildet einen selbstständigen Wörterbuchartikel. Die Umlaute *ä, ö, ü* stehen nach den entsprechenden nicht umgelauteten Vokalen. Bloße Schreibvarianten werden jedoch nicht als gesonderte Artikel geführt, sondern in Form von Doppelstichwörtern (Doppellemmata) (Beispiel: **Bạllawatsch Pạllawatsch** A der; –, ohne Plur.). Die Anordnung innerhalb des Doppelstichwortes geschieht alphabetisch, sofern dem Stichwort keine Arealangabe folgt. Im Falle von Arealangaben werden die Stichwörter nach ihren Länderkürzeln geordnet, und zwar in der Reihenfolge A CH D BELG LIE LUX STIR (Beispiel: **Ausfallshaftung** A **Ausfallhaftung** A D die; –, -en (Recht) ...). Bei nationsinternen Schreibvarianten wird dagegen die häufigere Form angesetzt, während die Zweitform im Kommentar erwähnt wird (Beispiel: **Chạbisland** CH das; -(e)s, ohne Plur. (scherzh., informell) ... – Auch in der Schreibung *Kabisland*). Das nicht voll ausgeführte Zweitstichwort wird in Form eines so genannten Siehe-Artikels thematisiert, der wiederum auf das voll ausgeführte Erststichwort verweist (Beispiel: **Kabisland** siehe Chabisland).

Rechtschreibung

Das Wörterbuch folgt den amtlichen Rechtschreibregeln von 1996 unter besonderer Berücksichtigung der nationalen Rechtschreibunterschiede, vor allem der durchgängigen ss-Schreibung in der Schweiz. Sie kommt in rein schweizerischen Artikeln zum Tragen sowie im Stichwortansatz und Dazu-Teil bei gemischtarealen Artikeln (Beispiel: **außerorts** A-west (Vbg.) LUX **ausserorts** CH Adv.: ... – Dazu: **Außerortsbereich** A-west (Vbg.) **Ausserortsbereich** CH, **Außerortsstraße** A-west (Vbg.) LUX **Ausserortsstrasse** CH).

Belege, die aus der Zeit vor der Rechtschreibreform datieren, wurden – unter Berücksichtigung der nationalen Unterschiede – in die neue Rechtschreibung umgeformt.

Artikeltypen

Das Wörterbuch enthält vier verschiedene Artikeltypen sowie weitere Misch- und Sonderformen:

1. **Primärartikel** stellen den hauptsächlichen Artikeltyp des Wörterbuchs dar. Sie enthalten Wörter, die entweder nach ihrer gesamten Wortform oder nach ihrer Bedeutung nicht im ganzen deutschen Sprachgebiet gebräuchlich sind. Solche Wörter werden in vollständigen Wörterbuchartikeln nach folgendem Schema ausgeführt: Stichwort (Lemma), Arealangabe(n), grammatische Angaben, Bedeutungserläuterung, Belege. Hinzukommen können: etymologische Angabe, Zusatzangabe, Variantenangabe, Kommentar und Verweisapparat. Zusätzlich bekommt jedes Stichwort entweder eine Betonungs- oder Ausspracheangabe. Beispiel:

   Ausweispapier CH D das; -(e)s, -e (meist Plur., formell): ↗PERSONALDOKUMENT A D, ↗SCHRIFTEN CH, ↗PERSONALPAPIER D ›schriftliche amtliche Legitimation einer Person; Ausweisdokument‹: *Wer das Gebäude fortan betreten will ..., muss Metalldetektoren passieren, Ausweispapiere vorweisen und sein Gepäck röntgen lassen* (Bund 29. 12. 2001, 1; CH); *Sollen Beamte des Bundesgrenzschutzes künftig Personen nicht nur anhalten und befragen, sondern auch die Ausweispapiere überprüfen können?* (Bundestag aktuell 11/2001, Internet; D) – In A selten

2. **Differenzartikel** betreffen gemeindeutsche Wörter, die nationale oder regionale Unterschiede in Grammatik (Genus, Flexion, Rektion) oder Anwendung (Pragmatik) zeigen. Grundschema dieser Artikel ist: Stichwort, Formkommentar (der bei

Grammatikunterschieden die Differenz und, wenn vorhanden, den gemeindeutschen Formapparat enthält), ausformulierter Differenzhinweis, Beispiele/Belege. Zusätzlich bekommt jedes Stichwort entweder eine Betonungs- oder Ausspracheangabe; die areale Zuordnung der Differenz erfolgt im Fließtext. Hinzukommen können eine kurze Bedeutungserläuterung, die auch mehrere Bedeutungen zusammenfassen kann, und Zusatzkommentare. Beispiel:

> **Salami** der; -s, -s/die; –, -(s): in CH auch Maskulinum, gemeindt. Femininum: *Wohlgefällig sah ich zu, wie Rädchen um Rädchen verschwand und der Salami sich merklich verkürzte* (Kolb, Niederdorfer 88; CH)

3. **Siehe-Artikel** betreffen Zweitformen, die im Kommentarteil eines Artikels oder an zweiter Stelle eines Doppelstichworts stehen können. Diese Artikel verweisen auf den Primärartikel. Sie treten in zwei verschiedenen Formen auf: 1. Zweitstichwort (ohne Formkommentar und ohne Angabe der Quantität) siehe Erststichwort, wenn Areal und grammatische Angaben des Zweitstichwortes mit jenen des Erststichwortes übereinstimmen (Beispiel: **Mocca** siehe Mokka); 2. Zweitstichwort mit Formkommentar und Quantitäts- oder Ausspracheangabe, wenn diese Angaben sonst nirgends ersichtlich sind. In voll ausgeführten Siehe-Artikeln werden auch movierte Formen dargestellt, und zwar meist feminine Formen, die von maskulinen abgeleitet sind. Beispiel:

> **Petzer Petzerin** D der; -s, – bzw. die; –, -nen: siehe Petze

4. **Verweisartikel**: Stichwort ist hier jeweils ein gemeindeutsches Wort, von dem auf die Varianten verwiesen wird. Grundschema ist: Stichwort mit der Auszeichnung (gemeindt.) ohne Angabe der Betonung, nach Doppelpunkt alphabetischer Verweis auf die Varianten. Verweisartikel wurden nur aufgenommen, wenn eindeutige gemeindeutsche Entsprechungen zu nationalen oder regionalen Wortbesonderheiten vorliegen. Beispiel:

> **Weinberg** (gemeindt.): ↗Rebberg, ↗Rebhang, ↗Ried, ↗Weinacker, ↗Weingarten, ↗Wingert

5. **Sonderformen**: Zu den Sonderformen zählen Namen-, Movierungs- (zu abgeleiteten, meist femininen Formen), Wortbestandteils-, Abkürzungs- und Phraseologieartikel.

Die **Namenartikel** gleichen im Aufbau den Primärartikeln; sie können allerdings einen ausführlicheren Kommentar zur Herkunft und zum kulturgeschichtlichen Hintergrund enthalten. Aufgenommen sind ländertypische Vornamen und inoffizielle geographische Namen. Bei den Vornamen handelt es sich in erster Linie um traditionelle Namen, also keine aktuellen Modeerscheinungen, die meist international sind. Beispiel:

> **Reto** CH: ⟨aus rätorom. *Reto, Räto* ›der Räte, Rätoromane‹⟩: männl. Vorname: *Der Buchautor begleitet Reto auf einer geheimnisvollen Reise* (Jaeggi, Schritte im Kopf 7) – Wird auf der ersten Silbe betont, regional unterschiedlich mit Kurz- oder Langvokal

Inoffizielle Städte- und Landschaftsnamen sind kaum in den geographischen Nachschlagewerken und Karten verzeichnet, sie sind aber regional oder national typisch. Beispiel:

> **Rhonestadt** CH die; –, ohne Plur. ⟨nach dem Fluss *Rhone*, an dessen Ausfluss aus dem Genfersee die Stadt liegt⟩: ↗ CALVINSTADT CH ›Genf‹: *Nachdem das Genfer Stimmvolk am 20. Dezember eine tief greifende Sanierung der Kantonsfinanzen wuchtig abgelehnt hatte, herrscht in der Rhonestadt Katzenjammer* (Blick 30. 12. 1998, 5) – Andere an der *Rhone* liegende Schweizer Städte werden nur selten so bezeichnet

Movierungsartikel haben keine eigenständige Form, sondern gleichen Primärartikeln bzw. Namenartikeln. Sie enthalten zusätzlich die meist femininen Ableitungen von einem Stichwort. Regelmäßige Movierungen werden als Doppelstichwort dargestellt (Beispiel: **Tischler Tischlerin** A D-nord/mittel der; -s, – bzw. die; –, -nen: ...). Unregelmäßige Movierungen, z. B. *Chauffeuse* zu der regelmäßig movierten Form *Chauffeurin*, werden als selbstständige Artikel geführt. Beispiel:

> **Chauffeuse** CH die; –, -n [ˈʃoføs, ˈʃofø:sə]: ... – Wird in CH häufiger gebraucht als die Form *Chauffeurin*. Vgl. Chauffeur

Wortbestandteilsartikel enthalten Halbpräfixe und Halbsuffixe und die für sie typischen Wortbildungen, aber auch Adjektive und Substantive, die als Wortbestandteile fungieren. Als Wortbestandteil können Adjektive und Substantive allerdings sowohl formal als auch inhaltlich von der Ausgangsform abweichen. Grundschema dieses Artikeltyps ist: Angabe des Wortbestandteils, Arealangabe(n), Kategorisierung des Wortbildungstyps (produktives Bestimmungs- oder Grundwort), Bedeutungserläuterung, Beispiele für Bildungen dieses Typs, Belege. Hinzukommen können: etymologische Angabe, Zusatzangabe, Variantenangabe, Kommentar. Produktive Bestimmungswörter erhalten eine Betonungs- oder Ausspracheangabe, produktive Grundwörter eine grammatische Angabe. Beispiel:

> **Schweine-** D (ohne südost) (produktives Bestimmungswort in Zus.): ↗ SCHWEINS- A CH D-nordost/süd ›aus Schweinefleisch oder anderen verwertbaren Teilen des Schweins bestehend‹, z. B. ↗ Schweinebauch D, Schweinebraten, Schweinefilet (↗ Filet), Schweinegeschnetzelte (↗ Geschnetzelte), ↗ Schweinekamm, ↗ Schweinenacken D, Schweineschmalz: *Hildegard G. und Frau F. bereiteten das Hochzeitsessen zu, Schweinebraten mit Leipziger Allerlei* (Ossowski, Maklerin 85)

Abkürzungsartikel behandeln Kurzwörter und Abkürzungen. Bei Kurzwörtern hat sich die verkürzte Form verselbständigt. Zu den Kurzwörtern zählen auch verkürzte Wortzusammensetzungen. Beispiel:

> **Krad** A D das; -(e)s, Kräder (Kurzwort): ↗KRAFTRAD A D, ↗TÖFF CH ›zwei- bzw. dreirädriges ↗Kraftfahrzeug; Motorrad‹: *Er stürzte und schlitterte samt seinem Krad gegen das linke Vorderrad eines korrekt entgegenkommenden Pkw* (VN 25. 7. 1997, B 1; A); *Brandanschlag auf ein Polizei-Krad* (Spiegel-Jahreschronik 1997, 220; D) – Ursprünglich aus der Fachsprache des Militärs, heute auch im Verkehrswesen und salopp in Motorrad fahrenden Kreisen gebräuchlich

Abkürzungsartikel enthalten gängige ländertypische Abkürzungen. Wenn jedoch dem Vollwort schon ein eigener Artikel gewidmet ist, wurde auf einen zusätzlichen Abkürzungsartikel verzichtet, sofern die Abkürzung nicht gebräuchlicher als das Vollwort ist, wie z. B. bei OB (Oberbürgermeister). Abkürzungsartikel haben die Form von Primärartikeln, erhalten aber zusätzlich meist eine Angabe zum Typ der Abkürzung (gesprochen, geschrieben, buchstabiert). Sie verweisen auf die zugehörige Vollform. Beispiel:

> **BGB** D das; –, ohne Plur.: buchstabierte Abk. für ›Bürgerliches ↗Gesetzbuch‹: ↗ABGB A, ↗ZGB CH: *Nach 1945 erfuhr das BGB wichtige Veränderungen* (Haensch, Deutschland Lexikon 22)

Phraseologieartikel enthalten feste Wortverbindungen wie Redewendungen, Sprichwörter oder substantivierte Attribute. Nicht einbezogen sind Kollokationen, feste Syntagmen und auf Valenz beruhende Verbindungen. Phraseologismen werden außer in selbstständigen Artikeln auch innerhalb von Primärartikeln berücksichtigt. Grundschema der Phraseologieartikel ist: Ansatzstichwort – Doppelpunkt – Phraseologismus, Arealangabe(n), Bedeutungserläuterung, Beleg. Phraseologismen sind durch Asterisk * gekennzeichnet. Beispiel:

> **Seife: *auf die Seife steigen** A (salopp, Grenzfall des Standards) ›sich durch eine unbedachte Äußerung oder Handlung in eine unangenehme Lage bringen; ins Fettnäpfchen treten‹: *Nicht wenige Artisten steigen im Varieté auf die Seife* (Wienerin 12/1993, 192) – Das Substantiv *Seife* ist in allen anderen Verwendungen gemeindt.

Aufbau der Wörterbuchartikel

1. Stichwort (Lemma)

Das Stichwort ist halbfett gedruckt und enthält, sofern die Aussprache nicht gesondert in einer phonetischen Klammer oder im Artikelkommentar angegeben ist, eine Angabe zur Kürze oder Länge der betonten Silbe. Ein untergesetzter Punkt bedeutet betonte Kürze, Unterstreichung betonte Länge (z. B. **Sạckgeld, Biswind**). Enthält der Artikel eine Lautumschrift, so entfällt diese quantitative Kennzeichnung.

Im Falle von Doppelstichwörtern handelt es sich um Movierungen oder um Schreibvarianten mit areal bedingten Unterschieden (z. B. **Weissmehl** CH **Weißmehl** D). Nations- und regionsinterne Unterschiede in Suffix- und Präfixschreibung werden nicht im Stichwortansatz abgehandelt, sondern im Kommentarteil des Artikels. Beispiel:

> **Ried: 1.** A-ost die; –, -e(n); … – Zu 1.: Auch in der Form *Riede* (die; –, -n) …

Auf die Erstformen wird von den Zweitformen aus über Siehe-Artikel aufmerksam gemacht. Beispiel:

> **Riede** A-ost die; –, -n: siehe Ried

Die in eigenen Artikeln ausgeführten Phraseologismen werden nach Möglichkeit unter dem ersten Substantiv, Adjektiv oder Verb angesetzt (so erscheint z. B. *Protokoll errichten unter »Protokoll«):

> **Protokọll: *Protokoll errichten** LUX ›Anzeige erstatten‹: …

Falls der Phraseologismus eine nationale Variante enthält, die als Artikel ausgeführt ist, wird er in diesen Artikel integriert. Beispiel:

> **Siegertreppchen** D das; -s, – (Sport): ↗Stockerl A ›[Sieger]podest‹: … ***Platz auf dem Siegertreppchen:** ↗Stockerlplatz A, ↗Podestplatz CH ›Platzierung unter den ersten Drei [auf dem Siegerpodest]‹: …

Für verschiedene Phraseologismen mit einem gemeinsamen Wort dient dieses als gemeinsames Stichwort. Beispiel:

> **Fịnger: *durch die Finger schauen** A …; ***sich alle zehn Finger abschlecken [können]** A D-mittelost/südost; ***sich die Finger schlecken [können]** CH D-südwest …; ***sich alle zehn Finger nach etw. lecken** D (ohne südost) …; ***sich etw. aus den Fingern zuzeln** A D-südost …; ***jmdm. auf die Finger sehen/gucken** D …

2. Nations- und Regionsangaben (Arealangaben)

Angaben zur nationalen Verteilung stehen immer in alphabetischer Reihenfolge, zuerst der Voll- und dann der Halbzentren, also A CH D BELG LIE LUX STIR. Zusätzliche regionale Spezifizierungen sind der jeweiligen Nationsangabe mit Bindestrich angehängt (z.B.: A-west). Solche Spezifizierungen sind auch kombinierbar (z.B.: D-nord/mittel). Spezifische Ortsangaben (Toponyme) werden in runden Klammern hinzugefügt (z.B.: D (Berlin)).

Liste der arealen Abkürzungen

A	Österreich
A-ost	Burgenland, Wien, Niederösterreich, Teile der Steiermark
A-mitte	Oberösterreich und Salzburg
A-südost	Teile der Steiermark, Kärnten und Osttirol
A-west	Vorarlberg, Tirol und Teile Salzburgs
CH	(deutschsprachige) Schweiz
CH-nordwest	nordwestliche deutschsprachige Schweiz (Kantone BS, BL, teilweise SO und AG)
CH-nordost	nordöstliche deutschsprachige Schweiz (Kantone SH, TG, teilweise ZH)
CH-ost	Ostschweiz (Kantone SH, TG, SG, AI, AR, teilweise ZH)
CH-süd	südliche deutschsprachige Schweiz, d.h. das alpine Gebiet (Kantone GR, GL, UR, SZ, NW, OW, VS)
CH-west	westliche deutschsprachige Schweiz (Kantone BS, BL, SO, BE, VS)
CH-zentral	Zentralschweiz (Kantone UR, SZ, NW, OW, LU, ZG)
D	Deutschland
D-nord	Norddeutschland (umfasst alle unter D-nordost und D-nordwest genannten Bundesländer)
D-nordost	Nordostdeutschland (Bundesländer Mecklenburg-Vorpommern, Berlin, Brandenburg und Teile von Sachsen-Anhalt)
D-nordwest	Nordwestdeutschland (Schleswig-Holstein, Hamburg, Bremen, Niedersachsen)
D-ost	Ostdeutschland (umfasst alle unter D-nordost und D-mittelost genannten Bundesländer)
D-mittelost	Mittelostdeutschland (Thüringen, Sachsen und Teile von Sachsen-Anhalt)

D-mittelwest	Mittelwestdeutschland (Nordrhein-Westfalen, Hessen und Teile von Rheinland-Pfalz)
D-mittel	Mitteldeutschland (umfasst alle unter D-mittelwest und D-mittelost genannten Bundesländer)
D-süd	Süddeutschland (umfasst alle unter D-südwest und D-südost genannten Bundesländer)
D-südost	Südostdeutschland (Bayern)
D-südwest	Südwestdeutschland (Baden-Württemberg, Saarland und Teile von Rheinland-Pfalz)
D (landsch.)	landschaftlich in Deutschland (keine nähere Angabe möglich)

BELG	Ostbelgien
LIE	Liechtenstein
LUX	Luxemburg
STIR	Südtirol

Außerdem können die Regionsangaben weiter auf Bundesländer oder Kantone eingeschränkt werden (z. B.: A-west (Tir.), CH-zentral (LU)). Im Fall Österreichs und der Schweiz stehen dafür folgende ländertypische Abkürzungen zur Verfügung:

Österreich

Bgld.	Burgenland
Ktn.	Kärnten
NÖ	Niederösterreich
OÖ	Oberösterreich
Sbg.	Salzburg
Stmk.	Steiermark
Tir.	Tirol
Vbg.	Vorarlberg
	Wien
Osttir.	Osttirol

Schweiz

AG	Kanton Aargau
AI	Kanton Appenzell Innerrhoden
AR	Kanton Appenzell Ausserrhoden

BE	Kanton Bern
BL	Kanton Basel-Landschaft
BS	Kanton Basel-Stadt
FR	Kanton Freiburg
GE	Kanton Genf
GL	Kanton Glarus
GR	Kanton Graubünden
JU	Kanton Jura
LU	Kanton Luzern
NE	Kanton Neuenburg
NW	Kanton Nidwalden
OW	Kanton Obwalden
SG	Kanton St. Gallen
SH	Kanton Schaffhausen
SO	Kanton Solothurn
SZ	Kanton Schwyz
TI	Kanton Tessin
TG	Kanton Thurgau
UR	Kanton Uri
UW	Unterwalden (Kantone Ob- und Nidwalden)
VD	Kanton Waadt
VS	Kanton Wallis
ZG	Kanton Zug
ZH	Kanton Zürich

3. Grammatische Angaben

Alle Artikel, die nicht zum reinen Verweisen dienen, enthalten grammatische Angaben. Bei Substantiven werden der bestimmte Artikel, der Genitiv Singular und der Nominativ Plural angegeben, bei Verben die Flexion (sw./st./unr.V./hat/ist) und bei nationalen Unterschieden in der Rektion der Fall (Kasus) des abhängigen Substantivs (z.B.: mit Dat.). Die übrigen Wortarten werden klassifiziert (z.B.: Adj., Adv.) und erhalten erforderlichenfalls weitere Angaben, etwa zur Rektion (z.B.: Präp. mit Gen.) oder zur Komparation (z.B.: nicht steigerbar). Auch Differenzartikel (siehe Seite XIII f.) erhalten einen grammatischen Apparat. Dieser nennt an erster Position die Abweichung von der gemeindeutschen und an zweiter Position, sofern vorhanden, die gemeindeutsche Form.

4. Ausspracheangaben und Lautschrift

Eine Lautumschrift wird dort angegeben, wo die Aussprache nicht ohne weiteres aus der Schreibung erschlossen werden kann, vor allem bei Fremdwörtern. Dagegen sind regelhafte Ausspracheunterschiede zwischen den Zentren nicht aufgeführt (siehe dazu das Kapitel: »Nationale und regionale Besonderheiten des Standarddeutschen«, vgl. S. LI ff.).

Es ist unmöglich, alle kleinräumigen Unterschiede der Standardaussprache anzugeben. Für nationale Varianten in Deutschland wird die Aussprachenorm nach Duden als Basis genommen, für regionale Varianten wird auch regionale Standardaussprache berücksichtigt. Für Österreich und die Schweiz wird die entsprechende Aussprache verzeichnet.

Die Lautumschrift gibt die Aussprache des Stichwortes im betreffenden Zentrum wieder. Dabei werden auch regelhafte Ausspracheunterschiede berücksichtigt wie die stimmlosen Laute [b, d, g, s] in schweizerischen, österreichischen und süddeutschen Stichwörtern gegenüber den stimmhaften in mittel- und norddeutschen Wörtern. Als Lautschrift dient das Zeichensystem der IPA (International Phonetic Association).

Lauttabelle

In der folgenden Liste sind die für dieses Wörterbuch relevanten Laute zusammengestellt und durch Beispiele veranschaulicht.

Zeichen	Allgemeines	Beispiel
ː	Länge des vorangehenden Vokals	Lohn [loːn]
˜ Tilde	Nasalierung des Vokals	Entrée [ãtreː]
̯	unsilbischer Vokal (vorwiegend bei i,y,u vor einem Folgevokal)	Studie [ˈʃtuːdi̯ə], Etui [eˈty̯iː], Coiffeur [ˈkʼo̯afœːr],
ʼ	nach unbehauchter Fortis, vorwiegend in A, CH und D-süd anstelle der behauchten Fortis (nur für Schweizer romanische Wörter angegeben)	Boutique [ˈbutʼikʼ]
ˈ	vor betonter Silbe. (Bei schwebender Betonung, z. B. bei französischen Wörtern in CH, wird kein Betonungszeichen gesetzt.)	Betonung [beˈtoːnuŋ]
̩	silbischer Konsonant	baden [baːdn̩]

Zeichen	Allgemeines	Beispiel
	Vokale	
a; aː	helles a; in überheller Aussprache auch in dialektnahen Wörtern in Österreich (aus dem Sekundärumlaut); auch nasaliert. Auch ɑ, ɑ̃ in franz. Fremdwörtern wird mit diesem a wiedergegeben.	Mann; Rat; Orange
ɐ	abgeschwächtes a, z. B. in D bei Auslautsilben auf -er, wenn das r vokalisiert wird	besser, mustern
ɐ̯	unsilbisches, abgeschwächtes a; z. B. in D bei vokalisiertem r im Auslaut oder in dialektalen Diphthongen oa, ea, ia, ie, ua	Tier [tiːɐ̯], Dessert [de'sɛːɐ̯]; Buam [buɐ̯m],
ʌ	abgeschwächtes dunkles a in engl. Fremdwörtern (in CH im Grenzfall des Standards manchmal dem [œ] angenähert)	engl. but [bʌt], CH Cup ['kœp]
æ; æː	sehr offenes, dem a angenähertes e wie in engl. Fremdwörtern, in CH wird teilweise ä so ausgesprochen (in D meist als [ɛ])	Ranking, engl. back
ai	Diphthong (in unterschiedlicher Lautfärbung von [ai] bis [ɛɪ])	heiß
au	Diphthong	Haus
e; eː	geschlossenes e	Methan; leben
eɪ	Diphthong (besonders in engl. Fremdwörtern)	E-Mail ['iːmeɪl A CH, 'iːmeːl D]
ɛ; ɛː	offenes e (in A oft geschlossen, in CH manchmal überoffen [æ])	Gänse, hätte, sprechen; gären
ə	Schwa oder Murmellaut, in D in Nebensilben (statt dessen in A und CH meist offenes, schwach betontes e)	Note ['noːtə]
i; iː	geschlossenes i (in A auch in manchen Wörtern, die in D und CH offen gesprochen werden, z. B. *bis*)	A bis; Schiene
ɪ	offenes i (in A meist, in CH teilweise geschlossen)	bin, nicht
iɐ̯	Diphthong (in A und CH, nur in einigen Namen und dialektnahen Wörtern)	Räbeliechtli […liɐ̯xtlɪ]
o; oː	geschlossenes o	Moral; Lohn, Loge

Zeichen	Allgemeines	Beispiel
ɔ; ɔː	offenes o	doch, Offside; Skore, Order
ɔy	Diphthong (in A teilweise oy)	neu, Boiler
œ	offenes ö	Köln, öfter
ø; øː	geschlossenes ö	Ökologie; Höhe
u; uː	geschlossenes u (in A auch in einer bestimmten Gruppe von Wörtern, die in CH und D offen sind)	Bulimie; Muße, gut, in A Geruch
ʊ	offenes u (in A oft, in CH teilweise geschlossen)	Bus
uə̯	Diphthong (in CH, nur in einigen dialektnahen Wörtern und Namen)	Ueli
y; yː	geschlossenes ü	überall; Rübe
ʏ	offenes ü (in A oft geschlossen)	Hütte
yə̯	Diphthong (in CH, nur in einigen dialektnahen Wörtern)	Müesli

	Konsonanten	
b; d; g	stimmhafte Verschlusslaute (Lenis; in A und CH meist als stimmlose Lenis gesprochen)	baden; Daunen; gehen
p; t	stimmlose, im Anlaut behauchte Verschlusslaute (Fortis; fallen in A und CH meist mit den stimmlosen Lenis b, d zusammen)	Plan; Tag
p'; t'	stimmlose, unbehauchte Verschlusslaute (wie im Französischen, in CH im Dialekt und in romanischen Lehnwörtern)	Pontonier ['p'õtɔni̯e]; Etat [e't'a]
k	stimmloser, behauchter Verschlusslaut (Fortis)	Kante
k'	stimmloser, unbehauchter Verschlusslaut (Fortis, nur in CH)	Karamel ['k'aramɛl]
f	f-Laut	Feld
h	Hauchlaut	hier
j	j-Laut	ja

Zeichen	Allgemeines	Beispiel
l	l-Laut (in unterschiedlichen Ausprägungen)	Kehle, lachen, Stockerl
m	m-Laut	Mensch
m̩	silbisches m (in A, CH und D-süd meist als [əm] gesprochen)	großem
n	n-Laut	Not
n̩	silbisches n, z. B. in der Infinitivendung (in A, CH und D-süd meist als [ən] gesprochen)	Haken
ŋ	ng-Laut; in D-nord/mittel auch statt der Nasalierung.	lang, gingen; D-nord/mittel [o'raŋʒə]
r	r-Laut (in unterschiedlichen Ausprägungen, in D und CH-nord meist Zäpfchen-r, in A (teilweise) und CH (außer nord) Zungenspitzen-r; in D, A im Auslaut unbetonter Silben meist vokalisiert)	rechnen, Ware
s	stimmloser (»scharfer«) s-Laut (stimmlose Fortis)	Kasse, Haus
z	stimmhafter (»weicher«) s-Laut (stimmhafte Lenis; vorwiegend in D-mittel/nord gesprochen, in A, CH und D-süd meist stimmlos)	Sonne, Läuse
ʃ	stimmloser sch-Laut	schön, in A CH und D-süd Orange [o'rãːʃe]
ʒ	weicher, stimmhafter sch-Laut (in A CH und D-süd meist stimmlos gesprochen)	Regie [re'ʒiː], Garage [garaːʒə]
v	w-Laut	Wiege
x	Ach-Laut	ach
ç	Ich-Laut	ich
pf	Affrikata aus p+f	Pfanne
ts	Affrikata aus t+s	Zunge
tʃ	Affrikata aus t+sch (stimmlos)	klatschen
dʒ	Affrikata aus d+sch (stimmhaft, in A CH und D-süd meist stimmlos gesprochen)	Joker

5. Etymologische Angaben (Wortherkunft)

Angaben zur Wortherkunft werden nur dann gemacht, wenn sie das Verständnis des Stichwortes oder die Aussprache einer nationalen oder regionalen Variante unterstützen. Sie kommen fast nur in Fremdwörtern vor. Wenn kein Bedeutungsunterschied gegenüber der Herkunftssprache vorliegt, beschränkt sich die Angabe auf die Herkunftssprache (z. B.: ‹frz.›), wenn bei gleichbleibender Bedeutung ein Unterschied in der Wortform vorliegt, wird die ursprüngliche Form ohne Bedeutungsangabe verzeichnet. Liegt jedoch ein Bedeutungsunterschied vor, sei es im Sinne einer Erweiterung, Verengung oder Veränderung, so ist zusätzlich die Bedeutung in der Herkunftssprache angegeben (z. B.: **Motion** CH die; –, -en ⟨aus frz. *motion* zu lat. *motio* ›Bewegung‹⟩: ›verbindlicher Auftrag eines Parlamentsmitglieds an die Regierung (des Bundes, eines ↗Kantons oder einer Gemeinde), einen Entwurf zu einem Gesetz oder Beschluss vorzulegen oder eine Massnahme zu ergreifen‹: …). Auf Hinweise zu Entwicklungen über mehrere Sprachen oder Sprachstufen wird in der Regel verzichtet. Etymologische Angaben mit kulturgeschichtlichen Informationen, die für die regionale Wortschatzentwicklung aufschlussreich sind, werden in kurzer Form eingebracht. Sie stehen gelegentlich auch außerhalb der ‹Etymologieklammer› im Kommentarteil des Artikels.

6. Zusatzangaben

Angaben zu Stilschicht, Normebene, Alter, Frequenz oder Verwendungsbereich eines Wortes erscheinen in runder Klammer. Dabei werden im Wörterbuch die folgenden Markierungen verwendet, gegebenenfalls auch in der hier in Klammern beigefügten abgekürzten Form.

- Stilschicht: abwertend, bildungssprachlich (bildungssprachl.), derb, gehoben (geh.), scherzhaft (scherzh.), ironisch, salopp.
- Normebene: Grenzfall des Standards, informell, formell.
- Alter: Neubildung, früher, historisch, veraltend, veraltet.
- Frequenz: selten.
- Verwendungsbereich: Bereich oder Fachgebiet (z. B.: Küche, Militär), soweit dieser nicht aus der Bedeutungserläuterung erschließbar ist.

Wörter ohne entsprechende Merkmale werden nicht gekennzeichnet. Sie bilden den weitaus größten Teil des Wortschatzes.

7. Variantenangaben

Nach Formkommentar, Aussprache-, Etymologie- und Zusatzangaben erscheinen in den Primärartikeln und in den Sonderformen, wenn vorhanden, nationale und regionale Entsprechungen zum Stichwort mit zugehöriger Arealangabe, und zwar wiederum in der alphabetischen Reihenfolge der Voll- und Halbzentren (A CH D BELG LIE LUX STIR). Die Entsprechungen sind gekennzeichnet durch vorangestellten Pfeil und Auszeichnung in Kapitälchenschrift (Beispiel: ↗Reisebus). Bei mehreren Entsprechungen innerhalb einer Nation werden zuerst spezifische, dann unspezifische Varianten aufgelistet (z. B.: **Bürli** CH das; -s, –: ↗Laibchen A, ↗Semmel A D-nordwest/südost, ↗Weckerl A D-südost, ↗Brötli CH, ↗Mutschli CH, ↗Weggen CH, ↗Brötchen D-nord/mittel, ↗Rundstück D-nordwest (bes. Hamburg), ↗Schrippe D-nordost (bes. Berlin), ↗Wecken D-südwest ...).

Die Variantenreihe verweist bei Doppelstichwörtern, bei denen es sich um Schreibvarianten innerhalb einer Nation handelt, nur auf die Hauptform. Bei Schreibvarianten mit gemischtem Areal werden beide Formen in der Variantenreihe angegeben. Movierte Formen erscheinen nicht in der Variantenreihe.

8. Bedeutungsangaben

Nach der Variantenangabe folgt eine Bedeutungsangabe des Stichworts in Form einer Erläuterung, Paraphrase, Angabe eines Synonyms oder durch Zuschreibung einer übergeordneten Kategorie (kategoriale Angabe). Die Bedeutungsangabe steht zwischen einfachen Anführungszeichen. Beispiel:

> **Abitur** D das; -s, -e (Plur. ungebräuchl.) ... ›Prüfung oder Schulabschluss zur Erlangung der Hochschulreife; allgemeine Hochschulreife‹: ...

Kategoriale Angaben (bei komplexen Sachverhalten und bei Verwendungssituationen) stehen zwischen Schrägstrichen. Beispiel:

> **Döbel** CH D-nordost/südwest der; -s, –: ↗Aitel A D-südost, ↗Alet CH /ein Karpfenfisch/: ...

Die Bedeutungen sind im Allgemeinen genau spezifiziert; der Grad ihrer Differenzierung richtet sich nach dem Variantenfeld. Gibt es für unterschiedliche Bedeutungen verschiedene Varianten, so ist die Bedeutung genauer gegliedert; laufen die Bedeutungen in den Varianten parallel, so reicht eine gröbere Gliederung aus. Allerdings werden die grundlegenden Bedeutungskomponenten immer auseinander gehalten.

Die Bedeutungserläuterungen beziehen sich nur auf die Varianten. Um Missverständnisse zu vermeiden, wird im Kommentar entweder darauf hingewiesen, dass es neben den im Artikel ausgeführten noch andere, in der Regel gemeindeutsche, aber auch veraltete, seltene oder fachsprachliche Bedeutungen gibt. Bedeutungen im Kommentarteil können gegebenenfalls explizit ausgeführt sein oder mit Hilfe eines so genannten Stehsatzes zusammengefasst werden (z.B. ›Andere Bedeutungen sind gemeindt.‹). Beispiel:

Säge A CH D-süd die; –, -n: kurz für ›Sägewerk‹: … – Die Bedeutung ›Werkzeug zum Sägen‹ ist gemeindt.

9. Belege

In allen Artikeln – außer in Siehe- und Verweis-Artikeln (vgl. S. XIV) – wird die Verwendung des Stichworts mit einem Beleg aus den Quellen illustriert (in Kursivschrift). Kommt ein Stichwort in mehreren Nationen vor, wird es auch mehrmals belegt, und zwar wieder in der alphabetischen Reihenfolge der Voll- und Halbzentren (A CH D BELG LIE LUX STIR). Für Stichwörter, die in ein oder zwei Nationen und zusätzlich einer Teilregion einer anderen Nation gebräuchlich sind (z.B.: A CH D-süd), wird nur für Erstere ein Beleg angegeben. Beispiel:

Leintuch A CH D-süd das; -(e)s, …tücher: ↗BETTTUCH D, ↗BETTLAKEN D-nord/mittel, ↗LAKEN D-nord/mittel ›Tuch, das über die Matratze gespannt wird‹: *Vor sich sah Lena das Leintuch, das sie gerade aufgehängt hatte* (Wolfgruber, Verlauf eines Sommers 69; A); *Grossmutters Haushaltung war sehr einfach: in den Betten nur je ein Leintuch, ein Kissen und ein Deckbettanzug* (Wenger, Rosalia 29; CH) …

Kommt ein Stichwort in zwei Regionen vor, so erscheint für beide ein Beleg. Beispiel:

Schnürer A D der; -s, – (salopp): ›Halbschuh oder Stiefel zum Schnüren; Schnürschuh, Schnürstiefel‹: *Klassisch-bequemer Schnürer, Lederfutter, Lederdecksohle … öS 699.-* (Kleine Ztg 2. 3. 1997, Beilage 3; A); *Modische Kinderschuhe, Obermaterial: hochwertiges Nubukleder, mit einer sportlichen, strukturierten Sohle, als Schnürer oder mit Klettverschluss* (Leipziger Rundschau 18. 2. 1998, 9; D)

Gelegentlich, vor allem zur Darstellung und Verdeutlichung von interessanten arealen Verhältnissen, kann allerdings von diesem Schema abgewichen werden. Beispiel:

Zille die; –, -n: **1.** A-mitte/ost D-mittelost; ↗PLÄTTE A D-südost, ↗LEDISCHIFF CH, ↗NAUEN CH, ↗KAHN D ›flacher Lastkahn für die Flussschifffahrt; Lastschiff‹: *Früher befuhren die »Schöffleute« auf ihren Zillen die Salzach, beladen mit Salz* (Erlebnis Bahn & Schiff Österreich, 27; A-mitte/ost); *Fanfaren künden vom Aufmarsch der Fischerstecher und Schiffsleute, welche die zehn Meter langen Zillen steuern* (Tagesspiegel 10. 5. 1997, Internet; D-mittelost) …

Dies gilt auch für Kombinationen von Nation und Halbzentrum, Halbzentrum und Halbzentrum oder Region und Halbzentrum.

Nach jedem Beleg steht in Klammern die genaue Quellenangabe; bei Stichwörtern, die in mehr als einem Zentrum vorkommen, folgt überdies jeweils die nationale Zuordnung mit Hilfe der Nationenkürzel. Die Belege sind der neuen Rechtschreibung angepasst. Eigennamen von Personen sind mit Initialen abgekürzt, sofern es sich nicht um historische oder öffentlich bekannte Persönlichkeiten handelt.

10. Kommentar

Nach den Belegen können – abgetrennt durch Gedankenstrich – weitere Erläuterungen und Präzisierungen in freier Formulierung zu einem Stichwort stehen, z. B. Angaben zu Frequenz, Alter und Stilschicht, zur Verwendung, zu zusätzlichen gemeindeutschen Bedeutungen oder zu ähnlichen Fällen und zu Synonymen, soweit diese nicht im Verweisapparat stehen (z.B.: **kịcken** D sw.V./hat (salopp): … – In CH selten, in A als fremd empfunden, aber zunehmend gebräuchlich. Die Bedeutung ›einen Ball mit dem Fuß stoßen/schießen‹ ist gemeindt. Vgl. Kicker).

11. Verweis- und Ergänzungsapparat

Abgetrennt durch einen weiteren Gedankenstrich und eingeleitet mit »Dazu« bzw. bei Polysemieartikeln mit »Zu 1.: … Zu 2.: … usw.« folgt noch ein gesonderter Verweisapparat, der so genannte Dazu-Teil. Er enthält wichtige Ableitungen und Komposita zum Stichwort, die den Wortbildungs- und Bedeutungszusammenhang aufzeigen. Wenn ein Stichwort in mehreren Nationen gebräuchlich ist, nicht jedoch seine Ableitungen und Komposita, so wird dies durch ein angefügtes Nationenkürzel verdeutlicht (z.B.: **Leintuch** A CH D-süd das … – Dazu: ↗**Fixleintuch** CH, **Oberleintuch** CH, ↗**Spannleintuch** A D-südwest, **Unterleintuch** CH). Besonders häufige, typische oder variantenreiche »Dazu«-Wörter sind als selbstständiges Stichwort dargestellt und durch vorangestellten Pfeil gekennzeichnet; die anderen dienen der Dokumentation des Wortfeldes. Wenn in einem Kompositum des Verweisfeldes das Grundwort nationale Variante ist, wird in Klammern darauf verwiesen. Beispiel:

> **Exekution** … – Dazu: **Exekutionsakt** (↗Akt), **Exekutionsbefehl, Exekutionsbewilligung** (↗Bewilligung), ↗**Exekutionsgericht** A (Wien), **Exekutionsrecht, Exekutionstitel, Exekutionsverfahren, Exekutionswerber(in)** (↗Werber), **Gehaltsexekution, Räumungsexekution**

12. Abkürzungen und Zeichen

Abk.	Abkürzung
Adj.	Adjektiv
Adv.	Adverb
afrik.	afrikanisch
afrz.	altfranzösisch
ahd.	althochdeutsch
Akk.	Akkusativ
alem.	alemannisch
allg.	allgemein
amerik.	amerikanisch
arab.	arabisch
Art.	Artikel
attr.	attributiv
Bed.	Bedeutung
bes.	besonders
Bez.	Bezeichnung
bibl.	biblisch
bildungssprachl.	bildungssprachlich
Bl	Blatt
...bl	...blatt
bzw.	beziehungsweise
ca.	circa
christl.	christlich
d.h.	das heißt
dän.	dänisch
Dat.	Dativ
Dim.	Diminutiv
dt.	deutsch
etc.	et cetera
eigtl.	eigentlich
engl.	englisch
Etym.	Etymologie
etw.	etwas
ev.	eventuell
evang.	evangelisch
evang.-reform.	evangelisch-reformiert
fachsprachl.	fachsprachlich
Fem. /fem.	Femininum / feminin
friaul.	friaulisch
fries.	friesisch
frz.	französisch
geh.	gehoben
gemeindt.	gemeindeutsch
gemeinslaw.	gemeinslawisch
Gen.	Genitiv
Ges.	Gesellschaft
germ.	germanisch
Ggs.	Gegensatz
got.	gotisch
griech.	griechisch
hebr.	hebräisch
hist.	historisch
indekl.	indeklinierbar
Inf.	Infinitiv
Interj.	Interjektion
intern.	international
ital.	italienisch
Jh.	Jahrhundert
jidd.	jiddisch
jmd.	jemand
jmdm.	jemandem
jmdn.	jemanden
kath.	katholisch
kirchenlat.	kirchenlateinisch
Konj.	Konjunktion
kuban.	kubanisch
landsch.	landschaftlich
lat.	lateinisch
lombard.	lombardisch
luxemb.	luxemburgisch
männl.	männlich
Mask. /mask.	Maskulinum / maskulin
mhd.	mittelhochdeutsch

Mio.	Million(en)	spätlat.	spätlateinisch
mlat.	mittellateinisch	stenogr.	stenographisch
Nachr	Nachrichten	st.V.	starkes Verb
neugriech.	neugriechisch	sw.V.	schwaches Verb
Neutr. /neutr.	Neutrum /neutral	tschech.	tschechisch
niederdt.	niederdeutsch	u.Ä.	und Ähnliches
niederl.	niederländisch	u.a.	und andere
norddt.	norddeutsch	ungar.	ungarisch
Nom.	Nominativ	ungebräuchl.	ungebräuchlich
norm.	normannisch	unr.V.	unregelmäßiges Verb (Mischform)
o.ä. /o.Ä.	oder ähnlich / oder Ähnliches	ursprüngl.	ursprünglich
oberdt.	oberdeutsch	usw.	und so weiter
ostfries.	ostfriesisch	V.	Verb
österr.	österreichisch	v.a.	vor allem
Part.	Partizip	vermutl.	vermutlich
Perf.	Perfekt	vgl.	vergleiche
Plur.	Plural	Wz.	Warenzeichen
poln.	polnisch	weibl.	weiblich
port.	portugiesisch	z.B.	zum Beispiel
Präp.	Präposition	Ztg	Zeitung
Pron.	Pronomen	…ztg	…zeitung
rätorom.	rätoromanisch	Zus.	Zusammensetzung(en)
regionalfrz.	regionalfranzösisch	…zus.	…zusammensetzung
rumän.	rumänisch	*	Phraseologismus
russ.	russisch	〈 〉	spitze Klammer für Etymologien
scherzh.	scherzhaft		
schwed.	schwedisch	[ ]	eckige Klammern für Ausspracheangaben und für Fakultatives
schweiz.	schweizerisch		
serb.	serbisch		
Sing.	Singular	( )	runde Klammern für stilistische, grammatische, Frequenz-, Bereichs- und Zusatzangaben sowie weitere allgemein übliche Fälle
slaw.	slawisch		
slowen.	slowenisch		
span.	spanisch		
spätmhd.	spätmittelhochdeutsch		

Die nationalen Voll- und Halbzentren des Deutschen

Deutsch als plurizentrische Sprache

Im Einklang mit der neueren Forschung liegt dem vorliegenden Wörterbuch die Konzeption des Deutschen als plurizentrische Sprache zugrunde. Von einer plurizentrischen Sprache spricht man dann, wenn diese in mehr als einem Land als nationale oder regionale Amtssprache in Gebrauch ist und wenn sich dadurch standardsprachliche Unterschiede herausgebildet haben. Typische Beispiele für plurizentrische Sprachen sind neben dem Deutschen das Englische (unterschiedliche Ausprägung der Standardsprache in Australien, Großbritannien, Kanada, Neuseeland und den USA), das Französische (standardsprachliche Besonderheiten in Frankreich, der Schweiz, Belgien, Luxemburg und Quebec in Kanada), das Spanische oder das Portugiesische.

Die deutsche Sprache wird zwar in einer ganzen Reihe von Ländern von kleineren oder größeren Teilen der Bevölkerung gesprochen, Amtssprache ist sie aber nur in den folgenden sieben Nationen (vgl. Karte S. XXXIII):

Deutschland, Österreich, Liechtenstein (einzige Amtssprache auf gesamtstaatlicher Ebene);

Schweiz (neben Französisch, Italienisch und Rätoromanisch), Luxemburg (neben Französisch und Letzeburgisch);

Ostbelgien (regionale Amtssprache mit subsidiärer Verwendung von Französisch in der Deutschsprachigen Gemeinschaft) und Südtirol in Norditalien (regionale Amtssprache neben Italienisch in der autonomen Provinz Bozen–Südtirol).

Zentren einer plurizentrischen Sprache sind allerdings nur diejenigen Länder oder Regionen, die eigene standardsprachliche Besonderheiten herausgebildet haben. Von einem Vollzentrum spricht man dann, wenn die standardsprachlichen Besonderheiten in eigenen Nachschlagewerken, vor allem Wörterbüchern, festgehalten und autorisiert sind. Dies trifft für Österreich, die deutschsprachige Schweiz und Deutschland zu, bei denen es sich deshalb um nationale Vollzentren der deutschen Sprache handelt. Beim Fehlen eigener sprachlicher Nachschlagewerke spricht man von nationalen Halbzentren einer plurizentrischen Sprache. Nationale Halbzentren des Deutschen sind Liechtenstein, Luxemburg, Ostbelgien und Südtirol.

Weil die Besonderheiten der einzelnen Zentren nicht den Charakter eigener Sprachen haben, werden sie von der Wissenschaft als »Varietäten« des Deutschen bezeichnet. Im Gegensatz zu verschiedenen Sprachen unterscheiden sie sich kaum in der Grammatik und nur teilweise im Wortschatz und in der Aussprache. Vor allem an diesen Besonderheiten (Varianten) in Wortschatz und Aussprache können die Angehörigen einer Varietät erkannt werden.

Die plurizentrische Auffassung von der deutschen Sprache bedeutet, dass sprachliche Besonderheiten nationaler Zentren nicht als Abweichungen von einer nationenübergreifenden deutschen Standardsprache gelten, sondern als gleichberechtigt nebeneinander bestehende standardsprachliche Ausprägungen des Deutschen. Dahinter steht die Tatsache, dass die Nationalstaaten eine wichtige Rolle spielen bei der Herausbildung von Standardsprachen, vor allem ihre Verwaltung, ihr Rechtswesen und ihre sonstigen Institutionen, aber auch ihre Verlage und Medien. So werden die einzelnen Teile des politischen Systems und die verschiedenen Abläufe in Gesetzgebung und Verwaltung meist unterschiedlich bezeichnet, oder gleiche Bezeichnungen haben verschiedene Bedeutungen (z. B. bedeutet *Bundesrat* in Deutschland etwas anderes als in der Schweiz). Nicht zu unterschätzen ist zudem der Einfluss der Regionaldialekte sowie der geo- und topografischen Verhältnisse (z. B. alpine gegenüber maritimer Kultur) auf die Standardsprache. Auch die sprachpflegerischen Bemühungen weisen nationale Besonderheiten auf, etwa die Verdeutschung französischer Lehnwörter in Deutschland während des 19. Jahrhunderts. So haben sich in der Sprache der Literatur, der Medien und in vielen Bereichen alltäglicher Sprachverwendung in den nationalen Voll- und Halbzentren des Deutschen standardsprachliche Besonderheiten herausgebildet.

Diese standardsprachliche Variation wurde bisher kaum systematisch untersucht. Auch die Variation im Wortschatz ist nur höchst unvollständig über Wörterbücher zugänglich. Für das Deutsche liegen bisher lediglich Wörterbücher für die Varianten der Schweiz (Meyer 1989) und Österreichs (Ebner 1998 [1969]) vor. Eine Darstellung der nur in Deutschland üblichen Varianten fehlt vollständig; die großen Wörterbücher des Deutschen behandeln diese Varianten einfach als gemeindeutsche Normalformen. Ebenso vernachlässigt sind die nationalen Halbzentren des Deutschen. Das vorliegende Wörterbuch schließt diese Lücken.

DÄNEMARK
SCHWEDEN
NIEDER-
LANDE
POLEN
DEUTSCHLAND
BEL-
GIEN
Ost-
belgien
LUXEM-
BURG
TSCHECHIEN
FRANK-
REICH
LIECHTEN-
STEIN
ÖSTERREICH
UNGARN
SCHWEIZ
Südtirol
SLOWENIEN
KROA-
TIEN
ITALIEN
Die nationalen Zentren der deutschen Sprache
Nationale Vollzentren
Nationale Halbzentren
0
200 km
Kartographie: Harald Krähe

Die nationalen Vollzentren des Deutschen

Bevölkerungsverteilung und generelle Sprachsituation

Österreich

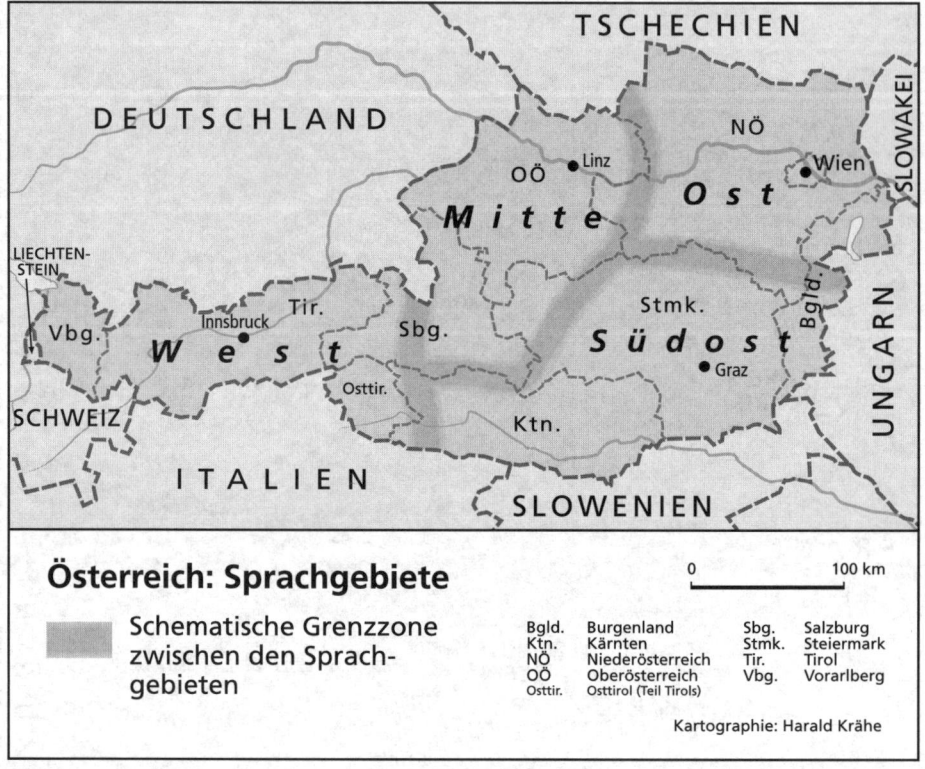

Österreich: Sprachgebiete

0 — 100 km

Schematische Grenzzone zwischen den Sprachgebieten

Bgld.	Burgenland	Sbg.	Salzburg
Ktn.	Kärnten	Stmk.	Steiermark
NÖ	Niederösterreich	Tir.	Tirol
OÖ	Oberösterreich	Vbg.	Vorarlberg
Osttir.	Osttirol (Teil Tirols)		

Kartographie: Harald Krähe

In Österreich leben nach Daten der Volkszählung 2002 rund 8,1 Mio. Menschen, davon sind rund 7,4 Mio. Inländer und ca. 700.000 ausländische Staatsbürger. Unter ihnen machen Bürger aus Ex-Jugoslawien, gefolgt von türkischen Staatsangehörigen, die stärkste Gruppe aus. In Österreich leben als anerkannte nationale Minderheiten Kroaten, Slowenen, Tschechen, Slowaken, Ungarn und die seit 1993 als Volksgruppe anerkannten Roma und Sinti. In Artikel 8 der 1920 erlassenen und nach wie vor in Kraft befindlichen österreichischen Verfassung ist »unbeschadet der den sprachlichen Minderheiten bundesgesetzlich eingeräumten Rechte« Deutsch als »Staatssprache der Republik« festgeschrieben. Die deutsche Hoch- oder Standardsprache ist also National- und Amtssprache; daneben ist in Gebieten mit kroatischer, slowenischer und gemischter Bevölkerung Kroatisch bzw. Slowenisch als Amtssprache zugelassen.

In der österreichischen Verfassung ist also keine Rede vom »österreichischen Deutsch«, was bedeutet, dass nach dem Ersten Weltkrieg mit der Errichtung der österreichischen Republik als eigene, von Deutschland unabhängige Nation nicht auch eine sprachliche Ablösung vollzogen wurde. Dabei war diese Bezeichnung als Reflex auf die politischen Ereignisse um die deutsche Reichsgründung Ende der sechziger bzw. siebziger Jahre des 19. Jahrhunderts aufgekommen, die den Kampf zwischen Österreich und Preußen um die Vorherrschaft im deutschen Raum im Sinn der »kleindeutschen« Lösung beendeten. Diese politische Entwicklung führte in Österreich unter anderem dazu, die Zugehörigkeit zur deutschen Sprachgemeinschaft einerseits und zu einem eigenen österreichischen Staatswesen andererseits als Spannung zu erleben. Dieses Erleben wirkt bis in die Gegenwart und bestimmte besonders die Sprachdiskussion nach dem Zweiten Weltkrieg. Die zunehmend positive Haltung gegenüber der österreichischen Eigenstaatlichkeit führte zur Herausbildung eines österreichischen Nationalbewusstseins, die auch von einer intensiven Auseinandersetzung mit dem »österreichischen Deutsch« begleitet war. Dem entspricht, dass es seit 1951 ein *Österreichisches Wörterbuch* zum Gebrauch in Ämtern und Schulen gibt, das immer deutlicher den Anspruch vertritt, das Wörterbuch einer eigenen, österreichischen Varietät des Deutschen zu sein, und das von seinen Benutzern als solches auch zunehmend geschätzt wird.

Die Auseinandersetzung mit dem »österreichischen Deutsch« hat mittlerweile auch ihren festen Platz in der Öffentlichkeit, wie die von Medien und Politikern bestrittene Diskussion zur Sicherung von Austriazismen im Rahmen des österreichischen EU-Beitritts zeigte. Als Ergebnis ist die Verabschiedung des »Protokolls Nr. 10 über die Verwendung spezifisch österreichischer Ausdrücke der deutschen Sprache im Rahmen der europäischen Union« zu nennen, das allerdings nur die Verwendung von 23 für Österreich typischen Wörtern aus dem Lebensmittelbereich sichert.

Das österreichische Sprachbewusstsein ist aber durchaus ambivalenter Natur, was sich im sprachlichen Austausch mit den deutschsprachigen Nachbarn widerspiegelt, der durch die geographische Nähe und den engen kulturellen und wirtschaftlichen Kontakt begünstigt wird. Mit der Schweiz verläuft dieser vor allem über Vorarlberg, jedoch strahlen Helvetismen nur vereinzelt in das gesamte österreichische Bundesgebiet aus. Auch die »Wanderung« von Austriazismen (z. B. *Maut, eh, grantig*) nach Deutschland hält sich in engen Grenzen. Der umgekehrte Vorgang ist demgegenüber häufig zu beobachten. Das hängt mit dem politischen und wirtschaftlichen Übergewicht Deutschlands, der Zahl der Sprecher, der Dominanz in den Medien, aber auch mit psychologischen Umständen zusammen. Die Aufnahmebereitschaft besteht insbesondere bei Neubildungen, aber durchaus auch bei traditionellen Varianten, da die eigenen – wegen eines gewissen sprachlichen Minderwertigkeitskomplexes (Clyne) – zwar als sympathischer, aber im Zweifelsfall als weniger normentsprechend, z. T. auch als weniger modern empfunden werden. Dem steht tendenziell ein gewisser »Nationalvarietätspurismus« (Ammon) entgegen, der bundesdeutsche Varianten unter Hinweis auf die Gefahr der sprachlichen Vereinnahmung prinzipiell ablehnt.

Die Stellung der Standardsprache in Österreich

Die Standardsprache ist in Österreich die Sprache der Schriftlichkeit und jener mündlichen Sprechakte, die als öffentlich und/oder formell gelten, wie Ansprachen, Predigten, Vorlesungen, Nachrichten und Kommentare in elektronischen Medien. Sie existiert auch in einer informellen Variante, die sich in wenigen Merkmalen vom formellen Standard unterscheidet (z.B. Wegfall des Endvokals in Wörtern wie z.B. heut, ich hab). Diese informelle Variante ist umso ausgeprägter, je deutlicher dialogisch Äußerungen angelegt sind. Informeller Standard ist in öffentlichen Debatten, der Sprache von Fernsehmoderatoren etc., aber auch im privaten Gespräch anzutreffen – dort allerdings beschränkt auf sozial und bildungsmäßig gehobene Kreise im urbanen Raum. Die beiden Varianten der Standardsprache beherrschen auch den Schulunterricht: die formelle als Lehrziel und vorwiegende Vortragssprache, die informelle vorwiegend im persönlichen Lehrer-Schüler-Dialog, sofern dort nicht überhaupt Dialekt (Mundart) oder Umgangssprache gesprochen wird. Die private Kommunikation des größten Teils der Bevölkerung bewegt sich im Bereich der Umgangssprache und des Dialekts.

Zur Abgrenzung von Dialekt, Umgangssprache und Standardsprache in Österreich

Ähnlich wie in Süddeutschland ist das Sprachleben Österreichs geprägt vom fließenden Übergang zwischen rein standardsprachlichen und rein dialektalen Strukturen, wobei nur diese beiden Pole des sprachlichen Kontinuums strengen lautlich-grammatischen Regeln unterliegen. Die meisten Redeereignisse bewegen sich aber zwischen diesen Polen. Es hat sich als zweckmäßig erwiesen, die ganze Bandbreite dazwischen als »Umgangssprache« zusammenzufassen, obwohl die Art, die Häufigkeit und die Kombination der Dialekt- und Standardelemente durchaus ebenfalls gewissen Regularitäten unterliegt. Es gibt also sozusagen »Register« der Umgangssprache und Abweichungen im gewählten Register – sowohl in Richtung Standard als auch in Richtung Dialekt. Die Wahl des für eine Äußerung dominanten Registers hängt von verschiedenen Parametern ab wie: soziale und regionale Herkunft des Sprechers oder der Sprecherin, Bildungsgrad, Einschätzung der Situation (offiziell vs. privat) und der Gesprächspartner, Thema, emotionale Beteiligung und stilistische Absichten. Diese Parameter bestimmen auch die Schwankungen des Sprechniveaus bei längeren Äußerungen. Solche Schwankungen werden selbstverständlich von österreichischen »Muttersprachlern« bemerkt und interpretiert, während sie von Außenstehenden summarisch als dialektal wahrgenommen werden. Es ist in diesem Zusammenhang auch darauf hinzuweisen, dass der Registerwechsel von den Sprechern unterschiedlich souverän beherrscht wird. Alle diese Aussagen sind für das dialektal alemannisch geprägte Bundesland Vorarlberg nur eingeschränkt gültig. Dort ist der Übergang zwischen Dialekt und Standardsprache viel abrupter. Auch zwischen den alpinen, vorwiegend ländlichen Regionen und dem stärker städtisch-industriell geprägten Donauraum gibt es diesbezüglich graduelle Unterschiede.

Regionale Differenzierung innerhalb Österreichs

Der größte Teil Österreichs gehört gemeinsam mit Bayern und Südtirol dem bairischen Dialektraum an, wobei im Wesentlichen der Donauraum dem Mittelbairischen und der Alpenraum dem Südbairischen zuzuordnen sind. Vorarlberg und geringe Teile des westlichen Nordtirols gehören, ebenso wie die Schweiz und das südliche Südwestdeutschland, zum alemannischen Dialektraum. Die Dialekträume decken sich also weder mit der Staatsgrenze noch mit der innerösterreichischen politischen Gliederung in Bundesländer.

Das wirkt sich auch auf der Ebene der Standardsprache aus. Dort gibt es einerseits einen Wortschatzanteil, der im gesamten österreichischen Bundesgebiet gilt – meist handelt es sich dabei um staatlich gebundene politische, soziale, wirtschaftliche, rechtliche und verwaltungstechnische Wörter und Termini. Andererseits ist schon auf standardsprachlicher und besonders im Übergang zur umgangssprachlichen Ebene eine regionale Gliederung zu beobachten, die im Vergleich zum Dialekt viel großräumiger verläuft. Zu unterscheiden sind (vgl. Karte S. XXXIV):

a) ostösterreichisch
b) westösterreichisch
c) südostösterreichisch
d) österreichische Mitte, die grundsätzlich zum Osten gehört, aber an den von Wien ausgehenden Neuerungen keinen Anteil hat, wohl aber Gemeinsamkeiten mit Bayern aufweist.

Gelegentlich ist eine feinere Rasterung notwendig. Dies betrifft besonders die West- und die Ostregion: im Fall der alemannisch-bairischen Region Westösterreich, um zwischen der Verbreitung in der alemannischen bzw. bairischen Landschaft zu unterscheiden, im Fall Ostösterreichs, um dem sprachprägenden, kulturellen Zentrum Wien gerecht zu werden. Auch bei der Dokumentation von Wörtern, die hauptsächlich lokal vorkommende Einrichtungen, Bräuche usw. bezeichnen, kann eine Einschränkung der Regionen vonnöten sein.

Entsprechend der geographischen Grobstruktur des alten Sprachraums gibt es auch auf der Ebene der Standard- und Umgangssprache Wörter, deren Verbreitung nicht auf Österreich bzw. eine Region Österreichs beschränkt ist, sondern über die Staatsgrenzen hinausgeht. Gemeinsamkeiten in der Standardsprache kommen besonders mit Bayern und dem gesamten süddeutschen Raum sowie von Vorarlberg mit der Schweiz und Südwestdeutschland vor.

Zusammenfassung

Deutsch ist in Österreich neben Slowenisch und Kroatisch die in der Bundesverfassung festgeschriebene National- und Amtssprache. Sie wird von 98 % der österreichischen Bevölkerung gesprochen. Alles in allem unterscheidet sich das Standarddeutsch Österreichs nicht stark, aber doch merklich vom Standarddeutsch Deutschlands oder der Schweiz. Die auffälligsten Unterschiede findet man im Wortschatz und in der Aussprache einschließlich der Intonation.

Für den mündlichen Sprachgebrauch stehen verschiedene Ausprägungen von Dialekt, Umgangs- und Standardsprache zur Verfügung, die je nach Grad der Privatheit oder Förmlichkeit der Situation eingesetzt werden können, und zwar je nach Alter, Geschlecht, Herkunft oder Bildungsschicht der Gesprächspartner.

Schweiz

Die Schweiz zählt rund 7,3 Mio. Einwohner (2001). Ungefähr 80 % davon besitzen das schweizerische Bürgerrecht. Im Unterschied zu den anderen Vollzentren des Deutschen ist in der Schweiz Deutsch nicht die einzige gesamtstaatliche Nationalsprache; das Land gliedert sich vielmehr in vier geographisch abgegrenzte Sprachräume (vgl. Karte S. XXXVIX): den deutschen Sprachraum im Norden, Zentrum und Osten, den französischen im Westen, den italienischen auf der Alpensüdseite und den rätoromanischen als nicht mehr zusammenhängendes Gebiet im Südosten. Deutsch wird von 63,7 % der Bevölkerung gesprochen, Französisch von 19,2 %, Italienisch von 7,6 %, Rätoromanisch von 0,6 %, andere Sprachen von 8,9 %. Der Bevölkerungsanteil der Ausländer beträgt ungefähr 20 %, was dazu führt, dass einzelne Zuwanderer-Sprachen (z. B. Serbisch, Kroatisch oder Türkisch) einen wesentlich höheren Prozentanteil besitzen als die Landessprache Rätoromanisch.

In der viersprachigen Schweiz bilden die Deutschsprachigen mit einem Bevölkerungsanteil von fast 64 % die deutliche Mehrheit. Dieses innerschweizerische Übergewicht steht aber im Gegensatz zur Stellung der »deutschen Schweiz« (deutschsprachige Schweiz) innerhalb des gesamten deutschen Sprachgebietes. Hier nimmt sie eher eine Randstellung ein, sieht sie sich doch mit nur viereinhalb Mio. Sprechern

Schweiz: Sprachgebiete

mehr als achtzig Mio. Deutschen und acht Mio. Österreichern gegenüber. Geographisch bildet sie den äußersten südwestlichen Zipfel des deutschen Sprachgebiets, gegen Süden abgegrenzt durch die Alpenkette, im Westen angrenzend an das französische Sprachgebiet.

Die Stellung der Standardsprache in der deutschen Schweiz

Die Sprachsituation in der deutschen Schweiz ist geprägt vom Nebeneinander von Dialekt (Mundart) und Standardsprache (einer so genannten »Diglossie«). Im alltäglichen Verkehr unter deutschsprachigen Schweizerinnen und Schweizern wird fast ausschließlich örtlicher Dialekt gesprochen. Nur in bestimmten formalen Situationen kommt die Standardsprache in ihrer spezifisch schweizerischen Ausprägung (Schweizerhochdeutsch) zur Anwendung. In vielen dieser Situationen stützen sich die Sprecher auf ein Manuskript. Das gilt für die Rede in einer Versammlung, die Voten der Politiker im Parlament, die Plädoyers der Anwälte vor Gericht, für die Predigt in der Kirche, Nachrichten und Kommentare im Radio und für die Vorlesung an der Universität. Das freie Gespräch in der Standardsprache ist fast ausschließlich auf den Unterricht an Schule und Universität und auf die Kommunikation mit Nicht-Dialektsprechern beschränkt.

Während mündlich fast konsequent Dialekt benützt wird, verwendet man schriftlich in aller Regel die Standardsprache (»Hochdeutsch«). Der Dialekt spielt hier – abgesehen von kleinen privaten Mitteilungen – keine wesentlich andere Rolle als in den übrigen deutschsprachigen Ländern.

Das Standarddeutsche ist für die Schweizer jeglicher sozialer Herkunft vor allem Schul- und Schriftsprache. Dies hat große Auswirkungen nicht nur auf die Sprechfertigkeit in der Standardsprache, sondern auch auf den aktiven Wortschatz und die kommunikativen Fähigkeiten insgesamt. Die Schweizer und Schweizerinnen können sich in der Standardsprache relativ gut über alles unterhalten, was Thema des Schulunterrichts ist oder war. Dagegen fehlt vielen der präzise standardsprachliche Wortschatz, wenn es beispielsweise um das Essen oder die Küche, die Einrichtungsgegenstände in der Wohnung oder um das spontane Äußern von Emotionen geht (z.B. fluchen, trösten, loben, »Pillow-Talk«). Über solche, in schriftlichen Texten eher selten abgehandelten Belange sprechen die allermeisten deutschsprachigen Schweizer ausschließlich im Dialekt, so dass die Umstellung auf die Standardsprache vielen schwer fällt. Mangelnde Übung verbunden mit der Erinnerung an Schulsituationen verursacht häufig eine gewisse Scheu vor dem Gebrauch der Standardsprache.

Zur Abgrenzung von Dialekt, Umgangssprache und Standardsprache in der deutschen Schweiz

Die Diglossie hat zur Folge, dass in der deutschen Schweiz immer entweder Dialekt oder Standardsprache gesprochen wird. Es gibt keine fließenden Übergänge (ein so genanntes »Dialekt-Standard-Kontinuum«) zwischen den beiden Sprachformen, ebenso fehlt eine überregionale, aus dem Standard abgeleitete Umgangssprache. Die Sprachen des alltäglichen Umgangs bilden die Dialekte. Angehörige verschiedener Dialektgebiete bemühen sich, wenn sie miteinander kommunizieren, höchstens um einen etwas gemäßigten Dialekt, der allzu kleinräumige Eigenheiten vermeidet.

Trotzdem gibt es Abgrenzungsprobleme zwischen Dialekt und Standardsprache, denn die beiden Sprachformen beeinflussen sich gegenseitig. Laute, Wörter und ganze syntaktische Konstruktionen werden aus der Standardsprache in den Dialekt aufgenommen und Dialektelemente gelangen in die Standardsprache. Relevant für das vorliegende Wörterbuch sind vor allem die aus dem Dialekt stammenden Wörter, die in die Standardsprache aufgenommen wurden. Einige davon sind als bloße Dialektzitate zu verstehen (z.B. Fluch- und Schimpfwörter in der Wiedergabe mündlicher Rede, etwa *Cheib* ›Lump‹ in Sätzen wie »Man hielt mich für einen arroganten, reichen Cheib«), andere dagegen sind akzeptierte schweizerische Varianten der deutschen Standardsprache (z.B. *Plättli* für ›Keramikplatten‹).

Eindeutige Kriterien dafür, welche Wörter ausschließlich dem Dialekt zuzurechnen oder allenfalls Grenzfälle des Standards sind, fehlen bislang. So gibt es Wörter, die zwar formal oder lautlich eindeutig schweizerische Dialektmerkmale aufweisen wie z.B. *Müesli* bzw. in Österreich und Deutschland *Müsli*, die sich aber trotzdem im gesamten deutschen Sprachraum (im vorliegenden Fall sogar darüber hinaus) durchgesetzt haben und deshalb in einem Standardwörterbuch erscheinen müssen. Auf der anderen Seite finden sich Wörter wie *erlicken* ›herausfinden‹, *blutt* ›nackt‹, *Finken* ›Pantoffel‹, die zwar in ihrer äußeren Form unauffällig sind und nach diesem Kriterium ohne weiteres dem Standard angehören könnten, von vielen Deutschlehrern aber in einem standardsprachlichen Text nicht akzeptiert werden. Für die Entscheidung über die Aufnahme in das Wörterbuch konnte daher nicht von formalen Kriterien ausgegangen werden. Vielmehr wurden dafür ihre Häufigkeit in Standardtexten, geographische Verbreitung, soziale oder stilistische Prägung, bisherige Bewertung durch Wörterbücher, Bewertung durch Normautoritäten und Modellsprecher und ihr Vorkommen in Vorbildtexten mitberücksichtigt. Aus dem Dialekt stammende Wörter wurden, wenn sie im Standard in verschiedenen Kontexten belegbar und nicht als Dialekt-Zitate zu verstehen waren, großzügig aufgenommen.

Regionale Differenzierung innerhalb der deutschen Schweiz

Trotz deutlicher Unterschiede zwischen den Dialekten in den einzelnen Regionen erscheint die deutsche Schweiz auf der Ebene der Standardsprache weitgehend einheitlich. Besonders in der schriftlichen Realisierung der Standardsprache gibt es keine nennenswerten regionalen Unterschiede. Nur einzelne, meist aus dem Dialekt entlehnte Wörter haben regional eingeschränkte Geltung innerhalb der Schweiz (z.B. *Zältli, Täfeli* ›Süßigkeit zum Lutschen‹). Ebenso gibt es Bezeichnungen von politischen oder administrativen Einrichtungen, die nur in bestimmten Kantonen (vgl. Karte S. XXXIX) vorkommen (z.B. *Tagliste* oder *Landamman*).

In der mündlichen Realisierung gibt es dagegen deutlich hörbare regionale Unterschiede bei nicht-professionellen Sprechern. Das Lautsystem des Dialekts wird beim standardsprachlichen Sprechen nicht vollständig abgelegt, so dass einzelne Merkmale der Dialektlautungen noch zu hören sind.

Zusammenfassung

Zusammenfassend kann die Sprachsituation in der deutschen Schweiz wie folgt charakterisiert werden: Alltägliche Umgangssprache ist der Dialekt. Die Standardsprache wird für die alltägliche mündliche Kommunikation unter Deutschschweizerinnen und -schweizern nicht gebraucht. Dialekt und Standardsprache sind strukturell und psychologisch klar getrennt, es gibt keine fließenden Übergänge zwischen den beiden Sprachformen im Sinn eines Dialekt-Standard-Kontinuums. Dialekt und Standardsprache haben verschiedene, deutlich getrennte Funktionen. Der Dialekt wird von allen sozialen Gruppen verwendet und ist daher nicht sozial markiert. Eine Hinwendung der Bildungsschicht zur Standardsprache ist – außer gegenüber Nicht-Schweizern – völlig unbekannt. Durch die Diglossie mit dem Dialekt auf der einen, der Standardsprache auf der anderen Seite hat sich keine weitere Umgangssprache zwischen beiden Sprachformen herausgebildet.

Viele Schweizerinnen und Schweizer haben ein eher distanziertes Verhältnis, teilweise sogar eine negative Einstellung zum mündlichen Gebrauch der Standardsprache. Sie ist die Sprache der Formalität, ohne Bezug zur Alltagswelt. Einige empfinden die Standardsprache im Grunde als Fremdsprache, die in der Schule gelernt werden muss. Sie ist für viele vor allem eine Schriftsprache. Mündlich wird sie nur in bestimmten Situationen gebraucht, in erster Linie in der Schule, an der Universität, im Parlament, in überregionalen Radio- und Fernsehsendungen, teilweise in der Kirche sowie in der Kommunikation mit Fremd- oder Anderssprachigen. Das Übergewicht der Schriftlichkeit in der Standardsprache hat Einfluss sowohl auf ihre lautliche Realisierung (schriftgetreue Aussprache, langsame Sprechgeschwindigkeit, wenig Spontaneität) wie auch auf Syntax (Bestreben nach Korrektheit) und Wortwahl (Tendenz zur Vermeidung salopper Ausdrücke, Fehlen kolloquialer Wendungen). Der Dialekt ist allgemein die Sprache der Nähe, während die Standardsprache die Sprache der Distanz ist.

Deutschland

Deutschland hat eine Gesamteinwohnerzahl von rund 82,3 Mio. (nach amtlichen Angaben aus dem Jahr 2002). Davon sind 91,1 % deutsche Staatsbürger und 8,9 % Ausländer. Es darf davon ausgegangen werden, dass ziemlich alle deutschen Staatsbürger Deutsch sprechen; für die meisten von ihnen ist es die Muttersprache. Auch die meisten Ausländer in Deutschland können sich auf Deutsch verständigen, viele sogar ausgezeichnet; ein in seiner Größenordnung nicht bekannter, kleinerer Teil beherrscht jedoch Deutsch nur rudimentär oder fast gar nicht, was der Gettoisierung in Großstädten Vorschub leistet. Deutsch ist einzige Amtssprache Deutschlands auf gesamtstaatlicher Ebene, was so selbstverständlich ist, dass die Verfassung auf die ausdrückliche Feststellung verzichtet. Daneben gibt es in Deutschland geschützte alteinheimische (autochthone) Minderheitssprachen: Sorbisch, das zur slawischen Sprachfamilie gehört und das in der Lausitz in Sachsen regionale Amtssprache ist (60.000 Sprecher); Dänisch, das im nördlichen Schleswig-Holstein in einigen Orten Schul-

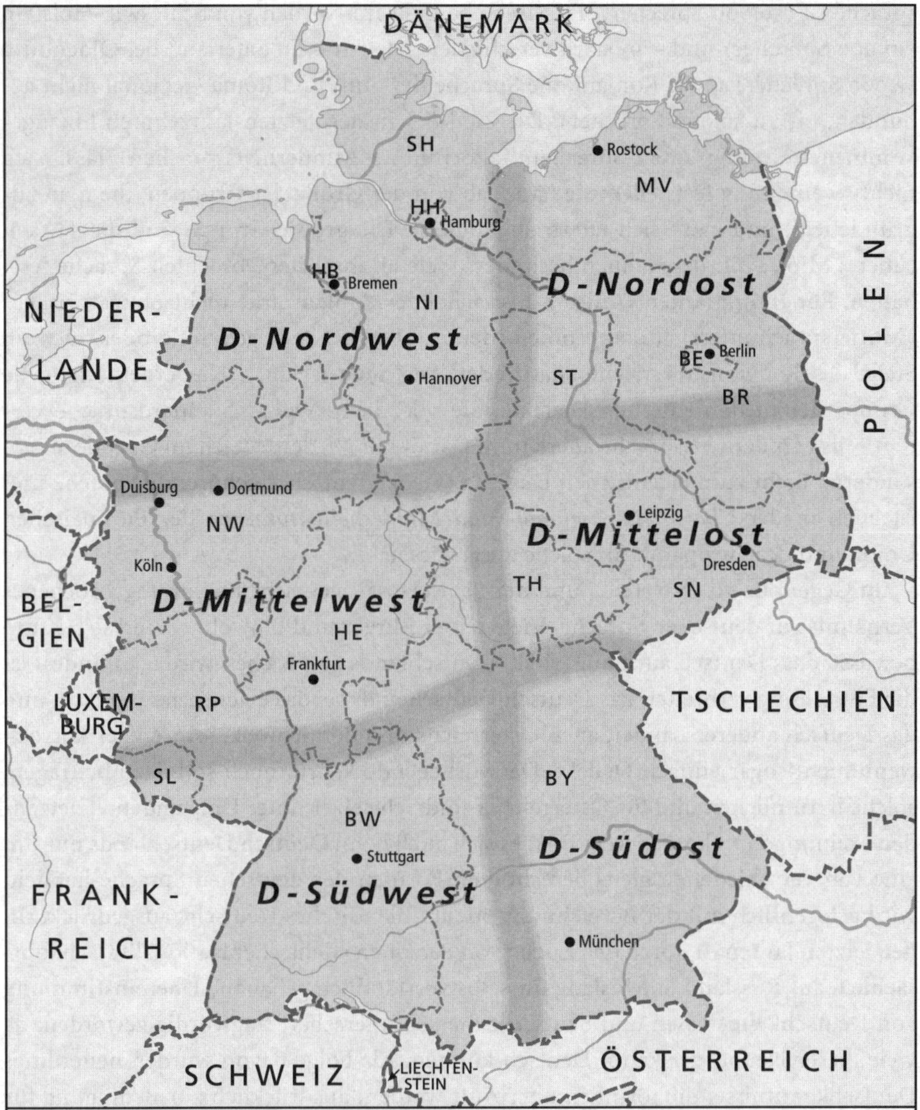

Deutschland: Sprachgebiete

0 200 km

Schematische Grenzzone zwischen den Sprachgebieten

Kartographie: Harald Krähe

BE Berlin
BR Brandenburg
BW Baden-Württemberg
BY Bayern
HB Bremen
HE Hessen
HH Hamburg
MV Mecklenburg-Vorpommern
NI Niedersachsen
NW Nordrhein-Westfalen
RP Rheinland-Pfalz
SH Schleswig-Holstein
SL Saarland
SN Sachsen
ST Sachsen-Anhalt
TH Thüringen

sprache ist (50.000 Sprecher), Friesisch ebenfalls im Norden von Schleswig-Holstein (10.000 Sprecher) und – in stark verschiedener Form – im Saterland bei Oldenburg (2.000 Sprecher) sowie Romani, die Sprache der Sinti und Roma (regional nicht gebunden, bis zu 50.000 Sprecher). Die Zahl der in den letzten Jahrzehnten hinzugekommenen Immigranten-Sprachen (allochthone Minderheitssprachen) lässt sich nicht so eindeutig feststellen; sie hängt ab von der Größe der Gruppen, die man zugrunde legt, und kann sich kurzfristig ändern. Die größte Gruppe sind die Türken (über 3 Mio.), von denen auch besonders viele an ihrer hergebrachten Sprache festhalten. Für Immigranten wird bei ausreichender Zahlenstärke nicht-obligatorischer »Muttersprachunterricht« angeboten, der zusätzlich zur Regelschule oder auch an Stelle des Religionsunterrichts stattfindet. Seit 1999 ist auch Niederdeutsch – die Gruppe der niederdeutschen Dialekte, die über keine eigene Standardsprache verfügt – als Minderheitssprache anerkannt. Damit gilt Niederdeutsch im Grunde als gesonderte, nicht zum eigentlichen Deutsch (»Hochdeutsch«) gehörende Sprache und ist auch in der *Charta für Regional- und Minderheitensprachen* der Europäischen Union und des Europarats als solche ausgewiesen.

Im Gegensatz zu Österreich und der Schweiz hat Deutschland ein ungebrochenes Verhältnis zur deutschen Sprache. Viele seiner Bürger und Einwohner sind sich kaum bewusst, dass Deutsch auch außerhalb Deutschlands gesprochen wird. Zumindest ist die Einstellung verbreitet, das Deutsch Deutschlands sei das eigentliche Deutsch, und das Deutsch anderer Länder, auch Österreichs und der Schweiz, sei weniger korrekt, wenn nicht sogar einfach Dialekt. Das vorliegende Wörterbuch soll dazu beitragen, solche irrtümlichen und für Österreicher und Schweizer unter Umständen verletzenden Meinungen zu korrigieren. Dass es sich auch beim Deutsch Deutschlands nur um eine von verschiedenen gleichberechtigten Formen der deutschen Sprache handelt, wird gelegentlich mit der Bezeichnung »deutschländisches Deutsch« ausgedrückt. In den letzten Jahren ist durch den Zuzug von Personen »deutscher Nationalität«, hauptsächlich aus Russland, die bislang für selbstverständlich gehaltene Übereinstimmung von Deutschkenntnissen und deutscher Staatsbürgerschaft fragwürdig geworden, da viele dieser Neubürger kaum Deutsch können. Als Folge davon wurden neuerdings Deutschkenntnisse, die förmlich überprüft werden, ausdrücklich zur Bedingung für die Einbürgerung gemacht.

Die Stellung der Standardsprache in Deutschland

In Deutschland ist die Standardsprache allgemein die normale Form öffentlicher Rede und schriftlicher Texte, zumindest der Sach- und Fachtexte. Der Dialekt (die Mundart) bleibt mündlich weitgehend beschränkt auf die Privatsphäre und die nicht-öffentliche Kommunikation am Arbeitsplatz, ferner auf das so genannte Volkstheater auf der Bühne und im Rundfunk sowie schriftlich auf bestimmte Formen belletristischer Literatur (Dialektdichtung). Zwar gibt es immer wieder Abweichungen von dieser groben Regel, jedoch werden sie dann eben auch als solche empfunden. Der Ausdruck »Standardsprache« wird oft missverstanden im Sinne völliger überregionaler Einheitlichkeit. Die Einheitlichkeit ist tatsächlich viel größer als bei den regional stark diversifizierten Dialekten. Jedoch gibt es auch in der Standardsprache gewisse regionale Unterschiede innerhalb Deutschlands, vor allem zwischen Norden und Süden, schriftlich und erst recht mündlich. Der in standardsprachlicher Rede beibehaltene Akzent verrät meist die großräumige regionale Herkunft (regionale Standardsprache). Nur Berufssprecher und -sprecherinnen verwenden »reine Hochlautung«, die sich innerhalb Deutschlands keiner bestimmten Region zuordnen lässt.

Die Standardsprache ist Lehrziel und Unterrichtssprache in den Schulen. Der Dialekt dient in den Schulen nur als Hilfsmittel, um den Dialekt sprechenden Kindern den Übergang zur Standardsprache zu erleichtern. Damit hängt es zusammen, dass die erkennbar unzureichende Beherrschung der Standardsprache bei Erwachsenen oft als Zeichen mangelnder Bildung gilt. Aus diesem Grunde meiden die »höheren«, bildungsorientierten Sozialschichten das ausgeprägte Dialektsprechen sogar in der Privatsphäre. Es gibt also Unterschiede im Gebrauch von Dialekt und Standardsprache zwischen den sozialen Schichten. Dieser Schichtenunterschied ist allerdings nicht ohne weiteres erkennbar, denn er wird überlagert von der situationsspezifischen Variation. Alle Schichten tendieren in der Öffentlichkeit eher zur Standardsprache und in der Privatsphäre eher zum Dialekt. Die Variationsbreite zwischen Dialekt und Standardsprache ist jedoch bei den Sozialschichten unterschiedlich. Außerdem wird auf dem Land mehr Dialekt gesprochen als in der Stadt.

Die Stellung von Standardsprache und Dialekt ist im Norden und Süden Deutschlands verschieden. Im Norden sind die niederdeutschen Dialekte, die nach Auffassung vieler Sprachwissenschaftler gar nicht zur deutschen Sprache im engeren Sinn (»Hochdeutsch«) zählen (vgl. voriges Kapitel), weitgehend verschwunden. Im alltäglichen Sprachgebrauch finden sich meist nur noch Reste von ihnen in Aussprache, Wortschatz und Grammatik. Allerdings sind diese Reste durchaus auffällig und gelten, soweit sie im Bereich der Grammatik liegen, oft als Sprachfehler und Zeichen von Unbildung (*ohne ihr, mit sie*). Dementsprechend ist auch die Verteilung solcher niederdeutschen Dialektreste auf die Sozialschichten markant. Wegen der Relikthaftigkeit des Dialekts kann man vereinfacht auch vom *Dialektschwund* im Norden Deutschlands sprechen. Im Süden ist der Dialekt dagegen noch weithin im Gebrauch. Dabei gibt es zwischen dem nördlichen Gebiet des Dialektschwunds und dem südlichen Gebiet des verbreiteten Dialektgebrauchs keine scharfe Grenze, sondern einen breiten Übergangssaum in der mittleren Region (vgl. Karte S. XLIII). Charakteristisch für das Verhältnis zwischen Standardsprache und Dialekt im Süden ist der fließende Übergang zwischen den beiden Polen, den man als »Gradualismus« oder »Kontinuum« zwischen Dialekt und Standardsprache bezeichnet. Ein und dieselbe Person kann sich beim Sprechen – je nach Öffentlichkeitsgrad der Situation – in gleitenden Übergängen mal mehr zur Standardsprache und mal zum Dialekt hin bewegen. Ein solches Dialekt-Standard-Kontinuum unterscheidet sich auffällig von der »Diglossie« in der deutschsprachigen Schweiz, wo man deutlich umschaltet zwischen Dialekt und Standardsprache. Das Dialekt-Standard-Kontinuum wird innerhalb der Region und von außen unterschiedlich wahrgenommen. Was z.B. für die Sprachteilnehmer selbst ein mittleres Niveau zwischen Dialekt und Standardsprache darstellt, kann Außenstehenden als »breiter« Dialekt erscheinen. Daher auch die im Norden Deutschlands kursierende Vorstellung, dass man in Süddeutschland generell Dialekt spricht.

Zur Abgrenzung von Dialekt, Umgangssprache und Standardsprache in Deutschland

Einigermaßen eindeutig identifizierbar sind die Pole im Spektrum von Dialekt und Standardsprache: der ausgeprägte Dialekt auf der einen und die überregionale Standardsprache auf der anderen Seite. Dagegen ist die Abgrenzung von Zwischenstufen zwischen Standardsprache und Dialekt schwierig, wenn nicht unmöglich. Die vielfältigen Abstufungen sowie andere, nicht ohne weiteres öffentlichkeitsfähige Sprachformen (Jargon, Slang, »Jugendsprache«) werden gerne zusammenfassend als »Umgangssprache« bezeichnet. Zusätzlich verwirrend ist dabei, dass der Ausdruck »Umgangssprache« zumindest in zwei grundlegend verschiedenen Bedeutungen gebraucht wird:

1) im Sinne bestimmter Sprachformen zwischen Dialekt und Standardsprache,
2) im Sinne der im alltäglichen »Umgang« vorherrschenden Sprachformen, seien sie Dialekt oder Standardsprache.

Die Bedeutung 2) liegt etwa vor in Äußerungen wie: »Die Umgangssprache in Süddeutschland ist der Dialekt«. Im Sinne von Bedeutung 1) wäre diese Aussage unsinnig, da hier Umgangssprache und Dialekt als verschiedene Sprachformen grundsätzlich auseinander zu halten sind. Für das vorliegende Wörterbuch ist es wichtig, dass die Abgrenzung der Umgangssprache im Sinne von 1) von regionaler Standardsprache, die in das Wörterbuch aufgenommen werden soll, schwierig ist. Bei vielen Wörtern, die im vorliegenden Wörterbuch als »Grenzfall des Standards« markiert sind, war diese Abgrenzung letztlich Ermessenssache. Die Abgrenzung wird zusätzlich dadurch erschwert, dass gemeinhin als umgangssprachlich eingeschätzte Sprachformen oft auch in ansonsten standardsprachlichen Texten verwendet werden, um bestimmte stilistische Effekte zu erzielen. Dies steht im Einklang mit der heute verbreiteten Tendenz, schriftliche Texte durch Einbeziehung mündlicher Sprachformen lebendiger zu gestalten.

Regionale Differenzierung innerhalb Deutschlands

Auf der Ebene der Dialekte ist Deutschland geographisch vielfältig differenziert. Besonders groß sind die Unterschiede von Süden nach Norden. Eben deshalb werden die im Norden – wenn auch nur noch in Resten – gesprochenen niederdeutschen Dialekte als gegenüber dem »Hochdeutschen« eigenständige Sprache gewertet. Die größeren Dialektgebiete sind ziemlich allgemein bekannt (Alemannisch, Schwäbisch, Bairisch usw.). Für Fachwissenschaftler ist die Einteilung und Abgrenzung allerdings keineswegs eindeutig, so dass verschiedene Wissenschaftler unterschiedlich viele Dialektgebiete feststellen. Außerdem sind die Grenzen zwischen den Dialektgebieten unscharf und bilden oft breite Übergangszonen. Auf der Ebene der Standardsprache ist die regionale Differenzierung viel geringer. Immerhin lassen sich aber auch hier noch mindestens sechs große Regionen unterscheiden (vgl. Karte S. XLIII), zwischen denen Unterschiede im Wortschatz, in der Aussprache und teilweise sogar in der Grammatik bestehen. Diese Unterschiede, vor allem die der Aussprache, sind größtenteils bedingt durch die zugrunde liegenden Dialekte.

Zusammenfassung

In Deutschland gibt es neben der deutschen Sprache mehrere alteinheimische Minderheitssprachen: Sorbisch, Dänisch, Friesisch und das Niederdeutsche, das nicht vorbehaltlos als eigenständige Sprache bewertet wird, sowie Romani. Hinzu kommen unbestimmt viele Immigrantensprachen wie Türkisch, Kroatisch usw. Die Dialekte sind im Norden (niederdeutsche Dialekte) stark geschwunden. Im Süden aber wird noch weithin Dialekt gesprochen, wobei die Übergänge vom Dialekt zur Standardsprache fließend sind (Dialekt-Standard-Kontinuum). Der Gebrauch von Dialekt oder Standardsprache ist abhängig von der sozialen Schichtzugehörigkeit der Sprecher und von der Sprechsituation: Standardsprache wird mehr von den Bildungsschichten und in öffentlichen Situationen, Dialekt eher von bildungsferneren Schichten und in der Privatsphäre gesprochen. Außerdem ist in den Städten die Standardsprache gebräuchlicher als auf dem Land. Die Abgrenzung der Standardsprache von der Umgangssprache ist bisweilen schwierig. Im Gegensatz zur deutschsprachigen Schweiz, und bis zu einem gewissen Grad auch zu Österreich, sprechen in Deutschland beträchtliche Teile der Bevölkerung auch im privaten Bereich Standardsprache, die allerdings in aller Regel regional gefärbt ist. Überregionale Hochsprache (Hochlautung) ist weitgehend beschränkt auf Berufssprecher.

Die nationalen Halbzentren des Deutschen

Liechtenstein

Das Fürstentum Liechtenstein (vgl. Karte S. XXXIII), eine konstitutionelle Erbmonarchie auf parlamentarischer Grundlage, liegt zwischen der Schweiz und Österreich. Es hat rund 33.000 Einwohner, von denen 34 % Ausländer sind, vor allem Schweizer, Österreicher und Deutsche – in dieser zahlenmäßigen Rangfolge (Zahlen im Jahr 2000). Die einzige Amtssprache ist Deutsch, das auch einzige Unterrichtssprache in den Schulen ist. Das in Liechtenstein gebräuchliche Standarddeutsch ist vor allem beeinflusst vom Standarddeutsch der Schweiz (»Schweizerhochdeutsch«), aus historischen und geographischen Gründen ist aber auch der Einfluss Österreichs stark. Das Standarddeutsch Liechtensteins verfügt jedoch über einige Besonderheiten im Wortschatz, die in das vorliegende Wörterbuch aufgenommen sind. Das Verhältnis von Standardsprache zu Dialekt gleicht in mancher Hinsicht dem in der deutschsprachigen Schweiz. Es kann als Diglossie bezeichnet werden, insofern Standardsprache und Dialekt recht klar auseinander gehalten werden, im Gegensatz zu einem Dialekt-Standard-Kontinuum. Unter der einheimischen Bevölkerung wird in der Privatsphäre allgemein ausgeprägter Dialekt gesprochen. Standarddeutsch ist auf den schriftlichen Gebrauch und die öffentliche Sphäre beschränkt, wenn auch nicht so strikt auf ganz wenige öffentliche Bereiche wie in der deutschsprachigen Schweiz. Liechtenstein gehört wie die deutschsprachige Schweiz zum alemannischen Dialektgebiet. Das Land verfügt über keine eigene Volluniversität, was – neben seiner Kleinheit – die Ausbildung standardsprachlicher Besonderheiten erschwert.

Luxemburg

Das Großherzogtum Luxemburg (Karte S. XXXIII) – wie Liechtenstein eine parlamentarische Monarchie – hat rund 440.000 Einwohner, von denen 37 % Ausländer sind: vor allem Portugiesen, Italiener, Franzosen, Belgier und Deutsche, in dieser zahlenmäßigen Rangordnung. Luxemburg verfügt über drei Amtssprachen: Französisch, Deutsch und Letzeburgisch (»Lëtzebuergesch«), wobei Letzteres zugleich die Nationalsprache des Landes ist. Französisch hat als Gesetzessprache einen gewissen Vorrang; allerdings ist Deutsch Einschulungssprache, in der Lesen und Schreiben gelernt wird. Im zweiten Schuljahr tritt Französisch als Schulfach hinzu und wird auf der Sekundarstufe hauptsächliche Unterrichtssprache, neben Deutsch und teilweise auch Englisch. Die Stellung des Französischen wird durch die überwiegend aus romanischsprachigen Ländern kommenden Ausländer zusätzlich gestärkt.

Die in Luxemburg von der einheimischen Bevölkerung gesprochenen Varietäten gelten als Dialekte nicht der deutschen, sondern der letzeburgischen Sprache. Dialektgeographisch lassen sie sich dem Moselfränkischen zuordnen. Der stark vom Französischen beeinflusste moselfränkische Dialekt ist in Luxemburg durch Verschriftung, Standardisierung und amtliche Verwendung (Ausbau) zu der eigenständigen Sprache Letzeburgisch entwickelt worden. Die einheimische Bevölkerung spricht im privaten Bereich Dialekt, der sich allerdings verhältnismäßig wenig vom Standardletzeburgischen unterscheidet. Innerhalb der letzeburgischen Sprache besteht ein Dialekt-Standard-Kontinuum von geringer Spannweite (Ähnlichkeit von Dialekt und Standardsprache).

Standarddeutsch, auch die luxemburgische Ausprägung, ist für die Luxemburger streng genommen Fremdsprache, steht ihnen allerdings wegen der Ähnlichkeit mit dem Letzeburgischen und wegen seiner Rolle als ihre Einschulungssprache näher, als es die Bezeichnung »Fremdsprache« vermuten lässt. Aufgrund der negativen Erfahrungen der Luxemburger mit Deutschland in der Vergangenheit, vor allem in der Zeit des Nationalsozialismus, wird Deutsch dennoch in allen Bereichen mit nationaler Symbolik (z. B. öffentliche Aufschriften) und im persönlichen Bereich (z. B. Familienanzeigen in Zeitungen) gemieden. Die Ähnlichkeit zwischen Letzeburgisch und Deutsch verursacht gelegentliche Abgrenzungsschwierigkeiten und fördert gegenseitige Entlehnungen. Das Luxemburger Standarddeutsch ist zudem beeinflusst vom Französischen, das teilweise höheres Prestige und eine prominentere Funktion hat, auch an den beiden Hochschulen des Landes *(Centre Universitaire de Luxembourg, Institut Pédagogique de Luxembourg-Walferdange)*. Feste Entlehnungen aus dem Französischen und Letzeburgischen sind in das vorliegende Wörterbuch aufgenommen.

Südtirol

Deutsch ist in der zu Italien gehörenden Autonomen Provinz Bozen-Südtirol (vgl. Karte S. XXXIII) gleichberechtigte Amtssprache, neben Italienisch. Bezogen auf das ganze Staatsgebiet Italiens ist Deutsch nur regionale Amtssprache. Südtirol hat kulturelle Autonomie und verfügt über einen eigenen Landtag und eine eigene Regierung, ist jedoch zugleich Teil der größeren Region Trentino-Südtirol. Bei dieser liegen allerdings nur noch wenige Befugnisse.

Im Jahr 2000 zählte Südtirol 461.600 Einwohner. Bei der Volkszählung im Jahre 1991 erklärten sich von den damals 435.000 Einwohnern 68 % der deutschen, 28 % der italienischen und 4 % der ladinischen Sprachgruppe zugehörig. Diese Selbstzuordnung (Bekenntnisprinzip statt Feststellungsprinzip) dürfte weitgehend mit dem bevorzugten tatsächlichen Sprachgebrauch übereinstimmen. Die deutsche und die italienische

Sprachgruppe Südtirols haben getrennte Schulen, in denen die eigene Sprache Unterrichtssprache ist. Allerdings wird die jeweils andere Sprache als Zweitsprache (erste Fremdsprache) mit hoher Stundenzahl unterrichtet. Die Kontakte zu Österreich, aber auch zu Deutschland und der deutschsprachigen Schweiz, sind intensiv; aus Deutschland kommen vor allem viele Touristen. Trotz dieser Kontakte und der getrennten Schulen waren die Einflüsse des Italienischen auf das Standarddeutsch Südtirols in der Nachkriegszeit beträchtlich, besonders in der amtlichen Terminologie und in Ausdrücken der Gastronomie. Mehr als das Nebeneinander beider Sprachen hat dabei die Notwendigkeit, öffentliche Einrichtungen, Gesetzesbestimmungen usw. zweisprachig zu benennen, die in anderen deutschsprachigen Ländern nicht existieren, zu Entlehnungen und Lehnübersetzungen geführt. Die Zahl neuer Entlehnungen aus dem Italienischen ist allerdings in letzter Zeit stark zurückgegangen. Das Wörterbuch verzeichnet sie nur dann, wenn sie zum festen Bestandteil des Wortschatzes in Südtirol gehören.

In der deutschsprachigen Bevölkerung wird im privaten Bereich weitgehend Dialekt gesprochen, der dialektgeographisch dem Südbairischen zuzuordnen ist und im Westen Übergänge zum Alemannischen aufweist. Standarddeutsch ist die Sprache der Schriftlichkeit und wird mündlich bei offiziellen Anlässen und im Kontakt mit der italienischsprachigen Bevölkerung bevorzugt. Ein Großteil der deutschsprachigen Bevölkerung trennt streng zwischen Dialekt und Standardsprache (Diglossie); teilweise entwickeln sich neuerdings jedoch auch Übergänge zwischen beiden Sprachformen (Dialekt-Standard-Kontinuum). Bisher stehen viele Südtiroler dem Gedanken standardsprachlicher Besonderheiten skeptisch gegenüber.

Deutschsprachige Gemeinschaft in Ostbelgien

Im zweigeteilten Gebiet Ostbelgiens, der so genannten Deutschsprachigen Gemeinschaft (vgl. Karte S. XXXIII), ist Deutsch Amtssprache. Dabei ist es wohl angemessener, von einer regionalen als von einer nationalen Amtssprache Belgiens zu sprechen. Zwar ist die Deutschsprachige Gemeinschaft den beiden anderen »Gemeinschaften« Belgiens, der französischsprachigen wallonischen (südliche Hälfte des Landes) und der niederländischsprachigen flämischen (im Norden des Landes), prinzipiell gleichgestellt, sie verfügt jedoch im Gegensatz zu diesen nicht über eine eigene »Region«, sondern ist Teil der wallonischen Region (Wallonien). Neben der flämischen und der wallonischen Region hat das Land nur noch die Region Brüssel-Hauptstadt. Die Deutschsprachige Gemeinschaft hat rund 71.000 Einwohner (1,1 % der Bevölkerung Belgiens), die sich fast ausnahmslos als deutschsprachig bekennen. Deutsch ist in der Deutschsprachigen Gemeinschaft laut geltenden Bestimmungen zwar einzige Amtssprache und vorrangige Unterrichtssprache in den Schulen, besonders den Primarschulen; jedoch muss auf Antrag jedes Schriftstück auch auf Französisch erstellt werden. Außerdem muss auf der Sekundarstufe ein Teil des Unterrichts auf Französisch stattfinden. Die Deutschsprachige Gemeinschaft verfügt jedoch über ein eigenes Parlament und eine eigene Regierung und hat kulturelle Autonomie.

Nicht nur schriftlich, sondern auch mündlich herrscht das Standarddeutsche vor, besonders in der Öffentlichkeit, aber teilweise auch in der Privatsphäre, wenngleich dort noch Dialekt gesprochen wird. Das Verhältnis von Standarddeutsch zu Dialekt bildet eher ein Kontinuum als eine die beiden Sprachformen streng trennende Diglossie. Dialektgeographisch gehört der nördliche Teil der deutschsprachigen Gemeinschaft (um die Stadt Eupen) überwiegend zum Niederfränkischen und damit schon zum Niederdeutschen, der südliche Teil (um die Stadt St. Vith) dagegen größeren Teils zum Rheinischen, spezieller zum Ripuarischen, mit Übergängen im Süden zum Moselfränkischen. Die Einbindung in die Region Wallonien und sonstige Kontakte fördern Übernahmen aus dem Französischen. Sofern es sich dabei um feste Entlehnungen handelt, die sich nicht immer eindeutig von spontanen Entlehnungen abgrenzen lassen, sind sie – außer im Falle von Fachausdrücken – in das vorliegende Wörterbuch aufgenommen worden. Die Pflege eines spezifischen Deutschs ist durch die Beschränkung des Hochschulwesens der Deutschsprachigen Gemeinschaft auf Fachhochschulen (für die Ausbildung von Kindergarten-, Primarschul- und Krankenpflegepersonal) erschwert.

Nationale und regionale Besonderheiten des Standarddeutschen

Dieses Kapitel gibt eine kurze Übersicht über die wichtigsten nationalen und regionalen Besonderheiten des Standarddeutschen, soweit sie nicht nur einzelne Wörter betreffen. Es handelt sich also um Regelmäßigkeiten, wenn auch oft mit vielen Ausnahmen. Eine vollständige Darstellung wäre allerdings zu aufwändig. Das Folgende beschränkt sich auf die prägnanten Erscheinungen, die Sprachbenutzerinnen und -benutzern als typisch auffallen. Für detailliertere Darstellungen der einzelnen Zentren des Deutschen sei auf das Verzeichnis der Sekundärliteratur im Anhang verwiesen.

Aussprache

Es gibt in allen Regionen des deutschen Sprachgebietes zahlreiche Abweichungen von der in den Ausspracheworterbüchern von Siebs und Duden festgelegten Norm. Diese Idealnorm wird offenkundig nicht strikt befolgt; vielmehr haben sich national und regional differenzierte Gebrauchsnormen des richtigen Sprechens entwickelt, an denen sich die meisten Sprecher orientieren. Auf den tatsächlichen Gebrauchsstandard professioneller oder geübter Sprecherinnen und Sprecher bezieht sich die folgende Beschreibung. Gelegentlich ist allerdings auch dialektnahe Aussprache einbezogen, sofern sie für das gepflegte Sprechen bestimmter Regionen oder Nationen charakteristisch ist.

Allgemeines

In Österreich finden wir eine große Bandbreite von Aussprachegewohnheiten, bei denen zum Teil dialektale Lautung durchklingt, z. B. wienerische Monophthongierung (in *heim, Haus* usw.), Vokaldehnung in Kärnten, Konsonantenerweichung im Donauraum, Ansätze von *kch*-Aussprache des anlautenden *k* in Tirol und alemannischer Einschlag in Vorarlberg. Wie im ganzen deutschen Sprachgebiet ist die dialektale Färbung der standardsprachlichen Aussprache typisch für »volksnahe« Politiker. Anders als in der Schweiz gibt es gleitende Übergänge zwischen Dialekt/Umgangssprache und Standardsprache (Dialekt-Standard-Kontinuum). Auch professionelle Sprecher in den Medien haben beträchtlichen individuellen Spielraum in ihrer Aussprache.

In der Schweiz beschränkt sich der mündliche Sprachgebrauch weitgehend auf den Dialekt. »Schweizerhochdeutsch« wird nur in wenigen Situationen gesprochen. Dabei fehlen gleitende Übergänge zwischen Dialekt und Standardaussprache (Diglossie). Wegen der geringen Verankerung der Standardsprache im mündlichen Sprachgebrauch gibt es trotz des verhältnismäßig kleinen Sprachgebiets eine erhebliche Bandbreite in der Aussprache des Gebrauchsstandards. Trotz der deutlichen Trennung vom Dialekt enthält das Schweizerhochdeutsche oft Elemente dialektaler Aussprache (z. B. *kch-* für *k-*, *scht-* und *schp-* für *st-* bzw. *sp-* im Auslaut, Assimilationen wie *U<u>m</u>fall* für *Unfall* und dergleichen). Von professionellen Sprechern werden sie jedoch weitgehend gemieden. Eine an Norddeutschland orientierte Aussprache im Sinne der Siebs-Norm ist jedoch höchstens auf der Bühne akzeptabel; sie gilt als unschweizerisch und sogar bei professionellen Mediensprechern als unangemessen. Insgesamt orientiert sich die schweizerhochdeutsche Aussprache stark am Schriftbild. So werden Schreibunterschiede wie Doppel- gegenüber Einfach-Konsonanz, die lediglich die Kürze des vorangehenden Vokals kennzeichnet, auch mündlich realisiert. Wörter wie *Sonne, Matte* usw. werden mit deutlich gedehntem *-n-* bzw. *-t-* ausgesprochen. Ebenso wird geschriebenes *ä* auch bei Kurzvokalen manchmal von *e* unterschieden (z. B. in *Wände* gegenüber *Wende*).

Solche Unterschiede sind nach den auf Deutschland ausgerichteten großen Aussprachewörterbüchern unzulässig. Danach dürfen z. B. *ä* und *e* nur bei Langvokalen unterschiedlich ausgesprochen werden. Auch in Deutschland unterscheidet sich allerdings die in den meisten öffentlichen Situationen als korrekt geltende Aussprache von den Festlegungen in den Wörterbüchern, an denen sich nur professionelle Sprecher orientieren. Auffällig ist dabei ein Nord-Süd-Unterschied, der in grober Annäherung entlang der Grenze zwischen der mitteldeutschen und der norddeutschen Region verläuft (vgl. Karte S. XLIII) und sich für verschiedene Sprachformen über das mitteldeutsche Gebiet hin ausfächert. Die süddeutsche und teilweise auch die mitteldeutsche Aussprache hat vieles gemein mit der österreichischen und schweizerischen. Davon deutlich abgesetzt ist die norddeutsche Aussprache. Für sie ist es charakteristisch, dass weiche Konsonanten – Reibelaute gleichermaßen wie Verschlusslaute – zugleich stimmhaft gesprochen werden. Am auffälligsten ist dabei vielleicht das stimmhafte *s* [z] im Anlaut und zwischen Vokalen. Durch die Stimmhaftigkeit der weichen Konsonanten wird der Unterschied zwischen weicher und harter Konsonanz (Lenis gegenüber Fortis) deutlicher als im südlichen deutschen Sprachgebiet (*b, d, g* gegenüber *p, t, k* oder stimmhaft gegenüber stimmlos *s, sch*: *s̲anft* gegenüber *Has̲s̲, Garage* gegenüber *Gamas̲c̲h̲e*). Auffällig ist auch die norddeutsche Vorliebe für Vokalkürze in einsilbigen Wörtern, die auf Plosiv- oder Reibelaut enden (*Rad, Gras* usw.), wobei geschriebenes *g* zugleich als Reibelaut gesprochen wird (*Tag* [tax]).

Aufgrund solcher Nord-Süd-Unterschiede in der Aussprache kursieren gegensätzliche stereotype Vorstellungen. Im südlicheren deutschen Sprachgebiet, vor allem in der Schweiz, findet man die norddeutsche Aussprache zackig, womit aufgrund der neueren deutschen Geschichte auch militaristische Assoziationen einhergehen. Dagegen findet man in Norddeutschland die Aussprache im südlichen deutschen Sprachgebiet gelegentlich breiig und undeutlich.

Sprechtempo und -melodie

Im Sprechtempo gibt es hörbare Unterschiede zwischen den nationalen Zentren des Deutschen. Es ist in der Schweiz im Durchschnitt langsamer als in Österreich und in Deutschland. Gerade geübte Sprecher sprechen in der Schweiz langsamer und machen längere Pausen. Der Tonhöhenverlauf ist bei den Schweizern oft markanter.

Einer der auffälligsten Unterschiede zwischen norddeutscher, teilweise auch mitteldeutscher Standardaussprache einerseits und süddeutscher, österreichischer und schweizerhochdeutscher andererseits besteht im harten Stimmeinsatz zur Kennzeichnung der Wortzwischenräume und Silbenschnitte. Im nördlichen Teil des deutschen Sprachgebiets ist bei Wörtern oder Silben, die mit einem Vokal beginnen, ein Stimmritzenverschluss (Glottostop) vorgeschaltet, wodurch sie von der vorausgehenden Einheit deutlich abgesetzt sind (z. B. in Wortfolgen wie *im Allgemeinen, ein Auto* usw. und bei mit Vokal beginnenden Silben wie in *Ver|ein, ge|eint* usw.). Dagegen gehen im südlichen Teil des deutschen Sprachgebiets, besonders in der Schweiz und in Österreich, solche Lautfolgen nahtlos ineinander über. Dieser Unterschied trägt zum härteren, staccatohaften Eindruck des nördlichen Deutschs für österreichische und schweizerische Ohren bzw. zum breiigen Eindruck des südlicheren Deutschs für norddeutsche Ohren bei.

In Österreich ist die Sprechmelodie auch im Zusammenhang mit der Vokalbetonung zu sehen. Statt des in Deutschland, vor allem im nördlichen Teil, geltenden Volltons in der betonten Silbe und des Murmel- oder Schwa-Lauts in der Nebensilbe (z. B. in *Leben*) steht in Österreich stärker betonter Vokal schwach betontem Vokal gegenüber. Statt dem Schwa-Laut [ə] in der schwach betonten Silbe wird offenes *e* [ɛ] gesprochen, jedenfalls bei nichtprofessionellen Sprechern. Dadurch entsteht ein stärkerer Wechsel zwischen betont und unbetont, den Deutsche bisweilen als Singsang empfinden. Auch in der Schweiz wird in unbetonten Endsilben (z. B. *-el, -em, -en, -er*) kein Schwa-, sondern voller Vokal gesprochen. Im deutschen, vor allem im norddeutschen Deutsch sind diese Endsilben auf einen silbischen Konsonanten reduziert [l̩, m̩, n̩, r̩] oder fallen ganz weg, z. B. [kɔm̩] für *kommen*.

Wortbetonung

Einfache Wörter, die weder zusammengesetzt noch abgeleitet sind, werden im Deutschen in allen Regionen auf der ersten Silbe oder auf der Stammsilbe betont. Dagegen gibt es nationale und regionale Besonderheiten bei Zusammensetzungen und Ableitungen. Wenn die erste Silbe nicht zugleich die Stammsilbe ist, so wird von Fall zu Fall die Erstsilbe oder die Stammsilbe betont. In Österreich und der Schweiz, aber auch im südlichen Deutschland neigt man stärker zur Erstsilbenbetonung, im nördlichen Deutschland stärker zur Stammsilbenbetonung (z. B. *absichtlich* gegenüber *absichtlich, unglaublich* gegenüber *unglaublich*), wobei dieser Gegensatz keineswegs bei allen entsprechenden Wörtern auftritt. Auch bei Lehn- und Fremdwörtern kann man ähnliche Unterschiede beobachten: Erstsilbenbetonung im Süden gegenüber Zweit- oder Drittsilbenbetonung im Norden (z. B. *Anis* gegenüber *Anis*). Den umgekehrten Fall der Zweitsilbenbetonung im Süden gegenüber Erstsilbenbetonung im Norden findet man seltener (z. B. in *Motor* gegenüber *Motor, Orient* gegenüber *Orient*).

Buchstabierte Abkürzungen werden in Österreich und Deutschland gewöhnlich auf der letzten Silbe betont (z. B. *AHS, ÖBB, SPD, CDU* usw.), in der Schweiz dagegen auf der ersten Silbe (z. B. *AHV, SBB*).

Vokale

Vokallänge und -kürze

Bei Länge und Kürze des Vokals in betonter Silbe gibt es zahlreiche nationale und regionale Ausspracheunterschiede. Dabei ist aber zu bedenken, dass nur Tendenzen angegeben werden können. Die Regionen sind in sich nicht immer einheitlich, und die Unterschiede sind großenteils sehr unregelmäßig und gelten nicht für alle Fälle. Sie könnten daher nur anhand von Wortlisten aufgezeigt werden. So wird z.B. *Andacht* im nördlichen und mittleren Deutschland mit kurzem Stammvokal gesprochen, in der Schweiz und in Teilen Süddeutschlands dagegen mit langem Stammvokal. In dem Wort *Städte* ist die regionale Verteilung kurzer und langer Aussprache dagegen ungefähr umgekehrt. In einzelnen Fällen erstrecken sich solche Unterschiede auch auf Elemente der Wortbildung wie z.B. in den Nachsilben *-atik, -atisch,* in denen das *a* in Norddeutschland lang, im südlichen deutschen Sprachgebiet dagegen manchmal, in Österreich immer, kurz gesprochen wird (z.B. *Thematik, programmatisch*). Häufig finden sich außerdem nationale und regionale Unterschiede der Länge und Kürze des Vokals in Silben, die auf *r*+Konsonant enden. Die Verteilung ist jedoch auch hier unregelmäßig. So werden z.B. *Arzt, erst* im Norden kurz und im Süden lang, *Barsch, Schwert* dagegen umgekehrt im Norden lang und im Süden kurz gesprochen. In der Schweiz neigen viele Sprecher bei diesen Silben generell zu Kürze, da Vokallänge als dialektal gilt. Durchgängiger und deshalb auffälliger ist die oben schon erwähnte Vokalkürze in Norddeutschland in einsilbigen Wörtern, die auf Plosiv- oder Reibelaut enden, bei Schreibung mit einfachem Konsonanten (z.B. *Glas*). Im südlichen deutschen Sprachgebiet werden diese Wörter mit Langvokal gesprochen, auch z.B. das Relativpronomen *das,* welches deshalb in der Schreibung seltener als in Norddeutschland mit der Konjunktion *dass* verwechselt wird.

Vokalqualität

Aus dem Französischen stammende Wortelemente mit *n* nach Vokal werden im Norden und Süden des deutschen Sprachgebiets verschieden ausgesprochen. So spricht man in der Schweiz, aber auch im nördlichen Deutschland die Endsilbe *-on* als nasalen Vokal, [-õː], dagegen im sonstigen südlichen und mittleren deutschen Sprachgebiet als [-oːn], in *Ballon* (in der Schweiz allerdings nur in der Bedeutung ›Glas mit 1 dl Wein‹, in den anderen Bedeutungen gilt die Aussprache -[oːn]), *Beton, Salon, Tampon* usw. Im nördlichen Deutschland wird diese Endsilbe auch gesprochen, als wäre die Schreibung *-ong*: [-ɔŋ]. In französischen Lehnwörtern mit *a, e,* oder *o* + *n* (+Konsonant) bevorzugt das südliche deutsche Sprachgebiet nasale Vokalaussprache, [-ãː], [-õː], dagegen das nördliche Deutschland konsonantischen Ausklang [-ŋ], z.B. in

Grand (im Skatspiel), *Pension, Chaiselongue* usw. (vgl. Abschnitt »Aussprache von Fremdwörtern«: »Französisch«, S. LIX f.).

In der Standardaussprache ansonsten helles *a* wird in Österreich, Bayern und teilweise auch im übrigen Süddeutschland verdumpft, also weiter hinten im Mund gebildet. In der schulischen Leseaussprache ist der Vokal *a* dagegen in Österreich hell und in Bayern verdumpft.

In Österreich ist eine regional unterschiedlich ausgeprägte Tendenz zur genäselten Aussprache des Vokals vor nasalen Konsonanten (*m, n, ng*) auffällig. Diese »habsburgische« Aussprache, mit der oft auch eine leichte Diphthongierung des Vokals verbunden ist, hat eine lange Tradition. Im übrigen deutschen Sprachgebiet gibt es nasalierte Vokale nur im Dialekt oder für Fremdwörter.

Entgegen den Angaben in den großen Aussprachewörterbüchern gibt es in der Standardaussprache des kurzen *e* in Süddeutschland und der Schweiz eine zusätzliche Differenzierung. In der Schweiz werden bis zu drei Öffnungsgrade des *e* unterschieden, in Südwestdeutschland, auf schwäbischer Grundlage, immerhin zwei, während Norddeutschland und Österreich nur einen Öffnungsgrad des kurzen *e* kennen. Wörter wie *stecken* (transitives Verb), oder *rennen* werden in Südwestdeutschland mit geschlossenem *e* [e] gesprochen, Wörter wie *stecken* (intransitives Verb) oder *kämmen* dagegen mit offenem e [ɛ]. Dieser Unterschied kongruiert, wie die Beispiele zeigen, keineswegs mit der *e*- bzw. *ä*- Schreibung.

In der Schweiz wird außerdem *y* häufig wie *i* gesprochen, z. B. in Wörtern wie *Asyl, Ägypten, Forsythie, Gymnasium, Gymnastik, Gynäkologie, Hygiene, Libyen, Physik, Pyramide, rezyklieren, System* oder *Thymian*. Ursprünglich galt diese Aussprache auch für Österreich, ist aber heute nur noch in wenigen Fällen wie *Forsythie* erhalten. Ansonsten wird *y* in Österreich, und in Deutschland generell, standardsprachlich gleich ausgesprochen wie *ü*.

Diphthonge

Die Buchstabenkombinationen *ie, ue/uo, üe/üo* in Eigennamen werden in der Schweiz gewöhnlich als fallende Diphthonge [iə̯, uə̯, yə̯] gesprochen, z. B. in den Ortsnamen *Brienz, Büetigen, Buochs, Fiesch, Flüelen, Diegten, Dietlikon, Dietikon, Muolen, Rüegsau, Rüedisbach, Rüeggisberg, Schlieren, Schlossrued, Spiez, Ueken, Uerikon, Uerkheim, Uetikon, Uetliberg* oder in den Familiennamen *Ambüel, Bienz, Bieri, Bietenholz, Büehler, Buob, Diesbach, Dieth, Diethelm, Dietschi, von Flüe, Huober, Küenzli, Kuonen, Nüesch, Ruedi, Rüedi, Rüegger, Rüegsegger, Ruoss, Schluep, Wüest*. In Österreich und Deutschland werden diese Namen allgemein monophthongisch ausgesprochen [iː, uː, yː]. Nur im Dialekt und in einigen Restformen haben sich in Österreich und teilweise in Südostdeutschland fallende Diphthonge in den Standard gerettet, z. B. in Ortsnamen wie *Ried*. In einzelnen Orts- und Familiennamen mit *ue* hat sich in Österreich sogar eine Aussprache mit betontem e, mit Silbenschnitt zwischen u und e [u|e], eingebürgert, z. B. in *Lueg, Hueber*. In verschiedenen Regionen des deutschen Sprachgebiets sind durch den Ausfall von *r* nach Vokal neue fallende Diphthonge entstanden, vor allem [iɐ̯] (z. B. in *Kirche*), [uɐ̯] (z. B. in *Uhr*) und [eɐ̯] (z. B. in *her*). Diese Diphthonge finden sich im Gebrauchsstandard sowohl in Österreich als auch in Mittelwest- und Norddeutschland.

Konsonanten

Fehlende Stimmhaftigkeit

In Österreich, der Schweiz und Süddeutschland werden alle Verschluss- und Reibelaute stimmlos ausgesprochen. Unterschieden wird nur zwischen ungespannter und gespannter Aussprache (Lenis gegenüber Fortis), und zwar vor allem bei folgenden Konsonantenpaaren [b – p], [d – t], [g – k] sowie [v – f] – man beachte, dass damit die Laute, nicht die gelegentlich ganz anders aussehenden Schreibungen gemeint sind (z. B. *Chor* [k], *Wald* [v]). Im nördlichen Deutschland werden dagegen die ungespannten Verschluss- und Reibelaute zusätzlich stimmhaft gesprochen, wodurch der Unterschied zu den gespannten Lauten deutlicher hörbar wird. Auf diese Weise wird im nördlichen Deutschland auch zwischen stimmhaft und stimmlos *s* und *sch* unterschieden. Dagegen gibt es im südlichen deutschen Sprachgebiet hier keine derart deutliche Differenzierung, weil bloße Lenis-Fortis-Unterscheidung ohne Stimmhaftigkeit-Stimmlosigkeit bei Reibelauten für ungeübte Ohren kaum hörbar ist. So werden z. B. in Norddeutschland die *s*- und *sch*-Laute in *böse – Blöße, Hose – große, Loge – koscher* deutlich verschieden gesprochen, im Süden des deutschen Sprachgebiets dagegen gleich. Nur in der Schweiz wird die Fortis von *s* und *sch* durch hörbare Schärfung und Längung des Konsonanten ausgedrückt.

Fehlende Auslautverhärtung

Die Auslautverhärtung in einsilbigen Wörtern, die in der Schreibung auf *b, d* und *g* enden, ist in Österreich, der Schweiz sowie im Süden und in Teilen der Mitte Deutschlands nicht durchgeführt. Die Auslautverhärtung ist eine Sonderentwicklung des nördlichen Deutschlands. Während im südlichen deutschen Sprachgebiet Wörter wie *Rad, lieb* oder *Krug* mit (stimmloser) Lenis im Auslaut gesprochen werden [raːd], [liːb], [kruːg], enden sie im nördlichen Deutschland auf Fortis [raːt], [liːp], [kruːk] – Letzteres im Gebrauchsstandard auch [kruːx] (vgl. Abschnitt »Geschriebenes -g im Wortauslaut«, S. LVIII). Allerdings werden auch im Süden auf *-t, -p* und *-k* endende Wörter in sorgfältiger Aussprache nach der Schrift hart gesprochen.

Doppelkonsonanz

Nur in der Schweiz werden geschriebene Doppelkonsonanten lang gesprochen, also *Egge* ['egːə], *Latte* ['latːə], *Masse* ['masːə] usw.

Behauchung von Verschlusslauten

Die Verschlusslaute *p, t* und *k* werden in Österreich und Deutschland durchgehend behaucht, auch in romanischen Lehn- und Fremdwörtern. In der Schweiz fehlt die Behauchung dagegen manchmal [p', t', k']; bei romanischen Lehn- und Fremdwörtern gilt die Behauchung sogar als Zeichen mangelnder Sprachkenntnis.

ch im Anlaut vor e und i

In Österreich und in Süddeutschland wird geschriebenes *ch-* am Wortanfang durchgehend als Verschlusslaut [k], in der Schweiz meist als hinterer Reibelaut (gleicher Laut wie in *ach* [x]) gesprochen, z.B. in *Chemie* [ke'miː, xe'miː], *China* ['kiːna, 'xiːna]. Dies gilt auch in der Stellung vor *-e* und *-i*, wo die Standardaussprache in Deutschland oft – allerdings mit vielen Abweichungen – als Reibelaut festgelegt ist (gleicher Laut wie in *ich* [ç-]). Professionelle Sprecher in Deutschland sprechen also z.B. *Chemie* [çe'miː], *China* [çiːna] usw. Im nördlichen Deutschland ist die Aussprache im Gebrauchsstandard hier wie bei *sch-*, also *Chemie* [ʃe'miː], *China* ['ʃiːna] usw.

Geschriebenes g im Wortanlaut

Das geschriebene *g-* im Wortanlaut wird im nordöstlichen Deutschland als *j-* gesprochen, was allerdings nicht mehr Standardaussprache ist. Dies ist geradezu stereotypisch für Berlin (*ganz* ['jants], *genau* [jə'nau] usw.).

Geschriebenes g im Wortauslaut

Im südlichen deutschen Sprachgebiet, also in Österreich, der Schweiz und Süddeutschland, wird geschriebenes *-g* im Wort- und Silbenauslaut im Bemühen um standardsprachliche Aussprache häufig allgemein als Verschlusslaut [g] gesprochen. Dies gilt auch für unbetontes geschriebenes *-ig* im Auslaut oder vor *-t*. Für die Schweiz ist die Aussprache als Verschlusslaut sogar ausdrücklich vorgeschriebene Norm in Radio und Fernsehen. Dagegen besagt die Aussprachenorm der Wörterbücher für Deutschland, dass unbetontes geschriebenes *-ig* am Wortende und vor *-t* als Reibelaut zu sprechen sei [-iç]. In Österreich ist [-iç] unüblich und kommt nur in sehr gehobenem Sprechstil nach Muster der norddeutschen Bühnenaussprache vor. Allerdings wird auch in Deutschland im Gebrauchsstandard häufig gemäß der Schrift ein Verschlusslaut gesprochen [-ig] oder [-ik]. In Norddeutschland ist es demgegenüber im Gebrauchsstandard gängig, geschriebenes *-g* am Wortende nach jedem, auch betontem Vokal, und sogar nach *r* und *l*, als Reibelaut zu sprechen, also z.B. *wog* [voːx], *Sieg* [ziːç], *Teig* [taiç], Burg [buːrx], Talg [taːlx] usw.).

Geschriebenes ng

In Norddeutschland wird geschriebenes *-ng*, das nur im Auslaut vorkommt, oft gesprochen, als würde es *-nk* geschrieben [ŋk], in Wörtern wie *Zeitung, jung, gering, lang*. Im Wortauslaut ist dies üblicher als im Silbenauslaut innerhalb des Wortes (*Jüngling*). Auch in Österreich ist diese Aussprache nicht ungewöhnlich. Im übrigen deutschen Sprachgebiet wird jedoch in all diesen Fällen kein Plosiv im Auslaut gesprochen, nur [ŋ].

Geschriebenes j

Das geschriebene *j-* im Wortanlaut wird im südlichen deutschen Sprachgebiet nicht selten ohne Reibung, als Halbvokal gesprochen, fast wie ein *i*, also z.B. *je* [i̯eː]. Im nördlichen Deutschland ist es dagegen oft fast ein richtiger Reibelaut, ähnlich der Aussprache von *ch-* (*je* [çeː]).

Geschriebenes r

In der Schweiz wird geschriebenes *r* praktisch immer auch als solches, also konsonantisch gesprochen. Es wird zudem eher gerollt als in Österreich und Deutschland, und zwar bei professionellen Sprechern meist am Zäpfchen, seltener an der Zungenspitze. In Österreich und Deutschland variiert dagegen die Aussprache stärker, sowohl regional als auch in Abhängigkeit von der Stellung im Wort. Vor allem im nördlichen Norddeutschland und in Teilen Bayerns wird im Wort- und Silbenanlaut Zungenspitzen-r gesprochen, andernorts meist Zäpfchen-r oder auch Reibe-r. Vor Konsonant im Wortauslaut und in unbetonten Silben ist *r* oft zu einem unsilbischen a-Laut vokalisiert [ɐ̯], wie z.B. in *erlaubt* [ɛɐ̯ˈlaupt], *Ruhr* [ruːɐ̯] usw.; die auslautende Silbe *-er* ist dabei ganz in einen a-Laut verwandelt (*tiefer* [ˈtiːfɐ], Tiger [ˈtiːgɐ] usw.). Nach langem *a* ist *r* im Gebrauchsstandard, vor allem im nördlichen Deutschland, bisweilen eliminiert (*Fahrt* [faːt]), und kurzes *a* ist zusätzlich gedehnt (*hart* [haːt]).

Geschriebenes v

Wort- und silbenanlautendes *v* wird in einheimischen Wörtern überall im deutschen Sprachgebiet als [f] gesprochen (wie in *viel, Vogel* usw.). In der Schweiz gilt dies gelegentlich auch für geschriebenes *v* in romanischen Lehnwörtern, das in Österreich und in Deutschland wie *w* ausgesprochen wird (lautschriftlich [v]). Beispiele: *Advent, Advokat, Provinz* usw.

Aussprache von Fremdwörtern

Französisch

Betonung: Nicht eingedeutschte französische Wörter werden von kompetenten Sprechern schweizerhochdeutsch schwebend betont, d.h. mit gleich starkem Akzent auf allen Silben. Betonung auf der Endsilbe wird in der Schweiz als fremd und typisch für

Deutschland empfunden. Sie ist die in Österreich und in Deutschland übliche Betonung von Fremdwörtern aus dem Französischen. Für Österreicher und Deutsche klingt die in der Schweiz übliche schwebende Betonung oft wie Erstsilbenbetonung, die in der Schweiz neben schwebender Betonung auch tatsächlich üblich ist, vor allem bei sehr gängigen Wörtern wie z.B. *Buffet, Billet, Parfum, Perron, Reception* usw. Einzelne Fremdwörter aus dem Französischen werden allerdings auch in Österreich und Deutschland auf der ersten Silbe betont, z.B. *Kognac.*

Aussprache: Manche aus dem Französischen entlehnte Wörter sind in der Schweiz lautlich ganz eingedeutscht, im Gegensatz zu der in Österreich und in Deutschland beibehaltenen französischen Aussprache. Regelhaft ist dies bei Wörtern mit der Endung *-ment.* Außer der Eindeutschung dieser Endung wird in der Schweiz auch das vorausgehende *-e-* voll ausgesprochen, also z.B. *Departement* [departɛˈmɛnt]. Entsprechend in *Bombardement, Detachement, Etablissement, Kantonnement, Klassement, Reglement, Signalement* usw. Auch in Deutschland wird das *-e-* vor der Endung gesprochen, aber nur als Murmellaut [ə], während es in Österreich oft ganz entfällt. Außerdem wird die Endung selber sowohl in Österreich als auch in Deutschland französisch ausgesprochen ([–ˈmãː]), in Norddeutschland als Grenzfall des Standards auch [–maŋ].

In der Schweiz werden einige weitere Fremdwörter aus dem Französischen ganz gemäß deutscher Schreibung gesprochen, während in Österreich und Deutschland die französische Aussprache zumindest teilweise bewahrt ist: *Algier, Komfort, Signet, Usanzen/Usancen.*

In Österreich werden in einigen Fällen bereits eingedeutscht geschriebene Fremdwörter nach französischem Muster ausgesprochen: *Kabarett, Kabriolett, Bukett.*

Umgekehrt wird in Österreich – im Gegensatz zur Schweiz und zu Deutschland – die aus dem Französischen entlehnte Endung *-ier* in den Wörtern *Brigadier, Portier* deutsch ausgesprochen: [–iːɐ̯].

Hinzu kommen Besonderheiten in einzelnen Wörtern, z.B. die nur in der Schweiz übliche französische Aussprache der zweiten Silbe im Wort *distinguieren.*

Auffällig sind auch die regionalen und nationalen Unterschiede in der Aussprache von aus dem Französischen stammenden Wortelementen mit *n*, etwa in der Endsilbe *-on.* Sie wird in Österreich sowie im südlichen und teilweise auch mittleren Deutschland deutsch ausgesprochen, also [–oːn]. Dabei wird der Plural meist durch Anhängen von *-e* gebildet (z.B. *Balkone*). In der Schweiz und im nördlichen Deutschland wird die Endsilbe *-on* dagegen als nasaler Vokal gesprochen: [–õː], im nördlichen Deutschland auch so, als wäre die Schreibung *-ong*: [–ɔŋ]. Dabei endet der Plural jeweils auf *-s* (*Lampions*). Beispielwörter: *Ballon, Beton, Chiffon, Fasson, Lampion, Rayon, Salon, Tampon.* In Verbindungen von *a, e* oder *o* + n (+Konsonant) in Lehnwörtern aus dem Französischen kontrastiert nasale Vokalaussprache im südlichen deutschen Sprachgebiet, [ãː, õː], mit konsonantischer Aussprache im nördlichen Deutschland, [aŋ], [ɔŋ], z. B. in *Chance, Pension, Fond* usw.

Englisch

Völlige Eindeutschungen jüngerer Entlehnungen aus dem Englischen finden sich nur in Deutschland, wo sie neben der englischen Aussprache mehr und mehr außer Gebrauch kommen (Beispiel: *Jazz* [jats]); in der Schweiz und in Österreich sind sie ganz unüblich. In der Schweiz werden Fremdwörter aus dem Englischen mit geschriebenem - *a* - wie in der Herkunftssprache überoffen gesprochen: [æ], in Österreich und Deutschland dagegen wie *e*: [ɛ]. Beispielwörter dafür sind *Action, Back, Banker, Sandwich.*

Der Diphthong [eɪ] englischer Fremdwörter ist in Österreich und in der Schweiz bewahrt, während in Deutschland eher der gedehnte Monophthong [eː] gesprochen wird, z. B. in Wörtern wie *Baby, Make-up, Shake, Steak* usw.

Schreibung

Differenzen in der Schreibung spielen nach der Rechtschreibreform von 1996, an der sich alle deutschsprachigen Länder beteiligten, nur noch eine geringe Rolle. Der einzige durchgehende Unterschied ist die *ss*-Schreibung in der Schweiz. Ansonsten gibt es nur unterschiedliche Präferenzen unter den zulässigen Fremdwortschreibungen und einige besondere Einzelschreibungen.

ss- und ß-Schreibung
In der Schweiz wird kein *ß*, sondern dafür immer *ss* geschrieben.

Einzelschreibungen
Im Wörterverzeichnis des offiziellen Regelwerks sind die folgenden nicht gemeindeutschen Schreibungen verankert.

Für Österreich: *abendessen, mittagessen* ([*zu*] *Abend/Mittag essen*), *Geschoß* (*Geschoss*), *Kücken* (*Küken*), *in der Früh* (*am Morgen*), *Szepter* (*Zepter*), *Tunell* (neben *Tunnel*), *Zieger* (*Ziger* CH, *Ziegenkäse* D).

Für die Schweiz: *Bretzel* (*Brezel*), *Marroni* (*Maroni* A, *Maronen* D), *Maturand* (*Maturant* A, *Abiturient* D), *Müesli* (*Müsli* A, D), *Trassee* (*Trasse*), *Usanz* (*Usance*), *Ziger* (*Zieger* A, *Ziegenkäse* D).

Für Österreich und die Schweiz: *nachhause, zuhause* (neben *nach Hause, zu Hause*).

Fremdwortschreibung

Vor allem bei Fremdwörtern aus dem Französischen gibt es unterschiedliche Präferenzen in der Schreibung. Die Schweiz tendiert als viersprachiges Land stärker zur Originalschreibung, während Österreich und Deutschland eher eindeutschen. Allerdings ist die eingedeutschte Schreibung in der Schweiz auch korrekt, jedoch unüblich. So wird in den folgenden Wörtern die französische Schreibung gewöhnlich bevorzugt:

Apéritif (*Aperitif*), *Biscuit* (*Biskuit*), *Bohème* (*Boheme*), *Bohémien* (*Bohemien*), *Buffet* (auch A) (*Büfett*), *Cabriolet* (*Kabriolett*), *Caramel* (*Karamell*), *Carrosserie* (*Karosserie*), *Cervela/Cervelat/Servela* (*Zervelat(wurst)*), *charmant* (auch A) (*scharmant*), *Cheque* (*Scheck*), *chic* (*schick*), *Cliché* (*Klischee*), *Cognac* (*Kognak*), *Collier* (*Kollier*), *Communiqué* (*Kommunikee*), *Corps* (*Korps*), *Cortège* (*Kortege*), *Crème/Creme* (auch A) (*Krem*), *Crevette* (*Krevette*), *Début* (*Debüt*), *Décolleté* (*Dekolletee*), *Décor* (*Dekor*), *Defaitismus* (*Defätismus*), *Défilé* (*Defilee*), *Dépendance* (*Dependance*), *Directrice* (*Direktrice*), *Doublé* (*Dublee*), *Enquête* (*Enquete*), *Entrecôte* (*Entrecote*), *Entrée* (*Entree*), *Financier* (*Finanzier*), *Frotté* (*Frottee*), *Hors-d'œuvre* (*Hors d'œuvre*), *Intérieur* (*Interieur*), *Lamé* (*Lamee*), *Malaise* (*Maläse*), *Manicure* (*Maniküre*), *Matinée* (*Matinee*), *Menu* (*Menü*), *Meringue* (*Meringe* D), *Mocassin* (*Mokassin*), *Mousseline* (*Musselin*), *Nécessaire* (*Nessessär*), *Négligé* (*Negligee*), *Occasion* (*Okkasion*), *Ordonnanz* (*Ordonanz*), *Ouverture* (*Ouvertüre*), *Pappmaché* (*Pappmaschee*), *Parfum* (*Parfüm*), *passé* (*passee*), *Pédicure* (*Pediküre*), *Pendule* (*Pendüle*), *Piqué* (*Pikee*), *Portemonnaie* (auch A) (*Portmonee*), *Purée* (*Püree*), *Quai* (auch A) (*Kai*), *Réception* (*Rezeption*), *Réchaud* (*Rechaud*), *Renommée* (*Renomee*), *Résumé* (*Resümee*), *Sauce* (auch A) (*Soße*), *Séparée* (*Separee*), *Soufflé* (*Soufflee*), *Tournée* (*Tournee*), *Variété* (*Varietee*), *vis-à-vis* (*vis-a-vis*).

Italienische Schreibungen bleiben in Österreich und in der Schweiz erhalten, wo in Deutschland eingedeutschte Schreibungen überwiegen, z. B. *Broccoli* (*Brokkoli*), *Spaghetti* (*Spagetti*), *Ghetto* (*Getto*). Österreich geht in der Bevorzugung italienischer Schreibung sogar noch weiter wie z. B. in *Kaprize* (*Kaprice*), *Polizze* (*Police*), *Mocca* (neben *Mokka*). Außerdem ist in Österreich die ungarische Schreibung *Gulyás* (neben *Gulasch*) zugelassen.

Englische Schreibung wird in der Schweiz bevorzugt in *crawlen* (*kraulen*). In anderen Wörtern wiederum wird in der Schweiz eingedeutschte Schreibung vorgezogen, wo in Österreich und in Deutschland englische Schreibung überwiegt, so in *Skore* (*Score*), *skoren* (*scoren*).

Wortgrammatik

Grammatisches Geschlecht der Substantive

In einer ganzen Reihe von Substantiven gibt es nationale und regionale Unterschiede im grammatischen Geschlecht (Genus). So ist z. B. *Bikini* in der Schweiz Neutrum, in Österreich und in Deutschland dagegen Maskulinum; *Butter* ist in der Schweiz Femininum oder Maskulinum, in Österreich und in Deutschland nur Femininum – maskulines Geschlecht ist dialektal. *Spachtel* ist in Österreich Femininum, in der Schweiz und in Deutschland dagegen Maskulinum. *Rumba* wiederum ist in Deutschland Femininum; maskuliner Gebrauch ist Grenzfall des Standards; dagegen ist das maskuline Geschlecht in Österreich und der Schweiz standardsprachlich normal. Da sich für derartige Unterschiede im grammatischen Geschlecht keine Regeln aufstellen lassen, sind sie hier in einer Tabelle angegeben.

Substantiv	**Genus (Grammat. Geschlecht) in**		
	A	CH	D
Abszess	mask./ neutr.	mask.	mask.
Achtel (›der achte Teil von etw.; 125g, 125ml usw.›)	neutr.	mask./ neutr. (selten)	neutr.
Achtel (›Achtelnote›)	fem.	mask.	fem.
Aperitif (›appetitanregendes, alkoholisches Getränk‹)	mask.	mask./ neutr. (selten)	mask.
Ar (›freier Platz‹)	neutr.	–	mask./ neutr.
Aspik (›Sulz‹)	mask./ neutr.	–	mask.
Ausschank (›Schankraum›)	fem.	–	mask.
Ausschank (›Ausschenken von Getränken› oder ›Schanktisch‹)	fem.	mask.	mask.
Bikini	mask.	neutr.	mask.
Biskuit	neutr.	mask./neutr.	mask./ neutr.
Bloch (›gefällter Baumstamm‹)	mask./ neutr.	–	–

Substantiv	**Genus (Grammat. Geschlecht) in**		
	A	CH	D
Bonbon (›mundgerechte Süßigkeit zum Lutschen‹)	–	neutr.	mask./ neutr.
Bräu (›Gasthaus, in dem v.a. Bier ausgeschenkt wird‹ oder ›Betrieb, der Bier herstellt‹)	neutr.	–	mask. (südost)
Brezel A D/ *Bretzel* CH	fem.	mask./ fem.	fem.
Brösel (›sehr kleine Stückchen von Backwaren‹)	neutr.	–	mask. (nordwest/ mittel)/ neutr. (südost)
Budel (›Ladentisch‹)	mask. (west, Tir., dialektal)/ fem. (ohne Vbg.)	–	fem. (südost)
Bund (›Bündel‹)	mask.	mask.	neutr.
Butter	mask. (Grenzfall des Standards)/ fem.	mask. (Grenzfall des Standards)/ fem.	mask. (süd, Grenzfall des Standards)/ fem.
Coca-Cola	neutr.	fem. (zunehmend)/neutr.	fem. (ohne südost)/ fem. (südost, zunehmend)/ neutr. (südost)
Couch	fem.	mask. (selten)/ fem.	fem.
Dessert	neutr.	mask./ neutr.	neutr.
Dotter (›gelber Teil des Eis‹)	mask./neutr. (selten)	–	mask. (nordost/ süd)/ neutr. (nord/ mittel)
Dress	fem.	mask./ neutr.	mask.
Drittel	neutr.	mask./ neutr. (selten)	neutr.
Efeu	mask.	mask./ neutr.	mask.
Einser (/eine Straßenbahnlinie/)	fem.	mask.	mask.

Substantiv	**Genus (Grammat. Geschlecht) in**		
	A	CH	D
E-Mail	fem./neutr.	fem./ neutr.	fem.
Ersparnis	fem./ neutr. (veraltend)	fem.	fem.
Fauteuil (›Polstersessel‹)	mask./ neutr.	mask.	–
Flysch	mask.	neutr.	neutr.
Fondue	neutr.	neutr.	fem. (selten)/ neutr.
Foto	neutr.	fem./ neutr.	neutr.
Frankfurter (/eine dünne Wurst/)	neutr.	–	fem. (ohne süd-ost)
Fünftel	neutr.	mask./ neutr. (selten)	neutr.
Gaudi	fem.	neutr.	fem. (süd)
Gehalt (›Lohn, in der Regel monatlich‹)	mask./ neutr.	neutr.	neutr.
Germ (›Substanz aus Hefepilzen‹)	mask. (mitte/ west)/ fem. (ost/ südost)	–	mask. (südost, selten)/ fem. (süd-ost, selten)
Gerümpel	neutr.	mask./ neutr.	neutr.
Glace (/ein Gewebe/)	neutr.	neutr.	mask.
Grappa	mask.	mask. (informell)/ fem. (fach-sprachl., formell)	mask.
Gratin	neutr.	mask./ neutr. (selten)	mask. (selten)/ neutr.
Gulasch	neutr.	mask.	mask./ neutr.
Gummi	mask.	mask.	mask. (süd)/ neutr. (nord/ mittel)

Substantiv	**Genus (Grammat. Geschlecht) in**		
	A	CH	D
Gummitwist (/ein Spiel/)	–	mask./ neutr.	mask. (ohne mittelost/ südost)/ neutr. (ohne mittelost/ südost)
Halbe (›ein halber Liter Bier oder Most‹)	fem. (ohne west)	–	mask. (nordwest/ mittelwest)/ fem. (süd)
Hektar	mask./neutr.	mask.	mask. (südwest)/ mask. (ohne südwest)/ neutr. (ohne südwest)
Heuet (›Heuernte‹)	–	mask.	mask. (süd)/ fem. (süd)
Hundertstel	neutr.	mask./ neutr. (selten)	neutr.
Imprimatur	fem./ neutr.	neutr.	neutr.
Joghurt	fem. (ost, bes. Wien)/ neutr.	neutr.	mask./ neutr. (selten)
Jungzwiebel	mask. (Grenzfall des Standards)/ fem.	–	–
Kader	mask.	mask. (selten)/ neutr.	mask.
Kamin	mask.	mask./neutr.	mask.
Karacho	neutr.	mask.	neutr.
Karamell	neutr.	mask./ neutr.	mask.
Kartoffel	mask. (Grenzfall des Standards)/ fem.	mask. (Grenzfall des Standards)/ fem.	mask. (südost, Grenzfall des Standards)/ fem.
Kataster	mask.	mask.	mask./ neutr.
Kies	mask.	mask./ neutr.	mask.

Substantiv	**Genus (Grammat. Geschlecht) in**		
	A	CH	D
Kilo	mask. (Grenzfall des Standards)/ neutr.	neutr.	neutr.
Kosovo	mask.	mask.	mask./ neutr.
Kummet	neutr.	mask./ neutr.	neutr.
Kunde (›Käufer‹)	mask./ fem.	mask.	mask.
Labsal	fem.	neutr.	fem. (süd)/ neutr. (nord/ mittel)
Lasso	neutr.	neutr.	mask. (selten)/ neutr.
Letten (›Schlamm‹)	mask. (ohne südost)/ fem. (südost)	–	mask. (südost)
Limo (›Limonade‹)	fem.	–	fem. (ohne südost)/ neutr. (südost)
Malaise	fem.	fem. (selten)/ neutr.	fem. (nordwest)
Mami	fem.	fem./ neutr.	fem.
Marzipan	mask. (selten)/ neutr.	mask./ neutr. (selten)	mask. (selten)/ neutr.
Massel (›Glück‹)	mask./ neutr.	–	mask. (ohne mittelost/ süd)/ neutr. (südost)
Match	neutr.	mask.	neutr.
Münz (›Kleingeld‹)	fem. (west, Tir., dialektal)/ neutr. (west, Vbg.)	neutr.	–
Neuntel	neutr.	mask./ neutr. (selten)	neutr.
Nominale	neutr.	fem.	fem.
Null (›Zeichen für die Ziffer 0‹)	–	fem./ neutr.	fem. (ohne südost)

Substantiv	**Genus (Grammat. Geschlecht) in**		
	A	CH	D
Pack (›kleine Packung einer Ware‹)	mask.	neutr.	mask.
Paprika (/ein Gemüse/)	mask.	–	mask. (südost)/ fem. (ohne südost)
Pardon	mask./ neutr.	neutr.	mask./ neutr.
Passepartout	neutr.	mask.	mask./ neutr.
Perron	mask. (veraltet)	mask./ neutr.	–
Pizzaservice	mask./neutr.	–	mask.
Podest	neutr.	neutr.	mask. (selten)/ neutr.
Polenta	mask./fem.	fem.	fem.
Polster (›mit Stoff oder Leder bezogene Auflage auf Sitz- und Liegemöbel‹)	mask./neutr.	neutr.	mask. (südost)/ neutr. (ohne südost)
Porter	neutr.	mask./ neutr.	mask./ neutr. (selten)
Praline (/eine Süßigkeit/)	–	fem./ neutr.	fem.
Prospekt	mask./ neutr.	mask.	mask.
Prozent	neutr.	mask./ neutr.	neutr.
Puder	mask.	mask.	mask./ neutr. (Grenzfall des Standards)
Puff (›Bordell‹)	neutr.	neutr.	mask. (ohne südost)/ neutr. (südost)
Pulver (›Geld‹)	neutr.	mask.	neutr.
Pyjama	mask.	mask./ neutr.	mask.
Quai (›befestigte Straße am Ufer‹)	mask.	mask./ neutr.	–

Substantiv	**Genus (Grammat. Geschlecht) in**		
	A	CH	D
Raclette	neutr.	fem. (selten)/ neutr.	neutr.
Radar	neutr.	mask. (nicht fach-sprachl.)/ neutr.	mask. (nicht fach-sprachl.)/ neutr.
Radio (›Radiogerät‹)	mask./ neutr.	mask./ neutr.	mask. (süd)/ neutr.
Radler (›Getränk aus hellem Bier und Limonade‹)	mask.	–	neutr. (ohne nordwest)
Rallye	fem.	neutr.	fem.
Rapunzel (/eine Salatsorte/)	mask. (west/ südost)	–	fem. (mittel)
Rayon (›[Dienst]bezirk, für den eine Person zuständig ist‹)	mask./neutr.	neutr.	–
Rechaud	neutr.	neutr.	mask. (süd)
Revers	mask./ neutr.	neutr.	neutr.
Rezepisse (›Empfangsbestätigung‹)	fem. (veraltet)	–	neutr. (veraltet)
Risotto	mask./ neutr.	mask./neutr.	mask.
Rodel (›Kinderschlitten‹)	mask. (südost)/ fem.	–	mask. (südost)
Rösti	fem./ neutr.	fem.	fem./ neutr.
Rumba	mask./ fem. (fach-sprachl.)	mask./ fem. (fach-sprachl.)	fem.
Sago	mask./ neutr.	mask.	mask.
Sakko	neutr.	mask.	mask. (selten)/ neutr.
Salami	fem.	mask./ fem.	fem.
Salbei	mask.	mask./ fem.	mask./ fem.
Samba	mask.	mask.	fem.

Substantiv	**Genus (Grammat. Geschlecht) in**		
	A	CH	D
Sandwich	neutr.	neutr.	mask./ neutr.
Schlamassel	neutr.	mask./ neutr.	mask./ neutr.
Schneid (›Mut‹)	fem.	mask.	mask. (ohne süd-ost)/fem. (südost)
Schupfen (›Schuppen‹)	mask./ fem. (dialektal)	–	mask. (südost)/ fem. (südost)
Schwammerl (›Pilz‹)	neutr.	–	mask. (südost)
Sechstel	neutr.	mask./ neutr. (selten)	neutr.
Sellerie	mask./ fem. (ohne südost)	mask.	mask.
Service (›Dienstleistung, Kundendienst, Bedie-nung‹)	mask. (selten)/ neutr.	mask.	mask.
Servitut	neutr.	fem./ neutr.	neutr.
Siebtel	neutr.	mask./ neutr. (selten)	neutr.
SMS	neutr.	neutr.	fem.
Spachtel	fem.	mask.	mask.
Spagat (/eine gymnasti-sche Übung/)	mask.	mask.	mask. (südost)/ neutr. (ohne süd-ost)
Spargel	mask.	mask./ fem.	mask.
Spray	mask.	mask.	mask./ neutr.
Sugo	mask./ neutr.	mask.	mask.
Tarock	mask./ neutr.	mask.	mask.
Tausendstel	neutr.	mask./ neutr. (selten)	neutr.
Taxi	neutr.	mask./ neutr.	neutr.
Tea-Room	mask.	neutr.	mask.

Substantiv	**Genus (Grammat. Geschlecht) in**		
	A	CH	D
Tobel	mask. / neutr. (west)	mask. (selten)/ neutr.	–
Torkel	mask. (west, Vbg.)	mask. (nordost)	mask. (südost)/ fem. (südost)
Tram	fem.	neutr.	fem. (nordwest, bes. Berlin/ süd-ost)
Triangel	neutr.	mask.	mask.
Tuberkel	mask./ fem.	mask.	mask./ fem. (süd-ost)
Unterdach	mask. (südost, selten)/ neutr. (südost, selten)	neutr. (südwest)	–
Vokabel	fem. (selten)/ neutr.	fem.	fem.
Wadel	neutr.	–	mask. (südost)/ neutr. (südost)
Zehntel	neutr.	mask./ neutr. (selten)	neutr.
Zinnober (›leuchtend gelb-rote Farbe›)	neutr.	mask.	mask.
Zores (›Ärger‹)	fem.	–	mask. (mittel-west)
Zubehör	neutr.	neutr.	mask. (selten)/ neutr.
Zucchini (/ein Gemüse/)	mask. (Grenzfall des Standards)/ fem.	–	fem.
Zwiebel (/ein Gemüse/)	mask. (Grenzfall des Standards)/ fem.	fem.	fem.

Plural des Substantivs

Auch hier gibt es keine allgemeinen Regeln für die vereinzelten nationalen und regionalen Unterschiede. Bemerkenswert ist jedoch die Tendenz, dass in Österreich und in der Schweiz mehr umgelautete Pluralformen vorkommen als in Deutschland. Sie finden sich oft auch in Süddeutschland, gelten dort jedoch großenteils nicht als standardsprachlich. So gilt z. B. in der Schweiz der Plural *Pärke* neben dem in Österreich und Deutschland allein zulässigen *Parks*. In Österreich und der Schweiz sind die Pluralformen *Krägen, Zäpfen* zulässig neben den in Deutschland allein geltenden *Kragen, Zapfen*. Vorsicht ist geboten beim österreichischen Plural *Pölster*, denn *Polster* bedeutet hier ›Kissen‹. Weitere Besonderheiten der Pluralbildung finden sich im Artikelteil des Wörterbuchs.

Verbformen

Die zusammengesetzten Vergangenheitsformen (Perfekt, Plusquamperfekt) von intransitiven Verben der Körperhaltung werden in Österreich, der Schweiz und im Süden Deutschlands mit dem Hilfsverb *sein* gebildet, im nördlichen Deutschland dagegen mit dem Hilfsverb *haben*, das allerdings auch in Süddeutschland korrekt ist. Es handelt sich dabei um die folgenden Verben: *baumeln, hängen* (nur bei intransitivem Gebrauch), *hocken, liegen, kauern, knien, sitzen, schweben, stehen, stecken* (nur bei intransitivem Gebrauch), z.B. *bin gelegen – habe gelegen* usw. Dies gilt auch für Zusammensetzungen dieser Verben mit Vorsilben wie *da-, gegenüber-, herum-* usw.

Wortbildung

Fugenzeichen

Bei der Wortzusammensetzung entstehen nationale und regionale Besonderheiten durch Fugenzeichen.

Bei einem verbalen Bestimmungswort (Erstglied) verzichtet das Schweizerhochdeutsche häufig auf das Fugenzeichen, während die meist gemeindeutsche Entsprechung eine *e*-Fuge aufweist: *Badmeister* (*Bademeister*), *Wartsaal* (*Wartesaal*), *Zeigfinger* (*Zeigefinger*).

Regelmäßiger ist die Anfügung von *-s* an das Erstglied in Österreich, vor allem nach Gaumenlauten (*-g, -k, -ch*), wogegen es im übrigen Deutsch fehlt:

Abbruchsarbeit (*Abbrucharbeit*), *Aufnahmsprüfung* (*Aufnahmeprüfung*), *Auslandsreise* (*Auslandreise*), *Fabriks-*: *Fabriksgelände* usw. (*Fabrik-*: *Fabrikgelände* usw.) *fabriks-*: *fabriksneu* usw. (*fabrik-*: *fabrikneu* usw.), *Gelenksentzündung* (*Gelenkentzün-*

dung), *Gepäcksstück* (*Gepäckstück*), *Geschenksidee* (*Geschenkidee*), *Werksarzt* (*Werkarzt*), *Zugsabteil* (*Zugabteil*). Erwähnenswert sind auch *Rinds-, Schweinsbraten* in Österreich, der Schweiz und Süddeutschland gegenüber mittel- und norddeutschem *Rinder-, Schweinebraten.*

Verkleinerungsformen (Diminutivbildungen)

Im Grenzfall des Standards können Verkleinerungsformen der Substantive in Österreich und Südostdeutschland auf *-erl* (oder *-(e)l*) (*Sackerl*), in der Schweiz auf *-li* (*Säckli*) und in Südwestdeutschland und Westösterreich auf *-le* (*Säckle*) gebildet werden. In einzelnen Wörtern sind diese Verkleinerungsformen in Österreich aber standardsprachlich, z.B. *Zuckerl, Spätzle.* Der Norden und die Mitte Deutschlands kennen nur die Verkleinerungsendungen *-chen* (*Säckchen*) sowie seltener *-lein*, die auch auch im Süden Deutschlands die vorherrschende Standardform darstellen.

Rektion des Verbs

Bei einzelnen Verben gibt es nationale und regionale Unterschiede im Kasus, den sie verlangen. So folgt in Österreich und der Schweiz auf *präsidieren* gewöhnlich der Akkusativ, in Deutschland dagegen der Dativ (*sie präsidiert eine – einer Versammlung*). Auf *rufen* folgt in der Schweiz und in Süddeutschland manchmal der Dativ, in Österreich und in Norddeutschland dagegen ausschließlich der Akkusativ (*ruft ihm – ihn*). Weiteres siehe im Artikelteil des Wörterbuchs.

Zahlen und Zeitangaben

Zahlen

Die Bezeichnungen natürlicher Zahlen sind in Österreich immer und in der Schweiz meist Maskulinum und enden auf *-er*, ebenso in Süddeutschland als Grenzfall des Standards; ansonsten sind sie in Deutschland und häufig auch in der Schweiz Femininum und endungslos (*der Achter – die Acht*). Bruchzahlen sind in der Schweiz generell Maskulinum, in Österreich und Deutschland dagegen Neutrum (*der – das Viertel*).

Große Zahlen werden in der Schweiz durch ein hochgestelltes Apostroph gegliedert, in Österreich und in Deutschland durch einen Punkt (*1'577 – 1.577*).

Zeitangaben

Uhrzeiten: Die Einteilung in Viertelstunden wird national und regional unterschiedlich bezeichnet. 5:15 Uhr heißt in der Schweiz im Grenzfall des Standards *Viertel ab fünf.* In Österreich, vor allem im Osten und Süden, sowie im Südwesten, Mittelosten und Nordosten Deutschlands heißt es *viertel sechs.* Im Westen Österreichs, in der Schweiz, im Südosten Deutschlands und im Mittelwesten und Nordwesten Deutschlands heißt es *Viertel nach fünf.* Außerdem findet sich die Bezeichnung *Viertel über fünf* in Teilen Österreichs, vor allem in der Mitte, in Südtirol und in Teilen der Schweiz.

5:45 Uhr heißt in Österreich sowie im Süden und im mittleren Westen und Nordwesten Deutschlands *drei viertel sechs*; in der Schweiz sowie im mittleren Westen und Nordwesten Deutschlands dagegen *Viertel vor sechs.* In Südtirol findet sich zudem *drei viertel auf sechs* (neben *drei viertel sechs*).

Tagesangaben: Nur in der Schweiz werden Spezifizierungen nach Wochentagen unmittelbar an die adverbialen Angaben *heute, morgen* angeschlossen; in Österreich und Deutschland werden sie beim Sprechen durch Pausen und beim Schreiben durch Kommas abgesetzt. Beispiel: *heute Mittwoch und morgen Donnerstag sind wir unterwegs – heute, Mittwoch, und morgen, Donnerstag, sind wir unterwegs.*

Sprachanwendung in Situationen (Pragmatik)

Verschiedenes

Die vielen Untersuchungen und Beobachtungen über nationale und regionale Unterschiede des situationsspezifischen Sprachgebrauchs ergeben bislang kein klares Bild. Sie lassen sich überdies kaum nach Standardsprachlichkeit und Nicht-Standardsprachlichkeit unterscheiden, was für das vorliegende Wörterbuch wesentlich wäre. So wurden beispielsweise wiederholt Unterschiede beim Sprecherwechsel beobachtet. In Deutschland werden Gesprächspartner eher in ihrer Rede unterbrochen als in der Schweiz und vielleicht auch eher als in Österreich, wo man mehr Wert darauf legt, sie ausreden zu lassen. Daher wirken Deutsche auf Schweizer bisweilen unhöflich; umgekehrt können Deutsche Schweizer als Diskussionspartner langweilig finden. Diverse Unterschiede wurden auch beim Gebrauch von Abtönungspartikeln festgestellt, die bestimmte Einstellungen bei den Sprechern oder Voraussetzungen der Rede signalisieren. Wo Schweizer z. B. sagen *nur gerade x Leute kamen*, sagen Deutsche *gerade mal x Leute kamen.* Die Partikel *schon mal* scheint spezifisch für Deutschland zu sein und wirkt auf Österreicher und Schweizer fremd. Dagegen haben sich die früher in Österreich, der Schweiz und Süddeutschland vorherrschenden Partikeln *eh, halt* in letzter Zeit auch in den Norden Deutschlands ausgebreitet.

Auch in der Ausführung von Sprechakten gibt es nationale und regionale Unterschiede, die jedoch wiederum nur bruchstückhaft bekannt sind und sich nicht auf Standardsprachlichkeit beziehen lassen. Teilweise entdeckt man sie schon bei öffentlichen Aufschriften, z.B. beim Rauchverbot, das in Deutschland noch immer häufig lautet »Rauchen verboten!«, in Österreich aber oft »Bitte nicht zu rauchen«. Wohl nur in Deutschland kann man bei einer Bestellung im Restaurant hören »Ich krieg(e) x«; in der Schweiz und in Österreich hört man eher »Ich hätte gern x«. Es dürfte unmittelbar einleuchten, dass die in Deutschland üblichen Formen gelegentlich weniger höflich wirken. Außerdem scheint in Österreich und der Schweiz ein indirekter Redeeinstieg bevorzugt zu werden, mit Einleiteformulierungen wie *Es ist so, dass …* und dergleichen, während vor allem im nördlichen Deutschland die Aussage eher direkt, also gewöhnlich mit dem Subjekt des Satzes beginnt. Bisweilen entsteht dadurch der Eindruck von Unsicherheit in der mündlichen Beherrschung des Standards in Österreich und der Schweiz.

Titel und Titelverwendung

Die Vorliebe für Titel ist eine unter Deutschen und Schweizern weit verbreitete stereotype Vorstellung von den Österreichern. Tatsächlich gibt es in Österreich mehr Titel als in Deutschland und in der Schweiz, und es gilt in vielen Situationen als unhöflich, sie nicht anzuwenden. Das deutlichste Merkmal österreichischer Titelverwendung ist ihr Gebrauch als Anrede. Dabei werden manche Bezeichnungen, die in Deutschland und in der Schweiz nur als Zertifikate oder Qualifikationsausweis dienen, als Titel verwendet. Das vielleicht auffälligste Beispiel ist der akademische Titel *Magister* (abgekürzt: *Mag.*), der in der mündlichen und brieflichen Anrede wie auch in Briefadressen wie *Doktor* (abgekürzt: *Dr.*) verwendet wird, während in Deutschland und der Schweiz die mit *Magister* vergleichbaren Titel nicht als Anrede gebraucht werden. Auch in den Schulen werden Lehrerinnen und Lehrer nicht mit Namen, sondern mit Amtstitel angesprochen *(Frau Professor, Herr Fachlehrer)*, wenn auch aufkommende Tendenzen zur Namensanrede nicht zu übersehen sind. Auch in Belegschaftslisten von Betrieben und Institutionen werden Titel in Österreich oft ausführlicher angegeben als in Deutschland und in der Schweiz. Im Vergleich zur Schweiz oder zu Deutschland tritt also in Österreich der Name gegenüber dem Titel zurück.

Wörterbuch

A

a. siehe alt

aalen sich D (ohne südost) sw.V./hat (Grenzfall des Standards): ›sich behaglich ausstrecken und ausruhen‹: *Während andere Ex-Manager sich in Spaniens Sonne aalen, bringt S. sein Wissen und seine Erfahrung unter die Leute* (Welt 15. 9. 1999, Internet) – In A und CH selten

Aalquappe D-nordost die; –, -n: ↗Aalraupe A, ↗Aalrutte A D-südwest, ↗Rutte A D-süd, ↗Trüsche CH /ein [Süßwasser]dorschfisch/: *Aal, Hecht … Karpfen, Plötze und Aalquappe machen es den Anglern nicht immer leicht* (Stadt Osterburg 13. 11. 2001, Internet)

Aalraupe A die; –, -n: ↗Aalrutte A D-südwest, ↗Rutte A D-süd, ↗Trüsche CH, ↗Aalquappe D-nordost /ein [Süßwasser]dorschfisch/: *Die Aalraupe kann wie der Aal zubereitet werden* (Kochkultur Tirol, 2001, Internet)

Aalrutte A D-südwest die; –, -n: ↗Aalraupe A, ↗Rutte A D-süd, ↗Trüsche CH, ↗Aalquappe D-nordost /ein [Süßwasser]dorschfisch/: *Der Attersee gilt nicht als auffällig fischreich, oftmals trifft man aber auf Aalrutte, Aal, Barsche, … Forelle und Saibling* (Arge Tauchen, 2001, Internet; A); *Die Aalrutten leben normalerweise versteckt in den dunklen Tiefen des Sees* (FWU 7/2001, Internet; D-südwest)

Aarestadt CH die; –, …städte ⟨nach dem Fluss *Aare*, an dessen Ufern die beiden Städte liegen⟩: **1.** ›Bern‹: *Die neue Nationalratspräsidentin Gret Haller fuhr zusammen mit Bundesrätin und Parteikollegin Ruth Dreifuss durch die Aarestadt* (Blick 2. 12. 1993, 2). **2.** ↗Ambassadorenstadt CH ›Solothurn‹: *Zweifellos war aber der Ambassadorenhof gesellschaftliches und kulturelles Zentrum der Aarestadt, die sich noch heute gerne Ambassadorenstadt nennt* (Schweiz. Landesbibliothek, 2001, Internet) – Andere an der Aare liegende Städte werden nur selten so bezeichnet. Zu 1 vgl. Bundesstadt

ab Präp: **1.** CH D ›von einem bestimmten Ort oder Zeitpunkt an (in Verbindung mit einem Ort oder einem Datum)‹: *Anreise ab Wohnort inbegriffen* (WW 36/1997, 85; CH); *Ab Mitte Woche sind Gefühlsfragen wichtiger als alles andere* (Glückspost 3. 6. 1999, 66; CH); *Bei der Grand Tour erfolgt die Anreise ab London* (ZDF 25. 10. 2002, Internet; D); *Ab Mitte der Woche erwarten Meteorologen viel Schnee* (Berliner Ztg 26. 1. 1999, Internet; D). **2.** CH D-südwest ›direkt von (in Verbindung mit einem Medium oder einem Gegenstand)‹: *Bei Lärm ab CD dösen die Kleinen besser* (Blick 8. 8. 1997, 9; CH); *Es ist ein kühler Trunk gewesen, ein frischer Schluck ab der Wasserleitung* (Späth, Unschlecht, 36; CH); ***ab Tonband** CH ›vom Tonband‹: *Während der Fahrt erzählt T. – zu lüpfiger Hudigäggeler-Musik ab Tonband – vom Schweizer Bergleben* (Blick 9. 7. 1997, 11). **3.** ***ab der Welt** CH ›weit ab; fern ab‹: *Die Stadt mag am Rand der Schweiz liegen, ab der Welt ist sie deswegen noch lange nicht* (TA 15. 2. 1999, 7). **4.** ***ab und an** D-nord/mittel ›ab und zu; gelegentlich‹: *Während der Mahlzeit machte ihr der Mächtige viele Komplimente, lobte ihre Schönheit und versetzte ihr ab und an einen sanften, handkussgleichen Hauch hinter das Ohr* (Strauß, Junge Mann 89) – Zu 4.: In CH selten

Abänderung CH die; –, ohne Plur.: ›Klimakterium; Wechseljahre‹: *Viele Frauen kennen das Problem der Hitzewallungen, die während der Abänderung auftreten* (Schweiz. Vereinigung für Parapsychologie, 2001, Internet) – Andere Bedeutungen sind gemeindt.

Abänderungsantrag A der; -(e)s, …träge: ›von der Regierung oder Parlamentsmitgliedern gestellter Antrag auf Änderung eines bestehenden Gesetzes oder eines Gesetzesentwurfs‹: *Auch in den Plenarsitzungen können noch Abänderungsanträge eingebracht und beschlossen werden* (Wiener Ztg 12. 7. 2001, Internet)

abbeeren (gemeindt.): ↗abrebeln, ↗rebeln

abbekommen st.V./hat: **1.** D-nord/mittel; ↗abkriegen CH D (ohne südost), ↗mitkriegen D, ↗abhaben D-nord/mittel ›einen Teil von etw. bekommen‹: *Alle, die Zugang zu den Tschetschenien-Geldern hatten, sollen sich laut den Prüfern dort bedient und bei größeren Hinterziehungen die politische Führung informiert haben – die habe dann ihren Anteil abbekommen* (Welt 15. 8. 1996, Internet). **2.** CH D-nord/mittel; ↗abkriegen CH D (ohne südost) ›(etw. Nachteiliges) erdulden müssen‹: *Auch grössere Länder als die Schweiz haben da schon ihre Rippenstösse abbekommen* (Bund 31. 7. 1997, 2; CH); *Das Gelenk … hat auch einiges ab-*

bekommen (Rupieper, Recht zu leben, 1999, Internet; D-nord/mittel) – In A selten

ạbberichten CH sw.V./hat (Grenzfall des Standards): ›absagen‹: *Das Geburtstagsessen im Restaurant Rathaus assen Mutter, meine Brüder und ich allein auf, Vater hatte allen geladenen Gästen telefonisch abberichtet* (Schweikert, Erdnüsse 50)

abbeißen: *Da beißt die Maus keinen Faden ab D (Grenzfall des Standards): ↗WEGSCHLECKEN: *DAS SCHLECKT KEINE GEISS WEG CH ›daran gibt es keinen Zweifel‹: *Wir haben um die fünf Millionen Arbeitslose, da beißt die Maus keinen Faden ab* (Welt 28. 3. 1998, Internet) – Das Verb *abbeißen* ist in allen anderen Verwendungen gemeindt.

ạbbleiben D-nord/mittelwest st.V./ist (Grenzfall des Standards): ›sich (irgendwo) aufhalten; (an einem unbekannten Ort) bleiben‹: *Sollen die doch sehen, wo sie abbleiben – jetzt wo sie mit Volkes Mehrheit den Bürgermeister stellen* (SPD Wahlstedt 27. 4. 1998, Internet)

ạbblühen sw.V./ist/hat: Das Perfekt wird in A und D mit *sein*, in CH mit *haben* gebildet. *Abblühen* ist im Ggs. zu A und CH in D gehoben: *Es gab dort auch einen mageren, zerzausten Fliederbusch, der schon abgeblüht war* (Haushofer, Wand 17; A); *Die Birnbäume hatten abgeblüht, die Apfelblüte begann sich zu röten, das Laub der Wälder war schon gefestigt und angenehm verfinstert* (Muschg, Turmhahn 226; CH); *Unbeeindruckt vom Wetter ver sprühen die Taglilien ihr Farbfeuerwerk. Die mittleren Sorten blühen dann am schönsten, wenn … die frühen schon längst abgeblüht sind* (WDR 16. 8. 1998, Internet; D)

abbrechen (gemeindt.): ↗WEGBRECHEN

Abbruch- (gemeindt.): ↗ABBRUCHS-

Ạbbruchbirne D die; –, -n: ↗ABRISSBIRNE D ›an einem Seil schwingende, große Stahlkugel zum Abreißen von Gebäuden‹: *Das Gebäude der Stadtmission … fällt derweil der Spitzhacke und der Abbruchbirne zum Opfer* (WAZ 20. 11. 1999, Internet) – In A und CH selten

Ạbbruchs- A (produktives Bestimmungswort in Zus.): ›das Abreißen von Gebäuden betreffend; Abbruch-‹, z. B. Abbruchsarbeit, Abbruchsarbeiter(in), Abbruchsauftrag, Abbruchsbescheid, Abbruchsfirma, Abbruchsgenehmigung, Abbruchshaus, Abbruchskosten, Abbruchsmaterial, abbruchsreif, Abbruchsunternehmen, Abbruchsunternehmer(in): *Der Freigrundwert [muss] um die anfallenden Abbruchskosten vermindert werden* (Firma JGS Immobilien, 2001, Internet) – Die Form ohne Fugen-s ist in A formell

ạbbrühen CH D sw.V./hat: ↗ÜBERKOCHEN A ›vor der weiteren Verarbeitung (Gemüse) kurz kochen, aber nicht fertig garen; blanchieren‹: *Stiele der Mangoldblätter abschneiden, die Blätter heiss abbrühen* (Graubünden Ferien, 2002, Internet; CH); *Die Tomaten in kochendem Wasser kurz abbrühen, dann schälen, vierteln und entkernen* (WDR 5. 10. 2000, Internet; D)

abcashen A sw.V./hat ['abkɛʃən] (salopp): ↗EINSTREIFEN A, ↗ABRÄUMEN A D, ↗ABTISCHEN CH, ↗EINSTREICHEN CH D, ↗ABSAHNEN D (ohne südost) ›sich (einen Gewinn, etw. Wertvolles) [unkorrekterweise bzw. skrupellos] aneignen‹: *Nicht der kurzfristige Erfolg, das schnelle Abcashen oder gar der spekulative Wertzuwachs sind wichtig* (OÖN 19. 10. 2002, 1) – In D selten

Ạbdankung CH die; –, -en: ↗VERABSCHIEDUNG A ›evangelisch-reformierte oder nichtkirchliche Trauerfeier‹: *Die Urnenbeisetzung mit anschliessender Abdankung in der Friedhofskapelle findet am Donnerstag, 6. November 1997 … statt* (NZZ/Intern. Ausgabe 3. 11. 1997, 24) – Bedeutungsähnliche Wörter wie z. B. *Seelenamt, Seelenmesse* oder *Totenmesse* sind gemeindt., aber nur in katholischen Gebieten gebräuchlich. Andere Bedeutungen sind gemeindt. – Dazu: **Abdankungsfeier,** ↗**Abdankungsgottesdienst, Abdankungshalle, Abdankungskapelle, Abdankungsrede**

Ạbdankungsgottesdienst CH der; -(e)s, -e (evang.-reform. Kirche): ↗AUFERSTEHUNGSGOTTESDIENST A, ↗BESTATTNISGOTTESDIENST A-west (Vbg.), ↗STERBEGOTTESDIENST A-west/südost, ↗BEERDIGUNGSGOTTESDIENST CH, ↗LEICHENDIENST LUX ›Gottesdienst für Verstorbene anlässlich des Begräbnisses; Totenmesse, Trauergottesdienst‹: *Über 900 Trauergäste erschienen zum Abdankungsgottesdienst von Mäzen, Roche-Grossaktionär und Dirigent Paul Sacher* (SI 7. 6. 1999, 9) – Vgl. Abdankung

Abdeckerei D die; –, -en: **1.** ↗TIERKÖRPERVERWERTUNG A D, ↗KADAVERSAMMELSTELLE CH, ↗TIERKÖRPERBESEITIGUNGSANSTALT D ›Betrieb zur Tierkadaverbeseitigung‹: *Das Abhäuten und Zerlegen der an die Abdeckerei abzuliefernden Kadaver darf nur in der Abdeckerei erfolgen* (Cellesche Ztg 17. 6. 2000, Internet). **2.** ›Gewerbe des Abdeckers‹: *Ganz ist das Geschäft der Abdeckerei seinen üblen Geruch sowieso nie losgeworden* (Zeit 4. 1. 2001, Internet) – In A veraltet

ạbdrehen A D sw.V./hat: ↗AUSDREHEN A D, ↗ABLÖSCHEN CH, ↗AUSMACHEN CH D, ↗LÖSCHEN CH D ›(ein elektrisches Gerät) ausschalten‹: *Bis zur Halbzeit habe ich auf Besserung gewartet, dann habe ich enttäuscht das Fernsehgerät abgedreht* (Neue Kronen Ztg 30. 12. 1997, 47; A); *Ich … legte das Buch wieder weg und drehte die Lampe ab* (Hildesheimer, Legenden 33; D) – In CH dialektal. Die Bedeutungen ›einen Wasserhahn zudrehen‹ sowie die anderen Bedeutungen sind gemeindt.

Abdruck: *im letzten Abdruck A: ↗Drücker: *auf den letzten Drücker D (ohne südost) ›im letztmöglichen Augenblick‹: *Mit fünf Siegen in Serie hat sich Sulzberg im letzten Abdruck auf den zweiten Platz nach vorne geschoben* (VN 18. 11. 2002, C 5) – Das Substantiv *Abdruck* ist in allen anderen Verwendungen gemeindt.

Abend: *Heilige Abend (gemeindt): ↗Heiligabend

Abend: *zu Abend essen (gemeindt.): ↗Abendbrot: *Abendbrot essen, ↗abendessen, ↗Nacht: *zu Nacht essen, ↗nachtessen, ↗nachtmahlen

Abendblatt D das; -(e)s, ...blätter: ›Abendzeitung‹: *Um 9 Uhr erschien ein Morgenblatt, um 11 Uhr ein Mittagsblatt und um 19 Uhr ein Abendblatt* (Leuscher 13. 1. 2003, Internet) – Vgl. Tagblatt, Tageblatt

Abendbrot D-nord/mittel das; -(e)s, -e (Plur. ungebräuchl.): ↗Nachtmahl A, ↗Nachtessen A-west (Vbg.) CH D-südwest, ↗Znacht CH ›(einfaches) Abendessen‹: *Und Hans dachte noch nach, als sie schon beim Abendbrot saßen* (Walser, Ehen 92); ***Abendbrot essen:** ↗nachtmahlen A, ↗abendessen A D (ohne nordost), ↗Nacht: *zu Nacht essen CH D-südwest, ↗nachtessen CH D-südwest ›zu Abend essen‹: *... aber wir könnten zusammen irgendwohin fahren und Abendbrot essen* (Martin, Blut 33)

Abendessen (gemeindt.): ↗Abendbrot, ↗Nachtessen, ↗Nachtmahl, ↗Znacht

abendessen A D (ohne nordost) st. V. (nur im Inf. und 2. Part.): ↗nachtmahlen A, ↗Nacht: *zu Nacht essen CH D-südwest, ↗nachtessen CH D-südwest, ↗Abendbrot: *Abendbrot essen D-nord/mittel ›zu Abend essen‹: *John ist ein bisschen nervös wegen seinem Text. Wir sollten mit ihm abendessen gehen* (Standard 26. 2. 1999, Internet; A)

Abendverkauf CH der; -(e)s, ...käufe: ›verlängerte Offenhaltung von Geschäften (an einem oder mehreren Abenden in der Woche)‹: *Im Abendverkauf gilt weiterhin 21 Uhr als Schlusszeit, am Samstag 18 statt 17 Uhr* (Blick 11. 11. 1998, 6)

Abendverlesen CH das; -s, –: ↗Befehlsausgabe A, ↗Zimmerverlesen CH, ↗Stubenappell D ›Appell einer militärischen Einheit vor der Nachtruhe‹: *Das Abendverlesen beendet für Soldaten und für Gefreite, sofern sie nicht Kaderfunktionen ausüben, den Ausgang* (Dienstreglement, 2001, Internet) – Vgl. Antrittsverlesen, Hauptverlesen

Abendzeitung (gemeindt.): ↗Abendblatt

abessen D-ost/südwest st.V./hat: **1.** ›von etw. wegessen; leer essen‹: *Dann vergaß er, seinen abgegessenen Teller abzuräumen* (Hofmann, Glück 34). **2. *bei jmdm. abgegessen haben** (Grenzfall des Standards) ›bei jmdm. nicht mehr beliebt sein, es sich mit jmdm. verscherzt haben‹: *Wer MV nicht mag, hat bei mir abgegessen!* (Deutsche Miami Vice Community und Fanclub 17. 10. 2000, Internet)

abfahren: 1. D (ohne südost) st.V./hat ›(mit einem Fahrzeug) abtransportieren‹: *Nach den Grill-Festen müssen aus dem Tiergarten durchschnittlich 35 Kubikmeter Müll abgefahren werden* (Berliner Ztg 17. 7. 1999, Internet). **2.** CH st.V./ist (salopp): ↗putzen A, ↗vertschüssen A, ↗Haus: *sich über die Häuser hauen A-ost, ↗schleichen A D-süd, ↗verzupfen A D-südost, ↗zupfen A D-südost, ↗abschleichen CH, ↗Leine: *Leine ziehen CH D (ohne südost), ↗verdrücken CH D (ohne südost), ↗verduften CH D, ↗verkrümeln CH D (ohne südost), ↗abschieben D, ↗Fliege: *die/eine Fliege machen D, ↗verpissen D, ↗dünnemachen D-nord/mittel, ↗Mücke: *[die/eine] Mücke machen D-nord/mittel, ↗Platte: *die Platte putzen D (ohne mittelost/südost), ↗trollen D (ohne ost) ›fortgehen, verschwinden, abhauen (häufig im Imperativ)‹: *Mit diesem neumodischen Zeug solle ich sofort wieder abfahren* (Hohler, Strom 67); *»Nein« und »fahr ab« zu sagen, das will Bellinda S. den Frauen beibringen* (Sonntagsztg 18. 10. 1998, Internet). **3. *jmdn. abfahren lassen** D st.V./hat (salopp) ›jmdn. abweisen; abblitzen lassen‹: *Ihren ersten Brautwerber, den »byzantinischen König«, hatte Hadwig auf originelle Weise abfahren lassen* (Genealogie Mittelalter 5. 6. 2002, Internet). **4.** CH st.V./ist ›[in einem festlichen Umzug] mit dem Vieh im Herbst von der ↗Alp ins Tal ziehen‹: *Das Gras hat sich von diesem Schock nicht mehr erholt – wir mussten Mitte August mit dem Vieh ins Tal abfahren* (Wochenztg für das Emmental und Entlebuch 13. 7. 2002, Internet) – Die Bedeutungen ›weg-, losfahren‹, ›eine Autobahn verlassen‹ und ›von einem Berg, einer Anhöhe abwärts fahren‹ sowie andere Bedeutungen sind gemeindt. Zu 1 und 4 vgl. Abfahrt

Abfahrt die; –, -en: **1.** A D kurz für ↗*Autobahnabfahrt*: ›Straße zum Verlassen der Autobahn; [Autobahn]ausfahrt‹: *Erst am Montag wurde ein Autofahrer in Weißkirchen gestoppt. Er hatte die falsche Abfahrt genommen und wollte im Rückwärtsgang zurückschieben* (Wiener Ztg 19. 7. 2000, Internet; A); *Über die A 59 bis Abfahrt Duisburg-Duissern* (Deutsche Bahn 17. 4. 2002, Internet; D). **2.** A-west (Vbg.) CH kurz für ↗*Alpabfahrt:* ↗Alpabtrieb A-west (Vbg.), ↗Almabtrieb A (ohne Vbg.) D, ↗Alpabzug CH, ↗Alpentladung CH ›[festlicher] Umzug im Spätsommer, bei dem Personal und Vieh von den Bergweiden ins Tal ziehen‹: *Diese Glocken kosten mit dem Lederhalsband gut und gern zweitausend Franken. Getragen werden sie nur für den Alpaufzug und die Abfahrt* (Gemeinde Gimmelwald, 2002, Internet; CH). **3.** D (formell) ›Abtransport von Müll, Holz o. Ä.; Abfuhr‹: *Der Be-*

zirk ... hatte den Parkplatz ... mit der Auflage zur Verfügung gestellt, für Wasser und Müllabfahrt zu sorgen (Berliner Ztg 19. 4. 1997, Internet) – Die Bedeutungen ›Losfahren‹, ›Abfahrtslauf‹ und ›Strecke im Abfahrtslauf‹ sind gemeindt. Vgl. abfahren

Abfall (gemeindt.): ↗GÜSEL, ↗KEHRICHT, ↗MIST, ↗MÜLL

Abfallberg CH D-nord der; -(e)s, -e: ↗MÜLLBERG A D ›gesamte Abfallmenge, die die Gesellschaft produziert‹: *Nach der Schliessung der Abfalldeponien wird der Abfallberg von den bestehenden Anlagen nicht bewältigt werden können* (Oberhasler, 1998, Internet; CH)

Abfalldeponie (gemeindt.): ↗KEHRICHTDEPONIE, ↗KIPPE, ↗MÜLLDEPONIE, ↗MÜLLKIPPE, ↗MÜLLPLATZ

Abfalleimer (gemeindt.): ↗ABFALLKÜBEL, ↗KEHRICHTEIMER, ↗MISTKÜBEL, ↗MÜLLEIMER, ↗MÜLLKÜBEL

Abfallgebühr (gemeindt.): ↗KEHRICHTGEBÜHR, ↗MÜLLGEBÜHR

Abfallkübel A CH D-mittelost der; -s, –: ↗MISTKÜBEL A, ↗MÜLLKÜBEL A-west, ↗KEHRICHTEIMER CH, ↗MÜLLEIMER D ›Abfalleimer‹: *Kurz entschlossen warf sie den Bindfaden in den Abfallkübel* (Semrau, Zimtapfel 33; A); *Neben den Sammelstellen betreuen die Mitarbeiter der »Entsorgung« auch die Bushäuschen, die Abfallkübel, die beiden Spielplätze ... sowie die Robidogs* (Neues Bülacher Tagbl 16. 6. 1998, Internet; CH) – Vgl. Kübel

Abfallsackgebühr CH die; –, -en: ↗KEHRICHTSACKGEBÜHR CH ›Entsorgungsgebühr, die pro Müllsack erhoben wird‹: *Zürcher Stadtregierung will Abfallsackgebühr um 43 Prozent von heute Fr. 1.31 auf rund Fr. 1.90 erhöhen* (TA 13. 7. 1995, 5) – Vgl. Kehrichtgebühr, Sackgebühr

Abfalltrennung (gemeindt.): ↗MÜLLTRENNUNG

abfertigen A sw.V./hat: ↗ABFINDEN CH D ›(Arbeitnehmer bzw. Arbeitnehmerinnen nach einvernehmlicher Kündigung oder Kündigung seitens des Arbeitgebers bzw. der Arbeitgeberin) ein einmaliges, nach Gehalt und Dauer des Arbeitsverhältnisses berechnetes Entgelt zahlen‹: *Kleinfirmen, die beim Abfertigen altgedienter Mitarbeiter oft bös ins Schleudern kommen, hätten diese Sorgen mit dem neuen Modell los* (VN 31. 12. 1998, D 1) – Andere Bedeutungen sind gemeindt. – Dazu: ↗**Abfertigung**

Abfertigung A die; –, -en: ↗ABGANGSENTSCHÄDIGUNG CH, ↗ABFINDUNG CH D ›vom Arbeitgeber bzw. der Arbeitgeberin an den Arbeitnehmer bzw. die Arbeitnehmerin zu zahlendes, nach Gehalt und Dauer des Arbeitsverhältnisses berechnetes einmaliges Entgelt im Falle einvernehmlicher Kündigung oder Kündigung seitens des Arbeitgebers bzw. der Arbeitgeberin‹: *Drei Monatslöhne sind ausständig, und von einer Abfertigung fürchtet er auch nichts zu sehen* (Bundesministerium für Arbeit und Soziales, 1995, 26) – Andere Bedeutungen sind gemeindt. Vgl. abfertigen – Dazu: **Abfertigungsanspruch, Abfertigungsklage**

abfieseln sw.V./hat (Grenzfall des Standards): **1.** A D-südost ›abnagen‹: *Rausnehmen, überkühlen, abfieseln* (OÖN 6. 11. 1999, 22; A). **2.** A D-süd; ↗ABKNIBBELN D-nordwest/mittelwest ›etw. mühsam von etw. ablösen‹: *Große Klosternüsse und Papiernüsse – zum Abfieseln – wurden meist um 55 S das Kilo angeboten* (OÖN 23. 9. 2000, 26; A) – Zu 2 vgl. fieseln

abfinden CH D st.V./hat: ↗ABFERTIGEN A ›jmdn. durch eine einmalige Zahlung entschädigen‹: *R. signalisierte ..., dass er auf der Erfüllung seines Vertrages beharren wird und damit bei einer vorzeitigen Trennung entsprechend abgefunden werden muss* (TA 20. 12. 2000, 43; CH); *Wenn wir keinen neuen Verein für einen Spieler finden, den wir gerne abgeben würden, müssen wir ihn abfinden, und das Geld haben wir nicht* (Goslarsche Ztg 27. 11. 1999, Internet; D) – Die reflexive Verwendung in der Bedeutung ›sich fügen‹ ist gemeindt. – Dazu: ↗**Abfindung**

Abfindung CH D die; –, -en: ↗ABFERTIGUNG A, ↗ABGANGSENTSCHÄDIGUNG CH ›einmalige Zahlung, mit der eine Person oder Körperschaft entschädigt wird‹: *Wer unverschuldet entlassen wurde, erhält Abfindungen, die je nach Dienstalter zwischen einem und 15 Monatslöhnen betragen* (TA 3. 6. 1999, 15; CH); *Wenn man sich nicht einigt, ... gibt's für D. bei der Trennung eine Abfindung* (BamS 26. 10. 1997, 28; D) – Vgl. abfinden

Abg. siehe Abgeordnete

Abgang A der; -(e)s, ...gänge (formell): ↗MINDERERTRAG CH D ›auf eine Summe fehlender Betrag; Fehlbetrag‹: *Für das vergangene Jahr wird ein Abgang von drei bis 3,5 Milliarden erwartet, für heuer – ohne Maßnahmen – ein Fehlbetrag von rund 5,5 Milliarden* (Kurier 23. 2. 2000, 2) – Andere Bedeutungen sind gemeindt.

abgängig A LIE Adj.: ›vermisst (von Personen)‹: *Seit 25. Februar ist die 17 Jahre alte Karin P. aus Graz abgängig* (Kleine Ztg 2. 3. 1997, 11; A); *13-jähriger Schüler aus Nenzing abgängig* (Liechtensteiner Volksbl 19. 8. 1995, 10; LIE) – In D selten – Dazu: **Abgängige(r)**, ↗**Abgängigkeitsanzeige** A

Abgängigkeitsanzeige A die; –, -n: ↗VERMISSTANZEIGE CH, ↗VERMISSTENANZEIGE CH D ›Meldung bei der Polizei, dass eine Person vermisst wird‹: *Ende*

März erstattete der Schwager des Architekten Abgängigkeitsanzeige (Wien online, 2000, Internet) – Vgl. abgängig

Abgangsentschädigung CH die; –, -en: ↗ABFERTIGUNG A, ↗ABFINDUNG CH D ›einmalige Zahlung an einen Arbeitnehmer bzw. eine Arbeitnehmerin bei der [unfreiwilligen] Auflösung eines Arbeitsverhältnisses‹: *Während der Aktienkurs zusammenbricht, wird der amtierende Präsident … mit einer grosszügigen Abgangsentschädigung von mehreren Millionen Franken entlassen* (Bilanz 24. 10. 2000, Internet)

Abgaskontrolle (gemeindt.): ↗ABGASUNTERSUCHUNG

Abgasuntersuchung D die; –, -en: ›gesetzlich vorgeschriebene und regelmäßig durchzuführende Kontrolle der Abgasemissionen bei motorisierten Fahrzeugen; Abgaskontrolle‹: *Selbstverständlich sind bei Dechent in Neunkirchen Abgasuntersuchung … und Karosserie-Instandsetzung mit Lackierung möglich* (Saarbrücker Ztg 17. 4. 2002, Internet)

ABGB A das; –, ohne Plur.: buchstabierte Abk. für ›Allgemeines Bürgerliches ↗Gesetzbuch‹: ↗ZGB CH, ↗BGB D: *Nur wenn der Kaufpreis zum Wert der Wohnung weniger als die Hälfte des Kaufpreises wert ist, räumt das Allgemeine Bürgerliche Gesetzbuch (ABGB) die Möglichkeit zur Vertragsaufhebung und Rückabwicklung ein* (VN 29. 10. 1997, Vorarlberg Journal 8)

abgehen st.V./ist: **1.** A D-südost (mit Dat.) ›fehlen, vermissen (von Personen und Sachen)‹: *Dann habe ich in einen Bauernhof eingeheiratet, und da sind mir die Leute schon ein bisschen abgegangen* (Welt der Frau 6/1996, 33; A). **2.** A CH (Grenzfall des Standards) ›losgehen (von einem Wecker o. Ä.)‹: *Aufgewacht ist er erst, wie einem Festspielgast der Digitalwecker abgegangen ist* (Haas, Silentium 71; A); *Ich bin der totale Morgenmuffel. Wenn mein Wecker abgeht, fluche ich erstmal eine Runde* (Sonntagsblick 22. 6. 1997, M2; CH). **3.** CH ›sterben‹: *Sie ist unter Krämpfen abgegangen, eingesargt worden und unter den hiesigen Boden gebracht, ohne Trauergemeinde* (Wilker, Blues für Klara 223). **4.** ***etw. geht [voll] ab** CH D (salopp) ›etw. spielt sich ab; etw. ist los; etw. geht rund‹: *Was am diesjährigen »Hornochsenball« abging, war absolut trendy!* (St. Galler Tagbl 15. 2. 1999, Internet; CH); *Von 15 Uhr an geht's auf dem Rathausmarkt bestimmt mächtig ab* (Hamburger Abendbl 24./25. 7. 1999, 15; D). **5.** CH D ›abgezogen, abgerechnet werden‹: *Im Durchschnitt wird in den Schweizer Gesellschaften ein Viertel des Gewinns als Dividende ausgeschüttet, und Sie wissen alle, dass davon noch rund ein Drittel an Steuern abgehen* (Bulletin Nationalrat 5. 6. 2000, Internet; CH); *Die 44 Kilometer Lyon – Les Roches und zurück kosten regulär 15,40 Euro; davon gehen dann 25 % ab, ohne dass man irgend etwas wie eine Bahncard kaufen müsste* (Nürnberger Eisenbahnfreunde 3/2002, Internet; D) – Die Bedeutungen ›sich entfernen, etw. verlassen‹ und ›sich lösen (von Material)‹ sowie andere Bedeutungen sind gemeindt.

Abgeltung A CH die; –, -en (formell): ↗KOSTENERSATZ A ›Vergütung, die ein Gemeinwesen Privaten, Firmen oder anderen Gemeinwesen für öffentliche Dienstleistungen oder Güter, die es nicht selbst zur Verfügung stellt, erstattet‹: *Diese stellten als Bedingung eine Umwidmung ihres Waldes zu Baulandgebiet und eine Abgeltung der Straßenstreifen in entsprechender Tarifklasse* (OÖN 22. 11. 2001, Internet; A); *Für Abgeltungen gemeinwirtschaftlicher Leistungen, beispielsweise den Betrieb des Hallenbades, zahlt die Stadt 660'000 Franken* (Bund 3. 11. 1999, 31; CH) – Die Bedeutung ›Entschädigung‹ ist informell gemeindt. – Dazu: **Abgeltungsbetrag**, ↗**Inflationsabgeltung** A, **Lastenabgeltung** CH, **Teilabgeltung** CH

Abgeordnete A D LIE der/die; -n, -n: ↗MANDATAR A BELG, ↗PARLAMENTSMITGLIED CH, ↗RATSMITGLIED CH ›Mitglied einer Volksvertretung, eines Parlaments; Parlamentarier(in)‹: *Da sind Herr oder Frau Österreicher genauso aufgerufen wie der Herr oder die Frau Abgeordnete* (SN 31. 3. 1998, 3; A); *Manchmal führen auch die Wirren des Umzugs zu Spekulationen, die gewaltig am Selbstwertgefühl eines Abgeordneten nagen können* (Tagesspiegel 25. 7. 1999, 4; D); *Es ist gut möglich, dass eine ganze Reihe von Abgeordneten sich nicht gegen die Zulässigkeit der Initiative … aussprechen wird* (Das Fürstenhaus von Liechtenstein, 2003, Internet; LIE); ***Abgeordnete zum Landtag** A: ↗LANDTAGSABGEORDNETE A D LIE, ↗GROSSRAT CH, ↗KANTONSRAT CH, ↗LANDRAT CH, ↗REGIONALRATSABGEORDNETE STIR ›Mitglied im Parlament eines ↗Bundeslandes‹: *Der Kärntner Arbeiterkammerpräsident Q. hat wenigstens an alle Bundesräte, Abgeordneten zum Landtag und Nationalrat einen Brief geschrieben* (Stenogr. Protokoll des Bundesrates 19. 3. 1996, Internet); ***Abgeordnete zum Nationalrat** A: ↗NATIONALRATSABGEORDNETE A, ↗NATIONALRAT A CH, ↗BUNDESTAGSABGEORDNETE D ›Mitglied des ↗Nationalrates‹: *Nachdem die Abgeordnete zum Nationalrat einen ihr zugesagten Job als steirische Sonderbeauftragte für Kulturelles schon sicher geglaubt hatte, sahen sich ihre präsumtiven Brötchengeber mit … medialer Empörung konfrontiert* (Profil 10. 11. 1997, 34); ***Abgeordnete zum Bundesrat** A ›Mitglied des ↗Bundesrates‹: *Frau Vorsitzende, Sie sind oberste Personalvertreterin der oberösterreichischen Pflichtschullehrer/innen und gleichzeitig Abgeordnete zum Bundesrat einer Partei, die in Regierungsverantwortung die Rahmenbedingungen des öffentlichen Pflichtschulwesens … schwer schädigt* (Bildungsnetzwerk, 2002, Internet) – Abk. Abg. Die Bezeichnung *Abgeordnete(r) zum Gemeinderat* ist in A selten – Dazu: ↗**Abgeordnetenhaus** D (Berlin),

↗**Abgeordnetenkammer** STIR, **Abgeordnetenpension** (↗Pension), **Bundesratsabgeordnete** (↗Bundesrat), **Gemeinderatsabgeordnete, Grünabgeordnete** (↗Grün-) A, **Grünenabgeordnete** (↗Grünen-) D

Ạbgeordnetenhaus D (Berlin) das; -es, ...häuser: ↗Landtag A D, ↗Kantonsrat CH, ↗Landrat CH, ↗Rat: *Grosse Rat CH, ↗Bürgerschaft D (Bremen, Hamburg), ↗Regionalrat STIR ›Parlament des ↗Bundeslandes Berlin‹: *Selten hat eine Wahl zum Berliner Abgeordnetenhaus für die politische Landschaft in Bonn so große Bedeutung gehabt* (Welt 20. 10. 1995, Internet) – Die Bedeutung ›Zweite Kammer des Parlaments in Preußen und Österreich-Ungarn‹ ist historisch. Vgl. Abgeordnete

Ạbgeordnetenkammer STIR die; –, -n ⟨übersetzt aus ital. *camera dei deputati*⟩: ↗Nationalrat A CH, ↗Kammer: *grosse Kammer CH, ↗Bundestag D, ↗Landtag LIE ›erste ↗Kammer des italienischen Parlaments‹: *Noch in diesem Monat wird die Abgeordnetenkammer in Rom die zweite Lesung des Gesetzes vornehmen* (Dolomiten 16. 10. 2000, 3) – Vgl. Abgeordnete

abgewetzt (gemeindt.): ↗blank: *blank gescheuert

abgrenzen (gemeindt.): ↗ausmarchen

ạbgucken ạbkucken D (ohne südost) sw.V./hat (Grenzfall des Standards): **1.** ↗abschauen A CH D-südost, ↗absehen D ›durch Beobachtung bei anderen lernen‹: *Verleger H. hat die Tradition der Kolloquien ... vom Klostermann-Verlag abgeguckt, die in den 20-er Jahren ihre Autoren einluden* (WAZ 24. 10. 1997, 4); *Da können sich sehr viele Angehörige oder die Patienten selbst ganz viele Tricks abkucken* (Deutschlandfunk 16. 4. 2000, Internet). **2.** ↗schwindeln A, ↗abschauen A D-süd, ↗mogeln CH D (ohne südost), ↗spicken CH D ›bei schriftlichen Prüfungen vom Nachbarn bzw. von der Nachbarin abschreiben oder unerlaubte Hilfsmittel verwenden; schummeln‹: *Abgucken war zwecklos, jeder Schüler saß an einem Einzeltisch und musste zudem andere Aufgaben lösen als sein Nebenmann* (Zeit 19. 5. 2000, Internet) – Vgl. gucken

ạbhaben unr.V./hat (Grenzfall des Standards): **1.** D-nord/mittel; ↗abkriegen CH D (ohne südost), ↗mitkriegen D, ↗abbekommen D-nord/mittel ›einen Teil von etw. bekommen‹: *Von diesem Milliardenkuchen möchte die Region natürlich gerne ein Stück abhaben* (Welt 25. 7. 2000, Internet). **2.** D (ohne südost) ›etw. abgenommen haben; etw. Festsitzendes entfernt haben‹: *Ich habe die Verteilerkappe schon abgehabt, aber ganz schnell wieder draufgebaut* (Pagenstecher 3. 4. 2003, Internet)

Abhang (gemeindt.): ↗Berglehne, ↗Halde, ↗Lehne, ↗Leite, ↗Rain, ↗Stutz

abhauen (gemeindt.): ↗abfahren, ↗abschieben, ↗abschleichen, ↗dünnemachen, ↗Fliege: *die/eine Fliege machen, ↗Haus: *sich über die Häuser hauen, ↗Leine: *Leine ziehen, ↗Mücke: *[die/eine] Mücke machen, ↗Platte: *die Platte putzen, ↗putzen, ↗schleichen, ↗trollen, ↗verdrücken, ↗verduften, ↗verkrümeln, ↗verpissen, ↗vertschüssen, ↗verzupfen, ↗zupfen

Abitur D das; -s, -e (Plur. ungebräuchl.) ⟨aus lat. *abiturire* zu lat. *abire* ›fortgehen‹⟩: ↗Matura A CH, ↗Reifeprüfung A D, ↗Matur CH, ↗Maturität CH ›Prüfung oder Schulabschluss zur Erlangung der Hochschulreife; allgemeine Hochschulreife‹: *Das Abitur galt früher als Nachweis für die Studierfähigkeit* (Zeit 26. 12. 1997, 56) – Dazu: **Abiturfeier,** ↗**Abiturient(in), Abiturprüfung,** ↗**Abiturzeugnis**

Abituriẹnt Abituriẹntin D der; -en, -en bzw. die; –, -nen: ↗Maturant A, ↗Maturand CH ›Person, die das ↗Abitur ablegt oder abgelegt hat‹: *Denn Japans große Universitäten zeigen nicht nur bei den Aufnahmeprüfungen für frischgebackene Abiturienten, sondern ebenso auch bei der Emeritierung ihrer Professoren unerbittliche Härte* (BdW 8/1990, 40)

Abiturzeugnis D das; -ses, -se: ↗Reifeprüfungszeugnis A, ↗Maturazeugnis A CH, ↗Reifezeugnis A D (ohne ost), ↗Maturitätszeugnis CH, ↗Maturzeugnis CH, ↗Maturadiplom STIR ›Zeugnis über das bestandene ↗Abitur‹: *Der Mittlere-Reife-Absolvent fälscht ein Abiturzeugnis und bewirbt sich beim Oberlandesgericht Bremen als Rechtspfleger-Anwärter* (Welt 20. 1. 1999, Internet)

ạbkassieren A D sw.V./hat: ↗einkassieren CH ›[im Restaurant] bei Gästen den Betrag fürs Essen und Trinken kassieren‹: *Der Mann rief ungeduldig nach dem Ober, der gerade an einem anderen Tisch abkassierte* (Scharang, Sohn eines Landarbeiters 19; A); *Als der Kellner den Betrag von 7,50 DM abkassieren will, ist B verärgert* (Universität Kiel 6. 6. 2002, Internet; D) – Andere Bedeutungen sind gemeindt.

ạbklabastern D-nord/mittelwest sw.V./hat: ›der Reihe nach aufsuchen; abklappern‹: *Ich habe sämtliche Trödelmärkte in den letzten Wochen abklabastert* (80-er Jahre, 2003, Internet)

abklappern (gemeindt.): ↗abklabastern

ạbklären CH D sw.V./hat: ›klären, zwecks Klärung untersuchen‹: *Wer mit gentechnisch veränderten oder pathogenen Organismen in der Umwelt umgehen will, muss vorgängig die möglichen Risiken abklären* (Pressemitteilung BUWAL 16. 12. 1997, Internet; CH); *Laut*

D. soll dies Aufgabe einer … Arbeitsgruppe sein, die auch die Detailfragen abklären müsste (Der Neue Tag 5. 8. 2002, Internet; D) – Die Bedeutung ›medizinische Sachverhalte klären‹ ist gemeindt. – Dazu: **Abklärung**, ↗**Eignungsabklärung** CH, ↗**Vorabklärung** CH

abklemmen CH sw.V./hat: ›abrupt beenden, unterdrücken, verbieten‹: *Gespräche hat er abgeklemmt oder von vorneherein vermieden* (Glücks Post 10. 6. 1999, 62); *Bei den Krippenspielen musste ich immer das Lachen abklemmen. Ich fand das Ganze mega-schräg* (Südostschweiz 13. 12. 2000, Internet) – Andere Bedeutungen sind gemeindt.

abknibbeln D-nordwest/mittelwest sw.V./hat: ↗ABFIESELN A D-süd ›mühsam ablösen‹: *Auf praktisch allen Früchten klebt inzwischen ein Aufkleber des Herstellers drauf, den man abknibbeln darf* (Radio Bonn, 2003, Internet) – Vgl. knibbeln

abkönnen D-nord/mittelwest unr.V./hat (meist verneint, Grenzfall des Standards): ›etw. oder jmdn. leiden bzw. ertragen können‹: *Ich weiß auch nicht, irgendwie kann ich das Zeug nicht ab* (Waldhoff, Grund des Meeres 42)

abkriegen CH D (ohne südost) sw.V./hat (Grenzfall des Standards): **1.** ↗MITKRIEGEN D, ↗ABBEKOMMEN D-nord/mittel, ↗ABHABEN D-nord/mittel ›(einen Teil von etw.) bekommen‹: *Die geschnetzelte Kalbsleber, tadellos gesalzen und gepfeffert, hat ein bisschen zuviel an Zwiebelbeilage abgekriegt* (WW 18/1998, Internet; CH); *Denn natürlich ist der Verdacht vorhanden, dass der Staat kassiert und die Hochschulen am Ende nichts davon abkriegen* (Heidelberger Student(inn)enztg, 1999, Internet; D). **2.** ↗ABBEKOMMEN CH D-nord/mittel ›(etw. Nachteiliges) erdulden müssen‹: *Hoffentlich hat das Modell nichts abgekriegt* (Modellflug, 1999, Internet; CH); *Sie kriegen im Sommer wieder mal alles ab: Bei Outdoor-Aktivitäten von Beach-Volleyball bis Gartenarbeit sind die Hände voll im Einsatz* (Freundin 19/1997, 75; D)

abkucken siehe abgucken

Ablad CH der; -(e)s, -e: ↗AUSLAD CH ›Abladen (von Waren); Entladen (von Transportmitteln)‹: *Bei widrigen Witterungsverhältnissen (Nässe, Nebel, Glätte) rutschten zwei Kampfpanzer 68 beim Ablad von den Bahnwagen* (Pressemitteilung Bundesbehörden 28. 11. 1995, Internet); *Die neu erbaute Anlieferungshalle ermöglicht einen geschützten Ablad der Camions* (St. Galler Tagbl 10. 1. 1998, Internet)

Ablage CH die; –, -n: ›Annahmestelle‹: *Neben dem reinen Handelsgeschäft pflegt Riri M. weiterhin das Dienstleistungsangebot mit Nähatelier, Druckknopf- und Ösenstanzerei sowie einer Ablage der Chemischen Reinigung »Waschbär«* (St. Galler Tagbl 26. 1. 1999, Internet) – Andere Bedeutungen sind gemeindt.

ablästern D-mittel/süd sw.V./hat (Grenzfall des Standards): ›(ausgiebig) lästern‹: *Mit wem solltest du auch sonst über deine Erzfeindin ablästern oder über den süßesten Jungen reden?* (Cellesche Allgemeine Ztg 15. 4. 2002, Internet)

Ablaufdatum A das; -s, …daten: ↗VERFALLDATUM CH D, ↗HALTBARKEITSDATUM D ›auf der Verpackung angegebene Frist, bis zu der ein Lebensmittel oder Medikament haltbar sein soll; Verfallsdatum‹: *Das Ablaufdatum der Milch war Mittwoch* (Wolfgruber, Verlauf eines Sommers 18)

ablecken CH D (ohne südost) sw.V./hat: ↗ABSCHLECKEN A CH D-süd ›mit der Zunge säubern oder anfeuchten‹: *Muttertiere, die ihre Neugeborenen ausgiebig ablecken und mit gebuckeltem Rücken säugen, bewirken, dass die Kleinen später weniger Angst haben* (Blick 15. 12. 1999, 27; CH); *Lässt ein Kind seinen Schnuller fallen, sollten Eltern ihn nicht ablecken und ihn dann dem Kind in den Mund stecken* (WAZ 24. 11. 1997, Internet; D) – In A als fremd empfunden. Vgl. lecken

ableisten A D sw.V./hat: ›(den ↗[Militär]dienst) im vorgesehenen Ausmaß leisten‹: *Weiters erwarten wir gute Kenntnisse der englischen Sprache in Wort und Schrift sowie bei männlichen Bewerbern abgeleisteten Präsenzdienst* (TT 8./9. 11. 1997, 31; A); *Sie wollte ihren Dienst nicht wie andere Frauen »nur« im Sanitätsdienst oder einem Musikkorp ableisten* (Welt 30. 6. 1999, Internet; D) – Dazu: **Ableistung**

ablöschen CH sw.V./hat: ↗ABDREHEN A D, ↗AUSDREHEN A D, ↗AUSMACHEN CH D, ↗LÖSCHEN CH D ›(das Licht) ausschalten‹: *Wussten Sie beispielsweise, dass es sich finanziell und ökologisch lohnt, sowohl Leuchtstoff- (»Neon«-) Lampen wie auch Stromsparlampen bei Nichtgebrauch sofort abzulöschen* (Beobachter 19. 9. 1997, 84); ***jmdm. löscht es ab:** ↗ABSTELLEN: *JMDM. STELLT ES AB CH ›jmdm. verdirbt es schlagartig die Laune‹: *Ich stellte mir vor, dass ich meinen Hund in Form einer Sau oder eines Rindes wieder esse. Da hat es mir abgelöscht* (NZZ 10. 9. 1999, 15) – Die Bedeutungen ›(einen Brand) löschen‹ und ›kalte Flüssigkeit hinzugeben (beim Kochen)‹ sind gemeindt. – Dazu: ↗**Ablöscher**

Ablöscher CH der; -s, –: ↗ABSTELLER CH ›Anlass für schlechte Laune‹: *Wenn sie vor dem kollektiven Theaterbesuch mit der Klasse noch ein Reclam-Büchlein lesen und später einen Aufsatz schreiben müssen, ist das für viele der totale Ablöscher* (TA 24. 2. 1999, 21) – Vgl. ablöschen

Ablöse die; –, -n: **1.** A ›Personenwechsel in einer Tätigkeit, einer Stellung, einem Amt; Ablösung‹: *Die Ge-*

rüchte um das Datum der Ablöse des Tiroler Bischofs werden immer wilder (Presse 23. 9. 1997, 6). **2.** A; ↗ABSTAND D ›bei Beginn eines Mietverhältnisses vom neuen Mieter bzw. von der neuen Mieterin einmalig zu zahlende Summe an den Vormieter bzw. an die Vormieterin zur Abgeltung eventueller Sanierungsarbeiten oder zu übernehmender Möbel (bes. bei Pacht von Geschäftslokalen)‹: *Bestens eingeführtes Gasthaus m. Zimmervermietung … äußerst günstig zu verpachten. Ablöse erforderlich* (SN 8. 11. 1997, 43); ***verbotene Ablöse** (Recht) ›Zahlung an den Vermieter bzw. an die Vermieterin oder an den Vormieter bzw. an die Vormieterin ohne entsprechende Gegenleistung‹: *Eine Einmalzahlung ist … dann ausnahmsweise keine verbotene Ablöse, wenn es sich um eine echte Mietzinsvorauszahlung handelt* (Universität Innsbruck, Institut für Zivilrecht, 2000, Internet). **3.** A ›Zahlungsentschädigung bei Enteignung von Grundstücken für öffentliche Bauten oder Straßen durch Gemeinde, Land oder Bund‹: *In der Gemeindevertretungssitzung wird einstimmig beschlossen, der Schützengilde als Ablöse für den alten Schießstand den geforderten Betrag von S 100 000,– zu gewähren* (Vereinschronik der Union-Schützengilde Höchst, 2000, Internet). **4.** A D (Sport); ↗ABLÖSESUMME CH D ›Summe, die beim Wechsel vertraglich gebundener Sportler und Sportlerinnen an das vorherige Team bezahlt werden muss‹: *Austria Wien will nur mehr Spieler verpflichten, die keine Ablöse kosten* (Neue Vorarlberger Tagesztg 5. 6. 2003, 35; A); *Der TSV 1860 und Fortuna Düsseldorf einigten sich auf 250 000 Mark Ablöse für den 34-jährigen Ex-Nationalspieler* (AZ 8. 4. 1997, 7; D) – Zu 2 und 3 vgl. ablösen. Zu 4.: In CH selten – Zu 2.: ↗**ablösefrei, Möbelablöse**. Zu 3.: ↗**Grundablöse**

ablösefrei A Adj.: ›(Wohnung, Geschäft, Büro) ohne ↗Ablöse zu mieten erhältlich‹: *Stilaltbau beim Stephansplatz: 120-m²-Wohnfläche, 4 Zimmer, Parketten, Stuckdecken, Flügeltüren, ablösefreier, unbefristeter Sofortbezug, 14500,–* (Kurier 5. 11. 1997, 20) – Die im Sport gebräuchliche Bedeutung ›ohne ↗Ablöse spielberechtigt‹ ist gemeindt.

ablösen sw.V./hat: **1.** A ›(für eine Wohnung) eine ↗Ablöse zahlen‹: *Investitionen, die der Vermieter oder Nachmieter nicht ablösen muss, sind z. B. Möbel, Einbauküchen, Holzdecken sowie Telefon und Kabel-TV-Anschlüsse* (Konsumentenservice Mietrecht, 2002, Internet). **2.** A ›ein Grundstück durch behördliche Verfügung abkaufen‹: *Sie hat sich den Grund teuer ablösen lassen* (Kerschbaumer, Alma 85). **3.** A D ›einen Sachpreis bei einem Gewinnspiel bar ausbezahlen‹: *Der Gewinn kann nicht in bar abgelöst werden* (Monatsjournal Tirol 2. 4. 1998, 13; A); *Der Rechtsweg ist ausgeschlossen, der Gewinn wird nicht in bar abgelöst* (Prosieben 31. 10. 2001, Internet; D) – Andere Bedeutungen sind gemeindt. – Zu 3.: ↗**Barablöse** A, ↗**Barablösung** D

Ablösesumme CH D die; –, -n: ↗ABLÖSE A D ›Summe, die beim Wechsel vertraglich gebundener Sportler und Sportlerinnen an das vorherige Team bezahlt werden muss‹: *Da der ehemalige Spieler von GC … bei Innsbruck einen Vertrag bis 2004 besass, wird eine Ablösesumme von rund 3 Millionen Mark fällig* (NLZ 4. 10. 2001, Internet; CH); *Nach Darstellung des Vereins beträgt die Ablösesumme für den Abwehrspieler 650 000 Mark* (Kicker 5. 11. 2001, Internet; D) – In A selten

Ablösung (gemeindt.): ↗ABLÖSE

ABM D die; –, ohne Plur.: buchstabierte Abk. für ↗*Arbeitsbeschaffungsmaßnahme:* ›staatlich subventionierte Maßnahme zur Schaffung zusätzlicher Arbeitsplätze‹: *Abbau von ABM-Stellen reißt Milliardenloch* (Welt 21. 8. 1996, Internet) – Häufig in Zus. mit Bindestrichschreibung – Dazu: **ABM-Job, ABM-Stelle**

abmachen sw.V./hat: **1.** A-ost/südost; ↗ANMACHEN A-mitte/west CH D ›(Salat) mit einer Marinade versehen‹: *Vogerlsalat mit Erdäpfeln, Steirischem Kürbiskernöl, Mostessig, Salz und Pfeffer abmachen und auf kaltem Teller anrichten* (Restaurant Plabutscher Schlössl Graz, 2002, Internet). **2.** CH D; ↗AUSMACHEN A D ›vereinbaren‹: *Wenn nichts anderes abgemacht ist, gilt: Wer krank ist, kann weder Feiertage noch »Brückentage« nachholen* (Blick 8. 1. 1997, 30; CH); *Zehn Milliarden Mark für die ehemaligen Zwangsarbeiter …, so war es abgemacht* (WDR 12. 10. 2000, Internet; D). **3.** CH ›sich verabreden‹: *Er hätte zufällig in der Altstadt ein paar Kollegen getroffen und mit ihnen abgemacht für heute Abend* (Wyss, Tage 69). **4.** CH D (Grenzfall des Standards) ›von etw. loslösen, entfernen‹: *Das Basilikum von den Stängeln lösen (lasst die Blätter ruhig ganz, nur die Stiele abmachen)* (Swissonline Kochen, 2001, Internet; CH); *Vorwurfsvoll fragte Stefanie B., wie sie bitteschön das ominöse Band abmachen sollte* (Tagbl 21. 11. 2001, Internet; D)

Abmahnung die; –, -en (formell): **1.** A; ↗VERWARNUNG CH D ›schriftlicher, von Behörden erteilter Tadel bei kleineren Verwaltungsdelikten, für die noch keine Strafen verhängt werden‹: *Die VP will vor einer Zustimmung allerdings noch geklärt wissen, … wie die Polizisten die Möglichkeit bekommen, auch das mildere Strafmittel Abmahnung anzuwenden* (OÖN 22. 11. 2001, 16). **2.** D ›schriftliche Ermahnung durch Vorgesetzte oder Vermieter‹: *Der Schriftwechsel im Personalbereich unterliegt zum größten Teil Begrenzungen, die sich durch rechtliche oder tarifliche Bestimmungen ergeben, zum Beispiel bei … Abmahnun-*

gen und Kündigungsschreiben (Briese-Neumann, Geschäftskorrespondenz 152)

ạbmehren CH sw.V./hat: ↗AUSMEHREN CH ›(an politischen Versammlungen) durch Handerheben abstimmen‹: *Dann ist auch das Abmehren problematisch – es werden immer wieder Stimmen nicht berücksichtigt, weil man sie vom Stuhl aus einfach nicht gesehen hat* (WoZ 26. 9. 1997, 3) – Vgl. Mehr

ạbnehmen st.V./hat: **1.** CH D (ohne südost) ›abschöpfen‹: *Vom vollen Milchbecken kann man den Rahm abnehmen* (Wallis online, 2003, Internet; CH); *4 Esslöffel von der Milch abnehmen und mit den Zutaten verrühren* (General-Anzeiger 28. 8. 2002, Internet; D). **2.** CH D; ↗HOMOLOGIEREN STIR ›(ein Gerät, eine Ausrüstung, ein Bauwerk) behördlich genehmigen‹: *Sie können diesen 2CV kaufen oder mieten. Alle Details wurden zur Perfektion verarbeitet und der Wagen ist auch von der MFK abgenommen* (Garage Village, 2003, Internet; CH); *Zusätzliche Scheinwerfer am PKW müssen vom TÜV abgenommen werden* (WDR 20. 5. 2001, Internet; D) – Andere Bedeutungen sind gemeindt. – Zu 1. und 2.: **Abnahme**. Zu 2.: **Bauabnahme**

ạbnibbeln D-nordost/mittel (bes. Berlin) sw.V./ist (salopp): ↗ABSERBELN CH, ↗SERBELN CH ›sterben‹: *Meinetwegen kann sie auch twisten oder abnibbeln* (Arens, Nächste Mann 17)

ạbnicken D (ohne südost) sw.V./hat (salopp): ›(einer Sache) ohne Diskussion zustimmen‹: *Jetzt hat das Bundesverfassungsgericht das letzte der großen Reformprojekte der Schröder-Regierung – vorläufig – abgenickt* (Tagesspiegel 19. 7. 2001, Internet)

Abonnement das; -(e)s, -s/-e ⟨frz.⟩: wird in A und D [abɔnəˈmãː] oder [abɔnˈmãː] ausgesprochen, in CH [abɔnəˈmɛnt] oder [abɔnmã]. Bei der Aussprache [abɔnəˈmɛnt] lauten Genitiv und Plural -(e)s, -e, sonst immer -s, -s. Dies gilt auch für die Zus., z.B. ↗Generalabonnement CH, ↗Halbtaxabonnement CH, Zeitungsabonnement: *Sowohl die Einzelverkaufspreise als auch die Abonnemente schlagen im Schnitt zwei Prozent auf* (Bund 31. 12. 1999, 19; CH)

Abonnẹnt Abonnẹntin CH der; -en, -en bzw. die; –, -nen (formell): ↗BEZIEHER A D, ↗BEZÜGER CH ›Person, die Strom, Wasser, Gas bezieht oder einen Telefonanschluss hat‹: *Rund vier Prozent der Abonnentinnen und Abonnenten in der Stadt Bern beziehen Solarstrom, was schweizweit einen absoluten Rekord darstellt* (Bund 2. 10. 1999, 1); *Bereits heute können die Abonnenten von der Swisscom eine detaillierte Telefonrechnung verlangen* (Blick 30. 12. 1997, 5) – Die Bedeutung ›Person, die regelmässig gegen Rechnung eine Zeitung, Zeitschrift oder ein Theaterabonnement bezieht‹ ist gemeindt.

ạbpaschen A sw.V./ist (Grenzfall des Standards): ↗STIFTEN: *STIFTEN GEHEN D, ↗AUSBÜCHSEN D-nord/mittel ›weglaufen, entwischen, heimlich verschwinden‹: *Ich persönlich hätte wohl nie den Mut, wie er alles stehen und liegen zu lassen und einfach nach Italien abzupaschen* (Ganze Woche 4. 2. 1998, 19)

ạbpassen sw.V./hat mit Dat./Akk.: wird in CH in der Bedeutung ›jmdm. auflauern‹ auch mit Dativ verwendet, gemeindt. mit Akkusativ: *Doch der erboste Senn hatte ihnen abgepasst und verfolgte die Flüchtenden, ihnen dicht auf den Fersen bleibend* (Gitschener Post, 1999, Internet; CH)

ạbräumen A D sw.V./hat (salopp): ↗ABCASHEN A, ↗EINSTREIFEN A, ↗ABTISCHEN CH, ↗EINSTREICHEN CH D, ↗ABSAHNEN D (ohne südost) ›sich (einen Gewinn, etw. Wertvolles) [unkorrekterweise/skrupellos] aneignen‹: ... *die großen Nationen werden aufgrund ihrer zahlreichen aktuellen Teilnehmer nun groß abräumen* (Standard 28./29. 10. 2000, Internet; A); *Es gab ... einige Musiker, die jeden Preis abräumen konnten* (Prosieben, 2002, Internet; D) – Andere Bedeutungen, z.B. ›Geschirr abservieren‹, sind gemeindt.

ạbrebeln A D-nordwest sw.V./hat: ↗REBELN A ›(Beeren, kleine Blätter von Stielen) abzupfen, abbeeren‹: *Blätter bis auf ein dekoratives Büschel an der Spitze abrebeln und Fleisch oder Gemüse auf den Zweig stecken* (Gusto 11/1997, 24; A) – Vgl. Gerebelte

Ạbreisser Ạbreisserin CH der; -s, – bzw. die; –, -nen (abwertend): ↗NEPPER A D (ohne mittelost), ↗ABZOCKER CH D ›Person, die andere um ihr Geld bringt oder überhöhte Preise nimmt; Betrüger(in)‹: *In der Umgebung Susa sind genug Motorradgeschäfte (nicht unbedingt ehrlich, manchmal Abreisser)* (Enduro CH, 2001, Internet) – Andere Bedeutungen sind gemeindt. Vgl. Abriss

Abricotine CH die; –, -s [abrikɔtin] ⟨frz.⟩: ↗MARILLENSCHNAPS A, ↗APRIKOSENSCHNAPS CH D, ↗MARILLELER STIR ›aus ↗Aprikosen gebrannter Schnaps‹: *Grappa, Mirabelle, Kirsch, Abricotine, Williams und Pomme – die Collection Futura ist im guten Fachhandel erhältlich* (Salz&Pfeffer 3/1993, 54)

Ạbriss CH der; -es, -e (Plur. ungebräuchl.): ↗NEPP A D, ↗ABZOCKEREI CH D ›unverschämt hohe Preisforderung‹: *Doch die auf den ersten Blick günstige Gelegenheit entpuppt sich als reiner Abriss* (K-tip 11. 2. 1998, 12) – Andere Bedeutungen sind gemeindt. Vgl. Abreisser

Ạbrissbirne D die; –, -n: ↗ABBRUCHBIRNE D ›an einem Seil schwingende, große Stahlkugel zum Abreißen von Gebäuden‹: *Wenn sich die Abrissbirne bis an die Hauptstraße heran gearbeitet hat, sollen im hinteren*

Bereich schon erste Gruben ausgehoben werden (NRZ 28. 6. 2001, Internet) – In A und CH selten

abrubbeln D (ohne südost) sw.V./hat: ›durch starkes Abreiben mit einem Handtuch trocknen‹: *Sie versucht, mit Wechselduschen einen klaren Kopf zu bekommen, aber der ganze Effekt ist, dass sie selbst nach heftigem Abrubbeln noch leise vor sich hinbibbert* (Hauptmann, Suche 96) – In CH selten. Vgl. rubbeln

absägen: *mit abgesägten Hosen [dastehen] CH ›blossgestellt sein; den Kürzeren gezogen haben‹: *Ich bin mir … bewusst, dass ich mit völlig abgesägten Hosen vor Rosa stehen werde, und ich habe keine Ahnung, wie ich mein unmögliches Verhalten rechtfertigen soll* (Heimann, Lisi 20) – Das Verb *absägen* ist in allen anderen Verwendungen gemeindt.

absahnen D (ohne südost) sw.V./hat (abwertend, Grenzfall des Standards): ↗ABCASHEN A, ↗EINSTREIFEN A, ↗ABRÄUMEN A D, ↗ABTISCHEN CH, ↗EINSTREICHEN CH D ›sich (einen Gewinn, etw. Wertvolles) [unkorrekterweise bzw. skrupellos] aneignen‹: *Mitarbeiter des Bundesnachrichtendienstes haben ihre Verbindungen für heiße Geschäfte in Krisengebieten genutzt – und dabei kräftig abgesahnt* (Stern 25. 9. 1997, 86) – In A und CH bekannt, aber als fremd empfunden

absammeln A sw.V./hat: ›(Geld, Schulhefte u. Ä.) von einzelnen Personen einsammeln‹: *In größeren Gemeinden verteilen ZählerInnen zwischen 2. und 14. Mai die Fragebögen. In der zweiten Maihälfte werden die ausgefüllten Bögen wieder abgesammelt* (Tatbl 12. 4. 2001, Internet) – Andere Bedeutungen sind gemeindt.

Absatztrick CH D der; -(e)s, -s (Fußball): ↗FERSLER A, ↗HACKENTRICK D (ohne südost) ›mit der Ferse gespielter Ball‹: *Für den schönsten Spielzug der gesamten mitreissenden Begegnung waren … die Lausanner besorgt, als Ohrel aus vollem Lauf flankte, Kuzba mittels Absatztrick verlängerte und Mazzoni den schwungvollen Angriff ebenso direkt wie überlegt zum 3:0 abschloss* (Bund 17. 9. 1999, 43; CH); *Unmittelbar danach eröffnete J. B. mit einem Absatztrick … eine gute Möglichkeit, doch parierte der Gästetorwart G. diesen Ball* (Pirmasenser Ztg 7. 1. 2001, Internet; D)

abschauen sw.V./hat: **1.** A CH D-südost; ↗ABSEHEN D, ↗ABGUCKEN D (ohne südost) ›durch Beobachtung bei anderen lernen‹: *Den Walzerrhythmus kann man dabei am besten bei guten Tänzern abschauen* (TT 7. 1. 2000, Internet; A); *Die Asiaten lassen sich nicht ins Konzept gucken und wollen vermeiden, dass der Konkurrent bei ihnen etwas abschauen kann* (St. Galler Tagbl 7. 7. 1997, Internet; CH). **2.** A D-süd; ↗SCHWINDELN A, ↗MOGELN CH D (ohne südost), ↗SPICKEN CH D, ↗ABGUCKEN D (ohne südost) ›bei schriftlichen Prüfungen vom Nachbarn bzw. von der Nachbarin abschreiben; schummeln‹: *Jetzt sind wir nicht mehr in der Schule – und im wirklichen Leben zählen bekanntlich die richtigen Anworten. Und da heißt es auf einmal: Abschauen ist erlaubt* (Kleine Ztg 1. 3. 2001, Internet; A) – Vgl. schauen

Abschiebehaft D die; –, ohne Plur.: ↗SCHUBHAFT A, ↗AUSSCHAFFUNGSHAFT CH, ↗ABSCHIEBUNGSHAFT D ›richterlich angeordnete Haft, durch die erreicht werden soll, dass eine ausländische Person des Landes verwiesen werden kann‹: *Sie wurde urplötzlich von der Polizei abgeholt und fand sich in Abschiebehaft wieder* (Sächsische Ztg 19. 6. 1998, 3) – Vgl. Abschiebung

abschieben (gemeindt.): ↗AUSSCHAFFEN

abschieben D st.V./hat (salopp): ↗PUTZEN A, ↗VERTSCHÜSSEN A, ↗HAUS: *SICH ÜBER DIE HÄUSER HAUEN A-ost, ↗SCHLEICHEN A D-süd, ↗VERZUPFEN A D-südost, ↗ZUPFEN A D-südost, ↗ABFAHREN CH, ↗ABSCHLEICHEN CH, ↗LEINE: *LEINE ZIEHEN CH D (ohne südost), ↗VERDRÜCKEN CH D (ohne südost), ↗VERDUFTEN CH D, ↗VERKRÜMELN CH D (ohne südost), ↗FLIEGE: *DIE/EINE FLIEGE MACHEN D, ↗VERPISSEN D, ↗DÜNNEMACHEN D-nord/mittel, ↗MÜCKE: *[DIE/EINE] MÜCKE MACHEN D-nord/mittel, ↗PLATTE: *DIE PLATTE PUTZEN D (ohne mittelost/südost), ↗TROLLEN D (ohne ost) ›sich entfernen; verschwinden, abhauen‹: *Die Polizisten notierten sich noch seinen Namen und seine Anschrift und schoben ab* (Karr & Wehner, Geierfrühling 30) – Andere Bedeutungen sind gemeindt.

Abschiebung A D die; –, -en: ↗AUSSCHAFFUNG CH, ↗RÜCKWEISUNG CH ›richterlich verfügte und amtlich vollzogene Ausweisung eines Ausländers bzw. einer Ausländerin aus einem Staat‹: *Herr A. war nicht von einer Abschiebung bedroht* (Profil 30. 3. 1998, 84; A); *1997 ist die Zahl der Abschiebungen um 40 Prozent auf rund 3400 gestiegen* (Focus 16. 3. 1998, 74; D) – Vgl. Abschiebehaft, Schubhaft – Dazu: ↗**Abschiebungshaft** D

Abschiebungshaft D die; –, ohne Plur.: ↗SCHUBHAFT A, ↗AUSSCHAFFUNGSHAFT CH, ↗ABSCHIEBEHAFT D ›richterlich angeordnete Haft, durch die erreicht werden soll, dass eine ausländische Person des Landes verwiesen werden kann‹: *Insgesamt verursachte der Vollzug der Abschiebungshaft 1993 mehr als 4,9 Millionen Mark an Kosten* (Welt 16. 4. 1996, Internet) – Vgl. Abschiebung

Abschied: *aus Abschied und Traktanden fallen CH ⟨zu *Abschied* ›Protokoll der Tagsatzung im alten ↗eidgenössischen Staatenbund‹⟩ ›als bedeutungslos, erledigt erklärt werden; abgelehnt werden‹: *Ein Thema kann zeitweise die Öffentlichkeit intensiv beschäfti-*

gen – und eines Tages lautlos aus Abschied und Traktanden fallen (St. Galler Tagbl 19. 4. 1999, Internet); *Der Rat sprach sich zwar mit 85 gegen 68 Stimmen für den Integrationsartikel im Ausländergesetz aus. Dennoch fiel dieser aus Abschied und Traktanden* (TA 18. 6. 1997, 9) – Das Substantiv *Abschied* ist in allen anderen Verwendungen gemeindt.

abschiessen CH **abschießen** D-südwest st.V./ist: ↗VERSCHIEßEN D ›die Farbe verlieren; [aus]bleichen‹: *Die Büroeinrichtungen der Zollbeamten waren primitiv, deren Uniformen abgeschossen* (St. Galler Tagbl 27. 12. 1997, Internet; CH) – In A selten. Andere Bedeutungen sind gemeindt.

abschlagen CH st.V./hat: ↗HERSCHLAGEN A, ↗TRISCHACKEN A-ost, ↗BREI: *JMDN. ZU BREI SCHLAGEN CH D (ohne südost), ↗VERKLOPFEN CH D-südwest, ↗VERMÖBELN CH D, ↗VERHAUEN D, ↗HUCKE: *JMDM. DIE HUCKE VOLL HAUEN D-nord/mittel, ↗VERKLOPPEN D-nord/mittel, ↗VERTRIMMEN D-nord/mittel ›verprügeln, schlagen; verdreschen‹: *Auf dem Schulweg wurden wir von älteren Kindern immer wieder brutal abgeschlagen* (Sekteninformation, 2001, Internet) – Andere Bedeutungen sind gemeindt.

abschlecken A CH D-süd sw.V./hat: ↗ABLECKEN CH D (ohne südost) ›mit der Zunge säubern oder anfeuchten‹: *Eine Strafe hätte er [der Entwerfer der Briefmarke] sich jedenfalls verdient; etwa, dass er alle 3,5 Millionen Marken auf der Rückseite abschlecken muss* (Kleine Ztg 19. 11. 2000, Internet; A); *Und nach jedem Mahl erzählte man sich noch lange von den einzelnen Gängen … und ganz besonders zum Beispiel vom Fasan, delikat, jung, knusprig, und die Sauce: um die Finger abzuschlecken* (Schenker, Manesse 61; CH); ***sich alle zehn Finger abschlecken können** siehe Finger – Vgl. schlecken

abschleichen CH st.V./ist: ↗PUTZEN A, ↗VERTSCHÜSSEN A, ↗HAUS: *SICH ÜBER DIE HÄUSER HAUEN A-ost, ↗SCHLEICHEN A D-süd, ↗VERZUPFEN A D-südost, ↗ZUPFEN A D-südost, ↗ABFAHREN CH, ↗LEINE: *LEINE ZIEHEN CH D (ohne südost), ↗VERDRÜCKEN CH D (ohne südost), ↗VERDUFTEN CH D, ↗VERKRÜMELN CH D (ohne südost), ↗ABSCHIEBEN D, ↗FLIEGE: *DIE/EINE FLIEGE MACHEN D, ↗VERPISSEN D, ↗DÜNNEMACHEN D-nord/mittel, ↗MÜCKE: *[DIE/EINE] MÜCKE MACHEN D-nord/mittel, ↗PLATTE: *DIE PLATTE PUTZEN D (ohne mittelost/südost), ↗TROLLEN D (ohne ost) ›sich entfernen; verschwinden, abhauen‹: *Als Unschlecht gesättigt … abschleichen wollte, fasste ihn Rickenmann im Gang ab* (Späth, Unschlecht 70)

abschliessen CH **abschließen** D (ohne südost) st.V./hat: ↗VERSPERREN A, ↗ABSPERREN A D-südost, ↗ZUSPERREN A D-südost, ↗ZUSCHLIEßEN D (ohne südost) ›mit einem Schlüssel schließen, unzugänglich machen; verschließen‹: *So schliesst Susanne nun jeweils die Türe ab, wenn Christian bei ihr ist* (Bieler Tagbl 13. 1. 1999, Internet; CH); *Er schließt ab und gibt ihnen den Schlüssel* (Bernds Welt 17. 6. 2003, Internet; D) – Andere Bedeutungen sind gemeindt.

abschmalzen A D-südost sw.V./hat (Küche): ↗ABSCHMÄLZEN D-südwest ›in Fett, Schmalz schwenken‹: *Die Butter bis zum nussbraunen Punkt erhitzen, die Nocken mit Parmesan bestreuen, mit der schäumenden Butter abschmalzen* (OÖN 15. 10. 1988, Freizeit 18; A)

abschmälzen D-südwest sw.V./hat (Küche): ↗ABSCHMALZEN A D-südost ›in Fett, Schmalz schwenken‹: *Die Zwiebel klein hacken und in einer Pfanne mit Butter abschmälzen* (Schwäbischer Kochlöffel 14. 7. 2003, Internet)

abschnallen D sw.V./hat (Grenzfall des Standards): ›nicht mehr mitmachen; geistig nicht mehr folgen [können]‹: *Wenn ich Musik höre und sie sagt mir was, höre ich zu. Nur bei Techno schnalle ich ab!* (Jazzdimensions 21. 11. 2002, Internet); ***Da schnallst du ab!** A D ›Das ist nicht mehr zu begreifen!‹: *Die Kids kaufen sich Klamotten, da schnallst du ab!* (DJ Mirko im Interview, 2000, Internet; A); *Der macht dich fertig, da schnallst du ab* (Lenz, Herbstlicht 73; D) – Die Bedeutung ›etw. durch Öffnen von Schnallen lösen‹ ist gemeindt.

abschöpfen (gemeindt.): ↗ABNEHMEN

Abschrankung CH die; –, -en: ›Absperrung‹: *Die Fans säumten den Pistenrand …; als schützende Abschrankung dienten gelegentlich ein paar Sandsäcke, ab 1955 Leitplanken und nicht zuletzt Hausmauern* (Bund 31. 12. 1999, 39) – In D selten

abschreiben (gemeindt.): ↗ABGUCKEN, ↗ABSCHAUEN, ↗MOGELN, ↗SCHWINDELN, ↗SPICKEN

absehen D sich st.V./hat: ↗ABSCHAUEN A CH D-südost, ↗ABGUCKEN D (ohne südost) ›durch Beobachtung bei anderen lernen‹: *Damit Sie sich etwas absehen können … habe ich hier lediglich meine Erfahrungen wiedergegeben* (FH Köln 4. 1. 2002, Internet)

abseihen A sw.V./hat: ↗DURCHSEIHEN A D, ↗ABSIEBEN CH D, ↗DURCHSIEBEN CH D ›(Flüssigkeiten) durch ein Sieb oder Tuch gießen (um feste Bestandteile davon zu trennen)‹: *Zwei Esslöffel Brennnesselwurzeln mit einem Viertelliter Wasser fünf Minuten kochen, abseihen und mäßig morgens und abends trinken* (ORF Nachlese 11/1997, 58) – In D selten. Vgl. Seiher

Abseits (gemeindt.): ↗OFFSIDE

abseits (gemeindt.): ↗OFFSIDE

Absẹnz A CH D-südost die; –, -en ⟨aus lat. *absentia*⟩: ›Abwesenheit (bes. im Schulbereich und im öffentlichen Dienst)‹: *Im Außenamt wird ihre »dienstliche Absenz« vermerkt* (Theresianische Militärakademie, Mitteilungsbl MB 4/1999, Internet; A); *Eine Umfrage bei einigen Stadtberner Schulhäusern ergab, dass sich die Absenzen im Rahmen halten* (Bund 16. 2. 1999, 22; CH) – Andere Bedeutungen sind gemeindt. – Dazu: **Absenzenkontrolle** CH, **Absenzenliste** CH, **Absenzenwesen** CH

ạbserbeln CH sw.V./ist: ↗SERBELN CH, ↗ABNIBBELN D-nordost/mittel (bes. Berlin) ›langsam [ab]sterben‹: *Die restlichen Enten sind … in einem anderen Teich – doch der ist voll mit Benzin. Da werden sicher noch einige Enten abserbeln* (Blick 10. 3. 1994, 3)

Ạbsetzbetrag A der; -(e)s, …träge: ›Betrag, der von der errechneten Einkommenssteuer abgezogen wird‹: *Die derzeit nach der Anzahl der Kinder gestaffelten Absetzbeträge … könnte nach dem ÖVP-Wunsch zusätzlich nach dem Alter der Kinder gestaffelt werden* (SN 21. 10. 1997, 2) – Der *Absetzbetrag* ist nicht mit dem *Freibetrag* zu verwechseln, dieser wird nämlich nicht nach, sondern vor der Berechnung der Steuer vom Einkommen abgezogen – Vgl. absetzen – Dazu: **Alleinerzieherabsetzbetrag** (↗Alleinerzieher), **Alleinverdienerabsetzbetrag**, ↗**Kinderabsetzbetrag**, **Pensionistenabsetzbetrag** (↗Pensionist), **Steuerabsetzbetrag**

ạbsetzen A D sw.V./hat: ›von einer zu versteuernden Summe abziehen‹: *Andererseits aber könnte der Sohn die Leibrente als Sonderausgabe von der Steuer absetzen* (ORF Nachlese 9/1997, 20; A); *Wer aus beruflichen Gründen umzieht und dabei beim Verkauf seines Hauses Verluste macht, kann diese nicht als Werbungskosten absetzen* (Welt 14. 10. 2000, Internet; D) – Andere Bedeutungen sind gemeindt. – Dazu ↗**Absetzbetrag** A, ↗**Absetzposten** A

Ạbsetzposten A der; -s, –: ↗ABZUGSPOSTEN A D, ↗ABZUGSBETRAG D ›Betrag, der [von einem Lohn, Gehalt] abgezogen wird; Abzug‹: *Die Qualifizierung von älteren Arbeitslosen soll durch steuerliche Absetzposten angekurbelt werden* (Kurier 26. 2. 1999, 18) – Vgl. absetzen – Dazu: **Steuerabsetzposten**

ạbsieben CH D sw.V./hat: ↗ABSEIHEN A, ↗DURCHSEIHEN A D, ↗DURCHSIEBEN CH D ›(Flüssigkeiten) durch ein Sieb oder Tuch gießen, um feste Bestandteile davon zu trennen‹: *Sauce absieben, etwas einkochen* (Bossi, Schweizer Spezialitäten 48; CH); *Achten Sie darauf, dass die Pflanzenteile vollständig mit Wein bedeckt sind. Anschließend absieben und abgießen* (Südwestrundfunk 17. 10. 2001, Internet; D) – In A selten

ạbsitzen CH st.V./ist: ↗HINSITZEN A CH, ↗HOCKEN A CH D-mittelost/süd, ↗NIEDERSETZEN A D-südost, ↗NIEDERSITZEN A D-südost, ↗SITZEN CH ›sich hinsetzen‹: *Wenn man auf Schritt und Tritt über seufzende Kreaturen stolpere und, wo man auch absitze, von wildem Honig klebrige Hosen bekomme, so sei es leicht, ein heiliger Franz zu sein* (Schädelin, Eugen 109) – Andere Bedeutungen sind gemeindt.

ạbsperren A D-südost sw.V./hat: ↗VERSPERREN A, ↗ZUSPERREN A D-südost, ↗ABSCHLIESSEN CH ABSCHLIEẞEN D (ohne südost), ↗ZUSCHLIEẞEN D (ohne südost) ›mit einem Schlüssel schließen, unzugänglich machen‹: *Das Haus sei doch sicher abgesperrt, wie sie denn überhaupt hineinkommen, fragte Pius Bikila* (Köhlmeier, Moderne Zeiten 77; A) – Andere Bedeutungen sind gemeindt. Vgl. sperren

Absperrung (gemeindt.): ↗ABSCHRANKUNG

Ạbsprache: *gemäss Absprache CH; ***nach [telefonischer] Absprache** CH D STIR ›nach [telefonischer] Vereinbarung‹: *Für spezielle und exklusive Destinationen gemäss Absprache steht Ihnen ein Pilot mit Gebirgsausbildung zur Verfügung* (Gemeinde Melchsee-Frutt, 2003, Internet; CH); *Café-Restaurant Gnädinger am Schaffhauserplatz … sucht per anfangs August oder nach Absprache Service-Mitarbeiterin* (Glückspost 10. 6. 1999, 78; CH); *Sprechstunde … während der Semesterferien nur nach telefonischer Absprache* (Humboldt Universität Berlin, 2002, Internet; D); *Unser Büro ist geöffnet von Montag bis Freitag von 16 bis 20 Uhr. Andere Zeiten nur nach telefonischer Absprache* (Tanzschule Swing, o. J., Programm 19; STIR) – Das Substantiv *Absprache* ist in allen anderen Verwendungen gemeindt.

ạbspülen A-west D-südost sw.V./hat: ↗ABWASCH: *DEN ABWASCH MACHEN CH D (ohne südost), ↗SPÜLEN D (ohne ost) ›schmutziges Geschirr reinigen; abwaschen‹: *Wer kocht, spült ab, macht die Wäsche?* (VN 15. 4. 1997, A 8; A-west); *Weshalb spült die Frau ab, wenn der Mann kocht?* (Kabaretttage Ingolstadt 13. 8. 2002, Internet; D-südost) – Andere Bedeutungen sind gemeindt. – Dazu: ↗**Abspüler(in)** D-südost

Ạbspüler Ạbspülerin D-südost der; -s, – bzw. die; –, -nen: ↗ABWÄSCHER A ›Person, die in gastronomischen Betrieben zum Abwaschen des Geschirrs angestellt ist; Tellerwäscher(in)‹: *Der Abspüler durfte das Spülwasser mit den darin schwimmenden Essensresten nicht wegschütten* (Kulmbach Plassenburg 26. 11. 2002, Internet) – In A formell. Vgl. abspülen

Ạbstand D der; -(e)s, …stände: ↗ABLÖSE A ›bei Beginn des Mietverhältnisses vom neuen Mieter bzw. von der neuen Mieterin einmalig zu zahlende Summe an den Vormieter bzw. an die Vormieterin zur Abgeltung eventueller Sanierungsarbeiten oder zu übernehmender Möbel (bes. bei Pacht von Geschäftslokalen)‹: *Dauermieter sind kaum wieder aus der Immobilie herauszubekommen. Nach langwierigen Räumungsklagen wird noch oft ein Abstand fällig* (Schöner Wohnen 10/1997, Beilage 28) – Andere Bedeutungen sind gemeindt. – Dazu: **Abstandszahlung**

abstauben (gemeindt.): ↗WISCHEN: *STAUB WISCHEN

abstehen CH st.V./ist: ›den Fuss auf den Boden setzen‹: *Die Schwimmprüfung bestand aus dem zweimaligen Durchschwimmen des Beckens, ohne abzustehen* (Rheintalische Volksztg 16. 7. 1999, Internet) – Andere Bedeutungen, z. B. ›nicht anliegen‹, sind gemeindt.

Abstell- (gemeindt.): ↗EINSTELL-/-EINSTELL

abstellen: *jmdm. stellt es ab CH: ↗ABLÖSCHEN: *JMDM. LÖSCHT ES AB CH ›jmdm. verdirbt es schlagartig die Laune‹: *Und dann landete ich irgendwo auf dem Land: zwei Häuser, ein Bauernhof. Da hat's mir abgestellt* (TA 14. 11. 1998, 16) – Das Verb *abstellen* ist in allen anderen Verwendungen gemeindt. – Dazu: ↗**Absteller**

Absteller CH der; -s, –: ↗ABLÖSCHER CH ›Anlass für schlechte Laune‹: *Anstelle des schönen Dauerblaus am kalifornischen Himmel ist's mehrheitlich grau. Ein richtiger Absteller für mich als Sommervogel* (Bund 30. 10. 1999, 27) – Vgl. abstellen, Aufsteller

Abstellplatz A CH der; -(e)s, ...plätze: ↗EINSTELLPLATZ CH D, ↗STELLPLATZ D ›[überdachter] Platz zum Abstellen eines Fahrzeuges; Parkplatz‹: *Die Bewohner sollen sich Gedanken machen, ob sie den Abstellplatz vor dem Haus wirklich brauchen* (Kleine Ztg 24. 1. 2001, Internet; A); *Auf dem Gelände des stillgelegten Stahlwerkes soll ein Abstellplatz für über tausend Lastwagen entstehen* (NLZ 9. 7. 2001, Internet; CH) – Dazu: **Autoabstellplatz, Pkw-Abstellplatz** (↗Pkw) A

Abstiegskampf (gemeindt.): ↗STRICHKAMPF

abstimmen (gemeindt.): ↗STIMMEN

Abstimmungsberechtigte D der/die; -n, -n: ↗WAHLBERECHTIGTE A D, ↗STIMMBERECHTIGTE CH ›Person, die an [politischen] Wahlen bzw. Abstimmungen teilnehmen darf‹: *Mit der jetzt versandten Benachrichtigungskarte kann jeder Abstimmungsberechtigte am 13. Januar 2002 im zuständigen Abstimmungsraum seine Stimme abgeben* (NRZ 26. 12. 2001, Internet) – In A selten

Abstimmungsbotschaft CH die; –, -en: ›offizielle Informationen und Empfehlungen von Behörden oder Interessengruppen zu einer ↗Abstimmungsvorlage‹: *Die Abstimmungsbotschaft gewährt ... auch dem Referendumskomitee, das sich gegen die Vorlage wendet, Raum zur Darstellung seines Standpunktes* (Kanton TG News 20. 11. 1997, Internet) – Vgl. Abstimmungserläuterung, Abstimmungszeitung

Abstimmungsdatum CH das; -s, ...daten: ↗ABSTIMMUNGSTERMIN CH ›festgelegter Zeitpunkt, zu dem eine Volksabstimmung stattfindet‹: *Jahrelang haben die Bundesbehörden das Abstimmungsdatum zur Initiative »Schweiz ohne Schnüffelstaat« hinausgeschoben* (TA 24. 4. 1998, 7)

Abstimmungsempfehlung CH die; –, -en: ›Vorschlag oder Rat, wie die ↗Stimmberechtigten bei einer Volksabstimmung entscheiden sollen‹: *Der Bundesrat verzichtet definitiv auf eine Abstimmungsempfehlung* (Blick 11. 10. 1996, 5)

Abstimmungserläuterung CH die; –, -en: ›mit den Stimmzetteln verschicktes Informationsmaterial der Behörden zu einer Abstimmung‹: *Nicht der Bundesrat, sondern das Parlament soll künftig die Abstimmungserläuterungen verfassen* (TA 11. 10. 1996, Internet) – Vgl. Abstimmungsbotschaft, Abstimmungszeitung

Abstimmungskampagne CH die; –, -n [...kam'panjə]: ›Werbefeldzug vor einer Abstimmung‹: *»Ja zur Familie.« Unter diesem Motto starteten Befürworterinnen und Befürworter der Mutterschaftsversicherung gestern auf dem Bundesplatz die Abstimmungskampagne* (Blick 6. 4. 1999, 5)

Abstimmungskampf CH der; -(e)s, ...kämpfe: ›propagandistisches Agieren im Vorfeld einer Volksabstimmung‹: *Im Abstimmungskampf um die 18-Prozent-Initiative ist viel vom hohen Stellenwert ausländischer Arbeitskräfte ... die Rede* (Sonntagsztg 20. 8. 2000, 21)

Abstimmungslokal CH das; -s, -e: ↗STIMMLOKAL CH ›Ort, an dem bei Abstimmungen und Wahlen die Stimme abgegeben werden kann; Wahllokal‹: *Der traditionelle Gang ins Abstimmungslokal ist für die ganze Familie ein Ritual* (Blick 5. 10. 1999, 13)

Abstimmungsparole CH die; –, -n: ›unverbindliche Empfehlung, einer ↗Abstimmungsvorlage zuzustimmen oder nicht‹: *Im Weiteren wurde über die Abstimmungsparolen für den 23. November entschieden. Als Initianten des Referendums gegen das Parkhaus ... sagen die Grünen ... Nein zu dieser Vorlage. Bereits in eigener Kompetenz hatte der Vorstand die Ja-Parole ... zum Kredit für die Erweiterung des Schulhauses im Gut ausgegeben* (NZZ Intern. Ausgabe 3. 11. 1997, 17) – Die Empfehlung (Ja-Parole, Nein-Parole, ↗Stimmfreigabe) wird von einer politischen Gruppierung (Partei, Gewerkschaft, Verband) vor einer Volksabstimmung beschlossen und an die ↗Stimmberechtigten abgegeben. Vgl. Parole

Abstimmungspropaganda CH die; –, ohne Plur.: ›Werbung zur Beeinflussung der ↗Stimmberechtigten vor einer Volksabstimmung‹: ... *so denken verschiedene angefragte Exponenten, dass die Abstimmungspropaganda der Pharma-Industrie in gewissen Teilen zu weit gehe* (Südostschweiz 27. 2. 2001, Internet)

Abstimmungsresultat CH das; -(e)s, -e: ›Ergebnis einer Abstimmung‹: *Die Turnhalle Allmend war voll, es brauchte eine Simultan-Übertragung im Singsaal. Das Abstimmungsresultat nach einer feurigen Redeschlacht: 1507 Ja gegen 1272 Nein* (TA 20. 5. 1999, 5)

Abstimmungssonntag CH der; -(e)s, -e: ›Sonntag eines Wochenendes, an dem eine Abstimmung stattfindet und das Ergebnis bekannt gegeben wird‹: *An Abstimmungssonntagen ging er an die Urne, ohne, wie das sonst der Brauch war, nachher noch ein Bier zu trinken* (Honegger, Ehemalige 73) – Die Stimmabgabe kann gewöhnlich zwischen Freitagabend und Sonntagmittag erfolgen

Abstimmungstermin CH der; -s, -e: ↗ABSTIMMUNGSDATUM CH ›festgelegter Zeitpunkt, zu dem eine Volksabstimmung stattfindet‹: *Es wird nicht möglich sein, in der Bevölkerung bis zum Abstimmungstermin die Begeisterung zu wecken, die es für ein Ja brauchen würde* (Südostschweiz 10. 5. 2001, Internet) – In A und D selten

Abstimmungsvorlage CH die; –, -n: ›Ausgaben- oder Sachbeschluss, der, in Form eines Gesetzestextes, der Volksabstimmung unterliegt‹: *Der Bundesrat kann die Abstimmungsvorlagen gar nicht festlegen, bevor die parlamentarischen Beratungen abgeschlossen sind* (Protokoll der Januarsession der Vereinigten Bundesversammlung, 1998, Internet) – Vgl. Vorlage

Abstimmungszeitung CH die; –, -en: ›in Form einer Zeitung gestaltetes Werbematerial für eine Volksabstimmung‹: *In ihrer Abstimmungszeitung und in gezielten Inseraten bezeichnet die SP das Kantonalbankgesetz als »Bankabenteuer mit Steuergeld«* (Bund 15. 11. 1997, 16) – Vgl. Abstimmungsbotschaft, Abstimmungserläuterung

abstrafen A D (ohne mittelost/südost) sw.V./hat (formell): ›[behördlich] bestrafen‹: *Grundsätzlich möchte ich vorausschicken, dass mit meinem Auto alles in Ordnung war, ich also nicht zu den statistischen »Verkehrssündern« zähle, die bei dieser nächtlichen Aktion abgestraft oder angezeigt wurden* (Presse 15. 9. 1999, Internet; A); *Das Dogma der Tatsachenentscheidung aber ist für den Weltverband so fundamental wie für die katholische Kirche die Unfehlbarkeit des Papstes – wer sie in Zweifel zieht, wird abgestraft* (Spiegel 1. 12. 1997, 143; D) – Dazu: **Abstrafung**

abstreifen A-west CH D-süd sw.V./hat: ↗ABTRETEN D-nord/mittel ›(die Schuhe mit Fußbewegungen am Boden oder auf einer Matte) abputzen‹: *Der früher von Huren und Dealern überrannte Times Square ist so sauber und familienfreundlich Disney-fiziert, dass sich selbst Mickey Maus vor dem Betreten die Schuhe abstreifen würde* (Kurier 29. 12. 1999, 6; A-west); *Zur Verminderung des Übertragungsrisikos sind vor die befallenen Räume mit gesättigter Kochsalzlösung oder einem Desinfektionsmittel getränkte Jutesäcke oder Matten zu legen, damit die Schuhe abgestreift und desinfiziert werden können* (Malergeschäft Clement, 2001, Internet; CH) – Andere Bedeutungen sind gemeindt. – Dazu: ↗**Fußabstreifer** A D-südost, ↗**Schuhabstreifer** D

abstützen CH sw.V./hat: **1.** ›unterstützen, absichern‹: *Im europäischen Umfeld hat das Hochlohnland Schweiz mit seiner Landwirtschaft keine Chancen auf ein ökonomisch abgestütztes Überleben* (TA 11. 10. 1999, 25). **2.** sich ›auf etw. beruhen‹: *Die Finanzhaushalte in Herrliberg waren schon vor dem prominenten Zuzug kerngesund, weil sich das Steuersubstrat auf eine solide Zahl von Zahlungskräftigen abstützen konnte* (TA 28. 1. 1999, 28) – In D selten. Andere Bedeutungen sind gemeindt.

Abszess das/der; -es, -e ⟨aus lat. *abscessus*⟩: ist in A auch Neutrum, gemeindt. Maskulinum: *Sie wissen eh, Herr Doktor, letztes Jahr hab ich das Abszess gehabt* (SN 31. 8. 2000, Internet; A)

Abtausch CH der; -(e)s, ohne Plur.: ›Tausch‹ /Grundstückhandel/: *Durch Abtausch von Bauland will die Stadt Wil der Firma Stihl & Co. eine Fabrikerweiterung ermöglichen* (St. Galler Tagbl 2. 3. 1999, Internet) – Andere Bedeutungen sind gemeindt. – Dazu: ↗**abtauschen, Gebietsabtausch,** ↗**Landabtausch**

abtauschen CH sw.V./hat: ›tauschen, wechseln‹: *Wir können ja beides gegeneinander abtauschen: Korten bekommt das Wegrecht durch meinen Wald, und ich bekomme das Recht, seine Strasse zu benutzen* (Kauer, Spätholz 93) – Andere Bedeutungen sind gemeindt. Vgl. Abtausch

Äbtestadt CH die; –, ohne Plur. ⟨nach dem *Abt* des Klosters St. Gallen, zu dessen Besitz Wil früher gehörte⟩: ›Wil‹: *Wir sind wie wild am Vorbereiten, damit unsere verschlafene Äbtestadt auch im Jahr 2002 wieder etwas zu bieten hat* (Rock am Weier 12. 3. 2002, Internet)

abtischen CH sw.V./hat: **1.** ›nach dem Essen den Tisch abräumen‹: *»Morgens, mittags, abends auftischen, abtischen und abwaschen«, motzt Stefano F.* (Blick 31. 1. 1996, 11). **2.** (abwertend, salopp, selten); ↗ABCASHEN A, ↗EINSTREIFEN A, ↗ABRÄUMEN A D, ↗EINSTREICHEN CH D, ↗ABSAHNEN D (ohne südost) ›sich (einen Gewinn, etw. Wertvolles) [unkorrekterweise bzw. ohne Skrupel] aneignen‹: *Die vier bis acht Casinos und 15 bis 20 Kursäle, die eine Konzes-*

sion erhalten sollen, werden nach Schätzungen des Bundesrats 600 bis 800 Millionen pro Jahr abtischen (Bund 1. 4. 2000, 14) – Zu 1 vgl. tischen

abtreiben A st.V./hat (Küche): ›(Zutaten) cremig verrühren‹: *Butter, Topfen und Rahm abtreiben; passierte Erdäpfel, Eier und Kräuter dazugeben, mit Gewürzen pikant abschmecken* (Salzburger Rezepte, 2002, Internet) – Andere Bedeutungen sind gemeindt. Vgl. Abtrieb

abtreten D-nord/mittel st.V./hat: ↗ABSTREIFEN A-west CH D-süd ›(die Schuhe mit Fußbewegungen am Boden oder auf einer Matte) abputzen‹: *Nützlich sei auch vor dem Eingang ein herausnehmbarer Metallrost zum Füße abtreten, damit möglichst wenig Schmutz ins Haus kommt* (Kölnische Rundschau 22. 6. 2001, Internet) – Andere Bedeutungen sind gemeindt. – Dazu: ↗**Fußabtreter** D (ohne südost)

Abtrieb A der; -(e)s, -e (Plur. ungebräuchl., Küche): ›Basismasse des Rührteigs, bestehend aus cremig verrührten Eiern, Butter [und Zucker]‹: *Weiche Butter mit Staubzucker schaumig rühren, die ganzen, nicht zu kalten Eier verschlagen und langsam unter den Abtrieb mengen* (Plachutta, Gute Küche 441) – Andere Bedeutungen sind gemeindt. Vgl. abtreiben

Abtrocknungstuch CH das; -(e)s, ...tücher: ↗GESCHIRRHANGERL A, ↗GESCHIRRHANDTUCH D (ohne südost), ↗SPÜLTUCH D-nordwest/mittelwest ›Tuch, mit dem abgewaschenes Geschirr getrocknet wird; Küchentuch, Geschirrtuch‹: *Und in allen Häusern, die ich unter mir sah, mussten die armen Knilche, die kein Flugzeug erfunden hatten, so langweilig neben den katastrophalen Schüttsteinen stehen, mit dem Abtrocknungstuch in der Hand* (Brechbühl, Kneuss 31)

abverdienen CH sw.V./hat: ›zur Erlangung eines höheren Dienstgrades ↗Militärdienst leisten‹: *Die Kader der Einheiten wären ebenfalls teilweise durch Miliz-Kader zu alimentieren, welche statt auf Waffenplätzen ihre Kompanie- und Zugführergrade innerhalb dieser Zeitverbände abverdienen* (TA 29. 6. 1998, 22); ***[sich] die/seine/ihre Sporen abverdienen** siehe Sporen

abverheien CH sw.V./ist (Grenzfall des Standards): ›misslingen‹: *Es regnet in Strömen – wie so oft in diesem abverheiten Sommer* (Blick 24. 7. 1997, 6)

Abverkauf A der; -(e)s, ...käufe: ↗TOTALAUSVERKAUF CH D ›[verbilligter] Verkauf aller Waren eines Geschäftes (z. B. wegen Geschäftsauflösung)‹: *Abverkauf von hochwertiger Damen- und Herrenbekleidung, Kollektionsteile, Designermode* (SN 31. 3. 1998, 26) – In CH und D selten – Dazu: ↗**abverkaufen, Totalabverkauf**

abverkaufen A sw.V./hat: ›Waren eines Geschäftes [verbilligt] verkaufen‹: *Bevor wir nunmehr unsere Investition von über S 100 000 000.– tätigen, wird aus dem Bestand abverkauft* (TT 20./21. 9. 1997, 7) – Vgl. Abverkauf

Abwahl (gemeindt.): ↗WEGWAHL

abwählen (gemeindt.): ↗WEGWÄHLEN

Abwart Abwartin CH der; -(e)s, -e/Abwärte bzw. die; –, -nen: ↗HAUSBESORGER A, ↗HAUSMEISTER A D, ↗HAUSWART CH D-nordwest ›[nebenamtlich] angestellte Person eines Hausbesitzers bzw. einer Hausbesitzerin, die für Unterhalt und Reinigung des Gebäudes und für die Einhaltung der Hausordnung sorgt‹: *Für ein Trinkgeld hilft er gelegentlich sogar dem Abwart beim Putzen* (Blick 6. 7. 2001, 20) – Die Pluralform *Abwärte* ist selten – Dazu: **Abwartsdienst, Abwart(s)wohnung, Schulabwart(in),** ↗**Schulhausabwart(in)**

Abwasch: 1. CH D (ohne südost) der; -(e)s, ohne Plur.: ↗ABWÄSCHE A, ↗AUFWASCH D (ohne südost) ›Abwaschen, Reinigen von Geschirr‹: *Er sei ein leidenschaftlicher Koch, also bereite er das Mittagessen zu. Wer für den Abwasch zuständig sei, werde mit seinen Töchtern noch ausdiskutiert* (BaZ 5. 5. 1999, Internet; CH); *Unter dem Motto »Abwasch statt Abfall« machen Hamburger Greenteams gegen Verpackungswahn bei McDonald's mobil* (Greenpeace-Nachr 4/1994, Internet; D); ***den Abwasch machen:** ↗ABSPÜLEN A-west D-südost, ↗SPÜLEN D (ohne ost) ›schmutziges Geschirr reinigen; abwaschen‹: *Du machst den Abwasch und den Aufputz! Und kein Gequalme mehr in der Wohnung!* (Zürcher, Högo Sopatis 174; CH); *Mach mal den Abwasch!* (Schnurre, Schnurren 71; D); ***in einem Abwasch** D-nord/mittel: ↗AUFWASCHEN: *IN EINEM AUFWASCHEN A D-mittelost/südost, ↗AUFWISCH: *IM GLEICHEN AUFWISCH CH (selten); *IN EINEM AUFWISCH CH, ↗AUFWASCH: *IN EINEM AUFWASCH D (ohne südost) ›auf einmal, zugleich‹: *Mit Hilfe eines kompetenten Vermarkters will W. Stadionneubau und Konsolidierung von Verein und Mannschaft in einem Abwasch erledigen* (Welt 22. 9. 1999, Internet). **2.** D-nord/mittel der; -s, ohne Plur.; ↗AUFWASCH D-nord/mittel ›zu reinigendes schmutziges Geschirr‹: *Für den gesamten Abwasch im Geschirrspüler, reinigt kraftvoll und gründlich ...* (Auro, 1999, Internet). **3.** A die; –, -en: ↗ABWÄSCHE A, ↗ABWASCHTROG CH, ↗SCHÜTTSTEIN CH, ↗SPÜLTROG CH, ↗ABWASCHBECKEN CH D-nord/mittelost, ↗AUSGUSS CH D (ohne südwest), ↗SPÜLBECKEN CH D (ohne mittelost), ↗SPÜLSTEIN D-nordwest/mittelwest ›fest installiertes Becken zum Reinigen von schmutzigem Geschirr‹: *Sie lieferten sich eine wilde Schlacht um die Hühnerschnitzel, die zum Auftauen auf der Abtropftasse der Abwasch lagen* (Brödl, Blutrausch 90) – Zu 1.: ↗**Abwaschfetzen** A, ↗**Abwaschlappen** CH D-nord/mittelost, ↗**Abwaschmaschine** CH, ↗**Abwaschmittel** CH D-nord/mittelwest

Abwaschbecken CH D-nord/mittelost das; -s, –: ↗ABWASCH A, ↗ABWÄSCHE A, ↗ABWASCHTROG CH, ↗SCHÜTTSTEIN CH, ↗SPÜLTROG CH, ↗AUSGUSS CH D (ohne südwest), ↗SPÜLBECKEN CH D (ohne mittelost), ↗SPÜLSTEIN D-nordwest/mittelwest ›fest installiertes Becken zum Reinigen von schmutzigem Geschirr‹: *Auf dem Abwaschbecken, in Schneidebrettern oder auf Arbeitsplatten setzen sich Bakterien gerne in die Ritzen* (AJAX Haushaltreinigungsmittel, 1998, Internet; CH) – Nicht zu verwechseln mit ↗*Spüle* und ↗*Spültisch*, die das Becken mit Unterschrank bezeichnen

Abwäsche A die; –, -n: **1.** ↗ABWASCH CH D (ohne südost), ↗AUFWASCH D (ohne südost) ›Abwaschen, Reinigen des Geschirrs‹ /bes. in Inseraten/: *Küchenhilfe, flink und sauber, für die Abwäsche und Salaterichten gesucht* (TT 20./21. 9. 1997, 33). **2.** ↗ABWASCHTROG CH, ↗SCHÜTTSTEIN CH, ↗SPÜLTROG CH, ↗ABWASCHBECKEN CH D-nord/mittelost, ↗AUSGUSS CH D (ohne südwest), ↗SPÜLBECKEN CH D (ohne mittelost), ↗SPÜLSTEIN D-nordwest/mittelwest ›fest installiertes Becken zum Reinigen von schmutzigem Geschirr‹: *Es wird keine Rücksicht darauf genommen, … dass der Hauptarbeitsplatz zwischen Herd und Abwäsche (mindestens 90 cm) liegen sollte* (Österr. Bau-Dokumentation, 1999, Internet) – Zu 2.: *Abwäsche* ist hyperkorrekt für ↗Abwasch – Zu 1.: ↗**Abwäscher(in)**

abwaschen (gemeindt.): ↗ABSPÜLEN, ↗ABWASCH: *DEN ABWASCH MACHEN, ↗SPÜLEN

Abwäscher Abwäscherin A der; -s, – bzw. die; –, -nen (formell): ↗ABSPÜLER D ›Person, die in gastronomischen Betrieben zum Abwaschen des Geschirrs angestellt ist; Abwascher(in), Tellerwäscher(in)‹: *Er hatte in einem dreimonatigen Integrationskurs Deutsch gelernt, zog nach Graz und arbeitete als Abwäscher in der Innenstadtkonditorei* (Profil 30. 3. 1998, 84) – Vgl. Abwäsche

Abwaschfetzen A der; -s, – (Grenzfall des Standards): ↗WETTEX A, ↗SCHWAMMTUCH A D (ohne ost/südwest), ↗ABWASCHLAPPEN CH D-nord/mittelost, ↗SPÜLLAPPEN D (ohne ost), ↗SPÜLTUCH D-nordwest/mittelwest ›(weiches, saugfähiges) Tuch, mit dem schmutziges Geschirr abgewaschen wird‹: *Mit dem Tipp, einen stinkenden Abwaschfetzen sofort wegzuwerfen, … verlassen die beiden Kontrollore den Supermarkt* (OÖN 28. 7. 1993, 18) – Vgl. Abwasch, Fetzen

Abwaschlappen CH D-nord/mittelost der; -s, –: ↗ABWASCHFETZEN A, ↗WETTEX A, ↗SCHWAMMTUCH A D (ohne ost/südwest), ↗SPÜLLAPPEN D (ohne ost), ↗SPÜLTUCH D-nordwest/mittelwest ›Tuch zum Geschirrabwaschen und für die Küchenreinigung‹: *Allerdings ist die sorgfältigste Haushaltsreinigung in hygienischer Hinsicht nutzlos, wenn Badeschwämme, Abwaschlappen und Küchenbürstchen nicht alle paar Tage gewechselt, bei mindestens sechzig Grad gewaschen und nach Gebrauch jeweils schnell getrocknet werden* (NLZ 9. 3. 2001, Internet; CH) – Vgl. Abwasch

Abwaschmaschine CH die; –, -n: ↗GESCHIRRWASCHMASCHINE CH, ↗SPÜLMASCHINE D ›Geschirrspüler; Geschirrspülmaschine‹: *Mit den grossen Küchen sparen wir wiederum viel Energie und können erst noch raffinierter kochen, so lohnen sich auch Abwaschmaschinen, Mixer, Backöfen, Spezialgeräte aller Art* (P.M., Olten 68) – Vgl. Abwasch – Dazu: **abwaschmaschinenfest**

Abwaschmittel CH D-nord/mittelwest das; -s, –: ↗SPÜLMITTEL D, ↗SPÜLI D (ohne ost) ›Geschirrspülmittel‹: *Abwaschen soll glücklich machen! Das will der Abwaschmittel-Hersteller P. & G. herausgefunden haben* (Blick 11. 2. 1999, 23; CH) – Vgl. Abwasch

Abwaschtrog CH der; -(e)s, …tröge: ↗ABWASCH A, ↗ABWÄSCHE A, ↗SCHÜTTSTEIN CH, ↗SPÜLTROG CH, ↗ABWASCHBECKEN CH D-nord/mittelost, ↗AUSGUSS CH D (ohne südwest), ↗SPÜLBECKEN CH D (ohne mittelost), ↗SPÜLSTEIN D-nordwest/mittelwest ›fest installiertes Becken zum Reinigen von schmutzigem Geschirr‹: *Es gibt Tage, da schimpft sie noch mittags, mit den Pfannen und Löffeln, mit dem schmutzigen Geschirr im Abwaschtrog* (Geiser, Brachland 37)

abwechslungsweise CH Adv.: ›abwechselnd, wechselweise‹: *Sie schnurrte wie ein Nähmaschinchen und hielt mir abwechslungsweise Bauch und Rücken hin, damit ich sie streichle* (Rüegg, Welt 35) – In A selten

abwinken (gemeindt.): ↗HAND: *DIE HÄNDE VERWERFEN

abwohnen sw.V./hat: **1.** A D (in A nur im 2. Part.); ↗VERWOHNEN CH D ›(durch langes Bewohnen) abnutzen (von Wohnungen, Möbeln etc.)‹: *Eine abgewohnte Gegend mit rissigen Häusern, in denen der Osten haust, wie Sophie es nannte* (Grän, Dame 184; A); *Weil Frauen nicht ausgehen konnten wie Männer, … blieben ihnen nur die Universität und ihr … Zimmer zum Aufenthalt. Deshalb fürchteten viele Vermieter, dass eine Frau das Zimmer schneller abwohnen werde* (Reutlinger General-Anzeiger 30. 10. 2001, Internet; D). **2.** D ›eine im Voraus gezahlte Geldsumme oder vorgenommene Investition nach und nach mit der Miete verrechnen‹: *… der Verleger wird seine Investitionen in den nächsten 20 Jahren abwohnen, denn laut Nutzungsvertrag zahlt er keine Miete* (CDU 15. 10. 2001, Internet)

abzeichnen A D sw.V./hat (formell): ↗VISIEREN CH ›[eine Beglaubigung] mit einem Namenszeichen kennzeichnen; [unter]zeichnen‹: *Verrichtete Sonderdienste sind in der eigens dafür vorgesehenen Zeile im Dienstbuch einzutragen und vom Bademeister abzeichnen zu lassen* (Österr. Wasser-Rettung Vorarlberg 2002, Internet; A); *Sie weiß, dass die Nettigkeiten weniger ihr als den Überweisungen gelten, die sie abzeichnet* (Spiegel 17. 11. 1997, 41; D) – Andere Bedeutungen sind gemeindt.

abzocken CH D sw.V./hat (salopp): ↗NEPPEN A D (ohne mittelost) ›jmdn. um sein Geld bringen; überhöhte Preise verlangen; betrügen‹: *Während andere abgezockt haben, hat Dosé für ein anständiges, aber relativ bescheidenes Managersalär gerackert* (Sonntagsblick 29. 12. 2002, a8); *Immer noch tricksen Gauner die Sicherheits-Checks der Mobilfunker aus und zocken ab* (Focus 4. 8. 1997, 146; D) – Vgl. Abzocker, zocken

Abzocker Abzockerin CH D der; -s, – bzw. die; –, -nen (salopp): ↗NEPPER A D (ohne mittelost), ↗ABREISSER CH ›Person, die andere um ihr Geld bringt oder überhöhte Preise verlangt; Betrüger(in)‹: *Ein Bundesrat geisselt mit markigen Worten die Abzocker in den Chefetagen unserer Wirtschaft* (Blick 4. 11. 2002, 2; CH); *In einigen Ausgaben wurde mehr als die Hälfte der Inserate von Abzockern geschaltet, die die katastrophale Lage am Arbeitsmarkt schamlos ausbeuten* (Test 12/1997, 19; D) – Vgl. abzocken – Dazu: ↗**Abzockerei**

Abzockerei CH D die; –, -en (salopp): ↗NEPP A D, ↗ABRISS CH ›unverschämt hohe Preisforderung‹: *Damit auch die Kreditkartennutzerinnen auf ihre Rechnung kommen, muss die Kreditkarten-Abzockerei definitiv aufhören* (Blick 11. 12. 2002, 2; CH); *Das empfinde ich doch als Abzockerei: Muss ich diese Gebühren wirklich bezahlen?* (BamS 26. 10. 1997, 86; D) – Vgl. abzocken, Abzocker

abzonen CH sw.V./hat: ›einen Teil des Gemeindegebietes einer weniger attraktiven ↗Zone zuweisen‹: *Der Präsident des Schutzverbands rechnet mit grossen Auswirkungen auf die Siedlungspolitik der Gemeinden. Wegen des Fluglärms müsse ausgezont, abgezont und umgezont werden* (TA 9. 9. 1998, 17) – Vgl. auszonen, einzonen, umzonen, Zonenplan – Dazu: **Abzonung**

Abzug (gemeindt.): ↗ABSETZPOSTEN, ↗ABZUGSBETRAG, ↗ABZUGSPOSTEN

Abzugsbetrag D der; -(e)s, ...beträge: ↗ABSETZPOSTEN A, ↗ABZUGSPOSTEN A D ›Betrag, der [von einem Lohn, Gehalt] abgezogen wird; Abzug‹: *Das Risiko, sich in der Einschätzung des Mangels zu irren, ist groß und der Abzugsbetrag wird möglicherweise zu hoch angesetzt* (TAZ 24. 11. 2001, Internet)

Abzugsposten A D der; -s, –: ↗ABSETZPOSTEN A, ↗ABZUGSBETRAG D ›Betrag, der von einer zu versteuernden Summe abgezogen wird; Abzug‹: *Das Arbeitslosengeld gebührt netto ohne Abzugsposten* (Zwanzger 3/1999, 29; A); *Focus online hat für Sie die wichtigsten Abzugsposten aus drei Bereichen zusammengestellt: Werbungskosten, Nebentätigkeit ...* (Focus 10. 12. 2002, Internet; D)

Abzweig D (ohne südost) der; -(e)s, -e (Verkehr): ↗VERZWEIGUNG CH ›Abzweigung‹: *Ich ... fuhr eine steile ... Straße hinauf bis zu dem Abzweig, der zur Villa führt* (Grün, Lawine 97)

Abzweigung (gemeindt.): ↗ABZWEIG, ↗VERZWEIGUNG

Achim D: ↗JOCHEN D männl. Vorname. Als Taufname in D geläufig, meistens aber als Abkürzung von *Joachim*: *Ein Bravo allen Mitwirkenden und jenem, der alle Fäden in der Hand hielt: Achim R.* (Schwarzwälder Bote 10. 4. 2001, Internet)

Acht CH D (ohne südost) die; –, -en: **1.** ↗ACHTER A CH D-südost ›Zeichen für die Ziffer 8; Nummer (auf einer Liste o. Ä.); Verkehrslinie; Spielkartenwert‹: *Die Acht ist noch nicht fertig, kommt schon die Neun, der Schlitten steht durch den vorherigen Fahrfehler schlecht in der Bahn* (Bob-Club Schaffhausen, 2002, Internet; CH); *Die Kreuz Acht kann er nicht stechen, aber er kann die Pik Acht auf den Tisch legen* (Studentenwohnheim Universität Hamburg, 2002, Internet; D). **2.** ↗ACHTER A D-süd, ↗ACHTI CH ›Verformung (eines Rades)‹: *Bevor Sie an der Bremse rumschrauben, kontrollieren Sie erst, ob das Rad gerade sitzt und keine Acht hat* (Velofix, 2002, Internet; CH); *Egal ob das Licht nicht mehr geht oder eine Acht im Rad ist – die Leute aus der Selbsthilfe stehen mit hilfreichen Tipps und sachkundiger Anleitung zur Seite* (Universität Oldenburg, 2000, Internet; D) – Zu 1 vgl. den Kommentarteil zu ↗Eins. Im Ggs. zum Substantiv *die Acht* ist das kleingeschriebene Zahlwort *acht,* z. B. *sie ist acht [Jahre alt],* gemeindt.

Acht: *habt Acht! A (Militär): ↗ACHTUNG: *ACHTUNG STEHT CH, ↗STILLGESTANDEN D /militärisches Kommando beim Exerzieren, mit dem der Truppe das Stillstehen in strammer Haltung befohlen wird/: *Habt acht, Rekrutinnen: Die ersten weiblichen Soldaten Österreichs sind Mittwoch im südsteirischen Straß eingerückt* (Kurier 2. 4. 1998, 1) – Das Substantiv *Acht* ist in der Bedeutung ›Aufmerksamkeit‹ gemeindt. veraltet. Vgl. Habtachtstellung

Achtel A D das; -s, –: ↗EINER CH, ↗EINERLI CH ›ein Achtelliter [Wein] im Glas oder in der Karaffe‹: *Bereits das erste Achtel Rotwein spürt sie merkbar* (Kurier 14. 12. 1997, 9; A); *Die Franzosen tunken morgens ihr Croissant, nehmen mittags ein Achtel Rotwein zum Dejeuner* (Berliner Ztg 24. 12. 1998, Internet; D) – Als Grenzfall des Standards in A (ohne Vbg.) und D-südost auch in der Form *Achterl,* in A-west und D-südwest *Achtele.* Die Bedeutung ›der achte Teil von etw.; 125g, 125ml‹ ist gemeindt. und in A und D Neutrum, in CH meist Maskulinum, selten auch Neutrum. Diese Genusverteilung ist bei allen Bruchzahlen gegeben, wenn es sich um Mengenangaben handelt, z. B. *das* bzw. *der Dreizehntel, Fünfundvierzigstel* etc. Die Verwendung im Bereich Musik, kurz für ›Achtelnote‹, ist gemeindt., in A und D Femininum, in CH Maskulinum

Achtele siehe Achtel

Achter der; -s, –: **1.** A CH D-südost; ↗ACHT CH D (ohne südost) ›Zeichen für die Ziffer 8; Nummer (auf einer Liste o. Ä.); Verkehrslinie; Spielkartenwert; Jahrgang [20]08‹: *Die gute Auslastung des Achters bestätigte den Bedarf* (Fahrgast 3/1999, Internet; A); *Tramstation Stockerstrasse, Zürich. Béatrice steigt aus dem Siebner aus und wartet auf den Achter* (Blick 15. 11. 1994, 13; CH). **2.** A D-süd; ↗ACHTI CH, ↗ACHT CH D (ohne südost) ›Verformung (eines Rades)‹: *Erfolgt das Speichennachspannen nicht durch einen Fachmann, besteht die Gefahr, dass das Rad einen »Achter« bekommt* (Ebner, Zweiradfahren 19; A) – Zu 1 vgl. den Kommentarteil zu ↗Einser. Zur Verwendung des kleingeschriebenen Zahlwortes *acht*, z. B. *sie ist acht [Jahre alt]*, siehe Acht. Die Verwendung im Bereich Sport, z. B. im Eiskunstlauf, ist gemeindt.

Achterbahn (gemeindt.): ↗HOCHSCHAUBAHN

Achterl siehe Achtel

Achti CH das; -s, – (Grenzfall des Standards): ↗ACHTER A D-süd, ↗ACHT CH D (ohne südost) ›Verformung (eines Rades)‹: *Das Fahrrad hat doch Schaden genommen im Flugzeug ... Die vordere rechte Bremse ist verbogen, und das Vorderrad hat ein Achti* (Robert Stark, 2001, Internet)

Achtung: *Achtung steht CH (Militär): ↗ACHT: *HABT ACHT A, ↗STILLGESTANDEN D /militärisches Kommando, mit dem der Truppe das Stillstehen in strammer Haltung befohlen wird/: *Als auf dem Frauenfelder Kasernenhof an diesem 5. August das Kommando »Achtung steht!« über den Platz hallte, knallte D. die Absätze der Militärschuhe nicht zusammen* (TA 19. 10. 1996, 50) – Das Substantiv *Achtung* ist in allen anderen Verwendungen gemeindt. Vgl. Achtungstellung

Achtungsstellung siehe Achtungstellung

Achtungstellung CH die; –, -en (Militär): ↗HABTACHTSTELLUNG A D-südost, ↗STRAMMSTEHEN D ›auf Kommando mit angespannten Muskeln gerade aufgerichtet stehen‹: *Leutnant Burkhardt riss eine Achtungstellung und meldete: »Herr Hauptmann, Leutnant Burkhardt«* (Honegger, Ehemalige 38) – Informell auch in der Form *Achtungsstellung*. Vgl. Achtung

Achtzig CH D (ohne südost) die; –, -en: siehe Zwanzig

Achtziger A CH D-süd der; -s, –: siehe Zwanziger

Achtzigste CH der; -n, -n: siehe Zwanzigste

ACI STIR der; –, ohne Plur. ['aːtʃi] ⟨ital.⟩: als Wort gesprochene Abk. für *Automobile Club d'Italia* ›Vereinigung für Autofahrer(innen) in Italien‹: ↗ARBÖ A, ↗ÖAMTC A, ↗ACS CH, ↗TCS CH, ↗ADAC D: *Das Projekt, das vom italienischen Automobilclub (ACI), Federazione Motociclistica Italiana (FMI) und der Vereinigung der Südtiroler Fahrschulen organisiert wurde, verfolgt das Ziel, allen Schülern das entsprechende Rüstzeug für eine sichere Teilnahme am Straßenverkehr zu vermitteln* (Autonome Provinz Bozen-Südtirol, Über Südtirol, 2001, Internet)

ackern D-nord/mittel sw.V./hat (Grenzfall des Standards): ↗HACKELN A-ost, ↗SCHÖPFEN A-südost, ↗BARABERN A-ost D-südost, ↗BUCKELN A-west D-mittelost, ↗KRAMPFEN CH, ↗KRÜPPELN CH, ↗RACKERN D, ↗MALOCHEN D-mittelwest, ↗ROBOTEN D-nordost ›[körperlich] hart arbeiten; schuften‹: *Nach ein paar Semestern Jura in Köln und Jahren der Berufstätigkeit ackert sie nun als Vollzeitstudentin für ihre Diplomprüfung* (Spiegel Special 6/1998, 134) – In CH selten. Die Bedeutung ›den Acker bestellen; pflügen‹ ist gemeindt. – Dazu: **abackern, durchackern**

Ackersalat D-südwest der; -(e)s, ohne Plur.: ↗VOGERLSALAT A, ↗RAPUNZEL A-west/südost D-mittel, ↗NÜSSLER CH, ↗NÜSSLISALAT CH, ↗FELDSALAT D, ↗VOGELESALAT STIR ›Salatsorte mit feinen Blättern, die in Rosetten wachsen‹: *Rapunzel, Mäuseöhrchen, Ackersalat, Rebkresse und Vogelsalat sind nur einige Namen, die dem Feldsalat gleichbedeutend zur Seite gestellt wurden* (Staatliche Ernährungsberatung, 1999, Internet)

ACS CH der; –, ohne Plur.: buchstabierte Abk. für *Automobil-Club der Schweiz*: ↗ARBÖ A, ↗ÖAMTC A, ↗TCS CH, ↗ADAC D, ↗ACI STIR ›Vereinigung für Autofahrer(innen) in der Schweiz‹: *Die Autoverbände TCS und ACS, der Gewerbeverband sowie Strassen- und Erdöl-Lobbyverbände lancieren eine Initiative* (Bund 12. 1. 2000, 13) – Die zwei grossen Schweizer Automobilclubs werden in der Form *ACS/TCS* oft gemeinsam genannnt

ACS/TCS siehe ACS oder TCS

AdA CH der; -s, -s bzw. die; –, -s (formell): als Wort gesprochene Abk. für ›Angehörige der ↗Armee‹: *Mit 20 Jahren muss die Rekrutenschule absolviert werden, die 118 Tage dauert. Danach wird der Angehörige der Armee (AdA) zu verschiedenen Kursen aufgeboten* (Blick 16. 12. 1993, 29) – Mit *AdA* werden alle Personen, die Dienst in der Armee leisten oder zu leisten haben, bezeichnet, und zwar während der gesamten

Dauer ihrer Wehrpflicht, also auch in der Zeit, in der sie gerade keinen Dienst absolvieren

Adabei A D-südost der; -s, -s ⟨aus der dialektalen Form für ›auch dabei‹⟩ (abwertend, Grenzfall des Standards): ›Person, die sich allein aufgrund ihrer Anwesenheit bei exklusiven gesellschaftlichen Anlässen einer höheren Gesellschaftsschicht zugehörig fühlt‹: *Sie sind alle gekommen zur »Milleniums-Gala«: der LH (der angeblich schlecht informiert war), der Adabei-Bischof (der sich angeblich die erotischen Fotos eh nicht angeschaut hat), und viele, viele Stars* (Diözese Linz, 1999, Internet; A) – Eine weibliche Form ist nicht gebräuchlich. Auch als Titel für Klatschkolumnen in der Presse gebräuchlich

ADAC D der; -(s), ohne Plur.: buchstabierte Abk. für ›Allgemeiner Deutscher Automobil-Club‹: ↗ARBÖ A, ↗ÖAMTC A, ↗ACS CH, ↗TCS CH, ↗ACI STIR : *Auto-Experte Eberhard L. vom ADAC in Berlin* (Berliner Kurier 15. 2. 2001, Internet)

adaptieren A sw.V./hat: **1.** ›(Gebäude bzw. Gebäudeteile) für einen bestimmten Zweck umbauen‹: *Behindertengerechte Arbeits- und Ausbildungsplätze müssen oft erst geschaffen (werden), Arbeits- und Sanitärräume (z. B. behindertengerechtes WC) sind zu adaptieren* (Bundesministerium für Arbeit und Soziales, 1995, 9). **2.** ↗ASSANIEREN A, ↗REVITALISIEREN A, ↗GENERALSANIEREN A D ›(eine Wohnung) renovieren; sanieren‹ (in Wohnungsanzeigen häufig in der Wendung *neu adaptiert*): *Fürstenbrunn: Garconnière, 36 qm in luxuriös adaptiertem Bauernhaus* (SN 8. 11. 1997, 37); *35-m²-Wohnung plus 8-m2-Balkon, neu adaptiert, um 4600,– zuzüglich BK und MWSt. privat zu vermieten* (Kurier 14. 12. 1997, 21) – Dazu: **Adaptierung, Adaptierungskosten**

ade CH D-südwest ['ade: CH; a'de: D]: **1.** ↗BABA A, ↗GOTT: *PFIAT DI/EUCH [GOTT] A D-südost, ↗SERVUS A D-südost, ↗SALÜ CH ›tschüss‹ /Grußformel (zur Verabschiedung von Personen, mit denen man per du ist)/: *Andy sagt am 3. Juni ade!* (Blick 6. 12. 1999, 24; CH). **2.** ↗WIEDERSCHAUEN: *AUF WIEDERSCHAUEN A D-südost ›auf Wiedersehen‹ /Grußformel (zur Verabschiedung von Personen, mit denen man per Sie ist)/: *Ade Herr Stadler* (Kantonsschule Sursee, 2003, Internet; CH) – In A und D (ohne südwest) gehoben. In D-südwest auch in der Verkleinerungsform *Adele*

Adi: **1.** A D-südost; ↗DOLFI A, ↗DOLF CH, ↗DÖLF CH Koseform des männl. Vornamens *Adolf: Direktor Adi L. und seine Artisten stellen Klagenfurter Schulkindern Freikarten für eine Nachmittagsvorstellung zur Verfügung* (Neue Kärntner Tageszt g 25. 6. 1998, 10; A). **2.** CH Koseform des männl. Vornamens *Adrian: Ebenfalls mit zwei Toren verabschiedete sich Klotens Adrian W. aus dem Lido. Adi: »Wenn man wie ich mit den Ausländern spielen kann, ist es natürlich viel einfacher, gut auszusehen«* (Sonntagsblick 22. 11. 1988, 41)

adjustieren A sw.V./hat: **1.** ›dienstmäßig einkleiden‹: *Auch diese Taucher können sich bereits während der Fahrt adjustieren* (Wien online, 2000, Internet). **2.** ›richten, in Ordnung bringen‹: *Die Rechnungen der Dreifaltigkeitskapelle waren von der Herrschaft Kirchberg, also von Grafen Auersberg, zu adjustieren* (Pfarrkirche Grafendorf, 1996, Internet). **3.** (scherzh.) ›sich für eine Tätigkeit mit spezieller Ausrüstung ausstaffieren‹: *Schon verlässt er, nun vollständig adjustiert, mit dem Pater … die Sakristei* (Schlorhaufer, Deckname 123) – Die Bedeutung ›etw. fein einstellen‹ ist gemeindt. Die Aussprache in CH lautet [aʃys'ti:rən]. – Dazu: **Adjustierung**

Adjutum A das; -s, …ten ⟨zu lat. *adiutum*, 2. Part. von *adiuvare* ›helfen‹⟩ (veraltend): ›Entlohnung eines Beamten bzw. einer Beamtin während der Probezeit‹: *… und jetzt hat man den Rechtspraktikanten, die in der sozialen Einstufung ohnehin zu den Ärmsten der Armen gehören, rückwirkend den 13. und 14., wenn Sie so wollen, also das jeweils halbe Adjutum, weggenommen* (Stenogr. Protokoll des Nationalrates 6. 11. 1997, Internet)

Adoptiv- (gemeindt.): ↗WAHL-

Adress- CH (produktives Bestimmungswort in Zus.): ↗ADRESSEN- A D ›Adressen betreffend‹, z. B. Adressänderung A CH, Adresshandel, Adresskartei, Adressliste, Adressverzeichnis: *Das von Bäuerinnen und Bauern zusammen mit dem Landwirtschaftsamt überarbeitete Adressverzeichnis präsentiert sich in neuer Form und mit neuem Namen* (NLZ 3. 7. 2000, Internet); *Dass wir unsere Kundeninformationen für Marketingzwecke auswerten, ist absolut legitim und hat nichts mit verstecktem Adresshandel zu tun* (Beobachter 19. 9. 1997, 28) – In A veraltend

Adresse (gemeindt.): ↗ANSCHRIFT

Adressen- A D (produktives Bestimmungswort in Zus.): ↗ADRESS- CH ›Adressen betreffend‹, z. B. Adressenänderung D, Adressendatenbank, Adressenverzeichnis: *Außerdem versendet sich dieser Wurm als Kopie über die Adressenliste im Computer des Benutzers* (OÖN 8. 3. 2001, 1; A); *Selbst das neueste Adressenverzeichnis der Sportvereine im Kreis sei zum allergrößten Teil im Ehrenamt erstellt worden* (Gießener Anzeiger 26. 6. 2002, Internet; D)

Advent- A (produktives Bestimmungswort in Zus.): ↗ADVENTS- CH D ›den Advent betreffend‹, z. B. Adventkalender, Adventkerze, Adventkranz, Adventlieder, Adventmarkt, Adventsingen, Adventsonntag, Adventzeit: *Mit Ausnahme des Druckes (zweifärbig) wird der Adventkalender ehrenamtlich erstellt* (Kirche intern 11/1996, 35); *Deswegen wird die Armut, von der Adventzeit abgesehen, kaum zum Thema gemacht* (Fembek, Keine Angst 116) – Wird in A und CH auch [...f...] ausgesprochen, gemeindt. [...v...]

Advẹnts- CH D [...f... CH, ...v... CH D] (produktives Bestimmungswort in Zus.): ↗ADVENT- A ›den Advent betreffend‹, z.B. Adventsfeier, Adventskalender, Adventskranz, Adventsmarkt, Adventssingen, Adventssonntag, Adventszeit: *Es hat jedes Mal einen füchterlichen Krach abgesetzt, wenn Vater in der Adventszeit ein Weihnachtslied anstimmen wollte* (Waller, Barbi 65; CH); *Nur fünf (!) Gläubige trafen sich am 4. Adventssonntag zum Gottesdienst* (Bund 31. 12. 1999, 11; CH); *Auch Bürgermeisterin Susanne J. hatte etwas zur Adventsfeier mitgebracht* (Eckernförder Ztg 10. 12. 2001, Internet; D); *In Briefen, die sich das Paar während der Adventszeit ... geschrieben hat, wird in Umrissen erkennbar, welche Richtung ihre Bemühungen einschlagen* (Grass, Unkenrufe 87; D)

Advokat Advokatin CH der; -en, -en bzw. die; –, -nen [adfo'kaːt, advo'kaːt]: ↗FÜRSPRECHER CH, ↗FÜRSPRECH CH-west ›[Rechts]anwalt bzw. [Rechts]anwältin‹: *Ein Advokat, der Firma des Vaters verpflichtet, kaufte eine grosse Magdalena mit nacktem Busen* (Frisch, Autobiographisches 211) – In A veraltet, in D veraltend oder abwertend. Die Aussprache [adfo'kaːt] ist nur in CH üblich – Dazu: ↗**Advokatur, Advokaturbüro**

Advokatur CH die; –, -en [adfoka'tuːr, advoka'tuːr]: ›Amt eines [Rechts]anwalts bzw. einer [Rechts]anwältin; Anwaltskanzlei‹: *Berufserfahrung in der Verwaltung oder in der freien Advokatur* (BaZ 25./26. 10. 1997, 76); *Aus dem Treuhandbüro wurde bald eine Wirtschaftsberatungsfirma und eine Advokatur* (TA 27. 7. 1998, 8) – In A und D veraltet und nur [advoka'tuːr] ausgesprochen. Vgl. Advokat – Dazu: **Advokaturbüro**

Ạffenschaukel D die; –, -n (Grenzfall des Standards): ›Haarzopf, schlingenförmig über dem Ohr hängend‹: *Sie wollte Tänzerin werden ... wie alle Elevinnen mit Affenschaukel im Haar und stolzem Blick* (Berliner Ztg 11. 1. 1997, Internet)

Ạffenschwanz CH der; -es, ...schwänze: ›@-Zeichen in E-Mail-Adressen; Klammeraffe‹: *Was wollen uns Affenschwanz und tiefer gelegte Striche in Internet-Adressen sagen?* (Blick 16. 12. 1999, 27) – Andere Bedeutungen sind gemeindt.

Affiche CH die; –, -n ['afiʃə] ⟨frz.⟩: ›Ankündigung, Aushang‹: *Es war am 1. Mai 1993, einem Samstag. Schweiz gegen Italien. Was für eine Affiche!* (Sonntagsblick 8. 7. 2002, s21); *Die Dramaturgie des Abends passte nicht ganz zur Affiche. Serena Williams, die am Freitag Martina Hingis keine Chance gelassen hatte, begann zwar stark, konnte aber ihrer zwei Jahre älteren Schwester nur sporadisch Paroli bieten* (NLZ 10. 9. 2001, Internet) – In A selten und in D veraltet – Dazu: ↗**affichieren** A

affichieren A sw.V./hat [afi'ʃiːrən] ⟨aus frz. *afficher*⟩: ›(Plakate) ankleben; plakatieren‹: *Im ganzen Land werden Plakate affichiert, die einen strahlenden Regierungschef zeigen* (Profil 10. 11. 1997, 29)

Agẹnda CH die; –, Agenden ⟨aus ital. *agenda* ›Notizbuch‹⟩: ›Termin-, Veranstaltungskalender‹: *Für Leute, die keine Hemmungen vor elektronischen Geräten haben, gibt es ... jetzt ... die elektronische Agenda, auch PDA oder Palmtop genannt* (Annabelle 14. 11. 1997, 142) – Die Bedeutung ›Liste mit Verhandlungspunkten‹ ist gemeindt.

Agẹnden A die; nur Plur.: ›Aufgaben, Obliegenheiten‹: *Der Schwerpunkt der Aufgabe liegt in der selbständigen Erledigung aller klassischen Agenden im Sekretariat* (SN 8. 11. 1997, 61) – Der auch im Singular gebräuchliche Terminus *Agende* (die; –, -n) in der evangelischen Kirche für ›Gottesdienstordnung‹ bzw. ›Buch für den Gottesdienst‹ ist gemeindt.

Agentu̲r STIR die; –, -en ⟨aus ital. *Agenzia Ministeriale/Regionale/Provinciale*⟩: ↗DEZERNAT A D, ↗REFERAT A D ›für einen bestimmten Bereich eingerichtete Dienststelle eines ↗Ministeriums, der ↗Region oder der ↗Landesregierung‹: *Die Grundlage für die Arbeit dieser selbstständigen Agenturen bilden Konventionen, die jährlich mit dem Ministerium abgeschlossen werden* (Dolomiten 19. 5. 1999, 27) – Meist in Wendungen wie *Agentur für Einnahmen, Agentur für Liegenschaften, Agentur für Staatsgüter, Agentur für Zoll, Landesagentur für Umwelt und Arbeitsschutz.* Die Bedeutungen ›Institution, die jmdn. oder etw. vermittelt‹ und kurz für ›Nachrichtenagentur‹ sind gemeindt. – Dazu: **Landesagentur, Landesumweltagentur**

Ạgglo CH die; –, -s (salopp): kurz für ›↗Agglomeration‹: *Am Abend schliesslich wird getanzt – zum ersten Mal dezentral, das heisst, die Party findet gleichzeitig in 10 Klubs in Stadt und Agglo statt* (TA 25. 6. 1999, 32)

Agglomeratio̲n CH die; –, -en ⟨aus mlat. *agglomeratio* ›Ballung‹⟩: **1.** ↗BALLUNGSGEBIET A D, ↗BALLUNGSRAUM A D ›dicht bebautes Siedlungs- und Industriegebiet; Gesamtheit eines Stadtkerns und seiner Vororte‹: *Nicht einmal die zürcherische Agglomeration ... mutet sonderlich gigantisch an* (Allemann, Schweiz 93). **2.** ›Gesamtheit der Vororte einer Stadt; Umland‹: *Zürich und seine Agglomeration* (Zürcher Bürgerbuch 137) – Als wirtschaftsgeografisches Fachwort in der Bedeutung ›grossstädtische Agglomeration‹ gemeindt. Vgl. Agglo, Vorortsgemeinde – Dazu: **Agglo-**

merationsgemeinde, Agglomerationsverkehr, Grossagglomeration, Grossstadtagglomeration

Agraffe CH die; –, -n ⟨aus frz. *agrafe*⟩: ↗U-HAKEN A, ↗KRAMPE D (ohne südost), ↗KRAMPEN D (ohne ost) ›u-förmiger Haken bzw. u-förmige Eisenklammer zum Befestigen von Draht o. Ä.‹: *Beim Zäuneflicken, so Stefan, hätten sie sich keine neuen Agraffen leisten können: »Es war meine Aufgabe, die alten Agraffen zurechtzubiegen, damit wir sie wieder brauchen konnten«* (TA 4. 9. 1999, 22) – Andere Bedeutungen sind fachsprachlich gemeindt.

Agrargemeinschaft A die; –, -en: **1.** ↗INTERESSENTSCHAFT STIR ›Korporation von Eigentümern land- und forstwirtschaftlicher Grundstücke, die von einer Mehrzahl an Personen, die nicht Eigentümer sind, genutzt werden‹: *Ca. 160 Stück Galtvieh aus verschiedenen Talschaften befinden sich … auf der Feldkircher Alpe, die von der Agrargemeinschaft Nenzing gepachtet ist* (Stadt Feldkirch, 2002, Internet). **2.** ↗ALLMEND CH ›gemeinsam genutzte Wiesen, Weiden und Wälder einer Gemeinde; Allmende‹: *Von der kleinen Bauernschaft und dem Anteil an der Wald- und der Almagrargemeinschaft hat die Besitzerfamilie nie ausschließlich gelebt* (Reimmichls Volkskalender, 2000, 209) – Zu 1 vgl. Alpgenossenschaft

Agraringenieur Agraringenieurin A D der; -s, -e bzw. die; –, -nen [...ɪnʒenˈi̯øːɐ̯]: ↗LANDWIRTSCHAFTSINGENIEUR A, ↗AGRONOM CH, ↗DIPLOMLANDWIRT D ›akademisch ausgebildete Fachperson für Landwirtschaft‹ /Berufsbezeichnung/: *Eigentlich sollte der gelernte Agraringenieur K. den Hof seiner Großmutter als Bauer übernehmen* (OÖN 15. 11. 2001, Internet; A); *Wie also aus dem vielen Roggen, der auf Brandenburgs Feldern wächst, besser Kapital schlagen, fragten sich der Agraringenieur Dieter Z. und seine Kollegen* (Deutschlandradio 26. 3. 2001, Internet; D) – In CH selten. Vgl. Agrartechniker

Agrartechniker Agrartechnikerin D der; -s, – bzw. die; –, -nen: ›Fachkraft für Landwirtschaft‹: *Die Gewinnung neuer Mitglieder ist … wichtige Aufgabe, weil damit die Gemeinschaft der Agrartechniker weiter gestärkt werden kann* (Verein Deutscher Ingenieure 19. 6. 2002, Internet) – In A selten. Vgl. Agraringenieur

Agronom Agronomin CH der; -en, -en bzw. die; –, -nen ⟨aus griech. *agronómos* ›Aufseher(in) über die Ländereien einer Stadt‹⟩: ↗LANDWIRTSCHAFTSINGENIEUR A, ↗AGRARINGENIEUR A D, ↗DIPLOMLANDWIRT D ›akademisch ausgebildete Fachperson für Landwirtschaft‹: »*Stress beeinträchtigt die Qualität des Fleisches«, erklärt der Agronom Hans-Georg K. …, denn er führe zu einem erhöhten pH-Wert* (TA 22. 10. 1999, 2) – In A und D selten – Dazu: **Agronomie, Agronom-Ingenieur(in), agronomisch, Ingenieur-Agronom(in)**

Ähne A-west (Vbg.) der; -s, – (Grenzfall des Standards): ↗OPA A D, ↗GROSSÄTTI CH, ↗GROSSPAPI CH, ↗EHNI LIE, ↗NENI LIE ›Großvater‹: *Still und friedlich, wie er gelebt hat, ist mein lieber Gatte, unser herzensguter Däta, Ähne, Bruder, Schwager … aus einem arbeitsreichen, erfüllten Leben in den ewigen Frieden heimgegangen* (VN 19. 12. 1997, B 6) – Die vergleichbaren Wörter *Ahnl, Ehnel* sind in A dialektal und veraltet, während *Ähne* in ↗Vorarlberg in Todesanzeigen verwendet wird

AHS A die; –, –: buchstabierte Abk. für *Allgemein bildende höhere Schule:* ↗KANTONSSCHULE CH-ost/nordost/zentral, ↗LYZEUM STIR ›Schule, die zur Hochschulreife führt bzw. Gebäude, in dem diese Schule untergebracht ist; Gymnasium‹: *Die Erweiterung des BG Rebberggasse täuscht aber nicht darüber hinweg, dass im Bezirk Feldkirch so bald wie möglich eine zweite AHS angesiedelt werden muss* (VN 29. 10. 1997, A 8) – Im Ggs. zur ebenso zur Hochschulreife führenden ↗BHS vermittelt die *AHS* keine berufsspezifische Ausbildung. Vgl. Bundesgymnasium, Gym, Gymi, Realgymnasium – Dazu: **AHS-Lehrer(in), AHS-Maturant(in)** (↗Maturant), **AHS-Oberstufe** (↗Oberstufe), **AHS-Schüler(in), AHS-Unterstufe**

AHV CH die; –, ohne Plur.: **1.** buchstabierte Abk. für ↗*Alters- und Hinterlassenenversicherung:* ↗IV CH ›gesetzlich vorgeschriebener Teil der staatlichen schweizerischen Sozialversicherungen‹: *Die AHV als Kernstück des Sozialstaats war eine der Forderungen des Generalstreiks von 1918* (Treichler, Abenteuer Schweiz 281). **2.** kurz für ↗*AHV-Rente*: ›regelmässige Zahlung, die aufgrund einer gesetzlichen Versicherung bei Erreichen eines bestimmten Alters als Einkommen ausbezahlt wird‹: *In einzelnen Gemeinden wird die AHV durch die so genannte Altersbeihilfe ergänzt* (Zürcher Bürgerbuch 90). **3.** kurz für *AHV-Beitrag*: ›Beitrag, der von Arbeitgebern bzw. Arbeitgeberinnen und Arbeitnehmern bzw. Arbeitnehmerinnen sowie von Selbstständigen der AHV (Bed. 1) zugeführt wird; Sozialversicherungsbeitrag‹: *Selbstständige Erwerbstätigkeit bedeutet nicht nur Freiheit, Selbstverwirklichung usw., sondern auch: keinE ArbeitgeberIn, welcheR die Hälfte der AHV bezahlt* (Gewerkschaft Bau und Industrie, 1999, Internet) – Vgl. Pensionskasse – Dazu: **AHV-Alter, AHV-Ausgleichskasse** (↗Ausgleichskasse), ↗**AHV-Ausweis, AHV-Beitrag, AHV-Bezüger(in)** (↗Bezüger), **AHV-Konto, AHV-Nummer, AHV-Revision** (↗Revision)

AHV-Ausweis CH der; -es, -e: ↗SOZIALVERSICHERUNGSKARTE A, ↗SOZIALVERSICHERUNGSAUSWEIS D, ↗SANITÄTSAUSWEIS STIR ›Versicherungsausweis mit der Versichertennummer und anderen persönlichen Angaben des bzw. der AHV-Versicherten‹: *Auf Ihrem AHV-Ausweis finden Sie die Nummern der Ausgleichskassen, die Ihr AHV-Konto geführt haben* (TA 16. 8. 1997, 7) – Vgl. AHV

AHV-Rente CH die; –, -n: ↗ASVG-PENSION A, ↗PENSION A, ↗RENTE CH D, ↗ALTERSRUHEGELD D ›regelmässige Zahlung, die aufgrund der gesetzlichen Versicherung ↗AHV bei Erreichen eines bestimmten Alters als Einkommen ausbezahlt wird‹: *Da die AHV-Rente nicht ausreichte, war er gezwungen, auf dem Bau zu arbeiten, im Stundenlohn* (Hartmann, Eis 24) – Abk.: ↗AHV – Dazu: **AHV-Rentner(in)** (↗Rentner)

Aitel A D-südost der; -s, –: ↗ALET CH, ↗DÖBEL CH D-nordost/südwest /ein Karpfenfisch/: *Wo vorher Aitel und Aale, Arten mit sehr unspezifischen Lebensansprüchen, gefangen wurden, hat eben ein Verdrängungsmechanismus hin zum typischen Donaufisch wie der Nase stattgefunden* (OÖN 20. 10. 1998, 15; A)

ajourieren A sw.V./hat [aʒuˈriːrən] ⟨aus frz. *à jour* ›auf dem Laufenden‹⟩: ↗NACHFÜHREN CH, ↗AJOURNIEREN STIR ›auf den neuesten Stand bringen; aktualisieren‹: *Diese Information wird im Regelfall monatlich ajouriert* (Tiroler Sparkasse, 2002, Internet) – Dazu: **Ajourierung**

ajournieren STIR sw.V./hat [aʒurˈniːrən] ⟨aus frz. *à jour* ›auf dem Laufenden‹⟩: ↗AJOURIEREN A, ↗ NACHFÜHREN CH ›auf den neuesten Stand bringen; aktualisieren‹: *Doch fordere die rasante Innovation im Informatikbereich heute das ständige Ajournieren von Maschinen und Systemen* (Dolomiten 25. 9. 1998, 5) – Dazu: **Ajournierung**

AK A die; –, ohne Plur.: buchstabierte Abk. für ›↗Arbeiterkammer‹: *Die Richter wollen die von der AK unterstützte Klage beim EU-Gerichtshof prüfen lassen* (News 6. 11. 1997, 7) – Dazu: **AK-Präsident(in)**, **AK-Wahl**

Akademie die; –, -n ⟨aus frz. *académie* ›wissenschaftliche Gesellschaft‹⟩: **1.** A D ›für bestimmte Berufe ausbildende Schule, die entweder zur Hochschulreife führt oder nach der ↗Matura besucht werden kann bzw. Gebäude, in dem diese Schule untergebracht ist‹: *Die Gründung einer Akademie für den physiotherapeutischen Dienst am städtischen AKH beschloss gestern der Linzer Gemeinderat* (OÖN 16. 5. 1997, 16); *Jahr für Jahr schließen seit 1975 an der Medizinisch Technischen Akademie Esslingen Medizinisch-Technische Assistenten/innen (MTA) für die Bereiche Radiologie oder Laboratorium … ihre staatlich anerkannte Ausbildung ab* (Medizinisch Technische Akademie Esslingen 25. 9. 2003, Internet; D); ***Pädagogische Akademie** A: ↗PÄDAK A, ↗LEHRERSEMINAR CH, ↗HOCHSCHULE: *PÄDAGOGISCHE HOCHSCHULE CH D ›Ausbildungsstätte, an der Lehrer(innen) für ↗Volks-, ↗Haupt- und Sonderschulen ausgebildet werden bzw. Gebäude, in dem diese Schule untergebracht ist‹: *Die Studenten der Pädagogischen Akademien entwickelten während dieser Woche Stundenbilder für den Unterricht, wie man künftigen Schülern die Arbeitswelt näher bringen könnte* (AK aktuell 2/1998, 20). **2.** A (veraltend) ›literarische oder musikalische Veranstaltung‹: *Am 11. August 1829 hatte Chopin bei einer musikalischen Akademie im Kärntnertor-Theater sein Wiener Debüt gegeben* (Land Salzburg, 2000, Internet) – Die Abk. von *Pädagogische Akademie* lautet selten auch PA. Das Substantiv *Akademie* in der Bedeutung ›wissenschaftliche Gesellschaft‹ ist gemeindt. – Zu 1.: ↗**Handelsakademie**, ↗**Knödelakademie**, ↗**Militärakademie**, ↗**Sozialakademie**

AKH A das; -(s), ohne Plur.: buchstabierte Abk. für *Allgemeines ↗Krankenhaus:* ›alle Bereiche der medizinischen Versorgung abdeckende öffentliche Klinik‹: *Im Gesundheitsbereich waren die Ausgaben stark auf das AKH ausgerichtet* (SN 11. 11. 1997, 5) – Nur in bestimmten Städten, bes. Wien, Linz

akklamieren A sw.V./hat: ›applaudieren; etw. beifällig aufnehmen‹: *Während die Vorkriegslesungen mit Begeisterung akklamiert worden waren, planten dieses Mal deutschnationale Studenten massive, antisemitisch gefärbte Störaktionen* (TT 30. 1. 1998, 6) – Die Bedeutung ›jmdn. in einer Versammlung durch Zuruf wählen‹ ist gemeindt. – Dazu: **Akklamation**

Akkordeon (gemeindt.): ↗HANDHARMONIKA, ↗HANDORGEL, ↗KNÖPFERLHARMONIKA, ↗KNOPFORGEL, ↗MAURERKLAVIER, ↗QUETSCHE, ↗QUETSCHKOMMODE, ↗SCHIFFERKLAVIER, ↗SCHWYZERÖRGELI, ↗ZIEHHARMONIKA, ↗ZIEHORGEL

akkordieren A sw.V./hat ⟨aus frz. *accorder* ›übereinstimmen‹⟩: ›aufeinander abstimmen, vereinbaren‹: *Dieses Nummernsystem wurde auch … mit Tourismusverbänden in der Absicht akkordiert, in ganz Österreich ein einheitliches Markierungssystem zu ermöglichen* (Alpenverein 4/1997, 6) – In D gehoben und selten – Dazu: **Akkordierung**

Akonto A CH das; -s, -s/…konten ⟨aus ital. *a conto* ›auf Rechung‹⟩: ›Anzahlung‹: *Zahlen Sie nie mehr als zehn Prozent Akonto früher als zwei Wochen vor dem Reiseantritt, außer wenn Sie für diese Vorauszahlung einen Frühbucherbonus bekommen* (Trend 5/1998, Internet; A); *»Die genauen Abrechnungen stehen zwar noch aus, doch nun leisten wir den WM-Teilnehmern mal ansehnliche Akonto-Zahlungen«, so FIFA-Sprecher Guido T.* (Blick 27. 9. 1994, 16; CH) – Dazu: **Akontozahlung**

Akt A D-südost der; -(e)s, -en (Recht): ↗AKTE CH D (ohne südost) ›bei Straf- und Zivildelikten oder für

Geschäftsverhandlungen angelegte Sammlung von schriftlichen Aufzeichnungen und Bildmaterial zu einem Fall‹: *Der Akt ist mittlerweile 20 Zentimeter dick, trägt den unspektakulären Titel »Accident Mortel de la Circulation«* (News 6. 11. 1997, 228; A) – Andere Bedeutungen, z. B. ›Handlung, Tat‹, ›Spielakt im Theater‹, sind gemeindt., ihr Plural endet jedoch auf -e – Dazu: **Exekutionsakt** (↗Exekution) A, **Gerichtsakt, Polizeiakt, Strafakt, Verlassenschaftsakt** (↗Verlassenschaft) A

Akte CH D (ohne südost) die; –, -n: ↗AKT A D-südost ›geschäftliche oder juristische Unterlage‹: *Der Oberrichter sagte in scharfem Ton bei der Urteilsbegründung, das Gericht erwäge ernsthaft, ob nicht die Akten der Vormundschaftsbehörde von Terzone zu überweisen seien* (Kauer, Spätholz 108; CH); *Ausgerechnet die Stasi-Akte rettet den guten Ruf* (Welt 16. 7. 1996, Internet; D) – Dazu: ↗**Aktendeckel** D

Aktendeckel D der; -s, –: ›Mappe aus leichter ↗Pappe zum Aufbewahren von Schriftstücken‹: *Mit der rechten Hand tippt der außenpolitische Berater des Kanzlers auf den prall gefüllten Aktendeckel* (Tagesspiegel 24. 6. 1999, Internet) – Vgl. Akte

aktenkundig (gemeindt.): ↗AMTSBEKANNT

Aktenordner A D der; -s, –: ↗BUNDESORDNER CH ›Ordner mit festen Deckeln und breitem Rücken zur Aufbewahrung von ↗Akten‹: *Mehr als 50 prall gefüllte Aktenordner zu den Verdachtsmomenten im Zusammenhang mit missbräuchlich verwendeten Polizeiakten wurden gesammelt* (OÖN 30. 1. 2001, 3; A); *Allerdings hat die Kripo 13 Aktenordner an belastendem Material zusammengetragen* (WAZ 7. 4. 2001, Internet; D) – In CH selten

Aktenzahl A die; –, -en: ↗AKTENZEICHEN D ›Kennzeichen eines ↗Aktes‹: *Der 50 Seiten umfassende Bericht von Staatsanwalt Erich M. an die Oberstaatsanwaltschaft (Aktenzahl 27 St 38.502/95–172) entpuppt sich auch als beinharte Abrechnung mit den Genossen und ihrer Politik* (Profil 19. 1. 1998, 46)

Aktenzeichen D das; -s, –: ↗AKTENZAHL A ›Kennzeichen einer ↗Akte‹: *Das halbe Pfund Papier im Format DIN-A4, Aktenzeichen 70 Js 820/98, beschäftigt von heute an die Zweite Große Strafkammer des Landgerichts Essen* (Welt 30. 4. 1999, Internet) – Abk. AZ. In CH selten

Aktienchart D der; -s, -s [...tʃart]: ›die Wertentwicklung einer Aktie zeigendes Diagramm‹: *Auf einem langfristigen Aktienchart sind »Crashs« aber kaum erkennbar* (Unicum 9/2000, Internet)

Aktion die; –, -en ⟨aus lat. *actio* ›Tätigkeit; klagbarer Anspruch‹⟩: **1.** A CH ›Verkaufsposten im Warenangebot zu günstigem oder verbilligtem Preis‹ (in A häufig in der Wendung *in Aktion [sein]*, in CH in der Wendung *Aktion sein*): *Diesel jetzt in Aktion!* (Auto touring 10/1997, 3; A); *Jetzt Aktion: Beinhaarentfernung mit Warmwachs. Machen Sie Ihre Beine fit für den Frühling!* (Donna Kosmetik, 2002, Internet; CH). **2.** ***eine Aktion setzen** A ›(durch eine spektakuläre Maßnahme) ein Zeichen setzen (bes. in Politik oder Kunst)‹: *Ab dem Jahr 2000 wird auf Initiative von Landeshauptmann Dr. Franz Schausberger die »Aktion Salzburger Kulturgüter« in Zusammenarbeit mit dem Bundesdenkmalamt diesen »Tag des offenen Denkmals« neu gestalten und eine groß angelegte landesweite Aktion setzen* (Land Salzburg, 1999, Internet). **3.** ***Aktion scharf** A ›Schwerpunktkontrolle der Polizei; Razzia‹: *Die Seegendarmerie Hard setzte für die »Aktion scharf« drei Motorboote und sechs Beamte ein* (VN 1. 7. 2002, B 1) – Das Substantiv *Aktion* ist in allen anderen Verwendungen gemeindt.

Aktionariat CH das; -(e)s, -e: ›Gesamtheit der Aktionäre und Aktionärinnen‹: *K. schloss nicht aus, dass einmal sämtliche Mitarbeiterinnen und Mitarbeiter zum Aktionariat des Konzerns gehören können* (NLZ 17. 5. 2001, Internet)

Aktivbezug A der; -(e)s, ...züge: ›Gehalt eines Beamten bzw. einer Beamtin (im Ggs. zur ↗Pension)‹: *Die durchschnittliche Ersatzrate (das Verhältnis Pension zu Aktivbezug) beträgt immerhin 75 Prozent* (Profil 27. 6. 1999, Internet) – Vgl. Bezug

Aktivbürger Aktivbürgerin CH der; -s, – bzw. die; –, -nen: ↗STIMMBÜRGER CH ›stimm- und wahlberechtigte Person; Wähler(in)‹: *Die Jungbürger wurden im Kreis der Aktivbürger herzlich willkommen geheissen und zur aktiven Beteiligung an der politischen Meinungsbildung aufgerufen* (Südostschweiz 29. 11. 1999, Internet) – Dazu: ↗**Aktivbürgerrecht, Aktivbürgerschaft**

Aktivbürgerrecht CH das; -(e)s, ohne Plur.: ↗EHRENFÄHIGKEIT CH, ↗EHRENRECHT: *BÜRGERLICHE EHRENRECHTE D ›Recht, aktiv am politischen Leben teilzunehmen, d. h. abzustimmen, zu wählen und gewählt zu werden‹: *Erfreulich viele der 17 Frauen und 20 Männer, die ins Aktivbürgerrecht aufgenommen wurden, nahmen an den Gemeindeversammlungen teil* (Südostschweiz 5. 6. 2001, Internet) – Vgl. Aktivbürger, Bürgerrecht

Aktivdienst CH der; -(e)s, -e (Plur. ungebräuchl.): ›↗Militärdienst im Kriegsfall oder bei Katastrophen‹: *Zunächst zerstörte der Aktivdienst seine Aufstiegspläne, und in den ersten Nachkriegsjahren galt es, die neu gegründete Familie über Wasser zu halten* (Hartmann, Eis 49) – Bezieht sich meist auf den Grenzwachtdienst während des 1. und 2. Weltkriegs – Dazu: **Aktivdienstgeneration, Aktivdienstler, Aktivdienstzeit**

Aktivität: *Aktivitäten setzen A ›[sportlich, politisch etc.] aktiv werden; Maßnahmen ergreifen‹: *Bei uns können Sie viele Aktivitäten setzen. Zum Beispiel wandern in noch guter und gesunder Luft* (Marktgemeinde Großdietmanns, 2000, Internet); *Die weitere Entscheidung liegt jetzt ... bei Landesrat R., der persönlich an der Entschärfung der Feldbacher Verkehrsmisere Aktivitäten setzen möchte* (Süd-Ost Journal, 1999, Internet) – Das Substantiv *Aktivität* ist in allen anderen Verwendungen gemeindt.

Aktivmitglied CH das; -(e)s, -er: ›Mitglied eines Vereins, das regelmässig an den Vereinsaktivitäten teilnimmt‹: *Eine grosse Trauerfamilie nahm auf dem Friedhof in Gommiswald Abschied von unserem Aktiv- und Ehrenmitglied Georg H.* (Tierwelt 15. 8. 1997, 37) – In A selten. Vgl. Passivmitglied – Dazu: **Aktivmitgliedschaft**

Aktivriege CH die; –, -n: ›Abteilung eines Turnvereins (bestehend aus Männern zwischen ca. 15 und 35 Jahren)‹: *Von quirligen MuKi-Turnern über die kecke Jugi, die jungfräuliche Damen- und die kriegerische Aktivriege bis zu ritterlichen Männern und währschaften Frauen sind alle Riegen vertreten* (Südostschweiz 28. 10. 2000, Internet) – Vgl. -riege

aktualisieren (gemeindt.): ↗AJOURIEREN, ↗AJOURNIEREN, ↗NACHFÜHREN

Aktuar Aktuarin CH der; -s, -e bzw. die; –, -nen: ↗SCHRIFTFÜHRER A D, ↗SCHREIBER CH ›Person, die in Vereinen oder bei Gericht für die Korrespondenz und die Protokolle zuständig ist; Protokollführer(in)‹: *An der Generalversammlung führte die Wahl einer Aktuarin zu einem verbalen Hosenlupf!* (Blick 29. 12. 1993, 6) – Die Bedeutung ›Versicherungs-, Wirtschaftsmathematiker(in)‹ ist gemeindt.

al dente (gemeindt.): ↗BISSFEST

alaaf! D (Köln, Aachen) Interj.: ↗HELAU! D-mittel/südwest (bes. Düsseldorf, Mainz) /Ausruf im ↗Karneval/: *Zum ersten Mal dabei waren die Pänz der Edith-Stein-Realschule, die ... mit einem dreifachen Alaaf im Straßenkarneval willkommen geheißen wurden* (Kölner Stadtanzeiger 12. 2. 2002, Internet)

Alarm: *blinde Alarm A D ›falscher Alarm‹: *Es kann ein echter Brandeinsatz, ein technischer Einsatz oder auch nur ein blinder Alarm sein* (Freiwillige Feuerwehr Ebensee, 2003, Internet; A); *Mit dem Läuten aller Kirchenglocken wurde für eine halbe Stunde Fliegeralarm gegeben, der sich jedoch als blinder Alarm erwies* (Stadt Bremen, 2003, Internet; D) – Das Substantiv *Alarm* ist in allen anderen Verwendungen gemeindt.

Albeli CH das; -s, –: ↗RENKEN A D-südost, ↗FELCHE CH, ↗MARÄNE D-nord ›Felchen‹ /lachsartiger Fisch/: *Von den Berufsfischern wird insbesondere das kleinwüchsige Albeli geschätzt* (Rollis Diversite, 2001, Internet)

albern: 1. D sw.V./hat: ↗KALB: *DAS KALB MACHEN CH, ↗KASPERN D ›Dummheiten machen; sich kindisch benehmen; blödeln‹: *Der blonde Spaß-Bär aus Bonn alberte einst bei der RTL-Comedy »Happiness«* (TV Movie, 1999, Internet). **2.** CH D Adj. (abwertend) ›lächerlich‹: *Da brauchts doch nichts als ein paar fachtechnische Hinweise, um solche Ideen als albernes Hirngespinst in den Eimer zu schmeissen* (Südostschweiz 18. 8. 2001, Internet; CH); *Wenn die Menschen mit Skistöcken spazieren gehen, gehört das alberne Klacken der ... Stöcke zum vertrauten Geräusch auf vielen Joggerstrecken* (TAZ 28. 6. 2004, Internet; D) – Zu 1.: In CH zunehmend gebräuchlich – Zu 1.: **herumalbern**. Zu 2.: **Albernheit, veralbern** D (ohne südost)

Alet CH der; -s, –: ↗AITEL A D-südost, ↗DÖBEL CH D-nordost/südwest /ein Karpfenfisch/: *Der Alet (Aitel oder Döbel) kommt in Flüssen vor, besiedelt aber auch Bäche* (Wildermuth, Biologie 144)

Alibihandlung A D die; –, -en: ↗ALIBIÜBUNG CH ›etw., das nur um des äußeren Scheins willen getan wird (und deshalb in seiner Konsequenz nicht ernst genommen werden kann)‹: *Dies bedeutet, dass politisch gesehen die Bekämpfung der Gewalt gegen Frauen zur Alibihandlung verkommt, wenn Strukturen, die zur Gewaltanwendung führen, nicht abgebaut ... werden* (Amnesty International, 2002, Internet, A); *Winterfütterung ist ... Alibihandlung, mit der wir in erster Linie etwas für unser Gewissen tun* (Naturschutz heute 4/1999, Internet; D)

Alibiübung CH die; –, -en: ↗ALIBIHANDLUNG A D ›etw., das nur um des äusseren Scheins willen getan wird (und deshalb in seiner Konsequenz nicht ernst genommen werden kann)‹: *Nichts ist schlimmer, als dass die ganze Aktion nur halbherzig angepackt und dann als Alibiübung entlarvt wird* (Bund 30. 11. 1999, 39) – Vgl. Übung

aliquot A Adj. ⟨aus lat. *aliquot* ›einige‹⟩ (formell): ↗ANTEILMÄSSIG CH ANTEILMÄẞIG D ›in Bezug auf die Anteile an etw.; anteilsmäßig‹: *Auf die Jahresgebühr von ÖS 1200,– wird ein etwaig geleisteter Beitrag aliquot angerechnet* (Gusto 11/1997, 86) – Die Verwendung im Bereich Mathematik in der Bedeutung ›ohne Rest teilend‹ ist gemeindt. veraltet – Dazu: ↗**aliquotieren**

aliquotieren A sw.V./hat (formell): ›etw. den Anteilen entsprechend aufteilen‹: ... *dass »neue Selbstständige« und andere Angehörige »atypischer Beschäftigungsverhältnisse« gar keinen Urlaubsanspruch haben, den man aliquotieren könnte, bleibt im Hintergrund* (Standard 22. 2. 2000, Internet) – Vgl. aliquot – Dazu: **Aliquotierung**

Alko- A (produktiver Wortbestandteil in Zus.): kurz für ›Alkohol-‹, z. B. ↗Alkolenker(in), ↗Alkolimit, ↗Alkomat A D, Alkotest, Alkosünder(in): *Führerschein weg? – Da aß ihn Steyrer Alkosünder lieber auf!* (Neue Kronen Ztg 30. 12. 1997, 11); *Ein Alkotest ergab, dass sie 2,4 Promille Alkohol im Blut hatte* (NÖN 12B/1998, 1)

Alkoholiker (gemeindt.): ↗SCHLUCKSPECHT, ↗SCHNAPSDROSSEL, ↗TSCHECHERANT/TSCHECHERANTIN

Alkoholpatent CH das; -(e)s, -e: ↗GASTGEWERBEKONZESSION A, ↗WIRTEPATENT CH, ↗SCHANKERLAUBNIS D, ↗SCHANKKONZESSION D ›amtliche Genehmigung zum gewerblichen Ausschank von Alkohol‹: *Wie in allen schnell gewachsenen Gemeinden steht die Zahl der Alkoholpatente in einem gesunden Verhältnis zur Einwohnerzahl* (Salz & Pfeffer 3/1993, 19) – Vgl. Patent

Alkolenker Alkolenkerin A der; -s, – bzw. die; –, -nen: ↗BLAUFAHRER CH ›in alkoholisiertem Zustand Auto fahrende Person‹: *Seinen Beamten sind seit Jahresanfang insgesamt 141 Alkolenker ins Netz gefahren* (Kurier 29. 1. 1998, 13) – Vgl. Alko-, Lenker

Alkolimit A das; -s, -s: ›für Fahrer(innen) von motorisierten Fahrzeugen gesetzlich festgelegter Grenzwert des Alkoholgehalts im Blut bzw. in der Atemluft; Promillegrenze‹: *Wird es für die SPÖ nach den Vorfällen dieses Jahres von »Sau-Affäre« bis Alkolimit nicht immer schmerzvoller, mit der ÖVP eine Koalition mitzutragen?* (News 23. 12. 1997, 15) – Vgl. Alko-

Alkomat A D der; -en, -en (Verkehr): ›Gerät zur Überprüfung des Alkoholgehalts im Atem‹: *Allerdings rät das französische Institut für Verbraucherfragen (INC) dringend davon ab, sich auf die Ergebnisse dieser Alkomaten für den Hausgebrauch zu verlassen* (Konsument 8/1997, 44; A); *Der Alkomat – ein Gerät, das aus dem Atemalkohol den Promillewert errechnet – ergab 1,69 Promille* (Tagesspiegel 14. 8. 2001, Internet; D) – Vgl. Alko-

alle D (ohne südost) Adv. (Grenzfall des Standards): ↗GAR A D-süd ›aufgebraucht; zu Ende‹: *Andreas hat die Fernbedienung und zappt immer … zum Glück sind jetzt die Batterien alle* (Allegra 11/1997, 60); ***jmdn. alle machen:** ↗ECK: *JMDN. UMS ECK BRINGEN A D-süd, ↗BODEN: *JMDN. UNTER DEN BODEN BRINGEN CH D-südwest ›jmdn. fertig machen oder umbringen; jmdn. um die Ecke bringen‹: *Ein Teil in ihm schreit auf: Hör auf! Du machst sie ja alle!* (Wolf, Samstags 42)

Allee A CH D-mittelost/südost die; –, -n: ›Baumreihe entlang einer Straße‹: *Aber … da die Allee nicht unter Naturschutz stand, hatten wir da nichts mitzureden«, meint Gerd S. … zur Aufsehen erregenden Schlägerung einer Allee mit 37 alten Linden in St. Sebastian bei Mariazell* (Kleine Ztg 22. 5. 1997, Internet; A); *Botanisches Objekt: Wichtiger, markanter oder wertvoller Einzelbaum oder -busch, Baumgruppe oder Allee* (Naturschutzverordnung Kanton BE, 1993, Internet; CH) – Die Bedeutung ›von Bäumen gesäumte Straße‹ ist gemeindt. – Dazu: **Alleebaum**

Alleinerziehende CH D der/die; -n, -n: ↗ALLEINERZIEHER A ›Person, die ein Kind bzw. Kinder ohne [Ehe]partner(in) erzieht‹: *Alleinerziehende sind häufig überfordert und nicht selten von der Sozialhilfe abhängig* (SP Kanton LU, 2002, Internet; CH); *Die Alleinerziehende ist jetzt Sozialhilfeempfängerin* (NDR 10. 5. 2001, Internet; D)

Alleinerzieher Alleinerzieherin A der; -s, – bzw. die; –, -nen: ↗ALLEINERZIEHENDE CH D ›Person, die ein Kind bzw. Kinder ohne [Ehe]partner(in) erzieht‹: *Durch die Reform müssten vor allem Jungfamilien, Alleinerzieher(innen) und kinderreiche Familien mit geringerem Einkommen entlastet werden* (SN 11. 11. 1997, 2) – Steuerrechtlich ist ein(e) *Alleinerzieher(in)* ein Steuerpflichtiger bzw. eine Steuerpflichtige mit mindestens einem Kind, der bzw. die mehr als sechs Monate im Kalenderjahr ohne Partner(in) lebt – Dazu: **Alleinerzieherabsetzbetrag** (↗Absetzbetrag)

allemal (gemeindt.): ↗DICKE

Allerheilmittel CH D das; -s, –: ›Universalmittel; Allheilmittel‹: *Sport ist gut, aber kein Allerheilmittel* (SI 21. 6. 1999, 46; CH); *Welche Hoffnungen wird das Allerheilmittel Stammzellen erfüllen?* (BdW 20. 1. 2002, Internet; D)

Alleskönner (gemeindt.): ↗WUNDERWUZZI

allfällig A CH Adj. (nicht steigerbar): ↗ETWAIG A D ›eventuell, gegebenenfalls vorkommend‹: *Der Mieter kann also fordern, dass die Mängel beseitigt und allfällige Folgekosten vom Vermieter getragen werden* (ORF Nachlese 9/1997, 16; A); *Bei allfälligen Fragen rufen Sie uns an* (Sport 10. 3. 1998, 32; CH) – Wird in A auf der zweiten, in CH auf der ersten Silbe betont – Dazu: ↗**Allfällige**

Allfällige A CH das; -n, ohne Plur. (Art. ungebräuchl.): ↗VARIA CH ›eventuell Anfallendes (meist als letzter Punkt einer ↗Tagesordnung); Diverses, Verschiedenes‹: *Aber das sind Spekulationen der Medien, und in der Prioritätenliste dieses Projekts steht die Pilotenfrage momentan noch unter »Allfälliges«* (Sport Magazin 10/1997, 62; A); *Art. 17: Die ordentliche GV [Generalversammlung] ist zuständig für folgende Verbandsgeschäfte: 01. Begrüssung … 08. Wahlen 09. Anträge 10. Allfälliges* (Snowboardverband Wallis, 1999, Internet; CH) – Wird in A auf der zweiten, in CH auf der ersten Silbe betont. Vgl. allfällig

Allgemeinarzt Allgemeinärztin D der; -(e)s, …ärzte bzw. die; –, -nen: ↗ALLGEMEINPRAKTIKER CH ›Arzt bzw. Ärztin für Allgemeinmedizin; praktischer Arzt bzw. praktische Ärztin‹: *Untersucht werde er von einem Allgemeinarzt und einem Herzspezialisten* (Berliner Ztg 5. 3. 1999, Internet)

Allgeme̲inpraktiker Allgeme̲inpraktikerin CH der; -s, – bzw. die; –, -nen: ↗ALLGEMEINARZT D ›Arzt bzw. Ärztin für Allgemeinmedizin; praktischer Arzt bzw. praktische Ärztin‹: *Es geht eine Frau in die Praxis einer Allgemeinpraktikerin, zum vierten Mal schwanger ... ganz unvorhergesehen* (TA 5. 5. 1999, 33) – Wird manchmal auch auf der ersten Silbe betont

Allmeind siehe Allmend

Allmẹnd die; –, -en: **1.** CH; ↗AGRARGEMEINSCHAFT A ›gemeinsam genutzte Wiesen, Weiden und Wälder einer Gemeinde; Allmende‹: *Noch exklusiver ... verhalten sich ... die alten und reichen Korporationen mit ihrem stattlichen Land- und Waldbesitz, von denen sich allein fünf in die umfangreiche ... Allmend teilen* (Allemann, Schweiz 71). **2.** CH-nord (Basel) ›öffentlicher Grundbesitz‹: *In der ... Petition wurden ... eine gezieltere Reinigung der Allmend ebenso gefordert wie bessere Beleuchtung am Matthäusplatz* (BaZ 20. 12. 1999, 21) – Zu 1.: Häufig in Flurnamen, z. B. *Allmendstrasse.* Selten auch in der Form *Allmeind.* Besitzerin der *Allmend* ist vielfach die ↗Bürgergemeinde oder die ↗Korporation. In A historisch – Zu 1.: **Allmendgenossenschaft, Allmendkorporation** (↗Korporation), **Allmendland.** Zu 2.: **Allmendverwaltung**

Allmende (gemeindt.): ↗AGRARGEMEINSCHAFT, ↗ALLMEND

Ạlm A (ohne Vbg.) D die; –, -en: **1.** ↗SCHWAIGE A-mitte/ost, ↗ALP A-west (Vbg.) CH D-südwest, ↗ALPE A-west (Vbg.)/südost CH-süd (VS) ›alpine Bergweide zur sommerlichen Weidenutzung‹: *Hans und Petrak gingen mit dem Ehepaar Plackholm hinauf in die Almen des Ennstals* (Hackl, Abschied von Sidonie 61; A); *Bis in die 1960er Jahre wurden Milchkühe auf die Alm getrieben* (Bayern 8. 4. 2000, Internet; D). **2.** ↗ALP A-west (Vbg.) CH D-südwest, ↗ALPE A-west (Vbg.)/südost CH-süd (VS) ›Wirtschaftsgebäude einer Bergweide und zugehöriger Gastbetrieb‹: *Die Kühtaile Alm liegt mitten im Skigebiet Ötz* (Gemeinde Sölden, 2000, Internet; A); *Après-Ski wird hier auch groß geschrieben, denn die Alm hat bis 23.30 Uhr geöffnet* (Skiresort Service International 29. 7. 2000, Internet; D) – Zu 2.: Häufig in Bergflurnamen, z. B. Grasbergalm, Buchbergalm – Zu 1.: ↗**Almabtrieb,** ↗**Almauftrieb,** ↗**Almer(in)** A-west (Tir.), **Almhirt(in), Almhütte,** ↗**Alminteressentenschaft** STIR , ↗**Almrausch** A D-mittelost/süd, ↗**Almrose** A D-mittelost, **Almwiese, Hochalm.** Zu 2.: **Almwirtschaft**

Ạlmabtrieb A (ohne Vbg.) D der; -(e)s, -e (Plur. ungebräuchl.): ↗ALPABTRIEB A-west (Vbg.), ↗ABFAHRT A-west (Vbg.) CH, ↗ALPABFAHRT A-west (Vbg.) CH, ↗ALPABZUG CH, ↗ALPENTLADUNG CH ›[festlicher] Umzug im Spätsommer, bei dem Personal und Vieh von den Bergweiden ins Tal ziehen‹: *Wenn Almleute und Vieh vor Krankheit und Unfällen verschont wurden, ist der Almabtrieb Anlass zur Freude und zum Feiern* (Nationalpark Hohe Tauern, 2000, Internet; A); *Da sich der Almabtrieb im Berchtesgadener Land nach dem Wetter richtet, können genaue Termine nur kurzfristig genannt werden* (Berliner Ztg 19. 9. 1998, Internet; D) – Vgl. Alm

Ạlmauftrieb A (ohne Vbg.) D der; -(e)s, -e (Plur. ungebräuchl.): ↗ALPAUFTRIEB A-west (Vbg.), ↗ALPFAHRT A-west (Vbg.) CH, ↗ALPAUFZUG CH ›[festlicher] Umzug im Frühling, bei dem Vieh und Personal vom Tal zu den Bergweiden ziehen‹: *Zwei Tage vor dem Almauftrieb habe sich der Vater hinlegen müssen* (Innerhofer, Schöne Tage 19; A); *Das Melken der Mutterschafe beginnt Anfang Juni noch im Stall des Gehöftes ... und wird dann nach dem Almauftrieb am Berg fortgesetzt* (Ges. zur Erhaltung alter und gefährdeter Haustierrassen 14. 7. 1999, Internet; D) – Vgl. Alm

Ạlmdudler A der; -s, – (Wz.): /eine Kräuterlimonade/: *Sie gingen zum Dommayer. Aßen Frankfurter. Tranken Almdudler* (Streeruwitz, Verführungen 89) – In CH und D zunehmend gebräuchlich

Almenrausch siehe Almrausch

Ạlmer Ạlmerin A-west (Tir.) der; -s, – bzw. die; –, -nen: ↗SCHWAIGER A-mitte/ost, ↗SENN A CH D-süd, ↗ÄLPLER A-west (Vbg.) CH, ↗SENNER A D-mittelost/südost ›Person, die eine ↗Alm bewirtschaftet‹: *Sie geleiten die Bergwanderer zu manch echt-uriger Alm, wo die Almerin zu einer zünftigen Jause lädt* (Österreichischer Alpenverein, Sektion Linz, 2001, Internet)

Ạlminteressentschaft STIR die; –, -en: ↗ALPGENOSSENSCHAFT A-west (Vbg.) CH, ↗ALP CH D-südwest ›private Gesellschaft gemeinnützigen Charakters, die aufgrund von Besitzerrechten über die Nutzung von Bergweiden verfügt oder die sich zwecks Nutzung von alpinen Bergweiden zusammengeschlossen hat‹: *Die Alm wird ... auch von einer Alminteressentschaft verwaltet* (Dolomiten 16. 10. 2000, 11) – Vgl. Alm, Interessentschaft

Ạlmrausch A D-mittelost/süd der; -(e)s, ohne Plur.: ↗ALMROSE A D-mittelost ›Alpenrose‹: *Ich habe dir Almrausch und Enzian gepflückt, weißt du noch?* (Zelger-Alten, Brot 59; A) – Selten auch in der Form *Almenrausch.* Vgl. Alm

Ạlmrose A D-mittelost die; –, -n: ↗ALMRAUSCH A D-mittelost/süd ›Alpenrose‹: *Auf den bunten Wiesen blühen je nach Jahreszeit Krokus, Schlüsselblume,*

Sumpfdotterblume, Enzian, Almrose … (Amphibienlehrpfad Lüsens-Praxmar, 2000, Internet; A) – Vgl. Alm

Alois A CH D-südost **Aloisia** A ⟨ursprüngl. germ. Name, aus dem Ital. übernommen⟩: männl. bzw. weibl. Vorname. Die Kurzform zu *Alois* lautet *Lois, Loisl,* zu *Aloisia Loisi: Alois Mock hat die Zeitgeschichte mitgestaltet* (Kleine Ztg 11. 6. 1999, Internet; A); *Dieser Loisl ist nicht nur ein Draufgänger, der hat auch ein Köpferl* (Fritsch, Fasching 55; A); *Der Basler Hämatologe Alois G. arbeitet seit Jahrzehnten mit adulten Stammzellen* (NZZ am Sonntag 16. 6. 2002, 91; CH) – Der weibliche Vorname ist in CH und D selten, der männliche Vorname ist in D (ohne südost) selten

Aloisia siehe Alois

Alp die; –, -en: **1.** A-west (Vbg.) CH D-südwest; ↗Schwaige A-mitte/ost, ↗Alm A (ohne Vbg.) D, ↗Alpe A-west (Vbg.)/südost CH-süd (VS) ›alpine Bergweide zur sommerlichen viehwirtschaftlichen Nutzung‹: *Großvater war Bauer und Wunderdoktor, schickte im Sommer die Söhne mit Vieh auf die Alp* (Schriber, Kartenhaus 28; CH). **2.** A-west (Vbg.) CH D-südwest; ↗Alm A (ohne Vbg.) D, ↗Alpe A-west (Vbg.)/südost CH-süd (VS) ›Wirtschaftsgebäude einer Bergweide [und zugehöriger Gastbetrieb]‹: *Die Übernachtung auf der Alp war ein Höhepunkt des Ausflugs, obwohl das Wetter nicht mitspielte* (St. Galler Tagbl 7. 9. 1999, Internet; CH). **3.** CH kurz für ↗*Alpgenossenschaft:* ↗Alminteressentenschaft STIR ›Zusammenschluss von Bauern zur gemeinsamen viehwirtschaflichen Nutzung von alpinen Bergweiden‹: *»Gottenfroh« sei er heute, meint einer der Bauern …, dass die Alp 1951 beim Neubau der Käserei … kein Geld vom Staat genommen habe* (Format NZZ, 1999, Internet) – Zu 2.: Häufig in Bergflurnamen. Zu 3.: In A-west (Vbg.) nur mündlich gebraucht – Zu 1.: ↗**Alpabfahrt** A-west (Vbg.) CH, ↗**Alpabtrieb** A-west (Vbg.), ↗**Alpabzug** CH, **Alpauffahrt** CH, ↗**Alpauftrieb** A-west (Vbg.), ↗**Alpaufzug** CH, **Alpbetrieb** CH, ↗**alpen** A-west (Vbg.) CH, ↗**Alpentladung** CH, ↗**Alpfahrt** A-west (Vbg.) CH, **Alpgebäude** CH, **Alphorn** CH, **Alphütte, Alpstall,** ↗**Alpung** A CH, **Alpwiese,** ↗**Alpzeit** A-west (Vbg.) CH. Zu 2.: **Alpgottesdienst, Alpkäse,** ↗**Alpöhi** CH, **Alpweide, Alpwirtschaft, Alpzieger** (↗Zieger) A-west, **Alpziger** (↗Ziger) CH-ost (bes. GL). Zu 3.: **Alpmeister(in)** A-west (Vbg.) CH

Alpabfahrt A-west (Vbg.) CH die; –, -en: ↗Alpabtrieb A-west (Vbg.), ↗Almabtrieb A (ohne Vbg.) D, ↗Alpabzug CH, ↗Alpentladung CH ›[festlicher] Umzug im Spätsommer, bei dem Personal und Vieh von den Bergweiden ins Tal ziehen‹: *Die … Kühe haben fleissig gefressen, haben die Wiesen kurz gemäht und ausgiebig gedüngt, jetzt werden sie in die Transporter getrieben und zur Verladestelle gebracht. Alpabfahrt* (TA 2. 11. 1996, 5; CH) – Vgl. Abfahrt, Alp

Alpabtrieb A-west (Vbg.) der; -(e)s, -e: ↗Abfahrt A-west (Vbg.) CH, ↗Alpabfahrt A-west (Vbg.) CH, ↗Almabtrieb A (ohne Vbg.) D, ↗Alpabzug CH, ↗Alpentladung CH ›[festlicher] Umzug im Spätsommer, bei dem Personal und Vieh von den Bergweiden ins Tal ziehen‹: *In ihrer Vielfalt wird sich schließlich die Vorarlberger Landwirtschaft präsentieren, wenn bei der Herbstmesse ein Alpabtrieb ebenso geboten werden wie gesunde Lebensmittel oder Urlaub am Bauernhof* (VN 7. 11. 2002, Journal 14) – In CH selten. Vgl. Alp

Alpabzug CH der; -(e)s, …züge: ↗Alpabtrieb A-west (Vbg.), ↗Abfahrt A-west (Vbg.) CH, ↗Alpabfahrt A-west (Vbg.) CH, ↗Almabtrieb A (ohne Vbg.) D, ↗Alpentladung CH ›[festlicher] Umzug im Spätsommer, bei dem Personal und Vieh von den Bergweiden ins Tal ziehen‹: *Rund 10 000 Personen haben am Samstag dem 17. Alpabzug von Charmey beigewohnt* (TA 30. 9. 1996, 9) – In A-west (Vbg.) selten. Vgl. Alp

Alpauffahrt siehe Alpfahrt

Alpauftrieb A-west (Vbg.) der; -(e)s, -e: ↗Almauftrieb A (ohne Vbg.) D, ↗Alpfahrt A-west (Vbg.) CH, ↗Alpaufzug CH ›[festlicher] Umzug im Frühling, bei dem Vieh und Personal vom Tal zu den Bergweiden ziehen‹: *Die 400 Kilo schwere Kuh weigerte sich beim Alpauftrieb auf die Zwerenalpe im Kleinwalsertal plötzlich weiterzugehen* (VN 18. 6. 2001, B 1) – In CH selten. Vgl. Alp

Alpaufzug CH der; -(e)s, …züge: ↗Alpauftrieb A-west (Vbg.), ↗Almauftrieb A (ohne Vbg.) D, ↗Alpfahrt A-west (Vbg.) CH ›[festlicher] Umzug im Frühling, bei dem Vieh und Personal vom Tal zu den Bergweiden ziehen‹: *Einige hatten Treicheln bei sich, was im Hallenstadion den Eindruck eines verfrühten Alpaufzugs erweckte* (Sonntagsztg 6. 12. 1998, 51) – In A-west (Vbg.) selten. Vgl. Alp

Alpe A-west (Vbg.)/südost CH-süd (VS) die; –, -n: **1.** ↗Schwaige A-mitte/ost, ↗Alm A (ohne Vbg.) D, ↗Alp A-west (Vbg.) CH D-südwest ›alpine Bergweide zur sommerlichen viehwirtschaftlichen Nutzung‹: *Es ist mit sein Verdienst, dass diese Alpe mit den herrlichen Blumenwiesen der Nachwelt erhalten blieb* (VN 25. 1. 1999, B 2; A-west); *Wir steigen die Alpe weiter an klaren Quellen hoch und erreichen nach einer Stunde den Sattel* (Gemeinde Reckingen, 2002, Internet; CH-süd). **2.** ↗Alm A (ohne Vbg.) D, ↗Alp A-west (Vbg.) CH D-südwest ›Wirtschaftsgebäude einer Bergweide [mit Gastbetrieb]‹: *Ob im Sommer oder im Winter, die Alpe Brongen ist ein Geheimtipp* *für alle, die den besonderen Urlaub auf einer Berghütte suchen* (Gemeinde Schetteregg, 2002, Internet; A-west); *Wandern Sie mit Ihren Kindern entlang dem Märliweg auf die Alpe Richenen* (Gemeinde Bellwald, 2002, Internet; CH-süd)

alpen A-west (Vbg.) CH sw.V./hat: ↗SENNEN A CH D-südost, ↗SÖMMERN A-west (Vbg.) CH ›eine ↗Alp mit Viehhaltung bewirtschaften‹: *Auf den ehemals 160 Jucharten konnten ca. 30 Kühe gealpt werden* (Bund 20. 11. 1999, Z7; CH) – Dazu: ↗**Alpung** A CH

Alpendollar A der; -(s), -(s) (scherzh., früher): ›österreichischer Schilling‹: *Die Telefonminute kostet dann zwischen 2,25 und 3,15 Alpendollar in der Basiszeit* (Ganze Woche 5. 11. 1997, 73) – Die Bezeichnung kam zur Zeit der Ersten ↗Republik auf und spielte auf die Währungspolitik, die auf Stabilität ausgerichtet war, an. Vgl. ATS, öS, S

Alpenrepublik A D die; –, ohne Plur. (scherzh.): ›Österreich‹: *Tschechien wird von jedem zehnten Bewohner der Alpenrepublik als sympathisch eingestuft* (OÖN 20. 6. 2001, 19; A); *Auf immerhin rund 150 Milliarden Mark wird der Batzen geschätzt, den Deutsche in der Alpenrepublik bunkern* (Stern 25. 9. 1997, 207; D)

Alpenrose (gemeindt.): ↗ALMRAUSCH, ↗ALMROSE

Alpentladung CH die; –, -en: ↗ALPABTRIEB A-west (Vbg.), ↗ABFAHRT A-west (Vbg.) CH, ↗ALPABFAHRT A-west (Vbg.) CH, ↗ALMABTRIEB A (ohne Vbg.) D, ↗ALPABZUG CH ›[festlicher] Umzug im Spätsommer, bei dem Personal und Vieh von den Bergweiden ins Tal ziehen‹: *Die Alpentladung ist für jeden Bauern das schönste Fest im Jahr* (Gemeinde Tavanasa, 2001, Internet) – Vgl. Alp

Alpenveilchen (gemeindt.): ↗ZYKLAME

Alpenvorland A D das; -(e)s, ohne Plur.: ›Landschaft unmittelbar nördlich der Alpen‹: *Seine Schneefelder leuchten an klaren Tagen im Frühjahr oder Spätherbst weit über das Alpenvorland und die Donauebene bis ins Waldviertel* (Sklenitzka, Schatz im Ötscher 5; A); *Weyerswyl ist idyllisch gelegen; die Murthe tritt hier aus dem Alpenvorland und bildet ein breites Flussbecken* (Hildesheimer, Legenden 40; D)

Alpenzoo A D der; -s, -s: ↗BERGZOO D STIR ›Zoo mit Tieren aus Gebirgsregionen‹: *Weitere Anziehungspunkte sind die Hofburg, die Hofkirche, das Tiroler Volkskundemuseum, der Alpenzoo oder die Swarowski Kristallwelten in Wattens* (OÖN 29. 12. 2001, 11; A); *Und das erwartet Sie: Die bekannten oberbayerischen Seen, ..., Kirchen, Klöster, ... Alpenzoo* (Tiscover AG 27. 11. 2002, Internet; D) – Am bekanntesten ist in A der Innsbrucker Alpenzoo

Alpfahrt A-west (Vbg.) CH die; –, -en: ↗ALPAUFTRIEB A-west (Vbg.), ↗ALMAUFTRIEB A (ohne Vbg.) D, ↗ALPAUFZUG CH ›[festlicher] Umzug im Frühling, bei dem Vieh und Personal vom Tal zu den Bergweiden ziehen‹: *Der Höhepunkt des Kuh-Festivals: eine Alpfahrt mit prächtig geschmückten Tieren* (Blick 3. 5. 1997, 25; CH) – Selten auch in der Form *Alpauffahrt.* Vgl. Alp

Alpgenossenschaft A-west (Vbg.) CH die; –, -en: ↗ALMINTERESSENTSCHAFT STIR ›Zusammenschluss von Bauern zur gemeinsamen viehwirtschaftlichen Nutzung von alpinen Bergweiden‹: *1999 hatte die Transer Alpgenossenschaft wegen der geringen Zahl der Landwirte aufgelöst werden müssen* (Südostschweiz 29. 1. 2001, Internet; CH) – Vgl. Agrargemeinschaft, Alp

Alpingendarm Alpingendarmin A der; -en, -en bzw. die; –, -nen [...ʃãdarm, ...ʃandarm] ⟨aus lat. *alpinus* ›zu den Alpen gehörend‹ und frz. *gens d'arme* ›bewaffnete Leute‹⟩: ›Polizist(in) bzw. ↗Gendarm(in) mit einer speziellen Ausbildung, der bzw. die zu Diensten in [hoch]alpinen Regionen herangezogen wird‹: *Aber dann blieb ein Skifahrer stehen, der sich als Alpingendarm vorstellte, seinen Bergrettungsausweis herzeigte und anscheinend routinemäßig die Personalien in dreifacher Ausfertigung notierte* (VN 17. 8. 1999, B 1) – Dazu: ↗**Alpingendarmerie**

Alpingendarmerie A die; –, -n [...ʃãdarməri:, ...ʃandarməri:]: ›für den Einsatz in [hoch]alpinen Regionen ausgebildete Gruppe von Polizist(inn)en bzw. ↗Gendarm(inn)en‹: *Seit Donnerstag kämmen mindestens 60 Helfer ... und eine Einsatzeinheit der Alpingendarmerie Bludenz das betreffende Gebiet ab* (Neue Vorarlberger Tageszeitung 30. 4. 2000, 9) – Vgl. Alpingendarm, Gendarmerie

Älpler Älplerin der; -s, – bzw. die; –, -nen: **1.** A-west (Vbg.) CH; ↗ALMER A-west (Tir.), ↗SCHWAIGER A-mitte/ost, ↗SENN A CH D-süd, ↗SENNER A D-mittelost/südost ›Person, die eine ↗Alp bewirtschaftet‹: *Zwölf Sommer arbeitete er als Älpler und war viel »im Holz« beschäftigt* (VN 22. 3. 1999, B 2; A-west); *Der 43-jährige Älpler aus Root verbringt schon den fünften Sommer auf der Oberalp* (NLZ 22. 8. 2001, Internet; CH). **2.** A D-süd (meist abwertend) ›Bewohner(in) der Alpen‹: *Wir Älpler sind aus anderem Holz geschnitzt, ihr Wiener seid nicht so belastbar* (Kurier 7. 12. 1998, 25; A) – Zu 1.: In D veraltet – Zu 1.: **Älplerball** A-west (Vbg.), ↗**Älplerchilbi** CH, **Älplerfest** CH, ↗**Älplermagronen** CH

Älplerchilbi CH die; –, -s/...chilben/...chilbenen: ›im Frühherbst stattfindendes Fest mit Predigt, Tanz und Umzug in den Bergregionen, wenn die Kühe von der ↗Alp ins Tal zurückgeführt werden‹: *Bei einer urchigen Älplerchilbi lassen wir den Tag im Herzen der Schweiz gemütlich ausklingen* (Glückspost 10. 6. 1999,

43) – Auch in der Schreibung *Älplerkilbi*. Vgl. Älpler, Chilbi

Älplerkilbi CH die; –, -s/...kilben/...kilbenen: siehe Älplerchilbi

Älplermagronen CH die; nur Plur.: ›Gericht aus Kartoffeln, röhrenförmigen Teigwaren, Zwiebeln und Käse‹: *Zum Znacht servierte unser neues Küchenteam ... Älplermagronen mit Apfelmus* (Südostschweiz 21. 7. 2001, Internet) – Auch in der Schreibung *Älpler-Magronen, Älpler-Makronen* und in der Form *Älplermakkaroni*. Vgl. Älpler

Älplermakkaroni siehe Älplermagronen

Alpöhi CH der; -s, -s (Grenzfall des Standards): ›alter Mann, der auf der ↗Alp lebt‹: *Im Theatersaal drinnen fühlt man sich sogleich in die Welt der SAC-Hütten, inklusive Kuhgebrüll und Alpöhi, eingetaucht* (Theater Tritonus, 1998, Internet) – Das Wort wurde vor allem durch die Figur des Alpöhi in Johanna Spyris Erzählungen *Heidis Lehr- und Wanderjahre* (1880) und *Heidi kann brauchen, was es gelernt hat* (1881) bekannt

Alpung A CH die; –, -en: ›sommerliches Halten von Vieh auf einer Bergweide‹: *Das österreichische Programm für umweltgerechte Landwirtschaft unterstützt die Alpung, weil die Almwirtschaft zu einer extensiven Bewirtschaftungsform zählt* (Kleine Ztg 26. 6. 2002, Internet; A); *Anfang Juli wird ... das Vieh zur Alpung auf Appenzeller, Bündner und Österreicher Alpen gefahren* (St. Galler Tagbl 15. 9. 1998, Internet; CH) – Vgl. Alp, alpen

Alpzeit A-west (Vbg.) CH die; –, -en: ›Zeitdauer, während der eine ↗Alp besetzt ist und bewirtschaftet wird‹: *Heute werden auf der Alp Chrüzegg normalerweise rund 75 Stück Rindvieh während einer Alpzeit von Anfang Juni bis Mitte September (...) gesömmert* (Toggenburger Annalen, 20; CH)

als: *als auch schon CH ›als bisher; als früher‹: *Der Polizei fehlen noch zwei Millionen Franken Bussenerträge, und derzeit kontrolliert sie häufiger als auch schon – ein Zufall?* (Bund 7. 12. 1999, 26) – Das Wort *als* ist in allen anderen Verwendungen gemeindt.

Alsterwasser D-nord/mittelwest das; -s, -/...wässer: ↗RADLER A D (ohne nordwest), ↗PANACHÉ CH ›Getränk aus hellem Bier und Limonade‹: *Drogenbeauftragte fordert: Alkoholfreies so günstig wie Bier und Alsterwasser* (TAZ 12. 8. 2002, Internet)

Alt- A D (produktives Bestimmungswort in Zus.): ↗ALT ALT- CH ›ehemalig (von höheren Ämtern)‹, z. B. Altbürgermeister(in) (↗Bürgermeister), Altbundeskanzler(in) (↗Bundeskanzler), Altbundespräsident(in) (↗Bundespräsident), Altlandeshauptfrau (↗Landeshauptfrau) A, Altlandeshauptmann (↗Landeshauptmann) A, Altlandesrat (...rätin) (↗Landesrat) A: *Altbundeskanzler Dr. Otto Ender war der einzige Vorarlberger im höchsten Regierungsamt* (VN 29. 10. 1997, E 7; A); *Altbundespräsident Roman Herzog (67) und Alexandra Freifrau von Berlichingen (60) heiraten* (Stuttgarter Ztg 1. 2. 2002, Internet; D)

alt alt- CH Adj. (unflektiert, vor Amts- und Berufsbezeichnungen): ↗ALT- A D ›ehemalig (von Inhabern bzw. Inhaberinnen höherer Ämter)‹, z. B. alt Botschafter(in), alt ↗Bundesrat (...rätin), alt ↗Gemeindepräsident(in), alt ↗Nationalrat (...rätin), alt ↗Staatsrat (...rätin), alt ↗Staatsschreiber(in), alt ↗Stadtpräsident(in): *Die Laudatio hielt alt Bundesrat Brugger* (Pestalozzi, Zukunft 201); *Ursula sass ... zwischen Marchese und Rechsteiner, dem Sohn des alt-Stadtpräsidenten* (Jaun, Onkel aus Afrika 273) – Abk. a.

Altbau (gemeindt.): ↗ALTLIEGENSCHAFT

Altbauwohnung (gemeindt.): ↗ALTWOHNUNG

Alten- A D (produktives Bestimmungswort in Zus.): ↗ALTERS- CH ›von alten Personen, für alte Personen‹, z. B. Altenbetreuung, ↗Altenheim D, Altenhilfe, Altenpflege, Altenpfleger(in), Altenpflegeheim D, Altenpolitik D, Altentagesstätte D, Altenzentrum D: *»Helfen mit Herz und zwei Händen alleine reicht leider nicht, es werden Spezialisten gebraucht«, rät Rektor Gerhard G. vom Diakoniewerk von einem Einsatz von Zivildienern in der Altenpflege ab* (OÖN 20. 2. 2002, 18; A); *Das gilt auch für die Großhaushalte, zu denen Krankenhäuser ebenso gehören wie Altenheime, Kasernen ebenso wie Strafvollzugsanstalten* (Bayernkurier 22. 8. 1998, 3; D) – Vor allem im medizinisch-pflegerischen Bereich gebräuchlich

Altenheim D das; -(e)s, -e: ↗PENSIONISTENHEIM A, ↗SENIORENHEIM A D, ↗ALTERSASYL CH, ↗FEIERABENDHEIM D-ost ›Heim für betagte Menschen; Altersheim‹: *Richtig ... ist der Hinweis, dass man 75- oder 80-jährigen nicht viel hilft, wenn man jetzt anfängt, das Geld des Fonds in Altenheime oder Krankenhäuser zu verbauen* (Spiegel-Jahreschronik, 1997, 18) – Vgl. Alten-

Altenteil D (ohne mittelost/südost) das; -(e)s, -e: ↗AUSGEDINGE A, ↗AUSZUG A, ↗AUSNAHME A D-südost, ↗AUSTRAG A D-südost, ↗STÖCKLI CH ›Unterhaltsleistung, die Bauern im Ruhestand nach der Hofübergabe von ihren Nachkommen zur Verfügung gestellt bekommen; Lebensabschnitt nach der Hofübergabe‹: *Wie bekommt man den Altbauern dazu, sich endgültig aufs Altenteil zurückzuziehen?* (Spiegel 5. 2. 2001, Internet)

Alters- CH (produktives Bestimmungswort in Zus.): ↗ALTEN- A D ›von alten Personen, für alte Personen‹,

z. B. ↗Altersarbeit, ↗Altersasyl, Altersbeihilfe, Altersbetreuung, ↗Altersguillotine, Alterslimite (↗Limite), Altersnachmittag, Alterspflege, Altersplanung, Alterspolitik, Altersresidenz, ↗Altersrücktritt, ↗Altersruhegeld D, ↗Alterssiedlung, ↗Altersteilzeit D, Altersturnen, ↗Altersversicherung, Alterswohnheim, Alterswohnung, Alterszentrum: *Bei der Oldies-Tanzparty im Alterszentrum Schwamendingen beglückten junge Männer die Rentnerinnen* (TA 29. 1. 1999, 17); *Im Altersturnen hat sich Klara mit andern Frauen über die ewige Seligkeit gestritten* (Wilker, Blues für Klara 223) – Die Bildungen mit *Alten-* und *Alters-* kommen überall vor, in A und D wird jedoch meist *Alten-*, in CH meist *Alters-* verwendet

Altersarbeit CH die; –, -en: ›Facharbeit mit betagten Menschen‹: *Das Seminar richtet sich an ausgebildete und angelernte Angestellte von Heimen und der offenen Altersarbeit* (Bund 29. 11. 1999, 9) – Vgl. Alters-

Altersasyl CH das; -s, -e (veraltend): ↗PENSIONISTENHEIM A, ↗SENIORENHEIM A D, ↗ALTENHEIM D, ↗FEIERABENDHEIM D-ost ›Heim für betagte Menschen; Altersheim‹: *Das Wort »Liebe« bringt der im Altersasyl dahinserbelnde Don Francisco nicht mehr über die Lippen* (Bund 25. 9. 1997, 9) – Vgl. Alters-

Altersguillotine CH die; –, -n [...gijo'tiːnə]: ›[gesetzlicher] Zwang, nach Erreichen eines bestimmten Alters eine berufliche oder soziale Stellung zu verlassen‹: *R. wird seine Forderung nach der Altersguillotine im Juni im Nationalrat einreichen. Er wird fordern, dass Ärzte über 65 die Kassenzulassung für Grundversicherte verlieren* (Blick 14. 5. 1997, 3) – Vgl. Alters-

Altersheim (gemeindt.): ↗ALTENHEIM, ↗ALTERSASYL, ↗FEIERABENDHEIM, ↗PENSIONISTENHEIM, ↗SENIORENHEIM

Altersjahr CH das; -(e)s, -e: ›Lebensjahr‹: *Der Lehrling tritt direkt nach der obligatorischen Schulzeit, also vom vollendeten 15. Altersjahr an, in die zwei- bis vierjährige Lehre ein* (Zürcher Bürgerbuch 99) – Oft zur Benennung eines Referenzpunktes für soziale, rechtliche oder biologische Ereignisse im Leben, deshalb meist in Verbindungen wie *im, bis zum, vom soundsovielten Altersjahr an*

Altersrücktritt CH der; -(e)s, -e: ›Zurücktreten bzw. Niederlegen eines Amtes aus Altersgründen‹: *Ich möchte ... gerade auch Menschen mit kleinem Einkommen einen flexiblen Altersrücktritt ermöglichen* (Blick 17. 6. 1999, 5) – Vgl. Alters-

Altersruhegeld D das; -(e)s, -er: ↗ASVG-PENSION A, ↗PENSION A, ↗AHV-RENTE CH, ↗RENTE CH D ›regelmäßige Zahlung, die Arbeitnehmer(inn)en aufgrund einer gesetzlichen Versicherung bei Erreichen eines bestimmten Alters als Einkommen zusteht‹: *Die Versorgungsanstalt zahlt Rentenleistungen in Form von: Altersruhegeld ab dem 65. Lebensjahr, Ruhegeld bei Versetzung in den Ruhestand* (Bundesministerium des Innern 20. 12. 2002, Internet)

Alterssiedlung CH die; –, -en: ›Siedlung mit Wohnungen für betagte, [leicht] pflegebedürftige Personen‹: *Die Alterssiedlung liegt nur wenige hundert Meter vom Dorfzentrum entfernt an herrlicher Aussichtslage* (Annahof Aegeri, 2000, Internet)

Altersteilzeit A D die; –, ohne Plur.: ↗GLEITPENSION A ›Möglichkeit, neben dem Beziehen der ↗Rente eine Zeit lang einer Teilzeitbeschäftigung nachzugehen; schrittweiser Übergang in den Ruhestand‹: *Die Regelung der Altersteilzeit dient dazu, älteren Mitarbeitern und Mitarbeiterinnen die Möglichkeit zu geben ihre Arbeitszeit zu reduzieren ohne dabei auf Pensionsbezüge, Arbeitslosenansprüche und Ansprüche von der Krankenkasse verzichten zu müssen.* (AK Wien, Internet; A) *Beim Siemens-Konzern ist eine Betriebsvereinbarung zur Altersteilzeit geschlossen worden* (FAZ 10. 10. 1997, 24; D) – Vgl. Alters- – Dazu: **Altersteilzeitgesetz, Altersteilzeitvertrag**

Altersversicherung: *Alters- und Hinterlassenenversicherung CH: ↗ASVG-VERSICHERUNG A, ↗PENSIONSVERSICHERUNG A, ↗INVALIDENVERSICHERUNG CH, ↗RENTENVERSICHERUNG D ›gesetzlich vorgeschriebener Teil der staatlichen schweizerischen Sozialversicherungen‹: *Der Gedanke der AHV, einer Alters- und Hinterlassenenversicherung, ist schon alt* (Zürcher Bürgerbuch 88) – Abk. ↗AHV. Meist nur in Gesetzestexten in voller Länge geschrieben. Das Substantiv *Altersversicherung* in der Bedeutung ›Versicherung zur Gewährleistung des Lebensunterhalts im Alter‹ ist gemeindt., aber in A selten. Vgl. Alters-

Ältestenrat D der; -(e)s, ...räte: ›Organ des deutschen ↗Bundestages zur Unterstützung des ↗Bundestagspräsidenten bzw. der Bundestagspräsidentin‹: *Das Präsidium, die Vizepräsidenten und 23 weitere Abgeordnete bilden den Ältestenrat, der den Präsidenten bei der Führung der Geschäfte des Bundestages unterstützt* (Universität Bremen 21. 1. 2003, Internet) – Die Bedeutung ›aus den ältesten oder erfahrensten Mitgliedern bestehender Rat‹ ist gemeindt.

Altherren A D-nordost/mittelwest die; nur Plur. (Sport): kurz für *Altherrenmannschaft:* ↗SENIOREN CH D ›ältere [ehemalige] Spieler‹: *In einem Nostalgiespiel gegen die Altherren aus Blumenegg zogen die »Oldies« alle Register ihres fußballerischen Könnens* (VN 31. 5. 2000, Heimat/Bludenz 22; A); *Das Hallenturnier der Altherren beim TuS Laer gewannen die Altherren von Schwarz-Weiss Beerlage* (Universität Münster 9. 12. 2000, Internet; D-nordost/mittelwest) – Die Bedeutung ›ältere Mitglieder von Akademikerverbindungen‹ ist gemeindt. – Dazu: **Altherrenturnier**

Altkarton CH der; -s, -s ['altkartõ:]: ›gebrauchter, wieder verwertbarer Karton‹: *Die Gemeinde bittet die Bevölkerung, das Altpapier und den Altkarton getrennt und gut verschnürt beim Werkhof von 8 bis 16 Uhr zu deponieren* (NLZ 24. 2. 2000, Internet) – Dazu: **Altkartonsammlung**

Altkatholik (gemeindt.): ↗CHRISTKATHOLIK/CHRISTKATHOLIKIN

altkatholisch (gemeindt.): ↗CHRISTKATHOLISCH

Altkatholizismus (gemeindt.): ↗CHRISTKATHOLIZISMUS

Altkleiderhändler Altkleiderhändlerin A D der; -s, – bzw. die; –, -nen: ↗FETZENTANDLER A, ↗LUMPENSAMMLER CH D ›Person, die gebrauchte Kleidungsstücke sammelt und weiterverkauft‹: *Die Altkleiderhändler wollen ihre Broschüre jetzt verstärkt in Umlauf bringen* (Abfallter, 1999, Internet; A); *Hauptfigur der Tragikkomödie von Carl Zuckmayer ist der Schuster Wilhelm Voigt, der sich die Offizierswürde beim Altkleiderhändler billig kaufte* (Stadtztg Karlsruhe 16. 1. 1998, Internet; D)

Altliegenschaft CH die; –, -en: ›Altbau‹: *In Stäfa vermieten wir in Altliegenschaft und familienfreundlicher Umgebung ab 1. August 4 1/2-Zimmer-Wohnung (145m²)* (TA 27. 5. 1998, 57) – Vgl. Altwohnung, Liegenschaft

Altpapiersammlung (gemeindt.): ↗PAPIERSAMMLUNG

Altstoffhändler Altstoffhändlerin CH der; -s, – bzw. die; –, -nen: ↗ALTWARENHÄNDLER A, ↗TANDLER A D-südost, ↗TRÖDLER D (ohne mittelost/südost) ›Person, die mit gebrauchten Waren und Materialien aller Art handelt; Gebrauchtwarenhändler(in)‹: *Das »Händele« liegt ihr im Blut. Schliesslich war ihr Grossvater Altstoffhändler und ihr Vater pflegte nebenbei alte Möbel zu kaufen* (Bund 21. 8. 1996, 31)

Altstoffsammelzentrum A das; -s, ...zentren: ↗RECYCLINGHOF A D ›Sammelstelle und Zwischenlager für wieder verwertbare Abfälle‹: *Ist der Behälter voll, wird er im Altstoffsammelzentrum gegen einen neuen ausgetauscht* (Standard 31. 8. 2001, Internet)

Altstoffsammlung A die; –, -en: ↗WERTSTOFFSAMMLUNG D ›Sammlung von verbrauchtem Material, das der Wiederverwertung zugeführt wird‹: *Sorgenkind der Altstoffsammlung ist seit Beginn die geregelte, aber kostenpflichtige Entsorgung des Sperrmülls* (Kleine Ztg 14. 9. 1999, Internet) – In CH und D selten

Altwaren A LUX die; nur Plur.: ↗TRÖDEL D (ohne nordwest/südost) ›[zum Kauf angebotene] gebrauchte Waren aller Art, z. B. Kleider, Haushalts- und Elektrogeräte; Gebrauchtwaren‹: *Verkaufe nicht restaurierte Betten, Kästen, Nachtkästchen, div. Altwaren, ca. 100 Jahre alt* (VN 29. 10. 1997, 7; A); *Später zentralisierte das Geschäft Salomon, das schon über hundert Jahre alt ist, den Ankauf ... von Altwaren in Luxemburg selbst* (Pfarrei Weimerskirch 22. 11. 2002, Internet; LUX) – Dazu: **Altwarenhandel** A, ↗**Altwarenhändler(in)** A, ↗**Altwarenmarkt** A

Altwarenhändler Altwarenhändlerin A der; -s, – bzw. die; –, -nen: ↗TANDLER A D-südost, ↗ALTSTOFFHÄNDLER CH, ↗TRÖDLER D (ohne mittelost/südost) ›Person, die mit gebrauchten Waren aller Art, z. B. Kleidern, Haushalts- und Elektrogeräten, handelt; Gebrauchtwarenhändler(in)‹: *Bis zu zwei Monate Arbeit wendet Wolfgang K. auf, um irgendeinen alten Scherm, für den die Leute beim Altwarenhändler Phantasiesummen zahlen, vollständig zu restaurieren* (Kurier 7. 2. 1993, 6) – Vgl. Altwaren, Altwarenmarkt, Fetzentandler

Altwarenmarkt A der; -(e)s, ...märkte: ↗TANDELMARKT A-ost, ↗BROCANTE CH-west, ↗TÄNDELMARKT D-südost, ↗TRÖDELMARKT D (ohne südost) ›Markt, auf dem gebrauchte Waren aller Art angeboten werden; Flohmarkt‹: *Die Chance B organisierte für morgen ... in Gleisdorf ... einen Altwarenmarkt* (Kleine Ztg 28. 3. 1996, Internet) – Vgl. Altwaren

Altweiberfastnacht D-mittelwest/südwest die; –, ohne Plur.: ↗DONNERSTAG: *UNSINNIGE DONNERSTAG A D-südost; *SCHMUTZIGE DONNERSTAG CH D-südwest, ↗WEIBERFASTNACHT D ›Donnerstag vor Aschermittwoch‹: *Der Verein ... hofft weiter, in der Stadthalle Altweiberfastnacht feiern zu dürfen* (SWR, 2002, Internet) – Vgl. Fastnacht

Altwohnung CH die; –, -en: ›Wohnung in einem älteren Gebäude; Altbauwohnung‹: *Die Altwohnungen sind für sehr viele Leute die Rettung und die Lösung ihrer Wohnprobleme* (Amtliches Bulletin 10. 3. 1996, 195) – Vgl. Altliegenschaft

Alzerl A-ost das; -s, -n (Grenzfall des Standards): ↗TICK D (ohne südost) ›ein [kleines] bisschen (von etw.)‹: *Werden die Hähne nämlich um ein Alzerl zu stark aufgedreht, gibt es einen massiven Preisverfall, der Öl zwar attraktiv macht, die Erlöse aber schmelzen lässt* (Standard 18. 7. 2000, Internet) – Auch in der Form *Äuzerl*

am Präp. mit Dat.: **1.** A D-südost ›auf dem (zusammengezogen aus *auf* + *dem* in Ortsangaben mit Dat.; häufig in bestimmten Verbindungen, z. B. *am Bau*, ↗*Urlaub am Bauernhof, am Boden, am Buckel, am Dach, am Herd, am Hof, am Kalender, am Konto, am Land, am Programm, am Schoß, am Weg* etc.)‹: *Geschätzte Kosten eines Weekends am Mond: rund 150 000 Dollar* (News 15. 1. 1998, 61; A); ***jmdn. am falschen Fuß erwischen** siehe Fuß; ***am längeren Ast sitzen** siehe Ast; ***am Laufenden sein/bleiben** siehe laufen; ***etw. am Kerbholz haben** siehe Kerbholz; ***am Zahnfleisch ge-**

hen/[daher]kriechen siehe Zahnfleisch. **2.** ***am Stück** CH D siehe Stück; ***am laufenden Band** A D siehe Band; ***am Drücker sein** D (ohne südost) siehe Drücker; ***etw. am Lager haben** CH D siehe Lager. **3.** CH ›im (zusammengezogen aus *an + dem*, häufig in bestimmten Verbindungen, z. B. *am Fernsehen, am Radio*)‹: *Wer in Florida zu einer Prostituierten geht, wird am Fernsehen als Freier gebrandmarkt* (Blick 18. 1. 1997, 5); *Ich hab' heute Mittag zufällig Nachrichten gehört am Radio* (Diggelmann, Vergnügungsfahrt 26). **4.** CH D (Grenzfall des Standards) ›dabei, etw. zu tun; beim‹: *Hier schauen nicht fünf Leute zu, während einer denkt, sondern alle Teilnehmer sind ständig am Überlegen und Verhandeln* (Annabelle 2. 1. 1998, 88); *Hausmeisterin Petra K. ist dort gerade am Putzen* (Rems-Murr-Nachr 4. 9. 2002, Internet; D) – Zu 1.: In D-südost Grenzfall des Standards. In D (ohne südost) nur in der Kaufmannssprache. Als Zusammenziehung aus *an + dem* in Zeitangaben und als lokale Präposition in geographischen Angaben, z. B. am Sonntag, Frankfurt am Main, sowie zur Kennzeichnung des Superlativs (am schönsten) gemeindt. Vgl. an

Ambassadorenstadt CH die; –, ohne Plur. ⟨zu frz. *ambassadeur* ›Botschafter‹; nach den in der alten ↗Eidgenossenschaft bis 1792 dort residierenden französischen Gesandten⟩: ↗AARESTADT CH ›Solothurn‹: *»Die OLMA des Schweizer Films«: so hat Geschäftsführer Ivo K. einmal die Solothurner Filmtage genannt. Seit 31 Jahren geben sich die Schweizer Filmer in der Ambassadorenstadt ihr Stelldichein* (Blick 22. 1. 1996, 18)

Ambiance CH LUX die; –, ohne Plur. ⟨frz.⟩ [ãbjã:s]: ↗AMBIENTE A D ›Stimmung, Atmosphäre‹: *Es herrschte eine Ambiance wie bei einem Weltcupslalom* (Furrer, My Way 117; CH); *Nur in einer guten »Ambiance« lässt sich auch gute Arbeit leisten* (Aktionskomitee fir Demokratie a Rentegerechtegkeet 25. 10. 2002, Internet; LUX)

Ambiente A D das; –, ohne Plur. ⟨aus ital. *ambiente* ›Umgebung, Atmosphäre‹⟩: ↗AMBIANCE CH LUX ›Stimmung, Atmosphäre‹: *Das Ambiente ist geschmackvoll, das Licht schmeichelt, die Gäste schön & chic* (Kurier 20. 6. 1998, Beilage 12; A); *In Gründerzeit-Ambiente lässt sich kreativer arbeiten* (Welt 24. 7. 2000, Internet; D)

ambitioniert (gemeindt.): ↗AMBITIÖS

ambitiös CH Adj. [ambits'i̯ø:s] ⟨aus frz. *ambitieux*, zu lat. *ambitiosus*⟩: ›ehrgeizig; ambitioniert‹: *Das Stadtzürcher Schuldepartement will – im Rahmen eines ambitiösen Konzeptes – Computer in alle Klassenzimmer bringen* (NZZ 20. 12. 2000, 39) – In D selten und abwertend

Ambulanz die; –, -en ⟨aus frz. *ambulance* ›Krankenwagen‹⟩: **1.** A D ›Klinikabteilung für nicht stationäre Behandlungen‹: *»Bei Föhnwetter«, so Thomas B., Oberarzt an der Allgemeinen Neurologischen Ambulanz ..., »ist unsere Ambulanz regelmäßig voll«* (Echo 28. 1. 1999, 112; A); *In der Ambulanz erfuhren die Kinder, wie eine offene Wunde genäht wird* (Passauer Neue Presse 6. 6. 2002, Internet; D). **2.** CH D-südost STIR ; ↗RETTUNG A, ↗UNFALLWAGEN D ›Einsatzfahrzeug zum Transport von Verletzten oder Kranken in die Klinik; Krankenwagen, Rettungswagen‹: *Anderswo fährt eine Ambulanz vor, Blaulicht, im Park keinerlei Aufregung deswegen* (Frisch, Schweiz 84; CH); *Mit den beiden Ambulanzen ... wurden ... 607 Rettungseinsätze und 2079 Krankentransporte durchgeführt* (Dolomiten 10. 3. 1999, 3; STIR). **3.** D ›bewegliches Feldlazarett; mobile ärztliche Untersuchungsstation‹: *Das ... Flüchtlingslager Ruhengeri bietet rund 5.000 Menschen zusätzlich medizinische Versorgung durch eine mobile Ambulanz* (Care Presseinformation, 2002, Internet) – Zu 1.: **Ambulanzbereich** A, **Ambulanzgebühr** A, **Ambulanzleistungen** A. Zu 2.: **Ambulanzfahrer(in)** CH

Amen: ***etw. ist so sicher wie das Amen im Gebet** A; **etw. ist so sicher wie das Amen in der Kirche** CH D ›etw. ist absolut gewiss‹: *Dass zu Weihnachten zumindest ein Zeichentrickfilm in die Kinos kommt, ist seit Jahr und Tag so sicher wie das Amen im Gebet* (OÖN 17. 12. 1998, 3; A); *Jeder Hund muss mal, ob klein oder gross. Das ist so sicher wie das Amen in der Kirche* (Yorkies, 1999, Internet; CH); *Glauben Sie mir, das wäre so sicher wie das Amen in der Kirche* (Grün, Lawine 91; D); ***[Schluss] aus, Amen/amen** A D-mittel/süd; ***[Schluss] aus und Amen/amen** CH D-südwest: ↗KLAPPE: *KLAPPE ZU, AFFE TOT D-nordost/mittel ›die Angelegenheit ist erledigt; Ende!, Schluss!‹: *Sie kennen es vielleicht auch aus Debatten, wo es heißt: Schluss, aus, Amen* (ORF Regionalradio, Morgengedanken 25. 11. 2001, Internet; A); *Es sei vollbracht, alles andere sei passé. Vorbei, aus und amen* (SVP Kanton LU, 2003, Internet; CH) – Das Adverb *amen* und das Substantiv *Amen* sind in allen anderen Verwendungen gemeindt.

Amerikanerwagen CH der; -s, –: ›Auto amerikanischer Herkunft; Amischlitten‹: *Im Quartier, in dem sie wohnten, gab es nämlich zahlreiche Amerikanerwagen* (Sonntagsztg 3. 12. 2000, 109) – Vgl. Wagen

Amischlitten (gemeindt.): ↗AMERIKANERWAGEN

Ammann CH der; -(e)s, ...männer (in FR amtlich, sonst informell): kurz für ↗*Bezirksammann*, ↗*Gemeindeammann*, ↗*Landammann*, ↗*Stadtammann*: ↗BÜRGERMEISTER A D LIE (Vaduz), ↗GEMEINDEHAUPTMANN CH (AR, AI), ↗GEMEINDEPRÄSIDENT CH (BL, BS, GL, GR, NW, OW, SO, SZ, UR, VS, ZG, ZH), ↗ORTSVORSTEHER CH (TG), ↗STADTPRÄSIDENT CH (BE, LU, SH, SO, ZG, ZH), ↗OBERBÜR-

GERMEISTER D, ↗STADTOBERHAUPT D, ↗GEMEINDEVORSTEHER LIE ›[direkt] gewählte Person, die eine Dorf-, ↗Bürger- oder Stadtgemeinde oder einen ↗Bezirk politisch repräsentiert und die Verwaltung leitet‹: *Dank dem schnellen Reagieren von Gemeinde und insbesondere Ammann W. F. konnte die Rutschgefahr im Loohölzli-Tobel gebannt werden* (Brugg online News, 1999, Internet) – Eine weibliche Form ist nur in Zus. gebräuchlich und lautet *Frau Stadtammann, Frau Bezirksammann, Frau Landammann* und *Frau Gemeindeammann* – Dazu: **Vizeamman**

AMS siehe Arbeitsmarktservice

Amt (gemeindt.): ↗AMTSSTELLE

Amt das; -(e)s, Ämter: **1.** CH-zentral (LU); ↗BEZIRK A (ohne Graz, Wien) CH, ↗AMTSBEZIRK CH-west (BE), ↗KREIS D, ↗BEZIRKSGEMEINSCHAFT STIR ›aus mehreren Gemeinden und einem Hauptort bestehende politische Verwaltungseinheit eines ↗Kantons‹: *Seit der Gründungsversammlung … ist bei der JCVP Amt Entlebuch einiges gelaufen* (JCVP, 1999, Internet). **2. *Amt der … Landesregierung** A (ohne Wien): ↗MAGISTRAT A (Wien), ↗DEPARTEMENT CH, ↗DIREKTION CH, ↗MINISTERIUM D, ↗BEHÖRDE D (Hamburg), ↗SENATOR: *DER SENATOR FÜR … D (Bremen), ↗SENATSVERWALTUNG D (Berlin) ›höchste Verwaltungsbehörde eines ↗Bundeslandes‹ (mit konkreter Angabe des jeweiligen ↗Bundeslandes): *Aus allen Landesteilen soll das Amt der Salzburger Landesregierung demnächst zum Regionaltarif erreichbar sein* (SN 4. 12. 1998, Internet). **3. *von Amts wegen** A D; **von Amtes wegen** CH ›kraft eines Amtes‹: *Die Dienstpflichten des Universitätsassistenten sind bei Bedarf vom Vorstand des Instituts … von Amts wegen oder auf Antrag des Universitätsassistenten neu festzulegen* (Änderungen im Vertragsbedienstetengesetz, 2000, Internet; A); *Ist der beschrittene Rechtsweg unzulässig, spricht das Gericht dies nach Anhörung der Parteien von Amts wegen aus* (Juristische Fakultät der Universität Saarbrücken, 2001, Internet; D); *Dem Bundesanwalt muss ja schon von Amtes wegen ganz besonders an Ruhe und Ordnung gelegen sein* (Tschäni, Patriotismus 62; CH) – Zu 1.: Im ↗Kanton BE wird *Amt* auch als Verkürzung für *Bezirksamt* verwendet. Andere Bedeutungen sind gemeindt. – Zu 1.: ↗**Säuliamt** CH

amten CH sw.V./hat: ›amtieren‹: *Briefe bringt man in einen Laden an der Hauptstrasse, wo die nette Frau gleichzeitig als Posthalterin amtet* (Hohler, Strom 79)

amtieren (gemeindt.): ↗AMTEN

Ämtler CH: **1. Ämtler Ämtlerin** der; -s, – bzw. die; –, -nen: ›Einwohner(in) des ↗Bezirks Affoltern, der inoffiziell Knonauer Amt oder ↗Säuliamt genannt wird‹: *Dass die Geburtsabteilung am Bezirksspital Affoltern auf Ende Jahr geschlossen werden soll, wollen viele Ämtler weder begreifen noch akzeptieren* (TA 15. 3. 1997, 23). **2.** indekl. Adj.: ›dem ↗Bezirk Affoltern zugehörig‹: *Das Ämtler Dorf Knonau war längst gebaut, als Bahn, Umfahrungsstrasse und Autobahn … neue Akzente ins Landschaftsbild setzten* (TA 24. 9. 1998, 29)

Ämtli CH das; -s, -/-s (Grenzfall des Standards): ›regelmässig wiederkehrende Aufgabe, die einem Mitglied einer Gruppe obliegt‹: *Die Reinigung erfolgt mittels festgelegtem Plan durch die Bewohner … Die Ämtlis müssen bis Samstag 14.00 Uhr erledigt sein* (Brückenbauer 3. 12. 1997, 23)

Amtmann A (Bgld.) der; -(e)s, …männer/…leute: ↗MAGISTRATSDIREKTOR A, ↗STADTAMTSDIREKTOR A, ↗AMTSLEITER A (ohne Bgld.), ↗GEMEINDESEKRETÄR A BELG LIE LUX, ↗GEMEINDESCHREIBER CH, ↗STADTDIREKTOR D, ↗GEMEINDEDIREKTOR D-nordwest/mittelwest ›Leiter(in) des ↗Gemeindeamtes‹: *Der Fachverband der Bgld. Amtmänner traf sich vergangene Woche in Neckenmarkt zur diesjährigen Jahreshauptversammlung* (BVZ 23. 6. 1998, 9) – In CH und D früher in der Bedeutung ›Inhaber(in) eines Amtes‹

Amtsarzt Amtsärztin A D der; -(e)s, …ärzte bzw. die; –, -nen: ↗STADTPHYSIKUS A, ↗KANTONSARZT CH, ↗LANDESPHYSIKUS LIE ›von einer Behörde für bestimmte medizinische Aufgaben angestellter Arzt bzw. angestellte Ärztin‹: *Während der Sommermonate war er … einmal hinausgefahren in die Provinzstadt zum Amtsarzt zur Untersuchung* (Schöpf, Ausgedingler 35; A); *Die grippalen Infekte bewertete die Amtsärztin als »saisonentsprechend«* (Mannheimer Morgen 13. 1. 1999, Internet; D) – Dazu: **amtsärztlich**

amtsbekannt A Adj. (nicht steigerbar, formell): ›wegen straf- oder verwaltungsrechtlicher Delikte bei einer Behörde registriert; aktenkundig‹: *Ich hatte keine Ahnung, gab er auch zu Protokoll, als er auf den Beitrag hingewiesen wurde, den ein für neonazistische Umtriebe amtsbekannter Gastkommentator in der »Presse« deponieren durfte* (Standard 19. 5. 2000, Internet)

Amtsbezirk CH-west (BE) der; -(e)s, -e: ↗BEZIRK A (ohne Graz, Wien) CH, ↗AMT CH-zentral (LU), ↗KREIS D, ↗BEZIRKSGEMEINSCHAFT STIR ›aus mehreren Gemeinden und einem Hauptort bestehende politische Verwaltungseinheit eines ↗Kantons‹: *Die Restaurant-Besitzer im Amtsbezirk Bern dürfen ihre Gäste bis 03.30 Uhr bewirten – aber nur, wenn Bern Meister wird* (Blick 25. 3. 1997, 25)

Amtsentschädigung STIR die; –, -en ⟨übersetzt aus ital. *indennità di funzione*⟩: ›Gehalt für die Ausübung einer politischen Funktion; Politiker(innen)gehalt‹: *Der Bezirksrat der Bezirksgemeinschaft Vinschgau hat* *gestern Nachmittag die Höhe der Amtsentschädigungen und Sitzungsgelder einstimmig festgelegt* (Dolomiten 24. 3. 2001, 24)

Amtsgebäude A D das; -s, –: ↗DIENSTGEBÄUDE D ›Gebäude, in dem eine Behörde untergebracht ist; Amtshaus‹: *Außerdem ist in Amtsgebäuden das Rauchen verboten* (Kurier 7. 4. 1998, 11; A); *In herrlicher Lage am idyllischen See gelegen, ist das Amtsgebäude der ideale Platz, sich das Ja-Wort zu geben* (Amt Satow, 2000/2001, Internet; D)

Amtsgericht CH (LU, SO) D das; -(e)s, -e: ↗BEZIRKSGERICHT A CH, ↗KANTONSGERICHT CH, ↗FRIEDENSGERICHT CH (FR, VS) ›Gericht unterster Instanz für Zivil- und Strafsachen‹: *Anfang Juni vergangenen Jahres musste sich Dieter K. ... vor dem Amtsgericht Emmendingen verantworten* (BamS 26. 10. 1997, 31; D) – Dazu: ↗**Amtsgerichtspräsident(in)**

Amtsgerichtspräsident Amtsgerichtspräsidentin CH (LU, SO) D der; -en, -en bzw. die; –, -nen: ↗GERICHTSVORSTEHER A, ↗BEZIRKSGERICHTSPRÄSIDENT CH ›Richter(in), der bzw. die ein ↗Amtsgericht leitet‹: *In der Amtei Solothurn-Lebern sind zwei Amtsgerichtspräsidenten ... zu wählen* (Solothurner Ztg 23. 5. 2001, 22; CH); *Der Alltag im Amtsgericht ist ... so grau und trist wie das Leben selbst, sagt der Amtsgerichtspräsident* (TAZ 2. 10. 2002, Internet; D) – In D lautet der formelle Titel *Präsident des Amtsgerichts.* Vgl. Gerichtspräsident

Amtshaftung A D die; –, ohne Plur. (Recht): ›Haftung des Staates oder einer Behörde im Falle rechtswidriger Ausübung öffentlicher Gewalt‹: *Nun ist das ein Argument, das bei Fragen der Amtshaftung oder bei Dienstaufsichtsbeschwerden vorzubringen wäre* (Furche 13. 11. 1997, 25; A); *Amtshaftung ist die Haftung des Staates und seiner Beamten* (WDR 21. 2. 2002, Internet; D) – Dazu: **Amtshaftungsklage**

amtshandeln A sw.V./hat (oft ironisch): ›in der Eigenschaft als Behörde, Beamter bzw. Beamtin handeln‹: *Flugs hatte der Chefinspektor eine Funkstreife herbeigerufen und dann wurde in dem Wirtshaus amtsgehandelt* (Frank, Kommissar 9) – Das Substantiv *Amtshandlung* ist gemeindt.

Amtshaus (gemeindt.): ↗AMTSGEBÄUDE, ↗DIENSTGEBÄUDE

Amtshelfer A der; -s, –: ›Leitfaden, Ratgeber, in dem Informationen über Ämter oder Behörden sowie rechtliche Bestimmungen verzeichnet sind‹: *Die wichtigsten URLs des Landes sind in übersichtlichen Kategorien präsentiert; vom Amtshelfer bis zu Gesundheitsportalen findet man alles* (Profil 22. 12. 2000, Internet) – Dazu: **Internet-Amtshelfer**

Amtskalender A der; -s, –: ›jährlich erscheinendes Verzeichnis aller öffentlichen Dienststellen und Funktionsträger‹: *Wie schnell das mit der Personalvermehrung geht, zeigt ein Blick in die Amtskalender der letzten Jahre* (VN 12. 2. 1996, A 3)

Amtskappl A-ost das; -s, -n ⟨nach der historischen Kopfbedeckung uniformierter Beamter als Zeichen ihrer Autorität⟩ (abwertend, scherzh.): ›unfreundlicher und überheblicher Beamter bzw. unfreundliche und überhebliche Beamtin‹: *Das barsche Amtskappel wird zum öffentlichen Dienstleiter umerzogen* (Trend 11/1997, 91) – Vgl. Kappe – Dazu: **Amtskapplmentalität**

Amtsleiter Amtsleiterin A (ohne Bgld.) der; -s, – bzw. die; –, -nen: ↗MAGISTRATSDIREKTOR A, ↗STADTAMTSDIREKTOR A, ↗AMTMANN A (Bgld.), ↗GEMEINDESEKRETÄR A BELG LIE LUX, ↗GEMEINDESCHREIBER CH, ↗STADTDIREKTOR D, ↗GEMEINDEDIREKTOR D-nordwest/mittelwest ›Leiter(in) des ↗Gemeindeamtes‹: *Amtsleiter B. schätzt Schaden auf eine halbe Million Schilling* (Rundschau 19. 3. 1998, 25) – Die Bedeutung ›Leiter(in) eines Amtes‹ ist gemeindt.

Amtsraum A D der; -(e)s, ...räume: ↗DIENSTZIMMER A D, ↗AMTSZIMMER D ›Büro (bes. von Politikern und Politikerinnen)‹: *Sie gehörte dem Oberinspektor Alberich Zwerger, der in seinem kleinen Amtsraum ... eben dabei gewesen war, eine Leberkässemmel zu verzehren* (Semrau, Zimtapfel 15; A); *Jeden ersten Dienstag im Monat findet im Amtsraum der Schiedsstelle ... eine Sprechstunde ... statt* (Gemeinde Lichtenau 9. 12. 2002, Internet; D) – In CH selten

Amtsstatthalter Amtsstatthalterin CH der; -s, – bzw. die; –, -nen: ›Untersuchungs- bzw. Einzelrichter(in) in den ↗Bezirken des ↗Kantons Luzern‹: *Die Amtsstatthalterin forderte eine bedingte Gefängnisstrafe von 15 Monaten plus 1000 Franken Busse* (Neue Luzerner Ztg 30. 8. 2001, Internet)

Amtsstelle CH die; –, -n: ›Amt‹: *Viele Detaillösungen wurden auch erst möglich durch die Zusammenarbeit mit den beteiligten Amtsstellen* (BaZ 17. 10. 1997, 55)

Amtsstunden A D die; nur Plur.: ↗DIENSTSTUNDEN A D-südost ›Öffnungszeiten einer Behörde‹: *Entgegen der Rechtsmeinung der Bundespolizeidirektion Wien ist die Abgabe eines schriftlichen Antrages auf Ausstellung eines Reisepasses ... während der Amtsstunden zulässig* (Wiener Ztg 20. 9. 1999, Internet; A); *Der amtliche Lageplan liegt ... in der Verwaltungsgemeinschaft Steinkirchen, Zimmer-Nr. 9 während der Amtsstunden zur Einsichtnahme auf* (Amtsbl der Verwaltungsgemeinschaft Steinkirchen 12. 11. 1999, Internet; D)

Amtstafel A die; –, -n (formell): ↗ANSCHLAGTAFEL A, ↗BRETT: *SCHWARZE BRETT A D, ↗ANSCHLAG-

BRETT CH ›↗Tafel für offizielle Mitteilungen an öffentlich zugänglicher Stelle‹: *Im Übrigen wird auf das Versteigerungsedikt an der Amtstafel des Gerichtes verwiesen* (SN 21. 10. 1997, 11)

Amtstag A der; -(e)s, -e: ↗SPRECHTAG A D ›Zeit an einem bestimmten Wochentag, an dem eine Behörde, Politiker(innen) für Auskünfte und Informationen zur Verfügung stehen‹: *Das Bundesamt für Soziales und Behindertenwesen Steiermark hält heute von 10 bis 12 Uhr in den Amtsräumen der Handelskammer … einen Amtstag zur Beratung in sozialen Angelegenheiten ab* (Kleine Ztg 7. 10. 1998, Internet)

Amtsverweser Amtsverweserin D der; -s, – bzw. die; –, -nen (geh.): ›stellvertretender Verwalter bzw. stellvertretende Verwalterin eines hohen Amtes‹: *Jetzt berief der Gemeinderat den klaren Wahlsieger einstimmig zum Amtsverweser* (Stadtztg Karlsruhe 2. 10. 1998, Internet)

amtswegig A Adj. (formell): ›im Sinne der amtlichen Bestimmungen, des vorgesehenen Verfahrens vorgehend (von Behörden)‹: *Ich werde von meiner Seite daher auch keine Ermächtigung zur amtswegigen Verfolgung dieser Ehrenbeleidigung geben* (News 6. 11. 1997, 54) – Dazu: **Amtswegigkeit**

Amtszimmer D das; -s, –: ↗AMTSRAUM A D, ↗DIENSTZIMMER A D ›Büro (bes. von Politikern und Politikerinnen)‹: *P. war in seinem Amtszimmer. Die Pressestelle rief an und sagte, er solle den Fernseher anmachen* (Focus 10. 9. 2002, Internet)

Amtszwang CH der; -(e)s, …zwänge (Plur. ungebräuchl.): ›die Pflicht des bzw. der Gewählten, das entsprechende Amt anzutreten (in einigen ↗Kantonen)‹: *Ablehnung der Wahl gibt es nicht: Im Kanton Bern herrscht Amtszwang* (Blick 9. 3. 1995, 13)

an: 1. CH Präp. mit Akk. ›auf (in Verbindung mit *etw. anrechnen*)‹: *Der Einsatz als Zeitsoldat wird nicht an die obligatorische Dienstpflicht angerechnet* (TA 10. 7. 1999, 9). **2.** CH Präp. mit Akk. ›zu (in Verbindung mit Veranstaltungen und Terminen, z. B. *an einen ↗Anlass, an eine Sitzung gehen, an einen Vortrag reisen*)‹: *Wir gehen auch einmal an einen Vortrag oder besuchen eine Kunstausstellung* (Studentenverbindung Industria Aarau, 2001, Internet). **3.** CH Präp. mit Dat. ›bei (in Verbindung mit kulturellen oder sportlichen Veranstaltungen, z. B. *an der Olympiade sein, an einem OpenAir mitmachen* etc.)‹: *Die Chancen, dass das Nationalteam der Männer als einzige Equipe die Schweiz an den Sommerspielen in Sydney vertreten wird, sind weiter intakt* (TA 3. 11. 1999, 56). **4.** CH D-süd Präp. mit Dat. (ohne Art., mit unflektiertem Substantiv)‹: ›zu‹ /zur temporalen Angabe von Feiertagen, z. B. an Allerheiligen, an Allerseelen, an ↗Auffahrt, an Martini, an Neujahr, an ↗Ostern, an ↗Pfingsten, an Silvester, an ↗Weihnachten/: *Eigentlich hatte sie gehofft, er würde an Weihnachten kommen* (Faes, Vater 137; CH). **5.** Präp. mit Dat. CH ›in‹ (in Verbindung mit Adj. + Lage, z. B. *an guter Lage, an schöner Lage, an ruhiger, an zentraler Lage): In Zürich 7 an ruhiger Lage vermieten wir per 1. Oktober 1997 in neuer, repräsentativer Liegenschaft 135 m² Büroraum auf 1 Etage* (WW 36/1997, 48). **6. *an Zahlung** CH ›in Zahlung‹: *Wir kaufen oder nehmen an Zahlung Altgold* (Baslerstab 5. 11. 1997, 22). **7. *etw. an Lager haben** CH siehe Lager. **8.** D Adv. ›eingeschaltet (von Licht, Geräten etc.)‹: *Das Licht ist an! Irgendjemand muss zwischendurch im Raum gewesen sein* (TAZ 21. 12. 2001, Internet) – Zu 4.: In A und D-nord/mittel selten. *Zu Allerheiligen* und *zu Weihnachten* ist auch in CH die häufigste Wendung. Die Wendung *etw. zu Weihnachten schenken/wünschen* ist gemeindt. Bei allen anderen in CH gebräuchlichen Feiertagen ist die Angabe mit *zu* zwar häufig, aber deutlich seltener als mit *an*. Zu 8.: In A selten. Vgl. am

Anas STIR die; –, ohne Plur. ⟨ital.⟩: als Wort gesprochene Abk. für *Azienda Nazionale Autonoma delle Strade*: ↗STRAßENMEISTEREI A D ›für die Erhaltung von Straßen zuständige Dienststelle‹: *Außerdem haben wir mit der Anas vereinbart, dass endlich ein Hinweisschild … an der MeBo-Ausfahrt in Sinich angebracht wird* (BAZ 18. 4. 1998, 10)

anbandeln (gemeindt.): ↗ANBÄNDELN

anbändeln CH D sw. V./hat (salopp): ›eine Liebesbeziehung anknüpfen; flirten, anbandeln‹: *Er ertappte sich bei dem läppischen Gedanken, ihr Freund möge … mit einer anderen Schönheit angebändelt haben, damit er sie ganz für sich allein hätte* (Weibel, Beethoven 59; CH); *Einmal in der Woche, so im Durchschnitt, mache sie sich zu einer Party auf, … sagt sie, anbändeln, Kontakte auffrischen* (Welt 24. 8. 2000, Internet; D)

Anbau (gemeindt.): ↗ANBAUTE, ↗ZUBAU

Anbaute CH die; –, -n: ↗ZUBAU A ›an ein Gebäude angebauter Gebäudeteil; Anbau‹: *Wird ein bestehendes Gebäude durch eine Anbaute oder eine Aufbaute erweitert, gilt der neue Gebäudeteil ebenfalls als Neubaute* (Baureglement 19. 10. 1998, Internet) – Vgl. Baute

anbetreffen CH D st. V./hat: ↗ANLANGEN A D-süd ›betreffen‹ (meist in der Wendung *was jmdn./etw. anbetrifft*): *Die Birke ist genügsam, was den Boden anbetrifft, aber sie ist sehr lichthungrig* (Rytz, Bäume 36; CH); *Gesetze, Verordnungen, Erlasse, die das Verhältnis zwischen Land und Gemeinden anbetreffen, sind durch seine Hände gegangen* (Reutlinger General-Anzeiger 9. 10. 2001, Internet; D)

Anbot A das; -(e)s, -e (formell): ↗OFFERT A, ↗OFFERTE CH ›[Kauf]angebot‹: *Der Verwalter muss nur* *für Arbeiten, die in größeren als einjährigen Abständen wiederkehren, mehrere Anbote einholen* (Konsument 8/1997, 26) – Dazu: **Anbotseröffnung, Anbotsfrist, Anbotslegung, Anbotsstellung, Anbotsunterlagen, Kaufanbot**

anbrennen D-ost unr.V./hat: ↗ANMACHEN D (ohne südost), ↗ANSTECKEN D (ohne südost) ›anzünden‹: *Dort hatten sich die Tramps gelagert und ein Feuer angebrannt* (Karl-May-Gesellschaft 19. 2. 2001, Internet) – Andere Bedeutungen sind gemeindt.

andämpfen CH D-süd sw.V./hat (Küche): ↗ANRÖSTEN A CH D-süd, ↗ANSCHWITZEN A D, ↗ANZIEHEN CH ›mit wenig Fett in einem Kochgefäß kurz erhitzen (v.a. Gemüse); andünsten‹: *Die Butter in einer Pfanne schmelzen, Schinken und Zwiebel darin andämpfen* (Annabelle 14. 11. 1997, 126; CH)

andererseits (gemeindt.): ↗ANDERSEITS, ↗ANDRERSEITS

ändern CH sw.V./hat: ›einen anderen Zustand annehmen, sich ändern‹: *Die Affen steigen ... wenn das Wetter ändert* (Schädelin, Eugen 82) – Die Verwendung mit Akkusativobjekt in der Bedeutung ›etw./jmdn. (ver)ändern‹ ist gemeindt.

anderseits CH Adv.: ↗ANDRERSEITS A CH ›andererseits‹: *Wir haben einerseits Verständnis, dass man die SBB ... von allen Altlasten befreien möchte, anderseits müssen wir diese Frage auch im Gesamtzusammenhang anschauen* (Protokoll der Januarsession der Vereinigten Bundesversammlung, 1998, Internet) – In A und D selten

andeuten (gemeindt.): ↗ANTÖNEN

andicken D sw.V./hat: ›(Suppen, Gemüse, Saucen) mit Mehl binden‹: *Bei vielen Soßen dient Mehl als wichtigste Grundlage beim Andicken* (Berliner Morgenpost 15. 4. 2000, Internet)

andrehen A D-nord/mittelwest sw.V./hat: ↗AUFDREHEN A D-nordost/südost, ↗ANMACHEN CH D (ohne südost) ›(ein elektrisches Gerät) einschalten‹: *Der Schaffner hatte vergessen, die Lampe anzudrehen* (Spiel, Weh 179; A); *Ich wachte auf, als die Pendeluhr aus dem Wohnzimmer drei schlug, drehte die Nachttischlampe an* (Hildesheimer, Legenden 35; D-nord/mittelwest) – In CH und D-südost selten. Andere Bedeutungen sind gemeindt.

andrerseits A CH Adv.: ↗ANDERSEITS CH ›andererseits‹: *Andrerseits fühle ich mich zu den Gescheiterten und Versagern seit jeher hingezogen* (Handke, Niemandsbucht 19; A); *Einerseits war Caesar ein Freund ..., andrerseits machte er sich schuldig, wenn er wissentlich Hand reichen würde, um eine Untat zu verschleiern* (Mettler, Keiler 98; CH) – In D selten

andünsten (gemeindt.): ↗ANDÄMPFEN, ↗ANRÖSTEN, ↗ANSCHWITZEN, ↗ANZIEHEN

anerbieten CH st.V./hat: ›sich zu etw. bereit erklären‹: *Seine Freunde anerboten, ihn am Bahnhof abzuholen* (Schmid, Kumar 109) – In A und D ist das Verb trennbar, jedoch veraltet. Wird auf der ersten oder dritten Silbe betont

Anerkennungsjahr D das; -(e)s, -e: ›einjähriges Praktikum in einem sozialen Beruf‹: *Nicole ... schloss ... den theoretischen Teil der Erzieherinnen-Ausbildung ab. Nur das Anerkennungsjahr fehlte noch* (Saarbrücker Ztg 17. 8. 2000, Internet)

Anfang: *Anfang Jahr CH ›Anfang des Jahres‹: *Seit 1993 wird renoviert, seit Anfang Jahr ist das Gebäude baupolizeilich geschlossen* (BAZ 17. 10. 1997, 2); ***Anfang Monat** CH ›Anfang des Monats‹: *Mit einer Wahrscheinlichkeit von etwa 80 % beendet ein Kaltlufteinbruch zwischen dem 9. und 18. Juni eine Wärmeperiode von Anfang Monat* (Schweizerischer Hängegleiter-Verband, 2002, Internet); ***Anfang Saison** CH ›Anfang der ↗Saison‹: *Denn nun besitzt die Truppe von Andy E. schon eine Reserve von fünf Punkten auf den Viertletzten. Wer hätte das Anfang Saison gedacht?* (Blick 27. 9. 1999, 20); ***Anfang Woche** CH ›Anfang der Woche‹: *Anfang Woche hat das Sekretariat des Holocaust-Fonds seine neuen Büros am Waisenhausplatz bezogen* (Facts 11. 9. 1997, 19) – Verbindungen vom Typ *Anfang* plus Monatsname (z.B. *Anfang März*) sind gemeindt. Das Substantiv *Anfang* ist in allen anderen Verwendungen gemeindt. Vgl. anfangs, Ende

anfangs CH Präp. mit Art. und Genitivobjekt oder ohne Art. und mit Akkusativobjekt: ›zu Beginn eines Zeitraumes‹: *Auch meine Grosseltern verliessen Eisten anfangs des Jahrhunderts* (Furrer, My Way 11); *Grollend verzogen sie sich mit ihren Familien und kehrten erst anfangs Winter nach Bern zurück* (Treichler, Abenteuer Schweiz 104) – In A und D Grenzfall des Standards, selten und nur in Verbindung mit Artikel und Genitivobjekt. Das Adverb *anfangs* in der Bedeutung ›am Anfang, zu Beginn‹ ist gemeindt. Vgl. Anfang

Anfangszeit CH D die; –, -en: ↗BEGINNZEIT A ›Uhrzeit, zu der eine Veranstaltung beginnt‹: *Durch die neue Soap »Lüthi und Blanc« verschieben sich ... die Anfangszeiten gut beachteter Sendungen wie des Kulturmagazins »next« in den späteren Abend* (TA 26. 1. 2000, 64; CH); *Geänderte Anfangszeit: Die Zentralveranstaltung findet ab jetzt immer von 14:30 Uhr bis 16:00 Uhr statt* (Universität München 29. 4. 2002, Internet; D) – Die Bedeutung ›erste Zeit einer Tätigkeit oder eines Zustandes‹ ist gemeindt.

anfassen sw.V./hat: **1.** CH D (ohne südost); ↗ANGREIFEN A D-nordost, ↗ANLANGEN CH D-süd ›berühren, ergreifen, [fest] in die Hand nehmen‹: *Sicher ist dir schon aufgefallen, dass viele Dinge, die du mit den Händen anfasst, eine bestimmte Oberfläche haben* (Neue Schulpraxis, 1993, 45; CH); *Kein Wunder. So wie du die Beeren anfasst* (Allegra 11/1997, 142; D). **2.** sich D (ohne südost); ↗ANGREIFEN A D-nordost ›sich in bestimmter Weise anfühlen‹: *Das Haar erhält neuen Glanz, fasst sich gut an und wird besser kämmbar* (Nivea – Haarpflege 14. 5. 2002, Internet). **3.** D (ohne südost) ›mithelfen‹: *Bei der Familie Richter muss übrigens jeder mit anfassen* (Westfälischer Anzeiger 5. 4. 2002, Internet) – In Verbindung mit bestimmten Adj. wie *hart, zart* in der Bedeutung ›jmdn. in bestimmter Art behandeln‹ sowie die Bedeutung ›in Angriff nehmen‹ sind gemeindt.

anfinden D-nord/mittel st.V./hat: ›sich wieder finden, [wieder] zum Vorschein kommen‹: *Ob das Bernsteinzimmer sich jemals wieder anfinden wird, erscheint nach dem derzeitigen Stand der Dinge fraglich* (Humboldt-Universität Berlin 1. 6. 2001, Internet)

anflunkern D sw.V./hat (salopp): ↗ANSCHMETTERN A ›anschwindeln, belügen‹: *Hat der Minister die Grünen bei den Atom-Bürgschaften angeflunkert?* (Tagesspiegel 24. 3. 2000, Internet)

anfordern (gemeindt.): ↗EINVERLANGEN

anforderungsreich CH Adj.: ›hohe Anforderungen bzw. Ansprüche an jmds. Leistung stellend‹: *Das Rennen der Superlative gilt als höchst anforderungsreich für Körper und Geist* (TA 21. 10. 1999, 53)

Anfrage (gemeindt.): ↗INTERPELLANZ, ↗INTERPELLATION, ↗POSTULAT

anfragen sw.V./hat: wird in A und D mit der Präposition *bei* und einem Dativobjekt verbunden, in CH mit reinem Akkusativobjekt: *Aus damals gegebenem Anlass hatte ich im Herbst des Vorjahres bei einer liberalen Stimme ... des Episkopats ein Interview angefragt* (Kirche intern 8/1995, 5; A); *Onkel Arthur schickte mir den Ausschnitt aus dem Briefkasten einer englischen Frauenzeitschrift, die er deswegen angefragt hatte* (Rüegg, Welt 127; CH); *Insbesondere kann jeder Bürger bei seiner Kommunalverwaltung anfragen, ob der Mobilfunkbetreiber eine »freiwillige Selbstverpflichtung« einhält* (SWR, 2002, Internet; D)

anfressen: *angefressen sein: a) A D-mittel; ↗SAUER: *SAUER SEIN A D ›angewidert, verärgert, wütend sein‹: *Sei nicht immer gleich angefressen, das war doch nur eine kleine Retourkutsche* (Kneifl, Vorstellung 50; A). **b)** CH ›begeistert sein‹: *Für ihn ist klar: »Games machen süchtig, definitiv!« Früher, gesteht er, sei er selbst total angefressen gewesen* (TA 17. 2. 1999, 73) – Das Verb *anfressen* ist in allen anderen Verwendungen gemeindt. – Zu b.: ↗**Angefressene**

anführen D sw.V./hat (salopp): ↗SCHMÄH: *JMDN. AM SCHMÄH HALTEN A, ↗PFLANZEN A D-südost, ↗SEIL: *JMDN. AM SEIL HERUNTERLASSEN/HERABLASSEN CH, ↗VERÄPPELN D, ↗VERHOHNEPIPELN D, ↗VERALBERN D (ohne südost), ↗VERGACKEIERN D (ohne mittelost/südost) ›jmdn. zum Narren halten; verspotten, hochnehmen‹: *Vielleicht hat ihn jemand angeführt, reingelegt, sich in sein Vertrauen geschlichen ... und da war's dann passiert* (Universität Leipzig, 2002, Internet) – In A selten. Andere Bedeutungen sind gemeindt. Vgl. ankohlen, verkohlen

angeben (gemeindt.): ↗DICKE: *SICH DICKE TUN

Angeber (gemeindt.): ↗GERNEGROSS/GERNEGROẞ, ↗PIEFKE, ↗PRAHLHANS, ↗PROTZ

Angebot (gemeindt.): ↗ANBOT, ↗OFFERT, ↗OFFERTE

Angebot: *ein Angebot einholen A D: ↗OFFERTE: *EINE OFFERTE EINHOLEN CH ›eine Preisanfrage an einen Anbieter bzw. eine Anbieterin richten‹: *Wer größere Aufträge zu vergeben hat, sollte vorher ein schriftliches Angebot einholen* (SN 23. 5. 2003, Internet; A); *Es soll Ratspolitikern künftig nicht mehr möglich sein, ... Firmen zu benennen, von denen das jeweilige Fachamt ein Angebot einholen soll* (Kölner Stadt-Anzeiger 1. 8. 2001, Internet; D) – In CH selten. Das Substantiv *Angebot* ist in allen anderen Verwendungen gemeindt.

Angefressene CH der/die; -n, -n: ›Person, die von etw. begeistert, fasziniert ist; Fan‹: *Kurse für Anfänger und für Angefressene der Küche* (Salz & Pfeffer 3/1993, 12) – Vgl. anfressen, Supporter

Angeklagte (gemeindt.): ↗ANGESCHULDIGTE

angeln D sw.V./hat: ↗FISCHEN A CH D-mittelost/südost ›(als Freizeitbeschäftigung) mit einer Angel Fische fangen‹: *Wir lagen halbe Tage bewegungslos im Zelt, wir bliesen Trübsal beim Angeln* (Schnurre, Schnurren 76) – In A und CH selten – Dazu: ↗**Angelschein**, ↗**Angler(in)**

angeloben A sw.V./hat: ›(eine Regierung, Soldaten) feierlich vereidigen‹: *Die Mitglieder der Bundesregierung werden vor Antritt ihres Amtes vom Bundespräsidenten angelobt* (Pfaundler, Jungbürgerbuch 964) – Die Bedeutung ›feierlich zusagen, versprechen‹ ist gehoben gemeindt. – Dazu: **Angelobung**

Angelschein D der; -(e)s, -e: ↗FISCHERKARTE A, ↗FISCHEREIPATENT CH, ↗FISCHKARTE D-südost ›behördlich ausgestellte Erlaubnis zum nicht gewerbsmäßigen ↗Angeln‹: *Wer angeln will, braucht nicht nur die richtigen Köder, sondern auch einen Angelschein* (WAZ 18. 9. 2000, Internet)

angereift STIR Adj. 〈übersetzt aus ital. *maturato* ›gereift‹〉: ›Beitragsjahre für die Berechnung einer ↗Pension gesammelt habend‹ (meist in der Wendung *an-*

gereifte Jahre): Die Höhe des Gehaltssatzes gemäß Tabelle ist ... abhängig von der Einstufung, welche jede Lehrperson auf der Grundlage des angereiften Dienstalters am 31. Dezember 1995 erreicht hat (Brugger, Rechte und Pflichten 58)

ạngeschickert D-nord/mittelwest Adj. (Grenzfall des Standards): ↗BESÄUSELT CH D, ↗BESCHICKERT D-nordost/mittelwest, ↗BETÜTERT D-nord ›leicht betrunken, beschwipst‹: *Ein weinseliger Geruch ..., der sich mit dem typischen, leicht müffelnden Geruch eines angeschickerten Schläfers mischte* (Arens, Nächste Mann 111)

Ạngeschuldigte CH der/die; -n, -n: ›Beschuldigte; Angeklagte‹: *Im November 1995 kam es gegen den Hauptangeklagten Alfred C. und weitere Angeschuldigte endlich zu einer Hauptverhandlung vor dem Zürcher Bezirksgericht* (Beobachter 22. 8. 1997, 18)

ạngetrunken: *in angetrunkenem Zustand CH D (formell) ›betrunken‹: *Telefonieren hinter dem Steuer gleicht dem Lenken eines Fahrzeuges in leicht angetrunkenem Zustand* (TA 6. 4. 1999, 73; CH); *In angetrunkenem Zustand hat ... der eine oder andere Einheimische schon mal ein Bad im Eismeer genommen* (WDR 25. 6. 2001, Internet; D) – Vgl. Angetrunkenheit

Ạngetrunkenheit CH die; –, ohne Plur. (formell): ›[leichte] Betrunkenheit‹: *Wegen Verdachts auf Angetrunkenheit hat die Stadtpolizei bei einem Automobilisten eine Blutprobe angeordnet* (TA 9. 8. 1999, 16) – In D selten. Vgl. angetrunken

Ạngler Ạnglerin D der; -s, – bzw. die; –, -nen: ↗FISCHER A CH ›Person, die (in ihrer Freizeit) mit der Angel Fische fängt‹: *Zwei Angler im Boot auf dem Dorfteich von Stiege* (Zug 12/1997, 11) – In A und CH selten und meist formell. Vgl. angeln

ạngreifen A D-südost st.V./hat: **1.** ↗ANFASSEN CH D (ohne südost), ↗ANLANGEN CH D-süd ›berühren, ergreifen, [fest] in die Hand nehmen‹: *Und immer wenn etwas kaputt ist, dann lacht der Vater auch nur, wenn zum Beispiel das Bügeleisen gebrochen ist und der Strom der Mutter einen leichten Stoß gibt, wenn sie es angreift* (Brandstetter, Vater 48; A). **2.** sich; ↗ANFASSEN D (ohne südost) ›sich anfühlen (von Stoffen und Geweben)‹: *Praktisch gesagt, wird sich ein Kind das Wort Hund nur dann merken, wenn es weiß, wie ein Hund aussieht, riecht, sich angreift, bellt* (Pädagogische Akademie des Bundes Wien, 2000, Internet; A) – Die Bedeutungen ›jmdn. tätlich oder verbal attackieren‹, ›auf ein Material schädigend einwirken (von Substanzen o. Ä.)‹ sowie andere Bedeutungen sind gemeindt.

ạngriffig CH Adj.: ›draufgängerisch, angriffslustig, aggressiv (von Lebewesen oder chemischen Substanzen)‹: *Oh, là, là, diese Kuh ist angriffig! Wahrscheinlich weil sie ein Kalb hat* (TA 8. 10. 1999, 15); *Man weiss ja nun, wo genau Zementabwässer oder angriffige Flüssigkeiten in den Kanal einfliessen* (Helveticus 1975, 266) – In D selten

Angsthase (gemeindt.): ↗BANGBÜX, ↗HOSENKACKER, ↗SCHISSER/SCHISSERIN

ạngucken ạnkucken: *Guck/Kuck mal einer an! D (ohne südost) (salopp): ↗HERSCHAUEN: *DA SCHAU HER! A D-südost, ↗SCHAUEN: *SCHAU, SCHAU! A D-südost, ↗ANKIEKEN: *KIEK MAL EINER AN! D-nord, ↗ANSEHEN: *SIEH MAL EINER AN! D (ohne nordost/südost) ›Wer hätte das gedacht!‹ /Ausruf des bewundernden Erstaunens/: *Na guck'mal einer an! Da kommt ja unser zweiter Bücherwurm!* (Schülerztg des Ratsgymnasium Osnabrück 30. 4. 2002, Internet) – Zur Verwendung der Grundbedeutung ›[prüfend] ansehen, anblicken‹ vgl. gucken

Ạnhalter Ạnhalterin D der; -s, – bzw. die; –, -nen: ↗AUTOSTOPPER A CH LUX ›Person, die per Autostopp fährt‹: *Der 31-Jährige gab an, als Anhalter mitgefahren zu sein; mit dem Pkw-Diebstahl habe er nichts zu tun* (WAZ 25. 3. 2000, Internet); ***per Anhalter fahren:** ↗AUTOSTOPPEN A ›auf der Straße ein Auto anhalten und sich mitnehmen lassen; per Autostopp fahren‹: *Um Kosten zu sparen, ging es oft per Anhalter bis Wien oder Budapest* (SZ Hochschule & Beruf Sonderdruck, SS 1998, 19)

Ạnhaltung A CH die; –, -en (formell): ›Aufhalten einer Person, eines Fahrzeugs zwecks polizeilicher Kontrolle‹: *Im Jänner 1997 – bei etwa gleicher Zahl an Anhaltungen – wurden 130 Autofahrer mit mehr als 0,8 herausgefischt* (Kurier 29. 1. 1998, 13; A); *Anhaltung und Identitätsfeststellung: Zur Abwendung einer Gefahr oder bei Verdacht auf eine strafbare Handlung kann die Gemeindepolizei eine Person anhalten und ihre Identität feststellen* (Gemeinde Allschwil, 2000, Internet; CH) – Die Bedeutung ›[vorübergehendes] Festhalten einer Person in einer Anstalt der Justiz, in einer Klinik o. Ä.‹ ist veraltet

Ạnhängekupplung A D die; –, -en: ›Vorrichtung, durch die sich ein Auto mit einem Anhänger[wagen] verbinden lässt; Anhängerkupplung‹: *Der hintere Querträger, an dem ... die Anhängekupplung befestigt sind, war völlig eingerissen* (OÖN 8. 4. 1997, 13; A); *In welchen Fällen müssen Sie Veränderungen an Ihrem Pkw der Zulassungsstelle melden? Bei Anbau einer Anhängekupplung* (Beck-Texte, Führerscheinprüfung 217; D) – In A meist in Anzeigen, in CH selten

Anhängerkupplung (gemeindt.): ↗ANHÄNGEKUPPLUNG

ạnhängig A D Adj. (formell): ↗HÄNGIG CH, ↗PENDENT CH ›noch nicht erledigt oder entschieden (von behördlichen oder gerichtlichen Verfahren)‹: *Zuerst müsse das anhängige Strafverfahren abgeschlossen werden* (SN 3. 5. 1997, 21; A); *Da hierzu beim Bundesfinanzhof bereits ein Musterverfahren anhängig ist, sollten Sie auch Einspruch einlegen* (Test 12/1997, 23; D) – Dazu: **gerichtsanhängig** A

anhin: *bis anhin siehe bis

Animation BELG die; –, -en: ↗ANLASS CH ›Veranstaltung‹: *Zahlreiche Animationen, darunter mehrere Konzerte, sind ebenfalls auf diesem beliebten [Weihnachts]Markt vorgesehen* (Grenz-Echo 10. 12. 1994, 5) – Die Bedeutungen ›Unterhaltungsprogramm für ↗Urlauber(innen)‹ und die Bedeutung im Bereich Film ›Verfahren zur Belebung von gezeichneten Objekten‹ sind gemeindt. Vgl. Animator

Animator Animatorin CH BELG der; -s, -en bzw. die; –, -nen: ›Person, die Tätigkeiten oder Veranstaltungen belebt, interessant gestaltet‹: *Und damit es tagsüber niemandem langweilig wird, betreuen Animatorinnen den Nachwuchs* (Bund 12. 8. 1999, 10; CH); *Die Kinder werden von ausgebildeten Animatoren betreut und sind in einem Kinderferienhaus untergebracht* (Profil des Lebens 33/2000, 21; BELG) – Die Bedeutung ›Trickzeichner(in) beim Film‹ ist gemeindt. Vgl. Animation

Anisbogen A der; -s, ...bögen (meist Plur.): ↗ANISBRÖTCHEN CH, ↗ANISPLÄTZCHEN D, ↗SPRINGERLE D-südwest ›mit Anis bestreutes Weihnachtsgebäck [in gebogener Form]‹: *Vanillekipferl, Anisbögen, Zimtsterne, Lebkuchenherzen, die Weihnachtsbäckerei findet großen Zuspruch* (OÖN 13. 12. 1997, 10) – Vgl. Bogen

Anisbrötchen CH das; -s, –: ↗ANISBOGEN A, ↗ANISPLÄTZCHEN D, ↗SPRINGERLE D-südwest ›Weihnachtsgebäck mit Anis‹: *Die Anisbrötchen auf ein mit Butter bestrichenes Blech legen und bei Küchentemperatur 24 Stunden trocknen lassen* (Weihnachtsseite, 2001, Internet) – Auch in den Formen *Anisbrötli, Änisbrötchen, Änisbrötli*

Anisplätzchen D das; -s, –: ↗ANISBOGEN A, ↗ANISBRÖTCHEN CH, ↗SPRINGERLE D-südwest ›Weihnachtsgebäck mit Anis‹: *Von A wie Anisplätzchen bis Z wie Zimtstern: Das Weihnachtsbackbuch der RUB-Kochfreunde steht jetzt im Internet* (WAZ 14. 12. 2000, Internet) – Wird in D-nord/mittel auf der zweiten, in D-süd auf der ersten Silbe betont, in beiden Fällen Langvokal. Vgl. Plätzchen

Anke D ⟨niederdt.⟩: ↗ANNERL A D-südost, ↗ANNELI CH ANNELIE D Kurzform des weibl. Vornamens ↗*Anneke* und Koseform der weibl. Vornamen *Anna, Anne: »Die Voraussetzungen auf dem Arbeitsmarkt sind ja vorhanden«, sagt Anke P. vom Institut für Arbeitsmarkt- und Berufsforschung* (Allegra 11/1997, 162)

Anken CH der; -s, ohne Plur. (Grenzfall des Standards): ›Butter‹: *Wir assen Brot und Anken, Nidel und Honig* (Simmen, Schokoladentauglich 190)

ankieken: *Kiek mal einer an! D-nord (salopp): ↗HERSCHAUEN: *DA SCHAU HER! A D-südost, ↗SCHAUEN: *SCHAU, SCHAU! A D-südost, ↗ANGUCKEN: *GUCK MAL EINER AN! D (ohne südost), ↗ANSEHEN: *SIEH MAL EINER AN! D (ohne nordost/südost) ›Wer hätte das gedacht!‹ /Ausruf des bewundernden Erstaunens/: *Kiek mal einer an: S. stört die »Icke-Mentalität«* (Berliner Ztg 8. 8. 2001, Internet) – Zur Verwendung der Grundbedeutung ›[prüfend] ansehen, anblicken‹ vgl. kieken

ankohlen D-nordost/mittelwest/südwest sw.V./hat (salopp): ↗VERKOHLEN D ›jmdm. die Unwahrheit sagen und sich damit [heimlich] über die Person lustig machen‹: *Wir schauten sie mit großen Augen an. Hatte sie uns angekohlt?* (Bremm-Heffels, Marion 19. 5. 2002, Internet) – Vgl. veräppeln

ankreuzeln A sw.V./hat (Grenzfall des Standards): ›auf einer Liste eine Auswahl treffen durch Kennzeichnung mit einem kleinen Diagonalkreuz; ankreuzen‹: *Man könnte ohne weiteres eine Weinverkostung starten – auf der Rückseite der Wahlzettel kann man den Testsieger ankreuzeln* (Kleine Ztg 15. 5. 1997, Internet) – In CH dialektal

ankreuzen (gemeindt.): ↗ANKREUZELN

ankucken siehe angucken

ankünden CH sw.V./hat: ›ankündigen‹: *Zeller hat seinen Rücktritt auf die Delegiertenversammlung 2000 in Sursee angekündet* (NLZ 1. 3. 1999, Internet) – In D gehoben und veraltet

ankündigen (gemeindt.): ↗ANKÜNDEN

Anlage D die; –, -n: ↗BEILAGE A CH ›einem Schreiben beigefügte Unterlage‹: *Dem Antrag ist als Anlage die gerichtliche Entscheidung im Wortlaut beizufügen* (Hessischer Landtag 16. 12. 1993, Internet) – In A zunehmend gebräuchlich. Andere Bedeutungen sind gemeindt.

Anlagefonds CH BELG LUX der; –, – [...fõː]: ›Vermögensmasse, die zum Zweck einer kollektiven Kapitalanlage unter einem grösseren Personenkreis durch Anteilscheine aufgeteilt ist und die von einer Bank verwaltet wird; Investmentfonds‹: *Das Sparverhalten der Schweizerinnen und Schweizer wandelt sich. Sparbüchlein und Kassenobligationen werden von Anlagefonds, ... Aktien oder sogar Optionen ersetzt* (TA 4. 1. 1999, 2; CH); *Bei Anfrage ... besorgen wir Ihnen auch unsere Informationsbroschüren über verschiedene Anlageprodukte und kollektive Anlagemöglichkeiten (An-*

lagefonds, Investitionsgesellschaften ... usw.) (Association belge des Banques, 2003, Internet; BELG); *Somit können die Kunden jederzeit Aktien, Anleihen, Anlagefonds und andere Finanzinstrumente kaufen und verkaufen* (Raiffeisenbank 24. 1. 2003, Internet; LUX) – Vgl. Obligationenfonds, Wertschriftenfonds

ạnlangen: 1. A CH D-süd sw.V./ist ›(an einem Ort, einem Zielpunkt) ankommen‹: *Als sie am Ufer anlangte, stand das kristallene Boot schon bereit* (Frischmuth, Wassermänner 29; A); *Wenn ich damit rechtzeitig bei Onkel Ernst anlangte, so rühmte er mich ganz gehörig* (Wenger, Rosalia 60; CH). **2.** CH D-süd sw.V./hat; ↗ANGREIFEN A D-nordost, ↗ANFASSEN CH D (ohne südost) ›berühren, ergreifen, [fest] in die Hand nehmen‹: *Bücher sind zum Anlangen und Anschauen am schönsten* (Travel-Bookshop, 2002, Internet; CH). **3.** A D-süd sw.V./hat; ↗ANBETREFFEN CH D ›betreffen, angehen, anbelangen‹ (meist in der Wendung *was jmdn./etw. anlangt*): *Was die Demokratie anlangt, kann ich nur sagen, wir haben eine Fülle von demokratischen Strukturen in der Kirche, viel mehr als jede Partei und jede Gesellschaft* (Profil 19. 1. 1998, 32; A)

Ạnlass CH der; -es, ...lässe: ↗ANIMATION BELG ›Veranstaltung‹: *Der Anlass wird im Übrigen auch durchgezogen, wenn es regnen sollte* (Alttoggenburger 30. 5. 1997, 2) – Andere Bedeutungen sind gemeindt. – Dazu: ↗**Familienanlass,** ↗**Festanlass, Firmenanlass,** ↗**Grossanlass, Informationsanlass, Kulturanlass, Plauschanlass** (↗Plausch), **Schulanlass, Spezialanlass, Sportanlass, Tanzanlass, Vereinsanlass**

anlassen (gemeindt.): ↗ANSCHMEIẞEN

Ạnlassfall A der; -(e)s, ...fälle: ›Ereignis oder Umstand, das bzw. der eine Person oder Institution zu einer bestimmten Reaktion veranlasst, z.B. zum Einführen eines Gesetzes oder einer neuen Regelung‹: *Der Anlassfall: Einem Mann war seine Bankomat-Karte gestohlen worden. Der Dieb hob innerhalb weniger Stunden bis zur Sperre der Karte umgerechnet 75.000 S ab* (Kurier 3. 7. 1997, 14)

ạnläuten A-west (Vbg.) CH sw.V./hat (Grenzfall des Standards): ›jmdn. telefonisch anrufen‹ (in CH mit Dat., in A-west (Vbg.) mit Akk.): *Der Mensch am anderen Ende der Leitung könnte ein Räuber oder gar ein Mörder sein, wenn die Touristen das Fremdenverkehrsbüro des Bundesstaates Utah anläuten* (Neue Vorarlberger Tagesztg 27. 5. 1997, 7; A-west); *Auf jeder Ferienfahrt ... läutet er der Tante an, und einmal haben wir vor der Kabine einem solchen Gespräch zugelauscht* (Schädelin, Eugen 9; CH) – In A (ohne Vbg.) und STIR mundartnah. Vgl. telefonieren

ạnlegen sw.V./hat: **1.** A D-südost (Küche); ↗ANSETZEN D (ohne mittelost/südost) ›durch zu viel Hitze beim Zubereiten am Boden einer Backform oder eines Kochtopfes als dünne Schicht kleben bleiben; leicht anbrennen (von Speisen)‹: *Sinnvoll ist das Schmoren und Dünsten vor allem im schwach oder mittel beheizten Backrohr, das ... wenig Gefahr für das Anlegen oder Anbrennen der Speisen birgt* (Plachutta, Gute Küche 39; A). **2.** A (auch in Verbindung mit *es*) ›sich am Boden festsetzen und eine Schneedecke bilden (von Schneeflocken)‹: *Wenn der Schnee auf der Straße anlegt, wird es Zeit, auszufahren* (VN 24. 11. 2001, A 8) – Andere Bedeutungen sind gemeindt.

Ạnleger A D (ohne nordost/südost) der; -s, –: ↗SCHIFFLÄNDE CH, ↗SCHIFFSTEG CH, ↗LANDESTEG CH D, ↗LANDUNGSSTEG CH D, ↗LANDUNGSBRÜCKE D, ↗STEIGER D-mittelwest ›ins Wasser gebauter Steg, an dem Schiffe oder Boote anlegen‹: *Mit dem gut 300 kg schweren Fang düsen wir zum überdachten Anleger vor dem Haus und fädeln die Beute ... auf Schnüre* (Yachtrevue, 2002, Internet; A); *Be- und Entladen der Kanus ist kein Problem, da es überall vorbildliche Anleger für Boote gibt* (FH Hamburg 20. 2. 2002, Internet; D) – Die Bedeutung ›Investor(in)‹ ist gemeindt. – Dazu: **Bootsanleger, Schiffsanleger**

Ạnlehre CH die; –, -n: ›Kurzausbildung‹: *Er sei sich jedoch bewusst, dass der neue Betreiber in der vorgesehenen dreiwöchigen Anlehre nicht zum »Bähnler« ausgebildet werden könne* (Bund 2. 11. 1999, 25) – Dazu: ↗**anlehren, Anlehrling, Anlehrstelle, Anlehrtochter**

ạnlehren CH sw.V./hat: ›jmdn. in einer Kurzausbildung unterrichten‹: *In unserem Atelier Cuisine können vorübergehend oder für längere Zeit Jugendliche angelehrt und beschäftigt werden* (Pädagog.-psycholog. Zentrum Rötel, 2002, Internet) – Vgl. Anlehre

Ạnlieferung: *Anlieferung frei D: ↗LADETÄTIGKEIT: *AUSGENOMMEN LADETÄTIGKEIT A, ↗ZUSTELLDIENST: *AUSGENOMMEN ZUSTELLDIENST A, ↗ZUBRINGERDIENST: *ZUBRINGERDIENST GESTATTET CH ›Zufahrt bzw. ↗Parken mit einem ↗Kraftfahrzeug nur zum Abholen und Bringen von Personen oder Waren gestattet‹: *Die Zufahrt zur Grillhütte ist für die Anlieferung frei* (Gemeinde Hammelbach 27. 3. 2003, Internet) – Das Substantiv *Anlieferung* ist in allen anderen Verwendungen gemeindt.

Ạnlieger Ạnliegerin D der; -s, –: ↗ANRAINER A, ↗ANSTÖSSER CH, ↗ANWÄNDER CH-nordwest, ↗ANWOHNER CH D ›Besitzer(in) bzw. Nutzungsberechtigte(r) von (an eine Straße, einen Weg etc.) angrenzenden Grundstücken‹: *Denn Hoechst hatte nach dem Störfall ... Sirenen und Alarmpläne installiert, um eine schnelle Warnung der Anlieger sicherzustellen* (Welt 30. 1. 1996, Internet); ***Anlieger frei:** ↗ANRAINER: *AUSGENOMMEN ANRAINER A, ↗ANWOHNER: *ANWOHNER GESTATTET CH; *ANWOHNER FREI D ›Durchfahrt erlaubt nur für Personen, die an der betreffenden Straße wohnen, und deren Besucher(innen)‹: *In Höhe des OBI-Marktes/Shell-Tankstelle ... auf die linke Fahrspur wechseln und an der Ampelkreuzung ... geradeaus in den »Anlieger frei«-Bereich fahren* (Albrecht-von-Haller-Institut, 1999, Internet) – Dazu: **Anliegerstraße**

anmächelig CH Adj. (Grenzfall des Standards): ›verlockend, reizvoll‹: *Das Haus gefällt – die Umgebung ist nicht so anmächelig* (Blick 29. 10. 1998, 5)

anmachen sw.V./hat: **1.** CH D (ohne südost); ↗ANDREHEN A D-nord/mittelwest, ↗AUFDREHEN A D-nordost/südost ›(ein elektrisches Gerät) einschalten‹: *Zündquellen vermeiden! Kein Licht anmachen!* (Gemeinde Stäfa, 2002, Internet; CH); *Als ich um zwei das Licht anmachte und auf die Uhr sah, war Vater noch nicht da* (Becker, Bronsteins Kinder 31; D). **2.** A-mitte/west CH D; ↗ABMACHEN A-ost/südost ›(Salat) zubereiten, mit einem Dressing versehen‹: *Bereiten Sie sich einen griechischen Salat zu: Fetakäse, Zwiebeln, Tomaten, Gurken, angemacht mit Olivenöl und Balsamessig* (Brückenbauer 16. 10. 2001, Internet; CH); *Eine Variante für Feinschmecker: gebeizter Lachs und dazu ein mit gehackten Walnüssen und Nussöl angemachter Kartoffelsalat* (Test 12/1997, 114; D). **3.** D (ohne südost) (Grenzfall des Standards); ↗ANBRENNEN D-ost, ↗ANSTECKEN D (ohne südost) ›anzünden‹: *Zum Abendbrot wurde ein Feuer angemacht. So saßen wir gemütlich und warm* (Christl. Pfadfinderschaft, 1999, Internet). **4.** CH D (Grenzfall des Standards) ›provozieren‹: *Als Roger Schawinski ihn als »Parteipräsidenten von Blochers Gnaden« ansprach, stand M. auf. Auf diese Weise lasse er sich nicht anmachen, sagte er und verliess das Studio* (TA 18. 10. 1999, 7; CH); *Er sagt, er wäre zufällig vorbeigekommen, und die Skins hätten ihn angemacht* (Karr & Wehner, Geierfrühling 150; D). **5.** CH D ›etw. befestigen, anbringen‹: *Zoë hatte bereits das halbe Puzzle zusammengesetzt, als sie durch die gleiche Stewardess eindringlich gebeten wurde, das am Vordersitz angemachte Tischchen hochzuklappen und das Puzzle wieder zu verräumen* (Fink, Zoë 31; CH); *Sie trug das blaue Band. »Das werde ich mir jetzt nicht mehr anmachen«, sagte sie noch im Krankenhaus* (Welt 28. 1. 1997, Internet; D). **6.** CH ›eine Flüssigkeitsmixtur zubereiten‹: *Im Meisterschaftsspiel gegen die St. Louis Blues ... durfte er die isotonischen Getränke anmachen und das Spiel von der Bande aus mitverfolgen* (NLZ 23. 8. 2001, Internet) – Andere Bedeutungen sind gemeindt. – Zu 3.: In CH selten

anmieten A D sw.V./hat: ↗AUSMIETEN CH ›mieten‹: *So eine wunderschöne Limousine, Bj. 1969, kann man mit oder ohne Fahrer für den Hochzeitstag anmieten* (Osttiroler Bote 12. 3. 1998, 29; A); *Damit die Hochzeitsgäste über die Festtage unter sich bleiben können, sollte man gleich alle Zimmer des Hauses anmieten* (Schöner Wohnen 4/1995, 154; D)

Annahmestelle (gemeindt.): ↗ABLAGE

Anneke D ⟨niederdt.⟩: ↗ANNERL A D-südost, ↗ANNELI CH ANNELIE D, ↗ANKE D Koseform der weibl. Vornamen *Anna, Anne: Ziel der Aktion: Die Jugendlichen über die Musik und das Internet zu erreichen, erklärt Sozialarbeiterin Anneke R.* (WAZ 16. 3. 2001, Internet)

Anneli CH **Annelie** D: ↗ANNERL A D-südost, ↗ANKE D, ↗ANNEKE D Koseform der weibl. Vornamen *Anna, Anne: Hundsgemein war's, wie Sulser mich ... vor den Augen vom Anneli in sein Polizeiauto schupfte* (Durschei, Meldegg 171; CH); *Auch die Abgeordnete Annelie B. sagte, sie halte eine deutsche Beteiligung für falsch* (Berliner Ztg 7. 11. 2001, Internet; D) – In A selten. Die Koseform *Anni* ist gemeindt.

Annelie siehe Anneli

Annerl A D-südost: ↗ANNELI CH ANNELIE D, ↗ANKE D, ↗ANNEKE D Koseform der weibl. Vornamen *Anna, Anne: Ein Löfferl für's Annerl, eins für den Papa* (Czurda, Kerner 87; A) – Die Koseform *Anni* ist gemeindt.

Annulationsversicherung siehe Annullationskostenversicherung

Annullation CH die; –, -en ⟨aus spätlat. *annullare* ›für nichtig erklären‹, zu lat. *nullum* ›nichts‹⟩: ↗ANNULLIERUNG A CH, ↗STORNIERUNG A D ›Ungültigkeitserklärung (von Bestellungen, Buchungen, Resultaten, ↗Entscheiden, Urteilen)‹: *Bei der kurzfristigen Annullation hat der Kunde in der Regel die mit den Geschäftsbedingungen akzeptierte Annullationsgebühr zu übernehmen* (Bund 7. 11. 1998, 42) – Dazu: **Annullationsgebühr, Annullationskosten, ↗Annullationskostenversicherung, Annullationsschutz**

Annullationskostenversicherung CH die; –, -en: ↗STORNOVERSICHERUNG A, ↗RÜCKTRITTSVERSICHERUNG A D, ↗ANNULIERUNGSKOSTENVERSICHERUNG CH ›Versicherung von Kosten, die durch den unfall- oder krankheitsbedingten Rücktritt von einem Reisearrangement entstehen‹: *Wer auf die Annullationskostenversicherung vertraut, riskiert teure Überraschungen* (Bund 13. 4. 1999, 35) – Auch in der Kurzform *Annullationsversicherung.* Vgl. Annullation

Annullierung A CH die; –, -en ⟨aus spätlat. *annullare* ›für nichtig erklären‹, zu lat. *nullum* ›nichts‹⟩: ↗STORNIERUNG A D, ↗ANNULLATION CH ›Ungültigkeitserklärung (von Bestellungen, Buchungen, Resultaten etc.)‹: *Die menschliche Reaktion auf die Vorfälle wäre daher die Annullierung des Resultats und* *eine sofortige Neuaustragung* (Kurier 22. 5. 1997, 25; A); *Die OSZE hält die Proteste der serbischen Opposition gegen die Annullierung der Gemeindewahlen für berechtigt* (Blick 23. 12. 1996, 1; CH) – In D selten und bildungssprachlich – Dazu: **Annullierungskosten** CH, ↗**Annullierungskostenversicherung** CH

Annullierungskostenversicherung CH die; –, -en: ↗STORNOVERSICHERUNG A, ↗RÜCKTRITTSVERSICHERUNG A D, ↗ANNULLATIONSKOSTENVERSICHERUNG CH ›Versicherung von Kosten, die durch den unfall- oder krankheitsbedingten Rücktritt von einem Reisearrangement entstehen‹: *Sofern Sie über eine Annullierungskostenversicherung verfügen, kommt diese ... für die Kosten der unbenutzten Wohnung auf* (TA 21. 1. 1999, 77) – Vgl. Annullierung

anpatzen sw.V./hat (Grenzfall des Standards): **1.** A D-südost; ↗BEKLECKERN CH D-nord/mittel, ↗BESUDELN CH D-nord/mittel, ↗BESCHLABBERN D-nord/mittel, ↗VERSCHLABBERN D-südwest ›[mit Nahrungsmitteln, Farbe] beschmutzen‹: *Er schenkte ihrem Blaufuchsjäckchen einen besorgten Blick. »Nicht, dass du's anpatzt. Hat mich allerhand Blut und Schweiß gekostet«* (Kneifl, Vorstellung 170; A). **2.** A ›jmdn. verleumden, schlecht machen‹: *Die für eine Weile fulltime in die Politik gehen, die gelten als angepatzt, wenn sie wieder in die andere Welt zurückkehren* (Profil 10. 11. 1997, 34) – Zu 1 vgl. patzen

Anpfiff A D der; -(e)s, -e (Grenzfall des Standards): ↗ZUSAMMENSCHISS CH, ↗ANRANZER D-nord/mittel ›in scharfem Tonfall geäußerte Kritik; scharfer Tadel; Anschiss‹: *Das Opfer hastet in die Arbeit und bekommt einen Anpfiff vom Chef* (Profil 30. 11. 1997, Internet; A); *Für die schleppende Umsetzung gab's einen Anpfiff der Opposition* (Universität Lüneburg 25. 11. 1999, Internet; D) – Die Bedeutung ›Pfiff zu Beginn eines Spiels oder Spielabschnitts‹ ist gemeindt.

anpicken A D-südost sw.V./hat (Grenzfall des Standards): ↗PICKEN A D-südost ›ankleben, aufkleben‹: *Und wer den Gang zur Post samt dem lästigen Anpicken von Briefmarken meiden möchte, der verschickt seine Werke einfach per E-Mail* (Wien online, 2000, Internet; A)

anpreisen: *anpreisen wie sauer/saures Bier D ›mit Eifer für etw. Werbung machen, das niemanden begeistert‹: *Muss man das Leben mit Kindern anpreisen wie sauer Bier?* (Zeit 24. 1. 2002, Internet) – Das Verb *anpreisen* ist in allen anderen Verwendungen gemeindt.

Anrainer Anrainerin A der; -s, – bzw. die; –, -nen: ↗ANSTÖSSER CH, ↗ANWÄNDER CH-nordwest, ↗ANWOHNER CH D, ↗ANLIEGER D ›Besitzer(in) bzw. Nutzungsberechtigte(r) von (an eine Straße, einen Weg etc.) angrenzenden Grundstücken‹: *Beim Genehmigungsverfahren für Gentech-Versuche werden in Hinkunft auch Anrainer, betroffene Kommunen und die jeweiligen Länder Parteienstellung haben* (Act 2/1998, 2); ***Ausgenommen Anrainer:** ↗ANWOHNER: *ANWOHNER GESTATTET CH; *ANWOHNER FREI D, ↗ANLIEGER: *ANLIEGER FREI D ›Durchfahrt bzw. ↗Parken nur für Bewohner(innen) einer Straße erlaubt‹: *Aufgrund der Sanierung einer Hangrutschung ist die Quellengasse ... für den Durchzugsverkehr, ausgenommen Anrainer, bis voraussichtlich 30. 6. 2000 gesperrt* (Graz online, 2000, Internet) – In D-südost selten – Dazu: **Anrainermaut** (↗Maut), **Anrainerverkehr**

anranzen D-nord/mittel sw.V./hat (Grenzfall des Standards): ›in rüdem, unangemessenem Tonfall [zu Unrecht] kritisieren; anfahren‹: *Wer nicht nach seiner Pfeife tanzt, wird auch zuweilen angeranzt* (NRZ 10. 12. 2000, Internet) – Dazu: ↗**Anranzer**

Anranzer D-nord/mittel der; -s, – (salopp, Grenzfall des Standards): ↗ANPFIFF A D, ↗ZUSAMMENSCHISS CH ›in scharfem Tonfall geäußerte Kritik; scharfer Tadel; Anschiss‹: *Für die meisten Eiskunstläuferinnen wäre ein deftiger Anranzer des Trainers ... die Ursache für wochenlange Migräne-Anfälle* (Welt 27. 3. 2000, Internet) – Vgl. anranzen

Anrechnungszeitraum D der; -(e)s, ...räume (Verwaltung): ↗DURCHRECHNUNGSZEITRAUM A ›der für die Berechnung einer Zahlung (z. B. ↗Rente) herangezogene Zeitraum‹: *Für die Anrechnung darf der Rentenversicherungsträger die Höhe des Arbeitseinkommens, das im jeweiligen Anrechnungszeitraum erzielt wird, schätzen* (Deutscher Gewerkschafts-Bund 10. 10. 2001, Internet)

Anreiz (gemeindt.): ↗BONBON, ↗GUSTOSTÜCKERL, ↗SCHMANKERL, ↗ZÜCKERCHEN, ↗ZUCKERL, ↗ZUCKERLE

Anrichte (gemeindt.): ↗KREDENZ

anrösten A CH D-süd sw.V./hat (Küche): ↗ANSCHWITZEN A D, ↗ANZIEHEN CH, ↗ANDÄMPFEN CH D-süd ›mit etw. Fett in einem Kochgefäß bei starker Hitze kurz anbraten; andünsten‹: *Karotten und Schalotten zum Speck geben und kurz anrösten* (Kleine Ztg 19. 4. 1998, 54; A); *Brotwürfelchen in einer Pfanne in etwas Öl goldgelb anrösten* (NLZ 10. 7. 2001, Internet; CH) – Vgl. rösten

Anrufbeantworter (gemeindt.): ↗TELEFONBEANTWORTER

anrufen st.V./hat: wird im Grenzfall des Standards in CH und D-südwest mit einem Dativobjekt verbunden, gemeindt. mit einem Akkusativobjekt: *Dort hatte es auch ein Telefon, auf das ich noch als Student angewiesen war, wenn mir jemand anrief* (Hohler, Strom 46; CH)

ansässig CH STIR Adj. (nicht steigerbar): ›amtlich gemeldet an einem Ort wohnend (von Personen); wohnhaft‹: *Auf Vorschlag des Bürgerrates genehmigte sie auch einstimmig eine kostenlose Einbürgerungsaktion … für Personen, die seit langem in der Gemeinde ansässig sind und gemäss Gesetz Anspruch auf das Bürgerrecht haben* (Südostschweiz 15. 12. 1999, Internet; CH); *Freiberuflicher Techniker in Bozen, ansässig in Oberplanitzing* (Nachrichten aus Südtirol 292; STIR) – In D bezüglich Firmen und Organisationen gehoben. Die Bedeutung ›[ein]heimisch, eingesessen‹ ist gemeindt. Vgl. domiziliert, niedergelassen – Dazu: **Ansässige** STIR , ↗**Ansässigkeitsgemeinde** STIR , **Ansässigkeitsklausel** STIR , **Ansässigkeitsort** STIR , **Ansässigkeitszeit** STIR , **provinzansässig** (↗Provinz) STIR

Ansässigkeitsgemeinde STIR die; –, -n: ›ordentlicher Wohnsitz; Wohnort‹: *Der Bürger ist in jenem Wahlkreis – und dort in seiner letzten Ansässigkeitsgemeinde – wahlberechtigt, in dem er den größeren Teil der vier Jahre ansässig war* (Südtirols Autonomie 26) – Vgl. ansässig

anschaffen A D-südost sw.V./hat: ›befehlen‹: *Weil, wenn einer das Anschaffen hat, ganz egal, welchen Blödsinn er daherredet, und man das alles machen muss, nur weil der eben den Hof besitzt – na ja, da hört sich dann mit der Zeit halt alles auf* (Scharang, Sohn eines Landarbeiters 38; A) – Andere Bedeutungen sind gemeindt. – Dazu: **Anschaffer(in), Anschafferei**

anschauen sich A D-mittelost/süd sw.V./hat (Grenzfall des Standards): ›sich wundern; eine unangenehme Überraschung erleben‹: *Ich persönlich möchte wahrscheinlich keinen Super-G gegen Katja Seizinger fahren. Da würde ich mich wahrscheinlich schön anschauen* (News 23. 12. 1997, 171; A) – Zur Verwendung der Grundbedeutungen ›[prüfend] ansehen, anblicken‹ vgl. schauen

anschaulich BELG Adj.: ›genau‹: *Um bei zukünftigen Entscheidungen und Versammlungen mit anschaulicheren Anwesenheitszahlen aufwarten zu können, wird es nun Mitglieder ohne und mit Stimmrecht geben* (Grenz-Echo 9. 12. 1994, 8) – Andere Bedeutungen sind gemeindt.

Anschein: *den Anschein machen CH ›einen oberflächlichen [falschen] Eindruck erwecken; den Anschein haben‹: *Heute – so macht es zumindest den Anschein – hat sich die Erkenntnis, dass ein würdiger Tod zu einem würdigen Leben gehört, weitherum durchgesetzt* (BaZ Magazin 25./26. 10. 1997, 2) – Das Substantiv *Anschein* ist in allen anderen Verwendungen gemeindt.

Anschein: *den Anschein haben (gemeindt.): ↗ANSCHEIN: *DEN ANSCHEIN MACHEN

Anschiss: *den Anschiss haben CH (Grenzfall des Standards) ›keine Lust haben‹: *Komme nicht ins Training, habe den Anschiss, sag ich sei krank* (Handball Grauholz, 2002, Internet) – Das Substantiv *Anschiss* ist in allen anderen Verwendungen gemeindt.

Anschlagbrett CH das; -(e)s, -er: ↗AMTSTAFEL A, ↗ANSCHLAGTAFEL A, ↗BRETT: *SCHWARZE BRETT A D ›↗Tafel für Mitteilungen an öffentlich zugänglicher Stelle‹: *Am Anschlagbrett wurden aufgehängte Mitteilungen vom Hausbesitzer einfach abgerissen* (Blick 4. 2. 1999, 24) – In A und D selten

anschlagen st.V./hat: **1.** CH D-mittel/süd ›an etw. stoßen [und sich verletzen]‹: *»Ich habe den Kopf angeschlagen«, jammerte Zoë* (Fink, Zoë 90; CH). **2.** CH D-mittel/süd ›(neu, anders als bisher) ansetzen‹: *Wenn die Schweiz ihre minimalen Verpflichtungen des Kyoto-Protokolls erfüllen wolle, müsse sie ein höheres Tempo beim Klimaschutz anschlagen* (Südostschweiz 3. 7. 2001, Internet; CH). **3.** D-mittel ›erklingen, ertönen (z.B. von Wohnungsklingeln)‹: *… das Läutwerk schlägt an, sobald … eine Tür oder ein Fenster geöffnet wird* (Universität Ulm 23. 10. 2002, Internet). **4.** A CH D-mittel/süd ›(eine Tür, ein Fenster u.Ä.) fachmännisch einbauen‹: *Bautischlerei: Herstellen von Bauteilen, Fenstern, Türen; Anschlagen und Versetzen* (Lehrplan HTL für Innenraumgestaltung und Holztechnik, 2002, Internet; A); *Cherubin war jemand, ihm stand Grosses bevor. Drei Blöcke im Baselland, Fenster anschlagen* (Bichsel, Cherubin Hammer 64; CH). **5.** CH ›(in bestimmter Weise) einschätzen, veranschlagen‹: *Allein, wir können durch den Gewinn, welcher durch Verkauf von wertvollen Gegenständen erzielt wird, nicht so hoch anschlagen* (Fischerzunft Schaffhausen, 2002, Internet). **6.** CH D (Transport) ›(eine Last) an einem Kran festbinden‹: *Personen, die Lasten anschlagen (anbinden), müssen dafür ausgebildet sein, damit sie sich und andere nicht gefährden* (Schweiz. Unfallversicherungsanstalt, 2002, Internet; CH); *Schließlich wollen wir ja unter Wasser … fachmännische, sicher haltende Knoten herstellen und Lasten anschlagen* (DLRG 5. 6. 2002, Internet; D). **7.** CH D ›jmdm. zuträglich sein; günstig für jmdn. sein‹: *Kaum einem anderen haben Gebete so gut angeschlagen wie ihm* (Bichsel, Cherubin Hammer 63; CH); *Es hat sich gelohnt – die Behandlung schlug an* (Ostsee-Ztg 25. 6. 2001, Internet; D) – Zu 1.: In A und D-südost nur mit *sich* gebräuchlich, in CH und D-mittel/südwest mit und ohne *sich.* Zu 3.: In der Bedeutung ›ertönen [um an etw. zu erinnern] (von einer großen Glocke, einer Turmuhr o. Ä.)‹ sowie ›erklingen (von einem Instrument, einer Melodie)‹ gemeindt. Andere Bedeutungen sind gemeindt.

Anschlagtafel A die; –, -n: ↗AMTSTAFEL A, ↗BRETT: *SCHWARZE BRETT A D, ↗ANSCHLAGBRETT CH ›↗Tafel für offizielle Mitteilungen an öffentlich zugänglicher Stelle‹: *An der Bushaltestelle informiert eine Anschlagtafel über landläufige Attraktionen* (Presse 21. 6. 1999, Internet)

anschmeißen D st.V./hat (salopp): ›ein Gerät, eine Maschine in Gang setzen; anlassen‹: *Bevor er in Wildau den Grill anschmeißen konnte, musste die Gaststätte erst einmal von Grund auf renoviert werden* (Berliner Ztg 18. 1. 1995, Internet)

anschmettern A sw.V./hat (Grenzfall des Standards): ↗ANFLUNKERN D ›anschwindeln, belügen‹: *Herr Staatssekretär, Sie haben nicht Wort gehalten, Sie haben die Menschen angeschmettert!* (Stenogr. Protokoll des Nationalrates 22. 11. 2001, Internet)

Anschreiben D das; -s, –: ›Brief; Begleitschreiben‹: *Das Anschreiben so kurz wie möglich und als Attachment an die Mail angehängt, ebenfalls den Kurzlebenslauf und ein Foto* (Welt 12. 8. 2000, Internet)

Anschrift A D die; –, -en: ›Adresse‹: *Bitte Name, Anschrift, Bank und Konto angeben* (Ganze Woche 5. 11. 1997, 74; A); *Bitte geben Sie Ihre vollständige Anschrift an* (WAZ 28. 10. 1997, 21; D) – Dazu: **Postanschrift**

anschupfen A sw.V./hat (Grenzfall des Standards): ↗ANTAUCHEN A ›anstoßen, anschieben‹: *Von einem Autofahrer unsanft angeschupft wurde in der Nacht zum Sonntag die 18-jährige Christine G. aus Ranggen in ihrem Auto* (Kurier 24. 3. 1997, 9) – Vgl. schupfen

anschwitzen A D sw.V./hat (Küche): ↗ANRÖSTEN A CH D-süd, ↗ANZIEHEN CH, ↗ANDÄMPFEN CH D-süd ›etw. in heißem Fett leicht Farbe bekommen lassen; andünsten‹: *Die restlichen Schalotten kleinwürfelig schneiden, im Bratrückstand anschwitzen, mit Rotwein ablöschen* (Gusto 11/1997, 34; A); *Zwiebeln und Knoblauch fein schneiden und in Öl anschwitzen* (Garten 8/1997, 66; D) – In CH selten

ansehen: *Sieh mal einer an! D (ohne nordost/südost) (salopp): ↗HERSCHAUEN: *DA SCHAU HER! A D-südost, ↗SCHAUEN: *SCHAU, SCHAU! A D-südost, ↗ANGUCKEN: *GUCK MAL EINER AN! D (ohne südost), ↗ANKIEKEN: *KIEK MAL EINER AN! D-nord ›Wer hätte das gedacht!‹ /Ausruf des bewundernden Erstaunens/: *Sieh mal einer an, das Recht auf freie Meinungsäußerung, ein Grundrecht unseres Staates, ist uns nun endlich auch in unserer Schülerzeitung gegeben* (Universität Bochum 5. 7. 2001, Internet) – In CH selten. Das Verb *ansehen* ist in allen anderen Verwendungen gemeindt.

ansetzen sw.V./hat: **1.** D (ohne mittelost/südost); ↗ANLEGEN A D-südost ›durch zu viel Hitze beim Zubereiten am Boden einer Backform oder eines Kochtopfes als dünne Schicht kleben bleiben; schwach anbrennen (von Speisen)‹: *Bevor die Kutteln am Topfboden ansetzen, den Weißwein dazugießen und alles fünf Minuten durchkochen* (SWF 9. 8. 2001, Internet). **2. *eine Frist ansetzen** CH siehe Frist – Andere Bedeutungen sind gemeindt.

Ansitz A-west der; -es, -e: ›größeres [herrschaftliches] Bauwerk‹: *Der heute noch als Teil des Gesamtkomplexes bestehende Ansitz wurde in der ersten Hälfte des 16. Jahrhundert erstellt* (VN 21. 7. 1994, Heimat/Bregenz 10) – Die Bedeutung ›Hochsitz‹ aus der Jägersprache ist gemeindt.

ansonst A CH D-südost Konj. (unterordnend): ›andernfalls, sonst‹: *So ein Verhalten dieser beiden Spieler sollte sich nicht wiederholen, ansonst es kaum Sinn macht, weitere Turniere zu veranstalten* (Billardclub Bruck, 1997, Internet; A); *Eine allfällige Änderung ist allen Läufern vor ihrem Start zur Kenntnis zu bringen, ansonst sie ungültig ist* (Schweizerischer OL-Verband, 2002, Internet; CH) – Als Adverb mit den Bedeutungen ›im Übrigen‹ und ›im anderen Falle; andernfalls‹ gemeindt.

ansparen A D sw.V./hat: ›längere Zeit regelmäßig Geld für einen bestimmten Zweck sparen‹: *Die heutigen Beitragszahler sparen nicht für die eigene Pension an, sondern garantieren durch ihre Einzahlungen die Altersversorgung der Pensionisten* (Aktion 8. 9. 1997, 5; A); *Denn Altersvorsorge ist mehr, als nur Geld anzusparen* (Verbraucherzentrale Mecklenburg-Vorpommern 28. 1. 2002, Internet; D) – In CH selten – Dazu: **Ansparung**

Anspitzer D der; -s, –: ↗SPITZER A CH ›Gerät zum Spitzen von Blei- und Farbstiften‹: *Hier finden Sie eine Vielzahl von Angeboten zum Thema Anspitzer aus dem Bereich Büro, Papier & Schreiben* (Sammlerbriefe, München 10. 7. 2003, Internet)

Ansprache A D die; –, -n: ›Gesprächsmöglichkeit, Kontakt, Unterhaltung‹ (oft in der Wendung *[eine] Ansprache haben/bekommen*): *»Man muss sich mit den Gästen beschäftigen, sie wollen eine Ansprache haben«, sagt Elke M.* (SN 3. 5. 1997, 16; A); *Viel gibt es zu erzählen bei allein stehenden, älteren Leuten, die zu Hause keine Ansprache haben* (Stadt Wiehl 10. 1. 2002, Internet; D) – Andere Bedeutungen, z. B. ›Rede, Vortrag‹, sind gemeindt.

Anstalt LIE die; –, -en (Handel, Recht): ›Gesellschaft‹: *In Zusammenarbeit mit der Thomas Batliner Anstalt, Heizung, Sanitär, laden wir Sie recht herzlich zu unse-*

rem nächsten Baufrauen/Bauherren Informationsabend ... ein (Batliner Thomas Anstalt, 2003, Internet) – Andere Bedeutungen sind gemeindt.

anstechen CH D st.V./hat: ↗ANSTECKEN D-ost ›(ein Fass) anschlagen; anzapfen‹: *Nachdem das Fass angestochen und unser Grillmeister genügend Glut auf dem Grill hatte, konnte das Fest steigen* (Verein Wildsäu Lause, 2003, Internet; CH); *Heute Abend wird Bayerns Ministerpräsident Edmund S. das erste Fass anstechen* (Berliner Ztg 12. 9. 2000, Internet; D) – Andere Bedeutungen sind gemeindt.

anstecken sw.V./hat: **1.** D (ohne südost); ↗ANBRENNEN D-ost, ↗ANMACHEN D (ohne südost) ›anzünden‹: *Ich steckte mir eine Zigarette an, goss mir noch von dem miesen Kaffee ein* (Böll, Ansichten 70). **2.** D-ost; ↗ANSTECHEN CH D ›anschlagen; anzapfen‹: *Zur Stärkung der Teilnehmer ... wird auf der Tour ein Halt am Rathaus eingelegt, wo Ortsvorsteher und Braumeister das erste Fass Einsiedler Maibock der Saison anstecken* (Einsiedler Brauhaus 22. 2. 2002, Internet) – Andere Bedeutungen, z. B. ›sich eine Krankheit zuziehen‹ und ›befestigen‹, sind gemeindt.

Anstoss CH der; -es, ...stösse: ›Angrenzung einer ↗Liegenschaft (an einen See, an eine Strasse, an ein anderes Grundstück etc.)‹: *Das Parkhotel am See ... ist ein renoviertes Jugendstilhotel, umgeben von einem wunderbaren Park, mit Anstoss an den Thunersee und mit Sicht auf das beeindruckende Panorama der Oberländer Alpen* (Schweizer Kurhäuser, Kanton BE, 1998, Internet) – Andere Bedeutungen sind gemeindt. – Dazu: ↗**Anstösser(in), Bachanstoss, Grenzanstoss,** ↗**Seeanstoss, Strassenanstoss**

Anstösser Anstösserin CH der; -s, – bzw. die; –, -nen: ↗ANRAINER A, ↗ANWÄNDER CH-nordwest, ↗ANWOHNER CH D, ↗ANLIEGER D ›Besitzer(in) bzw. Nutzungsberechtigte(r) von (an eine Straße, einen Weg etc.) angrenzenden Grundstücken‹: *Eine Arbeitsgruppe mit Vertretern der Verwaltung und der Anstösser prüft derzeit Vorschläge* (TA 28. 10. 1999, 19) – Vgl. Anstoss – Dazu: **Anstössergemeinde, Seeanstösser(in), Strassenanstösser(in)**

anstößig (gemeindt.): ↗STOSSEND

anstrengend (gemeindt.): ↗STRENG

Ansuchen A das; -s, – (formell): ↗GESUCH CH D ›Antrag‹: *Wenn Sie uns filmen wollen, müssen Sie vorher bei der Pressestelle der Bundespolizeidirektion ein Ansuchen stellen* (Haslinger, Opernball 40) – Vgl. ansuchen – Dazu: **Aufnahmeansuchen,** ↗**Bauansuchen, Förderansuchen**

ansuchen A sw.V./hat (in Verbindung mit *um*, formell): ›beantragen‹: *Verliert jemand seinen Arbeitsplatz, kann er sofort um Arbeitslosengeld ansuchen* (Zwanzger 3/1999, 28) – In CH und D veraltet und selten – Dazu: ↗**Ansuchen,** ↗**Ansucher(in)**

Ansucher Ansucherin A der; -s, – bzw. die; –, -nen (formell): ›Antragsteller(in)‹: *In der Regel vergehen ein paar Jahre, bis die Stadtgemeinden dem Ansucher eigene vier Wände zuweisen können* (OÖN 17. 1. 1991, 6) – Vgl. ansuchen

antauchen A sw.V./hat (Grenzfall des Standards): **1.** ↗ANSCHUPFEN A ›anschieben, anstoßen‹: *Vielleicht hatte ich fester angetaucht oder der Wind war ein Freund von Kinderschaukeln* (Reichart, Fotze 75). **2.** ›sich [mehr] bemühen, anstrengen‹: *Wenn er noch den Weltcup-Gesamtsieg holen will, muss Gerhard Pilz am Wochenende gewaltig antauchen* (OÖN 18. 2. 2000, 26) – Die fachsprachliche Bedeutung ›die Tauchsaison nach der Winterpause durch einen ersten Tauchgang eröffnen‹ ist gemeindt.

anteilmässig CH **anteilmäßig** D Adj. (nicht steigerbar): ↗ALIQUOT A ›in Bezug auf die Anteile (an etw.); anteilsmäßig‹: *Junge Familien müssen in letzter Zeit anteilmässig immer mehr Steuern bezahlen und haben immer weniger zum Leben* (Blick 11. 11. 1996, 2; CH); *Eine reale Chancengleichheit von Schulkarrieren läge dann vor, wenn sich der prozentuale Anteil von Mädchen und Jungen ... auch in den Bildungsabschlüssen selbst anteilmäßig widerspiegeln würde* (Universität Magdeburg 10. 12. 2002, Internet; D) – In A selten

anteilsmäßig (gemeindt.): ↗ALIQUOT, ↗ANTEILMÄSSIG/ANTEILMÄSSIG

Anton: *blaue Anton D-südwest der (Grenzfall des Standards): ↗BLAUE A, ↗MONTUR A, ↗SCHLOSSERGEWAND A, ↗ARBEITSANZUG A D, ↗BERUFSKLEID CH, ↗GWÄNDLI CH, ↗ÜBERGEWAND CH, ↗ÜBERKLEID CH, ↗BLAUMANN D (ohne südost) ›Arbeitskleidung [aus blauem Baumwollstoff]; Overall‹: *Immer war der blaue Anton hinterher von oben bis unten so versaut, dass die Frau zu Hause schimpfte wie ein Rohrspatz* (Morgenweb 3. 4. 2001, Internet) – Der männliche Vorname *Anton* ist gemeindt.

antönen CH sw.V./hat: ›sanft auf etw. hinweisen; andeuten‹: *Wenn einer die gesellschaftspolitische Frage auch nur antönt, gilt er als Linker und ist unerwünscht* (Pestalozzi, Zukunft 136) – Die Bedeutung ›sanft anklingen (von Musik)‹ ist gemeindt. Vgl. tönen

Antragsformular (gemeindt.): ↗EINHEITSVORDRUCK, ↗GESUCHSMUSTER

Antragsteller (gemeindt.): ↗ANSUCHER/ANSUCHERIN

Antrittsverlesen CH das; -s, –: ↗STANDESKONTROLLE A ›Antritt einer militärischen Einheit vor Beginn des Dienstbetriebs; Appell‹: *Das Antrittsverlesen beginnt mit der Bestandeskontrolle. Die einsatzbereite Einheit*

wird dem Kommandanten gemeldet (Dienstreglement, 2001, Internet) – Vgl. Abendverlesen, Hauptverlesen, Zimmerverlesen

anwackeln D sw.V./ist (scherzh., Grenzfall des Standards) ›auf ungeschickte, langsame Weise näher kommen‹ (meist in der Wendung *angewackelt kommen*): *Denn die Zeit der Hofführung ist so gelegt, dass beobachtet werden kann, wie die knapp 50 Milchkühe von der Weide angewackelt kommen* (Ostsee-Ztg 26. 7. 2001, Internet)

Anwaltskanzlei (gemeindt.): ↗ADVOKATUR

Anwaltspatent CH das; -(e)s, -e: ↗FÜRSPRECHERPATENT CH, ↗ANWALTSZULASSUNG D ›amtliche Bewilligung zur Ausübung des Berufs eines [Rechts]anwalts bzw. einer [Rechts]anwältin (nach abgeschlossener Ausbildung)‹: *Als ich dem Kantonsrat zum ersten Mal begegnete, hatte ich eben das Staatsexamen abgeschlossen ... und das Anwaltspatent erhalten* (Dürrenmatt, Justiz 9) – Vgl. Patent

Anwaltszulassung D die; –, -en: ↗ANWALTSPATENT CH, ↗FÜRSPRECHERPATENT CH ›amtliche Bewilligung zur Ausübung des Berufs eines Rechtsanwalts bzw. einer Rechtsanwältin (nach abgeschlossener Ausbildung)‹: *Das Bundesverfassungsgericht (BVG) hat die Verfassungsbeschwerde des Juristen ... gegen den Entzug der Anwaltszulassung in letzter Instanz zurückgewiesen* (Berliner Ztg 6. 6. 1997, Internet)

Anwänder Anwänderin CH-nordwest der; -s, – bzw. die; –, -nen: ↗ANRAINER A, ↗ANSTÖSSER CH, ↗ANWOHNER CH D, ↗ANLIEGER D ›Besitzer(in) bzw. Nutzungsberechtigte(r) von (an eine Strasse, einen Weg etc.) angrenzenden Grundstücken‹: *Die Erhebung von Beiträgen an die Neuerstellung ... von Strassen ist im Strassenreglement ... geregelt ... die Beiträge [werden] nach der ... ermittelten Fläche auf die Anwänder verteilt* (Kanton BL, 2000, Internet)

Anwohner Anwohnerin CH D der; -s, – bzw. die; –, -nen: ↗ANRAINER A, ↗ANSTÖSSER CH, ↗ANWÄNDER CH-nordwest, ↗ANLIEGER D ›Besitzer(in) bzw. Nutzungsberechtigte(r) von (an eine Straße, einen Weg etc.) angrenzenden Grundstücken‹: *Anwohnerinnen und Anwohner der »Traube« wurden in der Brandnacht unsanft aus ihrem Schlaf gerissen* (Bund 3. 11. 1999, 32; CH); *Zahlreiche Staus verhindern eine freie Fahrt, für die lärmgeplagten Anwohner ist er eine Geißel* (Welt 13. 11. 2000, Internet; D); ***Anwohner gestattet** CH; ***Anwohner frei** D: ↗ANRAINER: *AUSGENOMMEN ANRAINER A, ↗ANLIEGER: *ANLIEGER FREI D ›Durchfahrt erlaubt nur für Personen, die an der betreffenden Straße wohnen, und deren Besucher(innen)‹: *Fermeltal ist mit einem allgmeinen Fahrverbot (Anwohner gestattet) versehen* (Berner Oberland News 1. 3. 1999, Internet; CH); *Das Problem ist, dass eine Vielzahl von Verkehrsteilnehmern die Verkehrszeichen am Birkenweg und ... Kirchweg »Anlieger frei« bzw. »Anwohner frei« nicht beachten* (Gemeinde Badenweiler 12. 7. 1999, Internet; D) – In A und D-südwest selten – Dazu: **Anwohnerschaft**

anzapfen (gemeindt.): ↗ANSTECHEN, ↗ANSTECKEN

Anzeige: *Anzeige erstatten (gemeindt.): ↗PROTOKOLL: *PROTOKOLL ERRICHTEN

anzeigen (gemeindt.): ↗VERZEIGEN

anzeigen: *jmdn. auf freiem Fuß anzeigen siehe Fuß

anziehen st.V./hat: **1.** CH D-ost/südost ›(eine Brille, einen Hut o. Ä.) aufsetzen‹: *Christian ... zieht die Brille an und nimmt die Zeitung wieder zur Hand* (Zürcher, Zeit 20; CH). **2. *sich warm anziehen müssen/sollen** D (salopp) ›sich auf eine unangenehme Erfahrung/eine schwere Auseinandersetzung vorbereiten müssen‹: *Jeder, der Bill Gates im Bereich der Office-Software die Stirn bieten möchte, muss sich warm anziehen* (Sun Microsystems, 9/2002, Internet). **3.** CH D ›zunehmen, ansteigen‹: *Die Nachfrage zieht weiter an, die Immobilienhändler rechnen damit, dass die Preise wieder ansteigen* (Facts 11. 9. 1997, 69; CH); *Die Nachfrage zieht wieder an, zeigt das Quartalsergebnis des amerikanischen Drucker- und Computerherstellers Hewlett-Packard* (FAZ 14. 2. 2002, Internet; D). **4.** A D-südwest (Küche) ›einen Teig stehen lassen, damit die zugegebene Flüssigkeit die festen Bestandteile durchtränkt‹: *Alle Zutaten vermengen, einige Minuten anziehen lassen, Mehl unterheben* (Plachutta, Gute Küche 398; A). **5.** CH (Küche); ↗ANRÖSTEN A CH D-süd, ↗ANSCHWITZEN A D, ↗ANDÄMPFEN A D-süd ›etw. in heissem Fett leicht Farbe bekommen lassen; andünsten‹: *Butter aufschäumen lassen, Zwiebel und Lauch kurz anziehen, dann Pilze beigeben* (TA 4. 7. 1998, 16). **6.** A D (ohne nordwest/mittelost) (nur in Verbindung mit *es*) ›gefrierend kälter werden; auf der Straße eine Eisschicht bilden‹: *... wenn die anderen Kinder allmählich in die Häuser verschwunden waren ... in der Stille, im Sausen, im Blau des vereisenden Wegs – »es zieht an«, sagte man von solcher wohligen Kälte* (Das andere Heimatmuseum, 2003, Internet; A). **7.** CH; ↗ÜBERZIEHEN A ›(mit Bettwäsche) beziehen‹: *Bei den anfallenden Arbeiten musste auch ich zünftig mithelfen. ... So musste ich mich täglich waschen, das Pyjama wechseln, mein Bett frisch anziehen* (SFK, 1999, Internet). **8.** D-nord/mittel ›bei einem Brettspiel den ersten Zug machen; das Spiel eröffnen, zuerst ziehen‹: *Entgegen der landläufigen Meinung ist nicht der anziehende Spieler im Vorteil, sondern der nachsetzende* (Toytoytoy Dortmund, 2003, Internet) – Zu 2.: In A und CH als fremd empfunden, aber bes. im Bereich Sport zunehmend gebräuchlich. Andere Bedeutungen sind gemeindt.

anzuckern A sw.V./hat: **1.** ›mit Zucker bestreuen; überzuckern‹: *Die Palatschinken … mit Marmelade bestreichen, mit den Früchten belegen, anzuckern und mit Schokoladespänen bestreuen* (ORF Nachlese 11/1997, 72). **2.** ↗ ÜBERZUCKERN CH D (ohne nordost) ›mit einer dünnen Schneeschicht bedecken (von Bergen etc.)‹ /meist im 2. Part./: *Im Vorjahr zog ein Tief mit Schneefall über Österreich, auch Mariazell wurde am Ostermontag angezuckert* (Kleine Ztg 30. 3. 1999, Internet)

Anzug der; -(e)s, …züge: **1.** CH ›Bettwäsche für ↗ Kissen und Bettdecke; Bezug, Überzug‹: *Mit Grossmutters einst selbst gewobenem rot-weiss gehäuseltem Kissenanzug, mein Hab und Gut drin, mache ich mich … auf den luftigen Weg* (Wenger, Rosalia 71). **2.** CH (BS) ›schriftlich eingereichter Antrag im Parlament des ↗ Kantons Basel-Stadt‹: *Ohne Wortmeldungen wurde der Anzug von alt Grossrat Markus R. (Grüne) betreffend Landschaftspark … abgeschrieben* (BaZ 14. 6. 2001, Internet). **3.** ***aus dem Anzug kippen** D-nordwest/mittelwest siehe kippen – Die Bedeutungen /ein Kleidungsstück/ und ›Beschleunigungsvermögen‹ sind gemeindt. – Zu 1.: **Bettanzug, Duvetanzug** (↗ Duvet), **Kissenanzug** (↗ Kissen), **Pfulmenanzug** (↗ Pfulmen). Zu 2.: **Anzugsteller(in)**

anzünden (gemeindt.): ↗ ANBRENNEN, ↗ ANMACHEN, ↗ ANSTECKEN

APA A die; –, ohne Plur.: als Wort gesprochene Abk. für *Austria Presse Agentur:* ↗ SDA CH, ↗ DPA D, ↗ PAFL LIE ›unabhängige Nachrichtenagentur in Österreich‹: *Um 17.45 Uhr kommt eine Eilt-Meldung der APA, in der steht, die portugiesische Präsidentschaft hat drei Sanktionen verhängt* (Stenogr. Protokoll des Nationalrates 9./10. 2. 2000, Internet) – Dazu: **APA-Chef(in), APA-Meldung**

aper A CH D-südost Adj.: ›schneefrei‹: *Braune, apere Flecken schauten an den Hängen rund um Innerpfitsch heraus* (Schöpf, Ausgedingler 71; A); *Ich hinke zu den ersten Bäumen, an einem aperen und trockenen Plätzchen unter einer Tanne lasse ich mich nieder und lehne mit dem Kopf gegen den Stamm* (Heimann, Lisi 16; CH) – Dazu: ↗ **apern**, ↗ **ausapern**

Aperitif CH der/das; -s, -s/-e ⟨aus frz. *apéritif* ›[Magen]öffner‹⟩: ↗ APERO CH ›geselliges Beisammensein bei [alkoholischen] Getränken und Snacks (oft nach dem offiziellen Teil einer Veranstaltung bzw. Versammlung oder zu Ehren einer Person bzw. eines Ereignisses, meist [vor den Hauptmahlzeiten] am späten Vormittag oder frühen Abend)‹: *Dieser Tage hat der bedeutende Schweizer Surrealist S. B. seinen 94. Geburtstag gefeiert, was der … Galerie Werner Bommer Anlass war, dem Jubilar eine Ausstellung … zu widmen und ihm zu Ehren einen Apéritif zu veranstalten* (NZZ Intern. Ausgabe 3. 11. 1997, 20) – Seltener auch in der Schreibung *Apéritif.* Die Bedeutung ›appetitanregendes, alkoholisches Getränk‹ ist gemeindt. und in CH selten auch Neutrum, gemeindt. Maskulinum. Die Aussprache lautet in A und D [aperi'ti:f A D], in CH ['ap'erit'i:f CH]

apern sw.V./hat: **1.** A CH D-südost (in Verbindung mit *es*); ↗ AUSAPERN A CH D-südost ›schneefrei werden, tauen‹: *Es begann zu apern. Schneerosen und Schneeglocken, die schon blühten, senkten ihre Häupter und machten mit den Stängeln einen Buckel und sprengten damit den letzten Rest der eisigen Umhüllung* (Sagen, 2002, Internet; A); *Als es beim Altstafel in Obstalden zu apern begann, bekam man das wahre Schadensausmass der dort niedergegangenen Lawine zu Gesicht* (Südostschweiz 8. 6. 1999, Internet; CH). **2.** A D-südost; ↗ AUSAPERN A D-südost ›nach der Schneeschmelze zum Vorschein kommen‹: *Denn wenn zuviel Gletscher schmilzt, beobachtet man wie Abfälle und andere Rückstände aus dem Eis apern* (Grubinger, Wintertourismus am Dachstein, 1999, Internet; A) – Zu 1 vgl. aper – Dazu: ↗ **Aperschnalzen** A, **Ausaperung**

Apero Apéro CH der/das; -s, -s ['ap'ero]: **1.** ›appetitanregendes alkoholisches Getränk‹: *Danach gehst du wieder vorbei, trinkst einen Apéro und lädst sie bei dieser Gelegenheit … zum Essen in ein sehr gutes Esslokal in der Umgebung ein* (Blick 14. 11. 1997, Internet). **2.** ↗ APERITIF CH ›geselliges Beisammensein bei [alkoholischen] Getränken und Snacks (oft nach dem offiziellen Teil einer Veranstaltung bzw. Versammlung oder zu Ehren einer Person bzw. eines Ereignisses, meist [vor den Hauptmahlzeiten] am späten Vormittag oder am frühen Abend)‹: *Die Jubiläumsfeier fand ihre Fortsetzung im Bahnhofzentrum für das Apéro und anschliessend im Hotel Bahnhof für den Festakt* (Freiburger Nachr 30. 3. 1998, Internet) – Dazu: **Abschiedsapéro, Aperogebäck, Apéro-Häppchen, Eröffnungsapéro, Neujahrsapero, Weihnachtsapero, Willkommensapero**

Aperschnalzen A das; -s, ohne Plur.: ›volkstümlicher Brauch des Winteraustreibens, bei dem mittels Peitschenhieben der Winter symbolisch vertrieben werden soll‹: *Das einzige Nicht-Christliche sind die Bärenkämpfe und das »Aperschnalzen«, um den Winter zu vertreiben* (Echo 28. 1. 1999, 75) – Vgl. apern

Äpfelklauber Äpfelklauberin STIR der; -s, – bzw. die; –, -nen: ›Erntehelfer(in) bei der Apfelernte‹: *Heuer hat er sich als Küchengehilfe und Äpfelklauber in Südtirol durchgeschlagen* (Dolomiten 24. 12. 2001, 7) – Auch in der Kurzform *Klauber(in)*

Apfelschorle D die; –, -n: ↗ GESPRITZT: *GESPRITZTE APFELSAFT A D-südwest, ↗ APFELSPRUDEL CH (selten), ↗ SCHORLE D ›Getränk aus [Mineral]wasser und Apfelsaft‹: *Ich biete zum Beispiel … auch Apfelschorle im Maßkrug an und die verkauft sich sehr gut*

(Straubinger Tagbl 7. 4. 1998, Beilage 24) – Dazu: **Apfelsaftschorle**

Apfelsine D-nord/mittel die; –, -n: ↗ORANGE A CH D-süd /eine Südfrucht/: *Ich fand den Laden schon immer merkwürdig: keine Apfelsinen, kein Rindfleisch, keine Tomaten* (Becker, Bronsteins Kinder 9) – Dazu: **Apfelsinensaft, Apfelsinenschale**

Apfelsprudel CH der; -s, – (selten): ↗GESPRITZT: *GESPRITZTE APFELSAFT A D-südwest, ↗APFELSCHORLE D, ↗SCHORLE D ›Getränk aus [Mineral]wasser und Apfelsaft‹: *Apfelsprudel war eine Zeit lang recht populär – dank einem Wasseranteil von einem Viertel galt er als idealer Durstlöscher* (TA 12. 2. 2000, 66)

Appell (gemeindt.): ↗ANTRITTSVERLESEN, ↗STANDESKONTROLLE

Appellation CH die; –, -en (Recht): ↗EINSPRUCH A D, ↗EINSPRACHE CH ›Berufung‹: *Gegen alle Urteile wurde Appellation erklärt* (TA 30. 10. 1999, 7) – Vgl. appellieren – Dazu: ↗**Appellationsgericht, Appellationshof, Appellationsrichter(in)**

Appellationsgericht CH das; -(e)s, -e: ↗LANDESGERICHT A, ↗KANTONSGERICHT CH, ↗OBERGERICHT CH, ↗LANDGERICHT D ›(im ↗Kanton BS) oberstes ↗kantonales Gericht für Strafsachen‹: *Fünf statt sieben Jahre Zuchthaus: Im Millionen-Prozess gegen André P. hat das Appellationsgericht Basel-Stadt am Mittwoch die Strafe reduziert* (Swiss Law Net, 2000, Internet) – Vgl. Appellation

appellieren CH sw.V./hat: ↗BEEINSPRUCHEN A, ↗BERUFEN A, ↗EINBRINGEN: *BERUFUNG EINBRINGEN A, ↗EINSPRUCH: *EINSPRUCH ERHEBEN A; *EINSPRUCH EINLEGEN D, ↗REKURRIEREN CH, ↗REKURS: *REKURS EINLEGEN/EINREICHEN CH STIR ›Berufung einlegen‹: *Wie die Erbengemeinschaft auf den Entscheid reagieren wird, ist noch unklar: Sie könnte ... ans Verwaltungsgericht appellieren* (Bund 22. 3. 2000, 31) – In D veraltet. Andere Bedeutungen sind gemeindt. Vgl. Appellation

Appetit: *Guten Appetit! (gemeindt.): ↗GUETE: *EN GUETE!, ↗MAHLZEIT: *[GESEGNETE] MAHLZEIT!

applanieren A sw.V./hat ⟨aus frz. *aplanir* ›einebnen; schlichten‹⟩: ›einen Konflikt, Streit o. Ä. beilegen, schlichten‹: *Am vergangenen Montag ... wurde das Thema Sozialplan zwischen Personalvertretern und Vorstand nochmals diskutiert und die Probleme – ohne Streik – applaniert* (Profil 29. 5. 1998, Internet) – Die Bedeutung ›etw. glätten, einebnen, planieren‹ ist gemeindt. selten – Dazu: **Applanierung**

Aprikose CH D die; –, -n ⟨aus niederl. *abrikoos*, zu lat. *persica praecocia* ›frühreifer Pfirsich‹⟩: ↗MARILLE A ›orangefarbenes, samtiges Steinobst mit braunem, glattem Kern‹: *Das Wallis ist eine Gegend der Gegensätze ... mit Eiszapfen und Aprikosen, mit Weinbergen und Skipisten* (Bund 22. 12. 1999, 33; CH); *Creme auf den Aprikosen verteilen und glatt streichen* (Tina 6. 1. 2000, 38; D) – Dazu: **Aprikosenkonfitüre** (↗Konfitüre) CH, **Aprikosenkuchen, Aprikosenmarmelade** (↗Marmelade) D, ↗**Aprikosenschnaps, Aprikosenwähe** (↗Wähe) CH D-südwest, **Dörraprikosen** CH

Aprikosenschnaps CH D der; -es, ...schnäpse: ↗MARILLENSCHNAPS A, ↗ABRICOTINE CH, ↗MARILLELER STIR ›aus ↗Aprikosen gebrannter Schnaps‹: *Neu sind Pflümli, Williams, Kirsch, Apfel- und Aprikosenschnaps in enzianverzierten Mini-Fläschchen (2 cl) erhältlich* (Blick 11. 9. 1996, 28; CH); *Zur Aprikosentarte trinken wir ein Gläschen Aprikosenschnaps* (WDR 11. 7. 2001, Internet; D)

April: *jmdn. in den April schicken A D ›jmdm. am 1. April einen Streich spielen, jmdm. etw. Unwahres erzählen o. Ä.‹: *Kleiner Trost für alle, die gestern in den April geschickt wurden: Einigen britischen Promi-Discjockeys ging es nicht besser* (Kleine Ztg 2. 4. 2001, Internet; A); *Presseleute ließen keine Gelegenheit aus, um möglichst viele in den »April zu schicken«* (Berliner Ztg 3. 4. 1995, Internet; D) – Das Substantiv *April* ist in allen anderen Verwendungen gemeindt.

Ar A D das; -s, -e/D der; -s, -e ⟨aus lat. *area* ›freier Platz, freie Fläche‹⟩: ↗ARE CH ›100 Quadratmeter‹ /ein Flächenmaß/: *Damals erhielten die Bewohner etwa zehn Ar zur Bewirtschaftung, für die heutigen Verhältnisse würde jedoch ein Ar ausreichen* (VN 29. 10. 1997, E 3; A); *Während zwischen Meter und Kilometer eine große Lücke klafft, gibt es zwischen Quadratmeter und Quadratkilometer einige gebräuchliche (deutsche) Einheiten ..., nämlich das Ar ...* (Universität Kiel 24. 9. 2002, Internet; D) – In A und D Neutrum, in D auch Maskulinum – Dazu: ↗**Hektar**

Aranciata STIR die; –, ...te [aran'tʃata] ⟨ital.⟩ (Plur. ungebräuchl.): ↗ORANGINA CH, ↗ORANGEADE D (selten), ↗ORANGENLIMONADE D (ohne südwest), ↗ORANGENSPRUDEL D-mittelwest ›Erfrischungsgetränk aus Saft von ↗Orangen und Kohlensäure‹: *Olga ließ Wein und Aranciata neben die Teller stellen* (Zoderer, Walsche 114)

Aranzini A die; nur Plur. ⟨aus ital. *arancino* ›(kleine) Orange‹⟩: ↗ORANGEAT CH D ›kleinwürfelig geschnittene, kandierte Schalen von ↗Orangen‹: *Dass dann nebenbei noch anderes mitgeht wie Pistazien oder ganz frische Aranzini, bestes Zitronat und so weiter, versteht sich fast von selber* (OÖN 27. 10. 2001, 24)

Arbeit: *Gute Arbeit! STIR ⟨übersetzt aus ital. *buon lavoro*⟩ (Grenzfall des Standards): /Wunschformel am Ende eines Gesprächs oder einer Rede/: *Da bleibt den*

beiden Gremien nur eines zu wünschen: Krempelt die Ärmel hoch, es ist viel zu tun, und gute Arbeit! (Sozialgenossenschaft HandiCar, Info, 2001, Internet) – Das Substantiv *Arbeit* ist in allen anderen Verwendungen gemeindt.

Arbeiterhilfswerk CH das; -(e)s, -e: ↗ARBEITERWOHLFAHRT D ›Organisation der Sozialhilfe, die auf überpolitischer Ebene Heime, Kindergärten, Beratungsstellen u.a. unterhält‹ (meist in der Wendung *Schweizerisches Arbeiterhilfswerk): Anerkannte Flüchtlinge werden ... vom Schweizerischen Arbeiterhilfswerk betreut* (NLZ 9. 3. 2001, Internet)

Arbeiterkammer A die; –, -n: ›gesetzliche Interessensvertretung der Arbeiter(innen) und Angestellten‹: *Eine Studie der Arbeiterkammer ist dem »Beschäftigungswunder« nachgegangen* (SN 20. 10. 1997, 1) – Abk. ↗AK. Vgl. Kammer – Dazu: **Arbeiterkammerpräsident(in), Arbeiterkammertag, Arbeiterkammerumlage** (↗Kammerumlage), **Arbeiterkammerwahl**

Arbeiterschutz A der; -es, ohne Plur.: ↗ARBEITSSCHUTZ D ›gesetzliche Bestimmungen zum Schutz von Arbeitnehmer(inne)n vor Gefahren, die sich aus der beruflichen Tätigkeit ergeben‹: *In der Folge beschäftigte sich die »Arbeiterkammer Burgenland« hauptsächlich mit der Regelung von Lehrlingsfragen, ... Statistik, Arbeiterschutz etc.* (AK Burgenland, 2001, Internet) – Dazu: **Arbeiterschutzauflagen, Arbeiterschutzbestimmungen**

Arbeiterwohlfahrt D die; –, ohne Plur.: ↗ARBEITERHILFSWERK CH ›Wohlfahrtsverband, der auf überpolitischer Ebene Heime, Kindergärten, Beratungsstellen u.Ä. unterhält‹: *Waren in der Vergangenheit fast ausschließlich die Pflegedienste in der Trägerschaft von Wohlfahrtsverbänden wie Caritas, Diakonie oder der Arbeiterwohlfahrt am Markt, drängen jetzt kommerzielle Dienstleister nach vorne* (Welt 26. 7. 1996, Internet) – Abk. ↗AWO

Arbeitgeber (gemeindt.): ↗DIENSTGEBER/DIENSTGEBERIN

Arbeitgeberverband: *Schweizerischer Arbeitgeberverband CH: ↗BDA D ›Vereinigung regionaler und branchenmässiger Arbeitgeberverbände‹: *Die Mitgliederversammlung des Schweizerischen Arbeitgeberverbandes fand bereits zum dritten Mal in einer erfreulichen Konjunkturlage statt* (Schweizerischer Arbeitgeberverband, 2001, Internet) – Das einfache Substantiv *Arbeitgeberverband* ist gemeindt.

Arbeitnehmende CH der/die; -n, -n: ↗DIENSTNEHMER A ›für eine Arbeit angestellte Person; Arbeitnehmer(in)‹: *Das Bundesgesetz über die Unfallversicherung garantiert den Arbeitnehmenden einen umfassenden Versicherungsschutz bei der Berufsausübung und in der Freizeit* (Bund 18. 11. 1999, 20)

Arbeitnehmer (gemeindt.): ↗ARBEITNEHMENDE, ↗DIENSTNEHMER/DIENSTNEHMERIN

Arbeitnehmerveranlagung A die; –, -en (formell): ›Neuberechnung der lohnsteuerpflichtigen Einkünfte eines Kalenderjahres nur von unselbstständig Erwerbstätigen unter Einbeziehung von Freibeträgen durch das ↗Finanzamt, die zu einer Steuergutschrift oder Steuernachzahlung führen kann‹: *Arbeiter, Angestellte, Beamte und Pensionisten haben die Möglichkeit, sich im Rahmen der Arbeitnehmerveranlagung einen Teil ihrer Lohnsteuer zurückzuholen* (Maxima 3/1998, 164)

Arbeitsamt (gemeindt.): ↗ARBEITSMARKTSERVICE

Arbeitsantritt (gemeindt.): ↗STELLENANTRITT

Arbeitsanzug A D der; -(e)s, ...züge: ↗BLAUE A, ↗MONTUR A, ↗SCHLOSSERGEWAND A, ↗BERUFSKLEID CH, ↗GWÄNDLI CH, ↗ÜBERGEWAND CH, ↗ÜBERKLEID CH, ↗BLAUMANN D (ohne südost), ↗ANTON: *BLAUE ANTON D-südwest ›Arbeitskleidung [aus blauem Baumwollstoff]; Overall‹: *Alle Arbeitnehmer erhalten jährlich eine Arbeitskleidung (Arbeitsanzug bzw. Arbeitsmantel), die Eigentum der Firma bleibt* (Wirtschaftskammern Österreich, 1998, Internet; A); *Zur Tatzeit war er mit einem grünen Arbeitsanzug bekleidet* (Lübecker Nachr 26. 1. 2001, Internet; D)

Arbeitsberater Arbeitsberaterin D STIR der; -s, – bzw. die; –, -nen: ›Person, die berufsmäßig in einem Arbeitsamt Arbeitsuchende, Arbeitgeber(innen), Institutionen und Verbände über Berufe und Entwicklungen am Arbeitsmarkt informiert und berät‹: *Wie schwer es ist, Arbeitslose zur Arbeit zu bewegen, erlebte kürzlich Arbeitsberater Josef V. in Mülheim an der Ruhr* (Welt 27. 8. 1996, Internet; D); *Arbeitsberater und eingetragene Steuersachverständige können nun auf den Antragsformularen die Unterschrift des Antragstellers beglaubigen* (Dolomiten 10. 1. 2001, 10; STIR)

Arbeitsbeschaffungsmaßnahme D die; –, -n: ›staatlich subventionierte Maßnahme zur Schaffung zusätzlicher Arbeitsplätze‹: *Die vorbereitenden Arbeiten hatten Handwerker im Rahmen einer Arbeitsbeschaffungsmaßnahme erledigt* (Kreis Saarlouis 20. 11. 2002, Internet) – Abk. ↗ABM

Arbeitsbewilligung A CH die; –, -en: ›amtliche Erlaubnis, die es ausländischen Staatsangehörigen ermöglicht, legal einer Erwerbstätigkeit nachzugehen; Arbeitserlaubnis‹: *[Wir] versuchen, möglichst vielen arbeitsfähigen Bosniern die Möglichkeit zu geben, Arbeit zu finden und auch die Arbeitsbewilligung zu bekommen* (Stenogr. Protokoll des Bundesrates 23. 10. 1997, Internet; A); *Der Lette wird die Schweiz morgen Dienstag verlassen, weil die Arbeitsbewilligung der*

Fremdenpolizei fehlt (Bund 1. 11. 1999, 31; CH) – Vgl. Bewilligung

Ạrbeitsbuch STIR das; -(e)s, ...bücher: ›von einer Gemeinde ausgestelltes Dokument, in das der Arbeitgeber bzw. die Arbeitgeberin Daten einträgt, die für die Versicherung und die ↗Rente aller Arbeitnehmer(innen) in der Privatwirtschaft relevant sind‹: *Mit der Arbeits- und Aufenthaltsgenehmigung, sowie der Abgabebestätigung von der Quästur (kleiner Streifen), muss der Arbeitnehmer am selben Tag beim Arbeitsinspektorat in Bozen, III. Stock, das Arbeitsbuch beantragen* (HGV Ztg 4/1998, 55) – Die Bedeutung ›Übungsbuch für den Schulunterricht, für einen Kurs o. Ä.‹ ist gemeindt.

Arbeitserlaubnis (gemeindt.): ↗ARBEITSBEWILLIGUNG

Ạrbeitsheim CH das; -(e)s, -e: ›Heim für Behinderte, in dem diese wohnen und arbeiten‹ (oft in der Wendung *Wohn- und Arbeitsheim*): *Nach siebenjähriger Bauzeit steht das Arbeitsheim für Behinderte in Amriswil in neuem Glanz* (St. Galler Tagbl 11. 5. 1998, Internet)

Ạrbeitsinspektion A die; –, -en: ↗ARBEITSINSPEKTORAT A CH, ↗GEWERBEPOLIZEI CH, ↗HANDELSPOLIZEI CH STIR, ↗GEWERBEAUFSICHT D, ↗GEWERBEAUFSICHTSAMT D ›Behörde, die die Einhaltung der Arbeitsbestimmungen überwacht‹: *Die Arbeitsinspektion hat in den vergangenen beiden Jahren 218 Übertretungen des Arbeitszeit-Gesetzes in Spitälern beanstandet* (Presse 10. 6. 2000, Internet) – Vgl. Arbeitsinspektor

Ạrbeitsinspektor Ạrbeitsinspektorin A der; -s, -en bzw. die; –, -nen: ›Mitglied des ↗Arbeitsinspektorats, das die Einhaltung der Arbeitsbestimmungen überwacht‹: *Besonders froh ist ÖGB-Frau C. jedenfalls, dass »die Kontrollfunktion der Arbeitsinspektoren auch künftig nicht beeinträchtigt wird«* (Standard 8. 6. 2001, Internet) – Vgl. Arbeitsinspektion

Ạrbeitsinspektorat A CH das; -(e)s, -e: ↗ARBEITSINSPEKTION A, ↗GEWERBEPOLIZEI CH, ↗HANDELSPOLIZEI CH STIR, ↗GEWERBEAUFSICHT D, ↗GEWERBEAUFSICHTSAMT D ›Behörde, die die Einhaltung der Arbeitsbestimmungen überwacht‹: *Für die Einhaltung der gesetzlichen Vorschriften sorgt ein Kontrollsystem, in dem die Bundessozialämter mit den Gewerbebehörden, den Sozialversicherungsträgern und den Arbeitsinspektoraten zusammenarbeiten* (Bundesministerium für Arbeit und Soziales, 1995, 31; A); *Die Gesundheitsvorsorge und Arbeitssicherheit zählt zu den Kernaufgaben des kantonalen Arbeitsinspektorates* (AWA Solothurn, 1998, Internet; CH) – Vgl. Inspektorat

Arbeitskleidung (gemeindt.): ↗ANTON: *BLAUE ANTON, ↗ARBEITSANZUG, ↗BERUFSKLEID, ↗BLAUE, ↗BLAUMANN, ↗GWÄNDLI, ↗MONTUR, ↗SCHLOSSERGEWAND, ↗ÜBERGEWAND, ↗ÜBERKLEID

Ạrbeitskräfteüberlassung A die; –, -en (formell): ↗PERSONALLEASING A D, ↗PERSONALVERLEIH CH ›Verleih von Arbeitskräften‹: *Seit 1995 vollziehen die Bundessozialämter Aufgaben, die bisher von den Arbeitsmarktbehörden durchgeführt wurden: Insolvenzentgeltsicherung, Arbeitskräfteüberlassung und private Arbeitsvermittlung* (Wiener Ztg 15. 12. 1999, Internet) – Dazu: **Arbeitskräfteüberlassungsgesetz, Arbeitskräfteüberlassungsvertrag**

arbeitslos (gemeindt.): ↗HACKENSTAD

Ạrbeitslose A die; -n, ohne Plur. (informell): ↗ARBEITSLOSENGELD A D, ↗ARBEITSLOSENENTSCHÄDIGUNG CH ›Geld, das vom Arbeitsamt an Arbeit suchende Erwerbslose ausbezahlt wird; Arbeitslosenunterstützung‹: *Arbeitnehmer können binnen fünf Jahren bis zu 52 Wochen Bildungskarenz nehmen und erhalten in dieser Zeit Arbeitslose* (SN 20. 10. 1997, 9) – Die Bedeutung ›Person, die arbeitslos ist‹ ist gemeindt.

Ạrbeitslosenentschädigung CH die; –, -en: ↗ARBEITSLOSE A, ↗ARBEITSLOSENGELD A D ›Arbeitslosenunterstützung‹: *Pro Monat verlieren im Kanton Bern 400 Stellensuchende die Berechtigung auf Arbeitslosenentschädigung* (Bund 16. 12. 1998, 17)

Ạrbeitslosengeld A D das; -(e)s, -er: ↗ARBEITSLOSE A, ↗ARBEITSLOSENENTSCHÄDIGUNG CH ›Arbeitslosenunterstützung‹: *Der Großteil der Betroffenen hat nicht einmal Anspruch auf Arbeitslosengeld* (Standard 1. 4. 2000, Internet; A); *Hält der Arbeitgeber die ordentliche Kündigungsfrist nicht ein, ... erhält der Arbeitnehmer zeitweise kein Arbeitslosengeld* (WAZ 9. 6. 2000, Internet; D) – In CH selten

Ạrbeitslosenhilfe D die; –, -n: ↗NOTSTAND A, ↗NOTSTANDSHILFE A ›verminderte Zahlung an Erwerbslose, die keinen Anspruch mehr auf ↗Arbeitslosengeld haben‹: *Gegen den massiven Widerstand der Opposition hat der Bundestag ... ein Spargesetz zur Reform der Arbeitslosenhilfe beschlossen* (Welt 10. 2. 1996, Internet)

Ạrbeitslosenkasse CH die; –, -n: ›↗kantonale oder private Auszahlungseinrichtung, die Insolvenzentschädigungen und ↗Taggelder an arbeitslose Personen bzw. Kurzarbeits- und Schlechtwetterentschädigungen an Betriebe entrichtet‹: *Bestehen Zweifel an der Durchsetzbarkeit von Ansprüchen gegenüber dem Arbeitgeber, muss die Arbeitslosenkasse Stempelgelder für die umstrittene Zeit sofort herausrücken* (Beobachter, Richtig versichert 98)

Arbeitslosenquote (gemeindt.): ↗ARBEITSLOSENRATE

Arbeitslosenrate A die; –, -n: ›Anteil der Erwerbslosen an der erwerbstätigen Bevölkerung in Prozent; Arbeitslosenquote‹: *1998 hatte Kärnten nach dem Burgenland die höchste Arbeitslosenrate* (Profil 7. 2. 1999, Internet) – In CH und D selten

Arbeitslosenunterstützung (gemeindt.): ↗ARBEITSLOSE, ↗ARBEITSLOSENENTSCHÄDIGUNG, ↗ARBEITSLOSENGELD

Arbeitsmarktservice A das; -(s), -(s) (formell): ›Dienstleistungsunternehmen des öffentlichen Rechts, das die staatliche Arbeitsmarktpolitik umsetzt, Arbeit vermittelt und für die Auszahlung der finanziellen Unterstützung für Arbeitslose zuständig ist; Arbeitsamt‹: *Das Arbeitsmarktservice (AMS) vermittelt dem Auftragnehmer die Langzeitarbeitslosen* (Presse 23. 9. 1997, 10) – Abk. AMS. Die Bezeichnung *Arbeitsamt* wurde 1994 durch *Arbeitsmarktservice Österreich* ersetzt, ist aber informell noch gebräuchlich

Arbeitsrechtberater siehe Arbeitsrechtsberater

Arbeitsrechtsberater Arbeitsrechtsberaterin STIR der; -s, – bzw. die; –, -nen ⟨aus ital. *consulente del lavoro*⟩: ›Person, die berufsmäßig Betriebe in Personalangelegenheiten berät, z. B. durch Berechnung von Lohnkosten, Erledigung diverser Formalitäten und Meldungen, in Vertragsfragen etc.‹: *Die Kammern der Wirtschaftsprüfer und ... der Arbeitsrechtsberater der Provinz Bozen halten heute mit dem Finanzblatt »Italia Oggi« eine Telekonferenz mit dem Finanzministerium* (Dolomiten 23. 2. 1999, 5) – Selten auch in der Form *Arbeitsrechtberater(in)*

Arbeitsschutz D der; -es, ohne Plur.: ↗ARBEITERSCHUTZ A ›gesetzlicher Schutz für Arbeitnehmer(innen) gegen Gefährdungen, die sich aus der beruflichen Tätigkeit ergeben‹: *Er fühle sich von den Politikern im Stich gelassen, die den Arbeitsschutz mit der Zeit mehr und mehr ausgehöhlt hätten* (Bocholter-Borkener Volksbl 28. 4. 2000, Internet) – Dazu: **Arbeitsschutzbestimmung**

Arbeitsvergabe CH die; –, -n: ↗ARBEITSVERGEBUNG CH, ↗AUFTRAGSVERGEBUNG CH ›Überantwortung einer Arbeit an einen [von mehreren] Bewerbern; Auftragsvergabe‹: *Die einen ... fordern fairen Wettbewerb bei der Arbeitsvergabe, während andere das eigene Gewerbe bevorzugt wissen wollen* (St. Galler Tagbl 18. 6. 1997, Internet)

Arbeitsvergebung CH die; –, -en: ↗ARBEITSVERGABE CH, ↗AUFTRAGSVERGEBUNG CH ›Überantwortung einer Arbeit an einen [von mehreren] Bewerbern; Auftragsvergabe‹: *Wie viele Arbeitsvergebungen gingen bis heute an das einheimische Gewerbe?* (TA 5. 3. 1996, 22)

Arbeitsvertrag (gemeindt.): ↗DIENSTVERTRAG, ↗DIENSTZETTEL

ARBÖ A der; -(s), ohne Plur.: als Wort gesprochene Abk. für ›Auto-, Motor- und Radfahrerbund Österreichs‹: ↗ÖAMTC A, ↗ACS CH, ↗TCS CH, ↗ADAC D, ↗ACI STIR: *Ein Spezialtransporter musste einen Lkw abschleppen, meldete der ARBÖ* (Kurier 5. 11. 1997, 15)

ARD D die; –, ohne Plur.: buchstabierte Abk. für *Arbeitsgemeinschaft der Rundfunkanstalten Deutschlands*: ↗ORF A, ↗SRG CH, ↗ZDF D ›öffentlich-rechtlicher Anbieter von Radio- und Fernsehprogrammen in Deutschland‹: *Mit einer neuen fünfzehnminütigen Nachrichtensendung am Mittag will die ARD ... die Marktführerschaft von RTL um diese Uhrzeit attackieren* (Focus 4. 8. 1997, 13)

Are CH die; –, -n: ↗AR A D ›100 Quadratmeter‹ /ein Flächenmass/: *Zu kaufen gesucht im Zürcher Oberland Liegenschaft mit 100 – 150 Aren Landanteil, die sich zur Pferdehaltung eignet* (Zürcher Oberländer 19. 3. 1997, 60) – Dazu: ↗**Hektare**

arg A CH D-mittelost/süd: **1.** Adj. ärger, am ärgsten; ↗DOLL D (ohne mittelost/südost) ›schlimm‹: *Beschwerden mit der Wirbelsäule sollten Sie behandeln lassen, ehe sie ärger werden* (Neue Kronen Ztg 30. 12. 1997, 28; A); *Ähnlich wie in der Tabakindustrie versucht nun auch die Brustimplantat-Industrie, noch ärgeren Schaden abzuwenden, indem sie ein für allemal eine Abgeltung ausbezahlt* (PulsTipp 19. 9. 1997, 2; CH). **2.** Adv. (Grenzfall des Standards); ↗NARRISCH A D-südost, ↗BANNIG D-nord, ↗DOLL D (ohne mittelost/südost), ↗IRRE D (ohne südwest) ›sehr, überaus‹ (intensivierend bei Adj. u. Verben): *So kam es ... zu einer Diskussion darüber, ob denn das Rauchen tatsächlich so arg schädlich sei* (Ganze Woche 5. 11. 1997, 12; A); *Globis Schiff wird arg geschüttelt* (Strebel, Globi der Seefahrer 28; CH) – Die Wendungen *auf das/aufs Ärgste* und *im Argen liegen* sind gemeindt.

Argumentarium CH das; -s, ...ien/...ia: ›Gesamtheit von Argumenten‹: *Die SVP scheint sich schwer zu tun mit dem Aufstellen eines schlagkräftigen Argumentariums* (TA 20. 10. 1998, 25)

Armee: ***Schweizer Armee** CH: ↗BUNDESHEER A, ↗BUNDESWEHR D ›Gesamtheit der Streitkräfte der Schweiz‹: *Welche Aufgabe musste die Schweizer Armee während des Ersten Weltkrieges erfüllen?* (Meyer, Geschichte 3, 33) – Die amtliche Bezeichnung lautet *Schweizerische Armee*. Das Substantiv *Armee* ist in allen anderen Verwendungen gemeindt. Vgl. AdA

Ärmel: ***jmdm. nimmt es den Ärmel hinein** CH (salopp) ›jmd. wird von Leidenschaft ergriffen‹: *»Ich ging bei Hans O. S. in die Lehre, dabei hat es mir den Ärmel hineingenommen«, erinnert sich S.* (TA 12. 11. 1999, Internet) – Das Substantiv *Ärmel* ist in allen anderen Verwendungen gemeindt.

armengenössig CH Adj. (veraltend): ›auf Unterstützung durch die Fürsorge angewiesen‹: *Immerhin, eine kleine Kriegsrente erhielt sie aus Deutschland, sonst wäre sie wohl armengenössig geworden* (Wenger, Rosalia 45)

arrangieren LUX sw.V./hat [arãˈʒiːrən]: ›von Vorteil, hilfreich sein‹: *Bereits ein Unentschieden würde den Gast arrangieren, denn dann könnte der Zwei-Punkte-Vorsprung gewahrt werden* (Luxemb Wort 11. 2. 2000, 26) – Andere Bedeutungen sind gemeindt.

Arrestantenwagen A der; -s, -/...wägen ⟨zum veraltenden Wort *Arrestant*, aus mlat. *arrestans* ›Häftling‹⟩: ↗HEINRICH: *GRÜNE HEINRICH A, ↗MINNA: *GRÜNE MINNA D-nord/mittel ›gesicherter Wagen für den Transport von Häftlingen‹: *Außerdem kann man dort das Innere eines Arrestantenwagens inspizieren und lernen, dass nicht jeder Polizist einfach ein »Herr Inspektor« ist* (Format 14. 12. 1998, 25) – Vgl. Wagen

Arve CH die; –, -n: ↗ZIRBE A, ↗ZIRM STIR ›Zirbelkiefer‹: *Die Büschel bestehen bei der Föhre aus 2, bei der Arve aus 5 und bei der Lärche aus 15 bis 30 Nadeln* (Wildermuth, Biologie 88) – Dazu: **Arvenmöbel, Arvennüsschen, Arvenstube, Arvenstübli** (↗Stübli), **Arvenwald, Arvenzimmer**

Arztambulatorium STIR das; -s, ...ien: ↗ORDINATION A ›Räumlichkeiten einer Arztpraxis‹: *Waidbruck hat im umgebauten Rathaus ein neues Arztambulatorium* (Dolomiten 28. 12. 2001, 23)

Ärztegesellschaft CH die; –, -en: ↗ÄRZTEKAMMER A D, ↗FMH CH ›Vereinigung von Ärztinnen und Ärzten einer Region, eines ↗Kantons, der Schweiz oder einer bestimmten Fachrichtung‹: *Der ... Präsident der Ärztegesellschaft redet Klartext: In einem Interview ... erklärt der FMH-Präsident, der vorliegende Tarifentwurf sei für alle Ärzte besser* (Bund 24. 11. 1999, 17)

Ärztekammer A D die; –, -n: ↗ÄRZTEGESELLSCHAFT CH, ↗FMH CH ›gesetzliche Standesvertretung der Ärzte und Ärztinnen‹: *Die Ärztekammer Wien gibt ... die Adressen jener Ärzte bekannt, die ... an Samstagen, Sonn- und Feiertagen ihre Ordination von 8 bis 20 Uhr geöffnet haben* (Wiener Ztg 5./6. 5. 2000, 13; A); *Der Gesundheitsreferent und die Ärztekammer müssten endlich gegen diese Mediziner vorgehen* (SZ 6. 8. 1998, L2; D) – So genannte *Landesärztekammern* sind in den einzelnen ↗Bundesländern eingerichtet. Die zentrale Vertretung der Ärzte bzw. Ärztinnen ist die *Österreichische* bzw. *Deutsche Ärztekammer*

Arztgehilfe Arztgehilfin CH der; -n, -n bzw. die; –, -nen: ↗ORDINATIONSHILFE A, ↗SPRECHSTUNDENHILFE A D, ↗PRAXISASSISTENT: *MEDIZINISCHE PRAXISASSISTENT CH, ↗ARZTHELFER D ›Person, die in einer Arztpraxis administrative Arbeiten erledigt und bei den medizinischen Behandlungen assistiert‹ /Berufsbezeichnung/: *C. ... wollte Arztgehilfin werden. Für sie fand sich eine Zahnärztin, bei der soeben eine Lehrtochter ausgestiegen war* (TA 17. 8. 1998, 25) – Die neue offizielle Bezeichnung lautet *medizinischer Praxisassistent* bzw. *medizinische Praxisassistentin* – Dazu: **Zahnarztgehilfe (...gehilfin)**

Arzthelfer Arzthelferin D der; -s, – bzw. die; –, -nen: ↗ORDINATIONSHILFE A, ↗SPRECHSTUNDENHILFE A D, ↗ARZTGEHILFE CH, ↗PRAXISASSISTENT: *MEDIZINISCHE PRAXISASSISTENT CH ›Person, die in einer Arztpraxis administrative Arbeiten erledigt und bei den medizinischen Behandlungen assistiert‹ /Berufsbezeichnung/: *Mein hohes Fieber jedoch war von der sichtlich verwirrten Arzthelferin sowie dem Arzt deutlich erkannt worden* (Test 12/1997, 110) – Dazu: **Zahnarzthelfer(in)**

Arzthilfeschein A der; -(e)s, -e (formell): ↗KRANKENKASSENCHECK A, ↗KRANKENSCHEIN A ›Formular der Krankenkasse für Beamte zur Abrechnung von Behandlungskosten bei ↗Vertragsärzt(inn)en‹: *Wenn zwischen dem Kurmittelhaus ... und uns ein Vertrag besteht, können die verordneten physikalischen Therapien problemlos mit dem Arzthilfeschein bezogen werden* (Kurkostenbeiträge BVA, 2002, Internet)

Arztpraxis (gemeindt.): ↗ARZTAMBULATORIUM, ↗ORDINATION

Arztzeugnis CH das; -ses, -se: ›ärztliches Attest über den Gesundheitszustand einer Person‹: *Nach drei Tagen Unpässlichkeit braucht es ein Arztzeugnis* (Bund 4. 1. 2000, 8)

Asche D-nord/mittel die; –, ohne Plur. (salopp, Grenzfall des Standards): ↗FLIEDER A (ohne west), ↗GERSTL A D-südost, ↗MARIE A D-nord, ↗KLOTZ CH, ↗STUTZ CH, ↗KOHLE CH D, ↗KIES D (ohne südwest), ↗KNETE D (ohne südost), ↗MOOS D (ohne mittelost/südwest) ›Geld‹: *Von Asche bis Zaster: Währungen und Ausdrücke für Geld, die uns vertraut sind* (Kieler Nachr 1. 9. 2001, Internet) – Andere Bedeutungen sind gemeindt.

Aspik A D der/A das; -s, ohne Plur. [asˈpiːk, asˈpɪk] ⟨aus frz. *aspic* ›↗Sulz‹⟩: ↗SULZ CH D-südwest ›durch das Auskochen von Knochen und Fleisch gewonnene durchsichtige Gallertmasse‹: *Rezepte gibt es viele, man kann die Fische mit Petersilie und Dill würzen, in Mehl wenden und braten ... oder zusammen mit Welsfleisch in Aspik servieren* (VN 2. 2. 1995, A 8; A); *Diesen Vorgang mehrmals wiederholen, bis die Portionen völlig mit Aspik bedeckt sind* (Dr. Oetker, Schulkochbuch 158; D) – In CH selten

Aspirant Aspirantin der; -en, -en bzw. die; –, -nen ⟨zu frz. *aspirant* ›Offiziersanwärter‹, aus *aspirer à* ›streben, trachten nach‹⟩: **1.** A ›angehender Apotheker bzw. angehende Apothekerin, der bzw. die nach dem abgeschlossenen Pharmaziestudium zum Erwerb von Berufserfahrung ein Jahr in einer Apotheke absolviert‹: *Ich bin Aspirant und erhalte die Mitgliedschaft gratis* (Forum! Pharmazie, 2002, Internet). **2.** A CH ›Person, die sich in Ausbildung für eine Gruppenführungsposition befindet (häufig im Militär); Anwärter(in)‹: *So bastelt denn nun der Aspirant auf die Führungsposition wie sein eigener Controller an vermeintlichen Unzulänglichkeiten herum* (Trend 6/1998, Internet; A); *Folgende Berner Aspiranten der Offiziersschule 2/99 der Mechanisierten und Leichten Truppen in Thun haben das Brevet erhalten: …* (Bund 15. 9. 1999, 35; CH) – Die Bedeutung ›Anwärter(in) auf eine Anstellung, einen [sportlichen] Titel, einen Preis o. Ä.‹ ist gemeindt. Vgl. aspirieren – Zu 1.: **Aspirantenjahr, Aspirantenprüfung.** Zu 2.: **Aspirantenschule** CH, **Bergführeraspirant(in)** CH, **Offiziersaspirant(in)** CH, **Polizeiaspirant(in)** CH, **Redaktionsaspirant(in)** A

aspirieren A CH sw.V./hat: ›sich um etw. bewerben; einen Anspruch auf eine Anstellung, einen Preis o. Ä. haben‹: *Andreas M.-P., Leiter der Kunstsektion im Bundeskanzleramt, aspiriert auf einen neuen Karrieresprung* (Profil 10. 1. 1999, Internet; A); *Irgendein PR-Berater wird ihr eingebläut haben, dass nur Bundesrätin wird, wer auf Knien gebeten wird und ja nicht selber aspiriert* (TA 26. 10. 1999, 21; CH) – In D selten. Die Verwendungen in den Bereichen Sprachwissenschaft und Medizin sind fachsprachlich gemeindt. Vgl. Aspirant

Ass. siehe Assessor

assanieren A sw.V./hat ⟨lat.⟩: ↗ADAPTIEREN A, ↗REVITALISIEREN A, ↗GENERALSANIEREN A D ›[einen größeren Komplex, einen Stadtteil] von Grund auf renovieren; sanieren‹: *Wir werden nur dort assanieren, wo das Stadtgebiet nicht mehr anders beherrschbar wäre* (OÖN 23. 7. 1986, 9) – Dazu: **Assanierung, Assanierungsgebiet**

Assessor Assessorin der; -s, -en bzw. die; –, -nen ⟨aus lat. *assessor* ›Beisitzer, Gehilfe‹⟩: **1.** D; ↗RICHTERAMTSANWÄRTER A ›Person, die nach dem Studium der Rechtswissenschaften und einem Praxisjahr bei Gericht zu einer Prüfung antreten darf, die bei erfolgreicher Absolvierung zum Richteramt berechtigt‹: *Trotzdem war sie gekommen und hatte einen jungen Mann mitgebracht, den ich ebenfalls oberflächlich kannte, einen Assessor* (Hildesheimer, Legenden 64). **2.** STIR ; ↗REFERENT A D ›Ressortleiter(in) in der [Gemeinde]verwaltung‹: *Die Assessorinnen und Gemeinderätinnen wurden in den vergangenen Wochen von der SVP-Frauenbewegung auf ihre neuen Aufgaben gut vorbereitet* (Südtiroler Frau 13/2000, 5). **3.** STIR ›Mitglied der ↗Regionalregierung‹: *Für eine kurze Zeit sind die drei damaligen SVP-Assessoren sogar aus der Regionalregierung ausgezogen* (Südtirols Autonomie 30). **4.** STIR (informell); ↗LANDESRAT A, ↗STADTRAT: *AMTSFÜHRENDE STADTRAT A (Wien), ↗DEPARTEMENTSCHEF CH, ↗DEPARTEMENTSVORSTEHER CH, ↗REGIERUNGSRAT CH, ↗STAATSRAT CH-west (FR, VS), ↗LANDESMINISTER D, ↗MINISTER D, ↗SENATOR D (Berlin, Bremen, Hamburg) ›für ein bestimmtes Ressort zuständiges Mitglied der ↗Landesregierung‹: *Ein Newcomer über Rolle und Perspektiven in Luis Durnwalders Assessorenrunde* (Südtirol Profil 7. 2. 1994, 3) – Abk. Ass. Früher in A und D ein Beamtentitel. Zu 4.: Heute in STIR formell *Landesrat, Assessor(in)* ist aber informell noch gebräuchlich – Zu 1.: **Gerichtsassessor(in).** Zu 2.: **Gemeindeassessor(in), Handelsassessor(in), Kulturassessor(in), Sozialassessor(in), Tourismusassessor(in), Umweltassessor(in), Wirtschaftsassessor(in).** Zu 3.: **Regionalassessorat, Regionalassessor(in).** Zu 4.: **Landesassessorat** (↗Landes-), **Landesassessor(in)** (↗Landes-). Zu 2. bis 4.: ↗**Assessorat**

Assessorat STIR das; -(e)s, -e: **1.** ›Ressort eines Gemeindeassessors bzw. einer Gemeindeassessorin‹: *Das Assessorat [hat] bereits einen Verordnungsentwurf ausgearbeitet, in dem die Einrichtung eines Nomadensiedlungsplatzes auf dem Gemeindegebiet vorgesehen ist* (Gemeinde Meran, 2002, Internet). **2.** (informell) ›Ressort eines ↗Landesrates bzw. einer Landesrätin‹: *Ob nun die gesamte Berufsschule künftig bei diesem oder jenem Assessorat angesiedelt sein wird, … ist kein Planungsanliegen* (Südtirol Profil 25. 5. 1996, 6). **3.** (informell) ›Ressort eines Regionalassessors bzw. einer Regionalassessorin‹: *Vizepräsidentin Wanda C. gab sich mit einem recht bescheidenen Assessorat zufrieden* (Dolomiten 20. 3. 2002, 13). **4.** ›Gebäude, in dem das Assessorat (Bed. 1–3) untergebracht ist‹: *Wir wissen, dass in den einzelnen Assessoraten knapp 10.000 Angestellte tätig sind* (Wortprotokoll des Südtiroler Landtages 17. 7. 2001, Internet) – Zu 2.: Formell häufig in Wendungen wie *Assessorat für Handel, Handwerk und Tourismus, Assessorat für Industrie, Assessorat für Landwirtschaft* und im Ggs. zu den Personenbezeichnungen *Assessor(in), Landesassessor(in)* nicht veraltet. Zu 3.: Formell häufig in Wendungen wie *Regionalassessorat für die Frauen, Regionalassessorat für Friedensrichter.* Vgl. Assessor – Zu 1.: **Gemeindeassessorat, Personalassessorat, Sozialassessorat, Umweltassessorat, Verkehrsassessorat.** Zu 2.: **Industrieassessorat, Landesassessorat, Landwirtschaftsassessorat, Tourismusassessorat, Transportassessorat, Wirtschaftsassessorat.** Zu 1. und 2.: **Kulturassessorat.** Zu 3.: **Regionalassessorat**

Assistent Assistentin STIR der; -en, -en bzw. die; –, -nen ⟨übersetzt aus ital. *assistente*⟩: ›Person, die nach einer spezifischen Ausbildung berufsmäßig im sozialen Bereich tätig ist‹: *Für Assistentinnen und Assistenten ist der Abschluss einer zwei- oder dreijährigen Frauenfachschule vorgeschrieben* (Schule und Kindergarten in Südtirol 24); ***technische Assistent(in):** ↗SCHULASSISTENT D ›Person, die berufsmäßig an Schulen für die Wartung von Spezialräumen (Physik-, Chemielabor und Computerraum) und die Vorbereitung von Experimenten etc. zuständig ist‹: *Der Fachlehrer bzw. der technische Assistent betritt den Raum als Erster und verlässt ihn als Letzter* (Schulverbund Wipptal, 2002, Internet) – Vereinzelt auch in den Bereichen Bauwesen, Bibliothekswesen und Bürowesen. Die Bedeutungen im medizinischen und universitären Bereich sind gemeindt. – Dazu: **Bibliotheksassistent(in), Kindergartenassistent(in), Materialprüfungsassistent(in), Sekretariatsassistent(in),** **↗Sozialassistent(in)**

assortiert CH Adj. (nicht steigerbar): **1.** ›[passend] zusammengestellt (von Warenangeboten, Möbeln, Kleidern)‹: *Im gut assortierten Fachhandel sind … für 30 bis 50 Franken PC-Erweiterungskarten im Angebot* (TA 6. 9. 1999, 66). **2.** ›[farblich] passend‹: *Wenn sie nicht in Shorts und Trikot auf dem Platz stehen, können Italiens Fussballer adrett gekleidet sein: smarter Schnitt, Gilet, assortierte Krawatte* (TA 9. 6. 1999, 52) – In D fachsprachlich. Das Verb *assortieren* ist selten – Dazu: **Assortiment**

Ast: *am längeren Ast sitzen A: ↗HEBEL: *AM LÄNGEREN HEBEL SITZEN CH D ›sich (gegenüber jmdm.) in einer günstigeren, mächtigeren Position befinden‹: *Durch die Geduld und Ausdauer, die Sie jetzt aufbringen, sitzen Sie am längeren Ast* (Maxima 3/1998, 178); ***sich [nicht] auf die Äste hinauslassen/ hinauswagen** CH: **a)** ›sich [nicht] vorwagen und dabei [k]ein Risiko in Kauf nehmen‹: *Loy wird Grundherr in Signau, Ludwig gar wagt sich mit seinem Schloss am Rhein auf die Äste hinaus* (Treichler, Abenteuer Schweiz 103). **b)** ›ohne aufwändige Abklärungen [nicht] klar Stellung beziehen‹: *Für heute Dienstag lassen sich die Wetterfrösche in Japan nicht auf die Äste hinaus: »Anfangs sonnig, ab Mitte Vormittag dichtere Wolken, dann … wieder Schneeschauer und neblig. Im Laufe des Nachmittags Wetterberuhigung»* (Bund 10. 2. 1998, 31); ***sich einen Ast lachen** D (salopp); ↗ZERKUGELN A, ↗ZERWUZELN A, ↗KAPUTTLACHEN D, ↗SCHLAPP: *SICH SCHLAPP LACHEN D, ↗TOTLACHEN D ›heftig lachen‹: *Günther lachte sich einen Ast* (Zeit 25. 3. 1999, Internet) – Das Substantiv *Ast* ist in allen anderen Verwendungen gemeindt.

AStA siehe Studentenausschuss

astrein D Adj. (Jugendsprache): ↗KLASS A (ohne west), ↗KLASSE D, ↗DUFTE D-nord (bes. Berlin), ↗KNORKE D-nordost (bes. Berlin), ↗PFUNDIG D-süd, ↗SCHNIEKE D-nord (bes. Berlin) ›sehr gut; großartig‹: *Paul de W. … durfte erneut beweisen, dass die Walsumer endlich wieder einen astreinen Penaltyschützen haben* (WAZ 20. 10. 1997, 26)

ASVG-Pension A die; –, -en: ↗PENSION A, ↗AHV-RENTE CH, ↗RENTE CH D, ↗ALTERSRUHEGELD D ›regelmäßige Zahlung an unselbständig Erwerbstätige bei Erreichen eines bestimmten Alters gemäß dem Allgemeinen Sozialversicherungsgesetz (ASVG) (im Ggs. zur Regelung für Beamte): *Sollte einem Politiker die karge ASVG-Pension nicht genügen …, soll er zusätzlich in eine eigene Pensionskassa einzahlen können* (Kleine Ztg 2. 3. 1997, 2) – Vgl. ASVG-Versicherung

ASVG-Versicherung A die; –, -en (Plur. ungebräuchl.): ↗PENSIONSVERSICHERUNG A, ↗INVALIDENVERSICHERUNG CH, ↗ALTERSVERSICHERUNG: *ALTERS- UND HINTERLASSENENVERSICHERUNG CH, ↗RENTENVERSICHERUNG D ›nach dem Allgemeinen Sozialversicherungsgesetz (ASVG) geregelte, verpflichtende Kranken-, Unfall- und Pensionsversicherung für unselbständig Erwerbstätige (im Ggs. zur Regelung für Beamte)‹: *In den Kammern wurde das Beamtendienst- und -pensionsrecht auf ASVG-Versicherung plus Betriebspensionen umgestellt* (Kurier 24. 2. 2000, 2) – Vgl. ASVG-Pension

Atem (gemeindt.): ↗PUSTE, ↗SCHNAUF, ↗SCHNAUFER

atmen (gemeindt.): ↗SCHNAUFEN

Atmosphäre (gemeindt.): ↗AMBIANCE, ↗AMBIENTE

ATS A der; –, – ⟨engl.⟩ (früher): buchstabierte Abk. für *Austrian Schilling:* ↗öS A, ↗S A, ↗CHF CH, ↗sFr CH, ↗DEM D, ↗DM D ›österreichischer Schilling‹ /ISO-Währungscode/: *Jede Dame erhält einen Überraschungsdrink und für ATS 260,– Begrüßungsjetons im Wert von ATS 300,–* (VN 29. 10. 1997, C 7) – Vgl. Alpendollar

Ätti CH der; -s, -/-s (Grenzfall des Standards, veraltend): **1.** ↗DATI A ›Vater‹: *Bauer wäre Ernst zwar gern geworden, doch darauf hatte schon sein Ätti verzichten müssen, blutenden Herzens: Der elterliche Hof war zu klein* (Sonntagsblick 16. 11. 1997, M8). **2.** ›alter Mann‹: *In der Hörnlihütte esse ich das Gericht des Hauses, trinke einen Halben, und dann trete ich vor die Hüttentür und juchze. Neben mir der Ätti, dessen Stimme noch viel weiter trägt als meine* (TA 20. 1. 2000, 79) – Zu 1.: **↗Grossätti**

Attika CH die; –, …ken ⟨aus lat. *(columna) Attica* ›attischer Pfeiler‹, zu *Atticus* aus griech. *Attikós* ›attisch; aus Athen‹⟩: kurz für ↗*Attikageschoss:* ›Dachgeschoss‹: *Blickte man von der Direktionsetage, welche die ganze Attika einnahm, nach Norden und Osten, so beeindruckte die perfekte Symmetrie der Anlage* (Jacobi, Kleefabrik 5) – Die Bedeutung ›halbgeschossähnlicher Aufbau über dem Hauptgesims eines Gebäudes‹ ist gemeindt. – Dazu: ↗**Attikawohnung**

Attikageschoss CH das; -es, -e: ›Dachgeschoss‹: *Besonders gut liess sich das Areal der Glücksfarm vom Attikageschoss des Verwaltungsgebäudes überblicken* (Jacobi, Kleefabrik 5) – Vgl. Attika

Attikawohnung CH die; –, -en: ›luxuriös ausgebaute oberste Wohnung eines Mehrfamilienhauses; Penthouse‹: *Der 5. Stock war die Attikawohnung des Hauses* (Brechbühl, Kneuss 50) – Vgl. Attika

ATX A der; –, ohne Plur. ⟨engl.⟩: buchstabierte Abk. für *Austrian Trade Index:* ↗SPI CH, ↗DAX D ›Österreichischer Aktienindex‹: *Der Wiener Fließhandelsindex ATX fiel um 2,51 Prozent* (Kurier 5. 11. 1997, 18)

Au A D-süd die; –, -en: ↗AUE D-nord/mittel ›fruchtbare, sumpfige [von Wasserarmen durchzogene] Uferlandschaft‹: *Die größte Au Österreichs würde weiter zerstückelt* (NÖN 12B/1998, 6; A) – In CH und D gehoben. In CH oft noch in Flurnamen

Aua D das; -s, -s (Grenzfall des Standards, Kindersprache): ↗BOBO CH, ↗ZIPPERLEIN D ›kleine Verletzung; Wehwehchen‹: *Erst fragte er, ob er sich in sein Bett setzen darf, was wir natürlich verneinten, dann meinte er, er hätte nun irgendwo in seinem Körper ein Aua* (Kleinewunder, 2002, Internet)

Aubergine CH D die; –, -n ['obɛrʃiːnə CH, obɛr'ʒiːnə D] ⟨frz.⟩: ↗MELANZANI A ›dunkelviolette bis schwarze Frucht mit weißem Fleisch; Eierfrucht‹ /ein Gemüse/: *Es duftet nach gebackenen Auberginen, Schafsbraten, Hummus und Zimt* (P.M., Olten 68; CH); *Lammkoteletts mit Rosmarin in cremiger Paprikasoße, daneben Auberginen mit Knoblauch* (Brigitte 11/1996, 197; D)

Auditor: **1.** CH der; -s, -en: ›Ankläger im Militärgericht‹: *In diesen Fällen ist es empfehlenswert, möglichst frühzeitig ... mit dem zuständigen Untersuchungsrichter oder Auditor Kontakt aufzunehmen* (ABC für Wehrdienstpflichtige Zürich, 2001, Internet). **2. Auditor Auditorin** CH (↗Kanton ZH) der; -s, -en bzw. die; –, -nen; ↗RECHTSPRAKTIKANT A, ↗RECHTSREFERENDAR D ›im ↗Bezirksgericht zu Ausbildungszwecken angestellter Jurist bzw. angestellte Juristin‹: *Personen, die für ihre Ausbildung bei einem Gericht zu arbeiten wünschen, können bei den Bezirksgerichten ... als Auditoren und Auditorinnen zugelassen werden* (Verordnung über die Gerichtsauditoren und Gerichtsauditorinnen Zürich 20. 6. 2000, Internet). **3. Auditor Auditorin** BELG der; -s, -en bzw. die; –, -nen: ›Beamte(r) im Gerichtswesen‹: *Der neue Verteidigungsminister war einst Auditor beim Rechnungshof und Mitglied des Europaparlaments* (Grenz-Echo 9. 12. 1994, 1) – Zu 1.: In A historisch. Eine weibliche Form ist nicht gebräuchlich – Zu 1.: ↗**Oberauditor**

Aue D-nord/mittel die; –, -n: ↗AU A D-süd ›fruchtbare, sumpfige [von Wasserarmen durchzogene] Uferlandschaft‹: *Mit Blick auf die landschaftlich herrliche Fulda-Aue führt unser Weg ... nach Eichhof* (Radfahren 4/1997, 65) – In CH gehoben und in Flurnamen

auf: **1.** A D Präp. mit Dat. oder Akk. /in Verbindung mit ↗*Urlaub*/: *Vorsitzender Hermann G. weilt derzeit auf Urlaub* (Kurier 5. 11. 1997, 20; A); *Sogar auf Urlaub fährt die Schwiegermutter mit* (Marzik, Mizzi 63; A); *Die wenigen Selbständigen im Bundestag, die von (Finanz-)Wirtschaft mutmaßlich eine Ahnung haben, müssen alle gerade auf Urlaub sein* (Zeitreport 10/2002, Internet; D). **2.** A-west CH Präp. mit Akk. (räumlich) ›zu[m] (in Verbindung mit Verben wie *müssen, gehen, eilen etc.* in der Bedeutung ›(ein öffentliches Verkehrsmittel) erreichen wollen‹, z.B. *auf den ↗Bus, auf das Flugzeug, auf die Seilbahn, auf den Zug gehen*)‹: *... eine Klasse musste früher auf den Bus gehen* (Veranstaltung Kindersportwelt, 2002, Internet; A-west); *Der Aufbruch kam, Peter musste auf den letzten Zug* (Tschudin, Meine Ehre 65; CH). **3.** A CH Präp. mit Dat. (räumlich) ›an (in Verbindung mit *Unfallstelle*)‹: *Bei dem Unfall wurde der Lenker aus dem Fahrzeug geschleudert, wobei er so schwere Verletzungen erlitt, dass er ... auf der Unfallstelle verstarb* (Salzkammergut Internet-Ztg 20. 12. 2002, Internet; A); *Eine 64-jährige Frau wurde ... von einem in Richtung Mühleberg fahrenden Auto erfasst und erlag ihren Verletzungen noch auf der Unfallstelle* (Bund 23. 12. 1999, 23; CH). **4.** CH Präp. mit Dat. (räumlich) ›in (in übertragener lokaler Verwendung, z.B. in Verbindung mit *Beruf, Büro, Internet, Fernseh- und Radiosender, Redaktion, Sekretariat*)‹: *Die Umweltschutzfachstelle ... ist mit einer eigenen Homepage auf dem Internet zu finden* (TA 14. 7. 1999, 21); *Es ist bislang so, dass man merkwürdigerweise zum Lehrling im Betrieb Du sagt, während man zur Lehrtochter auf dem Büro oder im Laden Sie sagt* (Tschudin, Meine Ehre 192). **5.** CH Präp. mit Dat. (räumlich) ›im (in Verbindung mit öffentlichem Grund und Boden, z.B. *auf [dem] Gemeindegebiet, auf [dem] Gemeindeland, auf [dem] Kantonsgebiet, auf dem Strassennetz* etc.)‹: *Der Lokomotivführer eines Güterzugs entdeckte den Brand auf Gemeindegebiet von Buchs (AG) am frühen Dienstag Morgen* (Bund 2. 6. 1999, 56); *In den vergangenen Tagen seien auf dem Stadtgebiet ungefähr 18 Tonnen Salz ausgestreut worden* (NLZ 11. 2. 1999, Internet). **6.** A CH D-südost Präp. mit Akk. (zeitlich) ›um (zur Angabe einer Uhrzeit, z.B. *auf sechs Uhr*)‹: *Wochen später ... borgte ich abends halb legal einen Bus aus* *und fuhr in die Stadt pünktlich auf acht Uhr, denn ich wollte um keinen Preis was versäumen* (Kulturverein KAPU, 1998, Internet; A); *Als Shu Akimoto per Telefax wissen liess, dass er nach Basel käme und sie auf neun Uhr ins Hotel »Hilton« bestellte, war ihr besonders kläglich zu Mute* (Waller, Barbi 82; CH). **7.** CH Präp. mit Akk. (zeitlich); ↗MIT A, ↗PER A CH, ↗ZUM A D ›am (zur Angabe von genauen Daten und Zeiträumen, z. B. *auf 1. Juli*)‹: *Fries hat dann auf das Jahresende hin seinen Abschied genommen* (Diggelmann, Verhör 206; CH). **8.** CH Präp. mit Akk. (zeitlich) ›für (zur Angabe eines Zeitpunktes oder einer Zeitdauer, z. B. *etw. auf den 1. April planen, auf 6 Monate*)‹: *Auf den 14. Juni 1991 lud der Bundesrat prominente ausländische Gäste nach Bern ein* (Jahr der Schweiz 65); *Da ich hohes Fieber von den vielen Anstrengungen hatte, kam ich auf acht Wochen ins Hospital in Genf* (Kurz, Frieden 29). **9.** A Präp. mit Akk. ›an (in Verbindung mit den Verben *denken, erinnern*)‹: *Sie dachte auf eine ausgesuchte Qual für ihre Nebenbuhlerin und sandte ihr eine Bremse, die das unglückliche Geschöpf durch ihren Stich zum Wahnsinn trieb* (Sagensammlung, 2002, Internet). **10.** A Präp. mit Akk. /in Verbindung mit dem Verb *vergessen*/: *Und ihr Mann fragte, zu Franz gewandt: »Hast vielleicht auf den Grund vergessen?«* (Scharang, Sohn eines Landarbeiters 131). **11.** CH Präp. mit Akk. /in Verbindung mit *Abonnement*, z. B. *Abonnement auf eine Zeitung*/: *Im Jahresbeitrag inbegriffen ist das Abonnement auf die »Gesundheitspolitischen Informationen«* (Schweiz. Ges. für Gesundheitspolitik, 2002, Internet). **12.** CH D-südwest Adv. ›mal (zur Bezeichnung einer Flächengrösse)‹: *Der Balkon, 2.5 auf 3 Meter, gehört allen Hausbewohnern* (Berner Agenda 4. 3. 1993, 23). **13.** ***etw. auf sich haben/tragen** CH ›etw. bei sich haben‹: *Wenn ... ein Jugendlicher die Waffe in der Öffentlichkeit auf sich trägt, kann ihn die Polizei verzeigen* (K-tipp 11. 2. 1998, 3). **14.** ***auf Mann (sein/tragen)** CH ›in/an den Kleidern oder im Gepäck (sein/tragen)‹: *Der Abwart ist informiert und trägt den Schlüssel zum Mehrzweckgebäude Kappelen auf Mann* (Bieler Tagbl 11. 12. 2001, Internet). **15.** ***auf Dauer** A siehe Dauer. **16.** ***auf Pikett** CH siehe Pikett. **17.** ***aufs Mal** CH siehe mal. **18.** ***auf Zusehen hin** CH siehe zusehen. **19.** ***etw. auf Lager haben** A D siehe Lager. **20.** ***auf sicher** siehe sicher. **21.** ***das Um und Auf** A siehe um. **22.** D Adv. ›offen (von Geschäften u. Ä.), geöffnet‹: *Um eine Tür aufzuschließen, braucht man überhaupt nicht viel: So ein kleiner Schlüssel genügt schon: Einfach rumdrehen und die Tür ist auf* (WDR 29. 7. 2002, Internet) – Zu 3.: In A wird häufiger *an der Unfallstelle* als *auf der Unfallstelle* verwendet. Zu 4.: In nicht übertragener lokaler Verwendung, z. B. *auf dem Gang*, gemeindt. Zu 5.: In der Wendung *etw. befindet sich/liegt/wird gebaut auf dem Gemeindegebiet* gemeindt. Zu 11.: In übertragener Bedeutung, z. B. *ein Abonnement auf Goldmedaillen* u. Ä., gemeindt. Zu 14.: Ursprünglich nur im Militär gebräuchlich. Andere Verwendungen, z. B. zur Angabe der Lage (*auf dem Tisch* etc.), sind gemeindt.

Aufbau (gemeindt.): ↗AUFBAUTE

Aufbaustudiengang D der; -(e)s, ...gänge: ↗NACHDIPLOMSTUDIUM CH ›zusätzliches, oft berufsbegleitendes Studium für [Fach]hochschulabsolvent(inn)en; Aufbaustudium‹: *Die Fachhochschule Fulda plant für das Sommersemester 2002 einen Aufbaustudiengang »Betriebswirtschaft in Film und Fernsehen«* (Augsburger Allgemeine 4. 12. 2001, Internet)

Aufbaustudium (gemeindt.): ↗AUFBAUSTUDIENGANG, ↗NACHDIPLOMSTUDIUM

Aufbaute CH die; –, -n: ›auf ein Gebäude aufgebauter Gebäudeteil; Aufbau‹: *Die Aufbaute ist, ... was die Nutzungsberechnung anbelangt, wie ein Vollgeschoss zu betrachten* (Kanton BL, 2002, Internet) – Vgl. Baute

aufbegehren CH sw. V./hat: ›aufmucken, sich wehren‹: *Auch heute gibt es wieder Jugendliche, die aufbegehren* (Brückenbauer 14. 8. 2001, Internet) – In A und D gehoben

aufbeigen CH D-südwest sw. V./hat: ↗SCHLICHTEN A D-südost, ↗BEIGEN CH D-südwest ›geordnet aufschichten; stapeln‹: *Bald wird das Feuer unter dem Kamin, in dem die Lehmtöpfe aufgebeigt wurden, auflodern* (Wiltiswacht Küssnacht, 2000, Internet; CH) – Vgl. Beige

aufbessern (gemeindt.): ↗AUFMASCHERLN, ↗AUFPEPPEN

aufbetten A D-südost sw. V./hat: ↗BETTEN CH ›das Bett machen‹: *Nur die kränklichste Magd durfte bei der Großmutter im Haus bleiben, mit ihr kochen, abwaschen, putzen, aufbetten und waschen* (Innerhofer, Schöne Tage 6; A)

aufdrehen sw. V./hat: **1.** A D-nordost/südost; ↗ANDREHEN A D-nord/mittelwest, ↗ANMACHEN CH D (ohne südost) ›(ein elektrisches Gerät) einschalten; einen Schalter betätigen‹: *Das Gericht möge sie dazu verpflichten, das Aufdrehen der Küchenlampe zwischen 22.00 und 7.00 Uhr zu unterlassen und Herrn F. die Prozesskosten zu ersetzen* (ORF Nachlese 11/1997, 42; A). **2.** A-west CH D ›die Lautstärke eines Geräts erhöhen‹: *Ich musste die Musik und den Fernseher aufdrehen, damit ich etwas hörte* (Lernwelten, 1999, Internet; CH); *Der Kassettenrecorder ist voll aufgedreht, das Rollo runtergelassen* (Berliner Ztg 9. 10. 1995, Internet; D). **3.** A D-süd (Grenzfall des Standards) ›Wut zeigen, energisch werden‹: *Er ist viel zu lax, hat keine Durchschlagskraft ... Aber das geht halt in seiner Position nicht, er müsste doch einmal aufdrehen*

(OÖN 1. 3. 1995, 18; A) – Andere Bedeutungen sind gemeindt.

Aufenthalter Aufenthalterin CH der; -s, – bzw. die; –, -nen: **1.** ›ausländische Person, die sich zu Arbeits- oder Studienzwecken vorübergehend in einem Land aufhält‹: *Wenn sie sich nicht registrieren lassen, gelten sie als illegale Aufenthalter* (TA 23. 6. 1999, 27). **2.** ›Person, die sich hauptsächlich, meist wochentags, ausserhalb ihrer ↗ Niederlassungsgemeinde aufhält‹: *Der Niedergelassene oder Aufenthalter erhält über die erteilte Bewilligung eine Bescheinigung, in der die hinterlegten Ausweisschriften aufgeführt sind* (Kanton BL, Gesetze, 1999, Internet) – Zu 1 vgl. Saisonnier – Zu 1.: ↗ **Jahresaufenthalter(in),** ↗ **Kurzaufenthalter(in), Saisonaufenthalter(in).** Zu 2.: ↗ **Wochenaufenthalter(in)**

Aufenthaltsbewilligung CH LUX die; –, -en: ↗ AUFENTHALTSGENEHMIGUNG A D, ↗ AUFENTHALTSERLAUBNIS D ›offizielle Genehmigung für den Aufenthalt eines Ausländers bzw. einer Ausländerin in einem Staat‹: *Der gebürtige Italiener, dessen Engagement beim Serie-B-Verein Reggina 1994 an den strengen Bedingungen für eine Aufenthaltsbewilligung scheiterte, spielt ... seit 1995 bei GC* (Sport 10. 3. 1998, 31; CH); *Es ist ... wichtig, dem ungesetzlichen Migranten zu helfen, die behördlichen Schritte zum Erwerb der Aufenthaltsbewilligung zu unternehmen* (SeSoPI-Centre Intercommuntaire 25. 10. 2002, Internet; LUX) – In A selten. Vgl. Bewilligung, Niederlassungsbewilligung

Aufenthaltserlaubnis D die; –, -se: ↗ AUFENTHALTSGENEHMIGUNG A D, ↗ AUFENTHALTSBEWILLIGUNG CH LUX ›offizielle Genehmigung für den Aufenthalt eines Ausländers bzw. einer Ausländerin in einem Staat‹: *Das Elternteil besitzt ... seit mindestens drei Jahren eine unbefristete Aufenthaltserlaubnis* (Bundesministerium des Innern, 1999, Internet)

Aufenthaltsgenehmigung A D die; –, -en: ↗ AUFENTHALTSBEWILLIGUNG CH LUX, ↗ AUFENTHALTSERLAUBNIS D ›offizielle Genehmigung für den Aufenthalt eines Ausländers bzw. einer Ausländerin in einem Staat‹: *Italien hat nach dem Kosovo-Krieg die Aufenthaltsgenehmigung liberalisiert* (Kleine Ztg 23. 10. 1999, Internet; A); *Wer die begehrte Arbeits- und Aufenthaltsgenehmigung im kommenden Jahr in den Händen halten will, muss sich in diesen Tagen um den Antrag kümmern* (Welt 24. 9. 1999, Internet; D)

Auferstehungsgottesdienst A der; -(e)s, -e (kath. Kirche): ↗ BESTATTNISGOTTESDIENST A-west (Vbg.), ↗ STERBEGOTTESDIENST A-west/südost, ↗ ABDANKUNGSGOTTESDIENST CH, ↗ BEERDIGUNGSGOTTESDIENST CH, ↗ LEICHENDIENST LUX ›Gottesdienst für Verstorbene anlässlich des Begräbnisses; Totenmesse, Trauergottesdienst‹: *Wir feiern am Freitag, 7. November 1997, um 13.30 den Auferstehungsgottesdienst in der Stadtpfarrkirche* (Kurier 5. 11. 1997, 11) – Die Bedeutung ›Messe am Karsamstagabend oder Ostersonntag‹ ist gemeindt.

aufessen (gemeindt.): ↗ WEGESSEN, ↗ ZUSAMMENESSEN

Auffahrkollision CH die; –, -en: ›durch das Auffahren eines Fahrzeugs auf ein anderes verursachter Unfall; Auffahrunfall‹: *Um eine Auffahrkollision zu vermeiden, wich er nach links aus – direkt vor den Laster* (Blick 7. 8. 1999, 6)

Auffahrt CH die; –, ohne Plur.: **1.** ›Auffahren Christi in den Himmel; Himmelfahrt‹: *Die Luzerner Landschaft feiert die Auffahrt Christi in den Himmel mit Ross und Gebeten* (TA 14. 5. 1999, 7). **2.** (meist ohne Art.); ↗ HIMMELFAHRT: *CHRISTI HIMMELFAHRT A D ›christlicher Feiertag, der 40 Tage nach Ostern begangen wird‹: *Das Hochwasser, welches an Auffahrt auch das Dählhölzli unter Wasser gesetzt hat, nutzten die beiden Tierpark-Biber, um aus ihrem Gehege in die Freiheit der Aare zu entschwimmen* (Bund 6. 8. 1999, 18) – Zu 1.: In D-südwest veraltend. Andere Bedeutungen sind gemeindt. Vgl. an – Dazu: **Auffahrtsfest, Auffahrtstag**

Auffahrunfall (gemeindt.): ↗ AUFFAHRKOLLISION

auffangen sich CH st.V./hat: ›das seelische Gleichgewicht wiedergewinnen; sich fangen‹: *Wird er sich auffangen und ein neues Leben beginnen können?* (Schweiz. Volksbibliothek Solothurn, 2001, Internet) – Andere Bedeutungen sind gemeindt.

auffetten A sw.V./hat (salopp): ›[finanziell] stark aufbessern‹: *Sie soll nicht mehr ein Anhängsel der Kulturabteilung bleiben, sondern von einem Verein getragen werden, vom Land allerdings größtenteils finanziert, aufgefettet durch Sponsorengelder* (TT 8./9. 11. 1997, 6) – Die Bedeutung ›den Fettgehalt der Milch erhöhen‹ ist gemeindt. – Dazu: **Auffettung**

auffrisieren A sw.V./hat: **1.** ›(die Haare) kunstvoll oder frisch frisieren [so dass sie mehr Volumen haben]; frisieren‹: *Solche und ähnliche Komplimente kann man häufig hören, wenn sich die Mädchen mit viel ästhetischem Gespür die Haare zu kleinen Kunstwerken auffrisieren* (Steyler Kulturinstitut ceeba, 2002, Internet). **2.** ›(Fakten, Statistiken) schönen; frisieren‹: *Wenn in der Wirtschaft im Nachhinein ein bisserl korrigiert wird, nennt man das unter Halunken auffrisieren, unter Gentlemen schönen* (OÖN 31. 7. 1999, 3). **3.** ›einen Motor, ein ↗ Kraftfahrzeug leistungsstärker machen; frisieren‹: *Nach dem Kino schwingen sich die Halbstarken auf ihre auffrisierten Mopeds* (ORF Nachlese 9/1997, 26)

Aufgabe die; –, -n: wird in der Bedeutung ›[kleinerer] Arbeitsauftrag, der [von Schülern] zu Hause [in schriftlicher Form] zu erledigen ist‹ in A und D-südost im Singular gebraucht, in CH und D-nord/mittelwest meist im Plural: *Auf die Aufgabe gab's ein Minus* (Kurier 26. 10. 1999, 30; A); *Wir sind jeweils zwischen sieben und halb acht aufgestanden und haben Aufgaben gemacht* (Pfadi Pfäffikon, Süpo 4/1997, Internet; CH); *Sorge dafür, dass die Aufgaben möglichst immer zur gleichen Zeit erledigt werden. Nicht gleich nach der Schule* (Hypies 26. 7. 2001, Internet; D) – Vgl. Hausaufgabe, Schulaufgabe, Strafaufgabe

Aufgabenhort CH der; -(e)s, -e: ›Ort, an dem Schulkinder unter Aufsicht ihre ↗Hausaufgaben erledigen können‹: *Rosmarie S. ist verantwortlich für den Aufgabenhort – 23 Kinder im Primarschulalter nehmen ihn in Anspruch* (St. Galler Tagbl 19. 11. 1999, Internet)

Aufgabeschein A der; -(e)s, -e: ›Quittung über eine Postsendung‹: *Denn Ordnung ist das halbe Leben, und wo käme man da hin, wenn Rauchwaren, Zeitungen und Aufgabescheine ständig woanders lägen und man zeitraubend hätte suchen müssen* (Frank, Kommissar 51)

aufgeben (gemeindt.): ↗BETTEL: *DEN BETTEL HINSCHMEISSEN/HINSCHMEIẞEN/HINWERFEN, ↗BROCKEN: *DIE BROCKEN HINSCHMEIẞEN/HINWERFEN

Aufgebot CH das; -(e)s, -e: ↗EINBERUFUNG A D, ↗EINBERUFUNGSBEFEHL A D, ↗EINBERUFUNGSBESCHEID D ›(schriftlicher) Befehl, den Dienst in der Armee anzutreten‹: *Wer, in der Absicht, sich der Stellungs- oder Dienstpflicht zu entziehen, einem Aufgebot nicht gehorcht, wird mit Gefängnis bestraft* (Tschäni, Patriotismus 79) – Andere Bedeutungen sind gemeindt.

Aufgeld D-nord/mittelwest das; -(e)s, -er: ↗AUFSCHLAG A D, ↗ZUSCHLAG CH D ›Aufpreis, Aufzahlung‹: *Schiffsschrott ist auf der Welt so gesucht, dass jeder, der das Kontor einer Bergungsfirma ... betritt, freiwillig 10 bis 20 Prozent Aufgeld ... bietet* (Spiegel 2. 6. 2001, Internet)

Aufgesetzte D (ohne ost) der; -n, -n: ›Getränk aus in Schnaps eingelegtem ↗Obst‹: *Im Volksmund wird diese Art des Likörs auch als Aufgesetzter bezeichnet. Durch Ansetzen von reifen Früchten oder Kräutern mit Alkohol ... entstehen Frucht- bzw. Bitterliköre* (TM3 30. 9. 2000, Internet)

aufhaben unr.V./hat: **1.** A D ›↗(Hausaufgaben) bekommen haben‹: *Es war bereits halb sechs, als Penny endlich begann ihre Hausaufgaben zu machen. Zum Glück hatte sie an diesem Tag nicht allzu viel auf* (Brezina, Katze 29; A); *Sollten Jungs am Tag keine Hausaufgaben aufhaben, kann die Zeit zum Vertiefen des Lernstoffes ... genutzt werden* (DonBosco Jugendwerk Bamberg 7. 1. 2003, Internet; D). **2.** CH D ›geöffnet haben (von Geschäften, Behörden o. Ä.); offen haben‹: *Das Leben ein Risiko, sage ich und überlege, wie lange Coop noch aufhat* (TA 3. 2. 1997, 57; CH); *Wie beim Ladenschluss bedeutet dies, dass man nicht aufhaben muss, ... sondern länger aufhaben kann, wenn es sich lohnt!* (Stadtbl Heidelberg 24. 1. 2001, Internet; D). **3.** D ›(eine Tür o. Ä.) geöffnet haben‹: *Da wir wegen des heißen Wetters dauernd die Fenster aufhaben, merken wir erst bei der Rast, dass einige von uns richtig schwarz sind* (Bürgernetz Ibbenbüren 7. 1. 2003, Internet). **4. *den Scherben aufhaben** A siehe Scherben – Andere Bedeutungen sind gemeindt.

Aufheben: *Aufhebens machen (gemeindt.): ↗TERZ: *TERZ MACHEN

aufhören: *da hört sich [dann ja/doch] alles auf A D: ↗KRUZITÜRKEN A D, ↗SAKRA A D-süd, ↗GOTTFRIEDSTUTZ CH ›das ist [ja] unerhört‹ /Ausruf des Zorns, Ärgers oder der Empörung/: *Weil, wenn einer das Anschaffen hat, ganz egal, welchen Blödsinn er daherredet, und man das alles machen muss, nur weil der eben den Hof besitzt – na ja, da hört sich dann mit der Zeit halt alles auf* (Scharang, Sohn eines Landarbeiters 38; A); *Rektoren und Dekane als Produktmanager, als Anbieter, Anpreiser, Verkäufer gar? Da hört sich doch alles auf! Studenten sind doch keine Kunden* (Universität Stuttgart, 1999–2001, Internet; D) – Das Verb *aufhören* ist in allen anderen Verwendungen gemeindt.

aufhussen A D-südost sw.V./hat (Grenzfall des Standards): ›aufhetzen, aufwiegeln‹: *Die Menschen waren nicht von den Gewerkschaften aufgehusst – die unterstützten anfangs eher die Sparmaßnahmen der Regierung, wurden aber von der Basis überrollt* (Profil 3. 12. 1995, Internet; A) – Vgl. hussen

aufklauben A D-süd sw.V./hat: **1.** ↗KLAUBEN A D-süd, ↗ZUSAMMENKLAUBEN A D-nordwest/süd, ↗AUFLESEN A-west (Vbg.) CH D (ohne südost) ›etw. vom Boden aufheben; aufsammeln‹: *Das Mädchen verstreute die Pommes am Boden. Um sie aufzuklauben, wischte sie mit den Händen über das dreckige Pflaster* (Haslinger, Opernball 102; A). **2.** (Grenzfall des Standards); ↗AUFLESEN A-west (Vbg.) CH D (ohne südost) ›(sich eine Infektion oder Ungeziefer) zuziehen‹: *... alle anderen 600, die das Gleiche gegessen haben, sind aber unbeschadet davongekommen. Womit die Vermutung nahe liegt, dass die Präsenzdiener die Krankheit irgendwo anders aufgeklaubt haben* (Kleine Ztg 10. 6. 2000, Internet; A)

auflassen A D-südost st.V./hat: **1.** ↗ZUSPERREN A D-südost ›für längere Zeit oder endgültig schließen; (ein Geschäft) aufgeben, auflösen‹: *Im Mittelpunkt der Rationalisierungen stehen inländische Kooperatio-*

nen für die Käseproduktion, wodurch einige Standorte aufgelassen werden könnten (Kurier 5. 11. 1997, 20; A). **2.** (Bergbau, Eisenbahn); ↗ZUSPERREN A D-südost ›stilllegen‹: *In ein totes, aufgelassenes Kalkwerk fährt ganz einfach kein Schneepflug* (Bernhard, Kalkwerk 21; A) – Andere Bedeutungen sind gemeindt. – Dazu: **Auflassung**

auflauern (gemeindt.): ↗PASSEN

aufläuten A (ohne west) sw.V./hat: ›durch Klingeln aufmerksam machen, aufschrecken oder wecken‹: *Wer das nicht ganz übersteht, wird Punkt fünf vom Ö-3-Wecker aufgeläutet* (OÖN 24. 5. 1989, 11) – Vgl. läuten

auflegen A sw.V./hat: **1. *jmdm. eine auflegen** (salopp, Grenzfall des Standards): ↗REIBEN: *JMDM. EINE REIBEN A, ↗KLESCHEN: *JMDM. EINE KLESCHEN A (ohne Vbg.), ↗PICKEN: *JMDM. EINE PICKEN A D-südost, ↗KLEBEN: *JMDM. EINE KLEBEN D-nord/mittel, ↗SCHALLERN: *JMDM. EINE SCHALLERN D-nord/mittel, ↗SCHEUERN: *JMDM. EINE SCHEUERN D (ohne südost) ›jmdm. eine Ohrfeige geben, jmdm. eine schmieren‹: *Wenn ich den erwische, der sagt, ich hätte meine schützende Hand über meinen Bruder gehalten, dann lege ich dem eine auf, dass es nur so tuscht* (Trend 11/1997, 62). **2.** (nur im Part., Fußball) ›(den Ball einem anderen Spieler bzw. einer anderen Spielerin) so zuspielen, dass dieser bzw. diese ein Tor leicht erzielen kann‹: *Für einen Stürmer war das gut gebrüllt, immerhin wertet er so die eigene Leistung – erstes Tor wunderschön aufgelegt, zweites Tor sehr überlegt erzielt – übers reale Maß auf* (Standard 17. 6. 1998, 14) – Andere Bedeutungen sind gemeindt.

auflesen A-west (Vbg.) CH D (ohne südost) st.V./hat: **1.** ↗AUFKLAUBEN A D-süd, ↗KLAUBEN A D-süd, ↗ZUSAMMENKLAUBEN A D-nordwest/süd ›etw. vom Boden aufheben; aufsammeln, einsammeln‹: *Und im Publikum gab's ausgeschlagene Zähne, weil Konfetti – vermischt mit Steinen – vom Boden aufgelesen wurden* (TA 9. 2. 1999, 20; CH); *Ich half ihr, Apfelsinen aufzulesen, die aus einer geplatzten Plastiktüte über den Boden kullerten* (Grün, Lawine 14; D). **2.** (Grenzfall des Standards); ↗AUFKLAUBEN A D-süd ›(sich eine Infektion oder Ungeziefer) zuziehen‹: *Drei Schweizer Geschäftsleute, die das gefährliche Tropenfieber in Afrika aufgelesen hatten, kamen knapp mit dem Leben davon* (Blick 30. 7. 1999, 6; CH); *Das war schon eine Weile her, da hatte Trude Läuse bei den Zigeunern aufgelesen* (Strittmatter, Ochsenkutscher 11; D) – Die Bedeutung ›jmdn. auffinden und mitnehmen‹ ist gemeindt.

aufliegen st.V./ist: **1.** A CH D-südost; ↗AUSLIEGEN CH D (ohne südost) ›zur Einsichtnahme ausgestellt sein; bereit liegen (bes. von Druckerzeugnissen)‹: *Seit Mitte November liegt das Ergebnis auch in Österreichs Buchläden auf* (Wienerin 12/1993, 186; A); *Es gelten die »allgemeinen Vertrags- und Reisebedingungen« von Hotelplan. Sie liegen als Separatdruck in jedem Hotelplan-Reisebüro auf* (Brückenbauer 17. 9. 1997, 4; CH). **2.** CH ›seelisch belasten; im Magen liegen‹: *Es ist sein letzter Arbeitstag, und das Abschiedsfest liegt ihm schwer auf* (Schweizer, Abschiedsfest 74) – In D-nord/mittel selten – Das Perfekt wird in D-nord/mittel mit *hat* gebildet. Andere Bedeutungen sind gemeindt. Vgl. liegen

auflüpfisch CH Adj. (selten): ›aufmüpfig, rebellisch‹: *In Paraguay ist der auflüpfische General Oviedo mit einem hinterhältigen Manöver ausgetrickst worden* (TA 29. 4. 1996, 5) – Selten auch in den Formen *auflüpferisch* oder *auflüpfig*

aufmandeln sich D-südost sw.V./hat (Grenzfall des Standards): ↗AUFPUDELN A ›sich aufspielen‹: *Wenn die sich auch jedes Mal so aufmandeln würden, hätt jeder zweite einen Herzinfarkt* (Bayrischer Trachtenverband e.V., 2002, Internet) – Vgl. Mandl

Aufmarsch CH der; -(e)s, ...märsche: ›[grosse] Besuchermenge‹: *Dynamo hält ... in der Zuschauerstatistik ... die Spitze, während Lugano mit knapp über 4400 nicht weit von dem in der Meisterschaft registrierten Aufmarsch entfernt ist* (NZZ 5. 1. 2000, 43) – Die Bedeutung ›das Aufmarschieren‹ ist gemeindt. – Dazu: **Besucheraufmarsch, ↗Grossaufmarsch, Publikumsaufmarsch, Zuschaueraufmarsch**

aufmascherln A sw.V./hat: **1.** ›sich auffällig kleiden [und schminken]; auftakeln, aufdonnern‹: *Nichts Anderes versuchten uns in »Nightwatch« jene amerikanischen Mütter einzureden, die ihre drei- bis sechsjährigen Mädchen wie Muttertagsbonbonnieren aufgemascherlt von Schönheitskonkurrenz zu Schönheitskonkurrenz hetzen* (OÖN 11. 5. 2000, 7). **2.** ↗AUFPEPPEN CH D (ohne südost) ›origineller, attraktiver gestalten, aufbessern‹: *Neben dieser Irreführung beanstanden die Konsumentenschützer aber auch den teuren Preis der mit Vitaminen und Mineralien aufgemascherlten Lebensmittel* (Kurier 29. 1. 1998, 22)

aufmüpfig (gemeindt.): ↗AUFLÜPFISCH

Aufnahme- aufnahme- (gemeindt.): ↗AUFNAHMS-/AUFNAHMS-

Aufnahmeprüfung (gemeindt.): ↗EINTRITTSPRÜFUNG

Aufnahmestopp A der; -(e)s, ohne Plur.: ↗EINSTELLUNGSSTOPP CH D ›[vorübergehende] Sperre bei der Neueinstellung von Beamt(inn)en‹: *Kern der Auseinandersetzung ist die Frage, wie Posten abgebaut werden können. Fasslabend will das vor allem durch einen Aufnahmestopp schaffen, der seit Frühjahr 1991* *verfügt ist* (OÖN 4. 2. 1992, 2) – Andere Bedeutungen sind gemeindt.

Aufnahms- aufnahms- A (produktives Bestimmungswort in Zus.): ›Aufnahme-, aufnahme-‹, z. B. aufnahmsfähig, Aufnahmsgesuch, Aufnahmsprüfung, Aufnahmsvoraussetzung, Aufnahmswerber(in) (↗Werber): *Aufnahmsfähig ist vor allem der völlig unterentwickelte Dienstleistungssektor* (OÖN 6. 7. 1987, 5); *Hauptschüler, die in einem entscheidenden Pflichtfach ... ein »Befriedigend« haben, müssen künftig keine Aufnahmsprüfung machen, wenn sie in die AHS oder BHS umsteigen wollen* (Kurier 19. 6. 1998, 2)

aufnehmen st.V./hat: **1.** ***[den Boden] nass/feucht aufnehmen** CH D-nord: ↗AUFWASCHEN A D-mittelost, ↗AUFWISCHEN A D, ↗PUTZEN A CH D (ohne nordost), ↗WISCHEN A D, ↗FEGEN CH, ↗FEUDELN D-nord ›(den Boden) mit einem feuchten Tuch reinigen‹: *Ganz zum Schluss nahm sie den Fliesenboden feucht auf* (Moser, Putzfraueninsel 19; CH). **2.** A ›jmdn. einstellen‹: *Techniker ... mit Praxis für Montage und Inbetriebnahme werden aufgenommen* (Kurier 27. 12. 1997, 6) – Zu 1.: ↗**Aufnehmer** D-nordwest/mittelwest

Aufnehmer D-nordwest/mittelwest der; -s, –: ↗AUSREIBFETZEN A (ohne west), ↗REIBTUCH A (ohne west), ↗BODENLUMPEN A-west CH, ↗FEUDEL D-nord ›[grobes] Tuch, mit dem Böden nass gereinigt werden‹: *Er lässt mich die Sinterwarte putzen, mit Schrubber ohne Stiel und Aufnehmer, das besorgen sonst die Putzfrauen* (Wallraff, Industriereportagen 101) – Vgl. aufnehmen

äufnen CH sw.V./hat: ›(Bestand) vermehren; (Geld, Kapital auf einem Konto) anhäufen‹: *Ich spiele selten Lotto und nur dann, wenn es sich wirklich lohnt. So muss sich der Jackpot zuerst wieder äufnen, bis ich wieder einen Zettel ausfülle* (Blick 12. 7. 1999, 15) – Dazu: **Äufnung**

aufpassen: *aufpassen wie ein/die Haftelmacher A D-südost; ***aufpassen wie ein(e) Häftlimacher(in)** CH; ***aufpassen wie die Schießhunde** D (ohne südost) ›etw. sehr genau, aufmerksam verfolgen, damit einem nichts entgeht oder damit einem keine Fehler unterlaufen‹: *Schließlich haben die Leute im Büro ja Augen und Ohren, die passen auf wie die Haftelmacher* (Marzik, Mizzi 71; A); *Eigentlich hätte die UBS aufpassen sollen wie eine Häftlimacherin. Die Beseitigung von Dokumenten, die Wachmann Christoph M. Anfang 1996 öffentlich anprangerte, trug ihr weltweit negative Schlagzeilen ein* (Blick 9. 12. 1999, 2; CH); *Wir, die Gewerkschaft, passen auf wie die Schießhunde, damit hier nicht gemauschelt wird* (Junge Welt 18. 11. 2000, Internet; D) – Das Verb *aufpassen* ist in allen anderen Verwendungen gemeindt. Vgl. Haftel

aufpeppen CH D (ohne südost) sw.V./hat (salopp): ↗AUFMASCHERLN A ›origineller, attraktiver gestalten; aufbessern‹: *Um Leitungswasser aufzupeppen, werden reihenweise Sodageräte auf den Markt gebracht* (TA 3. 7. 1999, 65; CH); *Neuartige, durch Gentechnik aufgepeppte Nahrungsmittel sollen den Esstisch erobern* (Greenpeace 2/1996, 3; D) – In A bekannt, aber als fremd empfunden. Vgl. Pep

Aufpreis (gemeindt.): ↗AUFGELD, ↗AUFSCHLAG, ↗ZUSCHLAG

aufpudeln sich A sw.V./hat (Grenzfall des Standards): ↗AUFMANDELN D-südost ›sich aufspielen, sich aufregen‹: *Es gehört unbestritten zu des Österreichers Lieblingsbeschäftigungen: matschkern, sich aufpudeln, auf den Tisch hauen* (Presse 28. 3. 2001, Internet)

aufräufeln D-nordost sw.V./hat: ↗AUFRIBBELN D-nord/mittelwest ›(die Maschen von Strick- oder Häkelware) auftrennen und den Faden aufwickeln‹: *Oder alte Pullover wurden wieder aufgeräufelt* (Berliner Ztg 10. 9. 1997, Internet)

Aufräumerin A-mitte/südost die; –, -nen: ↗BEDIENERIN A (ohne west), ↗PUTZERIN A-west, ↗ZUGEHERIN A-west (Vbg.) D-süd, ↗ZUGEHFRAU A-west (Vbg.) D-südost LIE, ↗SPETTER CH, ↗SPETTFRAU CH, ↗AUFWARTUNG D-nordost, ↗REINEMACHEFRAU D-nord/mittelost ›Putzfrau, Raumpflegerin‹: *Suche Arbeit als Aufräumerin oder Bügelarbeiten im Raum Weiz* (Weizer Ztg 28. 9. 2000, Internet)

aufrebbeln D-nordwest sw.V./hat: siehe aufribbeln

aufrecht A Adj.: ›rechtsgültig; bestehend‹: *Bisher wurde – egal, ob der Antragssteller noch ein aufrechtes Dienstverhältnis (und damit Einkommen) hatte oder nicht – die I-Pension ... rückwirkend nachbezahlt* (Kurier 16. 2. 1996, 3); ***etw. ist/bleibt aufrecht** ›etw. ist/bleibt gültig‹: *Die Drohung der Katholischen Aktion, den Dialog platzen zu lassen, ... sei weiter aufrecht, erklärte er* (Presse 12. 2. 1998, 7) – Die Bedeutungen ›gerade aufgerichtet‹ und ›rechtschaffen‹ sind gemeindt.

Aufreger A der; -s, – (salopp): ›etw., das die breite Öffentlichkeit aufregt, empört; Skandal‹: *Aufreger, Feste, Trends. Was 1997 die Society bewegte* (News 23. 12. 1997, 9)

aufreißen: *die Fresse [weit] aufreißen; *die Schnauze [weit] aufreißen D-nord/mittelwest (derb, Grenzfall des Standards) ›großspurig daherreden‹: *Glaubt doch nicht, dass wir groß die Fresse aufreißen und die Meisterfeier planen* (Rhein-Ztg 22. 4. 2001, Internet); *Ich konnte dann auch radikalinski-mäßig die Schnauze aufreißen ... und musste keine Rücksichten auf die Karriere meines Vaters nehmen* (Berliner

Ztg 25. 7. 1996, Internet) – Das Verb *aufreißen* ist in allen anderen Verwendungen gemeindt.

aufribbeln D-nord/mittelwest sw.V./hat: ↗AUFRÄUFELN D-nordost ›(die Maschen von Strick- oder Häkelware) auftrennen und den Faden aufwickeln‹: *Ist ein Kind aus dem Pullover herausgewachsen? Kein Problem, das Material lässt sich wieder aufribbeln und wir ergänzen das Material für ein neues Stück* (Handwerkerhaus Solingen 7. 7. 2000, Internet) – In D-nordwest auch *aufrebbeln*

Aufrichte CH die; –, -n: **1.** ↗DACHGLEICHE A ›Fertigstellung des Dachstuhls‹: *Im Januar war Aufrichte, gestern wurde der Laden eingeweiht, heute Mittwoch um acht Uhr wird eröffnet* (TA 9. 9. 1999, 25). **2.** ↗DACHGLEICHE A, ↗FIRSTFEIER A, ↗GLEICHENFEIER A, ↗RICHTFEST D ›Fest, das die Bauherrschaft mit Handwerkern bzw. Handwerkerinnen und Bauarbeitern bzw. Bauarbeiterinnen anlässlich der Fertigstellung des Dachstuhls feiert‹: *Die Bauarbeiten kommen gut voran. Gemeindeammann Ernst D. konnte rund 80 Personen zur Aufrichte begrüssen* (Südostschweiz 18. 11. 2000, Internet) – Zu 2.: ↗**Aufrichtebäumchen, Aufricht(e)feier, Aufricht(e)fest**

Aufrichtebäumchen CH das; -s, –: ↗FIRSTBAUM A, ↗GLEICHENBAUM A, ↗RICHTBAUM D ›bei der ↗Aufrichte auf den Dachfirst gestellte, mit bunten Bändern geschmückte kleine Tanne‹: *Ist der First erstellt, wird das Aufrichtebäumchen aufgepflanzt* (Zentral- und Hochschulbibliothek Luzern, 2001, Internet)

aufrollen A sw.V./hat (Wirtschaft): ›unterschiedlich hohe monatliche Steuerbemessungsgrundlagen unter Berücksichtigung von Sonderausgaben zur Ermittlung der ↗Lohnsteuer freiwillig durch Arbeitgeber(in), nicht durch das ↗Finanzamt ausgleichen‹: *Wenn erst im Dezember feststeht, dass diese Grenze unterschritten wird, kann noch mit der Lohnverrechnung für Dezember das ganze Jahr aufgerollt und die zuviel bezahlte Lohnsteuer erstattet werden* (Trend 2/1999, Internet) – Andere Bedeutungen sind gemeindt. – Dazu: **Aufrollung, Lohnsteueraufrollung**

aufsammeln (gemeindt.): ↗AUFKLAUBEN, ↗AUFLESEN, ↗KLAUBEN, ↗ZUSAMMENKLAUBEN

aufscheinen A D-südost st.V./ist: ›(auf einer Liste) auftreten, erscheinen, vorkommen‹: *In unserem Test scheinen gerade fünf Damenmodelle auf* (Konsument 11/1997, 14; A) – Die Bedeutung ›aufleuchten‹ ist gehoben gemeindt.

aufschenken STIR sw.V./hat: ›ausschenken‹: *Ich schenke wie immer Wein und Schnaps auf und sage dabei kein Wort* (Flöss, Schnittbögen 65)

Aufschlag A D der; -(e)s, ...schläge: ↗ZUSCHLAG CH D, ↗AUFGELD D-nord/mittelwest ›Aufpreis; Aufzahlung‹: *Der fünfprozentige Aufschlag auf die Einkommensteuervorauszahlung wird bis 1999 verlängert* (Kurier 11. 6. 1997, 1; A); *Die meisten Gesellschaften kassieren einen Aufschlag auf den Economy-Tarif* (Welt 11. 3. 2001, Internet; D) – Andere Bedeutungen sind gemeindt. – Dazu: **Preisaufschlag**

aufschließen A D (ohne südost) **aufschliessen** CH st.V./hat: **1.** A ›an die öffentlichen Versorgungsanlagen anschließen; erschließen‹: *Grundstücke in Kindberg zu verkaufen, aufgeschlossen, zentrale, sonnige Lage* (Kurier 29. 1. 1998, 15). **2.** CH D (ohne südost); ↗AUFSPERREN A D-südost ›[eine Tür] mit einem Schlüssel öffnen‹: *Dann schloss ich die Haustüre auf und wir schauten uns drinnen um* (Zürcher, Högo Sopatis 254; CH); *Heute wird sie zum letzten Mal die Tür des Ladens aufschließen* (Reutlinger General-Anzeiger 4. 12. 1998, Internet; D) – Zu 2.: In A selten. Andere Bedeutungen sind gemeindt. – Zu 1.: **Aufschließung** A

aufsetzen CH D sw.V./hat: ↗ÜBERSTELLEN A, ↗ZUSTELLEN A, ↗AUFSTELLEN A D (ohne mittelost/südwest) ›zum Kochen auf den Herd stellen‹: *Sie setzen, so stelle ich mir beim Rühren vor, Wasser auf, um sich einen Tee zu machen* (Balmer, Letzte Abenteuer 97; CH); *Er setzte Teewasser auf und sah nicht unzufrieden aus* (Becker, Bronsteins Kinder 70; D) – Andere Bedeutungen sind gemeindt. Vgl. Dampf, Druck

Aufsetzer (gemeindt.): ↗AUFSITZER

Aufsichtsbeschwerde A CH die; –, -n: ↗DIENSTAUFSICHTSBESCHWERDE A D ›Beschwerde an eine vorgesetzte Behörde über die Amtstätigkeit ihrer Organe‹: *Allheilmittel ist die Aufsichtsbeschwerde freilich auch nicht, weil es oft diffizile Strategien sind, die Frauen-Berufungen trotzdem verhindern* (Profil 30. 3. 1998, 92; A); *Der Statthalter von Wangen hat die Aufsichtsbeschwerde von 47 Bürgern abgewiesen* (Bund 30. 7. 1999, 23; CH)

Aufsichtskommission CH die; –, -en: ↗SCHULGEMEINDE CH, ↗SCHULKOMMISSION CH, ↗SCHULPFLEGE CH ›(in einigen ↗Kantonen) [politisches] Kontroll- bzw. Aufsichtsorgan über eine höhere Schule (z. B. Gymnasium, ↗Kantonsschule, Fachhochschule)‹: *Die Schule und die Aufsichtskommission haben ein bewegtes Jahr hinter sich* (Regierungsrat Kanton AG, 1997, Internet) – Zur Situation in A siehe den Kommentar in ↗Landesschulrat. Die Bedeutung ›Kontrollorgan‹ ist gemeindt.

Aufsichtsrat A D der; -(e)s, ...räte: **1.** ↗VERWALTUNGSRAT CH BELG STIR ›Gremium, das die Geschäftsführung eines Unternehmens überwacht‹: *Der Gesamtbetriebsrat und die Arbeitnehmervertreter im Aufsichtsrat trügen die Kaufentscheidung mit, erklärte der Geschäftsführer des Gesamtbetriebsrates*

(SN 8. 6. 1998, 9; A); *Aufgrund der positiven Entwicklung werde der Aufsichtsrat eine Erhöhung der Dividende ... empfehlen* (Financial Times Deutschland 15. 2. 2001, Internet; D). **2. Aufsichtsrat Aufsichtsrätin** der; -(e)s, ...räte bzw. die; –, -nen: ↗VERWALTUNGSRAT CH D STIR ›Mitglied eines Gremiums, das die Geschäftsführung eines Unternehmens überprüft‹: *Der Herr Aufsichtsrat muss unbedingt selber mit viel Lärm einen Baum umschneiden* (Haas, Silentium 95; A); *Am wichtigsten für einen Aufsichtsrat ist die Kunst des Zuhörens* (Tagesspiegel 2. 11. 2000, Internet; D) – Zu 1.: **Aufsichtsratschef(in)** A, **Aufsichtsratsmandat, Aufsichtsratspräsident(in)** A, **Aufsichtsratsvorsitzende** (↗Vorsitzende) D, **Aufsichtsratssitzung**

aufsitzen CH st.V./ist: ›sich aufrecht hinsetzen; sich aufsetzen‹: *Damals ... wacht Frieda aus leichtem Schlaf auf, zündet das Nachttischlämpchen an, sitzt auf und verharrt so, starr und stumm* (Zürcher, Zeit 74) – Andere Bedeutungen sind gemeindt.

Aufsitzer A der; -s, –: **1.** (salopp); ↗LEGER A ›Falle, List, mit der jmd. hereingelegt oder getäuscht wird‹: *Unter den Häschern befand sich auch der Gerichtsdiener von Zellhof ..., der ... einmal in Tragwein bei einem Bauern ... einen argen Aufsitzer einstecken musste* (Heimatgeschichte Bezirk Freistadt, 2002, Internet). **2.** (Fußball) ›Ball, der auf dem Boden aufprallt, bevor er sein Ziel erreicht; Aufsetzer‹: *Kirchler gab eine Flanke hoch zur Mitte und Gilewicz gelang mit einem Kopfball-Aufsitzer das nicht unverdiente 1:0 für die Tiroler* (SN 13. 3. 1999, Internet)

Aufsperrdienst A der; -(e)s, -e: ›Firma, die auf private oder behördliche Aufforderung verschlossene Türen öffnet‹: *Für die ausländischen Firmen ist es ziemlich schwierig zu überprüfen, ob hinter der Bestellung ein Krimineller oder ein Aufsperrdienst steht* (Kurier 14. 5. 1999, 14) – Vgl. aufsperren, Schlüsseldienst

aufsperren A D-südost sw.V./hat: **1.** ↗AUFSCHLIESSEN CH AUFSCHLIEßEN D (ohne südost) ›[eine Tür] mit einem Schlüssel öffnen‹: *Im Schlafrock rannte ich die Stiege hinunter und sperrte die Eingangstür auf* (Haushofer, Wand 13; A). **2.** ›geöffnet halten‹: *Wenn Einkaufen aber Unterhaltung ist, dann werden die Geschäfte länger aufsperren müssen* (SN 11. 11. 1997, 1; A) – Andere Bedeutungen sind gemeindt. Vgl. sperren – Zu 1.: ↗**Aufsperrdienst** A

aufstarten CH sw.V./hat: ↗HOCHFAHREN D ›(das Betriebssystem oder das Anwendungsprogramm eines Computers in den Arbeitsspeicher) laden; starten‹: *Vielleicht sollte ich den PC einfach neu aufstarten?* (Südostschweiz 6. 1. 2000, Internet)

aufsteigen A D-südost st.V./ist: ↗PROMOVIEREN CH, ↗BEFÖRDERN CH D-südwest, ↗VERSETZEN D (ohne südost), ↗VORRÜCKEN D-mittelost/südost ›(als Schüler(in)) aufgrund der schulischen Leistungen für die nächst höhere Klasse zugelassen werden‹: *Bei drei oder mehreren »Nicht genügend« in Pflichtgegenständen gibt es kein Aufsteigen* (SN 24. 6. 1999, Internet; A) – Andere Bedeutungen sind gemeindt.

aufstellen sw.V./hat: **1.** A D (ohne mittelost/südwest); ↗ÜBERSTELLEN A, ↗ZUSTELLEN A, ↗AUFSETZEN CH D ›zum Kochen auf den Herd stellen‹: *Bleib bei mir, Tochter, geh noch nicht, ich hab den Kaffee schon aufgestellt, die zweite Kanne oder willst du einen Sherry, ein kleines Glaserl?* (Wolfmayr, Pass auf 100; A). **2.** A D-südost (Grenzfall des Standards) ›einen Unfall bei bestimmten Sportarten (z. B. Skifahren, Snowboarden, Motorradfahren etc.) haben‹: *Meine vier Weiberleut', was machen die, wenn's dich im nächsten Rennen aufstellt?* (News 23. 12. 1997, 197; A). **3. *etw. stellt jmdn. auf** CH ›etw. versetzt jmdn. in gute Laune‹: *Ich übe fünf bis sechs Stunden täglich, dazu singe ich, weil Musik mich aufstellt* (Magazin 13. 6. 1997, 63) – Zu 3.: Meistens als Adjektiv *aufgestellt* gebraucht. Andere Bedeutungen sind gemeindt. – Zu 3.: ↗**Aufsteller**

Aufsteller der; -s, –: **1.** CH ›Anlass für gute Laune‹: *Leider macht aber Fliegen nicht nur Spass; dafür sorgen vor allem rücksichtslose Mitreisende. BLICK hat die zehn grössten Aufsteller und Ablöscher im Ferienjet zusammengestellt* (Blick 29. 6. 1996, 25). **2.** D ›aufstellbare Werbetafel‹: *Angeblich lenke der Aufsteller die Autofahrer davon ab, ordentlich auf rot, gelb und grün zu sehen* (Welt 13. 9. 1999, Internet) – Zu 1 vgl. aufstellen, Absteller

Aufstiegspoule CH die; –, -n [...p'ul] ⟨aus frz. *poule* ›[Turnier]gruppe‹⟩ (Sport): ›Spiele um den Aufstieg in eine höhere Spielklasse; Aufstiegsrunde‹: *Bei Punktgleichheit entscheidet die Tordifferenz der Aufstiegspoule, dann die höhere Anzahl erzielter Tore* (Sport 10. 3. 1998, 36)

Aufstiegsrunde (gemeindt.): ↗AUFSTIEGSPOULE

aufstrecken CH sw.V./hat: ↗AUFZEIGEN A D-nordwest/mittelwest ›sich in der Schule oder bei offenen Abstimmungen durch Heben der Hand melden‹: *Wir Schweizer wollen doch »gopfertelli« die Hand aufstrecken und auch in der Uno abstimmen* (Blick 29. 6. 2001, 7)

auftakeln (gemeindt.): ↗AUFMASCHERLN

Auftragsvergabe (gemeindt.): ↗ARBEITSVERGABE, ↗ARBEITSVERGEBUNG, ↗AUFTRAGSVERGEBUNG

Auftragsvergebung CH die; –, -en: ↗ARBEITSVERGABE CH, ↗ARBEITSVERGEBUNG CH ›Überantwortung eines Auftrages an einen [von mehreren] Bewerbern; Auftragsvergabe‹: *Eine Mitbewerberin erhob*

Beschwerde gegen die Auftragsvergebung. Sie selber hatte die Arbeiten für nur 36,3 Millionen offeriert, wurde aber nicht berücksichtigt (TA 15. 2. 1999, 14)

aufwärmen (gemeindt.): ↗EINWÄRMEN

Aufwartefrau siehe Aufwartung

Aufwartung D-nordost die; –, -en (veraltet): ↗AUFRÄUMERIN A-mitte/südost, ↗BEDIENERIN A (ohne west), ↗PUTZERIN A-west, ↗ZUGEHERIN A-west (Vbg.) D-süd, ↗ZUGEHFRAU A-west (Vbg.) D-südost LIE, ↗SPETTER CH, ↗SPETTFRAU CH, ↗REINEMACHEFRAU D-nord/mittelost ›Putzfrau, Raumpflegerin‹: *Sicher haben sie eine Aufwartung, die reibt ihnen alles blank* (Fries, Beschreibung 191) – Auch in der Form *Aufwartefrau.* Andere Bedeutungen sind gemeindt.

Aufwasch D-nord/mittel der; -(e)s, ohne Plur.: **1.** ↗ABWÄSCHE A, ↗ABWASCH CH D (ohne südost) ›Abwaschen, Reinigen des Geschirrs‹: *Bei der Zubereitung der Gerichte ist aktives Mitwirken der Teilnehmer notwendig, ebenso beim anschließenden Aufwasch und bei der Sauberhaltung des Camps* (Ferienlager Lauenhain, 2003, Internet); ***in einem Aufwasch** D (ohne südost): ↗AUFWASCHEN: *IN EINEM AUFWASCHEN A D-mittelost/südost, ↗AUFWISCH: *IM GLEICHEN AUFWISCH CH (selten); *IN EINEM AUFWISCH CH, ↗ABWASCH: *IN EINEM ABWASCH D-nord/mittel ›auf einmal, zugleich‹: *Auch die Entwässerungsrinnen am Tunnel werden in einem Aufwasch mit erneuert* (Kölner Stadt-Anzeiger 20. 1. 2000, Internet). **2.** ↗ABWASCH D-nord/mittel ›zu reinigendes schmutziges Geschirr‹: *Außerdem entsteht weniger Aufwasch, da sich alles mit einer Maschine kneten lässt* (Die Backstube, 2003, Internet)

aufwaschen A D-mittelost st.V./hat (selten): ↗AUFWISCHEN A D, ↗PUTZEN A CH D (ohne nordost), ↗WISCHEN A D, ↗FEGEN CH, ↗AUFNEHMEN: *[DEN BODEN] FEUCHT/NASS AUFNEHMEN CH D-nord, ↗FEUDELN D-nord ›(den Boden) mit einem feuchten Tuch reinigen‹: *Dadurch verpflichten sich FriseurInnen auch zu berufsfremden Arbeiten, wie zum Beispiel den Geschäftsboden aufwaschen, Fensterputzen und dergleichen* (ÖGB, Vertragsfallen, 2002, Internet; A); ***in einem Aufwaschen** A D-mittelost/südost: ↗AUFWISCH: *IM GLEICHEN AUFWISCH CH (selten); *IN EINEM AUFWISCH CH, ↗ABWASCH: *IN EINEM ABWASCH D-nord/mittel, ↗AUFWASCH: *IN EINEM AUFWASCH D (ohne südost) ›auf einmal, zugleich‹: *Diese Kleinbezieher von Pensionen, die schon jetzt einen Durchrechnungszeitraum von 15 Jahren haben, bekommen 1998 in einem Aufwaschen eine Ausdehnung dieses Zeitraums von 15 auf 20 Jahre* (News 3. 7. 1997, 134; A)

Aufwisch: *im gleichen Aufwisch CH (selten); ***in einem Aufwisch** CH: ↗AUFWASCHEN: *IN EINEM AUFWASCHEN A D-mittelost/südost, ↗ABWASCH: *IN EINEM ABWASCH D-nord/mittel, ↗AUFWASCH: *IN EINEM AUFWASCH D (ohne südost) ›auf einmal, zugleich‹: *Ende Monat erhält der Fahrgast eine detaillierte Abrechnung, die er bequem in einem Aufwisch bezahlen kann* (Bund 13. 4. 2000, 13)

aufwischen A D sw.V./hat: ↗AUFWASCHEN A D-mittelost, ↗PUTZEN A CH D (ohne nordost), ↗WISCHEN A D, ↗FEGEN CH, ↗AUFNEHMEN: *[DEN BODEN] NASS/FEUCHT AUFNEHMEN CH D-nord, ↗FEUDELN D-nord ›(den Boden) mit einem feuchten Tuch reinigen‹: *Für das Aufwischen von Kunststoffböden bieten sich Micro- oder Kunststofffasertücher an* (Kurier 17. 8. 1998, 18; A); *Das Fegen und Aufwischen mag noch seinen Sinn unmittelbar verdeutlichen – aber wie wenig kann ein Kind heute aus der unmittelbaren Umwelt lernen* (Lindenberg, Waldorfschulen 22; D)

aufzahlen A D-südost sw.V./hat: ↗ZUZAHLEN D (ohne südost) ›zusätzlich bezahlen‹: *Wer 450 Schilling aufzahlt, erhält Zusatzgerät und Software für den PC-Anschluss* (Format 14. 12. 1998, 61; A) – Dazu: **Aufzahlung**

aufzäumen: *das Pferd von hinten/am Schwanz aufzäumen A D; ***den Gaul vom Schwanz aufzäumen** D-mittel/süd (salopp) ›eine Aufgabe mit einem dem Arbeitsablauf entgegengesetzten Arbeitsgang beginnen; das Pferd beim Schwanz aufzäumen‹: *Nach der Vergabe der Schau 2007 muss jetzt nachgereicht werden, was man dem kulturinteressierten Publikum eigentlich zu zeigen gedenkt. Das Pferd am Schwanz aufzäumen nennt man das* (OÖN 21. 7. 2003, Internet; A); *»Books on Demand« helfen, diese Situation ein wenig zu entschärfen, weil sie das Pferd von hinten aufzäumen: Ein Buch wird erst dann gedruckt, wenn es bestellt wird* (Wiener Ztg 12. 1.2001, Internet; A); *Vor allem bewährt es sich, das Pferd nicht von hinten aufzäumen zu wollen und deshalb am Anfang ein für alle verbindliches Layout festzulegen* (Unicum 11/1999, Internet; D); *Vielmehr drängt sich der Eindruck auf, als würde der Gaul wieder einmal vom Schwanz her aufgezäumt. Oder um es konkreter zu sagen: Von der Einführung des Euro werden Segnungen erwartet, die erst einmal geschaffen sein müssen, ehe eine gemeinsame Währung Sinn macht* (PDS-Bundestagsfraktion 11. 6. 1997, Internet; D-mittel/süd) – Das Verb *aufzäumen* ist in allen anderen Verwendungen gemeindt.

aufzeigen sw.V./hat: **1.** A D-nordwest/mittelwest; ↗AUFSTRECKEN CH ›sich (in der Schule, Universität ect.) durch Heben der Hand melden‹: *Du darfst nur aufzeigen, wenn du die Antwort weißt, sagte die Lehrerin* (Hackl, Abschied von Sidonie 71; A); *Wortmeldungen erfolgen in der Regel durch Aufzeigen mit einer Hand* (Universität Oldenburg 24. 9. 2000, Internet; D-nordwest/mittelwest). **2.** A (Grenzfall des Standards) ›durch Leistungen auf sich aufmerksam machen‹: *Groß aufgezeigt hat Ringer Hannes L. beim »BVSC«-Turnier im griechisch-römischen Stil* (Neue Kronen Ztg 12. 2. 2001, Internet) – Die Bedeutung ›etw. deutlich zeigen, nachweisen‹ ist gemeindt.

Aufzug A D der; -(e)s, ...züge: ↗Fahrstuhl D ›Lift‹: *Mit dem neuen Aufzug wird garantiert, dass auch auf den Rollstuhl angewiesene BesucherInnen der Schule mühelos und selbständig alle Geschosse erreichen* (TT 30. 1. 1998, 12; A); *Bis zum 60. Stock fahren die Männer mit dem Aufzug hoch* (GEO 8/1994, 128; D) – In CH selten

Auge: *mit freiem Auge A; ***mit bloßem Auge** A D; ***von [blossem] Auge** CH ›ohne Vergrößerungsglas oder Fernglas‹: *Krankheitskeime wie zum Beispiel Pneumokokken sind winzige, mit freiem Auge nicht sichtbare Bakterien* (Apotheke 1/1998, 14; A); *In etwa 170.000 Lichtjahren Entfernung von der Erde gelegen, leuchtet er so hell, dass man ihn selbst mit bloßem Augen am Firmament ausmachen kann* (Science-ORF 12. 3. 2003, Internet; A); *Bereits von Auge ist der Mond ein genügend aufregendes Objekt* (Planetarium Zürich, 2000, Internet; CH); *Von blossem Auge erkennt man noch heute an den Schliffspuren des Eises im anstehenden Fels die Fliessrichtung der eiszeitlichen Gletscher* (Burri, Schweiz 21; CH); *Wie das Deutsche Zentrum für Luft- und Raumfahrt ... erklärte, wird die ISS erstmals ... mit bloßem Auge zu sehen sein* (3Sat 12. 12. 2000, Internet; D); ***Tomaten auf den Augen haben** CH D (ohne südost); ***Knöpfe auf den Augen haben** D-mittelwest ›nicht gut sehen [wollen]; etw. übersehen‹: *Haben die Bremsen versagt? Oder hatte er Tomaten auf den Augen? Am Sonntag blochte ein Autofahrer in Schaffhausen geradewegs in eine Baugrube – trotz Warnschild und Absperrung* (Blick 13. 5. 1997 13; CH); *Romantische Komödien lehnen sich gelegentlich an das Prinzip der antiken Tragödie an. Jemand läuft herum und hat Tomaten auf den Augen, bis dieselben nach vielen Irrtümern abfallen und die Sicht frei wird* (Berliner Ztg 1. 2. 2001, Internet; D); *Wer nun noch zweifelt, dass E. wirklich mit allen Tricks versucht, an Uwe ranzukommen, der muss Knöpfe auf den Augen haben* (Freistaat Thüringen, 2002, Internet; D-mittelwest); ***jmdm. wird [es] grün und blau vor den Augen** D siehe grün; ***mit dem faden Aug[e] anschauen; *ein fades Aug[e] kriegen/haben** A-ost (Wien) siehe fad – Das Substantiv *Auge* ist in allen anderen Verwendungen gemeindt.

Augenauswischerei A die; –, -en: ↗Augenwischerei CH D ›etw., das nur den Anschein von etw. gibt; Vortäuschung, Schönfärberei, Schwindel‹: *Auch die Musterverträge seien eher Augenauswischerei* (News 23. 12. 1997, 31)

Augenschein: *Augenschein vor Ort CH ›örtliche Besichtigung‹: *Nach einem Augenschein vor Ort bezeichnet R. die geologische und hydrologische Situation in Gondo als »normal und stabil»* (Blick 23. 10. 2000, 3); ***einen Augenschein nehmen** CH; ***in Augenschein nehmen** D ›durch örtliche Besichtigung überprüfen‹: *Während eines Rundgangs durch das »Flüchtlingslager« können die BesucherInnen einen Augenschein nehmen, wie die »Arbeit vor Ort« aussieht* (WoZ 26. 9. 1997, 27; CH); *Mitarbeiter des Bauordnungsamtes waren mit dem Gesundheitsamt vor Ort, um die Klinik in Augenschein zu nehmen* (WAZ 23. 5. 2001, Internet; D); ***einen Augenschein nehmen** CH ›eine behördliche oder gerichtliche Besichtigung am Tat- oder Unfallort durchführen‹: *Das Gericht nahm einen Augenschein* (Verwaltungsgericht Solothurn, 2001, Internet) – Das Substantiv *Augenschein* ist gehoben und gemeindt. Die Wendung *in Augenschein nehmen* ist in der Bedeutung ›kritisch betrachten‹ gemeindt., aber in A gehoben und in CH selten. Zur Wendung *einen Augenschein nehmen* vgl. Lokaltermin

augenscheinlich A Adj.: ›offensichtlich, offenbar‹: *Augenscheinlich wird dies an Hand der unterschiedlichen Prozentzahlen der einzelnen Parteien bei Gemeindewahlen, Landtags- und Nationalratswahlen* (VN 19. 12. 1997, A 6) – In CH und D gehoben. Wird in D auch auf der dritten Silbe betont

Augenwasser CH das; -s, ohne Plur.: ›Tränen‹: *Plötzlich versiegte nämlich des Knaben ... Redestrom. Er wurde ganz still, versuchte erfolglos etwas zu sagen und brach dann in Tränen aus ... Das Augenwasser strömte in Bächen über sein Gesicht* (Unimagazin Universität Zürich 2/1997, Internet); ***[das] Augenwasser bekommen** ›Tränen der Rührung vergiessen‹: *Selbst Pekka R., der hartgesottene finnische Trainer, bekam Augenwasser: »Was Gilmour anfasst, wird zu Gold!»* (Blick 17. 11. 1994, 20) – Die fachsprachliche Bedeutung ›Heilwasser für [entzündete] Augen‹ ist gemeindt.

Augenwischerei CH D die; –, -en: ↗Augenauswischerei A ›etw., das nur den Anschein von etw. gibt; Vortäuschung, Schönfärberei, Schwindel‹: *Schon heute ist ... absehbar, dass die Befristung der Operation »Wesentliche Ernte« auf einen Monat reine Augenwischerei ist* (Südostschweiz 18. 8. 2001, Internet; CH); *Ist der Parteitagsbeschluss über eine befristete Feuerpause aber nicht reine Augenwischerei?* (Welt 15. 5. 1999, Internet; D)

Augsburg (gemeindt.): ↗Fuggerstadt

August: *1. August-Ansprache/Rede CH: ↗August-rede CH ›anlässlich des schweizerischen Nationalfeiertages gehaltene /[kleine] Rede‹: *Als Zeichen der neuen Verbundenheit hielt Leuenberger seine erste bundesrätliche 1.-August-Ansprache in der Oberaargauer SVP-Hochburg* (NZZ Folio 10/1998, 18); *Am Abend vorher aber sollte der Bundesrat Etter in Brig die 1.-August-Rede halten* (Furrer, My Way 29); ***1. Au-**

gust-Feier CH: ↗AUGUSTFEIER CH, ↗BUNDESFEIER CH ›Feier am schweizerischen Nationalfeiertag‹: *Wie sieht die kantonsübergreifende polizeiliche Zusammenarbeit aus, damit an der 1. August-Feier im Jahre 2001 ... solche Ausschreitungen wie in diesem Jahr vermieden werden können?* (SP Schweiz Bern, 2001, Internet); ***1. August-Feuer** CH: ↗AUGUSTFEUER CH ›anlässlich des schweizerischen Nationalfeiertages entzündetes grosses Feuer‹: *Jedes Jahr brennen am Nationalfeiertag im ganzen Land die 1.-August-Feuer* (Gemeinde Stein, 2002, Internet) – Auch in den Schreibungen *1.-Augustansprache* und *Erstaugustansprache.* Das Substantiv *August* ist in allen anderen Verwendungen gemeindt.

Augustfeier CH die; –, -n: ↗AUGUST: *1. AUGUST-FEIER CH, ↗BUNDESFEIER CH ›Feier am schweizerischen Nationalfeiertag (1. August)‹: *Die Steiner Augustfeier fand erstmals vor der Aula statt* (NLZ 2. 8. 2001, Internet) – Vgl. Augustfeuer, Augustrede

Augustfeuer CH das; -s, –: ↗AUGUST: *1. AUGUST-FEUER CH ›anlässlich des schweizerischen Nationalfeiertags (1. August) entzündetes grosses Feuer‹: *Rösslifahrten, ... ein Konzert der Musikgesellschaft, das Augustfeuer ... sowie viel Feuerwerkgeknalle belebten das Festgeschehen* (NLZ 1. 8. 2000, Internet) – Vgl. Augustfeier, Augustrede

Augustrede CH die; –, -n: ↗AUGUST: *1. AUGUST-ANSPRACHE/REDE CH ›zur Feier des schweizerischen Nationalfeiertages (1. August) gehaltene Rede‹: *Idee und Konzept zum Jugendparlament reiften, als Jungpolitiker Lo N. sich im Sommer auf seine erste Augustrede vorbereitete* (Bund 9. 12. 1999, 31) – Vgl. Augustfeier, Augustfeuer

aus: **1.** A D-südost Präp. mit Dat. (formell) ›in (in Verbindung mit einem Schulfach)‹: *Tritt in einer Schularbeit aus Mathematik oder Darstellender Geometrie derselbe Denkfehler in einer Aufgabe mehrmals auf, so ist dieser Denkfehler nur einmal zu werten* (Informationsbl zum Schulrecht 23; A). **2.** CH Präp. mit Dat. ›von etw. her; vom‹: *Aus diesem Geld schaffte meine Mutter für alle Kleider an* (Diggelmann, Verhör 35); *In Bülach schaffte er den Sprung aus den Junioren ins Fanionteam* (Schaffhauser Nachr 4. 1. 1997, 23). **3.** ***[Schluss] aus, Amen/amen** A D-mittel/süd; ***[Schluss] aus und Amen/amen** CH D-südwest siehe Amen – Andere Verwendungen sind gemeindt.

ausapern A CH D-südost sw.V./ist: **1.** ↗APERN A CH D-südost ›schneefrei werden, tauen‹: *Kunstschneepisten apern um 3 bis 14 Tage später aus als Pisten, die nicht künstlich beschneit wurden* (Newesely, Auswirkungen der künstlichen Beschneiung von Schipisten, 1997, Internet; A); *Abstieg durch die Südwand, je nach Verhältnissen Schnee oder Eis. Sollte schon alles ausgeapert sein, disponieren wir ev. kurzfristig um* (SAC Randen, 2002, Internet; CH). **2.** sw.V./hat ›schneefrei machen‹: *Neuschnee bis auf ca 1900 m am 12. Mai, unterhalb lässt der Regen die Hänge ausapern* (alpinesicherheit, Tirol, Internet; A) *Die starke Wärme in der zweiten Hälfte März habe vieles ausgeapert: »Dennoch waren bis Ende März im Skigebiet alle Anlagen offen und fast alle Pisten fahrbar bis sehr gut»* (Berner Oberland News 14. 8. 1998, Internet; CH) – Zu 1 vgl. aper – Dazu: **Ausaperung**

ausatmen (gemeindt.): ↗AUSSCHNAUFEN

ausbacken (gemeindt.): ↗BACKEN

ausbaldowern D (ohne südwest) sw.V./hat (salopp): ›herausfinden, auskundschaften‹: *Was sie da draußen ausbaldowern, das erfahre ich sowieso* (Apitz, Nackt unter Wölfen 60) – Auch in der Form *baldowern*

Ausbauhaus A D das; -es, ...häuser: ›Haus in Fertigbauweise mit noch fehlenden Bestandteilen‹: *Für sie besteht mit dem so genannten Ausbauhaus die Möglichkeit, nachträgliche Adaptierung auch mit persönlicher Eigenleistung vorzunehmen* (OÖN 17. 3. 2001, 10; A); *Unbedingt dazu gehört bei einem Ausbauhaus die fachliche Anleitung des Bauherrn durch den Hausanbieter* (Pfeifer, Hausbau 78; D)

Ausbaustandard CH der; -s, ohne Plur.: ›Stand der Ausstattung (einer Wohnung oder eines Bauwerks)‹: *Entstehen werden drei Häuser mit zehn Eigentumswohnungen im gehobenen Ausbaustandard* (NLZ 27. 7. 2001, Internet) – Die Bedeutung ›Stand des Ausbaus (von Verkehrswegen)‹ ist gemeindt.

ausbeineln sw.V./hat (Grenzfall des Standards): **1.** A CH; ↗AUSLÖSEN A D, ↗AUSBEINEN D-süd ›Fleisch von Knochen ablösen‹: *Es ist nicht die zeitliche Stund in der Früh, die den Fleischhauer fertig macht, auch nicht die Müh, die das Schlagen und Ausbeineln macht* (Kramer, Orgel aus Staub 135; A); *Sie mussten ... ein Rindshinterviertel ausbeineln und zerlegen* (Südostschweiz 28. 6. 2001, Internet; CH). **2.** A CH (salopp) ›etw. in seine Bestandteile zerlegen, um Weiterverwendbares zu erhalten‹: *Und es könnte vermerkt werden, ob das Unfallopfer bei seinem Ableben als Organspender benutzt werden darf – so G. Dem Ausbeineln am Unfallort stünde damit nichts mehr im Wege* (Arge Daten DIR 23. 5. 1994, 54; A); *Mit SC lässt sich halt schnell ein bequemes User-Interface erzeugen, und zum Ausbeineln von riesigen Files schreibe ich eine XFCN dazu* (Macintosh Users Switzerland, 2002, Internet; CH). **3.** CH ›etw. gründlich untersuchen‹: *Das Ausbeineln des Wechselspiels von genetischen Faktoren und Umweltfaktoren auf diese Krankheiten ist eine grosse Herausforderung* (Basler Forum Technik und Gesellschaft, 2001, Internet)

ausbeinen D-süd sw.V./hat: ↗AUSBEINELN A CH, ↗AUSLÖSEN A D ›Fleisch von Knochen ablösen‹: *Den*

Hühnchenschenkel ausbeinen (SWR, 2000, Internet) – In A und CH selten – Dazu: **Ausbeinmesser**

ausbezahlen sw.V./hat: **1.** A (Wohnungswesen) ›Schulden, Darlehen für eine Wohnung auf einmal bezahlen‹: *1040 Wien, Eigentumswohnung 110 m², 3 Zimmer, große Wohnküche, Bad, WC, Altbau, Flügeltüren, Parkett, ausbezahlt öS 2.600.000,–* (Falter 3. 11. 1997, 57). **2.** sich CH ›sich bezahlt machen; sich lohnen‹: *Die Ernennung zeige, dass eine aktive Mitarbeit der Schweiz in internationalen Organisationen sich auch mit internationaler Mitarbeit ausbezahle* (BeZ 3. 9.1997; 3). – Die Bedeutungen ›jmdm. einen zustehenden Geldbetrag zahlen‹ und ›jmdn., dem ein Vermögen zusteht, abfinden‹ sind gemeindt. – Dazu: **Ausbezahlung**

Ausbilder Ausbilderin D der; -s, – bzw. die; –, -nen: ↗AUSBILDNER A CH, ↗INSTRUKTIONSOFFIZIER CH, ↗INSTRUKTOR CH, ↗KLASSENLEHRER CH ›Person, die (in stark hierarchisch strukturierten Institutionen wie ↗Bundeswehr, Polizei, Feuerwehr) andere in spezifischen Fertigkeiten anleitet, unterweist‹: *Er ist vom Wortführer zum militärischen Führer geworden ... Vom Schütze Arsch zum Ausbilder* (Wolf, Samstags 84) – In A formell und selten

Ausbildner Ausbildnerin A CH der; -s, – bzw. die; –, -nen: ↗INSTRUKTIONSOFFIZIER CH, ↗INSTRUKTOR CH, ↗KLASSENLEHRER CH, ↗AUSBILDER D ›Person, die (in stark hierarchisch strukturierten Institutionen wie ↗Bundesheer, Polizei, Feuerwehr) andere in spezifischen Fertigkeiten unterweist‹: *Sie lassen sich ölige braun-grüne Gefechtstarnung ins Gesicht schmieren. »Die bemalten Flächen müssen handtellergroß sein«, belehrt sie ein Ausbildner* (Presse 27. 10. 1999, Internet; A); *Ex-Weltmeister Riddick B. ... hat seinen Dienst angetreten. Er wird sich in den nächsten drei Monaten wie 43.000 weitere Marines auch nebenbei von Ausbildnern mit Nadeln quälen lassen, um Schmerzen ertragen zu lernen* (TA 12. 2. 1997, 47; CH)

Ausbildungsberuf D der; -(e)s, -e: ›Lehrberuf‹: *Künftig soll ein eigenständiger Ausbildungsberuf für Luftschiffbauer entstehen* (Welt 16. 10. 1999, Internet)

Ausbildungsplatz A D der; -es, ...plätze: ›Lehrstelle‹: *Seit April vergangenen Jahres wird außerdem Leuten unter 25, die mindestens sechs Monate arbeitslos sind ..., eine Stelle oder ein Ausbildungsplatz für 18 Monate angeboten* (Profil 16. 2. 1997, Internet; A); *Arbeitgeber sollen freie Ausbildungsplätze melden* (WAZ 20. 10. 1997, 9; D) – Dazu: **Ausbildungsplatzsuche**

Ausbildungsvergütung D die; –, -en: ↗LEHRLINGSENTSCHÄDIGUNG A, ↗LEHRLINGSLOHN CH ›finanzielle Vergütung, die ein Lehrling monatlich bekommt‹: *Von seinen 130 Mark Ausbildungsvergütung habe er 120 wieder für Kost und Logis abgeben müssen, berichtete Wolf* (Usinger Anzeiger 3. 4. 2002, Internet)

ausbleichen (gemeindt.): ↗ABSCHIESSEN/ABSCHIEßEN, ↗VERSCHIEßEN

ausborgen sich A D-nordost/mittel sw.V./hat: ›sich etw. von jmdm. ausleihen‹: *Ein Glück, dass eine Freundin ... schon vor unserer Abreise meine Nähmaschine ausgeborgt hatte* (Werner, Wien 38; A); *Ich kann leider nicht so hoch springen, nicht mal, als ich mir einen Tretroller ausgeborgt habe* (Filmztg 21. 11. 2002, Internet; D-nordost/mittel)

ausbüchsen ausbüxen D-nord/mittel sw.V./ist (Grenzfall des Standards): ↗ABPASCHEN A, ↗STIFTEN: *STIFTEN GEHEN D ›flüchten, weglaufen, entwischen, heimlich verschwinden‹: *Die beiden büchsten immer wieder aus, die Mutter jagte hinterher* (Arens, Nächste Mann 9)

ausbüxen siehe ausbüchsen

ausdrehen A D sw.V./hat: ↗ABDREHEN A D, ↗ABLÖSCHEN CH, ↗AUSMACHEN CH D, ↗LÖSCHEN CH D ›(ein elektrisches Gerät/Licht) durch Drehen eines Schalters ausschalten‹: *Bevor mein Mann ging, drehte er bei mir das Licht aus* (ORF Nachlese 3/1997, 4; A); *Ob ich, wenn ich weggehe, das Licht auszudrehen vergesse oder es absichtlich nicht ausdrehe* (Hofmann, Tolstois Kopf 52; D)

Ausfahrt BELG die; –, -en: ›Ausflug mit öffentlichen Verkehrsmitteln‹: *Am Sonntag ist wegen der Ausfahrt nach Temse jegliches Parken auf dem kleinen und großen Teil des Eupener Werthplatzes untersagt* (Grenz-Echo 25. 3. 2000, 8) – Andere Bedeutungen, z. B. ›Autobahnausfahrt‹, sind gemeindt.

Ausfallbürgschaft A D die; –, -en (Recht): ›Absicherung eines Kredites gegenüber einer Bank für den Fall der Zahlungsunfähigkeit eines Unternehmens‹: *Im Falle einer Scheidung ist die Haftung auf eine Ausfallbürgschaft reduziert, das heißt, die Bank kann nur mehr dann auf den Ausfallbürgen greifen, wenn der Hauptschuldner erfolglos gemahnt und erfolglos gegen ihn Klage und Exekution geführt wurde* (OÖN 23. 12. 1986, 4; A); *Für einen Teil dieser Summe springe die Sicherungseinrichtung der Genossenschaftsbanken über eine ... Ausfallbürgschaft ein* (Welt 11. 6. 1999, Internet; D)

ausfällen CH sw.V./hat: ›(eine ↗Ordnungsbusse, eine Freiheitsstrafe) rechtskräftig verhängen‹: *Bezirksamtmänner: Sie dürfen statt einem maximal drei Monate Freiheitsstrafe ausfällen* (Blick 25. 11. 1995, 6) – Die Bedeutung ›gelöste Stoffe ausscheiden‹ ist fachsprachlich gemeindt. – Dazu: **Ausfällung**

Ausfallhaftung A D die; –, -en: siehe Ausfallshaftung

Ausfallshaftung A **Ausfallhaftung** A D die; –, -en (Recht): ›Haftung insbesondere des Bürgen bzw. der Bürgin bei Zahlungsunfähigkeit eines Unternehmens‹: *Die Unkosten wurden durch eine Ausfallshaftung von der Gemeinde Wien gedeckt* (Trend 8/1994, Internet; A); *Schon als er 1977 mit dem Bauunternehmen I. & L. ... den insolventen Konkurrenten S. schluckte, half ihm das Land mit einer Ausfallhaftung von 40 Millionen Schilling* (News 15. 1. 1998, 29; A); *Es wird der Frage nachgegangen, ob die Länder eine Ausfallhaftung für die Kommunen trifft, wenn diese zahlungsunfähig werden* (Universität Münster 27. 9. 2002, Internet; D) – Die Form ohne Fugen-s ist in A formell

Ausfallstrasse CH **Ausfallstraße** D (ohne mittelost/südwest) die; –, -n: ↗ORTSAUSFAHRT A D ›aus einem Ort herausführende Straße‹: *An der Ausfallstrasse nach Oruro leben die besser gebildeten Quechua-Indios* (NZZ 13. 9. 1997, 9; CH); *Wir suchen Gewerbegrundstücke an stark befahrenen Ausfallstraßen in west- und ostdeutschen Mittel- und Großstädten* (FAZ 10. 10. 1997, 65; D)

ausfassen A sw.V./hat: ↗FASSEN CH ›(eine Strafe) bekommen‹: *Er wurde bereits neunmal betrunken am Steuer seines Wagens erwischt ... und fasste einen Führerschein-Entzug auf fünf Jahre aus* (Neue Kronen Ztg 30. 12. 1997, 11)

ausfertigen A sw.V./hat: ›(Gegenstände, Waren) fertig stellen, die letzte Detailarbeit für die Vollendung durchführen‹: *Aufgaben, Tätigkeiten: Errichten, Ausfertigen und Reparieren von ganzen Bauwerken und Bauwerksteilen im Hoch-, Tief- und Wasserbau* (Umweltprofis 28) – Die Bedeutungen, ›ein Dokument o. Ä. ausstellen oder unterzeichnen‹ und ›ein Schriftstück erstellen, ausarbeiten‹, sind gemeindt. – Dazu: **Ausfertigung**

ausfinanzieren A sw.V./hat: ›die Finanzierung (eines Projekts, [Bau]vorhabens etc.) sichern‹: *Sind die Förderungen ausgelaufen und ist das Haus ausfinanziert, kann im Fall von Eigentum frei über die Wohnung verfügt werden* (Trend 11/1997, 213) – Dazu: **Ausfinanzierung**

ausfolgen A sw.V./hat (formell): ›jmdm. etw. übergeben, aushändigen‹: *Der Erlös ist dem letzten früheren Besitzer auszufolgen* (News 23. 12. 1997, 49) – Dazu: **Ausfolgung**

ausforschen A sw.V./hat: ›jmdn. [polizeilich] ausfindig machen; ermitteln‹: *Er saß in seinem Zimmer im Gemeindeamt und phantasierte Vergeltungsmaßnahmen, ohne eine Möglichkeit zu sehen, den Täter auszuforschen* (Menasse, Schubumkehr 53) – Die Bedeutungen, ›jmdn. eingehend befragen‹ und ›etw. sorgfältig erkunden, erforschen‹, sind gemeindt. – Dazu: **Ausforschung**

ausfrascheln siehe ausfratscheln

ausfratscheln A D-südost sw.V./hat (Grenzfall des Standards): ›[indiskret] ausfragen; aushorchen‹: *Man kann ihn auch gleich noch ausfratscheln, wie es denn um den Antelschen Hausbrauch bezüglich der Erfüllung ehelicher Pflichten angesichts der Verheißungen einer neuen Wunderpille stehe* (Standard 25. 5. 1998, Internet; A) – Auch in der Form *ausfrascheln* sowie in den verkürzten Formen *frascheln, fratscheln*

ausführlich (gemeindt.): ↗EINLÄSSLICH

Ausgabenbremse CH die; –, -n: ›gesetzliche Bestimmungen, die mittelfristig einen Finanzhaushalt mit weniger Ausgaben verlangen‹: *Eine Ausgabenbremse ist für die Schweiz nichts Neues. Sie wurde bereits in früheren Defizitperioden eingeführt* (Bund 9. 2. 1995, 11); ***auf die Ausgabenbremse treten/stehen** ›mit Sparmassnahmen beginnen‹: *Lateinamerika droht erneut eine Wirtschaftskrise. Nun tritt der Präsident Argentiniens auf die Ausgabenbremse* (NLZ 13. 7. 2001, Internet) – Vgl. Schuldenbremse

Ausgedinge A das; -s, –: ↗AUSZUG A, ↗AUSNAHME A D-südost, ↗AUSTRAG A D-südost, ↗STÖCKLI CH, ↗ALTENTEIL D (ohne mittelost/südost) ›separater Wohntrakt oder eigenes Gebäude, in das sich Bauern im Ruhestand nach der Hofübergabe zurückziehen‹: *In unserer Gegend erhielten die jüngeren Söhne den Hof, damit der Bauer und die Bäuerin nicht allzu früh ins Ausgedinge gehen mussten* (Recheis, Lena 98) – Dazu: **Ausgedingler(in)**

ausgehen st.V./ist: **1.** sich A D-südost (nur in Verbindung mit *es*) ›[zeitlich] gerade noch reichen‹: *Zweimal in der Woche macht er Nachtdienst, denn »das geht sich mit dem Studium gut aus«* (Echo 28. 1. 1999, 141; A). **2.** A D-nordost/südost ›beim Waschen Farbe verlieren (von Stoffen)‹: *Der Stoff wird nach dem Färben mehrfach gewaschen, sodass man keine Angst haben muss, dass er ausgeht oder abfärbt* (Kurier 5. 10. 1997, 10; A) – Andere Bedeutungen sind gemeindt.

Ausgesteuerte CH der/die; -n, -n: ›Person, die nach längerer Arbeitslosigkeit keinen Anspruch auf Arbeitslosenunterstützung mehr hat‹: *Wenn man mit einem Ausgesteuerten redete und in seinen Worten und Reaktionen die persönliche Tragödie spürte, dann schämte man sich, dass es einem selbst besser ging und man eine Stelle hatte* (Tschudin, Meine Ehre 113) – In A historisch (für Arbeitslose vor dem Zweiten Weltkrieg), in D fachsprachlich

ausgewiesen Adj. (nicht steigerbar): **1.** A D ›gekennzeichnet, angegeben‹: *Bei den ausgewiesenen Beträgen handelt es sich um die Monatseinkommen einschließlich der Sonderzahlungen* (Aktion 8. 9. 1997, 4; A); *Zunächst gibt es ein als Gewerbegebiet ausgewiese-*

nes Areal (Handewitter Rundschau 17. 5. 2002, Internet; D). **2.** CH D ›qualifiziert‹: *Sie sei froh ..., dass nun ... endlich ein ausgewiesener Kandidat ihrer Partei ans Obergericht gewählt werde, kommentierte GFL-Präsidentin Barbara von E.* (Bund 28. 2. 2000, 21; CH); *Evangelos C. ist ... ein ausgewiesener Spezialist für die Geschichte der Germanenreiche* (Universität Regensburg, 1999, Internet; D). **3.** CH D ›nachweislich; nachgewiesen‹: *Die Kommissionsmehrheit erachtet den Nachtragskredit für ausgewiesen und empfiehlt Zustimmung* (NZZ 19. 4. 2002, 40; CH); *Andreas L. ist ein ausgewiesener Profi, der das Magazin der Süddeutschen ... konzipiert hat* (Berliner Ztg 19. 8. 1999, Internet; D) – Vgl. ausweisen

Ausgezeichnet CH STIR das; –, – (substantiviertes Adj.): ↗GUT: *SEHR GUT A D ›beste Schulnote‹: *Die ersten beiden Projekte erhalten von der Studienleitung ein Ausgezeichnet* (Studienbereich Neue Medien, 2003, Internet; CH); *Beim 1. Südtiroler Chorwettbewerb 1991 im Konservatorium in Bozen erhielt der Chor ein »Ausgezeichnet«* (Kulturverein »Musica in aulis«, 2003, Internet; STIR) – Das Adjektiv *ausgezeichnet* in der Bedeutung ›hervorragend, exzellent‹ ist gemeindt. Vgl. Sechser

Ausgleich A der; -(e)s, -e: ›gerichtlich beantragter Vergleich, der auf eine teilweise Befriedigung der Gläubiger(innen) zielt‹: *Um den Ausgleich erfüllen zu können, benötigt der insolvente Elektro- und Möbelhändler K. einen potenten Investitionspartner, der für die entsprechende Kapitalzufuhr sorgen kann* (Kurier 17. 9. 1997, 17); ***den Ausgleich anmelden/in den Ausgleich gehen** ›auf gerichtlichem Weg einen Vergleich mit Gläubigern eröffnen‹: *Kurze Zeit später musste das Unternehmen den Ausgleich anmelden* (Trend 11/1997, 110) – Im Ggs. zum *Konkurs* erlischt beim Ausgleich mit beglichener Teilschuld auch die Restschuld. Die Bedeutung ›das Ausgleichen‹ und andere Bedeutungen sind gemeindt. – Dazu: ↗**Ausgleichsverfahren**, ↗**Ausgleichsverwalter(in)**

Ausgleichskasse CH die; –, -n: ›für die Berechnung, Eintreibung und Auszahlung der Sozialversicherungsbeträge zuständige öffentliche oder private Anstalt‹: *Wer in seinem Haushalt eine Putzfrau, einen Babysitter, einen Gärtner oder sonst einen Angestellten beschäftigt, muss dies periodisch der Ausgleichskasse des Kantons ... melden* (TA 31. 8. 2000, 12) – Dazu: **AHV-Ausgleichskasse** (↗AHV), **Familienausgleichskasse**

Ausgleichsverfahren A das; -s, –: ↗NACHLASSVERFAHREN CH, ↗VERGLEICHSVERFAHREN D ›Verfahren, das bei drohender Zahlungsunfähigkeit eines Schuldners den ↗Ausgleich zwischen Schuldner und Gläubiger(n) regelt, um einen totalen Konkurs zu vermeiden‹: *Allerdings müssen bei den Vorräten Abwertungen von rund 40 Mill. S vorgenommen werden, da im Zuge des Ausgleichsverfahrens verbilligte Abverkäufe durchgeführt werden* (Presse 29. 9. 1998, 21)

Ausgleichsverwalter Ausgleichsverwalterin A der; -s, – bzw. die; –, -nen: ↗NACHLASSVERWALTER CH, ↗SACHWALTER CH ›vom Gericht bestellte Person, die den Vermögensstand des Schuldners, die Geschäftsführung des Konkursunternehmens und die Zweckmäßigkeit seiner Weiterführung prüft‹: *Die 280 Gläubiger des mit 202 Mill. S verschuldeten Betriebes können ihre Forderungen bis 10. Dezember anmelden, zum Ausgleichsverwalter wurde der Wiener Anwalt Alexander Sch. bestellt* (SN 11. 11. 1997, 11) – Vgl. Ausgleich

Ausgleichszulage A die; –, -n: ↗ERGÄNZUNGSLEISTUNG CH ›staatlicher Zuschuss (zu sehr niedrigen ↗Pensionen, um die Höhe des Mindestbetrags zu erreichen)‹: *Auf Antrag des Oberlandesgerichts Wien hat das Höchstgericht die Berechnungsformel für die Ausgleichszulage zur Pension von getrennt lebenden Ehepartnern als verfassungswidrig aufgehoben* (Presse 21. 8. 2000, Internet) – Dazu: **Ausgleichszulagenbezieher(in)** (↗Bezieher), **Ausgleichszulagenrichtsatz**

Ausguss CH D (ohne südwest) der; -es, ...güsse: ↗ABWASCH A, ↗ABWÄSCHE A, ↗ABWASCHTROG CH, ↗SCHÜTTSTEIN CH, ↗SPÜLTROG CH, ↗ABWASCHBECKEN CH D-nord/mittelost, ↗SPÜLBECKEN CH D (ohne mittelost), ↗SPÜLSTEIN D-nordwest/mittelwest ›fest installiertes Becken zum Reinigen von schmutzigem Geschirr‹: *Verbrauchtes Öl nicht in den Ausguss giessen, sondern in der Ölsammelstelle entsorgen* (Brückenbauer 9. 3. 1999, Internet; CH); *Darf man Essensreste in die Toilette kippen, ... Speiseöl in den Ausguss schütten?* (WDR 9. 3. 1998, Internet; D) – Nicht zu verwechseln mit ↗*Spüle* und ↗*Spültisch*, die das Becken mit Unterschrank bezeichnen

aushaftend A Adj.: ›noch nicht zurückbezahlt (in Verbindung mit *Kredit, Darlehen* u. Ä.)‹: *Die aushaftenden Darlehen von rund 3 Mrd. S sicherten diese Unabhängigkeit, »auch wenn die Politiker versagen«* (SN 21. 10. 1997, 10) – Vgl. ausständig

aushandeln (gemeindt.): ↗AUSJASSEN, ↗AUSSCHNAPSEN

aushändigen (gemeindt.): ↗AUSFOLGEN

ausheben CH st.V./hat: ↗MUSTERN A D ›(Wehrpflichtige) auf die Tauglichkeit für den ↗Militärdienst untersuchen‹: *Und das ist auch schon die ganze Geschichte von Hammer, Cherubin, Jahrgang 1926, ausgehoben als Mitrailleur und dienstuntauglich* (Bichsel, Cherubin Hammer 10) – In A und D veraltet. Andere Bedeutungen sind gemeindt. – Dazu: ↗**Aushebung**

Aushebung CH die; –, -en: ↗STELLUNG A, ↗MUSTERUNG A D ›Prüfung von Wehrpflichtigen auf die Tauglichkeit für den ↗Militärdienst‹: *Wer fahrlässig einem Aufgebot zur Aushebung oder zum Militärdienst nicht gehorcht, wird mit Haft bestraft* (Tschäni, Patriotismus 79) – Die Bedeutungen ›Ausschaufeln von Erdreich‹ und ›Verhaftung einer verbrecherischen Gruppe‹ sind gemeindt. Vgl. ausheben, Eintrittsmusterung – Dazu: **Aushebungsoffizier**

Aushilfeunterricht (gemeindt.): ↗SUPPLENZ, ↗VIKARIAT

Aushilfslehrer (gemeindt.): ↗SUPPLENT/SUPPLENTIN, ↗VIKAR/VIKARIN

ausjassen A-west (Vbg.) CH sw.V./hat (salopp): ↗AUSSCHNAPSEN A ›vereinbaren, aushandeln; ausmachen‹: *Wenn künftig verschiedene Interessengemeinschaften ihre eigenen Gesetze am runden Tisch ausjassen, hat das Parlament als gesetzgebende Behörde ausgedient* (TA 3. 10. 1998, 7; CH) – Vgl. jassen

ausjudizieren A sw.V./hat: ›(einen Rechtsstreit) vor dem obersten Gericht entscheiden‹: *Es ist noch nicht ausjudiziert, ob der arbeitswillige Ehegatte noch einmal in seine Heimat zurück muss, um von dort neuerlich einen eigenen Antrag auf Aufenthalt zu stellen* (Standard 13. 8. 1993, 5) – Dazu: **Ausjudizierung**

ausklamüsern D-nord/mittel sw.V./hat (Grenzfall des Standards): ›durch intensives Nachdenken oder Probieren zu einem Ergebnis kommen; austüfteln‹: *Er kennt sich in Finanzierungs- und Steuerfragen, in den Untiefen der Bilanzierungsproblematik und beim Ausklamüsern auch der vertracktesten Investitionsmodelle aus* (Dresdner Blättl 9. 6. 2000, Internet)

Auskunftei D die; –, -en: ›Unternehmen, das über Privat- oder Geschäftsverhältnisse Auskünfte erteilt‹: *Eine öffentliche Auskunftei sind Behörden nicht automatisch* (Allegra 11/1997, 194)

Auskunftsbüro (gemeindt.): ↗AUSKUNFTSSTELLE

Auskunftsstelle CH die; –, -n: ›Auskunftsbüro‹: *Im Rahmen des Sparprogramms haben die Experten vorgeschlagen, ein so genanntes Stadtbüro als zentrale Auskunftsstelle der Stadtverwaltung einzurichten* (Bund 24. 6. 2000, 33)

Auslad CH der; -(e)s, -e: ↗ABLAD CH ›Ausladen (von Waren); Entladen (von Transportmitteln)‹: *Die SBB sehen vor, die halbleer stehenden Güterbahnhöfe im Badischen Bahnhof Basel und in Domodossola für den Ein- und Auslad der Camions einzurichten* (TA 31. 12. 1996, 9); *Beim Auslad wird ein weiteres Mal tatkräftig zugepackt* (St. Galler Tagbl 18. 8. 1999, Internet) – Vgl. Umlad, Verlad

Auslage CH D die; –, -n: ›in einem Schaufenster ausgestellte Ware‹: *Aus zwei zertrümmerten Schmuckvitrinen räumten sie die Auslage ab* (TA 7. 7. 1997, 18; CH); *Wechseln Sie die Auslage nach etwa drei bis vier Wochen, denn sonst wird das Bild für den Passanten langweilig* (Learn-line NRW 9. 12. 2002, Internet; D) – Die Bedeutungen ›Schaufenster[kasten]‹, ›aufgewendeter Geldbetrag, der wieder rückerstattet wird‹ sowie die Verwendungen in den Bereichen Sport und Jagd sind gemeindt.

Ausland- CH (produktives Bestimmungswort in Zus.): ↗AUSLANDS- A D ›das Ausland betreffend‹, z. B. Auslandabhängigkeit, Auslandaufenthalt, Auslandeinsatz, Auslanderfahrung, Auslandgespräch, Auslandjahr, Auslandreise, Auslandschweizer(in), Auslandurlaub, Auslandvertretung: *Staatsexamen, Doktortitel, … den geplanten Auslandaufenthalt, vielleicht in Amerika, um den Horizont zu erweitern …* (Z'Graggen, Erwartung 54); *Später waren es mehrtägige Auslandreisen, Pfingstfahrten, … und die bekannten Maskenbälle der Mustermesse, die für Belebung sorgten* (Waller, Barbi 69)

Ausländeramt D das; -(e)s, …ämter: ↗AUSLÄNDERBEHÖRDE D ›für die Belange von Ausländern zuständiges Amt‹: *Dass auch diejenigen, die seit langem hier leben, sich jetzt beim Ausländeramt eine Aufenthaltsgenehmigung besorgen müssten, würden viele Ausländer nicht verstehen* (Welt 30. 1. 1997, Internet)

Ausländerausweis CH LUX der; -es, -e: ›Ausweis, der die Personalien sowie einen Vermerk über die Art und Dauer der ↗Aufenthaltsbewilligung eines Ausländers bzw. einer Ausländerin enthält‹: *Nach dem ersten Prozess hatte Aisa ihre Stelle verloren, nach der Scheidung von ihrem Schweizer Ehemann auch den Ausländerausweis* (TA 30. 8. 1999, 20; CH); *Zusätzlich zu den unverzichtbaren Dokumenten sind folgende Dokumente beizubringen: Kopie des Ausländerausweises* (SeSoPI-Centre Intercommuntaire 25. 10. 2002, Internet; LUX)

Ausländerbehörde D die; –, -n: ↗AUSLÄNDERAMT D ›für die Belange von Ausländern zuständige Behörde‹: *Statt den Ausgang des Klageverfahrens abzuwarten, … bemüht sich die Ausländerbehörde Essen bereits um Dokumente, um die junge Frau samt Kindern abschieben zu können* (NRZ 1. 2. 2001, Internet)

Auslands- A D (produktives Bestimmungswort in Zus.): ↗AUSLAND- CH ›das Ausland betreffend‹, z. B. Auslandsaufenthalt, Auslandseinsatz, Auslandsdeutsche(r), Auslandserfahrung, Auslandsjahr, Auslandskrankenschein (↗Krankenschein), Auslandsösterreicher(in), Auslandsreise, Auslandssemester, Auslandsurlaub (↗Urlaub), Auslandsvertretung: *Für die studierte Computerwissenschaftlerin ist es nicht der erste Auslandsaufenthalt* (Kurier 31. 8. 2001, 21; A); *Beim ersten Bewerbungsgespräch wird sich etwas Aus-*

landserfahrung keinesfalls schlecht machen (Profil 12. 9. 2000, Internet; A); *Toleriert wurde sogar die Werbung für Auslandskonten, auf denen Geld Asyl vor dem deutschen Fiskus findet* (Zeit 26. 12. 1997, 22; D)

Auslangen: *das/sein Auslangen finden A ›den/seinen Lebensunterhalt bestreiten; auskommen‹: *Dies bedeutet, dass diese Menschen 1989 mit einem monatlichen Einkommen von ca. S. 5.000 – bis S 7.000 ... das Auslangen finden müssen* (Pfaundler, Jungbürgerbuch 896) – Das Verb *auslangen* ist in allen anderen Verwendungen gemeindt.

auslassen st.V./hat: **1.** A D-südost ›freilassen, loslassen‹: *Nach jedem Einsperren kommt das Auslassen* (Hackl, Abschied von Sidonie 64; A). **2.** A D-südost (Grenzfall des Standards) ›nicht den Erwartungen entsprechen; versagen‹: *Wenn der Landwirtschaftsminister auslässt, dann muss eben die Konsumentenschutzministerin aktiv werden und ein generelles Importverbot für Soja erlassen* (Neue Wochenschau 11. 8. 1999, 3; A). **3.** D ›(ein Kleidungsstück) weglassen‹: *Vielleicht konnte die Schneiderin nicht richtig abstecken und hat ihn deswegen gebeten, dass er die Schuhe auslassen soll* (Hobbyschneiderin 28. 1. 2003, Internet) – Andere Bedeutungen sind gemeindt.

Ausläufer Ausläuferin CH der; -s, – bzw. die; –, -nen (veraltend): ›Person, die für eine Firma oder ein Geschäft Waren austrägt‹: *Als ich im »Tagblatt« las, dass man dort einen Ausläufer suche, meldete ich mich* (Honegger, Ehemalige 74) – Andere Bedeutungen sind gemeindt.

Auslegeordnung CH die; –, -en: **1.** ›übersichtliche Zusammenstellung von Arbeitsergebnissen, Problembereichen etc. für eine erste Durchsicht‹: *Die Auslegeordnung ausgereifter Projekte zeigte, dass der Idee grosse Sympathie entgegengebracht wurde* (Jahr der Schweiz 81). **2.** ›geordnetes Bereitlegen von Gegenständen zur Kontrolle, z. B. bei der militärischen ↗Inspektion‹: *Auslegeordnung: Die Bundesanwaltschaft zeigt das Waffenlager an der Morgenstrasse in Bern, in dem Bellasi seine Sammlung gehortet hatte* (Blick 28. 8. 1999, 2)

ausleihen CH D st.V./hat: ↗HERLEIHEN A D-südost ›jmdm. etw. verleihen‹: *Um die Lohnliste zu entlasten, würde YB den Spieler erneut gerne ausleihen oder verkaufen* (Bund 10. 11. 1999, 41; CH); *Findet sich ein Abnehmer, so können Spieler an andere DEFL Teams ausgeliehen werden* (Eishockey Fantasy Liga 27. 11. 2002, Internet; D) – Die Bedeutung ›[sich] bei jmdm. etw. leihen‹ ist gemeindt.

Auslese (gemeindt.): ↗GEREBELTE

ausliegen CH D (ohne südost) st.V./ist/hat: **1.** ↗AUFLIEGEN A CH D-südost ›zur Einsichtnahme ausgestellt sein; bereit liegen (bes. von Druckerzeugnissen)‹: *Eine Million weisser Australier hatten ... sich aus Solidarität in die vor allem in den Kirchen der Grossstädte ausliegenden Entschuldigungslisten eingetragen* (Bund 27. 8. 1999, 5; CH); *Mein Traum war immer, dass meine Bücher in den Bahnhofsbuchhandlungen ausliegen* (Welt 14. 10. 1999, Internet; D). **2.** ›im Schaufenster ausgestellt sein‹: *Sehen Sie, ich habe hier verschiedene Fleischsorten ausliegen* (TA 20. 6. 1996, 61; CH); *Und die Schaufenster der Buchläden, in denen die zahlreichen Veröffentlichungen von und über Mitterrand zum Verkauf ausliegen, sind mit dem schwarzen Hut und roten Schal dekoriert, die der sozialistische Präsident zu tragen pflegte* (Welt 10. 5. 1996, Internet; D) – Das Perfekt wird in CH und D-südwest mit *sein* gebildet, in D-nord/mittel mit *haben.* Vgl. liegen

ausloben sw.V./hat: **1.** A D ›(einen Kunstpreis, Architekturwettbewerb o. Ä.) öffentlich ausschreiben‹: *Der mit 750.000 Schilling höchstdotierte österreichische Kunstpreis wird vom Bundeskanzleramt, dem Unterrichtsministerium und der Stadt Wien ausgelobt* (SN 6. 5. 1998, Internet; A); *Bereits Ende 1987 hatte man einen Bauwettbewerb ausgelobt, der sich der Neuordnung des Gebietes ... widmete* (Tagesspiegel 25. 7. 1999, 26; D). **2.** D ›(eine Belohnung) aussetzen‹: *Hier lauert Gefahr, wenn Sie zu hohe Prämien ausloben. Relation zwischen erforderlichem Umsatz und Prämienwert sollte 5 – 10 % nicht übersteigen* (Praxishandbuch Werbung 6. 1. 2003, Internet) – Dazu: **Auslobung**

auslösen sw.V./hat: **1.** A D; ↗AUSBEINELN A CH, ↗AUSBEINEN D-süd ›(Fleisch) von Knochen ablösen‹: *Österr. Schweinskarree oder Schopfbraten abgezogen, ausgelöst, ohne Bein* (Firma Spar, Einkaufsmagazin 12/1998, 16; A); *Das Fleisch auslösen und roh in große Würfel ... schneiden* (WDR 3. 4. 1998, Internet; D); ***Hintere Ausgelöste** A (das) ›über der Schulter gelegener vorderer Rückenteil des Rindes, der zum Kochen und Dünsten geeignet ist‹: *Das Hintere Ausgelöste so aufschneiden (spiralenförmig), dass eine flache Platte entsteht* (Landwirt online, 2003, Internet); ***Vordere Ausgelöste** A (das): ↗HALS CH D (ohne ost), ↗KAMM D, ↗NACKEN D ›fettarmes Halsstück vom Rind, das bes. für Suppen verwendet wird; Bug‹: *Rindsgulasch: 1/2 kg Zwiebel, blättrig geschnitten, 60 dag Wadschinken bzw. Vorderes oder Hinteres Ausgelöstes, 7 dag Öl, einige Tropfen Essig, 1 Esslöffel Paprika, Majoran, Kümmel, Salz* (Wiener Kochbuch, 2000, Internet). **2.** A D-süd; ↗PALEN D-nord, ↗PULEN D-nord/mittel ›(Hülsenfrüchte) schälen; enthülsen‹: *Gemüse putzen, Karotten in feine Scheiben, Kohlrabi in Stifte schneiden ... Erbsen auslösen* (Firma Land. Heimat Waldviertel, Edles aus dem Ybbstal, 2001, Internet; A) – Zu den Wendungen in 1.: Wegen uneinheitlicher Schnittführung gibt es keine direkte

Entsprechung der Fleischteile in CH und D. Die Bedeutungen, ›etw. in Gang setzen‹ und ›etw. hervorrufen, bewirken‹, sind gemeindt.

ausmachen sw.V./hat: **1.** A D; ↗ABMACHEN CH D ›vereinbaren‹: *Obwohl ausgemacht war, dass Eva K. den Posten bekommen soll, fragte mich Anton P. ..., ob ich mich nicht auch bewerben wolle* (Profil 1. 9. 1995, Extra 38; A); *Wir haben ausgemacht, dass die Kinder evangelisch getauft ... werden sollen* (Brückner, Spuren 41; D). **2.** A D ›durch Beobachten feststellen; lokalisieren‹: *Z. hat das größte Problem schon ausgemacht: die Regionalleiter würden von Wien aus unter Druck gesetzt* (Osttiroler Bote 12. 3. 1998, 46; A); *Die wahren Schuldigen haben die Obergewerkschafter auch schon ausgemacht: Die Wirtschaftsbosse* (WDR 11. 4. 2002, Internet; D). **3.** CH D; ↗ABDREHEN A D, ↗AUSDREHEN A D, ↗ABLÖSCHEN CH, ↗LÖSCHEN CH D ›(ein Gerät, Licht o. Ä.) ausschalten‹: *Das Licht war ausgemacht* (Wyss, Tage 156; CH); »*Was treibst du denn da?*«, *fragt Stephanie und macht den Fernseher aus* (Berliner Ztg 15. 11. 2001, Internet; D) – Zu 1.: In CH selten. Andere Bedeutungen sind gemeindt.

ausmalen A sw.V./hat: ↗STREICHEN CH D ›(einen Innenraum) mit neuem Farbanstrich versehen‹: *Die beiden Urlaubstage nach der Abschlussfeier hatte Franz damit zugebracht, die Küche und sein Zimmer auszumalen* (Scharang, Sohn eines Landarbeiters 15) – Andere Bedeutungen, z.B. ›Flächen mit Farbe ausfüllen, kolorieren‹ und ›eine Begebenheit schildern‹, sind gemeindt.

ausmarchen CH sw.V./hat (selten): ›(Grundstücke, Rechte) abgrenzen‹: *Gesellschaftliches Zusammenleben ist ein ständiges Ausmarchen zwischen unterschiedlichen Interessengruppen zum Wohle aller* (TA 26. 3. 1996, Internet) – Dazu: ↗**Ausmarchung**

Ausmarchung CH die; –, -en: **1.** ›[politische] Auseinandersetzung und Meinungsbildung‹: *Noch bevor die ... Kampagne für die Regierungsratswahlen anläuft ..., findet parteiintern eine echte Ausmarchung statt* (Bund 13. 10. 1997, 19). **2.** (Sport) ›Ausscheidung, Qualifikation‹: *Im Jahr 2000 soll der Fed-Cup erneut modifiziert werden, wobei ... die ... drei Halbfinalisten Gastgeber sind für eine einwöchige Ausmarchung mit vier Ländern, die einen Halbfinalisten ausspielen* (TA 21. 3. 1999, Internet) – Zu 1 vgl. ausmarchen – Dazu: **Endausmarchung**

Ausmaß A D das; -es, -e: ›in Zahlen angegebene Höhe; Anzahl, Höhe‹ (meist in der Wendung *im Ausmaß von*): *Sie sind pragmatisiert und haben nach 35 Dienstjahren (...) Anspruch auf eine Pension im Ausmaß von 83 Prozent des Letztbezugs* (SN 11. 11. 1997, 2; A); *Aus den folgenden Veranstaltungen sind Gebiete im Ausmaß von 2 Lehrveranstaltungsstunden auszuwählen* (Universität Trier 12. 8. 2003, Internet; D) – Die Bedeutung ›Umfang; Grad‹ (ohne Zahlangabe) ist gemeindt. Vgl. Höhe – Dazu: ↗**Beschäftigungsausmaß** A, ↗**Höchstausmaß** A, ↗**Strafausmaß** A, ↗**Stundenausmaß** A

ausmehren CH sw.V./hat: ↗ABMEHREN CH ›durch ↗Handmehr eine Entscheidung treffen‹: *Am Schluss muss ausgemehrt werden, welche dieser Varianten dann als die endgültigen, definitiven gelten sollen* (Wintersession Ständerat, 1997, Internet) – Vgl. Mehr – Dazu: **Ausmehrung**

ausmieten CH sw.V./hat: **1.** ›vermieten‹: *Zu Grunde lag die Idee, dass jeweils nur ein Betrieb eine bestimmte Maschine anzuschaffen braucht und dieselbe den andern ausmieten kann* (Gemeinde Watt, 2001, Internet). **2.** ↗ANMIETEN A D ›mieten‹: *Sie können bei uns auch Spezialvelos wie Tandems oder Elektrobikes ausmieten* (Veloteria Stäfa, 2001, Internet)

Ausnahme A D-südost die; –, -n: ↗AUSGEDINGE A, ↗AUSZUG A, ↗AUSTRAG A D-südost, ↗ALTENTEIL D (ohne mittelost/südost) ›Unterhaltsleistung an Geld und Naturalien für Bauern nach der Hofübergabe; Lebensabschnitt nach der Hofübergabe‹: *Der Mann, der in einem Ausnahmehaus abseits der Familie wohnte, hatte bis 22 Uhr gezecht* (Kurier 6. 11. 1995, Internet; A) – Andere Bedeutungen sind gemeindt. – Dazu: **Ausnahmehaus, Ausnahmshaus, Ausnehmer(in)**

ausnahmslos (gemeindt.): ↗BAND: *DURCHS BAND [WEG], ↗BANK: *DURCH DIE BANK; *DURCH DIE BANK WEG

ausnehmen A st.V./hat: ›trotz Dunkelheit, schlechter Sicht o. Ä. erkennen, unterscheiden, wahrnehmen‹: *In Kürze wird man nur noch das spektakuläre Vordach über dem Eingang ausnehmen können* (Wiener 3/2000, Magazin 37) – Andere Bedeutungen sind gemeindt.

ausplaudern (gemeindt.): ↗DURCHHECHELN, ↗KLATSCHEN, ↗PLAUSCHEN, ↗RATSCHEN, ↗SCHWATZEN, ↗TRATSCHEN

ausputzen sw.V./hat: **1.** A CH D-mittel/süd ›(einen Hohlraum, ein Gefäß o. Ä.) innen reinigen‹: *Aber Katzenkisterln könnte er wenigstens manchmal strafweise ausputzen* (Kurier 9. 8. 1996, 31; A); *Fett aus Pfanne giessen, Pfanne aber nicht ausputzen. Darin Öl erhitzen* (Schweizer Metzgermeister, 1999, Internet; CH). **2.** A CH D-mittelost ›etw. reinigend entfernen; reinigen‹: *Kleine Flecken ausschließlich mit Wasser und Seife ausputzen* (Kurier 20. 1. 2000, 35; A); *Man soll nur etwas auf die Hand oder aufs Pult schreiben, das man sofort ausputzen kann, wenn's brenzlig wird* (Sekundarschule Wiedlisbach Spicktipps, 2003, Internet; CH). **3.** A D (salopp, Fußball) ›den Ball aus der Gefahrenzone schießen; befreien‹: *Beim ersten Tor hätte man nur trocken ausputzen brauchen, beim zweiten den Ball ins Out schießen* *müssen* (Presse 4. 4. 1997, Internet; A); *R. Y. putzte aus, dann kamen ein Abwehrriegel, eine Mittelfeld-Achse und die Sturmspitzen* (EFH Bochum, Fußballclub 3. 4. 2003, Internet; D). **4.** A CH D-mittelwest/süd; ↗PUTZEN A D-mittelost/süd ›Wertvolles aussondern, Hinderliches entfernen (bes. im Gartenbau und in der Küche; von Ästen oder Trieben befreien, Grünzonen zurückschneiden; Kerne aus dem Inneren von Gemüse lösen)‹: *Die Aufforderung zum Ausputzen des Gemeindewaldes habe sie lautstark verkündet* (OÖN 24. 10. 1998, Magazin 25; A); *Den Kürbis schälen, Samen und Fäden ausputzen und in kleine Würfel schneiden* (Oma's Rezepte, 1999, Internet; A); *Die einfachste Art zum Entasten und Ausputzen bis ca. 5 Meter* (Dolmar Hochastgeräte, 2000, Internet; CH). **5.** A CH ›die Nackenhaare schneiden bzw. rasieren‹: *Herrenservice Preis in €: Waschen/Schneiden/Föhnen 22,20 … Ausputzen 7,70* (BM-Haarstudio, 2002, Internet; A); *Herren: Haarschnitt mit Waschen … Fr. 44.00, ohne Waschen Fr. 36.50, Ausputzen Fr. 29.00* (Braun & Brun, 2000, Internet; CH) – Zu 3.: **Ausputzer(in)**

ausrädeln D (ohne südost) sw.V./hat (Küche): ↗RADELN A ›mit einem Rädchen ausschneiden‹: *Die zweite Hälfte des Teiges ebenso ausrollen und daraus etwa 1 1/2 cm breite Streifen ausrädeln* (Südwest Fernsehen 15. 12. 1996, Internet)

ausrasten sich A D-südost sw.V./hat: ›sich ausruhen, entspannen; rasten‹: *Müssen Sie nach 100 Meter Gehstrecke stehen bleiben und sich ausrasten, weil Sie einen Wadenkrampf haben?* (Medizin populär 3/1994, 39; A); ***sich auf seinen Lorbeeren ausrasten** ›sich unter Berufung auf einen früheren Erfolg nicht mehr anstrengen; sich auf seinen Lorbeeren ausruhen‹: *Die Tyrolean raste sich nicht auf ihren Lorbeeren aus, sondern weite ihr Streckennetz kontinuierlich aus* (Echo 28. 1. 1999, 43; A) – Die nichtreflexive Verwendung in den Bedeutungen ›aus einer Halterung herausspringen‹ und ›die Nerven verlieren‹ ist gemeindt. In diesen gemeindt. Bedeutungen wird das Perfekt mit *sein* gebildet

ausrauchen A D-südost sw.V./ist: ›durch Luftzufuhr den Geschmack, das Aroma, die Kohlensäure verlieren (bes. bei alkoholischen Getränken, Kaffee, Gewürzen und Getränken mit Kohlensäure)‹: *Grundsätzlich kann man sagen, dass Paprikapulver ein Jahr hält, gemahlener Pfeffer, Wacholder und gemahlener Zimt nach zwei bis drei Jahren ausgeraucht sind* (Neue Vorarlberger Tagesztg 28. 9. 1996, 20; A)

ausreiben st.V./hat: **1.** A; ↗REIBEN A, ↗FEGEN CH, ↗SCHEUERN D (ohne südost) ›(den Boden) mit einer hartborstigen Bürste reinigen; schrubben‹: *Den Bretterboden muss ich oft ausreiben, wenn wir es sauber haben wollen* (G. Roth, Ozean 191). **2.** A D-nord/mittelwest ›(Flecken etc.) durch Reiben aus etw. entfernen‹: *Hartnäckige Flecken mit Intensivreiniger ausreiben* (Vertrieb Goldbach, Parkettbödenreinigung, 2001, Internet; A). **3.** A D ›(die Innenflächen von etw.) durch Reiben säubern bzw. mit etw. einreiben‹: *In verschmutzte Grillgeräte, Backrohre, Pfannen oder Bleche Salz streuen und so lange erhitzen, bis es braun ist. Danach mit Küchenpapier ausreiben und anschließend wie gewohnt abwaschen* (Firma Spar, Tipps, 2001, Internet; A); *Wenn wirklich mal was anbrennt, die Pfanne mit reichlich Salz belegen, hoch erhitzen und mit Küchenpapier kräftig ausreiben* (Küchentipps 31. 1. 2003, Internet; D) – Zu 1.: ↗**Ausreibfetzen** A (ohne west), **Ausreibtuch** A (ohne west)

Ausreibfetzen A (ohne west) der; -s, –: ↗REIBTUCH A (ohne west), ↗BODENLUMPEN A-west CH, ↗AUFNEHMER D-nordwest/mittelwest, ↗FEUDEL D-nord ›[grobes] Tuch, mit dem Böden nass gereinigt werden‹: *Während das »Meer« für die beiden Paddler am Wannenrand endete, bildete sich auf den Fliesen außerhalb ein mittlerer See. … Der Papa drückte den beiden Sportlern Kübel und Ausreibfetzen in die Hand* (OÖN 9. 2. 2000, Internet) – Vgl. ausreiben, Fetzen

Ausreichend D das; -s, –: ↗GENÜGEND A ›gerade noch zum Bestehen reichende drittschlechteste Schulnote‹: *Das Klassenziel ist … erreicht, wenn in Mathematik und Deutsch mindestens ein »Ausreichend« (Note 4) erreicht wurde* (Grundschule Karl Marx, Plauen, 2003, Internet)

ausrichten sw.V./hat: **1.** A D-südost ›jmdn. schlecht machen, herabsetzen‹: *Du würdest gut zur Sissi passen, die hat auch nichts anderes im Schädel, als Leut auszurichten* (Kneifl, Vorstellung 80; A). **2.** CH ›[aus]zahlen‹: *Der Staat richtet Beiträge aus für Studien an einer Mittel- und Hochschule, für die berufliche Vorbildung, Ausbildung und Weiterbildung* (Zürcher Bürgerbuch 96) – Die Bedeutung ›jmdm. etw. mitteilen‹ ist gemeindt.

ausrinnen A D-süd st.V./ist: ›langsam aus etw. herausfließen; auslaufen‹: *Bei diesen Modellen kann sich ein Dichtungsring verhärten, so dass Benzin ausrinnen und sich entzünden kann* (OÖN 2. 1. 1999, 28; A) – Die Bedeutung ›(durch Herausfließen) leer werden‹ ist gemeindt.

ausrollen A D sw.V./hat: ↗AUSWALKEN A D-südost, ↗AUSWALLEN CH, ↗AUSWELLEN D-südwest ›(einen Teig mit Hilfe einer Rolle zu einer dünnen Schicht) auswalzen‹: *Auf dem Nudelbrett zog sie den Teig auseinander, mit dem Nudelholz zu einer ovalen Fläche ausrollend* (Glantschnig, Mirnock 24; A); *Gekühlten Teig 5 mm dick ausrollen und Rondellen … ausstechen* (Südwest Fernsehen, 1998, Internet; D) – In CH selten. Andere Bedeutungen sind gemeindt.

Ausrufezeichen CH D (ohne südost) das; -s, –: ↗RUFEZEICHEN A-west, ↗RUFZEICHEN A D-südost, ↗AUSRUFUNGSZEICHEN D ›Satzzeichen, das Aufforderungs-, Ausrufe- und Wunschsätze abschließt‹: *In der Mitte des Feldes stand »Fanny, 8 h 35!!!« geschrieben. Mit drei Ausrufezeichen* (Siegfried, Schal 13; CH); *Nach der Anrede empfiehlt sich ein Komma, das liest sich flüssiger als mit Ausrufezeichen* (Berufszentrum, 2000, Internet; D) – In A-west (Vbg.) selten

Ausrufpreis (gemeindt.): ↗RUFPREIS

Ausrufungszeichen D das; -s, – (selten): ↗RUFEZEICHEN A-west, ↗RUFZEICHEN A D-südost, ↗AUSRUFEZEICHEN CH D (ohne südost) ›Satzzeichen, das Aufforderungs-, Ausrufe- und Wunschsätze abschließt‹: *Ich hatte über Lasski Sätze bilden können, über Maria auch, die, wäre sie da gewesen, lauter Frage- und Ausrufungszeichen an den Rand gemalt hätte* (Born, Erdabgewandte Seite 70)

ausruhen sich (gemeindt.): ↗AUSRASTEN

ausruhen: *sich auf seinen Lorbeeren ausruhen (gemeindt.): ↗AUSRASTEN: *SICH AUF SEINEN LORBEEREN AUSRASTEN

Aussand CH der; -(e)s, Aussände: ›Versenden (von Briefen, Paketen oder E-Mails); Versand‹: *Bei jedem Aussand werden die Kundinnen und Kunden informiert, dass sie dieses oder jenes Angebot nur erhalten, weil sie der Migros vorgängig die Erlaubnis dazu erteilt haben* (Brückenbauer 9. 11. 1999, 39)

ausschachten D sw.V./hat: ›durch Ausschaufeln eine [Bau]grube erstellen‹: *Bei Mauern, die niedriger als einen Meter sind, schachtet man ... ein Fundament von etwa 40 cm Tiefe aus* (Garten 8/1997, 48) – In A und CH selten und fachsprachlich – Dazu: **Ausschachtung, Ausschachtungsarbeiten**

ausschaffen CH sw.V./hat: ›(ausländische Personen) des Landes verweisen; abschieben‹: *Die Schweiz investiert Millionen, muss aber die meisten Kurden wieder ausschaffen und die Hoffnungen zerschlagen* (Jahr der Schweiz 46) – Dazu: ↗**Ausschaffung**

Ausschaffung CH die; –, -en: ↗ABSCHIEBUNG A D, ↗RÜCKWEISUNG CH ›richterlich verfügte und amtlich vollzogene Ausweisung (eines Ausländers bzw. einer Ausländerin aus einem Staat)‹: *Bei abgewiesenen Flüchtlingen, die sich um das Erlangen ihrer Papiere nicht aktiv bemühen, wird davon ausgegangen, dass sie sich einer Ausschaffung entziehen wollen* (Asyl Schweiz, 1998, Internet) – Vgl. ausschaffen – Dazu: **Ausschaffungsentscheid** (↗Entscheid), **Ausschaffungsgefängnis,** ↗**Ausschaffungshaft, Ausschaffungshäftling, Ausschaffungsstopp**

Ausschaffungshaft CH die; –, ohne Plur.: ↗SCHUBHAFT A, ↗ABSCHIEBEHAFT D, ↗ABSCHIEBUNGSHAFT D ›richterlich angeordnete Haft, durch die erreicht werden soll, dass eine ausländische Person des Landes verwiesen werden kann‹: *Da der Mann in der Schweiz bereits neun Monate in Ausschaffungshaft gesessen hatte, wurde er wegen Missachtung der gegen ihn verhängten Einreisesperre inhaftiert* (Blick 13. 10. 1999, 12) – Vgl. Ausschaffung

Ausschank A die; –, ...schänke/D der; -(e)s, ...schänke: ›Schankraum‹: *Das Haus, in dem er gewohnt und wo er die Ausschank gehabt, wurde hernach von der Sparkasse Retz erworben* (Sagen aus NÖ, 2001, Internet; A); *Der Bahnhof gammelte danach vor sich hin, bis sich der Heimatbund seiner annahm, ihn renovierte und einen Ausschank einrichtete* (Saarbrücker Ztg 5. 11. 2001, Internet; D) – Die Bedeutungen ›Ausschenken (von Getränken)‹ und ›Schanktisch‹ sind gemeindt. In A Femininum, in CH und D Maskulinum. Vgl. Schank

ausschauben CH sw.V./hat: ›(nicht mehr Brauchbares) ausscheiden; ausrangieren, aussortieren‹: *Die Gelenkfahrzeuge erhöhen die Kapazität und verringern die bisherigen Stillstandzeiten für die Wartung. Deshalb können die Verkehrsbetriebe in Zukunft auch vier 15-jährige Trolleybusse ausschauben* (Bund 16. 10. 1995, 25)

ausschauen D-nordost/südwest sw.V./hat: ›sich nach etw./jmdm. umsehen; etw./jmdn. zu erlangen suchen‹: *Sollte dieses Ziel verfehlt werden, werde die SPD nach einem Partner ausschauen* (Welt 27. 12. 2001, Internet) – Die Bedeutungen ›Ausschau halten‹ und ›um etw. bestellt sein‹ sind gemeindt. Zur Verwendung der Grundbedeutung ›aussehen‹ vgl. schauen

ausschenken (gemeindt.): ↗AUFSCHENKEN

Ausschiessen CH das; -s, ohne Plur.: ↗AUSSCHIESSET CH ›(meist im Herbst stattfindender und mit Festlichkeiten verbundener) letzter Wettkampf des Jahres im Schiessen; Schützenfest‹: *Im Herbst 1980 fand das Ausschiessen statt* (Schützengesellschaft Hauenstein-Ifenthal, 1999, Internet)

Ausschiesset CH der; –, ohne Plur.: ↗AUSSCHIESSEN CH ›(meist im Herbst stattfindender und mit Festlichkeiten verbundener) letzter Wettkampf des Jahres im Schiessen; Schützenfest‹: *Mit dem Ausschiesset wurde die Schiess-Saison 2000 der Schützengesellschaft Kappelen-Werdt beendet* (Bieler Tagbl 4. 11. 2000, Internet)

Ausschilderung D die; –, -en: ↗SIGNALISATION CH, ↗SIGNALISIERUNG CH LUX ›Beschilderung (auf Straßen, öffentlichen Plätzen und Wegen)‹: *Baustellen, lange Wege und schlechte Ausschilderung erschweren die Orientierung auf der Suche nach dem Anschlussflug* (Handelsbl 8. 8. 2001, Internet)

ausschnapsen A sw.V./hat (Grenzfall des Standards): ↗AUSJASSEN A-west (Vbg.) CH ›aushandeln, vereinbaren‹: *Wie hoch dieser monatliche Mehrbetrag für die kleineren Rentner ... sein wird, müssen die Pensionistenverbände mit dem Sozialministerium in den nächsten Tagen erst noch ausschnapsen* (Standard 17. 11. 1999, Internet)

ausschnaufen sw.V./hat: **1.** A CH D-süd; ↗VERPUSTEN D-nord ›eine kurze Pause einlegen; verschnaufen‹: *Das Espresso – eine Insel, die auf keinem Atlas zu finden ist, ein Platz zum Ausschnaufen unter Gleichgesinnten* (Standard 14. 4. 1999, Beilage 5; A); *Mich stören oft die belanglosen Interviews im Zielraum. Diese Blitzinterviews sagen meistens nichts aus. Weil die Fahrerinnen und Fahrer ja erst einmal ausschnaufen müssen, bevor sie etwas sagen können, das nicht oberflächlich wirkt* (Sonntagsblick 16. 2. 1997, 35; CH). **2.** CH D-süd (Grenzfall des Standards) ›ausatmen‹: *Zur Vorbeugung von Seitenstechen helfen folgende Faustregeln: ... beim Laufen oder Rennen durch die Nase einschnaufen und durch den Mund ausschnaufen* (Junioren FC Büren, 2001, Internet; CH) – Zu 2 vgl. schnaufen

Ausschuss A D der; -es, ...schüsse: ↗KOMMISSION: *NATIONALRÄTLICHE/STÄNDERÄTLICHE KOMMISSION; *VORBERATENDE KOMMISSION CH, ↗LANDESBEIRAT STIR ›Arbeitsgruppe aus Parlamentsmitgliedern zur Erarbeitung von Gesetzesentwürfen‹: *Diesem Ausschuss gehören je ein Vertreter des Bundessozialamts, des Arbeitsmarktservice ... sowie drei Vertreter von Behindertenorganisationen an* (Bundesministerium für Arbeit und Soziales, 1995, 9; A); *Zurück bleibt ... Ministerialrat Hans Jürgen R. vom Bundesfinanzministerium, der dem Ausschuss als Sachverständiger zwei Stunden lang Rede und Antwort gestanden hatte* (Welt 30. 6. 1995, Internet; D) – Dazu: **Ausschusssitzung, Ausschussvorsitzende** (↗Vorsitzende) D, ↗**Budgetausschuss** A, ↗**Hauptausschuss** A, ↗**Haushaltsausschuss** D, **Justizausschuss**, ↗**Rechnungsausschuss** A, ↗**Regionalausschuss** STIR, ↗**Schulgemeinschaftsausschuss** A, ↗**Untersuchungsausschuss**

außen Adv.: **1.** A D-nordost/südost ›draußen‹: *Der »kleine« Bürger fand seine ewige Ruhe außen, im Schatten der Kirche* (Stephansdom, 2002, Internet; A). **2.** ***außen vor bleiben/lassen** D (ohne südost) ›unberücksichtig bleiben/lassen‹: *Hingegen blieben Annoncen, bei denen das Tätigkeitsfeld konkret bezeichnet wurde (Putzhilfe, Gärtner ...) außen vor* (Test 12/1997, 19); *Dabei werden die in den Leasingraten nicht berücksichtigten Anschaffungs- bzw. Herstellungskosten außen vor gelassen* (SZ 7. 10. 1997, 23). **3.** ***jmdn. außen vor halten** D-nord/mittel ›jmdn. nicht zulassen, nicht teilnehmen lassen‹: *Nun kann man die Gewerkschaften zwar außen vor halten, den Beschäftigten jedoch kaum verbieten, die elektronische Post für ihre Zwecke zu nutzen* (TAZ 15. 12. 2000, Internet). **4.** ***außen hui [und] innen pfui** A D ›innen weit weniger gut, schön als der äußere Schein vermuten lässt‹: *Er galt als seriöser Geschäftsmann. Aber das ist ja gerade das Gefährliche. Außen hui und innen pfui sozusagen* (Presse 2. 9. 1998, Internet; A); *Annette B. ... überzeugt hier als doppelmoralische Durchschnittsamerikanerin: Außen hui, innen pfui!* (BZ Berlin 20. 1. 2000, Internet; D). **5.** ***gegen aussen [hin]** CH siehe gegen – Zu 2. und 3.: In D-ost selten. Zu 4.: In CH selten. Andere Bedeutungen sind gemeindt.

aussenden A sw. und unr.V./hat: **1.** ›(eine [offizielle] Mitteilung, Information an eine Behörde, die Presse etc.) versenden‹: *Aufgrund der verbandsschädigenden Vorgangsweise des Vertriebspartner musste der KBSV am 16. 1.2004 folgende Pressemitteilung aussenden* (Kärntner Behinderten-Sportverband, 2004, Internet). **2.** ›(einen Gesetzesentwurf) den zuständigen Gremien zur Begutachtung vorlegen‹: *Im Sozialministerium hieß es aber schon davor, dass die Regelung des Durchrechnungszeitraumes wie vereinbart ausgesandt werden soll* (Presse 23. 9. 1997, 1) – Die Bedeutungen ›jmdn. mit einem Auftrag irgendwohin schicken‹ und ›Signale ausstrahlen‹ sind gemeindt. – Dazu: ↗**Aussendung**

Aussendung A die; –, -en: **1.** (formell); ↗KOMMUNIQUÉ A D, ↗MEDIENMITTEILUNG CH, ↗COMMUNIQUÉ CH LUX ›Pressemitteilung; Kommunikee‹: *Bis zu fünf Aussendungen täglich jagt Haider-Sprecher Peter Westenthaler zum Thema Habsburg über die APA* (Format 14. 12. 1998, 37). **2.** ›mit einem Postdienst versandtes Werbe- oder Informationsmaterial‹: *Der Händler »Intersport« informiert in einer Aussendung insbesondere über Rollen und Kugellager* (Wellness 10/1997, 38) – Zu 1. und 2.: In CH selten. Zu 2.: In D selten. Vgl. aussenden – Zu 1.: **Presseaussendung**

Aussenquartier CH das; -s, -e: ↗VORSTADTVIERTEL A D-mittel/südwest ›Stadtteil ausserhalb des Stadtzentrums‹: *Asphaltierte Strassen in den Aussenquartieren saugen uns auf wie Polypenarme* (Schmidt, Wanderung 25) – Vgl. Quartier

Außenstände A D die; nur Plur.: ↗AUSSTAND CH ›[noch] bestehende Geldforderungen‹: *Innerhalb von zwei Monaten waren zehn Prozent der Außenstände aufzubringen, innerhalb eines Jahres sollten weitere fünf Prozent folgen* (OÖN 22. 8. 2001, 13; A); *Alle Gläubiger bekommen Lust, ihre Außenstände einzufordern* (Schmidt, Tage 413; D) – Vgl. ausständig, ausstehend

außerdem (gemeindt.): ↗ERST: *ERST NOCH

ausserkantonal CH Adj. (nicht steigerbar): ›ausserhalb des eigenen ↗Kantons gelegen‹: *Im eigenen Kan-*

ton nicht angebotene Spitalleistungen müssen ausserkantonal eingekauft werden (TA 20. 10. 1999, 12) – Vgl. interkantonal, kantonal, Kantonal-

äußerln A (ohne west) (nur im Inf., Grenzfall des Standards): ›(den Hund) zur Verrichtung der Notdurft ins Freie führen; Gassi gehen/führen‹ (meist in Verbindung mit *führen* oder *gehen*): *So ein Hund muss natürlich äußerln geführt werden* (Zwanzger 3/1999, 27)

außerorts A-west (Vbg.) LUX **ausserorts** CH Adv.: ›außerhalb eines Orts‹: *Einhellig fordert ... die Gemeindevertretung auf der L 73 auch außerorts eine einheitliche Geschwindigkeitsbegrenzung mit 60 km/h* (VN 9. 1. 2003, Heimat/Feldkirch 16; A-west); *Rund zwei Drittel der Unfälle mit Personenschaden ereigneten sich innerorts, 26 Prozent ausserorts und nur neun Prozent auf Autobahnen* (Bund 21. 5. 1999, 56; CH); *Außerorts sind 60 km/h einzuhalten* (Autotouring 1/2000, 15; LUX) – In D zunehmend gebräuchlich. Vgl. innerorts – Dazu: **Außerortsbereich** A-west (Vbg.) **Ausserortsbereich** CH, **Außerortsstraße** A-west (Vbg.) LUX **Ausserortsstrasse** CH

Außerstreitrichter Außerstreitrichterin A der; -s, – bzw. die; –, -nen: ›Richter(in), der bzw. die zivilrechtliche Verfahren zur Erledigung bürgerlicher Rechtssachen ohne Prozess durchführt‹: *Gerade die unendlichen Geschichten um Obsorge und Unterhalt für Scheidungskinder, Konflikte um Besuchsrecht, Testaments- und Grundstreitigkeiten werden hier ausgetragen. Außerstreitrichter schieben also alles andere als eine ruhige Kugel* (OÖN 6. 5. 1997, 13) – Wird auf der ersten oder auf der dritten Silbe betont. Vgl. Außerstreitverfahren, Verfahren

Außerstreitverfahren A das; -s, –: ↗VERFAHREN: *AUSSERSTREITIGE VERFAHREN A ›zivilgerichtliches Verfahren zur Erledigung bürgerlicher Rechtssachen ohne Prozess‹: *Da sich die Bank aber beharrlich weigert, die höhere Miete zu überweisen, wird demnächst eine Schiedskommission im Außerstreitverfahren zu entscheiden haben, ob die CA einen neuen Eigentümer bekommen hat oder nicht* (Profil 14. 9. 1997, Internet) – Wird auf der ersten oder auf der dritten Silbe betont. Vgl. Außerstreitrichter

außertourlich A Adj.: ›zusätzlich, extra, außerplanmäßig‹: *Die Koalition hat sich bekanntlich geeinigt, aus dem Budget außertourlich 60 Millionen Schilling für »Imagemaßnahmen« bereitzustellen, damit der zu Unrecht beschädigte Ruf des österreichischen Rindfleisches wiederhergestellt und der Verbrauch wieder angekurbelt wird* (Kleine Ztg 29. 8. 1998, Internet)

Aussiedler Aussiedlerin D der; -s, – bzw. die; –, -nen: ›in Osteuropa beheimatete Person, die die rechtlichen Voraussetzungen für die ↗Übersiedlung nach Deutschland erfüllt‹: *Deutsche Handwerksarbeit gibt es nur noch zu Höchstpreisen – der Aussiedler aus Kasachstan kommt sofort und ist billiger* (Spiegel-Jahreschronik, 1997, 3) – Die Bedeutung ›Person, die ihre Heimat verlässt und an einem neuen Ort siedelt‹ ist gemeindt. – Dazu: **Spätaussiedler(in)**

aussortieren (gemeindt.): ↗AUSSCHAUBEN

ausspeisen A D-südost sw.V./hat (veraltend): ↗BEKÖSTIGEN D ›(Bedürftige oder Kinder) mit Essen versorgen; verpflegen, verköstigen‹: *Weil da sind ja Tag für Tag die ärmsten Schlucker im Marianum ausgespeist worden* (Haas, Silentium 52; A) – In STIR nur für Schüler(innen) – Dazu: ↗**Ausspeisung**

Ausspeisung die; –, -en (veraltend): **1.** A D-südost ›Ausgabe von Essen an Bedürftige oder Kinder; Verpflegung, Verköstigung‹: *Das Essen aus einer Schüssel, die Ausspeisung aus einem großen Topf wurde zum Gemeinschaftstopos* (Furche 12. 2. 1998, 14; A). **2.** A ↗GASSENKÜCHE CH ›Stelle, Einrichtung, an der Essen an Bedürftige oder Kinder ausgegeben wird‹: *Apropos: Gleich neben der Ausspeisung, frisch renoviert: praxisgerechte Erbrech-Vorrichtungen mit hygienischen Chromhaltegriffen* (Wiener 9/1999, 18) – In STIR nur für Schul- oder Kindergartenmensa, gelegentlich für Seniorenmensa gebräuchlich. Vgl. ausspeisen, Mensa – Dazu: **Ausspeisungsdienst** STIR , **Ausspeisungshalle** A, ↗**Schulausspeisung** A

ausspotten A D-südost sw.V./hat: ›jmdn. zum Ziel seines Spottes machen; verspotten‹: *Vitrov, kommst du dir gut vor, wenn du noch Schwächere ausspottest?* (Okopenko, Kindernazi 99; A)

Ausspruch (gemeindt.): ↗SAGER

Ausstand der; -(e)s, ...stände: **1.** CH (Plur. ungebräuchl.) ›[vorübergehendes] Ausscheiden aus einem Amt, wenn sich berufliche mit persönlichen Interessen zu vermischen drohen‹: *Die Umweltorganisation Greenpeace verlangt in einem Rechtsbegehren an den Bundesrat den Ausstand von Bundesanwältin Carla Del Ponte und Adjunkt Roland H. wegen Befangenheit* (Greenpeace, 1999, Internet); ***in [den] Ausstand treten: a)** CH ›[vorübergehend] aus einem Amt ausscheiden, wenn sich berufliche mit persönlichen Interessen zu vermischen drohen‹: *Für den Professor war dies offensichtlich kein Grund, in den Ausstand zu treten und die Expertise abzulehnen* (Gasche, Bauern 50). **b)** CH D (ohne ost) ›streiken‹: *Die meisten Trainer sowie die Jugend-und-Sport-Leiter sind in den Ausstand getreten, weil sie nicht mehr unter dem amtierenden Vorstand arbeiten wollen* (TA 28. 10. 1999, 52; CH); *Auch in Kaiserslautern, Koblenz und Idar-Oberstein sollten Klinikmitarbeiter vorübergehend in den Ausstand treten* (Rhein-Ztg 5. 12. 2002, Internet; D). **2.** CH nur Plur.: ↗AUSSENSTÄNDE A D ›[noch] bestehende Geldforderungen‹: *Ausstehende Prämien,*

Kostenbeteiligungsabrechnungen und andere Ausstände werden bei der Visana Services AG am Hauptsitz in Bern zentral einkassiert (Visana, 2002, Internet). **3. *seinen Ausstand geben/feiern** D-mittel/süd ›zum Ausscheiden aus einer Firma eine kleine Feier veranstalten‹: *Kurt B. gibt seinen Ausstand als Ensemblemitglied des DT* (Berliner Ztg 14. 1. 1997, Internet) – Zu 1.: In D selten. Zu 2 vgl. ausstehend. Zu 3.: *Ausstand* in der Bedeutung ›das Ausscheiden aus der Schule und die dazugehörige Feier‹ ist in A und D-süd veraltet. Die Bedeutung ›Streik‹ ist gemeindt. – Zu 1.: ↗**Ausstandsbegehren, Ausstandsgrund, Ausstandspflicht**

ausständig A D-süd Adj.: ↗AUSSTEHEND CH D-mittel/süd ›noch fehlend, noch nicht erledigt‹: *Drei Monatslöhne sind ausständig, und von einer Abfertigung fürchtet er auch nichts zu sehen* (Bundesministerium für Arbeit und Soziales, 1995, 26; A) – Vgl. aushaftend, Außenstände

Ausstandsbegehren CH das; -s, –: ›Antrag, dass ein Mitglied eines Kollegiums in ↗Ausstand treten soll‹: *Der mutmassliche Millionenbetrüger im VBS … und sein Verteidiger hatten in einem Ausstandsbegehren geltend gemacht, S. sei befangen* (Bund 29. 9. 2000, 14)

Ausstecherle D-südwest das; -s, –: ↗BRUNSLI CH, ↗MAILÄNDERLI CH ›Weihnachtsgebäck, das durch Ausstechen des Teiges mit einer Blechform geformt wird‹: *Am Montag … haben wir im Hauswirtschaftsunterricht Ausstecherle gebacken* (Emil-Dörle-Schule Herbolzheim 13. 6. 2002, Internet)

ausstecken A D-südost sw.V./hat (meist im Part.): ›zum Zeichen, dass Wein der letzten Lese ausgeschenkt wird, einen Kranz, Zweige o. Ä. an einem Gasthaus oder Weinkeller aufhängen‹: *Sieben Heurige haben für Sie ausgesteckt* (Marktgemeinde Lengenfeld, 2002, Internet; A) – Die Bedeutung ›eine Wegstrecke durch kleine Fahnen o. Ä. markieren‹ ist gemeindt.

ausstehend CH D-mittel/süd Adj.: ↗AUSSTÄNDIG A D-süd ›noch fehlend, noch nicht erledigt‹: *Die geplante Zonenänderung wird vom Bezirk befürwortet und wurde vom Stimmvolk bereits genehmigt. Noch ausstehend ist die Bewilligung des Kantons* (NLZ 4. 8. 2001, Internet; CH); *Noch ausstehend: das Gesetz zur Neuordnung des Soldatendienstes und das neue Material- und Ausbildungskonzept* (Zeit 22. 3. 2001, Internet; D-mittel/süd) – Vgl. Außenstände, Ausstand

Ausstellungsraum (gemeindt.): ↗SCHAURAUM

Austrag A D-südost der; -(e)s, ohne Plur.: ↗AUSGEDINGE A, ↗AUSZUG A, ↗AUSNAHME A D-südost, ↗ALTENTEIL D (ohne mittelost/südost) ›Unterhaltsleistung an Geld und Naturalien für Bauern nach der Hofübergabe; Lebensabschnitt nach der Hofübergabe‹: *Wenn auch die Altbauern im Mondseeland meist im Haupthaus ihr Gedinge (Austrag) hatten und das Stübel bewohnten, so kommen doch auch die sog. Austraghäusl … vor* (Mondseer Rauchhaus, 2004, Internet; A) – Andere Bedeutungen sind gemeindt. – Dazu: **Austragbauer (…bäuerin), Austraghaus** A, **Austrägler(in)** A, **Austragler(in)** D-südost, **Austragshaus** D-südost, **Austragstüberl** (↗Stüberl)

Austräger Austrägerin A D der; -s, – bzw. die; –, -nen: ↗VERTRÄGER CH ›Person, die etw. bei Bestellung ins Haus liefert (z. B. Zeitungen, Pizza etc.); Bote‹: *Austräger für die Kleine Zeitung – Sie wollen zusätzliches Geld verdienen?* (Kleine Ztg 8. 6. 2000, 40; A); *Franz S. ist Verleger, Chefredakteur, Setzer … und manchmal auch Austräger in einer Person* (Welt 30. 9. 2000, Internet; D) – Vgl. Zeitungsbote – Dazu: **Zeitungsausträger(in)**

Austrinket CH der/die; –, ohne Plur.: siehe Austrinkete

Austrinkete CH die; –, -n: ›Abschiedsfeier eines Wirts/einer Wirtin mit den Gästen bei Betriebsaufgabe‹: *Am … 27. Februar verabschieden sich Trudy und Alfons B. mit einer Austrinkete von ihren Gästen und ziehen in den Ruhestand* (St. Galler Tagbl 12. 2. 1999, Internet) – Auch in der Form *Austrinket*

Austro- austro- A ⟨zu mlat. *austria, australis* ›Gebiet im Osten‹⟩ (produktiver Wortbestandteil in Zus.): ›von österreichischer Ausprägung, österreichisch‹, z. B. Austrofaschismus, Austrokanadier(in), Austromarxismus, ↗Austropop, Austropopper(in): *Erstes unterstütztes Projekt ist die von Austropopper Rainhard Fendrich ins Leben gerufene »Initiative für Obdachlose«* (Standard 10. 12. 1997, Internet); *Stich wiederum schmollte und soll sich nun gerüchteweise um Austro-Talente kümmern* (Sport Magazin 10/1997, 11)

Austropop A der; -s, ohne Plur.: ›Popmusik mit Texten in österreichischer Umgangssprache‹: *Von Austropop über Blues-Rock und Jazz bis hin zu Alternative Rock und Metal wird alles ins Ohr gehen* (BF 24. 6. 1998, 24) – Vgl. Austro- – Dazu: **Austropopper(in)**

austüfteln (gemeindt.): ↗AUSKLAMÜSERN

ausverhandeln A sw.V./hat: ›über etw. Verhandlungen bis zu einem Ergebnis, einer Entscheidung führen‹: *Früher war es so, dass Gesetze erst in die Ausschüsse kamen, wenn sie mit Kammern und Gewerkschaften ausverhandelt waren* (Kurier 5. 11. 1997, 2)

Ausverkauf (gemeindt.): ↗ABVERKAUF, ↗TOTALAUSVERKAUF

auswalken A D-südost sw.V./hat: ↗AUSROLLEN A D, ↗AUSWALLEN CH, ↗AUSWELLEN D-südwest ›(einen Teig) mit Hilfe einer Rolle zu einer dünnen Schicht auswalzen‹: *Mürbteig auswalken, auf ein Backblech le-*

gen und bei 180 °C etwa 12 Minuten vorbacken (Welt der Frau 5/1995, 42; A)

auswallen CH sw.V./hat: ↗AUSROLLEN A D, ↗AUSWALKEN A D-südost, ↗AUSWELLEN D-südwest ›(einen Teig) mit Hilfe einer Rolle zu einer dünnen Schicht auswalzen‹: *Mit der Hand gut kneten – und den Teig dann kühl ruhen lassen, bevor man ihn auswallt* (Basler Kochtöpfe 13) – Vgl. Wallholz

Ausweisdokument (gemeindt.): ↗AUSWEISPAPIER, ↗PERSONALDOKUMENT, ↗PERSONALPAPIER, ↗SCHRIFTEN

ausweisen st.V./hat: **1.** A D ›etw. kennzeichnen, anzeigen, angeben (z. B. Preise)‹: *Wie eine verwaschene Anschrift auswies, befand ich mich in der Calle Storione* (Rosei, Edgar Allan 42; A); *Wer ... genau auf die Rechnung schaut, der entdeckt den Franc-Betrag, aber darunter ist auch ... der Preis in der künftigen Euro-Währung ausgewiesen* (FR 29. 5. 1998, 6; D). **2.** CH D (ohne mittelost) ›(Kosten, Gewinn, Verlust etc.) nachweisen‹: *Der FC Basel hat seine 108. Generalversammlung auf den 17. September festgelegt und wird dann mit 6921 Franken einen kleinen Gewinn ausweisen* (NLZ 30. 8. 2001, Internet; CH); *Deutz muss Verlust ausweisen* (Welt 25. 2. 2000, Internet; D). **3.** sich CH ›(Kenntnisse, Fähigkeiten) nachweisen (in Verbindung mit der Präp. *über*)‹: *Er muss sich ferner darüber ausweisen, dass er Schweizerdeutsch versteht und eine schweizerdeutsche Mundart einigermassen spricht* (Tschäni, Profil der Schweiz 268) – Andere Bedeutungen, z. B. ›jmdn. des Landes verweisen‹ und ›seine Identität mit Dokumenten nachweisen‹, sind gemeindt. Vgl. ausgewiesen – Dazu: **Ausweisung**

Ausweispapier CH D das; -(e)s, -e (meist Plur., formell): ↗PERSONALDOKUMENT A D, ↗SCHRIFTEN CH, ↗PERSONALPAPIER D ›schriftliche amtliche Legitimation einer Person; Ausweisdokument‹: *Wer das Gebäude fortan betreten will ..., muss Metalldetektoren passieren, Ausweispapiere vorweisen und sein Gepäck röntgen lassen* (Bund 29. 12. 2001, 1; CH); *Sollen Beamte des Bundesgrenzschutzes künftig Personen nicht nur anhalten und befragen, sondern auch die Ausweispapiere überprüfen können?* (Bundestag aktuell 11/2001, Internet; D) – In A selten

auswellen D-südwest sw.V./hat: ↗AUSROLLEN A D, ↗AUSWALKEN A D-südost, ↗AUSWALLEN CH ›(einen Teig) mit Hilfe einer Rolle zu einer dünnen Schicht auswalzen‹: *Den Teig 1 cm dick auswellen, die Schablonen auflegen und mit scharfem Messer oder Teigrädchen ausschneiden* (Woll, Feste 51)

auswinden A CH D-süd st.V./hat: ↗AUSWRINGEN D (ohne südost) ›durch Zusammendrehen die Feuchtigkeit [aus einem Gewebe] herausdrücken‹: *Das Wasser mit Tüchern aufsaugen. Die Tücher in Kübel auswinden* (Streeruwitz, Verführungen 26; A); *Er musste die Strumpfhose bloss auswinden und hatte praktisch alles Öl wieder in einem Kübel* (TA 27. 5. 1998, 50; CH)

auswringen D (ohne südost) st.V./hat: ↗AUSWINDEN A CH D-süd ›durch Zusammendrehen die Feuchtigkeit [aus einem Gewebe] herausdrücken‹: *Drei Tropfen Orangenöl in eine Schüssel mit lauwarmem Wasser geben, ein Baumwolltuch ... damit tränken, auswringen und aufs Gesicht legen* (Brigitte 27. 2. 1998, Internet) – In A und CH selten

Ausziehcouch A D die; –, -(e)s/-en [...kautʃ]: ↗BETTSOFA CH, ↗BETTCOUCH D, ↗SCHLAFCOUCH D, ↗SCHLAFSOFA D ›zu einem Bett ausklappbares Sofa‹: *Gestern Vormittag fanden Kripobeamte die 31-jährige tot auf der Ausziehcouch neben der Abwasch in der Einzimmerwohnung* (OÖN 1. 9. 1995, 13; A); *Im Wohnraum ... Essplatz, Polstergarnitur mit Ausziehcouch, TV, Stereo* (Firma Strandperlen, 2003, Internet; D) – In A lautet der Plural auf -en, selten auf -es. In D lautet der Plural meist auf -es, selten auf -s oder -en.

Ausziehtisch (gemeindt.): ↗AUSZUGSTISCH

auszonen CH sw.V./hat: ›(einen Teil des Gemeindegebietes) aus einer ↗Bauzone ausscheiden‹: *Der Baulandverbrauch soll im überörtlichen Rahmen plafoniert werden. Wird Bauland eingezont, muss anderswo eine gleiche Fläche ausgezont werden* (Bund 16. 5. 2001, 35) – Vgl. abzonen, einzonen, umzonen, Zonenplan – Dazu: **Auszonung**

Auszubildende D der/die; -n, -n: ↗LEHRBUB A D-süd, ↗LEHRMÄDCHEN A D-süd, ↗LEHRTOCHTER CH, ↗AZUBI D ›Lehrling‹: *Für Auszubildende ist Streik verboten, sagt das Gesetz* (Spiegel-Jahreschronik 1997, 72)

Auszug A der; -(e)s, ...züge: ↗AUSGEDINGE A, ↗AUSNAHME A D-südost, ↗AUSTRAG A D-südost, ↗ALTENTEIL D (ohne mittelost/südost) ›Unterhaltsleistung an Geld und Naturalien für Bauern nach der Hofübergabe; Lebensabschnitt nach der Hofübergabe‹: *Das Verkaufen gestaltete sich schwierig, da auf den Grundstücken der Kaufpreisrest und der Auszug lasteten; wurde aber doch durchgeführt. Der Auszug an Brennholz wurde auf die Käufer von Wäldern aufgeteilt* (Geschichte des Edelsitzes Vormoos, 2004, Internet) – Andere Bedeutungen sind gemeindt. – Dazu: **Auszugsbauer (...bäuerin), Auszugshaus**

Auszugstisch CH der; -(e)s, -e: ›Tisch, der durch das Herausziehen von Platten verlängert werden kann; Ausziehtisch‹: *Wer schon im Normalfall zu fünft und gastfreundlich dazu ist, tut gut daran, ein grösseres Format oder einen Auszugstisch zu kaufen* (Bauprojekt, 2001, Internet)

Auto (gemeindt.): ↗PERSONENKRAFTWAGEN, ↗PERSONENWAGEN

Autobahnabfahrt A D die; –, -en: ›Straße zum Verlassen der Autobahn; [Autobahn]ausfahrt‹: *30 Kilometer südlich von Wien und nur unweit der Autobahnabfahrt liegt die künstliche Wildnis* (Standard 20. 3. 2001, Internet; A); *Von der A3 oder A40 Autobahnabfahrt Duisburg-Kaiserberg ... nehmen* (WDR 18. 4. 2002, Internet; D) – Vgl. Abfahrt

Autobahnauffahrt (gemeindt.): ↗AUTOBAHNEINFAHRT, ↗AUTOBAHNZUFAHRT

Autobahnausfahrt (gemeindt.): ↗ABFAHRT, ↗AUTOBAHNABFAHRT

Autobahndreieck D das; -s, -e: ↗AUTOBAHNKNOTEN A, ↗KNOTEN A, ↗AUTOBAHNVERZWEIGUNG CH: »Stelle, an der sich zwei Autobahnen vereinen bzw. sich eine Autobahn verzweigt«: *Die Naturzerstörung nimmt gerade hier beim Autobahndreieick A7/A73 gigantische Ausmaße an* (Tour de Natur 2002, Internet)

Autobahneinfahrt CH die; –, -en: ↗AUTOBAHNZUFAHRT CH D ›Zufahrtsstrasse zur Autobahn; Autobahnauffahrt‹: *Wenn es zum Beispiel heisst, die Wohnung ist »ruhig und liegt verkehrsgünstig«, kann man sicher sein, dass sie von Schallschutzwänden abgeschirmt ist und an einer Autobahneinfahrt liegt* (TA 21. 9. 1999, 19) – In D selten

Autobahnknoten A der; -s, –: **1.** ↗KNOTEN A, ↗AUTOBAHNVERZWEIGUNG CH, ↗AUTOBAHNDREIECK D ›Stelle, an der sich zwei Autobahnen vereinen bzw. sich eine Autobahn verzweigt: *Den Autobahnknoten bei Villach ... passieren täglich rund 5000 Lkw* (Kurier 27. 9. 2000, 9). **2.** ↗AUTOBAHNKREUZ CH D, ↗KREUZ CH D ›Stelle, an der die Bahnen von sich überkreuzenden Autobahnen über Zu- und Ausfahrten gewechselt werden können‹: *Wechseln sie beim Autobahnknoten »Voralpenkreuz« von der West- auf die Pyhrnautobahn* (Naturfreunde Scharnstein, 2004, Internet) – In CH und D selten

Autobahnkreisel CH der; -s, –: ↗VERTEILERKREIS A ›im Kreis geführte grosse Strasse mit mehreren Abfahrten (bei Autobahnen)‹: *Der Gemeindepräsident hat ein Projekt wieder aufgegriffen, das einen Rettungsstützpunkt in Rüti oder beim Autobahnkreisel Betzholz bei Hinwil vorsieht* (Südostschweiz 4. 7. 2001, Internet)

Autobahnkreuz CH D das; -es, -e: ↗AUTOBAHNKNOTEN A, ↗KNOTEN A, ↗KREUZ CH D ›Stelle, an der die Bahnen von sich überkreuzenden Autobahnen über Zu- und Ausfahrten gewechselt werden können; Autobahnkreuzung‹: *Fahren Sie die A 1 in Richtung Bern bis zum Autobahnkreuz Härkingen* (Römerbad, 2002, Internet; CH); *Das Autobahnkreuz Köln-Süd ... ist ein denkbar graues, tristes Stück Asphalt* (Welt 15. 11. 1999, Internet; D) – In CH werden *Autobahnkreuz* und *-verzweigung* nicht immer klar unterschieden

Autobahnraststätte (gemeindt.): ↗AUTOBAHNSTATION, ↗RASTHAUS, ↗RASTHOF, ↗RASTSTATION, ↗STATION

Autobahnstation A die; –, -en: ↗RASTSTATION A, ↗STATION A, ↗RASTHAUS A D, ↗RASTHOF D ›Gasthaus an einem Autobahnparkplatz; [Autobahn]raststätte‹: *Hohenems ist die erste Autobahnstation, bei der Rasthaus und Tankstelle in einem Gebäude untergebracht sind* (VN 16. 9. 2000, A 10)

Autobahnverzweigung CH die; –, -en: ↗AUTOBAHNKNOTEN A, ↗KNOTEN A, ↗AUTOBAHNDREIECK D, ›Stelle, an der sich zwei Autobahnen vereinen bzw. eine Autobahn sich verzweigt‹: *Seine Anziehungskraft verdankt das alte Motel, wenige Kilometer von der Autobahnverzweigung Schönbühl gelegen, vor allem 15 internationalen Damen, die in ständig wechselnder Besetzung in den benachbarten Zimmern logieren* (Facts 3. 6. 1999, 34) – Vgl. Verzweigung

Autobahnviadukt CH STIR der/das; -(e)s, -e: ›[längere] Autobahnbrücke und -überführung‹: *»Ein Stück Himmel bleibt zugedeckt«, sagt die 73-jährige Marie S. aus Flamatt FR und meint den Autobahnviadukt, der sich über ihren Kopf spannt* (TA 10. 10. 1996, 11; CH); *Auf dem dortigen Autobahnviadukt wird derzeit längs der Südspur mit hohem Wasserdruck die obere Betonschicht abgetragen* (Dolomiten 27. 1. 2001, 33; STIR) – Das Simplex *Viadukt* mit der Bedeutung ›[längere] [Eisenbahn]brücke‹ ist gemeindt.

Autobahnzufahrt CH D die; –, -en: ↗AUTOBAHNEINFAHRT CH ›Zufahrtsstraße zur Autobahn; Autobahnauffahrt‹: *Mit der nahen Autobahnzufahrt ist Uttwil an die Wirtschaftsregionen Romanshorn/St. Gallen/Kreuzlingen angebunden* (St. Galler Tagbl 26. 6. 1997, Internet; CH); *Lastwagen auf Autobahnzufahrt umgekippt* (NRZ 28. 5. 2002, Internet; D)

Autobüchlein STIR das; -s, –: ↗ZULASSUNG A, ↗ZULASSUNGSSCHEIN A, ↗FAHRZEUGAUSWEIS CH, ↗FAHRZEUGSCHEIN D, ↗KRAFTFAHRZEUGSCHEIN D, ↗KRAFTFAHRZEUGZULASSUNG D ›amtliches Dokument, in dem die Genehmigung für den Betrieb eines ↗Kraftfahrzeugs für den Straßenverkehr vermerkt ist‹: *Er riss der Polizistin das Autobüchlein aus der Hand und brauste auf und davon* (Dolomiten 18. 4. 2002, 33)

Autocar CH der; -s, -s ['autok'aːr] ⟨frz.⟩: ↗REISEBUS A D ›Bus für Gesellschaftsfahrten‹: *Wir besuchen unsere welschen Nachbarn. Hin- und Rückfahrt mit dem Autocar* (Katholische Kirche Schweiz, 1999, Internet) – Wird in CH im Vergleich zur Kurzform ↗*Car* selten gebraucht

Autodrom das; -(e)s, -e ⟨aus frz. *autodrome* zu griech. *autós* ›selbst, eigendynamisch‹ und *drómos* ›Rennbahn‹⟩: **1.** A; ↗PUTSCHAUTO CH, ↗SCOOTER D, ↗BOXAUTO D-südwest ›elektrisches Kleinauto auf Vergnügungsparks, Jahrmärkten o. Ä.‹: *»Auch der verstorbene Papst Johannes XXIII. fuhr, als er noch Erzbischof war, in Venedig öfter Autodrom. Aufgrund seiner Leibesfülle aber allein«, schmunzelt der Priester* (Kleine Ztg 4. 1. 1998, Internet). **2.** A; ↗PUTSCHAUTOBAHN CH ›Fahrbahn für elektrische Kleinautos in Vergnügungsparks, auf Jahrmärkten o. Ä.; Autoscooter‹: *Schon bei der Anreise in den Prater weiß der sechsjährige Johannes, wohin ihn sein erster Weg führen wird: zum Autodrom* (Kurier 1. 5. 1999, Internet). **3.** D; ↗MOTODROM A D ›[ovale] Rennstrecke für Motorsportveranstaltungen‹: *Landesvater Stolpe gab das Autodrom frei, das insgesamt 120.000 Zuschauern Platz bietet* (Welt 21. 8. 2000, Internet) – Zu 3.: In CH selten

Autofahrer (gemeindt.): ↗AUTOLENKER/AUTOLENKERIN, ↗AUTOMOBILIST/AUTOMOBILISTIN, ↗FAHRZEUGLENKER/FAHRZEUGLENKERIN

Autofahrschule CH die; –, -n: ›Fahrschule‹: *Eine Schulreform für die Autofahrschulen: Eine bessere Ausbildung der Autofahrschüler soll die Verkehrssicherheit heben* (TA 4. 6. 1998, 87) – Dazu: **Autofahrschüler(in)**

Autogewerbe CH das; -s, ohne Plur.: ↗KFZ-GEWERBE D ›Gesamtheit der Betriebe, die im Fahrzeughandel und -unterhalt tätig sind‹: *Knochenhart wird es fürs Autogewerbe mit seinen rund 42.000 Beschäftigten, falls die EU im September 2002 die totale Liberalisierung des Automarkts beschliesst* (Blick 6. 3. 2001, 5)

Autohandlung (gemeindt.): ↗AUTOHAUS, ↗GARAGE

Autohaus A D das; -es, ...häuser: ↗GARAGE CH ›Geschäft, in dem Autos verkauft werden; Autohandlung‹: *Begibt man sich in der Absicht, einen fahrbaren Untersatz zu kaufen, in ein Autohaus, geht doch nichts über einen »Kfz-Spezialverkäufer«* (OÖN 24. 1. 2001, 1; A); *Autohaus geht, Supermarkt baut* (Kölner Stadt-Anzeiger 26. 1. 2001, Internet; D)

Autokran (gemeindt.): ↗PNEUKRAN

Autolenker Autolenkerin A CH der; -s, – bzw. die; –, -nen: ↗FAHRZEUGLENKER A CH, ↗AUTOMOBILIST CH LUX ›Autofahrer(in)‹: *Nicht-Autofahrer klagten deutlich mehr (22 Prozent) als Autolenker, die nur zu neun Prozent unter intensiven Beeinträchtigungen zu leiden angaben* (Umweltschutz 9/1994, 22; A); *Der Autolenker wurde aus dem Wagen geschleudert und schwer verletzt ins Spital geflogen* (Bund 23. 12. 1999, 29) – Vgl. Lenker

automationsunterstützt A Adj. (nicht steigerbar, formell): ›mit Hilfe eines Computers; computerunterstützt‹: *Ich bin ... damit einverstanden, dass automationsunterstützt verarbeitete Daten, die mich ... betreffen, ... dem im Auftrag genannten Kreditinstitut ... übermittelt werden* (Presse 23. 9. 1997, 30)

Automech CH der; -s, -s (salopp): kurz für ↗*Automechaniker:* ↗KFZ-MECHANIKER A D ›Mechaniker, der motorisierte Fahrzeuge wartet und repariert‹: *Beim Stand stehen gerade drei Automech-Stifte, die eigentlich auf dem Weg zur Berufsschule sind* (Vorwärts 39/1998, Internet) – Eine weibliche Form ist nicht gebräuchlich. Vgl. Velomech

Automechaniker Automechanikerin CH D-südwest der; -s, – bzw. die; –, -nen: ↗KFZ-MECHANIKER A D ›Mechaniker(in), der bzw. die motorisierte Fahrzeuge wartet und repariert‹: *Er begann als Automechaniker, holte auf dem zweiten Bildungsweg die Matura nach und studierte an der Eidgenössischen Technischen Hochschule* (TA 31. 3. 1998, 31; CH) – In A und D (ohne südwest) selten. Vgl. Automech

Automobilist Automobilistin CH LUX der; -en, -en bzw. die; –, -nen: ↗AUTOLENKER A CH, ↗FAHRZEUGLENKER A CH ›Autofahrer(in)‹: *Ein 25-jähriger Automobilist ist am Samstag Nachmittag bei einem Frontalzusammenstoss auf der Sihltalstrasse in Horgen erheblich verletzt worden* (NZZ Intern. Ausgabe 3. 11. 1997, 18; CH); *Wer als Automobilist heute up to date sein will, braucht einen digitalen Kopiloten* (Revue 23. 1. 2002, Internet; LUX)

autonom STIR Adj. ⟨aus griech. *autónomos* ›unabhängig‹⟩: **1. *autonome Provinz** siehe Provinz. **2.** (Wohnungswesen) ›separat (von Zugang, Heizung etc.)‹: *Jede der sieben Wohnungen verfügt über eine autonome Gasheizung, was auch beim Institut als Novum bezeichnet wird* (Dolomiten 22. 8. 1992, Internet) – Zu 2.: Häufig in Wendungen wie *autonome Heizung, autonomer Zugang* o. Ä. Die Bedeutung ›[verwaltungsmäßig] unabhängig, (durch staatsvertraglich festgeschriebene Selbstbestimmungsrechte in vielen Bereichen) selbstständig‹ ist gemeindt.

Autonomiestatut: *erste Autonomiestatut STIR ›(im Jahr 1948 geschlossenes) Abkommen, durch welches die beiden ↗Provinzen Bozen und Trient zu einer ↗Region Trentino-Südtirol zusammengeschlossen wurden‹: *Die italienische verfassunggebende Nationalversammlung genehmigt am 31. Jänner 1948 das erste Autonomiestatut* (Südtirol Handbuch 27); ***zweite/neue Autonomiestatut** STIR ›(im Jahr 1972 geschlossenes) Abkommen, durch welches viele Kompetenzen auf die beiden ↗Provinzen Bozen und Trient übertragen worden sind‹: *Die Zuständigkeiten des Landes Südtirol im Schulsektor sind im zweiten Autonomiestatut von 1972 ... festgelegt* (Autonome Provinz Bozen-Südtirol, Über Südtirol, 2001, Internet) – Das *Autonomiestatut* wird in STIR laufend erneuert und reformiert und hat den Rang eines Verfassungsgesetzes. Das Substantiv *Autonomiestatut* ist gemeindt.

Autonummer (gemeindt.): ↗Kennnummer

Autoprüfung CH die; –, -en: ↗Führerscheinprüfung A D, ↗Führerprüfung CH ›Fahrprüfung‹: *Jeder Fahrer hat eine Autoprüfung abgelegt und kennt deshalb die Verkehrsregeln ganz genau* (Blick 26. 6. 2000, 14)

Autospengler Autospenglerin A CH D-südost der; -s, – bzw. die; –, -nen: ↗Kfz-Spengler A, ↗Karosseriespengler A D-südost, ↗Carrosseriespengler CH, ↗Karosserieschlosser D (ohne mittelost/südost) ›Person, die berufsmäßig Reparaturen an Autokarosserien ausführt‹: *Eine Autospengler- oder Autolackierstunde kostet über 1000 Schilling* (Fembek, Keine Angst, 117; A); *Jubel bei den Autospenglern. ... Eisregen! Verletzte gab's keine, dafür massig Blechschaden* (Blick 10. 1. 1997, 10; CH) – Vgl. Spengler – Dazu: ↗**Autospenglerei**

Autospenglerei A CH D-südost die; –, -en: ↗Karosseriespenglerei A, ↗Carrosserie CH, ↗Carrosseriespenglerei CH, ↗Karosseriebau D ›Betrieb, in dem Reparaturen an Autokarosserien durchgeführt werden‹: *Nach seiner Meisterprüfung begann der gelernte Spengler im Herbst 1972 mit dem Bau der Autospenglerei und -lackiererei am heutigen Standort* (Autohaus Gschaider, 2000, Internet; A); *1977 wurden die anfänglich vermieteten Kellerräumlichkeiten in eine Autospenglerei umgewandelt und ein Jahr später die Autolackiererei angegliedert* (Garage Herren, 2000, Internet; CH) – Vgl. Autospengler, Spenglerei

Autostopp: *per Autostopp fahren (gemeindt.): ↗Anhalter: *per Anhalter fahren, ↗autostoppen

autostoppen A sw.V./hat (nur im Inf.): ↗Anhalter: *per Anhalter fahren D ›auf der Straße ein Auto anhalten und sich mitnehmen lassen; per Autostopp fahren‹: *Autostoppen war nicht ihre Art. Wenn sie einen Zug versäumt hat, hat sie mich angerufen, damit ich sie hole* (Kleine Ztg 24. 8. 1998, Internet) – Dazu: ↗**Autostopper(in)** A CH LUX

Autostopper Autostopperin A CH LUX der; -s, – bzw. die; –, -nen: ↗Anhalter D ›Person, die per Autostopp fährt‹: *Tatsächlich hatte der Mann bis dahin noch nie einen Autostopper mitgenommen* (Köhlmeier, Moderne Zeiten 66; A); *Hier darf zur Aufnahme von Autostoppern angehalten werden* (Theorieprüfung für Motorfahrzeugführer 316; CH); *Darsteller: Johnny Depp ... als Autostopper und vieleandere* (Videonews 22. 11. 2002, Internet; LUX) – Vgl. autostoppen

Autounterstand CH der; -(e)s, ...stände: ›überdachter Platz zum Unterstellen von Autos‹: *Bauvorhaben: Erstellen eines Autounterstandes für PW 5* (Stadtanzeiger Bern 5. 3. 1993, 1)

Autoverlad CH der; -s, ohne Plur.: ↗Autoverladung A D ›Transport von Autos und Passagieren mitder Bahn [durch einen Alpentunnel]‹: *Der Gotthard ist ein Dreckloch. Warum hat man den Autoverlad abgeschafft?* (Blick 27. 10. 1998, 29) – Vgl. Verlad

Autoverladung A D die; –, ohne Plur.: ↗Autoverlad CH ›Transport von Autos und Passagieren mit der Bahn [durch einen Alpentunnel]‹: *Wenn Sie mit dem Auto anreisen, senden wir Ihnen gerne eine ermäßigte Tunnelkarte für die Autoverladung Böckstein – Mallnitz zu!* (Haus Hohenberger Mallnitz, 1999, Internet; A); *Auch bei der unzumutbar veralteten Autoverladung nach Sylt ist keine Besserung in Sicht* (Welt 31. 12. 1999, Internet; D) – Vgl. Verladung

Äuzerl siehe Alzerl

Aviatik CH die; –, ohne Plur.: **1.** ›Flugwesen‹: *Dank der geschlossenen Unterstützung der gesamten schweizerischen Luftfahrt ist es gelungen, ... einen entscheidenden Pflock für die Zukunft der schweizerischen Aviatik einzuschlagen* (Aerosuisse Bern, 2002, Internet). **2.** ›Technik des Fliegens‹: *Gletscherfliegen ist aber auch heute noch die hohe Schule der Aviatik* (Blick 14. 5. 1999, 30) – In A und D veraltet – Dazu: **Aviatikgruppe, Aviatikjournalist(in)**

avisieren CH sw.V./hat: ›benachrichtigen‹: *Wissen Sie, junger Schweizerpriester, wenn Sie kein Brevier mit sich getragen hätten, dann wären Sie höchstwahrscheinlich ein Schwindler gewesen und wir hätten die Polizei avisiert* (Kolb, Niederdorfer 108) – Die Bedeutung ›etw. Bevorstehendes ankündigen‹ ist gemeindt.

AWO D die; –, ohne Plur.: als Wort gesprochene Abk. für ↗*Arbeiterwohlfahrt:* ↗Arbeiterhilfswerk CH ›Organisation der Wohlfahrtspflege, die auf überpolitischer Ebene Heime, Kindergärten, Kleiderstuben, Beratungsstellen u.Ä. unterhält‹: *Die Sozialstation der AWO in Treptow sucht eine Krankenschwester ... zur Festeinstellung* (Berliner Kurier 12. 1. 1996, Internet)

AZ siehe Aktenzeichen

Azubi D der; -s, -s bzw. die; –, -s (Kurzwort, Grenzfall des Standards): ↗Lehrbub A D-süd, ↗Lehrmädchen A D-süd, ↗Lehrtochter CH, ↗Auszubildende D ›Lehrling‹: *Arzthelferin und Azubi für orthopädische Praxis gesucht* (WAZ 16. 5. 1998, 36) – Dazu: **Azubi-Stelle**

B

B A D die; –, ohne Plur.: buchstabierte Abk. für ↗ *Bundesstraße*: ›Straße für den weiträumigen Verkehr, für deren Bau und Erhalt der Bund zuständig ist‹ /nur in Verbindung mit Zahlen/: *Das musste dieser Autofahrer gestern Früh kurz vor 7 Uhr erkennen, als er auf der B 200 in Dornbirn-Achrain nach einem Schleuderunfall infolge Straßenglätte im Straßengraben landete* (VN 29. 10. 1997, B 1; A); *Am vergangenen Mittwochabend ... befuhr ein 42-jähriger Mann ... die B 213 in Fahrtrichtung Löningen und geriet dabei in einen Unfall* (General-Anzeiger 29. 12. 2001, Internet; D) – Vgl. L

Baas D-nord der; -es, -e (bes. Seefahrt): ›Meister, Aufseher, Vorgesetzter‹: *Immer noch baute der Baas ... die Segelschiffe aus Holz, obwohl sich Eisen und Stahl längst als vorteilhafter erwiesen hatten* (Schifffahrtsmuseum Brake 13. 3. 2002, Internet)

baba (Kindersprache): **1.** A (salopp); ↗ GOTT: *PFIAT DI/EUCH [GOTT] A D-südost, ↗ SERVUS A D-südost, ↗ SALÜ CH, ↗ ADE CH D-südwest ›tschüss‹ /Grußformel zur Verabschiedung von Kleinkindern und salopp-familiär zwischen näher bekannten, befreundeten oder verwandten Personen/: *Mein Gott, ich möchte bitte nie das Glück haben, für die Titelseite der Krone herhalten zu müssen und im Zuge dessen bei Willkommen Österreich zu landen! Dann lieber ein Leben voll Pleiten, Pech und Pannen. Amen und baba* (OÖN 12. 12. 2001, 6). **2.** D (ohne mittelost/südwest); ↗ GAGA A, ↗ PFUI: *PFUI GACK A ›schmutzig, eklig (in Warnungen vor etw. Schmutzigem, Ekligem, das nicht berührt werden sollte)‹: *Damit es kein Spaß bleibt, verbieten es die Erwachsenen. Sie sagten uns: Das tut man nicht, es ist baba, pfui oder sonst was Unanständiges* (Esstips 18. 2. 2003, Internet) – Betonung in A auf der ersten, in D auf der zweiten Silbe

babbeln sw.V./hat: **1.** D ›undeutlich einzelne Laute sprechen (von Kleinkindern)‹: *Kaum fünf Monate alt, tauchen im Babbeln des Nachwuchses differenzierte Vokale auf, die denen der Mütter ähneln* (Psychologie 12/1997, 14). **2.** D-mittel/südwest; ↗ PLAUSCHEN A D-südost, ↗ RATSCHEN A D-südost, ↗ SCHWÄTZEN A-west (Vbg.) D-südwest, ↗ SCHWATZEN CH D-mittel, ↗ KLÖNEN D-nord, ↗ QUATSCHEN D-nord/mittel, ↗ SCHNACKEN D-nord ›sich [über Belangloses] unterhalten; plaudern‹: *Boris B. babbelte ... von Nationalstolz* (Fränkische Nachr 19. 3. 2002, Internet) – Zu 2.: Bes. im Grenzgebiet von D-mittelwest und D-südwest gebräuchlich

Baby (gemeindt.): ↗ BÉBÉ, ↗ BUSCHI

bachab: ***bachab gehen** CH ›verloren gehen, entgehen‹: *An die 20 Millionen Franken gingen Uri mit dem geltenden Modell in den letzten Jahren bachab* (Blick 25. 9. 1999, 9); ***bachab schicken** CH ›[in einer Volksabstimmung] verwerfen‹: *Anfang der 80er-Jahre schickte das Volk eine Vorlage bachab, die den Bau von ... Wohnungen für 6000 Personen ermöglicht hätte* (Bund 13. 11. 1999, 25) – Das Adverb *bachab* in der Bedeutung ›den Bach hinab‹ ist veraltet

bachnass CH Adj. (nicht steigerbar): ↗ WASCHELNASS A D-südost, ↗ PFLOTSCHNASS CH, ↗ PRITSCHNASS D-südost ›sehr nass, durchnässt; platschnass‹: *Regen, Regen, Regen – Enzo Trossero & Co. wurden gestern auf dem Trainingsrasen bachnass* (Blick 22. 3. 2001, 19)

Bachstadt D die; –, ...städte ⟨nach dem Komponisten *Johann Sebastian Bach*, der dort wirkte⟩: ›Leipzig, Köthen‹: *Nach Ansicht von Girardet hat das Bachfest 2000 Leipzig auf dem Weg zur Bachstadt Nummer eins einen entscheidenden Schritt voran gebracht* (Spiegel 30. 7. 2000, Internet)

Bächtelistag CH der; -(e)s, ohne Plur. (Grenzfall des Standards): ↗ BERCHTOLDSTAG CH ›2. ↗ Januar (in einigen ↗ Kantonen ein offizieller Feiertag)‹: *Traditionsgemäss lud der Gemeinderat von Bachenbülach die Bevölkerung am Bächtelistag zum Neujahrsapéro in die Mehrzweckhalle ein* (Neues Bülacher Tagbl 3. 1. 2002, Internet)

Backe A-west (Vbg.) CH D die; –, -n: ›Wange‹: *Martina wischt sich die Tränen von Backe, Mund, Kinn* (Glücks Post 10. 6. 1999, 8; CH); *Ganz behutsam die äußere Schicht knacken, die unversehrte Erdnuss mit den Schneidezähnen rausziehen und zwischen Backe und Kiefer klemmen* (Allegra Spezial 11/1997, 7; D); ***au Backe!** D (ohne südost) (salopp): ↗ GOTT: *PFIAT DI GOTT [SCHÖNE GEGEND] A D-südost, ↗ MAHLZEIT: *NA MAHLZEIT! A D-südost; *[NA DENN] PROST MAHLZEIT! D, ↗ SERVUS: *[NA] SERVUS! A D-südost, ↗ EI: *ACH DU DICKES EI! D-nord/mittel, ↗ GRÜN:

*ACH DU GRÜNE NEUNE! D (ohne südwest) /Ausruf des Erschreckens bzw. der Betroffenheit/: *»Au Backe!« Martina seufzte. »So was macht man ja auch nicht alle Tage«* (Junge, Klassenfahrt 89) – Dazu: **Backenknochen**, ↗**Backenzahn** CH D (ohne südost), ↗**Backpfeife** D-nord/mittelwest, ↗**Backzahn** D-mittelost, **Füdlibacke** (↗Füdli) CH

bạcken A D st./sw.V./hat: ›in tiefem Fett garen (bes. von Paniertem); ausbacken‹: *Vom Teig werden handlange Stücke ins heiße Fett gegossen und hellbraun gebacken* (Drewes, Tiroler Küche 89; A); *Die gekochten Eier einzeln mit Teig umwickeln. Im heißen Fett goldgelb backen, abtropfen lassen* (Rezeptarchiv Leipner 16. 6. 2003, Internet; D) – Die Bedeutung ›einen Teig herstellen bzw. diesen im ↗Backrohr garen‹ ist gemeindt. *Backen* kann in CH im Präteritum noch stark konjugiert werden *(backen/buk/gebacken)*, in A und D nur schwach *(backen/backte/gebacken)* – Dazu: ↗**Backhendl** A D-südost, ↗**Backhuhn** A, **herausbacken**

Bạckenzahn CH D (ohne südost) der; -(e)s, ...zähne: ↗STOCKZAHN A CH D-südost, ↗BACKZAHN D-mittelost ›im hinteren Bereich des Kiefers liegender Zahn‹: *Der Wunderschimmel des Solothurner Springreiters Willi M. brach sich vor zwei Tagen beim Fressen von Trockenfutter einen Backenzahn im Gebiss des Oberkiefers ab* (NLZ 13. 9. 2000, Internet; CH); *Neue Skelettfunde vom Neandertaler. Ort des historischen Fundes von 1856 wiederentdeckt: Übersehener Backenzahn, Wirbel, Zehknochen und Rippe* (Welt 27. 1. 1999, Internet; D) – Vgl. Backe

Bäckere̲i A die; –, -en (meist Plur.): ↗BACKWERK D /Sammelbezeichnung für Gebäck verschiedener Art/: *Um die kleinen Bäckereien besser vom Papier lösen zu können, benetzen Sie die Papierunterseite nach ca. 10 Minuten mit etwas Wasser* (ORF Nachlese 11/1997, Beilage 8) – Die Bedeutung ›Geschäft eines Bäckers/ einer Bäckerin‹ ist gemeindt. – Dazu: **Schaumbäckerei**, ↗**Teebäckerei**, **Weihnachtsbäckerei**, ↗**Windbäckerei**

Bạckhendl A D-südost das; -s, -n: ↗BACKHUHN A ›als Gericht zubereitetes, paniertes Huhn‹: *Mit Backhendl und Kürbisschaumsuppe versucht sich Österreich dieser Tage in Berlin nicht nur kulinarisch von seiner besten Seite zu zeigen* (Standard 13. 3. 2000, Internet; A) – Vgl. backen – Dazu: **Backhendlessen**

Bạckhuhn A das; -(e)s, ...hühner: ↗BACKHENDL A D-südost ›als Gericht zubereitetes, paniertes Huhn‹: *Aufgetischt wurden Lachs, Rinderfiletspitzen in Paprikarahm und Backhuhn* (SN 31. 7. 1998, Internet) – Vgl. backen

Bạckobst D (ohne südost) das; -(e)s, ohne Plur.: ↗DÖRROBST A D (ohne südost), ↗DÖRRFRUCHT CH, ↗TROCKENFRUCHT D-nord/mittel, ↗TROCKENOBST D STIR , ↗HUTZEL D-süd ›getrocknetes ↗Obst‹: *Schweinenackenbraten gefüllt mit Backobst und serviert mit Apfel-Landbier-Sauce* (WDR 30. 7. 1999, Internet) – Vgl. Backpflaume

Bạckofen CH D der; -s, ...öfen: ↗BACKROHR A D-südost, ↗ROHR A D-südost, ↗BACKRÖHRE D-nord/mittel, ↗RÖHRE D-nord/mittel ›meist mit Elektrizität oder Gas betriebenes Küchengerät zum Backen und Braten‹: *Statt im Backofen können Sie das Brot auch im Toaster rösten* (TA 4. 9. 1999, 77; CH); *Den Backofen auf 200 Grad vorheizen* (WAZ 16. 5. 1998, 18; D) – Vgl. Ofen – Dazu: **Einbaubackofen**

Bạckpfeife D-nord/mittelwest die; –, -n: ↗DACHTEL A D-südost, ↗FOTZE A D-südost, ↗WATSCHE A D-südost, ↗CHLAPF CH, ↗SCHELLE D-nordost/südost ›Ohrfeige‹: *Die Mutter haute ihm selten Backpfeifen runter* (Fichte, Geschichte 97) – Vgl. Backe – Dazu: ↗**backpfeifen** D-nordost

bạckpfeifen D-nordost sw.V./hat: ↗FOTZEN A D-südost, ↗WATSCHEN A D-südost ›ohrfeigen‹: *Jeder weiß, wie wichtig das Erreichen der Oberliga für Lingen ist. ... Wir hätten uns doch selbst backpfeifen müssen, wenn wir nicht mit Lohne gleich gezogen wären* (Neue Osnabrücker Ztg 3. 4. 2000, Internet) – Vgl. Backpfeife

Bạckpflaume D (ohne südost) die; –, -n: ↗DÖRRZWETSCHKE A, ↗DÖRRPFLAUME CH D-mittelwest/ südwest, ↗DÖRRZWETSCHGE CH D-mittelwest/südwest ›gedörrte ↗Pflaume‹: *Das Aroma von Backpflaumen wird durch das Einweichen ... intensiver* (Dienstmann, Kerzenwachs 212) – Vgl. Backobst

Bạckrohr A D-südost das; -(e)s, -e: ↗BACKOFEN CH D, ↗OFEN CH D, ↗BACKRÖHRE D-nord/mittel, ↗RÖHRE D-nord/mittel ›meist mit Elektrizität oder Gas betriebenes Küchengerät zum Backen und Braten‹: *Danach etwas Mehl über das Dampfl streuen und nach nochmaligem leichtem Aufgären für ca. 30 Minuten ins lauwarme Backrohr stellen* (ORF Nachlese 9/1997, 71; A) – Vgl. Rohr

Bạckröhre D-nord/mittel die; –, -n: ↗BACKROHR A D-südost, ↗ROHR A D-südost, ↗BACKOFEN CH D, ↗OFEN CH D ›meist mit Elektrizität oder Gas betriebenes Küchengerät zum Backen und Braten‹: *Man sammelt Eicheln, trocknet sie in der Backröhre* (Timm, Currywurst 13) – Vgl. Röhre

Bạckschaufel A die; –, -n: ↗BRATENWENDER A-mitte D-nord/mittel, ↗BRATSCHAUFEL CH, ↗PFANNENWENDER D-mittel/südwest, ↗KÜCHENFREUND D-mittelwest ›flaches Küchengerät zum Wenden von Speisen beim Braten‹: *Sobald die Erdäpfel Farbe angenommen haben, mit der Backschaufel fest zusammendrücken* (Kleine Ztg 3. 2. 1997, Internet) – In D selten

Backstein CH D der; -(e)s, -e: ›gebrannter, meist rotbrauner Ziegelstein‹: *Der Kamin ist aus Backsteinen gebaut* (Wiesner, Jaromir 37; CH); *Marie Maas starrte durch die offene Tür auf die roten Backsteinfronten der Lagerhäuser hinter dem Wasser* (Bick, Tödliche Ostern 93; D) – Dazu: **Backsteinbau, ↗Backsteingotik** D

Backsteingotik D die; –, ohne Plur.: ›[Baustil der] aus gebrannten Ziegeln errichtete[n] Bauwerke der Gotik aus dem 14. und 15. Jahrhundert im nord- und ostdeutschen Raum‹: *Selten ist ein Kunststil so eng mit einer wirtschaftlichen Erfolgsgeschichte verbunden gewesen wie die Backsteingotik mit der Entwicklung der Hanse* (Rheinische Post 18. 5. 2002, Reiseteil) – Vgl. Backstein

Backwerk D das; -(e)s, ohne Plur.: ↗BÄCKEREI A /Sammelbezeichnung für Gebäck verschiedener Art/: *Das süße Backwerk zur Weihnachtszeit soll es schon in germanischer Zeit gegeben haben* (Woll, Feste 108) – In A und CH selten

Backzahn D-mittelost der; -(e)s, ...zähne: ↗STOCKZAHN A CH D-südost, ↗BACKENZAHN CH D (ohne südost) ›im hinteren Bereich des Kiefers liegender Zahn‹: *Ja, wer kennt ihn nicht, den Onkel (oder die Tante) im weißen Kittel, die einem ... den verfaulten Backzahn ... entfernen* (Fachhochschule Zwickau 29. 10. 2001, Internet) – Vgl. Backe

Badekleid CH das; -(e)s, -er: ↗BADKLEID CH ›einteiliger Badeanzug für Frauen‹: *Ich habe Shorts, Kleider und Badekleider gekauft* (Blick 29. 6. 1999, 15)

Bademeister (gemeindt.): ↗BADMEISTER/BADMEISTERIN, ↗SCHWIMMMEISTER/SCHWIMMMEISTERIN

Baden-Württemberg (gemeindt.): ↗LÄNDLE

Badestube D-nord die; –, -n (veraltend): ↗BADZIMMER CH ›für die Körperpflege eingerichteter Raum in der Wohnung; Badezimmer‹: *Üppige Assoziationen entstehen vor meinem inneren Auge, als ich die Badestube betrete* (Zeit 28. 9. 2000, Internet)

Badezimmer (gemeindt.): ↗BADESTUBE, ↗BADZIMMER

Badi CH die; –, -s ['ba:di, 'badi] (Grenzfall des Standards, Kurzwort): ›Schwimmbad (im Freien)‹: *Dieser Sommer war mir eindeutig zu kühl. Man konnte nur höchst selten in die Badi* (Blick 6. 10. 1999, 11) – Dazu: **Frauenbadi**

Badkleid CH das; -(e)s, -er: ↗BADEKLEID CH ›einteiliger Badeanzug für Frauen‹: *Von Badkleidern wussten wir nichts, aber es war streng verboten, nackt zu baden* (Wenger, Rosalia 38)

Badmeister Badmeisterin CH der; -s, – bzw. die; –, -nen: ↗SCHWIMMMEISTER D ›Person, die die Aufsicht in einem Schwimmbad führt; Bademeister(in)‹: *Neun Jahre lang ... sei ihr Mann Badmeister im Lorrainebad gewesen* (Bund 23. 1. 1999, 23)

Badzimmer CH das; -s, –: ↗BADESTUBE D-nord ›für die Körperpflege eingerichteter Raum in der Wohnung; Badezimmer‹: *Installieren Sie keine scharfkantigen Armaturen, Überläufe, Stöpsel oder andere Sanitäreinrichtungen im Badzimmer* (Blick 15. 9. 1994, 29)

Bafese siehe Pafese

BAföG D das; -(s), ohne Plur.: als Wort gesprochene Abkürzung für *Bundesausbildungsförderungsgesetz*: **1.** ›Gesetz zur Förderung bedürftiger Studierender, Lehrlinge und Schüler(innen)‹: *Die jüngsten Entscheidungen zur Ausweitung des Bundesausbildungsförderungsgesetzes (Bafög) ... hätten Erwartungen geweckt* (Welt 3. 4. 2000, Internet). **2.** ›staatliches Stipendium für bedürftige Studierende, Lehrlinge und Schüler(innen)‹: *Nur noch 15 Prozent der Studierenden erhalten Bafög* (Spiegel Special 6/1998, 18) – Auch in der Schreibung *Bafög* – Zu 1.: **BAföG-Reform**. Zu 2.: **BAföG-Empfänger(in)**

Baguette (gemeindt.): ↗KAVIARBROT, ↗PARISERBROT, ↗STANGENBROT, ↗STANGENWEIẞBROT

bähen A D-süd sw.V./hat: ›(nicht mehr ganz frisches Brot durch Rösten [auf der Herdplatte oder im ↗Backrohr]) wieder knusprig machen‹: *Inzwischen eine helle Einbrenn machen und von alten Semmeln vom Vortag Stifteln schneiden und im Rohr bähen* (OÖN 23. 12. 1987, 4; A) – In CH veraltend – Dazu: **aufbähen**

Bahn D die; –, ohne Plur.: kurz für *Deutsche Bahn*: ↗BUNDESBAHNEN A CH ›staatlicher Betreiber von Eisenbahnlinien in Deutschland‹: *Bahn-Chef will unrentable Strecken im Norden schließen* (Welt 25. 5. 2000, Internet) – Abk. ↗DB. Andere Bedeutungen sind gemeindt.

Bahnauskunft D die; –, ohne Plur.: ↗ZUGAUSKUNFT A D, ↗REISEAUSKUNFT D ›Dienst der Bahn, der Reisenden am Schalter, Telefon oder im Internet Auskünfte über Zugverbindungen, Verspätungen etc. erteilt‹: *Schadensfall bei einer Bahnreise: Sofort am Schalter der Bahnauskunft melden* (Reisekoffer 25. 2. 2003, Internet)

Bahncard D die; –, -s ['ba:nka:d]: ↗ERMÄẞIGUNGSAUSWEIS A, ↗HALBPREISAUSWEIS A, ↗HALBPREISPASS A, ↗VORTEILSCARD A, ↗HALBTAX CH, ↗HALBTAXABONNEMENT CH ›käuflich zu erwerbender Ausweis, der zur Benützung der ↗DB zum ermäßigten Tarif berechtigt‹: *Mit der Bahncard halbiert sich der normale Fahrpreis bei Bahnfahrten durch Deutschland* (DB Reise & Touristik, 1999, Internet)

Bahnhofbuffet CH das; -s, -s [...'byfɛ]: ↗BAHNHOFSRESTAURANT A D, ↗BAHNHOFSGASTSTÄTTE D, ↗BAHNHOFSWIRTSCHAFT D-süd ›Restaurant in einem Bahnhofgebäude oder -areal‹: *Der Bahnhof Hardbrücke ... hat weder einen Billettschalter noch einen Stationsvorsteher, geschweige denn ein Bahnhofbuffet* (TA 24. 8. 1999, 17)

Bahnhofsbuffet A das; -s, -s [...by'fe:]: ›Imbissstand in einem Bahnhofsgebäude oder -areal‹: *Auch das schmale Foyer wirkt eher wie ein Bahnhofsbuffet* (Verein Freunde des Linzer Musiktheaters, 2000, Internet) – Vgl. Buffet

Bahnhofsgaststätte D die; –, -n: ↗BAHNHOFSRESTAURANT A D, ↗BAHNHOFBUFFET CH, ↗BAHNHOFSWIRTSCHAFT D-süd ›Restaurant in einem Bahnhof‹: *Während des Bremer Freimarkts lernen sich vier Männer in der Bahnhofsgaststätte kennen* (Radio Bremen, 2000, Internet)

Bahnhofsrestaurant A D das; -s, -s: ↗BAHNHOFBUFFET CH, ↗BAHNHOFSGASTSTÄTTE D, ↗BAHNHOFSWIRTSCHAFT D-süd ›Restaurant in einem Bahnhof‹: *Berühmt war einst das Bahnhofsrestaurant von Bregenz* (VN 16. 12. 1997, A 8; A); *Als ich im Bonner Bahnhof aus dem Zug stieg, war da natürlich niemand, der auf mich wartete. Ich habe erst einmal im Bahnhofsrestaurant eine fleischlose Suppe gegessen* (Blickpunkt Bundestag 7/1999, Internet; D)

Bahnhofswirtschaft D-süd die; –, -en: ↗BAHNHOFSRESTAURANT A D, ↗BAHNHOFBUFFET CH, ↗BAHNHOFSGASTSTÄTTE D ›Restaurant in einem Bahnhof‹: *Auf allgemeinen Wunsch stellte die Brauerei ... den Antrag auf Genehmigung des Bauens einer Bahnhofswirtschaft* (Gemeinde Wolterdingen, 2002, Internet) – Vgl. Wirtschaft

Bähnler CH der; -s, –: ›Eisenbahner‹: *Der Vater von Rosa war Lokomotivführer und hätte es gern gesehen, wenn seine Tochter einen Bähnler geheiratet hätte und nicht einen Gestudierten* (Bichsel, Cherubin Hammer 18)

Bahnsteig A D der; -(e)s, -e: ↗PERRON CH ›neben den Bahngleisen gelegene Plattform, die das Ein- und Aussteigen ermöglicht‹: *Man verliebt sich nicht am Bahnsteig Bahnhof Meidling* (Nachbaur, Fallen in Liebe 24; A); *Da es weder in meinem Belieben stand noch meine Aufgabe war, den Antritt der Fahrt zu beschleunigen, ging ich gemächlich auf dem Bahnsteig auf und ab* (Brückner, Spuren 88; D) – Dazu: **Bahnsteigkante**

Bahnübergang: *schienengleiche Bahnübergang D: ↗EISENBAHNKREUZUNG A, ↗NIVEAUÜBERGANG CH ›Bahnübergang, bei dem die Schienengleise befahren oder überschritten werden (ohne Brücke oder Unterführung)‹: *Wegen der noch ausstehenden Entscheidung der Kreuzungslösung ... mit der Bahnlinie wurden alle denkbaren Lösungen – schienengleicher Bahnübergang, Brücke und Unterfahrung der Bahngleise – berücksichtigt* (Gemeinderat Balingen, 1999, Internet) – Das Substantiv *Bahnübergang* ist in allen anderen Verwendungen gemeindt.

Baiser D das; -s, -s [bɛ'se:]: ↗WINDBÄCKEREI A, ↗MERINGUE CH, ↗MERINGE D-südwest ›Gebäck aus Eischnee und Zucker‹: *Baiser pur schmeckt gut mit frischem Obst* (Berliner Kurier 24. 8. 1997, Internet) – In A selten – Dazu: **Sahnebaiser** (↗Sahne)

baldowern siehe ausbaldowern

Balken A der; -s, –: ›Vorrichtung aus Holz zum Schützen und Verdunkeln von Fenstern; Fensterladen‹: *Anne wollte frühzeitig die Balken vor den Fenstern schließen und sich nach dem Essen ein, zwei Stunden ins Schlafzimmer zurückziehen* (Prugger, Nachbarn 121) – Die anderen Bedeutungen, z. B. ›vierkantiges, massives, langes Stück [Bau]holz‹, sind gemeindt. – Dazu: ↗**Fensterbalken**, ↗**Rollbalken**

Ballawatsch Pallawatsch A der; –, ohne Plur. ⟨aus ital. *balordaggine* ›Dummheit, tölpelhaftes Benehmen‹⟩ (Grenzfall des Standards): ↗RAMASURI A D-südost ›Durcheinander, Konfusion, unangenehme Situation‹: *»Es ist ein Pallawatsch entstanden«, fasst Elfriede B. am fünften Tag ihres Mordprozesses den Lauf der Dinge zusammen* (OÖN 15. 2. 1997, Internet)

Ballesterer A-ost/südost der; -s, – ⟨vermutl. aus ital. *ballista* ›Schlagholz‹⟩ (salopp, Grenzfall des Standards, Fußball): ↗TSCHÜTTELER CH, ↗KICKER D ›Fußballspieler‹: *Unsere Ballesterer sind also wieder in der Heimat, der Empfang wird nicht allzu stürmisch ausgefallen sein* (Neue Kärntner Tageszeitung 25. 6. 1998, 34) – Eine weibliche Form ist nicht gebräuchlich. Vgl. ballestern

ballestern A-ost/südost sw. V./hat (salopp, Grenzfall des Standards, Fußball): ↗TSCHUTTEN CH, ↗BOLZEN D, ↗KICKEN D ›Fußball spielen‹: *Sollte die Mannschaft ausscheiden, »haben die Herren gratis ballestert«, so Kartnig* (Kurier 17. 9. 1997, 26) – Dazu: ↗**Ballesterer**

Ballungsgebiet A D das; -(e)s, -e: ↗BALLUNGSRAUM A D, ↗AGGLO CH, ↗AGGLOMERATION CH ›dicht bebautes Siedlungs- und Industriegebiet‹: *Wien und NÖ ... müssten in Widmungs- und Verkehrsfragen vorausschauender agieren, um verbliebene Lebensräume im Ballungsgebiet zu erhalten* (Kurier 22. 1. 1998, 11; A); *Durch permanente ... Immissionsmessungen ... kann nachgewiesen werden, dass die Bochumer Luft nicht schlechter als anderswo in städtischen Ballungsgebieten ist* (Stadt Bochum, 2000, Internet; D)

Ballungsraum A D der; -(e)s, ...räume: ↗BALLUNGSGEBIET A D, ↗AGGLO CH, ↗AGGLOMERATION CH ›dicht bebautes Siedlungs- und Industriegebiet‹: *Rund 30.000 Zustellungen und Abholungen führen die*

Wiener Kleintransporteure täglich im Ballungsraum der Bundeshauptstadt durch (SN 31. 7. 1998, Internet; A); *Im Ballungsraum hat der Wald eine wechselvolle Geschichte hinter sich* (Kommunalverband Ruhrgebiet, 2000, Internet; D)

Bancomat CH LUX STIR der; -en/-s, -en: ↗BANKOMAT A, ↗POSTOMAT CH, ↗BANKAUTOMAT D, ↗GELDAUTOMAT D ›von einer Bank aufgestellter Automat, an dem man Bargeld beziehen kann‹: *Um 5 Uhr bezogen sie bei einem ... Bancomat in Olten einen grösseren Geldbetrag* (Blick 10. 8. 1999, 11; CH); *Ab dem 1. Januar 2002 um 0.00 Uhr können Sie Euro ... an den Geldautomaten (Bancomat) abheben* (Etat 25. 10. 2002, Internet; LUX); *Neben Bancomat, Tag- und Nachttresor, Postfächern für die Entgegennahme der Bankbelege verfügt die neue Bankstelle auch über einen Kontoauszugsdrucker* (Raiffeisen Notizen 7/2000, 8; STIR) – Dazu: ↗**Bancomatkarte** STIR

Bancomatkarte STIR die; –, -n: ↗BANKOMATKARTE A ›Chipkarte für Bankkunden zum bargeldlosen Zahlungsverkehr und Beziehen von Bargeld an Geldautomaten mittels Code; EC-Karte‹: *Sie überlegt, ob sie alle Schecks und Bancomatkarten in ihre Handtasche gesteckt hat* (Gruber, Aushäusige 32) – Vgl. Bancomat

Band: *durchs Band [weg] CH: ↗BANK: *DURCH DIE BANK A D; *DURCH DIE BANK WEG D (ohne südost) ›ausnahmslos‹: *»Xenos Werte sind fast durchs Band besser als im Januar 1994. Wir können nun sofort die Trainingsintensität steigern«, so der Coach* (Blick 26. 1. 1995, 19); *Die Guten bleiben in »Der Spion und der Bankier« durchs Band weg gut, und die Bösen verhalten sich ... konstant herzlos und hinterhältig* (Bund 18. 12. 1999, Z4); ***am laufenden Band** A D: ↗METER: *AM LAUFENDEN METER A D, ↗LAUFMETER: *AM LAUFMETER CH, ↗FLIEßBAND: *[WIE] AM FLIEßBAND D ›in Serie, noch und noch‹: *Schon im zehnjährigen Betrieb hat der 1250-Megawatt-Prototyp eines kommerziellen Plutonium-Reaktors mit seinen Pannen am laufenden Band viel Geld und Nerven gekostet, aber kaum Energie geliefert* (Presse 12. 2. 1998, 11; A); *Ich musste am laufenden Band Interviews geben, über einen elfminütigen Film, den ich vor vier Jahren gedreht hatte* (Zeit 20. 3. 2002, Internet; D) – Das Substantiv *Band* ist in allen anderen Verwendungen gemeindt.

bandagieren (gemeindt.): ↗FASCHEN, ↗FATSCHEN

Bandnudel A D-nord/mittel die; –, -n (meist Plur.): ↗NUDEL CH D-süd ›bandförmige Teigware; Tagliatelle‹: *Die italienischen schmalen gelben und grünen Bandnudeln sind den Spaghettis vorzuziehen; sie lassen sich besser um die Gabel bändigen und schmecken feiner* (OÖN 17. 2. 2001, 22; A); *Knoblauch, knusprig gebratener Speck, Zucchini und Bandnudeln* (Brigitte 11/1996, 201; D-nord/mittel)

Bangbüx D-nord/mittel die; –, -en (scherzh.): ↗HOSENKACKER D-nord/mittel, ↗SCHISSER D (ohne mittelost) ›Angsthase, Feigling‹: *Auf dem Weg nach Hause hat die kleine Bangbüx uns erstmal gründlich das Auto vollgekotzt, er entwickelte sich aber nachher zum begeisterten Autofahrer* (Gordonsetter, 2000, Internet) – Auch in der Form *Bangbüxe* (die; –, -n). Vgl. Buxe

Bangbüxe D-nord/mittel die; –, -n: siehe Bangbüx

Bank: *durch die Bank A D; ***durch die Bank weg** D (ohne südost): ↗BAND: *DURCHS BAND [WEG] CH ›ausnahmslos‹: *Die Bauherren haben fast durch die Bank einen österreichischen Reisepass* (Wienerin 12/1993, 26; A); *Die Spieler zeigten sich ohnehin durch die Bank wohltuend selbstkritisch* (Kicker 18. 9. 2000, 37; D); *Eine Welt für sich ist der FC Bayern München, der die Gegner durch die Bank weg deklassierte* (Fußballergebnisse 31. 10. 1999, Internet; D); ***zwischen Stuhl und Bank fallen/geraten/sitzen** CH siehe Stuhl – In CH selten. Das Substantiv *Bank* ist in allen anderen Verwendungen gemeindt.

Bankautomat D der; -en, -en: ↗BANKOMAT A, ↗POSTOMAT CH, ↗BANCOMAT CH LUX STIR , ↗GELDAUTOMAT D ›Automat, an dem man Bargeld beziehen kann‹: *Ein Bankautomat gibt nur bestimmte Beträge aus, höchstens 400 DM* (TU Dresden 4. 5. 2000, Internet)

Bankeinzug A D der; -(e)s, ...züge: ↗LASTSCHRIFT A, ↗LASTSCHRIFTVERFAHREN CH D, ↗EINZUGSVERFAHREN D ›Verfahren, bei dem der Zahlungsempfänger bzw. die Zahlungsempfängerin die Bank beauftragt, mit Erlaubnis des Kontoinhabers bzw. der Kontoinhaberin [regelmäßig] Beträge vom Konto abzubuchen‹: *Bei Zahlung mittels Bankeinzug oder Kreditkarte wird der Abbuchung des vereinbarten bzw. geänderten Entgelts zugestimmt* (Styria online, 2000, Internet; A); *Ich zahle bequem durch Bankeinzug* (Bunte 11. 2. 1999, 98; D) – Dazu: **Bankeinzugsermächtigung**

Banker (gemeindt.): ↗BÄNKER/BÄNKERIN, ↗BÄNKLER/BÄNKLERIN

Bänker Bänkerin D der; -s, – bzw. die; –, -nen: ↗BÄNKLER CH ›bei einer Bank angestellte Person; Banker(in)‹: *700 Kieler Bänker im Warnstreik* (NDR 5. 8. 2002, Internet)

Bankert A D-südost der; -s, -en (abwertend, Grenzfall des Standards): ↗GFRAST A, ↗GSCHRAPP A, ↗FRATZ A D-mittelost/südost, ↗GOF CH, ↗BLAG D-mittelwest, ↗GÖRE D-nord/mittel ›ungezogenes Kind‹: *Jacqueline weinte wieder einmal. »Mach was, damit der Bankert zu schreien aufhört«, sagte H. zu seiner Frau* (OÖN 4. 9. 1986, 5; A) – Die Bedeutung ›uneheliches Kind‹ ist gemeindt. veraltet. In A lautet der Plural *Bankerten,* in CH und D *Bankerte*

Bankett A D das; -(e)s, -e: ↗BANKETTE D-nord/mittel ›seitlicher, nicht asphaltierter Teil einer Straße‹: *Vermutlich wegen überhöhter Geschwindigkeit war der Pkw plötzlich links von der B 65 abgekommen, regelrecht über das Bankett hinausgeschossen und dann über eine steile Böschung in den Ilzbach gestürzt* (Neue Zeit 19. 4. 1998, 8; A); *Wer auf schmalen Nebenstraßen fährt, muss mit Schlaglöchern oder Ausspülungen im Bankett rechnen* (Verlag Recht u. Praxis 31. 10. 2001, Internet; D) – Die Bedeutung ›Festessen‹ ist gemeindt. – Dazu: **Straßenbankett**

Bankette D-nord/mittel die; –, -n: ↗BANKETT A D ›seitlicher, nicht asphaltierter Teil einer Straße‹: *Straßen und Wege ohne überhöhte Banketten sind sicher und dauerhaft in einem guten Zustand* (Hen AG 17. 10. 2002, Internet) – In A selten

Bankkauffrau D die; –, -en: ›Bankangestellte mit abgeschlossener Banklehre‹: *Nach dem Mittagessen kehrte die junge Bankkauffrau zu ihrem Wagen zurück und fuhr unschlüssig in den fremden Stadtteil hinein* (Strauß, Junge Mann 67) – Vgl. Bankkaufmann

Bankkaufmann D der; -(e)s, ...männer/...leute: ›Bankangestellter mit abgeschlossener Banklehre‹: *1964 geboren, absolvierte er zunächst eine Ausbildung als Bankkaufmann* (Welt 15. 7. 2000, Internet) – Vgl. Bankkauffrau

Bankkoordinaten STIR die; nur Plur. ⟨übersetzt aus ital. *coordinate bancarie*⟩: /zusammenfassende Bezeichnung für *Bankencode* und ↗*Bankleitzahl*/: *Wie die Sparkasse abschließend mitteilt, könnten diese Termine allerdings nur eingehalten werden, wenn die genauen Bankkoordinaten bekannt seien* (Dolomiten 25. 9. 1995, 4)

Bänklein siehe Bänkli

Bankleitzahl A D die; –, -en: ↗CLEARING-NUMMER CH ›Zahlenfolge zur Kennzeichnung von Geld- und Kreditinstituten‹: *Bitte Kontonummer und Bankleitzahl angeben!* (Wiener Ztg 29. 12. 1999, Internet; A); *In unserem Spendenaufruf ... wurde eine falsche Bankleitzahl der Postbank Berlin abgedruckt* (Berliner Kurier 10. 5. 2000, Internet; D) – Abk. BLZ. In CH bekannt und im Bankwesen gebräuchlich, aber seltener als in A und D

Bänkler Bänklerin CH der; -s, – bzw. die; –, -nen: ↗BÄNKER D ›bei einer Bank angestellte Person; Banker(in)‹: *Schreiner, Elektriker, Bänkler, Ingenieure, Gärtner, Ärzte und viele Berufsgattungen mehr ... trafen sich ... zu ihrem traditionellen Fasnachtstag* (St. Galler Tagbl 12. 2. 1999, Internet)

Bänkli CH das; -s, – (Grenzfall des Standards): ↗RUHEBANK D ›[Park]bank‹: *Wenn die letzte Japanerhochzeit vorbei ist, mache ich mir ein Sandwich und gehe mit den Hunden auf meinen Mittagsspaziergang und sitze auf ein schönes Bänkli in unserem Park* (TA 31. 3. 2001, 54) – Auch in der Form *Bänklein* gebräuchlich

Banknote (gemeindt.): ↗NOTE, ↗SCHEIN

Bankomat A der; -en, -en: ↗POSTOMAT CH, ↗BANCOMAT CH LUX STIR , ↗BANKAUTOMAT D, ↗GELDAUTOMAT D ›Automat, an dem man mittels Chipkarte und Code Bargeld beziehen kann‹: *Beim Versuch, Geld von einem Bankomaten zu beheben, wurde die Karte eingezogen* (ORF Nachlese 9/1997, 4) – In CH selten – Dazu: **Bankomatcode, ↗Bankomatkarte**

Bankomatkarte A die; –, -n: ↗BANCOMATKARTE STIR ›Chipkarte für Bankkunden zum bargeldlosen Zahlungsverkehr und Beziehen von Bargeld an Geldautomaten mittels Code; EC-Karte‹: *Das Zahlen mit Bankomatkarte und Code wird immer beliebter* (Unipress 6/1998, 22) – Vgl. Bankomat – Dazu: **Bankomatkarteninhaber(in), Bankomatkartenverlust**

bankrott (gemeindt.): ↗KONKURSIT

Bankstelle A die; –, -n: ›Niederlassung eines Geldinstituts; Bankfiliale‹: *Gleich zu Beginn des neuen Jahrtausends setzt die »Milleniumsausstellung 12 Tiroler Positionen« ... in der Bankstelle Adamgasse der Raiffeisen-Landesbank Tirol einen für das Kulturgeschehen relevanten Akzent* (Tirolerin 2/2000, 106) – Dazu: **Bankstellennetz**

Bankvieh CH das; -(e)s, ohne Plur.: ›zum Zweck der Schlachtung aufgezogenes Vieh; Schlachtvieh‹: *Für grosses Bankvieh zahlen die beiden marktbeherrschenden Detailhändler ab sofort 7.50 Franken pro Kilo Schlachtgewicht* (TA 17. 9. 1996, 2)

Bannbezirk CH der; -(e)s, -e: ›Gebiet, in dem nicht gejagt werden darf‹: *Wird ein Bannbezirk für die Jagd geöffnet, so hat der Regierungsrat Bestimmungen zu erlassen, die einen geregelten und angemessenen Abschuss des Wildes gewährleisten* (Staatskanzlei Kanton BE, 2002, Internet) – In A und D historisch

bannig D-nord Adv.: ↗ARG A CH D-mittelost/süd, ↗NARRISCH A D-südost, ↗DOLL D (ohne mittelost/südost), ↗IRRE D (ohne südwest) ›sehr, überaus‹: *Darauf dürfen wir im Norden bannig stolz sein!* (SPD Schleswig-Holstein, 2001, Internet)

Banntag CH der; -(e)s, -e: ↗BANNUMGANG CH ›Tag im Jahreslauf, an dem die Gemeindegrenze von der Bevölkerung in ritualisierter Weise abgeschritten wird‹: *Am Liestaler Banntag, einem traditionellen Schwarzpulver-Schiessen mit Vorderladern im Baselbieter Kantonshauptort, wurde ein 80-jähriger von einem*

Schützen niedergeschlagen (Blick 15. 5. 1996, 9) – Vgl. Gemeindebann

Bannumgang CH der; -(e)s, ...gänge: ↗BANNTAG CH ›Tag im Jahreslauf, an dem die Gemeindegrenze von der Bevölkerung in ritualisierter Weise abgeschritten wird‹: *Anstelle des traditionellen Bannumganges findet am Samstag, 24. Juni, in Oberembrach ein »Wassertag« statt* (TA 22. 6. 2000, 26) – Vgl. Gemeindebann

Bannwart CH der; -(e)s, -e (veraltend): ↗FORSTWART CH, ↗FORSTWACHE STIR ›in Pflege und Unterhalt des Waldes arbeitende Person‹: *Der Bannwart passte auf, dass nur von ihm Gezeichnetes geschlagen wurde, und die Bauern hätten schon von sich aus nicht gefrevelt* (Kauer, Spätholz 110) – Eine weibliche Form ist nicht gebräuchlich

barabern A-ost D-südost sw.V./hat ⟨aus ital. *barabba* ›Landstreicher‹, zur biblischen Gestalt *Barabbas*⟩ (abwertend, Grenzfall des Standards): ↗HACKELN A-ost, ↗SCHÖPFEN A-südost, ↗BUCKELN A-west D-mittelost, ↗KRAMPFEN CH, ↗KRÜPPELN CH, ↗RACKERN D, ↗ACKERN D-nord/mittel, ↗MALOCHEN D-mittelwest, ↗ROBOTEN D-nordost ›[körperlich] hart arbeiten; schuften‹: *Ja, was heißt gearbeitet, er hat barabert, gebuckelt wie ein Berserker* (Köhle, Pumpernickel 90; A-ost); *Mirko, immer fleißig, immer barabert er* (Forenarchiv Witze, 2004, Internet; D-südost)– Dazu: **Baraber(er)**

Barablöse A die; –, -n: ↗BARABLÖSUNG D ›Auszahlung eines Preises bei einem Gewinnspiel in bar; Barauszahlung‹: *Eine Barablöse der Gewinne ist ausgeschlossen* (Medizin populär 9/1996, 50) – Vgl. ablösen

Barablösung D die; –, -en: ↗BARABLÖSE A ›Auszahlung eines Preises bei einem Gewinnspiel in bar; Barauszahlung‹: *Auf Anforderung des Gewinners ist die Barablösung eines Sachgewinnes ... vorgesehen* (ARD Fernsehlotterie, 2001, Internet) – Vgl. ablösen

Barauszahlung (gemeindt.): ↗BARABLÖSE, ↗BARABLÖSUNG

Bärbel D: Kurz- bzw. Koseform des weibl. Vornamens *Barbara: Grüne bringen Bärbel H. als EU-Kommissarin ins Spiel* (Welt 10. 5. 1999, Internet)

Bärendreck A CH D-süd der; -(e)s, ohne Plur. (Grenzfall des Standards): ↗BÄRENZUCKER A (ohne west), ↗LAKRITZ D ›aus dem Saft der Süßholzwurzel hergestellte schwarze Süßigkeit; Lakritze‹: *Italienische Forscher warnen davor, dass die bei uns auch als »Bärendreck« bekannte Süßigkeit bei Männern sexuelle Probleme auslösen kann* (OÖN 12. 10. 1999, 20; A); *Gelatine kommt in Gummibärchen, Bärendreck, Glace, Sirup, Mayonnaise und vielen anderen Fertigprodukten vor* (Verein gegen Tierfabriken Schweiz, 1999, Internet; CH)

Bärenzucker A (ohne west) der; -s, ohne Plur.: ↗BÄRENDRECK A CH D-süd, ↗LAKRITZ D ›aus dem Saft der Süßholzwurzel hergestellte schwarze Süßigkeit; Lakritze‹: *Die Erinnerungen verschwimmen: ... an den Sohn der Hausfrau, mit dem er als Bub lernte, wofür er einen Kreuzer bekam, um den er sich dann Bärenzucker kaufte* (Presse 1. 4. 1999, Internet)

Barist Baristin STIR der; -en, -en bzw. die; –, -nen: **1.** ›Betreiber(in) einer Bar‹: *Per Einschreiben erhielt der junge Barist vor zwei Tagen die saftige Rechnung* (Südtirol Heute 8. 6. 2001, 90. Minute). **2.** ›Person, die in einem Nachtlokal Getränke ausschenkt; Barkeeper(in), Barmann bzw. Bardame, Barfrau‹: *Freundliche Baristinnen für Apreski-Keller Cianel in St. Ulrich gesucht* (Dolomiten 10. 1. 2001, WIKU 40)

Bärlauch (gemeindt.): ↗KNOBLAUCH: *WILDE KNOBLAUCH, ↗KNOFELSPINAT

Barras A D der; -es, ohne Plur. (salopp, informell): ↗PRÄSENZDIENST A, ↗WEHRDIENST A D, ↗MILITÄRDIENST CH ›aufgrund der Wehrpflicht zu leistender Dienst beim Militär‹: *Ich hab mir schon vorgenommen, ich lass sie jeden Befehl wiederholen; wie beim Barras* (Klier, Aufrührer 62; A); *Sein musikalischer Drive rettete dem Richard M. nun beim Barras sogar das Leben* (Mannheimer Morgen 29. 3. 2001, Internet; D)

Barriere CH die; –, -n ⟨aus frz. *barrière*⟩: ↗SCHRANKEN A, ↗SCHRANKE CH D ›balkenförmige Sperrvorrichtung an Strassen, Wegen und Bahnübergängen zur zeitweiligen Verhinderung des Durchgangs oder der Durchfahrt‹: *150-mal täglich senkt sich in Flawil die Barriere an der Intercity-Linie* (St. Galler Tagbl 7. 5. 1997, Internet) – Die Bedeutung ›Absperrung, die jmdn./etw. von etw. anderem fernhält‹ ist gemeindt.

Barthel: *wissen/zeigen, wo Barthel den Most holt siehe Most

Bartl: *wissen/zeigen, wo der Bartl den Most holt siehe Most

Bartli: *wissen/zeigen, wo Bartli den Most holt siehe Most

Bartwisch A (ohne west) der; -(e)s, -e: ↗BESERL A-ost D-südost, ↗KEHRWISCH A-west D-südwest, ↗HANDWISCHER CH, ↗HANDBESEN D-nord/mittelwest, ↗HANDEULE D-nord, ↗HANDFEGER D (ohne südost), ↗KEHRBESEN D-mittelwest ›kleiner Besen mit feinen, rechtwinklig zum kurzen Griff abstehenden Borsten‹ (häufig in der Wendung *Mistschaufel und Bartwisch*): *Am Heck einer F14 steht ein junger Mecha-*

niker, in seiner rechten Hand ein Bartwisch (OÖN 4. 4. 1998, 7)

Basel (gemeindt.): ↗RHEINSTADT

Baselbiet CH das; -(e)s, ohne Plur. (informell): ↗BASELLAND CH ›(Gebiet des ↗Kantons) Basel-Landschaft‹: *In allen Disziplinen legte sich der sportliche Nachwuchs aus Genf und dem Baselbiet mit grossem Eifer ins Zeug* (Jahr der Schweiz 34) – Vgl. Baselstadt, -biet – Dazu: **Baselbieter(in), Baselbieterlied, Oberbaselbiet, Unterbaselbiet**

Baselland CH das; -(e)s, ohne Plur. (informell): ↗BASELBIET CH ›↗Kanton Basel-Landschaft‹: *Beatrice B. finanzierte ihr Studium an der Uni Basel selbst, war insgesamt sechs Jahre Lehrerin im Baselland* (Blick 6. 12. 1996, 13) – Auch in der Schreibung Basel-Land. Vgl. Baselstadt – Dazu: **Basellandschäftler(in), basellandschaftlich**

Baselstadt CH die; –, ohne Plur. (informell): ›↗Kanton Basel-Stadt‹: *Die Birs, aus dem Jura kommend, bildet die Grenze zwischen Baselland und Baselstadt* (Basler Personenschifffahrt, 2001, Internet) – Vgl. Baselbiet, Baselland – Dazu: **Baselstädter(in), baselstädtisch**

Basisarzt Basisärztin STIR der; -(e)s, ...ärzte bzw. die; –, -nen ⟨übersetzt aus ital. *medico di base*⟩ (formell): ↗VERTRAUENSARZT STIR ›Hausarzt bzw. -ärztin‹: *Hinzu kommen 28 Basisärzte, die zwar nicht angestellt, aber konventioniert sind* (Dolomiten 5. 5. 1995, 25)

Bassena A-ost (Wien) die; –, -s ⟨italianisiert aus frz. *bassin* ›Wasserbecken‹⟩: ›Wasserbecken zur Gemeinschaftsbenutzung im ↗Gang von Altbauten, in denen die einzelnen Wohnungen keine eigene Wasserleitung haben‹: *Nein, ein Haushalt wie in Wien, nur ein bisserl mühsamer, weil es dort keine Bassena gibt, sondern nur einen Brunnen, von dem man Wasser holen muss* (Marzik, Mizzi 91) – Dazu: ↗**Bassenatratsch,** ↗**Bassenawohnung**

Bassenatratsch A-ost (Wien) der; -(e)s, ohne Plur. (abwertend): ›Klatsch, bes. über andere Hausbewohner‹: *Talkshows sind heute zweifellos ein Ersatz für fehlende Kontakte, für Bassenatratsch, für Auseinandersetzung mit Themen, die plötzlich in der Luft liegen* (OÖN 6. 3. 1996, Internet) – Vgl. Bassena, Tratsch

Bassenawohnung A-ost (Wien) die; –, -en: ›Substandardwohnung, für die nur eine Gemeinschaftstoilette und -wasserleitung auf dem ↗Gang des Stockwerks zur Verfügung steht‹: *... und dann einen von dort heirateten, inklusive Hochzeitsreise in den Prater, Bassenawohnung, vieler kleiner rotziger Kinder und heurigenbesoffener Ehemänner* (Grän, Dame 138) – Vgl. Bassena

Bastelstraße D-ost die; –, -n: ›[bei Festen] lange Reihe von Ständen, an denen Kinder basteln können‹: *... ab 14.00 Uhr Internationales Kinderfest mit ... Bastelstraße, Kletterwand* (Universität Leipzig 14. 4. 2003, Internet)

Basti D: ↗WASTL A D-südost, ↗BASTIAN D Koseform des männl. Vornamens *Sebastian: Doch dann brachte Basti seine lederbejackten Kumpels samt Freundinnen mit* (Berliner Ztg 3. 11. 2001, Internet)

Bastian D: ↗WASTL A D-südost, ↗BASTI D Koseform des männl. Vornamens *Sebastian: ... Bastian B., 22, der seine Beiträge rappt und ein echter Szenestar ist* (Allegra 11/1997, 200)

Batschen D-südost der; -s, –: siehe Patschen

Batz der; -es, ohne Plur. (Grenzfall des Standards): **1.** A D-südost; ↗GATSCH A D-südost, ↗MANSCH D-nord/mittelwest, ↗PAMPE D-nord/mittel ›breiige Masse; zu Brei Zerdrücktes‹: *Er tarnte ihn allerdings mit etwas Schnittlauch und ein paar frisch geschnittenen Zwiebeln, aber das änderte nichts am Batz, der fettig in der Salatschüssel vor sich hinglänzte* (OÖN 7. 5. 1999, 30; A). **2.** D-südost; ↗GATSCH A D-süd-ost, ↗LETTEN A D-südost, ↗PFLOTSCH CH, ↗MODDER D-nord/mittelost, ↗MUD D-nordwest, ↗PAMPE D-nord/mittel ›Schlamm, Matsch‹: *Die Nordkante war heikler als erwartet, nasser Batz und abgeschliffene Kletterstellen sind halt eine unangenehme Kombination* (TU Chemnitz, 1996, Internet) – Auch in der Schreibung *Patz* – Dazu: ↗**batzig,** ↗**batzweich**

Batzen der; -s, –: **1.** A D; ↗PATZEN A D-südost ›Klumpen [aus einer weichen, klebrigen Masse]‹: *Beliebte Gen-Taxis sind die dicken Brummis. An deren Reifen bleiben ganze Batzen Auslandserde haften* (OÖN 3. 7. 2003, 26; A); *Wer vor 6000 Jahren sein Schreibzeug vorbereitet hat, der musste sich zuerst mal einen Batzen Lehm oder Ton holen* (Bayerischer Rundfunk 29. 8. 2002, Internet; D). **2.** ***[nicht] den Batzen und das Weggli bekommen/haben/wollen** CH siehe Weggli – Die in CH ursprünglich gebräuchliche Bedeutung ›Zehnrappenstück‹ ist veraltet. Die Bedeutung ›Geldbetrag‹ ist salopp und gemeindt.

Batzerl A D-südost das; -s, -n (Grenzfall des Standards): **1.** ohne Plur. ›eine kleine Menge von etw.; ein wenig von‹: *Dann das Batzerl Senf feinsäuberlich aus dem Mundwinkel schlecken und frohgemut ins resche Weckerl beißen sind eins* (OÖN 17. 6. 1993, 6; A). **2.** ›kleine Menge feuchten Kotes‹: *Just, als einer der Künstler ein Porträt beendet hatte, ließ eine Taube ein ungustiöses Batzerl fallen, welches die Zeichnung unvorteilhaft veränderte* (OÖN 21. 7. 1994, 6; A) – Auch in der Schreibung *Patzerl*

Bätzi CH das; -s, ohne Plur. ['bɛtsi, 'bætsi]: kurz für *Bätziwasser:* ↗OBSTLER A D, ↗TRÄSCH CH, ↗OBSTWASSER D-mittel/südwest ›Schnaps aus Pressrückständen von Äpfeln und Birnen‹: *Aber mit einem Handwerker von unten in der Stadt könnte ich mir ja nicht einmal mehr den Solothurner Spitalwein leisten und müsste vorübergehenderweise ganz auf Bätzi umsteigen* (Schenker, Manesse 96)

batzig Adj. (Grenzfall des Standards): **1.** A D-südost; ↗GATSCHIG A D-südost, ↗PAMPIG CH D (ohne südost) ›von weicher, breiiger Konsistenz‹: »*Wenn der patzige Schnee gefriert, wär's eine herrliche Unterlage*«, *sagt Karin S.* (OÖN 20. 12. 2000, Internet; A). **2.** D-südost; ↗GATSCHIG A D-südost, ↗PFLOTSCHIG CH, ↗MODDERIG D-nord, ↗MUDDIG D-nordwest ›schlammig, matschig‹: *Die bayerische Seite sollte nur in trockenem Zustand begangen werden, denn nach mehreren Regentagen kann es dort ziemlich rutschig und batzig werden* (Bayrischer Rundfunk, Abendschau 17. 8. 2000, Internet) – Auch in der Schreibung *patzig.* Vgl. Batz, batzweich

batzweich A D-südost Adj. (Grenzfall des Standards): ›sehr weich, von verflüssigender Konsistenz‹: ... *da mag ich den Nord Modular am liebsten, z. B. für Bässe und Flächen, weil er diesen klar wirkenden, knackigen Sound hat und weil er nicht so batzweich ist wie diverse andere Synthies* (ORF, FM4, 23. 6. 2004; Internet; A) *Erntesuppe: Karotten, Sellerie, Petersilienwurzeln, mehlige Erdäpfel und Sauerkraut patzweich kochen* (Uhudla News Server, 2003, Internet; A) – Auch in der Form *patzweich.* Vgl. Batz, batzig

Bauabschlag CH-west der; -(e)s, ...schläge: ›behördliche Ablehnung eines ↗Gesuchs zur Errichtung oder Veränderung eines Bauwerks‹: *Erstmals wurde in Bern gegen den Bau einer Natel-Antenne ein Bauabschlag verfügt: Die Planungs- und Verkehrskommission hat das Ausnahmegesuch ... abgelehnt* (Bund 9. 6. 1999, 26)

Bauansuchen A das; -s, –: ↗BAUGESUCH CH D STIR, ↗BAUANTRAG D ›Antrag auf Baubewilligung zur Errichtung oder Veränderung eines Bauwerks‹: *Als gutes Zeichen, dass die angestrebte Revitalisierung der Gmundner Innenstadt Fortschritte macht, wertet der Gemeinderat das Bauansuchen für eine Erweiterung des Textilhauses* (OÖN 12. 3. 2001, Internet) – Vgl. Ansuchen

Bauantrag D der; -(e)s, ...anträge: ↗BAUANSUCHEN A, ↗BAUGESUCH CH D STIR ›Antrag zur Errichtung oder Veränderung eines Bauwerks‹: *Parallel dazu läuft ein Bauantrag der Kirchengemeinde zur Sanierung des jetzigen Kindergartengebäudes* (Ostsee-Ztg 23. 7. 2002, Internet) – In A selten

Baubaracke CH die; –, -n: ↗BAUBUDE D ›Hütte, in der Bauarbeiter(innen) Pause machen können; Bauhütte‹: *Mächtig ärgert sich H. ... über die auf seinen umliegenden Grundstücken deponierten Baumaterialien und eine dort errichtete Baubaracke* (NLZ 19. 6. 2001, Internet)

Baubeschreibung A D die; –, -en: ↗BAUBESCHRIEB CH ›Beschreibung eines [geplanten] Baus durch den Architekten oder Verkäufer‹: *Die beigestellten Texte liefern Grundinformationen über Standort oder Bauherren sowie eine detaillierte Baubeschreibung* (Kurier 13. 8. 1999, 27; A); *Untersuchungen hätten ergeben, dass die von den Anbietern verwendeten Baubeschreibungen zum großen Teil Mängel aufwiesen* (Welt 8. 7. 2000, Internet; D)

Baubeschrieb CH der; -(e)s, -e: ↗BAUBESCHREIBUNG A D ›Beschreibung eines [geplanten] Baus durch den Architekten oder Verkäufer‹: *Um Mängel am Bauwerk aber auch wirklich rügen und eine Nachbesserung verlangen zu können, ist ... auf möglichst klare und detaillierte Ausführungen im Kaufvertrag und im Baubeschrieb zu achten* (TA 18. 6. 1999, 85) – Vgl. Beschrieb

Baubewilligung A CH die; –, -en: ↗BAUGENEHMIGUNG D, ↗BAUKONZESSION STIR ›behördliche Genehmigung eines Bauvorhabens‹: *Der Bauplatz musste durch Bescheid für die Verbauung als geeignet erklärt werden (Bauplatzerklärung), dann folgt die eigentliche Baubewilligung* (Land Salzburg, 1998, Internet; A); *Nun musste ich für die Baubewilligung meine Baupläne einreichen* (Rüegg, Welt 19; CH) – Vgl. Bewilligung

Baubude D die; –, -n: ↗BAUBARACKE CH ›Hütte, in der Bauarbeiter(innen) Pause machen können; Bauhütte‹: *Mopeds klauen, Automaten knacken und Baubuden aufbrechen ist auch Sünde* (Rothmann, Milch 23)

Bauch (gemeindt.): ↗PLAUZE, ↗RANZEN

Bauchfleisch A D das; -(e)s, ohne Plur.: ↗SCHWEINSBAUCH A, ↗SCHWEINEBAUCH D ›Fleisch vom Bauch des Schweins‹: *So wurden die Speisen Gang für Gang aufgetragen ...: Rübensuppe, Graupen und Käseaugen, Bauchfleisch, Kutteln, in Essig gelegte Blindbrassen, geräucherte Schweinsrüssel in Aspik und ...* (Ransmayr, Morbus Kitahara 86; A); *Sie hatte noch Bauchfleisch und Rippenfleisch und Kutteln und Rinderhoden* (Hofmann, Tolstois Kopf 45; D) – In CH gibt es ›Fleisch vom Bauch des Schweins‹ nur in Form von ↗Speck

Bäuerin (gemeindt.): ↗LANDFRAU

bauern CH sw.V./hat: ›Landwirtschaft betreiben‹: *Wer zu wenig ökologisch bauert, erhält weniger Direktzahlungen* (Bionetz Schweiz, 2001, Internet)

Bauernbetrieb CH der; -(e)s, -e: ↗LANDWIRTSCHAFT A D, ↗GUTSBETRIEB CH, ↗HEIMET CH, ↗HEIM-

WESEN CH ›landwirtschaftlicher Betrieb, Landwirtschaftsbetrieb‹: *270 Bauernbetriebe sind im Verein Ferien auf dem Bauernhof organisiert* (TA 21. 6. 1999, 20)

Bauernkrapfen A der; -s, –: ↗SCHMALZNUDEL D-mittelost/südost ›tellergroßes, flachrundes Gebäck aus einem Teig aus ↗Germ mit einem ringförmigen, verdickten Rand‹: *Die beiden Schwestern sind trotz ihres Alters bei jedem Fest dabei und verwöhnen die Besucher mit ihren duftenden Bauernkrapfen* (OÖN 4. 7. 1996, 10) – Vgl. Krapfen

Bauernsame CH die; –, ohne Plur.: ›Bauernschaft‹: *Die Bauernsame ist weiterhin skeptisch gegenüber dem Welthandelsabkommen Gatt, über das wir im Frühjahr abstimmen* (Blick 18. 11. 1994, 2) – Auch in der Form *Bauersame*. Vgl. Genossame, Tranksame

Bauernschaft (gemeindt.): ↗BAUERNSAME

Bauernschmaus A D-südost der; -es, ohne Plur.: ↗BERNERPLATTE CH, ↗METZGETE CH ›aus verschiedenen Fleisch- und Wurstsorten sowie Sauerkraut bestehendes Gericht; Schlachtplatte‹: *So gibt es auch die oststeirische Erdäpfelwurst und für sehr Hungrige einen originalen Bauernschmaus* (Neue Kronen Ztg 23. 4. 1999, Internet; A)

Bauersame siehe Bauernsame

Bäuert CH-südwest die; –, -en: ↗VIERTELSGEMEINDE CH-west, ↗FRAKTION CH STIR ›einzeln gelegener Ortsteil (einer ländlichen Gemeinde im Berner ↗Oberland)‹: *Es war nach 21 Uhr, als [ein] 49-jährige[r] Mann in Scharnachtal, einer von acht Bäuerten der Gemeinde Reichenbach im Kandertal, für Wildweststimmung sorgte* (Bund 19. 10. 1999, 21) – Dazu: **Bäuertgemeinde, Bäuertversammlung**

Bauerwartungsland A D das; -(e)s, ohne Plur.: ↗BAUZONE CH ›Fläche, die für zukünftige Bebauungen zur Verfügung steht; Bauland‹: *Bauerwartungsland in der Gefahrenzone soll aus dem örtlichen Entwicklungskonzept genommen werden* (OÖN 5. 2. 2003, 17; A); *Bauerwartungsland: Das ist ein Gebiet, das nach dem Flächennutzungsplan für eine spätere Bebauung vorgesehen ist* (Pfeifer, Hausbau 31; D)

Baufluchtlinie A die; –, -n: ›Grenze, über die hinaus nicht gebaut werden darf; Baulinie‹: *... man müsse beim Bau ohnehin die von der Stadt vorgegebenen Baufluchtlinien einhalten* (OÖN 25. 9. 2000, Internet)

Baugebrechen A das; -s, –: ›technischer Schaden an einem Bauwerk; Bauschaden‹: *Doch anstatt rasch zu reagieren, die Bodenschwelle umgehend zu entfernen und die Betroffenen für die Baugebrechen schadlos zu halten, zeigte sich der Magistrat zurückhaltend* (Wiener Ztg 6. 12. 1999, Internet) – Vgl. Gebrechen

Baugenehmigung D die; –, -en: ↗BAUBEWILLIGUNG A CH, ↗BAUKONZESSION STIR ›behördliche Genehmigung eines Bauvorhabens‹: *Beide in der Baugenehmigung geforderten baulichen Rettungswege hatten Mängel* (Rhein-Ruhr-Flughafen Düsseldorf, 1998, Internet)

Baugespann CH das; -(e)s, -e: ↗BAUPROFIL CH ›Stangen, die das Ausmass eines geplanten Gebäudes im Gelände anzeigen‹: *Der Anblick von neuen Baugespannen löst heute ... nicht mehr eitel Freude aus über den Zuzug hoffentlich steuerkräftiger Neubewohner* (TA 1. 3. 1996, 27)

Baugesuch CH D STIR das; -(e)s, -e: ↗BAUANSUCHEN A, ↗BAUANTRAG D ›Antrag zur Errichtung oder Veränderung eines Bauwerks‹: *In der Stadt Zürich müssen Baugesuche für Mobilfunkantennen ausnahmslos veröffentlicht werden* (TA 16. 10. 1999, 15; CH); *Zusätzlich ... soll der Bauherr eine Entscheidung erzwingen können, wenn über sein Baugesuch drei Monate lang nicht beschieden wurde* (Berliner Ztg 5. 12. 1995, Internet; D); *Die große Überraschung kam, als das Baugesuch in der zuständigen Baukommission behandelt wurde* (Gallmetzer, Südtirol 84; STIR)

Bauherr (gemeindt.): ↗BAUHERRSCHAFT

Bauherrschaft CH die; –, -en: ›Körperschaft, die einen Bau in Auftrag gibt; Bauherr(in)‹: *Die Bauherrschaft übertrug uns die Ausführung der Heizungs-, Klima- und Kälteanlagen* (BaZ 17. 10. 1997, 54)

Bauhof A D der; -(e)s, ...höfe: ↗WERKHOF CH D ›Werkstatt, Geräte- und Fahrzeugräume sowie Materiallager für (Betriebe oder) öffentliche Dienste einer Gemeinde, wie Straßenunterhalt, Abfallentsorgung etc.‹: *Schon seit Jahren auf dem Programm steht in der Gemeinde der Ausbau des Bauhofes* (Kremstaler Rundschau 19. 3. 1998, 16; A); *Die Stadt Gummersbach hat jede Menge Geld in den Fuhrpark des Bauhofes investiert* (Kölner Stadt-Anzeiger 7. 2. 2002, Internet; D)

Bauhütte (gemeindt.): ↗BAUBARACKE, ↗BAUBUDE

Baujahr (gemeindt.): ↗JAHRGANG

Bauklotz: *Bauklötze staunen CH D (ohne südost) (Grenzfall des Standards): ↗SOCKEN: *VON DEN SOCKEN SEIN A D, ↗SCHLACKERN: *MIT DEN OHREN SCHLACKERN D, ↗GUCKEN: *GUCKEN WIE EIN AUTO D-nord/mittel ›sehr erstaunt sein‹: *Nacheinander treffen die Bundesräte ein – und alle sechs staunen Bauklötze. Nichts ist mehr, wie es war* (Blick 16. 3. 1996, 5; CH); *Kehrten wir in hundert Jahren zu den dann Lebenden zurück, so würden wir wohl Bauklötze staunen über die technischen Veränderungen* (Zeit 4. 1. 2000, Internet; D) – Das Substantiv *Bauklotz* ist gemeindt.

Baukonzession STIR die; –, -en: ↗BAUBEWILLIGUNG A CH, ↗BAUGENEHMIGUNG D ›behördliche Genehmigung eines Bauvorhabens‹: »*Wir haben keine Baukonzession erteilt*«, *unterstreicht ... der Meraner*

Stadtrat Toni G. (Dolomiten 10./11. 11. 2001, 37) – In CH nur bei Genehmigung von Bauvorhaben eines öffentlichen Auftraggebers. In A und D in dieser Bedeutung selten

Bauland (gemeindt.): ↗BAUERWARTUNGSLAND, ↗BAUZONE

Bauleitplan D STIR der; -(e)s, ...pläne (formell): ↗FLÄCHENWIDMUNGSPLAN A, ↗ZONENORDNUNG CH, ↗ZONENPLAN CH, ↗FLÄCHENNUTZUNGSPLAN D ›von der Gemeinde erstellter Plan, der die beabsichtigte Nutzung der Gemeindeflächen regelt und veranschaulicht‹: *Änderung von Bauleitplänen der Stadt Voerde (Ndrrh.) im vereinfachten Verfahren* (Stadt Voerde 11. 1. 2000, Internet; D); *Schließlich ist dieser Weg seit rund 20 Jahren geplant und seit 15 Jahren im Bauleitplan eingetragen* (Neue Südtiroler Tagesztg 19. 10. 2000, 10; STIR) – Vgl. Gebietsplan

Baulinie (gemeindt.): ↗BAUFLUCHTLINIE

Baumeister Baumeisterin der; -s, – bzw. die; –, -nen: **1.** A CH ›Bauunternehmer(in)‹: *Die jüngeren Männer arbeiteten in der Ziegelei oder beim Baumeister, sie waren tüchtig, packten fest zu* (Hackl, Abschied von Sidonie 107; A); *Man hört, dass Baumeister gar mit Geschenklein und Schmiergeldern um Aufträge im Strassen-Unterhalt kämpfen* (Blick 1. 7. 1994, 13; CH). **2.** D ›↗staatlich geprüfter Techniker bzw. geprüfte Technikerin im Baufach‹: *Baumeister/in darf sich nur nennen, wer die Baumeister-Prüfung bestanden hat* (Arbeitsamt 6. 12. 2002, Internet) – Zu 1.: In D veraltet. Die übertragene Bedeutung, z. B. *Baumeister des modernen Europa,* ist gemeindt.

bäumig CH Adj. (veraltend): ›grossartig, toll‹: *Schreiben Sie: Wir haben es bäumig hier. Wir sind ein modernes Altersheim. Alles ist hier modern* (TA 21. 7. 1999, 14); *Etter war ein bäumiger Typ, tief gläubig, lebensfroh* (TA 17. 2. 1997, Internet)

Baumkuchen D der; -s, –: ↗PRÜGELTORTE A-west (Tir.) ›aus mehreren zylindrisch angeordneten Schichten bestehender hoher Kuchen aus Biskuitteig‹: *Den schon damals hergestellten Leckereien Marzipan, Pralinen, Kuchen, Stollen und Baumkuchen ist Niederegger treu geblieben* (Welt 16. 9. 1997, Internet) – In A selten

Baumnuss CH die; –, ...nüsse: ›Walnuss‹: *Die Nussproduktion spielt in der Schweiz ... eine untergeordnete Rolle. Selbst die Baumnuss hat bei uns nur im Direktverkauf ab Hof eine Bedeutung* (Landwirtschaftl. Informationsdienst, 1998, Internet) – Dazu: **baumnussgross, Baumnussöl**

Baumstrunk A CH der; -(e)s, ...strünke: ↗STUBBEN D-nord ›Rest des Baumstammes, der nach dem Fällen eines Baums übrig bleibt; Baumstumpf‹: *Der Mann war mit dem Kopf gegen einen Baumstrunk geprallt* (OÖN 8. 4. 1997, 16; A); *Mit übersetzter Geschwindigkeit ist ... ein Automobilist im Lindbergwald in einen Baumstrunk gefahren, aber unverletzt geblieben* (TA 20. 9. 1999, 19; CH)

Baumstumpf (gemeindt.): ↗BAUMSTRUNK, ↗STUBBEN

Bauprofil CH das; -(e)s, -e: ↗BAUGESPANN CH ›Stangen, die das Ausmass eines geplanten Gebäudes im Gelände anzeigen‹: *Die Bauprofile werden Ende dieser Woche ausgesteckt, das Gesuch wird ... am 25. September publiziert* (TA 17. 9. 1998, 23) – Die Bedeutung ›vorgeformtes Bauteil mit bestimmtem Querschnitt zum Bauen‹ ist fachsprachlich gemeindt.

Bauschaden (gemeindt.): ↗BAUGEBRECHEN

bausparen A D sw.V./hat (meist substantiviert gebraucht): ›bei einem Kreditinstitut [für eine Immobilienfinanzierung] mit staatlicher Förderung Geld anlegen‹: *59 Prozent der Österreicher halten Bausparen für eine besonders interessante Anlageform* (OÖN 19. 5. 2001, 1; A); *Beim Bausparen schließt der Kunde mit einer privaten oder öffentlichen Bausparkasse einen Vertrag über eine bestimmte Summe* (Pfeifer, Hausbau 190; D) – Dazu: ↗**Bausparer,** ↗**Bausparkasse,** ↗**Bausparvertrag**

Bausparer der; -s, –: **1. Bausparer Bausparerin** A D der; -s, – bzw. die; –, -nen; ›Person, die einen Sparvertrag bei einer ↗Bausparkasse abgeschlossen hat‹: *Wüstenrot wirbt junge Bausparer mit falschen Versprechungen* (Konsument 8/1997, 31; A); *Das ist ein Weiler drei Kilometer westlich, wo sich Bausparer schöne neue Häuser hingestellt haben* (SZ 1. 1. 1998, 21; D). **2.** A (salopp); ↗BAUSPARVERTRAG A D ›an ein günstiges Darlehen gekoppelter Sparvertrag [mit einer ↗Bausparkasse zur Immobilienfinanzierung]‹: *Die liebste Geldanlage der Österreicher ist aber noch immer der Bausparer* (OÖN 26. 8. 2000, 1) – Vgl. bausparen

Bausparkasse A D die; –, -n: ›Kreditinstitut, das auf die Finanzierung von Immobilien sowie andere staatlich geförderte Sparmodelle spezialisiert ist‹: *Die Bausparkassen müssen sich mit ganz normalen Bankdarlehen messen, seit das generelle Zinsniveau niedrig ist und die Banken mit Fixzins-Angeboten in ihrem Revier wildern* (OÖN 30. 5. 2001, Internet; A); *Schließlich vermittelte der Finanzhai seinen wenig zahlungskräftigen Kunden noch die nötigen Darlehen bei der Bausparkasse* (WAZ 20. 2. 2001, Internet; D) – Vgl. bausparen

Bausparvertrag A D der; -(e)s, ...verträge: ↗BAUSPARER A ›an ein günstiges Darlehen gekoppelter Sparvertrag [mit einer ↗Bausparkasse zur Immobilienfinanzierung]‹: *Wer fünf Österreicher kennt, die keinen Bausparvertrag haben, kann sich darauf was einbilden* (OÖN 29. 9. 2001, 1; A); *Bausparverträge gelten als* *sichere und preisgünstige Finanzierungsinstrumente* (Pfeifer, Hausbau 190; D) – Vgl. bausparen

Baute CH die; –, -n (formell): ›von Menschen errichteter Bau; Gebäude‹: *Kortens Anwälte machten geltend, der Nussbaum behindere die Baute nun schon seit über drei Jahren* (Kauer, Spätholz 107) – In D veraltet – Dazu: ↗**Anbaute,** ↗**Aufbaute,** ↗**Neubaute**

Bauträger A D der; -s, –: ›Unternehmen oder Körperschaft, das bzw. die einen Bau im Auftrag eines Bauherrn errichtet‹: *Um zu überleben, sind gemeinnützige Bauträger von öffentlichen Förderungen abhängig* (Trend 5/2000, Internet; A); *Sie kaufen provisionsfrei vom Bauträger* (WAZ 15. 10. 1997, 20; D)

Bauunternehmer (gemeindt.): ↗BAUMEISTER/BAUMEISTERIN

Bauxerl A-ost das; -s, -n (salopp, Grenzfall des Standards): ↗PIMPF A D-mittelwest/süd, ↗PFÜDERI CH, ↗DREIKÄSEHOCH CH D, ↗KNOPF CH D-südwest, ↗KRÜMEL D-nord/mittel, ↗MURKEL D-ost, ↗STEPPKE D-nord/mittel ›[liebenswürdiges] Kind (bes. von Mädchen); Knirps‹: *Ab Jänner 2001 wird dafür in Oberndorf bei Schwanenstadt ein so genanntes Kindernest für eineinhalb- bis dreijährige Bauxerln eröffnet* (OÖN 20. 10. 2000, Internet)

Bauzone CH die; –, -n: ↗BAUERWARTUNGSLAND D ›Fläche, die für zukünftige Bebauungen zur Verfügung steht; Bauland‹: *Noch in den 70er-Jahren war das ganze Tobel Bauzone. Das änderte mit der Zonenordnung von 1986, die das Baugebiet drastisch einschränkte* (TA 22. 10. 1999, 23) – Vgl. Zone – Dazu: **Bauzonenplan**

Bayreuth (gemeindt.): ↗WAGNERSTADT

Bazi (Grenzfall des Standards): **1.** A D-südost der; –, –; ↗RABENVIEH A, ↗RABENAAS D (ohne südost) ›durchtriebener Mensch; Gauner, Schlingel, Schlawiner‹: *Auch Höflichkeit ist gefragt, wenn der Landesvater in gerechtem Zorn so einen nichtsnutzigen Bazi »Arschloch« oder »Ratte und Schmeißfliege« nennt, dann soll der Bazi schön höflich bleiben* (OÖN 5. 7. 1986, 1; A). **2.** A der; –, – (veraltend) ›angeberischer Wiener‹ (oft in der Wendung *Wiener Bazi*): *Chamäleonartig wechselte er die Charaktere – vom »behmischen« k. & k. Offizier zum Wiener Bazi – und fesselte so das Publikum zwei Stunden lang* (OÖN 11. 6. 1992, Internet). **3.** D-mittelwest/südwest der; –, -s (abwertend) ›Bayer‹: *Bayern gewann das Derby gegen 1860 München, damit sind die Bazis wieder vorne vor der punktgleichen Hertha* (Rhein-Ztg 8. 11. 2000, Internet)

BB siehe Bundesbank

BDA D die; –, ohne Plur.: buchstabierte Abk. für *Bundesvereinigung der Deutschen Arbeitgeberverbände:* ↗ARBEITGEBERVERBAND: *SCHWEIZERISCHER ARBEITGEBERVERBAND CH ›Dachorganisation der Arbeitgeberverbände‹: *Die Bundesvereinigung der Deutschen Arbeitgeberverbände (BDA) forderte die Gewerkschaften auf, ihre Blockadehaltung aufzugeben* (Welt 15. 5. 1996, Internet) – Keine vergleichbare Institution in A

BDI D der; –, ohne Plur.: buchstabierte Abk. für *Bundesverband der Deutschen Industrie:* ↗INDUSTRIELLENVEREINIGUNG A, ↗ECONOMIESUISSE CH, ↗SHIV CH, ↗VORORT CH, ↗INDUSTRIELLENVERBAND STIR ›Dachorganisation der Verbände von Industrieunternehmen, die die Interessen der Industrie im In- und Ausland vertritt‹: *BDI will zwei Millionen Arbeitsplätze schaffen* (Welt 16. 1. 1996, Internet)

Bearbeitungsgebühr (gemeindt.): ↗MANIPULATIONSGEBÜHR

Beat CH ⟨zu lat. *beatus* ›glücklich‹, Name eines Heiligen mit Hauptkultstätte auf dem Beatenberg am Thunersee⟩: männl. Vorname: *Die Leute in der Strasse sagen: Beat will nicht wachsen!* (Helveticus 1975, 28) – In D selten. Die weiblichen Entsprechungen *Beatrix, Beatrice* sind gemeindt., nicht jedoch ↗*Beate*

Beate D ⟨zu lat. *beatus* ›glücklich‹⟩: weibl. Vorname: *Vor ihnen droschen drei Jungs einen Skat, und hinter ihnen erzählten Sandra und Beate sich kichernd die Heimwegabenteuer des Wochenendes* (Junge, Klassenfahrt 44) – In A selten. Die Langformen *Beatrix, Beatrice* sind gemeindt.

Bebauung D die; –, -en: **1.** ↗VERBAUUNG A, ↗ÜBERBAUUNG CH ›das Erstellen von Gebäuden nach einem Gesamtplan‹: *Bitte widersprechen Sie – am besten durch persönliche Schreiben und Unterschriftensammlungen – der Bebauung des Parks* (Bündnis90/Die Grünen Berlin, 1999, Internet). **2.** ↗ÜBERBAUUNG CH ›mehrere nach einem Gesamtplan erstellte Bauten auf einem Gelände‹: *Dieser Paragraph beinhaltet, dass ein geplantes Bauvorhaben sich in die vorhandene Bebauung gut einfügt* (Berliner Ztg 20. 5. 1994, Internet) – Dazu: **Bebauungsplan**

Bebbi CH (Basel) der; -s, -s bzw. die; -s, -s ['bepi] ⟨ursprüngl. Koseform zum Vornamen *Johann Jakob*, der im 18./19. Jh. in Basel sehr häufig war⟩: /Spitzname für [gebürtige] Bewohner(innen) der Stadt Basel; Basler(in)/: *Trotz seines Sonnenplatzes in heimatlichen Gefilden liebäugelt der Bebbi nicht mit einem fussballerischen Herrenleben in einem Schweizer Klub* (Werdenberger & Obertoggenburger 25. 3. 1993, 11)

Bébé CH das; -s, -s ['bebe] ⟨frz.⟩: ↗BUSCHI CH ›Säugling; Baby‹: *Sie steht an ihrem alten Platz neben den sepiagelben Familienfotos: Vater im Aktivdienst, das Hochzeitsfoto meiner Eltern, ein eingemummeltes Bébé* (Wyss, Tage 9)

Bedachtnahme A die; –, -n (Plur. ungebräuchl., formell): ›Berücksichtigung‹ (meist in der Wendung *unter Bedachtnahme auf etw.*): *Denn kompromissloses Qualitätsdenken bei gleichzeitiger Bedachtnahme auf umweltschonende Produktion gehört zu den unumstößlichen Grundsätzen des heimischen Unternehmens* (Kurier 17. 9. 1997, Beilage 2); *Der Lenker eines Motorrades hat … so weit rechts zu fahren, wie ihm dies unter Bedachtnahme auf die Leichtigkeit und Flüssigkeit des Verkehrs zumutbar und … möglich ist* (Ebner, Zweiradfahren 61)

Bedarfssatz D der; -es, …sätze (formell): ›amtlich festgesetzte Geldsumme, die eine Person benötigt‹: *Hilfe zum Lebensunterhalt erhalten Sie, wenn Ihr Einkommen unter dem Bedarfssatz liegt* (Stadt Nordenham 1. 4. 2003, Internet)

bedecken A sw.V./hat (Wirtschaft): ›(Kosten für eine finanzielle Verpflichtung) abdecken‹: *Wesentlich ist, dass die Versicherung ihre Verpflichtungen einhalten und mit Vermögenswerten bedecken kann* (Trend 5/2000, Internet) – Die Bedeutung ›mit etw. zudecken, verhüllen‹ ist gemeindt. – Dazu: **Bedeckung**

bedienen: *bedient sein CH: **a)** ›zufrieden sein; alles haben, was man braucht‹ (als Gast im Restaurant nach dem Essen oder Trinken; häufig in ritualisierter Kommunikation zwischen Personal und Gast): *Sind Sie bedient? Danke, ich bin/wir sind bedient*): *»Isch s rächt gsi?« … »Danke, wir sind bedient!« Richtig Freude macht ein Restaurantbesuch selten* (Sonntagsblick 6. 2. 2000, M2); **b)** ›mit Personal besetzt sein‹: *Die Sammelstelle Egg ist bedient. Die Betreuer helfen Ihnen auf Wunsch bei der Entsorgung* (Gemeinde Egg, 2002, Internet) – Die Bedeutungen ›einer Sache überdrüssig sein‹, ›mit etw. unzufrieden, von etw. enttäuscht sein‹ sind gemeindt. Das Verb *bedienen* ist in allen anderen Verwendungen gemeindt.

Bedienerin A (ohne west) die; –, -nen: ↗AUFRÄUMERIN A-mitte/südost, ↗PUTZERIN A-west, ↗ZUGEHERIN A-west (Vbg.) D-süd, ↗ZUGEHFRAU A-west (Vbg.) D-südost LIE, ↗SPETTER CH, ↗SPETTFRAU CH, ↗AUFWARTUNG D-nordost, ↗REINEMACHEFRAU D-nord/mittelost ›Putzfrau, Raumpflegerin‹: *Wenn die Bedienerin kam, erschrak sie* (Bachmann, Gebell 392) – In A-ost auch in der Form *Bedienung*

Bedienung die; –, -en (Plur. ungebräuchl.): **1.** A D; ↗SCHANI A-ost, ↗OBER A D, ↗SERVICEANGESTELLTE CH, ↗SERVIERTOCHTER CH ›Person, die in einem Restaurant bedient; Kellner(in)‹: *Hotel Alexandra … sucht für die kommende Wintersaison noch folgende Mitarbeiter: Bedienung mit Inkasso* (SN 8. 11. 1997, 58; A); *Zwei Bedienungen standen in der Nähe und schauten auch jetzt noch ungeniert zu* (Walser, Ehen 40; D). **2.** A-ost siehe Bedienerin – Die Bedeutung ›Gesamtheit des Servicepersonals‹ sowie andere Bedeutungen sind gemeindt.

bedingt A CH Adj. (nicht steigerbar, Recht): ↗BEWÄHRUNG: *AUF/MIT BEWÄHRUNG D ›(Verurteilung) mit Erlass der Strafe, wenn nicht binnen einer bestimmten Frist ein weiteres Vergehen verübt wird‹: *Oberstaatsanwalt Dieter B. will sich mit dem milden Richterspruch – zwei Jahre bedingt – nicht zufrieden geben* (Neue Kärntner Tagesztg 25. 6. 1998, 10; A); *Das Bezirksgericht Aarau hat den ehemaligen Direktor des Krankenheims … zu einer bedingten Gefängnisstrafe von einem Monat verurteilt* (Aargauer Ztg 10. 6. 1999, 13; CH) – In D nur in bestimmten rechtssprachlichen Wendungen, z. B. *bedingte Strafaussetzung, bedingter Straferlass.* Die Bedeutung ›nicht uneingeschränkt‹ ist gemeindt. Vgl. unbedingt

Beefsteak: *deutsche Beefsteak D-nord/mittelost ['bi:fste:k]: ↗FASCHIEREN: *FASCHIERTE LAIBCHEN A, ↗FLEISCHLAIBCHEN A, ↗HACKTÄTSCHLI CH, ↗BULETTE D-ost, ↗FLEISCHKÜCHLE D-südwest, ↗FLEISCHPFLANZERL D-südost, ↗FRIKADELLE D-nordwest/mittelwest, ↗KLOPS D-mittelost ›gebratene Speise aus gehacktem Fleisch, eingeweichtem Brot, Ei und Gewürzen, in kleiner, rundlicher Form‹: *Samstag: Deutsches Beefsteak, Erbsen-Möhrengemüse, Kartoffelpüree, frisches Obst* (Medizinische Hochschule Hannover, 1999, Internet) – In D-mittelost Grenzfall des Standards. Das Substantiv *Beefsteak* ist in allen anderen Verwendungen gemeindt.

beeiden A sw.V./hat: ›(eine Aussage) durch Eidleistung bekräftigen; beeidigen‹: *Abschussberechtigt ist überhaupt nur ein beeidetes Jagdaufsichtsorgan, und selbst dieses nur, wenn der Hund gerade wirklich wildert* (OÖN 16. 2. 1998, 5) – Die Bedeutung ›vor Gericht unter Eid aussagen‹ ist gemeindt.

beeidigen (gemeindt.): ↗BEEIDEN

beeilen (gemeindt.): ↗PRESSIEREN, ↗SPUTEN, ↗TUMMELN

beeindruckend (gemeindt.): ↗EINDRÜCKLICH

beeinspruchen A sw.V./hat (formell): ↗BERUFEN A, ↗EINBRINGEN: *BERUFUNG EINBRINGEN A, ↗EINSPRUCH: *EINSPRUCH ERHEBEN A; *EINSPRUCH EINLEGEN D, ↗APPELLIEREN CH, ↗REKURRIEREN CH, ↗REKURS: *REKURS EINLEGEN/EINREICHEN CH STIR ›gegen etw. Berufung einlegen‹: *Die Anwälte haben die Anklageschrift bereits beeinsprucht* (Profil 11. 6. 1999, Internet) – Dazu: **Beeinspruchung**

beelenden CH sw.V./hat: ›bedrücken, nahe gehen‹: *Mich beelendet die Armut auf dieser Welt* (Hartmann, Eis 89)

Beerdigungsgottesdienst CH der; -(e)s, -e (kath. Kirche): ↗AUFERSTEHUNGSGOTTESDIENST A,

↗BESTATTNISGOTTESDIENST A-west (Vbg.), ↗STERBEGOTTESDIENST A-west/südost, ↗ABDANKUNGSGOTTESDIENST CH, ↗LEICHENDIENST LUX ›Gottesdienst für Verstorbene anlässlich des Begräbnisses; Totenmesse, Trauergottesdienst‹: *Willi H. wird auch weiterhin bei Beerdigungsgottesdiensten die Orgel spielen* (St. Galler Tagbl 12. 7. 1997, Internet)

Beerenbau CH der; -s, ohne Plur.: ›Anbau von Beeren, Beerenanbau‹: *G. betreibt einen 15-Hektaren-Betrieb mit Milchwirtschaft, Schweinezucht sowie 180 Aren Obst- und Beerenbau* (NLZ 27. 7. 2000, Internet)

Beethovenstadt D die; –, ohne Plur. ⟨nach dem Komponisten *Ludwig van Beethoven,* der dort geboren wurde⟩: ›Bonn‹: *Seit fünf Jahren hat das Open-air-Konzert zu Pfingsten Tradition und bietet den Bürgern der Beethovenstadt Bonn an zwei Tagen klassische Konzerte* (Kölnische Rundschau 5. 6. 2001, Internet)

Befähigungsdiplom STIR das; -(e)s, -e: ↗LEHRABSCHLUSSZEUGNIS A CH, ↗GESELLENBRIEF A D, ↗BERUFSDIPLOM CH, ↗FACHAUSWEIS CH, ↗FÄHIGKEITSAUSWEIS CH, ↗FÄHIGKEITSZEUGNIS CH ›amtliche Bescheinigung über eine abgeschlossene Berufsausbildung oder einen abgeschlossenen Kurs‹: *Die Freude stand ihnen im Gesicht geschrieben, als sie endlich, nach fast neunmonatiger Kursdauer, im Blindenzentrum »St.Raphael« das Befähigungsdiplom entgegennehmen konnten* (Dolomiten 1. 11. 1996, 10) – Vgl. Diplom – Dazu: **Berufsbefähigungsdiplom, Lehrbefähigungsdiplom**

befehlen (gemeindt.): ↗ANSCHAFFEN

Befehlsausgabe A die; –, -n: ↗ABENDVERLESEN CH, ↗ZIMMERVERLESEN CH, ↗STUBENAPPELL D ›Appell einer militärischen Einheit am Ende des Dienstbetriebs‹: *Nach der Reinigung der Ausrüstung hatten wir Befehlsausgabe und aus* (Bundesheerinformation, 2002, Internet) – Die Bedeutung ›Bekanntgabe von Befehlen‹ ist gemeindt.

beflegeln A sw.V./hat (salopp): ↗SCHLÖTTERLING: *JMDM. EINEN SCHLÖTTERLING ANHÄNGEN CH ›auf beleidigende, grobe Art beschimpfen‹: *Zwischendurch beflegelte ihn Jörg Haider als Sozialschmarotzer* (News 6. 11. 1997, 186) – Dazu: **Beflegelung**

beförderlich CH Adj.: ›beschleunigt; bevorzugt; zügig (bei der Behandlung von Amtsgeschäften)‹: *Dem Gesundheitsdepartement sei es ein Anliegen, dass die Strafuntersuchung beförderlich und umfassend behandelt werde, sagte er* (St. Galler Tagbl 10. 3. 2000, Internet) – Selten in der Steigerungsform *beförderlichst*

beförderlichst siehe beförderlich

befördern CH D-südwest sw.V./hat (formell): ↗AUFSTEIGEN A D-südwest, ↗PROMOVIEREN CH, ↗VERSETZEN D (ohne südost), ↗VORRÜCKEN D-mittelost/südost ›(einen Schüler oder eine Schülerin) aufgrund der schulischen Leistungen für die nächsthöhere Klasse zulassen‹: *Schüler der 1.–3. Klasse der Primarschule werden definitiv befördert, wenn die Durchschnittsnote aus den Fächern Sprache und Mathematik mindestens 4 beträgt* (Aargauisches Recht, 1981, Internet; CH) – Andere Bedeutungen, z.B. ›berufliches Aufsteigen‹, sind gemeindt. – Dazu: **Beförderung**

befürsorgen A sw.V./hat (formell): ›betreuen‹: *Deswegen will ich sie ja auch nicht befürsorgen, sondern dafür sorgen, dass sie einen Rechtsanspruch haben* (Profil 19. 1. 1997, Internet) – Dazu: **Befürsorgung**

Begehrensantrag STIR der; -(e)s, ...träge: ›Beschluss des Parlaments der ↗Provinz oder ↗Region, durch den das römische Parlament angehalten wird, in einer Angelegenheit, die nicht in die Kompetenz der ↗Provinz oder der ↗Region fällt, aktiv zu werden‹: *Der Regionalrat hat einen Begehrensantrag beschlossen, und zwar mit großer Mehrheit* (Wortprotokoll des Südtiroler Landtages 16. 12. 1999, Internet)

Beginnzeit A die; –, -en: ↗ANFANGSZEIT CH D ›Uhrzeit, zu der eine Veranstaltung beginnt‹: *Aber Amerika gibt die Beginnzeiten vor und zahlt: daher sind die US-Sender allemal die begehrtesten Kunden der Olympiaanbieter* (Furche 12. 2. 1998, 10)

Begleitgeld STIR das; -(e)s, ohne Plur.: ↗BEGLEITZULAGE STIR ›von der ↗Provinz Südtirol ausgezahlte finanzielle Unterstützung für die Betreuung von invaliden Personen‹: *Der KFS will durch diese Seniorensprechstunden nicht mit den Institutionen konkurrieren, sondern über Pflege, finanzielle Sozialhilfe, Wohnheime, Begleitgeld, etc. aufklären* (Dolomiten 3. 5. 2001, 12)

Begleitschreiben (gemeindt.): ↗ANSCHREIBEN

Begleitzulage STIR die; –, -n: ↗BEGLEITGELD STIR ›von der ↗Provinz Südtirol ausgezahlte finanzielle Unterstützung für die Betreuung von invaliden Personen‹: *Es betrifft meine Tante, ... eine von vielen, die den ultimativen Brief erhalten hat, am Soundsovielten vorstellig zu werden zwecks Überprüfung der Invalidität und somit der Berechtigung auf Begleitzulage* (Südtirol Profil 7. 11. 1994, 51)

begreifen LUX st.V./hat: ›beinhalten, umfassen‹: *Das Jahresprogramm 2000 begreift zahlreiche Punkte* (Luxemb Wort 11. 2. 2000, 13) – Andere Bedeutungen sind gemeindt.

begriffsstutzig (gemeindt.): ↗BEGRIFFSSTÜTZIG

begriffsstützig A Adj.: ›schwer von Begriff sein; begriffsstutzig‹: *Marchais scheint in Moskauer Augen geradezu begriffsstützig zu sein* (OÖN 9. 1. 1990, 3) – Dazu: **Begriffsstützigkeit**

begrünen (gemeindt.): ↗EINGRÜNEN

begrüßen A-südost **begrüssen** CH sw.V./hat: **1.** CH ›jmdn. (im Rahmen eines Entscheidungsprozesses) um seine Meinung in einer Angelegenheit befragen‹: *[Pfarrer S. wirft] den Vorstandsmitgliedern des Chors vor, sie seien [seinen] Vorschlägen mit Desinteresse begegnet und hätten ihn für Beschlussfassungen nicht begrüsst und zu Veranstaltungen nicht eingeladen* (TA 27. 12. 1997, 16). **2. *begrüße!** A-südost: ↗GOTT: *GRÜß GOTT! A D-süd, ↗GRÜEZI CH, ↗TAG: *GUTEN TAG CH D-nord/mittel; *TAG! D-nord/mittel, ↗MOIN D-nordwest /Grußformel (zur Begrüßung von unbekannten, nicht verwandten oder nicht näher befreundeten Personen)/: *Begrüße! Und herzlich willkommen auf der Bildpost-Jugendplattform* (Bildpost 11/2001, Internet) – Das Verb *begrüßen/begrüssen* ist in allen anderen Verwendungen gemeindt.

Begutachtung A D die; –, -en: ↗VERNEHMLASSUNG CH, ↗VERNEHMLASSUNGSVERFAHREN CH ›Prüfung eines Gesetzesentwurfes‹ (häufig in der Wendung *in die Begutachtung gehen*): *Dennoch sollen spätestens am Freitag die Regierungsentwürfe zur Pensionsreform in die gesetzliche Begutachtung gehen* (Kurier 17. 9. 1997, 2; A); *Die »Tierschutz-Transportverordnung« wird von Bundestag und Bundesrat verabschiedet und zur Begutachtung nach Brüssel weitergeleitet* (Deutscher Tierschutzbund, 1994, Internet; D) – Die Bedeutung ›genaues Prüfen von etw.‹ ist gemeindt. – Dazu: **Begutachtungsfrist, Begutachtungsverfahren**

Begutachtungsplakette A die; –, -n (formell): ↗PICKERL A D-südost, ↗TÜV-PLAKETTE D ›rechts auf der Windschutzscheibe angebrachter Aufkleber, der die behördliche Überprüfung eines Fahrzeuges auf seine Verkehrstauglichkeit nachweist und die Fälligkeit der nächsten Überprüfung anzeigt‹: *Das Auto war behördlich aufrecht angemeldet und – zwar stark beschädigt, aber mit gültiger Begutachtungsplakette und Kennzeichentafel – vor seinem Zweitwohnsitz in Wien abgestellt* (ÖAMTC 18. 7. 2002, Internet)

behaften CH sw.V./hat: **1.** ›jmdn. für den Wahrheitsgehalt einer Aussage verantwortlich machen; jmdn. beim Wort nehmen‹: *Als man mich nach dem Zeitpunkt gefragt hat, habe ich gesagt, vielleicht nach der Tournee – und schon haben mich alle darauf behaftet* (Annabelle 2. 1. 1998, 32). **2.** ›haftbar machen‹: *Für einen Schaden könnten Sie uns aber nur behaften, wenn wir einen vereinbarten Termin nicht einhielten* (Rutishauser, Geschäftsbriefe 83)

Behaltefrist A die; –, -en (formell): ›Frist, innerhalb der ein(e) Arbeitgeber(in) nach einer Unterbrechung der Anstellung (z. B. durch Militärdienst, ↗Karenz) oder nach Ablauf der Ausbildung eine Person nicht entlassen darf‹: *Der Arbeitsplatz bleibt weiterhin zwei Jahre gesichert zuzüglich der Behaltefrist von vier Wochen* (Welt der Frau 6/1996, 5) – Vgl. Behaltepflicht

Behaltepflicht A die; –, ohne Plur. (formell): ›Verpflichtung eines Arbeitgebers bzw. einer Arbeitgeberin, jmdn. nach einer Unterbrechung der Anstellung (z. B. durch Militärdienst, ↗Karenz) oder nach Ablauf der Ausbildung weiter zu beschäftigen‹: *So soll laut LIF-Bildungssprecherin Maria Schaffenrath für die Berufsschulzeit die Entschädigung entfallen, die Probezeit verlängert und die Behaltepflicht gekürzt werden* (OÖN 14. 8. 1997, 2) – Vgl. Behaltefrist

behämmert D (ohne südost) Adj. (salopp): ↗DAMISCH A D-süd, ↗DEPPERT A D-südost, ↗NARRISCH A D-südost, ↗BEKLOPPT D-nord/mittel, ↗BESCHEUERT D (ohne südost) ›nicht ganz bei Verstand; verrückt‹: *Mensch, müsst ihr behämmert gewesen sein!* (Burger, Hitler-Jugend 69)

behändigen CH sw.V./hat: ›ergreifen; an sich nehmen‹: *Er will sich gütlich einigen, legt das Elektroschock-Gerät auf den Fahrersitz, wo es der Chauffeur behändigen kann* (TA 27. 11. 1998, 17)

Behandlung: *in Behandlung ziehen LIE ›(eine Gesetzesvorlage) im Parlament behandeln‹: *Voraussichtlich wird der Landtag dieses Gesetz noch in diesem Herbst in Behandlung ziehen* (Liechtensteiner VL 28. 9. 1995, 1) – Das Substantiv *Behandlung* ist in allen anderen Verwendungen gemeindt.

beharken sich D-nord/mittel sw.V./hat (salopp): ›[verbal] aufeinander losgehen; sich gegenseitig bekämpfen‹: *Nicht nur Bund und Länder beharken sich. Auch zwischen den Ländern wird heftig um die gerechte Verteilung des Steuerzahlergeldes gerungen* (Welt 23. 12. 1997, Internet)

Beharrungsbeschluss A der; -es, …schlüsse: ›Beharren des ↗Nationalrates auf einem Gesetzesentwurf, gegen den der ↗Bundesrat Einspruch erhoben hat‹: *Rund 90 Einsprüche, z. B. bei Änderungen des Sozialversicherungsgesetzes, wurden mit Beharrungsbeschluss des Nationalrats durchgesetzt* (Kurier 13. 7. 1999, 3) – Der ↗Bundesrat kann gegen Gesetzesbeschlüsse des ↗Nationalrates Einspruch erheben, dieser kann aber in einer erneuten Sitzung auf seinem Beschluss beharren

beheben A st.V./hat: **1.** ›(Geld) abheben‹: *Beim Versuch, Geld von einem Bankomaten zu beheben, wurde die Karte eingezogen* (ORF Nachlese 9/1997, 4). **2.** (formell) ›(Post, Unterlagen etc.) bei einem Amt oder einem Büro abholen‹: *Die Angebotsunterlagen inkl. Datenträger können gegen Erlag von S 500.- beim Ingenieurbüro … behoben werden* (TT 30. 1. 1998, 28) – Die Bedeutung ›etw. wieder in Ordnung bringen‹ ist gemeindt. – Zu 1. und 2.: **Behebung, Behebungsquittung.** Zu 2.: **Behebungsfrist**

Behelf A CH der; -(e)s, -e: ›Anleitung, schriftlich ausgegebene Richtlinien; Hilfsmittel‹: *Zudem werden regelmäßig Broschüren angeboten, die sich mit aktuellen Themen befassen oder die als Behelf für Jugendleiter, Erzieher und Lehrer gedacht sind* (TT 30. 1. 1998, Beilage 10; A); *Mitte der 90er Jahre platzte im damaligen EMD eine Affäre: Der hochgeheime Behelf für den Generalstabsdienst wurde auf eine CD-Rom gebrannt und gelangte an die Öffentlichkeit* (NLZ 8. 6. 2001, Internet; CH) – In CH bes. im Bereich Polizei und Militär gebräuchlich. In A häufig als produktives Grundwort in Zus. Die Bedeutung ›Notlösung, Provisorium‹ ist gemeindt. – Dazu: **Arbeitsbehelf** A, **Behelfsmittel** A, **Heilbehelf** A, **Lehrbehelf** A, **Lernbehelf** A, **Prüfungsbehelf** A, **Trainingsbehelf** A

Behind CH das; –, ohne Plur. [bɪˈhaɪnd] ⟨aus engl. *behind* ›hinten‹⟩: ↗TOROUT A, ↗TORAUS D ›Raum hinter den Torlinien‹: *T. [hatte] kein Glück, als sein Kopfball vom Torpfosten in Behind flog* (TA 25. 3. 1996, Internet) – Dazu: **Behindbande, Behindlinie**

Behörde D (Hamburg) die; –, -n: ↗AMT: *AMT DER ... LANDESREGIERUNG A (ohne Wien), ↗MAGISTRAT A (Wien), ↗DEPARTEMENT CH, ↗DIREKTION CH, ↗MINISTERIUM D, ↗SENATOR: DER SENATOR FÜR ... D (Bremen), ↗SENATSVERWALTUNG D (Berlin) ›höchstes Verwaltungsorgan des ↗Bundeslandes Hamburg‹: *Die Behörde für Inneres nimmt die Aufgaben auf dem Gebiet der öffentlichen Sicherheit und Ordnung, der inneren Verwaltung ... sowie der Statistik wahr* (Hamburg, 2000, Internet) – Andere Bedeutungen sind gemeindt. – Dazu: **Behördemitglied**

Behördengang A D der; -(e)s, ...gänge: ↗BEHÖRDENWEG A D ›Gang zu einer Behörde, um dort etw. zu erledigen‹: *Weil es während der Amtsstunden schwierig ist, vor Amtsgebäuden ... einen Parkplatz zu finden, sollen genau dort für den Zweck und die Dauer von Behördengängen Gratisparkplätze geschaffen werden* (OÖN 24. 6. 2002, Internet; A); *Der Behördengang ist immer noch ein zeitaufwändiges und lästiges Unterfangen* (Welt 7. 2. 2003, Internet; D)

Behördenverfahren A das; -s, –: ↗BEHÖRDENWEG A D ›für das Erreichen einer Genehmigung o. Ä. notwendiger amtlicher Instanzenweg‹: *Die neuen Radios werden wegen der langwierigen Behördenverfahren und möglicher neuer Klagen und Einsprüche nicht vor 1998 auf Sendung gehen* (Profil 8. 9. 1996, Internet)

Behördenweg A D der; -(e)s, -e: **1.** ↗BEHÖRDENVERFAHREN A ›für das Erreichen einer Genehmigung o. Ä. notwendiger amtlicher Instanzenweg‹: *Bitte rasch einreichen, der Behördenweg dauert bis zu 8 Wochen* (Fahrschule Werbach, 2002, Internet; A); *Man bespricht das Projekt mit dem Architekten und der macht einen Plan. Dann folgt der lange, dornenreiche Behördenweg* (Euler Beteiligungsgesellschaft 7. 2. 2003, Internet; D). **2.** ↗BEHÖRDENGANG A D ›Gang zu einer Behörde, um dort etw. zu erledigen‹: *Die Kiste Mineralwasser lasse ich mir gern von euch raufschleppen, die Oberlichten dürft ihr mir auch putzen, alle Behördenwege könnt ihr mir erledigen* (Ganze Woche 5. 11. 1997, 82; A); *Wenn ein Asylbewerber keinen dringenden Behördenweg zu erledigen hat, ... darf er die Stadt, in der er Asyl hat, nicht verlassen* (PDS Gotha 7. 2. 2003, Internet; D)

bei: **1.** A D-südost Präp. mit Dat. ›zu[m], zu[r], an (für räumliche Beziehungen)‹: *Er zwang sich beim Fenster hinauszusehen, während der Zug langsam anfuhr* (Roth, Czernys Tod 163; A); ***etw. hängt jmdm. beim Hals heraus** A D-nordost/südost (salopp) ›jmd. hat etw. satt; jmdm. hängt etw. zum Hals[e] heraus‹: *Wem hängen die Querelen, Ultimaten und Klagen, die ständig im Raum stehen, nicht schon beim Hals heraus?* (Presse 30. 3. 1995, Internet; A). **2.** ***bei einem Haar** CH ›beinahe; um ein Haar‹: *Bei einem Haar wäre ich aufgesprungen und hätte ihm erklärt, wer soeben wen verführe* (Schädelin, Eugen 49). **3.** D-nord/mittel Adv. (Grenzfall des Standards) /bei getrennter Stellung von *da* und *bei* bzw. *hier* und *bei* aus *dabei* bzw. *hierbei*/: *Da bin ich gerade bei, entsprechende Tools zu testen* (Stadt Rodenberg 22. 9. 2000, Internet) – Zu 1.: In CH und D (ohne südost) selten. Die anderen Verwendungen sind gemeindt.

Beige CH D-südwest die; –, -n: ›aufgeschichtete Menge gleichartiger Gegenstände; Stapel‹: *Auch ist ihr unklar, wie die Umweltkommission herausgefunden hat, was für Holz auf der Beige lagert* (Beobachter 6. 2. 1998, 14; CH) – Dazu: ↗**aufbeigen,** ↗**beigen, Holzbeige,** ↗**Scheiterbeige** CH

beigen CH D-südwest sw.V. /hat: ↗SCHLICHTEN A D-südost, ↗AUFBEIGEN CH D-südwest ›geordnet aufschichten; stapeln‹: *Die Kinder gehen nun in die Küche, wo ihnen das freundliche Personal die goldgelben »Röstitätschli« und nach Wahl verschiedenes Gemüse und Fleisch auf den Teller beigt* (Brugg Online, 2004, Internet; CH) – Vgl. Beige

Beihilfe (gemeindt.): ↗GEHILFENSCHAFT

Beihilfe A D die; –, -n: ↗SUBSIDIUM CH ›aus sozialen Gründen gewährte, staatliche finanzielle Unterstützung‹: *Auf der anderen Seite muss man dann natürlich auch einen radikalen Kahlschlag bei den Steuer-Ausnahmen, Förderungen und Beihilfen überlegen* (Presse 29. 9. 1998, 1; A); *Wurde früher nur nach Aktenlage entschieden, kontrolliert der achtköpfige Prüfdienst die Berechtigung jedes Neuantrags auf Sozial- oder einmalige Beihilfe nunmehr direkt in den Wohnungen vor Ort* (Welt 31. 7. 2000, Internet; D) – Andere Bedeutungen sind gemeindt. – Dazu: ↗**Familienbeihilfe** A, **Heimfahrtbeihilfe** A, ↗**Kinderbeihilfe** A, **Kinderbetreuungsbeihilfe** A, **Mietzinsbeihilfe** (↗Mietzins) A, **Schul-**

beihilfe A, **Schülerbeihilfe** A, **Schulfahrtbeihilfe** A, **Studienbeihilfe** A, ↗**Wohnbeihilfe** A

Beikoch Beiköchin D-nord/mittel der; -(e)s, ...köche bzw. die; –, -nen: ›Person, die den Koch bzw. die Köchin unterstützt; zweiter Koch bzw. zweite Köchin; Hilfskoch‹: *Maik K. und Andrea H. aus Waren gehen jetzt auf die Reise nach Österreich. Dort werden die beiden ausgebildeten Beiköche einen Arbeitsplatz in Hotels übernehmen* (Nordkurier 28. 11. 2000, Internet) – In A selten

Beilage (gemeindt.): ↗ZUSPEISE

Beilage A CH die; –, -n: ↗ANLAGE D ›zusätzliche Unterlagen zu einem Schreiben‹: *Gemäß § 1 des österreichischen Datenschutzgesetzes nehme ich zur Kenntnis, dass die im Antrag samt Beilagen enthaltenen personenbezogenen Daten ... für statistische Zwecke weitergegeben werden* (Bundesministerium für Bildung, Wissenschaft und Kultur, 2003, Internet; A); *Bei einer Mehrzahl von Beilagen setzt man das Wort »Beilage« voran: Beilagen: Rechnung, Frachtbrief, Zollquittung* (Rutishauser, Geschäftsbriefe 23; CH) – Andere Bedeutungen, bes. ›Kartoffeln, Gemüse usw. zu Fleischspeisen‹, sind gemeindt.

beiläufig A D-südost Adj.: ›ungefähr‹: *»Um 5 Uhr früh oder so waren wir in St. Anton.« Das weiß er nur noch beiläufig* (Kleine Ztg 4. 2. 2001, Internet; A) – Wird in A auf der ersten oder zweiten, in D-südost auf der zweiten Silbe betont. Die Bedeutung ›nebensächlich, nebenbei [gesagt]‹ ist gemeindt. und wird auf der ersten Silbe betont – Dazu: **Beiläufigkeit**

Bein (gemeindt.): ↗FUß, ↗HAX, ↗HAXEN

Bein: *die Beine in die Hand/unter den Arm nehmen CH D: ↗FUß: *DIE FÜßE UNTER DEN ARM NEHMEN A ›eilig laufen; sich beeilen‹: *Die 40'000 Eintrittskarten werden in kürzester Zeit weg sein. Deshalb gilt: ... die Beine in die Hand nehmen und Tickets besorgen!* (Blick 19. 2. 1999, 26; CH); *Wutentbrannt nahm er die Beine in die Hand und floh* (Stadt Karlsruhe, 2000, Internet; D); ***jmdm. das Bein stellen** CH D-südwest ›jmdm. ein Bein stellen‹: *Und der harte Boden der Tatsachen ... entpuppt sich als halsbrecherischer Fallstrick, der dem beherzten Rebellen nur zu gern das Bein stellen würde* (Keller, 2000, Internet; CH); ***sich etw. ans Bein streichen** CH: ↗SCHREIBEN: *ETW. IN DEN KAMIN SCHREIBEN A-west D-mittelwest/süd; *ETW. INS KAMIN SCHREIBEN CH; *ETW. IN DEN RAUCHFANG SCHREIBEN A (ohne west) D-südost; *ETW. IN DIE ESSE SCHREIBEN D-mittelost; *ETW. IN DEN SCHORNSTEIN SCHREIBEN D-nord/mittel ›etw. als verloren ansehen‹: *Die Industriellen Werke Basel ... werden sich inskünftig jährlich ein paar Millionen Franken ans Bein streichen müssen, wenn sie ihre wichtigste Strom-Kundschaft nicht verlieren wollen* (BaZ 17. 10. 1997, 2); ***kein Bein** CH ›niemand‹: *Die Zeit verrann, aber von unseren Gastgebern zeigte sich kein Bein* (Zürcher Jugendorchester Crescendo, 2000, Internet); ***närrische Bein** A: ↗NARRENBEIN CH, ↗MUSIKKNOCHEN D (ohne ost/südost) ›Stelle am Ellbogen, die bei Stößen einen kribbelnden Schmerz verursacht‹: *Nervenleitgeschwindigkeitsmessung, Diagnose: Kommt vom Ellenbogen (Närrisches Bein)* (Wiener Amyotrophe Lateralsklerose-Seiten, 1999, Internet); ***die Beine unter jmds. Tisch strecken** D siehe Tisch – Die Wendung *närrisches Bein* lautet im Grenzfall des Standards auch *narrisches Beindl.* Das Substantiv *Bein* ist in allen anderen Verwendungen gemeindt.

Beinfleisch das; -(e)s, ohne Plur. (Küche): **1.** A ›fettdurchzogenes, mittleres Bauchfleisch vom Rind, das vor allem für Suppen verwendet wird‹: *In kraftvoller Suppe in Kupferkesseln serviert, werden Stücke wie z. B. Tafelspitz und Tafelstück, Weißes Scherzel, Kruspelspitz, Beinfleisch, Schulterscherzel oder Hüferschwanzel auf einzigartige Weise präsentiert* (Plachutta, Tafelspitz, 2000, Internet). **2.** D; ↗WADELSTUTZEN A, ↗WADSCHINKEN A, ↗HESSE D-nordost, ↗WADSCHENKEL D-südost ›[für ↗Gulasch verwendetes] Fleisch vom unteren Teil des Beines beim Rind‹: *Beinfleisch, Stichstellen, Zwerchfellmuskulatur ... dürfen nicht zur Herstellung von Hackfleisch verwendet werden* (Universität des Saarlandes, 1997, Internet) – Zu 1.: Wegen uneinheitlicher Schnittführung gibt es keine direkten Entsprechungen der Fleischteile

beinhalten (gemeindt.): ↗BEGREIFEN

beinhart A D (ohne südwest) Adj. (Grenzfall des Standards): ↗PICKELHART A-west (Vbg.) CH ›sehr hart; unerbittlich‹: *Die beinharte Konkurrenz zu den Universitäten wird vorläufig nur dadurch verhindert, dass im Verhältnis zu den 200.000 Studenten heuer der Anteil der etwa 2000 Fachhochschüler noch marginal ausfällt* (Profil extra 1. 9. 1995, 21; A); *Still, mächtig, beinhart, aber einer der richtig großen deutschen Manager* (Bunte 11. 2. 1999, 47; D) – In CH zunehmend gebräuchlich

Beinhaus (gemeindt.): ↗KARNER

Beinscheibe D (ohne südost) die; –, -n: ↗OSSOBUCCO A CH ›3 bis 5 cm dicke Scheibe aus dem Bein vom Kalb oder Rind‹: *Beinscheibe für einen kräftigen Eintopf* (Leipziger Rundschau 18. 2. 1998, 13)

Beiried A das; -(e)s, ohne Plur./die; –, ohne Plur.: **1.** ↗ROSTBRATEN D-süd ›im Lendenbereich liegender, von der Fortsetzung des Rückens bis zum hinteren Bein reichender Fleischteil beim Rind, der im Ganzen als Braten zubereitet wird; Roastbeef‹: *Ähnlich bekannt ist nur das Rumpsteak, das aus der hinteren Beiried stammt, saftig und marmoriert und von* *einer leichten Fettschicht bedeckt ist* (Wellness 10/1997, Beilage 9). **2.** ↗ENTRECÔTE CH LUX, ↗RUMPSTEAK D ›zum Kurzbraten geeignetes, in Scheiben portioniertes Stück vom Roastbeef; Steak‹: *À la carte mundeten Lachs und Rote-Rüben-Terrine (95 S) und das punktgenaue Beiried mit ... Spinat und Rösti* (Kleine Ztg 2. 3. 1997, Extrabl 18)

Beisel A (ohne west) D-südost das; -s, -n ⟨aus jidd. *bajis* ›[Gast]haus‹⟩ (auch abwertend, Grenzfall des Standards): ↗WIRTSHAUS A D-nordwest/süd, ↗BEIZ A-west (Vbg.) CH D-südwest, ↗WIRTSCHAFT A-west (Vbg.) CH D (ohne ost), ↗SPUNTEN CH, ↗PINTE CH D-nord/mittelwest, ↗KNEIPE D (ohne südost), ↗KRUG D-nord ›einfaches Lokal, in dem man sich besonders zum Trinken und Plaudern trifft‹: *Bald hatten es sich Ortrud und Hugo zur Gewohnheit gemacht, mittags miteinander ins Beisel nebenan zu gehen* (Rudle, Sex Orange 48; A) – Dazu: **Beiselbesucher(in), Stammbeisel, ↗Stehbeisel** A (ohne west), **Szenebeisel**

Beißzange (gemeindt.): ↗KNEIFZANGE

Beistandschaft CH die; –, -en: ›behördlich verfügte rechtliche Vertretung einer (nicht entmündigten) Person‹: *Errichtet wird die freiwillige Beistandschaft durch die Fürsorgebehörde des Wohnortes; meist auf Antrag eines Familienmitglieds ... Die betreute Person bleibt selber mündig. Eine Beistandschaft können auch Verwandte übernehmen* (Bund 21. 12. 1998, 20) – *Beistandschaft* ist die schwächere Alternative zur ↗Vormundschaft

beistellen sw.V./hat: **1.** A (formell) ›etw. [zusätzlich] zur Verfügung stellen; bereitstellen‹: *Liebe Eltern, bei Schlosser Franz Stelzel fanden sie die »Mercedes Superba« und das Rundfunkgerät, das die Stadtleitung beistellte* (Kerschbaumer, Tonschi 32). **2.** D (ohne südwest) ›etw. dazustellen‹: *Dieses Pult können Sie ... einfach als Monitortisch an einen vorhandenen Schreibtisch beistellen* (Bürodepot Officio 13. 12. 2002, Internet) – Zu 1.: **Beistellung**

Beistrich A der; -(e)s, -e: ↗KOMMA CH D ›Satzzeichen, das Satzperioden und Satzteile gliedert‹: *Bitte auch für Punkte, Beistriche, Wortzwischenräume etc. ein Kästchen berücksichtigen* (SN 3. 5. 1997, 40) – Dazu: **Beistrichfehler, Beistrichregel**

Beitrag CH der; -(e)s, ...träge: ↗ZUSCHUSS A D, ↗ZUSTUPF CH ›finanzielle Unterstützung [aus öffentlichen Geldern]‹: *Den politischen Parteien können nach Bundesgesetz staatliche Beiträge und andere Leistungen ausgerichtet werden* (Wiedmer, Hautnah-Helvetia 56; CH) – Andere Bedeutungen sind gemeindt. – Dazu: **Baubeitrag, Beitragsgesuch** (↗Gesuch), **Beitragsprimat, Beitragszusicherung, Bundesbeitrag, Globalbeitrag, Gönnerbeitrag, Staatsbeitrag** (↗Staat)

beitreiben D st.V./hat (Recht): ↗EXEKUTIEREN A, ↗BETREIBEN CH ›jmdn. gesetzlich zur Zahlung einer Schuld zwingen‹: *Immer wieder erstaunt, wie wenig Gespür für den Datenschutz amtliche Stellen an den Tag legen, wenn sie Geldforderungen beitreiben wollen* (Landesbeauftragter Datenschutz Baden-Württemberg, 1996, Internet) – Dazu: ↗**Beitreibung**

Beitreibung D die; –, -en (Recht): ↗EXEKUTION A, ↗BETREIBUNG CH ›zwangsweises Eintreiben von Schulden‹: *In der Zwischenzeit hatten die bayerischen Finanzbehörden zuerst einem Verzicht auf Beitreibung der Schuld gegen Zahlung von rund acht Millionen Mark zugestimmt* (Welt 27. 6. 1995, Internet) – Vgl. beitreiben

Beiz A-west (Vbg.) CH D-südwest die; –, -en: ↗WIRTSHAUS A D-nordwest/süd, ↗BEISEL A (ohne west) D-südost, ↗WIRTSCHAFT A-west (Vbg.) CH D (ohne ost), ↗SPUNTEN CH, ↗PINTE CH D-nord/mittelwest, ↗KNEIPE D (ohne südost), ↗KRUG D-nord ›einfaches Lokal, in dem man sich besonders zum Trinken und Plaudern trifft‹: *Er entdeckte mich in der kleinen Beiz, setzte sich aber an einen Tisch hinter meinem Rücken* (Brechbühl, Kneuss 60; CH) – Die Zus. mit *Beiz* kommen hauptsächlich in CH vor – Dazu: **Beizenfasnacht** (↗Fasnacht) CH, **Beizenfasnat** (↗Fasnat) A-west (Vbg.), **Beizenhocker(in)** CH, **Beizenszene** CH, **Beizentisch** CH, ↗**Beizer(in)** CH, **Beizli** CH, ↗**Besenbeiz** CH, **Dorfbeiz** CH, ↗**Festbeiz** CH, **Fressbeiz** CH, **Gartenbeiz** CH, **Kulturbeiz** CH, **Landbeiz** CH, **Quartierbeiz** (↗Quartier) CH, **Stammbeiz** A-west (Vbg.) CH

Beizer Beizerin CH der; -s, – bzw. die; –, -nen: ↗SCHANKWIRT A D-mittelost/süd, ↗RESTAURATEUR CH, ↗KNEIPENWIRT D-nord/mittel, ↗KNEIPIER D-nord/mittel, ↗KRÖGER D-nord ›Gastwirt(in)‹: *Selber kokainsüchtig und Alkoholiker, war der Beizer schon 1988 zu drei Jahren Zuchthaus verurteilt worden – weil er Haschisch aus Marokko importiert hatte* (Blick 18. 6. 1999, 5) – Das damit nicht verwandte Wort *Beizer* in der Bedeutung ›in der Holzindustrie tätiger Handwerker‹ ist gemeindt. Vgl. Beiz

beiziehen A CH D-südost st.V./hat: ↗HINZUZIEHEN D ›dazunehmen, heranziehen‹: *Wir werden zur Feststellung der Angemessenheit der verschiedenen Bezüge nicht nur die Personalsektion des Bundeskanzleramtes beiziehen, sondern auch Unternehmensberater, Wissenschaftler und Wirtschaftsprüfer* (Kurier 14. 7. 1996, 2; A); *Aber weil man ihm ja nichts Näheres ... erklären kann, ... jedenfalls keinen Dolmetscher beizieht, hängt er sich über Nacht auf* (Amann, Nachtasyl 173; CH) – Dazu: ↗**Beiziehung** A D-südost, ↗**Beizug** CH

Beiziehung A D-südost die; –, -en: ↗BEIZUG CH, ↗HINZUZIEHUNG D ›das Beiziehen, Heranziehen‹: *Die Beiziehung eines Beraters ist daher unerlässlich* (Standard 27. 6. 1997, Internet; A) – Vgl. beiziehen

Beizug CH der; -(e)s, ohne Plur.: ↗BEIZIEHUNG A D-südost, ↗HINZUZIEHUNG D ›Beiziehen, Heranziehen‹: *Vielleicht ist Ihre Tante noch in der Lage, unter Beizug eines Notars ein neues Testament zu diktieren* (TA 12. 9. 1997, 31) – Vgl. beiziehen

bekleckern CH D-nord/mittel sw.V./hat (Grenzfall des Standards): ↗ANPATZEN A D-südost, ↗BESUDELN CH D-nord/mittel, ↗BESCHLABBERN D-nord/mittel, ↗VERSCHLABBERN D-südwest ›[mit Nahrungsmitteln, Farbe etc.] beschmutzen‹: *Zirka 10.000 Tauben leben in der Stadt Zürich, schlagen sich die Bäuche voll, bekleckern Plätze und Geländer und vermehren sich wie die Fliegen* (TA 15. 10. 1999, 21; CH); *Hoppla, bekleckern Sie sich nicht* (Welt 29. 1. 1998; D-nord/mittel)

bekloppt D-nord/mittel Adj. (salopp): ↗DAMISCH A D-süd, ↗DEPPERT A D-südost, ↗NARRISCH A D-südost, ↗BEHÄMMERT D (ohne südost), ↗BESCHEUERT D (ohne südost) ›nicht ganz bei Verstand; verrückt‹: *»Du bist ganz schön bekloppt!« Max spuckte verächtlich aus* (Burger, Hitler-Jugend 29) – Dazu: ↗**Bekloppte**

Bekloppte D-nord/mittel der/die; -n, -n (abwertend, Grenzfall des Standards): ↗KNALLKOPP D-nord/mittel, ↗KNALLTÜTE D (ohne südost) ›verrückte [verschrobene] Person; Dummkopf‹: *»Wir stehen hier wie die Bekloppten!«, empört sich ein 20-jähriger Arbeiter* (Wallraff, Industriereportagen 16) – Vgl. bekloppt

beköstigen D sw.V./hat (formell): ↗AUSSPEISEN A D-südost ›(Bedürftige oder Kinder) mit Essen versorgen; verpflegen, verköstigen‹: *Gäbe es nicht die Klöster und ein Heer von Freiwilligen, die helfen und beköstigen, die Armen wären wirklich verloren* (Welt 14. 11. 1997, Internet) – Dazu: **Beköstigung**

Belangsendung A die; –, -en: ›von einer Interessenvertretung, z.B. Gewerkschaft, ↗Kammer, Partei, gestaltete und verantwortete Rundfunksendung, für die kostenlos Sendezeit zur Verfügung gestellt wird‹: *In seiner Dezember-Session wird der Verfassungsgerichtshof … über die Belangsendungen im ORF und über die Mindest-KÖST entscheiden* (OÖN 25. 11. 1997, 2)

belegen CH D sw.V./hat: ›sich für eine bestimmte Lehrveranstaltung an einer Hochschule anmelden‹: *Studierende der Medizin im 5. Jahreskurs (Wahlstudienjahr) können … für die beiden folgenden Semester im Voraus belegen* (Vorlesungsverzeichnis Uni Basel, 1998, 126; CH); *Im Wahlpflichtfach ist lediglich eines der beiden Seminare zu belegen* (Universität Duisburg, 2004, Internet; D) – Andere Bedeutungen sind gemeindt.

belehnen A CH sw.V./hat: ↗BELEIHEN D ›(gegen Geld) als Pfand geben‹: *Um das Geld auftreiben zu können, versetzte er eine goldene Uhr und belehnte das Grundstück seiner Eltern* (NÖN 23. 6. 1998, 1; A); *Und wenn Sie während der Versicherungsdauer Geld brauchen? Kein Problem! Sie können Ihre Versicherungspolice belehnen* (Winterthur Versicherung, 2002, Internet; CH) – In CH hauptsächlich im Zusammenhang mit Immobilien und Versicherungen. Die Bedeutung ›jmdm. etw. als Lehen geben‹ ist historisch gemeindt. – Dazu: **Belehnung**

beleidigt (gemeindt.): ↗MUKSCH

Beleidigung (gemeindt.): ↗SCHLÖTTERLING

beleihen D st.V./hat: ↗BELEHNEN A CH ›(gegen Geld) als Pfand geben‹: *Das Bezirksamt werde das Hofweg-Grundstück beleihen, um den Abriss zu finanzieren* (Welt 20. 12. 1999, Internet) – Dazu: **Beleihung**

Belznickel siehe Pelznickel

bemauten A sw.V./hat (formell, Verwaltung): **1.** ›(Straßen, Brücken etc.) mit einer Benutzungsgebühr belegen‹: *Dabei wurde … geflissentlich verschwiegen, dass in diesen Ländern die Autobahnen um die größeren Städte sowie in den Städten nicht bemautet sind* (OÖN 23. 1. 1997, 5). **2.** ›(Fahrzeuge für die Benutzung von Straßen, Brücken etc.) mit einer Gebühr belegen‹: *Ab dem Jahr 2000 sollen auch Personenwagen elektronisch bemautet werden* (OÖN 16. 9. 1995, 1) – Vgl. Maut – Dazu: **Bemautung**

Bembel D-mittelwest (Hessen) der; -s, –: ↗PLUTZER A D-südost ›bauchiger Krug für Apfelwein‹: *Der Bembel ist ein dickbauchiger Keramikkrug, aus dem traditionell der Apfelwein ausgeschenkt wird* (Hessenweb 15. 1. 2003, Internet)

bemehlen (gemeindt.): ↗BESTÄUBEN, ↗STAUBEN

Bemme D-ost die; –, -n: ↗SCHNITTE CH D-nord/mittel, ↗KNIFTE D-mittelwest, ↗STULLE D-nordost (bes. Berlin) ›belegte Scheibe Brot; Butterbrot‹: *»Stunden-Touristen«, werden sie in Geyer genannt, »die ihre Bemme mitbringen und womöglich noch ihre Colabüchsen liegen lassen«* (TAZ 18. 8. 2000, 5)

bemühen sich (gemeindt.): ↗DAZUSCHAUEN, ↗SCHAUEN, ↗ZUSEHEN

bemühend CH Adj.: ›unerfreulich, mühsam; peinlich‹: *Es entspinnt sich ein manchmal zauberhaftes, manchmal treffsicheres, manchmal auch etwas bemühendes Spiel zwischen diesen Figuren einer seelischen Innenwelt* (TA 4. 9. 1999, 58)

benachrangt A Adj. (formell, Verkehr): ›sich im ↗Nachrang befindend (von Verkehrsteilnehmern oder Straßen)‹: *Sowohl für Radfahrstreifen als auch für Mehrzweckstreifen gilt ..., dass RadfahrerInnen, die eine Radverkehrsanlage verlassen, benachrangt sind* (Drahtesel 1/1996, Internet); *Radrouten auf schwächer befahrenen Straßen sind oft benachrangt* (TU Wien, 2001, Internet)

beneiden: In CH lautet das 2. Part. auch *benieden*, gemeindt. *beneidet: Mit Ronaldo, Roberto Carlos und Denilson stehen Stars in der Mannschaft, um die Brasilien in der ganzen Welt benieden wird* (Bund 10. 6. 1998, 41; CH)

Benevolat LUX das; -s, -e: ↗FRONARBEIT CH, ↗FRONDIENST CH, ↗GEMEINWERK CH ›unbezahlte, gemeinnützige Tätigkeit‹: *Fragebogen vom Familienministerium zum Benevolat im sozialen Bereich* (Gaart 11/1999, 248)

benoten (gemeindt.): ↗ZENSIEREN, ↗ZENSURIEREN

Benützer Benützerin A CH D-süd der; -s, – bzw. die; –, -nen: ›Benutzer(in)‹: *Die Benützer der stark frequentierten Buslinien würden nicht nur zu spät zur Schule und an den Arbeitsplatz in Bregenz kommen, sondern auch die Bahnanschlüsse ... versäumen* (VN 29. 10. 1997, C 8; A); *Im Vergleich zu normalen Funktelefonen haben Satellitentelefone den Vorteil, dass die Benützer mit dem eigenen Gerät ... weltweit erreichbar sind* (Bund 30. 10. 1998, 19; CH) – Dazu: **Benützergruppe, Benützerkreis**

benzen A D-südost sw.V./hat (Grenzfall des Standards): ↗ZWÄNGELN CH ›durch ständiges, lästiges Bitten etw. erreichen wollen; quengeln‹: *Hier hilft nur ein autoritäres »Njet«, und wenn die Kinder noch so benzen* (OÖN 15. 10. 1997, 2; A) – Auch in der Schreibung *penzen*

Berber Berberin D der; -s, – bzw. die; –, -nen (abwertend): ↗UNTERSTANDSLOSE A, ↗SANDLER A D-südost, ↗CLOCHARD CH LUX, ↗STADTSTREICHER CH D, ↗PENNER D, ↗TREBEGÄNGER D, ↗TIPPELBRUDER D (ohne mittelost/südwest), ↗TREBER D-nordost (bes. Berlin) ›Obdachlose(r)‹: *Da die Berber, wie Obdachlose auch genannt werden, keine Versicherung haben, müssen sie sich, bevor sie zum Arzt gehen, einen Versicherungsschein abholen* (Reutlinger General-Anzeiger 27. 11. 2001, Internet) – Auch Eigenbezeichnung von Obdachlosen, die im Rahmen ihrer Möglichkeiten auf ein gepflegtes Äußeres achten. Andere Bedeutungen sind gemeindt.

Berchtoldstag CH der; -(e)s, -e: ↗BÄCHTELISTAG CH ›2. ↗Januar (in einigen ↗Kantonen ein offizieller Feiertag)‹: *Im Kanton Zürich gilt ... der 2. Januar (Berchtoldstag) als bezahlter Feiertag* (TA 10. 3. 1997, 27)

Bereichsvertrag STIR der; -(e)s, ...träge: ↗KOLLEKTIVVERTRAG A LUX, ↗GESAMTARBEITSVERTRAG CH, ↗MANTELTARIFVERTRAG D, ↗TARIFVERTRAG D ›Vertrag zwischen Arbeitgebern bzw. Arbeitgeberinnen und Gewerkschaft über Löhne und Gehälter sowie über Arbeitsbedingungen (für bestimmte Berufssparten, z. B. Tiefbau, Handel etc.)‹: *Die Gewerkschaften drängen derzeit heftig auf den Abschluss des Bereichsvertrages für das nichtärztliche Personal im Gesundheitswesen* (Wortprotokoll des Südtiroler Landtages 18. 7. 2001, Internet)

Bereitschaftsdienst A D der; -(e)s, -e: ↗PIKETT CH ›Dienst auf Abruf für [handwerkliche, medizinische] Notfälle‹: *Der zahnärztliche Bereitschaftsdienst für Notfälle in allen steirischen Bezirken ist unter der Telefonnummer 0316/818111 abzurufen* (Neue Zeit 19. 4. 1998, 32; A); *Orkanwarnung bedeutet 24 Stunden Bereitschaftsdienst von Feuerwehr und Polizei* (Welt 21. 2. 2000, Internet; D) – In CH selten. Vgl. Journaldienst

Bereitschaftspolizei D STIR die; –, -en: ›kasernierte, abrufbereite Sondereinheit der Polizei‹: *Die Jüngeren neideten ihm, dass er ... ohne den Dienst bei der Bereitschaftspolizei direkt nach der Verwaltungshochschule in die gehobene Laufbahn eingestuft wurde* (Eckert, Erbe 20; D); *So zumindest die bisherige Darstellung, wie sie der Kommandant der Funkstreife und der Bereitschaftspolizei der Carabinieri von Schlanders schilderte* (Dolomiten 20. 5. 1993, Internet; STIR)

Berg: *[dastehen] wie der Ochs vorm Berg A D; ***dastehen wie der Esel am Berg** CH (salopp) ›verdutzt, ratlos [sein]; mit einer Situation überfordert [sein]‹: *Betreten saß der Junge da wie der Ochs vorm Berg* (OÖN 3. 3. 2001, 16; A); *Oft stehen wir da wie der Esel am Berg, wenn wir ausländischen Gästen etwas über unser Land erzählen müssen* (TA 20. 8. 1996, Internet; CH); *Knöpfe, Schalter, Regler, Filter, Lautsprecher, Monitore und viele Kabel: Im Elektronischen Studio steht der Laie ... wie der Ochs vorm Berg* (WDR 11. 4. 2001, Internet; D) – Das Substantiv *Berg* ist in allen anderen Verwendungen gemeindt.

Bergbahnen (gemeindt.): ↗SPORTBAHNEN

Berger Bergerin LIE der; -s, – bzw. die; –, -nen: ›Einwohner(in) der Liechtensteiner Gemeinde Triesenberg‹: *Wollten die Berger noch eine letzte Chance auf einen Platz im Himmelreich?* (Ospelt, Vision 85)

Bergföhre CH die; –, -n: ↗LATSCHE A D-südost, ↗KRUMMHOLZKIEFER D, ↗KRÜPPELKIEFER D (ohne nordost/südost), ↗LATSCHENKIEFER D-mittel/süd ›Legföhre‹ /eine Kiefernart/: *Natürlicherweise kommen Wälder mit lauter Nadelbäumen hauptsächlich im Berggebiet vor, zum Beispiel Weisstannenwälder, Arven-Lärchenwälder, Bergföhrenwälder und Fichtenwälder* (Wildermuth, Biologie 85) – In D selten. Vgl. Föhre

Bẹrggänger Bẹrggängerin CH der; -s, – bzw. die; –, -nen: ›Bergsteiger(in)‹: *Berggänger standen herum; ihre durchsichtigen Plastikpelerinen hatten sie über Kopf und Rucksack gestülpt* (Hürlimann, Schweizerreise 99) – In D nur fachsprachlich und literarisch gebräuchlich

Bẹrggemeinschaft STIR die; –, -en (selten): ›für bestimmte öffentliche Aufgaben gebildete Verwaltungseinheit in einer Bergregion‹: *Hauptsächlich bietet dieses Fest der Berggemeinschaft Gelegenheit, alljährlich zusammen zu kommen und Kontakte aufzunehmen* (Dolomiten 23. 2. 1993, Internet) – Vgl. Talgemeinschaft

Bẹrglehne A CH die; –, -n (veraltend): ↗Lehne A D-süd, ↗Leite A D-süd, ↗Halde CH, ↗Stutz CH, ↗Rain CH D-südwest ›[steiler] Berghang, Abhang‹: *Rar sind Reisende in diesen Berglehnen, denn hier ist kein Ort mehr, an dem man seinen Geschäften nachgehen könnte* (Lipuš, Verweigerung 86; A); *Bald führt der Weg in eine Forststrasse, die fast horizontal in der Berglehne liegt* (NLZ 11. 4. 1999, Internet; CH)

Bergmann (gemeindt.): ↗Hauer, ↗Häuer

Bẹrgschaden A D der; -s, …schäden: ›an der Erdoberfläche durch unterirdischen Bergbau entstandener Schaden‹: *Aus diesem Grund tragen die Eigentümer der Salinen-Stollen eine ewige Haftung für Bergschäden* (Trend 7/1997, Internet; A); *Der Bau ist nach 30 Jahren renovierungsbedürftig, nicht zuletzt wegen Bergschäden durch darunter liegende aufgegebene Schächte* (Welt 29. 4. 1997, Internet; D)

Bergsteiger (gemeindt.): ↗Berggänger/Berggängerin

Bẹrgträger Bẹrgträgerin STIR der; -s, – bzw. die; –, -nen (veraltend): ›Vorstufe zum Bergführer bzw. zur Bergführerin‹: *Jahr 1930: Man gründet die Gemeinschaft der Bergführer und Bergträger* (Guida Alpina, 2001, Internet)

Bergwerk (gemeindt.): ↗Pütt, ↗Zeche

Bẹrgzoo D STIR der; -s, -s: ↗Alpenzoo A D ›Zoo mit Tieren aus Gebirgsregionen‹: *Auf dem halleschen Reilsberg … entstand vor 100 Jahren der Bergzoo* (Stadt Halle/Saale 27. 11. 2002, Internet; D); *Nach wie vor wird insbesondere im Projekt Bergzoo eine transparente Vorgehensweise mit der Offenlegung aller langfristigen Folgekosten … vermisst* (Academia 28/2002, 7; STIR)

Bericht (gemeindt.): ↗Rapport

berichten (gemeindt.): ↗rapportieren

Berịng LUX der; -s, -e: ↗Umschwung CH ›unmittelbar um etw. herum liegendes Grundstück oder Gebiet‹: *Für den Ankauf des Anwesens Hermes-Birchen in Wahlhausen mit 46,14 Ar Bering wurde der notwendige Kredit im neuen Haushalt vorgesehen* (Gemeinde Hosingen 15. 10. 2002, Internet)

Berlin (gemeindt.): ↗Spreeathen, ↗Spreestadt

Berli̱ner CH D (ohne südost) der; -s, –: ↗Faschingskrapfen A D-südost, ↗Krapfen A D-südost, ↗Pfannkuchen D-ost ›faustgroßes, mit ↗Marmelade gefülltes und mit Zucker bestreutes Brandteiggebäck (in D-mittelwest in der Wendung *Berliner Ballen*, in D-ost in der Wendung *Berliner Pfannkuchen*)‹: *Auf einem Tisch stapelten sich Unterschriftenbögen, und auf der Spitze des Papierberges thronte ein angebissener Berliner, aus dem blutrote Konfitüre tropfte* (Zürcher, Högo Sopatis 31; CH); *Oder als Nachtisch einen Berliner für 1,50 Mark vom »Back-Paradies«* (Hamburger Abendbl 24./25. 7. 1999, 17; D); *Dazu gab's Frikadellen mit Mostert, …, Berliner Ballen, Rote Grütze und selbstverständlich das eine oder andere Gläschen Schampus* (Express Düsseldorf 2. 5. 2000, Internet; D-mittelwest); *Geschäftsleute aus der Altstadt brachten Berliner Pfannkuchen und Weintrauben* (Welt 20. 8. 1997, Internet; D-ost) – *Berliner* in der Bedeutung ›aus Berlin, Berlin betreffend; Bewohner Berlins‹ ist gemeindt.

Bern (gemeindt.): ↗Aarestadt, ↗Bundesstadt

Bẹrnbiet CH das; -s, ohne Plur. (informell): ›↗Kanton Bern (ohne die Stadt Bern)‹: *Noch immer stellt Biel … die eigentliche industrielle Metropole des Bernbiets dar* (Allemann, Schweiz 142) – Vgl. -biet – Dazu: **Bernbieter(in)**

Bẹrnd Bẹrnt D: Kurzform des männl. Vornamens *Bernhard: Der bekannteste Vertreter aus der Wirtschaft ist BMW-Vorstandschef Bernd P.* (Stuttgarter Ztg 24. 10. 1999, Beilage 24) – In A selten

Bẹrnerplatte CH die; –, -n: ↗Bauernschmaus A D-südost, ↗Metzgete CH ›aus verschiedenen Fleisch- und Wurstsorten sowie Bohnen oder Sauerkraut und Salzkartoffeln bestehendes Gericht; Schlachtplatte‹: *Aber ich lasse mich gerne von deftigen Sachen verführen. Bei einer Bernerplatte mit allem Drum und Dran beispielsweise kann ich nicht widerstehen* (TA 6. 11. 1999, 73) – Auch in der Schreibung *Berner Platte*

beru̱fen A st.V./hat: ↗beeinspruchen A, ↗einbringen: *Berufung einbringen A, ↗Einspruch: *Einspruch erheben A; *Einspruch einlegen D, ↗appellieren CH, ↗rekurrieren CH, ↗Rekurs: *Rekurs einlegen/einreichen CH STIR ›Berufung einlegen‹: *Seit 1967 können Buchhändler und Leser gegen die Entscheide der Kommission berufen* (Buchkultur 5/1996, 29) – Andere Bedeutungen sind gemeindt.

Berufsalbum STIR das; -s, ...ben ⟨ aus ital. *albo professionale*⟩: ↗BERUFSVERZEICHNIS STIR ›Register bei bestimmten Berufen (z.B. Journalist(in), Rechtsanwalt bzw. -anwältin, Zahnarzt bzw. -ärztin), in das Bewerber(innen) nach Ablegung einer Prüfung eingetragen werden, um damit die Berechtigung zur Berufsausübung zu erlangen‹: *Die Lehrgänge dauern jeweils drei Jahre und werden mit einer Prüfung abgeschlossen, die zur Eintragung in das entsprechende Berufsalbum berechtigt* (Dolomiten 5. 8. 2000, 16)

Berufsauslagen CH die; nur Plur.: ↗WERBUNGSKOSTEN A D, ↗GEWINNUNGSKOSTEN CH ›durch die Berufsausübung entstehende Kosten (z.B. Anschaffung von Fachliteratur, Bekleidung u.Ä.), die nicht vom Arbeitgeber bezahlt werden‹: *Angestellte mit Lohnausweis dürfen die Anschaffungskosten für den PC in der Regel nicht als effektive Berufsauslagen in Abzug bringen* (TA 22. 1. 1999, 81)

Berufsdiplom CH das; -s, -e: ↗LEHRABSCHLUSSZEUGNIS A CH, ↗GESELLENBRIEF A D, ↗FACHAUSWEIS CH, ↗FÄHIGKEITSAUSWEIS CH, ↗FÄHIGKEITSZEUGNIS CH, ↗BEFÄHIGUNGSDIPLOM STIR ›amtliche Bescheinigung über eine abgeschlossene ↗Berufslehre‹: *Ab 1. April werden die zürcherischen Berufsdiplome gesamtschweizerisch anerkannt* (TA 22. 3. 1997, 22) – Vgl. Diplom

Berufsertüchtigung STIR die; –, ohne Plur. (formell): ›Ausbildungsmaßnahmen zur Vorbereitung auf einen Beruf [im land- und forstwirtschaftlichen Bereich]‹: *Vom heutigen 4. bis 8. August werden die Jahresaufträge und Supplenzen für das Lehrpersonal ... der bäuerlichen Berufsertüchtigung und des deutschladinischen Musikinstitutes vergeben* (Dolomiten 4. 8. 1997, 4) – Häufig in den Wendungen *bäuerliche Berufsertüchtigung* und *land- und forstwirtschaftliche Berufsertüchtigung* – Dazu: **Berufsertüchtigungskurs**

Berufsfachschule D (ohne südost) die; –, -n: ↗BHS A, ↗MITTELSCHULE CH, ↗FACHOBERSCHULE D, ↗OBERSCHULE STIR ›an die obligatorische Schulausbildung anschließende höhere Schule, die zur Fachhochschulreife führt oder auf einen speziellen Beruf vorbereitet, oder Gebäude, in dem diese Schule untergebracht ist‹: *Diese einjährige Berufsfachschule bietet eine berufliche Grundbildung im Berufsfeld Sozialpädagogik und Pflege* (WAZ 29. 5. 2000, Internet)

Berufsfrau CH die; –, -en/...leute: **1.** ›Frau mit abgeschlossener [nichtakademischer] Berufsausbildung‹: *Nur fachlich gut ausgebildete und kompetente Berufsfrauen und -männer erbringen in den verschiedenen Bereichen gute Leistungen* (TA 22. 4. 1997, 27). **2.** ›berufstätige Frau‹: *In seinem neuen Buch »Alternative Familienformen« untersucht er »unübliche« Modelle des Zusammenlebens wie Eineltern, gleichgeschlechtliche Paare, Hausmänner mit Berufsfrauen* (TA 10. 11. 1998, 62) – Zu 1 vgl. Berufsmann

Berufsgenossenschaft D die; –, -en: ›Körperschaft des öffentlichen Rechts als Trägerin der gesetzlichen Unfallversicherung innerhalb eines Gewerbezweiges‹: *Wenn es eine Berufsgenossenschaft für Trainer gäbe und die Richtlinien festlegen würde, dann müsste man den Beruf als gesundheitsgefährdend einstufen* (Welt 11. 12. 1998, Internet)

Berufskategorie CH STIR die; –, -n: ›Berufsgruppe, Berufssparte‹: *Der Fall Lesothos unterscheidet sich von anderen Ländern dadurch, dass der Grossteil der Wanderarbeiter einer bestimmten Berufskategorie angehört, den Bergarbeitern* (Bulletin Medicus Mundi 10/1999, Internet; CH); *Hervorgehoben wurde dabei, dass Rentplan, im Unterschied zu anderen italienischen Zusatzrentenfonds, nicht nur für eine Berufskategorie zuständig ist, sondern für alle innerhalb der Region* (FF 8. 11. 2001, 37; STIR) – In A und D selten

Berufskleid CH das; -(e)s, -er (meist Plur.): ↗BLAUE A, ↗MONTUR A, ↗SCHLOSSERGEWAND A, ↗ARBEITSANZUG A D, ↗GWÄNDLI CH, ↗ÜBERGEWAND CH, ↗ÜBERKLEID CH, ↗BLAUMANN D (ohne südost), ↗ANTON: *BLAUE ANTON D-südwest ›Kleidung, die bei der Ausübung eines bestimmten Berufs getragen wird; Arbeitskleidung‹: *Vom Betrieb finanziert werden Berufskleider mit Firmenaufschriften oder einem Werbesignet* (Blick 14. 1. 1998, 26)

Berufslehre CH die; –, -n: ↗STIFTI CH ›(nichtakademische) Berufsausbildung, Lehre‹: *Und wer eine Berufslehre absolviert, muss auch die Berufsschule besuchen* (Zürcher Bürgerbuch 93)

Berufsmann CH der; -(e)s, ...leute/...männer: ↗PROFESSIONIST A-ost, ↗FACHARBEITER A D ›Mann mit abgeschlossener [nichtakademischer] Berufsausbildung‹: *Wenn Sie ein Profi der Heizungsbranche oder ein jüngerer technisch beschlagener Berufsmann mit Aussendiensterfahrung sind, dann lohnt sich Ihre Bewerbung* (BaZ 25./26. 10. 1997, 77); *Ein Wirt, wie Berufsleute in allen anderen Branchen, braucht heute eine gute Ausbildung, damit er durchhalten kann* (Blick 30. 12. 1998, 23) – Die Pluralform *Berufsmänner* ist selten. Vgl. Berufsfrau

Berufsmatur CH die; –, -en: siehe Berufsmatura

Berufsmatura CH die; –, ...maturen: ↗BERUFSREIFEPRÜFUNG A, ↗FACHABITUR D ›Schulabschluss nach einer Berufsausbildung zur Erlangung der Fachhochschulreife‹: *In der gesamten Zeit besuchen die jungen Frauen und Männer die ordentliche Berufsschule, auch die Berufsmatura ist möglich* (Bund 25. 11. 1999, 37) – Auch in den Formen *Berufsmatur* (die; –, -en) und *Berufsmaturität* (die; –, -en) gebräuchlich. Vgl. Matur, Matura, Maturität

Berufsmaturität CH die; –, -en: siehe Berufsmatura

Berufsmittelschule CH die; –, -n (veraltet): ›die Berufslehre begleitende, höhere Schule, die den Zugang zu einer höheren technischen Lehranstalt ermöglicht bzw. Gebäude, in dem diese Schule untergebracht ist‹: *Einführungskurse und mehr Lektionen an den Berufs- und Berufsmittelschulen bewirken zudem, dass die Lehrlinge und Lehrtöchter immer weniger im Betrieb arbeiten* (Bund 4. 10. 1999, 17) – Vgl. Mittelschule

Berufsprüfung CH die; –, -en: ↗MEISTERPRÜFUNG A D ›höhere Fachprüfung, die nach einer erfolgreich abgeschlossenen Berufsausbildung absolviert werden kann‹: *Sollten Sie nach einigen Jahren Praxis doch noch Lust auf Weiterbildung verspüren, wären Sie ideal vorbereitet für die Berufsprüfung als Elektroplaner* (Blick 5. 10. 1994, 26) – Vgl. Lehrabschlussprüfung

Berufsreifeprüfung A die; –, -en: ↗BERUFSMATURA CH, ↗FACHABITUR D ›Schulabschluss nach einer Berufsausbildung zur Erlangung der [Fach]hochschulreife‹: *In Wien machte sie die Berufsreifeprüfung, begann ein Publizistik- und Politikwissenschaftsstudium* (Profil 10. 11. 1997, 104) – Vgl. Reifeprüfung – Dazu: **Berufsreifeprüfungszeugnis** (↗Reifeprüfungszeugnis)

Berufstätige (gemeindt.): ↗BERUFSFRAU, ↗BERUFSMANN, ↗FACHARBEITER/FACHARBEITERIN, ↗PROFESSIONIST/PROFESSIONISTIN

Berufsverzeichnis STIR das; -ses, -se ⟨aus ital. *albo professionale* ›Berufsregister‹⟩: ↗BERUFSALBUM STIR ›Register bei bestimmten Berufen (z. B. Journalist(in), Rechtsanwalt bzw. -anwältin, Zahnarzt bzw. -ärztin), in das Bewerber(innen) nach Ablegung einer Prüfung eingetragen werden, um damit die Berechtigung zur Berufsausübung zu erlangen‹: *Außerdem können in Zukunft die Absolventen der österreichischen Universitäten sofort nach ihrem Abschluss ... in die Berufsverzeichnisse für Praktikanten eingetragen werden* (Südtirols Autonomie 192)

Berufsvorbereitungsjahr D das; -(e)s, -e: ↗BERUFSWAHLJAHR CH, ↗BERUFSWAHLKLASSE CH, ↗WERKJAHR CH ›schulische Berufsvorbereitung von einjähriger Dauer‹: *Jürgen B. wird weiter für den Hauptschulabschluss büffeln ... und gleichzeitig seine Zeit im Berufsvorbereitungsjahr absitzen* (Wolf, Samstags 87)

Berufswahljahr CH das; -(e)s, -e: ↗BERUFSWAHLKLASSE CH, ↗WERKJAHR CH, ↗BERUFSVORBEREITUNGSJAHR D ›schulische Berufsvorbereitung von einjähriger Dauer‹: *Nach getroffener Wahl für Lehre, Anlehre, Berufswahljahr oder einen anderen Ausbildungsschritt erfolgt eine spezifische schulische Vorbereitung auf das vorgesehene Anschlussprogramm* (Jugendheim Sternen, 1999, Internet)

Berufswahlklasse CH die; –, -n: ↗BERUFSWAHLJAHR CH, ↗WERKJAHR CH, ↗BERUFSVORBEREITUNGSJAHR D ›schulische Berufsvorbereitung von einjähriger Dauer‹: *Die Berufswahlklasse richtet sich an Schülerinnen und Schüler, welche nach der obligatorischen Schulzeit Sicherheit und Reife gewinnen möchten, um die Ausbildung mit Erfolg antreten zu können* (Neue Mädchenschule Bern, 1999, Internet)

Berufswahlschule CH die; –, -n: ↗SCHULE: *POLYTECHNISCHE SCHULE A, ↗POLY A ›auf eine Lehre vorbereitende, freiwillige Schule bzw. Gebäude, in dem diese Schule untergebracht ist‹: *Mit Angeboten in den fünf Bereichen Berufswahlschule, Sekundarschule, Gymnasium sowie mit einer medizinischen und einer kaufmännischen Abteilung bietet [die Neue Oberländische Schule] zahlreiche Ausbildungswege bis zur Matura für Erwachsene an* (Bund 25. 10. 1997, 41)

Berufung (gemeindt.): ↗APPELLATION, ↗EINSPRACHE, ↗EINSPRUCH

besammeln CH sw.V./hat: **1.** sich ›zusammentreffen‹: *Manchmal ... besammelten sie sich mitten auf der Lichtung, klappten Notenständer auf und packten ihre Instrumente aus schwarzen Etuis oder Tuchhüllen* (Hartmann, Eis 94). **2.** (selten) ›(eine Gruppe von Menschen) dazu auffordern, sich an einem Ort einzufinden‹: *Vor vielen Wochen wurde einmal besprochen, das Kader in dieser Woche erst am Dienstag in der Romandie zu besammeln* (Blick 31. 5. 1994, 17) – Dazu: ↗**Besammlung**

Besammlung CH die; –, -en: ›Zusammentreffen von Leuten zum Beginn einer Veranstaltung‹: *Die Spieler müssen warten, bis er ihnen mitteilt, wann am nächsten Tag Besammlung ist* (TA 24. 3. 1999, 53) – Vgl. besammeln – Dazu: **Besammlungsort**

besäuselt CH D Adj. (Grenzfall des Standards): ↗ANGESCHICKERT D-nord/mittelwest, ↗BESCHICKERT D-nordost/mittelwest, ↗BETÜTERT D-nord ›leicht betrunken, beschwipst‹: *Es gibt keinen Pardon – bei keinem Blaufahrer. Wir alle, die schon mal besäuselt Auto gefahren sind, wissen es* (Blick 17. 2. 1997, 17; CH); *Vor allem, wenn ich nachts leicht besäuselt Schlangenlinien fahre* (Berliner Kurier 31. 8. 1999, Internet; D)

-beschäftigt -beschäftigte A D (produktives Grundwort in Zus.): ›in einem bestimmten ↗Beschäftigungsausmaß angestellt sein oder Angestellte(r) in einem bestimmten ↗Beschäftigungsausmaß‹, z. B. Geringfügigbeschäftigte(r) (↗geringfügig), halbbeschäftigt A, Halbbeschäftigte(r) A, halbtagsbeschäftigt, Halbtagsbeschäftigte(r): *Das sind zumeist Lehrveranstaltungen im ersten Studienabschnitt, die häufig* *von jungen Kollegen … gehalten werden, die nicht selten nur halbtagsbeschäftigt sind* (Universität Innsbruck, Öffentlichkeitsarbeit, 2000, Internet; A); *Halbtagsbeschäftigte Mütter und Väter könnten es kaum schaffen, ihre Kinder bis 13 Uhr abzuholen* (Neue OZ 10. 4. 2000, Internet; D) – Die Adjektive *vollzeitbeschäftigt, teilzeitbeschäftigt* und die Substantive *Vollzeitbeschäftigte(r), Teilzeitbeschäftigte(r)* sind gemeindt.

Beschäftigungsausmaß A D das; -es, -e: ↗STUNDENAUSMAß A, ↗BESCHÄFTIGUNGSGRAD CH, PENSUM CH ›↗Ausmaß der Anstellung [in Stunden pro Woche]‹: *Sein Beschäftigungsausmaß beträgt nun 50 Prozent, die Arbeitszeiten kann er sich mehr oder weniger flexibel einteilen* (VN 15. 1. 2002, B 4; A); *Ausschreibung der Stelle eines Vertragsbediensteten in wissenschaftlicher Verwendung im halben Beschäftigungsausmaß am Institut für Pädagogik* (Universität Hamburg 6. 3. 2003, Internet; D)

Beschäftigungsgrad CH der; -s, -e:(e) ↗STUNDENAUSMAß A, ↗BESCHÄFTIGUNGSAUSMAß A D, ↗PENSUM CH ›Prozentsatz der Anstellung‹: *Gleichzeitig schreibt die Gemeinde eine weitere Verwaltungsstelle mit 50 bis 70 Prozent Beschäftigungsgrad zur Neubesetzung aus* (Bund 20. 12. 1999, 19) – Die Bedeutung ›Verhältnis der Erwerbstätigen zur Gesamtbevölkerung oder zur Zahl der Erwerbslosen‹ ist gemeindt.

Beschäftigungsgruppe A die; –, -n: ↗VERWENDUNGSGRUPPE A, ↗LAUFBAHNGRUPPE D ›nach der Art der vorwiegend ausgeübten Tätigkeit erstellte Kategorie für Angestellte‹: *Wissen Sie, in welcher Verwendungs- oder Beschäftigungsgruppe Sie eingestuft sind?* (NÖN 22. 6. 1998, 11) – In CH und D selten

bescheren LUX sw.V./hat: ›jmdm. Geschenke überreichen‹: *Sie … beschert die Hausbewohner zu so genannten ›runden‹ Geburtstagen* (Luxemb Wort 21. 9. 1999, 17) – Die Bedeutung ›jmdm. zu Weihnachten Geschenke überreichen‹ sowie die anderen Bedeutungen sind gemeindt.

bescheuert D (ohne südost) Adj. (abwertend, Grenzfall des Standards): **1.** ↗DEPPERT A D-südost, ↗DÄMLICH CH D (ohne südost), ↗DUSSELIG CH D (ohne südost), ↗BLÖDE D-nord/mittel ›dumm, töricht, ungeschickt (von Personen); dumm, blöd, in ärgerlicher Weise unangenehm (von Sachen)‹: *Wir meinen: Gruppenzwang ist nicht nur bescheuert, sondern manchmal auch gefährlich* (NRZ 4. 4. 2000, Internet). **2.** ↗DAMISCH A D-süd, ↗DEPPERT A D-südost, ↗NARRISCH A D-südost, ↗BEHÄMMERT D (ohne südost), ↗BEKLOPPT D-nord/mittel ›nicht ganz bei Verstand; verrückt‹: *Du bist doch bescheuert!* (Junge, Klassenfahrt 77)

beschickert D-nordost/mittelwest Adj. (Grenzfall des Standards): ↗BESÄUSELT CH D, ↗ANGESCHICKERT D-nord/mittelwest, ↗BETÜTERT D-nord ›leicht betrunken, beschwipst‹: *Vor ihrer Italien-Reise dröhnte sich die Süße ordentlich Prickelwasser in den hübschen Kopf, packte beschickert ihren Koffer* (Express 22. 10. 2001, Internet)

Beschilderung (gemeindt.): ↗AUSSCHILDERUNG, ↗SIGNALISATION, ↗SIGNALISIERUNG

beschlabbern D-nord/mittel sw.V./hat (salopp): ↗ANPATZEN A D-südost, ↗BEKLECKERN CH D-nord/mittel, ↗BESUDELN CH D-nord/mittel, ↗VERSCHLABBERN D-südwest ›[mit Nahrungsmitteln, Farbe etc.] beschmutzen‹: *Besonders mit vollem Mund darf er nicht reden und auch nicht lachen. Er beschlabbert dann sein Hemd* (Wolf, Samstags 13)

beschmutzen (gemeindt.): ↗ANPATZEN, ↗BEKLECKERN, ↗BESCHLABBERN, ↗BESUDELN, ↗VERSCHLABBERN

Beschreibung (gemeindt.): ↗BESCHRIEB

Beschrieb CH der; -(e)s, -e: ›Beschreibung‹: *Durch den Beschrieb von Alltäglichkeit macht der Autor die menschlichen Abgründe erkennbar* (Blick 11. 10. 1999, 13) – Dazu: ↗**Baubeschrieb, Kursbeschrieb, Kurzbeschrieb, Projektbeschrieb, Routenbeschrieb, Stellenbeschrieb,** ↗**Wegbeschrieb**

beschwingt (gemeindt.): ↗LÜPFIG

beschwipst (gemeindt.): ↗ANGESCHICKERT, ↗BESÄUSELT, ↗BESCHICKERT, ↗BETÜTERT

Besenbeiz CH die; –, -en ⟨benannt nach dem Besen, der zur Kennzeichnung des Ausschanks über der Eingangstür ausgehängt wird⟩: ↗BUSCHENSCHANK A-ost/südost, ↗BUSCHENSCHENKE A-ost/südost, ↗HEURIGE A D-mittelost/südost, ↗BESENWIRTSCHAFT D-mittel/südwest, ↗STRAUßENWIRTSCHAFT D-südwest ›Lokal, in dem Wein der letzten Lese [aus eigenem Anbau] ausgeschenkt wird‹: *Bereits Karl der Grosse soll auf seinen Reisen in Besenbeizen eingekehrt sein. Im Kanton Zürich erleben sie ein Comeback* (TA 8. 8. 2001, 13) – Vgl. Beiz

Besenwirtschaft D-mittel/südwest die; –, -en ⟨benannt nach dem Besen, der zur Kennzeichnung des Ausschanks über der Eingangstür ausgehängt wird⟩: ↗BUSCHENSCHANK A-ost/südost, ↗BUSCHENSCHENKE A-ost/südost, ↗HEURIGE A D-mittelost/südost, ↗BESENBEIZ CH, ↗STRAUßENWIRTSCHAFT D-südwest ›Lokal, in dem Wein der letzten Lese [aus eigenem Anbau] ausgeschenkt wird‹: *Nur den eigenen Wein dürfen die Betreiber von Besenwirtschaften einschenken* (Zeit 26. 12. 1997, 53) – Vgl. Wirtschaft

Beserl A-ost D-südost das; -s, -n (Grenzfall des Standards): ↗BARTWISCH A (ohne west), ↗KEHRWISCH A-west D-südwest, ↗HANDWISCHER CH, ↗HANDBESEN D-nord/mittelwest, ↗HANDEULE D-nord,

↗HANDFEGER D (ohne südost), ↗KEHRBESEN D-mittelwest ›kleiner Besen mit feinen, rechtwinklig zum kurzen Griff abstehenden Borsten‹: *Stellen Sie sich vor, Sie kommen mit Ihrem Wagen zu einer Kreuzung, es ist Rot, Sie halten, da stürzt ein Mann mit Wasserkübel und Beserl auf Sie zu und fragt: …* (Skip 11/12/1997, 16; A-ost); *Ich finde es klasse, dass ich die Fassade mit einem Beserl abputzen kann* (Passauer Neue Presse 19. 8. 2003, Internet; D-südost)

Beserlpark A-ost (Wien) der; -(e)s, -s (Grenzfall des Standards): ›kleiner Park mit sehr dürftigem Bewuchs‹: *Man soll aus einem Beserlpark nicht einen englischen Garten machen wollen* (OÖN 17. 4. 2000, Internet)

besiegen (gemeindt.): ↗BODIGEN

Besitzstörung A die; –, -en (Recht): ›widerrechtliches Betreten oder Benutzen eines fremden Grundstücks‹: *Auf Aufforderung der Engelwerker tauchten wenig später nunmehr zwei Gendarmen des Postens Silz auf, die den Bergers bedeuteten, dass ihr Vorhaben unnütz sei und sie wegen Besitzstörung verklagt werden könnten* (Kirche intern 8/1995, 14) – Dazu: **Besitzstörungsklage**

Besoldungsgruppe D die; –, -n: ↗GEHALTSSTUFE A, ↗GEHALTSGRUPPE A D, ↗LOHNKLASSE CH ›Gehaltsklasse bei Beamten und Angestellten im öffentlichen Dienst‹: *… schlägt Professor Peter M. eine künstliche Alterung der wissenschaftlichen Mitarbeiter vor, damit sie schneller in eine höhere Besoldungsgruppe kommen* (WAZ 14. 2. 2001, Internet)

besorgt CH Adj. ›Sorge tragend‹ (meist in der Wendung *um/für etw. besorgt sein*): *Jede Teilnehmerin und jeder Teilnehmer ist selber um einen ausreichenden Versicherungsschutz besorgt* (Walliser Bote 3. 2. 1998, 8) – Andere Bedeutungen sind gemeindt.

Besserwisser (gemeindt.): ↗GESCHEITMEIER, ↗KLUGSCHEIßER, ↗KLUGSCHNACKER, ↗NEUNMALKLUGE, ↗OBERGESCHEITE

besserwisserisch (gemeindt.): ↗NEUNMALKLUG, ↗OBERGESCHEIT, ↗OBERSCHLAU, ↗SIEBENGESCHEIT

Bestand A der; -(e)s, …stände: **1.** ›Dauer des Bestehens (einer Firma, eines Vereins etc.)‹: *Mit drei Veranstaltungen feierte die Sektion »Wilder Kaiser« St. Johann in Tirol ihren 50-jährigen Bestand* (Alpenverein 4/1997, 52). **2.** ›Pacht; Miete‹: *Der Bestandvertrag wird, wenn sich die in Bestand gegebene Sache ohne weitere Bearbeitung gebrauchen lässt, ein Mietvertrag; wenn sie aber nur durch Fleiß und Mühe benützt werden kann, ein Pachtvertrag genannt* (Rechtsinformationssystem Ris, 1999, Internet); ***in Bestand geben** ›verpachten‹: *Bereits im Jahr 1952 wurde das Schloss zu ungeteilter Hand an das Land Oberösterreich und an die Stadt Linz gegen einen symbolischen Bestandzins … auf 99 Jahre in Bestand gegeben* (FPÖ-Pressedienst 13. 12. 1999, Internet); ***in Bestand nehmen/haben** ›pachten‹: *Wohnungssuchende würden Wohnungsteile in Untermiete in Bestand nehmen können* (Stenogr. Protokoll des Nationalrates 23. 1. 1997, Internet) – Die Zus. zu 1. und 2. werden mit Fugen-s gebildet, die Zus. zu 2. amtssprachlich ohne Fugen-s. Die Bedeutungen ›Fortdauer‹ und ›lagernde Menge von etw.; Vorrat‹ sind gemeindt. Vgl. Bestands- – Zu 1.: **Bestandsjubiläum, Firmenbestand.** Zu 2.: **Bestandgeber(in), Bestandnehmer(in), Bestandsvertrag, Bestandzins**

bestanden CH Adj.: ›erfahren [und in vorgerücktem Alter]; gestanden (von Personen)‹: *Gerade als junger Dirigent am Anfang der Karriere brauchen Sie eine ungeheure physische Kraft, einem Orchester mit bestandenen und erfahrenen Musikern gegenüberzutreten* (TA 18. 4. 1996, 84) – Als Partizip von *bestehen* sowie in der Bedeutung ›mit Pflanzen bewachsen‹ gemeindt.

Bestandes- CH (produktives Bestimmungswort in Zus.): ↗BESTANDS- A D ›zum Vorhandenen, Bestehenden gehörend‹, z. B. ↗Bestandesaufnahme, Bestandesentwicklung, Bestandeskontrolle: *Eine Bestandeskontrolle habe nun gezeigt, … dass jeder fünfte Egli Krankheitssymptome aufweise* (TA 22. 10. 1999, 29); *Bei einem Drittel der gefährdeten Arten ist die Bestandesentwicklung unbekannt* (TA 22. 8. 1996, 74)

Bestandesaufnahme CH die; –, -n: ↗BESTANDSAUFNAHME A D ›systematisches Erfassen von Beständen und Sachverhalten‹: *Nach einer ersten Bestandesaufnahme … hielten sich die Schäden an den Produktionsanlagen in Grenzen* (TA 25. 8. 1999, 2) – Vgl. Bestandes-

Bestands- A D (produktives Bestimmungswort in Zus.): ↗BESTANDES- CH ›zum Vorhandenen, Bestehenden gehörend‹, z. B. ↗Bestandsaufnahme, Bestandsentwicklung, Bestandskontrolle, Bestandsliste: *Es handelt sich um eine detaillierte Studie über Verbreitung und Bestandsentwicklung der bei uns heimischen Brüter* (Kurier 9. 9. 1993, 18; A); *Die Kommission des Deutschen Bibliotheksinstituts für Erwerbung und Bestandsentwicklung hat gegen die steigenden Preise für Fachzeitschriften protestiert* (Welt 17. 2. 1999, Internet; D); *Sie ist bei Bauarbeiten einfach abgerissen worden, obwohl sie bis zum Jahr 2005 Bestandsschutz besaß* (LVZ 3. 2. 1998, 1; D) – Vgl. Bestand

Bestandsaufnahme A D die; –, -n: ↗BESTANDESAUFNAHME CH ›systematisches Erfassen von Beständen und Sachverhalten‹: *Wie sich Venedig unter Wasser hält, ist Gegenstand der Reportage, die eine Bestandsaufnahme in der Stadt auf Stelzen macht* (Tele 44/1997, 10; A); *Eine Bestandsaufnahme hatte*

nach dem Weggang Müllers einen Fehlbetrag von 440.000 DM ergeben (WAZ 28. 10. 1997, 4; D) – In CH selten. Vgl. Bestands-

Bestattnis A-west (Vbg.) die; –, -se: ›Beerdigung, Begräbnis‹: *Durch zahlreiche Beteiligung an der Bestattnis dankten ihm seine Leidensgenossen für seinen großen Einsatz und begleiteten ihn zum Grab auf den Kirchdorfer Friedhof* (VN 3. 3. 1997, B 3) – Dazu: ↗**Bestattnisgottesdienst**

Bestattnisgottesdienst A-west (Vbg.) der; -(e)s, -e (kath. Kirche): ↗AUFERSTEHUNGSGOTTESDIENST A, ↗STERBEGOTTESDIENST A-west/südost, ↗ABDANKUNGSGOTTESDIENST CH, ↗BEERDIGUNGSGOTTESDIENST CH, ↗LEICHENDIENST LUX ›Gottesdienst für Verstorbene anlässlich des Begräbnisses; Totenmesse, Trauergottesdienst‹: *Bestattnisgottesdienst mit anschließender Beerdigung am Freitag, dem 10. August* (Neue Vorarlberger Tagesztg 9. 8. 2001, 19) – Vgl. Bestattnis

bestäuben CH D STIR sw.V./hat: ↗STAUBEN A ›[mit Mehl, ↗Puderzucker o. Ä.] bestreuen‹: *Den Backofen auf 190 Grad vorheizen. Die Kastenform mit Butter fetten und mit Mehl bestäuben* (NLZ 8. 12. 1999, Internet; CH); *Danach die Masse mit Mehl bestäuben, etwas bräunen lassen und mit Wasser ablöschen, so dass eine dicke Soße entsteht* (Landkreis Schönebeck, 2002, Internet; D); *Die Oberfläche der Krapfen mit Mehl bestäuben und mit einem Tuch zudecken* (Gasteiger, So kocht Südtirol 391; STIR) – Die Bedeutung ›durch Übertragung von Blütenstaub befruchten‹ ist gemeindt.

bestbekannt CH Adj. (nicht steigerbar): ›am besten bekannt; bestens bekannt‹: *Nun erwischt es mit dem Online-Händler Amazon sogar das Unternehmen mit dem wohl bestbekannten Markennamen* (Bund 1. 2. 2001, 15) – In D selten

bestoßen A **bestossen** CH st.V./hat (Landwirtschaft): ›(eine ↗Alp) mit Vieh besetzen‹: *Nach dem Zweiten Weltkrieg wurden … viele Almen stiefmütterlich behandelt, wurden nicht mehr bestoßen, verwaldeten oder wurden aufgeforstet* (Almen in Oberösterreich, 2002, Internet; A); *Früher konnte die Alp Paz mit den dazugehörigen Maiensässen mit wenigstens dreissig Stück Grossvieh und mehr als zweihundert Ziegen und Schafen bestossen werden* (Kauer, Spätholz 188; CH) – Die Bedeutung ›durch Stöße und Abnutzung beschädigt (v. a. von Büchern)‹, sowie andere fachsprachliche Bedeutungen sind gemeindt. – Dazu: **Bestoßung** A **Bestossung** CH

besudeln CH D-nord/mittel sw.V./hat: ↗ANPATZEN A D-südost, ↗BEKLECKERN CH D-nord/mittel, ↗BESCHLABBERN D-nord/mittel, ↗VERSCHLABBERN D-südwest ›[mit Nahrungsmitteln, Farbe etc.] beschmutzen‹: *Mit Kaugummi besudelte Kleider können gerettet werden – das klebrige Zeug wird hart und lässt sich lösen* (Blick 16. 12. 1997, 5; CH); *Da ist ihr Blut auf meine Kleider gespritzt, und ich habe mein ganzes Gewand besudelt* (Heißwolf 17. 6. 2003, Internet; D-nord/mittel) – Andere Bedeutungen sind gemeindt. Vgl. sudeln

Betagte CH D-ost der/die; -n, -n: ›alte [gebrechliche] Person‹: *Die neuzeitlichen, technisch vervollkommneten Verkehrsmittel ermöglichen auch Betagten und gesundheitlich beeinträchtigten Personen ein unbeschwertes und risikoarmes Reisen* (Der sichere Weg 64; CH); *Barrierefrei Bauen für Behinderte und Betagte* (Deutsches Bauarchiv, 2003, Internet; D-ost) – In A selten und gehoben. Das Adjektiv *betagt* ist gemeindt. – Dazu: **Betagtenbetreuer(in)**

Bete: *Rote Bete (die) D (ohne südost): ↗RÜBE: *ROTE RÜBE A D-süd, ↗RAHNE A (ohne Vbg.) D-südost, ↗RANDE A-west (Vbg.) CH ›Rübe mit rotem Fleisch, die als Gemüse oder Salat gegessen wird‹: *Rote Bete wird in der Schale gegart, mit kaltem Wasser übergossen und dann abgepellt* (Dr. Oetker, Schulkochbuch 240) – Auch in der Schreibung *rote Beete*

Bethli CH: ↗LIESL A, ↗LISI A CH, ↗LISE D Ältere Kurz- und Koseform des weibl. Vornamens *Elisabeth: Seit Ende 1993 wohnt der Jubilar zusammen mit seiner Gattin Bethli im Haus der Familie seiner Tochter in Oberdiessbach* (Bund 18. 8. 1999, 27)

betreffen: *was jmdn./etw. betrifft (gemeindt.): ↗ANBETREFFEN, ↗ANLANGEN

betreiben CH st.V./hat (Recht): ↗EXEKUTIEREN A, ↗BEITREIBEN D ›jmdn. gesetzlich zur Zahlung einer Schuld zwingen‹: *Wir werden die SRG … betreiben, weil sie einen Teil der vertraglich vereinbarten Summe noch nicht an uns überwiesen hat* (Tele 18. 6. 1999, 34) – Andere Bedeutungen sind gemeindt. – Dazu: ↗**Betreibung**

Betreibung CH die; –, -en (Recht): ↗EXEKUTION A, ↗BEITREIBUNG D ›zwangsweises Eintreiben von [finanziellen] Schulden‹: *Die Emissionszentrale der Schweizer Gemeinden (ESG) … drohte bereits Mitte Oktober mit Betreibung, falls ein längst fälliges Darlehen nicht bald zurückbezahlt werde* (Bund 17. 12. 1999, 16) – Vgl. betreiben – Dazu: ↗**Betreibungsamt, Be treibungsandrohung, Betreibungsbeamte, Betreibungsferien, Betreibungskreis, Betreibungsrecht, Betreibungsregister, Betreibungsurkunde, Betreibungsverfahren, Betreibungswesen** (↗-wesen), **Schuldbetreibung**

Betreibungsamt CH das; -(e)s, …ämter: ↗EXEKUTIONSGERICHT A (Wien) ›für das zwangsweise Eintreiben [finanzieller] Schulden zuständige Behörde‹: *Einen Tag vor der Bluttat war der 60-Jährige aufs Be-*

treibungsamt zitiert und mit der Ankündigung eines Pfändungsvollzugs über 20'000 Franken konfrontiert worden (TA 23. 9. 1999, 20) – Vgl. Betreibung

betreten A st.V./hat (formell, Recht): ›(jmdn. bei einer Straftat) ertappen‹: *Fremde ... können mit Bescheid ausgewiesen werden, wenn sie ... innerhalb eines Monates nach der Einreise bei der Begehung einer Vorsatztat auf frischer Tat betreten ... wurden* (Fremdengesetz § 33 (2)) – Andere Bedeutungen sind gemeindt. Vgl. Betretungsfall

Betretungsfall: *im Betretungsfall A (Recht) ›im Fall des Ertapptwerdens‹: *Zuletzt musste wieder häufiger festgestellt werden, dass Plastikabfälle ... illegal entsorgt wurden. Es wird ausdrücklich darauf hingewiesen, dass dies verboten ist und im Betretungsfall strenge Strafen nach sich zieht* (Gemeinde Rohrbach, 2002, Internet) – Vgl. betreten

betreuen (gemeindt.): ↗BEFÜRSORGEN

Betriebskantine (gemeindt.): ↗BETRIEBSKÜCHE, ↗BETRIEBSMENSA, ↗PERSONALRESTAURANT, ↗WERKSKANTINE

Betriebskommission CH die; –, -en: ↗BETRIEBSRAT A D ›Vertretung der Arbeitnehmer(innen) in einem Betrieb‹: *Die Gewerkschaften akzeptieren den Vorschlag der Arbeitgeber, dass bei Lohnfragen zuerst nicht sie mitreden können, sondern die Betriebskommission* (Blick 9. 2. 1996, 1)

Betriebskosten A D die; nur Plur.: ↗NEBENKOSTEN CH D ›neben der Wohnungsmiete an den Vermieter bzw. die Vermieterin zu zahlende laufende Kosten‹: *Miete mit Betriebskosten sollten nicht mehr als 3000,– betragen* (Immonet, 2001, Internet; A); *Zahle inklusive Betriebskosten max. ATS 6.000,–* (Zwanzger 3/1999, 31; A); *Früher zahlte ... der Mieter »die Miete«. Damit war alles abgegolten, auch Heiz- und Betriebskosten* (Berliner Kurier 26. 3. 1996, Internet; D) – Abk. BK. In A häufig in den Wendungen *[Miete] mit/inklusive/zuzüglich Betriebskosten* für ›Bruttomiete‹ bzw. *[Miete] ohne/exklusive Betriebskosten* für ›Nettomiete‹. Andere Bedeutungen sind gemeindt. Vgl. Inklusivmiete – Dazu: **Betriebskostenabrechnung, Betriebskostenaufstellung, Betriebskostennachzahlung**

Betriebsküche A die; –, -n: ↗WERKSKANTINE A D, ↗PERSONALRESTAURANT CH, ↗BETRIEBSMENSA STIR ›Betriebskantine‹: *Wochenlang wurde also in heimischen Betriebsküchen getüftelt und ausprobiert, dann wurden die besten Rezepte eingeschickt und von einer Fachjury bewertet* (SN 4. 10. 2002, Internet) – In CH und D selten

Betriebsmensa STIR die; –, ...sen: ↗BETRIEBSKÜCHE A, ↗WERKSKANTINE A D, ↗PERSONALRESTAURANT CH ›Betriebskantine‹: *Wir bieten Ihnen neben einem interessanten Aufgabengebiet ... eigene Betriebsmensa und leistungsgerechte Entlohnung* (Dolomiten 10. 1. 2001, WIKU 34) – Vgl. Mensa

Betriebsmittelverwaltung D die; –, -en: ↗ÖKONOMAT CH-süd (VS) STIR, ↗MATERIALSTELLE D ›Abteilung in einer Behörde oder in einem Betrieb, in der Sachmittel verwaltet werden‹: *Die Betriebsmittelverwaltung koordiniert die gemeinsame Nutzung von geteilten Betriebsmitteln* (Institut für Verteilte Systeme, Universität Magdeburg, 1998, Internet) – In A und CH selten

Betriebsökonom Betriebsökonomin CH der; -en, -en bzw. die; –, -nen: ↗BETRIEBSWIRTSCHAFTER A CH, ↗BETRIEBSWIRT A D, ↗BETRIEBSWIRTSCHAFTLER D ›in Betriebswirtschaft ausgebildete Fachperson; Betriebswissenschaftler(in)‹: *Die diplomierte Übersetzerin und Betriebsökonomin BVS ist auch Vorstandsmitglied der CVP Schweiz und Vizepräsidentin der regionalen Sozial- und Suchtberatungsstelle* (St. Galler Tagbl 5. 11. 1999, Internet) – Dazu: **Betriebsökonomie**

Betriebsprüfer Betriebsprüferin A D der; -s, – bzw. die; –, -nen: ›Beamter bzw. Beamtin des ↗Finanzamtes zur Überprüfung der Buchhaltung in Betrieben‹: *Die Betriebsprüfer und Erhebungsbeamten eines bestimmten Bezirks-Finanzamtes dürfen künftig auch über die Bezirksgrenze hinaus eingesetzt werden* (Kurier 30. 10. 1998, 19; A); *Es kann ... nicht hingenommen werden, dass Betriebsprüfer den gesamten Datenbestand des Unternehmens durchforsten* (Welt 11. 11. 1999, Internet; D) – Vgl. Betriebsprüfung

Betriebsprüfung A D die; –, -en: ›behördliche Überprüfung eines Unternehmens bezüglich Einhaltung der steuerrechtlichen Verpflichtungen‹: *Die Betriebsprüfungen wurden schon unter Finanzminister Klima intensiviert, wobei die Finanz teilweise nicht gerade fein mit den Steuerpflichtigen umging* (Kurier 27. 3. 1997, 21; A); *Im Rahmen der Betriebsprüfung wird die Finanzverwaltung sehr genau darauf achten, ob es sich um einen rechtsverbindlichen Kauf oder eine Option handelt* (Welt 23. 3. 1999, Internet; D) – Vgl. Betriebsprüfer

Betriebsrat A D der; -(e)s, ...räte: **1.** ↗BETRIEBSKOMMISSION CH ›gewählte Vertretung der Arbeitnehmer(innen) in einem Betrieb‹: *Die Wertpapiere müssen nicht mehr zwingend bei einer Bank hinterlegt werden, sondern können auch Kosten sparend bei einer von Arbeitgeber und Betriebsrat gemeinsam bestimmten Institution deponiert werden* (Trend 31. 12. 2000, Internet; A); *Die IG Chemie [akzeptiert] in ihrem Tarifvertrag eine Öffnungsklausel, die es Arbeitgebern und Betriebsräten erlaubt, den Tariflohn in einem Unternehmen direkt auszuhandeln* (Spiegel-Jahreschronik, 1997, 148; D). **2. Betriebsrat Betriebsrätin** der;

-(e)s, ...räte bzw. die; –, -nen: ›Mitglied der gewählten Vertretung der Arbeitnehmer(innen) in einem Betrieb‹: *»Benda«, sagte er, »ist Betriebsrat, das dürfen wir nicht vergessen, und er hat bekanntlich ohne viel Propaganda verhältnismäßig viele Stimmen bekommen«* (Scharang, Sohn eines Landarbeiters 100; A); *»Marsula, das ist ein bekannter Name hier«, sagt Betriebsrat Uwe S. (37) respektvoll, der selbst auch schon 20 Jahre im Pütt arbeitet* (Welt 12. 3. 1997, Internet; D) – Zu 1. und 2.: In CH selten – Zu 1.: **betriebsrätlich, Betriebsratsmandat, Betriebsratswahl, ↗Gesamtbetriebsrat** D, **↗Zentralbetriebsrat** A. Zu 2.: **Betriebsratsobfrau** (↗Obfrau) A, **Betriebsratsobmann** (↗Obmann) A,

Betriebswirt Betriebswirtin A D der; -(e)s, -e bzw. die; –, -nen: ↗BETRIEBSWIRTSCHAFTER A CH, ↗BETRIEBSÖKONOM CH, ↗BETRIEBSWIRTSCHAFTLER D ›in Betriebswirtschaft ausgebildete Fachperson; Betriebswissenschaftler(in)‹: *Eine junge Betriebswirtin widmet sich derzeit dem Projekt »Betriebliches Vorschlagswesen« und will die Ideen daraus den Tiroler Betrieben zugänglich machen* (Echo 23. 9. 1998, 76; A); *Hundertschaften von Betriebswirten durchkämmen Werkshallen und Büros auf der Suche nach den letzten Produktivitätsreserven* (Spiegel 17. 11. 1997, 30; D) – In CH selten

Betriebswirtschafter Betriebswirtschafterin A CH der; -s, – bzw. die; –, -nen: ↗BETRIEBSWIRT A D, ↗BETRIEBSÖKONOM CH, ↗BETRIEBSWIRTSCHAFTLER D ›in Betriebswirtschaft ausgebildete Fachperson; Betriebswissenschaftler(in)‹: *Diese Eigenschaften ... nahmen Haider von dem jungen Betriebswirtschafter so ein, dass er ihn sofort in sein Mitarbeiterteam engagierte* (OÖN 4. 6. 1998, 2; A); *Das Schweizerische Institut für Unternehmerschulung in Bern hat folgenden Kandidaten das Diplom als Eidgenössisch-diplomierte Betriebswirtschafter des Gewerbes überreicht* (Bund 5. 1. 2000, 19; CH)

Betriebswirtschaftler Betriebswirtschaftlerin D der; -s, – bzw. die; –, -nen: ↗BETRIEBSWIRT A D, ↗BETRIEBSWIRTSCHAFTER A CH, ↗BETRIEBSÖKONOM CH ›in Betriebswirtschaft ausgebildete Fachperson; Betriebswissenschaftler(in)‹: *Nach der verheerenden Pisa-Studie machte ein Leipziger Betriebswirtschaftler die Probe aufs Exempel* (Spiegel 19. 4. 2002, Internet) – In A und CH selten

Betriebswissenschaftler (gemeindt.): ↗BETRIEBSÖKONOM/BETRIEBSÖKONOMIN, ↗BETRIEBSWIRT/BETRIEBSWIRTIN, ↗BETRIEBSWIRTSCHAFTER/BETRIEBSWIRTSCHAFTERIN, ↗BETRIEBSWIRTSCHAFTLER/BETRIEBSWIRTSCHAFTLERIN

betrügen (gemeindt.): ↗ABZOCKEN, ↗NEPPEN

Betrüger (gemeindt.): ↗ABREISSER/ABREISSERIN, ↗ABZOCKER/ABZOCKERIN, ↗NEPPER/NEPPERIN

betrunken: *betrunken sein (gemeindt.): ↗HÄNGEN: *EINE HÄNGEN HABEN, ↗KANAL: *DEN KANAL VOLL HABEN, ↗KRONE: *EINEN IN DER KRONE HABEN, ↗TEE: *EINEN IM TEE HABEN

Bett (gemeindt.): ↗KISTE, ↗MOLLE, ↗NEST

Bettag CH der; -(e)s, -e: kurz für ↗*Eidgenössischer Dank-, Buss- und Bettag*: ›christlicher Feiertag, der am dritten Sonntag im September stattfindet‹: *Künftig Hollywoodkino am Bettag? Neues St. Galler Ruhetagsgesetz soll Lockerung überholter Vorschriften bringen* (Südostschweiz 27. 7. 2001, Internet) – Dazu: **Bettagsgottesdienst**

Bettcouch D die; –, -(e)s/-en [...kautʃ]: ↗AUSZIEHCOUCH A D, ↗BETTSOFA CH, ↗SCHLAFCOUCH D, ↗SCHLAFSOFA D ›zu einem Bett ausklappbares Sofa‹: *Der Schwung reichte aus, um beide zusammen in die Nähe der Bettcouch stolpern zu lassen, die Jonas geschickt mit einer Fußspitze ausklappen ließ* (Arens, Nächste Mann 14)

Bettdecke (gemeindt.): ↗DUVET, ↗FEDERBETT, ↗OBERBETT, ↗PLUMEAU, ↗TUCHENT

Bettel: *den [ganzen] Bettel hinschmeissen CH/ **hinschmeißen** D/ **hinwerfen** D (Grenzfall des Standards): ↗BROCKEN: *DIE BROCKEN HINSCHMEIßEN/HINWERFEN D (ohne südost) ›alles hinschmeißen; aufgeben‹: *Ich hätte die grösste Lust, den ganzen Bettel hinzuschmeissen!* (Waller, Barbi 27; CH); *Vier Tage nach dem Rektor hat auch Horst L. seine bereits ausgesprochene Drohung wahr gemacht und seinerseits den Bettel hingeschmissen* (Winnender Ztg 23. 5. 2003, Internet; D); ***jmdm. den [ganzen] Bettel vor die Füße schmeissen** CH/ **schmeißen** D/ **werfen** CH D ›jmdm. zu verstehen geben, dass man nicht mehr für ihn tätig sein will‹: *Kann ihm gut passieren, dass ich ihm den Bettel vor die Füsse schmeisse* (Fressnapf Club, 2002, Internet; CH); *Genau das war L.s Kalkül, als er 1999 dem Staat, der Regierung und der Partei den Bettel vor die Füße warf* (Welt 3. 2. 2003, Internet; D) – Die Redewendungen sind in D selten. Das Substantiv *Bettel* in der Bedeutung ›nutzloses, wertloses Zeug‹ ist in CH und D selten, in A gehoben

betten CH sw.V./hat: ↗AUFBETTEN A D-südost ›das Bett machen‹: *Du sorgst dafür, dass du dein Zimmer morgens aufgeräumt, gebettet und gelüftet verlässt* (Brückenbauer 3. 12. 1997, 27) – Andere Bedeutungen sind gemeindt.

Bettflasche A-west CH D-süd die; –, -n: ↗THERMOPHOR A ›Behälter aus Gummi oder Metall, der mit warmem Wasser gefüllt wird und mit dem Betten oder Körperstellen gewärmt werden; Wärmflasche‹: *Wer mit dem Einschlafen Mühe hat, sollte es mit einer Bettflasche oder Wärmesocken versuchen und die Zim-*

mertemperatur tief halten (BaZ 7. 9. 1999, Internet; CH)

Betthupferl A D das; -s, –: ↗Bettmümpfeli CH ›Süßigkeit, die man kurz vor der Nachtruhe verzehrt‹: *Jeder soll sich ein Ritual vor dem Einschlafen zulegen, dazu können Musik, Lesen, ein Spaziergang, ein süßes Betthupferl zählen* (OÖN 29. 1. 2000, 10; A); *Süße Betthupferl haben ihren Sinn: Kohlenhydrate kurbeln die Produktion des schlaffördernden Hormonbotenstoffs Serotin an* (Freundin 19/1997, 65; D)

Bettinhalt CH der; -(e)s, -e: ›die Gesamtheit der Bettbestandteile ohne das Bettgestell‹: *Der Bettinhalt muss sich der Wirbelsäule des Schläfers individuell anpassen können* (St. Galler Tagbl 29. 10. 1997, Internet)

Bettlaken D-nord/mittel das; -s, –: ↗Leintuch A CH D-süd, ↗Betttuch D, ↗Laken D-nord/mittel ›Tuch, das über die Matratze gespannt wird‹: *Zudem sind Wasserbetten äußerst pflegeleicht. Bettlaken … können problemlos gewaschen werden* (AZ 19. 6. 1998, 23) – Dazu: ↗**Spannbettlaken**

Bettmümpfeli CH das; -s, –: ↗Betthupferl A D ›Süssigkeit, die man kurz vor der Nachtruhe verzehrt‹: *Ich steckte mir eines von den Frigor-Schöggeli in den Mund, die Regula mir als Bettmümpfeli eingepackt hatte* (Wyss, Tage 90)

Bettsofa CH das; -s, -s: ↗Ausziehcouch A D, ↗Bettcouch D, ↗Schlafcouch D, ↗Schlafsofa D ›zu einem Bett ausklappbares Sofa‹: *Letzte Woche aber wurde das Bettsofa von 1934 wieder auf den Markt gebracht … Es ist etwas kürzer und dafür breiter geworden. Die Kissen sind im Gegensatz zum Original so befestigt, dass man sie nach hinten klappen kann – und aus dem Sofa ein Bett wird* (TA 15. 5. 1999) – In A und D selten

Betttuch D das; -(e)s, …tücher: ↗Leintuch A CH D-süd, ↗Bettlaken D-nord/mittel, ↗Laken D-nord/mittel ›Tuch, das über die Matratze gespannt wird‹: *Sie sah, wie sich Pucki in ihr Betttuch einwickelte und vor das Gesicht eine schwarze Maske band* (Trott, Pucki 19) – In D-süd selten – Dazu: ↗**Spannbetttuch** D-mittelwest/süd

Bettvorlage CH die; –, -n (selten): ›kleiner Teppich neben dem Bett; Bettvorleger‹: *Der Hund ist doch viel folgsamer, wohnt in der guten Stube, liegt bei vielen des Nachts auf der Bettvorlage, bei anderen sogar im Bett* (St. Galler Tagbl 12. 1. 2000, Internet)

Bettvorleger (gemeindt.): ↗Bettvorlage

betütert D-nord Adj.: ↗besäuselt CH D, ↗angeschickert D-nord/mittelwest, ↗beschickert D-nordost/mittelwest ›leicht betrunken, beschwipst‹: *Plötzlich erscheint ein bekannter Franzose, ebenfalls schon einigermaßen betütert und will wissen, ob man eigentlich ungern Deutsch spreche* (Universität Karlsruhe, 2000, Internet)

Beugel A (ohne west) das; -s, –: ↗Kipferl D-südost ›Gebäckstück aus ↗Mürbteig in gebogener Form‹: *Die Beugel mit Dotter bestreichen und antrocknen lassen* (Kleine Ztg 6. 11. 1997, Internet; A) – In D-südost in der Form *Beugerl* – Dazu: **Mohnbeugel, Nussbeugel**

Beuschel A D-südost das; -s, –: **1.** (Küche); ↗Lungenhaschee D, ↗Züngerl D-südost ›Speise aus Innereien vom Rind oder Kalb‹: *Jeden Sonntag, nach dem Hochamt, gingen die Männer ins Wirtshaus, tranken Bier oder Schnaps und aßen ein kleines Gulasch, ein Beuschel oder ein Paar Würstel* (Recheis, Lena 88; A). **2.** (salopp) ›Eingeweide des Menschen, bes. Lunge‹: *Die dicken, zumeist blusig weit geschnittenen und wohlig warm gefütterten Jacken, die schon bei den Eskimos und ersten Frost-Abenteurern für ein warmes Beuschel sorgten, erfreuen sich zunehmender Beliebtheit* (OÖN 29. 3. 1990, 14; A) – Zu 1.: **Kalbsbeuschel, Schweinsbeuschel** (↗Schweins-), **Weinbeuschel**

Beutel der; -s, –: **1.** D; ↗Sackerl A, ↗Säckli CH ›kleines Behältnis aus Stoff, Plastik oder Papier‹: *Mehrere Beutel …, die der 19-jährige aus dem Fenster geworfen hatte, landeten vor den Füßen von Polizisten* (Welt 22. 9. 2000, Internet). **2.** D; ↗Sack A CH, ↗Sackerl A, ↗Tragtasche A CH D-südost, ↗Tasche CH D-süd, ↗Tragetasche D, ↗Tüte D ›[größeres] aus Stoff oder Plastik gefertigtes Behältnis mit Tragegriff zum Transport gekaufter Waren‹: *Ohne viel Federlesen wird der gewünschte Artikel in den Beutel gepackt* (Welt 29. 5. 2002, Internet). **3.** CH D; ↗Packerl A (ohne Vbg.) D-südost, ↗Pack CH, ↗Päckli CH, ↗Tüte D ›[kleine] Packung‹: *Es kommt vor, dass man eine halbe Stunde wartet. »Das nehme ich in Kauf«, sagt Z., während er drei Beutel Rösti in die Einkaufstasche packt* (TA 21. 7. 1997, 12; CH); *Spaghetti Eierteigwaren, 500 g Beutel* (Leipziger Rundschau 18. 2. 1998, 13; D) – Zu 1.: **Brotbeutel, Gefrierbeutel,** ↗**Geldbeutel,** ↗**Kulturbeutel, Müllbeutel** (↗Müll), ↗**Spritzbeutel,** ↗**Waschbeutel**. Zu 2.: **Einkaufsbeutel, Plastikbeutel**. Zu 3.: ↗**Beutelsuppe** CH D-nordost

beuteln A D-süd sw.V./hat: ›schütteln‹: *Der Bock biss zu, beutelte den Kopf, erschrocken machte Roman einen Schritt rückwärts* (Menasse, Schubumkehr 63; A) – Die Bedeutung ›(vom Schicksal) durchgeschüttelt werden‹ ist gemeindt. – Dazu: **abbeuteln, ausbeuteln**

Beutelsuppe CH D-nordost die; –, -n: ↗Packerlsuppe A D-südost, ↗Päcklisuppe CH, ↗Tütensuppe D-nord/mittel ›Mischung von getrockneten Zutaten, die mit heißem Wasser übergossen oder aufgekocht eine Suppe ergeben; Fertigsuppe‹: *Wenn ich ein Auto hätte, würde ich wohl auch immer einen Schlafsack mitführen, … eine Thermosflasche, ein* *paar Konserven und Beutelsuppen* (Balmer, Letzte Abenteuer 46; CH) – Vgl. Beutel

bevorrangt A Adj.: **1.** ↗VORTRITTSBERECHTIGT CH, ↗BEVORRECHTIGT D ↗VORFAHRTSBERECHTIGT D ›berechtigt, an einer Kreuzung oder Einmündung vor einem anderen herankommenden Fahrzeug durchzufahren‹: *Hat der Querverkehr grün, bleibt er bevorrangt* (Rotes Kreuz, 2001, Internet). **2.** ↗BEVORRECHTIGT D ›mit ↗Vorrang versehen (von Straßen)‹: *Beim Verlassen der Stadt in Richtung Osten wird man in Zukunft mit langen Wartezeiten rechnen müssen, da die Umfahrungsstraße bevorrangt ist* (Bildpost, 12/2001, Internet)

bevorrechtigt D Adj.: **1.** ↗BEVORRANGT A, ↗VORTRITTSBERECHTIGT CH, ↗VORFAHRTSBERECHTIGT D ›berechtigt, an einer Kreuzung oder Einmündung vor einem anderen herankommenden Fahrzeug durchzufahren‹: ... *wurden die Ampelanlagen so gesteuert, dass Linienbusse gegenüber anderen Fahrzeugen stets bevorrechtigt sind* (IHK München, 2002, Internet). **2.** ↗BEVORRANGT A ›mit ↗Vorrang versehen (von Straßen)‹: *Nach der Abfahrt über einen relativ steilen und schmalen Serpentinenweg stößt man auf die unbedeutende Straße Im Lipperfeld, die erstaunlicherweise gegenüber der Radstrasse bevorrechtigt ist* (Rad im Pott, 1998, Internet)

Bewährung: *auf/mit Bewährung D (Recht): ↗BEDINGT A CH ›Verurteilung mit Erlass der Strafe, wenn nicht binnen einer bestimmten Frist eine weitere Straftat verübt wird‹: *Richterin ... verurteilte ihn zu sieben Monaten Haft auf Bewährung* (LVZ 3. 2. 1998, 11); ***ohne Bewährung** D (Recht): ↗UNBEDINGT A CH ›Verurteilung ohne Gewährung des Straferlasses innerhalb einer bestimmten Frist‹: *Der Haupttäter erhält 14 Monate Haft ohne Bewährung* (Spiegel-Jahreschronik, 1997, 88) – Das Substantiv *Bewährung* ist in allen anderen Verwendungen gemeindt. – Dazu: ↗**Bewährungsfrist**, ↗**Bewährungshelfer** A D

Bewährungsfrist D die; –, -en (Recht): ↗PROBEZEIT A CH ›befristete Zeit, in der im Fall der Verurteilung auf ↗Bewährung kein erneutes Delikt begangen werden darf, da sonst die Strafe vollzogen wird‹: *Das Landgericht München billigte dem 57-Jährigen am Freitag im Berufungsverfahren Bewährungsfrist ... zu* (Rhein-Ztg 24. 3. 2000, Internet) – In CH selten. Die Bedeutung, ›Zeitraum, in dem sich jmd. bewähren soll‹, ist gemeindt. Vgl. Bewährung

Bewährungshelfer Bewährungshelferin A D der; -s, – bzw. die; –, -nen: ›Person, die Haftentlassenen zur Betreuung zugeteilt wird‹: *Seit zwanzig Jahren ist er ehrenamtlicher Bewährungshelfer* (Standard 19. 4. 2001, Internet; A); *Drei Tage nach seiner angeblichen Belästigung einer Kosmetikerin ... erklärte sein Bewährungshelfer, T. dürfe seinen Wohnort ... nur noch in absoluten Notfällen verlassen* (Welt 13. 4. 1996, Internet; D) – In CH zunehmend gebräuchlich. Vgl. Bewährung

Bewerb A der; -(e)s, -e (Sport): ›Wettbewerb, Wettkampf‹: *Nach durchschnittlich sechs Stunden stehen die Sportler dann vor dem letzten und entscheidenden Bewerb, dem Marathon über 42,195 Kilometer* (Echo 23. 9. 1998, 154) – Dazu: ↗**Cupbewerb, Damenbewerb, Herrenbewerb, Mannschaftsbewerb, Schlussbewerb, Staffelbewerb, Teambewerb** (↗Team)

Bewerber (gemeindt.): ↗WERBER/WERBERIN

Bewerbung (gemeindt.): ↗OFFERTE

Bewilligung CH die; –, -en (formell): ›Genehmigung‹: *Die Alusuisse hat 1974 in Chippis vier Riesenversuchsöfen eines neuen Typs errichtet, ohne dafür Pläne einzureichen oder um eine Bewilligung nachzusuchen* (Gasche, Bauern 69–70) – In A vor allem in Zus. gebräuchlich, in D selten – Dazu: ↗**Arbeitsbewilligung** A CH, ↗**Aufenthaltsbewilligung**, ↗**Baubewilligung** A CH, **B-Bewilligung, Bewilligungserteilung, Bewilligungsgesuch** (↗Gesuch), **Bewilligungsinstanz**, ↗**Bewilligungspflicht** A CH, **Bewilligungsverfahren, Bewilligungswesen** (↗-wesen), **C-Bewilligung, Einbürgerungsbewilligung, Exekutionsbewilligung** (↗Exekution) A, **Fahrbewilligung**, ↗**Niederlassungsbewilligung, PW-Bewilligung** (↗PW)

Bewilligungspflicht A CH die; –, -en: ›gesetzlich vorgeschriebene Verpflichtung, für die Ausführung einer bestimmten Handlung eine Genehmigung einzuholen; Genehmigungspflicht‹: *Das Wirtschaftsministerium berief sich auf die Bewilligungspflicht nach dem Außenhandelsgesetz* (Profil 23. 5. 1997, Internet; A); *Mit der Revision wird der Erwerb von Grundstücken durch Personen im Ausland von der Bewilligungspflicht ausgenommen, soweit sie wirtschaftlichen Zwecken dienen* (Grundag, 1999, Internet; CH) – Vgl. Bewilligung – Dazu: **bewilligungspflichtig**

bewölkt (gemeindt.): ↗BEZOGEN, ↗WOLKIG

Bezahlfernsehen D das; -s, ohne Plur.: ›Pay-TV‹: *Anders als die frei empfangbaren Fernsehkanäle ist der Marktführer in Sachen Bezahlfernsehen nicht so stark abhängig vom Anzeigengeschäft* (Wirtschaftswoche 7. 8. 2002, Internet)

beziehen CH st.V./hat: ›(Steuern) einziehen‹: *Gesamthaft hat das Steueramt folgende Steuern bezogen: Staat (1,399 Mio. Franken), Politische Gemeinde (2,709 Mio. Franken), Katholische Kirche Lütisburg (172 624 Franken), Evangelische Kirche Lütisburg (124 154 Franken)* (St. Galler Tagbl 3. 1. 1999, Internet) – Andere Bedeutungen sind gemeindt.

Bezieher Bezieherin A D der; -s, – bzw. die; –, -nen: **1.** ↗BEZÜGER CH ›Person, die regelmäßig Geld (z. B.

Lohn, ↗Zuschüsse etc.) erhält‹: *Auf Bezieher niedriger Einkommen sei viel zu wenig Rücksicht genommen worden* (Kurier 5. 11. 1997, 2; A); *Der ... vorgelegte Kompromissvorschlag sieht vor, dass für Bezieher von geringen Renten ... auch in den nächsten beiden Jahren die Angleichung an das Westniveau fortgeführt wird* (Welt 19. 8. 1999, Internet; D). **2.** ↗Abonnent CH, ↗Bezüger CH ›Person, die eine Dienstleistung (z. B. Strom, Wasser, Gas) bezieht‹: *Jetzt bittet Wien-Strom niederösterreichische Bezieher mit einem KWK-Zuschlag von 10,22 Groschen pro Kilowattstunde für die Wiener Fernwärmeversorgung zusätzlich zur Kasse«, ärgert sich S.* (AK NÖ, 2002, Internet; A); *Bezieher ... von regenerativ erzeugtem Strom können die Grüne Steckdose von der Stiftung verliehen bekommen* (Aachener Stiftung, 2003, Internet; D). **3.** ›Person, die regelmäßig eine Zeitung, Zeitschrift o.Ä. erhält; Abonnent(in)‹: *Kommenden Freitag finden alle Bezieher der Kammer-Nachrichten wieder einen Bewerbungsbogen in der Zeitung der Wirtschaftskammer* (OÖN 9. 3. 1999, 13; A); *Die Adressliste enthielt ... überwiegend weibliche Bezieher einer Zeitschrift für Kinder* (Hessischer Landtag, Datenschutzbericht, 1995, Internet; D) – Zu 1.: **Ausgleichszulagenbezieher(in)** (↗Ausgleichszulage) A, **Familienbeihilfenbezieher(in)** (↗Familienbeihilfe) A, **Karenzgeldbezieher(in)** (↗Karenzgeld) A, **Kindergeldbezieher(in)** (↗Kindergeld) A, **Pensionsbezieher(in)** (↗Pension), **Stipendienbezieher(in), Wochengeldbezieher(in)** (↗Wochengeld) A

Bezirk der; -(e)s, -e: **1.** A (ohne Graz, Wien) CH; ↗Amt CH-zentral (LU), ↗Amtsbezirk CH-west (BE), ↗Kreis D, ↗Bezirksgemeinschaft STIR ›aus mehreren Gemeinden und einem Hauptort bestehende politische Verwaltungseinheit eines ↗Bundeslandes bzw. ↗Kantons‹: *Demnach hätte der Bezirk nur deshalb die höhere Wertung erreicht, weil ... die Niedriglöhne aus der Statistik gefallen wären, was zu einer Verbesserung der Einkommensstatistik im Bezirk führe* (SN 11. 11. 1997, 5; A); *Das Steueraufkommen von Kommunen im Bezirk Höfe am Zürichsee liegt bereits rund zehnmal höher als in einzelnen Berggemeinden* (Blick 30. 9. 1999, 9; CH). **2.** A (Graz, Wien) D kurz für *Gemeindebezirk, Stadtbezirk:* ↗Stadtkreis CH, ↗Kreis CH (Zürich) ›einen oder mehrere Stadtteile umfassende Verwaltungseinheit in einer größeren Stadt‹: *Amerikanisches Brokerunternehmen im 1. Bezirk Wiens sucht Mitarbeiter, die gewillt sind, am internationalen Zahnrad der Wirtschaft mitzuwirken* (Kurier 5. 11. 1997, 4; A); *Als dezentralisierte Einheitsgemeinde ist Berlin in 23 Bezirke untergliedert* (Berlin online, 2000, Internet; D). **3.** CH-ost (AI); ↗Einwohnergemeinde CH, ↗Gemeinde: *politische Gemeinde CH, ↗Ortsgemeinde CH-ost (GL) ›Körperschaft (im ↗Kanton AI), die alle auf ihrem Gebiet wohnhaften Personen umfasst‹: *Unsere Gemeinden heissen Bezirke: Innerrhoden umfasst die Bezirke Appenzell, Schwende, Rüte, Schlatt-Haslen, Gonten und Oberegg* (Dorf Appenzell, 2001, Internet) – Abk. Bez. – Zu 1.: Als Bezeichnung für die Verwaltungseinheiten in den ↗Kantonen AG, BL, FR, GR, SG, SH, SO, SZ, TG, VS und ZH. In GR daneben auch Bezeichnung ↗*Kreis.* Die Zus. ↗*Bezirksanwalt (...anwältin),* ↗*Bezirksgericht, Bezirksrichter(in)* beziehen sich in A auf den ↗*Gerichtsbezirk.* Die Bedeutung ›abgegrenztes Gebiet‹ ist gemeindt. – Zu 1.: ↗**Bezirksammann** CH, ↗**Bezirksamtmann** CH, ↗**Bezirksanwalt (...anwältin)** CH, **Bezirksgebäude** CH, **Bezirksgefängnis** CH, ↗**Bezirksgericht,** ↗**Bezirkshauptfrau** A (ohne Graz, Wien), ↗**Bezirkshauptmann** A (ohne Graz, Wien), ↗**Bezirkshauptmannschaft** A (ohne Graz, Wien), ↗**Bezirkshauptort** CH, ↗**Bezirkshauptstadt** A, ↗**Bezirkslehrer(in)** CH, **Bezirksobfrau** (↗Obfrau) A, **Bezirksobmann** (↗Obmann) A, ↗**Bezirkspräsident(in)** CH STIR , ↗**Bezirksrat** CH, ↗**Bezirksschreiberei** CH-nordwest, ↗**Bezirksschule** CH (AG, SO), ↗**Bezirksschulrat** A, **Bezirksspital** (↗Spital) CH, ↗**Bezirksstatthalter(in)** CH, **Bezirksrichter(in).** Zu 2.: ↗**Bezirksamt** A-südost D, **Bezirkskaiser** (↗-kaiser) A, ↗**Bezirksschulinspektor(in)** A, ↗**Bezirksrat** A (Graz, Wien), ↗**Bezirksschulrat** A, **Bezirksstadtrat** CH, ↗**Bezirksvertretung** A (Wien) D, ↗**Bezirksvorsteher(in).** Zu 1. und 2.: ↗**Bezirksschulinspektor(in)** A, **Bezirksparteiobfrau** (↗Obfrau) A, **Bezirksparteiobmann** (↗Obmann) A

Bezirksammann CH (SG, SZ) der; -(e)s, ...männer: **1.** ↗Bezirkshauptmann A (ohne Graz, Wien), ↗Bezirksvorsteher A (Graz, Wien), ↗Bezirksamtmann CH (AG), ↗Bezirksstatthalter CH (BL, ZH), ↗Oberamtmann CH (FR, SO), ↗Präfekt CH (VS), ↗Regierungsstatthalter CH (BE, LU, VS), ↗Statthalter CH (BE, BL, TG, ZH), ↗Landrat D (ohne Niedersachsen und Nordrhein-Westfalen), ↗Oberkreisdirektor D (Niedersachsen, Nordrhein-Westfalen) ›↗Vorsteher eines ↗Bezirks‹: *Am Stammtisch im »Rössli« in Rorschach wird heftig diskutiert. Bezirksammann Waldemar M. (61): »Mich beschäftigt der Kriminaltourismus»* (Blick 13. 12. 1995, 3). **2.** ***Frau Bezirksammann** weibliche Form von *Bezirksammann*: *Bei dieser Gelegenheit überbrachte Frau Bezirksammann Louise E. ... Glückwünsche ... für besondere Verdienste in der Region* (Verein FFS Schwyz, 2000, Internet) – Vgl. Ammann

Bezirksamt das; -(e)s, ...ämter: **1.** A-südost (Graz) ›Amt, das Bürgern diverse Serviceleistungen anbietet‹: *Alle Grazer Pensionistinnen und Pensionisten ... können die Karten um 40 S statt um 80 S erwerben; Ausgabe beim jeweiligen Bezirksamt* (Kleine Ztg 20. 4. 1999, Internet; A). **2.** ***Magistratische Bezirksamt** A (Wien) ›dem ↗Magistrat untergeordnete Dienststelle für Stadtverwaltungsangelegenheiten‹: *Der Entwurf mit Erläuterungen liegt in den Magistratischen Bezirksämtern bis 13. August zur öffentlichen Einsicht auf* (Neue Wochenschau 11. 8. 1999, 9). **3.** D ›oberste Verwaltungsbehörde eines Gemeindebezirks‹: *Zuständig für die Erteilung dieser Bescheinigung ist das Bezirksamt* (Stadt Duisburg, 2000, Internet) – Zu 3.: In CH selten. Vgl. Bezirk

Bezirksamtmann CH (AG) der; -(e)s, ...männer: ↗Bezirkshauptmann A (ohne Graz, Wien), ↗Bezirksvorsteher A (Graz, Wien), ↗Bezirksammann CH (SG, ZH), ↗Bezirksstatthalter CH (BL, ZH), ↗Oberamtmann CH (FR, SO), ↗Präfekt CH (VS), ↗Regierungsstatthalter CH (BE, LU, VS), ↗Statthalter CH (BE, BL, TG, ZH), ↗Landrat D (ohne Niedersachsen und Nordrhein-Westfalen), ↗Oberkreisdirektor D (Niedersachsen, Nordrhein-Westfalen) ›↗Vorsteher eines ↗Bezirks‹: *Der Laufenburger Bezirksamtmann ordnete unmittelbar nach dem Ausbruch der Untersuchungshäftlinge verschärfte Sicherheitsvorkehrungen an* (Bund 13. 1. 1997, 32)

Bezirksanwalt Bezirksanwältin der; -(e)s, ...wälte bzw. die; –, -nen: **1.** A ›Vertreter(in) der Staatsanwaltschaft beim ↗Bezirksgericht‹: *In der Annahme, die Konzentration könne nicht von nur einer Tablette stammen, übermittelte der Neunkirchner Bezirksanwalt den Fall am 28. Jänner an die Staatsanwaltschaft* (Kurier 2. 2. 1998, 11). **2.** CH ›Untersuchungsrichter(in) und Staatsanwalt bzw. Staatsanwältin an einem ↗Bezirksgericht‹: *Gestern verging den Zürcher Posträubern das Lachen, als Bezirksanwalt Rolf J. die Strafanträge stellte: Bis zu acht Jahre will er sie ins Zuchthaus schicken* (Blick 20. 10. 1999, 1) – Vgl. Bezirk – Zu 1. und 2.: **Bezirksanwaltschaft**

Bezirksgemeinschaft STIR die; –, -en: ↗Bezirk A (ohne Graz, Wien) CH, ↗Amt CH-zentral (LU), ↗Amtsbezirk CH-west (BE), ↗Kreis D ›aus mehreren Gemeinden und einem Hauptort bestehende politische Verwaltungseinheit Südtirols‹: *Die Bezirksgemeinschaft Burggrafenamt erstellt eine Rangordnung für die befristete Aufnahme von Erzieher/innen ... der deutschen Sprachgruppe* (Dolomiten 10. 1. 2001, WIKU 39)

Bezirksgericht A CH das; -(e)s, -e: ↗Kantonsgericht CH, ↗Friedensgericht CH (FR, VS), ↗Amtsgericht CH (LU, SO) D ›Erstgericht für kleinere Zivil- und Strafsachen in einem ↗Gerichtssprengel bzw. Verwaltungsbezirk‹: *Er wurde für seinen einmaligen Kokain-Konsum am Abend des 5. September 1996 vom Wiener Bezirksgericht Innere Stadt zu einer Geldstrafe von 180.000 Schilling verurteilt* (News 23. 12. 1997, 47; A); *Huber war vom Bezirksgericht Zürich wegen Bestechung zu fünf Jahren Zuchthaus verurteilt worden* (Zürcher Oberländer 19. 3. 1997, 1; CH) – In CH in den ↗Kantonen AG, AI, AR, BL, FR, GR, SZ, TG, ZH. Vgl. Bezirk – Dazu: ↗**Bezirksgerichtspräsident(in)** CH, **Bezirksrichter(in)**

Bezirksgerichtspräsident Bezirksgerichtspräsidentin CH der; -en, -en bzw. die; –, -nen: ↗Gerichtsvorsteher A, ↗Amtsgerichtspräsident CH (LU, SO) D ›Richter(in), der bzw. die ein ↗Bezirksgericht leitet‹: *Der Anwalt ihres Mannes ist der Bezirksgerichtspräsident des Nachbarbezirks* (TA 17. 8. 1998, 7) – Vgl. Gerichtspräsident

Bezirkshauptfrau A (ohne Graz, Wien) die; –, -en: ›von der Regierung eines ↗Bundeslandes ernannte Leiterin der politischen Verwaltungseinheit ↗Bezirk‹: *»Für uns ist diese Auszeichnung natürlich eine ganz tolle Sache und zeigt, dass wir mit unserem Projekt auf dem richtigen Weg sind«, sagt Vereinsobfrau und Bezirkshauptfrau Wilbirg M.* (OÖN 22. 12. 2000, Internet) – Vgl. Bezirkshauptmann, Bezirkshauptmannschaft

Bezirkshauptmann A (ohne Graz, Wien) der; -(e)s, ...leute/...männer: ↗Bezirkvorsteher A (Graz, Wien), ↗Bezirksammann CH (SG, SZ), ↗Bezirksamtmann CH (AG), ↗Bezirksstatthalter CH (BL, ZH), ↗Oberamtmann CH (FR, SO), ↗Präfekt CH (VS), ↗Regierungsstatthalter CH (BE, LU, VS), ↗Statthalter CH (BE, BL, TG, ZH), ↗Landrat D (ohne Niedersachsen und Nordrhein-Westfalen), ↗Oberkreisdirektor D (Niedersachsen, Nordrhein-Westfalen) ›von der Regierung eines ↗Bundeslandes ernannter Leiter der politischen Verwaltungseinheit ↗Bezirk‹: *Bloß als Hans die Liste des provisorischen Gemeinderats dem Bezirkshauptmann vorlegte, einem christlich-sozialen Großbauern und Ziegeleibesitzer, strich er sich verlegen seinen Schnauzer* (Hackl, Abschied von Sidonie 112) – Vgl. Bezirkshauptfrau, Bezirkshauptmannschaft

Bezirkshauptmannschaft A (ohne Graz, Wien) die; –, -en: ↗Bezirksrat CH, ↗Bezirksschreiberei CH-nordwest ›[für Bundes- und Landesangelegenheiten zuständige] unterste staatliche Verwaltungsbehörde‹: *Nun werden im Bundesland Niederösterreich seit einigen Monaten die Impfstoffe für die wichtigsten Impfungen von den Bezirkshauptmannschaften gratis zur Verfügung gestellt* (NÖN 22. 6. 1998, 20) – Abk. ↗BH. Vgl. Bezirkshauptfrau, Bezirkshauptmann

Bezirkshauptort CH der; -(e)s, -e: ↗Bezirkshauptstadt A ›Hauptort eines ↗Bezirks und Sitz der Bezirksverwaltung‹: *Der Dachverband »Wirtschaftsfrauen Schweiz« hat seinen Sitz im Oberbaselbieter Bezirkshauptort Sissach* (Bund 23. 10. 1999, 32)

Bezirkshauptstadt A die; –, ...städte: ↗Bezirkshauptort CH ›Hauptstadt eines ↗Bezirks; Sitz der

↗Bezirkshauptmannschaft‹: *Wasserversorgung der Tiroler Bezirkshauptstädte im Vergleich zu anderen Städten* (Echo 23. 9. 1998, 82)

Bezirkslehrer Bezirkslehrerin CH der; -s, – bzw. die; –, -nen (formell): kurz für *Bezirksschullehrer(in)*: ›Person, die an einer ↗Bezirksschule unterrichtet‹: *Die Aufnahmeprüfung wird durch die Fachgruppen unter Beizug der vom Präsidenten der Bezirkslehrer-Vereinigung gemeldeten Bezirkslehrer vorbereitet (Aufgabenstellung), durchgeführt (mündliche Prüfung) und ausgewertet* (Gesetzessammlung Kanton SO, 1992, Internet) – Vgl. Bezirk

Bezirkspräsident Bezirkspräsidentin CH STIR der; -en, -en bzw. die; –, -nen: ›Leiter(in) einer Genossenschaft, Vereinigung, Partei auf der Ebene eines ↗Bezirks‹: *Bezirkspräsident Peter H. führte durch den statutarischen Teil, welcher zügig abgehalten werden konnte* (EDU Kanton AG, 2001, Internet; CH); *Organisiert wurde die Fahrt vom Verband für Kaufleute und Dienstleister, wobei Bezirkspräsident Otto G. und Bezirksleiter Walter H. die Vinschger Unternehmergruppe anführten* (Dolomiten 29. 3. 2001, 39; STIR)

Bezirksrat der; -(e)s, ...räte: **1.** A (Graz); ↗BEZIRKSVERTRETUNG A (Wien) D, ↗STADTVIERTELRAT STIR ›Parlament in einem Stadtbezirk‹: *Laut Statut der Stadt Graz gibt es im Bezirksrat keine Enthaltungen, sondern nur Gegen- oder Pro-Stimmen* (Kleine Ztg 17. 9. 1998, Internet). **2.** CH; ↗BEZIRKSHAUPTMANNSCHAFT A (ohne Graz, Wien), ↗BEZIRKSSCHREIBEREI CH-nordwest ›in ↗Kantonen mit ↗Bezirken Aufsichts- und z. T. Vollzugsbehörde derselben‹: *Dem Bezirksrat kommt die Aufsicht über die einzige Gemeinde des Bezirks Zürich, die Stadt Zürich, zu* (TA 10. 2. 1997, 15). **3.** CH-ost ›Gemeindevertretung‹: *Der Demissionär wurde im Juni 1986, gleichzeitig mit seiner Wahl in den Bezirksrat Oberegg, als Grossrat gewählt* (Gemeinde Oberegg, 1999, Internet). **4. Bezirksrat Bezirksrätin** A (Graz, Wien) CH der; -(e)s, ...räte bzw. die; –, -nen; ↗STADTVIERTELRAT STIR ›Mitglied des Bezirksparlaments bzw. der Behörde Bezirksrat‹: *Die Hauptaufgabe der Bezirksräte ... ist, die Verbindung zwischen der Bevölkerung und der Stadtverwaltung zu gewährleisten* (Kleine Ztg 8. 2. 2000, Internet; A); *In dieser Zeit habe ich Ständeräte, Nationalräte, Regierungsräte, Bezirksräte, Statthalter, Schulpfleger, Bezirksanwälte, Bezirksrichter, Notare und Volksschullehrer, Kirchenpfleger und Pfarrer gewählt* (NZZ Folio 10/1998, 61; CH) – Zu 1. bis 3.: **Bezirksratsbeschluss**

Bezirksschreiberei CH-nordwest die; –, -en: ↗BEZIRKSHAUPTMANNSCHAFT A (ohne Graz, Wien), ↗BEZIRKSRAT CH ›Verwaltungsstelle und ↗Grundbuchamt (der ↗Bezirke im ↗Kanton BL)‹: *Nach dem Auszug des Bauinspektorats verbleiben im Amtshaus die Bezirksschreiberei, das Bezirksgericht und das Statthalter- und Untersuchungsrichteramt* (BaZ 19. 4. 2000, Internet)

Bezirksschule CH (AG, SO) die; –, -n: ↗HAUPTSCHULE A D, ↗REALSCHULE CH, ↗SEKUNDARSCHULE CH, ↗OBERSCHULE CH (GL, SO, ZH), ↗MITTELSCHULE STIR ›eine der an die ↗Primarschule anschliessenden Schulen der obligatorischen Schulzeit bzw. Gebäude, in dem diese Schule untergebracht ist‹: *Eine Studie an der Bezirksschule Suhr AG hat gezeigt, dass Buben ihre Leistungen überschätzen, während Mädchen sie eher unterschätzen, obwohl sie notenmässig meist besser dastehen als die Buben* (Bund 26. 6. 1999, 24) – Dazu: **Bezirksschüler(in), Bezirksschullehrer(in), Bezirksschulpflege** (↗Schulpflege)

Bezirksschulinspektor Bezirksschulinspektorin A der; -s, -en bzw. die; –, -nen: ›Schulaufsichtsbeamter bzw. -beamtin des ↗Bezirksschulrats‹: *Gegen die Entscheidung des Bezirksschulrates können die Eltern ... des Kindes Berufung an den Landesschulrat erheben* (Voneinander lernen, 1996, 30) – Abk. BSI. Vgl. Bezirk

Bezirksschulrat A der; -(e)s, ...räte: ↗SCHULAMT D ›Schulbehörde in einem ↗Bezirk‹: *Erhältlich ist das Buch beim Bezirksschulrat in Bludenz* (VN 25. 5. 1998, A 6) – Abk. BSR. Vgl. Bezirksschulinspektor, Landesschulrat, Stadtschulrat

Bezirksstatthalter Bezirksstatthalterin CH (BL, ZH) der; -s, – bzw. die; –, -nen: ↗BEZIRKSHAUPTMANN A (ohne Graz, Wien), ↗BEZIRKSVORSTEHER A (Graz, Wien), ↗BEZIRKSAMMANN CH (SG, ZH), ↗BEZIRKSAMTMANN CH (AG), ↗OBERAMTMANN CH (FR, SO), ↗PRÄFEKT CH (VS), ↗REGIERUNGSSTATTHALTER CH (BE, LU, VS), ↗LANDRAT D (ohne Niedersachsen und Nordrhein-Westfalen), ↗OBERKREISDIREKTOR D (Niedersachsen, Nordrhein-Westfalen) ›↗Vorsteher(in) eines ↗Bezirks‹: *Mit Strassenreklamen haben sich diese Woche auch die Zürcher Bezirksstatthalter auseinander gesetzt* (TA 11. 12. 1998, 27) – Vgl. Statthalter

Bezirksvertretung A (Wien) D die; –, -en: ↗BEZIRKSRAT A (Graz), ↗STADTVIERTELRAT STIR ›Parlament in einem Stadt- oder Gemeindebezirk‹: *Diese Beiräte sollen für die in Wien lebenden Ausländer eine Interessensvertretung sein und mit Rede-, aber ohne Stimmrecht in die Ausschüsse des Gemeinderates und der Bezirksvertretungen entsandt werden* (Kurier 23. 3. 1998, 10; A); *In Düsseldorf gibt es 10 Bezirksvertretungen. Jede Bezirksvertretung ist 19 Mitglieder stark* (Angermund, 2000, Internet; D) – Vgl. Bezirk

Bezirksvorsteher Bezirksvorsteherin der; -s, – bzw. die; –, -nen: **1.** A (Graz, Wien); ↗BEZIRKSHAUPTMANN A (ohne Graz, Wien), ↗BEZIRKSAMMANN CH (SG, SZ), ↗BEZIRKSAMTMANN CH (AG), ↗BEZIRKSSTATTHALTER CH (BL, ZH), ↗OBERAMTMANN CH (FR, SO), ↗PRÄFEKT CH (VS), ↗REGIERUNGSSTATT-

HALTER CH (BE, LU, VS), ↗STATTHALTER CH (BE, BL, TG, ZH), ↗LANDRAT D (ohne Niedersachsen und Nordrhein-Westfalen), ↗OBERKREISDIREKTOR D (Niedersachsen, Nordrhein-Westfalen) ›von der Regierung des ↗Bundeslandes ernannte Person, die die politische Verwaltungseinheit ↗Bezirk in Wien und Graz leitet‹: *H. T., Bezirksvorsteher von Neubau, geht mit 1. Oktober in Pension* (Presse 29. 9. 1998, 14). **2.** D ›Leiter(in) einer ↗Bezirksvertretung‹: *Zu seiner ersten Sprechstunde lädt der neue Bezirksvorsteher O. S. ... nach Opladen ein* (Stadt Leverkusen, 2000, Internet) – Dazu: **Bezirksvorsteherstellvertreter(in)**

bezogen D Adj.: ↗WOLKIG A D ›bewölkt‹: *Wiederum bei morgens strahlendem Sonnenschein, nachmittags bei bezogenem Himmel fuhren wir heute von Bergen nach Stavanger* (Universität Karlsruhe 31. 10. 2001, Internet)

Bezug der; -(e)s, Bezüge: **1.** A (formell) ›Einkommen, Gehalt [von Beamten]‹: *Statt bisher mit 80 Prozent werden sich die meisten mit vollem Bezug in die Pension verabschieden dürfen* (News 3. 7. 1997, 7). **2.** CH; ↗EINHEBUNG A D-südost LIE, ↗ERHEBUNG CH D ›Kassieren oder Einziehen (von Geldbeträgen)‹: *Bundesratsbeschluss ... betreffend den Bezug der eidgenössischen Getränkesteuer* (Behörden der Schweizerischen Eidgenossenschaft, 2000, Internet). **3.** CH D ›regelmäßiges Beziehen (von Strom, Gas, Wasser, aber auch von Zeitschriften, Zeitungen)‹: *Gebührentarif 1998 für den Bezug von Strom, Wasser, Erdgas und für die Entsorgung von Kehricht und Abwasser in der Gemeinde Goldach* (Goldach, 2000, Internet; CH); *Bezug im Abonnement Fr. 48.– pro Jahr; für Lehrlinge mit Nachweis bis Ende Lehrzeit gratis* (Fotointern, 2000, Internet; CH); *Das Abonnement gilt jeweils für einen Mindestbezugszeitraum von einem Jahr, gerechnet ab dem ersten Tag der Zurverfügungstellung* (Nomos Gesetzestexte, 1999, Internet; D) – Zu 1.: In CH und D nur im Plural möglich. Zu 3.: In A selten. Andere Bedeutungen sind gemeindt. – Zu 1.: ↗**Aktivbezug, Beamtenbezug,** ↗**Bezugszettel, Bezügegesetz, Bezügeregelung, Karenzgeldbezug** (↗Karenzgeld), **Monatsbezug.** Zu 2.: ↗**Vorbezug.** Zu 2. und 3.: ↗**Bezüger(in)** CH

Bezüger Bezügerin CH der; -s, – bzw. die; –, -nen: **1.** ↗BEZIEHER A D ›Person, die regelmässig Geld (meist ↗Rente oder Sozialleistungen) bezieht‹: *Die National- und Ständeräte stimmten über eine einmalige Sonderzulage von 700 Franken für die Bezüger von Ergänzungsleistungen zur AHV/IV ab* (Jahr der Schweiz 1991, 56). **2.** ↗BEZIEHER A D, ↗ABONNENT CH ›Person, die eine Dienstleistung (Strom, Wasser, Wärme) bezieht‹: *Der Energie-Service Biel gibt die internationale Preissteigerung beim Gas im neuen Jahr an die lokalen Bezüger weiter* (Bund 22. 12. 1999, 27) – Vgl. Bezug – Zu 1.: **AHV-Bezüger(in)** (↗AHV), **IV-Bezüger(in)** (↗IV), **Leistungsbezüger(in), Lohnbezüger(in), Rentenbezüger(in)** (↗Rente), **Sozialhilfebezüger(in).** Zu 2.: **Strombezüger(in)**

bezugsbereit CH LUX Adj. (nicht steigerbar): ↗BEZUGSFERTIG A D, ↗BEZUGSFREI D-mittelwest ›(von Räumen und Wohnungen) parat für den Einzug der Mieter(innen) bzw. der Hauseigentümer(innen)‹: *Das Haus soll im Dezember 2000 bezugsbereit sein* (Bund 11. 12. 1999, 29; CH); *Drei Jahre später ist die neue Schule zum Schulanfang am 14. September 1998 bezugsbereit* (Webplaza 21. 10. 2002, Internet; LUX) – Dazu: **Bezugsbereitschaft**

bezugsfertig A D Adj. (nicht steigerbar): ↗BEZUGSBEREIT CH LUX, ↗BEZUGSFREI D-mittelwest ›(von Räumen und Wohnungen) bereit für den Einzug der Mieter(innen) bzw. Hauseigentümer(innen)‹: *Wien 2., Obere Augartenstr. 42, Zentrumsnähe, vis-á-vis Augarten, 5 Eigentumswohnungen in revitalisiertem Altobjekt, bezugsfertig* (Besser Wohnen 11/1997, 2; A); *Dieser Mietspiegel gilt für nicht preisgebundene Wohnungen in Mainz, die bis zum 31. 12. 1998 bezugsfertig geworden sind* (Mietspiegel für die Landeshauptstadt Mainz, 1999, Internet; D)

bezugsfrei D-mittelwest Adj. (nicht steigerbar): ↗BEZUGSFERTIG A D, ↗BEZUGSBEREIT CH LUX ›(von Räumen und Wohnungen) bereit für den Einzug der Mieter bzw. Hauseigentümer‹: *Diverse modernisierte und bezugsfreie 1–2-Zimmer-Wohnungen* (FAZ 10. 10. 1997, 57)

Bezugszettel A der; -s, –: ↗LOHNZETTEL A, ↗GEHALTSZETTEL A D ›Ausdruck, auf dem die Abrechnung über das Gehalt vermerkt ist (bes. bei Bundesbehörden)‹: *Bereits seit dem 1. 1. 1999 wird der Nettobetrag auf den monatlichen Bezugszettel sowohl in Schilling als auch in Euro ausgewiesen* (Wirtschaftskammer Steiermark, 1999, Internet) – Vgl. Bezug

bezuschussen D sw.V./hat: ›einem Vorhaben/einer Sache einen finanziellen Zuschuss gewähren; subventionieren‹: *Der Borkenplan, dessen Entwicklung das Land mit zehn Millionen Mark bezuschusst hat, entstand* (FR 29. 5. 1998, 24) – Dazu: **Bezuschussung**

BG siehe Bundesgymnasium

BGB D das; –, ohne Plur.: buchstabierte Abk. für ›Bürgerliches ↗Gesetzbuch‹: ↗ABGB A, ↗ZGB CH: *Nach 1945 erfuhr das BGB wichtige Veränderungen* (Haensch, Deutschland Lexikon 22)

BGBl. siehe Bundesgesetzblatt

BGer siehe Bundesgericht

BGH siehe Bundesgerichtshof

BGS siehe Bundesgrenzschutz

BH A: **1.** die; –, –: buchstabierte Abk. für ›↗Bezirkshauptmannschaft‹: *Sie können den Fahrer bei der BH anzeigen, und dieser bekommt eine Geldstrafe bis 50.000 Schilling aufgebrummt, die Hintermänner bleiben aber ungeschoren* (TT 30. 1. 1998, 4). **2.** das; -s, ohne Plur.: nur geschriebene, unverkürzt gesprochene Abk. für ›↗Bundesheer‹: *Damals wie heute bestand die Exekutive aus gedienten Soldaten, von denen manche nur den Wehrdienst, viele jedoch auch eine längere Dienstzeit im BH hinter sich hatten* (International Police Association, 2002, Internet) – Andere Bedeutungen sind gemeindt.

BHS A die; –, –: buchstabierte Abk. für *Berufsbildende höhere Schule:* ↗MITTELSCHULE CH, ↗FACHOBERSCHULE D, ↗BERUFSFACHSCHULE D (ohne südost), ↗OBERSCHULE STIR ›Schule, die im Ggs. zum Gymnasium für Berufe in verschiedenen Sparten (Kaufmännisches, Tourismus, Technik etc.) ausbildet und zugleich zum Hochschulstudium berechtigt bzw. Gebäude, in dem diese Schule untergebracht ist‹: *Zuckerl für Hochbegabte: Sie können in der Volksschule eine Klasse und je eine in der Unter- und Oberstufe der AHS oder BHS überspringen* (NÖN 22. 6. 1998, 13) – Vgl. AHS, HAK, Handelsakademie, HTL, Lehranstalt – Dazu: **BHS-Lehrer(in), BHS-Matura** (↗Matura), **BHS-Schüler(in)**

bibberkalt D-nord/mittelwest Adj. (nicht steigerbar, Grenzfall des Standards): ›bitterkalt‹: *Die Schattenseite: Es wird bibberkalt* (WAZ 28. 10. 1997, 1)

Bibeli CH das; -s, – (Grenzfall des Standards): ↗WIMMERL A D-südost, ↗PICKEL CH D ›Eiterbläschen; Hautunreinheit‹: *Sie hat kein Bibeli, keinen Kratzer* (Blick 1. 2. 1997, 5)

Biber[1] D der/das; -s, ohne Plur.: /ein Baumwollgewebe/: *Für kleine Mantelkissen aus Stoffresten (Fleece, Nicki oder Biber) Kreise ausschneiden und mit lustigen Gesichtern besticken oder bemalen* (SWR, 2001, Internet) – Dazu: **Biberbetttuch** (↗Betttuch)

Biber[2] CH der; -s, –: ↗LEBZELTEN A D-südost, ↗HONIGKUCHEN D-nord/mittel, ↗KUCHEN: *BRAUNE KUCHEN D-nord, ↗PFEFFERKUCHEN D-nord/mittel, ↗PRINTE D (ohne nordost/südwest) ›Lebkuchen mit Mandelfüllung (ursprünglich eine Ostschweizer Spezialität)‹: *Coop legt seit jeher grosses Gewicht auf die Qualität und Frische ihrer Lebkuchen-Produkte und produziert in verschiedenen Coop-Bäckereien feinste Gebäcke, wie zum Beispiel Luzerner Lebkuchen, Berner Lebkuchen, feine St. Galler Biber gefüllt, die nach regionalen Traditionen gepflegt werden* (Coop-Ztg, 48/1999, Internet) – Häufig auch in der Verkleinerungsform *Biberli* – Dazu: **Biberfladen**

Bibliothek (gemeindt.): ↗BÜCHEREI

Bichl A (ohne Vbg.) D-südost der; -s, – (Grenzfall des Standards): siehe Bühel

Bickbeere D-nord die; –, -n: ↗MOOSBEERE A-west (Tir.), ↗BLAUBEERE A-west (Vbg.) D-nordwest/mittel, ↗HEIDELBEERE A (ohne südost) CH D, ↗SCHWARZBEERE A-mitte/südost/west (Tir.) D-südost, ↗HEUBEERE CH, ↗TAUBEERE D-südost, ↗WALDBEERE D-mittelwest ›Heidekrautgewächs mit kleinen, blauschwarzen Beeren‹: *Gratiniertes Caipirinhaparfait auf glacierten Aprikosen mit Bickbeeren* (Marcellino's Restaurant Hamburg, 1999, Internet)

Bidon CH der/das; -s, -s ['bidõ] ⟨aus frz. *bidon* ›Kanister‹⟩: ›Trinkflasche für Fahrradfahrer(innen)‹: *Ich hatte nichts mehr zu trinken, liess mich zurückfallen, um einen neuen Bidon zu fassen – und wurde überrascht von einer weiteren Steigung* (TA 6. 4. 1999, 52) – Dazu: **Bidonhalter**

Biennium das; -s, ...ien ⟨aus lat. *biennium* ›Zeitraum von zwei Jahren‹⟩: **1.** A (Verwaltung) ›im Abstand von zwei Jahren stattfindende Gehaltserhöhung (von Beamten)‹: *Analog zum ASVG-Bereich soll es mittelfristig bei den Beamten ebenfalls zu einer Anhebung des faktischen Pensionsantrittsalters kommen: Etwa durch den Wegfall des Anspruchs auf das nächste Biennium und anderer Begünstigungen bei der Pensionierung* (Kurier 23. 2. 1992, 2). **2.** STIR (Schule) ›die ersten beiden Schuljahre in [5-jährigen] staatlichen ↗Oberschulen‹: *Die Einschreibung termingerecht vornehmen müssen auch jene Schüler anderer Oberschulen, die nach dem Biennium (1. und 2. Klasse) die Möglichkeit haben, in die 3. Klasse Fachrichtung »Informatik/Programmierer« überzuwechseln* (Dolomiten 7. 4. 2000, 29) – Die Bedeutung ›Zeitraum von zwei Jahren‹ ist gemeindt. Zu 2 vgl. Triennium – Zu 2.: **Oberschulbiennium** (↗Oberschule)

Bier: ***große Bier** A-west D ***grosse Bier** CH: ↗KRÜGEL A-ost, ↗HALBE A (ohne west) D (ohne ost) ›ein halber Liter Bier im Glas‹: *Die Premiere läuft prächtig; alles klappt, und bei einem grossen Bier geniesst das Publikum das Geschehen* (Institut Strafrecht und Kriminologie Universität Bern, 2001, Internet; CH); *Kurz nachdem der Dampfer abgelegt hat, ordert der Mann erst einmal ein großes Bier* (Tagesspiegel 26. 10. 2000, Internet; D); ***kleine Bier** A-west CH D: ↗SEIDEL A (ohne west), ↗STANGE CH ›etwa 0,35 Liter Bier im Glas‹: *Kannst du bei einem kleinen Bier bleiben, wenn du mit Freunden zusammen bist?* (Vereinigte Bibelgruppen Zürich, 2002, Internet; CH); *Sie lehnen an der Theke und trinken in lockerer Runde ein kleines Bier, einen Wein oder Sherry, essen häppchenweise und plaudern* (WDR 17. 1. 2000, Internet; D) – Das Substantiv *Bier* ist in allen anderen Verwendungen gemeindt. Vgl. Molle

Bierdeckel (gemeindt.): ↗BIERFILZ, ↗BIERTELLER

bierernst CH D Adj.: ›übertrieben ernst, [für eine Situation] unpassend ernst‹: *Selten genug, dass eine Schweizer Jazzproduktion einfach gut ist. Einfach gut,* *also weder vermessen oder spektakulär, weder bierernst noch besonders lustig, sondern unterhaltsam, anregend, mitunter gar mitreissend* (Bund 29. 1. 1997, 7; CH); *Seine Stimmlage ist monoton, die Gesichtszüge bierernst* (Welt 26. 9. 2000; D)

Bierfilz D-südost der; -es, -e: ↗BIERTELLER CH ›Bierdeckel‹: *Regisseur Robin D. … ging … auf ein Bier in die Kneipe. Seine Krakeleien auf dem Bierfilz hätten dort bleiben sollen* (Welt 27. 9. 1997, Internet)

Biergarten D der; -s, …gärten: ↗GASTGARTEN A, ↗SCHANIGARTEN A-ost, ↗GARTENWIRTSCHAFT A-west (Vbg.) CH D-nordwest/südwest, ↗SCHANKGARTEN A-west, ↗GARTENRESTAURANT CH D-nordwest/südwest, ↗GARTENLOKAL D (ohne mittelost) ›größere, meist abgegrenzte Fläche [eines Lokals] im Freien, in dem v. a. Bier konsumiert wird‹: *Danach können wir ja ab und zu in einer netten Kneipe oder einem Biergarten relaxen* (Freundin 19/1997, 200) – Ursprünglich auf Bayern beschränkt, jetzt zunehmend darüber hinaus gebräuchlich

Bierharass CH der; -es, -e: ↗BIERKISTE A D-nordost, ↗BIERKASTEN D ›offenes Behältnis für Transport und Aufbewahrung von Bierflaschen‹: *Er packte den leeren Bierharass und eilte Richtung Quartierladen. Dabei passierte das Missgeschick! Dem Mann fiel eine Pfandflasche aus dem Harass und rollte auf eine Verkehrskreuzung* (Blick 30. 3. 1998, 6) – Oft auch in der Form *Bierharasse* (die; –, -n). Vgl. Harass

Bierharasse CH die; –, -n: siehe Bierharass

Bierkasten D der; -s, …kästen: ↗BIERKISTE A D-nordost, ↗BIERHARASS CH ›offenes Behältnis für Transport und Aufbewahrung von Bierflaschen‹: *Bierkästen wurden auf Balkone geschleift* (Born, Erdabgewandte Seite 97) – Vgl. Kasten

Bierkiste A D-nordost die; –, -n: ↗BIERHARASS CH, ↗BIERKASTEN D ›offenes Behältnis für Transport und Aufbewahrung von Bierflaschen‹: *Vielleicht wollte Monty nur geschwind dem Sauwetter entkommen, dem sich die bibbernden Zuschauer mit über den Kopf gestülpten Plastiksackerln, Bierkisten und durchgeweichten Pappkartons humorvoll widersetzten* (Sport Magazin 10/1997, 131; A) – In CH selten. Vgl. Kiste, Sechsertragerl

Bierlaune D die; –, ohne Plur. (Grenzfall des Standards): ›übermütige, ausgelassene Stimmung‹: *Also planten sie zunächst aus einer Bierlaune heraus das größte Klassentreffen der Welt* (Berliner Ztg 1. 2. 2000, Internet)

Bierlokal A das; -(e)s, -e: ↗BRÄU A D-südost, ↗BRAUHAUS D (ohne ost) ›[größeres] Gasthaus [mit oder bei einer Brauerei], in dem v. a. Bier ausgeschenkt wird‹: *Das neue Bierlokal am Mehlplatz lockt unter anderem mit tiefschwarzem Guinness und Dubliner Flair* (Kleine Ztg 13. 12. 1998, Internet)

Bierruhe D (ohne mittelost) die; –, ohne Plur.: ›beharrliche Gelassenheit, stoische Ruhe‹: *Ralf Schumacher fuhr mit bayrischer Bierruhe sein Rennen* (Welt 13. 3. 2000, Internet)

Bierteller CH der; -s, –: ↗BIERFILZ D-südost ›Bierdeckel‹: *… auf den Tischen karierte Decken, überall Bierteller* (Dürrenmatt, Justiz 9)

Bierverlag D der; -(e)s, -e: ›Unternehmen für den Zwischenhandel von Bier‹: *Ein Hamburger Bierverlag, der das Gebräu auch an die Alster holen soll, ist bereits gefunden* (Hamburger Morgenpost 12. 12. 2000, Internet) – Vgl. Bierverleger

Bierverleger Bierverlegerin D der; -s, – bzw. die; –, -nen: ›Zwischenhändler von Bier‹: *Ein Verleger ist ein Abfüller. Denken Sie nur an den Bierverleger* (Welt 10. 7. 1999, Internet) – Vgl. Bierverlag

Bierzeitung D-nord/mittel die; –, -en ⟨ursprüngl. aus der Studentensprache für in der ↗Kneipe vorgelesene Zeitung⟩: ›von Kollegen, Verwandten oder Freunden verfasste humoristische Zeitung für besondere Anlässe wie Schulabschluss, Hochzeit, Jubiläum‹: *Ob das eher einer Festschrift oder Bierzeitung ähneln soll, hängt von euch ab* (WAZ 26. 3. 1999, Internet)

Bierzeltgarnitur D die; –, -en: ↗HEURIGENGARNITUR A, ↗FESTGARNITUR CH D (ohne südost) ›zusammenklappbarer Tisch und zwei Bänke, die vorwiegend bei größeren Festen gebraucht werden‹: *Selbstverständlich bekommen Sie bei uns alles, was Sie zur Bewirtung Ihrer Gäste benötigen. Angefangen von der Bierzeltgarnitur bis zum eleganten Service* (Kirner Partyservice, 2003, Internet)

bieseln siehe pieseln

Biesterei D-nordost die; –, -en (abwertend, Grenzfall des Standards): ›etw. Anstößiges, Ärgerliches‹: *Das Tier müsste sich um mich herum drapieren, und das ist Biesterei. Das ist nicht im Sinne des Erfinders* (Berliner Morgenpost 7. 9. 1997, Internet) – Vgl. biestig

biestig D-nord/mittel Adj. (abwertend, Grenzfall des Standards): **1.** ›gemein, hinterhältig‹: *Die haben noch mehr über die Nager herausgefunden – zum Beispiel, dass die Schmusetierchen ungemein biestig werden können* (Spiegel 17. 11. 1997, 230). **2.** ›sehr heftig; unangenehm‹: *Als wir nachts zu unserem Bus zurück gehen, ist der Himmel sternenklar, aber es ist biestig kalt* (Reisen-Fotos 5. 12. 2001, Internet) – Vgl. Biesterei

-biet CH das; -(e)s, ohne Plur. (produktives Grundwort in Zus.): ›ein Gebiet, eine Landschaft (um eine Stadt herum oder zu einer Stadt gehörig)‹, z. B. ↗Baselbiet, ↗Bernbiet, Luzernbiet, ↗Murtenbiet, Zürichbiet: *Der Kanton Luzern … vollzieht nur, was der*

Bund vorgibt. So, wie er es im ganzen Entlebuch und im übrigen Luzernbiet getan hat (TA 9. 1. 2000, Internet); *Allerdings hatte der Schnellaufsteiger … schon im Zürichbiet, in Hausen am Albis, als Oberleutnant in der Feuerwehr mitgewirkt* (Bund 31. 10. 1997, 31)

Bieter: 1. Bieter Bieterin A der; -s, – bzw. die; –, -nen ›Person, die bes. bei baugewerblichen Ausschreibungen ein Angebot stellt‹: *Der Bieter bestätigt mit der Abgabe des Angebotes, dass er solche Arbeiten bereits als Alleinunternehmer oder in einer Arge ausgeführt hat* (NÖN 18. 3. 1998, 23). **2.** A-west (Vbg.) CH der; -s, –; ↗Dreiersteigerer A-west (Vbg.) ›Spielart des ↗Jass, bei welcher zwei gegen einen Spieler antreten‹ /ein Kartenspiel/: *Jasser werden einige Ähnlichkeiten zu den Grundregeln von Schieber und Bieter entdecken* (Schweizer Familie 4/1999, 56; CH) – Die Bedeutung ›Person, die bei einer Versteigerung o. Ä. ein Angebot macht‹ ist gemeindt. – Zu 1.: **Bestbieter(in), Bieterabsprache, Bietergemeinschaft, Billigstbieter(in)**

Bijou CH das; -s, -s/-x [biʒu] ⟨aus frz. *bijou* zu bret. *bizou* ›Fingerring‹⟩: ›Juwel, Kleinod‹: *Ein Bijou unter den Baumer Häusern ist das heutige Restaurant Schwendi, ein 1772 erbautes Weinbauernhaus mit wunderschöner Riegelkonstruktion* (Zürcher Oberländer 19. 3. 1997, 21) – Dazu: ↗**Bijoutier** CH LUX, ↗**Bijouterie** CH LUX

Bijouterie CH LUX die; –, -n [biʒutriː] ⟨frz.⟩: ›Juweliergeschäft‹: *Am Donnerstag … um 10.15 betrat ein elegant gekleideter Mann eine Bijouterie in Aarau und liess sich teure Halsketten vorführen* (Kantonspolizei AG, 1999, Internet; CH); *Ihre für die Bijouterie Goeres entworfene Kuh mit dem Titel »Kuhspielfelder« steht in der Rue Philippe II* (Revue 24. 6. 2001, Internet; LUX) – Die Bedeutung ›[billiger] Schmuck‹ ist gemeindt., aber selten. Die Aussprache lautet in A und D [biʒutəˈriː]. Vgl. Bijou, Bijoutier

Bijoutier Bijoutière CH LUX der; -s, -s bzw. die; –, -s [biʒutjeː] ⟨frz.⟩: ›Juwelier(in)‹: *1990 brachte ein in Geldnöten steckender Bijoutier aus Zürich fünf Personen um* (TA 29. 7. 1998, 12; CH); *Es ist nicht alles Gold, was glänzt. Die Revue fragte deshalb Carlo Wagner …, warum es so wichtig ist, seinem Bijoutier vertrauen zu können* (Revue 5. 12. 2001, Internet; LUX) – Vgl. Bijou, Bijouterie

Bikini der/das; -s, -s: in A und D Maskulinum, in CH Neutrum: *Sie werden feststellen, dass Sie schon sofort nach der Behandlung Make-up benutzen oder auch Ihren knappsten Bikini tragen können* (Wienerin 12/1993, 123; A); *Wie eine Meeresgöttin stieg Ursula Andress an den Gestaden einer Karibikinsel aus der Brandung. Für das Bikini, das sie damals trug, bot ein Fan kürzlich 30.000 Dollar* (Brückenbauer 15. 9. 1998, Internet; CH); *Der Bikini wurde 1946 von Louis Réard in Paris vorgeführt, wenige Tage nach dem Aufsehen erregenden Atomtest auf dem Bikini-Atoll, woher auch der Name stammt* (Amica 24. 11. 2001, Internet; D)

Bildstock A CH D-süd der; -(e)s, …stöcke: ↗Marterl A D-südost, ↗Kappile LIE ›Holz- oder Steinpfeiler mit Kruzifix oder Heiligenbild [zur Erinnerung an ein Unglück]‹: *Ich traue mich nicht einen Schritt weiter. Denn auf dem Schindeldach des Bildstockes sitzt ein Eichkatzerl* (Zelger-Alten, Brot 48; A); *Der Abstieg vom Flüeli mit dem restaurierten so genannten Geburtshaus und dem Wohnhaus führt an einem Bildstock zum Gedenken an die Rettung des Klosters St. Katharinenthal vorbei* (NLZ 21. 9. 2000, Internet; CH) – Die Bedeutung ›Druckplatte mit eingeätztem Bild‹ aus der Druckerfachsprache ist gemeindt.

Bildung: *politische Bildung A D: ↗Staasbürgerkunde A D, ↗Staatskunde CH, ↗Gemeinschaftskunde D STIR , ↗Bürgerkunde STIR ›Schulfach, in dem Kenntnisse über den Aufbau des Staates und des Gemeinwesens vermittelt werden‹: *So setzten sie sich zusammen, brüteten einen neuen Lehrplan für die Oberstufe aus und suchten um den Schulversuch »Politische Bildung und Zeitgeschichte« an* (OÖN 21. 11. 1998, 20; A); *Wenn es um Instanzen der politischen Sozialisation geht, wird das Schulfach politische Bildung häufig an erster Stelle genannt* (Universität Marburg 10. 7. 2002, Internet; D) – Das Substantiv *Bildung* ist in allen anderen Verwendungen gemeindt.

Bildungsanstalt A die; –, -en (formell): ›öffentliche Schule‹: *Bei den Ausgaben sind die Personalkosten der größte Brocken mit 506 Millionen S in Pfarren, Kirchenämtern, … Bildungsanstalten und Heimen* (OÖN 7. 7. 2000, 13); ***Bildungsanstalt für Kindergartenpädagogik:** ↗Kindergartenschule A, ↗Kindergärtnerinnenseminar CH ›höhere Schule zur Ausbildung von Kindergärtnerinnen und Kindergärtnern oder Gebäude, in dem diese Schule untergebracht ist‹: *Im Herbst werden einige Betreuerinnen nach Österreich fliegen, um drei Wochen an der Ausbildung der Bildungsanstalt für Kindergartenpädagogik … teilzunehmen* (OÖN 24. 7. 2001, 15) – Das Wort *Bildungsanstalt* ist in CH und D selten – Dazu: **Bundesbildungsanstalt**

Bildungsdirektion CH die; –, -en: ↗Erziehungsdepartement CH, ↗Erziehungsdirektion CH, ↗Kultusministerium D ›oberste Schulbehörde eines ↗Kantons (in einigen ↗Kantonen)‹: *Peter B., Mitarbeiter der Bildungsdirektion des Kantons Zürich, orientiert über Informatik im Unterricht der Volksschule* (Bund 4. 5. 1999, 37) – In A ist für diese Aufgaben das ↗Bundesministerium für Unterricht zuständig. Vgl. Bildungsdirektor.

Bildungsdirektor Bildungsdirektorin CH der; -s, -en bzw. die; –, -nen: ↗Erziehungsdirektor CH,

↗KULTUSMINISTER D ›für das Bildungswesen zuständiges Mitglied in einigen ↗Kantonsregierungen‹: *Der Zürcher Bildungsdirektor E. B. findet es katastrophal, dass kaum Geld vorhanden ist* (Blick 21. 10. 1998, 5) – In A ist für diese Aufgaben der Leiter bzw. die Leiterin des ↗Bundesministeriums für Unterricht zuständig. Vgl. Bildungsdirektion

Bildungsguthaben das; -s, ohne Plur.: **1.** D ›Kontingent an zahlungsfreien Semestern, das Studierenden gewährt wird und nach dessen Ablauf Studiengebühren anfallen‹: *Alle Studierenden erhalten ein Bildungsguthaben in Form eines großzügig bemessenen Kontingents an zahlungsfreien Semestern* (Pädagogische Hochschule Freiburg 17. 9. 2001, Internet). **2.** STIR ›Punkte, die Schülern bzw. Schülerinnen für schulische oder außerschulische Leistungen, z. B. im sozialen oder sportlichen Bereich oder aus Kursen für die Abschlussprüfung, gutgeschrieben werden‹: *Ferner besteht die Möglichkeit der Zuerkennung von Bildungsguthaben, wodurch sich die vorgesehenen Pflichtstunden vermindern* (Brugger, Rechte und Pflichten 48). **3.** STIR ›durch Aus- oder Weiterbildung erworbene Kompetenzen, die für weitere Bildungswege oder den Berufseinstieg anerkannt werden‹: *Der Lehrling sammelt sich auf diesem Ausbildungsweg in der Pflichtzeit ein für andere Schulrichtungen oder eine Weiterbildung anrechenbares Bildungsguthaben an* (Dolomiten 3. 5. 2000, WIKU 8)

Bildungskarenz A die; –, -en: ↗WEITERBILDUNGSURLAUB CH, ↗BILDUNGSURLAUB CH D ›zwischen Arbeitgeber(in) und Arbeitnehmer(in) vereinbarte Freistellung von der Arbeit für die Aus- und Weiterbildung‹: *Die Bildungskarenz muss zwischen Beschäftigtem und Dienstgeber unter Rücksichtnahme auf Arbeitnehmer- und Betriebsinteressen vereinbart werden* (AK OÖ, 2001, Internet) – Vgl. Karenz

Bildungsminister Bildungsministerin A D der; -s, – bzw. die; –, -nen: ↗UNTERRICHTSMINISTER A ›für Schul- und Kulturangelegenheiten zuständiger ↗Bundesminister bzw. zuständige Bundesministerin‹: *Bildungsministerin Elisabeth Gehrer will zwei Unterrichtsstunden kürzen* (Profil 9. 3. 2003, Internet; A); *Bildungsministerin Edelgard Buhlman (SPD) ist von ihrer Reform hellauf begeistert* (TAZ 24. 10. 2001, Internet; D) – Dazu: **Bildungsministerium** (↗Ministerium)

Bildungsurlaub CH D der; -(e)s, -e: ↗BILDUNGSKARENZ A, ↗WEITERBILDUNGSURLAUB CH ›zwischen Arbeitgeber(in) und Arbeitnehmer(in) vereinbarte Freistellung von der Arbeit für Aus- und Weiterbildung‹: *Bei Regelungen über Ruhetage, Überzeit, Bildungsurlaub, Ferienansprüche, Pikettentschädigungen und anderem mehr heisst es meist: »Wird von der Direktion geregelt«* (Bund 9. 3. 1999, 28; CH); *Auch der Landesverband Niedersachsen … erstattete Anzeige gegen zwei Lehrerinnen, die einen angeblichen, aber von der Bezirksregierung genehmigten Bildungsurlaub auf Bali verbracht hatten* (Welt 29. 4. 1997, Internet; D) – Vgl. Urlaub

Billeteur Billeteurin A der; -s, -e bzw. die; –, -nen [bijɛ'tø:ɐ̯] ⟨zu frz. *billet*⟩: ›Platzanweiser(in)‹: *Und dann kam der Billeteur mit der Taschenlampe. Zuvor hatte er mit der Duftspritze den typischen Kinogeruch erzeugt* (VN 12. 12. 1998, A 7) – Die in CH ursprüngliche verbreitete Bedeutung ›Verkäufer(in) und ↗Kontrolleur(in) von Fahrkarten in öffentlichen [Nah]verkehrsmitteln‹ ist veraltet. Die weibliche Form lautete in CH *Billeteuse*, die Aussprache ['bilɛtœ:r] bzw. ['bilɛtœ:sə] – Dazu: **Kinobilleteur(in), Theaterbilleteur(in)**

Billett Billet das; -es/-s, -e/-s [bi'je:, bi'lɛt, bi'jɛt A, 'bilɛt, bi'le:t, bi'lɛt CH] ⟨aus frz. *billet*⟩: **1.** A ›kleines Briefchen, Glückwunschkarte in einem Briefumschlag‹: *Was ins Haus steht, auffällt, festgehalten sein will: ein Billet mit dem Aufdruck »Zur Beförderung herzlichste Glückwünsche«* (Jaschke, Illusionsgebiet 115). **2.** CH BELG LUX; ↗FAHRAUSWEIS A D, ↗FAHRSCHEIN A D ›Fahrkarte‹: *Normalerweise hätte die Teilnehmer das Billett von Glarus nach Zermatt mit dem Halbtax 109 Franken … gekostet* (Südostschweiz 24. 8. 2001, Internet; CH); *Billett sowie Ausweis müssen mit löschfester Tinte ausgefüllt werden* (SNCB 8. 11. 2002, Internet; BELG); *Billet Bissen-Petingen via Künzig. Datum 20. 12. 1944* (Portal der Eisenbahnen in Luxemburg 15. 3. 2001, Internet; LUX). **3.** CH; ↗KARTE A D ›Eintrittskarte, Ticket‹: *Die Billette sind vor Beginn der Veranstaltung am Schalter der Klubschule zu kaufen* (Brückenbauer 3. 12. 1997, 46). **4.** CH (salopp); ↗LENKERBERECHTIGUNG A, ↗SCHEIN: *ROSA SCHEIN A, ↗FÜHRERSCHEIN A D, ↗FAHRAUSWEIS CH, ↗FÜHRERAUSWEIS CH, ↗LAPPEN D ›amtliche Berechtigung, ein motorisiertes Fahrzeug zu fahren‹: *Die erlaubte Höchstgeschwindigkeit beträgt 45 Stundenkilometer. Wer schneller unterwegs ist, … muss das Billett für sechs Monate abgeben* (TA 14. 8. 1996, Internet) – Zu 1.: In CH und D veraltet. Zu 2. und 3.: In A veraltet. Schreibung in A meist *Billett*, in CH selten auch frz. *Billet*. Aussprache in A frz., ohne *l* und mit langem, geschlossenem *e*, umgangssprachlich auch mit realisiertem *l* und kurzem, offenem *e*; in CH mit gesprochenem *l* und langem oder kurzem *e*. Der Plural lautet in A *Billetts*, in CH auch *Billette;* der Genitiv lautet in A *Billetts*, in CH auch *Billettes* – Zu 1.: **Geburtstagsbillet(t), Glückwunschbillet(t).** Zu 2.: **Bahnbillet, Billettausgabe, Billettautomat,** ↗**Billeteur(in), Billeteuse, Billet(t)kontrolle, Billet(t) schalter, Einzelbillet, Flugbillett, Kollektivbillett, Retourbillett** (↗Retour-), ↗**Trambillett.** Zu 3.: **Billettkasse, Billettreservation** (↗Reservation), ↗**Billet(t)**

steuer, Billettverkauf, Eintrittsbillett, Freibillet. Zu 4.: **Billett-Entzug**

Billettsteuer CH die; –, -n ['bilɛt..., bi'le:t..., bi'lɛt...]: ↗VERGNÜGUNGSSTEUER A D, ↗UNTERHALTUNGSSTEUER STIR ›Steuer auf Eintrittskarten zu Veranstaltungen, die dem Vergnügen oder der Unterhaltung dienen‹: *Kein Musikgehör für Billettsteuern: Konzertveranstalter wollen vor Bundesgericht die Abschaffung durchsetzen* (Sonntagsztg 17. 11. 1996, 91) – Die *Billettsteuer* wird nicht mehr in allen Gemeinden erhoben. Vgl. Billett

Bim A-ost (bes. Wien) die; –, – (Grenzfall des Standards): ↗TRAMWAY A-ost/südost, ↗STRASSENBAHN A D, ↗TRAM CH D-nordost (Berlin)/südost, ↗TRAMBAHN CH-zentral (bes. Luzern) D-südost ›Schienenfahrzeug des öffentlichen Nahverkehrs‹: *Heutzutage fährt man mit der Bim – obwohl sie längst nicht mehr so schön bimmelt wie einst* (Semrau, Zimtapfel 228) – Dazu: **Bim-Haltestelle**

Binder der; -s, –: **1.** A D-ost/südost kurz für ↗*Selbstbinder:* ↗SCHLIPS D (ohne südost) ›Krawatte‹: *Raten Sie doch, welcher Binder zu wem gehört* (Ganze Woche 21. 1. 1998, 48; A); *Er hatte sich sorgfältig den Binder umgelegt, anders als ihr Mann, der sich nur, wenn er aus der Wohnung ging, die Krawatte umband* (Timm, Currywurst 68; D-ost/südost). **2. Binder Binderin** A D-mittelost/süd der; -s, – bzw. die; –, -nen: kurz für ↗*Fassbinder:* ↗KÜFER CH D-südwest, ↗BÖTTCHER D (ohne südost), ↗KÜBLER D-südwest, ↗SCHÄFFLER D-südost ›Person, die berufsmäßig Behälter aus Holz (bes. Fässer) herstellt‹: *Im September und Oktober werkt der Binder außer Haus, wenn er zum »Fasslzuschlagen« gerufen wird* (OÖN 25. 5. 1991, Internet; A). **3.** D kurz für *Mähbinder:* ›Maschine, die Getreide mäht und zugleich zu Garben bindet‹: *Wir können z. B. Entwicklungen in der Getreideernte von der Sichel über Mähmaschine und Binder bis hin zum ersten selbst fahrenden Mähdrescher ... darstellen und vorführen* (Landmaschinenverein Wetterau 1. 3. 2002, Internet) – Die anderen Bedeutungen sind gemeindt. – Zu 2.: **Bindermeister(in), Binderwerkstätte** (↗Werkstätte) A

Bindesalat D der; -(e)s, -e (Plur. ungebräuchl., Küche): ↗KOCHSALAT A, ↗LATTICH CH, ↗SALAT: *RÖMISCHE SALAT D (ohne südost) ›leicht bittere Salatsorte mit dunkelgrünen länglichen Blättern und roten Sprenkeln, die sich auch zum Dünsten eignet‹: *In den romanischen Ländern entwickelte sich die Kultur des Bindesalates, dessen längliche Blätter einen lockeren Kopf formen* (Universität Hamburg 9. 8. 2001, Internet)

Bindfaden CH D (ohne südost); der; -s, -/...fäden: ↗SPAGAT A D-südost ›robuste, dünne Schnur‹: *Die Schnitzel mit Bindfaden zusammenbinden, im Mehl wenden und bei mittlerer Hitze leicht anbraten* (St. Galler Tagbl 17. 4. 1999, Internet; CH); *Wie bei allen Spielvorschlägen in diesem Buch braucht man einfaches Material ... Hier ist es eine Rolle Bindfaden, von dem man ein Stück ... abschneiden muss* (Welt 24. 6. 2000, Internet; D); ***es regnet Bindfäden** (Grenzfall des Standards): ↗SCHAFFEL: *ES GIESST/SCHÜTTET WIE AUS SCHAFFELN A D-südost, ↗SCHUSTERBUB: *ES REGNET SCHUSTERBUBEN A D-südost; ↗KÜBEL: *ES GIESST WIE AUS KÜBELN CH; *ES GIESST WIE AUS KÜBELN D, ↗EIMER: *ES GIESST/SCHÜTTET WIE AUS EIMERN D ›es regnet sehr stark‹: *Es war kühl wie im Oktober und regnete Bindfäden* (Bund 9. 8. 1997, 25; CH); *Es regnete Bindfäden, zufriedene oder gar fröhliche Gesichter musste man lange suchen* (NRZ 2. 12. 2001, Internet; D) – In A und D-südost zunehmend gebräuchlich. Zur Redewendung vgl. auch die gleichbedeutenden Verben hudeln, pladdern, plästern, schauern

Binkel A D-südost (Grenzfall des Standards): **1.** das; -s, –; ↗WELLE CH D-südwest ›Bündel‹: *Das Wie ist das Problem. Dass die betroffenen Gendarmen als letzte erfahren, wann und warum sie ihr Binkel packen müssen, steigert kaum die Motivation* (OÖN 7. 8. 1991, 13; A). **2.** der; -s, – (meist abwertend); ↗CHEIB CH, ↗PINKEL D ›[unangenehmer, unsympathischer] Kerl‹: *Schuld ist natürlich der Koch. Ein nervöser Binkel offenbar, der dem Eigengeschmack seiner Zutaten nicht vertraut* (Kurier 10. 5. 2001, 32; A). **3.** der; -s, –; ↗DIPPEL A ›kleine Beule‹: *Manchmal bekommen die Finger, die die Feder halten, schwarze »Binkel«* (Kleine Ztg 30. 3. 2000, Internet; A) – Zu 1.: Häufig in der Form *Binkerl* – Zu 2.: **Zornbinkel**

binnen (gemeindt.): ↗INNERT

binnen D-nord Adv.: ›innen‹: *Wer Emden als Ziel erkoren hat, geht wahrscheinlich durch die Nesselander Schleuse nach binnen und macht nicht beim EYC fest, der vor den Toren Emdens liegt* (Yacht, 2/2000, Internet) – Als temporale Präposition gemeindt.

Bioprodukt (gemeindt.): ↗NATURKOST

Birchermüesli CH das; -s, – ['birçərmyəsli] ⟨nach seinem Erfinder, dem Arzt *Bircher-Benner*⟩: ↗MÜSLI A D, ↗MÜESLI CH ›Speise aus rohem ↗Obst, Milch oder ↗Joghurt und Getreideflocken‹: *Hier ass Vater jeweils zu Mittag, kalorienbewusst jetzt, häufig nur ein Birchermüesli* (Hartmann, Eis 99)

Birnbrot CH das; -(e)s, -e: siehe Birnenbrot

Birnel CH der; -s, ohne Plur.: ↗BIRNENDICKSAFT CH D, ↗BIRNENKRAUT D-mittelwest ›zähflüssige, süsse Masse aus konzentriertem Birnensaft, die als Brotaufstrich oder Zuckerersatz dient‹: *Der delikate Eigengeschmack – eine Mischung aus Birnen, Caramel und Honig – macht Birnel zum idealen Brotaufstrich.*

Dem Birchermüesli gibt er eine feine Note (Winterhilfe Schweiz, 2001, Internet)

Birnenbrot A-west (Vbg.) CH das; -(e)s, -e: ↗ZELTEN A-west, ↗KLETZENBROT A (ohne Vbg.) D-südost, ↗BIRNENWEGGEN CH, ↗HUTZELBROT D-süd, ↗SCHNITZBROT D-südwest ›[in der Weihnachtszeit gegessenes] dunkles, süßes Früchtebrot‹: *Die verschiedenen Arbeitskreise der Pfarre bieten ein reichhaltiges Angebot an Adventkränzen, Adventschmuck, hausgebackenen Keksen und Birnenbrot und verschiedenen kleinen Geschenken* (VN 25. 11. 1999, Heimat/Feldkirch 10; A-west); *Wir entscheiden uns für die vom Kellner empfohlene Käseplatte mit Birnenbrot* (TA 25. 4. 2000, 19; CH) – In CH auch in der Form *Birnbrot*

Birnendicksaft CH D der; -(e)s, ...säfte: ↗BIRNEL CH, ↗BIRNENKRAUT D-mittelwest ›zähflüssige, süße Masse aus konzentriertem Birnensaft, die als Brotaufstrich oder Zuckerersatz dient‹: *Essen Sie mehr Vollkornprodukte und ersetzen Sie den Zucker durch Honig oder Birnendicksaft* (Blick 5. 6. 1996, 31; CH); *Himbeeren durch ein Sieb streichen, mit Birnendicksaft und restlichen Gewürzen verrühren* (Universität Bochum 3. 7. 2001, Internet; D)

Birnenkraut D-mittelwest das; -(e)s, ohne Plur.: ↗BIRNEL CH, ↗BIRNENDICKSAFT CH D ›zähflüssige, süße Masse aus konzentriertem Birnensaft, die als Brotaufstrich oder Zuckerersatz dient‹: *Für die Herstellung von 100 g dieses Birnenkrautes verwenden wir ca. 420 g Früchte* (Grafschafter Krautfabrik 24. 8. 2001, Internet)

Birnenweggen CH der; -s, –: ↗ZELTEN A-west, ↗BIRNENBROT A-west (Vbg.) CH, ↗KLETZENBROT A (ohne Vbg.) D-südost, ↗HUTZELBROT D-süd, ↗SCHNITZBROT D-südwest ›[in der Weihnachtszeit gegessenes] längliches Gebäck mit einer Füllung aus gedörrten Birnen und Nüssen‹: *Sie sitzen am Tisch des alten Bauernhauses in Kleinwangen, zum Luzerner Kaffee werden selbst gemachte Birnenweggen und zwei Kuchensorten serviert* (NLZ 19. 11. 2000, Internet) – Auch in der Form *Birnweggen.* Vgl. Weggen

Birnweggen siehe Birnenweggen

bis: ***bis einschließlich** A D; ***bis zum** A D; ***bis am** CH; ***bis und mit** CH ›bis zu (einem bestimmten [Zeit]punkt, diesen eingeschlossen)‹: *Vom 22. Dezember bis einschließlich 2. Jänner ist das Team des Zahnambulatoriums der Gebietskrankenkasse in Bludenz auf Betriebsurlaub* (VN 19. 12. 1997, A 5; A); *Nach einem kühlen und teils nebeligen Morgen klettern die Quecksilbersäulen bei strahlendem Sonnenschein bis zum Nachmittag auf Werte über 20 Grad* (Presse 17. 9. 1997, 14; A); *Bis am Sonntag, 2. September, sind die acht ausgezeichneten Projekte im Gemeindehaus ... öffentlich ausgestellt* (NLZ 24. 8. 2001, Internet; CH); *Wegen Holzschlags wird die Kantonsstrasse ... ab heute bis und mit Donnerstag ... für den Verkehr gesperrt* (Bund 30. 11. 1999, 27; CH); *Auch in diesem Jahr laufen bis einschließlich Mittwoch wieder zahlreiche junge Männer mit einer eingerollten Zeitung in der Hand vor und hinter den Tieren her* (Welt 13. 7. 1999, Internet; D); *Alle bis zum 31. 12. 01 zu DM-Preisen erworbenen DB-Fahrscheine gelten bis zum Ablauf ihrer Geltungsdauer in den Nahverkehrszügen* (Bahn 20. 2. 2002, Internet; D); ***bis anhin** CH: ↗BISWEILEN LUX ›bis jetzt, bislang, bisher‹: *Das Leben konnte nicht so weitergehen wie bis anhin* (Zahno, Mörder 150) – Das Wort *bis* ist in allen anderen Verwendungen gemeindt.

Biscuitroulade CH die; –, -n ['bɪskʮirula:də]: siehe Biskuitroulade

Bise CH die; –, ohne Plur. ['bi:se]: ↗BISWIND CH ›[kalter] Nord[ost]wind‹: *Noch ist der Boden da nicht gefroren, trotz der eisigen Bise* (Brückenbauer 3. 12. 1997, 17) – Dazu: **Bisenlage**

bisher (gemeindt.): ↗BIS: *BIS ANHIN, ↗BISWEILEN

Biskotte A die; –, -n ⟨aus ital. *biscotto* ›Keks‹ zu lat. *biscotus* ›zweimal gebacken‹⟩: ↗LÖFFELBISCUIT CH LÖFFELBISKUIT D ›kleines längliches Gebäck aus Biskuitteig mit runden Enden‹: *Beikost umfasst also sowohl Gemüse- und Obstbreie als auch Getreideflocken, Biskotten und Getränke* (Apotheke 1/1998, 21) – Dazu: **Biskottenschachtel, Biskottentorte**

Biskuit CH das/der; -s, -s ['bɪskʮi] ⟨aus frz. *biscuit*⟩: ↗KEKS A D, ↗GUETZLI CH, ↗BRÖTLE D-südwest, ↗GUETSLE D-südwest, ↗PLÄTZCHEN D (ohne südwest) ›kleines Feingebäck‹: *Eine Frau, in einer Hand einen angebissenen Apfel, hebt Babysachen vom Boden auf, dann steckt sie ihrem Mann, der auf einer Liege döst, ein Biskuit in den Mund* (TA 3. 7. 1998, 83) – Die Bedeutungen ›Biskuitkuchen, -teig und -boden‹ sind gemeindt. und werden in A [bɪs'kvi:, bɪs'kvit], in CH ['bɪskʮi], in D-nord/mittel [bɪs'kvi:t] und in D-süd [bɪs'kvit, 'bɪskvit] ausgesprochen. In CH und D ist *Biskuit* auch Maskulinum, gemeindt. Neutrum. In CH auch in den Schreibungen *Biscuit* und *Bisquit* – Dazu: **Militärbiskuit** CH, **Vollkornbiskuit**

Biskuitrolle D die; –, -n [bɪs'kvi:t...]: ↗BISKUITROULADE A CH ›Kuchen aus mit ↗Marmelade oder ↗Creme bestrichenem und eingerolltem Biskuitteig‹: *Biskuitrolle ... kurz abkühlen lassen; Zeit genug, um die Konfitüre mit Amaretto zu verrühren* (WDR 1. 7. 2002, Internet)

Biskuitroulade A CH die; –, -n [bɪs'kvitrula:də A, 'bɪskʮirula:də CH]: ↗BISKUITROLLE D ›Kuchen aus mit ↗Marmelade oder ↗Creme bestrichenem und eingerolltem Biskuitteig‹: *Einfach verführerisch, so* *eine duftende, lockere, flaumig, dottergelbe Biskuitroulade* (ORF Nachlese 3/1997, 47; A); *Dann gab es einen gemischten Käseteller mit Crackers und eine Biskuitroulade mit Nusscrème* (NZZ Folio, 6/1998, Internet; CH) – In CH auch in der Schreibung *Biscuitroulade*

bissel bisserl A D-süd Pron. (Grenzfall des Standards): **1.** (adjektivisch) ›wenig; bisschen‹: *Der arme alte Mann habe das bisserl Zusatzverdienst gut brauchen können* (Semrau, Zimtapfel 88; A). **2.** ***ein bissel/bisserl** (adverbial) ›ein wenig; ein bisschen‹: *Fortgeschrittene können mit leichten Hanteln ... arbeiten, um den Luxuskörper ein bisserl mehr zu fordern* (Wiener 9/1999, 117; A) – In A-südost/west auch in der Form *bissele*

bissele A-südost/west Pron.: siehe bissel

bisserl siehe bissel

bissfest A D Adj. (nicht steigerbar): ›nicht ganz weich gekocht; al dente (von Teigwaren)‹: *Die Suppe ist zwar extrem scharf, aber durchaus geschmackvoll, die Nudeln bissfest* (Standard 12./13. 5. 2001, Internet; A); *Nudeln in reichlich Salzwasser bissfest kochen* (Brigitte 11/1996, 212; D)

bissle D-südwest Pron.: siehe bissel

bisweilen LUX Adv.: ↗BIS: *BIS ANHIN CH ›bis jetzt, bislang, bisher‹: *Obwohl der Verbrecherbande bisweilen keine gesetzwidrigen Taten ... nachgewiesen werden konnten, scheint jedoch gewiss, dass sie ... ihre Aktivitäten nach Luxemburg verlegen wollten* (Luxemb Wort 21. 9. 1999, 12) – Die Bedeutung ›manchmal‹ ist gemeindt.

Biswind CH der; -(e)s, ohne Plur.: ↗BISE CH ›[kalter] Nord[ost]wind‹: *Auf dem Trottoir ... zittern an diesem Freitag Touristen im Biswind stadteinwärts* (Bund 25. 10. 1997, 31)

bitterkalt (gemeindt.): ↗BIBBERKALT

BK siehe Betriebskosten

BKA das; –, ohne Plur.: **1.** D buchstabierte Abk. für ›↗Bundeskriminalamt‹: *Am frühen Nachmittag würden zwei Spezialisten vom BKA in Hamburg eintreffen* (Bick, Tödliche Ostern 30). **2.** A nur geschriebene, unverkürzt gesprochene Abk. für ›↗Bundeskanzleramt‹: *»Wir im Bundeskanzleramt meinen, dass gerade der Bereich des betrieblichen Vorschlagswesens ... eine starke Motivation der Mitarbeiterinnen und Mitarbeiter bewirken kann«, hat mir Sektionschef Dr. Alfred M. vom Bundeskanzleramt (*BKA*)* geschrieben (Kurier 26. 4. 1992, 18)

BLA siehe Bundeslehranstalt

Blache CH die; –, -n: ↗PLACHE A CH D-südost ›Plane‹: *Die Pferde ziehen mit Blachen zugedeckte Zweiradwagen* (Schneider, Maistötschli 161) – Wird auf der ersten Silbe betont, kurzer oder langer Vokal – Dazu: **Lastwagenblache, Zeltblache**

Blag D-mittelwest das; -s, -en (abwertend, Grenzfall des Standards): ↗BANKERT A D-südost, ↗GFRAST A, ↗GSCHRAPP A, ↗FRATZ A D-mittelost/südost, ↗GOF CH, ↗GÖRE D-nord/mittel ›[ungezogenes, freches] Kind‹: *Schreiende Blagen muss niemand haben* (NRZ 19. 8. 2001, Internet)

blagieren siehe plagieren

blanchieren (gemeindt.): ↗ABBRÜHEN, ↗ÜBERKOCHEN

blank: *blank gescheuert D (ohne südost) (Grenzfall des Standards) ›abgewetzt‹: *Wenig später stoppte das blank gescheuerte Zündkabel die Fahrt* (Neue OZ 28. 7. 2001, Internet) – Das Adjektiv *blank* ist in allen anderen Verwendungen gemeindt.

Blaskapelle (gemeindt.): ↗BLASMUSIKKAPELLE, ↗BÜRGERKAPELLE, ↗FANFARE, ↗MUSIKGESELLSCHAFT, ↗MUSIKKAPELLE

Blasmusikkapelle A D die; –, -n: ↗MUSIKKAPELLE A D, ↗MUSIKGESELLSCHAFT CH, ↗FANFARE LUX, ↗BÜRGERKAPELLE STIR ›Verein von [Laien]blasmusikern; Blaskapelle‹: *Im Wirtschaftszelt erwartet diesmal die Gäste ein besonders geballtes Programm, denn zu den beiden Wochenenden werden nicht weniger als 35 Blasmusikkapellen aufspielen* (VN 2. 9. 1999, 24; A); *Keine Karussells, wenig Buden, dafür eine riesige Bierhalle, in der sich die »typical bavarian« Blasmusikkapelle ... austobte* (Bayerischer Rundfunk 14. 12. 1999, Internet; D) – In D-nord/mittel als Sache selten. In A sind *Blasmusikkapelle* und *Musikkapelle* im Vergleich zum gemeindt. *Blaskapelle* die am häufigsten gebrauchten Wörter

Blasrohr (gemeindt.): ↗PUSTEROHR

Blattern: *spitze/wilde Blattern CH (die; nur Plur.): ↗FEUCHTBLATTERN A, ↗SCHAFBLATTERN A D-südost, ↗WINDPOCKEN CH D ›Infektionskrankheit [bei Kindern], bei der die Haut von stark juckenden Bläschen befallen wird, die später eintrocknen und verkrusten‹: *Wann darf Dermovate nicht angewendet werden? Bei bekannter Überempfindlichkeit gegenüber einem Bestandteil von Dermovate ... und bei Hauterkrankungen, welche durch Viren, z.B. Herpesinfektionen wie Fieberbläschen, Windpocken (spitze Blattern) usw., oder Pilze verursacht sind* (Glaxo Wellcome AG, 2000, Internet); *Masern und Mumps, die wilden Blattern, Fieber, Brechdurchfall – Eltern ... wissen, wie anstrengend und kräftezehrend es ist, keine Nacht mehr durchschlafen zu können* (Sonntagsztg 30. 11. 1997, Internet) – Schreibung seltener auch *Blatern. Das* Substantiv *Blattern* in der Bedeutung ›Pocken‹ ist gemeindt., hat aber in A und D Kurzvokal

blau Adj. **1.** A (Politik); ↗FREIHEITLICH A ›die ↗FPÖ betreffend, zur ↗FPÖ gehörend‹: *Besonders in Zeiten, in denen wir einen blauen Herrn Frauenminister vorgesetzt bekommen, müssen wir uns fragen: was kann und soll Frauenpolitik leisten, oder welche Art von Frauenpolitik wünschen wir uns überhaupt?* (Frauenorganisation der Grünen Wiens, 2002, Internet). **2. *blaue Anton** D-südwest siehe Anton; ***blaue Zone** CH LUX STIR siehe Zone; ***blaue Brief** A D siehe Brief – Das Adjektiv *blau* ist in allen anderen Verwendungen gemeindt.

blau: *blau machen (gemeindt.): ↗TACHINIEREN

Blaubeere A-west (Vbg.) D-nordwest/mittel die; –, -n: ↗MOOSBEERE A-west (Tir.), ↗HEIDELBEERE A (ohne südost) CH D, ↗SCHWARZBEERE A-mitte/südost/west (Tir.) D-südost, ↗HEUBEERE CH, ↗BICKBEERE D-nord, ↗TAUBEERE D-südost, ↗WALDBEERE D-mittelwest ›Heidekrautgewächs mit kleinen, blauschwarzen Beeren‹: *Beeren in Hülle und Fülle werden angeboten: Himbeeren, Preiselbeeren und Blaubeeren, die hier Mustikka heißen* (VN 26. 9. 1998, F 3; A-west); *Beelitz will in den nächsten Jahren mit Blaubeeren genauso bekannt werden wie mit Spargel* (Berliner Ztg 25. 10. 1999, Internet; D-nordwest/mittel) – Dazu: **Blaubeeromelett** (↗Omelett), **Blaubeersaft, Blaubeerstrauch, Blaubeertorte**

Blauchabis siehe Blaukabis

Blaue (salopp, Grenzfall des Standards): **1.** A die; -n, -n; ↗MONTUR A, ↗SCHLOSSERGEWAND A, ↗ARBEITSANZUG A D, ↗BERUFSKLEID CH, ↗GWÄNDLI CH, ↗ÜBERGEWAND CH, ↗ÜBERKLEID CH, ↗BLAUMANN D (ohne südost), ↗ANTON: *BLAUE ANTON D-südwest ›Arbeitskleidung aus blauem Baumwollstoff‹: *Zur Person Arthur. S. sagte der Ortsvorsteher lachend: »Meist sah man ihn auf dem Fahrrad mit der »Blauen« (Arbeitsanzug) und immer am Schimpfen«* (VN 18. 11. 1999, Heimat/Feldkirch 4). **2.** A der/die; -n, -n (Politik); ↗FREIHEITLICHE A ›Mitglied der ↗FPÖ‹: *Und es ist besonders auffällig, dass die Schwarzen sagen, nur die Roten, und die Roten sagen, aber auch die Schwarzen und auch die Blauen …, und die Blauen meinen, es ist ausschließlich ein roter Politsumpf und alles Mögliche mehr* (Stenogr. Protokoll des Nationalrates 6. 7. 2000, Internet). **3.** A der; -n, -n ›blauer Fleck; kleiner Bluterguss‹: *Am linken Wadl hab ich einen Blauen, da ich immer an einer Sattelschnalle gescheuert bin* (Sternwarte Heiligkreuz, 2001, Internet). **4.** CH der; -n, -n ›Banknote im Wert von 100 Franken‹: *Der Taxifahrer strich freudig die beiden Blauen ein* (Graf, Fahrt ins Blaue 21) – Zu 4.: Bis zur Einführung des Euro auch in A für ›Banknote im Wert von 1000 Schilling‹ und in D für ›Banknote im Wert von 100 Mark‹ gebräuchlich. Zu 2 vgl. blau

Blaufahrer Blaufahrerin CH der; -s, – bzw. die; –, -nen: ↗ALKOLENKER A ›unter Alkoholeinfluss Auto fahrende Person‹: *Der Bundesrat will die Sicherheit im Strassenverkehr … erhöhen: Bessere Fahrausbildung für Neulenker, Fahrausweis auf Probe, mehr Alkoholtests und härtere Strafen für Blaufahrer* (Blick 28. 4. 1998, 15) – In D selten

Blaufelchen (gemeindt.): ↗REINANKE

Blaukabis CH der; –, ohne Plur.: ↗BLAUKRAUT A D-süd, ↗ROTKRAUT A CH D-mittelost/südwest, ↗ROTKABIS CH, ↗ROTKOHL D-nord/mittel ›Kohlart mit rotblauen Blättern, die einen festen Kopf bilden‹: *Wie Matthias G. sät sie den Grossteil ihres Gartengemüses abgesehen von Broccoli oder Blaukabis selbst an* (Südostschweiz 6. 4. 1999, Internet) – Auch in der Schreibung *Blauchabis.* Vgl. Kabis

Blaukraut A D-süd das; -(e)s, ohne Plur.: ↗ROTKRAUT A CH D-mittelost/südwest, ↗BLAUCHABIS CH, ↗ROTKABIS CH, ↗ROTKOHL D-nord/mittel ›Kohlart mit rotblauen Blättern, die einen festen Kopf bilden‹: *Beilagenempfehlung: Butter- oder Schupfnudeln, Serviettenknödel, Butterspätzle, Preiselbeeren, Blaukraut mit Maroni* (VN 7. 10. 1994, Magazin 24; A)

Blaulicht: *Blaulicht und Folgetonhorn A; ***Blaulicht und Sirene** CH D; ***Blaulicht und Martinshorn** D ›blau blinkendes Warnlicht und Sirene an Polizei-, Feuerwehr- oder Krankenwagen, die das Fahrzeug zum absoluten ↗Vortritt berechtigen‹: *Wenige Minuten später waren rote Autos mit Blaulicht und Folgetonhorn unterwegs* (Radio Kärnten, Kaffee und Kuchen 17. 3. 2003, Internet; A); *Die Ambulanz war … mit Blaulicht und Sirene Richtung Flugplatz … unterwegs. Eine Leber musste so schnell wie möglich auf ein Flugzeug gebracht werden* (Blick 25. 9. 1999, 6; CH); *Einmal mit Blaulicht und Sirene im Polizeiauto durch die Stadt flitzen. Das wünschen sich nicht nur viele Kinder* (Offener Kanal Kiel, 2000, Internet; D); *Arzt mit Blaulicht und Martinshorn* (Via medici, 2003, Internet; D); *Herr S. betonte, dass nun endlich ein reales Üben von Einsatzfahrten mit Blaulicht und Martinshorn für die Bayerische Polizei möglich sei* (Polizei Bayern 14. 7. 2003, Internet; D) – Die Wendung *Blaulicht und Sirene* ist in A selten. Das Substantiv *Blaulicht* ist in allen anderen Verwendungen gemeindt.

Blaumann D (ohne südost) der; -(e)s, …männer (Grenzfall des Standards): ↗BLAUE A, ↗MONTUR A, ↗SCHLOSSERGEWAND A, ↗ARBEITSANZUG A D, ↗BERUFSKLEID CH, ↗GWÄNDLI CH, ↗ÜBERGEWAND CH, ↗ÜBERKLEID CH, ↗ANTON: *BLAUE ANTON D-südwest ›Arbeitskleidung aus blauem Baumwollstoff; Overall‹: *Seit 38 Jahren steigt er morgens um sechs aus dem Werkbus, holt seinen Blaumann aus* *dem Spind und macht seine Runde durch die Werkshallen* (BamS 26. 10. 1997, 34)

Blauring CH der; -(e)s, ohne Plur.: ↗JUNGWACHT CH ›katholischer Jugendverband für Mädchen‹: *Siebzig Kinder und Jugendliche der Blauring/Jungwacht haben in den letzten zwei Wochen an einem Lager teilgenommen, bei dem die Ökologie im Mittelpunkt stand* (Bund 20. 7. 1998, 16) – ↗*Jungwacht* und *Blauring* sind zu einem Verband zusammengeschlossen und werden daher meist als *Jungwacht und Blauring* bzw. *Blauring und Jungwacht* oder *Blauring/Jungwacht* bezeichnet

Blech D (ohne südost) das; -(e)s, ohne Plur. (abwertend, Grenzfall des Standards): ↗HOLLER A, ↗QUARGEL A, ↗SCHAS A, ↗TOPFEN A, ↗GUGUS CH, ↗HAFENKÄSE CH, ↗KABIS CH, ↗KÄSE CH D, ↗MUMPITZ CH D (ohne südost), ↗QUARK CH D, ↗SCHNICKSCHNACK D, ↗FEZ D (ohne südost), ↗KAPPES D-mittelwest, ↗KOHL D-nord/mittel, ↗KOKOLORES D (ohne südost) ›Quatsch; Unsinn‹: *B. redet Blech* (TAZ 12. 11. 2001, Internet) – In CH selten. Andere Bedeutungen sind gemeindt. Wird in CH auch lang ausgesprochen

Blechkuchen A D der; -s, –: ↗FLECK A, ↗WÄHE CH D-südwest ›auf einem Backblech gebackener Kuchen‹: *Teilweise backen ältere Damen Kuchen oder es kommen Mütter mit einem Gugelhupf oder einem Blechkuchen* (OÖN 8. 1. 2002, Internet; A); *Die Blechkuchen, belegt mit Pflaumen-, Kirschen- und Apfelstreusel, sind verführerisch und werden auch außer Haus verkauft* (Berliner Ztg 9. 6. 1994, Internet; D)

Blechner Blechnerin D-südwest (bes. Schwarzwald) der; -s, – bzw. die; –, -nen: **1.** ↗SPENGLER A CH D-südost, ↗FLASCHNER D-südwest, ↗KLEMPNER D (ohne südost), ›Person, die berufsmäßig Blechteile für verschiedene Verwendungszwecke verfertigt (z. B. Blechdächer, Dachrinnen etc.)‹: *Blechner- und Dachdeckerarbeiten werden fachgerecht ausgeführt* (Firma Burgert 25. 11. 2002, Internet). **2.** ↗INSTALLATEUR A D, ↗SANITÄRINSTALLATEUR CH D, ↗FLASCHNER D-südwest, ↗KLEMPNER D (ohne südost), ↗SPENGLER D-südost, ↗HYDRAULIKER STIR ›Person, die berufsmäßig Gasleitungen, Heizungen, Wasser- und Sanitäranlagen installiert und repariert‹: *Wir sind tatsächlich in unser neues Haus … eingezogen (oder zumindest unsere Möbel sind es). Wir selbst dagegen müssen uns noch ein wenig gedulden – zumindest bis uns die Maler und Blechner nicht mehr morgens durch das Schlafzimmer schlurfen* (D-Bus 25. 11. 2002, Internet) – Dazu: **Blechnerei**

bledern A-mitte/ost sw.V./ist (salopp, Grenzfall des Standards): ↗BRETTELN A, ↗TUSCHEN: *TUSCHEN LASSEN A, ↗FAHREN: *FAHREN WIE EINE GESENGTE SAU A D, ↗BLOCHEN CH, ↗FRÄSEN CH, ↗BRETTERN CH D, ↗HEIZEN D-mittelwest/südwest, ↗STOCHEN D-mittelwest ›[geräuschvoll] schnell und rücksichtslos fahren; rasen‹: *Andere wiederum meinen, weil die Welt ohnedies so grauslich sei, müsse man auch die schlechten Nachrichten fröhlich präsentieren. Etwa so: »Heißa, sakra, kruzifix, ein flotter Bursche, mit 180 in die Kurven gebledert und dann hat's ihn zerrissen«* (OÖN 19. 5. 1988, 11) – Auch in der Schreibung *pledern*

bleiben (gemeindt.): ↗ABBLEIBEN

Bleichsellerie D-mittelost der; -s, ohne Plur.: ↗STAUDENSELLERIE D (ohne mittelost/südost) ›über der Erde aus einer Wurzel wachsender Sellerie mit hellgrünen Stangen; Stangensellerie‹: *Den Bleichsellerie putzen, waschen und in feine Scheibchen schneiden* (Leipziger Volksztg 15. 4. 2002, Internet) – In A und CH selten

blicken D sw.V./hat (Grenzfall des Standards): ↗ÜBERZIEHEN A, ↗GNEIßEN A D-südost, ↗SPANNEN A D-nordwest/südost, ↗ÜBERREIßEN A D-südost, ↗RAFFEN CH D-mittel/süd ›etw. plötzlich erfassen, durchschauen‹: *Der Stoiber hat's geblickt. Und weil er weiß, dass Bayern den Amis schon immer am Herzen lag, weiß er auch um die große Chance dieser europäisch-amerikanischen Integration* (Pharmazeutische Ztg 27. 3. 2003, Internet) – Andere Bedeutungen sind gemeindt.

Blickfang (gemeindt.): ↗HINGUCKER

Blinker (gemeindt.): ↗BLINKLEUCHTE, ↗FAHRTRICHTUNGSANZEIGER, ↗RICHTUNGSANZEIGER, ↗RICHTUNGSBLINKER

Blinkleuchte A D die; –, -n: ↗FAHRTRICHTUNGSANZEIGER A D, ↗RICHTUNGSANZEIGER CH, ↗RICHTUNGSBLINKER CH ›Blinklicht an Fahrzeugen, mit dem Richtungsänderungen und Spurwechsel angezeigt werden; Blinker‹: *Anbauteile und Türgriffe sind in Wagenfarbe lackiert, die seitlichen Blinkleuchten fanden in den Gehäusen der Außenspiegel Platz* (Presse 19. 2. 2000, Internet; A); *An der Rückseite müssen Kraftomnibusse und Kleinbusse mit mindestens zwei zusätzlichen Blinkleuchten ausgerüstet werden* (Schulwegsicherung, 1994, 18; D)

blitzblank (gemeindt.): ↗BLITZEBLANK

blitzeblank D (ohne südost) Adj.: ›blitzblank‹: *Es sieht aus wie in einer Großküche. Riesige Töpfe im Jugendherbergsformat, Eimer mit Zutaten und blitzeblank geputzte Fliesen* (Welt 14. 8. 2001, Internet)

Blitzgneißer Blitzgneißerin A der; -s, – (scherzh., Grenzfall des Standards): ↗BLITZMERKER D (ohne südost), ↗SCHNELLMERKER D (ohne mittelost/südost), ↗SCHNELLSPANNER D-südost ›Person, die eine Sachlage sehr schnell erfasst‹: *Aber du hast es verstanden, Herbert. Du bist ein Blitzgneißer* (Steiermärkischer Landtag 24. 11./15. 12. 1998, Internet) – Oft ironisch für das Gegenteil gebraucht. Vgl. gneißen

Blitzmerker Blitzmerkerin D (ohne südost) der; -s, – bzw. die; –, -nen: ↗BLITZGNEIßER A, ↗SCHNELLMERKER D (ohne mittelost/südost), ↗SCHNELLSPANNER D-südost ›Person, die etw. schnell begreift oder durchschaut‹: *Joe, sein neuer Banknachbar, ist der absolute Blitzmerker* (BR, Kinderinsel, 2001, Internet)

blitzsauber A D-mittelost/süd Adj. (veraltend): ›bildhübsch (von Frauen)‹: *Vor drei Wochen ist sie mit ihrer Herde heraufgezogen, und er hat noch selten so ein strammes und blitzsauberes Mädel gesehen* (Ganze Woche 5. 11. 1997, 81; A) – Die Bedeutung ›sehr sauber‹ ist gemeindt. Vgl. sauber

Bloch A der/das; -(e)s, -e/Blöcher: ›gefällter, von Ästen und Rinde befreiter Baumstamm‹: *Zwei Bären helfen den Bloch ziehen* (Ganze Woche 21. 1. 1998, 33) – Dazu: ↗**Blochholz**, ↗**Blochziehen, Holzbloch**

blochen CH: **1.** sw.V./ist; ↗BRETTELN A, ↗TUSCHEN: *TUSCHEN LASSEN A, ↗BLEDERN A-mitte/ost, ↗FAHREN: *FAHREN WIE EINE GESENGTE SAU A D, ↗FRÄSEN CH, ↗BRETTERN CH D, ↗HEIZEN D-mittelwest/südwest, ↗STOCHEN D-mittelwest ›schnell [und rücksichtslos] fahren; rasen‹: *Autos, Lastwagen, Töffs blochen tagaus, tagein ebenso laut wie schnell die Strasse entlang und bedrängen die Fussgänger, die in den Lädeli auf den schmalen Trottoirs einkaufen* (TA 23. 9. 1998, 16). **2.** sw.V./hat; ↗EINLASSEN A, ↗BOHNERN CH D (ohne südost), ↗BLOCKEN D-süd, ↗WACHSEN D-ost/süd ›([Parkett]böden) mit Wachs polieren‹: *Die Böden sind ihrer Beschaffenheit und den Vorschriften und Anleitungen entsprechend zu reinigen, zu wichsen und zu blochen* (Regulativ der Einwohnergemeinde St. Stephan, 1990, 2) – Zu 2.: ↗**Blocher**

Blocher CH der; -s, –: ↗BLOCKER D-süd, ↗BOHNERBESEN D-nord/mittel ›schwere Bürste mit Stiel zum Einwachsen von Fussböden‹: *Dunkle Hölzer unbedingt mit kleinem Blocher behandeln, um eine Streifenbildung zu vermeiden!* (Küchler AG Schlieren, 2001, Internet) – Vgl. blochen

Blochholz A das; -es, ohne Plur.: ›zur weiteren Verarbeitung aufeinander gestapelte entrindete Baumstämme‹: *N. war auf der Hobischalm ... mit dem Aufseilen von Blochholz beschäftigt gewesen, als sich oberhalb von seinem Standplatz ein großer Stein löste und ihn in Kniehöhe traf* (OÖN 25. 10. 1997, 29) – Vgl. Bloch

Blochziehen A das; -s, ohne Plur. (Volkskunde): /Volksbrauch, bei dem ein geschmückter Baumstamm in einem festlichen Umzug durchs Dorf gezogen wird/: *Das Fisser Blochziehen ist einer der urtümlichsten Bräuche im Alpenraum* (Echo 28. 1. 1999, 66) – Vgl. Bloch

blocken D-süd sw.V./hat (veraltend): ↗EINLASSEN A, ↗BLOCHEN CH, ↗BOHNERN CH D (ohne südost), ↗WACHSEN D-ost/süd ›(den Fußboden) mit Wachs polieren‹: *Um Glanz zu erzeugen, musste man den gewachsten Boden blocken* (Südwest-Rundfunk 5. 9. 2001, Internet) – In D-südost auch in der Form *blockern* – Dazu: ↗**Blocker**

Blocker D-süd der; -s, – (veraltend): ↗BLOCHER CH, ↗BOHNERBESEN D-nord/mittel ›schwere Bürste mit Stiel zum Einwachsen von Fußböden‹: *Reiben Sie das Mittel ... in kreisenden Bewegungen in den Boden ein. Nach dem Trocknen wird mit einem Blocker überpoliert* (Baumarkt 9. 9. 2001, Internet) – Vgl. blocken

blockern D-südost sw.V./hat: siehe blocken

Blockschokolade D die; –, ohne Plur.: ↗KOCHSCHOKOLADE A CH ›[Bitter]schokolade mit dicken Rippen, die zum Backen verwendet wird‹: *Dann die fein geraspelte Blockschokolade und Haselnüsse zugeben* (Universität Mannheim, 1997, Internet)

blöd (gemeindt.): ↗BESCHEUERT, ↗BLÖDE, ↗DÄMLICH, ↗DEPPERT

blöd: *jmdn. für blöd anschauen A D-südost (Grenzfall des Standards) ›jmdn. für dumm, beschränkt halten und nicht mehr ernst nehmen‹: *Die Leute werden uns für blöd anschauen* (Thüminger, Entscheidung 46; A); ***etw. geht blöd her** A D-südost (Grenzfall des Standards) ›etw. geht durch ungünstige, unverschuldete Bedingungen schlecht aus‹: *Und die Monika ist ja eine gesunde Frau, das müsste ja ganz schön blöd hergehen, wenn irgendwas passieren würde* (Thüminger, Entscheidung, 89; A); ***jmdn. blöd/dumm sterben lassen** A D (ohne südwest) (Grenzfall des Standards): ↗DEPPERT: *JMDN. DEPPERT STERBEN LASSEN A ›jmdn. in einer falschen Meinung belassen; jmdn. nicht aufklären und dadurch nicht vor Schaden bewahren‹: *»Die flinke Anti-Terror-Truppe beklagt sich über die Schwerfälligkeit der Staatsschützer, und die beschweren sich wiederum, »dass die uns blöd sterben lassen»* (Profil 26. 3. 1995, Internet; A); *Man könnte als Ostdeutscher sogar sagen, lassen wir sie doch blöd sterben, die Westler, wenn sie den Osten nicht verstehen wollen* (Berliner Ztg 7. 11. 2001, Internet; D) – Das Adjektiv *blöd* ist in allen anderen Verwendungen gemeindt.

blöde D-nord/mittel Adj. (Grenzfall des Standards): ↗DEPPERT A D-südost, ↗DÄMLICH CH D (ohne südost), ↗DUSSELIG CH D (ohne südost), ↗BESCHEUERT D (ohne südost) ›dumm, töricht, ungeschickt (von

Personen); dumm, blöd, in ärgerlicher Weise unangenehm (von Sachen)‹: *Halten Sie mich für blöde?* (Karr & Wehner, Geierfrühling 181)

blödeln (gemeindt.): ↗ALBERN, ↗KALB: *DAS KALB MACHEN, ↗KASPERN

Blödhammel D der; -s, – (abwertend, Grenzfall des Standards): ↗BLÖDMANN D ›einfältiger, blöder Kerl [der schwer von Begriff ist]; Dummkopf‹ /Schimpfwort/: »*Ha! Das hast du nun davon, Blödhammel!*«, *fluchte Narwin und stampfte auf den Boden* (Universität Ulm 29. 10. 2001, Internet)

Blödmann D der; -(e)s, ...männer (abwertend, Grenzfall des Standards): ↗BLÖDHAMMEL D ›einfältiger, beschränkter Kerl; Dummkopf‹ /Schimpfwort/: »*Aber bei dir ist Watte drin.*« »*Gar nicht. Blödmann!*« (Rothmann, Milch 16)

Blondine (gemeindt.): ↗RAUSCHGOLDENGEL

Blöterliwasser CH das; -s, – (Grenzfall des Standards): ↗KRACHERL A D-südost, ↗LIMO A D, ↗BRAUSE D-nord/mittel, ↗SPRINGERL D-südost, ↗SPRUDEL D (ohne mittelost), ↗SPUMA STIR ›Erfrischungsgetränk mit Kohlensäure; Limonade‹: *Hier noch ein Getränketipp, gegen den Blöterliwasser & Co kaum eine Chance haben* (Chuchi-Chäschtli Küchenkalender, 1999, 27)

Blümchenkaffee D der; -s, ohne Plur.: ›dünner Kaffee‹: *Kaum ein Wiener Dichter hat je vergessen, sich in Berlin über den Kaffee zu beklagen. Blümchenkaffee, Muckefuck! Das findet man in Wien garantiert auf keiner Kaffeehauskarte* (Welt 29. 10. 1999, Internet) – Vgl. Muckefuck, Plempe, Plörre

Blumenampel A D (ohne südost) die; –, -n: ›Blumentopf in einer Hängevorrichtung‹: »*Wir stricken, knüpfen Teppiche und basteln Blumenampeln*«, *sagt A.* (OÖN 5. 10. 2001, Internet; A); *Blumenampeln hängen meist an Stellen, wo sie Wind und Wetter ziemlich stark ausgesetzt sind* (Grün 6/2000, 8; D)

Blumenkasten D der; -s, ...kästen: ↗BLUMENKISTCHEN A CH ›meist rechteckiges Behältnis zum Einpflanzen von Blumen, das auf die Fensterbank, den Balkon o. Ä. gestellt wird‹: *Am helllichten Tag hatte der stürmische Berliner Wind einen vollen Blumenkasten vom Fensterbrett geweht* (Tagesspiegel 10. 7. 2001, Internet)

Blumenkistchen A CH das; -s, –: ↗BLUMENKASTEN D ›meist rechteckiges Behältnis zum Einpflanzen von Blumen, das auf die Fensterbank, den Balkon o. Ä. gestellt wird‹: *Blumenkistchen dürfen nur auf der Innenseite der Balkone aufgehängt werden, was den benutzbaren Platz einengt* (OÖN 5. 7. 1989, 5, A); *Unter den Fenstern hängen Blumenkistchen, Wäscheleinen flattern im Wind, Satellitenschüsseln zieren die Dächer* (Bund 22. 4. 1999, 26; CH) – In A häufig in der Form *Blumenkistl*

Blumenkohl A-west (Vbg.) CH D der; -(e)s, ohne Plur.: ↗KARFIOL A ›Kohlgemüse mit festem Kopf und kleinen weißen Röschen‹: *Andererseits regen Gemüse wie Blumenkohl und Broccoli die Produktion der Phase-II-Enzyme in der Leber an. Diese Enzyme helfen, schädigende Rückstände in den Zellen abzubauen* (Blick 1. 12. 1998, 10; CH); *Miesmuscheln als Vorspeise, Kalbshaxe, Bratkartoffeln, Blumenkohl, Broccoli* (Allegra Spezial 11/1997, 13; D)

Blumentopf: *keinen Blumentopf gewinnen können D (ohne südost) (Grenzfall des Standards) ›nichts erreichen können‹: *Ohne handwerkliche Fähigkeiten wäre jedoch kein Blumentopf zu gewinnen gewesen* (Tagesspiegel 16. 6. 2001, Internet) – In CH selten. Das Substantiv *Blumentopf* ist in allen anderen Verwendungen gemeindt.

Blunze A D-südost die; –, -n: ›Blutwurst‹: *Freitag ab 17 Uhr wird der Bauernmarkt in Fels am Wagram eröffnet. ... Geboten werden Spezialitäten wie Geselchtes, Blunzen, »Kotzengeschroa« und Kunsthandwerk* (Neue Kronen Ztg 7. 9. 1999, Internet; A); ***etw./jmd. ist jmdm. Blunzen** A-ost (salopp): ↗POWIDL: *ETW./JMD. IST JMDM. POWIDL A (ohne Vbg.) ›etw./jmd. ist jmdm. gleichgültig, egal; etw./jmd. ist jmdm. Wurst‹: *Da hat es vor Mutmaßungen nur so gewimmelt, besonders in Medien, denen die Gesetze nicht Blunzen sind und die deshalb aus einem Verdächtigen keinen Verurteilten machen* (OÖN 20. 1. 2000, 24) – Auch in der Form *Blunzen* (die; –, -). Die Redewendung ist in A (ohne ost) zunehmend gebräuchlich – Zu 1.: **Blunzenfülle** (↗Fülle), **Blunzengröstl** (↗Gröstl), **Blunzentascherl** (↗Tascherl)

Blunzen A D-südost die; –, –: siehe Blunze

blutt CH Adj. (Grenzfall des Standards): ↗NACKERT A D-südost, ↗NACKICHT D-nord/mittelwest, ↗NACKIG D (ohne südost) ›nackt, bloss‹: *Holz vorm Haus wie Kabisköpfe, sage ich euch, und der alte Unschlecht hockt daneben, auch fast ganz blutt, der Bock, und malt die blutten Weiber ab* (Späth, Unschlecht 40) – Dazu: ↗**füdliblutt**

Blutwurst (gemeindt.): ↗BLUNZE

BLZ siehe Bankleitzahl

BMin. siehe Bundesminister

Bobo CH das; -s, -s ⟨frz.⟩ (Grenzfall des Standards, Kindersprache): ↗AUA D, ↗ZIPPERLEIN D ›kleine Verletzung; Wehwehchen‹: *Nicht jedes Bobo braucht ärztliche Konsultation* (Sonntagsztg 11. 6. 2000, Internet) – Die Bedeutung ›Narr im spanischen Theater‹ ist gemeindt. und Maskulinum (der; -s, -s)

bockstill CH Adj.: ›gänzlich regungslos‹: *Und die Autos standen einfach still, bockstill* (Diggelmann, Vergnügungsfahrt 93)

Bockwurst D die; –, ...würste ⟨ursprüngl. zum Bockbier gegessene Wurst⟩: ↗WIENERLE A-west (Vbg.) D-südwest, ↗FRANKFURTER A D (ohne südost), ↗FRANKFURTERLI CH, ↗WIENERLI CH, ↗WIENER D, ↗WÜRSTCHEN: *FRANKFURTER WÜRSTCHEN; *WIENER WÜRSTCHEN D (ohne südost) ›Wurst aus magerem Fleisch, die vor dem Verzehr in Wasser erhitzt wird‹: *Die Leute ... essen Kartoffelsalat und Bockwurst* (Strittmatter, Ochsenkutscher 60) – In der Rezeptur ähnlich wie ↗Wiener, aber meist dicker

Bodden D-nord/mittelost der; -s, –: ›durch Überflutung entstandene, fast geschlossene seichte Meeresbucht an der Ostseeküste‹: *Kein anderer Küstenabschnitt der Ostsee bietet die Möglichkeit, die vielfältigsten Naturlandschaften wie Bodden, Wald und Meer auf so engem Raum zu erleben* (Bahntours, Schulfahrten 1998, 34)

Boden der; -s, Böden: **1.** D (ohne südwest); ↗DACHBODEN A D, ↗ESTRICH CH, ↗UNTERDACH CH-südwest STIR, ↗BÜHNE D-südwest, ↗SÖLLER D-mittelwest, ↗SPEICHER D-mittelwest/süd ›unbewohnter Raum unter dem Dach eines Hauses‹: *Wenn Sie Ihre Wohnung ausmessen (lassen) wollen, müssen Sie Folgendes beachten: ... Abstellräume außerhalb der Wohnung (Keller, Boden) zählen nicht mit* (Mieterverein Hamburg, 2000, Internet). **2. *durch alle Böden [hindurch]** CH ›ganz und gar; bedingungslos‹: *Die beiden haben ein dickes Liebesverhältnis. Als ich meine Tochter stellte, stritt sie alles ab, verteidigte ihren Chef durch alle Böden und meinte, ich dürfe nicht die Nase in ihre privaten Angelegenheiten stecken* (Blick 5. 7. 1996, 25). **3. *jmd. unter den Boden bringen** CH D-südwest: ↗ECK: *JMDN. UMS ECK BRINGEN A D-süd, ↗ALLE: *JMDN. ALLE MACHEN D (ohne südost) ›an jmds. Tod [mit]schuldig sein, jmdn. töten; jmdn. um die Ecke bringen‹: *Die Vorstellung, dass man die afghanischen Taliban einfach nach Hause entlassen oder umdrehen könne, die ausländischen Kämpfer, die ohnehin keiner haben wolle, aber am besten unter den Boden bringen solle, schien sich zu verwirklichen* (NZZ 28. 11. 2001, Internet; CH). **4. *etw. zu Boden reden** CH ›etw. ausdiskutieren‹: *Die Behörde [kann] meist einen sehr effizienten Weg der Rechtsfindung einschlagen, indem sie alle relevanten sachlichen Aspekte selbst zu hören bekommt und die Sache zu Boden geredet werden kann* (Kanton BL, 1997, Internet) – Andere Bedeutungen sind gemeindt. – Zu 1.: **Bodenfenster, Bodenkammer,** ↗**Spitzboden** D

Bodenkohlrabi CH der; -s, –: ↗STECKRÜBE D (ohne ost), ↗WRUKE D-nordost ›Gemüsepflanze mit verdickter, gelbfleischiger, saftiger Wurzel; Kohlrübe‹: *Kartoffeln und Bodenkohlrabi schälen und in Würfel, Lauch und Zwiebeln in dicke Ringe schneiden* (Brückenbauer 26. 1. 1999, Internet)

Bodenlumpen A-west CH der; -s, –: ↗AUSREIBFETZEN A (ohne west), ↗REIBTUCH A (ohne west), ↗AUFNEHMER D-nordwest/mittelwest, ↗FEUDEL D-nord ›[grobes] Tuch, mit dem Böden nass gereinigt werden‹: *Aber die Fertigkeit, einen Bodenlumpen auszuwringen, ohne sich dabei die Hände zu brechen, kommt unsereinem bei den zwei Malen, die unsereins jährlich den Küchenboden aufnimmt, bis heute zugute* (NZZ Folio, 2/2003, Internet; CH) – Vgl. Lumpen

Bodenmarkierung (gemeindt.): ↗FAHRBAHNMARKIERUNG

bodenständig (gemeindt.): ↗URCHIG, ↗URIG

Bodenwachs A das; -es, ohne Plur.: ↗BODENWICHSE CH, ↗BOHNERWACHS D ›wachsähnliche Flüssigkeit zur Fußbodenpflege‹: *Geblieben sind mir von ihr aber nicht nur der Geruch nach Bodenwachs, der immer am Putztag unser Haus erfüllte, ... sondern auch meine seltsame Vorliebe für diese Wunderkugeln* (Wiener Ztg 19. 5. 1998, Internet) – In D-südost veraltet

Bodenwelle (gemeindt.): ↗MUGEL

Bodenwichse CH die; –, ohne Plur.: ↗BODENWACHS A, ↗BOHNERWACHS D ›wachsähnliche Flüssigkeit zur Fussbodenpflege‹: *Ölige Putzlappen und mit Bodenwichse getränkte Lappen sind in verschlossenen Blechbehältern zu versorgen* (AMA Messe und Kongress AG, 2000, Internet)

bodigen CH sw.V./hat ⟨Verbbildung zu *zu Boden werfen*⟩: ›erledigen, verwerfen; besiegen‹: *Eine bunt gemischte Koalition von Linken und Rechten bodigte schliesslich mit 87:39 Stimmen den Vorschlag des Bundesrates* (Bund 26. 6. 1998, 17); *Am Dienstag hatte Eindhoven das seltene Gefühl erlebt, mit Bayern München eine deutsche Mannschaft richtig zu bodigen* (Blick 28. 10. 1999, 23) – Bes. im Sport, vor allem im ↗Schwingen, in übertragener Bedeutung aber auch ausserhalb des Sportbereiches gebräuchlich

BöFei CH der; -s, ohne Plur. (Kurzwort, Militär): ›böser Feind‹: *Auf die Frage, wo denn der BöFei heutzutage stehe, betonte Drohner: Laut Abwehrzentrale ›Christoph‹ überall* (TA 14. 11. 1997, 23); *Unter Einsatz von Strickleitern, Fixseilen, Trittbalken, Abseilpisten und einer spektakulären Balkenbrücke über die gefährlich schäumende und unberechenbare Reuss, sollte eine imaginäre Füsilierkompanie aus dem vom BöFei kontrollierten Terrain evakuiert werden* (VBS, 1998, Internet) – Meist ironisch. Während des kalten Kriegs vorwiegend verhüllend für einen potenziellen Aggressor aus dem Osten verwendet

Bofese siehe Pafese

Bogen der; -s, -/Bögen: Der Plural lautet in A, D-süd und selten in CH *Bögen*, in CH und D *Bogen*: *Bitte senden Sie die unterschriebenen Bögen an obige Adresse bis Ende August retour* (Kirche intern 8/1995, 49; A); *Überall strecken sich kleine Türme gen Himmel, geschwungene Brüstungen und kunstvolle Bögen verlieren sich ineinander* (Bund 10. 9. 1999, 39; CH); *Das Lokal ist durch drei grosse Bogen unterteilt, die wir im ersten Moment für Spiegel hielten* (NZZ 14. 6. 2002, 44; CH); *Für die Trauung hatten die Kinder große Bogen angefertigt, durch die das Paar ging* (Pirmasenser Ztg 29. 10. 1997, Internet; D); *Die Bögen wurden von einer kleinen Kommission erarbeitet und sollen einerseits den Dozenten helfen, ihre Veranstaltungen zu verbessern, andererseits aber auch »schwarze Schafe« aufspüren* (Universität Stuttgart 11. 3. 2001, Internet; D-süd)

Bohne (gemeindt.): ↗FISOLE, ↗STRANKERL

Bohnenstroh: *dumm wie Bohnenstroh D (ohne südost) (abwertend, Grenzfall des Standards) ›strohdumm‹: *Die Römer sind wie immer dumm wie Bohnenstroh, die Wildschweine fett und reichlich an der Zahl* (Neue OZ 19. 12. 2001, Internet)

Bohnerbesen D-nord/mittel der; -s, –: ↗BLOCHER CH, ↗BLOCKER D-süd ›schwere Bürste mit Stiel zum Einwachsen von Fußböden‹: *Bohnerbesen müssen des Öfteren gereinigt werden* (NRZ 27. 4. 1998, Internet) – Vgl. bohnern

bohnern CH D (ohne südost) sw.V./hat: ↗EINLASSEN A, ↗BLOCHEN CH, ↗BLOCKEN D-süd, ↗WACHSEN D-ost/süd ›(den Fußboden) mit Wachs polieren‹: *... alte, unbehandelte Parkettböden, die gebohnert werden mussten* (Moser, Putzfraueninsel 10; CH); *Wir stiegen die Schultreppe hoch. Damit wir uns ein paar Beine brachen, hatte der Hausmeister sie frisch gebohnert* (Hofmann, Glück 80; D) – Dazu: **Bohner** D (ohne südost), ↗**Bohnerbesen** D-nord/mittel, **Bohnermaschine** D (ohne südost), ↗**Bohnerwachs** D

Bohnerwachs D das; -es, ohne Plur.: ↗BODENWACHS A, ↗BODENWICHSE CH ›wachsähnliche Flüssigkeit zur Fußbodenpflege‹: *... auf den Gängen glänzt Linoleumboden und es riecht nach Bohnerwachs* (WAZ 16. 5. 1998, 17) – Vgl. bohnern

Bölimann CH der; -(e)s, ...männer: ↗WATSCHENMANN A D-südost ›Zielscheibe der öffentlichen Kritik; Buhmann, Prügelknabe, Sündenbock‹: *Er ist sich bewusst, dass den Vertretern seines Berufes »nicht gerade ein allzu hohes Sozialprestige anhaftet«. Man sei in dieser Funktion »schnell einmal der Bölimann»* (NLZ 12. 4. 1999, Internet) – Manchmal auch in der mundartlichen Form *Böölimaa*

bölken D-nord/mittelwest sw.V./hat (Grenzfall des Standards): ›laut rufen oder schreien‹: *Unger kam ... auf uns zu und bölkte schon im Näherkommen* (Martin, Blut 29)

Bolle D-nordost (bes. Berlin) die; –, -n: ›große Zwiebel‹: *Mitten im Hochsommer möchte ich mich der Zwiebel widmen. Sie gehört zur Familie der Liliengewächse, wird auch Bolle ... genannt* (Mein Gartenjahr 18. 7. 2002, Internet) – Dazu: **Rockenbolle**

Bollenhut D-südwest der; -(e)s, ...hüte: ›Schwarzwälder Trachtenhut für Frauen mit roten oder schwarzen Pompons‹: *Natürlich konnten auch wir nicht von Klischees lassen und machten uns auf die Suche nach dem Bollenhut, dem Markenzeichen des Schwarzwaldes schlechthin* (Stuttgarter Ztg 24. 10. 1999, Beilage Sonntag Aktuell 56)

Böller D (ohne südost) der; -s, –: ↗KRACHER: *SCHWEIZER KRACHER A CH D-süd, ↗SILVESTERKNALLER D (ohne südost) ›[zur Jahreswende gezündeter] Feuerwerkskörper, Knallkörper‹: *Wer das neue Jahr mit einem Feuerwerk begrüßen will, sollte möglichst auf Böller verzichten und lieber zu Raketen, Sonnenrädern oder Vesuven greifen* (Hamburger Abendbl 30. 12. 1999, Internet) – Die Bedeutung ›Geschütz zum Salut-, Signal- und Festschießen‹ ist gemeindt.

Bollerwagen D (ohne nordost/südost) der; -s, –: ↗WAGERL A, ↗WÄGELI CH ›[kleiner] Handwagen‹: *Bäuerinnen bugsieren holpernd Bollerwagen über das Kopfsteinpflaster* (VDI Nachrichten 9/1992, 20)

bolzen D sw.V./hat: ↗BALLESTERN A-ost/südost, ↗TSCHUTTEN CH, ↗KICKEN D ›[planlos] Fußball spielen‹: *S. bolzt jeden Montag in einer Betriebsmannschaft, auch der Sohn spielt Fußball und selbst die Tochter Nina ist fußballverrückt* (Trend Zeitschrift, 1999, Internet) – Dazu: **Bolzer(in), Bolzerei,** ↗**Bolzplatz**

Bolzplatz D der; -es, ...plätze: ›Spielplatz, auf dem Fußball gespielt werden kann‹: *Sie wollten erstklassigen Fußball sehen, gingen gut gelaunt ins Stadion und bekamen einen biederen Kick wie auf dem Bolzplatz zu sehen* (Welt 10. 3. 1997, Internet) – Vgl. bolzen

bombig D Adj. (Grenzfall des Standards): ›ausgezeichnet, hervorragend‹: *Der Streik verläuft bombig* (WAZ 5. 5. 2001, Internet) – In CH selten

Bonbon [bõ'bõ: A D, 'bõbõ CH, bɔŋ'bɔŋ D (ohne süd)]: **1.** A D-südost das; -s, -s; ↗KONFEKT A D, ↗PRALINE CH D ›gefüllte, mit Schokolade überzogene Süßigkeit‹: *Bei jedem Schritt stolperte man über ein Sammelsurium von leeren Zigarrendosen, Bonbonschachteln, Bierdeckeln und Schwedenbombenkartons* (Kneifl, Vorstellung 12; A). **2.** CH das; -s, -s; D das/der; -s, -s; ↗ZUCKERL A D-südost, ↗TÄFELI CH-west/nord, ↗ZÄLTLI CH-ost, ↗ZUCKERLE STIR ›Süßigkeit zum Lutschen (als Ganzes in den Mund zu stecken)‹: *Werden Kaugummi, Bonbons usw. ge-*

schleckt, geht der Schüler eine Stunde vor die Türe (Pestalozzi, Zukunft 38; CH); *Sie haben Ihren Eucalyptusbonbon im Mund, Weikman* (Hofmann, Tolstois Kopf 82; D). **3.** D (ohne südost) das; -s, -s; ↗GUSTOSTÜCKERL A, ↗SCHMANKERL A D-südost, ↗ZUCKERL A D-südost, ↗ZÜCKERCHEN CH, ↗ZUCKERLE STIR ›als Lockmittel eingesetzte Vergünstigung; Anreiz; etw. Auserlesenes, Spezielles‹: *Sicher wäre es angezeigt, ein »Bonbon« in das Angebot einzuarbeiten* (Briese-Neumann, Geschäftskorrespondenz 175) – Zu 2.: In CH die einzige standardsprachliche Bezeichnung, die aber wegen zahlreicher Dialektformen selten gebraucht wird. In D auch Maskulinum – Zu 1.: **Eisbonbon.** Zu 2.: **bonbonfarben,** ↗**Karamellbonbon** A D. Zu 1. und 2.: **Bonbonniere**

bongen D sw.V./hat (Grenzfall des Standards): ›eine zu zahlende Summe auf die Rechnung tippen [meist automatischer Vorgang an einer Registrierkasse]‹: *Dieter K. bongt die beiden Biere in die Kasse ein* (Berliner Ztg 21. 10. 2000, Internet); ***ist gebongt** ›etw. ist abgemacht, wird wie besprochen erledigt‹: *... ist gebongt Jungs ... wir treffen uns jeden Dienstag und Donnerstag um 19.00 Uhr* (SV Amendingen 13. 8. 2003, Internet)

Bonn (gemeindt.): ↗BEETHOVENSTADT

Bookmark (gemeindt.): ↗BUCHZEICHEN, ↗LESEZEICHEN

Bord CH das; -(e)s, -e/Börder: ›kleiner Abhang, Böschung, aufgeworfener oder abschüssiger Rand‹: *Die Wucht des Aufpralls katapultierte [das] Auto zuerst gegen das Heck eines Lieferwagens und schleuderte es danach das Bord hinunter* (NLZ 3. 10. 2001, Internet) – Die Bedeutungen ›Ablagebrett an der Wand‹ und ›Schiffsbord‹ sind gemeindt. – Dazu: **Bachbord, Bahnbord,** ↗**Strassenbord, Wegbord, Wiesenbord**

Börde D-nord/mittel die; –, -n: ›fruchtbare Tieflandbucht [in Norddeutschland]‹: *Die Kreisstadt Oschersleben mit 16.500 Einwohnern liegt in einer der fruchtbarsten Agrarregionen Deutschlands, der Magdeburger Börde* (Welt 16. 7. 1997, Internet) – Häufig in Flurnamen, z.B. *Soester Börde*

Bordell (gemeindt.): ↗PUFF

Bordkante D-ost die; –, -n: ↗GEHSTEIGKANTE A, ↗RANDSTEIN A CH D-süd, ↗TROTTOIRRAND CH D-südwest, ↗BORDSTEIN D (ohne südost), ↗KANTSTEIN D-nordwest ›steinerne Einfassung (des ↗Bürgersteigs)‹: *Er schlägt vor, dass der Bezirk ... testet, ob die Busspur auf dem Straßenbahngleis eine Alternative ist. ... Dass das Einsteigen auch ohne Bordkante gelingt, hätte er am Bus nach Blankenfelde beobachtet* (Berliner Ztg 20. 12. 1995, Internet) – Die Bedeutung ›Schiffsrand‹ ist gemeindt.

Bordstein D (ohne südost) der; -(e)s, -e: ↗GEHSTEIGKANTE A, ↗RANDSTEIN A CH D-süd, ↗TROTTOIRRAND CH D-südwest, ↗BORDKANTE D-ost, ↗KANTSTEIN D-nordwest ›steinerne Einfassung des ↗Bürgersteigs‹: *Er ... ging ein paar Schritte bis zum Bordstein, an dem ein einsames Taxi stand* (Noack, Hautfarbe 10) – Dazu: **Bordsteinkante**

Borke die; –, -n: **1.** D-nord ›Kruste auf einer Wunde; Schorf‹: *Ein Kleinkind mit Herpes ... hat auf der Haut wasserklare Pusteln, die schließlich eitrig-gelb werden und unter einer braun-gelben Borke abheilen* (Ärzte Ztg 2. 7. 1999, Internet). **2.** D-nord ›festsitzender Schmutz‹: *Ich hatte das Gefühl, dass beide Nasenlöcher mit Borke total verstopft waren, auch Schniefen half nicht endgültig* (Hamburger Morgenpost 22. 1. 1997, Internet). **3.** ***zwischen Baum und Borke stehen/sitzen** D ›keinen Ausweg, keine Lösung finden; in der Zwickmühle sein‹: *Der russische Major jedoch sitzt zwischen Baum und Borke: Er hat keinen Befehl zur Räumung, will aber seine Männer auch nicht dem Tod ausliefern* (Welt 22. 8. 1996, Internet) – Die Bedeutung ›Baumrinde‹ ist gemeindt.

Börse- börse- A (produktives Bestimmungswort in Zus.): ↗BÖRSEN- BÖRSEN- CH D ›den Aktien-, Wertpapier-, Devisen- und Warenmarkt betreffend‹, z.B. Börseboom, Börsefond, Börsegang, Börsegesetz, Börsejahr, Börsekammer, Börsemakler(in) (↗Makler), ↗börsenotiert, Börsepreis, Börsereform, Börsesensal(in) (↗Sensal), börsetauglich, Börsetrend: *Nach dem Börsegang wird der Streubesitz ein Drittel betragen* (SN 20. 10. 1997, 9); *Das börsenotierte Unternehmen befürchtet durch die Neuregelung der Elektrizitätswirtschaft einen Verlust von 600 Millionen Schilling pro Jahr* (Neue Kärntner Tagesztg 25. 6. 1998, 19)

Börse siehe Geldbörse

Börsen- börsen- CH D (produktives Bestimmungswort in Zus.): ↗BÖRSE- BÖRSE- A ›den Wertpapiermarkt betreffend‹, z.B. Börsenaufsicht, Börsengang, Börsengeschäft, Börsengesetz, Börsenjahr, ↗börsenkotiert CH, Börsenmakler(in) (↗Makler) D, ↗börsennotiert D, CH-Börsenindex (↗CH-) CH: *Am 3. Januar 2000 sind die Schalter wieder offen: Sämtliche Dienstleistungen werden angeboten. Zahlungs- und Börsenaufträge werden in diesen Tagen in der Schweiz allerdings nicht ausgeführt* (Blick 22. 7. 1999, 24; CH); *AWD hatte im ersten Quartal 2000 kräftig die Werbetrommel für seinen Börsengang gerührt* (Handelsbl 15. 11. 2001 Internet; D) – In A selten

börsenkotiert CH Adj. (nicht steigerbar): ↗BÖRSENOTIERT A, ↗BÖRSENNOTIERT D ›an der Börse zugelassen und gehandelt (von Aktien, Devisen und Waren)‹: *Dieser Fonds, den der Bankverein erfand, investiert in die wichtigsten börsenkotierten Firmen* *der Schweiz* (Blick 12. 12. 1998, 5) – Vgl. Börsen-, kotieren

börsennotiert D Adj.: ↗BÖRSENOTIERT A, ↗BÖRSENKOTIERT CH ›an der Börse zugelassen und gehandelt (von Aktien, Devisen und Waren)‹: *Die bisherige Hacker-Pschorr Beteiligungs-AG wird mit 500 Millionen Mark an Investitionen zur bundesweit größten börsennotierten Immobiliengesellschaft* (AZ 19. 6. 1998, 4) – Vgl. Börsen-

börsenotiert A Adj.: ↗BÖRSENKOTIERT CH, ↗BÖRSENNOTIERT D ›an der Börse zugelassen und gehandelt (von Aktien, Devisen und Waren)‹: *Das börsenotierte Unternehmen befürchtet durch die Neuregelung der Elektrizitätswirtschaft einen Verlust von 600 Millionen Schilling pro Jahr* (Neue Kärntner Tagesztg 25. 6. 1998, 19) – Vgl. Börse-

Börsl A das; -s, -n: siehe Geldbörse

Böse CH der; -n, -n: ↗SCHWINGER CH ›Person, die ↗Schwingen als Wettkampfsport ausübt‹: *Ein eidgenössisches Schwing- und Älplerfest der Superlative soll … der Schweizer Nationalsport erleben. 50 Jahre nach dem ersten Aufeinandertreffen der Bösen im Stadion Wankdorf Bern werden die 300 besten Sennen und Turner ihren König … erneut im Fussballstadion der Bundeshauptstadt ausschwingen* (TA 2. 5. 1997, 49); ***ganz Böse** (der) ›guter, erfahrener ↗Schwinger‹: *Schläpfer ist ein harter Brocken, ein Leader, der als ganz Böser in zwanzig Jahren harten Zusammengreifens im Sägemehl lernte, wie ein Kampf zu führen ist* (TA 5. 12. 1998, 73) – Die Bedeutung ›Teufel‹ ist gehoben und gemeindt.

Bosniak A der; -en, -en: **1. Bosniak Bosniakin** der; -en, -en bzw. die; –, -nen (auch abwertend): ›[muslimische(r)] Bosnier(in)‹: *Die militanten Kroaten haben sich von der Föderation mit den Bosniaken losgesagt und fordern ihren eigenen Staat nach dem Vorbild der Republika Srpska* (OÖN 15. 3. 2001, 4). **2.** A ›mit Kümmel bestreuter, länglicher, kleiner Laib aus dunklem Brotteig‹: *Für manche Gebäcksorten (z. B. Wachauerlaibchen, Bosniaken, Bierweckerln) werden auch Roggenmehle verschiedener Typen oder Weizenbrotmehl zur Herstellung der Teige verwendet* (Mühle Kianek, 2002, Internet) – Zu 2.: Häufig in der Form *Bosniakerl* (das, -s, -n)

Bosniakerl A das; -s, -n: siehe Bosniak

Bostitch CH der; -s, -/-s ['bɔstɪtʃ] ⟨US-amerik. Markenname⟩ (Wz.): ↗KLAMMERMASCHINE A, ↗TACKER D, ↗KLAMMERAFFE D-nord/mittel ›Gerät zur Anbringung u-förmiger Metallklammern; Hefter‹: *Also schleppt der Schweizer sich ins Tram; unbedingt muss er seinen Arbeitsplatz lebend erreichen, denn so viele Dinge sind noch unerledigt, zum Beispiel das Nachfüllen des Bostitchs mit neuen Klammern* (WW 22. 1. 1998, Internet) – Dazu: ↗**bostitchen, Bostitchklammer**

bostitchen CH sw.V./hat ['bɔstɪtʃən]: ↗TACKERN D ›u-förmige Metallklammern anbringen; heften‹: *Die Mediengruppe musste im Töpfer-Raum noch die Programmhefte fertig machen; zuerst fertig drucken, dann die Blätter auf einander beigen, dann in der Mitte falten und bostitchen* (Schule Nürensdorf, 2002, Internet) – Vgl. Bostitch

Bote (gemeindt.): ↗AUSTRÄGER/AUSTRÄGERIN, ↗VERTRÄGER/VERTRÄGERIN

Botschaft CH die; –, -en: ›Bericht und Stellungnahme der Regierung zu einer ↗Vorlage für das Parlament oder die Volksabstimmung‹: *Alle Vorlagen die im Parlament traktandiert sind, werden in den entsprechenden Kommissionen vorbesprochen. Als Grundlage dazu dient jeweils die Botschaft des Bundesrates* (St. Galler Tagbl 24. 6. 1999, Internet) – Andere Bedeutungen sind gemeindt.

Böttcher Böttcherin D (ohne südost) der; -s, – bzw. die; –, -nen: ↗BINDER A D-mittelost/süd, ↗FASSBINDER A D-süd, ↗KÜFER CH D-südwest, ↗KÜBLER D-südwest, ↗SCHÄFFLER D-südost ›Person, die berufsmäßig Behälter aus Holz (bes. Fässer) herstellt‹: *Bei der Ausbildung zum Böttcher/zur Böttcherin handelt es sich um einen anerkannten Ausbildungsberuf* (Arbeitsamt 8/1998, Internet) – Vgl. Bottich

Bottich CH D (ohne südost) der; -(e)s, -e: ↗SCHAFF A D-südost, ↗SCHAFFEL A D-südost, ↗ZUBER A CH D-süd ›wannenförmiges Gefäß [aus Holz]‹: *… da es keine Duschen gab, wurde uns ein Bottich warmes Wasser zum Waschen zum Zelt getragen* (EEK/ETH, 2001, Internet; CH); *Zwar mögen Wasserpflanzen Sonne, jedoch heizt sich das Wasser im Bottich zu schnell auf, was den Wurzeln schadet* (WAZ 9. 8. 1999, Internet; D) – In A selten. Vgl. Böttcher – Dazu: **Waschbottich**

Bouillon CH D-südwest die; –, -s ['bujõ] ⟨frz.⟩: ↗RINDSUPPE A, ↗RINDSSUPPE A D-südost, ↗BRÜHE D, ↗SUPPE: *KLARE SUPPE D-nord/mittel ›aus Fleisch, Knochen, Gemüse o. Ä. gekochte klare Suppe‹: *Statt der meist üblichen Cremesuppe wird eine Bouillon mit Pilzen und einem Eigelb aufgetischt* (Spots, 1998, Internet) – *Bouillon* ist fachsprachlich gemeindt. und wird in A und D [bu'jõ:], in D [bʊl'jɔŋ, bʊl'jõ:] ausgesprochen – Dazu: ↗**Bouillonwürfel** CH D (ohne ost), **Fleischbouillon, Gemüsebouillon, Hühnerbouillon, Rindsbouillon** (↗Rinds-)

Bouillonwürfel CH D (ohne ost) der; -s, – ['bujo… CH, bu'jõ:… D, bʊl'jɔŋ… D, bʊl'jõ:… D]: ↗SUPPENWÜRFEL A D, ↗BRÜHWÜRFEL D ›zu einem Würfel gepresstes Suppenkonzentrat‹: *Unverpackt nehmen*

wir sehr gerne Spaghetti, Fleisch-/Fischkonserven, Bouillonwürfel, Zahnpasta und Nivea-Creme entgegen (NLZ 5. 10. 2001, Internet; CH); *Jetzt den Bouillonwürfel hinzufügen, unter Rühren aufkochen und 5 bis 10 Minuten köcheln lassen* (Bayerischer Rundfunk 27. 9. 1997, Internet; D) – Vgl. Bouillon

Boulette siehe Bulette

Bouquet CH das; -s, -s ['buk'ɛ] ⟨frz.⟩: **1.** ↗BUKETT A D, ↗GEBINDE CH D ›gebundener Blumenstrauss‹: *Er kennt sich … aus im Geschmack der Bundesräte und Bundesrätinnen, die in ihrem Büro wöchentlich ein neues Bouquet erhalten: »Bundesrat Ogi hat gerne viele Blumen»* (Bund 15. 12. 1999, 26). **2.** ↗BUKETT A D ›Aroma, Duft; Blume des Weins‹: *Der Pinot Noir aus dem einen Fass »ist im Bouquet verhalten« und »riecht gar nicht so wie letztes Jahr»* (Bund 23. 11. 1999, 31) – Die französische Schreibung gilt fachsprachlich auch in A und D. Wird in A und D auf der zweiten Silbe, mit Langvokal, betont

Boutique die; –, -s/-n [bu'tɪk A, bu'ti:k D, 'but'ik' CH] ⟨frz.⟩: Der Plural lautet in CH auch *Boutiques*, gemeindt. *Boutiquen: Verschiedene Boutiques sowie Bars und Restaurants verschönern … den Reisebeginn bzw. die Umsteigezeit für Transferpassagiere* (My Basel, EuroAirport 27. 5. 2001, Internet; CH)

Boxauto D-südwest das; -s, -s: ↗AUTODROM A, ↗PUTSCHAUTO CH, ↗SCOOTER D ›elektrisches Kleinauto in Vergnügungsparks, auf Jahrmärkten o. Ä.‹: *Man kann … Boxauto, Kindereisenbahn, Karussell und Seilbahn fahren* (Zollernalbkreis, 2003, Internet) – Dazu: **Boxautobahn**

Bozen (gemeindt.): ↗TALFERSTADT

Brachse A D-süd die; –, -n: ↗BRACHSEN A, ↗BRACHSMEN CH, ↗BRASSE D-nord/mittelwest /ein Karpfenfisch/: *In stehenden Gewässern wird die Brachse schwerer, in Fließgewässern selten über 4 kg* (Österr. Fischereigesellschaft, 2004, Internet; A); *Obwohl es das Wetter gut mit den Nachwuchsfischern meinte, wollten die Fische nicht so recht beißen und so hielten sich Fänge in Grenzen. Dennoch konnten einige Brachsen und Rotaugen gelandet werden* (Landauer Neue Presse 13. 11. 2001, Internet; D-süd)

Brachsen A der; -s, –: ↗BRACHSMEN CH, ↗BRACHSE A D-süd, ↗BRASSE D-nord/mittelwest /ein Karpfenfisch/: *In diesem Bereich ist von den Weißfischen der Brachsen am häufigsten.* (Kärnten, Anglerinfo, 2004, Internet)

Brachsme CH die; –, -n: siehe Brachsmen

Brachsmen CH der; -s, –: ↗BRACHSEN A BRACHSE A D-süd, ↗BRASSE D-nord/mittelwest /ein Karpfenfisch/: *Im trüben Wasser sind da und dort grosse, längliche Schatten auszumachen. Brachsmen seien es, vermutet der eine der Fischer* (NLZ 16. 5. 1999, Internet) – Auch in der Form *Brachsme* (die; –, -n)

Branchenführer D der; -s, – ['brãʃn̩…]: ↗BRANCHENLEADER A CH, ↗MARKTLEADER CH ›führende Firma in einem Wirtschaftszweig; Marktführer‹: *Auch Branchenführer TUI setzt auf Spezialbroschüren* (WAZ 3. 3. 2001, Internet)

Branchenleader Branchenleaderin A CH der; -s, – bzw. die; –, -nen ['brãʃənli:dər]: ↗MARKTLEADER CH, ↗BRANCHENFÜHRER D ›führende Firma in einem Wirtschaftszweig; Marktführer‹: *Selbst die Branchenleader Rossignol und Salomon würden Verluste schreiben* (Kurier 20. 10. 1998, 17; A); *Derzeit teilen sich mindestens acht Unternehmen den Markt. Die Berner Galenica, Branchenleaderin, beherrscht dabei gegen 50 % und erzielte 1996 einen Umsatz von 1,7 Mrd. Fr.* (TA 3. 5. 1997, 25; CH) – In A ist die movierte Form unüblich. Vgl. Leader

Brand D der; -(e)s, Brände (Grenzfall des Standards): ›großer Durst‹: *Gut, er stapft in die Gastwirtschaft um die Ecke und sagt: »Mann, habe ich vielleicht einen Brand, den muss ich jetzt erst mal löschen«* (Universität Bremen 28. 1. 2003, Internet) – Andere Bedeutungen sind gemeindt.

Brandbrief D der; -(e)s, -e: ›schriftliche Mitteilung mit einer dringenden Bitte oder Verwarnung‹: *Nach dem Brandbrief des saarländischen Regierungschefs Reinhard K. gegen den Reformkurs von Bundeskanzler Gerhard Schröder schlagen die Wogen im Richtungsstreit der SPD erst richtig hoch* (Rhein Ztg 29. 7. 1999, Internet)

brandeln sw.V./hat (Grenzfall des Standards): **1.** A D-süd ›nach Rauch oder Verbranntem riechen‹: *Im Seniorenheim in der Punzerstraße war ebenfalls eine Frau mit Zigarette eingeschlafen. Die Pensionistin wurde durch das »Brandeln« jedoch rechtzeitig wach und konnte sich selbst in Sicherheit bringen* (Kurier 28. 3. 1994, 10; A). **2.** A (salopp) ›für etw. [unfreiwillig] einen [hohen] Geldbetrag zahlen‹: *Argentiniens Starfußballer Diego Maradona muss nun gleich zweimal brandeln: 93.000 Schilling Strafe, weil er einer Vorladung des italienischen Verbands nicht nachgekommen war, 770.000 Schilling kostet ihm eine 40-prozentige Gehaltskürzung* (OÖN 21. 1. 1991, 20)

Brandleger Brandlegerin A der; -s, – bzw. die; –, -nen: ↗ZÜNDLER A D-südost ›Brandstifter(in)‹: *Es entstand kein Sachschaden, die Bewohner sind jedoch verunsichert, weil es noch immer keine Spur zu dem Brandleger gibt* (Kurier 6. 4. 1992, 19)

brandmager CH Adj.: ↗ZAUNDÜRR A D-südost, ↗SPILLERIG D-nord/mittel ›sehr mager; spindeldürr‹: *Langsam und unwillig drehte er den Kopf und erblickte*

Antoinette in jenem schneeweissen, die brandmageren Beine für seinen Geschmack zu sehr betonenden Hosenanzug, den sie schon gestern Abend getragen hatte (Durschei, Meldegg 220)

Brandschau D die; –, -en: ↗FEUERBESCHAU A D-südost, ↗FEUERSCHAU CH ›behördliche Überprüfung der Brandsicherheit (von Gebäuden)‹: *Im Rahmen der Brandschau wurden 4770 Gebäude und Einrichtungen überprüft, die ... in erhöhtem Maße zu Bränden Anlass geben könnten* (Bezirksregierung Arnsberg 2. 1. 2001, Internet)

brandschwarz CH Adj. (nicht steigerbar): ↗KOHLSCHWARZ A D (ohne nordost/mittelwest), ↗PECHRABENSCHWARZ D (ohne südost), ↗NACHTSCHWARZ D-mittelost ›sehr dunkel; rabenschwarz‹: *Auf ortskundige Fischer aus Blandford und Peggy's Cove griff der Krisenstab in Halifax gerne zurück, zumal in der brandschwarzen Nacht zuerst Regen, nachher hoher Wellengang und starke Strömung die Suche behindert hatten* (TA 4. 9. 1998, 2)

Brandstifter (gemeindt.): ↗BRANDLEGER/BRANDLEGERIN, ↗ZÜNDLER/ZÜNDLERIN

Brandteigkrapfen (gemeindt.): ↗LIEBESKNOCHEN

bräsig D-nord/mittelwest Adj. (salopp): ›stur, borniert‹: *Auf der [Schiffs]brücke herrschte ... bräsige Selbstgefälligkeit, im Ausguck fehlte das Fernglas* (Spiegel Jahreschronik, 1997, 274) – Dazu: **Bräsigkeit**

Brass: *[einen] Brass haben; *in Brass kommen/geraten D-nord/mittelwest (Grenzfall des Standards) ›wütend sein/werden‹: *Die Leipziger »Sanftwut« fragt, wer nicht schon mal Mordgelüste gehabt habe, wenn er so richtig in Brass geriet* (Berliner Ztg 25. 9. 1996, Internet)

Brasse[1] D-nord/mittelwest die; –, -n: ↗BRACHSEN A BRACHSE A D-süd, ↗BRACHSMEN CH /ein Karpfenfisch/: *Barrakudas leben von Fisch, vor allem von Grundeln, Makrelen und Brassen* (Tier 9/1996, 63) – Auch in der Form *Brassen* (der; -s, -)

Brasse[2] D-nord die; –, -n: ›Tau zum Stellen der Segel‹: *Beim Wenden war es klar: das Schiff verlor umso mehr Fahrt, je länger seine Segel gegen den Wind standen, also musste man sich bei der Arbeit an den Brassen beeilen* (Nadolny, Entdeckung 53)

Brassen D-nord/mittelwest der; -s, –: siehe Brasse

Brat A D-süd das; -(e)s, ohne Plur.: siehe Brät

Brät A CH D-süd das; -(e)s, ohne Plur.: ↗METT D-nord/mittel ›[fein gehacktes] rohes Kalbs- oder Schweinefleisch mit geringem Fettanteil (als Wurstfüllung)‹: *Wurst wird immer aus fein gehacktem Brät hergestellt, das je nach Qualität nicht immer so fein ist, wie es sein sollte* (OÖN 9. 10. 1999, 8; A); *Dazu gibt's ein frisches Bratwürstchen, das wie früher dazu dient, Brät und Naturdarm zu verwerten, und als Beilage eine knusprige Rösti* (Sonntagsztg 1. 11. 1998, 117; CH) – In A D-südost auch in der Form *Brat* – Dazu: **Brätkügeli** CH, **Kalbsbrät** CH

Bratbutter CH die; –, ohne Plur.: ↗BUTTERSCHMALZ A D, ↗BUTTER: *EINGESOTTENE BUTTER CH ›reines Butterfett zum Braten und Backen‹: *In Bratbutter unter Wenden 10 Minuten braten* (Annabelle 23/1997, 170)

bräteln CH sw.V./hat: **1.** ↗GRILLEN A D, ↗GRILLIEREN CH ›(in der freien Natur) auf offenem Feuer (meist Fleisch oder Fisch) garen‹: *Mit Bier und Grillzange bewaffnet wurde [Stefan] beim Bräteln an der Maggia erwischt* (Blick 11. 8. 1999, 28). **2.** ›braten‹: *Kurz bevor die Gäste kommen, geben wir sie [die Knödel] zur heissen Butter in die Bratpfanne und lassen sie bei mittlerem Feuer unter mehrmaligem Wenden rund sechs Minuten bräteln* (Dreilandztg 1. 10. 1999, 16) – Vgl. rösten – Zu 1.: **Brätelstelle**

braten (gemeindt.): ↗BRÄTELN, ↗RÖSTEN

Bratenpfanne A die; –, -n: ↗BRATTOPF CH, ↗TÜPFI CH, ↗SCHMORTOPF CH D-nord/mittel, ↗BRATENTOPF D-nordwest/südwest, ↗BRÄTER D-mittelwest/südwest ›zum Braten und Dünsten geeignetes großes [ovales] Kochgeschirr mit hohem Rand und Deckel‹: *In einer Bratenpfanne (auf dem Herd) wenig Öl erhitzen, Gänsebrüste darin auf der Hautseite anbraten* (Gusto 11/1997, 32)

Bratentopf D-nordwest/südwest der; -(e)s, ...töpfe: ↗BRATENPFANNE A, ↗BRATTOPF CH, ↗TÜPFI CH, ↗SCHMORTOPF CH D-nord/mittel, ↗BRÄTER D-mittelwest/südwest ›zum Braten und Dünsten geeignetes großes [ovales] Kochgeschirr mit hohem Rand und Deckel‹: *Die Ente mit geschnittener Orange, Apfel und Zwiebel füllen und binden, mit Salz, Pfeffer würzen, in Bratentopf geben* (SWR Wunschbox 17. 8. 2000, Internet) – Vgl. Topf

Bratenwender A-mitte D-nord/mittel der; -s, –: ↗BACKSCHAUFEL A, ↗BRATSCHAUFEL CH, ↗PFANNENWENDER D-mittel/südwest, ↗KÜCHENFREUND D-mittelwest ›flaches Küchengerät zum Wenden von Speisen beim Braten‹: *Wenn auch die andere Seite Farbe bekommen hat, zerteilt man den Pfannkuchen mit dem Bratenwender* (Universität Hamburg 13. 9. 2001, Internet; D-nord/mittel)

Bräter D-mittelwest/südwest der; -s, –: ↗BRATENPFANNE A, ↗BRATTOPF CH, ↗TÜPFI CH, ↗SCHMORTOPF CH D-nord/mittel, ↗BRATENTOPF D-nordwest/südwest ›zum Braten und Dünsten geeignetes großes [ovales] Kochgeschirr mit hohem Rand und Deckel‹: *Das Öl in einem Bräter erhitzen und die Lammkeule darin rundherum kräftig anbraten* (SWR

23. 3. 1997, Internet) – In A als Produktbezeichnung bekannt. In CH selten

Brathähnchen D-nord/mittel das; -s, –: ↗BRATHUHN A, ↗BRATHENDL A D-südost, ↗HENDL A D-südost, ↗GÜGGELI CH, ↗MISTKRATZERLI CH, ↗POULET CH, ↗BROILER D-ost, ↗HÄHNCHEN D (ohne südost) ›als Gericht zubereitetes, gebratenes [junges] Huhn‹: *Ich habe oft Appetit auf Brathähnchen* (Allegra Spezial 11/1997, 8)

Brathendl A D-südost das; -s, -n: ↗BRATHUHN A, ↗HENDL A D-südost, ↗GÜGGELI CH, ↗MISTKRATZERLI CH, ↗POULET CH, ↗BRATHÄHNCHEN D-nord/mittel, ↗BROILER D-ost, ↗HÄHNCHEN D (ohne südost) ›als Gericht zubereitetes, gebratenes [junges] Huhn‹: *Ein Brathendl schmeckt durch seine Schlichtheit: gutes Huhn vom Bauern, Salz, eventuell etwas Paprikapulver, ein wenig Öl, ein paar Butterflocken, erst heftige, dann milde und zum Schluss wieder heftige Backrohrhitze, ab und zu übergießen* (OÖN 8. 9. 2000, 24; A)

Brathuhn A das; -(e)s, ...hühner: ↗BRATHENDL A D-südost, ↗HENDL A D-südost, ↗GÜGGELI CH, ↗MISTKRATZERLI CH, ↗POULET CH, ↗BRATHÄHNCHEN D-nord/mittel, ↗BROILER D-ost, ↗HÄHNCHEN D (ohne südost) ›als Gericht zubereitetes, gebratenes [junges] Huhn‹: *Mit der Funktion »Grill + Mikrowelle« ist z. B. ein Brathuhn schon nach 18 Minuten knusprig* (Wienerin 12/1993, 141)

Bratkartoffel (gemeindt.): ↗ERDAPFEL: *GERÖSTETE ERDAPFEL, ↗RÖSTERDAPFEL, ↗RÖSTKARTOFFEL

Bratschaufel CH die; –, -n: ↗BACKSCHAUFEL A, ↗BRATENWENDER A-mitte D-nord/mittel, ↗PFANNENWENDER D-mittel/südwest, ↗KÜCHENFREUND D-mittelwest ›flaches Küchengerät zum Wenden von Speisen beim Braten‹: *Mit der Bratschaufel auf kleinem Feuer unter ständigem Wenden und Rühren hellbraun braten, bis sich Kügelchen formen* (Bossi, Schweizer Spezialitäten 80)

Brattopf CH der; -(e)s, ...töpfe: ↗BRATENPFANNE A, ↗TÜPFI CH, ↗SCHMORTOPF CH D-nord/mittel, ↗BRATENTOPF D-nordwest/südwest, ↗BRÄTER D-mittelwest/südwest ›zum Braten und Dünsten geeignetes, großes [ovales] Kochgeschirr mit hohem Rand und Deckel‹: *Das Fleisch zusammen mit Bouillon, Knoblauch, Zwiebeln und Lorbeerblätter in einen grossen Brattopf geben* (Sonntagsztg 23. 2. 1997, 105) – In D selten

Brätzel siehe Bretzel

Brätzeli CH das; -s, -s: siehe Bretzel

Bräu A das/D-südost der/das; -(e)s, -e: **1.** A D-südost das; /eine Biersorte, häufig in Produktnamen/: ... *der Rest des kohlesäurenfreien Bräus wird bei Schulveranstaltungen ausgeschenkt* (Kleine Ztg 31. 5. 2000, Internet; A). **2.** A das/D-südost der; ↗BIERLOKAL A, ↗BRAUHAUS D (ohne ost) ›[größeres] Gasthaus [mit oder bei einer Brauerei], in dem v. a. Bier ausgeschenkt wird‹ /häufig in Wirtshausnamen/: *Dem Rudi H. blieb das Altersheim erspart, sein Wohnzimmer war das Gösser-Bräu* (OÖN 15. 6. 2001, Internet; A). **3.** A das/D-südost der; ↗BRAUHAUS A D (ohne ost) ›Betrieb, der Bier herstellt; Brauerei‹: *Die beiden großen Münchner Brauereien Löwenbräu und Spaten-Franziskaner-Bräu führten seit dem Frühjahr Gespräche über Kooperationsmöglichkeiten* (Kleine Ztg 6. 9. 1997, Internet; A) – Zu 2.: **Bräugasthaus, Bräuhaus, Bräustüberl** (↗Stüberl)

Brauch: *der Brauch sein A CH ›Brauch sein‹: *Gibt es vor der Pensionierung noch eine Beförderung (was mitunter der Brauch sein soll), steigt der Ruheständler sogar besser aus* (Kleine Ztg 14. 2. 1996, Internet; A); *An Abstimmungssonntagen ging er an die Urne, ohne, wie das sonst der Brauch war, nachher noch ein Bier zu trinken* (Honegger, Ehemalige 73; CH) – Das Substantiv *Brauch* ist in allen anderen Verwendungen gemeindt.

brauchen A-west CH D-süd sw.V./hat (nur in Verbindung mit *es*): **1.** ›benötigen‹: *Es braucht eine Stadtplanung, in der auch ästhetische, nicht nur rationale Überlegungen Platz haben* (VCS-Ztg 11/1997, 7; CH). **2.** ›dauern‹: *Bereits vor zwei Jahren wollte der Nationalrat ... eine Energieabgabe einführen. Es brauchte ein weiteres Jahr, um Eckwerte der Abgabe festzulegen* (TA 3. 6. 1999, 7; CH) – Andere Bedeutungen sind gemeindt.

Brauerei (gemeindt.): ↗BRÄU, ↗BRAUHAUS

Brauhaus das; -es, ...häuser: **1.** D (ohne ost); ↗BIERLOKAL A, ↗BRÄU A D-südost ›[größeres] Gasthaus [mit oder bei einer Brauerei], in dem v. a. Bier ausgeschenkt wird‹ /häufig in Wirtshausnamen/: *Ab 20 Uhr sind die Bürger zum Stammtisch in die Gaststätte »Brauhaus« (Berliner Platz) eingeladen* (NRZ 12. 9. 2001, Internet). **2.** A D (ohne ost); ↗BRÄU A D-südost ›Betrieb, der Bier herstellt; Brauerei‹: *Mit 17.000 Hektolitern Bier in acht verschiedenen Sorten, die jährlich das Brauhaus verlassen, suchen die Fischers ihre Chancen im heiß umkämpften Innviertler Biermarkt je zur Hälfte bei den Wirten und im Handel im Umkreis von 50 Kilometern* (OÖN 27. 7. 2000, 17; A); *Derzeit verfügt das Friesische Brauhaus zu Jever über hochmoderne Produktionsanlagen* (Brauerei Jever, 2003, Internet; D) – In D-südost auch in der Form *Bräuhaus*

Braune: *kleine Braune (der) A ›↗Mokka mit Milch‹: *Heute spart er sich das Geld, geht dafür auf einen kleinen Braunen und bekommt die musikalische Untermalung dazugeliefert* (Falter 3. 11. 1997, 75); ***große Braune** (der) A ›doppelter ↗Mokka mit Milch‹:

Nein, ich nehme einen großen Braunen und einen Armagnac, heute, sagte ich bestimmt und blickte auf (Eisendle, Fassung der Wunderwelt 39) – Das Substantiv *Braune* ist in allen anderen Verwendungen gemeindt. Vgl. Schwarze

Braunkohl D-nord (Bremen, Braunschweig) der; -(e)s, ohne Plur.: ↗Federkohl CH, ↗Grünkohl D (ohne südost) ›im Winter zu erntende Kohlsorte mit stark gekräuselten Blättern, die an einem Stängel wachsen‹: *In ganz Norddeutschland heißt der Grünkohl Grünkohl – nur die Bremer und die Braunschweiger nennen ihn Braunkohl* (Firma Fritzsche, Bremerhaven, 2003, Internet)

Brause D-nord/mittel die; –, -n: ↗Kracherl A D-südost, ↗Limo A D, ↗Blöterliwasser CH, ↗Springerl D-südost, ↗Sprudel D (ohne mittelost), ↗Spuma STIR ›Erfrischungsgetränk mit Kohlensäure; Limonade‹: *Die Amerikaner brachten uns nicht nur Kaugummi und koffeinhaltige Brause, in der Neuen Welt wurde auch der Muttertag erfunden* (WAZ 11. 5. 2001, Internet) – Andere Bedeutungen, z. B. ›Dusche‹, sind gemeindt.

brausen [sich] A sw.V./hat: ›[sich] duschen‹: *Dicke Mieter, die in keine Badewanne passen, dürfen gegen den Willen des Vermieters eine Dusche in ihre Wohnung einbauen. Das entschied jetzt ein Hamburger Gericht. Die Kosten fürs Brausen müsse der Beleibte aber selbst übernehmen* (Kurier 24. 7. 1996, 6); ***sich brausen können** (Grenzfall des Standards) ›verschwinden, sich zurückziehen‹: *Da können sich diese Prionen, diese BSE-Erreger, dann brausen gehen, weil es dann eine Medizin gibt, die den Menschen praktisch unsterblich macht* (OÖN 23. 12. 2000, 3) – Die Bedeutung ›duschen‹ ist in D veraltend. Die Bedeutung ›mit einem Fahrzeug mit hoher Geschwindigkeit fahren‹ ist gemeindt.

Breatl STIR das; -s, -en: ›runder, flacher Laib Brot in verschiedenen Sorten‹ (für das spezielle, aus dem Pustertal stammende Fladenbrot in der Wendung *Pusterer Breatl*): *Diesen Sauerteig verwenden Sie für Breatlen, Vinschgerlen, Früchtebrot usw.* (Gasteiger, So kocht Südtirol 452); *Das neue Gremium soll noch heuer das Gesuch für die europäische Schutzmarke »ggA« für Vinschger Paarl, Pusterer »Breatl« und Schüttelbrot einreichen – und zwar zuerst in Rom und anschließend bei der Kommission in Brüssel* (Dolomiten 5. 12. 2000, 5) – Verschriftlichung der dialektalen Verkleinerungsform von *Brot* – Dazu: **Bauernbreatl**

Brechbohne D die; –, -n (meist Plural): ›Bohne(n); in Form größerer Schoten, die zum Kochen oft gebrochen werden‹: *Das Aroma stimmt, die Brechbohnen, geraspelten Karotten und Zucchini sind nicht tot gekocht* (Stuttgarter Nachr 12. 12. 2001, Internet)

Brei (gemeindt.): ↗Papp, ↗Pappe

Brei: *jmdn. zu Brei schlagen CH D (ohne südost) (derb): ↗herschlagen A, ↗trischacken A-ost, ↗abschlagen CH, ↗verklopfen CH D-südwest, ↗vermöbeln CH D, ↗verhauen D, ↗Hucke *jmdm. die Hucke voll hauen D-nord/mittel, ↗verkloppen D-nord/mittel, ↗vertrimmen D-nord/mittel ›jmdn. heftig verprügeln und dabei ernsthaft verletzen; verdreschen‹: *Kurz vor Weihnachten erhält ein Redaktor … einen Schuss Armeemunition zugeschickt, begleitet von der Drohung: »Ausländerknecht, pass auf! Die nächste Kugel trifft. – Schöne Weihnacht. – Vorher schlagen wir dich zu Brei, du rote Sau.»* (Stiftung gegen Rassismus und Antisemitismus, 2003, Internet; CH); *Jeder, der sich an einem Umsturz beteilige, werde »zu Brei geschlagen«* (Berliner Ztg 2. 5. 2001, Internet; D) – Das Substantiv *Brei* ist in allen anderen Verwendungen gemeindt.

Bremen (gemeindt.): ↗Hansestadt

Bremse: *auf die Bremse steigen A D (ohne südwest); ***auf die Bremse drücken/stehen** CH; ***auf die Bremse treten** CH D (ohne südost): **a)** ↗Eisen: *in die Eisen gehen/steigen/treten D ›[heftig] die Bremse (eines Fahrzeugs) betätigen‹: *Und auch Holländer und Belgier verlassen sich immer weniger darauf, dass Autofahrer in Ortsgebieten freiwillig auf die Tempobremse steigen* (OÖN 14. 10. 2000, 1; A); *»Wäre Janis dicht hinter mir gewesen, wäre ich unvermittelt auf die Bremsen gestanden und hätte ihn vorbeigelassen«, sagte B. kurz nach dem Rennen* (Rheintalische Volksztg 2. 10. 2000, Internet; CH); *Peter H. fährt ins Parkhaus. … Plötzlich sieht er rechts einen Pkw vom oberen Parkdeck herunterkommen und tritt auf die Bremse* (Fahrschule Internetdienste 29. 3. 2000, Internet; D). **b)** ›eine Entwicklung hemmen‹: *Die Österreicher sind 1997 beim Neuwagenkauf kräftig auf die Bremse gestiegen* (News 23. 12. 1997, 176; A); *Nun hat ihn der Gemeinderat gebremst. Weshalb? – Dass die einen vorpreschen und die anderen auf die Bremse stehen, ist übertrieben* (TA 6. 11. 1999, 15; CH); *eBay tritt auf die Bremse. Das Wachstumstempo soll sich künftig verlangsamen* (Stock World 19. 7. 2002, Internet; D) – Das Substantiv *Bremse* ist in allen anderen Verwendungen gemeindt.

brennheiß A Adj. (nicht steigerbar, Grenzfall des Standards): ›sehr heiß‹: *Bananen in steinharter Panade, im Verhältnis zur Frucht zu viel Teig, schön goldgelb gebacken, aber brennheiß serviert* (Standard 19. 6. 1999, Internet)

Brennspiritus A D der; –, ohne Plur.: ↗Brennsprit CH ›Alkohol für technische Zwecke‹: *Allem Anschein nach war ein mit Brennspiritus betriebener Ofen der Auslöser des Unglücks* (OÖN 20. 11. 2000, 19; A); *Teure Spezialmittel, die im Winter die Scheibenwaschanlage* *des Autos vor dem Einfrieren bewahren, kann man durch einfachen Brennspiritus ersetzen* (Dienstmann, Kerzenwachs 137; D)

Brẹnnsprit CH der; -(e)s, ohne Plur.: ↗ Brennspiritus A D ›Alkohol für technische Zwecke‹: *Aus Ungeduld ... giessen viele Leute explosive Flüssigkeiten auf den Grill, wie Brennsprit, Benzin oder Terpentin* (Gesundheitsmagazin Puls 7. 6. 2001, Internet)

Brẹnnsuppe A D-südost die; –, -n: ›mit in Fett geröstetem Mehl, Zwiebel, Pfeffer, Majoran usw. zubereitete dicke Suppe‹: *»Bei uns beginnt die Fastenzeit nach Tiroler Brauch mit einer Brennsuppe«, sagt die Ernährungsexpertin E. B.* (VN 1. 3. 1995, A 8; A); ***nicht auf der Brennsuppe dahergeschwommen sein** A D-mittelost/südost (Grenzfall des Standards): ↗ Nudelsuppe: *nicht auf der Nudelsuppe dahergeschwommen sein A D-mittelost/südost, ↗ Hose: *die Hose nicht mit der Beißzange anziehen D-süd; *die Hose nicht mit der Kneifzange anziehen D-nord/mittel ›sich gut auskennen; eine Ahnung von etw. haben [obwohl dies von anderen bezweifelt wird]‹: *Nein, das alles muss man nicht erwähnen. Der Leser ist schließlich nicht auf der Brennsuppe dahergeschwommen!* (Standard 27. 4. 1999, Internet; A) – Vgl. einbrennen

Brẹtt: *schwarze Brett A D: ↗ Amtstafel A, ↗ Anschlagtafel A, ↗ Anschlagbrett CH ›↗ Tafel für [offizielle] Mitteilungen an öffentlich zugänglicher Stelle‹: *Frau Elisabeth hängt einen Zettel aufs schwarze Brett: »Dem Dieb, der meine Pflanze gestohlen hat, dem sollen die Hände abfallen!«* (Standard 6. 7. 1998, Internet; A); *Der Beginn der einzelnen Lehrveranstaltungen wird durch Anschlag am schwarzen Brett der Institute bekannt gegeben* (Universität Stuttgart 13. 2. 2000, Internet; D) – In CH selten. Das Substantiv *Brett* ist in allen anderen Verwendungen gemeindt.

brettẹben D-nord/mittel Adj. (nicht steigerbar): ↗ brettleben A D-südost, ↗ topfeben CH D-südwest ›ganz flach, ohne Erhebungen‹: *Bretteben lag die See, die Sterne der mondlosen Nacht spiegelten sich in Wasser* (TU Berlin 10. 10. 2001, Internet)

brẹtteln A (Grenzfall des Standards): **1.** sw.V./ist; ↗ tuschen: *tuschen lassen A, ↗ bledern A-mitte/ost, ↗ fahren: *fahren wie eine gesengte Sau A D, ↗ blochen CH, ↗ fräsen CH, ↗ brettern CH D, ↗ heizen D-mittelwest/südwest, ↗ stochen D-mittelwest ›(mit Skiern, mit dem Auto o. Ä.) schnell und rücksichtslos fahren; rasen‹: *... der straffere Lotus Ford brettelt über die Schweizer Alpenstraßen, dass es eine Freude ist* (OÖN 27. 11. 2001, Internet); *Wer auffallen will, ... oder vielleicht einfach auch nur Spaß an einem noch nicht alltäglichen Sport hat, der brettelt mit dem Snowboard talwärts* (OÖN 18. 11. 1992, 12). **2.** sw.V./hat ›mit angeschnallten Skiern quer zum Hang positioniert von unten nach oben jeweils um eine Skibreite aufwärts steigen (bes. zum Präparieren der Skipiste, da mit dieser Technik Schnee festgeklopft wird)‹: *Auf der nichtverbauten Wiese wurde eine Piste gebrettelt, eine Schanze gestampft* (Glantschnig, Mirnock 42) – Zu 2 vgl. Brettl

brẹttern CH D sw.V./ist (Grenzfall des Standards): ↗ bretteln A, ↗ tuschen: *tuschen lassen A, ↗ bledern A-mitte/ost, ↗ fahren: *fahren wie eine gesengte Sau A D, ↗ blochen CH, ↗ fräsen CH, ↗ heizen D-mittelwest/südwest, ↗ stochen D-mittelwest ›schnell und rücksichtslos [mit dem Auto, mit Skiern o. Ä.] fahren; rasen‹: *Die meisten Aufstiege wiesen als Untergrund Asphalt oder Schotter auf und in den Abfahrten bretterten die Fahrer auch über wurzelige Waldwege* (Ski-Club Lengnau, 2002, Internet; CH); *Aber gerade die Laster brettern mit Tempo 90 oder 100 hier entlang* (Berliner Ztg 19. 11. 2001, Internet; D)

Brẹttl A D-südost das; -s, -n (Grenzfall des Standards): **1.** ›kleines [Holz]brett‹: *Brettl am Herd löste Feuer aus* (Neue Kronen Ztg 29. 2. 2000, Internet; A). **2.** ›brettförmiges Sportgerät, z. B. Ski, Snowboard, Wasserski, Surfbrett‹: *Auf der Höß in Hinterstoder sprang ein 18-jähriger Schüler mit dem Snowboard über eine unübersichtliche Kuppe und krachte gegen einen 13-jährigen Buben, der ebenfalls auf einem Brettl talwärts unterwegs war* (Neue Kronen Ztg 27. 12. 1999, Internet; A). **3.** ›Kleinkunstbühne‹: *Im Kulturzentrum beginnt heute um 19.30 Uhr das Theatergastspiel von Peter Steiner jun. und sein Komödianten-Brettl »Keine lügt wie Adelheid«* (Kleine Ztg 13. 11. 1997, Internet; A) – Auch in der Form *Brettel.* Zu 3 vgl. Pawlatsche – Zu 1.: ↗ **Brettljause** A, **Jausenbrettl** (↗ Jause) A. Zu 2.: ↗ **bretteln** A

brettl̲eben A D-südost Adj. (nicht steigerbar, Grenzfall des Standards): ↗ topfeben CH D-südwest, ↗ bretteben D-nord/mittel ›ganz flach, ohne Erhebungen‹: *In Oklahoma und Arkansas ist die Straße brettleben. Da fährst tagelang geradeaus* (Kurier 21. 7. 1999, 24; A) – Auch in der Form *bretteleben*

Brẹttljause A die; –, -n: ↗ Plättli: *[kalte] Plättli CH ›auf einem Brett servierter kalter Imbiss‹: *Bei den »Wanderwochen am Wolfgangsee« trifft man sich im Herbst auf geführten Wanderungen bei einer deftigen Brettljause* (Erlebnis Bahn & Schiff Österreich 1997, 33) – Auch in der Form *Bretteljause.* Vgl. Brettl, Jause

Brẹtzel CH die; –, -/der; -s, –: **1.** ↗ Breze A D-südost, ↗ Brezen A D-südost, ↗ Brezel CH D (ohne südost) ›salziges oder süsses, mit grobkörnigem Salz oder Zucker bestreutes Gebäck in Form einer ↗ Acht‹: *Zum Bier verlangen zwei Gäste anstelle der nicht mehr erhältlichen Bretzel zwei Scheiben Brot, gegen Bezahlung selbstverständlich* (Wirteverband Kanton BS, 1999,

Internet). **2.** (oft im Dim. *Bretzeli*); ↗BREZEL A ›Knabbergebäck in Form eines kleinen ↗Bretzels (Bed. 1)‹: *Zu viele Salznüssli oder Bretzeli knabbern, sehr fettreiche Kost und auch regelmässiger Alkoholgenuss führen zu Magnesiumverlust* (Blick 23. 3. 1994, 12). **3.** (oft im Dim. *Bretzeli*) ›flaches, süsses Gebäck mit wabenartigem Muster; Waffel‹: *Bretzeli: feines, knusperiges Gebäck aus Butter, Zucker, Mehl, Eier, Vanille, Salz* (Regioworld Shop, 2002, Internet) – Zu 2. und 3.: Auch in der Schreibung *Brätzel* bzw. in der Form *Brätzeli* (das; -s, -s) – Zu 3.: **Bretzeleisen**

Breze A D-südost; die; –, -n: ↗BREZEN A D-südost, ↗BRETZEL CH, ↗BREZEL CH D (ohne südost) ›größeres salziges oder süßes, mit grobkörnigem Salz oder Zucker bestreutes Gebäck in Form eines ↗Achters‹: *Körbe voll gebackenen Brotes nach besonderen Rezepten, Brezen und gefärbten Eiern warten in den Kirchen auf den Segen* (Monatsjournal Tirol 2. 4. 1998, 29; A) – Dazu: **Laugenbreze, Zuckerbreze** D-südost

Brezel: 1. A; ↗BRETZEL CH das; -s, -n: ›kleine ↗Breze (meist als Knabbergebäck; regional als Schmuck auf Palmzweigen, die am Palmsonntag geweiht werden)‹: *Mit den geweihten Zweigen, an denen bunte Bänder, Brezeln und Äpfel hingen, waren wir am Palmsonntag, in Wetterflecke gehüllt, dreimal ums Haus gelaufen, um es gegen Hagel und Blitzschlag zu schützen* (Glantschnig, Mirnock 13). **2.** CH D (ohne südost) die; –, -n; ↗BREZE A D-südost, ↗BREZEN A D-südost, ↗BRETZEL CH ›größeres salziges oder süßes, mit grobkörnigem Salz bzw. Zucker bestreutes Gebäck in Form einer ↗Acht‹: *»Über eine halbe Million Brezel verkaufe ich pro Jahr«, Haqif H. kauft sie vorgefertigt in einer speziellen Grossbäckerei und bäckt sie in speziellen Öfen an den Ständen auf* (Modebl 10. 6. 1999, 48; CH); *Bei Brezeln, Bowle und Bonbons können sie dann den Geschichten von Eltern und Großeltern über Faschingsfeiern lauschen* (Tagesspiegel 1. 2. 2002, Internet; D) – In A ist *Brezel* eine Verkleinerungsform, nicht aber in CH und D – Zu 1.: **Salzbrezel**

Brezen die; –, – (Grenzfall des Standards): **1.** A D-südost; ↗BREZE A D-südost, ↗BRETZEL CH, ↗BREZEL CH D (ohne südost) ›salziges oder süßes, mit grobkörnigem Salz oder Zucker bestreutes Gebäck in Form eines ↗Achters‹: *Die Innviertlerin ... durfte sich mit allerlei Süßem überraschen lassen, einer Riesenschaumrolle und einer großen Brezen* (OÖN 5. 3. 1997, 27; A). **2.** A (salopp, bes. Skisport) ›Sturz‹: *Bis gestern Vormittag, als das Riesenslalomtraining des Hermann Maier auf der Damenabfahrtsstrecke wegen eines schweren Sturzes vorzeitig endete. Maier, der ansonsten Zwischenfälle eher zu bagatellisieren pflegt, sprach von einer »wülden Brezen«* (Kurier 11. 12. 1999, 28); ***eine Brezen reißen:** ↗LATZ: *AUF DEN LATZ FALLEN/FLIEGEN/KNALLEN CH ›beim Skifahren stürzen‹: *In einer Waldschneise riss er eine fürchterliche Brezen und flog mitsamt den Rennskiern in den Wald* (OÖN 24. 2. 1996, 5). **3.** A (salopp) ›Misserfolg, Niederlage‹: *Ich möchte meiner Plattenfirma, jetzt, wo ich diesen Vertrag habe, nicht gleich mit der ersten Platte eine Brezen vorlegen* (Kurier 12. 11. 1995, 25)

Brief: *blaue Brief A D ›schriftliche Mitteilung der Schule an die Eltern, dass für ihr Kind der Übertritt in die nächste Klasse gefährdet ist‹: *Der Vorteil des Frühwarnsystems ist, dass die Eltern früh im zweiten Schulhalbjahr über die Schwächen ihrer Kinder informiert werden, früher wurde der »blaue Brief« erst Ende Mai zugeschickt* (Kleine Ztg 9. 8. 1997, Internet; A); *Den »blauen Brief« kennt jeder aus der Schule* (Rheinische Post 10. 2. 2002, Internet; D) – Die Bedeutung ›Kündigungsschreiben‹ ist gemeindt. Das Substantiv *Brief* ist in allen anderen Verwendungen gemeindt.

Briefmarke (gemeindt.): ↗WAPPERL

Briefträger (gemeindt.): ↗POSTLER/POSTLERIN, ↗PÖSTLER/PÖSTLERIN

Briefumschlag (gemeindt.): ↗COUVERT, ↗KUVERT, ↗UMSCHLAG

Briefwahl A D die; –, -en: ›[unter bestimmten Voraussetzungen mögliche] briefliche Stimmabgabe bei einer Wahl‹: *Die SP blockierte bisher die von der VP gewünschte Briefwahl* (OÖN 14. 12. 2002, 4; A); *Die Briefwahl erfreut sich nach Einschätzung von Bundeswahlleiter Johann H. in Deutschland weiterhin großer Beliebtheit* (NTV 17. 9. 2002, Internet; D)

Bries (gemeindt.): ↗BRIESCHEN, ↗KALBSMILCH, ↗MILKE

Brieschen D-mittelwest/südwest das; –, ohne Plur.: ↗KALBSMILCH A D-mittelost/südwest, ↗MILKE CH ›[Gericht aus der] Brustdrüse des Kalbes; Bries‹: *Das Brieschen blanchieren und in Fleischbrühe weich kochen* (Schwäbische Küchenschätze 6. 3. 2003, Internet)

Brigitte (gemeindt.): ↗BRITTA, ↗GITTA, ↗GITTI

Brille (gemeindt.): ↗NASENFAHRRAD, ↗NASENVELO

Brimsen A-ost der; -s, ohne Plur. ⟨aus rumän. *brînză*⟩: ↗SCHAFKÄSE A, ↗FETA CH D, ↗SCHAFSKÄSE D ›aus Schafsmilch hergestellter Käse‹: *Brimsen mit Milch in einer Schüssel glatt rühren, Joghurt und Eier dazugeben, mit der Schneerute alles gut verrühren* (OÖN 4. 2. 1993, 7)

Bringdienst D der; -(e)s, -e: ↗ZUSTELLDIENST A D, ↗HAUSLIEFERDIENST CH ›Dienst zur [regelmäßigen] Belieferung von Haushalten mit Waren‹: *Das Team ... wird nach der Leitmaxime geführt, dass im harten Wettbewerb der Bringdienste ... nur derjenige*

dauerhaft Erfolg hat, der seinen Kunden gleich bleibend beste Produkte anbieten kann (Cellesche Allgemeine Ztg 5. 12. 2000, Internet) – Dazu: ↗**Pizza-Bringdienst**

bringen A unr.V./hat: ›(Holz) transportieren‹: *Damit der Hangboden rasch entlastet wird, kann der Helicopter sicher und effizient das Holz bringen* (Firma Wucher Helicopter, 2000, Internet) – Die anderen Bedeutungen sind gemeindt. – Dazu: **Bringung, Bringungsanlage, Bringungskosten,** ↗**Holzbringung**

Brioche A-ost der; -(s), – [bri'ɔʃ] ⟨aus frz. *brioche* zu norman. *brier* ›Teig kneten‹⟩: ↗GERMSTRIEZEL A, ↗ZOPF A CH, ↗ZÜPFE CH, ↗HEFEZOPF D (ohne nordost) ›mit ↗Germ zubereitete süße Backware in verschiedenen Formen‹: *Den Teig … in Stücke zu 3 bis 5 dag teilen, Brioche in Zöpfe, Knöpfe, Laibchen oder Kipferln formen* (Firma Thea online, 2000, Internet) – Die Bedeutung ›in kleinen, runden Formen gebackenes, mit ↗Germ zubereitetes Gebäck ist gemeindt. – Dazu: **Briochekipferl** (↗Kipferl)

Brissago CH die; –, -s: ›lange, schlanke, krumme Zigarre mit Strohmundstück‹: *Er suchte und fand Streichhölzer in der Jackentasche, zündete die erloschene Brissago an, stiess hellen Rauch aus und fasste sein Gegenüber jetzt genau ins Auge* (Schneider, Flattermann 46)

Britta D: ↗GITTI A, ↗GITTA D Kurzform der weibl. Vornamen *Brigitta, Brigitte: Britta B. fehlt der ganz große internationale Triumph* (Welt 6. 9. 2000, Internet)

Brocante CH-west die; –, -s ['brɔk'ãt'] ⟨frz.⟩: ↗ALTWARENMARKT A, ↗TANDELMARKT A-ost, ↗TRÖDELMARKT D (ohne südost), ↗TÄNDELMARKT D-südost ›Markt, auf dem gebrauchte Waren aller Art angeboten werden; Flohmarkt‹: *Bei der Ansichtskartenbörse und auf diversen Brocantes im In- und Ausland wurde der Sammler fündig* (Bund 30. 12. 1999, 28)

brocken A D-südost sw.V./hat: ↗KLAUBEN A ›(Pflanzen, Beeren u. Ä.) pflücken‹: *Ein paar Heidelbeeren, die sie noch rasch brocken wollte, um das Körberl zu füllen, kosteten Montag gegen 18.30 Uhr eine Frau das Leben* (Kurier 10. 8. 1994, 9; A) – Die Bedeutung ›in Brocken zerteilen (von Brot)‹ ist gemeindt. – Dazu: **abbrocken**

Brocken: *die Brocken hinschmeißen/hinwerfen D (ohne südost) (Grenzfall des Standards): ↗BETTEL: *DEN [GANZEN] BETTEL HINSCHMEISSEN CH/HINSCHMEIẞEN D/HINWERFEN D ›alles hinschmeißen; aufgeben‹: *Noch während der Sitzung hatte Verwaltungsrat Claus W. wegen Unstimmigkeiten … die Brocken hingeworfen* (Welt 29. 9. 1999, Internet) – Das Substantiv *Brocken* ist in allen anderen Verwendungen gemeindt.

Brockenhaus CH das; -es, …häuser: ↗BROCKENSTUBE CH, ↗TRÖDELLADEN D (ohne nordwest/südost) ›Geschäftslokal, in dem gebrauchte Waren aller Art [für einen gemeinnützigen Zweck] zum Kauf angeboten werden‹: *Als das Radio seinen Einzug hielt, landeten die Grammophone im Brockenhaus* (Rutishauser, Geschäftsbriefe 44)

Brockenstube CH die; –, -n: ↗BROCKENHAUS CH, ↗TRÖDELLADEN D (ohne nordwest/südost) ›Geschäftslokal, in dem gebrauchte Waren aller Art [für einen gemeinnützigen Zweck] zum Kauf angeboten werden‹: *Der Markt ist zugleich Flohmarkt, Brockenstube – ein riesiges Wiederverwertungsparadies* (P.M., Olten 86)

brodeln A (ohne west) sw.V./hat (Grenzfall des Standards): ↗BUMMELN CH D-mittel/süd ›langsam arbeiten, Zeit verschwenden; trödeln‹: *Ob das nun Philosophie oder Kunst oder was auch immer ist, Studenten sollten die Freiheit haben, ein wenig zu brodeln und sich dafür umfassender zu bilden* (TU Wien, Kritischer Diskurs, 2000, Internet) – Die Bedeutungen ›wallend kochen (von Flüssigkeiten)‹ und ›gären (von Stimmungen, Gerüchten)‹ sind gemeindt. – Dazu: ↗**Brodler(in)**

Brodler Brodlerin A (ohne west) der; -s, – bzw. die; –, -nen (Grenzfall des Standards): ↗BUMMELANT D, ↗BUMMLER D, ↗TRÖDLER D (ohne südost) ›langsam und ineffizient arbeitende Person‹: *Die lästigen Wartezeiten, vor allem bei Eisturnieren, dürften somit wegfallen. Landesfachwart Siegi S.: »Gut so, denn Brodler haben auf der Stockbahn ohnehin nichts verloren«* (OÖN 18. 8. 1993, 18) – Vgl. brodeln

Broiler D-ost der; -s, –: **1.** ↗BRATHUHN A, ↗BRATHENDL A D-südost, ↗HENDL A D-südost, ↗GÜGGELI CH, ↗MISTKRATZERLI CH, ↗POULET CH, ↗BRATHÄHNCHEN D-nord/mittel, ↗HÄHNCHEN D (ohne südost) ›als Gericht zubereitetes, gebratenes Huhn‹: *Die Weihnachtsgans wurde beim Fleischer bestellt, bei einem privaten natürlich, nicht im »Konsum«. Da konnte man sicher sein, nicht mit einem Broiler abgespeist zu werden* (Welt 24. 12. 1998, Internet). **2.** ↗GOCKEL A D, ↗GÜGGEL CH, ↗GICKEL D-südost, ↗HÄHNCHEN D (ohne südost) ›Hahn (lebend)‹: *Im Jahre 1997 lieferten eine Reihe von Geflügelmästern aus Brandenburg … ca. 4.000 t Broiler an Schlachtunternehmen außerhalb von Brandenburg* (Brandenburg online 14. 10. 2000, Internet) – Zu 2.: **Broilerküken** (↗Küken)

Brösel das/der; -s, –: **1.** A D (ohne ost/südwest); ↗BRÖSMELI CH, ↗KRÜMEL D-nord/mittel ›sehr kleine Stückchen von Backwaren‹: *Sie glaubte, Brösel unter den Sohlen zu spüren* (Prugger, Mitten im Weg 103; A); *Er sah noch immer nicht auf, sondern betrachtete die Brösel auf dem Tisch* (Waldhoff, Grund des

Meeres 143; D). **2.** A D-mittelost/südost (nur Plur.); ↗Semmelbrösel A D, ↗Paniermehl CH D, ↗Semmelmehl D (ohne mittelwest/südwest) ›fein gemahlenes Mehl aus hart gewordenen ↗Semmeln, das in der Küche vielfältig verwendet wird, z. B. zum Panieren‹: *Butter oder Margarine bis zum Aufschäumen erhitzen, Brösel darin hell rösten, auf einen Teller leeren und abkühlen lassen* (Gusto 11/1997, 49; A); *Kleine Bouletten formen, in Semmelbröseln wenden, alle überschüssigen Brösel abschütteln* (Westdeutscher Rundfunk, 2000, Internet; D) – In A und D-südost Neutrum, in D-nordwest/mittel Maskulinum – Zu 1.: **bröselig, Kuchenbrösel**

bröseln (gemeindt.): ↗krümeln

Brösmeli CH das; -s, – (Grenzfall des Standards): ↗Brösel A D (ohne ost/südwest), ↗Krümel D-nord/mittel ›in kleine Stücke zerbröckelte Backwaren; Brotbröckchen‹: *Wenn ich etwas hasse, dann die Spezialisten, die alles wissen über ein Brösmeli und dabei das Brot verlieren* (TA 7. 12. 1997, 63)

Brotbüchse D (ohne südost) die; –, -n: ↗Butterbrotdose D (ohne ost/südwest), ↗Stullendose D-nordost (bes. Berlin) ›Behältnis zum Transport von Butterbroten‹: *Von Hoftaller ... war bekannt, dass er, außer der Thermosflasche und der Brotbüchse, jederzeit einen durch Knopfdruck zu entfaltenden Kleinschirm bei sich trug* (Universität Tübingen, 2002, Internet) – Vgl. Büchse

Brötchen das; -s, –: **1.** D-nord/mittel; ↗Laibchen A, ↗Semmel A D-nordwest/südost, ↗Weckerl A D-südost, ↗Brötli CH, ↗Bürli CH, ↗Mutschli CH, ↗Weggen CH, ↗Rundstück D-nordwest (bes. Hamburg), ↗Schrippe D-nordost (bes. Berlin), ↗Wecken D-südwest ›kleines rundes oder längliches, aus Brotmehl hergestelltes Gebäck‹: *Ich ging manchmal in ein Schnellrestaurant am Bahnhof Zoo, um eine Suppe zu essen und Brötchen, die es gratis gab* (Born, Erdabgewandte Seite 44); ***belegte Brötchen** D ›mit Wurst, Käse oder Fisch belegtes Gebäck‹: *Ob als Pausensnack, Mittagessenersatz oder Reiseproviant, belegte Brötchen gibt's fast an jeder Straßenecke* (WDR, 1998, Internet); ***kleine Brötchen backen** D ›bescheiden sein‹: *Doch ... wird der BVB ... weiterhin im Tabellenkeller kleine Brötchen backen müssen* (WAZ 20. 10. 1997, 17). **2.** A; ↗Brötli: *belegte Brötli CH ›kleine, belegte Scheibe Weißbrot; Kanapee‹ (auch in der Wendung *belegtes Brötchen* A CH): *Der Großteil der Anwesenden hatte bereits den Saal verlassen, um sich mit Kaffee und Brötchen zu versorgen* (Presse 8. 4. 2000, Internet; A); *Er schnappte sich das Tablett mit den belegten Brötchen* (OÖN 16. 11. 1995, 4; A); *Es muss ja kein Erstklassmenü sein: Salate, Sandwiches und belegte Brötchen tun's auch* (WW 17. 9. 1998, Internet; CH) – Zu 1.: In CH selten – Zu 1.: **Brötchentüte** (↗Tüte) D, **Fischbrötchen, Honigbrötchen, Käsebrötchen,** ↗**Milchbrötchen** D (ohne ost), **Roggenbrötchen,** ↗**Rosinenbrötchen** D (ohne südost), **Sesambrötchen, Sonntagsbrötchen, Wurstbrötchen** D. Zu 2.: **Lachsbrötchen**

Brötle das; -s, –: **1.** A-west (Vbg.) ›kleiner Weißbrotfladen, im Unterschied zur ↗Semmel mit Kümmel im Teig und ohne Einkerbungen‹: *Teure Mittagessen sind zu unterlassen, dem Vorarlberger Beamten genügt das im Aktenköfferchen mitgenommene Paar Landjäger/Schübling samt Brötle* (VN 14. 4. 1995, A 5). **2.** D-südwest; ↗Keks A D, ↗Biskuit CH, ↗Guetzli CH, ↗Guetsle D-südwest, ↗Plätzchen D (ohne südwest) ›kleines Feingebäck‹: *Wenn man sie fertig kauft, ... dann fehlt etwas Wesentliches in der Vorweihnachtszeit: der Duft nach frisch gebackenen Brötle, der das Haus vom Keller bis zum Speicher würzt und – die Freude, Weihnachtsbrötle naschen zu können* (SWR, 1997, Internet) – Zu 1.: *Brötle* werden meist aneinander gebacken als *Pärle* (Verschriftlichung der dialektalen Verkleinerungsform von *Paar*) verkauft

Brötli CH das; -s, – (Grenzfall des Standards): **1.** ↗Laibchen A, ↗Semmel A D-nordwest/südost, ↗Weckerl A D-südost, ↗Bürli CH, ↗Mutschli CH, ↗Weggen CH, ↗Brötchen D-nord/mittel, ↗Rundstück D-nordwest (bes. Hamburg), ↗Schrippe D-nordost (bes. Berlin), ↗Wecken D-südwest ›kleines, rundes oder längliches, meist aus Brotmehl und ↗Hefe hergestelltes Gebäck‹: *Sollte da nicht doch jemandem das knusprige Brötli im Hals stecken bleiben ob dieser Unverfrorenheit?* (TA 4. 6. 1999, 30). **2.** ***belegte Brötli:** ↗Brötchen A ›kleine belegte Scheibe Weissbrot; Kanapee‹: *Kommen Sie zu uns und geniessen Sie einen speziellen Tee, einen kräftigen Kaffee und dazu ein belegtes Brötli oder eine feine Patisserie!* (Methodistische Kirche Basel, 1999, Internet) – Dazu: **Käsebrötli, Salamibrötli** (↗Salami), **Schinkenbrötli, Sesambrötli, Thonbrötli** (↗Thon)

Brotzeit D-südost die; –, -en: **1.** ↗Jause A, ↗Gabelfrühstück A-ost, ↗Znünipause CH, ↗Zvieripause CH, ↗Kaffeetrinken CH D, ↗Frühstück: *zweite Frühstück D-nord/mittel, ↗Frühstückspause D-nord/mittel, ↗Vesperpause D-südwest, ↗Halbmittag STIR, ↗Marende STIR ›für eine Zwischenmahlzeit vorgesehene Pause am Vor- oder Nachmittag‹: *Frauen in abgenutzten Arbeitskitteln, den Kopf auf müde Arme gestützt, sitzen in der Fabrikhalle und machen Brotzeit* (Welt 24. 5. 1997, Internet); ***Brotzeit machen:** ↗jausnen A, ↗vespern D-südwest, ↗marenden STIR ›eine Zwischenmahlzeit einnehmen‹: *Man muss es wirklich einmal selbst erlebt haben, an den langen blanken Holztischen ... Brotzeit zu machen und das süffige Tegernseer Bier zu trinken* (Welt 31. 1. 2000, Internet). **2.** ↗Jause A,

↗Gabelfrühstück A-ost, ↗Znüni CH, ↗Zvieri CH, ↗Zwischenverpflegung CH, ↗Frühstück: *zweite Frühstück D-nord/mittel, ↗Vesper D-südwest, ↗Halbmittag STIR , ↗Marende STIR ›für die Pause am Vor- oder Nachmittag vorgesehene Speise; Zwischenmahlzeit‹: *Am Abend kaufe ich mir im Bierzelt eine gute Brotzeit, manchmal ein Gockerl, aber auch Würstl oder einen Käs* (Straubinger Tagbl 7. 4. 1998, Beilage 9)

Brücke CH die; –, -n: kurz für ↗*Ladebrücke*: ›offene Ladefläche eines ↗Motorfahrzeugs‹: *Aber vielleicht fürchtete er sich auch wegen der Ladung hinten auf der Brücke, einer Ladung, die ihm aus einem Grund unheimlich war* (Weibel, Beethoven 15) – Andere Bedeutungen sind gemeindt.

Brückentag CH D-mittel/süd der; -(e)s, -e: ↗Fenstertag A, ↗Zwickeltag A ›zwischen einem Feiertag und einem Wochenende liegender Arbeitstag, der häufig als arbeits- oder schulfreier Tag genommen wird‹: *Wenn nichts anderes abgemacht ist, gilt: Wer krank ist, kann weder Feiertage noch »Brückentage« nachholen* (Blick 8. 1. 1997, 30; CH); *Die stille Mehrheit wird ... registrieren und sich darüber freuen, dass der 3. Oktober ein Dienstag ist, mithin arbeitsfrei. Außerdem wird nur ein Brückentag für ein langes Wochenende benötigt* (Welt 22. 9. 2000, Internet; D-mittel/süd)

Brühe D die; –, -n: **1.** ↗Rindsuppe A, ↗Rindssuppe A D-südost, ↗Bouillon CH D-südwest, ↗Suppe: *klare Suppe D-nord/mittel ›aus Fleisch oder Knochen [und Gemüse] gekochte Suppe‹: *Die Dorfarmen kamen mit einem Gefäß, in das die Bäuerin neben Fleisch und Wurst auch eine kräftige Brühe hineingab* (Woll, Feste 83). **2.** (Grenzfall des Standards) ›Schweiß‹: *Der Rückweg wird zur Tortur. Draußen sind mittlerweile 40°C und nach den dicken Würsten, dem Bier und mit dem Rucksack läuft die Brühe literweise* (TU Cottbus 27. 9. 2001, Internet) – Die abwertende Bedeutung ›schmutzige, trübe Flüssigkeit‹ ist gemeindt. – Zu 1.: ↗**Brühwürfel, Fleischbrühe, Gemüsebrühe, Hühnerbrühe, Rinderbrühe** (↗Rinder-)

Brühwürfel D der; -s, –: ↗Suppenwürfel A D, ↗Bouillonwürfel CH D (ohne ost) ›zu einem Würfel gepresstes, festes Suppenkonzentrat‹: *Nee, ich hab den Reis mit ... Brühwürfel gekocht* (Timm, Currywurst 99) – Vgl. Brühe

Brummer der; -s, – (Grenzfall des Standards): **1.** D ›große Stuben- oder Schmeißfliege‹: *Bald kommt wieder die Zeit der Fliegen. Dass es die Bekämpfung der lästigen Brummer fast mit einer olympischen Disziplin aufnehmen kann, zeigt das kleine Spiel »Fliegen klatschen«* (Berliner Kurier 5. 3. 2002, Internet). **2.** D (ohne südwest) ›[falsch singender] Sänger mit brummender Stimme‹: *Musikalität entwickelt sich durchs Singen, Brummer sind gern gesehen, dürfen bei Auftritten nur nicht unbedingt ins Mikrofon singen* (Ölberg Kinderchor, 2002, Internet) – Die Bedeutung ›schwerer Lastzug‹ ist gemeindt. Zu 1 vgl. Mucke

Bruneck (gemeindt.): ↗Rienzstadt

Brünneli CH das; -s, – (Grenzfall des Standards): ↗Lavabo CH ›Waschbecken‹: *Pia sagt, das Brünneli in Zimmer 20 habe einen Sprung, ein Gast hat vermutlich das Zahnputzglas fallen lassen* (TA 6. 7. 2000, 77) – Das Substantiv *Brünneli* ist die in CH übliche Verkleinerungsform des gemeindt. Substantivs *Brunnen*

Brunsli CH das; –, –: ↗Mailänderli CH, ↗Ausstecherle D-südwest ›dunkelbraunes Weihnachtsgebäck mit Kakao, das mit verschiedenen Blechformen aus einem flachen Teig herausgestochen und anschliessend gebacken wird‹: *Wenn ich zurück nach Berlin flog, waren meine Taschen voller Brunsli und Mailänderli* (Blick 9. 12. 1998, 15)

brunzen A CH D-süd sw.V./hat (derb): ↗pieseln A D-mittelwest/südost, ↗pullern D-nord/mittel, ↗strullen D-nord/mittel ›urinieren; pinkeln‹: *Was schreiben Sie, wenn österreichische Poeten im Rundfunk sagen: »Ich möcht' auf die österreichische Fahne brunzen und wünsch' mir ein rotweißrotes Klopapier!«?* (Kleine Ztg 4. 6. 1996, Internet; A); *Nach der nächsten Kurve, als sie nicht mehr sichtbar waren für die Spaziergänger hinter ihnen, sagte Daniel, er müsse brunzen* (Berner, Wunschzeiten 233; CH)

brüsk CH Adj.: ›abrupt, plötzlich‹: *Seit der Neuregelung nahmen Auffahrunfälle wegen brüsken Bremsens vor dem Zebrastreifen drastisch zu* (Facts 3. 6. 1999, 27) – Andere Bedeutungen sind gemeindt.

Bruststpitz A CH D-südost der; -es, -e (Plur. ungebräuchl.): ›Brustteil des Rindes oder Kalbes, der v. a. zum Kochen und Dünsten verwendet wird‹: *Kalbsragout: 300 g Kalbsbrust, 300 g Kalbsschulter, 300 g Kalbshals oder Brustspitz, Meersalz, Pfeffer aus der Mühle, 60 g Butter, 2–3 Karotten, 4 kleine Zwiebeln, 1 Stück Bleichsellerie, 1 Zweig Thymian, einige Zweige Petersilie, 1 Knoblauchzehe, 1–2 Nelken* (OÖN 16. 5. 1987, 18; A); *Die Gnocchi ... waren ... nur als »Primo piatto« gedacht, wie sich herausstellt. Denn nun folgt der Secondo, Brustspitz mit Bratkartoffeln und Bohnen* (TA 29. 6. 2000, 73; CH)

Bruttomiete (gemeindt.): ↗Inklusivmiete, ↗Warmmiete

BSI siehe Bezirksschulinspektor

BSR siehe Bezirksschulrat

Bub A CH D-süd der; -en, -en: ↗Knabe A CH, ↗Junge D-nord/mittel ›männliches Kind‹: *Es waren Buben und Mädchen zwischen elf und vierzehn* (Fritsch, Fasching 22; A); *Die Buben sammelten Holz, und Vater* *entfachte gekonnt ein Feuer* (Buri, Dumm und dick, 13; CH) – In CH mundartnah – Dazu: **Bauernbub, bubenhaft, Bubentraum** CH, ↗**Göttibub** CH, ↗**Lehrbub** A D-süd, **Milchbub** A D-süd, **Nachbarsbub,** ↗**Nachtbuben** CH, ↗**Rotzbub** A D-süd, ↗**Schnuderbueb** CH, ↗**Schulbub,** ↗**Schwarzbub** CH, ↗**Spitzbub,** ↗**Verdingbub** CH

Buch: *über die Bücher gehen CH ›(aufgrund der Veränderung einer Sachlage) noch einmal überdenken‹: *Nachdem ein BLICK-Jurist die Rechtslage erörtert hatte, sah Bernadettes Arbeitgeber ein, dass er nochmals über die Bücher musste* (Blick 14. 2. 1995, 9) – Das Substantiv *Buch* ist in allen anderen Verwendungen gemeindt.

Bücherbord D-nord/mittelwest das; -(e)s, -e: **1.** ↗BÜCHERGESTELL CH ›Bücherregal‹: *Keine Pflanze auf dem Fensterbrett, keine Nippes auf dem Bücherbord, auf dem sich endlose Taschenbuchreihen drängelten* (Bick, Tödliche Ostern 88). **2.** ↗TABLAR CH, ↗BÜCHERBRETT D ›zum Abstellen von Büchern dienendes Brett, das an die Wand montiert wird oder Bestandteil eines Regals ist‹: *Ich erinnere mich nicht daran, dass wir Bücher hatten oder gelesen wurde, oder dass ein Bücherbord irgendwo zur Einrichtung gehörte* (Universität Hamburg, Lesesozialisation, 1997, Internet) – Zu 2.: In A selten

Bücherbrett D das; -(e)s, -er: ↗TABLAR CH, ↗BÜCHERBORD D-nord/mittelwest ›zum Abstellen von Büchern dienendes Brett, das an die Wand montiert wird oder Bestandteil eines Regals ist‹: *Die römische Zahl dürfte sich auf den Schrank, die erste arabische auf das Bücherbrett, die zweite arabische auf die individuelle Nummer des jeweiligen Buches beziehen* (Badische Landesbibliothek, 1999, Internet)

Bücherei A D die; –, -en: ›öffentliche Bibliothek‹: *Bücherfreunde finden eine große Auswahl unterschiedlichster Lektüre in den zahlreichen Innsbrucker Büchereien* (Seniorenratgeber, 1996, 20; A); *Regelmäßig geriet die hypermoderne Bücherei in der altehrwürdig architektonischen Landschaft … in die Kritik* (Welt 12. 12. 1996, Internet; D) – Dazu: **Pfarrbücherei** (↗Pfarr-), **Stadtbücherei**

Bücherexperte Bücherexpertin CH der; -n, -n bzw. die; –, -nen: ↗BUCHPRÜFER A D, ↗RECHNUNGSPRÜFER A D, ↗REVISOR CH, ↗BÜCHERREVISOR CH D, ↗RECHNUNGSREVISOR CH STIR ›Wirtschaftsprüfer(in)‹: *Zwei Bücherexperten streiten sich über die Tricks und Kniffe des Milliardenpleitiers vor dem Börsengang* (Blick 15. 6. 1999, 5)

Büchergestell CH das; -(e)s, -e: ↗BÜCHERBORD D-nord/mittelwest ›Bücherregal‹: *Der Bildband über die Viertausender der Alpen gehört ins Büchergestell aller, die zwischen Piz Bernina und Barre des Écrins in eisige Höhen vorstossen wollen* (TA 25. 3. 1999, 91) – In D veraltend. Vgl. Gestell

Bücherregal (gemeindt.): ↗BÜCHERBORD, ↗BÜCHERGESTELL

Bücherrevisor Bücherrevisorin CH D der; -s, -en bzw. die; –, -nen: ↗BUCHPRÜFER A D, ↗RECHNUNGSPRÜFER A D, ↗BÜCHEREXPERTE CH, ↗RECHNUNGSREVISOR CH STIR ›Wirtschaftsprüfer(in)‹: *»Ein Bücherrevisor«, sagt Finanzdirektor Eric H., »bringt dem Staat gemäss Statistik jährlich mehrere Millionen an Aufrechnungen«* (TA 7. 3. 1997, 15; CH); *Später managt er ein Sommercamp, arbeitet als Bücherrevisor und Journalist* (Prisma 17. 4. 2002, Internet; D) – Vgl. Revisor

Buchprüfer Buchprüferin A D der; -s, – bzw. die; –, -nen: ↗RECHNUNGSPRÜFER A D, ↗BÜCHEREXPERTE CH, ↗REVISOR CH, ↗BÜCHERREVISOR CH D, ↗RECHNUNGSREVISOR CH STIR ›Wirtschaftsprüfer(in)‹: *Zumal die von den fünf Gläubigerbanken … angesetzten Buchprüfer zu einem entlarvenden Ergebnis kamen: Die Lage ist noch schlimmer, als vom Management geschildert* (OÖN 7. 3. 1996, Internet; A); *Der Abschwung an den Börsen … und der Skandal um Enrons Buchprüfer Andersen sind den Ermittlern ebenfalls zugute gekommen* (Financial Times Deutschland 14. 4. 2002, Internet; D) – In CH selten

Büchse CH D die; –, -n: ›metallene, luftdichte Verpackung von Lebensmitteln; Dose‹: *Wenn die älteren Leute schimpften, zerstörten diese Jungen jedes Mal irgendwelche Gegenstände, harmlos zumeist, aber möglichst geräuschvoll, Flaschen und Büchsen, was gerade dalag* (Schmid, Kumar 108; CH); *Bist du an den Regalen vorbeigegangen und hast gedacht, ja, eine Büchse Erbsen und hast eine Büchse Erbsen in den Einkaufswagen gestellt?* (Born, Erdabgewandte Seite 15; D) – Die Bedeutung ›Jagdgewehr‹ ist gemeindt. – Dazu: **Blechbüchse,** ↗**Brotbüchse** D (ohne südost), ↗**Büchsenbier** D (ohne nordwest/südost), **Büchsenfleisch, Konservenbüchse, Ovomaltinenbüchse** CH, **Sardinenbüchse**

Büchsenbier D (ohne nordwest/südost) das; -(e)s, -e: ↗DOSENBIER A D ›Bier in der ↗Büchse‹: *Klassisches Beispiel ist das Verbot für Büchsenbier in Dänemark. Die Regierung … argumentierte, die Büchsen seien ökologisch nicht vertretbar* (Berliner Ztg 18. 10. 1995, Internet) – In CH selten

Buchtel die; –, -n ⟨aus tschech. *buchta*⟩ (meist Plur., Küche): **1.** A; ↗WUCHTEL A ›im ↗Backrohr zubereitete Speise aus mit ↗Germ hergestellten, eng nebeneinander gesetzten kugelförmigen Teigstücken [die mit ↗Powidl gefüllt und mit heißer Vanillesauce serviert werden]‹: *Erkundigen Sie sich nach den Bucheln mit der selbst gemachten Zwetschkenmarmelade, die hier mehrmals täglich frisch aus dem Ofen kommen –*

es lohnt sich! (Gusto 11/1997, 88). **2.** D-südost; ↗DAMPFNUDEL A D-süd ›Speise aus mit ↗Hefe hergestellten, in Milch gedünsteten kugelförmigen Teigstücken‹: *Terrine von Gänsestopfleber … und Buchtel von Holunderblüten* (Hotel Lamm in Horrheim, 2001, Internet)

Buchweizen- (gemeindt.): ↗HEIDEN-

Buchweizen (gemeindt.): ↗SCHWARZPLENTEN

Buchzeichen CH das; -s, –: **1.** ↗LESEZEICHEN A D ›Markierung (Papierstreifen, Stoffband o. Ä.), die zwischen zwei Buchseiten gelegt wird‹: *Maurice E. M. legt ein Werk über Paul Klee auf seinen Schreibtisch. Dort, wo das Buchzeichen ist, soll ich es öffnen und mir diese Seiten gründlich ansehen* (Bund 14. 7. 1998, 2). **2.** (Computer); ↗LESEZEICHEN A D ›gespeicherte Internetadresse bei gewissen Browsern; Bookmark‹: *Das wichtigste Hilfsmittel des Netsurfers sind nämlich die in der Kopfleiste aktivierbaren Bookmarks, die Buchzeichen* (NZZ Folio, 1996, Internet)

Buckel D-süd der; -s, -(n): ↗BÜHEL A, ↗RIEDEL A (ohne west), ↗HUBEL CH ›Hügel‹: *Eine Rundwanderung führt durch die Isarauen und zum Freisinger Buckel bei Gaden in der Gemeinde Eitting* (Umweltministerium Bayern 27. 3. 2001, Internet) – Andere Bedeutungen sind gemeindt.

Buckel: *jmd. kann jmdm. den Buckel hinunterrutschen (gemeindt.): ↗BUCKELFÜNFERLN: *JMD. KANN JMDN. BUCKELFÜNFERLN, ↗SCHUH: *JMD. KANN JMDM. IN DIE SCHUHE BLASEN

buckelfünferln: *jmd. kann jmdn. buckelfünferln A (salopp, Grenzfall des Standards): *JMD. KANN JMDM. IN DIE SCHUHE BLASEN CH ›jmdm. ist etw. gleichgültig; jmd. kann jmdm. den Buckel hinunterrutschen‹: *Mit sonstigem Parteiaustritt wird gedroht. Kurt G. nimmt es locker. »Buckelfünferln können die mich«* (Kurier 14. 10. 2000, 10)

buckeln sw.V./hat: **1.** A-west D-mittelost (Grenzfall des Standards); ↗HACKELN A-ost, ↗SCHÖPFEN A-südost, ↗BARABERN A-ost D-südost, ↗KRAMPFEN CH, ↗KRÜPPELN CH, ↗RACKERN D, ↗ACKERN D-nord/mittel, ↗MALOCHEN D-mittelwest, ↗ROBOTEN D-nordost ›[körperlich] hart arbeiten; schuften‹: *Die Einsatzkräfte buckeln da wie dort rund um die Uhr* (VN 9. 6. 1999, A 5; A-west). **2.** CH D-mittel ›auf dem Rücken schleppen‹: *Zwei Burschen buckeln riesige Rucksäcke und haben drei junge Frauen im Schlepptau* (TA 2. 8. 1997, 12; CH); *Ich buckelte indessen das Gepäck in ihre Wohnung, schloss die Tür, sortierte Post und Zeitungen* (Romanwoche 3/2000, 41; D-mittel) – Die Bedeutungen ›den Rücken krümmen; einen Buckel machen (von Katzen und Pferden)‹ und ›sich unterwürfig zeigen‹ sind gemeindt. – Zu 1.: **Bucklerei, Buckler(in)**

Buckelpiste (gemeindt.): ↗MUGELPISTE

Buddelschiff D-nord/mittel das; -(e)s, -e: ›kleines Schiffsmodell, das in eine Glasflasche hineingebaut ist‹: *Nette Kleinigkeiten um die 20 Mark, wie ein Buddelschiff oder eine Tasse, verschenkt auch das Panoramahotel an Stammkunden und Geschäftspartner* (Welt 29. 11. 1999, Internet)

Bude die; –, -n: **1.** CH D (Grenzfall des Standards) ›Zimmer; Wohnung‹: *Wenn man nämlich in meiner Bude Rappenstücke wärme und sie dann aufs Strassenpflaster hinunterwerfe, … so sei tausend zu eins zu wetten, dass jedermann danach greife* (Schädelin, Eugen 58; CH); *Gerade ist der Berliner Student Paul S. in seine neue Bude eingezogen* (Welt 3. 8. 1998, Internet; D); ***die Bude auf den Kopf stellen: a)** D (ohne nordwest); ↗FESTEN A-west (Vbg.) CH, ↗DURCHGEBEN: *EINEN DURCHGEBEN CH, ↗DRAUFMACHEN: *EINEN DRAUFMACHEN D, ↗FASS: *EIN FASS AUFMACHEN D-nord/mittel, ↗PUPPE: *DIE PUPPEN TANZEN LASSEN D (ohne südost) ›ausgelassen feiern‹: *Tagsüber der seriöse Geschäftsmann, der vermeintlich keinen Spaß versteht und kaum zu Hause jemand, der die Bude auf den Kopf stellen kann* (Netzmarkt, Internet Kaufhaus, 2001, Internet; D). **b)** D ›eine Wohnung in große Unordnung bringen‹: *Immer wieder stellt sich die Frage, was mache ich am Kindergeburtstag, ohne dass mir die Kinder die Bude auf den Kopf stellen* (Ratio 2000, Gesundheit 4. 4. 2003, Internet; D); ***jmdm. auf die Bude rücken** D ›jmdn. unangemeldet besuchen [und eine offene Angelegenheit bereinigen]‹: *Willst du ihm auf die Bude rücken?* (Trott, Pucki 69; D); ***jmdm. die Bude einlaufen/einrennen** D ›jmdn. ständig mit dem gleichen Anliegen aufsuchen [und belästigen]‹: *Man sollte die Einsamkeit am Anfang nicht unterschätzen, wenn einem die Mandanten noch nicht die Bude einrennen* (Manager-Magazin 6. 10. 2000, Internet; D); ***jmdm. fällt die Bude auf den Kopf** D (ohne nordwest) ›jmd. hält es in seiner Wohnung nicht mehr aus; jmdm. fällt die Decke auf den Kopf‹: *Mir fällt nach 4 Monaten langsam die Bude auf den Kopf, und mal etwas tun, was nicht mit Baby zu tun hat, fände ich gar nicht so schlecht* (Qualimedic Gesundheitsinformationen 23. 12. 2002, Internet; D). **2.** D; ↗STANDL A D-südost ›überdachter Marktstand; Imbissstand‹: *Vor gut zwölf Jahren habe ich zum letzten Mal eine Currywurst an der Bude von Frau Brücker gegessen* (Timm, Currywurst 9). **3.** D-mittelwest; ↗TRINKHALLE D-nord/mittelwest ›Kiosk‹: *Er und zwei seiner Kumpels sammeln sich jetzt auf der großen Wiese gegenüber meiner Bude, an der ich immer die Zigaretten und die Zeitungen hole* (TAZ 27. 11. 2002, Internet) – Zu 1.: In A nur in der studentischen Verbindungssprache. Die Bedeutungen ›Unterkünfte und Büros von Handwerkern‹ sind gemeindt. – Zu 1.: ↗**Budenzauber** D. Zu 2.: ↗**Frittenbude,** ↗**Wurstbude** D (ohne südost). Zu 3.: **Büdchen**

Budel die; –, -n (Grenzfall des Standards): **1.** A (ohne Vbg.) D-südost; ↗THEKE D ›Ladentisch‹: *Und auch die McDonald's-Franchisenehmer schieben noch öfter den Big-Mac über die kindgerecht niedrige Budel als den mit viel PR lancierten Gemüse-Mac* (Standard 13./14. 9. 1997, Beilage 8; A); ***unter der Budel** ›verbotenerweise‹: *Es wäre ein Irrglaube, wenn jemand meinen würde, die Kriminalität oder gar die organisierte Kriminalität würde sich Waffen auf legalem Weg beschaffen. ... Das läuft unter der Budel im zwielichtigen Milieu so wie bisher* (Stenogr. Protokoll des Bundesrates 19. 12. 1996, Internet; A). **2.** A (ohne Vbg.) D-südost; ↗THEKE D, ↗TRESEN D ›Bar; Schanktisch‹: *Ich hatte wohl das letzte Viertel Nacht im »Schmauswaberl« verbracht, an der Budel, und dann war es hell geworden vor der Glastür, während ich mit dem Boxer sprach, der den Zapfhahn bediente* (Alfare, Kirchberger 35; A). **3.** A siehe Buderl – Zu 1.: In A-west (Tir.) dialektal auch Maskulinum. In D-südost auch in der Schreibung *Pudel*

Budenzauber der; -s, – (Grenzfall des Standards): **1.** D-mittelwest/südwest ›ausgelassene Party in einem Zimmer oder einer Wohnung‹: *Anschließend fand der übliche Budenzauber im Schlafraum der Schüler statt* (Stahlradverein Laatzen 15. 1. 2003, Internet). **2.** D ›im Freien stattfindende Veranstaltung mit Verkaufsbuden‹: *Als Kind liebte ich den Rummel, Budenzauber, Karussellfahren, die Luftschaukel* (Welt 11. 3. 2000, Internet). **3.** D ›Show oder Sportveranstaltung in einer Halle‹: *Die Vorbereitungen für die Hallenkreismeisterschaften ... sind abgeschlossen, der Budenzauber kann beginnen* (Fränkische Nachr 9. 11. 2001, Internet) – Vgl. Bude

Buderl A das; -s, -n (Grenzfall des Standards): ›größeres Schnapsglas‹: *Drachenstein hatte inzwischen allen als Aperitif ein Buderl Enzian gereicht, während von Wasserthal nach dem eingekühlten Wein sah* (Frischmuth, Wassermänner 26) – Selten auch in der Form *Budel.* Vgl. Stamperl

Budget A CH das; -s, -s [by'dʃeː A, 'bydʃɛ CH] ⟨frz.⟩: ↗ETAT CH D, ↗BUNDESHAUSHALT D ›Zusammenstellung der voraussichtlichen Einnahmen und Ausgaben (des Staates bzw. einer staatlichen Stelle); [Staats]haushalt‹: *Man sollte das Budget jetzt zwei Jahre in Ruhe lassen, von Forderungen, etwa bei der Familienförderung, absehen* (Kurier 29. 1. 1998, 17; A); *Das Budget des Bundesamtes für Flüchtlinge sei von 30.000 neuen Asylgesuchen ausgegangen, schreibt das Finanzdepartement* (TA 28. 9. 1999, 10; CH) – In D selten und [bʏ'dʒeː] gesprochen. Die Verwendung im Bereich Wirtschaft ist gemeindt. Vgl. Staatsrechnung – Dazu: ↗**Budgetausschuss** A, **Budgetdebatte, Budgetdefizit, Budgetdisziplin,** ↗**Budgetentwurf** A, **Budgeterstellung** A, **Budgethoheit,** ↗**budgetieren, Budgetjahr, Budgetkonsolidierung,** ↗**Budgetloch** A, **Budgetpolitik, Budgetrede,** ↗**Budgetvoranschlag** A, **Kulturbudget** A, **Landesbudget** (↗Landes-) A, ↗**Nachtragsbudget** A

Budgetausschuss A der; -es, ...schüsse [by'dʃeː...]: ↗FINANZKOMMISSION CH, ↗HAUSHALTSAUSSCHUSS D ›ständiger ↗Ausschuss des ↗Nationalrates während einer Legislaturperiode, der mit der Vorberatung von Bundesfinanzgesetzen befasst ist‹: *Die prekäre Budgetsituation stand heute im Mittelpunkt der Beratungen des Budgetausschusses zum Kapitel Landesverteidigung* (Parlamentskorrespondenz 13. 4. 2000, Internet) – Vgl. Budget

Budgetentwurf A der; -(e)s, ...entwürfe [by'dʃeː...]: ↗BUDGETVORANSCHLAG A, ↗VORANSCHLAG CH D-süd, ↗HAUSHALTSPLAN D ›geplante Zusammenstellung der voraussichtlichen Einnahmen und Ausgaben des Staates; Entwurf des Staatshaushaltes‹: *Bei der Präsentation des Budgetentwurfs 1998 Ende Juli teilte das Finanzministerium noch mit, dass »spätestens am 18. September die derzeit noch offenen Punkte mit den Sozialpartnern akkordiert sein sollen«* (Kurier 17. 9. 1997, 2) – Vgl. Budget

budgetieren A CH sw.V./hat [bydʃe'tiːrən]: ›in ein ↗Budget aufnehmen, für ein ↗Budget vorsehen‹: *Acht Punkte Vorsprung in der Meisterschaft, rund 10 Millionen Schilling Mehreinnahmen als budgetiert auf dem Konto – und morgen kommt für Sturm Graz auf Zypern das Auftreten im Europacup der Cupsieger* (Kurier 17. 9. 1997, 26; A); *Gemäss neuem Gemeindegesetz müssen Gemeinden, die nach dem 1. Januar dieses Jahres ein Defizit budgetieren, den Stimmberechtigten klar aufzeigen, wie die neue Schuld getilgt werden soll* (Bund 15. 10. 1999, 1; CH) – Die Bedeutung ›ein ↗Budget erstellen‹ ist gemeindt.

Budgetloch A das; -(e)s, ...löcher [by'dʃeː...] (Politik): ↗HAUSHALTSLOCH D ›[unerwartetes] Defizit im Staatshaushalt‹: *Finanzminister Rudolf Edlinger erwartet trotz eines Einnahmeverlustes von 30 Milliarden Schilling kein Budgetloch, weil eine gestärkte Kaufkraft positive Effekte auslöse* (Kleine Ztg 18. 6. 1999, Internet) – Vgl. Budget

Budgetvoranschlag A der; -(e)s, ...schläge [by'dʃeː...]: **1.** ↗BUDGETENTWURF A, ↗VORANSCHLAG CH D-süd, ↗HAUSHALTSPLAN D ›geplante Zusammenstellung der voraussichtlichen Einnahmen und Ausgaben des Staates; Entwurf des Staatshaushaltes‹: *Der jetzt vorgelegte Budgetvoranschlag der Bundesregierung für das Jahr 1995 ist ein Nichts* (Profil 12. 2. 1995, Internet). **2.** (selten, Wirtschaft) ›Kostenvorschlag‹: *Der kaufmännische Direktor Hans L. nahm seinen Budgetvoranschlag zurück, weil die Einnahmen für das Jahr 2000 zu hoch angesetzt seien und heuer ein ungedeckter Abgang von 26 Millionen*

Schilling zu erwarten sei (Kleine Ztg 24. 3. 1999, Internet) – Vgl. Budget

Büez CH die; –, -en ['byets] (Grenzfall des Standards): ↗Tschoch A, ↗Hacke A-ost, ↗Schöpf A-südost, ↗Krampf CH, ↗Maloche D-mittelwest ›[sehr] anstrengende Arbeit; Schufterei‹: *Meinen Freunden im Bunker sagte ich, Fredi solle gehen und mit der Büez beginnen* (Sieber, Menschenware 115) – Vgl. Büezer

Büezer Büezerin CH der; -s, – bzw. die; –, -nen ['byetsər] (Grenzfall des Standards): ↗Hackler A-ost, ↗Malocher D-mittelwest ›Arbeiter(in)‹: *Unfrohe Kunde kurz vor Weihnachten für 700 Büezer in Pratteln. Ihre Fabrik soll anscheinend geschlossen werden* (Blick 12. 11. 1999, 1) – Vgl. Büez

Bufet D das; -s, -s [by'fe: D]: siehe Buffet

Büffelei D (ohne südost) die; –, -en (Grenzfall des Standards): ↗Paukerei D ›intensives, mühevolles Lernen‹: *Und die wochenlange Büffelei zahlte sich aus* (NRZ 25. 3. 2001, Internet) – Vgl. büffeln

büffeln CH D sw.V./hat (Grenzfall des Standards): ↗pauken CH D, ↗stucken D-südost ›mit viel Mühe [auswendig] lernen‹: *Wir haben es momentan sehr streng, müssen in der Woche rund zehn Stunden büffeln* (Blick 4. 4. 1996, 10; CH); *Die Lehrer müssten sich an den Kursus-Kosten beteiligen und in der unterrichtsfreien Zeit büffeln* (Hamburger Abendbl 24./25. 7. 1999, 6; D) – Dazu: ↗**Büffelei** D (ohne südost)

Buffet A D-südost das; -s, -s [by'fe: A, bʏ'fe: D]: ↗Stehbeisel A (ohne west), ↗Imbiss A D, ↗Take-away CH ›Imbissstand, an dem Getränke und kleine Speisen eingenommen oder zum Mitnehmen gekauft werden können‹: *Drei Burschen im Alter von 20, 17 und 16 Jahren waren nach Einbrüchen in das Buffet des Höttinger Hallenbades, in ein Glashaus eines Baumarktes und in ein Friseurgeschäft von der Kriminalpolizei und Beamten des Wachzimmers Pradl aufgegriffen worden* (Kurier 20. 4. 2000, 9; A) – Andere Bedeutungen sind gemeindt. Die gemeindt. Verwendungen werden in A und D auf der zweiten Silbe, mit Langvokal, in CH auf der ersten Silbe, mit Kurzvokal, betont. In A und CH wird das *ü* geschlossen, in D offen ausgesprochen: [by'fe: A, 'byfɛ CH, bʏ'fe: D]. In CH und D auch in der Schreibung *Buffett*, in D *Bufett*, gemeindt. *Büffet* – Dazu: ↗**Bahnhofsbuffet** A, **Heurigenbuffet** (↗Heurige)

Buffett CH D das; -s, -s ['byfɛ CH, bʏ'fe: D]: siehe Buffet

Buga D die; –, -s (Kurzwort): ↗Bundesgartenschau D ›alle drei Jahre in einer anderen Stadt durchgeführte Ausstellung für Gartenbau und Floristik‹: *Magdeburg möchte mit der Buga aufblühen* (Welt 27. 11. 1996, Internet)

Bügeleisen (gemeindt.): ↗Glätteisen, ↗Plätte, ↗Plätteisen

Bügelmaschine (gemeindt.): ↗Mange, ↗Mangel

bügeln (gemeindt.): ↗glätten, ↗plätten

Bühel A der; -s, – (veraltend): ↗Riedel A (ohne west), ↗Hubel CH, ↗Buckel D-süd ›Hügel‹: *In einer zweiten Phase könnte das Schutzgebiet auch auf bewirtschaftete Bereiche ausgedehnt werden, wobei dort vor allem Feldraine und Bühel, die dem Kleinwild als Zufluchtsort und Lebensraum dienen, erhalten und aus der Bewirtschaftung herausgehalten werden müssten* (OÖN 7. 11. 1991, Linz Extra 19) – In A-west (Vbg.) Grenzfall des Standards. In CH ist *Bühel* veraltet und wird nur noch in Flurnamen in den Formen *Bühl, Büehl* gebraucht. In A (ohne Vbg.) und D-südost gibt es im Grenzfall des Standards regional unterschiedliche Schreibungen der Standardform *Bühel*, z.B. *Bichl, Bühl, Pichl.* Sie sind im Ggs. zur Standardform *Bühel* nicht veraltend. In diesen Schreibungen häufig in Orts-, Berg- und Flurnamen, z.B. *Annabichl, Kitzbühel, Pichl bei Wels*

Bühl A (ohne Vbg.) D-südost der; -(e)s, – (Grenzfall des Standards): siehe Bühel

Buhmann (gemeindt.): ↗Bölimann, ↗Watschenmann

Bühne D-südwest die; –, -n (Grenzfall des Standards): ↗Dachboden A D, ↗Estrich CH, ↗Unterdach CH-südwest STIR , ↗Boden D (ohne südwest), ↗Söller D-mittelwest, ↗Speicher D-mittelwest/süd ›unbewohnter Raum unter dem Dach eines Hauses‹: *Wohn- und Geschäftshaus mit 3 Gaststätten …* OG: … Neben- u. Lagerräume, Dachboden [Bühne] im nördlichen Anbau (Zwangsimmobilien, 1998, Internet) – Andere Bedeutungen sind gemeindt.

Bukett A D das; -s, -s [bu'ke: A, bu'kɛt D] ⟨aus frz. *bouquet* ›Blumenstrauß‹⟩: **1.** ↗Bouquet CH, ↗Gebinde CH D ›gebundener Blumenstrauß‹: »*Vier Kränze und ein Bukett können sich doch einfach nicht in Luft auflösen*«, *meinte die Dame und keuchte* (Alfare, Kirchberger 42; A); *Unter den vielen Blumengebinden … fiel dasjenige des FDP-Fraktionsvorsitzenden W. K. besonders auf: ein Bukett aus 33 knallroten Rosen* (Welt 23. 5. 1996, Internet; D). **2.** ↗Bouquet CH ›Duft, Blume des Weins‹: *Eine Zeitlang kam es mir so vor, als würden sie über den Wein sprechen, schwer auf der Zunge, sagte sie, leicht im Abgang, er, ein volles Bukett, erstklassig* (Gstrein, Selbstportrait 106; A); *Der Wein hat ein kokosnussartiges, süßes, leicht holziges Bukett* (SZ 1. 1. 1998, V3; D) – Zu 1.: **Blumenbukett.** Zu 2.: **Weinbukett**

Bulette D-ost die; –, -n [bu'lɛtə]: ↗FASCHIEREN: *FASCHIERTE LAIBCHEN A, ↗FLEISCHLAIBCHEN A, ↗HACKTÄTSCHLI CH, ↗BEEFSTEAK: *DEUTSCHE BEEFSTEAK D-nord/mittelost, ↗FLEISCHKÜCHLE D-südwest, ↗FLEISCHPFLANZERL D-südost, ↗FRIKADELLE D-nordwest/mittelwest, ↗KLOPS D-mittelost ›gebratene Speise aus gehacktem Fleisch, eingeweichtem Brot, Ei und Gewürzen, in kleiner, rundlicher Form‹: ... *einfache Berliner Gerichte wie Buletten mit Senfsauce und Kartoffelpüree* (Allegra Spezial 11/1997, 16); ***ran an die Buletten** D (salopp, scherzh.): ↗GEHEN: *GEMMA GEMMA! A, ↗SPECK: *RAN AN DEN SPECK D /Aufforderung, etw. Bestimmtes zu tun/: *Das ist eine einmalige Gelegenheit. Ran an die Buletten!* (Burger, Hitler-Jugend 78) – Auch in der Schreibung *Boulette*

Bulldog D-nordwest/süd der; -s, -s ['bʊldɔk] ⟨aus engl. *bulldog* ›Bulldogge‹⟩ (Wz.): ↗TRECKER D-nord/mittel, ↗SCHLEPPER D-mittelost/süd STIR ›landwirtschaftliches ↗Kraftfahrzeug zum Ziehen von Anhängern und Geräten; Traktor‹: *Alte Kotflügel, verrostete Schrauben ... sowie Fan-Artikel für alte historische Traktoren standen am Wochenende im Mittelpunkt der ersten bundesweiten »Bulldog-Messe«* (Bulldog-Messe, 2000, Internet)

Bulle der; -n, -n: **1.** D; ↗MUNI CH ›Zuchtstier‹: *Wie ein Bulle, der wiederkäut, musste die Kasalinsskaja denken* (Konsalik, Arzt 49). **2.** CH D (abwertend, Grenzfall des Standards); ↗SCHANDI A, ↗BUTZ A-west, ↗TSCHUGGER CH-west/nordwest ›Polizist‹: *Am Ende der Plauderei klopft er dem Polizisten auf die Schulter: »Ein guter Bulle«, sagt er kumpelhaft* (TA 8. 6. 1999, Internet; CH); *Als der Bulle die Wohnung filzen will, überrascht die Beklagte ihn mit einer sexy Charmeoffensive, die im Angebot eines Gratisbeischlafs endet* (TAZ 29. 9. 2001, Internet; D) – Zu 1.: Als zoologischer Fachbegriff gemeindt. Zu 2 vgl. Schutzmann

Bullenhitze D (ohne südost) die; –, -n (Plur. ungebräuchl., salopp): ›nur schwer zu ertragende Hitze; Affenhitze‹: *Wenn der Sommer heute ... merklich einen Gang zurückschaltet, dürften sich darüber vor allem ältere Menschen freuen, denen die Bullenhitze arg zu schaffen gemacht hat* (NRZ 2. 8. 2001, Internet)

Bulletin das; -s, -s [byltɛ̃] ⟨frz.⟩: **1.** CH ›Zusammenstellung von Nachrichten‹: *Unter der seit kurzem geänderten Telefonnummer 0900 ... kann gegen teures Geld ... ein Nachrichtendienst abgehört werden. Bis vor einigen Wochen wurde das Bulletin alle zwei Stunden aktualisiert* (Bund 17. 1. 2000, 7). **2.** CH LUX ›Mitteilungsblatt‹: *Die politische Lektüre, die mir mein Vater ans Herz gelegt hatte, war das Bulletin des SOI gewesen, jenes segensreichen Schweizerischen Ostinstitutes* (Weibel, Mai 184; CH); *Im Dezember werden wir ein größeres Seminar ... über Jugenddelinquenz veranstalten. Dieses Bulletin und die nächste Nummer werden der Vorbereitung dieser Seminare gewidmet sein* (Association Nationale des Communautés Educatives 2. 8. 2002, Internet; LUX) – Wird in A und D nur formell im Zusammenhang mit Regierungsverlautbarungen, ärztlichen Mitteilungen und wissenschaftlichen Sitzungsberichten gebraucht und [bʏl'tɛ̃: A D, byjə'tɛ̃: A, bʊlə'tɛ̃: A] ausgesprochen. In dieser Verwendung ist das Wort gemeindt. – Zu 1.: **Lawinenbulletin, Informationsbulletin, Medienbulletin, Nachrichtenbulletin, Nachtbulletin**

Bummel CH D der; -s, –: ›ausgedehnter, gemütlicher Spaziergang, bei dem man zwischendurch stehen bleibt, um sich etw. anzusehen‹: *Aber am frühen Morgen über die Quaibrücke zu schlendern, einen noch etwas traumverschleierten Blick auf die Möwen und das märchenhafte rote Zirkuszelt auf dem Bauschänzli zu werfen, dann der Bürkliplatz selbst mit den eingemummelten Frauen und Männern neben und hinter den wenigen Marktständen, all das rechtfertigt beinahe jeden Vorwand für einen morgendlichen Bummel zum Markt* (TA 11. 12. 1996, 17; CH); *Beim Bummel durch die Straßen hört der Besucher förmlich den Pulsschlag des Lebens* (Rheinische Post 11. 1. 2002, Internet; D) – Zus. mit *Bummel* sind in A zunehmend gebräuchlich. Vgl. bummeln – Dazu: **Einkaufsbummel, Kirmesbummel** (↗Kirmes) D, **Kneipenbummel** (↗Kneipe) D, ↗**Maibummel** CH, **Schaufensterbummel, Stadtbummel**

Bummelant Bummelantin D der; -en, -en bzw. die; –, -nen (abwertend, Grenzfall des Standards): ↗BRODLER A (ohne west), ↗BUMMLER D, ↗TRÖDLER D (ohne südost) ›langsam und ineffizient arbeitende Person‹: *Die ersten Bundesländer greifen ihren Studenten bereits tief in die Tasche – mit Rückmeldegebühren und Strafzöllen für vermeintliche Bummelanten* (Unicum 11/1997, 12) – Vgl. bummeln – Dazu: **Bummelantentum**

Bummelbahn D (ohne mittelost/südost) die; –, -en (abwertend): ↗BUMMELZUG A D, ↗BUMMLER CH ›an jeder [kleinen] Station haltender Zug‹: *15 Kilometer dauern mit der olympischen Bummelbahn etwa 30 Minuten* (Berliner Ztg 16. 9. 2000, Internet) – Vgl. bummeln

Bummelei CH D die; –, -en (abwertend): ›ständiges Trödeln‹: *Bummelei: Rund ein Viertel der 560'000 Berner Steuerpflichtigen hat die Steuererklärung nach wie vor nicht ausgefüllt* (Bund 28. 7. 1997, 19; CH); *Jeder zehnte Reisende verpasse wegen der Bummelei seinen Anschlusszug* (Berliner Ztg 8. 3. 2001, Internet; D) – Vgl. bummeln

bummelig D Adj. (abwertend): ›auf verärgernde Art und Weise langsam‹: *500 Züge von bummelig bis IC-schnell schlängeln sich durch Gebirge, Dörfer und*

Städte (Hamburger Morgenpost 19. 1. 2002, Internet) – Auch in der Form *bummlig*. Vgl. bummeln – Dazu: **Bummeligkeit**

bụmmeln: 1. CH D sw.V./ist: ↗Lädelen CH, ↗Shoppen CH D ›ausgedehnt und gemütlich spazieren gehen (und sich Verschiedenes ansehen oder etw. kaufen); flanieren‹: *Durch London bummeln? Von wegen! Wer zu langsam geht, soll eine Busse zahlen* (Blick 4. 12. 2000, 2; CH); *Anne bummelt mit ihrer Mutter eine Einkaufspassage entlang* (Berliner Ztg 4. 3. 1995, Internet; D). **2.** D-mittel/süd sw.V./hat (abwertend): ↗Brodeln A (ohne west) ›sehr langsam arbeiten und durch Faulenzen Zeit verschwenden; trödeln‹: *Gut, er hat natürlich nicht gebummelt, aber er beteuert: »Ich habe nie schnell studiert«* (Tagesspiegel 14. 1. 2002, Internet) – Zu 1.: In A zunehmend gebräuchlich – Zu 1.: ↗**Bummel, Einkaufsbummel.** Zu 2.: ↗**Bummelant(in)** D, ↗**Bummelbahn,** ↗**Bummelei** CH D, ↗**bummelig** D, **Bummelliese,** ↗**Bummelstreik** CH D, ↗**Bummelstudent(in)** D, ↗**Bummelzug** A D. Zu 1. und 2.: ↗**Bummler(in)**

Bụmmelstreik CH D der; -(e)s, -s: ›Streik, bei dem zwar nach Vorschrift, aber bewusst langsam gearbeitet wird‹: *Die Zürcher Assistenzärzte und -ärztinnen kämpften mit ihrem Bummelstreik für einen GAV mit zumutbaren Arbeitszeiten* (TA 30. 1. 1999, 2; CH); *Und die Piloten verliehen ihren Forderungen im Sommer 2000 mit einem Bummelstreik Nachdruck* (Zeit 15. 4. 2001, Internet; D) – Vgl. bummeln

Bụmmelstudent Bụmmelstudentin D der; -en, -en bzw. die; –, -nen (abwertend): ›das Studium unnötig in die Länge ziehender Student bzw. ziehende Studentin‹: *Unterdessen bedient von Trotha fleißig das Stammtischklischee vom süßen Lotterleben fauler Bummelstudenten* (Unicum 11/1997, 12) – Vgl. bummeln

Bụmmelzug A D der; -(e)s, ...züge (abwertend): ↗Bummler CH, ↗Bummelbahn D (ohne mittelost/südost) ›an jeder [kleinen] Station haltender Zug‹: *Der Bummelzug wird in allen Bahnhöfen entlang der Strecke halten, wo Kundgebungen stattfinden* (OÖN 7. 5. 2001, Internet; A); *Der Wegfall von zehn Stationen dieses Bummelzuges könnte eine Zeitersparnis von 20 Minuten zwischen Emmerich und Düsseldorf bedeuten* (Rheinische Post 13. 3. 2000, Internet; D) – Vgl. bummeln

Bụmmerl A (ohne west) das; -s, -n (Grenzfall des Standards): **1.** ›Verlustpunkt (bei Kartenspielen)‹: *Herr Vogel bekommt im dritten Spiel ein Bummerl, Herr Novak verliert das zweite Spiel* (Kurier 28. 11. 1998, 21). **2.** (salopp, Sport); ↗Goal A CH, ↗Topf CH ›erzieltes Tor; Treffer‹: *Trotz Spielverbots machte K. acht Bummerln* (Kleine Ztg 6. 12. 1998, Internet)

Bụmmerlsalat A-mitte/ost der; -(e)s, -e (Plur. ungebräuchl.): ↗Eissalat A D (ohne mittelost), ↗Krachsalat CH, ↗Eisbergsalat CH D ›Salatsorte mit hellgrünen, knackigen Blättern, die einen festen Kopf bilden‹: *Vier schöne Blätter vom Bummerlsalat für die Garnitur beiseite legen* (Firma Efko, Feine Rezepte, 2000, Internet)

Bụmmler der; -s, –: **1. Bummler Bummlerin** CH D (ohne mittelwest/südwest) der; -s, – bzw. die; –, -nen: ›Person, die gemütlich spazieren geht, um sich etw. anzusehen; Flaneur(in)‹: *Zweispuriges Trottoir: Für Bummler und Schnellgeher* (Blick 4. 12. 2000, 2; CH); *Die ersten Kinobesucher, Bummler und Kneipengänger strebten in die City* (Karr & Wehner, Geierfrühling 33; D). **2. Bummler Bummlerin** D der; -s, – bzw. die; –, -nen (abwertend): ↗Brodler A (ohne west), ↗Bummelant D, ↗Trödler D (ohne südost) ›langsam und ineffizient arbeitende Person‹: *So werden Bummler künftig straffer am Schlafittchen gepackt* (Berliner Ztg 26. 7. 1995, Internet). **3.** CH; ↗Bummelzug A D, ↗Bummelbahn D (ohne mittelost/südost) ›an jeder [kleinen] Station haltender Zug; Regionalzug‹: *Wenn in Hindelbank der Bummler aus Burgdorf oder jener aus Bern einfährt, wird die Bahnlinie für andere Züge aus Sicherheitsgründen gesperrt* (Bund 29. 9. 1997, 24) – Zu 1.: Die Zus. *Weltenbummler(in)* ist gemeindt. Vgl. bummeln

bummlig siehe bummelig

Bụmms D (ohne mittelost/südost) der; -es, -e (Grenzfall des Standards): ↗Klescher A (ohne Vbg.), ↗Tusch A (ohne Vbg.), ↗Schnall A-west D-südost, ↗Chlapf CH, ↗Rumms D (ohne mittelost/südost) ›Knall, Schlag‹: *Das Ende des Jahrtausends muss mit einem gewaltigen Bumms aufhören* (Welt 10. 12. 1999, Internet)

bụmmvoll A Adj. (nicht steigerbar, Grenzfall des Standards): ↗gesteckt: *gesteckt voll A D-süd, ↗bumsvoll CH, ↗gestossen: *gestossen voll CH, ↗proppenvoll D-nord/mittel, ↗rammelvoll D (ohne südost), ↗rappelvoll D-mittelwest/südwest ›[mit Menschen] übermäßig angefüllt (von Räumen); überfüllt‹: *Das Hanappi-Stadion ist bummvoll und die Zuschauer sind glücklich* (Standard 6. 3. 2000, Internet)

bụmsvoll CH Adj. (nicht steigerbar, Grenzfall des Standards): ↗bummvoll A, ↗gesteckt: *gesteckt voll A D-süd, ↗gestossen: *gestossen voll CH, ↗proppenvoll D-nord/mittel, ↗rammelvoll D (ohne südost), ↗rappelvoll D-mittelwest/südwest ›mit Menschen übermässig angefüllt (von Räumen); überfüllt‹: *»Der Saal ist schon bumsvoll«, ruft jemand im Gang* (TA 26. 1. 1998, 13)

Bụnd der/das; -(e)s, -e: In der Bedeutung ›etw., das zu einem Bündel zusammengebunden ist‹ in A und CH Maskulinum, in D Neutrum. Das gilt auch für alle

Zus. mit *Bund*, z. B. Kräuterbund, Schlüsselbund: *In den letzten Tagen war es bei Billa nicht mehr möglich, ab 16 Uhr einen Bund Schnittlauch oder einwandfreie Nektarinen zu bekommen* (Mucha Media GmbH, 2000, Internet; A); *1 Bund Schnittlauch in Ringe schneiden und zusammen mit den Blättern von einem Bund frischem Koriander unter den Salat ziehen* (Sonntagsztg 27. 12. 1998, Internet; CH); *Beim Bulgursalat ... kommen auf lediglich 225 Gramm Bulgur ein großes Bund Petersilie, ein Bund Minze und ein Bund Frühlingszwiebeln* (Zeit 17. 6. 2002, Internet; D)

Bündel (gemeindt.): ↗Binkel, ↗Welle

Bündelitag CH-nord/ost der; -(e)s, -e (Grenzfall des Standards): ›letzter Samstag vor den Ferien‹: *Für Ferienhungrige ist der Bündelitag ein Freudentag, für viele Haustiere bedeutet er den Beginn einer Leidenszeit* (Blick 10. 7. 1995, 11)

bündeln (gemeindt.): ↗büscheln

Bundesabgabe A die; –, -n: ↗Bundessteuer CH ›Steuer bzw. Gebühr, die vollständig oder anteilsmäßig dem Bund zufließt‹: *Denn ein Einwohner bedeutet derzeit für eine burgenländische Gemeinde rund 6000 Schilling pro Monat bei der Aufteilung der gemeinschaftlichen Bundesabgaben* (Profil 14. 11. 1999, Internet) – Dazu: **Bundesabgabenordnung**

Bundesamtsdirektor Bundesamtsdirektorin CH der; -s, -en bzw. die; –, -nen: ↗Sektionschef A, ↗Ministerialdirektor D ›Leiter(in) eines Bundesamtes in der Schweiz‹: *Kein Bundesamtsdirektor muss den Hut nehmen* (NZZ 22. 4. 1998, Internet) – Oft auch in der Form *Direktor(in) des Bundesamtes* gebräuchlich

Bundesanstalt die; –, -en: **1.** A; ↗Bundesinstitut D ›staatliche Einrichtung für wissenschaftliche Forschung im Auftrag des Staats‹: *26.000 BSE-Tests oder ein Viertel aller österreichischen Proben hat die Linzer Bundesanstalt für veterinär-medizinische Untersuchungen seit Jahresbeginn durchgeführt* (OÖN 23. 6. 2001, 25). **2.** D ›staatliche Einrichtung für bestimmte Verwaltungsaufgaben‹: *Der Chef der Bundesanstalt für Arbeit hat sich längst an den Spitznamen »Hiob« gewöhnt* (Spiegel-Jahreschronik, 1997, 47)

Bundesanwalt Bundesanwältin der; -(e)s, ...anwälte bzw. die; –, -nen: **1.** CH ›oberster Ankläger bzw. oberste Anklägerin des Staates‹: *Dem Bundesanwalt muss ja schon von Amtes wegen ganz besonders an Ruhe und Ordnung gelegen sein* (Tschäni, Patriotismus 62). **2.** D ›Staatsanwalt bzw. Staatsanwältin am ↗Bundesgerichtshof‹: *»Der gemeinsame Beweggrund war ihr Hass auf Ausländer«, sagte Bundesanwalt Joachim L. bei der Verlesung der Anklageschrift* (Tagesspiegel 22. 2. 2000, Internet) – Dazu: ↗**Bundesanwaltschaft**

Bundesanwaltschaft CH D die; –, -en: ›oberste Strafverfolgungsbehörde des Staates‹: *Hofer beklagte sich darüber, dass er ... keinen Einblick in die Akten erhalten habe und die Bundesanwaltschaft noch keine Beweismittel vorgelegt habe* (Berner Ztg 20. 1. 1997, 3; CH); *Die Bundesanwaltschaft ermittelt seit Mitte der neunziger Jahre wegen des Verdachtes der Bildung »einer terroristischen Vereinigung«* (Bayernkurier 22. 8. 1998, 4; D) – Vgl. Bundesanwalt

Bundesanzeiger D der; -s, ohne Plur.: ›Publikationsorgan für amtliche Nachrichten, z. B. Verordnungen, Ausführungen von Handelsverträgen‹: *Bekanntmachungen der Gesellschaft erfolgen im Bundesanzeiger* (Tagesspiegel 19. 6. 1998, 8)

Bundesbahnen A CH die; nur Plur.: kurz für *Österreichische Bundesbahnen* in A, für *Schweizerische Bundesbahnen* in CH: ↗Bahn D ›staatlicher Betreiber von Eisenbahnlinien in Österreich bzw. in der Schweiz‹: *Denn Quereinsteiger in die ÖBB-Verwaltung gibt es im größeren Ausmaß erst seit 1992, als die Bundesbahnen ein eigener Wirtschaftskörper mit mehr Verständnis für betriebswirtschaftliche Grundsätze wurden* (Profil 25. 6. 2000, Internet; A); *Ab 1. Juni 2000 gilt bei den Bundesbahnen die 39-Stunden-Woche* (Blick 22. 4. 1999, 2; CH) – Abk. in A ↗ÖBB, in CH ↗SBB

Bundesbank D die; –, ohne Plur.: ↗Nationalbank A CH ›zentrale Notenbank Deutschlands‹: *Der Zentralbankrat der Bundesbank hat gestern keine Zinsänderungen beschlossen* (FR 29. 5. 1998, 15) – Abk. BB – Dazu: **Bundesbankchef(in), Bundesbankpräsident(in)**

Bundesbedienstete A D der/die; -n, -n: ↗Bundespersonal CH ›[Gesamtheit der] in der staatlichen Verwaltung Angestellte[n]‹: *Von den ca. 300.000 Bundesbediensteten im Jahre 1990 waren die meisten bei Bahn und Post, dann als (Bundes-)Lehrer, in der allgemeinen Verwaltung, als Polizisten und Berufssoldaten beschäftigt* (Wald, Zeitbilder 108; A); *Im Auftrag des Bundes entstanden ... 718 Wohnungen für Abgeordnete und Bundesbedienstete* (Welt 11. 12. 1999, Internet; D)

Bundesbern CH das; -s, ohne Plur.: ›Gesamtheit der Personen und Institutionen, die am politischen Prozess auf ↗eidgenössischer Ebene in der Hauptstadt Bern beteiligt sind‹: *Hier hat sich alles versammelt, was in Bundesbern mitmischt: Generalsekretäre, Pressesprecher, Lobbyisten, Chefredaktoren, Politologen und jede Menge von kamera- und kugelschreiberbewaffneten Medienleuten* (Bund 16. 12. 1999, 2)

Bundesbeschluss CH der; -es, ...beschlüsse: ›befristete Rechtsnorm oder befristeter Erlass, die bzw. der von der schweizerischen Legislative beschlossen wird‹: *Der Vorstand des Schweizerischen Bauernverbandes*

sagt ja zum Bundesbeschluss über die ärztlich verordnete Heroinabgabe (Blick 29. 4. 1999, 13)

Bundesbetreuung A die; –, ohne Plur. (formell): ›staatliche Grundversorgung (Unterbringung, Verpflegung, Krankenfürsorge u. Ä.) von Asylant(inn)en‹: *Die Familie lukriert weder Mittel aus der Bundesbetreuung, noch ist sie krankenversichert* (Profil 29. 3. 2002, Internet) – Dazu: **Bundesbetreuungseinrichtungen, Bundesbetreuungsrecht**

Bundesblatt CH das; -(e)s, ohne Plur.: ↗BUNDESGESETZBLATT A D, ↗GESETZESANZEIGER STIR ›offizielles Publikationsorgan der ↗schweizerischen Bundesbehörden‹: *Der Text der neuen Bundesverfassung steht im Bundesblatt vom letzten Dienstag und erscheint in den nächsten Tagen auch als Separatdruck* (TA 15. 1. 1999, 5) – Im *Bundesblatt* werden v. a. Gesetzesentwürfe des ↗Bundesrates und Beschlüsse der ↗Bundesversammlung publiziert. Vgl. Kantonsblatt

Bundesbrief CH der; -(e)s, ohne Plur.: ›als Gründungsurkunde der ↗Eidgenossenschaft geltender Vertrag, in dem der Zusammenschluss der ↗Kantone Uri, Schwyz und Unterwalden zu einem Bund bestimmt wird‹: *Der vielen damaligen Landfriedensbündnissen entsprechende Bundesbrief regelt die Selbstverwaltung angesichts habsburgischer Bedrohung* (Treichler, Abenteuer Schweiz 44) – Dazu: **Bundesbriefarchiv**

Bundesfeier CH die; –, -n: ↗AUGUST: *1. AUGUST-FEIER CH, ↗AUGUSTFEIER CH ›Feier am Abend oder am Vorabend des 1. August zur Erinnerung an die Gründung der Schweizerischen ↗Eidgenossenschaft‹: *Der Mond schien wie ein zur Bundesfeier aufgehängter Lampion* (Rüegg, Welt 55) – Dazu: ↗**Bundesfeiertag**

Bundesfeiertag CH der; -(e)s, -e (Plur. ungebräuchl.): ›Nationalfeiertag der Schweiz (am 1. August)‹: *Am ersten August, dem schweizerischen Bundesfeiertag, wird bei mir nicht gearbeitet* (Rüegg, Welt 75) – Vgl. Bundesfeier

Bundesgartenschau D die; –, -en: ↗BUGA D ›alle drei Jahre in einer anderen Stadt durchgeführte Ausstellung für Gartenbau und Floristik‹: *Die städtebauliche Entwicklung profitiert zudem von der Bundesgartenschau 2001 (Buga)* (Welt 29. 8. 2000, Internet)

Bundesgebiet A D das; -(e)s, -e (Plur. ungebräuchl.): ›Staatsgebiet‹: *Seit 1991 ist die Waldfläche im gesamten Bundesgebiet um knapp 46.000 ha … angewachsen* (News 23. 12. 1997, 63; A); *Im gesamten Bundesgebiet stieg der Umsatz um 3,3 Prozent* (Welt 22. 7. 1999, Internet; D)

Bundesgericht CH das; -(e)s, -e: ↗GERICHTSHOF: *OBERSTE GERICHTSHOF A, ↗BUNDESGERICHTSHOF D ›höchste Instanz der ordentlichen Gerichtsbarkeit‹: *Jämmerlin … versuchte dann noch mehrere Male, wenn auch vergeblich, ans Bundesgericht zu appellieren, den Prozess wieder aufzunehmen, umso mehr als sich Lienhard nun zu rächen begann* (Dürrenmatt, Justiz 57) – Abk. BGer – Dazu: **bundesgerichtlich, Bundesgerichtsentscheid** (↗Entscheid), **Bundesgerichtspräsident(in), Bundesgerichtsurteil**

Bundesgerichtshof D der; -(e)s, ohne Plur.: ↗GERICHTSHOF: *OBERSTE GERICHTSHOF A, ↗BUNDESGERICHT CH ›höchste Instanz der ordentlichen Gerichtsbarkeit‹: *Sehen wir uns also zunächst einmal die juristische Argumentation des Bundesgerichtshofs an* (Zeit 26. 12. 1997, 5) – Abk. BGH

Bundesgesetzblatt A D das; -(e)s, …blätter: ↗BUNDESBLATT CH, ↗GESETZESANZEIGER STIR ›amtliches Verkündungsblatt für Gesetze des Bundes‹: *Davor müsste die Bundesregierung einen entsprechenden Beschluss fassen und die Ausschreibung der Wahl im Bundesgesetzblatt verlautbaren* (TT 20./21. 9. 1997, 3; A); *Die Gesetze treten nach Veröffentlichung im Bundesgesetzblatt … in Kraft* (Welt 14. 9. 1996, Internet; D) – Abk. BGBl. Vgl. Landesgesetzblatt

Bundesgrenzschutz D der; -es, ohne Plur.: ↗GRENZDIENST A, ↗GRENZGENDARMERIE A, ↗GRENZWACHTKORPS CH ›Sonderpolizei zur Überwachung der Staatsgrenze‹: *Die Sicherheitsleute hatten Verstärkung vom Bundesgrenzschutz bekommen* (Karr & Wehner, Geierfrühling 115) – Abk. BGS

Bundesgymnasium A das; -s, …gymnasien: ›vom Staat finanziertes Gymnasium bzw. Gebäude, in dem diese Schule untergebracht ist‹: *Die akute Raumnot am Bundesgymnasium Feldkirch gehört bald der Vergangenheit an* (VN 29. 10. 1997, A 8) – Abk. BG. Das Bestimmungswort Bundes- kann bei allen höheren Schulen stehen und bezeichnet den ↗Schulerhalter. Neben dem Bund (Republik Österreich) können Schulen auch von einem ↗Bundesland oder von kirchlichen oder privaten Institutionen getragen werden. Vgl. AHS – Dazu: **Bundesoberstufenrealgymnasium** (↗Realgymnasium), **Bundesrealgymnasium** (↗Realgymnasium)

Bundeshauptstadt A D die; –, …städte: ↗BUNDESSTADT CH ›Hauptstadt der ↗Republik Österreich oder Hauptstadt Deutschlands; Wien bzw. Berlin‹: *Damit ist der Streikwille gebrochen und es fällt ein Horrorszenario weg: Dass nämlich die Bundeshauptstadt in Müllbergen versinkt, der öffentliche Verkehr lahm gelegt sein, die Gas- und Stromversorgung aussetzen könnte* (Ganze Woche 5. 11. 1997, 8; A); *Zur Sicherstellung der Funktionsfähigkeit Berlins als Bundeshauptstadt hat der Bund Maßnahmen mit einem Gesamtvolumen von mehr als 10 Mrd. DM veranlasst* (Bundesministerium für Verkehr 9. 10. 2001, Internet; D)

Bundeshaus das; -es, ohne Plur.: **1.** CH; ↗HAUS: *HOHE HAUS A D-nord/südwest, ↗RAT: *DIE EIDGENÖSSISCHEN RÄTE CH ›Regierungs- und Parlamentsgebäude der Schweizerischen ↗Eidgenossenschaft‹: *Über Aufgaben in ihrer Wohngemeinde ..., in der Partei und im Kantonsparlament führte der Weg bis ins Bundeshaus, wo Chiara S. erst als dritte Frau ihres Kantons ihre Wählerschaft vertritt* (Bund 21. 12. 1999, 14). **2.** D ›Gebäude des Deutschen ↗Bundestags‹: *Vierzehn Jahre war sie Mitarbeiterin der Geschäftsstelle der FDP-Fraktion im Bundeshaus* (FAZ 10. 10. 1997, 40) – Zu 1.: **Bundeshausfraktion** (↗Fraktion)

Bundeshaushalt D der; -(e)s, -e: ↗BUDGET A CH, ↗ETAT CH D ›Zusammenstellung der voraussichtlichen Einnahmen und Ausgaben des Staates; Staatshaushalt‹: *Mit seinem Entwurf für den Bundeshaushalt 2001 hält Finanzminister Hans Eichel am Sparkurs der Bundesregierung fest* (Spiegel 19. 6. 2000, Internet)

Bundesheer A das; -(e)s, ohne Plur.: ↗ARMEE: *SCHWEIZER ARMEE CH, ↗BUNDESWEHR D ›Gesamtheit der nationalen Streitkräfte‹: *Als wichtigste Reformen der Siebzigerjahre gelten ... der Ausbau des Bundesheeres zum Milizheer sowie die Einführung des Zivildienstes* (Wald, Zeitbilder 92) – Abk. ↗BH – Dazu: **Bundesheerangehörige, Bundesheerkaserne, Bundesheersoldat(in)**

Bundeshymne A die; –, -n: ↗LANDESHYMNE CH ›feierliches Lied eines Staates, das zu offiziellen Anlässen gesungen oder gespielt wird; Nationalhymne‹: *... zum Glück verlangt niemand von ihr, dass sie jetzt die Bundeshymne singt* (Marzik, Mizzi 38)

Bundesinstitut D das; –, -e.: ↗BUNDESANSTALT A ›Einrichtung des Bundes mit hauptsächlich wissenschaftlichen Aufgaben‹: *Die führenden wissenschaftlichen Bundesinstitute rechnen mit dem Auftreten der neuen Variante der Creutzfeldt-Jakob-Krankheit auch in Deutschland* (Berliner Morgenpost 22. 5. 2001, Internet) – Die Bundesinstitute werden entsprechend ihren wissenschaftlichen Aufgaben benannt, z. B. Bundesinstitut für Berufsbildung, Bundesinstitut für Bevölkerungsforschung, Bundesinstitut für Sportwissenschaft

Bundesjugendplan D der; -(e)s, ohne Plur.: ›Maßnahmen sowie ↗Etat des Bundes zur Förderung der Jugendarbeit‹: *Der Etat des Bundesjugendplans reicht für einen höheren Zuschuss nicht aus* (SZ 29. 7. 2000, Internet)

Bundesjugendring A D der; -(e)s, ohne Plur.: ›Arbeitsgemeinschaft von ↗bundesweit tätigen [außerschulischen] Jugendverbänden‹: *Dem Demoaufruf angeschlossen haben sich am Dienstag auch die Grünen und Liberalen sowie kleinere Organisationen, darunter auch die 27 im Bundesjugendring zusammengefassten Einrichtungen* (OÖN 16. 2. 2000, 3; A); *Für das von der Bundeszentrale für politische Aufklärung geförderte Projekt standen nach Angaben des Bundesjugendrings 700.000 Mark zur Verfügung* (Rhein Ztg 22. 4. 1998, Internet; D)

Bundeskanzlei CH die; –, ohne Plur.: ›zentrale Sekretariatsstelle der schweizerischen Exekutive und Legislative; Stabsstelle des ↗Bundesrates‹: *Die Bundeskanzlei zeigt wenig Berührungsängste mit neuen Medien: Sie bringt eine CD-ROM mit sämtlichen Erlassen des Bundes auf den Markt* (Bund 22. 12. 1999, 9)

Bundeskanzler Bundeskanzlerin der; -s, – bzw. die; –, -nen: **1.** A D; ↗KANZLER D ›Leiter(in) der Regierung auf Bundesebene‹: *Schon von Kindheit an politisch interessiert, war der spätere Bundeskanzler ab 1914 als Obmann der Christlich-Sozialen Partei Vorarlbergs tätig* (VN 29. 10. 1997, E 7; A); *Der Bundeskanzler verzichtet auf seine Denkfabrik* (Welt 18. 8. 1999, Internet; D). **2.** CH ›↗Vorsteher(in) der ↗Bundeskanzlei‹: *Wie jede Gemeinde ihre Gemeindekanzlei und ihren Gemeindeschreiber, so hat der Bund seine Bundeskanzlei und seinen Bundeskanzler* (Tschäni, Profil der Schweiz 208) – Zu 1.: **Altbundeskanzler(in)** (↗Alt-), ↗**Bundeskanzleramt**. Zu 1. und 2.: **Vize-Bundeskanzler(in)**

Bundeskanzleramt A D das; -(e)s, ohne Plur.: ›vom ↗Bundeskanzler bzw. der Bundeskanzlerin geleitetes Amt, das gemeinsam mit den ↗Bundesministerien die Geschäfte der obersten Bundesverwaltung besorgt bzw. Gebäude dieses Amts‹: *Das Bundeskanzleramt will die Förderung kleiner Kulturveranstalter nicht mehr übernehmen, sie soll in den Kompetenzbereich der Länder fallen* (Presse 23. 9. 1997, 25; A); *Die Kritik richtet sich an Rolf S., den Staatsminister im Bundeskanzleramt* (Welt 24. 10. 2000, Internet; D) – Abk. in A ↗BKA. Vgl. Kanzleramt

Bundeskartellamt D das; -(e)s, ohne Plur.: ↗WETTBEWERBSKOMMISSION CH ›für Wettbewerbskontrolle zuständige Bundesbehörde‹: *Neuer Chef des Bundeskartellamts soll Ulf B. werden* (Tagesspiegel 25. 7. 1999, 1)

Bundeskegelbahn D die; –, -en: ›Anlage zum Kegeln, welche die Normen des deutschen Keglerverbandes erfüllt‹: *Haus Kother Wessig: Gut bürgerliche Küche, Parkplätze am Haus, ... 2 Bundeskegelbahnen* (Palette 2/1998, 29)

Bundeskriminalamt D das; -(e)s, ohne Plur.: ›Bundesamt für internationale und länderübergreifende Verbrechensaufklärung‹: *Laut Bundeskriminalamt lag 1994 die bundesweite Quote bei 44,8 Prozent* (ADAC

Motorwelt 2/1996, 80) – Abk. ↗BKA. In CH mit dem *Bundesamt für Polizeiwesen* vergleichbar

Bundesland A D das; -(e)s, ...länder: ↗LAND A D, ↗KANTON CH, ↗ORT CH, ↗STAAT CH, ↗STAND CH, ↗PROVINZ: *AUTONOME PROVINZ [BOZEN/TRIENT] STIR, ↗REGION STIR ›Teilgebiet eines Bundesstaates mit beschränkter politischer Autonomie‹: *Wenn man sieht, dass ein derartiges Angebot anderswo nicht besteht, ist man sogar stolz, in einem Bundesland Arzt zu sein, das die gesundheitliche Zukunft des Nachwuchses so ernst nimmt* (NÖN 22. 6. 1998, 20; A); *B. will das Programm im Landtag einbringen und empfiehlt es auch anderen Bundesländern* (BamS 26. 10. 1997, 3; D); ***alte Bundesland** D ›Bundesland, das schon vor 1990 zur BRD gehörte‹: *Er (Risikotyp A) trat bei 40 Prozent der brandenburgischen Pädagogen auf und liegt damit doppelt bis vierfach so hoch wie ... in den alten Bundesländern und Österreich* (Psychologie 12/1997, 42); ***neue Bundesland** D ›Bundesland, das erst seit 1990 zur BRD gehört‹: *Über das Tempo der Integration der neuen Bundesländer hat man sich anfangs ebenso Illusionen gemacht* (FAZ 10. 10. 1997, Magazin 67) – Vgl. Freistaat

Bundeslehranstalt A die; –, -en: ›staatliche, in bestimmten Bereichen und Berufen ausbildende höhere Schule bzw. Gebäude, in dem diese Schule untergebracht ist‹: *Eigentlich wollte die NÖN eine Reportage über jene Schule in Klosterneuburg verfassen, die weltweit höchste Anerkennung genießt: Über die Höhere Bundeslehranstalt und Bundesamt für Wein und Obstbau, auch »Weinbauschule« genannt* (NÖN 18. 3. 1998, 9) – Abk. BLA. Häufig mit Attributen, z. B. höhere Bundeslehranstalt [für wirtschaftliche Berufe/Mode/Tourismus ...]. Vgl. BHS, Lehranstalt

Bundeslehrer Bundeslehrerin A der; -s, – bzw. die; –, -nen: ›vom Staat als Lehrer(in) angestellte und bezahlte Person‹: *Im Unterrichtsministerium werden jährlich etwa 700.000 Werteinheiten ... an Bundeslehrer verteilt* (Presse 23. 9. 1997, 28)

Bundesliga A D die; –, ...ligen: ↗STAATSLIGA A, ↗NATIONALLIGA CH, ↗SERIE STIR ›Verband aller nationalen Spitzenclubs einer Mannschaftssportart‹: *Die Mannschaft führt in der österreichischen Bundesliga überlegen, am Titelgewinn besteht – auch aufgrund der Schwäche der Konkurrenz – nicht der geringste Zweifel* (Profil 6. 10. 2002, Internet; A); *Der MSV Duisburg, eine der Überraschungs-Mannschaften der Bundesliga ..., hofft auch im DFB-Pokalfinale auf eine Sensation* (WAZ 16. 5. 1998, 1; D) – Die höchste Spielklasse einer Mannschaftssportart heißt *Bundesliga*, die zweithöchste in D *2. Bundesliga* – Dazu: **Bundesligafußball, Bundesligaklub, Bundesligasaison, Bundesligaspiel, Bundesligaverein**

Bundesligist D der; -en, -en (Sport): ›der höchsten Klasse angehörende Mannschaft oder deren Verein‹: *Fußball-Bundesligist Werder Bremen war gerade wieder auf Trainersuche* (Welt 27. 11. 1999, Internet) – In A bekannt, aber als fremd empfunden

Bundesminister Bundesministerin A D der; -s, – bzw. die; –, -nen (formell): ↗MINISTER A D, ↗BUNDESRAT CH, ↗DEPARTEMENTSCHEF CH, ↗DEPARTEMENTSVORSTEHER CH ›für ein ↗Ministerium zuständiges Mitglied einer ↗Bundesregierung‹: *Scharfe Kritik äußert der Rechnungshof am Desinteresse der jeweiligen Bundesminister* (Profil 10. 6. 2001, Internet; A); *Auf ihrem 14. Parteitag in Karlsruhe scheiterten ... die Bemühungen des Bundesvorstands, der Fraktionsführung und der beiden anderen grünen Bundesminister ... die Trennung von Amt und Mandat aufzuheben* (Welt 20. 3. 2000, Internet; D) – Abk. BMin – Dazu: **Bundesministerium**

Bundesordner CH der; -s, –: ↗AKTENORDNER A D ›Ordner mit festen Deckeln und breitem Rücken zur Aufbewahrung von Akten‹: *Das Verschwinden von Esther M. bleibt rätselhaft. Bezirksanwältin Iris M.: »Der Fall füllt bereits mehrere Bundesordner. Doch der letzte Eintrag in der Akte datiert aus dem Jahr 1993»* (Blick 6. 10. 1998, 8)

Bundespersonal CH das; -s, ohne Plur.: ↗BUNDESBEDIENSTETE A D ›Gesamtheit der in der staatlichen Verwaltung Angestellten‹: *Das Bundespersonal wird trotz der guten Finanzlage in diesem Jahr keine zusätzliche Lohnerhöhung erhalten* (NLZ 12. 5. 2001, Internet)

Bundespolizei CH die; –, -en: ↗STAATSPOLIZEI A, ↗STAPO A, ↗VERFASSUNGSSCHUTZ D ›der ↗Bundesanwaltschaft unterstellte Polizei‹: *Die Bundespolizei deckte zusammen mit Stadt- und Kantonspolizei Bern die illegalen geheimdienstlichen Tätigkeiten des Funktionärs der russischen Botschaft auf* (Bund 30. 12. 1999, 13) – Vgl. Feuerpolizei, Gemeindepolizei, Gewerbepolizei, Heerespolizei, Kantonspolizei, Stadtpolizei – Dazu: **Bundespolizist(in)**

Bundespräsident Bundespräsidentin der; -en, -en bzw. die; –, -nen: **1.** A D ›den Staat repräsentierendes Staatsoberhaupt‹: *Dieser Tage erhielt das Opus magnum endgültig Gesetzeskraft: Bundespräsident Thomas Klestil unterzeichnet das Gesetz* (News 3. 7. 1997, 21; A); *Wir alle würden uns riesig freuen, wenn die Aktion, die von Bundespräsident Roman Herzog ... unterstützt wird, jenen Schub auslöste, den sie verdient* (Stern 25. 9. 1997, 3; D). **2.** CH ›im Turnus aus dem Kreis der sieben ↗Bundesräte für ein Jahr gewählter oberster Repräsentant bzw. gewählte oberste Repräsentantin der Schweiz‹: *Den Vorsitz führt der Bundespräsident, der aber keine grössere Macht als seine sechs Kollegen besitzt* (Tschäni, Profil der Schweiz 190) – Zu

1.: **Altbundespräsident(in)** (↗Alt-), **Bundespräsidentenwahl**

Bundesrat: 1. CH der; -(e)s, ohne Plur.: ↗BUNDESREGIERUNG A D ›siebenköpfige Regierung der Schweizerischen ↗Eidgenossenschaft‹: *Der Bundesrat zog aus dem klaren Abstimmungs-Nein die Konsequenz und verzichtete ... auf die Durchführung einer Landesausstellung* (Jahr der Schweiz 11). **2. Bundesrat Bundesrätin** CH der; -(e)s, ...räte bzw. die; –, -nen: ↗BUNDESMINISTER A D, ↗MINISTER A D, ↗DEPARTEMENTSCHEF CH, ↗DEPARTEMENTSVORSTEHER CH ›für ein ↗Departement zuständiges Mitglied der ↗eidgenössischen Regierung‹: *Bundesrat Flavio Cotti trifft am Montag mit dem deutschen Bundeskanzler Helmut Kohl und dem französischen Staatspräsidenten Jacques Chirac zusammen* (BaZ 25./26. 10. 1997, 11). **3.** A D der; -(e)s, ohne Plur.: ↗KAMMER: *KLEINE KAMMER CH, ↗STÄNDERAT CH, ↗STÖCKLI CH ›zweite parlamentarische Kammer, die die Interessen der ↗Bundesländer vertritt‹: *Der Bundesrat übt als »zweite Kammer« (Länderkammer) gemeinsam mit dem Nationalrat die Gesetzgebung des Bundes aus* (Pfaundler, Jungbürgerbuch 963; A); *Das Kräftemessen der beiden Gesetzgebungskammern Bundestag und Bundesrat galt in ruhigeren Zeiten stets als Element des Ausgleichs* (Focus 4. 8. 1997, 50; D). **4. Bundesrat Bundesrätin** A der; -(e)s, ...räte bzw. die; –, -nen: ↗STÄNDERAT CH ›Mitglied der zweiten Kammer des Parlaments‹: *Nach dem Finanzdebakel fordern SPÖ und FPÖ den Rücktritt von Aufsichtsratschef VP-Bundesrat Kurt K.* (Presse 11. 11. 1997, Internet) – Zu 1.: ↗**bundesrätlich, Bundesratspräsident(in), Bundesratsbeschluss, Bundesratsentscheid** (↗Entscheid), **Bundesratssitz, Bundesratswahl.** Zu 3.: **Bundesratskandidat(in)** D, **Bundesratspräsident(in)** D, **Bundesratsbeschluss.** Zu 3.: **Bundesratsabgeordnete** (↗Abgeordnete)

bundesrätlich CH Adj. (nicht steigerbar): ↗MINISTERIELL A D ›zum ↗Bundesrat gehörend; vom Bundesrat ausgehend‹: *Seine bundesrätliche Vergangenheit würde ihm [Ogi] zudem politischen Einfluss verschaffen, wie ihn bisher kein Sportfunktionär auf nationaler Ebene besessen hat* (Bund 18. 12. 1999, 35)

Bundesregierung A D die; –, -en: ↗BUNDESRAT CH ›aus ↗Bundeskanzler(in) und ↗Bundesministern bestehende Regierung des Gesamtstaates‹: *Die miserable Stimmung gegen die Bundesregierung wurde schon bei der differenzierten Begrüßung durch den scheidenden Vorsitzenden der Beamtengewerkschaft ... deutlich* (VN 29. 10. 1997, 1; A); *Schon im März versicherte der Bundesumweltminister, die Bundesregierung habe ein »klares Handlungsprogramm zur Minderung von CO um mindestens 25 Prozent«* (BdW 8/1990, 12; D)

Bundesrichter Bundesrichterin CH der; -s, – bzw. die; –, -nen: ↗HÖCHSTRICHTER A ›Richter(in) der höchsten Gerichtsinstanz‹: *Die Bundesrichter begründeten ihren Spruch damit, die lange vertragliche Bindung benachteilige den Versicherungsteilnehmer unangemessen* (Schöner Wohnen 4/1995, 226)

Bundesstadt CH die; –, ohne Plur.: ↗BUNDESHAUPTSTADT A D ›Hauptstadt der Schweiz; Bern‹: *Die heutige Bundesstadt verdankt es ... den Stimmen der welschen Abgeordneten ..., wenn sie und nicht Zürich 1848 zum Sitz der Bundesbehörden erkoren wurde* (Allemann, Schweiz 135) – Vgl. Aarestadt

Bundessteuer CH die; –, -n: ↗BUNDESABGABE A ›vom Bundesstaat erhobene direkte und indirekte Steuer (im Ggs. zur vom ↗Kanton und von der Gemeinde erhobenen Steuer)‹: *Wie die Staats- und Bundessteuern zu verwenden sind, darum werden die gewieften Politiker streiten* (Bund 2. 11. 1999, 23); ***direkte Bundessteuer** ›vom Bundesstaat erhobene Steuer auf Einkommen und Vermögen‹: *Der Kanton Zürich erhebt für den Bund die direkte Bundessteuer, für sich selber die Staatssteuer* (Zürcher Bürgerbuch 75) – Vgl. Kantonssteuer, Staatssteuer

Bundesstraße A D die; –, -n: ↗NATIONALSTRASSE CH, ↗STAATSSTRASSE LUX STIR ›Straße für den weiträumigen Verkehr, für deren Bau und Erhalt der Bund zuständig ist‹: *In der Nacht zum Samstag kam ein 20-jähriger Pkw-Lenker mit seinem Fahrzeug auf der Brünner Bundesstraße/NÖ auf die Gegenfahrbahn und prallte gegen einen Betonsockel* (SN 20. 10. 1997, 8; A); *Als er mit seinem Auto ... auf der Bundesstraße 87 ... fuhr, wurde ... auf ihn geschossen* (LVZ 3. 2. 1998, 11; D) – Abk. ↗B. Vgl. Landesstraße – Dazu: **Bundesstraßenbau, Bundesstraßenfinanzierung**

Bundestag D der; -(e)s, ohne Plur.: ↗NATIONALRAT A CH, ↗KAMMER: *GROSSE KAMMER CH, ↗LANDTAG LIE, ↗ABGEORDNETENKAMMER STIR ›gesetzgebende Versammlung der demokratisch gewählten Volksvertreter; Parlament‹: *Der Bundestag hat am Donnerstag mit der Koalitionsmehrheit gegen die Stimmen der Opposition das neue Postgesetz verabschiedet* (FAZ 10. 10. 1997, 17) – Dazu: ↗**Bundestagsabgeordnete, Bundestagsausschuss, Bundestagsdebatte, Bundestagsfraktion** (↗Fraktion), **Bundestagsmandat, Bundestagspräsident(in), Bundestagswahl, Bundestagswahlkreis**

Bundestagsabgeordnete D der/die; -n, -n: ↗ABGEORDNETE: *ABGEORDNETE ZUM NATIONALRAT A, ↗NATIONALRATSABGEORDNETE A, ↗NATIONALRAT A CH ›Mitglied des ↗Bundestages‹: *Roland R., CDU-Bundestagsabgeordneter aus Pforzheim, verschläft die Kanzlerwahl kein zweites Mal* (Focus 4. 8. 1997, 15) – Abk. ↗MdB

Bundestrainer Bundestrainerin D der; -s, – bzw. die; –, -nen [... trɛːnɐ]: ↗TEAMCHEF A D, ↗NATIONALCOACH CH, ↗NATIONALTRAINER CH BELG LUX ›Trainer(in) der Nationalmannschaft (im Fußball, Handball, Eishockey, Volleyball usw.)‹: *Vor zwei Jahren noch nahm der Bundestrainer niemanden mit nach England, dessen Zukunft unklar war* (AZ 19. 6. 1998, 20) – Dazu: **Eishockey-Bundestrainer(in), Fußball-Bundestrainer(in), Handball-Bundestrainer(in)**

Bundesverdienstkreuz D das; -es, -e: ↗EHRENZEICHEN: *[GOLDENE/SILBERNE] EHRENZEICHEN FÜR VERDIENSTE UM DIE REPUBLIK ÖSTERREICH A ›Orden für besondere Verdienste um die Bundesrepublik Deutschland‹: *Klemens B. wurde hochgeehrt zu Grabe getragen. Das Bundesverdienstkreuz ... trug ein Mann ... auf einem schwarzen Samtkissen dem Sarg nach* (Grün, Lawine 22)

Bundesverfassung A CH die; –, -en: ↗GRUNDGESETZ D ›grundlegende Rechtsnorm auf der Ebene des Nationalstaates‹: *Die Landtagswahlordnungen dürfen die Bedingungen des aktiven und passiven Wahlrechtes nicht enger ziehen als die Bundesverfassung für Wahlen zum Nationalrat* (B-VG Art. 95 (2); A); *Unsere Bundesverfassung geht davon aus, dass wir ein Volk von Brüdern sind und uns gegenseitig helfen, wo es Not tut* (Bund 24. 4. 1999, 11; CH) – Abk. in A B-VG, in CH BV. Vgl. Staatsgrundgesetz

Bundesverfassungsgericht D das; -(e)s, ohne Plur.: ↗VERFASSUNGSGERICHTSHOF A ›höchstes Gericht in Deutschland (mit Sitz in Karlsruhe)‹: *Das Bundesverfassungsgericht billigt grundsätzlich das neue Scheidungsrecht* (Spiegel 17. 11. 1997, 89) – In CH existiert keine Verfassungsgerichtsbarkeit auf Bundesebene

Bundesverfassungsgesetz A das; -es, -e: ›einzelnes Gesetz im Verfassungsrang [das mit qualifizierter Mehrheit des ↗Nationalrates zustande kommt]‹: *Für die Berechnung der in diesem Bundesverfassungsgesetz vorgesehenen Fristen gelten die Bestimmungen der §§ 32 und 33 des Allgemeinen Verwaltungsverfahrensgesetzes vom 21. Juli 1925, B. G. Bl. Nr. 274* (Finanz-Verfassungsgesetz § 17 (1)) – Abk. BVG. Nicht zu verwechseln mit dem *Bundes-Verfassungsgesetz* von 1920, das zusammen mit weiteren Verfassungsbestimmungen, verfassungsändernden Staatsvertragsbestimmungen und den *Bundesverfassungsgesetzen* die österreichische ↗*Bundesverfassung* bildet

Bundesversammlung die; –, -en: **1.** CH (Plur. ungebräuchl.) ›Gesamtheit der Legislative, in der Volk und Stände (↗Kantone) vertreten sind; Parlament der Schweiz, bestehend aus ↗Nationalrat und ↗Ständerat‹: *Wir haben in Artikel 156 im Entwurf des Bundesrates die Bestimmung, dass die Bundesversammlung »sich an der Gestaltung der Aussenpolitik« beteilige* (Protokoll Januarsession der Vereinigten Bundesversammlung, 1998, Internet); ***Vereinigte Bundesversammlung** ›Versammlung der beiden Kammern für bestimmte wichtige Aufgaben, z. B. Wahl des ↗Bundesrates‹: *Um 15 Uhr versammelten sich die Mitglieder des National- und des Ständerats im Saal der Grossen Kammer, wo auch die Sitzungen der Vereinigten Bundesversammlung stattzufinden pflegen* (Jahr der Schweiz 55). **2.** D ›Versammlung, die den Präsidenten oder die Präsidentin der BRD zu wählen hat‹: *Weder das Grundgesetz noch das ›ergänzende Gesetz über die Wahl des Bundespräsidenten durch die Bundesversammlung‹ nennt die genaue Zahl der Mitglieder der Bundesversammlung* (Deutscher Bundestag, 2000, Internet). **3.** A ›gemeinsame Sitzung von ↗Nationalrat und ↗Bundesrat‹: *Der Bundespräsident kann nur von der Bundesversammlung (Nationalrat plus Bundesrat) mit Zwei-Drittel-Mehrheit angeklagt werden, Minister nur vom Nationalrat* (Presse 8. 7. 1999, Internet) – Zu 1 vgl. Kammer

Bundesverwaltung A CH die; –, -en (Plur. ungebräuchl.): ›Gesamtheit der Bundesbehörden‹: *Die österreichische Bundesverwaltung stellt sich den Herausforderungen der Gegenwart durch ein kontinuierliches Vorantreiben von Verwaltungsreformen* (Bundesministerium für öffentliche Leistung und Sport, 2002, Internet; A); *Eine Verwaltung, insbesondere die Bundesverwaltung, ist für die Bürgerin und für den Bürger undurchsichtig* (Protokoll der Januarsession der Vereinigten Bundesversammlung, 1998, Internet; CH)

Bundesverwaltungsgericht D das; -(e)s, ohne Plur.: ↗VERWALTUNGSGERICHTSHOF A, ↗STAATSRAT STIR ›höchste Instanz der Gerichtsbarkeit für Verwaltungsakte‹: *... werden die Richter eine aktuelle Entscheidung des Bundesverwaltungsgerichts zu berücksichtigen haben* (SZ 31. 10./1. 11. 1998, 37) – In CH existiert keine Verwaltungsgerichtsbarkeit auf Bundesebene, sondern es gibt das Verwaltungsgericht auf ↗kantonaler Ebene

Bundeswehr D die; –, ohne Plur.: ↗BUNDESHEER A, ↗ARMEE: *SCHWEIZER ARMEE CH ›Gesamtheit der nationalen Streitkräfte‹: *Das Ansehen der Bundeswehr hat sich infolge des Katastropheneinsatzes an der Oder entscheidend verbessert* (FAZ 10. 10. 1997, 4) – Dazu: **Bundeswehrkaserne, Bundeswehrsoldat(in)**

Bundesweibel Bundesweibelin CH der; -s, – bzw. die; –, -nen: ›Amtsdiener(in) von Regierung und Parlament, bei feierlichen Veranstaltungen in den Bundesfarben rot-weiss gekleidet‹: *Die grosse Hilfskraft vom Bundeshaus: Ohne Bundesweibel läuft im Parlament gar nichts* (Blick 20. 3. 1997, 6) – Vgl. Weibel

bundesweit A D Adj. (nicht steigerbar): ↗ÖSTERREICHWEIT A, ↗SCHWEIZWEIT CH, ↗DEUTSCHLANDWEIT D ›in ganz Österreich oder Deutschland‹: *Nach dem Wahlergebnis in Graz gibt es nun Klagen* *über das bundesweite Mietrecht* (Kurier 29. 1. 1998, 14; A); *Wir liefern Ihnen jedes Gerät in der Regel in 48 Stunden bundesweit frei Haus* (AZ 19. 6. 1998, 27; D) – Vgl. landesweit

Bundeszwang A D der; -(e)s, ohne Plur.: ›Maßnahmen, die von der ↗Bundesregierung ergriffen werden können, um ein ↗Bundesland zur Ausführung seiner Pflichten zu zwingen‹: *Auch in der Stadt Salzburg sei die Verbrennung kein Thema: Wir müssen jetzt schauen, wie wir mit dem Bundeszwang zur Verbrennung umgehen werden* (SN 25. 9. 2001, Internet; A); *Nach Artikel 37 des Grundgesetzes ist die Bundesregierung aufgefordert, ein Land dann unter Bundeszwang zu stellen, wenn es sich beharrlich weigert, seine gesetzlichen und grundgesetzlichen Pflichten zu erfüllen* (Berliner Ztg 14. 9. 2000, Internet; D)

Bündner CH: **1. Bündner Bündnerin** der; -s, – bzw. die; –, -nen: ›Person, die aus dem ↗Kanton Graubünden stammt oder dort wohnt‹: *Zum Küchendienst meldete sich ein schwarzgelockter Bündner mit ledriger Haut: Koni* (Sieber, Menschenware – wahre Menschen 55). **2.** indekl. Adj. ›aus dem ↗Kanton Graubünden stammend, zum ↗Kanton Graubünden gehörend‹: *Mit dem Bündner Maiensäss des Alp-Öhi hat die Spyri ... eine idealisierte Gegenwelt gezeichnet, die dem zivilisationsmüden Bürger eine vermeintliche Zuflucht bot* (Treichler, Abenteuer Schweiz 263); ***Bündner Oberland** ›oberer Teil des Vorderrheintals; Surselva‹: *Besonders stark schneite es im Bündner Oberland, in Mittelbünden sowie im Gebiet Hinterrhein* (Bund 17. 4. 1999, 44) – Zu 2.: ↗**Bündnerfleisch, Bündnerhaus,** ↗**bündnerisch,** ↗**Bündnerland**

Bündnerfleisch CH das; -(e)s, ohne Plur.: ↗BINDENFLEISCH CH, ↗MOSTBRÖCKLI CH, ↗TROCKENFLEISCH CH ›luftgetrocknetes Rindfleisch‹: *Etikettenschwindel: Ob Bündnerfleisch oder Berner Rösti; viele »Schweizer« Lebensmittel stammen in Wahrheit aus dem Ausland* (Bund 12. 1. 1999, 27) – In A als Produktbezeichnung bekannt. Vgl. Bündner

bündnerisch CH Adj.: ›aus dem ↗Kanton Graubünden stammend; zum ↗Kanton Graubünden gehörend‹: *Hat er mehr Zeit, zieht's ihn ins bündnerische Prättigau* (Sport 10. 3. 1998, Beilage 3) – Vgl. Bündner

Bündnerland CH das; -(e)s, ohne Plur.: ›↗Kanton Graubünden‹: *1986 war im Bündnerland aus Landschaftsschutzgründen auf das Kraftwerk Greina verzichtet worden* (Bund 15. 12. 1999, 1) – Vgl. Bündner

Bünzli CH der; -s, – ⟨eigentlich ein Familienname, steht seit ca. Mitte des 20. Jhs. für Spiessbürger⟩: ↗FÜDLIBÜRGER CH ›Spiesser(in), Spiessbürger(in)‹: *»Wir leben jetzt«, sagten sie sich stets und liehen sich Geld von Instituten aus »statt zu sparen, wie es der Schweizer Bünzli zu tun pflegt»* (Bund 13. 10. 2000, 31) – Eine weibliche Form ist nicht gebräuchlich – Dazu: **bünzlig**

Burenwurst A die; –, ...würste: /eine dunkle Wurstsorte, die vor dem Verzehr durch Kochen erhitzt wird/: *Gegen eine Burenwurst ist ein Hamburger eine glatte Diätspeise* (Profil 1. 3. 1998, Internet)

Burger Burgerin CH-west/süd der; -s, – bzw. die; –, -nen: ↗BÜRGER CH, ↗ORTSBÜRGER CH-ost/zentral ›Person, die als Angehörige einer Gemeinde das ↗Bürgerrecht in dieser Gemeinde besitzt (in den ↗Kantonen BE, FR, VS)‹: *Die Burgerschaft ... wünscht bei dieser Gelegenheit allen Einwohnern und Burgern eine besinnliche Adventszeit* (Gemeindeztg Leuk-Susten 7. 12. 1999, Internet) – Dazu: **Bernburger(in),** ↗**Burgergemeinde**

Bürger Bürgerin CH der; -s, – bzw. die; –, -nen: ↗BURGER CH-west/süd, ↗ORTSBÜRGER CH-ost/zentral ›Person, die als Angehörige einer Gemeinde das ↗Bürgerrecht in dieser Gemeinde besitzt‹: *Und mit der evangelischen Schulgemeinde Nesslau ... befasst sich auch ein Buch, verfasst vom Nesslauer Bürger Gottlieb B., der in St. Gallen wohnhaft ist* (Werdenberger & Obertoggenburger 25. 3. 1993, 7) – Andere Bedeutungen sind gemeindt. – Dazu: ↗**Bürgerbrief,** ↗**Bürgergemeinde,** ↗**Bürgerort, Bürgerrat, Schweizerbürger(in),** ↗**Stimmbürger(in)**

Bürgerbegehren D das; -s, –: ›durch eine festgelegte Zahl von Unterschriften gestützter Antrag der ↗Wahlberechtigten an die Gemeindevertretung, einen ↗Bürgerentscheid durchzuführen‹: *In Hamm organisierte er ein erfolgreiches Bürgerbegehren gegen den Verkauf der Stadtwerke* (Westfalenpost 14. 1. 2002, Internet)

Bürgerbrief der; -(e)s, -e: **1.** A D ›ehrenhalber verliehene Urkunde einer Gemeinde‹: *Das Gemeindeoberhaupt begab sich in das Stammlokal der Jugendlichen, um den jungen Staatsbürgern den traditionellen »Bürgerbrief« zu übergeben* (OÖN 3. 5. 2001, Internet; A); *Siegbert P. und Michael S. wird der Bürgerbrief überreicht* (Stadt Höchstädt 19. 3. 2003, Internet; D). **2.** CH ›Urkunde, die bezeugt, dass jmd. das ↗Bürgerrecht einer Gemeinde hat‹: *181 Neubürger erhalten an der Neubürgerfeier den St. Galler Bürgerbrief* (St. Galler Tagbl 6. 12. 1997, Internet). **3.** D ›von den Gemeindebehörden herausgegebene Zeitschrift für die Einwohner(innen)‹: *Der Bürgerbrief ist ein kostenloser, werbefreier Service der Stadt Oldenburg* (Stadt Oldenburg 19. 3. 2003, Internet) – Zu 2 vgl. Bürger

Bürgerentscheid D der; -(e)s, -e: ›Abstimmung der ↗Wahlberechtigten anstelle der ↗Gemeindevertretung über eine Angelegenheit der Gemeinde‹: *Die Bürgerentscheide Aubing und Trudering, deren Initiatoren eine Reduktion von 13.000 auf 5.000 Neubau-*

wohnungen anpeilten, fallen durch (SZ 1. 1. 1998, 20) – Vgl. Entscheid

Burgergemeinde CH-west/süd die; –, -n: ↗BÜRGERGEMEINDE CH, ↗ORTSBÜRGERGEMEINDE CH-ost/zentral, ↗ORTSGEMEINDE CH-ost (SG), ↗TAGWEN CH-ost (GL) ›(in den ↗Kantonen BE, FR und VS) Gesamtheit der Personen, die in einer Gemeinde das ↗Bürgerrecht besitzen (im Ggs. zur ↗Einwohnergemeinde, welche alle in einer Gemeinde Wohnhaften umfasst)‹: *Die drei jubilierenden Körperschaften – Einwohnergemeinde, Burgergemeinde und Kanton – waren durch ihre Exekutiven vertreten* (Jahr der Schweiz 38) – Vgl. Burger

Bürgergemeinde CH die; –, -n: ↗BURGERGEMEINDE CH-west/süd, ↗ORTSBÜRGERGEMEINDE CH-ost/zentral, ↗ORTSGEMEINDE CH-ost (SG), ↗TAGWEN CH-ost (GL) ›Gesamtheit der Personen, die in einer Gemeinde das ↗Bürgerrecht besitzen (im Ggs. zur ↗Einwohnergemeinde, welche alle in einer Gemeinde Wohnhaften umfasst)‹: *Entsprechend einem Vertrag zwischen Bürgergemeinde und Politischer Gemeinde wurde die Gewerbezone ins Eigentum der Politischen Gemeinde überführt* (Engadiner Post 4. 10. 1997, 10) – Vgl. Bürger, Heimatgemeinde, Heimatort, Zivilgemeinde – Dazu: **Bürgergemeindepräsident(in), Bürgergemeindeversammlung** (↗Gemeindeversammlung)

Bürgerhaus D STIR das; -es, ...häuser: ↗VOLKSHAUS A CH ›öffentliches Gebäude mit Räumen für Veranstaltungen, soziale Einrichtungen u. Ä. in Gemeinden, kleineren Städten oder Stadtteilen von Großstädten; Gemeindehaus, Gemeindezentrum‹: *Figurentheater Struwwelköpfe aus Mülheim spielt: Das Mondfest, 15 Uhr im Bürgerhaus Hagenshof* (Palette 2/1998, 23; D); *Ein bunter Melodienstrauß mit Liedern aus ganz Europa wird morgen im Bürger- und Rathaus von Naturns gepflückt* (Z am Sonntag 22. 10. 2000, 9; STIR) – In A selten. Die Bedeutungen ›älteres, von Bürgern errichtetes städtisches Wohnhaus‹ und die veraltende Bedeutung ›Bürgerfamilie‹ sind gemeindt.

Bürgerkapelle STIR die; –, -n: ↗BLASMUSIKKAPELLE A D, ↗MUSIKKAPELLE A D, ↗MUSIKGESELLSCHAFT CH, ↗FANFARE LUX ›Verein von [Laien]blasmusikern und -musikerinnen; Blaskapelle‹: *Die Schützen legten einen Kranz nieder, Bläser der Bürgerkapelle Schlanders umrahmten die Gedenkfeier musikalisch* (Dolomiten 18. 2. 2002, 13)

Bürgerkunde STIR die; –, ohne Plur. (veraltend): ↗BILDUNG: *POLITISCHE BILDUNG A D, ↗STAATSBÜRGERKUNDE A D, ↗STAATSKUNDE CH, ↗GEMEINSCHAFTSKUNDE D STIR ›Schulfach, in dem Kenntnisse über den Aufbau des Staates und des Gemeinwesens vermittelt werden‹: *Damit lässt sich viel leichter eine Koordinierung mit Deutsch, Geografie und Bürgerkunde erreichen* (Sauer, Kaser 54)

Bürgermeister Bürgermeisterin A D LIE (Vaduz) der; -s, – bzw. die; –, -nen: ↗AMMANN CH (FR), ↗GEMEINDEAMMANN CH (AG, SG, TG), ↗GEMEINDEHAUPTMANN CH (AR, AI), ↗GEMEINDEPRÄSIDENT CH (BL, BS, GL, GR, NW, OW, SO, SZ, UR, VS, ZG, ZH), ↗ORTSVORSTEHER CH (TG), ↗STADTAMMANN CH (AG, SG, TG), ↗STADTPRÄSIDENT CH (BE, LU, SH, SO, ZG, ZH), ↗OBERBÜRGERMEISTER D, ↗STADTOBERHAUPT D, ↗GEMEINDEVORSTEHER LIE ›[direkt] gewählte Person, die eine Dorf-, Stadt- oder ↗Marktgemeinde politisch repräsentiert und die Verwaltung leitet‹: *In einem Gipfelgespräch am Montagvormittag haben sich Bürgermeister Michael Häupl, Vizebürgermeister Bernhard Görg und Finanzstadträtin Brigitte Ederer darauf geeinigt* (Presse 23. 9. 1997, 8; A); *Im Gemeindebüro debattieren die Experten: Bürgermeister, Landrat und die zahllosen Hochwasserspezialisten* (Spiegel-Jahreschronik, 1997, 154; D); *Die Regierung hat ... eine Arbeitsgruppe bestehend aus dem Regierungssekretär, dem Bürgermeister als Vertreter der Gemeinden, dem Polizeichef, dem Leiter der Regierungskanzlei und einem Vertreter des Amts für Volkswirtschaft eingesetzt* (Information zur Gemeinderatssitzung der Gemeinde Vaduz 12. 9. 2001, 5; LIE); ***Erste Bürgermeister *Erste Bürgermeisterin** D (Hamburg); ***Regierende Bürgermeister *Regierende Bürgermeisterin** D (Berlin): ↗LANDESHAUPTMANN A, ↗LANDAMMANN CH-ost/zentral, ↗REGIERUNGSPRÄSIDENT CH-nord/west, ↗MINISTERPRÄSIDENT D, ↗PRÄSIDENT: *PRÄSIDENT DES SENATS D (Bremen) ›Leiter(in) der ↗Landesregierung (von Hamburg oder Berlin)‹: *Als der Erste Bürgermeister von Hamburg, Henning V. ... vor die Kameras tritt, um seinen jähen Abgang zu erklären, geht mehr als eine Ära zu Ende* (Spiegel-Jahreschronik 1997, 229); *Klaus S., ehemaliger Regierender Bürgermeister von Berlin* (Spiegel-Jahreschronik 1997, 40) – Wird in A und D auf der ersten, in D auch auf der dritten Silbe betont. Vgl. Dorfkaiser, Ortschef, Ortskaiser, Landeschef, Landesfürst – Dazu: **Altbürgermeister(in)** (↗Alt-), ↗**Bürgermeisteramt** D (ohne mittelost/südost) LIE, **Bürgermeisterstellvertreter(in)**

Bürgermeisteramt das; -(e)s, ...ämter: **1.** D (ohne mittelost/südost) LIE; ↗MAGISTRAT A, ↗STADTAMT A, ↗GEMEINDEAMT A D, ↗GEMEINDEVERWALTUNG CH D, ↗KOMMUNALVERWALTUNG D ›Verwaltungsbehörde einer Stadt oder eines Dorfes‹: *Im Bürgermeisteramt von Meudon zeigte man sich von dem unerwarteten hohen Besuch überrascht* (Welt 1. 10. 1998, Internet; D); *Bürgermeisteramt Vaduz: Arthur Konrad, Bürgermeister* (Liechtensteiner Vaterland 4. 12. 1994, 21; LIE). **2.** D (ohne mittelost/südost) LIE; ↗GEMEINDEAMT A, ↗STADTAMT A, ↗GEMEINDEKANZLEI CH, ↗GEMEINDERATSKANZLEI CH, ↗GEMEINDESCHREIBEREI CH, ↗STADTKANZLEI CH ›Verwaltungsgebäude oder -büro (einer Gemeinde)‹: *Vereine oder Sportler können ihre besonderen sportlichen Erfolge bis zum 7. Dezember bei der Geschäftsstelle des Verkehrsvereins Eppingen, Bürgermeisteramt Eppingen … einreichen* (Heilbronner Stimme 21. 11. 2001, Internet; D); *Die Verwaltung und Vergabe der Objekte obliegt dem Bürgermeisteramt* (Benützungsrichtlinien »Räume / Hallen / Plätze« der Gemeinde Vaduz, 1997, Internet; LIE). **3.** D (ohne mittelost/südost) ›Amt des ↗Bürgermeisters oder der Bürgermeisterin‹: *Voscheraus Rücktritt macht dem bisherigen Finanzsenator und linken Sozialdemokraten Ortwin R. den Platz für das Bürgermeisteramt frei* (Spiegel-Jahreschronik 1997, 229) – Vgl. Bürgermeister

Bürgermeisterkollegium BELG das; -s, …kollegien: ↗GEMEINDEVERTRETUNG A D, ↗SCHÖFFENKOLLEGIUM BELG, ↗SCHÖFFENRAT LUX ›Leitung einer Gemeinde bzw. Stadt, bestehend aus dem ↗Bürgermeister und den ↗Schöffen; Gemeinderat‹: *Am Samstag … wird das Bürgermeister- und Schöffenkollegium der Stadt Eupen im Rahmen eines Empfangs im Rathaussaal die August-Tonnar-Plakette verleihen* (Grenz-Echo 9. 12. 1994, 6)

Bürgermeisterstück D das; -(e)s, -e (Küche): ↗HÜFERSCHWANZEL A ›vorne gelegener, oberster Teil der Hüfte des Rindes, der zum Kochen oder Dünsten verwendet wird‹: »*Gesottenes Bürgermeisterstück« will Gastronom Peter S. auftischen* (LVZ 3. 11. 1998, Internet)

Bürgerort CH der; -(e)s, -e: ↗HEIMATGEMEINDE CH, ↗HEIMATORT CH ›Gemeinde, in der ein Schweizer bzw. eine Schweizerin das ↗Bürgerrecht besitzt‹: *Der moderne Bundesstaat, dessen 150-Jahr-Jubiläum wir dieses Jahr feiern, definierte seine Staatsbürger durch einen festen Bürgerort* (Bund 17. 2. 1998, 7) – Vgl. Bürger

Bürgerrecht CH das; -(e)s, -e: ›mit bestimmten Rechten und Pflichten verbundene Zugehörigkeit zu einer Gemeinde, zu einem ↗Kanton, zur Schweiz‹: *[Die Kinder] erhalten grundsätzlich das Bürgerrecht des Vaters und auch das Schweizer Bürgerrecht und zugleich das Kantons- und Gemeindebürgerrecht der Mutter* (Zürcher Bürgerbuch 8) – Alle Schweizer Bürger(innen) besitzen das *Bürgerrecht* in einer Gemeinde, d. h. sie sind in einer Gemeinde ↗heimatberechtigt; dies ist die Voraussetzung für das ↗Kantons- und das Schweizer Bürgerrecht. Die Bedeutung ›Recht, das jedem Bürger/jeder Bürgerin zusteht‹ ist gemeindt. Vgl. Bürger – Dazu: ↗**Aktivbürgerrecht, Bürgerrechtsgesuch** (↗Gesuch), **Bürgerrechtswesen** (↗-wesen), ↗**Gemeindebürgerrecht, Kantonsbürgerrecht** (↗Kanton), **Ortsbürgerrecht** (↗Ortsbürger)

Bürgerschaft D (Bremen, Hamburg) die; –, -en: ↗LANDTAG A D, ↗KANTONSRAT CH, ↗LANDRAT CH, ↗RAT: *GROSSE RAT CH, ↗ABGEORDNETENHAUS D (Berlin), ↗REGIONALRAT STIR ›Parlament eines ↗Bundeslandes (in Bremen und Hamburg)‹: *Doch nun verlor die SPD … die Wahlen zur Bürgerschaft: Mit gerade noch 36,2 Prozent holt sie ihr schlechtestes Nachkriegsergebnis in der traditionell sozialdemokratischen Hansestadt* (Spiegel-Jahreschronik 1997, 229) – Die offizielle Bezeichnung lautet in Bremen *Bremische Bürgerschaft* – Dazu: **Bürgerschaftsfraktion** (↗Fraktion), **Bürgerschaftswahl**

Bürgersteig D (ohne südwest) der; -(e)s, -e: ↗GEHSTEIG A D-südost, ↗TROTTOIR CH D-süd, ↗GEHWEG D (ohne südost) ›eine Straße entlang führender [erhöhter] Weg für Fußgänger(innen)‹: *Unschlüssig stand sie auf dem Bürgersteig* (Bick, Tödliche Ostern 22) – In A veraltet

Burggräfler STIR: **1. Burggräfler Burggräflerin** der; -s, – bzw. die; –, -nen: ›Bewohner(in) des Burggrafenamts‹: »*Gute Nerven, Wettkampfglück und die Tagesform sind entscheidend«, weiß die Burggräflerin* (Z am Sonntag 13. 8. 2000, 20). **2.** indekl. Adj. ›aus dem bzw. im Burggrafenamt, zum Burggrafenamt gehörend‹: *Die Position am Gampenjoch, vorgeschoben zum Etschtal, gibt dem Großen wie dem Kleinen Laugen die Bedeutung eines weithin sichtbaren Burggräfler Wegweisers* (Schnürer, Südtirol 191) – Vgl. Pusterer, Vinschger

Burgi A D-südost: Koseform der weibl. Vornamen *Notburga,* ↗*Nothburga,* ↗*Walpurga: Kollegin Burgi hatte eine Erklärung: »Viele haben das Gefühl, es bringt eh nix mehr«* (Kurier 15. 11. 2000, 2; A) – Auch in der Form *Burgl*

Bürli CH das; -s, –: ↗LAIBCHEN A, ↗SEMMEL A D-nordwest/südost, ↗WECKERL A D-südost, ↗BRÖTLI CH, ↗MUTSCHLI CH, ↗WEGGEN CH, ↗BRÖTCHEN D-nord/mittel, ↗RUNDSTÜCK D-nordwest (bes. Hamburg), ↗SCHRIPPE D-nordost (bes. Berlin), ↗WECKEN D-südwest ›kleines, rundes oder längliches, meist aus Brotmehl und ↗Hefe hergestelltes Gebäck‹: *Ein voller Genuss: Hausbrot, Buttergipfeli, Bürli und Weggli, Torten und Cakes* (Migros, 1998, Internet) – Vgl. Weggli – Dazu: **Doppelbürli**

Büro (gemeindt.): ↗AMTSRAUM, ↗AMTSZIMMER, ↗DIENSTZIMMER

Büro: *[k]ein Büro aufmachen CH ›[keine] Umstände machen; etw. [nicht] komplizierter als nötig behandeln‹: *Es geht nicht um die 500 Franken, wegen 500 Franken würde ich ja kein Büro aufmachen* (Basler Ztg 31. 5. 1999, 24) – Das Substantiv *Büro* ist in allen anderen Verwendungen gemeindt., wird aber in A und D auf der zweiten Silbe, mit Langvokal, betont

Büroangestellte (gemeindt.): ↗BÜROGUMMI, ↗BÜROHENGST, ↗BÜROLIST/BÜROLISTIN

Bürogummi CH der; -s, -s (abwertend): ↗BÜROHENGST A D ›Büroangestellte(r)‹: *Die Mutter wollte sich nie verheiraten, die Schwiegereltern lehnten den Bürogummi, Sachbearbeiter in inferiorer Position, kurzerhand ab* (TA 25. 7. 1996, 57) – Wird für beide Geschlechter mit maskulinem Artikel verwendet. Vgl. Bürolist

Bürohengst A D der; -(e)s, -e (abwertend): ↗BÜROGUMMI CH ›Büroangestellter‹: *Abgespannte Bürohengste und erwachende Nachtfalter treffen bei amerikanisch gestyltem Barbecue und sommerlichen Happy-Sound-Klängen aufeinander* (Kurier 23. 7. 1999, 13; A); *Da behaupte noch mal einer, der deutsche Bürohengst sei nicht innovativ* (Focus 10. 10. 2001, Internet; D) – Eine weibliche Form ist nicht gebräuchlich. In CH selten

Bürokaufmann Bürokauffrau A D der; -(e)s, ...männer/leute bzw. die; –, -en: ›Angestellte(r), der bzw. die nach Absolvierung einer Bürolehre Sekretariats- und Büroarbeiten erledigt‹ /Berufsbezeichnung/: *Nach einer Ausbildung in seiner Jugendzeit im Tischlerhandwerk hat Klaus O. nach Absolvierung einer Abendschule die Laufbahn eines Bürokaufmannes begonnen* (Osttiroler Bote 12. 3. 1998, 10; A); *Lehrstellen für Bank- und Bürokaufleute sind völlig überlaufen* (AZ 8. 4. 1997, 4; D)

Bürolehre CH die; –, -n (Plur. ungebräuchl.): ›[zweijährige] Ausbildung in Büroarbeiten‹: *Nach dem Welschlandaufenthalt begann sie eine Bürolehre – und wurde nach einem halben Jahr wieder entlassen, weil sie Unruhe in den Betrieb brachte* (Blick 7. 7. 1999, 1) – In A und D selten, wird dort auf der zweiten Silbe, mit Langvokal, betont

Bürolist Bürolistin CH der; -en, -en bzw. die; –, -nen: ›in einem Büro angestellte Person; Büroangestellte(r)‹: *Es ist bestimmt sinnvoller, wenn ein Bänkler und eine Bürolistin Kaffee servieren, statt dass sie herumliegen oder Beschäftigungsprogramme besuchen* (TA 22. 2. 1996, 27) – Vgl. Bürogummi

Bursch A D-südost der; -en, -en: ↗BURSCHE CH D ›männlicher Jugendlicher von ca. 14 bis 19 Jahren‹: *Der Bursch setzt sich neben Zlatko und winkt seinen Freunden* (Mayer-Skumanz, Lügennetz 28; A) – In D veraltend, noch scherzhaft. In A-südost mundartnah auch in der Form *Bersch* – Dazu: **Schankbursch** (↗Schank)

Bursche CH D der; -n, -n: ↗BURSCH A D-südost ›männlicher Jugendlicher von ca. 14 bis 19 Jahren‹: *Der Bursche am Ausschank ... rieb Gläser sauber* (Weibel, Beethoven 97; CH); *Der Bursche war kaum zu bändigen in seinem Tatendrang* (DLV, 2002, Internet; D) – In D (ohne südost) selten, scherzhaft und veraltend – Dazu: **Schankbursche** (↗Schank) D-mittelost

bürsteln A sw.V./hat (Grenzfall des Standards): **1.** ›[ab]bürsten‹: *... die feinen Linzer Delikatess[erdäpfel] ... sehr gut waschen und bürsteln ... und dann halbiert in eine nicht zu knapp gefettete Rein* (OÖN 12. 8. 2000, 22). **2.** (salopp); ↗TSCHECHERN A-ost ›viel Alkohol trinken‹: *Eine weitere Spezialität der Freistädter ist das ... Schwarzbier ... 600 Hektoliter sollen davon pro Jahr gebürstelt werden. Zielgruppe sind Frauen und Jugendliche* (OÖN 27. 9. 1997, 36)

Bürstenschnitt (gemeindt.): ↗STIFTENKOPF, ↗STOPPELFRISUR, ↗STOPPELGLATZE, ↗STOPPELHAAR

Bürzi Pürzi CH das; -s, -(s) (Grenzfall des Standards): ↗DUTT D, ↗NEST D-süd ›Chignon, Haarknoten‹: *Ein paar weisse Fäden durchziehen ihr pechschwarzes Haar, das im Nacken zu einem Bürzi geknotet ist* (Wyss, Tage 32)

Bus (gemeindt.): ↗AUTOCAR, ↗CAR, ↗REISEBUS

Busch: *jmdn. aus dem Busch klopfen CH (Grenzfall des Standards) ›jmdn. zu bestimmten Aussagen bringen; jmdn. zum Handeln bringen‹: *Ich verrate dir, wie du sie aus dem Busch klopfen kannst* (Ernst 5. 5. 1999, 81); ***[bei jmdm.] auf den Busch klopfen** D (Grenzfall des Standards) ›[bei jmdm.] vorsichtig nachfragen, um etw. Bestimmtes zu erfahren‹: *Vollmer hat also, wie man sagt, auf den Busch geklopft* (Berliner Ztg 7. 9. 1996, Internet) – Das Substantiv *Busch* ist in allen anderen Verwendungen gemeindt.

Büschel (gemeindt.): ↗SCHIPPEL

büscheln CH D-südwest sw.V./hat: ›übersichtlich anordnen; zu einem Bündel zusammenfassen; bündeln‹: *Alles ist bereit. Die Notizen liegen gebüschelt auf dem hölzernen Aktenkoffer* (St. Galler Tagbl 9. 1. 1998, Internet; CH) – Dazu: **zusammenbüscheln**

Buschen A D-südost der; -s, – (Grenzfall des Standards): ›Strauß Blumen, [größeres] Bündel Zweige‹: *Astern, Dahlien, Kränze und Gebinde, auch Buschen von Tanngrün, ergänzten das blühende Angebot für den Feiertag* (OÖN 28. 10. 2000, 23; A) – Dazu: ↗**Buschenschank** A-ost/südost, ↗**Buschenschenke** A-ost/südost, **Osterbuschen, Palmbuschen**

Buschenschank A-ost/südost die; –, -en (formell): ↗BUSCHENSCHENKE A-ost/südost, ↗HEURIGE A D-mittelost/südost, ↗BESENBEIZ CH, ↗BESENWIRTSCHAFT D-mittel/südwest, ↗STRAUßENWIRTSCHAFT D-südwest ›Lokal, in dem Wein der letzten Lese [aus eigenem Anbau] ausgeschenkt wird‹: *Mit Getucker fahren sie von Mai bis Oktober durch das Schilcherland, den Weinberg hinauf, zum Verkosten in die Bu-*

schenschank (SN 31. 3. 1998, 4) – Vgl. Buschen, Mostheurige, Schank – Dazu: **Buschenschanker(in)**

Buschenschenke A-ost/südost die; –, -n (formell): ↗Buschenschank A-ost/südost, ↗Heurige A D-mittelost/südost, ↗Besenbeiz CH, ↗Besenwirtschaft D-mittel/südwest, ↗Straußenwirtschaft D-südwest ›Lokal, in dem Wein der letzten Lese [aus eigenem Anbau] ausgeschenkt wird‹: *Nach der Wanderung durch die Rieden am Bisamberg kann man sich in der Buschenschenke stärken* (Kurier 26. 5. 2000, 15) – Vgl. Buschen, Mostheurige

Buschi CH (bes. nordwest) das; -s, -s (Grenzfall des Standards): ↗Bébé CH ›Säugling, Baby‹: *Allerdings weise die Statistik aus, dass im Jahr 1999 einige Buschis mehr zur Welt kommen werden ... als im Jahr zuvor* (BaZ 20. 12. 1999, 19)

büseln A-ost (bes. Wien) sw.V./hat (salopp, Grenzfall des Standards): ›schlafen‹: *Toni, genug gebüselt, wir brauchen jetzt ein Tor* (Besser Wohnen 11/1997, 98)

Büsi CH das; -s, -/-s (Grenzfall des Standards): ›[kleine] Katze‹: *Katzenhalter suchen ihre Haustiere und hoffen, dass irgendjemand irgendwo ihr Büsi gesehen hat* (Südostschweiz 6. 9. 2000, Internet)

Busse CH **Buße** D STIR die; –, -n: ↗Strafe A D, ↗Geldbuße D, ↗Bußgeld D STIR ›Geldstrafe zur Ahndung von Ordnungswidrigkeiten‹: *Die vielen Bussen, die er vorwiegend für Geschwindigkeitsübertretungen erhalten hatte, waren ihm Bestätigung für einen rassigen Fahrstil* (Mettler, Keiler 89; CH); *Ob die CSU Geld zurückzahlen und zudem mit einer Buße in Millionenhöhe rechnen muss, hängt zunächst von der Einschätzung der Parlamentsverwaltung ab* (Berliner Ztg 2. 1. 2002, Internet; D); *Buße von 700 Milliarden Lire bestätigt* (Dolomiten 29. 3. 2001, 5; STIR) – In D informell. Andere Bedeutungen sind gemeindt. – Dazu: **Bussentarif** CH, **Bussenverfügung** CH, **Bussenwesen** (↗-wesen) CH, ↗**Bussenzettel** CH, ↗**büssen** CH, ↗**Ordnungsbusse** CH, **Parkbusse** CH, ↗**Polizeibusse** CH

busseln A D-südost sw.V./hat (Grenzfall des Standards): ›küssen‹: *»Wir betreiben unsere Hobbyzucht nur aus Liebe zu den Tieren«, sagt der Ex-Manager und busselt Pferdeschnauzen* (OÖN 9. 8. 1997, 30; A) – Auch in der Form *busserln*. Vgl. Busserl – Dazu: **abbusseln**

büssen CH sw.V./hat: ›mit einer Geldstrafe belegen‹: *Nach Angaben der Verkehrspolizei ... wurden ... 561 Geschwindigkeitsübertretungen festgestellt und die fehlbaren Lenker gebüsst* (NZZ 3. 11. 1997, 18) – Andere Bedeutungen sind gemeindt. Vgl. Busse

Bussenzettel CH der; -s, –: ↗Knöllchen D ›Strafzettel (bei Fehlverhalten im Strassenverkehr)‹: *Bereits in dem erwähnten Zeitungsartikel hat der Informationschef der Kantonspolizei richtig gestellt, dass Beförderungen nicht auf der Zahl gesteckter Bussenzettel beruhen* (Protokoll Zürcher Regierungsrat 22. 4. 1998, Internet) – Vgl. Busse

Busserl das; -s, -n: **1.** A D-südost; ↗Müntschi CH-west ›Kuss‹: *Er drückte seiner Frau ein Busserl auf die feuchte Wange und stieg aus* (Kneifl, Vorstellung 178; A). **2.** A /ein kleines süßes Gebäck/: *Das Eiweiß nimmst du nachher der Frau Alic mit. Sie kann Busserln draus machen* (Mayer-Skumanz, Lügennetz 69) – Zu 1.: Auch in den Formen *Bussel*, familiär *Bussi*. Zu 1 vgl. busseln – Zu 2.: **Kokosbusserl**

Bußgeld D STIR das; -(e)s, -er: ↗Strafe A D, ↗Busse CH Buße D STIR , ↗Geldbuße D ›Geldstrafe zur Ahndung von Ordnungswidrigkeiten‹: *Gegen 180.000 Mark Bußgeld wurde ein Verfahren wegen Steuerflucht ... eingestellt* (BamS 26. 10. 1997, 104; D); *Laut dem Haushaltsgesetz wird ein Teil des Bußgeldes an die Konsumenten zurückerstattet* (Dolomiten 29. 3. 2001, 5; STIR) – In A nur im Kartellrecht. Vgl. Knöllchen – Dazu: **Bußgeldverfahren**

Bussteig D der; -(e)s, -e: ›einem ↗Bahnsteig ähnliche Bushaltestelle‹: *Ein Vorwegweiser am Bahnhofsvordach weist Bahnkunden gleich den Weg zum richtigen Bussteig* (Neue OZ 26. 5. 2000, Internet) – In A in manchen Städten gebräuchlich

buten D-nord Adv.: ›vor dem Deich; draußen‹: *Nicht alles, was binnen als Non-plus-ultra erscheint, behält von buten betrachtet die Gloriole der Einzigartigkeit* (TAZ 20. 7. 2001, Internet)

Butt D der; -(e)s, -e: ›Scholle‹: *Von Mailand bis Palermo wird Fisch immer häufiger gegrillt serviert ... ein eher zweifelhaftes Vergnügen, denn der Geschmack der Holzkohle kann leicht die zarte Gaumenfreude von Brasse, Barsch und Butt übertönen* (Rhein Ztg 30. 9. 1998, Internet)

Butte A CH D-süd die; –, -n: ›Gefäß zur Traubenernte, das auf dem Rücken getragen wird‹: *Überall stapfen Männer mit vollen Butten zwischen den langen Zeilen der Rebstöcke zu den Fahrzeugen und leeren den Inhalt in die großen Behälter* (Vogel, Pulkauer Aufzeichnungen 92; A); *Butte: Gefäss von etwa 30 Litern Inhalt, das bei der Weinlese vom Buttenträger auf dem Rücken getragen wird, um die Trauben der Leser in den Rebzeilen zu sammeln und zum Maischewagen zu transportieren* (Ital. Weinhandlung Bern, 2001, Internet; CH) – Vgl. Kraxe, Tanse

Bütte D-nord die; –, -n: ›großes, hölzernes, wannenartiges Gefäß‹: *Hierbei werden die Fasern in der Bütte mit Wasser ... aufgeschwemmt* (Deutsches Museum 26. 10. 2001, Internet) – Die Bedeutung ›größeres ovales Gefäss zur Papierherstellung‹ ist gemeindt.

Büttenrede A D die; –, -n: ›lustige Rede bei einer Veranstaltung im ↗Karneval‹: *Programmpunkte für Bälle müssen erstellt, Tänze einstudiert, Büttenreden geschrieben oder Kostüme angefertigt werden* (VN 11. 11. 1997, A 8; A); *Wie er selbst einst in einer Büttenrede formulierte: »Eines Tages gibt's hier bei Hofe statt der Narren nur noch Doofe«* (Welt 27. 1. 1997, Internet; D) – Dazu: **Büttenredner(in)**

Butter: *eingesottene Butter CH (die): ↗BUTTERSCHMALZ A D, ↗BRATBUTTER CH ›reines Butterfett zum Braten und Backen‹: *Gutes Bratöl oder eingesottene Butter verwenden, keine frische Butter, denn diese verbrennt bei grosser Hitze* (TA 8. 4. 1998, 21) – Das Substantiv *Butter* ist in allen anderen Verwendungen gemeindt. In A, CH und D-süd im Grenzfall des Standards auch Maskulinum (der; -s, ohne Plur.), gemeindt. Femininum (die; –, ohne Plur.). Vgl. Anken, einsieden

Butterblume D (ohne südwest) die; –, -n: ›gelb blühende Wiesenblume, z. B. Löwenzahn, Sumpfdotterblume‹: *Die Blüte des gelb blühenden Hahnenfußes glänzt buttrig-gelb und wird daher oft auch Butterblume genannt* (Hessischer Rundfunk 2. 6. 2001, Internet) – In A und CH selten

Butterbrot (gemeindt.): ↗BEMME, ↗KNIFTE, ↗SCHNITTE, ↗STULLE

Butterbrot: *um ein Butterbrot A ›sehr billig; für ein Butterbrot‹: *Da stand der Kapitän der neuen Mannschaft auf, die ohnehin bereit war, um ein »Butterbrot« von knapp 4000 Schilling im Monat für jeden zu spielen, und berichtete, dass die Spieler noch keinen Groschen Geld gesehen hätten* (Besser Wohnen 11/1997, 99) – Das Substantiv *Butterbrot* ist in allen anderen Verwendungen gemeindt. Vgl. um

Butterbrotdose D (ohne ost/südwest) die; –, -n: ↗BROTBÜCHSE D (ohne südost), ↗STULLENDOSE D-nordost (bes. Berlin) ›Behältnis zum Transport von Butterbroten‹: *Für das Pausenbrot sollte eine abwaschbare und immer wieder verwendbare Butterbrotdose angeschafft werden* (Stadt Witten, 1999, Internet)

Butterfahrt D die; –, -en: ›das Hoheitsgebiet verlassende Schiffsfahrt zum zollfreien Einkauf‹: *Die Stimmung ist gelöst, fast überschwänglich, wie auf einer Butterfahrt* (SZ 29. 4. 2002, Internet) – Vgl. Kaffeefahrt

Buttermilch (gemeindt.): ↗KÜBELMILCH

Butterschmalz A D das; -es, ohne Plur.: ↗BRATBUTTER CH, ↗BUTTER: *EINGESOTTENE BUTTER CH ›reines Butterfett (zum Braten und Backen)‹: *Mit dem Esslöffel Teighäufchen in heißes Butterschmalz setzen, plattdrücken und langsam von beiden Seiten goldbraun backen* (Welt der Frau 5/1995, 41; A); *Butterschmalz erhitzen und das Fleisch darin von beiden Seiten braten* (ZDF 8. 9. 1998, Internet; D)

Butz[1] A der; -en, -en (Grenzfall des Standards): ↗BUTZEN A D-süd, ↗KERNHAUS CH D STIR ›Kerngehäuse des Apfels‹: *Ein Kilo schälen, Butz raus, in große Scheiben oder Spalten schneiden* (OÖN 7. 10. 2000, 25); ***mit Butz und Stingel** ›vollständig, radikal; mit Haut und Haar[en]‹: *Der falsche Weg ist eine aus früheren Tage beliebte Erziehungsmaßnahme: Nämlich das Kind zum Essen zu zwingen, oder so lang im Speisezimmer festzuhalten, bis die Mahlzeiten auf Butz und Stingel verzehrt sind* (Kleine Ztg 19. 10. 1999, Internet) – Dazu: **Apfelbutz**

Butz[2]: 1. A-west D-südwest der; -en, -en: ›Kobold, Schreckgestalt [in der ↗Fasnacht]‹: *Alle Jahr nach Kreuzerhöhung, am 14. September, bezieht ein Butz die Alpe Valzifenz im Montavon* (Sagen, 2001, Internet; A-west); *Zwei Hauptmaskengestalten beherrschen an der Fasnet die Straßen des Dorfes: der Butz und der Teufel* (Butzenzunft Kiebingen 17. 4. 2003, Internet; D-südwest). **2.** A-west der; –, – (meist Plur., salopp, Grenzfall des Standards); ↗SCHANDI A, ↗TSCHUGGER CH-west/nordwest, ↗BULLE CH D ›Polizist‹: *Sie schickte sie weg und sicherheitshalber noch die »Butz« hinterher. Mit Blaulicht versteht sich* (VN 31. 10. 2002, Heimat/Bregenz 21) – Wird kurz oder lang ausgesprochen

Butzen A D-süd der; –, – (Grenzfall des Standards): ↗BUTZ A, ↗KERNHAUS CH D STIR ›Kerngehäuse des Apfels‹: *Mama will morgen die aufgelaufenen neuen Kochrezepte hineinkleben, ... falschen Wein aus Apfelbutzen und Hefe, Schwarzmehlkuchen mit Saccharin und Punschessenzen* (Okopenko, Kindernazi 77; A) – Dazu: **Apfelbutzen**

Büx D-nord/mittelwest die; –, -en: siehe Buxe

Buxe D-nord/mittelwest die; –, -n (Grenzfall des Standards): ›Hose‹: *Häßler in seiner Buxe aus den Fuffzigern, es war das letzte Bild, das haften blieb von einem denkwürdigen Fußballnachmittag* (Berliner Ztg 23. 8. 1999, Internet) – Auch in der Form *Büx* (die; –, -en) – Dazu: ↗**Bangbüx** D-nord/mittel

BV siehe Bundesverfassung

BVG siehe Bundesverfassungsgesetz

B-VG siehe Bundesverfassung

C

Cabriolet (gemeindt.): ↗Kabriolett

Cachepot CH das; -s, -s ['k'aʃpo] ⟨frz.⟩: ↗Übertopf A D ›zierendes Gefäss, das einen schlichten Blumentopf umgibt‹: *Blühende Pflanzen in einem passenden Cachepot sind auch ein ideales Geschenk* (Blumenschneebeli, 2002, Internet)

Cachet CH das; -s, -s ['k'aʃɛ] (Plur. ungebräuchl.): ›angenehme Eigenart; das gewisse Etwas (meist in Bezug auf Wohnräume)‹: *Im Herzen von Basel vermieten wir per sofort oder nach Vereinbarung 6-Zimmer-Wohnung 150 m² mit Cachet und Komfort* (BaZ 17. 10. 1997, 75)

Café: *Café complet CH (das) ['k'afe 'k'ɔ̃plɛ] ›Mahlzeit mit Kaffee, Brot, Butter und ↗Konfitüre‹: *In der Jugendherberge von Zermatt ... stand er zuerst im ersten Stock für Spaghetti an. Dann im Parterre für Café Complet* (Basler Kochtöpfe 13); ***Café crème** CH D (der) ['k'afe 'k'rɛːm]: ↗Kaffee: *Kaffee Creme CH D ›Kaffee mit ↗Rahm‹: *Finger weg von zuviel Café crème und Espresso: Auch im Kaffee lauert nämlich Krebsgefahr* (Blick 20. 12. 2002, 2; CH); *Ausgewählte Kaffeespezialitäten werden nicht nur bei Frühaufstehern großen Anklang finden. Stets frisch gebrüht, stehen die italienischen Muntermacher à la Cappuccino, Espresso und Café Crème zur Auswahl* (Mitropa AG 19. 12. 2000, Internet; D); ***Café mélange** CH (der) ['k'afe 'mɛlɑ̃ʒ]: ↗Melange A, ↗Schale CH ›Milchkaffee mit ↗Schlagrahm‹: *Café Mélange oder Kaffee mit Schlagrahm: Er besteht aus einem Drittel Espresso, einem weiteren Drittel heisser Milch und viel Schlagrahm* (Koffein Schweiz, 2001, Internet) – Das Substantiv *Café* ist in der Bedeutung ›Restaurant, in dem v. a. Kaffee und Kuchen serviert werden‹ gemeindt. und Neutrum

Cafetier A CH der; -s, -s [k'afe'ti̯eː] ⟨frz.⟩: ↗Kaffeehausbesitzer A, ↗Kaffeesieder A ›Besitzer eines Cafés‹: *Der Cafetier Gerald S. aus Wien-Leopoldstadt führte mehr als zwei Jahre einen Kampf gegen die Mühlen der Bürokratie* (ORF Nachlese 9/1997, 7; A); *Werner F. (51), Cafétier, Zürich: »Als Selbständigerwerbender ist das nicht so einfach – ich habe ... keine Pensionskasse«* (Blick 17. 2. 1999, 11; CH) – Eine weibliche Form ist nicht gebräuchlich

Cake CH BELG der; -s, -s ['keɪk]: ›in länglicher Form gebackener, trockener, luftiger, süsser Kuchen‹: *Er kann verschiedene Teigarten wie Hefeteig oder Mürbeteig zubereiten sowie Kuchen, Cakes und Pizzen backen – letzteres mit besonderem Eifer, gehört doch diese italienische Spezialität zu seinen Lieblingsmenus* (Bund 8. 6. 1998, 15; CH); *Eine Kaffeepause nachmittags mit Kaffee, Tee, Orangensaft, Cake, Gebäck und einem Früchtekorb* (Hotel Dorint Spa, 2003, Internet; BELG) – Dazu: ↗**Cakeform** CH

Cakeform CH die; –, -en ['keɪk...]: ↗Kastenform A D ›längliche, rechteckige Backform‹: *Den Teig in eine ausgebutterte, grosse Cakeform geben und 90 Minuten bis zwei Stunden an einem warmen Ort aufgehen lassen* (Bund 1. 12. 1995, 35) – Vgl. Cake

Calvinstadt CH die; –, ohne Plur. ⟨nach dem Reformator *Johannes Calvin* (1509–1564), der hauptsächlich dort gewirkt hat⟩: ↗Rhonestadt CH ›Genf‹: *Der Milliardär hatte viele Jahre in Genf gewohnt. Die Calvinstadt hatte er als seine zweite Heimat bezeichnet* (Blick 7. 12. 1999, 1)

Camion CH der; -s, -s ['k'ami̯õ] ⟨frz.⟩: ↗Laster A D, ↗Lastkraftwagen A D ›Lastwagen‹: *Wenn die Schweiz ihre Türen für den Lastwagentransit öffnet, ohne die Camions gebührend zur Kasse zu bitten, birgt das etliche Risiken* (VCS-Ztg 11/1997, 21) – Dazu: ↗**Camionnage**, ↗**Camionneur (...euse)**

Camionnage CH die; –, -n ['k'ami̯ɔnaːʃ] ⟨aus frz. *camionnage* ›Transport‹⟩ (veraltend): ↗Fuhrunternehmen D ›Lastwagentransport[dienst], Spedition; Transportunternehmen‹: *Die Liegenschaft Seelikon mit der Sparte Camionnage und Leichentransporte übernahm Willi B.* (Bucher-Bitsch AG, 2002, Internet) – Vgl. Camion

Camionneur Camionneuse CH der; -s, -e bzw. die; –, -n ['k'ami̯ɔnœːr, k'ami̯ɔ'nœːs] ⟨aus frz. *camionneur* ›Lastwagenfahrer‹⟩: ↗Frächter A, ↗Fuhrhalter CH ›Transportunternehmer(in), Fuhrunternehmer(in)‹: *Den Transport besorgte ein Camionneur aus dem Solothurnischen* (TA 5. 3. 1998, 9) – Vgl. Camion

campen D sw.V./hat ['kɛmpn̩] ⟨aus engl. *to camp* ›zelten‹⟩: ↗campieren A CH D (ohne südost) ›die Nacht in einem Zelt oder Wohnwagen [auf einem Campingplatz] verbringen; kampieren‹: *Ungefähr sieben Millionen Deutsche gehen regelmäßig campen*

(Rhein Ztg 7. 5. 1999, Internet) – In A zunehmend gebräuchlich

campieren A CH D (ohne südost) sw.V./hat [kam'piːrən]: ↗CAMPEN D ›die Nacht in einem Zelt oder Wohnwagen [auf einem Campingplatz] oder in einer behelfsmäßigen Unterkunft verbringen; kampieren‹: *Auf dem Sportplatz Grieskirchen werden die Teilnehmer des Treffens aus mehreren europäischen Ländern campieren* (OÖN 20. 5. 2000, Internet; A); *Die Polizei stellte fest: Die Cannabis-Samen wurden von Anarchisten ausgesät, die im Mai auf dem Rasen campierten* (Blick 7. 7. 2000, 10; CH)

Captain CH der; -s, -s ['kæptn̩] ⟨engl.⟩ (Sport): ↗TEAMKAPITÄN A, ↗MANNSCHAFTSKAPITÄN A D ›Sprecher(in) einer Mannschaft‹: »*Wir spielen mit mehr Grazie als die Männer*«, *sagt Katja A., Captain der Schweizer Frauenfussball-Nationalmannschaft* (Schweizer Familie 3. 6. 1999, 20) – Die Zus. *Mannschafts-* bzw. *Teamcaptain* sind wesentlich seltener als das Simplex – Dazu: **Captainbinde, Mannschaftscaptain, Teamcaptain** (↗Team)

Caquelon CH das; -s, -s ['k'ak'lɔ̃]: ›zur Zubereitung eines ↗Fondues verwendete ↗Pfanne aus Steingut oder emailliertem Gusseisen‹: *Eine fröhliche Runde, die sich an der duftenden Käsecreme im Caquelon gütlich tut, ist hierzulande der Inbegriff von Gemütlichkeit* (Schweizer Familie 5/2000, Internet) – Dazu: **Fonduecaquelon**

Car CH der; -s, -s ['k'aːr] ⟨frz.⟩: kurz für ↗*Autocar:* ↗REISEBUS A D ›Bus für Gesellschaftsfahrten, Fernreisen etc.‹: *Er schlief leicht wie ein alter müder Mann und wachte erst wieder auf, als die Reisegesellschaft den Car mit Stimmen und Lachen und Geräuschen füllte* (Ganz, Passhöhe 46) – Dazu: **Carchauffeur(in)** (↗Chauffeur), **Carfahrt, Carführer(in)** (↗Führer), **Carunternehmen, Reisecar**

Carabiniere STIR der; -s, ...ri [k'arabi'ni̯ɛːre] ⟨ital.⟩: ↗GENDARM A BELG LUX, ↗LANDJÄGER CH ›Angehörige(r) einer bestimmten Sparte der italienischen Polizei, die dem Oberkommando des Heers unterstellt ist und die zugleich Militärpolizei und für die öffentliche Sicherheit zuständig ist‹: *Am Unfallort waren außerdem die Rettungsautos vom Notdienst 118 sowie die Carabinieri im Einsatz* (Neue Südtiroler Tageszt g 19. 10. 2000, 5) – Dazu: **Carabinierikaserne, Carabinierikommando** (↗Kommando), **Carabinierioffizier(in), Carabinieriuniform**

Caramel CH: **1.** das; -s, ohne Plur. ›geschmolzener, bräunlich verfärbter Zucker; Karamell‹: *Pfanne auf die Platte zurückstellen und das Caramel auflösen* (Lieblingsgerichte Muri, 2002, Internet). **2.** das; -s, -s; ↗KARAMELLBONBON A D, ↗KARAMELLE D-nordost/mittelwest ›Bonbon aus Karamell und anderen Zutaten‹: *Die Milch und der Rahm sind frische Schweizer Produkte, ... die Nüsse kommen aus China, die Schokolade und die Caramels aus der Schweiz* (Mövenpick Food, 2002, Internet) – Zu 1.: Die Formen *das/der Karamell* sind gemeindt., die Aussprache lautet in A und D [kara'mɛl], in CH ['k'aramɛl] – Zu 1.: ↗**Caramelköpfli**

Caramelköpfchen siehe Caramelköpfli

Caramelköpfli CH das; -s, –: ›in der Form eines kleinen Kuchens servierter Karamellpudding‹: *Auf dem Menuplan des Altersheims Rüttihubelbad in Walkringen sind heute Rindsschmorbraten und Kartoffelstock mit Bohnen und zum Dessert ein Caramelköpfli aufgeführt* (Bund 10. 8. 1998, 20) – Auch in der Schreibung *Karamelköpfli* bzw. in den Formen *Caramelköpfchen, Karamelköpfchen* gebräuchlich. Vgl. Caramel

carinthisch A Adj. ⟨aus lat. *Carinthia* ›Kärnten‹⟩: ›kärntnerisch‹: *... auch der Himmel ein See, carinthische Tinte* (Glantschnig, Mirnock 75); *Alles carinthisch. Der Carinthische Sommer lädt wieder zum Ohrenschmaus!* (Kleine Ztg 6. 7. 2001, Internet) – Bekannt durch die Kärntner Festivalveranstaltung *Carinthischer Sommer*

Carnotzet CH-west (bes. VS, VD) das; -s, -s [k'arnɔtsɛ] ⟨regionalfrz.⟩: ›für Weintrinken, Essen von ↗Fondue u. Ä. mit Holzbänken eingerichteter, gemütlich ausgebauter Kellerraum‹: *Schlafen zu Füssen mächtiger Viertausender ..., wo Wein und südländische Früchte wachsen und sich die lebensfrohen Walliser im Carnotzet zu einem Glas Wein treffen* (Schweizer Jugendherbergen, 2002, Internet)

Carrosserie CH die; –, -n [k'arɔs'riː, k'arɔsə'ri] ⟨frz.⟩: **1.** ›Oberteil eines motorisierten Fahrzeugs; Karosserie‹: *Sämtliche Scheiben waren eingeschlagen, Dach und Pneus zerschnitten, die Ledersitze aufgeschlitzt, die Armaturen zerstört und die Carrosserie zerbeult* (TA 6. 9. 1997, 21). **2.** kurz für ↗*Carrosseriespenglerei:* ↗KAROSSERIESPENGLEREI A, ↗AUTOSPENGLEREI A CH D-südost, ↗SPENGLEREI CH, ↗KAROSSERIEBAU D ›Betrieb, in dem Reparaturen an Autokarosserien durchgeführt werden‹: *In der Carrosserie wird das Auto zerlegt und instand gestellt* (Carrosserie Stocker, 2001, Internet) – Zu 2.: Selten auch in der Schreibung *Carosserie* gebräuchlich – Dazu: **Carrosseriemeister(in),** ↗**Carrosseriespengler(in)**

Carrosseriespengler Carrosseriespenglerin CH der; -s, – bzw. die; –, -nen [k'arɔs'riː..., k'arɔsə'ri...]: ↗KAROSSERIESPENGLER A, ↗KFZ-SPENGLER A, ↗AUTOSPENGLER A CH D-südost, ↗KAROSSERIESCHLOSSER D (ohne mittelost/südost) ›Person, die Reparaturen an Autokarosserien durchführt‹ /Berufsbezeichnung/: *33 Personen – darunter neun Frauen – wählten den Beruf des Autolackierers, 26 ent-*

schieden sich für Carrosseriespengler und 5 Personen für Fahrzeugschlosser (Bund 29. 7. 1997, 18) – Vgl. Carrosserie, Spengler – Dazu: ↗**Carrosseriespenglerei**

Carrosseriespenglerei CH die; –, -en [k'arɔs'riː..., karɔsə'ri...]: ↗KAROSSERIESPENGLEREI A, ↗AUTOSPENGLEREI A CH D-südost, ↗SPENGLEREI CH, ↗KAROSSERIEBAU D ›Betrieb, in dem Reparaturen an Autokarosserien durchgeführt werden‹: *Die leer stehende Carrosseriespenglerei in der Osttribüne des Fussballstadions Wankdorf sollte in ein ... Erlebnisrestaurant für 100 Sitz- und 200 Stehplätze ... umgebaut werden* (Bund 14. 2. 1996, 25) – Vgl. Carrosseriespengler

Carsten Karsten D: männl. Vorname: *Der deutsche Tourist ist wissbegierig, weiß Safariveranstalter Carsten M.* (NRZ 7. 11. 2001, Internet)

CD-Taufe CH die; –, -n: ›Feier zum Erscheinen einer neuen Musik-CD‹: *Die Geografie der Sehnsucht hat Endo Anaconda ... längst neu definiert, wie er an der CD-Taufe seines jüngsten Albums »Walliselle« ... einmal mehr virtuos demonstriert* (Bund 3. 11. 2000, 5)

Cecile Cécile CH ⟨aus frz. *Cécile* zu lat. *Caecilia*⟩ ['sesil]: weibl. Vorname: *Heute Abend trägt Cécile ihr Trägerkleid im Leopardenlook* (Sonntagsblick 12. 9. 1999, M2) – In D selten

Ceinturon CH der; -s, -s [sẽtyrõ] ⟨frz.⟩: ↗KOPPEL A D ›Ledergürtel (einer Uniform)‹: *Mit sommersprossigem Gesicht ... stand er vor uns und äugte scharf nach offenen Knöpfen ... an den Kragen der Exuniformen und nach schief hängenden Ceinturons* (Honegger, Ehemalige 35)

Cervelat CH der; -s, -s/die; –, -s ['sɛrvəla]: ↗SCHÜBLING A-west (Vbg.), ↗KNACKER A (ohne Vbg.) D (ohne südwest), ↗KNACKWURST A (ohne west) D (ohne südwest), ↗SCHÜBLIG CH, ↗KLÖPFER CH-nordwest, ↗CERVELATWURST D ›Rohwurst aus Rindfleisch, Schweinefleisch, Schwarten und ↗Speck [die gebraten verzehrt wird]‹: *Für uns kam die Zeit der ... plastikumhüllten Cervelats und ... der tiefgefrorenen Pouletschenkel, die selbst bei reichlichem Gebrauch von Gewürzen ... geschmacklos blieben* (Hartmann, Eis 32) – Auch in den Schreibungen *Servela* und *Servelat* – Dazu: ↗**Cervelatprominenz, Cervelatsalat**

Cervelatprominenz CH die; –, ohne Plur. ['sɛrvəla...] (abwertend): ›nur lokal oder regional bekannte Prominenz‹: *Als Chefredaktorin der »Glückspost« haben Sie 18 Jahre lang internationalen Adel und eidgenössische Cervelatprominenz ins Bild gerückt* (TA 12. 6. 1999, 71) – Auch in der Schreibung *Cervelat-Prominenz* und in den Formen *Servelatprominenz, Servelat-Prominenz.* Vgl. Cervelat

Cervelatwurst D die; –, ...würste ['sɛrvəlat...]: ↗SCHÜBLING A-west (Vbg.), ↗KNACKER A (ohne Vbg.) D (ohne südwest), ↗KNACKWURST A (ohne west) D (ohne südwest), ↗CERVELAT CH, ↗SCHÜBLIG CH, ↗KLÖPFER CH-nordwest ›Rohwurst aus Rindfleisch, Schweinefleisch, Schwarten und Speck‹: *Die Zeiten in denen der junge Konzertveranstalter nach Büroschluss selbst zu Metro fuhr, um Cervelatwurst und Farmer-Salat für die Verpflegung seiner Künstler zu kaufen, sind lange passé* (Welt 22. 12. 1997, Internet)

CH- CH (buchstabierter produktiver Wortbestandteil in Zus.): ›die Schweiz betreffend, ↗schweizerisch, Schweizer-‹: z. B. CH-Börsenindex (↗Börsen-), CH-Film, CH-Literatur, CH-Verfassung: *Der CH-Börsenindex verlor ... 10,9 %* (TA 2. 9. 1997, 37); *Die Popularität des erfolgreichsten CH-Films der 80-er wird als »sehr gering« eingestuft* (TA 30. 9. 1996, 59) – Vgl. Confoederatio

CH siehe Confoederatio

Chabis siehe Kabis

Chabisland CH das; -(e)s, ohne Plur. (scherzh., informell): ›Region im ↗Kanton Bern, Gürbetal‹: *In verschiedenen Industriezweigen haben sich im Laufe der Zeit KMU eingerichtet und behauptet und haben mit ihren Hightechprodukten das Tor vom Chabisland in die grosse Welt weit geöffnet* (Kanton BE, 2001, Internet) – Auch in der Schreibung *Kabisland*

Chacheli CH das; -s, -s (Dim., Grenzfall des Standards): ›henkelloses, rundes Trinkgefäss aus Keramik‹: *Zum Nachtessen gibt es Spatz in der Gamelle und zum Frühstück Milchkaffee in den grossen weissen Chacheli mit dem obligaten Schweizer Kreuz* (Blick 23. 3. 1999, 5) – Vgl. Kachel

Chalet CH LUX das; -s, -s ['ʃalɛ] ⟨frz.⟩: ›[alpines] Wohnhaus aus Holz, meist im Blockbau errichtet‹: *Gewohnt wird im rustikalen Chalet oder im modernen Neubau* (Schweizer Familie 3. 6. 1999, 57; CH); *Zur Wahl stehen Ferienunterkünfte in städtischer oder ländlicher Umgebung, in einem Chalet, einem Ferienhaus oder einem Apartment* (Ministry of Tourism Luxembourg 21. 10. 2002, Internet; LUX) – Dazu: **Chaletstil, Chaletwohnung, Ferienchalet** (↗Ferien)

Champignon (gemeindt.): ↗EGERLING

Chapeau! CH BELG LUX Interj. ['ʃapo] ⟨frz.⟩: ↗SCHAUEN: *SCHAU, SCHAU! A D-südost, ↗JUNGE: *JUNGE, JUNGE! D (ohne südost) ›Hut ab! Alle Achtung!‹ /Ausruf der Anerkennung/: *Auch wenn die Deutschen damit noch nicht ganz die Klasse eines Jaguar erreicht haben: Chapeau vor dieser technischen und designerischen Meisterleistung* (Schweizer Familie 4/1999, 57; CH); *Chapeau und Gratulation für die* *erste Nummer vom männer.be!* (Zeitschrift Männer 2. 7. 2001, Internet; BELG); *Der Rezensent kann es sich denn doch in ultimo nicht verwehren, ... die Poesie der für Jacoby so typischen Ironie und Karikierlust folgen zu lassen: »Chapeau!«* (d'Land 14. 9. 2001, Internet; LUX)

Charcuterie CH die; –, ohne Plur. ['ʃarkytri, 'ʃarkytəriː]: **1.** ›Wurstwaren‹: *In den prächtigen Strassenzügen ... duftet es sinnenerwärmend nach Confiserie und Charcuterie mit einem Hauch von Lauch und Rüebli, parfümiert mit Blumenduft von den Marktständen her* (Wiedmer, Hautnah-Helvetia 17). **2.** ↗WURSTABTEILUNG A D, ↗TRAITEUR CH, ↗WURSTTHEKE D (ohne ost) ›Wurstwarenabteilung‹: *Der Globus produziert alle zwei Tage »eine ganze Menge hausgemachter Weisswürste«, erklärt Roland K. von der Charcuterie* (TA 25. 9. 1999, 83) – Zu 1.: **Charcuterieabteilung, Charcuterieprodukt, Charcuterieverkäufer(in)**

Chäschüechli CH das; -/-s, – ['xɛːsxyg̭xlɪ] (Grenzfall des Standards): ›kleiner Käsekuchen‹: *Er bestellte ein Bier und drei Chäschüechli, ich einen Pfefferminztee* (Sieber, Menschenware 104) – Auch in der Schreibung *Chäs-Chüechli.* Vgl. Chüechli

Chäsi CH die; –, -s (Plur. ungebräuchl.) ['xeːsɪ, 'xɛsɪ] (Grenzfall des Standards): ↗MILCHZENTRALE CH ›Sammelstelle für Milch; Verkaufsladen für Milchprodukte; Molkerei; Käserei‹: *Jeder der etwa 700 Gramm schweren Käse, den wir in unserer Chäsi in Kappelen herstellen, ist ein Einzelstück von hoher Qualität* (Sonntagsblick 4. 4. 1999, M35) – Auch in der Schreibung *Chesi* und *Cheesi* gebräuchlich

Chästeilet CH der; -s, -e ['xɛːs...]: ›Aufteilung der Käserträge einer ↗Alp im Spätsommer gemäss dem Milchanteil der Kühe eines jeden Bauern‹: *Eindrucksvolle Veranstaltungen, die einen tiefen Einblick in das Leben der Älpler erlauben, sind die prachtvollen Auf- und Abfahren und der Chästeilet am Ende des Alpsommers* (Schweizer Alpkäse 24. 7. 2003, Internet) – Vgl. -teilet

Chauffeur Chauffeurin A CH BELG LUX der; -s, -e bzw. die; –, -nen [ʃɔ'føɐ̯ A D, 'ʃofœːr CH]: ›Person, die berufsmäßig öffentliche Verkehrsmittel, Busse oder Taxis lenkt; Fahrer(in)‹: *Herr H. hat als Chauffeur des Sozialwerkbusses nicht weniger als 2,1 Millionen Kilometer in einem Zeitraum von 31 Jahren unfallfrei zurückgelegt* (Stadt Linz, 2000, Internet; A); *Rasch Gepäck zur Hand, Taxi rufen, Schlange fahren, Beschwörung des Chauffeurs: knapp schaffen wir es* (Gallusser, Italienische Reise 76; CH); *Um 9.00 Uhr sitzen wir im Bus. Unser Chauffeur fährt auf einen Schulhof* (Heizungstechnik Jaga 15. 11. 2002, Internet; BELG); *Jedem Lkw-Chauffeur aus einem Nicht-EU-Land, der keine gültige Arbeitsgenehmigung vorweisen kann, droht dann die Ausweisung, die für das gesamte EU-Territorium gilt* (d'Letzebuerger Land 27. 7. 2001, Internet; LUX) – Häufig in Zus. Die weibliche Form *Chauffeurin* wird in CH seltener gebraucht als die Form *Chauffeuse.* Die Bedeutung ›Lenker(in) eines Mietautos oder Dienstfahrzeugs‹ ist gemeindt. Vgl. Chauffeuse – Dazu: **Berufschauffeur(in)** CH, **Buschauffeur(in), Carchauffeur(in)** (↗Car) CH, **Lastwagenchauffeur(in)** CH, **Postautochauffeur(in)** (↗Postauto) CH, ↗**Taxichauffeur(in)** A CH LUX, **Tramchauffeur(in)** (↗Tram) CH

Chauffeuse CH die; –, -n ['ʃoføs, 'ʃoføːsə]: ›Person, die berufsmässig öffentliche Verkehrsmittel, Busse oder Taxis lenkt; Fahrerin‹: *Die Rechnung im »Astoria« ist gesalzen, aber die uns nach Küssnacht bringende Chauffeuse ist dafür umso süsser* (Schmidt, Wanderung 38) – In A gehoben. Wird in CH häufiger gebraucht als die Form *Chauffeurin.* Vgl. Chauffeur – Dazu: **Buschauffeuse, Postautochauffeuse** (↗Postauto), ↗**Taxichauffeuse, Tramchauffeuse** (↗Tram)

Check CH der; -s, -s ['ʃek'] ⟨amerik.-engl.⟩: ↗SCHECK A D, ↗ZIRKULARSCHECK STIR ›Formular, mit dem der Inhaber bzw. die Inhaberin eines Kontos bargeldlos bezahlen kann‹: *Ich händigte ihnen keinen Check oder Bargeld aus* (Diggelmann, Verhör 199) – Die Verwendung im Bereich Sport sowie die Bedeutung ›Überprüfung‹ sind gemeindt., werden aber wie englisch [tʃɛk] ausgesprochen – Dazu: **Bankcheck, Blankocheck, Checkbuch, Checkheft, Checkkarte,** ↗**Postcheck**

Cheesi siehe Chäsi

Chefarzt Chefärztin der; -(e)s, ...ärzte bzw. die; –, -nen ['ʃeːf... A, 'ʃɛf... CH D]: **1.** A; ↗VERTRAUENSARZT CH D ›Arzt bzw. Ärztin, der bzw. die im Auftrag einer Krankenkasse Überprüfungen und Kontrollen durchführt‹: *Noch stärker wirkt die Kostenbremse durch den Chefarzt* (Medizin populär 3/1994, 26). **2.** CH D; ↗PRIMAR A, ↗PRIMARARZT A, ↗PRIMARIUS A ›leitender Arzt bzw. leitende Ärztin eines Krankenhauses; Leiter(in) einer Krankenhausabteilung‹: *Im Spital Interlaken kommt es in zwei Fachbereichen zu einem Chefarztwechsel* (Bund 5. 2. 2001, 25; CH); *Arbeitete der Internist und Immunologe 30 Jahre lang als Chefarzt an verschiedenen ... Krankenhäusern* (Psychologie 3/1996, 49; D) – Zu 1.: **chefärztlich, Chefarztpflicht, chefarztpflichtig**

Chefbeamte Chefbeamtin CH der; -en, -en bzw. die; –, -nen ['ʃɛf...]: ›Person mit leitender Stellung in der öffentlichen Verwaltung‹: *Rosmarie K. wurde zur neuen Polizeichefin und somit zur ersten Chefbeamtin der Stadt gewählt* (Bund 19. 8. 1997, 25)

Cheib CH der; -(e)s, -e(n) (Grenzfall des Standards): ↗BINKEL A D-südost, ↗PINKEL D ›Kerl, Schurke,

Lump‹ (meist in Verbindungen wie *dummer Cheib, blöder Cheib, frecher Cheib* etc., manchmal auch mit positiver Wertung, z. B. *ein lustiger Cheib* oder *ein gescheiter Cheib*): *»Ich war ein dummer Cheib«, sagte er im Verhör* (Blick 7. 10. 1999, 2) – Die Schreibung *Keib* ist ungebräuchlich

Cheminée CH das; -s, -s ['ʃmineː] ⟨frz.⟩: ↗KAMIN: *OFFENE KAMIN A D ›offene Feuerstelle in einem Wohnraum‹: *In der Stube schaffen Kachelöfen und Cheminée Atmosphäre* (Schweizer Familie 22/1999, 57) – Dazu: **Cheminéefeuer, Cheminéeholz, Cheminéeofen, Cheminéeraum, Cheminéezimmer, Gartenchemninée, Warmluftcheminée**

Cherrytomate (gemeindt.): ↗COCKTAILTOMATE, ↗KIRSCHPARADEISER, ↗KIRSCHTOMATE

Chesi siehe Chäsi

CHF CH der: nur geschriebene, unverkürzt gesprochene Abk. für ›Schweizer ↗Franken‹ /Währungsbezeichnung nach dem ISO-Währungscode/: ↗ATS A, ↗öS A, ↗S A, ↗sFr CH, ↗DEM D, ↗DM D: *Mit dem Halbtax für CHF 15.- nach Zürich!* (SBB, 2000, Internet) – Löste sFR, SFR ab

Chịlbi CH die; –, -s/...ben/...benen ⟨zu alem. *Kilche* ›Kirche‹⟩: ↗KILBI A-west (Vbg.) CH, ↗KIRTAG A-mitte/ost, ↗KIRCHTAG A D-südost, ↗DULT A-mitte D-südost, ↗KIRCHWEIH A-west D-süd, ↗MESSE CH D-südwest, ↗KIRBE D-südwest, ↗KIRMES D-mittelwest, ↗KIRMSE D-nordost, ↗KIRTA D-südost, ↗RUMMEL D-ost/nord ›lokales Fest zum Jubiläum der Kirchenweihe mit anschliessendem Volksfest; Jahrmarkt‹: *Bei strahlender Sonne hinein ins Vergnügen: Für viele Besucher war die Chilbi die Hauptattraktion des Zürcher Knabenschiessens* (Blick 13. 9. 1999, 8) – Dazu: ↗**Älplerchilbi, Sennenchilbi** (↗Senn)

Chinderhüeti siehe Kinderhüeti

Chips (gemeindt.): ↗POMMES-CHIPS

Chlạpf CH der; -(e)s, Chläpfe (Grenzfall des Standards): **1.** ↗KLESCHER A (ohne Vbg.), ↗TUSCH A (ohne Vbg.), ↗SCHNALL A-west D-südost, ↗BUMMS D (ohne mittelost/südost), ↗RUMMS D (ohne mittelost/südost) ›Knall, Schlag‹: *Zehn Minuten vor Arbeitsbeginn gab es in der Kunstfeuerwerkfabrik ... einen gewaltigen Chlapf, und im Nu stand ein ganzes Produktionsgebäude in Flammen* (Blick 7. 12. 1999, 6). **2.** ↗DACHTEL A D-südost, ↗FOTZE A D-südost, ↗WATSCHE A D-südost, ↗BACKPFEIFE D-nord/mittelwest, ↗SCHELLE D-nordost/südost ›Ohrfeige‹: *Die kleine Pulver, nicht auf den Kopf gefallen, auch nicht von schlechten Eltern, auf Familienstolz bedacht, fackelte nicht lange und schmierte unserem Jüngsten einen Chlapf, der es in sich hatte und der Pädi noch heute Eindruck macht* (Aemme Zytig, 2001, Internet) – In A-west (Vbg.) dialektal in der Form *Kläpfer*

Chlaus siehe Klaus

Chrịgi CH: ↗CHRISTL A D-südost, ↗CHRISTEL D (ohne südost) Kurz- und Koseform des weibl. Vornamens *Christine* und des männl. Vornamens *Christian: Meine Eltern Margret und Fredy geniessen mit meiner Schwester Chrigi und mir die Skiferien in Grächen* (Blick 16. 9. 1998, 10); *Miss Teenie ihrerseits findet Silvio »zum Knuddeln«, wäre da nicht ihr Freund Chrigi* (Blick 3. 11. 1998, 6)

Chrịstbaum A CH-nordost D-mittelwest/süd der; -(e)s, ...bäume: ↗WEIHNACHTSBAUM CH (ohne nordost) D-nord/mittel, ↗TANNENBAUM D-nord/mittel ›Nadelbaum, der zum Weihnachtsfest ins Zimmer gestellt und geschmückt wird‹: *Der einzige Ausweg für alle, die im entscheidenden Moment unter dem Christbaum nicht mit leeren Händen dastehen wollen, lautet daher: gezieltes Shopping* (Format 14. 12. 1998, 133; A) – Dazu: **Christbaumbeleuchtung, Christbaumkerzen, Christbaumschmuck**

Chrịstel D (ohne südost): ↗CHRISTL A D-südost, ↗CHRIGI CH Koseform der weibl. Vornamen *Christa, Christiana, Christiane, Christina, Christine: Wolfgang T. als künftiger Parlamentspräsident muss noch eine Kampfabstimmung gegen Christel H. erfolgreich überstehen* (Welt 14. 10. 1998, Internet)

Chrịstkatholik Chrịstkatholikin CH der; -en, -en bzw. die; –, -nen: ›Anhänger(in) der katholischen Reformkirche, die sich um 1870 aus Protest gegen die Beschlüsse des 1. Vatikanischen Konzils von Rom lossagte; Altkatholik(in)‹: *Von den anderen Religionen und Konfessionen erreichen in der Schweiz und auch im Kanton Zürich nur die Israeliten und die Christkatholiken zahlenmässig eine gewisse Bedeutung* (Zürcher Bürgerbuch 112) – Vgl. christkatholisch, Christkatholizismus

chrịstkatholisch CH Adj. (nicht steigerbar): ›derjenigen katholischen Reformkirche angehörend, die sich um 1870 aus Protest gegen die Beschlüsse des 1. Vatikanischen Konzils von Rom lossagte; altkatholisch‹: *Jede natürliche und juristische Person soll die Möglichkeit haben, ihren sozialen Obolus nach eigener Wahl an eine der vier öffentlich-rechtlichen Kirchen – evangelischreformierte, römischkatholische, christkatholische oder die Israelitische Gemeinde Basel – zu überweisen* (Südostschweiz 14. 5. 2001, Internet) – Vgl. Christkatholik, Christkatholizismus

Chrịstkatholizịsmus CH der; –, ohne Plur.: ›katholische Reformkirche, die sich um 1870 aus Protest gegen die Beschlüsse des 1. Vatikanischen Konzils von Rom lossagte; Altkatholizismus‹: *Nach der Trennung von Kirche und Staat 1909 wurde Chrétien die trei-*

bende Kraft des Christkatholizismus in Genf (Historisches Lexikon, 2002, Internet) – Vgl. Christkatholik, christkatholisch

Christkind (gemeindt.): ↗CHRISTKINDL, ↗FATSCHENKIND, ↗WEIHNACHTSKIND

Christkindl A D-südost das; -s, ohne Plur.: **1.** ↗WEIHNACHTSKIND CH D ›blondgelockte Kindergestalt mit Flügeln, die Weihnachten Geschenke bringt; Christkind‹: *Den Christbaum hat das Christkindl gerade besorgt* (Kleine Ztg 11. 3. 2001, Internet; A). **2.** ↗WEIHNACHTSKIND CH D, ↗FATSCHENKIND D-südost ›[Figur vom] Jesuskind [in der Krippe]‹: *Christkindl aus Wachs ... neu oder alt, ca. 20 cm lang dringend gesucht* (SN 8. 11. 1997, 23; A). **3.** ›Weihnachtsgeschenk‹: *Am 5. 12. gab es für meine kleine Tochter Elisabeth ein richtiges Christkindl* (Kleine Ztg 10. 12. 1996, Internet; A). **4.** ↗WEIHNACHTSKIND CH D ›Person, die Weihnachten Geburtstag hat‹: *»Christkindl« Günter Knapp feiert bekanntlich seinen 60. Geburtstag am 24. Dezember* (Donaukurier, 2002, Internet; A) – Zu 1.: **Christkindldult** (↗Dult) D-südost, ↗**Christkindlmarkt** A D-südost **Christkindlesmarkt** D-südwest

Christkindle D-südwest das; -s, ohne Plur.: siehe Christkindl

Christkindlesmarkt D-südwest der; -(e)s, ...märkte: siehe Christkindlmarkt

Christkindlmarkt A D-südost der; -(e)s, ...märkte: ↗WEIHNACHTSMARKT CH D ›im Advent stattfindender Markt, auf dem weihnachtliche Artikel verkauft werden‹: *Am 5. und 6. Dezember war für alle Kinder ein großer Tag am Christkindlmarkt auf dem Landhausplatz: Der hl. Nikolaus flog mit dem Hubschrauber herbei und beschenkte alle Kinder* (Kurier 14. 12. 1997, Beilage 1; A) – Vgl. Christkindl

Christl A D-südost: ↗CHRIGI CH, ↗CHRISTEL D (ohne südost) Koseform der weibl. Vornamen *Christa, Christiana, Christiane, Christina, Christine.* Seltener auch für den männlichen Vornamen *Christian,* z. B. Christl Pravda (Skiläufer): ... *mit Christl rede ich von meinem Land und von der Politik, die uns vertrieben hat, und vom Krieg, der vielleicht kommen wird* (Okopenko, Kindernazi 120; A)

Christtag A D-südost der; -(e)s, -e: ↗WEIHNACHTSTAG CH D ›25. Dezember‹: *In seiner Weihnachtsbotschaft verurteilte Johannes Paul II. am Christtag den »unsinnigen Gebrauch von Waffen«, Gewalt und Hass und forderte die Wahrung der Grundrechte für alle Menschen und Nationen* (VN 27. 12. 1999, A 2; A)

Chüechli CH das; -s, – ['xyɐ̯xlɪ] (Grenzfall des Standards): ›kleiner im ↗Ofen gebackener Flachkuchen mit Belag‹: *Der Wirt schafft regelmässig Essen herbei: zuerst Kaffee und Chüechli, zum Zvieri heisse Hamme und Salat, zum Znacht Spiessli mit Reis und Aprikosenglace* (NLZ 19. 1. 2001, Internet) – Dazu: **Apfelchüechli,** ↗**Chäschüechli, Spinatchüechli**

Cilli A D-südost: ↗SILKE D Koseform des weibl. Vornamens *Cäcilie: Die Nachmittagsleiterin Cilli P. sorgt für den Kaffee und ein Gläschen Wein* (VN 18. 7. 2002, Heimat/Bregenz 29; A) – Auch in der Schreibung *Zilli*

Cisjordanien CH: ›Westjordanland‹: *Der israelische Anti-Terror-Krieg in Cisjordanien hat seit dem Ende des gepanzerten Einmarschs am 10. Mai einem Netz von Würgeschlingen rund um die Palästinenserstädte Platz gemacht* (NZZ online 19. 8. 2002, Internet)

City D die; –, Cities ⟨aus engl. *city* ›Stadt‹⟩ ['sɪti]: ↗STADTMITTE A D, ↗INNERSTADT CH ›Innenstadt, Stadtzentrum‹: *Die City muss sich auf ihre eigenen Vorteile besinnen. Sie braucht Geschäfte ebenso wie Szenetreffs, Kneipen und Cafés* (WAZ 28. 10. 1997, 6) – In A selten und nur für große [ausländische] Städte gebräuchlich

Clearing-Nummer CH die; –, -n ['kliːrɪŋ...]: ↗BANKLEITZAHL A D ›Zahlenfolge zur Kennzeichnung von Geld- und Kreditinstituten‹: *Wir haben noch keine Clearing-Nummer und empfehlen daher unseren Kunden, ein Postkonto oder ein Bankkonto bei einer Drittbank zu führen* (Freie Gemeinschaftsbank, 2001, Internet) – Meist auf Formularen. Auch in den Formen *Clearing-Nr., Clearing-No* und *Clearing-Number* gebräuchlich

Clochard CH LUX der; -s, -s ['k'lɔʃaːr] ⟨frz.⟩: ↗UNTERSTANDSLOSE A, ↗SANDLER A D-südost, ↗STADTSTREICHER CH D, ↗BERBER D, ↗PENNER D, ↗TREBEGÄNGER D, ↗TIPPELBRUDER D (ohne mittelost/südwest), ↗TREBER D-nordost (bes. Berlin) ›Obdachlose(r)‹: *Ein Clochard sitzt im Park auf einer Bank. Neben ihm liegt ein Fünfliber* (Blick 3. 7. 1999, 21; CH); *Erzählt wird, dass der jetzt wie ein Clochard Aussehende ... während einer Gefängnishaft mit Frau und Tochter gebrochen und das nie verwunden hat* (d'Letzebuerger Land 5. 1. 2001, Internet; LUX) – In A und D nur als Bezeichnung für Obdachlose in Frankreich gebräuchlich und endbetont

Clog A D der; -s, -s: ↗ZOCCOLI CH, ↗KLOTSCHEN D-mittelwest, ↗PANTINE D-nordost ›Schuh mit durchgehender Holzsohle und offenem Fersenteil‹: *Neben den bewährten ... Pantoletten und Clogs für Damen und Herren zeigt der Gesundheitsschuh-Spezialist wieder komfortable Filzhausschuhe ... in verschiedenen Variationen und aktuellen Farben* (Firma Hickersberger, 2003, Internet; A); *Clog für Damen* *und Herren in bequemer Naturform* (Firma Neckermann 17. 1. 2003, Internet; D) – In CH selten

Club siehe Klub

Clubobfrau siehe Klubobfrau

Clubobmann siehe Klubobmann

Coca-Cola das; -s, –s/die; –, -s: in A, CH und D-südost meist Neutrum, in D (ohne südost) Femininum, die feminine Form wird jedoch zunehmend auch in CH und D-südost gebräuchlich. Dieselbe Verwendung gilt auch für die Kurzform *Cola*: *Sophie wollte ein Coca-Cola* (Streeruwitz, Verführungen 23; A); *Wenn du für ein Coca-Cola den Taglohn einer Einheimischen ausgeben kannst, dann ist eine ungetrübte persönliche Begegnung nicht mehr möglich* (P.M., Olten 35; CH); *An einem Nebentisch genießt ein junger Mann eine Coca-Cola* (Coca-Cola News 14. 2. 2000, Internet; D)

Cocktailtomate A D die; –, -n ['kɔktɛɪl…]: ↗Kirschparadeiser A (ohne west), ↗Kirschtomate A D (ohne mittelost/südost) ›Tomatensorte mit kleinen, runden Früchten; Cherrytomate‹: *Ausgezeichnet im Geschmack und zudem noch sehr robust, sind die kleinen eierförmigen Cocktailtomaten* (OÖN 11. 5. 2001, Internet; A); *Die Paprikaschoten, die Pilze und die Cocktailtomaten waschen, putzen und klein schneiden* (Kochen & Schlemmen, 2002, Internet; D)

Coiffeur CH der; -s, -e ['k̯oafœːr] ⟨frz.⟩: **1. Coiffeur Coiffeurin** der; -s, -e bzw. die; –, -nen; ↗Friseur A D, ↗Frisör A D ›Person, die berufsmässig Haare schneidet und pflegt‹: *Weil ich stark schwitze und es für mich nichts Schlimmeres gibt als den Gang zum Coiffeur, brauchte ich oben ganz kurze Haare und hinten so lange, dass ich sie zusammenbinden konnte* (Sport 10. 3. 1998, 7). **2.** ↗Friseur A D, ↗Frisör A D, ↗Coiffure CH ›Geschäft, in dem man sich die Haare schneiden und frisieren lässt‹: *Rund herum siehst du Bars, Clubs, Spielsalons, Lesehallen, Coiffeure, Kosmetiksalons, Cafés* (P.M., Olten 85) – Zu 2.: In A und D nur als Geschäftsbezeichnung gebräuchlich. Zu 1 vgl. Coiffeuse – Zu 1.: **Damencoiffeur(in), Herrencoiffeur(in), Hundecoiffeur(in).** Zu 2.: **Coiffeursalon**

Coiffeuse CH die; –, -n [k̯oaføːz, k̯oaføːzə]: ↗Friseuse A D ›Frau, die berufsmässig Haare schneidet und pflegt‹: *Die 52-jährige Coiffeuse ist überzeugt, dass sich bei Vollmond Keime und Krankheitserreger in den Haarspitzen sammeln* (Blick 22. 9. 2000, 8) – Vgl. Coiffeur – Dazu: **Herrencoiffeuse**

Coiffure CH die; –, -s ['k̯oafyːr] ⟨aus frz. *coiffure* ›Frisur‹⟩: **1.** ›Kunst des Frisierens von Haaren‹: *Bei den Frauen sind Schönheit und Gesundheit stark im Trend: Kosmetik, Coiffure, … Massage, Solarium, Reiki, Fussreflexzonenmassage* (TA 7. 12. 1998, 31). **2.** ↗Friseur A D, ↗Frisör A D, ↗Coiffeur CH ›Geschäft, in dem man sich die Haare schneiden und frisieren lässt‹ /als Bestandteil des Namens/: *Nach dreieinhalbjähriger Geschäftstätigkeit zieht Coiffure Huber von der Bernstrasse 4 an die Bernstrasse 24 um* (Bund 29. 2. 1996, 31) – Zu 1.: **Coiffuresalon, Haute-Coiffure**

Coloniakübel A-ost (bes. Wien) der; -s, –: ↗Mülltonne A D, ↗Mülleimer D ›großer, zu einer ↗Wohnanlage gehörender und im Freien stehender Behälter für Abfall‹: *Ein Blumenmeer mutiert die Cottage-Wohnung und den Hof, in dem einst die Coloniakübel standen, zu einer einzigen Oase* (Standard 30. 1. 1997, Internet) – Auch in der Schreibung *Koloniakübel.* Vgl. Kübel

Coloniamann A-ost (Wien) der; -(e)s, …männer: ↗Mistmann A-mitte, ↗Kehrichtmann CH, ↗Kübelmann CH-ost, ↗Müllmann D, ↗Müllwerker D, ↗Müllkutscher D-nordost STIR ›Angesteller eines Unternehmens, das Abfall abholt und zu einer Sammelstelle bringt‹: *Und die Koloniamänner hatten sich schon eine Woche lang nicht blicken lassen* (Kneifl, Vorstellung 16) – Auch in der Schreibung *Koloniamann*

Comestibles CH die; nur Plur.: ['k'ɔmɛstibl] ⟨aus frz. *comestible* ›essbar‹⟩: ↗Feinkost A D ›Delikatessen (häufig als Geschäftsbeschriftung oder Teil eines Firmennamens)‹: *Anstelle des Schildes Comestibles Trümpy leuchtet jetzt an der Rathausgasse 25 in Glarus gelb Wichser Waffen* (Südostschweiz 7. 12. 2000, Internet) – Dazu: **Comestiblesgeschäft, Comestiblesladen**

Communiqué CH LUX das; -s, -s ['k'ɔmynikeː] ⟨frz.⟩: ↗Aussendung A, ↗Kommuniqué A D, ↗Medienmitteilung CH ›schriftliche Verlautbarung für Presse und Öffentlichkeit; Kommunikee‹: *Die Hilfeleistungen stiegen um 22 Prozent auf insgesamt 2,63 Millionen Franken, wie die Winterhilfe gestern Freitag in einem Communiqué mitteilte* (BaZ 25./26. 10. 1997, 11; CH); *Dann erhält auch ›Pizzicato‹ noch ellenlange Pressemitteilungen und Photos, wobei ein Fünkchen Verstand genügte, um zu erkennen, dass ein Communiqué, das am 11. März in der Redaktion eintrifft … nicht mehr in der März-Nummer veröffentlicht werden kann* (Pizzicato-Magazin 4/2002, Internet; LUX) – Dazu: **Pressecommuniqué**

Confiserie CH die; –, -n ['k'ɔ̃fisəriː, 'k'ɔ̃fisriː] ⟨frz.⟩ (meist in Zus.): ↗Zuckerbäckerei A ›feines Gebäck‹: *Eine Schokoladeconfiserie aus einer subtil ausgewogenen Mischung von verschiedenen Kakaosorten, angereichert mit Haselnuss-Splittern und feinen Mandelflocken* (Chocolats & Cacaos Favarger, 2000, Internet) – Selten auch in der Form *Konfiserie.* Die Bedeutung ›Konditorei‹ ist gemeindt. Vgl. Confiseur

Confiseur Confiseurin CH der; -s, -e bzw. die; –, -nen ['k'ɔ̃fisœr] ⟨frz.⟩: ↗ZUCKERBÄCKER A D-süd ›Person, die feines Gebäck herstellt; Konditor(in)‹ /Berufsbezeichnung/: *Der ehemalige Confiseur soll laut Bezirksanwalt E. eine eigene Praliné-Fabrik besessen haben* (TA 27. 6. 1997, 22) – Selten auch in der Schreibung *Konfiseur.* Vgl. Confiserie

Confoederatio: *Confoederatio Helvetica CH (die) ⟨lat.⟩: ↗EIDGENOSSENSCHAFT CH, ↗HELVETIEN CH, ↗SCHWEIZERLAND CH ›Schweiz‹: *Damit das Ganze seine feierliche Richtigkeit hat, sind die Verträge bereits mit einem Papiersiegel der Confoederatio Helvetica und einem rotweissen Bändel versehen sowie in schwarzes Leder gebunden worden* (TA 27. 2. 1999, 7) – Abk. CH. Vgl. CH-

Cord A D der; -(e)s, ohne Plur. ⟨aus frz. *corde* ›Schnur‹ zu engl. *cord* ›Schnur, gerippter Stoff‹⟩: ↗SCHNÜRLSAMT A, ↗CORDSAMT A D-nordwest/süd, ↗MANCHESTER CH D-nordwest ›geripptes Baumwollgewebe‹: *Cord-Mantel. Im coolen Used-Look, mit abnehmbarem Pelzimitat-Kragen und Gürtel. 2 aufgesetze Brusttaschen, 2 Eingrifftaschen, Ärmelriegel und Gehschlitz hinten. Cord aus 100 % Baumwolle. Waschbar* (Heine-Katalog, 2004, Internet; A); *Der weiche, fast samtige Cord wird durch 2 % Elasthan besonders tragebequem* (Maas-Natur, 2003 Internet; D) – In CH selten. In D auch in der Schreibung *Kord* – Dazu: **Cordanzug, Cordhose**

Cordsamt A D-nordwest/süd der; -(e)s, ohne Plur.: ↗SCHNÜRLSAMT A, ↗CORD A D, ↗MANCHESTER CH D-nordwest ›geripptes Baumwollgewebe‹: *Klar in Führung geht die bequeme Kombimode aus Strick und Jersey, Flausch und Fleece, Stretch und Cordsamt, Leder und Microfasern* (OÖN 12. 9. 1998, 11; A) – In D (ohne nordwest/süd) selten. In D-nordwest/süd auch in der Schreibung *Kordsamt*

Corner A CH der; -s, – ['kɔrnər, 'kɔ:nə] ⟨engl.⟩ (Fußball): ↗ECKE D, ↗ECKSTOß D ›Freistoß von einer Ecke des Spielfeldes gegen die Mannschaft, die den Ball über die Linie, auf der sich das eigene Tor befindet, befördert hat; Eckball‹: *M. war es schließlich in der 86. Minute, der nach einem Corner von links auf 4:0 erhöhte* (Neue Zeit 19. 4. 1998, 24; A); *Hat aber ein verteidigender Spieler den Ball zuletzt berührt, gibt es Corner, zu deutsch Eckball, für die angreifende Mannschaft, die den Ball von der Spielfeldecke aus weiterspielen kann* (Helveticus, 1975, 179; CH) – In D veraltet – Dazu: **Cornerfahne, Cornerflagge** CH

Cornet CH das; -s, -s ['k'ɔrnɛ]: **1.** ↗STANITZEL A-mitte/ost, ↗EISTÜTE A D (ohne südost), ↗HÖRNCHEN D-nordwest/mittel ›trichterförmiges Gebäck aus Waffelteig, in das Speiseeis gefüllt wird‹: *Egal ob als Kugel, mit Schoggi überzogen, mit Nüssen gespickt oder im Cornet – kein anderer Geschmack kann der gelben Erfrischung das Wasser reichen* (Blick 3. 8. 1999, 24). **2.** ↗SCHAUMROLLE A D-südost, ↗SCHILLERLOCKE D (ohne nordwest/südost) ›mit einer Masse aus Eiweiss, Zucker oder süssem ↗Rahm gefülltes Gebäck aus Blätterteig‹: *Auf 1 Liter Wasser kommen nur zwischen 350–400 g Nova ... – und schon haben Sie eine feine Vanillecrème für Crèmeschnitten, Cornets, Bienenstiche und verschiedene Patisserie wie Mohrenköpfe, Diplomats usw.* (Agrano Bäckerei, 1999, Internet). **3.** ↗KORNETT A D /ein Blechblasinstrument/: *Dieser Instrumentalkurs für Trompete und Cornet richtet sich an fortgeschrittene Amateure, ... Anwärter auf die Militärspielprüfung und angehende Musikstudenten* (Hotel Laudinella St. Moritz, 1999, Internet) – Zu 1.: **Erdbeercornet, Vanillecornet**

Cottage A-ost (Wien) das; –, -s ['kɔtɪtʃ]/die; –, -s [kɔ'te:ʃ] ⟨aus engl. *cottage* ›Landhaus‹⟩: ›Villa aus dem letzten Drittel des 19. Jahrhunderts in bestimmten Stadtteilen Wiens (ursprüngl. Währing) bzw. Name dieser Villenviertel‹: *Zu verkaufen: ein Fotogeschäft in 1180 Wien, Cottage mit 1 Verkaufsraum, Atelier und Nebenräumen* (Mut 7. 7. 2000, 19); *Am Rande des Döblinger Cottage gelegen, zählt das Projekt »HerrenhausPark Döbling« zu den noblen Adressen in Wien* (Firma IG-Immobilien, 2002, Internet) – Das Femininum ist ein Grenzfall des Standards. Die Bedeutung ›englisches [einstöckiges] Land- bzw. Ferienhaus‹ ist gemeindt. – Dazu: **Cottagelage, Cottagestraße, Cottagevilla, Cottageviertel** (↗Viertel), **Cottagewohnung**

Coupe CH der; -s, -s/-n [k'up] ⟨aus frz. *coupe* ›Schale‹⟩: ↗EISBECHER A D ›angerichtete Süssspeise aus garnierten Speiseeiskugeln‹: *Die Preise reichen von Fr. 2.50 für eine Kugel bis 16.50 für den Coupe »Tandem«: 8 Kugeln Glace, Fruchtsalat, Früchtegarnitur, Schokolade und Biskuits* (Blick 11. 7. 1995, 6) – Vgl. Glace

Coupon CH D STIR der; -s, -s ⟨frz.⟩: ↗KUPON A, ↗TALON CH ›abtrennbarer Teil eines Schreibens, Formulars oder einer Werbeannonce [der ausgefüllt und an den Absender zurückgeschickt wird]‹: *Bern-Zürich kostet für 7 Tage 119 Franken. Dazu nochmals 10 Franken Rabatt, wenn Sie den untenstehenden Coupon am Bahnschalter abgeben* (Blick 20. 6. 1998, 9; CH); *Schicken bzw. faxen Sie uns einfach den ausgefüllten Coupon oder rufen Sie an* (FAZ 10. 10. 1997, 20; D); *Coupon ausfüllen, ausschneiden, Bankscheck beilegen und an die Anzeigenabteilung ... senden* (Katholisches Sonntagsbl 15. 10. 2000, 5; STIR) – Die Aussprache lautet in CH ['k'upõ:], in D und STIR [ku'põ:], in D umgangssprachlich auch [ku'pɔŋ]. Andere Bedeutungen sind gemeindt.

Courant: *Courant/courant normal CH (der) [k'urã 'nɔrmal] ⟨aus frz. *courant* ›Lauf, Strömung‹⟩ ›Normalbetrieb; gewohnter Lauf der Dinge‹: »*Zurück zum*

courant normal« heisse nun die Devise, sagte Verwaltungsratspräsident Thomas S. vor den Medien (TA 22. 4. 1988, 35)

Courtage D die; –, -n ⟨aus frz. *courtage* zu frz. *courtier* ›Börsenmakler‹⟩ [kʊrˈtaːʒə]: ↗PROVISION A, ↗MAKLERGEBÜHR D ›Gebühr für die Leistungen von ↗Maklern auf dem Immobilien- und Wohnungsmarkt‹: *... eine Courtage wird nur dann fällig, wenn ein Kauf- oder Mietvertrag wirksam abgeschlossen wird* (Welt 30. 9. 2000, Internet) – In A veraltet, in CH selten. Seltener auch in der Schreibung *Kurtage.* Die Bedeutung ›Honorar für die Vermittlung von Geschäften an der Börse‹ ist fachsprachlich gemeindt. und wird in A [kurˈtaːʃ], in CH [ˈkʼurtaːʃ] ausgesprochen – Dazu: **courtagefrei, Käufercourtage, Maklercourtage** (↗Makler)

Cousin (gemeindt.): ↗VETTER

Couvert CH das; -s, -s [ˈkʼuvɛːr] ⟨aus frz *couvert* ›zugedeckt‹⟩: ↗KUVERT A D, ↗UMSCHLAG CH D ›Briefumschlag‹: *Als sie den Bericht des Röntgeninstituts ins Couvert zurückgesteckt hatte, war ihr ein Satz aus ihrem ersten Roman eingefallen* (Hostettler, Moira 13) – Dazu: ↗**couvertieren** CH, **Antwortcouvert, Retourcouvert** (↗Retour-), **Stimmcouvert**

couvertieren CH sw.V./hat [kʼuvɛrˈtiːrən]: ↗KUVERTIEREN A D, ↗EINTÜTEN D (ohne südost) ›in einen Briefumschlag stecken‹: *Ihre Mailings werden nach dem Druck von uns auf die gewünschte Grösse geschnitten, nach Ihren Wünschen gefalzt und sorgfältig couvertiert* (Direct Mail House, 2003, Internet) – Vgl. Couvert

Creme die; –, -n/-s: Der Plural lautet in A und CH *Cremen*, in D *Cremes*. In CH ist auch die Schreibung *Crème* üblich. Die Schreibung *Kreme, Krem* ist in D gebräuchlich, in A und CH unüblich. Wird in A [kreːm], in CH [kʼreːm, kʼrɛːm], in D [kreːm, krɛːm] ausgesprochen: *Der bescheidene Siegerpreis für die Miss Tirol 1962, Helga A., war Eierlikör und ein Körberl voller Cremen* (Echo 28. 1. 1999, 127; A); *Sie hörte die quengelnden Kinder in den beiden Zimmern nebenan, die ... Crème gegen den Sonnenbrand verlangten* (Lascaux, Totentanz 83; CH); *Spezielle Cremen wurden im Gesicht und auf den Schultern gegen die intensiven Sonnenstrahlen aufgetragen, bevor die Schwimmer ... ins ... Wasser sprangen* (NZZ 26. 7. 1999, 39; CH); *Andere Cremes haben bei mir häufig ein unangenehmes Spannen der Haut verursacht* (Brigitte 21/1997, 115; D); *Die Anti Celulite Kreme sollte sehr gut sein* (Babynews 6. 8. 2003, Internet; D); *Die Krem besteht nämlich aus reinem Kokosfett* (Buena-Shop 6. 8. 2003, Internet; D)

Cremeschnitte A CH die; –, -n [ˈkreːm... A, kʼreːm... CH, kʼrɛːm... CH]: ›mit ↗Creme gefülltes Gebäck aus Blätterteig‹: *Die fettarme Alternative zur Blätterteig-Topfengolatsche, Schwarzwälder Kirschtorte oder Cremeschnitte sind Mehlspeisen aus Germteig, Biskuitteig oder Strudelteig* (Gesund.at, 2003, Internet; A); *Crèmeschnitten sind im Bewusstsein der Schweizer so verankert wie Rösti und Fondue* (Sonntagsblick 17. 3. 2002, M29; CH) – In CH auch in der Schreibung *Crèmeschnitte.* In D selten

Crevette CH die; –, -n [ˈkʼrøvɛtə] ⟨frz.⟩ (meist Plur.): ↗GARNELE A D, ↗KRABBE D ›zehnfüssiger Langschwanzkrebs mit langen Fühlern; Shrimp‹: *Serviert werden Lachs und Crevetten als Vorspeise* (Blick 8. 7. 1997, 3) – In A und D fachsprachlich, Aussprache [kreˈvɛtə]. Selten auch in der Schreibung *Krevette* – Dazu: **Crevettencocktail, Riesencrevetten**

Cup CH der; -s, -s [kʼœp, kʌp] ⟨engl.⟩ (Sport): kurz für *Schweizer Cup* bzw. *Schweizercup:* ↗CUPBEWERB A, ↗POKAL D, ↗POKALWETTBEWERB D ›Serie von Wettkämpfen, in denen jeweils nur die Siegermannschaft eine Runde weiter kommt (im Ggs. zur Meisterschaft, wo jeder gegen jeden spielt)‹: *Sascha R. fehlte verletzungshalber in den beiden letzten Spielen gegen Xamax und im Cup bei Etoile Carouge* (Blick 18. 11. 1999, 19); *Die Titelverteidigerinnen von Zeiler Köniz haben in den Achtelfinals im Schweizer Cup auswärts gegen Cheseaux eine schwierige, aber nicht unlösbare Aufgabe zu bewältigen* (Bund 7. 1. 2000, Internet) – Wird in CH meist mit der typischen Entrundung für englisches *u* zu *ö* ausgesprochen, in A und D englisch [kʌp]. In A als Simplex selten, in Zus. produktiv. Andere Bedeutungen sind gemeindt. – Dazu: ↗**Cupfinal,** ↗**Cupfinale** A LUX, **Cupsieger** A CH, **Cupspiel** A CH, **Cupwettbewerb, Europacup** A CH

Cupbewerb A der; -(e)s, -e (Sport) [kʌp...]: ↗CUP CH, ↗POKAL D, ↗POKALWETTBEWERB D ›Serie von Wettkämpfen, in denen jeweils nur die Siegermannschaft eine Runde weiter kommt (im Ggs. zur Meisterschaft, wo jeder gegen jeden spielt)‹: *Eine Woche später fand der Cupbewerb, an dem die besten acht Mannschaften teilnahmen, statt* (VN 29. 5. 2002, Heimat/Feldkirch 50) – Vgl. Bewerb, Cupfinale

Cupfinal CH der; -s, -s [ˈkʼœpfinaːl] ⟨engl.⟩ (Sport): ↗CUPFINALE A LUX, ↗POKALENDSPIEL D, ↗POKALFINALE D ›Schlussspiel um den Sieg in einem Wettbewerb, in dem jeweils nur die Siegermannschaft eine Runde weiter kommt‹: *Der Bundesrat hat dem Parlament die Botschaft zur Änderung der europäischen Rundfunkordnung zugeleitet. Demnach soll das Publikum auch künftig den Cupfinal sowie das Eidgenössische Schwingfest im frei empfangbaren Fernsehen ... verfolgen können* (Bund 7. 12. 1999, 39) – Vgl. Cup, Final

Cupfinale A LUX das; -s/...finals, -/...finali [ˈkʌp...] (Sport): ↗CUPFINAL CH, ↗POKALENDSPIEL D,

↗ POKALFINALE D ›Schlussspiel um den Sieg in einem Wettbewerb, in dem jeweils nur die Siegermannschaft eine Runde weiter kommt‹: *Rapid gewinnt das Cupfinale gegen Zweitdivisionär DSV Leoben 1:0* (Kurier 30. 12. 1995, 26; A); *Cupfinale: Ettelbrück verlor knapp gegen Racing* (Réseau Téléinformatique De L'Education Nationale 20. 11. 2002, Internet; LUX) – Vgl. Cupbewerb, Finale

Cüpli CH das; -s, – ['k'yplɪ] ⟨Dim. zu frz. *coupe* ›Schale‹⟩: ›ein Glas Sekt oder Champagner‹: *Die beiden Frauen geniessen den schönen Abend in den Bergen. Und den Apéro: Lachsbrötli und Cüpli* (Blick 9. 3. 1996, 9) – Dazu: **Cüplibar**

Currywurst A D die; –, ...würste ['kœri...]: ›mit Curry gewürzte Bratwurst‹: *Die Currywurst, als typisches Nachkriegskind 1949 geboren, verband die Eigenschaften der bodenständigen Bratwurst mit dem exotischen Geschmack ferner Gewürzländer* (OÖN 7. 10. 2000, 8; A); *Nie habe es in seinem von drei Vegetarierinnen ... beherrschten Heim ... Currywurst zu futtern gegeben* (Spiegel-Jahreschronik 1997, 215; D)

CVP CH die; –, ohne Plur.: buchstabierte Abk. für *Christlichdemokratische Volkspartei*: ›konservative, ehemals katholische politische Partei, die sich für eine soziale Marktwirtschaft mit staatlichen Interventionen zugunsten der Arbeitnehmer(innen), des Gewerbes und der Landwirtschaft einsetzt‹: *Auch die CVP möchte die Vormundschaftsbehörde wenn immer möglich aus Familienangelegenheiten heraushalten* (NZZ 3. 11. 1997, 13)

D

d'accord A Adv. [da'koːɐ̯, da'k'oːɐ̯] ⟨frz.⟩: ›einer Meinung, einverstanden‹: *Zwar gehören – d'accord – Carl Barks' Donald-Duck-Comics fraglos zu den herausragendsten Kulturschöpfungen des 20. Jahrhunderts* (Kurier 31. 8. 1998, 31); ***jmd./etw. geht d'accord mit jmdm./etw.** ›jmd. ist mit jmdm. einer Meinung; jmd. ist mit etw. einverstanden; etw. ist mit etw. im Einklang‹: *Bei Modeschmuck ist das anders, da gehen die Farben der Steine mit denen der Mode d'accord* (OÖN 18. 11. 2000, 34) – In CH selten

Dạch: *eine aufs Dach geben/bekommen/kriegen A D-mittelost/südwest; ***eins aufs Dach geben/bekommen/kriegen** CH D (Grenzfall des Standards): ↗DECKEL: *EINE AUF DEN DECKEL GEBEN/BEKOMMEN/KRIEGEN A; *EINS AUF DEN DECKEL GEBEN/BEKOMMEN/KRIEGEN CH D, ↗KAPPE: *EINS AUF DIE KAPPE GEBEN/BEKOMMEN/KRIEGEN CH, ↗HUT: *EINS AUF DEN HUT GEBEN/BEKOMMEN/KRIEGEN D-nord, ↗KOPF: *EINS AUF DEN KOPF GEBEN/BEKOMMEN/KRIEGEN D-nordost/südost, ↗MÜTZE: *EINS AUF DIE MÜTZE GEBEN/BEKOMMEN/KRIEGEN D (ohne südwest), ↗ÜBERBRATEN: *JMDM. EINS/EINEN ÜBERBRATEN D (ohne südost) ›eine Zurechtweisung, Niederlage, Abfuhr austeilen bzw. bekommen‹: *Die Stärkeren gewinnen, denn wenn die Schwächeren sich wehren, sind sie unfriedlich, fallen unliebsam auf und kriegen erst recht eine aufs Dach* (Profil 19. 1. 1998, 87; A); *Männer können so viel Grössenwahnsinn an den Tag legen, wie sie wollen. Egal. Frauen dagegen bekommen für das gleiche Vergehen sofort eins aufs Dach* (Sonntagsztg 6. 9. 1998, Internet; CH); *Da schreibt ein Vertreter der sonst so gebeutelten und ach so negativen KritikerInnengilde mal einen positiven Artikel und kriegt prompt eins aufs Dach* (TA 19. 2. 1997, Internet; CH); *Aber dass die Partei ihm, dem sie in Mannheim mit nur 78,7 Prozent der Stimmen mächtig eins aufs Dach gegeben hat, ... nun eine Art Wiedergutmachung schuldet, das kommt auch so rüber* (Spiegel 17. 11. 1997, 27; D); ***jmdm. aufs Dach steigen** D ›jmdn. zurechtweisen; jmdm. auf die Zehen treten‹: *Wenn Sie immer Sand ins Getriebe streuen ... dann werde ich ihnen aufs Dach steigen, verstehen Sie mich!* (Universität Marburg, 1997, Internet); ***es/dann ist Feuer am Dach** A; ***es/dann ist Feuer im Dach** CH; ***es/dann ist Feuer unter dem Dach** D siehe Feuer; ***unter Dach** CH siehe unter – Das Substantiv *Dach* ist in allen anderen Verwendungen gemeindt.

Dạchboden A D der; -s, ...böden: ↗ESTRICH CH, ↗UNTERDACH CH-südwest STIR, ↗BODEN D (ohne südwest), ↗BÜHNE D-südwest, ↗SÖLLER D-mittelwest, ↗SPEICHER D-mittelwest/süd ›unbewohnter Raum unter dem Dach eines Hauses‹: *Und alle plötzlich verjährten Ehrenzeichen ... verschwanden auf Dachböden, in Kellerverstecken ... und in hastig geschaufelten Erdlöchern* (Ransmayr, Morbus Kitahara 14; A); *Den Dachboden stelle ich mir als eine liederliche Ansammlung von unnützem Krimskrams vor* (Köpf, Innerfern 63; D) – In CH selten – Dazu: **Dachbodenstiege** (↗Stiege) A

Dachgaube (gemeindt.): ↗DACHGAUPE, ↗DACHKAPFER, ↗DACHLUKARNE

Dạchgaupe A D-ost/südwest die; –, -n: ↗DACHKAPFER A-west (Tir.), ↗DACHLUKARNE CH ›aus dem Dachbereich vorspringendes Dachfenster; Dachgaube‹: *Zu einer Groteske wird der Streit um Dachgaupen, die ein Wohnungsbesitzer anstatt vorgesehener Dachflächenfenster einbauen will* (OÖN 18. 1. 1999; A); *Nach wie vor ist die Dachgaupe eine der beliebtesten Möglichkeiten, um Wohnraum zu vergrößern* (Holz- und Fertigbau 20. 1. 2003, Internet; D-ost/südwest) – Auch in der Kurzform *Gaupe* gebräuchlich

Dachgeschoß/Dachgeschoss (gemeindt.): ↗DACHSTOCK, ↗SPITZBODEN

Dạchgeschoßwohnung A D-südwest **Dạchgeschosswohnung** D-nord/mittel die; –, -en: ↗MANSARDE A D (ohne mittelost), ↗MANSARDENWOHNUNG A D, ↗DACHWOHNUNG CH D (ohne nordost) ›Wohnung unter dem Dach‹: *In den Dachgeschoßwohnungen machte sich angeblich bereits Schimmel breit* (Kneifl, Vorstellung 18; A); *Leipzig-Mockau, Schneiderstr. 13, Dachgeschosswohnung, 51 qm ...* (Leipziger Rundschau 18. 2. 1998, 18; D)

Dạchgleiche A die; –, -n: **1.** ↗AUFRICHTE CH ›Fertigstellung des Dachstuhls‹: *Die Linzer Wohnungsgesellschaft GWG hat ihre ersten Bauten bis zur Dachgleiche fertig* (OÖN 20. 2. 2002). **2.** ↗FIRSTFEIER A, ↗GLEICHENFEIER A, ↗AUFRICHTE CH, ↗RICHTFEST D

›Fest, das ein(e) Bauherr(in) mit Handwerkern und Bauarbeitern anlässlich der Fertigstellung des Dachstuhls feiert‹: *Ein Jahr davor hatte man in luftigen 381 Metern die Dachgleiche des New Yorker Empire State Buildings gefeiert* (Trend 7/1997, Internet) – Zu 2.: Selten auch in der Kurzform *Gleiche* – Zu 2.: **Dachgleichenfeier**

Dachkammer D (ohne mittelost) die; –, -n: ↗DACHSTUBE D (ohne ost) ›Dachzimmer‹: *2-Raum-Wohnung mit Dachkammer in Köln Porz-Urbach* (Mietangebote in Köln, 2000, Internet) – In A veraltend

Dachkapfer A-west (Tir.) der; -s, –: ↗DACHGAUPE A D-ost/südwest, ↗DACHLUKARNE CH ›aus dem Dachbereich vorspringendes Dachfenster; Dachgaube‹: *Unsere Leistungen erstrecken sich vom Dachstuhl, Dachkapfer, Dachbodenausbau ... bis zu sämtlichen Ausbesserungs-, Sanierungs- und Flickarbeiten* (Zimmerei Mösslacher, Thaur, 2003, Internet) – Auch in der Kurzform *Kapfer*

Dächlikappe CH die; –, -n: ↗KAPPE A D, ↗SCHILDKAPPE A D-südwest, ↗SCHIRMMÜTZE CH D ›eng anliegende Kopfbedeckung mit Schirm zum Schutz der Augen vor Sonnenlicht‹: *Schorsch versorgte seine zittrigen Hände zwischen den Knien, brummte vor sich hin, die Dächlikappe auf dem Kopf, darunter der traurige Läppli-Schnauz* (Ramseier, Eile 46)

Dachlukarne CH die; –, -n: ↗DACHKAPFER A-west (Tir.), ↗DACHGAUPE A D-ost/südwest ›aus dem Dachbereich vorspringendes Dachfenster; Dachgaube‹: *Die bisherigen Dachlukarnen können leider bei einer Isolation des Daches nicht mehr benutzt und müssen ersetzt werden* (St. Galler Tagbl 16. 12. 1998, Internet) – Selten auch auch als Simplex *Lukarne* oder in Zus., z. B. *Giebeldach-Lukarne*

Dachpfanne D (ohne mittelost/südwest) die; –, -n: ↗DACHPLATTE D-süd ›Dachziegel‹: *Fensterscheiben und Dachpfannen gingen zu Bruch, und es wurden auch parkende Autos beschädigt* (SZ 6. 8. 1998, L6) – Vgl. Pfanne

Dachplatte D-süd die; –, -n: ↗DACHPFANNE D (ohne mittelost/südwest), ↗PFANNE D (ohne mittelost/südwest) ›Dachziegel‹: *Die Fulgurit-Dachplatte bietet perfekten Wetterschutz, ist korrosionssicher, diffusionsoffen und umweltneutral* (Hagebau-Markt, 2002, Internet)

Dachstock CH der; -(e)s, ...stöcke: ↗SPITZBODEN D ›Stockwerk im Spitzdach eines Gebäudes; Dachgeschoss‹: *Sie lebten in seiner Wohnung in Paris ... im ausgebauten Dachstock* (Schweikert, Labor 33; CH) – Der *Dachstock* umfasst sowohl unbewohnte als auch bewohnte Räume. In D-süd selten. Vgl. Estrich – Dazu: **Dachstockausbau**

Dachstube D (ohne ost) die; –, -n: ↗DACHKAMMER D (ohne mittelost) ›Dachzimmer‹: *Nun war seine Dachstube leer* (Lenz, Herbstlicht 8)

Dachtel A D-südost die; –, -n (salopp, Grenzfall des Standards): ↗FOTZE A D-südost, ↗WATSCHE A D-südost, ↗CHLAPF CH, ↗BACKPFEIFE D-nord/mittelwest, ↗SCHELLE D-nordost/südost ›Ohrfeige; Schlag auf dem Hinterkopf‹: *Wenigstens hast du dann keine Dachtel gekriegt* (Rudle, Engel 31; A)

Dachwohnung CH D (ohne nordost) die; –, -en: ↗DACHGESCHOẞWOHNUNG A D-südwest, ↗DACHGESCHOSSWOHNUNG D-nord/mittel, ↗MANSARDE A D (ohne mittelost), ↗MANSARDENWOHNUNG A D ›Wohnung unter dem Dach‹: *Bis im Oktober 1886 wohnte [Carl H.] im Haus der Witwe Propfe, dann zog er um in eine Dachwohnung* (Carl Huter, 1999, Internet; CH); *Die Täter sind den Ermittlungen zufolge ... in die Dachwohnung des Mehrfamilienhauses gekommen* (Rhein Ztg 22. 3. 1999, Internet; D) – In A selten

Dachziegel (gemeindt.): ↗DACHPFANNE, ↗DACHPLATTE, ↗PFANNE

Dachzimmer (gemeindt.): ↗DACHKAMMER, ↗DACHSTUBE

Daffke: *aus Daffke D-nordost ⟨aus jidd. *dafke* ›nun gerade‹⟩ (Grenzfall des Standards): ↗HETZ: *AUS/ZUR HETZ A D-südost, ↗PLAUSCH: *AUS/ZUM PLAUSCH D ›aus Spaß; aus Eigensinn‹: *Die Bundesregierung genehmigt Atomtransporte nicht aus Daffke ... Die Bundesregierung genehmigt Transporte, wenn sie notwendig sind* (Plenarprotokoll des Bundestages 15. 2. 2001, Internet)

dafürstehen st.V./ist: **1.** [sich] A D-südost (nur in Verbindung mit *es*) ›sich lohnen‹: *Es steht dafür, allen Widerwärtigkeiten zum Trotz sinnvoll und hoffnungsvoll zu leben* (Steirische Berichte 4/1999, Internet); *Ich muss ... dem Herrn Verteidigungsminister wirklich den guten Rat geben, dieses Material in Zukunft zu verschrotten und nicht zu verkaufen. Es steht nicht dafür* (Stenogr. Protokoll des Nationalrates 8. 7. 1999, Internet; A). **2.** A ›für etw. garantieren, bürgen‹: *Das Bundesheer ist schlank genug, das Bundesheer braucht nur zeitgemäße Strukturen – und Bundesminister Scheibner steht dafür!* (Stenogr. Protokoll des Nationalrates 30. 1. 2001, Internet) – Zu 2.: In D veraltet. Vgl. stehen

dag A: nur geschriebene, unverkürzt gesprochene Abk. für ›↗Deka, ↗Dekagramm‹: *Die Gärtner verkaufen ... Vogerlsalat zu 20 S/10 dag* (Kleine Ztg 27. 2. 1998, 21)

daheim A CH D-süd Adv.: **1.** ›zu Hause‹: *Aber dann fällt ihm ein, dass seine Frau daheim mit dem Nachtmahl wartet* (Ganze Woche 5. 11. 1997, 84; A); *Die Onkel wussten rein nichts anderes zu machen als jassen, wenn* *sie daheim waren* (Wenger, Rosalia 24; CH). **2.** ›in der Heimat‹: *Die alten Kirchen, die sich um die Neuevangelisierung bemühen, sind der Meinung, nunmehr Mission daheim betreiben zu sollen* (Missio Austria – Päpstliche Missionswerke in Österreich, 2000, Internet; A); *Fort mussten sie, weil daheim kein Verdienst und das Heimet zu klein war, um allen Arbeit und Nahrung zu geben* (Wenger, Rosalia 9; CH) – Zu 1.: **Daheim**

daher- A D-süd (produktiver Wortbestandteil in Zus., meist abwertend): /zur Verstärkung der Grundbedeutung des Verbs/, z. B. daherbringen, daherkriechen, daherlaufen: *Nur einer könnte das darauf folgende Kunststück der perfekten Mordvertuschung gefährden: jener Zeuge. Dieser keineswegs dahergelaufen, sondern ein genialer Gentlemandieb und Meistereinbrecher* (Kurier 22. 5. 1997, 30; A); *Ich möchte daher auch die Freunde von dieser Fraktion bitten, darüber nachzudenken, was sie anrichten, wenn sie eine solche Schwarz-Weiß-Argumentation »daherbringen«* (Stenogr. Protokoll des Nationalrates 6. 12. 2000, Internet; A)

Dähle CH-west die; –, -n: ↗ FÖHRE A CH D-süd ›Kiefer‹ /ein Nadelbaum/: *Auch Weisstannen, Weymutskiefer, Dählen und Douglasien fehlen nicht* (Gemeinde Frauenbrunnen, 2002, Internet) – Dazu: **Dählenholz, Dählenwald**

Dalken A (ohne west) die; nur Plur.: ›unterschiedlich gefüllte, in Fett gebratene ↗ Mehlspeise aus einem Teig aus ↗ Germ in Form von kleinen Fladen‹: *Peter S. vom »Alpenhof« Weißensee verrät das Rezept für seine Grießdalken mit Topfencreme und frischen Waldbeeren* (Kleine Ztg 2. 9. 1998, Internet); ***böhmische Dalken** ›mit ↗ Powidl gefüllte, in Fett gebratene ↗ Mehlspeise aus einem Teig aus ↗ Germ in Form von kleinen Fladen‹: *In einer Teflon- oder Dalkenpfanne werden die Böhmischen Rahmdalken auf kleiner Flamme gebacken, eine Seite mit Powidl bestreichen, zusammenkleben und anzuckern* (OÖN 9. 2. 1999, Internet) – Dazu: **Dalkenpfanne** (↗ Pfanne), **Grießdalken, Topfendalken** (↗ Topfen)

Dämel D-nordost/mittelwest der; -s, – (abwertend, salopp): ↗ DUMMIAN A D-südost, ↗ DÄMLACK D-nord/mittelost, ↗ DOOFKOPP D-nord/mittelwest, ↗ DUMMERJAN D-nord/mittel ›dümmlicher, einfältiger Mensch; Dummkopf, Depp‹: *Ein Wunder, dass der gutherzige Dämel überhaupt unverletzt den Weg aus der tiefsten Provinz nach London geschafft hat* (WAZ 15. 12. 2000, Internet)

Damenrennen (gemeindt.): ↗ FRAUENRENNEN

Damenriege CH die; –, -n: ›Abteilung eines Turnvereins [bestehend aus Frauen zwischen ca. 15 und ca. 35 Jahren]‹: *Die Damenriege Köniz hat für die nach acht Jahren zurücktretende Präsidentin Sonja H. keine Nachfolgerin gefunden* (Bund 23. 2. 1999, 25) – Vgl. Frauenriege, -riege

Damenturnverein CH der; -(e)s, -e: ↗ FRAUENTURNVEREIN CH ›Verein von Turnerinnen‹: *Am Kantonalturnfest in Interlaken ... treten der Turnverein und der Damenturnverein Wattenwil gemeinsam an, um eine möglichst gute Rangierung zu erreichen* (Bund 3. 6. 1999, 43)

damisch Adj. (Grenzfall des Standards): **1.** A D-süd; ↗ DEPPERT A D-südost, ↗ NARRISCH A D-südost, ↗ BEHÄMMERT D (ohne südost), ↗ BEKLOPPT D-nord/mittel, ↗ BESCHEUERT D (ohne südost) ›nicht ganz bei Verstand, verrückt; lächerlich‹: *»Und ob ich zu den Hühnern möchte, ihr Holzköpfe, ihr damischen!«, schrie Bartl zurück, was die Männer aber natürlich nicht verstehen konnten* (Mitterer, Superhenne Hanna 39; A). **2.** A D-südost; ↗ STURM CH, ↗ DUSELIG CH D (ohne südost), ↗ SCHWINDELIG D (ohne südost) ›benommen; schwindlig‹: *»Es hat nur einen Klescher gemacht und ich bin gelegen«, war alles, was er vor Gericht ... sagen konnte. Nach der Niederlage sei er dann »damisch« gewesen* (Kleine Ztg 10. 2. 1996, Internet; A)

Dämlack D-nord/mittelost der; -s, -e/-s (abwertend, salopp): ↗ DUMMIAN A D-südost, ↗ DÄMEL D-nordost/mittelwest, ↗ DOOFKOPP D-nord/mittelwest, ↗ DUMMERJAN D-nord/mittel ›dümmlicher, einfältiger Mensch; Dummkopf, Depp‹: *Nicky, der hinkende Dämlack mit dem Rucksackgesicht, hat den Auftrag, die Brüder einzufangen* (Berliner Ztg 22. 2. 2001, Internet)

dämlich CH D (ohne südost) Adj. (abwertend, Grenzfall des Standards): ↗ DEPPERT A D-südost, ↗ DUSSELIG CH D (ohne südost), ↗ BESCHEUERT D (ohne südost), ↗ BLÖDE D-nord/mittel ›dumm, töricht, ungeschickt (von Personen); dumm, blöd, in ärgerlicher Weise unangenehm (von Sachen)‹: *Hitparade der dämlichsten Sportarten* (Blick 24. 2. 1994, 9; CH); *Mein Gott, bist du dämlich* (Karr & Wehner, Geierfrühling 163; D) – In A ursprünglich als fremd empfunden, aber zunehmend gebräuchlich – Dazu: **Dämlichkeit**

dämmern (gemeindt.): ↗ EINDÄMMERN, ↗ EINDUNKELN, ↗ EINNACHTEN

Dampf (gemeindt.): ↗ WRASEN

Dampf: *Dampf aufsetzen CH; ***Dampf hinter etw. machen** D (ohne mittelost) (salopp): ↗ DRUCK: *DRUCK HINTER ETW. MACHEN A D; *DRUCK AUFSETZEN CH D-mittelost ›Maßnahmen ergreifen, die zur schnellen Lösung eines Problems führen sollen; Dampf machen‹: *Liebespaare werden mit Vorliebe vors Kirchentribunal zitiert und ermahnt, nun aber* *entweder beim Heiraten endlich Dampf aufzusetzen oder dann das »Ggläuf« abzubrechen* (Treichler, Abenteuer Schweiz 185; CH); *Niederfischbach macht Dampf hinter seinen Bauangelegenheiten* (Siegener Ztg 16. 6. 1998, Internet; D) – Das Substantiv *Dampf* ist in allen anderen Verwendungen gemeindt.

Dampfabzug CH der; -(e)s, ...züge: ↗Dunstabzug A D, ↗Wrasenabzug D-nord ›elektrische Vorrichtung über dem Herd, die den beim Kochen entstehenden Dampf aufsaugt‹: *Mit einem Apéro wurde die Küche mit Geschirrspüler, Kochherd samt Dampfabzug, Friteuse, Backofen sowie Wärme- und Kühlschränken eingeweiht* (Bieler Tagbl 30. 6. 2001, Internet) – Dazu: **Dampfabzugshaube**

Dampfl A D-südost das; -s, -n: ↗Vorteig CH D (ohne mittelost/südost) ›mit ↗Germ, Wasser und Mehl angesetzte kleine Teigmenge zum Vorgären‹: *Sie bröselte Germ in eine Schale, die sie mit Milch zu einem Dampfl verrührte und warmstellte* (Glantschnig, Mirnock 24; A)

Dampfnudel A D-süd die; –, -n (meist Plur.): ↗Buchtel D-südost ›Speise aus mit ↗Germ hergestellten, in Milch gedünsteten kugelförmigen Teigstücken‹: *Mit neun Jahren konnte ich schon Rohrnudeln, Dampfnudeln, Apfelstrudel, Fleischgerichte und viele andere Dinge kochen* (OÖN 18. 2. 1989, Internet; A); *Die Dampfnudeln 15 – 20 Minuten bei schwacher Hitze ziehen lassen, auf keinen Fall zwischendurch den Deckel öffnen* (Landesbank Saar 3. 9. 1998, Internet; D-süd); ***aufgehen/auseinander gehen wie eine Dampfnudel** D-süd: ↗Germteig: *aufgehen/auseinander gehen wie [ein] Germteig A, ↗Hefekloß: *aufgehen/auseinander gehen wie ein Hefekloß D-nord/mittel ›schnell sehr stark zunehmen (von Menschen)‹: *Mögliche Folgen: Du gehst auf wie eine Dampfnudel, hast keinen Erfolg mehr ... und endest als Witzfigur in einer Entziehungsanstalt* (Stuttgarter Ztg 31. 7. 2001, Internet)

Dampfplauderer A D-südost der; -s, – (Grenzfall des Standards): ›Person, die viel [Nichtssagendes] spricht und verspricht, ohne es zu halten‹: *Momentan scheint der okkulte Dampfplauderer irgendwo zwischen allen Dimensionen zu hängen; unauffindbar – wenigstens für jene, die ihn nun befragen wollen* (Standard 13. 8. 1999, Internet; A) – Dazu: **Dampfplauderei**

daneben (gemeindt.): ↗danebst

danebst CH Adv.: ›daneben‹: *Im Schnee liefern sich die Kinder wilde Schneeballschlachten ... Danebst parlieren die älteren Maiglögglìweg-Bewohner und wärmen sich mit süssem Chlousetee* (Bund 22. 12. 1999, 22) – Wird auf der ersten oder zweiten Silbe betont

Dank: *schönen Dank D ›danke; vielen Dank; dankeschön‹: *»Schönen Dank«, sagt der Moderator nach der Lesung* (TAZ 21. 6. 2001, 16) – Das Substantiv *Dank* ist in allen anderen Verwendungen gemeindt.

danke (gemeindt.): ↗Gott: *vergelt's Gott

dankenswert A D Adj.: ↗verdankenswert CH ›Dank verdienend‹: *Es ist anerkennens- und dankenswert, dass ... Erzbischof DDr. Donato Squicciarini, die Initiative ... ergriffen hat* (Wiener Ztg 27. 3. 2000, Internet; A); *Es ist erfreulich und dankenswert, mit welchem Engagement die Menschen ... sich an den öffentlichen Demonstrationen beteiligen* (FU Berlin 1. 2. 2002, Internet; D) – Dazu: **dankenswerterweise**

dannzumal CH Adv.: ›in jenem [zukünftigen] Augenblick; dereinst‹: *Wenn dann in späteren Jahren die Füsse uns nicht mehr weitertragen wollen, wenn unsere Mittel nicht mehr zu Reisen ausreichen, wenn gar Grenzen geschlossen sein mögen: Erinnerung entschädigt uns dannzumal reichlich* (Gallusser, Italienische Reise 51) – Dazu: ↗**dannzumalig**

dannzumalig CH Adj. (nicht steigerbar): ›in der Zukunft existierend‹: *Wann tritt die Schweiz der EU bei? Couchepin: Ich bin nicht Hellseher. Im Augenblick geht es um die bilateralen Verhandlungen, der Rest hängt von den dannzumaligen Bedingungen ab* (Blick 19. 2. 1998, 6) – Vgl. dannzumal

daran: *daran sein CH ›dabei sein‹: *Nach einer hektischen Suche fanden die Eltern ihre Tochter – sie war gerade daran, die Spielsachen eines kleinen Knaben in den See zu werfen* (Beobachter 6. 2. 1998, 82) – Das Adverb *daran* ist in allen anderen Verwendungen gemeindt.

daruntermischen (gemeindt.): ↗unterheben, ↗unterziehen

Däta A-west (Vbg.) der; -s, -s: siehe Dati

Datenbank die; –, ...bänke/-en: Der Plural lautet in D seltener auch *Datenbänke*, gemeindt. *Datenbanken*: *Ziel der Computerisierung soll es sein ..., dass per Mausklick auf ganz unterschiedliche Datenbänke zugegriffen werden kann* (FR 20. 5. 1997, 4; D)

Dati A der; -s, -s (Grenzfall des Standards, veraltet): ↗Ätti CH ›Vater‹: *Abends gab es vor dem Abschied beim Dati noch eine Dose Sardinen mit Tee* (Mitterer, Lebenslauf 349) – Wird auf der ersten Silbe, mit Kurz- oder Langvokal, betont. Auch in der Schreibung *Tati*, in A-west (Vbg.) in der Form *Däta*

Datscha D-ost die; –, -s/Datschen: siehe Datsche

Datsche D-ost die; –, -n ⟨aus russ. *dača*⟩: ›Ferienhaus; Wochenendgrundstück, auf dem Obst und Gemüse angebaut wird‹: *Vielleicht fahren meine Frau und ich ... wieder nach Fehmarn, wo mein Schwiegersohn eine Datsche hat* (Zeit 21. 8. 2002, Internet) – Auch in der Form *Datscha* (die; –, -s/Datschen)

Dauer: *auf Dauer A ›von Bestand, dauerhaft‹: *Diese Mietpreise, die jetzt angeboten werden, werden auch nicht auf Dauer sein* (Echo 28. 1. 1999, 108) – Die Bedeutung ›auf längere Zeit, längerfristig‹, z. B. eine Arbeitsstelle auf Dauer haben, ist gemeindt. Das Substantiv *Dauer* ist in allen anderen Verwendungen gemeindt.

Dauerlutscher D-nordwest/mittel der; -s, –: ↗SCHLECKER A (ohne west/südost), ↗LUTSCHER A D, ↗SCHLECKSTÄNGEL CH, ↗LOLLI D-nord/mittel ›Süßigkeit [in runder Form] auf einem Stängel zum Lutschen‹: *Der gute Grieche spendierte dem kleinen Marc früher immer Dauerlutscher, wenn die Eltern nach dem Essen ihren Ouzo tranken* (Welt 11. 9. 2000, Internet)

dauern (gemeindt.): ↗GEHEN

Daumen: *Daumen mal Pi; *Pi mal Daumen siehe Pi

Daumenregel D die; –, -n: ›Faustregel‹: *Als Daumenregel in der Branche gilt, dass vom Gewinn ein Drittel der Produzent und zwei Drittel der Verkäufer einstreicht* (Welt 11. 4. 2001, Internet)

DAV D der; -s, ohne Plur.: buchstabierte Abk. für *Deutscher Alpenverein:* ↗OeAV A, ↗SAC CH ›Verein, der die Interessen der Bergsteiger(innen) wahrnimmt und Berghütten für Bergtouren in den Alpen unterhält‹: *Am Sonntag, 7. Oktober, setzt die Sektion Berg- und Skifreunde Hochwald des Deutschen Alpen Vereins (DAV) ihre Wanderung auf dem Saarland-Rundwanderweg fort* (Saarbrücker Ztg 1. 10. 2001, Internet)

DAX D der; –, ohne Plur.: als Wort gesprochene Abk. für ›Deutscher Aktienindex‹: ↗ATX A, ↗SPI CH: *Der DAX, der Deutsche Aktienindex, krachte um acht Prozent nach unten* (Spiegel Jahreschronik, 1997, 300)

dazuschauen A D-südost sw.V./hat (salopp, Grenzfall des Standards): ↗ZUSEHEN D-nord/mittel ›sich bemühen‹ (meist in Verbindung mit *müssen, können*): *Er zerrüttet, lässt sich scheiden, und die Ex kann dazuschauen, wie sie ihre vermögensrechtlichen Ansprüche hinterher durchsetzt* (Profil 19. 1. 1998, 87; A) – Vgl. schauen

DB D die; –, ohne Plur.: buchstabierte Abk. für ›Deutsche ↗Bahn‹: ↗ÖBB A, ↗SBB CH: *Die große Bandbreite des DB-Programms an Deutschland- und Auslandstouren lässt keine Wünsche offen* (Bahntours, Schulfahrten 1998, 2)

Debakel (gemeindt.): ↗KANTERNIEDERLAGE, ↗PACKUNG, ↗SCHRAUFEN, ↗STÄNGELI, ↗TRAGERL

Debreziner A D die; –, –: /eine dünne, mit Paprikapulver gewürzte Wurstsorte, die vor dem Verzehr erhitzt wird/: *Aber das ist nun wirklich eine andere Geschichte. Jene über Gemüse-Snacks führte uns sogar an Orte fleischlicher Genüsse und deftiger Debreziner wie etwa Bahnhofsbüfetts* (Standard 13. 9. 1997, Internet; A); *Auch die Besucher … können die berühmten … Wiener, Debreziner sowie den Leberkäse … zu fairen, leistungsgerechten Preisen erstehen* (Kloster Andechs 21. 8. 2002, Internet; D)

Decharge CH die; –, -n ['deʃarʃə] ⟨frz.⟩: ›Entlastung der für die Rechnungsführung verantwortlichen Instanzen (in Vereinen, Aktiengesellschaften etc.)‹: *So einfach aus der Verantwortung stehlen kann sich O. nicht. Wenn die Mitglieder ihm an der Generalversammlungam 8. Juli keine Decharge erteilen, bleibt O. haftbar* (Blick 30. 6. 1999, 17) – Auch in der Schreibung *Décharge*

Deckel: *eine auf den Deckel geben/bekommen/kriegen A; ***eins auf den Deckel geben/bekommen/kriegen** CH D (Grenzfall des Standards): ↗DACH: *EINE AUFS DACH GEBEN/BEKOMMEN/KRIEGEN A D-mittelost/südwest; *EINS AUFS DACH GEBEN/BEKOMMEN/KRIEGEN CH D, ↗KAPPE: *EINS AUF DIE KAPPE GEBEN/BEKOMMEN/KRIEGEN CH, ↗HUT: *EINS AUF DEN HUT GEBEN/BEKOMMEN/KRIEGEN D-nord, ↗KOPF: *EINS AUF DEN KOPF GEBEN/BEKOMMEN/KRIEGEN D-nordost/südost, ↗MÜTZE: *EINS AUF DIE MÜTZE GEBEN/BEKOMMEN/KRIEGEN D (ohne südwest), ↗ÜBERBRATEN: *JMDM. EINS/EINEN ÜBERBRATEN D (ohne südost) ›eine Zurechtweisung, Niederlage, Abfuhr austeilen bzw. bekommen‹: *Ja, jetzt gewinnen sie – aber dann in Nagano werden sie eine auf den Deckel kriegen* (Neue Kronen Ztg 30. 12. 1997, 42; A); *Wenn die Basis nicht stimmt, muss man sich nicht wundern, wenn man immer wieder eins auf den Deckel bekommt* (Sport online 14. 5. 1996, Internet; CH); *Früher war es in James-Bond-Filmen noch angemessen, wenn die Russen eins auf den Deckel kriegen* (Filmspiegel 30. 5. 2000, Internet; D) – Das Substantiv *Deckel* ist in allen anderen Verwendungen gemeindt.

deckeln A D sw.V./hat (Wirtschaft): ↗PLAFONIEREN CH ›Ausgaben und finanzielle Aufwendungen nach oben begrenzen‹: *Discount-Zertifikate wiederum werden billiger angeboten, deckeln aber den möglichen Ertrag am Ende* (Trend 5/2000, Internet; A); *Finanziert wird dieser wachsende Zeitbedarf nicht, denn das Budget der Altenheime ist gedeckelt* (Punct 3/1997, 3; D) – Dazu: ↗**Deckelung**

Deckelung A D die; –, -en (Wirtschaft): ↗PLAFONIERUNG CH ›obere Begrenzung (vor allem von Geldbeträgen)‹: *Die von den Grünen geforderte Deckelung der Wahlkampfkosten würde das dafür vorgesehene Budget von 15 auf 17,1 Millionen Schilling erhöhen* (Standard 25. 5. 2000, Internet; A); *Im Kampf gegen die Deckelung der Arzthonorare will die Spitze der Kassenärzte den Druck auf die Politik verstärken* (WAZ 7. 8. 2000, Internet; D) – Vgl. deckeln

Décolletage CH die; –, ohne Plur. ['dekˈɔltaːʃ]: ›[Industriezweig für die] Herstellung von Präzisionsmetalldrehteilen‹: *Der Rückgang der Uhrenexporte und der scharfe Wind in der Telecombranche haben der Schweizer Décolletage in den letzten Monaten massive Auftragseinbussen beschert* (TA 7. 12. 2001, 31) – Auch in der Schreibung *Decolletage*

definitiv Adj. ⟨aus lat. *definitivus* ›bestimmt‹⟩: **1.** A ›unkündbar (von einer Anstellung)‹: *Im Ernennungsbescheid sind auch die Fachbezeichnung und die Universität (Hochschule) anzuführen. Das Dienstverhältnis ist definitiv* (Hochschullehrer-Dienstrecht § 171); ***jmdn. definitiv stellen:** ↗PRAGMATISIEREN A, ↗VERBEAMTEN D ›jmdn. als Beamten bzw. Beamtin in ein unkündbares Arbeitsverhältnis aufnehmen‹: *Als Bewerber kommen gemäß § 206 Abs. 2 BDG 1979 nur Bundeslehrer in Betracht, die spätestens zur Zeit der Verleihung der schulfesten Lehrerstelle gemäß § 11 leg. cit. definitiv gestellt sind und die Lehrbefähigung für die betreffende Stelle besitzen.* (Verordnungsblatt LSR Burgenland 15. 4. 2004, Internet). **2.** CH ›endgültig‹: *Nach der Überprüfung Ihrer Legitimation erhalten Sie dann innert 20 Tagen die definitive Lizenz* (Broschüre Microsoft Info Service) – Wird in CH oft auch auf der ersten Silbe, dann mit Langvokal, betont. Zu 2.: In A und D selten – Zu 1.: ↗**Definitivstellung**

Definitivstellung A die; –, -en: ↗PRAGMATISIERUNG A, ↗VERBEAMTUNG D, ↗STAMMROLLE STIR ›unkündbare Anstellung als Beamter bzw. Beamtin‹: *Wer heute über eine Habilitation verfügt, erhalte über kurz oder lang … seine Definitivstellung* (Presse 23. 9. 1997, 29) – Vgl. definitiv

Defizitdeckung CH die; –, -en: ↗DEFIZITGARANTIE CH ›Finanzierungshilfe für einen ↗Anlass oder eine Institution, bei der ein Geldgeber bzw. eine Geldgeberin ein entstandenes Defizit ausgleicht‹: *Seit das neue Eisenbahngesetz des Bundes 1996 im Bahn- und Busverkehr das Konkurrenzsystem einführte und die automatische Defizitdeckung aufhob, geraten Transportunternehmungen im ganzen Land unter zunehmenden Sparzwang* (Bund 10. 1. 2000, 11)

Defizitgarantie CH die; –, -n: ↗DEFIZITDECKUNG CH ›Finanzierungshilfe für einen ↗Anlass oder eine Institution, bei der ein Geldgeber bzw. eine Geldgeberin einen bestimmten Geldbetrag für den Fall einer defizitären Abschlussrechnung garantiert‹: *Eine massive Erhöhung der Bundesbeiträge müsste wiederum dem Parlament unterbreitet werden – egal, ob die über 100 Millionen für eine höhere Defizitgarantie verwendet oder direkt in die Expo-Kasse fliessen würden* (Blick 11. 8. 1999, 2)

Defizitwirtschaft CH die; –, -en (Plur. ungebräuchl.): ›Art der Führung eines Unternehmens oder einer Organisation, die zu [finanziellen] Verlusten führt‹: *Ständige Probleme mit der Technik und mangelnde Transparenz im Geschäftsbereich führten zu einer Defizitwirtschaft auf Kosten der Gemeinden der Agglomeration Biel* (Bund 3. 1. 2001, 17)

Degustation A CH die; –, -en: ↗VERKOSTUNG A, ↗WEINKOST A, ↗WEINPROBE D ›Probieren von landwirtschaftlichen Produkten, insbesondere alkoholischen Getränken wie Wein, meistens im Rahmen einer Veranstaltung in einem Weinkeller o. Ä., bei der verschiedene Weine probiert und kleine Speisen serviert werden‹: *Auch standen Degustationen von österreichischen Rot- und Weißweinen in urigen Kellern sowie die Weingartenpflege mit biologischer Schädlingsbekämpfung auf dem Programm* (OÖN 4. 12. 2000, Internet; A); *Am Freitag morgen stellen … über 50 deutsche Spitzenwinzer ihre 98er Weine in einer freien Degustation vor* (Blick 29. 4. 1999, 24; CH) – In D selten. Vgl. degustieren – Dazu: **Degustationspackung** CH, **Weindegustation**

degustieren CH sw.V./hat ⟨aus lat. *degustare* ›kosten, versuchen‹⟩: ↗GUSTIEREN A, ↗KOSTEN A D, ↗VERKOSTEN A D ›(den Geschmack von Ess- und Trinkbarem) prüfen; (Ess- und Trinkbares) probieren‹: *Bier wird aus schwarzen Bechern degustiert. Denn sähe man die Farbe, würde manches Produkt seine Identität auf den ersten Blick verraten* (TA 14. 6. 1999, 21) – Dazu: ↗**Degustation**

Deka A das/der; -s, –: kurz für ›↗Dekagramm‹: *… ob er bitte hinunter zum Fleischhauer könne, 20 Deka einer nicht zu teuren, aber auch nicht zu billigen Wurst heraufzubringen* (Jonke, Schlafkrieg 64) – Abk. ↗dag. Im Grenzfall des Standards auch Maskulinum, sonst Neutrum. In A wird im täglichen Leben die Gewichtsangabe für Lebensmittel wie ↗Obst, Wurst, Fleisch etc. in *Dekagramm* bzw. *Deka* ausgedrückt und nur im Verkauf in schriftlicher Form zunehmend in *Gramm*. Mündlich wird häufiger das Kurzwort *Deka* gebraucht statt *Dekagramm*

Dekagramm A das/der; -s, ohne Plur.: ›Maßeinheit für 10 Gramm‹: *Nun müssen die Pollhamer für jedes Kilo Brot, jeden Liter Milch oder jeden Dekagramm Aufschnitt in das fünf Kilometer entfernte Grieskirchen fahren* (OÖN 10. 1. 2001, Internet) – Abk. ↗dag. Im Grenzfall des Standards auch Maskulinum, sonst Neutrum. In A wird im täglichen Leben die Gewichtsangabe für Lebensmittel wie ↗Obst, Wurst, Fleisch etc. in *Dekagramm* bzw. ↗*Deka* ausgedrückt und nur im Verkauf in schriftlicher Form zunehmend in *Gramm*.

Deko D-nordost/mittel die; –, -s (Kurzwort, salopp): ›Dekoration, Verzierung, Garnitur (bei Torten)‹: *Die gute Idee – Tischdeko fürs Gartenfest* (FR 29. 5. 1998, 12)

Dekoration (gemeindt.): ↗DEKO

Dekret das; -(e)s, -e ⟨aus lat. *decretum* ›Beschluss, Verordnung‹⟩: **1.** CH (AG, BL, BE, FR, LU, SH, VS) ›spezielle vom Parlament des ↗Kantons erlassene Verordnung‹: *Jedes vom Grossen Rat erlassene Gesetz oder Dekret, das von allgemeiner Tragweite und nicht dringlicher Natur ist, muss dem Volke unterbreitet werden, wenn ein solches Begehren von 6000 Bürgern gestellt wird* (Staatsverfassung des Kantons FR, 2002, Internet). **2.** STIR ›gesetzliche Verordnung des italienischen Staates oder Südtirols; Erlass‹: *Das Unterrichtsministerium hat mit Dekret Nr. 271 die Bestimmungen und Termine für die Dienstaustritte des Lehrpersonals ab Ende des Schuljahres 2000/2001 erlassen* (Dolomiten 21. 12. 2000, 12) – Zu 2.: Italienische Gesetze werden als *Dekret des Präsidenten der Republik (DPR), Südtiroler Landesgesetze als Dekret des Landeshauptmanns bezeichnet. Die Bedeutungen ›von einer Behörde oder einem Gericht erlassene Verfügung‹ und ›Urkunde‹ sind gemeindt.* – Zu 2.: **Durchführungsdekret, Gesetzesdekret, Legislativdekret, Ministerialdekret, Proporzdekret** (↗Proporz)

delogieren A sw.V./hat [delo'ʒiːrən] ⟨aus frz. *déloger* ›ausquartieren‹⟩: ›jmdn. durch die Behörde zum Ausziehen (aus einer Wohnung) zwingen; zwangsräumen‹: *Nachdem die Kinder dem Vater zugesprochen worden waren, ließ sie alle drei aus ihrem Haus delogieren* (Ganze Woche 5. 11. 1997, 41) – Dazu: **Delogierung**

Delta siehe Deltasegler

Deltasegler CH der; -s, –: **1.** ↗DRACHENFLIEGER A D ›deltaförmiges Fluggerät; Hängegleiter‹: *Wenn Deltasegler, Sportflugzeuge und Helikopter … in geringem Abstand den Kreten und Hängen entlang oder darüber hinweg flogen, flüchteten die Gämsen und verzogen sich ebenfalls in den Wald* (Unipress Uni Bern 6/1999, Internet). **2. Deltasegler Deltaseglerin** der; -s, – bzw. die; –, -nen: ↗DRACHENFLIEGER A D ›Person, die ein deltaförmiges Fluggerät fliegt‹: *Die meisten Deltasegler gehören einem Club an, der seinen eigenen Hausberg inklusive Startrampe hat* (Gemeindeschule Escholzmatt, 2000, Internet) – Zu 1.: Auch in der Kurzform *Delta*

DEM D die (früher): nur geschriebene, unverkürzt gesprochene Abk. für ›deutsche Mark‹: ↗ATS A, ↗öS A, ↗S A, ↗CHF CH, ↗sFR CH, ↗DM D /Währungsbezeichnung nach dem ISO-Währungscode/: *Video: Meilensteine der Eisenbahngeschichte 39,90 DEM* (Deutsche Bahn, 2000, Internet)

demissionieren CH D (geh.) sw.V./hat: ›aus einem Amt zurücktreten‹: *Nachdem der Schweizer Jurist Michael F. … per Ende Februar demissionierte …, verlässt per Ende März auch seine Nachfolgerin Dagmar B. ihren Job* (Sport 10. 3. 1998, 9; CH); *Zur selben Zeit saß die demissionierte Ministerin Andrea F. in ihrem Büro und aß vegetarische Pizza* (Zeit 18. 1. 2001, Internet; D) – In A selten – Dazu: **Demissionär(in)**

demolieren A sw.V./hat ⟨lat.⟩ (veraltend): ›(ein Gebäude) abtragen‹: *Circa 90.000 m² alter Baubestand muss demoliert werden, weil er sich bereits im Stadium des Verfalls befindet* (Wiener Ztg 17. 4. 2001, Internet) – Die Bedeutung ›etw. mutwillig zerstören‹ ist gemeindt. – Dazu: **Demolierung**

denken: *denkste! D (ohne südost) (salopp): ↗SCHNECK: *SCHNECKEN! A D-südost, ↗PUSTEKUCHEN: *[JA/ABER] PUSTEKUCHEN! D (ohne südost) /spöttische Ablehnung eines Wunsches; Ausdruck der Enttäuschung über etw. Erwartetes, aber nicht Eingetretenes/: *Da hatten alle schon geglaubt, das Meister-Rennen sei entschieden, aber denkste!* (Rheinische Post 10. 4. 2002, Internet) – Das Verb *denken* ist in allen anderen Verwendungen gemeindt.

Dentalhygieniker Dentalhygienikerin CH STIR der; -s, – bzw. die; –, -nen: ›Person, die berufsmäßig in der Gesundheitsvorsorge im Bereich Mundhygiene tätig ist‹: *Die Dentalhygienikerin ist keine Konkurrenz für den Zahnarzt, sondern ein wertvolles Mitglied in einem ganzheitlichen Gesundheitssystem* (K-tip 11. 2. 1998, 8; CH); *Neben den Lehrgängen für Krankenpflege, Ergotherapie … und Physiotherapeuten werden heuer erstmals auch Lehrgänge für Dentalhygieniker … und Kinderkrankenschwestern angeboten* (Katholisches Sonntagsbl 15. 10. 2000, 26; STIR)

Departement CH das; -(e)s, -e [departə'mɛnt] (formell, Politik): **1.** ↗MINISTERIUM A D ›höchster Regierungs- und Verwaltungsbereich (auf Bundesebene), dem ein ↗Bundesrat bzw. eine ↗Bundesrätin als ↗Departementschef(in) vorsteht‹: *Das Bundesamt für Justiz und das Departement für auswärtige Angelegenheiten … dämpften am Dienstag die Hoffnungen auf einen zügigen Abschluss der Opferhilfe-Verfahren* (TA 27. 5. 1998, 16). **2.** ↗AMT: *AMT DER … LANDESREGIERUNG A (ohne Wien), ↗MAGISTRAT A (Wien), ↗DIREKTION CH, ↗MINISTERIUM D, ↗BEHÖRDE D (Hamburg), ↗SENATOR: *DER SENATOR FÜR … D (Bremen), ↗SENATSVERWALTUNG D (Berlin) ›Regierungs- und Verwaltungsbereich, der einem Mitglied der Regierung untersteht (in den ↗Kantonen AG, AI, BS, GR, LU, OW, SG, SH, SO, SZ und TG)‹: *Die für die Basler Herbstmesse zuständigen Spezialisten des Polizei- und Militärdepartementes haben den fröhlichen Herbstrummel gegenüber dem Vorjahr wiederum leicht umgestaltet* (BaZ 25./26. 10. 1997, 31). **3.** (selten) ›Abteilung; Geschäftsbereich‹: *Als kurzsichtig erachtet eine solche Massnahme der Leiter des Departements für Zahnmedizin, der den Abbau nicht hinnehmen will* (BAZ 25./26. 10. 1997, 29) – Zu 1.: Es gibt sieben Departemente: *Eidg. Dep. für auswärtige Angelegenheiten, Eidg. Dep. des Innern, Eidg. Justiz- und Polizeidep., Eidg. Dep. für Verteidigung, Bevölkerungsschutz und Sport, Eidg. Finanzdepartement, Eidg. Volkswirtschaftsepartement, Eidg. Dep. für Umwelt, Verkehr, Energie und Kommunikation.* Die Bedeutung ›Verwaltungsbezirk in Frankreich‹ sowie ›Fachbereich an Universitäten‹ ist gemeindt. und wird in A [depart'mãː], in D [departə'mãː] ausgesprochen. Der Plural lautet auf *-s* – Zu 1.: **Bundesdepartement.** Zu 1. und 2.: **Departementsreform, Departementssekretariat, Departementsverteilung, ↗Departementsvorsteher(in), Departementswechsel, Energiewirtschaftsdepartement, Justizdepartement, Kulturdepartement.** Zu 2.: **Baudepartement, ↗Erziehungsdepartement, Gesundheitsdepartement, ↗Polizeidepartement, ↗Sanitätsdepartement, Sozialdepartement, Umweltdepartement, Umweltschutzdepartement, Volkswirtschaftsdepartement, Zolldepartement**

Departementschef Departementschefin CH der; -(e)s, -s bzw. die; –, -nen [departə'mɛntsʃɛf]: **1.** ↗BUNDESMINISTER A D, ↗MINISTER A D, ↗BUNDESRAT CH, ↗DEPARTEMENTSVORSTEHER CH ›für ein ↗Departement zuständiges Mitglied der Schweizer Regierung‹: *Bleibt zu hoffen, dass Bundesrat Ogi als zuständiger Departementschef für einmal die Empfehlung seiner Sportkommission unberücksichtigt lässt* (Bund 16. 2. 2000, 15). **2.** ↗LANDESRAT A, ↗STADTRAT: *AMTSFÜHRENDE STADTRAT A (Wien), ↗DEPARTEMENTSVORSTEHER CH, ↗REGIERUNGSRAT CH, ↗STAATSRAT CH-west (FR, VS), ↗LANDESMINISTER D, ↗MINISTER D, ↗SENATOR D (Berlin, Bremen, Hamburg), ↗ASSESSOR STIR ›für ein ↗Departement zuständiges Mitglied einer ↗Kantonsregierung‹: *In Leserbriefen und auf Inseraten ruft [B.S.] zur Abwahl der Regierungsrätin auf. Seine Aufforderung begründet er mit der unbefriedigenden Amtsführung der Departementschefin* (TA 19. 2. 2000, 7)

Departementsvorsteher Departementsvorsteherin CH der; -s, – bzw. die; –, -nen [dɛpartə'mɛnts...]: **1.** ↗BUNDESMINISTER A D, ↗MINISTER A D, ↗BUNDESRAT CH, ↗DEPARTEMENTSCHEF CH ›für ein ↗Departement zuständiges Mitglied der Schweizer Regierung‹: *Wir haben heute keine Regierung mehr, sondern sieben überlastete Departementsvorsteher, die als Einzelkämpfer unkoordiniert reagieren, statt koordiniert zu regieren* (Blick 15. 7. 1997, 5). **2.** ↗LANDESRAT A, ↗STADTRAT: *AMTSFÜHRENDE STADTRAT A (Wien), ↗DEPARTEMENTSCHEF CH, ↗REGIERUNGSRAT CH, ↗STAATSRAT CH-west (FR, VS), ↗LANDESMINISTER D, ↗MINISTER D, ↗SENATOR D (Berlin, Bremen, Hamburg), ↗ASSESSOR STIR ›für ein ↗Departement zuständiges Mitglied einer ↗Kantonsregierung‹: *Zu den über drei Dutzend Ausstellern gehört das städtische Hochbaudepartement; es will ... helfen, »Zürich als Wohnstadt zu vermarkten«, wie Departementsvorsteher Elmar L. ... sagte* (TA 9. 6. 1999, 21) – Vgl. Vorsteher

Depot CH das; -s, -s ['depo] ⟨frz. *dépôt,* aus lat. *depositum* ›das Abgelegte, Niedergelegte‹⟩: ›Pfand; Flaschenpfand‹: *Auf den PET-Flaschen erheben wir ein Depot von 1 sFr., dieses bekommst du zurück, wenn du die Flasche abgibst* (Open Air Nunningen, 1998, Internet) – Andere Bedeutungen sind gemeindt. Das Wort wird in diesen gemeindt. Bedeutungen in A und D [de'poː] ausgesprochen – Dazu: **Flaschendepot**

Depp (gemeindt.): ↗DÄMEL, ↗DÄMLACK, ↗DOOFKOPP, ↗DUMMERJAN, ↗DUMMIAN

dẹppert A D-südost Adj. (abwertend, Grenzfall des Standards): **1.** ↗DÄMLICH CH D (ohne südost), ↗DUSSELIG CH D (ohne südost), ↗BESCHEUERT D (ohne südost), ↗BLÖDE D-nord/mittel ›dumm, töricht, ungeschickt (von Personen); blöd, dumm, in ärgerlicher Weise unangenehm (von Sachen)‹: *Man macht es sich zu einfach, wenn man sagt: Die Kinder sind so deppert und fühlen sich so wertlos, dass sie sich durch teure Labels aufwerten müssen* (Profil 30. 3. 1998, 78; A); ***jmdn. deppert sterben lassen** A: ↗JMDN. BLÖD/DUMM STERBEN LASSEN A D (ohne südwest) ›jmdn. in einer falschen Meinung belassen; jmdn. nicht aufklären und dadurch nicht vor Schaden bewahren‹: *Man lässt die Leute einfach deppert sterben* (Brennnessel 43/2001, Internet). **2.** ↗DAMISCH A D-süd, ↗NARRISCH A D-südost, ↗BEHÄMMERT D (ohne südost), ↗BEKLOPPT D-nord/mittel, ↗BESCHEUERT D (ohne südost) ›nicht ganz bei Verstand sein; verrückt sein‹: *Der Beschuldigte bestritt, den Föhn ins Wasser geworfen zu haben. »Ich dachte mir im letzten Moment: Bin ich deppert?«* (OÖN 7. 12. 2001, 26; A) – In A auch in der Form *teppert.* Das Substantiv *Depp* ist gemeindt.

Dessert CH D das/der; -s, -s ['desɛr CH, dɛ'sɛːɐ̯ D, dɛ'sɛːɐ̯ D, dɛ'sɛrt D]: ↗NACHSPEISE A D, ↗NACHTISCH D (ohne südost) ›[aus einer süßen Speise oder aus Obst, Käse o. Ä. bestehender] letzter Gang eines Essens‹: *Die Köchin reichte den Dessert durch die offene Anrichte, und ich tat absichtlich ganz langsam* (d'Henri, Frau 82; CH); *Das Dessert ist der Abschluss und somit der Glanzpunkt des Menüs* (Industrie- und Handelskammer Trier, 1999, Internet; D) – In A selten und gehoben, Aussprache [dɛ'seːɐ̯]. In CH auch Maskulinum, gemeindt. Neutrum – Dazu: **Dessertschale** (↗Schale) D, **Puddingdessert, Sahnedessert** (↗Sahne) D

Detailberatung CH die; –, -en ['detai...]: ›Beratung der Einzelheiten einer ↗Vorlage im Parlament nach der ↗Eintretensdebatte‹: *Das Parlament beschloss, auf die Vorlage einzutreten. Eines wurde aber klar: In der*

Detailberatung wird die Vorlage arg zerzaust werden (Blick 10. 3. 1994, 2)

Detailgeschäft CH das; -(e)s, -e ['detai..., 'detail...]: ↗EINZELHANDELSGESCHÄFT A D, ↗EINZELHÄNDLER A D, ↗DETAILLIST CH ›Geschäft, in dem Waren in kleinen Mengen verkauft werden‹: *Im neuen ... Dorfzentrum waren ... Detailgeschäfte, eine neue Poststelle, ein Restaurant, Wohnungen und Büros geplant* (Bund 8. 6. 1998, 23) – Vgl. Detailhandel, Detailverkauf

Detailhandel CH der; -s, ohne Plur ['detai..., 'detail...]: ↗EINZELHANDEL A D ›Wiederverkauf von Waren in kleinen Mengen‹: *Im Detailhandel hat sich die Selbstbedienung sehr weitgehend durchgesetzt* (Zürcher Bürgerbuch 67) – In A und D veraltet, Aussprache [de'tail...]. Vgl. Detailgeschäft, Detaillist, Detailverkauf – Dazu: **Detailhandelsangestellte(r), Detailhandelskette, Detailhandelslehre, Detailhandelsunternehmen, Detailhändler(in)**

Detaillist CH der; -en, -en [deta'jɪst, detai'lɪst]: **1.** ↗EINZELHANDELSGESCHÄFT A D, ↗EINZELHÄNDLER A D, ↗DETAILGESCHÄFT CH ›Geschäft, in dem Waren in kleinen Mengen verkauft werden‹: *Hier wird die Ware von Grossisten gekauft, die sie wiederum an die Detaillisten im ganzen Land weiterverkaufen* (Bär, Geographie Europas 90). **2. Detaillist Detaillistin** der; -en, -en bzw. die; –, -nen: ↗EINZELHÄNDLER A D ›Händler(in) im ↗Detailhandel‹: *Bei welcher Bestellart erhält die Detaillistin sofort eine Kommissionskopie (schriftliche Auftragsbestätigung) vom Lieferanten?* (Betriebskunde Verkaufspersonal 2000, Internet) – Vgl. Detailhandel, Detailverkauf

Detailverkauf A CH der; -(e)s, ohne Plur. [de'tail... A, 'detai... CH, 'detail... CH]: ›direkter Verkauf an die Endverbraucher(innen); Einzelverkauf‹: *Mit Büchern und Papierwaren will der Landesverlag im Detailverkauf heuer rund 380 Millionen umsetzen* (OÖN 1. 7. 1992, 7; A); *Durch ... die Büffelkäsli, die K. aus der Milch der ... Wasserbüffel herstellt, ist der Detailverkauf in seinem Laden spürbar gestiegen* (Bund 11. 12. 1998, 39; CH) – Vgl. Detailgeschäft, Detailhandel, Detaillist

Detlef Detlev D ⟨aus. ahd. *diot* ›Volk‹ und *-leib* ›Leben, Sohn, Hinterlassenschaft‹⟩: männl. Vorname: *Also nahm Fotograf Detlef O. das Objekt vor Ort ins Visier* (Allegra 11/1997, 3)

detto A Adv. ⟨aus ital. *detto* ›besagt, genannt‹, Part. zu *dire* ›sagen‹⟩: ↗DITO CH D (ohne südwest) ›ebenfalls, ebenso‹: *Massensteuern (wie die Stromabgabe) treffen die Einkommensschwachen am stärksten, detto die Gebührenerhöhungen* (Standard 21. 3. 2000, Internet)

deutschlandweit D Adj.: ↗ÖSTERREICHWEIT A, ↗BUNDESWEIT A D, ↗SCHWEIZWEIT CH ›in ganz Deutschland‹: *Die Rede ist nicht von Tamagotchis, ... die deutschlandweit Lehrer ... zum Wahnsinn treiben* (Freundin 19/1997, 104)

Deutschschweiz CH die; –, ohne Plur.: ›deutschsprachige Schweiz‹: *12 Lokalradios in der Deutschschweiz und im Tessin riefen zum nationalen Spendentag auf* (Blick 27. 9. 1999, 5) – Dazu: ↗**Deutschschweizer(in), deutschschweizerisch**

Deutschschweizer CH: **1. Deutschschweizer Deutschschweizerin** der; -s, – bzw. die; –, -nen: ›Schweizer(in) mit Deutsch als Muttersprache‹: *Wenn der Nati-Trainer entweder Deutschschweizer oder Welscher ist, kann die Röstigraben-Polemik die Atmosphäre im Nationalteam vergiften* (Blick 10. 9. 1999, 18). **2.** Adj. (nicht steigerbar): ›die ↗Deutschschweiz betreffend‹: *Die Präsidentin der Kulturstiftung Pro Helvetia vermisst im Bericht zur schweizerischen Kulturpolitik die Westschweizer Stimmen ... »Was als Schweizer Kultur angeboten wird, scheint mir vornehmlich Deutschschweizer Kultur zu sein«* (TA 29. 6. 1999, 57)

Dez D der; -es, -e (salopp): ↗PLUTZER A (ohne west), ↗GRIND CH ›Kopf‹: *Daher legt sie sich gar nicht erst an mit ... einem ideenreichen Autovermieter, der ... der Merkel eine computeranimierte Sturmfrisur auf den Dez gesetzt hat* (Spiegel 8. 5. 2001, Internet)

Dezernat A D das; -(e)s, -e: ↗REFERAT A D, ↗AGENTUR STIR ›für einen bestimmten Bereich eingerichtete Dienststelle oder Abteilung einer Behörde‹: *Das Dezernat Sofortmaßnahmen innerhalb der Magistratsdirektion Krisenmanagement und Sofortmaßnahmen unterstützt Bürgerinnen und Bürger rasch und unbürokratisch* (Stadt Wien, 2003, Internet; A); *Das Dezernat 13 nimmt zentral für das Land NRW die Verdachtsanzeigen ... nach dem Geldwäschegesetz entgegen* (Landeskriminalamt NRW 17. 1. 2003, Internet; D) – Vgl. Dezernent

Dezernent Dezernentin D der; -en, -en bzw. die; –, -nen: ↗REFERATSLEITER A D ›Sachbearbeiter(in) mit Entscheidungsbefugnis bei einer Behörde; Ressortleiter(in)‹: *Wenn ... ein Regierungspräsident künftig als Dezernent eingesetzt wird, dann sinkt die Motivation* (Welt 15. 10. 1996, Internet) – Vgl. Dezernat – Dazu: **Kulturdezernent(in), Umweltdezernent(in)**

DFB D der; –, ohne Plur.: buchstabierte Abk. für ›Deutscher Fußball-Bund‹: ↗ÖFB A, ↗SFV CH: *Glücklich kann sich schätzen, wer seine Tickets beim Deutschen Fußball-Bund (DFB) ergattert* (Zeit 26. 12. 1997, 55)

Diapositiv (gemeindt.): ↗LICHTBILD

Diätassistent Diätassistentin A D der; -en, -en bzw. die; –, -nen: ↗DIÄTIST STIR ›medizinisch ausgebildete Person, die Diätpläne für Patienten mit Übergewicht, Diabetes u. Ä. ausarbeitet‹: *Am besten bitten*

Sie Ihre Diätassistentin, Ihnen bei der Ausarbeitung eines Speiseplans zu helfen, der genau auf Ihren Lebensstil und Ihren Geschmack zugeschnitten ist (Diabetes-info.at, 2002, Internet; A); *Die Ausbildung erfolgt nach dem Gesetz über den Beruf der Diätassistentin und des Diätassistenten* (Universität Ulm 5. 2. 2003, Internet; D)

Diäten A die; nur Plur. ⟨aus frz. *diète* ›tagende Versammlung‹⟩ (Wirtschaft): ›zusätzlich zum Lohn gewährte Geldzuwendungen des Arbeitgebers bzw. der Arbeitgeberin als Entschädigung für einen finanziellen Mehraufwand, z. B. durch berufliche Reisen‹: *Wir bieten ein leistungsgerechtes Gehalt, Diäten, einen Firmen-Pkw mit privater Nutzung und die Vorteile eines internationalen Konzerns* (SN 8. 11. 1997, 62) – In D nur in Bezug auf Abgeordnete und Hochschullehrer verwendet. Vgl. Taggeld – Dazu: **Diätenregelung, Tagesdiäten**

Diätist Diätistin STIR der; -en, -en bzw. die; –, -nen: ↗ DIÄTASSISTENT A D ›medizinisch ausgebildete Person, die Diätpläne für Patienten mit Übergewicht, Diabetes u. Ä. ausarbeitet‹: *Weitere Referenten sind ein Gastroenterologe, zwei Neuropsychiaterinnen, ein Diätist und ein Lebensmitteltechnologe* (Dolomiten 8. 3. 2002, 10)

dicke Adv. (Grenzfall des Standards): **1.** D (ohne südost) ›allemal‹: *Deshalb ein Vorschlag: Das Studentendorf abreißen und dort – der Platz reicht dicke – ein neues Stadion bauen* (Welt 11. 9. 2002, Internet). **2. *jmdn./etw. dicke haben** siehe haben. **3. *sich dicke tun** D-nord/mittel ›angeben, prahlen‹: *Wer bläst sich auf und tut sich dicke, dass er bald platzt in tausend Stücke?* (Schnurre, Schnurren 58). **4. *dicke kommen** D-nord/mittel ›schlimm, unangenehm werden‹: *Am vergangenen Mittwoch, als es in der Landeshauptstadt Potsdam für die Ressortchefin richtig dicke kam, war sie mal wieder auf dem Lande* (Spiegel 1. 12. 1997, 31)

Dickmilch D-nord/mittel die; –, ohne Plur.: ↗ SAUERMILCH A CH D-mittelost, ↗ MILCH: *SAURE MILCH A CH D-mittelost; *GESTOCKTE MILCH A-west (Tir.) D-südost; *DICKE MILCH D-nord; *GESTANDENE MILCH D-südwest; *GESTÖCKELTE MILCH D-südost, ↗ SETZMILCH D-nord ›durch Milchsäuregärung geronnene, dickflüssige Milch‹: *Mayonnaise und Dickmilch miteinander verrühren, Ketchup und Sherryessig dazugeben* (Studentenwerk Oldenburg 5. 6. 2002, Internet)

Dickschädel (gemeindt.): ↗ STURSCHÄDEL

Diele die; –, -n: **1.** D; ↗ VORRAUM A, ↗ VORZIMMER A (ohne west), ↗ VORHAUS A-mitte/südost D-südost, ↗ ENTRÉE CH, ↗ VORPLATZ CH, ↗ VORSAAL D-mittelost ›Raum [mit Garderobe] im Eingangsbereich innerhalb einer Wohnung oder eines Einfamilienhauses, von dem aus die anderen Räume erreicht werden können‹: *Dabei behielt sie die Tür zur Diele hin im Auge* (Arens, Nächste Mann 17). **2.** A D ›[Fuß]bodenbrett‹: *Diese Richtmaschine hatte die Gestalt eines Weibes, deren Brust und geöffnete Arme mit Dolchen bewaffnet waren. Bei Berührung einer Diele des Fußbodens zog sie die Arme an sich, wodurch der dem Tod Geweihte, von ihr umschlungen, sterben musste* (Kleine Ztg 6. 7. 1997, Internet; A); *Eine Diele knackte. Ich fuhr zusammen. Angst fuhr mir ins Genick* (Martin, Blut 24; D) – Zu 1.: In A selten – Zu 1.: **Dielenschrank** (↗ Schrank)

-diener A der; -s, – (produktives Grundwort in Zus., formell): ›Person, die eine Dienstpflicht ableistet‹, z. B. ↗ Grundwehrdiener(in), ↗ Präsenzdiener(in), Wehrdiener(in), ↗ Zivildiener: *Immerhin kann das Bundesheer garantieren, dass es zu keinen Wartezeiten kommt – da es ohnehin zu wenig Grundwehrdiener gibt, muss jeder Wehrpflichtige innerhalb weniger Monate nach der Stellung eingezogen werden* (Standard 20. 4. 2000, Internet); *Ungerecht ist nach Meinung von Jugend-Landesrat W. A. (VP) der derzeitige Verdienstunterschied zwischen Zivil- und Präsenzdienern in der Höhe von 818 Schilling* (OÖN 25. 10. 2000, 20) – Die anderen Zus. mit *-diener* sind gemeindt., aber veraltet oder nur noch scherzhaft gebraucht, z. B. *Staatsdiener*, diese sind aber nicht von *Dienstleistender*, sondern von *Diener* abgeleitet

Dienstaufsichtsbeschwerde A D die; –, -n: ↗ AUFSICHTSBESCHWERDE A CH ›Beschwerde an eine vorgesetzte Behörde über die Amtstätigkeit ihrer Organe‹: *Angehörige des Verstorbenen erheben nun massive Vorwürfe gegen die Exekutivbeamten und überlegen eine Dienstaufsichtsbeschwerde* (OÖN 25. 4. 2002, 1; A); *Der Schulleiter erhob Dienstaufsichtsbeschwerde, auch der Oberschulrat teilte der Pädagogin mit, dass ihr Vorgehen gegen geltendes Schulrecht verstoße* (TAZ 21. 11. 2001, Internet; D)

Dienstbüchlein CH das; -s, –: ↗ WEHRDIENSTBUCH A, ↗ WEHRDIENSTKARTE A, ↗ WEHRPASS D ›persönliches Dokument aller Angehörigen der ↗ Armee, in dem Einteilung, abgegebene Ausrüstungsgegenstände, geleistete Diensttage u. Ä. vermerkt werden‹: *Im Dienstbüchlein meines Vaters steht: Bewaffnungs- und Ausrüstungsgegenstände dürfen weder veräussert, verpfändet noch ausgeliehen werden* (Steiner, Sinai 132)

Diensteinheit STIR die; –, -en: ›Abteilung in einer Behörde‹: *Die dazu nötigen Unterlagen und Informationen sind in der Diensteinheit Soziales im 3. Stock des Brunecker Rathauses erhältlich* (Dolomiten 9. 5. 2001, 30)

Dienstgebäude D das; -s, –: ↗ AMTSGEBÄUDE A D ›Gebäude, in dem Ämter oder Dienststellen untergebracht sind; Amtshaus‹: *Für das Bundesarbeitsgericht wird in Erfurt ein neues Dienstgebäude errichtet* (Welt 23. 8. 1995, Internet) – Vgl. Dienstzimmer

Dienstgeber Dienstgeberin A der; -s, – bzw. die; –, -nen (formell): ›Arbeitgeber(in)‹: *Der Dienstgeber muss für den Angestellten sechs Wochen lang das Gehalt weiterzahlen, dann überweist die Krankenkasse Geld* (Solidarität 3/1998, 6) – In D selten. Vgl. Dienstnehmer – Dazu: **Dienstgeberbeitrag**

Dienstleistende CH D der/die; -n, -n: ↗DIENSTPFLICHTIGE CH D ›Person, die (in der ↗Armee) einen Dienst ableistet‹: *Die Armee-Reform wird mit einer umfassenden Information der Dienstleistenden eingeleitet* (Blick 2. 11. 1993, 6; CH); *Im Zivildienst weist die Statistik rund 133.000 Dienstleistende aus* (Welt 11. 4. 1998, Internet; D) – In A selten – Dazu: **Wehrdienstleistende** (↗Wehrdienst) D

Dienstnehmer Dienstnehmerin A der; -s, – bzw. die; –, -nen (formell): ↗ARBEITNEHMENDE CH ›Arbeitnehmer(in)‹: *Vielmehr mangelt es ihm an Phantasie und dem Blick dafür, was für den österreichischen Dienstnehmer mittel- bis langfristig das Bessere ist* (VN 29. 10. 1997, C 8) – Vgl. Dienstgeber

dienstpflichtig CH Adj. (nicht steigerbar): ›zum Dienst verpflichtet (bes. beim Militär)‹: *Der Militärschiessverein Höri gibt den in der Gemeinde wohnenden dienstpflichtigen Schweizerbürgern Gelegenheit die vom Staate geforderte Schiesspflicht zu erfüllen* (Neues Bülacher Tagbl 23. 9. 1998, Internet) – In A und D selten – Dazu: ↗**Dienstpflichtige** CH D

Dienstpflichtige CH D der/die; -n, -n: ↗DIENSTLEISTENDE CH D ›Person, die [zum Gemeinwohl] einen Dienst leisten muss (bes. in der ↗Armee)‹: *Nach der Rekrutenschule wird indessen ein Teil der Dienstpflichtigen dem Bevölkerungsschutz zugeteilt, wo sie mit jenen zusammenarbeiten, die zuvor schon aus gesundheitlichen Gründen gar nicht zur RS zugelassen wurden* (TA 11. 6. 1999, 9; CH); *Der ... Arbeitgeber des Dienstpflichtigen ist verpflichtet, dem Bundesamt den Wegfall der Voraussetzungen für die Unabkömmlichstellung anzuzeigen* (Zivildienstgesetz, 1996, Internet; D) – Vgl. dienstpflichtig – Dazu: **Zivildienstpflichtige**

Dienststellenausschuss A der; -es, ...ausschüsse (Verwaltung): ›Organ zur Ausführung des gesetzlichen Auftrages, die Interessen der Angestellten im öffentlichen Dienst zu wahren‹: *Je nach Größe der Schulen werden dabei auch mehrere Landesmusikschulen zu gemeinsamen Dienststellenausschüssen zusammengefasst* (Land Oberösterreich, 2000, Internet) – In CH und D berufsgruppenspezifisch

Dienststunden A D-südost die; nur Plur.: ↗AMTSSTUNDEN A D ›Öffnungszeiten einer Behörde‹: *In die Wählerverzeichnisse kann von 20. – 28. November 1995 in der Kanzlei der Universitätsdirektion während der Dienststunden, d.i. 8.00 – 11.00 Uhr und 13.00 – 16.00 Uhr, Einsicht genommen werden* (Mitteilungsbl Universität Wien 11. 10. 1995, Internet; A); *Der Änderungsplan einschließlich Text und Begründung kann bei der Stadt Espelkamp ... während der Dienststunden von jedermann eingesehen werden* (Stadt Espelkamp 13. 3. 2002, Internet; D) – Die Bedeutung ›Arbeitsstunde‹ ist gemeindt.

Dienstvertrag A D der; -(e)s, ...träge: ↗DIENSTZETTEL A ›Arbeitsvertrag‹: *Die Bewerber werden ausdrücklich darauf aufmerksam gemacht, dass im Falle der Aufnahme in den Dienstverträgen als Dienstort der Verwaltungsbereich des Landes Salzburg festgesetzt wird* (SN 8. 11. 1997, 31; A); *Die Vorschriften über den Dienstvertrag im Bürgerlichen Gesetzbuch stellen nach wie vor die wesentlichen Grundlagen für das Arbeitsvertragsrecht dar* (De Gruyter-Verlag, 2002, Internet; D); ***freie Dienstvertrag** A ›Arbeitsvertrag, mit dem Arbeitnehmer(innen) bei freier Gestaltung der Arbeitszeit und des Arbeitsortes auf Zeit beschäftigt werden‹: *Mit 1. 1. 1998 hat der »freie Dienstvertrag« erstmals Eingang in die Gesetzgebung gefunden* (AK aktuell 2/1998, 16) – Abk. DV

Dienstverweigerer CH der; -s, –: ↗WEHRDIENSTVERWEIGERER A D ›Person, die sich weigert, Militärdienst zu leisten‹: *Wenn unsere Armee nicht mehr in der Lage ist unsere Unabhängigkeit zu gewährleisten, verhält sich dann nicht einzig der Dienstverwegerer verantwortungsvoll, der nach neuen Lösungen sucht?* (Pestalozzi, Zukunft 172)

Dienstzettel A der; -s, –: ↗DIENSTVERTRAG A D ›schriftliche Aufzeichnung, die der Arbeitnehmer oder die Arbeitnehmerin nach Arbeitsantritt über die sich aus dem mündlich abgeschlossenen Arbeitsvertrag ergebenden Rechte und Pflichten erhält‹: *Ihr Arbeitgeber ... muss am Beginn des Arbeitsverhältnisses einen Dienstzettel ausstellen, aus dem Ihr Kollektivvertrag ... und Ihre Einstufung hervorgehen* (Solidarität 3/1998, 22)

Dienstzimmer A D das; -s, –: ↗AMTSRAUM A D, ↗AMTSZIMMER D ›Büro [von Beamten]‹: *Die Betreuerinnen können vom Dienstzimmer aus mit jedem Bewohner in Sprechkontakt treten* (OÖN 14. 2. 2002, Internet; A); *Der Vorsitzende der Park- und Werbegemeinschaft, Andreas R., war zum OB ins Dienstzimmer gekommen* (Oberpfalznetz 12. 6. 2002, Internet; D) – Vgl. Dienstgebäude

Diesel das; -s, –: **1.** D-mittel; ↗SPEZI A D (ohne mittelost), ↗KAFFEE: *KALTE KAFFEE D-nordwest/mittelwest ›Getränk aus Cola und ↗Orangenlimonade‹: *Wie schon berichtet trinke ich gerne mal einen »kalten Kaffee«, andere nennen es Diesel usw., also ein Ge-*

misch wie Cola mit Fanta (Dooyoo Testberichte 10. 3. 2003, Internet). **2.** D-nordost/mittel ›Getränk aus Cola und hellem Bier‹: *Zudem gibt es vermehrt Alsterwasser (Radler) und Diesel (Pils mit Cola) aus der Flasche, was gerade nach der Leibesertüchtigung gerne getrunken wird* (Subway Magazin 11/1997, Internet) – Andere Bedeutungen sind gemeindt.

diesig A D Adj.: ›dunstig (vom Wetter)‹: *Vielleicht noch das Wetter: diesig, sehr warm, keinerlei Schauerneigung; und lassen wir es Spätsommer sein* (Payr, Drücken des Schuhs 10; A); *Anfang März, wo kalter Schneeregen fiel, die Luft diesig grau und die Bäume kahl waren* (Romanwoche 3/2000, 37; D)

diesjährig (gemeindt.): ↗HEURIG

Dill A-west CH D der; -s, -e (Plur. ungebräuchl.): ↗DILLE A, ↗DILLKRAUT A ›zu den Doldengewächsen gehörendes aromatisches Kraut mit feinen, gefiederten Blättern, das als Gewürz dient‹: *»Ihr Heuchler«, sagt er, »ihr gebt den Zehnten von Minze, Dill und Kümmel, lasst aber das Wichtigste im Gesetz ausser Acht: Gerechtigkeit, Barmherzigkeit und Treue»* (Südostschweiz 24. 2. 2001, Internet; CH); *Die Fischsuppe mit trockenem Weißwein abschmecken und mit gehacktem Dill servieren* (Dr. Oetker, Schulkochbuch 30; D)

Dille A die; –, -n (Plur. ungebräuchl.): ↗DILLKRAUT A, ↗DILL A-west CH D ›zu den Doldengewächsen gehörendes aromatisches Kraut mit feinen, gefiederten Blättern, das als Gewürz dient‹: *Die Dille wirkt appetitanregend und verdauungsfördernd* (Maxima 3/1998, 115)

Dillkraut A das; -s, ohne Plur.: ↗DILLE A, ↗DILL A-west CH D ›zu den Doldengewächsen gehörendes aromatisches Kraut mit feinen, gefiederten Blättern, das als Gewürz dient‹: *Den verdünnten Essig kocht man mit Einlegegewürz, Zucker und etwas Dillkraut auf* (OÖN 9. 10. 1999, Internet)

Dipl.-Kfm. D siehe Diplomkaufmann

Diplom CH STIR das; -s, -e ⟨aus lat. *diploma* ›Urkunde‹⟩: kurz für ↗*Berufsdiplom* CH, ↗*Befähigungsdiplom* STIR : ↗LEHRABSCHLUSSZEUGNIS A CH, ↗GESELLENBRIEF A D, ↗FACHAUSWEIS CH, ↗FÄHIGKEITSAUSWEIS CH, ↗FÄHIGKEITSZEUGNIS CH ›amtliche Bescheinigung über eine abgeschlossene Aus- oder Weiterbildung‹: *Für diese Stelle fordern wir von Ihnen ein Schweizer Primarlehrer/innen-Patent oder ein Diplom als Sekundarlehrer/in phil. I* (WW 36/1997, 71; CH); *Das Diplom berechtigt zum Besuch weiterführender Schulen und ist Voraussetzung für die Aufnahme in bestimmte Stellen des öffentlichen Dienstes* (Schule und Kindergarten in Südtirol 95; STIR) – Die Bedeutung ›Ehrenurkunde‹ sowie die Verwendungen im Bereich Hochschulwesen sind gemeindt. – Dazu: **Abschlussdiplom, Fachdiplom, Grundschuldiplom** (↗Grundschule) STIR , ↗**Maturadiplom** STIR , **Mittelschuldiplom** (↗Mittelschule)

Diplomkauffrau A D die; –, -en: /akademischer Grad und Titel nach Abschluss gewisser wirtschaftswissenschaftlicher Studien; Trägerin dieses Grades und Titels/: *Der Diplomkauffrau gehört die größte private Spedition Österreichs, die Gebrüder Weiss GesmbH* (Trend 5/1995, Internet; A); *Wenn eine Diplomkauffrau ... gesucht wird, dann ist die Schlüsselqualifikation »Teamfähigkeit« im Zweifelsfall wichtiger als subtile Kenntnisse in der Konzernrechnungslegung* (Welt 4. 11. 2002, Internet; D) – In A durch ↗*Magistra der Sozial- und Wirtschaftswissenschaften* ersetzt. Vgl. Diplomkaufmann

Diplomkaufmann A D der; -(e)s, ...männer/...leute: /akademischer Grad und Titel nach Abschluss gewisser wirtschaftswissenschaftlicher Studien; Träger dieses Grades und Titels/: *Mit Hilfe des 55-jährigen Diplomkaufmanns solle die Gruppe rasch eine konzeptstarke und erfolgreiche Trendwende in allen Bereichen erfahren, hieß es gestern in einer Firmenmitteilung* (VN 29. 10. 1997, D 2; A); *Die Steuerberaterkammer Schleswig-Holstein und die Fachhochschule Westküste wollen ... einen Ausbildungsgang starten, der ... einen Abschluss ... als Diplomkaufmann bringt* (Kieler Nachr 26. 2. 2001, Internet; D) – Abk. in A Dkfm., in D Dipl.-Kfm. In A durch ↗*Magister der Sozial- und Wirtschaftswissenschaften* ersetzt. Vgl. Diplomkauffrau

Diplomlandwirt Diplomlandwirtin D der; -(e)s, -e bzw. die; –, -nen: ↗LANDWIRTSCHAFTSINGENIEUR A, ↗AGRARINGENIEUR A D, ↗AGRONOM CH ›akademisch ausgebildete Fachperson für Landwirtschaft‹ /Berufsbezeichnung/: *In den Sommermonaten war der Leiter der Schule, Diplomlandwirt L., als so genannter »Wanderlehrer« tätig* (Rhein-Ztg 11. 7. 2002, Internet) – In A veraltet

Diplomprüfung (gemeindt.): ↗LIZENTIATSEXAMEN, ↗LIZENTIATSPRÜFUNG, ↗MAGISTERPRÜFUNG, ↗STAATSEXAMEN

Dippel A der; -s, – (Grenzfall des Standards): ↗BINKEL A D-südost ›Anschwellung der Haut durch einen Stich, Schlag oder Stoß; kleine Beule‹: *Bumm, war ich dabei an einem Laternenmast gelandet und hatte einen ganz schönen Dippel* (OÖN 11. 5. 1987, 11) – Auch in der Schreibung *Tippel* – Dazu: **Gelsendippel** (↗Gelse)

Direktion die; –, -en ⟨aus lat. *directio* ›das Ausrichten‹⟩: **1.** A D-mittelost; ↗SCHULDIREKTION A CH, ↗REKTORAT CH D, ↗DIREKTORAT D-mittelost/süd ›Leitung einer Schule bzw. Büro der Schulleitung‹: *Als der Unterricht endlich zu Ende war, lief Penny die*

Treppe hinunter zur Aula. Vor der Direktion blieb sie stehen (Brezina, Katze 55; A). **2.** CH; ↗AMT: *AMT DER … LANDESREGIERUNG A (ohne Wien), ↗MAGISTRAT A (Wien), ↗DEPARTEMENT CH, ↗MINISTERIUM D, ↗BEHÖRDE D (Hamburg), ↗SENATOR: *DER SENATOR FÜR … D (Bremen), ↗SENATSVERWALTUNG D (Berlin) ›Regierungs- und Verwaltungsbereich, der einem Mitglied einer ↗Kantonsregierung untersteht (in den ↗Kantonen AR, BE, BL, FR, GL, NW, UR, ZG und ZH)‹: *So verlangt die Zürcher Finanzdirektion von den Nachbarkantonen 58,2 Millionen für Aufwendungen in den Bereichen Verkehr, Berufsbildung, Strafvollzug und Kultur* (TA 3. 12. 1999, 7) – Andere Bedeutungen sind gemeindt. – Zu 1.: ↗**Direktionsauftrag** STIR , ↗**Direktionssitz** STIR , ↗**Direktionsverteilungsplan** STIR , ↗**Pflichtschuldirektion** STIR . Zu 1. und 2.: **Direktionspräsident(in)** CH, **Direktionssekretär(in)** CH, **Direktionsvorsteher(in)** CH. Zu 2.: ↗**Erziehungsdirektion, Finanzdirektion,** ↗**Gesundheitsdirektion, Justizdirektion, Militärdirektion,** ↗**Sanitätsdirektion, Volkswirtschaftsdirektion**

Direktionsauftrag STIR der; -(e)s, …träge: ›zeitweilige Beauftragung einer Person mit dem Amt eines Leiters bzw. einer Leiterin an einer Schule, in einer Behörde oder in einem Medienunternehmen‹: *Die Gesuche um Erteilung eines Direktionsauftrages sind innerhalb Donnerstag, 31. Juli, einzureichen* (Dolomiten 19. 7. 1997, 13) – Vgl. Direktion

Direktionssitz STIR der; -es, -e: ↗PFLICHTSCHULDIREKTION STIR ›Standort der für mehrere ↗Grund- und ↗Mittelschulen zuständigen Schulleitung‹: *Der »Grundschulsprengel Bruneck« mit Direktionssitz in der Brunecker Bachlechnerschule umfasst die Grundschulen der Stadt Bruneck mit Fraktionen* (Dolomiten 11. 9. 2001, 28) – Vgl. Direktion

Direktionsverteilungsplan STIR der; -(e)s, …pläne: ›Plan, nach welchem die Schulleitungen in Südtirol verteilt sind‹: *Durch den neuen Direktionsverteilungsplan hat sich die Schule vergrößert* (Dolomiten 11. 6. 2002, 26) – Vgl. Direktion

Direktmandat A D das; -(e)s, -e: ›Mandat, das ein Kandidat bzw. eine Kandidatin erhält, der bzw. die bei einer politischen Wahl die meisten Stimmen in einem Wahlkreis auf sich vereinigen kann‹: *Einzige Einschränkung ist die Vier-Prozent-Hürde: In den Nationalrat kommt nur, wer österreichweit zumindest vier Prozent der Stimmen oder ein Direktmandat in einem Regionalwahlkreis erreicht hat* (SN 4. 11. 2002, Internet; A); *Sie hat gute Chancen … eine der ersten Grünen zu sein, die ein Direktmandat erringen* (BamS 26. 10. 1997, 47; D) – Vgl. Überhangmandat

Direktor (gemeindt.): ↗REKTOR/REKTORIN

Direktorat D-mittelost/süd das; -s, -e: ↗DIREKTION A, ↗SCHULDIREKTION A CH, ↗REKTORAT CH D ›Leitung einer Schule oder Büro der Schulleitung‹: *Das Direktorat und die Lehrkräfte der Hans-Glas-Schule möchten Eltern sowie Ausbildern Gelegenheit geben, unsere Schule am Tag der offenen Tür näher kennen zu lernen* (Hans-Glas-Schule, Dingolfing, 2002, Internet)

Direktwahl CH die; –, -en (Plur. ungebräuchl.): ↗DURCHWAHL A D ›Einrichtung zur Erreichung des Gesprächspartners bzw. der Gesprächspartnerin ohne Vermittlung durch die Haustelefonzentrale‹: *Bis März wurden mehr als 1500 Anfragen über die Hotline registriert. Mindestens die gleiche Anzahl von Telefonanrufen gab es über die allgemeine Nummer der Kantonalen Verwaltung oder via Direktwahl* (St. Galler Tagbl 10. 4. 1999, Internet) – Die Bedeutung ›direkte Wahl einer Person, die für ein politisches Amt kandidiert‹ ist gemeindt. Vgl. intern – Dazu: **Direktwahltelefon, Direktwahl[telefon]nummer**

dirimieren A sw.V./hat ⟨aus lat. *dirimere* ›auseinander bringen, unterbrechen, schlichten‹⟩ (formell): ›bei Stimmengleichheit entscheiden‹: *Schon vorher wurde taktiert, gereiht, dirimiert und dem Ganzen ein Beruhigungsmittel appliziert, dessen Wirkung am 24. Februar aufhört* (OÖN 10. 2. 1987, 7) – Dazu: **Dirimierung,** ↗**Dirimierungsrecht**

Dirimierungsrecht A das; -(e)s, ohne Plur. (formell): ›Recht eines/einer Vorsitzenden, bei Stimmengleichheit eine Entscheidung zu treffen‹: *Es sei denn, man gestehe dem in zwei Jahren aller Voraussicht nach direkt gewählten Bürgermeister bei sechs Mitgliedern des Stadtsenats das Dirimierungsrecht zu* (OÖN 7. 3. 1995, 15) – Vgl. dirimieren

Dirk D: männl. Vorname: *Dirk karikiert die Anwesenden* (Allegra 11/1997, 202)

Dirndl[1] A (ohne west) das; -s, -n (meist Plur.): ›Baum bzw. Strauch und Frucht der Kornelkirsche‹: *Baumschulen-Obmann Herbert E. will besonders die Naturgehölze Holler, Dirndl, Schlehe, Pfaffenkapperl und Hundsrose hervorheben* (Kurier 19. 9. 1997, 23) – Dazu: **Dirndlbaum, Dirndlhecke, Dirndlschnaps, Dirndlstrauch**

Dirndl[2] A-west (Tir.)/mitte/südost D-südost das; -s, -n (Grenzfall des Standards): ↗MÄDEL A (ohne südost) D, ↗MADL A-west (Tir.)/mitte/ost D-südost, ↗MEITLI CH, ↗MÄDLE D-südwest ›[kleines] Mädchen; junge Frau‹: *Schade ist es um Kerstin R. aus Schalchen, die sich jetzt wieder schwer am Knie verletzt hat – zum dirtten Mal. Dieses Dirndl tut mir echt leid.* (OÖN 5. 12.2003, 17); *Kraft und Schneid braucht der Bursch, wenn er das Dirndl seiner Wahl mit einem Schuhplattler beeindrucken will* (Isargau – Bayerische

Trachtenvereine 17. 4. 2003, Internet; D-südost) – In A-südost häufig in der Form *Dirndle*. Die Bedeutung ›Trachtenkleid‹ ist gemeindt.

Dirndle A-südost das; -s, -n: siehe Dirndl[2]

diskussionslos CH Adj.: ›ohne Debatte, einmütig‹: *Es kann als Zeichen für die Aufrichtigkeit ihrer Worte gewertet werden, dass die Täter die Schadenersatzbegehren der betroffenen Postangestellten diskussionslos anerkannt haben* (TA 21. 10. 1999, 17) – In A und D selten

dislozieren CH sw.V./hat: ↗SIEDELN A, ↗ÜBERSIEDELN A D, ↗ZÜGELN CH ›(den Wohn-, Firmen- oder Behördensitz) wechseln bzw. an eine andere Stelle verlegen; umziehen‹: *Er kann seine Erfindung bis heute nicht serienmässig produzieren und plant, nach Hongkong zu dislozieren* (Bund 24. 8. 1999, 27) – Die Bedeutung ›Militärtruppen verlegen‹ ist gemeindt. – Dazu: **Dislokation**

Dispokredit siehe Dispositionskredit

Dispositionskredit D der; -(e)s, -e: ›Überziehungskredit‹: *Beim Dispositionskredit gibt die Bank eine bestimmte Obergrenze vor – die beträgt in der Regel mindestens ein Monatsgehalt* (Tina 6. 1. 2000, 58) – Auch in der Kurzform *Dispokredit*

Dissertant Dissertantin A der; -en, -en bzw. die; –, -nen ⟨aus lat. *dissertans* ›auseinander setzend‹⟩ (Hochschule): ↗DOKTORAND CH D, ↗PROMOVEND D ›Person, die an einer Disseration schreibt‹: *Um die »krasse Unterrepräsentanz« von Frauen in der Wissenschaft zu verbessern, sind u. a. die Förderung von Dissertantinnen sowie von Wissenschafterinnen nach Unterbrechung ihrer Karriere wegen Mutterschaft geplant* (Wiener Ztg 6. 9. 1999, Internet) – Das Substantiv *Dissertation* ist gemeindt. Vgl. dissertieren

dissertieren A sw.V./hat ⟨aus lat. *dissertare* ›auseinander setzen‹⟩: ↗DOKTORIEREN CH, ↗PROMOVIEREN CH D ›eine Dissertation schreiben‹: *Doris hat außerdem noch das Doktorat gemacht – eine absolute Seltenheit, nur etwa ein Prozent der Absolventen dissertiert* (Profil 28. 4. 2000, Internet) – In CH und D selten. Das Substantiv *Dissertation* ist gemeindt. – Dazu: ↗**Dissertant(in)**

dito CH D (ohne südwest) Adv. ⟨frz. *dito* aus ital. *detto* ›besagt, genannt‹, Part. zu *dire* ›sagen‹⟩: ↗DETTO A ›ebenfalls, ebenso‹: *Die Schülerinnen und Schüler … sind zerstreut, schwatzen drauflos. Die Bitte um Ruhe verhallt, Schimpfen dito* (TA 24. 6. 1997, 57; CH); *Seit der Versenkung der Armada haben die Engländer mit jedem und gegen jeden europäischen Staat gekämpft, dito, in seiner Zeit, der Alte Fritz* (SZ 1. 1. 1998, 6; D)

Divisionär CH der; -s, -e: ↗GENERALMAJOR A D ›Befehlshaber einer militärischen Division‹: *Nicht aus der Armee entlassen wurde Divisionär Eugen Bircher, der als Verehrer von Adolf Hitler eine schweizerische Ärzte-Mission leitete* (Frisch, Schweiz 73) – *Divisionär* wurde in A Anfang 2003 durch die Bezeichnung *Generalmajor* ersetzt

Dkfm. A siehe Diplomkaufmann

DM D die (früher): nur geschriebene, unverkürzt gesprochene Abk. für ›[deutsche] Mark‹: ↗ATS A, ↗öS A, ↗S A, ↗CHF CH, ↗sFR CH, ↗DEM D /Währungsbezeichnung/: *Als BahnCard-Inhaber spart man nochmal in allen Preisstufen DM 5* (Deutsche Bahn, 2000, Internet)

Döbel CH D-nordost/südwest der; -s, –: ↗AITEL A D-südost, ↗ALET CH /ein Karpfenfisch/: *Der zu den gefrässigsten Fischen gehörende Döbel ist … ein geschätzter Sportfisch, obwohl sein Fleisch keine allzu gute Qualität aufweist* (Fischlexikon Fischerweb, 2001, Internet; CH)

doch (gemeindt.): ↗MAL

Dodel A (ohne südost) der; -s, -n (salopp, Grenzfall des Standards): ↗DULLE A-südost (Ktn.), ↗DÖDEL D-mittelost/südwest, ↗DÖSKOPP D-nord/mittelwest, ↗DUSSEL D (ohne südost) ›ungeschickter, dummer Mensch [von ländlicher Herkunft]; Trottel, Idiot‹: *Die Suche nach den Tätern gestaltet sich schwierig, zumal die österreichischen Ermittler im Film allesamt liebenswürdige, aber ziemlich schlampige Dodeln sind* (Kurier 29. 1. 1998, 31) – Vgl. Dolm, Gescherte, Sumper, Surm – Dazu: **dodelsicher**

Dödel D-mittelost/südwest der; -s, -(n) (abwertend, Grenzfall des Standards): ↗DODEL A (ohne südost), ↗DULLE A-südost (Ktn.), ↗DÖSKOPP D-nord/mittelwest, ↗DUSSEL D (ohne südost) ›dummer, langsamer, langweiliger Mensch, der schwer von Begriff ist; Dummkopf‹: *J. A. O. spielt hier die einzige Partie, die im Gedächtnis haften bleibt, einen wundervollen alkoholtrunkenen Dödel* (Welt 11. 6. 1999, Internet)

Döhnkes siehe Dönkes

Doktorand Doktorandin CH D der; -en, -en bzw. die; –, -nen ⟨aus lat. *doctorandus*⟩ (Hochschule): ↗DISSERTANT A, ↗PROMOVEND D ›Person, die an einer Dissertation schreibt‹: *13 Doktoranden und drei Doktorandinnen wurden für ihre vorzügliche Doktorarbeit mit der Medaille der ETH ausgezeichnet* (TA 29. 6. 1996, 15; CH); *Auch später als Student und Doktorand … fühlte er sich für die Angehörigen daheim verantwortlich* (Thüringische Landesztg 16. 4. 2002, Internet; D) – Vgl. doktorieren

Doktorat das; -(e)s, -e: **1.** A CH ›Studienabschluss mit Erlangung des Doktortitels‹: *In den USA hat Markus auch Rudolf kennen gelernt, der 1991 in San Francisco sein Doktorat vorbereitet hat* (Profil 7. 3. 2000, Internet; A); *Das dreijährige Studium schliesst mit einem akademischen Grad ab und eröffnet die Möglichkeit eines Doktorats* (Bund 10. 1. 2000, 12; CH). **2.** CH; ↗DOKTORATSSTUDIUM A, ↗PROMOTIONSSTUDIUM D ›Studium, das zum Erwerb des akademischen Titels eines Doktors oder einer Doktorin führt‹: *Das Doktorat umfasst eine selbständige wissenschaftliche Arbeit unter der Leitung eines Professors* (ETH Zürich, 2002, Internet) – In D selten – Zu 2.: vgl. doktorieren

Doktoratsstudium A das; -s, ...studien: ↗DOKTORAT CH, ↗PROMOTIONSSTUDIUM D ›auf dem ↗Diplomstudium aufbauendes Studium an einer Universität, das zum Erwerb des akademischen Grades eines Doktors bzw. einer Doktorin führt‹: *Fachhochschul-Absolventen erwerben mit der erfolgreich abgelegten Diplomprüfung den akademischen Titel »Dipl. Ing (FH)« und sind berechtigt, ein Doktoratsstudium an einer Universität abzulegen* (AK aktuell 2/1998, 21) – In CH selten

doktorieren CH sw.V./hat: ↗DISSERTIEREN A, ↗PROMOVIEREN CH D ›an einer Dissertation schreiben; den Doktortitel erlangen‹: *Später will Sarah Y. doktorieren und Richterin werden* (Blick 25. 10. 1997, 6) – In D veraltend. Vgl. Doktorand, Doktorat

Dokumentalist Dokumentalistin CH der; -en, -en bzw. die; –, -nen: ↗DOKUMENTAR A D ›Angestellte(r) in einer Dokumentationsabteilung‹: *Als die Konzertkarriere sich wegen zu kleiner Hände als unmöglich erwies, trat Alice R. ins Bureau International du Travail von Genf ein, wo sie von 1925 bis 1959 als Dokumentalistin ihr Brot verdiente* (TA 2. 3. 1998, 55)

Dokumentar Dokumentarin A D der; -s, -e bzw. die; –, -nen: ↗DOKUMENTALIST CH ›Angestellte(r) in einer Dokumentationsabteilung‹: *An diesem Zugang zum Informationsträger scheiden sich die Geister des Bibliothekars und des Dokumentars: Während sich der Bibliothekar noch sehr der Bewahrung des Mediums verpflichtet fühlt ... zählt für den Dokumentar die Aktualität oder der Wert der Information, nicht so sehr der Träger* (Bibliotheken im Wandel der Zeit, 2002, Internet; A); *Noch bis in die sechziger Jahre kam es in den Medienarchiven gar nicht so sehr darauf an, ob dort speziell ausgebildete Archivare oder Dokumentare arbeiteten* (Verein deutscher Archivare 17. 4. 2002, Internet; D)

Dole CH D-südwest die; –, -n: **1.** ↗GULLY A D (ohne südwest), ↗SINKKASTEN D ›Wasserabflussschacht auf der Straße‹: *Da die Dole aber mit einem Brett verstopft war, lief die Flüssigkeit durch die Kühlwasserleitung direkt in den Fluss, dessen Wasser sich weissgrünlich verfärbte* (Chemiekatastrophe 42; CH); **2.** ↗GULLY A, ↗SINKKASTEN D ›Wasserabflussschacht im Haus‹: *In der Mitte des Raums befand sich eine Dole* (Franzetti, Hotel Excelsior 28; CH) – Andere Bedeutungen sind gemeindt. – Zu 1.: **Abwasserdole, Dolendeckel,** ↗**eindolen, Strassendole**

Dolf CH: ↗DOLFI A, ↗ADI A D-südost, ↗DÖLF CH Koseform des männl. Vornamens *Adolf: Wir, die wir dem Dolf Zeder vom letzten Jahre her noch eine derartige Abrechnung schuldig sind!* (Schädelin, Eugen 60)

Dölf CH: ↗DOLFI A, ↗ADI A D-südost, ↗DOLF CH Koseform des männl. Vornamens *Adolf: Doch obwohl Dölf mein Freund war, blieb ich hart und liess ihn schmachten* (Furrer, My Way 136)

Dolfi A: ↗ADI A D-südost, ↗DOLF CH, ↗DÖLF CH Koseform des männl. Vornamens *Adolf: Verena Hrdlicka, die Kellnerin des »Hirschen«, die alleine an einem Tisch saß und Zeitung las, war ehrlich gerührt, als Dolfi sie mein Engel nannte* (Menasse, Schubumkehr 54)

doll D (ohne mittelost/südost) (Grenzfall des Standards): **1.** Adj.; ↗TOLL D ›unglaublich, ungewöhnlich‹: *Das Dollste an der Sache: Die Getretenen sind stolz darauf!* (LVZ 3. 2. 1998, 7). **2.** Adj. ›toll, großartig‹: *Zeit ... bleibt der Karrierefrau immer noch genug und beschert ihr so ganz nebenbei auch noch den Ruf, ne dolle Frau zu sein* (Tagesspiegel 11. 12. 1998, Internet). **3.** Adj.; ↗ARG A CH D-mittelost/süd ›schlimm‹: *Aber gegen Morgen ... bin ich mit ziemlich dollen Kopfschmerzen wach geworden* (Martin, Blut 107). **4.** Adv.; ↗ARG A CH D-mittelost/süd, ↗NARRISCH A D-südost, ↗BANNIG D-nord, ↗IRRE D (ohne südwest) ›sehr, überaus‹: *Ich mag dich ganz doll, dein Mistvieh Debbie* (Spiegel 1. 12. 1997, 131)

Dolm A der; -(e)s, -e (salopp, Grenzfall des Standards): ›dummer, tölpelhafter Mensch; Trottel, Idiot‹: *Ich sprach nicht zu dir, du Dolm* (Futscher, Soledad 55) – Vgl. Dodel, Gescherte, Sumper, Surm

domiziliert CH BELG Adj. (nicht steigerbar): ›wohnhaft‹: *Das Generalsekretariat des Europäischen Musikrates (EMR), domiziliert in Aarau, zieht am 1. Januar 2000 nach Bonn* (Blick 28. 10. 1999, 13; CH); *... versichern wir Ihre Kinder ... soweit der Versicherte in Belgien domiziliert ist und dort regelmäßig wohnhaft ist* (AXA-Financiele bescherming, 2003, Internet; BELG) – Andere Bedeutungen sind gemeindt. Vgl. ansässig, niedergelassen

Donator Donatorin CH der; -s, -en bzw. die; –, -nen: ›Person, die einer Organisation, einem Verein u. Ä. Geld stiftet‹: *Deshalb ... haben wir hier vergleichsweise viele Donatoren, sie schenken nichts, ohne nicht etwas dafür zu erhalten, und sei es bloss das Täfelchen unter dem Bild* (Regenass, Vernissage 50) – Die Bedeutung ›atomares Teilchen, das in einem chemischen Prozess Elektronen abgibt‹ ist fachsprachlich gemeindt.

Donaustadt A die; –, ohne Plur. ⟨nach der Lage Wiens an der *Donau*⟩: ↗KAISERSTADT A, ↗WALZERSTADT A ›Wien‹: *Die Stadtregierung der serbischen Donaustadt schickte auch eine offizielle Einladung in die Donaustadt nach Österreich* (Kleine Ztg 4. 7. 1999, Internet) – Auch für andere, an der Donau gelegene Städte gebräuchlich, allerdings nicht in Österreich. Gleichzeitig Name des 22. ↗Bezirks von Wien

Dönekes siehe Dönkes

Dönkes D-nord/mittelwest die; nur Plur. (Grenzfall des Standards): ›lustige Geschichten; Anekdoten‹: *Neben dem Theaterstück der Heimatbühne Wersen trug Wilhelm T. aus Mettingen plattdeutsche Dönkes vor* (Neue Osnabrücker Ztg 14. 3. 2001, Internet) – Auch in der Schreibung *Döhnkes* und in den Formen *Dönekes, Döntjes*

Donnerkiel D-nord/mittelwest Interj. (salopp): ↗NIEDERLEGEN: *DA LEGST [DU] DICH NIEDER A D-südost, ↗NIEDERSETZEN: *DA SETZT [DU] DICH NIEDER A D-südost, ↗MENSCH: *MENSCH MEIER D, ↗DONNERLITTCHEN D-nord/mittel, ↗FRESSE: *MEINE FRESSE D-nord/mittel, ↗JUNGE: *JUNGE, JUNGE D (ohne südost) /Ausruf des verblüfften Erstaunens/: *Donnerkiel! War das eine Hitze, schon um 10 Uhr morgens!* (Jaduland Internetworld 20. 11. 2001, Internet)

Donnerlittchen D-nord/mittel Interj. (salopp): ↗NIEDERLEGEN: *DA LEGST [DU] DICH NIEDER A D-südost, ↗NIEDERSETZEN: *DA SETZT [DU] DICH NIEDER A D-südost, ↗MENSCH: *MENSCH MEIER D, ↗DONNERKIEL D-nord/mittelwest, ↗FRESSE: *MEINE FRESSE D-nord/mittel, ↗JUNGE: *JUNGE, JUNGE D (ohne südost) /Ausruf des verblüfften Erstaunens/: *Donnerlittchen, was für ein Idiot stürzt so ein Flugzeug da rein?* (TAZ 11. 9. 2002, Internet) – Auch in der Form *Donnerlüttchen*

Donnerlüttchen siehe Donnerlittchen

Donnerstag: *unsinnige Donnerstag A D-südost; ***schmutzige Donnerstag** CH D-südwest: ↗ALTWEIBERFASTNACHT D-mittelwest/südwest, ↗WEIBERFASTNACHT D ›Donnerstag vor Aschermittwoch‹: *Der große Umzug beginnt am Sonntag vor dem unsinnigen Donnerstag um Punkt 12 Uhr* (Echo 28. 1. 1999, 73; A); *Heute ist in den katholischen Gebieten schmutziger Donnerstag, und auch in Basel naht die Fasnacht* (Bund 11. 2. 1999, 40; CH) – Das Substantiv *Donnerstag* ist in allen anderen Verwendungen gemeindt.

Döntjes siehe Dönkes

Doofkopp D-nord/mittelwest der; -(e)s, ...köppe (abwertend, Grenzfall des Standards): ↗DUMMIAN A D-südost, ↗DÄMEL D-nordost/mittelwest, ↗DÄMLACK D-nord/mittelost, ↗DUMMERJAN D-nord/mittel ›dummer, beschränkter Mensch; Dummkopf, Depp‹: *Da ist es angenehm, wenn das Fernsehen zeigt, dass auch der größte Doofkopp Riesengewinne machen kann* (TAZ 23. 11. 2000, Internet)

Dopolavoro STIR das; –, ...ri ⟨ital.⟩ (veraltend): ›Kantine in Staats- und Großbetrieben mit Räumen für Veranstaltungen und Freizeitaktivitäten‹: *»Erinnerst du dich noch?« So in die Vergangenheit gerichtet begannen die Gäste an der Theke des Brunecker »Dopolavoro« gestern Mittag ihre Gespräche* (Dolomiten 18. 3. 2000, 44)

Doppelbürger Doppelbürgerin CH der; -s, – bzw. die; –, -nen: ↗DOPPELSTAATSBÜRGER A D ›Person, die die Staatsbürgerschaft von zwei Staaten besitzt‹: *Der Mann [ist] als intelligenter französisch-deutscher Doppelbürger im Europaparlament auf Ausgleich bedacht* (Bund 13. 11. 1999, 11) – Dazu: **Doppelbürgerrecht**

Doppeleinfamilienhaus CH das; -es, ...häuser: ↗DOPPELHAUS A D ›zwei aneinander gebaute Einfamilienhäuser‹: *Mitten in der Nacht gab es einen Chlapf, dann brannte die zu einem Doppeleinfamilienhaus gehörende Garage lichterloh* (Blick 18. 5. 1999, 2) – Auch in der Schreibung *Doppel-Einfamilienhaus*

doppelgleisig A D Adj. (nicht steigerbar): **1.** ↗DOPPELSPURIG CH ›mit zwei Gleispaaren, je eines für eine der beiden Fahrtrichtungen, versehen; zweigleisig‹: *Recherchen vor Ort ergaben, dass das Gleis zuerst doppelgleisig geführt wird, aber dann einspurig weiterläuft* (Kleine Ztg 28. 8. 1997, Internet; A); *Die Eisenbahnlinie Emden-Münster-Ruhrgebiet ist doppelgleisig* (Stadt Emden 22. 8. 2002, Internet; D). **2.** ↗DOPPELSPURIG CH ›sich bewusst zwei Möglichkeiten offen haltend; unbewusst und daher ineffizient gleichzeitig erledigend; doppelt; zweigleisig‹: *Doch auch jetzt schon weisen die Banken und Sparkassen die Guthaben auf Sparbüchern doppelgleisig, in Schilling und in Euro, aus* (Kleine Ztg 4. 1. 2001, Internet; A); *Es mag ja sein, dass manches in der grenzüberschreitenden Kulturfinanzierung doppelgleisig und wenig effizient gelaufen ist* (Wochenztg Freitag 16. 7. 1999, Internet; D) ***doppelgleisig fahren:** ↗DOPPELSPURIG: *DOPPELSPURIG FAHREN CH ›etw. [zur Sicherheit] zur selben Zeit doppelt erledigen oder von zwei verschiedenen Seiten angehen; zweigleisig fahren‹: *Dass man mit den Radioeinschaltungen und den GVB-Servicemeldungen für Fahrgäste ohnehin doppelgleisig gefahren ist, stört O. nicht* (Kleine Ztg 19. 1. 1999, Internet; A); *In den meisten Fällen jedoch muss man doppelgleisig fahren, d. h. sich selbst um den Studienplatz bemühen und unabhängig davon die entsprechende Förderung beantragen* (Universität Erlangen, 2002, Internet; D) – Zu 2.: ↗**Doppelgleisigkeit**

Doppelgleisigkeit A D die; –, -en (meist Plur.): ↗DOPPELSPURIGKEIT CH ›gleichzeitige Erledigung einer

Sache durch zwei Personen oder Institutionen, entweder aus Sicherheitsgründen oder aus Ineffizienz; Zweigleisigkeit‹: *Es bleibe eine Doppelgleisigkeit zwischen den Sozial- und Gesundheitssprengeln und den Sozialhilfeverbänden* (Kleine Zeitung 15. 11. 1997, 8; A); *Das Schengener System fußt auf der Doppelgleisigkeit von Freizügigkeit und Sicherheit* (Pro Asyl 22. 8. 2002, Internet; D) – Vgl. doppelgleisig

Doppelhaus A D das; -es, ...häuser: ↗Doppeleinfamilienhaus CH ›zwei aneinander gebaute Einfamilienhäuser‹: *Der zweite Teil des Doppelhauses Kapaunplatz 2 ist auch recht interessant. Im 16. Jahrhundert wird es urkundlich erstmals erwähnt als Eigentum von bürgerlichen Handwerkern* (Kleine Ztg 8. 8. 1998, Internet; A); *Neue Einfamilienhäuser als Doppelhaus wurden ... für bis zu 340.000 Euro verkauft* (Kölner Stadt-Anzeiger 19. 8. 2002, Internet; D) – In CH selten

Doppelkopf D der; -(e)s, ohne Plur.: /ein Kartenspiel/: *Im Abitur wartete ich von morgens um acht bis abends um 18 Uhr auf die mündliche Mathematikprüfung, dazwischen Skat, Doppelkopf, Skat* (Welt 29. 11. 1999, Internet) – Dazu: **Doppelkopfturnier**

Doppelkorn D der; -(e)s, ohne Plur.: ↗Edelkorn D-mittelwest ›Kornbranntwein mit mindestens 38 % Alkoholgehalt‹: *Eine 0,7-Liter-Flasche zur Hälfte mit etwas zerkleinerten Wurzelstücken füllen und mit ... Doppelkorn aufgießen* (SWR, 2003, Internet)

Doppellektion CH die; –, -en: ›zwei aufeinander folgende Unterrichtsstunden [im selben Fach]; Doppelstunde‹: *Bei eintägigem Berufsschulunterricht ist heute pro Woche mindestens eine Turnlektion vorgeschrieben, bei anderthalb- oder zweitägigem Unterricht eine Doppellektion* (TA 27. 8. 1997, 15)

Doppelmeter CH der; -s, –: ↗Zollstab A, ↗Meter A CH, ↗Gliedermeter CH, ↗Zollstock D ›zwei Meter langer, zusammenklappbarer Stab mit Masseinteilung; Meterstab‹: *Mit Plan, Doppelmeter, Messband, Schnurgerüst und Schieblehre mache ich mich mit meinem Grüppchen ans Ausmessen* (Pro Natura 5/2001, 2)

doppeln A D-südost sw.V./hat: ›(Schuhe) neu besohlen‹: *Und dann kommt die Tante Jolesch mit den Weisheiten unserer Großeltern, die nur so den Mief von Zimmerküchewohnung und zweimal gewendeten Mänteln und viermal gedoppelten Schuhen verströmen* (Welt der Frau 6/1996, 5; A) – Dazu: ↗**Doppler** A

Doppelpack (gemeindt.): ↗Duopack, ↗Zweierpack

Doppelspur CH die; –, -en: ›Eisenbahnlinie mit zwei Gleispaaren‹: *Für die zweite Doppelspur Zürich-Thalwil haben die SBB mit den Bauarbeiten im Abschnitt Langstrasse bis Portal Lochergut begonnen* (TA 5. 10. 1998, 17) – Dazu: **Doppelspurbetrieb**, ↗**doppelspurig**

doppelspurig CH Adj. (nicht steigerbar): **1.** ↗doppelgleisig A D ›mit zwei Gleispaaren, je eines für eine der beiden Fahrtrichtungen, versehen; zweigleisig, zweispurig‹: *Die RBS-Strecke wird auf dem Bahnhofareal neu doppelspurig* (Bund 22. 12. 1999, 25). **2.** ›mit zwei Fahrbahnen für jede Fahrtrichtung versehen; zweispurig‹: *»Vermutlich dachte sie, die Strasse sei doppelspurig«, mutmassen Augenzeugen* (Blick 5. 8. 1999, 1). **3.** ↗doppelgleisig A D ›sich bewusst zwei Möglichkeiten offen haltend; unbewusst und daher ineffizient gleichzeitig erledigend; doppelt; zweigleisig‹: *Die Gefahr, dass nicht nur doppelspurig, sondern inkohärent und demzufolge kontraproduktiv vorgegangen wird, ist gross* (OSZE Bern, 1996, Internet); ***doppelspurig fahren:** ↗doppelgleisig: *doppelgleisig fahren A D ›etw. [zur Sicherheit] zur selben Zeit doppelt erledigen oder von zwei verschiedenen Seiten angehen; zweigleisig fahren‹: *Eine teilweise Ausgliederung der Werke ... wird von der Werkbehörde abgelehnt. »Damit würden wir im administrativen Bereich doppelspurig fahren* (zuonline 1. 3. 2001, Internet) – Zu 1 vgl. Doppelspur – Dazu: ↗**Doppelspurigkeit**

Doppelspurigkeit CH die; –, -en (meist Plur.): ↗Doppelgleisigkeit A D ›gleichzeitige Erledigung einer Sache durch zwei Personen oder Institutionen, entweder zur Sicherheit oder aus Ineffizienz; Zweigleisigkeit‹: *Überkapazitäten sollen reduziert, Doppelspurigkeiten beseitigt werden* (Blick 15. 1. 1999, 7); *Die Doppelspurigkeit habe sich bewährt. Die Konkurrenzsituation sporne die Schulen zu noch besseren Leistungen an* (Bund 14. 12. 1999, 28) – In Bezug auf ›Bahnlinie mit zwei Gleispaaren‹ und ›Strasse mit zwei Fahrspuren pro Fahrtrichtung‹ selten. Vgl. doppelspurig

Doppelstaatsbürger Doppelstaatsbürgerin A D der; -s, – bzw. die; –, -nen: ↗Doppelbürger CH ›Person, die die Staatsbürgerschaft von zwei Staaten besitzt‹: *Der 56-jährige italienisch-ungarische Doppelstaatsbürger hätte wegen Beihilfe zum Mord noch siebeneinhalb Jahre Haft abzusitzen gehabt, war aber vor der Justiz geflüchtet* (Kleine Ztg 7. 2. 2001, Internet; A); *Etwa 350.000 Kroaten dürfen im Ausland wählen, die meisten von ihnen in Bosnien, wo fast alle autochthonen Kroaten Doppelstaatsbürger sind* (Berliner Ztg 4. 1. 2000, Internet; D)

Doppelstockbett D (ohne nordwest/südost) das; -(e)s, -en: ↗Stockbett A D-südost, ↗Kajütenbett CH, ↗Etagenbett D (ohne ost/südost) ›zwei- oder mehrstöckiges Bett [für Kinder]‹: *Vom Doppelstockbett steigt der zweite Passagier herunter* (Bild 24. 3. 2000, Internet)

Doppelstunde (gemeindt.): ↗Doppellektion

Doppelzimmer (gemeindt.): ↗Zweibettzimmer, ↗Zweierzimmer

Doppler der; -s, –: **1.** A D-südost ›Zweiliterflasche [minderwertigen Weins]‹: *Der Wirt ist dabei vor allem bestrebt, den Doppler möglichst billig einzukaufen, um ihn dann … mit einer ordentlichen Gewinnspanne als Vierterl wieder einzuschenken* (Gusto 11/1997, 87; A). **2.** A (veraltend) ›erneuerte Schuhsohle‹: *Preisbeispiele: Euro: Damen Absätze 7,50, Doppler (Sohle) 12,50, Absätze und Doppler 18,00, Herren Absätze 8,00, Doppler (Sohle) 14,00, Absätze und Doppler 19,80* (Schuhservice Kirchmeyer, Gänserndorf, 2004, Internet) – Zu 2 vgl. doppeln – Zu 1.: **Dopplerflasche.** Zu 2.: **Schuhdoppler**

Dorfkaiser A der; -s, – (salopp, informell): ↗Ortschef A, ↗Ortskaiser A, ↗Dorfkönig CH ›[direkt] gewählte Person, die eine Dorf-, ↗Markt- oder Stadtgemeinde politisch repräsentiert und die Verwaltung leitet‹: *Wahlsonntag: Dorfkaiser treten ab, altgediente Gemeinderäte scheiden aus, Landespolitiker nehmen Abschied* (SN 2. 3. 1999, Internet) – Eine weibliche Form ist nicht gebräuchlich. Vgl. Bürgermeister, -kaiser

Dorfkern CH der; -(e)s, -e: ↗Ortskern A D, ↗Dorfzentrum CH ›zentraler Bereich einer nichtstädtischen Siedlung‹: *Rüti hat eine Umfahrungsstrasse und einen schmucken Dorfkern, aber kein Geld* (TA 28. 6. 1999, 11)

Dorfkönig Dorfkönigin CH der; -s, -e bzw. die; –, -nen (informell): ↗Dorfkaiser A, ↗Ortschef A, ↗Ortskaiser A ›sehr einflussreiche bzw. populäre Person in einem Dorf‹: *Zwar ist längst alles bekannt, was der ehemalige Verwalter der Raiffeisenbank, Kirchmeier und Dorfkönig von Schötz angerichtet hat. Und dennoch bleibt der Mann rätselhaft* (NZZ 30. 11. 1996, 20); *Für das Schlamassel muss jetzt vor allem einer geradestehen: Otto G. L., der unumstrittene Dorfkönig von Leukerbad, Gemeindepräsident und bis vor kurzem Vorsteher aller wichtigen Tourismusgesellschaften* (Blick 126. 11. 1998, 5) – In D selten

Dorfname CH der; -ns, -n: ↗Hausname A, ↗Vulgoname A ›überlieferter Name einer [alteingesessenen] Familie in einem Dorf (im Ggs. zum offiziellen Nachnamen)‹: *Das Gebäude … war das Kirchmeier-Haus. Später bekam es den Dorfnamen des jeweiligen Besitzers, so zuletzt »Schambädischdähuus«* (Heimatmuseum Reinach BL, 2002, Internet) – Die Bedeutung ›Name eines Dorfes‹ ist gemeindt.

Dorfzentrum CH das; -s, …tren: ↗Ortskern A D, ↗Dorfkern CH ›zentraler Bereich einer nichtstädtischen Siedlung‹: *Der Wagen raste mit einem Tempo zwischen 80 und 100 km/h durch das mit 50 km/h begrenzte Dorfzentrum* (Blick 26. 2. 1998, 2)

Dorle D: ↗Dorli A CH, ↗Dörte D-nord Koseform des weibl. Vornamens *Dorothea: Studiogast war Dorle M., Rechtsanwältin, SPD-Bundestagsabgeordnete und Mitglied der Kinderkommission des Deutschen Bundestages* (WDR 14. 5. 1997, Internet)

Dorli A CH: ↗Dorle D, ↗Dörte D-nord Koseform des weibl. Vornamens *Dorothea: Dorli, deine Jeans plaaatzen!* (Medizin populär 5/1997, 49; A); *Als er, tatkräftig unterstützt von seiner Gattin Dorli, die Stelle in der Lampenfabrik aufgegeben hatte – wird das reizvolle Spiel der Gleichzeitigkeit massgeblich erprobt* (Bund 14. 6. 1997, Z5; CH)

Dörrbirne (gemeindt.): ↗Hutzel, ↗Kletze

Dörrfleisch D-mittel (Hessen) das; -(e)s, ohne Plur.: ›durchwachsener ↗Speck‹: *Das in Würfel geschnittene Dörrfleisch knusprig braten und mit den gehackten Zwiebeln unter den Kartoffelsalat mischen* (Kleinmarkthalle Frankfurt 14. 2. 2003, Internet)

Dörrfrucht CH die; –, …früchte (meist Plur.): ↗Dörrobst A D (ohne südost), ↗Backobst D (ohne südost), ↗Trockenfrucht D-nord/mittel, ↗Trockenobst D STIR, ↗Hutzel D-süd ›getrocknete ↗Frucht‹: *Kalbsfilet mit Dörrfrüchten gefüllt, Kartoffel-Mandel-Galetten, Karotten-Kohlrabi-Gratin und zum Schluss – ein französischer Weihnachtskuchen* (NLZ 22. 12. 2000, Internet) – Vgl. Dörrpflaume, Dörrzwetschge

Dörrobst das; -(e)s, ohne Plur.: **1.** A D (ohne südost); ↗Dörrfrucht CH, ↗Backobst D (ohne südost), ↗Trockenfrucht D-nord/mittel, ↗Trockenobst D STIR, ↗Hutzel D-süd ›gedörrtes ↗Obst‹: *Das Obst aus dem alten Baumbestand wird zu Schnäpsen, Likören und Dörrobst verarbeitet* (OÖN 23. 7. 2001, 17; A); *Von den Schädlingen befallene Lebensmittel wie Getreideprodukte, Dörrobst, Nüsse und Schokolade müssen weggeworfen … werden* (Berliner Kurier 6. 9. 1995, Internet; D). **2.** CH ›gedörrtes Kernobst‹: *Es ist der einzige Betrieb im Kanton Luzern, der noch Dörrobst herstellt. … Im eigens hergestellten Ofen werden die Äpfel und Birnen in mehrmaligen Verfahren schonend gedörrt* (Luzerner Seetal, 2001, Internet) – Zu 1.: In CH fachsprachlich. Zu 1 vgl. Dörrpflaume, Dörrzwetschge, Dörrzwetschke

Dörrpflaume CH D-mittelwest/südwest die; –, -n: ↗Dörrzwetschke A, ↗Dörrzwetschge CH D-mittelwest/südwest, ↗Backpflaume D (ohne südost) ›gedörrte ↗Pflaume‹: *Schweinsrollbraten mit Dörrpflaumen: 1 kg Schweinsbrust, 100 g Magerspeckscheiben, 12 Dörrpflaumen ohne Stein …* (NLZ 12. 9. 1999, Internet; CH); *Das Tomatenfleisch schrumpelt ein und das Aroma wird intensiv wie bei einer Dörr-*

pflaume (SWR, 1998, Internet; D) – Vgl. Dörrfrucht, Dörrobst

Dörrzwetschge CH D-mittelwest/südwest die; –, -n: ↗DÖRRZWETSCHKE A, ↗DÖRRPFLAUME CH D-mittelwest/südwest, ↗BACKPFLAUME D (ohne südost) ›gedörrte ↗Zwetschge‹: *Zum richtigen Landsgemeinde-Schmaus gehören gekochte Dörrzwetschgen, Kartoffelstock und die Chalberwurst an einer goldigweissen Buttersauce mit Zwiebeln* (Kanton GL, 2001, Internet; CH) – Vgl. Dörrfrucht, Dörrobst

Dörrzwetschke A die; –, -n: ↗DÖRRPFLAUME CH D-mittelwest/südwest, ↗DÖRRZWETSCHGE CH D-mittelwest/südwest, ↗BACKPFLAUME D (ohne südost) ›gedörrte ↗Zwetschke‹: *Verstopfung … kann man mit Sauerkrautsaft, Joghurt, eingeweichten Dörrzwetschken, Müsli oder leichten Abführmitteln bekämpfen* (Welt der Frau 5/1995, 36) – Vgl. Dörrobst

Dörte Dörthe D-nord: ↗DORLI A CH, ↗DORLE D weibl. Vorname, Kurzform von *Dorothea: Vor einem Jahr wurde für Dörthe W. ein lang gehegter Traum wahr* (Welt 30. 12. 1999, Internet) – In D-mittel zunehmend gebräuchlich

Dörthe siehe Dörte

dorthinaus: *bis dorthinaus, *bis zum Dorthinaus A D (ohne mittelost) (Grenzfall des Standards): ›im höchsten Maß; bis zum Gehtnichtmehr‹: *Fragt einmal nach, und ich sage es euch, die Leute sind angefressen bis dorthinaus* (Regierungsvorlage zur Landesbeamtengesetz-Novelle 1996, Internet; A); *Es bleibt die bittere Erkenntnis, dass der Neue Markt noch immer im Stadium des Kindergartens steckt, ineffizient bis dorthinaus* (Welt 12. 4. 2000, Internet; D)

Dortmund (gemeindt.): ↗STAHLSTADT

Dose (gemeindt.): ↗BÜCHSE

Dosenbier A D das; -(e)s, ohne Plur.: ↗BÜCHSENBIER D (ohne nordwest/südost) ›Bier in der Dose‹: *Ich bestelle ein Döner ohne Sauce, ein Dosenbier und warte* (Eisendle, Wunderwelt 50; A); *Zwei Obdachlose sitzen mit einer Kerze vor einer Bäckerei und trinken Dosenbier* (Offenburger Tagebl 11. 12. 2000, Internet; D) – In CH selten

Dosentomate D die; –, -n (selten): ↗PELATI A CH ›gekochte und geschälte Tomate in oder aus einer Konservendose‹: *Zu den besten Dosentomaten zählen die »Pomodori di San Marzano« aus Kampanien* (Ruhr-Universität Bochum 23. 8. 1998, Internet)

Döskopp D-nord/mittelwest der; -(e)s, …köppe (abwertend, Grenzfall des Standards): ↗DODEL A (ohne südost), ↗DULLE A-südost (Ktn.), ↗DÖDEL D-mittelost/südwest, ↗DUSSEL D (ohne südost), ›dümmlicher, langweiliger, unaufmerksamer Mensch; Dummkopf‹: *Ihr Dösköppe – gute Nacht* (Trott, Pucki 21)

Dossier das; -s, -s ⟨aus frz. *dossier* ›Aktenbündel, Unterlagen‹⟩: **1.** CH ›politisches Geschäft‹: *»Wir haben erkannt, dass wir als reine Kantonalpartei zu wenig Einfluss besitzen auf die wichtigen Dossiers«, sagt DSP-Präsident Christoph Z.* (Blick 29. 9. 1999, 7). **2.** BELG LUX ›Angelegenheit, Fall, Rechtssache‹: *Immer öfter wenden sich Behörden und sonstige beteiligte Parteien an uns, bevor sie eine Entscheidung in einem Dossier treffen* (Rechtsanwälte GSJ 8. 11. 2002, Internet; BELG); *Marc Zanussi trat für eine umfassende Untersuchung im vorliegenden Dossier ein* (Luxemb Wort 21. 9. 1999, 11; LUX) – Die Bedeutung ›Zusammenstellung von Akten, Schriftstücken‹ ist gemeindt. und wird in A und D [dɔsˈi̯eː], in CH [ˈdosi̯e] ausgesprochen

Dotter A D-nordost/süd der; -s, -/D-nord/mittel das; -s, –: ↗EIGELB CH D ›gelber, innerer Teil des Eis‹: *Die Schale repräsentiert die Erde, das Eiklar das Wasser, der Dotter das Feuer und die Luftkammer die Luft* (Lebensmittelkunde.at, 2003, Internet; A); *Im Inneren ist gelber Dotter von der Dotterhaut umhüllt und … im Ei lose fixiert* (TU München 1. 8. 1999, Internet, D-nordost/süd); *Das Eiklar eines frisch aufgeschlagenen Eies ist zäh und umschließt das … Dotter in zwei Schichten* (WDR, 1998, Internet; D-nord/mittel) – In CH dialektal. In A und D-nordost/süd Maskulinum, in D-nord/mittel Neutrum. Im Neutrum in A selten

Doyen Doyenne der; -s, -s bzw. die; –, -s [do̯aˈjɛ̃ː bzw. do̯aˈjɛn] ⟨aus frz. *doyen* ›Ältester, Dekan‹⟩: **1.** A ›ältester Schauspieler bzw. älteste Schauspielerin im [Burg]theater‹: *Ernst wird der Schauspieler, der seit dem Tod Rudolf Strobls der Doyen des Volkstheaters ist, auch manchmal, wenn er sich seine alten Filme ansieht und dabei feststellen muss, dass viele seiner damaligen Kollegen nicht mehr leben* (Bühne 11/1997, 23). **2.** CH ›[Dienst]älteste(r) (in einem Bereich, einer Disziplin)‹: *Im verlorenen French-Open-Final gegen die Doyenne des Tennissports, Steffi Graf, hatte sie das Publikum durch Unbeherrschtheiten gegen sich aufgebracht* (Südostschweiz 5. 8. 1999, Internet) – Die Bedeutung ›dienstältester Diplomat bzw. dienstälteste Diplomatin eines diplomatischen Korps‹ ist gemeindt.

DPA D die; –, ohne Plur.: buchstabierte Abk. für *Deutsche Presse-Agentur:* ↗APA A, ↗SDA CH, ↗PAFL LIE ›deutsche Nachrichtenagentur‹: *Das Copyright für dpa-Nachrichten liegt bei der deutschen Presse-Agentur GmbH, Hamburg* (Dresdner Neueste Nachr 8. 7. 2002, Internet)

Drachen siehe Drachenflieger

Drachenflieger A D der; -s, –: **1.** ↗Deltasegler CH ›deltaförmiges Fluggerät; Hängegleiter‹: *Er war mit seinem Drachenflieger vom Kilimandscharo geflogen* (Neue Kronen Ztg 6. 8. 2000, Internet; A); *Mindestens ein Dutzend Drachenflieger malen ein buntes Bild am Himmel* (Welt 27. 10. 2000, Internet; D). **2. Drachenflieger Drachenfliegerin** der; -s, – bzw. die; –, -nen; ↗Deltasegler CH ›Person, die ein deltaförmiges Fluggerät fliegt‹: *Der Drachenflieger Alfred W. war jener Steyrer Sportler, der im vergangenen Jahr am höchsten hinaus kam* (OÖN 3. 1. 2001, Internet; A); *Die Jahresstatistik 1996 des Rettungshubschraubers »Christoph 17«, der … in 40 Prozent der Fälle alpine Skifahrer geborgen hatte, in … acht Prozent Gleitschirm- oder Drachenflieger* (Welt 17. 10. 1997, Internet; D) – Zu 1.: Häufig in der Kurzform *Drachen*

Drahtzieher (gemeindt.): ↗Strippenzieher/Strippenzieherin

Drainage (gemeindt.): ↗Dränage, ↗Dränung

drall A D Adj.: ›von rundlicher, üppiger Figur (in Bezug auf Frauen)‹: *Du warst jung und drall und Magd im Winter, Sennerin im Sommer und der Bauer wusste von nichts* (Steinwendtner, Rote Lackn 40; A); *Die blonde, unbekümmerte, energiegeladene Schauspielerin, die drall wirkt, obwohl sie schlank ist, … aber … den Männern dennoch ihre Angst vor überlegenen Frauen mildert* (Rhein Ztg 5. 12. 1999, Internet; D) – In CH zunehmend gebräuchlich

Dränage A D die; –, -n [drɛˈnaːʃ A, drɛˈnaːʒə D]: ↗Dränung D ›Entwässerung des Bodens durch Rohre u. Ä.; Drainage‹: *Bei Schotterböden kann Wasser leicht versickern, bei Lehmböden … ist eine Dränage unabdingbar* (OÖN 16. 11. 2002, 1; A); *Als Dränage dient Blähton* (Garten 11/ 1997, 48; D)

Drängelei D die; –, -en (abwertend): **1.** ↗Drängerei A, ↗Zwängerei CH ›Gedränge‹: *Das gab noch einmal den letzten Karten-Verkaufs-Schub. Solche Drängelei an der Kasse des Thalia war jedenfalls selten zu erleben* (Welt 11. 10. 1999, Internet). **2.** ↗Zwängerei CH ›unnachgiebiges Beharren auf einer Forderung; zwanghaftes Durchsetzen eines Ziels‹: *Stoibers »nicht nachvollziehbare Drängelei« widerspreche zudem allen bisherigen Argumenten dieses Repräsentanten des als ausgewiesen föderal denkenden Freistaates Bayern über den Föderalismus in Europa* (Welt 12. 1. 1996, Internet) – Zu 1 vgl. drängeln

drängeln [sich] D sw.V./hat: ›sich ungeduldig durch eine Menschenmenge schieben; [sich] drängen‹: *Bereits um 9 Uhr drängeln sich rund 50 Menschen … durch einen engen, niedrigen Gang in den stillgelegten Schieferstollen* (Spiegel 1. 12. 1997, 80); *Als sich der Autohersteller BMW an der Ruhr niederlassen wollte, schubsten und drängelten die Städte wie zankende Geschwister* (Deutschlandradio 19. 5. 2003, Internet) – Dazu: ↗**Drängelei**, ↗**vordrängeln**

drängen [sich] (gemeindt.): ↗drängeln

Drängerei A die; –, -en (Grenzfall des Standards): ↗Zwängerei CH, ↗Drängelei D ›Gedränge‹: *Die Drängerei im Wintergarten war überhaupt nicht mehr lustig. Es gab so wenig Platz, dass die Mädchen auf den Tischen tanzen mussten* (Standard 3. 2. 1998, 9)

Dränung D die; –, -en (Bauwesen): ↗Dränage A D ›Entwässerung des Bodens durch Rohre u. Ä.; Drainage‹: *Die Dränung soll Nässephasen verkürzen, Stauwasser abführen und bei Bedarf auch den Grundwasserstand senken* (Bundesministerium für Umwelt, Naturschutz und Reaktorsicherheit 24. 1. 2003, Internet)

Draufgabe A die; –, -n: **1.** ↗Dreingabe CH D-süd ›bei einer künstlerischen Darbietung zusätzlich Dargebotenes; Zugabe‹: *Als Draufgabe hört das Publikum sicher jenen Militärmarsch, der … die österreichische Militärmusik rund um die Welt bekannt gemacht hat* (Kurier 15. 9. 1997, 19). **2.** ↗Zuwaage A D-mittelost, ↗Dreingabe CH D-südost ›etw. Zusätzliches [das bei einem Kauf geschenkt wird]‹: *Was immer Sie kaufen: unser Überraschungsgeschenk bekommen Sie als Draufgabe* (Kirche intern 11/1996, 55) – In D selten

draufmachen: *einen draufmachen D (Grenzfall des Standards): ↗festen A-west (Vbg.) CH, ↗durchgeben: *einen durchgeben CH, ↗Bude: *die Bude auf den Kopf stellen D (ohne nordwest), ↗Fass: *ein Fass aufmachen D-nord/mittel, ↗Puppe: *die Puppen tanzen lassen D (ohne südost) ›ausgelassen feiern‹: *Zwei ältere Jungs holten mich ab, einer hatte ein Auto. Zu dem sind wir dann, haben Alkohol getrunken, einen draufgemacht* (Romanwoche 3/2000, 45)

draufsatteln D sw.V./hat (salopp): ›etw. bereits Vorhandenes ergänzen, weiterführen; zusätzlich gewähren‹: *Wer … in Erfurt Jura studiert, muss wissen, dass er mit seinem B. A. niemals Anwalt sein wird … Er müsste dazu an einer konventionellen Universität draufsatteln* (Welt 30. 10. 1999, Internet)

draufsetzen: *noch eins draufsetzen CH D: ↗Schäuferl: *[noch] ein Schäuferl nachlegen A, ↗nachdoppeln CH, ↗nachlegen D (ohne ost) ›[mit Nachdruck] wiederholen; dasselbe betonen‹: *Der … Parteipräsident selbst musste noch eins draufsetzen, indem er erklärte, seine Partei lasse sich … weder von den Gewerkschaften noch von den Arbeitgeberverbänden instrumentalisieren* (Freie Schweizer Presseinformation 14. 11. 1996, Internet; CH); *Und Fromm bestätigte im Grunde Dr. L.s Fazit, ja, er setzte noch eins drauf: »Ich habe selten eine Stadt wie Winnenden erlebt, wo die Bürger so relativ zufrieden wa-*

ren!« (Waiblinger Kreisztg 28. 1. 1999, Internet; D) – Die Bedeutung ›sich auf etw. setzen‹ ist im Grenzfall des Standards gemeindt.

Draustadt A die; –, ohne Plur.: ⟨benannt nach der Lage am Fluss *Drau*⟩: ›Villach‹: *Die Klagenfurter sind somit gegen ihren Erzrivalen aus der Draustadt bereits seit 285 Tagen ohne Sieg* (Kleine Ztg 1. 9. 2000, Internet)

Dreck: *etw. geht jmdn. einen [feuchten] Dreck an (gemeindt.): ↗SCHMARREN: *ETW. GEHT JMDN. EINEN SCHMARREN AN

Dreh: *um den Dreh D (Grenzfall des Standards) ›[so] ungefähr‹: *Drei Stunden, so um den Dreh* (Tagesspiegel 21. 4. 2001, Internet) – Das Substantiv *Dreh* ist in allen anderen Verwendungen gemeindt.

Drehorgel (gemeindt.): ↗LEIERKASTEN, ↗WERKEL

Drei CH D (ohne südost) die; –, -en: ↗DREIER A CH D-süd ›Zeichen für die Ziffer 3; Nummer (auf einer Liste o. Ä.); Verkehrslinie; Schulnote; Augenzahl 3 auf dem Würfel; Spielkartenwert‹: *Das Spiel geht weiter. Mit zittriger Hand gelingt es Trudi, den Würfel über den Tisch zu kullern. Eine Drei* (Zürcher Unterländer 23. 12. 2002, Internet; CH); *Ich versuchte mir einzureden, dass man auch mit einer Drei in Sport ein zufriedenes Leben führen könne* (Becker, Bronsteins Kinder 31; D) – Als Schulnote auch in D-südost gebraucht. Vgl. den Kommentarteil zu ↗Eins. Im Ggs. zum Substantiv *die Drei* ist das kleingeschriebene Zahlwort *drei*, z. B. *sie ist drei [Jahre alt]*, gemeindt.

Dreibettzimmer (gemeindt.): ↗DREIERZIMMER

Dreier der; -s, –: **1.** A CH D-süd; ↗DREI CH D (ohne südost) ›Zeichen für die Ziffer 3; Nummer (auf einer Liste o. Ä.); Verkehrslinie; Schulnote; Augenzahl auf dem Spielwürfel; Spielkartenwert; Jahrgang [20]03‹: *Drei Vierer, zwei Dreier, das übrige Zweier und Einser* (Thüminger, Entscheidung 58; A); *[Vater] trieb den Sohn mit Füssen und Fäusten durch die Wohnung, wenn der einen Dreier in der Schule gemacht hatte* (Facts 20. 4. 1995, 94; CH). **2.** CH ›drei Deziliter [Wein] im Glas oder in der Karaffe‹: *Er hat einen Dreier Dôle vor sich und greift immer wieder mechanisch mit der Rechten in die Erdnüsse* (NZZ Folio 1/2000, Internet) – Zu 1 vgl. den Kommentarteil zu ↗Einser. Die Verwendung im Sport, z. B. im Eiskunstlauf, beim Golf, ist gemeindt. Zur Verwendung des kleingeschriebenen Zahlwortes *drei*, z. B. *sie ist drei [Jahre alt]*, siehe Drei. Die Bedeutung ›niedrigster Gewinnrang im Lotto‹ ist gemeindt. – Zu 1.: ↗**Dreierpack** A D, ↗**Dreiersteigerer** A-west (Vbg.), ↗**Dreierzimmer** CH

Dreierpack A D der; -(e)s, -e/-s: ↗TRIOPACK CH ›Packung mit drei Stück‹: *So begaben sich die drei »Dinosaurier« der heimischen Popmusik, Wolfgang Ambros, Rainhard Fendrich und Georg Danzer jetzt als »Austria 3« im Dreierpack auf Tournee* (OÖN 12. 3. 1998, 4; A); *Unsere Compilations »Unter unserem Himmel« gibt's jetzt im Dreierpack. Die ersten beiden auf Vinyl, die dritte auf CD* (Bayerischer Rundfunk 22. 2. 2002, Internet; D) – Vgl. Dreier, Pack

Dreiersteigerer A-west (Vbg.) der; -s, –: ↗BIETER CH ›Spielart des ↗Jass, bei welcher zwei gegen einen Spieler antreten‹: *In Schnepfau bedeuten vier SP-Stimmen noch genug Spieler für einen kompletten »Kreuzjass«, in Damüls und Eichenberg geht sich nur noch ein »Dreiersteigerer« aus* (VN 14. 10. 1996, A 9) – Auch in der Form *Dreier Steiger.* Vgl. Dreier, Steiger

Dreierzimmer CH das; -s, –: ›Dreibettzimmer‹: *Für Kurse sind 20 Zweier- und Dreierzimmer sowie zwei Massenlager mit 50 Plätzen vorgesehen* (Bund 4. 11. 1997, 22) – In A selten. Vgl. Dreier

Dreikanter A der; -s, – (Architektur): ↗DREIKANTHOF A, ↗DREISEITHOF A D-mittel/südost ›mit einer Tormauer zur Straße hin abgeschlossener Bauernhof, bei dem drei Gebäudetrakte mit durchgehendem Dach einen länglichen Hof umschließen‹: *Hundert Burschen und Mädchen schufteten seit Herbst '95 1000 Stunden in »ihrem« Jugendhaus – einem Dreikanter in Seitenstetten* (OÖN 15. 5. 1996, 5) – Bes. im nördlichen Mühlviertel als Bautyp verbreitet – Vgl. Vierkanter

Dreikanthof A der; -(e)s, ...höfe (Architektur): ↗DREIKANTER A, ↗DREISEITHOF A D-mittel/südost ›mit einer Tormauer zur Straße hin abgeschlossener Bauernhof, bei dem drei Gebäudetrakte mit durchgehendem Dach einen länglichen Hof umschließen‹: *Aber der heruntergekommene, in der Substanz leidlich gut erhaltene Dreikanthof sah in ihren Augen so heimelig aus wie Illustrationen in dem Buch* (Menasse, Schubumkehr 40) – Im nördlichen Mühlviertel als Bautyp verbreitet – Vgl. Vierkanthof

Dreikäsehoch CH D der; -s, -s (Grenzfall des Standards): ↗BAUXERL A-ost, ↗PIMPF A D-mittelwest/südwest, ↗PFÜDERI CH, ↗KNOPF CH D-südwest, ↗KRÜMEL D-nord/mittel, ↗MURKEL D-ost, ↗STEPPKE D-nord/mittel ›kleiner ↗Junge, kleines Kind; Knirps‹: *Manch ein Dreikäsehoch liess es sich nicht nehmen, auf den behäbigen Polizeitöff zu sitzen* (Bund 31. 5. 1999, 23; CH); *Im zarten Alter von fünf Jahren kraxelt der vorwitzige Dreikäsehoch ... schon auf die Bühne* (Prisma 9. 10. 2002, Internet; D)

Dreiland CH D-südwest das; -(e)s, ohne Plur. ⟨übernationales Gebiet, das sich aus Teilen der drei Länder Deutschland, Frankreich und der Schweiz zusammensetzt⟩ (informell): ›Region zwischen Basel, Freiburg im Breisgau und Mulhouse‹: *Als Roland B.*

hörte, dass das Jahr 2000 … im Zeichen des Friedens und der Kinder stehen sollte, kam ihm die Idee, im Dreiland ein Kinderweltfestival für den Frieden zu organisieren (NLZ 25. 6. 2000, Internet; CH)

Dreingabe die; –, -n: **1.** CH D-südost; ↗DRAUFGABE A, ↗ZUWAAGE A D-mittelost ›etw. Zusätzliches; Begleiterscheinung, Nebeneffekt‹: *Drogen sind an Parties in der Regel nicht das Grundlegende, sondern, wenn schon, die Dreingabe* (TA 12. 12. 1997, 15; CH). **2.** CH D-süd; ↗DRAUFGABE A ›zusätzliche Darbietung (am Ende einer künstlerischen Veranstaltung); Zugabe‹: *Das dargebotene Konzert fand einen begeisterten Applaus, worauf die Musiker als Dreingabe noch »Oh du lieber Augustin, alles ist hin …« spielten* (Neues Bülacher Tagbl 14. 9. 1998, Internet; CH)

Dreisäulenprinzip CH das; -s, ohne Plur.: ›Prinzip der ↗schweizerischen Sozialversicherungen, das auf den so genannten drei Säulen staatliche Versicherung (↗AHV und ↗IV, 1. Säule), berufliche Vorsorge (↗Pensionskasse, 2. Säule) und eigene Vorsorge (3. Säule) beruht‹: *Das Vorsorgekonzept in der Schweiz beruht auf dem Dreisäulenprinzip: staatliche, berufliche und individuelle Vorsorge* (Pax Versicherung, 2003, Internet) – Die Bedeutung ›auf drei Standbeinen beruhendes Konzept‹ ist gemeindt.

Dreiseithof A D-mittel/südost der; -(e)s, …höfe (Architektur): ↗DREIKANTER A, ↗DREIKANTHOF A ›mit einer Tormauer zur Straße hin abgeschlossener Bauernhof, bei dem drei Gebäudetrakte einen länglichen Hof umschließen‹: *Der gemeindeeigene Dreiseithof im Ort soll Kulturzentrum und Heimat für Feuerwehr und Rotes Kreuz werden* (OÖN 14. 8. 2001, 40; A); *Melpitz ist ein typisches Straßenangerdorf mit einer gut erhalten gebliebenen Dreiseithof-Bebauung* (Stadt Torgau 18. 7. 2002, Internet; D) – In A in der Oststeiermark, im südlichen Niederösterreich und Waldviertel als Bautyp verbreitet

Dreisprachigkeit STIR die; –, ohne Plur. (Verwaltung): ›(für öffentliche Anstellungen in den ladinischen Tälern vorgeschriebene) Beherrschung der Landessprachen Ladinisch, Deutsch und Italienisch‹: *Dazu zählen … spezifische Vorbereitungen auf allen Ebenen und nicht zuletzt die Anerkennung, die Anspornung zur Zweisprachigkeit und zur Dreisprachigkeit, bestehend in einer Sprachenzulage* (Südtiroler Landtag 18. 7. 2001, Internet) – Die Bedeutung ›Beherrschung von drei Sprachen‹ ist gemeindt. Vgl. Zweisprachigkeit – Dazu: **Dreisprachigkeitsnachweis, Dreisprachigkeitszulage**

Dreissig CH **Dreißig** D (ohne südost) die; –, -en: siehe Zwanzig

Dreißiger A D-süd **Dreissiger** CH der; -s, –: siehe Zwanziger

Dreißigste A-west (Vbg.) **Dreissigste** CH der; -n, -n (kath. Kirche): ›Totengedenkmesse, die ca. 30 Tage nach dem Tod eines Angehörigen abgehalten wird‹: *Gestern, am Dreissigsten für Agnes, sagt Fritz, habe es noch ziemlich viele Leute gehabt in der Kirche* (Zürcher, Zeit 45; CH) – In A (ohne Vbg.) nur noch in ländlichen Gebieten unter der Bezeichnung *Dreißiger* üblich. Zu allen anderen Verwendungen von *Dreißigste/Dreissigste* siehe Zwanzigste

Dreizehnte A CH der; -n, -n: ↗WEIHNACHTSREMUNERATION A, ↗GEHALT: *DREIZEHNTE GEHALT A D, ↗WEIHNACHTSGELD A D ›meist Ende des Jahres ausgezahlte zusätzliche Vergütung zum Lohn (in A in der Höhe eines Bruttomonatslohns, der aber besonders versteuert wird)‹: *Abg. K.: Ihr wollt den Dreizehnten und Vierzehnten abschaffen!* (Stenogr. Protokoll des Nationalrates 2. 10. 1997, Internet; A); *Da der Dreizehnte ein Lohnbestandteil ist, hat man auch bei Stellenantritt oder Kündigung während des Jahres Anspruch auf einen Teil des Dreizehnten* (Blick 19. 12. 1997, 28; CH)

Dresche D-nord/mittel die; –, ohne Plur. (salopp): ↗KEILE D-nord/mittel, ↗HAUE D-nord/mittel, ↗KLOPPE D-nord/mittel, ↗SENGE D-nord/mittel ›Prügel, Schläge‹: *Ein paar ältere Jungs haben zu mir gesagt: Klau dies, klau das, sonst kriegste Dresche* (Romanwoche 3/2000, 44)

Dresden (gemeindt.): ↗ELBESTADT, ↗ELBFLORENZ

Dress der; -es, -e/-en/die; –, -en/das; -es, -e ⟨aus engl. *dress* ›Kleidung‹⟩ (Sport): ist in A Femininum, in CH Neutrum oder Maskulinum, in D Maskulinum. Der Plural lautet in CH und D im Maskulinum *Dresse*, in CH auch *Dressen*: *Andi O. und der Deutsche Fred S. sind in der Hopsagasse noch nicht im Einsatz – sie werden erst Ende Februar zum Meisterschaftsbeginn die Dress des Traditionsklubs überstreifen* (Neue Kronen Ztg 12. 1. 1999, Internet; A); *Für die erste Mannschaft wird ein Franken pro Spieler einkassiert, um das Dress zu waschen* (SC Goldau 10. 7. 2000, Internet; CH); *Um die Schulden für den Dress zu bezahlen und für laufenden Ausgaben, wurde immer wieder Geld benötigt* (FC Bubendorf, 2000, Internet; CH); *Der frisch gebügelte schwarz-gelbe Jockeydress hatte große Zeiten erlebt* (Welt 27. 9. 1999, Internet; D)

Dressiersack A CH der; -(e)s, …säcke: ↗SPRITZBEUTEL D ›besonders zur Verzierung von Torten mit ↗Creme oder steif geschlagenem Süßrahm verwendeter, spitz zulaufender ↗Sack mit Tülle‹: *Die Husarenkrapferln auf bebutterte und bemehlte Bleche legen, in die Mulde mit dem Dressiersack passierte Marillenmarmelade füllen und im vorgeheizten Rohr bei 165 Grad ca. 15 Minuten backen* (ORF Nachlese 11/1997, Beilage 8; A); *Die restliche Meringuemasse mit einem*

Dressiersack auf den Törtli verteilen (NLZ 19. 11. 1999, Internet; CH)

drin: *drin sein A D (salopp): ↗DRINNEN: *DRINNEN SEIN A D-südost, ↗DRINLIEGEN CH ›möglich sein‹: *Selbst wenn er den Sieg der Champions League verfehlte – ein Ehrendoktor in Rechtswissenschaft muss drin sein* (Pressespiegel der Österr. Hochschülerschaft, 2002, Internet; A); *Engagieren Sie nächstes Mal einen Webdesigner für die Sache, so viel Investition muss drin sein* (Kreativland Forum, 2002, Internet; D) – Das Adverb *drin* ist in allen anderen Verwendungen gemeindt.

Dringlichkeitsbesetzung STIR die; –, -en: ›Grundstücksenteignung für Bauvorhaben oder Einrichtungen von öffentlichem Interesse auf dem Dringlichkeitsweg‹: *Für die Stadtgemeinde hingegen gilt das Landesgesetz, wonach die Dringlichkeitsbesetzung innerhalb von 180 Tagen nach Unterzeichnung des Dekretes durch den Landeshauptmann verfällt* (Dolomiten 11. 11. 1993, Internet)

drinliegen CH st.V./ist: ↗DRIN: *DRIN SEIN A D, ↗DRINNEN: *DRINNEN SEIN A D-südost ›möglich sein‹: *Darüber, welche Investitionen drinliegen sollen und welche nicht, müssen aber letztendlich die Bürger entscheiden* (Bund 27. 11. 1999, 28) – In D selten

drinnen: *drinnen sein A D-südost: ↗DRIN: *DRIN SEIN A D, ↗DRINLIEGEN CH ›möglich sein, in Frage kommen‹: *Alles ist drinnen – oder auch gar nichts* (Landjugend 2/1998, 9; A) – Das Adverb *drinnen* ist gemeindt.

Drittel das/der; -s, –: ist in A und D Neutrum, in CH Maskulinum, selten auch Neutrum: *Derzeit stellen Frauen ein Drittel der Lehrgangsteilnehmer* (VN 29. 10. 1997, A 7; A); *Die Frauen ... verdienen einen Drittel weniger oder müssen einen Drittel länger für das gleiche Geld arbeiten* (P.M., Olten 5; CH); *Das Drittel, das seine Konflikte allein löste, war ausnahmslos Katzenhalter* (MDR 20. 6. 2002, Internet; D)

Dritte-Welt-Laden A D der; -s, ...läden: ↗DRITTWELTLADEN CH ›Geschäft, das unter fairen Handelsbedingungen Produkte aus Entwicklungsländern verkauft; Weltladen‹: *Seit zehn Jahren informiert der Linzer Dritte-Welt-Laden in der Auerspergstraße über Sorgen und Probleme dieser Länder* (OÖN 5. 3. 1992, 4; A); *In der Schlusserklärung zum G-8-Gipfel von Genua gibt es Passagen, die man als Parolen in einem Dritte-Welt-Laden aushängen könnte* (Zeit 26. 7. 2001, Internet; D) – Wird zunehmend durch das gemeindt. Substantiv *Weltladen* ersetzt

Drittperson CH die; –, -en: ›zusätzliche, nicht unmittelbar beteiligte Person; Dritte(r)‹: *Die Kosten für die Kinderbetreuung durch Drittpersonen sollen von den Steuern abziehbar sein* (TA 11. 8. 1999, 11)

Drittweltladen CH der; -s, ...läden (veraltend): ↗DRITTE-WELT-LADEN A D ›Geschäft, das unter fairen Handelsbedingungen Produkte aus Entwicklungsländern verkauft; Weltladen‹: *Mit einem Stellmesser bewaffnet, hat ein unbekannter Mann am Mittwochnachmittag den Drittweltladen an der Bahnhofstrasse überfallen* (TA 27. 8. 1999, Internet) – Wird zunehmend durch das gemeindt. Wort *Weltladen* ersetzt

dröge D-mittel/südost Adj.: **1.** ›trocken (von Lebensmitteln)‹: *Die letzten Leva im Supermarkt für Wasser, Kekse und ein etwas dröges Brot investiert und dann ab die Bahn* (Berufsbildende Schulen Osnabrück 27. 8. 2001, Internet). **2.** ↗FAD A (ohne Vbg) D-süd, ↗FADE D-nordost/mittel ›langweilig‹: *Am Sonntagabend mutet deutsche Fersehunterhaltung noch dröger und einfallsloser als sonst an* (AZ 8. 4. 1997, 11)

Drögeler CH der; -s, – (Grenzfall des Standards): ↗GIFTLER A ›Drogenabhängige(r); Junkie‹: *Zu wenig Parkplätze, Abfall, Bettler, Drögeler sollen für den wirtschaftlichen Krebsgang verantwortlich sein* (Bund 26. 11. 1999, 8)

DRS CH: buchstabierte Abk. für ›Radio und Fernsehen der deutschen und rätoromanischen Schweiz‹ (meist in Verbindungen wie DRS 1, DRS 2, Schweizer Fernsehen DRS, Radio DRS): *Jon Schmidt ist bekannt durch seine eigenen Sendungen im Schweizer Fernsehen und Radio DRS* (Zürcher Oberländer 19. 3. 1997, 13) – Vgl. SRG – Dazu: ↗**SFDRS**

drüberstreuen: *zum Drüberstreuen A ›als Abrundung‹: *Quasi zum Drüberstreuen erzielte der offensive Mittelfeldspieler zehn Tore* (BF 24. 6. 1998, 53) – In A-ost auch in der ursprünglichen Dialektform *drüberstrahn* gebräuchlich. Das Verb *drüberstreuen* ist gemeindt. – Dazu: ↗**Drüberstreuer**

Drüberstreuer A der; -s, ohne Plur. (salopp): ›zusätzlich zu einer Sache Gegebenes; Abrundung‹: *Der WWF erhebt in einer Aussendung allen Ernstes die Forderung, im Nationalpark OÖ. Kalkalpen wieder Bären anzusiedeln. Zuerst Luchse, dann Bären und als Drüberstreuer vielleicht noch ein paar Wölfe?* (OÖN 10. 9. 1999, 5) – In A-ost auch in der ursprünglichen Dialektform *Drüberstrahrer* gebräuchlich. Vgl. drüberstreuen

Druck: *Druck hinter etw. machen A D; ***Druck aufsetzen** CH D-mittelost: ↗DAMPF: *DAMPF AUFSETZEN CH; *DAMPF HINTER ETW. MACHEN D (ohne mittelost) ›Maßnahmen ergreifen, die zur schnellen Lösung eines Problems führen sollen; Druck machen‹: *Die Ankündigung der ÖVP, Druck hinter Bahn- und Straßenausbauten machen zu wollen, gleicht vielmehr der Drohung, weiterhin die Politik der Verhinderung* *zu betreiben* (FPÖ Stmk 1. 2. 2001, Internet; A); *50 Chauffeure und Lademänner des Stadtzürcher Abfuhrwesens … haben die Nase voll … Da ihre Sorgen und Nöte ihrer Ansicht nach von den Vorgesetzten nicht ernst genommen werden, wollen sie Druck aufsetzen und Kampfmassnahmen diskutieren* (TA 28. 4. 2001, 13; CH); *Wie kann man denn nun noch Druck hinter die Sache machen?* (Forum deutsches Recht 4. 10. 2000, Internet; D) – Das Substantiv *Druck* ist in allen anderen Verwendungen gemeindt.

drücken sw.V./hat: **1.** A D; ↗STOSSEN CH ›eine Tür durch Druck nach vorne öffnen (als Aufschrift an Türen)‹: *»Ziehen oder drücken?«, lautet die erste Frage. Doch das ist noch nicht so schlimm, schließlich schaffe ich es ja auch in Wien nicht, eine Tür beim ersten Versuch zu öffnen* (Helsinki-Report, 2003, Internet; A); *Man führte uns durch tausende Türen, die absolut ohne jedes logische System mit »Ziehen« und »Drücken« beschriftet waren* (Stiftisches Gymnasium Düren, 2000, Internet; D). **2.** CH D-südwest; ↗STEIGEN A D-mittelost/südost, ↗TRETEN D ›[abrupt und heftig] (ein Pedal, z. B. Bremse, Gas, Kupplung eines motorbetriebenen Fahrzeugs, einer Maschine) mit dem Fuß betätigen‹: *»Kupplung drücken!«, schreit die entsetzte Honda-Besitzerin auf dem Parkplatz ihrer Freundin zu. Aber die hat keine Ahnung, welches von den drei Pedalen die Kupplung sein könnte* (Blick 19. 5. 1998, 6; CH); ***auf die Bremse drücken** siehe Bremse. **3. *auf die Tube drücken** D siehe Tube – Andere Bedeutungen sind gemeindt.

Drücker der; -s, –: **1.** D-nord/mittelost; ↗SCHNALLE A D-süd, ↗FALLE CH, ↗TÜRGRIFF D, ↗KLINKE D (ohne südwest) ›hebelartiger Griff zum Öffnen und Schließen [eines Fensters, einer Tür]‹: *Bis Ende letzten Jahres war Stemeseder ausschließlich als Werksvertretung für Produzenten hochwertiger Türdrücker aus Aluminium tätig* (Stemeseder GmbH, 2001, Internet). **2. Drücker Drückerin** D (ohne mittelost/südost) der; -s, – bzw. die; –, -nen (Grenzfall des Standards); ↗KEILER A ›Person, die Kunden zu Hause aufsucht und ihnen [mit aggressiven Methoden] etw. zu verkaufen versucht, z. B. ein Zeitungsabonnement‹: *Heute, 21 Jahre später, ist Deborah schlank, sitzt im Gefängnis und hat gestanden, einen Zeitschriften-Drückerboss mit drei Kopfschüssen getötet … zu haben* (Spiegel 1. 12. 1997, 120). **3. *auf den letzten Drücker** D (ohne südost) (salopp): ↗ABDRUCK: *IM LETZTEN ABDRUCK A ›im letzten Moment; im letztmöglichen Augenblick‹: *Der Trend zum Urlaub auf den letzten Drücker hat sich durchgesetzt* (Berliner Ztg 20. 5. 1996, Internet) – Andere Bedeutungen sind gemeindt. – Zu 1.: **Türdrücker.** Zu 2.: **Drückerkolonne**

Druckraum D der; -(e)s, …räume: ↗FIXERSTÜBLI CH, ↗GASSENZIMMER CH, ↗FIXERSTUBE D, ↗KONSUMRAUM D ›öffentlicher, bewachter Raum für den Drogenkonsum‹: *So ist der Konsum von Drogen nur im Druckraum geduldet* (TAZ Ruhr 1. 2. 2001, Internet)

Drucksorte A die; –, -n (meist Plur., formell): ↗STEMPELPAPIER STIR ›Formular; Vordruck‹: *Informationsschriften, Kassen-Pickerl und Drucksorten für alle Versicherten warteten nur noch auf den Postversand* (Kurier 28. 6. 1993, 15) – Dazu: **Drucksortenstelle, Drucksortenverlag**

DTB D siehe Turnerbund

Dubel CH der; -s, – (abwertend, Grenzfall des Standards): ↗HIEFLER A, ↗WAPPLER A, ↗LACKEL A D-süd, ↗OCHS A CH D-süd, ↗GALÖRI CH, ↗SCHLUFI CH, ↗TSCHUMPEL CH, ↗TUBEL CH ›Trottel, Idiot‹: *Der Lehrling wurde nie als Dubel oder Laferie angepöbelt, wie das andernorts vorkam* (Tschudin, Meine Ehre 33) – Dazu: **dubelisicher**

dufte D-nord (bes. Berlin) Adj. (salopp): ↗KLASS A (ohne west), ↗ASTREIN D, ↗KLASSE D, ↗KNORKE D-nordost (bes. Berlin), ↗PFUNDIG D-süd, ↗SCHNIEKE D-nord (bes. Berlin) ›sehr gut; großartig‹: *Flowerpower zum Sommeranfang, einfach dufte!* (AZ 19. 6. 1998, 31)

Duisburg (gemeindt.): ↗STAHLSTADT

Dulle A-südost (Ktn.) der/die; -n, -n (Grenzfall des Standards): ↗DODEL A (ohne südost), ↗DÖDEL D-mittelost/südwest, ↗DÖSKOPP D-nord/mittelwest, ↗DUSSEL D (ohne südost) ›ungeschickter, langsamer Mensch‹: *Meistens sitzt irgendeine strohdumme Dulle … neben ihm auf dem Beifahrersitz* (Diablo, 2002, Internet)

Dult A-mitte D-südost die; –, -en: ↗KILBI A-west (Vbg.) CH, ↗KIRTAG A-mitte/ost, ↗KIRCHTAG A D-südost, ↗KIRCHWEIH A-west D-süd, ↗CHILBI CH, ↗MESSE CH D-südwest, ↗KIRBE D-südwest, ↗KIRMES D-mittelwest, ↗KIRMSE D-nordost, ↗KIRTA D-südost, ↗RUMMEL D-ost/nord ›lokales Fest zum Jubiläum der Weihe der Kirche mit anschließendem Volksfest; Jahrmarkt‹: *Susanne D. (30) übernahm mit September im Messezentrum Salzburg die Leitung der Salzburger Dult. D., die langjährige Erfahrung im Konsumgüterbereich hat, rechnet für 2004 mit mehr als 120.000 Dult-Besuchern. Die Schwerpunkte der Dult 2004 werden Wellness & Gesundheit, Western & Country und Jugend & Sport sein* (Salzburger Wirtschaftsnachrichten 23. 9.2003, Internet; A-mitte)*; Und der gemeinsame Kraftakt ist außerdem zur besonderen Erquickung der Bürger, schließlich ist es das Metallgerippe für das große Dultzelt* (Landshuter Ztg 14. 10. 1998, 33; D-südost) – Dazu: **Christkindldult** (↗Christkindl) D-südost, **Maidult, Pfingstdult, Herbstdult**

dụmm: *dumm und dämlich CH D (ohne südost) (Grenzfall des Standards) ›sehr viel, bis zum Überdruss‹: *Die Hanfläden verdienen sich dumm und dämlich an der unsicheren Rechtslage* (TA 3. 6. 1998, 79; CH); *Dank dieser Konstellation hat sich in der Champions League noch jeder Zwischenrundenteilnehmer dumm und dämlich verdient* (Tagesspiegel 22. 11. 2001, Internet; D); ***jmdn. dumm sterben lassen** A D siehe blöd – Das Adjektiv *dumm* ist in allen anderen Verwendungen gemeindt.

Dummerchen (gemeindt.): ↗DUMMERL

Dụmmerjan D-nord/mittel der; -s, -e ⟨aus ›dummer Jan‹⟩ (salopp, Grenzfall des Standards): ↗DUMMIAN A D-südost, ↗DÄMEL D-nordost/mittelwest, ↗DÄMLACK D-nord/mittelost, ↗DOOFKOPP D-nord/mittelwest ›dummer, einfältiger Mensch; Dummkopf, Depp‹: *Mit Necknamen wie ... Dummerjan und Suppenkasper ... könnte man das zarte Kind hänseln* (Welt 17. 6. 2003, Internet)

Dụmmerl A D-südost das; -s, -n (Grenzfall des Standards): ›naiver, vertrauensseliger Mensch; Dummerchen‹: *Aber ja, du Dummerl, hab ich dich schon jemals im Stich gelassen?* (Kneifl, Vorstellung 39; A) – Nicht beleidigend, sondern wohlwollend, familiär gebraucht. In A-west auch in der Form *Dummerle*

Dụmmian A D-südost der; -s, -e (salopp): ↗DÄMEL D-nordost/mittelwest, ↗DÄMLACK D-nord/mittelost, ↗DOOFKOPP D-nord/mittelwest, ↗DUMMERJAN D-nord/mittel ›dummer, einfältiger Mensch; Dummkopf, Depp‹: *Der legasthene Mensch hat das Problem, durch die Fehler, die er macht, von Leuten, die es eben nicht besser wissen ... als Dummian abgetan zu werden* (Österr. Legasthenie News, 2001, Internet; A)

Dummkopf (gemeindt.): ↗BEKLOPPTE, ↗BLÖDHAMMEL, ↗DALK, ↗DÄMEL, ↗DÄMLACK, ↗DODEL, ↗DÖDEL, ↗DOLM, ↗DOOFKOPP, ↗DÖSKOPP, ↗DUBEL, ↗DUMMERJAN, ↗DUMMIAN, ↗DUMMRIAN, ↗DUSSEL, ↗FETZENSCHÄDEL, ↗GALÖRI, ↗GESCHERTE, ↗HIRNEDERL, ↗KNALLKOPP, ↗KNALLTÜTE, ↗LAPP, ↗LAPPEN, ↗LAPPI, ↗PINKEL, ↗SCHLUFI, ↗SEICHERL, ↗TSCHUMPEL, ↗TUBEL, ↗VOLLKOFFER

Dụmmschwätzer D-mittel/süd der; -s, – (abwertend, Grenzfall des Standards): ↗LAFERI CH ›viel und einfältig daherschwatzender Mensch‹: *Trittin habe »eine viel größere Wirkung als diese wenigen Dummschwätzer und Schreier, die es bei den Extremen gibt«, sagte Schäuble im Deutschlandradio* (Phoenix 21. 3. 2001, Internet)

Dụ̈nnbrettbohrer D der; -s, – (abwertend, Grenzfall des Standards): ›Person, die nicht viel kann und sich wenig Mühe gibt‹: *Viele hochgelobte Hochschulabsolventen mit akademischem Grad entpuppen sich im beruflichen Alltag als ausgesprochene Dünnbrettbohrer* (Siegener Ztg 31. 10. 1996, Internet)

dụ̈nnemachen sich D-nord/mittel sw.V./hat (Grenzfall des Standards): ↗PUTZEN A, ↗VERTSCHÜSSEN A, ↗HAUS: *SICH ÜBER DIE HÄUSER HAUEN A-ost, ↗SCHLEICHEN A D-süd, ↗VERZUPFEN A D-südost, ↗ZUPFEN A D-südost, ↗ABFAHREN CH, ↗ABSCHLEICHEN CH, ↗LEINE: *LEINE ZIEHEN CH D (ohne südost), ↗VERDRÜCKEN CH D (ohne südost), ↗VERDUFTEN CH D, ↗VERKRÜMELN CH D (ohne südost), ↗ABSCHIEBEN D, ↗FLIEGE: *DIE/EINE FLIEGE MACHEN D, ↗VERPISSEN D, ↗MÜCKE: *[DIE/EINE] MÜCKE MACHEN D-nord/mittel, ↗PLATTE: *DIE PLATTE PUTZEN D (ohne mittelost/südost), ↗TROLLEN D (ohne ost) ›sich entfernen; verschwinden; abhauen‹: *Leider hat sich der Sohn gerade wegen einer Freundin dünnegemacht* (Deutsches Entertainment Magazin 16. 7. 2001, Internet)

Dunst (gemeindt.): ↗WRASEN

Dunst: *keinen [blassen] Dunst [von etw.] haben (gemeindt.): ↗HOCHSCHEIN: *KEINEN HOCHSCHEIN [VON ETW.] HABEN, ↗PLAN: *KEINEN PLAN [VON ETW.] HABEN, ↗TAU: *KEINEN TAU [VON ETW.] HABEN

Dụnstabzug A D der; -(e)s, ...züge: ↗DAMPFABZUG CH, ↗WRASENABZUG D-nord ›elektrische Vorrichtung über dem Herd, die den beim Kochen entstehenden Dunst aufsaugt‹: *Die genaue Brandursache ist noch unklar: Besitzer und Feuerwehr vermuten allerdings, dass die Flammen vom Dunstabzug ausgingen* (Kurier 17. 2. 1993, 15; A); *Leistungsstarker und leiser Dunstabzug, der um 20 cm stufenlos verstellt werden kann* (Möbelmarkt Mönch, 2001, Internet; D) – Dazu: **Dunstabzugshaube**

dünsten (gemeindt.): ↗SCHMOREN, ↗SCHMURGELN

dunstig (gemeindt.): ↗DIESIG

Duopack CH das; -(e)s, –: ↗ZWEIERPACK A D ›Packung mit zwei Stück; Doppelpack‹: *Als Duopack gibt es die Ragionenbuch-CD zusammen mit dem Verzeichnis der im HR registrierten Verwaltungsräte* (TA 5. 7. 1999, 61) – Vgl. Pack

dụrch Präp. mit Akk.: **1.** A D ›von (zur Angabe einer Ursache, eines Grundes)‹: *Eine spürbare innere Gespanntheit, das Erfahren von Hilflosigkeit und Unfähigkeit und das Erleben von Bedrohung und Gefahr durch außen sind die Folge* (Bundesministerium für Unterricht und kulturelle Angelegenheiten, Sekten, o. J., 48; A); *Das Verhalten ist gemäß einer traditionellen weiblichen Rolle eingeübt, Frauen hoffen auf eine Veränderung der Situation durch außen* (Universität Köln 29. 10. 2003, Internet; D). **2.** A ›während (zur Angabe einer Zeitdauer)‹: *Er beherrschte sie so gut wie* *das Deutsch, denn Eulenfeld war durch einige Jahre in Eton erzogen worden* (Doderer, Strudlhofstiege 91) – Andere Bedeutungen sind gemeindt.

durchberaten CH st.V./hat: ›(Diskussionspunkte) nacheinander und zu Ende beraten‹: *Nach einer Stunde waren die statuarischen Geschäfte durchberaten, und der gemütliche Teil konnte beginnen* (Zürcher Oberländer 19. 3. 1997, 13)

Durcheinander (gemeindt.): ↗BALLAWATSCH/PALLAWATSCH, ↗RAMASURI

Durchfall (gemeindt.): ↗HEINRICH: *FLOTTE HEINRICH

Durchführungsplan STIR der; -(e)s, ...pläne ⟨übersetzt aus ital. *piano d'attuazione*⟩: ›mehrjähriges Programm zur Umsetzung der im ↗Bauleitplan festgelegten Nutzung der Grundstücke‹: *Nachdem der Durchführungsplan in der Erweiterung der Handwerkerzone vom Land genehmigt wurde, müssen als nächstes die Erschließungsarbeiten geplant und ausgeführt werden* (Gsieser Gemeindebl 2/2001, 9) – Vgl. Wiedergewinnungsplan

Durchgangsstrasse CH **Durchgangsstraße** D STIR die; –, -n: ↗DURCHZUGSSTRASSE A ›meist stark befahrene Straße für den überregionalen Verkehr, die einen Ort oder Ortsteil durchquert‹: *Des Tags donnern dann etwas weiter unten auf der Durchgangsstrasse Autos und Lastwagen* (WW 17. 7. 1997, Internet; CH); *Unser Vorort wird von einer Durchgangsstraße in zwei Orte geteilt: in ein so genanntes altes Dorf ... und in die Satellitenstadt* (Grün, Lawine 103; D); *Mathilde verschönerte, befestigte und baute das Schloss aus; es lag auf der Durchgangsstraße zwischen Canossa und Mantua, die wichtigste Stadt ihrer Gebiete in der Poebene* (Guastalla, 2001, Internet; STIR) – Vgl. Durchgangsverkehr

Durchgangsverkehr CH D der; -s, ohne Plur.: ↗DURCHZUGSVERKEHR A ›Straßenverkehr, der einen Ort bzw. ein Gebiet durchquert; Transitverkehr‹: *Gestern wurde die neue Umfahrungsstrasse eingeweiht, die den Durchgangsverkehr von der Metropole des Luzerner Hinterlands fernhalten soll* (Blick 23. 10. 1999, 6; CH); *Von der Autobahn soll eine neue südliche Umgehungsstraße Barsbüttel von dem Durchgangsverkehr entlasten* (Welt 10. 2. 2000, Internet; D) – In A selten. Vgl. Durchgangsstraße

durchgeben: *einen durchgeben CH: ↗FESTEN A-west (Vbg.) CH, ↗DRAUFMACHEN: *EINEN DRAUFMACHEN D, ↗BUDE: *DIE BUDE AUF DEN KOPF STELLEN D (ohne nordwest), ↗FASS: *EIN FASS AUFMACHEN D-nord/mittel, ↗PUPPE: *DIE PUPPEN TANZEN LASSEN D (ohne südost) ›ausgelassen feiern‹: *Jetzt, wo ich ... alles geklärt habe, würde ich voll einen durchgeben* (NLZ 6. 10. 2000, Internet) – Das Verb *durchgeben* ist in der Bedeutung ›eine Nachricht übermitteln‹ gemeindt.

Durchhaus A das; -es, ...häuser: **1.** (Architektur) ›Haus mit einem Durchgang, der zwei Straßen verbindet‹: *Es begann bereits wieder zu dämmern, als ich mich in einem Durchhaus liegen fand, unweit der Frari-Kirche, wie sich später herausstellte* (Rosei, Edgar Allan 20). **2.** (salopp) ›Gebäude, Gebiet, das als notwendige Zwischenstation passiert wird, bzw. Institution, die zum Zweck, etw. anderes zu erreichen, genutzt wird‹: *Als wir noch nicht Mitglieder der EU waren, hatte unsere Regierung mit der Union einen Vertrag ausgehandelt, der unser Land davor bewahren sollte, transitmäßig zum Durchhaus Europas zu verkommen* (Ganze Woche 21. 1. 1998, 2)

durchhecheln CH D (ohne mittelost/südwest) sw.V./hat (abwertend, Grenzfall des Standards): ↗TRATSCHEN A D, ↗RATSCHEN A D-südost, ↗SCHWATZEN CH, ↗KLATSCHEN CH D (ohne südost), ↗PLAUSCHEN D-südost ›herumerzählen, ausplaudern; über andere Leute schlecht oder spöttisch reden‹: *Auch fand ich's nie lustig, ausgelacht zu werden. Mir fehlt die Demut, in meiner Abwesenheit als stotternder und händeringender Priester geschildert und durchgehechelt zu werden* (Bucher, Unruhen 44; CH); *Kein Schritt, der nicht genauestens beobachtet und anschließend gründlich durchgehechelt wird in der Regenbogenpresse* (Tagesspiegel 30. 6. 1999, Internet; D) – Andere Bedeutungen sind gemeindt.

Durchlaucht LIE die; –, -en: /standardsprachliche formelle Anrede des Fürsten und der Angehörigen der Fürstenfamilie, meistens in der Wendung *Seine Durchlaucht* bzw. *Ihre Durchlaucht*, schriftlich auch in der Abk. *S.D.* bzw. *I.D.*/: *Aus Anlass des Geburtstages Seiner Durchlaucht Fürst Hans-Adam II. von und zu Liechtenstein am Montag, 14. Februar, findet auf dem Schloss Vaduz ein Gratulationsempfang statt* (Liechtensteiner Pressebulletin 16. 2. 2000, 1) – Wird auf der ersten oder auf der zweiten Silbe betont. In A, CH und D historisch

durchrechnen A sw.V./hat: ›für die Höhe der ↗Pension einen Einkommensdurchschnitt aus mehreren Jahren berechnen‹: *Ihr Pensionsantrittsalter von 53 Jahren haben die Eisenbahner über die Reform hinaus gerettet. Dafür müssen sie künftig durchrechnen und Arbeitslosenversicherung zahlen* (OÖN 5. 12. 1997, 1) – Die Bedeutung ›vollständig rechnen, mittels Nachrechnen prüfen‹ ist gemeindt. – Dazu: ↗**Durchrechnung**, ↗**Durchrechnungszeitraum**

Durchrechnung A die; –, -en (Verwaltung): ›Heranziehung des Einkommensdurchschnitts mehrerer Jahre für die Berechnung der ↗Pension‹: *Für ASVG, Bauern und Gewerbetreibende soll es wie für die Beamten eine Begrenzung der Verluste durch die längere Durch-*

rechnung geben (Kurier 5. 11. 1997, 1) – Vgl. durchrechnen – Dazu: ↗**Durchrechnungszeitraum**

Durchrechnungszeitraum A der; -(e)s, ...räume (Verwaltung): ↗ANRECHNUNGSZEITRAUM D ›für die Berechnung der ↗Pension herangezogener Zeitraum von mehreren Arbeitsjahren‹: *Die Pensionsreform, die auch für die Berechnung von Beamtenpensionen einen Durchrechnungszeitraum bringen soll, stand im Mittelpunkt der Eröffnung des 13. Gewerkschaftstages des Öffentlichen Dienstes* (VN 29. 10. 1997, A 3) – Vgl. durchrechnen, Durchrechnung

durchseihen A D sw.V./hat: ↗ABSEIHEN A, ↗ABSIEBEN CH D, ↗DURCHSIEBEN CH D ›(Flüssigkeiten) durch ein Sieb oder Tuch gießen (um feste Bestandteile davon zu trennen)‹: *Den Fond durchseihen, eine kleine dunkle Buttereinmach, damit aufgießen und – wichtig – fünf Deka Hetschepetschmark unterrühren, mit Sauerrahm verfeinern* (OÖN 28. 10. 2000, 23; A); *Sonnenblumen-Blüten ... zugedeckt 10 Minuten ziehen lassen, durchseihen, sehr warm, aber nicht zu heiß in kleinen Schlücken trinken* (ARD 16. 8. 2001, Internet; D) – Vgl. Seiher

durchsieben CH D sw.V./hat: ↗ABSEIHEN A, ↗DURCHSEIHEN A D, ↗ABSIEBEN CH D ›(Flüssigkeiten) durch ein Sieb oder Tuch gießen (um feste Bestandteile davon zu trennen)‹: *Wein, Essig, Schalotten und Pfeffer in einer kleinen Pfanne auf die Hälfte einkochen und durchsieben* (Blick 24. 3. 2002, 23; CH); *Zuletzt alles durchsieben ... und kurz vor dem Servieren den eisgekühlten Sekt, wahlweise Sprudel, zufügen* (WAZ 12. 5. 1997, Internet; D)

durchwachsen D Adj.: ›mittelmäßig; abwechselnd besser und schlechter‹: *Trotz durchwachsenem Wetter konnten die Trainer ... über zwanzig Jugendliche mit ihren Eltern und Geschwistern begrüßen* (Landshuter Ztg 14. 10. 1998, 22) – Die Bedeutungen ›durch etw. hindurch wachsen‹ und ›durchzogen, durchsetzt (z. B. Fleisch von Fett)‹ sind gemeindt.

Durchwahl A D die; –, ohne Plur.: **1.** ↗DIREKTWAHL CH ›Einrichtung zur Erreichung des Gesprächspartners bzw. der Gesprächspartnerin ohne Vermittlung durch die Haustelefonzentrale‹: *Alle Zimmer verfügen über komfortable Betten, ... Telefon mit Durchwahl ... und Balkon zur Garten- oder zur Seeseite* (Hotel Caroline, Achensee, 2002, Internet; A); *Die direkte Durchwahl zu den einzelnen Ämtern sei aber weiterhin gewährleistet* (Berliner Ztg 22. 5. 1997, Internet; D). **2.** ↗KLAPPE A, ↗INTERN CH D ›Unternummer einer Telefonzentrale‹: *Für weitere Fragen wurde bei der AK Tirol die Servicenummer 0512/5340 Durchwahl 444 eingerichtet* (Monatsjournal Tirol 2. 4. 1998, 26; A); *Chefredakteur und Verantwortlicher für die Inhalte im Internet: Claus D. ... Durchwahl: –125* (Börsen-Ztg 12. 6. 2002, Internet; D) – Dazu: **Durchwahlnummer**

durchweg D Adv.: ↗DURCHWEGS A CH D-südost ›ausnahmslos, gänzlich‹: *Es handelte sich durchweg um altmodische Broschen und Anhänger, die sie von der Mutter geerbt haben mochte* (Brückner, Spuren 39) – Wird auf der ersten Silbe, mit Kurzvokal, oder auf der zweiten Silbe, mit Langvokal, betont. Vgl. weiter

durchwegs A CH D-südost Adv.: ↗DURCHWEG D ›ausnahmslos, gänzlich‹: *Die Studie ist vielmehr als Einladung zu verstehen, sich als Gemeinschaft wie auch als einzelner – durchwegs auch mit materiellem Gewinn – für ein besseres Klima vor Ort einzusetzen* (SN 11. 11. 1997, 21; A); *Als gewichtiger Beitrag erschien der fast 500 Seiten starke Band von fast durchwegs hohem Niveau* (Jahr der Schweiz 62; CH) – Vgl. öfters, weiters

Durchzugsstraße A die; –, -n: ↗DURCHGANGSSTRASSE CH DURCHGANGSSTRASSE D STIR ›meist stark befahrene Straße, die einen Ort oder Ortsteil durchquert‹: *Rasende Autos, knatternde Mopeds oder dröhnende Lkws sorgen tagsüber in Durchzugsstraßen für eine Lautstärke von rund 70 Dezibel* (Maxima 3/1998, 25) – Vgl. Durchzugsverkehr

Durchzugsverkehr A der; -s, ohne Plur.: ↗DURCHGANGSVERKEHR CH D ›Straßenverkehr, der einen Ort bzw. ein Gebiet durchquert; Transitverkehr‹: *Eine Bilderbuchgegend ohne Durchzugsverkehr, idyllische Berglandschaften* (Reisen 6/1997, 79) – Vgl. Durchzugsstraße

Dürerstadt D die; –, ohne Plur. ⟨nach dem Renaissancemaler *Albrecht Dürer* (1471–1528), der hauptsächlich dort gewirkt hat⟩: ›Nürnberg‹: *Zum 950. Stadtjubiläum präsentierte sich Nürnberg auch als Dürerstadt* (Bayrischer Rundfunk 9. 10. 2001, Internet)

dürr (gemeindt.): ↗BRANDMAGER, ↗SPILLERIG, ↗ZAUNDÜRR

Dusel D der; -s, ohne Plur. (Grenzfall des Standards): ↗MASEN A, ↗MASSEL A D (ohne mittelost/südwest) ›günstiger Zufall; Glück‹ (meist in der Wendung *[einen] Dusel haben*): *Wir haben Dusel gehabt vorhin* (Martin, Blut 62)

duselig CH D (ohne südost) Adj. (Grenzfall des Standards): ↗DAMISCH A D-südost, ↗STURM CH, ↗SCHWINDELIG D (ohne südost) ›benommen, schwindlig‹: *Die Hitze allein ist es nicht, die Paul Z. duselig macht* (NZZ 17. 6. 2002, Internet; CH); *Nun bin ich kein Feind klotziger Weine ... Der Südfranzose macht aber prima duselig* (SWR 1, 26. 5. 2000, Internet; D) – In D-nord auch in der Form *duslig*

duslig D-nord Adj. (Grenzfall des Standards): siehe duselig

Dussel D (ohne südost) der; -s, – (abwertend, Grenzfall des Standards): ↗Dodel A (ohne südost), ↗Dulle A-südost (Ktn.), ↗Didel D-mittelost/südwest, ↗Döskopp D-nord/mittelwest ›einfältiger, langsamer, träger Mensch; Dummkopf‹: *Und du bleibst einfach stehen? Du bist vielleicht ein Dussel!* (Burger, Hitler-Jugend 32) – Dazu: ↗**dusselig** CH D (ohne südost)

dusselig CH D (ohne südost) Adj. (Grenzfall des Standards): ↗deppert A D-südost, ↗dämlich CH D (ohne südost), ↗bescheuert D (ohne südost), ↗blöde D-nord/mittel ›schwer von Begriff; ungeschickt, dumm (von Personen)‹ (häufig in der Wendung *dumm und dusselig*): *Die hysterische und dusselige Polizistin Leah S. ging mir auf die Nerven* (Blick 18. 12. 2002, 2; CH); *Der Bandit befielt Stanlio, seinen Kumpanen aufzuhängen, doch als der sich zu dusselig anstellt, gibt der Räuberhauptmann den beiden Tölpeln noch eine Chance* (ARD, 2002, Internet; D) – In D-nord auch in der Form *dusslig*. Vgl. Dussel

dusslig D-nord Adj. (Grenzfall des Standards): siehe dusselig

Dutt D der; -(e)s, -e und -s: ↗Bürzi CH, ↗Nest D-süd ›Haarknoten‹: *Die silbernen Haare sind streng nach hinten gekämmt, zu einem Dutt verknotet* (Welt 17. 4. 1999, Internet)

Duvet CH das; -s, -s ['dyve] ⟨frz.⟩: ↗Tuchent A, ↗Federbett A D, ↗Plumeau D-südost, ↗Oberbett D (ohne ost) ›mit Federn oder anderen weichen Materialien gefüllte Bettdecke‹: *Es regnete viel; am Morgen lag ich zwischen Vater und Mutter im Bett, unter einem hochgewölbten Duvet* (Hartmann, Eis 58) – Dazu: **Duvetanzug** (↗Anzug), **Duvetbezug**

Duzfreund Duzfreundin D der; -(e)s, -e bzw. die; –, -nen: ›befreundete Person, mit der man sich duzt‹: *Schließlich sitzt ihm mit Bundeskanzler Gerhard Schröder ein alter Duzfreund gegenüber; seit 20 Jahren kennen sich beide privat* (Berliner Kurier 1. 11. 1998, Internet) – Dazu: **Duzfreundschaft**

Duzis CH das, –, –: ›Anrede per Du‹: *Falls ihm Namen und Duzis entfallen sind, was gelegentlich vorkommen soll, überspielt der Achtziger routiniert seine Gedächtnislücke und sagt: »Ciao caro, lange nicht gesehen«* (NZZ 24. 7. 1999, 45); ***[mit jmdm.] Duzis/duzis sein** ›jmdn. per Du anreden‹: *Rolf behauptet, er sei mit dem zuständigen Stadtrat Sturzenegger Duzis und bietet Annekäthi an, ein gutes Wort für ihr Vorhaben einzulegen* (Schweizer Fernsehen, 1999, Internet); *Ich bin seit der Präsentation [in] Zürich mit Peter Sauber duzis* (Blick 2. 3. 2000, 6); ***[mit jmdm.] Duzis/duzis machen** ›das Du anbieten; anfangen, sich zu duzen‹: *Am Schluss machten wir sogar Duzis und er gab mir seine Telefonnummer* (Blick 23. 12. 1995, 2)

DV siehe Dienstvertrag

E

e̲ben D (ohne südost) Adv.: ›für kurze Zeit; nur ganz kurz‹: *Eben mal was im Internet nachgucken wollen und dann sind Stunden draus geworden?* (Rheinische Post 3. 1. 2003, Internet) – Andere Bedeutungen sowie die Verwendung als bestätigende Partikel sind gemeindt., letztere jedoch in CH häufiger als in A und D

Ẹck A D-süd das; -(e)s, -en: ↗Ecken CH ›Ecke‹: *Auf dem Schreibblock links im Eck siehst du während des ganzen Spiels den Gesamt-Spielstand mit dem Stand aller Spiele innerhalb des aktuellen Bummerls* (Schnapsen, Spielanleitung, 2004, Internet; A); ***im Eck sein** A ›in schlechter Verfassung sein‹: *Die Genossen haben es geschafft, der Konsum ist im Eck und die Pleite ruinierte zudem zahlreiche kleine Zulieferer in der Privatwirtschaft* (Wien Focus, 2000, Internet); ***jmdn. ins Eck drängen** A D-süd ›jmdn. in die Defensive treiben‹: *»Schauen Sie«, fuhr Holter fort, »wenn wir Benda angreifen, drängen wir ihn ins Eck, und ihm wird gar nichts anderes übrig bleiben, als zurückzuschlagen«* (Scharang, Sohn eines Landarbeiters 101; A); ***jmdn. ins Eck stellen** A D-süd ›jmdn. ins Abseits drängen, ausgrenzen‹: *Aber dann, im Gegenüber mit den jungen Leuten, kam sie sich von ihren eigenen Grundsätzen ins Eck gestellt vor* (Prugger, Nachbarn 124; A); ***ums Eck** A D-süd: ↗um die Ecke D ›um die Kurve; nebenan‹: *Nur mit Gewalt brachten die Wedelfanatiker der skihistorischen Frühgeschichte ihre Bretter ums Eck* (Sport Magazin 10/1997, Beilage 10; A); *Jeder »Ausflug«, sogar zum Bäcker ums Eck, wird zur Expedition, besonders im Winter* (Welt der Frau 6/1996, 6; A); ***jmdn. ums Eck bringen** A D-süd (salopp, Grenzfall des Standards): ↗Boden: *jmdn. unter den Boden bringen CH D-südwest, ↗alle: *jmdn. alle machen D (ohne südost) ›jmdn. töten; jmdn. um die Ecke bringen‹: *Ums Eck gebracht heute Nacht bei mir ums Eck in der Sechshauser Straße* (Brödl, Blutrausch 27; A); ***Deutsche Eck** (Geographie): **a)** A ›deutsches Staatsgebiet, das sich keilförmig zwischen ↗Tirol und Salzburg schiebt‹: *Um 11.00 Uhr fuhren wir über Alland – Salzburg – deutsches Eck – Kufstein – Wörgl und Jenbach nach Achenkirch, wo wir um 17.30 Uhr in unserem Quartier ankamen* (Pfarrgemeinde Pottenstein, 2002, Internet). **b)** D ›Zusammenfluss von Rhein und Mosel in Koblenz‹: *Das Deutsche Eck ist Symbol der Einheit am Zusammenfluss von Rhein und Mosel* (Deutsche Welle 6. 6. 2002, Internet); ***Kleine Deutsche Eck** A (Verkehr) ›Verbindung von ↗Tirol nach Salzburg auf deutschem Staatsgebiet über Bad Reichenhall‹: *1. Tag: Anreise via Innsbruck, kleines deutsches Eck nach Salzburg* (Firma Loackertours, 2002, Internet); ***Große Deutsche Eck** A (Verkehr) ›Verbindung von ↗Tirol nach Salzburg auf deutschem Staatsgebiet über die Autobahn via Rosenheim‹: *Von Salzburg aus ging es mit einem Tross aus sechzig Leuten in dreizehn Autos, Kleinbussen und Lastwagen über das große deutsche Eck nach Tirol* (SN 6. 2. 2001, Internet) – Das Substantiv *Eck* ist in allen anderen Verwendungen gemeindt.

Eck[e]hart siehe Eckart

Ẹckart Ẹckhart D: männl. Vorname: *Innensenator Eckart W. (CDU) und die Bürgermeister der zwölf Bezirke haben sich bei den geplanten Stellenkürzungen geeinigt* (Berliner Ztg 10. 4. 2001, Internet) – Bekannt durch die Harlungensage. Auch in den Schreibungen *Eckard, Eck[e]hard, Ekkehart*

EC-Karte (gemeindt.): ↗Bancomatkarte, ↗Bankomatkarte

Eckball (gemeindt.): ↗Corner, ↗Ecke, ↗Eckstoß

Ẹcke D die; –, -n: **1.** (Fußball); ↗Corner A CH, ↗Eckstoß D ›Freistoß von einer Ecke des Spielfeldes gegen die Mannschaft, die den Ball hinter die eigene Torlinie befördert hat; Eckball‹: *Zur gleichen Zeit trainierte der 1. FC Köln Freistöße und Ecken* (BamS 26. 10. 1997, 107). **2. *um die Ecke** D: ↗Eck: *ums Eck A D-süd ›um die Kurve; nebenan‹: *Dem Wunsch des Kunden nach einem größeren Lebensmittelsortiment im Lebensmittelgeschäft um die Ecke soll … das Bauplanungsrecht nicht im Wege stehen* (Deutsche Industrie- und Handelskammer 30. 4. 2003, Internet) – Andere Bedeutungen sind gemeindt.

Ẹcken CH der; -s, – (Grenzfall des Standards): ↗Eck A D-südost ›Ecke‹: *Das Seraphische Liebeswerk hat einen Ecken des Friedhofes gemietet* (SoZ 8. 8. 1999, 15); ***einen Ecken abhaben:** ↗Huscher: *einen Huscher haben A, ↗Klopfer: *einen Klopfer haben A, ↗Pecker: *einen Pecker haben A,

↗KLAMSCH: *EINEN KLAMSCH HABEN A-ost/südost, ↗SCHUSS: *EINEN SCHUSS HABEN A D, ↗HAU: *EINEN HAU HABEN A-west D-mittelwest, ↗HUNDERT: *NICHT GANZ HUNDERT SEIN CH, ↗MACKE: *EINE MACKE HABEN CH D (ohne südost), ↗MEISE: *EINE MEISE HABEN CH D-nord/mittel, ↗RAD: *EIN RAD ABHABEN D, ↗STICH: *EINEN STICH HABEN D, ↗HASCHMICH: *EINEN HASCHMICH HABEN D-nord/mittel, ↗KITTEL: *JMDM. BRENNT DER KITTEL D-südwest, ↗SCHLAG: *EINEN SCHLAG HABEN D-ost/südost ›nicht ganz bei Verstand sein; verrückt sein‹: *Er müsse sich akzeptieren, wie er sei, »sonst könnte ich mich gleich verbrennen«. Und überhaupt: Es habe ja jeder »einen Ecken ab«, meint er* (TA 19. 2. 1997, 5)

Eckstoß D der; -es, ...stöße (Fußball): ↗CORNER A CH, ↗ECKE D ›Freistoß von einer Ecke des Spielfeldes gegen die Mannschaft, die den Ball hinter die eigene Torlinie befördert hat; Eckball‹: *Da wurde S. E. beim Anlauf zu einem Eckstoß von einer Trillerpfeife getroffen, die aus dem Frankfurter Fan-Block geworfen wurde* (Welt 20. 9. 1999, Internet)

Economiesuisse CH die; –, ohne Plur. [ek'ɔnɔmiːˈsyis] ⟨aus frz. *économie* ›Wirtschaft‹ und *suisse* ›Schweiz‹⟩: ↗INDUSTRIELLENVEREINIGUNG A, ↗VORORT CH, ↗SHIV CH, ↗BDI D, ↗INDUSTRIELLENVERBAND STIR ›Dachorganisation der Verbände von Unternehmen der Industrie und von grossen privaten Dienstleistungsfirmen bzw. deren Vorstand‹: *Economiesuisse, der Verband der Schweizer Unternehmen, erneuerte gestern seine Forderung nach Steuersenkung* (NLZ 26. 7. 2001, Internet)

Edelkorn D-mittelwest der; -(e)s, ohne Plur.: ↗DOPPELKORN D ›Kornbranntwein mit mindestens 38 % Alkoholgehalt‹: *Doppelkorn oder Edelkorn enthält mindestens 38 Vol.-%* (Haensch, Deutschland Lexikon 77)

Edikt A das; -(e)s, -e: ›öffentliche Bekanntmachung von Versteigerungen, Konkursverfahren etc. durch das Gericht‹: *Eine solche Beschreibung ist durch Edikt an den Orten öffentlich bekannt zu machen, wo sich der Beschuldigte aufgehalten hat oder wo die ihm zur Last gelegten strafbaren Handlungen begangen wurden* (Strafprozessordnung § 376) – Die Bedeutung ›Erlass eines Herrschers bzw. einer Herrscherin‹ ist historisch gemeindt. – Dazu: **Konkursedikt**, ↗**Versteigerungsedikt**

EDK CH die; –, ohne Plur.: buchstabierte Abk. für ↗*Erziehungsdirektorenkonferenz:* ›die unterschiedlichen ↗kantonalen Schulsysteme koordinierendes Gremium, zusammengesetzt aus den ↗Erziehungsdirektoren der ↗Kantone‹: *Im Übrigen wird daran erinnert, dass sich die Schweizerische Konferenz der kantonalen Erziehungsdirektoren (EDK) schon 1991 gegen schulische Ausgrenzung aussprach* (Bund 24. 8. 1999, 13)

Effekten CH die; nur Plur. ⟨aus frz. *effets* zu lat. *effectus* ›erreichter Besitz‹⟩: ›bewegliche Habe; Habseligkeiten‹: *Gratis-Rücktransport von Mitwirkenden und Effekten ab jedem Kontrollposten der 100-km- und Marathon-Strecken bei Aufgabe des Laufes* (Biel, 1999, Internet); ***persönliche Effekten** ›private Habseligkeiten der Insassen einer Institution oder Anstalt‹: *Persönliche Effekten: Deren Unterhalt und Ergänzung ist Sache der Pensionärin/des Pensionärs. Alle Effekten sind mit dem Namen ... zu versehen* (Altersheim Wienerberg St. Gallen, 1999, Internet) – Die Bedeutung ›an der Börse gehandelte Wertpapiere‹ ist gemeindt. – Dazu: **Effektenschrank** (↗Schrank)

EFH CH D das; -s, -s: nur geschriebene, unverkürzt gesprochene Abk. für ›Einfamilienhaus‹: *Zu vermieten ... 5 1/2-Zi.-EFH sep. Garage* (Tierwelt 33/1997, 86; CH); *Oberhausen, extravagantes EFH in luxuriöser Ausstattung ..., überlange Garage, große Terrasse* (WAZ 15. 10. 1997, G 1; D) – Vgl. MFH

Egerling D der; -s, -e (veraltend): ›Champignon‹: *Der Champignon – auch Egerling genannt – ist ein einheimischer Wiesenpilz mit mittelgroßen Lamellen* (AOK 21. 12. 2000, Internet)

Egli CH der/das; -s, –: ›Flussbarsch‹: *Vater fing vor allem Egli* (Hartmann, Eis 61) – Betonung auf der ersten Silbe, kurz oder lang – Dazu: **Eglifilet**

Ehebuch A das; -(e)s, ...bücher: ↗EHEREGISTER CH D, ↗TRAUUNGSREGISTER STIR ›verwaltungsbehördliches Verzeichnis, in dem Heiraten beurkundet werden‹: *Sie müssen nämlich jetzt die Eintragungen im Ehebuch nachholen, für die sie vor dem Jahreswechsel wegen des Heiratsbooms keine Zeit hatten* (OÖN 4. 2. 1988, 1) – Vgl. Matrikenbuch

Eheregister CH D das; -s, –: ↗EHEBUCH A, ↗TRAUUNGSREGISTER STIR ›verwaltungsbehördliches Verzeichnis, in dem Heiraten beurkundet werden‹: *Die Trauung wird im Eheregister des Zivilstandskreises eingetragen, in dem sie stattgefunden hat* (Schweiz. Gesetzessammlung, 2003, Internet; CH); *Der erste Eintrag im Eheregister stammt vom dritten Sonntag nach Trinitatis 1647* (Evangel. Kirchengemeinde Schornbach 4. 3. 2003, Internet; D)

Ehni LIE der; -s, -s: ↗ÄHNE A-west (Vbg.), ↗OPA A D, ↗GROSSÄTTI CH, ↗GROSSPAPI CH, ↗NENI LIE ›Großvater‹: *Die unzähligen Zeichen der Anteilnahme ... beim allzu frühen Heimgang ... unseres herzensguten Vaters, Ehnis ... und Göttis ... haben uns tief bewegt* (Liechtensteiner Volksbl 19. 8. 1995, 10) – Als Grenzfall des Standards sowie in Todesanzeigen, auch in der Form *Eni,* im Vorarlberger ↗Oberland gebräuchlich

Ehrenfähigkeit CH die; –, ohne Plur.: ↗Aktivbürgerrecht CH, ↗Ehrenrecht: *bürgerliche Ehrenrechte D ›Recht, aktiv am politischen Leben teilzunehmen, d. h. abzustimmen, zu wählen und gewählt zu werden‹ (häufig in der Wendung *bürgerliche Ehrenfähigkeit*): *Um Stimmrechtsanfragen beantworten zu können, führt die Heimatgemeinde eine Kontrolle über ihre in der bürgerlichen Ehrenfähigkeit eingestellten Bürger* (Aargauische Rechtssammlung, 2002, Internet)

Ehrenrecht: *bürgerliche Ehrenrechte D: ↗Aktivbürgerrecht CH, ↗Ehrenfähigkeit CH ›Recht, aktiv am öffentlichen Leben teilzunehmen, z. B. zu wählen und gewählt zu werden; Wahlrecht‹: *Zu fragen sei, wie lange man Jugendlichen … bürgerliche Ehrenrechte auf Dauer vorenthalten könne* (Schleswig-Holsteinischer Landtag, 1996, Internet) – Nur im Plural gebräuchlich

Ehrenschutz A der; -es, ohne Plur.: ↗Patronanz A, ↗Patronat CH, ↗Schirmherrschaft D ›[finanzielle] Förderung und Betreuung einer Veranstaltung durch eine [prominente] Person bzw. Institution oder Firma‹: *Unter dem Ehrenschutz von Ministerin Gehrer findet im Eisenbahnmuseum Strasshof … bei freiem Eintritt ein Kindertag statt* (Neue Kronen Ztg 30. 8. 1999, Internet) – Die Bedeutung ›gesetzlicher Schutz der persönlichen und kollektiven Ehre‹ ist fachsprachlich gemeindt.

Ehrenvorsitzende D der/die; -n, -n: ›↗Vorsitzende(r) ehrenhalber ohne die Rechte und Pflichten des eigentlichen ↗Vorsitzenden‹: *Der andere Ehrenvorsitzende, Hans-Dietrich G., ergreift also am Montag bei der Vorstands- und Fraktionssitzung das Wort* (Tagesspiegel 24. 9. 2002, Internet)

Ehrenwein CH, LUX (geh.) der; -(e)s, -e: ›bei Empfängen o. Ä. servierter Wein, Sekt‹: *Auf der gegenüberliegenden Seite des Rednerpultes wird ein Tisch für den Ausschank von Ehrenwein sowie die Ablage der Anstecknelken benötig* (NWSJV-Delegiertenversammlung 29. 4. 1997, Internet; CH); *Nach Abschluss der Grußworte lud die Gemeindeverwaltung zu einem Ehrenwein ein* (Luxemb Wort 21. 9. 1999, 16; LUX) – In D veraltend

Ehrenzeichen: *[Goldene/Silberne] Ehrenzeichen für Verdienste um die Republik Österreich A: ↗Bundesverdienstkreuz D ›Orden für besondere Verdienste um den Staat‹: *Dem stellvertretenden Sicherheitsdirektor für das Bundesland Vorarlberg … wurde … von Innenminister Karl Schlögl das Silberne Ehrenzeichen für Verdienste um die Republik Österreich verliehen* (VN 19. 12. 1997, B 2) – Das Substantiv *Ehrenzeichen* ist in allen anderen Verwendungen gemeindt.

Ehrung (gemeindt.): ↗Ovation

Ei: *Ach du dickes Ei! D-nord/mittel (Grenzfall des Standards): ↗Gott: *pfiat di Gott [schöne Gegend] A D-südost, ↗Mahlzeit: *na Mahlzeit! A D-südost; *[na denn] prost Mahlzeit! D, ↗servus: *[na] servus! A D-südost, ↗Backe: *au Backe! D (ohne südost) /Ausruf des Erschreckens oder der Betroffenheit/: *»Ach du dickes Ei«, sagte der Mann und steckte nun wieder kurz den Kopf unter dem Auto hervor* (Bick, Tödliche Ostern 98); ***ungelegte Eier** D (Grenzfall des Standards) ›noch nicht spruchreife Dinge‹: *Ein Blick in die Wahlprogramme … mag belegen, dass wir hier nicht über ungelegte Eier reden* (IG Metall 11. 7. 2002, Internet; D); ***wie aus dem Ei gepellt** CH D-nord/mittel siehe pellen; ***Eier pecken** A D-südost siehe pecken – Das Substantiv *Ei* ist in allen anderen Verwendungen gemeindt. Vgl. Eier

eidg. siehe eidgenössisch

Eidgenosse Eidgenossin CH der; -n, -n bzw. die; –, -nen: **1.** ›Schweizer(in) (histor. Bezeichnung)‹: *Am 26. August 1444 stiessen hier … 1300 Eidgenossen und das 30.000 Mann zählende Heer des Dauphins Ludwig aufeinander* (Schmidt, Wanderung 10); ***die alten Eidgenossen** ›Schweizer(in) in der Gründungs- und Konsolidierungszeit der ↗Eidgenossenschaft (13.–16. Jh.)‹: *Die alten Eidgenossen machten ihr politisches und wirtschaftliches Leichtgewicht wett durch Bauernschläue* (NZZ online, Dossier 11. 4. 2000). **2.** ›Schweizer(in) (zur Hervorhebung der behaupteten typischen Eigenschaften Aufrichtigkeit und Solidität)‹: *Wir sind freie, unabhängige Eidgenossen und müssen … nicht nur gegen die EU sein, sondern auch gegen die Gegner dieser Expo* (Blick 7. 10. 1999, 33). **3.** ›Schweizer(in) (als Ausweichbezeichnung im Sport oder ironisch-scherzhaft)‹: *Nicht mehr am Start erschien der Schweizer Roland M., der nach Armin M. und Laurent D. bereits als dritter Eidgenosse in dieser Rundfahrt vom Rad stieg* (Blick 16. 9. 1999, 23) – Dazu: ↗**eidgenössisch**, ↗**Eidgenossenschaft**

Eidgenossenschaft CH die; –, ohne Plur.: **1.** kurz für *Schweizerische Eidgenossenschaft*: ↗Confoederatio: *Confoederatio Helvetica CH, ↗Helvetien CH, ↗Schweizerland CH ›die Schweiz als Ganzes‹: *Er habe Bundesrat Pascal Couchepin zugesagt, weil es sich beim Job des Delegierten des Bundes um ein begrenztes Mandat im Auftrag der Eidgenossenschaft handle, sagte Franz S. am Montag* (TA 12. 10. 1999, 10). **2.** ›[mythisierte] historische Schweiz (bis 1798)‹: *Indem [der Wehrmann] das in alphabetischer Reihenfolge gereichte gelbe Soldsäckli empfing, trat er für einen kurzen Moment mit der Eidgenossenschaft in Intimkontakt* (Blick 20. 8. 1999, 28); ***dreizehnörtige Eidgenossenschaft** (früher): ↗Ort: *13 alte Orte CH ›↗Kantone, die von 1513 bis 1798 die Eidgenossenschaft (Bed. 1) bildeten‹: *Das Ancien Régime und mit ihm die dreizehn-*

örtige Eidgenossenschaft wurden durch den Einmarsch der Franzosen unter Napoleon hinweggefegt (Bund 22. 1. 1998, 30) – Das Substantiv *Eidgenossenschaft* in der Bedeutung ›Schwurgemeinschaft‹ ist gemeindt. veraltet. Vgl. Eidgenosse, eidgenössisch

eidgenössisch CH Adj. (nicht steigerbar): **1.** ↗HELVETISCH CH ›zur Schweiz gehörend; aus der Schweiz stammend‹: *Einen »durch und durch eidgenössischen Tunnel« nannte Verkehrsminister Leuenberger das 800 Millionen Franken teure Bauwerk* (Blick 20. 11. 1999, 2). **2.** ↗GESAMTSCHWEIZERISCH CH ›die gesamte Schweiz betreffend‹: *Zu den helvetischen Grotesken zählt, dass der Minister mit Blick auf die eigene Lage sich ein mässiges Resultat seiner Partei bei den eidgenössischen Wahlen hätte erhoffen müssen* (Blick 10. 12. 1999, 5). **3.** ↗SCHWEIZERISCH CH /amtliche Bezeichnung für Bundesbehörden, Institutionen, Organisationen oder ↗Anlässe/: *Das ausgezeichnete Lehrklima, die solide Arbeit und den guten Geist in der Liestaler RS [Rekrutenschule] bestätigte kürzlich auch der Vorsteher des Eidgenössischen Militärdepartements* (BaZ 25./26. 10. 1997, 41); ***Eidgenössische Dank-, Buss- und Bettag** siehe Bettag; ***Eidgenössische Technische Hochschule** siehe ETH. **4. *eidgenössisch diplomiert:** ↗STAATLICH: *STAATLICH GEPRÜFT A D ›nach Ablegen einer Prüfung, die aufgrund von gesamtstaatlichen Richtlinien durchgeführt wird, für die Ausübung eines bestimmten Berufes für geeignet befunden‹: *Zuerst lernte er während dreier Jahre Schuhmacher, absolvierte dann die Meisterprüfung und bildete sich während weiterer Jahre zum eidgenössisch diplomierten Orthopädie-Schuhmachermeister OSM weiter* (Südostschweiz 10. 7. 2001, Internet) – Abk. eidg. Oft im Ggs. zu ↗kantonal. Vgl. Eidgenosse, Eidgenossenschaft, helvetisch – Zu 2.: ↗**freundeidgenössisch**

Eier D-nordwest/mittelwest die; nur Plur. (Grenzfall des Standards): ↗STUTZ CH, ↗KRÖTEN D, ↗MONETEN D, ↗FLÖHE D-nord, ↗MÄUSE D (ohne südwest), ↗MÖPSE D-nordost/mittelwest, ↗MÜCKEN D-nordost/mittel, ↗PENUNZE D-nord ›Mark, Euro; Geldstück‹: *Das ganze kostet 25 schlappe Eier* (Computerclub NetGen 31. 1. 2003, Internet) – Vgl. Ei. Andere Bedeutungen sind gemeindt.

Eierfrucht (gemeindt.): ↗AUBERGINE, ↗MELANZANI

Eierkuchen der; -s, –: **1.** D-ost/südwest; ↗PALATSCHINKE A (ohne Vbg.), ↗OMELETTE A CH, ↗OMELETT A D (ohne mittelost), ↗PFANNEKUCHEN D-mittelwest, ↗PFANNENKUCHEN D-süd, ↗PFANNKUCHEN D-nord/mittelwest, ↗PLINSE D-nordost ›in der ↗Pfanne gebackene, flache Speise aus Eiern, Milch und Mehl‹: *Eierkuchen mit Erdbeersauce: In ... Butter oder Margarine nacheinander 4 Eierkuchen backen* (Beerenstark, 2000, Internet). **2. *Friede, Freude, Eierkuchen** CH D: ↗GRIEẞSCHMARREN: *LIEBE UND GRIEẞSCHMARREN; *WONNE UND GRIEẞSCHMARREN A ›demonstrativ gezeigte Einigkeit und Freundschaft [nach einem Konflikt]‹: *Friede, Freude, Eierkuchen in Rapperswil. Der erste Sieg in der NLA wurde tüchtig gefeiert* (Sonntagsblick 2. 10. 1994, 156; CH); *Die Düsseldorfer verzichteten aber großzügig auf einen Protest gegen die Spielwertung. Friede, Freude, Eierkuchen* (Welt 20. 5. 1996, Internet; D)

Eierschecke D-ost die; –, -n: ›mit einer Schicht aus Eiern, ↗Quark, Rosinen und Mandelsplittern überzogener Kuchen‹: *Eierschecke und die Pulsnitzer Pfefferkuchen sind leckere Beispiele für die feine Backkunst aus Sachsen* (Europa-Magazin 9. 10. 2001, Internet)

Eierschwamm A-west (Vbg.) CH der; -(e)s, ...schwämme: ↗EIERSCHWAMMERL A (ohne Vbg.), ↗PFIFFERLING A-west D, ↗PFIFFER D-südost (Franken), ↗REHLING D-südost ›kleiner, dottergelber Lamellenpilz‹ /Pilzsorte/: *Wenn ich unvermutet auf eine Gruppe von Eierschwämmen stiess, die den Moosboden zwischen jungen Tannen goldgelb tupften, empfand ich feierliche Genugtuung* (Hartmann, Eis 21; CH) – In A und D-süd selten. In A-west (Vbg.) auch in der Form *Eierschwämmle* (das; -(s), -). Vgl. Schwamm

Eierschwammerl A (ohne Vbg.) das; -s, -n: ↗EIERSCHWAMM A-west (Vbg.) CH, ↗PFIFFERLING A-west D, ↗PFIFFER D-südost (Franken), ↗REHLING D-südost ›kleiner, dottergelber Lamellenpilz‹ /Pilzsorte/: *Serviert werden gratiniertes Steinpilz-Carpaccio, Lachsroulade mit Kohl und Eierschwammerl, Risotto aus Eierschwammerl mit Wachtelbrust glasiert* (Standard 16. 9. 2000, Internet)

Eierschwämmle A-west (Vbg.) das; -(s), –: siehe Eierschwamm

Eierspeis A die; –, -en (Plur. ungebräuchl.): ↗RÜHREI CH D ›Gericht aus verrührten Eiern, die in Fett gebraten werden‹: *Im ganzen Salzkammergut und in ganz Salzburg ist es unmöglich geworden, eine Eierspeis mit einer Semmel zu bestellen* (Balàka, Atem 97) – Selten auch in der Form *Eierspeise* (die; –, -n)

Eierspeise A die; –, -n: siehe Eierspeis

Eigelb CH D das; -(e)s, -e: ↗DOTTER A D ›gelber, innerer Teil des Eis‹: *Über das Gemüse einen Guss aus Rahm, einem Eigelb, Pfeffer, Salz und Muskat geben* (Bund 26. 2. 1999, 33; CH); *Eier trennen, Eigelb unter die Kartoffelmasse rühren* (Freundin 19/1997, 162; D) – In Rezepten ist die Pluralform häufig mit dem Singular identisch (*drei Eigelb*)

Eigenerklärung D STIR die; –, -en: ↗SELBSTDEKLARATION CH, ↗SELBSTBESCHEINIGUNG STIR ›selbstständig gemachte Angaben [über zu leistende Abgaben]‹: *Niedergelassene Ärzte sollten die geforderten*

Belege der praktischen Tätigkeit durch eine Eigenerklärung nachweisen (Ärztekammer Berlin 4. 4. 2003, Internet; D); *Es müsste doch möglich sein, mit der Regierung in Verhandlung zu treten, um eine Ausnahmeregelung herbeizuführen, die vorsieht, dass der Landwirt, der diese Leute anstellt, eine Eigenerklärung abgibt und umgekehrt* (Wortprotokoll des Südtiroler Landtages 4. 6. 2002, Internet; STIR)

Eigengoal CH das; -s, -s [...goːl]: ↗SELBSTTOR D ›versehentlicher Treffer ins Tor der eigenen Mannschaft; Eigentor‹: *Aarau-Sieg dank Flavio-Eigengoal* (Blick 17. 5. 1999, 23) – Vgl. Goal

Eigentor (gemeindt.): ↗EIGENGOAL, ↗SELBSTTOR

Eigentumswohnung (gemeindt.): ↗STOCKWERKEIGENTUM

Eignungsabklärung CH die; –, -en: ↗EIGNUNGSFESTSTELLUNG A D ›Prüfung, Test bzw. Untersuchung, inwiefern eine Person für eine bestimmte Aufgabe taugt; Eignungstest‹: *Die Selektion soll gegebenenfalls durch eine Eignungsabklärung vor Studienbeginn erfolgen* (Bund 30. 9. 1998, 25) – Vgl. abklären

Eignungsfeststellung A D die; –, -en (Schule, Hochschule): ↗EIGNUNGSABKLÄRUNG CH ›Überprüfung, inwiefern eine Person für eine bestimmte Aufgabe taugt; Eignungstest‹: *Voraussetzungen für den Besuch der Musikhauptschule ist eine musikalische Begabung. Daher müssen die Kinder vor dem Eintritt eine Eignungsfeststellung machen* (OÖN 16. 6. 1988, 24; A); *Würde ... bei Zulassung von Studienbewerbern ... eine vorherige fundierte Eignungsfeststellung verlangt, so könnten Studienprobleme ... verringert werden* (Landesinstitut für Erziehung und Unterricht Stuttgart 20. 6. 2002, Internet; D)

Eignungstest (gemeindt.): ↗EIGNUNGSABKLÄRUNG, ↗EIGNUNGSFESTSTELLUNG

Eike D-nord ⟨niederdt.⟩: männl. Vorname: *Professor Eike von H. war Mitarbeiter am Max-Planck-Institut* (Welt 17. 6. 1997, Internet)

Eiklar A D-nordwest das; -s, -e (Plur. ungebräuchl.): ↗KLAR A, ↗EIWEISS CH EIWEIß D ›durchsichtige, gallertartige Masse des Eis‹: *Den Strudelteig auf einer bemehlten Arbeitsfläche in 4 gleich große Stücke ... schneiden und mit Eiklar bestreichen* (ORF Nachlese 9/1997, 70; A); *Schlagen Sie ein Ei auf, trennen Sie Eigelb vom Eiklar* (Universität Hamburg, 2002, Internet; D-nordwest)

eilen (gemeindt.): ↗PRESSIEREN

Eimer: *im Eimer sein D (Grenzfall des Standards) ›kaputt sein‹: *Außerdem ist die Frisur nicht gleich wieder im Eimer, wenn Wind und Wetter nicht mitspielen* (Berliner Kurier 16. 10. 1995, Internet); ***es gießt/schüttet wie aus Eimern** D (Grenzfall des Standards): ↗SCHAFFEL: *ES GIEßT/SCHÜTTET WIE AUS SCHAFFELN A D-südost, ↗SCHUSTERBUB: *ES REGNET SCHUSTERBUBEN A D-südost, ↗BINDFADEN: *ES REGNET BINDFÄDEN CH D (ohne südost), ↗KÜBEL: *ES GIESST WIE AUS KÜBELN CH; *ES GIEßT WIE AUS KÜBELN D ›es regnet sehr stark‹: *Und sie haben jede Menge Spaß – auch wenns mal wie aus Eimern schüttet* (NRZ 10. 8. 2001, Internet); ***etw. passt wie Arsch auf Eimer** D siehe passen – Zur Redewendung *es gießt/schüttet wie aus Eimern* vgl. auch die gleichbedeutenden Verben pladdern, plästern, schauern. Das Substantiv *Eimer* ist in allen anderen Verwendungen gemeindt.

einantworten A sw.V./hat (nur im Part., formell): ›[gerichtlich] übergeben‹: *Der Nachlass des Kindes wurde seinen Eltern je zur Hälfte eingeantwortet* (Schadenersatzrecht, 2002, Internet) – Dazu: **Einantwortung**

einatmen (gemeindt.): ↗EINSCHNAUFEN

einbekennen A unr.V./hat (formell): ›bekennen, eingestehen‹: *Warum er vor der Polizei seine Schuld einbekannt habe, ob er geschlagen worden war, wollte Richter Waller wissen* (Rabinovici, Suche nach M. 73) – In CH und D gehoben – Dazu: **Einbekenntnis, Einbekennung, Schuldeinbekenntnis**

Einberufung A D die; –, -en: ↗EINBERUFUNGSBEFEHL A D, ↗AUFGEBOT CH, ↗EINBERUFUNGSBESCHEID D ›[schriftliche] amtliche Aufforderung, den Wehrdienst anzutreten‹: *Der 18-jährige, der sich ... weigerte, den Wehrdienst beim Bundesheer zu absolvieren, wurde kurz nach der Einberufung aus »ärztlichen Gründen« wieder außer Dienst gestellt* (OÖN 6. 4. 1995, 16; A); *Wartet mit der Zurückstellung nicht bis die Einberufung im Briefkasten liegt, dann wird es meistens sehr, sehr eng* (Fachhochschule Aachen 2. 10. 2002, Internet; D) – Die Bedeutung ›eine Versammlung zusammentreten lassen‹ ist gemeindt.

Einberufungsbefehl A D der; -(e)s, -e: ↗EINBERUFUNG A D, ↗AUFGEBOT CH, ↗EINBERUFUNGSBESCHEID D ›schriftliche amtliche Aufforderung, den Wehrdienst anzutreten‹: *Die Einberufungsbefehle für weibliche Anwärter werden mit 1. April 1998 datiert* (Kurier 5. 11. 1997, 3; A); *Es geht um einen brisanten Brief, den Einberufungsbefehl zum Militärdienst, den der älteste der drei Brüder antreten soll* (Berliner Morgenpost 26. 9. 2002, Internet; D)

Einberufungsbescheid D der; -(e)s, -e: ↗EINBERUFUNG A D, ↗EINBERUFUNGSBEFEHL A D, ↗AUFGEBOT CH ›schriftliche amtliche Aufforderung, den Wehrdienst anzutreten‹: *D. betonte erneut, weder er noch seine Verwandten hätten jemals einen Einberufungsbescheid bekommen* (Welt 29. 7. 1999, Internet)

Einbettzimmer A D das; -s, –: ↗EINERZIMMER CH ›Einzelzimmer [im Hotel]‹: *Eine 20-jährige Schülerin* *hatte in ihrem Einbettzimmer ... eine Kerze auf einem Adventgesteck angezündet* (OÖN 9. 12. 1999,18; A); *Noch vor dem Geburtstag konnten sie von einem Doppel- in ein Einbettzimmer umziehen* (WAZ 10. 9. 1999, Internet; D) – In CH selten. Vgl. Zweibettzimmer

Einbeziehung A D die; –, -en (Plur. ungebräuchl.): ↗Einbezug CH ›Berücksichtigung‹ (häufig in der Wendung *unter Einbeziehung [von]*): *Diese Einbeziehung ermöglicht dem Besucher erstmalig, Originale des Vaters und Kopien der Söhne an Ort und Stelle miteinander zu vergleichen* (Falter 3. 11. 1997, 37; A); *Das Problem kann nur unter Einbeziehung der europäischen Staatengemeinschaft und der UNO gelöst werden* (Profil 23. 4. 2000, Internet; A); *Angesichts der klaren Beweislage forderte die Staatsanwaltschaft nun, unter Einbeziehung des früheren Urteils, eine Gesamt-Freiheitsstrafe von einem Jahr und sechs Monaten* (Volksbl Würzburg 28. 9. 2000, Internet; D)

Einbezug CH der; -(e)s, ohne Plur.: ↗Einbeziehung A D ›Berücksichtigung‹ (häufig in der Wendung *unter Einbezug [von]*): *Wie kein Zweiter vertrat M. die Auffassung, dass der Einbezug und die Inpflichtnahme der Russen der vernünftigere Weg sei als das Ausgrenzen und Warten auf demokratischere Verhältnisse in Moskau* (TA 23. 9. 1999, 13); *Bei N. sind die internen Lohnverhandlungen gescheitert, weshalb es zu einer zweiten Verhandlungsrunde unter Einbezug der Gewerkschaften kommt* (Bund 21. 12. 1999, 17) – Dazu: **Miteinbezug**

einbimsen D (ohne mittelost/südost) sw.V./hat (Grenzfall des Standards): ›jmdm./sich etw. durch viel Drill beibringen; eintrichtern‹: *Jetzt vergessen Sie erst einmal alles, was Ihnen die Kollegen über die Form der wissenschaftlichen Arbeit eingebimst haben* (Tagesspiegel 26. 4. 2001, Internet)

Einbrenn A D-südost die; –, -en: ↗Einmach A, ↗Mehlsauce CH, ↗Mehlschwitze D (ohne südost), ↗Einbrenne D-mittelost/süd STIR ›in Fett geröstetes Mehl zum Eindicken von Suppen, Gemüse, Fleischsaucen etc.‹: *Aus Butter und Mehl eine helle Einbrenn bereiten, mit Milch aufgießen und die blanchierten Mangoldblätter dazugeben* (ORF Nachlese 11/1997, 79; A) – Dazu: ↗**einbrennen** A D-südwest, **Einbrennsuppe**

Einbrenne D-mittelost/süd STIR die; –, -n: ↗Einmach A, ↗Einbrenn A D-südost, ↗Mehlsauce CH, ↗Mehlschwitze D (ohne südost) ›in Fett geröstetes Mehl zum Eindicken von Suppen, Gemüse, Saucen etc.‹: *... abtropfen lassen, helle Einbrenne, Parmesan und Eier dazugeben, mit Muskatnuss würzen* (SWF 14. 2. 1996, Internet; D-mittelost/süd); *Fett auf kleinem Feuer erhitzen, klein gehackte Zwiebel zufügen, Mehl hineinrühren und so lange rühren, bis die Einbrenne eine schöne braune Farbe hat* (Kompatscher, Küche 48; STIR) – Dazu: ↗**einbrennen** A D-südwest

einbrennen A D-südwest unr.V./hat: ›(Suppen, Gemüse, Saucen) mit einer ↗Einbrenn binden‹: ... *wenn sie in der öffentlichen Ausspeisungshalle saßen und die Leute ringsum beobachteten, die eingebrannten Kohl aus der Menageschale löffelten* (Hackl, Abschied von Sidonie 11; A) – Andere Bedeutungen sind gemeindt. Vgl. Brennsuppe, Einbrenne

einbringen: *Berufung einbringen A (formell): ↗beeinspruchen A, ↗berufen A, ↗Einspruch: *Einspruch erheben A; *Einspruch einlegen D, ↗appellieren CH, ↗rekurrieren CH, ↗Rekurs: *Rekurs einlegen/einreichen CH STIR ›(eine Beschwerde, Anzeige o. Ä.) einreichen, vorbringen; eine Berufung einlegen‹: *Die »Wiener Kunstauktionen« wollen gegen den zu erwartenden negativen Bescheid Berufung einbringen, über die dann das Unterrichtsministerium zu entscheiden hat* (SN 8. 6. 1998, 15) – Das Verb *einbringen* ist in allen anderen Verwendungen gemeindt.

Einbürgerungsantrag A D der; -(e)s, ...träge: ↗Einbürgerungsgesuch CH ›schriftlicher Antrag auf Einbürgerung‹: *Der Ministerrat stimmte gestern Abend dem Einbürgerungsantrag des VEU-Stürmers Simon Wheeldon zu* (TT 29. 1. 1997, Internet; A); *Jugendliche stellen den Einbürgerungsantrag selbst, benötigen jedoch die Zustimmung der Eltern* (Gemeinde Moritzburg 12/1998, Internet; D)

Einbürgerungsgesuch CH das; -(e)s, -e: ↗Einbürgerungsantrag A D ›schriftlicher Antrag auf Einbürgerung‹: *Die zahlreichen Einbürgerungsgesuche eingewanderter Ausländer lassen doch erkennen, dass gerade sie den roten Pass als etwas offensichtlich Wertvolles betrachten, ansonsten würden sie wohl kein entsprechendes Gesuch stellen* (Bund 4. 1. 2000, 7) – Vgl. Gesuch

eindämmen (gemeindt.): ↗eindampfen

eindämmern: 1. CH D (ohne mittelost) sw.V./ist; ↗eindösen CH D (ohne südost), ↗einduseln D (ohne nordwest) ›leicht [und unbeabsichtigt] einschlafen; einnicken‹: *Die Übersetzungswerkstatt mit Peter W. und Colette K. mit ihren wechselnd deutsch und französisch vorgetragenen Textpassagen verströmte jedenfalls die Faszination jener Uni-Vorlesungen, in denen man früher mit tödlicher Sicherheit eingedämmert war* (TA 20. 5. 1996, 53; CH); *Und während wir uns im Schlafsack verkriechen und eindämmern, arbeitet es unaufhörlich im Gletscher* (Berliner Ztg 12. 5. 2001, Internet; D). **2.** CH sw.V./hat; ↗eindunkeln CH, ↗einnachten CH ›dunkel werden (am Abend); dämmern‹: *Jeden Abend kann man beim Ein-*

dämmern beobachten, wie die Tiere auf die Jagd gehen (Gemeinde Steinen, 2002, Internet)

eindampfen LUX sw.V./hat: ›eindämmen‹: *Schäuble mutmaßt: Schröder geht es offenbar darum, Panik in der SPD einzudampfen* (Luxemb. Wort 21. 9. 1999, 2) – Andere Bedeutungen sind gemeindt.

eindicken CH D (ohne mittelost) sw.V./hat: ↗STAUBEN A ›[unter Zugabe von Mehl, Saucen u. a.] einkochen und dicker werden lassen‹: *Das Püree in die Pfanne zurückgeben und nochmals 30 Minuten ... kochen lassen, damit es leichter eindicken kann* (NLZ 11. 8. 2001, Internet; CH); *Mehl und Butter mit einer Gabel zusammendrücken und damit den Saft etwas eindicken* (SWR, 2001, Internet; D) – Die Bedeutung ›zähflüssiger werden‹ ist gemeindt.

eindolen CH D-südwest sw.V./hat: ›(einen Bach) in Röhren unter die Erde verlegen‹: *Der Mühlbach ist im Dorfbereich eingedolt* (NZZ 7. 7. 1998, 14; CH) – Vgl. Dole – Dazu: **Eindolung**

eindösen CH D (ohne südost) sw.V./ist (Grenzfall des Standards): ↗EINDÄMMERN CH D (ohne mittelost), ↗EINDUSELN D (ohne nordwest) ›leicht [und unbeabsichtigt] einschlafen; einnicken‹: *Er sei auch schon im Gotthardtunnel eingedöst und erst nach dem Streifen des Rückspiegels an der Tunnelwand aufgeschreckt* (St. Galler Tagbl 8. 2. 2002, Internet; CH); *Wie immer hatte er sich auf dem Sofa ausgestreckt, wie immer war er nach kurzer Zeit eingedöst* (Berliner Ztg 24. 12. 1999, Internet; D)

eindrücklich CH Adj.: ›beeindruckend‹: *Der anderthalbstündige, farbenprächtige Umzug mit gegen 2000 Teilnehmern war eine eindrückliche Demonstration* (Jahr der Schweiz 32)

eindunkeln CH sw.V./hat (nur in Verbindung mit *es*): ↗EINDÄMMERN CH, ↗EINNACHTEN CH ›dunkel werden am Abend; dämmern‹: *In Zürich wird es ab 12 Uhr zwar markant eindunkeln, von einer Vollmondbeleuchtung ... wird die Dämmerung über Mittag jedoch weit entfernt sein* (TA 7. 8. 1999, 12)

eindünsten D-südwest sw.V./hat: ↗EINREXEN A, ↗EINSIEDEN A CH, ↗EINWECKEN A D, ↗EINMACHEN CH D ›(↗Früchte, Gemüse u. Ä.) durch Kochen und luftdichtes Verschließen haltbar machen; einkochen‹: *Selbst Mirabellen und Gurken hat Stocker schon im Kocher eingedünstet* (Waiblinger Ztg 11. 7. 1998, Internet) – Andere Bedeutungen sind gemeindt.

einduseln D (ohne nordwest) sw.V./ist (Grenzfall des Standards): ↗EINDÄMMERN CH D (ohne mittelost), ↗EINDÖSEN CH D (ohne südost) ›leicht [und unbeabsichtigt] einschlafen; einnicken‹: *Graeber duselte ein* (Remarque, Zeit zu leben 60)

Einer CH der; -s, –: **1.** ↗EINSER A D-süd, ↗EINS CH D (ohne südost) ›Zeichen für die Ziffer 1; Nummer (auf einer Liste o. Ä.); Verkehrslinie; Schulnote; Augenzahl 1 auf dem Spielwürfel; Jahrgang [19]01‹: *Das Tram wird zum Zoo verlängert ... Diese Tramlinie trägt die Nummer 1. Erstmals seit 1954 verkehrt dann wieder ein Einer* (TA 31. 7. 2000, 11). **2.** ↗ACHTEL A D, ↗EINERLI CH ›1 Deziliter Wein; Wein im Achtelliterglas‹: *Sie ging jeden Nachmittag um drei mit einer kleinen Weinkaraffe hinüber in den Spezereiladen und kaufte einen Einer Bordeaux* (Schneider, Flattermann 75) – Die Schulnote betrifft in A die Zahlen von 1 bis 5 (beste bis schlechteste), in CH und D von 1 bis 6 (in CH schlechteste bis beste, in D beste bis schlechteste), die Augenzahl beim Würfel betrifft die Zahlen 1 bis 6, bei den Spielkartenwerten hängen die betroffenen Zahlen vom Kartenspiel ab. Mit dem Suffix *-er* können alle Zahlsubstantive gebildet werden. Die Bildungen mit *-er* im Bereich Sport, z. B. im Rudern der *Einer,* sind, wie bei allen Zahlsubstantiven, gemeindt. Zu den Münzen und Banknoten siehe Fünfer. Zur Verwendung des kleingeschriebenen Zahlwortes *eins,* z. B. *ein mal eins ist eins* siehe Eins. Die Bedeutung ›letzte Stelle einer mehrstelligen Zahl‹ ist gemeindt. – Zu 1.: ↗**Einerzimmer**

Einerkolonne: *in Einerkolonne CH ›hintereinander in einer Reihe; im Gänsemarsch‹: *Die Gruppe zieht nun langsam in Einerkolonne durch den tief verschneiten Wald* (Bund 6. 3. 1999, 29)

Einerli CH das; -s, – (Grenzfall des Standards): ↗ACHTEL A D, ↗EINER CH ›1 Deziliter Wein; Wein im Achtelliterglas‹: *Bei sieben, acht oder mehr Franken fürs Einerli bleiben dem Gast ... nur zwei Worte: »Ein Bier«* (Sonntagsztg 21. 2. 1999, 103)

Einerzimmer CH das; -s, –: ↗EINBETTZIMMER A D ›Einzelzimmer [im Hotel]‹: *35 Suiten, 35 Doppel- und sechs Einerzimmer mit insgesamt 160 Betten soll das Fünfsternhotel umfassen* (Bund 14. 5. 1998, 31) – Vgl. Einer

Einfahrt: *Einfahrt haben D ›einfahren dürfen (von Zügen)‹: *Auf Gleis 1 hat Einfahrt der S-Bahn-Zug der S 4 in den Bahnhof Treptower Park* (Zeuthen-Online 18. 12. 1997, Internet) – Das Substantiv *Einfahrt* ist in allen anderen Verwendungen gemeindt.

einfeuern CH sw.V./hat: ›einheizen (eines Ofens)‹: *Als Wärmeerzeugung dient eine Holzheizung mit Stückholz; einmal einfeuern pro Tag erwies sich im kalten Winter 1998/99 als ausreichend* (NLZ 1. 10. 1999, Internet)

Einfränkler CH der; -s, –: ↗FRÄNKLER CH ›Münze im Wert von 1 ↗Franken‹: *Sie rast zum Fotoapparat, der für zwei Einfränkler oder einen Zweifränkler vier Passbilder ausspuckt* (TA 11. 10. 1999, 15)

Eingabefrist CH die; –, -en: ›Zeitspanne bis zum letztmöglichen Abgabetermin; Einreichungsfrist‹: *Die Eingabefrist für Vorschläge fürs Vizepräsidium läuft Ende Monat ab* (Bund 17. 1. 2000, 20) – Vgl. Eingabetermin, eingeben, Einreiche-, Frist

Eingabetermin CH der; -s, -e: ›letztmöglicher Zeitpunkt, um etw. einzureichen; Einreichungstermin‹: *Für die Gemeinderatswahlen vom 15. März sind bis zum vorgegebenen Eingabetermin neun Listen eingereicht worden* (TA 29. 1. 1998, 19) – Vgl. Eingabefrist, eingeben, Einreiche-

eingeben A CH st.V./hat: ›einreichen‹: *Da werden etwa oft Objekte nicht eingegeben, weil jeder sein Süppchen kocht oder der Verwaltungsaufwand zu hoch ist* (Trend 7/1997, Internet; A); *Ich möchte ein Gesuch eingeben, weiss aber nicht, wie ich mich anmelden muss, um zum Gesuchsformular zu gelangen* (ETH Zürich, 2002, Internet; CH) – Andere Bedeutungen sind gemeindt. Vgl. geben – Dazu: ↗**Eingabefrist** CH, ↗**Eingabetermin**

eingehen st.V./ist: **1.** A CH D (ohne nordost); ↗EINLAUFEN D-nord/mittel ›kleiner werden (von Kleidung oder Stoffen beim Waschen)‹: *Dressen selten getragen, beim Waschen eingegangen, ... leicht kratzig, sonst in tadellosen Zustand, günstig abzugeben* (Flohmarkt des FC Schwemm, 1999, Internet; A); *Das kleine Schwarze, das Monika ab und zu am Banktresen trug, schien irgendwie beim Waschen eingegangen zu sein* (Rund, na und?, 1999, Internet; CH); *Sein Lieblingstrenchcoat war beim Waschen eingegangen* (Fagamo Rollenspiel 17. 6. 2003, Internet; D). **2.** A D (ohne südwest) ›etw. verstehen, begreifen‹: *Nur eins ging Holl nicht ein, und er wunderte sich jetzt, da er Konrad gegenübersaß, wieder, warum der Bauer Konrad nicht den Laufpass gegeben hatte* (Innerhofer, Schöne Tage 72; A); *Diese so nebenbei geäußerte Bemerkung von Schwester Christa Marie ging ihr ein* (Katholisches Deutschland 23. 12. 2000, Internet; D) – Andere Bedeutungen sind gemeindt.

Eingeklemmte CH das; -n, -n: ›Sandwich‹: *Sein Eingeklemmtes mit Fleischkäse kauend, denkt Felber bitter an Grüter, der trotz aller Verbundenheit heute ein Spürchen länger schlafen würde* (Biehler, Nachbrand 30)

eingrünen D-mittelwest/südwest sw.V./hat: ›bepflanzen bzw. Rasen aussäen; begrünen‹: *Aber egal, wie Sie ihr Dach eingrünen, letztlich folgen die Pflanzen alle ihrem Jahresrhythmus* (WDR 6. 9. 1998, Internet) – Dazu: **Eingrünung**

einhaken [sich] D (ohne südost) sw.V./hat: ↗UNTERHAKEN D (ohne südost) ›seinen Arm in den angewinkelten Arm eines anderen schieben zur größeren Sicherheit beim Gehen oder um vertraute Nähe zu schaffen; sich einhängen‹: *Unterwegs hakte sie sich wie selbstverständlich bei mir ein* (Grün, Lawine 50) – Die Bedeutungen ›etw. mit einem Haken befestigen, verschließen‹ und ›jmds. Gespräch unterbrechen, um sich dazu zu äußern‹ sind gemeindt.

einhängen sich (gemeindt.): ↗EINHAKEN, ↗UNTERHAKEN

einheben A D-südost LIE st.V./hat: ↗ERHEBEN CH D (ohne nordost) ›einziehen, kassieren (bes. von Steuern, Gebühren, Beiträgen)‹: *Für die Benützung bestimmter Züge oder Wagen und für zusätzliche Leistungen werden Zuschläge eingehoben* (ÖBB Inter Rail, 1998, 3; A); *Für Familiengräber wird eine Gebühr eingehoben, die vom Gemeinderat festgelegt wird* (Gemeinde Ruggell, 2003, Internet; LIE) – In D (ohne südost) nur im Steuerwesen. Die Bedeutung ›in die Haltevorrichtung einrasten lassen, z. B. eine Tür einheben‹ ist gemeindt. – Dazu: ↗**Einhebung**

Einhebung A D-südost LIE die; –, -en: ↗BEZUG CH, ↗ERHEBUNG CH D ›das Kassieren, Eintreiben‹: *Gebührenfinanzierung befürwortet er, mit dem derzeitigen System der Einhebung durch die Post habe man »keine schlechten Erfahrungen gemacht«* (Standard 17. 6. 1998, 17; A); *Die nachstehenden Gebühren stützen sich auf die Verordnung vom 18. April 2000 über die Einhebung von Gebühren nach dem Heimatschriftengesetz* (Liechtensteinische Landesverwaltung, 2003, Internet; LIE) – Vgl. einheben – Dazu: **Einhebungsbeamte (...beamtin), Einhebungstermin, Gebühreneinhebung, Mauteinhebung** (↗Maut) A, **Steuereinhebung**

Einheimische (gemeindt.): ↗INLÄNDER/INLÄNDERIN

Einheitstext STIR der; -(e)s, -e: ›Gesetzestext, in dem ältere Verordnungen und Novellen zusammengefasst sind‹: *Zwei Gruppen von Steuerexperten sind bereits an der Arbeit, denn sie haben nur sechs Monate Zeit, um die neuen Einheitstexte für die Einkommensteuern und die Mehrwertsteuer auszuarbeiten* (Dolomiten 22. 3. 2000, WIKU 23) – Die Bedeutungen ›einheitlicher Text‹ und ›überkonfessioneller Bibeltext‹ sind gemeindt.

Einheitsvordruck STIR der; -(e)s, -e: ↗GESUCHSMUSTER STIR ›standardisiertes behördliches Formular; Antragsformular‹: *Da heuer der letzte Termin für die Abgabe des Einheitsvordruckes für die Erklärung im Umweltbereich ... auf einen Sonntag fällt, wird der letzte Abgabetermin ausnahmsweise auf den 2. Mai verschoben* (Dolomiten 7. 4. 2000, 5)

einholen D-nord/mittelost sw.V./hat: ↗POSTEN CH ›einkaufen‹: *Welche Dinge ... wichtig sind – daran erinnert Sie der wöchentliche Weihnachtskalender: Die letzten, frischen Lebensmittel wie Fleisch, Brot einho-*

len (Berliner Kurier 20. 12. 1995, Internet) – Andere Bedeutungen sind gemeindt.

einjährig (gemeindt.): ↗JÄHRIG

einkassieren CH sw.V./hat: ↗ABKASSIEREN A D ›[im Restaurant] bei Gästen den Betrag fürs Essen und Trinken kassieren‹: *Die Serviertochter fragte, ob sie einkassieren dürfe, sie habe Zimmerstunde* (Brechbühl, Kneuss 39) – Andere Bedeutungen sind gemeindt.

einkasteln A D-südost sw.V./hat (Grenzfall des Standards): **1.** (salopp) ›jmdn. inhaftieren; einsperren‹: *Dass man ... johlende und pfeifende Protestierer nicht einfach einkasteln darf, schrieb ein Ermittlungsrichter den nervösen Ordnungshütern ins Stammbuch* (OÖN 8. 7. 1992, 3; A). **2.** ›einen viereckigen Rahmen um etw. ziehen; etw. in einen viereckigen Rahmen setzen‹: *Die Landschaft ist eingekastelt von Weinstöcken, die Luft zwirbelt sommerlich warm herunter vom Mendelpass, und im Tal blühen die Apfelbäume notorisch weiß* (OÖN 30. 4. 1994, 1; A). **3.** ›jmdn. in ein Schema einzwängen‹: *Sowohl als »Moderner«, aber auch als »Dekonstruktivist« wird der 1944 in Rotterdam geborene Rem Koolhaas bezeichnet, was nur beweist, dass er nicht in einer Stilschublade »eingekastelt« werden kann* (Kleine Ztg 17. 4. 2000, Internet; A) – Zu 2 vgl. Kastl

einkaufen (gemeindt.): ↗EINHOLEN, ↗POSTEN

Einkaufslage D die; –, -n: ↗PASSANTENLAGE CH, ↗LAUFLAGE D ›Standort für ein Geschäft, an dem viele Menschen vorbeikommen‹: *Zigarrenläden ... in bester Berliner Einkaufslage sind eine zu starke Konkurrenz für das Traditionsunternehmen* (TAZ 16. 7. 2002, Internet)

Einkaufswagen (gemeindt.): ↗WÄGELI, ↗WAGERL

einkochen (gemeindt.): ↗EINDÜNSTEN, ↗EINMACHEN, ↗EINREXEN, ↗EINSIEDEN, ↗EINWECKEN

einkriegen sich D (ohne südost) sw.V./hat (Grenzfall des Standards): ›die Fassung wiedergewinnen; sich beruhigen‹: *So wie Tausende, die ... sich nicht mehr einkriegten vor Begeisterungsschreien* (Kicker 18. 9. 2000, 74)

einladen CH st.V./hat: ›jmdn. auffordern (etw. zu tun)‹: *Entsprechend habe er die Firma eingeladen, ihre Tätigkeit aus Lärmgründen zu reduzieren* (TA 27. 5. 1998, 25) – Die Bedeutungen ›als Gast zu sich bitten‹ und ›zur kostenlosen Teilnahme auffordern‹ sind gemeindt.

einlangen A sw.V./ist: ›ankommen, eingehen, eintreffen (bes. von Postsendungen, Nachrichten)‹: *Leider können wir nur einen Teil der eingelangten Leserbriefe veröffentlichen* (Falter 3. 11. 1997, 4)

einlassen st.V./hat: **1.** A; ↗BLOCHEN CH, ↗BOHNERN CH D (ohne südost), ↗BLOCKEN D-süd, ↗WACHSEN D-ost/süd ›(den Fußboden) mit Wachs o. Ä. einreiben‹: *Am Karfreitag machte Helene Frühjahrsputz. Fenster putzen. Boden einlassen und polieren. Kasten auswischen* (Streeruwitz, Verführungen 63). **2.** A D-südost ›etw. mit Farbe anstreichen‹: *Kunststofffenster haben den Vorteil der Pflegeleichtigkeit, sie sind endbehandelt und daher ist in der Folge kein Einlassen oder Streichen notwendig* (Wüstenrot-Magazin, 2001, Internet; A) – Andere Bedeutungen sind gemeindt.

einlässlich CH Adj.: ›ausführlich, eingehend‹: *Die Initianten formulieren ihre Vorschläge meist ohne die direkten und indirekten Folgen ihrer Begehren einlässlich zu überlegen* (Bund 16. 6. 1999, 14)

einlaufen D-nord/mittel st.V./ist: **1.** ↗EINGEHEN A CH D (ohne nordost) ›kleiner werden (von Kleidung oder Stoffen beim Waschen)‹: *Laufen unsere Badekappen ein?* (Freundin 19/1997, 9). **2.** ›in den Bahnhof einfahren (von Zügen)‹: *Ich hatte versäumt, meinem Freund mitzuteilen, wann mein Zug einlief* (Brückner, Spuren 90) – Andere Bedeutungen sind gemeindt.

Einlaufstelle A die; –, -n: ›Stelle in Behörden für eingehende Post, Akten und Formulare‹: *Bei Grundbucheingaben wird daher in der Einlaufstelle des Bezirksgerichts neben dem Datum auch die genaue Uhrzeit des Einlangens vermerkt* (VN 29. 10. 1997, Journal 14) – Vgl. Poststelle – Dazu: **Posteinlaufstelle**

einlegen CH sw.V./hat: ›(bei einer Abstimmung den Wahl- oder Stimmzettel) abgeben‹: *Immerhin 1200 Luzernerinnen und Luzerner haben unsere Liste eingelegt* (Bewegung neutrale Schweiz Luzern, 2001, Internet); ***ein Ja/Nein einlegen** ›per Stimmzettel dafür/dagegen stimmen‹: *Sie würden ..., wenn sie abstimmen könnten, ein überzeugtes JA einlegen, um Patente auf Leben und Genmanipulation an Tieren zu verhindern* (Greenpeace 27. 5. 1998, Internet); *Sollte eine Mehrheit an der Abstimmung zwei Nein einlegen, werden die Schulstrukturen vorerst unverändert gelassen* (Wiler Nachrichten 3. 5. 2001, Internet); ***leer einlegen** ›den Stimmzettel unausgefüllt abgeben‹: *Einer will leer einlegen, einer Uchtenhagen wählen* (Fehr, Helvetia 23) – Andere Bedeutungen sind gemeindt.

Einliegerwohnung D die; –, -en: ›separate Wohnung in einem Einfamilienhaus‹: *Der weiße Klinker-Traum mit 180 Quadratmetern Wohnfläche, zwei Garagen und Einliegerwohnung ist schon bestellt* (Stern 25. 9. 1997, 198) – In A und CH selten

einlösen CH sw.V./hat: ›(ein ↗Motorfahrzeug bei den Behörden) zur Inbetriebnahme anmelden‹: *Wird innert 14 Tagen kein anderes Fahrzeug eingelöst, sind die Kontrollschilder beim Strassenverkehrsamt zu hinterlegen* (Strassenverkehrs- und Schifffahrtsamt St. Gallen, 2002, Internet) – Andere Bedeutungen sind gemeindt.

Einmach A die; –, ohne Plur.: ↗EINBRENN A D-südost, ↗MEHLSAUCE CH, ↗MEHLSCHWITZE D (ohne südost), ↗EINBRENNE D-mittelost/süd STIR ›in Fett geröstetes Mehl zum Eindicken von Suppen, Gemüse, Fleischsaucen etc.‹: *Das weißere … Weizenmehl … eignet sich besonders gut für Strudelteig, Biskuit, Einmach und Einbrenn sowie für feinporig geschmeidige Teige* (Plachutta, Gute Küche 60)

einmachen CH D sw.V./hat: ↗EINREXEN A, ↗EINSIEDEN A CH, ↗EINWECKEN A D, ↗EINDÜNSTEN D-südwest ›(↗Früchte, Gemüse u.Ä.) durch Kochen und luftdichtes Verschließen haltbar machen; einkochen‹: *Früchte im Sirup. Früchte mit Zucker eingemacht* (foodnews 2003, Internet; CH); *Alles, was der Garten an Obst und Gemüse hergab, wurde verwertet, gekocht oder eingemacht* (WAZ 12. 2. 1999, Internet; D) – Dazu: **Einmachglas, Einmachgummi** (↗Gummi) D, **Einmachtopf** (↗Topf) D, **Einmachzucker** D

Einmaleinlage CH D die; –, -n: ↗EINMALERLAG A, ↗EINMALZAHLUNG A D ›Prämie, die einmalig zu Beginn zur Finanzierung einer Versicherung geleistet wird‹: *Die im April 1998 eingeführte Stempelsteuer auf Einmaleinlagen in der Einzelversicherung hat den Verkauf dieser Produkte schwer beeinträchtigt* (TA 30. 9. 1999, 37; CH); *Mit dem nachfolgenden Service können Sie je eine der vier Größen eines Sparplanes für eine Einmaleinlage berechnen* (Finanznet 21. 6. 2002, Internet; D) – Dazu: **Einmaleinlageversicherung** CH

Einmalerlag A der; -(e)s, -e: ↗EINMALZAHLUNG A D, ↗EINMALEINLAGE CH D ›Prämie, die einmalig zur Finanzierung einer Versicherung, eines ↗Sparbuchs, Bausparvertrags o. Ä. geleistet wird, und zwar bei Abschluss der Versicherung oder der Sparform‹: *Möchte ich schon vor Pensionsantritt dafür sorgen, so zahle ich einen Einmalerlag oder laufende Prämien und erhalte ab einem vereinbarten Zeitpunkt Pensionszahlungen* (Besser Wohnen 11/1997, 106) – Vgl. Erlag

Einmalzahlung A D die; –, -en: ↗EINMALERLAG A, ↗EINMALEINLAGE CH D ›Prämie, die einmalig zur Finanzierung einer Versicherung, eines ↗Sparbuchs, Bausparvertrags o. Ä. geleistet wird, und zwar bei Abschluss der Versicherung oder der Sparform‹: *Lassen Sie sich jetzt dieses besonders wertvolle Sparbuch ausstellen: mit überdurchschnittlich hohen Zinsen und Sonder-Prämien, wahlweise für Einmalzahlung oder zum Ansparen* (Tele 44/1997, 25; A); *… sollte man genau prüfen, ob eine private Rentenversicherung durch Einmalzahlung … sinnvoll ist oder nicht andere Anlageformen besser sind* (SWR, 2002, Internet; D) – Die Bedeutung ›einmalige [Sonder]zahlung‹ ist gemeindt.

einnachten CH sw.V./hat (nur in Verbindung mit *es*): ↗EINDÄMMERN CH, ↗EINDUNKELN CH ›dunkel werden (am Abend); dämmern‹: *Es nachtete ein. Er ging ernüchtert nach Hause* (Amann, Nachgerufen 98)

Einnahmeausfall D der; -(e)s, …fälle: ↗EINNAHMENAUSFALL A CH ›Ausbleiben von erwarteten Geldeinnahmen‹: *Und schon wollten vor allem die Grünen wissen, wer die Folgen, also den Einnahmeausfall an den Parkuhren zu tragen hat* (Stuttgarter Nachr 12. 3. 2002, Internet)

Einnahmenausfall A CH der; -(e)s, …fälle: ↗EINNAHMEAUSFALL D ›Ausbleiben von erwarteten Geldeinnahmen‹: *Dadurch könnte der Einnahmenausfall von ca. 400 Millionen Schilling abgegolten werden* (Sozialversicherung, Presseaussendung, 2000, Internet; A); *Als die Stadt anfangs Juni die Details zur … Streichung der Vergnügungssteuer bekannt gab, erklärte sie, dass der Einnahmenausfall in erster Linie über höhere Parkgebühren finanziert werden soll* (Südostschweiz 21. 7. 2000, Internet; CH) – In A seltener (bes. formell) auch in der Form Einnahmensausfall

Einnahmensausfall siehe Einnahmenausfall

Einnahmenüberschuss (gemeindt.): ↗EINNAHMEÜBERSCHUSS

Einnahmeseite D die; –, -n: ›Einnahmenseite; Habenseite‹: *Mit einer Änderung auf der Einnahmeseite sei hingegen nicht zu rechnen* (NRZ 21. 6. 2002, Internet)

Einnahmeüberschuss D der; -es, …schüsse: ›Differenzbetrag, um den die Einnahmen die Ausgaben übersteigen; Einnahmenüberschuss‹: *Erst ab 2003 rechnet die Regierung wieder mit einem Einnahmeüberschuss* (Zeit 15. 4. 2001, Internet)

einnicken (gemeindt.): ↗EINDÄMMERN, ↗EINDÖSEN, ↗EINDUSELN

Einöd A D-südost die; –, -en: **1.** ↗EINSCHICHT A D-südost ›einsame, menschenleere Gegend; Einöde‹: *Da kriegt man eine Nase dafür, hier in der Einöd* (Sadler, Kälte 99; A). **2.** kurz für *Einödhof*: ›einsam stehendes Gehöft‹: *Beim Gült auf der Einöd war es nicht mehr zum Aushalten* (Reimmichls Volkskalender, 2000, 77; A) – Dazu: **Einödbauer (…bäuerin)**

Einöde (gemeindt.): ↗EINÖD, ↗EINSCHICHT

einordnen sich A D sw.V./hat (Verkehr): ↗EINSPUREN CH ›in die vorgeschriebene Fahrspur fahren‹: *Einen Vorrangberechtigten darf man als Wartepflichtiger weder durch Kreuzen, Einbiegen oder Einordnen zum unvermittelten Abbremsen oder Ablenken nötigen* (Ebner, Fahren lernen 61; A); *Und so können Sie auf einen Blick erkennen, wie Sie sich einordnen und wo Sie abbiegen müssen, um Ihrer Route zu folgen* (Navigationssysteme, 1999, Internet; D)

Einraumwohnung D die; –, -en: ↗Garçonnière A, ↗Einzimmerwohnung CH D STIR, ↗Miniwohnung STIR ›aus einem Zimmer bestehende Wohnung‹: *Zahlreiche Objekte sind bereits durch unsere Hände gegangen. Von der Luxusvilla … bis zur Vermietung einer Einraumwohnung an einen Studenten* (Alt Dresden Immobilien 19. 8. 2002, Internet)

Einreich- A D (produktives Bestimmungswort in Zus.): ↗Einreiche- CH ›Einreichen von Anträgen, Formularen o. Ä. betreffend; Einreichungs-‹, z. B. Einreichformular, Einreichfrist, Einreichmodus, Einreichphase, Einreichplanung, Einreichschluss, Einreichstelle, Einreichtermin: *Einreichschluss: 30. 11.* (Presse 23. 9. 1997, 27; A); *Für die AN-Pflichtveranlagung gilt der 30. September als letzter Einreichtermin* (VN 3. 4. 2000, D 1; A); *Die Finanzreferentin … und der Antragsteller selbst merken an, dass … Telefonate diesbezüglich stattfanden, die die 2. Januarwoche, bzw. die zweite Märzwoche als endgültigen Einreichschluss nannten* (Technische Universität Cottbus 5. 6. 2002, Internet; D)

Einreiche- CH (produktives Bestimmungswort in Zus.): ↗Einreich- A D ›Einreichen von Anträgen, Formularen o. Ä. betreffend; Einreichungs-‹, z. B. Einreichedatum, Einreichefrist, Einreichetermin: *Einreichefrist für die benötigten 100'000 beglaubigten Unterschriften ist der 8. März* (Bund 11. 2. 2000, 13); *Die Zuschüsse werden ab Einreichedatum ausbezahlt* (KIGA Kanton BS, 2002, Internet)

Einreichungs- (gemeindt.): ↗Einreich-, ↗Einreiche-

Einreichungsfrist (gemeindt.): ↗Eingabefrist

Einreichungstermin (gemeindt.): ↗Eingabetermin

Einreisesperre CH die; –, -n: ›Verbot, in ein Land einzureisen; Einreiseverbot‹: *Der Diplomat hat die Schweiz inzwischen verlassen und wurde als Persona non grata mit einer Einreisesperre belegt* (Bund 30. 12. 1999, 13)

Einreiseverbot (gemeindt.): ↗Einreisesperre

einrexen A sw. V./hat: ↗einsieden A CH, ↗einwecken A D, ↗einmachen CH D, ↗eindünsten D-südwest ›(↗Obst, Gemüse u. Ä.) durch Kochen und luftdichtes Verschließen haltbar machen; einkochen‹: *Der Zwetschkenröster ist fertig, wenn sich die Haut der Früchte einrollt. Entweder gleich servieren oder einrexen* (OÖN 31. 8. 1989, 3) – Dazu: **Rexglas**

Eins CH D (ohne südost) die; –, -en: ↗Einser A D-süd, ↗Einer CH ›Zeichen für die Ziffer 1; Nummer (auf einer Liste o. Ä.); Verkehrslinie; Schulnote; Augenzahl 1 auf dem Würfel‹: *Wenn Sie etwas kaufen wollen, drücken Sie bitte die Eins. Wenn Sie Hilfe brauchen, drücken Sie bitte die Zwei. Wenn das Besetztzeichen ertönt, ist etwas schief gegangen* (NZZ Folio 1/2002, Internet; CH); *Wer eine Eins würfelt, muss zur Haustür gehen und den Überraschungsgast begrüßen* (Mannheimer Morgen 23. 12. 2000, Internet; D) – Als Schulnote auch in D-südost gebräuchlich. Die Schulnote betrifft in A die Zahlen von 1 bis 5 (beste bis schlechteste), in CH und D von 1 bis 6 (in CH schlechteste bis beste, in D beste bis schlechteste), die Augenzahl beim Würfel betrifft die Zahlen 1 bis 6, bei den Spielkartenwerten hängen die betroffenen Zahlen vom Kartenspiel ab. Im Ggs. zum Substantiv *die Eins* ist das kleingeschriebene Zahlwort *eins,* z. B. *ein mal eins ist eins,* gemeindt.

einsagen A D-süd sw. V./hat: ↗vorsagen CH D ›eine Information zuflüstern (bes. bei Prüfungen in der Schule)‹: *Niemals hätte ich auch nur im Traum daran gedacht, ihm meine Aufgaben nicht zu zeigen, wenn er keine eigenen hatte, oder ihm nicht einzusagen, wenn er keine Antwort wusste* (Haller, Jana 9; A) – Dazu: **Einsager(in)**

Einsatz (gemeindt.): ↗Intervention

einschalten (gemeindt.): ↗andrehen, ↗anmachen, ↗aufdrehen

Einschaltung siehe Werbeeinschaltung

Einschau A die; –, -en: **1.** (formell); ↗Revision D ›behördliche Kontrolle, Überprüfung‹: *Der Landessanitätsdirektor bemerkte hiezu, dass bei Krankenhäusern, bei denen Überlegungen für einen Neubau bestanden, eine Einschau nicht vordringlich erachtet wurde* (Presse 12. 3. 2001, Internet). **2.** ›Möglichkeit der Einsichtnahme; Einsicht‹: *Ihm passte keine der präsentierten Ideen; abgesehen davon, dass er Dritten nur höchst ungern Einschau in seine Bilanzen gewährt* (Format 14. 12. 1998, 88) – Zu 1.: **Einschaubericht, Rechnungshofeinschau** (↗Rechnungshof)

einschenken CH sw. V./hat (Grenzfall des Standards): ›sich rentieren, einträglich sein‹: *Der Verzicht auf den Teuerungsausgleich ist eine Farce, weil die Teuerung anhand von Grundnahrungsmittelpreisen errechnet wird und nicht anhand der Kosten, die wirklich einschenken – wie etwa Krankenkassenprämien* (Blick 24. 4. 1999, 21) – Andere Bedeutungen sind gemeindt.

Einschicht A D-südost die; –, ohne Plur.: ↗Einöd A D-südost ›einsame, [bis auf wenige landwirtschaftliche Anwesen] menschenleere Gegend; Einöde‹: *… aus diesem Grund lebte er auch hier in der Stadt und ist nicht, wie er es sich erträumt hatte, in die Einschicht gezogen* (Kaiser, Oktoberfrühling 18; A) – Dazu: **Einschichtbauer (…bäuerin), Einschichthof**

einschnaufen CH D-süd sw. V./hat (Grenzfall des Standards): ›einatmen‹: *Zur Vorbeugung von Seitenstechen helfen folgende Faustregeln: … beim Laufen oder*

Rennen durch die Nase einschnaufen und durch den Mund ausschnaufen (Junioren FC Büren, 2001, Internet; CH) – Vgl. schnaufen

Einschreib- (produktives Bestimmungswort in Zus.): **1.** A D ›eine Eintragung in eine Aufnahmeliste betreffend; Einschreibe-‹, z. B. Einschreibfrist, Einschreibgebühr: *Bewerber aus Ländern des Europäischen Wirtschaftsraumes können ihre Bewerbungen bis zum Ende der jeweiligen Einschreibfrist einbringen* (Universität Salzburg, Leitfaden für Studieneinsteiger 1996, Internet; A); *In München geht die Einschreibfrist zu Ende* (SZ 1. 1. 1998, II; D). **2.** A ›eingeschriebene Briefsendungen betreffend; Einschreibe-‹, z. B. Einschreibbrief, Einschreibsendung: *Nur: die Firma war vorgewarnt worden, per Einschreibbrief vom Gericht* (Standard 25. 6. 1997, Internet) – Die Formen mit Fugen-e sind gemeindt., aber in A seltener und jünger

Einschreibe- (gemeindt.): ↗Einschreib-

einschreiben sich D st.V./hat: ›sich an einer Hochschule anmelden; immatrikulieren‹: *Ich habe Jura studiert, habe mich aber später in den Geisteswissenschaften eingeschrieben* (Psychologie 12/1997, 41) – Andere Bedeutungen sind gemeindt. – Dazu: **Einschreibung, Einschreibefrist** (↗Einschreibe-)

einsegnen sw.V./hat: **1.** A CH ›für jmdn. ein Begräbnis nach christlichem Ritus zelebrieren‹: *Katholische Priester segnen seit längerem, entgegen früheren Gepflogenheiten, auch bei Kremationen ein* (Fembek, Keine Angst 175; A); *Gestern wurde er begraben und vom orthodoxen Priester auf dem Friedhof eingesegnet* (Kurz, Frieden 120; CH). **2.** CH D-mittelwest/südwest ›etw. segnend [ein]weihen‹: *Am Festgottesdienst am Morgen wird im Beisein der Mogelsberger Feuerwehr die erste Fahne der freiwilligen Feuerwehr Türkheim eingesegnet* (St. Galler Tagbl 25. 6. 1998, Internet; CH); *Die Planung ist so, dass wir die Krippe am Mittwoch nach Weihnachten einsegnen wollen* (Christus-König-Gemeinde Borken 20. 11. 1999, Internet; D-mittelwest/südwest). **3.** D-nord/mittelwest (ev. Kirche) ›konfirmieren‹: *Ein schön gestalteter Konfirmationsschein bietet sich auch als Konfirmationsgeschenk an. Er sollte nach Möglichkeit jeweils nach dem Einsegnen überreicht werden* (Konfirmation 36/2000, Internet) – Zu 2.: In A selten – Dazu: **Einsegnung**

Einser A D-süd der; -s, –: ↗Einer CH, ↗Eins CH D (ohne südost) ›Zeichen für die Ziffer 1; Nummer (auf einer Liste o. Ä.); Verkehrslinie; Schulnote; Augenzahl 1 auf dem Spielwürfel; Spielkartenwert; Jahrgang [20]01‹: *Auf der großen Anzeigetafel im Ziel leuchtet zum zweiten Mal neben dem Einser der Name Benjamin R. auf* (Echo 28. 1. 1999, 64; A); *Und den Aufsatz hatte die Mutter nicht gelesen, für den Sarah einen Einser bekommen hatte* (Welsh, Disteltage 17; A); ***römische Einser** A (informell): **a)** ›römische Ziffer Eins (I) als Steigerung der besten Schulnote‹: *Wie ich noch nicht in die Schule gegangen bin, da hab ich öfter was gezeichnet, und die Ossi hat's in die Schule mitgenommen und der Frau Lehrer gezeigt. Und die hat mir einen römischen Einser gegeben* (Auer, Küss die Hand, Internet). **b)** (scherzh.) ›nur symbolisch verliehene Auszeichnung für eine besonders gute Leistung im außerschulischen Bereich‹: *Es ist schon gesagt worden, dass ... wir ein Umweltmusterland sind und dass wir ... in dieser Beziehung einen römischen Einser verdienen* (Stenogr. Protokoll des Bundesrates 14. 11. 1996, Internet) – Die Schulnote betrifft in A die Zahlen von 1 bis 5 (beste bis schlechteste), in CH und D von 1 bis 6 (in CH schlechteste bis beste, in D beste bis schlechteste), die Augenzahl beim Würfel betrifft die Zahlen 1 bis 6, bei den Spielkartenwerten hängen die betroffenen Zahlen vom Kartenspiel ab. In der Bedeutung ›Straßenbahnlinie‹ in A Femininum *die Einser*, sonst Maskulinum. Mit dem Suffix *-er* können alle Zahlsubstantive gebildet werden. Die Bildungen mit *-er* im Bereich Sport, z. B. im Rudern der *Vierer*, sind, wie bei allen Zahlsubstantiven, gemeindt. Zu den Münzen und Banknoten siehe Fünfer. Zur Schulnote vgl. Gut. Zur Verwendung des kleingeschriebenen Zahlwortes *eins*, z. B. *ein mal eins ist eins*, siehe Eins

einsieden A CH st.V./sw.V.: ↗einrexen A, ↗einwecken A D, ↗einmachen CH D, ↗eindünsten D-südwest ›(↗Früchte, Gemüse u. Ä.) durch Kochen und luftdichtes Verschließen haltbar machen; einkochen‹: *Wie bereitet man Marmeladen, Dunstobst und Fruchtsäfte zu? Diese Frage beschäftigte lernwillige Linzerinnen vor etwa 50 Jahren brennend. Heute lässt ein Kochkurs zum Thema »Einsieden« jede Frau kalt* (OÖN 9. 2. 1995, Linz Extra 6; A); *Die amerikanischen Siedler erlernten das »sugaring«, das heisst die Gewinnung und das Einsieden von Ahornsaft zu Sirup, von ihren indianischen Nachbarn* (Brückenbauer 16. 10. 2001, Internet; CH); ***eingesottene Butter** CH siehe Butter – In CH meist nur im Partizip *eingesotten* – Dazu: **Einsiedeglas** A

Einsitz CH der; -es, ohne Plur.: ›Mitgliedschaft (in einem Gremium)‹: *Dem Hauptsponsor steht das Recht zum Einsitz im Aufsichtsrat zu* (Wacker Thun, 2002, Internet); ***Einsitz nehmen** ›Mitglied werden (in einem Gremium)‹: *Der Professor wird für die freisinnige Fraktion Einsitz nehmen in der Kommission für Gesundheit und soziale Sicherheit* (Bund 22. 12. 1999, 14); ***Einsitz haben** ›Mitglied sein [in einem Gremium]‹: *Da die Mitglieder des Ratsbüros maximal acht Jahre lang Einsitz haben, wird auch hier die Hälfte ausgewechselt* (Wiedmer, Hautnah-Helvetia 37) – Dazu: **Einsitznahme**

Einspänner A-ost (bes. Wien) der; -s, –: **1.** ›schwarzer Kaffee im Glas mit einer ↗Schlagobershaube‹: *Wir tranken Einspänner, und er sagte mir, dass die Croissants nicht in Frankreich, sondern in Österreich erfunden worden seien* (Grän, Dame 200). **2.** ›einzelne Wurst von einem Paar ↗Frankfurter‹: *L. L. ... hatte 100 Jahre später eine Idee: »Würstel im Schlafrock«. Die waren »Frankfurter« – Einspänner in Brotteighülle und sahen dem späteren Hot Dog damals schon zum Verwechseln ähnlich* (Kurier 16. 10. 1999, 21) – Die Bedeutung ›Kutsche, die nur von einem Pferd gezogen wird‹ ist gemeindt.

Einsprache CH die; –, -n (Recht): ↗EINSPRUCH A D, ↗APPELLATION CH ›Berufung (gegen politische Entscheidungen)‹: *Im Fall Rapperswil dürfte der erwartete Mehrverkehr im Rahmen des Baubewilligungsverfahrens ... zu Einsprachen führen* (TA 19. 8. 1999, 23) – In A veraltet – Dazu: **Einsprachefrist, Einspracheverfahren**

Einspruch A D der; -(e)s, ...sprüche: ↗APPELLATION CH, ↗EINSPRACHE CH ›Berufung (gegen politische Entscheidungen)‹: *Die restlichen 15 wurden nach einem Einspruch ins Land gelassen* (Standard 17. 6. 1998, 9; A); *Kein Einspruch des Bundesrates gegen das Gesetz zur Stärkung der Richterunabhängigkeit* (Richterverein, 1999, Internet; D); ***Einspruch erheben** A; ***Einspruch einlegen** D: ↗BEEINSPRUCHEN A, ↗BERUFEN A, ↗EINBRINGEN: *BERUFUNG EINBRINGEN A, ↗APPELLIEREN CH, ↗REKURRIEREN CH, ↗REKURS: *REKURS EINLEGEN/EINREICHEN CH STIR ›Berufung einlegen‹: *Der Bundesrat kann unbeschadet der Absätze 4 und 5 gegen einen Gesetzesbeschluss (Beschluss) des Nationalrates einen mit Gründen versehenen Einspruch erheben* (Geschäftsordnung des Bundesrates § 20 (2); A); *Greenpeace hat heute formal gegen das umstrittene Patent auf die Züchtung menschlicher Embryonen Einspruch beim Europäischen Patentamt ... eingelegt* (Greenpeace, 2000, Internet; D) – Das Substantiv *Einspruch* sowie die Wendung *Einspruch erheben* sind außerhalb der Rechtssprache gemeindt. – Dazu: **Einspruchsfrist, Einspruchssrecht**

einspuren CH sw.V./hat: ↗EINORDNEN A D ›in die vorgeschriebene Fahrbahn fahren‹: *Der vordere Töfflenker bemerkte den eingespurten Wagen zu spät und prallte trotz Vollbremsung in das Fahrzeugheck* (TA 15. 3. 1999, 17) – Dazu: **Einspurstrecke**

Einstecktuch D (ohne nordost/südwest) das; -(e)s, ...tücher: ↗STECKTUCH A, ↗POCHETTE CH ›kleines Tuch, das als Accessoire in der äußeren Brusttasche von ↗Jacketts getragen wird‹: *Klassische graue oder braune Anzüge ... mit einem hellen Hemd, Krawatte passend zum Sakko und weißem Einstecktuch wirken sehr korrekt* (Kölner Stadt-Anzeiger 12. 7. 2000, Internet)

Einstell- -einstell- CH (produktiver Wortbestandteil in Zus.): ›Abstell-, -abstell-‹, z. B. Autoeinstellhalle, Autoeinstellplatz, Einstellgarage (↗Garage), ↗Einstellhalle, Einstellhallenplatz, ↗Einstellplatz CH D, Einstellraum: *[Es] ist eine Einstellhalle für 16 Fahrzeuge geplant* (Bund 31. 12. 1999, 28); *Das Kreditbegehren von 27'000 Franken für die Verwirklichung einer Einstellgarage ... wurde gutgeheissen* (NLZ 6. 12. 1998, Internet)

einstellen (gemeindt.): ↗ZURÜCKSTELLEN

einstellen CH sw.V./hat: **1.** ›(eine Nummer) wählen‹: *Er stellte die Nummer ein, liess es einmal klingeln, drückte ihr den Hörer in die Hand* (Faes, Vater 141). **2.** ›jmdn. von seinem Amt, von seinen Rechten suspendieren‹: *Von der Stimmberechtigung sind ausgeschlossen: diejenigen, welche vom Regierungsrat im Stimmrecht eingestellt sind* (Walter, Jammers 116) – Andere Bedeutungen sind gemeindt.

Einstellhalle CH die; –, -n: ↗PARKING CH LUX ›[unterirdische] Garage für das Abstellen von Fahrzeugen; Parkhaus‹: *In einer ... unterirdischen Einstellhalle in Bern ist am Dienstagmorgen ein Transportfahrzeug ausgebrannt* (TA 20. 10. 1999, 16) – Vgl. Einstell- – Dazu: **Autoeinstellhalle, Einstellhallenplatz**

Einstellplatz CH D der; -es, ...plätze: ↗ABSTELLPLATZ A CH, ↗STELLPLATZ D ›[überdachter] Platz zum Abstellen eines Fahrzeuges; Parkplatz‹: *Im Preis dabei sind zwei Plätze in der Tiefgarage. Ein Extra, das sonst mit bis zu 25'000 Fr. pro Einstellplatz zu Buche schlägt* (TA 19. 2. 1999, 71; CH); *Ist mit dem Wohnraum eine Garage oder ein ähnlicher Einstellplatz vermietet, so kann der Vermieter ... eine Mieterhöhung ... verlangen* (Universität Saarbrücken 27. 7. 1992, Internet; D) – Vgl. Einstell-

Einstellungsstopp CH D der; -s, -s: ↗AUFNAHMESTOPP A ›[vorübergehende] Sperre bei der Anstellung von Arbeitskräften‹: *Geplant sind Streckenstreichungen, schmalere Hierarchiestufen und ein Einstellungsstopp bei Piloten* (NLZ 11. 6. 2001, Internet; CH); *Neben den Leitlinien für die Politik des Senats ... verhängte der Senat auch einen Einstellungsstopp* (Berliner Morgenpost 27. 6. 2001, Internet; D)

einstreichen CH D st.V./hat (abwertend): ↗ABCASHEN A, ↗EINSTREIFEN A, ↗ABRÄUMEN A D, ↗ABTISCHEN CH, ↗ABSAHNEN D (ohne südost) ›sich (einen Gewinn, etw. Wertvolles) [unkorrekterweise bzw. skrupellos] aneignen‹: *Auf den vor- und nachgelagerten Stufen der Produktion wird zuviel Geld abgeschöpft, also ein ungerechtfertigt hoher Gewinn eingestrichen* (Brückenbauer 7. 4. 1998, Internet, CH); *Statt Milliarden einstreichen zu können, muss die Regierung nun einen Flop im Geschäft mit dem Mobilfunk ... einkal-*

kulieren (Welt 14. 11. 2000, Internet; D) – Die Bedeutung ›etw. bestreichen‹ ist gemeindt.

einstreifen A sw.V./hat (abwertend): ↗ABCASHEN A, ↗ABRÄUMEN A D, ↗ABTISCHEN CH, ↗EINSTREICHEN CH D, ↗ABSAHNEN D (ohne südost) ›sich (einen Gewinn, etw. Wertvolles) [unkorrekterweise bzw. skrupellos] aneignen‹: *40 bis 50 Millionen Schilling habe die Stadt Wien so in den vergangenen drei Jahren an »Körberlgeld« von ihren Mietern eingestreift, ist der freiheitliche Gemeinderat Herbert M. überzeugt* (Ganze Woche 5. 11. 1997, 28)

Einstufungstest (gemeindt.): ↗EINTRITTSTEST

eintreten CH st.V./ist ›(auf einen Vorschlag o. Ä.) eingehen‹: *Der Gemeindevorstand tritt auf das Gesuch nur teilweise ein und leistet für das Jahr 1997 einen Beitrag von 1000 Franken* (Engadiner Post 4. 10. 1997, 12) – Andere Bedeutungen sind gemeindt. – Dazu: ↗**Eintretensantrag**, ↗**Eintretensdebatte**, ↗**Nichteintreten**

Eintretensantrag CH der; -(e)s, ...anträge: ›Antrag für die Aufnahme einer parlamentarischen Debatte‹: *Da Frau B. den Eintretensantrag der Kommissionsminderheit selber begründen wird, beschränke ich mich darauf, die wesentlichen Überlegungen und Argumente der Kommissionsmehrheit für Nichteintreten darzulegen* (Herbstsession Parlament 1997, Internet) – Vgl. eintreten – Dazu: **Nichteintretensantrag**

Eintretensdebatte CH die; –, -n: ›parlamentarische Debatte vor der ↗Detailberatung, in der grundsätzliche Positionen kundgetan werden und über die Weiterverhandlung oder Rückweisung des Gegenstandes abgestimmt wird‹: *Der Stadtrat debattierte gestern Abend über das defizitäre Budget 2000. Bereits während der Eintretensdebatte kam es zum erwarteten Flügelkampf zwischen dem rot-grünen und dem bürgerlichen Block* (Bund 21. 10. 1999, 31) – Vgl. eintreten

eintrichtern (gemeindt.): ↗EINBIMSEN

Eintrittsmusterung CH die; –, -en: ›medizinische Untersuchung zu Beginn der militärischen Grundausbildung‹: *Wer zum Militärdienst aufgeboten wird und schon krank ist, beschafft sich ein ärztliches Zeugnis und präsentiert dieses bei der Eintrittsmusterung* (Beobachter, Richtig versichert? 125) – Vgl. Aushebung

Eintrittsprüfung CH die; –, -en: ›Eignungstest als Zulassungsvoraussetzung zu einer Ausbildung, einer Arbeitsstelle oder in einer [künstlerischen] Gruppe; Aufnahmeprüfung‹: *Die Eintrittsprüfung dauert 3 Tage und findet im Januar statt. Geprüft werden die Fächer Zeichnen, Modellieren, Holzschnitzen, Allgemeinbildung* (Schule für Holzbildhauerei Brienz, 2002, Internet)

Eintrittstest CH der; -(e)s, -s: ›Test, mit dem ermittelt wird, auf welchem Wissens- oder Gesundheitsstand sich jmd. im Hinblick auf eine bestimmte Aufgabe oder Ausbildung befindet; Einstufungstest‹: *Am ersten Kurstag findet ein kleiner Eintrittstest statt* (Bund 30. 6. 1995, 43)

eintüten D (ohne südost) sw.V./hat: ↗KUVERTIEREN A D, ↗COUVERTIEREN CH ›in einen Briefumschlag stecken‹: *Gut zwei Drittel aller Studenten fahren regelmäßig Taxi, stehen am Fließband oder tüten Werbeprospekte ein* (Spiegel Special 6/1998, 131)

einverlangen CH sw.V./hat: ›verlangen; anfordern‹: *Für den Verlust nicht einverlangter Reportagen kann die Redaktion keine Verantwortung übernehmen* (Glückspost 10. 6. 1999, 72) – In A selten und formell

Einvernahme A CH die; –, -n: ↗VERNEHMUNG D ›gerichtliche oder polizeiliche Befragung‹: *Die Strafprozessordnung sieht die Einvernahme durch einen Gerichtsgutachter bloß dann vor, wenn der Zeuge das 14. Lebensjahr noch nicht erreicht hat* (News 23. 12. 1997, 53; A); *Laut Peter F. hatte der 21-jährige Deutsche bei der Einvernahme auch von einem Delikt gesprochen, das er in der Schweiz begangen haben soll* (TA 27. 5. 1998, 25; CH) – Vgl. einvernehmen – Dazu: **Zeugeneinvernahme**

einvernehmen A CH st.V./hat: ↗VERNEHMEN D ›jmdn. gerichtlich oder polizeilich [in einer ersten ↗Bestandsaufnahme] befragen‹: *Auch wurde noch einmal ihr Dienstherr einvernommen, der nichts gesehen und gehört haben wollte* (Hackl, Abschied von Sidonie 28; A); *Am kräftigsten griff die Polizei in Frankreich zu, wo in den Grossagglomerationen Paris, Lyon, Marseille sowie auf Korsika 53 Personen einvernommen wurden* (TA 27. 5. 1998, 3; CH) – In D selten. Vgl. Einvernahme

Einvernehmenskomitee STIR das; -s, -s: ›Gremium der ↗Landesregierung, das zu besetzende staatliche Dienststellen ausschreibt‹: *Die Anpassung bzw. die Reduzierung der Stellenpläne sei für das Einvernehmenskomitee eine wichtige Voraussetzung für die verantwortungsvolle Wahrnehmung ihrer Aufgaben* (Dolomiten 16. 12. 2000, 18)

einwärmen sich CH STIR sw.V./hat: ›vor einer sportlichen Betätigung die Muskulatur durch Gymnastik o. Ä. lockern; sich aufwärmen‹: *Als wir ankamen, haben wir uns kurz eingewärmt, dann ging es mit einem Gruppen-OL los* (OLG Suhr, 2002, Internet; CH); *Torhüter Lukas S. (25) zog sich vergangene Woche beim Arge-Alp-Turnier in Salzburg beim Einwärmen einen Bänderriss im Knöchel zu und fällt vermutlich sechs Wochen aus* (Dolomiten 10. 9. 1997, 27; STIR)

einwecken A D sw.V./hat ⟨nach *J. Weck*, der das Verfahren in Deutschland einführte⟩: ↗EINREXEN A, ↗EINSIEDEN A CH, ↗EINMACHEN CH D, ↗EINDÜNSTEN D-südwest ›(↗Früchte, Gemüse u. Ä.) durch Kochen und luftdichtes Verschließen haltbar machen; einkochen‹: *Im Haushalt heißt Sterilisieren Einwecken (Einrexen), bei einer Temperatur unter 100°C und gleichzeitigem Unterdruck im Glas* (Universität für Bodenkultur Wien, 2001, Internet; A); *Seit Generationen streiten Connaisseure, ob denn nun die weißen Trüffel … oder die schwarzen, die durch Einwecken … auch noch delikater gemacht werden, die kulinarische Spitze sind* (Welt 17. 11. 2000, Internet; D) – Dazu: **Einweckglas, Einweckgummi** (↗Gummi), **Einweckring**

Einwohnerdienste CH die; nur Plur.: ↗MELDEAMT A D, ↗EINWOHNERKONTROLLE CH, ↗EINWOHNERMELDEAMT D, ↗MELDEBEHÖRDE D, ↗MELDESTELLE D ›Amt, das Daten über die Einwohner(innen) einer Gemeinde registriert und verwaltet‹: *Der Kanton Basel-Stadt verstärkt den Kampf gegen … Schwarzarbeiter. Dafür wurden … bei den Einwohnerdiensten … zwei Stellen geschaffen* (Blick 15. 12. 1999, 9)

Einwohnergemeinde CH die; –, -n: ↗GEMEINDE: *POLITISCHE GEMEINDE CH, ↗BEZIRK CH-ost (AI), ↗ORTSGEMEINDE CH-ost (GL) ›Körperschaft, die alle auf ihrem Gebiet wohnhaften Personen umfasst (in den ↗Kantonen AG, AR, BE, BL, BS, LU, OW, SH, SO, UR, VS, ZG)‹: *Am Donnerstag hat … die Einwohnergemeinde einstimmig und ohne Wortbegehren der Auflösung der Schulgemeinde Niedermuhlern zugestimmt* (Bund 28. 11. 1998, 30) – Vgl. Bürgergemeinde, Heimatgemeinde, Heimatort, Zivilgemeinde – Dazu: **Einwohnergemeinderat, Einwohnergemeindeversammlung** (↗Gemeindeversammlung)

Einwohnerkontrolle CH die; –, -n: ↗MELDEAMT A D, ↗EINWOHNERDIENSTE CH, ↗EINWOHNERMELDEAMT D, ↗MELDEBEHÖRDE D, ↗MELDESTELLE D ›Behörde, die Daten über die Einwohner(innen) einer Gemeinde sammelt und verwaltet‹: *Jede … Gemeinde muss … ein Einwohnerregister führen. Die dafür verantwortliche Dienststelle, im schweizerischen Alltag Einwohnerkontrolle genannt, hat alle Personaldaten zu beschaffen, die für das Funktionieren der Verwaltung notwendig sind* (Zürcher Bürgerbuch 116)

Einwohnermeldeamt D das; -(e)s, …ämter: ↗MELDEAMT A D, ↗EINWOHNERDIENSTE CH, ↗EINWOHNERKONTROLLE CH, ↗MELDEBEHÖRDE D, ↗MELDESTELLE D ›Behörde, die Daten über die Einwohner(innen) einer Gemeinde sammelt und verwaltet‹: *Ob Autokauf, Steuererklärung, Meldung beim Einwohnermeldeamt oder Beantragung der Briefwahl, mit der Unterschrift werden sie verbindlich* (Welt 26. 3. 1999, Internet)

Einwohnerrat der; -(e)s, …räte: **1.** CH ›Gemeinderat (in grösseren Gemeinden einiger ↗Kantone)‹: *Der Einwohnerrat von Emmen ist gegen ein Verbot des geplanten Flugmeetings der Schweizer Luftwaffe* (Blick 17. 3. 1994, 2). **2. Einwohnerrat Einwohnerrätin** CH der; -(e)s, …räte bzw. die; –, -nen; ›Mitglied des Gemeinderats‹: *Es gehe darum, einen Beitrag an das städtische Kulturangebot zu leisten, meinte der Liestaler Einwohnerrat Daniel S.* (BaZ 25. 10. 1997, 41) – Dazu: **Einwohnerratswahl**

Einzahlungsschein der; -(e)s, -e: **1.** A D; ↗EMPFANGSSCHEIN CH ›Teil des Einzahlungsformulars eines Geldinstituts‹: *Ein Kunde hatte das Auto erworben und bei der Abholung versichert, dass er es via Bank bezahlt hätte, er aber leider den Einzahlungsschein »vergessen« hätte* (OÖN 16. 9. 2000, 27; A); *Bis zu DM 100.– genügt der Einzahlungsschein für die steuerliche Anerkennung* (Unesco-Bildung für Kinder in Not, 1999, Internet; D). **2.** CH; ↗ERLAGSCHEIN A, ↗ZAHLSCHEIN A ›Formular für Einzahlungen auf der Post und für bargeldlosen Zahlungsverkehr‹: *Mit der klassischen Stempelbewegung von Posthaltern, ja, genau so stempelt Friedli die Einzahlungsscheine* (Burger, Kanzel 114)

Einzelhandel A D der; -s, ohne Plur.: ↗DETAILHANDEL CH ›Wirtschaftszweig, in dem Waren an Endverbraucher(innen) verkauft werden‹: *Der österreichische Einzelhandel musste im ersten Halbjahr 2001 ein reales Umsatzminus von rund einem Prozent hinnehmen* (Kurier 1. 9. 2001, 18; A); *Einzelhandel hat 30.000 Stellen abgebaut* (Welt 10. 2. 1999, Internet; D) – Dazu: ↗**Einzelhändler(in),** ↗**Einzelhandelsgeschäft, Einzelhandelskauffrau, Einzelhandelskaufmann, Einzelhandelskette, Einzelhandelsverband**

Einzelhandelsgeschäft A D das; -(e)s, -e: ↗EINZELHÄNDLER A D, ↗DETAILGESCHÄFT CH, ↗DETAILLIST CH ›Geschäft, in dem Waren in kleinen Mengen verkauft werden‹: *Laut Nielsen-Marktforschung hat sich das Greißlersterben 1996 fortgesetzt: Die Zahl der Einzelhandelsgeschäfte fiel um vier Prozent* (OÖN 21. 6. 1997, 13; A); *Seine Mutter betreibt ein Einzelhandelsgeschäft für Obst und Gemüse* (Berliner Kurier 21. 5. 1999, Internet; D) – Vgl. Einzelhandel

Einzelhändler A D der; -s, –: **1.** ↗EINZELHANDELSGESCHÄFT A D, ↗DETAILGESCHÄFT CH, ↗DETAILLIST CH ›Geschäft, in dem Waren in kleinen Mengen verkauft werden‹: *Trotz NAFES-Programm von Land und Wirtschaftskammer sind die Waldviertler Einzelhändler weiterhin vom »Aussterben« bedroht* (Kurier 2. 2. 2001, 11; A); *Am ersten Sonnabend freuten sich die Einzelhändler über volle Geschäfte* (Welt 12. 2. 2001, Internet; D). **2. Einzelhändler Einzelhändlerin** der; -s, – bzw. die; –, -nen: ↗DETAILLIST CH ›Händler(in) im ↗Einzelhandel‹: *Jeder dritte Einzelhändler äußert sich über die weitere heurige Geschäftsentwicklung negativ* (OÖN 3. 9. 2001, 9; A); *150.000 Einzel-*

händler suchen einen Nachfolger (Welt 15. 1. 1999, Internet; D)

Einzelunterschrift CH die; –, -en: ›rechtsgültige Unterschrift einer einzelnen zeichnungsberechtigten Person im Namen einer Körperschaft‹: *Walter H. hatte als Gemeindekassier ... die Kompetenz, im Namen der Gemeinde pro Bezug Bargeld bis zu höchstens 20'000 Franken abzuheben. H.s Einzelunterschrift genügte* (NLZ 8. 2. 2001, Internet); ***mit Einzelunterschrift** ›allein zeichnungsberechtigt‹: *Im Handelsamtsblatt ist als alleiniger Verwaltungsrat mit Einzelunterschrift Theodor H. aufgeführt, der sich mittlerweile nach Spanien abgesetzt hat* (NLZ 6. 8. 1999, Internet) – Vgl. Kollektivunterschrift

Einzelverkauf (gemeindt.): ↗DETAILVERKAUF

Einzelzimmer (gemeindt.): ↗EINBETTZIMMER, ↗EINERZIMMER

Einziehungsauftrag A der; -(e)s, ...aufträge: ›Auftrag eines Betriebes o. Ä. an die Bank, vom Kundenkonto [regelmäßig anfallende] Rechnungsbeträge automatisch abzubuchen‹: *Zwar wird keine Gebühr verlangt, wenn mittels Einziehungsauftrag verrechnet wird. Aber dadurch können Gespräche mit dem Mobiltelefon auf andere Art und Weise »teuer« werden* (Ganze Woche 5. 11. 1997, 73)

Einzimmerwohnung CH D STIR die; –, -en: ↗GARÇONNIÈRE A, ↗EINRAUMWOHNUNG D, ↗MINIWOHNUNG STIR ›Wohnung mit einem Zimmer, [separater] Küche und Bad‹: *In meiner Freizeit bin ich oft alleine in meiner düsteren Einzimmerwohnung* (Gerber-Wyler, Spinnerin 133; CH); *Einzimmerwohnung ca. 26 m² inkl. aller Nebenkosten ab 289 DM* (Universität Magdeburg, 2000, Internet; D); *Vor unserer Hochzeit wohnten wir in einer kleinen Einzimmerwohnung* (Plörer, so geliebt 191; STIR) – In A selten. Wird in CH und STIR auf der ersten, in D auf der zweiten Silbe betont

einzonen CH sw.V./hat: ›einen Teil des Gemeindegebietes aus einer ↗Zone, in der nicht gebaut werden darf, herausnehmen und einer ↗Bauzone zuweisen‹: *Land für Einfamilienhäuser ist in Winterthur seit Jahren Mangelware. ... Nun will der Stadtrat einzonen* (TA 24. 4. 1999, 18) – Vgl. abzonen, auszonen, umzonen, Zone, Zonenplan – Dazu: ↗**Einzonung**

Einzonung CH die; –, -en: ↗FLÄCHENWIDMUNG A, ↗FLÄCHENNUTZUNG D ›Festsetzen einer bestimmten Nutzung (von Gemeindeflächen)‹: *Das Gesuch um eine Einzonung von 10'800 Quadratmetern in die Zone für öffentlichen und einheimischen Wohnungsbau wurde von den Stimmberechtigten angenommen* (Südostschweiz 20. 12. 2000, Internet) – Vgl. einzonen

Einzugsverfahren D das; -s, –: ↗LASTSCHRIFT A, ↗BANKEINZUG A D, ↗LASTSCHRIFTVERFAHREN CH D ›bargeldloser Zahlungsverkehr, bei dem [regelmäßige] Zahlungsverpflichtungen aufgrund einer Vollmacht von einem Konto abgebucht werden‹: *Eine Neuauflage der Diskussion um das Einzugsverfahren durch staatliche Behörden ist nicht in ihrem Interesse* (Welt 11. 11. 1996, Internet)

Eis das; -es, ohne Plur.: **1.** A D; ↗GLACE CH ›Speiseeis‹: *»Wir gehen jetzt zusammen auf ein Eis«, beschloss er, während er seine Bücher unordentlich in das Fach der Schulbank stopfte* (Haller, Jana 58; A); *Ich hätte gern Ursel bei mir gehabt, ihr Geld für ein Eis gegeben* (Born, Erdabgewandte Seite 7; D). **2.** ***Eis laufen** A D (ohne südost) ›Schlittschuh laufen/fahren‹: *Nie hatte Sarah am Donnerstag eine Freundin besuchen, Eis laufen gehen oder sonst etwas dürfen, weil Oma sonst gekränkt gewesen wäre* (Welsh, Disteltage 17; A); *Der gebürtige Zittauer in der engen Hose ... will nur Eis laufen und sich feiern lassen* (Tagesspiegel 9. 11. 2001, Internet; D) – Zu 1.: In CH selten. Zu 2.: *Eis laufen* wird in A häufiger gebraucht als die gemeindt. Wendung *Schlittschuh laufen*. Die Bedeutung ›gefrorenes Wasser‹ ist gemeindt. – Zu 1.: ↗**Eisbecher, Eiscreme** (↗Creme), ↗**Eiscafé** D, ↗**Eisdiele** D, ↗**Eissalon** A, ↗**Eistüte** A D (ohne südost), **Fruchteis** (↗Frucht), **Vanilleeis.** Zu 2.: ↗**Eislaufschuh** A

Eisbahn CH D (ohne südost) die; –, -en: ↗EISLAUFPLATZ A, ↗SCHLITTSCHUHBAHN CH D ›Fläche zum Schlittschuhlaufen; Kunsteisbahn‹: *1978 war ... eine Lawine vom Männlichen bis auf die Eisbahn im Dorf Wengen gestürzt* (Bund 9. 2. 1999, 1; CH); *Vormittags ist die Chemnitzer Eisbahn ... an die städtischen Schulen vergeben* (Welt 22. 2. 2000, Internet; D)

Eisbecher A D der; -s, –: ↗COUPE CH ›Speiseeiskugeln mit Garnitur‹: *Ein harmloser Eisbecher mit Früchten, Schlagobers und Waffeln schlägt mit durchschnittlich 400 Kalorien zu Buche* (OÖN 7. 7. 2001, 13; A); *Auf einen Eisbecher kann man sich bei Schönemann hinters Haus auf den verstecktesten Freisitz ... zurückziehen* (LVZ 31. 7. 2001, Internet; D) – Vgl. Eis

Eisbein D-nord/mittel das; -(e)s, -e (Küche): ↗STELZE A, ↗GNAGI CH, ↗WÄDLI CH, ↗SCHWEINSHAXE D-süd, ↗SPITZBEIN D-nordost ›eingesalzenes und gekochtes oder gebratenes Stück vom Unterschenkel des Schweines‹: *Und morgen noch vorsichtig – nicht gleich Eisbein mit Erbsen und Sauerkraut ... Aber dann kann er wieder alles essen* (Martin, Blut 110)

Eisbergsalat CH D der; -(e)s, -e (Plur. ungebräuchl.): ↗BUMMERLSALAT A-mitte/ost, ↗EISSALAT A D (ohne mittelost), ↗KRACHSALAT CH ›Salatsorte, deren hellgrüne, knackige Blätter einen festen Kopf bilden‹: *Bratwurst und Eisbergsalat hat die Mutter für ihren Jungen gemacht, der endlich mal wieder zum Essen* *zu Hause ist* (Sonntagsblick 7. 7. 2002, M35; CH); *Den Eisbergsalat waschen, in grobe Streifen schneiden und mit Balsamicoessig beträufeln* (WDR 14. 6. 2000, Internet; D) – In A selten

Eiscafé D das; -s, -s: ↗Eissalon A, ↗Eisdiele D ›Lokal, in dem v. a. Speiseeisspezialitäten serviert werden‹: *Wer weiß schon, dass Land und Wasser jenseits von … Eiscafés und Discos reich sind an Spuren der Geschichte* (GEO 8/1994, 60) – In CH sachlich weitgehend unbekannt. Vgl. Eis

Eisdiele D die; –, -n: ↗Eissalon A, ↗Eiscafé D ›Lokal, in dem v. a. Speiseeisspezialitäten serviert werden‹: *Franz H. eröffnete seine erste Eisdiele 1930* (Tagesspiegel 25. 7. 1999, 9) – In A zunehmend gebräuchlich. In CH sachlich weitgehend unbekannt. Vgl. Eis

Eisen: *in die Eisen gehen/steigen/treten D (Grenzfall des Standards): ↗Bremse: *auf die Bremse steigen A D (ohne südwest); *auf die Bremse drücken/stehen CH; *auf die Bremse treten CH D (ohne südost) ›stark bremsen‹: *Der Taxifahrer tritt in die Eisen, dass sich das Auto fast überschlägt* (TV Total 4. 9. 2002, Internet) – In D-südwest ist nur *in die Eisen steigen* gebräuchlich. Das Substantiv *Eisen* ist in allen anderen Verwendungen gemeindt.

Eisenbahner (gemeindt.): ↗Bähnler

Eisenbahnkreuzung A die; –, -en: ↗Niveauübergang CH, ↗Bahnübergang: *schienengleiche Bahnübergang D ›Bahnübergang, bei dem die Schienen befahren bzw. überschritten werden (ohne Brücke oder Unterführung)‹: *In der Zeit von 20. bis 23. August führt die ÖBB Erneuerungsarbeiten an der Eisenbahnkreuzung Stadlbauerstraße in Urfahr durch* (Stadt Linz, 2002, Internet)

Eishackler Eishacklerin A-südost der; -s, – bzw. die; –, -nen (salopp, informell): ↗Eishockeyaner CH ›Eishockeyspieler(in)‹: *Verschnaufpause für die Eishackler. Zumindest über Silvester gönnen die Trainer ihren Spielern Ruhe* (Kleine Ztg Ktn. 31. 12. 2000, Internet)

Eisheilige (gemeindt.): ↗Eismänner

Eishockeyaner Eishockeyanerin CH der; -s, – bzw. die; –, -nen [aishɔke'ja:nər]: ↗Eishackler A-südost ›Eishockeyspieler(in)‹: *Die Schweiz ist in Schweden an der Weltmeisterschaft der unter 20-jährigen Eishockeyaner aus der Entscheidung gefallen* (Bund 3. 1. 2000, 24)

Eishockeyspieler (gemeindt.): ↗Eishackler/Eishacklerin, ↗Eishockeyaner/Eishockeyanerin

Eiskasten A D-süd der; -s, …kästen (Grenzfall des Standards, veraltend): ›Kühlschrank‹: *Im Eiskasten hinter der Kasse kugelten nur Coca-Cola-Dosen und Limonadeflaschen herum* (Kneifl, Vorstellung 13; A) – Vgl. Kasten

Eislaufplatz A der; -es, …plätze: ↗Eisbahn CH D (ohne südost), ↗Schlittschuhbahn CH D ›Fläche zum Schlittschuhlaufen; Kunsteisbahn‹: *In der Siedlung zwischen dem Eislaufplatz und der HTL in Steyr wurde vor ungefähr zwei Wochen eine sehr schöne Schildpatt-Katze … gefunden* (Steyrer Rundschau 19. 3. 1998, 15)

Eislaufschuh A der; -(e)s, -e: ›Schlittschuh‹: *Da die Tasche mit den heiß ersehnten Eislaufschuhen bisher noch nicht abgegeben wurde, bittet die Oma nun denjenigen, der die Tasche in der Straßenbahn gefunden hat, sich bei ihr zu melden* (OÖN 2. 12. 1998, 20) – Wird in A im Vergleich zum gemeindt. Wort *Schlittschuh* häufiger gebraucht. Vgl. Eis

Eismänner A D-süd die; nur Plur.: ›kalte Tage im Mai um die Feste der Heiligen Pankratius, Servatius, Bonifatius am 12., 13. und 14. Mai; Eisheilige‹: *Die Eismänner stehen vor der Tür und bald werden unsere Häuser im neuen Blumenschmuckkleid glänzen* (Neue Vorarlberger Tagesztg 5. 5. 1996, 25; A) – Die Eisheiligen sind in D-nord nicht an den gleichen Tagen wie in A und D-süd, sondern vom 11. bis 13. Mai

Eissalat A D (ohne mittelost) der; -(e)s, -e (Plur. ungebräuchl.): ↗Bummerlsalat A-mitte/ost, ↗Krachsalat CH, ↗Eisbergsalat CH D ›Salatsorte mit hellgrünen, knackigen Blättern, die einen festen Kopf bilden‹: *Herbst- und Wintergemüse sollte jetzt gesät werden, z. B. Chinakohl, Zuckerhut, Rüben und Karotten, Eissalat oder Kohl* (Kurier 3. 7. 1999, 24; A); *Einen Kopfsalat bekommen Sie schon für 89 Pfennig, Eissalat kostet weniger als eine Mark* (Berliner Kurier 30. 3. 1997, Internet; D)

Eissalon A der; -s, -s: ↗Eiscafé D, ↗Eisdiele D ›Lokal, in dem v. a. Speiseeisspezialitäten serviert werden‹: *Ein Ständchen zu nächtlicher Stunde und noch dazu vor einem Eissalon, das muss bei diesen gar nicht sommerlichen Temperaturen schon seine besondere Bewandtnis haben* (OÖN 5. 6. 1991, 15) – In CH sachlich weitgehend unbekannt. Vgl. Eis

Eisschießen A D das; -s, ohne Plur.: ↗Eisstockschießen A D ›Mannschaftssportart, bei der man einen ↗Eisstock über eine Eisbahn auf ein Ziel hin gleiten lässt‹: *Die meisten Spiele finden im Freien oder an eigenen Spielstätten statt und haben einen sportlichen Charakter wie z. B. das beliebte Eisschießen* (Pfaundler, Jungbürgerbuch 366; A); *Bei genügend Minusgraden ist Schlittschuhlaufen und Eisschießen auf Natureis angesagt* (Tourismus Bayern 7. 9. 2001, Internet; D)

Eisstau D-mittel/süd der; -(e)s, -s: ↗Eisstoß A D-südost ›in Flüssen aufgestautes Eis‹: *Früher beeinflussten Eisstoß oder Eisstau häufig das Hochwasser* (Bayerisches Landesamt für Wasserwirtschaft 31. 10. 2002, Internet)

Eisstock A D der; -(e)s, ...stöcke: ›eisenbeschlagene Holzscheibe mit einem Griff, die zum ↗Eisstockschießen verwendet wird‹: *Wenn ich in früheren Wintern ab und zu durch ein Loch im Eis auftauchte, um beim Eisstockschießen zuzuschauen, wurde ich häufig von den schweren Eisstöcken getroffen* (Sklenitzka, Schatz im Ötscher 27; A); *Mit der Kraft der zwei Augen versucht Sandra S. den Eisstock ins Ziel zu gucken* (Berliner Ztg 10. 2. 1998, Internet; D) – Dazu: **Eisstockschütze (...schützin)**

Eisstockschießen A D das; -s, ohne Plur.: ↗EISSCHIEßEN A D ›Mannschaftssportart, bei der man einen ↗Eisstock über eine Eisbahn auf ein Ziel hin gleiten lässt‹: *Außerdem besteht die Möglichkeit zu klassischen Sportarten wie Eislaufen oder Eisstockschießen* (Reisen 6/1997, 29; A); *Mit polierten Holzscheiben spielten sie Eisstockschießen auf blankgefrorenen Seen* (Berliner Ztg 7. 1. 1995, Internet; D)

Eisstoß A D-südost der; -es, ...stöße: ↗EISSTAU D-mittel/süd ›in Flüssen aufgestautes Eis‹: *Der Zeppelin ist über Wien geflogen, im strengen Winter von 1928 war ein Eisstoß, der Josef ist mit der Kleinen über die Donau gewandert, zu Fuß* (Marzik, Mizzi 95; A)

Eistüte A D (ohne südost) die; –, -n: ↗STANITZEL A-mitte/ost, ↗CORNET CH, ↗HÖRNCHEN D-nordwest/mittel ›mit Speiseeiskugeln gefüllte, trichterförmige Waffel‹: *Daran schlendern nun Mädchen in Miniröcken und Burschen mit Eistüten vorbei* (OÖN 17. 6. 1995, Internet; A); *Der Mund ... öffnet und schließt sich, flirtet schmatzend mit der Eistüte* (Welt 14. 9. 1996, Internet; D) – Vgl. Eis

Eiweiss CH **Eiweiß** D das; -es, -e (Plur. ungebräuchl.): ↗KLAR A, ↗EIKLAR A D-nordwest ›durchsichtige, gallertartige Masse des Eis‹: *Dann gibt man die gemahlenen Mandeln und das Maizena bei und hebt zum Schluss das Eiweiss darunter, das man mit einer Prise Salz steif geschlagen hat* (Annabelle 2. 1. 1998, 101; CH); *Das aufgeschlagenene Eiweiß unter die Eigelbmasse heben* (SWR, 2001, Internet; D) – In A selten. Die Bedeutungen ›Aufbausubstanz pflanzlicher und tierischer Zellen‹ und ›lebenswichtiger Bestandteil der Nahrung‹ sind gemeindt.

Elaste D-ost die; –, -n (veraltend): ›elastischer, gummiartiger Stoff‹: *Das Bühnenbild von Sascha G. packt die Handlung ... zwischen hohe Stellwände aus Plaste und Elaste* (Berliner Ztg 13. 11. 2000, Internet)

Elbestadt D die; –, ...städte ⟨nach dem Fluss *Elbe*, an dem die drei Städte liegen⟩: ›Dresden, Magdeburg, Hamburg‹: *An der Hamburger Bahn wird mit Hochdruck daran gearbeitet, dass das Havelland und die Elbestadt ein gutes Stück näher rücken* (Berliner Ztg 20. 2. 1995, Internet)

Elbflorenz D das; –, ohne Plur. ⟨nach der italienischen Stadt *Florenz* und dem Fluss *Elbe;* auf die Architektur anspielende Bezeichnung⟩: ›Dresden‹: *Ein weiterer Höhepunkt der Reise ist der Besuch von Dresden, auch liebevoll Elbflorenz genannt* (Rheinische Post 24. 6. 2000, Internet)

Elf die; –, -en: **1.** CH D (ohne südost); ↗ELFER A CH D-süd ›Zeichen für die Ziffer 11; Nummer (auf einer Liste o. Ä.); Verkehrslinie‹: *Beim ersten Einsatz ... gewinnt man, wenn eine Sieben oder Elf gewürfelt wurde, und man verliert mit einer Zwei, Drei oder Zwölf* (Casinos Schweiz, 2002, Internet; CH); *Nach mittelalterlicher Vorstellung ist die Elf die Zahl der Maßlosigkeit – eine teuflische Zahl* (Rhein-Ztg 10. 11. 1999, Internet; D). **2.** A D ›Fußballmannschaft‹: *Unterm Strich blieb eine »Doppel-Null-Nummer«, eine Rapid-Elf, die einen 2:1-Sieg über Admira Wacker feierte* (Presse 15. 3. 1993, 12; A); *Seine Elf braucht ohnehin keine Extra-Portion Motivation* (Passauer Neue Presse 29. 5. 1998, 26; D) – Zu 1. vgl. den Kommentarteil zu ↗Eins. Im Ggs. zum Substantiv *die Elf* ist das kleingeschriebene Zahlwort *elf,* z. B. *sie ist elf [Jahre alt],* gemeindt. Zu 2.: In CH selten – Zu 2.: **Nationalelf**

Elfer der; -s, –: **1.** A CH D-süd; ↗ELF CH D (ohne südost) ›Zeichen für die Ziffer 11; Nummer (auf einer Liste o. Ä.); Verkehrslinie; Jahrgang [20]11‹: *Probleme mit öffentlichen Verkehrsmitteln dürfte auch Joachim haben: »Ich wünsche mir, dass die O-Bus-Linie 41 bis zum Maximarkt verlängert wird, da mir immer der Elfer davonfährt!«* (OÖN 22. 11. 1990, 6; A); *Die Tramlinie 11 (Aesch) durchquert neu die Basler Innerstadt und verkehrt bis zur elsässischen Grenze bei St-Louis. Bisher wendete der Elfer beim Aeschenplatz* (Kanton BL, 2002, Internet; CH). **2.** A ›zweithöchster Gewinnrang im Toto unter dem ↗Zwölfer‹: *31. Extra-Toto-Runde: 13 Zwölfer zu je 96.849 S, 315 Elfer zu je 973 S, 4100 Zehner zu je 74 S* (Kurier 8. 9. 2000, 27). **3.** A D (Fußball); ↗PENALTY CH BELG ›Elfmeter, Strafstoß‹: *100.000 hätten den Elfer, das 41. Teamtor von Polster, gerne live bejubelt, aber nur 48.000 ... bekamen die Chance* (Sport Magazin 10/1997, 20; A); *Schumacher hält zwei Elfer, Littbarski trifft* (Welt 30. 6. 1998, Internet; D) – Zu 1 vgl. den Kommentarteil zu ↗Einser. Zur Verwendung des kleingeschriebenen Zahlwortes *elf,* z. B. *sie ist elf [Jahre alt],* siehe Elf – Zu 3.: **Elferschießen, Elferschütze (...schützin), Elfertor, Handselfer** (↗Hands)

Elferfrage A die; –, -n (salopp): ›heikle, schwierige Frage‹: *»Und was macht der Wickerl damit?«, stellt mir der Rudi die Elferfrage* (Brödl, Blutrausch 38)

Elfmeter (gemeindt.): ↗ELFER, ↗PENALTY

Elke D ⟨niederdt.⟩: weibl. Vorname: *Energisch schüttelt Elke Schmidtmüller den Kopf* (Wolf, Samstags 35) – In A zunehmend gebräuchlich

ellbögeln CH sw.V./hat: ↗VORDRÄNGELN D ›sich vordrängen; sich rücksichtslos verhalten‹: *Mikrophone und Diktiergeräte werden ihm entgegengestreckt, Kameraleute und Fotografen ellbögeln sich einen Weg durch die Menge* (TA 25. 9. 1998, Internet) – Dazu: **Ellbögler(in)**

Elternbesuchstag CH der; -(e)s, -e: ›festgelegter Tag, an dem Eltern die Tätigkeiten ihrer Kinder beobachten dürfen (in regulären Schulstunden oder in einem ↗Lager)‹: *Nach einem leckeren z'Morge machten wir Gruppen für den Elternbesuchstag. Um ca. 11 Uhr kamen schon die ersten Eltern, Verwandte, Freunde u.s.w.* (Pfadi Riedberg, 2001, Internet); *Am 16. März findet von 08.00 bis 11.35 Uhr der zweite Elternbesuchstag dieses Schuljahres statt* (Gemeinde Hettlingen, 2002, Internet)

Elternsprechtag A D der; -(e)s, -e: ›Tag oder Halbtag, an dem die Lehrer(innen) einer Schule für Gespräche mit Eltern [und Schülern] zur Verfügung steht‹: *Nach dem Elternsprechtag sind Lehrerkinder noch verhasster* (Popp, Drei Männer 379; A); *Beim Elternsprechtag und beim Tag der offenen Tür verköstigten die 9. Klassen unsere Gäste mit Kaffee, Kuchen und belegten Brötchen* (Hauptschule Dolgesheim 4. 2. 2002, Internet; D) – Vgl. Sprechtag

Elternzeit D die; –, -en (Plur. ungebräuchl.): ↗KARENZ A, ↗KARENZURLAUB A, ↗MUTTERSCHAFTSURLAUB CH, ↗ERZIEHUNGSURLAUB D ›[vom Staat bezahlter] ↗Urlaub für die Betreuung von Kindern‹: *Frau B. kündigte an, der Elternurlaub werde in Elternzeit umbenannt, weil das Wort Urlaub bei Kindererziehung nicht angebracht sei* (Berliner Morgenpost 8. 7. 2000, Internet)

Email (gemeindt.): ↗EMAILLE

E-Mail das/die; -s/-, -s ['iːmeɪl A CH, 'iːmeːl D] ⟨engl.⟩: ist in A meist Neutrum, in D meist Femininum, in CH schwankend. Das gilt auch für die Kurzform *Mail*: *Da telefonisch keine Auskunft zu bekommen war, schickte man schließlich ein E-Mail an das Hotel* (Kleine Ztg 13. 9. 2001, Internet; A); *Für Inserat-Aufträge klicken Sie hier oder senden ein E-Mail* (Entlebucher Anzeiger, 2002, Internet; CH); *Im Juni stiess M., Spezialagent für Kinderpornografie beim US-Zoll, im Internet auf eine E-Mail aus Basel* (Blick 23. 8. 1997, 2; CH); *Ein Teil von mir möchte zum Telefon greifen, ein Teil von mir ihm eine E-mail schreiben* (TZ 29. 5. 1998, 28; D)

Emaille D-nord/mittel die; –, -n [e'mai, e'maljə]: ›Überzug zum Schutz oder zur Verzierung von Metall- und Tonwaren; Email‹: *Prinz Charles hatte seiner Freundin die Anstecknadel aus Gold, Silber und Emaille vor kurzem geschenkt* (NRZ 7. 5. 1999, Internet) – In CH selten. Die Aussprache lautet in CH ['emai]

Emd CH das; -(e)s, ohne Plur.: ↗GRUMMET A D-nordost/südost, ↗ÖHMD D-südwest ›durch einen zweiten oder dritten Grasschnitt gewonnenes Heu‹: *Fang nicht an zu schlampen ... Gerade am Sonntag wollte ich das letzte Emd einbringen* (Honegger, Ehemalige 71) – Dazu: ↗**emden**

emden CH sw.V./hat: ↗ÖHMDEN D-südwest ›zur Heugewinnung einen zweiten oder dritten Grasschnitt machen‹: *Der Sommer war sehr gut. Die Bauern konnten – welch Ereignis – sogar emden!* (Engadiner Post 4. 10. 1997, 15) – Vgl. Emd

Empfang (gemeindt.): ↗RECEPTION, ↗REZEPTION

Empfangsschein CH der; -(e)s, -e: ↗EINZAHLUNGSSCHEIN A D ›Teil des Einzahlungsformulars eines Geldinstituts‹: *Belastungsanzeigen, Auftragsbestätigungen und Lastschriftenanzeige sofort genau prüfen. Stimmen Empfangsscheine mit den Empfängerangaben überein?* (TA 25. 9. 1996, 21) – In A früher

Ende: ***Ende Jahr** CH ›Ende des Jahres‹: *Die Auflösung [des Verbandes] soll auf Ende Jahr erfolgen* (TA 19. 3. 1999, 29); ***Ende Monat** CH ›Ende des Monats‹: *Den Lohn kannst du Ende Monat abholen* (Schmid, Kumar 106); ***Ende Saison** CH ›Ende der ↗Saison‹: *Der FC Solothurn wird den Ende Saison auslaufenden Vertrag mit seinem Trainer ... nicht verlängern* (TA 24. 3. 1999, 54); ***Ende Woche** CH ›Ende der Woche‹: *Jetzt könnte der EU-Gipfel leicht bis Ende Woche dauern* (TA 24. 3. 1999, 5); ***Ende der Fahnenstange** D ›Punkt, an dem ein Vorhaben nicht weitergeführt werden kann‹: *Die 23 Hotels ... sind längst nicht das Ende der Fahnenstange. Vier weitere Häuser sollen jährlich hinzukommen* (Welt 10. 11. 2000, Internet); ***ohne Ende** D: **a)** ›sehr, in starkem Maße‹: *Die ... sind preiswert ohne Ende und sehen gut aus* (Allegra 11/1997, 189). **b)** ›sehr viele‹: *Wenn du Ecstasy im Blut hast, findest du Freunde ohne Ende* (Takushi Food Corporation, 2001, Internet) – Verbindungen vom Typ *Ende* plus Monatsname (z.B. *Ende März*) sind gemeindt. Das Substantiv *Ende* ist in allen anderen Verwendungen gemeindt. Vgl. Anfang

Endergebnis (gemeindt.): ↗ENDRESULTAT, ↗ENDSTAND, ↗SCHLUSSKLASSEMENT, ↗SCHLUSSRESULTAT

Endplatzierung D die; –, -en: ↗ENDRANG A, ↗SCHLUSSRANG CH ›Rang nach Beendigung eines [sportlichen] Wettkampfes oder Wettbewerbes‹: *Den dritten Rhein-Ruhr-Pokal richtete der Nachwuchs der Raffelberger perfekt aus und ließ den Gästen auch in*

der Endplatzierung den Vortritt (NRZ 20. 5. 2001, Internet)

Endrang A der; -(e)s, ...ränge: ↗SCHLUSSRANG CH, ↗ENDPLATZIERUNG D ›Rang nach Beendigung eines [sportlichen] Wettkampfes oder Wettbewerbs‹: *Die Rechnung ging haargenau auf: Endrang sechs im Slalom-Europacup* (Neue Kronen Ztg 28. 3. 2000, Internet)

Endresultat D das; -(e)s, -e: ↗ENDSTAND A D, ↗SCHLUSSKLASSEMENT CH, ↗SCHLUSSRESULTAT CH LUX ›Gesamtergebnis, Endergebnis‹: *In der klassischen Physik können wir sagen, dass aus bestimmten Anfangsbedingungen ein bestimmtes Endresultat folgt* (Welt 12. 12. 2000, Internet) – Vgl. -resultat-

Endrunde A D die; –, -n (Sport): ↗FINALRUNDE CH D ›Wettkämpfe (nach der Qualifikation) um den Sieg in einem Turnier bzw. um den Titel in einer Meisterschaft‹: *Damals begannen wir beim Favoriten UdSSR, hatten das Entscheidungsspiel gegen die DDR als letztes in Wien – und haben uns für die Endrunde qualifiziert* (Kurier 9. 1. 1992, 32; A); *Die Erleichterung war den Spielerinnen ... ins Gesicht geschrieben. Jetzt kann die Endrunde ... auf eigener Anlage in Hoheneichen beginnen* (Welt 5. 10. 1999, Internet; D) – In CH selten

Endspiel D das; -(e)s, -e (Sport): ↗FINALE A D, ↗FINAL CH ›Schlussspiel oder Wettkampf um den Sieg in einem Turnier‹: *Beim Endspiel in Berlin ... setzen die Duisburger auf Tore von Stürmerstar Bachirou Salou* (Glück 13. 5. 1998, 1) – In A selten – Dazu: ↗**Pokalendspiel**

Endstand A D der; -(e)s, ...stände: ↗SCHLUSSKLASSEMENT CH, ↗SCHLUSSRESULTAT CH LUX, ↗ENDRESULTAT D ›Gesamtergebnis; Endergebnis‹: *So nützte Giggs eine der wenigen Konterchancen zum 2:0-Endstand* (OÖN 7. 12. 2000, 33; A); *Bis zum Pausenpfiff hatten die flinken und technisch versierten Spieler von Ajax für den 4:2-Endstand gesorgt* (Welt 27. 11. 1997, Internet; D) – In CH selten – Dazu: **Spielendstand**

Energieferien A die; nur Plur. ⟨zur Zeit der Energiekrise in den 70-er Jahren zur Heizkosteneinsparung eingeführte Schulferien, später als regelmäßige Ferien festgesetzt⟩ (informell, veraltend): ↗SEMESTERFERIEN A, ↗FASNACHTSFERIEN CH, ↗SPORTFERIEN CH, ↗ZEUGNISFERIEN D-nordwest/mittel ›zwischen den Schulhalbjahren liegende, einwöchige Schulferien im Februar‹: *Das Interesse der Gäste galt aber auch der aktuellen Schneelage ..., weil ja viele Wiener und Niederösterreicher die Energieferien zu einem Winterurlaub im Salzkammergut nützen* (OÖN 7. 2. 2002, Internet)

eng (gemeindt.): ↗SATT

Enkel (gemeindt.): ↗GROSSKIND

ennet CH Präp. mit Gen. oder Dat.: ›jenseits‹: *An seinen Arbeitsort ennet der Geleise hat sich Jodice nun schnell gewöhnt* (Sport 10. 3. 1998, 31) – Dazu: ↗**ennetbirgisch, ennetrheinisch, ennetseeisch**

ennetbirgisch CH Adj. (nicht steigerbar): ›auf der Südseite der Alpen [gelegen]‹: *Das auf den zahlreichen Alpen gesömmerte und aufgezogene Vieh treiben sie [die Glarner] über die Pässe auf die ennetbirgischen Märkte von Giubiasco, Lugano und Oberitalien* (Glarusnet, 2002, Internet) – Vgl. ennet

Enquete A die; –, -n [ã'kɛt] ⟨aus frz. *enquête* ›Nachforschung, Umfrage‹⟩: ›Arbeitstagung mit Diskussionen zu einem bestimmten Thema‹: *Noch vor dem Sommer will sie etwa eine Enquete im Parlament zur Sterbehilfe abhalten, um das heikle Thema zu einem der Politik zu machen* (SN 8. 6. 1998, 2) – Die Bedeutung ›groß angelegte [wirtschafts- und sozialpolitische] Untersuchung; Umfrage‹ ist gemeindt. Aussprache in CH ['ãk'ɛt], in D [ã'ke:t(ə), ã'kɛ:t(ə)]

Entfall A D-süd der; -(e)s, ohne Plur.: ›das Entfallen, Wegfall‹: *Die rationelle Ausgestaltung und der Entfall kostenintensiver Fahrerstände haben es ermöglicht, den Preis niedrig zu halten* (NÖN 18. 3. 1998, 32; A)

entfernen (gemeindt.): ↗WEGGEBEN

Entfernungspauschale D die; –, -n: ↗PENDLERPAUSCHALE A ›steuerlich absetzbarer Pauschalbetrag für Fahrtkosten zum Arbeitsplatz‹: *Wer zur Arbeit pendelt, kann sofort von der neuen Entfernungspauschale profitieren* (Focus Money 8. 7. 2002, Internet)

Entgelt: *Entgelt bezahlt D: ↗POSTGEBÜHR *POSTGEBÜHR BAR BEZAHLT A /häufig als Aufdruck auf Massenbrief-, Werbesendungen oder Periodika/: *Sie können auf den Zusatz »Entgelt bezahlt« verzichten, wenn Sie die Sendungsart »Infobrief« oder »Katalog« in der Aufschrift benennen* (Infobrief Deutsche Post, 2002, Internet; D) – Das Substantiv *Entgelt* ist in allen anderen Verwendungen gemeindt. und kann in A und D auch auf der ersten Silbe betont werden

enthülsen (gemeindt.): ↗AUSLÖSEN, ↗PALEN, ↗PULEN

entlang (gemeindt.): ↗HOCH

entlanggehen (gemeindt.): ↗LANGGEHEN

entlehnen A sw.V./hat: ↗ENTLEIHEN D ›(Medien) von einer Bibliothek, Videothek, Artothek usw. ausleihen‹: *Als Zehnjähriger hat er Bücher nach Umfang und Gewicht entlehnt, Bücher über Chemie, Anatomie, Gesetzbücher* (Kaiser, Oktoberfrühling 63) – In CH und D veraltend und selten. Die Bedeutung ›ein Wort aus einer anderen Sprache übernehmen‹ ist gemeindt. – Dazu: **Entlehnordnung, Entlehnstelle, Entlehnung, Entlehnzeiten**

entleihen D st.V./hat: **1.** ↗ENTLEHNEN A ›(Medien) von einer Bibliothek, Videothek, Artothek usw. ausleihen‹: *Wer Medien entleiht, hat jeden Wohnungswechsel der Stadtbücherei umgehend mitzuteilen* (Stadt Lingen 17. 6. 1999, Internet). **2.** ›etw. von jmdm. leihen; ausleihen‹: *Zudem sind der Bahn Kosten für das Entleihen von Ersatzzügen bei benachbarten Bahnen entstanden* (Welt 24. 6. 1998, Internet) – Zu 1.: In CH selten

entlohnen A D sw.V./hat: ↗ENTLÖHNEN CH LUX ›(mit einem Lohn) abgelten‹: *Sie machen meist die geringsten Arbeiten und werden besonders schlecht entlohnt* (Weite Welt 1/1998, 9; A); *Dann muss in der Abrechnung auch aufgeführt werden, wer die Arbeiten gemacht hat, ob Meister, Geselle oder Lehrling, denn die werden unterschiedlich entlohnt* (Schöner Wohnen 4/1995, 142; D) – Dazu: ↗**Entlohnung**

entlöhnen CH LUX sw.V./hat: ↗ENTLOHNEN A D ›(mit einem Lohn) abgelten‹: *Wirtschaft und Industrie brauchen nicht bloss Fachleute, die für Gehorsam entlöhnt werden, sondern Führungskräfte* (Frisch, Schweiz 61; CH); *Überstunden sind stets als solche zu entlöhnen* (AMIL 13. 11. 2002, Internet; LUX) – Dazu: ↗**Entlöhnung**

Entlohnung A D die; –, -en: ↗SALARIERUNG CH, ↗ENTLÖHNUNG CH LUX ›Lohn, Lohnzahlung‹: *Eine gerechte Pensionsreform kann es nicht geben, denn das System für Entlohnung für geleistete Arbeit, auf dem diese fußt, ist in sich schon in vielfältiger Hinsicht ungerecht* (Falter 3. 11. 1997, 53; A); *Zwischen September 1943 und Januar 1945 mussten sie ohne Entlohnung ... an sechs Tagen pro Woche zu je zwölf Stunden ... Munition herstellen* (FR 23. 10. 1998, 1; D) – Vgl. entlohnen

Entlöhnung CH LUX die; –, -en: ↗ENTLOHNUNG A D, ↗SALARIERUNG CH ›Lohn, Lohnzahlung‹: *Die schwierige und verantwortungsvolle Arbeit der Busfahrer verlangt auch gute Entlöhnung* (Bund 7. 12. 1999, 11; CH); *Wenn die Kündigung seitens des Arbeitgebers erfolgt, bleibt die Entlöhnung ... zu Lasten des Arbeitgebers* (Federation des Artisans, 2000, Internet; LUX) – Vgl. entlöhnen

Entrecôte CH LUX das; -s, -s [ãtrək'ot] ⟨aus frz. *entre* ›zwischen‹ und *côte* ›Seite‹⟩: ↗BEIRIED A, ↗RUMPSTEAK D ›Zwischenrippenstück des Rindes; Steak‹: *Auf einem Apfelgrill brutzelten Entrecôtes und Langustenschwänze* (Zürcher, Högo Sopatis 19; CH); *Die Casse Croute (spezielles Frühstück) am Sonntagmorgen ... bestand aus dem Verzehr von Austern, Blutwurst, Brot und »Entrecôte« vom Grill* (Pompjeesverband 20. 11. 2002, Internet; LUX) – In A in der Gastronomie gebräuchlich, Aussprache [ãtrə'ko:t]

Entrée CH das; -s, -s ['ãtre] ⟨frz.⟩: **1.** ↗VORRAUM A, ↗VORZIMMER A (ohne west), ↗VORHAUS A-mitte/südost D-südost, ↗VORPLATZ CH, ↗DIELE D, ↗VORSAAL D-mittelost ›repräsentativer Raum [mit Garderobe], im Eingangsbereich innerhalb einer Wohnung oder eines Einfamilienhauses von dem aus die anderen Räume erreicht werden können‹: *Mutter kommt redend ... zurück ins Wohnzimmer, nimmt die Handtasche und trägt sie ... fort, durch das Entrée ... ins Schlafzimmer* (Geiser, Brachland 81). **2.** ›Vorspeise‹: *Auf Wunsch von Norman gibt es als Entrée florentinische Eier* (Jacobi, Kleefabrik 20) – Zu 1.: In A gehoben. Zu 2.: In A und D gehoben. Die Aussprache lautet in A und D [ã'tre:]. Die in A ursprünglich gebräuchliche Bedeutung ›Eintrittsgeld‹ ist veraltet. Die Bedeutung ›Eröffnungsmusik‹ ist gemeindt.

Entreissdiebstahl CH der; -(e)s, ...stähle: ↗STRAßENRAUB D ›Raub auf offener Strasse durch überraschendes, gewaltsames Entreissen der Beute (meistens Handtaschen, Brieftaschen u. Ä.)‹: *Am Montag sind in den Stadtkreisen 1 und 8 ein 44-jähriger Mann und eine 76-jährige Frau Opfer von zwei Entreissdiebstählen geworden* (TA 15. 9. 1999, 21)

Entsafter A D der; -s, –: ›elektrische Saftpresse‹: *Entsafter für Obst und Gemüse und Kaffeeautomat im Set 289,–* (Kleine Ztg 2. 3. 1997, 23; A); *Siemens-Küchenmaschine mit Zubehör, Staubsauger, Entsafter, je 70 DM* (WAZ 28. 10. 1997, 25; D)

entschädigen (gemeindt.): ↗KOMPENSIEREN

Entscheid CH der; -(e)s, -e: ›Entscheidung‹: *Doch als die nordirische Bevölkerung am Karfreitag Morgen Nachrichten hörte, war noch immer kein Entscheid gefallen* (BaZ 11. 4. 1998, Internet) – Wird in CH im Vergleich zum gemeindt. Wort *Entscheidung* häufiger gebraucht, in A und D selten – Dazu: **Asylentscheid, Ausschaffungsentscheid** (↗Ausschaffung), **Bauentscheid, Bundesgerichtsentscheid** (↗Bundesgericht), **Bundesratsentscheid** (↗Bundesrat), ↗**Bürgerentscheid** D, **Entscheidfindung, Entscheidprozess, Entscheidträger, Fehlentscheid, Forfaitentscheid** (↗Forfait), **Gerichtsentscheid, Grundsatzentscheid, Kreditentscheid, Mehrheitsentscheid, Nichteintretensentscheid** (↗Nichteintreten), ↗**Nullentscheid, Personalentscheid, Rekursentscheid** (↗Rekurs), **Rückweisungsentscheid** (↗Rückweisung), **Sachentscheid, Schlussentscheid, Standortentscheid,** ↗**Stichentscheid, Strafentscheid, Urnenentscheid**

Entscheidung (gemeindt.): ↗ENTSCHEID

Entschließung A D die; –, -en: ›unverbindliche Anfrage vom ↗Nationalrat bzw. ↗Bundestag an die ↗Bundesregierung, ein Gesetzesvorhaben vorzubereiten und schriftlich vorzulegen‹: *Eine entsprechende Entschließung des Nationalrates vom 2. April 1992 listet in 19 Maßnahmen Möglichkeiten einer Reduktion der Vorläufersubstanzen NOx und VOC auf* (Umweltschutz 9/1994, 35; A); *In seiner ... Entschließung ... hat der Deutsche Bundestag die Bundesregierung ... ersucht, einen Entwurf zur Ergänzung des Gesetzes zur Aufhebung nationalsozialistischer Unrechtsurteile ... vorzulegen* (Bundestagsdrucksache 14/7969, Internet; D) – Mit der ↗*Motion* in CH vergleichbar, die im Ggs. zur *Entschließung* aber rechtsverbindlichen Charakter hat

entwischen (gemeindt.): ↗ABPASCHEN, ↗AUSBÜCHSEN, ↗STIFTEN: *STIFTEN GEHEN

Equipe CH die; –, -n ['ɛk'ip'ə] ⟨frz.⟩: ›Team; Einsatztruppe; Mannschaft‹: *Die Schweizer Equipe hat die ersten drei Runden der [Schach-]Mannschaftsweltmeisterschaft in Luzern deutlich besser als erwartet absolviert* (NZZ Intern. Ausgabe 3. 11. 1997, 28); *Auf dem Weg zu ihrem nächsten Einsatzort fährt eine Equipe des Blutspendedienstes ... auf die Unfallstelle zu* (Jaeggi, Schritte im Kopf 23); ***équipe à battre*** (die bzw. la) ⟨frz., wörtlich ›zu schlagende Mannschaft‹⟩ (Sport) ›stärkste Mannschaft, die von anderen Mannschaften, die an die Spitzenposition gelangen wollen, besiegt werden muss‹: *Basel avanciert nach mässigem Saisonstart immer mehr zur »équipe à battre»* (FC Basel, 9. 9. 1998, Internet) – In A und D hauptsächlich im Reitsport gebräuchlich und wird [e'kiːp, e'kip] ausgesprochen. Vgl. -equipe – Dazu: **Equipenchef(in), Nachwuchsequipe**

-equipe CH die; –, -n [...ɛk'ip'ə] ⟨frz.⟩ (produktives Grundwort in Zus.): ↗-TRUPP A D, ↗-KOLONNE D ›Gruppe von Leuten mit gemeinsamem Auftrag; -truppe‹, z. B. Bauequipe, Bergungsequipe, Filmequipe, Führungsequipe, Kochequipe, Putzequipe, TV-Equipe: *Für den Unterhalt der Strassen und für grössere Bauwerke setzen wir unsere Bauequipe ein* (P.M., Olten 88); *Eines Tages erfuhr er, dass beinahe die ganze Filmequipe mit Ausnahme des verliebten Regisseurs selbst schon mit ihr im Bett gewesen war* (Basel-Stadt online, 2000, Internet) – Bildung häufig auch mit Personen- oder Firmennamen, z. B. BAZ-Equipe (Zeitung), Ogi-Equipe (ehemaliger Schweizer Politiker), Festina-Equipe (Radsport-Mannschaft). Vgl. Equipe

erbarmen: *etw./jmd. erbarmt jmdm. A; ***etw./jmd. erbarmt jmdn.** CH D-mittel/süd (Grenzfall des Standards) ›etw./jmd. erweckt das Mitleid von jmdm., tut jmdm. Leid‹: *Wenn alle anderen schlapp machen, erbarmt er sich als geschickt getarnter Barkeeper in Zivil meist noch lange den durstigen Körpern und armen Seelen* (kitebrothers, 2004, Internet; A); *Grossvater erbarmte mich, weil er jeden Tag solchen Schwarztee trinken musste* (Wenger, Rosalia 50; CH); *Als ich zum Kruzifix in der Ecke über der Küchenbank kam ..., da erbarmte mich dieser halbnackte Christus und ich zog ihm zur Verschönerung eines meiner Puppenkleider an* (Neue Presse 29. 3. 2002, Internet; D) – Das Verb *erbarmen* ist in allen anderen Verwendungen gemeindt.

Erbbaurecht D das; -(e)s, -e: ›vererbbares Recht, auf einer bestimmten Fläche bauen zu dürfen‹: *Die Regeldauer für ein Erbbaurecht beträgt 99 Jahre* (Pfeifer, Hausbau 39)

Erbhuldigung LIE die; –, ohne Plur.: ›Treuegelöbnis des Monarchen‹: *Anlässlich der Erbhuldigung vom 15. August 1990 leisteten Fürst Hans-Adam II. und Erbprinz Alois den Treueeid auf die Verfassung gemeinsam* (Postwertzeichenstelle der Regierung, 2003, Internet) – In A und D historisch

Erbschaftsamt CH das; -(e)s, ...ämter: ›für Notariatsaufgaben im Bereich des Güter- und Erbrechts zuständiges Amt‹: *Nach dem Tod jedoch könnte ein beim Erbschaftsamt hinterlegtes Testament noch vorhandene Wünsche über den Tod hinaus regeln* (BaZ 29. 11. 2001, Internet) – In A und D gibt es kein eigenes Amt, sondern das ↗Bezirks- bzw. ↗Amtsgericht übernehmen diese Aufgaben

Erbschaftssteuer (gemeindt.): ↗ERBSCHAFTSTEUER

Erbschaftsteuer A die; –, -n (formell, Finanzwesen): ›Steuer auf geerbtes Vermögen; Erbschaftssteuer‹: *Eine Abschaffung der Einkommensteuerpflicht, der Erbschaft- und Schenkungssteuer sowie der Vermögensteuer auf Sparguthaben und Wertpapierkonten soll ab 1994 durch eine Anhebung des Kapitalertragsteuersatzes von derzeit 10 Prozent ausgeglichen werden* (Kurier 10. 4. 1992, 7) – In D selten und nur in Bezug auf geerbtes und geschenktes, in A nur auf geerbtes Vermögen – Dazu: **Erbschaftsteuererklärung, Erbschaftsteuersatz**

Erbschaftsverhandlung A die; –, -en (informell): ↗VERLASSENSCHAFTSABHANDLUNG A, ↗VERLASSENSCHAFTSVERFAHREN A ›gerichtliches Verfahren, das von Notaren im Auftrag des Gerichts durchgeführt wird, um den rechtmäßigen Erben zu ermitteln und das Erbe zu übergeben‹: *Eine Erbschaftsverhandlung führt sie zusammen, wo sie vom Millionenvermögen ihrer verstorbenen Mutter erfahren* (Votivkino, 2001, Internet)

Erbschaftsverwalter Erbschaftsverwalterin CH der; -s, – bzw. die; –, -nen: ↗NACHLASSVERWALTER A D ›vom ↗Erbschaftsamt eingesetzte Person, die bei fehlendem ↗Willensvollstrecker den Nachlass verwaltet‹: *Da die zwei Töchter und der Sohn des Verstorbenen noch minderjährig sind, wurde Hunziker zum Erbschaftsverwalter der Kinder bestimmt* (Bund 30. 6. 2001, 31)

Erbsenreis A der; -es, ohne Plur.: ↗RISIPISI A, ↗RISI BISI CH D, ↗RISI-PISI D ›Reis mit Erbsen‹: *Es gab ... »Kräuter-Eier im Nest« mit Erbsenreis und Frühlings-*

salat und als Ostertorte eine Marillenschaum-Torte (OÖN 30. 3. 1988, 4)

Erbswurst D die; –, ...würste (veraltend): ›Wurst aus Erbsenmehl und anderen Zutaten, die in heißem Wasser aufgelöst eine Suppe ergibt‹: *Die Deutschen steigen um: Von Erbswurst und Eintopf auf Döner Kebab und Pommes* (SWR, 2001, Internet) – Dazu: **Erbswurstsuppe**

Erdapfel A D-südost (Grenzfall des Standards) der; -s, ...äpfel: ›Kartoffel‹: *Im Training und vor der Tour gezielt mehr Kohlenhydrate (Brot, Müsli, Teigwaren, Erdäpfel, Reis) einnehmen als während der Tour selbst ...* (Medizin populär 9/1996, 31; A); ***Erdapfel in der Schale/Montur** A: ↗Schelfeler A-west (Tir.), ↗Gschwellti CH, ↗Kartoffel: *geschwellte Kartoffel CH; *gekochte Kartoffel D-mittelost/süd; *gesottene Kartoffel D-südost, ↗Pellkartoffel D-nord/mittel ›in der Schale gekochte Kartoffel als Speise‹: *Erdäpfel in der Montur, Salzkartoffeln und Kartoffelschnee sind ausschließlich sättigend, niemals – beziehungsweise nur dann fettspendend, wenn sie in großen Mengen, die gar nie auf einen Sitz aufgegessen werden können, genossen werden* (Ruhm, Wiener Küche 290); ***geröstete Erdapfel** A: ↗Rösterdapfel A, ↗Röstkartoffel A D-nord/mittel ›Bratkartoffel‹: *Die Einrichtung ist ebenso österreichisch wie die Kost. Auszug aus der Speisekarte: Eiernockerl, Bratwürstel, geröstete Erdäpfel, Sauerkraut* (Kurier 13. 2. 1993, 31) – Dazu: **Braterdapfel**, ↗**Erdäpfelblattlen** STIR, **Erdäpfelgulasch** (↗Gulasch), **Erdäpfelknödel** (↗Knödel), **Erdäpfelnudel** (↗Nudel) A-südost (Ktn.), **Erdäpfelpaunzen** (↗Paunzen) A-west (Tir.), ↗**Erdäpfelpresse** A, ↗**Erdäpfelpuffer** A, ↗**Erdäpfelpüree** A, **Erdäpfelsack** (↗Sack), **Erdäpfelsalat, Erdäpfelschmarren** (↗Schmarren), **Erdäpfelsteige** (↗Steige), **Erdäpfelsterz** (↗Sterz), **Erdäpfelstrudel** (↗Strudel), **Erdäpfelsuppe, Erdäpfelteig, Erdapfelwandl** (↗Wandl), ↗**Folienerdapfel** A, **Petersilerdäpfel** (↗Petersil)

Erdäpfelblattlen STIR die; nur Plur.: ›in Fett ausgebackene kleine rechteckige Fladen aus Kartoffelteig‹: *Erdäpfelblattlen mit Sauerkraut* (Z am Sonntag 15. 10. 2000, 1) – *Blattlen* ist die Verschriftlichung der dialektalen Verkleinerungsform von *Blätter.* Auch in der Form *Erdäpfelblattln* und in der Schreibung *Erdäpfelplatteln.* Vgl. Erdapfel

Erdäpfelblattln siehe Erdäpfelblattlen

Erdäpfelplatteln siehe Erdäpfelblattlen

Erdäpfelpresse A die; –, -n: ↗Kartoffelpresse A D ›Küchengerät zum Zerquetschen von Kartoffeln‹: *Gekochte Erdäpfel schälen und noch heiß durch eine Erdäpfelpresse drücken* (Gusto 11/1997, 36) – Vgl. Erdapfel

Erdäpfelpuffer A der; -s, –: ↗Kartoffelpuffer A D, ↗Kartoffelpfannkuchen D-südwest, ↗Kartoffelplätzchen D-nord/mittel, ↗Plinse D-nordost, ↗Puffer D-nord/mittelwest, ↗Reibekuchen D-mittelwest, ↗Reibeplätzchen D-mittelwest, ↗Reiberdatschi D-südost ›Fladen aus einem Teig von rohen, geriebenen Kartoffeln, der in Fett gebraten wird‹: *Dazu passen Ratatouille und Erdäpfelpuffer* (Gusto 11/1997, 26) – Vgl. Erdapfel

Erdäpfelpüree A das; -s, -s: ↗Kartoffelpüree A D (ohne mittelost/südwest), ↗Kartoffelstock CH, ↗Stock CH, ↗Stocki CH, ↗Kartoffelbrei D, ↗Kartoffelmus D-nord, ↗Quetschkartoffeln D-nordost, ↗Stampfkartoffeln D-nordost/mittelwest ›Speise aus gekochten, pürierten Kartoffeln und Milch [als Beilage]‹: *Helene kochte ein warmes Abendessen für die Kinder. Frischgemachtes Erdäpfelpüree und ein Butterschnitzel für Barbara* (Streeruwitz, Verführungen 18) – Vgl. Erdapfel

erdauern CH sw.V./hat: **1.** ›für etw. Zeit lassen, etw. reifen lassen‹: *Die jahrelang erdauerte Reform ist jetzt auf 1999 terminiert worden* (Glarner Nachr 27. 9. 1996, 1). **2.** ›etw. durch Warten verdienen‹: *Den Sieg mussten die Gastgeber aber erdauern* (Zürcher Oberländer 19. 3. 1997, 37) – Dazu: **Erdauerung**

Erde: *Rote Erde LUX ›Minette-Region im Südwesten Luxemburgs mit roter Färbung des Bodens durch Erzgehalt‹: *Von Rodange über Esch nach Düdelingen führt die faszinierende Reise, die auch Randgebiete der Roten Erde mit einbezieht* (Telecran 22. 1. 2000, 162) – Das Substantiv *Erde* ist in allen anderen Verwendungen gemeindt.

Eren D-süd der; –, –: ↗Gang A-west CH D, ↗Korridor CH D (ohne südwest), ↗Flur D ›lang gezogener Raum ([mit Garderobe] im Eingangsbereich innerhalb einer Wohnung oder eines Einfamilienhauses), von dem aus die anderen Räume erreicht werden können‹: *Schlüsselbrett und Anrichte befinden sich nicht nur in der Küche, sondern oft auch in der Stube oder im Ern* (Universität Würzburg, 2002, Internet) – Auch in der Form *Ern*

Erfahrungsnote CH die; –, -n: ›Note, die dem Mittel der beiden letzten in einem Fach erzielten Zeugnisnoten vor dem Schulabschluss entspricht und die Bestandteil für die Errechnung der Abschlussnote ist‹: *Die Erfahrungsnote der 8. Klasse ... wird einfach zählende Maturitätsnote, das heisst, eine gute Turnnote kann eine ungenügende Note eines andern zählenden Nichtprüfungsfachs wieder gutmachen* (Basler Stadtbuch, 175)

erfangen sich A st.V./hat (Grenzfall des Standards): ›sich von einer Niederlage, einer Krankheit etc. erholen; sich fassen‹: *Die New Yorker Wall Street hat sich* *nach schwachem Start erfangen* (Standard 26. 4. 2002, Internet)

Ergänzungskommando A das; -s, -s/...den: ↗Kreiswehrersatzamt D, ↗Wehrersatzbehörde D ›für die Einberufung und Erfassung der Soldat(inn)en des österreichischen ↗Bundesheeres zuständige Stelle‹: *Wünsche bezüglich Ort und Zeit der Einberufung können bereits bei der Stellung vorgebracht werden. Bis etwa sechs Monate vor dem gewünschten Einberufungstermin ist dies auch beim Ergänzungskommando möglich* (Bundesministerium für Landesverteidigung, 2001, Internet) – Vgl. Kommando, Militärkommando

Ergänzungsleistung CH die; –, -en: ↗Ausgleichszulage A ›staatlicher ↗Beitrag, der niedrige ↗Renten auf eine existenzsichernde Höhe aufstocken soll‹: *Viele leben gut von der AHV und ihrem eigenen Ersparten. Trotzdem gibt es aber Leute, die von Fürsorge und Ergänzungsleistungen leben müssen* (Blick 18. 8. 1999, 13)

Ergebniskosmetik D die; –, ohne Plur.: ↗Resultatkosmetik CH ›Verbesserung eines Zahlenverhältnisses (z.B. Tore im Sport oder Stimmen bei Wahlen) ohne Auswirkungen auf das absolute Ergebnis‹: *Das Tor zum 5:2 von Michael H. zwei Minuten vor Schluss war dann nur noch Ergebniskosmetik* (Welt 18. 10. 1999, Internet)

erheben st.V./hat: **1.** A (formell) ›[behördlich] feststellen, nachforschen, untersuchen‹: *Wir müssen diesen heimtückischen Mordanschlag auf seinen Sohn mit aller Gewissenhaftigkeit und gebotener Diskretion erheben* (Frank, Kommissar 175). **2.** CH D; ↗einheben A D-südost LIE ›einziehen, kassieren (bes. von Steuern, Gebühren, Beiträgen)‹: *Für die erteilten Bewilligungen werden Gebühren, nach älterem Recht teils auch »Taxen« erhoben* (Fahrende 40; CH); *Die Zuzahlung wird bei Auslieferung erhoben* (Freundin 19/1997, 171; D). **3.** ***den Mahnfinger/Warnfinger erheben** CH; **den Zeigefinger erheben** D ›mahnen, warnen‹: *Jugendliche sensibilisieren, aufklären, ohne dabei jedoch den Mahnfinger zu erheben* (Ernst 17. 3. 1999, 83; CH); *S. hebt nicht nur den Warnfinger, sondern setzt Denkprozesse in Gang* (Blick 11. 8. 2001, 11; CH); *Mit neidischem Zweifel sieht dieser Jahrgang in Brecht den letzten Aufklärer, der noch den Zeigefinger erheben und ein gültiges Weltbild anbieten konnte* (Berliner Ztg 17. 2. 1998, Internet; D) – Andere Bedeutungen sind gemeindt. – Zu 1. und 2.: ↗**Erhebung**

Erhebung die; –, -en: **1.** A D-süd LUX (meist Plur., formell) ›[behördliche] Feststellung, [polizeiliche] Ermittlung‹: *Gegen ihn und seinen Anstifter laufen Erhebungen* (Neue Kronen Ztg 30. 12. 1997, 2; A). *Die Polizei aus Beles nahm die notwendigen Erhebungen vor* (Luxemb Wort 21. 9. 1999, 11; LUX). **2.** CH D; ↗Einhebung A D-südost LIE, ↗Bezug CH ›Einziehen, Kassieren (bes. von Steuern, Gebühren, Beiträgen)‹: *Die Erhebung von Beiträgen an die Neuerstellung und Korrektion von Strassen ist im Strassenreglement der Einwohnergemeinde Sissach vom 29. Juni 1976 (StRegl) geregelt* (Kanton BL, Internet, 2000; CH); *Die Finanzverwaltung – auch Steuerverwaltung genannt – ist der Teil der öffentlichen Verwaltung, der für die Festsetzung und Erhebung von Steuern zuständig ist* (Finanzamt 6. 12. 2002, Internet; D) – Die Bedeutungen ›Sammeln und Zusammenstellen von Daten für Statistiken‹ und ›Aufstand‹ sind gemeindt. Vgl. erheben – Zu 1.: ↗**Vorerhebung** A D-süd

erkälten (gemeindt.): ↗verkälten, ↗verkühlen

Erkenntnis A das; -ses, -se (formell): ›Stellungnahme [eines Gerichts] zu einem bestimmten Problemfall‹: *Durch das Erkenntnis des Verfassungsgerichtshofes ist die Familienpolitik in Österreich wieder in ein Spannungsfeld der politischen Auseinandersetzung geraten* (TT 30. 1. 1998, Beilage 3) – In CH und D veraltet. Das Femininum *Erkenntnis* ist gemeindt. – Dazu: **Straferkenntnis**

Erkennungstafel LUX die; –, -n: ↗Kennzeichentafel A, ↗Nummerntafel A, ↗Kontrollschild CH, ↗Nummernschild CH D, ↗Kennzeichenschild D, ↗Kenntafel STIR ›an Fahrzeugen sichtbar angebrachte ↗Tafel mit einem amtlichen Kennzeichen‹: *Am Samstagmorgen stahl ein unbekannter Dieb den silbergrauen BMW 320i mit den Erkennungstafeln SB-E ...* (Luxemb Wort 21. 9. 1999, 12)

erklären: *obligatorisch/schuldig/ungültig/verbindlich erklären CH ›für obligatorisch/schuldig/ungültig/verbindlich erklären‹: *Der Wrigley bestand darauf, er komme nicht, es sei denn, das Tor werde ungültig erklärt* (Schädelin, Eugen 83); ***[für] erheblich erklären** CH ›(einen Auftrag) im Parlament für die Regierung als verpflichtend bestätigen‹: *Der Antrag ... kann ... unter Varia gestellt werden, wo er erheblich erklärt werden müsste, um für eine nächste Versammlung traktandiert zu werden* (Protokoll der Gemeindeversammlung Urtenen-Schönbühl 16. 5. 2002, 3); ***Forfait geben/erklären** siehe Forfait – Das Verb *erklären* ist in allen anderen Verwendungen gemeindt. – Dazu: **Erheblicherklärung, Ungültigerklärung**

erküren CH st.V./hat: ›erwählen, küren‹: *Wechselt er in den nächsten Jahren zu einem anderen Verein, werden ihn die Fans dort nur aufgrund seiner Leistung zum Liebling erküren* (Sport 10. 3. 1998, 25) – In A und D gehoben und fast nur noch in den Imperfektformen *erkor* und im Partizip II *erkoren* gebräuchlich – Dazu: **Erkürung**

Erlag A der; -(e)s, ...läge (formell): ›Entrichtung (einer Gebühr)‹: *Die Angebotsunterlagen inkl. Datenträger können gegen Erlag von S 500.- beim Ingenieurbüro B. ... behoben werden* (TT 30. 1. 1998, 28) – Vgl. erlegen – Dazu: ↗**Einmalerlag**, ↗**Erlagschein**

Erlagschein A der; -(e)s, -e: ↗ZAHLSCHEIN A, ↗EINZAHLUNGSSCHEIN CH ›Formular für Einzahlungen auf der Post und für den bargeldlosen Zahlungsverkehr‹: *Nirgendwo auf dem Erlagschein stand geschrieben, dass ausschließlich bei einem Postamt einzuzahlen sei* (ORF Nachlese 9/1997, 7) – Vgl. Erlag, erlegen – Dazu: **Erlagscheingebühr**

Erlass der; -es, -e/Erlässe: Der Plural lautet in A *Erlässe*, in CH und D *Erlasse*: *Die neuen Erlässe zur Ausländerbeschäftigung aus dem Sozialministerium treiben skurrile Blüten* (Profil 22. 1. 1995, Internet; A); *Die Gemeinde Pfäffikon passt ihre Polizeiverordnung an neue übergeordnete Erlasse an* (Zürcher Oberländer 19. 3. 1997, 13; CH); *Über tote Primaner steht vermutlich nichts in kultusministeriellen Erlassen* (Martin, Blut 71; D)

Erlassung A die; –, -en (formell, Verwaltung): ↗RECHTSERLASS CH ›Erlassen von behördlichen Anordungen und amtlichen Verfügungen‹: *Das Innenministerium habe Kärnten bereits zweimal angewiesen, »ein Verfahren zur Erlassung eines Aufenthaltsverbotes einzuleiten«* (Standard 19. 3. 2001, Internet) – In CH und D selten. Die Bedeutung ›Entbindung von einer Strafe o. Ä.‹ ist gemeindt. – Dazu: **Bescheiderlassung**

erlegen A sw.V./hat (formell): ›(einen Geldbetrag) bezahlen, hinterlegen‹: *Als Inhaber der Kreditkarte entfällt bei allen Autovermietungen das Erlegen einer Kaution* (Reisen 6/1997, 52; A) – Die Bedeutung ›ein Tier mit einer Waffe töten‹ ist gemeindt. Vgl. Erlag, Erlagschein – Dazu: **Erlegung**

erlicken CH sw.V./hat (Grenzfall des Standards): ›herausfinden‹: *Mehrmals sinke ich knöcheltief ein, bevor ichs erlicke: Wie tragfähig der Schnee ist, lässt sich mit geübtem Blick abschätzen* (Sonntagsztg 24. 1. 1999, 103)

ermannen A D sich sw.V./hat (geh.): ›Mut fassen; mutig etw. angehen‹: *Ermannen Sie sich, nehmen Sie sich ein Beispiel an einem Unternehmer wie mir!* (Stenogr. Protokoll des Nationalrates 10./11. 7. 1996, Internet; A); *Wenn schon, denn schon, scheint sich auch Udo Z., der Intendant, zu ermannen und beginnt seine Rede vor ... 67 Freunden des Hauses* (Welt 6. 1. 2003, Internet; D)

Ermäßigungsausweis A der; -es, -e (informell): ↗HALBPREISAUSWEIS A, ↗HALBPREISPASS A, ↗VORTEILSCARD A, ↗HALBTAX CH, ↗HALBTAXABONNEMENT CH, ↗BAHNCARD D ›käuflich zu erwerbender Ausweis, der zur Benutzung von öffentlichen Verkehrsmitteln, bes. der Eisenbahnen, zu ermäßigtem Tarif berechtigt‹: *Um überhaupt zum Studienort zu gelangen, werden die meisten Studenten den Zug benützen. An jedem Bahnhof erhält man um 250 Schilling einen Ermäßigungsausweis* (VN 17. 9. 1997, A 4)

Ern siehe Eren

Ernstkampf CH der; -(e)s, ...kämpfe: ↗PFLICHTSPIEL A D ›sportlicher Wettkampf, bei dem das Resultat zählt (im Ggs. zum Training oder Trainingsspiel)‹: *Den ersten Ernstkampf im neuen Jahr hat ... Marc Rosset beim ATP-Turnier von Auckland (Neus) siegreich überstanden* (Bund 12. 1. 2000, 35)

Erntedankfest A D das; -(e)s, -e: ›[in der Kirche gefeiertes] Fest zum Abschluss der Ernte im Herbst‹: *Unter dem Motto des »Bauernherbstes« findet in der kommenden Zeit eine Reihe Veranstaltungen, wie ein Almfest ..., ein Erntedankfest und ein Almabtrieb, statt* (OÖN 11. 9. 2001, Internet; A); *Erntedank wurde gefeiert – eine Woche vor dem »offiziellen« Erntedankfest, weil das Stift den Kirchengemeinden keine Konkurrenz machen wollte* (Berliner Ztg 25. 9. 1995, Internet; D) – Wird in A auf der ersten oder dritten, in D nur auf der dritten Silbe betont

erringen (gemeindt.): ↗REALISIEREN

Ersatzerklärung STIR die; –, -en: ›eidesstattliche Erklärung, die an Stelle eines Dokuments abgegeben wird‹: *Die gesamte Bürokratie wird über die Händler abgewickelt; es braucht keine Ersatzerklärung* (Dolomiten 11. 11. 1999, 9)

Ersatzkaffee D der; -s, -s (Plur. ungebräuchl., selten): ↗MUCKEFUCK D ›Kaffeeersatz aus Getreide, Eicheln und Malz; Malzkaffee‹: *Für den Ersatzkaffee werden bis heute einheimische Rohstoffe wie ... Malz, Weizen oder Kastanien geröstet* (Universität Hamburg 17. 1. 2003, Internet) – Vgl. Blümchenkaffee, Plempe, Plörre

Ersatztermin A D der; -s, -e: ↗VERSCHIEBEDATUM CH ›festgelegter Zeitpunkt, an dem Veranstaltungen [wegen schlechter Witterung] ersatzweise stattfinden können‹: *Weil aufgrund der Absagen wegen Indisponiertheit Karten für den Ersatztermin zurückgegeben wurden, sind nun für heute, 19. November, noch die begehrten Tickets für »Andrea Chenier«, diesmal mit Pavarotti, zu haben* (Kurier 19. 11. 1996, 30; A); *Das für den kommenden Freitag vorgesehene Konzert ist ... abgesagt worden. Einen Ersatztermin gibt es nicht* (NRZ 24. 4. 2001, Internet; D)

erschließen (gemeindt.): ↗AUFSCHLIEẞEN/AUFSCHLIESSEN

Ersparnis das; -ses, -se/die; –, -se: ist in A veraltend auch Neutrum, gemeindt. Femininum: *Der OGH geht in der genannten Entscheidung von der Vorstel-*

lung aus, dass der Einbehalt von Skontoerträgen gleichsam das Ersparnis der Wohnungseigentumswerber für den Entfall von Zinsen für teure Zwischenfinanzierungen darstelle (Konsument 5/1998, Internet; A)

erst: *erst noch CH ›ausserdem, obendrein‹: *Es ist wohl eine meiner superschlauen Ideen, mit Handtaschen im Gebirge herumzukriechen, und das erst noch um diese Jahreszeit* (Heimann, Lisi 59) – Das Wort *erst* ist in allen anderen Verwendungen gemeindt., wird aber in A kurz, in CH und D lang gesprochen

Erste-Hilfe-Kurs (gemeindt.): ↗NOTHELFERKURS, ↗NOTHILFEKURS

Erstklass- CH (produktives Bestimmungswort in Zus.): **1.** ›die erste Schulklasse betreffend‹, z. B. Erstklasslesebuch, Erstklasslehrer(in), Erstklassstoff: *Dabei hatten wir uns nach einigen Startschwierigkeiten ... an die so liebenswürdige Erstklasslehrerin ... gewöhnt* (Bildung Schweiz, 2002, Internet). **2.** ›die höchste Qualitätsklasse betreffend‹, z. B. Erstklassabteil, Erstklasshaus, ↗Erstklasshotel, Erstklass-Service, Erstklasswagen (↗Wagen): *Privatklinik mit modernsten Einrichtungen, in der Ambiance eines traditionsbewussten Erstklasshauses* (WW 36/1997, 3); *Einmalig sind die grossen Panorama-Fenster in den Erstklasswagen* (Voralpen Express, 2002, Internet)

Erstklasshotel CH das; -s, -s: ›sehr gutes Hotel; First-Class-Hotel‹: *Im Preis von 17'960 Franken sind der Flug von Zürich nach Johannesburg sowie die Unterkunft in Mittel- und Erstklasshotels inbegriffen* (Bund 21. 10. 1999, 12) – Vgl. Erstklass-

Erstklassler Erstklasslerin A (ohne Vbg.) D-südost der; -s, – bzw. die; –, -nen: ↗TAFELKRATZER A-mitte, ↗ERSTKLÄSSLER A-west (Vbg.) CH D, ↗TAFERLKLASSLER A (ohne west) D-südwest, ↗I-DOTZ D-mittelwest (rhein.) ›Schüler(in) der ersten Schulklasse; Schulanfänger(in)‹: *Jeder vierte Erstklassler ... hat Zahnkaries* (Medizin populär 9/1996, 8; A); *Verstehen ist die Basis des Wissens ... In der Grundschule Straßlach können die Erstklassler Mathe erleben* (3Sat 11. 5. 2000, Internet; D-südost) – Das Wort wird auf der ersten Silbe betont, in A mit Kurzvokal, in D mit Langvokal – Vgl. -klassler

Erstklässler Erstklässlerin A-west (Vbg.) CH D der; -s, – bzw. die; –, -nen: ↗TAFELKRATZER A-mitte, ↗ERSTKLASSLER A (ohne Vbg.) D-südost, ↗TAFERLKLASSLER A (ohne west) D-südwest, ↗I-DOTZ D-mittelwest (rhein.) ›Schüler(in) der ersten Schulklasse; Schulanfänger(in)‹: *Als erstes süsses Geschenk aus der Schule durften die Mütter und Väter schliesslich selbst gebackene Buchstaben, die von den Erstklässlerinnen aus Hadlikon hergestellt worden waren, mit nach Hause nehmen* (Zürcher Oberländer 19. 3. 1997, 17; CH); *Auf dem Bürgersteig steht etwa ein Dutzend Erstklässler und wartet vergeblich auf eine Lücke in der Autoschlange, um die Straße überqueren zu können* (Polizei Rheinland-Pfalz, 1999, Internet; D) – Das Wort wird auf der ersten Silbe betont, in A mit Kurzvokal, in CH und D mit Langvokal – Vgl. -klässler

Erstrat CH der; -(e)s, ohne Plur.: ›↗Kammer der ↗Bundesversammlung, die als erste ein ↗Geschäft berät und beschliesst‹: *Der Ständerat wird als Erstrat das CO_2-Gesetz behandeln* (Bund 27. 4. 1998, 7) – Vgl. Zweitrat

Erstsemester D das; -s, –: ↗ERSTSEMESTRIGE A CH ›Student(in) im ersten Semester‹: *Anstatt flammende Reden zu halten, backen Fachschaftler heute Kuchen für desorientierte Erstsemester* (Spiegel 1. 12. 1997, 44) – In CH zunehmend gebräuchlich

Erstsemestrige A CH der/die; -n, -n: ↗ERSTSEMESTER D ›Student(in) im ersten Semester‹: *Wie jeden Herbst strömen täglich Hunderte orientierungslose Uni-Anfänger an die Alma Mater Rudolfina: Ihr Ziel ist die Inskriptionsberatung für Erstsemestrige* (Presse 29. 9. 1998, 33; A); *Mit der Begrüssung der Erstsemestrigen hat gestern das neue akademische Jahr offiziell begonnen* (Bund 27. 10. 1999, 37; CH) – Das Wort wird auf der ersten Silbe betont, in A mit Kurzvokal, in CH mit Langvokal – Dazu: **Erstsemestrigenberatung** A

Erstwohnung die; –, -en: **1.** A CH ›die erste von zwei oder mehreren Wohnungen, die jmd. besitzt [und die überwiegend bewohnt wird]‹: *In Annabichl steht sein Zweithaus, die Erstwohnung ist in der Stadt* (Brücke 3/2002, Internet; A); *F. schlägt vor, dass der Anteil an Zweitwohnungen insgesamt ein Drittel nicht übersteigen darf und dass bei Neu- und Umbauten ein Drittel Erstwohnungen sein müssen* (TA 21. 10. 1999, 77; CH). **2.** STIR ›steuerlich begünstigte erste eigene Wohnung‹: *Finanzierung Ihrer Erstwohnung bis zu 200 Millionen Lire* (Südtirol Profil 7. 11. 1994, 17) – Das Wort wird auf der ersten Silbe betont, in A und STIR mit Kurzvokal, in CH mit Langvokal – Zu 1.: In D selten

eruieren A CH sw.V./hat ⟨aus lat. *eruere* ›herausgraben‹⟩: ›jmdn. ermitteln, ausfindig machen‹: *18 Geschädigte hat die SB-Gruppe Findeis bisher eruieren können* (Kurier 23. 12. 1999, 11; A); *Unter den sieben Millionen portugiesischen Wahlberechtigten liessen sich 420'000 Phantomwähler eruieren* (Bund 27. 6. 1998, 3; CH) – Die Bedeutung ›(Sachverhalte) durch gründliche Nachforschungen herausfinden‹ ist gemeindt. – Dazu: **Eruierung**

erwahren CH sw.V./hat: ›(Ergebnisse von Wahlen und Abstimmungen) verbindlich feststellen (durch Regierung oder Parlament)‹: *Ohne Gegenstimme er-*

wahrte der Rat die Ergebnisse der Volksabstimmung vom 2. März (TA 22. 4. 1997, 20) – Dazu: ↗**Erwahrung**

Erwahrung CH die; –, -en (Plur. ungebräuchl.): ›verbindliche Feststellung (der Ergebnisse von Wahlen und Abstimmungen nach Ablauf der Beschwerdefrist durch Regierung oder Parlament)‹: *Nach der Abstimmung folgt ... zuerst die Erwahrung des Ergebnisses, und wenn ... keine Beschwerde eingereicht wird, setzt der Regierungsrat die Änderung des Ladenöffnungsgesetzes ... in Kraft* (TA 17. 3. 1998, 17) – Vgl. erwahren

erwarten sich A sw.V./hat: ›bei jmdm., der sich um eine Anstellung bewirbt, bestimmte Fähigkeiten voraussetzen‹ /häufig in Annoncen/: *Wir erwarten uns von Ihnen: Flexibilität und Teamarbeitsfähigkeit* (Firma R+R Messtechnik und Handel GmbH, 2001, Internet) – Die nicht reflexiven Verwendungen von *erwarten* sind gemeindt.

Erweiterungszone STIR die; –, -n ⟨übersetzt aus ital. *zona di espansione*⟩: ›zusätzlich zu einer bestehenden ↗Zone umgewidmetes Bauland‹: *Es sei daran erinnert, dass ... für diese größte Bozner Erweiterungszone noch nicht einmal der erste Spatenstich erfolgt ist* (Wortprotokoll des Südtiroler Landtages 18. 7. 2001, Internet)

Erwerbsausfall CH der; -(e)s, ...fälle: ↗VERDIENSTENTGANG A, ↗VERDIENSTAUSFALL D ›Wegfall oder Einbusse des Einkommens‹: *Jeder Erwerbsausfall – vom Beinbruch bis zum Militärdienst – ist heute versichert. Nur das Wochenbett nicht* (TA 14. 6. 1999, 1) – Dazu: **Erwerbsausfallentschädigung, Erwerbsausfallversicherung**

Erwerbsersatz CH der; -es, ohne Plur.: ›Ersatzzahlung des Staates an den Arbeitgeber bzw. die Arbeitgeberin oder an Selbständigerwerbende während der Leistung des ↗Militär-, Zivilschutz- oder Zivildienstes für ausgefallene Arbeitstage‹: *Zwischen 1939 und 1946 wurden 1247 Millionen Franken Erwerbsersatz ausbezahlt* (Tschäni, Profil der Schweiz 294) – Dazu: **Erwerbsersatzordnung**

Erwerbstätige: *selbständig Erwerbstätige (gemeindt.): ↗FREIBERUFLER/FREIBERUFLERIN, ↗FREIERWERBENDE, ↗SELBSTÄNDIGERWERBENDE

erzeugen A sw.V./hat: ›(Gebrauchsgüter) herstellen, produzieren‹: *Sie erzeugte dort künstlerischen Modeschmuck für die große Welt* (TT 20./21. 9. 1997, Magazin 8) – Die Bedeutung ›(Ursprungsprodukte der Natur, wie z.B. landwirtschaftliche Produkte) produzieren, hervorbringen‹ ist gemeindt. – Dazu: **Erzeuger(in)**

Erziehungsdepartement CH das; -(e)s, -e [...departəˈmɛnt]: ↗BILDUNGSDIREKTION CH, ↗ERZIEHUNGSDIREKTION CH, ↗KULTUSMINISTERIUM D ›oberste Schulbehörde eines ↗Kantons‹: *Wegen rassistischer Bemerkungen kürzte das Erziehungsdepartement des Kantons Jura kurzerhand das Gehalt eines Lehrers der Kantonsschule* (Blick 22. 4. 1997, 2) – In A ist für diese Aufgaben das ↗Bundesministerium für Unterricht zuständig

Erziehungsdirektion CH die; –, -en: ↗BILDUNGSDIREKTION CH, ↗ERZIEHUNGSDEPARTEMENT CH, ↗KULTUSMINISTERIUM D ›oberste, exekutive Aufgaben besitzende Schulbehörde eines ↗Kantons‹: *Die vom Schulrat angestrebte Fristerstreckung um ein Jahr fand bei der Erziehungsdirektion kein Gehör* (NLZ 22. 6. 2001, Internet) – In A ist für diese Aufgaben das ↗Bundesministerium für Unterricht zuständig. Vgl. Erziehungsdirektor, Erziehungsdirektorenkonferenz, Direktion

Erziehungsdirektor Erziehungsdirektorin CH der; -s, -en bzw. die; –, -nen: ↗BILDUNGSDIREKTOR CH, ↗KULTUSMINISTER D ›Leiter(in) der obersten Schulbehörde in einigen ↗Kantonen‹: *Sogar dem Präsidenten, der örtlichen Schulkommission ... war die Angelegenheit eher peinlich, und er riet, zusammen mit dem kantonalen Erziehungsdirektor, zu einem Disziplinarverfahren* (Niederhauser, Andere Geschichte 166) – In A ist für diese Aufgaben der Leiter bzw. die Leiterin des ↗Bundesministeriums für Unterricht zuständig – Dazu: ↗**Erziehungsdirektion,** ↗**Erziehungsdirektorenkonferenz**

Erziehungsdirektorenkonferenz CH die; –, -en: ↗KULTUSMINISTER: *STÄNDIGE KONFERENZ DER KULTUSMINISTER D ›die unterschiedlichen (↗kantonalen) Schulsysteme koordinierendes Gremium, zusammengesetzt aus den ↗Erziehungsdirektoren der ↗Kantone‹: *In einer Vernehmlassung der kantonalen Erziehungsdirektorenkonferenz zum Schulsportobligatorium verlangen 23 von 26 Kantonen eine Kantonalisierung der Turnstundenregelung* (TA 14. 10. 1999, 1) – Abk. ↗EDK. Vgl. Erziehungsdirektion, Erziehungsdirektor

Erziehungsgeld D STIR das; -(e)s, -er: ↗KARENZGELD A, ↗KARENZURLAUBSGELD A, ↗KINDERBETREUUNGSGELD A, ↗KINDERGELD A ›finanzielle Unterstützung der Eltern während des ↗Erziehungsurlaubes‹: *Das Erziehungsgeld liegt heute bei 600 Mark* (Welt 13. 12. 1999, Internet; D); *Das Erziehungsgeld ist eine Beihilfe von 350.000 Lire monatlich, die für die Erziehung der Kinder vom vierten Lebensmonat bis zur Vollendung des zweiten Lebensjahres des Kindes entrichtet wird* (Dolomiten 21. 10. 1998, WIKU 11; STIR) – Vgl. Geburtengeld

Erziehungsurlaub D der; -(e)s, -e (Plur. ungebräuchl.): ↗KARENZ A, ↗KARENZURLAUB A, ↗MUTTERSCHAFTSURLAUB CH, ↗ELTERNZEIT D ›[bezahlter] ↗Urlaub für die Betreuung von Kindern in ihren ersten Lebensmonaten‹: *Nur jeden 66. Erziehungsurlaub nimmt ein Mann* (Welt 30. 5. 2000, Internet)

erzwingen (gemeindt.): ↗MURKSEN

Eschalotte CH die; –, -n ⟨aus frz. *échalote*⟩: ›Zwiebelsorte mit roter Schale; Schalotte‹: *Olivenöl in eine Pfanne geben, gehackte Eschalotten anziehen, die Gurken dazu und anziehen und dünsten* (Salz & Pfeffer, 2002, Internet)

Esel: *dastehen wie der Esel am Berg siehe Berg

Esse D-mittelost die; –, -n: ↗KAMIN A-west CH D-mittelwest/süd, ↗RAUCHFANG A (ohne west) D-südost, ↗SCHLOT D-mittelost/südost, ↗SCHORNSTEIN D-nord/mittel ›Rauchabzugsschacht‹: *Die Straßen reckten sich hinaus ins Heimatland … backsteinerne Essen schafften den vertikalen Ausgleich zu horizontalen Gewerbeansiedlungen* (Biskupek, Quotensachse 19); ***etw. in die Esse schreiben** siehe schreiben – Die Bedeutung ›Herd einer Schmiede‹ ist gemeindt. – Dazu: **Essenfeger(in)**, ↗**Essenkehrer(in)**

essen (gemeindt.): ↗FUTTERN

Essenfeger siehe Essenkehrer

Essenkehrer Essenkehrerin D-mittelost der; -s, – bzw. die; –, -nen: ↗RAUCHFANGKEHRER A D-südost, ↗KAMINKEHRER A-west D-südost, ↗KAMINFEGER CH D-mittelwest/südwest, ↗SCHLOTFEGER D-mittelost/südost, ↗SCHORNSTEINFEGER D-nord/mittel ›Person, die Rauchabzugsschächte reinigt‹ /Berufsbezeichnung/: *Er ist Glücksbringer der Nation, der Mann mit Zylinder und schwarzem Gewand. Wer jedoch glaubt, er sei »Essenkehrer« allein, muss sich belehren lassen* (Handwerkstag Sachsen, 2000, Internet) – Selten auch in der Form *Essenfeger.* Vgl. Esse

Esskastanie D die; –, -n: ↗MARONI A D-süd, ↗MARRONI CH, ↗MARONE D-mittelost/südwest ›[geröstete] Kastanie‹: *Der typische Lebensraum der Esskastanie oder Marone befindet sich südlich der Alpen oder in warmen Rheinseitentälern* (Universität Siegen 5. 12. 2001, Internet) – In A und CH selten

Esther CH ⟨bibl.⟩: weibl. Vorname: *Die Gemeinde Amsoldingen hat drei neue Gemeinderatsmitglieder: Annagret O., Esther S. und Karl B.* (Bund 10. 12. 1999, 33) – In A und D selten. Die erste Silbe wird in A auch lang ausgesprochen

Estrich der; -s, -e: **1.** A D ›fugenloser Fußboden; Unterboden aus einer erhärteten Masse‹: *Jeder flächenbeheizte Fußboden setzt Planung … im Hinblick auf das Heizsystem, die Dämmschicht, den Estrich und verschiedenartige Nutzbeläge voraus* (Firma BEGO-Parkettfabrik, 1998, Internet; A); *Eine Wohnraumgestaltung mit Mosaiken! Hierbei wird der Stein in Estrich versetzt* (Palette 2/1998, 42; D). **2.** CH; ↗DACHBODEN A D, ↗UNTERDACH CH-südwest STIR, ↗BODEN D (ohne südwest), ↗BÜHNE D-südwest, ↗SÖLLER D-mittelwest, ↗SPEICHER D-mittelwest/süd ›unbewohnter Raum unter dem Dach eines Hauses‹: *Sie war sehr erzürnt über den grossen Kindersegen des jungen Ehepaares und habe gesagt, man sollte eines in den Estrich und das andere in den Keller einsperren* (Wenger, Rosalia 7) – Zu 2 vgl. Dachstock – Zu 2.: **Estrichabteil**

Eszett D das; -s, -s: ↗SCHARF: *SCHARFE S A D ›Buchstabe ß‹: *Die Rechtschreibreform sieht vor, das Eszett nach kurzen Vokalen durch »ss« zu ersetzen* (Welt 2. 12. 1995, Internet)

Etage CH D die; –, -n ['et'a:ʃə CH, e'ta:ʒə D] ⟨frz.⟩: ›Stockwerk‹: *In zwei Gruppen fuhren sie mit dem Lift in die oberste Etage hoch* (Lascaux, Totentanz 79; CH); *Auf der fünften Etage wohnen 28 Personen* (Wallraff, Industriereportagen 21; D) – In A selten, Aussprache [e'ta:ʃ(ə)] – Dazu: ↗**Etagenbett** D (ohne ost/südost), **Etagengeschäft, Etagenhaus** D, **Etagenheizung** A D

Etagenbett D (ohne ost/südost) das; -(e)s, -en [e'ta:ʒn̩…]: ↗STOCKBETT A D-südost, ↗KAJÜTENBETT CH, ↗DOPPELSTOCKBETT D (ohne nordwest/südost) ›zwei- oder mehrstöckiges Bett [für Kinder]‹: *Jan und ich haben in einem Zimmer geschlafen, in Etagenbetten* (Blobel, Tür 89) – Vgl. Etage

Etappenhalt CH der; -(e)s, -e: ›Unterbrechung, Halt zwischen verschiedenen Teilabschnitten‹: *Auf der ersten Etappe … kann man sich an die Höhe gewöhnen und (bei Zeitvorrat) für einen Etappenhalt zur Dom- oder Täschhütte aufsteigen* (TA 11. 9. 1996, 71)

etappieren CH sw.V./hat: ›(ein grosses [Bau]projekt) in mehrere zeitlich auseinander liegende Etappen aufteilen‹: *Die beiden Schulhäuser sind überfüllt. Ihr Ausbau und ihre Sanierung kosten aber viel Geld. Deshalb will die Behörde das Projekt auf vier Jahre hinaus etappieren* (Bund 7. 9. 1999, 29) – Dazu: **Etappierung**

Etat CH D der; -s, -s ['et'a CH, e'ta: D] ⟨frz.⟩: **1.** ↗BUDGET A CH, ↗BUNDESHAUSHALT D ›Zusammenstellung der voraussichtlichen Einnahmen und Ausgaben (des Staates); [Staats]haushalt‹: *Die Bürgergemeinde beschäftigt 607 Personen. Im Etat für das Jahr 2000 sind 156 hauptamtliche Stellen aufgeführt* (Bund 16. 12. 1999, 26; CH); *Italiens Ministerpräsident sucht Rückhalt für seinen Etat* (SZ 7. 10. 1997, 6; D). **2.** ›finanzielle Mittel, über die eine Institution oder Person planmäßig verfügen kann‹: *[Die] Absicht, einige Produzenten mit einem Etat für zwei oder drei Jahre auszustatten und sie frei über ihre Produktionen entscheiden zu lassen, finde ich problematisch* (Bund 19. 1. 2000, 7; CH); *Trotz angespannter städtischer Finanzlage bleibt der Etat des Kunstmuseums von acht Millionen Mark unangetastet* (Kölnische Rundschau 8. 2. 2001, Internet; D) – Die fachsprachliche Bedeutung ›Probedruck eines Kupferstichs‹ ist gemeindt. Zu 1 vgl. Staatsrechnung – Zu 1.: **Etatentwurf, Etatplan, Etatrede**

ETH CH die; –, ohne Plur.: buchstabierte Abk. für ↗ *Eidgenössische Technische Hochschule:* ↗ TU A D, ↗ TH CH D: *Neben ihrer politischen Tätigkeit lehrte sie als Privatdozentin an der ETH und der Universität Lausanne* (BaZ 17. 10. 1997, 10) – ETHL in Lausanne, ETHZ in Zürich – Dazu: **ETH-Dozent(in), ETH-Ingenieur(in)**

Etui CH D (ohne südost) das; -s, -s ['etɥi CH, ɛt'vi: D, e'tɥi: D] ⟨frz.⟩: ↗ FEDERPENNAL A, ↗ FEDERSCHACHTEL A, ↗ FEDERMÄPPCHEN D (ohne nordwest/mittelost), ↗ GRIFFELSCHACHTEL STIR ›[in der Schule gebrauchtes] Behältnis für Schreibutensilien‹: *In der grossen Diddle-Schultasche … hat sie ihr Etui, den Finkensack, die Zahnbürste und eine Malschürze eingepackt* (Neues Bülacher Tagbl 21. 8. 2001, Internet; CH); *Niko hat eine riesige Schultasche. Darin finden die Kinder viele Sachen für den Unterricht … ein Etui und bunte Mappen, Hefte, Knetgummi und Schere* (Nordmarkt-Grundschule Dortmund 20. 12. 2001, Internet; D) – In der Bedeutung ›Behältnis für Brillen, Musikinstrumente oder Zigarren‹ gemeindt. – Dazu: **Schüleretui, Schuletui**

etwaig A D Adj. (nicht steigerbar): ↗ ALLFÄLLIG A CH ›eventuell; gegebenenfalls anfallend‹: *Das Rettungsschiff … erhält den Auftrag, die Event Horizon anzusteuern und etwaige Überlebende zu bergen* (Skip 12/1997, 46; A); *Bundesregierung soll etwaige Mehrkosten für die Sozialhilfeträger beziffern* (Deutscher Bundesrat, 2000, Internet; D) – In CH selten. Wird in D auf der zweiten, in A und CH auf der ersten Silbe betont

etwelch- A CH Pron.: ›einig-‹: *Abends um 18 Uhr erscheinen die freizügig uniformierten Kapitäne bei der alten Dame zum Rapport, erstatten Lagebericht und holen sich etwelche Rügen ab* (OÖN 5. 7. 1986, 72; A); *Mit etwelcher Verspätung hat man über diese andere Sache … seltsame Dinge vernommen* (Federspiel, Beste Stadt 85; CH) – In D veraltet

Eulachstadt CH die; –, ohne Plur. ⟨nach dem Flüsschen *Eulach*, an dessen Ufern die Stadt liegt⟩: ›Winterthur‹: *»Zürich baut! Winterthur auch?« lautet das Thema der Auftaktveranstaltung der Winterthurer Stadtgespräche … Tatsächlich harzt es in der Eulachstadt* (Sonntagsztg 23. 4. 2000, 81)

Eulenspiegelei D die; –, -en: ↗ SCHELMENSTREICH D (ohne mittelost) ›[kleiner] Betrug; Streich‹: *Das, was Ordnungsmächte den Haushalten in Deutschland eintrichtern, ist in Wahrheit eine ökologische Eulenspiegelei* (Neue Nachr 2. 12. 2002, Internet)

evident: *evident halten A: ↗ EVIDENZ: *IN EVIDENZ HALTEN A ›für den Bedarfsfall bereithalten (von Daten, zusammengestellten Informationen)‹: *Passwörter bitte evident halten – sie können vom HelpDesk weder kontrolliert noch verändert werden* (Land Salzburg, 1998, Internet) – Das Adjektiv *evident* ist in allen anderen Verwendungen gemeindt. – Dazu: **Evidenthaltung**

Evidenz A die; –, -en ⟨aus lat. *evidens* ›sichtbar‹⟩ (formell): ›für den Bedarfsfall bereitgehaltene Datenliste (von Ämtern, Firmen etc.)‹: *Kurz nachdem der mutmaßliche Defraudant Mitte Oktober verschwunden war, stellte das Wiener Landesgericht den Ermittlern eine Ermächtigung aus, in die Evidenzen des Handynetzbetreibers Max-Mobil Einsicht zu nehmen* (Standard 6. 11. 1998, Internet); ***in Evidenz halten:** ↗ EVIDENT: *EVIDENT HALTEN A ›für den Bedarfsfall bereithalten (von Daten, zusammengestellten Informationen)‹: *Diese Bewerbung wird ein Jahr in Evidenz gehalten* (Jobchancen Studium, Individuelle Diplomstudien, 1997, 20) – Die Bedeutung ›unmittelbare und vollständige Einsichtigkeit von etw.‹ ist gemeindt. – Dazu: **Evidenzliste, ↗ Wählerevidenz**

exakt (gemeindt.): ↗ PRÄZIS

exekutieren A sw.V./hat ⟨aus lat. *ex(s)ecutio* ›Vollstreckung‹⟩ (Recht): ↗ BETREIBEN CH, ↗ BEITREIBEN D ›bei jmdm. [finanzielle] Ansprüche geltend machen, z. B. jmdn. pfänden, zwangsräumen‹: *Einem Abgabepflichtigen blieben in der Regel zwei Möglichkeiten, sagt der Finanzamtschef: »Entweder er zahlt freiwillig oder es wird exekutiert, solange es noch etwas zu exekutieren gibt«* (VN 23. 2. 2000, A 5) – Die Bedeutungen ›(ein Urteil) vollziehen‹ und ›mit dem Tod bestrafen‹ sind gemeindt. Vgl. Exekution, Exekutor

Exekution A die; –, -en ⟨aus lat. *ex(s)ecutio* ›Vollstreckung‹⟩ (Recht): ↗ BETREIBUNG CH, ↗ BEITREIBUNG D ›Vollstreckung von [finanziellen] Ansprüchen, z. B. Pfändung, Zwangsräumung etc.‹: *Aber wenn ich nicht verdienen kann, kann ich mir keine Wohnung leisten und meine Schulden nicht zurückzahlen und dann kommen Exekutionen* (Ganze Woche 5. 11. 1997, 41) – Andere Bedeutungen sind gemeindt. Vgl. exekutieren, Exekutor – Dazu: **Exekutionsakt** (↗ Akt), **Exekutionsbefehl, Exekutionsbewilligung** (↗ Bewilligung), **↗ Exekutionsgericht** A (Wien), **Exekutionsrecht, Exekutionstitel, Exekutionsverfahren, Exekutionswerber(in)** (↗ Werber), **Gehaltsexekution, Räumungsexekution**

Exekutionsgericht A (Wien) das; -(e)s, -e: ↗ BETREIBUNGSAMT CH ›Gericht, das für die Vollstreckung zivilrechtlicher Entscheidungen, z. B. Pfändungen zuständig ist‹: *Beim Exekutionsgericht oder in den zuständigen Bezirksgerichten findet sich ein Aushang, wann und wo die Versteigerung stattfindet* (Trend

1/1994, Internet) – Außerhalb Wiens sind dafür die ↗Bezirksgerichte zuständig. Vgl. Exekution

Exekutive A die; –, -n (Plur. ungebräuchl.) ⟨aus lat. *ex(s)ecutio* ›Vollstreckung‹⟩: ›Gesamtheit der Organe zur Ausübung der vollziehenden Staatsgewalt, v. a. Polizei und ↗Gendarmerie‹: *In der Stadt Innsbruck wird die Exekutive im Rahmen des Bergsilvesters, zu dem 70.000 Besucher erwartet werden, erhöht auf »Knallköpfe« aufpassen* (Neue Kronen Ztg 30. 12. 1997, 12) – Die Bedeutung ›vollstreckende, vollziehende Staatsgewalt, im Ggs. zur Legislative‹ ist gemeindt. – Dazu: **Exekutivbeamte (...beamtin)**

Exekutor Exekutorin A der; -s, -en bzw. die; –, -nen ⟨aus lat. *ex(s)ecutor* ›Vollstrecker‹⟩: ›Gerichtsvollzieher(in)‹: *Nun wird gepfändet. Außerdem wird ein Exekutor bei der Arbeit begleitet* (Fernsehwoche 11/1998, 48) – Die Bedeutung ›Vollstrecker(in) einer Strafe‹ ist gemeindt. Vgl. exekutieren, Exekution

Existenzgründer Existenzgründerin D der; -s, – bzw. die; –, -nen: ›[jüngere] Person, die sich beruflich selbstständig macht; Jungunternehmer(in)‹: *Hier brauchen wir dringend eine intelligente Förderung, die den Existenzgründer vor allem in organisatorischen Belangen unterstützt* (Welt 25. 10. 1999, Internet) – Dazu: **Existenzgründung, Existenzgründerseminar**

Existenzminimum (gemeindt.): ↗LEBENSMINIMUM

Experte (gemeindt.): ↗FACHPERSON

Expositur die; –, -en ⟨lat.⟩: **1.** A ›auswärtige Zweigstelle (einer Firma)‹: *Das Marketing-Kleinbüro in Belo Horizonte ist eine Expositur der österreichischen Außenhandelsstelle Rio de Janeiro* (Mut 29. 1. 1999, Internet). **2.** A ›Außenstelle einer Schule, Institution o. Ä.‹: *Sollte aus der Expositur Gröbming tatsächlich eine BH werden, so wäre diese ... die kleinste der Steiermark* (Kleine Ztg 24. 10. 1998, Internet). **3.** A D (kath. Kirche) ›einer ↗Pfarre oder einem Kloster zugeordneter Seelsorgebezirk innerhalb eines Verbands von ↗Pfarren‹: *Die Pfarre St. Paul in Pichling wurde erst 1969 gegründet und ist mit ihren 3500 Sprengelbewohnern eine Expositur des Augustiner-Chorherrnstifts St. Florian* (OÖN 1. 3. 2001, Internet; A); *Weiter gehört zur Pfarrei ... die Expositur Pavelsbach, die ... vom Möninger Pfarrer seelsorgerlich betreut wird* (Dekanat Neumarkt 4. 9. 2002, Internet; D)

Expressstrasse CH die; –, -n: ›Schnellstrasse in grossen Städten‹: *Bereits in den Fünfzigerjahren wurden Skizzen gezeichnet, auf denen die Expressstrasse auf ihrem Weg von Norden nach Süden unter der Stadt und der Reuss hindurch geführt wurde* (WoZ 22. 2. 2001, Internet)

Externist Externistin A der; -en, -en bzw. die; –, -nen ⟨aus lat. *externus* ›äußerlich, auswärtig‹⟩: **1.** ↗PRIVATIST A ›sich privat und ohne Unterrichtsbesuch auf einen Schulabschluss vorbereitender Schüler bzw. vorbereitende Schülerin‹: *Er holte als Externist die Matura an der Handelsakademie nach und schloss 1996 das Studium der Rechtswissenschaften an der Universität Salzburg ab* (Land Salzburg, 2002, Internet). **2.** ›außerhalb eines Internats wohnender Schüler bzw. wohnende Schülerin‹: *Arnulf F. ... hatte in den siebziger Jahren G. zwei Jahre als Religionslehrer kennen gelernt – als Externist am Hollabrunner Gymnasium* (Profil 2. 4. 1995, Internet) – Zu 1.: **Externistenmatura** (↗Matura), **Externistenprüfung**

Extrafahrt CH die; –, -en: ›Sonderfahrt (eines öffentlichen Verkehrsmittels)‹: *Das Schiff wird vor allem für die kleinen Rundfahrten und für Extrafahrten eingesetzt* (TA 1. 7. 1997, 13)

Extrawurst A die; –, ...würste: ›feine Wurst aus Rind- und Schweinefleisch‹: *Das Schweinefleisch gibt der Extrawurst eine glattere, geschmeidigere und glänzendere Konsistenz* (Konsument 5/2000, 6) – Die übertragene Bedeutung in den Wendungen *eine Extrawurst braten/wollen/bekommen usw.* ist gemeindt.

Extrazimmer A das; -s, –: ›kleiner separater Raum in einem kleinen Gasthaus‹: *König nahm Verena an der Hand und zog sie ins Extrazimmer, das er dann von innen versperrte* (Menasse, Schubumkehr 54)

Extrazug CH der; -(e)s, ...züge: ↗SONDERZUG A D ›zusätzlich zum regulären Fahrplan eingesetzter Eisenbahnzug‹: *Die SBB bieten von und nach der Innerschweiz mehr Eisenbahnwagen und einen Extrazug an* (Blick 8. 12. 1995, 2) – In D selten

Ezzes A die; nur Plur. ⟨jidd.⟩ (salopp, Grenzfall des Standards): ›Hinweise, Ratschläge, Tipps‹: *Natürlich können diese Herren Annahmen treffen, Szenarien rechnen und dann Ezzes geben* (Profil 10. 11. 1997, 64) – Wird auf der ersten Silbe, mit Lang- oder Kurzvokal, betont

F

F'Whg CH: nur geschriebene, unverkürzt gesprochene Abk. für ›Ferienwohnung‹: ↗FeWo D: *Grächen. F'whgen, 2–5 Pers., ruhig gelegen, auch ideal für Rentner* (Schweizer Familie 3. 6. 1999, 94)

Fabrịk- fabrịk- CH D (produktives Bestimmungswort in Zus.): ↗Fabriks- fabriks- A ›die Fabrik betreffend‹, z. B. Fabrikarbeit, Fabrikarbeiter(in), Fabrikbesitzer(in), Fabrikbrand, Fabrikdirektor(in), Fabrikgebäude, Fabrikgelände, Fabrikgesetz, Fabrikhalle, Fabrikliegenschaft (↗Liegenschaft), fabrikneu, Fabrikware D: *Die Einbrecher drangen in der Nacht auf Donnerstag in drei Einfamilienhäuser und zwei Fabrikgebäude ein* (Blick 21. 5. 1999, 8; CH); *Im hinteren Teil des Ladens stehen fabrikneue Pulte und Tische* (TA 15. 6. 1999, 21; CH); *Die auf dem Fabrikgelände gelagerten Feuerwerkskörper könnten nicht allein für die Wucht der Explosion verantwortlich gemacht werden* (WDR, 2003, Internet; D) – Die Bildung ohne Fugen-s ist in A selten

Fabrịks- fabrịks- A (produktives Bestimmungswort in Zus.): ↗Fabrik- fabrik- CH D ›die Fabrik betreffend‹, z. B. Fabriksarbeiter(in), Fabriksbesitzer(in), Fabrikshalle, fabriksneu, Fabriksschlot: *Jeep Wrangler fabriksneu, 249.000,–* (Kurier 29. 1. 1998, 6); *Elisabeth A. arbeitete als Fabriksarbeiterin* (Institut für Sozialdienste 1/1997, 24)

Fạchabitur D das; -s, -e (Plur. ungebräuchl.): ↗Berufsreifeprüfung A, ↗Berufsmatura CH ›Schulabschluss [nach einer Berufsausbildung] zur Erlangung der Fachhochschulreife‹: *Darüber hinaus qualifiziert die Fachoberschule zu einem Fachhochschulstudium (Fachabitur)* (Saarbrücker Ztg 23. 1. 2001, Internet) – Vgl. Abitur

Fạcharbeiter Fạcharbeiterin A D der; -s, – bzw. die; –, -nen: ↗Professionist A-ost, ↗Berufsmann CH ›Person mit abgeschlossener Lehre in einem Lehrberuf‹: *Von der großzügigen Baumanlage bis zum Kleinstbiotop am Balken – unsere freundlichen Facharbeiter sorgen gemeinsam mit Ihnen für ein prächtiges Gedeihen in Ihrem Umfeld* (Neue Zeit 19. 4. 1998, 7; A); *1930 in Bad Polzin geboren, avancierte er vom Facharbeiter zum Gründungsdirektor seines Instituts* (BdW 8/1990, 92; D)

Fạchausweis CH der; -es, -e: ↗Lehrabschlusszeugnis A CH, ↗Gesellenbrief A D, ↗Berufsdiplom CH, ↗Fähigkeitsausweis CH, ↗Fähigkeitszeugnis CH, ↗Diplom CH STIR , ↗Befähigungsdiplom STIR ›amtliche Bescheinigung über eine abgeschlossene Aus- oder Weiterbildung‹ (häufig in der Wendung *eidgenössischer Fachausweis*): *Seit Anfang Jahr gibt es einen vom Bundesamt für Berufsbildung und Technologie anerkannten Fachausweis, den man sich in einer dreijährigen Ausbildung aneignen kann* (TA 27. 5. 2000, 48)

Fạ̈cherstadt D die; –, ohne Plur. ⟨nach den vom Schloss aus fächerartig verlaufenden Straßen⟩: ›Karlsruhe‹: *Die Anerkennung erhielt die Fächerstadt für ihren Beitrag »Stadtregion Karlsruhe 2030 – Grenzen überschreiten«* (Deutscher Städtetag 19. 3. 2001, Internet)

Fạchoberschule D die; –, -n: ↗BHS A, ↗Mittelschule CH, ↗Berufsfachschule D (ohne südost), ↗Oberschule STIR ›an die obligatorische Schulausbildung anschließende höhere Schule, die zur Fachhochschulreife führt oder auf einen speziellen Beruf vorbereitet, bzw. Gebäude, in dem diese Schule untergebracht ist‹: *Als Erste in der Familie erkämpfte sie sich ihren Weg von der Haupt- zur Realauf die Fachoberschule, wurde Sozialarbeiterin* (Welt 23. 6. 2000, Internet)

Fạchperson CH D die; –, -en: ›fachkundige Person; Experte bzw. Expertin‹: *Bis Montag stehen 40 Fachpersonen bereit, um allfällige Pannen zu beheben* (Bund 21. 12. 1999, 25; CH); *Meist wird von der Fachperson mit den betroffenen Familienmitgliedern ein offenes … Gespräch geführt* (WDR 27. 7. 1998, Internet; D)

Fạchwerkhaus A D das; -es, …häuser: ↗Riegelhaus CH ›Haus mit Wänden aus Balkengerüsten, deren Zwischenräume mit Steinen und Lehm gefüllt sind‹: *Im Sommer kratzen daran auch nicht die Touristenmassen, die japanerdurchsetzt in die putzige, von Fachwerkhäusern dominierte Altstadt … einfallen* (OÖN 29. 7. 1995, 1; A); *Das Fachwerkhaus der türkischen Großfamilie G. brannte bis auf die Grundmauern nieder* (Welt 11. 3. 1996, Internet; D)

Fạchwirt Fạchwirtin D der; -(e)s, -e bzw. die; –, -nen: ›berufserfahrener Spezialist bzw. berufserfahrene

Spezialistin mit Zusatzausbildung in einer bestimmten Fachrichtung‹: *Wer beruflich erfolgreich sein will, der macht am besten eine Lehre. Hinterher sollte man … die beiden weiteren Ausbildungsschritte zum Fachwirt … absolvieren* (Welt 15. 10. 1999, Internet)

fad Adj.: **1.** A CH D-süd; ↗FADE D-nordost/mittel ›langweilig, reizlos, geschmacklos (von Speisen)‹: *Ein Teekuchen, nicht zu süß, flaumig und ein bisserl fad, sollte unbedingt dabei sein* (Gusto 11/1997, 42; A); *Das Essen ist so fad. Und immer diese Toasts! Ich sehne mich nach einem knusprigen Schweizer Brot* (Blick 26. 7. 1996, 32; CH). **2.** A (ohne Vbg.) D-süd; ↗DRÖGE D-mittel/südost, ↗FADE D-nordost/mittel ›langweilig‹: *»Wenn wir einmal streiten, muss uns fad sein«, besingen Tatjana F. und Johanna F. im Chor das phantastische Betriebsklima* (Wienerin 12/1993, 89; A); *Die Preise sind gesalzen, die Stimmung ist fad: Bei den alpinen Ski-Weltmeisterschaften will im Schweizer Nobelort St. Moritz einfach keine Party-Laune aufkommen* (Merkur 5. 2. 2003, Internet; D-süd); ***mit dem faden Aug[e] anschauen** A-ost (Wien) (Grenzfall des Standards) ›gelangweilt bzw. missbilligend anblicken‹: *Wie's aber zurückgekommen sind, … haben s' mich ang'schaut mit dem faden Aug* (Presse 7. 5. 1996, Internet); ***ein fades Aug[e] kriegen/haben** A-ost (Wien) (Grenzfall des Standards) ›sich langweilen; widerwillig sein gegen jmdn./etw.‹: *Als wir unseren Klassenvorstand und Professor Werle sahen, bekamen wir ein fades Auge: Es sah nach Arbeit aus* (Bundesgymnasium und Bundesrealgymnasium 19, Wien, 2001, Internet) – Zu 2.: ↗**Fadesse** A, ↗**fadisieren** A

fade D-nordost/mittel Adj.: **1.** ↗FAD A CH D-süd ›langweilig, reizlos, geschmacklos (von Speisen)‹: *Zimmer zweckmäßig, das Essen ist fade und langweilig* (Hotelbewertungen, 2004, Internet). **2.** ↗FAD A (ohne Vbg.) D-süd, ↗DRÖGE D-mittel/südost ›langweilig‹: *Tennis in Deutschland ohne Becker, das ist wie Formel 1 ohne Schumacher, wie Boxen ohne Maske, fade und weitgehend uninteressant* (Welt 28. 10. 1996, Internet)

Faden: *Fäden ziehen (gemeindt.): ↗STRIPPE: *STRIPPEN ZIEHEN

Fadennudel D (ohne südwest) die; –, -n: ↗SUPPENNUDEL A D, ↗FIDELI CH ›als Suppeneinlage verwendete sehr dünne Teigware‹: *Hühnersuppe mit Fadennudeln, abgepultem Hühnerfleisch und Eierstich gehört zu den großartigsten Dingen unseres Universums* (TAZ 6. 10. 2001, Internet) – Vgl. Nudel

Fadesse A die; –, ohne Plur. [fa'dɛs] ⟨frz.⟩: ›Langeweile, Eintönigkeit‹: *Ihr ganzes Leben ist ein einziger Versuch, der Fadesse zu entkommen* (Profil 1. 9. 1995, Extra 38) – Vgl. fad

fadisieren sich A sw.V./hat (Grenzfall des Standards): ›sich langweilen‹: *Sie verstand nur Bahnhof und begann sich zu fadisieren* (Kneifl, Vorstellung 54) – Vgl. fad

Fähigkeitsausweis CH der; -es, -e: ↗LEHRABSCHLUSSZEUGNIS A CH, ↗GESELLENBRIEF A D, ↗BERUFSDIPLOM CH, ↗FACHAUSWEIS CH, ↗FÄHIGKEITSZEUGNIS CH, ↗DIPLOM CH STIR , ↗BEFÄHIGUNGSDIPLOM STIR ›amtliche Bescheinigung über eine abgeschlossene Aus- oder Weiterbildung‹ (häufig in der Wendung *eidgenössischer Fähigkeitsausweis*): *Die Bündner haben das neue Gastwirtschaftsgesetz angenommen. Danach wird das Wirten einfacher, weil die Bedürfnisklausel und der Fähigkeitsausweis wegfallen* (Blick 8. 6. 1998, 5)

Fähigkeitszeugnis CH das; -ses, -se: ↗GESELLENBRIEF A D, ↗LEHRABSCHLUSSZEUGNIS A CH, ↗BERUFSDIPLOM CH, ↗FACHAUSWEIS CH, ↗FÄHIGKEITSAUSWEIS CH, ↗DIPLOM CH STIR , ↗BEFÄHIGUNGSDIPLOM STIR ›amtliche Bescheinigung über eine abgeschlossene ↗Berufslehre oder eine Ausbildung an einer Fachhochschule‹ (häufig in der Wendung *eidgenössisches Fähigkeitszeugnis*): *Am Primarlehrerseminar Oerlikon haben letztes Jahr gerade noch 21 Männer das Fähigkeitszeugnis erhalten* (TA 26. 6. 1997, 23)

Fahranfänger Fahranfängerin A D der; -s, – bzw. die; –, -nen: ↗FÜHRERSCHEINNEULING A D, ↗NEULENKER CH ›Person, die erst kurze Zeit im Besitz des ↗Führerscheines ist‹: *[Die Frauen] haben einen viel gesünderen Respekt davor, in Unfälle verwickelt zu werden, und das zeigt sich schon bei den Fahranfängern: Die männlichen neigen viel mehr zur Selbstüberschätzung* (OÖN 9. 7. 2002, 5; A); *Bei einem Fahranfänger, der sich als Raser erweist, darf die Probezeit für die Fahrerlaubnis um zwei Jahre verlängert werden* (WDR 24. 6. 2002, Internet; D)

Fahrausweis der; -es, -e: **1.** A D (formell); ↗FAHRSCHEIN A D, ↗BILLETT CH BELG LUX ›Fahrkarte, die zur Benutzung eines öffentlichen Verkehrsmittels berechtigt‹: *Sie erhalten die ermäßigten Fahrausweise bei allen größeren ÖBB-Bahnhöfen* (ÖBB, 2000, Internet; A); *Seit 1. April 1999 können Sie mit nur einem Fahrausweis alle Nahverkehrsmittel im Verbundgebiet nutzen* (Verkehrsverbund Berlin Brandenburg, 2000, Internet; D). **2.** CH (informell); ↗LENKERBERECHTIGUNG A, ↗SCHEIN: *ROSA SCHEIN A, ↗FÜHRERSCHEIN A D, ↗BILLETT CH, ↗FÜHRERAUSWEIS CH, ↗LAPPEN D ›amtliche Berechtigung, ein motorisiertes Fahrzeug zu fahren‹: *Der alkoholisierte Lenker, der seinen Fahrausweis erst seit sieben Monaten besitzt, war mit seinem Mazda … in fünf parkierte Autos geprallt* (Blick 31. 12. 1999, 2) – Zu 1.: In CH zunehmend gebräuchlich – Zu 1.: **Fahrausweiskontrolle**. Zu 2.: **Fahrausweisentzug**, ↗**Lernfahrausweis**

Fahrbahnmarkierung D die; –, -en: ›zur Regelung des Verkehrs dienende Markierung auf einer Straße; Bodenmarkierung‹: *Die Beschilderung und Fahrbahnmarkierung sind für Ortsunkundige total unübersichtlich* (Berliner Ztg 24. 12. 1996, Internet)

Fähre (gemeindt.): ↗ÜBERFUHR

fahren (gemeindt.): ↗GEHEN

fahren (gemeindt.): ↗ZIRKULIEREN

fahren: *fahren wie eine gesengte Sau A D (salopp, Grenzfall des Standards): ↗BRETTELN A, ↗TUSCHEN: *TUSCHEN LASSEN A, ↗BLEDERN A-mitte/ost, ↗BLOCHEN CH, ↗FRÄSEN CH, ↗BRETTERN CH D, ↗HEIZEN D-mittelwest/südwest, ↗STOCHEN D-mittelwest ›schnell und rücksichtslos fahren; rasen‹: *Ich kann mit einem Schwertransporter … nicht wie eine gesengte Sau fahren, sondern muss mich unter diesen Umständen mit meiner Fahrweise anpassen* (Campingforum Österreich, 2003, Internet; A); *Sie sind gefahren wie eine gesengte Sau und haben keinerlei Rücksicht auf andere Verkehrsteilnehmer genommen* (Morgenweb 7. 11. 2002, Internet; D) – In D-nordwest auch in der Form *fahren wie eine besengte Sau.* Das Verb *fahren* ist in allen anderen Verwendungen gemeindt.

Fahrerflucht (gemeindt.): ↗FÜHRERFLUCHT, ↗UNFALLFLUCHT

Fahrhabe CH die; –, ohne Plur. (Recht): ›beweglicher Besitz; Fahrnis‹: *Unbekannte Täter zündeten im Freien gelagerte Ackergeräte und Fahrhabe an* (Lascaux, Totentanz 68)

Fahrkarte (gemeindt.): ↗BILLETT, ↗FAHRAUSWEIS, ↗FAHRSCHEIN

Fahrnis (gemeindt.): ↗FAHRHABE

Fahrprüfung (gemeindt.): ↗AUTOPRÜFUNG, ↗FÜHRERPRÜFUNG, ↗FÜHRERSCHEINPRÜFUNG

Fahrrad (gemeindt.): ↗RAD, ↗RADL, ↗STAHLROSS, ↗VELO

Fahrradbote Fahrradbotin A D der; -n, -n bzw. die; –, -nen: ↗VELOKURIER CH, ↗FAHRRADKURIER D ›Person, die berufsmäßig Botengänge mit dem Fahrrad erledigt‹ /Berufsbezeichnung/: *Vom Partylieferant bis zur Requisiteurin, vom Computerprogrammierer bis zum Fahrradboten – nur wenige von ihnen haben das »Glück«, angemeldete Beschäftigte zu sein* (Solidarität 3/1998, 15; A); *Die Fahrradbotin hat einen guten Rhythmus gefunden* (Tagesspiegel 25. 2. 1999, Internet; D)

Fahrradfahrer (gemeindt.): ↗RADLER/RADLERIN, ↗RADLFAHRER/RADLFAHRERIN, ↗VELOFAHRENDE, ↗VELOFAHRER/VELOFAHRERIN

Fahrradkurier Fahrradkurierin D der; -s, -e bzw. die; –, -nen: ↗FAHRRADBOTE A D, ↗VELOKURIER CH ›Person, die berufsmäßig Botengänge mit dem Fahrrad erledigt‹: *Der New Yorker Zustelldienst versorgt die Städter per Fahrradkurier* (Welt 2. 3. 2000, Internet)

Fahrradmechaniker (gemeindt.): ↗VELOMECH, ↗VELOMECHANIKER/VELOMECHANIKERIN, ↗ZWEIRADMECHANIKER/ZWEIRADMECHANIKERIN

Fahrradpiste LUX die; –, -n ⟨aus frz. *piste cyclable*⟩: ›für Fahrräder bestimmter Weg; Fahrradweg‹: *Die Beteiligung am Teilstück der Fahrradpiste Mersch-Böwingen kostet 3.000.000 F* (Luxemb Wort 11. 2. 2000, 16)

Fahrradpumpe (gemeindt.): ↗LUFTPUMPE, ↗VELOPUMPE

Fahrradweg (gemeindt.): ↗FAHRRADPISTE

Fahrschein A D der; -(e)s, -e: ↗FAHRAUSWEIS A D, ↗BILLETT CH BELG LUX ›Fahrkarte, die zur Benutzung eines öffentlichen Verkehrsmittels berechtigt‹: *Voraussetzung für die rechtmäßige Beförderung in einem Verkehrsmittel ist ja ein gültiger Fahrschein* (ORF Nachlese 9/1997, 14; A); *Die Männer nehmen … den Auftrag an, weil sie verzweifelt sind und zurück nach Paris möchten, an das sie ein alter Metro-Fahrschein erinnert* (FAZ 10. 10. 1997, Magazin 55; D) – Dazu: **Busfahrschein, Fahrscheinkontrolle, Straßenbahnfahrschein** (↗Straßenbahn)

Fahrschule (gemeindt.): ↗AUTOFAHRSCHULE

Fahrschüler (gemeindt.): ↗LERNFAHRER/LERNFAHRERIN

Fahrspesen CH die; nur Plur.: ›Kosten für eine [dienstliche] Fahrt; Fahrtspesen‹: *Der Servicefachmann verrechnete mir die vollen Fahrspesen* (Blick 24. 9. 1998, 29)

Fahrstreifenbegrenzung D die; –, -en: ↗SPERRLINIE A, ↗SICHERHEITSLINIE CH, ↗LÄNGSSTRICH STIR ›Linie, die Fahrspuren [und Radwege] voneinander trennt und nicht überfahren werden darf‹: *Die Fahrstreifenbegrenzung kann aus einer Doppellinie bestehen* (Straßenverkehrsordnung § 41, Internet)

Fahrstuhl D der; -(e)s, …stühle: ↗AUFZUG A D ›Lift‹: *Im Fahrstuhl des Hochhauses, in dem er wohnte, lauerten ihm … mehrere Männer auf* (Wallraff, Bild-Handbuch 18)

Fahrtenmesser A D das; -s, –: ›robustes Messer mit feststehender Klinge‹: *Weiters hatte der Mann eine Schreckschusspistole sowie ein Fahrtenmesser dabei* (VN 7. 7. 1999, B 1; A); *Er war mit dem Fahrtenmesser durch London gelaufen und das gilt dort als illegaler Waffenbesitz* (Lagerfeuer, 2000, Internet; D)

Fahrtrichtungsanzeiger A D der; -s, –: ↗Blinkleuchte A D, ↗Richtungsanzeiger CH, ↗Richtungsblinker CH ›Blinklicht an Fahrzeugen, mit dem Richtungsänderungen und Spurwechsel anzeigt werden; Blinker‹: *Eine Erfindung, die ihm am Herzen liegt, ist ein … Fahrtrichtungsanzeiger für Fahrräder* (OÖN 11. 10. 1988, 6; A); *Kraftfahrzeuge und ihre Anhänger müssen mit Fahrtrichtungsanzeigern ausgerüstet sein* (Verkehrsportal 4. 9. 2002, Internet; D) – In A formell, in CH selten

Fahrtspesen (gemeindt.): ↗Fahrspesen

Fahrverkäufer Fahrverkäuferin A der; -s, – bzw. die; –, -nen (formell): ›Person, die im Auftrag einer Firma direkt zum Kunden kommt, um Waren zu verkaufen‹: *Neuerdings sind es Fahrverkäufer, die von Haus zu Haus ihre Waren anbieten und so die ohnehin schwierige Situation der ortsansässigen Geschäfte noch verschärfen* (VN 9. 5. 1996, Heimat/Feldkirch 3)

Fahrzeugausweis CH der; -es, -e: ↗Zulassung A, ↗Zulassungsschein A, ↗Fahrzeugschein D, ↗Kraftfahrzeugschein D, ↗Kraftfahrzeugzulassung D, ↗Autobüchlein STIR ›amtliches Dokument, in dem die Genehmigung für den Betrieb eines ↗Motorfahrzeugs für den Strassenverkehr vermerkt ist‹: *In Bern kosten Fahrzeugausweis, Führerschein und neue Nummernschilder 220 Franken* (Blick 26. 5. 1998, 30)

Fahrzeuglenker Fahrzeuglenkerin A CH der; -s, – bzw. die; –, -nen: ↗Autolenker A CH, ↗Automobilist CH LUX ›Autofahrer(in)‹: *Bereits Freitagabend starben Fahrzeuglenker bei Unfällen auf der Westautobahn* (SN 20. 10. 1997, 8; A); *Der Fussgänger stürzte laut Polizeimitteilung zu Boden, erhob sich aber sogleich wieder und unterhielt sich kurz mit dem Fahrzeuglenker* (Bund 8. 1. 2000, 28; CH) – Vgl. Lenker

Fahrzeugschein D der; -(e)s, -e: kurz für ↗*Kraftfahrzeugschein:* ↗Zulassung A, ↗Zulassungsschein A, ↗Fahrzeugausweis CH, ↗Kraftfahrzeugzulassung D, ↗Autobüchlein STIR ›amtliches Dokument, in dem die Genehmigung für den Betrieb eines ↗Kraftfahrzeugs für Straßenverkehr vermerkt ist‹: *Stehplätze sind … in Kraftomnibussen nur in dem Umfang zulässig, wie sie im Fahrzeugschein ausgewiesen … worden sind* (Ministerium für Stadtentwicklung und Verkehr, 1994, 24)

Fall: *im Fall CH ›nur dass du es weisst/dass Sie es wissen; übrigens‹: *Das Plakat mit dem Saurier habe ich im Fall im Sauriermuseum gekauft* (NZZ Folio 10/1998, 84) – Das Substantiv *Fall* ist in allen anderen Verwendungen gemeindt.

Falle CH die; –, -n: **1.** ↗Schnalle A D-süd, ↗Türgriff D, ↗Drücker D-nord/mittelost, ↗Klinke D (ohne südwest) ›hebelartiger Griff zum Öffnen und Schliessen [einer Tür]‹: *Glimpf entschuldigte sich wortreich, während er wie selbstverständlich an die Türfalle griff und sie öffnete, mit einer Hand die Falle, mit der andern den Riegel zurückziehend* (Brechbühl, Kneuss 102). **2. *[k]eine schlechte Falle machen** ›[nicht] schlecht dastehen oder aussehen, [k]einen schlechten Eindruck machen‹: *Für die Zukunft empfiehlt D. der CVP einen Mitte-Rechts-Kurs. In der Europafrage habe man eine schlechte Falle gemacht* (Metropol 3. 5. 2001, 2) – Andere Bedeutungen sind gemeindt. – Zu 1.: **Türfalle**

fallen: *auf die Schnauze fallen CH D (ohne südost); ***auf die Fresse fallen** D-nord/mittel (derb, Grenzfall des Standards) ›eine Niederlage erleiden‹: *Der Furrer wird eines Tages Pleite machen, der muss auf die Schnauze fallen* (Furrer, My Way 161; CH); *Jedermann ging davon aus, dass der überhebliche Ex-General im Kaukasus auf die Schnauze fallen würde* (Woche 25. 10. 1996, Internet; D); *Wir verstehen uns im Übrigen nicht als Regisseure, sondern als Forscher, die Molière sehr ernst nehmen. Wenn man versucht, ihn komisch zu machen, fällt man nämlich unheimlich auf die Fresse* (Welt 25. 8. 1999, Internet; D-nord/mittel) – Das Verb *fallen* ist in allen anderen Verwendungen gemeindt.

Fallmasche CH die; –, -n: ›Strickmasche, die sich löst und nach unten oder oben ausdehnt; Laufmasche‹: *Wenn man Grossmutter fragte, wusste sie, was im Radio erzählt worden war, was sie gelesen hatte und die Socke hatte nie eine Fallmasche* (Aktion Kinder des Holocaust, 2001, Internet)

Falott A der; -en, -en ⟨aus frz. *falot* ›komischer, belustigender Mensch‹⟩ (Grenzfall des Standards): ↗Hundianer A, ↗Hundling A D-südost ›gerissene Person, Gauner, Lump‹: *Er setzte sich auf und versicherte mir, von da an seien außer bei der Fahrt nach Ebensee immer ein paar von den Falotten mit von der Partie gewesen* (Gstrein, Selbstportrait 55)

Faltblatt CH D das; -(e)s, …blätter: ↗Falter A, ↗Faltprospekt CH ›mit Informations- oder Werbetexten bedrucktes und [mehrfach] gefaltetes Stück Papier; Prospekt‹: *Angehende Korporäle der Schweizer Armee erhalten während ihrer Ausbildung ein Faltblatt mit Vorschriften zum Umgang mit geheimen Informationen* (TA 15. 12. 1998, 7; CH); *Weitere Informationen entnehmen Sie dem Faltblatt »Gebühren für die Abfallentsorgung«* (Stadt Witten 8. 5. 2002, Internet; D) – In A selten

Falter A der; -s, –: ↗Faltprospekt CH, ↗Faltblatt CH D ›mit Informations- oder Werbetexten bedrucktes und [mehrfach] gefaltetes Stück Papier; Prospekt‹: *Das Familienreferat des Landes Tirol hat einen Falter entwickelt, der einen Überblick über die weiterentwickelten Leistungen der Tiroler Familienpolitik geben soll* (TT 30. 1. 1998, Beilage 2)

Faltprospekt CH der; -(e)s, -e: ↗FALTER A, ↗FALTBLATT CH D ›mit Informations- oder Werbetexten bedrucktes und [mehrfach] gefaltetes Stück Papier; Prospekt‹: *Per Post wird dem Konsumenten in einem bunten Faltprospekt mitgeteilt, dass er in der Silvesternacht nichts zu befürchten hat. Der Kühlschrank wird kühlen, die Heizung heizen, der Strom strömen* (Bund 30. 12. 1999, 11) – In A und D selten

Familie (gemeindt.): ↗MISCHPOCHE/MISCHPOKE

Familienanlass CH der; -es, ...anlässe: **1.** ›Familienfest‹: *Mario T. lächelt in die Kamera. Ein Bild, das bei einem Familienanlass geknipst wurde* (Blick 12. 2. 1998, 1). **2.** ›Veranstaltung für die ganze Familie‹: *Auch dieses Jahr war der Familienanlass mit Wetterglück gesegnet und lockte rund 300 Besucher an* (Feuerwehr Brugg 19. 5. 2002, Internet) – Vgl. Anlass

Familienbeihilfe A die; –, -n (formell): ↗KINDERBEIHILFE A, ↗FAMILIENZULAGE CH, ↗KINDERZULAGE CH, ↗KINDERGELD D, ↗FAMILIENGELD STIR ›staatliche finanzielle Unterstützung für Eltern‹: *Seit gestern haben nach Schätzungen der Hochschülerschaft 20.000 Studierende wegen des Sparpakets ihre Familienbeihilfe in Höhe von 1850 S monatlich verloren* (Kleine Ztg 2. 3. 1997, 10) – In D selten. Vgl. Beihilfe – Dazu: **Familienbeihilfenbezieher(in)** (↗Bezieher)

Familienbogen STIR der; -s, ...bögen ⟨übersetzt aus ital. *foglio di familia*⟩: ↗FAMILIENBÜCHLEIN CH, ↗FAMILIENSCHEIN CH, ↗HEIRATSBUCH BELG, ↗FAMILIENSTANDSBOGEN STIR ›Dokument, in dem alle Mitglieder einer Familie angeführt sind; Familienbuch‹: *Hiezu wird der Geburtsschein und Familienbogen beigeschlossen* (Gesuch um Gültigkeitserklärung des Geburtsscheines für das Ausland 1)

Familienbuch (gemeindt.): ↗FAMILIENBOGEN, ↗FAMILIENBÜCHLEIN, ↗FAMILIENSCHEIN, ↗FAMILIENSTANDSBOGEN, ↗HEIRATSBUCH

Familienbüchlein CH das; -s, –: ↗FAMILIENSCHEIN CH, ↗HEIRATSBUCH BELG, ↗FAMILIENBOGEN STIR, ↗FAMILIENSTANDSBOGEN STIR ›vom ↗Zivilstandsamt ausgestelltes Dokument zur Angabe der Personalien eines Ehepaares und dessen Kinder; Familienbuch‹: *In Zukunft dürfen Eltern auch tot geborenen Kindern einen Vornamen geben und sie ins Familienbüchlein eintragen lassen* (Blick 30. 11. 1995, 2)

Familiengarten CH der; -s, ...gärten: ↗KLEINGARTEN A D, ↗PFLANZPLÄTZ CH ›Schrebergarten‹: *Einen Campingplatz darf und wird es aus dem Familiengarten nicht geben* (Bund 19. 4. 1997, 27)

Familiengeld STIR das; -(e)s, ohne Plur.: ↗FAMILIENBEIHILFE A, ↗KINDERBEIHILFE A, ↗FAMILIENZULAGE CH, ↗KINDERZULAGE CH, ↗KINDERGELD D ›finanzielle Unterstützung für Eltern durch die ↗Region‹: *Dementsprechend erfolgt auch die Berechnung und Bezahlung des Familiengeldes ... über das genannte Amt der Personalabteilung* (Schule und Kindergarten in Südtirol 82) – Das Wort wird in D als Ablösung von ↗*Kindergeld* diskutiert

Familienname (gemeindt.): ↗SCHREIBNAME, ↗ZUNAME

Familienschein CH der; -(e)s, -e: ↗FAMILIENBÜCHLEIN CH, ↗HEIRATSBUCH BELG, ↗FAMILIENBOGEN STIR , ↗FAMILIENSTANDSBOGEN STIR ›amtliches Dokument, auf dem Ehepartner und Kinder verzeichnet sind; Familienbuch‹: *Befragen Sie Ihre Verwandtschaft, suchen Sie nach Familienscheinen und Fotos, nach jeder Art von aufschlussreichen Dokumenten, im Glücksfall sogar Stammbüchern* (TA 27. 3. 1999, 77)

Familienstand A D der; -(e)s, ohne Plur.: ↗ZIVILSTAND CH BELG LUX ›Status einer Person im Hinblick darauf, ob sie ledig, verheiratet, geschieden oder verwitwet ist; Personenstand‹: *Uneheliche Kinder und eheliche Kinder sind ungeachtet des Familienstandes ihrer Eltern in gleicher Weise zu unterstützen und zu fördern* (Kurier 11. 4. 1998, 2; A); *In Abhängigkeit von Eintrittsalter, Geschlecht und Familienstand des Seniors werden die lebenslangen, monatlichen Zahlungen aufgebaut* (Badische Ztg 19. 1. 2001, Internet; D)

Familienstandsbogen STIR der; -s, ...bögen ⟨übersetzt aus ital. *foglio di familia*⟩: ↗FAMILIENBÜCHLEIN CH, ↗FAMILIENSCHEIN CH,↗HEIRATSBUCH BELG, ↗FAMILIENBOGEN STIR ›Dokument, in dem alle Mitglieder einer Familie angeführt sind; Familienbuch‹: *Wer auf seinem Familienstandsbogen wenigstens sechs Personen als zu seinem Haushalt gehörig nachweisen kann, der fährt mit öffentlichen Verkehrsmitteln mit einer Ermäßigung von 20 Prozent* (Dolomiten 14. 12. 1994, 10)

Familienzulage CH die; –, -n: ↗FAMILIENBEIHILFE A, ↗KINDERBEIHILFE A, ↗KINDERZULAGE CH, ↗KINDERGELD D, ↗FAMILIENGELD STIR ›pro Kind berechneter finanzieller staatlicher Beitrag für Eltern‹: *Für die Familienzulagen gibt es heute in der Schweiz 50 verschiedene Systeme, festgeschrieben in 26 kantonalen Gesetzen, verwaltet von über 800 Ausgleichskassen* (Bund 30. 6. 2000, 15) – In D selten. Vgl. Geburtszulage

famille: *en famille CH [ã 'fami:] ⟨frz.⟩: ›im engsten Familienkreis‹: *Der Anlass, der zu dieser Versammlung – en famille – geführt hat, ist ihm sichtlich unangenehm* (d'Henri, Frau 94; CH) – In A und D nur bildungssprachlich in übertragener Bedeutung, Aussprache [ã fa'mi:]

Fan (gemeindt.): ↗ANGEFRESSENE, ↗SUPPORTER

Fanfare LUX die; –, -n [fãfa:r] ⟨aus frz. *fanfare*⟩: ↗Blasmusikkapelle A D, ↗Musikkapelle A D, ↗Musikgesellschaft CH, ↗Bürgerkapelle STIR ›Blaskapelle‹: *Im Rahmen des Galakonzertes, das die Fanfare Helmdingen-Lorentzweiler am Samstagabend ... gab ...* (Luxemb Wort 11. 2. 2000, 11) – Andere Bedeutungen sind gemeindt.

Fange D-südwest die; –, ohne Plur.: siehe Fangerl

fangen sich (gemeindt.): ↗auffangen

Fangerl A-ost D-südost das; -s, ohne Plur.: ↗Nachlaufen A-ost (bes. Wien) D-mittelwest, ↗Fangis CH, ↗Greifen D-nordost, ↗Haschen D-ost, ↗Kriegen D-nord/mittel, ↗Tick D-nordwest ›Kinderspiel, bei dem ein Kind andere Kinder durch Nachlaufen fangen muss; Fangen‹: *Dann möchte ich auf einer grooọßen Wiese Fangerl spielen* (Privatkindergarten Schneewittchen, Purkersdorf, 2003, Internet; A-ost); *Gehen wir ein bisschen in den Wald und spielen Fangerl* (DJK Adlkofen 8. 8. 2003, Internet; D-südost) – In D-südwest in der Form *Fange* (die; –, ohne Plur.)

Fangis CH das; –, ohne Plur.: ↗Fangerl A-ost D-südost, ↗Nachlaufen A-ost (bes. Wien) D-mittelwest, ↗Greifen D-nordost, ↗Haschen D-ost, ↗Kriegen D-nord/mittel, ↗Tick D-nordwest ›Kinderspiel, bei dem ein Kind andere Kinder durch Nachlaufen fangen muss; Fangen‹: *Keine Rede davon, dass wir, verliebte Buben und Mädchen, ständig miteinander neckisch Fangis gemacht hätten auf der Eisbahn* (Hohler, Strom 64)

Fanionteam CH das; -s, -s ['fani̯onti:m] ⟨aus frz. *fanion* ›Flagge‹ und engl. *team*⟩: ↗Kampfmannschaft A ›Mannschaft der besten Spieler bzw. Spielerinnen eines Vereins; Spitzenteam‹: *Ajax Amsterdam, weltweit für seine Fussballschule gerühmt, wollte in den vergangenen »fünf Jahren sieben Spieler ins Fanionteam bringen«, wie Hamberg sagt* (TA 7. 12. 2000, 52)

farbig CH D Adj.: ↗färbig A ›eine oder verschiedene Farben aufweisend‹: *Farbiges Haar gehört inzwischen zur Street Parade wie die Konfetti zur Fasnacht* (TA 10. 8. 1998, 13; CH); *Er stellt der zweidimensionalen Fläche der Gemälde seit 1998 auch farbig gefasste Wandobjekte und freiplastische Arbeiten zur Seite* (Südkurier 28. 2. 2002, Internet; D) – Meist als produktives Grundwort in Zus., z. B. *dreifarbig, einfarbig, mehrfarbig, verschiedenfarbig, vielfarbig, zweifarbig.* Die Bedeutungen ›von dunkler Hautfarbe‹ und ›abwechslungsreich, z. B. eine farbige Schilderung‹ sind gemeindt.

färbig A Adj. (nicht steigerbar): ↗farbig CH D ›eine oder verschiedene Farben aufweisend‹: *Die Eignung eines Skimodells für die vier Zielgruppen ist aus den färbigen Balken über der Tabelle ersichtlich* (Konsument 11/1997, 6) – Meist als produktives Grundwort in Zus., z. B. *dreifärbig, einfärbig, mehrfärbig, verschiedenfärbig, vielfärbig, zweifärbig*

Färse D die; –, -n: ↗Kalbin A D-süd, ↗Gusti CH ›weibliches Rind, das noch nicht gekalbt hat‹: *Die Herkunft, Aufzucht, Ernährung seiner Bullen und Färsen ist in den letzten zehn Jahren gleich geblieben* (Rheinische Post 15. 2. 2001, Internet) – In A nur fachsprachlich

Fasche A (ohne west) die; –, -n ⟨aus ital. *fascia* ›[Wund]verband‹⟩: **1.** ↗Fatsche D-südost ›Binde zum Umwickeln von Verletzungen; Verband‹: *Allerdings musste er sich nützlich machen. »Ich wickelte Faschen über Faschen«* (OÖN 6. 10. 2000, Internet). **2.** ›Zierumrandung an Fenstern und Türen bunt verputzter Häuser‹: *Ein winziger Weiler, nur eine Handvoll Häuser, dazwischen ein gedrungener, eigenwilliger Bau, weiß gefärbelt und mit braunroten Faschen verziert* (SN 3. 2. 1996, Internet) – Zu 1.: ↗**faschen.** Zu 2.: **Fensterfasche**

faschen A (ohne west) sw. V./hat: ↗fatschen D-südost ›mit einem Verband versehen; bandagieren‹: *Schweiger wurstelt sich ... aus einem Himmelbett und fascht sich das Bein, mit dem Dorfrichter Adam seine verräterische Spur durch den Schnee gezogen hat* (Presse 22. 7. 1995, Internet) – Vgl. Fasche – Dazu: **einfaschen**

faschieren A sw. V./hat: ›[Wurst, Fleisch etc.] mittels eines Fleischwolfs zerkleinern‹: *Die Entenleber ... samt Marinade ganz fein faschieren und mit den Gewürzen abschmecken* (ORF Nachlese 9/1997, 73); ***faschierte Braten:** ↗Hackbraten A-west (Vbg.) CH D, ↗Hase: *falsche Hase D ›zum Laib geformter Braten aus einer Masse von gehacktem Fleisch, Brot, Ei und Gewürzen‹: *... als Hauptspeisen auch Wiener Schnitzel mit Salat, Bauernschmaus und faschierter Braten* (Presse 16. 8. 1997, Internet); ***faschierte Laibchen:** ↗Fleischlaibchen A, ↗Hacktätschli CH, ↗Beefsteak: *deutsche Beefsteak D-nord/mittelost, ↗Bulette D-ost, ↗Fleischküchle D-südwest, ↗Fleischpflanzerl D-südost, ↗Frikadelle D-nordwest/mittelwest, ↗Klops D-mittelost ›gebratene Speise aus gehacktem Fleisch, eingeweichtem Brot, Ei und Gewürzen, in flachgedrückter, rundlicher Form‹: *Es gibt Schweins-, Surbraten, faschierte Laibchen, Wienerschnitzerl* (OÖN 12. 1. 1995, Extra 11) – Dazu: ↗**Faschiermaschine,** ↗**Faschierte**

Faschiermaschine A die; –, -n: ↗Fleischmaschine A (ohne west) ›Gerät zur Zerkleinerung von Fleisch; Fleischwolf‹: *Eine Faschiermaschine erleichtert das Verarbeiten von rohem und gekochtem Fleisch sowie von Gemüse* (Plachutta, Gute Küche 27) – Wird im Ggs. zum *Fleischwolf,* der vor allem in Großbetrieben

Verwendung findet, nur im Haushalt gebraucht. Vgl. faschieren

Faschierte A das; -n, ohne Plur.: ↗GEHACKTE CH D-nord/mittel, ↗HACKFLEISCH CH D, ↗HACK D-nord/mittelwest, ↗HACKEPETER D-ost ›im Fleischwolf zerkleinertes Fleisch‹: *Zwiebel und Petersilie kurz anrösten, Faschiertes, Bröseln und etwas Milch zugeben und vermischen* (Welt der Frau 6/1996, 43) – Vgl. faschieren

Fasching A D (ohne nordost/mittelwest) der; -s, ohne Plur.: **1.** ↗KARNEVAL D-nord/mittelwest ›Zeit vom 11. 11. bis einschließlich Dienstag vor dem Aschermittwoch, in der Maskenbälle, Tanzveranstaltungen etc. stattfinden‹: *Im Fasching gibt es einen großen Faschingszug über den Ring, viele Wagen, herrlich dekoriert* (Reisen 6/1997, 72; A). **2.** ›Faschingsfest‹ (nur in Zus. wie z. B. Kinderfasching, Schülerfasching): *Hellauf begeistert waren die Kleinen und Kleinsten am Rosenmontag vom Kinderfasching* (Innsbrucker Einkaufszentrum Sillpark, Faschingstrubel, 2000, Internet; A) – ↗*Fasnacht* und *Fasching* sind nicht völlig synonym. Während *Fasnacht* vor allem Brauchtumsveranstaltungen bezeichnet, werden mit *Fasching* vor allem Bälle und Verkleidungsfeste bezeichnet – Zu 1.: **Faschingsball, Faschingsbeginn, Faschingsdienstag, Faschingskostüm,** ↗**Faschingskrapfen** A D-südost, ↗**Faschingsnarr (...närrin)** A, ↗**Faschingsprinz(essin)** A D-mittelost/süd, **Faschingsscherz,** ↗**Faschingsumzug** A-west D-mittelost/südwest, **Faschingszeit,** ↗**Faschingszug** A (ohne west) D-südost.

Faschingskrapfen A D-südost der; -s, –: ↗KRAPFEN A D-südost, ↗BERLINER CH D (ohne südost), ↗PFANNKUCHEN D-ost ›faustgroßes, mit ↗Marmelade gefülltes und mit Zucker bestreutes Brandteiggebäck‹: *Von Obst und Gemüse ... einmal abgesehen, füttert man uns durchgehend mit z. B. Faschingskrapfen und dergleichen* (Gusto 11/1997, 4; A) – Vgl. Fasching

Faschingsnarr Faschingsnärrin A der; -en, -en bzw. die; –, -nen: ↗FASNATNARR A-west (Vbg.), ↗FASNÄCHTLER CH, ↗FASTNACHTER D-süd, ↗JECK D-mittelwest, ↗KARNEVALIST D-nord/mittelwest ›Person, die aktiv an Veranstaltungen im Rahmen des ↗Faschings teilnimmt‹: *Der feucht-fröhliche Faschingdienstag hinterließ Spuren: Betrunkene Faschingsnarren am Steuer, Führerscheinabnahmen, Verletzte nach Schlägereien* (Kurier 13. 2. 1997, 15) – Vgl. Narrengilde – Dazu: **Faschingsnarrensitzung**

Faschingsprinz Faschingsprinzessin A D-mittelost/süd der; -en, -en bzw. die; –, -nen: ↗KARNEVALSPRINZ D-nord/mittelwest ›für die Dauer einer Saison gewählter Leiter bzw. gewählte Leiterin einer ↗Narrengilde zur Repräsentation bei Veranstaltungen‹: *Er hat alles darangesetzt, in diesem Jahr Faschingsprinz zu werden* (Fritsch, Fasching 13; A) – Vgl. Fasching

Faschingsumzug A-west D-mittelost/südwest der; -(e)s, ...züge: ↗FASNATUMZUG A-west (Vbg.), ↗FASCHINGSZUG A (ohne west) D-südost, ↗FASNACHTSUMZUG CH D-südwest, ↗GAUDIWURM D-südost, ↗KARNEVALSUMZUG D-nord/mittelwest, ↗KARNEVALSZUG D-nordost/mittelwest ›öffentlicher Umzug von Maskengruppen im ↗Fasching‹: *Der Dalaaser Faschingsumzug verwandelte die Dorfstraße in ein buntes Narrentreiben* (VN 12. 2. 2002, A 7; A-west); *Etwa 1700 Maskierte und Hästräger sowie 18 Musikergruppen sind beim Faschingsumzug mit dabei gewesen* (Stuttgarter Ztg 3. 3. 2003, Internet; D-mittelost/südwest)

Faschingszug A (ohne west) D-südost der; -(e)s, ...züge: ↗FASNATUMZUG A-west (Vbg.), ↗FASCHINGSUMZUG A-west D-mittelost/südwest, ↗FASNACHTSUMZUG CH D-südwest, ↗GAUDIWURM D-südost, ↗KARNEVALSUMZUG D-nord/mittelwest, ↗KARNEVALSZUG D-nordost/mittelwest ›öffentlicher Umzug von Maskengruppen im ↗Fasching, bes. in der Zeit von Dreikönig bis einschließlich Dienstag vor dem Aschermittwoch‹: *Im Fasching gibt es einen großen Faschingszug über den Ring, viele Wagen, herrlich dekoriert* (Marzik, Mizzi 118; A); *In den 50er Jahren spielte man hauptsächlich zu kirchlichen Anlässen, doch auch der Faschingszug wurde musikalisch umrahmt* (Donaukurier 24. 7. 2002, Internet; D-südost)

Fasnacht A-west CH D-südwest die; –, ohne Plur.: ↗FASNAT A-west (Vbg.), ↗FASNET D-südwest, ↗FASTNACHT D (ohne ost), ↗KARNEVAL D-nord/mittelwest ›in Österreich und Südwestdeutschland und Teilen der Schweiz Tage vor Aschermittwoch, in der Nordwestschweiz Tage nach Aschermittwoch, die mit verschiedenen Bräuchen gefeiert werden‹: *Heute ist in den katholischen Gebieten Schmutziger Donnerstag, und auch in Basel naht die Fasnacht* (Bund 11. 2. 1999, 40; CH); ***alte Fasnacht** CH: ↗FASNAT: *ALTE FASNAT A-west (Vbg.), ↗FASTNACHT: *ALTE FASTNACHT D-mittel/süd ›erster Sonntag nach Aschermittwoch‹: *Alte Fasnacht: Sonntag nach Aschermittwoch, 1. Fastensonntag, »Chüechlisunntig«. Patenkinder erhalten von Gotte und Götti einen Eierkranz* (Schübelbachner Fasnachtsbegriffe, 2001, Internet); ***wie die alte Fasnacht** CH: ↗FASTNACHT: *WIE DIE ALTE FASTNACHT D-mittel/süd ›(mit etw.) zu spät‹: *Was daherkommt wie die alte Fasnacht, ist nichts anderes als ein Marketing-Trick* (NZZ 11. 11. 2003, 60) – Zur Verwendung von *Fasnacht* und *Fasching* in A vgl. Fasching – Dazu: **Beizenfasnacht** (↗Beiz) CH, **fasnächtlich** CH, **Fasnachtsbrauch, Fasnachtsclique** CH, **Fasnachtsdienstag** CH, **Fasnachtsgesellschaft** CH, ↗**Fasnachtsferien** CH, **Fasnachts-**

montag CH, **Fasnachtssujet** CH, **Fasnachtstreiben,** ↗**Fasnachtsumzug** CH D-südwest, ↗**Weiberfasnacht** D

Fasnächtler Fasnächtlerin CH der; -s, – bzw. die; –, -nen: ↗FASCHINGSNARR A, ↗FASNATNARR A-west (Vbg.), ↗FASTNACHTER D-süd, ↗JECK D-mittelwest, ↗KARNEVALIST D-nord/mittelwest ›Person, die aktiv an der ↗Fasnacht teilnimmt‹: *Mit dem Morgenstreich und dem Cortège am Nachmittag haben für Basels Fasnächtler die drei schönsten Tage des Jahres begonnen* (TA 3. 3. 1998, 14)

Fasnachtsferien CH die; nur Plur.: ↗ENERGIEFERIEN A, ↗SEMESTERFERIEN A, ↗SPORTFERIEN CH, ↗ZEUGNISFERIEN D-nordwest/mittel ›Schulferien in den Monaten Februar oder März‹: *Am letzten Schultag vor den Fasnachtsferien feierten die Schülerinnen vom Theresianum Ingenbohl ihre eigene Fasnacht* (NLZ 25. 2. 2001, Internet) – Vgl. Fasnacht

Fasnachtsumzug CH D-südwest der; -(e)s, ...züge: ↗FASCHINGSUMZUG A-west D-mittelost/südwest, ↗FASCHINGSZUG A (ohne west) D-südost, ↗GAUDIWURM D-südost, ↗KARNEVALSUMZUG D-nord/mittelwest, ↗KARNEVALSZUG D-nordost/mittelwest ›öffentlicher Umzug [musizierender] Maskengruppen an der ↗Fasnacht‹: *Einige von ihnen waren noch geschminkt, weil sie direkt vom Fasnachtsumzug in Brüttisellen kamen* (Blick 23. 2. 1998, 5; CH)

Fasnat A-west (Vbg.) die; –, ohne Plur.: ↗FASNACHT A-west CH D-südwest, ↗FASNET D-südwest, ↗FASTNACHT D (ohne ost), ↗KARNEVAL D-nord/mittelwest ›Tage vor Aschermittwoch, die mit verschiedenen Bräuchen gefeiert werden‹: *Zu bestaunen gibt es unsere Auftritte hauptsächlich in der Fasnat* (Lumpamusik Götzis, 2004, Internet; A); ***alte Fasnat:** ↗FASNACHT: *ALTE FASNACHT CH, ↗FASTNACHT: *ALTE FASTNACHT D-mittel/süd ›erster Sonntag nach Aschermittwoch, an dem der ↗Funken abgebrannt wird‹: *Eigentlich ist der Fasching ja bereits seit Mittwoch zu Ende. Die »alte Fasnat«, auch »Burafasnat« (Bauernfasching) genannt, klang in Vorarlberg aber erst an diesem Wochenende mit dem Funken-Abbrennen aus* (Kurier 13. 3. 2000, 13) – Dazu: **Beizenfasnat** (↗Beiz), **Fasnatausklang, Fasnatblättle,** ↗**Fasnatnarr (...närrin), Fasnatsonntag,** ↗**Fasnatumzug, Fasnatzunft, Hochfasnat**

Fasnatnarr Fasnatnärrin A-west (Vbg.) der; -en, -en bzw. die; –, -nen: ↗FASCHINGSNARR A, ↗FASNÄCHTLER CH, ↗FASTNACHTER D-süd, ↗JECK D-mittelwest, ↗KARNEVALIST D-nord/mittelwest ›Person, die aktiv an der ↗Fasnat teilnimmt‹: *Während die Fasnatnarren dem Ende nachtrauern, können sich die Fasnatmuffel freuen: Die Fasnat 2002 wird um zwei Wochen kürzer, Aschermittwoch ist im kommenden Jahr bereits am 13. Februar* (VN 28. 2. 2001, A 8)

Fasnatumzug A-west (Vbg.) der; -(e)s, ...züge: ↗FASCHINGSUMZUG A-west D-mittelost/südwest, ↗FASCHINGSZUG A (ohne west) D-südost, ↗FASNACHTSUMZUG CH D-südwest, ↗GAUDIWURM D-südost, ↗KARNEVALSUMZUG D-nord/mittelwest, ↗KARNEVALSZUG D-nordost/mittelwest ›öffentlicher Umzug von Maskengruppen in der ↗Fasnat‹: *An die 50 Maskengruppen begeisterten zahlreiche Zuschauer beim Fasnatumzug durch das Ortszentrum* (VN 14. 2. 2002, Heimat/Feldkirch 16)

Fasnet D-südwest die; –, ohne Plur.: ↗FASNAT A-west (Vbg.), ↗FASNACHT A-west CH D-südwest, ↗FASTNACHT (ohne ost), ↗KARNEVAL D-nord/mittelwest ›Tage vor Aschermittwoch, die mit verschiedenen Bräuchen gefeiert werden‹: *Die Fasnetsgruppe werde in den Quellen bereits um 1900 genannt* (Stuttgarter Ztg 25. 1. 1999, 20) – Dazu: **Fasnetsgruppe, Traditionsfasnet**

Fass: *ein Fass aufmachen D-nord/mittel (Grenzfall des Standards): **a)** ↗FESTEN A-west (Vbg.) CH, ↗DURCHGEBEN: *EINEN DURCHGEBEN CH, ↗DRAUFMACHEN: *EINEN DRAUFMACHEN D, ↗BUDE: *DIE BUDE AUF DEN KOPF STELLEN D (ohne nordwest), ↗PUPPE: *DIE PUPPEN TANZEN LASSEN D (ohne südost) ›ausgelassen feiern‹: *Man soll die Feste feiern, wie sie fallen. Wir haben schon aus minderem Anlass ein Fass aufgemacht* (Tagesspiegel 22. 6. 2000, Internet). **b)** ›eine Auseinandersetzung beginnen‹: *Deshalb will er jetzt nicht noch ein Fass aufmachen, wenngleich ihm als Reformer das antiquierte Ladenschlussgesetz ein Dorn im Auge sein müsste* (Welt 30. 8. 2000, Internet) – Das Substantiv *Fass* ist in allen anderen Verwendungen gemeindt.

Fassbinder Fassbinderin A D-süd der; -s, – bzw. die; –, -nen: ↗KÜFER CH D-südwest, ↗BÖTTCHER D (ohne südost), ↗KÜBLER D-südwest, ↗SCHÄFFLER D-südost ›Person, die berufsmäßig Behälter aus Holz (bes. Fässer) herstellt‹: *Ist das Holz bereit, fertigt der Fassbinder die einzelnen Dauben an und stellt sie, gehalten von einem Fassreifen, zum Fasskittel zusammen* (Kleine Ztg 12. 8. 2000, Internet; A) – Vgl. Binder – Dazu: **Fassbindergewerbe, Fassbinderei**

fassen CH sw.V./hat: ↗AUSFASSEN A ›(eine Strafe, Arrest) bekommen‹: *Samuel B.s Revolte reicht nicht weiter, als dass er einige Tage scharfen Arrest fasst* (Partei der Arbeit Schweiz, 1999, Internet) – Andere Bedeutungen sind gemeindt.

Fasson die; –, -en/-s [fa'soːn A D-süd, fa'sɔ̃ː, fa'sɔŋ D] ⟨aus frz. *façon* zu lat. *factio* ›das Machen‹⟩: »Form, Machart, Zuschnitt«: Der Plural lautet in A und D-süd *Fassonen*, in D *Fassons*. Die Schreibung *Façon* ist gemeindt. und wird wie frz. [fasɔ̃ː] ausgesprochen: *Ob romantisch in Spitze oder in schlichter Extravaganz – der exquisite Brautmodensalon führt nur die* *edelsten Stoffe und die besten Fassonen* (Tirolerin 2/2000, 78; A); *Abgeleitet von den Grundmodellen der Havanna, unterscheidet man folgende Fassons: Halb-Corona …, Kleine Corona …, Corona* (Electronic Cocktail 20. 12. 2002, Internet; D)

Fastnacht D (ohne ost) die; –, ohne Plur.: ↗FASNAT A-west (Vbg.), ↗FASNACHT A-west CH D-südwest, ↗FASNET D-südwest, ↗KARNEVAL D-nord/mittelwest ›Tage vor Aschermittwoch, die mit verschiedenen Bräuchen gefeiert werden‹: *Es ist kein alter bäuerlicher Brauch, Fastnacht zu feiern, aber sie hat auch im ländlichen Raum ihre Tradition* (Woll, Feste 32); ***alte Fastnacht:** ↗FASNAT: *ALTE FASNAT A-west (Vbg.), ↗FASNACHT: *ALTE FASNACHT CH ›der erste Sonntag nach Aschermittwoch‹: *In Basel, Baden und in Teilen des Markgräferlandes hielt man an der »alten Fastnacht« … am alten Termin … fest* (Festjahr, 2001, Internet); ***wie die alte Fastnacht:** ↗FASNACHT: *WIE DIE ALTE FASNACHT CH ›(mit etw.) zu spät‹: *Die Alte Fastnacht ist geradezu sprichwörtlich geworden: Wer zu spät kommt, kommt hinterher wie die alte Fastnacht* (Erzbistum Köln 25. 3. 2001, Internet) – In CH selten – Dazu: ↗**Altweiberfastnacht** D-mittelwest/südwest, ↗**Fastnachter(in)** D-süd, **Fastnachtskrapfen** D-südwest, ↗**Weiberfastnacht** D

Fastnachter Fastnachterin D-süd der; -s, – bzw. die; –, -nen: ↗FASCHINGSNARR A, ↗FASNATNARR A-west (Vbg.), ↗FASNÄCHTLER CH, ↗JECK D-mittelwest, ↗KARNEVALIST D-nord/mittelwest ›Person, die aktiv an der ↗Fastnacht teilnimmt‹: *Geschützt durch die Narrenkappe, verborgen hinter geschliffenen Versen durchbrachen die Fastnachter allgegenwärtige Zensur* (Deutsche Städte und Gemeinden, 1999, Internet)

Fatsche D-südost die; –, -n ⟨aus ital. *fascia* ›[Wund]verband‹⟩: ↗FASCHE A (ohne west) ›Binde zum Umwickeln von Verletzungen; Verband‹: *Fatschen braucht man, wenn die Füße der Pferde im zähen Kot und Moor schnalzen* (Deutsche Sagen, 2002, Internet) – In A selten – Dazu: ↗**fatschen,** ↗**Fatschenkind**

fatschen D-südost sw.V./hat: ↗FASCHEN A (ohne west) ›mit einem Verband versehen; bandagieren‹: *Auch die Ruhigstellung durch festes Fatschen und die selten gewechselte Windel machen klar, warum viele Kinder keine Chance hatten* (Arzt & Privates 7/2001, Internet) – In A selten. Vgl. Fatsche – Dazu: **einfatschen**

Fatschenkind D-südost das; -(e)s, -er ⟨nach dem hist. Brauch, Säuglinge mit Wickelbändern (↗Fatschen) fest zu verschnüren⟩: ↗CHRISTKINDL A D-südost, ↗WEIHNACHTSKIND CH D, CHRISTKINDLE D-südwest ›Christkind in der Krippe; Jesuskind‹: *Die so genannten »Fatschenkinder« … wurden meist in Frauenklöstern gefertigt und verehrt. … Mit großer Sorgfalt und Liebe zum Detail fertigten die Klosterfrauen diese anrührenden Christuskinder, deren gesamter Körper … stramm in reich verzierte Windeln gewickelt wurde* (Bistum Würzburg, 2002, Internet)

Faust: *die Faust in der Tasche ballen A D (ohne südost); ***die Faust im Sack machen** CH ›aus Wut heimlich drohen; seine Wut verbergen‹: *Ballen Sie nicht die Faust in der Tasche. Resignieren Sie nicht. Finden Sie sich nicht ab* (Managementinstitut der Industrie, 2002, Internet; A); *Was nützt es uns, wenn unsere Mitglieder die Faust im Sack machen und schimpfen?* (Oberhasler 23/1998, Internet; CH); *Die Leipziger waren und sind fürwahr ein kluges Völkchen. Jederzeit bereit, die Faust in der Tasche zu ballen* (Welt 6. 6. 1997, Internet; D) – Das Substantiv *Faust* ist in allen anderen Verwendungen gemeindt., die Wendung *passen wie die Faust aufs Auge* in der Bedeutung ›überhaupt nicht passen‹ oder ›perfekt passen‹ ist gemeindt.

Fäustel D-südwest der; -s, –: ↗FAUSTHANDSCHUH CH D ›Handschuh, der im Ggs. zum Fingerhandschuh nur für den Daumen eine separate Hülle hat; Fäustling‹: *Die optimalen Funktionshandschuhe für jeden Wintersportler … Auch als Fäustel erhältlich* (Roeckl Handschuhe und Accessoires 10. 1. 2002, Internet) – Die Bedeutung ›schwerer Hammer, Fausthammer‹ ist gemeindt.

Fausthandschuh CH D der; -(e)s, -e: ↗FÄUSTEL D-südwest ›Handschuh, der im Ggs. zum Fingerhandschuh nur für den Daumen eine separate Hülle hat; Fäustling‹: *Von den Mitgliedern der Frauenvereine wurden Hunderte von Socken und Fausthandschuhen gestrickt für die Soldaten* (St. Galler Tagbl 10. 9. 2000, Internet; CH); *In spätestens drei Wochen sind auch für ihn Tag und Nacht nur noch Fausthandschuhe angesagt* (Yacht 15. 11. 2000, Internet; D) – In A selten

Fäustling (gemeindt.): ↗FAUSTHANDSCHUH, ↗FÄUSTEL

Faustregel (gemeindt.): ↗DAUMENREGEL

Fauteuil A das; -s, -s/A CH der; -s, -s [fo'tœj A, 'fotœj CH]: ↗SESSEL CH D ›bequemes gepolstertes Sitzmöbel; Polstersessel‹: *Sie hatte sich in einen der Fauteuils im Wohnzimmer gesetzt* (Streeruwitz, Verführungen 56; A); *Hinter dem Schreibtisch stand ein tonnenschwerer Fauteuil in schwarzem Leder* (Brechbühl, Kneuss 68; CH) – In A Maskulinum oder Neutrum, in CH Maskulinum. In D veraltet

FBP LIE die; –, ohne Plur.: buchstabierte Abk. für ›Fortschrittliche Bürgerpartei‹: *Die FBP (Fortschrittliche Bürgerpartei) gestaltet das öffentliche Leben unter Bewahrung der Monarchie auf der Grundlage der christlichen Weltanschauung* (FBP, 2002, Internet) – Dazu: **FBP-Präsident(in)**

FDP die; –, ohne Plur.: **1.** CH buchstabierte Abk. für *Freisinnig-Demokratische Partei*: ›bürgerliche politische Partei, die sich für eine liberale Wirtschaftsordnung und möglichst wenig staatliche Eingriffe in den Markt sowie niedrige Steuern einsetzt‹: *Allerdings mahnt die Partei, dass die durch die FDP vorausgesagte bedenkliche Entwicklung der Ertragslage der konsequenten Fortsetzung des eingeschlagenen Sanierungskurses bedürfe* (Zürcher Oberländer 19. 3. 1997, 25). **2.** D buchstabierte Abk. für ›Freie Demokratische Partei‹: *Der Generalsekretär der FDP hat es … geschafft, auch nach der verlorenen Wahl eine politische Figur zu sein, auf die man gern hört* (Bunte 11. 2. 1999, 48) – Wird in CH erstbetont, in D endbetont. Zu 1 vgl. Freisinn

Feber A der; -s, – (Plur. ungebräuchl., formell): ›Februar‹: *Nach der Olympiaabfahrt der Männer am Sonntag, dem 8. Feber, werden zwei Österreicher auf dem Podest stehen* (Neue Kronen Ztg 30. 12. 1997, 42)

Februar (gemeindt.): ↗FEBER

Feder die; –, -n: **1.** A D-südost kurz für ↗*Füllfeder:* ↗FÜLLI CH, ↗FÜLLFEDERHALTER CH D, ↗FEDERHALTER D (ohne südost) ›mit Tinte gefülltes Schreibgerät; Füller‹: *Diese Feder hat für mich nicht nur eine sehr persönliche, sie hat für mich und das Bundesland Niederösterreich auch eine große historische Bedeutung. Ich habe mit ihr am 27. Oktober 1996 den Staatsvertrag zur Gründung des Nationalparks Donau-Auen unterzeichnet* (Hilfsorganisation Rosa's Charity, 2000, Internet; A). **2.** ***Federn haben** A (salopp, Grenzfall des Standards) ›Angst haben‹: *Was seinen Auftritt in Wien … anbelangt, habe er sich lange gesträubt, auch jetzt habe er noch »Federn« davor* (OÖN 3. 12. 1994, 27) – Andere Bedeutungen sind gemeindt.

Federbett A D das; -(e)s, -en: ↗TUCHENT A, ↗DUVET CH, ↗OBERBETT D (ohne ost), ↗PLUMEAU D-südost ›mit Federn oder anderen weichen Materialien gefüllte Bettdecke‹: *Müde sind wir. Frauen wie Männer, allesamt. Unlust bläst durch Federbetten* (Kurier 10. 10. 1998, 20; A); *Ein Daunen- oder Federbett ist für das Babybett ungeeignet, da es eine Überwärmung des Kindes … hervorrufen kann* (Vestische Kinderklinik Datteln, 2000, Internet; D) – In CH selten

Federhalter D (ohne südwest) der; -s, –: kurz für ↗*Füllfederhalter:* ↗FEDER A D-südost, ↗FÜLLFEDER A CH D-südost, ↗FÜLLI CH ›mit Tinte gefülltes Schreibgerät; Füller‹: *Nächstens nehme ich ihm den Federhalter fort* (Trott, Pucki 13)

Federkielsticker Federkielstickerin STIR der; -s, – bzw. die; –, -nen: ›Person, die berufsmäßig mit Federkielen des Pfaues Ornamente und Motive auf [schwarz gefärbtes] Rindsleder, z.B. von Trachtengürteln oder Trachtenschuhen, stickt‹: *Korbflechter, Wollspinnerinnen, Federkielsticker und Flachsbrecherinnen lassen alte Handwerkskünste wieder aufleben* (Dolomiten 3. 5. 2002, 24) – Dazu: **Federkielstickerei**

Federkohl CH der; -(e)s, ohne Plur.: ↗BRAUNKOHL D-nord (Bremen, Braunschweig), ↗GRÜNKOHL D (ohne südost) ›im Winter zu erntende Kohlsorte mit stark gekräuselten Blättern, die an einem Stängel wachsen‹: *Begleitet von portugiesischen Gerichten … wie beispielsweise einer Kartoffelsuppe mit Federkohl … werden im »Sternen« bis 9. Dezember Weine aus dem Dao-Rebbaugebiet ausgeschenkt* (Bund 22. 11. 1997, 32)

Federmäppchen D (ohne nordwest/mittelost) das; -s, –: ↗FEDERPENNAL A, ↗FEDERSCHACHTEL A, ↗ETUI CH D (ohne südost), ↗GRIFFELSCHACHTEL STIR ›[in der Schule gebrauchtes] Behältnis für Schreibutensilien‹: *Sie nahm ihre Kulis und Bleistifte aus dem Federmäppchen* (Blobel, Tür 15) – In D-südwest auch in der Kurzform *Mäpple* (das; -s, -), in D-südost auch in der Form *Federmapperl* (das; -s, -n)

Federmapperl D-südost das; -s, -n: siehe Federmäppchen

Federmesser D-mittelwest/süd das; -s, –: ›kleines Taschenmesser mit besonders scharfer Klinge‹: *Mit einem Federmesser kann er einzelne Endungen und Wörter von dem kostbaren Pergament schaben* (Elisabethgemeinde Marburg 30. 9. 1998, Internet)

Federpennal A das; -s, -e: ↗FEDERSCHACHTEL A, ↗ETUI CH D (ohne südost), ↗FEDERMÄPPCHEN D (ohne nordwest/mittelost), ↗GRIFFELSCHACHTEL STIR ›[in der Schule gebrauchtes] Behältnis für Schreibutensilien‹: *Ausrangierte Utensilien, ein rissiges Federpennal, eine zerfledderte Mappe, vollgeschriebene, richtige Hefte, nichts fehlte* (Glantschnig, Mirnock 26)

Federschachtel A die; –, -n: ↗FEDERPENNAL A, ↗ETUI CH D (ohne südost), ↗FEDERMÄPPCHEN D (ohne nordwest/mittelost), ↗GRIFFELSCHACHTEL STIR ›[in der Schule gebrauchtes] Behältnis für Schreibutensilien‹: *Wir bitten, den Kindern Hausschuhe und eine Federschachtel zu den Gruppenstunden mitzugeben* (Pfarre Eßling, 2001, Internet)

Federstück CH das; -(e)s, -e: ›Fleisch unter der Schulter des Rindes‹: *Nicht das abgedeckte Federstück, auch nicht Hohrücken oder Eckstück sind die Siedfleischstars vom Rind. Nur die Laffe bringt's* (Blick 29. 6. 1995, 13)

Federweiße D (ohne nordwest) der; -n, -n: ↗GESTAUBTE A-ost, ↗STURM A D-südost, ↗SAUSER CH, ↗SUSER STIR ›noch gärender, junger Wein‹: *Zu dieser Zeit wird in allen fränkischen Gaststuben der Feder-*

weiße, der gärende Most des neuen Weinjahrgangs, ausgeschenkt (Rhein Ztg 9. 11. 1999, Internet)

Federwisch D-nordost der; -(e)s, -e: ↗FLEDERWISCH A D-ost/süd ›Staubwedel aus einem Büschel Federn‹: *Ist zuviel Staub im Zimmer, dann nimmt man ihn mit einem kalten, feuchten Tuch auf, wirbelt ihn aber nicht mit einem Federwisch auf* (Hanish, 2003, Internet)

Fegbürste CH die; –, -n: ↗LEUWAGEN D-nord ›hartborstige Bürste mit oder ohne Stiel, mit der Böden nass gereinigt werden; Schrubber‹: *Das Waschbrett vertropfte auf dem Fenstersims, Fegbürste und Stössel trockneten an der Sonne* (Schriber, Kartenhaus 39) – Vgl. fegen

fegen sw.V./hat: **1.** D (ohne südost); ↗KEHREN A D-ost/süd, ↗WISCHEN CH ›mit einem Besen Schmutz vom Boden entfernen‹: *Zunächst einmal muss die Dorfstraße täglich gefegt werden* (Conze, Deutschland 22). **2.** CH; ↗AUFWASCHEN A D-mittelost, ↗AUFWISCHEN A D, ↗PUTZEN A CH D (ohne nordost), ↗WISCHEN A D, ↗AUFNEHMEN: *[DEN BODEN] NASS/FEUCHT AUFNEHMEN CH D-nord, ↗FEUDELN D-nord ›(den Boden) mit einem feuchten Tuch reinigen‹: *Fröhlich schwatzend fegen die 17-jährige Rahel T. und die 16-jährige Helen H. den Küchenboden* (Bund 15. 11. 1999, 17). **3.** CH; ↗AUSREIBEN A, ↗REIBEN A, ↗SCHEUERN D (ohne südost) ›(den Fussboden) mit einer hartborstigen Bürste [und einem Tuch] reinigen; schrubben‹: *Kaum hebt sich der Vorhang, trifft auch die Putzequipe ein ... Anregende Scheuergeräusche ertönen, Bürsten fegen im Takt* (TA 14. 9. 1998, Internet). **4.** CH D-südost ›blank reiben, reinigen‹: *Zu Dutzenden stehen die Fiats aller Hubraumgrössen auf dem Parkplatz bereit, gewaschen und gefegt zu werden* (Helveticus 1975, 278; CH) – Andere Bedeutungen sind gemeindt. – Zu 1.: **abfegen, auffegen, ausfegen,** ↗**Handfeger,** ↗**Straßenfeger(in)** D-nordwest/mittelwest, ↗**Schlotfeger(in)** D-mittelost/südost, ↗**Schornsteinfeger(in)** D-nord/mittel. Zu 2.: ↗**Fegbürste**

fehlbar CH Adj. (nur attr., nicht steigerbar): ›einer [gesetzlichen] Übertretung schuldig‹: *Die Bestrafung der fehlbaren Sportler liegt aber weiterhin in der Obhut der Verbände* (TA 16. 10. 1999, 10) – Die Bedeutung ›nicht gegen Irrtümer, Fehler gefeit‹ ist gemeindt. selten – Dazu: ↗**Fehlbare**

Fehlbare CH der/die; -n, -n: ›Person, die einer [gesetzlichen] Übertretung schuldig ist‹: *Sechs [Unfälle] sind nach Mitteilung der Kantonspolizei eindeutig dem Alkoholkonsum zuzuschreiben. Die Führerausweise mussten den Fehlbaren abgenommen werden* (BaZ 20. 12. 1999, 23) – Vgl. fehlbar

fehlbelegen D sw.V./hat: ›(eine Sozialwohnung) an nicht bedürftige Personen vermieten‹: *In LE waren ... insgesamt 66 der 280 geförderten Wohnungen fehlbelegt* (Gemeinde Leinfelden-Echterdingen 3. 4. 2001, Internet) – Nur im Infinitiv und 2. Partizip. Andere Bedeutungen sind gemeindt. – Dazu: **Fehlbeleger(in), Fehlbelegung**

Fehltritt (gemeindt.): ↗MISSTRITT

Fehn Fenn D-nord das; -(e)s, -e: ↗MOOS A CH D-südost ›Sumpfland, Moor‹: *Besucher können sich über die Geschichte und Gegenwart der Moore und des harten Lebens im Fehn in verschiedenen Museen informieren* (Ministerium für Ernährung, Landwirtschaft und Forsten, Niedersachsen 14. 1. 2003, Internet) – Dazu: **Fehnroute**

Feierabendheim D-ost das; -(e)s, -e: ↗PENSIONISTENHEIM A, ↗SENIORENHEIM A D, ↗ALTERSASYL CH, ↗ALTENHEIM D ›Heim für betagte Menschen; Altersheim‹: *Seit etwa Mai 1955 wurde es in ein Feierabendheim für etwa 35 ältere Bürger umgebaut* (Luckaer Lokalbl 17. 1. 2003, Internet)

fein: *sich fein machen D ›sich herausputzen, sich elegant kleiden‹: *Locken glänzen, Röcke werden gezupft, man hat sich fein gemacht* (Parlament 33/2004, Internet) – Das Adjektiv *fein* ist in anderen Verwendungen gemeindt.

Feingebäck (gemeindt.): ↗BISKUIT, ↗BRÖTLE, ↗GUETSLE, ↗GUETSLI, ↗KEKS, ↗PLÄTZCHEN

Feinkost A D die; –, ohne Plur.: ↗COMESTIBLES CH ›Delikatessen‹: *Und er hat einfach viel – viel Feinkost und auch viel Frisches* (Presse 24. 7. 2000, Internet; A); *Gratis erhalten Sie unseren Katalog mit ... Weinen, Gewürzen, Feinkost und Naturkosmetik* (Psychologie 12/1997, 55; D) – Dazu: **Feinkostabteilung, Feinkostgeschäft, Feinkosthändler(in), Feinkosthandlung, Feinkostladen**

Feinschmecker (gemeindt.): ↗FEINSPITZ, ↗GENUSSSPECHT

Feinspitz A der; -es, -e: ↗GENUSSSPECHT A ›nur feinste Nahrungsmittel und Getränke schätzender Genießer; Feinschmecker, Gourmet‹: *Normalerweise war der Brenner nicht so ein Feinspitz bei den Gerüchen* (Haas, Silentium 6)

Feitel A D-südost der/das; -s, – (Grenzfall des Standards): ↗SACKMESSER A-west (Vbg.) CH, ↗SACKHEGEL CH ›einfaches Taschenmesser; Klappmesser‹: *Der »Fahrgast« zog plötzlich einen Feitel und setzte ihn dem 26-Jährigen an* (OÖN 20. 12. 1991, 13; A); ***jmdm. geht der/das Feitel in der Tasche auf** siehe Tasche – Dazu: **Taschenfeitel**

feixen D (ohne südwest) sw.V./hat (Grenzfall des Standards): ↗GRIENEN D-nord/mittelwest ›hämisch grinsen‹: *Marius saß auf seinem Stuhl und feixte* (-ky, Sonst ist es aus mit dir! 19)

Felche CH die; –, -n: ↗Renken A D-südost, ↗Albeli CH, ↗Maräne D-nord ›Felchen‹ /lachsartiger Fisch/: *Die Felche ist der wichtigste Nutzfisch oder der »Brotfisch«, wie die Berufsfischer ihre Haupteinnahme-Quelle nennen* (Rheintalische Volksztg 2. 12. 2000, Internet) – Dazu: **Blaufelche**

Felchen (gemeindt.): ↗Albeli, ↗Felche, ↗Maräne, ↗Renken

Feldjäger D die; nur Plur.: ↗Heerespolizei CH ›Truppengattung zur Aufrechterhaltung der Ordnung in der ↗Bundeswehr; Militärpolizei‹: *Feldjäger, Feuerwehr und Sanitäter rücken aus, um den Piloten an der Landestelle zu Hilfe zu eilen* (Bundeswehr aktuell 11. 8. 2000, Internet)

Feldkirch (gemeindt.): ↗Montfortstadt

Feldsalat D der; -(e)s, ohne Plur.: ↗Vogerlsalat A, ↗Rapunzel A-west/südost D-mittel, ↗Nüssler CH, ↗Nüsslisalat CH, ↗Ackersalat D-südwest, ↗Vogelesalat STIR ›Salatsorte mit feinen Blättern, die in Rosetten wachsen‹: *Feldsalat im Freiland bei Kahlfrösten vor allzu viel Sonne schützen* (Garten 11/1997, 63) – In A selten

Feldschiessen CH das; -s, –: ›alljährlich an verschiedenen Orten gleichzeitig stattfindendes Wettschiessen‹ (häufig in der Wendung *eidgenössisches Feldschiessen*): *Beim Feldschiessen hätte es locker zu einer Auszeichnung gereicht – wenn alle Schüsse Volltreffer gewesen wären* (Blick 21. 5. 1995, 125)

Feldwebel D der; -s, –: ↗Feldweibel CH /militärischer Dienstgrad/: *Laut der Mitteilung habe der Dienst habende Feldwebel die Soldaten angewiesen, die russische SA–3-Rakete nicht auftragsgemäß zu sprengen* (Freie Presse 21. 3. 2002, Internet) – Eine weibliche Form ist nicht gebräuchlich

Feldweibel Feldweibelin CH der; -s, – bzw. die; –, -nen: ↗Feldwebel D ›höherer Unteroffizier bzw. höhere Unteroffizierin in der ↗Armee, bei der Polizei oder bei der Feuerwehr‹: *Ein Tessiner Feldweibel, der nur gebrochen Deutsch spricht, hielt vor der ganzen Kompanie einen Vortrag über die Hausordnung in der Kaserne* (TA 23. 2. 2000, 29); *Beide arbeiten bei der Zürcher Kantonspolizei. Peter ist Feldweibel und jagt Drogendealer. Wachtmeister Paul trägt eine Uniform und arbeitet im Gefängnisdienst* (Blick 24. 5. 2000, 30)

Felswand (gemeindt.): ↗Fluh, ↗Schrofen

Fenn siehe Fehn

Fensterbalken A der; -s, –: ›Vorrichtung aus Holz zum Schützen und Verdunkeln von Fenstern; Fensterladen‹: *Man kann stundenlang durch die Altstadt bummeln, und wenn man Glück hat, bei einer Hausrenovierung einen verwitterten Fensterbalken erstehen und als Weltkulturerbe mit nach Hause nehmen* (Kurier 1. 10. 1999, 12) – Vgl. Balken, Rollbalken

Fensterladen (gemeindt.): ↗Balken, ↗Fensterbalken

fensterln sw.V./hat: **1.** A CH D-südost (veraltend) ›[heimlich] seine Geliebte besuchen [und zu diesem Zweck durch das Fenster einsteigen]‹: *Aufmerksame Nachbarn hatten Alarm geschlagen, weil ein Einbrecher in ein Haus eingestiegen war. Die Sache löste sich in Wohlgefallen auf: Der Besucher war bei der Tochter des Hauses fensterln gewesen* (OÖN 21. 4. 1992, 1; A); *Allein, der gute alte Brauch des Fensterlns (und Eingelassenwerdens) ist auch nicht mehr, was er einmal war* (Südostschweiz 18. 5. 2000, Internet; CH). **2.** A (salopp) ›ein nationales österreichisches Werbefenster statt der deutschen Werbung des betreffenden Satellitenfernsehprogramms einblenden‹: *Es ist nicht lange her, da hatten die Verantwortlichen von Pro 7 für das Fensterln von RTL und Sat 1 nur Spott übrig* (Presse 12. 2. 1998, 25). **3.** A (scherzh.) ›mit der grafischen Benutzeroberfläche des Betriebssystems Microsoft Windows arbeiten‹: *Fensterln muss sein! Der Aufbau & Umgang mit Fenstern bestimmt die gesamte Arbeit mit Windows* (Windows 95 & NT Grundlagen, 2002, Internet)

Fensterstock A D-südost der; -(e)s, ...stöcke: ›in die Maueröffnung eingesetzter Holz- oder Kunststoffrahmen, in den die Fenster eingehängt werden‹: *Das Holz reichte nicht für Fensterstöcke, ich bewohne ein fensterloses Haus* (Reichart, Fotze 30; A) – Vgl. Türstock

Fenstertag A der; -(e)s, -e: ↗Zwickeltag A, ↗Brückentag CH D-mittel/süd ›zwischen einem Feiertag und einem Wochenende liegender Arbeitstag, der häufig als arbeits- oder schulfreier Tag genommen wird‹: *In der Beamtenschaft weiß man von diesen Krankheiten und hat daher, im Interesse der Beamtengesundheit, so genannte Fenstertage gleich von vornherein zu Feiertagen erklärt* (Fembek, Keine Angst 194)

Ferial- A (produktives Bestimmungswort in Zus.): ›sich auf die Zeit während der Schul- oder Hochschulferien beziehend; Ferien-‹, z. B. Ferialarbeit, Ferialjob, Ferialpraktikant(in), Ferialpraktikum, Ferialpraxis, Ferialstelle: *Ferialjob in Berlin! Werbetätigkeit für weltbekannte Hilfsorganisation* (SN 3. 5. 1997, 52); *Wie kommen Sie zu einem Ferial- oder Fachhochschulpraktikum? Lesen Sie Aushänge an den Schwarzen Brettern in Ihren Ausbildungsstätten* (Firma Philips, 2002, Internet)

Ferien- (gemeindt.): ↗Ferial-

Ferien CH D-südwest die; nur Plur.: ↗Urlaub A D ›mehrere arbeitsfreie, der Erholung dienende Tage oder Wochen‹: *Erste Schwierigkeiten ergeben sich so-*

gar für Sesshafte, wenn sie beispielsweise ihre Ferien im Wohnwagen oder Wohnschiff verbringen wollen (Fahrende 19; CH); ***in die Ferien fahren/gehen** CH D-süd: ↗Urlaub: *auf Urlaub fahren A; *in [den] Urlaub fahren D ›für die Dauer der arbeitsfreien Tage oder Wochen eine Reise unternehmen‹: *Wann ist er denn eigentlich in die Ferien gefahren?* (Tages-Anzeiger 26. 5. 1999, Internet; CH); ***in [den] Ferien sein** CH D-süd: ↗Urlaub: *auf Urlaub sein A; *im Urlaub sein D ›die arbeitsfreien Tage oder Wochen außerhalb des eigenen Wohnortes verbringen‹: *Wir könnten etwas auf den Grill legen und plaudern. Meine Eltern sind in den Ferien und ich muss zum Haus schauen* (Mettler, Keiler 42; CH); ***große Ferien** CH D ›längere schulfreie Zeit während der Sommermonate; Sommerferien‹: *In den grossen Ferien steht für die Betreuung der kleinen Gäste eine Kindergärtnerin zu Diensten* (TA 9. 10. 1996, 65; CH); *Die großen Ferien beginnen künftig oft schon Ende Juni oder Anfang Juli und gehen bis Mitte/Ende August* (Tagesspiegel 15. 1. 2001, Internet; D) – Die Bedeutung ›Zeit, während der Schulen, Hochschulen, politische Institutionen etc. geschlossen sind‹ ist gemeindt. – Dazu: **Badeferien, Ferienabwesenheit,** ↗**Ferienablösung** CH, **Ferienanspruch, Ferienchalet** (↗Chalet) CH, ↗**Ferienentschädigung** CH, ↗**Feriengeld** CH BELG, **ferienhalber, Ferienhaus, Ferienlagerhaus** (↗Lagerhaus) CH, **Ferienplausch** (↗Plausch) CH, **Ferienreise, Feriensaison, Ferienstimmung, Ferienumleitung, Ferienunterbruch** (↗Unterbruch) CH, **Ferienziel, Heuferien** CH, **Veloferien** (↗Velo) CH

Ferienablösung CH die; –, -en: ↗Urlaubsvertretung A D ›Person, die eine andere Person während deren ↗Ferien [am Arbeitsplatz] vertritt‹: *Eine 33-jährige Postbeamtin, die als Ferienablösung tätig war, ist am Samstagmorgen im Postamt … von einem Unbekannten mit mehreren Schüssen ermordet worden* (TA 5. 2. 1996, 12)

Ferienentschädigung CH die; –, -en: ›Entschädigung für ausfallenden Lohn während der ↗Ferien‹: *Die Ferienentschädigung ist im Lohn enthalten, andernfalls ist der gesetzliche Ferienanspruch nach der Alpzeit zu beziehen* (Schweizerische Arbeitsgemeinschaft für die Berggebiete, 1998, Internet) – Vgl. Feriengeld

Feriengast (gemeindt.): ↗Urlauber/Urlauberin

Feriengeld CH BELG das; -(e)s, -er: ↗Gehalt: *vierzehnte Gehalt A, ↗Urlaubsbeihilfe A, ↗Urlaubszuschuss A, ↗Vierzehnte A, ↗Urlaubsgeld A D ›(in einigen Betrieben) zusätzlicher, vierzehnter Monatslohn, der meist Mitte des Jahres ausgezahlt wird‹: *Bei … 3200 bis 3500 Franken Bruttomonatslohn (inkl. Feriengeld und Dreizehnten) ist die betriebswirtschaftliche Rechnung jedoch bereits am Limit* (TA 12. 10. 1998, 13; CH); *… gelang es schließlich der Ministerkonferenz, sich zu einem Konsens in der Frage des Tagesmütterstatuts durchzuringen, das gewisse sozialrechtliche Aspekte absichert, … wobei andere fehlen (Arbeitslosengeld und Feriengeld)* (Christlich Soziale Partei 27. 2. 2003, Internet; BELG) – Vgl. Ferien, Ferienentschädigung

Fernbahnhof D der; -(e)s, …höfe: ›Bahnhof für den Fernverkehr‹: *Von Sonntag an sollen durch den Fernbahnhof … IC-Züge rollen* (Welt 29. 5. 1999, Internet)

Ferner A-west (Tir.) D-südost der; -s, –: ↗Kees A-mitte/südost ›Gletscher‹ (häufig in Bergnamen): *Mit Piccards Notlandung auf dem Gurgler Ferner wurde Obergurgl mit einem Schlag weltbekannt* (Obergurgl in Tirol, 2000, Internet; A-west); *Die erste Nacht verbrachten wir auf der … Höllentalangerhütte …, die … einen ersten Blick hinauf zur Zugspitze und den davor liegenden Höllental-Ferner gewährt* (Emge, priv. Homepage 13. 3. 2003, Internet; D-südost)

Fernglas (gemeindt.): ↗Kieker

fernmündlich D Adj.: ›telefonisch‹: *Er hat dir doch … fernmündlich mitgeteilt, dass er wünscht, dass seine Kinder in einer besseren Gegend aufwachsen!* (Lind, Superweib 73)

fernschauen A CH sw.V./hat: ›fernsehen‹: *Wenn sie fernschaut und auch mir der Sinn danach steht, gehe ich in mein Zimmer* (Nöstlinger, Bonsai 47; A); *Gemeint sind … jene Personen, die während Internetausflügen regelmässig auch fernschauen* (TA 16. 2. 2000, 64; CH) – In A Grenzfall des Standards, in CH ist das Wort selten, gilt aber als standardsprachlich. Vgl. schauen

Fernsehapparat (gemeindt.): ↗Flimmerkasten, ↗Glotze, ↗Kastl, ↗Röhre

Fernsehdirektor Fernsehdirektorin CH der; -s, -en bzw. die; –, -nen: ↗Intendant A D ›künstlerischer und kaufmännischer Leiter bzw. künstlerische und kaufmännische Leiterin des Schweizer Fernsehens‹: *Ein schweizerisches Fernsehen für Schweizerinnen und Schweizer – so lautet der Programmgrundsatz von Fernsehdirektor Peter Schellenberg* (TA 13. 2. 2001, 12)

fernsehen (gemeindt.): ↗fernschauen

Fernsehen (gemeindt.): ↗Pantoffelkino, ↗Patschenkino

Fernsprecher A D der; -s, – (formell): ›Telefon‹: *Bald hört, der ich bin, abermals eine Ansage, über die ein anderer Gast zum Fernsprecher gebeten wird* (Rabinovici, Suche nach M. 88; A); *Nicht immer ist das Telefonieren im Ausland leicht und unkompliziert. So funktionieren anderswo öffentliche Fernsprecher oft nicht wie in Deutschland* (Focus 12. 2. 2000, Internet; D)

Fẹrnsprechnummer A die; –, -n (formell): ↗RUFNUMMER A D ›Telefonnummer‹: *Die Fernsprechnummer des Stadtchefs und seine Mobiltelefon-Nummer stehen im Telefonbuch* (Kurier 30. 11. 1995, Internet) – In D selten

Fẹrnstraße A D die; –, -n: ›Straße für größere Entfernungen‹: *Für Messebesucher, die aus Richtung Wels anreisen, wurde eigens ein Großparkplatz an der Fernstraße eingerichtet* (OÖN 31. 8. 1999, Internet; A); *Von der nahen Fernstraße brach sich der Lärm an den geschwungenen Giebeln des Hauses* (Erler, Palais 44; D)

Ferse (gemeindt.): ↗HACKE

ferseln siehe ferserln

Fẹrsengeld: *Fersengeld geben CH D (ohne mittelost/südwest) (Grenzfall des Standards) ›schnell wegrennen, fliehen‹: *Drei Verdächtige gaben Fersengeld, als die Patrouille der Stadtpolizei ... auftauchte und ihren Lieferwagen kontrollierte* (Blick 25. 5. 1999, 8; CH); *Leider gerät er mit seinem Auftraggeber Feuerberg aneinander und muss Fersengeld geben* (TV Spielfilm 19. 9. 2001, Internet; D)

Fẹrserl A das; -s, –: siehe Fersler

fẹrserln A sw.V./hat (Grenzfall des Standards, Fußball): ›den Ball mit der Ferse spielen‹: *Wie Ronaldo einen Sprint andeutet, verzögert, anzieht, wie der Ball an seinem Fuß klebt, am Innenrist, Außenrist, Vollrist, wie er ihn streichelt, ferserlt, spitzelt, wie er ihn abdeckt, behütet, auf dass ihn der Gegner nicht stehle und ihm Schlechteres antue* (Standard 18. 6. 1998, Internet) – Auch in der Form *ferseln*. Vgl. Fersler

Fẹrsler A der; -s, – (Grenzfall des Standards, Fußball): ↗ABSATZTRICK CH D, ↗HACKENTRICK D (ohne südost) ›mit der Ferse gespielter Ball‹: *Wie Stöger mit einem Fersler Vorarbeit zum 4. Tor leistete und wie dieses dann Christian P. mit einem platzierten Schrägschuss gelang – das war nicht Zufall, sondern Klasse* (Kurier 14. 8. 1997, 25) – Auch in der Form *Ferserl* (das; -s, -). Vgl. ferserln

fẹrtig: *[Jetzt/Dann ist] fertig lustig CH: ↗SCHLUSS: *[JETZT/DANN IST] SCHLUSS MIT LUSTIG D (ohne südost) ›Jetzt/Dann wird es [aber] ernst‹: *Der Leiter der Kulturpflege der Limmatstadt warnt die Bebbi allerdings vor allzu grossen Erwartungen: »Wenn wir Zürcher kommen, haben die Basler nichts zu lachen – fertig lustig!»* (Bund 18. 6. 2000, 125); *Jetzt ist fertig lustig mit brieflich wählen, wer noch nicht gewählt hat, muss zur Urne marschieren und dort den Akt des Mitbestimmens vollziehen* (Junges Basel, 2001, Internet); ***Kaffee fertig** CH siehe Kaffee; ***Kafi fertig** CH siehe Kafi; ***[Und] fertig ist die Laube!** D siehe Laube – Das Adjektiv *fertig* ist in allen anderen Verwendungen gemeindt.

Fertighaus (gemeindt.): ↗FERTIGTEILHAUS

Fertigsuppe (gemeindt.): ↗BEUTELSUPPE, ↗PACKELRSUPPE, ↗PÄCKLISUPPE, ↗TÜTENSUPPE

Fẹrtigteilhaus A das; -es, ...häuser: ›Haus aus vorgefertigten Bauteilen; Fertighaus‹: *Mit einem Fertigteilhaus liebäugeln sie deshalb, weil sie möglichst schnell in den eigenen vier Wänden leben möchten* (Kleine Ztg 23. 12. 1999, Internet)

fesch Adj. [feːʃ A, fɛʃ CH D] ⟨kurz für engl. *fashionable* ›modisch‹⟩: **1.** A D-mittelost/südost; ↗SCHNIEKE D-nord/mittelwest (bes. Berlin) ›hübsch, flott, sportlich aussehend‹: *Wir sind eine kleine Gruppe sportlich-fescher Jusstudenten im Endspurt* (Land der Berge 5/1997, 87; A). **2.** A-ost (salopp) ›nett, nicht langweilig‹: *Leider ist mir noch keine fesche Bezeichnung à la »Brunch« dafür eingefallen* (Gusto 11/1997, 41) – Zu 1.: In CH selten – Zu 1.: ↗**Feschak** A-ost

Fẹschak A-ost der; -s, -s ⟨Zusammenziehung aus ↗*fesch* und der vermutl. slaw. Endung *-ak*⟩ (Grenzfall des Standards): ›gut aussehender, elegant wirkender Mann‹: *Generationen von Schülern haben sich mit Goethe-Werken beschäftigt und beschäftigen (müssen), dass der Herr aber auch einmal ein junger Feschak gewesen sein soll, erscheint manchen unglaublich* (OÖN 2. 3. 2000, 6)

Fẹst A CH D-mittelost/südwest das; -(e)s, -e: ↗FESTL A D-südost, ↗FETE D ›zwanglose gesellige Veranstaltung; Party‹: *Die »Chrysler Super Bowl Party« verspricht ein Riesenfest zu werden* (Kurier 21. 1. 1998, 26; A); *Der Meister sieht das wohl nicht gerne, wenn ich mitten in der Woche an ein Fest gehe* (Honegger, Ehemalige 60; CH) – Die Bedeutung ›hoher kirchlicher Feiertag‹ ist gemeindt. Vgl. festen

Fẹstanlass CH der; -es, ...anlässe: ›Festivität‹: *Auf den Tischen ist ein Durcheinander von Milchshakes, Weissweingläsern, Mostflaschen und was es sonst noch so alles zum Trinken gibt an einem grossen Festanlass* (NLZ 7. 8. 2001, Internet) – Vgl. Anlass

Fẹstbeiz CH die; –, -en: ↗FESTWIRTSCHAFT CH ›vorübergehend eingerichtete Gastwirtschaft bei festlichen Veranstaltungen‹: *Ein Marktstand, eine Armbrustschiessanlage, eine Reitschule und eine Festbeiz: Das ist die Rickenbächler Chilbi* (NLZ 23. 7. 2001, Internet) – Vgl. Beiz

fẹsten A-west (Vbg.) CH sw.V./hat: ↗DURCHGEBEN: *EINEN DURCHGEBEN CH, ↗DRAUFMACHEN: *EINEN DRAUFMACHEN D, ↗BUDE: *DIE BUDE AUF DEN KOPF STELLEN D (ohne nordwest), ↗FASS: *EIN FASS AUFMACHEN D-nord/mittel, ↗PUPPE: *DIE PUPPEN TANZEN LASSEN D (ohne südost) ›ausgelassen feiern‹: *In der Bergstation gab es ein kleines Res-*

taurant. Dort wurde gefestet, gegessen und getrunken (Furrer, My Way 31; CH) – Vgl. Fest, Festl

Festgarnitur CH D (ohne südost) die; –, -en: ↗HEURIGENGARNITUR A, ↗BIERZELTGARNITUR D ›zusammenklappbarer Tisch und zwei Bänke, die vorwiegend bei größeren ↗Festen gebraucht werden‹: *Bei Veranstaltungen dienen die Bänke im Übrigen als Sitzgelegenheiten, während die Tische auch weiterhin als normale Tische und Teil einer Festgarnitur genutzt werden können* (Schweizerischer Turnverein, 2002, Internet; CH); *In den Sommermonaten steht … die Festgarnitur … für Vereins- und Betriebsfeste zum Verleih bereit* (Laubl Getränke, 2001, Internet; D)

Festhütte CH die; –, -n: ›Festzelt‹: *Die Fangemeinde der Countrymusik lässt sich nicht vervielfachen, indem eine grössere Festhütte aufgestellt wird* (Bund 4. 10. 1999, 20)

Festl A D-südost das; -s, -n (Grenzfall des Standards): ↗FEST A CH D-mittelost/südwest, ↗FETE D ›zwanglose gesellige Veranstaltung; Party‹: *Ein nettes Festl fand schon Freitagabend in der Innsbrucker Raiffeisen-Passage statt* (Neue Kronen Ztg 19. 6. 2000, Internet; A) – Vgl. festen – Dazu: **Studentenfestl**

Festspielstadt A die; –, ohne Plur. ⟨nach den jährlich in Salzburg stattfindenden Musik- und Theaterfestspielen⟩: ↗MOZARTSTADT A ›Salzburg‹: *Anfang Mai spannte sich der grenzüberwindende Europa-Regenbogen bereits über markante Bauwerke in den Metropolen Berlin, Brüssel, Rom, Warschau, Moskau und Wien. Nun ist die Festspielstadt an der Reihe.* (Salzburger Nachr 30. 7. 2004, Internet)

Feststiege A die; –, -n: ↗PRUNKTREPPE CH D ›prunkvoll und festlich gestaltete ↗Stiege‹: *Üblicherweise wird ein verstorbenes Ehrenmitglied nach der Aufbahrung auf der Feststiege einmal um das Burgtheater getragen, ehe die Beisetzung beginnt* (Standard 15. 5. 2000, Internet)

Festwirtschaft CH die; –, -en: ↗FESTBEIZ CH ›vorübergehend eingerichtete Gastwirtschaft bei festlichen Veranstaltungen‹: *Am 5. und 6. November 1999 feiert der Turnverein sein Jubiläum in der Sporthalle Ins mit Musik, Tanz und Festwirtschaft* (Bund 1. 11. 1999, 20) – Vgl. Wirtschaft – Dazu: **Festwirtschaftsbetrieb**

Festzelt (gemeindt.): ↗FESTHÜTTE

Feta CH D der; -s, ohne Plur ⟨aus neugriech. zu lat. *feta* ›Muttertier‹⟩: ↗SCHAFKÄSE A, ↗BRIMSEN A-ost, ↗SCHAFSKÄSE D ›aus Schafsmilch hergestellter griechischer Käse‹: *Diesen Monat hat das Buffet einen arabischen Einschlag, Humus und Kichererbsen als Vorspeise, Kartoffelsalat, wenn's denn sein muss, Couscous, Feta und Falafel und knusprige Papadam* (TA 13. 3. 2001, 17; CH); *Feta wird ursprünglich aus Schafsmilch oder aus einer Mischung aus Schafs- und Ziegenmilch hergestellt* (Landwirtschaftsverwaltung Baden-Württemberg 10. 4. 1997, Internet; D) – Heute auch aus Kuhmilch hergestellt. In A nur als Produktname bekannt – Dazu: **Fetakäse**

Fete D die; –, -n ⟨aus frz. *fête* ›Fest‹⟩: ↗FEST A CH D-mittelost/südwest, ↗FESTL A D-südost ›zwanglose gesellige Veranstaltung; Party‹: *Ich habe doch Prüfung, wie kann ich da auf eine Fete gehen?* (Psychologie 12/1997, 10)

fett: *Das macht das Kraut [auch] nicht [mehr] fett A D-mittelost/süd; ***Das macht den Kohl [auch] nicht fett** D-nord/mittel ›Das macht eine Sache nicht besser‹: *Natürlich kann man hie und da ein wenig in der Verwaltung einsparen, aber das macht das Kraut nicht fett* (Kurier 6. 3. 2002, Internet; A); *Selbst die strukturellen Spar-Entscheidungen im öffentlichen Dienst … machen den Kohl nicht fett* (TAZ 20. 6. 2001, Internet; D) – Das Adjektiv *fett* ist in allen anderen Verwendungen gemeindt.

Fett: *sein Fett abbekommen/wegbekommen/wegkriegen D (ohne südost) (Grenzfall des Standards) ›zu Recht für etw. bestraft oder getadelt werden‹: *Auch andere Kommentatoren bekamen ihr Fett weg* (AZ 19. 6. 1998, 20) – In A und D-südost bekannt, aber als fremd empfunden. Das Substantiv *Fett* ist in allen anderen Verwendungen gemeindt.

Fettgebäck CH D (ohne südost) das; -(e)s, -e: ↗SCHMALZGEBÄCK A D ›in ↗Butterschmalz ausgebackene, mit Zucker bestreute oder mit pikanten Beilagen servierte Teigstücke [mit Füllung]‹: *Eine Darstellung … zeigt zwei Bäcker, die in einer grossen Pfanne auf offenem Feuer ein Fettgebäck, das die Form einer Schnecke hat, mit Stäben drehen* (Sonntagsztg 1. 2. 1998, 105; CH); *Der Berliner … ist … das beliebteste Fettgebäck der Deutschen* (Stuttgarter Nachr 9. 2. 2002, Internet; D)

Fettlebe D-ost die; –, ohne Plur.: ›üppiges Leben‹: *In den letzen 25 Jahren ist südlich der Sahara fast jede vierte Mahlzeit ausgefallen – und auch zuvor war schon keine Fettlebe* (Geo 11/1996, 96)

Fettnäpfchen: *ins Fettnäpfchen treten (gemeindt.): ↗SEIFE: *AUF DIE SEIFE STEIGEN

Fettpolster (gemeindt.): ↗PIRELLI, ↗RETTUNGSRING, ↗SCHWIMMREIFEN, ↗SCHWIMMRING

Fetzen A der; -s, – (Grenzfall des Standards): **1.** ↗PUTZTUCH A D-nord/mittel, ↗LUMPEN A-west (Vbg.) CH D-süd, ↗PUTZLAPPEN A-west (Vbg.) CH D (ohne nordost/südost), ↗LAPPEN D, ↗SCHEUERLAPPEN D-nord/mittel, ↗HUDER STIR ›Tuch zum Putzen‹: *Ihre Kennzeichen: dunkelblaue Plastik-Kleiderschürze, Besen, Schaufel, Bartwisch und Fetzen* (Neue Vorarlberger Tagesztg 1. 4. 2000, 2). **2.** (salopp) ›Alkoholrausch‹: *Dass man von nur zwei Bieren und zwei Viertele solch einen »Fetzen« bekommen kann, war selbst den Beamten neu* (VN 16. 4. 1998, Heimat/Bregenz 20). **3.** (salopp, Schule); ↗FLECK A, ↗PINSCH A-mitte/ost ›schlechteste Schulnote‹: *Allein in Wien haben bis zu 5000 Schüler ein »Nicht genügend«, vulgo »Fetzen«, in ihrem Zeugnis stehen* (Kurier 29. 6. 1996, 9) – Die Bedeutung ›dunkelblaue Arbeitsschürze für Männer‹ ist veraltet. Die Bedeutungen ›[abgerissenes] Stück dünnen Materials (z.B. Stoff, Papier)‹ und ›billiges Kleidungsstück‹ sind gemeindt. Zu 3 vgl. Fünfer, Genügend – Zu 1.: ↗**Abwaschfetzen,** ↗**Ausreibfetzen** A (ohne west), **Putzfetzen, Staubfetzen**

Fetzenmarkt A der; -(e)s, ...märkte: ›Markt, auf dem gebrauchte Kleider zum Kauf angeboten werden; Flohmarkt‹: *Die beiden schon zur Tradition gewordenen Fetzenmärkte, der Ausflug nach Einsiedeln, die Teilnahme am Landessängertag, das Preisjassen, um nur einige der Aktivitäten zu nennen* (VN 25. 1. 1996, Heimat/Feldkirch 5) – Vgl. Fetzentandler

Fetzenschädel A der; -s, – (derb, Grenzfall des Standards): ›einfältige, wirre, sich lächerlich machende Person‹ /Schimpfwort/: *Etwa eine Debatte, bei der Abgeordnete X. den Sprecher der gegnerischen Mannschaft einen Fetzenschädel nennt, worauf ihm dieser mit dem Stinkefinger ins Auge fährt* (OÖN 22. 5. 1997, 22)

Fetzentandler Fetzentandlerin A der; -s, – bzw. die; –, -nen (abwertend, veraltend): ↗ALTKLEIDERHÄNDLER A D, ↗LUMPENSAMMLER CH D ›Person, die gebrauchte Kleidungsstücke sammelt und weiterverkauft‹: *Im stadtauswärts gelegeneren Abschnitt ... hatten fast alle Geschäfte offen. Vom Fleischer über den Gemüsestand bis zum Fetzentandler* (Kurier 9. 12. 1995, 9) – Vgl. Altwarenhändler, Fetzenmarkt, Tandler

Feuchtblattern A die; nur Plur.: ↗SCHAFBLATTERN A D-südost, ↗BLATTERN: *SPITZE/WILDE BLATTERN CH, ↗WINDPOCKEN CH D ›Infektionskrankheit [bei Kindern], bei der die Haut von stark juckenden Bläschen befallen wird, die später eintrocknen und verkrusten‹: *Feuchtblattern und eine Darmgrippe zwangen ihn ins Bett* (Kurier 23. 4. 2000, 27)

Feudel D-nord der; -s, –: ↗AUSREIBFETZEN A (ohne west), ↗REIBTUCH A (ohne west), ↗BODENLUMPEN A-west CH, ↗AUFNEHMER D-nordwest/mittelwest ›[grobes] Tuch, mit dem Böden nass gereinigt werden‹: *Der Feudel wird in das Reinigungswasser eingetaucht ..., ausgewrungen ... und über die Schrubberborsten ... gezogen. Dann reinigt man den glatten Fußbodenbelag feucht* (BBW-Lexikon, 1999, Internet) – Dazu: ↗**feudeln**

feudeln D-nord sw.V./hat: ↗AUFWASCHEN A D-mittelost, ↗AUFWISCHEN A D, ↗PUTZEN A CH D (ohne nordost), ↗WISCHEN A D, ↗FEGEN CH, ↗AUFNEHMEN: *[DEN BODEN] FEUCHT/NASS AUFNEHMEN CH D-nord ›(den Boden) mit einem feuchten Tuch reinigen‹: *Überall wischt Sohnemann Staub, feudelt mit dem feuchten Lappen die Bodenfliesen oder kippt den gefüllten Wassereimer im Bad aus* (Anzeiger für Harlingerland 19. 6. 1998, 17) – Vgl. Feudel – Dazu: **auffeudeln,**

Feuer: ***es/dann ist Feuer am Dach** A; ***es/dann ist Feuer im Dach** CH; ***es/dann ist Feuer unter dem Dach** D (Grenzfall des Standards) ›es herrscht [wegen einer kritischen Situation] große Aufregung‹: *Feuer am Dach war erst, als der deutsche Bundesnachrichtendienst im Wiener Außenministerium Alarm schlug* (SN 8. 11. 1997, 4; A); *Seit die Eidgenössische Bankenkommission (EBK) und die Bank of England ... die Derivatverluste in Höhe von mehreren hundert Millionen Franken untersuchen, ist Feuer im Dach* (Sonntagsztg 29. 3. 1998, Internet; CH); *Und da bereits jetzt Feuer unter dem Dach ist, müssen die ersten Reformschritte bereits im Schuljahr 1998/99 umgesetzt werden* (Fraktion Bündnis 90, 1996, Internet; D); ***das Feuer im Elsass sehen** CH ›starke Schmerzen haben‹: *Auf dem obersten Tritt kam ich wohl ein bisschen schief zu stehen und rutschte mit einem harten Knacks im Knie ab. Nur ein bisschen. Und dann ein bisschen Feuer im Elsass* (Sprechstunde 3/4 1997, 35) – Das Substantiv *Feuer* ist in allen anderen Verwendungen gemeindt.

Feuerbeschau A D-südost die; –, ohne Plur.: ↗FEUERSCHAU CH, ↗BRANDSCHAU D ›behördliche Überprüfung der Brandsicherheit (von Gebäuden)‹: *Mindestens im Fünf-Jahres-Rhythmus findet auch eine Feuerbeschau mit dem örtlichen Feuerwehrkommandanten, einem Baurechtssachverständigen und dem zuständigen Rauchfangkehrermeister statt* (Kleine Ztg 28. 10. 1999, Internet; A) – Vgl. Feuerpolizei – Dazu: **Feuerbeschauer(in)**

Feuerhalle A die; –, -n (formell): ›Anlage zur Feuerbestattung; Krematorium‹: *In Wien gibt es 40 römisch-katholische Friedhöfe, durchwegs in den Außenbezirken, dazu eine Feuerhalle für alle Verbrennungen und zwei evangelische Friedhöfe* (Fembek, Keine Angst 173)

Feuerpolizei A CH die; –, -en: ›Behörde, die die Einhaltung der Vorschriften bezüglich Feuerschutz überwacht‹: *Die Feuerpolizei hat Donnerstag Nachmittag die wegen der akuten Raumnot im Gang aufgestellten Betten verboten* (Kurier 7. 2. 1997, 11; A); *In den Saal des reformierten Kirchgemeindehauses Schwamendingen drängten sich so viele Leute, dass die Feuerpolizei einschritt und Umplatzierungen veranlasste* (TA 30. 3.

2000, 19; CH) – Die offizielle Bezeichnung lautet in A *Bau- und Feuerpolizei.* Vgl. Bundespolizei, Feuerschau, Feuerbeschau, Gemeindepolizei, Gewerbepolizei, Heerespolizei, Kantonspolizei, Stadtpolizei – Dazu: **feuerpolizeilich**

feuerrot (gemeindt.): ↗ZÜNDROT

Feuerschau CH die; –, -en: ↗FEUERBESCHAU A D-südost, ↗BRANDSCHAU D ›behördliche Überprüfung der Feuersicherheit (von Gebäuden)‹: *Zuständig für die Brandschutzvorschriften ist die Gebäudeversicherung. Sie beauftragte die Stadt Bern mit der Durchführung der so genannten unangemeldeten Feuerschauen* (Bund 26. 9. 2000, 24) – Vgl. Feuerpolizei – Dazu: ↗**Feuerschauer(in)**

Feuerschauer Feuerschauerin CH der; -s, – bzw. die; –, -nen: ›Amtsperson, die die Feuersicherheit von Gebäuden überprüft‹: *Z. ist Skilehrer … und Feuerschauer im Nebenamt* (TA 11. 1. 2001, 23) – Vgl. Feuerschau

Feuerungsanlagenmonteur Feuerungsanlagenmonteurin STIR der; -s, -e bzw. die; –, -nen: ↗HEIZUNGSMONTEUR CH ›Person, die berufsmäßig Heizungsanlagen errichtet und instand hält; Heizungsinstallateur(in)‹: *Im November letzten Jahres wurde das vollständige Berufsbild des Feuerungsanlagenmonteurs im Amtsblatt des Landes veröffentlicht und ist seitdem offiziell anerkannt* (Dolomiten 6. 2. 1998, 14)

Feuerwehrgerätehaus A-west (Vbg.) D das; -es, …häuser: ↗ZEUGHAUS A, ↗FEUERWEHRHAUS A D, ↗FEUERWEHRLOKAL CH, ↗FEUERWEHRMAGAZIN CH, ↗FEUERWEHRHALLE STIR ›Gebäude zur Unterbringung der Geräte und Fahrzeuge der Feuerwehr‹: *Nachdem alle Verletzten gerettet waren …, traf man sich bei einer kleinen Brotzeit im Feuerwehrgerätehaus zu einer Abschlussbesprechung* (THW 7. 2. 2002, Internet; D)

Feuerwehrhalle STIR die; –, -n: ↗ZEUGHAUS A, ↗FEUERWEHRHAUS A D, ↗FEUERWEHRGERÄTEHAUS A-west (Vbg.) D, ↗FEUERWEHRLOKAL CH, ↗FEUERWEHRMAGAZIN CH ›Gebäude zur Unterbringung der Geräte und Fahrzeuge der Feuerwehr‹: *Klausen bekommt eine neue Feuerwehrhalle* (Neue Südtiroler Tagesztg 19. 10. 2000, 1)

Feuerwehrhaus A D das; -es, …häuser: ↗ZEUGHAUS A, ↗FEUERWEHRGERÄTEHAUS A-west (Vbg.) D, ↗FEUERWEHRLOKAL CH, ↗FEUERWEHRMAGAZIN CH, ↗FEUERWEHRHALLE STIR ›Gebäude zur Unterbringung der Geräte und Fahrzeuge der Feuerwehr‹: *Früher wusste man nur wo Fraham ist, weil der Ortsname auf dem Feuerwehrhaus geschrieben stand* (OÖN 17. 2. 2003; A); *Hinter dem Feuerwehrhaus befindet sich noch ein schmaler Streifen, der … als kleiner Garten gestaltet worden ist* (Feuerwehr Wettmar 4. 4. 2003, Internet; D)

Feuerwehrlokal CH das; -(e)s, -e: ↗ZEUGHAUS A, ↗FEUERWEHRHAUS A D, ↗FEUERWEHRGERÄTEHAUS A-west (Vbg.) D, ↗FEUERWEHRMAGAZIN CH, ↗FEUERWEHRHALLE STIR ›Gebäude, in dem die Ausrüstung der Feuerwehr gelagert wird‹: *Das Feuerwehrlokal wurde vorübergehend zur Festhalle umfunktioniert und dekoriert* (NLZ 13. 8. 2001, Internet)

Feuerwehrmagazin CH das; -s, -e: ↗ZEUGHAUS A, ↗FEUERWEHRHAUS A D, ↗FEUERWEHRGERÄTEHAUS A-west (Vbg.) D, ↗FEUERWEHRLOKAL CH, ↗FEUERWEHRHALLE STIR ›Gebäude, in dem die Ausrüstung der Feuerwehr gelagert wird‹: *Ganz dem Sparen zum Opfer fällt der Neubau oder Ausbau des Feuerwehrmagazins* (St. Galler Tagbl 13. 12. 1997, Internet) – In A und D selten

Feuerwehrmann (gemeindt.): ↗FLORIANIJÜNGER, ↗FLORIANSJÜNGER

FeWo D: nur geschriebene, unverkürzt gesprochene Abk. für ›Ferienwohnung‹: ↗F'WHG CH: *Nordseeheilb. Büsum, 2-Zi.-FeWo* (WAZ Reisejournal 18. 10. 1997, 6)

Fex A D-südost der; -en, -en: ›Person, die von etw. sehr begeistert ist (meist als produktives Grundwort in Zus., z. B. *Bergfex, Naturfex, Sportfex*)‹: *Für den Wahlabend am 23. November hat der Statistik-Fex eine Verfeinerung des Programms parat* (OÖN 17. 11. 1986, 2; A) – Eine weibliche Form ist nicht gebräuchlich

Fez D (ohne südost) der; -es, ohne Plur. (Grenzfall des Standards): **1.** ↗ULK D-nord/mittel ›Jux, Witz‹: *Ein irrer Fez und hält den Winterspeck in erträglichen Grenzen: Wintersport!* (Juppidu Jugendmagazin 19. 6. 2002, Internet). **2.** (abwertend); ↗HOLLER A, ↗QUARGEL A, ↗SCHAS A, ↗TOPFEN A, ↗GUGUS CH, ↗HAFENKÄSE CH, ↗KABIS CH, ↗KÄSE CH D, ↗MUMPITZ CH D (ohne südost), ↗QUARK CH D, ↗SCHNICKSCHNACK D, ↗BLECH D (ohne südost), ↗KAPPES D-mittelwest, ↗KOHL D-nord/mittel, ↗KOKOLORES D (ohne südost) ›Quatsch; Unsinn‹: *Wer für diesen Fez in die Muckibude geht, vernatzt sich selbst* (TAZ 31. 8. 2001, Internet)

FH (gemeindt.): ↗FHS

FHS A die; –, –: buchstabierte Abk. für *Fachhochschule*: ›praxisbezogene Hochschule für wirtschaftliche und technische Kurzstudien; FH‹: *Durch die Aufnahmsprüfung könne man sich an den FHS die besten Bewerber aussuchen* (Kleine Ztg 15. 11. 1997, 14)

Fiaker A der; -s, – ⟨aus frz. *fiacre* ›Kutsche, die in Paris ihren Standplatz in der Rue St. Fiacre vor einem Haus mit dem Bildnis des hl. Fiacrus hatte‹⟩: **1.** ›[für

Stadtrundfahrten verwendete] offene Kutsche, an die zwei Pferde angespannt werden‹: *Gegen halb zwei Uhr ist Melzer damals in Wien angekommen, hat an der Westbahn einen Fiaker genommen und ist in die innere Stadt zum Essen gefahren* (Doderer, Strudlhofstiege 68). **2. Fiaker Fiakerin** der; -s, – bzw. die; –, -nen ›Kutscher(in), der bzw. die mit Touristen kleinere Stadtrundfahrten unternimmt‹ /Berufsbezeichnung/: *Nicht nur, dass der Fiaker seinen Hut lüpfen kann* (OÖN 22. 10. 2001, Internet). **3.** (bes. Wien) (veraltend, Gastronomie) ›Kaffee mit Rum oder Kirschwasser, der im Glas serviert wird‹: *Wie man einen Fiaker macht, einen Pharisäer, einen Franziskaner oder einen Kapuziner, wissen leider nur mehr wenige Kaffeehäuser* (Fembek, Keine Angst 144) – Zu 1.: **Fiakerfahrt**

Fiche CH die; –, -n ['fiʃə] ⟨aus frz. *fiche* ›Zettel, Karteikarte‹⟩: ›Karteikarte, Datensatz mit [sensiblen] Personendaten‹: *Wenn einer russischen Salat mochte oder sich ein Buch der Marx Brothers kaufte, stand das in seiner Fiche* (Weibel, Beethoven 79) – Durch die Ende der 80er Jahre bekannt gewordene illegitime Personendatensammlung der ↗Bundespolizei heute in der Bedeutung meist auf diese Datenblätter eingeschränkt. Vgl. fichieren – Dazu: **Fichenaffäre**

fichieren CH sw.V./hat [fi'ʃi:rən] ⟨aus frz. *fiche* ›Zettel, Karteikarte‹⟩: ›[unstatthafterweise] über jmdn. Informationen sammeln und (auf Karteikarten oder in Datensätzen) festhalten‹: *Doch die Neonazis beschränken sich nicht darauf, »feindliche« Personen zu fichieren: Alleine im Raum Göteborg sind in den vergangenen Jahren mehr als ein Dutzend Menschen von Rechtsextremisten ermordet worden* (TA 9. 1. 1998, 5) – Vgl. Fiche

Fideli CH das; -s, – ['fidəli, fi'de:li]: ↗SUPPENNUDEL A D, ↗FADENNUDEL D (ohne südwest) ›als Sucppeneinlage verwendete Teigware‹: *Liebe Brühen und Crèmesüppchen, liebe Einlagen, Suppenhühner und Fideli, seid herzlich willkommen zwischen Sushi, Hamburger, Pizza und Döner Kebab* (Sonntagsztg 4. 1. 1998, Internet) – Dazu: **Fidelisuppe**

Fierant Fierantin A-ost D-südost der; -en, -en bzw. die; –, -nen [fie'rant] ⟨aus ital. *fiera* ›Jahrmarkt‹⟩ (veraltend): ↗MARKTFAHRER A CH, ↗STANDLER A D-südost ›Person, die [berufsmäßig] auf Märkten Waren verkauft (mit mobilem Verkaufsstand); Marktverkäufer(in)‹: *Jeder Fierant zahlt für den dreitägigen Markt in Klagenfurt durchschnittlich 1000 S Standgebühr* (Kleine Ztg Ktn 15. 8. 1998, Internet; A-ost); *Die Fieranten aus der weiteren Umgebung würden sich ohnehin ... bei der Gemeinde um Verkaufsflächen bewerben* (Donaukurier 10. 9. 2002, Internet; D-südost) – Dazu: **Marktfierant(in)**

fieseln A D-südost sw.V./hat (Grenzfall des Standards): ↗FUZELN A D-südost, ↗KNÜBELN CH, ↗KNIBBELN D-nordwest/mittelwest ›(etw. Kleines mit den Fingerspitzen) vorsichtig bearbeiten‹: *Besonders seit Inkrafttreten der EMV-V (ElektroMagnetische Verträglichkeits-Verordnung) ist ... beim Schließen des Gehäuses meist echtes »Fieseln« angesagt* (Tornado News, 2001, Internet; A) – Dazu: ↗**abfieseln** A D-süd, **Fieselarbeit**

Fiete D-nord ⟨niederdt.⟩: ↗FRIEDL A D-südost, ↗FRIEDER CH D-mittelwest/südwest Kurzform des männl. Vornamens *Friedrich*: *Als Anwalt steht er in der Tradition seines Vaters Erich, der ... Fiete S. ebenso vertrat wie ... den Filmregisseur Veit H.* (Welt 29. 4. 1996, Internet)

Filet CH D das; -s, -s ['file CH, fi'le: D] ⟨frz.⟩: **1.** ↗JUNGFERNBRATEN A, ↗LUNGENBRATEN A ›länglicher Fleischteil aus der Lende des Rindes, Kalbes oder Schweines‹: *Hugo F. freut sich auf die Herbstzeit, wo statt Filet, Entrecôte, Huft und vielleicht auch Hohrücken wieder vermehrt Voressen, Geschnetzeltes und Siedfleisch gekauft wird* (NLZ 7. 8. 2001, Internet; CH); *Filet und Rumpsteak werden wieder mehr gekauft* (Goethe-Institut 1. 7. 2003, Internet; D). **2.** ↗LUNGENBRATEN A, ↗LENDENBRATEN D-mittel/süd, ↗MÜRBEBRATEN D-nord ›zum Kurzbraten in kleine Stücke portioniertes oder im Ganzen als Braten zubereitetes Fleisch von der Lende des Rindes, seltener auch des Kalbes oder Schweines‹: *Das Filet gibt herrlichen Filetbraten oder Filetsteaks. Das Chateaubriand stammt vom Filetmittelstück, die Tournedos und Filets mignons von der Filetspitze, die auch für »Boeuf Stroganoff« Verwendung findet* (Schweizer Landwirtschaft, 2002, Internet; CH); *Und nun sitzen sie in festlicher Runde im Pöstli und der Ober serviert ihnen Filet* (Welt 26. 1. 2001, Internet; D); ***falsche Filet**: ↗LUNGENBRATEN: *FALSCHE LUNGENBRATEN A, ↗MEISEL: *MAGERE MEISEL A ›vorderer Schulterblattmuskel vom Kalb oder Rind, der sich zum Kochen und Dünsten eignet‹: *Das braucht's: ... 250 g zartes Kalbfleisch, z. B. falsches Filet, Nuss oder Filet* (Schweizerischer Kälbermäster Verband, 2003, Internet; CH); *Falsches Filet oder auerbraten nach Hausfrauenart* (WAZ 16. 10. 1997, 11; D) – In A fachsprachlich oder in Zus. *Fischfilet* ist gemeindt. – Dazu: ↗**Filetstück** D, **Kalbsfilet, Rinderfilet** (↗Rinder-) D (ohne südost), **Rindsfilet** (↗Rinds-), **Schweinefilet** (↗Schweine-) D (ohne südost), **Schweinsfilet** (↗Schweins-) ACH D-nordost/süd

Filetstück D das, -(e)s, -e [fi'le:...]: **1.** (Küche) ›Lendenstück‹: *Die restliche Masse wird in das Filetstück gefüllt, in das mit einem langen spitzen Messer eine Tasche geschnitten wurde* (WDR 17. 3. 1999, Internet). **2.** ›das beste Stück‹: *Mit dem Beruf der Hebamme haben sie sich das Filetstückchen aus der Krankenhaus-*

arbeit herausgesucht (Mindener Tagebl 13. 4. 2000, Internet) – Zu 1 vgl. Filet

Filtertüte D die; –, -n: ›Papierfilter für Kaffee; Kaffeefilter‹: *Mit der Erfindung der Filtertüte revolutionierte Melitta B., eine Dresdner Hausfrau, bereits 1908 die Kaffeezubereitung* (Dresdnerwolf 14. 1. 2003, Internet) – Vgl. Tüte

Filz A der; -es, -e: ↗SCHMER D-mittelost, ↗FLOMEN D (ohne mittelost/südost) ›ungeschmolzenes Fett vom Bauch des Schweines‹: *Schweinskarree m. Knochen: ohne Hüft- oder Schlussknochen; ohne Rückenmark, ohne Schopf oder Filz; mit ganzem Filet* (Firma Airest, Artikelspezifikation, 2002, Internet) – Die Bedeutungen ›dichtes Material aus Schafwolle und anderen Tierhaaren‹, ›verfilztes Material‹ und ›Günstlingswirtschaft, Filzokratie‹ sind gemeindt.

Final CH der; -s, -s ⟨aus engl. *final*, zu lat. *finalis* ›das Ende betreffend‹⟩ (Sport): ↗FINALE A D, ↗ENDSPIEL D ›Schlussspiel oder -wettkampf um den Sieg in einem Turnier‹: *Im hart umkämpften, spielerisch aber wenig gehaltvollen Final war Dallas das initiativere Team mit mehr Strafraumsituationen* (NZZ Intern. Ausgabe 31. 10. 1997, 41) – Dazu: **Achtel(s)final,** ↗**Cupfinal,** ↗**Finalrunde** CH D, **Finalspiel,** ↗**Halbfinal, Viertel(s)final, WM-Final**

Finale A D das; -s/Finals, -/Finals/Finali ⟨ital.⟩ (Sport): ↗FINAL CH, ↗ENDSPIEL D ›Schlussspiel oder -wettkampf um den Sieg in einem Turnier‹: *An den ersten drei Tagen stehen die Vorrunden im Slalom-, Figuren- und Sprungbewerb an, am Freitag und Samstag werden die Finali ausgetragen* (Standard 25. 7. 2000, Internet; A); *Spannender kann ein Finale nicht sein!* (BamS 26. 10. 1997, 1; D) – Plural *Finale* in A und D, *Finals* in D, *Finali* in A gebräuchlich; *Finali* als Plur. in der Bedeutung ›letzter Satz eines grösseren musikalischen Werkes‹ gemeindt. Andere Bedeutungen sind gemeindt. – Dazu: ↗**Cupfinale** A LUX, ↗**Halbfinale,** ↗**Pokalfinale** D, ↗**Semifinale, Viertelfinale**

finalisieren A LUX sw.V./hat: ›(einen Vertrag, einen [größeren] Auftrag, ein Projekt) endgültig vereinbaren‹: *Laut ÖBB-Chef Helmut D. sollte die Partnerschaft im Jänner oder Februar 1998 finalisiert werden* (SN 11. 11. 1997, 10; A); *Diskutiert wurde die Idee, im Jahr 2002 regelmäßig Late Night Busse einzusetzen. Unter Beteiligung der Gemeindeverantwortlichen soll das Projekt im Herbst 2001 finalisiert werden* (Denkfabrik Nordstad 10. 7. 2001, Internet; LUX) – Dazu: **Finalisierung**

Finalrunde CH D die; –, -n (Sport): ↗ENDRUNDE A D ›Wettkämpfe (nach der Qualifikation) um den Sieg in einem Turnier bzw. um den Titel in einer Meisterschaft‹: *Im Kampf um die Finalrunden-Teilnahme zeichnet sich ein spannender, nervenaufreibender Finish ab* (NZZ Intern. Ausgabe 3. 11. 1997, 34; CH); *Während die deutschen Spieler also bisher vor allem über Misserfolge sprachen, ... können sich andere Nationen schon auf die Finalrunde vorbereiten* (Welt 3. 5. 1997, Internet; D) – Vgl. Final, Finale

Financier A CH der; -s, -s ['finãsi̯e]: ›jmd., der mit seinem Vermögen etwas finanziert; Finanzier‹: *Die Hypo ... erhofft sich ..., dass die Ziviltechniker bzw. deren Kunden bei der Abwicklung von Projekten auf die Hypo als Financier zurückgreifen* (Kleine Ztg 8. 2. 2000, Internet; A); *Sind hier zu Lande die Financiers und Wirtschaftsbosse, deren politische Macht kaum bezweifelt werden kann, die heimlichen Drahtzieher?* (TA 11. 10. 1999, Z6; CH)

Finanz A die; –, ohne Plur. (salopp, Grenzfall des Standards): ↗STEUERVOGT CH ›alle Organe der Finanzverwaltung; Fiskus‹: *Wenn aber der Wert der Leibrente zu nahe an den Verkehrswert herankommt, dann neigt die Finanz dazu, diese Leibrente als Kaufrente zu betrachten* (ORF Nachlese 9/1997, 20) – Vgl. Finanzamt, Finanzbehörde – Dazu: ↗**Finanzer(in), Finanzgebarung** (↗Gebarung), **Finanzsprecher(in)** (↗Sprecher)

Finanzamt A D das; -(e)s, ...ämter: ↗STEUERAMT CH STIR ›für die Einziehung von Abgaben zuständige Behörde‹: *Weil ehrenamtliche Arbeit unbezahlt geleistet wird, schlägt sie sich in keiner Statistik von Sozialversicherung oder Finanzamt nieder* (Standard 11. 1. 2003, Internet; A); *Wie schickt man die Erklärung per Internet an das Finanzamt?* (Bild 29. 2. 2000, 8; D) – Vgl. Finanz, Finanzbehörde

Finanzbehörde A D die; –, -n: ↗STEUERBEHÖRDE CH, ↗STEUERVERWALTUNG CH ›für alle Belange der Steuern verantwortliche Behörde‹: *Die angekündigte Computer-Vollausstattung der Finanzbehörden sei da weit dringlicher, konnte sich der Politiker bei der ersten Besichtigung eines Finanzamtes selbst ein Bild machen* (Kurier 23. 5. 1997, 11; A); *Die Finanzbehörde sucht Steuersünder im Web* (PC-Welt 1. 7. 2003, Internet; D) – Vgl. Finanz, Finanzamt

Finanzdelegation CH die; –, -en: ↗RECHNUNGSAUSSCHUSS A, ↗RECHNUNGSPRÜFUNGSAUSSCHUSS D ›parlamentarische Kommission, die die Bundesausgaben überprüft‹: *Der Bundesrat will ein weiteres Darlehen sprechen, doch die Finanzdelegation des Parlaments macht nicht mehr mit* (TA 1. 10. 1999, 9)

Finanzkaserne STIR die; –, -n: ›Gebäude der ↗Finanzpolizei‹: *Die alte Finanzkaserne an der Reschengrenze wird derzeit abgerissen* (Dolomiten 24. 8. 2000, 23)

Finanzkommission CH die; –, -en: ↗BUDGETAUSSCHUSS A, ↗HAUSHALTSAUSSCHUSS D ›aus Parlamentsmitgliedern zusammengesetztes Gremium, das über die Ausgaben des Bundes berät‹: *Die Finanzkommission übt die Aufsicht über den Bundes-*

haushalt aus. Sie prüft den Voranschlag und die Staatsrechnung der Schweizerischen Eidgenossenschaft (Bundesversammlung, 2000, Internet) – Vgl. Kommission

Finanzlandesdirektion A die; –, -en: ›dem ↗Ministerium unmittelbar unterstellte Ober- und Dienstbehörde der ↗Finanzämter und Zollämter mit Sitz in den ↗Bundesländern‹: *Auch hier hilft der Bezirksschulrat und nimmt, falls notwendig, Kontakt zur Gemeinde und Finanzlandesdirektion auf* (Voneinander lernen, 1996, 24) – Abk. FLD

Finanzpolizei STIR die; –, -en (Plur. ungebräuchl.) ⟨übersetzt aus ital. *guardia di finanza*⟩: ›Polizei, die die Einhaltung der Vorschriften im Steuer- und Zollwesen, im Warenverkehr und in der Geschäftsgebarung von Betrieben kontrolliert‹: *Zufällig fand die Finanzpolizei den Wagen bei einem Gebrauchtwagenhändler in Rom* (Dolomiten 15. 3. 2002, 17) – Dazu: **Finanzpolizeiposten**

Finanzprokuratur A die; –, -en ⟨aus frz. *finances* und ital. *procurare* ›Sorge tragen‹⟩: ›Vertretung des Bundes vor Gerichten und Verwaltungsbehörden‹: *Sowohl das österreichische Generalkonsulat in New York als auch die Finanzprokuratur in Wien ... verweigerten bisher die Annahme der jüngsten US-Sammelklage von Opfern des Holocaust* (Profil 28. 12. 2000, Internet)

Finanzwache STIR die; –, ohne Plur.: ›Behörde, die Grenzen und Küsten sowie die Steuergebarung von Geschäften, Gasthäusern etc. kontrolliert‹: *An der Vertragsunterzeichnung nahmen die Quästoren von Bozen und Belluno ... sowie Vertreter von Carabinieri und Finanzwache ... teil* (Neue Südtiroler Tagesztg 19. 10. 2000, 5) – In A früher

Finger: *durch die Finger schauen A (Grenzfall des Standards): ↗RÖHRE: *IN DIE RÖHRE GUCKEN CH D (ohne südost) ›nicht berücksichtigt werden; etw. nicht bekommen; leer ausgehen‹: *Und so kommt es eben, dass Wiener Anleger auch heuer wieder durch die Finger schauen, während anderswo die Kursfeuerwerke abbrennen* (Presse 12. 2. 1998, 15); ***sich alle zehn Finger abschlecken [können]** A D-mittelost/südost; ***sich die Finger schlecken [können]** CH D-südwest (Grenzfall des Standards) ›sehr froh sein müssen (etw. zu erhalten oder zu erreichen)‹: *Ich bin sehr, sehr glücklich, denn unter diesem Regisseur ... arbeiten zu dürfen – also, da kann sich eine Anfängerin wirklich alle zehn Finger abschlecken* (Kleine Ztg 28. 6. 1999, Internet; A); *Bis auf einen haben bis jetzt alle Lehrlinge die Prüfung bestanden, und ein jeder hat eine Stelle gefunden. Die Betriebe draussen »könnten sich die Finger schlecken«* (TA 27. 4. 1996, Internet; CH); ***sich alle zehn Finger nach etw. lecken** D (ohne südost) ›begierig auf etw. sein‹: *Es wurde erreicht, wonach sich andere Millionenstädte alle zehn Finger lecken würden* (Hamburger Abendbl 11. 10. 1999, Internet); ***sich etw. aus den Fingern zuzeln** A D-südost (Grenzfall des Standards) ›etw. frei erfinden; sich etw. aus den Fingern saugen‹: *Was, ihr wollt's 1200 neue Wohnungen im Jahr? Du glaubst wahrscheinlich, wir können uns die aus den Fingern zuzeln* (OÖN 6. 12. 1990, 15; A); ***jmdm. auf die Finger sehen/gucken** D ›jmdn. kontrollieren; jmdm. auf die Finger schauen‹: *In Brandenburg wollten sich die Fraktionen vom Rechnungshof gar nicht erst auf die Finger sehen lassen* (TAZ 8. 5. 2001, Internet) – Das Substantiv *Finger* ist in allen anderen Verwendungen gemeindt.

Fingerdock CH das; -s, -s: ↗FLUGGASTBRÜCKE D ›beweglicher, witterungsgeschützer Steg, der die Abflughalle mit dem Flugzeug verbindet‹: *Mit den 380 Millionen wird der bestehende Passagierterminal mit einem Fingerdock erweitert und die Infrastruktur ausgebaut* (TA 14. 6. 1999, 7)

Finken CH der; -s, – (Grenzfall des Standards): **1.** ↗PATSCHEN A D-südost, ↗SCHLAPFEN A D-südost, ↗SCHLARPE CH, ↗SCHLAPPEN CH D, ↗LATSCHEN D (ohne südost), ↗PUSCHEN D-nord, ↗SCHLUFFEN D-nord/mittelwest ›[warmer] Hausschuh; Pantoffel‹: *Vor dem Einstieg in die orange Druckkabine entledigten sich die drei Ballonfahrer ihrer Schuhe. Offenbar werden an Bord nur noch Finken getragen* (TA 29. 1. 1998, 14). **2.** (scherzh.); ↗PNEU CH ›mit Luft gefüllter [Auto]reifen; Luftreifen‹: *Bleiben für die Lagerung die Pneus auf den Felgen, sollten diese gestapelt oder aufgehängt werden. Werden jedoch nur die von den Felgen gelösten Finken aufbewahrt, sollten diese weder gestapelt noch aufgehängt werden* (Blick 23. 11. 1999, 25) – Zu 1.: ↗**Hüttenfinken**, ↗**Kletterfinken**

Finnenbahn CH die; –, -en: ›für Ausdauertraining angelegter Rundlauf von mehreren hundert Metern Länge, der mit Holzspänen ausgelegt ist‹: *Finnenbahnen werden im Wald oder in schattigen Bereichen angelegt, in der Sonne trocknet der Holzschnitzel-Belag zu sehr aus und wird vom Wind verweht* (Regierungsrat BS 24. 8. 2000, Internet)

fipsig D-nord/mittel Adj. (Grenzfall des Standards): ›klein [und kränklich]‹: *Sie hatte ... schwarze Knopfaugen in einem spitzen, fipsigen Gesicht* (Bick, Tödliche Ostern 100)

Firmenbuch A das; -(e)s, ...bücher: ↗HANDELSREGISTER CH D, ↗ÖFFENTLICHKEITSREGISTER LIE ›öffentliches Verzeichnis der Inhaber(innen) von Gewerbebetrieben‹: *Aktiengesellschaften und Gesellschaften mit beschränkter Haftung ... können die Gebühr für die Eintragung in das Firmenbuch zurückverlangen* (SN 8. 11. 1997, 9)

Firstbaum A der; -(e)s, ...bäume: ↗GLEICHENBAUM A, ↗AUFRICHTEBÄUMCHEN CH, ↗RICHTBAUM D ›beim

↗Firstfest auf den Dachfirst gestelltes, mit bunten Bändern geschmücktes Bäumchen‹: *Dank des schönen Wetters in den Sommermonaten war es möglich, bereits nach einer Bauzeit von zirka sechs Monaten den Firstbaum zu setzen* (Land Salzburg, Pressebüro, 1997, Internet)

Firstfeier A die; –, -n: ↗DACHGLEICHE A, ↗GLEICHENFEIER A, ↗AUFRICHTE CH, ↗RICHTFEST D ›Fest, das ein(e) Bauherr(in) mit Handwerkern und Bauarbeitern anlässlich der Fertigstellung des Dachstuhls feiert‹: *Im Rahmen der Firstfeier am 13. Dezember hat G. den Arbeitern das traditionelle »Gleichengeld« übergeben* (SN 15. 12. 1999, Internet)

Fisch: *weder Fisch noch Fleisch sein A D; ***weder Fisch noch Vogel sein** CH ›nicht zu bestimmen, einzuordnen sein; nichts Richtiges sein‹: *Die Krankenscheingebühr, eine pauschale Kopfsteuer, ist weder Fisch noch Fleisch, sondern nur ein fauler Kompromiss* (Kleine Ztg 8. 7. 1996, Internet; A); *Ebenso abwegig scheint uns eine verbreitete Zwischenlösung, die weder Fisch noch Vogel ist* (Rutishauser, Geschäftsbriefe 22; CH); *Für VFB-Coach Ralf R. dagegen war das Remis … weder Fisch noch Fleisch* (Rhein-Ztg 12. 4. 2000, Internet; D) – Das Substantiv *Fisch* ist in allen anderen Verwendungen gemeindt.

fischeln A CH sw.V./hat: ›[unangenehm] nach Fisch riechen‹: *Penetrant fischeln, räucheln oder nach Salz schmecken sollte er nicht* (Konsument 8/1997, 10; A); *Die aufgezählten Fische sind 100 % grätefrei. Frisch fischeln sie nicht und sehen aus wie ein Fleischplätzli* (Fachhochschule Aargau, Kochzirkel, 2001, Internet; CH)

fischen A CH D-mittelost/südost sw.V./hat: ↗ANGELN D ›(als Freizeitbeschäftigung) mit einer Angel Fische fangen‹: *Punkten möchte man vor allem mit Angeboten zum Fischen auf den Schlossteichen sowie Campingmöglichkeiten* (Neue Kronen Ztg 17. 2. 2000, Internet; A); *Und der heisse Tipp: An diesem Weiher darf jedermann nach Herzenslust fischen, ohne ein Patent lösen zu müssen* (Südostschweiz 9. 8. 2001, Internet; CH) – Die Bedeutungen ›berufsmäßig Fische fangen‹ und ›etw. aus einem Behältnis herausziehen‹ sind gemeindt. – Dazu: ↗**Fischenz** CH, ↗**Fischer(in)** A CH, ↗**Fischereipatent** CH, ↗**Fischerkarte** A, ↗**Fischkarte** D-südost

Fischenz CH die; –, -en: ›für die Fischerei genutzter Gewässerteil‹: *In privaten Fischenzen darf der Fischfang nur mit Zustimmung des Eigentümers oder des Pächters der Fischenz ausgeübt werden* (Fischereikonkordat Zug 31. 1. 2000, 2) – Vgl. fischen

Fischer Fischerin A CH der; -s, – bzw. die; –, -nen: ↗ANGLER D ›Person, die in ihrer Freizeit mit einer Angel Fische fängt‹: *»Meine Aufgabe ist es«, erklärt der begeisterte Hobbyfischer Norbert R., »festzustellen, ob der Fischer eine Berechtigung besitzt und ob die Fangregeln eingehalten werden«* (VN 17. 9. 1998, A 10; A); *Dem Fischer, der seinem bevorzugten Hobby am Gewässer nachgeht, ist oft nicht bewusst, wie wichtig es ist, dass sich engagierte Kollegen auf schweizerischer Ebene für die Erhaltung und Förderung der Fischerei einsetzen* (Schweizerischer Fischereiverband, 2002, Internet; CH) – Die Bedeutung ›Person, deren Beruf der Fischfang ist‹ ist gemeindt. Vgl. fischen

Fischereipatent CH das; -(e)s, -e: ↗FISCHERKARTE A, ↗ANGELSCHEIN D, ↗FISCHKARTE D-südost ›behördlich ausgestellte Erlaubnis zum nicht gewerbsmässigen ↗Fischen‹: *Das Fischereipatent war damals für mich im Tessin fast unerschwinglich, es kostete über 35 Franken* (Hartmann, Eis 66) – Vgl. Patent

Fischerkarte A die; –, -n: ↗FISCHEREIPATENT CH, ↗ANGELSCHEIN D, ↗FISCHKARTE D-südost ›behördlich ausgestellte Erlaubnis zum nicht gewerbsmäßigen ↗Fischen‹: *Wenn Sie diese Gewässer aber auch von dieser Seite befischen wollen, dann benötigen Sie eine Fischerkarte für das Land Niederösterreich* (Angelsportverein Steyr, 2001, Internet)

Fischkarte D-südost die; –, -n: ↗FISCHERKARTE A, ↗FISCHEREIPATENT CH, ↗ANGELSCHEIN D ›behördlich ausgestellte Erlaubnis zum nicht gewerbsmäßigen ↗Angeln‹: *Eine Angelgebietskarte kann käuflich im Buchhandel in Schweden … erworben werden, die »Fiskeguide« genannt wird. Zusätzlich benötigt man eine gültige Fischkarte, die man vor Ort käuflich erwerben kann* (Stadt Gopshus 19. 8. 2002, Internet) – Vgl. fischen

Fiskalabgabe CH die; –, -n: ›(indirekte) Steuer‹: *Die Fiskalabgabe bildet einen Beitrag zur Deckung der durch den Alkoholkonsum verursachten sozialen Kosten* (Eidg. Alkoholverwaltung, 2001, Internet)

Fiskalquote CH die; –, -n: ›Verhältnis von Steuern und Abgaben zum Bruttosozialprodukt‹: *Wie fast überall in Europa ist die Fiskalquote, das Verhältnis sämtlicher Steuern und Abgaben zum Bruttoinlandprodukt, auch in der Schweiz gestiegen* (TA 29. 9. 1999, 2)

Fiskus (gemeindt.): ↗FINANZ, ↗STEUERVOGT

Fisole A (ohne west) die; –, -n ⟨über ital. *fagiolo* ›Bohne‹ aus griech. *phaséolos* ›Kahn‹⟩: ↗STRANKERL A-südost (Ktn.) ›längliche, dünne, grüne oder gelbe Schote der Busch- und Stangenbohne; Bohne‹: *Frau Csepek, die im Nachbarhaus wohnte, hatte sie angesprochen, ob sie sich nicht um ihren Gemüsegarten kümmern wolle, ein schmales Kartoffelbeet, Tomatenstauden, Fisolen, Krenwurzen auch* (Hackl, Abschied von Sidonie 64) – Dazu: **Fisolengulasch** (↗Gulasch), **Fisolensalat**

Fisselhaar D-nordwest/mittelwest das; -(e)s, -e: ›sehr dünnes Haar ohne Spannkraft‹: *Auch wer feines Fisselhaar mit sich rumträgt, darf von Rapunzel träumen* (Allegra 11/1997, 128)

Fitnessparcours A CH LUX der; –, – [...p'ark'u:r CH LUX, ...par'ku:ɐ̯ A]: ↗FORSTMEILE A-west (Tir.), ↗VITA-PARCOURS CH, ↗TRIMM-DICH-PFAD D STIR ›[durch den Wald führender] Weg mit Turngeräten und Anweisungen für gymnastische Übungen‹: *Beispiele dafür sind etwa die Umgestaltung des Angelibades ... und die Errichtung eines Beach-Volleyballplatzes neben einem Fitnessparcours* (Kurier 16. 5. 2000, 8; A); *[Es] wird ein Fitnessparcours durch das Gelände geführt, welcher sich im benachbarten Quartier fortsetzt* (Bund 17. 8. 1996, 26; CH); *Ein Freiluftbad, Tennis-Platz und -halle, Fitnessparcours ... am besten sie informieren sich bei TOURIST-INFO* (Gemeinde Grevenmacher, 2002, Internet; LUX)

Fitschigogerln siehe Pfitschigogerln

fix ⟨aus lat. *fixus* ›fest, bleibend‹⟩: **1.** A D-süd Adj. ›ständig, dauernd‹: *Bei Wettkampfsportlern steht vor allem regelmäßiges Hanteltraining für die Oberarme und Schultern auf dem fixen Fitnessprogramm* (Anima 11/1997, 19; A). **2.** A D-mittelost/südost Adv. ›endgültig, definitiv‹: *Noch ist die Truppe der Klestil-Sympathisanten nicht komplett, und noch haben auch nicht alle Wunschmitglieder fix zugesagt* (News 6. 11. 1997, 29; A); ***nix ist fix** A D siehe nix. **3.** D Adj.; ↗WIESELFLINK CH D ›schnell‹: *Der Penner rappelte sich ganz fix und ganz ohne Krücke hoch* (Karr & Wehner, Geierfrühling 7). **4.** ***fix und alle sein** D-nordost/mittel (Grenzfall des Standards): ↗ZAHNFLEISCH: *AM ZAHNFLEISCH GEHEN/[DAHER]KRIECHEN A; *AUF DEM ZAHNFLEISCH GEHEN/KRIECHEN CH D (ohne südost) ›total erschöpft sein; fix und fertig sein‹: *Abends nach dem Job fix und alle, null Lust auf die heiße Disco-Nacht?* (Freundin 19/1997, 96) – Zu 1.: **Fixanstellung, Fixangestellte(r)**

Fixerstube D die; –, -n: ↗FIXERSTÜBLI CH, ↗GASSENZIMMER CH, ↗DRUCKRAUM D, ↗KONSUMRAUM D ›öffentlicher, bewachter Raum für den Drogenkonsum‹: *In Münster wurde gestern die landesweit erste Fixerstube eröffnet* (TAZ 5. 4. 2001, Internet)

Fixerstübli CH das; -s, –: ↗GASSENZIMMER CH, ↗DRUCKRAUM D, ↗FIXERSTUBE D, ↗KONSUMRAUM D ›öffentlicher, bewachter Raum für den Drogenkonsum‹: *In der Romandie müssen sich Drogenabhängige ihren Schuss künftig nicht mehr auf der Gasse setzen. Am 1. Juli öffnet in Genf das erste Fixerstübli der Westschweiz seine Türen* (Medical Tribune 31. 5. 2001, Internet) – Vgl. Stübli

fixfertig A-west (Vbg.) CH Adj. (nicht steigerbar): ›zur Gänze fertig; fix und fertig‹: *Später gab es diese Zäune als so genannte Jägerzäune zu einsachtzig langen Teilstücken, fixfertig montiert, in den Supermärkten zu kaufen* (Köhlmeier, Moderne Zeiten 84; A-west); *Hier ein Rohbau, dort eine Leerstelle und unmittelbar daneben der fixfertige Bahnhof* (Hürlimann, Besuch 58; CH)

Fixleintuch CH das; -(e)s, ...tücher: ↗SPANNLEINTUCH A D-südwest, ↗SPANNBETTLAKEN D-nord/mittel, ↗SPANNBETTTUCH D-mittelwest/süd, ↗SPANNLAKEN D-nordost ›Tuch, das mit Hilfe eines eingenähten Gummibandes über die Matratze gespannt wird‹: *Für gewöhnlich erwache ich nämlich an Sonntagen weder am weissen Sandstrand der Copacabana noch in einem Wasserbett auf den Malediven, sondern zu Hause auf meinem gelben Fixleintuch* (TA 17. 2. 1999, 71) – Vgl. Leintuch

Flab CH die; –, -s (Kurzwort, Militär): ↗FLIEGERABWEHR A CH ›Abwehr feindlicher Flugkörper vom Boden aus; Flugabwehr‹: *Die Flab macht schlapp! Auch die Rekrutenschule bleibt von der Grippewelle nicht verschont* (Blick 24. 3. 1999, 32)

Flächennutzung D die; –, -en: ↗FLÄCHENWIDMUNG A, ↗EINZONUNG CH ›Nutzung von Gemeindeflächen für bestimmte Zwecke‹: *Angesichts der dichten Besiedlung und der starken Industrialisierung ist ... eine typisch großstädtische Flächennutzung festzustellen* (Stadt Hamburg 4. 6. 2002, Internet) – Dazu: ↗**Flächennutzungsplan**

Flächennutzungsplan D der; -(e)s, ...pläne: ↗FLÄCHENWIDMUNGSPLAN A, ↗ZONENORDNUNG CH, ↗ZONENPLAN CH, ↗BAULEITPLAN D STIR ›von der Gemeinde erstellter Plan, der die beabsichtigte Nutzung der Gemeindeflächen regelt und veranschaulicht‹: *Weiter brauchen kein Flächennutzungsplan und kein Landschaftsplan finanziert werden* (Straubinger Tagbl 7. 4. 1998, 18) – Vgl. Flächennutzung

Flächentarif D der; -(e)s, -e: ›in einem größeren Gebiet gültiger Vertrag über Löhne und Gehälter‹: *Heftiger Streit um Flächentarife* (Welt 31. 1. 1997, Internet) – Vgl. Tarifvertrag – Dazu: **Flächentarifvertrag**

Flächenwidmung A die; –, -en: ↗EINZONUNG CH, ↗FLÄCHENNUTZUNG D ›Nutzung von Gemeindeflächen für bestimmte Zwecke‹: *Der Plan sah weiter vor, im Zuge der Bauarbeiten die Flächenwidmung auf einen Baumarkt umändern zu lassen* (Profil 29. 11. 1998, Internet) – Dazu: ↗**Flächenwidmungsplan, Flächenwidmungsverfahren**

Flächenwidmungsplan A der; -(e)s, ...pläne: ↗ZONENORDNUNG CH, ↗ZONENPLAN CH, ↗FLÄCHENNUTZUNGSPLAN D, ↗BAULEITPLAN D STIR ›von der Gemeinde erstellter Plan, der die beabsichtigte Nutzung der Gemeindeflächen regelt und veranschaulicht‹: *Die rechtlichen Rahmenbedingungen sind in den ver-*

schiedenen Raumordnungsgesetzen der Länder sowie den Flächenwidmungsplänen und Bebauungsplänen der Gemeinden niedergelegt (Ortner, Bauhandbuch 35) – Vgl. Flächenwidmung

Flachse A D-südost die; –, -n: ↗FLECHSE D-südwest ›Sehne, bes. bei zu verzehrendem Fleisch‹: *Die Kruste quer im Mund, sie beförderte das Stück wieder heraus, legte es auf den Teller, Schwarten, Flachsen, Missbildungen* (Glantschnig, Mirnock 38; A) – Dazu: **flachsig**

fladern A sw.V./hat (salopp, Grenzfall des Standards): ↗MAUSEN D, ↗MOPSEN D (ohne südost) ›entwenden, stehlen‹: *Keine Band der Welt ... bringt das kaputte Kofferradio einer alten Mutti wieder zum Singen, weil ihr die Rotzpippen von Sohn die Ersparnisse fladert* (Brödl, Blutrausch 14)

Flädle A-west (Vbg.) D-südwest das; -s, –: ↗FRITTATE A, ↗FLÄDLI CH ›in dünne Streifen geschnittene ↗Omeletten als Suppeneinlage‹: *Die Bouillon erhitzen, pikant abschmecken und die Flädle darin warm werden lassen* (VN 10. 1. 1997, Magazin 22; A-west); *Die Pfannkuchen kurz abkühlen lassen, aufrollen und in möglichst dünne Streifen, »Flädle«, schneiden* (Deutsche Post 19. 8. 2000, Internet; D-südwest) – Dazu: **Flädlesuppe**

Flädli CH das; -s, –: ↗FRITTATE A, ↗FLÄDLE A-west (Vbg.) D-südwest ›in dünne Streifen geschnittene ↗Omeletten als Suppeneinlage‹: *Flädli sind eine ideale Verwertung von übrig gebliebenen Omeletten* (Seniorweb, 2000, Internet) – Dazu: **Flädlisuppe**

Flair CH das; -s, ohne Plur. [flɛːr] ⟨aus frz. *flair* ›Geruchssinn, Spürsinn‹⟩: ›Gespür; feiner Instinkt‹: *Ihr zukünftiger Chef ... sucht zu seiner Entlastung eine an selbständiges Arbeiten gewöhnte, kontaktfreudige Direktions-Assistentin mit Flair für Personalfragen* (Annabelle 14. 11. 1997, Pinboard 18) – Die Bedeutung ›(angenehme) Atmosphäre‹ ist gemeindt. – Dazu: **Zahlenflair**

Flaneur (gemeindt.): ↗BUMMLER/BUMMLERIN

flanieren (gemeindt.): ↗BUMMELN, ↗LÄDELEN

Flaniermeile D die; –, -n: ›lange, [meist breite] zum Flanieren geeignete Straße; Promenade‹: *Tagsüber schlendert sie durch Museen ..., sitzt in Bistros beim Cafe au lait und beobachtet die Flaniermeile* (BamS 26. 10. 1997, 62)

Flappe D-nord/mittelwest die; –, -n: ↗FLUNSCH D (ohne südost) ›verdrießlich verzogener Mund‹: *Alle hängen mit einer solchen Flappe durch die Gegend, wenn man morgens in die U-Bahn kommt* (Familienhandbuch, 2004, Internet); ***eine Flappe ziehen** siehe ziehen – Vgl. Fresse, Klappe, Schnauze

Flaschenpfand (gemeindt.): ↗DEPOT

Flaschner Flaschnerin D-südwest der; -s, – bzw. die; –, -nen: **1.** ↗SPENGLER A CH D-südost, ↗BLECHNER D-südwest, ↗KLEMPNER D (ohne südost) ›Person, die berufsmäßig Blechteile für verschiedene Verwendungszwecke verfertigt (z. B. Blechdächer, Dachrinnen etc.)‹: *Das Gebäude ... wurde im Zuge der Renovierung, die jüngst stattfand, mit einem modernen Blechdach von Flaschner Gutbrod ausgestattet* (Fa. Flaschner Gutbrod, 26. 3. 2003, Internet). **2.** ↗INSTALLATEUR A D, ↗SANITÄRINSTALLATEUR CH D, ↗BLECHNER D-südwest, ↗KLEMPNER D (ohne südost), ↗SPENGLER D-südost, ↗HYDRAULIKER STIR ›Person, die berufsmäßig Gasleitungen, Heizungen, Wasser- und Sanitäranlagen installiert und repariert‹: *Otto, das Familienoberhaupt, war Flaschnermeister, er war der einzige in der Straße, der sich etwas einrichten konnte, was man, zumindest in der Traubergstraße, ein Bad nannte* (Walser, Ehen 47) – In D-südost selten, nur im Nürnberger Raum – Dazu: **Flaschnerei, Flaschnermeister(in)**

flattieren CH sw.V./hat: **1.** ›schöne Worte an jmdn. richten; schmeicheln‹: *Sie sei ein Schatz, flattierte er dem Fräulein, das von ihm ebenfalls partout nicht mit Frau angeredet werden wollte* (Bucher, Unruhen 52). **2.** ›liebkosen zwischen Mensch und Tier‹: *Abgesehen von den Befehlshilfen beim Reiten und Fahren bleibt der tägliche Kontakt mit dem Tier über das Reden, Flattieren, Reichen von Belohnungshäppchen wichtigste »Gesprächsart«* (Zürcher Tierschutz, 2001, Internet)

Flaumer CH der; -s, –: ›Gerät mit Baumwollzotten zur Reinigung des Bodens; Mopp‹: *Achten Sie bitte auch darauf, dass die Flaumer beim Reinigen der Zimmer nur nach dem Hinterhof ausgeschüttelt werden* (Hausordnung Nidwaldner Ferienhaus Contra TI, 2002, Internet)

flaumig A Adj.: ›weich, locker (von Teig, Kuchen u. Ä.)‹: *Außen knusprig, innen flaumig, mit zartem Buttergeschmack, feinem Duft und in ebenmäßiger Sichelform – so soll das perfekte Germgebäck Auge, Nase und Gaumen erfreuen* (Standard 20. 6. 2004, Internet) – Die Bedeutung ›mit Flaum bedeckt, aus Flaum bestehend‹ ist gemeindt.

FLD siehe Finanzlandesdirektion

Flechse D-südwest die; –, -n (selten): ↗FLACHSE A D-südost ›Sehne, bes. bei zu verzehrendem Fleisch‹: *War das Kind wieder gesund? Gott bewahre, das Bein hing nur so an der Flechse* (Universität Bielefeld 30. 9. 1998, Internet) – Dazu: **flechsig**

Fleck: 1. A der; -(e)s, -e; ↗BLECHKUCHEN A D, ↗WÄHE CH D-südwest ›flacher, mit ↗Germ zubereiteter und mit ↗Früchten belegter Kuchen, der auf dem Backblech gebacken wird‹: *Den Teig 3 Finger hoch zu* *einem runden Fleck ausrollen, in eine gut befettete Tortenform legen, aufgehen lassen, mit Ei bestreichen, bei Mittelhitze backen* (Firma Thea online, 2000, Internet). **2.** A D-südost der; -(e)s, -e; ↗FLECKERL A D-südost, ↗FLICK CH, ↗FLICKEN CH D (ohne südost) ›kleiner Stoffrest‹: *Stoffreste wurden Freunde, Musterflecke, ich schnitt die ausgefransten Ränder gerade, zerschnitt die größeren Flecke in kleinere* (Glantschnig, Mirnock 37; A). **3.** A der; -(e)s, -e (salopp, Grenzfall des Standards); ↗FETZEN A, ↗PINSCH A-mitte/ost ›schlechteste Schulnote‹: *Derzeit entscheidet die Klassenkonferenz im Einzelfall, ob ein Schüler mit nur einem »Fleck« aufsteigen darf* (SN 3. 9. 2002, Internet). **4.** D-mittelost der; -(e)s, -e bzw. die; –, -e; ↗KUTTEL A CH D-süd, ↗KUTTELFLECK A D-süd, ↗KALDAUNE D (ohne südost) ›Speise vom Magen oder Darm (des Rindes oder Kalbes)‹: *Fleck ist der Sammelbegriff für Mägen und Darm des Rindes* (Rezeptewelt, 2003, Internet) – Zu 3 vgl. Fünfer, Genügend. Andere Bedeutungen sind gemeindt. – Zu 1.: **Heidelbeerfleck** (↗Heidelbeere), **Kirschenfleck, Marillenfleck** (↗Marille), **Ribiselfleck** (↗Ribisel), **Zwetschkenfleck** (↗Zwetschke)

Fleckerl das; -s, -n: **1.** A D-südost (Grenzfall des Standards) ›kleine verschmutzte Stelle, kleiner Fleck‹: *In einer Zeit des kollektiven Waschzwangs und des Sauberkeitsdranges stellt jedes Fleckerl eine Trübung der Ästhetik dar* (Presse 30. 8. 1997, Internet; A). **2.** A D-südost (Grenzfall des Standards) ›Fleckchen Erde; Fleck, Landstrich, Ort, Platz‹: *Das schönste Fleckerl Oberösterreichs ist für Heinz M. … Bad Ischl* (OÖN 15. 9. 1999, Internet; A). **3.** A D-südost (Grenzfall des Standards); ↗FLECK A D-südost, ↗FLICK CH, ↗FLICKEN CH D (ohne südost) ›kleiner Stoffrest‹: *Jedes Fleckerl wird fest vernäht* (Kurier 20. 1. 2000, Internet; A). **4.** A (meist Plur.) ›Teigwaren in Form kleiner Quadrate oder Rauten, die meist mit anderen Zutaten wie Schinken, ↗Kraut, Wurst etc. vermischt, als Hauptspeise serviert werden‹: *Fleckerln in Salzwasser weich kochen, abseihen und gut abtropfen lassen* (Firma Thea online, 2000, Internet) – Zu 3.: ↗**Fleckerlteppich.** Zu 4.: **Fleckerlspeise, Fleckerlsuppe, Krautfleckerln** (↗Kraut), **Schinkenfleckerln, Wurstfleckerln**

Fleckerlteppich A D-südost der; -s, -e: **1.** ↗FLICKENTEPPICH CH D (ohne südost) ›aus Streifen von Stoffresten hergestellter Teppich‹: *Inzwischen warf sie die Fleckerlteppiche, die nur mehr aus zusammenhängenden Fetzen bestanden, vors Haus auf die Wiese* (Schöpf, Ausgedingler 26; A). **2.** ↗FLICKENTEPPICH CH D (ohne südost) ›etw., das aus kleinen Teilen zusammengesetzt ist; Stückwerk‹: *An die Stelle des »Fleckerlteppichs« von unzähligen kleinen Territorien traten »Mittelstaaten« wie Bayern, Baden und Württemberg* (Floiger, Stationen 181; A) – Vgl. Fleckerl

Flederwisch A D-ost/süd der; -(e)s, -e: ↗FEDERWISCH D-nordost ›Staubwedel aus einem Büschel Federn‹: *… Ohrringe unterm Teppich verstecken, in Herrchens schwarzer Tasche stöbern, Mutters Einkaufswagerl inspizieren, Ballspielen, den Flederwisch zerfetzen …* (Katzenhobbyzucht Wien, 2003, Internet; A); *Die handfesten Streitereien zwischen Kattl und Theres, die mit Flederwisch und Regenschirm aufeinander losgehen, führten zu anhaltendem Szenenapplaus* (Passauer Neue Presse 1. 5. 2001, Internet; D-ost/süd)

Fleet D-nord (bes. Hamburg) der/das; -(e)s, -e: ›schiffbarer Kanal in Küstenstädten‹: *Ein kleines Mädchen schwebte nach einem Sturz in einen Fleet in Hamburg-Allermöhe am Dienstagnachmittag in Lebensgefahr* (Hamburger Morgenpost 2. 4. 2002, Internet); *Die Waren wurden über das Fleet angefahren, das Alster und Elbe miteinander verbindet* (DDVG Hamburg, 2003, Internet)

Fleischbeschau A D die; –, -en: **1.** ↗FLEISCHSCHAU CH ›nach der Schlachtung vorgenommene amtliche Kontrolle des für die menschliche Nahrung bestimmten Fleisches‹: *Vom Tierarzt wird vor der Schlachtung eine Lebendbeschau und nach der Schlachtung eine Fleischbeschau durchgeführt* (TT 29. 12. 2000, Internet; A); *Wie die Fleischbeschau künftig durchgeführt wird, weiß Franz L., Abteilung Veterinärwesen im Landratsamt, momentan noch nicht* (Straubinger Tagbl 7. 4. 1998, 13; D). **2.** ↗FLEISCHSCHAU CH ›lüsterne Betrachtung nackter oder leicht bekleideter Körper‹: *Respektlose Fleischbeschau hat Miss-Wahl-Organisatorin Dagmar P. ersatzlos gestrichen* (Kleine Ztg 21. 2. 1999, Internet; A); *Vor dem Austragungsort des Wettbewerbs, dem umstrittenen Millennium-Dom, protestierten 200 Demonstrantinnen gegen die »frauenfeindliche Fleischbeschau«* (Rhein-Ztg 1. 12. 2000, Internet; D) – Zu 1.: **Fleischbeschauer(in)**

Fleischer Fleischerin A D-nord/mittel der; -s, – bzw. die; –, -nen: ↗FLEISCHHAUER A, ↗FLEISCHHACKER A-ost, ↗METZGER A-west CH D-mittelwest/süd, ↗SCHLACHTER D-nord/mittelwest ›Person, die Vieh schlachtet, zu Fleisch- und Wurstwaren verarbeitet und verkauft‹ /Berufsbezeichnung/: *Wenden Sie sich deshalb an den Fleischer Ihres Vertrauens, der Sie fachkundig berät* (Wellness 10/1997, Beilage, 7; A); *Laut Wolfgang L. vom Deutschen Fleischer-Verband wirft kein Verbraucher eine schmierige Wurstpackung oder eine klebrige Brötchentüte in den Gelben Sack, der noch eine Woche im Keller vor sich hin muffelt, bevor er abgeholt wird* (FR 29. 5. 1998, 13; D-nord/mittel) – In A formell – Dazu: ↗**Fleischerei, Fleischereibetrieb, Fleischerinnung** (↗Innung), **Fleischermeister(in), Fleischermesser, Fleischertheke** (↗Theke) D

Fleischerei A D-nord/mittel die; –, -en: ↗FLEISCHHAUEREI A, ↗FLEISCHHACKEREI A-ost, ↗METZGE-

REI A-west CH D-mittel/süd, ↗METZG CH, ↗SCHLACHTEREI D-nord ›Betrieb und Geschäft, in dem Fleisch- und Wurstwaren hergestellt und gekauft werden können‹: *Aus einer Fleischerei tritt ein Schwarzer, herzhaft in eine Leberkässemmel beißend* (Jaschke, Illusionsgebiet 59; A); *Wenn's um die Wurst geht, ist man bei der Fleischerei V. im Herner Stadtteil Sodingen genau an der richtigen Adresse* (BamS 26. 10. 1997, 90; D-nord/mittel) – Vgl. Fleischer – Dazu: **Fleischereibetrieb**

Fleischfondue (gemeindt.): ↗FONDUE

Fleischhacker: **1. Fleischhacker Fleischhackerin** A-ost der; -s, – bzw. die; –, -nen (veraltend); ↗FLEISCHHAUER A, ↗FLEISCHER A D-nord/mittel, ↗METZGER A-west CH D-mittelwest/süd, ↗SCHLACHTER D-nord/mittelwest ›Person, die berufsmäßig Vieh schlachtet und zu Fleisch- und Wurstwaren verarbeitet‹: *Es blieb F. A., dem ältesten Routinier des Gewerbes überlassen, seine filmischen Unsäglichkeiten der sechziger Jahre mit der Alterstrilogie vom aufmüpfigen Fleischhacker Karl Bockerer vergessen zu machen* (OÖN 18. 3. 2000, 6). **2.** A der; -s, – (abwertend); ›grober, roher Mensch‹: *Die taffen Boys & Girls werden von Fleischhacker-Ausbildnern geschliffen, bis das Blut spritzt* (Skip 2/1998, 30) – Zu 1.: ↗**Fleischhackerei**

Fleischhackerei A-ost die; –, -en (veraltend): ↗FLEISCHHAUEREI A, ↗FLEISCHEREI A D-nord/mittel, ↗METZGEREI A-west CH D-mittel/süd, ↗METZG CH, ↗SCHLACHTEREI D-nord ›Betrieb und Geschäft, in dem Fleisch- und Wurstwaren hergestellt und verkauft werden‹: *Und mit der Rosi-Tant war sie auch zerstritten, weil die wollt ihr immer das schlechte Fleisch zuwihaun, was ihre Kundschaft nicht genommen hat in der Fleischhackerei* (Auer, Küss die Hand, 1996, Internet) – Vgl. Fleischhacker

Fleischhammer D der; -s, …hämmer (Küche): ↗SCHNITZELKLOPFER A, ↗FLEISCHKLOPFER CH D ›kleiner Schlägel mit Eisennoppen zum Weichklopfen von Fleischscheiben‹: *Das sorgfältig gewaschene Hähnchen … zwischen zwei Lagen Klarsichtfolie … mit dem Fleischhammer flach klopfen* (Webkoch 1. 10. 2000, Internet)

Fleischhauer Fleischhauerin A der; -s, – bzw. die; –, -nen: ↗FLEISCHHACKER A-ost, ↗FLEISCHER A D-nord/mittel, ↗METZGER A-west CH D-mittelwest/süd, ↗SCHLACHTER D-nord/mittelwest ›Person, die berufsmäßig Vieh schlachtet und zu Fleisch- und Wurstwaren verarbeitet‹: *Theresia Wamperl war eine ordentliche Hausfrau, ihr Mann war Hausmeister und sie half manchmal im Laden des Fleischhauers Alois Blunzinger aus* (Frank, Kommissar 74) – Dazu: ↗**Fleischhauerei, Pferdefleischhauer(in)**

Fleischhauerei A die; –, -en: ↗FLEISCHHACKEREI A-ost, ↗FLEISCHEREI A D-nord/mittel, ↗METZGEREI A-west CH D-mittel/süd, ↗METZG CH, ↗SCHLACHTEREI D-nord ›Betrieb und Geschäft, in dem Fleisch- und Wurstwaren hergestellt und verkauft werden‹: *Verpfuschtes Leben, die Frau betrügt mich nach Strich und Faden, der Bub will die Fleischhauerei nicht übernehmen, studieren will er, der Trottel, und so weiter* (Jaschke, Illusionsgebiet 89) – Vgl. Fleischhauer

Fleischkäs A-west (Tir.) der; -es, ohne Plur.: siehe Fleischkäse

Fleischkäse A-west (Tir.) CH D-südwest der; -s, –: ↗LEBERKÄSE A D ›in einer Form gebackene Speise aus durch den Fleischwolf gedrehtem Fleisch, die in Scheiben geschnitten serviert und heiß oder kalt verzehrt wird‹: *In einem gut eingerichteten Verarbeitungsraum veredeln die Schüler das Verarbeitungsfleisch zu wertvollen Fleischprodukten, wie Haus- und Weißwürste, Fleischkäse, Extrawurst usw.* (Fleischverarbeitung Imst, 2003, Internet; A-west); *Sein Eingeklemmtes mit Fleischkäse kauend, denkt Felber bitter an Grüter, der trotz aller Verbundenheit heute ein Spürchen länger schlafen würde* (Biehler, Nachbrand 30; CH) – In CH auch in der dialektnahen Form *Fleischchäs*, in A-west (Tir.) auch in der Form *Fleischkäs* (der; -es, ohne Plur.) – Dazu: **Fleischkässemmel** (↗Semmel) A

Fleischklopfer CH D der; -s, –: ↗SCHNITZELKLOPFER A, ↗FLEISCHHAMMER D ›kleiner Schlägel mit Eisennoppen zum Weichklopfen von Fleischscheiben‹: *Und jetzt klatscht er endlich den Fleischklopfer auf das Bio-Kalbfleisch von der Schulter, haut drauf und schlägt und schlägt, bis es gleichmässig dünn ist* (Salz & Pfeffer 1/2002, Internet; CH); *Den Kümmel mit einem großen Messer fein hacken, dann … mit einem Fleischklopfer zerkleinern* (WDR 24. 8. 2001, Internet; D)

Fleischküchle D-südwest das; -s, –: ↗FASCHIEREN: *FASCHIERTE LAIBCHEN A, ↗FLEISCHLAIBCHEN A, ↗HACKTÄTSCHLI CH, ↗BEEFSTEAK: *DEUTSCHE BEEFSTEAK D-nord/mittelost, ↗BULETTE D-ost, ↗FLEISCHPFLANZERL D-südost, ↗FRIKADELLE D-nordwest/mittelwest, ↗KLOPS D-mittelost ›gebratene Speise aus gehacktem Fleisch, eingeweichtem Brot, Ei und Gewürzen, in kleiner, rundlicher Form‹: *Menü 1: Ein großes Fleischküchle, Ketchup, Kartoffelsalat, Dessert* (Universität Stuttgart, 1995, Internet)

Fleischlaberl A-ost/südost das; -s, -n: siehe Fleischlaibchen

Fleischlaibchen A das; -s, –: ↗FASCHIEREN: *FASCHIERTE LAIBCHEN A, ↗HACKTÄTSCHLI CH, ↗BEEFSTEAK: *DEUTSCHE BEEFSTEAK D-nord/mittelost, ↗BULETTE D-ost, ↗FLEISCHKÜCHLE D-südwest, ↗FLEISCHPFLANZERL D-südost, ↗FRIKADELLE

D-nordwest/mittelwest, ↗KLOPS D-mittelost ›gebratene Speise aus gehacktem Fleisch, eingeweichtem Brot, Ei und Gewürzen, in flachgedrückter, rundlicher Form‹: *Parallelen mit der Infiltration Europas durch weiche Fleischlaibchen, braune Getränke und abgetragene Arbeiterhosen aus den USA bieten sich an* (Fembek, Keine Angst 26) – Auch in der Form *Fleischlaiberl* (das; -s, -n) und in A-ost/südost in der standardisierten Dialektform *Fleischlaberl* (das; -s, -n) gebräuchlich

Fleischlaiberl A das; -s, -n: siehe Fleischlaibchen

Fleischmaschine A (ohne west) die; –, -n: ↗FASCHIERMASCHINE A ›Gerät zur Zerkleinerung von Fleisch; Fleischwolf‹: ... *gleich viel Petersil und Kerbelblätter, dann etwas weniger Basilikum, Liebstöcklblätter, etwas Ysopp, ein Zeherl Knofel, eine kleine Zwiebel und 15 Deka Bauernspeck zweimal durch die Fleischmaschine drehen* (OÖN 10. 4. 1999, 24) – Dieses Gerät wird im Ggs. zum *Fleischwolf,* der vor allem in Großbetrieben Verwendung findet, nur im Haushalt gebraucht

Fleischpflanzerl D-südost das; -s, -n: ↗FASCHIEREN: *FASCHIERTE LAIBCHEN A, ↗FLEISCHLAIBCHEN A, ↗HACKTÄTSCHLI CH, ↗BEEFSTEAK: *DEUTSCHE BEEFSTEAK D-nord/mittelost, ↗BULETTE D-ost, ↗FLEISCHKÜCHLE D-südwest, ↗FRIKADELLE D-nordwest/mittelwest, ↗KLOPS D-mittelost ›gebratene Speise aus gehacktem Fleisch, eingeweichtem Brot, Ei und Gewürzen, in kleiner, rundlicher Form‹: *Viele werden es getan haben, gleichzeitig, an verschiedenen Orten, und die unterschiedlichen Namen bezeugen es ja auch: Fleischbengelchen, Boulette, Fleischpflanzerl, Hasenohr, Fleischplätzchen* (Timm, Currywurst 12)

Fleischschau CH die; –, -en: **1.** ↗FLEISCHBESCHAU A D ›nach der Schlachtung vorgenommene amtliche Kontrolle des für die menschliche Nahrung bestimmten Fleisches‹: *Im Gegensatz zu den Lebensmitteln nicht tierischen Ursprungs ... ist u. a. jedes Rind der obligatorischen Fleischschau unterstellt* (Regierungsratsprotokoll Zürich 26. 4. 1995, Internet). **2.** ↗FLEISCHBESCHAU A D ›Zurschaustellung nackter oder leicht bekleideter Körper‹: *Immerhin begeben wir uns zu einer ungehemmten Fleischschau: sieben formvollendete Männerkörper, gestählte Brustkasten, stramme Waden, blanke Pobacken warten* (NLZ 9. 3. 2000, Internet) – Zu 1.: **Fleischschauer(in)**

Fleischvogel CH der; -s, ...vögel: ↗RINDSVÖGERL A D-südost, ↗ROULADE A D ›fein gehacktes [Rind]fleisch, umwickelt mit Speck und einem dünnen Stück [Kalb]fleisch, zusammengehalten mit einem Zahnstocher‹: *W. türmt zum dritten Mal. Als er Wochen später im »Tell« in Ostermundigen bei Kartoffelstock und Fleischvogel sitzt, packen ihn die Polizisten wieder am Kragen* (Blick 28. 11. 1997, 2) – Dazu: **Kalbfleischvogel, Rindfleischvogel**

Fleischwolf (gemeindt.): ↗FASCHIERMASCHINE, ↗FLEISCHMASCHINE

Flesserl A das; -s, -n ⟨nach der dialektalen Aussprache von *Flößer*⟩: ›kleines [mit Salz, Kümmel oder Mohn] bestreutes Gebäck in geflochtener Form‹: ... *einen Germteig bereiten und Semmerl, Flesserl oder Weckerl formen, mit Sesam, Mohn, Kümmel oder Anis bestreuen* (OÖN 19. 8. 1987, 4) – Durch den Handel ist das ursprünglich auf OÖ beschränkte und als Votivgabe der Flößer verbreitete Gebäck zunehmend in ganz A bekannt. Vgl. Weckerl – Dazu: **Mohnflesserl**

Flick CH der; -(e)s, -e: ↗FLECK A D-südost, ↗FLECKERL A D-südost, ↗FLICKEN CH D (ohne südost) ›Stück Stoff oder anderes Material zum Ausbessern von Textilien u. a.‹: ... *defekte Stelle zum Reparieren über Wasserspiegel anheben ... Stelle mit Reinbenzin reinigen. Aus dem Reparatur-Set ... einen kleinen Flick herausschneiden* (AquaDynamic Wasserbettbegleiter 17. 6. 2003, Internet)

Flicken CH D (ohne südost) der; -s, –: ↗FLECK A D-südost, ↗FLECKERL A D-südost, ↗FLICK CH ›kleiner Stoffrest zum Ausbessern von Textilien u. a.‹: *Seine Kleider waren abgenutzt und hatten auch einige Flicken* (Wiesner, Jaromir 81; CH); *Was verwunderlich ist, der Flicken ist tatsächlich waschmaschinenfest* (Fachhochschule Aachen, 2000, Internet; D) – Dazu: ↗**Flickenteppich**

Flickenteppich CH D (ohne südost) der; -s, -e: **1.** ↗FLECKERLTEPPICH A D-südost ›Teppich aus Streifen von Stoffresten‹: *Manche kommen wie ein Flickenteppich daher, andere wirken wie Patchwork-Art vom Feinsten. Die bunten Katzen sehen immer ein wenig wie gemalt aus* (afra electronic, 2000, Internet; CH); *Flickenteppich, gewebt aus Recyclingmaterial, 85 % Baumwolle, 15 % Mischfasern* (IKEA Wallau, 2000, Internet; D). **2.** ↗FLECKERLTEPPICH A D-südost ›etw., das aus kleinen Teilen zusammengesetzt ist; Stückwerk‹: *Angesichts der veränderten Gegenwart genügt es nicht, auf den Flickenteppich der schon 50-mal teilrevidierten Verfassung noch weitere Flicken aufzusetzen* (TA 2. 6. 1999, 26; CH); *Der Staat zwischen Euphrat und Tigris ist ein Flickenteppich, zusammengeschustert nach dem Ersten Weltkrieg* (Spiegel 17. 11. 1997, 172; D) – Vgl. Flicken

Flieder: 1. D-nord/mittelost der; -s, –; ↗HOLDER A-west (Vbg.) CH D-südwest, ↗HOLLER A (ohne Vbg.) D-süd ›Holunder‹: *Zum Dessert locken zwei Sorten Marzipankonfekt ... und ein zartes Quittenmousse mit fruchtiger Sauce aus Fliederbeersaft* (Schöner Wohnen 10/1997, 62). **2.** A (ohne west) der; -s, ohne Plur. (salopp, Grenzfall des Standards);

↗Gerstl A D-südost, ↗Marie A D-nord, ↗Klotz CH, ↗Stutz CH, ↗Kohle CH D, ↗Asche D-nord/mittel, ↗Kies D (ohne südwest), ↗Knete D (ohne südost), ↗Moos D (ohne mittelost/südwest) ›Geld‹: ... *sie brauchen Geld, den Russen fehlt der Flieder* (Kleine Ztg 16. 9. 1998, Internet) – Die Bedeutung ›Strauch mit duftenden weißen, rosa oder violetten Blütenrispen‹ ist gemeindt. – Zu 1.: **Fliederbeere, Fliederbeersaft**

Fliege die; –, -n: **1.** CH D; ↗Mascherl A, ↗Schlips CH ›zur Querschleife gebundene Krawatte‹: *Im schwarzen Frack mit weissem Hemd und Fliege hätte ich mein Vater vor dreissig Jahren sein können, der seinen Dienst in der Salle à manger antrat* (Franzetti, Hotel Excelsior 63; CH); *Sie sind inzwischen Profis mit entsprechendem Outfit. Je nach Anlass und Tageszeit treten sie im violetten Smoking mit Fliege ... auf* (Solinger Tagebl 21. 1. 1997, Internet; D). **2. *die/eine Fliege machen** D (salopp): ↗putzen A, ↗vertschüssen A, ↗Haus: *sich über die Häuser hauen A-ost, ↗schleichen A D-süd, ↗verzupfen A D-südost, ↗zupfen A D-südost, ↗abfahren CH, ↗abschleichen CH, ↗Leine: *Leine ziehen CH D (ohne südost), ↗verdrücken CH D (ohne südost), ↗verduften CH D, ↗verkrümeln CH D (ohne südost), ↗abschieben D, ↗verpissen D, ↗dünnemachen D-nord/mittel, ↗Mücke: *[die/eine] Mücke machen D-nord/mittel, ↗Platte: *die Platte putzen D (ohne mittelost/südost), ↗trollen D (ohne ost) ›weggehen, verschwinden; abhauen‹: *So kann die Mücke mich ganz leicht ins Bein stechen, sich mit meinem Blut ihren Magen voll schlagen und dann pappsatt die Fliege machen* (Hamburger Abendbl 15. 8. 2002, Internet) – Das Substantiv *Fliege* ist in allen anderen Verwendungen gemeindt.

Fliegenklappe CH D-nordost/mittelwest die; –, -n: ↗Fliegenpracker A, ↗Fliegentätscher CH, ↗Fliegenklatsche D (ohne südost), ↗Fliegenpatsche D-süd ›einfaches Handgerät zum Erschlagen von Fliegen‹: *Als Waffen stehen Fliegenklappe, Rohrreinigungs-Saugnapf und Mohrenkopf-MG bereit* (PCTip, Webnews 4. 4. 2001, Internet; CH); *Fliegen ... setzen sich gern auf den in der Sonne liegenden Gartenschlauch, und sind dort leicht das Opfer einer flinken Fliegenklappe* (Tiere im Garten, 2003, Internet; D-nordost/mittelwest)

Fliegenklatsche D (ohne südost) die; –, -n: ↗Fliegenpracker A, ↗Fliegentätscher CH, ↗Fliegenklappe CH D-nordost/mittelwest, ↗Fliegenpatsche D-süd ›einfaches Handgerät zum Erschlagen von Fliegen‹: *Fliegen, Mücken oder Motten & Co. sind zur Zeit wieder besonders aktiv. Hilfe bieten hier Sprays, Strips oder die klassische Fliegenklatsche* (3sat 19. 5. 2000, Internet)

Fliegenpatsche D-süd die; –, -n: ↗Fliegenpracker A, ↗Fliegentätscher CH, ↗Fliegenklappe CH D-nordost/mittelwest, ↗Fliegenklatsche D (ohne südost) ›einfaches Handgerät zum Erschlagen von Fliegen‹: *Die Mücken und Fliegen wurden so lästig, dass ich mich nur noch mit einer Fliegenpatsche wehren konnte* (Grün, Lawine 5) – In D-südost auch in der Form *Fliegenpatscher* (der; -s, -)

Fliegenpatscher D-südost der; -s, –: siehe Fliegenpatsche

Fliegenpracker A der; -s, –: ↗Fliegentätscher CH, ↗Fliegenklappe CH D-nordost/mittelwest, ↗Fliegenklatsche D (ohne südost), ↗Fliegenpatsche D-süd ›einfaches Handgerät zum Erschlagen von Fliegen‹: *Schon mit einem Jahr nahm er den Fliegenpracker oder einen Tennisschläger und tat so, als ob er auf einer Violine spielen würde. Mit drei konnte er bereits Partituren lesen* (OÖN 21. 11. 1998, 6) – Vgl. pracken, Pracker

Fliegentätscher CH der; -s, – (Grenzfall des Standards): ↗Fliegenpracker A, ↗Fliegenklappe CH D-nordost/mittelwest, ↗Fliegenklatsche D (ohne südost), ↗Fliegenpatsche D-süd ›einfaches Handgerät zum Erschlagen von Fliegen‹: *Wenn wir unseren Finanzminister ... dazu verpflichten, diese 6 Milliarden Franken zu sparen, dann wäre das etwa das Gleiche, als würde man ihn mit einem Fliegentätscher auf Grosswildjagd schicken* (Nationalratssession 6. 6. 2000, Internet)

Fliegerabwehr A CH die; –, ohne Plur. (Militär): ↗Flab CH ›Abwehr feindlicher Flugkörper vom Boden aus; Flugabwehr‹: *Die Fliegerabwehr ist generell die Achillessehne der »Landesverteidigung Marke Österreich«* (Wehr- und Sicherheitspolitisches Bulletin der OÖG 8/2000, Internet; A); *Jeweils ein einziger Wehrmann befindet sich in einem Lehrgang bei der Fliegerabwehr in Emmen* (Südostschweiz 6. 2. 2001, Internet; CH) – Auch Name der entsprechenden Truppengattungen – Dazu: **Abfangfliegerabwehr, Fliegerabwehrkanone**

Fliese A D die; –, -n: ↗Kachel A D (ohne nordost), ↗Plättli CH ›Keramikplatte als Wand- und Fußbodenverkleidung‹: *Rutschhemmende Fliesen, spezielle Badematten, die wasserunempfindlich sind und außerdem sehr attraktiv sind, geben etwas Halt* (Besser Wohnen 11/1997, 85; A); *Auf den Fliesen lagen dunkelrote Tropfen* (Becker, Kinder 43; D) – Dazu: ↗**fliesen** D, **Fliesenleger(in)**, ↗**verfliesen** A

fliesen D sw.V./hat: ↗verfliesen A, ↗kacheln A D (ohne nordost), ↗plätteln CH ›(Böden oder Wände) mit Keramikplatten belegen‹: *Da der Bauherr die Befürchtung hatte, dass größere Fliesenflächen ...*

reißen würden, flieste er nur den Saunaboden (Selbst ist der Mann 12/1997, Internet) – Vgl. Fliese

Fließband: *[wie] am Fließband D: ↗BAND: *AM LAUFENDEN BAND A D, ↗METER: *AM LAUFENDEN METER A D, ↗LAUFMETER: *AM LAUFMETER CH ›in Serie, noch und noch‹: *Die Arminia vergab zuvor Chancen am Fließband* (Kicker 18. 9. 2000, 70) – Das Substantiv *Fließband* ist in allen anderen Verwendungen gemeindt.

Flight-Attendant CH der; -s, -s bzw. die; –, -s [flaɪt əˈtendənt] ⟨engl.⟩: ↗FLUGBEGLEITER A D ›Person, die in Flugzeugen Passagiere betreut und mit Essen und Trinken versorgt; Steward(ess)‹: *Isabella A. will als Flight-Attendant zur Crossair* (Blick 27. 7. 1998, 3) – In A und D selten

Flimmerkasten D der; -s, ...kästen: ↗KASTL A D-südost, ↗GLOTZE D, ↗RÖHRE D ›Fernsehapparat, Flimmerkiste‹: *Die Tüte Chips rechts, eine kühle Cola in der linken Hand und den Flimmerkasten angeschaltet* (Lokalanzeiger Erkrath 11. 7. 2002, Internet) – Vgl. Kasten

Flipper (gemeindt.): ↗FLIPPERKASTEN

Flipperkasten CH der; -s, ...kästen: ›Flipper‹: *Zu verkaufen Flipperkästen, Musikboxen, Geldspieler und Töggeli* (Tierwelt 15. 8. 1997, 136) – Vgl. Kasten

flirten (gemeindt.): ↗ANBÄNDELN

flittern D sw.V./hat: ›die Flitterwochen verbringen‹: *Sie würde nicht im Container flittern und nicht in einem praktischen Vielzweckkleid heiraten* (Arens, Nächste Mann 16) – In A zunehmend gebräuchlich

Flöhe D-nord die; nur Plur. (Grenzfall des Standards): ↗STUTZ CH, ↗KRÖTEN D, ↗MONETEN D, ↗EIER D-nordwest/mittelwest, ↗MÄUSE D (ohne südwest), ↗MÖPSE D-nordost/mittelwest, ↗MÜCKEN D-nordost/mittel, ↗PENUNZE D-nord ›Mark, Euro; Geldstück‹: *... Schilling und Franken, Flöhe und Schotter: Währungen und Ausdrücke für Geld, die uns vertraut sind* (Kieler Nachr 1. 9. 2001, Internet) – Die Bedeutungen der Singularform sind gemeindt.

Flohmarkt (gemeindt.): ↗ALTWARENMARKT, ↗BROCANTE, ↗FETZENMARKT, ↗TANDELMARKT, ↗TÄNDELMARKT, ↗TRÖDELMARKT

Flom D (ohne mittelost/südost) der; -(e)s, ohne Plur.: siehe Flomen

Flomen D (ohne mittelost/südost) der; -s, ohne Plur.: ↗FILZ A, ↗SCHMER D-mittelost ›zur Herstellung von Schmalz verwendetes Schweinefett‹: *Den Flomen und den Speck in kleine Würfel schneiden, dann in einem großen Topf bei milder Hitze auslassen* (SWR, 1996, Internet) – Auch in der Form *Flom* (der; -(e)s, ohne Plur.). In CH veraltet

Florian: *Sankt-Florians-Politik CH; ***Sankt-Florians-Prinzip** D: ↗FLORIANIPRINZIP A D-südost ›Einstellung, die unangenehme Konsequenzen immer nur für andere fordert‹: *Straffällige Asylbewerber in Flüchtlingslager abschieben sei »Sankt-Florians-Politik, unwürdig, billig, populistisch«, sagte Regula R.* (Bund 2. 2. 2000, 33; CH); *... gilt in Strausberg wie in fast allen von der Reform betroffenen Gemeinden das St.-Florians-Prinzip: Verschon mein Haus, zünd andere an* (Freitag 23. 2. 2001, Internet; D) – Der männliche Vorname *Florian* ist gemeindt.

Floriani A D-südost das; -s, ohne Plur.: ↗FLORIANITAG A D-südost, ↗FLORIANSTAG D ›Namensfest des hl. Florian, des Schutzpatrons gegen Feuer, am 4. Mai (in Verbindung mit der Präp. *zu*)‹: *Das sind Prozessionen zu Ostern, ... Platzkonzerte am Kirtag und zu Floriani* (Trachtenkapelle Brand-Nagelberg, 2001, Internet; A) – Dazu: ↗**Florianijünger** A D-südost, ↗**Florianiprinzip**

Florianijünger A D-südost der; -s, – (scherzh.): ↗FLORIANSJÜNGER D ›Feuerwehrmann‹: *Weibliche Florianijünger sind schon lange keine Seltenheit mehr* (Ganze Woche 4. 2. 1998, 35; A) – Eine weibliche Form ist nicht gebräuchlich. Vgl. Floriani

Florianiprinzip A D-südost das; -s, ohne Plur.: ↗FLORIAN: *SANKT-FLORIANS-PRINZIP D ›Einstellung, die unangenehme Konsequenzen immer nur für andere fordert‹: *Mit diesen Maßnahmen den starken Durchzugsverkehr beseitigen zu wollen, sei ein Florianiprinzip, meint T.* (Presse 10. 3. 1999, Internet; A) – Vgl. Floriani

Florianitag A D-südost der; -(e)s, -e: ↗FLORIANI A D-südost, ↗FLORIANSTAG D ›Namensfest des hl. Florian, des Schutzpatrons gegen Feuer, am 4. Mai‹: *Nach den schweren Kriegsjahren nahmen aber die Feuerwehren sofort wieder die Tradition auf und machten den Florianitag zum festen Bestandteil im Jahresablauf der Salzburger Feuerwehren* (SN 24. 4. 1998, Internet; A)

Floriansjünger D der; -s, – (scherzh.): ↗FLORIANIJÜNGER A D-südost ›Feuerwehrmann‹: *Eines hat sich seit den Anfängen nicht verändert: die 24-Stunden-Einsatzbereitschaft der Floriansjünger, um Menschenleben sowie Hab und Gut der Bevölkerung vor Gefahr zu retten* (Siegener Ztg 11. 10. 2002, Internet) – Eine weibliche Form ist nicht gebräuchlich. Vgl. Floriani

Florianstag D der; -(e)s, -e: ↗FLORIANI A D-südost, ↗FLORIANITAG A D-südost ›Namensfest des hl. Florian, des Schutzpatrons gegen Feuer, am 4. Mai‹: *Zur traditionellen Feier des Florianstages lud ... die Freiwillige Feuerwehr Forchheim die Mitglieder sowie die Bevölkerung ... ein* (Feuerwehr Forchheim 21. 11. 2002, Internet) – Vgl. Floriani

Flugabwehr (gemeindt.): ↗Flab, ↗Fliegerabwehr

Flugbegleiter Flugbegleiterin A D der; -s, – bzw. die; –, -nen: ↗Flight-Attendant CH ›Steward(ess)‹: *Das Bordpersonal will eine Angleichung an die Gehälter der Piloten und Flugbegleiter von Austrian Airlines* (OÖN 11. 6. 2001, 9; A); *In den jüngsten Gesprächen über einen notwendigen Sparbeitrag ... hat die Dienstleistungsgewerkschaft Verdi die Interessen der rund 13.000 Flugbegleiter vertreten* (Tagesspiegel 11. 12. 2001, Internet; D) – In CH selten

Flugblatt (gemeindt.): ↗Flugzettel, ↗Flyer, ↗Handzettel

Fluggastbrücke D die; –, -n: ↗Fingerdock CH ›beweglicher, witterungsgeschützer Steg, der die Abflughalle mit dem Flugzeug verbindet‹: *Sollte der Einstieg ins Flugzeug nicht über die Fluggastbrücke möglich sein, werden Liftmobile eingesetzt, um den Passagier ... in die Maschine zu transportieren* (Flughafen Düsseldorf, 4. 7. 2002, Internet)

Flugrettung A die; –, -en (Plur. ungebräuchl.): kurz für *Flugrettungsdienst:* ↗Rega CH ›mobiler Rettungsdienst mit einem Flugzeug oder Helikopter‹: *Zehn neue Hubschrauber für Österreichs Flugrettung* (Kleine Ztg 22. 5. 1999, Internet) – In CH und D selten. Vgl. Notarzthubschrauber, Rettung, Rettungshubschrauber

Flugwaffe CH die; –, -n (Plur. ungebräuchl.): ›Gesamtheit der in der Luft operierenden Streitkräfte (einer Nation); Luftwaffe‹: *Die Schweizer Flugwaffe braucht endlich jemand, der durchgibt, dass bei allzu schlechtem Wetter nicht geflogen wird* (Blick 21. 4. 1998, 29) – In CH wird *Flugwaffe* meist in Bezug auf die schweizerischen Streitkräfte verwendet, ansonsten ist auch in CH *Luftwaffe* gebräuchlich

Flugwesen (gemeindt.): ↗Aviatik

Flugzettel A der; -s, –: ↗Flyer CH D, ↗Handzettel D ›mit [politischer] Information oder Werbung bedrucktes Blatt Papier, das verteilt wird; Flugblatt‹: *Flugzettel, die von Jugendlichen aus dem Geäst der Baumkronen geworfen wurden, taumelten in der Luft* (Roth, See 186)

Flugzeugführer Flugzeugführerin D der; -s, – bzw. die; –, -nen: ›Pilot(in)‹: *Geflogen wird das Flugzeug von der rechts sitzenden zweiten Flugzeugführerin* (Bundesstelle für Flugunfalluntersuchung 14. 1. 2003, Internet)

Fluh CH die; –, Flühe: ↗Schrofen A ›rauer Fels; Felswand‹: *Uh, nein, unmöglich mit diesem Mann den weiten, teilweise finstern Weg zur Sense hinab an den Flühen vorbei und jenseits hinauf, nein* (Wenger, Rosalia 99) – Auch als Grundwort in Berg- und Ortsnamen, z. B. *Schrattenfluh, Weissfluhjoch, Rothenfluh,* in A-west (Vbg.) als Berg- und Ortsname gebräuchlich, z. B. *Bregenz-Fluh, Drusenfluh, Kanisfluh.* In CH auch in der dialektalen Form *Flue* gebräuchlich, z. B. *Falkenflue*

Flunsch D (ohne südost) der; -(e)s, -e/die; –, -en (Grenzfall des Standards): ↗Flappe D-nord/mittelwest ›verdrießlich oder zum Weinen verzogener Mund‹: ... *und weil Jonnys ein wenig enttäuschter Flunsch sie störte, küsste sie ihn so ganz nebenbei auf die traurig vorgeschobene Unterlippe* (Noack, Hautfarbe 95); ***eine/einen Flunsch ziehen** siehe ziehen – Vgl. Fresse, Klappe, Schnauze

Fluppe D-nord/mittel die; –, -n (Grenzfall des Standards): ↗Tschick A, ↗Zigi CH ›Zigarette‹: ... *da stürmten sie vor die Tür, kramten im Laufen bereits die Rauch-Utensilien hervor, um sich direkt vor dem Kino ... eine Fluppe anstecken zu können* (FR 23. 4. 1998, 1)

Flur D der; -(e)s, -e: **1.** ↗Gang A-west CH D, ↗Korridor CH D (ohne südwest), ↗Eren D-süd ›lang gezogener Raum [mit Garderobe] im Eingangsbereich (innerhalb einer Wohnung oder eines Einfamilienhauses), von dem aus die anderen Räume erreicht werden können‹: *Nachts liegt er in den weichen Daunen, draußen im Flur spannt sich das Glockenwerk der Standuhr* (Weiss, Fluchtpunkt 72). **2.** ↗Korridor CH D ›lang gezogener Raum (in einem öffentlichen Gebäude), von dem aus die Büros erreicht werden können; Gang‹: *Als sie im Polizeihochhaus aus dem Fahrstuhl stieg und über »ihren« Flur ging, war sie sich ganz sicher, dass sie ihre Wette ... gewonnen hatte* (Bick, Tödliche Ostern 16) – Das damit nicht verwandte Wort *Flur* in der Bedeutung ›[parzelliertes] Kulturland‹ ist gemeindt. – Dazu: **Flurbeleuchtung**

Flurbereinigung A D die; –, -en: ↗Grundstückszusammenlegung A, ↗Kommassierung A, ↗Güterregulierung CH, ↗Güterzusammenlegung CH ›Zusammenlegung und Neueinteilung von zerstückeltem landwirtschaftlichem Grundbesitz‹: *Die Goldammer steht zwar noch nicht auf der Roten Liste, doch ist das Verschwinden des Vogels nur eine Frage der Zeit, sollten die Flurbereinigung und der Einsatz von Pestiziden nicht stark eingebremst werden* (OÖN 17. 10. 1998, Internet; A); *Die Flurbereinigung bewirkte ... eine ökologische Verarmung der Agrarlandschaft* (Umwelt-Bundesamt 7. 3. 2003, Internet; D) – Die Bedeutung ›Bereinigung von Missverhältnissen und Umstrukturierungen, bes. in Organisationen, Parteien etc.‹ ist gemeindt.

Flurschaden (gemeindt.): ↗Kulturschaden, ↗Landschaden

Flurstück D das; -(e)s, ...stücke: ›Parzelle einer Flur‹: *Grundstücksgröße: ca. 75 ha (Flurstücke in der Gemar-*

kung Zwätzen, Neuengönna und Rödigen) (FAZ 10. 10. 1997, 55)

Fluse D (ohne südost) die; –, -n: ↗Fuzel A D-südost, ↗Fussel CH D (ohne südost) ›Staubpartikel, -flocke; Gewebepartikel‹: *Seit Wochen lag im Zimmer diese zusammengekehrte Staubhalde, Haare, Flusen, eine zerknüllte Streichholzschachtel* (Born, Erdabgewandte Seite 24) – In CH zunehmend gebräuchlich – Dazu: ↗**flusen** D (ohne mittelost/südost), **flusig**

flusen D (ohne mittelost/südost) sw.V./hat: ↗fuzeln A D-südost, ↗fusseln CH D (ohne südost) ›Gewebepartikel absondern‹: *Der Teppich fluste, kleine Knöllchen lagen überall herum* (Berliner Ztg 20. 5. 2000, Internet) – Vgl. Fluse

Flussbarsch (gemeindt.): ↗Egli

Flyer CH D der; -s, – ['flaɪər CH, 'flaɪɐ D] ⟨engl.⟩: ↗Flugzettel A, ↗Handzettel D ›mit Information oder Werbung bedrucktes Blatt Papier, das verteilt wird; Flugblatt‹: *Der Flyer richtet sich ausschliesslich an Jugendliche, die bereits LSD konsumieren* (TA 3. 12. 1996, 14; CH); *Naturwissenschaften und Technik für Schülerinnen der Oberstufe – so die Überschrift, die in knackigem Orange auf dem Flyer steht* (Stuttgarter Nachr 6. 3. 2002, Internet; D) – In A zunehmend gebräuchlich. Die Bedeutung ›spezielle Spinnmaschine‹ ist gemeindt. – Dazu: **Informationsflyer, Partyflyer**

FMH CH: buchstabierte Abk. für *Foederatio Medicorum Helveticorum*: **1.** die; –, ohne Plur.; ↗Ärztekammer A D, ↗Ärztegesellschaft CH ›Vereinigung der Schweizer Fachärztinnen und -ärzte‹: *Die Verbindung der Schweizer Ärzte FMH kritisiert den Plan des Bundesrates, dass die Krankenkassen ihre Vertragsärzte frei wählen sollen* (Bund 16. 6. 2000, 18). **2.** der; -s, ohne Plur.: ›von der Vereinigung der Schweizer Fachärztinnen und -ärzte verliehener Ausweis über eine fachärztliche Zusatzausbildung‹: *Im Bewusstsein, als Frau ein Chirurg zweiter Wahl zu sein, machte C. später noch den FMH in Geburtshilfe und Gynäkologie* (TA 22. 3. 2000, 50) – Vgl. Spezialarzt

Fochaz STIR der; –, – ⟨aus ital. *focaccia* ›Ofenbrot‹⟩ (Grenzfall des Standards): ›verziertes [süßes] Gebäck, das zu Ostern und Allerheiligen hergestellt wird‹: *Zu Ostern können die Bozner Bürger auf ihren Fochaz zum Osterschinken nicht verzichten* (Südtiroler Brot, 1999, Internet) – Dazu: **Osterfochaz, Schinkenfochaz**

Fogosch A der; -(e)s, -e ⟨aus ungar. *fogas*⟩: ↗Schill A ›Zander‹ /zu den Barschen gehörender Fisch/: *Am besten, man teilt die hausgemachte Leberpastete … und schafft Platz für … das Karlsbader Gulyas oder den Fogosch auf Donauart mit Speck und Rahm* (Kurier 25. 6. 1994, 21)

Föhre A CH D-süd die; –, -n: ↗Dähle CH-west ›Kiefer‹ /ein Nadelbaum/: *Während seine gepflegte Frau im Garten – dichter Rasen, Föhren, Zwetschkenbäume – Getränke serviert …, beklagt er den Verlust der Freiheit* (Kirche intern 8/1995, 47; A); *[Kroll] … legte seine Langlaufskis ab und trat unter eine Föhre* (TA 24. 2. 2001, 37; CH) – Dazu: ↗**Bergföhre** CH, **Waldföhre** CH

Folgetonhorn A das; -(e)s, …hörner: ↗Martinshorn D ›akustisches Warnsignal bei Polizei-, Feuerwehr- oder Rettungswagen; Sirene‹: *… hinter sich hörte er die Sirene von Komprechts, neben sich das Folgetonhorn des Feuerwehrwagens, und vor sich das schrille Jaulen des tschechoslowakischen Grenzalarms* (Menasse, Schubumkehr 14)

Folienerdapfel A der; -s, …äpfel (meist Plur.): ↗Folienkartoffel A D ›ungeschälte, in [Alu]folie gegarte Kartoffel‹: *Als Zuspeis die feinen einheimischen Früherdäpfel mit Kräutern aufgebrutzelt oder Folienerdäpfel, die in der Grillglut gegart werden* (OÖN 2. 6. 2001, 26) – Vgl. Erdapfel

Folienkartoffel A D die; –, -n: ↗Folienerdapfel A ›ungeschälte, in [Alu]folie gegarte Kartoffel‹: *Die zarten Hühnerbrüstchen mit Folienkartoffel und Salat werden natürlich am Holzkohlengrill im Freien gebraten und sind um 105 Schilling zu haben* (OÖN 30. 5. 2001, 18; A); *Von der Currywurst über Panhas bis hin zur Folienkartoffel war alles vertreten, was das Schlemmerherz begehrte* (WAZ 25. 9. 2000, Internet; D) – In CH selten

Fonds: *à fonds perdu CH [a 'fõ: 'p'ɛrdy] ⟨frz.⟩ ›ohne Rückzahlung‹: *Der Bund setzte 1999 rund 40 % weniger finanzielle Mittel in Form von Beiträgen à fonds perdu ein als 1990* (Bundesamt für Landwirtschaft, 1999, Internet) – *Fonds* wird in dieser Wendung nach frz. Vorbild meist klein geschrieben. Das Substantiv *Fonds* ist in allen anderen Verwendungen gemeindt.

Fondue das; -s, -s/die; –, -s [fõ'dy: A D, 'fõdy A-west (Vbg.) CH] ⟨aus frz. *fondue*, 2. Part. Femininum von frz. *fondre* ›schmelzen‹⟩: **1.** CH ›Gericht, bei dem mundgerechte Brotstücke in einer flüssigen, heissen Käse-Weinmischung, die in einem ↗Caquelon in der Mitte des Esstisches platziert wird, gedreht und anschliessend direkt verzehrt werden; Käsefondue‹: *Auf den Tisch kommen keine Hamburger aus der Fast-Food-Bude, sondern währschafte Schweizer Kost von der Rösti über Älpler-Makkaronen bis zum Fondue* (Südostschweiz 23. 7. 2001, Internet). **2.** A D ›Gericht, bei dem Fleischstücke am Tisch in heißem Öl oder kochender Suppe gegart und anschließend direkt verzehrt werden; Fleischfondue‹: *Als der Schwiegersohn der Jubilarin das Brennmittel für das Fondue nachfüllen wollte, schoss plötzlich eine Stichflamme aus dem Behälter* (Kleine Ztg 27. 2. 2000; A); *Etwas*

Besonderes: ab 2 Personen Fondue. Zum Beispiel mit Geflügel (Berliner Kurier 10. 3. 2001, Internet; D); ***Fondue Bourguignonne** CH ›Gericht, bei dem Fleischstücke am Tisch in heissem Öl gegart und anschliessend direkt verzehrt werden; Fleischfondue‹: *Als Spezialitäten des Hauses gelten auch Fondue Chinoise und Fondue Bourguignonne* (Bund 9. 10. 1996, 33); ***Fondue Chinoise** CH ›Gericht, bei dem Fleischstücke am Tisch in kochender klarer Suppe gegart und anschliessend direkt verzehrt werden; Fleischfondue‹: *Anlässlich einer kleinen Feier im Gemeindesaal von Worben konnten 20 von 26 eingeladenen Jungbürgerinnen und Jungbürgern den Bürgerbrief in Empfang nehmen. Zum Brief gab's Fondue Chinoise und Zaubereien* (Bund 4. 11. 1998, 31) – Gemeindt. Neutrum, in D selten auch Femininum. Wird in A (ohne Vbg.) und D auf der zweiten, in A-west (Vbg.) und CH eher auf der ersten Silbe betont, in beiden Fällen mit Langvokal. *Fondue Bourgignonne* und *Foundue Chinoise* sind in A und D fachsprachlich – Zu 1.: **Fonduecaquelon** (↗Caquelon), **Fonduegabel, Fonduemischung.** Zu 1. und 2.: **Fondueabend, Fonduerechaud** (↗Rechaud)

Fontanestadt D die; –, ohne Plur. ⟨nach dem Dichter *Theodor Fontane*, der dort geboren wurde⟩: ›Neuruppin‹: *Man durchfährt die schöne Fontanestadt Neuruppin in Richtung Alt-Ruppin und von dort aus immer Richtung Rheinsberg* (Universität Rostock 24. 10. 2001, Internet)

Forfait CH LUX das; -s, -s ['fɔːrfɛ] ⟨aus frz. *forfait* ›strafwürdiges Verbrechen‹⟩ (Sport): ↗STRAFVERIFIZIERUNG A ›administrative Festlegung eines Spielresultats bei Nichterscheinen einer Wettkampfpartei oder, nachträglich, bei groben Regelverstößen‹: *R. hatte wieder über seine Beschwerden im linken Bein geklagt, die ihn seit Wochen begleiten und zu Forfaits in Rom und St. Pölten führten* (TA 27. 5. 1998, 51; CH); *Bei Forfait muss der schuldige Verein, außer den festgelegten Geldbußen, … Entschädigungen an den Verband überweisen* (FLF 30. 10. 2002, Internet; LUX); ***Forfait geben/erklären** ›einen offiziellen Wettkampf nicht antreten‹: *Wer Forfait gibt oder nicht zum Spiel erscheint, verliert 0:12* (Schweizerischer Darts-Verband, Reglemente, 1999, Internet; CH); *Doch nach Überstehen der ersten Runde musste Harms wegen einer leichten Lungenentzündung Forfait erklären* (TA 6. 2. 1996, Internet; CH); *Mannschaften, welche einmal Forfait erklären, scheiden aus der Meisterschaft aus* (Fédération Luxembourgeoise de Tennis de Table 28. 10. 2002, Internet; LUX); ***mit Forfait bestraft werden** ›einen Wettkampf infolge groben Regelverstoßes nachträglich verlieren‹: *Folgende Missachtung der Regeln werden mit 0:12 (0:10) Forfait bestraft* (Schweizerischer Darts-Verband, Reglemente, 1999, Internet; CH); *Die Missachtung dieser Regeln wird mit Forfait bestraft* (Restena 8. 8. 2003, Internet, LUX); ***Forfait gewinnen/verlieren:** ↗STRAFBEGLAUBIGEN A, ↗STRAFVERIFIZIEREN A ›einen Wettkampf, der nicht stattgefunden hat oder der nachträglich, am grünen Tisch, entschieden wurde, mit einem Standardresultat gewinnen bzw. verlieren‹: *Wenn ein Team alle Lizenzen zu Hause vergessen hat, so besteht die Möglichkeit, diese … am Ende des Spiels den Schiedsrichtern vorzuzeigen. Ansonsten wird das Spiel als Forfait verloren* (Reglement Inline Hockey, 1999, Internet; CH); *Die Schiedsrichterkommission hat entschieden: der FC Luzern gewinnt das Spiel vom letzten Sonntag 8. 11. 98 Forfait 3:0* (FC Luzern, 1999, Internet; CH); *Verkehrsunfälle oder Autopannen müssen vom Verein nachgewiesen werden. Die anschließende Untersuchung ergibt, ob höhere Gewalt anzurechnen ist; anderfalls geht das Spiel Forfait verloren* (F.C. Minerva Lentgen 17. 4. 2001, Internet; LUX) – Dazu: **Forfaitentscheid** (↗Entscheid) CH, **Forfaitniederlage, Forfaitsieg**

Forke D-nord/mittelwest die; –, -n: ›Heugabel, Mistgabel‹: *Forke in den Baum gestochen und hinunter damit auf die Ladefläche* (Zeit 26. 12. 1997, 57) – Dazu: **Heuforke, Mistforke**

Form (gemeindt.): ↗FORMSTAND

Format A D das; -(e)s, -e: kurz für ↗*Sendeformat:* ↗SENDEGEFÄSS CH ›Radio- oder Fernsehreihe, die sich immer demselben Themenbereich widmet oder dieselbe Form hat‹: *Ab sofort wird es mehr Oper in Ö 1 zu hören geben. Dafür wurde vom ORF ein eigenes Format entwickelt* (Presse 18. 1. 2003, 15; A); *Bisher hieß es immer, man wolle für die zweite Staffel dieses Format ändern* (SF-Radio 19. 5. 2002, Internet; D) – Andere Bedeutungen sind gemeindt.

Formstand CH der; -(e)s, ohne Plur. (Sport): ›Stand des Leistungsvermögens; Form‹: *Die Schweizer Meisterschaften … geben Auskunft über den Formstand der Turnerinnen im Hinblick auf die WM und EM* (Werdenberger & Obertoggenburger 25. 3. 1993, 11)

Forstmeile A-west (Tir.) die; –, -n: ↗FITNESSPARCOURS A CH LUX, ↗VITA-PARCOURS CH, ↗TRIMM-DICH-PFAD D STIR ›[durch den Wald führender] Weg mit Turngeräten und Anweisungen für gymnastische Übungen‹: *Ein weiteres konkretes Projekt ist die auf Grund der Dammbauten notwendige Neugestaltung des Pflanzgartenareals und der Wiederaufbau der Forstmeile* (Stadt Schwaz, 2001, Internet)

Forstwache STIR die; –, -n: **1.** (Plur. ungebräuchl.) ›Behörde, die für die Erhaltung, Pflege, Nutzung und den Schutz der Wälder zuständig ist‹: *Die anstehende Verjüngung nahm die Forstwache zum Anlass, gemeinsam mit den Innichner Grundschülern den Wald insgesamt etwas näher zu betrachten* (Dolomiten 30. 5.

2002, 42). **2.** ↗Bannwart CH, ↗Forstwart CH ›Aufsichtsbeamte bzw. Aufsichtsbeamtin für die Erhaltung, Pflege, Nutzung und den Schutz der Wälder‹: *Die 28 neuen Forstwachen seien auf ihren Beruf theoretisch sehr gut vorbereitet worden, sagte P.* (Dolomiten 9. 3. 2002, 39)

Forstwart Forstwartin CH der; -(e)s, -e bzw. die; –, -nen: ↗Bannwart CH, ↗Forstwache STIR ›in Pflege und Unterhalt des Waldes arbeitende Person‹: *Wie Holzer ihre Arbeit in Privatwäldern möglichst sicher ausführen können, wollen ihnen Förster, Forstwarte und Instruktoren des schweizerischen Waldbesitzerverbands ... in eintägigen Kursen vermitteln* (Bund 7. 1. 2000, 21) – Dazu: **Forstwart-Meister(in), Forstwart-Vorarbeiter(in)**

fortfahren (gemeindt.): ↗nachschieben

fortgelten D st.V./hat: ›weiterhin gültig sein‹: *Die UN-Resolution 687 von 1991 gilt fort* (Freitag 4. 10. 2002, Internet) – Dazu: **Fortgeltung**

Föteli CH das; -s, – (Grenzfall des Standards): ›Foto‹: *Manch ein Dreikäsehoch liess es sich nicht nehmen, auf den behäbigen Polizeitöff zu sitzen, sich vom freundlichen Beamten ablichten zu lassen und das Föteli hernach stolz herumzuzeigen* (Bund 31. 5. 1999, 23)

Foto (gemeindt.): ↗Föteli

Fotze A D-südost die; –, -n (Grenzfall des Standards): **1.** (derb); ↗Pappen A (ohne Vbg.), ↗Gosche A D-süd, ↗Schnorre A-west (Vbg.) CH, ↗Latz CH, ↗Klappe CH D-nord/mittel, ↗Fresse D-nord/mittel, ↗Sabbel D-nord/mittel, ↗Schnauze D (ohne südost), ↗Schnute D (ohne südost) ›Mund‹: ... *»dafür bist du noch zu klein«, »halt deine Fotze«, meine Standardsätze an den guten Tagen, an den anderen erschreckte ich sie mit Drohungen* (Reichart, Fotze 67; A); ***die Fotze halten** siehe halten. **2.** (salopp); ↗Dachtel A D-südost, ↗Watsche A D-südost, ↗Chlapf CH, ↗Backpfeife D-nord/mittelwest, ↗Schelle D-nordost/südost ›Ohrfeige‹: ... *der Herr Finanzminister hat sich seine Fotzen für dieses Stabilitätsprogramm abgeholt und nicht für die Politik der vergangenen Jahre* (Stenogr. Protokoll des Nationalrates 11. 5. 2000, Internet; A) – Die Bedeutung ›[äußere] Geschlechtsorgane der Frau‹ ist vulgär gemeindt., aber im Süden seltener – Zu 1.: ↗**Fotzhobel.** Zu 2.: ↗**fotzen**

Fötzel CH der; -s, – (Grenzfall des Standards): ›Fetzen Papier‹: *Die Bürokratie verlangt für jede dritte Nacht die schriftliche Bestätigung eines Hotels. Reist man mit Fahrrad und Zelt, ist es nicht verwunderlich, dass die Papiere unvollständig sind, also muss man sich die erforderlichen Fötzel mit etlichem Schmiergeld bei Hotels ergaunern* (Velojournal 1/2002, 19); ***fremde Fötzel** ›Dahergelaufene, Fremde‹: *Weil sie kein fremder Fötzel bleiben wollte, hat sie alles daran gesetzt, den Dialekt richtig zu lernen* (Blick 4. 8. 1999, 10)

Fotzelschnitte CH die; –, -n: ↗Pafese A (ohne Vbg.) D-südost, ↗Ritter: *arme Ritter D ›Gericht aus in Milch eingeweichten, in Ei gewendeten, gezuckerten und in Butter gebratenen Brotstücken‹: *Wenn Mutter Eiertätsch oder Fotzelschnitten kochte, bettelten wir ihr rasch ein Stück ab* (Wenger, Rosalia 20)

fotzen A D-südost sw.V./hat (Grenzfall des Standards): ↗watschen A D-südost, ↗backpfeifen D-nordost ›ohrfeigen‹: *Ich spuckte ihnen ins Gesicht, zerrte sie an den Haaren, fotzte sie links, rechts, bis der Abdruck meiner Fotzenfinger auf ihren Wangen glühte* (Reichart, Fotze 67; A) – Vgl. Fotze – Dazu: **abfotzen**

Fotzhobel A D-südost der; -s, – (Grenzfall des Standards): ↗Goschenhobel D-südwest ›Mundharmonika‹: *Nur einmal, bei »Don't Think Twice, It's All Right«, führt Dylan seinen Fotzhobel zum Mund* (OÖN 19. 4. 1999, 6; A) – Vgl. Fotze

Foulard CH das; -s, -s ['fulaːr] ⟨frz.⟩: ›bedrucktes Halstuch aus [Kunst]seide‹: *Und was wäre die Mode von Kopf bis Fuss ohne ein luftig schmeichelndes Foulard?* (Zürcher Oberländer 19. 3. 1997, Beilage 7) – Dazu: **Seidenfoulard**

foutieren sich CH sw.V./hat [fu'tiːrən] ⟨aus frz. *s'en foutre* ›sich nicht kümmern‹⟩: ›sich nicht um etw. kümmern, etw. gering schätzen‹: *Anderseits gelten wir als die hässlichen Schweizer, die knallhart Eigeninteressen verfolgen und sich um den Rest der Welt foutieren* (Blick 22. 6. 1999, 15)

FPÖ A die; –, ohne Plur.: buchstabierte Abk. für ›Freiheitliche Partei Österreichs‹: *Denn die Auseinandersetzung um das neue Parteiprogramm der FPÖ war tags zuvor recht heftig geworden* (Falter 3. 11. 1997, 12) – Vgl. blau, Blaue, freiheitlich, Freiheitliche

Fr. siehe Franken

Frachten- A (produktives Bestimmungswort in Zus., Eisenbahn): ›Güter-‹, z. B. Frachtenbahnhof, Frachtentransport, Frachtenverkehr: *Schon ab Ende kommenden Jahres könnte der Baustart für den neuen Frachtenbahnhof oder des Logistik-Centers, wie die ÖBB den Bahnhof bezeichnen, in Inzersdorf erfolgen* (Kurier 29. 5. 1999, 10)

Frächter Frächterin A der; -s, – bzw. die; –, -nen: ↗Camionneur CH, ↗Fuhrhalter CH ›Spediteur(in), der bzw. die Transporte selbst mit einem Lastwagen durchführt; Fuhrunternehmer(in), Transportunternehmer(in)‹: *Erst rund dreitausend Frächter haben auf das elektronische Ökopunktesystem umgestellt* (Presse 12. 2. 1998, 19) – Dazu: **Frächterei, Frächterinnung** (↗Innung)

Fraktion die; –, -en: **1.** CH D; ↗KLUB A ›Zusammenschluss der ↗Abgeordneten einer Partei oder sich nahe stehender Parteien im Parlament‹: *Die SVP gewinnt 14 neue Mandate. … Sie hat 43 Sitze im Nationalrat und ist zusammen mit der FDP zweitstärkste Fraktion* (Blick 25. 10. 1999, 1; CH); *Man darf gespannt sein, welche der Fraktionen von Rechts bis Links diesmal einer geradlinigen Wirtschaftspolitik folgen* (Alternative Liste, 2000, Internet; D). **2.** CH STIR; ↗BÄUERT CH-südwest, ↗VIERTELSGEMEINDE CH-west ›einzeln gelegener Ortsteil (einer ländlichen Gemeinde)‹: *Die Gemeinde hat je ein Subventionsgesuch für ein Projekt für eine Kläranlage für die Fraktionen Crasta und Platta … gestellt* (Engadiner Post 4. 10. 1997, 10; CH); *Südwestlich von Algund liegt auf 1360 m Meereshöhe das kleine Bergdorf Aschbach, eine idyllische Fraktion der Gemeinde Algund* (Südtiroler Frau 13/2000, 26; STIR) – Zu 2.: In A-west (Vbg.) veraltend. Andere Bedeutungen sind gemeindt. – Zu 1.: **Bundeshausfraktion** (↗Bundeshaus) CH, **Bundestagsfraktion** (↗Bundestag) D, **Fraktionschef(in)** D, **Fraktionsdisziplin**, ↗**Fraktionspräsident(in)** CH LUX, **Fraktionssitzung, Fraktionssprecher(in), Fraktionsstärke**, ↗**Fraktionsvorsitzende** D, **Gemeinderatsfraktion, Grossratsfraktion** CH (↗Grossrat), **Kantonsratsfraktion** (↗Kantonsrat) CH, **Landratsfraktion** (↗Landrat) CH, **Nationalratsfraktion** (↗Nationalrat) CH. Zu 2.: **Gemeindefraktion**

Fraktionspräsident Fraktionspräsidentin CH LUX der; -en, -en bzw. die; –, -nen: ↗KLUBOBMANN A, ↗FRAKTIONSVORSITZENDE D ›leitende Person des Zusammenschlusses der ↗Abgeordneten einer Partei oder sich nahe stehender Parteien im Parlament‹: *Die FDP wolle Verantwortung tragen für die Stabilität im Land, … sagte Fraktionspräsidentin Christine B. gestern Nachmittag vor den Medien* (Bund 15. 12. 1999, 13; CH); *Die eingesetzte parlamentarische Untersuchungskommission beendet ihre Arbeiten in einer breit ausgelegten Debatte, in deren Verlauf DP-Fraktionspräsident H. G. mit einer rhetorischen Meisterleistung für großes Aufsehen sorgt* (Demokratesch Partei 21. 10. 2002, Internet; LUX) – Vgl. Fraktion

Fraktionsvorsitzende D der/die; -n, -n: ↗KLUBOBMANN A, ↗FRAKTIONSPRÄSIDENT CH LUX ›Leiter(in) des Zusammenschlusses der ↗Abgeordneten einer Partei oder sich nahe stehender Parteien im Parlament‹: *Der CDU/CSU-Fraktionsvorsitzende Wolfgang Sch. hat die Wirtschaftspolitik der Bundesregierung in den neuen Ländern verteidigt* (FR 29. 5. 1998, 5) – Vgl. Fraktion, Vorsitzende

Franchise CH die; –, -n [frãʃiːsə] ⟨aus frz. *franchise* ›Freiheit (von Abgaben)‹⟩: ↗SELBSTBEHALT A CH, ↗SELBSTBETEILIGUNG D ›festgesetzter Betrag, den Krankenversicherte jährlich selbst an Behandlungskosten bezahlen müssen und der von der Versicherung nicht übernommen wird‹: *Damit sind wir bei einer zentralen Frage, die in der aufgeregten Debatte über Prämien, Franchisen und Sündenböcke allerdings fast völlig untergeht* (Sprechstunde 3/1997, 28) – Andere Bedeutungen sind gemeindt. – Dazu: **Jahresfranchise, Mindestfranchise, Wahlfranchise**

Franken CH der; -s, –: /Schweizer Landeswährung/: *Ich war natürlich überaus glücklich, dass ich unter 163 Bewerbern diese Stelle ohne Protektion und ohne Berufslehre erhielt, dafür mit 100 Franken mehr Lohn im Monat* (Hartmann, Eis 16) – Abk. ↗CHF, Fr. oder ↗sFr. Das damit nicht verwandte Wort *Franken* in der Bedeutung ›Gebiet in Baden-Württemberg und Bayern‹ ist gemeindt. Vgl. Stutz – Dazu: ↗**Einfränkler**, ↗**Fränkler**, ↗**Zweifränkler**

Frankfurt am Main (gemeindt.): ↗GOETHESTADT, ↗MAINHATTAN

Frankfurt an der Oder (gemeindt.): ↗KLEISTSTADT

Frankfurter A das; -s, – /D (ohne südost) die; –, – (meist Plur.): ↗WIENERLE A-west (Vbg.) D-südwest, ↗FRANKFURTERLI CH, ↗WIENERLI CH, ↗BOCKWURST D, ↗WIENER D, ↗WÜRSTCHEN: *FRANKFURTER WÜRSTCHEN; *WIENER WÜRSTCHEN D (ohne südost) ›dünne Wurst aus Fleisch vom Rind oder Schwein, die heiß gegessen wird‹: *Damenkränzchen mit aufgesteckten Hütchen, Beamte aus dem Steueramt, Taxler bei Frankfurter und Senf* (Rabinovici, Suche nach M. 7; A); *Das vielseitige Angebot reicht von Klassikern wie Fleischwurst … bis hin zu warmen Snacks: knackige Würstchen, Frankfurter und Wiener* (BVDF 10. 4. 2002, Internet; D) – In A Neutrum, in D (ohne südost) Femininum. Das Substantiv *Frankfurter* (der; -s, -) in der Bedeutung ›Bewohner Frankfurts‹ sowie das Adjektiv *Frankfurter* in der Bedeutung ›aus Frankfurt stammend, zu Frankfurt gehörig‹ sind gemeindt.

Frankfurterli CH das; -s, –: ↗FRANKFURTER A D (ohne südost), ↗WIENERLE A-west (Vbg.) D-südwest, ↗WIENERLI CH, ↗BOCKWURST D, ↗WIENER D, ↗WÜRSTCHEN: *FRANKFURTER WÜRSTCHEN; *WIENER WÜRSTCHEN D (ohne südost) ›dünne Wurst aus Schweinefleisch, die heiss gegessen wird‹: *Übrigens, ich warte auf den Tag an dem wir Schweizer keine Hamburger, keine Berliner, keine Frankfurterli und keine Wienerli mehr unter diesem Namen verkaufen dürfen* (SI 18. 1. 1999, 90)

frankieren (gemeindt.): ↗FREIMACHEN

Fränkler CH der; -s, –: ↗EINFRÄNKLER CH ›Münze im Wert von 1 ↗Franken‹: *Früher konnte man nur Fränkler reinlassen, heute akzeptieren die Kästen sogar Hunderternoten* (TA 30. 3. 1999, 25)

Franzi A D: ↗FRÄNZI CH Kurzform des weibl. Vornamens *Franziska* und Koseform des männl. Vornamens *Franz: Seitlich hinter der Bühne stand nun der Bürgermeister König und beobachtete die kleine Franzi, die sich für ihren Auftritt bereithielt* (Menasse, Schubumkehr 11; A); *Vom Franzi hat sie keine Hilfe zu erwarten, der ist immer unterwegs, meistens im Hof oder auf der Gasse mit den anderen Buben aus dem Gretzl* (Marzik, Mizzi 16; A); *Franzis US-Führerschein wird in Deutschland nicht anerkannt, und eine Sondergenehmigung will sie nicht beantragen* (Berliner Ztg 21. 1. 1995, Internet; D); *Die Frau Meier hat mich in den Kindergarten zitiert und möchte, dass ich den Franzi nicht mehr in die normale Schule tu'* (SOS-Dialog, 1999, 2; D)

Fränzi CH: ↗FRANZI A D Kurzform des weibl. Vornamens *Franziska: Fränzi spürt auch, dass die Zeit, ihre Marathonkarriere mit einem Höhepunkt zu beenden, ganz knapp wird* (Blick 16. 4. 2000, 38)

frascheln siehe ausfratscheln

fräsen CH sw.V./ist: ↗BRETTELN A, ↗TUSCHEN: *TUSCHEN LASSEN A, ↗BLEDERN A-mitte/ost, ↗FAHREN: *FAHREN WIE EINE GESENGTE SAU A D, ↗BLOCHEN CH, ↗BRETTERN CH D, ↗HEIZEN D-mittelwest/südwest, ↗STOCHEN D-mittelwest ›schnell [und rücksichtslos] fahren; rasen‹: *Einigen Autofahrern scheint es in oder aus der Stadt zu wenig schnell vorwärts zu gehen und es wird gefräst, was das Zeug hält* (Gemeinde Hettlingen, 2000, Internet) – Die Bedeutungen ›(Werkstücke) spanabhebend bearbeiten‹ und ›auflockern (des Bodens)‹ sind gemeindt. – Dazu: **Fräser(in)**

fratscheln siehe ausfratscheln

Fratz A D-südost der; -en, -en/D-mittelwest der; -es, -e (abwertend, Grenzfall des Standards): ↗GFRAST A, ↗GSCHRAPP A, ↗BANKERT A D-südost, ↗GOF CH, ↗BLAG D-mittelwest, ↗GÖRE D-nord/mittel ›ungezogenes, freches Kind (bes. von Mädchen)‹: *Da können die Blicke und Äußerungen von unwissenden Passanten schon weh tun, für die das Mädchen ein »unerzogener Fratz«, die Mutter eine »überforderte Hausfrau« ist* (OÖN 13. 12. 2000, 17; A) – Die Bedeutung ›nettes [kleines] Kind‹ ist gemeindt.

Frauchen CH D das; -s, –: ↗FRAUERL A, ↗HÜNDELERIN CH ›Besitzerin eines Hundes‹: *Dabei war der 11-jährige [Hund] ein höchst aufgewecktes, lebhaftes Tier … ein wahrer Sonnenschein … der Herrchen und Frauchen treuselig überallhin begleitete* (Sonntagsztg 11. 8. 1998, Internet; CH); *Den Müttern mit ihren Kleinen auf einem umzäunten Spielplatz ähnlich, treffen sich hier Herrchen und Frauchen mit Hund* (Welt 14. 6. 1997, Internet; D) – Vgl. Herrchen

Frauenrennen CH D STIR das; -s, – (Sport): ›Damenrennen‹: *Im Frauenrennen ruhten die Hoffnungen auf der EM-Dritten Nicole B.* (Sonntagsblick 10. 10. 1999, 46; CH); *Für einen guten Zweck traten die Teilnehmerinnen beim erstmals ausgetragenen Frauenrennen in die Pedale* (Stadt Hannover 2. 8. 2002, Internet; D); *Eine Kandidatin für das heutige Frauenrennen wäre auch die erst 17-jährige Schnalserin Angelika G. gewesen* (Dolomiten 27./28. 10. 2001, 49; STIR)

Frauenriege CH die; –, -n: ›Damenabteilung eines Turnvereins [bestehend aus Frauen ab ca. 35 Jahren]‹: *Die Frauenriege hat am Turnfest in Interlaken das neue Wettkampfreglement genutzt* (Bund 28. 6. 1999, 30) – Vgl. Damenriege, -riege

Frauentag: *hohe Frauentag A; ***große Frauentag** D-südost: ↗HOCHUNSERFRAUENTAG STIR ›Marienfeiertag am 15. August; Mariä Himmelfahrt‹: *Da am 15. August (Hoher Frauentag) die Prägratner Paragleiterpiloten an der Prozession teilgenommen haben, wurde der Bewerb einen Tag vorverlegt* (Osttirol Bewerbe, 2001, Internet; A); *Am Patroziniumsfest Mariä Himmelfahrt – »Großer Frauentag« – am 15. August nahmen zahlreiche Gläubige teil* (Gemeinde Degerndorf 10. 1. 2003, Internet; D-südost); ***kleine Frauentag** A D-südost ›Marienfeiertag am 8. September; Mariä Geburt‹: *Die Almsommer dauern nicht lang, vom Prangenpfingstig bis nach dem kleinen Frauentag* (Steurer, Faschaunerin 72; A) – Das Substantiv *Frauentag* ist in der Bedeutung ›internationaler, den Frauen und der Gleichberechtigung gewidmeter Aktionstag‹ gemeindt.

Frauenturnverein CH der; -(e)s, -e: ↗DAMENTURNVEREIN CH ›Verein von Turnerinnen‹: *1974 schlossen sich einige junge Frauen zusammen und gründeten den Frauenturnverein* (Gemeinde Ittenthal, 2001, Internet)

Frauerl A das; -s, -n (Grenzfall des Standards): ↗HÜNDELERIN CH, ↗FRAUCHEN CH D ›Besitzerin eines Hundes‹: *Und so mancher der kranken Gefährten wurde vom Frauerl oder vom Herrl angesteckt, denn viele Viren und Bakterien kennen keine Grenzen zwischen Mensch und Tier* (Neue Kronen Ztg 30. 12. 1997, 10) – Vgl. Herrl

Frauke D ⟨vermutl. aus ahd. *frouwa, –e* ›Herrin‹ oder fries. Dim. für *Frau*⟩: weibl. Vorname: *Frauke S., Rechtsanwältin und Sprecherin des Bundes der Steuerzahler, fordert sogar Konsequenzen* (Welt 27. 3. 2000, Internet)

Fräulein BELG das; -s, –: ›junge [unverheiratete] Frau‹ (auch als Anrede gebräuchlich): *Ein kleines Präsent für jedes Fräulein und Frau wird Ihnen beim Einlass überreicht* (Grenzecho 10. 12. 1994, 38) – In A, CH und D veraltend

Freddy CH D: ↗FREDL A, ↗FREDY CH Kurzform des männl. Vornamens *Alfred: Onkel Freddy wurde zum*

Ziehvater von Daniel A. (Sonntagsblick 20. 5. 2001, A22; CH); *So steuert Freddy mit seinen Klassenkameraden einen solch abenteuerlichen Schulausflug an, wie ihn sich die kleinen Zuschauer nur erträumen können* (Berliner Ztg 6. 11. 2001, Internet; D)

Fredl A: ↗FREDY CH, ↗FREDDY CH D Kurzform des männl. Vornamens *Alfred: Fredl, alles Gute für deine nächsten 50 Jahre!* (Kleine Ztg 26. 2. 1996, Internet)

Fredy CH: ↗FREDL A, ↗FREDDY CH D Kurzform des männl. Vornamens *Alfred: Die Präsidialabteilung führt nach wie vor der Sozialdemokrat Fredy S.* (Bund 28. 12. 1999, 21)

Freiamt CH das; -(e)s, ohne Plur. (informell): ›Region im ↗Kanton Aargau; ↗Bezirke Muri und Bremgarten‹: *Der Klosterbezirk soll zu einem attraktiven, lebendigen Zentrum für die Gemeinde, die Region und das Freiamt umgestaltet werden* (NLZ 1. 9. 2001, Internet) – Dazu: **Freiämter(in)**

Freiberge CH die; nur Plur. ⟨frz. *Franches Montagnes*⟩: ›Region, ↗Amtsbezirk und Landschaftstyp (Jurahochebene) im südwestlichen Teil des ↗Kantons Jura‹: *Als sich 1978 die Bezirke Delsberg, Freiberge und Pruntrut vom Kanton Bern trennten und als Kanton Jura konstituierten, versprachen die bernischen Behörden den im Kanton Bern verbleibenden Bezirken … das Blaue vom Himmel* (Südostschweiz 8. 10. 1999, Internet) – Dazu: ↗**Freiberger**

Freiberger CH der; -s, –: kurz für *Freiberger Pferd*: ›aus den ↗Freibergen stammende Pferderasse‹: *Als einzige typische Schweizer Pferderasse ist der Freiberger zu betrachten. Der Freiberger ist ein leichter Kaltblüter der aus den Landrassenstuten des Juras stammt* (Original Freiberger Pferd, 2001, Internet) – Dazu: **Freibergerhengst, Freibergerstute, Freibergerzucht**

Freiberufler Freiberuflerin A D der; -s, – bzw. die; –, -nen: ↗ERWERBSTÄTIGE: *SELBSTSTÄNDIG ERWERBSTÄTIGE A, ↗FREIERWERBENDE CH, ↗SELBSTÄNDIGERWERBENDE CH ›nicht als Angestellte(r) sondern selbstständig Geld Verdienende(r); selbstständig Erwerbstätige(r)‹: *Am Vormittag bevölkern nur ein paar Freiberufler und Schulstagler den »Megastore«, also Menschen die wissen, was sie wollen* (Brödl, Blutrausch 58; A); *Seit 1992 bin ich Freiberufler ohne Weihnachts- und Urlaubsgeld* (Spiegel 1. 12. 1997, 183; D) – In CH selten. Vgl. freiberuflich

freiberuflich A D Adj.: ↗FREIERWERBEND CH ›nicht als Angestellte(r), sondern selbstständig Geld verdienend‹: *42 Jahre … arbeitete er als freiberuflicher Pressefotograf mit einer Wochenzeitung zusammen* (OÖN 27. 12. 2001, Internet; A); *Die Schwangere selbst entscheidet darüber, ob sie die Geburtshilfe einer freiberuflich tätigen Hebamme … in Anspruch nehmen will* (Universität Düsseldorf 6. 9. 2001, Internet; D) – Dazu: ↗**Freiberufler(in)**

Freibrief (gemeindt.): ↗FREIPASS

freierwerbend CH Adj. (nicht steigerbar): ↗FREIBERUFLICH A D ›nicht als Angestellte(r), sondern selbstständig Geld verdienend‹: *Nun ging es um die alles entscheidende Frage, wie viel denn ein freierwerbender Arzt, eine Ärztin künftig verdienen soll* (TA 19. 1. 1998, 29) – Dazu: ↗**Freierwerbende**

Freierwerbende CH der/die; -n, -n: ↗FREIBERUFLER A D, ↗SELBSTÄNDIGERWERBENDE CH ›nicht als Angestellte(r), sondern selbstständig Geld Verdienende(r); selbstständig Erwerbstätige(r)‹: *Seine Rüstigkeit schreibt er zu einem guten Teil seinem Leben als Freierwerbender mit viel Eigenverantwortung und der abwechslungsreichen Arbeit zu* (Bund 27. 1. 1995, 33) – Vgl. freierwerbend

Freifahrtschein A D der; -(e)s, -e: **1.** ›Ausweis, der zu freier Fahrt mit öffentlichen Verkehrsmitteln berechtigt‹: *Sie verteidigen offensichtlich ein System zur Abgeltung der Spesen …: bis zu 16.000 S im Monat und … einen Freifahrtsschein* (Stenogr. Protokoll des Nationalrates 15. 5. 1997, Internet; A); *Euer Studentenausweis mit aktueller Semestermarke und ein Lichtbildausweis werden zum Freifahrtschein für Busse und Bahnen* (Universität Bielefeld 29. 4. 2002, Internet; D). **2.** ›Möglichkeit, nach Gutdünken zu handeln‹: *Muss sich Barthold außerdem noch auf dem Fußballplatz beschimpfen lassen? Eine Eintrittskarte ist doch kein Freifahrtsschein für persönliche Angriffe* (OÖN 1. 12. 1989, 13; A); *Legasthenie – Freifahrtschein für faule Schüler?* (Elternvertretung Schleswig-Holstein, 2000, Internet; D) – In A auch in der Form *Freifahrtsschein*

Freigang A D der; -(e)s, …gänge: ↗HALBGEFANGENSCHAFT CH ›regelmäßiges Verlassen der Haftanstalt [zur Berufsausübung] im Strafvollzug‹: *Der Aufmerksamkeit zweier erfahrener Exekutivbeamten … ist es zu danken, dass ein Häftling ausgeforscht werden konnte, der Mitte Dezember nach einem Freigang nicht mehr in die Welser Haftanstalt zurückgekehrt war* (OÖN 28. 1. 2000, Internet; A); *Der Mörder … kochte zunächst im Knast. Später bekam er Freigang, arbeitete in einer Fleischfabrik und schließlich in einem Restaurant* (Welt 20. 8. 1999, Internet; D) – Dazu: **Freigänger(in)**

freiheitlich A Adj. (Politik): ↗BLAU A ›die ↗FPÖ betreffend, zur ↗FPÖ gehörend‹: *Der freiheitliche Abgeordnete … Herbert H. bekräftigt: »Vor einem parlamentarischen Untersuchungsausschuss könnten Zeugen nach der Strafprozessordnung vorgeführt und zur Wahrheit verpflichtet werden«* (Format 17. 4. 2000, 40) – Die Bedeutung ›nach Freiheit strebend, der Freiheit verpflichtet‹ ist gemeindt. Vgl. Blaue – Dazu: ↗**Freiheitliche**

Freiheitliche A der/die; -n, -n: ↗BLAUE A ›Mitglied bzw. Politiker(in) der ↗FPÖ‹: *Die Freiheitlichen kandidieren in fast allen Orten und erhoffen sich den Zugewinn mehrerer Mandate* (Murtaler Ztg 4. 3. 2000, 13) – Vgl. blau, freiheitlich

Freikarte (gemeindt.): ↗GRATISEINTRITT

freilich A D Adv.: ›natürlich, selbstverständlich‹ /verstärkend/: *Sie ist freilich, objektiv gesehen, gar keine dumme Person und schon gar keine ungebildete* (Nöstlinger, Bonsai 49; A); *Freilich, sagte Anchises: Das wird nun Kindersache* (Wolf, Kassandra 105; D) – Die Bedeutung ›allerdings, jedoch, hingegen‹ ist gemeindt.

freimachen D sw.V./hat: ›mit einer Briefmarke versehen bzw. maschinell frankieren‹: *Bitte mit Postkartenporto freimachen* (Psychologie 12/1997, 50) – In A selten. Andere Bedeutungen sind gemeindt.

Freinacht CH die; –, ...nächte: ›Nacht ohne ↗Polizeistunde für einen ganzen Ort oder ein einzelnes Vergnügungslokal‹: *In der Nacht auf Samstag und Sonntag ist Freinacht angesagt* (NLZ 20. 6. 2001, Internet)

Freipass CH der; -es, ...pässe **1.** (abwertend) ›Legitimation [für etw. im Allgemeinen Unerwünschtes]; Freibrief‹: *Ist die Revision des Raumplanungsgesetzes ein Freipass für Tierfabriken und Hors-Sol-Gemüse?* (Blick 12. 1. 1999, 5). **2.** (Recht) ›Passierschein‹: *Von der Steuer befreit ist die Einfuhr von ... Gegenständen, die mit Freipass zur vorübergehenden Ausfuhr abgefertigt wurden* (Mehrwertsteuergesetz Art. 74, 2001, Internet)

Freisinn CH der; -s, ohne Plur.: kurz für *Freisinnig-Demokratische Partei:* ›bürgerliche politische Partei, die sich für eine liberale Wirtschaftsordnung und möglichst wenig staatliche Eingriffe in den Markt sowie niedrige Steuern einsetzt‹: *Seit den Jahren des Ersten Weltkriegs, in denen die Bauern dem Freisinn den Rücken wandten, ist ihr Einflussbereich ... zusammengeschmolzen* (Allemann, Schweiz 123) – Die Bedeutung ›freiheitliche Gesinnung‹ ist gemeindt. veraltet. Vgl. FDP – Dazu: ↗**freisinnig**

freisinnig CH Adj.: ›zur Freisinnig-Demokratischen-Partei gehörend‹: *Die freisinnige Fraktionschefin beharrt auf einer »schlanken« Mutterschaftsversicherung ... ohne Grundleistung für bedürftige Mütter* (TA 15. 6. 1999, 10) – Die Bedeutung ›von freiheitlicher Gesinnung zeugend‹ ist gemeindt. veraltet. Vgl. Freisinn

Freisprech- (gemeindt.): ↗HANDFREI-

Freistaat D der; -(e)s, -en: ›↗Bundesland (nur in Bezug auf Bayern, Sachsen und Thüringen)‹: *Während in Bonner Amtsstudien noch nachgedacht wird, hat sich das Innenministerium des Freistaats Bayern in Sachen AIDS einmal mehr zum Handeln entschlossen* (BdW 8/1990, 58) – Die ↗Bundesländer Bayern, Sachsen und Thüringen tragen die Bezeichnung *Freistaat* als Übersetzung des Wortes ↗Republik, da sie lange vor der Bundesrepublik Deutschland als ↗Republiken mit eigener Verfassung gegründet wurden

Freitag CH der; -(e)s, -e: ›[arbeits]freier Tag‹: *Die zehn Jährchen sitzt du auf der andern Arschbacke ab, dann gibt's ein ganzes Monatsgehalt und drei Freitage extra!* (Aeschlimann, Wellauer 163) – Das damit nicht verwandte Wort *Freitag* in der Bedeutung ›5. Wochentag‹ ist gemeindt.

Freizeichen A D das; -s, –: ↗SUMMTON CH ›Ton beim Telefon oder Fax, der anzeigt, dass die Leitung frei ist‹: *Es habe niemand abgehoben, obwohl unter der angegebenen Nummer das Freizeichen kam* (OÖN 12. 11. 1997, 18; A); *Drei Minuten lang ertönt nur das Freizeichen, nach 24 Klingeltönen ist dann plötzlich besetzt* (Welt 23. 7. 1999, Internet; D)

Freizeit D (ohne südwest) die; –, -en: ↗LAGER A CH ›Reise und mehrtägiger Aufenthalt für Gruppen (bes. für Jugendliche) mit gemeinsamen Beschäftigungen z.B. (Sport, Spiel, Lernen)‹: *Bist du selber schon zu alt um noch auf eine Freizeit zu fahren? Dann werde doch BetreuerIn!* (Landesjugendring Thüringen 21. 3. 2001, Internet) – Die Bedeutung ›freie Zeit im Ggs. zur Arbeitszeit‹ ist gemeindt. Vgl. Klassenfahrt – Dazu: **Familienfreizeit, Jugendfreizeit, Mädchenfreizeit, Schülerfreizeit**

Freizeitausgleich D der; -(e)s, ohne Plur.: ↗ZEITAUSGLEICH A, ↗ZEITKOMPENSATION CH ›Ausgleichen von Überstunden durch Freizeit‹: *Der geltende Tarifvertrag sieht den Freizeitausgleich erst ab der 16. Stunde vor* (Welt 19. 1. 1996, Internet)

Fremdenpolizei A CH LUX die; –, -en: ›für die Belange von Ausländern bzw. Ausländerinnen zuständige [Polizei]behörde‹: *Vier Polen wurden auf freiem Fuß belassen, neun jedoch von der Fremdenpolizei mit Aufenthaltsverbot belegt und abgeschoben* (TT 20./21. 9. 1997, 1; A); *Weder [der Aargauer Asylkoordinator] Kleiner noch die Aargauer Fremdenpolizei wissen momentan, wie viele Kosovaren aus dem Asylbereich im Kanton leben* (Blick 29. 6. 1999, 5; CH); *In 567 weiteren Fällen amtierte die Fremdenpolizei* (Luxemburger Wort 8. 11. 2001, Internet; LUX) – In A hat die Fremdenpolizei rein sicherheitspolizeiliche Aufgaben, in CH ist sie auch für ↗Aufenthaltsbewilligungen u.a. zuständig – Dazu: **Fremdenpolizeibehörde** A CH, **fremdenpolizeilich**

Fremdenverkehrsverband A D der; -(e)s, ...bände: ↗KURVEREIN CH, ↗TOURISMUSVEREIN STIR ›Tourismusverband‹: *Tagestouren für Juni je nach Schneelage (Auskunft: Fremdenverkehrsverband)* (Nationalpark Hohe Tauern 237; A); *Um deren Begehrlichkeit einzugrenzen, müssen Umweltschützer und Fremdenverkehrsverbände immer wieder nach Kompromissen suchen* (LVZ 3. 2. 1998, 4; D)

Fremdenzimmer A D das; -s, –: ›Zimmer, das an Reisende oder ↗Urlauber(innen) zur Übernachtung vermietet wird‹: *Nebenan ist das Speisezimmer, es gibt noch den Salon – er ist blitzblau gestrichen und eigentlich ein Fremdenzimmer* (Werner, Wien 12; A); *Wie ein Fremdenzimmer in den 60er Jahren ausgesehen hat, wird in einem kleinen Raum demonstriert, der mit viel Liebe zum historischen Detail eingerichtet wurde* (Neue OZ 19. 1. 2002, Internet; D)

Fresse D-nord/mittel die; –, -n (derb, Grenzfall des Standards): **1.** ↗PAPPEN A (ohne Vbg.), ↗FOTZE A D-südost, ↗GOSCHE A D-süd, ↗SCHNORRE A-west (Vbg.) CH, ↗LATZ CH, ↗KLAPPE CH D-nord/mittel, ↗SABBEL D-nord/mittel, ↗SCHNAUZE D (ohne südost), ↗SCHNUTE D (ohne südost) ›Mund‹: *Er flüchte, als ihm sein Joint in der Fresse infolge der Hitze sogleich von selbst abbrannte* (Universität Mainz 13. 12. 2001, Internet); ***die Fresse [weit] aufreißen** D-nord/mittelwest siehe aufreißen; ***die Fresse halten** siehe halten; ***eine große Fresse haben** siehe haben; ***die Fresse von jmdm./etw. voll haben** D-nord/mittelwest siehe haben; ***Meine Fresse!** (salopp): ↗NIEDERLEGEN: *DA LEGST [DU] DICH NIEDER A D-südost, ↗NIEDERSETZEN: *DA SETZT [DU] DICH NIEDER A D-südost, ↗MENSCH: *MENSCH MEIER D, ↗DONNERKIEL D-nord/mittelwest, ↗DONNERLITTCHEN D-nord/mittel, ↗JUNGE: *JUNGE, JUNGE D (ohne südost) /Ausruf des verblüfften Erstaunens/: *»Meine Fresse«, raunte Oliver Klocke der neben ihm stehenden Iris zu, »an dem ist ein Feldwebel verloren gegangen!«* (Junge, Klassenfahrt 54). **2.** ›[gemeines] Gesicht‹: *Klaus Kinski hatte kein Gesicht, sagt Werner Herzog, sondern eine Fresse* (Welt 20. 5. 2000, Internet); ***jmdm. die Fresse polieren** siehe polieren; ***auf die Fresse fallen** siehe fallen – Zu 1 vgl. Flappe, Flunsch

Fresspäckli CH das; -s, –: ↗FRESSPAKET A D ›[mit der Post versandtes] Paket mit Lebensmitteln für Angehörige und Freunde, die während längerer Zeit von zu Hause weg sind (z. B. im Schullager, ↗Militärdienst, Gefängnis, Arbeitsdienst u. a.)‹: *Vorbei die Zeiten, da man seinen Lieben zum Geburtstag oder ins Ferienlager ein verschnürtes Fresspäckli sandte* (Blick 8. 9. 1999, 24) – Vgl. Päckli

Fresspaket A D das; -(e)s, -e (Grenzfall des Standards): ↗FRESSPÄCKLI CH ›[mit der Post versandtes] Paket [mit Lebensmitteln] für Angehörige und Freunde, die während längerer Zeit von zu Hause weg sind (z. B. im Schullager, ↗Wehrdienst, Gefängnis, Arbeitsdienst u. a.)‹: *Damit es nicht nur pädagogisch Wertvolles gibt für die beiden, durften sie sich auch über das Fresspaket hermachen, welches die 11-jährige Sonja für unsere Schützlinge geschickt hat* (Kaninchenhilfe, 2003, Internet; A); *Ein Fresspaket schickten sie ihm ab und zu* (Berlin online, 2000, Internet; D)

fretten sich A D-südost sw.V./hat (Grenzfall des Standards): **1.** ↗KNORZEN CH, ↗PLACKEN D-nordost ›sich abmühen, sich plagen‹: *Der Plan des Betriebsrats war es, sich heuer mit Kurzarbeit durchs erste Halbjahr zu fretten und auf eine bessere Auftragslage zu hoffen* (OÖN 10. 9. 1987, 10; A). **2.** ›sich mühsam durchbringen‹: *Das brachte den Vereinen den Vorteil, dass sie längerfristig planen konnten und sich nicht von Jahr zu Jahr fretten mussten* (OÖN 6. 8. 2003, Internet; A) – Dieselben Bedeutungen wie *fretten* haben die verstärkenden Verben *abfretten, dahinfretten, durchfretten* – Dazu: **Fretterei, Fretter(in),** ↗**Gefrett**

Freund: *Mein lieber Freund siehe lieb, ***Mein lieber Freund und Kupferstecher** siehe Kupferstecher, ***Mein lieber Freund und Zwetschkenröster** siehe Zwetschkenröster

Freund (gemeindt.): ↗HABERER, ↗SPEZI

Freundchen (gemeindt.): ↗FREUNDERL!, ↗LIEB: *MEIN LIEBER!; *MEIN LIEBER FREUND!

freundeidgenössisch CH Adj. (nicht steigerbar): ›sich zwischen Schweizern und Schweizerinnen, insbesondere zwischen den ↗Kantonen, geziemend‹: *Mit einem 50-Literfass Wein, das eine Delegation des Kantons Wallis den bernischen Kantonsbehörden überreicht, pflegen die beiden Kantone am 29. Juni freundeidgenössische Kontakte* (Bund 26. 6. 1999, 29) – Vgl. eidgenössisch

Freunderl A das; -s, -n (abwertend, Grenzfall des Standards): **1.** ↗HABERER A-ost ›Mitspieler in einer Günstlingswirtschaft; Kumpan‹: *Auf der einen Seite kann der Teamchef seine Freunderln aufstellen wie und wann er will, auf der anderen funktioniert die Achse ÖFB-Medien* (OÖN 29. 3. 1999, 5). **2.** ↗LIEB: *MEIN LIEBER! A D-mittelost; *MEIN LIEBER FREUND! A D ›Freundchen!‹ /emotionaler Ausruf von je nach Betonung unterschiedlicher Bedeutung, bes. als Warnung, Drohung [ernst gemeint oder ironisch-gutmütig], oder als Ausdruck des Erstaunens/: *Kommts nur, Freunderl, der Stier bin ich* (OÖN 21. 8. 1989, 15) – Zu 1.: ↗**Freunderlwirtschaft**

Freunderlwirtschaft A die; –, ohne Plur. (abwertend): ↗VETTERLIWIRTSCHAFT CH, ↗VETTERNWIRTSCHAFT CH D, ↗VETTERLESWIRTSCHAFT D-südwest ›[gegenseitige] Begünstigung bei der Vergabe von Arbeitsplätzen u. Ä.; Günstlingswirtschaft‹: *Ein Beamter der Finanzkontrolle der Kommission enthüllte*

in einem 34-seitigen Dossier ein veritables Geflecht von Veruntreuung, Freunderlwirtschaft und Korruption (Format 14. 12. 1998, 54) – Vgl. Freunderl, Parteibuchwirtschaft

Friedensgericht das; -(e)s, -e: **1.** CH (FR, VS); ↗BEZIRKSGERICHT A CH, ↗KANTONSGERICHT CH, ↗AMTSGERICHT CH (LU, SO), D ›Gericht unterster Instanz für Zivil- und Strafsachen‹: *Das Friedensgericht hat die Klage des Pächters gutgeheissen* (Bundesgerichtsentscheide, 1961, Internet). **2.** STIR ⟨übersetzt aus ital. *ufficio di giudice di pace*⟩ ›Sitz eines ↗Friedensrichters bzw. einer ↗Friedensrichterin‹: *Während die Zivilverfahren am Sitz des Friedensgerichtes in der Marconi-Straße stattfinden, werden die Strafverhandlungen in der Aula des Gerichtsgebäudes abgewickelt* (Dolomiten 25. 5. 2002, 38)

Friedensrichter Friedensrichterin der; -s, – bzw. die; –, -nen (Recht): **1.** CH D-mittelost; ↗VERMITTLER CH, ↗SCHIEDSMANN D ›Person, die kleinere Streitigkeiten schlichten soll, damit es nicht zu einer Gerichtsverhandlung kommt‹: *Nach vergeblichem Versöhnungsversuch des Friedensrichters trafen sich die Kontrahenten diese Woche vor dem Pfäffiker Bezirksrichter* (TA 19. 6. 1999, 19; CH). **2.** STIR ⟨übersetzt aus ital. *giudice di pace*⟩ ›nahezu ehrenamtlich tätiger Jurist bzw. tätige Juristin, der bzw. die als Richter(in) in bestimmten Zivil- und Strafsachen in erster Instanz urteilt und bei zivilrechtlichen Delikten einen Schlichtungsversuch durchführt‹: *Reagiert der Verkäufer dann immer noch nicht auf die Forderung, landet der Fall vor dem Friedensrichter* (Dolomiten 25. 7. 2002, 10) – Zu 1.: Die Institution des Friedensrichters gibt es nicht in allen ↗Kantonen der Schweiz. In A gibt es kein entsprechendes Amt – Zu 1.: **Friedensrichterkreis.** Zu 1. und 2.: **Friedensrichteramt**

Frieder CH D-mittelwest/südwest: ↗FRIEDL A D-südost, ↗FIETE D-nord Kurzform des männl. Vornamens *Friedrich: Es hat aber keine Mücken mehr, Frieder!* (Ramseier, Biotop 123; CH); *Die international renommierte Sammlung Frieder Burda konzentriert sich auf die Kunst der Klassischen Moderne* (Sammlung Frieder Burda 5. 2. 2003, Internet; D-mittelwest/südwest)

Friedl A D-südost: **1.** ↗FRITZI A-ost, ↗RIEKE D Kurzform des weibl. Vornamens *Friederike: Schatzmeisterin und Ehrenmitglied Friedl G. zog sich aus Altersgründen vom Amt zurück und übergab an Natalie H.* (VN 30. 1. 2003, Heimat/Bregenz 4; A) **2.** ↗FRIEDER CH D-mittelwest/südwest, ↗FIETE D-nord Kurzform des männl. Vornamens *Friedrich,* in D-südost auch Kurzform der männl. Vornamen *Fridolin* und *Gottfried: Wer war der beste Tormann, Rudi Hiden, Walter Zeman oder Friedl Koncilia?* (Neue Kronen Ztg 28. 11. 1999, Internet; A)

Friedrich (gemeindt.): ↗FIETE, ↗FRIEDER, ↗FRIEDL

Friesennerz D der; -es, -e (scherzh.): ›[meist gelber] Regenmantel aus wasserdichtem Material‹: *Die Nordseeküste atmet und lebt im Rhythmus des Meeres. Ebbe und Flut, ... steife Brisen und Friesennerz* (Welt 18. 8. 2000, Internet)

Frikadelle D-nordwest/mittelwest die; –, -n: ↗FASCHIEREN: *FASCHIERTE LAIBCHEN A, ↗FLEISCHLAIBCHEN A, ↗HACKTÄTSCHLI CH, ↗BEEFSTEAK: *DEUTSCHE BEEFSTEAK D-nord/mittelost, ↗BULETTE D-ost, ↗FLEISCHKÜCHLE D-südwest, ↗FLEISCHPFLANZERL D-südost, ↗KLOPS D-mittelost ›gebratene Speise aus gehacktem Fleisch, eingeweichtem Brot, Ei und Gewürzen, in kleiner, rundlicher Form‹: *Das waren Reklametische, auf deren abgeplattetem Eis man die Frikadellen und ... diese ganz einmalige Currywurst essen konnte* (Timm, Currywurst 11) – In CH ursprünglich fremd, aber zunehmend gebräuchlich

Friseur A D der; -s, -e [fri'zøːɐ̯]: **1. Friseur Friseurin** der; -s, -e bzw. die; –, -nen: ↗FRISÖR A D, ↗COIFFEUR CH ›Person, die berufsmäßig Haare schneidet und pflegt‹: *Gabi hatte lange Beine und glatte weiche Haare mit einem einfachen, aber exakten Schnitt vom teuersten Friseur der Stadt* (Treiber, Blaue See 14; A); *Ich gehe zum Friseur und lasse mir eine neue Frisur machen* (WAZ 28. 10. 1997, 12; D). **2.** ↗FRISÖR A D, ↗COIFFEUR CH, ↗COIFFURE CH ›Geschäft, in dem man sich die Haare schneiden und frisieren lässt‹: *Das geht aber nicht, weil das Schuhservice-Geschäft am Samstag ab 13 Uhr zu ist, genauso wie die Bankfiliale, das Reisebüro, die Putzerei und der Friseur* (Profil 8. 10. 2000, Internet; A); *Eine Stadt in der Stadt ist das hier, mit allem, was dazu gehört: Friseur, Bibliothek, Videothek ... und eine Klinik* (Welt 15. 3. 2000, Internet; D) – Zu 1 vgl. Friseuse – Zu 1.: **Damenfriseur(in), Friseurhandwerk, Herrenfriseur(in).** Zu 2.: **Friseurbetrieb, Friseursalon**

Friseuse A D die; –, -n [fri'zøːzə]: ↗COIFFEUSE CH ›weibliche Person, die berufsmäßig Haare schneidet und pflegt‹: *Die Freundin, eine Friseuse, ..., verliebte sich also in diesen besagten Herrn* (Futscher, Soledad 57; A); *Ganz locker, am Apfel kauend, schlendert er durch ein Berliner Vier-Sterne-Hotel, so als wäre er – der Sohn einer ehemaligen Friseuse und eines Steinsetzers – nie woanders gewesen* (Welt 19. 12. 1998, Internet; D) – Vgl. Friseur, Frisör

Frisör A D der; -s, -e: **1. Frisör Frisörin** A D der; -s, -e bzw. die; –, -nen: ↗FRISEUR A D, ↗COIFFEUR CH ›Person, die berufsmäßig Haare schneidet und pflegt‹: *Der Raum durch eine Trennwand von der Männerseite separiert, wo der Frisör am Werk war, der den Nikolaus abgab* (Glantschnig, Mirnock 52; A); *Am nächsten Tag mussten wir ... in die Badewanne,* *dann schickte Mama uns zum Frisör* (Schnurre, Schnurren 10; D). **2.** ↗Friseur A D, ↗Coiffeur CH, ↗Coiffure CH ›Geschäft, in dem man sich die Haare schneiden und frisieren lässt‹: *Die komfortable Anlage verfügt über mehrere Bars, geschmackvoll gestaltete Gesellschaftsräume, ein Haupt- und ein À-la-carte-Restaurant sowie Boutique und Frisör* (VN 15. 9. 2001, F 3; A); *Um Soldaten ... und Schienenleger herum bildeten sich Stores für das Lebensnotwendige, ... ein Frisör, ein Tabakladen, mehrere Zeitungen und viele Etablissements für die Lebensfreude* (Welt 18. 4. 1997, Internet; D) – Zu 1 vgl. Friseuse – Zu 1.: **Damenfrisör(in), Herrenfrisör(in).** Zu 2.: **Frisörsalon**

Frist: *in/innert nützlicher Frist CH: **a)** ›in absehbarer Zeit‹: *Die Gemeinde versucht nun, innert nützlicher Frist doch noch eine Person für den vakanten Sitz zu finden* (Bund 14. 12. 1999, 29); *Für Holsboer war es klar, dass der Kanton Graubünden nur mit einem umfassenden Schmalspurnetz innert nützlicher Frist zu seinen Eisenbahnen kam* (Bund 11. 12. 1999, Z7). **b)** ›in einem [gesetzlich] festgelegten Zeitraum‹: *Die konkursite Alte PBU tritt der Papierfabrik Biberist ... eine Reihe von Forderungen ab, die kaum in nützlicher Frist realisierbar sind* (TA 28. 9. 1999, 32); *Bei Bauland ist durch eine entsprechende Erklärung in der Erwerbsurkunde der Nachweis zu erbringen, dass innert nützlicher Frist (maximal 2 Jahre) eine Überbauung zu eigenen Wohnzwecken erfolgt* (Homepage Kanton ZG, 2002, Internet); ***eine Frist ansetzen** CH ›einen Zeitraum bestimmen‹: *Im August 1999 hatte der Bundesrat die Frist angesetzt: Bis zum 31. Mai 2000 müssen die 65.000 provisorisch Aufgenommenen gehen* (TA 29. 1. 2000, Internet) – Das Substantiv *Frist* ist in allen anderen Verwendungen gemeindt. – Zu b): ↗**Eingabefrist, Fristansetzung**

Frittate A die; –, -n ⟨aus ital. *frittata* zu *fritto,* 2. Part. zu *friggere* ›backen, braten, frittieren‹⟩: ↗Flädle A-west (Vbg.) D-südwest, ↗Flädli CH ›in dünne Streifen geschnittene ↗Palatschinken als Suppeneinlage‹: *Denn an einem Ort, wo eine so unglaublich gute Rindsuppe mit so wunderbaren Frittaten ... in einem so riesengroßen Topf serviert wird, lässt man gerne etwas zurück* (Standard 4. 2. 2000, Internet) – Dazu: **Frittatensuppe**

Frittenbude D-nord/mittel die; –, -n (Grenzfall des Standards): ›kleines Lokal oder Verkaufsstand, in/an dem vor allem Pommes frites verkauft werden‹: *Es knallte zwei-, dreimal scharf, und hinter Gonzo fiel die Glasscheibe der Frittenbude in sich zusammen* (Karr & Wehner, Geierfrühling 187) – Vgl. Bude

Fritzi A-ost: ↗Friedl A D-südost, ↗Rieke D Kurzform des weibl. Vornamens *Friederike: Gezeigt werden Scherenschnitte von Fritzi G.* (Kleine Ztg 7. 12. 1996, Internet)

Fronarbeit CH die; –, -en: ↗Frondienst CH, ↗Gemeinwerk CH, ↗Benevolat LUX ›freiwillige, unbezahlte, gemeinnützige [eher undankbare, schweisstreibende] Tätigkeit‹: *Lassen sich in der heutigen Gesellschaft überhaupt noch Helfer für Fronarbeit finden?* (Bund 16. 11. 1999, 28) – Die historische Bedeutung ›im Rahmen einer Grundherrschaft zu leistender Dienst am Lehensherren‹ ist gemeindt.

Frondienst CH der; -(e)s, -e: ↗Fronarbeit CH, ↗Gemeinwerk CH, ↗Benevolat LUX ›freiwillige, unbezahlte, gemeinnützige [eher undankbare, schweisstreibende] Tätigkeit‹: *Die Leute arbeiten im Frondienst und erstellen ihre eigenen, dannzumal sturmsicheren Backsteinhäuser unter kundiger Anleitung* (Gemeinde Jona, 2002, Internet) – Die historische Bedeutung ›im Rahmen einer Grundherrschaft zu leistender Dienst am Lehensherren‹ ist gemeindt.

Frontseite CH die; –, -n: ›Titelseite (einer Zeitung oder Zeitschrift)‹: *Das Bild auf der Frontseite der Zeitung war enorm gewesen: fünf Spalten breit* (Burri, Bad 110) – Die Bedeutung ›Vorderseite eines Gebäudes oder Möbelstücks‹ ist gemeindt.

Frucht CH die; –, Früchte: ↗Obst A D /Sammelbezeichnung für verschiedene Fruchtsorten/: *Nun werden Früchte gegessen, Zigaretten geraucht* (Blatter, Schichtpause 167) – *Frucht* ist an sich in allen Bedeutungen gemeindt., allerdings wird als Sammelbezeichnung für süße Früchte verschiedener Bäume und Sträucher in A und D meist *Obst,* in CH meist *Früchte* verwendet – Dazu: **Früchtekorb, Früchteteller, Fruchtsalat, Fruchtschale** (↗Schale), **Fruchtschnitte** (↗Schnitte) D, **Fruchtwähe** (↗Wähe)

Fruchtgarten STIR der; -s, ...gärten: ›Obstgarten‹: *Die vorzügliche klimatische Lage Merans, der Wechsel zwischen Fruchtgärten und alpiner Gebirgslandschaft hat Meran schon sehr früh zum attraktiven und beliebten Kur- und Aufenthaltsort werden lassen* (Dolomiten 7. 10. 2000, 29)

Fruchtsirup (gemeindt.): ↗Getränkesirup

Früh: *in der Früh A D-südost ›morgens, am Morgen‹: *Schon zeitig in der Früh stehen wir auf und wandern zum Wasserfall des Flusses Lily* (Reisen 6/1997, 29; A) – In CH selten

Frühlingsferien CH die; nur Plur.: ↗Osterferien A D ›Ferien der öffentlichen Schulen im Frühling‹: *Weil die neue Ferienordnung die zweiwöchigen Frühlingsferien fix auf die 15. und 16. Woche des Jahres festlegt, werden die Osterfesttage auch künftig durchschnittlich alle drei Jahre nicht in die Ferienzeit fallen* (Bund 3. 11. 1999, 27) – Vgl. Sportferien

Frühlingszwiebel (gemeindt.): ↗Jungzwiebel, ↗Lauchzwiebel

Frühstück (gemeindt.): ↗MORGENESSEN, ↗ZMORGE

Frühstück: *zweite Frühstück D-nord/mittel: **a)** ↗JAUSE A, ↗GABELFRÜHSTÜCK A-ost, ↗ZNÜNIPAUSE CH, ↗BROTZEIT D-südost, ↗FRÜHSTÜCKSPAUSE D-nord/mittel, ↗VESPERPAUSE D-südwest, ↗HALBMITTAG STIR ›für eine Zwischenmahlzeit vorgesehene Pause am Vormittag‹: *... ein Glas Orangensaft zum Frühstück. Zum zweiten Frühstück einen Tomatensalat* (SWR, 2003, Internet). **b)** ↗JAUSE A, ↗GABELFRÜHSTÜCK A-ost, ↗ZNÜNI CH, ↗ZWISCHENVERPFLEGUNG CH, ↗BROTZEIT D-südost, ↗VESPER D-südwest, ↗HALBMITTAG STIR ›für die Pause am Vormittag vorgesehene Speise; Zwischenmahlzeit‹: *Zum Frühstück ließ ich mir ... ein Pfund Pfirsiche mitbringen, da Hanna beschlossen hat, dass ich abnehmen muss, und mir kein zweites Frühstück mitgibt* (Brückner, Spuren 8) – Das Substantiv *Frühstück* in der Bedeutung ›am Morgen eingenommene erste Mahlzeit‹ ist gemeindt.

Frühstücksbrettchen D (ohne nordost/südost) das; -s, –: ›kleines Holzbrett, auf dem man (bes. beim Frühstück) Brot schneidet und belegt‹: *Kartoffeln kann sie mit Hilfe eines präparierten Frühstücksbrettchens schälen, auf dem eine Art Gabel befestigt ist* (Allegra 11/1997, 50)

Frühstücksei A D das; -(e)s, -er: ›zum Frühstück serviertes gekochtes Ei‹: *Viele Faktoren bestimmen die richtige Kochzeit für das ideale Frühstücksei* (Standard 30. 11. 2002, Internet; A); *Opa darf also zwei-, dreimal in der Woche sein Frühstücksei essen!* (SWR, 1999, Internet; D) – In CH selten

Frühstückspause D-nord/mittel die; –, -n: ↗JAUSE A, ↗GABELFRÜHSTÜCK A-ost, ↗ZNÜNIPAUSE CH, ↗BROTZEIT D-südost, ↗FRÜHSTÜCK: *ZWEITE FRÜHSTÜCK D-nord/mittel, ↗VESPERPAUSE D-südwest, ↗HALBMITTAG STIR ›Pause am Vormittag, in der man eine Zwischenmahlzeit zu sich nimmt‹: *Horst Kutschinsky wollte gerade seine Frühstückspause einlegen, und Marie schlug vor, sich einen Augenblick in die Hopfenstuben ... zusammenzusetzen* (Bick, Tödliche Ostern 93)

Frühstückspension A D-südost die; –, -en: ↗GARNI STIR ›Pension, die nur Übernachtungsmöglichkeit mit Frühstück bietet‹: *Die Privatzimmervermietung bzw. der Betrieb einer Frühstückspension unterliegt nicht der Gewerbeordnung* (SN 3. 5. 1997, 16; A) – In D (südost) selten. Das Simplex *Pension* in der Bedeutung ›Beherbergungsbetrieb, Fremdenheim‹ ist gemeindt.

Fuchs: *wo sich Fuchs und Hase gute Nacht sagen (gemeindt.): ↗JWD, ↗KRACHEN: *IM HINTERSTEN KRACHEN

fuchtig A D Adj. (salopp): ›sehr wütend, aufgebracht, zornig‹: *Wenn man solche Sätze im falschen Augenblick und zu den falschen Leuten sagt, dann werden diese Letzteren ganz schön fuchtig* (Neue Kronen Ztg 18. 8. 2002, Internet; A); *Aber als reine Wohnungskatze will sie auf gar keinen Fall leben, dann wird sie richtig fuchtig* (WDR Fernsehen, 2000, Internet; D)

fuddeln siehe fudeln

fudeln fuddeln D-mittelwest sw.V./hat (abwertend): ›beim [Karten]spiel betrügen‹: *Hat er oder hat er nicht, oder hat etwa das ZDF gefuddelt? ... Er hat die Wette verloren* (Kreuztal online 5/2001, Internet)

Fuder: *das Fuder überladen CH ›zu weit gehen‹: *Mit Kosten von rund 1,8 Millionen ist das Fuder überladen* (Bund 26. 11. 1999, 30) – Das Substantiv *Fuder* ist in allen anderen Verwendungen gemeindt.

Fudi siehe Füdli

Füdli CH das; -s, – (Grenzfall des Standards): ↗PODEX A D, ↗POPO A D ›Gesäss; Hintern‹: *Anstelle eines Klapfes auf das Füdli wird höchstens Mal die Absolvierung einiger Liegestütz angeordnet und meistens auch konsequent abverlangt* (Südostschweiz 16. 2. 2001, Internet) – Auch in der Form *Fudi* – Dazu: **Füdlibacke** (↗Backe), ↗**füdliblutt**, ↗**Füdlibürger(in)**

füdliblutt CH Adj. (nicht steigerbar, Grenzfall des Standards): ›splitternackt‹: *Bereits kursieren die wildesten Stories, dass die Hardcore-Anhänger in den europäischen Grossstädten ihren Helden in keiner Art und Weise nachstehen möchten und demnächst ebenfalls füdliblutt durch die Strassen rennen werden* (Blick 10. 3. 2000, 27) – Vgl. blutt, Füdli

Füdlibürger Füdlibürgerin CH der; -s, – bzw. die; –, -nen: ↗BÜNZLI CH ›Spiesser(in); Spiessbürger(in)‹: *Die Halbstarken traten in der Montur aus hautengen Jeans und Cowboy-Stiefeln auf. Sie bezeichneten die andern als Füdlibürger* (Blick 29. 3. 2000, 13) – Vgl. Füdli

Fuffi (Grenzfall des Standards) **1.** D-nord/mittel der; -s, -s: ›Geldschein mit dem Nominalwert fünfzig‹: *Jeden Monat steckt sie mir einen Fuffi zu* (Eulenspiegel 11/1998, Internet). **2.** D-mittel die; -, -s: ›Motorroller mit 50ccm Hubraum‹: *Meine erste Fuffi (ein Roller SR51) wurde mir nach 2 Wochen gestohlen* (Technische Universität Ilmenau 20. 12. 2001, Internet) – Zu 1 vgl. fuffzig

fuffzig D (ohne südost) (Grenzfall des Standards): ›fünfzig‹: *Der schwankende Ehegenosse raunzt die Frevlerin halblaut nieder, wie ungeschickt sie ist, man jetzt das teure Fassbier kaufen und Glaspfand von zwei Euro fuffzig vorstrecken muss* (Berliner Ztg 9. 7. 2002, Internet) – Vgl. Fuffi – Dazu: ↗**Fuffziger**

Fuffziger D (ohne südost) der; -s, – (Grenzfall des Standards): ›Fünfziger (Münze oder Note)‹: *Murad packt schon mal seinen Geldbeutel aus. »Reicht ein*

Zwanziger oder müssen wir ihm einen Fuffziger geben?« (Freitag-Ost-West-Wochenztg 26. 7. 2002, Internet); ***falsche Fuffziger** ›unaufrichtige Person‹: *Handelt es sich hier um eine herausgeputzte Fassade, eine gespaltene Persönlichkeit oder gar einen eisgekühlten Schurken? Adam ist ein falscher Fuffziger, so könnte vorschnell geurteilt werden* (Berliner Ztg 9. 8. 2001, Internet) – Zu allen anderen Verwendungen von *Fuffziger* siehe Zwanziger. Vgl. fuffzig

Fuggerstadt die; –, ohne Plur.: **1.** D ⟨nach der Kaufmannsfamilie der *Fugger*, die im 15. und 16. Jh. dort beheimatet war⟩: ›Augsburg‹: *Auf rund 570 Quadratmetern Fläche haben die berühmten Marionetten aus der Fuggerstadt nun eine feste Heimat gefunden* (Augsburger Allgemeine 1. 10. 2001, Internet). **2.** STIR ⟨nach der Kaufmannsfamilie der *Fugger*, die in Sterzing eine Niederlassung hatte⟩: ›Sterzing‹: *Vielmehr stört es mich, dass die Mannschaft nicht imstande war, so zu spielen, wie ich es mir vorgestellt habe«, erklärte H., der vorerst bis zum 6. November in der Fuggerstadt bleiben … wird* (Dolomiten 23. 10. 2001, Internet) – Zu 2.: Selten auch in der Form *Fuggerstädtchen* (das; -s, ohne Plur.) – Dazu: **Fuggerstädter(in)**

Fuggerstädtchen STIR das; -s, ohne Plur.: siehe Fuggerstadt

führen A CH sw.V./hat: ›jmdn. (mit einem Fahrzeug) befördern‹: *Sie werden dann um 07:45 Uhr beim Bahnhof Feldkirch abgeholt und am letzten Lehrgangstag wieder zum Bahnhof geführt* (Landesfeuerwehrverband Vorarlberg, 2000, Internet; A); *Die Besucher können den Nachmittag unbeschwert geniessen, denn Postautos führen sie hin und zurück* (Schweiz Revue 5/1998, 56; CH) – Andere Bedeutungen sind gemeindt.

Führerausweis CH der; -es, -e (formell): ↗LENKERBERECHTIGUNG A, ↗SCHEIN: *ROSA SCHEIN A, ↗FÜHRERSCHEIN A D, ↗BILLETT CH, ↗FAHRAUSWEIS CH, ↗LAPPEN D ›amtliche Berechtigung, ein motorisiertes Fahrzeug zu fahren‹: *Zur Erlangung des Führerausweises muss neben der praktischen auch eine theoretische Prüfung bestanden werden* (Theorieprüfung 1) – Dazu: **Führerausweisentzug**

Führerflucht CH die; –, -en (selten): ↗UNFALLFLUCHT D ›Fahrerflucht‹: *Ein Blaufahrer beging auf der N 2 nach einem Unfall Führerflucht – als Geisterfahrer!* (Blick 10. 11. 1994, 3)

Führerprüfung CH die; –, -en: ↗FÜHRERSCHEINPRÜFUNG A D, ↗AUTOPRÜFUNG CH ›Fahrprüfung‹: *»Viele Senioren nehmen ihre Defizite nicht richtig wahr oder unterschätzen sie.« Nicht nur S. fordert darum die Einführung einer Führerprüfung für Lenker im Rentenalter* (Blick 4. 11. 1998, 1)

Führerschein A D der; -(e)s, -e: ↗LENKERBERECHTIGUNG A, ↗SCHEIN: *ROSA SCHEIN A, ↗BILLETT CH, ↗FAHRAUSWEIS CH, ↗FÜHRERAUSWEIS CH, ↗LAPPEN D ›amtliche Berechtigung, ein motorisiertes Fahrzeug zu fahren‹: *Auch seine Arbeitgeber, die den Führerschein ja kontrollieren müssen, bezeugen, dass keine Befristung eingetragen gewesen sei* (ORF Nachlese 9/1997, 7; A); *Und den Führerschein dürfen wir dir ins Handschuhfach legen?* (Waldhoff, Grund des Meeres 29; D) – In CH selten – Dazu: **Führerscheinentzug**, ↗**Führerscheinprüfung**, **Lkw-Führerschein** (↗Lkw), ↗**Probeführerschein** A, **Punkteführerschein** A

Führerscheinneuling A D der; -s, -e: ↗FAHRANFÄNGER A D, ↗NEULENKER CH ›Person, die erst kurze Zeit im Besitz des ↗Führerscheines ist‹: *Durch Feedback-Fahrten wird dem Führerscheinneuling professionelle und objektive Rückmeldung auf sein fahrerisches Verhalten und Können gegeben* (ÖAMTC, 2004, Internet; A); *Führerscheinneuling landete mit Pkw im Graben* (Hamburger Abendbl 5. 8. 2004, Internet; D)

Führerscheinprüfung A D die; –, -en: ↗AUTOPRÜFUNG CH, ↗FÜHRERPRÜFUNG CH ›Fahrprüfung‹: *Vier Klassen Volksschule, dann eine Tanzschule, dann die Führerscheinprüfung* (Frank, Kommissar 214; A); *Nur eine Woche vor ihrer theoretischen Führerscheinprüfung lenkte am Montag eine 19-jährige Frau das Auto ihrer Freundin im öffentlichen Verkehrsraum* (Schwäbische Ztg 29. 10. 2001, Internet; D) – Das gemeindt. Wort *Fahrprüfung* ist in A und D formell. Vgl. Führerschein

Fuhrhalter Fuhrhalterin CH der; -s, – bzw. die; –, -nen: ↗FRÄCHTER A, ↗CAMIONNEUR CH ›Transporteur(in); Transportunternehmer(in)‹: *Als die Ständeräte gestern die Debatte um die flankierenden Massnahmen zum Landverkehrsabkommen aufnahmen, begab sich der Aargauer Fuhrhalter und SVP-Nationalrat Ulrich G. auf besondere Mission* (TA 3. 9. 1999, 10) – Dazu: **Fuhrhalterei**

Führungszeugnis D das; -ses, -se: ↗STRAFREGISTERBESCHEINIGUNG A, ↗LEUMUNDSZEUGNIS A CH ›polizeiliches Zeugnis über im Strafregister eingetragene Straftaten einer Person‹ (auch in der Wendung *polizeiliches Führungszeugnis*): *Welche Unterlagen benötige ich für den Führerschein? Führungszeugnis (nur, wenn es die Verwaltungsbehörde ausdrücklich verlangt)* (Beck-Texte, Führerscheinprüfung XV)

Fuhrunternehmen D das; -s, –: ↗CAMIONNAGE CH ›Lastwagentransport[dienst], Spedition; Transportunternehmen‹: *Die SVG ist seit 50 Jahren die gewerbewirtschaftliche Vertretung der Fuhrunternehmen* (Welt 14. 7. 1999, Internet) – In A und CH selten. Das Substantiv *Fuhrunternehmer(in)* ist gemeindt.

Fülle A D-süd/mittelost die; –, -n: ›Füllung (von Speisen)‹: *Für die Fülle in einer großen Schüssel die Semmelwürfel mit lauwarmer Milch anfeuchten und die versprudelten Eier darüber gießen* (ORF Nachlese 9/1997, 70; A) – Andere Bedeutungen sind gemeindt. – Dazu: **Apfelfülle, Blunzenfülle** (↗Blunze) A D-südost, **Fleischfülle, Gemüsefülle, Grammelfülle** (↗Grammel) A D-südost, **Kletzenfülle** (↗Kletze) A, **Mohnfülle, Nussfülle, Powidlfülle** (↗Powidl) A (ohne Vbg.) D-südost, **Schottenfülle** (↗Schotten) A, **Topfenfülle** (↗Topfen) A D-südost, **Wurstfülle**

Füller (gemeindt.): ↗FEDER, ↗FEDERHALTER, ↗FÜLLFEDER, ↗FÜLLFEDERHALTER, ↗FÜLLI

Füllfeder A CH D-südost die; –, -n: ↗FÜLLI CH, ↗FÜLLFEDERHALTER CH D, ↗FEDERHALTER D (ohne südost) ›mit Tinte gefülltes Schreibgerät; Füller‹: *Unter allen Zuschriften wird wiederum eine wertvolle Füllfeder verlost* (Aktion 8. 9. 1997, 12; A); *Die Füllfeder zitterte in seiner Hand* (Ganz, Passhöhe 40; CH) – Vgl. Feder

Füllfederhalter CH D der; -s, –: ↗FEDER A D-südost, ↗FÜLLFEDER A CH D-südost, ↗FÜLLI CH ›mit Tinte gefülltes Schreibgerät; Füller‹: *Er kennt das nüchterne Ambiente, hat vielen Sitzungen beigewohnt und mit seinem Füllfederhalter viele Notizhefte gefüllt* (Südostschweiz 14. 10. 1999, Internet; CH); *Ein gewisser Herr Waterman trat hervor und bescherte der Welt den Füllfederhalter* (Bayerischer Rundfunk 12. 2. 2001, Internet; D) – Vgl. Federhalter

Fülli CH der; -s, -/-s (salopp): ↗FEDER A D-südost, ↗FÜLLFEDER A CH D-südost, ↗FÜLLFEDERHALTER CH D, ↗FEDERHALTER D (ohne südost) ›mit einer Tintenpatrone gefülltes Schreibgerät; Füller‹: *Ich zückte den Fülli und stellte Frau Müschk einen Scheck über den ausstehenden Lohn, die Büromiete plus Bonus aus* (Zürcher, Högo Sopatis 203)

Fünf CH D (ohne südost) die; –, -en: ↗FÜNFER A CH D-süd ›Zeichen für die Ziffer 5; Nummer (auf einer Liste o. Ä.); Verkehrslinie; Schulnote; Augenzahl 5 auf dem Würfel; Spielkartenwert‹: *Die Wahrscheinlichkeit, mit einem Würfel eine gerade Augenzahl oder eine Fünf zu würfeln, ist gleich der Wahrscheinlichkeit eine gerade Augenzahl zu würfeln, plus die Wahrscheinlichkeit eine Fünf zu würfeln* (ETH, 2002, Internet; CH); *Er wohnte im Holzschuppen auf dem Schulhof, und hatten wir einen Aufsatz geschrieben, und es rumpelte drin, war der Fall klar: Es gab eine Fünf* (Schnurre, Schnurren 50; D) – Vgl. den Kommentarteil zu ↗Eins. Als Schulnote auch in D-südost gebräuchlich. Zur Bed. *Schulnote* vgl. Genügend, Mangelhaft. Im Ggs. zum Substantiv *die Fünf* ist das kleingeschriebene Zahlwort *fünf*, z. B. *sie ist fünf [Jahre alt]*, gemeindt.

Fünfer A CH D-süd der; -s, –: ↗FÜNF CH D (ohne südost) ›Zeichen für die Ziffer 5; Nummer (auf einer Liste o. Ä.); Verkehrslinie; Schulnote; Augenzahl 5 auf dem Spielwürfel; Spielkartenwert; Jahrgang [20]05‹: *Seine Mutter vermutet, dass ein Fünfer in Englisch die »Flucht« ausgelöst haben dürfte* (NÖN 12B/1998, 15; A); *Meine letzte Note in Französisch? Die war in Ordnung. Nein, sie war gut. … Über einem Fünfer* (Zürcher Unterländer 18. 4. 2001, Internet; CH); ***[nicht] den Fünfer und das Weggli bekommen/haben/wollen** CH siehe Weggli – Vgl. den Kommentarteil zu ↗Einser. Zur Bed. *Schulnote* vgl. Fetzen, Fleck, Pinsch, Genügend. Im Ggs. zum Substantiv *die Fünf* ist das kleingeschriebene Zahlwort *fünf*, z. B. *sie ist fünf [Jahre alt]*, gemeindt. Das Substantiv *Fünfer* in den Bedeutungen ›Lottotreffer‹ und ›Münze im Nominalwert 5, z. B. Fünfrappenstück‹, ist gemeindt.

Fünfliber CH der; -s, –: ›Münze im Wert von 5 ↗Franken‹: *Wir machten eine Schulreise. Fünf Franken kostete sie, stell dir das vor, einen ganzen Fünfliber* (Rüegg, Welt 124)

Fünftel das/der; -s, –: ist in A und D Neutrum, in CH Maskulinum, selten auch Neutrum: *Der Anteil, den das unterste Fünftel am Gesamteinkommen hat, ist um 1 % gesunken, während das oberste Fünftel 2 % zulegen konnte* (Zwanzger 3/1999, 30; A); *Als der Walliser Staatsrat nach jahrelangem Fluorkrieg im Jahre 1978 die Aluminiumindustrie endlich dazu zwang, ihre Fluor-Emissionen auf einen Fünftel zu reduzieren, gewährte er der Aluminiumfabrik in Chippis dafür eine Frist bis Ende 1993* (Gasche, Bauern 91; CH); *Das Fünftel der Menschheit, das in den Industrieländern lebt, konsumiert zwei Drittel des weltweiten Energieverbrauchs* (Welthungerhilfe 7. 3. 2003, Internet; D)

Fünfzig CH D (ohne südost) die; –, –: siehe Zwanzig

Fünfziger A CH D-süd der; -s, –: siehe Zwanziger

Fünfzigste CH D der; -n, -n: siehe Zwanzigste

Funken A-west (Vbg.) CH-nordost der; -s, – (Volkskunde): ›großer Scheiterhaufen [mit einer angebundenen Hexenfigur aus Stoff], der am ersten ↗Samstag oder Sonntag nach Aschermittwoch im Rahmen eines Volksfestes abgebrannt wird‹: *Mit zahlreichen Funken wird am kommenden Wochenende im ganzen Ländle der Winter verabschiedet* (Wann & Wo 28. 2. 2001, 20; A-west); *Am Funkensonntag wird Gidio auf einem geeigneten Platz in einem riesigen Feuer verbrannt. In Innerrhoden wetteifern die einzelnen Gebiete um Appenzell herum, wer den grössten Funken fertig bringt* (Appenzell online, 2001, Internet; CH-nordost) – Die Bedeutung ›glimmendes, glühendes Teilchen, das sich bei Verbrennungs- oder Reibungsvorgängen o. Ä. löst; Funke‹ ist gemeindt. – Dazu: **Funker(in)** A-west (Vbg.), **Funkenhexe** A-west (Vbg.),

Funkenmeister(in), Funkenplatz, Funkensonntag, Funkenzunft A-west (Vbg.)

Funkenmariechen D-nordost/mittelwest das; -s, –: ↗TANZMARIECHEN D-nordost/mittelwest ›junges Mädchen, das Mitglied einer Karnevalsgesellschaft ist und bei Auftritten [in einer Gruppe] tanzt‹: *Das Funkenmariechen ... treibt die vielleicht schönste Form von rhythmischer Gymnastik im Karneval* (WDR 15. 4. 2003, Internet)

Funkstreife A D die; –, -n: ›Polizeistreife‹: *Die linke Hälfte der Fahrbahn ist mit drei Funkstreifen, den Dienstwagen der Kriminalpolizei und Fahrzeugen der Spurensicherung zugeparkt* (Brödl, Blutrausch 78; A); *Nachdem die Polizei einen Hinweis erhalten hatte, versuchte eine Funkstreife den flüchtigen Pkw ... zu stoppen* (WAZ 5. 10. 2000, Internet; D) – Dazu: **Funkstreifenwagen** (↗Wagen)

für: *für einmal CH LUX ›ausnahmsweise einmal‹: *Die Lehrerin war für einmal sogar sehr nett zu mir* (Buri, Dumm und dick 51; CH); *Vermutlich ist für einmal nicht Gottfried schuld an der Misere, sondern die Kinderschar, die ganz in der Nähe in die Fluten springt, worauf eine ganze Entenfamilie schnatternd das Weite sucht* (Revue 13. 11. 2002, Internet; LUX); ***für lau** D siehe lau – Die Präposition *für* ist in allen anderen Verwendungen gemeindt.

Fürsorge (gemeindt.): ↗OBSORGE

Fürsprech CH-west der; -s, -e: ↗ADVOKAT CH, ↗FÜRSPRECHER CH ›[Rechts]anwalt bzw. [Rechts]anwältin (Häufig als Titel in der Wendung *Fürsprech und Notar*)‹: *Ob der 68-jährige Berner Fürsprech die richtige Wahl ist, wird die Zukunft weisen* (Sonntagsztg 11. 2. 2001, 35) – Eine weibliche Form ist nicht gebräuchlich

Fürsprecher Fürsprecherin CH der; -s, – bzw. die; –, -nen: ↗ADVOKAT CH, ↗FÜRSPRECH CH-west ›[Rechts]anwalt bzw. [Rechts]anwältin (Häufig als Titel in der Wendung *Fürsprecher und Notar*)‹: *Der Berner Fürsprecher Franz S. (39) wurde an der 139. Abgeordnetenversammlung des Schweizer Alpen-Clubs (SAC) zum neuen Zentralpräsidenten gewählt* (Blick 14. 6. 1999, 13) – Die Bedeutung ›Person, die sich für etw. oder jmdn. einsetzt‹ ist gemeindt. – Dazu: ↗**Fürsprecherpatent**

Fürsprecherpatent CH das; -(e)s, -e: ↗ANWALTSPATENT CH, ↗ANWALTSZULASSUNG D ›amtliche Bewilligung zur Ausübung des Berufs eines [Rechts]anwalts bzw. einer [Rechts]anwältin (nach abgeschlossener Ausbildung)‹: *Sie haben an der Universität Bern gemeinsam Jus studiert, 1978 das Staatsexamen abgelegt und das Fürsprecherpatent erworben* (Bund 24. 7. 1999, 25) – Vgl. Fürsprecher, Patent

Fürst LIE der; -en, ohne Plur.: ›Staatsoberhaupt Liechtensteins, das als konstitutionelle Erbmonarchie auf demokratischer und parlamentarischer Grundlage regiert wird‹: *Seine Durchlaucht Fürst Hans-Adam II. von und zu Liechtenstein, Regierender Fürst und Staatsoberhaupt seit 13. November 1989, ist der erste Landesfürst, der im Lande aufgewachsen ist* (Unsere Kunstdenkmäler, Fürstentum Liechtenstein 282) – Wird mit langem oder kurzem Vokal ausgesprochen. Andere Bedeutungen sind gemeindt. – Dazu: **Fürstenfest, Fürstenhaus, Fürstenhut, Fürstenpaar, Fürstentum, Fürstin**

Fürstenland CH das; -(e)s, ohne Plur.: ›nördlicher Teil des ↗Kantons St. Gallen, zwischen Wil und Rorschach‹: *Das Unwetter richtete in der Region Fürstenland und im Thurgau grössere Schäden an* (Bund 7. 5. 2001, 40)

Füsilier CH der; -s, -e: ›im Schiessen, im Handgranatenwerfen, in der Panzerabwehr und im Einzelkampf ausgebildeter Infanterist‹: *Füsiliere, Panzerabwehr-Lenkwaffenschützen, Mitrailleure und Minenwerferkanoniere verschieben sich behände auf dem Gefechtsfeld* (Aargauer Ztg 10. 6. 1999, 14) – In A und D veraltet – Eine weibliche Form ist nicht gebräuchlich. Dazu: **Füsilierbataillon, Füsilierkompanie, Füsilierregiment, Gebirgsfüsilier**

Fuß der; -es, Füße **1.** A D-süd; ↗HAXEN A D-südwest, ↗HAX D-südost ›Bein (eines Menschen)‹: *Es hat damit begonnen, dass mir mein linker Fuß nicht mehr gehorcht hat* (Welt der Frau 5/1995, 34; A); ***die Füße unter den Arm nehmen:** ↗BEIN: *DIE BEINE IN DIE HAND/UNTER DEN ARM NEHMEN CH D ›eilig laufen; sich beeilen‹: *Jetzt hat das Volk Israel Gott so weit gebracht, dass er nicht umhin kann, dass er die Füße unter die Arme nimmt, um sein Volk zusammenzuführen* (Predigtgedanken zum Evangelium Christkönigsfest 21. 11. 1999, Internet; A). **2. *immer wieder auf die Füße fallen** D ›aus Schwierigkeiten immer wieder ohne Schaden hervorgehen‹: *Sie schlägt sich durch, sie fällt immer wieder auf die Füße* (Tagesspiegel 1. 10. 1996, Internet); ***jmdn. am falschen Fuß erwischen** A D (ohne mittelost/südwest) **a)** (Sport) ›jmdn. bei der Verlagerung des Gewichtes auf das andere Bein, also wenn er nicht reagieren kann, antreffen; jmdn. auf dem falschen Fuß erwischen‹: *Squillari streute hohe Bälle ein, nagelte Costa in einer Ecke an, um dann in die andere zu spielen oder ihn am falschen Fuß zu erwischen* (Presse 8. 6. 2000, Internet; A); *... wurde unser Torwart auch noch am falschen Fuß erwischt* (SK Herringen, 2002, Internet; D). **b)** ›eine Person in einer unerfreulichen oder nachteiligen Situation überraschen; jmdn. auf dem falschen Fuß erwischen‹: *Mit der Auflösung des Nationalrates sind Rot und Grün am falschen Fuß erwischt worden* (Stenogr.

Protokoll des Nationalrates 20. 9. 2002, Internet; A); *Der Rücktritt Vogels hat die Bundesregierung offenbar am falschen Fuß erwischt* (Tagesspiegel 7. 3. 2001, Internet; D); ***jmdn. auf freiem Fuß anzeigen** A D-südost ›eine Person im Fall von Verwaltungsdelikten polizeilich anzeigen, ohne sie zu verhaften‹: *Die beiden Schlepper wurden auf freiem Fuß angezeigt, die »Illegalen« nach Ungarn abgeschoben* (BF 24. 6. 1998, 8; A); ***die Füße unter jmds. Tisch stellen** A D (ohne südwest) siehe Tisch; ***den Weg unter die Füsse nehmen** CH siehe Weg; ***jmdm. den [ganzen] Bettel vor die Füße schmeißen/werfen** CH D siehe Bettel; ***sich die Füsse vertrampen** CH siehe vertrampen – Die Bedeutung ›Körperteil von den Zehen bis zur Ferse‹ sowie andere Bedeutungen sind gemeindt.

Fußabstreifer A D-südost der; -s, –: ↗Fußtacke A, ↗Tacke A, ↗Türvorlage CH, ↗Türvorleger CH D-nordwest/südost, ↗Schuhabstreifer D, ↗Fußabtreter D (ohne südost), ↗Schuhputzer D-südwest ›Matte oder Rost am Boden vor einer Tür zum Säubern der Schuhe; Fußmatte‹: *... da wirst du wie ein Künstler zweiter Klasse, wie ein Fußabstreifer behandelt* (Rennbahnexpress 11/1997, 46; A); *Von der Korridortür blätterte Farbe ab; als ich mir die Schuhe abtrat, staubte der Fußabstreifer* (Grün, Lawine 78; D-südost) – Vgl. abstreifen

Fußabtreter D (ohne südost) der; -s, –: ↗Fußtacke A, ↗Tacke A, ↗Fußabstreifer A D-südost, ↗Türvorlage CH, ↗Türvorleger CH D-nordwest/südost, ↗Schuhabstreifer D, ↗Schuhputzer D-südwest ›Matte oder Rost am Boden vor einer Tür zum Säubern der Schuhe; Fußmatte‹: *Fußabtreter für Arbeitsschuhe* (Selbst ist der Mann 21. 10. 1999, Internet) – Vgl. abtreten

Fußballschuhe (gemeindt.): ↗Packeln

Fußballspieler (gemeindt.): ↗Ballesterer, ↗Kicker/Kickerin, ↗Tschütteler

Fußbank D-nord/mittel die; –, ...bänke: ›kleine Bank, die als Fußstütze oder Stufe verwendet wird; Schemel‹: *Den Arm bricht sich der eine innerhalb des Hauses, als er über die kleine Fußbank der Großmutter stolpert* (Kietz, Kinder erleben 96)

Fussel CH D (ohne südost) die; –, -n/der; -s, -(n): ↗Fuzel A D-südost, ↗Fluse D (ohne südost) ›Staubpartikel, -flocke; Gewebepartikel‹: *Beim Abstauben verschwand zwar die lästige Staubschicht, dafür blieben Fusseln und Streifen zurück* (Coopztg 14/2000, Internet; CH); *Dort fanden sich Fusseln ihrer gelben Bluse* (NDR 24. 4. 1997, Internet; D) – Dazu: **fusselfrei, fusselig, ↗fusseln**

fusseln CH D (ohne südost) sw.V./hat: ↗fuzeln A D-südost, ↗flusen D (ohne mittelost/südost) ›Gewebepartikel absondern‹: *Bedingt durch die langen Fasern dieser Baumwolle beginnen die Socken kaum zu fusseln und halten daher länger* (Firma Blacksocks, 2002, Internet; CH); *Einige wenige Tiere fusseln gar nicht – dann hat der Besitzer Glück gehabt* (HR 13. 8. 2001, Internet; D) – Vgl. Fussel

Fußgänger (gemeindt.): ↗Fußgeher/Fußgeherin

Fußgängerbrücke D die; –, -n: ›Fußgängerüberführung‹: *Der Demonstrationszug bewegt sich zur Fußgängerbrücke über die Schienen der Vorortbahn* (Welt 16. 7. 1996, Internet)

Fussgängerstreifen CH **Fußgängerstreifen** D-nordwest LUX der; -s, –: ↗Schutzweg A, ↗Fußgeherübergang A (ohne west), ↗Fußgängerübergang A D-nordwest/südost, ↗Fußgängerüberweg D (ohne südost) STIR , ↗Überweg D STIR ›Zebrastreifen‹: *Sind auf einer Strasse ohne Fussgängerstreifen die Fahrzeuge oder die Fussgänger vortrittsberechtigt?* (Theorieprüfung für Motorfahrzeugführer 69; CH); *Die Unfallmeldungen zeigen, dass erschreckend viele Kinder auf Fußgängerstreifen angefahren werden* (Ministères et Administrations du Grand-Duché de Luxembourg, 1998, Internet; LUX)

Fußgängerüberführung (gemeindt.): ↗Fußgängerbrücke

Fußgängerübergang A D-nordwest/südost der; -(e)s, ...gänge: ↗Schutzweg A, ↗Fußgeherübergang A (ohne west), ↗Fussgängerstreifen CH ↗Fußgängerstreifen D-nordwest LUX, ↗Fußgängerüberweg D (ohne südost) STIR, ↗Überweg D STIR ›Zebrastreifen‹: *Die beiden viel besuchten Einkaufszentren trennt nämlich eine viel befahrene, etwa zehn Meter breite Straße, die über keinerlei Fußgängerübergang verfügt* (Presse 30. 8. 1999, Internet; A); *Vom Ausgang des Bahnhofes links den Fußgängerübergang überqueren und die Treppe ... benutzen* (Industrie- und Handelskammer Südwestsachsen, 2000, Internet; D-nordwest/südost) – Vgl. Überweg

Fußgängerüberweg D (ohne südost) STIR der; -(e)s, -e: ↗Schutzweg A, ↗Fußgeherübergang A (ohne west), ↗Fußgängerübergang A D-nordwest/südost, ↗Fussgängerstreifen CH ↗Fußgängerstreifen D-nordwest LUX, ↗Überweg D STIR ›Zebrastreifen‹: *Die Grünphase am Fußgängerüberweg ist so knapp bemessen, dass jedenfalls Alte, Behinderte oder Mütter mit kleinen Kindern den Übergang kaum in einem »Rutsch« schaffen* (Welt 19. 7. 1999, Internet; D); *In einem von 70 Bürgern unterzeichneten Schreiben an die Gemeinde und das Land fordern sie den Bau ... eines Fußgängerüberweges mit geeigneter Beleuchtung und Radarkontrollen an dieser Stelle der SS 12* (Dolomiten 6. 11. 1998, 22; STIR) – Vgl. Überweg

Fußgeher Fußgeherin A (ohne west) der; -s, – bzw. die; –, -nen: ›Fußgänger(in)‹: *Wer verbietet endlich Fußgehern und Radfahrern, aber auch Inlineskatern das Tragen von Kopfhörern?!* (Neue Wochenschau 11. 8. 1999, 5) – Vgl. -geher – Dazu: ↗**Fußgeherübergang, Fußgeherzone**

Fußgeherübergang A (ohne west) der; -(e)s, ...gänge: ↗SCHUTZWEG A, ↗FUßGÄNGERÜBERGANG A D-nordwest/südost, ↗FUSSGÄNGERSTREIFEN CH ↗FUßGÄNGERSTREIFEN D-nordwest LUX, ↗FUßGÄNGERÜBERWEG D (ohne südost) STIR, ↗ÜBERWEG D STIR ›Zebrastreifen‹: *Zu diesem Zweck wird für die Zeit der Bauarbeiten ein Fußgängertunnel sowie ein ampelgeregelter Fußgeherübergang über die Bundesstraßenumleitung installiert* (In Villach, 2000, Internet) – Vgl. Fußgeher, -geher

Fußmatte (gemeindt.): ↗FUßABSTREIFER, ↗FUßABTRETER, ↗FUßTACKE, ↗SCHUHABSTREIFER, ↗SCHUHPUTZER, ↗TACKE, ↗TÜRVORLAGE, ↗TÜRVORLEGER

Fußnagel: *jmdm. rollt es die Fußnägel hoch/auf siehe rollen

Fußtacke A die; –, -n (Grenzfall des Standards): ↗TACKE A, ↗FUßABSTREIFER A D-südost, ↗TÜRVORLAGE CH, ↗TÜRVORLEGER CH D-nordwest/südost, ↗SCHUHABSTREIFER D, ↗FUßABTRETER D (ohne südost), ↗SCHUHPUTZER D-südwest ›Matte oder Rost am Boden vor einer Tür zum Säubern der Schuhe; Fußmatte‹: *Und wenn wer da ist und auf mich wartet, dann versuch, dass du draußen die Fußtacke aufstellen kannst* (Wiesinger, Standrecht 78)

Fußweg (gemeindt.): ↗GEHWEG, ↗GEHZEIT

Futterhäuschen CH D das; -s, –: ›überdachter Futterplatz für Vögel; Vogelhäuschen‹: *Futterhäuschen sollten so konstruiert sein, dass das Futter trocken bleibt und nicht verkotet werden kann* (TA 9. 12. 1997, 59; CH); *Wer ein Futterhäuschen in den Garten stellt, den besuchen Rotkehlchen und Amseln jeden Tag* (ARD 14. 12. 2001, Internet; D)

futtern D-nord/mittel sw.V./hat (salopp): ›[viel] essen‹: *In Mexiko kannst du dich für ein paar Pesos ... satt futtern* (Arens, Nächste Mann 17) – In A, CH und D-süd bekannt, aber als fremd empfunden

Fuzel A D-südost das; -s, -n (Grenzfall des Standards): ↗FUSSEL CH D (ohne südost), ↗FLUSE D (ohne südost) ›Staubpartikel, -flocke, Stoffpartikel, kleines Stück von Papier‹: *Gelbliche Fuzeln kratzte ich von seiner Hand, die nach Baustellen rochen* (Reichart, Fotze 5; A) – Dazu: ↗**fuzeln**

fuzeln A D-südost sw.V./hat (Grenzfall des Standards): **1.** ↗FUSSELN CH D (ohne südost), ↗FLUSEN D (ohne mittelost/südost) ›Gewebepartikel absondern; in Fasern zerfallen‹: *Nur noch schnell den Teppich an den Schraubstellen verschmelzen damit's nicht fuzelt* (The world of Mäx, 2003, Internet; A). **2.** ↗FIESELN A D-südost, ↗KNÜBELN CH, ↗KNIBBELN D-nordwest/mittelwest ›(etw. Kleines mit den Fingerspitzen) vorsichtig bearbeiten‹: *Hier können schon die ganz Kleinen den Käse aus dem Papier fuzeln, umrühren, den Schnittlauch dazugeben* (Kinderkram, Seite für Leute mit Kindern, 2002, Internet; A). **3.** ↗KRAKELN D-nord/mittel ›klein, eng [und undeutlich] schreiben‹: *»Am vergangenen Freitag war ein ›Schwarzer Freitag‹ an der New Yorker Börse«, schrieb er und fügte ganz klein gefuzelt hinzu: »Keine Angst! War kein Crash, sondern 40 Schwarze aus Grieskirchen begrüßten New York und die Börse«* (OÖN 6. 4. 1993, 13; A) – Zu 1 vgl. Fuzel

G

GA CH das; -s, -s: buchstabierte Abk. für ›↗Generalabonnement‹: *Die Erstklasswagen sind bald nur noch von Bahnangestellten besetzt, die für ihr GA fast nichts bezahlen, oder dann von Rentnerinnen und Rentnern, die auch weniger für das GA bezahlen* (TA 20. 1. 1999, 27)

Gabelfrühstück A-ost das; -(e)s, -e: **1.** ↗JAUSE A, ↗ZNÜNI CH, ↗ZWISCHENVERPFLEGUNG CH, ↗BROTZEIT D-südost, ↗FRÜHSTÜCK: *ZWEITE FRÜHSTÜCK D-nord/mittel, ↗VESPER D-südwest, ↗HALBMITTAG STIR ›Zwischenmahlzeit am Vormittag‹: *Bitte geben Sie Ihrem Kind täglich ein Gabelfrühstück und eine Nachmittagsjause mit* (Internationaler Privatkindergarten Alt-Wien, 2001, Internet). **2.** ↗JAUSE A, ↗ZNÜNIPAUSE CH, ↗BROTZEIT D-südost, ↗FRÜHSTÜCK: *ZWEITE FRÜHSTÜCK D-nord/mittel, ↗FRÜHSTÜCKSPAUSE D-nord/mittel, ↗VESPERPAUSE D-südwest, ↗HALBMITTAG STIR ›für eine Zwischenmahlzeit vorgesehene Pause am Vormittag‹: *Auf Wunsch der Eltern kann dazu noch eine Jause fürs Gabelfrühstück bestellt werden* (Sonderpädagogisches Zentrum, 2001, Internet)

Gabentempel CH der; -s, –: ›zur Ansicht ausgestellte Preise eines Wettbewerbs‹: *Sie gewann einen Wanderpokal und suchte sich beim reich gedeckten Gabentempel ein Velo aus* (Neues Bülacher Tagbl 26. 2. 2001, Internet)

gaberln A sw.V./hat (Grenzfall des Standards, Fußball): ›den Ball mit mehreren leichten Stößen aufspielen‹: *Ein Sportreporter braucht nicht zu gaberln wie Pele, um zu wissen, dass der Polster keiner ist* (Presse 12. 2. 1998, 2) – Dazu: **aufgaberln**

gaga A indekl. Adj. (Kindersprache): ↗PFUI: *PFUI GACK A, ↗BABA D (ohne mittelost/südwest) ›schmutzig, eklig (in Warnungen vor etw. Schmutzigem, Ekligem, das nicht berührt werden sollte)‹: *Um nicht zahlen zu müssen, sagt Brauneder: Der Sozialfonds von der FPÖ ist »gaga«* (Stenogr. Protokoll des Nationalrates 9./10. 7. 1996, Internet) – Wird in A-west auf der ersten Silbe, mit Kurzvokal, in A-ost auf der zweiten Silbe, mit Langvokal, betont. Die Bedeutung ›trottelig, verrückt‹ ist gemeindt.

Galanteriespengler Galanteriespenglerin A der; -s, – bzw. die; –, -nen ⟨aus frz. *galanterie* ›höfliches Verhalten gegenüber Frauen‹⟩: ›Person, die berufsmäßig kleinere Gebrauchs- und Ziergegenstände aus Blech verfertigt‹: *Galanteriespengler stellen Gebrauchs- und Ziergegenstände (z. B. Wasserkannen, Kessel, Wannen, Wetterhähne, Ziersimse, Kuppeldächer) her* (Arbeitsmarktservice, AMS-Berufsinformation, 2000, Internet) – Vgl. Spengler

Galerie die; –, -n ⟨aus ital. *galleria* ›Säulengang‹⟩: **1.** A CH ›Halbtunnel an einem Berghang mit fensterartigen Öffnungen an einer Seite‹: *Der Geschäftsbereich betreut 5.652 km Streckennetz, 5.344 Brücken und Viadukte, 223 Tunnel, 40 Galerien und 6.306 Eisenbahnkreuzungen* (ÖBB, 2001, Internet; A); *Schwalbennestern gleich schmiegen sich die zwei Galerien an die steile Felswand über dem Nordwestende des Walensees* (Südostschweiz 14. 8. 2001, Internet; CH). **2.** A-ost (Grenzfall des Standards) ›Unterwelt, Verbrechermilieu‹: *In dieser Sammlung sind rund 8.000 Ausdrücke der Wiener Galerie wiedergegeben* (Burnadz, Gaunersprache 7) – Andere Bedeutungen sind gemeindt. – Zu 1.: **Felsengalerie**

Gallusstadt CH die; –, ohne Plur. ⟨nach dem *hl. Gallus,* der dort 612 seine Einsiedlerzelle errichtete⟩: ›St. Gallen‹: *Wer in der Gallusstadt eine würdige Feier veranstalten will, kommt um den geschichtsträchtigen Klosterplatz nicht herum* (Jahr der Schweiz 49)

Galöri CH der; -s, -s (abwertend, Grenzfall des Standards): ↗HIEFLER A, ↗WAPPLER A, ↗LACKEL A D-süd, ↗OCHS A CH D-süd, ↗DUBEL CH, ↗SCHLUFI CH, ↗TSCHUMPEL CH, ↗TUBEL CH ›[grober] Dummkopf‹: *Man sieht es den Häusern nicht an, in welchen Topf ihre Bewohner gehören; darum hält jeder die anderen für das, was sie seiner Meinung nach sind: Löli, Galöri, Spinner, beschissen und verteufelt* (Späth, Unschlecht 11) – Eine weibliche Form ist nicht gebräuchlich

galt A CH D-südost Adj. (nicht steigerbar, Landwirtschaft): ›auf Grund des Alters oder Trächtigkeit keine Milch gebend (von Vieh)‹: *Es wurden heuer 70 Kühe und ca. 100 Kälber, Simmerling und galte Kühe aufgetrieben* (Telfer Gemeinderatsprotokoll 21. 8. 2001, Internet; A); *Milchkühen sind die ertragreichen Weiden vorbehalten, junge und galte Tiere werden grossflächig auf mageren Weiden gehalten* (UNO Jahr der

Berge, Schweiz, 2002, Internet; CH) – Dazu: ↗**Galtvieh**

Galtvieh A CH D-südost das; -(e)s, ohne Plur. (Landwirtschaft): ›junge Rinder vor der Geschlechtsreife; Kühe, die auf Grund des Alters oder Trächtigkeit keine Milch geben‹: *Gerade auf dem Dachsteinplateau gab es noch vor hundert Jahren zahlreiche Almen. Sie sind alle aufgegeben worden, bis auf jene der »Gjaidalm«, wo aber nur mehr Galtvieh gehalten wird* (OÖN 20. 7. 2000, Internet; A); *Fachmann Pius H. erklärte gegenüber der »Südostschweiz«, dass es sich um nährstoffmässig gutes Futter für Jung- und Galtvieh handle* (Südostschweiz 21. 7. 1999, Internet; CH) – Vgl. galt

Gamasche (gemeindt.): ↗STULPE

Gamelle CH die; –, -n: ↗HENKELMANN D-mittelwest ›Ess- und Kochgeschirr aus Metall‹: *Im Gepäck schleppen sie neben Zelt, Gamelle, Sonnencrème und Regenpelerine auch ihre Sehnsüchte und Frustrationen mit* (Bund 12. 9. 1997, 7) – Ursprünglich nur in der Armee, heute auch beim Camping verwendet

gammeln sw.V./hat (abwertend): **1.** D-nord/mittel ›verderben, verfallen; vergammeln‹: *Während die wohlhabende Lissabonner Gesellschaft ihre Villen pflegt, gammeln am Stadtrand Wellblechhütten* (Welt 16. 9. 2000, Internet). **2.** D; ↗KNOTZEN A, ↗SANDELN A ›statt zu arbeiten seine Zeit untätig vertrödeln‹: *Noch immer gammeln 14-jährige Straßenkids … am Wegesrand* (Welt 18. 7. 1997, Internet) – Zu 1.: In D-süd bekannt, aber als fremd empfunden, in CH selten – Zu 1. und 2.: **gammelig.** Zu 2.: **Gammler(in)**

Gamsbart A D der; -(e)s, …bärte: ›zur Zierde an Trachtenhüten getragenes Büschel aus Haaren der Gämse‹: *Der Wert des Gamsbartes richtet sich … nach der Länge der Haare* (Balàka, Atem 68; A); *Ein wichtiges Teil der bayrischen Tracht ist der Gamsbart auf dem Hut* (Radio Deutsche Welle 14/2001, Internet; D)

Gang der; -(e)s, Gänge: **1.** A-west CH D; ↗KORRIDOR CH D (ohne südwest), ↗FLUR D, ↗EREN D-süd ›lang gezogener Raum [mit Garderobe] im Eingangsbereich (innerhalb einer Wohnung oder eines Einfamilienhauses), von dem die anderen Räume erreicht werden können‹: *»Der Grundriss der Wohnungen ohne Gang und Wohnungsabschluss ist heute ungewohnt«, erläutert Architekt K.* (NLZ 6. 9. 2001, Internet; CH); *Im Dachgeschoss befindet sich der riesige Wohnraum … und abgehend von einem Gang das dritte Badezimmer* (Fa. DK-Ferien, 2003, Internet; D). **2.** ***in die Gänge kommen** D (ohne südost) ›aktiv werden, in Schwung kommen‹: *Mein Konzept steht, die Technik auch und der Kopf ist nun frei. Ich muss nur noch richtig in die Gänge kommen und weiß, dass ich noch einiges schneller laufen kann* (Neuss-Grevenbroicher Ztg 23. 8. 2000, Internet) – Die Bedeutung ›lang gezogener Raum in einem öffentlichen Gebäude, von dem aus die Büros erreicht werden können‹ sowie die übrigen Bedeutungen sind gemeindt. – Zu 1.: ↗**Hausgang** A-west CH D-süd, ↗**Laubengang** A (ohne ost) CH D, **Wohnungsgang**

-gänger (gemeindt.): ↗-GEHER/-GEHERIN

Gans- A (produktives Bestimmungswort in Zus.): ↗GANSL- A D-südost, ↗GÄNSE- D ›zu einer Gans als Speise (z. B. Braten) gehörend‹, z. B. Gansbraten, Gansfett, Gansleber, Gansleberpastete: *So ist für sie zum Beispiel der Kirschenstrudel ein typisches Junigericht und die gebratene Gansleber unabdingbar für den 11. November, den Martinitag* (OÖN 20. 5. 2000, Internet); *Aperitif, Gansleberterrine mit Moosbeer-Apfelconfit (125 S), Fasan im Speckmantel mit Portweingemüseglace und Maronignocchi (195 S)* (Kurier 2. 12. 1998, 11)

Gänse- D (produktives Bestimmungswort in Zus.): ↗GANS- A, ↗GANSL- A D-südost ›zu einer Gans als Speise, z. B. Braten, gehörend‹, z. B. Gänsebrust, Gänsekeule (↗Keule), Gänseklein (↗-klein), Gänseschmalz: *Dann Gänseschmalz in einem Topf erhitzen, Rotkohl … dazugeben* (NDR 16. 12. 2000, Internet)

Gänsehaut (gemeindt.): ↗HÜHNERHAUT

Gänsemarsch: *im Gänsemarsch (gemeindt.): ↗EINERKOLONNE: *IN EINERKOLONNE

Ganserer D-südost der; -s, –: ›Gänserich‹: *Der »Ganserer« vom Nachbarn entwickelte eine Vorliebe für nackte Kinderbeine und zwickte, was der Schnabel hielt* (Passauer Neue Presse 8. 6. 1999, Internet) – In A dialektal

Gänserich (gemeindt.): ↗GANSERER

Gänsewein D (ohne südwest) der; -(e)s, -e (Plur. ungebräuchl.): ↗HAHNENBURGER CH, ↗HAHNENWASSER CH D-südwest ›Leitungswasser‹: *Den armen Hasen sperrt man ein bei trocken Brot und Gänsewein* (Universität Mainz 28. 9. 2001, Internet) – In A selten und gehoben

Gansl- A D-südost (produktives Bestimmungswort in Zus.): ↗GANS- A, ↗GÄNSE- D ›zu einer Gans als Speise, z. B. Braten, gehörend‹, z. B. Ganslessen, Ganslfond, Gansljunges (↗-junges) A, Gansljung (↗-jung) D-süd: *An Martini, 11. 11., findet nach alter Tradition das Ganslessen statt* (Neue Kronen Ztg 5. 11. 1999, Internet; A); *Ganslsuppe mit einem Stabmixer pürieren, durch ein feines Sieb gießen, Crème fraîche einrühren und nochmals kurz aufkochen* (Gusto 11/1997, 30; A) – In A-west (Vbg.) selten

Gänze: *zur Gänze A ›ganz, völlig, vollständig, alle‹: *In den Jahren 1997 bis 2000 werden die Kosten für die gemäß den geltenden AV-Richtlinien verwendeten Schil-*

der im Format von 21 mal 43 cm zur Gänze vom Gesamtverein übernommen (Alpenverein 4/1997, 11) – In CH und D gehoben

ganztags (gemeindt.): ↗VOLLZEITLICH

gar: 1. A D-süd Adj. (Grenzfall des Standards); ↗ALLE D (ohne südost) ›aufgebraucht; zu Ende‹: *Die Suppe ist gar – gar! Doch sag', wo ist sie hingekommen?* (Homepage Hans Peter Holnsteiner, Kose- und Spiellieder, 2002, Internet; A). **2.** A CH D-mittelost/süd Adv. kurz für ›sogar‹: *B. konstatiert gar, dass aus der »Sozialpartnerschaft inzwischen eine Sozialgegnerschaft« geworden sei* (News 23. 12. 1997, 13; A); *In manchen Häusern gilt der Chlaustag gar als Höhepunkt des Jahres* (Brückenbauer 3. 12. 1997, 5; CH) – Als Adjektiv in der Bedeutung ›fertig gekocht‹ und als verstärkende Partikel in der Bedeutung ›sehr, ganz‹ gemeindt.

Garage CH BELG LUX STIR die; –, -n [ga'ra:ʃə, 'gara:ʃ] ⟨aus frz. *garage* zu *garer* ›in Sicherheit bringen‹⟩: ↗AUTOHAUS A D, ↗KFZ-WERKSTÄTTE A D-südost, ↗KFZ-WERKSTATT D ›Reparaturwerkstatt und Verkaufslokal für motorisierte Fahrzeuge‹: *Wer den Frühlingsservice nicht gleich der Garage anvertrauen will, sollte bei der Wagenpflege einige wichtige technische Details nicht übersehen* (TA 23. 3. 1999, 85; CH); *Treffpunkt: GARAGE KOONEN (RENAULT) Herbesthalerstraße um 09.30 Uhr* (Auto Moto Club Eupen 27. 10. 2002, Internet; BELG); *P. Tousch hat in seinem Beitrag … die vor dem Abriss stehende alte Garage Lambert porträtiert* (Stadt Luxemburg 24. 10. 2002, Internet; LUX); *Die Garage Plose zahlt für jeden Gebrauchtwagen ohne Kat beim Ankauf eines neuen Ford … eine Prämie bis zu 7 Mio. Lire* (Dolomiten 16. 10. 2000, 17; STIR) – Häufig in Firmennamen, z. B. *Opel-Garage, Sportgarage.* Die Bedeutung ›Raum zum Einstellen von Fahrzeugen‹ ist gemeindt. und wird in A [ga'ra:ʃ, ga'ra:ʃə], in CH [ga'ra:ʃə, 'gara:ʃ], in D-süd [ga'ra:ʃə] und in D-nord/mittel [ga'ra:ʒə] ausgesprochen – Dazu: **Autogarage, ↗Garagist(in)** CH BELG LUX

Garagenhof D (ohne südost) der; -(e)s, …höfe [ga'ra:ʒn̩…]: ›von Garagen umgebener Platz‹: *Die Zufahrt der Anlieger zum Garagenhof ist weiterhin gewährleistet* (Stadt Flensburg 28. 11. 2002, Internet)

Garagetor CH das; -(e)s, -e [ga'ra:ʃə…, 'gara:ʃ…]: ›Garagentor‹: *Die polizeifeindlichen Parolen und figürlichen Symbole wurden mit schwarzer und blauer Farbe an Hauswände und Garagetore gesprayt* (TA 4. 1. 1997, 14) – Das gemeindt. Wort *Garagentor* ist in CH deutlich seltener als *Garagetor*

Garagist Garagistin CH BELG LUX der; -en, -en bzw. die; –, -nen [gara'ʃɪst]: ›Inhaber(in) einer Autohandlung, -vermietung und -reparaturwerkstatt‹: *Fahrzeug vor dem Kauf einem unabhängigen Garagisten vorführen* (TA 11. 2. 1999, 75; CH); *Außerdem wird Ihnen jeder Garagist sagen, dass es für ein Auto besser ist, es nicht in geschlossenen Räumen unterzustellen* (Holz-Baumarkt Büllingen 8. 11. 2002, Internet; BELG); *Reparieren sie mein Auto und zwar für Samstag um 24.00 Uhr!« …, sagte J. B. zu seinem Garagisten* (Réseau Téléinformatique de L'Education Nationale Et De La Recherche 28. 10. 2002, Internet; LUX) – Vgl. Garage

Garçonnière A die; –, -n [garsɔ'ni̯ɛːɐ̯]: ↗EINZIMMERWOHNUNG CH D STIR, ↗EINRAUMWOHNUNG D, ↗MINIWOHNUNG STIR ›aus einem Zimmer bestehende Wohnung‹: *Seine Garconnière ist sehr dunkel, das einzige Fenster geht auf einen Hinterhof hinaus* (Kneifl, Vorstellung 91) – Dazu: **Kleingarçonnière, Luxusgarçonnière**

Gardine D die; –, -n: ↗STORE A D (ohne mittelost/südwest), ↗VORHANG A CH D-süd ›aus transparentem Stoff gefertigter, dekorativer Sichtschutz für Fenster‹: *Ein Fensterflügel … stand offen, und eine lange Gardine blähte sich im Luftzug* (Bick, Tödliche Ostern 24) – Dazu: **↗Gardinenleiste** D (ohne südwest), **Gardinenstange, Scheibengardine, ↗Übergardine** D-nord/mittel

Gardinenleiste D (ohne südwest) die; –, -n: ↗KARNIESE A ›[verdeckte] Schiene an der Zimmerdecke zum Aufhängen von ↗Gardinen und Vorhängen; Vorhangschiene‹: *Hier musste eine Fachfirma ran, … um die Gardinenleiste in die nötige Biegung zu bringen* (Hessischer Rundfunk 18. 4. 2000, Internet)

Garküche D-nordost/südwest die; –, -n: ›einfache Speisegaststätte‹: *Nur weil es hier bloß ein Gericht gibt, sind wir noch lange keine Garküche* (Berliner Ztg 22. 4. 2000, Internet)

Garnele A D die; –, -n (meist Plur.): ↗CREVETTE CH, ↗KRABBE D ›zehnfüßiger Langschwanzkrebs mit langen Fühlern; Shrimp‹: *Das Gerät dient zum Braten von klein geschnittenem Fleisch, Garnelen, Gemüsestücken und ähnlichem Bratgut* (Plachutta, Küche 28; A); *Weil der starre Panzer da nicht mithalten kann, muss sich das Tier genau wie alle anderen Krustentiere, also etwa Garnelen …, regelmäßig häuten* (Tagesspiegel 31. 8. 2000, Internet; D) – In CH selten – Dazu: **Garnelencocktail**

Garni STIR die; –, -s: ↗FRÜHSTÜCKSPENSION A D-südost ›Pension, die nur Übernachtungsmöglichkeit mit Frühstück bietet‹: *Daher wird Abstand genommen von einer numerischen Aufzählung von Hotels, Pensionen, Garnis usw.* (Marseiler, Vinschgau 206) – Die Fügung *Hotel garni* in der Bedeutung ›kleines, familiäres Hotel, das nur Übernachtungsmöglichkeit mit Frühstück bietet‹ ist gemeindt.

Garnitur A die; –, -en ⟨aus frz. *garniture* ›Ausstattung‹⟩: ↗Komposition CH D ›zu einem Zug zusammengestellte Wagen eines Schienenfahrzeugs‹: *In Bregenz, wo die Garnitur eine Stunde stehen musste, lud der Lokführer den Spanolla zu einem Glas Rotwein ein* (Köhlmeier, Moderne Zeiten 108) – In D fachsprachlich. Andere Bedeutungen sind gemeindt. – Dazu: **Nahverkehrsgarnitur, Niederflurgarnitur, Straßenbahngarnitur** (↗Straßenbahn), **Triebwagengarnitur, Verschubgarnitur** (↗Verschub), **Zugsgarnitur** (↗Zugs-)

Gartenkolonie D die; –, -n: ↗Kleingartensiedlung A D, ↗Kleingartenanlage D, ↗Kleingartenkolonie D-nord/mittelwest, ↗Laubenkolonie D (ohne mittelost/südost) ›Schrebergartensiedlung‹: *Ein Sprecher des Grenzschutzamtes Hamburg sagte, bei einer Untersuchung der Strecke seien in der Nähe einer Gartenkolonie bei Boizenburg vier bis fünf Badfliesen gefunden worden* (Sächsische Ztg 19. 6. 1998, 32)

Gartenlokal D (ohne mittelost) das; -(e)s, -e: ↗Gastgarten A, ↗Schanigarten A-ost, ↗Schankgarten A-west, ↗Gartenwirtschaft A-west (Vbg.) CH D-nordwest/südwest, ↗Gartenrestaurant CH D-nordwest/südwest, ↗Biergarten D ›größere, meist abgegrenzte Fläche [eines Lokals] im Freien‹: *Auf der Rückfahrt werden wir in Karben ein zünftiges Bier- und Gartenlokal ansteuern* (ADFC Frankfurt, 2000, Internet)

Gartenrestaurant CH D-nordwest/südwest das; -s, -s: ↗Gastgarten A, ↗Schanigarten A-ost, ↗Schankgarten A-west, ↗Gartenwirtschaft A-west (Vbg.) CH D-nordwest/südwest, ↗Biergarten D, ↗Gartenlokal D (ohne mittelost) ›größere, meist abgegrenzte Fläche eines Restaurants im Freien‹: *Am besten ist also, man nimmt den Lunch in einem Gartenrestaurant ein – das sich allerdings nicht gerade unter lauschigen Bäumen befinden sollte* (TA 11. 8. 1999, 17; CH) – In D (ohne nordwest/südwest) selten

Gartenwirtschaft A-west (Vbg.) CH D-nordwest/südwest die; –, -en: ↗Gastgarten A, ↗Schanigarten A-ost, ↗Schankgarten A-west, ↗Gartenrestaurant CH D-nordwest/südwest, ↗Biergarten D, ↗Gartenlokal D (ohne mittelost) ›größere, meist abgegrenzte Fläche eines Restaurants im Freien‹: *Gartenwirtschaften, Grillpartys und Rasenmäherorgien können die Nachbarschaft auf die Probe stellen* (VN 26. 6. 1998, B 10; A-west); *Für Kinder wurden Spielgeräte installiert, in einer kleinen Gartenwirtschaft kann etwas getrunken und auch zu Mittag gegessen werden* (TA 21. 8. 1999, 13; CH); *Die Gaststätte ›Hauptbahnhof‹ bietet nicht nur ein tolles Programm, sondern im Sommer auch eine Gartenwirtschaft mit Blick auf den Bahnsteig und die untergehende Sonne* (SWR, 2000, Internet; D-nordwest/südwest) – Vgl. Wirtschaft

Gasse A D-süd die; –, -n: ›Straße (im Ggs. zum Inneren eines Gebäudes, einer Wohnung)‹: *Und die Siedlungskinder drüben sind oft noch viel später auf der Gasse* (Wolfgruber, Verlauf eines Sommers 92; A); ***auf der Gasse** CH D-südwest ›im Alkohol-, Drogen-, Nachtschwärmermilieu‹: *Der Preis für Heroin betrage zurzeit auf der Gasse etwa 50 Franken pro Gramm* (TA 26. 2. 1999, 23; CH); ***über die Gasse** A CH D-südost ›zum Mitnehmen oder unmittelbaren Verzehr (von Speisen und Getränken)‹: *Konkret erlauben die gewerblichen Nebenrechte den Betreibern von Imbissstuben, die Speisen und Getränke nicht nur im Lokal, sondern auch »über die Gasse« verkaufen zu können* (Presse 13. 10. 1999, Internet; A); *Es [war] zur Anklage gekommen, weil Peter B. Getränke auch direkt über die Gasse verkaufte* (TA 7. 1. 2000, 17; CH); ***Verkauf über die Gasse** A CH: ↗Gassenverkauf A, ↗Straßenverkauf D ›Verkauf [von fertigen Speisen und Getränken] zum unmittelbaren Verzehr außerhalb des Lokals‹: *Ein Fleischhauer müsse für jedes Dekagramm Extrawurst getrennte Aufzeichnungen führen, je nachdem, ob er die Wurst als solche verkauft, sie in eine Wurstsemmel zum Verzehr an Ort und Stelle oder in eine Wurstsemmel zum Verkauf über die Gasse gibt* (Standard 19. 7. 2000, Internet; A); *Das Nachsehen haben die Wirte: Früher waren sie zurückhaltend mit dem Verkauf über die Gasse, jetzt tun es andere für sie und schnappen ihnen damit noch Gäste weg* (TA 23. 4. 1996, 17; CH) – *Gasse* in der Bedeutung ›Straße‹ in A häufig als produktives Bestimmungswort in Zus. in der Bedeutung ›straßenseitig gelegen‹, z. B. *Gassenlokal, Gassenwohnung.* Die Bedeutung ›schmale Straße zwischen zwei Häuserreihen‹ sowie andere Bedeutungen sind gemeindt. – Dazu: ↗**Gassenarbeit** CH, ↗**Gassenküche** CH, ↗**Gassenzimmer** CH

Gassenarbeit CH die; –, ohne Plur.: ›Sozialarbeit im Drogen-, Prostituierten- und Obdachlosenmilieu; Streetwork‹: *Die Bundespräsidentin unterstrich die Bedeutung der Gassenarbeit beim Kampf gegen Aids und die Wiedereingliederung von aussteigewilligen Prostituierten* (Bund 13. 11. 1999, 13) – Vgl. Gasse, Gassenküche, Gassenzimmer – Dazu: **Gassenarbeiter(in), Gassenarbeitsprojekt**

Gassenküche CH die; –, -n: ↗Ausspeisung A ›Stelle, Einrichtung, bei der Essen an Bedürftige, besonders an obdachlose Drogenabhängige, abgegeben wird‹: *Für … [Drogen]Abhängige besteht ein engmaschiges soziales Netz: Kontakt- und Anlaufstellen mit Fixerräumen, Notschlafstellen, Gassenküchen, Arbeitsprojekten* (Blick 16. 12. 1994, 3) – Vgl. Gasse, Gassenarbeit, Gassenzimmer

Gassenverkauf A der; -(e)s, ...verkäufe: ↗GASSE: *VERKAUF ÜBER DIE GASSE A CH, ↗STRASSENVERKAUF D ›Verkauf [von fertigen Speisen und Getränken] zum unmittelbaren Verzehr außerhalb des Lokals‹: *Als sie daran ging, die im Gassenverkauf erworbene Portion bei sich zu Hause genüsslich zu verzehren, verging ihr schnell der Appetit* (SN 6. 5. 1997, Internet)

Gassenzimmer CH das; -s, –: ↗FIXERSTÜBLI CH, ↗DRUCKRAUM D, ↗FIXERSTUBE D, ↗KONSUMRAUM D ›öffentlicher, bewachter Raum für den Drogenkonsum‹: *Doch sind die Fixer mal in der Anlaufstelle, können sie die verbotenen Stoffe im separaten Gassenzimmer, in Ruhe und unter hygienischen Bedingungen spritzen* (Beobachter 19. 9. 1997, 42) – Vgl. Gasse, Gassenarbeit, Gassenküche

Gassi: *Gassi gehen/führen (gemeindt.): ↗ÄUSSERLN

Gastgarten A der; -s, ...gärten: ↗SCHANIGARTEN A-ost, ↗SCHANKGARTEN A-west, ↗GARTENWIRTSCHAFT A-west (Vbg.) CH D-nordwest/südwest, ↗GARTENRESTAURANT CH D-nordwest/südwest, ↗BIERGARTEN D, ↗GARTENLOKAL D (ohne mittelost) ›größere [abgegrenzte] Fläche eines Restaurants im Freien‹: *In einem blätterrauschenden Gastgarten am Stadtrand hatte er ihn vergessen, war redend und trinkend so ins Sitzen geraten, dass er nicht mehr hatte aufstehen mögen* (Wolfgruber, Verlauf eines Sommers 181)

Gastgewerbekonzession A die; –, -en: ↗ALKOHOLPATENT CH, ↗WIRTEPATENT CH, ↗SCHANKERLAUBNIS D, ↗SCHANKKONZESSION D ›amtliche Genehmigung zum Führen einer Gastwirtschaft und zum Ausschenken von Alkohol‹: *Der Weinhandelsfilialist Wein & Co etwa hat eine Gastgewerbekonzession und verkauft auch Produkte nach 18 Uhr* (OÖN 10. 10. 2000, 5)

Gastrobetrieb CH der; -(e)s, -e: ↗GASTWIRTSCHAFTSBETRIEB CH ›Gastronomiebetrieb‹: *Sieben Bekannte finden das Ausgehangebot in der Stadt Bern zu einseitig und beschliessen, selbst einen Gastrobetrieb »für unsere Freunde« auf die Beine zu stellen* (Bund 18. 10. 2001, 34)

Gastronomiebetrieb (gemeindt.): ↗GASTROBETRIEB, ↗GASTWIRTSCHAFTSBETRIEB

Gastwirt (gemeindt.): ↗BEIZER/BEIZERIN, ↗KNEIPENWIRT/KNEIPENWIRTIN, ↗KNEIPIER, ↗KRÖGER/KRÖGERIN, ↗RESTAURATEUR/RESTAURATEURIN, ↗SCHANKWIRT/SCHANKWIRTIN

Gastwirtschaftsbetrieb CH der; -(e)s, -e: ↗GASTROBETRIEB CH ›Gastronomiebetrieb‹: *Kurz vor der letzten Jahrhundertwende gab es im Säuliamt fast 120 Gastwirtschaftsbetriebe, ein Höchststand* (TA 12. 1. 1999, 23) – In A selten und formell. Vgl. Wirtschaft

Gatsch A D-südost der; -(e)s, ohne Plur. ⟨aus ital. *cacio* ›Käse‹ oder ev. tschech. *kaše* ›Brei‹⟩ (Grenzfall des Standards): **1.** ↗BATZ A D-südost, ↗MANSCH D-nord/mittelwest, ↗PAMPE D-nord/mittel ›breiige Masse; zu Brei Zerdrücktes‹: *Es war ein Gatsch, den niemand gegessen hat* (Format 19. 6. 2000, 26; A). **2.** ↗LETTEN A D-südost, ↗PFLOTSCH CH, ↗BATZ D-südost, ↗MODDER D-nord/mittelost, ↗MUD D-nordwest, ↗PAMPE D-nord/mittel ›Schlamm, Matsch‹: *Die nötigen Chemiemengen würden einen ätzenden, hochgiftigen Gatsch ergeben, der nur schwer zu beseitigen wäre* (Profil 9. 7. 2000, Internet; A) – In D-südost auch in der Form *Gatz* (der; -es, ohne Plur.). Die Bedeutung ›Abfall bei der Entparaffinierung von Schmierölen‹ ist fachsprachlich gemeindt. – Dazu: ↗**gatschig**

gatschig A D-südost Adj. (Grenzfall des Standards): **1.** ↗BATZIG A D-südost, ↗PAMPIG CH D (ohne südost) ›von weicher, breiiger Konsistenz‹: *Zu lange gekocht, werden Linsen gatschig* (OÖN 8. 1. 1999, 24; A). **2.** ↗PFLOTSCHIG CH, ↗BATZIG D-südost, ↗MODDERIG D-nord, ↗MUDDIG D-nordwest ›schlammig, matschig‹: *Am liebsten wäre mir, wenn es ganz trocken wäre, denn selbst dann ist es in den Waldpassagen gatschig* (OÖN 31. 10. 1998, 27; A) – Vgl. Gatsch

Gatz D-südost der; -es, ohne Plur.: siehe Gatsch

Gau A der; -(e)s, -e (meist in Zus.): ↗VIERTEL A ›Landesteil des ↗Bundeslandes Salzburg‹: *Es müsste, sagte ich, einen Menschen geben, der einen von Kind auf vor solchen unsinnigen Enttäuschungen bewahrt, aber nicht, dass man mir sagte, der Tennengau ist ein herrlicher Gau* (Innerhofer, Schattseite 140) – Als Teil von Namen bestimmter Gegenden gemeindt., z. B. *Chiemgau, Strudengau, Thurgau.* Die historischen Bedeutungen ›geschlossenes Siedlungsgebiet der Germanen‹ und ›Organisationseinheit der NSDAP‹ sind gemeindt. – Dazu: **Flachgau, Lungau, Pinzgau, Pongau, Tennengau**

Gäu: 1. CH der; -s, ohne Plur. ›Gegend zwischen Önsingen und Olten‹: *Als man ihm damals mitteilte, dass man nun einen Platz in einem Heim gefunden habe, sagte Cherubin zur Überraschung aller einen ganzen Satz: »Das ist im Gäu, da wollte ich schon immer hin«* (Bichsel, Cherubin Hammer 107). **2. *jmdm. ins Gäu gehen/kommen** A D-süd (Grenzfall des Standards) ›in jmds. Einflussbereich eindringen; jmdm. ins Gehege kommen‹: *Daraus entwickeln sich verlässlich die lustvollsten Raufereien, nur noch übertroffen von Schlachten, bei denen zwei rivalisierende Raunachtsgruppen aufeinander stoßen, die sich wechselseitig ins Gäu gekommen sind* (OÖN 27. 10. 1999, Internet; A) – Zu 2.: *Gäu* (das; -s, -e) ist die mundartliche Form von

Gau in der Bedeutung ›abgegrenztes Gebiet‹. Die Bedeutung ›Gebiet [am Wasser]‹ war in CH und D-südwest verbreitet, ist heute aber veraltet – Zu 1.: **Gäuer(in)**

Gaudee A die; –, -n (Plur. ungebräuchl., Grenzfall des Standards): ↗GAUDI A CH D-süd, ↗HETZ A D-südost, ↗PLAUSCH CH ›Spaß, Vergnügen‹: *Statt Rabatten muss eben etwas anderes geboten werden. Zum Beispiel eine Gaudee. Und so steigt am Abend des 8. Juni ein Fest in der Mayrschen Mälzerei* (OÖN 29. 5. 1991, 6); ***auf [der] Gaudee sein:** ↗LEPSCHI: *AUF LEPSCHI GEHEN A-ost (bes. Wien), ↗TREBE: *AUF [DER] TREBE [SEIN/GEHEN] D-nordost/mittelwest ›sich herumtreiben, vergnügen‹: *Immer bist auf der Gaudee, wenn man dich braucht, du Kresch!* (OÖN 1. 9. 1999, Internet)

Gaudi A D-süd die; –, ohne Plur./CH das; -s, ohne Plur. (Grenzfall des Standards): ↗GAUDEE A, ↗HETZ A D-südost, ↗PLAUSCH CH ›Spaß, Vergnügen‹: *Die Kinder haben uns zuerst gar nicht beachtet, die hatten mit ihrer eigenen Gaudi genug zu tun* (Thüminger, Entscheidung 73; A); *Zum Gaudi des Publikums wurde da parodiert und persifliert* (BaZ 25./26. 10. 1997, 35; CH) – In A und D-süd Femininum, in CH Neutrum – Dazu: ↗**Gaudiwurm** D-südost

Gaudiwurm D-südost der; -(e)s, ...würme (Plur. ungebräuchl., scherzh.): ↗FASNATUMZUG A-west (Vbg.), ↗FASCHINGSUMZUG A-west D-mittelost/südwest, ↗FASCHINGSZUG A (ohne west) D-südost, ↗FASNACHTSUMZUG CH D-südwest, ↗KARNEVALSUMZUG D-nord/mittelwest, ↗KARNEVALSZUG D-nordost/mittelwest ›durch Straßen ziehende Maskengruppen während des ↗Faschings‹: *Bereits seit 20 Jahren organisiert die Faschingsgesellschaft Feringa den Gaudiwurm – im letzten Jahr säumten 15.000 Zuschauer den Weg des Faschingszuges* (München-Bogenhausen 6. 1. 2003, Internet) – Vgl. Gaudi

Gaul D-mittel/süd der; -(e)s, Gäule: ↗ROSS A CH D-süd, ↗RÖSSL A D-südost ›Pferd‹: *Bei der ersten und letzten Reitstunde meines Lebens ist der Gaul am Strand von Baltrum mit mir durchgegangen* (Tagesspiegel 31. 5. 2000, Internet); ***jmdm. geht der Gaul durch** ›jmd. verliert seine Selbstbeherrschung; jmdm. gehen die Pferde durch‹: *Dem Spielausschuss-Vorsitzenden der LSV Ladenburg ging ein paar Mal der Gaul durch, obwohl er vor dem Anpfiff angekündigt hatte, ruhiger geworden zu sein* (Mannheimer Morgen 27. 9. 2001, Internet); ***jmdm. zureden wie einem lahmen Gaul** (Grenzfall des Standards) siehe zureden; ***den Gaul vom Schwanz aufzäumen** siehe aufzäumen – Das Substantiv *Gaul* in der Bedeutung ›altes, gebrechliches Pferd‹ ist abwertend gemeindt.

Gaupe siehe Dachgaupe

GAV CH der; -s, -s: als Wort gesprochene Abk. für ↗*Gesamtarbeitsvertrag*: ›für einen längeren Zeitraum zwischen Arbeitgebern bzw. Arbeitgeberinnen und Gewerkschaften abgeschlossener Vertrag über Arbeitsbedingungen, Löhne etc.‹: *Nach harten Verhandlungen haben sich die neue private Trägerschaft der Heime und die Gewerkschaften über einen GAV für das ehemals städtische Personal geeinigt* (TA 29. 10. 1999, 21)

Gazebinde CH BELG die; –, -n ['ga:sə...]: ↗MULLBINDE A D ›Verbandstoff aus weitmaschigem, dünnem Baumwollstoff‹: *Zur Erste-Hilfe-Apotheke gehören: Schnellverband, Gazebinden, sterile Kompressen, elastische Binden* (Bund 4. 4. 2000, 41; CH); *Elastische Gazebinden mit Umsäumung* (Euron Incontinence Care, 2003, Internet; BELG)

Gebäck A das; -(e)s, -e (Plur. ungebräuchl.): **1.** /Sammelbezeichnung für verschiedene kleine Brotsorten, z. B. ↗Semmeln, ↗Salzstangerln, ↗Brezen etc.: *Er kommt mit dem großen Gulasch und einem Körberl Gebäck genau in dem Augenblick an unseren Tisch* (Brödl, Blutrausch 32). **2.** ›einzelnes Stück von (1)‹: *In der Früh bringt sie den Eltern Kaffee und ein besonderes Gebäck ans Bett* (OÖN 5. 12. 1998, 10) – Die Bedeutung ›süßes Gebäck‹ ist gemeindt. *Gebäck* als Oberbegriff für Gebackenes ist gemeindt. – Dazu: **Hefegebäck** (↗Hefe) A-west (Vbg.), **Kleingebäck**

Gebarung A die; –, -en: ›geschäftliche und finanzielle Führung von Betrieben, Gemeinden, öffentlichen Einrichtungen‹: *Zur Überprüfung der Gebarung des Bundes, der Länder, der Gemeindeverbände, der Gemeinden und der anderen durch Gesetz bestimmten Rechtsträger ist der Rechnungshof berufen* (Pfaundler, Jungbürgerbuch 966) – Dazu: **Finanzgebarung** (↗Finanz), **Gebarungsbericht, Gebarungsjahr, Gebarungskontrolle, Geldgebarung, Geschäftsgebarung**

Gebäude (gemeindt.): ↗BAUTE

Gebäudekataster STIR der; -s, – ⟨übersetzt aus ital. *catasto fabbricati*⟩: ›behördliches Verzeichnis von Gebäuden‹: *Da ein Gebäudekataster vor 500 Jahren noch unbekannt war, wird die Grenzlinie genauestens im Vertrag beschrieben* (Schweiggl, Zeugen aus Stein 70) – In CH und D selten. Das Simplex *Kataster* in der Bedeutung ›Grundstücksverzeichnis‹ ist gemeindt. Vgl. Grundkataster

geben st.V./hat: **1.** A D (nur in Verbindung mit *es*); ↗HABEN A-west (Vbg.) CH D-südwest ›vorhanden sein‹: *Im Herbst ist Erntezeit. Es gibt Obst im Überfluss* (VS Uttendorf, 2002, Internet; A); *Im Schrank gibt es reichlich Platz und eine gute HiFi-Anlage* (ABC-Ferienwohnungen, 1999, Internet; D). **2.** CH D ›(ein Schulfach) unterrichten‹: *Obwohl der Kurs berufsbegleitend zwei Jahre dauert, sollen die Teilnehmerinnen* *bereits im kommenden Sommer Englisch geben dürfen* (TA 14. 1. 1999, 23; CH); *Turnlehrer wird man doch bloß, wenn man zu dusslig ist, Mathematik zu geben* (Bieler, Maria Morzek 18; D); ***Schule geben** CH **a)** ›unterrichten‹: *Ich muss am Freitag Morgen in Rickenbach wieder Schule geben und kann auch nicht zur Auslosung nach Genf* (Blick 23. 8. 1996, 14). **b)** ›Lehrer(in) sein‹: *Jürg I., Zuger Kantonsschullehrer und Mitglied der »Universalen Kirche«, kann weiterhin Schule geben* (Blick 28. 2. 1997, 11). **3.** A D-süd ›etw. irgendwohin stellen, legen, setzen‹: *Würde es genügen, einen Zettel hinter den Scheibenwischer des beschädigten Fahrzeugs zu geben?* (ORF Nachlese 9/1997, 12; A). **4. *sich etw. geben** A (salopp, Grenzfall des Standards) ›konsumieren, sich etw. zu Gemüte führen‹: *Wozu soll ich mir so ein blutrünstiges Zeug auch noch im Kino geben?* (Kneifl, Vorstellung 67). **5.** CH ›etw. hervorrufen, bewirken (nur in bestimmten Wendungen)‹: ***Arbeit geben:** *Das Feuer brannte und wärmte immer schön gleichmässig und gab überhaupt keine Arbeit* (Rüegg, Welt 129); ***Durst geben:** *Glühwein braute Michelangelo, weil Kastanien Durst geben und man so den Wein strecken konnte* (Rüegg, Welt 108); ***hell geben:** *Licht muss nicht hell geben. Licht muss Schatten werfen* (Zürcher, Högo Sopatis 9); ***warm geben:** *Handwerker lieben Faserpelzjacken, weil sie leicht sind und warm geben* (TA 5. 2. 1997, 63); ***zu reden geben** siehe reden. **6. *jmdm. den Bogen geben** CH ›jmdm. den Rest geben; jmdn. endgültig in die Erschöpfung oder den Ruin treiben‹: *Das Alleinsein während ich fort war, … die ganze schreckliche Nacht müssen ihr den Bogen gegeben haben* (Heimann, Lisi 114). **7. *Sorge geben** CH ›Sorge tragen; Acht geben‹: *»Gib schön Sorge«, hatte ihn die Schwester beim Wegfahren gemahnt* (Kolb, Niederdorf 43). **8. *ans Futter geben** CH ›zur Haltung an einen fremden Ort geben (von Haus- und Nutztieren)‹: *Wir suchen einen guten Platz an den wir unsere 2 braven Warmblutstuten ans Futter geben können* (Tierwelt 15/1997, 61). **9. *[jmdm.] ein Telefon geben** CH siehe Telefon – Zu 1.: In der Bedeutung ›existieren‹, z. B. *es wird immer Verrückte geben*, gemeindt. Zu 3.: In der Verwendung ›etw. zu einem bestimmten Zweck irgendwohin bringen‹, z. B. *das Auto in die Werkstatt, in die Reparatur geben*, gemeindt. Andere Bedeutungen sind gemeindt.

Gebietskrankenkasse A die; –, -n: ›nach ↗Bundesländern gegliederte gesetzliche Krankenversicherung nach dem Allgemeinen Sozialversicherungsgesetz‹: *Sowohl die Abmeldung bei der Gebietskrankenkasse als auch die Absicht der Inanspruchnahme von Arbeitslosengeld setzen die Beendigung des Arbeitsverhältnisses voraus* (AK aktuell 2/1998, 16) – Abk. GKK

Gebietsplan STIR der; -(e)s, …pläne ⟨übersetzt aus ital. *piano di zona*⟩: ›Rahmenplan, der die beabsichtigte Nutzung von größeren Landschaftsflächen beschreibt‹: *Konrad S. vom Amt für Naturparke zeigte an diesem Beispiel den Gästen aus dem Norden die verschiedenen Etappen bei der Entstehung von Naturparks und Gebietsplänen* (Dolomiten 10. 10. 1996, 17) – Vgl. Bauleitplan

Gebinde das; -s, –: **1.** A CH ›Fass‹: *Da viel zu wenig Gebinde da waren, musste der halbgegorene Sturm ausgeschenkt werden, und man bekam dafür Marken und stellte sich an* (Kain, Lob 72; A); *Der Chauffeur war alarmiert. Auf der geschlossenen Ladebrücke seines Transporters befand sich ein Gebinde von 500 Liter konzentrierter Salzsäure* (TA 12. 6. 1998, 25; CH). **2.** CH ›Verpackung (↗Kiste, ↗Harass, Flasche, ↗Sack etc.)‹: *Im zusätzlichen Migros-Gebäude werde eine Waschanlage für die Gebinde – zum Beispiel Kunststoffkisten für den Warentransport in die Filialen – … untergebracht* (Bund 14. 4. 1999, 29). **3.** CH D; ↗Bukett A D, ↗Bouquet CH ›gebundener Strauß Blumen‹: *In den Blumengeschäften und an den Blumenständen findet man jetzt besonders prachtvolle Gebinde* (Bund 28. 4. 1995, 35; CH); *Bundeskanzler G. Schröder … hatte ein Gebinde aus orangen Gerbera, Rosen und Lilien bringen lassen* (Welt 8. 2. 2002, Internet; D) – Die Bedeutung ›Holzkonstruktion aus Dachsparren‹, ›Reihe von Dachziegeln‹, sowie andere Bedeutungen sind gemeindt. – Zu 2.: **Gebindegebühr**

Gebrauchtwagen A D der; -s, –: ↗Occasion CH ›Auto, das gebraucht gekauft wird‹: *Der maßgebliche Sachbezugswert orientiert sich bei Neuwagen am Kaufpreis, bei Gebrauchtwagen am seinerzeitigen Listen- oder Anschaffungspreis* (Wiener Ztg 28. 2. 2002, Internet; A); *Sicher und problemlos durch die kalte Jahreszeit mit der ADAC-Gebrauchtwagenprüfung inklusive Motortest* (ADAC Motorwelt 2/1996, 77; D) – In CH selten. Der Plural lautet in A und D-süd auch …*wägen*. Vgl. Wagen – Dazu: **Gebrauchtwagenhändler(in), Gebrauchtwagenkauf, Gebrauchtwagenverkauf**

Gebrechen A das; -s, –: ›Schaden (an Installationen)‹: *Sie haben eine Störung in Ihrem Heizsystem, ein Gebrechen im Sanitär- oder Heizungsbereich, oder es tropft der Wasserhahn?* (Installateur Karl Simscha, 2004, Internet) – Die Bedeutung ›körperliches Gebrechen‹ ist gemeindt. – Dazu: ↗**Baugebrechen, Gasgebrechen, Gebrechendienst**

Gebresten CH das; -s, –: ›körperliches Gebrechen‹: *Baden – ein Grundbedürfnis des auf Körperhygiene bedachten Menschen, ein Mittel, um Krankheiten vorzubeugen, Gebresten zu lindern oder zu heilen* (Treichler, Abenteuer Schweiz 115) – In D veraltet

Gebühr: *Gebühr bezahlt Empfänger siehe Porto

Gebührenmarke die; –, -n: **1.** D; ↗Stempelmarke A ›Marke auf einem amtlichen Schriftstück als Nachweis der Bezahlung einer Verwaltungsgebühr‹: *Formulare für die Bestellung … liegen … an den Ausleihtheken aus, an denen Sie auch die erforderliche Gebührenmarke (1 Euro) erhalten* (Universität Osnabrück, 2001, Internet). **2.** CH ›Marke auf einem bereitgestellten Abfallsack, einem Container oder auf ↗Sperrgut, welche die Bezahlung der Abfallgebühr nachweist‹: *Die Container müssen mit einer Gebührenmarke von Fr. 49.- für eine einmalige Leerung oder mit einer Marke für die Jahrespauschale von Fr. 2303. – versehen sein* (Gemeinde Wängi, 2002, Internet)

Geburtengeld STIR das; -(e)s, ohne Plur.: ↗GEBURTSZULAGE CH ›Zahlung eines Geldbetrages (durch den Staat) anlässlich einer Geburt‹: *Sie machen sich in Sachen Geburtengeld für die jungen Frauen stark?* (Südtiroler Frau 13/2000, 7) – Vgl. Erziehungsgeld

Geburtsschein CH STIR der; -(e)s, -e: ↗GEBURTSURKUNDE A D ›amtliche Urkunde als Dokumentation der Geburtsdaten einer Person‹: *Die gebürtige Brasilianerin hat zwar ein paar Jahre mehr auf dem Buckel als ihr Mitstreiter, doch sie kann keinen Geburtsschein vorweisen* (Blick 6. 8. 1997, 8; CH); *Bei der Einschreibung in die Schule haben eure Eltern einen Geburtsschein und einen Impfschein von euch abgeben müssen* (Arnold, Heimat- und Umweltkunde 4/5 5; STIR)

Geburtsurkunde A D die; –, -n: ↗GEBURTSSCHEIN CH STIR ›amtliche Urkunde als Dokumentation der Geburtsdaten einer Person‹: *Die in einer Blechkiste verborgene Geburtsurkunde soll ihre wahre Herkunft bestätigen* (Profil 18. 6. 2002, Internet; A); *Sie wollte kein Geld, keine Nachzahlung der Alimente, nur seinen Namen in der Geburtsurkunde der Tochter* (Freitag 24. 3. 2000, Internet; D)

Geburtszulage CH die; –, -n: ↗GEBURTENGELD STIR ›Zahlung eines einmaligen Geldbetrages (durch den ↗Kanton) anlässlich einer Geburt (in den ↗Kantonen FR, JU, LU, NE, SO, SZ, UR, VD und VS)‹: *Derzeit zahlt der Kanton eine Geburtszulage von 800 Franken* (NLZ 7. 8. 2000, Internet) – Vgl. Familienzulage, Kinderzulage

Gedächtnisspende STIR die; –, -n: ›Geld- oder Sachspende, die im Gedenken an eine verstorbene Person an die Kirche oder für wohltätige Zwecke entrichtet wird‹: *Nicht nur die vielen Menschen, sondern auch die zahlreichen Gedächtnisspenden zeugten von der Wertschätzung des Verstorbenen* (Dolomiten 9. 12. 1995, 23)

Gedöne D-nord/mittelwest das; -s, ohne Plur.: siehe Gedöns

Gedöns D-nord/mittelwest das; –/…dönes, ohne Plur. (abwertend, Grenzfall des Standards): **1.** ↗HECKMECK D (ohne mittelost), ↗KOKOLORES D (ohne südost) ›unnötige Umstände, überflüssiges Gerede, Getue‹: *Drei Wachablösungen ohne großes Gedöns* (Welt 21. 1. 2000, Internet). **2.** ↗GUGUS CH, ↗SCHNICKSCHNACK CH D ›überflüssiger Zierrat‹: *In meiner Wohnung, in der ich ansonsten kein Gedöns und keinen Nippes dulde, habe ich in dieser Woche einen Adventskranz auf den Küchentisch gestellt* (Goethe Institut 21. 1. 2003, Internet) – Auch in der Form *Gedöne* (das; -s, ohne Plur.)

Gedränge (gemeindt.): ↗DRÄNGELEI, ↗DRÄNGEREI, ↗ZWÄNGEREI

Gefangenenhaus A das; -es, …häuser: ↗JUSTIZANSTALT A, ↗POLIZEIANHALTEZENTRUM A, ↗JUSTIZVOLLZUGSANSTALT D ›Strafvollzugsanstalt; Gefängnis (bei Verwaltungsdelikten)‹: *Der Mann wurde verhaftet und in das Gefangenenhaus des Landesgerichtes Graz eingeliefert, die Frau wird auf freiem Fuß angezeigt* (Kleine Ztg 24. 4. 1999, Internet) – Amtlich auch in der Form *Gefangenhaus.* Vgl. Häfen – Dazu: ↗**Polizeigefangenenhaus**

Gefangenhaus siehe Gefangenenhaus

gefinkelt A Adj. (Grenzfall des Standards): **1.** (nicht attr.); ↗GEFITZT CH, ↗PLIETSCH D-nord ›schlau, gewieft, gerissen, durchtrieben (von Personen); gewitzt (meist in Verbindung mit *sein*)‹: *Und dennoch waren seine Vorstandskollegen und er bisher gefinkelt genug, den Belegschaftsvertretern gegenüber keine wie immer gearteten Versprechungen oder Garantien abzugeben* (Trend 5/1998, Internet). **2.** ↗GEFITZT CH, ↗PLIETSCH D-nord ›raffiniert ausgedacht; gewitzt‹: *Gefinkelte Geschäftsbriefe aufsetzen war ihre Sache nicht* (Konsument 11/1997, 46) – Zu 1 vgl. vif

gefitzt CH Adj. (Grenzfall des Standards): **1.** ↗GEFINKELT A, ↗PLIETSCH D-nord ›schlau, gewieft, gerissen, durchtrieben (von Personen); gewitzt‹: *Seit 50 Jahren als täglicher »Bund«-Leser und als gefitzter Jasser hält er seinen Geist und Körper fit* (Bund 21. 3. 1996, 31). **2.** ↗GEFINKELT A, ↗PLIETSCH D-nord ›raffiniert ausgedacht; gewitzt‹: *Und was man alles baut! Fassaden, Wintergärten, gefitzte Laden- und Hoteleingänge, Ausstellvitrinen* (Metallunion Zug, 2002, Internet) – Zu 1 vgl. vif

Gefrett A D-südost das; -s, ohne Plur. (Grenzfall des Standards): ↗GEKNORZE CH, ↗KNORZ CH ›Ärger, Mühe, Plagerei‹: *Es gebe aber auch »keine objektive Notwendigkeit« für eine Änderung des Wahlrechts, argumentiert Kohl: »Unsere große Koalition ist zwar manchmal ein G'frett, aber das Land wird gut regiert«* (OÖN 29. 6. 1998, 2; A); ***mit jmdm./etw. ist es ein Gefrett** ›jmd./etw. bereitet Schwierigkeiten, macht Probleme‹: *Es ist ein G'frett mit Adam Sandler, er ist kein schlechter Komiker, sucht sich aber immer wieder falsche Rollen aus oder bringt sie um* (OÖN 17. 8. 2002, 22; A); ***mit jmdm./etw. ein Gefrett haben** ›mit jmdm.

Schwierigkeiten haben‹: »*Ich hab so ein Gfrett mit ihr ...*«, *jammerte Schnurli unbeirrt weiter* (Kneifl, Vorstellung 70; A) – Auch in der Form *Gfrett*. Vgl. fretten

gefreut CH Adj.: ›erfreulich, erwünscht, angenehm‹: *Mein Mann und ich sind seit 16 Jahren verheiratet und haben drei gefreute Kinder* (Blick 4. 11. 1998, 28); ***eine gefreute Sache** ›eine erfreuliche Angelegenheit‹: *Wenn alle am gleichen Strick ziehen, gibt es wieder eine gefreute Sache!* (Neues Bülacher Tagbl 15. 3. 2000, Internet)

gegen: *gegen aussen [hin] CH ›nach aussen [hin]‹: *Gegen aussen ist das Haus durch Alarm geschützt, innen können wir uns aber frei bewegen* (Glückspost 10. 6. 1999, 70) – Die Präposition *gegen* ist in allen anderen Verwendungen gemeindt.

Gegenbericht CH der; -(e)s, -e (Plur. ungebräuchl.): ›[anders lautende] Rückmeldung‹: *Ohne Ihren umgehenden Gegenbericht werden wir uns erlauben, Ihnen ein ganzes Dutzend zu liefern* (Rutishauser, Geschäftsbriefe 80)

Gegenmehr CH das; -s, ohne Plur.: ›Gegenstimmen in einer offenen Abstimmung‹: *Die angefragte Parallelklasse schloss sich ohne Gegenmehr an* (Rümlanger Bl 23. 11. 2001, Internet) – Vgl. Mehr

Gegenstand A der; -(e)s, ...stände: ›Schulfach‹: *Aufnahmebedingungen: Erfolgreicher Abschluss der 10. Schulstufe (kein »Nicht genügend« in einem Pflichtgegenstand, wobei die Gegenstände »Latein« und »Geometrisches Zeichnen« nicht berücksichtigt werden)* (Berufsinfo Med-Technik, 1997, 55) – Andere Bedeutungen sind gemeindt. – Dazu: **Freigegenstand, Hauptgegenstand, Nebengegenstand, Pflichtgegenstand, Unterrichtsgegenstand, Wahlpflichtgegenstand**

Gegensteuer: *Gegensteuer geben CH ›gegensteuern‹: *Wie erlebte der Todesfahrer den Crash? »Als mein Auto ausbrach, wollte ich noch Gegensteuer geben. Dann sah ich ein Auto auf mich zukommen – und es knallte»* (Blick 26. 8. 1999, 2); *Als die Behörden erkannten, dass sie im Begriff waren, die Unterstützung des Volkes zu verlieren, gaben sie Gegensteuer* (TA 29. 10. 1999, 5)

Gegenvorschlag CH der; -(e)s, ...vorschläge: ›von der Regierung vorgeschlagene Alternative zu den Forderungen einer ↗Initiative‹: *Der Bundesrat lehnt die Volksinitiative »Sparen beim Militär und der Gesamtverteidigung – für mehr Frieden und zukunftsgerichtete Arbeitsplätze« ohne Gegenvorschlag ab* (Blick 2. 3. 1999, 13) – Die Bedeutung ›Alternative‹ ist gemeindt.

Gehackte CH D-nord/mittel das; -n, ohne Plur.: ↗FASCHIERTE A, ↗HACKFLEISCH CH D, ↗HACK D-nord/mittelwest, ↗HACKEPETER D-ost ›im Fleischwolf zerkleinertes Fleisch‹: *Egal ob Gehacktes mit Hörnli oder Foie gras, ich bin überzeugt, man kann alles ... mit Liebe zubereiten* (TA 20. 3. 1999, 75; CH); *Gehacktes: halb Rind, halb Schwein, 1 kg., DM 4,99* (Leipziger Rundschau 18. 2. 1998, 1; D-nord/mittel)

Gehalt: *Dreizehnte Gehalt A D (das/der): ↗WEIHNACHTSREMUNERATION A, ↗DREIZEHNTE A CH, ↗WEIHNACHTSGELD A D ›meist Ende des Jahres ausgezahlte zusätzliche Vergütung zum Lohn (in A in der Höhe eines Bruttomonatslohns, der aber besonders versteuert wird)‹: *Das Urlaubsgeld und Weihnachtsgeld (oder 13./14. Gehalt) ist in Österreich allerdings nicht gesetzlich, sondern kollektivvertraglich geregelt* (SPÖ, 2002, Internet; A); *Das Bundesarbeitsgericht hat in einem Urteil ... festgestellt, dass der Anspruch auf ein vereinbartes dreizehntes Gehalt auch während des Mutterschutzurlaubs besteht* (Bundesarbeitsgericht 25. 11. 1998, Internet; D); ***Vierzehnte Gehalt** A (das/der); ↗URLAUBSBEIHILFE A, ↗URLAUBSZUSCHUSS A, ↗VIERZEHNTE A, ↗URLAUBSGELD A D, ↗FERIENGELD CH BELG ›meist Mitte des Jahres oder zu Beginn des ↗Urlaubs ausgezahlte zusätzliche Vergütung zum Lohn in der Höhe eines Bruttomonatslohns, der aber besonders versteuert wird‹: *Dabei hätte die Medien ein zweiter Sager Leitls im Fernsehen viel eher aufhorchen lassen müssen: So hat er einen neuen Vorstoß gegen das 13. und 14. Gehalt unternommen. Er will Weihnachts- und Urlaubsgeld nicht mehr als Sonderzahlung, sondern jeden Monat auf das normale Gehalt aufgeteilt haben* (SPÖ-Archiv November 2001, Internet) – Das Substantiv *Gehalt* ist in allen anderen Verwendungen gemeindt. In der Bedeutung ›Monatslohn‹ ist es in A auch Maskulinum, gemeindt. Neutrum. Das gilt auch für die Verbindungen *dreizehnter* und *vierzehnter Gehalt*

Gehaltsamt STIR das; -(e)s, ...ämter: ›Amt, das an Lehrpersonen die Gehälter ausbezahlt‹: *Das neue Gehaltsamt für die Lehrer ist der Abteilung »Personal« der Landesverwaltung zugeordnet* (Dolomiten 20. 11. 1997, 10)

Gehaltsgruppe A D die; –, -n: ↗GEHALTSSTUFE A, ↗LOHNKLASSE CH, ↗BESOLDUNGSGRUPPE D ›Gehaltsklasse bei Angestellten‹: *Wegen geplanter Gehaltskürzungen von rund 15 Prozent durch Umstufungen in andere Gehaltsgruppen für Mitarbeiter der im Ausgleich befindlichen Gerngross-Tochter City-Forum gab es gestern Betriebsversammlungen* (OÖN 3. 8. 1996; 9; A); *Die Arbeitgeber hatten eine Erhöhung um 1,5 Prozent angeboten, dazu eine je nach ... Gehaltsgruppe gestaffelte Einmalzahlung* (Welt 16. 6. 1998, Internet; D)

Gehaltsstufe A die; –, -n: ↗GEHALTSGRUPPE A D, ↗LOHNKLASSE CH, ↗BESOLDUNGSGRUPPE D ›Gehaltsklasse bei Beamten und Angestellten im öffentlichen Dienst‹: *Diese neue Regelung besagt, dass nur*

Lehrer bis zur achten Gehaltsstufe Supplierstunden halten dürfen, weil sie billiger sind (Kleine Ztg 19. 6. 1996, Internet)

Gehaltsverrechner Gehaltsverrechnerin A der; -s, – bzw. die; –, -nen: ↗LOHNVERRECHNER A, ↗PERSONALVERRECHNER A ›Person, die für ein Unternehmen Gehälter berechnet und die Auszahlung veranlasst; Lohnbuchhalter(in)‹: *Wir suchen für unsere Personalabteilung eine(n) Lohn- und Gehaltsverrechner(in) mit Berufspraxis und Personalverrechner-Prüfung* (SN 8. 11. 1997, 66) – Vgl. Gehaltsverrechnung

Gehaltsverrechnung A die; –, -en: ↗LOHNVERRECHNUNG A, ↗PERSONALVERRECHNUNG A, ↗LOHNBUCHHALTUNG CH D ›Berechnung, Auszahlung und Verbuchung der Gehälter in einem Betrieb‹: *Zu Ihren Aufgaben gehören das selbständige Erstellen der Buchhaltung bis zu Rohbilanz sowie Gehaltsverrechnung* (Wienerin 12/1993, 94) – Vgl. Gehaltsverrechner

Gehaltszettel A D der; -s, – (informell): ↗BEZUGSZETTEL A, ↗LOHNZETTEL A ›Ausdruck mit der Abrechnung über den Lohn‹: *Nach der Diskussion um den ÖGB erwarten die Arbeitnehmer von ihrer Interessenvertretung einen veritablen Erfolg, der sich auf dem Lohn- und Gehaltszettel nachvollziehen lässt* (OÖN 6. 9. 2001, 11; A); *Frauen hatten auf ihrem Gehaltszettel im Schnitt einen Bruttoverdienst von 54823 DM stehen* (Welt 20. 7. 1999, Internet; D)

Gehege: *jmdm. ins Gehege geraten/kommen (gemeindt.): ↗GÄU: *JMDM. INS GÄU GEHEN/KOMMEN

gehen st.V./ist: **1.** CH D-ost ›fahren‹: *Es ist sicher keine Überraschung, dass sich die jungen Leute völlig verschaukelt vorkommen und dass sie ... das nächste Mal mit dem Auto gehen werden, schlechte Luft in Davos hin oder her!* (TA 14. 1. 1997, 31; CH). **2. *gemma** A D-südost (verschriftlichte Dialektform von *gehen wir*, Grenzfall des Standards) ›Lasst uns ...‹: *Gemma nach der Arbeit noch eine Runde joggen!* (ÖON 16. 10. 2002, 22; A); ***gemma gemma!** A; ↗BULETTE: *RAN AN DIE BULETTEN/BOULETTEN D, ↗SPECK: *RAN AN DEN SPECK! D ›Los! Vorwärts!‹ /Aufforderung zur Eile/: *Sie bewegten sich jetzt eiliger, ruckzuck, ein neues Wort, das sie zu lernen hatten, gemma gemma* (Hackl, Abschied von Sidonie, Internet). **3. *[ach/aber/na] geh!/gehen Sie!/gehts!** A D-ost/südost (Grenzfall des Standards) **a)** ›Ach was! Nein!‹ /Ausdruck der Ablehnung oder des Zweifels/: *Der Mensch mischt sich ein ins Klimageschehen auf CO_2 komm raus. So wie nie zuvor in der Geschichte. Aber geh, rümpft der Skeptiker die Nase: Die Ursachen, darüber weiß man doch nix Genaues nicht, oder?* (Salzburger Fenster 16. 1. 2002, Internet; A). **b)** /Ausdruck der Ermunterung/: *Na geh, die zwei, drei Stunden am Dienstagnachmittag, die wird er dir wohl erlauben* (Mayer-Skumanz, Lügennetz 39; A). **c)** /Ausdruck der Ablehnung oder des Zweifels (in Verbindung mit *aufhören*, z. B. *hör auf/hören'S auf/hört auf*/: *Geh hör auf. Ich hab's mit Männern und Frauen und Impotenten und Krüppeln versucht* (Grän, Dame 203; A); ***jmdn./etw. gehen lassen** A D-ost/südost ›jmdn./etw. in Ruhe lassen (häufig im Imperativ *gehst [jetzt]!*)‹: *»Wie das eine Entlein aussieht, das wollen wir nicht dulden!« und sogleich flog eine Ente hin und biss es in den Nacken. »Lass es gehen!« sagte die Mutter; »es tut ja niemandem etwas«* (Märchen, 2002, Internet; A). **4.** CH ›geschehen‹: *Für den Bundesrat sei ganz klar, dass jetzt rasch etwas gehen müsse* (Bote der Urschweiz 13. 1. 1997, 1). **5.** CH D-ost/südwest ›dauern‹: *Im »dümmsten« Fall kann es drei Stunden gehen, bis gepfadet oder Salz nachgestreut wird* (St. Galler Tagbl 17. 11. 1997, Internet; CH). **6.** CH ›passen, stehen (von Kleidungsstücken, Schuhen usw.)‹: *Du weisst ganz genau, dass im Stubenschrank jede Menge Schuhe herumliegen, ein Paar davon wird dir wohl gehen, notfalls stopfen wir sie mit Papier* (Heimann, Lisi 77). **7. *vergessen gehen** CH siehe vergessen. **8. *bachab gehen** CH siehe bachab. **9. *über die Bücher gehen** CH siehe Buch. **10. *Konkurs gehen** CH siehe Konkurs. **11. *auf sicher gehen** CH siehe sicher. **12. *stiften gehen** D siehe stiften. **13. *in die Eisen gehen** D siehe Eisen – Andere Bedeutungen sind gemeindt.

-geher -geherin A der; -s, – bzw. die; –, -nen (produktives Grundwort in Zus.): ›-gänger(in)‹, z. B. ↗Fußgeher(in) A (ohne west), ↗Fußgeherübergang A (ohne west), Fußgeherzone, Kinogeher(in), Kirch[en]geher(in), Spaziergeher(in), Theatergeher(in), Tourengeher(in): *An den Samstagen fanden unter dem Motto »Alt – Neu: Ein Jahr Eisenstädter Fußgeherzone« viele Eisenstädter Kaufleute mit den Kindern zu Spiel und Spaß zusammen* (OZ 7. 10. 1992, 13); *Vor allem in beschatteten Nord/Ost-Lagen müssen Ski-Tourengeher in den kommenden Tagen besonders vorsichtig sein* (Presse 15. 3. 1993, 11)

Gehilfenschaft CH die; –, -en (Plur. ungebräuchl., Recht): ›Beihilfe‹: *Ein ... Mittäter wurde wegen Gehilfenschaft zu eindreiviertel Jahren Zuchthaus verurteilt* (Bund 4. 11. 1999, 48)

Gehirnerschütterung (gemeindt.): ↗HIRNERSCHÜTTERUNG

gehören A D-süd sw.V./hat (salopp): ›gebühren‹ (meist in der Wendung jmd./etw. gehört in Verbindung mit einem Verb im 2. Part. in der Bedeutung ›jmd./etw. soll/muss ... werden‹): *Die Volkspartei und damit auch mich muss man in Wien deshalb wählen, weil das sozialistische System in dieser Stadt beendet gehört* (Falter 3. 11. 1997, 4; A); *Wer gut oder wichtig ist, Phantasie und kulturelle Lebendigkeit entwickelt, gehört gefördert* (OÖN 27. 12. 1986, 10; A) – Andere Bedeutungen sind gemeindt.

Gehschule A die; –, -n: ↗LAUFGITTER CH D (ohne mittelost), ↗LAUFSTALL D (ohne nordost) ›aus einem Boden und einem Gitter bestehendes Gestell, in das Kleinkinder gesetzt werden, um zu spielen oder laufen zu lernen‹: *Es ist Sommer, das Kind steht unter dem großen Apfelbaum in der Gehschule und wenn der Wind die Blätter des Baums bewegt, staunt es* (Pirch, Lerra 37)

Gehsteig A D-südost der; -(e)s, -e: ↗TROTTOIR CH D-süd, ↗BÜRGERSTEIG D (ohne südwest), ↗GEHWEG D (ohne südost) ›für Fußgänger(innen) vorgesehener, erhöhter Randstreifen einer Fahrstraße‹: *Die Stadt Wien verrechnet sich gern bei den Ausmaßen der Gehsteige und Grünflächen* (Ganze Woche 5. 11. 1997, 28; A); *Sie wird es nie erfahren, ... welches Leben ich in Berlin führe, die Beine tief unten in meinem Souterrain, das Fenster unten vom Gehsteig schräg angeschnitten* (Born, Erdabgewandte Seite 35; D-südost) – Dazu: ↗**Gehsteigkante** A

Gehsteigkante A die; –, -n: ↗RANDSTEIN A CH D-süd, ↗TROTTOIRRAND CH D-südwest, ↗BORDKANTE D-ost, ↗BORDSTEIN D (ohne südost), ↗KANTSTEIN D-nordwest ›steinerne Einfassung des ↗Gehsteigs‹: *Die Wirtshaustür stand plötzlich offen. Ein Mann torkelte heraus, stolperte beinahe über die Gehsteigkante* (Wippersberg, Gespenster 84)

Gehtnichtmehr: *bis zum Gehtnichtmehr (gemeindt.): ↗DORTHINAUS: *BIS [ZUM] DORTHINAUS

gehüpft gehupft: *gehüpft/gehupft wie gesprungen (gemeindt.): ↗HANS: *HANS WAS HEIRI, ↗JACKE: *JACKE WIE HOSE

Gehweg der; -(e)s, -e: **1.** D (ohne südost); ↗GEHSTEIG A D-südost, ↗TROTTOIR CH D-süd, ↗BÜRGERSTEIG D (ohne südwest) ›eine Straße entlang führender erhöhter Weg für Fußgänger(innen)‹: *Nicht verstehen kann ich jedoch, wenn man auf Rad- und Gehwegen ... im absoluten Halteverbot parkt* (WAZ 16. 5. 1998, 24). **2.** A D-nord/mittel ›an einer Straße entlang führender, durch eine Markierung abgetrennter Weg für Fußgänger(innen)‹: *Die Aufteilung der Straßenbreite in Fahrspur und Gehweg trug viel zur Beruhigung des Autoverkehrs bei* (VN 29. 10. 1997, E 2; A); *Gehweg ist der im Straßenverkehr grundsätzlich den Fußgängern vorbehaltende Bereich* (ARD-Ratgeber Recht 16. 12. 2002, Internet; D-nord/mittel). **3.** A D-nord/mittel; ↗GEHZEIT A ›Zeit, die für eine bestimmte Strecke zu Fuß gebraucht wird; Fußweg‹: *Die »Mundlöcher« der alten Stollen sind wenige Minuten Gehweg von hier zu finden* (Kunstraum Dornbirn, 2002, Internet; A); *Fünf Minuten Gehweg vom Kurfürstendamm entfernt wartet ein schönes, leeres Theatergebäude auf seine künstlerische Inbesitznahme* (Berliner Ztg 9. 4. 1997, Internet; D-nord/mittel) – Die Bedeutung ›für Fußgänger(innen) reservierter Weg im Gelände; Fußweg‹ ist gemeindt.

Gehzeit A die; –, -en: ↗GEHWEG A D-nord/mittel ›Zeit, die für eine bestimmte Strecke zu Fuß gebraucht wird; Fußweg‹: *Die Gehzeit beträgt vom Ortszentrum aus rund eine halbe Stunde* (Tennengauer Nachr 31. 5. 2000, 6)

Geiß A D-süd **Geiss** CH die; –, -en: ›Ziege‹: *Die Geiß hatte zwei Kitze geworfen und die Erdäpfel gediehen* (Zelger-Alten, Brot 91; A); *Gut ist nur, dass unsre Geiss von dem nahem Tod nichts weiss* (Strebel, Globi der Seefahrer 6; CH); ***Das schleckt keine Geiss weg** CH siehe schlecken – Die Bedeutung ›weibliches Tier bei Gams-, Stein- und Rehwild‹ ist gemeindt. Vgl. Gitzi – Dazu: **Geißbart** A D-süd, **Geißbock** A D-süd **Geissbock** CH, **Geißhirt(in)** A D-süd **Geisshirt(in)** CH, **Geisskäse** CH

Geizhals (gemeindt.): ↗KNAUSER, ↗PFENNIGFUCHSER/PFENNIGFUCHSERIN, ↗RAPPENSPALTER/RAPPENSPALTERIN

Geknorz CH das; -es, ohne Plur.: siehe Geknorze

Geknorze CH das; -s, ohne Plur.: ↗GEFRETT A D-südost, ↗KNORZ CH ›mühseliger, beschwerlicher Vorgang‹: *Gelungene Aktionen über mehrere Stationen blieben die Ausnahme, Geknorze und Fehlpässe die Regel* (Bund 20. 10. 1999, 39) – Auch in der Form *Geknorz* (das; -es, ohne Plur.)

Gelaber CH D das; -s, ohne Plur. (abwertend, Grenzfall des Standards): ↗GELAFER CH ›dummes Geschwätz; leeres Gerede‹: *Wer ist denn hier das Volk? Was damit auch immer gemeint ist, solch undefiniertes Gelaber ist bestimmt nicht die Lösung der anstehenden Probleme unseres Landes* (St. Galler Tagbl 8. 3. 2000, Internet; CH); *Jugendliche fragen kritisch nach und wollen vor allem Echtheit, kein frommes Gelaber* (Reutlinger General-Anzeiger 19. 6. 2002, Internet; D) – Vgl. labern

Gelafer CH das; -s, ohne Plur.: ↗GELABER CH D ›dummes Geschwätz; leeres Gerede‹: *Hugo sichert sich mit seinem Gelafer und seiner strahlenden Glatze sofort die Sympathien aller* (TA 8. 5. 1999, 15) – Vgl. lafern

gelangen CH sw.V./ist: ›sich wenden (in Verbindung mit der Präp. *an*)‹: *Mitschuldig sind nicht zuletzt jene Behindertenorganisationen, die mit ihren jährlichen Sammelaktionen an die Bevölkerung gelangen* (Jaeggi, Schritte im Kopf 82) – Andere Bedeutungen sind gemeindt.

Gelbrübe D-südwest die; –, -n (selten): ↗RÜEBLI CH, ↗MÖHRE D-mittel, ↗MOHRRÜBE D-ost, ↗RÜBE: *GELBE RÜBE D-süd, ↗WURZEL D-nord ›Karotte‹: *Zutaten: 2 Pfund Ochsenfleisch vom Bug, ... Gemüse-*

strunk, Gelbrübe, Tomate (Staufenberg Schule, 1999, Internet) – Dazu: **Gelbrübengemüse**

Geld (gemeindt.): ↗ASCHE, ↗FLIEDER, ↗GERSTL, ↗KIES, ↗KLOTZ, ↗KNETE, ↗KOHLE, ↗MARIE, ↗MOOS, ↗STUTZ

Geld: *ohne Geld keine Musi siehe Musi

Geldautomat D der; -en, -en: ↗BANKOMAT A, ↗POSTOMAT CH, ↗BANCOMAT CH LUX STIR , ↗BANKAUTOMAT D ›Automat, an dem man Bargeld beziehen kann‹: *Was nützt es, wenn in der Bank zwar der Geldautomat funktioniert, dafür aber die Schiebetür nicht aufgeht, um an selbigen zu gelangen?* (Welt 26. 7. 1999, Internet) – In CH selten

Geldbeutel D der; -s, –: ↗GELDBÖRSE A, ↗GELDTASCHE A, ↗PORTEMONNAIE CH D (ohne südost) PORTMONEE D (ohne südost) ›kleines Behältnis aus Leder, Stoff- oder Plastikgewebe für Geld [und Ausweise]‹: *Neben den aufgedunsenen Körpern sind die kleinen Dinge verstreut, die bis vor kurzem noch so wichtig waren – Kaugummi, Geldbeutel ..., Ausweise* (Welt 30. 5. 2000, Internet) – Vgl. Beutel

Geldbörse A die; –, -n: ↗GELDTASCHE A, ↗PORTEMONNAIE CH D (ohne südost), PORTMONEE D (ohne südost), ↗GELDBEUTEL D ›kleines Behältnis aus Leder, Stoff- oder Plastikgewebe für Geld [und Ausweise]‹: *Tante Steffi lacht und steckt die Nase in ihre Geldbörse* (Mayer-Skumanz, Lügennetz 102); ***elektronische Geldbörse:** ↗GELDKARTE D ›zum bargeldlosen Zahlungsverkehr zu verwendende Chipkarte, die nach Abbuchung des gespeicherten Guthabens an einem ↗Bankomat wieder aufgeladen werden kann‹: *In Tulln, der Musterstadt für bargeldloses Leben, können Telefonzellen demnächst mit elektronischer Geldbörse verwendet werden* (Format 17. 4. 2000, 114) – Auch in der Form *Geldbörsl* (das; -s, -n) bzw. in den Kurzformen *Börse, Börsl* (das; -s, -n). In D veraltend

Geldbuße D die; –, -n: ↗STRAFE A D, ↗BUSSE CH BUSSE D STIR , ↗BUSSGELD D STIR ›Geldstrafe zur Ahndung einer Ordnungswidrigkeit‹: *Und Schwarzarbeit kommt in jedem Fall teuer zu stehen: Dem Bauherrn droht eine Geldbuße, da Schwarzarbeit als Ordnungswidrigkeit gilt* (Schöner Wohnen 4/1995, 144) – In A selten

Geldkarte D die; –, -n: ↗GELDBÖRSE: *ELEKTRONISCHE GELDBÖRSE A ›Zahlungsmittel in Form einer Karte, auf der ein Geldbetrag elektronisch gespeichert werden kann‹: *Auch mit der herkömmlichen Geldkarte soll man bald im Internet bezahlen können* (Welt 17. 8. 1998, Internet)

Geldschneider Geldschneiderin D der; -s, – bzw. die; –, -nen (abwertend): ›Wucherer (...cherin); Halsabschneider(in)‹: *Ein Handwerker muss her – aber aufgepasst – denn die Retter in der Not entpuppen sich gelegentlich als gewissenlose Geldschneider* (WDR 26. 7. 2001, Internet) – Dazu: **Geldschneiderei**

Geldschrank D der; -(e)s, ...schränke: ›Safe, Tresor‹: *Die Täter verschwanden mit einem 3,5 Tonnen schweren Geldschrank* (Berliner Ztg 10. 8. 2002, Internet) – Vgl. Schrank

Geldstrafe (gemeindt.): ↗BUSSE/BUSSE, ↗BUSSGELD, ↗GELDBUSSE, ↗STRAFE

Geldstück (gemeindt.): ↗EIER, ↗FLÖHE, ↗KRÖTEN, ↗MÄUSE, ↗MÖPSE, ↗MONETEN, ↗MÜCKEN, ↗PENUNZE, ↗STUTZ

Geldtasche A die; –, -n: ↗GELDBÖRSE A, ↗PORTEMONNAIE CH D (ohne südost) PORTMONEE D (ohne südost), ↗GELDBEUTEL D ›kleines Behältnis aus Leder, Stoff- oder Plastikgewebe für Geld [und Ausweise]‹: *Mit einem nervösen Seitenblick auf mich holte Paul seine Geldtasche aus dem Sakko und nahm einen Hunderter und vier Zwanziger heraus* (Benvenuti, Harter Stoff 59) – Auch in den Formen *Geldtaschl* und *Geldtascherl* (das; -s, -n)

Geldtascherl A das; -s, -n: siehe Geldtasche

Geleise CH das; -s, –: ›parallel angelegtes Schienenpaar; Gleis‹: *Aus einem Loch in der Felswand führten die Geleise einer Grubenbahn bis in den Talgrund* (Kauer, Spätholz 47) – In A veraltend, in D gehoben – Dazu: **Anschlussgeleise, Bahngeleise, Geleiseanlage, Geleisebau, Stumpengeleise** (↗Stumpengleis), **Tramgeleise** (↗Tram)

Gelenk- CH D (produktives Bestimmungswort in Zus.): ↗GELENKS- A ›zu einer beweglichen Verbindung zwischen Knochen gehörend, ein Gelenk betreffend‹, z. B. Gelenkbeschwerden, Gelenkentzündung, Gelenkkapsel, Gelenkkugel, Gelenkpfanne, Gelenkrheumatismus, Gelenkversteifung: *Graf muss ihr Comeback im Fedcup-Team ... aufschieben. Die frühere Weltranglistenerste sagte ihre Teilnahme wegen einer Gelenkentzündung im Fuss ab* (Bund 22. 4. 1999, 40; CH); *Durch Stärkung von Muskeln und Bändern wird Gelenkbeschwerden vorgebeugt* (Stadt Nürnberg 13. 3. 2003, Internet; D) – In A selten

Gelenks- A (produktives Bestimmungswort in Zus.): ↗GELENK- CH D ›zu einer beweglichen Verbindung zwischen Knochen gehörend; ein Gelenk betreffend‹, z. B. Gelenksbeschwerden, Gelenksentzündung, Gelenkskapsel, Gelenkskugel, Gelenkspfanne, Gelenksrheumatismus, Gelenksversteifung: *Bei unserer 5-jährigen Tochter wurde vor kurzem eine rheumatische Gelenksentzündung festgestellt* (Ganze Woche 4. 2. 1998, 57); *Gezielte Nahrungsergänzung ... von früher Hundejugend an versorgt die Knorpelschicht,* *die Gelenkskapsel, Bänder und Sehnen mit den Nährstoffen, die sie im Wachstum brauchen* (Wuff 3/1998, 57) – In CH selten

gell A CH D-süd Interj. ⟨nach der dialektalen Aussprache von *gelt*⟩ (Grenzfall des Standards): ↗GELT A CH D-südost ›nicht wahr? gilt es?‹: *Gell, die Unwahrheit begleitet sie oft, Herr Ingenieur* (Kleine Ztg 17. 12. 1999, Internet; A); *Gell, wenn der Film fertig ist, wird Babe dann aber nicht gemetzget* (Blick 4. 2. 1999, 28; CH)

Gelse A die; –, -n: ↗MÜCKE CH D-nord/mittel, ↗SCHNAKE CH-nord/ost D-mittelost/süd ›Stechmücke‹: *Während die Sonne unterging, flogen die Gelsen durch die Auen* (Schindel, Rituale des Staatsanwalts 181) – Dazu: **Gelsendippel** (↗Dippel), **Gelsengitter, Gelsenschwarm, Gelsenstich**

gelt A CH D-südost Interj. (Grenzfall des Standards, veraltend): ↗GELL A CH D-süd ›nicht wahr? gilt es?‹: *»Gelt, Roman, dieser Herbsttag ist fast zu schön fürs Kino!«, sagt Romans Mutter am Dienstag um drei* (Mayer-Skumanz, Lügennetz 40; A); *Gold und Silber Edelsteine! Schönster Schatz, gelt, du bist mein. Ich bin dein, du bist mein! Ach, was kann denn schöner sein!* (Jodlerclub Herzogenbuchsee, 2003, Internet; CH) – Wird in A und CH nur in der Du-Anrede verwendet

Gemarkung D die; –, -en: ↗GEMEINDEBANN CH, ↗MARKUNG D ›Gemeindegebiet‹: *Die Gemarkung Arenberg umfasst eine Fläche von 645 ha* (Stadt Koblenz 29. 11. 2002, Internet)

gemein (gemeindt.): ↗BIESTIG

Gemeinde (gemeindt.): ↗KOMMUNE

Gemeinde: *politische Gemeinde CH: ↗EINWOHNERGEMEINDE CH, ↗BEZIRK CH-ost (AI), ↗ORTSGEMEINDE CH-ost (GL) ›Körperschaft, die alle auf ihrem Gebiet wohnhaften Personen umfasst‹: *An der Vorversammlung der politischen Gemeinde und der Schulgemeinde Wildhaus vom Dienstag Abend gab es kaum Diskussionen* (Werdenberger & Obertoggenburger 25. 3. 1993, 1) – Das Substantiv *Gemeinde* ist in allen anderen Verwendungen gemeindt.

Gemeindeabgabe A die; –, -n: ›Gebühr (für eine Dienstleistung der Gemeinde, für die Benutzung von Gemeindeeinrichtungen etc.) bzw. Steuer, die einer Gemeinde zufließt; Gemeindesteuer‹: *Als weiteres Beispiel nennt M. die Getränkesteuer. Diese Gemeindeabgabe muss von den Gastwirten selbst deklariert werden* (SN 19. 10. 1998, Internet) – Dazu: **Gemeindeabgabenordnung**

Gemeindeammann CH (AG, SG, TG) der; -(e)s, ...männer: **1.** ↗BÜRGERMEISTER A D LIE (Vaduz), ↗GEMEINDEHAUPTMANN CH (AR, AI), ↗GEMEINDEPRÄSIDENT CH (BL, BS, GL, GR, NW, OW, SO, SZ, UR, VS, ZG, ZH), ↗ORTSVORSTEHER CH (TG), ↗STADTAMMANN CH (AG, SG, TG), ↗STADTPRÄSIDENT CH (BE, LU, SH, SO, ZG, ZH), ↗OBERBÜRGERMEISTER D, ↗STADTOBERHAUPT D, ↗GEMEINDEVORSTEHER LIE ›direkt gewählte Person, die eine Gemeinde politisch repräsentiert und die Verwaltung leitet‹: *S. gehörte dem Turnverein und der SVP an, politisierte im Gemeinderat und wurde schliesslich zum Gemeindeammann gewählt* (TA 4. 9. 1999, 22). **2.** (LU) ›Mitglied des Gemeinderates, das insbesondere den Finanzhaushalt leitet‹: *Der Gemeindeammann ... setzt sich bereits jetzt sehr stark dafür ein, dass wir die Gemeindefinanzen ins Lot bringen* (Luzern heute, 1999, Internet). **3. *Gemeindeammann und Betreibungsbeamte** (ZH) ›gewählter Beamter für Fragen der ↗Betreibung und Vollstreckung einer Gemeinde‹: *Zum Verbandsjubiläum ... schenkten sich die Gemeindeammänner und Betreibungsbeamten eine informative Gedenkschrift* (TA 5. 9. 1998, 23). **4. *Frau Gemeindeammann**: weibliche Form von *Gemeindeammann* (in allen drei Bed.): *Unterdessen haben die Apérogäste aufs Wohl der neuen Bözer angestossen, Frau Gemeindeammann Vreni E. hat sie im »sonnigen Weindorf« willkommen geheissen* (Brugg online, 1998, Internet) – Die offizielle, aber nicht gebräuchliche weibliche Form lautet im ↗Kanton Zürich *Gemeindeamtsfrau*. Vgl. Ammann

Gemeindeamt das; -(e)s, ...ämter: **1.** A D; ↗MAGISTRAT A, ↗STADTAMT A, ↗GEMEINDEVERWALTUNG CH D, ↗KOMMUNALVERWALTUNG D, ↗BÜRGERMEISTERAMT D (ohne mittelost/südost) LIE ›Verwaltungsbehörde einer Gemeinde (in A in allen Gemeinden außer in ↗Statutarstädten)‹: *Die von der FPÖ Burgenland angestrebte Volksbefragung zur EU-Erweiterung könnte noch heuer stattfinden: Der Landesparteivorstand will nächste Woche die notwendigen 100.000 Unterstützungsunterschriften den Gemeindeämtern vorlegen* (Kurier 21. 7. 2001, 2; A); *Die Stimmung im Zeuthener Gemeindeamt schwankt zwischen Protest und Resignation* (Welt 15. 6. 2000, Internet; D). **2.** A; ↗STADTAMT A, ↗GEMEINDEKANZLEI CH, ↗GEMEINDERATSKANZLEI CH, ↗GEMEINDESCHREIBEREI CH, ↗STADTKANZLEI CH, ↗BÜRGERMEISTERAMT D (ohne mittelost/südost) LIE ›Verwaltungsgebäude oder -büro (einer Gemeinde außer in Städten)‹: *Sie kamen am Gemeindeamt und dann an der Kirche vorbei, schließlich fuhren sie die Straße hinunter Richtung See* (Menasse, Schubumkehr 39). **3.** D ›für die Belange einer ↗Kirchengemeinde zuständiges Amt‹: *Wenn Sie noch Fragen dazu haben, können Sie sich auch telefonisch mit unserem Gemeindeamt in Verbindung setzen* (Evang. Kirchengemeinde Malstatt, 2001, Internet). **4.** D ›Gebäude mit kirchlichen Amts- und Versammlungsräumen‹: *Predigt über Lukas 16,1–9 (»Der* *unehrliche Verwalter«) bei der Einweihung des Gemeindeamtes evangelischer Kirchengemeinden im Kirchenkreis Dinslaken* (Predigten und Privates, 2001, Internet) – Zu 1 vgl. Gemeindestube. Zu 2.: In D selten

Gemeindebann CH der; -(e)s, -e/...bänne: ↗Gemarkung D, ↗Markung D ›Gemeindegebiet‹: *Der Gemeindebann umfasst auch den vom Dorf weit entfernten, in einer Bergmulde bei Buttwil eingebetteten Weiler Weissenbach und den Sentenhof* (Gemeinde Boswil, 2000, Internet) – Vgl. Banntag

Gemeindebau A-ost (bes. Wien) der; -(e)s, ...ten: ›[Wohn]anlage im Eigentum der Gemeinde‹: *In der Ferne die Lichter des neuen Gemeindebaus* (Kneifl, Vorstellung 18) – Vgl. Gemeindewohnung – Dazu: **Gemeindebauwohnung**

Gemeindebauführer Gemeindebauführerin LIE der; -s, – bzw. die; –, -nen: ›Person, die für die Bauwerke einer Gemeinde zuständig ist‹: *Vor dem Eindecken der fertig verlegten Wasserleitung ist das Wasserwerk oder der Gemeindebauführer zwecks Einmessung der Leitung zu verständigen* (Gemeinde Ruggell, 2002, Internet)

Gemeindebund A D der; -(e)s, ...bünde: ↗Gemeindeverband A CH, ↗Gemeindetag D, ↗Gemeindenverband STIR ›Zusammenschluss aller Gemeinden als Interessenvertretung gegenüber ↗Landesregierung und Staatsverwaltung (in den österreichischen ↗Bundesländern OÖ, Bgld., Ktn., Stmk. bzw. in den deutschen ↗Bundesländern Baden-Württemberg, Hessen, Rheinland-Pfalz, Nordrhein-Westfalen, Niedersachsen, Sachsen-Anhalt, Thüringen)‹: *Erstmalig fand die Landesvorstandssitzung des Steiermärkischen Gemeindebundes auf Schloss Kornberg und damit im Bezirk Feldbach statt* (Bildpost 20/2000, Internet; A); *Träger der Initiative ist der Gemeindebund Niedersachsen, in dem Städte- und Gemeindebund und der Städtetag sehr eng zusammenarbeiten* (Heise Verlag 3. 10. 2000, Internet; D); ***Österreichische Gemeindebund** A; **Deutsche Städte- und Gemeindebund** D ›Dachverband aller Gemeindebünde und Gemeindeverbände Österreichs bzw. Deutschlands‹: *Am Dienstag präsentiert der österreichische Gemeindebund seine »Forderungen an die zukünftige Bundesregierung«* (Profil 19. 11. 1999, Internet; A); *Als kommunaler Spitzenverband vertritt der Deutsche Städte- und Gemeindebund die Interessen der kommunalen Selbstverwaltung kreisangehöriger Städte und Gemeinden* (Deutscher Städte- und Gemeindebund 17. 12. 2002, Internet; D) – Dazu: **Gemeindebundpräsident(in)**

Gemeindebürgerrecht CH das; -(e)s, -e: ›Zugehörigkeit zu einer Gemeinde (als Voraussetzung für das ↗Bürgerrecht im ↗Kanton und in der Schweiz)‹: *Nur wer sich als den lokalen Gebräuchen gut angepasst erweist, hat eine Chance, das Gemeindebürgerrecht zu erhalten und damit auch Bürger des Staates Schweiz zu werden* (TA 2. 8. 1999, 7) – Vgl. heimatberechtigt

Gemeindedirektor Gemeindedirektorin D-nordwest/mittelwest der; -s, -en bzw. die; –, -nen: ↗Magistratsdirektor A, ↗Stadtamtsdirektor A, ↗Amtmann A (Bgld.), ↗Amtsleiter A (ohne Bgld.), ↗Gemeindesekretär A BELG LIE LUX, ↗Gemeindeschreiber CH, ↗Stadtdirektor D ›(in Niedersachsen und Nordrhein-Westfalen) Person, die die Verwaltung einer Gemeinde leitet‹: *In einem Rückblick machte Gemeindedirektor Ernst B. deutlich, dass der Ortsrat sich mit vielen Themen befasste, die Auswirkungen auf den Alltag der Bürger haben* (Neue OZ 21. 11. 2001, Internet)

Gemeindegebiet (gemeindt.): ↗Gemarkung, ↗Gemeindebann, ↗Markung

Gemeindehauptmann CH (AR, AI) der; -(e)s, ...männer: ↗Bürgermeister A D LIE (Vaduz), ↗Ammann CH (FR), ↗Gemeindeammann CH (AG, SG, TG), ↗Gemeindepräsident CH (BL, BS, GL, GR, NW, OW, SO, SZ, UR, VS, ZG, ZH), ↗Ortsvorsteher CH (TG), ↗Stadtammann CH (AG, SG, TG), ↗Stadtpräsident CH (BE, LU, SH, SO, ZG, ZH), ↗Oberbürgermeister D, ↗Stadtoberhaupt D, ↗Gemeindevorsteher LIE ›direkt gewählte Person, die eine Gemeinde politisch repräsentiert und die Verwaltung leitet‹: *1992 hatte die Landsgemeinde die Wahl zwischen dem gestandenen Gemeindehauptmann von Speicher und dem jungen Bauingenieur Ueli W.* (TA 28. 1. 1998, 11) – Eine weibliche Form ist nicht gebräuchlich

Gemeindekanzlei CH die; –, -en: ↗Gemeindeamt A, ↗Stadtamt A, ↗Gemeinderatskanzlei CH, ↗Gemeindeschreiberei CH, ↗Stadtkanzlei CH, ↗Bürgermeisteramt D (ohne mittelost/südost) LIE ›Verwaltungsgebäude oder -büro (einer Dorfgemeinde)‹: *Ich musste wegen meiner Niederlassungspapiere auf der Gemeindekanzlei von Sassariente vorsprechen* (Rüegg, Welt 70)

Gemeindenverband STIR der; -(e)s, ...bände (Plur. ungebräuchl., informell): ↗Gemeindebund A D, ↗Gemeindeverband A CH, ↗Gemeindetag D ›Zusammenschluss aller Südtiroler Gemeinden als Interessensvertretung gegenüber ↗Landesregierung und Staatsverwaltung‹: *Im Zeichen der verstärkten Zusammenarbeit zwischen Kindergartendirektionen und Gemeinden stand das Treffen mit Vertretern des Gemeindenverbands* (Dolomiten 10. 7. 1998, 12) – Der offizielle Name lautet *Südtiroler Gemeindenverband*

Gemeindepolizei die; –, -en (Plur. ungebräuchl.): **1.** CH ›in einer Gemeinde stationierte Abteilung der Polizei‹: *Mitten in der Stadt macht die Gemeindepoli-*

zei Geschwindigkeitskontrolle (Blick 14. 6. 1997, 3). **2.** BELG STIR ›von einer Gemeinde unterhaltene Polizei‹: *Die Gemeindepolizei kümmert sich vor allem um den Schutz der Personen und Güter auf dem Gebiet ihrer Gemeinde* (Politie Police 8. 11. 2002, Internet; BELG); *Bis dahin waren die Strafmandate der Gemeindepolizei über das Regierungskommissariat gelaufen* (Südtirol Profil 7. 11. 1994, 24: STIR) – Zu 1 vgl. Bundespolizei, Feuerpolizei, Gewerbepolizei, Heerespolizei, Kantonspolizei, Stadtpolizei – Dazu: **Gemeindepolizist(in)**

Gemeindepräsident Gemeindepräsidentin CH (BS, BL, GL, GR, NW, OW, SO, SZ, UR, VS, ZG, ZH) der; -en, -en bzw. die; –, -nen: ↗Bürgermeister A D LIE (Vaduz), ↗Ammann CH (FR), ↗Gemeindeammann CH (AG, SG, TG), ↗Gemeindehauptmann CH (AR, AI), ↗Ortsvorsteher CH (TG), ↗Stadtammann CH (AG, SG, TG), ↗Stadtpräsident CH (BE, LU, SH, SO, ZG, ZH), ↗Oberbürgermeister D, ↗Stadtoberhaupt D, ↗Gemeindevorsteher LIE ›direkt gewählte Person, die eine Gemeinde politisch repräsentiert und die Verwaltung leitet‹: *Dem neu gewählten Gemeindeschreiber Peter B. gehörten die Glückwünsche aller Ratskollegen und des Gemeindepräsidenten* (Gemeindeverwaltung Mümliswil-Ramiswil, 1998, Internet)

Gemeinderat (gemeindt.): ↗Bürgermeisterkollegium, ↗Gemeindevertretung, ↗Schöffenkollegium, ↗Schöffenrat

Gemeinderatskanzlei CH die; –, -en: ↗Gemeindeamt A, ↗Stadtamt A, ↗Gemeindekanzlei CH, ↗Gemeindeschreiberei CH, ↗Stadtkanzlei CH, ↗Bürgermeisteramt D (ohne mittelost/südost) LIE ›Verwaltungsgebäude oder -büro (einer Dorfgemeinde)‹: *Die Protokolle der Bürgerversammlungen liegen nach Art. 65 des Gemeindegesetzes in der Gemeinderatskanzlei Wildhaus öffentlich auf* (Werdenberger & Obertoggenburger 25. 3. 1993, 8)

Gemeinderatswahl (gemeindt.): ↗Gemeindewahl, ↗Kommunalwahl

Gemeindesatzung die; –, -en: **1.** CH (UR) STIR ›Verfassung einer Gemeinde‹: *Für Behörden und Angestellte der Gemeinden gilt die zweijährige Amtsdauer, wenn die Gemeindesatzung nichts anderes bestimmt* (Verfassung des Kantons UR, 2002, Internet; CH); *Ob groß oder klein, von Bozen bis Aldein, erstmals geben sich die Kommunen eigene Verfassungen: die Gemeindesatzungen* (Südtirol Profil 7. 2. 1994, 64; STIR). **2.** D ›Satzung einer Gemeinde zur Organisation von ihr betriebener Einrichtungen, z. B. Kindergärten, Altersheime, Friedhöfe sowie zur Erhebung von Gebühren für bestimmte Leistungen‹: *Die Gemeinde Kreuth unterhält eine öffentliche Entwässerungseinrichtung nach Maßgabe der jeweils gültigen Gemeindesatzung* (Gemeinde Kreuth 21. 11. 2002, Internet)

Gemeindeschreiber Gemeindeschreiberin CH der; -s, – bzw. die; –, -nen: ↗Magistratsdirektor A, ↗Stadtamtsdirektor A, ↗Amtmann A (Bgld.), ↗Amtsleiter A (ohne Bgld.), ↗Gemeindesekretär A BELG LIE LUX, ↗Stadtdirektor D, ↗Gemeindedirektor D-nordwest/mittelwest ›Sekretär(in) des Gemeinderats und Verwaltungsbeamter bzw. -beamtin einer Gemeinde‹: *Dem neu gewählten Gemeindeschreiber P. B. gehörten die Glückwünsche aller Ratskollegen und des Gemeindepräsidenten* (Gemeindeverwaltung von Mümliswil-Ramiswil, 1998, Internet) – In D veraltet – Dazu: ↗**Gemeindeschreiberei**

Gemeindeschreiberei CH die; –, -en: ↗Gemeindeamt A, ↗Stadtamt A, ↗Gemeindekanzlei CH, ↗Gemeinderatskanzlei CH, ↗Stadtkanzlei CH, ↗Bürgermeisteramt D (ohne mittelost/südost) LIE ›Verwaltungsgebäude oder -büro (einer Dorfgemeinde)‹: *Durch die Verkleinerung des Schalterraums wird auf der Gemeindeschreiberei mehr Platz geschaffen* (Bund 6. 6. 1998, 31) – Vgl. Gemeindeschreiber

Gemeindesekretär Gemeindesekretärin A BELG LIE LUX der; -s, -e bzw. die; –, -nen: ↗Magistratsdirektor A, ↗Stadtamtsdirektor A, ↗Amtmann A (Bgld.), ↗Amtsleiter A (ohne Bgld.), ↗Gemeindeschreiber CH, ↗Stadtdirektor D, ↗Gemeindedirektor D-nordwest/mittelwest ›Leiter(in) der Verwaltungsbehörde in einem Dorf oder ↗Markt‹: *Gerhard H., Gemeindesekretär in Unterstinkenbrunn, ist begeistert: von den insgesamt vier Hohlwegen, die es in der Weinviertler Ortschaft noch gibt* (Presse 26. 8. 2000, Internet; A); *Der Bürgermeister nimmt, unterstützt vom Gemeindesekretär … die Vorschlagsurkunden in Empfang* (Politie, 2001, Internet; BELG); *Bei diesem Traktandum ist der Gemeindesekretär nicht anwesend, das Protokoll führt der Vizevorsteher* (Gemeinde Eschen, 2003, Internet; LIE); *Der Abschluss der Tagung fand im Gemeindehaus statt, wo Bürgermeister Camille H. sich für die lokale Organisation beim Gemeindesekretär Georges R. bedankte* (Gemeinde Beaufort, 2002, Internet; LUX)

Gemeindesteuer (gemeindt.): ↗Gemeindeabgabe

Gemeindestraße A LUX **Gemeindestrasse** CH die; –, -n: ›Straße, für deren Bau und Unterhalt eine Gemeinde zuständig ist‹: *Auf einer Gemeindestraße in Dorf an der Pram … hatte ein 24-jähriger Heizungstechniker die Herrschaft über seinen Kleinwagen verloren und war frontal gegen den voll besetzten Bus geprallt* (Kurier 17. 9. 1997, 13; A); *Die Gemeindestrasse Herzogenbuchsee-Thörigen wird ab Jahresbeginn vom Kanton übernommen* (Bund 3. 1. 2000, 20; CH); *Sollte die Gemeindeführung im Falle des Baus einer solchen*

Straße versuchen, mit dem Staat über finanzielle Hilfen zu verhandeln, auch wenn diese Straße eine Gemeindestraße werden soll? (Demokratische Partei der Sektion Mertert-Wasserbillig 20. 11. 2002, Internet; LUX)

Gemeindestube A die; –, -n (salopp): **1.** ›Kollektiv der gewählten Vertreter(innen) einer Gemeinde (nur in Dörfern oder ↗Märkten); Gemeinderat‹: *Immerhin sechs … Frauen kandidierten im Zuge der Gemeinderatswahl … für unterschiedliche Gemeindevertretungen im Bundesland Salzburg. Drei von ihnen schafften den Einzug in die Gemeindestube* (Land Salzburg, 1999, Internet). **2.** ›Lokalität [im ↗Gemeindeamt], in der sich die Gemeindevertretung trifft‹: *In der Marktgemeinde Enzesfeld-Lindabrunn … eröffnet Landesrätin Christa K. … den Um- und Zubau des Kindergartens in Lindabrunn, in dem sich auch das ebenfalls generalsanierte Kinderhaus … befindet, das früher als Gemeindestube diente* (Land NÖ, 2001, Internet)

Gemeindetag der; -(e)s, -e: **1.** D; ↗GEMEINDEBUND A D, ↗GEMEINDEVERBAND A CH, ↗GEMEINDENVERBAND STIR ›Zusammenschluss aller Gemeinden als Interessenvertretung gegenüber ↗Landesregierung und Staatsverwaltung (in den deutschen ↗Bundesländern Bayern, Brandenburg, Mecklenburg-Vorpommern, Saarland, Sachsen, Schleswig-Holstein)‹: *Der Gemeindetag Brandenburg … wendet sich gegen die von der Landesregierung geplante Gebietsreform* (Gemeinde Klein Behnitz 22. 11. 2002, Internet). **2.** CH ›jährlicher Festtag einer Gemeinde‹: *Wichtige Ereignisse wie die Rheintaler Fasnacht oder … der Gemeindetag am 29. Juni in Altstätten und am 30. Juni in Balgach sind … Beweise, dass Altstätten der übrigen Ostschweiz nicht nachhinkt* (Rheintalische Volksztg 16. 1. 2002, Internet)

Gemeindetechniker Gemeindetechnikerin CH STIR der; -s, – bzw. die; –, -nen: ›von einer Gemeinde berufener Spezialist bzw. berufene Spezialistin für die Begutachtung von Bauplänen von privaten Bauvorhaben‹: *Vor 32 Jahren trat Alfred R. die Stelle als Gemeindetechniker an, eine Stelle, die für die Gemeinde wie auch für ihn anfangs viel Neuland bedeutete* (Gemeinde Freienbach, 12. 2. 2001, Internet; CH); *Der Dienst des Gemeindetechnikers soll ausgebaut und zeitgerecht verbessert werden* (Gsieser Gemeindebl 1/2000, 17; STIR)

Gemeindeverband A CH der; -(e)s, …bände: ↗GEMEINDEBUND A D, ↗GEMEINDETAG D, ↗GEMEINDENVERBAND STIR ›Zusammenschluss von Gemeinden zur Interessensvertretung gegenüber der ↗Landesregierung (in den österreichischen ↗Bundesländern Salzburg, ↗Tirol und ↗Vorarlberg) bzw. gegenüber der ↗Kantonsregierung und der Staatsverwaltung‹ (in CH häufig in der Wendung *Schweizerische Gemeindeverband): Noch nicht zu Wort gemeldet habe sich etwa der Gemeindeverband, in dessen Kompetenz der Vollzug der TBO falle* (TT 20./21. 9. 1997, 5; A); *Der Gemeindeverband will einen gesunden See in einem gesunden Einzugsgebiet* (Gemeindeverband Sempachersee, 2001, Internet; CH) – Die Bedeutung ›Verwaltungsgemeinschaft mehrerer Gemeinden, z. B. zur Abfallentsorgung‹ ist gemeindt.

Gemeindeversammlung die; –, -en: **1.** CH ›(in kleineren und mittelgrossen Gemeinden) Versammlung der stimmberechtigten Einwohner(innen) zur Beschlussfassung und zur Wahl der Gemeindebehörden‹: *Die Gemeindeversammlung Wetzikon hiess alle Anträge gut* (Zürcher Oberländer 19. 3. 1997, 15). **2.** D ›Versammlung der Mitglieder einer ↗Kirchengemeinde‹: *Welche Aufgaben das neue Presbyterium zu bewältigen hat, ist in der Gemeindeversammlung zu erfahren* (WAZ 22. 1. 2000, Internet) – Zu 1.: **Bürgergemeindeversammlung** (↗Bürgergemeinde), **Einwohnergemeindeversammlung** (↗Einwohnergemeinde)

Gemeindevertretung A D die; –, -en: ↗BÜRGERMEISTERKOLLEGIUM BELG, ↗SCHÖFFENKOLLEGIUM BELG, ↗SCHÖFFENRAT LUX ›Leitung einer Gemeinde bzw. Stadt, bestehend aus dem ↗Bürgermeister und den Abgeordneten; Gemeinderat‹: *Teuer zu stehen kam der Gemeindevertretung … ihre Hinhaltetaktik in einem Baubewilligungsverfahren* (OÖN 5. 12. 2002, 19; A); *Empört spricht die Gemeindevertretung von »Ignoranz«* (Lübecker Nachr 19. 6. 2002, Internet; D)

Gemeindeverwaltung CH D die; –, -en: ↗MAGISTRAT A, ↗STADTAMT A, ↗GEMEINDEAMT A D, ↗KOMMUNALVERWALTUNG D, ↗BÜRGERMEISTERAMT D (ohne mittelost/südost) LIE ›Verwaltungsbehörde einer [Dorf]gemeinde‹: *Die Gemeindeverwaltung hat zu wenig Platz* (TA 9. 12. 1999, 27; CH); *Nachdem Hoffmann aus der Gemeindeverwaltung ausgeschieden war … stand ihr Entschluss fest* (Landesztg Lüneburger Heide 9. 1. 2002, Internet; D)

Gemeindevorsteher Gemeindevorsteherin LIE der; -s, – bzw. die; –, -nen: ↗BÜRGERMEISTER A D LIE (Vaduz), ↗AMMANN CH (FR), ↗GEMEINDEAMMANN CH (AG, SG, TG), ↗GEMEINDEHAUPTMANN CH (AR, AI), ↗GEMEINDEPRÄSIDENT CH (BL, BS, GL, GR, NW, OW, SO, SZ, UR, VS, ZG, ZH), ↗ORTSVORSTEHER CH (TG), ↗STADTAMMANN CH (AG, SG, TG), ↗STADTPRÄSIDENT CH (BE, LU, SH, SO, ZG, ZH), ↗OBERBÜRGERMEISTER D, ↗STADTOBERHAUPT D ›direkt gewählte Person, die eine Gemeinde politisch repräsentiert und die Verwaltung leitet‹: *Die Gemeindeversammlung wählt eine Gemeindevorsteherin oder einen Gemeindevorsteher, den Gemeinderat und die Geschäftsprüfungskommission* (Verfassungsentwurf Liechtenstein, 1996, Internet) – Vgl. Vorsteher – Dazu: **Gemeindevorstehung**

Gemeindewahl A-west (Vbg.) CH D (ohne südost) die; –, -en: ↗Kommunalwahl D ›Wahl der Gemeindevertretung; Gemeinderatswahl‹: *Bis zu den Gemeindewahlen vom 29. Oktober 2000 soll eine Gemeinde-Homepage aufgeschaltet sein* (Bund 18. 12. 1999, 29; CH); *Nun, nachdem das Ergebnis der Gemeindewahl vom Sonntag vorliegt, dürfte es für ihn immer schwieriger werden, seinen Posten zu verteidigen* (Welt 15. 9. 1999, Internet; D)

Gemeindewohnung A die; –, -en: ›von der Gemeinde geförderte oder der Gemeinde gehörende Sozialwohnung‹: *Jung verheiratet, hatten sie und ihr Mann sich jahrelang um eine Gemeindewohnung bemüht* (Kneifl, Vorstellung 18) – Vgl. Gemeindebau

Gemeinheit (gemeindt.): ↗Biesterei

Gemeinschaftskunde D STIR die; –, ohne Plur.: ↗Bildung: *politische Bildung A D, ↗Staatsbürgerkunde A D, ↗Staatskunde CH, ↗Bürgerkunde STIR ›Schulfach, in dem Kenntnisse über den Aufbau des Staates und des Gemeinwesens vermittelt werden‹ (in STIR meist in der Wendung *Wirtschafts- und Gemeinschaftskunde*): *Meine Lieblingsfächer sind Gemeinschaftskunde und Deutsch* (Goethe-Institut 5. 7. 2002, Internet; D); *Der zusätzliche Unterricht in den Fächern Gemeinschaftskunde, angewandte Wirtschaftskunde, Rechnungswesen und Informatik soll die im Handel Beschäftigten noch besser für ihr Tätigkeitsfeld qualifizieren* (Dolomiten 20. 8. 2002, 5; STIR)

Gemeinwerk CH das; -(e)s, -e: ↗Fronarbeit CH, ↗Frondienst CH, ↗Benevolat LUX ›unentgeltlich und gemeinschaftlich für eine öffentliche Institution, die Gemeinde, einen Verein o. Ä. geleistete Tätigkeit‹: *Erst kürzlich hat mir ein Kirchgemeinderat einer kleineren Landgemeinde erklärt, dass sie nur darum recht tiefe Kirchensteuern erheben können, weil sie alles ehrenamtlich und zum Teil im Gemeinwerk erledigen* (Bund 1. 2. 1999, 21)

Gemischtwarenhändler Gemischtwarenhändlerin A der; -s, – bzw. die; –, -nen: ↗Greißler A ›Person, die ein kleines Geschäft für Lebensmittel und Gegenstände des täglichen Bedarfs betreibt‹: *Der beste Platz um unterzutauchen ist der Friedhof. So denkt zumindest Bobby Swift, Gemischtwarenhändler und Kreditbetrüger in einer amerikanischen Kleinstadt* (Kurier 18. 7. 1998, 30) – In D veraltet. Vgl. Gemischtwarenhandlung

Gemischtwarenhandlung A die; –, -en: ↗Greißlerei A (ohne west), ↗Lädeli CH, ↗Tante-Emma-Laden D, ↗Kramladen D (ohne südost) ›kleines Geschäft, in dem Lebensmittel und Gegenstände des täglichen Bedarfs erhältlich sind‹: *Die Gläser ihrer Vitrine im Inneren der Gemischtwarenhandlung, wo sie Butter, Käse, Eier und Würste appetitlich zur Schau stellte, waren von einer funkelnden Pracht, die man nur von Juwelierläden her kennt* (Palla, Gemischtwarenhändlerin 107) – In D veraltet. Vgl. Gemischtwarenhändler

gemma siehe gehen

Gemüsehobel (gemeindt.): ↗Hachel

Gemüseland CH das; -(e)s, ohne Plur. ⟨nach einem der grössten Gemüseanbaugebiete in der Schweiz⟩: ›Region im ↗Kanton Bern, südöstlich des Bielersees‹: *Im Gemüseland wird die SVP kaum bedrängt* (Bund 2. 4. 1998, 35) – Die Bedeutung ›Land, auf dem Gemüse angebaut wird‹ ist gemeindt.

Gemüsepaprika D der; -s, -(s): ↗Paprika A D, ↗Peperoni CH STIR , ↗Paprikaschote D ›längliche oder rundliche hohle Frucht der Paprikapflanze von gelber, roter oder grüner Farbe‹: *Man unterscheidet zwischen dem fleischigen, rundlichen Gemüsepaprika und dem langen, spitz zulaufenden Gewürzpaprika* (Küche & Genuss, 2002, Internet)

Gendarm Gendarmin A BELG LUX der; -en, -en bzw. die; –, -nen [ʃã'darm, in A auch ʃan'darm] ⟨aus frz. *gens d'arme* ›bewaffnete Leute‹⟩: ↗Landjäger CH, ↗Carabiniere STIR ›Polizist(in) in Landgemeinden und Städten (in A nur in Städten ohne ↗Statut)‹: *Ein »verdächtiges« Fahrzeug entdeckten am Montag zwei Gendarmen in einem Wald* (Kurier 17. 9. 1997, 14; A); *Ein Autofahrer … wurde plötzlich aggressiv und überwältigte den die Kontrolle ausführenden Gendarmen* (ASTRID 8. 11. 2002, Internet; BELG); *… der Samu aus Ettelbrück, die Gendarmen aus Fels … waren an der Unfallstelle* (Luxemb Wort 21. 9. 1999, 11; LUX); ***Räuber und Gendarm** A D siehe Räuber – In D veraltet – Dazu: ↗**Alpingendarm(in)** A, ↗**Gendarmerie**

Gendarmerie A BELG LUX die; –, ohne Plur. ⟨aus frz. *gens d'arme* ›bewaffnete Leute‹⟩ [ʃãdarmə'ri:, ʃandarmɐ'ri:]: ›Polizei in Landgemeinden und Städten (in A nur in Städten ohne ↗Statut)‹: *Das Diebsgut, soweit noch vorhanden, war vorgestern von der Gendarmerie sicher gestellt worden* (Scharang, Sohn eines Landarbeiters 190; A); *An der Unfallstelle weilte neben der Autobahnpolizei und der Gendarmerie auch Gerichtsexperte S.* (Grenz-Echo 10. 12. 1994, 8; BELG); *In der Hauptstadt wurde … eine größere Geldsumme gefunden und bei der Gendarmerie in Bereldingen abgegeben* (Luxemb Wort 21. 9. 1999, 12; LUX) – In D veraltet. Vgl. Gendarm – Dazu: ↗**Alpingendarmerie** A, **Autobahngendarmerie, Bundesgendarmerie** A, **Gendarmeriebeamte (…beamtin), Gendarmeriebericht, Gendarmeriedienststelle, Gendarmerieinspektor(in), Gendarmeriekaserne, Gendarmerieoffizier(in),** ↗**Gendarmerieposten** A, ↗**Grenz-**

gendarmerie A, **Landesgendarmeriekommando** (↗Landes) A

Gendarmerieposten A der; -s, – [ʃãdarmə'riː ..., ʃandarmɐ'riː ...]: ↗WACHZIMMER A, ↗WACHSTUBE A D, ↗POLIZEIPOSTEN CH D, ↗POLIZEIDIENSTSTELLE D, ↗POLIZEIREVIER D, ↗POLIZEIWACHE D, ↗WACHE D ›für ein eingegrenztes Gebiet zuständige Polizeibehörde bzw. Räumlichkeit dieser Behörde‹: *Sidonie Adlersburg war noch kein Jahr alt, als man ihren Ziehvater zu Hause abholte und auf den Gendarmerieposten Sierning trieb* (Hackl, Abschied von Sidonie 32) – Vgl. Gendarmerie, Posten – Dazu: **Gendarmeriepostenkommandant(in)** (↗Postenkommandant) A, **Grenzgendarmerieposten** (↗Grenzgendarmerie)

Genehmigung (gemeindt.): ↗BEWILLIGUNG

Genehmigungspflicht (gemeindt.): ↗BEWILLIGUNGSPFLICHT

General der; -(e)s, -e/Generäle: Der Plural lautet in CH und D auch *Generale*, gemeindt. *Generäle: In der Schweiz gibt es übrigens in Friedenszeiten keine Generale, die hat man vorläufig abgeschafft* (Heimann, Lisi 27; CH); *Die Generale begründeten das mit der abstrusen Befürchtung, die Yanomami könnten ein großes ... Territorium zu einem eigenen Staat ausrufen* (GEO 8/1994, 112; D)

Generalabo CH das; -s, -s siehe Generalabonnement

Generalabonnement CH das; -(e)s, -e/-s [gene'raːl-abɔnəmɛnt, gɛne'raːlabɔnmã]: ↗JAHRESNETZKARTE A D ›↗Fahrausweis, der zu unbegrenzten Fahrten mit öffentlichen Verkehrsmitteln während eines Jahres berechtigt; Jahreskarte‹: *Jedes Ratsmitglied hat Anspruch auf ein Generalabonnement der 1. Klasse* (Bund 8. 10. 1999, 2) – Abk. ↗GA. Auch in der Kurzform *Generalabo* (das; -s, -s). Vgl. Abonnement

Generalmajor A D der; -s, -e: ↗DIVISIONÄR CH ›Befehlshaber einer militärischen Division‹: *Oberst Walter L., ranghöchster Milizsoldat Oberösterreichs, wurde kürzlich von Generalmajor Kurt R. aus dem Militärdienst verabschiedet* (OÖN 6. 2. 2003, Internet; A); *Generalmajor Werner W., der ... eine Heeresbrigade geführt hat, ... und jetzt Chef des internationalen Sfor-Stabes in Sarajevo ist* (Welt 28. 11. 1997, Internet; D) – *Generalmajor* ersetzte in A Anfang 2003 die Bezeichnung *Divisionär.* Eine weibliche Form ist nicht gebräuchlich

generalsanieren A D sw.V./hat: ↗ADAPTIEREN A, ↗ASSANIEREN A, ↗REVITALISIEREN A ›(Wohnungen, Häuser, Straßen, Deponien) von Grund auf renovieren, erneuern, wieder in Stand setzen; sanieren‹ (meist in Inseraten): *Neuester Schock für die Stadtkasse: Nicht nur die Ahrental-Deponie muss mit rund 400 Millionen S generalsaniert werden, auch die Deponie in der Rossau ist eine Umweltbombe ..., die mit mehreren hundert Millionen Schilling generalsaniert werden muss* (Kurier 20. 7. 1996, 12; A); *In Geisa ... wurde die Grundschule generalsaniert* (CDU Wartburgkreis 29. 9. 2000, Internet; D) – Dazu: ↗**Generalsanierung** A

Generalsanierung A die; –, -en: ↗TOTALREVISION CH ›umfassende ↗Renovierung und Sanierung (von Bauten und Straßen)‹: *Erst 1996 wurde eine Generalsanierung in Angriff genommen* (TT 30. 1. 1998, 12) – Vgl. generalsanieren

Genf (gemeindt.): ↗CALVINSTADT, ↗RHONESTADT

Genierer A der; -s, – [ʃe'niːrɐ] 〈substantiviert aus *sich genieren*〉 (salopp, Grenzfall des Standards): ›Scham, Schüchternheit, Zurückhaltung‹: *Im nächsten Moment wirft er jeden Genierer über Bord und jodelt sich durch ein schräges Lied mit viel bluesigen Untertönen* (OÖN 28. 1. 2000, Internet); ***keinen Genierer haben/kennen/zeigen** ›ohne Zurückhaltung sein‹: *Er hatte – vor vielen Zeugen, also in aller Öffentlichkeit – keinen Genierer, sich als Rassist zu outen* (Augustin 4/1999, 13); ***ohne Genierer** ›ungeniert:‹ *Ohne Genierer kann man ihn einen krummen Hund schimpfen, denn nach einer Viertelstunde weiß er es nicht mehr* (OÖN 10. 11. 2001, 8) – Das Verb *sich genieren* ist gemeindt.

Genossame CH-zentral die; –, -n: ›öffentlich-rechtliche Genossenschaft (in einigen Innerschweizer ↗Kantonen), die traditionell grosse Landflächen besitzen‹: *Als Feriendomizil für M. wollte die Genossame Lachen die Casa Gava im Piemont kaufen* (TA 24. 6. 1998, 24) – Vgl. Bauernsame, Tranksame

Genosse Genossin D der; -n, -n bzw. die; –, -nen: ↗GENOSSENSCHAFTER A CH ›Mitglied einer Genossenschaft; Genossenschaftler(in)‹: *So ist die Genossenschaft zum Beispiel verpflichtet, bei Mieterhöhungen alle Genossen gleich zu behandeln* (Berlin online 11. 12. 1999, Internet) – Andere Bedeutungen sind gemeindt.

Genossenschafter Genossenschafterin A CH der; -s, – bzw. die; –, -nen: ↗GENOSSE D ›Teilhaber(in) einer Genossenschaft; Genossenschaftler(in)‹: *Daher entschlossen sich die Genossenschafter im Herbst nach jahrelanger Debatte, die Versorgung dem Tochterunternehmen der Energie AG zu übertragen* (OÖN 18. 9. 2001, Internet; A); *Zu beneiden ist der Präsident der Genossenschaft »Sonne« wahrlich nicht. Zum zweiten Mal musste er die Genossenschafter finanziell in die Pflicht nehmen, weil die Bilanz ein Loch von 131'000 Franken aufweist* (TA 28. 8. 1999, 18; CH)

Genossenschaftler (gemeindt.): ↗GENOSSE/GENOSSIN, ↗GENOSSENSCHAFTER/GENOSSENSCHAFTERIN

Genügend A das; –, – (formell): ↗AUSREICHEND D ›Schulnote Vier (4), die zweitschlechteste Note‹: *Mehrere sehr gut und gut standen neben vielen genügend und auch einigen nicht genügend* (Haslinger, Opernball 32); ***Nicht genügend:** ↗MANGELHAFT D ›Schulnote Fünf (5), die schlechteste Note‹: *Da sie dieses Jahr aber mit mehreren »Nicht Genügend« abgeschlossen hat, darf sie nicht weiter die Frauenfachschule besuchen* (Kurier 17. 9. 1997, 11) – In D veraltet. In der Bedeutung ›den Anforderungen gerade noch entsprechend‹ gemeindt. Zu *Genügend* vgl. Vierer. Zu *Nicht genügend* vgl. Fetzen, Fleck, Fünfer, Pinsch

Genussspecht A der; -(e)s, -e (salopp): ↗FEINSPITZ A ›nur feinste Nahrungsmittel und Getränke schätzender Genießer; Feinschmecker, Gourmet‹: *Und alle Jahre wieder müssen Tiroler Genussspechte feststellen, dass die heimische Gastronomie im österreichischen Schnitt etwas nachhinkt* (Kurier 19. 11. 1994, 9) – Eine weibliche Form ist nicht gebräuchlich

Geodät Geodätin A D der; -en, -en bzw. die; –, -nen: ›Person, die Grundstücke u. Ä. vermisst; Vermessungsingenieur(in), Vermessungstechniker(in); Geometer(in)‹ /Berufsbezeichnung/: *Keiner hörte es, keiner spürte es, aber die Geodäten aus der großen Stadt wussten es, weil sie ihn vermaßen* (Payr, Drücken des Schuhs 30; A); *... ist der Geodät ein Fachmann für messtechnische Fragestellungen aller Art mit Erfahrungen in Team- und Projektarbeit* (TU München 4. 4. 2003, Internet; D) – In CH selten

Geometer (gemeindt.): ↗GEODÄT/GEODÄTIN

Gepäck- (gemeindt.): ↗GEPÄCKS-

Gepäckrolli CH der; -s, –/-s: ↗WAGERL A, ↗GEPÄCKWÄGELI CH, ↗KOFFERKULI D ›kleiner Wagen zum Transport von Gepäck in Bahnhöfen und auf Flughäfen‹: *Einem indischen Geschäftsmann wurde gestern auf dem Flughafen Kloten ein Aktenkoffer vom Gepäckrolli geklaut* (Blick 19. 12. 1994, 4) – Vgl. Rolli

Gepäcks- A (produktives Bestimmungswort in Zus.): ›zum Gepäck gehörend; für Gepäck; Gepäck-‹, z. B. Gepäcksabfertigung, Gepäcksaufbewahrung, Gepäcksbeförderung, Gepäcksnetz, Gepäcksraum, Gepäcksstück, Gepäcksträger(in): *Sicherheitskräfte fanden in der Gepäcksaufbewahrung des Kasaner Bahnhofs eine Tasche mit Sprengstoff* (Presse 10. 8. 1999, Internet); *Neu auf der Sonderausstattungsliste sind CD-Wechsler, Trip Computer und ein Gepäcksnetz* (Kurier 26. 11. 1999, 9)

Gepäckwägeli CH das; -s, –: ↗WAGERL A, ↗GEPÄCKROLLI CH, ↗KOFFERKULI D ›kleiner Wagen zum Transport von Gepäck in Bahnhöfen und auf Flughäfen‹: *Drück dich, sobald der Zug hält, sofort aus dem Wagen, und geh ein Gepäckwägeli suchen* (Bund 25. 3. 1995, 39) – Auch in der Form *Gepäckwägelchen.* Vgl. Wägeli

gerade: *nur gerade CH; ***gerade [ein]mal** D ›lediglich‹: *So wussten nur gerade 31 % der befragten Personen, dass man mit Energiesparlampen bis zu 80 % Energie sparen kann* (SNF Pressemitteilungen 10. 4. 2002, Internet; CH); *Als wir klein waren, durften wir gerade mal die Nachrichten in Schwarzweiß sehen* (Bunte 11. 2. 1999, 24; D) – Das Wort *gerade* ist in allen anderen Verwendungen gemeindt.

Gerant Gerantin CH der; -en, -en bzw. die; –, -nen [ʃe'rant]: ›Geschäftsführer(in) eines Restaurants‹: *Wie üblich hielt sich auch der damals 47-jährige Hilfskellner und Verlobte der Gerantin im Restaurant auf* (Bund 23. 9. 1999, 25)

Geräteturnen (gemeindt.): ↗GERÄTTURNEN

Gerätturnen A D das; -s, ohne Plur.: ›Geräteturnen‹: *Laut Organisatoren werden bis 15. Juli die stärksten ÖTB-Athleten im Gerätturnen, in der Leichtathletik und in den Ballspielen im Einsatz sein* (OÖN 13. 7. 2000, Internet; A); *Weitere Aspekte sind die sozial- und geisteswissenschaftlichen Probleme des Sports und die Terminologie des Gerätturnens* (Universität Halle-Wittenberg 28. 8. 2001; D) – Wird im Vergleich zum gemeindt. Wort seltener gebraucht und ist fachsprachlich

geräuchert (gemeindt.): ↗GERÄUCHT

Geräucherte CH D das; -n, ohne Plur.: ↗GESELCHTE A D-südost, ↗SELCHFLEISCH A D-südost, ↗RAUCHFLEISCH CH D (ohne südost) ›geräuchertes Fleisch‹: *Täglich werden bei uns einige Tonnen Brüh- und Rohwürste sowie Kochschinken und Geräuchertes frisch hergestellt* (Wurstspezialitäten Schaffhausen, 2000, Internet; CH); *Im Rauch sind bakterientötende Substanzen enthalten, die sich von außen auf das Geräucherte legen und es so konservieren* (WDR 29. 3. 1999, Internet; D)

geräucht CH Adj. (nicht steigerbar): ›geräuchert‹: *Der ideale Apéro bei festlichen Anlässen, passend zu geräuchtem Lachs* (Winzerkeller Strasser, 2003, Internet) – Vgl. Geräucherte

Gerd Gert D: Kurzform des männl. Vornamens *Gerhard, Gerhart: Fragen Sie in der Unfallstation nach mir, Gerd Lindner!* (Hauptmann, Suche 71) – In A selten

Gerebelte A (ohne west) der; -n, -n: ›Wein aus einzeln von den Stielen abgenommenen Trauben; Auslese‹: *Und Anton Bruckner schwärmte vom Heurigen in Perchtoldsdorf: »Leutln, trinkts an einem sternhellen Juniabend ein Viertel Gerebelten, schauts auf die Glühwürmchen, nachher wissts, was ein Schubert-Adagio ist«* (Kurier 20. 6. 1998, Beilage 3) – Vgl. abrebeln, rebeln

Gerịchtsbezirk A der; -(e)s, -e: ↗GERICHTSSPRENGEL A ›mehrere Gemeinden umfassendes Gebiet, für das als Gerichtsbarkeit ein ↗Bezirksgericht zuständig ist‹: *Im Gerichtsbezirk Mariazell sind auf einer Jagdfläche von 47.000 Hektar rund 800 Stück Rotwild und 2200 Rehe zu betreuen* (Kleine Ztg 4. 2. 1996, Internet) – In D selten

Gerịchtshof: *Oberste Gerichtshof A: ↗BUNDESGERICHT CH, ↗BUNDESGERICHTSHOF D ›höchste Instanz der ordentlichen Gerichtsbarkeit‹: *Der Oberste Gerichtshof (OGH) hat die Wiener Stadtzeitung Falter letztinstanzlich zu einer Geldstrafe von 240.000 S plus 60.000 S Anwaltskosten verurteilt* (TT 20./21. 9. 1997, 35) – Abk. OGH. Das Substantiv *Gerichtshof* ist in allen anderen Verwendungen gemeindt. Vgl. Höchstgericht

Gerịchtspräsident Gerịchtspräsidentin CH D der; -en, -en bzw. die; –, -nen: ›Richter(in), der bzw. die einem Gericht vorsteht‹: *Gemäss Strafgesetzbuch müssen Angeschuldigte spätestens ab dem fünften Tag in Untersuchungshaft von einem Anwalt vertreten werden. Falls sie nicht selber einen vorschlagen, wird vom Gerichtspräsident ein Pflichtverteidiger bestimmt* (TA 29. 10. 1999, 29; CH); *Die von der PDS geltend gemachten Bedenken gegen den Großen Lauschangriff … haben einer verfassungsrechtlichen Überprüfung nicht standgehalten, sagte Gerichtspräsident P.M.* (Polizei Brandenburg 30. 6. 1999, Internet; D) – In A nur in informellen Zus. gebräuchlich, z. B. *Landesgerichtspräsident(in), Oberlandesgerichtspräsident(in)* – Dazu: ↗**Amtsgerichtspräsident(in)** CH (LU, SO) D, ↗**Bezirksgerichtspräsident(in)** CH, **Landesgerichtspräsident(in)** (↗Landesgericht) A, **Landgerichtspräsident(in)** (↗Landgericht) D, **Oberlandesgerichtspräsident(in)** (↗Oberlandesgericht) A D

Gerịchtssprengel A der; -s, –: ↗GERICHTSBEZIRK A ›mehrere Gemeinden umfassendes Gebiet, für das als Gerichtsbarkeit ein ↗Bezirksgericht zuständig ist‹: *Seit Referatsübernahme 1994 führt Jugendrichter W. W. für den Gerichtssprengel Graz … selbst Statistik über die Entwicklung der Jugendkriminalität* (Kurier 7. 10. 1996, 9) – Vgl. Sprengel

Gerichtsvollzieher (gemeindt.): ↗EXEKUTOR/EXEKUTORIN

Gerịchtsvorsteher Gerịchtsvorsteherin A der; -s, – bzw. die; –, -nen: ↗BEZIRKSGERICHTSPRÄSIDENT CH, ↗AMTSGERICHTSPRÄSIDENT CH (LU, SO) D ›aus dem Richterstand bestimmte Person zur Leitung der Justizverwaltung eines ↗Bezirksgerichts‹: *Der Sprecher der österreichischen Gerichtsvorsteher … betonte, es sollten jene kleinen Gerichte zusammengelegt werden, bei denen ein Richter nicht voll ausgelastet ist* (Wiener Ztg 28. 4. 2000, Internet)

gerịngfügig: *geringfügig beschäftigt A D ›in einem so geringen Beschäftigungsverhältnis angestellt sein, dass man die ↗Lohnsteuer nicht zahlen muss‹: *Ende Jänner 2002 waren in Salzburg 17.939 Menschen geringfügig beschäftigt* (Land Salzburg 12. 4. 2002, Internet; A); *Wer ausschließlich geringfügig beschäftigt ist und sonst keine weiteren steuerpflichtigen Einkünfte hat, bleibt steuerfrei* (Gewerkschaft Verdi, 2003, Internet; D); ***geringfügig Beschäftigte** A D (der/die) ›Person, die in einem so geringen Beschäftigungsverhältnis angestellt ist, dass sie keine ↗Lohnsteuer zahlen muss‹: *Seit 1. Jänner 1998 können sich geringfügig Beschäftigte freiwillig für den sozialen Schutz in der Kranken- und Pensionsversicherung entscheiden* (Solidarität 3/1998, 12; A); *Geringfügig Beschäftigte waren versicherungsfrei, die Lohnsteuer wurde pauschal vom Arbeitgeber getragen* (Universität Giessen, 2003, Internet; D) – Das Adjektiv *geringfügig* ist in allen anderen Verwendungen gemeindt. Vgl. -beschäftigt – Dazu: ↗**Geringfügigkeitsgrenze** A

Gerịngfügigkeitsgrenze A die; –, -n: ›bestimmte Einkommensgrenze bei niedrigem ↗Beschäftigungsausmaß, bis zu der keine ↗Lohnsteuer bezahlt werden muss‹: *Ein Dienstgeber muss dann Sozialversicherungsbeiträge entrichten, wenn er mehrere geringfügig Beschäftigte angestellt hat, die zusammen mehr als das Anderthalbfache der Geringfügigkeitsgrenze (296 Euro) verdienen* (OÖN 13. 4. 2002, 2) – Vgl. geringfügig

Gerịss A D-südost das; -es, ohne Plur. (Grenzfall des Standards): ›Andrang, Nachfrage‹: *Eine Zeitlang war das Zellstoffwerk selbst Konkurskandidat. Inzwischen hat es sich gefangen, der Zellstoffpreis ist wieder gestiegen. Plötzlich setzt ein regelrechtes Geriss um dieses Werk ein* (OÖN 30. 6. 1988, 10; A) – Auch in der Form *Griss*

Gẹrm A D-südost der; -(e)s, ohne Plur./die; –, ohne Plur.: ↗HEFE A-west (Vbg.) CH D, ↗GEST D-nord ›Substanz aus Hefepilzen als Gärungs- und Treibmittel für die Erzeugung von [alkoholischen] Getränken und Backwaren‹: *Zum Brotbacken braucht man statt Germ als Lockerungsmittel Sauerteig, der das Brot kräftiger schmecken lässt* (Medizin populär 9/1996, 29; A) – In A-ost/südost Femininum, in A mitte/west Maskulinum, in D-südost Femininum oder Maskulinum und selten – Dazu: **Bäckergerm, Germgugelhupf** (↗Gugelhupf), ↗**Germknödel, Germkuchen,** ↗**Germstriezel** A, ↗**Germteig**

Gẹrmknödel A D-südost der; -s, –: ↗Knödel aus einem Teig aus ↗Germ, der mit ↗Powidl gefüllt ist und mit Mohn und Zucker bestreut serviert wird‹: *Meine Geschmacksnerven sind aber dafür in der Lage einwandfrei auseinander zu kennen, von welcher Tiefkühlkostfirma das Rindsgulasch oder der Germknödel auf dem Teller stammt* (Nöstlinger, Bonsai 93; A) – Der ↗*He-*

fekloß ist wegen unterschiedlicher Rezeptur keine direkte Entsprechung

Germstriezel A der; -s, –: ↗BRIOCHE A-ost, ↗ZOPF A CH, ↗ZÜPFE CH, ↗HEFEZOPF D (ohne nordost) ›mit ↗Germ zubereitete süße Backware in geflochtener Form‹: *Dekorativer Blumenschmuck, Osterschinken, Lamm und Kitzerl, Germstriezel und jede Menge bunter Eier stimmen auf die bevorstehenden Feiertage ein* (OÖN 21. 4. 2000, Internet) – Vgl. Striezel

Germteig: *aufgehen/auseinander gehen wie [ein] Germteig A: ↗DAMPFNUDEL: *AUFGEHEN WIE EINE DAMPFNUDEL D-süd, ↗HEFEKLOß: *AUFGEHEN/AUSEINANDER GEHEN WIE EIN HEFEKLOß D-nord/mittel ›schnell stark zunehmen (von Menschen)‹: *»… denn die Verpflegung hier ist so hervorragend, dass du ohne Sport aufgehst wie ein Germteig …«, schmunzelt der Steirer* (Unteroffiziersgesellschaft Steiermark, 2002, Internet) – Vgl. Germ

Gernegross CH **Gernegroß** D der; -es, -e (scherzh., Grenzfall des Standards): ↗PRAHLHANS D, ↗PROTZ D, ↗PIEFKE D (ohne mittelost/südwest) ›Angeber; Aufschneider‹: *Pendel und Brossard sind die Gernegrosse ewigen Lug und Trugs* (WW 36/1997, 60; CH); *Doch seit jenem August 2000 läuft nichts mehr so, wie es sich der Gernegroß an der Firmenspitze in seinen kühnen Träumen vorgestellt hatte* (Spiegel 21. 9. 2002, Internet; D) – Eine weibliche Form ist nicht gebräuchlich

Gerstenkorn (gemeindt.): ↗GERSTL, ↗GRAUPE, ↗ROLLGERSTE

Gerstensuppe (gemeindt.): ↗GERSTLSUPPE, ↗GERSTSUPPE, ↗GRAUPENSUPPE

Gerstl A D-südost das; -s, ohne Plur.: **1.** ↗GRAUPE A D (ohne südost), ↗ROLLGERSTE A CH D-südost ›geschälte Gerstenkörner‹: *Milch, Salz, Süßrahm und Butter werden in einer weiten Kasserolle aufgekocht, das Gerstl eingerührt und bei schwacher Hitze zugedeckt ca. 1 Stunde ausgedünstet* (ORF Ktn./Stmk., 2001, Internet; A). **2.** kurz für *geriebenes Gerstl*: ›Suppeneinlage aus zu kleinen Stücken zerkleinertem Teig‹: *Einen sehr festen Nudelteig herstellen und auf einem Reibeisen zu einem Gerstel abreiben* (Firma Thea online, 2001, Internet; A). **3.** (salopp, Grenzfall des Standards); ↗FLIEDER A (ohne west), ↗MARIE A D-nord, ↗KLOTZ CH, ↗STUTZ CH, ↗KOHLE CH D, ↗ASCHE D-nord/mittel, ↗KIES D (ohne südwest), ↗KNETE D (ohne südost), ↗MOOS D (ohne mittelost/südwest) ›Geld‹ (häufig in der Wendung *sein Gerstl zusammenhalten): Mir ist nicht bekannt, dass der Landesfinanzreferent … heute, wo es um sein Gerstl geht, anwesend wäre, meine Damen und Herren* (Stenogr. Protokoll des Steiermärkischen Landtages 24. 11. 1998, Internet; A) – Zu 1. und 2.: ↗**Gerstlsuppe.** Zu 2.: **Reibgerstl, Reibgerstlsuppe**

Gerstlsuppe A D-südost die; –, -n: ↗GRAUPENSUPPE D (ohne südost), ↗GERSTSUPPE STIR ›Suppe aus geschälten Gerstenkörnern; Gerstensuppe‹: *Auf zwei Etagen der Buchhandlung konnte man sich mit Suppen (davon eine besonders g'schmackig zubereitete Gerstlsuppe) … von den Kochkünsten des Meisters überzeugen* (Buchkritik, 2001, Internet; A) – Vgl. Gerstl

Gerstsuppe STIR die; –, -n: ↗GERSTLSUPPE A D-südost, ↗GRAUPENSUPPE D (ohne südost) ›Suppe aus geschälten Gerstenkörnern; Gerstensuppe‹: *Heute gibt es Gerstsuppe, Kalbsgulasch mit Gemüsereis, Karfiol und eine Banane* (Dolomiten 19. 12. 1998, 33)

Gert siehe Gerd

Gertel CH der; -s, –: ↗HIPPE D-nordost ›grosses Messer (mit gebogener oder gerader Spitze) zum Hacken von Kleinholz, Abschlagen von kleinen Ästen u. Ä.‹: *Für gutes Wachstum braucht es genügend Licht und Platz. Die Forstwarte entfernen darum mit Gertel und Haue Unkraut und störende Sträucher* (ETH Zürich, 2002, Internet)

Gerümpel CH der/das; -s, ohne Plur.: ist in CH auch Maskulinum, gemeindt. Neutrum: *Mutter fuhr aus ihrem Dämmer, riss die Estrichluke auf und zerrte den Gerümpel ans Licht* (Schriber, Kartenhaus 19; CH)

Gerüstbauer (gemeindt.): ↗GERÜSTER/GERÜSTERIN

Gerüster Gerüsterin A der; -s, – bzw. die; –, -nen: ›Person, die [Bau]gerüste errichtet; Gerüstbauer(in)‹ / Berufsbezeichnung/: *Er übte nach der Schulzeit ungefähr vierzig Jobs aus, schließlich arbeitete er fast acht Jahre lang als Gerüster auf der großen Hafenbrücke von Sydney* (OÖN 28. 1. 1987, 11)

gesamt (gemeindt.): ↗GESAMTHAFT

Gesamtarbeitsvertrag CH der; -(e)s, …verträge: ↗KOLLEKTIVVERTRAG A LUX, ↗MANTELTARIFVERTRAG D, ↗TARIFVERTRAG D, ↗BEREICHSVERTRAG STIR ›für einen längeren Zeitraum zwischen Arbeitgebern bzw. Arbeitgeberinnen und Gewerkschaften abgeschlossener Vertrag über Arbeitsbedingungen, Löhne etc.‹: *Ein neuer Gesamtarbeitsvertrag im Schweizer Gastgewerbe ist immer noch nicht in Sicht* (Engadiner Post 4. 10. 1997, 9) – Abk. ↗GAV

Gesamtbetrag (gemeindt.): ↗TOTALBETRAG

Gesamtbetriebsrat D der; -(e)s, …räte: ↗ZENTRALBETRIEBSRAT A ›gewählte Vertretung der Arbeitnehmerschaft von mehreren Teilbetrieben eines Großunternehmens‹: *Dies bekräftigte der AEG-Gesamtbetriebsrat gestern in Frankfurt/Main* (Berliner Ztg 26. 10. 1995, Internet) – Vgl. Betriebsrat

gesamthaft Adj. (nicht steigerbar): **1.** A CH (attr.) ›gesamt, insgesamt, vollständig‹: *Gesamthafte Persön-*

lichkeitsbildung umfasst auch kreative, musische Bildung und Wertevermittlung (Bundesministerium für Unterricht, 1998, Internet; A); *Bei Vakanzen während der Amtsdauer erfolgt die gesamthafte Neuwahl der Regierung für den Rest der Amtsdauer* (Evang. Volkspartei Schweiz, 2003, Internet; CH). **2.** CH (adverbial); ↗SUMME: *IN SUMME A, ↗TOTAL CH, ↗INTEGRAL CH BELG ›im Gesamten; insgesamt‹: *Gesamthaft überwiegen jedoch die Vorteile der Wohlfahrtseinrichtungen* (Zürcher Bürgerbuch 91) – Zu 2.: In A selten

Gesạmtschule D die; –, -n: ›Schulform, in der Gymnasium, ↗Haupt- und ↗Realschule organisatorisch vereinigt sind‹: *Deshalb werden vom kommenden Schuljahr an zunächst an Grund-, Haupt-, Real-, Sonder- und Gesamtschulen für rund 27.000 Lehrer Arbeitszeitkonten Pflicht* (FR 29. 5. 1998, 4) – Dazu: **Gesamtschüler(in)**

gesạmtschweizerisch CH Adj. (nicht steigerbar): ↗EIDGENÖSSISCH CH ›die gesamte Schweiz betreffend‹: *Im Juli ging die Arbeitslosenquote gesamtschweizerisch von 2,6 auf 2,5 Prozent zurück* (Blick 21. 8. 1999, 13) – Vgl. schweizerisch

Gesamtsumme (gemeindt.): ↗GESAMTTOTAL

Gesạmttotal CH das; -s, -e: ›Gesamtsumme‹: *In den letzten zehn Jahren hat sich der Anteil der Teilzeitbeschäftigten am Gesamttotal der Beschäftigung laut Bundesamt für Statistik von 18 auf 24 Prozent erhöht* (Bund 16. 6. 1999, 23) – Vgl. Total

Gesạngverein: *Mein lieber Herr Gesangverein D (salopp): ↗ZWETSCHKENRÖSTER: *MEIN LIEBER FREUND UND ZWETSCHKENRÖSTER A, ↗KUPFERSTECHER: *MEIN LIEBER FREUND UND KUPFERSTECHER D: /Ausruf des Warnens, Drohens oder des verblüfften Erstaunens/: *Mein lieber Herr Gesangverein, da möchte sich wohl jemand mächtig Zorn zuziehen* (Gemeinde Wettmar 20. 6. 2003, Internet)

Geschạ̈ft CH das; -(e)s, -e: ›Verhandlungsgegenstand (über den in einem politischen Gremium diskutiert und entschieden wird)‹: *An 28 Sitzungen hat der Gemeinderat 430 Geschäfte behandelt* (Schaffhauser Nachr 4. 1. 1997, 21) – Andere Bedeutungen sind gemeindt. – Dazu: ↗**geschäften,** ↗**Geschäftsliste,** ↗**Geschäftsprüfungsdelegation,** ↗**Geschäftsprüfungskommision,** ↗**Geschäftsreglement**

geschạ̈ften CH sw.V./hat: ›Geschäfte betreiben; wirtschaften‹: *Die Krankenversicherungen sollen selbst bestimmen können, mit welchen Ärzten sie geschäften wollen* (Arge Wirtschaft und Gesellschaft Thurgau, 2002, Internet) – Vgl. Geschäft

Geschạ̈ftsantwortsendung CH die; –, -en: ›↗Couvert oder Postkarte, die vom Absender bzw. von der Absenderin kostenlos an eine vorbestimmte Adresse geschickt werden kann‹ (meist in Verbindung mit dem Aufdruck *Nicht frankieren*): *Bestellen können [den Katalog] die 1,2 Millionen ... Kunden ... per Geschäftsantwortsendung* (TA 11. 12. 1996, 65)

Geschäftsführer (gemeindt.): ↗GESCHÄFTSLEITER/GESCHÄFTSLEITERIN

Geschạ̈ftshaus CH D das; -es, ...häuser: ›gewerblich genutztes Haus‹: *An der Peter-Merian-Strasse verkaufen wir gepflegtes Geschäftshaus mit Hintergebäude und Parkplätzen im Innenhof an exklusiver Lage* (BaZ 17. 10. 1997, 72; CH); *Am Kreisel entsteht ein Wohn- und Geschäftshaus* (Mindener Tagebl 1. 9. 2000, Internet; D) – Die Bedeutung ›Firma, Handelshaus‹ ist gemeindt.

Geschạ̈ftsleiter Geschạ̈ftsleiterin CH D der; -s, – bzw. die; –, -nen: ›Geschäftsführer(in)‹: *Viele werden die Geschäftsleiterin der Stiftung für Konsumentenschutz (SKS) von der Gentechnologie-Debatte her kennen, in der sie sich mit radikalen Forderungen nicht nur Freunde machte* (Bund 20. 12. 1999, 7; CH); *Zunächst arbeitete er sechs Monate lang als Geschäftsleiter in Bonn, ehe er in gleicher Position zweieinhalb Jahre in Krefeld tätig war* (WAZ 2. 2. 2000, Internet; D)

Geschạ̈ftsliste CH die; –, -n: ↗TAGESORDNUNG A D, ↗TRAKTANDENLISTE CH, ↗TAGLISTE CH-ost (ZH) ›Programm[punkte] einer Sitzung‹: *Doch diese Woche setzte die Regierung das Traktandum von der Geschäftsliste der zweiten Kammer ab* (TA 13. 3. 1999, 4) – Vgl. Geschäft

Geschạ̈ftslokal A CH das; -(e)s, -e: ↗LADENLOKAL CH D (ohne südost) ›Räumlichkeiten für ein Verkaufsgeschäft‹: *Sowohl die innerstädtischen Großprojekte der Volksbank als auch der Raiffeisenbank brächten mit einem ausgewogenen Mix an Wohnungen, Büros und Geschäftslokalen schon in absehbarer Zukunft neues Leben ins Zentrum* (Kurier 30. 7. 2001, 8; A); *Einerseits wurde an der Brünnenstrasse das Geschäftslokal – ein ehemaliger Kleiderladen – frei, andererseits kannte der gebürtige Walliser das Quartier, weil er dort gewohnt hatte* (Bund 3. 8. 1999, 11; CH)

Geschäftsordnung (gemeindt.): ↗GESCHÄFTSREGLEMENT

Geschạ̈ftsprüfungsdelegation CH die; –, -en: ›parlamentarische Arbeitsgruppe, die zum Zwecke des Staatsschutzes geheimdienstliche und nachrichtendienstliche Bereiche prüft‹: *Die Geschäftsprüfungsdelegation des Parlaments stellt zwar Führungsmängel im Nachrichtendienst fest, entlastet aber Chef Peter R. wegen Kontakten zu Südafrika* (Bund 2. 12. 1999, 1) – Abk. GPD, selten auch GPDel. Vgl. Geschäft

Geschạ̈ftsprüfungskommission CH die; –, -en: **1.** ›Kontrollorgan der Regierung und der Gerichte (auf Gemeinde-, ↗Kantons- und Bundesebene)‹: *Die Geschäftsprüfungskommission des Kantonsrats (GPK) hat den Missstand gestern Donnerstag an ihrer Jahres-Pressekonferenz publik gemacht* (TA 29. 10. 1999, 25). **2.** ›Kontrollorgan, hauptsächlich für die Buchhaltung in Vereinen‹: *Die Geschäftsprüfungskommission prüft Inventar, Rechnung, Buchführung, Belege und Kassabestand und erstattet über die Jahresrechnung und die Ergebnisse ihrer Revisionstätigkeit Bericht* (Fabriggli, Werdenberger Kleintheater, 2002, Internet) – Abk. GPK. Vgl. Geschäft, Kommission

Geschäftsreglement CH das; -(e)s, -e: ›Geschäftsordnung‹: *Der Ratsentscheid verletze ... das neue bernische Gemeindegesetz, aber auch die städtische Gemeindeordnung und das parlamentarische Geschäftsreglement* (Bund 2. 10. 1999, 27) – Wird in CH im Vergleich zum gemeindt. Wort *Geschäftsordnung* häufiger gebraucht. Vgl. Geschäft, Reglement, -reglement

geschehen (gemeindt.): ↗GEHEN

Gescheitmeier Gescheitmeierin D-südost der; -s, – bzw. die; –, -nen (abwertend, Grenzfall des Standards): ↗OBERGESCHEITE A, ↗KLUGSCHEIßER D, ↗KLUGSCHNACKER D-nord, ↗NEUNMALKLUGE D-nord/mittel ›Besserwisser(in)‹: *Habe das Gefühl, wir sind hier einem Gescheitmeier aufgesessen* (Urbia Forum, 2002, Internet)

Geschenk- (gemeindt.): ↗GESCHENKS-

Geschenkkorb (gemeindt.): ↗PRÄSENTKORB

Geschenks- A (produktives Bestimmungswort in Zus.): ›zu einem Geschenk gehörend; für ein Geschenk; Geschenk-‹, z. B. Geschenksidee, Geschenkskorb, Geschenkspapier, Geschenksverpackung: *Der Wertträger eignet sich hervorragend als Geschenksidee für Ostern oder den Muttertag und wurde bei der Herstellung in der Staatsdruckerei mit modernsten Sicherheitsmerkmalen versehen* (SN 8. 3. 2001, Internet); *Das »Kaffeehaus« und eine Tombola mit dem Hauptpreis Geschenkskorb werden auf einer Wiese neben dem Tierheim ... aufgebaut* (OÖN 19. 5. 2001, Internet)

geschert A Adj. ⟨2. Part. zu *scheren;* nach dem geschorenen Kopf der Leibeigenen⟩ (abwertend, Grenzfall des Standards): **1.** ›vulgär, derb, niveaulos, unkultiviert‹: *Wo hast du gelernt auf »dumme« Reporterfragen so »gschert« zu antworten?* (Chat mit Hermann Maier, 2001, Internet). **2.** ›provinziell‹: *Und Barbara S. gibt den Physikprofessor Dr. S. im Rollstuhl herrlich ländlich-g'schert* (Kurier 1. 1. 2000, 22) – Auch in der Form *gschert* – Dazu: ↗**Gescherte**

Gescherte A der/die; -n, -n (salopp, Grenzfall des Standards): **1.** ›dummer, grober, tölpelhafter Mensch‹: *Beurteilt man als Autofahrer die Verkehrssituation im Bezirk Gänserndorf, kommt man sich so richtig als Gscherter vor* (OÖN 4. 5. 1996, Internet). **2.** ›Person von provinziellem Auftreten und Denken; Provinzler(in)‹: *Und als Gscherter in Wien hat man es auch nicht immer leicht, wenn man anfängt* (OÖN 29. 10. 1994, 28) – Auch in der Form *Gscherte.* Vgl. Dodel, Dolm, geschert, Sumper, Surm

Geschirrhandtuch D (ohne südost) das; -(e)s, ...tücher: ↗GESCHIRRHANGERL A, ↗ABTROCKNUNGSTUCH CH, ↗SPÜLTUCH D-nordwest/mittelwest ›Tuch, mit dem abgewaschenes Geschirr abgetrocknet wird; Küchentuch, Geschirrtuch‹: *[Den Reiniger] mit klarem Wasser abspülen und mit einem Geschirrhandtuch trockenreiben* (HR 14. 3. 2001, Internet)

Geschirrhangerl A das; -s, -n (Grenzfall des Standards): ↗ABTROCKNUNGSTUCH CH, ↗GESCHIRRHANDTUCH D (ohne südost), ↗SPÜLTUCH D-nordwest/mittelwest ›Tuch, mit dem abgewaschenes Geschirr abgetrocknet wird; Küchentuch, Geschirrtuch‹: *Offen bleibt die Frage, wann nun die Beamten ihre »Geschirrhangerl« zu waschen haben – während der Amtsstunden oder ob dafür gar die Privatzeit zu verwenden ist* (Kleine Ztg 8. 2. 1997, Internet)

Geschirrspülmaschine (gemeindt.): ↗ABWASCHMASCHINE, ↗GESCHIRRWASCHMASCHINE, ↗SPÜLMASCHINE

Geschirrspülmittel (gemeindt.): ↗ABWASCHMITTEL, ↗SPÜLI, ↗SPÜLMITTEL

Geschirrtuch (gemeindt.): ↗ABTROCKNUNGSTUCH, ↗GESCHIRRHANDTUCH, ↗GESCHIRRHANGERL, ↗SPÜLTUCH

Geschirrwaschmaschine CH die; –, -n: ↗ABWASCHMASCHINE CH, ↗SPÜLMASCHINE D ›Geschirrspüler; Geschirrspülmaschine‹: *»Wo willst du diese Fruchtschale haben?«, fragt Gabriela G. beim Ausräumen der Geschirrwaschmaschine* (TA 21. 11. 1996, 69) – Abk. ↗GWM – Dazu: **geschirrwaschmaschinenfest**

geschmackig Adj.: **1.** A D-südost ›gut gewürzt, pikant, schmackhaft (von Speisen)‹: *Diese Äpfel stehen gerade richtig im Saft und sind überaus geschmackig* (OÖN 11. 8. 2000, Internet; A). **2.** A (abwertend) ›gefällig aufbereitet, publikumswirksam präsentiert‹: *In der Essenphase müsse der Pädagoge den Lerninhalt geschmackig aufbereiten* (SN 15. 7. 1995, Internet) – Auch in der Form *gschmackig*

geschmacklos (gemeindt.): ↗FAD, ↗FADE

Geschnetzelte CH D (ohne nordwest) das; -n, ohne Plur.: ›in kleine Streifen geschnittenes Fleisch und daraus zubereitete Speise‹: *Besonders gefragt sind Voressen, Geschnetzeltes, Gehacktes und alle Stücke an Stelle von US-Beef* (Blick 28. 5. 1999, 26; CH); *Ge-*

schnetzeltes in Spargel-Dill-Rahm (Kochatelier 9. 5. 2000, Internet; D); ***Züri Geschnetzelte** CH ›Gericht aus klein geschnittenem Kalbfleisch, Pilzen und einer Sauce aus ↗Rahm, meistens mit ↗Rösti serviert; Zürcher Geschnetzeltes‹: *Dazu natürlich Züri Geschnetzeltes, Kalbsleberli und die echte Blauseeforelle meunière gebraten wie früher* (Salz & Pfeffer 3/1993, 5) – In A als Speisebezeichnung gebräuchlich, nicht aber als Bezeichnung für das klein geschnittene Fleisch. Das Gericht *Zürcher Geschnetzeltes,* in A und D auch *Züricher Geschnetzeltes,* in CH auch dialektnah *Züri Geschnätzlets,* ist im gesamten deutschen Sprachraum bekannt. Vgl. schnetzeln, Zürcher – Dazu: **Kalbsgeschnetzelte, Putengeschnetzelte** (↗Pute) D, **Rindergeschnetzelte** (↗Rinder-) D-nord/mittel, **Rindsgeschnetzelte** (↗Rinds-) CH, **Schweinegeschnetzelte** (↗Schweine-) D, **Schweinsgeschnetzelte** (↗Schweins-) CH, **Trutengeschnetzelte** (↗Trute) CH

geschupft A Adj. (salopp, Grenzfall des Standards): ↗VERSCHWIEMELT D-nord/mittelwest ›überspannt, affektiert, verschroben‹: *»Der Begriff g'schupft steht für überspannt, exaltiert, extravagant, mit unzulänglichen Mitteln jeder Modetorheit folgend ...« Aus dieser Begriffsdefinition stehe außer Zweifel, dass die Bezeichnung von Beamten als »G'schupfte« einen Verstoß gegen die Sitten darstellt* (Kurier 28. 12. 1999, 14); ***geschupfte Ferdl** ›Typus eines [Wiener] Gecken von sozial niedriger Herkunft, der durch Kleidung etc. vortäuscht sozial mehr zu gelten‹: *»Am Schauplatz« besuchte einen Herrn Ferdinand, der von sich behauptet, der legendäre, von Gerhard Bronner besungene »G'schupfte Ferdl« zu sein* (Kurier 13. 7. 2000, 32) – Auch in der Form *gschupft* – Dazu: **Geschupfte**

Geschwätz (gemeindt.): ↗GELABER, ↗GELAFER

Geschworenengericht siehe Geschwornengericht

Geschwornengericht A **Geschworenengericht** CH BELG das; -(e)s, -e: ↗SCHWURGERICHT D ›Gericht für besonders schwere Strafsachen und politische Delikte, das aus Berufsrichtern bzw. Berufsrichterinnen und Laien besteht‹: *Das Geschwornengericht ... verurteilte ihn zu drei Jahren Gefängnis* (OÖN 10. 3. 1994, 16; A); *Ob sich das Ober- oder das Geschworenengericht mit der Angelegenheit zu befassen hat, hängt unter anderem davon ab, ob die Angeklagten geständig sind* (NLZ 29. 8. 2001, Internet; CH); *... leisten den Eid in dem Wortlaut, der vor dem Geschworenengericht benutzt wird* (Ständiger Kontrollausschuss der Polizeidienste, 1991, Internet; BELG) – Die formelle Bezeichnung lautet in A *Geschwornengericht,* die informelle *Geschworenengericht.* Das *Geschwornengericht* ist in A für alle Verbrechen und politischen Delikte, die mit lebenslanger Freiheitsstrafe bzw. mit fünf bis zehn Jahren Gefängnis bestraft werden, zuständig, während im ↗*Schöffengericht* nur über bestimmte Delikte entschieden wird, die mit mehr als fünf Jahren Gefängnis bestraft werden und nicht dem *Geschwornengericht* zugeordnet sind. Vgl. Schwurgerichtshof – Dazu: **Geschworenengerichtspräsident(in)** CH

Geselchte A D-südost das; -n, -n: ↗SELCHFLEISCH A D-südost, ↗GERÄUCHERTE CH D, ↗RAUCHFLEISCH CH D (ohne südost) ›geräuchertes Schweinefleisch‹: *Das Geselchte vom Markt ist tendenziell gesundheitsgefährdend, weil es unsachgemäß geräuchert ist* (Konsumentenschutz, 1997, Internet; A) – Vgl. selchen

Geselle Gesellin A D der; -n, -n bzw. die; –, -nen: ›Handwerker(in) mit abgeschlossener Lehre‹: *Das wurde kürzlich bei einer Überreichung der Diplome an 29 Gesellinnen und Gesellen im Technologie-Zentrum in Gmunden bekannt* (OÖN 20. 12. 2000, Internet; A); *Dann muss in der Abrechnung auch aufgeführt werden, wer die Arbeiten gemacht hat, ob Meister, Geselle oder Lehrling* (Schöner Wohnen 4/1995, 142; D) – In CH früher, heute noch in traditionellen Verbindungen. Andere Bedeutungen sind gemeindt. – Dazu: ↗**Gesellenbrief,** ↗**Gesellenprüfung, Gesellenstück**

Gesellenbrief A D der; -(e)s, -e: ↗LEHRABSCHLUSSZEUGNIS A CH, ↗BERUFSDIPLOM CH, ↗FACHAUSWEIS CH, ↗FÄHIGKEITSAUSWEIS CH, ↗FÄHIGKEITSZEUGNIS CH, ↗DIPLOM CH STIR , ↗BEFÄHIGUNGSDIPLOM STIR ›amtliche Bescheinigung über eine abgeschlossene Berufsausbildung in einem Handwerksberuf‹: *Bislang gab es für die Schüler zwar einen formellen Ersatz der Lehrzeit, jedoch keine offizielle Bestätigung ihrer Fähigkeiten sprich einen Gesellenbrief* (OÖN 17. 5. 2001, Internet; A); *Viele Haftentlassene hatten einen Gesellenbrief und damit eine Chance auf dem ersten Arbeitsmarkt* (Münstersche Ztg 21./22. 2. 1998, 18; D) – Vgl. Geselle

Gesellenprüfung A D die; –, -en: ↗LEHRABSCHLUSSPRÜFUNG A CH ›Prüfung, die ein Lehrling als Abschluss seiner mehrjährigen Grundausbildung ablegt‹: *Der Lehrer sah in dem ärmlich gekleideten Burschen eine Schande für den Handwerksstand und verweigerte ihm sogar die für die Gesellenprüfung nötigen Stempel* (Trend 6/1994, Internet; A); *Hier werden eine solide handwerkliche Ausbildung mit Gesellenprüfung und eine Abschlussprüfung über Betriebswirtschaft miteinander verbunden* (Welt 19. 11. 2000, Internet; D) – Vgl. Geselle, Meisterprüfung

Gesetzblatt: *Gesetz- und Verordnungsblatt des Landes ... D: ↗LANDESGESETZBLATT A ›von der Regierung eines ↗Bundeslandes herausgegebene periodische Druckschrift zur Veröffentlichung von Gesetzesbeschlüssen des ↗Landtags‹: *Das Frauenfördungsgesetz NRW ist im Gesetz- und Verordnungsblatt des Landes NRW veröffentlicht* (WDR, 1998, Internet) –

Das Substantiv *Gesetz* ist in allen anderen Verwendungen gemeindt.

Gesetzbuch: Allgemeine Bürgerliche Gesetzbuch A; **Bürgerliche Gesetzbuch** D: ↗ZIVILGESETZBUCH CH STIR ›Sammlung von Rechtsgrundsätzen (des Zivilrechts)‹: *Am 1. 1. 2002 wird eine Novelle zum Allgemeinen Bürgerlichen Gesetzbuch (ABGB) und zum Konsumentenschutzgesetz (KSchG) in Kraft treten* (Konsument.at, 2002, Internet; A); *Am 1. Januar 2000 sind 100 Jahre seit der Inkraftsetzung des deutschen Bürgerlichen Gesetzbuchs vergangen* (Max-Planck-Institut für Rechtsgeschichte 4. 3. 2003, Internet; D) – Abk. ↗ABGB in A, ↗BGB in D. Das Substantiv *Gesetzbuch* ist in allen anderen Verwendungen gemeindt.

Gesetzentwurf A D der; -(e)s, …würfe: ›schriftliches Konzept eines Gesetzes zur Vorlage im Parlament; Gesetzesvorlage; Gesetzesentwurf‹: *Gesetzentwürfe würden zwischen Sozialpartnern und Regierung ausverhandelt, die Vorlagen kämen zu spät ins Parlament, um von den Abgeordneten genau geprüft zu werden* (Kurier 5. 11. 1997, 3; A); *Die Entscheidung über einen Gesetzentwurf wurde am Donnerstag von der Tagesordnung des Bundestages abgesetzt* (Tagesspiegel 19. 6. 1998, 4; D) – In A formell

Gesetzesantrag A D der; -(e)s, …träge: ›im Parlament gestellter Antrag auf Prüfung und Erlass eines vorgeschlagenen Gesetzes (als Einleitung des Gesetzgebungsverfahrens); Gesetzesvorschlag, Gesetzesinitiative‹: *Der vorliegende Gesetzesantrag dient dazu, die Preisbindung für Bücher auf der Einzelhandelsstufe im österreichischen Bundesgebiet gesetzlich zu verankern* (Stenogr. Protokoll des Nationalrats, 23. 5. 2000, Internet; A); *Die Fraktion von Bündnis90/Die Grünen hat am Mittwoch einen Gesetzesantrag an das Abgeordnetenhaus zur Auflösung des Landesamtes für Verfassungsschutz vorgelegt* (Berliner Ztg 20. 4. 2000, Internet; D) – Vgl. Gesetzentwurf

Gesetzesanzeiger STIR der; -s, – ⟨übersetzt aus ital. *Gazzetta Ufficiale* ›Mitteilungen der ital. Regierung‹⟩: ↗BUNDESGESETZBLATT A D, ↗BUNDESBLATT CH ›offizielles Publikationsorgan der staatlichen italienischen Behörden‹: *Der vollständige Wettbewerbsausschreibungstext wurde … dem staatlichen Gesetzesanzeiger der Republik zugesandt* (Dolomiten 27./28. 10. 2001, 9) – Wird formell in der Form *Gesetzesanzeiger der Republik Italien* mit Datum und Nummer zitiert

Gesetzesbeschluss A D der; -es, …schlüsse: ›Annahme einer Gesetzesvorlage im Parlament‹: *Nur ein einziger Gesetzesbeschluss, nämlich die Änderung des Mietrechtsgesetzes, steht auf der heutigen Tagesordnung* (Parlamentskorrespondenz 23. 1. 1997, Internet; A); *Wird der Antrag auf Zulassung des Volksbegehrens nicht innerhalb eines Monats nach dem Gesetzesbeschluss gestellt …, hat der Ministerpräsident das Gesetz zu verkünden* (Landtag Rheinland-Pfalz, 2001, Internet; D) – In A auf Bundesebene durch den ↗Nationalrat

Gesetzesentwurf (gemeindt.): ↗GESETZENTWURF

Gesetzesinitiative (gemeindt.): ↗GESETZESANTRAG

Gesetzeslage A D die; –, -n: ›Rechtssituation aufgrund der geltenden Gesetze‹: *Wir Freiheitlichen halten die österreichische Gesetzeslage im Bereich des Rundfunks … nach wie vor für absolut unbefriedigend* (Stenogr. Protokoll des Bundesrates 22. 12. 1998, Internet; A); *… fällt ein weiterer Gegensatz auf, der in der Gesetzeslage begründet ist. Alkoholwerbung und Alkoholkonsum stoßen in Deutschland an mehreren Stellen auf gesetzliche Regelungen* (Universität Bonn 10. 10. 2001, Internet; D)

Gesetzesprüfungsverfahren A das; -s, –: ›Überprüfung eines Gesetzes auf Verfassungswidrigkeit durch den ↗Verfassungsgerichtshof‹: *Der Verfassungsgerichtshof (VfGH) hat gegen die neue Mindestkörperschaftssteuer ein Gesetzesprüfungsverfahren eingeleitet* (VN 29. 10. 1997, D 1)

Gesetzessammlung: *Systematische Gesetzessammlung CH ›Sammlung der Gesetze eines ↗Kantons oder des Bundes, die periodisch der neuen Gesetzgebung angepasst wird‹: *Die Bernische Systematische Gesetzessammlung (BSG) soll ab 1998 auch in elektronischer Form erhältlich sein* (Bund 25. 1. 1997, 37) – Das Substantiv *Gesetzessammlung* ist in allen anderen Verwendungen gemeindt.

Gesetzesvorschlag (gemeindt.): ↗GESETZESANTRAG

Gesetzgebung (gemeindt.): ↗LEGISTIK

gesetzlich (gemeindt.): ↗LEGISTISCH

Gesöff (gemeindt.): ↗GESÜFF, ↗GSCHLADER, ↗PLEMPE, ↗PLÖRRE

gespritzt A CH D-süd Adj. (nicht steigerbar): ›mit [Mineral]wasser verdünnt (von Fruchtsäften und Wein)‹: *An der Schank überlegte ich es mir, bestellte ein letztes Glas Weißwein gespritzt, trank es im Stehen* (Alfare, Kirchberger 37; A); *Ein kleines Glas Fruchtsaft eventuell mit Mineralwasser gespritzt* (Vereinigung Spitalköche, 2003, Internet; CH); ***gespritzte Apfelsaft** A D-südwest: ↗APFELSPRUDEL CH (selten), ↗APFELSCHORLE D, ↗SCHORLE D ›mit [Mineral]wasser verdünnter Apfelsaft‹: *Bodenständig ist auch ihre Lieblingsspeise: sie steht auf Käsknöpfle und trinkt am liebsten gespritzten Apfelsaft* (VN 17. 12. 1998, A 4; A) ***gespritzte Weisse/Weisswein** (der) CH: ↗SPRITZER: *WEIßE SPRITZER A (ohne west), ↗WEIß: *[SPRITZER/GESPRITZTER] WEIß SAUER A-west; *SCHORLE WEIß SAUER D-südwest ›mit [Mineral]wasser verdünnter Weisswein‹: *Farbiges Glas passt* *meiner Meinung nach vor allem zu transparenten und perlenden Getränken wie Prosecco, gespritztem Weisswein oder Champagner* (TA 22. 5. 1999, 67) – Vgl. Gespritzte, spritzen

Gespritzte A D-süd der; -n, -n: ↗MISCHUNG A-südost, ↗SPRITZER A (ohne west), ↗SCHORLE D, ↗WEINSCHORLE D ›mit [Mineral]wasser verdünnter Wein‹: *Gestern habe ich ... vier G'spritzte getrunken und heute habe ich soooo Kopfweh* (Gusto 11/1997, 87; A) – Vgl. gespritzt, spritzen

Gest D-nord der; -(e)s, ohne Plur. / die; –, ohne Plur. (veraltend): ↗GERM A D-südost, ↗HEFE A-west (Vbg.) CH D ›Substanz aus Hefepilzen als Gärungs- und Treibmittel für die Erzeugung von [alkoholischen] Getränken und Backwaren‹: *... aufgelösten Gest gibt man zu dem Teige und lässt diesen 1 Stunde aufgehen* (Ruhr-Universität Bochum 4. 9. 1998, Internet)

Gestaubte A-ost der; -n, -n (Grenzfall des Standards): ↗STURM A D-südost, ↗SAUSER CH, ↗FEDERWEIẞE D (ohne nordwest), ↗SUSER STIR ›früh gepresster und daher trüber, in Gärung übergegangener Traubensaft‹: *Neben dem »normalen« Wein wird auch jahreszeitlich bedingt Most, Sturm und Gstaubter ausgeschenkt* (Heurigenkalender Klosterneuburg, 2001, Internet) – Auch in der Form *Gstaubte.* Vgl. Most

gesteckt: *gesteckt voll A D-süd (Grenzfall des Standards): ↗BUMMVOLL A, ↗BUMSVOLL CH, ↗GESTOSSEN: *GESTOSSEN VOLL CH, ↗PROPPENVOLL D-nord/mittel, ↗RAMMELVOLL D (ohne südost), ↗RAPPELVOLL D-mittelwest/südwest ›[mit Menschen] übermäßig angefüllt (von Räumen); überfüllt‹: *Das Flanagan's, nach 19 Uhr beliebter Treffpunkt für Englischsprachige, ist wie fast jeden Abend gesteckt voll* (Presse 23. 9. 1997, Internet; A)

Gestell CH das; -(e)s, -e: ↗STELLAGE A D ›zum Aufbewahren von Gegenständen und Lagern von Lebensmitteln dienender Aufbau aus Holz, Kunststoff oder Eisen; Regal‹: *Doch der Zerfall kroch aus allen Ecken, überall bröckelten die Wände, waren die Türen und Gestelle gezeichnet von der Vergänglichkeit, die man nicht wahrhaben wollte* (Regenass, Vernissage 68) – Dazu: ↗Büchergestell

Gestion A die; –, -en ⟨aus lat. *gestio* ›Ausführung‹⟩ (formell, veraltend): ›Amtsführung, Verwaltung‹: *In diesem Kontext behaupten wir uns mit unserer Gestion glänzend* (Kleine Ztg 30. 6. 1998, Internet) – In CH und D selten – Dazu: ↗**gestionieren, Gestionsbericht**

gestionieren A sw.V./hat (formell, veraltend): ›ein Amt führen, etw. verwalten‹: *Seiner Darstellung nach hat Generaldirektor G. »sämtliche Agenden eines Kundenberaters« wahrgenommen und Kredite selbst gestioniert* (Wiener Ztg 18. 8. 2000, Internet) – Vgl. Gestion

gestossen: *gestossen voll CH: ↗BUMMVOLL A, ↗GESTECKT: GESTECKT VOLL A D-süd, ↗BUMSVOLL CH, ↗PROPPENVOLL D-nord/mittel, ↗RAMMELVOLL D (ohne südost), ↗RAPPELVOLL D-mittelwest/südwest ›[mit Menschen] übermässig angefüllt; überfüllt‹: *Sein Terminkalender ist gestossen voll* (Basler Kochtöpfe 42); *Andere Discos haben sonntags geschlossen und serbeln vor sich hin. Wir haben gestossen voll – dank gepflegter Schlagermusik* (Blick 28. 8. 1995, 8)

Gesuch CH D das; -(e)s, -e: ↗ANSUCHEN A ›schriftliche, begründete Bitte (an eine befugte Instanz) um eine Erlaubnis oder um (finanzielle) Unterstützung‹: *Die Eltern können die vorzeitige Einschulung mit einem Gesuch an die Schulpflege beantragen* (Zürcher Oberländer 19. 3. 1997, 32; CH); *Der in den USA zum Tode verurteilte Düsseldorfer Michael A. hat die Aufhebung seines Hinrichtungstermins beantragt. Das Gericht in Phoenix dürfte dem Gesuch stattgeben* (WAZ 16. 5. 1998, Internet; D) – In A formell – Dazu: **Asylgesuch** CH, ↗**Baugesuch** CH D STIR , **Beitragsgesuch** (↗Beitrag) CH, **Bewilligungsgesuch** (↗Bewilligung) CH, **Bürgerrechtsgesuch** (↗Bürgerrecht) CH, ↗**Einbürgerungsgesuch** CH, **Gesuchsbehandlung** CH, **Gesuchseingang** CH, **Gesuchsformular** CH, ↗**Gesuchsmuster** STIR , **Gesuchsteller(in)** CH, **Gesuchstellung** CH, **Rechtshilfegesuch** CH, **Wiedererwägungsgesuch** (↗Wiedererwägung) CH

Gesuchsmuster STIR das; -s, –: ↗EINHEITSVORDRUCK STIR ›Antragsformular‹: *Wie die Abteilung Arbeit mitteilt, ist damit der Termin für die An- und Abmeldung von Arbeitsverhältnissen beim Arbeitsamt jenem der Sanitätseinheit angeglichen worden, und daher kann nun auch ein einheitliches Gesuchsmuster verwendet werden* (Dolomiten 14. 2. 1997, 10) – Vgl. Gesuch

Gesüff D-südost das; -(e)s, -e (Grenzfall des Standards): ↗GSCHLADER A (ohne west), ↗PLEMPE D-nordost, ↗PLÖRRE D-nord/mittelwest ›übel schmeckendes Getränk (z. B. schales Bier, billiger Wein, dünner Kaffee); Gesöff‹: *Dieser Wein muss mancherorts ein »räses Gesüff« gewesen sein, das nur durch den Zusatz von Wermut, Honig und Beerensaft trinkbar gemacht werden konnte* (Federsee-Verlag Bad Buchau, 2002, Internet)

Gesundenuntersuchung A die; –, -en: ↗VORSORGEUNTERSUCHUNG A D ›freiwillige, von der Krankenkasse bezahlte medizinische Durchuntersuchung zur Krankheitsvorbeugung, die von Erwachsenen ab 19 Jahren einmal im Jahr in Anspruch genommen werden kann‹: *Durch ... die Ausschöpfung prophylaktischer und kurativer Maßnahmen, zu denen auch eine regelmäßige Gesundenuntersuchung gehört, kann der vernünftige Mitbürger sein höchstmögliches Alter erreichen* (Kurier 12. 2. 1996, 19)

Gesundheitsdirektion CH die; –, -en: ↗GESUNDHEITSMINISTERIUM A D, ↗SANITÄTSDEPARTEMENT CH, ↗SANITÄTSDIREKTION CH ›für das Gesundheitswesen zuständiger Sektor der Regierung eines ↗Kantons, dem ein Mitglied der Regierung vorsteht‹: *Die Spitalverantwortlichen trafen sich mit der Gesundheitsdirektion, um das Projekt »Tagesklink und Alterszentrum« zu klären* (Bund 15. 12. 1999, 33) – Vgl. Direktion – Dazu: **Gesundheitsdirektor(in)**

Gesundheitsministerium A D das; -s, ...ministerien: ↗GESUNDHEITSDIREKTION CH, ↗SANITÄTSDEPARTEMENT CH, ↗SANITÄTSDIREKTION CH ›für das Gesundheitswesen zuständiges ↗Ministerium‹: *Vertreter des Gesundheitsministeriums stützen sich auf diesen von der WHO empfohlenen Grenzwert, für Kritiker ist er zu hoch* (Medizin populär 5/1997, 28; A); *Nun argumentieren Vertreter des Gesundheitsministeriums, bei Privatisierungen würde mehr Personal als vorher eingestellt* (Sächsische Ztg 19. 6. 1998, 2; D) – In A informell. Die offizielle Bezeichnung bzw. Zuordnung der Aufgaben wechseln je nach Regierung – Dazu: **Gesundheitsminister(in)** (↗Minister)

Getäfel A D das; -s, ohne Plur.: ↗TÄFELUNG A D (ohne südost), ↗VERTÄFELUNG A D, ↗TÄFER A-west CH, ↗TÄFERUNG A-west CH, ↗GETÄFER CH ›Holzverkleidung für Zimmerdecken und -wände‹: *Meine Zimmer haben Möbel und Getäfel aus Lärchenholz* (Urlaub am Bauernhof, 2002, Internet; A); *Von der charmant-nostalgischen »Munier-Bar« in der Kärnter Straße ist nur das Getäfel übrig – sein dunkles altes Holz wirkt jetzt in der Szene-Bar »First Floor« weiter* (Welt 5. 8. 2002, Internet; D) – Vgl. täfeln

Getäfer CH das; -s, ohne Plur. (selten): ↗GETÄFEL A D, ↗TÄFELUNG A D (ohne südost), ↗VERTÄFELUNG A D, ↗TÄFER A-west CH, ↗TÄFERUNG A-west CH ›Holzverkleidung für Zimmerdecken und -wände‹: *Ohnmächtig schlug Schorsch mit der Faust so heftig gegen das Getäfer an der Wand, dass es krachte* (Tschudin, Meine Ehre 50) – Vgl. täfern

Getränk (gemeindt.): ↗TRANKSAME

Getränkesirup D-mittel/südwest der; -s, ohne Plur.: ›Sirup mit Fruchtaroma; Fruchtsirup‹: *Der Getränkesirup Eistee-Zitrone enthält aromatischen Schwarzteeextrakt, der mit fruchtiger Zitrone abgerundet wird* (Spinnrad Journal 31. 10. 2001, Internet)

Getränkesteuer D die; –, -n: ›Gemeindesteuer auf den Getränkeumsatz in Gaststätten: *Mit der Erhöhung der Getränkesteuer um 4 Prozent vertreibe er die Kunden* (Welt 15. 6. 1995, Internet)

Gewand A D-südost das; -(e)s, ...wänder: ↗PLÜNNEN D-nord ›Kleidung[sstück]‹: *Der muffige Geruch im Schlafzimmer, Folge der hohen Luftfeuchtigkeit, die vom Gewand in den Schränken aufgesogen wurde, das, auch wenn es nicht benutzt wurde, regelmäßig gewaschen werden musste, weil es sonst verschimmeln würde* (Menasse, Schubumkehr 38; A) – In CH und D (ohne südost) gehoben. Die Bedeutung ›langes Kleidungsstück für festliche Anlässe‹ ist gemeindt.

Gewerbeaufsicht D die; –, ohne Plur.: ↗ARBEITSINSPEKTION A, ↗ARBEITSINSPEKTORAT A CH, ↗GEWERBEPOLIZEI CH, ↗HANDELSPOLIZEI CH STIR , ↗GEWERBEAUFSICHTSAMT D ›Behörde, die die Einhaltung der Gewerbe- und Arbeitsbestimmungen überwacht‹: *Skepsis ist auch angebracht bei der ... engen Zusammenarbeit von Sozial-, Jugend-, und Ausländerämtern, von Gewerbeaufsicht und Sozialversicherungen* (Welt 11. 9. 1997, Internet)

Gewerbeaufsichtsamt D das; -(e)s, ...ämter: ↗ARBEITSINSPEKTION A, ↗ARBEITSINSPEKTORAT A CH, ↗GEWERBEPOLIZEI CH, ↗HANDELSPOLIZEI CH STIR , ↗GEWERBEAUFSICHT D ›Behörde, die die Einhaltung der Gewerbe- und Arbeitsbestimmungen überwacht‹: *Kriminalpolizei und Gewerbeaufsichtsamt ermitteln zur Unfallursache* (Sächsische Ztg 19. 6. 1998, 9)

Gewerbeberechtigung A die; –, -en: ↗GEWERBEERLAUBNIS D, ↗GEWERBEZULASSUNG D ›behördliche Genehmigung zur Führung eines Gewerbebetriebs‹: *Erleichterungen beim Zugang zu Gewerbeberechtigungen würden nach Meinung von Experten ebenfalls helfen* (Profil 30. 3. 1998, 51)

Gewerbeerlaubnis D die; –, -se: ↗GEWERBEBERECHTIGUNG A, ↗GEWERBEZULASSUNG D ›behördliche Genehmigung zur Führung eines Gewerbebetriebs‹: *Vorsicht vor Maklern, die keine Gewerbeerlaubnis haben* (ZDF 15. 7. 2002, Internet)

Gewerbegebiet A D das; -(e)s, -e: ↗GEWERBEZONE A CH, ↗HANDWERKERZONE STIR ›Gemeindefläche, die für Handel, Handwerk und Industrie reserviert ist‹: *Rund um das Kugelkreuz soll ein Gewerbegebiet entstehen, in dem Firmen mit zukunftssicheren Arbeitsplätzen angesiedelt werden sollen* (Kurier 21. 6. 2003, 11; A); *Das Potsdamer Verwaltungsgericht hat jetzt entschieden, dass der Güterfelder Bauernmarkt faktisch illegal ist, weil es für das gesamte Gewerbegebiet keine Baugenehmigung gibt* (Berliner Ztg 23. 8. 2001, Internet; D)

Gewerbeoberschule STIR die; –, -n: ↗LEHRANSTALT: *HÖHERE TECHNISCHE LEHRANSTALT A CH ›höhere Schule technischer Richtung, die mit der Erlangung der Hochschulreife abschließt bzw. Gebäude, in dem diese Schule untergebracht ist‹: *Sie haben ein technisches Studium (Fachhoch- oder Gewerbeoberschule) der Fachrichtung Maschinenbau absolviert und/oder sich durch Berufserfahrung das nötige Wissen angeeig-*

net (Dolomiten 10./11. 2001, 28) – Abk. GOB. Vgl. Oberschule

Gewerbepolizei CH die; –, -en: ↗ARBEITSINSPEKTION A, ↗ARBEITSINSPEKTORAT A CH, ↗HANDELSPOLIZEI CH STIR, ↗GEWERBEAUFSICHT D, ↗GEWERBEAUFSICHTSAMT D ›Behörde, die die Einhaltung der Gewerbe- und Arbeitsbestimmungen überwacht‹: *Auf dem Paradeplatz und im Hauptbahnhof ist Alphornblasen verboten, doch Alois B. kann's nicht lassen. … Doch die Gewerbepolizei hat kein Gehör für den Missionar und seine musikalische Botschaft* (TA 17. 4. 1996, Internet) – Vgl. Bundespolizei, Feuerpolizei, Gemeindepolizei, Heerespolizei, Kantonspolizei, Stadtpolizei

Gewerbeschein D der; -(e)s, -e: ›behördliche Genehmigung zur Ausübung eines Gewerbes‹: *Der Weg beginnt beim Gewerbeamt. Dort bekommt der Firmengründer gegen eine Gebühr den Gewerbeschein, die Eintrittskarte in die Geschäftswelt* (Welt 20. 3. 2'000, Internet) – In A seit dem 1. 8. 2002 abgeschafft. In CH sind die Zulassungen zu Gewerben ↗kantonal und nach Branchen unterschiedlich geregelt

Gewerbezone A CH die; –, -n: ↗GEWERBEGEBIET A D, ↗HANDWERKERZONE STIR ›für Gewerbebetriebe reservierte Gemeindefläche‹: *Bereits als Gewerbezone gewidmete Flächen sollten zuerst bebaut werden* (Kurier 18. 5. 1999, 8; A); *[Die Gemeindeversammlung] hatte damals die Initiative eines Detaillisten gutgeheissen, welche für die Gewerbezone Odermatt ein Verbot für Ladengeschäfte mit mehr als 2'000 Quadratmetern Verkaufsfläche forderte* (TA 6. 9. 1999, 18; CH) – Vgl. Bauzone, Industriezone, Zone

Gewerbezulassung D die; –, -en: ↗GEWERBEBERECHTIGUNG A, ↗GEWERBEERLAUBNIS D ›behördliche Genehmigung zur Führung eines Gewerbebetriebs‹: *Wer … seinen Namen für einen unzuverlässigen Gewerbetreibenden hergibt, verliert seine eigene Gewerbezulassung* (Bund für soziales und ziviles Rechtsbewusstsein 4. 9. 2002, Internet) – In A und CH selten

Gewerbler Gewerblerin CH der; -s, – bzw. die; –, -nen: ↗WIRTSCHAFTSTREIBENDE A ›Gewerbetreibende(r)‹: *Die Schweiz ist ein Volk von Juristen, Gewerblern und Bauern* (TA 28. 10. 1999, 48) – Dazu: **Kleingewerbler(in)**

Gewinnungskosten CH die; nur Plur.: ↗WERBUNGSKOSTEN A D, ↗BERUFSAUSLAGEN CH ›vom zu besteuernden Einkommen abziehbare Kosten, die zur Gewinnung von Einkünften aufgewendet wurden‹: *Die Kurskosten ziehen Sie als übrige Berufskosten bei den Gewinnungskosten ab* (Bund 6. 3. 1999, 16)

gewitzt (gemeindt.): ↗GEFINKELT, ↗GEFITZT ↗PLIETSCH

gewohnt: *sich etw. gewohnt/gewöhnt sein; *es sich gewohnt sein CH ›etw. gewohnt sein; sich an etw. gewöhnt haben‹: *Es fehlte an allem, was sich die Freunde so gewohnt waren* (Hostettler, Moira 62); *So eine Horde Kinder kann ganz schön nervenaufreibend sein, wenn man es sich nicht gewöhnt ist* (Judoclub Chur, 2001, Internet) – Das Adjektiv *gewohnt* ist in allen anderen Verwendungen gemeindt.

Gfrast A das; -(e)s, -er (abwertend, Grenzfall des Standards): **1.** ↗GSCHRAPP A, ↗BANKERT A D-südost, ↗FRATZ A D-mittelost/südost, ↗GOF CH, ↗BLAG D-mittelwest, ↗GÖRE D-nord/mittel ›ungezogenes, freches Kind‹: *Die feine englische Art ist es nicht, wenn bei Bushaltestellen auch Senioren rücksichtslos drängen … Schlimm wird es aber, wenn die alte Dame dann noch die verdatterte Taferlklasslerin rüde aufscheucht: »Steh auf, du Gfrast!«* (OÖN 28. 5. 1990, 5). **2.** ›unangenehme, nichtsnutzige Person‹: *Doch statt der Beute erntete der Unbekannte nur drohende Hiebe und mutige Worte: »Was willst denn, du Gfrast!«, herrschte die Pensionistin den Mann an, während sie mit ihrem Schirm herumfuchtelte* (OÖN 31. 7. 2000, 1)

GG siehe Grundgesetz

Gickel D-südost der; -s, –: ↗GOCKEL A D, ↗GÜGGEL CH, ↗BROILER D-ost, ↗HÄHNCHEN D (ohne südost) ›Hahn (lebend)‹: *Sperrt eure Hühner ein, ich lass meine Gickel laufen* (Universität München, 2001, Internet) – Auch in der Form *Gickerl.* In A dialektal

Gickerl siehe Gickel

Gießkanne (gemeindt.): ↗SPRITZKANNE

gifteln sw.V./hat (salopp, Grenzfall des Standards): **1.** A ›Rauschgift konsumieren‹: *Vielleicht glauben manche, besser die Studenten sind auf der Uni als sie gifteln im Stadtpark, aber dafür ist eine Hochschule nicht da* (Kleine Ztg 7. 8. 2000, Internet). **2.** A CH ›bösartige, missgünstige Bemerkungen machen‹: *Einige Neider gifteln jetzt, die Rettung eines Pudels sei so viel Geld nicht wert, es gebe Wichtigeres auf der Welt* (Kleine Ztg 8. 9. 1998, Internet; A); *Da kann ihr Vorgänger Karl Lagerfeld noch so gifteln: Stella McCartney setzt sich als Chefdesignerin bei Chloé erfolgreich durch* (Sonntagsztg 22. 3. 1998, Internet; CH) – Zu 1.: ↗**Giftler(in)**

Giftklasse CH D die; –, -n: ›Grad der Giftigkeit (von Stoffen)‹: *Ein EU-kompatibles Chemikaliengesetz soll das alte Giftgesetz ablösen. Die fünf Giftklassen werden durch Gefährdungskennzeichen ersetzt* (Bund 25. 11. 1999, 17; CH); *Die rund 150 Fässer enthalten insgesamt 28 Tonnen altes Melipax, ein Insektizid der Giftklasse A1* (Greenpeace 12/1992, Internet; D) – Die Giftklasse wird behördlich festgelegt und ist entscheidend für die freie Erhältlichkeit von Stoffen im Handel – Dazu: **giftklassefrei, giftklassenfrei**

Giftler Giftlerin A der; -s, – bzw. die; –, -nen (salopp, Grenzfall des Standards): ↗DRÖGELER CH ›Drogenabhängige(r); Junkie‹: *Für die Musikanten war zu wenig Verkehr, und die Giftler trieben sich lieber in der Hauptpassage herum* (Haslinger, Opernball 42) – Vgl. gifteln

Gigot CH der/das; -s, -s ['ʃigo] ⟨frz.⟩ (Küche): ›Hinterschenkel des Lamms oder Schafs‹: *Die Schweizer haben Schafe gern: als niedliche, wollige Tiere auf der Weide, aber auch als saftige Gigots auf ihren Tellern* (Blick 12. 5. 1999, 32) – Die Entsprechungen in A und D werden regelmässig aus den Grundwörtern ↗*Keule*, ↗*Schlegel* und ↗*Schlögel* gebildet: In A *Lammschlegel* oder *Lammschlögel*, in D *Lammkeule* – Dazu: **Lammgigot**

Gilet A CH das; -s, -s [ʃi'leː A, 'ʃile CH] ⟨frz.⟩: ›Weste‹: *Er übergab Schirm, Seidenschal, Mantel und Hut der Garderobière, zog die Zigarettenschachtel aus seinem Gilet, dazu das Ronsonfeuerzeug* (Rabinovici, Suche nach M. 7; A); *Eugen war merkwürdig korrekt angezogen, grauer Anzug mit feinen roten Fäden, Gilet, dunkelrote Krawatte* (Brechbühl, Kneuss 37; CH) – Dazu: **Giletknopf**

Ginster (gemeindt.): ↗BRAMBUSCH

Gipfel CH der; -s, –: siehe Gipfeli

Gipfeli CH das; -s, –: ↗KIPFERL A, ↗HÖRNCHEN D, ↗HÖRNDL D-südost ›Gebäckstück in gebogener Form aus Blätterteig bzw. einem Teig aus ↗Hefe‹: *Das Publikum trinkt Kaffee, lässt sich die Gipfeli schmecken und unterhält sich im Flüsterton* (TA 19. 2. 1999, 19) – Auch in der Form *Gipfel* (der; -s, -) – Dazu: **Buttergipfeli, Mohngipfeli, Schinkengipfeli**

Gitta D: ↗GITTI A, ↗BRITTA D Koseform der weibl. Vornamen *Brigitta, Brigitte: Sie ist eine Künstlerin, die überraschen, verblüffen und gelegentlich auch provozieren will: Gitta Witzke* (WAZ 27. 4. 2001, Internet)

Gitti A: ↗BRITTA D, ↗GITTA D Koseform der weibl. Vornamen *Brigitta, Brigitte: Im Damen-Finale scheiterte Gitti Köck an Farmand (D) und holte Silber* (Kleine Ztg 2. 3. 1997, 48); *Frei nach dem Motto »Wehe, wenn sie losgelassen« fegte die Jazz-Gitti durch die Veranstaltungshalle Gunskirchen und begeisterte Jung und Alt* (OÖN 4. 12. 1995, 18)

Gitzi CH das; -s, –: ↗KITZ A ›junge Ziege; Zicklein‹: *Mit etwa fünf bis sechs Monaten werden die gesunden von der Mutter noch gesäugten Gitzi zuchtfähig* (Tierwelt 15. 8. 1997, 26) – Vgl. Geiss – Dazu: **Gitzibraten**

GKK siehe Gebietskrankenkasse

Glace Glacé CH die; –, -n ['glasə] /das; -s, -s [glaseː] ⟨aus frz. *glace*⟩: ↗EIS A D ›Speiseeis‹: *Das dicke Mädchen hat seine Mutter … mühelos überreden können, ihm eine Glace zu kaufen* (Schmidli, Sommer 92); *Ein glückliches Kind mit einem grossen, bunten Glace in der Hand* (Ernst 17. 3. 1999, 77) – *Glace* in der Bedeutung ›gelierter Jus‹, Femininum, ist fachsprachlich gemeindt. *Glacé* in der Bedeutung /ein Gewebe/, in A und CH Neutrum, in D Maskulinum, ist fachsprachlich gemeindt. Vgl. Coupe – Dazu: **Glacemaschine Glacémaschine, Rahmglace Rahmglacé** (↗Rahm), **Schokoladenglace Schokoladenglacé** (↗Schokoladen-)

Glarner CH: **1. Glarner Glarnerin** der; -s, – bzw. die; –, -nen: ›Person, die aus dem ↗Kanton oder der Stadt Glarus stammt oder dort wohnt‹: *Den Glarnern sagt man eine gewisse Sturheit und harte Köpfe nach* (Tierwelt 15. 8. 1997, 4). **2.** indekl. Adj.: ›aus dem ↗Kanton oder der Stadt Glarus stammend, zu Glarus gehörend‹: *Im Zuge der Totalrevision des Steuergesetzes … hat der Glarner Landrat die Aufhebung der Erbschaftssteuer für direkte Nachkommen beschlossen* (Bund 23. 12. 1999, 13) – Dazu: **glarnerisch, Glarnerland**

glatt CH D-südwest Adj.: ↗ULKIG D-nord/mittel ›lustig‹: *Der lässt sich von einem guten Freund, der Skaten glatt findet, zum Kauf neuer Skis überreden* (Sport 10. 3. 1998, Beilage 2; CH) – Andere Bedeutungen sind gemeindt. – Dazu: **sauglatt**

Glätteisen CH das; -s, – (veraltend): ↗PLÄTTE D-ost, ↗PLÄTTEISEN D-nord ›Bügeleisen‹: *Damals habe ich für die Brautschau die Hemden tipptopp gebügelt und mit einem feuchten Tuch die Bügelfalten der Hosen mit dem Glätteisen messerscharf nachgezogen* (Blick 19. 1. 1999, 15) – Vgl. glätten

glätten CH sw.V./hat (Grenzfall des Standards): ↗PLÄTTEN D-nord/mittelost ›bügeln‹: *So konnte man wieder ein Weilchen weiter glätten. Diese Büglerei war allerdings schon ein bisschen mühsamer als die heutige* (Wenger, Rosalia 30) – Dazu: **Glättebrett, ↗Glätteisen, Glätterei, Glätter(in)**

Gleiche siehe Dachgleiche

Gleichenbaum A der; -(e)s, …bäume: ↗FIRSTBAUM A, ↗AUFRICHTEBÄUMCHEN CH, ↗RICHTBAUM D ›bei der ↗Firstfeier auf den Dachfirst gestelltes, mit bunten Bändern geschmücktes Bäumchen‹: *Das Lentos, nun vom Gleichenbaum geziert, ist auch Beweis, was in der Partnerschaft zwischen öffentlicher Hand und Wirtschaft zu Wege gebracht werden kann* (OÖN 6. 4. 2002, 9)

Gleichenfeier A die; –, -n: ↗DACHGLEICHE A, ↗FIRSTFEIER A, ↗AUFRICHTE CH, ↗RICHTFEST D ›Fest, das ein(e) Bauherr(in) mit Handwerkern und Bauarbeitern anlässlich der Fertigstellung des Dachstuhls feiert‹: *Genau ein Jahr nach der Grundsteinlegung fand am Mittwoch die Gleichenfeier für die Synagoge in Graz statt* (Standard 11. 11. 1999, Internet)

gleichenorts CH Adv.: ›am gleichen Ort‹: *1996 gingen bei der Schliessung der Burgdorfer Butterzentrale 30 Arbeitsplätze verloren. Diesen Frühling gibt's gleichenorts 50 neue: eine Grossbäckerei startet ihren Betrieb* (Blick 30. 3. 1998, 3)

gleichentags CH Adv.: ›am gleichen Tag‹: *Wir wohnten weit genug entfernt, um als Besuch zu gelten, und doch so nahe, dass man gleichentags wieder zu Hause sein konnte* (Dinkel, Bedürfnis 139)

Gleis (gemeindt.): ↗GELEISE

Gleisdreieck A D das; -(e)s, -e: ›dreieckige Gleisverbindung, die Schienenfahrzeugen das Wenden ohne Drehscheibe ermöglicht‹: *Derzeit ist die B 3 über das Gleisdreieck bis zur Leopoldauer Straße in Betrieb* (Stadt Wien, 2003, Internet; A); *Durch eine Aufhebung der … Bahnübergänge … werden die Flächen zwischen den Bahnübergängen (östliches und westliches Gleisdreieck) nicht mehr von der Hammer Straße erreichbar sein* (CDU Fraktion Wandsbek 2. 12. 2002, Internet; D) – In CH selten

Gleitpension A die; –, -en: ↗ALTERSTEILZEIT D ›schrittweise Pensionierung durch verminderte Arbeitszeit bei gleichzeitigem Bezug der ↗Pension‹: *Dabei müsse es – auch gegen Widerstand der Wirtschaft – zu Rechtsansprüchen auf Teilzeitarbeit und Gleitpensionen kommen* (Kurier 17. 9. 1997, 2)

Gleitschirm CH D der; -(e)s, -e: ↗PARAGLEITER A, ↗GLEITSEGEL D-mittelwest/südwest ›Paraglider; Hängegleiter‹: *1994 konnte erstmals bei den Unfällen mit Gleitschirmen eine rückläufige Tendenz festgestellt werden* (Schweiz. Hängegleiterverband, 2000, Internet; CH); *Schließlich planten sie, sich noch von dick verschneiten Gipfeln mit Gleitschirmen in die Tiefe zu stürzen* (Welt 21. 10. 2000, Internet; D) – In A selten – Dazu: ↗**gleitschirmfliegen, Gleitschirmflieger(in), Gleitschirmpilot(in)**

gleitschirmfliegen CH D (nur im Inf.): ↗PARAGLEITEN A ›mit einem Paraglider fliegen; paragliden‹: *Die Versicherungen stufen … das Gleitschirmfliegen mittlerweile nur noch als relatives Risiko ein* (Bund 1. 8. 1999, 17; CH); *In den vergangenen Jahren kamen Unfälle durch Trendsportarten wie … Gleitschirmfliegen … hinzu* (Welt 20. 10. 1999, Internet; D) – Vgl. Gleitschirm

Gleitsegel D-mittelwest/südwest das; -s, –: ↗PARAGLEITER A, ↗GLEITSCHIRM CH D ›Paraglider; Hängegleiter‹: *Vom Gleitsegel in den Rettungshubschrauber* (Siegener Ztg 3. 3. 1997, Internet) – Dazu: **Gleitsegelpilot(in)**

Gletscher (gemeindt.): ↗FERNER, ↗KEES

Gliedermeter CH der; -s, –: ↗ZOLLSTAB A, ↗METER A CH, ↗DOPPELMETER CH, ↗ZOLLSTOCK D ›[zwei Meter langer] zusammenklappbarer Stab mit Masseinteilung; Meterstab‹: *Der »hosensackgerechte« Gliedermeter aus weissem Kunststoff, 10 Glieder à 10 cm* (HZ AG Kopierzentrum, 2003, Internet)

Glocke A D-süd die; –, -n: ↗SCHELLE D-mittelwest/südwest ›Vorrichtung zum Klingeln; Klingel‹: *Auf sein Klopfen – eine Glocke gab es nicht – erklang aus dem Inneren der Wohnung die Frage: »Bitte wer kommt?«* (Semrau, Zimtapfel 99; A) – Andere Bedeutungen sind gemeindt. – Dazu: **Türglocke**

Glotze D die; –, -n (salopp): ↗KASTL A D-südost, ↗FLIMMERKASTEN D, ↗RÖHRE D ›Fernsehapparat, Flimmerkiste‹: *Eben laufen die Nationalkicker ins Stadion ein, da verdunkelt sich erst die Mattscheibe, dann die Laune. Die Glotze ist hin* (Kölnische Rundschau 11. 7. 2002, Internet) – In A und CH bekannt, aber als fremd empfunden

Glück (gemeindt.): ↗DUSEL, ↗MASEN, ↗MASSEL

Gluckser D-südwest der; -s, ohne Plur. (Grenzfall des Standards): ↗SCHNACKERL A (ohne west), ↗HITZGI CH, ↗HETSCHER D-südost, ↗HICKSER D-nordost/südwest ›Schluckauf‹: *»Eine unwillkürliche schnelle Zusammenziehung des Zwerchfells mit tönender Einatmung« – so beschreibt das klinische Wörterbuch, was quer durchs Land anders heißt: Hickser, Gluckser … oder … Schluckauf* (Berliner Ztg 17. 8. 1995, Internet)

Glückskind (gemeindt.): ↗WEIHNACHTSKIND

Glump A D-südost das; -s, ohne Plur.: siehe Glumpert

Glumpert A das; -s, ohne Plur. (Grenzfall des Standards): **1.** ↗KRAMURI A, ↗GRAFFEL A D-südost, ↗GRÜMPEL CH, ↗KRAM CH D, ↗KREMPEL D, ↗TRÖDELKRAM D-nord/mittel ›wertloses Zeug; Krimskrams, Plunder‹: *Auch unsere Schränke sind alle voll mit ihrem Glumpert* (Kneifl, Vorstellung 70). **2.** ↗GRAFFEL A D-südost ›schlecht oder nicht funktionierendes Gerät‹: *Die Delegierung der Himmelfahrt an ein technisches Glumpert ist überstanden* (Standard 20. 2. 1999, Internet) – Auch in der Schreibung *Klumpert*, in A und D-südost auch in den Formen *Glump, Klump*

Gluscht CH der; -(e)s, ohne Plur. (Grenzfall des Standards): ↗GUSTO A D-südost ›heftiges Verlangen [nach Genuss- oder Nahrungsmitteln]‹: *Die feine Crème Caramel ist ideal für den süssen Gluscht* (Firma Wander, 2001, Internet) – In A-west dialektal – Dazu: ↗**gluschtig**

gluschtig Adj. (Grenzfall des Standards): **1.** CH; ↗GUSTIÖS A, ↗LECKER D (ohne südost) ›appetitlich, appetitanregend, wohlschmeckend‹: *Überdies enthält die Karte gluschtige Glacen und Coupes* (Bund 13. 11. 1996, 36). **2.** A-west CH ›begierig‹: *Beim täglichen Einkauf das Gehirn einschalten und nicht nur den verwöhnten*

Magen und die gluschtige Zunge entscheiden lassen (TA 18. 4. 1998, 25; CH); ***jmdn. gluschtig machen** CH ›jmdn. neugierig, begierig machen‹: *Die Credit Suisse macht mit einer innovativen Hypothek gluschtig auf ein eigenes Häuschen* (Blick 14. 8. 1998, 9) – Zu 2.: In A-west auch in der Form *glustig.* Vgl. anmächelig, Gluscht

Gnagi CH das; -s, – (Küche): ↗STELZE A, ↗WÄDLI CH, ↗EISBEIN D-nord/mittel, ↗SCHWEINSHAXE D-süd, ↗SPITZBEIN D-nordost ›eingesalzenes und gekochtes oder gebratenes Stück Schweinefleisch, meist vom Unterschenkel‹: *Bei Rippli, Speck und Gnagi kann eigentlich nicht viel schief gehen* (Blick 7. 11. 1997, 28)

gneißen A D-südost sw.V./hat (Grenzfall des Standards): ↗ÜBERZIEHEN A, ↗SPANNEN A D-nordwest/ südost, ↗ÜBERREIßEN A D-südost, ↗RAFFEN CH D-mittel/süd, ↗BLICKEN D ›etw. plötzlich erfassen, durchschauen‹: *Die Kälte beißt, der Sturm reißt, der Firn gleißt, und sogar der Hitzigste gneißt, dass mit kurzen Ärmeln kein Durchkommen mehr ist* (OÖN 27. 10. 1998, 24; A) – In A selten auch in der Schreibung *kneißen.* Vgl. Trichter – Dazu: ↗**Blitzgneißer** A

Goal A CH das; -s, -s [goʊl A, goːl CH] ⟨engl.⟩: ↗BUMMERL A (ohne west), ↗TOPF CH ›Tor in einem Ballspiel; Treffer‹: *Die Analyse … ergab, dass es sich bei dem Treffer um ein Eigentor des Admira-Liberos Ernst Aigner und nicht um ein Goal des Tirol-Legionärs Radoslav Gilewicz gehandelt hat* (VN 13. 7. 2000, C 1; A); *Während die Neuenburger mit vier Torschüssen dreimal trafen, gelang den Zürchern trotz 14 Versuchen nur ein Goal* (TA 27. 5. 2000, 45; CH) – In D veraltet. Die Zus. *Goalgetter(in)* ist gemeindt. Die Verwendung im Bereich Eishockey ist gemeindt. – Dazu: ↗**Eigengoal** CH, ↗**Goalie** CH, **Goalkeeper(in), Goalmann, Golden-Goal,** ↗**Steirergoal** A

Goalie CH der; -s, -s [ˈgoːli] ⟨engl.⟩ (Sport): ↗TORMANN A D, ↗SCHLUSSMANN D, ↗TORWART D ›Spieler, der im Tor steht; Torhüter‹: *Ein Team besteht aus vier Feldspielern plus Goalie, wobei erstere fliegend, die Torhüter hingegen nur bei einem Spielunterbruch ersetzt werden können* (Blick 18. 1. 1997, Beilage 3) – In A selten, Aussprache [goʊli]. Schreibung in CH selten auch *Goali.* Eine weibliche Form ist nicht gebräuchlich. Vgl. Goal – Dazu: **Nationalgoalie**

GOB siehe Gewerbeoberschule

Gockel A D der; -s, –: ↗GÜGGEL CH, ↗BROILER D-ost, ↗GICKEL D-südost, ↗HÄHNCHEN D (ohne südost) ›Hahn (lebend)‹: *In einer Gesellschaft, wo am flachen Land das Gackern von freilaufenden Hendln und das Krähen von Gockeln per Gerichtsbeschluss unterbunden wird, muss ein großflächiger biologischer Landbau eine Illusion bleiben* (OÖN 7. 2. 2001, 5; A); *Ähnlich ergeht es auch dem stolzen Gockel in der Geschichte »Vom Hahn Weltherr«, der glaubt, die Sonne wecken zu können* (Berliner Ztg 4. 10. 2000, Internet; D) – In D-nord/mittel scherzhaft – Dazu: **Gockelhahn**

Göd A-mitte/ost der; -en, -en (Grenzfall des Standards): ↗GÖTI A-west/südost, ↗GÖTTI CH ›[Tauf]pate‹: *Sein Göd hatte für eine Zeche von 20 Gulden aufzukommen* (Aprilschicken in Rohr im Gebirge, 2002, Internet) – Vgl. Goden

Gode A-mitte/ost die; –, -n: siehe Goden

Goden A-mitte/ost die; –, – (Grenzfall des Standards): ↗GOTA A-west (Vbg.), ↗GOTL A-west (Tir.)/südost, ↗GOTTE CH, ↗GOTTA LIE ›[Tauf]patin‹: *Ava ist eine Schwester der Anna, sie wird das Neugeborene aus der Taufe heben, denn sie ist auch bereits Goden bei den älteren Wirtskindern* (OÖN 9. 4. 1998, Internet) – Auch in den Formen *Gode* (die; –, -n) und *Godl* (die; –, -n). Vgl. Göd

Godl A-mitte/ost die; –, -n: siehe Goden

Goethestadt D die; –, …städte: ↗MAINHATTAN D /Bezeichnung für Städte, in denen der Dichter Johann Wolfgang von Goethe lebte und arbeitete, bes. Frankfurt am Main und Weimar, aber auch Fulda, Illmenau, Wetzlar/: *Ohne Zweifel ist der Börsenverein des deutschen Buchhandels in Frankfurt eine sehr ehrenwerte Gesellschaft. Man muss nur an die Ausrichtung der Buchmesse in der Goethestadt oder an den Friedenspreis denken* (Berliner Ztg 13. 1. 1995, Internet); *Die Zukunft der Goethestadt liegt im Kongress-Tourismus; dafür hat Weimar nicht nur gute Räume, sondern dank der zahlreichen Parks und Schlösser auch das ideale Umfeld* (Tagesspiegel 27. 12. 1998, Internet)

Gof CH der/das; -s, -en (salopp): ↗GFRAST A, ↗GSCHRAPP A, ↗BANKERT A D-südost, ↗FRATZ A D-mittelost/südost, ↗BLAG D-mittelwest, ↗GÖRE D-nord/mittel ›[ungezogenes, freches] Kind‹: *Komische Gäste und tagsüber Wandervögel mit Knickerbockern und roten Socken, deren verwöhnte, unerzogene Gofen dauernd Schnipo, Coci und Glaces verlangten* (Durschei, Meldegg 44) – Auch in der Schreibung *Goof*

Goiserer A D-südost der; -s, – ⟨nach dem Ortsnamen *Bad Goisern* im Salzkammergut (OÖ)⟩: ›zweifach genähter, fester Bergschuh‹: *22 Männer packten für die dreiwöchige Studie … in Lech ihre Rucksäcke und schnürten die Goiserer* (Kurier 9. 10. 1999, 21; A)

Golatsche siehe Kolatsche

Goldvreneli CH das; -s, –: ›Münze aus Gold mit einem nominellen Wert von 20 ↗CHF‹: *Mit etwas Glück können Sie ein Goldvreneli gewinnen* (Tierwelt 15. 8. 1997, 147)

Gommer CH: **1. Gommer Gommerin** der; -s, – bzw. die; –, -nen ›Person, die aus dem obersten Bezirk des

↗Kantons Wallis, dem Goms, stammt oder dort wohnt‹: *Gommer wieder in Angst: Zum ersten Mal in diesem Winter blieb das Obergoms für 24 Stunden von der Aussenwelt abgeschnitten* (Blick 30. 12. 1999, 1). **2.** indekl. Adj. ›aus dem Goms stammend, zum Goms gehörend‹: *»Die Reisenden«, sagt der Gommer Hotelierpräsident André A., »lassen ihr Geld nicht nur auf den Alpenpässen liegen«* (Sonntagsztg 11. 8. 1996, 2) – Dazu: **Obergommer(in)**

Gondelbahn A CH die; –, -en: ↗Kabinenbahn A, ↗Seilschwebebahn A D-süd, ↗Luftseilbahn CH, ↗Schwebebahn D ›Anlage zur Beförderung von Personen und Gütern [zwischen Berg und Tal] in an Drahtseilen hängenden Kabinen; Seilbahn‹ *Am Sonntag reist sie nach Salzburg weiter, wo sie per Gondelbahn auf den Untersberg fahren und eine kleine Wanderung unternehmen wird* (Kurier 11. 7. 1997, 5; A); *In Crans-Montana wurde die Gondelbahn nach Cry-d'Err ersetzt: Die neuen Gondeln bieten jetzt acht Fahrgästen Platz* (Bund 3. 12. 1998, 41; CH) – In D selten

Goof siehe Gof

gopf CH Interj. ⟨zusammengezogen aus *Gott* und *ver...*⟩ (Grenzfall des Standards): ›verdammt‹: *In den paar Flugminuten von Emmen in die Berner Alpen hat der Pilot ... schon ein paar Mal leise geflucht: »Gopf ... wir kommen nicht mit!»* (Blick 1. 12. 1997, 10) – Vgl. Gottfriedstutz – Dazu: **Gopferdammi, Gopferdeckel, Gopfriedstutz, Gopfertammi, Gopfertori**

Gör D-nord/mittel das; -(e)s, -en: siehe Göre

Göre D-nord/mittel die; –, -n (abwertend): ↗Gfrast A, ↗Gschrapp A, ↗Bankert A D-südost, ↗Fratz A D-mittelost/südost, ↗Gof CH, ↗Blag D-mittelwest ›[ungezogenes, freches] Kind‹: *Henriette spielte als Kind mit den schmutzigen, lauten und herrlichen Gören der Oranienburger Straße* (Koeppen, Tauben 69) – Auch in der Form *Gör* (das; -(e)s, -en) – Dazu: **Straßengöre**

Gosche A D-süd die; –, -n (Grenzfall des Standards): **1.** (salopp) ›Maul (von Tieren)‹: *Der Wachtposten und die Gendarmen mit den Hundsviechern, denen der Geifer aus der Gosche geronnen ist* (Sadler, Kälte 88; A). **2.** (abwertend); ↗Pappen A (ohne Vbg.), ↗Fotze A D-südost, ↗Schnorre A-west (Vbg.) CH, ↗Latz CH, ↗Klappe CH D-nord/mittel, ↗Fresse D-nord/mittel, ↗Sabbel D-nord/mittel, ↗Schnauze D (ohne südost), ↗Schnute D (ohne südost) ›Mund (von Menschen)‹: *Wenn du sie küsst, bleiben deine Lippen noch einige Zeit an ihr haften und du ziehst und dann erst schnalzt dir deine Goschen wieder ins Gesicht zurück* (Wisser, Motorspinne 87; A); ***jmdm. die/eine Gosche anhängen** ›jmdm. schlagfertig und ohne Respekt seine Meinung sagen; jmdn. zurechtweisen‹: *Und wenn man selbst etwas sagt, hängen sie einem eine Goschn an* (hass.at, 2003, Internet; A); ***die Gosche halten** siehe halten; ***eine große Gosche haben** siehe haben; ***jmdm. in die Gosche hauen** siehe hauen – In CH dialektal. Häufig auch in der Form *Goschen* (die; –, –) – Zu 2.: **goschen,** ↗**Goschenhobel** D-südwest, **Goscherl, goschern** D-südost, ↗**goschert** A, ↗**großgoschert** A

Goschehobel siehe Goschenhobel

Goschen A D-süd die; –, –: siehe Gosche

Goschenhobel D-südwest der; -s, – (Grenzfall des Standards): ↗Fotzhobel A D-südost ›Mundharmonika‹: *In den Händen hielt er eine Gitarre, im Mund hatte er eine Bluesharp – landläufige Übersetzung: Goschenhobel – und davor ein Arsenal von Hupen und Tröten* (Stuttgarter Nachr 21. 12. 2001, Internet) – Auch in der Form *Goschehobel.* Vgl. Gosche

goschert A Adj. (salopp): **1.** ›ausfallend, frech‹: *»Viel zu goschert« sei der, »und respektlos«* (Profil 15. 12. 1999, Internet). **2.** ›schlagfertig, redegewandt‹: *Es ist etwas leiser um ihn geworden, er aber ist unverdrossen goschert* (OÖN 12. 5. 2000, 6) – Vgl. Gosche – Dazu: ↗**großgoschert**

Gössel D-nord das; -s, -(n): ›sehr junge Gans‹: *Wie die meisten Landwirte ohne eigene Zucht kauft N. seine Gössel bereits Ende Juni/Anfang Juli, wenn sie etwa vierzehn Tage alt sind* (Berliner Morgenpost 21. 11. 2000, Internet) – In CH fachsprachlich

Göt A-west (Tir.)/südost der; -s, -en: siehe Göti

Gota A-west (Vbg.) die; –, -s (Grenzfall des Standards): ↗Goden A-mitte/ost, ↗Gotl A-west (Tir.)/südost, ↗Gotte CH, ↗Gotta LIE ›[Tauf]patin‹: *Herzlichen Dank für die zahlreichen mündlichen und schriftlichen Zeichen ehrlicher Anteilnahme beim Abschiednehmen von unserer lieben Mama, Schwiegermama, Oma, Schwägerin, Cousine, Tante und Gota* (VN 29. 10. 1997, B 3) – Häufig in Todesanzeigen gebraucht, sonst familiär. Vgl. Göti

Göte A-west (Vbg.) der; -s, -n: siehe Göti

Göti A-west/südost der; -(s), -(s) (Grenzfall des Standards): ↗Göd A-mitte/ost, ↗Götti CH ›[Tauf]pate‹: *Wir nehmen Abschied von meinem lieben Gatten, unserem Vater, Großvater, Bruder, Onkel und Göti, Herrn Edmund G.* (VN 19. 12. 1997, B 5) – In A-west (Vbg.) auch in der Form *Göte* (der; -s, -n). In A-west (Tir.)/südost auch in der Form *Göt* (der; -s, -en). In A-west (Vbg.) häufig in Todesanzeigen gebraucht. Vgl. Gota, Gotl

Gotl A-west (Tir.)/südost die; –, -n (Grenzfall des Standards): ↗Goden A-mitte/ost, ↗Gota A-west (Vbg.), ↗Gotte CH, ↗Gotta LIE ›[Tauf]patin‹: *Der Reindling war und ist zum Teil noch ein begehrtes Geschenk.*

Üblicherweise müssen Gotl oder Gote ... zu Ostern ihr Patenkind mit einem Reindling überraschen (Kleine Ztg 22. 4. 2000, Internet) – Auch in der Form *Goti.* Vgl. Göti – Dazu: ↗**Gotlpack** A-west (Tir.)

Gotlpack A-west (Tir.) der; -s, – (Grenzfall des Standards): ›zu Allerheiligen und Ostern überreichtes Geschenk des Patenonkels oder der Patentante an das Patenkind‹: *Der »Gotlpack« hat seinen Ursprung in alten Brotopfern* (Monatsjournal Tirol 2. 4. 1998, 29) – Vgl. Gotl

Gott: ***grüß Gott** A D-süd: ↗BEGRÜßEN: *BEGRÜßE! A-südost, ↗GRÜEZI CH, ↗TAG: *GUTEN TAG CH D-nord/mittel; *TAG! D-nord/mittel, ↗MOIN D-nordwest /Grußformel (zur Begrüßung von unbekannten, nicht verwandten oder nicht näher befreundeten Personen)/: *Der VP-Kandidat sagt zwar höflich »Grüß Gott«, die meisten gehen aber misstrauisch vorbei* (Kurier 4. 12. 1995, 3; A); ***grüß Ihnen/Sie [Gott]** A-ost (Wien) D-südost /Grußformel (zur Begrüßung von guten Bekannten, die gesiezt werden)/: *Grüß Sie! Fein, dass Sie auf unserer Homepage gelandet sind!* (Musikgruppe Sunnwendmusig, 2002, Internet; A-ost); *Herr Ude, Grüß Sie Gott* (Bayerischer Rundfunk 6. 3. 2002, Internet; D-südost); ***grüß dich/euch [Gott]** A D-süd; ↗SERVUS A D-südost, ↗HOI CH, ↗SALÜ CH ›hallo‹ /Grußformel (zur Begrüßung von näher bekannten, befreundeten oder verwandten Personen)/: *»Ja, grüß' dich, wie geht's dir denn?!«, so ähnlich läuft das auf dem Lande ab* (Stenogr. Protokoll des Bundesrates 22./23. 7. 1998, Internet; A); ***pfiat di/euch [Gott]** A D-südost (Grenzfall des Standards); ↗BABA A, ↗SERVUS A D-südost, ↗SALÜ CH, ↗ADE CH D-südwest ›tschüss‹ /aus dem Dialekt in die Schriftsprache aufgestiegene Abschiedsgrußformel (zur Verabschiedung von näher bekannten, befreundeten oder verwandten Personen; zusammengezogen aus der veralteten Grußformel *behüte dich/euch Gott*)/: *Sie musste kichern und begann zu lachen und dann gab sie dem Krampus auch die Hand. Dabei schaute sie ihn an und sagte: »Pfiat di Krampus, und nächstes Jahr wünsch' ich mir vom Nikolaus solche Turnpatschen, wie du sie hast!«* (Firma Webfamilie, Alex und der Krampus, 2001, Internet; A); ***pfiat di Gott [schöne Gegend]** A D-südost; ↗MAHLZEIT: *NA MAHLZEIT A D-südost; *[NA DENN] PROST MAHLZEIT! D, ↗SERVUS: *[NA] SERVUS! A D-südost, ↗BACKE: *AU BACKE! D (ohne südost), ↗EI: *ACH DU DICKES EI! D-nord/mittel, ↗GRÜN: *ACH DU GRÜNE NEUNE! D (ohne südwest) /Ausruf des Erschreckens bzw. der Betroffenheit/: *Wenn das, was der Film vorführte, schon das rigide Musikbusiness war ..., dann pfiat di Gott* (FM4, 2003, Internet; A); ***vergelt's Gott** A CH (veraltend) D-süd ›danke‹: *Den Spendern ein herzliches Vergelt's Gott* (Gemeindebl Hohenems 29. 8. 1998, 8; A); *Die Rechte-Inhaber ... gaben kostenlos die Lizenzen für die Live-Übertragungen. Vergelt's Gott* (Sonntagsblick 26. 5. 1996, 30; CH); ***jmdm. zeigen, wo Gott hockt** CH ›jmdm. seine Macht demonstrieren, jmdn. zurechtweisen‹: *Wenn SP und Grüne Kandidaten für Bundesrat und Bundesgericht nominieren, gefällt es der bürgerlichen Mehrheit nicht selten, der Linken mit der Wahl eines oder einer anderen zu zeigen, wo Gott hockt* (Bund 22. 6. 2000, 13) – Die Grußformel *Grüß Gott* ist in CH veraltend. Das Substantiv *Gott* ist in allen anderen Verwendungen gemeindt.

Gotta LIE die; –, -s (Grenzfall des Standards): ↗GODEN A-mitte/ost, ↗GOTA A-west (Vbg.), ↗GOTE A-west (Tir.)/südost, ↗GOTTE CH ›[Tauf]patin‹: *Es hatte auch nicht viel genützt damals, als Mutter, Gotta und Neni den Baum fällten* (Nigg, Baumfällungen 225) – Selten auch in A-west (Vbg.)

Gotte CH die; –, -n: ↗GODEN A-mitte/ost, ↗GOTA A-west (Vbg.), ↗GOTE A-west (Tir.)/südost, ↗GOTTA LIE ›[Tauf]patin‹: *Im Testament meiner Gotte steht: Alle meine Möbel sowie das Geschirr gehen an mein Gottenkind* (Herzog Versicherungsberatung, 1999, Internet) – Auch in der Form *Gotti* (das; -s, -). Vgl. Götti – Dazu: **Gottenkind**

gottenfroh CH Adj. (nicht steigerbar): ↗GOTTFROH D-süd ›sehr froh, erleichtert‹: *Und hier in diesem Saal treffen sich die Zünfter, ... parlieren in historischen Handwerkskostümen und sind gottenfroh, dass sie ihren Arbeitstag im Büro und nicht in einer düsteren Werkstatt verbringen müssen* (Carolingia Stiftungsfestrede, 1998, Internet)

Gottfriedstutz CH Interj. (salopp): ↗AUFHÖREN: *DA HÖRT SICH [DANN JA/DOCH] ALLES AUF A D, ↗KRUZITÜRKEN A D, ↗SAKRA A D-süd /Ausruf des Zorns, Ärgers oder der Empörung/: *In den letzten zehn Jahren sind bei den SBB über 10'000 Stellen vernichtet worden. Aber warum hat gottfriedstutz in all diesen Jahren die Eisenbahnergewerkschaft dieser fatalen Entwicklung passiv zugeschaut?* (Vorwärts 24. 8. 2001, Internet) – Kann gross- und kleingeschrieben werden. Auch in der dialektalen Form *gopfriedstutz.* Vgl. gopf

gottfroh D-süd Adj. (Grenzfall des Standards): ↗GOTTENFROH CH ›sehr froh, erleichtert‹: *Die Leute sind doch gottfroh, dass die Börse wieder anzieht und sich das allgemeine Geschäftsklima deutlich aufhellt* (Spiegel 25. 3. 2002, Internet)

Götti CH der; -s, –: ↗GÖD A-mitte/ost, ↗GÖTI A-west/südost ›[Tauf]pate‹: *Ich beschenke jeweils meine drei Geschwister, die Eltern und Grosseltern, Gotte, Götti und Onkel sowie meinen Freund* (Brückenbauer 3. 12. 1997, 9) – Vgl. Gotte – Dazu: ↗**Göttibazen,** ↗**Göttibub**

Gọtti CH das; -s, –: siehe Gotte

Gọ̈ttibatzen CH der; -s, –: ›Geldgeschenk eines Paten‹: *Hinter den Einlagen von Dorfvereinen und den unzähligen Göttibatzen auf der Schweizer Liste dürften sich kaum veruntreute Gelder aus der Nazi-Zeit verstecken* (TA 29. 10. 1997, 37) – Vgl. Götti

Gọ̈ttibub CH der; -en/-s, -en: ›männliches Patenkind‹: *Nächsten Montag hat mein Göttibub Geburtstag. Er heisst Matthias und bekommt von mir ein Fussballleibchen* (TA 9. 7. 1999, 48) – Vgl. Bub, Götti

Göttingen (gemeindt.): ↗ WÖRTERBUCHSTADT

Gourmet (gemeindt.): ↗ FEINSPITZ, ↗ GENUSSSPECHT

GPD, GPDel siehe Geschäftsprüfungsdelegation

GPK siehe Geschäftsprüfungskommission

Gra̲barbeiten CH die; nur Plur.: ↗ GRABUNGSARBEITEN A D ›Bauarbeiten, bei denen in den Untergrund gegraben wird [um Leitungen zu verlegen oder zu erneuern]‹: *Die ... Innerortsstrasse muss infolge Grabarbeiten ... für jeglichen Verkehr gesperrt werden* (Engadiner Post 4. 10. 1997, 2)

Gra̲bungsarbeiten A D die; nur. Plur.: ↗ GRABARBEITEN CH ›Bauarbeiten, bei denen in den Untergrund gegraben wird [um Leitungen zu verlegen oder zu erneuern]‹: *Damit sich Wirtschaftstreibende und Anrainer rechtzeitig auf mögliche Behinderungen durch Grabungsarbeiten einstellen können, gibt das Referat für Wirtschaft und Tourismus ... die Straßen und Leitungsbaustellen bekannt* (Innsbruck informiert 4/1998, Servicebeilage 6; A); *Fußböden der Vorgängerkirche wurden bei Grabungsarbeiten im Kirchenraum gefunden* (WAZ 7. 1. 2000, Internet; D)

-gradig D (produktiver Wortbestandteil in Zus., auch in Verbindung mit Zahlwörtern): **1.** ↗ -GRÄDIG A CH ›eine bestimmte Zahl von Alkoholgraden aufweisend; -prozentig‹, z. B. vierziggradig, vollgradig, zwölfgradig: *Ihre Methode, hochgradigen Alkohol herzustellen, erlaubte ... erstmals die Produktion von Parfüms in moderner Form, nämlich in Alkohol aufgelöste Duft-Mixturen* (Maack & Murrmann 29. 7. 2002, Internet). **2.** ↗ -GRÄDIG CH /in Temperaturangaben/: *Bei hochgradigen Temperaturen und moderaten Wasserständen wartete der Gimbach auf tragefreudige Bootfahrer* (Outdoorcenter 29. 7. 2002, Internet)

-grädig (produktiver Wortbestandteil in Zus., meist in Verbindung mit Zahlwörtern): **1.** A CH; ↗ GRADIG D ›eine bestimmte Zahl von Alkoholgraden aufweisend; -prozentig‹, z. B. vierziggrädig, vollgrädig, zwölfgrädig: *Er hätte gern noch einen Neunziggrädigen getrunken* (Roth, Radetzkymarsch 154; A); *Max hat seinen Schnaps am liebsten zwischen 42 und 45 Volumenprozent, aber »es gibt auch solche, die 50- oder sogar 60-grädigen Schnaps brennen«, schüttelt er den Kopf* (RZ Oberwallis, 2002, Internet; CH). **2.** CH; ↗ -GRADIG D /in Temperaturangaben/: *Für das erste Mal begrüssten wir die fünfziggrädigen Batterien als angenehme Heizung während des Einschlafens* (Twike Klub, 2001, Internet)

Grạffel A D-südost das; -s, ohne Plur. (Grenzfall des Standards): **1.** ↗ GLUMPERT A, ↗ KRAMURI A, ↗ GRÜMPEL CH, ↗ KRAM CH D, ↗ KREMPEL D, ↗ TRÖDELKRAM D-nord/mittel ›wertloses Zeug; Krimskrams, Plunder‹: *Graffel aufstellen, Massen durchlotsen und abkassieren: so einfach stellen sich manche Proponenten die Errichtung zeitgemäßer Museen vor* (Zur Sache Museumsquartier, 2002, Internet; A). **2.** ↗ GLUMPERT A D-südost ›schlecht oder nicht funktionierendes Gerät‹: *Da hacken in unseren Nachbarländern längst alle auf Computern herum, und wir mühen uns immer noch mit verstaubtem, museumsreifem Graffel ab* (OÖN 4. 2. 1992, 13; A) – Dazu: **Graffelwerk**

Grafitto (gemeindt.): ↗ SPRAYEREI

Grạmmel[1] A D-südost die; –, -n: ↗ GRIEBE D (ohne südost) ›Rückstand des erhitzten Schweinefetts als Speise‹: *Er lebt in New York, aber er lässt sich aus Wien die Grammeln schicken und trinkt seinen G'spritzten dazu* (News 3. 7. 1997, 103; A) – Dazu: **Grammelfett, Grammelfülle** (↗ Fülle), **Grammelknödel** (↗ Knödel), **Grammelpogatsche** (↗ Pogatsche) A-ost, **Grammelschmalz, Grammelstrudel** (↗ Strudel), **Grammeltascherl** (↗ Tascherl)

Grạmmel[2] STIR die; –, -n: ›Gerät zum Zerkleinern von hartem Brot‹: *Die Mutter zerteilt die harten Breatln in der Grammel, dann lässt sie das Hackmesser auf das Holz fallen* (Flöss, Schnittbögen 167) – Dazu: ↗ **grammeln**

grạmmeln STIR sw.V./hat: ›hartes Brot [mittels eines Küchengeräts] zerkleinern‹: *Brot klein schneiden oder – grammeln, eine Tasse Milch darüber gießen, weichen lassen* (Kompatscher, Küche 32) – Vgl. Grammel

Grạnde A D der; -n, -n ⟨aus span. *grande* ›groß‹⟩ (meist Plur., salopp, auch scherzh.): ›Person, die der obersten Politiker- oder Funktionärsschicht angehört‹: *Mit den Freiheitlichen verstehen sich viele ÖVP-Granden persönlich einfach besser als mit den Sozialdemokraten* (Profil 14. 2. 2000, 17; A); *Zwar ließen Vertraute des FDP-Granden später durchblicken, S. habe sich verplappert; ... doch die Meldung war längst in der Welt* (Spiegel 1. 12. 1997, 22; D) – Die Bedeutung ›Angehöriger des spanischen Hochadels‹ ist gemeindt. – Dazu: **Parteigrande, Politgrande, ORF-Grande** (↗ ORF) A

Grạnt A D-südost der; -s, ohne Plur. (Grenzfall des Standards): ›Unmut, üble Laune‹: *Die grüne Frauensprecherin Doris P. hat mittlerweile einen »unsagbaren*

Grant – in Wahrheit ist überhaupt nichts weitergegangen« (News 23. 12. 1997, 26; A) – Dazu: ↗**granteln**, ↗**grantig** A D-süd, ↗**Grantler(in)**, ↗**Grantlhuber** D-südost, **Grantnigel** (↗Nigel), ↗**Grantscherben** A

granteln A D-südost sw.V./hat (Grenzfall des Standards): ›eine mürrische Grundstimmung haben‹: *Oberkellner granteln geschäftstüchtig* (Kurier 20. 6. 1998, Beilage 4; A) – Vgl. Grant

Granten A-west (Tir.)/südost die; nur Plur. (Grenzfall des Standards): ↗KRONSBEERE D-nordwest, ↗MOOSBEERE D-südost ›Preiselbeeren‹: *Unser Halbtagsausflug im September führte uns bei herrlichstem Altweibersommerwetter auf den Falkert, wo sich jeder nach Belieben erfreuen konnte; um den See spazieren, zur Jause einkehren, … Graupen und Granten klauben oder anderes mehr* (Seniorenbund Ortsgruppe Feldkirchen, 1999, Internet) – In A-west (Vbg.) dialektal in der Form *Gränte*

grantig A D-süd Adj. (Grenzfall des Standards): ↗MUFF CH, ↗MISSGELAUNT D, ↗ÜBELLAUNIG D, ↗MIESEPETRIG D (ohne südost), ↗MISSLAUNIG D (ohne nordost/südwest), ↗SAUERTÖPFISCH D (ohne südost) ›schlecht gelaunt; mürrisch‹: *Auch die Alt-Wirtin ist grantig* (Kurier 27. 12. 1997, Freizeit 25; A); *Damit wird verständlich, warum D. so grantig reagiert hat* (SZ 31. 10./1. 11. 1998, 40) – In CH selten. In D-nord/mittel zunehmend gebräuchlich. Vgl. Grant

Grantler Grantlerin A D-südost der; -s, – bzw. die; –, -nen (abwertend, Grenzfall des Standards): ↗GRANTSCHERBEN A, ↗GRANTLHUBER D-südost, ↗MIESEPETER D (ohne südost), ↗NIESELPRIEM D-ost, ↗PIESEPAMPEL D-nordost, ↗SAUERTOPF D (ohne südost) ›Mensch mit mürrischer Grundstimmung‹: *Zuerst schmeißt Jack Nicholson als mieselsüchtiger Neurotiker in »Besser geht's nicht« das kleine Hündchen in den Müllschlucker, doch später erweicht das süße Tierchen das harte Herz des eingefleischten Grantlers* (Skip 2/1998, 28; A) – Vgl. Grant

Grantlhuber D-südost der; -s, – (abwertend, Grenzfall des Standards): ↗GRANTSCHERBEN A, ↗GRANTLER A D-südost, ↗PIESEPAMPEL D, ↗MIESEPETER D (ohne südost), ↗NIESELPRIM D-nord/mittelost, ↗SAUERTOPF D (ohne südost) ›Mensch mit mürrischer Grundstimmung‹: *Karl Obermayr … ist unvergleichlich in seinen leisen Wechseltönen von gutmütigem Wohnzimmer-Bappa … und hypochondrischem Grantlhuber* (Bayerischer Rundfunk 14. 12. 2000, Internet) – Eine weibliche Form ist nicht gebräuchlich. Vgl. Grant

Grantscherben A der; -s, – (abwertend, Grenzfall des Standards): ↗GRANTLER A D-südost, ↗GRANTLHUBER D-südost, ↗MIESEPETER D (ohne südost), ↗NIESELPRIEM D-ost, ↗PIESEPAMPEL D-nordost, ↗SAUERTOPF D (ohne südost) ›Mensch mit mürrischer Grundstimmung‹: *Gunther Philipp brilliert als reicher Grantscherben, der seine kargen Mahlzeiten mit einem Gewalttäter teilen muss, der ihn obendrein zwingt, auf Diebstour zu gehen* (Nachruf auf den Autor Georg Timber-Trattnig, 2000, Internet) – Eine weibliche Form ist nicht gebräuchlich. Vgl. Grant

Grapefrucht D die; –, …früchte ['gre:p…]: ↗PAMPELMUSE D (ohne südost) ›Grapefruit‹: *Die Weibchen der Mexikanische Fruchtfliege legen auf Grapefrucht und verschiedene andere Früchte … etwa 100 Eier ab* (Lehrstuhl für Tierökologie Freising, 2002, Internet)

Grapefruit (gemeindt.): ↗GRAPEFRUCHT, ↗PAMPELMUSE

Grappa die; –, -s/Grappe/der; -s, -(s) ⟨ital.⟩: in CH und STIR fachsprachlich und formell wie italienisch Femininum, gemeindt. Maskulinum. Die maskuline Form ist in CH und STIR jedoch informell. Der Plural lautet in CH und STIR in der femininen Verwendung *Grappas* oder *Grappe: Die Jesuiten leisteten ihren Beitrag zur Verbesserung der Grappa. Sie rationalisierten das Brennverfahren* (NZZ 1. 9. 2001, 115; CH); *Die »Südtiroler Grappa« ist frei von Zusätzen und Veredelungsstoffen und erfüllt mindestens 75 von 100 Punkten nach dem Bewertungssystem ANAG* (Dolomiten 7. 4. 2000, 19; STIR)

Grashüpfer A D (ohne südost) der; -s, –: ↗HEUHÜPFER A D-südost, ↗HEUSCHRECK A D-süd, ↗HEUPFERD D-mittelost/südwest ›[kleine] Heuschrecke‹: *Forscherteams … ist es … gelungen, in großen elektromagnetischen Feldern Grashüpfer, Fische und Frösche zum Schweben zu bringen* (OÖN 15. 4. 1997, 17; A); *Weil sie beim Grünkohlessen auf einen Grashüpfer gebissen hat, hat ein US-Gericht einer Frau 2000 Dollar zugesprochen* (WAZ 24. 10. 1997, 7; D) – In A im Grenzfall des Standards auch in der Form *Grashupfer*

Grashupfer A der; -s, –: siehe Grashüpfer

Grasland (gemeindt.): ↗WIESLAND

Gratin der/das; -s, -s [gra'tẽ: A D, 'gratẽ CH]: in A und D Neutrum, in CH Maskulinum. Die maskuline Verwendung ist in D selten, die sächliche Verwendung ist in CH selten. Das gilt auch für Zus., z. B. Gemüsegratin, Kartoffelgratin: *Das Gratin schmeckt auch ohne Schinken als Beilage zu gebratenem Fleisch* (Lebensmitteluntersuchungsanstalt Wien, 2002, Internet; A); *Und als ich kürzlich einen simplen Gratin aus lageweise vorgekochten Kartoffeln und Rüebli servierte, stellte ich schmunzelnd fest, wie ein Gast am Tisch die beiden Zutaten mit der Gabel zerdrückte und vermischte* (Bund 18. 8. 1995, 35; CH); *Er berechnet auf Knopfdruck, wie viele Kartoffeln in ein Gratin für vier Personen gehören* (Berliner Ztg 22. 2. 1995, Internet; D)

Gratiseintritt der; -(e)s, -e: **1.** CH ›Freikarte‹: *Wer am 14., 15. oder 16. Januar ... eine Ein- oder Zweitageskarte kauft, erwirbt damit einen Gratiseintritt zu den Lauberhornrennen* (Bund 8. 12. 1999, 32). **2.** A CH ›kostenloser Eintritt‹: *Klassen aus 70 Schulen des Einzugsgebietes will man auf einer Sondertribüne bei Gratiseintritt mit Gratisgetränken und Gewinnspiel begeistern* (OÖN 26. 3. 2001, Internet; A); *Vor dem Anpfiff gewährten die Verantwortlichen des Klubs sämtlichen Frauen und Jugendlichen unter 14 Jahren Gratiseintritt* (Bund 13. 12. 1999, 23; CH)

Gratisnummer CH die; –, -n: ↗NUMMER: *GRÜNE NUMMER STIR ›für anrufende Personen kostenlose Telefonnummer‹: *Unter der Gratisnummer 0800 ... beantwortet ein Beratungsdienst der Krebsliga Fragen rund ums Rauchen* (Blick 27. 10. 1999, 26)

Grättimaa CH-nordwest der; -s, ...männer (Grenzfall des Standards): ↗GRITTIBÄNZ CH (ohne nordwest), ↗STUTENKERL D-nordwest/mittelwest, ↗WECKMANN D-mittelwest/südwest ›süsses Gebäck in Form einer menschlichen Gestalt, das zum Tag des St. Nikolaus gebacken wird‹: *Der Samichlaus verteilte jedem noch einen Grättimaa und alle gingen zufrieden nach Hause* (Jahresbericht Pfadfinder Wildenstein, 2000, Internet) – Seltener auch in der Form *Grättimann*

Gratulationsempfang LIE der; -(e)s, ...empfänge: ›Empfang [zum Geburtstag des ↗Fürsten und der Fürstin] auf Schloss Vaduz‹: *Am Freitag, 14. Februar findet auf Schloss Vaduz ein Gratulationsempfang statt* (Firstlink, 2002, Internet)

Grätzel A-ost das; -s, -n (Grenzfall des Standards): ›Teil eines Wohngebiets; Häuserblock‹: *Franzobel führt uns ein menschliches Bestiarium, ein Pandämonium des Grätzels vor und erspart uns dabei nichts* (Wiener Ztg 5./6. 5. 2000, Extra 11) – Vgl. Viertel – Dazu: **Grätzelfest**

Graubrot D-nordost/mittelwest das; -(e)s, -e: ›Mischbrot aus Roggen- und Weizenmehl‹: *Graubrot und Schwarzbrot sollten niemals zusammen in einem Beutel ... aufbewahrt werden* (Dienstmann, Kerzenwachs 157)

Graukas A-west (Tir.) der; –, ohne Plur.: ↗GRAUKÄSE A-west (Tir.) /ein aus ↗Sauermilch hergestellter bröckliger Schimmelkäse/: *Butter, almfrische Milch, Buttermilch, Topfenaufstriche, Joghurt und Graukas aus eigener Erzeugung sowie selbst gebackenes Brot lassen Sie den Tag kraftvoll beginnen* (Stubaital online, 2002, Internet) – Dazu: **Graukassuppe**

Graukäse A-west (Tir.) der; -s, –: ↗GRAUKAS A-west (Tir.) /ein aus ↗Sauermilch hergestellter bröckliger Schimmelkäse/: *Zutaten für 6 Personen: 250 g gereifter, trockener Zillertaler Graukäse Premium (je reifer desto weniger Graukäsemenge ist notwendig) ...* (Erlebnissennerei Zillertal, 2002, Internet)

Graupe A D (ohne südost) die; –, -n ⟨aus dem Slaw.⟩ (meist Plur.): ↗GERSTL A D-südost, ↗ROLLGERSTE A CH D-südost ›geschältes Gersten- oder Weizenkorn‹: *Die Graupen einige Stunden, am besten über Nacht, in kaltem Wasser einweichen* (VN 11. 2. 2000, Magazin 22; A); *Die neuerdings wieder hochgelobten Hülsenfrüchte, aber auch ... Graupen, geben ihr Bestes nur, wenn sie langsam in einer guten Brühe simmern dürfen* (Stern 25. 9. 1997, 172; D) – Dazu: **Gerstengraupen** D, **Graupenbrei** D (ohne südost), ↗**Graupensuppe** D (ohne südost)

Graupensuppe D (ohne südost) die; –, -n: ↗GERSTLSUPPE A D-südost, ↗GERSTSUPPE STIR ›Suppe aus geschälten Gerstenkörnern; Gerstensuppe‹: *Als Abendbrot servierte man uns Graupensuppe, die so gut wie ungenießbar war* (Deutsches Historisches Museum Berlin 8. 10. 2002, Internet) – Vgl. Graupe

grauslich A Adj. (Grenzfall des Standards): ↗GRÄUSLICH D-süd ›ekelhaft, hässlich, unangenehm‹: *Gabi meinte: »Ich weiß nicht, ob es sinnvoll ist, in diese grausliche Welt noch Kinder zu setzen«* (Treiber, Blaue See 30) – Dazu: **Grauslichkeit**

gräuslich D-süd Adj.: ↗GRAUSLICH A ›ekelhaft, hässlich, unangenehm‹: *Aber die Sparkasse, die man nachher umbaute, sieht viel gräuslicher aus* (Donaukurier 1. 10. 2001, Internet) – Dazu: **Gräuslichkeit**

Greif siehe Greifen

Greifen D-nordost das; -s, ohne Plur.: ↗FANGERL A-ost D-südost, ↗NACHLAUFEN A-ost (bes. Wien) D-mittelwest, ↗FANGIS CH, ↗HASCHEN D-ost, ↗KRIEGEN D-nord/mittel, ↗TICK D-nordwest ›Kinderspiel, bei dem ein Kind andere Kinder durch Nachlaufen fangen muss; Fangen‹: *Sicher, wir haben mit dir doch noch Greifen gespielt* (Schule des Schreibens 6. 12. 2002, Internet) – Auch in den Formen *Greif, Greifchen*

Greifswald (gemeindt.): ↗HANSESTADT

Greißler Greißlerin A der; -s, – bzw. die; –, -nen: ↗GEMISCHTWARENHÄNDLER A ›Person, die ein kleines Geschäft für Lebensmittel und Gegenstände des täglichen Bedarfs betreibt‹: *An der Universität, auf den Festen der Freunde, war sie eine unter vielen, doch beim Greißler wurde sie, die fließend Deutsch sprach, im Kauderwelsch geduzt* (Rabinovici, Suche nach M. 77) – In D-südost veraltet, in A-west bekannt, aber als fremd empfunden – Dazu: ↗**Greißlerei** A (ohne west), **Greißlersterben**

Greißlerei A (ohne west) die; –, -en: ↗GEMISCHTWARENHANDLUNG A, ↗LÄDELI CH, ↗TANTE-EMMA-LADEN D, ↗KRAMLADEN D (ohne südost) ›kleines Geschäft, in dem Lebensmittel und Gegenstände des täglichen Bedarfs erhältlich sind‹: *Bildet ihr euch wirklich ein, … diese modernen, kalten und unpersönlichen Greißlereien seien deswegen errichtet worden, um der Milch und dem Traubensaft zum Siege zu verhelfen?* (Kain, Lob 68) – Vgl. Greißler

Gremial- A ⟨aus spätlat. *gremium* ›Bündel, Armvoll‹⟩ (produktives Bestimmungswort in Zus.): **1.** ›zu einem Gremium gehörend‹, z. B. Gremialbeitrag, Gremialbüro, Gremialpolitiker(in), Gremialvorsteher(in): *Hannes M., Gremialvorsteher des Lebensmittelhandels, verwies auf einen »dreistelligen Millionenbetrag«, den der Finanzminister über diverse Gebühren abschöpfe* (Standard 21. 2. 2001, Internet); *Für nähere Informationen kontaktieren Sie bitte das Gremialbüro unter Tel. (0316) 601–581* (Mut 10. 11. 2000, Internet). **2.** (salopp) ›eine auf festgefahrenen Standesinteressen beruhende Politik betreffend‹, z. B. Gremialdemokratie: *Anstatt die »Gremialdemokratie« eines regulierten und bürokratisierten Universitätswesens weiterzuschreiben, sind neue Formen der qualifizierten und abgestuften Mitbestimmung und Mitwirkung einzurichten* (Tiroler ÖVP, Reformagenda für selbstbestimmte Universitäten, 2002, Internet)

Grenzdienst A der; -(e)s, ohne Plur. (informell): **1.** ↗GRENZGENDARMERIE A, ↗GRENZWACHTKORPS CH, ↗BUNDESGRENZSCHUTZ D ›Sonderabteilung der ↗Gendarmerie zur Überwachung der EU-Außengrenzen‹: *Der Grenzdienst umfasst derzeit 2.000 Beamte, für den End-Ausbau sind 3.000 geplant* (Kurier 5. 2. 1997, 13). **2.** ›Tätigkeiten im Rahmen des Grenzschutzes (von Mitgliedern des Militärs, der Polizei oder der ↗Gendarmerie)‹: *Denn angesichts der Gesamtzahl von 207.000 Soldaten, die Grenzdienst geleistet haben, liege hier die Selbstmordrate niedriger als im zivilen Leben* (Kurier 6. 7. 2000, 11) – Zu 1.: Die offizielle Bezeichnung lautet *Grenzdienst der Bundesgendarmerie* und *Unterstützungsgruppe Grenzdienst.* Zu 2.: Die offizielle Bezeichnung lautet *Dienst an der Staatsgrenze* – Zu 1.: **Grenzdienststelle**

Grenzgendarmerie A die; –, ohne Plur. […ʃãdarməri:, …ʃandarmeri:]: ↗GRENZDIENST A, ↗GRENZWACHTKORPS CH, ↗BUNDESGRENZSCHUTZ D ›Sonderabteilung der ↗Gendarmerie zur Überwachung der EU-Außengrenzen‹: *Dabei sieht die Arbeitsteilung bei der Grenzraumüberwachung so aus, dass die neu aufgestellte Grenzgendarmerie an den Grenzkontrollstellen und von so genannten Grenzüberwachungspunkten aus die Staatsgrenze überwacht* (Furche 13. 11. 1997, 2) – Dazu: **Grenzgendarmerieposten** (↗Gendarmerieposten)

Grenzwache die; –, -n: siehe Grenzwachtkorps

Grenzwachtkorps CH das; –, – […kˈɔ:r] ⟨aus frz. *corps* zu lat. *corpus* ›Körper‹⟩: ↗GRENZDIENST A, ↗GRENZGENDARMERIE A, ↗BUNDESGRENZSCHUTZ D ›Abteilung der Zollverwaltung, die für die Überwachung der Grenze zuständig ist‹: *Laut Kantonspolizei hatten sechs Beamte des Grenzwachtkorps um 2.30 Uhr beim Ossingerkreuz auf der A 4 eine Strassenkontrolle durchgeführt* (TA 25. 5. 1999, 25) – Auch in der Kurzform *Grenzwache* (die; –, -n)

Griebe D (ohne südost) die; –, -n: ↗GRAMMEL A D-südost ›Rückstand des erhitzten Schweinefetts als Speise‹: *Er … wird süß oder salzig belegt: mit Äpfeln, Zwetschgen, Rahm, Grieben, Eiern* (Woll, Feste 75) – Auch in der Form *Griefe.* In CH veraltet, früher auch in der Form *Greube* von frz. *greubons*, was dasselbe bezeichnet – Dazu: **Griebenschmalz, Speckgriebe** (↗Speck)

Griefe siehe Griebe

grienen D-nord/mittelwest sw.V./hat: ↗FEIXEN D (ohne südwest) ›[hämisch] grinsen‹: *»Für uns ist das ja ganz gut«, grient auch Kollege W. über den späteren »ran«-Termin* (TAZ 13. 8. 2001, Internet)

Griessköpfli CH das; -s, –: ›Griesspudding, der in kleine Förmchen abgefüllt und in erkaltetem Zustand gestürzt wird‹: *Frischprodukte wie der Energy Drink oder das Griessköpfli seien Schlüssel zum jungen Publikum und damit ein interessanter Markt* (Schweizerische Milchztg 17. 9. 2002, Internet) – Manchmal auch in der Form *Griessköpfchen*

Grießschmarren A der; -s, –: ›Speise aus einem mit Grieß hergestellten Teig, der in Fett gegart und dann zu kleinen Stücken zerstochen serviert wird‹: *Schwelgend fielen sie über Grießschmarrn oder Brühnudeln her, … vertilgten den ganzen Sterz* (Lipuš, Verweigerung 93); ***Liebe und Grießschmarren; *Wonne und Grießschmarren**: ↗EIERKUCHEN: *FRIEDE, FREUDE, EIERKUCHEN CH D ›demonstrativ gezeigte Einigkeit und Freundschaft [nach einem Konflikt]‹: *Es wäre wahrlich schöner – und das ist nicht ironisch gemeint –, wenn in diesem Land alles Liebe und Grießschmarren wäre* (OÖN 7. 3. 2000, 5); *Nach der langen Nacht der Einigung, in der alles eitel Wonne und Grießschmarren war, hat er Überlegungen angestellt, wie man diese Sondersitzung wieder absagen kann* (Stenogr. Protokoll des Nationalrates 14. 1. 1997, Internet) – Vgl. Schmarren

Griffelschachtel STIR die; –, -n: ↗FEDERPENNAL A, ↗FEDERSCHACHTEL A, ↗ETUI CH D (ohne südost), ↗FEDERMÄPPCHEN D (ohne nordwest/mittelost) ›[in der Schule gebrauchtes] Behältnis für Schreibutensilien‹: *In die Schultasche gehören ein Stundenplan, eine Griffelschachtel und ein Turnsack, erklären sie fast im Chor* (Dolomiten 15. 9. 1998, 13)

Grillade CH die; –, -n [griˈja:də, grɪˈla:də]: ↗GRILLFEST A D, ↗GRILLPLAUSCH CH ›Grillparty‹: *Brennholz gibt's zwar nicht im Überfluss, doch zu viert sam-*

meln wir innert zehn Minuten genug für eine währschafte Grillade (TA 19. 4. 1997, 53) – Die Bedeutung ›auf dem Grill gar gekochtes Stück Fleisch oder Fisch‹ ist fachsprachlich gemeindt.

grillen A D sw.V./hat ⟨aus engl. *to grill*⟩: ↗BRÄTELN CH, ↗GRILLIEREN CH ›Lebensmittel, oft Fleisch oder Fisch, über offener Glut oder durch große Hitze garen‹: *Am meisten macht es den Kindern Spaß, wenn wir an schönen Sommertagen alle zusammen grillen* (Wellness 10/1997, Beilage 2; A); *Später lud uns Herr Bleicher zum Grillen in seinen Garten ein. Es gab Rostbratwürste, Schnitzel und Kartoffelsalat* (Grün, Lawine 38; D)

Grillfest A D das; -(e)s, -e: ↗GRILLADE CH, ↗GRILLPLAUSCH CH ›Geselligkeit, bei der Fleisch, Fisch oder auch Gemüse auf einem Rost über offener Glut gegart wird; Grillparty‹: *Das reichhaltige Programm umfasst ein Grillfest, viel Musik, eine spektakuläre Darbietung der Bootsvermieter und zwei Feuerwerke* (Presse 27. 7. 1999, Internet; A); *In manchen Orten wäre das gesellige Leben stark verarmt, wenn nicht die Feuerwehr ... einen Faschingsball oder ein Grillfest organisieren würde* (Welt 27. 3. 2000, Internet; D) – In CH selten

grillieren CH sw.V./hat: ↗GRILLEN A D, ↗BRÄTELN CH ›Lebensmittel, oft Fleisch oder Fisch, über offener Glut oder durch grosse Hitze garen‹: *Das Fleisch mit Salz und Pfeffer würzen, ca. 4 Minuten auf beiden Seiten grillieren* (TA 23. 9. 1998, 19)

Grillparty (gemeindt.): ↗GRILLADE, ↗GRILLFEST, ↗GRILLPLAUSCH

Grillplausch CH der; -(e)s, ...pläusche: ↗GRILLFEST A D, ↗GRILLADE CH ›Grillparty‹: *Das spassige Wasserskifahren für Könner und solche, die es werden wollen, sowie der Grillplausch werden diesen Tag ... unvergesslich machen!* (Scuba Viva, 1999, Internet) – Vgl. Plausch

Grind CH der; -(e)s, -e (abwertend, Grenzfall des Standards): ↗PLUTZER A (ohne west), ↗DEZ D ›Birne; Kopf‹: *Mit ein bisschen Grips im Grind müssten wir doch auch hier eine Lösung finden* (Sieber, Menschenware 89) – In A-west dialektal. Andere Bedeutungen sind gemeindt. – Dazu: **Grindweh**

grinsen (gemeindt.): ↗FEIXEN, ↗GRIENEN

Grittibänz CH (ohne nordwest) der; -en, -en (Grenzfall des Standards): ↗GRÄTTIMAA CH-nordwest, ↗STUTENKERL D-nordwest/mittelwest, ↗WECKMANN D-mittelwest/südwest ›süsses Gebäck in Form einer menschlichen Gestalt, das zum Tag des St. Nikolaus gebacken wird‹: *Der Duft von Grittibänzen liegt in der Luft: 90'000 Teigmänner purzeln jetzt täglich bei der Migros-Regionalbäckerei »Jowa« in Volketswil aus dem Backofen* (Blick 5. 12. 1997, 26)

Groschen der; -s, –: **1.** A (früher); ↗RAPPEN CH, ↗PFENNIG D ›kleinste Währungseinheit in Österreich (vor der Einführung des Euro)‹: *Aber wir können auf die paar Groschen verzichten!* (Treiber, Blaue See 83); ***bis auf den letzten Groschen:** ↗HELLER: *BIS AUF DEN LETZTEN HELLER D (ohne südwest) ›vollständig, bis auf den letzten Rest (von Geld)‹: *Mit dem Grund ist jetzt schon alles fix. Das Geld, das haben wir bis auf den letzten Groschen beisammen* (Scharang, Sohn eines Landarbeiters 131). **2.** D (ohne südost) (Grenzfall des Standards, früher) ›Zehnpfennigstück‹: *Sie kennen das: Wenn man sie braucht, sind sie nicht da. Die Groschen* (BdW 8/1990, 42) – Die Wendung *bei jmdm. fällt der Groschen* in der Bedeutung ›jmd. versteht/begreift endlich etw.‹ sowie andere Bedeutungen sind gemeindt. – Zu 1.: ↗**Notgroschen** A D

Groschenheft D-nord/mittel das; -(e)s, -e: ↗SCHUNDHEFT A D ›Trivialroman in Heftform; Groschenroman‹: *Die Geschichte könnte direkt aus einem Groschenheft stammen, einfach ist sie gebaut* (Bonner Kinemathek 20/1996, Internet) – In A und D-süd bekannt, aber als fremd empfunden. In CH selten – Dazu: **Dreigroschenheft**

Grosi CH das; -s, -s/– (Grenzfall des Standards): ↗OMA A D, ↗GROSSMAMI CH, ↗NANA LIE ›Grossmutter‹: *Die Familie bewohnte den ersten Stock, Grosis Stübli lag an der Laube unter dem Giebeldach* (Wyss, Tage 14)

Grossandrang CH der; -(e)s, ohne Plur.: ›grosser Andrang‹: *Am Wochenende haben die Ferien angefangen, und am Flughafen Kloten herrschte Grossandrang* (TA 11. 10. 1999, 15)

Grossanlass CH der; -es, ...lässe: ›grosse Veranstaltung mit vielen Besuchern; Grossveranstaltung‹: *Die Expo ist ein Grossanlass, der viele Leute anspricht* (Blick 15. 9. 1999, 15) – Vgl. Anlass

großartig (gemeindt.): ↗ASTREIN, ↗DUFTE, ↗KLASS, ↗KLASSE, ↗KNORKE, ↗PFUNDIG, ↗SCHNIEKE

Grossätti CH der; -s, -s (Grenzfall des Standards): ↗ÄHNE A-west (Vbg.), ↗OPA A D, ↗GROSSPAPI CH, ↗EHNI LIE, ↗NENI LIE ›Grossvater‹: *Grossätti, der mit empfindlichen Antennen für das Übersinnliche ausgestattete Schwätzer, der in jeder Druckveränderung des Brunnenstrahls ein Zeichen des Himmels erkennt, prophezeit Düsteres* (TA 5. 7. 1999, 46) – Vgl. Ätti

Grossaufmarsch CH der; -(e)s, ...märsche: ›Ansammlung zahlreicher Menschen‹: *Ich hoffe auf einen*

Grossaufmarsch der Berner Fans in die Wankdorfhalle (Bund 5. 1. 2000, 25) – Vgl. Aufmarsch

großgoschert A Adj. (salopp, Grenzfall des Standards): ↗GROẞSPRECHERISCH A D ›angeberisch, aufschneiderisch redend‹: *Das soll jetzt nicht großgoschert klingen, aber eigentlich verläuft alles nach Plan* (OÖN 28. 1. 1997, 23) – Vgl. Gosche, goschert

Großherzog Großherzogin LUX der; -(e)s, ...herzöge/-e bzw. die; –, -nen: ›regierendes Staatsoberhaupt in Luxemburg bzw. dessen Ehepartner(in)‹: *Der 7. Oktober 2000 war ein historischer Tag für Luxemburg. Nach fast 36 Jahren an der Spitze des Landes dankte Großherzog Jean zugunsten seines Sohnes Henri ab* (Luxair 10. 10. 2000, Internet)

Grosskind CH das; -(e)s, -er: ›Enkel[kind]‹: *Grosseltern haben die Tendenz, die Grosskinder zu verwöhnen* (Blick 9. 12. 1999, 13)

Grossmami CH das; -s, -s: ↗OMA A D, ↗GROSI CH, ↗NANA LIE ›Grossmutter‹: *Johannisbeeren-Soufflé. Selbst gemacht, natürlich. Das Rezept habe ich von meinem Grossmami* (Blick 9. 7. 1999, 10) – *Grossmama* ist gemeindt.

Großmarkt A D der; -(e)s, ...märkte: **1.** ›Markt in einer Verkaufshalle, in der vor allem ↗Einzelhändler Lebensmittel in großen Mengen beziehen‹: *Wenn die Greißler und die Wirtshäuser nach der Reihe schließen, dann können die Umsätze auf dem Linzer Großmarkt auch nicht mehr überwältigend sein* (OÖN 25. 11. 1993, 4; A); *Gurken, Gauner und Gewinne – Mit einem Kontrolleur auf dem Kölner Großmarkt* (WDR 29. 5. 1999, Internet; D). **2.** ›großflächiges, auf wenige Produkte spezialisiertes Geschäft, in dem Privatkunden günstig einkaufen können‹ (meist in Zus., z. B. Getränkegroßmarkt, Möbelgroßmarkt, Schuhgroßmarkt): *Während sich in Ansfelden Protest gegen neue Großmärkte an der Westautobahn formiert, überlegt ein weiterer Möbelriese, sich hier anzusiedeln* (OÖN 26. 1. 2001, Internet; A); *Auf ungewöhnliche Art kauften zwei 30-Jährige am Mittwoch ... in einem Großmarkt ... ein* (Frankfurter Neue Presse 26. 1. 2001, Internet; D) – In CH selten

grossmehrheitlich CH Adj. (nicht steigerbar): ›mit grosser Mehrheit; mehrheitlich‹: *Trotz mehreren kritischen Bemerkungen hat die Mühlethurner Gemeindeversammlung den Zusammenarbeitsvertrag für einen regionalen Sozialdienst grossmehrheitlich genehmigt* (Bund 17. 12. 1999, 28); *Es herrscht also in diesen Kassen grossmehrheitlich »Kehraus-Stimmung«, da für unsere Equipen die Entscheidungen gefallen sind* (Alttoggenburger 30. 5. 1997, 18)

Großmutter (gemeindt.): ↗GROSI, ↗GROSSMAMI, ↗NANA, ↗OMA

Grosspapi CH der; -s, -s: ↗ÄHNE A-west (Vbg.), ↗OPA A D, ↗GROSSÄTTI CH, ↗EHNI LIE, ↗NENI LIE ›Grossvater‹: *Mütter mit Kleinkindern oder auch Grossmami oder Grosspapi mit ihren Enkelkindern sind herzlich bei uns eingeladen, bekannte und weniger bekannte Kinderlieder zu singen* (St. Galler Tagbl 21. 9. 1999, Internet) – *Großpapa* ist gemeindt.

Grossrat Grossrätin CH der; -(e)s, ...räte bzw. die; –, -nen: ↗ABGEORDNETE: *ABGEORDNETE ZUM LANDTAG A, ↗LANDTAGSABGEORDNETE A D LIE, ↗KANTONSRAT CH, ↗LANDRAT CH, ↗REGIONALRATSABGEORDNETE STIR ›Mitglied im Parlament eines ↗Kantons (in den Kantonen AG, AI, BE, BS, FR, GR, LU, SG, SH und TG)‹: *Das Leichenmahl hielten wir im Hotel des Alpes, beim reichen Grossrat T., der Vater ab und zu als Taglöhner beschäftigt hatte* (Furrer, My Way 25)

großsprecherisch A D Adj. (abwertend): ↗GROẞGOSCHERT A ›angeberisch, aufschneiderisch redend‹: *Die 1865 im Bürgerkrieg von Truppen des Nordens niedergebrannte Stadt [Atlanta] gab sich etwas großsprecherisch das Motto »Die Stadt, die zum Hassen viel zu beschäftigt ist«* (Kleine Ztg 19. 7. 1996, Internet; A); *Franz B. hat nach dem Sieg ... großsprecherisch zu Protokoll gegeben, wenn die Spieler aus Ostdeutschland zum deutschen Team stoßen, werde die Nationalmannschaft auf Jahre hinaus nicht zu schlagen sein* (Freitag 14. 7. 2000, Internet; D) – Vgl. Ton

Großvater (gemeindt.): ↗ÄHNE, ↗EHNI, ↗GROSSÄTTI, ↗GROSSPAPI, ↗NENI, ↗OPA

Grossveranstaltung (gemeindt.): ↗GROSSANLASS

Grossverteiler CH der; -s, –: ›Grosshändler [der seine Handelsware in ↗Warenhäusern verkauft]‹: *Verärgerte Kunden: Grossverteiler und Detaillisten verkaufen unreife Aprikosen und Pfirsiche, nur um schneller als die Konkurrenz zu sein* (Bund 23. 6. 1998, 30)

Gröstl A D-südost das; -s, –: ›Speise aus verschiedenen Zutaten, v. a. Kartoffeln, Wurst- und Fleischstückchen, die in Fett angebraten werden‹: *Gastronomisch bietet man Gröstl, die – Tiroler Ohren zu! – steirische Herkunftsbezeichnungen tragen: Hartberger (mit Speckwürfel), Fürstenfelder (mit Selchfleisch) oder Grazer Gröstl (mit Pute)* (Presse 10. 3. 1999, Internet; A); ***Tiroler Gröstl** ›Speise aus in Fett angebratenen Kartoffelscheiben und Rindfleischstückchen mit Spiegelei‹: *Selbstverständlich müssen die zahlreichen Wanderer auf das saftige Tiroler Gröstl ebenso wenig verzichten wie auf die hausgemachte Sulze oder das viel geschätzte, in Schmalz herausgebackene Wiener Schnitzel* (Echo 23. 9. 1998, 184; A) – Vgl. rösten – Dazu: **Bauerngröstl, Blunzengröstl** (↗Blunze), **Stockfischgröstl**

Grotto CH das/der; -s, Grotti/-s ⟨aus lombard. *grotto* eigtl. ›Weinkeller‹⟩: ›rustikales, einfaches Restaurant (bes. im Tessin)‹: *Michelangelo riss die Augen auf und jauchzte: »Hier eröffnen wir den schönsten Grotto des Tessins!»* (Rüegg, Welt 31); *Getroffen hatten sich Enrico G. und Elisabeth E. in Basel. Aber ihr Glück fanden sie erst, als sie das Tessiner Grotto »Osteria La Ginestra« übernahmen* (Blick 17. 12. 1998, 5) – Ursprünglich nur in der italienischsprachigen Schweiz, heute weiter verbreitet

grübeln CH sw.V./hat: ↗KLETZELN A, ↗KLAUBEN A CH D-südwest, ↗KNÜBELN CH, ↗PULEN D-nord/mittel ›(etw. mit den Fingern oder mit einem Gegenstand) entfernen, herausholen‹: *Wir wollen nicht länger grübeln, weder in der Nase noch des Älterwerdens wegen* (Grauholz-Post, 2001, Internet) – Die Bedeutung ›lange und intensiv nachdenken, sinnieren‹ ist gemeindt. – Dazu: **herausgrübeln, herumgrübeln**

grüezi CH ['gryɐ̯tsi] ⟨zusammengezogen aus *grüss euch*⟩: ↗BEGRÜSSEN: *BEGRÜSSE! A-südost, ↗GOTT: *GRÜSS GOTT A D-süd, ↗TAG: *GUTEN TAG CH D-nord/mittel; *TAG! D-nord/mittel, ↗MOIN D-nordwest /Grußformel (zur Begrüssung von nicht näher befreundeten oder verwandten Personen)/: *Noroc, Buongiorno, Bonjour und Grüezi. ... Wir sollten, bevor wir Englisch lernen, unsere vier Landessprachen beherrschen* (Bund 23. 4. 1999, 13); *Grüezi, Frau Tockter, ich bin die Anna Göldin* (Hasler, Göldins Ankunft 187) – Dialektale Grussformel, ursprünglich in CH-nordost, heute weiter verbreitet; wird in der schriftlichen Wiedergabe mündlicher Sprache auch standardsprachlich verwendet, selten auch in der Form *Grüessech*

grummeln sw.V./hat: **1.** D ›ein leise donnerndes Geräusch von sich geben‹: *Die Menschen berichteten von einem Grummeln, vibrierenden Betten und wackelnden Bildern* (General-Anzeiger 20. 1. 2000, Internet). **2.** D-nordost/mittel ›leise und undeutlich sprechen; brummeln, murmeln‹: *Jonas grummelte und moserte noch eine Weile vor sich hin* (Arens, Nächste Mann 73)

Grummet A D-nordost/südost das; -s, ohne Plur. (Landwirtschaft): ↗EMD CH, ↗ÖHMD D-südwest ›durch einen zweiten oder dritten Grasschnitt gewonnenes Heu‹: *Das Ochsengespann ist im Stall eingestellt, und Jakob gibt seinem Knecht, dem alten Hauser, Auftrag, den Tieren einen guten Buschen Grummet vorzuwerfen* (Steurer, Faschaunerin 66; A); *Ernteerzeugnisse, die zur Selbstentzündung neigen, insbesondere Heu, Grummet, Kleehafer und Kleegerste dürfen in feuchtem Zustand nicht eingelagert werden* (Gemeindebl Oberhausen 1. 6. 2001, Internet; D) – In D-nordost/südost auch in der Form *Grumt* (das; -(e)s, ohne Plur.)

Grümpel CH der; -s, ohne Plur.: ↗KRAMURI A, ↗GLUMPERT A, ↗GRAFFEL A D-südost, ↗KRAM CH D, ↗KREMPEL D, ↗TRÖDELKRAM D-nord/mittel ›wertloses Zeug; Krimskrams, Plunder‹: *Andere werfen ihren Grümpel weg, er stellt ihn eben aus* (TA 21. 9. 1996, 24) – Dazu: **Grümpelkammer**, ↗**Grümpelturnier** A-west (Vbg.) CH

Grümpelturnier A-west (Vbg.) CH das; -s, -e: ›[Fußball]turnier für Hobbymannschaften an einem Wochenende‹: *Für einen Stundenlohn von zehn Franken reinigen die Flüchtlinge die Bushaltestellen, putzen die Bahnhofstoiletten, helfen einem Bauern auf dem Feld oder dem lokalen FC beim Aufstellen der Zelte fürs Grümpelturnier* (TA 23. 6. 1999, 2; CH) – Vgl. Grümpel

Grumt D-nordost/südost das; -(e)s, ohne Plur.: siehe Grummet

Grün- A (produktives Bestimmungswort in Zus.): ↗GRÜNEN- D ›zur politischen Partei der Grünen oder einer grünen Bewegung gehörend‹, z.B. Grünabgeordnete (↗Abgeordnete), Grünbewegung, Grünkurator(in) (↗Kurator), Grünmandatar(in) (↗Mandatar), Grünpolitiker(in): *Was steht am 22. März für die Grünbewegung auf dem Spiel?* (Presse 12. 2. 1998, 10); *»Schätzungen sprechen davon, dass durch eine nun mögliche Verwertung des Areals ein Spekulationsgewinn von 60 bis 80 Millionen Schilling drinnen ist«, empört sich der Grünpolitiker* (Standard 5. 2. 2001, Internet)

grün Adj.: **1.** CH D (ohne südwest) ›frisch, nicht geräuchert, roh‹: *Auslassen: Erhitzen von fetthaltigen, zerkleinerten Lebensmitteln (z.B. grüner Speck) zur Fettgewinnung* (Kochlexikon, 2002, Internet; CH); *Im nächsten Monat gibt es wieder Muscheln und an den Wochenenden grüne Heringe zum Sattessen* (Cellesche Ztg 19. 8. 2000, Internet; D); ***grüne Speck** CH D (ohne südwest) siehe Speck. **2.** ***jmdm. nicht grün sein** D ›jmdn. nicht leiden können‹: *Ost gegen West, Berlin gegen Erfurt – man ist sich nicht besonders grün im Team* (Spiegel 9. 2. 1998, 132). **3.** ***ach du grüne Neune!** D (ohne südwest): ↗GOTT: *PFIAT DI GOTT [SCHÖNE GEGEND] A D-südost, ↗MAHLZEIT: *NA MAHLZEIT! A D-südost; *[NA DENN] PROST MAHLZEIT! D, ↗SERVUS: *[NA] SERVUS! A D-südost, ↗BACKE: *AU BACKE! D (ohne südost), ↗EI: *ACH DU DICKES EI! D-nord/mittel /Ausruf des Erschreckens bzw. der Betroffenheit/: *»Ach du grüne Neune!«, sagte die Frau* (Martin, Blut 91). **4.** ***jmdm. wird [es] grün und blau vor den Augen** D-nordost/mittel ›jmdn. wird übel‹: *Wenn nur leitende Staatsmänner denken, bis es ihnen grün und blau vor den Augen wird und bis ihnen der Kopf zerspringt, so ist alles in Ordnung* (Humboldt Universität Berlin 24. 9. 2002, Internet); ***grüne Heinrich** A siehe Heinrich; ***grüne Salat** D siehe Salat; ***die grüne Mark** A siehe Mark; ***grüne Nummer** STIR siehe Nummer – Das Adjektiv *grün* ist in allen anderen Verwendungen gemeindt.

Grün: *landwirtschaftliche Grün STIR (das) ›landwirtschaftliche Nutzfläche, die nur in einem bestimmten Ausmaß und mit entsprechenden Auflagen bebaut werden darf‹: *Es geht nämlich nicht darum, dass wir etwas im landwirtschaftlichen Grün genehmigen* (Wortprotokoll des Südtiroler Landtages 16. 12. 1999, Internet) – Die Substantivierung *Grün* ist in allen anderen Verwendungen gemeindt.

Grund A D-südost der; -(e)s, Gründe: kurz für ›Baugrund, Grundstück, Grundbesitz‹: ↗ LIEGENSCHAFT A D: *Jedes Fleckerl Grund wurde bebaut und genützt* (Birtschitzky, Lacken 100; A) – Andere Bedeutungen sind gemeindt. – Dazu: ↗ **Grundablöse** A, **Grundkauf**

Grundablöse A die; –, -n: **1.** ›Kauf von Grundstücken für öffentliche Bauten oder Straßen durch Gemeinde, Land oder Bund‹: *Zugang zum Steg über den Schwabenbach an der Pramböschung ist öffentliches Gut. Durch Grundablöse ist dieser Zugang zu verbreitern* (Wegeplan Riedau, 1999, Internet). **2.** ›Zahlungsentschädigung bei Enteignung von Grundstücken für öffentliche Bauten oder Straßen durch Gemeinde, Land oder Bund‹: *Die Grundablöse übernahm die Gemeinde Schleedorf mit rund 730.000 Schilling zur Gänze* (Land Salzburg, 1999, Internet) – Vgl. Ablöse, ablösen, Grund

Grundbuch (gemeindt.): ↗ LIEGENSCHAFTSKATASTER

Grundbuch A das; -(e)s, ...bücher: kurz für ↗ *Grundbuchsgericht:* ↗ GRUNDBUCHAMT CH D, ↗ LIEGENSCHAFTSAMT D, ↗ KATASTERAMT D STIR ›Abteilung eines ↗ Bezirksgerichts, das den Grundstücksverkehr regelt‹: *Exkursionen und Lehrausgänge empfehlen sich zu Gerichtsverhandlungen, zum Grundbuch und zum Vermessungsamt* (Schule HBLA St. Florian, Lehrplan Rechtskunde, 2002, Internet) – Die Bedeutung ›Grundstücksverzeichnis‹ ist gemeindt.

Grundbuchamt CH D das; -(e)s, ...ämter: ↗ GRUNDBUCH A, ↗ GRUNDBUCHSGERICHT A, ↗ LIEGENSCHAFTSAMT D, ↗ KATASTERAMT D STIR ›Behörde, die das Grundstücksverzeichnis verwaltet‹: *Auf dem Grundbuchamt wird über das Eigentum an Grund und Boden und über die daran bestehenden Rechte und Lasten Buch geführt, was Voraussetzung für deren Rechtsbestand ist* (Gemeinde Rieden, 2002, Internet; CH); *Mit Computerproblemen mussten die Mitarbeiter aller 25 Brandenburger Grundbuchämter ins neue Jahr starten* (Berliner Ztg 7. 1. 2000, Internet; D)

grundbücherlich A Adj. (nicht steigerbar, formell): ›in einem Grundbuch eingetragen‹: *Da nützt es gar nichts, dass er grundbücherlicher Eigentümer ist und regelmäßig sämtliche Steuern für das Grundstück entrichtet* (ORF Nachlese 9/1997, 8)

Grundbuchplan CH der; -(e)s, ...pläne: ↗ KATASTERKARTE D ›Übersichtskarte über ein Gemeindegebiet mit Grenzen und Nummern der Grundstücke und Fluren und weiteren Angaben (als Bestandteil des Grundbuchs); Katasterplan‹: *Die derzeitigen Direktzahlungsberechnungen beruhen auf veralteten Grundbuchplänen* (Bund 8. 1. 2000, 3)

Grundbuchsgericht A das; -(e)s, -e: ↗ GRUNDBUCHAMT CH D, ↗ LIEGENSCHAFTSAMT D, ↗ KATASTERAMT D STIR ›Abteilung eines ↗ Bezirksgerichts, das den Grundstücksverkehr regelt‹: *Wer noch das alte Wohnungseigentumsrecht anwenden will, muss den Antrag auf Eintragung ins Grundbuch bis spätestens 30. Juni 2002 beim Grundbuchsgericht einbringen* (Kleine Ztg 3. 6. 2002, Internet) – Die Bildung ohne Fugen-s ist formell. Vgl. Grundbuch

Grunderwerbssteuer Grunderwerbsteuer A D die; –, -n: ↗ HANDÄNDERUNGSSTEUER CH ›einmalige Steuer auf den Erwerb von Grundstücken, Gebäuden etc.‹: *Eine Gleichstellung der Steuersätze für die Erbschaftssteuer und die Grunderwerbsteuer fordert der Verband der Österreichischen Steuerzahler (VÖS)* (Standard 15. 11. 2000, Internet; A); *Die Bremswirkung werde verstärkt durch die seit Jahresbeginn wirksame Erhöhung der Grunderwerbssteuer um 1,5 Prozentpunkte* (Welt 11. 3. 1997, Internet; D) – Dazu: **Grunderwerbssteuerbefreiung, Grunderwerbssteuergesetz**

Grundfürsorge STIR die; –, ohne Plur.: **1.** ›Gesamtheit der behördlichen Maßnahmen zur Sicherung des Rechtes auf medizinische und soziale Betreuung‹: *Die gesundheitliche Betreuung der Bevölkerung übernimmt die öffentliche Hand über die Grundfürsorge (praktischer Arzt, Kinderarzt, Beratungsstellen, Hauspflegedienst, usw.), über die fachärztliche Betreuung innerhalb »offener Einrichtungen« sowie über die Krankenhausbetreuung, die von den vier Sanitätsbetrieben geleistet wird* (Über Südtirol, 2001, Internet). **2.** kurz für *Amt für Grundfürsorge und Altenbetreuung:* ›Behörde, die für die Sicherung des Rechtes auf medizinische und soziale Betreuung zuständig ist‹: *Auch wurde bei einem kompanieinternen Törggelen Senioren eingeladen, welche von der Meraner Grundfürsorge betreut wurden* (Schützenkompanie Meran, 2001, Internet)

Grundgesetz D das; -es, -e: ↗ BUNDESVERFASSUNG A CH ›für die Bundesrepublik Deutschland geltende Verfassung‹: *Es soll nun ausdrücklich in §13 des Grundgesetzes geregelt ... werden* (FAZ 10. 10. 1997, 1) – Abk. GG – Dazu: **Grundgesetzänderung**

Grundkataster STIR der; -s, – ⟨übersetzt aus ital. *catasto fondiario*⟩: ›behördliches Verzeichnis von Grundstücken und landwirtschaftlichen Gebäuden‹: *Die landwirtschaftlichen Gebäude, die zusammen mit den landwirtschaftlichen Grundstücken im Grundkataster erfasst sind und tatsächlich die Voraussetzungen* *eines landwirtschaftlichen Gebäudes erfüllen, sind von der Immobiliensteuer befreit* (Gemeindenachr Lana 6/1999, Internet) – Das Simplex *Kataster* in der Bedeutung ›Grundstücksverzeichnis‹ ist gemeindt. Vgl. Gebäudekataster

Grundkurs (gemeindt.): ↗GRUNDSCHULE

Grundlohn (gemeindt.): ↗IST-LOHN

Grundschule die; –, -n: **1.** D STIR ; ↗VOLKSSCHULE A, ↗PRIMARSCHULE CH, ↗KLIPPSCHULE D-nordost, ↗PRIMÄRSCHULE LUX ›erste, in D vier Jahre, in STIR fünf Jahre dauernde staatliche Schule zur Vermittlung von elementarer Bildung bzw. Gebäude, in dem diese Schule untergebracht ist‹: *So kommt es, dass an vielen Grundschulen die Lehrer täglich neu entscheiden, was sie unterrichten* (BamS 26. 10. 1997, 58; D); *Der Vinschgau beginnt am Reschenpass … Und er endet auf der Töll oberhalb von Meran, so lernten wir's noch in der Grundschule* (Marseiler, Vinschgau 8; STIR). **2.** CH ›Ausbildung, die Grundkenntnisse in einem bestimmten Fachgebiet vermittelt; Grundkurs‹: *Pilze sicher bestimmen. Grundschule für Pilzsammler* (Bund 6. 8. 1999, 24) – Zu 1.: In A nur in der pädagogischen Fachsprache gebraucht. In CH selten – Zu 1.: **Grundschuldiplom** (↗Diplom) STIR , **Grundschulkind, Grundschulklasse, ↗Grundschullehrer(in), Grundschüler(in)**

Grundschullehrer Grundschullehrerin D STIR der; -s, – bzw. die; –, -nen: ↗VOLKSSCHULLEHRER A, ↗PRIMARLEHRER CH ›Lehrer(in) an der ↗Grundschule‹: *Verschiedene Grundschullehrer deklarieren explizit als vornehmstes Ziel ihrer Tätigkeit in den entsprechenden Jahrgangsstufen, es gelte einen Schonraum gerade auch für diese älteren Kinder zu erhalten* (Arbeitsgruppe Bildungsbericht, Bildungswesen 416; D); *Zu den ältesten Aufgaben des Südtiroler Kulturinstituts gehört die Organisation von pädagogischen Tagungen für Grund- und Mittelschullehrer* (Südtiroler Kulturinstitut, 2001, Internet; STIR)

Grundsteuer A D die; –, -n: ↗LIEGENSCHAFTSSTEUER CH STIR , ↗IMMOBILIENSTEUER STIR ›Gemeindesteuer, die regelmäßig auf Grundstücke und Immobilien erhoben wird‹: *Laut Statistik Austria betrugen 1999 die Einnahmen aus der Grundsteuer, die ausschließlich den Gemeinden zugute kommt, 6,2 Mrd. S* (Presse 28. 3. 2001, Internet; A); *Müssen die Leipziger mit höheren Grund- und Gewerbesteuern rechnen?* (LVZ 3. 2. 1998, 13; D) – Dazu: **Grundsteuerbefreiung, Grundsteuergesetz**

Grundstückgewinnsteuer CH die; –, -n: ›Steuer, die auf dem Mehrwert aus der Veräusserung von Grundstücken erhoben wird‹: *Unbestritten war, dass bei der Berechnung der Grundstückgewinnsteuer Verluste aus Grundstückgeschäften aus dem gleichen Jahr abgezogen werden dürfen* (Bund 19. 11. 1999, 35)

Grundstückszusammenlegung A die; –, -en (formell): ↗KOMMASSIERUNG A, ↗FLURBEREINIGUNG A D, ↗GÜTERREGULIERUNG CH, ↗GÜTERZUSAMMENLEGUNG CH ›Zusammenlegung und Neueinteilung von zerstückeltem landwirtschaftlichem Grundbesitz‹: *Ein wichtiger Teil des Konzeptes für H. ist die Grundstückszusammenlegung* (OÖN 28. 7. 1988, 21)

Grundwehrdiener Grundwehrdienerin A der; -s, – bzw. die; –, -nen (veraltend): ↗PRÄSENZDIENER A, ↗REKRUT A CH, ↗GRUNDWEHRDIENSTLEISTENDE D ›Soldat(in) im ↗Grundwehrdienst‹: *Durch die Explosion einer Handgranate wurde in der Kaserne von Enns ein 24-jähriger Grundwehrdiener an der Hand schwer verletzt* (Ganze Woche 4. 2. 1998, 15) – Vgl. -diener

Grundwehrdienst A D der; -(e)s, ohne Plur.: ↗REKRUTENSCHULE CH ›aufgrund der Wehrpflicht bzw. Dienstpflicht bei den Streitkräften zu leistender Dienst mit militärischer Grundausbildung‹: *Wehrdienst im österreichischen Heer: entweder 8 Monate Grundwehrdienst und das war's oder 7 Monate Grundwehrdienst plus 30 Tage Truppenübung im Lauf der Jahre* (Mocca 29/1997, 13; A); *Dieser Wehrdienst umfasst den Grundwehrdienst, den Wehrdienst in der Verfügungsbereitschaft, Wehrübungen und im Verteidigungsfall den unbefristeten Wehrdienst* (Bundeswehr, 1999, Internet; D) – Vgl. Präsenzdienst, Wehrdienst – Dazu: **↗Grundwehrdienstleistende** D

Grundwehrdienstleistende D der/die; -n, -n: ↗GRUNDWEHRDIENER A, ↗PRÄSENZDIENER A, ↗REKRUT A CH ›Soldat im ↗Grundwehrdienst‹: *Zur Auffüllung ihrer auf 340 000 Soldaten reduzierten Friedensstärke braucht die Bundeswehr rund 160 000 Grundwehrdienstleistende* (Welt 22. 2. 1996, Internet)

Grünen- D (produktives Bestimmungswort in Zus.): ↗GRÜN- A ›zur politischen Partei der Grünen oder einer grünen Bewegung gehörend‹, z. B. Grünenabgeordnete (↗Abgeordnete), Grünenpolitiker(in): *Deutlich kritischer äußerten sich Grünenpolitiker* (Tagesspiegel 9. 9. 2001, Internet); *Dennoch fand der Grünenabgeordnete auch beinahe lobende Worte für den sturen Zeugen* (Parlament 27. 10. 2000, Internet) – In A zunehmend gebräuchlich

Grünkohl D (ohne südost) der; -(e)s, ohne Plur.: ↗FEDERKOHL CH, ↗BRAUNKOHL D-nord (Bremen, Braunschweig) ›im Winter zu erntende Kohlsorte mit stark gekräuselten Blättern, die an einem Stängel wachsen‹: *Aber wer erklärt mir den Sinn eines netten Büschels Petersilie am Rand von Grünkohl und Mettwürstchen?* (Brigitte 11/1996, 156) – In A und CH als

Wort bekannt, jedoch ist *Grünkohl* im Handel kaum erhältlich

Grützwurst D-nord/mittel die; –, ...würste: ↗PINKEL D-nordwest (westl. Niedersachsen) ›kleine, weiche Brühwurst aus Schweinefleisch, Speck sowie geschältem und grob geschrotetem Hafer‹: *Sollen die Läuse vielleicht in die Grützwurst fallen, wie?* (Strittmatter, Ochsenkutscher 13)

gschafteln A D-südost sw.V./hat (salopp, Grenzfall des Standards): ›sich ungefragt wichtig machen‹: *Tierisch komisch, wenn Sissy beim Gschafteln von einem Hund sabotiert wird und die offenbar einzigen Sektgläser in ganz Gmunden und ihre Nerven wegschmeißen kann* (Kleine Ztg 6. 1. 1999, Internet; A) – Vgl. Gschaftlhuber – Dazu: ↗**Gschaftler(in)**

Gschaftler Gschaftlerin A D-südost der; -s, – bzw. die; –, -nen (abwertend, Grenzfall des Standards): ↗GSCHAFTLHUBER A D-süd, ↗WICHTIGMACHER A D-mittelost/süd ›Person, die sich meist ungefragt wichtig macht und unangenehm betriebsam ist; Wichtigtuer(in)‹: *Immerhin: Zwei Dutzend Staatschefs sind zu bewachen, dazu mehr als 1000 Delegierte, nicht gerechnet die G'schaftler, Ehefrauen, Freundinnen, deren Freundinnen, Aktenträger und Protokollbeamten* (SN 16. 3. 2001, Internet; A) – Vgl. gschafteln

Gschaftlhuber Gschaftlhuberin A D-süd der; -s, – bzw. die; –, -nen ⟨aus dialektal *Gschaftl* ›Geschäft‹ und dem häufigen Familiennamen *Huber*⟩ (abwertend, Grenzfall des Standards): ↗GSCHAFTLER A D-südost, ↗WICHTIGMACHER A D-mittelost/süd ›Person, die sich meist ungefragt wichtig macht und unangenehm betriebsam ist; Wichtigtuer(in)‹: *Das war das größte Fernsehgastspiel des 41-Jährigen: Beim Silvesterstadl setzte sich der Krenglbacher als tollpatschiger Kellner am Hochrad und auf Stelzen oder als Gschaftlhuber, der Moik vor laufender Fernsehkamera frisiert, in Szene* (OÖN 2. 1. 2001, Internet; A) – In D-südwest in der Bedeutung ›übermäßig betriebsame Person‹. Vgl. gschafteln – Dazu: **Gschaftlhuberei, gschaftlhuberisch, gschaftlhubern**

Gschlader A (ohne west) das/der; -s, ohne Plur. (salopp, Grenzfall des Standards): ↗GESÜFF D-südost, ↗PLEMPE D-nordost, ↗PLÖRRE D-nord/mittelwest ›übel schmeckendes Getränk, z. B. schales Bier, billiger Wein, dünner Kaffee; Gesöff‹: *Bowle, das ist die Entsorgungsanstalt für das halbsüße Gschlader, das jemand bei der letzten Einladung mitgebracht hat, weil er glaubte, es wären so viele Gäste da, dass er als Täter nicht identifizierbar wäre* (Standard 16. 7. 1999, Internet) – Selten auch in der Form *Geschlader*

Gschnas A (ohne west) das; –, – ⟨aus dialektal *[Ge]schneise* ›Baumreisig, Schnüre, Fäden‹⟩: ›Kostümfest im ↗Fasching‹: *Am 4. Februar fand im Josef Brunauerzentrum das diesjährige Faschingsgschnas statt* (International Police Association, Landesgruppe Salzburg, 2000, Internet) – Ursprünglich nur in Wien – Dazu: **Gschnasfest**

Gschpänli siehe Gspänli

Gschrapp A der; -en, -en (oft abwertend, Grenzfall des Standards): ↗BANKERT A D-südost, ↗GFRAST A, ↗FRATZ A D-mittelost/südost, ↗GOF CH, ↗BLAG D-mittelwest, ↗GÖRE D-nord/mittel ›[ungezogenes, freches] Kind‹: *Wenn ein Erwachsener mit einem Kind eine Reise tut, wohnt der Gschrapp bis 5 Jahre in Sandpiper (USA) und Roussalka (Bulgarien) überhaupt gratis* (OÖN 2. 3. 1996, 5)

Gschwellti CH nur Plur. (Grenzfall des Standards): ↗ERDAPFEL: *ERDAPFEL IN DER SCHALE/MONTUR A, ↗SCHELFELER A-west (Tir.), ↗KARTOFFEL: *GESCHWELLTE KARTOFFEL CH; *GEKOCHTE KARTOFFEL D-mittelost/süd; *GESOTTENE KARTOFFEL D-südost, ↗PELLKARTOFFEL D-nord/mittel ›in der Schale gekochte Kartoffeln als Speise‹: *Vorgestern gab's Gschwellti mit selbst gemachter Mayonnaise* (Blick 28. 1. 1998, 7) – Vgl. schwellen

Gspänli CH das; -s, – (Grenzfall des Standards): ›Spielkamerad(in) (eines Kindes)‹: *»Ich bin sehr gerne im Tagi«, sagt Selina, und ihre Gspänli nicken* (Bund 20. 11. 1999, 26) – Auch in den Formen *Gschpänli* und *Gspönli*

Gspaßetteln siehe Spaßetteln

Gspönli siehe Gspänli

Gstanzl A D-südost das; -s, -n: ↗SCHNADERHÜPFL A D-südost ›[bei Hochzeiten gesungenes] lustiges, volkstümliches [vierzeiliges] Spottlied‹: *Im Brixental und im Alpachtal singt man zum Brauttanz Gstanzln über Ereignisse aus dem Leben der Tanzenden* (Pfaundler, Jungbürgerbuch 362; A)

Gstürm CH das; -s, ohne Plur. (Grenzfall des Standards): ›aufgeregtes, lärmendes Getue‹: *»Wir hatten einfach genug von diesem Gstürm«, meinte ... Geschäftsführer Thomas N.* (TA 20. 10. 1997, 8) – Auch in den Formen *Gestürm, Gschtürm*

gucken kucken D (ohne südost) sw.V./hat (Grenzfall des Standards): ↗SCHAUEN A CH D-mittelost/südost, ↗KIEKEN D-nord ›blicken, sehen (in den meisten konkreten und übertragenen Bedeutungen)‹: *Er blinzte immer ein bisschen, weil er kurzsichtig war, und dabei hob er das Kinn, als könnte er dadurch weiter kucken als die andern* (Bieler, Maria Morzek 33); *Es war ihm unbegreiflich, dass jemand vierundzwanzig Stunden am Tag auf dem Sofa liegen und nichts anderes tun konnte, als rauchend in die Luft zu gucken* (Rothmann, Wäldernacht 21); *Ich muss aufpassen wie Adler, pflegte Sherard zu sagen ... und dabei guckte er ganz ernst und starr* (Nadolny, Entdeckung 11); *Und sonst guckst du* *nie Videos?* (Allegra 11/1997, 57); *Lass die Sache maximal drei Monate laufen und guck, wie der Typ sich entwickelt* (Allegra 11/1997, 232); *Nur der Kirchgiebel guckt aus der Lava* (Tagesschau 30. 12. 2001, Internet); *K. vergisst in dem Stress, regelmäßig nach Frau D. zu gucken, die z. Z. unter Orientierungsstörungen leidet* (Fachwissen Altenpflege und Geriatrie 30. 4. 2002, Internet); ***in die Röhre gucken** siehe Röhre; ***So schnell kann man [gar] nicht gucken/kucken:** ↗SCHAUEN: *SO SCHNELL KANN MAN GAR NICHT SCHAUEN A D-südost /Wendung, die ausdrückt, dass etw. sehr rasch passiert/: *So schnell kann man ja kaum gucken, wie sich die Politik in diesem Bereich ändert* (Gewerkschaftl. Infodienst Einblick 2. 4. 2002, Internet); ***sich [nicht] in die Karten gucken/kucken lassen** siehe Karte; ***gucken/kucken wie ein Auto:** ↗SOCKEN: *VON DEN SOCKEN SEIN A D, ↗BAUKLOTZ: *BAUKLÖTZE STAUNEN CH D (ohne südost), ↗SCHLACKERN: *MIT DEN OHREN SCHLACKERN D ›sehr erstaunt sein‹: *Der guckt wie ein Auto, nur nicht so schnell* (Universität Marburg, 1994, Internet); ***in die Welt gucken/kucken** ›eine Miene machen‹: *Mal lacht die Kleine in die Kamera, mal hockt sie auf einem Stuhl und guckt neugierig in die Welt* (Hamburger Abendbl 21. 9. 2000, Internet); ***Löcher in die Luft gucken/kucken** ›geistesabwesend vor sich hin starren‹: *Auf den Treppen sitzt eine Handvoll Jugendlicher, Getränkedosen in der Hand … und guckt hartnäckig Löcher in die Luft* (Intrinet – Onlineztg des Trierischen Volksfreunds 5. 5. 2002, Internet) – Die Verben *gucken* und *kucken* in ihren verschiedenen Bedeutungen sind vor allem in D (ohne südost) gebräuchlich, *gucken* seltener auch in A, CH und D-südost. In D (ohne südost) wird *gucken* meist im schriftlichen Sprachgebrauch, *kucken* meist in mündlicher Rede verwendet. In A, CH und D-südost steht das Verb *schauen* im Vordergrund, das in D (ohne südost) bekannt ist, aber selten verwendet wird. In D-nord wird zudem *kieken* gebraucht. In A (ohne Vbg.) und D-nord/mittel wird *lugen* nur schriftlich und gehoben, in A-west (Vbg.) und CH nur dialektal gebraucht und dabei diphthongisch ausgesprochen. Dasselbe wie für *gucken/kucken* gilt für die Grundbedeutungen ihrer Ableitungen, z. B. ↗abgucken, ↗angucken, ausgucken, ↗vergucken, ↗nachgucken – Dazu: **herausgucken, zugucken**

Guckerschecken Gugerschecken A der; -s, – (meist Plur., Grenzfall des Standards): ↗LAUBFLECKEN CH, ↗MÄRZENFLECKEN CH ›Pigmentflecken der Haut; Sommersprosse‹: *Da sind die Lausbuben mit der kurzen Lederhosen, mit Guggerschecken auf der frechen kleinen Nasen* (Liedermacher Ludwig Hirsch, Der Herr Haslinger, 1999, Internet)

Guete: *en Guete! CH [ən 'gu̯ətə] (Grenzfall des Standards): ↗MAHLZEIT: *[GESEGNETE] MAHLZEIT! A D ›Guten Appetit!‹: *En Guete! Der »Kassensturz« liess Steinpilze in elf Geschäften kontrollieren – 80 Prozent waren stark verwurmt* (Blick 7. 10. 1998, 1) – Erscheint im Standard häufig, jedoch nur als Zitat aus dem Dialekt

Guetsle D-südwest das; –, – ['gu̯ətslə]: ↗KEKS A D, ↗BISKUIT CH, ↗GUETZLI CH, ↗BRÖTLE D-südwest, ↗PLÄTZCHEN D (ohne südwest) ›kleines Feingebäck‹: *Was möchten Sie backen? Springerle, Eierzucker, Marzipan, Anisbrötli, Guetsle, Plätzchen?* (Firma König, Deckenpfronn, 2002, Internet)

Guetsli siehe Guetzli

Guetzli Guetsli CH das; -s, – ['gu̯ətslɪ]: ↗KEKS A D, ↗BISKUIT CH, ↗BRÖTLE D-südwest, ↗GUETSLE D-südwest, ↗PLÄTZCHEN D (ohne südwest) ›süsses, trockenes Kleingebäck‹: *Ein »Teeli« oder »Käfeli« mit Guetzli oder Gebäck stand immer griffbereit* (Kolb, Niederdorfer 71); *Eh, wann gibt es jetzt endlich Guetsli, wenn wir schon nicht rauchen dürfen?* (Brückenbauer 3. 12. 1997, 23) – Sehr unterschiedliche, dialektal geprägte Schreib- und Aussprachevarianten, z. B. *Güetz(l)i/Güezi/ Güets(l)i* in CH-west, *Gutzi* in CH-nord (Basel) und *Guetz(l)i/Guets(l)i* in CH-ost – Dazu: **Schokoladenguetzli** (↗Schokoladen-), **Weihnachtsguetsli**

Gugelhopf CH D-südwest der; -(e)s, -e: ↗GUGELHUPF A D-süd, ↗NAPFKUCHEN D-nord/mittel, ↗RODONKUCHEN D-mittelwest, ↗TOPFKUCHEN D-nord ›in einer ringförmigen, gewellten Backform gebackener, mit ↗Hefe [und Rosinen] zubereiteter oder aus Rührteig bestehender Kuchen‹: *Schnee fällt von mir wie Zucker von einem Gugelhopf* (Heimann, Lisi 61; CH); *Alsdann füllt man ihn in eine … Gugelhopfform … und backt den Gugelhopf 1 Stunde in gut heißem Ofen* (Schwäbische Küchenschätze, 2003, Internet; D-südwest) – Dazu: ↗**Speckgugelhopf** CH-nordwest

Gugelhupf A D-süd der; -(e)s, -e: ↗GUGELHOPF CH D-südwest, ↗NAPFKUCHEN D-nord/mittel, ↗RODONKUCHEN D-mittelwest, ↗TOPFKUCHEN D-nord ›in einer ringförmigen, gewellten Backform gebackener, mit ↗Germ [und Rosinen] zubereiteter oder aus Rührteig bestehender Kuchen‹: *Von 15 bis 18 Uhr musiziert das Trio Schulz zwischen Gugelhupf und Melange im Bräunerhof* (Standard 14. 4. 1999, Beilage 2; A) – In CH selten – Dazu: **Germgugelhupf** (↗Germ) A, **Marmorgugelhupf**

Gugerschecken siehe Guckerschecken

Güggel CH der; -s, – ⟨vermutl. aus frz. *coq* ›Hahn‹⟩ (Grenzfall des Standards): ↗GOCKEL A D, ↗BROILER D-ost, ↗GICKEL D-südost, ↗HÄHNCHEN D (ohne südost) ›Hahn‹: *In einem Gehege tummelten sich Ziegen, Kälblein, ein prächtiger Güggel mit seinen Hennen, Kaninchen, Schafe und ein Esel* (St. Galler Tagbl 15. 6. 1999, Internet)

Güggeli CH das; -s, – ⟨vermutl. aus frz. *coq* ›Hahn‹⟩ (Grenzfall des Standards): ↗Brathuhn A, ↗Brathendl A D-südost, ↗Hendl A D-südost, ↗Mistkratzerli CH, ↗Poulet CH, ↗Brathähnchen D-nord/mittel, ↗Broiler D-ost, ↗Hähnchen D (ohne südost) ›als Gericht zubereiteter, gebratener [junger] Hahn‹: *Das zarte Güggeli aus einheimischer Mast serviert Sonnen-Wirt Markus M. mit Knobli, Rosmarin und Hot-Shot auf einem Saucengestell mit diversen Saucen* (Blick 28. 5. 1999, 2)

Guggenmusik A-west (Vbg.) CH: **1.** die; –, ohne Plur.: ›absichtlich misstönend gespielte, ausgelassene Musik während der ↗Fasnacht‹: *Konfettischlachten, Polonaisen, Guggenmusik ... im Kanton Zürich war dieses Wochenende Fasnacht* (TA 22. 2. 1999, 13; CH). **2.** die; –, -en: ›Gruppe von verkleideten ↗Fasnächtlern, die, meistens mit Blas- und Schlaginstrumenten, laute, ausgelassene, absichtlich misstönende Musik spielt‹: *Es herrscht wieder buntes Narrentreiben. Guggenmusiken ziehen mit unüberhörbar schrägen Tönen von Beiz zu Beiz* (Blick 16. 2. 1999, 20; CH) – In CH häufig auch dialektnah in der Form *Gu[u]ggenmu[u]sig* oder kurz *Gugge.* In CH-süd auch in der Form *Guuggenmusik,* in A-west (Vbg.) meist in der Form *Guggamusik.* Vgl. Musik – Dazu: **Guggenmusiker(in)**

Gugus CH der; -/-es, ohne Plur. (Grenzfall des Standards): **1.** (abwertend); ↗Holler A, ↗Quargel A, ↗Schas A, ↗Topfen A, ↗Hafenkäse CH, ↗Kabis CH, ↗Käse CH D, ↗Mumpitz CH D (ohne südost), ↗Quark CH D, ↗Schnickschnack D, ↗Blech D (ohne südost), ↗Fez D (ohne südost), ↗Kappes D-mittelwest, ↗Kohl D-nord/mittel, ↗Kokolores D (ohne südost) ›Blödsinn, Quatsch, Unsinn‹: *Walter K. ... hält den Kalbfleisch-Boykott für einen »absoluten Gugus«* (St. Galler Tagbl 12. 12. 1998, Internet). **2.** (abwertend); ↗Schnickschnack CH D, ↗Gedöns D-nord/mittelwest ›überflüssiger Zierrat‹: *Also wir können nicht ... jeden Gugus bezahlen. Von morgens früh bis abends spät werden wir bestürmt, diese und jene Leistung zu bezahlen* (Schweizerische Gesellschaft für Gesundheitspolitik, 2002, Internet). **3.** Interj. (Kindersprache) ›Hallo! Huhu! Kuckuck!‹: *Gugus wo bin ich? Etwas müde vom Herumtollen* (Buchernet, 2000, Internet); ***Gugus Dada** ›Interaktionsspiel mit Kleinkindern, bei dem Gegenstände wiederholt mit dem Ausruf *Gugus* verdeckt und mit dem Ausruf *Dada* wieder gezeigt werden‹: *Wie sehr erinnert mich diese Szene an meine eigene Kindheit, als die Grossen ... mich mit furchterregenden Grimassen und debilem Gugus-Dada-Gestammel zu erheitern versuchten* (Blick 14. 12. 1996, 25)

Gulasch der/das; -(e)s, -e ⟨aus ungar. *gulyás hús* /ein ursprünglich von Rinderhirten im Kessel zubereitetes Fleischgericht/ verkürzt zu *gulyás*⟩: ist in A Neutrum, in CH Maskulinum, in D Maskulinum oder Neutrum. Die Betonung ist auf der ersten Silbe kurz oder lang. In A selten auch in der Schreibung *Gulyás.* Das gilt auch für die Zus., z. B. *Kartoffelgulasch, Rindsgulasch* (↗Rinds-), *Rindergulasch* (↗Rinder-), *Schweinsgulasch* (↗Schweins-), *Schweinegulasch* (↗Schweine-): *Jeden Sonntag ... gingen die Männer ins Wirtshaus, tranken Bier oder Schnaps und aßen ein kleines Gulasch* (Recheis, Lena 88; A); *Den Gulasch zugedeckt etwa 1 Stunde köcheln lassen* (Kantonsschule Enge Zürich, 2003, Internet; CH); *Sie verwandelten mit vielen orientalischen Gewürzen die glibberige Masse in ein vergleichsweise wohlschmeckendes Gulasch* (Welt 28. 8. 2000, Internet; D); *Wir machen den Gulasch natürlich nicht im Kessel auf offenem Feuer, sondern am besten in einem Eisentopf* (Bayrischer Rundfunk 26. 6. 1999, Internet; D)

Gülle A-west (Vbg.) CH D die; –, ohne Plur. (Landwirtschaft): ↗Sur A-west (Tir.) ›aus tierischen Fäkalien hergestellter Dünger; Jauche‹: *Im Frühling und im Herbst habe ich die Gülle auf das Feld geführt* (Schneider, Flattermann 76; CH); *Als er 1980 einen Polizisten mit Gülle überschüttete, bekam er einen Prozess* (Spiegel-Jahreschronik 1997, 77; D) – Die Zus. werden in A-west (Vbg.) auch, in D meist ohne Fugen-n gebildet – Dazu: ↗**güllen** CH D-mittelwest/südwest, **Güllenfass, Güllengrube, Güllenloch, Güllenwagen** (↗Wagen)

güllen CH D-mittelwest/südwest sw.V./hat: ›mit Jauche düngen‹: *Soll man bei günstigen Bedingungen jetzt noch güllen?* (Schweizer Bauer 12. 11. 2001, Internet; CH) – Vgl. Gülle

Gully der; -s, -s ⟨engl. *gully* ›Rinne‹⟩: **1.** A D (ohne südwest); ↗Dole CH D-südwest, ↗Sinkkasten D ›Wasserabflussschacht auf der Straße; Kanal‹: *Ein 41-jähriger Vertreter aus Detroit ertrank im 30 cm tiefen Wasser eines Straßengullys bei dem Versuch, seinen Autoschlüssel aus dem Gully zu holen* (Darwin-Award, 1999, Internet; A); *Der junge Hund kroch in einen Gully* (Koeppen, Tauben 72; D). **2.** A; ↗Dole CH D-südwest, ↗Sinkkasten D ›Wasserabflussschacht im Haus‹: *Überprüfen Sie bei Einbau von Bodenabläufen in Nassräumen, z. B. in Bädern, Brauseräumen, Küchen, ob mindestens ein häufig benutzter Abfluss über den Gully (= Bodenablauf) mit seitlichem Einlauf entleert wird* (Baudatenbank, 1999, Internet) – In D (ohne südwest) selten auch Neutrum. Bed. 2 in D (ohne südwest) selten – Dazu: **Gullydeckel**

Gümmeler CH der; -s, – (Grenzfall des Standards): ›Person, die professionell oder als Hobby lange Strecken Rennrad fährt‹: *Auf ein zahlreiches Erscheinen der BikerInnen, Gümmeler und Nicht-Velofahrer freut sich der RCS* (Radclub Steffisburg, 2002, Internet)

Gummi der; -s, -(s)/das; -s, -s: in der Bedeutung ›Gummi (als Material)‹ und kurz für *Gummiband* in A, CH und D-süd Maskulinum, in D-nord/mittel Neutrum: *Im Schritt verschob sich manchmal der Gummi* (Glantschnig, Mirnock 32; A); *War es doch der zu tiefe Reifendruck, der die Pneutemperaturen erhöhte und so den Gummi besser kleben liess?* (Blick 13. 8. 1999, 20; CH); *Dann zog sie sich blitzschnell ihren eigenen Sturzhelm wieder aus, zupfte das Gummi aus ihren straff auf dem Hinterkopf zusammengebundenen Haaren* (Arens, Nächste Mann 28; D-nord/mittel)

Gummihüpfen A das; -s, ohne Plur.: **1.** ↗GUMMITWIST CH D (ohne mittelost/südost) ›Kinderspiel, bei dem nach bestimmten Regeln über ein Gummiband gesprungen wird, das zwischen zwei Mitspielern aufgespannt ist‹: *»Gummihüpfen tun wir am liebsten spielen«, erklärt eine Fünfjährige feierlich* (Standard 6. 12. 2000, 10). **2.** (scherzh.) ›Bungeejumping‹: *B., der schon mehr als 4000 Starts mit Drachenfliegern und Hängegleitern nachweisen kann und außerdem Lehrbeauftragter für Paragleiten an der Uni Graz ist, trainiert das Gummihüpfen schon seit Monaten* (OÖN 3. 3. 1992, 15) – Im Grenzfall des Standards auch in der Form *Gummihupfen*

Gummihupfen siehe Gummihüpfen

Gummitwist CH D (ohne mittelost/südost) der/das; -s, -e ⟨engl. *twist* ›Drehung, Verrenkung‹⟩: **1.** ↗GUMMIHÜPFEN A ›Kinderspiel, bei dem nach bestimmten Regeln über ein Gummiband gesprungen wird, das zwischen zwei Mitspielenden aufgespannt ist‹: *Mädchen bluffen zwar auch beim Sport, aber nicht mit Muskeln und Fussballspielen, sondern beim Gummitwist mit Geschmeidigkeit* (Bund 30. 1. 1997, 11; CH); *Wenn … ich mit meiner Freundin Heike den Nachmittag über Seilspringen und Gummitwist spielte, dann war ich am Abend oft ganz erleichtert* (TAZ 13. 10. 2001, Internet; D). **2.** ›Gummiband, das für (1) benötigt wird‹: *Schülerinnen und Schüler haben die Möglichkeit, ausserhalb der Schulzeit Geräte und Einrichtungen zum Spielen zu benutzen. Zur Verfügung stehen in der Kiste auf dem Pausenplatz Mühlespielfiguren, Federballschläger und ein Gummitwist* (Bund 17. 4. 1996, 27; CH); *Was man mit Murmeln alles machen kann, welche Bewegungsspiele mit dem alten Gummitwist möglich sind, oder Fadenspiele; das alles können die Kinder wieder lernen* (NRZ 22. 4. 1999, Internet; D)

Günstlingswirtschaft (gemeindt.): ↗FREUNDERLWIRTSCHAFT, ↗VETTERLESWIRTSCHAFT, ↗VETTERLIWIRTSCHAFT, ↗VETTERNWIRTSCHAFT

Gupf A D-südost der; -(e)s, -e/CH der; -(e)s, Güpfe: **1.** ›abgerundeter Gipfel; Kuppe‹: *Mit einer Höhe von 393 m ist der Schildberg zwischen Böheimkirchen und Pottenbrunn ein unscheinbarer Gupf, ein Winzling unter den niederösterreichischen Erhebungen* (Standard 13. 2. 1999, Internet; A); *Die Kapelle steht auf einem aussichtsreichen Gupf westseitig der Strasse Hildisrieden-Neudorf* (NLZ 8. 10. 2000, Internet; CH). **2.** ›oberer Teil von etw.; über den Gefäßrand hinausragender Teil eines Inhalts‹: *Der weiße Gupf auf dem Milchkaffee, Krönung des Frühstücks* (Glantschnig, Mirnock 11; A); *Als Grossmutter wieder ein bisschen Geld hatte, entdeckte sie im Dorf ein wunderschönes Sommerhütchen für mich und kaufte es. Aus fein weich geflochtenem Stroh war es und hatte um den Gupf herum ein grün-rosa plüschenes Blumenkränzchen* (Wenger, Rosalia 48; CH)

Gurkerl A das; -s, -n: **1.** ›in Essigmarinade eingelegte kleine Gurke; Essiggurke‹: *Die Gurkerln und Karotten sowie den Speck in ca. 5x5 mm dicke Streifen schneiden, die Fleischstücke damit belegen …, danach einrollen und mit einem Zahnstocher fixieren* (ORF Nachlese 9/1997, 76). **2.** (salopp, Fußball) ›durch die Beine eines Spielers gespielter Ball‹: *Ein Gurkerl, ein Ferserl, ein Goal – Aha, sagte das Publikum, nickte und goutierte* (Kurier 27. 12. 1997, 25) – Zu 2 vgl. Steirergoal – Zu 1.: **Essiggurkerl**

Güsel CH-ost/zentral der; -s, ohne Plur. (Grenzfall des Standards): ↗MIST A, ↗MÜLL A D, ↗KEHRICHT CH D-südwest ›[Haushalts]abfall‹: *Dank der Einführung der Sackgebühr verminderte sich der Güsel aus den Haushalten … um etwa ein Viertel* (Sonntagsztg 27. 7. 1997, 14) – Dazu: **Güselkübel** (↗Kübel), **Güselsack** (↗Sack), **Güselwagen** (↗Wagen)

Gusti[1] A CH D-südost: ↗GUSTL A D-südost In A Koseform der weibl. Vornamen *Augusta, Auguste, Augustine*, in CH der männl. Vornamen *August, Gustav*, in D-südost des weibl. Vornamens *Auguste* und des männl. Vornamens *August*: *Wenn Gusti Wolf eine Scheibtruhe als »Karren« und den Samstag als »Sonnabend« aussprechen muss, dann drehen sich Zehennägel auf* (Kleine Ztg 27. 2. 1998, Internet; A); *Aus interspezifischen Sorten einen Tropfen von gewohnter Qualität zu machen, ist allerdings nach Auskunft von Fachleuten eine Kunst, in der sich Rebmann H. und Kellermeister Gusti P. erst noch beweisen müssen* (TA 2. 3. 2000, 26; CH)

Gusti[2] CH das; -s, -s: ↗KALBIN A D-süd, ↗FÄRSE D ›weibliches Rind, das noch nicht gekalbt hat‹: *Für einmal bevölkerten nicht die üblicherweise dort stationierten Gusti den Kuhstall auf der Goleten-Weide oberhalb Laupersdorf* (Neue Mittelland Ztg 28. 7. 1998, Internet)

gustieren A sw.V./hat ⟨aus ital. *gustare* ›kosten‹⟩: **1.** ↗KOSTEN A D, ↗VERKOSTEN A D, ↗DEGUSTIEREN CH ›(den Geschmack von Ess- und Trinkbarem) prüfen; (Ess- und Trinkbares) probieren‹: *Das Gewölbe und die alten Ziegel geben den fürstlichen und lebendi-*

gen Rahmen für das Lagern und Gustieren Ihres Weines (Besser Wohnen 1/1998, 97). **2.** ›sich durch genießerisches Betrachten an einer Auswahl bestimmter Produkte ergötzen‹: *In den neuen Selbstbedienungsläden können diejenigen, die das Hungergefühl der Nachkriegszeit noch gut in Erinnerung haben, kaum aufhören, zwischen den Packungen zu wühlen und zu gustieren* (ORF Nachlese 9/1997, 26) – Die Bedeutung ›Gefallen an etw. finden; goutieren‹ ist gemeindt.

gustiös A Adj.: **1.** ↗GLUSCHTIG CH, ↗LECKER D (ohne südost) ›appetitlich, appetitanregend, wohlschmeckend‹: *Die deftigen Pasteten lassen sich schnell zubereiten und sehen so gustiös aus, wie sie schmecken* (OÖN 16. 12. 1987, 4). **2.** ›ansprechend, angenehm; einen Anreiz bietend‹: *Ein armeefreies Österreich wäre weniger gustiös für die Militärpakte, weil es weder Truppen noch militärisches Gerät zum Auffetten des militärischen Vermögens der Militärpakte beitragen könnte* (Zoom – Zeitschrift für Politik und Kultur, 1999, Internet) – Vgl. Gusto, ungustiös

Gustl A D-südost: ↗GUSTI A CH D-südost Koseform der weibl. Vornamen *Augusta, Auguste, Augustine* und der männl. Vornamen *August, Gustav: Sie sind ein Dichter, Gustl, plagiieren Sie nicht* (Fritsch, Fasching 82; A)

Gusto- A-ost (produktiver Wortbestandteil in Zus., in Verbindung mit Bezeichnungen für Frauen): ›Attraktivität besitzend‹, z. B. Gustogirlie, Gustokatz, Gustomensch: *Das Gusto-Girlie und der charmante Gentleman* (Ö3 Magazin 2/1998, 77) – Vgl. Gusto

Gusto A D-südost der; -s, -s ⟨aus ital. *gusto* ›das Kosten, Geschmack‹⟩ (Plur. ungebräuchl.): **1.** ↗GLUSCHT CH ›Appetit‹: *Im November gibt es bei mir aber noch keine Teebäckerei, die verdirbt einem den Gusto auf die Weihnachtskekse* (Gusto 11/1997, 42; A). **2.** ›Lust; Bedürfnis‹: *Man kriegt einen Gusto darauf, über die Leute etwas Böses zu sagen* (Kurier 27. 12. 1997, 8; A); ***auf den Gusto kommen** ›auf den Geschmack kommen‹: *Den Luksch-Buben macht nix mehr lebendig, ... aber so wie's ausschaut is da ein Wahnsinniger am Werk, der vorgestern auf den Gusto gekommen ist* (Brödl, Blutrausch 80; A); ***Gusto machen** ›Lust auf etw. machen‹: *»Quanto Amore Sei«, ein wunderschöner Popsong, macht Gusto auf das neue Eros-Album* (Rennbahnexpress 11/1997, 20; A) – In CH veraltend – Dazu: ↗**gustiös** A, ↗**Gusto-** A-ost, **Gustomacher,** ↗**Gustostückerl** A, ↗**ungustiös** A

Gustostückerl A das; -s, -n: **1.** ↗SCHMANKERL A D-südost ›kulinarischer Leckerbissen; Gaumenfreude; besonders gutes Stück‹: *Wir hielten es mit Knoblauchbrot mit Erdäpfelkasnockerl ... und im Rohr gebackenen Schweinsripperln ... sowie gekochten Gustostückerln vom Rind* (SN 8. 11. 1997, 85). **2.** ↗SCHMANKERL A D-südost, ↗ZUCKERL A D-südost, ↗ZÜCKERCHEN CH, ↗BONBON D (ohne südost), ↗ZUCKERLE STIR ›als Lockmittel eingesetzte Vergünstigung, etw. ganz Besonderes, Auserlesenes‹: *Das dritte historische Gustostückerl wären für den Historiker die Vorlesungen des niederländischen Philosophen Erasmus von Rotterdam an den Universitäten von Basel und Freiburg im Breisgau gewesen* (VN 29. 10. 1997, 10) – Vgl. Gusto

Gut A D das; –, – (formell): ›Schulnote Zwei (2), die zweitbeste Note‹: *Diese sah sich die Arbeit an und meinte, sie hätte sie mit einem »Gut« benotet* (Neue Kronen Ztg 30. 6. 1998, 13; A); *Da mussten wir dann einen Aufsatz verfassen. Ich bekam ein Gut* (Schülerforum, 2003, Internet; D); ***Sehr gut:** ↗AUSGEZEICHNET CH STIR ›Schulnote Eins (1), die beste Note‹: *Wegen der vielen Aufgaben beim offenen Lernen ist es für die Schüler aber schwieriger, ein Sehr gut zu bekommen* (OÖN 21. 6. 1999, 20; A); *Im letzten Jahr wurde er von einer Logopädin getestet und bekam ein Sehr gut* (Bastelmafia, 2003, Internet; D) – Zur Schulnote *Gut* vgl. Zwei, Zweier, zur Schulnote *Sehr gut* vgl. Eins, Einser. In STIR ist *Sehr gut* die zweitbeste und *Gut* die drittbeste Note

gut: ***Gut zum Druck** (das) CH ›Druckreiferklärung durch Verfasser oder Verleger; ↗Imprimatur‹: *Die Wahlvorbereitungen laufen auf Hochtouren; das Wahlmaterial dürfte demnächst das Gut zum Druck erhalten* (NZZ 19. 1. 1999, 13); ***für gut** D-mittel/südost (Grenzfall des Standards) ›für besondere Anlässe‹: *Sie besaß ... einen schwarzen Rock für gut* (Arens, Nächste Mann 27); ***wieder gut miteinander sein** D-mittel/süd ›sich nach einem Streit wieder vertragen‹: *Sie war sehr zufrieden, dass ihre beiden Freunde nun wieder gut miteinander waren* (Ende, Momo 21); ***gutes neues Jahr** A CH D-ost/süd siehe Jahr; ***guten Tag** CH D-nord/mittel siehe Tag – Das Adjektiv *gut* ist in allen anderen Verwendungen gemeindt.

Gutenbergstadt D die; –, ohne Plur. ⟨nach dem Erfinder des Buchdrucks, *Johannes Gutenberg*, der dort gewirkt hat⟩: ›Mainz‹: *... sind die Hofsänger weiterhin ein wichtiger Sympathie- und Werbeträger für die Gutenbergstadt* (Allgemeine Ztg Mainz 8. 10. 2001, Internet)

Güterregulierung CH die; –, -en: ↗GRUNDSTÜCKSZUSAMMENLEGUNG A, ↗KOMMASSIERUNG A, ↗FLURBEREINIGUNG A D, ↗GÜTERZUSAMMENLEGUNG CH ›Zusammenlegung und Neueinteilung von zerstückeltem landwirtschaftlichem Grundbesitz‹: *In jüngster Zeit konnte der Weinbau dank der Güterregulierung wieder einen bedeutenden Aufschwung verzeichnen* (Gemeinde Auenstein 26. 9. 2002, Internet)

Güterweg A der; -(e)s, -e: ›Fahrweg für landwirtschaftliche Nutzfahrzeuge‹: *In zahlreichen Kehren steigen* *weit verzweigte Wege und Güterwege bergan* (Glantschnig, Mirnock 7)

Güterzusammenlegung CH die; –, -en: ↗GRUNDSTÜCKSZUSAMMENLEGUNG A, ↗KOMMASSIERUNG A ↗FLURBEREINIGUNG A D, ↗GÜTERREGULIERUNG CH ›Zusammenlegung und Neueinteilung von zerstückeltem landwirtschaftlichem Grundbesitz‹: *Heute werden bei Güterzusammenlegungen nicht nur die Interessen der Landwirte berücksichtigt, sondern auch jene der Natur* (Bund 25. 10. 1999, 34)

Gutsbetrieb CH der; -(e)s, -e: ↗LANDWIRTSCHAFT A D, ↗BAUERNBETRIEB CH, ↗HEIMET CH, ↗HEIMWESEN CH ›zu herrschaftlichem Gut gehörender (landwirtschaftlicher) Betrieb; Landwirtschaftsbetrieb‹: *Zum herrschaftlichen Schlösschen gehört ein ... grosser landwirtschaftlicher Gutsbetrieb, den ein Verwalter im Auftrag der Nationalbank bewirtschaftet* (Sonntagsztg 28. 4. 1996, 3)

Gutsch CH der; -(e)s, Gütsche (Grenzfall des Standards): ›schwungvoll ausgegossene Menge an Flüssigkeit‹: *Starbucks – ausgerechnet in Italien ..., wo der Caffè corretto mit einem Gutsch Grappa korrigiert wird* (NZZ 23. 1. 1999, 127)

Gwändli CH das; -s, – ⟨Dim. von *Gwand* ›Gewand‹⟩ (Grenzfall des Standards): **1.** ↗BLAUE A, ↗MONTUR A, ↗SCHLOSSERGEWAND A, ↗ARBEITSANZUG A D, ↗BERUFSKLEID CH, ↗ÜBERGEWAND CH, ↗ÜBERKLEID CH, ↗BLAUMANN D (ohne südost), ↗ANTON: *BLAUE ANTON D-südwest ›Arbeitskleidung, Overall‹: *Bald wird sich dieser Service gut eingespielt haben, besonders ab August, wenn die Strassenkehrer neue Gwändli erhalten mit Taschen, in welche die Info-Sets genau hineinpassen* (Bund 27. 6. 2001, 36). **2.** ›Verkleidung [während der ↗Fasnacht]‹: *Um uns herum tanzten die Fasnächtler in ihren schönen, bunten Masken und Gwändli* (Blick 7. 4. 1994, 6). **3.** ›Uniform‹: *Damals gab es kein zweites Tenue, mit dem gleichen Gwändli haben wir Festungen gebaut, Wache gestanden und allzu oft auch darin geschlafen* (Blick 6. 10. 1991, A31) – Zu 3 vgl. Tenue, Wehrkleid – Zu 1.: **Übergwändli**

GWM CH die; –, –: nur geschriebene, unverkürzt gesprochene Abk. für ›↗Geschirrwaschmaschine‹ (standardisierte Abk. in Wohnungsanzeigen): *Balkon,* ZH, GWM, Parkett, Fr. 911.- inkl. (Baslerstab 5. 11. 1997, 15)

Gwunder CH der; -s, ohne Plur. (Grenzfall des Standards): ↗WUNDERFITZ CH ›Neugier‹: *B. rechnet damit, dass die Kirche bei einzelnen Gottesdiensten, die musikalisch oder liturgisch besonders gestaltet sind, gut gefüllt sein werde. Er ist aber auch überzeugt, dass einige Leute aus Gwunder kommen werden* (NLZ 24. 2. 2000, Internet); ***jmdn. sticht der Gwunder** ›jmd. wird durch Neugier getrieben‹: *Die meisten tun sich schwer, wenn sie übers Geld reden sollten. Aber der Gwunder sticht sie alle: »Wie viel haben die anderen?«, will Franz S. wissen, bevor er mit seinem Lohn herausrückt* (Sonntagsztg 19. 12. 1999, 7) – Dazu: ↗**gwunderig**, ↗**Gwundernase**

Gwunderfitz siehe Wunderfitz

gwunderfitzig siehe wunderfitzig

gwunderig CH Adj. (Grenzfall des Standards): ↗WUNDERFITZIG CH ›neugierig‹: *Im Sommer bauschen sich blutrote Geraniendüwees vor den Fenstern, im Winter verstecken sich die gwunderigen Blicke hinter gehäkelten Vorhängen* (Wyss, Tage 13) – Auch in der Schreibung *gwundrig.* Vgl. Gwunder, Gwundernase

Gwundernase CH die; –, -n: ↗WUNDERFITZ CH ›neugierige Person oder neugieriges Tier‹: *Katzen können richtige Gwundernasen sein. Wo immer etwas Ungewöhnliches zu sehen ist, sofort wird es in Augenschein genommen* (Blick 2. 11. 1993, 23) – Selten auch in der Form *Wundernase.* Vgl. Gwunder, gwunderig

Gym A das; -s, -s [gym] (salopp, Grenzfall des Standards, Kurzwort): ↗GYMI A CH, ↗KANTI CH, ↗GYMER CH-west ›Schule, die zur Hochschulreife führt bzw. Gebäude, in dem diese Schule untergebracht ist; Gymnasium‹: *Derzeit besucht die Isländerin Katrin S. für ein Jahr das Gym als Gastschülerin* (OÖN 19. 6. 2002, Internet) – In CH selten, Aussprache [gim]. Vgl. AHS

Gymer CH-west der; -s, – ['gimər] (salopp, Grenzfall des Standards, Kurzwort): ↗GYM A, ↗GYMI A CH, ↗KANTI CH ›Schule, die zur Hochschulreife führt bzw. Gebäude, in dem diese Schule untergebracht ist; Gymnasium‹: *Journalist? Erst nach dem Gymer in Bern ... und dem anschliessenden Studium ... kam es bei mir zum Berufsentscheid* (Bund 11. 8. 1998, Z13) – Vgl. Kantonsschule

Gymi A CH das; -s, -s ['gymi A, 'gɪmi CH] (salopp, Grenzfall des Standards, Kurzwort): ↗GYM A, ↗KANTI CH, ↗GYMER CH-west ›Schule, die zur Hochschulreife führt bzw. Gebäude, in dem diese Schule untergebracht ist; Gymnasium‹: *Viele Grüße von einem, der das Gymi schon hinter sich hat* (Chatseite des ORF, 2002, Internet; A); *Mit 17 Jahren trank Sven im Gymi regelmässig Bier in der Mittagspause* (TA 27. 5. 1998, 81; CH) – Vgl. AHS, Kantonsschule

Gymnasium (gemeindt.): ↗AHS, ↗KANTONSSCHULE, ↗LYZEUM

H

h: ***stumme h** siehe stumm

Haarknoten (gemeindt.): ↗Bürzi, ↗Dutt, ↗Nest

Habachtstellung siehe Habtachtstellung

haben unr.V./hat: **1.** A-west (Vbg.) CH D-südwest (nur in Verbindung mit *es*); ↗geben A D ›vorhanden sein‹: *Es hat von fast allem genug für fast alle* (P.M., Olten 35; CH); *Wir hatten uns gesagt, es werde sicher viele Leute haben, und es hatte viele Leute* (Jaun, Onkel aus Afrika 272; CH); ***es hat, solange es hat** CH ›solange der Vorrat reicht (bei Billig- oder Gratisangeboten)‹: *Übersehen Sie die Bons nicht, mit denen Sie Dampfkochtöpfe und Turnschuhe günstiger kaufen können. Schneiden Sie sie aus. Es hat, solange es hat* (Bund 2. 12. 1997, 11). **2.** CH ›brauchen, benötigen‹: *Sie mussten zu Hause den Veloanhänger holen, oft hatten sie da eine Stunde hin und her* (Bichsel, Cherubin Hammer 43). **3.** ***sich [nicht so] haben** D (salopp) ›[nicht] zuviel Aufhebens machen, sich [nicht] unnötig aufregen (nur in imperativischen Verwendungen)‹: *»Los, hab dich nicht so. Zeig schon her!«* (Berliner Ztg 4. 6. 1999, Internet). **4.** ***jmdm. etw. haben** CH ›für jmdn. etw. haben‹: *Wenn ein Amerikaner dringend ein Taschentuch benötigt, fragt er: »Hast du mir ein Kleenex?«* (Brückenbauer 38/1998, Internet). **5.** ***eine große Gosche(n) haben** A D-süd; ***eine große Klappe haben** CH D-nord/mittel; ***eine große Fresse haben** D-nord/mittel; ***eine große Schnauze haben** D-nord/mittel ›sich wichtig machen; prahlen‹: *Für ein 15-jähriges Mädel hast du eine ziemlich große Goschen* (Rapidforum, 2002, Internet; A); *Ich habe zwar eine grosse Klappe. Doch ich halte meistens, was ich verspreche* (Blick 30. 10. 2000, 18; CH); *Erin Brockovich hat die Schule frühzeitig verlassen, ist zweimal geschieden, hat eine große Klappe und schlechte Manieren* (Radio RPR 6. 4. 2000, Internet; D-nord/mittel); *Klaus-Martin S., so sein bürgerlicher Name, nimmt kein Blatt vor den Mund. »Ich habe eine große Fresse«, sagt er von sich selbst* (Aachener Nachr 21. 8. 1999, Internet; D-nord/mittel); *Der Lümmel hat eine große Schnauze. Er soll reden, was er will, nach dem Kampf erzähle ich was anderes* (ARD Sportschau 6. 9. 2001, Internet; D-nord/mittel). **6.** ***den Verleider haben/bekommen** CH; ***jmdn./etw. dicke haben** D (ohne südost); ***den Kanal voll haben** D (ohne südost); ***die Fresse von jmdm./etw. voll haben** D-nord/mittelwest; ***die Schnauze von jmdn./etw. voll haben** D (ohne südost): ↗überhaben A D ›einer Person/einer Sache überdrüssig sein‹: *Draussen schneit es wieder seit Tagen, wir sitzen in unserer Hütte … und haben nun definitiv den Verleider* (Heimann, Lisi 86; CH); *Wenn Sie so viel trainieren, dass Sie während des Trainings den Verleider bekommen, dann können Sie keine Fortschritte erzielen* (NZZ 20. 11. 1998, 62; CH); *Wenn Jutta W. mal die Faxen dicke hat, dann schwingt sie sich eine Runde auf ihr Motorrad* (Hochschulanzeiger 8. 10. 2002, Internet; D); *Boxfans haben nach Betrügereien den Kanal voll* (Welt 29. 4. 2000, Internet; D); *Wir haben so langsam wirklich die Fresse voll von Teilen, welche man teuer kauft und einige Monate später dem Sperrmüll vererbt* (Schwarzwaldinformation, 4. 9. 2001, Internet; D-nord/mittel); *Nach vier Semestern … hatte ich die Schnauze voll von unbesetzten Professorenstellen, ausfallenden Vorlesungen und überfüllten Seminaren* (Spiegel Special 6/1998, 100; D). **7.** ***[den] Plausch haben** CH siehe Plausch. **8.** ***jmd. hat warm/heiss/kalt** CH: ↗sein: *jmdm. ist warm/heiss/kalt A D ›jmd. empfindet Wärme bzw. Kälte‹: *Ich habe innerlich kalt und grossen Durst* (d'Henri, Frau 61); *Alle paar Minuten bleiben wir stehen, um zu verschnaufen, wenigstens haben wir warm* (Heimann, Lisi 59). **9.** A D-südost (nur in Verbindung mit *es*) /zur Angabe von Temperaturen/: *Die Sonne blinzelt mild hinter Wolken hervor, es hat neun Grad* (Care Österreich 1977–2000, Internet; A) – Zu 5 vgl. Gosche. Das Verb *haben* ist in allen anderen Verwendungen gemeindt.

Haberer A-ost der; -s, – ⟨aus jidd. *chavver* ›Genosse‹; ursprüngl. Gaunersprache⟩ (salopp, Grenzfall des Standards): **1.** ›Verehrer‹: *Von Sydney aus geht's nach Liverpool, im Hyde Park schmusen sie, und der Haberer heißt »mate«* (Profil 24. 9. 2000, Internet). **2.** ↗Spezi A D-süd ›Freund, Kumpan, Zechbruder‹: *Die Idee zur Sendung … stammt von Krankl persönlich, die Frequenzen 89.9 und 95.3 lagen ihm nahe, schließlich kommentiert er da schon Fußballspiele, und außerdem ist der Edi F. sein Haberer* (Standard 21. 11. 1996, Internet). **3.** ↗Freunderl A ›Mitspieler in einer Günstlingswirtschaft‹: *Die Partei ist beleidigt, wenn der Verdacht der Vettern- und Freunderlwirt-*

schaft, also die höflichere Umschreibung für den Hauptzweck des Habererseins, geäußert wird (Stenogr. Protokoll des Nationalrates 15. 7. 1999, Internet) – Zu 3.: ↗**verhabern**

habern A-ost (bes. Wien) CH sw.V./hat (salopp, Grenzfall des Standards): ›essen‹: *Auf d'Nacht sind wir in die Hütte gekommen, gekocht, fest g'habert ..., dann ist es schon wieder zum Raufen geworden* (OÖN 30. 11. 1991, Internet; A-ost); *Elf Tage lang sollen hunderttausende ZürcherInnen in die Herbstmesse par exellence pilgern. ... Und traditionell gibt es an den Ständen recht viel zu habern und zu saufen, oft fast gratis* (Biwidus, 1996, Internet; CH)

Habitué Habituée CH der; -s, -s bzw. die; –, -s [abitye] ⟨aus frz. *habitué* ›gewohnt‹⟩: **1.** ›Stammgast‹: *Die Blüemlisalp ... ist das Beizli für die Bauern aus der Umgebung, die Raststätte für Wanderer und die Gaststube für Habitués aus der Stadt* (Facts 11. 9. 1997, 100). **2.** ›Person, die sich auf einem bestimmten Gebiet gut auskennt‹: *Als Habitué der Vorgänge in und um die Expo kommt man nicht darum herum zu konstatieren, dass dem Unternehmen Landesausstellung ... vor allem eines fehlt: ein hochrangiger Troubleshooter* (NZZ 30. 9. 1999, 13) – Zu 1.: In A gehoben und veraltend

Habseligkeiten (gemeindt.): ↗EFFEKTEN

Habtachtstellung A D-südost die; –, ohne Plur. (Militär): ↗ACHTUNGSTELLUNG CH, ↗STRAMMSTEHEN D ›militärische Grundstellung, bei der die Soldat(inn)en in strammer Haltung stehen‹: *Peter Weber von der Staatsoper ist Wozzeck und zeigt ihn als strammen Soldaten, er fällt in Habtachtstellung, wann immer er angefahren wird* (Kurier 29. 2. 2000, 27; A) – Selten auch in der Form *Habachtstellung.* Vgl. Acht

Hachel: 1. A D-südost der; -s, – /die; –, -n ›kammartiges Werkzeug zur Bearbeitung von Flachs und Hanf; Hechel‹: *Die Handwerkszeuge und Arbeitsgeräte (wie z. B. hölzerner Pflug, Reiser, Kopf- und Buggelkraxe, ... Hachel, Butterkübel ... usw.) geben Aufschluss über das harte Leben der Bergbauern und Holzarbeiter in Tux* (Bäuerliches Museum Lanersbach, 2002, Internet; A). **2.** A der; -s, -/die; –, -n ›Küchengerät, mit dem Gurken und ↗Kraut in Scheiben oder Streifen zerkleinert werden; Gemüsehobel‹ (meist in den Zus. *Gurkenhachel, Krauthachel): Ob man nun eine Gurkenhachel verkauft oder eine politische Botschaft, ist letztlich gleichgültig* (OÖN 10. 7. 1993, 27) – Zu 1.: **Flachshachel.** Zu 2.: **Gurkenhachel, Krauthachel** (↗Kraut) A D-südost. Zu 1. und 2.: ↗**hacheln** A

hacheln A sw.V./hat: **1.** ›(↗Kraut oder Gurken) mit einem Gemüsehobel zerkleinern‹: *Das Rotkraut mit einem Krauthobel hacheln und leicht salzen* (Weidwerk, 1999, Internet). **2.** ›Flachs bearbeiten‹: *Nach dem Brecheln hatten wir aber noch keinen fertigen Flachszopf. Der nächste Vorgang war das Hacheln* (Heimatmuseum Land Salzburg, 2002, Internet) – Vgl. Hachel

Hachse D-nordost/mittelwest die; –, -n (Küche): ↗STELZE A, ↗HAXL A D-südost, ↗WÄDLI CH, ↗HAXE CH D-mittel/süd ›unterer Teil des Beins bei Schwein oder Kalb‹: *Abends haben wir uns dann beim Haxenbauer eine fette Hachse reingezogen und sind dann planlos durch die Stadt gezogen* (Case Budapest, 2000, Internet) – Dazu: **Kalbshachse, Schweinshachse** (↗Schweins)

Hack D-nord/mittelwest das; -s, ohne Plur.: ↗FASCHIERTE A, ↗GEHACKTE CH D-nord/mittel, ↗HACKFLEISCH CH D, ↗HACKEPETER D-ost ›im Fleischwolf zerkleinertes Fleisch‹: *Schalotten und Knoblauch pellen, ... beides durch die Knoblauchpresse drücken und zum Hack geben* (Schöner Wohnen 10/1997, 156)

Hackbraten A-west (Vbg.) CH D der; -s, –: ↗FASCHIEREN: *FASCHIERTE BRATEN A, ↗HASE: *FALSCHE HASE D ›Braten aus gehacktem Fleisch‹: *Es ist gute Hausmannskost mit Fleisch und Gemüsebeilagen, die bei den Vollkost-Menus ... angeboten wird. Beispielsweise Hackbraten mit Kartoffelstock und Rosenkohl* (Bund 15. 1. 1999, 32; CH); *Hackbraten mit Zigeunersoße ist einfach out* (Spiegel Special 6/1998, 8; D)

Hacke die; –, -n; **1.** A D-südost ›Beil, Axt‹: *Stundenlang hob in der Nacht jemand immer wieder die Hacke und zielte auf ein Holzscheit* (Winkler, Leibeigene 16; A). **2.** A-ost (salopp, selten); ↗TSCHOCH A, ↗SCHÖPF A-südost, ↗BÜEZ CH, ↗KRAMPF CH, ↗MALOCHE D-mittelwest ›[schwere] Arbeit; Schufterei‹: *Zudem soll Polster am 2. 9. noch ein Länderspiel bestreiten, dann beginnt die Hacke in Gladbachs Management* (Standard 19. 5. 2000, Internet). **3.** CH D (ohne südost); ↗HAUE A D-süd ›Gartengerät zum Lockern des Bodens‹: *In manchen Dörfern sind die Menschen so arm, dass sie nicht einmal eine Hacke besitzen, um die Felder zu bestellen* (St. Galler Tagbl 28. 5. 1998, Internet; CH); *Ebenso wie beim Spaten wird die Hacke von der Unterseite her leicht schräg angeschliffen* (Garten 11/1997, 88; D). **4.** D-nord/mittel ›Ferse‹: *An den Hacken, wo die Strümpfe sehr dünn sind, ist die Hitze unerträglich; ich muss die Beine immer wieder anheben* (Akan, Schneider 12). **5.** D-nord/mittel ›Schuhabsatz‹: *Sie warf die Wohnungstür hinter ihm zu, traf noch die Hacke seines orthopädischen Stiefels* (Timm, Currywurst 77); ***sich die Hacken ablaufen:** ↗HAXEN: *SICH DIE HAXEN AUSREIẞEN A, ↗HAX: *SICH DEN/EINEN HAX AUSREIẞEN D-südost ›viel auf sich nehmen, um etw. zu erreichen; sich abmühen‹: *Will man ... an ein bestimmtes Buch gelangen, und das noch möglichst schnell, läuft man sich meist die Hacken ab* (Tagesspiegel 25. 7. 1999, 30) – Zu 1 vgl.

Hackl. Zu 2.: Auch in der Form *Hacken* (die; –, –) und mit dunklem *a* gesprochen. Zu 4. und 5.: Auch in der Form *Hacken* (der; -s, -) – Zu 1.: ↗**Hackenmörder** A. Zu 2.: ↗**hackeln**, ↗**hackenstad**. Zu 4.: ↗**Hackentrick** D (ohne südost)

hạckeln A-ost sw.V./hat (Grenzfall des Standards): ↗SCHÖPFEN A-südost, ↗BARABERN A-ost D-südost, ↗BUCKELN A-west D-mittelost, ↗KRAMPFEN CH, ↗KRÜPPELN CH, ↗RACKERN D, ↗ACKERN D-nord/mittel, ↗MALOCHEN D-mittelwest, ↗ROBOTEN D-nordost ›körperlich hart arbeiten; schuften‹: *Hier der Spätberufene aus Bergamo, der noch mit 26 in einer Styroporfabrik am Fließband hackelte* (Sport Magazin 10/1997, 128) – Vgl. Hacke – Dazu: **Hacklerei**, ↗**Hackler(in)**

Hạcken A-ost die; –, –: siehe Hacke

Hạcken D-nord/mittel der; -s, –: siehe Hacke

Hạckenmörder Hạckenmörderin A der; -s, – bzw. die; –, -nen: ›Mörder(in), der bzw. die als Tatwaffe ein Beil verwendet‹: *Seither führte er bei praktisch allen spektakulären Kapitalverbrechen, vom Posträuber bis zum Hackenmörder, die Ermittlungen* (Profil 10. 11. 1997, 48) – Vgl. Hacke

hạckenstad A-ost Adj. (salopp, Grenzfall des Standards): ›arbeitslos‹: *Seit ein paar Monaten sei er »hackenstad«, weil die Firma zugesperrt hat* (Presse 27. 10. 1998, Internet) – Vgl. Hacke, stad

Hạckentrick D (ohne südost) der; -s, -s (Fußball): ↗FERSLER A, ↗ABSATZTRICK CH D ›mit der Ferse gespielter Ball‹: *Als M. F. … einen Hackentrick auf dem Schneeboden versuchte, ging das natürlich in die Hosen* (Lausitzer Rundschau 4. 2. 2001, Internet) – Vgl. Hacke

Hạckepeter D-ost der; -s, ohne Plur.: ↗FASCHIERTE A, ↗GEHACKTE CH D-nord/mittel, ↗HACKFLEISCH CH D, ↗HACK D-nord/mittelwest ›im Fleischwolf zerkleinertes Fleisch‹: *Woher infizierte Hähnchenkeulen, Hackepeter oder Eier stammen, wird in den meisten Fällen nie geklärt* (BdW 10/1990, 192)

Hạcker Hạckerin CH der; -s, – bzw. die; –, -nen (abwertend): ↗HOLZHACKER A D, ↗KNÜPPLER D, ↗TRETER D-nord/mittel ›Person, die sehr hart und unfair Fussball spielt‹: *Vielleicht müssen wir in unserem Zweikampf-Verhalten ebenfalls ein bisschen cleverer werden, wenn wir schon weiterhin unter dem Vorurteil leiden müssen, eine Hacker-Mannschaft zu sein* (St. Galler Tagbl 10. 3. 1998, Internet) – Das aus dem Englischen übernommene Wort *Hacker* mit der Bedeutung ›Person, die sich via Netzwerk unberechtigterweise Zugang zu Computersystemen verschafft [und Daten manipuliert]‹ ist gemeindt. und wird in A und D ['hɔkɐ], in CH ['hækər] ausgesprochen

Hạckfleisch CH D das; -(e)s, ohne Plur.: ↗FASCHIERTE A, ↗GEHACKTE CH D-nord/mittel, ↗HACK D-nord/mittelwest, ↗HACKEPETER D-ost ›im Fleischwolf zerkleinertes Fleisch‹: *Unbekümmert wandert die Gabel voll mexikanischer Bohnen mit Hackfleisch in Pascals spöttisch grinsenden Mund* (TA 30. 6. 1999, 87; CH); *Das langsame … Erhitzen hat … auch hygienische Vorteile, weil potentiell gefährliche Keime …, die besonders in vorgefertigten Speisen aus Hackfleisch, Geflügel und Eiern überleben können, so sicherer … unschädlich gemacht werden* (Test 12/1997, 47; D) – Die Wendung *aus jmdm. Hackfleisch machen für* ›jmdn. gehörig verprügeln, bestrafen‹ ist gemeindt.

Hạckklotz D-nordost/mittel der; -es, …klötze: ↗HACKSTOCK A D-südost, ↗SCHEITSTOCK CH, ↗SPALTSTOCK CH, ↗STOCK CH D-südost, ↗HAUKLOTZ D-nord/mittelwest ›Unterlage zum Hacken von Holz‹: *Einrichtungen und Arbeitsgeräte: korrosionsbeständiges, leicht zu reinigendes und zu desinfizierendes Material; nur der Hackklotz darf noch aus Holz sein* (Landwirtschaft Baden-Württemberg 7. 6. 2000, Internet)

Hạckl A D-südost das; -s, -n (Grenzfall des Standards): ›kleine ↗Hacke‹: *Von hier aus hat er … auch seine Axt weggeschleudert, um einen Bauplatz für seine Kirche zu finden. Der fromme Eremit muss allerdings ein wohltrainierter Leichtathlet gewesen sein, denn sein Hackl fiel erst bei der vier Kilometer entfernten Engstelle des Sees zu Boden* (OÖN 18. 4. 1992, 13; A); ***jmdn. das Hackl ins Kreuz hauen**: ↗HAXL: *JMDN. INS HAXL BEIßEN A ›jmdn. hinterrücks angreifen‹: *Und wenn du nur mehr auf allen Vieren kriechen kannst, dann hauen sie dir's Hackl ins Kreuz und suchen sich einen anderen Trottel* (Kneifl, Vorstellung 74; A); ***jmd. bekommt das Hackl ins Kreuz** ›jmd. wird hinterrücks angegriffen‹: »*Erstens rührt er sich nicht mehr. Zweitens hat er ein Hackl ins Kreuz bekommen. … Und drittens rührt er sich noch immer nicht*« (OÖN 15. 11. 1997, 12; A)

Hạckler Hạcklerin A-ost der; -s, – bzw. die; –, -nen (Grenzfall des Standards): ↗BÜEZER CH, ↗MALOCHER D-mittelwest ›Arbeiter(in)‹: *Seine Sprache ist volkstümlicher, noch direkter: Dem Mann liegt die Sprache der Hackler offensichtlich deutlich näher als der akademische Diskurs* (OÖN 16. 9. 1999, 3) – Vgl. Hacke, hackeln

Hạcklerregelung A die; –, -en (informell): ›spezielle Regelung für die ↗Pension von Arbeitnehmer(inne)n mit sehr langen Versicherungszeiten‹: *Die Altersgrenze für die Hacklerregelung wird ab 2007 bis 2010 auf 61,5 Jahre (Männer) bzw. 56,5 Jahre (Frauen) angehoben* (Raiffeisen Pensionsvorsorge, 2004, Internet)

Hạckschnitzel A die; nur Plur.: ↗HOLZSCHNITZEL CH ›kleine Holzstücke, Abfälle von gehacktem Holz‹:

»Gefüttert« wird die in Österreich bislang einzigartige Anlage jährlich mit 60.000 Schüttmetern Rinde, Hackschnitzel und Sägerestprodukten, die über eine eigens gebaute Bahnzufahrt nach Ried herangekarrt werden (OÖN 12. 9. 2001, Internet) – Dazu: **Hackschnitzelanlage, Hackschnitzelfeuerungsanlage, Hackschnitzelheizung, Hackschnitzelheizwerk**

Hackstock A D-südost der; -(e)s, ...stöcke: ↗SCHEITSTOCK CH, ↗SPALTSTOCK CH, ↗STOCK CH D-südost, ↗HAUKLOTZ D-nord/mittelwest, ↗HACKKLOTZ D-nordost/mittel ›Holzklotz als Unterlage zum Hacken von Brennholz‹: *Die Axt steckte im Hackstock* (Recheis, Lena 92; A) – In CH selten

Hacktätschli CH das; -s, – (Grenzfall des Standards): ↗FASCHIEREN: *FASCHIERTE LAIBCHEN A, ↗FLEISCHLAIBCHEN A, ↗BEEFSTEAK: *DEUTSCHE BEEFSTEAK D-nord/mittelost, ↗BULETTE D-ost, ↗FLEISCHKÜCHLE D-südwest, ↗FLEISCHPFLANZERL D-südost, ↗FRIKADELLE D-nordwest/mittelwest, ↗KLOPS D-mittelost ›gebratene Speise aus gehacktem Fleisch, eingeweichtem Brot, Ei und Gewürzen, in kleiner, rundlicher Form‹: *Wer hat hier Hunger? Es hat von Wienerli bis zu Hacktätschli mit Kartoffelstock* (Blick 24. 7. 1996, 28) – Es gibt in CH keine wirklich zentrale Entsprechung zu den österreichischen und deutschen Varianten, wohl weil die Speise weniger verbreitet ist. Oft wird deshalb auch die Bezeichnung *Frikadelle* gebraucht

Hader Hadern A D-südost der; –, -n bzw. – (Grenzfall des Standards): ↗HUDER STIR ›Lumpen, Stoffrest‹: *Die gesammelten und aufgetürmten Hadern wurden zuerst sortiert, grob zerstückelt und in einem Behälter, der mit Wasser gefüllt wurde, eingeweicht* (Waldviertel, 2003, Internet; A); ***[alte] Hadern** A ›bekanntes und immer wieder gespieltes Lied, Ohrwurm, Evergreen‹: *Die Mischung aus alten Hadern und neuen Melodien macht sich gut am See* (Neue Kronen Ztg 4. 8. 1999, Internet) – Das damit nicht verwandte Wort *Hader* in der Bedeutung ›Streit, Unzufriedenheit‹ ist gemeindt.

Hafen A-west CH D-süd der; -s, Häfen (Grenzfall des Standards): ↗HÄFEN A (ohne west), ↗TOPF A D, ↗PFANNE CH, ↗POTT D-nord/mittelwest ›größerer Kochtopf oder [irdenes] Gefäß‹: *In Schwandorf bei Nagold gab eine Mutter ihrem Kinde, sooft sie ins Feld musste, einen ganzen Hafen voll Milch und ließ das Kind damit allein im Garten* (Sagen, 2002, Internet; A); *Vorhanden sind auch Gläser, Häfen, Schüsseln, zwei Rollen Schnur, eine Menge kleinerer und grösserer Geräte, deren Funktion ich nur erahnen kann* (Heimann, Lisi 68; CH) – In A (ohne west) mundartnah

Häfen (Grenzfall des Standards): **1.** A (ohne west) der/das; –, –; ↗HAFEN A-west CH D-süd, ↗TOPF A D, ↗PFANNE CH, ↗POTT D-nord/mittelwest ›größerer Kochtopf‹: *Wir staunten nicht schlecht als Sepp die Gasflasche hervorholt, Felix einen großen Häfen mit Wasser aufsetzte, um darin Würstel zu kochen* (Donau-Radwanderung, 2000, Internet; A). **2.** A der; –, – (salopp); ↗KISTE CH D (ohne ost/südwest), ↗KNAST D ›Gefängnis‹: *Du spinnst wirklich! Wenn sie dir draufkommen, landest selber im Häfen* (Kneifl, Vorstellung 32) – Zu 2 vgl. Gefangenenhaus, Justizanstalt – Zu 1.: **Milchhäfen, Waschhäfen.** Zu 2.: **Häfenbruder, Häfenurlauber(in)** (↗Urlauber)

Hafenkäse CH der; -s, – (abwertend, Grenzfall des Standards): ↗HOLLER A, ↗QUARGEL A, ↗SCHAS A, ↗TOPFEN A, ↗GUGUS CH, ↗KABIS CH, ↗KÄSE CH D, ↗MUMPITZ CH D (ohne südost), ↗QUARK CH D, ↗SCHNICKSCHNACK D, ↗BLECH D (ohne südost), ↗FEZ D (ohne südost), ↗KAPPES D-mittelwest, ↗KOHL D-nord/mittel, ↗KOKOLORES D (ohne südost) ›Quatsch; Unsinn‹: *Man soll doch nicht mit jedem Hafenkäse ans Bundesgericht gelangen können!* (SP Schweiz, Pressedienst Nr. 488, 13. 2. 1998, Internet)

Haferl A D-südost das; -s, -n (Grenzfall des Standards): ↗HÄFERL A-ost ›[größere] Tasse; kleiner Topf‹: *Wenn Mathias Geier morgens die Kühe gemolken hatte, holte er sich ein Haferl Milch* (Schöpf, Ausgedingler 61; A) – Dazu: **Haferlgucker(in)** D-süd, **Kaffeehaferl, Milchhaferl**

Häferl A-ost das; -s, -n (Grenzfall des Standards): **1.** ↗HAFERL A D-südost ›[größere] Tasse; kleiner Topf‹: *... sie geht in die Küche, gießt das Wasser in das vorbereitete Häferl* (Ivancsics, Programm 256); ***jmdm. geht das Häferl über** ›jmd. hat einen Wutausbruch, dreht durch‹: *»Mir ist einfach das Häferl übergegangen«, gestand R., der sein ... Verhalten so erklärte* (Neue Kronen Ztg 4. 11. 1999, Internet). **2.** (salopp) ›jähzorniger Mensch‹: *Der Baumogul, ... erst kürzlich zum stellvertretenden Klubobmann aufgestiegen, ist, wie er selbst sagt, »ein ziemliches Häferl«* (Profil 2. 2. 1997, Internet). **3.** (scherzh., Sport) ›Pokal‹: *Die Neuseeländer wollen als erstes nicht-amerikanisches Boot das Häferl erfolgreich verteidigen* (Standard 19. 2. 2000, Internet) – Auch in der Schreibung *Heferl.* Zu 1 vgl. Schale – Zu 1.: ↗**häferlgucken** A, ↗**Häferlgucker(in)** A, **Häferlkaffee, Kaffeehäferl**

häferlgucken A (nur im Inf., scherzh., Grenzfall des Standards): ↗TOPFGUCKEN D-nord/mittel ›beim Kochen neugierig zusehen‹: *Dabei hat die Wirtin eigentlich Schneiderin gelernt und sich ihre Kochkunst beim Häferlgucken angeeignet* (OÖN 30. 9. 1993, 10) – Vgl. Häferl, Häferlgucker

Häferlgucker Häferlguckerin A der; -s, – bzw. die; –, -nen (scherzh., Grenzfall des Standards): ↗TOPFGUCKER D-nord/mittel ›Person, die beim Kochen neugierig zusieht‹: *[R. B.] war Schriftsteller, langjähriger Intendant des Landesstudios Salzburg, Häferlgucker*

der Nation, Loipenchronist und Philosoph (Land Salzburg, 1999, Internet) – Vgl. Häferl, häferlgucken

Haferlschuh A D-süd der; -(e)s, -e: ›fester Halbschuh aus der Trachtenmode‹: *Wenn er ausging, trug er einen Hut mit einem Gamsbart und klobige Haferlschuhe* (Schreiner, Onkel Hans 126; A)

Haff D das; -(e)s, -s/-e: ›durch eine schmale Landzunge oder Inseln vom offenen Meer abgetrenntes Gewässer‹: *Hoch oben auf der »goldenen Düne« blickt der Bundespräsident auf das Haff, auf die Ostsee, hinüber nach Russland* (Welt 21. 5. 1999, Internet) – Dazu: **Haffküste**

Hafner Hafnerin A CH D-süd der; -s, – bzw. die; –, -nen: ↗OFENSETZER A D, ↗OFENBAUER CH D-südwest, ↗TÖPFER D-nord ›Person, die berufsmäßig [Kachel]öfen baut‹: *Der Ofen, den der Hafner mit seinen Händen setzt, ist ein begehrtes Schmuckstück für jeden Wohnraum* (Landesberufsschule Graz 5, 1999, Internet; A); *Den Kachelofen sollten sich wieder mehr Leute leisten können, sagten sich die Hafner und entwickelten einen Standardofen* (TA 5. 1. 1998, 91; CH) – Die Bedeutung ›Keramiker(in)‹ ist historisch – Dazu: ↗**Hafnerei**

Hafnerei die; –, -en: **1.** A CH D-süd; ↗TÖPFEREI D-nord ›Handwerksbetrieb, in dem [Kachel]öfen gebaut werden‹: *In der österreichischen Gruppenausstellung waren auch Tiroler und Innsbrucker Betriebe vertreten, wie die Hafnerei Legenstein* (Innsbruck informiert 4/1998, Servicebeilage 21; A); *[Der] Verfasser [der Jubiläumsschrift] führt die Leser ... durch die verschiedenen Entwicklungsabschnitte des Unternehmens – von der leistungsfähigen Hafnerei ... bis zur Zementfabrik und dem heutigen vielschichtigen Handels- und Produktionsunternehmen* (Fachzeitschrift Sanitär- und Heizungsbranche, 2000, Internet; CH). **2.** D-süd ›Werkstätte eines Keramikers bzw. einer Keramikerin; Töpferei‹: *Die Gemeinde Kröning ist insbesondere durch die Kröninger Hafnerei berühmt geworden* (Gemeinde Kröning 6. 7. 2001, Internet) – Vgl. Hafner

Haftel A D-südost das; -s, -n: ↗HÄKCHEN CH D ›kleiner Haken zum Verschließen eines Kleidungsstückes‹: *Die Kostüme von einst waren mit Legionen von Hafteln verschlossen* (Semrau, Zimtapfel 222; A) – Zur Redewendung *aufpassen wie ein Haftelmacher* vgl. aufpassen. Vgl. aufpassen

Hag CH der; -(e)s, Häge: **1.** ›Hecke‹: *Und so geschah es, dass sie ... sich am Brüllenstutz hinter dem Hag versteckten und dem Mann auflauerten* (Wenger, Rosalia 52). **2.** ›Zaun‹: *Ich lehne mich an einen Hag, nehme mich zusammen, gehe aufrecht weiter* (Vogt, Vergessen 66). **3.** ***am Hag sein** ›nicht weiter wissen‹: *Ohne Hag wären wir beim letzten Spiel echt am Hag ..., da würde doch jeder auf den Rasen rasen* (TA 13. 12. 1998, Internet); ***über den Hag/unter dem Hag hindurch fressen** ›Gewinn aus etw. ziehen, das einem nicht zusteht; fremdgehen‹: *Die Studierenden sollten an jeder Uni die Möglichkeit haben, über den Hag der Fächer- und Fakultätsgrenzen zu fressen* (WW 1. 1. 1998, Internet) – In der Bedeutung ›Zaun‹ in A und D selten und gehoben. In dieser Bedeutung lautet der Plural in A und D *Hage* – Zu 1.: **Grünhag,** ↗**Lebhag.** Zu 2.: **einhagen, Gartenhag**

Hagebuche CH die; –, -n: ↗WEISSBUCHE A D ›Hainbuche‹: *Die Hagebuche wird gerne für Lebhäge verwendet* (Wildermuth, Biologie 87) – Auch in der Form *Hagenbuche*

Hagen D ⟨aus ahd. *hagan* ›eingezäunter Ort, Hof‹⟩: männl. Vorname: *Dennoch ist Berlins Polizeipräsident Hagen S. alles andere als ein Spielball der Gewalten* (Welt 1. 3. 1999, Internet) – Bekannt durch das Nibelungenlied

Hahn (gemeindt.): ↗BROILER, ↗GICKEL, ↗GOCKEL, ↗GÜGGEL, ↗HÄHNCHEN

Hähnchen D (ohne südost) das; -s, –: **1.** ↗BRATHUHN A, ↗BRATHENDL A D-südost, ↗HENDL A D-südost, ↗GÜGGELI CH, ↗MISTKRATZERLI CH, ↗POULET CH, ↗BRATHÄHNCHEN D-nord/mittel, ↗BROILER D-ost ›als Gericht zubereitetes, gebratenes, junges Huhn‹: *Unter den Grill schoben wir Toastbrotscheiben und ein Hähnchen* (Test 12/1997, 46). **2.** ↗GOCKEL A D, ↗GÜGGEL CH, ↗BROILER D-ost, ↗GICKEL D-südost ›Hahn (lebend)‹: *Ist die Weide abgegrast, werden die Hähnchen mitsamt ihrem Stall auf die nächste Weide gebracht* (Cellesche Ztg 10. 10. 2000, Internet) – Zu 1.: **Hähnchenbrust, Hähnchenfilet, Hähnchenkeule** (↗Keule), **Hähnchenschenkel**

Hahnen CH der; -s, -/Hähne: ↗PIPE A, ↗KRAN D-mittelwest ›Vorrichtung zum Öffnen und Schliessen von Rohrleitungen; Wasserhahn‹: *Der Hahnen des Lavabos ist abgebrochen. Das Wasser lässt sich nicht mehr abstellen* (Kings Kids, 1999, Internet) – Dazu: **Bierhahnen, Gashahnen, Geldhahnen,** ↗**Hahnenburger,** ↗**Hahnenwasser, Wasserhahnen**

Hahnenburger CH das; -s, ohne Plur. (scherzh.): ↗HAHNENWASSER CH D-südwest, ↗GÄNSEWEIN D (ohne südwest) ›Leitungswasser‹: *Dank der Soda-Maschine: Aus Hahnenburger wird Blöterliwasser* (Blick 24. 10. 1994, 9) – Das Wort ist analog zur bekannten Mineralwassermarke *Weissenburger* gebildet. Vgl. Hahnen

Hahnenwasser CH D-südwest das; -s, ohne Plur.: ↗HAHNENBURGER CH, ↗GÄNSEWEIN D (ohne südwest) ›Leitungswasser‹: *Trinkt der Gast Hahnenwasser statt Mineralwasser, muss er damit rechnen, dass*

der Wirt dafür Rechnung stellt (Blick 1. 7. 1998, 24) – Vgl. Hahnen

Hainbuche (gemeindt.): ↗HAGEBUCHE, ↗WEIẞBUCHE

HAK A die; –, -s: als Wort gesprochene Abk. für ↗*Handelsakademie:* ↗HOB STIR ›berufsbildende höhere Schule (↗BHS) kaufmännischer Richtung, die mit der Erlangung der Hochschulreife abschließt; höhere Handelsschule bzw. Gebäude, in dem diese Schule untergebracht ist‹: *Wir wenden uns an Damen und Herren zwischen 20 und 35 Jahren mit kaufmännischer Ausbildung (HAK) sowie einigen Jahren Berufspraxis* (SN 8. 11. 1997, 61) – Dazu: **HAK-Abschluss, HAK-Ball, HAK-Lehrer(in), HAK-Matura** (↗Matura), **HAK-Maturant(in)** (↗Maturant), **HAK-Schüler(in)**

Häkchen CH D das; -s, –: ↗HAFTEL A D-südost ›kleiner Haken zum Verschließen eines Kleidungsstückes‹: *Mit sommersprossigem Gesicht, hager und fast knochig stand er vor uns und äugte scharf nach offenen Knöpfen und Häkchen an den Kragen der Exuniformen und nach schief hängenden Ceinturons* (Honegger, Ehemalige 35; CH); *Hüfthose mit Reißverschluss sowie Häkchen-Verschluss vorn und zwei Gesäßtaschen* (Einkaufen für alle, 2003, Internet; D); ***Was ein Häkchen werden will, krümmt sich beizeiten** D ›wer etw. erreichen will, muss sich rechtzeitig bemühen‹: *Er würde eines Tages mühelos in die Fußstapfen seines Vaters treten. Was ein Häkchen werden will, krümmt sich beizeiten* (Burger, Hitler-Jugend 61)

Halbamt CH das; -(e)s, ...ämter: ›die Hälfte der normalen Arbeitszeit beanspruchendes Amt‹: *Das Stadtpräsidium von Dietikon ... soll künftig nur noch im Halbamt statt im Vollamt geführt werden* (TA 29. 10. 1996, Internet) – Vgl. Teilamt, Vollamt – Dazu: ↗**halbamtlich**

halbamtlich Adj. (nicht steigerbar): **1.** CH ›ein Amt, das die Hälfte der normalen Arbeitszeit beansprucht, betreffend‹: *Die ... Arztpraxis wird von einem Ehepaar je halbamtlich geführt* (TA 28. 12. 1998, Internet). **2.** A D ›aus nicht ganz offizieller Quelle stammend; offiziös‹: *Es ist bereits halbamtlich, dass die Pensionisten und Pensionistinnen wieder die Draufzahler werden, weil eine so genannte Expertenkommission der Bundesregierung in einem schändlichen Beschluss die Wünsche von Bundeskanzler Schüssel ... erfüllte* (Kleine Ztg 30. 10. 2001, Internet; A); *Der Gauleiter der Auslandsdeutschen müsste, hieß es halbamtlich, von einer britischen Kommission vernommen werden* (Spiegel 15. 5. 1999, Internet; D) – Zu 1 vgl. Halbamt, teilamtlich, vollamtlich

halbbatzig CH Adj.: **1.** ›halbherzig‹: *Mehr als ein halbbatziges Ja oder Nein oder »Ich weiss nicht« konnte ich ... aus meinem Besucher nicht herausholen* (Bucher, Unruhen 104). **2.** ›unfertig, nicht durchdacht‹: *Und er tüftelt weiter. An Chips mit weniger Fett. Das kann noch Jahre in Anspruch nehmen. »Etwas Halbbatziges werden wir nie auf den Markt bringen»* (Blick 3. 2. 1998, 2) – Die Bedeutung ›einen halben Batzen wert‹ ist veraltet. Vgl. Batzen

Halbe (Grenzfall des Standards): **1.** A (ohne west) D-süd die; –, -n/D-nordwest/mittelwest der; -n, -n: ↗KRÜGEL A-ost, ↗BIER: *GROẞE BIER A-west D *GROSSE BIER CH ›ein halber Liter Bier oder ↗Most‹: *Es gab immer ein paar Saufbrüder, die ihm eine Halbe spendierten und ihn verkuppeln wollten* (Zelger-Alten, Brot 87; A); *... fegt er mit einem Wisch mir meinen vollen Krug Bier vom Tisch ... Er geht, ich bestelle mir noch einen Halben* (Liedermacher Reinhard Mey 16. 12. 1998, Internet; D-nordwest/mittelwest). **2.** CH der; -n, -n ›ein halber Liter Wein‹: *Auf unserer Abrechnung erschien nach zwei Menüs, gemischten Salaten und einem Halben Roten in der Tat der Posten: 1/2 Liter Hahnenwasser 2 Franken!* (TA 16. 6. 1999, 21) – Zu 1.: **Radlerhalbe** (↗Radler)

Halbfinal CH der; -s, -s ⟨aus engl. *final*, zu lat. *finalis* ›das Ende betreffend‹⟩ (Sport): ↗HALBFINALE A D, ↗SEMIFINALE A D ›einer von zwei Wettkämpfen, deren Sieger um den Gesamtsieg in einem Wettbewerb spielen bzw. kämpfen‹: *Safin wurde zuerst von seiner Mutter betreut, die als Juniorin selbst in Roland Garros gespielt und die Halbfinals erreicht hatte* (TA 27. 5. 1998, 53) – Vgl. Final

Halbfinale A D das; -s/...finals, -/...finals/...finali (Sport): ↗SEMIFINALE A D, ↗HALBFINAL CH ›einer von zwei Wettkämpfen, deren Sieger um den Gesamtsieg in einem Wettbewerb spielen bzw. kämpfen‹: *Wer schafft den Einzug ins Halbfinale?* (Fernsehwoche 11/1998, 30; A); *Damals scheiterte sie erst im Halbfinale* (WAZ 15. 10. 1997, 31; D) – Plural ...*finale* in A und D, ...*finals* in D, ...*finali* in A gebräuchlich. Vgl. Finale

Halbgefangenschaft CH die; –, -en: ↗FREIGANG A D ›Strafvollzug, bei dem die Haftanstalt [zur Berufsausübung] regelmässig verlassen werden kann‹: *Die elektronische Überwachung kann Kurzstrafen von drei bis zwölf Monaten ersetzen, die bisher in Halbgefangenschaft verbüsst werden konnten* (Bund 2. 9. 1999, 21)

Halbgefrorene D STIR das; -n, ohne Plur. ⟨übersetzt aus ital. *semifreddo* ›halbgefroren‹⟩ (Gastronomie): ›halbgefrorene Süßspeise‹: *... zum Nachtisch Mangocreme und Erdbeerhalbgefrorenes* (Passauer Neue Presse 29. 5. 1998, 25; D); *Als das Halbgefrorene aufgetragen wurde, fand eine kleine, äußerst erfolgreiche Sammlung für Bergbauern in Not statt* (Z am Sonntag 22. 12. 1996, 9; STIR)

Halbjahr (gemeindt.): ↗SEMESTER

Halbkanton CH der; -s, -e: ›eigenständiger ↗Kanton, der aus einer Kantonsteilung hervorging und der nur einen statt zwei Sitze im ↗Ständerat hat‹: *Nach dem Stimmrecht in den beiden Appenzeller Halbkantonen wurde den Frauen ... nun das Mitgliedsrecht zuerkannt* (Blick 20. 10. 1999, 24) – Die sechs Schweizer *Halbkantone* sind: Ob- und Nidwalden, Appenzell Inner- und Ausserrhoden, Basel-Landschaft und Basel-Stadt

Halbmittag STIR: **1.** der; -(e)s, -e; ↗JAUSE A, ↗GABELFRÜHSTÜCK A-ost, ↗ZNÜNIPAUSE CH, ↗BROTZEIT D-südost, ↗FRÜHSTÜCK: *ZWEITE FRÜHSTÜCK D-nord/mittel, ↗FRÜHSTÜCKSPAUSE D-nord/mittel, ↗VESPERPAUSE D-südwest ›für eine Zwischenmahlzeit vorgesehene Pause am Vormittag‹: *Beim Halbmittag sind wir täglich eine halbe Stunde zusammengesessen und haben erzählt und gelacht* (Dolomiten 11. 10. 2000, 5). **2.** das/der; -(e)s; -e; ↗JAUSE A, ↗GABELFRÜHSTÜCK A-ost, ↗ZNÜNI CH, ↗ZWISCHENVERPFLEGUNG CH, ↗BROTZEIT D-südost, ↗FRÜHSTÜCK: *ZWEITE FRÜHSTÜCK D-nord/mittel, ↗VESPER D-südwest ›für die Zwischenmahlzeit am Vormittag mitgebrachte bzw. aufgetischte Speise‹: *Als Belohnung für den freiwilligen Einsatz gab es für die Helfer ein Halbmittag mit Semmeln und Kaminwurzen* (Z am Sonntag 2. 4. 2000, 2)

Halbpreisausweis A der; -es, -e (informell): ↗ERMÄßIGUNGSAUSWEIS A, ↗HALBPREISPASS A, ↗VORTEILSCARD A, ↗HALBTAX CH, ↗HALBTAXABONNEMENT CH, ↗BAHNCARD D ›käuflich zu erwerbender Ausweis, der zur Benützung der öffentlichen Verkehrsmittel zum halben Tarif berechtigt‹: *Wer keinen Anspruch auf Familienbeihilfe mehr hat, kann einen Halbpreisausweis um 80 öS lösen* (Echo 23. 9. 1998, 124)

Halbpreispass A der; -es, ...pässe (informell): ↗ERMÄßIGUNGSAUSWEIS A, ↗HALBPREISAUSWEIS A, ↗VORTEILSCARD A, ↗HALBTAX CH, ↗HALBTAXABONNEMENT CH, ↗BAHNCARD D ›käuflich zu erwerbender Ausweis, der zur Benützung der öffentlichen Verkehrsmittel zum halben Tarif berechtigt‹: *Viele Bahnbegünstigungen gelten im Bus nicht (z. B. Halbpreispass, Durchtarifierung)* (Municipia, Plattform für Stadt- und Regionalentwicklung, 2000, Internet)

halbprivat CH Adj. (nicht steigerbar): ›zweitteuerste Kategorie bei Krankenversicherungen (die zu freier Arztwahl und zu einem Doppelzimmer im ↗Spital berechtigt)‹: *Ich bin nicht mehr privat, sondern nur noch halbprivat versichert. Aber ich bin eine der Glücklichen, die noch nie richtig krank war* (Blick 18. 9. 1998, 15)

Halbstock A der; -(e)s, ...stöcke: ↗MEZZANIN A ›Stock zwischen Parterre und erstem Stock; Zwischengeschoß‹: *Die Treppe war aus Stein, aber im Halbstock musste ich über einen Holzboden gehen* (Recheis, Lena 17) – Dazu: **Halbstockwerk**

Halbtax CH das; –, ohne Plur. (informell): kurz für ↗*Halbtaxabonnement:* ↗ERMÄßIGUNGSAUSWEIS A, ↗HALBPREISAUSWEIS A, ↗HALBPREISPASS A, ↗VORTEILSCARD A, ↗BAHNCARD D ›käuflich zu erwerbender Ausweis, der zur Benützung der öffentlichen Verkehrsmittel zum halben Tarif berechtigt‹: *Pauschal nur 25.50 Franken pro Person (mit Halbtax) kostet das Bahnbillett (retour) ans Reiseziel* (TA 25. 3. 1999, 91) – Ebenso werden *Halbtaxabo* und *Halbtax-Abo* verwendet

Halbtaxabo CH das; -s, -s siehe Halbtaxabonnement

Halbtaxabonnement CH das; -(e)s, -e/-s [...abɔnəmɛnt, ...abɔnmã]: ↗ERMÄßIGUNGSAUSWEIS A, ↗HALBPREISAUSWEIS A, ↗HALBPREISPASS A, ↗VORTEILSCARD A, ↗BAHNCARD D ›käuflich zu erwerbender Ausweis, der zur Benützung der öffentlichen Verkehrsmittel zum halben Tarif berechtigt‹: *Bei den SBB werden die Tarife ... um durchschnittlich 3,6 Prozent aufschlagen. Ausgenommen sind das Halbtaxabonnement und die Familienkarte* (Blick 30. 4. 1994, 2) – Auch in der Kurzform *Halbtaxabo* (das; -s, -s). Vgl. Halbtax

Halde CH die; –, -n: ↗BERGLEHNE A CH, ↗LEHNE A D-süd, ↗LEITE A D-süd, ↗STUTZ CH, ↗RAIN CH D-südwest ›[steiler] Berghang, Abhang‹: *Bergföhren oder Legföhren (Pinus mugo) an steiler Halde in 1900 m Höhe* (Rytz, Bäume 12) – Die Bedeutung ›Aufschüttung von Schlacke, Gestein und Kohlevorräten‹ ist gemeindt. – Dazu: **Berghalde**

hälftig CH Adv.: ›zur Hälfte‹: *Bei der Scheidung werden die Vermögen beider Partner zusammengezählt und hälftig geteilt* (Blick 7. 3. 1997, 31) – In D selten

Hallenhockey (gemeindt.): ↗UNIHOCKEY

Hallig D die; –, -en: ›vor der Nordseeküste gelegene kleine Insel [ohne Deich], die bei Sturmflut überschwemmt werden kann‹: ... *vor der Hallig Langeneß war das Meer stärker, zerstörte die Warft und riss ihre Bewohner ins Verderben* (GEO 8/1994, 62)

Hallodri A D (ohne mittelost) der; -(s), -(s) ⟨vermutl. aus *Allotria* ›Unfug, Dummheiten‹ zu griech. *allótria* ›nicht zur Sache gehörige Dinge‹ umgeformt⟩ (Grenzfall des Standards): ↗LUFTIBUS CH, ↗LUFTIKUS D ›unbeschwerter, leichtsinniger, unzuverlässiger, [arbeitsscheuer] junger Mann‹: *Privat sei er in jenen Jahren ein rechter Hallodri gewesen, beichtet er* (Profil 30. 9. 1999, Internet; A); *Die Kellnerin Eva ... liebt ihren Mann ... von Herzen, obwohl der ein Hallodri und Taugenichts ist* (Rheinztg 10. 4. 2001, Internet; D)

Hals der; -es, Hälse: **1.** CH D (ohne ost); ↗AUSGELÖST: *VORDERE AUSGELÖSTE A, ↗KAMM D, ↗NACKEN D ›fettarmes Halsstück vom Rind oder Schwein, das bes. für Suppen verwendet wird; Bug‹: *Schweinshals mit Salz, Pfeffer und … Senf einreiben* (Verband Schweizer Metzgermeister, 2001, Internet; CH); *Nackenfleisch, auch Hals oder Kamm bezeichnet, ist sehr saftig, da es mit Fettadern durchzogen ist* (Kochatelier, Februar 2001, Internet; D). **2. *einen Knödel im Hals haben** A D-südost; ***einen Kloß in der Kehle/im Hals haben** D ›vor Erregung kaum sprechen können‹: *Verspüren Sie manchmal Halskratzen oder Heiserkeit nach längerer Stimmbeanspruchung, das Gefühl, einen Knödel im Hals zu haben und sich andauernd räuspern zu müssen oder den Wunsch, lauter sprechen/ singen zu können?* (Kursprogramm Bildungstankstelle, 2003, Internet; A); *Timm fühlte, als der Herr ihn so unvermittelt ansprach, einen Kloß in der Kehle* (Krüss, Timm Thaler 27; D). **3. *jmdm. hängt etw. beim Hals heraus** A D-nordost/südost siehe bei – Die anderen Bedeutungen, z. B. ›Körperteil zwischen Kopf und Rumpf‹, sind gemeindt. – Zu 1.: ↗**Schweinshals** CH

Halsabschneider (gemeindt.): ↗GELDSCHNEIDER/ GELDSCHNEIDERIN

Halskehre CH die; –, -n: ›durch verspannte Muskeln verursachte Nackenschmerzen‹: *Verspannte Muskeln im Halsbereich sind schmerzhaft und schränken die Beweglichkeit des Kopfes massiv ein. Wenn sich die Halskehre über längere Zeit nicht bessert, sollten Sie nicht mehr salben, sondern zum Arzt* (Blick 20. 6. 2001, 13)

halt: *so halt A D-mittelost/süd /drückt den Unwillen aus, etw. näher auszuführen/: *Da wird die Tür aufgerissen und der kleine Mustafa steht in der Klasse. »Warum kommst du zu spät?« »So halt, wollte noch schlafen!«* (Kleine Ztg 19. 10. 1999, Internet; A) – Das Adverb *halt* in der Bedeutung ›nun einmal; eben‹ ist gemeindt.

Haltbarkeitsdatum D das; -s, …daten: ↗ABLAUFDATUM A, ↗VERFALLDATUM CH D ›auf der Verpackung angegebene Frist, bis zu der ein Lebensmittel oder Medikament haltbar sein soll; Verfallsdatum‹: *Außer … einem Joghurt mit abgelaufenem Haltbarkeitsdatum und einigen Scheiben eingeschweißter Salami herrscht gähnende Leere im Kühlschrank* (Welt 12. 4. 2002, Internet) – In A und CH selten

Haltbarmilch A die; –, ohne Plur.: ↗H-MILCH A D, ↗UHT-MILCH CH LUX ›durch rasches, starkes Erhitzen für einen längeren Zeitraum haltbar gemachte Milch‹: *Er liest das Ablaufdatum auf der Haltbarmilch* (Payr, Drücken des Schuhs 26)

halten: *die Pappen halten A (ohne Vbg.); ***die Fotze halten** A D-südost; ***die Gosche halten** A D-süd; ***die Klappe halten** CH D-nord/mittel; ***die Fresse halten** D-nord/mittel; ***den Sabbel halten** D-nord/mittel; ***die Schnauze halten** D-nord/mittel ›still sein; den Mund halten‹ (häufig als schroffe Aufforderung zu schweigen): *Mit Mühe, aber doch, bewegt sich dieses Land weg vom überkommenen Bild einer »autoritären Demokratie« (wählen und »Pappen halten«, überhaupt unter 40)* (Echo 23. 9. 1998, 168; A); *Dann darf ich auch sagen, sie solle ihre alte Fotze halten* (Volksliedsänger Söllner, 2001, Internet; A); *»Pass auf!«, kreischte Lotte. »Halt die Goschen«* (Kneifl, Vorstellung 177; A); *Halten Sie die Klappe und hören Sie zu! Ab nächster Woche hat Tosch Choc wieder einen Boss* (Zürcher, Högo Sopatis 189; CH); *»Sepp Maier soll die Klappe halten«, rüffelte der Chef* (Berliner Kurier 5. 10. 1999, Internet; D-nord/mittel); *Wenn man keine Ahnung hat – einfach mal die Fresse halten* (Politikforum 21. 12. 2000, Internet; D-nord/mittel); *Mensch, Carola, halt den Sabbel, ist der freundschaftliche Rat einer Freundin aus Kindertagen* (Hausfrauenseite 16. 12. 2002, Internet; D-nord/mittel); *Herr Bürgermeister, halten Sie die Schnauze* (Hein, Horns Ende 37; D-nord/mittel) – Das Verb *halten* ist in allen anderen Verwendungen gemeindt.

-haltig CH D (produktiver Wortbestandteil in Zus.): ↗-HÄLTIG A ›(von etw. einen bestimmten Anteil) enthaltend (bes. Chemie, Medizin)‹, z. B. alkaloidhaltig, bleihaltig, eiweißhaltig, fetthaltig, koffeinhaltig, lösungsmittelhaltig, mineralhaltig, quarzhaltig, quecksilberhaltig, stichhaltig, Stichhaltigkeit: *Verkehrsinformation: … Benzin: Super, bleihaltig, 98 Oktan* (Stadt Zürich, 1999, Internet; CH); *Trinken Sie keine koffeinhaltigen Getränke wie Kaffee oder Coca-Cola nach 17 Uhr* (Organon AG, 1999, Internet; CH); *Heute wissen wir, dass Hexensalben und berauschende Getränke, die mit Extrakten alkaloidhaltiger Pflanzen … zubereitet wurden, entsprechende Wahnvorstellungen hervorrufen* (Tier 4/1996, 21; D) – In A selten

-hältig A (produktiver Wortbestandteil in Zus.): ↗-HALTIG CH D ›von etw. einen bestimmten Anteil enthaltend (bes. Chemie, Medizin)‹, z. B. antibiotikahältig, bleihältig, eisenhältig, eiweißhältig, goldhältig, koffeinhältig, kohlehältig, kohlenstoffhältig, kupferhältig, lösungsmittelhältig, mineralhältig, ölhältig, stichhältig: *Antibiotikahältige Salben sind verschreibungspflichtig* (Anima 11/1997, 72); *Bei stark lösungsmittelhältigen Lacken hat man die Stoffe Toluol und Xylol stark gerochen* (Medizin populär 9/1996, 13)

Hamburg (gemeindt.): ↗ELBESTADT, ↗HANSESTADT

Hamme die; –, -n (Grenzfall des Standards): **1.** CH ›Schinken [mit Knochen]‹: *Dieses Jahr machen wir zur Abwechslung einmal Hamme im Teig mit Kartoffelsalat statt dem üblichen Fondue Bourguignonne* (Sonntagsblick 24. 12. 2000, M2). **2.** STIR ›Stück roh eingesalzenes, geräuchertes Schweinefleisch vom Schenkel; ↗Speck im Stück vom Schenkel‹: *Fast zwei Millionen Hammen Südtiroler Markenspeck wurden in den vergangenen zwölf Monaten produziert* (Dolomiten 7. 9. 2000, 10)

Hammel (gemeindt.): ↗SCHÖPS

Hammelfleisch (gemeindt.): ↗SCHÖPSERNE

Hammer: *wissen/zeigen, wo der Hammer hängt D (ohne südost) (salopp): ↗MOST: *WISSEN/ZEIGEN, WO DER BARTL DEN MOST HOLT A D-süd; *WISSEN/ ZEIGEN, WO BARTLI DEN MOST HOLT CH; *WISSEN, WO BARTHEL DEN MOST HOLT D (ohne mittelost/ südost), ↗LANGGEHEN: *WISSEN/ZEIGEN, WO ES LANGGEHT D (ohne südost) ›Bescheid wissen; alle Tricks genau kennen; demonstrativ seine Überlegenheit zeigen‹: *Erst wenn sich ein Wessi wie P. zu Wort meldet, füllen sich zwischen Erzgebirge und Ostsee die Spalten, aber nicht, um eine Debatte zu beginnen, sondern dem Fremden zu zeigen, wo der Hammer hängt* (Welt 29. 3. 1999, Internet) – Das Substantiv *Hammer* ist in allen anderen Verwendungen gemeindt.

Hand: *zu Handen [von] A CH; ***zu Händen [von]** D (mit Genitiv oder mit *von* + Dativ, veraltend): ↗ZUHANDEN CH /bes. in Adressangaben auf Briefen, Schriftstücken o. Ä./: *Dieses Schreiben senden Sie bitte an die Geschäftsstelle der Schlichtungsstelle, zu Handen Fr. S.* (Schlichtungsstelle Patientenrechte, 2003, Internet; A); *Der Leitende Ausschuss wird am 11. Januar ... eine Empfehlung zu Handen des Zentralvorstandes abgeben* (Bund 17. 11. 1999, 33; CH); *Bitte senden Sie Ihre Bewerbungsunterlagen zu Händen von Herrn C.* (SZ 16./17. 5. 1998, V1/33; D); ***von Hand** CH D: ↗HÄNDISCH A D-südost ›mit der Hand‹: *Bio-Bohnen werden ... gewaschen, gerüstet, sortiert, von Hand nachverlesen, blanchiert und dann tiefgekühlt* (Brückenbauer 3. 12. 1997, 78; CH); *Weil wir schon beim Pflücken von Hand nur die ganz reife, weiche Baumwolle aussuchen* (Freundin 19/1997, 44; D); ***Hand bieten** CH ›Hilfe, Mitarbeit anbieten‹: *Und Akimoto wäre nicht Akimoto gewesen, wenn er für neue Experimente nicht immer wieder Hand geboten hätte* (Waller, Barbi 73); ***die Hände verwerfen** CH ›[mit einer Handbewegung] seine Ablehnung kundtun; abwinken‹: *Ich habe manchen angefragt, aber jeder hat nur die Hände verworfen* (St. Galler Tagbl 2. 3. 2000, Internet); ***die Beine in die Hand/unter den Arm nehmen** CH D siehe Bein; ***die Dargebotene Hand** CH: ↗KUMMERNUMMER A, ↗TELEFONSEELSORGE A D, ↗SORGENTELEFON CH D ›[kirchlicher] telefonischer Beratungsdienst, der Menschen in Krisensituationen unterstützt‹: *Die Dargebotene Hand – das sind: 550 ... Frauen und Männer, die bereit sind, sich mit Ihnen in ein persönliches Gespräch einzulassen* (Tel. 143, 1999, Internet) – Zur Wendung *zu Handen [von]/zu Händen [von]*: Abk. z.H. Das Substantiv *Hand* ist in allen anderen Verwendungen gemeindt.

Handänderung CH die; –, -en: ›Besitzer(innen)wechsel (bei Fahrzeugen, Grundstücken, ↗Liegenschaften und Waffen)‹: *Ganz erfreulich war die Nachfrage nach Occasionswagen: 1997 gab es über 740'000 Handänderungen bei Gebrauchtwagen* (Blick 27. 12. 1997, 2) – Dazu: **Handänderungsabgabe, ↗Handänderungssteuer**

Handänderungssteuer CH die; –, -n: ↗GRUNDERWERBSSTEUER A D ›Steuer auf den Erwerb von Grundstücken‹: *Machen Sie Ihre Schwestern darauf aufmerksam, dass ein Verkauf ausserhalb der Familie hohe Grundstücksgewinn- und Handänderungssteuern nach sich zieht – innerhalb der Familie entfällt diese Steuer* (Blick 24. 3. 1994, 29) – Vgl. Handänderung

Handbesen D-nord/mittelwest der; -s, –: ↗BARTWISCH A (ohne west), ↗BESERL A-ost D-südost, ↗KEHRWISCH A-west D-südwest, ↗HANDWISCHER CH, ↗HANDEULE D-nord, ↗HANDFEGER D (ohne südost), ↗KEHRBESEN D-mittelwest ›kleiner Besen mit feinen, rechtwinklig zum kurzen Griff abstehenden Borsten‹: *Mit einem Handbesen und einem Kehrblech kehrt man den Schmutz vom Boden auf und entsorgt ihn in einen Abfalleimer* (Paulinenpflege, Jugend- und Behindertenhilfe, Hamburg, 1999, Internet) – In A selten

Handelsakademie A die; –, -n: ↗HANDELSOBERSCHULE STIR ›berufsbildende höhere Schule (↗BHS) kaufmännischer Richtung, die mit der Erlangung der Hochschulreife abschließt; höhere Handelsschule bzw. Gebäude, in dem diese Schule untergebracht ist‹: *Er sollte die Handelsakademie besuchen, womöglich studieren* (Hackl, Herr Meisel 113) – Abk. ↗HAK. Vgl. Akademie – Dazu: **Bundeshandelsakademie, Handelsakademiker(in)**

Handelsfachwirt Handelsfachwirtin D STIR der; -(e)s, -e bzw. die; –, -nen: ›mittlere Führungskraft im Bereich Handel, die v. a. als Geschäftsführer(in) oder Abteilungsleiter(in) tätig ist‹ /Berufsbezeichnung/: *Handelsfachwirte und Handelsfachwirtinnen sind in den Bereichen Finanz- und Rechnungswesen, im Marketingbereich ... eingesetzt* (Berufenet-Datenbank 16. 12. 2002, Internet; D); *Im überarbeiteten Gesetzestext soll in erster Linie die Ausbildung zum »Meister« und zum »Handelsfachwirt« den aktuellen Marktanforderungen angepasst werden* (Südtiroler Wirtschaftsmagazin 30. 3. 2001, 14; STIR)

Handelsoberschule STIR die; –, -n: ↗HANDELSAKADEMIE A ›höhere Schule kaufmännischer Richtung, die mit der Erlangung der Hochschulreife abschließt; höhere Handelsschule bzw. Gebäude, in dem diese

Schule untergebracht ist‹: *Im Haus Voitsberg in Vahrn findet am kommenden Samstag der Maturaball der Handelsoberschule Brixen statt* (Neue Südtiroler Tagesztg 19. 10. 2000, 12) – Abk. ↗HOB. Vgl. Oberschule – Dazu: **Handelsoberschuldirektor(in), Handelsoberschüler(in)**

Handelspolizei CH STIR die; –, -en (Plur. ungebräuchl.): ↗ARBEITSINSPEKTION A, ↗ARBEITSINSPEKTORAT A CH, ↗GEWERBEPOLIZEI CH, ↗GEWERBEAUFSICHT D, ↗GEWERBEAUFSICHTSAMT D ›Behörde, die die Einhaltung der Gewerbebestimmungen überwacht‹: *So lautet Paragraph 42 des Gesetzes … betreffend die Handelspolizei: »Umherziehenden Handwerkern … kann das Patent verweigert werden«* (Fahrende 39; CH); *Die Handelspolizei führte auch Kontrollen auf den drei Wochenmärkten durch* (Dolomiten 11. 1. 1995, 17; STIR) – Die *Handelspolizei* ist in STIR eine Unterabteilung der ↗*Verwaltungspolizei*

Handelsregister CH D das; -s, –: ↗FIRMENBUCH A, ↗ÖFFENTLICHKEITSREGISTER LIE ›öffentliches Verzeichnis der Inhaber(innen) von Gewerbebetrieben‹: *Insgesamt sind in den Monaten April bis Juni des laufenden Jahres 7739 Unternehmen neu ins Handelsregister eingetragen worden* (NLZ 12. 7. 2001, Internet; CH); *Die Einspruchsfrist … gegen die Fusionseintragung ins Handelsregister läuft am 22. Februar ab* (Welt 17. 2. 1999, Internet; D) – In A früher

Handerheben CH das; -s, ohne Plur.: ›(bei einer Abstimmung) Emporstrecken einer Hand‹: *Karzai forderte die Delegierten auf, seinen Entschlüssen durch Handerheben zuzustimmen* (NZZ 20. 6. 2002, Internet) – In A und D selten

Handeule D-nord die; –, -n: ↗BARTWISCH A (ohne west), ↗BESERL A-ost D-südost, ↗KEHRWISCH A-west D-südwest, ↗HANDWISCHER CH, ↗HANDBESEN D-nord/mittelwest, ↗HANDFEGER D (ohne südost), ↗KEHRBESEN D-mittelwest ›kleiner Besen mit feinen, rechtwinklig zum kurzen Griff abstehenden Borsten‹: *Zum Aufnehmen des Zusammengefegten hantiert man mit Handeule und Schaufel (Handfeger und Kehrblech) – früher wurden die Flügelfedern der Eule dazu benutzt* (Hamburger Abendbl 14. 2. 2003, Internet)

Handfeger D (ohne südost) der; -s, –: ↗BARTWISCH A (ohne west), ↗BESERL A-ost D-südost, ↗KEHRWISCH A-west D-südwest, ↗HANDWISCHER CH, ↗HANDBESEN D-nord/mittelwest, ↗HANDEULE D-nord, ↗KEHRBESEN D-mittelwest ›kleiner Besen mit feinen, rechtwinklig zum kurzen Griff abstehenden Borsten‹: *Die empfindlichen Faltdächer sollten … immer mit einem Handfeger vorsichtig vom Schnee befreit werden* (SWR-Wintertipps, 2000, Internet) – Vgl. fegen

Handfrei- CH ⟨aus engl. *handsfree*⟩ (produktives Bestimmungswort in Zus.): ›das Benutzen von Mobiltelefonen ohne ständige Zuhilfenahme der Hände betreffend; Freisprech-‹, z. B. Handfrei-Anlage, Handfrei-Einrichtung, Handfrei-Kit, Handfrei-Set: *Wer während der Fahrt telefoniert, riskiert eine Busse von 100 Franken – ausser er benutzt eine Freisprecheinrichtung. Jetzt gibt's ein Handfrei-Kit, welches keine teuren Installationsarbeiten voraussetzt und in jedes Auto passt* (Blick 23. 10. 1996, 27)

Handgelenk: *Handgelenk mal Pi siehe Pi

Handharmonika CH D (ohne mittelost/südost) die; –, -s: ↗MAURERKLAVIER A, ↗KNÖPFERLHARMONIKA A (ohne west), ↗KNOPFORGEL A-west, ↗ZIEHORGEL A-west (Tir.), ↗HANDORGEL A-west (Vbg.) CH, ↗QUETSCHE A D-nordwest/süd, ↗ZIEHHARMONIKA A D, ↗SCHWYZERÖRGELI CH, ↗SCHIFFERKLAVIER D, ↗QUETSCHKOMMODE D (ohne südost) ›Harmonika mit diatonisch angeordneten Knopftasten, bei der auf Druck und Zug des Balges verschiedene Töne erklingen; Akkordeon‹: *Und noch heute greife ich zur Handharmonika, wenn ich nervös bin, wenn ich mich schön entspannen will* (Furrer, My Way 27; CH); *Volkstümliche Weisen erklangen, als das Handharmonika-Orchester Wahlwies das Podium betrat* (Siegener Ztg 31. 5. 1999, Internet; D) – In A-west (Vbg.) selten

handicapen handikapen A D sw.V./hat ['hɛndikɛpn̩] (meist im 2. Part. gebraucht) ⟨aus engl. *to handicap* ›behindern‹⟩: ↗HANDICAPIEREN CH ›eine Behinderung bzw. ein Nachteil für jmdn./etw. sein‹: *Scott wünscht sich charismatische Olympiasieger – ähnlich wie er, obwohl er von Figur wie Statur, fast ein Zwerg, gehandicapt war, aber trotzdem die Zuschauer zu Begeisterungsstürmen hinriss* (Presse 9. 2. 2002, Internet; A); *Materialprobleme, die den Champion bei mehreren Veranstaltungen handicapten, lassen sich … beheben* (Berliner Ztg 29. 12. 2001, Internet; D)

handicapieren CH sw.V./hat [hændikə'piːrən] ⟨aus engl. *to handicap* ›behindern‹⟩: ↗HANDICAPEN A D ›(physisch, durch Behinderung oder Verletzung) benachteiligen‹ (meist als 2. Part. in attributiver Verwendung): *[Wir] versuchten den Bedürfnissen handicapierter oder älterer Menschen bei der Entwicklung der Fahrzeuge Rechnung zu tragen* (Bund 4. 12. 1999, 11); *Einige Tage vor der Ankunft meiner Schwester handelte ich mir auch wieder eine Erkältung mit Husten ein, welche mich während des ganzen Trekkings handicapieren sollte* (Reisetagebuch Thailand, 2002, Internet)

handikapen siehe handicapen

händisch A D-südost Adj.: ↗HAND: *VON HAND CH D ›mit der Hand (im Ggs. zu maschinell)‹: *Zunächst werden die reifen Kaffeekirschen händisch oder mecha-*

nisch von Verunreinigungen befreit und vorsortiert (Standard 14. 4. 1999, Beilage 6; A)

Handkäse D (ohne nordwest/mittelost) der; -s, –: ↗QUARGEL A, ↗KÄSE: *MAINZER KÄSE D, ↗HARZER D (ohne südost), ↗HARZKÄSE D-nordost ›mit der Hand geformter Käse aus ↗Sauermilch, Kümmel und Salz‹: *Mit einem umfangreichen Angebot, das vom Backhausbrot über Handkäse, Wurstwaren, Obst und Gemüse ... reicht, präsentieren sich die Landwirte* (Gemeinde Hüttenberg 17. 1. 2003, Internet); ***Handkäse mit Musik** D-mittelwest (bes. Hessen) ›in Essig, Öl und Zwiebeln marinierter ↗Handkäse‹: *Es werden wieder Apfelweine ... verkostet und bewertet. Dazu gibt es Handkäse mit Musik* (Streuobstroute Nassauer Land 17. 1. 2003, Internet)

handkehrum CH Adv.: ›hingegen, unversehens‹: *Im Teamwork will er entweder befehlen und wenn das nicht klappt, wird er handkehrum zum willenlosen Anpasser* (Frauchiger, Menschen 87); ***im Handkehrum** ›flugs; im Handumdrehen‹: *Wir ... bekommen ein schönes, ruhiges Zimmer, entledigen uns der Wanderrüstung und sind im Handkehrum auf dem Weg ins Schwimmbad* (Schmidt, Wanderung 15)

Handkuss: *zum Handkuss kommen: a) A CH (salopp) ›für jmdn./etw. einstehen müssen; draufzahlen‹: *Im unteren und mittleren Bereich dürften vor allem die Genossenschaften und Großkellereien zum Handkuss kommen* (Profil 10. 11. 1997, 54; A); *Bevor der Staat im Notfall zum Handkuss käme, müssten zuerst bankeigene Werte in Milliardenhöhe aufgelöst werden* (NZZ 8. 4. 1997, 52; CH). **b)** CH ›an die Reihe kommen; zum Zug kommen‹: *Nicht alle Fans stehen hinter der EM-Kandidatur Österreich/Schweiz, die am Donnerstag zum Handkuss kommen will* (Bieler Tagbl 11. 12. 2002, Internet) – Das Substantiv *Handkuss* ist in allen anderen Verwendungen gemeindt.

Handmehr CH das; -s, – ohne Plur.: ›durch die Mehrzahl der zur Abstimmung erhobenen Hände erlangte Stimmenmehrheit‹: *»Schirm zumachen!«, musste Landammann Anton R. den Frauen und Männern auf dem Landenberg mehrmals zurufen, um das Handmehr besser erfassen zu können* (TA 28. 4. 1997, 5) – Vgl. Mehr

Handorgel A-west (Vbg.) CH die; –, -n: ↗MAURERKLAVIER A, ↗KNÖPFERLHARMONIKA A (ohne west), ↗KNOPFORGEL A-west, ↗ZIEHORGEL A-west (Tir.), ↗QUETSCHE A D-nordwest/süd, ↗ZIEHHARMONIKA A D, ↗SCHWYZERÖRGELI CH, ↗HANDHARMONIKA CH D (ohne mittelost/südost), ↗SCHIFFERKLAVIER D, ↗QUETSCHKOMMODE D (ohne südost) ›Harmonika mit diatonisch angeordneten Knopftasten, bei der auf Druck und Zug des Balges verschiedene Töne erklingen; Akkordeon‹: *Einer spielte Handorgel, die andern tanzten und waren sehr vergnügt* (Wenger, Rosalia 51; CH) – Dazu: **Handorgeler** CH, **Handörgeler(in), Handörgeli** CH, **handorgeln, Handorgler(in)** A-west (Vbg.)

Hands A CH das; –, – [hɛnds A, hænds CH] ⟨aus engl. *hands*, Plur. zu *hand* ›Hand‹⟩ (Plur. ungebräuchl., Fußball): ↗HANDSPIEL D ›regelwidriges Berühren des Balles mit der Hand‹: *Aber Omam B.s Treffer wurde wegen eines angeblichen Hands nicht gegeben* (Kurier 25. 6. 1998, 7; A); *Der St. Galler Trainer erinnerte an ein mögliches Hands im Basler Strafraum in der ersten Halbzeit, das auch zu einem Penalty für sein Team hätte führen können* (Sonntagsztg 9. 4. 2000, Internet; CH) – Dazu: **Handselfer** (↗Elfer) A, **Handselfmeter** A, **Handspenalty** (↗Penalty) CH

Handschlagqualität A die; –, ohne Plur.: ›Verhalten, das gegenseitiges Vertrauen gewährleistet; Vertragstreue‹: *Klubobmann Dörler vermisst die wünschenswerte Handschlagqualität* (VN 29. 10. 1997, A 1)

Handspiel D das; -(e)s, -e: ↗HANDS A CH ›regelwidriges Berühren des Balles mit der Hand [beim Fußball]‹: *Der Mittelfeldspieler hatte den zweiten Treffer ... erzielt, davor aber ein ... absichtliches Handspiel begangen* (Sportschau 12. 4. 1999, Internet) – In A fachsprachlich

Handstock D-nord der; -(e)s, ...stöcke: ›Spazierstock‹: *Allerdings, erinnert sich Adjutant Albert de W. ..., mussten in fünf Fällen Waffen beschlagnahmt werden – darunter der Handstock eines älteren Mannes: In ihm verbarg sich ein Säbel* (General-Anzeiger 6. 2. 2001, Internet)

Handwerkerzone STIR die; –, -n: ↗GEWERBEGEBIET A D, ↗GEWERBEZONE CH ›Gemeindefläche, die für Gewerbebetriebe reserviert ist‹: *Auch der Besuch einiger Betriebe in der Handwerkerzone, einer Mechanikerwerkstätte sowie die Auseinandersetzung mit dem Strom waren möglich* (Dolomiten 3. 12. 2001, 13) – Selten auch in der Form *Handwerkszone.* Vgl. Zone

Handwerkskammer D die; –, -n: ›Körperschaft des öffentlichen Rechts zur Vertretung der Interessen der Handwerker(innen)‹: *Verhandlungen mit IHK und Handwerkskammer über eine freiwillige Entsorgung des brennbaren Mülls in Unterföhring verliefen regelmäßig im Sande* (TZ 29. 5. 1998, 6)

Handwischer CH der; -s, –: ↗BARTWISCH A (ohne west), ↗BESERL A-ost D-südost, ↗KEHRWISCH A-west D-südwest, ↗HANDBESEN D-nord/mittelwest, ↗HANDEULE D-nord, ↗HANDFEGER D (ohne südost), ↗KEHRBESEN D-mittelwest ›kleiner Besen mit feinen, rechtwinklig zum kurzen Griff abstehenden Borsten‹: *Aus Rosshaar und Borsten werden Norm- und Spezialausführungen für Boden- und*

Handwischer, Fegbürsten, sowie Spezialbürsten für die Industrie gefertigt (Ostschweizer Blindenfürsorgeverein, 2000, Internet) – Vgl. wischen

Handy (gemeindt.): ↗NATEL

Handzettel D der; -s, –: ↗FLUGZETTEL A, ↗FLYER CH D ›mit [politischer] Information oder Werbung bedrucktes Blatt Papier, das verteilt wird; Infoblatt, Flugblatt‹: *Mit Handzetteln und mündlichen Warnungen an den Haustüren versuchen die Parkwächter Sicherheitstipps zu geben* (Spiegel 5. 1. 2001, Internet) – In A und CH selten

Hängegleiter (gemeindt.): ↗DELTASEGLER, ↗DRACHENFLIEGER, ↗GLEITSCHIRM, ↗GLEITSEGEL, ↗PARAGLEITER

hängen: *eine hängen haben LUX; ↗KANAL: *DEN KANAL VOLL HABEN D (ohne südost), ↗KRONE: *EINEN IN DER KRONE HABEN D (ohne südost), ↗TEE: *EINEN IM TEE HABEN D-nordwest/mittel ›betrunken sein‹: *Der Mann hat eine hängen, der Mann ist voll wie ein Loch* (Manderscheid, Tschako Klack 326); ***jmdm. hängt der Magen bis in die Kniekehlen** D (ohne südost) siehe Magen – Das Verb *hängen* ist als schwaches Verb (hängen/hängte/gehängt, z. B. ich hängte die Wäsche an die Leine) gemeindt. Im Grenzfall des Standards wird die schwache Form auch auf die Bedeutung des starken Verbs (hängen/hing/gehangen, z. B. die Wäsche hing an der Leine) angewandt (also hängen/hängte/gehängt, z. B. die Wäsche hängte an der Leine, ist an der Leine gehängt). Das Perfekt des starken Verbs wird in A, CH und D-süd mit *sein* gebildet wird, in D-nord/mittel mit *haben*. Im Grenzfall des Standards lautet das Perfekt in A, CH und D-süd meist *ist gehängt.*

hängig CH Adj. (nicht steigerbar): ↗ANHÄNGIG A D, ↗PENDENT CH ›noch nicht erledigt; noch nicht entschieden‹: *Reden sollten sie und streiten über hängige Fragen!* (Sprechstunde 3/4 1997, 22) – In D selten

Hans: *Hans was Heiri CH: ↗JACKE: *JACKE WIE HOSE D (ohne südost) ›egal, ohne Unterschied; gehüpft/gehupft wie gesprungen‹: *Ob SCB, Lugano oder Kloten – das ist alles Hans was Heiri. Das sind alles Meistermannschaften der letzten Jahre* (Blick 23. 2. 1998, 24) – Der Name *Hans* ist gemeindt.

Hanse D die; –, ohne Plur. (historisch): ›Zusammenschluss von Handelsstädten (v. a. im Ostseeraum)‹: *Heinrich der Löwe gründete 1159 die Stadt Lübeck, die sich … zum Haupt des Städtebundes der Hanse entwickelte* (Bahntours, Schulfahrten 1998, 72) – Dazu: ↗**Hanseat(in), Hansekogge,** ↗**Hansestadt**

Hanseat Hanseatin D der; -en, -en bzw. die; –, -nen: ↗HANSESTÄDTER D ›Bewohner(in) einer der ↗Hansestädte, bes. Angehörige(r) der Oberschicht‹: *Hanseaten sind heute nicht nur die Nachfahren der vielleicht 50 bis 60 urhanseatischen Familien, die schon vor der Reichsgründung den Hamburger Bürgerbrief… erworben hatten* (Welt 18. 4. 2002, Internet) – Dazu: ↗**hanseatisch**

hanseatisch D Adj.: **1.** ›zur vornehmen Bürgerschicht der ↗Hansestädte gehörend‹: *Am besten aber ist immer noch eine schriftliche Gebrauchsanweisung für die hanseatische Etikette, denn auch an der Elbe ist das Parkett immer sehr glatt* (NTV 31. 10. 2002, Internet). **2.** ›vornehm zurückhaltend nach Art der ↗Hanseaten‹: *Unterkühlt, hanseatisch – die Sache stets wichtiger als die Person nehmend – so gibt er sich gerne* (Zug 12/1997, 22)

Hansestadt D die; –, …städte ⟨nach der *Hanse*, dem mittelalterlichen Bund norddeutscher Handelsstädte⟩: ›Bremen, Hamburg, Lübeck, Wismar, Rostock, Stralsund oder Greifswald‹: *Die Hansestadt lockt immer mehr Risikokapitalgeber* (Welt 13. 11. 1999, Internet) – Die Bedeutung ›Stadt, die dem Bund der ↗Hanse angehört‹ ist historisch – Dazu: ↗**Hansestädter(in), hansestädtisch**

Hansestädter Hansestädterin D der; -s, – bzw. die; –, -nen: ↗HANSEAT D ›Bewohner(in) einer der ↗Hansestädte‹: *Eine Hansestädterin war gerade dabei, 25 Euro in die Spendenbox zu stecken* (Ostsee-Ztg 29. 8. 2002, Internet) – Vgl. hanseatisch – Dazu: **hansestädtisch**

Hansjürg Hans-Jürg CH: ↗HANS-JÜRGEN D männl. Vorname: *Für Hansjürg M. ist die Informatik mehr als eine reine Technologie* (Bund 5. 11. 1999, 9); *Dem Kreisingenieur Hans-Jürg B. sind bisher keine Klagen zu Ohren gekommen* (NZZ 7. 10. 1999, 47) – In D selten. Vgl. Jürg

Hans-Jürgen D: ↗HANSJÜRG CH männl. Vorname: *In seiner Begleitung war der frühere Entwicklungsminister Hans-Jürgen W.* (Welt 3. 6. 1996, Internet)

Hanspeter CH: männl. Vorname: *Selbst in seiner Berner Heimat hat die SVP-Nomination von Hanspeter S. … als Nationalrats-Vizepräsident heftige Kritik ausgelöst* (Blick 8. 10. 1998, 5) – In A und D selten. In der Schreibung *Hans-Peter* gemeindt. Wird in A und D auf der zweiten Silbe betont

Hansrudolf Hans-Rudolf CH: ↗HANSRUEDI CH männl. Vorname: *»Es ist immer auch Glück dabei, wenn es bei einem Tunnelunglück keine Opfer gibt«, sagt Hans-Rudolf S.* (Bund 1. 6. 1999, 31); *Die Welt des Films ist auch die Welt des 60-jährigen Hansrudolf B.* (TA 7. 5. 1999, Internet)

Hansruedi Hans-Ruedi CH: ↗HANSRUDOLF CH männl. Vorname: *Eine Arbeitsgruppe des Schweizerischen Fussballverbandes unter Leitung von Hansruedi*

H. ... will den populärsten Ballsport hierzulande neu organisieren (Sport 10. 3. 1998, 29); *Hans-Ruedi K. ... sagte auf Anfrage, das Alarmsystem ... sei so sicher chiffriert, dass ein Abhandenkommen von geheimen Daten kaum vorstellbar sei* (Bund 24. 2. 1996, 17)

Hansueli CH ['hansue̯li] (informell): männl. Vorname: *Heissen Sie Hansueli, Hans-Ulrich, Johann Ulrich oder Jean Huldreich?* (Sonntagsblick 11. 6. 2000, M36) – Auch in der Schreibung *Hans-Ueli*. Die formelle Form *Hansulrich* ist im Vergleich zur informellen Form wesentlich seltener

Hansulrich siehe Hansueli

Hanswurst (gemeindt.): ↗WURSTEL

hantig A (ohne Vbg.) D-südost Adj. (Grenzfall des Standards): **1.** ›bitter, herb (von Bier, Wein, Früchten und Kaffee)‹: *Das Reininghaus Pils ist für ein Pils fast ein bisschen zu hantig* (Universität Linz, Hochschülerschaft, 2002, Internet; A). **2.** ↗RESCH A D-südost ›im Umgang mit anderen Menschen resolut und kurz angebunden; barsch‹: *Lotte Ledl spielt einen steifen Herrn Ronacher, Michaela Bock eine hantige Fiaker-Milli* (Neue Kronen Ztg 14. 7. 2000, Internet; A)

häppchenweise CH D (ohne südost) Adv.: ↗ZIZERLWEIS A (ohne Vbg.) D-südost ›nach und nach; auf Raten‹: *Der Wettkampf wird aufgezeichnet und dann samstäglich zur besten Sendezeit um 21 Uhr häppchenweise gesendet* (TA 21. 12. 1998, 12; CH); *Die meisten Lehrbücher sind in punkto Wirtschaftswissen hoffnungslos veraltet. Ökonomische Kenntnisse werden zudem häppchenweise ... verabreicht* (Deutsche Ausgleichsbank 6. 10. 2000, Internet; D) – In A selten

Harass CH der; -es, -e ⟨aus frz. *harasse* ›Korb zur Verpackung von Glas‹⟩: **1.** ↗KISTE A D (ohne nordost), ↗KASTEN D ›offenes Behältnis aus Kunststoff mit Unterteilungen für Transport und Aufbewahrung von Getränkeflaschen‹: *Ich bin ein richtiger Festbruder ... Ich arbeite mit Bier und trinke den Saft auch gern. Bis Mitternacht habe ich einen Harass geschafft* (Blick 11. 7. 1994, 8). **2.** ↗STEIGE A D (ohne ost), ↗KISTE D, ↗STIEGE D-nord/mittelost ›offenes Behältnis [aus Holzlatten] (vor allem für Obst und Gemüse)‹: *Am Nachmittag werden die Elefanten gefüttert. Pro Tier gibt es 25 Kilo Runkeln oder Rüebli, 5 Kilo Brot, 20 Kilo Heu, 8 Kilo Pferde-Kraftfutter. Dazu einen Harass Äpfel für alle* (Blick 17. 11. 1994, 4) – Oft auch in der Form *Harasse* (die; –, -n) – Zu 1.: ↗**Bierharass, Getränkeharass**

Harasse CH die; –, -n: siehe Harass

Harke D-nord/mittel die; –, -n: ↗RECHEN A CH D-süd ›Gartengerät zum Anhäufen von Laub, Gras und Heu oder zum Glätten von Erde und Kies‹: *Anschließend wird die Oberfläche ... mit einer Harke bearbeitet, bis sie feinkrümelig ist* (Krause, Dein Garten 26) – Dazu: ↗**harken**

harken D-nord/mittel sw.V./hat: ↗RECHEN A CH D-süd ›ein Beet o. Ä. mit der ↗Harke glätten; (Laub, Gras, Heu) mit der ↗Harke anhäufen oder entfernen‹: *In seinem Garten stand ... Karl Georg und harkte die Beete mit einer hölzernen geschnitzten Harke* (Konsalik, Arzt 25) – Vgl. Harke – Dazu: **abharken, ausharken, zusammenharken**

Harst CH der; -(e)s, -e: ↗SCHIPPEL A ›Gruppe von Menschen; Schar‹: *Welch grosser Beliebtheit sich der Hundertkilometerlauf erfreut, geht daraus hervor, dass ein grosser Teil der Teilnehmer aus dem Ausland kommt, wobei Deutschland den grössten Harst stellt* (Bund 11. 6. 1999, 47) – Die Verwendung im Bereich Militär in der Bedeutung ›Kriegsschar‹ ist historisch – Dazu: ↗**Hauptharst**

Hartmut D ⟨aus ahd. *hart* ›hart, fest, kühn‹ und *muot* ›Sinn, Geist, Gemüt, Gesinnung‹⟩: männl. Vorname, bekannt durch Heldensagen: »*Wir wollten zeigen, dass zukunftsweisende Technik nicht zwangsläufig eine nüchterne Verpackung braucht*«, *erläutert Chefdesigner Hartmut E.* (Stern 25. 9. 1997, 155)

harzen CH sw.V./hat: ↗SPIEßEN A ›[durch Widrigkeiten] mühsam vonstatten gehen‹: *Ich helfe nur nach, wenn es harzen sollte* (Brechbühl, Kneuss 47) – Andere Bedeutungen sind gemeindt. – Dazu: **harzig**

Harzer D (ohne südost) der; -s, –: kurz für *Harzer Käse/Harzer Roller:* ↗QUARGEL A, ↗KÄSE: *MAINZER KÄSE D, ↗HANDKÄSE D (ohne nordwest/mittelost), ↗HARZKÄSE D-nordost ›Käse aus ↗Sauermilch‹: *Harzer mit einer Gabel zerdrücken und gründlich mit Butter und Eigelb mischen* (Berliner Ztg 13. 9. 1996, Internet); *Die Spar-Kette hat am Freitag bakterienverseuchten Harzer Käse aus den Regalen ihrer Supermärkte entfernt* (Rhein Ztg 25. 2. 2000, Internet); *Das Unternehmen teilte mit, dass im Rahmen einer behördlichen Routineuntersuchung in einigen Harzer Rollern ... Listeriose-Bakterien nachgewiesen worden sind* (Naturkost 28. 2. 2000, Internet)

Harzkäse D-nordost der; -s, –: ↗QUARGEL A, ↗KÄSE: *MAINZER KÄSE D, ↗HARZER D (ohne südost), ↗HANDKÄSE D (ohne nordwest/mittelost) ›Käse aus ↗Sauermilch‹: *Auf Tabletts ... wurden den etwa 300 Ausstellungsgästen regionale Spezialitäten ... angeboten: Harzkäse ... und Griebenschmalz* (Bergwerksmuseum Oberharz 19. 3. 1999, Internet)

HASCH A die; –, -en (informell): als Wort gesprochene Abk. für *Handelsschule*: ›drei Jahre dauernde, kaufmännisch ausbildende Schule ohne ↗Reifeprüfung bzw. Gebäude, in dem diese Schule untergebracht ist‹: *Sie haben: Eine technische (HTL, Fachschule) oder kaufmännische (HAK, HASCH) Ausbildung, eine Be-*

ziehung zu Nutzfahrzeugen, Reisebereitschaft, sprechen Englisch und sind unabhängig (SN 8. 11. 1997, 66) – Auch in den Formen HAS und HaSch – Dazu: **HASCH-Absolvent(in)**

Haschee das; -s, ohne Plur. ⟨aus frz. *[viande] hachée* ›gehacktes [Fleisch]‹ zu *hacher* ›[zer]hacken‹⟩: **1.** A (ohne west) ›aus verschiedenen Fleischsorten, ↗Speck, Wurst- und Bratenresten gemahlene Masse, die v. a. als Füllung verwendet wird‹: *Die erste Knödelrevolution hat vor ein paar Jahrzehnten stattgefunden: Seither gibt's Speck-, Grammel-, Haschee-, und allerlei andere Knödel im Tiefkühlregal* (OÖN 28. 1. 2000, 26). **2.** D ›Speise aus ↗Hackfleisch bzw. in kleine Würfel geschnittenem, mit einer Sauce pikant abgeschmecktem Fleisch‹: *Bereiten Sie am Wochenende größere Mengen von Gerichten mit längerer Garzeit zu, z. B. Fleischgerichte wie … Rouladen oder Haschee* (SWR, 2002, Internet) – Zu 1.: **Hascheeknödel** (↗Knödel), **Hascheewandl** (↗Wandl). Zu 2.: ↗**Lungenhaschee**

Haschen D-ost das; -s, ohne Plur.: ↗FANGERL A-ost D-südost, ↗NACHLAUFEN A-ost (bes. Wien) D-mittelwest, ↗FANGIS CH, ↗GREIFEN D-nordost, ↗KRIEGEN D-nord/mittel, ↗TICK D-nordwest ›Kinderspiel, bei dem ein Kind andere Kinder durch Nachlaufen fangen muss; Fangen‹: *Der Familienvater spielt auf der Flöte, die Kinder spielen Haschen und Verstecken* (Berliner Ztg 3. 6. 1995, Internet) – Auch in den Formen *Hasch, Hascher, Haschemann*

Hascher der; -s, –: siehe Hascherl

Hascherl A D-südost das; -s, -n (Grenzfall des Standards): ›bemitleidenswertes Wesen, bes. ein Kind oder eine unselbstständige Frau‹: *Der kleine Wilfried war wirklich ein armes Hascherl, ein blasses, dünnes, mit einem alten Gesicht, gar nicht kindlich* (Marzik, Mizzi 127; A) – Auch in der Form *Hascher* (der; -s, -)

Haschmich: *einen Haschmich haben D-nord/mittel (salopp): ↗HUSCHER: *EINEN HUSCHER HABEN A, ↗KLOPFER: *EINEN KLOPFER HABEN A, ↗PECKER: *EINEN PECKER HABEN A D-südost, ↗KLAMSCH: *EINEN KLAMSCH HABEN A-ost/südost, ↗SCHUSS: *EINEN SCHUSS HABEN A D, ↗HAU: *EINEN HAU HABEN A-west D-mittelwest, ↗ECKEN: *EINEN ECKEN ABHABEN CH, ↗HUNDERT: *NICHT GANZ HUNDERT SEIN CH, ↗MACKE: *EINE MACKE HABEN CH D (ohne südost), ↗MEISE: *EINE MEISE HABEN CH D-nord/mittel, ↗RAD: *EIN RAD ABHABEN D, ↗STICH: *EINEN STICH HABEN D, ↗KITTEL: *JMDM. BRENNT DER KITTEL D-südwest, ↗SCHLAG: *EINEN SCHLAG HABEN D-ost/südost ›nicht ganz bei Verstand sein; verrückt sein‹: *Wenn sich eine Band Eskobar nennt, dann haben sie entweder einen Haschmich … oder stehen in direkter verwandtschaftlicher Linie zu … Pablo Escobar* (Rock City News 49/2002, Internet)

Hase der; -n, -n: **1.** D-mittelost/süd; ↗KARNICKEL D-nord/mittel ›Kaninchen‹: *Ich habe leider dasselbe Problem wie viele andere Hasen (… na ja, eigentlich Kaninchen) – eitrige und hartnäckige Abszesse* (Homepage Rupp 13. 3. 2003, Internet). **2. *falsche Hase** D: ↗FASCHIEREN: *FASCHIERTE BRATEN A, ↗HACKBRATEN A-west (Vbg.) CH D ›Braten aus gehacktem Fleisch‹: *Ein Gericht, sagte sie, wie falscher Hase* (Timm, Currywurst 36) – Andere Bedeutungen sind gemeindt.

hässig CH Adj.: ↗PATZIG A D, ↗PAMPIG D (ohne südost) ›grob; schlecht gelaunt; mürrisch‹: *Ich werde hässig, wenn jemand behauptet, Sport sei keine Kultur* (Blick 20. 10. 1999, 15)

Hast (gemeindt.): ↗HETZE

hatschen A D-südost sw.V./ist (Grenzfall des Standards): **1.** ↗LATSCHEN CH D ›nachlässig gehen‹: *»Kennt ihr Asterix bei den Schweizern?« Dort hatschen die frisch den Römern entkommenen Gallier … durch die frisch polierten Hotelfoyers der Schweizer* (Kurier 13. 3. 1999, 21; A). **2.** ↗HUPFEN D-südost ›hinken‹: *Vialli selbst hatscht mit einer Knöchelblessur durch die Gegend* (Standard 4. 3. 1999, Internet; A). **3.** ›in anstrengender Weise weit gehen, eine mühsame Strecke Weg zurücklegen‹: *Es gibt aber auch Tage, da will man nicht auf den Troppberg hatschen und jausnen* (Profil 19. 1. 1998, Beilage 16; A) – Vgl. Hatscher, hatschert

Hatscher A D-südost der; -s, – (Grenzfall des Standards): **1.** ›langer, anstrengender Marsch‹: *Manchmal eine schöne Tour, manchmal ein grauslicher Hatscher* (Land der Berge 5/1997, 4; A). **2.** (meist Plur.); ↗TRETER A D (ohne südost) ›ausgetretener Schuh‹: *Die Firma K & P Recycling stellt bei Schuhmachern und -händlern Container auf, in die die Kundschaften ihre ausgedienten Hatscher werfen können* (OÖN 15. 2. 1996, 5; A) – Vgl. hatschen, hatschert

hatschert A D-südost Adj. (Grenzfall des Standards): ›nachlässig, schleppend [voran]gehend; hinkend‹: *Was jahrelang nur hatschert funktionierte, wird nach dem Freistadt-Skandal ernst genommen – für die so genannte sanitäre Aufsicht der Spitäler wird eine eigene Prüfgruppe aufgestellt* (OÖN 3. 2. 2000, 12; A) – Vgl. hatschen, Hatscher

Hau: *einen Hau haben A-west D-mittelwest (salopp, Grenzfall des Standards): ↗HUSCHER: *EINEN HUSCHER HABEN A, ↗KLOPFER: *EINEN KLOPFER HABEN A, ↗PECKER: *EINEN PECKER HABEN A, ↗KLAMSCH: *EINEN KLAMSCH HABEN A-ost/südost, ↗SCHUSS: *EINEN SCHUSS HABEN A D, ↗ECKEN: *EINEN ECKEN ABHABEN CH, ↗HUNDERT: *NICHT GANZ HUNDERT SEIN CH, ↗MACKE: *EINE MACKE

HABEN CH D (ohne südost), ↗MEISE: *EINE MEISE HABEN CH D-nord/mittel, ↗RAD: *EIN RAD ABHABEN D, ↗STICH: *EINEN STICH HABEN D, ↗HASCHMICH: *EINEN HASCHMICH HABEN D-nord/mittel, ↗KITTEL: *JMDM. BRENNT DER KITTEL D-südwest, ↗SCHLAG: *EINEN SCHLAG HABEN D-ost/südost ›nicht ganz bei Verstand sein; verrückt sein‹: *»Spinnst du«, brüllte sie. »Ich wusste immer schon, das du einen Hau hast, aber das ist wirklich zuviel* (Universität Innsbruck, Wie wunderbar ist das Leben, 2002, Internet; A-west); *Wo alle einen Hau haben, werden die Normalen zum wirklich tragischen Fall* (Welt 10. 3. 1998, Internet; D)

Haube die; –, -n: **1.** A D-süd; ↗KAPPE A-west CH, ↗MÜTZE CH D ›Kopfbedeckung aus Wolle oder anderen weichen Materialien, die eng am Kopf anliegt‹: *Derart entstanden Wollsachen über Wollsachen, dazupassende Hauben, allseits bewunderte Garnituren, desgleichen Puppengewand* (Glantschnig, Mirnock 26; A). **2.** A ›nach einer Bewertungsskala durchgeführte Qualitätskennzeichnung mit je nach Leistung einer oder mehreren symbolischen ↗Kochhauben durch den Restauranttester Gault Millau‹: *Laut der 97-er-Ausgabe des »Gault Millau« gibt es in Österreich genauso viele Restaurants mit vier Hauben wie in Deutschland* (Fembek, Keine Angst 141) – Zu 1.: In der Bedeutung ›Kopfbedeckung für Kleinkinder‹ meist in der Form *Hauberl*. Die Bedeutung ›Kopfbedeckung aus festem Stoff für Frauen, z. B. als Teil von Trachten oder der Arbeitsbekleidung für Krankenschwestern‹, ist gemeindt. – Zu 1.: **Badehaube, Pudelhaube, Wollhaube**. Zu 2.: ↗**Haubenkoch (...köchin), Haubenküche,** ↗**Haubenlokal,** ↗**Haubenrestaurant**

Haubenkoch Haubenköchin A der; -(e)s, ...köche bzw. die; –, -nen: ›vom Restauranttester Gault Millau mit einer oder mehreren symbolischen ↗Hauben ausgezeichneter Koch bzw. ausgezeichnete Köchin‹: *Wie gut eine Hausfrau auch kocht, nie wird sie sich das Einkommen und das Prestige eines Haubenkochs in einem Restaurant erkochen* (Profil 14. 2. 2000, 102)

Haubenlokal A das; -(e)s, -e: ↗HAUBENRESTAURANT A ›vom Restauranttester Gault Millau für seine kulinarischen Leistungen mit einer oder mehreren symbolischen ↗Hauben ausgezeichnetes Restaurant‹: *Haubenlokale, Gasthöfe und Weinstuben verführen den Besucher, sich den Urlaub kulinarisch schmecken zu lassen* (Erlebnis Bahn & Schiff Österreich, 34)

Haubenrestaurant A das; -s, -s [...rɛstorã:]: ↗HAUBENLOKAL A ›vom Restauranttester Gault Millau für seine kulinarischen Leistungen mit einer oder mehreren symbolischen ↗Hauben ausgezeichnetes Restaurant‹: *N. W., Sommelier im Innsbrucker Haubenrestaurant Kapeller, ging als Sieger eines ganztägigen Sommelierwettbewerbes ... hervor* (Gusto 11/1997, 92)

Haue: **1.** A D-süd die; –, -n; ↗HACKE CH D (ohne südost) ›Gartengerät zum Lockern des Bodens‹: *Die Frauen stieben auseinander und laufen, ihre Hauen und Schaufeln geschultert, das Tal entlang, den Hügel hinauf, nach Hause* (Pirch, Lerra 48; A). **2.** D-nord/mittel die; –, ohne Plur. (salopp); ↗KEILE D-nord/mittel, ↗DRESCHE D-nord/mittel, ↗KLOPPE D-nord/mittel, ↗SENGE D-nord/mittel ›Prügel, Schläge‹: *Es gab Haue. In Schwetzingen veranstalteten die Amateurboxer ihre Deutschen Meisterschaften* (Welt 30. 10. 2000, Internet) – Zu 1 vgl. Heindl

hauen: ***jmdn. in die Pappen hauen** A (ohne Vbg.); ***jmdn. in die Gosche hauen** A D-süd, ↗POLIEREN: *JMDM. DIE FRESSE POLIEREN D-nord/mittel; *JMDM. DIE SCHNAUZE POLIEREN D (ohne südost) ›jmdm. in das Gesicht schlagen‹: *Es macht Pläsier, wenn man in völliger persönlicher Sicherheit zuschauen darf, wie andere einander in die Pappen hauen* (Neue Kronen Ztg 26. 3. 1994, 12; A); *Wenn sich die Europäer und die Amerikaner in die Goschn hauen, ist nicht nur bei Boxfans Feiertag* (Sport Magazin 10/1997, 126; A); ***Hau den Lukas** siehe Lukas – Das Verb *hauen* ist in allen anderen Verwendungen gemeindt. Das 2. Part. lautet in A und D-südost *gehaut*, in CH und D (ohne südost) *gehauen*. Dies gilt auch für die abgeleiteten Verben *abhauen,* ↗*anhauen, aushauen, herunterhauen,* ↗*hinhauen,* ↗*verhauen, zerhauen, zusammenhauen*. Die auch mögliche starke Konjugation (*hauen/hieb/gehauen*) ist gemeindt. und gehoben

Häuer A der; -s, –: ↗HAUER D-mittelwest ›Bergmann‹: *Über Kleidung, Schmuck und Hausrat der Häuer, also der handarbeitenden bergmännischen Mittelschicht, können aus den zahlreich überlieferten Nachlass-Inventaren viele Details entnommen werden* (Gasteiner Goldbergbau, 2000, Internet)

Hauer der; -s, –: **1. Hauer Hauerin** A der; -s, – bzw. die; –, -nen; ↗WEINZIERL A-ost, ↗WEINGÄRTNER A-ost D-süd, ↗REBBAUER CH, ↗REBLEUTE CH ›Person, die berufsmäßig Wein anbaut und herstellt; Weinbauer bzw. Weinbäuerin; Winzer(in)‹: *Das Weingärtnermuseum verdeutlicht die mühevolle Arbeit der Hauer* (OÖN 28. 6. 1997, 3). **2.** D-mittelwest; ↗HÄUER A ›Bergmann‹: *Vladimir S. hat über 20 Jahre in der Zeche neben der Siedlung gearbeitet. »Ich war Hauer, in 750 Meter Tiefe haben wir abgebaut«* (NRZ 1. 12. 2000, Internet) – Zu 2.: In A selten. Die Bedeutung ›Eckzahn des Keilers‹ ist fachsprachlich gemeindt. – Zu 1.: **Hauerwein, Weinhauer(in)**

Hauklotz D-nord/mittelwest der; -es, ...klötze: ↗HACKSTOCK A D-südost, ↗SCHEITSTOCK CH, ↗SPALTSTOCK CH, ↗STOCK CH D-südost, ↗HACKKLOTZ D-nordost/mittel ›Unterlage zum Hacken von Holz oder anderen Materialien‹: *Eigentlich denkt*

man beim Fleischerhandwerk an große, kräftige Gesellen ..., die mit Beil und Hauklotz hantieren und riesige Fleischstücke schleppen (Berliner Morgenpost 8. 8. 2001, Internet)

Häundl siehe Heindl

häundln siehe heindln

Häupl siehe Häuptel

Hauptamt D das; -(e)s, ...ämter: ↗VOLLAMT CH ›Amt, das hauptberuflich ausgeübt wird‹: *Er sieht es als Ehre und als Herausforderung, einen ... der schönsten deutschen Tennisclubs im Hauptamt leiten zu dürfen* (SZ 26. 4. 2001, Internet) – In A und CH selten – Dazu: ↗**hauptamtlich**

hauptamtlich D Adj.: ↗VOLLAMTLICH CH ›hauptberuflich‹: *Die gebürtige Essenerin ist seit zwei Wochen hauptamtlich als Jugendpädagogin in der ev. Kirchengemeinde tätig* (WAZ 14. 9. 2001, Internet) – In A und CH selten. Vgl. Hauptamt

Hauptausschuss A der; -es, ...ausschüsse: **1. *Hauptausschuss des Nationalrates** (Politik) ›gewähltes Organ des ↗Nationalrates, das für bestimmte Bundesaufgaben zuständig ist (z.B. die Festsetzung von Postgebühren, von Gehältern für Bundesbedienstete etc.)‹: *Der Hauptausschuss des Nationalrates befasste sich heute ausführlich mit dem aktuellen Stand der EU-Regierungskonferenz* (Parlamentskorrespondenz 21. 3. 1997, Internet). **2.** (Hochschule); ↗STUDENTENAUSSCHUSS: *ALLGEMEINE STUDENTENAUSSCHUSS D ›an den einzelnen Universitäten vertretenes, zweitoberstes der vier Organe der offiziellen Studentenvertretung Österreichs‹: *Die HochschülerInnenschaften sind ähnlich strukturiert wie die Universitäten, d.h. sie gliedern sich in Hauptausschuss, Fakultätsvertretung und Studienrichtungsvertretungen* (Universität Innsbruck, Hochschülerschaft, 1999, Internet) – Zu 1 vgl. Ausschuss. Andere Bedeutungen sind gemeindt.

Hauptbahnhof (gemeindt.): ↗HB, ↗HBF

hauptberuflich (gemeindt.): ↗HAUPTAMTLICH, ↗VOLLAMTLICH

Häuptel A D-südost: **1.** der; -s, – kurz für ↗*Häuptelsalat*: ↗KOPF A-west, ↗KOPFSALAT A-west CH D, ↗SALAT: *GRÜNE SALAT D ›Salatpflanze mit hellgrünen Blättern, die einen Kopf bilden‹: *Nicht ganz so knackig wie der frische Häuptel aus den heimischen Gärten, aber immerhin Salat, »Grünfutter« für Seele und Gesundheit* (Südost-Journal, 2002, Internet; A). **2.** ↗STAUDE D (ohne mittel/südwest) ›Kopf einer Gemüsepflanze (bes. von Salat und Kohlgewächsen)‹: *Wenn Gemüsebauern heuer durchschnittlich 50.000 Häuptel Sommersalat je Hektar ernten, bekommen sie dafür Tiefstpreise von oft nur 1,50 S pro Stück* (OÖN 28. 7. 1992, 7; A) – Auch in der Schreibung *Häupl* und *Häuptl*. In A-west selten – Zu 2.: **Kohlhäuptel** (↗Kohl), ↗**Krauthäuptel, Salathäuptel, Zwiebelhäuptel**

Häuptelsalat A D-nordost/südost der; -(e)s, ohne Plur.: ↗KOPF A-west, ↗KOPFSALAT A-west CH D, ↗SALAT: *GRÜNE SALAT D ›Salatpflanze mit hellgrünen Blättern, die einen Kopf bilden‹: *... die Verwunderung sei die größte, als sie beide entdeckten, dass im Essensträger gebackene Leber ist, dazu Häuptelsalat, in der untersten Schüssel Grießauflauf, ihrer beider Lieblingsspeise* (Bernhard, Kalkwerk 103; A) – In D-südost dialektnah. Vgl. Häuptel

Haupharst CH der; -(e)s, -e: ›grösste von mehreren Gruppierungen‹: *Mit rund 80'000 vollamtlichen Bauern stellt die echte Bauernsame den Hauptharst der Sektionsmitglieder* (Fehr, Helvetia 101) – Die Verwendung im Bereich Militär in der Bedeutung ›Vorhut‹ ist historisch. Vgl. Harst

Häuptl siehe Häuptel

Hauptmiete A die; –, -n (Plur. ungebräuchl.): ›das Mieten einer Wohnung direkt vom Hausbesitzer bzw. von der Hausbesitzerin (im Ggs. zur Untermiete)‹: *2-Zimmer Altbauwohnung, 70 m², Hauptmiete S 5500, – zuzüglich BK und Heizung* (Kleine Ztg 15. 11. 1997, 36) – Das Substantiv *Hauptmieter(in)* ist gemeindt. – Dazu: **Hauptmietzins** (↗Mietzins)

Hauptsache: *zur Hauptsache CH ›in der Hauptsache; hauptsächlich‹: *Die vier Blöcke werden gesamthaft beheizt, zur Hauptsache wohnen heute ältere Leute darin* (Hartmann, Eis 41) – In D selten. Das Substantiv *Hauptsache* ist in allen anderen Verwendungen gemeindt.

Hauptschule A D die; –, -n: ↗REALSCHULE CH, ↗SEKUNDARSCHULE CH, ↗BEZIRKSSCHULE CH (AG, SO), ↗OBERSCHULE CH (GL, SO, ZH), ↗MITTELSCHULE STIR ›in Österreich an die ↗Volksschule anschließende, vier Jahre dauernde Schule, deren Besuch für die Erfüllung der Schulpflicht gesetzlich vorgesehen ist; in Deutschland an die ↗Grundschule anschließende, sechs Jahre dauernde Schule, deren Besuch für die Erfüllung der Schulpflicht gesetzlich vorgesehen ist, bzw. Gebäude, in dem diese Schule untergebracht ist‹: *... nach der Hauptschule war er auf Drängen seines Vaters und des Bauern am Hof geblieben* (Scharang, Sohn eines Landarbeiters 13; A); *Dann müssen auch Real- und Hauptschule in der Wirtschaft wieder etwas zählen* (AZ 19. 6. 1998, 9; D) – Abk. HS. Alternativ kann in Österreich anstelle der Hauptschule auch die vierjährige Unterstufe des Gymnasiums, in Deutschland das Gymnasium, die ↗Gesamtschule oder die ↗Realschule besucht werden – Dazu: **Hauptschulabschluss, Hauptschuldirek-**

tor(in), Hauptschullehrer(in), Hauptschüler(in), Übungshauptschule

Hauptverlesen CH das; -s, –: ›Appell einer militärischen Einheit vor der Entlassung in den Ausgang oder den ↗Urlaub‹: *Dann geht's in den lang ersehnten Ausgang – doch erst wenn der Kp Feldweibel mit den Unterkünften zufrieden ist und um 19.30 Uhr alle im Ausgangsanzug fürs Hauptverlesen antreten* (Abteilung Sanitätstruppen, 2001, Internet) – Vgl. Abendverlesen, Antrittsverlesen, Zimmerverlesen

Hauptwohnsitz A D der; -es, -e: ↗NIEDERLASSUNGSGEMEINDE CH ›[bei mehreren Wohnsitzen der] Wohnsitz, den eine Person zum Lebensmittelpunkt gewählt hat‹: *Namensänderungen und Wechsel des Hauptwohnsitzes sind binnen 6 Wochen der örtlich zuständigen Führerscheinbehörde anzuzeigen* (Ebner, Fahren lernen 177; A); *Besonders begrüßt wird jeder neue Bürger, der sich mit seiner »Studienstadt« uneingeschränkt identifiziert und seinen Hauptwohnsitz ... in Ilmenau nimmt* (Technische Universität Ilmenau 3. 2. 2003, Internet; D)

Haus: *Hohe Haus: a) A D-nord/südwest; ↗RAT: *DIE EIDGENÖSSISCHEN RÄTE CH, ↗BUNDESHAUS CH D ›[Sitz des] ↗Nationalrat[es]; Parlament‹: *Im Hohen Haus hallen seine Reden nach wie ein Wahlkampfauftritt auf einem Marktplatz* (Profil 19. 1. 1998, 15; A). **b)** A D-nordwest/süd /Einleitungsformel in Parlamentsreden/: *Geschätzter Herr Präsident, verehrte Damen und Herren, Hohes Haus!* (Stenogr. Protokoll des Steiermärkischen Landtages, 1999, Internet; A); *Sehr geehrter Herr Präsident! Hohes Haus! Meine sehr geehrten Damen und Herren!* (Haushaltsrede, Landtag Bayern 24. 6. 1999, Internet; D-südost); ***frei Haus** A D ›(Lieferung von Waren direkt an den Besteller bzw. an die Bestellerin) ohne zusätzliche Transportkosten‹: *Da gibt es originelle Preise wie 1000 Liter Heizöl, die frei Haus geliefert werden, Benzingutscheine, ein Mountainbike, einen Südtirolurlaub oder eine Palette Holzbriketts zu gewinnen* (Kleine Ztg 12. 7. 2001, Internet; A); *Lieferung frei Haus* (Garten 8/1997, 91; D); ***sich über die Häuser hauen** A-ost (salopp, Grenzfall des Standards): ↗PUTZEN A, ↗VERTSCHÜSSEN A, ↗SCHLEICHEN A D-süd, ↗VERZUPFEN A D-südost, ↗ZUPFEN A D-südost, ↗ABFAHREN CH, ↗ABSCHLEICHEN CH, ↗LEINE: *LEINE ZIEHEN CH D (ohne südost), ↗VERDRÜCKEN CH D (ohne südost), ↗VERDUFTEN CH D, ↗VERKRÜMELN CH D (ohne südost), ↗ABSCHIEBEN D, ↗FLIEGE: *DIE/EINE FLIEGE MACHEN D, ↗VERPISSEN D, ↗DÜNNEMACHEN D-nord/mittel, ↗MÜCKE: *[DIE/EINE] MÜCKE MACHEN D-nord/mittel, ↗PLATTE: *DIE PLATTE PUTZEN D (ohne mittelost/südost), ↗TROLLEN D (ohne ost) ›sich entfernen; verschwinden, abhauen‹ (oft als drohende Aufforderung): *Angenommen, ich will kontrollieren, wie stark Ozon fördernde Kohlenwasserstoffe aus einer Tischlerei entweichen ... Dann sagt mir heute der Tischler: Hau dich über die Häuser* (Kurier 2. 9. 1992, 21) – Das Substantiv *Haus* ist in allen anderen Verwendungen gemeindt.

Hausarbeit die; –, -en: **1.** D-nord/mittel; ↗HAUSÜBUNG A, ↗HAUSAUFGABE CH D, ↗SCHULARBEIT D-nord/mittelwest, ↗SCHULAUFGABE D (ohne mittelost/südost) ›[größerer] Arbeitsauftrag, der von Schülern und Schülerinnen zu Hause [in schriftlicher Form] zu erledigen ist‹: *Die Hausarbeiten setzen die eingeleiteten Lernprozesse fort durch Festigung und Vertiefung von Einsichten* (Schülerkammer Hamburg 20. 7. 1973, Internet). **2.** CH D ›schriftliche Abschlussarbeit im Rahmen eines Seminars, eines Lehrgangs oder eines Studiums‹: *Der Universitätsrat hat ... die von der juristischen Fakultät beantragte Änderung der Promotionsordnung ... genehmigt. Damit entfällt inskünftig die achttägige Hausarbeit in den Lizentiatsprüfungen* (Universität Basel, Juristische Fakultät, 1999, Internet; CH); *Dieselben Professoren ... zögern ... Referate und Hausarbeiten radikal zu kritisieren* (Spiegel Special 6/1998, 122; D) – Zu 2.: In A veraltet. Veraltend noch in der Lehrerausbildung für ›schriftliche Abschlussarbeit größeren Umfangs‹. Die Bedeutung ›Arbeit im Haushalt‹ ist gemeindt.

Hausarrest (gemeindt.): ↗STUBENARREST

Hausarzt (gemeindt.): ↗BASISARZT/BASISÄRZTIN, ↗VERTRAUENSARZT/VERTRAUENSÄRZTIN

Hausaufgabe CH D die; –, -n: ↗HAUSÜBUNG A, ↗HAUSARBEIT D-nord/mittel, ↗SCHULARBEIT D-nord/mittelwest, ↗SCHULAUFGABE D (ohne mittelost/südost) ›[kleinerer] Arbeitsauftrag, der von Schülern und Schülerinnen zu Hause [in schriftlicher Form] zu erledigen ist‹: *Die Schülerinnen und Schüler sollten die Hausaufgaben im Wesentlichen ohne fremde Hilfe machen können* (Stadt Zug, Stadtschulen, 2001, Internet; CH); *Ist der Arbeitsplatz für die Hausaufgaben optimal? Vielleicht sind der Stuhl und der Schreibtisch zu klein* (Welt 31. 8. 2000, Internet; D) – In CH meist Plural, in D-südost meist Singular. In A selten und nur im Plural. Vgl. Aufgabe

Hausbesorger Hausbesorgerin A der; -s, – bzw. die; –, -nen: ↗HAUSMEISTER A D, ↗ABWART CH, ↗HAUSWART CH D-nordwest ›angestellte Person eines Hausbesitzers bzw. einer Hausbesitzerin, die für Unterhalt und Reinigung des Gebäudes und für die Einhaltung der Hausordnung sorgt‹: *Seine einzigen Kameraden waren Peter und Manfred, die Söhne des Hausbesorgers, kleine stämmige Kerle, deren Streiche, Tricks, Fallen und Ladendiebstähle er staunend begleitete* (Rabinovici, Suche nach M. 32) – Dazu: **Hausbesorgerposten, Hausbesorgerstelle**

Häuschen CH das; -s, –: ↗Kastl A D-südost ›kleines, quadratisch umrissenes Feld zum Ausfüllen, Ankreuzen u. Ä.; Kästchen‹: *Setzen Sie in jedes Häuschen des Textfeldes einen Buchstaben oder ein Satzzeichen* (Berner Ztg 20. 1. 1997, 2) – Die Bedeutungen ›kleines Haus‹ und ›Toilette‹ sind gemeindt. – Dazu: ↗**Häuschenpapier**

Häuschenpapier CH das; -s, -e: ↗Rechenpapier D (ohne südost) ›kariertes Papier‹: *Das Original zerlegt sie in Geraden und klebt diese, oberhalb des Scherenschnitts, auf ein Häuschenpapier* (Kunst-Bulletin 12/1997, 39) – Vgl. Häuschen

Hausflur D-nord/mittel der; -(e)s, -e: ↗Hausgang A-west CH D-süd ›Raum im Aufgangsbereich eines Gebäudes, von dem aus die einzelnen Wohnungen zu erreichen sind‹: *Mietern in den oberen Stockwerken eines Mietshauses muss das Abstellen ihres Kinderwagens im Hausflur im Erdgeschoss erlaubt werden* (WDR Köln 11. 12. 1998, Internet)

Hausfrau A D-mittelost/südost die; –, -en: ↗Zimmerfrau A, ↗Schlummermutter CH, ↗Zimmerwirtin D (ohne südost) ›Vermieterin [eines möblierten Zimmers]‹: *Stressfaktoren verbleiben: Die Hausfrau will eine höhere Miete. Ein Verfahren vor dem Schlichtungsamt* (Ceppa, Zum Gedenken an meine liebe Mutter, 2002, Internet; A) – Die Bedeutung ›die den Haushalt führende [Ehe]frau‹ ist gemeindt. Vgl. Hausherr

Hausfrauenrente STIR die; –, -n: ›regelmäßige Zahlung, die Hausfrauen aufgrund einer gesetzlichen Versicherung bei Erreichen eines bestimmten Alters als Einkommen zusteht‹: *Wichtig ist auch, dass Frauen die Hausfrauenrente schon mit 60 und nicht erst mit 65 Jahren ausbezahlt bekommen* (Südtiroler Frau 13/2000, 7) – Vgl. Rente

Hausgang A-west CH D-süd der; -(e)s, …gänge: ↗Hausflur D-nord/mittel ›Raum im Aufgangsbereich eines Gebäudes, von dem aus die einzelnen Wohnungen zu erreichen sind‹: *Einladend soll der Hausgang sein, von dem aus Klienten die Räume des Sozialsprengels betreten* (TT 26. 5. 1999, Internet; A-west); *Zwei Mädchen … stiessen sich die Ellenbogen zwischen magere Rippen, bogen und verrenkten die schlaksigen Leiber vor Lachen und flüchteten, als sie Roland sahen, kreischend in einen Hausgang* (Bachmann, Gilgamesch 90; CH) – Vgl. Gang

Hausgesetz LIE das; -es, -e: ›eigenes Gesetz der Familie Liechtenstein‹: *Das Hausgesetz der Fürsten von Liechtenstein hat eine lange Tradition und ist seit einigen Jahren auch als Landesgesetz gültig und in Kraft* (Fürstenhaus Liechtenstein, 2002, Internet); *Unsere politischen Gegner lehnen darüber hinaus auch das Hausgesetz und die Autonomie des Fürstenhauses ab* (Fürstenhaus Liechtenstein, 2003, Internet) – Dazu: **hausgesetzlich**

Haushaltsausschuss D der; -es, …schüsse: ↗Budgetausschuss A, ↗Finanzkommission CH ›aus Parlamentsmitgliedern zusammengesetzte Gruppe von Experten, die über die Finanzplanung des Bundes berät‹: *Das Finanzministerium müsse in der kommenden Sitzung des Haushaltsausschusses dazu Stellung nehmen* (Bündnis 90/Die Grünen, Niedersachsen, 1999, Internet) – Vgl. Ausschuss

Haushaltsloch D das; -(e)s, …löcher: ↗Budgetloch A ›[unerwartetes] Finanzdefizit eines öffentlichen ↗Etats‹: *Das Haushaltsloch von knapp 20 Milliarden wird … vollständig gedeckt: durch Einsparungen* (Welt 28. 10. 1995, Internet)

Haushaltsmenge: *[Abgabe nur] in Haushaltsmengen A: ↗haushaltsüblich: *[Abgabe nur] in haushaltsüblichen Mengen D ›in beschränkter Menge erhältliche Waren im Angebot, die nur von Privatpersonen für den privaten Gebrauch im ↗Einzelhandel zu erwerben sind‹: *»Sowohl die Kontoumstellung als auch der Bargeldumtausch in Haushaltsmengen werden gratis erfolgen«, erklärt P. zum Wechsel* (Kleine Ztg 31. 12. 1999, Internet)

Haushaltsplan D der; -(e)s, …pläne: ↗Budgetentwurf A, ↗Budgetvoranschlag A, ↗Voranschlag CH D-süd ›Zusammenstellung der voraussichtlichen Einnahmen und Ausgaben des Staates; Entwurf des Staatshaushaltes‹: *Der Haushalt des Bundesarbeitsministers ist traditionell nicht nur der größte, sondern auch einer der umstrittensten Etatposten im Haushaltsplan der Regierung* (Welt 20. 1. 1999, Internet)

Haushaltssperre D die; –, -n: ›Reduzierung bzw. Aussetzung öffentlicher Ausgaben‹: *Eine einfache Haushaltssperre kann vom Bundesfinanzminister oder vom Bundestag aufgehoben werden* (Deutscher Bundestag 22. 11. 2002, Internet)

haushaltsüblich A D Adj.: ›wie in einem Privathaushalt gebraucht, wie für einen Privathaushalt passend‹: *In Österreich sei der Umtausch von Schilling-Bargeldbeträgen in haushaltsüblichen Mengen für Kunden und Nicht-Kunden bis 28. Februar gratis, bekräftigten gestern Erste und Bank Austria/CA* (OÖN 26. 6. 2001, 9; A); *Aber er fordert klare Aussagen darüber, was haushaltsübliche Mengen sind und wie denn Fremdkunden in den Instituten behandelt werden* (Tagesspiegel 22. 6. 2001, Internet; D); ***[Abgabe nur] in haushaltsüblichen Mengen** D: ↗Haushaltsmenge: *[Abgabe nur] in Haushaltsmengen A ›in beschränkter Menge erhältliche Waren im Angebot, die nur von Privatpersonen für den privaten Gebrauch im ↗Einzelhandel zu erwerben sind‹: *Der Verkauf von*

Publikationen (Bücher, Paper etc.) … erfolgt in haushaltsüblichen Mengen (Libertas-Institut 24. 6. 2003, Internet)

Hausherr der; -(e)n, -(e)n: **1.** A D (ohne südwest); ↗HAUSMEISTER CH, ↗HAUSWIRT D-nord/mittel ›Hausbesitzer, der sein Haus oder einzelne Wohnungen darin vermietet‹: *Er erzählt mir von einem Prozess, in dem er einen Hausherrn gegen Gastarbeiter zu schützen hat, die den Besitzstand durch nomadenhaft randalierende Lebensweise gefährden* (Amanshauser, Daheim 47; A); *Auf den ersten Blick scheint hier im Haus aber alles in Ordnung zu sein, lediglich eine Plombe muss der Hausherr noch anbringen* (Schweriner Volksztg 15. 5. 2002, Internet; D). **2.** A D (nur Plur., Sport); ↗PLATZHERR CH D ›Mannschaft, die eine gegnerische Mannschaft auf dem eigenen Platz empfängt; Heimmannschaft‹: *Die Hausherren gingen in der 22. Minute in Führung* (Neue Zeit 19. 4. 1998, 20; A); *Nach der Pause trumpften die Hausherren auf und vergaben nach dem 3:2 einige Konterchancen* (TAZ 13. 8. 2001, Internet; D) – Die Bedeutung ›Familienoberhaupt‹ sowie andere Bedeutungen sind gemeindt. Zu 1 vgl. Hausfrau

Hauskrankenpflege A D-nord die; –, ohne Plur.: ↗SPITEX CH, ↗KRANKENPFLEGE: *HÄUSLICHE KRANKENPFLEGE D, ↗HAUSPFLEGEDIENST STIR ›Pflege von Kranken in ihrer eigenen Wohnung durch medizinisches Personal‹: *Entsprechende Räumlichkeiten stehen auch der Hauskrankenpflege und dem Mobilen Hilfsdienst (MOHI) im Sozialzentrum zur Verfügung* (VN 29. 10. 1997, E 2; A)

Häuslbauer Häuslbauerin A D-südost der; -s, – bzw. die; –, -nen (auch abwertend): ↗HÄUSLEBAUER A-west (Vbg.) D-süd ›Person, die sich durch Sparen und eigene handwerkliche Leistung den Bau eines Einfamilienhauses ermöglicht‹: *Man regt sich schon fast nicht mehr auf, wenn die Wirtschaftskammer wieder einmal mit Hilfe von Privatdetektiven Jagd auf Häuslbauer macht* (Neue Wochenschau 11. 8. 1999, 3; A)

Häuslebauer Häuslebauerin A-west (Vbg.) D-süd der; -s, – bzw. die; –, -nen (auch abwertend): ↗HÄUSLBAUER A D-südost ›Person, die sich durch Sparen und eigene handwerkliche Leistung den Bau eines Einfamilienhauses ermöglicht‹: *Ziel ist es, Hauseigentümer bzw. Häuslebauer zu animieren, das Dachgeschoß auszubauen* (VN 29. 10. 1997, Beilage 10; A-west); *Häuslebauer können sich die Hände reiben: Der Kredit für die eigenen vier Wände ist derzeit so billig zu haben wie selten zuvor* (Welt 28. 7. 1997, Internet; D-süd) – Auch in der Form *Hüslebauer(in)*

Häusler Häuslerin A der; -s, – bzw. die; –, -nen: siehe Kleinhäusler

Hauslieferdienst CH der; -(e)s, -e: ↗ZUSTELLDIENST A D, ↗BRINGDIENST D ›Dienst zur [regelmässigen] Belieferung von Haushalten mit Waren‹: *Ab 2. April bietet Le Shop über 1500 Markenartikel des täglichen Bedarfs im WWW an. Ein Hauslieferdienst bringt die Ware am nächsten Arbeitstag zum Besteller* (Blick 16. 3. 1998, 10) – Vgl. Hauslieferung

Hauslieferung CH die; –, -en: ↗HAUSZUSTELLUNG A D ›Lieferung von Waren in Haushalte‹: *Die Hauslieferung kostet in der ganzen Stadt 5 Franken* (TA 10. 2. 1998, 15) – Vgl. Hauslieferdienst

Hausmacher- D (produktives Bestimmungswort in Zus.): ›wie hausgemacht, nach Art des Hauses‹, z. B. Hausmacherart, Hausmacherkost, Hausmacherwurst: *Bei hausgemachten Maultaschen … und ähnlicher Hausmacherkost zu Wein oder Bier fühlt sich der Stuttgarter erst richtig wohl* (Deutsche Städte 2. 12. 2002, Internet) – Häufig in der Wendung *nach Hausmacherart*

Hausmeister Hausmeisterin der; -s, – bzw. die; –, -nen: **1.** A D; ↗HAUSBESORGER A, ↗ABWART CH, ↗HAUSWART CH D-nordwest ›Angestellte(r), der bzw. die für Unterhalt und Reinigung von Gebäuden und für die Einhaltung der Hausordnung sorgt‹: *Am Neusserplatz schlich er um Plackholms Wohnhaus herum, nahm sich endlich ein Herz und verschwand im Hauseingang, drückte sich an der Tür des Hausmeisters vorbei, lief die Treppe hoch* (Hackl, Abschied von Sidonie 62; A); *Eine Hausbewohnerin … hatte sich … beim Hausmeister beschwert: Aus der Wohnung über ihr … tropfte es durch die Decke* (Welt 15. 6. 2000, Internet; D). **2.** CH D; ↗SCHULWART A, ↗SCHULHAUSABWART CH ›Person, die die Räume einer Schule instand hält und die technischen Anlagen (z. B. Heizung) bedient und wartet‹: *Insbesondere der Hausmeister, der Rektor und die Sekretariatsleiterin lieferten den Schülerinnen und Schülern wesentliche Daten und Angaben zum betrieblichen Umweltschutz* (Gammarus, Unternehmensberatung für Umweltfragen, 2002, Internet; CH); *Kulikowski war der Hausmeister des Franz-Liszt-Gymnasiums* (Martin, Blut 21; D). **3.** CH (veraltend); ↗HAUSHERR A D, ↗HAUSWIRT D-nord/mittel ›Hausbesitzer(in), der bzw. die sein Haus oder Wohnungen darin vermietet‹: *Der … Werkzeugmacher gründete seine Firma … mit einem Partner in einer gemieteten Werkstatt … und erhielt einen Bankkredit über 5000 Franken nur dank der Bürgschaft seines Hausmeisters* (Bund 12. 9. 2000, 24) – Zu 2.: In D wurde der *Hausmeister* einer Schule früher *Pedell* oder *Schuldiener* genannt – Zu 1. und 2.: **Hausmeisterstelle, Hausmeisterwohnung**

Hausname A der; -ns, -n: ↗VULGONAME A, ↗DORFNAME CH ›der überlieferte Name eines Bauernhofs und seiner Bewohner (im Ggs. zum offiziellen Nachnamen der Besitzer)‹: *Der 45-jährige ist dem Publikum besser bekannt unter dem Namen »Flori Michlbauer«, dem Hausnamen des elterlichen Bauernhofs* (OÖN 10. 12. 2001, Internet)

Hauspartei A die; –, -en: ↗Mietpartei CH D, ↗Parte D-ost ›Mieter(innen) einer Wohnung in einem Mietshaus‹: *Und da ist den Hausparteien aufgefallen, dass es nicht gut ist, wenn ein Halbwüchsiger in einer Wohnung sitzt, in der seine Mutter der Prostitution nachgeht* (Nöstlinger, Ottakringerstraße 83)

Hauspflegedienst STIR der; -(e)s, -e: ↗Hauskrankenpflege A D-nord, ↗Spitex CH, ↗Krankenpflege: *häusliche Krankenpflege D ›Pflege von Kranken in ihrer eigenen Wohnung durch medizinisches Personal‹: *Das Essen kommt aus der Küche der geschützten Werkstatt, wo Mitarbeiter des Hauspflegedienstes die Portionen in Warmhaltebehälter abfüllen und teilweise auch ausliefern* (Dolomiten 19. 12. 1998, 33)

Hausputz A D der; -es, ohne Plur.: ↗Putzete CH D-südwest, ↗Reinemachen D-nord/mittelost ›gründliches Putzen aller Räume des Hauses/der Wohnung‹: *So fanden Experten heraus, dass der Mond bereits bei der Zeugung eines Kindes Einfluss auf das Geschlecht haben kann, der Hausputz fällt bei abnehmendem Mond leichter* (OÖN 10. 9. 1997, 6; A); *Edith S. macht zum Jahresende Hausputz in ihrer Wohnung* (BZ 22. 12. 1999, Internet; D)

Haustor A das; -(e)s, -e: ›Tor am Eingang eines größeren Hauses oder Wohnblocks‹: *Mit dem Pfarrer hat sie geredet unterm Haustor, möchte wissen, was sie da zum Pfarrer gesagt hat* (Innerhofer, Schöne Tage 88) – Die Bedeutung ›[größeres] Tor vor der Einfahrt eines Hauses‹ ist gemeindt. – Dazu: **Haustorschlüssel**

Hausübung A die; –, -en: ↗Hausaufgabe CH D, ↗Hausarbeit D-nord/mittel, ↗Schularbeit D-nord/mittelwest, ↗Schulaufgabe D (ohne mittelost/südost) ›[kleinerer] Arbeitsauftrag, der von Schüler(inne)n zu Hause [in schriftlicher Form] zu erledigen ist‹: *Wir besuchten uns gegenseitig nach der Schule und machten gemeinsam Hausübungen* (Maxima 3/1998, 34) – Dazu: **Deutschhausübung, Lateinhausübung, Mathehausübung**

Hausverstand A der; -(e)s, ohne Plur.: ›gesunder Menschenverstand‹: *Oberste Entscheidungsinstanz in der Frage, ob eine Krankheit ausschließlich mit einer Kur behandelt werden soll, meint Kur-Experte Wolfgang M., sei nun einmal der Hausverstand des einzelnen Patienten* (Echo 23. 9. 1998, 99)

Hauswart Hauswartin CH D-nordwest der; -(e)s, -e bzw. die; –, -nen: ↗Hausbesorger A, ↗Hausmeister A D, ↗Abwart CH ›[nebenamtlich] angestellte Person eines Hausbesitzers bzw. einer Hausbesitzerin, die für Unterhalt und Reinigung des Gebäudes und für die Einhaltung der Hausordnung sorgt‹: *Dank sorgsam sanierten Heizungen und energiebewussten Hauswarten ist der Energieverbrauch in den Schulen um 29 Prozent gesunken* (Bund 21. 9. 1999, 1; CH) – Dazu: **Hauswartung**

Hauswirt Hauswirtin D-nord/mittel der; -(e)s, -e bzw. die; –, -nen: ↗Hausherr A D, ↗Hausmeister CH ›Person, die ein Haus besitzt und es gleichzeitig vermietet‹: *Im schlimmsten Fall darf der Hauswirt noch für drei Monate Miete kassieren und sich die Kosten für einen Austausch der Schlösser erstatten lassen* (Berliner Ztg 2. 11. 1995, Internet)

Hauszustellung A D die; –, -en: ↗Hauslieferung CH ›Lieferung von Waren, Zeitungen, Post in Haushalte‹: *Für sechs Haushalte einer geschlossenen Siedlung ersetzt neuerdings ein »Landabgabekasten« die Hauszustellung der Post* (Kleine Ztg 11. 2. 2001, Internet; A); *In einige Gebiete der BRD liefern wir … mit unserem PKW direkt an. Ansonsten erfolgt die Hauszustellung durch DPD oder Spedition* (Moselweingut 10. 1. 2002, Internet; D) – Vgl. Zustelldienst, zustellen

Haut (gemeindt.): ↗Pelle

Hautunreinheit (gemeindt.): ↗Bibeli, ↗Pickel, ↗Wimmerl

Havarie A die; –, -n ⟨aus niederl. *averij* ›Unfall, Beschädigung‹⟩: **1.** ›Unfall (von Autos)‹: *Im eigentlichen Stadtverkehr sorgten diverse Havarien ebenfalls für Schneckentempo* (Kurier 3. 10. 1997, 10). **2.** ›Unfallschaden an einem Auto‹: *Teilweise mit Wissen der Kunden soll die Firma Havarien als Park- und Wildschäden getürkt haben* (OÖN 14. 2. 1997, 18). **3.** ›durch einen Unfall beschädigtes Auto [das günstig zum Verkauf angeboten wird]; Unfallwagen‹: *Wir kaufen Ihr Auto ab Bj. 85 – 89, alle Marken und Havarien ab Bj. 89* (Bvz 23. 6. 1998, 44) – Die Bedeutung ›Schaden an einem Schiff oder Flugzeug‹ ist gemeindt. – Dazu: **Havariefahrzeug, ↗havarieren**

havarieren A sw.V./hat: ›(ein Fahrzeug) durch einen Unfall beschädigen‹: *Er hatte seinen Borka-Alfa bei einer Präsentation in Melk erheblich havariert* (Neue Kronen Ztg 2. 9. 2000, Internet) – Die Bedeutung ›ein Schiff oder ein Flugzeug durch einen Unfall beschädigen‹ ist gemeindt. Vgl. Havarie

Hax D-südost der; -en, -en (Grenzfall des Standards): ↗Fuß A D-süd, ↗Haxen A D-südwest ›Bein eines Menschen‹: *Franz betrachtete forschend seinen Gang. »Was ist denn mit deim Hax?«* (Grill, Hochzeit 69); ***sich den/einen Hax ausreißen:** ↗Haxen: *sich die Haxen ausreißen A, ↗Hacke: *sich die Hacken

ABLAUFEN D-nord/mittel ›viel auf sich nehmen, um etw. zu erreichen; sich abmühen‹: *Natürlich brauchst du dir deswegen nicht den Hax ausreißen, aber gesagt habe ich es dir* (Stadt Högling 27. 4. 2002, Internet); ***jmdm. den Hax legen:** ↗HAXL: *JMDM. DAS HAXL LEGEN/STELLEN A ›jmdm. das Bein stellen‹: *Ich halte es für eine missliche Sache, wenn man [den Kindern] in der Startphase ihres Lebens … den Hax legt, indem man ihnen alle Schlechtigkeiten vom Himmel herunter schreibt* (Preussler, Wir leben in Bayern 18)

Haxe CH D-mittel/süd die; –, -n (Küche): ↗STELZE A, ↗HAXL A D-südost, ↗WÄDLI CH, ↗HACHSE D-nordost/mittelwest ›unterer Teil des Beines bei Schwein und Kalb‹: *»Ein feines Fest«, sagt er, als Elisabeth mit einem Tablett voll Haxen und Sauerkraut anmarschiert kommt* (TA 13. 10. 1999, 23; CH) – Dazu: **Kalbshaxe, ↗Schweinshaxe** D-süd

Haxen A D-südwest der; -s, – (salopp, Grenzfall des Standards): ↗FUẞ A D-süd, ↗HAX D-südost ›Bein eines Menschen‹: *Ich habe ihm den rechten Haxen dick bandagieren müssen und dann habe ich ihm den roten Filzschlapfen drübergestülpt* (Nöstlinger, Bonsai 97; A); ***sich die Haxen ausreißen** A: ↗HACKE: *SICH DIE HACKEN ABLAUFEN D-nord/mittel, ↗HAX: *SICH DEN/EINEN HAX AUSREIẞEN D-südost ›sich um etw. bes. bemühen; sich bes. anstrengen, um etw. zu erreichen‹: *Schließlich sind es immer die gleichen, eine Handvoll, die sich die Haxen ausreißen* (Firma IPA Reisen, 1997, Internet); ***sich keinen Haxen ausreißen** A ›sich nicht besonders anstrengen‹: *Bei der Famulatur konnte ich mir gar keinen großen Haxen ausreißen, bei Morgenbesprechungen und Fortbildungen hätte es keinen Sinn gehabt teilzunehmen, sie wurden in Thai gehalten* (Universität Wien, Bericht Auslandsfamulatur Thailand, 1998, Internet) – Vgl. Haxl

Haxl das; -s, -n (Grenzfall des Standards): **1.** A D-südost (Küche); ↗STELZE A, ↗WÄDLI CH, ↗HAXE CH D-mittel/süd, ↗HACHSE D-nordost/mittelwest ›unterer Teil des Beines bei Schwein und Kalb‹: *Von den Schweinefleisch-Arten sind besonders geeignet: Zum Kochen: Haxl, vordere und hintere Stelze, Bauchfleisch, Brust, Schulter, Göderl, Kopf* (Verbraucherschutz, 2000, Internet; A). **2.** A D-südost (Küche); ↗KNÖPFEL A, ↗SCHLÖGEL A, ↗SCHLEGEL A CH D-süd, ↗GIGOT CH, ↗STOTZEN CH, ↗KEULE D (ohne nordost/südost) ›Hinterschenkel eines geschlachteten Tiers‹: *Sommerzeit ist auch Hendlzeit. … Und so werden am kommenden Wochenende sicher wieder »Flügerl«, »Haxl« und »Brust« zubereitet von Hendlkönig Hans Z. aus Waldzell, gut munden* (OÖN 13. 7. 2000, Internet; A). **3. *jmdm. das Haxl legen/stellen** A: ↗HAX: JMDM. DEN HAX LEGEN D-südost ›jmdm. das Bein stellen‹: *Da ist kein Platz für gegenseitiges Haxlstellen* (News 23. 12. 1997, 15); ***jmdn. ums/übers Haxl hauen** A ›jmdn. betrügen, hereinlegen‹: *So manche trübe Stimmung entsteht erst dann, wenn man merken muss, übers Haxl gehaut worden zu sein* (Kleine Ztg 17. 11. 1997, Internet); ***jmdn. ins Haxl beißen** A: ↗HACKL: *JMDN. DAS HACKL INS KREUZ HAUEN A D-südost ›gegen jmdn. hinterrücks vorgehen‹: *Sogar die Kampfhunde verhalten sich bei uns noch hochanständig, zerfleischen nicht einmal politische Konkurrenten, … beißen sie höchstens von hinten ins Haxl* (Presse 10. 7. 2000, Internet). **4. *das Haxl heben** A D-südost ›die Notdurft verrichten, Markierungsflüssigkeit ausscheiden (von Hunden)‹: *Bei solchen Temperaturen kann ein normaler Haushund nicht lange im Freien bleiben und sogar ein kurzer Ausflug zum Haxlheben kann zu Kältekrämpfen führen* (Wuff 3/1998, 9; A) – Zu 3 vgl. Haxen – Zu 1.: **Haxlfleisch.** Zu 2.: **Hendlhaxl** (↗Hendl), **Surhaxl** (↗Sur). Zu 3.: **↗Haxlbeißer**

Haxlbeißer A der; -s, – (Grenzfall des Standards): ↗WADELBEIẞER A D-südost, ↗WADENBEIẞER D (ohne südost) ›renitente Person, die durch stichelnde, boshafte Äußerungen ständig aufwiegelt (bes. in der Politik)‹: *Helmut K., … geschickter Wahlmanager und vom politischen Gegner gern als Haxelbeißer in der Parteien-Auseinandersetzung apostrophiert, könnte … den Beginn einer schärferen Gangart im Land signalisieren* (OÖN 5. 6. 1986, 2) – Vgl. Haxl

HB CH-ost (bes. Zürich) der; –, ohne Plur.: buchstabierte Abk. für ›Hauptbahnhof‹: ↗HBF A D: *Übrigens die Buslinie 11 ab HB St. Gallen hält vor dem Haus, aber auch Parkprobleme kennt man hier nicht* (St. Galler Tagbl 8. 12. 1997, Internet); ***Zürich HB** /Name des Hauptbahnhofs in Zürich/: *Zwei Coop Railshops verkehren jeweils werktags in Zügen zwischen Bern und Zürich HB via Brugg – Baden* (SBB Railshop, 2001, Internet)

Hbf A D der; –, ohne Plur.: nur geschriebene, unverkürzt gesprochene Abk. für ›Hauptbahnhof‹: ↗HB CH-ost (bes. Zürich): *Die Nacht-Schnellzüge D 296 und D 297 »Lisinski« werden über die Strecke Rosenbach – Klagenfurt Hbf – Villach Hbf umgeleitet* (Kleine Ztg 16. 4. 1999, Internet; A); *Zwischen Euskirchen und Bonn Hbf verkehren die Züge fahrplanmäßig* (Kölnische Rundschau 27. 2. 2002, Internet; D)

Hebel: *am längeren Hebel sitzen CH D: ↗AST: *AM LÄNGEREN AST SITZEN A ›sich gegenüber jmdm. in einer günstigeren, mächtigeren Position befinden‹: *Die Zusammenarbeit zwischen Bund und Kantonen soll partnerschaftlich sein. Doch der Bund sitzt am längeren Hebel, denn er zahlt … den Löwenanteil an die Autobahnsanierungen* (Blick 5. 5. 1999, 8; CH); *Fürs erste sitzen die Chinesen am längeren Hebel* (Deutsche Welle, 1999, Internet; D) – Das Substantiv *Hebel* ist in allen anderen Verwendungen gemeindt.

Hechel (gemeindt.): ↗HACHEL

Hecke (gemeindt.): ↗LEBHAG

Heckmeck D (ohne mittelost) das/der; -s, ohne Plur. (abwertend, Grenzfall des Standards): ↗KOKOLORES D (ohne südost), ↗GEDÖNS D-nord/mittelwest ›unnötige Umstände, überflüssiges Gerede, Getue‹: *Das war mir zu kleinkariert: ein erwachsener Mann, und so' n Heckmeck!* (Bieler, Maria Morzek 8)

Heerespolizei CH die; –, -en (Plur. ungebräuchl., veraltend): ↗FELDJÄGER D ›Truppengattung der Schweizer ↗Armee; Militärpolizei‹: *Am 11. Oktober 1943 schaffte die Heerespolizei das Mädchen aus einem militärischen Auffanglager bei Genf nach Frankreich aus* (Blick 11. 12. 1999, 1) – Vgl. Bundespolizei, Feuerpolizei, Gemeindepolizei, Gewerbepolizei, Kantonspolizei, Stadtpolizei – Dazu: **Heerespolizist(in)**

Hefe A-west (Vbg.) CH D die; –, -n: ↗GERM A D-südost, ↗GEST D-nord ›Substanz aus Hefepilzen als Gärungs- und Treibmittel für die Erzeugung von [alkoholischen] Getränken und Backwaren‹: *Zum Vorteig braucht man auf einen Viertelliter Wasser 400 g Halbweissmehl und 15 g Hefe* (Blick 5. 6. 1998, 9; CH); *Mit etwas angewärmter Brühe und der Hefe, etwas Mehl und Zucker ein Hefestück ansetzen* (Woll, Feste 109; D) – In A (ohne Vbg.) im Handel zunehmend gebräuchlich – Dazu: **Hefegebäck** (↗Gebäck) A-west (Vbg.), ↗**Hefekloß** D-nord/mittel, **Hefeteig**, ↗**Hefezopf** D (ohne nordost)

Hefekloß D-nord/mittel der; -es, ...klöße: ›zu einer Kugel geformte Teigmasse aus Mehl und ↗Hefe‹: *Wussten Sie eigentlich ... dass der Marktführer der deutschen Hefekloß-Produktion ... 88 Millionen Klöße jährlich produziert* (Stadt Frankfurt/Oder 18. 7. 2000, Internet); ***aufgehen/auseinander gehen wie ein Hefekloß:** ↗GERMTEIG: *AUFGEHEN/AUSEINANDER GEHEN WIE [EIN] GERMTEIG A, ↗DAMPFNUDEL: *AUFGEHEN WIE EINE DAMPFNUDEL D-süd ›schnell sehr stark zunehmen (von Menschen)‹: *Wenn ich aufhören würde [zu trainieren], wäre eine Herzmuskelschwäche möglich. Außerdem würde ich auseinander gehen wie ein Hefekloß* (Welt 14. 7. 1999, Internet) – Der in A bekannte ↗*Germknödel* ist wegen unterschiedlicher Rezeptur keine direkte Entsprechung

Hefezopf D (ohne nordost) der; -(e)s, ...zöpfe: ↗GERMSTRIEZEL A, ↗BRIOCHE A-ost, ↗ZOPF A CH, ↗ZÜPFE CH ›mit ↗Hefe zubereitete süße Backware in geflochtener Form‹: *Der lange Esstisch ist reich gedeckt: Pasteten, ... süßer Hefezopf und viel frisches dunkles Brot* (Focus 4. 8. 1997, 65)

heften (gemeindt.): ↗BOSTITCHEN, ↗TACKERN

Hefter (gemeindt.): ↗BOSTITCH, ↗KLAMMERAFFE, ↗KLAMMERMASCHINE, ↗TACKER

Hefter A D der; -s, –: ›Mappe mit Vorrichtung zum Einheften und Aufbewahren von Schriftstücken; Schnellhefter‹: *Etwa 100 Mitarbeiter sind im In- und Ausland damit beschäftigt, neben Klammern auch Locher und Hefter herzustellen* (Kurier 12. 11. 1999, 11; A); *Heute sitzt er in seiner Neubauwohnung und ärgert sich über den Hefter voller Absagen* (Welt 15. 7. 1998, Internet; D) – Die Bedeutung ›Gerät zur Anbringung u-förmiger Metallklammern‹ ist gemeindt.

heftig (gemeindt.): ↗DOLL

Heftli CH das; -s, – (Grenzfall des Standards): ›Heftchen, Illustrierte‹: *Kennen Sie einen, der Zeitungen und Heftli tagtäglich bis zur letzten Randnotiz liest und sich daneben durch die Fernsehkanäle zappt und alles schaut?* (Bund 24. 7. 1999, 12)

Heftpflaster (gemeindt.): ↗PFLÄSTERLI

Heftzwecke D-nord/mittelwest die; –, -n: ↗REIßNAGEL A D (ohne ost) REISSNAGEL CH, ↗REIßBRETTSTIFT D, ↗REIßZWECKE D-nord/mittel ›kurzer Nagel mit breitem Kopf zum Befestigen von Plakaten o. Ä.‹: *»Heinrich und Georg, kommt zu Onkel Hermann ...« stand auf einem großen linierten Blatt, das ... mit vier Heftzwecken befestigt war* (Remarque, Zeit zu leben 81)

Heide D: Kurzform des weibl. Vornamens *Adelheid*, oft Bestandteil von Doppelnamen, z. B. *Heidemarie: Dazu ließ sich Heide S. ... etwas einfallen* (Bayernkurier 22. 8. 1998, 9)

Heidelbeere A (ohne südost) CH D die; –, -n: ↗MOOSBEERE A-west (Tir.), ↗BLAUBEERE A-west (Vbg.) D-nordwest/mittel, ↗SCHWARZBEERE A-mitte/südost/west (Tir.) D-südost, ↗HEUBEERE CH, ↗BICKBEERE D-nord, ↗TAUBEERE D-südost, ↗WALDBEERE D-mittelwest ›Heidekrautgewächs mit kleinen, blauschwarzen Beeren‹: *Buschige Rausch-, Moos- und Heidelbeeren zeigen dem Besucher, dass es mehr auf Österreichs Waldboden gibt als Eierschwammerl und Herrenpilze* (Kurier 6. 8. 1994, 2; A); *Ein Drittklässler ... ist ohne weiteres imstande, eine Tollkirsche zu identifizieren und von einer Heidelbeere zu unterscheiden, wenn er den Unterschied von Eltern oder Lehrern erklärt bekommen hat* (Modebl 10. 6. 1999, 80; CH); *Um 1920 erforschte als erster Europäer Dr. W. Heermann in der Lüneburger Heide das Erfolgsgeheimnis der Heidelbeeren* (WDR 5. 10. 2001, Internet; D) – Dazu: **Heidelbeerfleck** (↗Fleck) A (ohne südost), **Heidelbeertorte, Waldheidelbeere**

Heiden- A-ost/südost (produktives Bestimmungswort in Zus.): ›Buchweizen-‹, z. B. Heidenmehl, Heidensterz (↗Sterz), Heidentorte: *Heidensterz ist die klassische Beilage zu Klachelsuppe, wobei man ihn separat in einer Schüssel reicht* (Plachutta, Gute Küche 234) – Nur noch als Bestimmungswort in Speise- und Produktbezeichnungen regional gebräuchlich. *Heiden* in der Bedeutung ›Buchweizen‹ ist veraltet oder nur noch dialektal gebräuchlich. Das damit nicht verwandte Wort Heiden- (in Heidenlärm usw.) ist gemeindt. Vgl. Schwarzplenten

Heidiland CH das; -(e)s, ohne Plur. ⟨nach der Heimat der Romanfigur *Heidi*⟩ (Neubildung): **1.** ›Schweiz (für touristische Zwecke geprägte Bezeichnung)‹: *Dabei könnte der gesamte Bedarf problemlos aus Schweizer Anbau gedeckt werden. Aus dem »Heidiland« könnte tatsächlich ein Heidelbeerland werden* (Blick 5. 8. 1999, 20). **2.** ›Tourismusregion in der ↗Ostschweiz, um das Gebiet des Walensees und des mittleren Rheintales‹: *Was schreiben, seit der Werber Urs K. die Region Sarganserland/Walensee in »Heidiland« umbenannt hat?* (WoZ 26. 9. 1997, 8) – Wird in beiden Bedeutungen gerne selbstkritisch eingesetzt

Heidschnucke D die; –, -n: ›in der Lüneburger Heide gezüchtetes Schaf mit grauem bzw. weißem Fell und kurzem Schwanz‹: *Die Heidschnucke ist eine alte, bodenständige Schafrasse der Lüneburger Heide* (Verband deutscher Naturparks 23. 12. 2002, Internet)

Heike D ⟨niederdt.⟩: Kurzform der weibl. Vornamen *Heinrike, Henrike: Als Stagemanagerin kümmert sich Heike um den technischen Ablauf der Bühnen-Show* (Allegra 11/1997, 160)

heikel A CH D-süd Adj. heikler, am heikelsten: **1.** ↗KRÜSCH D-nord, ↗MÄKELIG D-nord/mittel ›wählerisch (bezüglich Essen)‹: *Beim Essen bin ich besonders heikel. Viele Sachen schmecken mir nicht* (Nöstlinger, Ich über mich, 2003, Internet; A); *Nicht, dass die Partisanen heikel oder anspruchsvoll gewesen wären. Sie hatten ja wohl die bekannten Vorstellungen unserer Esserei gegenüber* (Bund 14. 2. 1998, 34; CH). **2.** ›empfindlich‹: *Natürlich hab' ich gut aufgepasst, als die Kinder klein waren, und außer mir hat sie ohnehin nie jemand anrühren dürfen, da bin ich heikel, echt* (Haidegger, Behaltenwollen 71; A); *Es ist wunderschön, wenn ein Pferd gewinnt, das man selber gezüchtet hat. Das ist Syrenaicas zweiter Sieg. Sie war lange Zeit sehr nervig und etwas heikel* (NLZ 27. 8. 2001, Internet; CH) – Die Bedeutung ›schwierig, vorsichtiges Vorgehen erfordernd‹ ist gemeindt.

Heiko D ⟨fries.⟩: männl. Vorname, Kurzform von Bildungen mit *Hein-*: *RTL-Kommentator Heiko W. hat bei der neuen CD »Formula« … mitgemacht* (BamS 26. 10. 1997, 116)

heil D (ohne südost) **heile** D-nord/mittel Adj.: ›intakt, unversehrt‹: *»Sieht heile aus«, meldete er sich nach einer Weile* (Junge, Klassenfahrt 84); ***heil/heile machen** ›reparieren‹: *Man kann auch mit Gewalt bzw. noch so großer Anstrengung, nicht immer etwas heil machen* (Universität Kiel, 2002, Internet) – Das Adjektiv *heil* ist in der Bedeutung ›unverletzt, geheilt‹ gemeindt.

heile siehe heil

Heiligabend D der; -s, -e: ›24. Dezember; Heiliger Abend‹: *Wenn die Menschen auf der Erde an Heiligabend die Kerzen anzünden, wird Thomas Reiter im All auf den Duft von Wachs und Fichtennadeln verzichten müssen* (Welt 23. 12. 1995, Internet) – In CH selten

heimatberechtigt CH Adj. (nicht steigerbar): ›(in einer bestimmten Gemeinde) das ↗Bürgerrecht besitzend‹: *Einiges ist schon geschrieben worden über die Gründe, weshalb Jean Z., heimatberechtigt im Kanton Bern und wohnhaft in Genf, ausgerechnet im Kanton Zürich versucht, sein Nationalratsmandat zu verteidigen* (Bund 21. 7. 1999, 11) – Vgl. Gemeindebürgerrecht

Heimatferne STIR der/die; -n, -n: ›in Südtirol geborener Bürger bzw. geborene Bürgerin mit Wohnsitz außerhalb Südtirols‹: *67 Kalterer Heimatferne und ihre Familien feierten an diesem Wochenende ein Wiedersehen mit ihrer Überetscher Heimat* (Dolomiten 30. 10. 2001, 26) – Dazu: **Heimatfernenbüro, Heimatfernentreffen**

Heimatgemeinde die; –, -n: **1.** CH; ↗BÜRGERORT CH, ↗HEIMATORT CH ›Gemeinde, in der ein Schweizer bzw. eine Schweizerin das ↗Bürgerrecht besitzt‹: *Grosser Bahnhof für Bundesrat Samuel S. am Samstag in seiner Oberaargauer Heimatgemeinde Attiswil* (Bund 21. 5. 2001, 26). **2.** A D (ohne südost); ↗HEIMATORT A D ›Ort, in dem eine Person geboren und aufgewachsen ist‹: *Pendler, die in Wien arbeiten, können, obwohl sie mehr Zeit in Wien verbringen, für ihre Heimatgemeinde votieren* (Kurier 28. 4. 2001, 11; A); *Susann B. präsentierte sich … als eine sachkundige und kompetente Frau, die auf Grund ihrer jahrelangen politischen Erfahrung in ihrer oberfränkischen Heimatgemeinde weiß, wovon sie spricht* (Der Neue Tag 17. 10. 2001, Internet; D) – Zu 1 vgl. Bürgergemeinde, Einwohnergemeinde

Heimatort der; -(e)s, -e: **1.** CH; ↗BÜRGERORT CH, ↗HEIMATGEMEINDE CH ›Gemeinde, in der ein Schweizer bzw. eine Schweizerin das ↗Bürgerrecht besitzt‹: *Büren gehört nicht zu Basel-Land, sondern zu Solothurn, und ist zudem noch der Heimatort des ehemaligen Bundesrates Stampfli* (Schmidt, Wanderung 12). **2.** A D; ↗HEIMATGEMEINDE A D (ohne südost) ›Ort, in dem eine Person geboren und aufgewachsen ist‹: *Es sei sehr wichtig für die betagten Menschen, dass sie auch weiterhin in ihrem Heimatort bleiben können* (Kurier 7. 9. 2001, 10; A); *Der Gemeinderat stellte fest, dass es … dringend nötig sei, neue Bauflächen auszuweisen. Damit biete man jungen Familien auch die*

Möglichkeit, am Heimatort zu bleiben (Main-Echo 17. 10. 2001, Internet; D) – Zu 1 vgl. Bürgergemeinde, Einwohnergemeinde

Heimatschein CH der; -(e)s, -e: ↗STAATSBÜRGERSCHAFTSNACHWEIS A ›Bescheinigung über das ↗Bürgerrecht einer Person in ihrer ↗Heimatgemeinde‹: *Fortan war es wichtig, von einem Neuzuzüger zu wissen, wo er hingehörte, damit er im Verarmungsfall abgeschoben werden konnte – der Heimatschein war geboren* (NZZ Folio 10/1998, 17); *Stolz präsentiert GC-Stürmer N'Kufo in Lausanne seinen Heimatschein* (Blick 20. 8. 1998, 17)

Heimatschutz CH der; -es, ohne Plur.: ›Gesamtheit aller von ↗Kanton und Gemeinden in Zusammenarbeit mit privaten Organisationen getroffenen Massnahmen für die Erhaltung der Naturdenkmäler und Kulturgüter‹ (häufig in der Wendung *Natur- und Heimatschutz*): *Auch der Heimatschutz und die »Freunde des Kunstmuseums« … möchten mindestens den grossen Saal erhalten, der sich für aussergewöhnliche Ausstellungen mehr als einmal bewährt hat* (Fenner, Politszene 12)

Heimet CH das; -s, –: ↗LANDWIRTSCHAFT A D, ↗BAUERNBETRIEB CH, ↗GUTSBETRIEB CH, ↗HEIMWESEN CH ›kleiner Bauernhof; Landwirtschaftsbetrieb‹: *W. hatte das Heimet mit 12 Hektaren Land 1986 für 1,65 Millionen Franken gekauft* (Bund 12. 1. 2000, 24) – Dazu: **Bergheimet, Heimetli**

Heimgehilfe Heimgehilfin STIR der; -n, -n bzw. die; –, -nen: ›Person, die berufsmäßig hauswirtschaftliche Arbeiten in einem Heim verrichtet‹: *Außer dem Pflegepersonal sind noch weitere neun Heimgehilfen beschäftigt, die in der Küche und der Waschküche arbeiten sowie die Putzarbeiten versehen* (Dolomiten 28. 3. 1996, 19)

heimlichfeiss CH Adj.: **1.** ›heuchlerisch, heimtückisch‹: *So erschienen … diese Kurzgeschichten, in denen ich meine Begegnungen mit den … liebenswürdigen, freundlichen, humorvollen Mitmenschen, aber auch mit den schrulligen, verschrobenen, heimlichfeissen … Kerlen schilderte* (Kolb, Niederdorfer 127). **2.** ›tiefstapelnd, verschwiegen‹: *Hans Liechti … ist doch der heimlichfeisseste Mensch, den ich kenne. Man traut ihm ziemlich alles zu, … nur nicht, dass er einer der ausgekochtesten Kunstsammler ist, die die Malerei je ausgeplündert haben* (Dürrenmatt über H. Liechti 1983, 2002, Internet) – Auch in der mundartnahen Form *heimlifeiss*, selten auch *heimlichfeist*

Heimmannschaft (gemeindt.) ↗HAUSHERR, ↗PLATZHERR

Heimwerker Heimwerkerin A D der; -s, – bzw. die; –, -nen: ›Person, die in ihrer Freizeit zuhause Handwerksarbeiten ausführt; Bastler(in)‹: *Anhand einer 1-Personen-Dampfbadsäule wird hier erläutert, wie einfach der Zusammenbau für den Heimwerker ist* (Fernsehwoche 11/1998, 47; A); *Einsteiger und erfahrene Heimwerker finden hier praktische Lösungen, zuverlässige Schritt-für-Schritt-Anleitungen und bewährte Tricks!* (Heimwerker-Lexikon, 2000, Internet; D) – In CH bekannt, aber als fremd empfunden – Dazu: **Heimwerkermarkt**

Heimwesen: 1. CH das; -s, –: ↗LANDWIRTSCHAFT A D, ↗BAUERNBETRIEB CH, ↗GUTSBETRIEB CH, ↗HEIMET CH ›Bauernhof; Landwirtschaftsbetrieb‹: *Warum musste er eine fremde Pacht übernehmen, wenn er doch das Heimwesen der Canonicas hätte haben können?* (Kauer, Spätholz 82). **2.** A CH das; -s, ohne Plur.: ›Gesamtheit aller öffentlichen Heime‹: *Die »Gesamtsteirische Tagung für das Kindergarten-, Hort- und Heimwesen in Graz … war ebenfalls gut besucht* (Tätigkeitsbericht der Gewerkschaft der Gemeindebediensteten, 2002, Internet; A); *Verschiedene Vereinigungen des Heimwesens befürchten, dass die hohen Taxen die Gemeinden abschrecken werden, Kinder und Jugendliche in Heimen zu platzieren* (TA 2. 4. 1997, 21; CH) – Zu 2 vgl. -wesen

heimzu A CH D-südwest Adv.: ›heimwärts, nach Hause‹: *Gebechert wird praktisch rund um die Uhr. Wenn die ersten Fans zum Berg hinaufstapfen, torkeln die letzten Nachtschwärmer heimzu* (OÖN 5. 1. 1996, 5; A); *Nach dem Zvieri machte ich mich froh wieder heimzu* (Wenger, Rosalia 50; CH)

Heindl Häundl A D-südost das; -s, -n (Grenzfall des Standards): ›Gartengerät mit Metallblatt und Stiel zum Lockern des Bodens; kleine ↗Haue‹: *Vielleicht überwinde ich ja eines Tages doch noch meine Scheu vor der Gartenarbeit und greife selbst zum Häundl?* (Konsument 8/1997, 35; A) – Dazu: ↗**heindln**

heindln häundln A D-südost sw.V./hat ⟨zum Substantiv ↗*Haue*⟩ (Grenzfall des Standards): ›mit einer ↗Haue den Boden lockern‹: *Vorbeifahrende würden wohl kaum Notiz davon nehmen, wäre nicht auf den Feldern zeitweise eine ungewöhnliche Ansammlung von Menschen zu beobachten, die Unkraut jäten, häundeln, gießen und die Früchte ihrer Arbeit ernten* (Konsument 8/1997, 34; A) – Vgl. Heindl

Heini CH D: ↗HEIRI CH, ↗HENNING D-nord/mittel Kurzform des männl. Vornamens *Heinrich: Präsident Heini H. erinnerte in seiner Begrüssung an die Aufgaben der Musikgesellschaft* (Werdenberger & Obertoggenburger 25. 3. 1993, 5; CH); *Ich guckte zu Heini rüber, er hatte die Augen zusammengekniffen und sah aus dem Fenster* (Schnurre, Schnurren 9; D) – Die Bedeutungen ›dumme, einfältige männliche Person‹ und ›Person, über die man sich ärgert‹, meist in Zus., z. B. *Versicherungsheini*, sind gemeindt.

Heinrich: *grüne Heinrich A: ↗ARRESTANTENWAGEN A, ↗MINNA: *GRÜNE MINNA D-nord/mittel ›gesicherter Wagen für den Transport von Häftlingen‹: *Für Sonderaufgaben, wie etwa den Transport von Häftlingen, stehen Zweispänner mit geschlossenen Kabinen – der grüne Heinrich – zur Verfügung* (International Police Association, Sektion Österreich, 1999, Internet); ***flotte Heinrich** D (salopp) ›Durchfall‹: *Als ein bisschen genant empfinden es Menschen immer wieder, wenn sie in einer Arztpraxis berichten, dass sie an Durchfall leiden. Häufig werden dann Umschreibungen zur Hilfe genommen wie etwa ... »flotter Heinrich«* (WDR 23. 5. 2002, Internet) – Der männliche Vorname *Heinrich* ist gemeindt.

Heiratsbuch BELG das; -(e)s, ...bücher: ↗FAMILIENBÜCHLEIN CH, ↗FAMILIENSCHEIN CH, ↗FAMILIENBOGEN STIR , ↗FAMILIENSTANDSBOGEN STIR ›von Gemeinden bzw. Städten ausgestelltes Buch, in dem die Heirat und die Geburt der Kinder bestätigt werden; Familienbuch‹: *Die verheirateten Kaufliebhaber werden gebeten, gemeinsam zum Verkauf zu erscheinen und ihr Heiratsbuch ... mitbringen zu wollen* (Wochenspiegel 22. 3. 2000, 24)

Heiri CH: ↗HEINI CH D, ↗HENNING D-nord/mittel Kurz- und Koseform des männl. Vornamens *Heinrich: Das gemächlich-lockere Leben am Pool ihres Hotels geniessen Heiri aus Kölliken und Ruedi aus Seon* (Blick 15. 8. 2000, 24); ***Hans was Heiri** siehe Hans – Wird im Vergleich zur Vollform *Heinrich* schriftlich seltener verwendet

heiß: *mit heißer Nadel genäht/gestrickt sein D (ohne südost) (salopp) ›schnell und unsorgfältig ausgeführt sein‹: *Auch sei der Entwurf ... in nur eineinhalb Wochen mit heißer Nadel gestrickt worden* (Rheinische Post 5. 7. 2001, Internet); ***heiße Schokolade** A D siehe Schokolade – Das Adjektiv *heiß* ist in allen anderen Verwendungen gemeindt.

heiter A D Adj. (Meteorologie): ›wolkenlos, sonnig, schön‹: *Es war ein schöner warmer Tag, und nach dem Wetterbericht sollte es auch heiter bleiben* (Haushofer, Wand 12; A); *Ostsee: Anfangs heiter bis wolkig und trocken* (WAZ 28. 10. 1997, 3; D) – Andere Bedeutungen sind gemeindt.

heiterhell CH Adj. (nicht steigerbar): ›helllicht (meist in Verbindungen wie *am heiterhellen Tag, am heiterhellen Vormittag, am heiterhellen Nachmittag*)‹: *Es war in einem Aussenquartier, am heiterhellen Nachmittag. Ein Typ hat mir den Rucksack entrissen* (TA 19. 10. 1999, 2)

heizen D-mittelwest/südwest sw.V./ist (Grenzfall des Standards): ↗TUSCHEN: *TUSCHEN LASSEN A, ↗BRETTELN A, ↗BLEDERN A-mitte/ost, ↗FAHREN: *FAHREN WIE EINE GESENGTE SAU A D, ↗BLOCHEN CH, ↗FRÄSEN CH, ↗BRETTERN CH D, ↗STOCHEN D-mittelwest ›schnell und rücksichtslos fahren; rasen‹: *Ohne Rücksicht auf rote Ampeln oder Gegenverkehr durch amerikanische Großstädte zu heizen, hat schon seinen Reiz* (Rhein Ztg 26. 10. 1999, Internet) – Die Bedeutungen ›einen Ofen anzünden‹ und ›einen Raum aufwärmen‹ sind gemeindt.

Heizungsinstallateur (gemeindt.): ↗FEUERUNGSANLAGENMONTEUR/FEUERUNGSANLAGENMONTEURIN, ↗HEIZUNGSMONTEUR/HEIZUNGSMONTEURIN

Heizungsmonteur Heizungsmonteurin CH der; -s, -e bzw. die; –, -nen [...mɔntœ:r]: ↗FEUERUNGSANLAGENMONTEUR STIR ›Person, die berufsmässig Heizungsanlagen errichtet und instand hält; Heizungsinstallateur(in)‹: *An den 9. Schweizer Meisterschaften für Spengler, Sanitär- und Heizungsmonteure haben drei Lehrlinge der Lehrwerkstätten der Stadt Bern eine Auszeichnung geholt* (Bund 2. 2. 1999, 23) – In D selten

Hektar A D das/der; -s, -(e): ↗HEKTARE CH ›10.000 Quadratmeter‹ /ein Flächenmaß [bes. bei landwirtschaftlich genutzten Flächen]/: *Die Anbaufläche im Gemüsebau wird auf rund 400 Hektar geschätzt, wobei besonders Blumenkohl und rote Rüben angebaut werden* (Pfaundler, Jungbürgerbuch 790; A); *Schon vor Jahrhunderten bewirtschaftete die Bauernfamilie Hilbring ihren 42 Hektar großen Hof* (WAZ 5. 5. 2000, Internet; D) – In A und D (ohne südwest) Neutrum oder Maskulinum, in D-südwest nur Maskulinum, in CH selten und nur Maskulinum. Vgl. Ar

Hektare CH die; –, -n: ↗HEKTAR A D ›10'000 Quadratmeter‹ /Flächenmass/: *Insgesamt umfasst das Gut 45 Hektaren Weingärten, die umgeben sind mit Wäldern sowie Brachland* (TA 13. 11. 1999, 72) – Vgl. Are

Hektiker Hektikerin A D der; -s, – bzw. die; –, -nen (salopp): ›hektische Person‹: *Der Anwalt: ein Hektiker, dem man nicht eben viel zutraut und der schon einmal eine Frist versäumt* (Presse 6. 2. 2002, Internet; A); *Treibt weiterhin eure Kühe in aller Ruhe durchs Dorf, dass die Hektiker in den Porsches vor Unruhe zappeln* (FR 7. 11. 1998, 1; D)

helau! D-mittel/südwest (bes. Düsseldorf, Mainz) Interj.: ↗ALAAF! D (Köln) /Ausruf im ↗Karneval/: *Achtung, Karnevalsdepp! Helau – Alaaf! Man sagt entweder Alaaf (in Köln nämlich) oder helau (in Mainz und Düsseldorf), nie beides hintereinander* (Welt 26. 2. 2000, Internet)

Helge D ⟨aus fries. *helge* ›heil, gesund, glücklich, unversehrt, geweiht‹⟩: männl., selten auch weibl. Vorname: *Und was war mit Helge?* (Junge, Klassenfahrt 20)

Helgen CH der; -s, – ⟨zu *heilig*⟩ (salopp, Grenzfall des Standards): ›Bild‹: *Peter H. malte erstmals die Helgen der Schnitzelbänke, welche von Ruedi H. vorgetragen wurden* (Schnitzelbank Ohregrübler, 2003, Internet)

Heli CH der; -s, -s (Kurzwort): ↗HUBSCHRAUBER A D ›Helikopter‹: *Sehr heikel wiederum gestaltet sich das Abladen des Verletzten und Retters: Beim Zwischenlandeplatz befindet sich der Heli weit über dem Boden* (Bund 16. 3. 2001, 40) – In A selten und vor allem in Zus., häufig als Firmenname, z. B. *Heli-Service* sowie im Bereich Sport in der Zus. *Heli-Skiing* gebräuchlich. Wird in A auf der ersten Silbe, mit Langvokal, betont

Helikopter (gemeindt.): ↗HELI, ↗HUBSCHRAUBER

Heller: *bis auf den letzten Heller D (ohne südwest) (Grenzfall des Standards): ↗GROSCHEN: *BIS AUF DEN LETZTEN GROSCHEN A ›bis auf den letzten Rest (von Geld)‹: *Die Bundesbank, die alles bis auf den letzten Heller zählt, hat beim Kassensturz festgestellt: 45 Prozent aller alten Münzen sind gar nicht in Euro umgetauscht worden* (Hamburger Abendbl 16. 12. 2002, Internet); ***auf Heller und Pfennig** D ›vollständig, sehr genau‹: *Der Finanzbedarf für die ersten drei Jahre sollte nicht überschlägig abgeschätzt, sondern auf Heller und Pfennig kalkuliert werden* (Stern 25. 9. 1997, 150) – Das Substantiv *Heller* in der Bedeutung ›kleine Münze aus Kupfer oder Silber‹ ist gemeindt. veraltet, die Wendung *kein [roter] Heller* ist gemeindt.

Heller: *kein [roter] Heller (gemeindt.): ↗RAPPEN: *KEIN [ROTER] RAPPEN

hellhörig A D Adj.: ↗RINGHÖRIG CH ›[in hohem Maß] schalldurchlässig (von Wohnungen, Gebäuden)‹: *Holz … ist nicht hellhörig in Bauten – es geht ihm nur ein falscher Ruf voraus, dass es hellhörig wäre, weil einzelne Bauleute das Holz nicht richtig einsetzen* (Stenogr. Protokoll des Bundesrates 6. 2. 1997, Internet; A); *Etwa 280 Mark kostet nun die Nacht in solch einem Quartier, das … von Liebespaaren genutzt wird, denen die eigene Wohnung zu eng oder zu hellhörig ist* (Berliner Kurier 5. 2. 1998, Internet; D) – Die Wendung *hellhörig werden* in der Bedeutung ›stutzig werden‹ ist gemeindt. – Dazu: **Hellhörigkeit**

helllicht (gemeindt.): ↗HEITERHELL

Hellraumprojektor CH der; -s, -en: ↗OVERHEADPROJEKTOR A D, ↗PROKISCHREIBER CH, ↗TAGESLICHTPROJEKTOR D ›Gerät, mit dem beschriebene transparente Folien auf eine Leinwand projiziert werden können‹: *Der Infektiologe am Universitätsspital Zürich präsentiert in seinem Referat beängstigend steile Kurven am Hellraumprojektor* (TA 17. 11. 1998, 42)

Hellseherei (gemeindt.): ↗SPÖKENKIEKEREI

Helvetia CH ⟨aus lat. *Helvetii*, einem keltischen Volk, das im 1. Jh. v. Chr. den Grossteil der heutigen Schweiz besiedelte⟩: ›Name einer allegorischen, die Schweiz verkörpernden weiblichen Figur‹: *Wer möchte nicht den defizitären Haushalt unserer lieben Mutter Helvetia ins Gleichgewicht bringen?* (TA 23. 5. 1998, 26) – Oft als Teil von Vereins- und Firmennamen und auf Briefmarken

Helvetien CH das; -s, ohne Plur. (meist ironisch): ↗CONFOEDERATIO: *CONFOEDERATIO HELVETICA CH, ↗EIDGENOSSENSCHAFT CH, ↗SCHWEIZERLAND CH ›Schweiz‹: *Seit Jahren arbeitet der Fotograf F. an einem Zyklus über die Schweiz. Jeweils für eng umrissene Themen macht er sich auf, die Eigenheiten und Banalitäten Helvetiens festzuhalten* (Blick 2. 2. 1998, 14) – Vgl. helvetisch

helvetisch CH Adj. (meist geh. oder ironisch): ↗EIDGENÖSSISCH CH ›zur Schweiz gehörend; aus der Schweiz stammend‹: *Machen wir jetzt wieder auf helvetisches Biedermeier mit Rösslitram und bluemetem Trögli?* (TA 14. 10. 1999, 19) – Die Bedeutung ›die Zeit der Helvetik betreffend‹ ist fachsprachlich gemeindt. Vgl. Helvetien

Hendl A D-südost das; -s, -n: ↗BRATHUHN A, ↗BRATHENDL A D-südost, ↗GÜGGELI CH, ↗MISTKRATZERLI CH, ↗POULET CH, ↗BRATHÄHNCHEN D-nord/mittel, ↗BROILER D-ost, ↗HÄHNCHEN D (ohne südost) ›als Gericht zubereitetes, gebratenes junges Huhn‹: *Rosmarin passt … zu Lamm-, Kalb- und Schweinefleischgerichten ebenso hervorragend wie zu gebratenem Hendl und Kaninchen* (Gusto 11/1997, 24; A) – Dazu: **Grillhendl, Hendlhaxl** (↗Haxl)

Henkelmann D-mittelwest der; -(e)s, …männer (Grenzfall des Standards): ↗GAMELLE CH ›mit Deckel und Klammer verschließbares Behältnis zum Mitnehmen von warmen Speisen‹: *Es ist die Nacht, in der im rheinischen Homberg sechs stämmige Werkschutzleute ihre Waffen und Henkelmänner zusammenpacken* (Werremeier, Brain Trust 243)

Henning D-nord/mittel ⟨niederdt.⟩: ↗HEIRI CH, ↗HEINI CH D Kurzform des männl. Vornamens *Heinrich: Henning S. … spielt schon mal Akkordeon am Elbstrand* (Allegra 11/1997, 215)

herausfinden (gemeindt.): ↗ERLICKEN

Herausgeld CH das; -(e)s, ohne Plur.: ↗RETOURGELD A CH ›Wechselgeld‹: *Die gleichen Schweizer, die sorgsam auf ihren Besitz achten, die jeder Serviertochter das Herausgeld nachzählen, finden es arrogant, dass Juden ihr Eigentum zurückfordern* (Bund 11. 8. 1997, 15)

herauskommen CH st.V./ist: ›ausgehen, sich (auf bestimmte Weise) entwickeln‹ (oft in der Wendung *gut/*

schlecht herauskommen): *Vater ermahnte mich, aufzupassen, fleissig zu sein, dann werde alles gut herauskommen* (Honegger, Ehemalige 5) – Andere Bedeutungen sind gemeindt.

herauslugen (gemeindt.): ↗GUCKEN, ↗SCHAUEN

herausputzen (gemeindt.): ↗FEIN: *SICH FEIN MACHEN

herausschauen A CH D-südost sw.V./hat: ›als Gewinn zu erwarten sein; herausspringen‹: *Wie etwa der unschöne Poker rund um die Einspeisetarife für alternative Energieträger mit dem unerfreulichen Ergebnis, dass unter dem Strich mit der neuen Regelung keinesfalls mehr an Förderung herausschaut als vorher* (SN 20. 10. 1997, 23; A); *Wenn ein privater Waldbesitzer für die Beseitigung einer entwurzelten Tanne 80 bis 100 Franken bezahlen muss und nur 50 Franken für das Holz herausschauen, dann muss der Bund in die Lücke springen* (Blick 12. 1. 2000, 28; CH) – Zur Verwendung der Grundbedeutung ›heraussehen‹ vgl. schauen

heraußen A D-südost Adv.: ›[hier] draußen‹: *In der Wohnung neben der Mutter war ein Poltern und Gehämmer gewesen und heraußen auf dem Treppenabsatz Staub* (Wolfgruber, Verlauf eines Sommers 97; A); ***aus dem Ärgsten heraußen sein** (Grenzfall des Standards) ›das Schlimmste überstanden haben; aus dem Ärgsten heraus sein‹: *Aber dann, als der Betrieb aus dem Ärgsten heraußen war, hat sich das Zusammenhalten aufgehört* (Scharang, Sohn eines Landarbeiters 37; A); ***etw. heraußen haben** (Grenzfall des Standards) ›etw. gut beherrschen‹: *Irgendwie hat dieser Mann den Dreh heraußen, Ohrwürmer zu produzieren* (SN 30. 4. 1997, Internet; A)

herausspringen (gemeindt.): ↗HERAUSSCHAUEN

herb (gemeindt.): ↗HANTIG, ↗RESCH

herbsteln A CH D-mittelost/süd sw.V./hat (nur in Verbindung mit *es*): ↗HERBSTEN CH D-nord/mittelwest ›erste Anzeichen des Herbstbeginns (wie das Verfärben von Blättern) anzeigen‹: *Es herbstelt, und wir ziehen uns wieder voll Freude ins lauschige Leseeck zurück* (Sport Magazin 10/1997, 117; A); *Es herbstelt schon, und matte Strahlen schimmern durch das bunte Laub* (Eheseelsorge, 2003, Internet; CH)

herbsten sw.V./hat: **1.** CH D-nord/mittelwest (in Verbindung mit *es*); ↗HERBSTELN A CH D-mittelost/süd ›Herbst werden‹: *Es schneit, es blüht, ein Sommer ist kurz, es herbstet schon und schneit schon wieder* (Zürcher, Zeit 88; CH); *Es herbstet: Gartenteiche werden jetzt winterfest gemacht* (Haus und Markt 14. 8. 2002, Internet; D-nord/mittelwest). **2.** D-süd; ↗WIMMEN CH ›Trauben ernten‹: *Selbstverständlich wird in Achkarren wie von alters her von Hand geherbstet* (Winzergenossenschaft Achkarren 15. 8. 2002, Internet)

hergehen A D-südost st.V./ist (Grenzfall des Standards): **1.** ›zu jmdm. hingehen; herkommen‹: *»Geh her, Karl, gib mir noch einmal das Brieftaschl, ich möcht' noch ein Parfüm«, ruft die Linzerin ihrem Mann zu, der bereits auf dem Weg zum Auto ist* (OÖN 30. 9. 1992, 18; A). **2.** ›leicht zu gewinnen, erwerben sein‹: *Bevor die Lizenzen in Deutschland unter den Hammer kamen, haben Experten prophezeit, dass es in Deutschland günstiger hergehen werde* (OÖN 28. 10. 2000, 11; A). **3.** (nur in Verbindung mit *es*, nur mit Artergänzung); ↗ZUGEHEN: *ZU- UND HERGEHEN CH ›sich in bestimmter Weise zutragen, passieren, ablaufen‹: *Wenn's langsam hergeht, werde ich faul* (Profil 19. 1. 1998, 24; A) – Andere Bedeutungen sind gemeindt.

herinnen A D-südost Adv.: ›[hier] im Inneren; nicht im Freien‹: *Trotz der Beleuchtung und des hellen Morgens herrschte herinnen eine gruftige Düsterkeit* (Klier, Aufrührer 60; A); ***etw. ist herinnen** (Grenzfall des Standards) ›etw., das investiert wurde, wurde eingebracht, hereingeholt‹: *Da sind eh grad die Materialkosten herinnen, der Zeitaufwand ist nicht zu bezahlen* (Ganze Woche 5. 11. 1997, 37; A); ***etw. herinnen haben** (Grenzfall des Standards) ›[eine Investition] eingebracht, hereingeholt haben‹: *Mit dem Besuch von zwei Veranstaltungen hat man das herinnen* (Trend 9/1999, Internet; A)

herleihen A D-südost st.V./hat: ↗AUSLEIHEN CH D ›etw. an jmdn. verleihen‹: *»Jetzt weiß ich, dass ich mit dem Herleihen des Geldes einen Fehler gemacht habe«, sah der Gastwirt bei der Verhandlung ein* (OÖN 12. 3. 1987, 7; A)

hernach A D-südost Adv.: ›in näherer, nicht genau bestimmter Zukunft; [gleich] nachher‹: *Hernach steht eine lange Abfahrt bevor* (Mocca 29/1997, 14; A) – Die Bedeutung ›an ein Geschehen in der Vergangenheit oder in der Zukunft anschließend; danach‹ ist gemeindt.

heroben A D-südost Adv.: ›[hier] oben‹: *Irgendwer meinte, dass es hier heroben genug Steine gebe* (Weidwerk 9/1997, 28; A)

Herr: *Herr und Frau Österreicher siehe Österreicher, ***Herr und Frau Schweizer** siehe Schweizer, ***Mein lieber Herr Gesangsverein** siehe Gesangsverein

Herrchen CH D das; -s, –: ↗HERRL A, ↗HÜNDELER CH ›Besitzer eines Hundes‹: *Herrchen und Frauchen haben ihren Seppli zu Dr. med. vet. Patrick B. in die Tierarztpraxis nach Stansstad gebracht* (Sonntagsztg 11. 8. 1998, Internet; CH); *Hunde sind als einfühlsame Gesellschafter bekannt, sie freuen sich mit ihren Herrchen* *und muntern sie auf, wenn diese schlechte Laune haben* (Welt 21. 2. 1997, Internet; D) – Vgl. Frauchen

Herrenpilz A der; -es, -e: ›Steinpilz‹: »*Ich habe einen Herrenpilz gefunden*«, *freut sich eine glückliche Schwammerlsucherin und zeigt das schöne Exemplar* (Kleine Ztg 3. 9. 2000, Internet)

Herrgottswinkel A CH D-süd der; -s, –: ›Ecke in Bauernstuben katholischer Familien, in der sich das Kruzifix [und weitere Andachtsgegenstände] befinden‹: *In der Küche gegenüber dem Herrgottswinkel steht der Fernsehapparat* (Winkler, Leibeigene 41; A); *Oberhalb des eingebauten Eckbankes befindet sich der Herrgottswinkel mit verschiedenen Kruzifixen und Heiligenfigürchen* (LNN 12. 12. 2002, Internet; CH)

herrichten sw.V./hat: **1.** A D-süd; ↗ZUSAMMENRICHTEN A D-süd, ↗ZURECHTMACHEN CH D-nord/mittel ›hinlegen, bereitlegen, zurechtlegen‹: *Die Schier stehen zwar präpariert im Keller, auch die Eislaufschuhe sind schon hergerichtet* (Kurier 9. 2. 1993, 20; A). **2.** sich A CH D-süd; ↗ZURECHTMACHEN CH D (ohne südost) ›sich (für einen [festlichen] Anlass) kleiden; sich mit kosmetischen Mitteln verschönern‹: *Da hat meine Mama gesagt: »Immerhin ist es der Programmdirektor. Da muss man schon demütig sein.« Also ging ich hübsch hergerichtet hin* (Kurier 7. 5. 1995, 27; A); *Stomil wird in einen Anzug gequetscht, der Hosenschlitz definitiv versiegelt, Oma und Eleonore fürs Familienfoto hergerichtet* (TA 12. 1. 1998, 47; CH) – Die Bedeutungen ›einen [kalten] Imbiss zubereiten‹ und ›etw. reparieren, wieder in Stand setzen‹ sind gemeindt.

Herrl A das; -s, -n (Grenzfall des Standards): ↗HÜNDELER CH, ↗HERRCHEN CH D ›Besitzer eines Hundes‹: *Der luftige Flug war Teil eines Trainingsprogramms, das Hund und Herrl mit anderen Einsatz- und Rettungsteams in Florida belegten* (Ganze Woche 5. 11. 1997, 30) – Vgl. Frauerl

herschauen: *Da schau her! A D-südost (Grenzfall des Standards): ↗SCHAUEN: *SCHAU, SCHAU! A D-südost, ↗ANGUCKEN: *GUCK MAL EINER AN! D (ohne südost), ↗ANKIEKEN: *KIEK MAL EINER AN! D-nord, ↗ANSEHEN: *SIEH MAL EINER AN! D (ohne nordost/südost) ›Wer hätte das gedacht!‹ /Ausruf des bewundernden Erstaunens/: *Da hebt sie im Sinne von »Da schau her!« überrascht die Augenbrauen* (Standard 1. 10. 1997, 10; A) – Zur Verwendung der Grundbedeutungen ›hersehen, aussehen‹ vgl. schauen

herschlagen A st.V./hat (salopp, Grenzfall des Standards): ↗TRISCHACKEN A-ost, ↗ABSCHLAGEN CH, ↗BREI: *JMDN. ZU BREI SCHLAGEN CH D (ohne südost), ↗VERKLOPFEN CH D-südwest, ↗VERMÖBELN CH D, ↗VERHAUEN D, ↗HUCKE: *JMDM. DIE HUCKE VOLL HAUEN D-nord/mittel, ↗VERKLOPPEN D-nord/mittel, ↗VERTRIMMEN D-nord/mittel ›jmdn. verprügeln, schlagen; verdreschen‹: *In der ehelichen Wohnung war der Geschäftsmann völlig ausgerastet und hatte sowohl der eigenen Ehefrau als auch deren Anwältin mit dem Herschlagen gedroht* (Kurier 25. 8. 1999, 11)

herüben A D-südost Adv.: ›hier auf dieser Seite‹: *Die fremde Stimme narrt mich, denn bin ich herüben, ruft sie mich hinüber und umgekehrt* (Pirch, Lerra 92; A)

herumbieten CH st.V./hat: **1.** ›(Gerüchte, Behauptungen) in die Welt setzen oder weitererzählen‹: *Er nannte die im Dorf herumgebotenen Gerüchte Altweiber- und Pfaffengeschwätz* (Kauer, Spätholz 24). **2.** ›[subversive] Schriften oder [illegale] Waren anbieten‹: *Im Windschatten dessen, was auf den Techno-Parties herumgeboten werde, gewinne die Kräuterversion von XTC ... auch in der Schweiz an Boden* (Evang.-method. Kirche Schweiz-Frankreich, 1998, Internet)

herumerzählen (gemeindt.): ↗DURCHHECHELN, ↗KLATSCHEN, ↗PLAUSCHEN, ↗RATSCHEN, ↗SCHWATZEN, ↗TRATSCHEN

herumstreunen (gemeindt.): ↗STRAWANZEN, ↗STROMERN

herunten A D-südost Adv.: ›[hier] unten‹: *Im Ort war der Bahnschranken herunten* (Streeruwitz, Verführungen 49; A)

herzig A CH D-süd Adj.: ↗POSSIERLICH D ›niedlich, drollig‹: *Der kleine Fiat Seicento ist herzig, witzig, pfiffig – und doch ein vollwertiges Auto* (Kleine Ztg 29. 5. 1998, Internet; A); *Sicher haben auch Sie ein Patenkind, sind Gotte oder Götti von einem ach so herzigen Mädchen oder Buben* (TA 2. 7. 1999, 73; CH)

Herzinfarkt (gemeindt.): ↗HERZKASPERL

Herzkasperl A der; -s, -n (salopp, Grenzfall des Standards): ›Herzinfarkt‹: *Hatte dein Vater den Herzkasperl, nachdem du ihm eine deiner Weisheiten verzapft hast?* (Futscher, Soledad 74)

Hesse D-nordost die; –, -n: ↗WADELSTUTZEN A, ↗WADSCHINKEN A, ↗BEINFLEISCH D, ↗WADSCHENKEL D-südost ›v. a. für ↗Gulasch verwendetes Fleisch vom unteren Teil des Beines beim Rind‹: *An Zutaten benötigen Sie: 800 Gramm Rinder-Hesse* (Radio Hundertsechs 10. 4. 2000, Internet) – Das Maskulinum *Hesse* in der Bedeutung ›Einwohner Hessens‹ ist gemeindt. – Dazu: **Hinterhesse, Vorderhesse**

Hetscher D-südost der; -s, ohne Plur. (Grenzfall des Standards): ↗SCHNACKERL A (ohne west), ↗HITZGI CH, ↗GLUCKSER D-südwest, ↗HICKSER D-nordost/südwest ›Schluckauf‹: *Fast, weil die Kette überspringt, die Tachonadel scheibenwischermäßig arbeitet, im Hinterradantrieb was kracht und die Kupplung den*

Hetscher (Schluckauf) hat (Ztg rund ums Motorradfahren 19. 5. 2001, Internet)

Hetz A D-südost die; –, -en (Plur. ungebräuchl., Grenzfall des Standards): ↗Gaudee A, ↗Gaudi A CH D-süd, ↗Plausch CH ›Spaß, Vergnügen‹: »*Wir haben bei der Arbeit oft eine Riesenhetz*«, *meint Thomas und seine Kollegen stimmen ihm dabei zu* (Mocca 29/1997, 8; A); ***aus/zur Hetz**: ↗Plausch: *aus/zum Plausch CH, ↗Daffke: *aus Daffke D-nordost ›spaßeshalber‹: *Und wenn er mal gerade keinen Zeichenauftrag ausführt, greift er einfach so – aus Hetz und Freude – zu den Buntstiften* (VN 24. 12. 1997, D 4; A) – Dazu: **hetzhalber, hetzig**

Hetze CH D die; –, ohne Plur.: ›Hetzen, Hast‹: *Ich hatte genug von der Hetze nach mehr und mehr Geld* (Rüegg, Welt 9; CH); *Hetze und Überlastung – macht das glücklich?* (Welt 20. 11. 2000, Internet; D) – Das Verb *hetzen* ist gemeindt.

Heu: *das/sein Heu [nicht] auf der gleichen Bühne haben CH ›eine gleiche/unterschiedliche Art des Denkens und Fühlens haben; [nicht] die gleiche Wellenlänge haben‹: *Ein Berner Vertreter der Schweizerischen Volkspartei hat das Heu nicht auf der gleichen Bühne wie ein Waadtländer* (Wiedmer, Hautnah-Helvetia 53); *Als das Duo »Stimmhorn« vor fünf Jahren erstmals … auftrat, war klar, dass sich mit Christian Zehnder und Balthasar Streiff zwei Musiker gefunden hatten, die das Heu auf der gleichen Bühne haben* (BAZ 17. 11. 2001, Internet); ***Jetzt ist genug Heu [dr]unten!** CH ›Jetzt ist aber genug!‹: *Jetzt ist genug Heu unten. Wollen die Flüchtlinge denn in Fünf-Sterne-Hotels wohnen?* (Blick 25. 6. 1999, 2); ***sein Heu im Trockenen haben** CH ›eine Aufgabe erfolgreich beendet haben, seinen Anteil gesichert haben; seine Schäfchen im Trockenen haben‹: *Der stillstehende Landammann spricht, als ob er mitten im Wahlkampf stecken würde. Dabei hat er sein Heu längst im Trockenen* (Blick 28. 9. 1999, 6) – Das Substantiv *Heu* ist in allen anderen Verwendungen gemeindt.

Heuarbeit A D-südost die; –, -en: ↗Heumahd A, ↗Heuet CH D-süd ›Heuernte‹: *Sie blieben eine ganze Woche lang und halfen dem Urgroßvater bei der Heuarbeit* (Mitterer, Superhenne Hanna 12; A); *Der Pfarrer hat bis nach dem 2. Weltkrieg bei Bedarf die Heuarbeit am Sonntag erlaubt* (Bad Kohlgrub 4. 9. 2002, Internet; D) – Vgl. heuen

Heubeere CH die; –, -n: ↗Moosbeere A-west (Tir.), ↗Blaubeere A-west (Vbg.) D-nordwest/mittel, ↗Heidelbeere A (ohne südost) CH D, ↗Schwarzbeere A-mitte/südost/west (Tir.) D-südost, ↗Bickbeere D-nord, ↗Taubeere D-südost, ↗Waldbeere D-mittelwest ›Heidekrautgewächs mit kleinen, blauschwarzen Beeren‹: *Im Rundbrunnen am Werdmühleplatz schwimmt – manchmal von dümpelnden Plastiksäcken verunziert – ein Ring aus Heubeeren und Nielen, die man nie mehr wird rauchen können* (TA 30. 8. 1996, Internet)

Heubühne CH-west die; –, -n: ↗Heustock A-west (Vbg.) CH ›Teil der ↗Scheune, in dem Heu oder Stroh aufbewahrt wird‹: *Am Weihnachtstag 1998 war es so weit: Mutter, Vater und die vier Kinder schliefen zum ersten Mal auf der Heubühne im Pferdestall* (Blick 8. 5. 1999, 2) – Vgl. Heu

heuen A CH D (ohne mittelost) sw.V./hat: ›Heu ernten‹: *Wenn das Wetter nicht so recht mitspielte, dauerte das Heuen drei, oft sogar vier Wochen* (OÖN 21. 7. 1995, 20; A); *Das Wort Sommer vermag viele verschiedenartige Bilder in uns zu wecken: Ferien, heuen, ernten, reisen …* (Tierwelt 15. 8. 1997, 6; CH) – Vgl. Heuarbeit, Heumahd – Dazu: ↗**Heuet** CH D-süd

heuer A CH D-südost Adv.: ›in diesem Jahr; dieses Jahr‹: *Wir haben heuer fast 40 Modelle getestet und diese auch für verschiedene Zielgruppen beurteilt* (Konsument 11/1997, 2; A); *Um modisch, elegant und chic gekleidet zu sein, steht heuer wieder vermehrt der lange, schmale Rock oder Jupe im Vordergrund* (Zürcher Oberländer 19. 3. 1997, Beilage 2; CH) – Vgl. heurig, Heurige

Heuernte (gemeindt.): ↗Heuarbeit, ↗Heuet, ↗Heumahd

Heuet CH der; -s, ohne Plur./D-süd der/die; –, ohne Plur.: ↗Heumahd A, ↗Heuarbeit A D-südost ›[Zeit der] Heuernte‹: *Im Sommer die Arbeit auf dem Hof, den Heuet, den Gemüsegarten, und im Winter den Kiosk – ideal für eine Bergbäuerin* (TA 27. 1. 2001, Magazin 62; CH) – Vgl. heuen – Dazu: **Bergheuet**

Heugabel (gemeindt.): ↗Forke

Heuhüpfer A D-südost der; -s, –: ↗Grashüpfer A D (ohne südost), ↗Heuschreck A D-süd, ↗Heupferd D-mittelost/südwest ›Heuschrecke‹: *Heuhüpfer, am Lagerfeuer geröstet, schmecken, so weiß der Linzer, »ein wenig wie Haselnüsse«* (OÖN 17. 6. 1998, Internet; A) – Im Grenzfall des Standards auch in der Form *Heuhupfer*

Heuhupfer siehe Heuhüpfer

Heumahd A die; –, -en: ↗Heuarbeit A D-südost, ↗Heuet CH D-süd ›Heuernte‹: *Bei der Heumahd … gingen sie im Stillen aus, hielten ein Schläfchen im Schatten* (Lipuš, Verweigerung 92) – Vgl. heuen, Mahd

Heupferd D-mittelost/südwest das; -(e)s, -e: ↗Grashüpfer A D (ohne südost), ↗Heuhüpfer A D-südost, ↗Heuschreck A D-süd ›Heuschrecke‹: *Wer kennt sie nicht, die meistens grünen Springer auf unseren Wiesen, und nennt sie Heupferd, Heuhupferl, Grashüpfer, Heuschreck?* (Natur- und Fotokunst,

2002, Internet) – Auch in der Form *Heupferdchen* (das; -s, -)

Heupferdchen D-mittelost/südwest das; -s, –: siehe Heupferd

heurig A D-südost Adj. (nicht steigerbar): ›[in, aus] diesem Jahr; diesjährig‹: *Wirtschaftsexperten prognostizieren der niederösterreichischen Wirtschaft für das heurige Jahr ein weiteres Wachstum* (NÖN 12B/1998, 7; A) – Vgl. heuer, Heurige

Heurige der; -n, -n: **1.** A D-mittelost/südost ›Wein der letzten Lese‹: *Nach zwei Viertel Heurigen hatte er endlich eine Idee, wie er Erna das sagen konnte, was er auf dem Herzen hatte* (Scharang, Sohn eines Landarbeiters 124; A). **2.** A D-mittelost/südost (informell); ↗Buschenschank A-ost/südost, ↗Buschenschenke A-ost/südost, ↗Besenbeiz CH, ↗Besenwirtschaft D-mittel/südwest, ↗Straußenwirtschaft D-südwest ›Lokal, in dem Wein der letzten Lese [aus eigenem Anbau] ausgeschenkt wird‹: *Der letzte Abend in einem Wiener Heurigen mit echter Wiener Musik als Ausklang fand großen Beifall* (GÖD 2/1998, 57; A). **3.** A (nur Plur.) ›Frühkartoffeln der letzten Ernte‹: *Zierliche Heurige, die einem nette Händler gern heraussuchen, in Butter und Petersil gewälzt, passen am besten dazu* (OÖN 29. 4. 2000, 24; A) – Vgl. heuer, heurig – Zu 2.: **Heurigenabend, Heurigenbesuch, Heurigenbuffet** (↗Buffet), **Heurigenlokal, ↗Heurigengarnitur** A, **Heurigensänger(in), Heurigenstimmung, Heurigenwirt(in), ↗Mostheurige** A

Heurigengarnitur A die; –, -en: ↗Festgarnitur CH D (ohne südost), ↗Bierzeltgarnitur D ›zusammenklappbarer Tisch und zwei Bänke, die vorwiegend bei größeren Festen gebraucht werden‹: *Der 30-jährige trommelte 19 Gastronomen zusammen und ließ neben der Großbildleinwand hundert Heurigengarnituren aufstellen* (Kurier 30. 7. 1999, 15) – Vgl. Heurige

Heuschreck A D-süd der; -(e)s, -en (Grenzfall des Standards): ↗Grashüpfer A D (ohne südost), ↗Heuhüpfer A D-südost, ↗Heupferd D-mittelost/südwest ›Heuschrecke‹: *Sie tappten durch die Wiese, und alles, was sich im Gras regte, jeder Käfer, jede Biene, jeder Heuschreck, wurde zu einem Beutetier, das sie anschlichen und belauerten* (Recheis, Lena 94; A)

Heuschrecke (gemeindt.): ↗Grashüpfer, ↗Heuhüpfer, ↗Heupferd, ↗Heuschreck

Heustock der; -(e)s, ...stöcke: **1.** A CH ›das auf dem Heuboden gelagerte Heu‹: *Wird im Heustock eine Temperatur von 70 ac oder darüber gemessen, besteht akute Selbstentzündungsgefahr!* (FF Laxenburg, 2003, Internet; A); *Die Angehörigen der Feuerwehr ... erfuhren Interessantes über die Gärung, bzw. Übergärung im Heustock* (Feuerwehr Disentis 4. 5. 2002, Internet; CH). **2.** CH; ↗Heubühne CH-west ›Teil der ↗Scheune, in dem Heu oder Stroh aufbewahrt wird‹: *Der Schlafraum war im Heustock (er war voller Stroh)* (Züri Info 3/1999, 3)

Hias A-mitte/west D-südost: Kurzform des männl. Vornamens *Matthias: Mit zehn Jahren wurde er dann vom Landesschiverband aufgenommen und kam unter die Fittiche von Hias L.* (Echo 28. 1. 1999, 61; A-west); *Schon lange will der Obermoar seinem Sohn, dem Hias, den Hof übergeben* (Theaterverlag Xaver Bauer, Mittenwald/Karwendel 19. 3. 2003, Internet; D-südost) – Wird diphthongisch ausgesprochen

Hick CH der; -s, -e: ›kleine Beschädigung [an einem Gegenstand]‹: *Nicht selten werde nach dem Bauabschluss versucht, ein Malheur, das etwa beim Umzug passierte und einen Hick im Parkett oder einen Kratzer in der Balkontür hinterliess, nachträglich als Baumangel zu bezeichnen und dafür die Garantieleistung zu beanspruchen* (TA 23. 6. 2000, 83)

Hickser D-nordost/südwest der; -s, ohne Plur. (Grenzfall des Standards): ↗Schnackerl A (ohne west), ↗Hitzgi CH, ↗Gluckser D-südwest, ↗Hetscher D-südost ›Schluckauf‹: *»Eine unwillkürliche schnelle Zusammenziehung des Zwerchfells mit tönender Einatmung« – so beschreibt das klinische Wörterbuch, was quer durchs Land anders heißt: Hickser, Gluckser ... medizinisch ›singultus‹, oder, für jeden verständlich: Schluckauf* (Berliner Ztg 17. 8. 1995, Internet)

hie- A CH D-süd (Wortbestandteil in adverbialen Zus., formell): ›da-, hier-‹, z. B. hiebei, hiedurch, hiefür, hiegegen, hieher, hiemit, hienach CH, hievon, hievor, hiezu: *Das Parken ist nur an den hiefür gekennzeichneten Stellen erlaubt* (Ebner, Fahren lernen 55; A); *Ihre Werkzeuge hiefür sind Stift, Schere und Messer* (Kunst-Bulletin 12/1997, 39; CH); *Das Rekursgericht gab seinem hiegegen erhobenen Rechtsmittel teilweise Folge* (OGH 2003/09/10, Internet; A); *Hiegegen erhob der Versicherte Beschwerde und beantragte, es sei ihm bei einer Erwerbsunfähigkeit von 70 ... eine Invalidenrente ... zuzusprechen* (Eidgenössisches Versicherungsgericht 17. 6. 2004, Internet; CH); *Die sich hienach ergebenden Beträge sind durch Verordnung des Bundesministers für Arbeit, Gesundheit und Soziales festzustellen* (Stenograph. Protokoll des Nationalrats, 31. 7. 1998, Internet; A); *Im Weiteren können die selbständig erwerbstätigen Personen – mit Ausnahme der Gewinnungskosten (vgl. Ziffer 2.2 hienach) – auch sämtliche Abzüge vornehmen, die den unselbständigen Erwerbstätigen zustehen* (Bund 7. 2. 1995, 2; CH); *Sollte aber das von Schopenhauer so sehr apostrophierte Gedächtnis der Menschheit hievor gefeit sein?* (Die informierte Gesellschaft und ihr Gedächtnis, Uni Innsbruck, 2004, Internet; A); *Die Zusammenarbeit der Partner berührt die Eigentumsverhältnisse an ihren (im Teil A hievor beschriebenen) Anlagen nicht* (Kanton BL, 2001, Internet; CH) – Die Zus. mit hie- werden auf der ersten oder zweiten Silbe betont

Hieferl A-ost das; -s, -(n) (Plur. ungebräuchl.): siehe Hüferl

Hieferscherzel A-ost das; -s, -(n) (Plur. ungebräuchl.): siehe Hüferscherzel

Hieferschwanzel A-ost das; -s, -(n) (Plur. ungebräuchl.): siehe Hüferschwanzel

hierortig A Adj. (formell): ›in diesem Land, an diesem Ort befindlich; hiesig‹: *Das bedeutet, dass ... am hierortigen Institut auch strahlentherapeutische Behandlungen stattfinden* (Wiener Krankenanstaltenverbund, 1999, Internet) – Abk. ho. Vgl. hierorts

hierorts A D Adv. (formell): ›in diesem Land, an diesem Ort, hier‹: *Wie könnte doch Europa anders aussehen, schrieben Präsidentschaftskandidaten solche Romane hierorts!* (Buchkultur 5/1996, 35; A); *Beim Durchwandern der Stadt begannen sie hierorts am Ostentor* (WAZ 9. 12. 2000, Internet; D) – Abk. ho. In CH selten. Vgl. hierortig

hiesig (gemeindt.): ↗HIERORTIG

hilb CH Adj.: ›mild, windgeschützt‹: *Es ist frühlingshaft hilb, die Tauben gurren auf dem Dach, elf Schneeglöckli blühen in den Töpfen und hellgrün schauen die Tulpenspitzen hervor* (Berner Agenda 4. 3. 1993, 23)

Hilfskoch (gemeindt.): ↗BEIKOCH

Himmelfahrt: *Christi Himmelfahrt A D: ↗AUFFAHRT CH ›christlicher Feiertag, der 40 Tage nach Ostern begangen wird‹: *Egal, ob katholisch oder nicht, die von Pfingsten, Christi Himmelfahrt oder Fronleichnam verursachten verlängerten Wochenenden sind allen Österreichern heilig* (OÖN 8. 6. 2002, 1; A); *Christi Himmelfahrt wird 40 Tage nach dem Ostersonntag, also immer an einem Donnerstag, begangen* (Ökumenisches Heiligenlexikon 13. 1. 2003, Internet; D) – Die Verkürzung *Himmelfahrt* ist in A selten, in D informell häufig. Das Substantiv *Himmelfahrt* in der Bedeutung ›das Auffahren Christi, Mariens, von Heiligen und Propheten in den Himmel‹ ist gemeindt.

himmelsakra siehe Sakra

himmeltraurig CH Adj.: ›sehr traurig‹: *Lachen erntete er zuhauf, Liebe fast keine – himmeltraurig einsam nahm er sich das Leben, und es blieben die Lacher* (Bund 4. 12. 1999, 27) – In A selten

hinauf (gemeindt.): ↗HOCH

hineinbuttern (gemeindt.): ↗ZUBUTTERN, ↗ZUSCHUSTERN

Hingucker D (ohne nordost/südost) der; -s, –: ›Person oder Sache, die den Blick auf sich zieht; Blickfang‹: *Hingucker ist ein Konsoltisch, dem man seine Möbelmarkt-Herkunft nicht mehr ansieht* (Freundin 19/1997, 136)

hinken (gemeindt.): ↗HATSCHEN, ↗HUPFEN

Hinkunft: *in Hinkunft A: ↗HINKÜNFTIG A, ↗INSKÜNFTIG CH ›in Zukunft, künftig, fortan‹: *Probleme wie Beschäftigungspolitik werden in Hinkunft europaweit besprochen* (Format 14. 12. 1998, 143) – Das Substantiv *Hinkunft* wird auf der ersten Silbe betont, in A mit Lang- oder Kurzvokal, in CH und D nur mit Kurzvokal

hinkünftig A: **1.** Adj. (nicht steigerbar); ↗INSKÜNFTIG CH ›zukünftig‹: *In einer überparteilichen Projektgruppe wurde ein Fragebogen als Grundlage für das hinkünftige Sozialkonzept der Gemeinde Mäder erarbeitet* (VN 30. 8. 2001, Heimat/Feldkirch 30). **2.** Adv.; ↗HINKUNFT: *IN HINKUNFT A, ↗INSKÜNFTIG CH ›künftig, fortan, in Zukunft‹: *Wir müssen hinkünftig viel leiser sprechen, besser noch flüstern, verstehst du, immer nur flüstern!* (Jonke, Schlafkrieg 62)

Hinschied CH der; -(e)s, -e: ›Ableben, Tod‹: *Für die Beweise aufrichtiger Anteilnahme beim Hinschied unseres lieben Bruders, Schwagers, Onkels, Neffen und Cousins Oskar S. danken wir von ganzem Herzen* (WoZ 17. 10. 1997, 12)

hinsetzen sich (gemeindt.): ↗ABSITZEN, ↗HINSITZEN, ↗HOCKEN, ↗NIEDERSETZEN, ↗NIEDERSITZEN, ↗SITZEN

hinsitzen [sich] A CH st.V./ist: ↗HOCKEN A CH D-mittelost/süd, ↗NIEDERSETZEN A D-südost, ↗NIEDERSITZEN A D-südost, ↗ABSITZEN CH, ↗SITZEN CH ›sich hinsetzen‹: *»Warum sollen wir uns jedes Jahr hinsitzen und Subventionsansuchen schreiben?« Eine Frage, die sich die Funktionäre von Berg- und Wasserrettung zu Recht stellen* (OÖN 8. 8. 1991, 1; A); *Als Eltern kann man sich einen Liegestuhl holen, beim Spielplatz oder Restaurant hinsitzen und sich zurücklehnen* (Kidscorner, 2002, Internet; CH) – In A Grenzfall des Standards. Auf der ersten Silbe betont, die in A lang, in CH kurz gesprochen wird

hinstehen CH st.V./ist: ›sich hinstellen‹: *Manz hätte sich nie zugetraut, Schlag acht aus seinem Büro zu treten, vor die versammelten Leute hinzustehen und sie zu bitten, ihm zu folgen* (Regenass, Vernissage 34)

hinstellen sich (gemeindt.): ↗HINSTEHEN

Hinterbliebene (gemeindt.): ↗HINTERLASSENE

hinterhaken D-nord/mittelwest sw.V./hat (Grenzfall des Standards): ›genau nachprüfen, auf den Grund gehen‹: *Aber nachdem mir die Frage gestellt wurde, wollte ich da ein wenig genauer hinterhaken* (Gesellschaft für Terrarienkunde 28. 1. 2003, Internet)

Hinterlassene CH der/die; -n, -n (meist Plur.): ›Familienmitglied einer verstorbenen Person; Hinterbliebene(r)‹: *Im Todesfall der versicherten Person findet diese Regel auch für die Hinterlassenen Anwendung* (Eidg. Departement des Innern Bern, 2001, Internet) – Dazu: **Hinterlassenenrente** (↗Rente)

Hinterlassenenversicherung siehe Altersversicherung

Hintern (gemeindt.): ↗FÜDLI, ↗PODEX, ↗POPO

Hinterschenkel (gemeindt.): ↗GIGOT, ↗HAXL, ↗KEULE, ↗SCHLEGEL, ↗SCHLÖGEL, ↗STOTZEN

Hintersitz CH der; -es, -e: ›Rücksitz‹: *Mein Vater blies den Rauch seiner Kent gegen die Windschutzscheibe, und ich sass still auf dem Hintersitz und besah mir eine Schallplatte* (Franzetti, Hotel Excelsior 94) – In D selten

Hinterstüberl A das; -s, -n: **1.** ›Hinterzimmer eines Gasthauses‹: *Diese ersten Weichenstellungen für eine geplante Europaregion Tirol waren damals aber noch sehr diskret auf Parteiebene im Hinterstüberl eines Sterzinger Gasthauses vorgenommen worden* (Presse 23. 7. 1998, Internet). **2.** (salopp) ›Gehirn; Verstand; Oberstübchen‹: *Irgendwo im oberen Hinterstüberl sind sie noch, die Melodien und Texte, Erinnerungen, leise, aber festgehakt* (Kleine Ztg 16. 10. 1996, Internet) – Zu 1 vgl. Stüberl

hinzuziehen D st.V./hat: ↗BEIZIEHEN A CH D-südost ›dazunehmen, heranziehen‹: *Dazu gehört auch … rechtzeitig andere Ärzte hinzuziehen, wenn die eigene Kompetenz … nicht ausreicht* (Bundesverband niedergelassener Fachärzte, 2000, Internet) – In A und CH selten – Dazu: ↗**Hinzuziehung**

Hinzuziehung D die; –, -en: ↗BEIZIEHUNG A D-südost, ↗BEIZUG CH ›das Beiziehen, Heranziehen‹: *Nur wenn der Unfallschaden … höher als 1400 Mark ist, ist die Hinzuziehung eines Sachverständigen noch notwendig* (Straubinger Tagbl 7. 4. 1998, 24, 1998) – Vgl. hinzuziehen

Hippe D-nordost die; –, -n: ↗GERTEL CH ›großes Messer mit gebogener oder flacher Spitze zum Hacken von Kleinholz, Abschlagen von kleinen Ästen u. Ä.‹: *Erfahrene Gärtner können mit der Hippe ziemlich starke Zweige schneiden* (Gartenmax, 2002, Internet)

Hirnederl A das; -s, -n (salopp, Grenzfall des Standards): ›dummer, naiver Mensch‹: *Die Dorli sagte zwischen einzelnen Beschmusungen: »Reiß endlich ob, du Hirnederl«* (Kleine Ztg 14. 5. 2000, Internet) – Auch in der Form *Hirnöderl*

hirnen CH sw.V./hat: ↗KOPFEN A ›angestrengt nachdenken, überlegen‹: *Ich sagte ihr, sie solle mich die nächsten zwei Stunden nicht stören. Ich müsse hirnen. Ich hirnte im Liegen* (Zürcher, Högo Sopatis 102)

Hirnerschütterung CH die; –, -en: ›Gehirnerschütterung‹: *Schädelbruch, meinte der Arzt, könne es nicht sein, vielleicht eine Hirnerschütterung* (Diggelmann, Verhör 129)

Hirnöderl siehe Hirnederl

Hirschene A D-südost das; -n, ohne Plur.: ›Hirschfleisch‹: *Steirisches Hirschenes: 600 g Hirschschulter, 300 g Karotten, 150 g Selleriewurzeln …* (Gemeinde Deutschlandsberg, 2002, Internet; A) – Vgl. Lämmerne, Kälberne, Schöpserne, Schweinerne

Hirschfleisch (gemeindt.): ↗HIRSCHENE

Hit (gemeindt.): ↗KNALLER, ↗KNÜLLER

Hitzgi CH der; -s, ohne Plur.: ↗SCHNACKERL A (ohne west), ↗GLUCKSER D-südwest, ↗HETSCHER D-südost, ↗HICKSER D-nordost/südwest ›Schluckauf‹: *Charles O. aus Iowa, USA, war cleverer, er schaffte es ins »Guinness Book of Records«. Er kriegte 1922 den Hitzgi … als er ein Schwein schlachtete und hörte nicht mehr auf, bis ihn seine Frau verliess* (Spoiz 19. 3. 2003, Internet)

H-Milch A D die; –, ohne Plur.: ↗HALTBARMILCH A, ↗UHT-MILCH CH LUX ›durch Uperisation für einen längeren Zeitraum haltbar gemachte Milch‹: *Gerne bestätige ich, dass die Qualität der H-Milch durch neue Technologien in den letzten Jahren besser geworden ist, sie schmeckt nicht mehr wie verflüssigte Milchhaut mit Gipszusatz* (OÖN 10. 7. 1998, 22; A); *Auch H-Milch ist unbedenklich; ihr Nährwert ist im Vergleich zur unbehandelten Milch nur geringfügig niedriger* (NDR 14. 9. 1999, Internet; D)

ho. siehe hierorts bzw. hierortig

HOB STIR die; –, -s: als Wort gesprochene Abk. für ↗*Handelsoberschule:* ↗HAK A ›höhere Schule kaufmännischer Richtung, die mit der Erlangung der Hochschulreife abschließt; höhere Handelsschule bzw. Gebäude, in dem diese Schule untergebracht ist‹: *Die Klasse 4C der HOB Bozen macht einen Lehrausgang in die Athesia* (Brugger, Rechte und Pflichten 192)

hoch Adv.: **1.** D-nordwest/mittel (Grenzfall des Standards) ›entlang‹: *Von dort sind es noch ca. 100 m die Straße hoch Richtung Appenrade* (Universität Flensburg 13. 6. 2000, Internet). **2.** CH D (ohne südost) ›hinauf‹: *»Kommt mal runter«, rief Madame Vorsicht die Treppe hoch in den ersten Stock zu Zoe und Sarah* (Fink, Zoë 49; CH); *Dann ging er die Treppe hoch, ist durchs nächste Fenster wieder rausgeklettert und hat sich die Nacht um die Ohren geschlagen* (Tagesspiegel 2. 10. 1999, Internet; D). **3.** ***hoch an der Zeit sein** A D (ohne nordost) ›dringend sein‹: *Es ist hoch an der Zeit, dass die Bergbauern Ausgleichszahlungen für ihre Landschaftsschutzarbeit erhalten* (Land der Berge

5/1997, 36; A); *Es ist hoch an der Zeit, diejenigen, die Gewalt und Hass predigen ..., als das zu bezeichnen, was sie sind: Kriminelle* (Land Nordrhein-Westfalen 13. 11. 2000, Internet; D) – Andere Bedeutungen sind gemeindt. – Zu 2.: **hochrennen, hochschauen** (↗schauen), **hochsehen**

hochbringen D-nordost unr.V./hat (salopp): ›jmdn. [durch sein Verhalten, seine Art] wütend machen; auf die Palme bringen‹: *Doch dass er ausgerechnet im wichtigsten öffentlich-rechtlichen Hauptstadtsender ausgebremst wird ..., das bringt ihn hoch* (Telegraph 14. 10. 2002, Internet) – Die Bedeutungen ›nach oben, in die Wohnung bringen‹ und ›jmdn. großziehen, gesund machen‹ sind gemeindt, werden in A aber als fremd empfunden

hochfahren A D st.V./hat: ↗AUFSTARTEN CH ›(das Betriebsystem eines Computers in den Arbeitsspeicher) laden; starten‹: *»Es wird allerdings keine Computer geben, die sich gar nicht mehr hochfahren lassen oder zu rauchen beginnen«, meint S.* (Kleine Ztg 22. 12. 1999, Internet; A); *Viele Programme verewigen sich während der Installation in der Autostart-Gruppe ... Dadurch fährt Windows langsamer hoch* (Scheit Computer 13. 8. 2002, Internet; D) – Andere Bedeutungen sind gemeindt.

hochnehmen (gemeindt.): ↗ANFÜHREN, ↗PFLANZEN, ↗SCHMÄH: *JMDN. AM SCHMÄH HALTEN, ↗SEIL: *JMDN. AM SEIL HERUNTERLASSEN, ↗VERALBERN, ↗VERÄPPELN, ↗VERGACKEIERN, ↗VERHOHNEPIPELN

Hochrippe D die; –, -n: ↗ROSTBRATEN A, ↗HOHRÜCKEN CH, ↗RIPPE: *HOHE RIPPE D-nord/mittel ›Fleisch vom oberen Rücken des Rindes‹: *Ein Steak vom Rind, das aus dem inneren Kern der Hochrippe geschnitten wird, ... und mit Fett durchwachsen ist* (Deutsche Post 14. 3. 2000, Internet)

Hochschaubahn A die; –, -en: **1.** ›Achterbahn‹: *Für den Rest des Jahres wünscht sich der Verband der Praterunternehmer ... »Kaiserwetter für ein gutes Geschäft«. Die neue Hochschaubahn Family Coaster, eine der größten der Welt, und die neue Kinderriesenrutsche Free Willy sollen dazu beitragen* (Standard 16. 4. 1998, Internet). **2.** (salopp) ›ständiger Wechsel zwischen Auf und Ab, Aufwärts- und Abwärtstrend‹: *Die 90er-Jahre waren für Apple ... eine Hochschaubahn. Zuerst ging es jahrelang und scheinbar unaufhaltsam bergab ... Seitdem Gründer Steve Jobs wieder das Ruder in der Hand hat, geht es aufwärts* (OÖN 24. 4. 2001, Internet); *Der Wifo-Experte sieht jedenfalls kein Problem darin, dass die Preise für Treibstoffe ... Hochschaubahn fahren* (Format 14. 12. 1998, 76)

Hochschein: *keinen Hochschein [von etw.] haben CH: ↗TAU: *KEINEN TAU [VON ETW.] HABEN A, ↗PLAN: *KEINEN PLAN [VON ETW.] HABEN A D-mittel/südwest ›keine Ahnung [von etw.] haben; keinen [blassen] Dunst/Schimmer [von etw.] haben‹: *Das haben Leute angezettelt, welche von der Praxis keinen Hochschein haben* (Schweizerbauer 29. 10. 2001, Internet)

Hochschule: *Pädagogische Hochschule CH D: ↗AKADEMIE: *PÄDAGOGISCHE AKADEMIE A, ↗PÄDAK A, ↗LEHRERSEMINAR CH ›Ausbildungsstätte für Lehrer(innen)‹: *Pädagogische Hochschulen sollen in Zukunft die Lehrerseminare ersetzen* (Blick 31. 10. 1995, 5; CH); *Man meint, dass nach bestandenem Abitur und nach Besuch einer Universität oder einer Pädagogischen Hochschule der so ausgebildete Mensch ... Lehrer sein könnte* (Lindenberg, Waldorfschulen 155; D) – In CH sachlich neu. Das Substantiv *Hochschule* ist in allen anderen Verwendungen gemeindt.

Hochschülerschaft A die; –, ohne Plur.: kurz für *Österreichische Hochschülerschaft:* ›gesetzlich verankerte, gewählte Vertretung der Studierenden an österreichischen Universitäten‹: *Für die Hochschülerschaft ist klar, wer daran schuld ist: jene, die immer die Notwendigkeit von Bildung predigen – die Regierung und ihr Sparpaket* (Falter 3. 11. 1997, 7) – Abk. ↗ÖH – Dazu: **Hochschülerschaftsgesetz, Hochschülerschaftsvertreter(in), Hochschülerschaftswahl**

Höchstausmaß A das; -es, -e (Plur. ungebräuchl.): ›Höchstmaß, Obergrenze (z. B. eines Geldbetrages, einer Strafe)‹: *Kirchenbeiträge sind nur bis zum Höchstausmaß von 1000 Schilling pro Jahr steuerfrei* (Trend 6/1995, Internet) – Vgl. Ausmaß

Höchstgericht A das; -(e)s, -e: ›↗Verfassungsgerichtshof und ↗Verwaltungsgerichtshof als Gerichte des öffentlichen Rechts sowie Oberster ↗Gerichtshof als höchste Instanz der ordentlichen Gerichtsbarkeit‹: *Kammer und Wirtschaftsbund haben eine Klage vor dem Höchstgericht angekündigt* (NÖN 22. 6. 1998, 10) – Vgl. Höchstrichter, Kartellgericht

Höchstnote (gemeindt.): ↗MAXIMALNOTE

Höchstrichter Höchstrichterin A der; -s, – bzw. die; –, -nen: ↗BUNDESRICHTER CH ›Richter(in) bei einem der drei ↗Höchstgerichte‹: *Wenn ich, wie bei der Bestellung einer Höchstrichterin, Kontrolle ausübe, werden meine Kompetenzen gleich beschnitten* (Profil 30. 3. 1998, 37) – Vgl. Verfassungsrichter, Verwaltungsrichter – Dazu: **höchstrichterlich** A D

Hochunserfrauentag STIR der; -(e)s, -e: ↗FRAUENTAG: *HOHE FRAUENTAG A; *GROẞE FRAUENTAG D-südost ›Marienfeiertag am 15. August; Mariä Himmelfahrt‹: *Morgen ist Hochunserfrauentag. Die haben die Kirch hergerichtet* (Lanthaler, Grobes Foul 146)

Hochweitsprung CH der; -(e)s, ohne Plur.: ›sportliche Disziplin beim ↗Nationalturnen, bei der Höhe und Weite eines Sprunges massgebend sind‹: *Von sechs*

Disziplinen (Steinheben, Steinstossen, Freiübung, Hochweitsprung, Weitsprung, 100-m-Lauf) hatten die Athleten fünf zu bestreiten (Bund 22. 6. 1996, 49) – In A und D selten. Die Bedeutung ›Hindernissprung im Pferdesport‹ ist gemeindt.

Hock Höck CH der; -(e)s, Höcke/Höcks: ›[regelmässiges] gemütliches Zusammentreffen (von Vereinsmitgliedern)‹: *Bei unseren monatlichen Höcks (z. B. Kartfahren, Schiessen, Fondue- oder Grillplausch, Werksbesichtigungen usw.) bietet sich die Möglichkeit, gemeinsam etwas zu unternehmen und Spass zu haben* (Porsche Club Seetal Luzern, 1999, Internet) – In A-west (Vbg.) nur in der Form *Hock* und nur als Simplex gebräuchlich. Vgl. hocken – Dazu: **Klausenhock** (↗Klaus), **Pfadihock** (↗Pfadi), **Teamhock, Vereinshock, Weihnachtshock**

hocken A CH D-mittelost/süd sw.V./ist: **1.** ›sitzen‹: *Da hinten im letzten Winkel hinter dem stinkenden Sauerkrautfass, wo er dann gehockt war, sich nicht hinaufgetraut, geglaubt hatte, alles ist jetzt aus …* (Wolfgruber, Verlauf eines Sommers 89; A); *Stundenlang hockte er daheim und las alte Briefe* (Diggelmann, Daniela 25; CH). **2.** sich; ↗HINSITZEN A CH, ↗NIEDERSETZEN A D-südost, ↗NIEDERSITZEN A D-südost, ↗ABSITZEN CH, ↗SITZEN CH ›sich [hin]setzen‹: *Zwei Wochen lang hockte sich unsereins immer wieder zu spätnächtlichen Stunden vor das TV-Gerät* (Kleine Ztg 6. 8. 1996, Internet; A); *Vizepräsident Andi G. hockte sich ans Mikrofon und übernahm die Führung* (Sissacher Volksstimme 12. 12. 2002, 15; CH) – Die Bedeutungen ›in zusammengekauerter Haltung sitzen, sich in diese Haltung setzen‹ sind gemeindt. In diesen gemeindeutschen Bedeutungen wird das Perfekt in A, CH und D-süd mit *sein* gebildet, in D-nord/mittel mit *haben.* Das gilt auch für die Zus. wie z. B. *hinhocken, niederhocken, zusammenhocken.* Vgl. Hock

Hocker (gemeindt.): ↗STOCKERL, ↗TABOURETTLI

Hocker: *etw. haut/reisst/reißt jmdn. vom Hocker CH D (salopp): ↗STOCKERL: *ETW. HAUT/REIßT JMDN. VOM STOCKERL A, ↗SOCKEN: *ETW. HAUT JMDN. AUS DEN SOCKEN CH D, ↗STUHL: *ETW. HAUT/REISST/REIßT JMDN. VOM STUHL CH D ›etw. überrascht oder begeistert jmdn. außerordentlich‹: *Frustrierend für Deutschland, aber wahr: Ein 911 Turbo reisst hierzulande niemanden vom Hocker, es gibt schlicht zu viele dieser Käfer-Erben* (Automobil Revue 36, 2000, Internet; CH); *Geplante Übernahme von Teldafax reißt Anleger nicht vom Hocker* (Welt 16. 6. 2000, Internet; D) – Das Substantiv *Hocker* ist in allen anderen Verwendungen gemeindt.

Hofdünger CH der; -s, –: ›Jauche und Mist vom eigenen Vieh als Dünger‹: *Jede Familie hält etwas Vieh; der Hofdünger reicht gerade für die Gemüsegärten* (Bund 2. 6. 1999, 2)

Hofrat Hofrätin A der; -(e)s, …räte bzw. die; –, -nen: **1.** /Berufstitel in manchen Verwaltungsbereichen/: *Rudolf S., Hofrat in der Bundespolizeidirektion und Waffenhändler im Auftrag des Staates, hat dafür volles Verständnis* (News 23. 12. 1997, 50). **2.** /ehrenhalber verliehener Titel für bestimmte Dienstränge der Verwaltung/: *Und damit es dem nicht allzu schlecht ergeht, soll nun jedes Gewerkschaftsmitglied solidarisch sein und brav Steuern zahlen, damit der Herr Hofrat auch mit 80 Prozent seines Letztbezugs in Pension gehen kann* (Falter 3. 11. 1997, 7); ***[die Hofräte] Hinsichtl und Rücksichtl** (scherzh.) ›(personifiziert gedachte) den unterschiedlichen Interessen politischer Gesinnungslager gerecht werden wollende Haltung, die dazu führt, dass Entscheidungen hinausgezögert werden und der bzw. die Entscheidungungsträger(in) korrumpierbar wird‹: *Vranitzky hatte auch in dieser Angelegenheit, wie so oft, die altehrwürdigen Hofräte Hinsichtl und Rücksichtl zu Beratern* (OÖN 18. 1. 1992, 2) – Abk. HR. Um den Berufstitel vom Ehrentitel zu unterscheiden, gab es früher für den Berufstitel die Bezeichnung *Wirklicher Hofrat*

högen sich D-nord sw.V./hat: ›sich freuen; jmdn. erfreuen‹: *Wer sich högt, der freut sich diebisch, amüsiert sich prächtig, schlägt sich vielleicht sogar auf die Schenkel* (Hamburger Abendbl 25. 6. 2002, Internet)

Höhe: *in der Höhe von A CH; ***in Höhe von** A D /zur Angabe von nummerisch ausdrückbaren Größen (z. B. [Geld]beträge])/: *Die Pension des Alfred Pamperl wurde an jedem Ersten überwiesen … in der Höhe von Schilling 6218,60* (Semrau, Zimtapfel 84; A); *Sie ist auch Universalerbin des Privatvermögens in Höhe von 1,5 Milliarden Schilling und sämtlicher Immobilien* (News 23. 12. 1997, 193; A); *Zur Finanzierung der Investitionen für die Wasserversorgung wird die Gemeinde Fremdmittel in der Höhe von 1,2 Millionen Franken aufnehmen* (Engadiner Post 4. 10. 1997, 10; CH); *Die Teilnahme ist kostenlos; gezahlt wird eine monatliche Beihilfe in Höhe von 195 Mark* (WAZ 15. 1. 2000, Internet; D); ***Höhe über Meer** CH siehe Meer – Zu der Wendung *in [der] Höhe von* vgl. Ausmaß. Das Substantiv *Höhe* ist in allen anderen Verwendungen gemeindt.

Höherqualifizierung A die; –, -en (formell): ›möglichst gute, breite oder spezielle Qualifikation einer Person‹: *Großer Wert wird in den Geschützten Werkstätten auf Ausbildung und Höherqualifizierung gelegt* (Bundesministerium für Arbeit und Soziales, 1995, 13)

Hohrücken CH der; -s, –: ↗ROSTBRATEN A, ↗HOCHRIPPE D, ↗RIPPE: *HOHE RIPPE D-nord/mittel ›Fleisch vom oberen Rücken des Rindes‹: *Zusätzlich … zwei Männer wären an der Schlachtlinie von-*

nöten, um die Wirbelsäule zu entfernen, ohne hochwertige Fleischstücke wie Filet, Entrecôte oder Hohrücken zu verletzen (Bund 5. 12. 1997, 2)

hoi! CH: ↗GOTT: GRÜß DICH/EUCH [GOTT] A D-süd, ↗SERVUS A D-südost, ↗SALÜ CH ›hallo!‹ /informelle Grussformel/: *Und dann kam der Friedensrichter nach Haus; ›Hoi, Onkel Xaver!‹* (Späth, Unschlecht 68)

Holder A-west (Vbg.) CH D-südwest der; -s, –: ↗HOLLER A (ohne Vbg.) D-süd, ↗FLIEDER D-nord/mittelost ›Holunder‹: *Man kann den Holder ganz nach Lust und Laune als Baum, Busch oder Hecke ziehen* (VN 10. 9. 1999, Magazin 21; A-west); *Die sinnigen Sprüche, die das Liebespaar unter dem Holderbaum tauscht, täuschen nicht darüber hinweg, dass in der Oberschicht die Vernunftheirat dominiert* (Treichler, Abenteuer Schweiz 107; CH); *Die Hausfrau buk da und dort ihre Holderküchlein* (Woll, Bräuche und Feste 65; D-südwest) – Dazu: **Holderküchlein** A-west (Vbg.) D-südwest

Holler der; -s, –: **1.** A (ohne Vbg.) D-süd; ↗HOLDER A-west (Vbg.) CH D-südwest, ↗FLIEDER D-nord/mittelost ›Holunder‹: *... Birnen nicht geschmeckt, Holler nicht geschmeckt, Äpfel nicht geschmeckt, nichts da sonst, gar nicht, wollen Wein, kein Wein, reden über Bier, kein Bier ...* (Reichart, Fotze 64; A). **2.** A (abwertend, Grenzfall des Standards); ↗QUARGEL A, ↗SCHAS A, ↗TOPFEN A, ↗GUGUS CH, ↗HAFENKÄSE CH, ↗KABIS CH, ↗KÄSE CH D, ↗MUMPITZ CH D (ohne südost), ↗QUARK CH D, ↗SCHNICKSCHNACK D, ↗BLECH D (ohne südost), ↗FEZ D (ohne südost), ↗KAPPES D-mittelwest, ↗KOHL D-nord/mittel, ↗KOKOLORES D (ohne südost) ›Quatsch; Unsinn‹: *Viel Blut, mühsame Handlung: ein kompletter Holler* (Kurier 17. 9. 1997, 32) – Zu 1.: **Hollerblüte, Hollerbusch, Hollerkoch** (↗Koch), **Hollerküchel** (↗Küchel) D-südost, **Hollermandl** (↗Mandl), **Hollerröster** (↗Röster), **Hollersaft, Hollersekt, Hollerstrauch**

holpern (gemeindt.): ↗STUCKERN

Holunder (gemeindt.): ↗FLIEDER, ↗HOLDER, ↗HOLLER

Holzbringung A die; –, -en: ›Transport von Holz ins Tal, zu einem Lager- oder Sammelplatz‹: *Der Bub hatte seinem Vater und seinem Bruder bei der Holzbringung im unwegsamen Gelände geholfen* (OÖN 2. 1. 2001, 15) – Vgl. bringen

hölzeln A sw.V./hat (Grenzfall des Standards): ↗ZUZELN A (ohne west) ›fehlerhafte Aussprache der Zischlaute, bei der die Zunge zwischen die oberen und unteren Vorderzähne gestreckt wird; lispeln‹: *Hölzeln Sie nicht, stottern Sie nicht und reden Sie laut genug, sodass auch noch die Zuhörer in der letzten Reihe etwas zu hören bekommen* (Prokop, Die Rede, 2002, Internet)

holzen sw.V./hat: **1.** A CH D-südost ›Holzarbeiten (im Wald) verrichten‹: *Der Sturz vom Wickeltisch, ... das Missgeschick beim Holzen oder das Ausrutschen auf dem ungesicherten Teppich sind nur ein paar typische Unfallsituationen* (Kleinwalsertal, 2002, Internet; A); *Wir mussten von klein auf im Garten helfen, im Wald holzen oder heuen für unsere einzige Selbstversorgerkuh* (Südostschweiz 27. 6. 2001, Internet; CH). **2.** A D ›sehr hart und unfair Fußball spielen‹: *Was Fußballer und Zuschauer viel mehr aufregte als das Spiel, war der belgische Schiedsrichter ... Der gute Mann ließ holzen, beiderseits* (OÖN 4. 5. 1990, 25; A); *Da wurde getreten und geholzt, nur um möglichst viele FSV-er um die Oberliga-Aufstiegsrunde zu bringen* (Dresdener Sportclub 19. 3. 2003, Internet; D) – Zu 1.: In D (ohne südost) veraltend. Zu 1 vgl. schlagen, schlägern. Zu 1 und 2 vgl. Holzhacker – Zu 1.: **abholzen, umholzen.** Zu 1. und 2.: **Holzer**

Holzfäller (gemeindt.): ↗HOLZHACKER

Holzhacker der; -s, –: **1.** A CH D-süd ›Holzfäller‹: *Freude auch in der forstlichen Ausbildungsstätte in Gmunden: »Wir haben schon immer gewusst, dass unsere Holzhacker die besten sind«* (OÖN 6. 6. 1994, 17; A); *Die Vorfahren der Eltern sind Bauern und Holzhacker, der Vater war Schreiner* (Schweiz. Kirchenztg, 6/1998, Internet; CH). **2.** CH ›Maschine, die Holz zerkleinert‹: *Hackermesser für alle gängigen Holzhacker zu günstigen Preisen* (EMS Ersatzteil- und Maschinenservice, 2002, Internet). **3.** A D (abwertend, Fußball); ↗HACKER CH, ↗KNÜPPLER D, ↗TRETER D-nord/mittel ›hart spielender, unfairer Fußballspieler‹: *Foul? Nie! Holzhacker Herzog: »Ich habe nur den Ball gespielt, weil der Prosinecki so herumgezupft hat«* (OÖN 2. 3. 2001, 27; A); *Auf der anderen Seite sehe ich mich nicht als Holzhacker ... ich habe mich fußballerisch verbessert* (Berliner Ztg 24. 3. 1998, Internet; D) – Zu 1.: In D-nord/mittel selten. Zu 1. und 3.: Die weibliche Form *Holzhackerin* ist selten. Zu 1 und 3 vgl. holzen

Holzschnitzel CH die; nur Plur.: ↗HACKSCHNITZEL A ›kleine Holzstücke‹: *Zu verkaufen Holzschnitzel: Rindenschnitzel, Sägemehl, Brennschnitzel, Latten, Pfähle, Brennholz* (Tierwelt 15. 8. 1997, 136) – In D selten – Dazu: **Holzschnitzelfeuerung, Holzschnitzelheizung**

Holzstoß (gemeindt.): ↗SCHEITERBEIGE

Holzverkleidung (gemeindt.): ↗GETÄFEL, ↗GETÄFER, ↗TÄFELUNG, ↗TÄFER, ↗TÄFERUNG, ↗VERTÄFELUNG

homologieren CH STIR sw.V./hat ⟨aus ital. *omologazione* ›Genehmigung‹⟩: **1.** ↗ABNEHMEN CH D ›(ein Gerät, eine Ausrüstung, eine Entwicklung) behördlich genehmigen‹: *In Kosovo sehnen sie sich nach einem von der Uefa homologierten Wettbewerb und* *nach internationalen Spielen* (TA 23. 4. 1998, 55; CH); *Der Sturzhelm muss immer homologiert und zugeschnallt sein!* (Eckl, Führerschein 48; STIR). **2.** ›(eine Urkunde) gerichtlich beglaubigen‹: *In ein paar Tagen, wenn der Nachlassvertrag homologiert ist, werden sich 11,37 Mio Fr. Schulden in Luft aufgelöst haben* (Blick 16. 1. 1999, 14; CH); *Gründungs- und Änderungsurkunden von Kapitalgesellschaften müssen nur mehr in Sonderfällen durch das Gericht homologiert werden* (Dolomiten 10. 1. 2001, 10; STIR) – Die Verwendungen in den Bereichen Skilauf und Motorsport sind gemeindt. – Dazu: **Homologierung**

Honigkuchen D-nord/mittel der; -s, –: ↗LEBZELTEN A D-südost, ↗BIBER CH, ↗KUCHEN: *BRAUNE KUCHEN D-nord, ↗PFEFFERKUCHEN D-nord/mittel, ↗PRINTE D (ohne nordost/südwest) ›Lebkuchen‹: *Nur bei festlichen Gelegenheiten wurden Speisen mit Honig gesüßt oder kam Honigkuchen auf den Tisch* (Universität Weimar 13. 6. 2002, Internet) – Dazu: ↗**Honigkuchenpferd** D (ohne südost)

Honigkuchenpferd: *grinsen/lachen/strahlen wie ein Honigkuchenpferd D (ohne südost) (scherzh.): ↗HUTSCHPFERD: *GRINSEN WIE EIN [FRISCH LACKIERTES] HUTSCHPFERD A, ↗MAIKÄFER: *STRAHLEN WIE EIN MAIKÄFER CH D-südost ›sich sichtlich sehr freuen‹: *F. grinst wie ein Honigkuchenpferd, Eisenbahn fahren ist für ihn das Größte* (Waiblinger Kreisztg 8. 8. 2001, Internet) – Vgl. Honigkuchen

Hoppeditz D-mittelwest der; -es, -e: ›Symbolfigur des rheinischen ↗Karnevals‹: *Der Hoppeditz ist ein Nachfahre des Hofnarren … Diese typische Düsseldorfer Narrenfigur … wurde von vielen anderen rheinischen Karnevalshochburgen übernommen* (Düsseldorf-Gerresheimer Bürgerwehr 21. 11. 2002, Internet)

horizontal (gemeindt.): ↗WAAGERECHT, ↗WAAGRECHT

Hörnchen das; -s, –: **1.** A D (ohne südwest) (meist Plur.); ↗HÖRNLI CH, ↗HÖRNCHENNUDEL D (ohne südwest) ›kurze, gebogene Teigware‹: *Im großen Kochtopf schwammen nun verloren eine Handvoll Fleckerln mit Hörnchen* (Familie Zauner, Wie wir den Glauben erleben, 2002, Internet; A); *Abwechslung in die Nudel-Küche bringen nicht nur die üblichen Sorten wie Spaghetti, Spiralen, Bandnudeln oder Hörnchen* (Fortuna-Apotheke, 1999, Internet; D). **2.** D; ↗KIPFERL A, ↗GIPFELI CH, ↗HÖRNDL D-südost ›Gebäckstück in gebogener Form aus Blätterteig bzw. einem Teig aus ↗Hefe‹: *Das Frühstück gerät zum Hürdenlauf. Mit der rechten Hand wedel ich die Spatzen fort, in der linken halte ich ein Hörnchen* (Welt 13. 11. 1999, Internet). **3.** D-nordwest/mittel; ↗STANITZEL A-mitte/ost, ↗EISTÜTE A D (ohne südost), ↗CORNET CH ›trichterförmiges Gebäck aus Waffelteig, in das Speiseeis gefüllt wird‹: *Ob Fruchteis, … Eis im Hörnchen oder Eis am Stiel, 8,5 Kilo Speise-Eis schleckt jeder Bundesbürger im Jahr* (WDR, 1999, Internet) – Die Bedeutung /ein Nagetier/ ist gemeindt. – Zu 2.: **Mohnhörnchen, Nusshörnchen**

Hörnchennudel D (ohne südwest) die; –, -n: ↗HÖRNCHEN A D (ohne südwest), ↗HÖRNLI CH ›kurze, gebogene Teigware‹: *Zubereitung für 300 g … Broccoli, 125 g Hörnchennudeln, 100 ml süße Sahne und 50 g geriebenen Käse* (Knorr, 2000, Internet) – Vgl. Nudel

Hörndl D-südost das; -s, –: ↗KIPFERL A, ↗GIPFELI CH, ↗HÖRNCHEN D ›Gebäckstück in gebogener Form aus Blätterteig bzw. einem Teig aus ↗Hefe‹: *Wir bieten Ihnen ein vielfältiges Angebot an unterschiedlichen Backwaren … Brezen & Laugengebäck (Stangerl, Hörndl, Semmeln, Zöpferl)* (Firma Höfelsauer, Fürstenfeldbruck, 2002, Internet)

Hörndlbauer A D-südost der; -n, -n: ›Landwirt, der vorwiegend Rinderzucht und Milchwirtschaft betreibt‹: *Seit 1993 hat jeder siebente Hörndlbauer die Stalltür endgültig zugemacht* (Kleine Ztg 14. 3. 1997, Internet; A) – Eine weibliche Form ist nicht gebräuchlich. Vgl. Köndlbauer

Hörnli CH das; -s, – (meist Plur.): ↗HÖRNCHEN A D (ohne südwest), ↗HÖRNCHENNUDEL D (ohne südwest) ›kurze, gebogene Teigware‹: *Spaghetti oder Hörnli oder Makkaroni oder Rösti oder Fleisch zum Mittagessen* (Bachmann, Gilgamesch 29)

Hornuss CH der; -es, -e: ›Holz- oder Hartgummischeibe, die beim ↗Hornussen ins Spielfeld geschlagen wird‹: *Die schlagende Mannschaft versucht den Hornuss möglichst weit ins Ries (Spielfeld) zu schlagen* (Business Shuttle, Randsport Hornussen, 2000, Internet) – Im Dialekt auch *der Nuoss* genannt – Dazu: ↗**hornussen**

Hornussen CH das; -s, ohne Plur. ⟨aus dialektal *Hornuss* für ›Hornisse‹, nach dem Geräusch der fliegenden Gummischeibe⟩: ›Schweizer Volksspiel, bei dem eine Mannschaft eine Holz- oder Hartgummischeibe in ein Feld schlägt, die andere diesen mittels Holztafeln mit Stiel abzufangen versucht‹: *Sie trainierten fleissig Tischtennis, Sprint, Geräteturnen, Hornussen, Radfahren oder Hockey* (Bund 12. 11. 1999, 33) – Vgl. Hornuss, hornussen

hornussen CH sw.V./hat: ›das Spiel ↗Hornussen spielen‹: *Im Emmental wird nach wie vor mit Leidenschaft geschwungen, gehornusst und geplatzget (Boule-Variante, bei den Einheimischen auch »Stöckle« genannt)* (Businessworld Schweiz, 1999, Internet) – Vgl. Hornuss – Dazu: **Hornusserfest, Hornussergesellschaft, Hornusser(in), Hornusserplatz**

hors-sol CH Adj. ['ɔrsɔl] ⟨frz.⟩ (indekl., nicht steigerbar): ›ausserhalb des Bodens, mit Nährlösung [gezogen] (von Gemüse)‹: *Den hors-sol-gezogenen Salat vermochten die Degustatoren geschmacklich nicht vom konventionell gezogenen zu unterscheiden* (TA 6. 2. 1997, 70) – Dazu: **Hors-Sol-Produktion**

Horst D ⟨aus mhd. *horst* ›Dickicht, Gebüsch, Wald‹⟩: männl. Vorname: *Pusch blickte seinen Stellvertreter belustigt an: »Blödsinn, Horst!«* (Junge, Klassenfahrt 86) – In A selten

Hose (gemeindt.): ↗Buxe

Hose: *in die Hosen müssen CH: **a)** ›sich an die Arbeit machen müssen‹: *Auch Buwal und EAWAG müssen nun in die Hosen und dafür sorgen, dass die Fakten raschmöglichst auf den Tisch kommen* (Petri Heil 12. 12. 1999, Internet). **b)** ›sich zum [sportlichen] Wettkampf rüsten müssen‹: *Wenn du hier mitmachen willst, musst du voll in die Hosen … Auch Vollprofis finden hier ein geeignetes Umfeld, welches auch Teilnahmen an WM und Olympiade ermöglicht* (Schweizerischer Akademischer Skiclub, 2000, Internet); ***in die Hosen steigen** CH: **a)** ›sich an die Arbeit machen‹: *Ich möchte die Frauen animieren, sich ihr Selbstbewusstsein zurückzuholen. Sie müssen in die Hosen steigen und ihre Änderungswünsche laut und vernehmlich anmelden* (Sonntagsztg 25. 1. 1998, Internet). **b)** ›sich zum [sportlichen] Wettkampf rüsten‹: *Sogar Enrico L., Leiter der Gemeinderatskanzlei und beim FC Gemeinderat Sekretär und Kassier, stieg ausnahmsweise in die Hosen. Überraschenderweise schoss er dann gleich das erste Tor des Spiels* (TA 24. 10. 1998, 19); ***die Hose mit der Beißzange anziehen** D-süd; ***die Hose mit der Kneifzange anziehen** D-nord/mittel (Grenzfall des Standards): ↗Brennsuppe: *nicht auf der Brennsuppe dahergeschwommen sein A D-mittelost/südost, ↗Nudelsuppe: *nicht auf der Nudelsuppe dahergeschwommen sein A D-mittelost/südost ›sich nicht gut auskennen; keine Ahnung von etw. haben [obwohl dies von anderen bezweifelt wird]‹: *Der Erzähler will mir weismachen, dass die einheimischen Pensionäre … auf den See hinaus schippern, um sich in der Sonne braten zu lassen. Das kann er einem erzählen, der die Hose mit der Kneifzange anzieht. Mir nicht* (Literaturmagazin Lit-Ex, 2001, Internet; D-nord/mittel); *Und wer glaubt, dass Polizei und Straßenmeisterei die nötigen Warnbaken mit dem Handkarren hin und zurückfahren, zieht sich seine Hose auch mit der Beißzange an* (Zeitungsverlag Waiblingen 18. 12. 2001, Internet; D-süd); ***Jacke wie Hose** D (ohne südost) siehe Jacke; ***mit abgesägten Hosen [dastehen]** CH siehe absägen – Das Substantiv *Hose* ist in allen anderen Verwendungen gemeindt.

Hosenkacker D-nord/mittel der; -s, – (derb): ↗Bangbüx D-nord/mittel, ↗Schisser D (ohne mittelost) ›Angsthase, Feigling‹: *Als Männer über 30 blickten sie zurück und zogen über … Wichtigmacher her: … Hosenkacker, aalglatte nimmersatte Jammerlappen* (Spiegel 25. 12. 2001, Internet)

Hosenlupf CH der; -(e)s, ohne Plur.: **1.** ›Kampf beim ↗Schwingen; Ringkampf‹: *Grosskampfstimmung morgen am Brünig-Schwinget, dem wichtigsten Hosenlupf in dieser Saison. Die 50 besten Berner und Innerschweizer … steigen in die Schwingerhosen* (Blick 30. 7. 1994, 21). **2.** ›Auseinandersetzung (zwischen Menschen); Kräftemessen‹: *Früher, als Rychen noch kantonaler Parteipräsident war, wagte er den Hosenlupf mit Blocher, konnte ihn aber nicht bodigen* (TA 27. 11. 1998, 11)

Hosensack A-west CH D-süd der; -(e)s, …säcke: ›Hosentasche‹: *Weil wir … Leuchtmarker oft in unsern Hosensäcken haben …, passiert gelegentlich ein Unglück, indem im Hosensack der Deckel abgeht und dann unsere Kleider gelb markiert sind* (Coop Kundendienst, 1997, Internet; CH); ***etw. wie seinen Hosensack kennen** A-west (Vbg.) CH siehe kennen – Das Substantiv *Hosensack* ist in A (ohne west) dialektal und veraltet

Hosensaum (gemeindt.): ↗Hosenstoss

Hosenstoss CH der; -es, …stösse: ›unteres Ende des Hosenbeines; Hosensaum‹: *Die Beine sind leicht gespreizt, die Hosenstösse etwas hochgerutscht. Er muss, ohne das Licht gelöscht zu haben, sofort eingeschlafen sein* (Ingold, Aida N. 345)

Hosentasche (gemeindt.): ↗Hosensack, ↗Sack

Hospitalisation CH BELG LUX die; –, -en: ›Einweisung in ein ↗Spital‹: *Bei dramatischer Situation ist die Hospitalisation auf der Intensivstation unumgänglich!* (Schweiz. Medizin Forum 6. 6. 2001, 615; CH); *Unheilbar Kranke haben vor einer erneuten Hospitalisation große Ängste* (Christlich Soziale Partei 25. 2. 2003, Internet; BELG); *Eine wichtige Funktion dieser Help-Line ist es … vorschnelle Hospitalisationen als Panikreaktionen zu vermeiden* (Luxemburger Alzheimer-Vereinigung 11. 2. 2003, Internet; LUX) – In D amtssprachlich und selten. In A nur in der gemeindt. Form *Hospitalisierung* gebräuchlich und amtssprachlich. Vgl. hospitalisieren

hospitalisieren CH BELG LUX sw.V./hat: ›in ein ↗Spital einweisen‹: *Schliesslich kam das Auto des Unfallverursachers … zum Stillstand. Der Rentner und seine beiden Mitfahrerinnen wurden hospitalisiert* (Bund 19. 10. 1999, 23; CH); *Viele unserer Mitglieder, die in den vergangenen Jahren hospitalisiert wurden, haben festgestellt, dass … nur noch geringe Kosten … bleiben* (Profil des Lebens 33/2000, 3; BELG); *N. erlitt einen Nervenzusammenbruch und musste hospitalisiert werden* (Jugend- und Drogenhilfe 29. 1. 2003, Internet;

LUX) – In A und D amtssprachlich und selten – Dazu: ↗**Hospitalisation, Hospitalisierung**

HR siehe Hofrat

HS siehe Hauptschule

HTL A CH die; –, -s: buchstabierte Abk. für *Höhere technische ↗Lehranstalt*: ›berufsbildende höhere Schule (↗BHS) technischer Richtung, die mit der Erlangung der Hochschulreife abschließt, bzw. Gebäude, in dem diese Schule untergebracht ist‹: *Sie besuchte die HTL für Angewandte Malerei und absolvierte anschließend eine dreijährige Fachausbildung mit Praxis* (Tirolerin 2/2000, 112; A); *Wir suchen Gesamtprojektleiter/in Planung Architekt ETH/HTL* (BaZ 25./26. 10. 1997, 70; CH) – In CH veraltend, da seit 1996 die Berufsbildung auf Hochschulebene einheitlich *Fachhochschule* heißt. Nur noch als Berufstitel gebräuchlich – Dazu: **HTL-Abschluss, HTL-Ingenieur(in), HTL-Lehrer(in), HTL-Matura** (↗Matura) A, **HTL-Maturant(in)** (↗Maturant) A, **HTL-Schüler(in)**

Hubel CH der; -s, – (Grenzfall des Standards): ↗BÜHEL A, ↗RIEDEL A (ohne west), ↗BUCKEL D-süd ›Hügel‹: *Er durfte ihr bestenfalls Ansichtskarten von allen Hubeln und Berggipfeln schicken* (Durschei, Meldegg 40) – Auch in der Form *Hübel* gebräuchlich

Hübel siehe Hubel

Hubschrauber A D der; -s, –: ↗HELI CH ›Helikopter‹: *Der Hubschrauber flog Getränke und Verpflegung zur Almhütte* (Schöpf, Ausgedingler 49; A); *Ein Hubschrauber flog tief über die Felder und verstäubte gelben Nebel* (Erler, Palais 77; D) – In CH selten. Wird auf der ersten Silbe betont, in A und CH mit Kurz- oder Langvokal, in D nur mit Langvokal – Dazu: ↗**Notarzthubschrauber** A, **Polizeihubschrauber** D, ↗**Rettungshubschrauber**

Hucke: *jmdm. die Hucke voll hauen D-nord/mittel (Grenzfall des Standards): ↗HERSCHLAGEN A, ↗TRISCHACKEN A-ost, ↗ABSCHLAGEN CH, ↗BREI: *JMDN. ZU BREI SCHLAGEN CH D (ohne südost), ↗VERKLOPFEN CH D-südwest, ↗VERMÖBELN CH D, ↗VERHAUEN D, ↗VERKLOPPEN D-nord/mittel, ↗VERTRIMMEN D-nord/mittel ›jmdn. verdreschen; verprügeln‹: *Wenn der ins Grübeln kommt, wer von beiden damals wem die Hucke voll gehauen hat, kann das … gefährlich werden* (Tagesspiegel 24. 8. 2001, Internet); ***die Hucke voll kriegen** D-nord/mittel (Grenzfall des Standards) ›verprügelt werden‹: *Und dabei dachten wir schon, wir kriegen die Hucke voll, als die mit zwölf Mann ankamen* (NRZ 17. 12. 2000, Internet); ***die Hucke voll lügen** D-nord/mittel (Grenzfall des Standards) ›maßlos lügen‹: *Der Tenor war: Fahrt ruhig hin, der lügt euch eh die Hucke voll* (Tagesspiegel 8. 1. 2000, Internet); ***sich die Hucke voll saufen** D (ohne südost) (Grenzfall des Standards): ↗KANTE: *SICH DIE KANTE GEBEN D-mittelwest ›sich hemmungslos betrinken‹: *Wer sich die Hucke voll säuft und auf andere einschlägt, der hat keine Nachsicht verdient* (Tagesspiegel 3. 9. 2001, Internet) – Das Substantiv *Hucke* in den Bedeutungen ›Rücken; auf dem Rücken zu tragende Last‹ und ›Mantel; Kapuze‹ ist veraltet

hudeln sw.V./hat.: **1.** A D-süd (salopp); ↗SCHLUDERN A (ohne west) CH D, ↗SCHLAMPEN CH D, ↗SCHLUNZEN D-nordost/mittelwest ›durch übertriebene Hast unsorgfältig arbeiten; pfuschen‹: *Wie oft habe ich mir schon geschworen, gerade in der Küche nicht mehr zu hudeln. Kochen mit Liebe nützt gar nichts, wenn man sich nicht die notwendige Zeit zur Zubereitung der Speisen nimmt* (OÖN 20. 3. 1989, 4; A); ***Nur nicht hudeln!** A D-süd ›Nichts überstürzen!‹: *Es ist ja noch so lange Zeit. Die paar Millionen Chips in österreichischen Rechengeräten können wir am Silvesterabend, zwischen Lachs und Sekt, auch noch auswechseln. »Nur nicht hudeln«, wie der Österreicher zu sagen pflegt* (OÖN 2. 10. 1999, 12; A). **2.** CH (nur in Verbindung mit *es*); ↗SCHAUERN D (ohne mittelost/südwest), ↗PLADDERN D-nord, ↗PLÄSTERN D-mittelwest ›sehr stark regnen; schütten‹: *Sie können in der warmen Wirtsstube sitzen, wenn's draussen stürmt und hudelt, und sie finden Kollegen, denen es genau gleich ergeht wie ihnen* (Kolb, Niederdorf 30) – Zu 2 vgl. auch die gleichbedeutenden Redewendungen unter Bindfaden, Kübel – Zu 1.: **Hudelei, Hudler(in).** Zu 2.: ↗**Hudelwetter**

Hudelwetter CH das; -s, ohne Plur.: ↗SCHMUDDELWETTER D (ohne südost) ›nasskaltes Wetter; Sauwetter‹: *Sie kaufen sich einen bunten Schirm, weil trotz oder wegen der guten Wetterprognose wieder einmal Hudelwetter ist* (Bund 3. 7. 1999, 24) – Vgl. hudeln

Huder STIR der; -s, -n/die; –, -n (Grenzfall des Standards): **1.** ↗HADER A D-südost ›Lumpen, zerschlissene Kleidung, Stoffreste‹: *Damals ging man noch ordentlich »kirchen«, sagt meine Mutter, nicht in diesen modernen Hudern und Schlumpen* (Marseiler, Bergbauern 214). **2.** ↗FETZEN A, ↗PUTZTUCH A D-nord/mittel, ↗LUMPEN A-west (Vbg.) CH D-süd, ↗PUTZLAPPEN A-west (Vbg.) CH D (ohne nordost/südost), ↗LAPPEN D, ↗SCHEUERLAPPEN D-nord/mittel ›Tuch zum Putzen‹: *Am Tag danach ist man dann meist wie eine nasse Huder* (Dolomiten 20. 11. 2001, 20) – In A-west (Tir.) dialektal

Hudigäggeler CH der; -s, – (Grenzfall des Standards): ↗LÄNDLER A CH, ↗LÄNDLERMUSIK CH ›volkstümliche [Instrumental]musik‹: *Liebevolle Hommage an den Hudigäggeler und witzige Persiflage in einem Atemzug: Mit einem (sc)herzhaften Juchzer beginnt Kasimir G.s »Die lustigen Weiber in der Waschküche»* (Bund 15. 4. 2000, 7) – Auch in der Schreibung *Hudigägeler*

Hüferl A das; -s, -(n) (Plur. ungebräuchl.): ›vorne gelegener, oberster Teil der Hüfte des Rindes, der zum Kochen und Dünsten verwendet wird‹: *Er will zeigen, dass nicht nur der teure Lungenbraten ein Schmankerl ist, sondern dass sich auch preiswerte Beinscherzel, Rieddeckel, Hüferl oder Hinteres zu wohlschmeckenden Speisen verarbeiten lassen* (OÖN 23. 9. 1987, 6) – In A-ost auch in der Schreibung *Hieferl.* Wegen uneinheitlicher Schnittführung gibt es keine direkte Entsprechung der Fleischteile. Vgl. Hüferscherzel, Hüferschwanzel, Knöpfel

Hüferscherzel A das; -s, -(n) (Plur. ungebräuchl., Küche): ↗Rose A, ↗Huftplätzli CH ›unterer auslaufender Teil des ↗Hüferls‹: *Dabei handelt es sich eigentlich um ein Hüferscherzel, das sich wegen seiner lockeren Faserstruktur gut zum Grillen eignet* (Wellness 10/1997, Beilage 9) – In A-ost auch in der Schreibung *Hieferscherzel.* Wegen uneinheitlicher Schnittführung gibt es keine direkte Entsprechung der Fleischteile. Vgl. Hüferschwanzel, Knöpfel

Hüferschwanzel A das; -s, -(n) (Plur. ungebräuchl., Küche): ↗Bürgermeisterstück D ›oberer Teil des ↗Hüferls‹: *Der Konsument ist der Leidtragende. Er kriegt ein Hieferschwanzl oder einen Wadschinken, die trotz langen Siedens, Dünstens, Bratens zäh bleiben* (OÖN 23. 3. 1990, 15) – In A-ost auch in der Schreibung *Hieferschwanzel.* Vgl. Hüferscherzel, Knöpfel

Huft CH die; –, ohne Plur. (Küche): ›Fleisch von der Hüfte (des Rinds, selten auch des Lamms, Kalbs oder Schweins)‹: *Wahrscheinlich waren die Berufsköche die ersten, die nur noch von zarten Rückenteilen etwas wissen wollten, vom Filet, vom Entrecôte, von der Huft, kurz, von jenem Fleisch, das man nur abzuschneiden und in der Pfanne … ein paarmal zu drehen brauchte* (Blick 25. 6. 1995, 58) – Vgl. den Kommentarteil zu ↗Hüfte – Dazu: ↗**Huftplätzli, Huftsteak, Lammhuft, Rindshuft** (↗Rinds-), **Rindshuftsteak** (↗Rinds), **Schweinshuft** (↗Schweins-)

Hüftdeckel D-mittelwest/südwest der; -s, – (selten): ↗Tafelspitz A D, ↗Rosenspitz D-süd ›in der Suppe gekochtes und in Scheiben geschnitten serviertes Rindfleisch von der Hüfte‹: *Der Tafelspitz ist ein Stück aus dem Hinterviertel des Rinds. Dieses Schwanzendstück … wird in Deutschland Hüftdeckel oder Rosenspitz genannt* (Restaurant Gargantua 26. 11. 2002, Internet)

Hüfte D die; –, ohne Plur.: ›Fleisch vom oberen, hinteren Teil des Hinterschenkels des Rindes‹: *Zutaten: 2 Rinderrouladen aus der Hüfte à 160 g* (ZDF 21. 1. 1999, Internet) – Wegen uneinheitlicher Schnittführung gibt es keine direkte Entsprechung der Fleischteile, die *Hüfte* ist in CH nur ein Teil des ↗*Stotzen* und der ↗*Huft*, in A sind der ↗*Tafelspitz* und das ↗*Hüferschwanzel* nur ein Teil der Hüfte. Andere Bedeutungen sind gemeindt.

Huftplätzli CH das; -s, –: ↗Hüferscherzel A, ↗Rose A ›flaches Fleischstück von der Hüfte des Rindes‹: *Das geänderte Lebensmittelgesetz … schreibt vor, dass … Fleischverkäufer angeben müssen, aus welchem Land die Rindsfilets oder Huftplätzli stammen* (TA 29. 8. 1996, 3) – Vgl. Huft, Plätzli

Hügel (gemeindt.): ↗Buckel, ↗Bühel, ↗Hubel, ↗Riedel

Huhn (gemeindt.): ↗Backhendl, ↗Backhuhn, ↗Brathähnchen, ↗Brathendl, ↗Brathuhn, ↗Broiler, ↗Güggeli, ↗Hähnchen, ↗Hendl, ↗Mistkratzerli, ↗Poulet

Hühnerhaut CH die; –, …häute (Plur. ungebräuchl.): ›Gänsehaut‹: *Trotz der immer noch drückenden Hitze habe ich Hühnerhaut, als wir zuhause ankommen* (Beobachter Jahrbuch 1986, 23) – In A selten oder dialektnah

humorig A D (ohne mittelost/südwest) Adj.: ›humorvoll‹: *Eine humorig-satirische Auseinandersetzung mit dem österreichischen Bürokratentum* (Format 17. 4. 2000, 52; A); *Weniger humorig finden die Eltern von Baby Adrian, dass ein Wiesnbesucher ihr Kind nach Tölz entführt, weil er es im Vollrausch mit … dem eigenen Sohn verwechselt* (SZ 1. 1. 1998, 20; D)

humorvoll (gemeindt.): ↗humorig

Hund: *ein dicker Hund! CH D (Grenzfall des Standards) ›eine Frechheit!‹: *Dass man sich nachträglich im Schweizer Fernsehen über Ogi und nicht über die TV-Verantwortlichen lustig macht, ist schon ein dicker Hund* (Sonntagsblick 30. 1. 2000, A24; CH); *Wenn die Geschichte stimmte, dann war sie ein dicker Hund und würde großen Wirbel machen* (Verlagsgruppe Lübbe 4. 7. 2002; D); ***unter allem/jedem Hund** CH (Grenzfall des Standards): ↗Kanone: *unter aller Kanone CH D ›von schlechter Qualität; unter aller Kritik‹: *Am Morgen rief uns der Führer in sein Zelt und verkündete uns, wir vier seien unter allem Hund* (Schädelin, Eugen 116); *Die Leistung der Nati an der EM war unter jedem Hund. Die Einstellung gewisser Spieler grenzte schon an Arbeitsverweigerung* (Blick 22. 6. 1996, 14) – Das Substantiv *Hund* ist in allen anderen Verwendungen gemeindt.

Hundehalter (gemeindt.): ↗Herrchen, ↗Herrl, ↗Hündeler/Hündelerin

Hundehalterin (gemeindt.): ↗Frauchen, ↗Frauerl, ↗Hündeler/Hündelerin

Hündeler Hündelerin CH der; -s, – bzw. die; –, -nen (Grenzfall des Standards): ↗Frauerl A, ↗Herrl A, ↗Frauchen CH D, ↗Herrchen CH D ›Hundehalter(in)‹: *Aber was hier an einem Sommerwochenende*

los ist, wenn sämtliche Hündeler aus der Stadt Basel bei uns einfallen und die Landgemeinden als Hundetoilette missbrauchen, das muss man erst einmal erlebt haben (Schweizer Familie 3. 6. 1999, 14)

hundert: *nicht ganz hundert sein CH: ↗HUSCHER: *EINEN HUSCHER HABEN A, ↗KLOPFER: *EINEN KLOPFER HABEN A, ↗PECKER: *EINEN PECKER HABEN A, ↗KLAMSCH: *EINEN KLAMSCH HABEN A-ost/südost, ↗SCHUSS: *EINEN SCHUSS HABEN A D, ↗HAU: *EINEN HAU HABEN A-west D-mittelwest, ↗ECKEN: *EINEN ECKEN ABHABEN CH, ↗MACKE: *EINE MACKE HABEN CH D (ohne südost), ↗MEISE: *EINE MEISE HABEN CH D-nord/mittel, ↗RAD: *EIN RAD ABHABEN D, ↗STICH: *EINEN STICH HABEN D, ↗HASCHMICH: *EINEN HASCHMICH HABEN D-nord/mittel, ↗KITTEL: *JMDM. BRENNT DER KITTEL D-südwest, ↗SCHLAG: *EINEN SCHLAG HABEN D-ost/südost ›nicht ganz bei Verstand sein; verrückt sein‹: *Vielleicht war das Attentat eine Möglichkeit, auf sich aufmerksam zu machen … Es sind einfach Individuen, die im Kopf nicht ganz hundert sind und Medienpräsenz suchen* (Sonntagsztg 19. 12. 1999, Internet) – Das Wort *hundert* ist in allen anderen Verwendungen gemeindt.

Hundert[1] CH D (ohne südost) die; –, -en: ↗HUNDERTER A CH D-süd ›Zeichen für die Zahl 100; Nummer (auf einer Liste o. Ä.); Verkehrslinie; 100 km/h‹: *Die Zahl der organspendenden Personen bewegt sich in der Schweiz seit Jahren um die Hundert* (Schweizerische Bundesverwaltung, Internet; CH) – Vgl. den Kommentarteil zu ↗Eins. Im Ggs. zum Substantiv *die Hundert* ist das kleingeschriebene Zahlwort *hundert,* z. B. *sie fährt hundert [km/h],* gemeindt.

Hundert[2] das; -s, -e: in der Bedeutung ›mehrere hundert, viele hundert‹ wird in A die Angabe meist direkt angeschlossen, in CH und D meist mit der Präposition *von.* Das gilt auch für *Dutzende, Tausende, Zehntausende, Hunderttausende, Millionen, Milliarden …* und für die entsprechenden Zus. mit *Aber-* und *Zig-*: *Hunderte Staatsdiener und Beamtengewerkschafter protestierten vor dem Parlament in Wien gegen die geplante Pensionsreform* (Ganze Woche 5. 11. 1997, 42; A); *Aus fünf Kratern … schossen … Lavafontänen … Hunderte von Metern hoch in die Luft* (Bär, Geographie Europas 37; CH); *Selbst Hunderte von Hinweisen brachten den Ermittlern nicht die erhoffte heiße Spur* (Welt 29. 3. 1996, Internet; D)

Hunderter der; -s, –: **1.** A CH D-süd; ↗HUNDERT CH D (ohne südost) ›Zeichen für die Zahl 100; Nummer (auf einer Liste o. Ä.); Verkehrslinie; 100 km/h‹: *Ein Hunderter aus grünem Marzipan zierte die dreistöckige Tortenkreation* (Kleine Ztg 8. 1. 2002, Internet; A); *So erzielte der 21-jährige Illgauer Andre M. das Punktemaximum und dank dem Hunderter in der letzten Passe liess er 46 weitere Maximumschützen, davon deren fünf mit 99 Punkten, hinter sich* (NLZ 13. 8. 2001, Internet; CH). **2.** A D-südost; ↗HUNDERTSTE CH D ›hundertster Geburtstag; hundertjähriges Bestehen einer Firma, eines Vereines o. Ä.; Person, die den 100. Geburtstag feiert‹: *Was soll schon serviert werden, wenn ein gefeierter Opernsänger freiwillig beim Heurigen seinen Hunderter feiert* (News 6. 11. 1997, 258; A) – Die Verwendung in der Mathematik und die Bedeutung ›Banknote mit dem Wert Hundert‹ sind gemeindt. Zur Verwendung des kleingeschriebenen Zahlwortes *hundert,* z. B. *sie fährt hundert [km/h],* siehe Hundert[1]

Hundertste CH D der; -n, -n: ↗HUNDERTER A D-südost ›hundertster Geburtstag; hundertjähriges Bestehen (einer Firma, eines Vereines o. Ä.)‹: *Politische Stellungnahmen … überlässt die Zürcher Regionalstelle … ihrer älteren Schwester Caritas Schweiz, die dieses Jahr den Hundertsten feiert* (TA 28. 2. 2001, 22; CH); *Plattenfirmen und Konzertveranstalter weiden den Hundertsten [von Louis Armstrong] seit dem 4. Juli 2000 aus* (Welt 18. 10. 2001, Internet; D) – Im Ggs. zum Substantiv *Hundertste* ist das kleingeschriebene Zahlwort *hundertste,* z. B. *sie feiert den hundertsten Geburtstag,* gemeindt.

Hundertstel der/das; -s, –: ist in A und D Neutrum, in CH Maskulinum, selten auch Neutrum. Als Verkürzung für *Hundertstelsekunde* A D, *Hundertstelssekunde* CH gemeindt. Femininum: *Geschlossene Wohnhäuser reduzieren die Strahlung im Vergleich zum Freien auf ein Fünfzigstel bis ein Hundertstel* (Profil 3. 10. 1999, Internet; A); *Maurice Greene siegte in fantastischen 9,80 Sekunden, womit er seinen eigenen Weltrekord nur gerade um einen Hundertstel verpasste* (TA 24. 8. 1999, 49; CH); *Allerdings sind die Hülsen für die beiden verlängerten Ringe-Schrauben bis auf das Hundertstel gleich lang* (Visier, 2001, Internet; D)

Hundianer A der; -s, – (auch abwertend, Grenzfall des Standards): ↗FALOTT A, ↗HUNDLING A D-südost ›wilde, unbekümmerte oder gerissene männliche Person, Gauner, Lump‹: *Der Hundianer ist jetzt auch unter die Buchautoren gegangen* (Profil 31. 10. 1999, Internet)

Hundling A D-südost der; -s, -e (auch abwertend, Grenzfall des Standards): ↗FALOTT A, ↗HUNDIANER A ›wilde, unbekümmerte oder gerissene männliche Person, Gauner, Lump‹: *Trotzdem war er vor dem zweifachen Kitz-Sieger Fritz Strobl. »Dabei bin ich nicht mit der Handbremse gefahren, aber der Hundling war trotzdem schneller«, scherzte der Kärntner nach seiner Fahrt* (Sport1, 17. 1. 2002, Internet; A)

Hundsfott D-mittelwest der; -(e)s, -e/…fötter (abwertend, derb): ›Schuft‹ /Schimpfwort/: *Den windigen S.*

sah man im letzten Moment die Koffer packen. Es hätte mir gleich schwanen müssen, dass sich der Hundsfott nicht zum Vergnügen ins Land der Heißwassertrinker aufgemacht hat (Universität Bonn, 2003, Internet) – In A literarisch

Hundsträmmerl A (ohne west) das; -s, -n (salopp, Grenzfall des Standards): ›Hundekot, Hundehaufen‹: *Die in Wien anfallende geschätzte Menge von 2000 Tonnen Hundsträmmerl sorgt vor allen Dingen an heißen Sommertagen für ein unverwechselbares Aroma* (Fembek, Keine Angst 210)

Hundsverlochete CH die; –, -n (Grenzfall des Standards): ›Veranstaltung von geringer Bedeutung‹: *Er kommt daher wie ein politischer Missionar, rennt im ganzen Land herum, geht zu jeder Hundsverlochete* (Bund 9. 10. 1999, 2)

hupfen sw.V./ist (Grenzfall des Standards): **1.** A D-südost ›springen; hüpfen‹: *So wie das Tauwetter in dem guten Leben, das wir alle führen, die Barrieren sprengen wird, so dass wir einer zum andern hupfen können, so wird der Tod vielleicht die Welt dieser Frau zu Ende denken* (Jelinek, Lust 61; A). **2.** D-südost; ↗HATSCHEN A D-südost ›hinken‹: *So hupfte ich einige Schritte, und plötzlich erkannte ich eine kleine Schatulle auf dem Boden, zu der ich hinhumpelte* (Augsburger Computer Forum 15. 4. 1997, Internet) – Vgl. Hupfer

Hupfer A D-süd der; -s, – (Grenzfall des Standards): ›kleiner Sprung in die Höhe bzw. Person, die einen solchen Sprung macht; Hüpfer‹: *Ein Hupfer ins Meer geht sich noch aus* (Neue Kronen Ztg 10. 8. 2000, Internet; A); ***junge Hupfer:** ↗HÜPFER: *[JUNGE] HÜPFER A D (ohne südost), ↗SCHNAUFER: *JUNGE SCHNAUFER CH ›junger, unerfahrener Mensch, der sich wichtig macht‹: *Wenn Sie mich fragen, sind das alles junge Hupfer, die eine unsagbare Energie haben und sogar Berge versetzen könnten, wenn sie nur wollten* (Feldkirchner Monatsillustrierte 5. 2. 2001, Internet; A) – Vgl. hupfen

Hüpfer: *[junge] Hüpfer A D (ohne südost) (salopp): ↗HUPFER: *JUNGE HUPFER A D-süd, ↗SCHNAUFER: *JUNGE SCHNAUFER CH ›junger, unerfahrener Mensch‹: *Ich lasse mir von einem jungen Hüpfer mit gerade einmal vier Filmen Berufserfahrung doch nicht erklären, was ich vor der Kamera zu tun habe* (Standard 7./8. 10. 2000, Internet; A); *Welche gestandene Frau lässt sich schon mit einem 22-jährigen Hüpfer ein?* (Hauptmann, Suche 45; D) – Das Substantiv *Hüpfer* ist in allen anderen Verwendungen gemeindt.

Huscheli CH das; –, – (Grenzfall des Standards): ›unscheinbare Frau mit wenig Selbstbewusstsein‹: *Aber Männer vertragen keine Kritik, die sind dem noch immer nicht gewachsen. Sie bewundern zwar starke Frauen, zu Hause haben sie aber lieber ein Huscheli, das zu ihnen aufschaut* (Blick 6. 2. 1996, 4)

Huscher: *einen Huscher haben A (salopp, Grenzfall des Standards): ↗KLOPFER: *EINEN KLOPFER HABEN A, ↗PECKER: *EINEN PECKER HABEN A, ↗KLAMSCH: *EINEN KLAMSCH HABEN A-ost/südost, ↗SCHUSS: *EINEN SCHUSS HABEN A D, ↗HAU: *EINEN HAU HABEN A-west D-mittelwest, ↗ECKEN: *EINEN ECKEN ABHABEN CH, ↗HUNDERT: *NICHT GANZ HUNDERT SEIN CH, ↗MACKE: *EINE MACKE HABEN CH D (ohne südost), ↗MEISE: *EINE MEISE HABEN CH D-nord/mittel, ↗RAD: *EIN RAD ABHABEN D, ↗STICH: *EINEN STICH HABEN D, ↗HASCHMICH: *EINEN HASCHMICH HABEN D-nord/mittel, ↗KITTEL: *JMDM. BRENNT DER KITTEL D-südwest, ↗SCHLAG: *EINEN SCHLAG HABEN D-ost/südost ›nicht ganz bei Verstand sein; verrückt sein‹: *Es hat doch jeder irgendwie seinen Huscher, oder – mit anderen Worten: die kleinen Psychosen und wuchernden Neurosen* (OÖN 29. 9. 1998, 7)

Husch-Pfusch A der; -(e)s, ohne Plur. ⟨zusammengezogen aus *huschen* und *pfuschen*⟩ (salopp): ›etw., das überhastet und daher mangelhaft durchgeführt wird‹: *In Oberösterreich spricht man von »Chaos« und »Husch-Pfusch« und in Tirol wird zurückhaltend erklärt, dass »wir momentan nicht sehr glücklich sind«* (Kurier 5. 11. 1997, 14) – Dazu: **Husch-Pfusch-Aktion**

Hüslebauer Hüslebauerin A-west (Vbg.) D-süd der; -s, – bzw. die; –, -nen: siehe Häuslebauer

hussen A D-südost sw.V./hat (Grenzfall des Standards): ›aufwiegeln, hetzen‹: *Hussen Sie doch nicht so!* (Stenogr. Protokoll des Nationalrates 30. 11. 2000, Internet; A) – Wird im Ggs. zu ↗*aufhussen* ohne Objekt gebraucht – Dazu: **Husser(in)**

hüst: *hüst und hott CH ›hü und hott; mal so mal so; inkonsequent‹: *Eine solche Hüst-und-hott-Politik hat in der Phase der Marktöffnung keinen Platz mehr. Man kann nicht den Fünfer und das Weggli wollen* (Verband Schweizerischer Elektrizitätswerke, 1999, Internet)

Hut: *eins auf den Hut geben/bekommen/kriegen D-nord (Grenzfall des Standards): ↗DACH: *EINE AUFS DACH GEBEN/BEKOMMEN/KRIEGEN A D-mittelost/südwest; *EINS AUFS DACH GEBEN/BEKOMMEN/KRIEGEN CH D, ↗DECKEL: *EINE AUF DEN DECKEL GEBEN/BEKOMMEN/KRIEGEN A; *EINS AUF DEN DECKEL GEBEN/BEKOMMEN/KRIEGEN CH D, ↗KAPPE: *EINS AUF DIE KAPPE GEBEN/BEKOMMEN/KRIEGEN CH, ↗KOPF *EINS AUF DEN KOPF GEBEN/BEKOMMEN/KRIEGEN D-nordost/südost, ↗MÜTZE: *EINS AUF DIE MÜTZE GEBEN/BEKOMMEN/KRIEGEN D (ohne südwest), ↗ÜBERBRATEN: *JMDM. EINS/EINEN ÜBERBRATEN D (ohne südost) ›eine Zurechtweisung, Niederlage, Abfuhr austeilen bzw. bekommen‹: »*Wir haben von der Landeszentralbank eins auf den Hut bekommen«, erzählt Hermann M.* (Spiegel 28. 6. 1999, Internet); ***jmd. geht der Hut hoch** D: ↗NUGGI: *JMDM. JAGT ES DEN NUGGI RAUS CH, ↗HUTSCHNUR: *JMDM. GEHT DIE HUTSCHNUR HOCH; *JMDM. PLATZT DIE HUTSCHNUR D (ohne nordwest/süd) ›jmd. verliert die Geduld; jmd. regt sich sehr auf‹: *Wenn ich schon Rechtsextremismus höre, geht mir der Hut hoch* (TAZ 23. 8. 2002, Internet) – Das Substantiv *Hut* ist in allen anderen Verwendungen gemeindt.

Hut: *Hut ab! (gemeindt.): ↗CHAPEAU!, ↗JUNGE: *JUNGE, JUNGE!, ↗SCHAUEN: *SCHAU, SCHAU!

Hutsche A D-südost die; –, -n: ›Schaukel‹: *Auf Eisenstangen und Klettertürme verzichten sie gerne, nur zwei Spielgeräte gehören aus Sicht der Kleinen unbedingt auf ihren Spielplatz: eine Seilbahn, auf der sie an Haltegriffen hängend zwischen Stationstürmen gondeln können, und eine Hutsche* (Kleine Ztg 4. 4. 1999, Internet; A) – Dazu: ↗**hutschen**

hutschen A D-südost sw.V./hat: **1.** ›schaukeln‹: *Zunächst sanft und behutsam, beschleunigte ich nach und nach den Schwung, hutschte ganz hoch, in den Himmel hinein, hinunter zur Erde und wieder hinauf, ins Blaue* (Glantschnig, Mirnock 60; A). **2.** ›im Arm wiegen‹: *Jetzt hutscht er mit seliger Miene sein Töchterl: »Ein Bröckerl, 3,50 Kilo schwer, 52 Zentimeter lang«* (Kurier 8. 10. 1996, 21; A) – Zu 1 vgl. Hutsche, Hutschpferd

Hutschnur: *etw. geht [jmdm.] über die Hutschnur D (Grenzfall des Standards) ›etw. geht [jmdm.] zu weit‹: *Ja, sagte ich laut, denn das ging mir doch ein bisschen über die Hutschnur* (Bieler, Maria Morzek 51); ***jmdm. geht die Hutschnur hoch; *jmdm. platzt die Hutschnur** D (ohne nordwest/süd) (Grenzfall des Standards): ↗NUGGI: *JMDM. JAGT ES DEN NUGGI RAUS CH, ↗HUT: *JMD. GEHT DER HUT HOCH D ›jmd. regt sich sehr auf; jmd. verliert die Geduld, jmdm. platzt der Kragen‹: *Wenn jetzt Spieler zetern, dass sie mehr Taktik im Training wünschen, geht mir die Hutschnur hoch* (Welt 14. 10. 2001, Internet); *Ende März platzt Ihnen die Hutschnur: so anstrengend hatten Sie sich das neue Jahr nicht vorgestellt!* (Familie 1/2000, 77) – Die Wendungen *etw. geht [jmdm.] über die Hutschnur* und *jmdm. geht die Hutschnur hoch* sind in A selten.

Hutschpferd A das; -(e)s, -e: ›Schaukelpferd‹: *Vielleicht schaukelt irgendwo ein Hutschpferd, und der Stoffteddy im Eck weiß noch nicht, dass er eines Tages auf Auktionen … sensationelle Preise erzielen wird* (Format 14. 12. 1998, 136); ***grinsen wie ein [frisch lackiertes] Hutschpferd** (scherzh.): ↗MAIKÄFER: *STRAHLEN WIE EIN MAIKÄFER CH D-südost, ↗HONIGKUCHENPFERD: *GRINSEN/LACHEN/STRAHLEN WIE EIN HONIGKUCHENPFERD D (ohne südost) ›sich sichtlich sehr freuen‹: *Erstens grinst der Tony nicht wie ein Hutschpferd. Zweitens ist er zwar Prediger, aber nicht Missionar* (Standard 19./20. 5. 2001, Internet; A) – Vgl. hutschen

Hütte (gemeindt.): ↗KATE, ↗KALUPPE, ↗KEUSCHE

Hutte CH-west die; –, -n: ↗KRAXE A D-mittelost/südost, ↗RÄF CH, ↗KRÄZE CH-ost, ↗KIEPE D-nord/mittelwest, ↗KRÄTZE D-südost ›Holzgestell [mit Korb] zum Tragen auf dem Rücken‹: *Er radelt jeden Morgen auf einem riesigen schwarzen Damenvelo mit zwei Körben an der Lenkstange und einer Hutte auf dem Rücken durch die Hauptstrasse* (Wyss, Tage 19)

Hüttenfinken CH der; -s, –: ↗HÜTTENPATSCHEN A, ↗HÜTTENSCHUH D-mittelwest/süd ›gestrickter und mit Ledersohle versehener, warmer Hausschuh‹: *Wer schwach ist auf der Blase – dicke Socken oder Hüttenfinken nicht vergessen!* (Frauenbad Stadthausquai, 2002, Internet) – Vgl. Finken

Hüttenpatschen A der; -s, –: ↗HÜTTENFINKEN CH, ↗HÜTTENSCHUH D-mittelwest/süd ›gestrickter und mit Ledersohlen versehener warmer Hausschuh‹: *Wenn sie mit Frauen Hüttenpatschen strickt …, dann gehören Gespräche genauso dazu* (OÖN 31. 8. 1994, 22) – Vgl. Patschen

Hüttenschuh D-mittelwest/süd der; -(e)s, -e: ↗HÜTTENPATSCHEN A, ↗HÜTTENFINKEN CH ›gestrickter und mit Ledersohle versehener warmer Hausschuh‹: *Andere Leute jammerten nämlich, dass auf dem Boden alles nass war und die Hüttenschuhe feucht wurden* (SL-Verlag 12. 7. 2002, Internet)

Hutzel D-süd die; –, -n: **1.** nur Plur.; ↗DÖRROBST A D (ohne südost), ↗DÖRRFRUCHT CH, ↗BACKOBST D (ohne südost), ↗TROCKENFRUCHT D-nord/mittel, ↗TROCKENOBST D STIR ›gedörrtes ↗Obst‹: *Ihr mitgetragenes Säckchen oder Körbchen wollten sie gern prall gefüllt mit Hutzeln, Äpfeln, Nüssen und Backwerk nach Hause bringen* (Woll, Feste 96). **2.** ↗KLETZE A (ohne Vbg.) D-südost ›getrocknete Birne; Dörrbirne‹: *Es war ein grober derber Kinderschreck mit Kettengerassel, der nach der Dämmerung verkleidet und mit Bart, Stock und Hutzel (gedörrte Birnen) in die Häuser kam und die Kinder verängstigte* (Brauchtum in Nankendorf 8. 1. 2002, Internet) – Zu 1.: ↗**Hutzelbrot** D-süd

Hutzelbrot D-süd das; -(e)s, -e: ↗ZELTEN A-west, ↗BIRNENBROT A-west (Vbg.) CH, ↗KLETZENBROT A (ohne Vbg.) D-südost, ↗BIRNENWEGGEN CH, ↗SCHNITZBROT D-südwest ›[in der Weihnachtszeit gegessenes] dunkles, süßes Früchtebrot‹: *Zu den beliebtesten Gebäcksorten im süddeutschen Raum zählen Lebkuchen und Hutzelbrot* (Woll, Feste 109) – Vgl. Hutzel

Hydrauliker Hydraulikerin STIR der; -s, – bzw. die; –, -nen: ↗Installateur A D, ↗Sanitärinstallateur CH D, ↗Blechner D-südwest, ↗Flaschner D-südwest, ↗Klempner D (ohne südost), ↗Spengler D-südost ›Person, die berufsmäßig Gasleitungen, Heizungen, Wasser- und Sanitäranlagen installiert und repariert‹: *Also wird beim Bau eines Holzhauses ... bis hin zu Arbeiten vom Elektriker bis Hydrauliker alles verlässlich organisiert* (FF 8. 11. 2001, Extra Wohnen 38)

Hypothekarzins CH der; -es, -en: ↗Hypozins CH, ↗Hypothekenzins D ›auf eine Hypothek zu entrichtender Zins‹: *Wenn die SVP es ehrlich gemeint hätte, müsste sie gleichzeitig die Hauseigentümer auffordern, endlich die Mieten den massiv gefallenen Hypothekarzinsen anzupassen* (Bund 9. 12. 1999, 13) – Dazu: **Hypothekarzinserhöhung, Hypothekarzinssatz, Hypothekarzinssenkung**

Hypothekenzins D der; -es, -en: ↗Hypothekarzins CH, ↗Hypozins CH ›auf eine Hypothek zu entrichtender Zins‹: *Der Hypothekenzins liege etwa 2 Prozentpunkte unter dem langjährigen Durchschnitt* (NRZ 18. 6. 2001, Internet) – Dazu: **Hypothekenzinsentwicklung, Hypothekenzinserhöhung, Hypothekenzinssatz, Hypothekenzinssenkung**

Hypozins CH der; -es, -en: ↗Hypothekarzins CH, ↗Hypothekenzins D ›auf eine Hypothek zu entrichtender Zins‹: *Obwohl die Angst vor Rezession und Arbeitslosigkeit stark abgeflacht ist, glauben viele Familien, sich nächstes Jahr weniger leisten zu können. Gründe: steigende Hypozinsen und Krankenkassenprämien* (Blick 12. 11. 1999, 5)

Idealalter CH das; -s, –: ›ideales, optimales Alter‹: *Das Idealalter für einen Kegler liegt zwischen 40 und 50 Jahren* (Bund 7. 11. 1995, 38) – In A und D selten

ident A Adj. (Kurzwort): ›identisch‹: *Die Produkte sind, was die Risiken betrifft, zu neunzig Prozent ident* (Format 14. 12. 1998, 109); *Kraftübertragung und Fersensitz wurden beim Fahren auf einem identen Pistenabschnitt überprüft* (Konsument 11/1997, 24)

identisch (gemeindt.): ↗IDENT

Identitätskarte die; –, -n: **1.** CH LUX STIR ; ↗PERSONALAUSWEIS A D ›amtlicher Ausweis für Staatsbürger(innen) mit Foto und Personalangaben‹: *Er trug alles auf sich: Identitätskarte, einen Zeitungsausriss über Fleisch fressende Pflanzen und Rationierungsmarken aus dem Zweiten Weltkrieg, graublaue Mahlzeitencoupons* (Bichsel, Cherubin Hammer 62; CH); *Senioren über 65 Jahre erhalten eine Vergünstigung ..., wenn sie ihre Identitätskarte oder einen anderen Ausweis vorzeigen* (Stadt Luxemburg, 2002, Internet; LUX); *Sie nimmt die Identitätskarte aus der Geldtasche und reicht sie dem Beamten* (Gruber, Aushäusige 40; STIR). **2.** A (früher) ›amtlicher Ausweis für österreichische Staatsbürger(innen) mit Foto und Personalangaben während der Besatzungszeit (1945 – 1955)‹: *Der Alliierte Rat verfügt die Herstellung von viersprachigen Identitätskarten für alle Österreicher* (Wien, Kalendarium »Wien 1945«, 2002, Internet)

I-Dotz D-mittelwest (rhein.) der; -es, I-Dötze: ↗TAFELKRATZER A-mitte, ↗TAFERLKLASSLER A (ohne west) D-südwest, ↗ERSTKLASSLER A (ohne Vbg.) D-südost, ↗ERSTKLÄSSLER A-west (Vbg.) CH D: ›Schüler(in) der ersten Schulklasse; Schulanfänger(in)‹: *Auf der Anlauttabelle findet der I-Dotz zu jedem Buchstaben ein Motiv* (WAZ 24. 10. 1997, 12) – Auch in der Form *I-Dötzchen* (das; -s, -)

I-Dötzchen D-mittelwest (rhein.) das; -s, –: siehe I-Dotz

IHK D die; –, –: buchstabierte Abk. für *Industrie- und Handelskammer*: ›Interessensvertreteung von Industrie und Handel auf regionaler Ebene‹: *Verhandlungen mit IHK und Handwerkskammer ... verliefen regelmäßig im Sande* (TZ 29. 5. 1998, 6)

Imbiss A D der; -es, -e: ↗STEHBEISEL A (ohne west), ↗BUFFET A D-südost, ↗TAKE-AWAY CH ›Imbissstand, an dem Getränke und kleine Speisen eingenommen oder zum Mitnehmen gekauft werden können‹: *Ich verlasse den Park und gehe ... in einen Döner Imbiss* (Eisendle, Fassung der Wunderwelt 49; A); *Ali S. habe am Vorabend des Brandes die Tür zum Imbiss offen gelassen. Er selbst habe dann wie verabredet Kühltruhe, Herd und Grillgerät mit Benzin übergossen und angezündet* (General-Anzeiger Bonn 15. 6. 2000, Internet; D) – Die Bedeutung ›kleine Mahlzeit‹ ist gemeindt. – Dazu: **Imbissstube** A, **Imbissbude** D

Imke D-nord ⟨niederdt.⟩: weibl. Vorname: *Dann war es noch vor der Halbzeit ausgerechnet die Hamburgerin Imke R., die ihren Verein ... auf die Siegerstraße brachte* (Welt 12. 7. 1999, Internet) – In D-mittel zunehmend gebräuchlich

Immatrikulation CH die; –, -en (formell): ↗KFZ-ZULASSUNG A D, ↗KRAFTFAHRZEUGZULASSUNG A D, ↗ZULASSUNG A D ›Anmeldung und behördliche Genehmigung eines Fahrzeuges (↗Motorfahrzeugs, Boots, Flugzeugs etc.) für den Verkehr‹: *Die LSVA-Steuer wird für sämtliche Nutzfahrzeuge schweizerischer und ausländischer Immatrikulation pro gefahrenen Kilometer erhoben* (Trans Maritime AG, 2000, Internet) – Die Bedeutung ›Einschreibung an einer Hochschule‹ ist gemeindt. Vgl. immatrikulieren – Dazu: **Fahrzeug-Immatrikulation, Immatrikulationsnummer**

immatrikulieren CH STIR sw.V./hat: ↗ZULASSEN A D, ↗SETZEN: *IN VERKEHR SETZEN CH ›(ein Fahrzeug, Schiff oder Flugzeug) behördlich für den Verkehr genehmigen‹: *In der Nähe von Prag ist ein in der Schweiz immatrikuliertes Flugzeug vom Typ Pilatus-12 abgestürzt* (TA 27. 5. 1998, 16; CH); *Alle Autobesitzer, deren Wagen vor dem 1. Jänner 1993 immatrikuliert wurde, und die bis jetzt Super tankten, müssen das Fahrzeug auf Bleifrei umstellen und ein Zusatzmittel verwenden* (Dolomiten 27. 12. 2001, 11; STIR) – Die Bedeutungen ›sich an einer Hochschule einschreiben‹ bzw. ›in die Matrikel einer Hochschule aufnehmen‹ sind gemeindt. In der Bedeutung ›sich an einer Hochschule einschreiben‹ in CH und D reflexiv – Dazu: ↗**Immatrikulation**

Immersionsunterricht CH STIR der; -(e)s, ohne Plur. 〈aus spätlat. *immersio* ›Eintauchung‹〉: ›Fachunterricht, welcher in der Zweit- oder einer Fremdsprache gehalten wird‹: *Die welschen Lehrer haben im vergangenen Jahr angesichts der Schwierigkeiten auch darüber diskutiert, ob der so genannte Immersionsunterricht, wo in einsprachigen Klassen gewisse Fächer in der andern Sprache unterrichtet werden, nicht die bessere Lösung wäre* (Bund 1. 7. 1999, 29; CH); *Warum gibt es den für die italienische Mittelschule »Archimede« in Bozen erstmals eingeführten Immersionsunterricht auf deutscher Seite nicht?* (Südtirol Profil 16. 8. 1993, 13; STIR)

Immobilie (gemeindt.): ↗Liegenschaft, ↗Realitäten

Immobilienbesitz (gemeindt.): ↗Realbesitz

Immobilienbüro A D das; -s, -s: ↗Realbüro A, ↗Realitätenbüro A, ↗Realkanzlei A, ↗Immobilientreuhand A CH ›Firma, die Immobilien vermittelt‹: *Ali J. ... wurde vom Immobilienbüro S. am 24. Dezember 1996 zu einer Wohnungsbesichtigung in der Stuwerstraße gebeten* (Presse 6. 7. 1998, Internet; A); *Mitarbeiter aus dem Immobilienbüro beraten auch über den zweiten Bauabschnitt* (Berliner Ztg 20. 9. 1997, Internet; D) – In CH selten

Immobilienmakler Immobilienmaklerin A D der; -s, – bzw. die; –, -nen: ›Person, die Kauf- oder Mietverträge für Immobilien vermittelt‹: *Eine Senkung der Provisionssätze allein würde keine Besserung der Lage bringen, ist der Wiener Immobilienmakler Alexander N. überzeugt* (Kurier 15. 5. 1998, 20; A); *Zuhause studieren: Sekretärin, Büro-Managerin, Betriebswirtin, Immobilienmaklerin* (Brigitte 11/1996, 169; D) – Vgl. Makler

Immobiliensteuer STIR die; –, -n: kurz für *Gemeindeimmobiliensteuer:* ↗Grundsteuer A D, ↗Liegenschaftssteuer CH STIR ›Gemeindesteuer, die auf Grundbesitz, Gebäude und Wohnungen erhoben wird‹: *Die landwirtschaftlichen Gebäude, die zusammen mit den landwirtschaftlichen Grundstücken im Grundkataster erfasst sind und tatsächlich die Voraussetzungen eines landwirtschaftlichen Gebäudes erfüllen, sind hingegen von der Immobiliensteuer befreit* (Gemeindenachr Lana 6/1999, Internet)

Immobilientreuhand A CH die; –, ohne Plur.: ↗Realbüro A, ↗Realitätenbüro A, ↗Realkanzlei A, ↗Immobilienbüro A D ›Firma, die Immobilien vermittelt‹: *Drei Firmen sind im Herbst aus- und umgezogen. Jetzt ist die Immobilientreuhand, die die Herrenstraße-Arkade vermietet, auf Mieter- und Ideensuche* (OÖN 13. 1. 1994, 16; A); *Von einem ... besseren ersten Halbjahr spricht Andreas H. von Immo-Hirsig Immobilientreuhand ... »Wir haben mehr Privatobjekte verkauft, und auch bei den Gewerbeliegenschaften läuft es besser als im letzten Jahr»* (Bund 1. 9. 1998, 17; CH) – Dazu: **Immobilientreuhänder(in)**

Imprimatur A die; –, -en 〈lat. *imprimatur* ›es werde gedruckt‹〉: **1.** (Verlagswesen); ↗gut: *gut zum Druck CH ›Druckreiferklärung durch Verfasser(in) oder Verleger(in)‹: *Seit Jänner 2000 bietet Schreier & Braune seinen Kunden mit RenderView die Möglichkeit ..., die Kundendateien über das Internet einer Endkontrolle und somit einer Imprimatur zuzuführen* (Firma Schreier & Braune, 2003, Internet). **2.** (früher) ›Erteilung der Druckerlaubnis durch Zensurbehörden nach erfolgter Vorzensur‹: *Die schönsten Motive findet F. auf jenen Zettelchen, die um die Jahrhundertwende, mit kirchlicher Imprimatur versehen, bedruckt wurden* (OÖN 7. 1. 1999, 18) – Als Neutrum mit langer Betonung auf der vorletzten Silbe gemeindt.

Indexanpassung A die; –, -en: ›Angleichung von staatlichen ↗Beihilfen, Förderungen sowie Versicherungsbeiträgen, Mieten u. Ä. an die Inflationsrate‹: *Der Kindergartentarif verteuert sich mit der Indexanpassung ab September* (Kleine Ztg 26. 7. 2001, Internet)

Indianer A der; -s, – (veraltend, Kurzwort): ↗Indianerkrapfen A ›mit Schokolade übergossenes süßes Gebäck mit Biskuitboden und -deckel, das mit steif geschlagenem Süßrahm gefüllt ist‹: *Nahrungsmittel dürfen – aus unerfindlichen Gründen – auch in diesen Zeiten noch unwidersprochen Namen tragen wie Negerbrot, Indianer mit Schlag etc.* (Presse 9. 7. 1999, Internet) – Andere Bedeutungen sind gemeindt. Vgl. Schwedenbombe

Indianerkrapfen A der; -s, –: ↗Indianer A ›mit Schokolade übergossenes süßes Gebäck mit Biskuitboden und -deckel, das mit steif geschlagenem Süßrahm gefüllt ist‹: *Der Mediziner wollte wissen, was S. heute gegessen habe. »Eine Ochsenschwanzsuppe, ein Beuscherl mit vier oder fünf Semmelknödeln, dann noch eine Portion Kaffee, sechs Indianerkrapfen und drei Schaumrollen!«* (OÖN 30. 5. 1986, 3) – Vgl. Schwedenbombe

Individualverkehr (gemeindt.): ↗Privatverkehr

Industriegebiet (gemeindt.): ↗Industriezone

Industriellenverband STIR der; -(e)s, ...bände (Plur. ungebräuchl.): ↗Industriellenvereinigung A, ↗Economiesuisse CH, ↗SHIV CH, ↗Vorort CH, ↗BDI D ›Interessensvertretung der Südtiroler Industrie mit freiwilliger Mitgliedschaft‹: *Seit Anfang der 90er Jahre bemüht sich der Industriellenverband, das Thema »Qualität« im Sinne der Mitgliedsbetriebe aufzuarbeiten* (Qualitätsprodukte aus Südtirol, 1998, 26)

Industriellenvereinigung A die; –, -en (Plur. ungebräuchl., informell): ↗Economiesuisse CH, ↗SHIV CH, ↗Vorort CH, ↗BDI D, ↗Industriellenverband STIR ›Interessensvertretung der österreichischen Industrie mit freiwilliger Mitgliedschaft‹: *Die Industriellenvereinigung hingegen ist begeistert, dass mit der Einführung der Studiengebühren einer ihrer seit langem gestellten Forderungen endlich entsprochen wurde* (Trend 11/2000, Internet) – Abk. IV. Offizieller Name *Vereinigung der Österreichischen Industrie*

Industriezone A CH die; –, -n: ›Gemeindefläche, die für Industrieunternehmen reserviert ist; Industriegebiet‹: *Bürgermeister Franz P. verspricht, alle Register zu ziehen, um die Ansiedlung in der Industriezone nahe der Kremser Straße doch möglich zu machen* (Kurier 23. 8. 1999, 10; A); *Es ist aber auch unübersehbar, womit die Behörden zu kämpfen haben: reihenweise leere Büroetagen, kaum vermietbare Geschäfte, überlastete Arbeitsämter und Mahnmale verlassener Industriezonen* (BaZ 25./26. 10. 1997, 12; CH) – Vgl. Bauzone, Gewerbezone, Zone

Inflationsabgeltung A die; –, -en: ↗Teuerungszulage A CH, ↗Teuerungsausgleich CH, ↗Inflationsausgleich D, ↗Kontingenzzulage STIR, ↗Sonderergänzungszulage STIR ›Angleichung von Löhnen und ↗Pensionen an die Inflationsrate‹: *Riess-Passer wies die Forderung der Pensionistenverbände nach 2,9 Prozent Inflationsabgeltung für alle Pensionisten zurück* (Kleine Ztg 12. 11. 2001, Internet) – Vgl. Abgeltung

Inflationsausgleich D der; -(e)s, -e: ↗Inflationsabgeltung A, ↗Teuerungszulage A CH, ↗Teuerungsausgleich CH, ↗Kontingenzzulage STIR, ↗Sonderergänzungszulage STIR ›Angleichung von Löhnen und ↗Renten an die ↗Teuerung‹: *Die Koalition hat in einem ersten Schritt den Rentenanstieg so gestaltet, dass es zu einem Inflationsausgleich kommt* (Berliner Morgenpost 30. 9. 1999, Internet)

informieren sich (gemeindt.): ↗schlau: *sich schlau machen

Ingress CH der; -es, -e: ›Einleitung[ssatz] (zu einer Verfassung, einem Gesetz oder einem andern förmlichen Text)‹: *Der Nationalrat trug [den] Bedenken ... Rechnung, indem er die Verfassungsbestimmungen zur Neutralität ausdrücklich in den Ingress zur UNO-Beitrittsinitiative einfügte* (NLZ 22. 9. 2001, Internet)

Initiant Initiantin CH der; -en, -en bzw. die; –, -nen ⟨aus lat. *initiare* ›anfangen‹⟩: **1.** ↗Volksbegehrer A ›Person oder Personengruppe, die ein Volksbegehren vorschlägt, Unterschriften sammelt und zur Abstimmung bringt; Initiator(in)‹: *Die beiden Volksbegehren »Strom ohne Atom« und »Moratorium Plus« sind laut den Initianten mit je 121'000 Unterschriften zustande gekommen* (Blick 30. 8. 1999, 15). **2.** ›Person, die ein Projekt, eine Veranstaltung o. Ä. organisiert; Initiator(in)‹: *Bereits 1951 war Werner einer der Initianten zur Gründung der Gruppe Oberaargau* (Tierwelt 15. 8. 1997, 36) – Zu 1 vgl. Initiativbegehren, Initiative, Volksinitiative – Dazu: **Hauptinitiant(in), Mitinitiant(in)**

Initiativantrag A D der; -(e)s, ...anträge: ↗Vorstoss: *Parlamentarischer Vorstoss CH ›Gesetzesvorschlag im Parlament, der von ↗Abgeordneten eingebracht werden kann‹: *Die Parlamentsklubs der VP und FP werden keinen Initiativantrag zur Getränkesteuer einbringen* (Standard 1. 4. 2000, Internet; A); *In einer emotional geprägten Debatte wurde am Nachmittag der Initiativantrag zur Lage in Afghanistan diskutiert* (SPD Thüringen 1. 11. 2001, Internet; D)

Initiativbegehren CH das; -s, –: ↗Initiative CH ›Vorschlag einer Gruppe stimmberechtigter Bürger, ein Gesetz oder einen Verfassungsartikel per ↗Volksentscheid neu zu schaffen oder zu ändern‹: *Bundesrat und Parlament haben den Tatbeweis erbracht, dass sie simple Initiativbegehren durchaus rascher als bisher prüfen und in vernünftig kurzer Zeit debattieren können und wollen* (TA 6. 10. 1999, 1) – Vgl. Initiant

Initiative CH die; –, -n: ↗Initiativbegehren CH ›Vorschlag einer Gruppe ↗Stimmberechtigter, ein Gesetz oder einen Verfassungsartikel per ↗Volksentscheid neu zu schaffen oder zu ändern‹: *Der Gewerkschaftsbund reichte gestern die Initiativen »für eine kürzere Arbeitszeit« und »für eine Kapitalgewinnsteuer« ein* (Blick 6. 11. 1999, 2); ***eine Initiative lancieren** ›einen Vorschlag zur Änderung eines Gesetzes oder Verfassungsartikels ausarbeiten und dafür Unterschriften sammeln‹: *Die Lehrstellen-Initiative ist zustande gekommen. Sie soll am nächsten Dienstag mit gegen 130 000 beglaubigten Unterschriften eingereicht werden. Sie wird vom Schweizerischen Gewerkschaftsbund unterstützt und ist im August 1998 lanciert worden* (Blick 21. 10. 1999, 15); ***parlamentarische Initiative** ›Vorschlag aus dem Parlament, ein neues Gesetz auszuarbeiten (eigenständig, d. h. ohne den ↗Bundesrat)‹: *Via parlamentarische Initiative verlangt die SP-Fraktion nun einen dringlichen Bundesbeschluss mit dem Ziel, eine »wirksame und gezielte Verbilligung der Krankenkassenprämien zu erwirken«* (Sonntagsztg 8. 10. 2000, 9) – Oft in Komposita, z. B. *Kleinbauerninitiative, Armeeabschaffungsinitiative* etc. In D ist *parlamentarische Initiative* fachsprachlich. Andere Bedeutungen sind gemeindt. Vgl. Initiant, Vorstoss – Dazu: **Behördeninitiative, Einheitsinitiative, Einzelinitiative, Initiativgegner, Initiativkomitee, Standesinitiative** (↗Stand), ↗**Volksinitiative**

Inkassant Inkassantin A der; -en, -en bzw. die; –, -nen ⟨aus ital. *incassare* ›Geld einziehen‹⟩: ›Person, die für ein [staatliches] Unternehmen berufsmäßig Geld kassiert‹: *Lässt die Kundschaft den Inkassanten allerdings nicht zum Zählerkasten, bleibt der Kelag … nur noch das Abschalten der Freileitung oder eine Unterbrechung der Stromzufuhr beim Dachständer* (Neue Kronen Ztg 5. 10. 1999, Internet) – Vgl. Inkasso

Inkasso A das; -s, …kassi ⟨aus ital. *incassare* ›Geld einziehen‹⟩ (Gastronomie): ›Einkassieren‹ (häufig in der Wendung *mit Inkasso*): *Wir suchen ab sofort nette Serviererin mit Inkasso, geregelte Arbeitszeit, gute Entlohnung, freie Kost u. Logis* (SN 8. 11. 1997, 57) – Die Bedeutung ›das Eintreiben fälliger Forderungen (bei Banken, Behörden, Betrieben)‹ ist gemeindt. Vgl. Inkassant

inkludieren A sw.V./hat ⟨aus lat. *includere* ›einschließen‹⟩: ›zusätzlich beinhalten; einschließen‹ (häufig als Part. gebraucht): *Frühstücks-, Mittags-, und Abendbuffets verwöhnen Ihren Gaumen, der Genuss von nationalen alkoholischen und antialkoholischen Getränken ist ebenfalls inkludiert* (Reisen 6/1997, 12) – In D bildungs- oder fachsprachlich – Dazu: **Inkludierung**

Inklusivmiete A die; –, -n: ↗WARMMIETE D ›Höhe einer Wohnungsmiete einschließlich laufender Kosten; Bruttomiete‹: *Toprenovierte, ablösefreie 1 1/2 Zimmer, Einbauküche, Nebenräume, Etagenheizung, Parketten, 6600,– Inklusivmiete* (Kurier 17. 9. 1997, 7) – Vgl. Betriebskosten

Inländer Inländerin A D der; -s, – bzw. die; –, -nen: ›einheimischer Staatsbürger bzw. einheimische Staatsbürgerin; Einheimische(r)‹: *Es sind keine Inländer am Arbeitsmarkt verfügbar – auch bei bester Bezahlung* (Echo 28. 1. 1999, 47; A); *Nach EU-Recht müssen Arbeitnehmer mit der Staatsangehörigkeit eines anderen Mitgliedstaates der EU genauso behandelt werden wie Inländer* (Bundesregierung 5. 8. 2002, Internet; D) – In D im Vergleich zum gemeindt. Wort *Einheimische(r)* seltener gebraucht

innen (gemeindt.): ↗BINNEN

Innendekorateur Innendekorateurin CH der; -s, -e bzw. die; –, -nen […œːr]: ↗RAUMAUSSTATTER A D ›Person mit Handwerksausbildung, die Innenräume mit Teppichen, Tapeten etc. einrichtet und Polstermöbel neu bezieht‹ /Berufsbezeichnung/: *Innendekorateur Marcel W. polstert nur jene Stühle neu auf, die es nötig haben* (Bund 5. 4. 2001, 34)

Innendekoration CH die; –, -en: ↗RAUMAUSSTATTER A D, ↗RAUMAUSSTATTUNG A D ›Geschäft, in dem Möbelstoffe, Tapeten, Teppiche u. Ä. erhältlich sind und gewerblicher Betrieb, der Innenräume mit diesen Produkten ausstattet‹ /häufig in Verbindung mit dem Firmennamen bzw. Namen des Inhabers/: *Willkommen bei Innendekoration M.L. – Ihr Fachgeschäft für Bodenbeläge, Vorhänge, Bettwaren, Sonnenschutz, Insektenschutz, Möbel* (Innendekoration M. L., 2001, Internet) – Die Bedeutung ›Raumgestaltung‹ ist gemeindt.

Innenstadt (gemeindt.): ↗CITY, ↗INNERSTADT, ↗STADTMITTE

innerhalb STIR Adv. ⟨aus ital. *entro* ›innerhalb‹ und *entro il* … ›bis zum‹⟩: ›bis spätestens; bis zum …‹ /in Verbindung mit einer Datums-, Monats- oder Jahresangabe/: *Zugelassen werden alle Bewerber und Bewerberinnen, die innerhalb 31. Dezember des Jahres, in welchem der Kurs beginnt, das 16. Lebensjahr vollenden* (Schule und Kindergarten in Südtirol 42); *Von den dort vorgesehenen 135 Plätzen werden innerhalb Mai 100 realisiert sein* (FF 29. 3. 2001, 16) – Diese Verwendung ist in STIR häufig, wird aber vielfach als inkorrekt abgelehnt. In Verbindung mit der Präp. *von* mit der lokalen Bedeutung ›im Inneren eines Gebietes‹ und mit der temporalen Bedeutung ›im Verlauf von; binnen‹ sowie als Präp. mit Gen. gemeindt.

innerorts A-west (Vbg.) CH D-mittel/süd Adv.: ›im Ortskern‹: *Nach welchem Signal befinden Sie sich auf einer Nebenstrasse innerorts?* (Vereinigung der Strassenverkehrsämter, Theorieprüfung 25; CH) – Vgl. außerorts – Dazu: **Innerortsbereich, Innerortsgeschwindigkeit,** ↗**Innerortstafel** CH, **Innerortsstrasse** CH **Innerortsstraße** D-süd, **Innerortsverkehr**

Innerortstafel CH die; –, -n (selten): ↗ORTSTAFEL A CH, ↗ORTSEINGANGSSCHILD D, ↗ORTSSCHILD D ›Schild am Ortseingang, das den Namen des Ortes angibt‹: *Die Innerortstafel ist schon vorüber, die Nadel des Tachometers steht immer noch bei 60 …, und zum Bremsen ist es zu spät* (Bund 7. 5. 2001, 30) – Vgl. innerorts, Tafel

Innerösterreich: **1.** A-west (Vbg.) ›Österreich östlich des Arlbergs‹: *Über 200 Personen sind in Bludesch vom Arbeitgeber Bundesheer abhängig, nach ersten Schätzungen müssten mit der Neustrukturierung 100 Personen die Gemeinde Richtung Innerösterreich verlassen* (VN 29. 10. 1997, A 8). **2.** A (Geschichte) ›Gebiet, das die ehemaligen Herzogtümer Steiermark, Kärnten, Görz, Krain umfasst‹: *Ist es die eindrucksvolle Stadtchronik, in der man nachlesen kann, dass Graz unter Kaiser Friedrich sogar Residenzstadt von Innerösterreich war?* (OÖN 6. 8. 1994, 1) – Dazu: **Innerösterreicher(in), innerösterreichisch**

Innerschweiz CH die; –, ohne Plur.: ↗ZENTRALSCHWEIZ CH ›Region der Schweiz um den Vierwaldstättersee‹: *Dank Lieferungen ins Kloster Einsiedeln und in die katholische Innerschweiz meisterten aber die Zürichseefischer die Krise* (Treichler, Abenteuer

Schweiz, 147) – Das Gebiet der *Innerschweiz* ist nicht scharf abgegrenzt, sondern umfasst in etwa die ↗Kantone UR, SZ, OW, NW, LU und ZG. Vgl. Ort, Urkanton, Urschweiz, Waldstatt – Dazu: **Innerschweizer(in)**, ↗**innerschweizerisch**

innerschweizerisch CH Adj.: **1.** ›innerhalb der Schweiz‹: *Am letzten Tag der Herbstsession haben beide Kammern ... die sieben Abkommen mit der EU und die innerschweizerischen flankierenden Massnahmen genehmigt* (Bund 9. 10. 1999, 15). **2.** ›in der ↗Innerschweiz gelegen; von dort stammend, sie betreffend‹: *Die Bilder wurden in sechstägiger Filmarbeit in der Käserei Seiler im innerschweizerischen Sarnen eingefangen* (Bund 12. 8. 1999, 24) – Vgl. schweizerisch

Innerstadt CH (bes. Basel) die; –, ohne Plur.: ↗STADTMITTE A D, ↗CITY D ›Innenstadt, Stadtzentrum‹: *Er wohnt hoch über der Innerstadt, in der Dachschräge eines Hauses* (BaZ 17. 10. 1997, 41)

innert A-west (Vbg.) CH Präp. mit Gen. oder Dat.: ›innerhalb von, binnen‹: *Die Banken rechnen, dass innert drei Jahren Umstellungskosten in Höhe von rund 2 Prozent der jährlichen Betriebskosten auflaufen* (Vorarlberger Wirtschaftskammer, 1998, Internet; A-west); *Alle amerikanischen Bürger, die sich derzeit im Auftrag der UNO im Irak befänden, hätten innert sieben Tagen das Land zu verlassen* (NZZ Intern. Ausgabe 31. 10. 1997, 2; CH); ***in/innert nützlicher Frist** CH siehe Frist

Innung A D die; –, -en: ›Verband selbstständiger Handwerker(innen) einer Branche‹: *Hier hatten für die Innung neben dem geschäftsführenden Innungsmeister und dem Innungssekretär auch der Präsident, nämlich Dr. Sekanina, unterzeichnet* (Scharang, Sohn eines Landarbeiters 82; A); *Mitarbeiter der Fleischer-Innung Berlin demonstrierten den Zuschauern ... die Herstellung von Leber- und Bratwürsten* (Welt 10. 4. 2000, Internet; D) – Dazu: **Fleischerinnung** (↗Fleischer), **Frächterinnung** (↗Frächter) A, **Innungskrankenkasse, Innungsmeister(in), Innungsmitglied, Tischlerinnung** (↗Tischler)

insbesondere (gemeindt.): ↗VORAB

Inserate[n]- -inserat CH (produktives Bestimmungs- oder Grundwort in Zus.): ›eine Anzeige, Annonce betreffend; Anzeigen-, -anzeige‹, z. B. Farbinserat, Inserate[n]abteilung, Inserate[n]annahmeschluss, Inserateaufgabe, Inserate[n]kampagne, Inserat[e]-kosten, Inseratemarkt A CH, Inserate[n]schluss, Inseratetext, Kleininserat, Rubrikinserat, Stelleninserat: *Andererseits war die Inseratenkampagne bis vor der Abstimmung eindeutig von den EWR-Gegnern beherrscht worden* (Fenner, Politszene 37); *Ich möchte die »Schweizer Familie« für ein Jahr ... abonnieren und profitiere von den günstigen Inseratepreisen* (Schweizer Familie 3. 6. 1999, 90); *Die Zeitungsverleger verfolgen die Entwicklung der Rubrikinserate im Internetbereich aufmerksam* (TA 27. 9. 1999, 31) – Das Substantiv *Inserat* (das; -(e)s, -e) ist gemeindt., Zus. sind in A ungebräuchlich, in D veraltend

insgesamt (gemeindt.): ↗GESAMTHAFT, ↗INTEGRAL, ↗SUMME: *IN SUMME, ↗TOTAL

inskribieren A sw. V./hat ⟨zu lat. *inscribere* ›in oder auf etw. schreiben‹⟩ (informell, Hochschule): ↗MELDEN A, ↗RÜCKMELDEN D ›sich [für bestimmte Studienfächer] zu Beginn eines jeden Semesters an einer Hochschule anmelden‹: *Er inskribierte Philosophie und Physik, Mathematik und Psychologie – von mehr rieten ihm die Aushilfskräfte am Inskriptionsschalter ab* (Rudle, Sex Orange 63) – Im Vergleich zum formellen Wort ↗*melden* wird *inskribieren* häufiger verwendet – Dazu: ↗**Inskription**

Inskription A die; –, -en ⟨aus lat. *inscriptio* ›Beschriftung‹⟩ (informell, Hochschule): ↗MELDUNG A, ↗RÜCKMELDUNG D ›semesterweise Bestätigung der Studierenden, ein bestimmtes Studium aufnehmen bzw. fortsetzen zu wollen‹: *Um ein Chaos zu vermeiden, hat die Universitätsdirektion die Immatrikulation und Inskription für das Medizinstudium mit der Anmeldung für diese Praktika gekoppelt* (Kurier 17. 9. 1996, 2) – Im Vergleich zum formellen Wort ↗*Meldung* wird *Inskription* häufiger verwendet. Vgl. inskribieren – Dazu: **Inskriptionsberatung, Inskriptionsbestätigung, Inskriptionsfrist, Inskriptionsschalter, Inskriptionsunterlagen, Inskriptionszeiten, Scheininskription, Zahlscheininskription** (↗Zahlschein)

inskünftig CH: **1.** Adv.: ↗HINKUNFT: *IN HINKUNFT A, ↗HINKÜNFTIG A ›künftig, fortan, in Zukunft‹: *Stark Übergewichtige können das ... Medikament inskünftig auf Kosten der Krankenkassen schlucken* (Blick 30. 6. 1999, 1). **2.** Adj. (nicht steigerbar); ↗HINKÜNFTIG A ›zukünftig‹: *Wir sassen zunächst im Garten und plauderten über vergangene, gegenwärtige und inskünftige Dinge, wie das so für einen hausbesuchenden Geistlichen üblich ist* (Kolb, Niederdorf 7) – In D veraltet

Insolvenzverfahren D das; -s, – (Recht): ›Verfahren, das bei Zahlungsunfähigkeit eines Schuldners den Konkurs oder den ↗Zwangsvergleich zwischen Schuldner und Gläubiger(n) regelt; Konkursverfahren‹: *Das Insolvenzverfahren war vor wenigen Tagen auf Antrag von zwei Krankenkassen ... eröffnet worden* (Berliner Ztg 17. 10. 2001, Internet) – In CH selten

Inspektion CH die; –, -en: ›Überprüfung der persönlichen Ausrüstung eines Angehörigen der Schweizer ↗Armee, die an einem bestimmten Tag, ausserhalb der Militärdienstzeit, an einem zentralen Ort ihrer Wohngemeinde all ihre Ausrüstungsgegenstände in einer ↗Auslegeordnung präsentieren müssen‹: *Ob der Wehrmann seine Ausrüstung überhaupt noch vollzählig besitzt und sie pflegt, wird an zwei Inspektionen überprüft: im 30. und 40. Altersjahr* (Blick 16. 12. 1993, 29) – Die Bedeutung ›das Inspizieren, Überprüfen, Kontrollieren‹ ist gemeindt.

Inspektorat A CH das; -(e)s, -e ⟨zu lat. *inspector* ›Beschauer‹⟩: ›Aufsichts-, Kontrollbehörde‹: *S. ist bei der Post & Telekom Austria AG im Inspektorat Salzburg tätig* (SN 9. 5. 1997, Internet; A); *Den Fall ans Licht gebracht habe Botschafter Kurt W., der beim Staatssekretariat in Bern für das Diplomatische Inspektorat zuständig ist* (Bund 27. 12. 1999, 9; CH) – In A meist in Zus. In STIR als Übersetzung des italienischen *ispettorato* ›Aufsichtsbehörde‹ auch als Simplex häufig – Dazu: ↗**Arbeitsinspektorat, Bauinspektorat** CH, **Bezirksschulinspektorat** A, **Fischereiinspektorat** CH, **Forstinspektorat** CH STIR, **Jagdinspektorat** CH, **Kindergarteninspektorat** CH STIR, **Landesfeuerwehrinspektorat** A, **Landesforstinspektorat** STIR, **Personalinspektorat** STIR, ↗**Schulinspektorat** CH STIR, **Zentralinspektorat** A

Installateur Installateurin A D der; -s, -e bzw. die; –, -nen ⟨frz.⟩ [ɪnstala'tøːɐ A D, ɪnʃtala'tøːɐ̯ A]: kurz für *Gasinstallateur(in), Heizungsinstallateur(in), Wasserleitungsinstallateur(in)*: ↗SANITÄRINSTALLATEUR CH D, ↗BLECHNER D-südwest, ↗FLASCHNER D-südwest, ↗KLEMPNER D (ohne südost), ↗SPENGLER D-südost, ↗HYDRAULIKER STIR ›Person, die berufsmäßig Gasleitungen, Heizungen, Wasser- und Sanitäranlagen installiert und repariert‹: *Die Badezimmer-Installation wurde unter herrlichen Flusssteinen verlegt. Fragen Sie ihren Installateur!* (Kurier 20. 6. 1998, Beilage 27; A); *Im Ausbildungszentrum … können Jungen folgende Berufe erlernen: Karosseriebauer, Installateur, Schlosser* (WAZ 31. 12. 1999, Internet; D)

instand: *instand stellen CH ›instand setzen‹: *Wer für einen Inline-Marathon hart trainiert und seine Skates instand stellen lässt, hofft auf Erfolg* (Blick 8. 10. 1998, 22) – Das Adverb *instand* ist in allen anderen Verwendungen gemeindt. – Dazu: ↗**Instandstellung**

Instandsetzung (gemeindt.): ↗INSTANDSTELLUNG

Instandstellung CH die; –, -en: ›Ausbesserung, Wiederherstellung; Instandsetzung‹: *Wir mussten auch Geld beschaffen für die Instandstellung der Häuser* (Rüegg, Welt 95) – Vgl. instand – Dazu: **Instandstellungsarbeiten, Instandstellungskosten**

Instruktionsoffizier CH der; -s, -e: ↗AUSBILDNER A CH, ↗INSTRUKTOR CH, ↗KLASSENLEHRER CH, ↗AUSBILDER D ›Berufssoldat, der Soldaten und Offiziere ausbildet‹: *M. … war dann Instruktionsoffizier der Infanterie und brachte es bis zum Oberst im Generalstab* (Bund 29. 9. 1998, 29)

Instruktor Instruktorin CH der; -s, -en bzw. die; –, -nen: ↗AUSBILDNER A CH, ↗INSTRUKTIONSOFFIZIER CH, ↗KLASSENLEHRER CH, ↗AUSBILDER D ›Person, die andere in spezifischen Fertigkeiten unterweist (in stark hierarchisch strukturierten Institutionen wie ↗Armee, Polizei, Feuerwehr)‹: *Der Instruktor, ein ältlicher Oberleutnant, hat auch Mühe mit dem Wind, dazu noch mit der Sprache* (Frisch, Schweiz 80) – Die Bedeutung ›Person, die anderen etw. lehrt, z. B. Auto fahren, eine Sportart‹ ist gemeindt. – Dazu: **Militärinstruktor(in), Verkehrsinstruktor(in), Zivilschutzinstruktor(in)**

integral CH BELG Adv.: ↗SUMME *IN SUMME A, ↗GESAMTHAFT CH, ↗TOTAL CH ›im Gesamten, insgesamt‹: *Das Armeeleitbild soll möglichst integral umgesetzt werden* (Blick 12. 6. 2001, 2; CH); *Die etwa bei einer Weitervermietung … getätigten Einnahmen sollen integral dem Kulturzentrum zufließen* (Grenz-Echo 10. 12. 1994, 7; BELG) – Die attributive Verwendung ist gemeindt.

Integrationslehrer Integrationslehrerin A der; -s, – bzw. die; –, -nen: ›Lehrer(in) in Klassen, in denen auch behinderte Schüler(innen) integriert sind‹: *Er arbeitet als Integrationslehrer in einer Volksschule, und am Abend besucht er die Parteischule der SPÖ* (Profil 11. 10. 1998, Internet)

Intendant Intendantin A D der; -en, -en bzw. die; –, -nen ⟨aus frz. *intendant* zu lat. *intendens* ›seine Aufmerksamkeit auf etw. richtend‹⟩: ↗FERNSEHDIREKTOR CH, ↗RADIODIREKTOR CH, ↗THEATERDIREKTOR CH LUX ›künstlerischer und kaufmännischer Leiter bzw. künstlerische und kaufmännische Leiterin eines Theaters, einer Fernseh- oder Rundfunkanstalt‹: *Die Gastgeber des Abends: ORF-Generalintendant Gerhard Z., Ö3-Marketing-Leiterin Sissy »Iron Lady« M. und der erfolgreiche Ö3-Boss Bogdan R.* (Ö3 Magazin 9/1997, 68; A); *Bundesverdienstkreuz für NDR-Intendant Jobst P.* (Welt 19. 7. 1999, Internet; D) – In der Bedeutung ›Leiter(in) eines Theaters‹ zunehmend auch in CH gebräuchlich. In A werden die Leiter eines Theaters als *Intendant* bezeichnet, nur in den Wiener Bundestheatern (Staatsoper, Burgtheater, Volksoper) als *Direktor*. Unabhängig von der Amtsbezeichnung ist aber auch *Theaterdirektor* üblich – Dazu: **Generalintendant(in)**, ORF-Generalintendant(in) (↗ORF) A, **Rundfunkintendant(in)** (↗Rundfunk)

Interessentenweg A der; -(e)s, -e: ›öffentlicher Fahrweg, für dessen Erhalt die ↗Anrainer aufkommen müssen‹: *Zu Beginn der 90er Jahre liefen Bemühungen, den gesamten Weg zu einem öffentlich-rechtlichen Interessentenweg umzugestalten* (17. und 18. Bericht der Volksanwaltschaft an den Steiermärk. Landtag, 1997/98, Internet)

Interessentschaft STIR die; –, -en: ↗AGRARGEMEINSCHAFT A ›Interessengemeinschaft für die Nutzung von Grundstücken oder landwirtschaftlichen Nutzflächen‹: *Die Weidenutzung und die Parkplatzregelung seien zwischen Skicenter und Interessentschaft abzuklären* (Dolomiten 26. 4. 2002, Internet) – In A-west (Tir.) selten – Dazu: ↗**Alminteressentschaft**

interkantonal CH Adj. (nicht steigerbar): ›zwischen mehreren ↗Kantonen; mehrere ↗Kantone betreffend‹: *Sowohl bezüglich dem Rechnungsdefizit als auch hinsichtlich der Neuverschuldung war Bern im interkantonalen Vergleich plötzlich einsame Spitze* (Bund 30. 12. 1999, 29) – Vgl. ausserkantonal, kantonal, Kantonal-

intern CH D Adj. (nicht steigerbar): ↗KLAPPE A, ↗DURCHWAHL A D ›innerhalb des Haustelefonnetzes (bei Telefonnummern)‹: *Die Information in der Eingangshalle ist das betriebliche Zentrum des Hauses ... Wenn Sie etwas benötigen, hilft man Ihnen dort gerne weiter (Telefon intern: 111)* (Privatklinik Obach, 2002, Internet; CH); *Wenden Sie sich ... an Herrn P. oder Herrn L. (Telefon: intern 2390)* (Schulverwaltungsamt Duisburg 25. 6. 2001, Internet; D) – In D veraltend. Vgl. Direktwahl

Interne A die; -n, ohne Plur. (Kurzwort): ›Klinik[abteilung] für innere Medizin; die Innere‹: *Dort, auf der Internen, sprach Josefa eine Krankenschwester an* (Hackl, Abschied von Sidonie 21) – Meist Kurzform für *Interne Abteilung, Interne Station*

Interpellant Interpellantin CH der; -en, -en bzw. die; –, -nen: ›Person, die eine ↗Interpellation einreicht‹: *Die Interpellanten, angefragt, ob sie von den Antworten auf ihre Fragen befriedigt seien, nehmen meist kritisch oder ablehnend Stellung* (Chemiekatastrophe 40) – In A und D nur fachsprachlich, in CH allgemein bekannt und gebräuchlich. Das Substantiv *Interpellation* ist gemeindt.

Interpellanz STIR die; –, -en (veraltend): ↗INTERPELLATION CH, ↗POSTULAT CH ›von einem oder mehreren Parlamentsmitgliedern bei der Regierung vorgebrachte Anfrage um Auskunft in einer bestimmten Angelegenheit; Anfrage‹: *Senator R. forderte schließlich im Sinne der ... eingereichten Interpellanz eine klare Stellungnahme der Regierung, was die Volkszählung und den Schutz der Minderheit ... angehe* (Dolomiten 20. 6. 1991, Internet)

Interpellation CH die; –, -en: ↗POSTULAT CH, ↗INTERPELLANZ STIR ›schriftliche parlamentarische Anfrage um Auskunft über Angelegenheiten der Regierung (auf der Ebene des Bundes, der ↗Kantone und der Gemeinden); Anfrage‹: *Der Bundesrat wurde in einer Interpellation aufgefordert, sich zum Problem zu äussern* (TA 1. 11. 1999, 29); *Harsche Kritik musste der Stadtrat bei der Diskussion zu einer Interpellation von Renate F. (SP) und Niklaus S. (AL) hinnehmen* (TA 7. 10. 1999, 21) – In A und D fachsprachlich

Intervention LUX die; –, -en ⟨aus frz. *intervention* ›Einschreiten, Eingreifen‹⟩: ›Einsatz‹: *1999 rückte das Personal des ACL-Service Routier insgesamt zu 33.358 Einsätzen aus, um Auto- und Motorradfahrern in einer Notsituation beizustehen – das sind 693 Interventionen mehr als im Vorjahr* (Autotouring 1/2000, 5) – Andere Bedeutungen sind gemeindt.

Invalidenrente CH die; –, -n: ↗INVALIDITÄTSPENSION A LUX, ↗IV-RENTE CH ›von der Invalidenversicherung ausbezahlte ↗Rente‹: *Zwar hat ab 1. Januar 2001 grundsätzlich jeder Beitragspflichtige, ungeachtet seines Alters, Anspruch auf die unentgeltliche Berechnung einer Alters-, Hinterlassenen- oder Invalidenrente, doch müssen dafür gute Gründe vorgewiesen werden können* (Südostschweiz 23. 10. 2000, Internet) – In D veraltet. Vgl. IV, Rente

Invalidenversicherung CH die; –, -en (Plur. ungebräuchl., formell): ↗ASVG-VERSICHERUNG A, ↗PENSIONSVERSICHERUNG A, ↗ALTERSVERSICHERUNG: *ALTERS- UND HINTERLASSENENVERSICHERUNG CH, ↗RENTENVERSICHERUNG D ›gesetzlich vorgeschriebene Vorsorge für Erwerbsunfähigkeit‹: *In der Invalidenversicherung (IV) wird es weiterhin Viertelsrenten geben* (Blick 14. 6. 1999, 2) – Abk. ↗IV

Invaliditätspension A LUX die; –, -en: ↗INVALIDENRENTE CH, ↗IV-RENTE CH ›↗Pension für den Fall der Arbeitsunfähigkeit durch körperliche Gebrechen‹: *Am Bau beträgt das durchschnittliche Pensionsalter 57 Jahre, 60 % der Betroffenen gehen in Invaliditätspension* (Wiener Ztg 11. 2. 2000, Internet; A); *Die wirklichen Mitglieder, welche Empfänger einer Alters- und Invaliditätspension sind, haben Anrecht auf die folgende Unterstützung* (Amtsbl Luxemburg 28. 6. 2001, Internet; LUX) – Dazu: **Invaliditätspensionist(in)** (↗Pensionist)

irre D (ohne südwest) Adv. (salopp): ↗ARG A CH D-mittelost/süd, ↗NARRISCH A D-südost, ↗BANNIG D-nord, ↗DOLL D (ohne mittelost/südost) ›sehr, überaus‹: *Der Nachtisch braucht irre lang!* (Focus 4. 8. 1997, 122) – Die Bedeutung ›verrückt‹ ist gemeindt.

Isar-Athen D das; -s, ohne Plur. ⟨nach dem Fluss *Isar* und den vielen kulturellen Einrichtungen⟩ (scherzh.): ↗ISAR-STADT D, ↗MILLIONENDORF D ›München‹: *Warum sind denn Rainald Maria G. und Julian N. »heim ins Reich« gekommen und weinen dem Isar-Athen unseligen Angedenkens keine Träne nach?* (Berliner Ztg 25. 7. 2001, Internet)

Isar-Stadt Isarstadt D die; –, ohne Plur. ⟨nach dem Fluss *Isar*, an dem die Stadt liegt⟩: ↗Isar-Athen D, ↗Millionendorf D ›München‹: *Er liebe München, und habe sich schon zu der Zeit, als er noch in Frankfurt am Main als Soldat stationiert war, stets Freundinnen in der Isar-Stadt gesucht* (Rheinische Post 26. 9. 2001, Internet)

Ist-Lohn A der; -(e)s; ...löhne: ›tatsächlich ausgezahlter monatlicher Lohn; Grundlohn‹: *Die Metaller erhalten 3,7 Prozent Erhöhung der KV-Gehälter und 2,7 Prozent auf den Ist-Lohn* (Standard 14. 11. 2000, Internet) – Dazu: **Ist-Lohnerhöhung, Ist-Lohnrunde**

Italiener (gemeindt.): ↗Katzelmacher, ↗Makkaroni, ↗Spaghetti, ↗Tschingg, ↗Tschinggeler, ↗Welsche

Italienmeister Italienmeisterin STIR der; -s, – bzw. die; –, -nen (Sport): ↗Staatsmeister A, ↗Schweizermeister CH ›Athlet(in), der bzw. die in einem sportlichen Wettkampf als Beste(r) des Landes in einer Sportart ermittelt wurde; italienischer Meister bzw. italienische Meisterin‹: *Der mehrfache Italienmeister in den alpinen Disziplinen hatte bei den diesjährigen Paralympics in Nagano leider ziemliches Pech* (WAS Burggräfler Rundsch 18. 4. 1998, 3) – Dazu: **Italienmeisterschaft, Italienmeister-Titel**

i-Tüpfchen CH das; -s, –: ↗i-Tüpferl A D-südost ›besondere Krönung einer Sache; i-Tüpfelchen‹: *Der gebürtige Engländer Pete S. sorgt mit seiner einfühlsamen Stimme für das i-Tüpfchen dieser feinen Songauswahl* (Rusty Nugget, 2002, Internet)

i-Tüpfelchen (gemeindt.): ↗i-Tüpfchen, i-Tüpferl

i-Tüpferl A D-südost das; -s, -n: ↗i-Tüpfchen CH ›besondere Krönung einer Sache; i-Tüpfelchen‹: *Sollten wir die erreichen und dann auch noch vor Hard sein, wäre das aber schon das i-Tüpferl* (Neue Vorarlberger Tageszt 24. 9. 1999, 43; A); ***bis aufs i-Tüpferl** ›bis ins letzte Detail; sehr genau‹: *Sohn Paul fühlte sich so fröhlich, weil der Tribut an den Papa bis aufs i-Tüpferl geklappt hatte* (Kurier 17. 5. 2000, 16; A) – Dazu: ↗**i-Tüpferl-Reiter(in)** A

i-Tüpferl-Reiter i-Tüpferl-Reiterin A der; -s, – bzw. die; –, -nen (Grenzfall des Standards): ↗Tüpflischeisser CH, ↗Korinthenkacker D ›Person, die übertrieben genau ist; Pedant(in)‹: *Aber mit solchen i-Tüpferl-Reitern wollen wir ohnedies nichts zu tun haben* (Kurier 7. 3. 1998, 31) – Vgl. i-Tüpferl – Dazu: **i-Tüpferl-Reiterei**

IV die; –, ohne Plur.: **1.** CH buchstabierte Abk. für ↗*Invalidenversicherung:* ↗AHV CH ›gesetzlich vorgeschriebene Vorsorge für Erwerbsunfähigkeit‹: *Eng verbunden mit der AHV ist die IV, die Invalidenversicherung, die am 1. Januar 1960 in Kraft trat und die ebenfalls obligatorisch ist* (Zürcher Bürgerbuch 88). **2.** CH kurz für ↗*IV*-Rente: ›gesetzlich geregelte Zahlung, die den krankheits- oder unfallbedingten Verlust des Einkommens deckt‹: *Leicht hat es eine Person, die erwerbstätig wird, sich selbstständig macht, den Beruf wechselt, erstmals AHV oder IV bezieht, scheidet, sich trennt oder heiratet* (Facts 26. 2. 1998, Internet). **3.** A siehe Industriellenvereinigung – In CH erstbetont, in A letztbetont – Zu 1. und 2.: **IV-Bezüger(in)** (↗Bezüger), **IV-Ergänzungsleistungen, IV-Revision** (↗Revision)

IV-Rente CH die; –, -n: kurz für ↗*Invalidenrente:* ↗Invaliditätspension A LUX ›gesetzlich geregelte Zahlung, die den krankheits- oder unfallbedingten Verlust des Einkommens deckt‹: *Meistens stehe ich dazu, dass ich in einer Arbeitstherapie bin, dass ich IV-Rente beziehe und in einem betreuten Wohnheim lebe* (Bund 6. 8. 1999, Internet) – Abk. ↗IV. Vgl. Rente – Dazu: **IV-Rentner(in)** (↗Rentner)

J

J+S siehe Jugend

Jacke: *Jacke wie Hose D (ohne südost) (Grenzfall des Standards): ↗Hans: *Hans was Heiri CH ›egal, ohne Unterschied; gehüpft/gehupft wie gesprungen‹: *Ob Hemd oder Bluse, Hose oder Rock, Krawatte oder Halstuch – Geschlechtsunterschiede sind da Jacke wie Hose* (Welt 21. 8. 2000, Internet) – Das Substantiv *Jacke* ist in allen anderen Verwendungen gemeindt.

Jackett D das; -s, -s [ʒa'kɛt] ⟨aus frz. *jaquette*⟩: ↗Rock A CH, ↗Veston CH, ↗Kittel CH D-südwest ›Jacke des Herrenanzugs; ↗Sakko‹: *Van Reijn ließ das Jackett seines weißen Seidenanzugs zu Boden gleiten* (Erler, Palais 44)

Jahr: *gutes neues Jahr! A CH D-süd; ***frohes neues Jahr!** D-nord/mittel /Neujahrsgruß/: *Frohe Weihnachten und ein gutes neues Jahr 2000!* (VN 25. 11. 1999, Heimat/Feldkirch 26; A); *Gemeinderat und Gemeindeverwaltung wünschen allen frohe Festtage und ein gutes neues Jahr* (St. Galler Tagbl 24. 12. 1997, Internet; CH); *Zuerst einmal möchten wir euch allen ein frohes neues Jahr wünschen* (Deutsches Rotes Kreuz, Ortsverein Uerdingen, 1/1999; D-nord/mittel) – Das Substantiv *Jahr* ist in allen anderen Verwendungen gemeindt.

Jahresaufenthalter Jahresaufenthalterin CH der; -s, – bzw. die; –, -nen: ›Person ohne Schweizer ↗Bürgerrecht, die eine jährlich zu erneuernde Aufenthaltserlaubnis besitzt‹: *Der Kanton Schwyz beispielsweise bewilligt den Nachzug für Kinder ab 16 generell nicht mehr, bei Jahresaufenthaltern zieht er die Grenze schon ab 15 Jahren* (TA 4. 10. 1999, 8) – Vgl. Aufenthalter – Dazu: **Jahresaufenthalterbewilligung** (↗Bewilligung)

Jahresgedächtnis (gemeindt.): ↗Jahresgottesdienst, ↗Jahresmesse, ↗Jahrgedächtnis, ↗Jahrtagsmesse, ↗Jahrzeit

Jahresgottesdienst A-west D der; -(e)s, -e (kath. Kirche): ↗Jahrtagsmesse A-west, ↗Jahresmesse A-west D, ↗Jahrzeit CH, ↗Jahrgedächtnis D ›[jährlich abgehaltene] Messfeier zum Gedenken an eine verstorbene Person anlässlich des Todestages; Jahresgedächtnis‹: *Dankbar gedenken wir unserer geliebten Mama, Oma, Uroma, Schwester und Tante, Frau … beim 1. Jahresgottesdienst am 31. Jänner 1998 um 18 Uhr in der Pfarrkirche Tumpen* (TT 30. 1. 1998, 30, A-west); »*Terrorismus« lautet das Thema des Diskussionsabends der KAB … nach dem Jahresgottesdienst im Pfarrheim* (Mainpost 13. 3. 2002, Internet; D)

Jahreskarte (gemeindt.): ↗Generalabonnement, ↗Jahresnetzkarte

Jahresmesse A-west D die; –, -n (kath. Kirche): ↗Jahrtagsmesse A-west, ↗Jahresgottesdienst A-west D, ↗Jahrzeit CH, ↗Jahrgedächtnis D ›[jährlich abgehaltene] Messfeier zum Gedenken an eine verstorbene Person anlässlich des Todestages; Jahresgedächtnis‹: *18 Uhr Vorabendmesse in St. Anna als Jahresmesse für Bernhard E.* (Kirchengemeinde St. Anna in Münster 12. 4. 2002, Internet; D)

Jahresnetzkarte A D die; –, -n: ↗Generalabonnement CH ›↗Fahrausweis, der zu unbegrenzten Fahrten mit öffentlichen Verkehrsmitteln während eines Jahres berechtigt; Jahreskarte‹: *ÖSTERREICHcard der ÖBB. Jahresnetzkarte für Österreich. Gilt im gesamten Schienennetz der ÖBB (5700 Kilometer) einschliesslich der Strecke Salzburg-Kufstein via Schleife Rosenheim sowie nach Sopron (Ungarn)* (ÖBB, Internet); *Die Inhaber einer DB-Jahresnetzkarte kommen in den Genuss, ihr Fahrrad kostenlos mitzunehmen* (Radwelt 7. 5. 2002, Internet)

Jahreswagen D der; -s, –: ›einjähriges Auto aus zweiter Hand‹: *Wer »echten« Gebrauchtwagen gegenüber sehr skeptisch ist, sich aber mit einem Neuwagenkauf wegen des hohen Preises nicht anfreunden kann, für den ist ein so genannter Jahreswagen sicher die Lösung* (Berliner Ztg 21. 2. 1997, Internet)

Jahreszahl (gemeindt.): ↗Jahrzahl

Jahrgang der; -(e)s, …gänge: **1. *Jahrgang … sein** A D; ***den Jahrgang … haben** CH ›in einem bestimmten Jahr geboren sein‹: *Angelika D. ist Jahrgang 1965 und erhielt mit sieben Jahren ihren ersten Violinunterricht* (OÖN 16. 12. 1999, Internet; A); *Hans W. hat den Jahrgang 1927* (Bundesversammlung Wintersession 1995, Internet; CH); *Monika M. ist Jahrgang 41, hat die 60 schon überschritten* (SWR 27. 12. 2002, Internet; D). **2.** CH ›Jahr, in dem ein Fahrzeug hergestellt wurde; Baujahr‹: *Der Zürcher Carossier … Emil S. in* *seinem Triumph* TR5 Jahrgang 1968 bei einer Lunchpause in der Nähe von Orléans (Automobilrevue, 2003, Internet) – Zu 2.: Abk. Jg. Die Bedeutungen ›Gesamtheit der Personen, die im selben Jahr geboren sind‹, ›Wein aus einem bestimmten Jahr‹ und ›Zeitungen, Zeitschriften eines bestimmten Jahres‹ sind gemeindt. – Zu 1.: ↗**Jahrgangsstufe** D (ohne ost), ↗**Jahrgangstreffen** D STIR

Jahrgänger Jahrgängerin A-west (Vbg.) CH der; -s, – bzw. die; –, -nen: ›[in einem Verein organisierte] Personen desselben Geburtsjahrganges‹: *Besonders danken wir ... allen Verwandten, Freunden, Bekannten, Nachbarn und Jahrgängern, die ihn auf seinem letzten Weg begleitet ... haben* (VN 19. 12. 1997, B 7; A-west); *Am 19. Mai trafen sich die Jahrgänger von 1941 erneut zu einem Jahrgängertreffen* (NLZ 26. 5. 2001, Internet; CH) – Dazu: **Jahrgängerausflug,** ↗**Jahrgängertreffen** A-west (Vbg.) CH, **Jahrgängerverein**

Jahrgängertreffen A-west (Vbg.) CH das; -s, –: ↗JAHRGANGSTREFFEN D STIR ›feierliche Zusammenkunft aller Gleichaltrigen (in A-west (Vbg.) eines Ortes, in CH einer Schule)‹: *Zum Abschluss dieses gelungenen Jahrgängertreffens gab es bei Rita natürlich noch den obligaten Kaffee für die Ausdauerndsten* (St. Galler Tagbl 23. 9. 2000, Internet; CH) – Vgl. Jahrgänger

Jahrgangsstufe D (ohne ost) die; –, -n: ›Schüler(innen) desselben Jahrgangs einer Schule‹: *Die Abiturprüfung 2000 haben ... 43 Schülerinnen und Schüler der Jahrgangsstufe 13 am ... Immanuel-Kant-Gymnasium bestanden* (WAZ 28. 6. 2000, Internet) – Vgl. Jahrgang

Jahrgangstreffen D STIR das; -s, –: ↗JAHRGÄNGERTREFFEN A-west (Vbg.) CH ›feierliches Treffen aller Gleichaltrigen (in D einer Schule, in STIR eines Ortes)‹: *Der Jahrgang 1941 feiert sein Jahrgangstreffen auf der Kermes* (Heimatarchiv Sayn 21. 5. 2000, Internet; D); *Die Unterlandler vom Jahrgang 1933 sind zu einem großen Jahrgangstreffen eingeladen* (Dolomiten 30. 4. 1998, 36; STIR) – In A und CH selten. Vgl. Jahrgang

Jahrgedächtnis D das; -ses, -se (kath. Kirche): ↗JAHRTAGSMESSE A-west, ↗JAHRESGOTTESDIENST A-west D, ↗JAHRESMESSE A-west D, ↗JAHRZEIT CH ›[jährlich abgehaltene] Messfeier zum Gedenken an eine verstorbene Person anlässlich des Todestages; Jahresgedächtnis‹: *Das Kapitelsamt am Sonntag, 17. Februar, in der Essener Domkirche ist gleichzeitig das erste Jahrgedächtnis für den verstorbenen Weihbischof* (Bistum Essen 5. 2. 2002, Internet)

jährig CH Adj. (nicht steigerbar): ›einjährig‹: *Er hinterlässt eine Frau, ein 12-tägiges und ein jähriges Kind* (Kolb, Niederdorfer 119) – In D veraltet

Jahrmarkt (gemeindt.): ↗CHILBI, ↗DULT, ↗KILBI, ↗KIRBE, ↗KIRCHTAG, ↗KIRCHWEIH, ↗KIRMES, ↗KIRMSE, ↗KIRTA, ↗KIRTAG, ↗MESSE, ↗RUMMEL

Jahrtagsmesse A-west die; –, -n (kath. Kirche): ↗JAHRESGOTTESDIENST A-west D, ↗JAHRESMESSE A-west D, ↗JAHRZEIT CH, ↗JAHRGEDÄCHTNIS D ›[jährlich abgehaltene] Messfeier zum Gedenken an eine verstorbene Person anlässlich des Todestages; Jahresgedächtnis‹: *In liebevoller Erinnerung und Dankbarkeit gedenken wir unserer lieben Verstorbenen bei der Jahrtagsmesse am Freitag, dem 9. Jänner 1998, um 19.30 Uhr in der Pfarrkirche Dornbirn-Hatlerdorf* (VN 9. 1. 1998, B 5)

Jahrzahl CH die; –, -en: ›Jahreszahl‹: *Guido stieg über ein Treppchen zur Türe des Hauses, das die Jahrzahl 1794 trug* (Rüegg, Welt 13)

Jahrzeit CH die; –, -en (kath. Kirche): ↗JAHRTAGSMESSE A-west, ↗JAHRESGOTTESDIENST A-west D, ↗JAHRESMESSE A-west D, ↗JAHRGEDÄCHTNIS D ›[jährlich abgehaltene] Messfeier zum Gedenken an eine verstorbene Person anlässlich des Todestages; Jahresgedächtnis‹: *Festgottesdienst ... mit Prozession und letztem Wettersegen, musikalisch gestaltet vom Kirchenchor, Jahrzeit für die verstorbenen Mitglieder der Kreuzbruderschaft* (Pfarrei Aesch, 2001, Internet) – Dazu: ↗**Jahrzeitbuch, Jahrzeitfeier, Jahrzeitgottesdienst, Jahrzeitmesse**

Jahrzeitbuch CH das; -(e)s, ...bücher (früher, kath. Kirche): ›Jahreskalender mit den zu lesenden Jahresgedächtnismessen‹: *Das nach jahrelanger Forschungsarbeit am Freitag erschienene Jahrzeitbuch der Pfarrkirche Heilig Kreuz in Lachen gilt als wichtiges Werk für die Familienforschung* (NLZ 29. 8. 2001, Internet) – Auch in der Form *Jahrzeitenbuch* gebräuchlich. Vgl. Jahrzeit

Jahrzeitenbuch siehe Jahrzeitbuch

Jalousie die; –, -n [ʃalu'siː A CH, ʒalu'ziː D] ⟨frz.⟩: **1.** A D; ↗STORE CH ›aufrollbarer Sicht- oder Sonnenschutz aus Stoff oder Lamellen, der vor ein Fenster herabgelassen werden kann; Rollladen, Rollo‹: *Weg geht nun der Trend von einfachen Vorhängen, langweiligen Jalousien und altmodischen Karniesen* (Kurier 14. 9. 1997, 26; A); *Ich ging in den Schalterraum, der halbdunkel war, weil übers Wochenende die Jalousien heruntergelassen werden* (Brückner, Spuren 21; D). **2.** CH ›auf der Oberseite lamellenartig eingeschnittene Blätterteigtasche mit süsser oder salziger Füllung‹: *Für die Jalousie sämtliches Gemüse fein schneiden, in Butter kurz andünsten und mit Yaktiroisauce vermischen, abschmecken, auskühlen lassen* (Gastro-News, 1998, Internet) – Zu 1.: In CH selten, vgl. Rollbalken – Zu 2.: **Apfeljalousie, Blätterteigjalousie, Sauerkrautjalousie**

jammern (gemeindt.): ↗KLÖNEN, ↗PLINSEN, ↗TRENZEN

Jän. siehe Jänner

Janker A D-südost der; -s, –: **1.** ↗LISMER CH ›gestrickte Jacke; Strickjacke‹: *Zu kaufen gibt's in Lanzersdorf alles, was am Hof erzeugt wird: Obst, Gemüse, Fleisch, Käse. Dazu kommen Fleckerlteppiche, Filzpatschen, Wolljanker, Holzspielzeug, Gestecke und Schafwolle* (OÖN 9. 1. 1997, 10; A). **2.** ›↗Sakko in der Trachtenmode‹: *Die Haferlschuhe und Janker der zwei gehörten aufs Land, Hüte und Hosen in die Stadt* (Klier, Aufrührer 37; A) – Dazu: **Bauernjanker, Trachtenjanker, Walkjanker, Wolljanker**

Jänner A der; -s, – (Plur. ungebräuchl.): ↗JANUAR CH D ›erster Monat des Kalenderjahres‹: *Ein klarer, kalter Wintertag war dieser 8. Jänner* (Schöpf, Ausgedingler 57) – Formelle Abk. Jän. In D-süd selten, in CH dialektal – Dazu: ↗**Jännerloch, Jännerwoche**

Jännerloch A das; -(e)s, ...löcher: ↗JANUARLOCH CH ›geschäftsschwache Zeit im Tourismus nach den Weihnachtsfeiertagen und Silvester‹: *Der harte Konkurrenzkampf zwischen den Airlines – und das traditionelle Jännerloch – beschert den Passagieren zu Jahresbeginn eine Reihe von günstigen Flugangeboten* (Profil 23. 1. 2000, Internet) – Vgl. Jänner

Januar CH D der; -(s), -e (Plur. ungebräuchl.): ↗JÄNNER A ›erster Monat des Kalenderjahres‹: *Im Januar gebe ich Alix Bericht, dass ich mich von ihr trennen will* (Z'Graggen, Erwartung 72; CH); *Vorher will er beim Dreikönigstreffen im Januar ... aufs Sprungbrett steigen* (FAZ 10. 10. 1997, 3; D) – In A selten und formell – Dazu: ↗**Januarloch**

Januarloch CH das; -(e)s, ...löcher: ↗JÄNNERLOCH A ›Einbruch der allgemeinen Stimmung im ersten Monat des Kalenderjahres (nach den Weihnachtsfeiertagen und Silvester), spürbar v. a. in reduzierter Kaufbereitschaft‹: *Füllen Sie das Januarloch mit schönen bunten Fernsehbildern* (Blick 15. 1. 1999, 12) – Vgl. Januar

Jass A-west (Vbg.) CH der; -es, ohne Plur.: /ein Kartenspiel/: *Am Nebentisch sassen sie schon beim Jass* (Hürlimann, Schweizerreise 102; CH); ***einen Jass klopfen:** ↗JASSEN A-west (Vbg.) CH ›das gleichnamige Kartenspiel spielen‹: *Wer Lust und Laune hat, kann auch einen Jass klopfen* (VN 31. 3. 2001, A 14; A-west); *Der Schlosser Eugen S. will ... einen zünftigen Jass klopfen* (Blick 29. 10. 1996, 2; CH) – Dazu: **Jassabend,** ↗**jassen, Jasser(in), Jasskarte, Jassmeisterschaft, Jasspartie, Jassrunde,** ↗**Jassteppich** CH, **Jasstisch,** ↗**Kreuzjass** A-west (Vbg.)

jassen A-west (Vbg.) CH sw.V./hat: ↗JASS: *EINEN JASS KLOPFEN A-west (Vbg.) CH ›das Kartenspiel ↗Jass spielen‹: *Nach der Verhandlung geht das ganze Amtsgericht jassen* (Geiser, Brachland 93; CH) – Dazu: ↗**ausjassen, kreuzjassen** (↗Kreuzjass) A-west (Vbg.), **Preisjassen**

Jassteppich CH der; -s, -e: ›kleiner Teppich, der für das Kartenspiel ↗Jass als Unterlage auf den Tisch gelegt wird‹: *Die Kinder aus elf Staaten schenkten Koller als Zeichen der Verbundenheit mit ihrer Herkunft einen Jassteppich mit Weltkarte* (Bund 13. 8. 1997, 13)

Jause A die; –, -n ⟨aus slowen. *júžina* ›Mittagessen‹⟩: **1.** ↗GABELFRÜHSTÜCK A-ost, ↗ZNÜNI CH, ↗ZVIERI CH, ↗ZWISCHENVERPFLEGUNG CH, ↗BROTZEIT D-südost, ↗FRÜHSTÜCK: *ZWEITE FRÜHSTÜCK D-nord/mittel, ↗VESPER D-südwest, ↗HALBMITTAG STIR, ↗MARENDE STIR ›Zwischenmahlzeit am Vormittag oder Nachmittag; [kalter] Imbiss‹: *Um halb drei öffnete die kleine Lebensmittelhandlung, in der sie sich eine Jause besorgen wollte* (Prugger, Mitten im Weg 82). **2.** ↗GABELFRÜHSTÜCK A-ost, ↗ZNÜNIPAUSE CH, ↗ZVIERIPAUSE CH, ↗KAFFEETRINKEN CH D, ↗BROTZEIT D-südost, ↗FRÜHSTÜCK: *ZWEITE FRÜHSTÜCK D-nord/mittel, ↗FRÜHSTÜCKSPAUSE D-nord/mittel, ↗VESPERPAUSE D-südwest, ↗HALBMITTAG STIR, ↗MARENDE STIR ›für eine Zwischenmahlzeit vorgesehene Pause am Vormittag oder Nachmittag‹: *Originellerweise wurde heuer der Beginn der Jause für 16.30 Uhr anberaumt* (Kleine Ztg 5. 7. 1998, Internet). **3.** ›kalte [Abend]mahlzeit‹: *Die Anspannung dauert zwar etwas länger, aber wir werden unseren Zeitplan anpassen, um 19 Uhr gibt es eine verstärkte Jause* (Kleine Ztg 26. 3. 1999, Internet) – Dazu: ↗**Brettljause, Jausenbrettl** (↗Brettl), ↗**Jausenbrot, Jausenmesser, Jausensackerl** (↗Sackerl), **Jausenschale** (↗Schale), ↗**Jausenstation, Jausenwurst, Jausenzeit,** ↗**jausnen, Kaffeejause, Kinderjause, Speckjause** (↗Speck)

Jausenbrot A das; -(e)s, -e: ↗PAUSENBROT D-nord/mittel ›belegtes Brot, das während einer Pause verzehrt wird‹: *Es tat ihm Leid, dass er sein Jausenbrot schon gegessen hatte, gerne hätte er jetzt damit die Tauben gefüttert* (Frank, Kommissar 241) – Vgl. Jause

Jausengegner A der; -s, – (scherzh., Grenzfall des Standards, Sport): ›sehr leicht zu besiegender Gegner‹: *Normalerweise ist Österreich ein Jausengegner, dazwischen eine Weltmacht* (Standard 13. 6. 1998, Internet)

Jausenstation A die; –, -en: ›[kleines] Gasthaus, in dem Imbisse angeboten werden‹: *Unglücklicherweise war der Tag ein Samstag, an dem die in Frage kommende Jausenstation geschlossen hatte, da die Pächter mosaischen Glaubens und der heiligen Ruhe pflegten* (Frischmuth, Wassermänner 21) – Vgl. Jause, Station

jausnen A sw.V./hat: **1.** ↗BROTZEIT: *BROTZEIT MACHEN D-südost, ↗VESPERN D-südwest, ↗MARENDEN

STIR ›eine [kalte] Zwischenmahlzeit einnehmen‹: *Wenn irgendwo im Freien eine Magd beim Jausnen von einem Knecht das Taschenmesser nahm, konnten die anderen mit Gewissheit annehmen, dass er noch am selben Abend bei ihr im Bett lag* (Innerhofer, Schöne Tage 22). **2.** ›kalt zu Abend essen‹: *Und erst wenn er alles erledigt hatte, ist er jausnen gegangen* (Echo 28. 1. 1999, 63) – Vgl. Jause

je: *je länger desto mehr; *je länger je mehr CH ›immer mehr‹: *Natürlich machen wir uns Gedanken, dass je länger desto mehr Grünflächen verschwinden, dass du zwischen den Hochhäusern im Tscharnergut fast nicht mehr atmen kannst* (Hartmann, Eis 43); *Ich hatte Angst zu versagen. Ich brauchte je länger je mehr das Überlegenheitsgefühl, nicht wie die andern von Kalorien abhängig zu sein* (Sprechstunde 3/4 1997, 21) – Das Wort *je* ist in allen anderen Verwendungen gemeindt.

Jean A die; –, -s [dʒiːn] ⟨aus engl. *jeans*⟩: ↗JEANSHOSE D, ↗NIETENHOSE D ›Hose aus strapazierfähigem Baumwollstoff; Jeans‹: *Ich brauche zum Leben drei Leibchen, eine Jean und schönes Wetter* (Profil 14. 11. 1999, Internet) – Die in A ursprünglich fremde Verwendung der Pluralform *Jeans* als Singular (die; -, -) ist gemeindt. Das gilt auch für die Zus. *Bluejean* und *Bluejeans*

Jeans (gemeindt.): ↗JEAN, ↗JEANSHOSE, ↗NIETENHOSE

Jeanshose D die; –, -n ['dʒiːns…]: ↗JEAN A, ↗NIETENHOSE D ›Hose aus strapazierfähigem Baumwollstoff; Jeans‹: *Die jüngsten Spuren: ein Fahrrad und eine alte Jeanshose in einer Plastiktüte* (Welt 27. 7. 1999, Internet)

Jeck D-mittelwest der; -en, -en: ↗FASCHINGSNARR A, ↗FASNATNARR A-west (Vbg.), ↗FASNÄCHTLER CH, ↗FASTNACHTER D-süd, ↗KARNEVALIST D-nord/mittelwest ›Person, die aktiv am ↗Karneval teilnimmt‹: *Voller Ungeduld fiebern die Jecken dem Beginn der »fünften«, der schönsten Jahreszeit, entgegen* (WAZ 20. 10. 1997, 12) – Dazu: **Karnevalsjeck** (↗Karneval)

Jekami CH das; -s, -s ⟨zusammengezogen aus *jeder/jede kann mitmachen*⟩: ›Veranstaltung, an der sich jede beliebige Person aktiv beteiligen kann‹: *Eine nette Mischung aus Theäterlen, Singen und Hopsen wird präsentiert, ein Jekami der liebenswürdigen Art, das an bunte Klassenabende erinnert* (Bund 23. 2. 1995, 6) – Dazu: **Jekami-Abend, Jekami-Wettbewerb**

Jena (gemeindt.): ↗SCHILLERSTADT

Jens D ⟨fries.⟩: männl. Vorname, Kurzform von *Johannes: Doch Karsten hatte das Wurfgeschoss bereits an den kleinen Jens Palmström weitergegeben* (Junge, Klassenfahrt 58)

jenseits (gemeindt.): ↗ENNET

Jesuskind (gemeindt.): ↗CHRISTKINDL, ↗FATSCHENKIND, ↗WEIHNACHTSKIND

jetzig (gemeindt.): ↗NUNMEHRIG

jeweilen CH Adv.: ›jeweils‹: *Lastwagenfahrer nahmen ihn jeweilen ein Stück des Weges mit, und so kam er zur Grenze bei Chiasso* (Diggelmann, Verhör 67)

Jg. siehe Jahrgang

Joch A das; -(e)s, – (informell): /ein Flächenmaß (5700 m²)/: *3 Joch Wiese, sehr gut geeignet für Gärtnerei, Baumschule, Christbaumkultur oder Getreidebau* (SN 3. 5. 1997, 38) – *Joch* ist die übliche Maßangabe für landwirtschaftliche Flächen, aber kein gesetzliches Flächenmaß mehr

Jochen D: ↗ACHIM D Kurzform des männl. Vornamens *Joachim: Jochen J., Professor für Mikroelektronik, möchte den Super-Chip dazu erfinden* (Spiegel Special 6/1998, 96)

Jockel A: **1.** ↗KÖBI CH Koseform des männl. Vornamens *Jakob: Dies musste die Hinterlassenschaft eines Dackels namens Jockel sein, und Jockel gehörte dem Nachbarn August, mit dem sie seit Jahren in inniger Feindschaft lebte* (Kleine Ztg 25. 7. 1999, Internet). **2.** der; -s, – (Grenzfall des Standards) ›einfältiger, zu gutmütiger Mensch‹: *Auf die Frage, ob die Beamten bei einer Pensionsreform wirklich völlig ungeschoren davonkommen können, meinte Dohr, er spreche ja nicht von Ungeschorenheit, aber »der öffentliche Dienst muss nicht immer der Jockel sein, der vorangeht«* (OÖN 4. 8. 1997, 2) – Zu 1.: In A auch in der Form *Jogel, Joki,* in D selten und vor allem in D-süd gebraucht

Jodok A-west (Vbg.): männl. Vorname: *Der Kaufmann Fritz K. (54) aus Wels und sein Seilgefährte Jodok Sch. aus Götzis (Vorarlberg) hatten sich Samstag in halber Höhe der Wand zu den Münchner Kaminen verstiegen, wo K. mehrere Meter ins Seil stürzte* (OÖN 30. 7. 1990, 11) – In CH und D selten. Wird in A und CH auf der ersten, in D auf der zweiten Silbe betont. Der betonte Vokal ist in A und D lang, in CH kurz

Joghurt der/das; -s, -s/die; –, -s ['joːkʊrt A D, 'joːgʊrt CH D]: in A und CH Neutrum, in D Maskulinum. Die sächliche Verwendung ist in D selten. In A-ost (bes. Wien) auch Femininum: *Gelatine … unter das Joghurt rühren* (Welt der Frau 5/1995, 42; A); *Die Joghurt stammt aus dem Orient und entsteht durch die Gerinnung von Milch* (Standard 3./4. 5. 1997, 12; A-ost); *Ihr Seliger zum Beispiel habe sich einmal zu Beginn einer Ohnmacht das Joghurt über den Kopf geleert und nachher behauptet, sie selber habe das getan* (Schädelin, Eugen 15; CH); *Den Joghurt mit Salz abschmecken* (Brigitte 11/1996, 208, D)

Johannisbeere A-west (Vbg.) CH D die; –, -n: ↗Ribisel A (ohne Vbg.) /in kleinen Trauben wachsende Beerenfrucht/: *Johannisbeeren, selber frisch vom Busch gepflückt. Die schmecken herrlich süss-sauer-erfrischend* (Blick 9. 7. 1999, 10; CH); *Ich wusste, es waren Johannisbeeren zu pflücken* (Hein, Horns Ende 52; D) – Dazu: **Johannisbeerwein**

Jörn D ⟨oberdt.⟩: ↗Schurl A-mitte/ost, ↗Jürg CH, ↗Jürgen D Kurz- und Koseform des männl. Vornamens *Georg: Auch Jörn M. … sucht noch die Frau, die seinen 24-Stunden-Job mit ihm teilt* (Freundin 19/1997, 108)

Joschi A-ost/südost: ↗Pepi A D-südost, ↗Sepp A CH D-südost Kurzform des männl. Vornamens *Josef: Molden betonte, in der Reihe seines Verlages über Personen der österreichischen Geschichte und Gegenwart passe dieses Buch sehr gut, denn man dürfe den Joschi Krainer, diesen Menschen von Format und Integrität, nicht nur als Steirer sehen* (Kleine Ztg 26. 10. 1996, Internet)

jour: *à jour CH LUX [aʒuːr] ⟨frz.⟩: ›auf dem neuesten Stand; gut informiert‹: *Die Entwicklung von Technik und Bildsprache wird immer rascher. Wer hier nicht à jour bleibt, ist bald einmal weg vom Fenster* (Schweizer Berufsfotografen 4. 3. 2000, Internet; CH); *Um beim Börsengeschehen ständig à jour zu sein, müssten Sie die Vermögensbetreuung als Full-Time-Job betreiben* (Hypo- und Vereinsbank Luxembourg 25. 10. 2002, Internet; LUX) – Andere Bedeutungen sind fachsprachlich gemeindt.

Journalbeamte Journalbeamtin A der; -n, -n bzw. die; –, -nen [ʃurˈnaːl…]: **1.** ›Dienst tuender Beamte bzw. Dienst tuende Beamtin für außerhalb der Bürozeit auftretende, dringend zu erledigende Fälle in einem Amt‹: *Außerhalb der Dienstzeit wird der Polizeidirektor von einem rechtskundigen Beamten vertreten. Dieser Journalbeamte ist rund um die Uhr erreichbar* (Polizei Salzburg, 2001, Internet). **2.** ›Tagesdienst leistender [Polizei]beamte bzw. Tagesdienst leistende [Polizei]beamtin‹: *Dann rief der Journalbeamte an* (Frank, Kommissar 10) – Vgl. Journaldienst

Journaldienst A der; -(e)s, -e [ʃurˈnaːl…]: **1.** ›Dienst für außerhalb der Bürozeit auftretende, dringend zu erledigende Fälle in einem Amt‹: *Zum Einsatz kommt der Journaldienst, wenn er von Gendarmerie, Rettung, Ärztenotdienst, aber auch von Feuerwehr, Krankenhaus oder Bezirkshauptmannschaft zu Hilfe gerufen wird* (Kleine Ztg 30. 9. 2000, Internet). **2.** ›Tagesdienst‹: *Wir wiesen ihn an, sich in der Wachstube Karlsplatz beim Journaldienst zu melden und dort zu sagen, dass er ohne Erlaubnis öffentlich Gitarre gespielt habe* (Haslinger, Opernball 51) – Zu 1 vgl. Bereitschaftsdienst. Zu 2 vgl. Journalbeamte

Jubeljahr: *alle Jubeljahre [ein]mal D (scherzh.): ↗Zeit: *alle heiligen Zeiten [einmal] A, ↗*Schaltjahr: *alle Schaltjahre [ein]mal CH D-ost/südwest ›sehr selten‹: *Wir sehen uns nie, telefonieren höchstens alle Jubeljahre mal miteinander* (Tina 6. 1. 2000, 22) – Das Substantiv *Jubeljahr* in der Bedeutung ›alle 25 Jahre stattfindendes heiliges Jahr in der katholischen Kirche‹ ist gemeindt.

Juchart CH die; –, -en: siehe Jucharte

Jucharte CH die; –, -n: ›3600 Quadratmeter‹ /(altes) Flächenmass zu 36 ↗Aren/: *Die Heimat meiner Grossmutter … war die Lischern, ein Heimetli von etwa sieben oder acht Jucharten Land* (Wenger, Rosalia 7) – Auch in der Form *Juchart* (die; –, -en)

judihui! CH Interj.: ›Hurra!, juhu!‹ /Ausruf der Freude/: *Judihui, ich fahre einen Tag lang Velo, einen schönen Sommertag lang, judihui, auch noch die Nacht und den nächsten Morgen, judihui, schon 100 … Kilometer* (WoZ 18. 7. 2002, Internet)

Jugend: *Jugend und Sport CH ›Sportförderung des Bundes‹: *So wirkt es wie ein schlechter Scherz, dass ausgerechnet die staatliche Institution »Jugend und Sport« im Fach »Bergsteigen« kürzlich beschloss, ab 2003 für J+S-Kurse keine Bergführerentschädigungen mehr auszurichten* (Bund 26. 5. 2001, 3); ***Jugend und Sport-Leiter(in)** siehe Leiter – Abk. J+S (ausgesprochen [iːʊndˈɛs]). Das Substantiv *Jugend* ist in allen anderen Verwendungen gemeindt. Vgl. Leiterteam

Jugendamt A D das; -(e)s, …ämter: ›für Jugendschutz und -förderung zuständige Behörde‹: *Die vom Jugendamt gewählte Pflegefamilie soll das Mädchen nur die nächsten Monate über betreuen* (Kurier 29. 1. 1998, 13; A); *In Zusammenarbeit von Jugendamt und freien Trägern der Wohlfahrtspflege ist ein breites Angebot von Einrichtungen und Diensten entstanden* (Rhein-Neckar-Kreis, 2000, Internet; D)

Jugenddienst STIR der; -(e)s, -e: ›in allen Städten und vielen Gemeinden Südtirols lokalisierter Verein für Jugendarbeit‹: *Heute um 20 Uhr findet im Schulhaus in Tartsch die Vollversammlung des Jugenddienstes Obervinschgau mit Neuwahlen statt* (Dolomiten 7. 4. 2000, 27)

Jugendfest CH das; -(e)s, -e: ›(an verschiedenen Orten) im Frühling oder Sommer gefeiertes Fest für Kinder und Jugendliche‹: *Als Höhepunkt des Jahres vereint das Lenzburger Jugendfest jeweils am 2. Freitag im Juli Jung und Alt, ehemalige Lenzburger und zahlreiche Gäste zur grossen Festgemeinde* (Stadt Lenzburg, 2002, Internet)

Jugendriege CH die; –, -n: ›Abteilung eines Turnvereins (bestehend aus ↗Buben oder Mädchen zwischen ca. 7 und ca. 15 Jahren)‹: *Mutter verdrosch mich nach Strich und Faden, und als Strafe durfte ich vorläufig nicht mehr in die Jugendriege gehen* (Buri, Dumm und dick 72) – Vgl. Jugi, -riege

Jugi CH die; –, -s ['jugɪ, 'juːgɪ] (Grenzfall des Standards): **1.** kurz für ›Jugendherberge‹: *Die Jugis boomen dank einer … Kampagne gegen ihr überholtes Wolldecken- und Kasernenimage* (Blick 15. 8. 1998, 11). **2.** kurz für ›↗Jugendriege‹: *Heute turnen in der Jugi über 100 Kinder mit* (TV Wittenbach 24. 1. 2003, Internet)

Juice A der; –, ohne Plur. [dʒuːs] ⟨engl.⟩: ↗JUS CH ›↗Frucht- oder Gemüsesaft‹: *Zielstrebig geht er auf das blumenbemusterte Sofa in der hintersten Ecke der Lounge zu. Öffnet ein Fenster, bestellt einen Juice* (Kurier 5. 8. 2001, 10) – In CH und D selten – Dazu: **Ananasjuice, ↗Orangenjuice**

-jung D-südost das; -en, ohne Plur. (Wortbestandteil in Zus.): ↗-JUNGES A, ↗-KLEIN D (ohne nordwest/südost) ›als Speise dienende Eingeweide und knochenreiche Teile von bestimmten Tieren (Ente, Gans, Hase, Huhn)‹, z. B. Entenjung, Gänsejung (↗Gänse-), Gansljung (↗Gansl-), Hasenjung, Hühnerjung: *Am Kirchweihsonntag gibt's im Gasthaus Lohner ab 18.00 Uhr Entenbraten und Entenjung* (Inn-Isen-Vils-Salzach-Bürgernetz 17. 10. 1997, Internet)

Jungbürger Jungbürgerin A CH der; -s, – bzw. die; –, -nen: ›Person, die das Wahlalter erreicht hat‹: *Das vergangene Wochenende stand in der Gemeinde Bildstein ganz im Zeichen der Aufnahme von 33 Jungbürgerinnen und Jungbürgern der Jahrgänge 1980, 1981 und 1982* (VN 6. 9. 2001, Heimat/Bregenz 28; A); *Zwei Jungbürger konnten mit Handschlag und einem kleinen Präsent in die Reihen der Stimmbürger aufgenommen werden* (Südostschweiz 19. 6. 2001, Internet; CH) – In D selten – Dazu: **Jungbürgerbuch, Jungbürgerfeier**

Junge D-nord/mittel der; -n, -n/-ns/Jungs: ↗BUB A CH D-süd, ↗KNABE A CH ›männliches Kind‹: *Ein anderes Mal brachte ihr ein kleiner Junge seinen Kanarienvogel* (Ende, Momo 21); *Probleme mit den Jungens hat er noch nie gehabt* (Wolf, Samstags 21); ***wie ein dummer Junge:** ↗SCHULBUB: *WIE EIN SCHULBUB A CH D-süd ›unreif, naiv (von männlichen Personen)‹: *Nach seinem Silverstone-Sieg ließ der Ferrari-Frontmann den unterlegenen Silberpfeil-Star M. H. bei der Schampus-Dusche wie einen dummen Jungen stehen* (Hamburger Morgenpost, 22. 3. 2000, Internet); ***Junge, Junge!** D (ohne südost): **a)** ↗NIEDERLEGEN: *DA LEGST [DU] DICH NIEDER A D-südost, ↗NIEDERSETZEN: *DA SETZT [DU] DICH NIEDER A D-südost, ↗MENSCH: *MENSCH MEIER D, ↗DONNERKIEL D-nord/mittelwest, ↗DONNERLITTCHEN D-nord/mittel, ↗FRESSE: *MEINE FRESSE D-nord/mittel /Ausruf verblüfften Erstaunens/: *»Junge, Junge«, schwante es J. B. … und seit Vertragsunterzeichnung stellte er sich unzählige Male die bange Frage: »Ob wir das wohl schaffen?«* (Spiegel 28. 9. 1998, Internet); **b)** ↗SCHAUEN: *SCHAU, SCHAU! A D-südost, ↗CHAPEAU! CH BELG LUX ›Alle Achtung!‹ /Ausruf der Anerkennung/: *War das ein gutes Spiel! Da prallte aber etwas aufeinander, Junge Junge* (NDR 19. 11. 2002, Internet) – Die Pluralformen *Jungs* und *Jungens* sind Grenzfälle des Standards – Dazu: **jungenhaft, ↗Rotzjunge** D-nord/mittelwest, **↗Schuljunge**

-junges A (produktiver Wortbestandteil in Zus.): ↗-JUNG D-südost, ↗-KLEIN D (ohne nordwest/südost) ›als Speise zubereitete Eingeweide und knochenreiche Teile von bestimmten Tieren (Ente, Gans, Hase, Huhn)‹, z. B. Entenjunges, Gansljunges, Hasenjunges, Hühnerjunges, Rehjunges: *Daneben gab es auch Teile, Innereien … und – nicht zu übersehen – Gansl- und Entenjunges, aus dem man sich auch gewünschte Teile heraussuchen lassen konnte* (OÖN 6. 11. 1999, 22); *Da gab es vom Reh ein Filet um 480 S (kg) … und Rehjunges zu 100 S (kg)* (SN 3. 11. 2000, Internet) – Die Zus. mit *-junges* werden ohne Artikel und ohne Plural gebraucht

Jungfernbraten A der; -s, –: ↗LUNGENBRATEN A, ↗FILET CH D ›unterhalb des ↗Beiriedes liegender länglicher Fleischteil von der Lende des Rindes, seltener auch des Kalbes oder Schweines, das v. a. für Steaks verwendet wird‹: *Den Jungfernbraten am besten mit Teigwaren oder einem Serviettenknödel servieren* (Kochrezepte, 2002, Internet) – Dazu: **Schweinsjungfernbraten** (↗Schweins-)

Jungunternehmer (gemeindt.): ↗EXISTENZGRÜNDER/EXISTENZGRÜNDERIN

Jungwacht CH die; –, ohne Plur.: ↗BLAURING CH ›katholischer Jugendverband für ↗Knaben‹: *Rund 250 Angehörige und Zugewandte der Jugendorganisationen Jungwacht und Blauring veranstalten am Sonntag Nachmittag auf dem Waisenhausplatz ein Fest* (Bund 22. 10. 1998, 27) – Die Verbände *Jungwacht* und ↗*Blauring* sind zu einem Verband zusammengeschlossen und werden daher meist als *Jungwacht und Blauring* bzw. *Blauring und Jungwacht* oder *Blauring/Jungwacht* bezeichnet – Dazu: **Jungwächter**

Jungzwiebel A die; –, -n: ↗LAUCHZWIEBEL D ›im Bund angebotene, jung geerntete Winterzwiebel mit Grün; Frühlingszwiebel‹: *Zu den Highlights zählen derzeit hausgemachte Ravioli mit Wildragout, schwarze Tagliolini mit Muscheln und Safransauce, Kalbsnieren mit Jungzwiebeln und Vino Santo* (Format 14. 12. 1998, 138) – Im Grenzfall des Standards auch Maskulinum. Vgl. Zwiebel

Junioren- CH (produktives Bestimmungswort in Zus.): ›die Alterskategorie der Jugendlichen betreffend (in Sport und Vereinsleben)‹, z.B. Juniorenbewegung, Juniorenförderung, Juniorenlager (↗Lager), Juniorenleiter(in), Juniorenobmann (↗Obmann), Juniorenzeit: *Jeder Sportklub hat seine Juniorenförderung* (TA 26.5.1999, 31); *Nicola S. durfte aufgrund der Altersbestimmungen nur mit einer Ausnahmebewilligung das Juniorenrennen bestreiten und klassierte sich als Fünfte* (TA 31.8.1998, 43) – Einige Zus. kommen auch in A und D vor, z.B. Juniorenklasse, Juniorenmannschaft, Juniorenmeister(in)

Junkie (gemeindt.): ↗DRÖGELER, ↗GIFTLER/GIFTLERIN

junktimieren A sw.V./hat ⟨aus lat. *junctim* ›zusammen‹⟩ (formell): ›bei einer Entscheidung zwei oder mehrere zusammengehörende vertragliche Vereinbarungen verknüpfen‹: *Der von tschechischen Journalisten unter Hinweis auf Erklärungen von FP-Politikern geäußerten Sorge, Österreich wolle den EU-Beitritt Prags mit einer Aufhebung der Beneš-Dekrete junktimieren, tritt Ferrero-Waldner entgegen: »Österreich wird bilaterale Angelegenheiten nicht mit den EU-Beitrittsverhandlungen junktimieren«* (OÖN 30.3.2001, 3) – Das Substantiv *Junktim* in der Bedeutung ›Verbindung zwischen zwei Verträgen oder Gesetzesvorlagen‹ ist gemeindt. – Dazu: **Junktimierung**

Jupe CH der; -s, -s [ʃyp] ⟨frz.⟩: ↗KITTEL A D-südost, ↗ROCK A D ›von der Taille abwärts reichendes Kleidungsstück in unterschiedlicher Länge für Frauen und Mädchen‹: *Sie liess mir davon bei der Schneiderin ein Blüschen machen mit kurzen Ärmelchen. Aber jetzt hatte ich keinen Jupe dazu und Grossmutter kein Geld mehr* (Wenger, Rosalia 48) – Selten auch Neutrum – Dazu: **Minijupe**

Jura D (ohne Art.) ⟨aus lat. *ius, iuris* ›Recht⟩: ↗JUS A CH ›Rechtswissenschaften‹: *Lars studierte Betriebswirtschaft in Bonn, Sascha Jura in Münster* (Grün, Lawine 15)

Jurassier Jurassierin CH der; -s, – bzw. die; –, -nen: ›Bewohner(in) des ↗Kantons Jura‹: *Der Bündner ist ein anderer »Schlag« als der Basler, der Berner Oberländer unterscheidet sich stark vom Waadtländer und der Jurassier vom Tessiner* (Tschäni, Profil der Schweiz 12)

Jürg CH: ↗SCHURL A-mitte/ost, ↗JÖRN D, ↗JÜRGEN D Koseform des männl. Vornamens *Georg*: *Das ist Herbert, sagte Oliver, wir nennen ihn Karajan, das ist Jürg, das ist Hans-Peter, und das bin ich* (Diggelmann, Vergnügungsfahrt 65) – In D selten. Der Name wird regional unterschiedlich mit langer oder kurzer Betonung ausgesprochen. Die Form *Jörg* ist gemeindt. – Dazu: ↗**Hansjürg**

Jürgen D ⟨niederdt. Form von *Georg*⟩: ↗SCHURL A-mitte/ost, ↗JÜRG CH, ↗JÖRN D männl. Vorname: *Zusammen mit Jürgen Pomorin recherchierte er mehrere Jahre* (Junge, Klassenfahrt 4)

juridisch A Adj. ⟨aus lat. *iuridicus* zu *ius* ›Recht‹⟩: ›rechtlich, juristisch‹: *Auch auf der sachlich-juridischen Ebene sind die Auffassungen vielschichtig* (Wald, Zeitbilder 128) – In CH und D veraltet

juristisch (gemeindt.): ↗JURIDISCH

Jus¹ A CH das; –, ohne Plur. ⟨aus lat. *ius* ›Recht‹⟩ (meist ohne Art., informell): ↗JURA CH D ›Rechtswissenschaften‹: *Der gebürtige Budapester studierte Jus und zog 1957 nach Wien* (Profil 10.11.1997, 20; A); *In Sarnen besuchte er das Internat einer Benediktinerschule. Danach studierte er in Fribourg Jus, »weil das einfach und schnell« geht* (Blick 27.2.2000, M62; CH) – Wird in A mit kurzem u, in CH mit langem u ausgesprochen. In D-süd veraltet. Die offizielle Bezeichnung der Studienrichtung lautet in A und CH *Rechtswissenschaft* – Dazu: **Jusstudent(in), Jusstudium**

Jus² CH der; –, – [ʃy]: ↗JUICE A ›↗Frucht- oder Gemüsesaft‹: *Zu allen Menüs servieren wir Ihnen eine Tagessuppe oder einen Jus sowie ein Tagesdessert* (Alters- und Pflegeheim Drei Linden, 2002, Internet) – Die Bedeutung ›Bratenjus, Bratensaft‹ ist gemeindt. – Dazu: ↗**Orangenjus, Tomatenjus**

Justizanstalt A die; –, -en: ↗GEFANGENENHAUS A, ↗POLIZEIANHALTEZENTRUM A, ↗JUSTIZVOLLZUGSANSTALT D ›Strafvollzugsanstalt; Gefängnis (bei Strafsachen)‹: *Steht diese vorläufige Diagnose auch im abschließenden Gutachten H.s, so würde F. bei einer Verurteilung in eine ganz normale Justizanstalt eingewiesen* (News 23.12.1997, 44) – Vgl. Häfen

Justiziar Justiziarin D der; -s, -e bzw. die; –, -nen: ›Mitarbeiter(in) einer Firma oder Behörde, der bzw. die für juristische Angelegenheiten zuständig ist‹: *Hanspeter B. ..., der ... heute im Hauptberuf als Justiziar des Wittelsbacher Ausgleichsfonds arbeitet* (Welt 14.8.2000, Internet)

Justizrat Justizrätin LIE der; -(e)s, ...räte bzw. die; –, -nen: /Ehrentitel für einen Experten bzw. eine Expertin aus dem Bereich des Rechts; Träger(in) dieses Titels (meistens in der Wendung *Fürstlicher Justizrat* bzw. *Fürstliche Justizrätin*)/: *Im Laufe der nächsten Woche soll die Bearbeitung im »Venediger Komitee«, in welchem der Herr Fürstlicher Justizrat seit Jahren das Land vertritt, weitergehen* (Das Fürstenhaus von Liechtenstein, 2003, Internet) – In D veraltet. Vgl. Rat

Justizvollzugsanstalt D die; –, -en: ↗GEFANGENENHAUS A, ↗JUSTIZANSTALT A, ↗POLIZEIANHALTEZENTRUM A ›Strafvollzugsanstalt; Gefängnis‹: *Ein*

Wachbeamter hat sich in der Justizvollzugsanstalt Magdeburg mit seiner Dienstwaffe erschossen (AZ 19. 6. 1998, 36) – Auch in der Kurzform *Vollzugsanstalt* gebräuchlich

Justizvollzugsdienst D der; -(e)s, -e: ↗JUSTIZWACHE A, ↗JUSTIZWACHTMEISTERDIENST D ›Aufsichtsorgan in Gefängnissen‹: *Der 41-Jährige, der seit 1991 im Justizvollzugsdienst arbeitete, galt als besonnener Mann, der sich stark um die Resozialisierung der Täter bemüht hatte* (NRZ 14. 8. 1999, Internet)

Justizwache A die; –, -n: ↗JUSTIZVOLLZUGSDIENST D, ↗JUSTIZWACHTMEISTERDIENST D ›Aufsichtsorgan bei Gericht und in Gefängnissen‹: *Das Leben hinter Gittern wird härter – vor allem für die Bediensteten der Justizwache* (Kurier 27. 1. 1997, 11) – Abk. JW. Vgl. Wache – Dazu: **Justizwachebeamte (...beamtin)** (↗Wachebeamte)

Justizwachtmeisterdienst D der; -(e)s, -e: ↗JUSTIZWACHE A, ↗JUSTIZVOLLZUGSDIENST D ›Aufsichtsorgan bei Gericht‹: *Den Beamten des Justizwachtmeisterdienstes obliegt ... die Vorführung der Gefangenen zu Terminen und Sitzungen* (Deutsche Justiz-Gewerkschaft 6. 7. 2001, Internet)

Juwel (gemeindt.): ↗BIJOU

Juwelier (gemeindt.): ↗BIJOUTIER/BIJOUTIÈRE

Juweliergeschäft (gemeindt.): ↗BIJOUTERIE

Jux (gemeindt.): ↗FEZ, ↗ULK

Juxturnier A das; -(e)s, -e: ↗PLAUSCHTURNIER CH ›sportlicher Wettkampf zum reinen Vergnügen‹: *Für den Juni ist zudem ein Juxturnier geplant, dessen besonderer Reiz an der Auslosung der Spielpartner liegen wird* (OÖN 19. 4. 2000, Internet)

JW siehe Justizwache

jwd D-nord/mittelwest [jɔtveːˈdeː] ⟨ursprüngl. berlinerisch⟩ (scherzh., Grenzfall des Standards): buchstabierte Abk. für *janz weit draußen:* ↗KRACHEN: *IM HINTERSTEN KRACHEN CH ›abgelegen; wo sich Fuchs und Hase gute Nacht sagen; in der Pampa‹: *»Hellersdorf, das liegt doch jwd!«, sagen Berliner, die in Mitte wohnen* (Berliner Ztg 12. 6. 1999, Internet)

K

kabbeln sich D-nord/mittel sw.V./hat (Grenzfall des Standards): ›sich ein wenig zanken‹: *Zwei deutsche Philosophen kabbeln sich* (Welt 20. 9. 1999, Internet) – Dazu: **Kabbelei**

Kabinenbahn A die; –, -en: ↗ GONDELBAHN A CH, ↗ SEILSCHWEBEBAHN A D-süd, ↗ LUFTSEILBAHN CH, ↗ SCHWEBEBAHN D (selten) ›Anlage zur Beförderung von Personen und Gütern [zwischen Berg und Tal] in an Drahtseilen hängenden Kabinen; Seilbahn‹: *Die vor dem Bau der Kabinenbahn ausgesprochene Auflage, die erste Sektion der Einsesselbahn abzureißen, wurde kurzerhand gestrichen* (Kurier 16. 9. 1992, 18)

Kabinett A das; -(e)s, -e ⟨aus frz. *cabinet* ›Nebenzimmer‹⟩: ›kleines, einfenstriges Zimmer‹: *Die Wohnung bestand aus Zimmer, Küche, Kabinett, wobei die Küche auf den Gang ging und das Zimmerfenster auf eine Feuermauer* (Semrau, Zimtapfel 84); ***mit Zimmer, Kuchl, Kabinett** A-ost (Wien) (Grenzfall des Standards) ›mit großem Gepäck‹: *Viele Kinder tragen »Zimmer, Kuchl, Kabinett« mit sich herum: Lieblingsspielzeug, Gameboy, Kaugummi (gekaut und ungekaut), die Jause der letzten Tage ...* (Standard 23. 8. 1997, Internet) – Andere Bedeutungen sind gemeindt.

Kabis CH der; –, ohne Plur.: **1.** ↗ KRAUT A D-mittelost/süd, ↗ WEISSKRAUT A D-mittelost/süd, ↗ WEISSKABIS CH, ↗ KAPPES D-mittelwest, ↗ KOHL D-nord/mittel, ↗ WEISSKOHL D-nord/mittel ›Kohlsorte mit hellgrünen, glatten Blättern, die einen festen Kopf bilden‹ /ein Gemüse/: *Im Pflanzplätz, der fleissiger verlegt wurde als der Garten, setzte Grossmutter ... Stangenbohnen und Kabis* (Wenger, Rosalia 15). **2.** (abwertend, Grenzfall des Standards); ↗ HOLLER A, ↗ QUARGEL A, ↗ SCHAS A, ↗ TOPFEN A, ↗ GUGUS CH, ↗ HAFENKÄSE CH, ↗ KÄSE CH D, ↗ MUMPITZ CH D (ohne südost), ↗ QUARK CH D, ↗ SCHNICKSCHNACK D, ↗ BLECH D (ohne südost), ↗ FEZ D (ohne südost), ↗ KAPPES D-mittelwest, ↗ KOHL D-nord/mittel (ohne südwest), ↗ KOKOLORES D (ohne südost) ›Quatsch; Unsinn‹: *Wo führt es hin, wenn jeder Schwachsinn, jeder miese Kabis zuerst geduldet, dann verziehen wird?* (Werner, Ausgezappelt 174) – Auch in der Schreibung *Chabis* – Zu 1.: ↗ **Blaukabis, Kabiskopf, Kabissalat, Kabiswickel,** ↗ **Rotkabis,** ↗ **Weisskabis**

Kabisland siehe Chabisland

Kabrio A D das; -s, -s: siehe Kabriolett

Kabriolett D das; -s, -s [kabrio'lɛt] ⟨aus frz. *cabriolet*⟩: ›Auto mit aufklappbarem Verdeck; Cabriolet‹: *Es war sehr sonnig, und ich bedauerte, kein Kabriolett gekauft zu haben* (Brückner, Spuren 11) – Die Schreibung *Kabriolett* ist in A selten. Aussprache in A [kabrio'leː], in CH [kabriɔle]. Die Kurzform lautet in A und D *Kabrio*

Kabuff D das; -s, -s (Grenzfall des Standards): ›kleiner [fensterloser] Raum; Abstellraum‹: *Die zwei unrasierten Köche ... sind aus ihrem fensterlosen Kabuff gelaufen, tanzen auf der Straße und pfeifen mit zwei Fingern* (Welt 12. 10. 1998, Internet)

Kachel die; –, -n: **1.** A D (ohne nordost); ↗ FLIESE A D, ↗ PLÄTTLI CH ›Keramikplatte als Wand- oder Fußbodenverkleidung‹: *Alles im Badezimmer war mit Tiermotiven versehen. Handtücher, Seifen, Zahnbürsten, Becher, Waschlappen, Kämme, Bürsten, Kacheln* (Streeruwitz, Verführungen 9; A); *Die Kacheln waren alt, mit blauen Blumen bemalt, und das Handtuch neben dem Waschbecken war aus dickem, grobem Leinen* (Martin, Blut 55; D). **2.** CH D-südost ›[kleiner] Topf, [kleine] Schüssel aus Steingut‹: *Auf klobigen Holztischen stehen Erdnussbutter und Konfitüre, und das Personal schleppt Kacheln mit Kaffee, Croissants, diverse Brote und Bio-Jogurt an* (Sonntagsztg 27. 8. 2000, 109; CH) – Zu 1.: In CH selten. Die Bedeutung ›gebrannte Keramikplatte als Verkleidung für ↗ Kamine und Kachelöfen‹ ist gemeindt. Zu 1 vgl. kacheln. Zu 3 vgl. Chacheli

kacheln A D (ohne nordost) sw.V./hat: ↗ VERFLIESEN A, ↗ PLÄTTELN CH, ↗ FLIESEN D ›(Böden oder Wände) mit Keramikplatten belegen‹: *Das Badezimmer wird schwarz und rosé gekachelt sein* (OÖN 8. 10. 1991, 15; A); *Einige nicht von Büchern verstellte Ecken in der billig erworbenen Ruine sind heute noch gekachelt* (WAZ 24. 1. 2000, Internet; D) – Vgl. Kachel

Kacherl A das; -s, -n (salopp, Skispringen): kurz für ↗ *Kacherlaufsprung:* ›stilistisch unschöne Landung in der Hocke‹: *Im vergangenen halben Jahrhundert haben viele Österreicher an der Tournee-Geschichte mitgeschrieben und ihr per Telemark oder auch Kacherl*

einen Stempel aufgedrückt (OÖN 28. 12. 2001, 27) – Die Bedeutung ›Nachttopf‹ ist veraltet

Kacherlaufsprung A der; -(e)s, ...sprünge (salopp, Schispringen): ›stilistisch unschöne Landung in der Hocke‹: *Vor zweieinhalb Jahrzehnten drehten sich seine Gedanken um Anlaufspur, Kacherlaufsprung und Telemark* (Neue Kronen Ztg 26. 1. 2000, Internet) – Vgl. Kacherl

Kadaversammelstelle CH die; –, -n: ↗TIERKÖRPERVERWERTUNG A D, ↗ABDECKEREI D, ↗TIERKÖRPERBESEITIGUNGSANSTALT D ›Stätte, wo Tierkadaver beseitigt werden‹: *Die Kadaversammelstelle befindet sich in den Liegenschaften der Werkabteilung im Feuerwehrgebäude* (Gemeinde Oberglatt, 2002, Internet) – Vgl. Wasenmeister

Kader- CH (produktives Bestimmungswort in Zus.): ›eine hohe, leitende Stellung betreffend (bes. Politik, Wirtschaft)‹, z. B. Kaderangestellte, Kaderausbildung, Kaderfrau, Kaderfunktion, Kaderkurs, Kaderleute, Kadermann, Kadermarkt, Kadermitarbeiter(in), Kadermitglied, Kaderpartei, Kaderposition, Kaderschule, Kaderselektion, Kaderstelle, Kaderverband: *L. hatte zunächst eine Lehre als Heizungszeichner absolviert, sich später an einer Handelsschule weitergebildet und ein höheres Wirtschaftsdiplom für Kaderleute erworben* (NZZ Intern. Ausgabe 3. 11. 1997, 14); *In dieser Kaderfunktion übernehmen Sie die Planung, Koordination und Realisation eines integrierten Personalentwicklungskonzeptes* (BaZ 25./26. 10. 1997, 58) – Zus. mit *Kader-* werden in A und D viel seltener gebildet als in CH. Die Zus. *Kaderschmiede* ist gemeindt. Das Grundwort *Kader* ist im Bereich Sport und Militär gemeindt., im Bereich Politik und Wirtschaft vor allem in CH gebräuchlich. *Kader* ist in A und D Maskulinum, in CH Neutrum, selten Maskulinum

Käfer CH der; -s, – (scherzh.): ›Krankheitserreger (Bakterium, Virus)‹: *Ärgerlich hingegen wird's, wenn einem ein Käfer, der sich in die Eingeweide eingeschlichen hat, den Tag versaut* (Sport 10. 3. 1998, 17) – Andere Bedeutungen sind gemeindt.

Kaffee: *Kaffee fertig CH: ↗KAFI: *KAFI FERTIG CH ›Kaffee mit Obstschnaps‹: *Seit einer Stunde hocken wir in einer verräucherten Spunte ..., nippen beide an einem Kaffee fertig und schielen scheu in der Gegend herum* (Heimann, Lisi 29); ***Kaffee Schnaps** CH: ↗KAFI: *KAFI SCHNAPS CH ›Kaffee mit Obstschnaps‹: *Er bestellte einen Kaffee Schnaps beim Barmann, ich bestellte Kaffee und Gipfeli* (Zürcher, Högo Sopatis 66); ***Kaffee Creme** CH D: ↗CAFÉ: *CAFÉ CRÈME CH D ›Kaffee mit ↗Rahm‹: *Der Garçon ist wieder in Eile. Kaffee crème, Espresso, doppelter Espresso, Cognac* (TA 3. 1. 2000, 15; CH); *Kaffee Creme und Espresso sowie alle Kaffeesorten sind ebenfalls ... erhältlich* (Chudoba-Kaffee 18. 6. 2003, Internet; D); ***kalte Kaffee** D-nordwest/mittelwest: ↗SPEZI A D (ohne mittelost), ↗DIESEL D-mittel ›Getränk aus Cola und ↗Orangenlimonade‹: *Ich trete in die Gaststätte ein und bestelle nach einem ersten Gruß bei der Wirtin einen kalten Kaffee* (Computer-Club Gelsenkirchen 12. 6. 2002, Internet); ***etw. ist kalter Kaffee** CH D (salopp) ›etw. ist schon länger bekannt und daher uninteressant‹: ... *was gestern noch stimmte, ist morgen schon kalter Kaffee* (TA 2. 4. 1997, 14; CH); *Eine Woche später war dies schon wieder kalter Kaffee* (Tagesspiegel 23. 3. 2000, Internet; D) – Das Wort *Kaffee* wird in A nur, in CH und D-südost meist auf der zweiten, in D (ohne südost) meist auf der ersten Silbe betont. Die französische Schreibung *Café* kommt in allen Zentren vor, in A allerdings nur in der Bedeutung ›↗Kaffeehaus‹

Kaffeefahrt D die; –, -en: **1.** ›Ausflug mit Nachmittagskaffee‹: *Berlin bittet seine Gäste zur Kaffeefahrt auf der »Havel Queen«* (Welt 14. 4. 1998, Internet). **2.** ↗WERBEVERKAUFSFAHRT D ›gratis oder preiswert angebotener Ausflug, der mit einer Verkaufsveranstaltung verbunden ist; Werbefahrt‹: *»Ich weiß selber gar nicht genau, wie das passiert ist«, gestand er später mit einem Lächeln ein, mit dem er bei einer Kaffeefahrt alle Rheumadecken auf einen Schlag verkaufen würde* (Welt 14. 12. 1998, Internet) – Zu 1.: In CH selten. Zu 2.: In CH als Sache und Wort ursprünglich fremd, aber zunehmend gebräuchlich. Vgl. Butterfahrt

Kaffeefilter (gemeindt.): ↗FILTERTÜTE

Kaffeehaus A das; -es, ...häuser: ›Café [nach charakteristischer Wiener Prägung]‹: *Das historische Wiener Kaffeehaus ist seit mehr als hundert Jahren der Treffpunkt für Kaffeeliebhaber, Wiener, In- und Ausländer* (Bühne 9/1997, 37) – Dazu: **Kaffeehausbesuch, Kaffeehausbesucher(in),** ↗**Kaffeehausbesitzer(in), Kaffeehaustisch**

Kaffeehausbesitzer Kaffeehausbesitzerin A der; -s, – bzw. die; –, -nen: ↗KAFFEESIEDER A, ↗CAFETIER A CH, ›Besitzer(in) eines Cafés‹: *33.000 Schilling Strafe soll ein ehemaliger Kaffeehausbesitzer in Feldbach bezahlen* (Kleine Ztg 7. 10. 1999, Internet) – In D veraltet. Vgl. Kaffee, Kaffeehaus

Kaffeekanne (gemeindt.): ↗KAFFEEKRUG

Kaffeekrug CH der; -(e)s, ...krüge: ›Kaffeekanne‹: *Ein ausgerissener roter Faden fällt auf den Boden, als Hans mit dem Kaffeekrug zum Tisch kommt* (Hostettler, Moira 69) – *Kaffeekanne* ist auch in CH das am meisten gebrauchte Wort. Vgl. Kaffee, Teekrug, Thermoskrug

Kaffeesieder Kaffeesiederin A der; -s, – bzw. die; –, -nen (formell): ↗KAFFEEHAUSBESITZER A, ↗CAFE-

TIER A CH ›Besitzer(in) eines Cafés‹: *Für fünf junge Damen aus Japan erfüllt sich am Freitag ein Herzenswunsch: Sie werden – mit österreichischen Tanzpartnern – den Ball der Kaffeesieder in der Wiener Hofburg eröffnen* (Presse 12. 2. 1998, 9) – Dazu: **Kaffeesiederball, Kaffeesiederinnung**

Kaffeetafel D die; –, -n: ›zum Kaffeetrinken und Kuchenessen gedeckter Tisch‹: *Im Restaurant erwartet Sie eine festlich gedeckte Kaffeetafel mit verschiedenen Sorten hausgebackenem Kuchen* (Fairhotel Jena 29. 11. 2002, Internet) – Vgl. Kaffee

Kaffeetrinken CH D das; -s, ohne Plur.: ↗JAUSE A, ↗ZVIERIPAUSE CH, ↗BROTZEIT D-südost, ↗VESPERPAUSE D-südwest, ↗MARENDE STIR ›Verzehr von ↗Kaffee und Kuchen am Nachmittag‹: *Hans Ueli S. (41) aus Rümlingen BL und sein Bekannter kommen vom Kaffeetrinken* (Blick 8. 5. 2000, 3; CH); *So muss es keinen wundern, dass das Festzelt meist aus allen Nähten platzt. Und das ist nicht nur zum Kaffeetrinken so, wo es natürlich Selbstgebackenes gibt* (Thüringer Allgemeine 1. 10. 2001, Internet)

Kafi CH der; -s, ohne Plur. (Grenzfall des Standards): ›Kaffee‹: *Wenn man den ganzen Tag so in der Stadt unterwegs ist, lernt man schon viele Leute kennen, und es gibt immer wieder mal jemand, der uns auf ein Kafi oder ein Bier einlädt* (Bund 29. 12. 1999, 25); ***Kafi fertig:** ↗KAFFEE: *KAFFEE FERTIG CH ›Kaffee mit Obstschnaps‹: *Man diskutiert an Stammtischen sogar darüber, ob man Heroinsüchtige nicht besser mit Whisky, Pflümli, Cognac oder Kafi fertig ... kurieren sollte, statt ihnen eine Gratisspritze abzugeben* (St. Galler Tagbl 27. 6. 1996, Internet); ***Kafi Schnaps:** ↗KAFFEE: *KAFFEE SCHNAPS CH ›Kaffee mit Obstschnaps‹: *Ich habe nur zwei Halbliter, zwei Kafi Schnaps und einen Whisky getrunken, macht euch keine Sorgen* (St. Galler Tagbl 25. 8. 2001, Internet)

Kahn D der; -(e)s, Kähne: ↗PLÄTTE A D-südost, ↗ZILLE A-mitte/ost D-mittelost, ↗LEDISCHIFF CH, ↗NAUEN CH ›flaches Lastschiff auf Binnengewässern‹: *Zu DDR-Zeiten schleppte der Kahn Stengerts Boot viele Male über die Oder zur Ostsee* (Tagesspiegel 16. 8. 2000, Internet) – Dazu: **Lastkahn, Schleppkahn**

Kai D der; -s, -s: ↗QUAI A CH ›befestigte Straße oder befestigter Weg am Ufer (mit Anlegestelle für Schiffe)‹: *Yachten dümpeln am Anleger, die Weiße Flotte liegt am Kai* (WAZ 11. 7. 2001, Internet) – Dazu: **Kaianlagen, Kaimauer**

-kaiser A der; -s, – (produktives Grundwort in Zus.): ›Funktionär, Politiker, Unternehmer o. Ä. mit großer, unangefochtener Macht‹, z. B. Bezirkskaiser (↗Bezirk), Betriebskaiser, ↗Dorfkaiser, Immobilienkaiser, Liftkaiser, ORF-Kaiser (↗ORF), ↗Ortskaiser: *Der Trend der Bezirkswahlen war ganz anders als bei der Landtagswahl. »Bezirkskaiser« oder deren Stellvertreter wurden stärker, bisweilen aber auch abgewählt* (Kurier 9. 10. 1996, 10); *»Die Seilbahnen sind die Motoren des Tiroler Wintertourismus ...«, spricht Jakob F., Ötztaler Liftkaiser, klare Worte* (Neue Kronen Ztg 14. 10. 2000, Internet)

Kaiserfleisch A D-südost das; -(e)s, ohne Plur.: ›geräuchertes Fleisch vom Bauch des Schweins‹: *Zum Abendessen gab es Kaiserfleisch mit Sauerkraut, das hat die Tanzlustigen wieder aufgebaut* (VN 22. 2. 2001, Heimat/Dornbirn 49; A)

Kaiserschmarren A D der; -s, –: ›in der ↗Pfanne zerkleinertes, dickeres ↗Omelett [mit Rosinen], das mit Zucker bestreut serviert wird‹: *Agnes öffnet seufzend den Topf, nimmt die Gabel, sticht ein Stück Kaiserschmarren heraus und stellt beim ersten Bissen fest, dass er noch teigig und ziemlich überzuckert ist* (Prugger, Mitten im Weg 91; A); *Kaiserschmarren mit Kompott von getrockneten Früchten* (WDR 19. 2. 2001, Internet; D) – In CH zunehmend gebräuchlich. Vgl. Schmarren

Kaiserstadt A die; –, ohne Plur. ⟨benannt nach der sich in Wien befindenden kaiserlichen Residenz⟩ (veraltend): ↗DONAUSTADT A, ↗WALZERSTADT A ›Wien‹: *Freilich, die Steirer hatten schon damals wild dagegen gekämpft, dass ihr Quellwasser aus dem Hochschwabmassiv in der Kaiserstadt verpritschelt wird* (Kleine Ztg 23. 3. 1996, Internet) – Seltener auch für *Bad Ischl*, der kaiserlichen Sommerresidenz, gebräuchlich

Kajütenbett CH das; -(e)s, -en: ↗STOCKBETT A D-südost, ↗DOPPELSTOCKBETT D (ohne nordwest/südost), ↗ETAGENBETT D (ohne ost/südost) ›zwei- oder mehrstöckiges Bett [für Kinder]‹: *Im Familienzimmer (zwei Betten und ein Kajütenbett) kostet das Bett 35 bis 40 Franken, inklusive Bettwäsche* (Bund 9. 7. 1999, 30)

Kalb: *das Kalb machen CH: ↗ALBERN D, ↗KASPERN D ›ausgelassen sein, Witze reissen; blödeln‹: *Ein moderner Samichlaus muss heute die Balance finden zwischen moralisieren und das Kalb machen* (TA 8. 11. 1999, 15) – Das Substantiv *Kalb* ist in allen anderen Verwendungen gemeindt. Vgl. Kalberei

Kalberei CH die; –, -en: ›unkluge Handlung, Dummheit‹: *Natürlich sei die »Aktenvernichtung in der SBG« eine »riesengrosse Kalberei« gewesen* (Stiftung gegen Rassismus und Antisemitismus, 2002, Internet) – Vgl. Kalb

Kälberne A D-südost das; -n, ohne Plur.: ›Kalbfleisch‹: *... angesichts aller Hormon- und Antibiotikaskandale kann einem der Gusto vergehen, trotzdem ist das Kälberne in Österreich als »etwas Besseres« institutionalisiert* (Standard 27. 10. 2000, Internet; A) – Vgl. Hirschene, Lämmerne, Schöpserne, Schweinerne

Kalbfleisch (gemeindt.): ↗KÄLBERNE

Kalbin A D-süd die; –, -nen: ↗GUSTI CH, ↗FÄRSE D ›weibliches Rind, das noch nicht gekalbt hat‹: *Und er dachte an Rosa, die Kalbin* (Alfare, Kirchberger 11; A)

Kalbsbratwurst CH D-mittelwest/südost die; –, ...würste: ›ungeräucherte Wurst aus Kalbfleisch, Schweinefleisch und Speck [die vor dem Verzehr gebraten wird]‹: *Was ist Glück? Zum Beispiel Kalbsbratwurst mit Kartoffelsalat essen, Bier trinken und mit 12'000 andern Ungeduldigen im Zürcher Hallenstadion die Minuten zählen, bis es so weit ist* (Bund 20. 11. 2000, 6; CH) – Vgl. Schweinsbratwurst

Kalbsmilch A D-mittelost/südwest die; –, ohne Plur.: ↗MILKE CH, ↗BRIESCHEN D-mittelwest/südwest ›[Gericht aus der] Brustdrüse des Kalbes; Bries‹: *Verfeinern lässt sich dieses Gericht dadurch, dass man, während der Fasan gedämpft wird, ein feines Ragout aus Kalbsmilch, ... Artischockenböden und Morcheln bereitet* (Tirolkultur, 2002, Internet; A); *Die pochierte Kalbsmilch und die Champignons klein würfeln* (SWR, 2002, Internet; D)

Kaldaune D (ohne südost) die; –, -n: ↗KUTTEL A CH D-süd, ↗KUTTELFLECK A D-süd, ↗FLECK D-mittelost ›Eingeweideteile (bes. Magen vom Rind)‹ /eine Fleischsorte/: *Zur Vorbereitung vor dem Kochen die Kaldaunen ... in einem großen Behälter in Wasser einweichen* (Johann Lafer, Rezepte, 2000, Internet)

Kaltmiete D die; –, -n: ›Wohnungsmiete ohne Heiz- [und andere laufende] Kosten; Nettomiete‹: *Als der Vater arbeitslos wird, kann er die Kaltmiete von 2000 DM für die Vierzimmerwohnung nicht mehr bezahlen* (Heins, Obdachlosenreport 16)

Kaluppe A-mitte/ost D-südost die; –, -n ⟨aus poln. zu tschech. *chalupa* ›baufälliges Haus‹⟩: ↗KEUSCHE A, ↗KATE D-nord/mittelwest ›baufälliges, ärmliches Haus; Hütte‹: *Gefährlich windschief neigt sich die Kaluppe in den Hang, jeden Moment, fürchtet man, muss sie den Halt verlieren und die abschüssige Schneise hinuntergleiten* (OÖN 9. 6. 1999, Internet; A-mitte/ost); »*In deine alte Kaluppe werde ich nicht ziehen. Wenn du kein neues Haus baust, bleibe ich bei meinen Eltern*« (Gemeinde Raddusch, 2003, Internet)

Kamin der/das; -(e)s, -e: **1.** A-west CH D-mittelwest/süd; ↗RAUCHFANG A (ohne west) D-südost, ↗ESSE D-mittelost, ↗SCHLOT D-mittelost/südost, ↗SCHORNSTEIN D-nord/mittel ›Rauchabzugsschacht‹: *Ich sehe die bewaldeten Hügelzüge der Umgebung und das bunt bemalte Kamin der stillgelegten Kehrichtverbrennungsanlage* (P.M., Olten 71; CH); *Um aufwändige Konstruktionen zur Gewährleistung der Standsicherheit zu vermeiden, ist es vorteilhaft, wenn der Kamin in der Nähe des Firstes durch die Dachfläche hindurchtritt* (BauProjekt, 2000, Internet; CH); ***etw. in den Kamin schreiben** A-west D-mittelwest/süd; ***etw. ins Kamin schreiben** CH siehe schreiben. **2. *offene Kamin** A D: ↗CHEMINÉE CH ›in die Wand eines Wohnraums eingebaute offene Feuerstätte mit Rauchabzug‹: *Neue Eigentums-Maisonette, 96 qm, große Stube mit Einbauküche und offenem Kamin, 3 Schlafzimmer* (TT 20./21. 9. 1997, 41; A); *Ein offener Kamin in jeder Wohnung ... bietet bei Winteraufenthalten eine besondere Atmosphäre* (Bahntours, Schulfahrten 39; D) – In CH Neutrum, gemeindt. Maskulinum. Die Bedeutung ›schmale Felsspalte‹ ist gemeindt. – Zu 1.: ↗**Kaminfeger(in)** CH D-mittelwest/südwest, ↗**Kaminkehrer(in)** A-west D-südost. Zu 2.: **Kaminfeuer, Kaminofen, Kaminzimmer**

Kaminfeger Kaminfegerin CH D-mittelwest/südwest der; -s, – bzw. die; –, -nen: ↗RAUCHFANGKEHRER A D-südost, ↗KAMINKEHRER A-west D-südost, ↗ESSENKEHRER D-mittelost, ↗SCHLOTFEGER D-mittelost/südost, ↗SCHORNSTEINFEGER D-nord/mittel ›Person, die Rauchabzugsschächte reinigt‹ /Berufsbezeichnung/: *Wie war das gewesen, als der Kaminfeger die Feuerstelle flickte?* (Wiesner, Jaromir, 63; CH); *Damals begannen die Städte anzuordnen, dass die Schlote regelmäßig gekehrt werden müssen. So entstand der Beruf des Kaminfegers* (Ökotest, 2000, Internet; D) – Dialektal auch in A-west (Vbg.). Vgl. Kamin

Kaminkehrer Kaminkehrerin A-west D-südost der; -s, – bzw. die; –, -nen: ↗RAUCHFANGKEHRER A D-südost, ↗KAMINFEGER CH D-mittelwest/südwest, ↗ESSENKEHRER D-mittelost, ↗SCHLOTFEGER D-mittelost/südost, ↗SCHORNSTEINFEGER D-nord/mittel ›Person, die Rauchabzugsschächte reinigt‹: *Die Feuerbeschau in den Gemeinden obliegt grundsätzlich dem Kaminkehrer* (Neue Vorarlberger Tagesztg 30. 4. 2000, 12; A-west); *Wir Kaminkehrer wollen ... unsere praktischen Erfahrungen bei der Nutzung von nachwachsenden Energien mit einbringen* (Kaminkehrer-Innung Niederbayern, 2000, Internet; D-südost) – In D-südost offizielle Berufsbezeichnung. Vgl. Kamin

Kamm D der; -(e)s, Kämme: ↗AUSGELÖST: *VORDERE AUSGELÖSTE A, ↗HALS CH D (ohne ost), ↗NACKEN D ›fettarmes Halsstück vom Rind, das bes. für Suppen verwendet wird; Bug‹: *Zum Kochen eignen sich: Kamm, Nacken (Hals), Brust ...* (Dr. Oetker, Schulkochbuch 98) – Andere Bedeutungen sind gemeindt.

Kammer die; –, -n: **1.** D; ↗REDUIT CH ›Abstellraum‹: *Raumaufteilung: 2,5 Zimmer, Bad/WC, Leerküche, Kammer, Keller, Aufzug* (Ferik Immobilien 6. 7. 2001, Internet). **2. *grosse Kammer** CH (Plur. ungebräuchl.): ↗NATIONALRAT A CH, ↗BUNDESTAG D, ↗LANDTAG LIE, ↗ABGEORDNETENKAMMER STIR ›Kammer des Schweizer Parlaments, zusammengesetzt nach dem prozentualen Anteil jedes ↗Kantons an der Gesamtbevölkerung; Volksvertretung‹: *Mit* *unermüdlichem Elan vertritt der 52-Jährige in der grossen Kammer die Anliegen der Kleinbauern, deren Vereinigung er mitpräsidiert* (Bund 17. 9. 1999, 3); ***kleine Kammer** CH (Plur. ungebräuchl.): ↗Bundesrat A D, ↗Ständerat CH, ↗Stöckli CH ›Kammer des Schweizer Parlaments, zusammengesetzt aus je 2 Vertretern pro ↗Kanton‹: *Jetzt macht auch der Ständerat Dampf: Die Kleine Kammer ist für die Freigabe von Cannabis* (Blick 8. 3. 2000, 1). **3.** CH D; ↗Senat A D ›aus mehreren Richter(innen) bestehendes Gremium für die Rechtsprechung‹: *Die erste Kammer besteht aus fünf Richtern* (Reglement für das Eidg. Versicherungsgericht, 1999, Internet; CH); *Die Kammer ist nicht ... zu der Überzeugung gelangt, dass Frau B. die Täterin ist* (Spiegel-Jahreschronik 1997, 98; D). **4.** A D ›gesetzliche Interessenvertretung bestimmter Berufssparten; berufsständische Körperschaft‹: *Kammer und Wirtschaftsbund haben eine Klage vor dem Höchstgericht angekündigt* (NÖN 22. 6. 1998, 10; A); *Wahlberechtigt sind alle im Bezirk der Kammer in der Landwirtschaft tätigen Personen* (Agrar aktuell 32/2002, Internet; D) – Zu 2 vgl. Bundesversammlung. Andere Bedeutungen sind gemeindt. – Zu 1.: **Abstellkammer, Speisekammer.** Zu 2.: ↗**Abgeordnetenkammer** STIR . Zu 3.: **Kammergericht** D, ↗**Strafkammer,** ↗**Zivilkammer.** Zu 4.: ↗**Arbeiterkammer, Bauernkammer, Kammeramtsdirektor(in), Kammerpräsident(in)** A D, **Kammerrat (...rätin),** ↗**Kammerumlage** A D, **Landwirtschaftskammer** A D, **Notariatskammer** A D

Kammerumlage A D die; –, -n: ›verpflichtender Mitgliedsbeitrag, der für eine berufsständische Körperschaft zu entrichten ist‹: *Insgesamt erhielten Bundes- und Landeskammern von ihren Mitgliedern rund sieben Milliarden Schilling, ... über die Kammerumlage 2 kamen 3,2 Milliarden herein* (Standard 23. 3. 2000, Internet; A); *Landwirtschaftliche Betriebe zahlen in Anlehnung an ihre Betriebsfläche eine Kammerumlage* (Landwirtschaftskammer Westfalen-Lippe 10. 7. 2003, Internet; D) – Vgl. Kammer – Dazu: **Arbeiterkammerumlage** (↗Arbeiterkammer A)

Kampfmannschaft A die; –, -en (Sport): ↗Fanionteam CH ›Mannschaft der besten Spieler(innen) eines Vereins, die bei offiziellen Wettkämpfen zum Einsatz kommt‹: *18 Jahre beim Verein, acht in der Kampfmannschaft* (Kleine Ztg 15. 11. 1997, 40)

Kampfscheidung CH die; –, -en: ›im Streit vor dem Richter bzw. vor der Richterin auf Klage durchgeführte Scheidung‹: *Könnten sich die Ehepartner arrangieren, einigten sie sich auf einen Vergleich. Beharrten sie auf ihren Forderungen, müssten sie vor Gericht eine Kampfscheidung durchstehen, der Richter diktierte zuletzt die Scheidungsbedingungen* (Bund 12. 8. 1996, 10)

Kampfwahl CH die; –, -en: ›Wahl, die vermutlich knapp ausgehen wird‹: *Eine erste Kampfwahl wird es bei der Verwaltungskommission des kantonalen Elektrizitätswerks EKS absetzen, wo für sechs Mandate gleich acht Kandidaten zur Auswahl stehen* (Schaffhauser Nachr 4. 1. 1997, 15) – Wird häufig als Ggs. zur *stillen Wahl* (↗Wahl) gebraucht

kampieren (gemeindt.): ↗campen, ↗campieren

Kanal: *den Kanal voll haben D (ohne südost) (salopp): **a)** ↗Krone: *einen in der Krone haben D (ohne südost), ↗Tee: *einen im Tee haben D-nordwest/mittel, ↗hängen: *eine hängen haben LUX ›betrunken sein‹: *Mein Vater war eins dieser saufenden Arschlöcher, die Frau und Kinder verhauen, wenn sie den Kanal voll haben* (Wolf, Mörderisches Klassentreffen, 2002, Internet). **b)** siehe haben – Das Substantiv *Kanal* ist in allen anderen Verwendungen gemeindt.

Kanapee (gemeindt.): ↗Brötchen, ↗Brötchen: *belegte Brötchen, ↗Brötli

Kandidus STIR ⟨aus lat. *candidus* ›weiß, klar, rein‹⟩: männl. Vorname: *Tischlereiinhaber Kandidus S. schätzt seinen Lehrling sowohl in Sachen Zuverlässigkeit und Fleiß, als auch wegen seiner »geschickten Hand« und seinen zuvorkommenden Umgangsformen* (Landesverband der Handwerker, 19. 6. 2000, Internet)

Kaninchen (gemeindt.): ↗Hase, ↗Karnickel

Kanker D-ost der; -s, –: ↗Zimmermann CH, ↗Schneider D-nord/mittelwest ›Spinnentier mit langen Beinen; Weberknecht‹: *Weberknechte, auch Kanker, ... unscheinbar gefärbte Spinnenverwandte ... mit ... langem Körper und oft sehr langen, vielgliedrigen Beinen* (Ullstein Lexikon der Tierwelt 548)

Kännchen D das; -s, –: ›kleine Kanne für ca. 2 Tassen Kaffee, Tee oder Kakao als Bestellmenge in vielen Gastronomiebetrieben‹: *Und wieder stellte sie sich ... vor, als Touristin hier zu sein und ... im Café an den Landungsbrücken ein Kännchen Kaffee zu bestellen* (Bick, Tödliche Ostern 92)

Kännel CH D-südwest der; -s, –: ›halbseitig offene Wasserleitung aus Metall oder Holz; Rinne‹: *Jedes Wasserrad schöpfte mit am Kranz befestigten Kübeln in der strömungsreichen Flussmitte Wasser in einen Kännel, der beim laufenden Brunnen endete* (Treichler, Abenteuer Schweiz 64; CH) – Auch in der Schreibung *Kennel.* Vgl. Runse – Dazu: **Dachkännel**

Kanone: *unter aller Kanone CH D (Grenzfall des Standards): ↗Hund: *unter allem/jedem Hund CH ›von schlechter Qualität; unter aller Kritik‹: *Auf einem ganz anderen Blatt steht dagegen die Qualität der integrierten Lautsprecher. Ihr Frequenzgang ist un-*

ter aller Kanone, und der Klirrfaktor von 11,6 Prozent spricht auch Bände (ETH Zürich, 2002, Internet; CH); *Diese ganze Diskussion ist für mich unter aller Kanone* (WOM Journal 11/1997, 33; D) – Das Substantiv *Kanone* ist in allen anderen Verwendungen gemeindt.

Kante: *sich die Kante geben D-mittelwest (Grenzfall des Standards): ↗HUCKE: *SICH DIE HUCKE VOLL SAUFEN D (ohne südost) ›sich hemmungslos betrinken‹: *Und nach dem Spiel, wenn Sie zusammen in die nächste Kneipe gehen und sich die Kante geben, wie reden Sie dann miteinander?* (Magazin 5/2001, Internet) – Das Substantiv *Kante* ist in allen anderen Verwendungen gemeindt.

Kanten D-nord/mittel der; -s, –: **1.** ↗SCHERZ A D-südost, ↗SCHERZEL A (ohne Vbg.) D-südost, ↗KAPPE D-nordwest, ↗KIPF D-südost, ↗KNÄPPCHEN D-mittelwest, ↗KNÄUSLE D-südwest, ↗KNUST D-nord, ↗KRÜSTCHEN D-mittelwest, ↗RANFT D-ost, ↗RIEBELE D-südwest ›Anschnitt oder Endstück eines Brotlaibes‹: *Gestern war ihm ein Kanten Brot gestohlen worden, heute fehlte ein Stück Seife* (Berthold, Jahre 39). **2.** ↗SCHERZ A (ohne west) D-südost, ↗SCHERZEL A (ohne west) D-südost ›dickes Stück Brot‹: *Ein Kanten Brot, Speck, vielleicht ein paar Sardinen, das ist die Ration* (Geo 11/1996, 133)

Kanterniederlage CH die; –, -n: ↗SCHRAUFEN A, ↗TRAGERL A (ohne west), ↗STÄNGELI CH, ↗PACKUNG D-nordwest/mittelwest ›hohe Niederlage; Debakel (bei sportlichen oder politischen Auseinandersetzungen)‹: *Vor zwölf Jahren wollten die Grünen mit [dem Begehren] »100'000 Franken sind genug« die Löhne aller bernischen Staatsangestellten einfrieren – und erlitten gegen das vereinte Polit-Establishment eine Kanterniederlage* (Facts 11. 5. 2000, Internet) – Das Wort *Kantersieg* ist gemeindt.

Kanti CH die; –, -s (informell): kurz für ↗*Kantonsschule:* ↗GYM A, ↗GYMI A CH, ↗GYMER CH-west ›Schule, die zur Hochschulreife führt bzw. Gebäude, in dem diese Schule untergebracht ist; Gymnasium‹: *Endlich durfte ich mit meinen Kollegen ... über Mathematik und Physik diskutieren und musste nicht wie in der Kanti über moderne Literatur reden, von der ich nichts verstand* (ETH Zürich, 1999, Internet) – Dazu: **Kantischüler(in)**

Kantine (gemeindt.): ↗MENSA

Kanton CH der; -s, -e ⟨aus frz. *canton* ›Ecke, Landstrich, Bezirk‹⟩: ↗BUNDESLAND A D, ↗LAND A D, ↗ORT CH, ↗STAAT CH, ↗STAND CH, ↗PROVINZ: *AUTONOME PROVINZ [BOZEN/TRIENT] STIR, ↗REGION STIR ›Teilgebiet der Schweiz mit weitgehender innenpolitischer Autonomie; grösste Verwaltungseinheit nach dem Bund‹: *Der Kanton Schaffhausen habe seine Identität durch die Begegnungen mit Grenzen und fremden Menschen gewonnen, sagte Bundesrat Otto. S.* (Jahr der Schweiz 48); ***der grosse Kanton** (scherzh.) ›Deutschland‹: *1986 aus dem grossen Kanton in die Schweiz eingedrungen, arbeitet Reinhold als Krankenpfleger auf einer Notfallstation* (Paddy O'Brien's old Irish Pub, 1999, Internet); ***schlechte Kanton** ›unzuverlässiger Mensch‹: *Ich bin ein schlechter Kanton, was? ... Es ist eine schlechte Ausrede was, aber wie es so ist, man nimmt sich die Zeit einfach nicht* (Squashclub Aarburg, 2002, Internet) – Abk. Kt. In Verbindung mit einem Namen, z. B. Kanton Uri, wird *Kanton* auf der ersten Silbe betont, mit Kurzvokal – Dazu: **Bergkanton,** ↗**Halbkanton, Heimatkanton, Herkunftskanton,** ↗**kantonal,** ↗**Kantonal-,** ↗**kantonalbernisch,** ↗**kantonalisieren,** ↗**kantonalzürcherisch,** ↗**Kantönligeist,** ↗**Kantons-,** ↗**Kantonsarzt,** ↗**Kantonsblatt, Kantonsbürgerrecht** (↗Bürgerrecht), ↗**Kantonschemiker(in), Kantonsebene,** ↗**Kantonsgericht,** ↗**Kantonshauptort,** ↗**Kantonshauptstadt,** ↗**Kantonskanzlei** CH (AR), ↗**Kantonspolizei,** ↗**Kantonsrat,** ↗**Kantonsregierung,** ↗**Kantonsschule** CH-ost/nordost/zentral, ↗**Kantonsspital,** ↗**Kantonssteuer,** ↗**Kantonsstrasse,** ↗**kantonsweit,** ↗**Landkanton, Stadtkanton, Standortkanton, Wohnkanton**

kantonal CH Adj. (nicht steigerbar): ›den ↗Kanton betreffend, zum ↗Kanton gehörig‹: *Die kantonalen Einkommenssteuerfolgen richten sich nach der kantonalen Ordnung im Wohnsitz- bzw. Sitzkanton des Steuerpflichtigen* (NZZ Intern. Ausgabe 3. 11. 1997, 4) – Vgl. Kantonal- – Dazu: ↗**ausserkantonal, innerkantonal,** ↗**interkantonal, überkantonal**

Kantonal-, kantonal-, -kantonal CH (produktiver Wortbestandteil in Zus.): ↗LANDES- A D, ↗KANTONS- CH, ↗LAND- CH ›den ↗Kanton betreffend; zum ↗Kanton gehörend‹, z. B. ↗ausserkantonal, innerkantonal, ↗interkantonal, Kantonalbank, ↗kantonalbernisch, Kantonalkirche, Kantonalmeister(in), Kantonalpartei, Kantonalpräsident(in), Kantonalregierung, Kantonalsekretariat, Kantonalturnfest (↗Turnfest), Kantonalturnverband (↗Turnverband), Kantonalverband, Kantonalvorstand (...vorständin), ↗kantonalzürcherisch: *In der jüngsten Vergangenheit sind verschiedene Regional- und Kantonalbanken in Schwierigkeiten geraten* (Protokoll der Januarsession der Vereinigten Bundesversammlung, 1998, Internet); *Eingebettet in die Festivitäten zum 100-Jahre-Jubiläum des Schweizerischen Anwaltverbandes trafen sich letzten Freitag die Mitglieder des Kantonalverbandes zum ordentlichen Anwaltstag in der Schmiedstube Bern* (Sonntagsztg 14. 6. 1998, 15) – Zus. mit *Kantonal-* beziehen sich auf Ämter, Beamte, Beamtinnen und Einrichtungen, die nicht notwendig vom ↗Kanton (als Staat) abhängig sind (im Ggs. zu Zus. mit *Kantons-*)

kantonalbernisch CH Adj. (nicht steigerbar): ›auf den ↗Kanton (nicht auf die Stadt) Bern bezogen‹: *Die Leute, die auf der Bühne rechts hätten sitzen sollen, nämlich der Zürcher Stadtrat E. B., der Zürcher Polizeiinspektor Dr. B. und der kantonalbernische Polizeidirektor, mussten aus Termingründen absagen* (Bussmann, Saal 26) – Diese Wortbildung ist nur für Bern und Zürich üblich. Vgl. Kantonal-, kantonalzürcherisch

kantonalisieren CH sw.V./hat: ›dem Verantwortungsbereich eines ↗Kantons unterstellen‹: *Die Arbeitsgruppe kam zum Schluss, das Zivilstandswesen sei zu kantonalisieren* (Glarner Landsgemeinde, 2002, Internet) – Dazu: **Kantonalisierung**

kantonalzürcherisch CH Adj. (nicht steigerbar): ›auf den ↗Kanton (nicht auf die Stadt) Zürich bezogen‹: *Im Zürcher Bauerndorf Russikon läuten die Kirchenglocken seit Herbst 1996 … erst um sechs Uhr morgens. So hat die kantonalzürcherische Baurekurskommission entschieden* (Bund 19. 12. 1998, 37) – Diese Wortbildung ist nur für Bern und Zürich üblich. Vgl. Kantonal-, kantonalbernisch

Kantönligeist CH der; -(e)s, ohne Plur. (abwertend): ›auf Probleme des eigenen ↗Kantons ausgerichtetes, engstirniges Denken‹: *Kantönligeist und Sonderzüglein sollen und können überwunden werden. Ob dies mittels Grosskantonen gelingt, bezweifle ich* (TA 27. 5. 1999, 33) – In A selten. Vgl. Kanton

Kantonnement CH das; -(e)s, -e [kantonə'mɛnt]: ›Unterkunft für militärische Truppen‹: *Meine beiden älteren Brüder kamen ebenfalls zum Militärspiel als Zuzüger; wir konnten sogar im Kantonnement nebeneinander schlafen* (Jazzdocumentation 1. 4. 1997, Internet) – In D veraltet

Kantons- kantons- CH (produktives Bestimmungswort in Zus.): ↗LANDES- A D, ↗KANTONAL- CH, ↗LAND- CH ›den ↗Kanton betreffend; zum ↗Kanton gehörend‹, z. B. Kantonsapotheker(in), ↗Kantonsarzt (…ärztin), ↗Kantonschemiker(in), Kantonsbibliothek, ↗Kantonsblatt, Kantonsgebiet, ↗Kantonsgericht, Kantonsgrenze, ↗Kantonshauptort, ↗Kantonshauptstadt, ↗Kantonskanzlei, Kantonsparlament, ↗Kantonspolizei, ↗Kantonsrat (…rätin), Kantonsrechnung, ↗Kantonsregierung, ↗Kantonsschule CH-ost/nordost/zentral, ↗Kantonsspital, ↗Kantonssteuer, ↗Kantonsstrasse, Kantonstierarzt (…ärztin), Kantonsverfassung, Kantonsverwaltung, ↗kantonsweit: *Die Kantonsgrenze scheidet die Rinderrassen, die Jasskarten oder den Typus der Bauernhäuser* (TA 24. 11. 1997, 9); *Rund ein Fünftel des Kantonsgebietes ist mittlerweile Siedlungsfläche* (TA 6. 2. 1999, 18) – Zus. mit *Kantons-* beziehen sich auf Ämter, Beamte, Beamtinnen und Einrichtungen, die vom ↗Kanton (als Staat) abhängig sind (im Ggs. zu Zus. mit *Kantonal-*)

Kantonsarzt Kantonsärztin CH der; -(e)s, …ärzte bzw. die; –, -nen: ↗STADTPHYSIKUS A, ↗AMTSARZT A D, ↗LANDESPHYSIKUS LIE ›vom ↗Kanton angestellter Arzt bzw. angestellte Ärztin‹: *Die Luzerner Kantonsärztin Annalis M. legt den privaten Betrieben nahe, ihre Waldarbeiter zu impfen* (NLZ 10. 8. 2001, Internet) – Vgl. Kantons-

Kantonsblatt CH das; -(e)s, …blätter (Plur. ungebräuchl.): ›offizielles Publikationsorgan eines ↗Kantons (in den Kantonen BL, BS und LU); Amtsblatt‹: *Die Pharmaversuchs-Firma VanTx Research AG ist konkurs: Gestern wurde im Basler Kantonsblatt die vorläufige Konkursanzeige publiziert* (TA 16. 9. 1999, 33) – Vgl. Bundesblatt, Kantons-

Kantonschemiker Kantonschemikerin CH der; -s, – bzw. die; –, -nen: ↗LEBENSMITTELAUFSICHTSORGAN A, ↗LEBENSMITTELKONTROLLOR A, ↗LEBENSMITTELINSPEKTOR A CH, ↗LEBENSMITTELKONTROLLEUR CH D ›Leiter(in) des ↗kantonalen Labors, das für Lebensmittelkontrollen zuständig ist‹: *In Vevey … erlitt ein Ehepaar Vergiftungen durch Knollenblätterpilze – jetzt reichte der Kantonschemiker Strafklage gegen den Pilzverkäufer ein* (Blick 8. 10. 1999, 1) – Vgl. Kantons-

Kantonsgericht CH das; -(e)s, -e: **1.** ↗LANDESGERICHT A, ↗APPELLATIONSGERICHT CH, ↗OBERGERICHT CH, ↗LANDGERICHT D ›(in den ↗Kantonen FR, GR, NW, SZ und VS) oberstes ↗kantonales Gericht für Strafsachen‹: *Das Kantonsgericht Freiburg hat gestern ein Urteil gegen einen Vater bestätigt, der in der Wut seine drei Monate alte Tochter tötete* (Bund 30. 11. 1999, 44). **2.** ↗BEZIRKSGERICHT A CH, ↗FRIEDENSGERICHT CH (FR, VS), ↗AMTSGERICHT CH (LU, SO) D ›(in den ↗Kantonen AI, AR, OW, SH und ZG) Gericht erster Instanz, namentlich für Zivilsachen‹: *Im Bereich der Zivilrechtspflege beurteilt das Kantonsgericht als erste Instanz Zivilstreitigkeiten, deren Streitwert ohne Zins und Kosten Fr. 10'000.- übersteigt* (Kanton OW, 1999, Internet) – Vgl. Kantons-

Kantonshauptort CH der; -(e)s, -e: ↗LANDESHAUPTSTADT A D, ↗KANTONSHAUPTSTADT CH ›[kleinere] Hauptstadt eines ↗Kantons‹: *Wer sich dieser Tage Frauenfeld nähert, könnte glauben, die Schweiz habe die Mobilmachung befohlen. Militärfahrzeug hinter Militärfahrzeug bewegt sich auf den Thurgauer Kantonshauptort zu* (Blick 10. 6. 1998, 10) – Vgl. Kantons-

Kantonshauptstadt CH die; –, …städte: ↗LANDESHAUPTSTADT A D, ↗KANTONSHAUPTORT CH ›[grössere] Hauptstadt eines ↗Kantons‹: *Am Jurasüdfuss, nahe der Grenze zum Kanton Solothurn, liegt die Aar-*

gauer Kantonshauptstadt Aarau (Bund 9. 9. 1999, 12) – Vgl. Kantons-

Kantonskanzlei CH (AR) die; –, ohne Plur.: ↗LANDESKANZLEI CH-nordwest (BL), ↗RATSKANZLEI CH (AI), ↗REGIERUNGSKANZLEI CH (GL), ↗STANDESKANZLEI CH (GR, UR) ›zentrale Kanzlei von Regierung und Parlament‹: *Eine kantonale Vertretung in Bern sei sinnvoll, aber es gebe auch noch andere Möglichkeiten, um sich beim Bund Gehör zu verschaffen, meint Hans-Jürg S., Vorsteher der Ausserrhoder Kantonskanzlei* (TA 30. 10. 1997, 11) – Vgl. Kanton, Kantons-, Staatskanzlei

Kantonspolizei CH die; –, -en: ↗KAPO CH ›Polizei eines ↗Kantons‹: *Ein 23 Jahre alter Gefreiter der Kantonspolizei und seine Freundin, eine achtzehnjährige Schwesternschülerin, wurden im Grossholz erschossen* (Walter, Jammers 110) – Vgl. Bundespolizei, Feuerpolizei, Gemeindepolizei, Gewerbepolizei, Heerespolizei, Kantons-, Stadtpolizei – Dazu: **Kantonspolizist(in)**

Kantonsrat CH der; -(e)s, ...räte: **1.** ↗LANDTAG A D, ↗LANDRAT CH, ↗RAT: *GROSSE RAT CH, ↗ABGEORDNETENHAUS D (Berlin), ↗BÜRGERSCHAFT D (Bremen, Hamburg), ↗REGIONALRAT STIR ›Parlament eines ↗Kantons (in den ↗Kantonen AR, OW, SO, SZ, ZG und ZH)‹: *Gesetzgebende Behörde ist im Kanton Zürich der Kantonsrat, auch »Parlament« genannt* (Zürcher Bürgerbuch 34). **2. Kantonsrat Kantonsrätin** der; -(e)s, ...räte bzw. die; –, -nen: ↗ABGEORDNETE: *ABGEORDNETE ZUM LANDTAG A, ↗LANDTAGSABGEORDNETE A D LIE, ↗GROSSRAT CH, ↗LANDRAT CH, ↗REGIONALRATSABGEORDNETE STIR ›Mitglied im Parlament eines ↗Kantons (in den ↗Kantonen AR, OW, SO, SZ, ZG und ZH)‹: *Verschiedene Zürcher KantonsrätInnen und eidgenössische ParlamentarierInnen wollen bei den Behörden intervenieren, damit dem chilenischen Flüchtling Patricio O. ... Asyl gewährt wird* (WoZ 26. 9. 1997, 8) – Vgl. Kantons- – Zu 1.: **Kantonsratsfraktion** (↗Fraktion), **Kantonsratskandidat(in), Kantonsratspräsident(in)**

Kantonsregierung CH die; –, -en: ↗STADTSENAT A (Wien), ↗LANDESREGIERUNG A D, ↗REGIERUNGSRAT CH, ↗STAATSRAT CH-west (FR, VS), ↗STANDESKOMMISSION CH-ost (AI), ↗SENAT D (Berlin, Bremen, Hamburg), ↗LANDESAUSSCHUSS STIR ›Regierung, Exekutive eines ↗Kantons‹: *So soll er auf eine Wette hin ... einen Bundesrat, der am Nebentisch mit Mitgliedern der Kantonsregierung beim Vieruhrtee sass, derart in ein Gespräch ... verstrickt haben, dass der Magistrat den Schnellzug nach Bern verfehlt hätte* (Dürrenmatt, Justiz 87) – Vgl. Kantons-

Kantonsschule CH-ost/nordost/zentral die; –, -n: ↗AHS A, ↗LYZEUM STIR ›Schule, die zur Hochschulreife führt bzw. Gebäude, in dem diese Schule untergebracht ist; Gymnasium‹: *Wie jedes Jahr treffen sie sich im Gasthaus zur Krone im schweizerischen Trogen jene alte Herren, die 1933 an der Kantonsschule die Matura gemacht haben* (Knellwolf, Klassentreffen 7) – Vgl. Gymer, Gymi, Kanti, Kantons-, Realschule – Dazu: **Kantonsschüler(in), Kantonsschullehrer(in)**

Kantonsspital CH das; -s, ...spitäler: ↗LANDESKRANKENHAUS A ›zentrale, von einem ↗Kanton betriebene Klinik‹: *Das 1842 errichtete Kantonsspital ist wahrscheinlich das erste Gebäude in Zürich, in dem Aborte mit Wasserspülung eingebaut wurden* (Helveticus 1975, 268) – Vgl. Kantons-, Spital

Kantonssteuer CH die; –, -n: ↗LANDESABGABE A, ↗STAATSSTEUER CH, ↗LANDESSTEUER D STIR ›von den ↗Kantonen erhobene Steuer (im Ggs. zur vom Bund und von den Gemeinden erhobenen Steuer)‹: *Gemeinde- und Kantonssteuern, die den grössten Teil der Steuerbelastung ausmachen, sind von der Initiative [des Steuerstopps] nicht betroffen* (Bund 24. 8. 1999, 13) – Vgl. Bundessteuer, Kantons-

Kantonsstrasse CH die; –, -n: ↗LANDESSTRAßE A, ↗STAATSSTRASSE CH ›Strasse, für deren Bau und Unterhalt ein ↗Kanton zuständig ist‹: *Ein 83-jähriger Rentner wollte im Weiler Viehweid die Kantonsstrasse überqueren und wurde dabei von einem in Richtung Rubigen fahrenden Auto erfasst* (Bund 23. 12. 1999, 23) – Vgl. Kantons-, Nationalstrasse – Dazu: **Kantonsstrassennetz**

kantonsweit CH Adj. (nicht steigerbar): ↗LANDESWEIT A D ›im gesamten Gebiet eines ↗Kantons‹: *Ausserdem (ist) der Zürcher Verkehrsverbund (ZVV) zurzeit daran, kantonsweit eine systematische Haltestellenbewertung durchzuführen* (TA 3. 9. 1999, 22) – Vgl. Kantons-, schweizweit

Kantstein D-nordwest der; -(e)s, -e: ↗GEHSTEIGKANTE A, ↗RANDSTEIN A CH D-süd, ↗TROTTOIRRAND CH D-südwest, ↗BORDKANTE D-ost, ↗BORDSTEIN D (ohne südost) ›steinerne Einfassung (des ↗Bürgersteigs)‹: *Diese wollte ... auf den Gehweg ausweichen und war dabei über den Kantstein, der Rad- und Fußweg voneinander trennt, gestürzt* (ARAG 28. 8. 1998, Internet)

Kantwurst A die; –, ...würste: /eine salamiähnliche Dauerwurstsorte in eckiger Form/: ... *ich kenne Gewiefte, die nehmen sogar, schon aus Hetz, als Notproviant und wider mögliches Heimweh, eine Stange Kantwurst, einen Laib Bauernbrot und ein Trumm Speck mit* (Kurier 11. 2. 1992, 21)

Kanzler Kanzlerin D der; -s, – bzw. die; –, -nen: **1.** ↗BUNDESKANZLER A D ›Leiter(in) der Regierung auf Bundesebene‹: *Der Kanzler gibt sich gern weltoffen* (WAZ 28. 10. 1997, 2). **2.** ↗UNIVERSITÄTSDIREKTOR A ›Verwaltungschef(in) einer Hochschule:

Alfred K. war … von 1992 bis 1994 Kanzler der Technischen Fachhochschule Berlin (Universität Potsdam 2. 10. 2001, Internet) – Zu 1.: In A selten – Zu 1.: ↗**Kanzleramt** A D, **Kanzlerkandidat(in), Vizekanzler(in)**

Kanzleramt A D das; -(e)s, ohne Plur.: kurz für ↗*Bundeskanzleramt:* ›vom ↗Bundeskanzler bzw. der Bundeskanzlerin geleitetes Amt, das gemeinsam mit den ↗Bundesministerien die Geschäfte der obersten Bundesverwaltung besorgt bzw. Gebäude dieses Amtes‹: *Im Kanzleramt trafen sich die Spitzen von Regierung, Gewerkschaften und Unternehmerverbänden erstmals zu den lang erwarteten Gesprächen über ein Bündnis für Arbeit* (Format 14. 12. 1998, 51; A); *Gerhard Schröder hat diesen Willen zur Macht, er möchte ins Kanzleramt* (AZ 8. 4. 1997, 3; D) – Die Bedeutung ›Amt, das ein(e) Kanzler(in) bekleidet‹ ist gemeindt. – Dazu: **Kanzleramtschef(in)** D, **Kanzleramtsminister(in)** (↗Minister) D

Kapfer siehe Dachkapfer

Kapitalertrag (gemeindt.): ↗KAPITALGEWINN

Kapitalertragsteuer Kapitalertragssteuer A D die; –, -n: ↗KAPITALGEWINNSTEUER CH ›direkt von der Bank einbehaltene Steuer auf inländische Kapitalerträge, z. B. auf Dividenden aus Aktien, Zinserträgen aus Bankeinlagen bzw. Anleihen‹: *Die FP setzt ihre Rechnung, in die auch Zinserträge und Kapitalertragssteuer einfließen, bis zum Jahr 2002, dem Termin für die Einführung der Phase der Währungsunion, fort* (VN 29. 10. 1997, A 3; A); *Den unbeschränkt steuerpflichtigen Aktionären … wird der Gesamtbetrag ohne Abzug von Kapitalertragsteuer … ausgezahlt* (FAZ 10. 10. 1997, 18; D) – Abk. in A ↗KESt. Die Bildung ohne Fugen-s ist formell

Kapitalgewinn CH der; -(e)s, -e: ›Ertrag aus Wertpapieren durch Zinsertrag, Dividenden und Kurssteigerung; Kapitalertrag‹: *Die Kapitalgewinne an der Schweizer Börse zeigen, dass ab 1990 bis Ende 1997 rund 600 Milliarden Franken verdient wurden* (Blick 5. 11. 1998, 5) – Dazu: **Kapitalgewinnanteil,** ↗**Kapitalgewinnsteuer**

Kapitalgewinnsteuer CH die; –, -n: ↗KAPITALERTRAGSTEUER KAPITALERTRAGSSTEUER A D ›Steuer auf Einkünfte aus Kapitalvermögen‹: *Vor zehn Tagen noch war die Initiative für eine Kapitalgewinnsteuer vor dem Scheitern gestanden, und die Initiative zur Arbeitszeitverkürzung schien nur knapp über dem Berg* (TA 6. 11. 1999, 6) – Vgl. Kapitalgewinn

Kaplan (gemeindt.): ↗KOOPERATOR, ↗VIKAR

Kapo[1] A D-süd der; -s, -s ⟨aus frz. *caporal* ›Anführer, Hauptmann‹⟩ (Kurzwort, salopp): ↗VORMANN D ›Vorarbeiter‹: *Den Polier nannten sie Kapo* (Haslinger, Opernball 77; A)

Kapo[2] CH die; –, ohne Plur. (Kurzwort): ›↗Kantonspolizei‹: *Am Mittwoch schnappen Beamte der Zürcher Kapo auf dem Flughafen Zürich-Kloten einen Drogenkurier aus Lima mit 20 Kilo Kokain im Gepäck* (Blick 18. 1. 1997, 1)

Kappe die; –, -n: **1.** A-west CH; ↗HAUBE A D-süd, ↗MÜTZE CH D ›Kopfbedeckung [aus Wolle oder anderen weichen Materialien], die eng am Kopf anliegt‹: *Der 29-jährige Schneemensch aus Niederösterreich trug ein langarmiges Leiberl aus Baumwolle, bemerkenswerter aber waren die langen Wattefäden, die von seiner Kappe hingen bzw. wegstanden* (Kurier 2. 1. 1997, 19; A-west); *Mein Haben-Muss-Tipp für den kommenden Winter ist eine Kappe. Jeder sollte eine besitzen* (NZZ 7. 8. 1999, 87; CH); ***eins auf die Kappe geben/bekommen/kriegen** CH (Grenzfall des Standards): ↗DACH: *EINE AUFS DACH GEBEN/BEKOMMEN/KRIEGEN A D-mittelost/südwest; *EINS AUFS DACH GEBEN/BEKOMMEN/KRIEGEN CH D, ↗DECKEL: *EINE AUF DEN DECKEL GEBEN/BEKOMMEN/KRIEGEN A; *EINS AUF DEN DECKEL GEBEN/BEKOMMEN/KRIEGEN CH D, ↗HUT: *EINS AUF DEN HUT GEBEN/BEKOMMEN/KRIEGEN D-nord, ↗KOPF: *EINS AUF DEN KOPF GEBEN/BEKOMMEN/KRIEGEN D-nordost/südost, ↗MÜTZE: *EINS AUF DIE MÜTZE GEBEN/BEKOMMEN/KRIEGEN D (ohne südwest), ↗ÜBERBRATEN: *JMDM. EINS/EINEN ÜBERBRATEN D (ohne südost) ›eine Zurechtweisung, Niederlage, Abfuhr austeilen bzw. bekommen‹: *Das gestrige Spiel war doch einfach Klasse! Ohne »Steve the wall« hättet ihr saumässig eins auf die Kappe bekommen* (HC Pöckianer, 9. 2. 2002, Internet; CH); ***etw. auf die eigene Kappe nehmen** CH D ›für eventuelle negative Folgen von etw. die Verantwortung übernehmen; etw. auf seine Kappe nehmen‹: *Die wehleidigen Schreiberlinge mögen ihre Schlötterlinge und Ausraster auf die eigene Kappe nehmen* (Blick 13. 11. 1999, 12; CH); *Wer ungeschützt redet und schreibt, wer sich im wahren Sinn des Wortes klar »äußert«, muss alles auf die eigene Kappe nehmen* (Deutsches Allgemeines Sonntagsbl 26. 5. 2000, Internet; D); ***jmdm. die Kappe waschen** CH (Grenzfall des Standards) ›jmdn. scharf zurechtweisen; jmdm. den Kopf waschen‹: *Ruth Dreifuss … wusch dem Freiburger ganz gehörig die Kappe* (NZZ 5. 3. 1999, 13); ***sich [nicht] auf die Kappe scheissen lassen** CH (derb, Grenzfall des Standards): ↗KOPF: *SICH [NICHT] AUF DEN KOPF SCHEIẞEN LASSEN A D-südost ›sich nicht als minderwertig behandeln lassen‹: *Je älter ich werde, desto weniger lasse ich mir auf die Kappe scheissen. Amen* (TA 12. 9. 1998, 31). **2.** A D kurz für ↗*Schildkappe:* ↗DÄCHLIKAPPE CH, ↗SCHIRMMÜTZE CH D ›eng anliegende, steife Kopfbedeckung [mit Schild zum Schutz vor Sonnenlicht]‹: *Der zirka 50-jährige Mann … war mit einem grauen Mantel und einer Stoffkappe beklei-*

det (Kurier 18. 1. 1997, 11; A); *Wieder furchte sich seine kleine Stirn unter der fuchsroten Kappe* (Koeppen, Tauben 79; D). **3.** D-nordwest; ↗SCHERZ A D-südost, ↗SCHERZEL A (ohne Vbg.) D-südost, ↗KANTEN D-nord/mittel, ↗KIPF D-südost, ↗KNÄPPCHEN D-mittelwest, ↗KNÄUSLE D-südwest, ↗KNUST D-nord, ↗KRÜSTCHEN D-mittelwest, ↗RANFT D-ost, ↗RIEBELE D-südwest ›Anschnitt oder Endstück eines Brotlaibes‹: *Vom Brot eine Kappe abschneiden und aushöhlen* (Deutsche Post 30. 3. 2001, Internet) – Zu 2.: In A auch in der Form *Kappel, Kapperl, Kappl.* Die anderen Bedeutungen sind gemeindt., ebenso die Redewendung *etw. geht auf jmds. Kappe* in der Bedeutung ›jmd. muss für eine Sache geradestehen, jmd. ist für eine Sache verantwortlich‹ – Zu 1.: **Wollkappe, Badekappe** CH D, **Badkappe** D-süd. Zu 2.: **Schirmkappe, Sportkappe**

Kappe: *etw. auf seine Kappe nehmen (gemeindt.): ↗KAPPE: *ETW. AUF DIE EIGENE KAPPE NEHMEN

Kappes D-mittelwest der; –, ohne Plur. ⟨aus lat. *caput* ›Kopf‹⟩: **1.** ↗KRAUT A D-mittelost/süd, ↗WEIßKRAUT A D-mittelost/süd, ↗KABIS CH, ↗WEISSKABIS CH, ↗KOHL D-nord/mittel, ↗WEIßKOHL D-nord/mittel ›Kohlsorte mit hellgrünen, glatten Blättern, die einen festen Kopf bilden‹: *Mancher hat schon zuweilen das Wort »Kappes« gebraucht, das Kohl bedeutet und im Kölnischen beheimatet ist* (Stadt Zeil am Main, 1999, Internet). **2.** (abwertend, Grenzfall des Standards); ↗HOLLER A, ↗QUARGEL A, ↗SCHAS A, ↗TOPFEN A, ↗GUGUS CH, ↗HAFENKÄSE CH, ↗KABIS CH, ↗KÄSE CH D, ↗MUMPITZ CH D (ohne südost), ↗QUARK CH D, ↗SCHNICKSCHNACK D, ↗BLECH D (ohne südost), ↗FEZ D (ohne südost), ↗KOHL D-nord/mittel, ↗KOKOLORES D (ohne südost) ›Blödsinn, Quatsch, Unsinn‹: *Dabei kann Komik auch anders: sarkastisch wie Kalkofe oder bitterböse wie Badesalz-First-class-Kappes live in Köln* (Allegra 11/1997, 197)

Kappile LIE das; -s, -n: ↗BILDSTOCK A CH D-süd, ↗MARTERL A D-südost ›auf einem Sockel angebrachtes Heiligenbild oder Kreuz im Freien‹: *Im Anschluss an die Messe besuchten viele Gläubige die Gräber ihrer Verwandten und spazierten anschliessend zum Kappile hinauf, wo ein Apéro auf sie wartete* (Liechtensteiner Vaterland, 2002, Internet)

kaputtlachen sich D sw.V./hat (Grenzfall des Standards): ↗ZERKUGELN A D-südost, ↗ZERWUZELN A D-südost, ↗AST: *SICH EINEN AST LACHEN D, ↗SCHLAPP: *SICH SCHLAPP LACHEN D, ↗TOTLACHEN D ›sehr lachen‹: *Als ich das Buch herausnahm, haben sich die Umstehenden kaputtgelacht* (Zeit 7. 12. 2001, Internet) – In A und CH bekannt, aber als fremd empfunden

Karamelköpfchen siehe Caramelköpfli

Karamelköpfli siehe Caramelköpfli

Karamellbonbon A D das; -s, -s: ↗CARAMEL CH, ↗KARAMELLE D-nordost/mittelwest ›↗Bonbon aus Karamell und anderen Zutaten‹: *Ein Karamellbonbon ist z. B. nach einer halben Stunde verschwunden, während sich Apfelfasern viel länger im Mund halten und Säuren bilden, die den Zahnschmelz angreifen* (SN 5. 12. 1992, Internet; A); *Wer bis nach 20 Uhr ausharrt, darf in eine braune … Tüte langen und sich … ein Karamellbonbon angeln* (Spiegel 28. 5. 2001, Internet; D)

Karamelle D-nordost/mittelwest die; –, -n (selten): ↗KARAMELLBONBON A D, ↗CARAMEL CH ›↗Bonbon aus Karamell und anderen Zutaten‹: *Zucker wird außerdem noch bei der Herstellung von Karamellen, Sahnebonbons und gebrannten Nüssen erhitzt* (BZ Berlin 18. 4. 2000, Internet)

Karenz die; –, -en ⟨aus spätlat. *carentia* ›das Nichthaben‹ zu lat. *carere* ›frei sein (von), nicht haben‹⟩: **1.** A; ↗KARENZURLAUB A, ↗URLAUB: *UNBEZAHLTE URLAUB D ›Freistellung von der Arbeit für eine bestimmte Frist, ohne Zahlung des Lohns und ohne Auflösung des Arbeitsverhältnisses (von Beamten)‹ (offiziell in der Wendung *gegen Karenz der Bezüge*): *Zur Zeit sind 157 Beamte in Karenz* (Kurier 8. 7. 1996, 1); *Zur Vertretung für einen freigestellten … oder gegen Karenz der Bezüge beurlaubten Universitätsprofessor kann ein Universitätslehrer mit der Lehrbefugnis für das betreffende Fach … in ein zeitlich befristetes privatrechtliches Dienstverhältnis als Universitätsprofessor aufgenommen werden* (Stenogr. Protokoll des Nationalrates 18. 1. 2001, Internet). **2.** A; kurz für ›↗Karenzurlaub‹: ↗MUTTERSCHAFTSURLAUB CH, ↗ELTERNZEIT D, ↗ERZIEHUNGSURLAUB D ›nach dem ↗Mutterschutz beginnende gesetzlich abgesicherte Freistellung für Mütter bzw. Väter (ohne Zahlung des Lohns und ohne Auflösung des Arbeitsverhältnisses) zur Kinderbetreuung, für die sie einen bestimmten Betrag vom Staat erhalten‹: *Ich bin Vater zweier kleiner Töchter, in der Privatwirtschaft beschäftigt und werde im Herbst selbst für sechs Monate in Karenz gehen* (SN 20. 3. 2001, Internet). **3.** D (Versicherung); kurz für *Karenzzeit*: ›Wartezeit, Sperrzeit‹: *Tagegeldzahlung … nach Ablauf der vertraglich vereinbarten verkürzten Karenz* (Universität Erlangen 24. 6. 2003, Internet) – Zu 3.: Informell auch für die Zeit des ↗*Mutterschutzes* gebraucht. Die medizinische Bedeutung ›Enthaltsamkeit, Verzicht‹ ist gemeindt. – Zu 1. und 2.: ↗**Bildungskarenz,** ↗**karenzieren.** Zu 2.: ↗**Karenzgeld,** ↗**Karenzurlaubsgeld, Karenzvertretung**

Karenzgeld A das; -(e)s, -er (informell, veraltend): ↗KARENZURLAUBSGELD A, ↗KINDERBETREUUNGSGELD A, ↗KINDERGELD A, ↗ERZIEHUNGSGELD D STIR ›finanzielle Unterstützung der Eltern während des ↗Karenzurlaubs (in Bed. 2)‹: *Das Karenzgeld wird … zwei Jahre ausbezahlt, wenn sich die Eltern den Karenzurlaub teilen* (Presse 10. 12. 1997, Internet) – Mit 1. 1. 2002 in *Kindergeld* umbenannt. Vgl. Wochengeld – Dazu: **Karenzgeldanspruch, Karenzgeldbezieher(in)** (↗Bezieher), **Karenzgeldbezug** (↗Bezug), **Karenzgeldregelung**

karenzieren A sw.V./hat ⟨aus spätlat. *carentia* ›das Nichthaben‹⟩: ›für eine bestimmte Frist ohne Zahlung des Lohns und ohne Auflösung des Arbeitsverhältnisses von der Arbeit freigestellt werden‹: *Ehefrau Sonja, … die sich für drei Jahre von ihrem Job als Lehrerin an der Volksschule Schwechat karenzieren lassen wird, fliegt schon in den nächsten Tagen voraus* (Format 17. 7. 2000, 70) – Vgl. Karenz – Dazu: **Karenzierung**

Karenzurlaub A der; -(e)s, -e: **1.** ↗KARENZ A, ↗URLAUB: *UNBEZAHLTE URLAUB D ›Freistellung für eine bestimmte Frist, ohne Zahlung des Lohns und ohne Auflösung des Arbeitsverhältnisses von der Arbeit (von Beamten bzw. Beamtinnen)‹: *In der gleichen Untersuchung wurde abgefragt, ob ein Karenzurlaub berufliche Nachteile bringt* (Politische Perspektiven 1/1998, 20). **2.** ↗KARENZ A, ↗MUTTERSCHAFTSURLAUB CH, ↗ELTERNZEIT D, ↗ERZIEHUNGSURLAUB D ›nach dem ↗Mutterschutz beginnende gesetzlich abgesicherte Freistellung für Mütter bzw. Väter (ohne Zahlung des Lohns und ohne Auflösung des Arbeitsverhältnisses) zur Kinderbetreuung, für die sie einen bestimmten Betrag vom Staat erhalten‹: *Sind die Väter reif für den Karenzurlaub?* (Welt der Frau 6/1996, 3) – Zu 1 vgl. karenzieren – Zu 1. und 2.: **Karenzurlaubsbestimmung, Karenzurlaubsregelung**. Zu 2.: ↗**Karenzurlaubsgeld**

Karenzurlaubsgeld A das; -(e)s, -er (formell, früher): ↗KARENZGELD A, ↗KINDERBETREUUNGSGELD A, ↗KINDERGELD A, ↗ERZIEHUNGSGELD D STIR ›finanzielle Unterstützung der Eltern während des ↗Karenzurlaubs (in Bed. 2)‹: *Das erhöhte Karenzurlaubsgeld für Alleinerziehende wurde ab 1. 1. 1996 gestrichen* (Welt der Frau 6/1996, 27) – Vgl. Karenz

Karfiol A der; -s, ohne Plur. ⟨aus ital. *cavolfiore* zu *cavolo* ›Kohl‹ und *fiore* ›Blume‹⟩: ↗BLUMENKOHL A-west (Vbg.) CH D ›Kohlgemüse mit festem Kopf und kleinen weißen Röschen‹: *Karfiol, Spinat, Tomaten bergen viel Vitamin K, das für die Blutgerinnung wichtig ist* (Medizin populär 3/1994, 15) – Dazu: **Karfiolröschen, Karfiolsuppe**

Karlsruhe (gemeindt.): ↗FÄCHERSTADT

Karner A D-südost der; -s, – ⟨aus mlat. *carnarium* zu lat. *carnis*, Gen. zu *carno* ›Fleisch‹⟩: ›Raum [bei einer Kirche] zur Aufbewahrung von Gebeinen von Bestatteten nach Aufhebung ihrer Gräber; Beinhaus‹: *Die Knochen lagerte man im Karner* (OÖN 4. 8. 2001, Magazin 9; A) – Fachsprachlich gemeindt. – Dazu: **Karnerhaus**

Karneval D-nord/mittelwest der; -s, -e/-s: **1.** ↗FASCHING A D-nordwest/mittelost/süd ›Zeit vom 11.11. bis einschließlich Dienstag vor dem Aschermittwoch, in der Maskenbälle, Umzüge etc. stattfinden‹: *Die Karnevals-Saison beginnt am 11. 11. um 11 Uhr 11. Aber erst nach Weihnachten beginnt ihre heiße Phase* (Deutsche Welle aktuell 20. 2. 2000, Internet). **2.** ↗FASNAT A-west (Vbg.), ↗FASNACHT A-west CH D-südwest, ↗FASNET D-südwest, ↗FASTNACHT D (ohne ost) ›Tage vor Aschermittwoch, die mit verschiedenen Bräuchen gefeiert werden‹: *Sicher gibt's Gelegenheiten, um sich näher zu kommen: im Karneval oder auf Grillpartys* (Freundin 19/1997, 108) – Dazu: ↗**Karnevalist(in), Karnevalsgesellschaft, Karnevalshochburg, Karnevalsjeck** (↗Jeck) D-mittelwest, **Karnevalsmusik**, ↗**Karnevalsprinz (…prinzessin), Karnevalssitzung, Karnevalsveranstaltung, Karnevalsverein**, ↗**Karnevalsumzug**, ↗**Karnevalszug**

Karnevalist Karnevalistin D-nord/mittelwest der; -en, -en bzw. die; –, -nen: ↗FASCHINGSNARR A, ↗FASNATNARR A-west (Vbg.), ↗FASNÄCHTLER CH, ↗FASTNACHTER D-süd, ↗JECK D-mittelwest ›Person, die aktiv am ↗Karneval teilnimmt‹: *… jede Menge Gags und Jux zeigen den Connewitzer Karnevalisten immer wieder, dass es genau das ist, was das Publikum zu sehen wünscht* (Leipziger Rundschau 18. 2. 1998, 16)

Karnevalsprinz Karnevalsprinzessin D-nord/mittelwest der; -en, -en bzw. die; –, -nen: ↗FASCHINGSPRINZ A D-mittelost/süd ›für die Dauer einer Saison gewählter Leiter bzw. gewählte Leiterin einer ↗Narrengilde zur Repräsentation bei Veranstaltungen‹: *Bruno W., Präsident der Großen Kölner Karnevalsgesellschaft, nahm die »Proklamation« vor und präsentierte den ersten Karnevalsprinzen 2000, Harald I.* (Welt 27. 10. 1999, Internet) – Vgl. Karneval

Karnevalsumzug D-nord/mittelwest der; -(e)s, …züge: ↗FASNATUMZUG A-west (Vbg.), ↗FASCHINGSUMZUG A-west D-mittelost/südwest, ↗FASCHINGSZUG A (ohne west) D-südost, ↗FASNACHTSUMZUG CH D-südwest, ↗GAUDIWURM D-südost, ↗KARNEVALSZUG D-nordost/mittelwest ›durch Straßen ziehende Maskengruppen im ↗Karneval‹: *NDR 3 übertrug statt Tennis den Karnevalsumzug aus Braunschweig* (Welt 11. 2. 1997, Internet)

Karnevalszug D-nordost/mittelwest der; -(e)s, …züge: ↗FASNATUMZUG A-west (Vbg.), ↗FASCHINGSUMZUG A-west D-mittelost/südwest, ↗FASCHINGSZUG A (ohne west) D-südost, ↗FASNACHTSUMZUG CH D-südwest, ↗GAUDIWURM D-südost, ↗KARNEVALSUMZUG D-nord/mittelwest ›durch Straßen ziehende

Maskengruppen im ↗Karneval‹: *»In Leipzig«, erzählt Hasenpflug, »wurde sogar mal ein Karnevalszug angeordnet«* (Welt 19. 2. 1996, Internet)

Karnickel D-nord/mittel das; -s, –: ↗HASE D-mittelost/süd ›Kaninchen‹: *Tauben auf dem Dach, Karnickel im Stall, Esel vor dem Karren …* (Geo 11/1996, 107)

Karniese A die; –, -n: ↗GARDINENLEISTE D (ohne südwest) ›verdeckte Schiene an der Zimmerdecke zum Aufhängen von ↗Vorhängen und ↗Stores; Vorhangschiene‹: *Karniesen sind nicht immer elegant. Ein Drahtseil, mit Seilspannern von Wand zu Wand montiert, erfüllt die gleiche Aufgabe* (Kurier 29. 4. 1995, 7) – Wird auch mit [-ʃ-] ausgesprochen. Auch in der Form *Karnische*

Karnische siehe Karniese

Karosserie (gemeindt.): ↗CARROSSERIE

Karosseriebau D der; -s, ohne Plur.: ↗KAROSSERIESPENGLEREI A, ↗AUTOSPENGLEREI A CH D-südost, ↗CARROSSERIE CH, ↗CARROSSERIESPENGLEREI CH, ↗SPENGLEREI CH ›Betrieb, in dem Autokarosserien hergestellt und repariert werden‹: *Karosseriebau Nagel … wird mittlerweile in der dritten Generation … geführt* (Karosseriebau Nagel, 1999, Internet) – Die Bedeutung ›[Industriezweig zur] Fabrikation von Karosserien‹ ist gemeindt. – Dazu: ↗**Karosseriebauer(in)** A D

Karosseriebauer Karosseriebauerin A D der; -s, – bzw. die; –, -nen: ↗KAROSSEUR A ›Person, die an Fahrzeugen Aufbauten vornimmt und Karosserien repariert‹: *Franz L., Landesinnungsmeister der Karosseriebauer, ist empört: »In Österreich wird die Schwarzarbeit geradezu subventioniert«* (TT 29. 1. 1998, Internet: A); *Die Karosseriebauer von Harms produzieren seit 50 Jahren gewerbliche Lastwagen* (Welt 24. 7. 1999, Internet; D)

Karosserieschlosser Karosserieschlosserin D (ohne mittelost/südost) der; -s, – bzw. die; –, -nen: ↗KFZ-SPENGLER A, ↗KAROSSERIESPENGLER A, ↗AUTOSPENGLER A CH D-südost, ↗CARROSSERIESPENGLER CH ›Person, die Reparaturen an Autokarosserien durchführt‹ /Berufsbezeichnung/: *Der gelernte Karosserieschlosser und konservative Sozialdemokrat war nie ein Klassenkämpfer* (Spiegel 7. 10. 1996, 24, Internet)

Karosseriespengler Karosseriespenglerin A der; -s, – bzw. die; –, -nen: ↗KFZ-SPENGLER A, ↗AUTOSPENGLER A CH D-südost, ↗CARROSSERIESPENGLER CH, ↗KAROSSERIESCHLOSSER D (ohne mittelost/südost) ›Person, die Reparaturen an Autokarosserien durchführt‹ /Berufsbezeichnung/: *Auf der Richtbank ziehen die Karosseriespengler der Firma S. deformierte Fahrzeuge wieder in die richtige Form* (Bildpost 20/1998, Internet) – In CH und D-süd selten. Vgl. Spengler – Dazu: ↗**Karosseriespenglerei**

Karosseriespenglerei A die; –, -en: ↗AUTOSPENGLEREI A CH D-südost, ↗CARROSSERIE CH, ↗CARROSSERIESPENGLEREI CH, ↗SPENGLEREI CH, ↗KAROSSERIEBAU D ›Betrieb, in dem Reparaturen an Autokarosserien durchgeführt werden‹: *[Wir] bieten … alle Leistungen eines modernen KFZ-Fachbetriebs: Autoreparatur, Karosseriespenglerei, Autolackiererei* (Firma VW Audi Lindner, 1999, Internet) – In D-südost selten. Vgl. Karosseriespengler

Karosseur Karosseurin A der; -s, -e bzw. die; –, -nen [karo'søːɐ̯]: ↗KAROSSERIEBAUER A D ›Person, die an Fahrzeugen Aufbauten vornimmt und Karosserien repariert‹ /Berufsbezeichnung/: *Der 19-jährige Karosseur aus Gampern startet am Wochenende auf dem Hockenheimring in die deutsche Formel-3-Saison* (OÖN 19. 4. 2001, 28) – Dazu: **Karosseurmeister(in)**

Karotte (gemeindt.): ↗GELBRÜBE, ↗MÖHRE, ↗MOHRRÜBE, ↗RÜBE: *GELBE RÜBE, ↗RÜEBLI, ↗WURZEL

Karre D-nord/mittel die; –, -n: **1.** ›kleiner Wagen mit einem oder mehreren Rädern zum Schieben oder Ziehen; Karren‹: *Er schob seine Karre zwischen Paletten mit Waschmitteln und Toilettenpapier hindurch zur Fleischtheke* (Karr & Wehner, Geierfrühling 183). **2.** (abwertend); ↗KRAXE A, ↗KÜBEL A, ↗ROSTLAUBE A D (ohne südost), ↗SCHNAUFERL A D-südost, ↗SPUCKERL A (ohne Vbg.) D-südost, ↗ROSTHAUFEN CH, ↗KISTE CH D (ohne südost), ↗NUCKELPINNE D (ohne südost), ↗SCHROTTKARRE D-nord/mittel ›minderwertiges, altes Fahrzeug, bes. Auto‹: *Er orgelte eine ganze Minute, bis die Karre ansprang* (Eckert, Erbe 39) – Zu 1.: ↗**karren** CH D (ohne südost), ↗**Sackkarre** D-nord/mittelwest, ↗**Schiebkarre** D-nord, ↗**Schubkarre**

Karree (gemeindt.): ↗RIPPENSTÜCK

Karren (gemeindt.): ↗KARRE

karren CH D (ohne südost) sw.V./hat: ›etw./jmdn. mit einem Gefährt (irgendwohin) transportieren‹: *Einen braunen Hut mit einer weissen Feder auf dem Kopf, karrte er Laub und schnitt Hecken und Rosen in diesem Park* (Franzetti, Hotel Excelsior 21; CH); *Um die penible Zählerei der deutschen Schlachtereien zu umgehen, karrten die Besitzer die Tiere lastwagenweise nach Frankreich oder Spanien* (Focus 4. 8. 1997, 37; D) – In A als fremd empfunden, aber zunehmend gebräuchlich. Vgl. Karre

Karrette A-west (Vbg.) CH die; –, -n ⟨aus ital. *carretta* ›Karren‹⟩: ↗SCHIEBETRUHE A (ohne west), ↗SCHUBKARREN A D-mittelost/süd, ↗SCHEIBTRUHE A (ohne Vbg.) D-südost, ↗STOSSKARREN CH, ↗SCHIEBKARRE D-nord, ↗SCHUBKARRE D-nord/mittel ›kleiner einrädriger Wagen mit zwei Griffen, mit dem kleinere Lasten transportiert werden‹: *Ich habe die Gülle aus dem Güllenloch geschöpft in eine Holzkarrette hinein, die dafür da war* (Schneider, Flattermann 76; CH) – In CH selten auch in der mundartlichen Schreibung *Garette*

Karsten siehe Carsten

Karte die; –, -n: **1.** A D kurz für *Eintrittskarte:* ↗BILLETT CH ›Karte, die zum Besuch einer Veranstaltung berechtigt; Ticket‹: *Karten sind neben den Vorverkaufsstellen auch in CA-Filialen erhältlich* (Standard 13. 8. 1993, 12; A); *Karten gibt es an der Abendkasse zwischen 20 und 45 Mark* (WAZ 24. 10. 1997, 16; D). **2.** ***sich [nicht] in die Karten schauen lassen** A CH D-süd; ***sich [nicht] in die Karten gucken lassen** D (ohne südost) ›seine Absichten [nicht] preisgeben‹: *Noch will sich Hans K. nicht in die Karten schauen lassen. Die Sportzeitung aber wagt bereits jetzt eine Prognose* (Sportztg, 2002, Internet; A); *Keine der Abfahrerinnen wollte sich im letzten Training in die Karten schauen lassen* (Blick 29. 11. 2001, 20; CH); *Vor Olympia lässt sich in Kiel keiner in die Karten gucken* (Welt 23. 6. 2000, Internet; D) – Zu 1.: In CH zunehmend gebräuchlich. Andere Bedeutungen sind gemeindt. – Zu 1.: **Kartenbüro, Kartenkategorie, Kartenpreis, Kartenreservierung** (↗Reservierung), **Kartenvorverkauf**

Kartellgericht A das; -(e)s, -e: ›für die Kontrolle des Wettbewerbs, der Unterbindung wettbewerbsschädlicher oder verbotener Preisabsprachen und Firmenfusionierungen zuständiges Gericht‹: *Das Kartellgericht hat maximal fünf Monate Zeit, um aus Wettbewerbsgründen den Zusammenschluss von Unternehmen zu untersagen* (OÖN 4. 8. 2000, 11) – Das ↗Oberlandesgericht ist in A *Kartellgericht* in erster Instanz, der Oberste ↗Gerichtshof in zweiter und letzter Instanz – Dazu: **Kartellgerichtsbarkeit, Kartellgerichtsverfahren, Kartellgesetz**

Karterle STIR das; -s, -n (Grenzfall des Standards): ›Kartenspiel‹ (häufig in der Wendung *ein Karterle machen*): *Das Angebot für Jung und Alt am Wochenende ist groß, es reicht vom Kurzurlaub am Gardasee bis zum Karterle im Dorfgasthaus* (Z am Sonntag 14. 5. 2000, 4); *Vor allem die Ältesten kommen gerne, um ein Karterle zu machen oder sich mit Gleichgesinnten zu treffen* (Dolomiten 6. 9. 2001, 8)

Kartoffel (gemeindt.): ↗ERDAPFEL

Kartoffel: *geschwellte Kartoffel CH; ***gekochte Kartoffel** D-mittelost/süd; ***gesottene Kartoffel** D-südost: ↗ERDAPFEL: *ERDAPFEL IN DER SCHALE/MONTUR A, ↗SCHELFELER A-west (Tir.), ↗GSCHWELLTI CH, ↗PELLKARTOFFEL D-nord/mittel ›in der Schale gekochte Kartoffel als Speise‹: *Die süss-saure Beilage passt zu einer Käseplatte, geschwellten Kartoffeln, kaltem Fleisch oder Fisch* (TA 9. 4. 1997, 21; CH); *Was machen Sie alles aus der Kartoffel? In erster Linie ein zünftiges Mittagessen, egal ob als Püree, gekochte Kartoffel oder Kartoffelsalat* (Kartoffelland Mecklenburg, 2003, Internet; D-mittelost/süd); *Man reibe 1 gesottene Kartoffel* (Nürnberger Puppen-Kochbuch, 2001, Internet; D-südost) – Die Wendung *gekochte Kartoffel* ist in der Bedeutung ›Kartoffel in gekochtem Zustand‹ gemeindt. Das Substantiv *Kartoffel* ist in allen anderen Verwendungen gemeindt. *Kartoffel* ist in A und D-südost im Grenzfall des Standards auch Maskulinum, gemeindt. im Standard Femininum. Vgl. schwellen

Kartoffelbrei D der; -(e)s, ohne Plur.: ↗ERDÄPFELPÜREE A, ↗KARTOFFELPÜREE A D (ohne mittelost/südwest), ↗KARTOFFELSTOCK CH, ↗STOCK CH, ↗STOCKI CH, ↗KARTOFFELMUS D-nord, ↗QUETSCHKARTOFFELN D-nordost, ↗STAMPFKARTOFFELN D-nordost/mittelwest ›Brei aus gekochten, pürierten Kartoffeln [als Beilage]‹: *Am Tisch nebenan saß … R., vor ihm ein Teller, auf dem zwei Lammrippchen, ein Zweiglein Petersilie und ein Löffel Kartoffelbrei fein säuberlich angeordnet waren* (Berliner Ztg 29. 11. 1999, Internet)

Kartoffelmus D-nord das; -/-es, ohne Plur.: ↗ERDÄPFELPÜREE A, ↗KARTOFFELPÜREE A D (ohne mittelost/südwest), ↗KARTOFFELSTOCK CH, ↗STOCK CH, ↗STOCKI CH, ↗KARTOFFELBREI D, ↗QUETSCHKARTOFFELN D-nordost, ↗STAMPFKARTOFFELN D-nordost/mittelwest ›Brei aus gekochten, pürierten Kartoffeln [als Beilage]‹: *Dazu gab es Kartoffelmus …, in das Mutter zerlassenen Speck mit gerösteten Zwiebeln füllte* (Hamburger Abendbl 6. 2. 2002, Internet)

Kartoffelpfannkuchen D-südwest der; -s, –: ↗ERDÄPFELPUFFER A, ↗KARTOFFELPUFFER A D, ↗KARTOFFELPLÄTZCHEN D-nord/mittel, ↗PLINSE D-nordost, ↗PUFFER D-nord/mittelwest, ↗REIBEKUCHEN D-mittelwest, ↗REIBEPLÄTZCHEN D-mittelwest, ↗REIBERDATSCHI D-südost ›Fladen aus einem Teig von rohen geriebenen Kartoffeln, der in Fett gebraten wird‹: *Statt Rostwurst gibt es Kartoffelpfannkuchen* (Saarbrücker Ztg 28. 9. 2001, Internet)

Kartoffelplätzchen D-nord/mittel das; -s, –: ↗ERDÄPFELPUFFER A, ↗KARTOFFELPUFFER A D, ↗KARTOFFELPFANNKUCHEN D-südwest, ↗PLINSE D-nordost, ↗PUFFER D-nord/mittelwest, ↗REIBEKUCHEN D-mittelwest, ↗REIBEPLÄTZCHEN D-mittelwest, ↗REIBERDATSCHI D-südost ›Fladen aus einem Teig von rohen, geriebenen Kartoffeln, der in Fett gebraten wird‹: *Kartoffelplätzchen in etwas Rapsöl goldbraun braten* (ZDF 24. 1. 2003, Internet)

Kartoffelpresse A D die; –, -n: ↗ERDÄPFELPRESSE A ›Küchengerät zum Zerquetschen von Kartoffeln‹: *Die weichen Kartoffeln abseihen, durch die Kartoffel-*

presse drücken, mit 100 ml heißer Milch, 50 g Rahm und 50 g Butter zu einem sämigen Püree verarbeiten (OÖN 19. 3. 2001, Internet; A); *1 kg gekochte Kartoffeln noch heiß durch eine Kartoffelpresse geben* (Dr. Oetker, Schulkochbuch 47; D)

Kartoffelpuffer A D der; -s, –: ↗ERDÄPFELPUFFER A, ↗KARTOFFELPFANNKUCHEN D-südwest, ↗KARTOFFELPLÄTZCHEN D-nord/mittel, ↗PLINSE D-nordost, ↗PUFFER D-nord/mittelwest, ↗REIBEKUCHEN D-mittelwest, ↗REIBEPLÄTZCHEN D-mittelwest, ↗REIBERDATSCHI D-südost ›Fladen aus einem Teig von rohen geriebenen Kartoffeln, der in Fett gebraten wird‹: *Kartoffelknödel, Mohnnudeln, Kartoffelpuffer, Kartoffelpfannen, Rösti – die Kartoffel ist viel mehr als eine Beilage* (TT 20./21. 9. 1997, Magazin 4; A); *Auch wer ansonsten sparsam mit Fett umgeht: bei Kartoffelpuffern darf man auf keinen Fall zu wenig davon nehmen* (Küchentipps 17. 9. 2000, Internet; D) – In CH selten

Kartoffelpüree A D (ohne mittelost/südwest) das; -s, -s: ↗ERDÄPFELPÜREE A, ↗KARTOFFELSTOCK CH, ↗STOCK CH, ↗STOCKI CH, ↗KARTOFFELBREI D, ↗KARTOFFELMUS D-nord, ↗QUETSCHKARTOFFELN D-nordost, ↗STAMPFKARTOFFELN D-nordost/mittelwest ›Brei aus gekochten, pürierten Kartoffeln [als Beilage]‹: *Man serviert die Fasane zerlegt, mit ... Soße, ... ferner mit Rotkraut oder Sauerkraut oder mit Kartoffelpüree* (OÖN 28. 9. 1989, 3; A); *Da hatte man die Krebsschwänze in Anisgelee schon verdaut und löffelte genießerisch das göttlichste Kartoffelpüree aller Zeiten* (Welt 29. 9. 1999, Internet; D) – In CH selten

Kartoffelrösti A D die; –, ohne Plur.: ↗RÖSTI CH ›mit einer ↗Raffel zerkleinerte, gebratene Kartoffeln mit zusammenhängender Kruste (gelegentlich unter Zugabe von Würfeln aus ↗Speck, Käse oder zerkleinerten Äpfeln)‹: *Die Gamseier auf Kartoffelrösti [und] bunten Gemüsestreifen anrichten und mit einer Rahmsauce überziehen* (Berghotel Arthurhaus, 2003, Internet; A); *Lammkoteletts auf zweierlei Bohnen mit kandiertem Knoblauch und Kartoffelrösti* (WDR Krisenkochtipp, 1999, Internet; D) – *Kartoffelrösti* ist in A und D seltener als *Rösti.* Genus in A und D auch Neutrum (das; -s, ohne Plur.)

Kartoffelstock CH der; -(e)s, ohne Plur.: ↗ERDÄPFELPÜREE A, ↗KARTOFFELPÜREE A D (ohne mittelost/südwest), ↗STOCK CH, ↗STOCKI CH, ↗KARTOFFELBREI D, ↗KARTOFFELMUS D-nord, ↗QUETSCHKARTOFFELN D-nordost, ↗STAMPFKARTOFFELN D-nordost/mittelwest ›Speise aus gekochten, pürierten Kartoffeln und Milch [als Beilage]‹: *Die Frauen servierten Schafsvoressen und Kartoffelstock* (Hartmann, Eis 23)

Karton A D der; -s, -s [kar'to:n A D-süd, kar'tõ: D, kar'tɔŋ D-nord/mittel]: ↗KARTONSCHACHTEL CH, ↗PAPPKARTON D ›aus gepresstem Papier hergestellter Behälter‹: *Kartons mit Schuhen und Textilien um 150.000 S hatten drei Schüler im Alter von 14 und 15 Jahren ... gestohlen* (SN 19. 4. 1997, Internet; A); *... zwei Kartons Ihrer Lieferung enthielten schadhafte Mini-Eisenbahnen* (Briese-Neumann, Geschäftskorrespondenz 117; D) – In CH selten, Aussprache ['kartõ:, kar'tõ:]. Die Bedeutung ›aus gepresstem Papier hergestelltes Verpackungs- oder Bastelmaterial‹ ist gemeindt.

Kartonschachtel CH die; –, -n: ↗KARTON A D, ↗PAPPKARTON D ›aus gepresstem Papier hergestellter Behälter; Schachtel‹: *Während sie vor ihren Kartonschachteln voller Christbaumschmuck kniete, ... schimpfte sie über den zweiten Pfarrer in der Gemeinde* (Geiser, Brachland 61) – In A und D selten

Karussell (gemeindt.): ↗RINGELSPIEL, ↗RÖSSLISPIEL

Kas- A (ohne Vbg.) D-südost (produktives Bestimmungswort in Zus.): ↗KÄS- A-west (Vbg.) D-südwest ›Käse beinhaltend (in Speisebezeichnungen)‹, z. B. Kasknödel (↗Knödel), Kasnocken (↗Nocke) A, Kasnudeln (↗Nudel) A-südost, Kaspressknödel (↗Knödel), Kasspatzeln (↗Spatzeln), Kasspatzen (↗Spatzen): *Ob Kasnockerl oder Carpaccio, Saibling oder Knurrhahn ...: Was bei P.s auf die einfachen, rustikalen Tische kommt, passt* (OÖN 20. 6. 1996, Internet; A); *Leichte Küche und Speisen für Vegetarier, wie Kasknödel auf Paradeiserragout ... ergänzen die Speisekarte* (OÖN 15. 3. 2001, Internet; A); *Besonders gefragt waren preiswerte Schmankerl wie Würstl in allen Variationen und fleischlose Spezialitäten wie Kasspatzen* (Fremdenverkehrsamt München, 2002, Internet; D-südost) – Die Simplexform *Kas* für ›Käse‹ in den Bedeutungen ›aus Milch hergestelltes Nahrungsmittel‹ und ›Unsinn‹ ist dialektal, die Zus. mit *Kas-* sind dagegen als Speisebezeichnungen lexikalisiert und standardsprachlich

Käs- A-west (Vbg.) D-südwest (produktives Bestimmungswort in Zus.): ↗KAS- A (ohne Vbg.) D-südost ›Käse beinhaltend (in Speisebezeichnungen)‹, z. B. Käsfladen, Käsknöpfle A-west (Vbg.), Käsnudeln (↗Nudel), Kässpätzle (↗Spätzle): *Die Menü-Auswahl reicht von Würstel über Grillhendl und Lachsbroten bis zu Vorarlberger Spezialitäten wie Kässpätzle, Zack-Zack, Käsfladen* (Kurier 28. 6. 1997, 27; A-west); *Von Kässpätzle für 13,80 Mark über verschiedene Maultaschengerichte ... sind alle heimischen Köstlichkeiten auf der Karte zu finden* (Esslinger Ztg 22. 11. 2001, Internet; D-südwest)

Kaschemme D (ohne südwest) die; –, -n ⟨gaunersprachlich, zu romani *katšima, kartschima* ›Wirtshaus‹⟩ (abwertend): ›Lokal mit schlechtem Ruf; Spelunke‹: *Da sitzt der kleine Tramp hungrig und verloren in einer Kaschemme mitten im kalten Alaska und be-*

kommt statt einer anständigen Mahlzeit einen alten Schuh serviert (Ticket – Potsdam-Magazin 3. 6. 1998, Internet)

Käse der; -s, –: **1.** CH D (abwertend, Grenzfall des Standards); ↗HOLLER A, ↗QUARGEL A, ↗SCHAS A, ↗TOPFEN A, ↗GUGUS CH, ↗HAFENKÄSE CH, ↗KABIS CH, ↗MUMPITZ CH D (ohne südost), ↗QUARK CH D, ↗SCHNICKSCHNACK D, ↗BLECH D (ohne südost), ↗FEZ D (ohne südost), ↗KAPPES D-mittelwest, ↗KOHL D-nord/mittel, ↗KOKOLORES D (ohne südost) ›Quatsch, Unsinn‹ (meist in der Wendung *alles Käse* oder *so ein Käse*): *So ein Käse: Dancer und Popmusiker D. J. Bobo ist unter die Schreiber gegangen* (Sonntagsztg 31. 10. 1999, Internet; CH); *Ich kann es nicht mehr hören. Alles Käse* (Berliner Ztg 26. 4. 1994, Internet; D). **2.** ***Mainzer Käse** D: ↗QUARGEL A, ↗HARZER D (ohne südost), ↗HANDKÄSE D (ohne nordwest/mittelost), ↗HARZKÄSE D-nordost ›Käse aus ↗Sauermilch‹: *Harzer und Mainzer Käse sowie Olmützer Quargel ... gleichen sich alle in ihrer runden Form, bringen jedoch unterschiedliche Gewichte auf die Waage* (Naturkost, 2002, Internet); ***weiße Käse** D-nordost siehe Weißkäse; ***Harzer Käse** D siehe Harzer – Das Substantiv *Käse* ist in allen anderen Verwendungen gemeindt.

Käsefondue (gemeindt.): ↗FONDUE

Käsekrainer A die; –, –: /eine dunkle Wurstsorte mit Käsestückchen, die vor dem Verzehr durch Kochen oder Braten erhitzt wird/: *Sissi reichte dem Betrunkenen eine fette Käsekrainer mit einem Scherzel und zwei Dosen Bier und bestand darauf, dass er sofort bezahlte* (Kneifl, Vorstellung 22)

Käsekuchen der; -s, –: **1.** CH ›dünner, flacher, mit geriebenem Hartkäse, Milch und Eiern belegter Kuchen, der auf dem Backblech gebacken wird‹: *Mehr Emmentaler macht den Käsekuchen milder, mehr Greyerzer eher rezenter* (Blick 4. 10. 1994, 28). **2.** D; ↗TOPFENTORTE A ›Torte aus ↗Quark‹: *Es war ein prachtvoller Käsekuchen, goldgelb ... mit der noch schwabbelig cremigen Quarkmasse* (Fiedler, Gern 112) – Zu 1 vgl. Wähe

Käserei (gemeindt.): ↗CHÄSI, ↗MILCHZENTRALE

Kasper D (ohne südost) der; -s, –: **1.** ↗KASPERL A D-südost, ↗WURSTEL A D-südost, ↗KASPERLI CH, ↗KASPERLE D (ohne südost) ›lustige männliche Hauptfigur mit roter Zipfelmütze aus einem Handpuppenspiel für Kinder‹: *Villinger Puppenbühne: Mit Kasper, Seppel und Hund Bello* (Stadt Villingen-Schwenningen, 1998, Internet). **2.** ↗KASPERL A D-südost, ↗WURSTEL A D-südost, ↗KASPERLI CH, ↗KASPERLE D (ohne südost) ›Person, die andere häufig zum Lachen bringt‹: *Wir wissen z. B., dass der »Klassenkasper« auch Ausdruck und Resultat des jeweiligen Systems »Schulklasse« ist* (Pädagogische Hochschule Karlsruhe, 1998, Internet) – Zu 1.: **Kaspertheater.** Zu 2.: **Klassenkasper,** ↗**kaspern** D

Kasperl A D-südost der; -s, -n ['kaʃpɐl]: **1.** ↗WURSTEL A D-südost, ↗KASPERLI CH, ↗KASPER D (ohne südost), ↗KASPERLE D (ohne südost) ›lustige Figur [mit roter Zipfelmütze] im Volkstheater oder im Handpuppenspiel‹: *Also es ist eigentlich immer eine Art von Rollenprosa, in der er auftritt als ein Kasperl oder als eine Figur aus der Commedia dell' arte oder als ein schwarzer Bänkelsänger im Paris des 14. Jahrhunderts* (Furche 13. 11. 1997, 17; A). **2.** ↗WURSTEL A D-südost, ↗KASPERLI CH, ↗KASPER D (ohne südost), ↗KASPERLE D (ohne südost) ›lustige, zu jedem Scherz aufgelegte Person [die nicht ernst zu nehmen ist]‹: *Du bist dafür bekannt, zwischen den Szenen herumzualbern, die Crew mit Michael-Jackson-Imitationen zu unterhalten und den Kasperl zu spielen* (Skip 11/12/1997, 31; A) – Zu 1.: **Kasperltheater.** Zu 2.: **Klassenkasperl**

Kasperle D (ohne südost) das/der; -s, –: **1.** ↗KASPERL A D-südost, ↗WURSTEL A D-südost, ↗KASPERLI CH, ↗KASPER D (ohne südost) ›lustige männliche Hauptfigur mit roter Zipfelmütze aus einem Handpuppenspiel für Kinder‹: *Seine Arme baumelten über das Fensterbrett, als gehörten sie zu einer Kasperlepuppe* (Burger, Hitler-Jugend 105). **2.** ↗KASPERL A D-südost, ↗WURSTEL A D-südost, ↗KASPERLI CH, ↗KASPER D (ohne südost) ›Person, die andere häufig zum Lachen bringt‹: *Komisch ist es schon, wie ein Kasperle auf dem Eis herumzutanzen* (Berliner Ztg 26. 1. 1996, Internet) – Zu 1.: **Kasperlepuppe, Kasperletheater**

Kasperli CH der; -s, -s: **1.** ↗KASPERL A D-südost, ↗WURSTEL A D-südost, ↗KASPER D (ohne südost), ↗KASPERLE D (ohne südost) ›lustige männliche Hauptfigur mit roter Zipfelmütze in einem populären Handpuppenspiel für Kinder‹: *Der Kasperli hat sämtliche Pingu-, Biene-Maja- und Power-Rangers-Attacken überlebt* (Blick 7. 1. 1996, 12). **2.** ↗KASPERL A D-südost, ↗WURSTEL A D-südost, ↗KASPER D (ohne südost), ↗KASPERLE D (ohne südost) ›lustige, zu jedem Scherz aufgelegte Person [die nicht ernst zu nehmen ist]‹: *Goalie-Knatsch in der Nati. Zubi: »Ich bin doch nicht der Kasperli«* (Blick 1. 9. 1998, 15) – Zu 1.: **Kasperlifigur, Kasperlitheater**

kaspern D sw.V./hat: ↗KALB: *DAS KALB MACHEN CH, ↗ALBERN D ›Dummheiten machen, sich kindisch benehmen; blödeln‹: *Kein Wunder, dass Matthias M. begnadet kaspern kann* (Allegra 11/1997, 78) – Vgl. Kasper – Dazu: **herumkaspern**

Kassa A die; –, Kassen ⟨aus ital. *cassa*⟩: **1.** ↗KASSE CH D ›verschließbarer Geldbehälter‹: *Ich erinnere mich an den Verkäufer eines Imbissstandes, der nur DM* *in seiner Kassa hatte, er konnte die Schilling-Brieftasche zunächst gar nicht finden, weil er sie schon so lange nicht mehr gebraucht hatte* (Balàka, Atem 97). **2.** ↗Kasse CH D ›[Bereich der] Registriergerät[e] in Geschäften, Ticketschalter im Kino, Theater, in Sporteinrichtungen etc.‹: *Sie sitzt im gegenüberliegenden Lebensmittelmarkt an der Kassa und tippte früher mit langen, perfekt lackierten Fingernägeln, die Agnes jedes Mal in Erstaunen versetzen konnten, täglich sechs Stunden lang Preise in die Kassa* (Prugger, Mitten im Weg 10). **3.** ›zur Verfügung stehendes Geld, Einnahmen, Kasse‹: *Wir machen zwar keine neuen Schulden mehr, haben aber deswegen nicht einen Schilling mehr in der Kassa* (Bundesministerium für Finanzen, 2001, Internet); ***Kassa machen** ›(in einem Geschäft) die Einnahmen und Ausgaben über einen bestimmten Zeitraum abrechnen‹: *Wir ... polierten die Möbel, machten die Kassa, tranken Kaffee zur Jausenzeit und sperrten das Geschäft zu den Zeiten auf und zu* (Kupfermuckn 2/1999, 7). **4.** kurz für ›↗Krankenkassa‹, ›Raiffeisenkassa‹, ›[Post]sparkassa‹: *Hätte man der Frau vor wenigen Jahren die knochenstärkenden Präparate ... bereits verabreichen können, und hätte sie die Kassa auch bezahlt, ... dann hätte diese Frau heute nicht diese Schmerzen* (ORF, Zur Sache 12. 3. 2000, Internet) – In CH veraltet. *Kasse* ist in A bekannt und in den gemeindt. Redewendungen, z. B. *die Kasse klingelt, zur Kasse bitten, schlecht/gut bei Kasse sein,* gebräuchlicher als *Kassa,* als Simplex ist *Kassa* aber das am meisten gebrauchte Wort. Zu 2 vgl. Kassier – Zu 2.: **Abendkassa, Kassablock, Kassabon, Kassaeröffnung, Kassapreis, Kassastand, Kassasturz, Kassazettel, Kinokassa.** Zu 3.: ↗**Kassabericht** A CH, **Kassabuch** A CH, **Kassaführung** A CH, **Kassagebarung, Kassawesen** (↗-wesen) CH, **Tageskassa**

Kassabericht A CH der; -(e)s, -e (formell): ›Bericht über Kassenbestand, Einnahmen und Ausgaben; Kassenbericht‹: *Nach dem Tätigkeitsbericht und dem Kassabericht referierte Präsident Erich P. über Aktuelles* (Kleine Ztg 1. 12. 1999, Internet; A); *Die Jahresberichte, das Protokoll der Gründungsversammlung und der Kassabericht wurden einhellig und diskussionslos verabschiedet* (Südostschweiz 10. 4. 2001, Internet; CH) – Vgl. Kassa

Kasse CH D die; –, -n ⟨aus ital. *cassa*⟩: **1.** ↗Kassa A ›verschließbarer Geldbehälter‹: *Die blecherne Kasse, die im Geviert nicht grösser als ein Schreibblock war, enthielt im obern, weghebbaren Behälter sechs muldenförmige Vertiefungen* (Burkart, Moor 20; CH); *Für ihn sollten bestimmte Verhaltensweisen selbstverständlich sein: auch bei kurzer Abwesenheit die Kasse abzuschließen* (Einzelhandel 19. 11. 2002, Internet; D). **2.** ↗Kassa A ›[Bereich der] Registriergerät[e] in Geschäften, Ticketschalter im Kino, Theater, in Sporteinrichtungen etc.‹: *Er sitzt an der Kasse und verkauft die Tickets* (Brückenbauer 3. 12. 1997, 59; CH); *Bei Nachmittagsvorstellungen ist die Kasse 30 Minuten vor Vorstellungsbeginn geöffnet* (Theater im Keller Bonn, 2002, Internet; D) – In A selten, in bestimmten Redewendungen, z. B. *die Kasse klingelt, zur Kasse bitten, schlecht/gut bei Kasse sein,* ist *Kasse* in A gebräuchlicher als *Kassa.* Die Bedeutungen ›zur Verfügung stehendes Geld‹ und ›Institution, die Geld für bestimmte Zwecke entgegennimmt und verwaltet‹ sind gemeindt. – Zu 1.: ↗**Kassenprüfungsbericht** D, **Kassensturz**

Kasseler D (ohne südost) das; -s, ohne Plur.: ↗Selchkarree A ›eingesalzenes und geräuchertes Rippen-, Bauch- oder Schulterstück vom Schwein‹: *Kasseler und Würstchen in mundgerechte Stücke schneiden* (NDR 16. 10. 1999, Internet); ***Kasseler Rippenspeer** D-nord/mittel: ↗Ripperl A D-südost, ↗Ripple A-west (Vbg.) D-südwest, ↗Rippli CH ›geräuchertes ↗Rippenstück vom Schwein‹: *Kasseler Rippenspeer mit 1 Löffelspitze gemahlenen Kümmel einreiben* (Kochatelier 19. 10. 2000, Internet) – Auch in der Form *Kassler* – Dazu: ↗**Kasselerrollbraten** D-mittel

Kasselerrollbraten D-mittel der; -s, –: ↗Selchroller A ›zusammengerolltes geräuchertes Schweinefleisch; Rollschinken‹: *Schweinerollbraten (verschiedene Varianten), Kasselerrollbraten* (Metzgerei Fecher, 2000, Internet) – Vgl. Kasseler

Kässeli CH das; -s, – (Grenzfall des Standards): **1.** ›Sparbüchse‹: *Im Kässeli habe ich nicht so viel Geld, auf der Bank auch nicht. Ich gebe es lieber aus* (Brückenbauer 23. 5. 2000, Internet). **2.** ›Sammelbüchse‹: *Bergbauern stellen an Wanderwegen Kässeli auf, um für Beiträge wegen Lawinenschäden zu bitten* (Blick 21. 9. 1999, 29) – Zu 1.: **Sparkässeli, Vereinskässeli**

Kassenarzt A D der; -(e)s, ...ärzte: ↗Vertragsarzt A D (ohne südost) ›Arzt bzw. Ärztin mit einem Vertrag bei einer Krankenkasse‹: *Oberösterreich hat einen riesigen Mangel an Fachärzten, nicht weniger als 309 Kassenärzte fehlen zwischen Inn und Enns* (OÖN 18. 10. 2001, 21; A); *Der Streit um das von den Kassenärzten erwogene »Notprogramm« mit Wartelisten und Notrezepten für Arznei- und Heilmittel verschärft sich* (Hamburger Abendbl 24./25. 7. 1999, 4; D) – Vgl. Wahlarzt

Kassenbericht (gemeindt.): ↗Kassabericht

Kassenobligation A CH die; –, -en (meist Plur.): ›festverzinsliches Wertpapier (einer Bank)‹: *Die Creditanstalt (CA) hat eine neue Kassenobligation mit drei Jahren Laufzeit und einer garantierten Verzinsung von 3,5 Prozent aufgelegt* (OÖN 30. 1. 2002, Internet; A); *Ich bin 64 und möchte die fälligen 100'000 Franken aus Kassenobligationen in Obligationenfonds anlegen.* (Beobachter 6. 2. 1998, 53; CH) – Vgl. Obligation

Kassenprüfungsbericht D der; -(e)s, -e: ↗Revisorenbericht CH, ↗Rechnungsprüfungsbericht D ›Bericht der Kassenprüfer(innen) über die Prüfung der Buchführung (eines Vereins)‹: *Die Rechnungsprüfer/innen legen der ordentlichen Mitgliederversammlung den Rechnungsprüfungs- und Kassenprüfungsbericht vor* (Universität Gießen 30. 9. 1973, Internet) – Vgl. Kasse

Kassenwart Kassenwartin D der; -(e)s, -e bzw. die; –, -nen: ↗Säckelwart A, ↗Kassier A CH D-süd, ↗Quästor CH, ↗Säckelmeister CH, ↗Schatzmeister D, ↗Kassierer D-nord/mittel ›Person, die die Finanzen eines Vereines o. Ä. verwaltet‹: *Den Kassenwarten in den Ländern brechen die Einnahmen gleichermaßen weg* (Spiegel 1. 12. 1997, 24)

Kasserol D-südost das; -s, -e ⟨aus frz. *casserolle* ›Stieltopf‹⟩: ↗Reindl A D-südost, ↗Kasserolle D (ohne südost) ›[niedriger] Topf mit zwei Handgriffen‹: *Nun tut man Schmelzbutter … in ein Kasserol, … legt die Pfannenkuchen … hinein, deckt das Kasserol mit einem Deckel zu und bäckt sie* (Monatsschrift 23. 12. 1999, Internet)

Kasserolle D (ohne südost) die; –, -n ⟨aus frz. *casserolle* ›Stieltopf‹⟩: ↗Reindl A D-südost, ↗Kasserol D-südost ›[niedriger] Topf [mit Stiel]‹: *Eine Kasserolle mit Olivenöl ausreiben, Hähnchenschenkel … in die Kasserolle legen* (Radio Eins, 2001, Internet) – In A und CH selten

Kassian STIR ⟨nach dem *hl. Kassian,* dem ersten Bischof von Brixen⟩: männl. Vorname: *»Robert K.-W. hat seine Entscheidung mit privaten Gründen gerechtfertigt«, berichtet Ortsobmann Kassian W.* (Dolomiten 7. 4. 2000, 27)

Kassier Kassierin A CH D-süd der; -s, -e bzw. die; –, -nen ⟨aus ital. *cassiere*⟩: **1.** ↗Kassierer D-nord/mittel ›Person, die (in einem Unternehmen z. B. einer Bank, einem Supermarkt) die Kasse führt‹: *… auch wenn man an einem abseitigen Tisch Platz nimmt, … und an dem man deshalb wirkt wie der Kassier des Tingeltangels* (Payr, Drücken des Schuhs 8; A); *Telefonische Abklärungen der Kassierin bei der Tessiner Filiale ergaben, dass der Check nicht gedeckt war* (Kanton SO, 2002, Internet; CH). **2.** ↗Säckelwart A, ↗Quästor CH, ↗Säckelmeister CH, ↗Kassenwart D, ↗Schatzmeister D, ↗Kassierer D-nord/mittel ›Person, die für die Finanzen (eines Vereins) zuständig ist‹: *Zum FC Tirol kam er zuerst als Kassier, erst viel später wurde er Präsident* (Echo 23. 9. 1998, 182; A); *Die Veruntreuung, die B. als Kassierin des Samaritervereins Langenthal und Umgebung beging, betrachtet das Gericht als verjährt* (Bund 24. 11. 1999, 32; CH) – Wird in A auf der zweiten Silbe, in CH auf der ersten Silbe betont. Zu 1 vgl. Kassa – Zu 1.: **Bankkassier(in)** A, **Gaskassier(in)** A, **Schankkassier(in)** (↗Schank) A. Zu 2.: **Vereinskassier(in)**

kassieren A D sw.V./hat ⟨aus ital. *incassare* ›Geld einziehen‹⟩ (salopp): ›etw. beschlagnahmen, jmdn. gefangen nehmen‹: *Obacht, Herr Doktor, den Waldser haben sie gestern kassiert* (Rabinovici, Suche nach M. 8; A); *Chamäleondieb von Cops kassiert* (TAZ 14. 8. 2002, Internet; D) – In CH selten. Andere Bedeutungen sind gemeindt.

Kassierer Kassiererin D-nord/mittel der; -s, – bzw. die; –, -nen: **1.** ↗Kassier A CH D-süd ›Person, die in einem Unternehmen (z. B. in einer Bank) die Kasse führt‹: *Dafür war der erste Kassierer in Urlaub, und der Leiter der Giroabteilung sollte in der darauf folgenden Woche gehen* (Brückner, Spuren 8). **2.** ↗Säckelwart A, ↗Kassier A CH D-süd, ↗Quästor CH, ↗Säckelmeister CH, ↗Kassenwart D, ↗Schatzmeister D ›Person, die für die Finanzen eines Vereins zuständig ist‹: *Für die Kassierer der Vereine war das ein wichtiges Argument* (Noack, Hautfarbe 33) – Zu 1.: In A zunehmend gebräuchlich. Die Bedeutung ›Person, die in einem Geschäft kassiert‹ ist gemeindt.

Kassler siehe Kasseler

Kastanie (gemeindt.): ↗Esskastanie, ↗Marone, ↗Maroni, ↗Marroni

Kastanienreis A der; -es, ohne Plur.: ↗Vermicelles CH ›Püree aus gekochten Kastanien, Zucker und Butter, das durch eine Presse gedrückt und so in eine spaghettiähnliche Form gebracht wird‹: *Greifen Sie rasch zu, denken Sie nicht an Kalorien, wenn Sie eine leckere Kastanientorte oder mit Schlagobers verzierten Kastanienreis angeboten bekommen* (Kleine Ztg 23. 10. 1996, Internet)

Kästchen (gemeindt.): ↗Häuschen, ↗Kastl

Kasten der; -s, Kästen: **1.** A CH D-süd; ↗Schrank CH D ›größeres Möbelstück zum Verstauen von Kleidung, Gebrauchsgegenständen oder Lebensmitteln‹: *Oft hat man im Kasten einen aus der Mode gekommenen Pelz hängen* (Bühne 11/1997, 43; A); *Die Frauen sind aufgeschlossener, jetzt, gegen den Sommer hin. Eine bietet mir ein Kämmerchen an, Bett, Kasten und Gaskocher* (Spinner, Nella 9; CH). **2.** D; ↗Kiste A D (ohne nordost), ↗Harass CH ›Behältnis für Getränkeflaschen‹: *Auf der Südplatte dösten die Penner an der U-Bahn-Treppe herum und teilten sich einen Kasten Bier, den jemand besorgt hatte* (Karr & Wehner, Geierfrühling 115; D). **3.** A D kurz für ↗*Postkasten, Briefkasten*: ›Briefkasten‹: *Die Aerobic-Lehrerin aus Hull fand das Bankschreiben in ihrem Kasten, als sie aus dem Kurzurlaub in Spanien zurückkehrte* (SN 15. 10. 1998, Internet; A); *Trotz des Feiertags war Post im Kasten, ein unfrankierter Umschlag der Kultur-*

kommission (Rothmann, Wäldernacht 32; D) – Zu 2.: In CH selten. In A offiziell (in Anzeigen und auf Preisschildern) *Kiste* und in D *Kasten*, in der gesprochenen Sprache ist in D *Kiste* und *Kasten* gebräuchlich. Andere Bedeutungen sind gemeindt. – Zu 1.: ↗**Eiskasten** A D-süd, **Kastenboden, Kleiderkasten, Rollkasten, Vorzimmerkasten** (↗Vorzimmer), **Wandkasten, Wäschekasten.** Zu 2.: ↗**Bierkasten, Wasserkasten**

Kastenform A D die; –, -en: ↗CAKEFORM CH ›längliche, rechteckige Backform‹: *Den Teig in eine befettete und bemehlte Kastenform füllen und im vorgeheizten Rohr bei 180 Grad ca. 30 Minuten backen* (ORF Nachlese 11/1997, 79; A); *Eine Kastenform ... buttern und leicht mit Mehl ausstäuben* (NDR 23. 7. 2002, Internet; D) – In A ursprünglich fremd

Kastl A D-südost das; -s, -n (Grenzfall des Standards): **1.** ›niedriges bis halbhohes, schrankartiges Möbelstück‹: *In der Kochnische stand neben dem Elektroherd zusätzlich ein Sparherd, der größere Teil des Raums als Wohnküche eingerichtet, die Kredenz, die Möbel alle weiß gestrichen, das niedere Kastl für das kistenförmige Radio* (Glantschnig, Mirnock, 11; A). **2.** ↗HÄUSCHEN CH ›kleines [flächig ausgemaltes] Quadrat als Muster auf Papier, Stoff etc. oder als Ankreuzfeld auf Listen; Kästchen‹: *Und inzwischen hat er ja seinen Kalender, auf dem jeden Tag ein Kastl abgehakt wird* (Kleine Ztg 27. 9. 1996, Internet; A). **3.** (salopp); ↗FLIMMERKASTEN D, ↗GLOTZE D, ↗RÖHRE D ›technisches Gerät, z.B. Computer, Fernseher‹: *Man verbringt Stunden vor dem Kastl, um seine Lieblinge zu bewundern* (ORF Nachlese 9/1997, 27; A) – Zu 1.: **Küchenkastl,** ↗**Nachtkastl.** Zu 2.: ↗**einkasteln**

Kataster das/der; -s, – ⟨aus ital. *catasto* ›Steuerregister, Zinsregister⟩: in D und STIR auch Neutrum, gemeindt. Maskulinum: *Sie können auch Ihre Solaranlage in das Kataster eintragen* (Stadtentwicklung Berlin 6. 8. 2003, Internet; D); *Das Kataster für Verkehrszeichenanlagen und Hinweisschilder im Gemeindegebiet erstellt für elf Millionen Lire die Firma ... aus Bozen* (Volkmar 3/1998, 5; STIR)

Katasteramt D STIR das; -(e)s, ...ämter: ↗GRUNDBUCH A, ↗GRUNDBUCHSGERICHT A, ↗GRUNDBUCHAMT CH D, ↗LIEGENSCHAFTSAMT D ›Behörde, die das Grundstücksverzeichnis verwaltet‹: *Als es noch keine Katasterämter gab, wurden zur Pfingstzeit die Eigentumsgrenzen abgegangen oder umritten* (Woll, Feste 61; D); *Das Katasteramt errechnet die Katastererträge und schickt diese ausgewertet an die Gemeinde zurück* (Dolomiten 5. 9. 1992, Internet, STIR) – Vgl. Kataster

Katasterkarte D die; –, -n: ↗GRUNDBUCHPLAN CH ›Übersichtskarte über ein Gemeindegebiet mit Grenzen und Nummern der Grundstücke und Fluren und weiteren Angaben (als Bestandteil des Grundbuchs); Katasterplan‹: *Die Katasterkarte ist der darstellende Teil des Liegenschaftskatasters* (Vermessungsamt Würzburg 5. 6. 2002, Internet) – Vgl. Kataster

Katasterplan (gemeindt.): ↗GRUNDBUCHPLAN, ↗KATASTERKARTE

Katastralgemeinde A die; –, -n: ›Verwaltungseinheit, für die jeweils ein Grundbuch angelegt ist‹: *Ein Kaufvertrag vom Juni 1922 brachte das Schloss Hellbrunn und das dazugehörige Areal in den Besitz der Stadtgemeinde Salzburg; beides verblieb jedoch in der Katastralgemeinde Anif* (SN 24. 6. 1999, Internet) – Vgl. Kataster, Ortsgemeinde

Kate D-nord/mittelwest die; –, -n: ↗KEUSCHE A, ↗KALUPPE A-mitte/ost D-südost, ↗RUSTICO CH ›kleines, ärmliches [Bauern]haus; Hütte‹: *In Kalni stand plötzlich das zweistöckige Haus mit den geschwungenen Giebeln, während die Familie in Kosten in einer elenden Kate gelebt hatte* (Ossowski, Maklerin 68) – Dazu: ↗**Kätner(in)** D-nordwest

Kategorie CH die; –, -n: ↗KLASSE A D ›Typ eines ↗Führerscheins‹: *Zur Vorbereitung für die praktische Prüfung aller Kategorien empfehlen wir auch Einzelunterricht als Soziusbegleitung* (Jugendfahrlager, 2003, Internet) – Die Bedeutung ›Einteilungseinheit, Gattung‹ sowie die fachsprachlichen Bedeutungen aus der Philosophie sind gemeindt.

Käthe D: ↗KÄTHI CH Kurz- und Koseform des weibl. Vornamens *Katharina: Käthe Kollwitz und Ernst Barlach waren Idole für mich* (Spiegel 11. 6. 2001, Internet)

Käthi CH: ↗KÄTHE D Kurz- und Koseform des weibl. Vornamens *Katharina: Daheim macht meine Frau Käthi die Wäsche!* (Blick 5. 12. 1999, 36)

Kätner Kätnerin D-nordwest der; -s, – bzw. die; –, -nen: ↗KEUSCHLER A, ↗KLEINHÄUSLER A ›Bewohner(in) eines kleinen, ärmlichen [Bauern]hauses; Kleinbauer bzw. Kleinbäuerin‹: *... wurden unverzollte Waren heimlich mit Unterstützung der Bauern und Kätner durch die Marsch nach der Geest geführt* (Borsflether Ztg 12/1998, 5) – Vgl. Kate

Katzelmacher A (ohne Vbg.) D-südost der; -s, – ⟨ursprüngl. Bez. für wandernde Handwerker aus Italien, die Schöpflöffel, ital. *cazze*, mundartl. *Gatzen*, verkauften⟩ (meist Plur., abwertend): ↗WELSCHE A-west, ↗TSCHINGGELER A-west (Tir.), ↗TSCHINGG CH, ↗SPAGHETTI D, ↗MAKKARONI D-nord/mittel ›Italiener‹ /Schimpfwort/: *Zwar wissen wir Österreicher oft nicht, wer wir sind, dafür aber umso besser, wer wir nicht sind: Keine Piefke, keine Katzelmacher, keine Behm* (Kurier 27. 3. 1993, 4; A); *Die Itaker, Abruzzis oder Katzelmacher (und was es an solchen*

Namen mehr gab) behandelte man herablassend (Telepolis, München, 2001, Internet; D-südost)

Kaufhalle D die; –, -n: ↗KAUFHAUS A D, ↗WARENHAUS CH D ›[einstöckiges] Geschäft mit verschiedenen Abteilungen [für Lebensmittel, Kleider, Haushaltswaren etc.]‹: *Kaufhallen voll Büchsenbier und Hackepeter* (Welt 11. 12. 2002, Internet)

Kaufhaus A D das; -es, ...häuser: ↗WARENHAUS CH D, ↗KAUFHALLE D ›großes, mehrstöckiges ↗Einzelhandelsgeschäft mit verschiedenen Abteilungen [für Lebensmittel, Kleider, Haushaltswaren etc.]‹: *Wenn Ihr Ehemann beim Einkaufsbummel plötzlich fluchtartig das Kaufhaus verlässt, dann muss das nicht unbedingt Unwilligkeit sein* (Medizin populär 5/1997, 8; A); *Er fuhr in die Innenstadt, Richtung Kunsthalle, vorbei an Kaufhäusern und Kinos* (Eckert, Erbe 82; D) – Dazu: **Großkaufhaus, Kaufhausdetektiv(in), Kaufhauskette**

Kavalierspitz A der; -es, ohne Plur.: ›zum Kochen geeignetes Fleisch von der Unterseite des Schulterblattes des Rindes‹: *Zunächst gibt's so zwischen St. Valentin und Grein ein Kaiserfrühstück mit kleinem Rindsgulasch, zu Mittag ... ein österreichisches Menü mit gesottenem Kavalierspitz, Grammelschmarren und Schnittlauchsauce* (OÖN 26. 3. 1990, 15) – Selten, vor allem in A-südost, auch in der Form *Kavaliersspitz.* Vgl. Kruspelspitz

Kavaliersspitz siehe Kavalierspitz

Kaviarbrot D-mittelwest/ost das; -(e)s, -e: ↗PARISERBROT CH, ↗STANGENBROT D-mittelwest/süd, ↗STANGENWEISSBROT D-mittel/süd ›Baguette‹: *Die Portion Lasagne ist zu klein, seit einiger Zeit gibt es keine Sauce und kein Kaviarbrot mehr dazu* (Universität Magdeburg 14. 4. 2003, Internet)

Kees A-mitte/südost der; -es, -e: ↗FERNER A-west (Tir.) D-südost ›Gletscher‹ (häufig in Bergnamen): *Schlaten Kees: Zweitgrößter Gletscher der Venedigergruppe* (Nationalpark Hohe Tauern 180) – Dazu: **Keeswasser**

Kefe CH die; –, -n: ↗ZUCKERERBSE A D (ohne mittelost), ↗ZUCKERSCHOTE D-nord/mittelwest ›süsse Erbse, die in den Schoten gekocht und gegessen wird‹: *Plötzlich sah man die althergebrachten und viele neue Pflanzen im Garten stehen: Spinat, Kefen, Kabis ... und Dahlien* (Bund 5. 6. 1999, Z7)

Kehrbesen D-mittelwest der; -s, –: ↗BARTWISCH A (ohne west), ↗BESERL A-ost D-südost, ↗KEHRWISCH A-west D-südwest, ↗HANDWISCHER CH, ↗HANDBESEN D-nord/mittelwest, ↗HANDEULE D-nord, ↗HANDFEGER D (ohne südost) ›kleiner Besen mit feinen, rechtwinklig zum kurzen Griff abstehenden Borsten‹: *An neuen kinderhohen Küchenzeilen dürfen die Knirpse selbst Essen zubereiten, Kehrbesen und Putzlappen stehen bereit* (WAZ 23. 1. 1999, Internet) – Vgl. kehren

Kehrblech D-nordost/mittel das; -(e)s, -e: ↗KEHRSCHAUFEL A-west, ↗MISTSCHAUFEL A (ohne west), ↗KEHRICHTSCHAUFEL A-südost CH D-südost, ↗SCHÜFELI CH, ↗KUTTERSCHAUFEL D-südwest, ↗MÜLLSCHIPPE D-nordost, ↗SCHIPPE D-nord/mittel, ↗SCHMUTZSCHAUFEL D-nordwest ›kleine Schaufel zum Aufnehmen von Staub- und Schmutzhäufchen‹: *In unserer Betriebskostenabrechnung sind ... die Kosten für Putzgeräte wie Besen, Schrubber, Kehrblech, Eimer und Putzmittel enthalten* (Mieterbund, 1999, Internet) – Vgl. kehren

kehren sw.V./hat: **1.** A D-ost/süd; ↗WISCHEN CH, ↗FEGEN D (ohne südost) ›mit einem Besen Schmutz vom Boden entfernen‹: *In den kommenden Tagen und Wochen beginnt die teuerste Phase des Winterdienstes: Der Splitt wird gekehrt* (Presse 12. 2. 1998, 11; A); *Na, glaubst du, heute kehrt sich die Halle von alleine* (Waldhoff, Grund des Meeres 125; D-ost/süd). **2.** CH ›[um]wenden; kehrtmachen‹: *Jetzt hat der Markt gekehrt: Immobilienmakler profitieren davon, dass Hypozinsen wie Preise noch nie so tief waren* (Facts 11. 9. 1997, 3) – Andere Bedeutungen, z. B. ›sich in eine bestimmte Richtung wenden‹, sind gemeindt. – Zu 1.: **aufkehren,** ↗**Kehrbesen** D-mittelwest, ↗**Kehrblech** D-nordost/mittel, ↗**Kehrmaschine** A D, ↗**Kehrschaufel** A-west, ↗**Kehrwisch** A-west D-südwest, ↗**Kehrwoche** A-west D-mittelost/südwest, ↗**Straßenkehrer(in)** A D (ohne nordwest), ↗**zusammenkehren** A D-südost. Zu 2.: ↗**kehrtum**

Kehricht CH D-südwest der; -(e)s, ohne Plur.: ↗MIST A, ↗MÜLL A D, ↗GÜSEL CH-ost/zentral ›[Haushalts]abfall‹: *Diese Rücksprache kann mithelfen, dass das Znüni nicht einfach in den Kehricht wandert* (Znüni und Zvieri, 1996, 25; CH) – In A und D gehoben. Die Wendung ›etw. geht jmdn. einen [feuchten] Kehricht an‹ ist gemeindt. – Dazu: **Hauskehricht** CH, **Kehrichtabfuhr** CH, **Kehrichtbeseitigung** CH, **Kehrichtcontainer** CH, ↗**Kehrichtdeponie** CH, ↗**Kehrichteimer** CH, **Kehrichtentsorgung** CH, ↗**Kehrichtgebühr** CH, **Kehrichtgesetz** CH, **Kehrichtkübel** (↗Kübel) CH, ↗**Kehrichtmann** CH, **Kehrichtmenge** CH, **Kehrichtsack** (↗Sack) CH, ↗**Kehrichtsackgebühr** CH, ↗**Kehrichtschaufel** A-südost CH D-südost, **Kehrichtverbrennung** CH, **Kehrichtverbrennungsanlage** CH

Kehricht: *etw. geht jmdn. einen [feuchten] Kehricht an (gemeindt.): ↗SCHMARREN: *ETW. GEHT JMDN. EINEN SCHMARREN AN

Kehrichtdeponie CH die; –, -n: ↗MÜLLDEPONIE A D, ↗MÜLLPLATZ A D, ↗MÜLLKIPPE D, ↗KIPPE D (ohne mittelost) ›Gelände, auf dem Abfall mit behördlicher Genehmigung und unter Aufsicht endgelagert wird;

Abfalldeponie‹: *D. prangert die Idee, Kohlendioxid irgendwo in der Erdrinde zu entsorgen …, zu Recht als untaugliche Scheinlösung an, die den künftigen Generationen eine riesige Kehrichtdeponie hinterlassen würde* (Horizonte 3/1999, Internet) – Vgl. Kehricht

Kehrichteimer CH der; -s, –: ↗MISTKÜBEL A, ↗MÜLLKÜBEL A-west, ↗ABFALLKÜBEL A CH D-mittelost, ↗MÜLLEIMER D ›Abfalleimer‹: *Bis zum 8. Oktober 1991 war Patent Ochsner nichts weiter als der Name für den schweizerischsten aller Kehrichteimer* (BMG Schweiz, 1999, Internet) – Vgl. Kehricht

Kehrichtgebühr CH die; –, -en: ↗MÜLLGEBÜHR A D ›Gebühr für die Entsorgung von ↗Kehricht; Abfallgebühr‹: *Der Kurort Davos muss akzeptieren, dass die kommunalen Kehrichtgebühren bei Aparthotels spürbar tiefer sind als bei Ferienwohnungen* (Blick 26. 10. 1996, 8) – Vgl. Kehrichtsackgebühr, Sackgebühr

Kehrichtmann CH der; -(e)s, …männer: ↗COLONIAMANN A-ost (Wien), ↗MISTMANN A-mitte, ↗KÜBELMANN CH-ost, ↗MÜLLMANN D, ↗MÜLLWERKER D, ↗MÜLLKUTSCHER D-nordost STIR ›Angestellter, der für die Abfallbeseitigung zuständig ist‹: *Am nächsten Tag … sah ich … zu, wie Kehrichtmänner die Arbeit von Hunderten, Tausenden von Stunden wegräumten* (Vogt, Vergessen, 93) – Eine weibliche Form ist nicht gebräuchlich. Vgl. Kehricht

Kehrichtsackgebühr CH die; –, -en: ↗ABFALLSACKGEBÜHR CH ›Entsorgungsgebühr, die pro Müllsack erhoben wird‹: *Auch nach der Einführung der Kehrichtsackgebühr in der Stadt Freiburg stehen den Einwohnern moderate Tarife ins Haus* (Freiburger Nachr 30. 9. 1998, Internet) – Vgl. Kehricht, Kehrichtgebühr, Sackgebühr

Kehrichtschaufel A-südost CH D-südost die; –, -n: ↗KEHRSCHAUFEL A-west, ↗MISTSCHAUFEL A (ohne west), ↗SCHÜFELI CH, ↗KEHRBLECH D-nordost/mittel, ↗KUTTERSCHAUFEL D-südwest, ↗MÜLLSCHIPPE D-nordost, ↗SCHIPPE D-nord/mittel, ↗SCHMUTZSCHAUFEL D-nordwest ›kleine Schaufel zum Aufnehmen von Staub- und Schmutzhäufchen‹: *Abfälle werden auf den Boden geworfen, der zweimal täglich gewischt und aufgezogen wird. Der Besen hat fast keine Borsten, eine Kehrichtschaufel gibt es nicht* (Spinner, Nella 53; CH) – Vgl. Kehricht

Kehrmaschine A D die; –, -n: ↗WISCHMASCHINE CH ›fahrbares Gerät zum Reinigen von Straßen‹: *Sauber ausgerutscht ist gestern Vormittag eine Kehrmaschine in Linz. Auf der Wiener Straße musste das stadtauswärts fahrende Schwerfahrzeug einem abgestellten Auto ausweichen, verlor bei diesem Manöver das Gleichgewicht und kippte um* (OÖN 17. 4. 1993, 24); A); *Die Kehrmaschine war auf Straßen und Bürgersteigen unterwegs* (Ostthüringer Ztg 15. 5. 2002, Internet; D) – In CH zunehmend gebräuchlich. Vgl. kehren – Dazu: **Straßenkehrmaschine**

Kehrplatz CH der; -es, …plätze: ↗UMKEHRPLATZ A, ↗WENDEPLATZ CH D ›Freiraum zum Wenden eines Fahrzeuges‹: *Es geht um die Verteidigung der alltäglichen Heimat, der Aussicht aus dem Parterre-Fenster, des Kehrplatzes für das Auto und des Zuganges zum Geraniumtopf* (Bund 26. 7. 1999, 16)

Kehrschaufel A-west die; –, -n: ↗MISTSCHAUFEL A (ohne west), ↗KEHRICHTSCHAUFEL A-südost CH D-südost, ↗SCHÜFELI CH, ↗KEHRBLECH D-nordost/mittel, ↗KUTTERSCHAUFEL D-südwest, ↗MÜLLSCHIPPE D-nordost, ↗SCHIPPE D-nord/mittel, ↗SCHMUTZSCHAUFEL D-nordwest ›kleine Schaufel zum Aufnehmen von Staub- und Schmutzhäufchen‹: *Der Bub hat vermutlich versucht, mit einer Kehrschaufel den Schnee von der Terrasse zu entfernen* (Neue Vorarlberger Tagesztg 21. 1. 1998, 13) – Vgl. kehren

kehrtum CH Adv.: **1.** ›eine Wendung um 180 Grad‹ (häufig in der Wendung *kehrtum machen*): *Der Swissair ist … bisher kein Fall eines Passagiers bekannt, der auf dem Flugplatz angesichts einer ausländischen statt einer Swissair-Maschine kehrtum gemacht hätte* (Bund 25. 7. 1998, 12). **2.** ›postwendend, sofort‹: *Ich bin als Mitglied der SiK von dieser Firma ebenfalls persönlich angesprochen worden und habe dann kehrtum meinen Unmut gegenüber dem Verhalten gewisser amerikanischer Kreise zum Ausdruck gebracht* (Das Schweizerische Parlament, 1998, Internet) – Zu 1 vgl. kehren

Kehrwisch A-west D-südwest der; -(e)s, -e: ↗BARTWISCH A (ohne west), ↗BESERL A-ost D-südost, ↗HANDWISCHER CH, ↗HANDBESEN D-nord/mittelwest, ↗HANDEULE D-nord, ↗HANDFEGER D (ohne südost), ↗KEHRBESEN D-mittelwest ›kleiner Besen mit feinen, rechtwinklig zum kurzen Griff abstehenden Borsten‹: *Sehr beliebt sind beispielsweise die »Übungen des täglichen Lebens«. Das reicht von Schuhe putzen … bis hin zum Fegen mit Schaufel und Kehrwisch* (Neue Vorarlberger Tagesztg 14. 10. 2000, 16; A-west); *Mehr als 7.000 Helfer waren von Mittwoch bis Samstag mit Schaufel und Besen, Kehrwisch, Putzlappen und Eimer unterwegs, um stolze 20 Tonnen Abfall aufzulesen* (BULA Juni 1998, Internet; D-südwest) – Vgl. kehren

Kehrwoche A-west D-mittelost/südwest die; –, -n: ›Woche, in der eine Mietpartei für die Reinigung des Treppen- bzw. Stiegenhauses zuständig ist‹: *Im wöchentlichen Turnus verordnete er seinen Schutzbefohlenen die Kehrwoche: Ein Messingschild an der Wohnungstür zeigte unmissverständlich an, wer jeweils an der Reihe war* (Wiener Ztg 25. 2. 2000, Internet; A-west); *Das Kosten-Nutzen-Denken ist im Südwesten der Republik so heilig wie die Kehrwoche, eine fast ri-*

tuelle Art der Reinigung von Hausfluren, Treppenhäusern und Gehsteigen (Welt 30. 11. 1996, Internet; D-mittelost/südwest) – Vgl. kehren

keifen CH D (ohne mittelost) sw.V./hat (abwertend): ↗KEPPELN A ›schreiend schimpfen‹: *Die einen halten einen gemütlichen Schwatz über den Gartenzaun, die andern keifen sich im Treppenhaus an: Nachbarn* (Bund 6. 8. 1998, 21; CH); *Über diese umstrittene juristische Frage keifen die Fraktionen stundenlang* (Primasenser Ztg 24. 3. 2000, Internet; D) – In A ursprünglich fremd, aber zunehmend gebräuchlich – Dazu: **Keiferei**

Keile D-nord/mittel die; –, ohne Plur. (Grenzfall des Standards): ↗DRESCHE D-nord/mittel, ↗HAUE D-nord/mittel, ↗KLOPPE D-nord/mittel, ↗SENGE D-nord/mittel ›Prügel, Schläge‹: *Früher war es verpönt, dass eine Prostituierte selbst Lust empfindet. Die hätte von ihrem Zuhälter Keile bekommen* (Tagesspiegel 21. 8. 1999, Internet) – Vgl. keilen

keilen sw.V./hat (salopp): **1.** A ›jmdm. etw., z.B. ein Zeitungsabonnement, an der Tür verkaufen‹: *Ich bekam nur zu hören, dass mir offiziell nichts zusteht, ich soll doch für die Klubzeitung Inserate keilen* (Kleine Ztg 15. 12. 1996, Internet). **2.** A D-südwest ›jmdn. für etw. anwerben, z.B. für Mitgliedschaften in Vereinen‹: *Zuerst werden Gutgläubige als Mitarbeiter gekeilt, es wird ihnen alles mögliche versprochen und nicht gehalten* (Kleine Ztg 3. 5. 1997, Internet). **3.** sich D-nord/mittel; ↗SCHLÄGERN A, ↗SCHLAGEN CH D, ↗KLOPPEN D-nord/mittel ›sich gegenseitig verprügeln, raufen‹: *Schoner, Schläger und Helme lagen mehrfach über die Eisfläche verstreut, während ihre Besitzer sich keilten* (WAZ 21. 8. 2000, Internet) – Zu 1.: ↗**Keiler(in).** Zu 3.: ↗**Keile, Keilerei**

Keiler Keilerin A der; -s, – bzw. die; –, -nen (salopp): ↗DRÜCKER D (ohne mittelost/südost) ›Person, die Kunden zu Hause aufsucht und ihnen [mit aggressiven Methoden] etw. zu verkaufen versucht, z.B. ein Zeitungsabonnement‹: *Viele Keiler hatten das Investment als Ansparmodell wie beim Bausparen angeboten* (Profil 29. 11. 1998, Internet) – Die Bedeutung ›männliches Wildschwein‹ ist gemeindt. Vgl. keilen – Dazu: **Anzeigenkeiler(in), Immobilienkeiler(in)**

Keks A D-südost das; -/es, -(e)/A-west D (ohne südost) der; -es, -e ⟨aus engl. *cakes*, Plur. von *cake* ›Kuchen‹⟩: ↗BISKUIT CH, ↗GUETZLI CH, ↗BRÖTLE D-südwest, ↗GUETSLE D-südwest, ↗PLÄTZCHEN D (ohne südwest) ›süßes, kleines Feingebäck‹: *Stattdessen nahm sie ein Butterkeks aus der Obstschale* (Stadlbauer, Quotenkiller 125; A); *Weil ich Hunger hatte, öffnete ich ihren Schrank und fand dort Kekse* (Becker, Bronsteins Kinder 62; D-südost) – *Kekse* sind in D im Ggs. zu *Plätzchen* trockenes Feingebäck – Dazu: **Butterkeks, Vollkornkeks, Weihnachtskeks**

Kelle CH D-nord/mittel die; –, -n: ↗SCHÖPFER A, ↗SUPPENKELLE CH D-nord/mittel, ↗SCHÖPFKELLE CH D-nord/mittel ›Schöpflöffel‹: *Als nächstes kommt eine Kelle voll Gewürz-Marinade über die Speise, dann geht es zur Bratstation* (Culinarium, 2001, Internet; CH); *Niemand muss anstehen, um eine Kelle Suppe zu bekommen* (WDR 22. 10. 2001, Internet; D-nord/mittel); ***mit der grossen Kelle anrichten/anrühren** CH ›grosszügig, verschwenderisch wirtschaften‹: *Vor vierzig Jahren dachte man anders, rührte mit der grossen Kelle an und rechnete künftig mit rund 30'000 Einwohnerinnen und Einwohnern in der Gemeinde* (NLZ 20. 8. 2001, Internet) – Die Bedeutung ›Gerät mit runder Scheibe und langem Stiel im Bahn- und Straßenverkehr‹ und ›Handwerksgerät zur Verarbeitung von Mörtel‹ sind gemeindt. – Dazu: ↗**Schaumkelle** CH D-nord/mittelwest

Kellergeschoß/Kellergeschoss (gemeindt.): ↗SOUS-SOL, ↗TIEFGESCHOß/TIEFGESCHOSS, ↗TIEFPARTERRE

Kellner (gemeindt.): ↗BEDIENUNG, ↗OBER, ↗SCHANI, ↗SERVICEANGESTELLTE

Kellnerin (gemeindt.): ↗BEDIENUNG, ↗SERVICEANGESTELLTE, ↗SERVIERTOCHTER

Kelter D-mittel/süd die; –, -n: kurz für ↗ *Weinkelter* D: ↗TORKEL A-west (Vbg.) CH-nordost D-südost, ↗TROTTE CH, ↗TORGGL STIR ›Presse zur Gewinnung von Trauben- und Obstsaft; Weinpresse‹: *Keltern und ihre Arbeitsweise sind im Deutschen Weinbaumuseum in Oppenheim zu sehen* (Rheinhessenwein 31. 1. 2003, Internet) – In A und CH meist literarisch gebraucht

Kennel siehe Kännel

kennen: *etw. wie seine Westentasche kennen A D; ***etw. wie seinen Hosensack kennen** A-west (Vbg.) CH ›etw. sehr genau kennen‹: *Als »Insider« kennt … S. das Ministerium … wie seine Westentasche, zudem ist er in die internen Abläufe des Hauses bestens eingearbeitet* (Presse 6. 10. 1999, Internet; A); *Da unser Chef auch Jäger ist, kennt er die Gegend wie seinen Hosensack* (Hotel Rütihof, 1999, Internet; CH); *Der Naturfotograf F.P. kennt diesen Garten Eden wie seine Westentasche* (Tier 4/1996, 51; D) – Das Verb *kennen* ist in allen anderen Verwendungen gemeindt.

Kennnummer STIR die; –, -n: ›amtliches Kennzeichen eines Fahrzeugs; Autonummer‹: *Er verfolgte ihn und konnte sich die Kennnummer des Fluchtwagens notieren* (Dolomiten 3. 12. 1999, 19) – Die Bedeutung ›Nummer, mit der etw. gekennzeichnet wird‹ ist gemeindt. Vgl. Kenntafel

Kenntafel STIR die; –, -n: **1.** ↗KENNZEICHENTAFEL A, ↗NUMMERNTAFEL A, ↗KONTROLLSCHILD CH,

↗NUMMERNSCHILD CH D, ↗KENNZEICHENSCHILD D, ↗ERKENNUNGSTAFEL LUX ›(an Fahrzeugen sichtbar angebrachte) ↗Tafel mit einem amtlichen Kennzeichen‹: *Ein im Parkverbot abgestellter blauer Mercedes ohne Kenntafel sorgte gestern Vormittag in der Raiffeisenstraße für Aufsehen* (Dolomiten 6. 10. 2001, 33). **2.** ›Abzeichen, das der Erkennung dient‹: *Er wird ... die neuen Kenntafeln der Südtiroler Zivilschützer präsentieren* (Dolomiten 27. 8. 2001, 3); ***grüne Kenntafel** ›Aufkleber mit dem Kleinbuchstaben a (verderbliche Ware) oder d (tägliche Ware), der tägliche Fahrten mit dem Lastwagen legitimiert‹: *Fahrzeuge mit einer eigenen Genehmigung vom Regierungskommissariat dürfen trotzdem fahren, müssen aber mit den grünen Kenntafeln ausgestattet sein* (Fahrschule Alto Adige 5) – Zu 1 vgl. Kennnummer, Tafel

Kennzeichenschild D das; -(e)s, -er: ↗KENNZEICHENTAFEL A, ↗NUMMERNTAFEL A, ↗KONTROLLSCHILD CH, ↗NUMMERNSCHILD CH D, ↗ERKENNUNGSTAFEL LUX, ↗KENNTAFEL STIR ›(an Fahrzeugen sichtbar angebrachte) ↗Tafel mit einem amtlichen Kennzeichen‹: *Der in Chrom gefasste Kühlergrill ... sowie Chrom an den Fensterrahmen und um das hintere Kennzeichenschild verleihen dem Rover das ... britische Nadelstreifen-Flair* (Berliner Ztg 11. 9. 1996, Internet)

Kennzeichentafel A die; –, -n: ↗NUMMERNTAFEL A, ↗KONTROLLSCHILD CH, ↗NUMMERNSCHILD CH D, ↗KENNZEICHENSCHILD D, ↗ERKENNUNGSTAFEL LUX, ↗KENNTAFEL STIR ›(an Fahrzeugen sichtbar angebrachte) ↗Tafel mit einem amtlichen Kennzeichen‹: *Anbringung von blauen EU-Aufklebern auf der Kennzeichentafel* (Bundesministerium für Verkehr, 2001, Internet)

keppeln A sw.V./hat (abwertend, Grenzfall des Standards): ↗KEIFEN CH D (ohne mittelost) ›dauernd schimpfen‹: *Die edle Frau keppelt, die Männer sind beide Feiglinge, der Mord ist ein Unfall* (SN 8. 11. 1997, 17) – Dazu: **Kepplerei, Kepplerin, Keppelweib**

Kerbholz: *am Kerbholz haben A D-südost; ***auf dem Kerbholz haben** CH D ›Unrechtes getan haben‹: *Was haben denn die Chemiker an der TU so alles am Kerbholz?* (TU Wien, Kritischer Diskurs, 2002, Internet; A); *Wenn Ihr Gegenüber Ihnen dagegen beim ersten Telefonat verschämt gesteht, fünf Jahre älter zu sein als im Internet-Steckbrief steht, oder er oder sie eine ähnliche kleine Mogelei auf dem Kerbholz hat, können Sie das, wenn Sie wollen, verzeihen und gemeinsam darüber lachen* (NZZ online 7. 4. 2003, Internet; CH); *... alle Tiere kommen, nur Reineke Fuchs nicht. Denn der hat viel auf dem Kerbholz und möchte dem Löwenkönig lieber nicht unter die Augen kommen* (BR 29. 7. 2002, Internet; D) – Die Wendung mit *auf dem* gilt in A als formell. Das Substantiv *Kerbholz* ist veraltet

Kerngehäuse (gemeindt.): ↗BUTZ, ↗BUTZEN, ↗KERNHAUS

kerngesund (gemeindt.): ↗PUMPERLGESUND

Kernhaus CH D STIR das; -es, ...häuser: ↗BUTZ A, ↗BUTZEN A D-süd ›Kerngehäuse des Apfels‹: *Aprikosen werden halbiert und entsteint, Äpfel geschält, Kernhaus ausgestochen und zentimeterdicke Scheiben geschnitten* (Vegi-Info, 3/1999, Internet; CH); *Den Apfel waschen, Kernhaus entfernen und das Fruchtfleisch klein würfeln* (ZDF 19. 12. 2002, Internet; D); *Die Semmeln in dünne Scheiben schneiden, die Äpfel schälen, vom Kernhaus befreien und blättrig schneiden* (Kompatscher, Küche 80; STIR)

Kernöl A das; -(e)s, -e: ›aus Kürbiskernen hergestelltes dunkles Speiseöl aus der Steiermark‹: *Es duftet nach Wein, Speck und Kernöl, und steirische »Musi« spielt auf* (Kleine Ztg 15. 11. 1997, 9) – Dazu: **Kürbiskernöl**

Kerstin D ⟨niederdt.⟩: Niederdt. Form des weibl. Vornamens *Christiane, Christine: »Jedes Mal, wenn er zusticht, tötet er im Grunde seine Mutter«, weiß Polizeipsychologin Kerstin G.* (Stern 25. 9. 1997, 224)

kerzengerade (gemeindt.): ↗STECKENGERADE

kess D (ohne mittelost) Adj.: **1.** ›ein wenig vorlaut, frech‹: *Da ist zum Beispiel Tom, zehn Jahre alt und aus Kalifornien: Ganz kess fragt er Börsenguru Warren Buffett ..., warum dieser eigentlich nicht in High-Tech-Aktien investiere* (Welt 25. 10. 2000, Internet). **2.** ›jung, hübsch und lebenslustig‹: *Kesse Mädchen und fesche Burschen verwandelten eine Tram zur mobilen Disco* (AZ 8. 4. 1997, 19). **3.** ›schick, flott, schneidig‹: *Begeisterten Beifall erntete die kess in ärmelloses T-Shirt und lila Lederrock gekleidete Kaas* (Welt 20. 10. 2000, Internet)

KESt A die; –, ohne Plur.: als Wort gesprochene Abk. für ›↗Kapitalertragsteuer‹: *Erträge ausländischer Rentenfonds unterliegen der Einkommenssteuer, während bei heimischen Fonds nur die KESt abgezogen wird und überdies der Vorteil der Endbesteuerung besteht* (Format 14. 12. 1998, 101)

Keule D (ohne nordost/südost) die; –, -n (Küche): ↗KNÖPFEL A, ↗SCHLÖGEL A, ↗HAXL A D-südost, ↗SCHLEGEL A CH D-süd, ↗GIGOT CH, ↗STOTZEN CH ›[Hinter]schenkel eines geschlachteten Tiers‹: *Anna und Winnie essen immer die Keulen und besorgen die Abnagerei* (Allegra Spezial 11/1997, 6) – *Keule* bezeichnet sowohl Geflügelschenkel als auch Oberschenkel von Wild oder Lamm. Andere Bedeutungen sind gemeindt. – Dazu: **Gänsekeule** (↗Gänse-), **Hähnchenkeule** (↗Hähnchen), **Lammkeule, Putenkeule** (↗Pute)

Keusche A die; –, -n ⟨aus slowen. *káiža* ›Hütte‹⟩: **1.** ↗RUSTICO CH, ↗KATE D-nord/mittelwest ›kleines

Bauernhaus‹: *Das erste kleine Gehöft, eigentlich nur eine Keusche, lag gleich um die nächste Biegung* (Haushofer, Wand 16). **2.** (abwertend); ↗KALUPPE A-mitte/ost D-südost, ↗KATE D-nord/mittelwest ›baufälliges, ärmliches Haus; Hütte‹: *Bei den paar steilen Wiesen und miniaturhaften Äckern war nur das Pachtverhältnis zu lösen und bei der windschiefen Keusche, die sie bewohnt hatten und die nach ihrem Auszug buchstäblich in sich zusammenfiel, das Armselige in ein paar Kisten zu packen* (Klier, Aufrührer 76) – Dazu: ↗**Keuschler(in)**

Keuschler Keuschlerin A der; -s, – bzw. die; –, -nen: ↗KLEINHÄUSLER A, ↗KÄTNER D-nordwest ›Bewohner(in) eines kleinen, ärmlichen [Bauern]hauses; Kleinbauer bzw. Kleinbäuerin‹: *Billig empfangen die Bauern und Keuschler des Dorfes die Partezettel nur, wenn sie der Briefträger mit der üblichen Post mittransportiert* (Winkler, Leibeigene 81) – Vgl. Keusche

Kfz A D das; –, –: buchstabierte Abk. für ↗*Kraftfahrzeug*: ›motorbetriebenes Fahrzeug‹: *Mit dem Kfz von Villach über Hermagor … in den Ort Tröpolach* (Land der Berge 5/1997, 60; A); *Wenn sie mit dem Kfz anreisen, finden sie einen Parkplatz in Bahnhofsnähe* (Hospizbewegung Camino, 2003, Internet; D) – Vor allem in Zus. verwendet. In CH zunehmend gebräuchlich – Dazu: ↗**Kfz-Gewerbe** D, **Kfz-Kennzeichen,** ↗**Kfz-Mechaniker(in), Kfz-Meisterbetrieb,** ↗**Kfz-Spengler(in)** A, ↗**Kfz-Werkstatt** D, ↗**Kfz-Werkstätte** A D-südost, ↗**Kfz-Zulassung**

Kfz-Gewerbe D das; -s, ohne Plur.: ↗AUTOGEWERBE CH ›Gesamtheit der Betriebe, die im Fahrzeughandel und -unterhalt tätig sind‹: *Autoboom geht am Kfz-Gewerbe vorbei* (Welt 11. 9. 1998, Internet) – Vgl. Kfz

Kfz-Mechaniker Kfz-Mechanikerin A D der; -s, – bzw. die; –, -nen: ↗AUTOMECH CH, ↗AUTOMECHANIKER CH D-südwest ›Mechaniker(in), der bzw. die motorisierte Fahrzeuge wartet und repariert‹: *Eine von den OÖN durchgeführte Umfrage in Oberösterreich … hat etwa Stundensätze ergeben, die bei den Kfz-Mechanikern derzeit zwischen 576 und 777 Schilling liegen* (OÖN 2. 12. 1995, 9; A); *Kfz-Mechaniker Tommie bucht mit Kumpel Mario einen Billigtrip nach Mallorca* (BamS 26. 10. 1997, 12; D) – Vgl. Kfz

Kfz-Spengler Kfz-Spenglerin A der; -s, – bzw. die; –, -nen: ↗KAROSSERIESPENGLER A, ↗AUTOSPENGLER A CH D-südost, ↗CARROSSERIESPENGLER CH, ↗KAROSSERIESCHLOSSER D (ohne mittelost/südost) ›Person, die Reparaturen an Autokarosserien ausführt‹: *Der verletzte Kfz-Spengler wurde ins Ennser Spital gebracht* (OÖN 23. 1. 1995, 15) – Vgl. Kfz, Spengler

Kfz-Steuer siehe Kraftfahrzeugssteuer

Kfz-Werkstatt D die; –, …stätten: ↗KFZ-WERKSTÄTTE A D-südost, ↗GARAGE CH ›Reparaturwerkstatt für motorisierte Fahrzeuge‹: *Peter L. wird jeden Morgen pünktlich in der Kfz-Werkstatt erscheinen und abends als letzter die Halle fegen* (Wolf, Samstags 86) – In A selten. Vgl. Kfz

Kfz-Werkstätte A D-südost die; –, -n: ↗GARAGE CH, ↗KFZ-WERKSTATT D ›Reparaturwerkstatt für motorisierte Fahrzeuge‹: *Repariert werden die technisch mittlerweile auf höchstem Niveau ausgestatteten Autos in der modernsten Kfz-Werkstätte Salzburgs* (SN 26. 1. 2001, Internet; A) – In D (ohne südost) selten. Vgl. Kfz, Werkstätte

Kfz-Zulassung A D die; –, -en: kurz für ↗*Kraftfahrzeugzulassung:* ↗ZULASSUNG A D, ↗IMMATRIKULATION CH ›Anmeldung und behördliche Genehmigung eines Fahrzeuges für den Straßenverkehr‹: *Seit 1. Februar 1999 läuft in neun Bezirkshauptmannschaften der Probebetrieb für die private Kfz-Zulassung durch die Kfz-Haftpflichtversicherer* (ARBÖ, 2000, Internet; A); *Im Bereich der Kfz-Zulassung bieten wir umfangreiche Dienstleistungen in den vier Zulassungsstellen* (Landkreis Böblingen 8. 7. 2002, Internet; D) – Auch in der Schreibung *KFZ*-Zulassung. Vgl. Kfz

KH siehe Krankenhaus

Kiachl A-west (Tir.) D-südost der; -s, -/das; -s, -n [kiɐçl] ⟨in den Standard der Küchensprache aufgestiegenes Dialektwort⟩: ↗KÜACHLE A-west (Vbg.), ↗KÜCHERL A (ohne west), ↗KÜCHEL D-südost ›kleineres flaches und rundes ↗Schmalzgebäck [mit einer runden Vertiefung an der Oberseite und Füllung]‹: *Was bei keinem Christkindlmarkt fehlen darf, gibt's natürlich reichlich: heiße Maroni, Glühwein und Punsch, Zuckerwatte, ofenfrisches Gebäck, heiße Kiachln und Krapfen und natürlich viel weihnachtliches Kunsthandwerk* (Kurier 14. 12. 1997, Shopping in Tirol 3; A-west); *Oft kommen … Gäste vorbei, schnuppern Richtung Küche und fragen unschuldig: »Ah, gibt's wohl frische Kiachl?«* (Mittelbayerische Ztg 6. 3. 2003, Internet; D-südost) – Dazu: **Apfelkiachl**

Kiberei A-ost die; –, -en (salopp, Grenzfall des Standards): ›Polizei‹: *Und den Rest erledigt die Kieberei* (Brödl, Blutrausch 67) – Auch in der Schreibung *Kieberei.* Vgl. Kiberer

Kiberer A-ost der; -s, – (salopp, Grenzfall des Standards): ↗KRIMINESER A, ↗KRIMINALIST A D, ↗KRIMINALER D ›Kriminalbeamte‹: *Ich werde die Kieberer eben gleich in der Früh verständigen* (Kneifl, Vorstellung 32) – Auch in der Schreibung *Kieberer.* Eine weibliche Form ist nicht gebräuchlich – Dazu: ↗**Kiberei**

kicken D sw.V./hat (salopp): ↗BALLESTERN A-ost/südost, ↗TSCHUTTEN CH, ↗BOLZEN D ›Fußball spielen‹:

Ein Fußballtor steht auf dem Pausenhof, ein paar Jungs kicken bis zum Läuten der Schulglocke (Welt 14. 3. 1998, Internet) – In CH selten, in A als fremd empfunden, aber zunehmend gebräuchlich. Die Bedeutung ›einen Ball mit dem Fuß stoßen/schießen‹ ist gemeindt. Vgl. Kicker

Kicker D der; -s, – (Grenzfall des Standards): **1.** ↗TISCHFUẞBALLTISCH A, ↗WUZELTISCH A, ↗WUZLER A, ↗TÖGGELI CH, ↗TÖGGELIKASTEN CH, ↗TISCHFUẞBALL D ›Kasten auf Beinen, an dem an drehbaren Stangen Spielfiguren befestigt sind, mit denen Fußball gespielt werden kann‹: *Für Kinder gibt es einen Spielplatz, Kicker, Tischtennis und andere Angebote* (Baerens, Urlaub auf Biohöfen 145). **2. Kicker Kickerin** der; -s, – bzw. die; –, -nen; ↗BALLESTERER A-ost/südost, ↗TSCHÜTTELER CH ›Fußballspieler(in)‹: *Martina V., Kickerin des Rumelner FC ...* (WAZ 15. 10. 1997, 15; D) – Zu 2.: In A zunehmend gebräuchlich. In CH selten und als fremd empfunden. Vgl. kicken – Zu 1.: ↗**kickern**. Zu 2.: **Jungkicker(in), Nachwuchskicker(in)**

kickern D sw.V./hat: ↗WUZELN A, ↗TISCHFUẞBALL: *TISCHFUẞBALL SPIELEN A D, ↗TÖGGELEN CH ›an einem ↗Tischfußballtisch spielen‹: *Die einen kickern, andere hängen rum, einer spielt am Computer* (Esslinger Ztg 22. 7. 2001, Internet) – Vgl. Kicker

Kieberei siehe Kiberei

Kieberer siehe Kiberer

kiefeln A sw.V./hat (Grenzfall des Standards): **1.** ↗KNABBERN D (ohne südost) ›an etw. nagen; etw. durch Nagen ablösen‹: *Wichtig wäre auch, dass das Design am Papierdeckel gleich bleibt und der Papierstiel sich nach längerem »daran Lutschen und Kiefeln« langsam auflöst* (Firma Eskimo, 2001, Internet). **2.** ›sich mit hartnäckigen Schwierigkeiten eingehend auseinander setzen‹: *Sie kiefeln an dem Problem herum, was sie als Frau und was als sozial akzeptierte Person tun sollen* (SN 8. 11. 1997, 17)

Kiefer (gemeindt.): ↗DÄHLE, ↗FÖHRE

kieken D-nord sw.V./hat: ↗SCHAUEN A CH D-mittelost/südost, ↗GUCKEN D (ohne südost) ›blicken, sehen (in den meisten konkreten und übertragenen Bedeutungen)‹: *Außerdem konnten wir aus unserem Taubenverschlag bis auf das Meer hinaus kieken* (HU Berlin 18. 9. 1999, Internet); *Aus'm Hinterhaus kieken Kinder raus, blass und ungekämmt, mit und ohne Hemd* (Welt 14. 10. 1998, Internet) – Neben *kieken* werden in D-nord die auch in D-mittel gebräuchlichen Verben *gucken* und *kucken* im Grenzfall des Standards verwendet. Im schriftlichen Sprachgebrauch wird meist das Verb *gucken*, in mündlicher Rede meist *kucken* gebraucht. In A, CH und D-südost ist *gucken* bekannt, wird aber seltener verwendet und als fremd empfunden. *Kucken* ist dort nicht gebräuchlich. In A, CH und D-südost steht das Verb *schauen* im Vordergrund, das in D (ohne südost) bekannt ist, aber selten verwendet wird. In A (ohne Vbg.) und D-nord/mittel wird *lugen* nur schriftlich und gehoben, in A-west (Vbg.) und CH nur dialektal gebraucht und dabei diphthongisch ausgesprochen. Dasselbe wie für *kieken* gilt für die Grundbedeutungen seiner Ableitungen, z. B. *bekieken* – Dazu: ↗**ankieken**, ↗**Kieker**

Kieker D-nord der; -s, – (Seefahrt): ›Fernglas‹: *Selbst Cornelius hält sich auf dem Dach auf, sucht mit einem Kieker die Nebel ab und meldet viel versprechende Winde* (Pynchon, Mason und Dixon, 2002, Internet); ***jmdn. auf dem Kieker haben** D (ohne mittelost/südost) ›jmdn. dauernd misstrauisch beobachten; jmdn. ständig kritisieren‹: *Frau K. spürt meine Unangreiflichkeit, darum hat sie mich wohl auch besonders auf dem Kieker* (Holzach, Deutschland umsonst 182); *In der Schule hat dich ein Lehrer auf dem Kieker!* (Bravo 21. 1. 1999, 26) – Vgl. kieken

Kiepe D-nord/mittelwest die; –, -n: ↗KRAXE A D-mittelost/südost, ↗RÄF CH, ↗HUTTE CH-west, ↗KRÄZE CH-ost, ↗KRÄTZE D-südost ›Holzgestell [mit Korb] zum Tragen auf dem Rücken‹: *Der Lehrling und ich schleppten, was wir produziert hatten, in Kiepen in die Stadt und verteilten es in den Häusern* (Strittmatter, Nachtigall 212)

Kies D (ohne südwest) der; -es, ohne Plur. (salopp, Grenzfall des Standards): ↗FLIEDER A (ohne west), ↗GERSTL A D-südost, ↗MARIE A D-nord, ↗KLOTZ CH, ↗STUTZ CH, ↗KOHLE CH D, ↗ASCHE D-nord/mittel, ↗KNETE D (ohne südost), ↗MOOS D (ohne mittelost/südwest) ›Geld‹: *Mein Alter schleppt den Kies ran, ich bin mit der Schule beschäftigt – da kann die Alte wohl den Haushalt machen!* (Junge, Klassenfahrt 75) – Andere Bedeutungen sind gemeindt.

Kiez der; -es, -e ⟨ursprüngl. ›Ortsteil, wo die Fischer wohnen‹, wohl aus dem Slaw.⟩: **1.** D-nord ›Rotlichtviertel, Vergnügungsviertel‹: *Denn Akin erzählt von seinen Stationen auf dem Kiez. Für den gebürtigen Altonaer war dieser Kiez, die Gegend um Reeperbahn und Spielbudenplatz, die Großstadt, aus der man seinen Freunden im »Dorf« Altona berichtete* (Hamburger Morgenpost 29. 2. 2000, Internet). **2.** D-nordost (bes. Berlin); ↗VIERTEL A D, ↗QUARTIER CH ›Stadtteil‹: *Die Ost-Berliner ertragen Leute wie mich mit großer Toleranz – obwohl jetzt so viele Wessis kommen und ihren Kiez in Beschlag nehmen* (Spiegel Special 6/1998, 121)

Kilbi A-west (Vbg.) CH die; –, -s ⟨zu alem. *Kilche* ›Kirche‹⟩: ↗KIRTAG A-mitte/ost, ↗KIRCHTAG A D-südost, ↗DULT A-mitte D-südost, ↗KIRCHWEIH A-west D-süd, ↗CHILBI CH, ↗MESSE CH D-südwest, ↗Kirbe D-südwest, ↗Kirmes D-mittelwest, ↗Kirmse D-nordost, ↗Kirta D-südost, ↗Rummel D-ost/nord ›lokales Fest zum Jubiläum der Weihe der Kirche mit anschließendem Volksfest; Jahrmarkt‹: *Wenn der unverkennbare »Käsdönnöla«-Duft über den Blauen Platz schwebt, dann ist Kilbi* (VN 11. 10. 2002, A 10; A-west); *Zu vermieten: Hau den Lukas für Kilbi und Firmenfeste* (Tierwelt 15. 8. 1997, 142; CH) – Der Plural lautet dialektal auch *Kilbenen, Kilbinen*

Kilo der/das; -s, -(s): ist in A im Grenzfall des Standards auch Maskulinum, gemeindt. Neutrum. Das gilt auch für die Zus. *Kilogramm: Die dafür benötigten Wassermengen sind enorm: Für einen Kilo Kaffee benötigt man 130 bis 150 Liter reines Quellwasser* (Standard 14. 4. 1999, Beilage 6; A)

Kinderabsetzbetrag A der; -(e)s, ...beträge: ↗Kinderabzug CH, ↗Kinderfreibetrag D ›Betrag, der für jedes Kind von der errechneten Steuer abgezogen wird‹: *Der Kinderabsetzbetrag beträgt seit 1. Jänner 2002 EUR 50,90 pro Kind und Monat* (Amtshelfer, 2004; Internet) – Vgl. Absetzbetag

Kinderabzug CH der; -(e)s, ...züge: ↗Kinderabsetzbetrag A, ↗Kinderfreibetrag D ›einem Steuerzahler bzw. einer Steuerzahlerin für jedes eigene Kind gewährter Freibetrag‹: *Besonders grosszügig zeigt sich der Kanton St. Gallen, wo nebst dem normalen Kinderabzug bis zu 15'000 Franken Ausbildungskosten geltend gemacht werden können* (K-tip 11. 2. 1998, 21)

Kinderausweis D der; -es, -e: ›amtlicher Ausweis für Kinder bis zum 16. Lebensjahr‹: *Bei Fahrten ins Ausland ist für Reiseteilnehmer der Bundespersonalausweis, Reisepass oder Kinderausweis als Passersatz unbedingt notwendig* (Bahntours, Schulfahrten 1998, 3)

Kinderbeihilfe A die; –, -n (informell): ↗Familienbeihilfe A, ↗Familienzulage CH, ↗Kinderzulage CH, ↗Kindergeld D, ↗Familiengeld STIR ›staatliche finanzielle Unterstützung für Eltern‹: *Die schlimmste Zeit scheint vorbei, denn die staatliche Kinderbeihilfe wird ihr seit kurzem überwiesen* (News 3. 7. 1997, 58) – Vgl. Beihilfe

Kinderbetreuung (gemeindt.): ↗Kinderhüeti, ↗Kinderhütedienst

Kinderbetreuungsgeld A das; -(e)s, -er (formell): ↗Karenzgeld A, ↗Karenzurlaubsgeld A, ↗Kindergeld A, ↗Erziehungsgeld D STIR ›von der Krankenkasse ausbezahlter, staatlich finanzierter Beitrag für Eltern während des ↗Karenzurlaubs (in Bed. 2.)‹: *Am 1. 1. 2002 ist es so weit: Das neue Kinderbetreuungsgeld von 6000 Schilling ... wird an alle Eltern ausbezahlt und löst das Karenzgeld ab* (Presse 23. 11. 2001, Internet) – Seit 1. 1. 2002 ist das *Karenzgeld* in *Kinderbetreuungsgeld* umbenannt – Dazu: **Kinderbetreuungsgeldgesetz**

Kinderfreibetrag D der; -(e)s, ...beträge: ↗Kinderabsetzbetrag A, ↗Kinderabzug CH ›einem Steuerzahler für jedes seiner Kinder gewährter Freibetrag‹: *Ursprünglich beabsichtigt hatte der Finanzminister, zunächst ab 2000 nur den Kinderfreibetrag und später ... das Kindergeld aufzustocken* (Welt 17. 6. 1999, Internet)

Kindergartenonkel A der; -s, – (informell, selten): ›Kindergärtner‹: *Kaum haben wir es uns abgewöhnt, den Mädchen nur Puppen zu schenken und einen Kindergartenonkel als etwas Lächerliches zu empfinden, ... da droht den Frauen und mit ihnen der ganzen Gesellschaft eine neue Gefahr* (Presse 12. 2. 1998, 2) – Vgl. Kindergartentante

Kindergartenschule A die; –, -n (informell): ↗Bildungsanstalt: Bildungsanstalt für Kindergartenpädagogik A, ↗Kindergärtnerinnenseminar CH ›höhere Schule zur Ausbildung von Kindergärtnerinnen und Kindergärtnern bzw. Gebäude, in dem diese Schule untergebracht ist‹: *An der Kindergartenschule gab es drei Auszeichnungen, fünf gute Erfolge und zwei negative Ergebnisse* (OÖN 11. 7. 1991, 5) – Seltener auch in der Form *Kindergärtnerinnenschule* gebräuchlich

Kindergartentante A die; –, -n (informell): ›Kindergärtnerin‹: *Wir begrüßen ihn, und Raffael fragt die Kindergartentante, warum Franz heute im Rollstuhl sitzt, statt mit den anderen Kindern zu spielen* (Thüminger, Entscheidung 52) – In D selten. Vgl. Kindergartenonkel

Kindergärtner (gemeindt.): ↗Kindergartenonkel

Kindergärtnerin (gemeindt.): ↗Kindergartentante

Kindergärtnerinnenschule siehe Kindergartenschule

Kindergärtnerinnenseminar CH das; -(e)s, -e/...ien: ↗Bildungsanstalt: *Bildungsanstalt für Kindergartenpädagogik A, ↗Kindergartenschule A ›höhere Schule zur Ausbildung von Kindergärtnerinnen und Kindergärtnern bzw. Gebäude, in dem diese Schule untergebracht ist‹: *Eintritte ins Kindergärtnerinnenseminar sind auch nächstes Jahr noch möglich* (Bund 9. 12. 1997, 23) – Die Kindergärtner(innen)ausbildung wird in CH zunehmend in die pädagogischen Fachhochschulen integriert

Kindergeld: **1.** A das; -(e)s, -er (informell): ↗Karenzgeld A, ↗Karenzurlaubsgeld A, ↗Kinderbetreuungsgeld A, ↗Erziehungsgeld D STIR ›von der Krankenkasse ausbezahlter, staatlich finanzierter Beitrag für Eltern während des ↗Karenzurlaubs (in Bed. 2.)‹: *Somit kommen auch jene in den Genuss des Kindergeldes, die keinen Anspruch auf das bisherige*

Karenzgeld hatten: Studentinnen, Bäuerinnen, Selbständige, geringfügig Beschäftigte und die atypisch Beschäftigten (Presse 28. 12. 2001, Internet). **2.** D das; -(e)s, ohne Plur.; ↗FAMILIENBEIHILFE A, ↗KINDERBEIHILFE A, ↗FAMILIENZULAGE CH, ↗KINDERZULAGE CH, ↗FAMILIENGELD STIR ›pro Kind berechneter staatlicher finanzieller ↗Zuschuss für Eltern‹: *Das Kindergeld beträgt monatlich für das erste und zweite Kind jeweils 270 DM* (Arbeitsamt 7. 8. 2000, Internet) – Zu 1.: Das *Kindergeld* ersetzt seit 1. 1. 2002 das *Karenzgeld* – Zu 1.: **Kindergeldanspruch, Kindergeldbezieher(in)** (↗Bezieher), **Kindergeldregelung**

Kinderhort CH der; -(e)s, -e: ↗KRABBELSTUBE A ›Kinderbetreuungsstätte für Kleinkinder; Kinderkrippe‹: *Mary Poppins heisst der Kinderhort des Familienservice an der Winterthurer Messe. Mary Poppins bietet professionelle Betreuung für Kinder ab 2 Jahren* (Winterthurer Messe, 2001, Internet) – Die Bedeutung ›Einrichtung zur ganztägigen Betreuung und Förderung von Kindern in der Schule‹ ist gemeindt.

Kinderhüeti CH die; –, ohne Plur. [...hyətɪ] (Grenzfall des Standards): ↗KINDERHÜTEDIENST CH ›(privat oder öffentlich organisierte) zeitweilige, nicht institutionalisierte Fremdbetreuung von Kindern; Kinderbetreuung‹: *Hier können sich Kinder austoben, deren Bewegungsdrang in den eigenen vier Wänden eingeschränkt ist. Ausserdem gibt es Kinderhüeti, Kaffeebetrieb, Mittagstisch (*TA *13. 2. 1999, 16)* – Auch in der Schreibung *Chinderhüeti*

Kinderhütedienst CH der; -(e)s, -e: ↗KINDERHÜETI CH ›(privat oder öffentlich organisierte) zeitweilige, nicht institutionalisierte Fremdbetreuung von Kindern; Kinderbetreuung‹: *Während des Kurses wird ein kostenloser Kinderhütedienst angeboten* (Bund 19. 10. 1999, 23); *Organisieren Sie sich mit andern Familien in Bezug auf Kinderhütedienst* (Blick 18. 6. 1996, 29)

Kinderkrippe (gemeindt.): ↗KINDERHORT, ↗KRABBELSTUBE

Kinderroller D der; -s, –: ↗TRITTROLLER A, ↗ROLLER A D, ↗TROTTI CH, ↗TROTTINET CH, ↗TRETROLLER D (ohne südwest) ›zweirädriges Fahrzeug mit Trittfläche und Lenkstange für eine Person‹: *Der Kinderroller erleichtert den Umstieg aufs Fahrrad* (Universität Frankfurt, 2004, Internet)

Kindertagesheim A das; -(e)s, -e: ↗KINDERTAGESSTÄTTE D ›[ganztägige] Betreuungsstätte für Klein- und Vorschulkinder‹: *Neben einer Ladenzeile mit Geschäften für den täglichen Bedarf gibt es ein Kindertagesheim, Kinderspielplätze, eine Volksschule und eine Arztpraxis* (Besser Wohnen 1/1998, 66)

Kindertagesstätte D die; –, -n: ↗KINDERTAGESHEIM A ›[ganztägige] Betreuungsstätte für Klein- und Vorschulkinder‹: *Unsere Kindertagesstätte ist eine Ganztagseinrichtung, in der insgesamt 60 Kinder betreut werden* (Universität des Saarlandes 18. 2. 2002, Internet) – Abk. Kita

Kinderzulage die; –, -n: **1.** CH; ↗FAMILIENBEIHILFE A, ↗KINDERBEIHILFE A, ↗FAMILIENZULAGE CH, ↗KINDERGELD D, ↗FAMILIENGELD STIR ›pro Kind berechneter finanzieller staatlicher ↗Beitrag für Eltern‹: *Wer erhält Kinderzulagen? Jener Elternteil, dem die Obhut über die Kinder anvertraut ist* (Zürcher Bürgerbuch 20). **2.** D ›staatliche finanzielle Unterstützung von Familien im Rahmen der ↗Wohnungsbauförderung‹: *Bis zum 27. Lebensjahr des Nachwuchses haben Eltern Anspruch auf die Kinderzulage* (Mainpost 17. 10. 2001, Internet) – Zu 1 vgl. Geburtszulage

Kiosk (gemeindt.): ↗BUDE, ↗TRINKHALLE

Kipf D-südost der; -(e)s, -e: ↗SCHERZ A D-südost, ↗SCHERZEL A (ohne Vbg.) D-südost, ↗KANTEN D-nord/mittel, ↗KAPPE D-nordwest, ↗KNÄPPCHEN D-mittelwest, ↗KNÄUSLE D-südwest, ↗KNUST D-nord, ↗KRÜSTCHEN D-mittelwest, ↗RANFT D-ost, ↗RIEBELE D-südwest ›Anschnitt oder Endstück eines Brotlaibes‹: *Mehr als diesen einen Kipf Brot gab es nicht* (Bürger- und Geschichtsverein Mögeldorf, 2001, Internet)

Kipfel siehe Kipferl

Kipferl das; -s, -n: **1.** A; ↗GIPFELI CH, ↗HÖRNCHEN D, ↗HÖRNDL D-südost ›Gebäckstück in gebogener Form aus Blätterteig bzw. einem Teig aus ↗Germ‹: *So wird die dienstägige Ministerratsvorbesprechung freundschaftlich bei einem Arbeitsfrühstück mit Schinken, Kipferln und Käse abgewickelt* (Profil 19. 1. 1998, 19). **2.** D-südost; ↗BEUGEL A (ohne west), ↗BEUGERL D-südost ›Gebäckstück aus ↗Mürbteig in gebogener Form‹: *Den Teig anschließend portionsweise herausnehmen, Kipferl formen und auf ein Backblech legen und im vorgeheizten Backofen ... backen* (Bayerischer Rundfunk 12. 3. 2003, Internet) – Zu 1.: Auch in der Form *Kipfel* – Zu 1.: **Briochekipferl** (↗Brioche) A-ost, **Butterkipferl, Frühstückskipferl, Mohnkipferl, Nusskipferl, Schinkenkipferl,** ↗**Vanillekipferl**

Kippe die; –, -n: **1.** D (ohne mittelost) kurz für ↗*Müllkippe:* ↗MÜLLDEPONIE A D, ↗MÜLLPLATZ A D, ↗KEHRICHTDEPONIE CH ›Gelände, auf dem Abfall mit behördlicher Genehmigung und unter Aufsicht endgelagert wird; Abfalldeponie‹: *Seit hier Müll getrennt ... gesammelt wird, wirft Wolf nur zu gern den Plastikmüll in den Bio-Behälter. Draußen auf der Kippe, weiß er, wird sowieso alles zusammengeschüttet* (Wolf, Samstags 63). **2.** D (Grenzfall des Standards); ↗TSCHICK A ›Zigarettenstummel‹: *Der neue Partner rauchte Zigaretten ohne Filter; die Kippen lagen zusammengedrückt in der gleichmäßig feinen Asche*

(Born, Erdabgewandte Seite 28). **3. *auf Kippe stehen/ auf Kippe gestellt sein** D-nord/mittelwest ›gekippt sein (von Fenstern)‹: *Im ersten Stock des Hauses gegenüber war eines der Fenster auf Kippe gestellt* (Junge, Klassenfahrt 15) – Die Wendung *auf der Kippe stehen* in der Bedeutung ›sich in einer kritischen Lage befinden‹ ist gemeindt.

kippelig D (ohne mittelost/südost) Adj. (Grenzfall des Standards): ›wackelig‹: *Die Kurvenlage: kippelig, die Fracht: Kohlköpfe, Kartoffeln und Kohlen* (Welt 25. 8. 2000, Internet) – Auch in der Form *kipplig*. Vgl. kippeln

kippeln D (ohne südost) sw.V./hat (Grenzfall des Standards): ↗SESSELREITEN A-mitte/ost, ↗STUHLREITEN A-west/südost ›mit dem Stuhl auf zwei Stuhlbeinen schaukeln‹: *Neben dem niedrigen Einlass ... saß dösend der Turmwärter und kippelte auf seinem angelehnten Stuhl* (Strauß, Junge Mann 77) – Vgl. kippelig

kippen: *aus den Latschen kippen CH D; ***aus den Pantinen kippen** D; ***aus dem Anzug kippen** D-nordwest/mittelwest (Grenzfall des Standards) ›sehr verwundert sein; ohnmächtig werden‹: *»Eines Tages«, prophezeit sein langjähriger Kumpel Hansueli B., »wird er einfach aus den Latschen kippen»* (Gemeinde Gerlafingen, 2001, Internet; CH); *Auch harte Kerle kippen mal aus den Latschen* (Rheinische Post 13. 7. 2001, Internet; D); *Wenn jemand nach Kriegserlebnissen aus den Pantinen kippt, ist das auch ohne Virus und Giftgas ganz normal* (Berliner Ztg 3. 5. 1994, Internet; D); *Die Hausdurchsuchung bei H. ist dem als Augenzeugen anwesenden Oberbürgermeister Johannes K. noch lebhaft in Erinnerung: Sein Dezernent sei vor Empörung »fast aus dem Anzug gekippt«* (Öko-Test-Magazin 3/1993, Internet; D-nordwest/mittelwest) – Das Verb *kippen* ist in allen anderen Verwendungen gemeindt.

kipplig siehe kippelig

Kirbe D-südwest die; –, -n: ↗KILBI A-west (Vbg.) CH, ↗KIRTAG A-mitte/ost, ↗KIRCHTAG A D-südost, ↗DULT A-mitte D-südost, ↗KIRCHWEIH A-west D-süd, ↗CHILBI CH, ↗MESSE CH D-südwest, ↗KIRMES D-mittelwest, ↗KIRMSE D-nordost, ↗KIRTA D-südost, ↗RUMMEL D-ost/nord ›Jahrmarkt‹: *Auch die Kirchweih oder »Kirbe«, wie man hier sagt, ist altbekannt. Einst feierte man damit den Jahrestag der Kirchenweihe; später machte man einfach ein Volksfest daraus* (Reiserat – Globetrotter Magazin 21. 1. 2003, Internet)

Kirchenbeitrag A der; -(e)s, ...träge (formell, kath. Kirche): ↗KIRCHENSTEUER CH D ›finanzieller Betrag, den die Kirche von ihren Mitgliedern einzieht‹: *Immerhin 4,3 Milliarden Schilling flossen im Vorjahr allein aus dem Kirchenbeitrag in die Kassen der Bischöfe* (Profil 4. 2. 1996, Internet) – Dazu: **Kirchenbeitragsstelle**

Kirchenfabrik BELG die; –, -en: ›Gruppe von Laien, die Gelder und Güter einer Kirche verwalten‹: *Die Ratsmitglieder begutachteten ferner die Haushaltspläne 1995 der Kirchenfabriken* (Grenz-Echo 9. 12. 1994, 9)

Kirchengemeinde D die; –, -n: ↗PFARRGEMEINDE A D, ↗KIRCHGEMEINDE CH ›unterste kirchliche Verwaltungseinheit und ihre Mitglieder‹: *Durch Ihre Initiative – nicht zuletzt durch Ihre Arbeit in der Kirchengemeinde und im Tennisclub – haben Sie sich viele Freunde erworben* (Briese-Neumann, Geschäftskorrespondenz 148) – Dazu: **Kirchengemeindeversammlung** (↗Gemeindeversammlung)

Kirchenpflege CH die; –, -n: ↗KIRCHENRAT CH D ›Vorstand und Exekutivorgan, z. T. auch Legislativorgan (einer katholischen oder reformierten Kirche in einigen ↗Kantonen)‹: *Für dekorative Kunst am Bau mochte sich die Präsidentin der Kirchenpflege Oberwinterthur nicht erwärmen, als »ihr« Kirchengemeindehaus vor bald zwei Jahren renoviert wurde* (TA 27. 5. 1998, 23) – Vgl. Kirchgemeinde – Dazu: **Kirchenpflegepräsident(in)**, ↗**Kirchenpfleger(in)**, **Kirchenpflegesitzung**

Kirchenpfleger Kirchenpflegerin der; -s, – bzw. die; –, -nen: **1.** CH; ↗KIRCHENRAT CH D ›Mitglied der ↗Kirchenpflege‹: *Im Rahmen der Hilfsaktion »Gemeinden gemeinsam« haben Zürcher Oberländer Kirchenpflegerinnen die Bedürfnisse vor Ort abgeklärt und jetzt die erste Ladung [Lebensmittel und Medikamente] losgeschickt* (Blick 18. 10. 1993, 2). **2.** D-südwest ›Verwaltungsangestellte(r) in der evangelischen Kirche‹: *Als Kirchenpfleger habe er mit dazu beigetragen, dass ein zweigruppiger Kindergarten gebaut ... wurde* (Schweinfurter Tagbl 29. 11. 2001, Internet)

Kirchenrat CH D der; -(e)s, ...räte: **1.** ↗KIRCHENPFLEGE CH ›Vorstand und Exekutivorgan, z. T. auch Legislativorgan (einer katholischen oder reformierten Kirche)‹: *Knallharter Kirchenrat: Es bleibt dabei, keine Konfirmation für die Haschguetzli-Klasse von Küssnacht* (Blick 3. 2. 1996, 7; CH); *Die Helfer sind jetzt von Bodo K., dem Vorsitzenden des Kirchenrates, zu einem Dankeschön-Nachmittag eingeladen worden* (Nordkurier 4. 2. 2002, Internet; D). **2. Kirchenrat Kirchenrätin** der; -(e)s, ...räte bzw. die; –, -nen: ↗KIRCHENPFLEGER CH ›Mitglied des Kirchenrates (Bed. 1)‹: *Wasser predigen und Wein trinken, das gehe einfach nicht, meinte einer der Kirchenräte* (NZZ 10. 6. 2000, 115; CH); *In Zukunft sei fraglich, ob alle vorhandenen Pfarrstellen auf Dauer finanziert werden könnten, sagte Kirchenrat Arno Sch.* (NRZ 5. 2. 2002, Internet; D) – Zu 1.: **Kirchenratspräsident(in)**,

Kirchenratssitzung, Kirchenratsschreiber(in) (↗Schreiber) CH

Kịrchensteuer CH D die; –, -n: ↗KIRCHENBEITRAG A ›Steuer, die von Mitgliedern an die Kirche zu zahlen ist‹: *Erst kürzlich hat mir ein Kirchgemeinderat einer kleineren Landgemeinde erklärt, dass sie nur darum recht tiefe Kirchensteuern erheben können, weil sie alles ehrenamtlich und zum Teil im Gemeinwerk erledigen* (Bund 1. 2. 1999, 21; CH); *Auch Vortragsabende wurden wieder veranstaltet, und zwar zum Thema ... Kirchensteuer* (Hildesheimer Allgemeine Ztg 21. 3. 2002, Internet; D) – In A selten und informell

Kịrchgemeinde CH die; –, -n: ↗PFARRGEMEINDE A D, ↗KIRCHENGEMEINDE D ›unterste kirchliche Verwaltungseinheit und ihre Mitglieder‹: *W. betreut die Koordination des kirchlichen Unterrichts in der Kirchgemeinde Münsingen* (Berner Ztg 20. 1. 1997, 25) – Vgl. Kirchenpflege – Dazu: ↗**Kirchgemeindehaus, Kirchgemeindepräsident(in), Kirchgemeinderat, Kirchgemeindeversammlung**

Kịrchgemeindehaus CH das; -es, ...häuser: ›Gebäude im Besitz einer ↗Kirchgemeinde, das für Unterrichts- und Veranstaltungszwecke genutzt wird‹: *Die evangelische Kirche bot nicht allen Trauergästen Platz. Viele verfolgten den Abdankungsgottesdienst auf einer Grossleinwand im nahen Kirchgemeindehaus* (Blick 18. 2. 1998, 5)

Kịrchtag A D-südost der; -(e)s, -e: ↗KILBI A-west (Vbg.) CH, ↗KIRTAG A-mitte/ost, ↗DULT A-mitte D-südost, ↗KIRCHWEIH A-west D-süd, ↗CHILBI CH, ↗MESSE CH D-südwest, ↗KIRBE D-südwest, ↗KIRMES D-mittelwest, ↗KIRMSE D-nordost, ↗KIRTA D-südost, ↗RUMMEL D-ost/nord ›lokales Fest zum Jubiläum der Weihe der Kirche mit anschließendem Volksfest; Jahrmarkt‹: *Wenn sich früher zwei Herzen näher kommen durften, dann im Rahmen gesellschaftlich überblickbarer Anlässe – also beim Kirchtag, sprich am Tanzboden, beim Blochziehen, beim Erntedank oder beim Maibaumaufstellen* (Neue Zeit 19. 4. 1998, 11; A)

Kịrchweih A-west D-süd die; –, -en: ↗KILBI A-west (Vbg.) CH, ↗KIRTAG A-mitte/ost, ↗KIRCHTAG A D-südost, ↗DULT A-mitte D-südost, ↗CHILBI CH, ↗MESSE CH D-südwest, ↗KIRBE D-südwest, ↗KIRMES D-mittelwest, ↗KIRMSE D-nordost, ↗KIRTA D-südost, ↗RUMMEL D-ost/nord ›lokales Fest zum Jubiläum der Weihe der Kirche mit anschließendem Volksfest; Jahrmarkt‹: *Wenn in Pfaffenhofen Kirchweih ist, soll der Priester hier früher die Messe lesen, damit die Rangger nach Pfaffenhofen gehen und dort dem Gottesdienst beiwohnen können* (SeelsorgeRanggen, 1998, 10; A-west); *Dörfliche Feste wie die Kirchweih waren Feste für alle* (Woll, Feste 9; D-süd) – Dazu: **Kirchweihfest**

Kịrmes D-mittelwest die; –, ...messen: ↗KILBI A-west (Vbg.) CH, ↗KIRTAG A-mitte/ost, ↗KIRCHTAG A D-südost, ↗DULT A-mitte D-südost, ↗KIRCHWEIH A-west D-süd, ↗CHILBI CH, ↗MESSE CH D-südwest, ↗KIRBE D-südwest, ↗KIRMSE D-nordost, ↗KIRTA D-südost, ↗RUMMEL D-ost/nord ›Jahrmarkt‹: *Jedes Jahr verwandelte die Oberhausener Fronleichnamkirmes, angeblich die größte des Ruhrgebiets, den ganzen Stadtteil Sterkrade in ein flackerndes, lärmendes Labyrinth* (Rothmann, Wäldernacht 20) – Dazu: **Frühjahrskirmes, Kirmesbummel** (↗Bummel), **Kirmesplatz, Osterkirmes**

Kịrmse D-nordost die; –, -n: ↗KILBI A-west (Vbg.) CH, ↗KIRTAG A-mitte/ost, ↗KIRCHTAG A D-südost, ↗DULT A-mitte D-südost, ↗KIRCHWEIH A-west D-süd, ↗CHILBI CH, ↗MESSE CH D-südwest, ↗KIRBE D-südwest, ↗KIRMES D-mittelwest, ↗KIRTA D-südost, ↗RUMMEL D-ost/nord ›Jahrmarkt‹: *Besuch einer Abordnung der Partnergemeinde Hausen ... Die Gäste nehmen an der Kirmse in Marlishausen teil* (Gemeinde Marlishausen 25. 11. 2002, Internet)

Kịrschparadeiser A (ohne west) der; -s, –: ↗COCKTAILTOMATE A D, ↗KIRSCHTOMATE A D (ohne mittelost/südost) ›Tomatensorte mit kleinen, runden Früchten; Cherrytomate‹: *Besonders die kleinen Kirschparadeiser zeigen eine Fruchtbarkeit, die fast nicht zu bändigen ist* (OÖN 29. 3. 1994, 18) – *Kirschtomate* ist auch in A das am meisten gebrauchte Wort. Vgl. Paradeiser

Kịrschtomate A D (ohne mittelost/südost) die; –, -n: ↗KIRSCHPARADEISER A (ohne west), ↗COCKTAILTOMATE A D ›Tomatensorte mit kleinen, runden Früchten; Cherrytomate‹: *Kinder haben kleine Dinge sehr gern: Babykarotten, Kirschtomaten, Minikartoffeln, Sternchennudeln* (Wellness 10/1997, 35; A); *Kirschtomaten dazu geben und mit etwas Salz, Pfeffer und Zucker würzen* (Garten 8/1997, 66; D)

Kịrta D-südost der; -s, -s: ↗KILBI A-west (Vbg.) CH, ↗KIRTAG A-mitte/ost, ↗KIRCHTAG A D-südost, ↗DULT A-mitte D-südost, ↗KIRCHWEIH A-west D-süd, ↗CHILBI CH, ↗MESSE CH D-südwest, ↗KIRBE D-südwest, ↗KIRMES D-mittelwest, ↗KIRMSE D-nordost, ↗RUMMEL D-ost/nord ›Jahrmarkt‹: *Der Kirta wurde als »Jubiläumskirchweih« ausgewiesen und die am Auszug beteiligten 70 Vereine gaben ein hervorragendes Bild ab* (Stadt Dingolfing, 2001, Internet) – Dazu: **Allerweltskirta, Kirtagans, Kirtatanz**

Kịrtag A-mitte/ost der; -(e)s, -e: ↗KILBI A-west (Vbg.) CH, ↗KIRCHTAG A D-südost, ↗DULT A-mitte D-südost, ↗KIRCHWEIH A-west D-süd, ↗CHILBI CH, ↗MESSE CH D-südwest, ↗KIRBE D-südwest, ↗KIRMES D-mittelwest, ↗KIRMSE D-nordost, ↗KIRTA D-südost, ↗RUMMEL D-ost/nord ›lokales Fest zum

Jubiläum der Weihe der Kirche mit anschließendem Volksfest; Jahrmarkt‹: *Ein Heimatmuseum, Vorträge, Konzerte, Kirtage und Bauernmärkte sorgen stets für Abwechslung* (News 3. 7. 1997, 97)

Kissen CH D das; -s, –: ↗Polster A ›mit weichem Material (bes. Federn) gefüllte Stoffhülle [als Kopfunterlage in Betten]‹: *Haben sich etwa die Federn Ihres Kopfkissens schon einmal zu kleinen Kreisen gekrümmt und einen Knoten gebildet? So dass Sie Kopfschmerzen bekamen, wenn Sie auf dem Kissen schliefen?* (Bund 2. 12. 1999, 4; CH); *Am besten legen Sie sich auf dem Rücken ins Bett mit einem Kissen und dem Eisbeutel … unter Ihrem Kopf* (NetDoktor 14. 8. 2000, Internet; D) – In A bekannt, aber als fremd empfunden. Vgl. Pfulmen – Dazu: **Kissenanzug** (↗Anzug) CH, **Kissenbezug, Kissenschlacht, Kopfkissen**

Kiste die; –, -n: **1.** A D (ohne nordost); ↗Harass CH, ↗Kasten D ›Behältnis aus Kunststoff mit Unterteilungen für Transport und Aufbewahrung von Getränkeflaschen‹: *Eine Kiste Bier stahlen zwei 17 und 18 Jahre alte Burschen aus Ebensee aus einem Geräteschuppen* (Neue Kronen Ztg 15. 5. 1999, Internet; A); *Ein Mann schleppt für uns drei Kisten Bier und sechs große Beutel in den fünften Stock* (BZ 29. 5. 1998, Internet; D). **2.** D; ↗Steige A D (ohne ost), ↗Harass CH, ↗Stiege D-nord/mittelost ›offenes Behältnis [aus Holzlatten] (vor allem für ↗Obst und Gemüse)‹: *So nimmt B. K. zum Beispiel immer eine große Kiste Obst, vor allem Äpfel, mit zu seinen Weltcup-Rennen* (Freie Presse, 2000, Internet). **3.** D (ohne nordost/südwest) (Grenzfall des Standards); ↗Nest CH D (ohne mittelost), ↗Molle D-mittelost ›Bett‹: *Das erste Mal in die Kiste mit einem neuen Partner?* (Allegra 11/1997, 258). **4.** CH D (ohne ost/südwest) (Grenzfall des Standards); ↗Häfen A, ↗Knast D ›Gefängnis‹: *Es ist doch widersinnig … wenn sie mich wegen Heroin in die Kiste stecken und es mir dort dreimal täglich abgeben* (Brückenbauer 10. 11. 1998, Internet). **5.** CH D (ohne südost) (salopp); ↗Kraxe A, ↗Kübel A, ↗Rostlaube A D (ohne südost), ↗Schnauferl A D-südost, ↗Spuckerl A (ohne Vbg.) D-südost, ↗Rosthaufen CH, ↗Karre D-nord/mittel, ↗Nuckelpinne D (ohne südost), ↗Schrottkarre D-nord/mittel ›[altes, desolates] Auto‹: *Vor allem junge Leute schätzten das Auto: es war klein, praktisch und billig. Und noch heute sieht man in Italien viele dieser alten Kisten, voll gepfercht mit Kind und Kegel!* (Blick 24. 1. 1998, 6; CH); *Von den riesigen Ablagefächern und der sagenhaften Kopffreiheit können die meisten Autofahrer in ihren windschnittigen Kisten sowieso nur träumen* (Neue Presse 18. 10. 2000, Internet; D) – Zu 1.: Offiziell (in Anzeigen und auf Preisschildern) in A *Kiste* und in D *Kasten,* im mündlichen Gebrauch in D regional unterschiedlich. In CH selten. Andere Bedeutungen sind gemeindt. – Zu 1.: ↗**Bierkiste** A D-nordost, **Mineralwasserkiste**

Kistenrodel A die; –, -n: ↗Sackrodel A, ↗Sackkarren CH D-süd, ↗Sackkarre D-nord/mittelwest ›zweirädriges Transportgerät mit zwei Griffen und einer kleinen Ladefläche, auf die Kisten, Säcke etc. geladen und in gekippter Lage leicht bewegt werden können‹: *Kistenrodel, Alu, grün mit roten Griffen, nur 499.-* (Warenprospekt Firma Interspar, 2000, 1) – Vgl. Rodel

Kita siehe Kindertagesstätte

Kittel der; -s, –: **1.** CH D-südwest; ↗Rock A CH, ↗Veston CH, ↗Jackett D ›Jacke des Herrenanzuges; Sakko‹: *Der Portier erkannte mich trotz Kittel und Kravatte* (Zürcher, Högo Sopatis 191; CH); ***jmdm. brennt der Kittel** D-südwest: ↗Huscher: *einen Huscher haben A, ↗Klopfer: *einen Klopfer haben A, ↗Pecker: *einen Pecker haben A, ↗Klamsch: *einen Klamsch haben A-ost/südost, ↗Schuss: *einen Schuss haben A D, ↗Hau: *einen Hau haben A-west D-mittelwest, ↗Ecken: *einen Ecken abhaben CH, ↗hundert: *nicht ganz hundert sein CH, ↗Macke: *eine Macke haben CH D (ohne südost), ↗Meise: *eine Meise haben CH D-nord/mittel, ↗Rad: *ein Rad abhaben D, ↗Stich: *einen Stich haben D, ↗Haschmich: *einen Haschmich haben D-nord/mittel, ↗Schlag: *einen Schlag haben D-ost/südost ›nicht ganz bei Verstand sein; verrückt sein‹: *Schäfer brennt der Kittel, und beim VfB Stuttgart ist Feuer unterm Dach. »Ein Trümmerhaufen« sei der Klub* (Berliner Ztg 21. 11. 1998, Internet). **2.** A D-südost (veraltend); ↗Rock A D, ↗Jupe CH ›von der Taille abwärts reichendes Kleidungsstück in unterschiedlicher Länge für Frauen und Mädchen‹: *Sie beschloss, die Hosen wieder gegen den Kittel zu tauschen und den Mund zu halten und tat es damit ihren Nachbarinnen gleich* (OÖN 26. 2. 2001, 22; A); ***hinter jedem Kittel herrennen/her sein** ›ein Frauenheld sein‹: *Flaumann ist von Beruf ein Versicherungsvertreter, der hinter jedem Kittel her ist* (Neue Kronen Ztg 28. 3. 1999, Internet) – Die Bedeutung ›leichtes, mantelartiges Kleidungsstück, das bei der Arbeit getragen wird‹ ist gemeindt. – Zu 2.: ↗**Kittelfalte** A, ↗**Kittelschürze** D-nord/mittel

Kittelfalte: *jmdm. an der Kittelfalte hängen A ›sehr unselbstständig sein; jmdm. am Rockzipfel hängen‹: *Europa kann nicht länger wie ein unmündiges Kind an der Kittelfalte des mächtigen Uncel Sam hängen* (Kurier 9. 12. 1996, 3) – Vgl. Kittel

Kittelschurz D-nord/mittel der; -es, -e: siehe Kittelschürze

Kittelschürze D-nord/mittel die; –, -n: ↗Schurz A-west D-süd ›geschlossene Schürze, die bei Hausarbeiten zum Schutz der Kleidung getragen wird‹: *Schlechter Stil gehörte zum guten Ton … besonders wenn er von Frauen in Kittelschürzen … gepflegt wurde* (Rothmann, Wäldernacht 42) – Auch in der Form *Kittelschurz* (der; -es, -e). In den übrigen Gebieten selten. Vgl. Kittel

Kitz A D das; -es, -e: ↗GITZI CH ›junge Ziege; Zicklein‹: *Kitz mit Salz und Pfeffer würzen und gemeinsam mit dem Knoblauch zum Zwiebel geben und ebenfalls anbraten* (ORF Studio Sbg. 29. 5. 2002, Internet; A); *Die Kinder der Ziege nennt man Zicklein oder Kitz* (Universität Oldenburg, 2003, Internet; D) – Die Bedeutung ›junges Reh, junge Gämse etc.‹ ist gemeindt. – Dazu: **Kitzbraten, Kitzschlegel** (↗Schlegel)

Klacks der; -es, -e (Grenzfall des Standards): **1.** CH D (ohne südwest); ↗KLECKS D ›kleine Menge (einer weichen Masse)‹: *Eine Prise Salz und Pfeffer, ein wenig Fingerfertigkeit, etwas Saisongemüse, zwei Löffel eingedickter Randensaft und ein Klacks Rahm* (NZZ Format, 2001, Internet; CH); *Er löffelt ihr einen Klacks Senf auf den Bissen, den sie tapfer probiert, obwohl er ihr die Tränen in die Augen treibt* (Welt 20. 9. 2000, Internet; D). **2.** CH D ›Kleinigkeit‹: *Für unsere Bundeskasse sind 500 Millionen Franken kein Klacks* (Facts 3. 6. 1999, 13; CH); *Pro Jahr wird mit Werbung im Umfeld von Kinderprogrammen schätzungsweise 250 Millionen Mark umgesetzt – ein Klacks im Vergleich zum gesamten Werbeumsatz im Fernsehen* (Welt 29. 9. 2000, Internet; D) – Die Pluralform ist in CH ungebräuchlich

Kladde die; –, -n: **1.** D-nord/mittelwest ›Schreib- oder Schmierheft mit dickem Einband‹: *Jedes Konzert wird feinsäuberlich in einer Kladde verzeichnet, Tausende Auftritte bisher* (Welt 10. 2. 1998, Internet). **2.** D-nord; ↗SUDEL CH ›Entwurf (auf Papier)‹: *Sind alle Verständnisfragen geklärt, hilft eine gut durchdachte Kladde, in der du deine Antworten … logisch gliederst und in Stichworten notierst* (Young Miss 9. 10. 2002, Internet)

Klage- (gemeindt.): ↗KLAGS-

klagen A sw.V./hat: ›jmdn. verklagen‹: *Auch Opfer wollen das Bombenhirn klagen* (News 23. 12. 1997, 41) – In A mit Akkusativobjekt, in CH und D nur mit Präposition und Akkusativ, z. B. *gegen jmdn., auf etw. klagen*

Klägerschaft CH die; –, ohne Plur.: ›Partei der Kläger(innen)‹: *Aus purem Gerechtigkeitssinn nimmt sich Regierungsrat H. der Sache an und erteilt dem Beschissenen Satisfaktion, was aber einer anonymen Klägerschaft missfällt* (TA 23. 11. 1996, 29)

klaglos A Adj.: ›reibungslos‹: *Die elektrischen Felder, die für den Empfang eines störungsfreien Fernsehbildes notwendig sind, sind 10.000- bis einmillionmal stärker als jene, die ein Mobiltelefon zur klaglosen Funktion braucht* (Apotheke 1/1998, 10) – Die Bedeutung ›ohne Klage‹ ist gemeindt.

Klags- A (produktives Bestimmungswort in Zus., Recht): ›eine gerichtliche Anklage betreffend; Klage-‹, z. B. Klagsdrohung, Klagseinbringung, Klagsführung, Klagslegitimation, Klagsverpflichtung: *Allerdings erschweren Klagsdrohungen mancher Mitbewerber nach dem Gesetz für unlauteren Wettbewerb diese positive Kampagne* (Kurier 29. 1. 1998, 13); *Der OGH hat nun diese vom Gesetzgeber offen gelassene Lücke geschlossen und die Voraussetzungen für eine Klagsführung durch den Lizenznehmer klargestellt* (Standard 7. 11. 2000, Internet)

Klamm A D-süd die; –, -en: ↗TOBEL A-west CH ›enge, tiefe Schlucht [mit Bach]‹: *Beim Aufstieg quert der Weg auf einer Holzbrücke den Tauern- und Dichtenbach, die sich hier vereinen und in eine tiefe Klamm stürzen* (Nationalpark Hohe Tauern 182; A) – In CH selten

Klammeraffe D-nord/mittel der; -n, -n (scherzh.): ↗KLAMMERMASCHINE A, ↗BOSTITCH CH, ↗TACKER D ›Gerät zur Anbringung u-förmiger Metallklammern; Hefter‹: *In keinem ordentlichen Büro fehlt er heute, der so genannte »Klammeraffe«, der bereits 120 Jahre alt ist* (Berliner Monatsschrift 7/1999, Internet) – Die anderen Bedeutungen, z. B. ›@-Zeichen‹, sind gemeindt.

Klammerlmaschine siehe Klammermaschine

Klammermaschine A die; –, -n: ↗BOSTITCH CH, ↗TACKER D, ↗KLAMMERAFFE D-nord/mittel ›Gerät zur Anbringung u-förmiger Metallklammern; Hefter‹: *Mit Klebeband, Tixo, Uhu und Klammermaschine stellen die SchülerInnen aus Papier und Draht verschiedenste Figuren her* (Gymnasium Hartberg, 1999, Internet) – Häufig im Grenzfall des Standards auch in der Form *Klammerlmaschine*

Klamsch: *einen Klamsch haben A-ost/südost (salopp, Grenzfall des Standards): ↗HUSCHER: *EINEN HUSCHER HABEN A, ↗KLOPFER: *EINEN KLOPFER HABEN A, ↗PECKER: *EINEN PECKER HABEN A, ↗SCHUSS: *EINEN SCHUSS HABEN A D, ↗HAU: *EINEN HAU HABEN A-west D-mittelwest, ↗ECKEN: *EINEN ECKEN ABHABEN CH, ↗HUNDERT: *NICHT GANZ HUNDERT SEIN CH, ↗MACKE: *EINE MACKE HABEN CH D (ohne südost), ↗MEISE: *EINE MEISE HABEN CH D-nord/mittel, ↗RAD: *EIN RAD ABHABEN D, ↗STICH: *EINEN STICH HABEN D, ↗HASCHMICH: *EINEN HASCHMICH HABEN D-nord/mittel, ↗KITTEL: *JMDM. BRENNT DER KITTEL D-südwest, ↗SCHLAG: *EINEN SCHLAG HABEN D-ost/südost ›nicht ganz bei Verstand sein; verrückt sein‹: *Der Rat* *hat doch einen Klamsch, glaubst nicht?* (Jelinek, Ausgesperrten 250)

Klapotetz A-südost (Stmk.) der; –, -e ⟨aus slowen. *klopotec*⟩: ›klapperndes Windrad, das in Weinbergen zum Verscheuchen von Vögeln dient‹: *Auch das Wahrzeichen der Südsteiermark, der Klapotetz, ist hier zu finden* (Standard 4. 9. 1993, Internet)

Klappe die; –, -n: **1.** A (veraltend); ↗DURCHWAHL A D, ↗INTERN CH D ›Unternummer einer Telefonzentrale‹: *Der Landesvolksanwalt von Tirol: Innsbruck, Neues Landhaus, Tel. 508 Klappe 503* (Pfaundler, Jungbürgerbuch 990). **2.** CH D-nord/mittel (salopp, Grenzfall des Standards); ↗PAPPEN A (ohne Vbg.), ↗FOTZE A D-südost, ↗GOSCHE A D-süd, ↗SCHNORRE A-west (Vbg.) CH, ↗LATZ CH, ↗FRESSE D-nord/mittel, ↗SABBEL D-nord/mittel, ↗SCHNAUZE D (ohne südost), ↗SCHNUTE D (ohne südost) ›Mund‹: *Die schärfste Lady im Macho-Business Hip Hop hat ihre Klappe nicht lange gehalten und schiebt ihren letztjährigen Hits … schon ein neues Album nach* (Sonntagsztg 25. 8. 2002, 51; CH); *Dafür ist Energiebündel Whoopi Goldberg in ihrem Element und darf ihre Klappe aufreißen* (Cinecitta Filmarchiv 5. 1. 2000, Internet; D-nord/mittel); ***die Klappe halten** siehe halten; ***eine große Klappe haben** siehe haben. **3. *Klappe zu, Affe tot** D-nordost/mittel: ↗AMEN: *[SCHLUSS] AUS, AMEN/AMEN A D-mittelost/süd; *[SCHLUSS] AUS UND AMEN/AMEN CH D-südwest ›die Angelegenheit ist erledigt; Ende!, Schluss!‹: *Sag doch einfach, 's geht nicht, weil mein Bruder im Knast is – und Klappe zu, Affe tot* (Bieler, Maria Morzek 42). **4. *bei jmdm. fällt die Klappe** D-nord/mittelwest ›jmd. sperrt sich gegenüber einer Person/Angelegenheit, will nichts mehr hören‹: *Wir würden ja gerne wieder in eine größere Wohnung umziehen, aber wenn die Vermieter hören, dass ich arbeitslos bin, fällt bei denen die Klappe* (Heins, Obdachlosenreport 16) – Andere Bedeutungen sind gemeindt. Zu 2 vgl. Flappe, Flunsch – Zu 1.: **Telefonklappe**

Klar A das; -s, -e (Kurzwort, Küche): ↗EIKLAR A D-nordwest, ↗EIWEISS CH EIWEIß D ›durchsichtige, gallertartige Masse des Eis‹: *Die Eier in Dotter und Klar trennen* (Ganze Woche 5. 11. 1997, 58)

Kläranlage (gemeindt.): ↗KLÄRWERK

klären (gemeindt.): ↗ABKLÄREN

Klärwerk A D das; -(e)s, -e: ›Anlage zur Reinigung von Abwässern; Kläranlage‹: *Das Abwasser der ganzen Stadt fließt in ein Klärwerk im Norden* (OÖN 19. 7. 1999, 3; A); *Die fünf Maschinen pumpen das Wasser aus dem Kanal in das Druckrohr, das zum Klärwerk Schönerlinde führt* (Welt 12. 10. 1999, Internet; D)

klass A (ohne west) Adj. (nicht steigerbar, Grenzfall des Standards): ↗ASTREIN D, ↗KLASSE D, ↗DUFTE D-nord (bes. Berlin), ↗KNORKE D-nordost (bes. Berlin), ↗PFUNDIG D-süd, ↗SCHNIEKE D-nord (bes. Berlin) ›sehr gut; großartig‹: *Ein klasses Weib, dachte er, und er bewunderte ihre Figur, die immer noch jugendlich fest war, obwohl sie schon ein Kind hatte* (Scharang, Sohn eines Landarbeiters 63)

Klasse A D die; –, -n: **1.** ↗SCHULZIMMER CH, ↗KLASSENSAAL LUX ›Klassenzimmer‹: *Ich bin in unsere Klasse rein und habe dem bereits anwesenden Teil der Belegschaft von meiner endlich gewonnenen Erkenntnis Mitteilung gemacht* (Nöstlinger, Bonsai 13; A); *Weißt du noch, als ich in Stuttgart aus der Klasse lief, scheinbar ohne Grund, und der Lehrer besorgt dich mir nachschickte?* (Härtling, Waiblingers Augen 35; D). **2.** A D; ↗KATEGORIE CH ›Typ eines Führerscheins‹: *Ein Auto darf lenken, wer einen Führerschein der Klasse B hat* (ÖAMTC 15. 4. 2003, Internet; A); *Teilnahmeberechtigt sind alle Inhaber eines Führerscheins Klasse 3 über 18 Jahre* (BamS 26. 10. 1997, 104; D) – Zu 1.: In CH selten. Die Bedeutung ›Gruppe von gleichaltrigen Schüler(inne)n, die gemeinsam unterrichtet werden‹ ist gemeindt.

klasse D Adj. (nicht steigerbar, Grenzfall des Standards): ↗KLASS A (ohne west), ↗ASTREIN D, ↗DUFTE D-nord (bes. Berlin), ↗KNORKE D-nordost (bes. Berlin), ↗PFUNDIG D-süd, ↗SCHNIEKE D-nord (bes. Berlin) ›sehr gut; großartig‹: *Klasse! Pachmann trommelte vor Begeisterung auf dem Lenkrad herum* (Junge, Klassenfahrt 69)

Klassenarbeit D (ohne südost) die; –, -en: ↗SCHULARBEIT A, ↗PROBE CH, ↗KLAUSUR D, ↗SCHULAUFGABE D-südost ›schriftliche Prüfung während des Unterrichts [bei jüngeren Schülern]‹: *Bei einer Klassenarbeit bin ich oft erstaunt, wenn manche Schüler ganz schnell fertig sind* (Welt 12. 9. 2000, Internet)

Klassenchef Klassenchefin CH der; -s, -s bzw. die; –, -nen […ʃɛf]: ↗KLASSENSPRECHER A D ›von den Schüler(inne)n einer Klasse gewählter Mitschüler bzw. gewählte Mitschülerin zur Vertretung der Klasseninteressen‹: *Der Lehrervertreter Gallus W. ermunterte die Klassenchefs, ihre Aufgaben ernst zu nehmen und wenn Probleme auftauchen, nicht die Faust im Sack zu machen* (St. Galler Tagbl 27. 3. 1998, Internet)

Klassenerhalt D der; -(e)s, ohne Plur. (Sport): ↗LIGAERHALT CH, ↗KLASSENVERBLEIB D ›Verbleiben in einer Spielklasse, bes. im Mannschaftssport; Nichtabstieg‹: *Während die Wittenseerinnen das Erreichen der Aufstiegsrunde … anpeilen, geht es für den Neuling aus Rieseby nur um den Klassenerhalt* (Eckernförder Ztg 30. 8. 2001, Internet)

Klassenfahrt D die; –, -en: ↗PROJEKTWOCHE A, ↗SCHULLANDWOCHE A, ↗KLASSENLAGER CH, ↗SCHULLAGER CH ›von der Schule für Schüler(innen) organisierte Kurzreise‹: *Landschaften, wie Rheinland-Pfalz und das Saarland sie bieten, laden zu Klassenfahrten ganz besonders ein* (Bahntours, Schulfahrten 1998, 53)

Klassenlager CH das; -s, –: ↗PROJEKTWOCHE A, ↗SCHULLANDWOCHE A, ↗SCHULLAGER CH, ↗KLASSENFAHRT D ›mehrtägiger auswärtiger Aufenthalt von Schulklassen (der einem bestimmten Thema gewidmet wird, z.B. der Ausübung einer Sportart)‹: *Die Institution vermittelt Kindern in Ferien- oder Klassenlagern den Umgang mit Natur und Tieren auf eine spielerische, aber arbeitsintensive Art* (Bund 27. 5. 1999, 32) – Vgl. Lager

Klassenlehrer Klassenlehrerin der; -s, – bzw. die; –, -nen: **1.** A (Schule) ›Lehrperson, die eine Klasse in allen Fächern unterrichtet (nur in ↗Volksschulen)‹: *Der Lehrplan sieht die Teamarbeit zwischen Werk-, Hauswirtschaftslehrer/in und Klassenlehrer/in, von der ersten Schulstufe an, vor* (Sonderschulen OÖ, 2000, Internet). **2.** CH D (Schule); ↗KLASSENVORSTAND A ›Lehrperson, die für die Betreuung und die organisatorische Leitung einer Schulklasse verantwortlich ist‹: *Einige Mitglieder der Kommission forderten, die Klassenlehrer zu entlasten statt die übrigen Lehrkräfte »mit einer Zusatzstunde zu bestrafen«* (BaZ 7. 6. 2000, Internet; CH); *Sie freuen sich, wenn sie neben ihrem Klassenlehrer auch noch andere Lehrer kennen, und sie erwarten, von ihnen gekannt zu werden* (Lindenberg, Waldorfschulen 46; D). **3.** CH (Militär); ↗AUSBILDNER A CH, ↗INSTRUKTIONSOFFIZIER CH, ↗INSTRUKTOR CH, ↗AUSBILDER D ›Berufssoldat, der Soldaten und Offiziere ausbildet‹: *Oberst H. überredete mich, … die Offiziersschule mitzumachen, … als zugeteilter Offizier, als Stellvertreter des Klassenlehrers* (Furrer, My Way 69)

Klassensaal LUX der; -(e)s, …säle: ↗KLASSE A D, ↗SCHULZIMMER CH ›Klassenzimmer‹: *Immerhin dokumentiert ein weiterer Kredit von 3 Mio. F für die Erstausstattung von Klassensälen … den Willen, die Insassen der Strafanstalten sinnvoll zu beschäftigen* (Luxemb Wort 11. 2. 2000, 4)

Klassensprecher Klassensprecherin A D der; -s, – bzw. die; –, -nen: ↗KLASSENCHEF CH ›von den Schüler(inne)n einer Klasse gewählter Mitschüler bzw. gewählte Mitschülerin zur Vertretung der Klasseninteressen‹: *Wir Klassensprecher möchten uns für das Fehlverhalten einiger unserer Mitschüler ehrlich entschuldigen* (Kleine Ztg 21. 11. 1996, Internet; A); *Den Lehrern wurde vom Klassensprecher gratuliert, sie bekamen Blumen* (Berliner Ztg 23. 1. 2002, Internet; D) – Dazu: **Klassensprecherwahl**

Klassentreffen (gemeindt.): ↗KLASSENZUSAMMENKUNFT

Klassenverbleib D der; -(e)s, ohne Plur. (Sport): ↗LIGAERHALT CH, ↗KLASSENERHALT D ›Verbleib in einer bestimmten Spielklasse, bes. im Mannschaftssport; Nichtabstieg‹: *Die Gäste waren sauer und unsere Mannschaft, die um den Klassenverbleib kämpft, musste kampflos die Punkte abgeben* (WAZ 28. 10. 1997, 24)

Klassenvorstand Klassenvorständin A der; -(e)s, …stände bzw. die; –, -nen: ↗KLASSENLEHRER CH D ›Lehrperson, die für die Betreuung und organisatorische Leitung einer Schulklasse verantwortlich ist‹: *Der Klassenvorstand sagte, sie sollten diese letzten Ferien vor der achten Klasse noch in vollen Zügen genießen* (Treiber, Blaue See 46) – Vgl. Vorstand

Klassenzimmer (gemeindt.): ↗KLASSE, ↗KLASSENSAAL, ↗SCHULZIMMER

Klassenzusammenkunft CH die; –, …künfte: ›Klassentreffen‹: *Umgang mit der Vergangenheit wird in mancherlei Weise gepflegt: … vom Vorbereiten einer Klassenzusammenkunft bis zur populären, reich illustrierten Publikation über Wirtshäuser* (Verein Schweiz. Archivarinnen und Archivare, 1997, Internet)

klassieren CH LUX sich sw.V./hat (Sport): ↗RANGIEREN CH D ›(in einem Teilnehmerfeld einen Platz bzw. Rang) einnehmen; platziert sein‹: *Die bisher grösste Enttäuschung erlebte der neue Abfahrtstrainer am vergangenen Wochenende in Chamonix, wo sich … kein Schweizer in den Top Ten zu klassieren vermochte* (Bund 13. 1. 2000, 35; CH); *Man musste sich als 1. seiner Gruppe klassieren, um am Finale teilnehmen zu können* (Féderation Luxembourgeoise des Quilleurs 25. 11. 2002, Internet; LUX) – Die Bedeutung ›in Klassen einteilen; einer Klasse zuordnen‹ ist gemeindt. – Dazu: ↗**Klassierung**

Klassierung CH BELG die; –, -en (Sport): ↗RANGIERUNG CH ›Platzierung‹: *Corinne R., nach dem ersten Lauf noch 14., vergab eine bessere Klassierung mit einem Fehler im Zielhang* (Bund 29. 12. 1999, 33; CH); *Die Spieler müssen in der Reihenfolge der Stärke oder der Klassierung eingeschrieben und eingesetzt werden* (Deutschsprachige Gemeinschaft Belgiens 22. 11. 2002, Internet; BELG) – Die Bedeutung ›Einteilung in Klassen; Klassifizierung‹ ist gemeindt. Vgl. klassieren – Dazu: **Klassierungslauf, Klassierungsrunde, Schlussklassierung, Spitzenklassierung**

-klassler -klasslerin A (ohne Vbg.) D-südost der; -s, – bzw. die; –, -nen (produktives Grundwort in Zus., meist in Verbindung mit Ordinalzahlen): ↗-KLÄSSLER A-west (Vbg.) CH D-mittel/süd ›Schüler(in), der bzw. die eine bestimmte Klasse besucht‹, z.B. ↗Erstklassler(in) A (ohne Vbg.) D-südost, ↗Taferlklassler(in) A (ohne west) D-südwest, Viertklassler(in): »*Geschichte und Geo ist auch fad.« Aber Musik! Da haben die Zweitklassler immerhin dreimal so viele Wochenstunden wie andere Kinder* (SN 8. 11. 1997, 88; A)

-klässler -klässlerin A-west (Vbg.) CH D-mittel/süd der; -s, – bzw. die; –, -nen (produktives Grundwort in Zus., in Verbindung mit Ordinalzahlen): ↗-KLASSLER A (ohne Vbg.) D-südost ›Schüler(in), der bzw. die eine bestimmte Klasse besucht‹, z. B. ↗Erstklässler(in) A-west (Vbg.) CH D, Viertklässler(in): *1870, als die Viertklässlerin Vreni ihrer ersten Schulreise mit der Eisenbahn entgegenfieberte, wurde gerade der neue Zürcher Hauptbahnhof gebaut* (Treichler, Abenteuer Schweiz 265; CH); *Ein 71-jähriges Grosi unterrichtet Drittklässler. Weil die jüngeren Lehrer im Kanton Aargau keine Lust haben auf diese Stelle!* (Blick 23. 4. 1996, 1; CH)

klatschen CH D (ohne südost) sw.V./hat (abwertend): ↗RATSCHEN A D-südost, ↗TRATSCHEN A D, ↗SCHWATZEN CH, ↗DURCHHECHELN CH D (ohne mittelost/südwest), ↗PLAUSCHEN D-südost ›etw. herumerzählen, ausplaudern; (über andere Leute) [schlecht] sprechen‹: *Im Dorf gab es deshalb ein Gerede, obwohl die, die am meisten klatschten, in sexueller Beziehung auch keine Engel waren* (Tschudin, Meine Ehre 53; CH); *Während der Kölner Kabarettist Morgenstern seine vier weiblichen Gäste ... im WDR über schrille Themen aus der Regenbogenpresse klatschen und tratschen ließ, beginnt für Hera Lind die vierte Karriere* (Berliner Kurier 7. 10. 1995, Internet; D) – Andere Bedeutungen sind gemeindt. – Dazu: **Klatsch, Klatschmaul, klatschsüchtig, Klatschtante**

Klaubauf A-west (Tir.)/südost der; -s, -(e): **1.** ↗KRAMPUS A D-südost, ↗KNECHT: *KNECHT RUPRECHT A-west (Vbg.) D-mittelwest/süd, ↗SCHMUTZLI CH, ↗PELZNICKEL D-mittelwest/südwest ›strafender Begleiter des St. Nikolaus‹: *Einer der beliebtesten Heiligen ist der hl. Nikolaus. Sein häufigster Begleiter ist der Krampus, der in manchen Tiroler Gegenden auch Klaubauf genannt wird* (Pfaundler, Jungbürgerbuch 690). **2.** /eine Figur im ↗Fasching/: *Dafür ist im Unterland und auch in Osttirol das Perchten- und das Klaubauf-Brauchtum beheimatet* (Echo 28. 1. 1999, 75)

klauben sw.V./hat: **1.** A D-süd; ↗AUFKLAUBEN A D-süd, ↗ZUSAMMENKLAUBEN A D-nordwest/süd, ↗AUFLESEN A-west (Vbg.) CH D (ohne südost) ›(Holz, Fallobst, Kartoffeln etc.) vom Boden aufheben; aufsammeln, einsammeln‹: *Wir halfen beim Füttern, sammelten Eier ein oder klaubten Steine auf dem Kartoffelacker* (Recheis, Lena 74; A). **2.** A; ↗BROCKEN A D-südost ›(↗Früchte, bes. Beeren) ernten; pflücken‹: *Er war gegen Mittag aus seinem Haus hinaus gegangen und wollte im Garten Äpfel klauben, als er in einem Eck des Grundstückes in der Wiese neben dem Zaun etwas liegen sah* (Kleine Ztg 30. 7. 1999, Internet; A). **3.** A CH D-südwest; ↗KLETZELN A, ↗GRÜBELN CH, ↗KNÜBELN CH, ↗PULEN D-nord/mittel ›(etw. mit den Fingern oder mit einem Gegenstand) entfernen, herausholen‹: *Euro-Münzen klauben und erkennen ist in Weiz der beliebteste Sport ... Das Klauben im Geldbörserl ist eben derzeit ein wirklich beliebter Sport* (Kleine Ztg 10. 1. 2002, Internet; A); *Er blickte von mir weg und klaubte ein Haar von seinem Hemd* (Neuwirth, Treue Gefährtin 167; A); *Nun wäre es allerdings auch ein wenig viel verlangt, die einzelnen Bostitche mühevoll aus den Papieren zu klauben* (Agenturtschi, 2002, Internet; CH) – Zu 1.: **Klaubholz.** Zu 2.: ↗**Äpfelklauber(in)** STIR

Klauber siehe Äpfelklauber

Klaue D die; –, ohne Plur. (abwertend, salopp): ›unleserliche Handschrift‹: *Der Frankfurter Sender ... ließ ihm gestern die Schreibmaschine zukommen, damit er seiner Klaue ein Schnippchen schlagen kann* (NRZ 2. 1. 2001, Internet) – In A und CH selten. Andere Bedeutungen sind gemeindt. Vgl. Krakel – Dazu: **Sauklaue**

Klaus CH der; -es, Kläuse: ↗NIKOLAUS A D, ↗NIKOLO A D-südost, ↗SAMICHLAUS CH ›St. Nikolaus‹: *Respekt haben [die Kinder] aber immer noch vor dem Samichlaus und dem Schmutzli, obwohl heute die Eltern nur noch in seltenen Fällen mit dem Klaus drohen* (Rheintalische Volksztg 6. 12. 1996, Internet) – Auch in der mundartnahen Schreibung *Chlaus.* Sie ist ebenso üblich wie die standardisierte Schreibung mit *K* – Dazu: **Klausabend, Klaus[en]fest, Klaus[en]tag, Klausenhock** (↗Hock)

Klause A die; –, -n: ›enge Schlucht [die zum Transport von Holzstämmen genutzt wird]‹: *Doch mittlerweile sind die Erneuerungsarbeiten der Stadtgemeinde Deutschlandsberg abgeschlossen, die Klause kann wieder gefahrlos begangen werden* (Kleine Ztg 28. 8. 1997, Internet) – In D selten. Andere Bedeutungen sind gemeindt.

Klausur D die; –, -en: ↗SCHULARBEIT A, ↗PROBE CH, ↗KLASSENARBEIT D (ohne südost), ↗SCHULAUFGABE D-südost ›schriftliche Prüfung während des Unterrichts in den oberen ↗Jahrgangsstufen von höheren Schulen‹: *Diese Klausur wird seitens der Bezirksregierung gestellt, das Bewertungsschema wird vorgegeben* (Max-Planck-Gymnasium Düsseldorf 8. 7. 2002, Internet) – Die Bedeutung ›schriftliche Prüfung an Universitäten‹ sowie die anderen Bedeutungen sind gemeindt.

Klebband CH das; -(e)s, ...bänder: ›Klebeband‹: *Das Kartonbett besteht aus 32 durch Klebband verbunde-*

nen, 7 Millimeter dicken Wellkartonstücken (TA 31. 3. 1998, 73)

Klebeband (gemeindt.): ↗Klebband

kleben: *jmdm. eine kleben D-nord/mittel (salopp): ↗auflegen: *jmdm. eine auflegen A, ↗reiben: *jmdm. eine reiben A, ↗kleschen: *jmdm. eine kleschen A (ohne Vbg.), ↗picken: *jmdm. eine picken A D-südost, ↗schallern: *jmdm. eine schallern D-nord/mittel, ↗scheuern: *jmdm. eine scheuern D (ohne südost) ›jmdm. eine Ohrfeige geben, jmdm. eine schmieren‹: *Kriegt er eine geklebt, was kein probates Erziehungsmittel ist und mir auch Leid tut, ist er nur noch verstockt* (Eltern 28. 3. 2001, Internet) – Das Verb *kleben* ist in allen anderen Verwendungen gemeindt.

Klebestreifen (gemeindt.): ↗Klebstreifen, ↗Tesafilm, ↗Tixo

Klebstoff (gemeindt.): ↗Pick

Klebstreifen CH der; -s, –: ↗Tixo A, ↗Tesafilm D ›[durchsichtiger] Klebestreifen‹: *Madame Vorsicht verräumte die Farbstifte und Zeichnungsblätter, Klebstreifen, Bücher, Malhefte und Spielsachen in dem lottrigen Büchergestell* (Fink, Zoë 47)

Klecks der; -es, -e: **1.** CH D; ↗Patzen A D-südost, ↗Patzer A D-südost, ↗Tolggen CH ›[Tinten]fleck, [Schmutz]fleck‹: *... Landkarten, Globen, Reliefs aus aller Welt ..., auf denen die Schweiz zum Klecks wird* (Travel Book Shop, 2002, Internet; CH); *Flecken im Teppich? So mancher Klecks lässt sich schnell entfernen* (WAZ 13. 9. 1997, Internet; D); ***Klecks im Reinheft** CH siehe Reinheft. **2.** D; ↗Klacks CH D (ohne südwest) ›kleine Menge einer weichen Masse‹: *Tomatensuppe, mit einem kräftigen Klecks saurer Sahne in der Mitte* (Bick, Tödliche Ostern 23) – In A selten – Dazu: ↗**klecksen** D. Zu 1.: **Tintenklecks**

klecksen D sw.V./hat: **1.** ↗patzen A D-südost, ↗sudeln CH D-südwest ›Flüssiges in kleinen Mengen verschütten und Flecken verursachen‹: *Beim Öffnen der Milchflasche kleckst Flori auf die Tischdecke* (Muttertagsgeschichten 8. 5. 1999, Internet). **2.** ›kleine Mengen weicher Masse an eine bestimmte Stelle befördern‹: *Ferner die Schüsseln geschlagener Sahne, die man sich auf den Kaffee kleckst, nachdem man zuvor klaren Schnaps dazugegossen hat* (Lenz, Deutschstunde 79). **3.** ↗patzen A D-südost ›[mit Tinte] unsauber schreiben; schlecht malen; sudeln‹: *Er kleckst in seine Hefte* (Deutschlandfunk 29. 7. 2000, Internet) – Vgl. Klecks – Dazu: **Kleckserei**

Kleid (gemeindt.): ↗Rock

Kleiderkammer A D (ohne südost) die; –, -n: ›wohltätige Einrichtung, in der Bedürftige Kleidung gratis oder preiswert erhalten‹: *Der Saftladen, eine Tagesaufenthaltseinrichtung für haftentlassene, langzeitarbeitslose und wohnungslose Menschen, bietet seinen Besuchern ... eine Kleiderkammer zur Versorgung mit kostenloser Gebrauchtkleidung* (Land Salzburg, 2000, Internet; A); *Haben Sie gut erhaltene Kleidung abzugeben? Wenn ja, können Sie das in der Kleiderkammer des DRK ... gerne tun* (Deutsches Rotes Kreuz Leonberg, 2002, Internet; D) – Die Bedeutung ›Aufbewahrungsort für Uniformen‹ ist gemeindt.

Kleidermacher Kleidermacherin A der; -s, – bzw. die; –, -nen (formell): ›Person, die Kleidungsstücke fertigt; Schneider(in)‹: *Insbesondere die Textilreiniger, die Kleidermacher, die Kfz-Techniker und die Friseure konnten wieder aufholen* (Presse 5. 1. 1999, Internet) – Dazu: **Damenkleidermacher(in), Herrenkleidermacher(in), Kleidermachergewerbe**

Kleidungsstücke (gemeindt.): ↗Gewand, ↗Plünnen

klein (gemeindt.): ↗lütt

-klein D (ohne nordwest/südost) das; -s, ohne Plur. (Wortbestandteil in Zus.): ↗-junges A, ↗-jung D-südost ›als Speise dienende Eingeweide und knochenreiche Teile von bestimmten Tieren (Ente, Gans, Hase, Huhn)‹, z. B. Entenklein, Gänseklein (↗Gänse-), Hasenklein, Hühnerklein: *Das Entenklein, wenn nötig, in 2 bis 4 Zentimeter große Teile zerlegen, mit Salz, Pfeffer und Thymian würzen und mit dem Essig beträufeln* (WDR 21. 1. 2002, Internet)

Kleinbauer (gemeindt.): ↗Kätner/Kätnerin, ↗Keuschler/Keuschlerin, ↗Kleinhäusler/Kleinhäuslerin

Kleine (gemeindt.): ↗Lütte

Kleingarten A D der; -s, ...gärten: ↗Familiengarten CH, ↗Pflanzplätz CH ›Schrebergarten‹: *Im Gegensatz zu früheren Jahrzehnten stimmt das Bild vom akkurat gepflegten Kleingarten heute nicht mehr. ... Der neue Trend: naturbelassene Kleingarten-Idyllen* (OÖN 5. 9. 2000, 20; A); *Deshalb empfiehlt sie allen Vogelfreunden, im Haus- oder Kleingarten auf Exoten zu verzichten und statt dessen heimische Gehölze zu pflanzen* (Saarbrücker Ztg 19. 2. 2002, Internet; D) – Dazu: ↗**Kleingartenanlage** D, ↗**Kleingartenkolonie** D-nord/mittelwest, ↗**Kleingartensiedlung, Kleingartenverein,** ↗**Kleingärtner(in)**

Kleingartenanlage D die; –, -n: ↗Kleingartensiedlung A D, ↗Gartenkolonie D, ↗Kleingartenkolonie D-nord/mittelwest, ↗Laubenkolonie D (ohne mittelost/südost) ›Schrebergartensiedlung‹: *Die 1984 geschaffene Kleingartenanlage »Seetal« ... gehöre zu den Erholungsgebieten in der Stadt Bad Friedrichshall* (Heilbronner Stimme 19. 2. 2002, Internet) – Vgl. Kleingarten

Kleingartenkolonie D-nord/mittelwest die; –, -n: ↗KLEINGARTENSIEDLUNG A D, ↗GARTENKOLONIE D, ↗KLEINGARTENANLAGE D, ↗LAUBENKOLONIE D (ohne mittelost/südost) ›Schrebergartensiedlung‹: *Der Mauerfall war auch für die Kleingartenkolonie mit ihren 236 Parzellen im Osten ein tiefer Einschnitt* (Berliner Morgenpost 14. 8. 2001, Internet) – Vgl. Kleingarten

Kleingartensiedlung A D die; –, -en: ↗GARTENKOLONIE D, ↗KLEINGARTENANLAGE D, ↗KLEINGARTENKOLONIE D-nord/mittelwest, ↗LAUBENKOLONIE D (ohne mittelost/südost) ›Schrebergartensiedlung‹: *Lediglich im Bereich der Kleingartensiedlung soll eine Dammschüttung verhindern, dass die Schrebergärten zu Feuchtbiotopen werden* (Kleine Ztg 3. 3. 1996, Internet; A); *Die Esel gehören Willy B. und leben auf einer Doppelparzelle in der Kleingartensiedlung* (MDR 2. 1. 2003, Internet; D) – Vgl. Kleingarten

Kleingärtner Kleingärtnerin A D der; -s, – bzw. die; –, -nen: ↗LAUBENPIEPER D-nordost (bes. Berlin) ›Schrebergärtner(in)‹: *Begeistert sind Senioren von der Idee der Kleingärtner vom Franzosenhausweg: Sie luden Bewohner des nahen Seniorenheimes … zum Garteln* (OÖN 5. 6. 2002, Internet; A); *Kleingärtnerinnen und Kleingärtner zu sein, ist eine Verpflichtung zu verantwortungsbewusstem Handeln im Umgang mit der Natur* (Stadt Krefeld 1. 9. 1998, Internet; D) – Vgl. Kleingarten

Kleingeld (gemeindt.): ↗MÜNZ

Kleinhändler (gemeindt.): ↗VERSCHLEIßER/VERSCHLEIßERIN

Kleinhäusler Kleinhäuslerin A der; -s, – bzw. die; –, -nen: ↗KEUSCHLER A, ↗KÄTNER D-nordwest ›Kleinbauer bzw. -bäuerin‹: *Dann gab es noch Kleinhäusler, die nur Ziegen und Hühner besaßen* (Recheis, Lena 37) – Seltener auch in der Kurzform *Häusler(in)*

Kleinklasse CH die; –, -n: ↗WERKKLASSE CH, ↗WERKSCHULE CH-süd/ost ›Schulklasse für Kinder mit besonderen sozialen und schulischen Bedürfnissen‹: *Der Kleinklasse werden Schülerinnen und Schüler zugewiesen, welche den Anforderungen der Primarschule nicht genügen* (Kanton SO, Volksschule, 2002, Internet) – Die Bedeutung ›kleine Klasse‹ ist gemeindt. – Dazu: **Kleinklassenlehrer(in), Kleinklassenschüler(in)**

kleinweis A D-südost Adv. (Grenzfall des Standards): ›Stück für Stück, Schritt für Schritt, allmählich‹: *Wer kleinweis kauft, kauft leider recht teuer ein* (OÖN 12. 8. 2000, 22; A) – Selten auch in der Form *kleinweise.* Vgl. -weis

kleinweise siehe kleinweis

Kleiststadt D die; –, ohne Plur. ⟨nach dem Dichter *Heinrich von Kleist,* der dort geboren wurde⟩: ›Frankfurt an der Oder‹: *Der Förderkreis fördert die Anliegen des Museums für den deutschen Novellisten, Dramatiker und Journalisten Heinrich von Kleist, den berühmtesten Sohn der Stadt Frankfurt (Oder), die sich seit 1998 Kleiststadt Frankfurt nennt* (Kleist-Museum Frankfurt/Oder 25. 10. 2001, Internet)

klemmen sw.V./hat: **1.** CH D-südwest; ↗KNEIFEN CH D-nord/mittel ›(jmdm. ein Stück Haut und Fleisch) so zusammenpressen, dass es schmerzt; zwicken‹: *Sie klemmt mich in die Seite* (Kampagne für den Frieden, 2001, Internet; CH); ***sich in den Arsch klemmen** CH (derb) ›sich anstrengen‹: *Gerade die Jugendsession könne ein Zeichen setzen. Deshalb müsse sich die Jugendsession in den Arsch klemmen und eine breite und tiefe Diskussion über dieses Thema führen* (Parlamentarische Jugendsession, 2001, Internet). **2.** CH; ↗KNEIFEN CH D (ohne südost) ›sich drücken, zurückhaltend sein‹: *Unserer auf breiter Front hoch verschuldeten Hotellerie fehlt das Geld. Die Banken klemmen mit Krediten* (Blick 9. 9. 1999, 3) – Andere Bedeutungen sind gemeindt.

Klempner Klempnerin D (ohne südost) der; -s, – bzw. die; –, -nen: **1.** ↗SPENGLER A CH D-südost, ↗BLECHNER D-südwest, ↗FLASCHNER D-südwest ›Person, die berufsmäßig Blechteile für verschiedene Verwendungszwecke verfertigt (z. B. Blechdächer, Dachrinnen etc.)‹: *Der Klempner bearbeitet vorrangig Feinbleche* (Handwerkstag Sachsen 4. 6. 1999, Internet). **2.** (informell); ↗INSTALLATEUR A D, ↗SANITÄRINSTALLATEUR CH D, ↗BLECHNER D-südwest, ↗FLASCHNER D-südwest, ↗SPENGLER D-südost, ↗HYDRAULIKER STIR ›Person, die berufsmäßig Gasleitungen, Heizungen, Wasser- und Sanitäranlagen installiert und repariert‹: *Dann sah Thann eine Hausfrau, die dem Klempner die Tür öffnete* (Eckert, Erbe 67) – Dazu: **Bauklempner(in),** ↗**Klempnerei**

Klempnerei D (ohne südost) die; –, -en: ↗SPENGLEREI A CH D-südost ›Handwerksbetrieb, in dem Blechteile für verschiedene Verwendungszwecke verfertigt werden (z. B. Blechdächer, Dachrinnen, Blechbestandteile für den Heizungs- und Lüftungsbau etc.): *Müllers Klempnerei floriert seit 150 Jahren* (Berliner Morgenpost 19. 5. 2000, Internet) – Vgl. Klempner

kleschen A (ohne Vbg.) sw.V./hat (Grenzfall des Standards): ↗TUSCHEN A D-südost ›[klatschend] knallen, schlagen‹: *Und wenn sie mir eine Stoffserviette auf den Tisch kleschen* (Profil 2. 2. 1997, Internet); ***jmdm. eine kleschen** (salopp): ↗AUFLEGEN: *JMDM. EINE AUFLEGEN A, ↗REIBEN: *JMDM. EINE REIBEN A, ↗PICKEN: *JMDM. EINE PICKEN A D-südost, ↗KLEBEN: *JMDM. EINE KLEBEN D-nord/mittel, ↗SCHALLERN: *JMDM. EINE SCHALLERN D-nord/mittel, ↗SCHEU-

ERN: *JMDM. EINE SCHEUERN D (ohne südost) ›jmdm. eine Ohrfeige geben, jmdm. eine schmieren‹: *Aber keiner in der nächsten Minute wird sich erinnern können, dass er jemals diesem Typen eine geklescht hatte* (Schindel, Rituale 183) – Dazu: ↗**Klescher**

Klẹscher A (ohne Vbg.) der; -s, – (Grenzfall des Standards): ↗TUSCH A (ohne Vbg.), ↗SCHNALL A-west D-südost, ↗CHLAPF CH, ↗BUMMS D (ohne mittelost/südost), ↗RUMMS D (ohne mittelost/südost) ›[klatschender] Knall, Schlag‹: *Wenn der Blitz einschlägt, hört man einen Klescher und einige Kabel können verschmoren, sonst kann nicht viel passieren* (Kleine Ztg 25. 7. 2000, Internet) – Vgl. kleschen

Klẹtterfinken CH der; -s, –: ›leichter Turnschuh zum Klettern im Fels‹: *Ich musste leider in Turnschuhen klettern, für meine grossen Füsse gab es keine passenden Kletterfinken* (Blick 20. 8. 1997, 12) – Vgl. Finken

klettern (gemeindt.): ↗KLIMMEN, ↗KRAXELN, ↗KREBSELN

Kletze A (ohne Vbg.) D-südost die; –, -n: ↗HUTZEL D-süd ›getrocknete Birne; Dörrbirne‹: *Stiele und Blütenansätze von den Kletzen entfernen* (Firma Spar, 1999, Internet; A) – Wird auf der ersten Silbe, mit Kurz- oder Langvokal, betont. In A (ohne Vbg.) regional auch in der Form *Klotze* – Dazu: **Kletzenauflauf,** ↗**Kletzenbrot, Kletzenfülle** (↗Fülle), **Kletzennudel** (↗Nudel) A-südost (Ktn.)

kletzeln A sw.V./hat (Grenzfall des Standards): ↗KLAUBEN A CH D-südwest, ↗GRÜBELN CH, ↗KNÜBELN CH, ↗PULEN D-nord/mittel ›(etw. mit den Fingern oder mit einem Gegenstand) entfernen, herausholen‹: *Wenn ich mich unbeobachtet wusste, stieg ich in der Speis auf das Küchenschamerl, baggerte mit dem Finger, kletzelte vom Anschnitt die Fülle heraus* (Glantschnig, Mirnock 24) – Wird auf der ersten Silbe, mit Kurz- oder Langvokal, betont

Kletzenbrot A (ohne Vbg.) D-südost das; -(e)s, -e: ↗ZELTEN A-west, ↗BIRNENBROT A-west (Vbg.) CH, ↗BIRNENWEGGEN CH, ↗HUTZELBROT D-süd, ↗SCHNITZBROT D-südwest ›[in der Weihnachtszeit gegessenes] dunkles, süßes Früchtebrot‹: *Kletzenbrot und Kekse auf dem Tisch, ein Adventkranz* (Glantschnig, Mirnock 20; A); *Ob Nussbusserl oder Kletzenbrot – die traditionelle Weihnachtsbäckerei hat weit mehr zu bieten als nur Zimtsterne und Spritzgebäck* (Bayerischer Rundfunk 11. 12. 2002, Internet; D-südost) – Wird auf der ersten Silbe, mit Kurz- oder Langvokal, betont. In A (ohne Vbg.) regional auch in der Form *Klotzenbrot.* Vgl. Kletze

Klịcker D-mittelwest der; -s, –: ↗MURMEL A CH D (ohne nordwest/südost), ↗MARMEL CH D-nordost, ↗KNICKER D-mittelwest, ↗PICKER D-nordwest, ↗SCHUSSER D-südost ›kleine Glaskugel zum Spielen‹: *Ein auf dem Boden liegender Klicker wird mit dem Zeigefinger weggeschnippt* (Grundschule Gödenroth, 1998, Internet) – Dazu: **klickern**

klieben A D-südost st.V./hat (Grenzfall des Standards): ›(Holz) spalten‹: *Gezeigt wird viel: vom Brunnrohr bohren, Schindeln klieben und Brecheln bis hin zum Bauholz hacken und Anfertigen von Rechen und Holzrädern* (Kleine Ztg 14. 8. 1998, Internet; A) – Wird in A immer, in D-südost meist diphthongisch ausgesprochen

Klịmagas D das; -es, -e: ›Treibhausgas‹: *Während in anderen Bereichen die Emissionen an Klimagasen abnahmen, sind die verkehrsbedingten CO_2-Emissionen in Deutschland … gestiegen* (Umweltbundesamt 8. 3. 2001, Internet) – In CH selten

klịmmen D st.V./sw.V./ist: ↗KRAXELN A D-südost, ↗KREBSELN D-südwest ›klettern‹: *Ist es Wettbewerb, wenn man Hunde und Katzen vor die Aufgabe stellt, auf den nächsten Baum zu klimmen?* (FU-Nachrichten, Berlin 3–4/2001, Internet) – Die Bedeutung ›mit Kraftaufwand in die Höhe klettern‹ ist gemeindt.

Klingel (gemeindt.): ↗GLOCKE, ↗SCHELLE

klingeln (gemeindt.): ↗LÄUTEN, ↗SCHELLEN

klingen (gemeindt.): ↗TÖNEN

Klịngenstadt D die; –, ohne Plur. ⟨nach der dort traditionell ansässigen Klingenindustrie⟩: ›Solingen‹: *Was NRW-Ministerpräsident Wolfgang C. sein Metrorapid, ist der Klingenstadt … die Weiterführung der Flughafen-S-Bahn* (Remscheider GA 8. 10. 2001, Internet)

Klinik (gemeindt.): ↗KRANKENHAUS, ↗SPITAL

Klịnke D (ohne südwest) die; –, -n: ↗SCHNALLE A D-süd, ↗FALLE CH, ↗TÜRGRIFF D, ↗DRÜCKER D-nord/mittelost ›hebelartiger Griff zum Öffnen und Schließen [einer Tür]‹: *Dann, weil keine Antwort kommt, drücken wir die Klinke herunter und treten ein* (Hofmann, Tolstois Kopf 16) – In A und CH ursprünglich fremd, aber zunehmend gebräuchlich. Andere Bedeutungen sind gemeindt. – Dazu: **Türklinke** D

klịnkern D sw.V./hat: ›etw. mit Klinkersteinen versehen‹: *In Anlehnung an die architektonische Struktur des Ruhrgebiets wurde die Fassade daher geklinkert* (Deutsche Standards 15. 1. 2003, Internet) – Dazu: **verklinkern**

Klinomobịl D das; -s, -e: ↗NOTARZTWAGEN A D ›speziell ausgerüstetes Rettungsfahrzeug, in dem Operationen möglich sind‹: *Obwohl man mit dem Klinomobil beachtliche Erfolge erzielte, zeigte sich jedoch schnell, dass ein solch großes Fahrzeug für den Groß-*

stadtbetrieb zu unhandlich war (Stadt Frankfurt 5. 3. 2001, Internet)

Klippschule die; –, -n: **1.** D-nordost (veraltend); ↗VOLKSSCHULE A, ↗PRIMARSCHULE CH, ↗GRUNDSCHULE D STIR, ↗PRIMÄRSCHULE LUX ›erste, vier oder fünf Jahre dauernde staatliche Schule zur Vermittlung von elementarer Bildung bzw. Gebäude, in dem diese Schule untergebracht ist‹: *So fühlten sich viele der rund 80 Experten in eine Klippschule versetzt, weil ihnen vorbuchstabiert wurde, wie andere Denkmäler aussehen und dass von figürlich bis konstruktiv-abstrakt jede Form möglich sei* (Welt 14. 4. 1997, Internet). **2.** D-nord/mittel (abwertend) ›Schule mit niedrigen Leistungsanforderungen‹: *Einige ihrer Absolventen sind schon zu Ministern ernannt worden, deshalb sollte die Anstalt hoch angesehen sein. Doch in Berlin und besonders am Nachbargymnasium … hat sie eher den Ruf einer Klippschule* (Freitag 30. 3. 2001, Internet) – Dazu: **Klippschüler(in)**

klitzeklein D (ohne südost) Adj. (Grenzfall des Standards): ›winzig‹: *Aber ich bin doch gar nicht verliebt. Nicht das klitzekleinste bisschen verliebt* (Noack, Hautfarbe 83)

Klobasse siehe Klobassi

Klobassi Klobasse A die; –, – ⟨aus tschech. *klobása* ›Brat-, Knackwurst‹⟩: /eine scharfe, dicke Wurst, die heiß am ↗Würstelstand gegessen wird/: *Die angebotenen Senfsorten passen in den geradezu schlaraffischen Wursthimmel (Weiß-, Pfeffer- und Fiakerwürste, Majorankrainer, Klobassi …)* (Profil 17. 3. 2002, Internet)

klönen sw.V./hat: **1.** D-nord; ↗PLAUSCHEN A D-südost, ↗RATSCHEN A D-südost, ↗SCHWÄTZEN A-west (Vbg.) D-südwest, ↗SCHWATZEN CH D-mittel, ↗BABBELN D-mittel/südwest, ↗QUATSCHEN D-nord/mittel, ↗SCHNACKEN D-nord ›sich unterhalten, plaudern‹: *Meine Interessen: Klönen, Kino, Theater* (Freundin 19/1997, 200). **2.** CH; ↗TRENZEN A (ohne west) D-südost, ↗PLINSEN D-nordost ›weinerlich klagen; jammern‹: *Wie sie immer nur klöne und über alles schimpfe, nur andern die Schuld gebe und so weiter* (Niederhauser, Erich 254) – Zu 1.: ↗**Klönschnack**

Klönschnack D-nord der; -(e)s, ohne Plur.: ↗TRATSCH A, ↗PLAUSCH A D-süd, ↗SCHWATZ CH, ↗SCHNACK D-nord, ↗SCHWÄTZCHEN D (ohne nordwest/südost) ›gemütliche Unterhaltung‹: *Der hatte immer Zeit für ein paar Minuten Klönschnack* (Hamburger Morgenpost 27. 1. 1999, Internet) – Vgl. klönen

Klöpfer CH-nordwest der; -s, –: ↗SCHÜBLING A-west (Vbg.), ↗KNACKER A (ohne Vbg.) D (ohne südwest), ↗KNACKWURST A (ohne west) D (ohne südwest), ↗CERVELAT CH, ↗SCHÜBLIG CH, ↗CERVELATWURST D ›Rohwurst aus Rindfleisch, Schweinefleisch, Schwarten und ↗Speck [die gebraten verzehrt wird]‹: *Der Bademeister … verkauft uns Klöpfer und Brot als Wegzehrung* (Schmidt, Wanderung 30) – Auch in der mundartlichen Schreibung *Chlöpfer*

Klopfer: *einen Klopfer haben A (salopp, Grenzfall des Standards): ↗HUSCHER: *EINEN HUSCHER HABEN A, ↗PECKER: *EINEN PECKER HABEN A, ↗KLAMSCH: *EINEN KLAMSCH HABEN A-ost/südost, ↗SCHUSS: *EINEN SCHUSS HABEN A D, ↗HAU: *EINEN HAU HABEN A-west D-mittelwest, ↗ECKEN: *EINEN ECKEN ABHABEN CH, ↗HUNDERT: *NICHT GANZ HUNDERT SEIN CH, ↗MACKE: *EINE MACKE HABEN CH D (ohne südost), ↗MEISE: *EINE MEISE HABEN CH D-nord/mittel, ↗RAD: *EIN RAD ABHABEN D, ↗STICH: *EINEN STICH HABEN D, ↗HASCHMICH: *EINEN HASCHMICH HABEN D-nord/mittel, ↗KITTEL: *JMDM. BRENNT DER KITTEL D-südwest, ↗SCHLAG: *EINEN SCHLAG HABEN D-ost/südost ›nicht ganz bei Verstand sein; verrückt sein‹: *Naja, jedenfalls konnte ich da nicht normal mit ihm reden, weil ich dachte, der hat einen Klopfer* (Psychoforum, 2002, Internet) – Das Substantiv *Klopfer* ist in allen anderen Verwendungen gemeindt.

Kloppe D-nord/mittel die; –, ohne Plur. (salopp): ↗DRESCHE D-nord/mittel, ↗HAUE D-nord/mittel, ↗KEILE D-nord/mittel, ↗SENGE D-nord/mittel ›Prügel, Schläge‹: *Meine große Schwester hat mir nämlich Kloppe angedroht* (Fachhochschule Mainz 15. 12. 1999, Internet) – Dazu: **Klopperei**, ↗**verkloppen**

kloppen D-nord/mittel sw.V./hat (salopp): **1.** ›klopfen, schlagen‹: *Man kloppt zwei neue Eingänge in die Backsteinfassade, um die Fußgängerströme der Oldenburger Innenstadt geradewegs in die Kirche zu leiten* (TAZ 12. 2. 2002, Internet). **2.** sich (salopp); ↗SCHLÄGERN A, ↗SCHLAGEN CH D, ↗KEILEN D-nord/mittel ›sich gegenseitig verprügeln; raufen‹: *In grotesk gepolsterter Kleidung kloppen sich Kerle auf einem Schiff* (Spiegel 9. 2. 2002, Internet)

Klops D-mittelost der; -es, -e: kurz für *Bratklops/Fleischklops*: ↗FASCHIEREN: *FASCHIERTE LAIBCHEN A, ↗FLEISCHLAIBCHEN A, ↗HACKTÄTSCHLI CH, ↗BEEFSTEAK: *DEUTSCHE BEEFSTEAK D-nord/mittelost, ↗BULETTE D-ost, ↗FLEISCHKÜCHLE D-südwest, ↗FLEISCHPFLANZERL D-südost, ↗FRIKADELLE D-nordwest/mittelwest ›gebratene Speise aus gehacktem Fleisch, eingeweichtem Brot, Ei und Gewürzen, in kleiner, rundlicher Form‹: *So vertilgten der britische Landwirtschaftsminister und seine kleine Tochter Fleischklopse vor laufender Kamera* (BdW 10/1990, 14)

Kloß D (ohne südost) der; -es, Klöße: **1.** ↗KNÖDEL A D ›aus einer Brotwürfel-Eier-Mehl-Milchmasse [und verschiedenen Zutaten, wie Käse, ↗Speck, Spinat] hergestellte und in Wasser gegarte Beilage oder Hauptspeise in rundlicher Form‹: *Für die Klöße das gedünstete Kürbisfleisch im Mixer oder mit dem Schneidstab des Handrührers pürieren* (Schöner Wohnen 10/1997, 156). **2.** ›aus einer Masse geformte Kugel; Klumpen‹: *300 g Mehl … hineingeben und kräftig rühren, bis sich ein glatter Teigkloß bildet* (Freundin 19/1997, 168); ***einen Kloß in der Kehle/im Hals haben** D siehe Hals – Vgl. Klößchen – Dazu: **Kartoffelkloß, Kloßteig, Teigkloß**

Klößchen D (ohne südost) das; -s, –: ↗NOCKERL A D-südost ›aus festem Mehlteig mit dem Löffel gestochene und in Wasser gegarte Suppeneinlage in runder Form‹: *Die Suppe wurde aufgetragen, und Herbie schnupperte an den kleinen Klößchen* (Waldhoff, Grund des Meeres 43) – Vgl. Kloß – Dazu: **Grießklößchen, Markklößchen**

klötern D-nord sw.V./hat: ›klappernde Geräusche von sich geben‹: *Tatsächlich rumpelt und poltert es nur dumpf, wenn Steine und Geröll durch eine mächtige Metallröhre in den offenen Bauch einer Schute klötern* (Harburger Anzeigen und Nachr 15. 10. 2002, Internet)

Klotschen D-mittelwest der; -s, –: ↗CLOG A D, ↗ZOCCOLI CH, ↗PANTINE D-nordost ›Schuh mit durchgehender Holzsohle und offenem Fersenteil‹: *»Lass uns die Klotschen hier verstecken«, flüsterte Georg. … Sie legten die Holzschuhe unter eine Stufe und schoben sich auf allen vieren nach oben* (Kultursekretariat NRW 17. 1. 2003, Internet)

Klotz CH der; -es, Klötze (salopp, Grenzfall des Standards): ↗FLIEDER A (ohne west), ↗GERSTL A D-südost, ↗MARIE A D-nord, ↗STUTZ CH, ↗KOHLE CH D, ↗ASCHE D-nord/mittel, ↗KIES D (ohne südwest), ↗KNETE D (ohne südost), ↗MOOS D (ohne mittelost/südwest) ›Geld‹: *Die Nationalbank, der AHV-Fonds, die Suva – Sie müssen mal nachzählen, wie viel Klotz da sinnlos herumliegt* (Cash 7. 5. 1999, Internet) – Die Bedeutungen ›unbearbeitetes Stück Holz‹ und ›grober Mensch‹ sind gemeindt.

Klotze A (ohne Vbg.) die; –, -n: siehe Kletze

Klotzenbrot A (ohne Vbg.) das; -(e)s, -e: siehe Kletzenbrot

Klub A der; -s, -s: ↗FRAKTION CH D ›Vereinigung gleich gesinnter, in der Regel derselben Partei zugehöriger ↗Abgeordneter im ↗Nationalrat, ↗Landtag oder Gemeinderat‹: *Von einem Generationenwechsel bei den Grünen will der Europasprecher auch deshalb nicht reden, weil ihm nicht das Durchschnittsalter im Klub die entscheidende Größe zu sein scheint, sondern die Repräsentativität* (SN 17. 10. 1998, Internet) – Auch in der Schreibung *Club.* Andere Bedeutungen sind gemeindt. – Dazu: **Gemeinderatsklub, Klubbildung, Klubchef(in), Klubkasse, Klubklausur, Klubkollege (…gin), ↗Klubobfrau, ↗Klubobmann, Klubsitzung, Klubsprecher(in), Klubzwang, Landtagsklub** (↗Landtag) A D, **Parlamentsklub**

Klubobfrau A die; –, -en (Politik): ›Leiterin eines ↗Klubs im ↗Nationalrat‹: *Klestil solle sich doch ein Beispiel an Le Pen nehmen, wenn es um seine Beziehung zu Jörg Haider geht, mahnte etwa die grüne Klubobfrau Madeleine Petrovic* (Profil 30. 3. 1998, 135) – Selten auch in der Schreibung *Clubobfrau.* Vgl. Klubobmann, Obfrau

Klubobmann A der; -(e)s, …männer/…leute (Politik): ↗FRAKTIONSPRÄSIDENT CH LUX, ↗FRAKTIONSVORSITZENDE D ›Leiter eines ↗Klubs im ↗Nationalrat‹: *Zum Vertreter Österreichs wurde der bisherige Justizsprecher und frühere Klubobmann der SPÖ, der Anwalt Willi Fuhrmann, bestimmt* (Kurier 29. 1. 1998, 3) – Selten auch in der Schreibung *Clubobmann.* Vgl. Klubobfrau, Obmann

Klugscheißer Klugscheißerin D der; -s, – bzw. die; –, -nen (abwertend, derb): ↗OBERGESCHEITE A, ↗GESCHEITMEIER D-südost, ↗KLUGSCHNACKER D-nord, ↗NEUNMALKLUGE D-nord/mittel ›Besserwisser(in)‹: *Mama, was ist ein Klugscheißer? – Frag Papa, der weiß immer alles* (Berliner Ztg 29. 3. 2001, Internet) – In A und CH ursprünglich fremd, aber zunehmend gebräuchlich

Klugschnacker Klugschnackerin D-nord der; -s, – bzw. die; –, -nen (abwertend): ↗OBERGESCHEITE A, ↗KLUGSCHEIßER D, ↗GESCHEITMEIER D-südost, ↗NEUNMALKLUGE D-nord/mittel ›Besserwisser(in)‹: *Aber jeder, der am vorletzten Sonnabend auf dem Rendsburger Paradeplatz dabei war, weiß, wie die Bauern über solche Klugschnacker denken* (Bauernbl Schleswig-Holstein und Hamburg, 2001, Internet) – Vgl. schnacken

Klump A D-südost das; -s, ohne Plur.: siehe Glumpert

Klumpert siehe Glumpert

Kluppe A D-südost die; –, -n: ›Wäscheklammer‹: *Rosa schüttelte ein Leintuch aus und befestigte es mit Kluppen an der Leine* (Recheis, Lena 71; A) – Häufig in der Form *Klupperl.* In CH dialektal. Die fachsprachliche Bedeutung ›Werkzeug zum Festhalten oder Messen der Dicke von Baumstämmen‹ ist gemeindt. – Dazu: **Wäschekluppe**

Klus CH die; –, -en: ›eine Gebirgskette durchbrechendes Tal, bes. im Jura‹: *Wenn man von Oensingen her durch die enge Klus nach Balsthal fährt, ist man überrascht, wenn sich plötzlich vor den Augen eine weites, breites Tal öffnet* (Gemeinde Balsthal, 2002, Internet)

knabbern D (ohne südost) sw.V./hat: ↗KIEFELN A ›nagen; durch Nagen ablösen‹: *Über 30 Prozent aller*

Deutschen knabbern an den Fingernägeln (Jump Radio 18. 2. 2002, Internet); ***lange/schwer an etw. zu knabbern haben** CH D (ohne südost) ›sich mit etw. sehr plagen müssen; noch lange unter den Folgen von etw. leiden‹: *Q. ... hat dank seiner unbestrittenen beruflichen Kompetenz wieder eine gute Stelle gefunden. Trotzdem wird er noch sehr lange an seinen Schulden zu knabbern haben* (Wochen-Ztg für das Emmental und Entlebuch 6. 2. 2003, Internet; CH); *Die USA werden noch lange an ihren Bilanzskandalen zu knabbern haben* (Handelsbl 24. 8. 2002, Internet; D) – Die Bedeutung ›Knabbergebäck essen‹ ist gemeindt.

Knabe A CH der; -n, -n: ↗BUB A CH D-süd, ↗JUNGE D-nord/mittel ›männliches Kind‹: *Bei dem kürzlich in Wolfurt durchgeführten Bundesfinale im Geräteturnen für Knaben und Mädchen der 7. und 8. Schulstufen der HS und AHS konnte die Übungshauptschule Feldkirch einen großen Erfolg feiern* (VN 18. 5. 2000, Heimat/Feldkirch 28; A); *Er sah das Mädchen noch andere Male; ... Zwei Knaben hielten es fest und kitzelten es an den Schenkeln und am Bauch* (Hartmann, Pestalozzi 27; CH) – In A meist formell, z. B. im Bereich Schule, Sport, Bekleidungsindustrie. In D gehoben und veraltend. Die scherzhafte Verwendung, z. B. *alter Knabe*, ist gemeindt. – Dazu ↗**Knabenschiessen** CH

Knabenschiessen CH das; -s, –: ›traditionelles, jährlich stattfindendes Wettschiessen für 13- bis 16-jährige Jugendliche der Stadt Zürich (früher nur unter Beteiligung von ↗Knaben)‹: *Knabenschiessen: Ein Knabe hat am Montag den Thron der letztjährigen Schützenkönigin geerbt* (Bund 15. 9. 1998, 44)

Knacker: **1.** A (ohne Vbg.) D (ohne südwest) die; –, –: ↗SCHÜBLING A-west (Vbg.); ↗KNACKWURST A (ohne west) D (ohne südwest), ↗CERVELAT CH, ↗SCHÜBLIG CH, ↗KLÖPFER CH-nordwest, ↗CERVELATWURST D ›dicke kurze Wurst aus Rind- und Schweinefleisch‹: *»Die Knacker«, hat der Brenner erklärt, wird wieder aus den Resten vom Leberkäse gemacht. Und aus den Knackerresten wird dann wieder der Leberkäse, und aus den Leberkäseresten wieder die Knacker und so weiter, das ist eine Unendlichkeit* (Haas, Silentium 74; A); *Die Knacker mit Graubrot schmecken richtig gut* (Universität Potsdam 7. 12. 1996, Internet; D). **2.** A D der; -s, – (abwertend) ›[älterer] Mann‹: *»Dort sitzen vielleicht die alten Knacker«, glaubt eine kecke junge Dame den Grund zu kennen, warum's gegenüber keinen von den Sitzen reißt* (OÖN 22. 8. 2001, 24; A); *Westfälisches Ethnokabarett von armen Würstchen und reichen Knackern* (Palette 2/1998, 19; D)

Knacknuss CH die; –, ...nüsse: ›schwer zu lösendes Problem; harte Nuss‹: *Wie weit die Massnahmen gegen Lohn- und Sozialdumping gehen sollen, ist eine weitere Knacknuss* (Blick 28. 8. 1999, 5)

Knackwurst A (ohne west) D (ohne südwest) die; –, ...würste: ↗SCHÜBLING A-west (Vbg.), ↗KNACKER A (ohne Vbg.) D (ohne südwest), ↗CERVELAT CH, ↗SCHÜBLIG CH, ↗KLÖPFER CH-nordwest, ↗CERVELATWURST D ›dicke kurze Wurst aus Rind- und Schweinefleisch‹: *»Wissen Sie, woraus man den Leberkäse macht?«, hat der Brenner sie gefragt. ... »Aus den Resten der Knackwurst. Und wissen Sie, woraus die Knackwurst gemacht wird?«* (Haas, Silentium 74; A); *Und sicher ist sicher, kramt sie mir eine Knackwurst aus der Schürze, denn ... vielleicht bin ich ja ein Engel des Herrn, der die Nächstenliebe der Menschen auf die Probe stellt* (Holzach, Deutschland umsonst 83; D)

Knall: ***Knall auf Fall** CH D (salopp) ›plötzlich und unerwartet‹: *Vollends beunruhigt sind die 550 Angestellten, seit am vergangenen Wochenende der Direktor ... Knall auf Fall entlassen wurde* (Bund 11. 12. 1999, 19; CH); *Aber das geht nicht Knall auf Fall* (Sonntagsbl 9. 6. 1995, Internet; D) – Auch in der Form *Knall und Fall*, in CH allerdings selten. Das Substantiv *Knall* ist in allen anderen Verwendungen gemeindt.

Knaller D (ohne mittelost) der; -s, – (Grenzfall des Standards): ↗KNÜLLER D (ohne südost) ›Sensation, Hit‹: *Die Methode ist ein Knaller: 300 Outlaws ... hat Sheriff Bosio in kürzester Zeit gefasst* (Allegra 11/1997, 11) – In CH selten

Knallkopp D-nord/mittel der; -s, ...köppe (abwertend, Grenzfall des Standards): ↗BEKLOPPTE D-nord/mittel, ↗KNALLTÜTE D (ohne südost) ›Ärger oder Unverständnis hervorrufende, verrückte Person‹: *Ich möchte nicht, dass irgend so ein Knallkopp unsere Welt zerballert* (Berliner Ztg 11. 8. 1995, Internet)

Knalltüte D (ohne südost) die; –, -n (abwertend, Grenzfall des Standards): ↗BEKLOPPTE D-nord/mittel, ↗KNALLKOPP D-nord/mittel ›Ärger oder Unverständnis hervorrufende, verrückte Person‹: *Und diese Knalltüten sieht man ständig im Fernsehen, obwohl sie nix anderes tun, als die Menschen, die nach Bad Wörishofen fahren, nämlich immer wieder das gleiche* (Tagesspiegel 25. 7. 1999, 31)

knapp Adj.: **1.** A ›eng, dicht, nahe (in räumlichen Angaben)‹: *Meiden Sie: ... Personengruppen im Freien (Menschen sollten nicht knapp beieinander stehen)* (Medizin populär 9/1996, 6). **2.** CH D ›eng anliegend (von Kleidung)‹: *Die hübsche Marina (21) spaziert im knappen Höschen und kurzen T-Shirt durch die Stadt* (Blick 2. 8. 1997, 7; CH); *»Das war schon die dritte Überstunde diese Woche«, schimpfte ihre Kollegin, während sie ... das weiße T-Shirt gegen eine knapp sitzende Corsage austauschte* (Arens, Nächste Mann 9; D) – Andere Bedeutungen sind gemeindt.

Knäppchen D-mittelwest das; -s, –: ↗SCHERZ A D-südost, ↗SCHERZEL A (ohne Vbg.) D-südost, ↗KANTEN D-nord/mittel, ↗KAPPE D-nordwest, ↗KIPF D-südost, ↗KNÄUSLE D-südwest, ↗KNUST D-nord, ↗KRÜSTCHEN D-mittelwest, ↗RANFT D-ost, ↗RIEBELE D-südwest ›Anschnitt oder Endstück eines Brotlaibes‹: *Obwohl wir … zwei Doppelschnitten erhielten, wobei die ausgebenden Frauen noch darauf achteten, wenn einer von uns jungen Burschen dran war, dass der zusätzlich das Knäppchen, das Endstück, bekam, konnte ich noch ein Butterbrot von seinen mit Hochgenuss verzehren* (Ogrissek, Besinnliches über die Zeche Werne, 2002, Internet)

Knappschaft D die; –, -en: ›Träger der Sozialversicherung für Bergleute‹: *So könnte die Einbeziehung der Knappschaft (Rentenkasse des Bergbaus) in den Finanzverbund der Arbeitgeber- und Angestelltenversicherung … Einsparungen bringen* (Welt 29. 5. 1999, Internet) – Dazu: **Bundesknappschaft, knappschaftlich, Knappschaftsversicherung**

knapsen D (ohne mittelost/südost) sw.V./hat (Grenzfall des Standards): ›übertrieben sparen [müssen]‹: *Eltern mit mehreren Kindern haben schon jetzt zu knapsen, um ihren Sprösslingen den regelmäßigen Besuch des Theaters zu ermöglichen* (Welt 2. 2. 2002, Internet)

Knast D der; -(e)s, Knäste/-e (Grenzfall des Standards): ↗HÄFEN A, ↗KISTE CH D (ohne ost/südwest) ›Gefängnis‹: *Leo Wiesbruck war neununddreißig Jahre alt und hatte rund zwölf Jahre Knast hinter sich* (Bick, Tödliche Ostern 44) – In A bekannt, aber als fremd empfunden, in CH selten – Dazu: **Jugendknast**

Knauser D der; -s, – (abwertend): ↗RAPPENSPALTER CH, ↗PFENNIGFUCHSER D ›geizige, geldgierige Person; Geizhals‹: *Die Knauser müssen nicht mehr auf ihre Knausrigkeit verweisen, wenn man sie fragt, warum sie im Urlaub nicht mal schön wegfliegen* (Tagesspiegel 11. 11. 2001, Internet) – Dazu: **knauserig, knausern**

Knäusle D-südwest das; -s, – (Grenzfall des Standards): ↗SCHERZ A D-südost, ↗SCHERZEL A (ohne Vbg.) D-südost, ↗KANTEN D-nord/mittel, ↗KAPPE D-nordwest, ↗KIPF D-südost, ↗KNÄPPCHEN D-mittelwest, ↗KNUST D-nord, ↗KRÜSTCHEN D-mittelwest, ↗RANFT D-ost, ↗RIEBELE D-südwest ›Anschnitt oder Endstück eines Brotlaibes‹: *Es gab nur einmal in der Woche neu gebackenes Brot, darum schmeckten uns Kindern auch die Knäusle so gut, die wir beim Abholen des Brotes von den Laiben rupften* (Täbingen, 2002, Internet)

Knecht: ***Knecht Ruprecht** A-west (Vbg.) D-mittelwest/süd: ↗KLAUBAUF A-west (Tir.)/südost, ↗KRAMPUS A D-südost, ↗SCHMUTZLI CH, ↗PELZNICKEL D-mittelwest/südwest ›strafender Begleiter des St. Nikolaus‹: *Die strafenden Begleiter hießen in Süddeutschland Knecht Ruprecht, Pelzmärte, Krampus, Pelznickel, Schante-Klos oder hatten andere Namen* (Woll, Feste 99; D) – Das Substantiv *Knecht* ist in allen anderen Verwendungen gemeindt.

kneifen st.V./hat: **1.** CH D-nord/mittel; ↗KLEMMEN CH D-südwest ›(jmdm. ein Stück Haut und Fleisch) so zusammenpressen, dass es schmerzt; zwicken‹: *Er kneift sich am Oberschenkel, will sicher sein, dass er nicht träumt* (Zürcher, Zeit 8; CH); *Daher kann ein intensiver Juckreiz oft dadurch gebessert werden, indem man einen Schmerzreiz, etwa festes Kneifen, an die betroffene Stelle setzt* (Liguamed Verlag, 2000, Internet; D). **2.** D-nord/mittel; ↗ZWICKEN A CH D-südost ›(auf diffuse Weise) wehtun‹: *Wenn es kneift und ziept, der Rücken schmerzt und die Gelenkigkeit nachlässt, kann gezielte Gymnastik Abhilfe schaffen* (Bad Homburg News 9. 8. 2000, Internet). **3.** CH D (ohne südost); ↗KLEMMEN CH ›sich drücken‹: *Sind wir eine Nation von Drückebergern? Immer mehr Schweizer kneifen vor RS oder WK – dank einem Arzt-Zeugnis* (Blick 17. 1. 1995, 1; CH); *Sie wollen ihr nicht das Gefühl vermitteln, plötzlich zu kneifen und sie unter fremden Menschen … alleine zu lassen* (Welt 30. 4. 1997, Internet; D) – Zu 1.: ↗**zusammenkneifen** CH D (ohne südost)

Kneifer D der; -s, – (früher): ↗ZWICKER A CH D-süd ›Brille ohne Bügel‹: *Der goldene Kneifer und sein strenges Gesicht … lassen erkennen, dass er aus der besseren Gesellschaft stammt* (Welt 19. 9. 1998, Internet)

Kneifzange D-nord/mittel die; –, -n: ›Zange, deren Schneideflächen aufeinander stoßen; Beißzange‹ /ein Werkzeug/: *Und er fragt sich, wie man nachher die Nägel aus dem Holz … ziehen wird. Mit einer Kneifzange?* (Spiegel 19. 6. 2000, Internet); ***die Hose [nicht] mit der Kneifzange anziehen** siehe Hose

Kneipe D (ohne südost) die; –, -n (Grenzfall des Standards): ↗WIRTSHAUS A D-nordwest/süd, ↗BEISEL A (ohne west) D-südost, ↗BEIZ A-west (Vbg.) CH D-südwest, ↗WIRTSCHAFT A-west (Vbg.) CH D (ohne ost), ↗SPUNTEN CH, ↗PINTE CH D-nord/mittelwest, ↗KRUG D-nord ›einfaches Lokal, in dem man sich bes. zum Trinken und Plaudern trifft‹: *Wir gingen in eine Kneipe und tranken ein paar Bier* (Born, Erdabgewandte Seite 11) – Dazu: **Kneipenbummel** (↗Bummel), **Kneipengänger(in),** ↗**Kneipenwirt(in)** D-nord/mittel, ↗**Kneipier** D-nord/mittel, **Stammkneipe, Studentenkneipe, Szenekneipe**

Kneipenwirt Kneipenwirtin D-nord/mittel der; -(e)s, -e bzw. die; –, -nen: ↗SCHANKWIRT A D-mittelost/süd, ↗BEIZER CH, ↗RESTAURATEUR CH, ↗KNEIPIER D-nord/mittel, ↗KRÖGER D-nord ›Gastwirt(in)‹:

»Hauptsache, das Grünzeug geht nicht kaputt«, gibt sich ein Kneipenwirt in Duisburg-Meiderich gelassen (WDR 2. 6. 2002, Internet) – Vgl. Kneipe

Kneipier D-nord/mittel der; -s, -s [knai'pie:]: ↗SCHANKWIRT A D-mittelost/süd, ↗BEIZER CH, ↗RESTAURATEUR CH, ↗KNEIPENWIRT D-nord/mittel, ↗KRÖGER D-nord ›Gastwirt‹: *Doch weder Ärger mit ruhebedürftigen Anwohnern können die Kneipiers in ihrem Drang nach draußen bremsen noch hohe Verwaltungs-Hürden* (WAZ 16. 5. 1998, 3) – Eine weibliche Form ist nicht gebräuchlich. Vgl. Kneipe

kneißen A sw.V./hat: siehe gneißen

Knete D (ohne südost) die; –, ohne Plur. (salopp, Grenzfall des Standards): ↗FLIEDER A (ohne west), ↗GERSTL A D-südost, ↗MARIE A D-nord, ↗KLOTZ CH, ↗STUTZ CH, ↗KOHLE CH D, ↗ASCHE D-nord/mittel, ↗KIES D (ohne südwest), ↗MOOS D (ohne mittelost/südwest) ›Geld‹: *Oder reicht etwa die Knete nicht?* (Lind, Superweib 66)

knibbeln D-nordwest/mittelwest sw.V./hat: ↗FIESELN A D-südost, ↗FUZELN A D-südost, ↗KNÜBELN CH ›(etw. Kleines mit den Fingerspitzen) vorsichtig bearbeiten‹: *Sie zupfte und knibbelte an ihrer Unterlippe* (Arens, Nächste Mann 27) – Dazu: ↗**abknibbeln, Knibbelarbeit**

Knicker D-mittelwest der; -s, –: ↗MURMEL A CH D (ohne nordwest/südost), ↗MARMEL CH D-nordost, ↗KLICKER D-mittelwest, ↗PICKER D-nordwest, ↗SCHUSSER D-südost ›kleine Glaskugel zum Spielen‹: *So vielfältig wie die Spielregeln sind auch die regionalen Bezeichnungen: Schusser, Klicker oder Knicker* (Welt 22. 7. 1995, Internet) – Dazu: **knickern, Knickerspiel**

Kniesocke CH die; –, -n: siehe Kniesocken

Kniesocken CH der; -s, –: ↗KNIESTRUMPF A D, ↗STRUMPF D, ↗WADENSTRUMPF D, ↗WADELSTRUMPF D-südost ›bis zum Knie reichende, meist gestrickte Fussbekleidung‹: *Skimode im Stil der fünfziger Jahre, Keilhosen für sie, Knickerbocker für ihn, Kniesocken (aber keine roten!) und Zipfelmützen* (Blick 31. 12. 1996, 25) – Oft auch in der Form *Kniesocke* (die; –, -n). Vgl. Socken

Kniestrumpf A D der; -(e)s, …strümpfe: ↗KNIESOCKEN CH, ↗STRUMPF D, ↗WADENSTRUMPF D, ↗WADELSTRUMPF D-südost ›den Fuß bedeckende, bis zum Knie reichende eng anliegende, textile Beinbekleidung‹: *Den absolut schrägen Pepp bekommt das Ganze durch die schwarzen Kniestrümpfe, Sonnenbrille und die neckische Tasche* (Wann & Wo 13. 11. 1994, 34; A); *Ihre Seitenscheitel und Zöpfe … ihre Kniestrümpfe und Ringelsöckchen* (Grass, Unkenrufe 96; D) – *Kniestrumpf* ist in A ursprünglich fremd. Das früher gebrauchte ↗*Stutzen* ist nur noch bei der Trachten- und Sportbekleidung gebräuchlich

Knifte D-mittelwest die; –, -n (Grenzfall des Standards): ↗SCHNITTE CH D-nord/mittel, ↗BEMME D-ost, ↗STULLE D-nordost (bes. Berlin) ›belegte Scheibe Brot; Butterbrot‹: *Nach einem herzhaften Biss in die Käse-Knifte und einem Schluck Kaffee aus der Thermoskanne tritt Wolfgang F. wieder aufs Gas* (WAZ 5. 12. 2000, Internet)

Knirps (gemeindt.): ↗BAUXERL, ↗DREIKÄSEHOCH, ↗KNOPF, ↗KRÜMEL, ↗MURKEL, ↗PFÜDERI, ↗PIMPF, ↗STEPPKE

Knobelbecher D-nord/mittelwest der; -s, –: ›Becher, in dem Würfel vor dem Wurf geschüttelt werden‹: *In Ostfriesland werden wieder die Knobelbecher geschüttelt* (General-Anzeiger 6. 12. 2001, Internet) – Vgl. knobeln

knobeln sw.V./hat: **1.** D ›mit Würfeln spielen‹: *Knobeln kann man zwar schon zu zweit spielen, mehr Mitspieler wären aber besser* (Zebra, Ideenbank für Kinder 16. 4. 2003, Internet). **2.** A D ›durch Würfeln, Handzeichen, Münzen werfen oder Streichhölzer ziehen eine Entscheidung herbeiführen; auslosen‹: *Da stecken die Menschen die Köpfe zusammen, um sich zunächst über den Namen des großen Sportlers einig zu werden und dann wird geknobelt, wer denn nun zum Autogrammholen bestimmt wird* (OÖN 23. 7. 1997, 21; A); *Frank und Mark knobeln gewöhnlich mit einer Münze, wer das Bier bezahlen soll* (Universität Duisburg 14. 6. 2002, Internet; D). **3.** CH D (Grenzfall des Standards) ›angestrengt nach einer Lösung suchen‹: *Rätselfans können aufatmen: Endlich gibt's wieder was zum Knobeln* (Sonntagsblick 20. 8. 1995, 68; CH); *Von Rostock bis Berchtesgaden … werden an diesem Tag 170'000 Mädchen und Jungen … freiwillig über Matheaufgaben knobeln* (Humboldt-Universität Berlin, 2002, Internet; D) – Zu 1.: **ausknobeln,** ↗**Knobelbecher**

Knobi D-mittel der; -s, ohne Plur. (Grenzfall des Standards): ↗KNOFEL A D-süd, ↗KNOBLI CH, ↗KNOFI D-mittelwest/südost ›Knoblauch‹: *Vor allem Billi's Salatdressing ist … beliebt: eine Eigenmixtur aus drei Sorten Essig, viel Knobi, frischen Kräutern, Senf, Salz, Pfeffer und Zucker* (Allegra Spezial 11/1997, 17)

Knoblauch (gemeindt.): ↗KNOBI, ↗KNOBLI, ↗KNOFEL, ↗KNOFI

Knoblauch: *wilde Knoblauch A D: ↗KNOFELSPINAT A ›Bärlauch‹: *Im zeitigen Frühjahr wächst der Bärlauch in schattigen, feuchten Laubwäldern und verströmt einen intensiven Knoblauchgeruch. Das … hat der Pflanze den Namen wilder Knoblauch eingetragen* (PermaKulturNetwork, 2003, Internet; A); *Bärlauch, auch: Wilder Knoblauch, … kann anstelle von Knob-*

lauch und Zwiebeln verwendet werden (Küche & Genuss, 2002, Internet; D) – Das Substantiv *Knoblauch* ist in allen anderen Verwendungen gemeindt.

Knobli CH der; -s, ohne Plur. (Grenzfall des Standards): ↗KNOFEL A D-süd, ↗KNOBI D-mittel, ↗KNOFI D-mittelwest/südost ›Knoblauch‹: *Nur der Bärlauch duftet, spätestens, wenn man sich über ihn beugt, so unverwechselbar nach Knobli* (Sonntagsztg 21. 3. 1999, 117)

Knödel A D der; -s, -/A-südost das; -s, –: ↗KLOß D (ohne südost) ›aus einer Brotwürfel-Eier-Mehl-Milchmasse [und verschiedenen Zutaten, wie Käse, ↗Speck, Spinat] hergestellte und in Wasser gegarte Beilage oder Hauptspeise in rundlicher Form‹: *Da wir ja das Land der Knödel schlechthin sind, gehört Knödelkochen auch zur Grundausbildung jedes Staatsbürgers, meinen wir* (Gusto 3/1998, 41; A); *Statt Carpaccio ... hat es uns der Knödel ... in leichter Trüffel-Vinaigrette ... angetan* (Welt 17. 11. 2000; D); ***schwarzplentene Knödel** STIR siehe schwarzplenten; ***einen Knödel im Hals haben** A D-südost siehe Hals – In D-nord/mittel ursprünglich fremd, aber zunehmend gebräuchlich – Dazu: **Erdäpfelknödel** (↗Erdapfel), ↗**Germknödel, Grammelknödel** (↗Grammel), **Hascheeknödel** (↗Haschee), **Kasknödel** (↗Kas-), **Kaspressknödel** (↗Kas-), ↗**Knödelakademie** A, **Leberknödel,** ↗**Marillenknödel** A, **Powidlknödel** (↗Powidl), **Selchfleischknödel** (↗Selchfleisch), **Semmelknödel** (↗Semmel), **Serviettenknödel, Speckknödel** (↗Speck), **Spinatknödel, Topfenknödel** (↗Topfen), **Zwetschkenknödel** (↗Zwetschke), **Wurstknödel**

Knödelakademie A die; –, -n (abwertend, Grenzfall des Standards): ›weiterführende Schule [mit ↗Matura] für wirtschaftliche Berufe (mit hohem Anteil an hauswirtschaftlichen Fächern)‹: *Mit Ach und Krach und mit einem Jahr Verspätung hatte sie die Matura in einer Knödelakademie geschafft* (Kneifl, Vorstellung 47) – Vgl. Akademie

Knofel A D-süd der; -s, ohne Plur. (Grenzfall des Standards): ↗KNOBLI CH, ↗KNOBI D-mittel, ↗KNOFI D-mittelwest/südost ›Knoblauch‹: *Wer macht die Zutaten? Zum Beispiel Tsatsiki, aus bestem Joghurt, viel gepresstem Knofel und Gurkenradeln?* (OÖN 13. 5. 2000, 28; A) – Dazu: ↗**Knofelspinat** A

Knofelspinat A der; -(e)s, ohne Plur. (Grenzfall des Standards): ↗KNOBLAUCH: *WILDE KNOBLAUCH A D ›Bärlauch‹: *Der Knofelspinat ist eine Pflanze der Au- und Edellaubwälder* (Gusto 4/1998, 6) – Vgl. Knofel

Knofi D-mittelwest/südost der; -s, ohne Plur. (Grenzfall des Standards): ↗KNOFEL A D-süd, ↗KNOBLI CH, ↗KNOBI D-mittel ›Knoblauch‹: *Tipp gegen die Knofi-Fahne: rohes dunkelgrünes Gemüse ... essen* (Brigitte 1. 12. 1997, Internet)

Knöllchen D das; -s, –: ↗BUSSENZETTEL CH ›Strafzettel (bei Fehlverhalten im Straßenverkehr)‹: *Sie bekommen ... nur ein Knöllchen hinter die Windschutzscheibe gesteckt, wenn sie die Verkehrsregeln übertreten haben* (Welt 21. 1. 1997, Internet)

Knopf der; -(e)s, Knöpfe: **1.** A CH D-süd ›Verknüpfung von Fäden, Schnüren o. Ä.‹: *Du machst oben an der Scheibe einen Knopf in den Faden, unten befestigst du eine bunte Holzperle* (Bastelecke, 2002, Internet; A); *Die Turnschuhe dürfen lediglich mit einem normalen Knopf verschnürt werden* (Schweizerischer Turnerverband, 2002, Internet; CH); ***jmdm. geht der Knopf auf** A CH D-südost; ***jmd. macht/tut den Knopf auf** CH: ↗KNOTEN: *[BEI] JMDM. PLATZT DER KNOTEN D-nord/mittel ›jmd. ist plötzlich zu sehr guter Leistung fähig, macht einen sprunghaften Fortschritt‹: *Seit Jahren galt er als Riesentalent, aber auch als wenig belastbar. Erst heuer ging der Knopf auf* (Presse 12. 2. 1998, 27; A); *Inzwischen ist Philippe aber der Knopf aufgegangen. Er hat seine Studien an der kalifornischen Stanford-Universität absolviert* (TA 6. 12. 1999, Internet; CH); *Einige brauchen eben länger, bis sie den Knopf aufmachen* (Helveticus 1975, 32; CH). **2.** CH D-südwest; ↗BAUXERL A-ost, ↗PIMPF A D-mittelwest/südwest, ↗PFÜDERI CH, ↗DREIKÄSEHOCH CH D, ↗KRÜMEL D-nord/mittel, ↗MURKEL D-ost, ↗STEPPKE D-nord/mittel ›kleines Kind; Knirps‹ /Kosewort/: *Ich begann mich bereits als kleiner Knopf für meine tierische Umwelt zu interessieren, und schon bald durfte ich mir ein Haustier zulegen!* (Tierportal Animal, 2000, Internet; CH). **3.** CH D-südwest ›Knospe‹: *Die Rosenpflanzer zeigen neueste Züchtungen, frühe Eigengewächse, auch wenn ihnen die Knöpfe noch nicht ganz aufgegangen sind* (Späth, Unschlecht 80; CH). **4. *Knöpfe auf den Augen haben** D-mittelwest siehe Auge; ***an den Knöpfen abzählen [können]** D (ohne südost) ›die Entscheidung über etw. Unwesentliches dem Zufall überlassen; etw. leicht herausfinden können‹: *Er wird an den Knöpfen abzählen, ob es nicht doch ohne diese Neuarbeit geht* (Jendritzki, Reparatur der Armbanduhr 30. 7. 2003, Internet) – Andere Bedeutungen sind gemeindt. – Zu 1.: **Krawattenknopf** A CH

Knöpfel A das; -s, – (Küche): ↗SCHLÖGEL A, ↗HAXL A D-südost, ↗SCHLEGEL A CH D-süd, ↗GIGOT CH, ↗STOTZEN CH, ↗KEULE D (ohne nordost/südost) ›Schenkel des Rindes‹: *»Bündner Fleisch« wird aus sehnen- und fettarmen Fleischteilen aus dem Oberschenkel des Rindes (Knöpfel) hergestellt* (Fleischindustrie, 2000, Internet) – Nur in A wird das *Knöpfel* in mehrere kleinere Teile zerlegt, und zwar in das ↗*Hüferl*, ↗*Hüferschwanzel*, den ↗*Tafelspitz*, das *Bein-*

scherzel, ↗*Hüferscherzel, Schwarze* ↗*Scherzel, Weiße* ↗*Scherzel,* den ↗*Zapfen* und ↗*Wadschinken*

Knöpferlharmonika A (ohne west) die; –, -s/ …ken (Grenzfall des Standards): ↗MAURERKLAVIER A, ↗KNOPFORGEL A-west, ↗ZIEHORGEL A-west (Tir.), ↗HANDORGEL A-west (Vbg.) CH, ↗QUETSCHE A D-nordwest/süd, ↗ZIEHHARMONIKA A D, ↗SCHWYZERÖRGELI CH, ↗HANDHARMONIKA CH D (ohne mittelost/südost), ↗SCHIFFERKLAVIER D, ↗QUETSCHKOMMODE D (ohne südost) ›Harmonika mit diatonisch angeordneten Knopftasten, bei der auf Druck und Zug des Balges verschiedene Töne erklingen; Akkordeon‹: *Knöpferlharmonika, Tuba und Gitarre, dazu höchst anzügliche G'stanzln, unterhalten die Gäste* (OÖN 19. 3. 1994, 6)

Knöpfle A-west (Vbg.) LIE die; nur Plur.: siehe Knöpfli

Knöpfli CH die; nur Plur.: ↗NOCKERL A D-südost, ↗SPATZEN A D-süd, ↗SPÄTZLE A D, ↗SPATZELN A-west (Tir.) D-südost, ↗SPÄTZLI CH, ↗SPATZLEN STIR ›in Wasser gekochte, kleine ovale oder längliche Teigstücke (als Beilage oder Hauptspeise)‹: *Schon oft ist es passiert, dass ich mir beispielshalber ganz heiss Braten mit Knöpfli gewünscht habe* (Minu, Basler Koch(t)köpfe 49) – In A-west (Vbg.) und LIE auch in der Form *Knöpfle* – Dazu: **Käseknöpfli, Knöpflisieb, Knöpfliteig**

Knopforgel A-west die; –, -n (Grenzfall des Standards): ↗MAURERKLAVIER A, ↗KNÖPFERLHARMONIKA A (ohne west), ↗ZIEHORGEL A-west (Tir.), ↗HANDORGEL A-west (Vbg.) CH, ↗QUETSCHE A D-nordwest/süd, ↗ZIEHHARMONIKA A D, ↗SCHWYZERÖRGELI CH, ↗HANDHARMONIKA CH D (ohne mittelost/südost), ↗SCHIFFERKLAVIER D, ↗QUETSCHKOMMODE D (ohne südost) ›Harmonika mit diatonisch angeordneten Knopftasten, bei der auf Druck und Zug des Balges verschiedene Töne erklingen; Akkordeon‹: *Einige Kinder spielen auch typische Volksmusikinstrumente wie Hackbrett, Zither, Knopforgel und Gitarre* (Jugendgruppe Wipptal, 2001, Internet)

knorke D-nordost (bes. Berlin) Adj.: ↗KLASS A (ohne west), ↗ASTREIN D, ↗KLASSE D, ↗DUFTE D-nord (bes. Berlin), ↗PFUNDIG D-süd, ↗SCHNIEKE D-nord (bes. Berlin) ›sehr gut; großartig‹: *Dass … Nachwuchstalente … ihr eigenes Varietéprogramm gestalten können, ist knorke und verdienstvoll* (Tagesspiegel 29. 4. 2001, Internet)

Knorren D (ohne mittelost) der; -s, –: ↗KNORZ CH ›krummer Teil eines Astes oder Baumstammes mit Verdickungen‹: *Es stammte von alten, abgefallenen Ästen, die in der hiesigen Feuchtigkeit sehr schnell vermodert waren, so dass der unzerstörbare Rückstand harzige Knorren bildete* (Universität Bielefeld 9. 8. 2001, Internet) – In CH selten

Knorz CH: **1.** der; -es, -e; ↗KNORREN D (ohne mittelost) ›krummer Teil eines Astes oder Baumstammes mit Verdickungen‹: *Holz ist eben nicht gleich Holz, besonders wenn ein »Knorz« darin oder das Blatt der Säge stumpf ist* (Volksstimme, 2001, Internet). **2.** der; -es, ohne Plur.; ↗GEFRETT A D-südost, ↗GEKNORZE CH ›mühseliger, beschwerlicher Vorgang‹: *Der tägliche Knorz: Viele Menschen leiden unter Verstopfung* (Schweizer Familie Nr. 47, Internet). **3.** der; -es, Knörze ›[psychisches] Problem‹: *Bedenke, dass auch deine Eltern Menschen mit Fehlern sind, und ihre Gefühle, Knörze und Vorstellungen haben* (Kanton BL, Julex, 2001, Internet) – Zu 2 vgl. verknorzt – Zu 2.: ↗**knorzen, Knorzerei,** ↗**knorzig**

knorzen CH sw.V./hat: ↗FRETTEN A D-südost, ↗PLACKEN D-nordost ›sich abmühen, sich abplagen‹: *Über eine Stunde lang musste Sion knorzen, ehe der 1.-Liga-Spitzenklub Riehen mit einem groben Schnitzer den Wallisern ein Tor »schenkte»* (Blick 17. 3. 1997, 20) – Vgl. Knorz

knorzig CH Adj.: ›kleinlich, mühselig‹: *Alt sein heisst nicht schwach, knorzig und intolerant sein* (Bund 28. 3. 1998, 27) – Vgl. Knorz

Knospe (gemeindt.): ↗KNOPF

Knoten A der; -s, –: **1.** A ↗AUTOBAHNKNOTEN A, ↗AUTOBAHNVERZWEIGUNG CH, ↗AUTOBAHNDREIECK D ›Stelle, an der sich zwei Autobahnen vereinen bzw. sich eine Autobahn verzweigt: *Während sich der Stau beim Knoten Kaisermühlen langsam auflöst, …* (Profil 14. 12. 1997, Internet). **2.** ↗AUTOBAHNKREUZ CH D, ↗KREUZ CH D ›Stelle, an der die Bahnen von sich überkreuzenden Autobahnen über Zu- und Ausfahrten gewechselt werden können‹: *Im Abschnitt »Graz-Webling bis Knoten Graz-West« der A9 … ist eine Generalsanierung … durchzuführen* (asfinag, 2004, Internet) **3. *[bei] jmdm. platzt der Knoten** D-nord/mittel: ↗KNOPF: *JMDM. GEHT DER KNOPF AUF A CH D-südost; *JMD. MACHT/TUT DEN KNOPF AUF CH ›jmd. ist plötzlich zu sehr guter Leistung fähig, macht einen sprunghaften Fortschritt in der Entwicklung oder in seinen Fähigkeiten‹: *Ausgerechnet in seinem 150. Länderspiel war bei ihm der Knoten geplatzt* (Berliner Morgenpost 6. 3. 2002, Internet) – Die anderen Bedeutungen, z. B. ›festgezogene Verschlingung von Schnüren‹ und ›Verkehrsknoten‹, sind gemeindt.

knotzen A sw.V./ist (Grenzfall des Standards): ↗SANDELN A, ↗GAMMELN D ›untätig seine Zeit vertrödeln‹: *Einen Monat knotzte Anicic dann daheim in Maria Trost* (Sport Magazin 10/1997, 42) – Wird auf der ersten Silbe, mit Kurz- oder Langvokal, betont

Knubbel D (ohne südost) der; -s, –: ›rundliche Verdickung‹: *Drei kleine Knubbel können eine der längsten*

und heftigsten Diskussionen der akademischen Welt endgültig beenden. Die Erhebungen – Symptome einer seltenen Krebsform – fand die Wissenschaftlerin Hildegard H. (Welt 31. 3. 1998, Internet) – Dazu: **Knubbelnase**

knụbbeln sich D-mittelwest sw.V./hat: ↗WUZELN A D-südost ›dicht gedrängt zusammenstehen‹: *Vor dem Kino knubbeln sich fast 1000 Menschen* (Welt 25. 3. 1998, Internet)

knübeln CH sw.V./hat (Grenzfall des Standards): **1.** ↗KLETZELN A, ↗KLAUBEN A CH D-südwest, ↗GRÜBELN CH, ↗PULEN D-nord/mittel ›(etw. mit den Fingern oder mit einem Gegenstand) entfernen, herausholen‹: *Knübelst das Münz aus der Tasche, klemmst dir den Hörer zwischen Ohr und Schulter und suchst den Münz-Schlitz!* (BaZ 17. 10. 1997, 35). **2.** ↗FIESELN A D-südost, ↗FUZELN A D-südost, ↗KNIBBELN D-nordwest/mittelwest ›(etw. Kleines mit den Fingerspitzen) vorsichtig bearbeiten‹: *Am Modellbau schätzt er das Knübeln* (NLZ 1. 10. 1999, Internet) – Zu 1.: **herausknübeln**

Knụff D-nord der; -(e)s, Knüffe (Grenzfall des Standards): ↗PUFF D (ohne mittelost/südost) ›leichter Stoß mit der Faust oder dem Ellbogen‹: *Er gab Alexander einen Knuff* (Waldhoff, Grund des Meeres 88) – Dazu: ↗**knuffen** D-nord/mittel

knụffen D-nord/mittel sw.V./hat (Grenzfall des Standards): ›jmdn. mit der Faust oder dem Ellbogen stoßen; puffen‹: *Jedenfalls stürzte er an mir vorbei und knuffte mich in die Seite, als er mich überholte* (Lenz, Deutschstunde 85) – Vgl. Knuff

Knụ̈ller D (ohne südost) der; -s, –: ↗KNALLER D (ohne mittelost) ›Sensation, Hit‹: *Ich bin überzeugt, dass die Naturtherme Templin ein Knüller wird* (Welt 13. 11. 2000, Internet) – In A, CH und D-südost selten

Knụ̈ppler D der; -s, – (abwertend, Fußball): ↗HOLZHACKER A D, ↗HACKER CH, ↗TRETER D-nord/mittel ›unfairer Fußballspieler‹: *Einige meiner Parteifreunde widmen sich verstärkt dem Kickerspaß, ich fordere mich ein, spiele … gegen Aberle und Daute, die kantigsten Knüppler* (Universität Koblenz 13. 6. 1995, Internet) – Eine weibliche Form ist nicht gebräuchlich

knusprig (gemeindt.): ↗KROSS, ↗RESCH, ↗RÖSCH

Knust D-nord der; -(e)s, -e/Knüste: ↗SCHERZ A D-südost, ↗SCHERZEL A (ohne Vbg.) D-südost, ↗KANTEN D-nord/mittel, ↗KAPPE D-nordwest, ↗KIPF D-südost, ↗KNÄPPCHEN D-mittelwest, ↗KNÄUSLE D-südwest, ↗KRÜSTCHEN D-mittelwest, ↗RANFT D-ost, ↗RIEBELE D-südwest ›Anschnitt oder Endstück eines Brotlaibes‹: *Was mich schließlich auf die Idee bringt, das frische Brot aus der Tüte zu holen, einen dicken Knust abzuschneiden und das Brot mit dem beschnittenen Ende zuerst in die Tüte zurückzuschieben* (Hamburger Abendbl 22. 11. 1999, Internet)

Kobel A D-südost der; -s, –: **1.** (auch abwertend); ↗KOBEN D ›[als primitive Unterkunft, Stall dienender] Verschlag‹: *Das Interesse der Öffentlichkeit überrascht die beiden Dienst habenden Polizisten im Schwechater »Sondertransitraum«, einem Kobel mit der heimeligen Ausstrahlung eines Baucontainers* (News 6. 11. 1997, 46; A). **2.** kurz für ↗ *Taubenkobel:* ›Taubenschlag‹: *Der Kobel hat die Form eines barocken Zwiebelturmes und wurde im Jahr 1727 für den damaligen Pfarrer gebaut und im Garten des Pfarrhofes aufgestellt* (Villa für Tauben, 2000, Internet; A)

Koben D der; -s, –: ↗KOBEL A D-südost ›[als primitive Unterkunft, Stall dienender] Verschlag‹: *Links ein Koben, aus dem zwei Schweine grunzen* (Berliner Ztg 10. 7. 2002, Internet)

Köbes D-mittelwest (Köln) der; –, – ⟨Kurzform von *Jakob*⟩: ›Kellner in einem altkölnischen Bierlokal‹: *Der Legende nach soll dermaleinst ein Köbes im Brauhaus dem Gast ein ganzes »Röggelchen«, also ein Roggenbrötchen mit Käse vorgesetzt haben* (WDR Domgeschichten 9. 7. 2001, Internet) – Eine weibliche Form ist nicht gebräuchlich

Köbi CH (Grenzfall des Standards): ↗JOCKEL A Kurz- und Koseform des männl. Vornamens *Jakob*, wird sowohl gesprochen als auch geschrieben: *Obwohl mich Sven H. schon seit fast 40 Jahren kennt, bin ich für ihn immer noch der Köbi aus Wiedikon mit den kurzen Hosen* (Sonntagsblick 23. 4. 2000, s4) – Wird auf der ersten Silbe betont, regional unterschiedlich mit Kurz- oder Langvokal

Kobold (gemeindt.): ↗BUTZ²

Kọch A D-südost das; -(e)s, ohne Plur.: ↗RÖSTER A ›Brei, Mus‹: *Das Koch in eine befettete, bezuckerte Auflaufschüssel füllen und backen* (Firma Thea online, 2000, Internet; A) – Das Wort *der Koch* in der Bedeutung ›Person, die Speisen zubereitet‹ ist gemeindt. – Dazu: **Grießkoch, Hollerkoch** (↗Holler), **Marillenkoch** (↗Marille)

Kọchhaube A D-südost die; –, -n: ↗KOCHMÜTZE CH D ›hohe weiße Kopfbedeckung als Teil der Berufsbekleidung für Köche bzw. Köchinnen‹: *Mit Schürze und Kochhaube ging es ans Werk, natürlich unter fachkundiger Anleitung, angefangen von der Zubereitung des Teiges über Äpfel schälen bis hin zum Ziehen des selbst gemachten Strudelteiges* (Bund österreichischer Gastlichkeit, 1998, Internet; A) – Vgl. Haube

Kọchmütze CH D die; –, -n: ↗KOCHHAUBE A D-südost ›hohe weiße Kopfbedeckung als Teil der Berufsbekleidung für Köche bzw. Köchinnen‹: *Jetzt freut er*

sich auf seine neuen Arbeitsutensilien – Kochmütze und Rüstmesser (Blick 29. 7. 1997, 22; CH); *Auch der zweite Koch hat sich in namhaften Essener Häusern bereits eine riesige Kochmütze verdient* (Borbecker Nachr 19. 10. 2000, Internet; D) – Vgl. Mütze

Kochsalat A der; -(e)s, -e (Plur. ungebräuchl.): ↗Lattich CH, ↗Bindesalat D, ↗Salat: *Römische Salat D (ohne südost) ›leicht bittere Salatsorte mit dunkelgrünen länglichen Blättern und roten Sprenkeln, die sich auch zum Dünsten eignet‹: *Das Wiener Schnitzel schmeckte fad und kam mit Kochsalat* (Profil 21. 5. 1995, Internet)

Kochschokolade A CH die; –, -n: ↗Blockschokolade D ›[Bitter]schokolade mit dicken Rippen, die zum Backen verwendet wird‹: *2 Rippen Kochschokolade in kleine Stücke brechen, über Dampf schmelzen und in eine kleine Spritztüte füllen* (Gusto 11/1997, 62; A); *Mein ganzes Taschengeld hatte ich in Kochschokolade umgesetzt, wollte auf Ostern … den Eltern ein Osterei giessen* (Simmen, Schokoladentauglich 183; CH)

Kochtopf (gemeindt.): ↗Pfanne, ↗Topf

Kodderschnauze D-nord/mittelwest die; –, -n (salopp): ↗Schandmaul A D ›freches Mundwerk‹: *Das war und ist die größte Qualität dieser Schauspielerin mit der deftigen Kodderschnauze …: politische, gesellschaftliche und psychologische Schranken werden bei ihr erst gar nicht aufgebaut* (Welt 27. 8. 1999, Internet) – Vgl. Schnauze

Kofel A-west (Tir.)/südost D-südost der; -s, –: ›felsiger Gipfel, Bergspitze, Felsstück‹: *Hervorspringende Bergränder, die Berge staffelten sich hintereinander, Klötze, Kofel, felsige Spitzen* (Glantschnig, Mirnock 33; A-west/südost); *Weiter nördlich war … der »Kofel«, ein Felsen mitten im Fluss, welcher eine Enge und somit eine gefährliche Stelle darstellte* (Werdenfelser Land 17. 4. 2003, Internet; D-südost) – Häufig als Grundwort in Bergnamen, z. B. *Patscherkofel, Großer Speikkofel.* Vgl. Kogel

Kofferkuli D der; -s, -s: ↗Wagerl A, ↗Gepäckrolli CH, ↗Gepäckwägeli CH ›kleiner Wagen zum Transport von Gepäck in Bahnhöfen und auf Flughäfen‹: *Das gleiche musste sich ein Reisender sagen lassen, der wertvolles Gepäck auf einem Kofferkuli unterbrachte* (Ostsee-Ztg 2. 5. 2000, Internet) – In A selten

Kofferung CH die; –, -en: ›mit Schotter, Kies o. Ä. gefülltes Fundament von Gleisanlagen oder Strassen; Koffer‹: *Am letzten Wochenende wurde das alte Schienenmaterial entfernt, und im Verlauf der Woche bekam das Trassee eine neue Kofferung, neuen Schotter und neue Schwellen* (Bund 11. 7. 1998, 24) – Dazu: **Strassenkofferung**

Kogel A D-südost der; -s, –: ›Bergkuppe, Berg mit rundlichem Gipfel‹: *Im Anschluss an die Wanderung wird beim Weingartenhäuserl auf dem Kogel zu regionalen Schmankerln geladen* (Kleine Ztg 25. 10. 2001, Internet; A) – Häufig als Grundwort in Bergnamen, z. B. *Lärchkogel, Faulkogel.* Vgl. Kofel

Kognak A D der; -s, -s ['kɔnjak]: ›Cognac, Weinbrand‹: *Hugo, der selbst nicht trank, hatte einen kleinen Vorrat an Kognak, Gin und Whisky für seine Jagdgäste eingelagert* (Haushofer, Wand 21; A); *An diesem Tage spendierte sie mir den ersten Kognak meines Lebens* (Bieler, Maria Morzek 16; D) – Dazu: **Eierkognak** D

Kohl der; -(e)s, ohne Plur.: **1.** A; ↗Wirz CH, ↗Wirsing D STIR ›ein Kohlgewächs mit dunkelgrünen, gekräuselten Blättern und einem festen Kopf‹: *Sobald der Kohl bissfest ist, Nudeln und Kräuter untermischen und mit Salz, Pfeffer, Majoran und Kümmel würzen* (Firma Billa, Gourmetrezepte, 1998, Internet). **2.** D-nord/mittel; ↗Kraut A D-mittelost/süd, ↗Weißkraut A D-mittelost/süd, ↗Kabis CH, ↗Weisskabis CH, ↗Kappes D-mittelwest, ↗Weißkohl D-nord/mittel ›ein Kohlgewächs mit hellgrünen, glatten Blättern und festem Kopf‹: *Kohl mit Schweinefleisch, Kartoffeln und Wasser* (Remarque, Zeit zu leben 7); ***Das macht den Kohl [auch] nicht fett** siehe fett; ***[Das ist doch] aufgewärmter Kohl** D (ohne mittelost/süd) (Grenzfall des Standards) ›[Das ist eine] alte, schon längst erledigte Angelegenheit‹: *Jetzt, da ihre Wahrheiten ebenso rasch altern wie sie selbst, ist das nur noch aufgewärmter Kohl* (Mannheimer Morgen 4. 5. 2002, Internet). **3.** D-nord/mittel (abwertend, Grenzfall des Standards): ↗Holler A, ↗Quargel A, ↗Schas A, ↗Topfen A, ↗Gugus CH, ↗Hafenkäse CH, ↗Kabis CH, ↗Käse CH D, ↗Mumpitz CH D (ohne südost), ↗Quark CH D, ↗Schnickschnack D, ↗Blech D (ohne südost), ↗Fez D (ohne südost), ↗Kappes D-mittelwest, ↗Kokolores D (ohne südost) ›Quatsch; Unsinn‹: *Nun red mal keinen Kohl* (Bild 18. 4. 2002, Internet) – Die Bedeutung ›Familie der Kohlgewächse‹ ist gemeindt. – Zu 1.: **Kohlhäuptel** (↗Häuptel). Zu 2.: ↗**Kohlroulade** D-nord/mittel, ↗**Sauerkohl** D-nord

Kohle CH D die; –, -n (salopp, Grenzfall des Standards): ↗Flieder A (ohne west), ↗Gerstl A D-südost, ↗Marie A D-nord, ↗Klotz CH, ↗Stutz CH, ↗Asche D-nord/mittel, ↗Kies D (ohne südwest), ↗Knete D (ohne südost), ↗Moos D (ohne mittelost/südwest) ›Geld‹: *Hart gearbeitet, aber die Kohle bleibt aus* (Blick 20. 11. 2001, 23; CH); *Neu-Reiche wie Brillenkönig Günther F. sind nicht damit zufrieden, einfach nur viel Kohle zu scheffeln* (Stern 25. 9. 1997, 166; D) – Andere Bedeutungen sind gemeindt.

Kohlenpott D-nordwest/mittelwest der; -(e)s, ohne Plur. (Grenzfall des Standards): ↗Ruhrpott D,

↗REVIER D (ohne mittelost/südost) ›(auf dem dort früher intensiv betriebenen Kohleabbau beruhende Bezeichnung für das) Ruhrgebiet‹: *Keiner interessierte sich für dieses Örtchen am Rand des Kohlenpotts* (Rothmann, Wäldernacht 26) – Vgl. Pott

Kohlrabe D-mittelwest die; –, -n: ↗KOHLRÜBE A ›Kohlrabi‹: *Geeignet für Vorkultur sind unter anderen Kohlrabe, Salat, Basilikum … und Zucchini* (Fertighaus, 2000, Internet)

Kohlrabi (gemeindt.): ↗KOHLRABE, ↗KOHLRÜBE

Kohlroulade D-nord/mittel die; –, -n […ruˈlaːdə]: ↗KRAUTROULADE A, ↗KRAUTWICKEL A CH D-süd ›mit fein zerkleinertem Fleisch gefüllte Blätter vom ↗Kohl‹: *Berühmt ist die mächtige hausgemachte Kohlroulade mit Fleischfüllung* (BZ 24. 10. 1996, Internet)

Kohlrübe (gemeindt.): ↗BODENKOHLRABI, ↗STECKRÜBE, ↗WRUKE

Kohlrübe A die; –, -n: ↗KOHLRABE D-mittelwest ›Kohlrabi‹: *Sie vergaß darauf, ihre Ware mit humorgewürzten Rufen anzupreisen, sie verwechselte, als sie die Frau Gallig bediente, Karfiol mit Kohlrüben* (Semrau, Zimtapfel 35) – Wird in A überkorrekt als Standardform zur dialektal empfundenen Form *Kohlrabi* gebraucht. *Kohlrüben* und *Kohlrabi* sind aber zwei unterschiedliche Gemüsesorten. *Kohlrübe* in der Bedeutung ›Gemüsepflanze mit verdickter, gelbfleischiger, saftiger Wurzel‹ ist gemeindt.

kohlschwarz A D (ohne nordost/mittelwest) Adj.: ↗BRANDSCHWARZ CH, ↗PECHRABENSCHWARZ D (ohne südost), ↗NACHTSCHWARZ D-mittelost ›sehr dunkel; rabenschwarz‹: *Die weiß getünchten Wände sind kohlschwarz, … die Maschinen verwahrlost* (OÖN 30. 6. 1994, 14; A)

Kohlsprosse A die; –, -n: ↗SPROSSENKOHL A, ↗ROSENKOHL CH D ›an einem hohen Stängel wachsende kugelige Knospe einer Kohlart‹: *Wissenschafter der Uni Wien wiesen erstmals nach: Rotkraut und Kohlsprossen erhöhen Konzentration von schützendem Enzym im Blut* (Kurier 7. 5. 1999, 33)

kokeln D-nord/mittel sw.V./hat: ↗ZÜNDELN A CH D (ohne ost), ↗ZEUSELN CH ›unvorsichtig mit Feuer spielen‹: *Kinder kokeln gerne und sind meist nicht in der Lage, die Gefahren des Feuers richtig einzuschätzen* (Stadt Reutlingen, 2000, Internet) – Dazu: **ankokeln**

Kokolores D (ohne südost) der; –, ohne Plur. (abwertend, Grenzfall des Standards): **1.** ↗HOLLER A, ↗QUARGEL A, ↗SCHAS A, ↗TOPFEN A, ↗GUGUS CH, ↗HAFENKÄSE CH, ↗KABIS CH, ↗KÄSE CH D, ↗MUMPITZ CH D (ohne südost), ↗QUARK CH D, ↗SCHNICKSCHNACK D, ↗BLECH D (ohne südost), ↗FEZ D (ohne südost), ↗KAPPES D-mittelwest, ↗KOHL D-nord/mittel ›Quatsch; Unsinn‹: *Geredet wird zwar viel nach so einem Umbau, auch, dass es nicht mehr so nett wäre wie früher – aber das ist Kokolores* (WAZ 16. 5. 1998, 18). **2.** ↗HECKMECK D (ohne mittelost), ↗GEDÖNS D-nord/mittelwest ›unnötige Umstände, überflüssiges Gerede, Getue‹: *Eigentlich neige ich nicht zu esoterischem Kokolores* (TAZ 6. 11. 2001, Internet)

Kokosette A das; -s, ohne Plur. [kokoˈsɛt] ⟨aus frz. *coco* ›Kokosnuss‹ analog zu frz. *noisette* ›Haselnuss‹ gebildet⟩: ›geraspelte Kokosnuss; Kokosflocken‹: *Fleisch aus der Sojasauce heben und gut trockentupfen. In Mehl wenden, in die Eiklar tauchen und im Kokosette wälzen* (Kurier 24. 10. 1998, Internet)

Kolatsche A die; –, -n ⟨aus tschech. *koláč* ›Kuchen‹⟩: ›süßes, quadratisches Gebäck mit eingeschlagenen Ecken und Füllung‹: *Und dann stellten sie scheinheilig die mitgebrachten Guglhupfe und Kolatschen auf den Tisch* (Maxima 3/1998, 36) – Auch in der Schreibung *Golatsche* – Dazu: **Blätterteigkolatsche, Powidlkolatsche** (↗Powidl), ↗**Topfenkolatsche**

Kollaudation CH die; –, -en: ↗KOLLAUDIERUNG A ›Abnahme und Genehmigung eines Baus nach der Fertigstellung‹: *Die Kollaudation des Reservoirs Augarten steht auf dem Programm* (Wasserversorgung Andwil-Arnegg, 2002, Internet)

kollaudieren sw.V./hat ⟨aus lat. *collaudare* ›sehr loben, rühmen‹⟩: **1.** A (formell); ↗KOMMISSIONIEREN A ›(ein Gebäude) nach Fertigstellung auf Einhaltung der Bauvorschriften behördlich prüfen‹: *Dass der 500 Millionen Schilling teure Bau fast 18 Jahre nicht kollaudiert war, ist eine »große Sauerei«* (Standard 31. 10. 1998, Internet). **2.** STIR ›(ein Fahrzeug) behördlich prüfen‹: *Peugeot 205 Junior, kollaudiert, 2.000.000 Lire, verkäuflich* (Dolomiten 7. 4. 2000, 38) – Zu 1.: In CH veraltet – Dazu: ↗**Kollaudierung**

Kollaudierung die; –, -en: **1.** A; ↗KOLLAUDATION CH ›Abnahme und Genehmigung eines Baus nach der Fertigstellung‹: *Der zuständige Beamte … erschien zur Kollaudierung, prüfte und unterschrieb* (Wiener 9/1999, 30). **2.** STIR (Verkehr) ›behördliche Überprüfung eines Fahrzeugs‹: *Die Kollaudierung für Kraftfahrzeuge könne nunmehr auch außerhalb der Landeshauptstadt von privaten Werkstätten durchgeführt werden* (Dolomiten 5. 3. 1997, 14) – Vgl. kollaudieren

Kollege Kollegin A CH der; -n, -n bzw. die; –, -nen: ›befreundete Person‹: *Kurze Zeit später verliebte sie sich aber in einen Mann, den sie vorher als besten Kollegen hatte* (Psychologie-Forum, 2003, Internet; A); *Ich verbringe schöne Sommer-Wochenenden lieber mit Kollegen in einer netten Gartenwirtschaft* (Blick 22. 6. 1999, 15; CH) – Die Bedeutung ›Person, die in derselben Firma arbeitet oder denselben Beruf hat‹ ist gemeindt.

Kollektivunterschrift CH die; –, -en: ›Unterschrift (im Namen einer Körperschaft), die nur dann rechtsgültig ist, wenn mehrere zeichnungsberechtigte Personen unterschrieben haben‹: *Entgegen den Vereinsstatuten seien Verträge eingegangen worden, die einen Vorstandsbeschluss und mindestens eine Kollektivunterschrift mit dem Präsidenten erfordert hätten* (NLZ 26. 7. 2001, Internet); ***mit Kollektivunterschrift** ›nur zusammen mit anderen Personen zeichnungsberechtigt‹: *Thomas M. wurde bei der AWM Werkzeugbau AG ... zum Mitglied der Geschäftsleitung (mit Kollektivunterschrift zu zweien) in der Funktion als Chief Financial Officer ernannt* (NLZ 29. 12. 1999, Internet) – Vgl. Einzelunterschrift

Kollektivvertrag A LUX der; -(e)s, ...träge: ↗GESAMTARBEITSVERTRAG CH, ↗MANTELTARIFVERTRAG D, ↗TARIFVERTRAG D, ↗BEREICHSVERTRAG STIR ›Vertrag zwischen Arbeitgebern bzw. Arbeitgeberinnen und Gewerkschaft über Löhne und Gehälter sowie über Arbeitsbedingungen‹: *Vorgestern, Montag, hat man sich im Metallgewerbe auf einen neuen Kollektivvertrag geeinigt* (VN 29. 10. 1997, D 2; A); *Das Bankenpersonal hat einen legitimen Anspruch auf einen transparenten und gerechten Kollektivvertrag* (Onofhängege Gewerkschafts-Bond Lëtzebuerg 30. 10. 2002, Internet; LUX) – Abk. KV – Dazu: **kollektivvertraglich**

Kollektur siehe Lottokollektur

Kollokationsplan CH der; -(e)s, ...pläne: ›von der Konkursverwaltung erstellte Aufstellung über die Konkursforderungen‹: *Laut Zubler wird der Kollokationsplan, der alle Gläubiger-Forderungen vollständig auflistet, in der zweiten Augusthälfte aufliegen* (Sonntagsztg 9. 6. 1996, 89)

Kolloquium A CH das; -s, ...ien ⟨aus lat. *colloquium* ›Unterredung, Gespräch‹⟩: ›[kürzere] mündliche Prüfung an einer Hochschule‹: *300 Studenten verloren ein ganzes Studienjahr, weil zu Semesterende 1997 ein Prüfungstermin für das »Knochen-Kolloquium« ... ersatzlos gestrichen wurde* (Profil 1. 9. 1997, Internet; A); *Drei Seminarscheine mit je einem Referat und je einer Abschlussklausur bzw. einem Kolloquium ermöglichen die Zulassung zum Oberseminar* (Universität Basel, Studienordnung Soziologie, 2002, Internet; CH) – Wird auf der zweiten Silbe, mit Kurz- oder Langvokal, betont. Die Bedeutung ›Zusammenkunft von Fachleuten‹ ist gemeindt.

Koloniakübel siehe Coloniakübel

Koloniamann siehe Coloniamann

-kolonne D die; –, -n (produktives Grundwort in Zus.): ↗-TRUPP A D, ↗-EQUIPE CH ›Gruppe von Leuten mit gemeinsamem Auftrag; -truppe‹, z. B. Arbeitskolonne, Baukolonne, Putzkolonne: *Über das Vorrücken der städtischen Arbeitskolonne, die mehr als 27000 Quadratmeter Straßenbelag zu bearbeiten hat, werden wir in der nächsten Woche weiter berichten* (NRZ 12. 8. 2000, Internet); *Die Baukolonne war kaum zu bremsen: Braune Bänke ... sehen bunt viel besser aus, war die einhellige Meinung* (WAZ 5. 6. 1998, Internet)

Kolporteur Kolporteurin A der; -s, -e bzw. die; –, -nen [...ˈtøːɐ̯] ⟨aus frz. *colporteur* ›Hausierer‹⟩: ›Person, die nicht in einem Geschäft, sondern auf der Straße, in Restaurants etc. Zeitungen verkauft‹: *Die Zeitung von morgen erhält man am Abend davor von Kolporteuren, die an stark befahrenen Kreuzungen oder anderen Verkehrsknotenpunkten in bunten Jacken ihre Ware feilbieten* (Fembek, Keine Angst 153) – Die Bedeutung ›Person, die Gerüchte verbreitet‹ sowie die historische Bedeutung ›Händler(in), der bzw. die von Haus zu Haus geht und Zeitungen, Bücher u. Ä. verkauft‹ sind gemeindt. – Dazu: **Zeitungskolporteur(in)**

Kölsch D-mittelwest (bes. Köln) das; -(es), ohne Plur.: **1.** ›Kölner Dialekt‹: *Nach allem, was wir wissen, gibt es in Köln mehr Dialektsprecher als in jeder anderen Stadt des Rheinlandes, Kölsch ist ein besonders lebendiger Dialekt* (Landschaftsverband Rheinland, 4/2000, Internet). **2.** /eine Kölner Biersorte/: *Wie schunkelt man richtig, wie trinkt man Kölsch?* (Welt 26. 2. 2000, Internet)

Köm D-nord der; -s, -s: ›mit Kümmel aromatisierter Branntwein; Kümmelschnaps‹: *Ein kleiner Köm (2 cl) und ein kleines Bier (0,25 l), mit dem nachgespült wurde* (Hamburger Abendbl 14. 2. 2002, Internet)

Komforthotel D das; -s, -s [kɔmˈfoɐ̯hotɛl, kɔmˈfɔrt...]: ›Hotel mit [besonderem] Komfort‹: *Das Business Wieland Hotel ist ein exklusives Komforthotel im Zentrum der Stadt Düsseldorf* (Hotel Wieland 21. 1. 2003, Internet)

Komma CH D das; -s, -s/-ta: ↗BEISTRICH A ›Satzzeichen, das Satzperioden und Satzteile gliedert‹: *Das Komma wirkt geschäftsmässiger und zurückhaltender als ein Ausrufzeichen* (Rutishauser, Geschäftsbriefe 16; CH); *Die Kurzbezeichnung wird in der Regel von einer durch Komma abgetrennten Seitenangabe gefolgt* (Universität Essen 18. 11. 1998, Internet; D); ***null Komma Josef** A (Grenzfall des Standards) ›[absolut] nichts, null; null Komma nichts‹ /verstärkend/: *Am Stand warmlaufen zu lassen bringt Null komma Josef. Motoren geben im Leerlauf kaum Wärme ab* (Kurier 9. 1. 1999, 24) – Das Substantiv *Komma* ist in A selten und fachsprachlich. Die Wendung *Null Komma Josef* ist auch in der Schreibung *nullkommajosef* gebräuchlich. *Null Komma Josef* ist auch Markenname eines alkoholfreien Bieres

Komma: *null Komma nichts (gemeindt.): ↗KOMMA: *NULL KOMMA JOSEF

Kommandant Kommandantin der; -en, -en bzw. die; –, -nen: **1.** A CH LUX; ↗POSTENKOMMANDANT A, ↗REVIERLEITER D ›Leiter(in) einer für ein bestimmtes Gebiet zuständigen Polizeibehörde‹: *»Anscheinend dürfte endlich ein Umdenken stattgefunden haben«, freut sich Major Wolfgang E., Kommandant der Gendarmerie in Mödling* (Kurier 21. 1. 1998, 9; A); *Einige Tische vom Ermordeten entfernt tafelte der Kommandant unserer Kantonspolizei mit seinem alten Freund Mock* (Dürrenmatt, Justiz 14); *... nahm Polizeikommissar N. T. kürzlich Abschied vom Berufsleben als Kommandant des Polizeireviers Ettelbrück* (Luxemb. Wort 21. 9. 1999, 14; LUX). **2.** A CH LUX ›Leiter(in) einer Einsatztruppe der freiwilligen Feuerwehr; Feuerwehrhauptmann bzw. Feuerwehrhauptfrau‹: *Der Reinerlös wird zur Finanzierung eines neuen Tanklöschfahrzeuges verwendet, versprach Kommandant Herbert F.* (Kurier 22. 7. 1996, 9; A); *50 Feuerwehrleute von Jona und Rapperswil stünden zurzeit allen drei Szenarien ... sehr offen gegenüber, lässt Marco W., Kommandant der Feuerwehr Jona, auf Anfrage wissen* (Südostschweiz 19. 7. 2001, Internet; CH); *Hervorgerufen durch einen Mangel an aktiven Feuerwehrkollegen entstand 1983, unter der Leitung vom damaligen Kommandant Jos S., die Idee eine Jugendfeuerwehr zu gründen* (Jugendfeuerwehr Roeserbann 15. 10. 2002, Internet; LUX). **3.** A CH; ↗KOMMANDEUR D ›Befehlshaber(in) einer größeren militärischen Truppe‹: *Oberstleutnant Hans T., der designierte Kommandant des österreichischen Bataillons für KFOR ... befindet sich derzeit zur Erkundung im künftigen Einsatzraum* (Standard 23. 7. 1999, Internet; A); *»Sie haben die Chance, die Ihnen anvertrauten jungen Leute zu einer Gemeinschaft zu schweissen und zu grossen Leistungen zu führen«, sagte Brigadier Fritz L., Kommandant der Territorialbrigade 12, zu den angehenden Unteroffizieren* (Südostschweiz 30. 7. 2001, Internet; CH) – Zu 2.: **Feuerwehrkommandant(in), Landesfeuerwehrkommandant(in)** (↗Landes) A. Zu 3.: **Zugskommandant** (↗Zugs-) A

Kommandeur Kommandeurin D der; -s, -e bzw. die; –, -nen [kɔmanˈdøːɐ̯]: ↗KOMMANDANT A CH ›Befehlshaber(in) einer größeren militärischen Truppe‹: *Zum Beispiel berichteten die Kollegen amüsiert von ... einer Dame quellenden Fleisches, die dem Kommandeur von Kronau heftig zusetzte* (FAZ 10. 10. 1997, Magazin 32)

Kommando das; -s, ...den/-s ⟨aus ital. *comando* zu ital. *comandare* ›befehlen‹⟩: Der Plural lautet in A auch *Kommanden*, gemeindt. *Kommandos*: *Im Hinblick auf die sich abzeichnend x-te neuerliche Umgliederung und die ... Auflösung von Kommanden und Truppenkörpern führt sich diese Maßnahme ad absurdum* (Kurier 20. 12. 1997, 55; A)

kommassieren A sw.V./hat ⟨aus lat. *con* ›mit‹ und *massa* ›Fladen‹⟩ (formell): ›(Grundstücke) zusammenlegen‹: *Mit Hilfe der EU-Gelder könnten Weinbauflächen zusammengelegt, ja sogar ganze Weinberge neu kommassiert werden, um so die Produktivität zu steigern* (Presse 2. 2. 2000, Internet) – In D fachsprachlich – Dazu: ↗**Kommassierung**

Kommassierung A die; –, -en (formell): ↗GRUNDSTÜCKSZUSAMMENLEGUNG A, ↗FLURBEREINIGUNG A D, ↗GÜTERREGULIERUNG CH, ↗GÜTERZUSAMMENLEGUNG CH ›Zusammenlegung und Neueinteilung von zerstückeltem landwirtschaftlichem Grundbesitz‹: *Dieser zur Erinnerung an die Pestzeit errichtete Säulenbildstock ... wurde anlässlich der Kommassierung im Jahre 1954 abgetragen* (Marktgemeinde Langenrohr, 2000, Internet) – Vgl. kommassieren

Kommerzialrat Kommerzialrätin A der; -(e)s, ...räte bzw. die; –, -nen: ↗KOMMERZIENRAT LIE /Ehrentitel für einen Experten bzw. eine Expertin aus dem Bereich der Wirtschaft; Träger(in) dieses Titels/: *Für ihr Budget eigenverantwortliche Direktoren könnten in Versuchung geraten, den Kommerzialrat hervorzukehren und ihr kunstsinniges Ich zum Schweigen zu bringen* (Bühne 9/1997, 24); *Wir wollen auf keinen Fall die Gattin von Kommerzialrat Weger vergessen, die in überaus selbstloser Weise ihn und die Familie umsorgt hat* (Kaiser, Oktoberfrühling 43) – Vgl. Rat

Kommerzienrat Kommerzienrätin LIE der; -(e)s, ...räte bzw. die; –, -nen: ↗KOMMERZIALRAT A /Ehrentitel für einen Experten bzw. eine Expertin aus dem Bereich der Wirtschaft; Träger(in) dieses Titels (meistens in der Wendung *Fürstlicher Kommerzienrat* bzw. *Fürstliche Kommerzienrätin*)/: *Der seinerzeit Oberbraune Martin H. – ... seit 1975 Würdenträger des Titels »Fürstlicher Kommerzienrat« – beschäftigt ... mittlerweile 1600 Angestellte* (Nigg, Schaa 244) – In D veraltet. Vgl. Rat

Kommilitone Kommilitonin CH D der; -n, -n bzw. die; –, -nen: ›Studienkollege bzw. Studienkollegin‹: *Manz hatte sogar damals in der Mensa gegen den Widerspruch einiger Kommilitonen behauptet, dass er ... überhaupt keinen Humor habe* (Regenass, Vernissage 67; CH); *Studentengremien leiden bundesweit unter dem Desinteresse der Kommilitonen* (Spiegel Special 6/1998, 12; D)

Kommissar (gemeindt.): ↗KOMMISSÄR/KOMMISSÄRIN

Kommissär Kommissärin der; -s, -e bzw. die; –, -nen ⟨aus frz. *commissair*⟩: **1.** A /ein Dienstgrad bei Beamten, Polizeijurist(inn)en oder der Feuerwehr; Träger(in) dieses Dienstgrades/: *Der Brandoberkommissär Alexander M. fand im September 2000 bei einem Einsatz in der U-Bahn-Station Stephansplatz eine mit Kieselgur-Granulat gefüllte Zigarettenschachtel, die mit einer »übel riechenden Substanz« getränkt war* (Wiener Ztg 15. 6. 2001, Internet). **2.** A CH ›Beauftragte(r) einer Regierung [bei einer supranationalen Organisation]; Kommissar(in)‹: *EU-Kommissär Franz F. wird zwar Heimweh nachgesagt, auch äußert er sich zunehmend besorgt über den Zustand der Partei* (News 3. 7. 1997, 16; A); *Bisher hatten die »grossen« EU-Länder Deutschland, Frankreich, Grossbritannien, Italien und Spanien gewohnheitsrechtlich Anspruch auf zwei, die übrigen Mitglieder auf einen Kommissär* (Courage 22. 4. 2000, Internet; CH). **3.** A CH D-süd ›Person, die in einem bestimmten Bereich in einer Kommission eine Kontroll- und Entscheidungsfunktion ausübt‹: *Große Premiere in Hockenheim: Der erste weibliche Sportkommissär in der Formel 1!* (Neue Kronen Ztg 31. 7. 2000, Internet; A); *Das Gericht bestellt einen provisorischen Kommissär, dem bis zum Entscheid über das Gesuch oder bis zur Konkurseröffnung die gleichen Befugnisse wie dem ordentlichen Kommissär zustehen* (Schweizer Gesetzestexte, 2003, Internet; CH). **4.** CH ›Kommissar(in)‹ /ein Dienstgrad bei der Polizei; Träger(in) dieses Dienstgrades/: *Wenn der Führungsstil vom Menschlichen her nicht stimmt, ändert es nichts, ob einer statt als Oberleutnant, Korporal oder Gefreiter nun plötzlich als Inspektor, Kommissär oder Sachbearbeiter daherkommt* (Personalinformationen Kanton BS, 12/2002, Internet) – Zu 4.: In A veraltet – Zu 1.: **Brandkommissär(in), Brandoberkommissär(in), Oberkommissär(in).** Zu 2.: **EU-Kommissär(in), Hochkommissär(in), ↗Regierungskommissär(in)** A, **Wettbewerbskommissär(in)** A. Zu 3.: **Prüfungskommissär(in)** A, **Sportkommissär(in), Wasserkommissär(in)** D-süd. Zu 4.: **Kriminalkommissär(in), Polizeikommissär(in)**

Kommission: *nationalrätliche/ständerätliche Kommission; *vorberatende Kommission CH (Politik): ↗AUSSCHUSS A D, LANDESBEIRAT STIR ›Arbeitsgruppe aus Mitgliedern des ↗Nationalrats bzw. des ↗Ständerats, die vorbereitende, kontrollierende sowie Gesetzesentwürfe ausarbeitende Aufgaben wahrnimmt‹: *Die nationalrätliche Kommission für Wirtschaft und Abgaben will ein Gipfeltreffen der Sozialpartner, um die Basis für die Revision der Arbeitslosenversicherung zu schaffen* (Blick 11. 5. 1994, 2); *Es war für mich ... sehr interessant zu erfahren, wie in der vorberatenden Kommission um Kleinigkeiten, um einzelne Wörter gar, gerungen wurde* (Protokoll der Januarsession der Vereinigten Bundesversammlung, 1998, Internet) – Das Substantiv *Kommission* ist in allen anderen Verwendungen gemeindt. Vgl. Finanzkommission, Geschäftsprüfungskommission, nationalrätlich, ständerätlich, Untersuchungskommission, Wettbewerbskommission

kommissionieren A sw.V./hat ⟨aus lat. *committere* ›zusammenbringen‹⟩ (formell): ↗KOLLAUDIEREN A ›(ein Gebäude) nach Fertigstellung auf Einhaltung der Bauvorschriften behördlich prüfen‹: *Als Baubehörde erster Instanz haben er und sein Vorgänger S. immer wieder Um- und Neubauten in unmittelbarer Grubennähe kommissioniert* (Kurier 22. 7. 1998, 8) – Die Bedeutung ›bestellte Ware zur Auslieferung bereitstellen‹ ist gemeindt. – Dazu: **Kommissionierung**

Kommunalabgabe die; –, -n: **1.** A; ↗KOMMUNALSTEUER A ›Abgabe, die ein Unternehmer bzw. eine Unternehmerin an die Gemeinde zahlen muss und die 3 % der Bruttolöhne beträgt‹: *Im Finanzausgleich wäre insbesondere die Reform der Kommunalabgabe ..., der Grundsteuer ... und der Getränkesteuer ... zu regeln* (Standard 17. 6. 1998, 19). **2.** D ›auf Grundstücke erhobene Abgabe für Wasser und Entwässerungskosten‹: *Der Verbandsvorsitzende wird ermächtigt, ... die Satzung zur Erhebung einer Kommunalabgabe ... im Amtsblatt des Zweckverbandes bekannt zu machen* (Stadt Jena 21. 11. 2002, Internet) – Zu 1.: **Kommunalabgabenordnung**

Kommunalsteuer A die; –, -n: ↗KOMMUNALABGABE A ›Abgabe, die ein Unternehmer bzw. eine Unternehmerin an die Gemeinde zahlen muss und die 3 % der Bruttolöhne beträgt‹: *Die Beiträge an Sozialversicherung, Lohnsteuer und Kommunalsteuer, die aus den Betrieben zurück an die öffentliche Hand fließen, entsprechen in etwa der Höhe der erhaltenen Subventionen* (Zwanzger 3/1999, 13)

Kommunalverwaltung D die; –, -en: ↗MAGISTRAT A, ↗STADTAMT A, ↗GEMEINDEAMT A D, ↗GEMEINDEVERWALTUNG CH D, ↗BÜRGERMEISTERAMT D (ohne mittelost/südost) LIE ›Verwaltungsbehörde einer Gemeinde‹: *Die Kommunalverwaltung muss in dieser Situation den Mut haben, die Herausforderungen anzunehmen* (Landratsamt Potsdam 2. 4. 2002, Internet)

Kommunalwahl D die; –, -en: ↗GEMEINDEWAHL A-west (Vbg.) CH D (ohne südost) ›Wahl der Gemeindevertretung; Gemeinderatswahl‹: *Muss die Kommunalwahl in NRW verschoben werden?* (Welt 22. 6. 1999, Internet) – In A fachsprachlich

Kommune D die; –, -n: ›unterste Verwaltungseinheit; Gemeinde‹: *Auch von anderen Kommunen kann sich die Stadt das Geld nicht zurückholen* (Leipziger Rundschau 18. 2. 1998, 5) – In A veraltend. Die Bedeutungen ›Zusammenschluss zu einer Künstlergemeinschaft, einer alternativen Wohngemeinschaft oder der Kommunisten‹ ist gemeindt.

Kommunikee (gemeindt.): ↗AUSSENDUNG, ↗COMMUNIQUÉ, ↗KOMMUNIQUÉ, ↗MEDIENMITTEILUNG

Kommuniqué A D das; -s, -s [kɔmyni'ke:] ⟨aus frz. *communiqué*⟩: ↗AUSSENDUNG A, ↗COMMUNIQUÉ CH LUX, ↗MEDIENMITTEILUNG CH ›schriftliche Verlautbarung für Presse und Öffentlichkeit [als öffentlich verlautbarter Abschlussbericht über Ergebnisse von Konferenzen, Tagungen, politischen Treffen u.Ä.]; Kommunikee‹: *Nur ein Kommuniqué der Junta mit den üblichen Floskeln* (Rados, Quotenfieber 55; A); *Wenn früher unsere Staatsmänner ... bei einer Begegnung nicht voll übereinstimmten, dann hieß es im Kommuniqué: Die Standpunkte seien im freundschaftlichen Geiste freimütig erörtert worden* (Gaus, Wendewut 42; D) – Dazu: **Pressekommuniqué**

kompensieren LUX sw.V./hat: ›jmdn. [für etw.] entschädigen (in Verbindung mit der Präp. *für*)‹: *Damit werden all jene Aktionäre für entstandene Kursverluste kompensiert, die ... Philips-Aktien erwarben* (Luxemb Wort 21. 9. 1999, 24) – Andere Bedeutungen sind gemeindt.

Komposition CH D die; –, -en: ↗GARNITUR A ›Zusammenstellung von Wagen und Triebfahrzeugen eines Schienenfahrzeugs zu einem Zug‹: *Die SBB prüfen nun endlich auch den Einsatz von Neigetechnik-Zügen, dank denen Kurven mit höherer Geschwindigkeit als mit normalen Kompositionen befahren werden können* (Berner Tagwacht 30. 1. 1993, 1; CH); *Der Güterzug stellt eine authentische Komposition dar, wie Güter auf der Bahn ... Anfang der 70er Jahre, transportiert wurden* (Märklin 2. 1. 2002, Internet; D) – Andere Bedeutungen, z.B. in der Musik und in der Sprachwissenschaft, sind gemeindt. – Dazu: **Doppelstockkomposition** CH, **Tramkomposition** (↗Tram) CH, **Zugskomposition** (↗Zugs-) CH

Konditor (gemeindt.): ↗CONFISEUR, ↗ZUCKERBÄCKER/ZUCKERBÄCKERIN

Konditorei (gemeindt.): ↗ZUCKERBÄCKEREI

Kondominium STIR das; -s, ...ien ⟨aus ital. *condominio* ›Miteigentum‹ und *[casa] condominio* ›Haus mit Eigentumswohnungen‹⟩: ›Haus mit [Eigentums]wohnungen; Wohnblock‹: *Einmal musste er überrascht feststellen, dass sich das Innenministerium in seinem Kondominium eingemietet hatte* (Neue Südtiroler Tagesztg 27. 10. 2000, 5) – Die Verwendung im Bereich Völkerrecht ist gemeindt. – Dazu: **Kondominiumsschwimmbad, Kondominiumspesen** (↗Spesen)

Kondukteur Kondukteurin CH der; -s, -e bzw. die; –, -nen ['kɔndyktœ:r]: ↗SCHAFFNER A D, ↗ZUGBEGLEITER A D ›Person, die in öffentlichen Verkehrsmitteln Fahrkarten kontrolliert [und verkauft]‹: *»Allebillettevorweisenbitte.« Der Kondukteur hat das Abteil betreten* (TA 15. 6. 1999, 12) – In A veraltet, Aussprache [kɔnduk'tø:ɐ̯]

Konfekt das; -(e)s, ohne Plur.: **1.** A D; ↗BONBON A D-südost, ↗PRALINE CH D ›gefüllte, mit Schokolade überzogene Süßigkeit‹: *Nicht mit Blumen oder Konfekt in der Hand wollte ein Weststeirer einen Besuch machen: Er wählte ein eher ausgefallenes »Mitbringsel«* (Kleine Ztg 4. 7. 2001, Internet; A); *Eine halbe Walnuss in den feuchten Guss drücken und das Konfekt in kleine Papiermanschetten setzen* (SWR, 2000, Internet; D). **2.** CH D-süd; ↗TEEBÄCKEREI A ›Teegebäck‹: *Mailänderli, Zimtsterne und Brunsli sind wieder aktuell. Konfekt nennen es die Fachleute, Guetzli oder Chrämli die Konsumenten hierzulande* (Südostschweiz 14. 12. 1999, Internet; CH) – Zu 1.: ↗**Konfektmacher(in)** A

Konfektmacher Konfektmacherin A der; -s, – bzw. die; –, -nen: ›Person, die ↗Konfekt, ↗Zuckerln und feines Kleingebäck aus Schokolade, Marzipan u.Ä. herstellt‹: *Unsere Schülerinnen und Schüler der 4. Klassen konnten sich auf der Berufsinformationsmesse über folgende Lehrberufe informieren: ... Bodenleger/in, Bonbon- und Konfektmacher/in, Buchbinder/in* (Berufsinfomesse Krems, 1997, Internet) – Die offizielle Berufsbezeichnung lautet *Bonbon- und Konfektmacher(in)*. Vgl. Zuckerbäcker

Konferenz: *Ständige Konferenz der Kultusminister siehe Kultusminister

Konfiserie siehe Confiserie

Konfiseur siehe Confiseur

Konfitüre CH die; –, -n ⟨aus frz. *confiture*⟩: ↗MARMELADE A D ›[dick- oder dünnflüssiger] süsser Brotaufstrich aus eingekochten ↗Früchten oder Beeren‹: *Er aber hatte eine Frau, die das Frühstück kochte, die Konfitüre einkochte, Hemden bügelte* (Bichsel, Cherubin Hammer 26) – In A und D fachsprachlich, Betonung auf der vorletzten, langen Silbe. Im Ggs. zu CH besteht *Konfitüre* in A und D aus nur einer Sorte ↗Obst. Dieser Unterschied ist vielen nicht bekannt, so dass beide Wörter häufig synonym gebraucht werden

konkurrenzieren A CH sw.V./hat ⟨aus lat. *concurrentia* ›Mitbewerbung‹ zu lat. *concurrere* ›zusammenlaufen‹⟩: ›mit jmdm. bzw. etw. konkurrieren‹: *Damit man einander nicht konkurrenziert, haben sich die Wien-ist-andersrum-Veranstalter heuer für einen früheren Starttermin entschlossen* (Presse 10. 4. 1998, Schaufenster 6; A); *Am Dienstag konkurrenzierten die Heimspiele von ZSC und Kloten das Turnier in Zürich* (Blick 18. 1. 1997, 20; CH) – Dazu: **Konkurrenzierung**

konkurrieren (gemeindt.): ↗KONKURRENZIEREN

Konkurs: ***Konkurs gehen** CH ›in Konkurs gehen‹: *Wenn die KKW-Gesellschaften Konkurs gehen, hat der Staat den Dreck* (TA 18. 1. 1999, 22); ***[über jmdn./etw.] den Konkurs verhängen** CH ›[über jmdn./etw.] verfügen, dass ein Konkursverfahren eröffnet wird‹: *Über 401 Firmen wurde im November in der Schweiz der Konkurs verhängt* (TA 18. 12. 1997, 31) – Das Substantiv *Konkurs* ist in allen anderen Verwendungen gemeindt.

konkursit CH Adj.: ›bankrott‹: *10'000 Tonnen Altpneu liess die konkursite Recyclingfirma Elude SA einfach auf einer Halde in Bonfol zurück* (Blick 23. 4. 1999, 8) – Dazu: ↗**Konkursit(in)**

Konkursit Konkursitin CH der; -en, -en bzw. die; –, -nen: ↗KRIDATAR A ›Person oder Firma, die Konkurs gemacht hat‹: *Die Schuldner der Konkursitin haben sich innert der Eingabefrist als solche anzumelden, bei Straffolge im Unterlassungsfall* (Amtsbl des Kantons ZH 12. 1. 2001, Internet) – Aussprache auch mit langem *i*. Die weibliche Form bezieht sich häufig auf eine Firma. Vgl. konkursit

Konkursverfahren (gemeindt.): ↗INSOLVENZVERFAHREN

Konkursverwalter Konkursverwalterin CH D der; -s, – bzw. die; –, -nen: ↗MASSEVERWALTER A ›gerichtlich beauftragte Person, die ein Konkursverfahren durchführt‹: *Der zuständige Konkursverwalter muss nun das Unternehmen liquidieren* (NLZ 7. 2. 2001, Internet; CH); *Der Konkursverwalter Jobst W. wird die »Expo 2000 Hannover GmbH in Liquidation« führen* (Tagesspiegel 17. 10. 2000, Internet; D)

Konsoltisch D (ohne südost) der; -(e)s, -e: ›an der Wand angebrachter Tisch mit zwei Beinen‹: *Auch im Bereich des modernen Wohnens haben Konsoltische uneingeschränkt Hochkonjunktur* (Hamburger Abendbl 12. 10. 2001, Internet)

Konsortium STIR das; -s, …ien ⟨aus lat. *consortium* ›Teilhaberschaft‹⟩: ›dauerhafte Arbeits- und Interessengemeinschaft in der öffentlichen Verwaltung oder in der Landwirtschaft‹: *Die einheitliche Verwaltung des Parks soll durch ein Konsortium zwischen dem Staat … und den Autonomen Provinzen Bozen und Trient erfolgen* (Südtirols Autonomie, 226) – Die Bedeutung ›vorübergehender Zusammenschluss von Unternehmen, z. B. Banken‹ ist gemeindt. – Dazu: **Bodenverbesserungskonsortium, Gemeindekonsortium, Verwaltungskonsortium**

Konsulent Konsulentin A CH der; -en, -en bzw. die; –, -nen ⟨aus lat. *consulere* ›beraten‹⟩: ›[Fach]berater(in) (einer Firma oder einer Behörde)‹: *Die meisten Unternehmen kämen durch den erhöhten Arbeitsanfall ohne eine Schar externer Mitarbeiter und Konsulenten nicht aus* (Standard 17. 6. 1998, 25; A); *Er kannte die Orgel nicht nur als Interpret, sondern galt auch punkto Konstruktion und Bau als Spezialist, so dass er später als Konsulent der eidgenössischen Denkmalpflege für Orgelfragen in der ganzen Schweiz unterwegs war* (Südostschweiz 23. 3. 2000, Internet; CH) – Die in D gebrauchte Bedeutung ›[Rechts]berater(in)‹ ist veraltet – Dazu: **Konsulententätigkeit, Konsulentenvertrag, Rechtskonsulent(in)** CH

Konsultation LUX die; –, -en: ›Informationssuche, Informationsabfrage‹: *Die neuen Titelseiten der Telephonbücher sind ganz auf die Möglichkeit der Konsultation über die Internetseite www.editus.lu abgestimmt* (Luxemb Wort 21. 9. 1999, 11) – Andere Bedeutungen sind gemeindt.

Konsultativabstimmung CH die; –, -en: ›Abstimmung ohne rechtsverbindlichen Charakter‹: *Bei der Konsultativabstimmung am 25. September hatten uns nur drei Stimmen gefehlt, jetzt waren es deren fünf* (TA 6. 11. 1999, 39)

Konsumation A CH die; –, -en: ›Konsumieren (von Getränken und Speisen) gegen Entgelt‹: *Bei jeder Konsumation einer Jause, eines Mittag- oder Abendessens bekommt der Gast einen Stempel in seinen »Touristik Wanderpass«* (NÖN 23. 6. 1998, 1; A); *Personen ohne Konsumation sind nicht erwünscht. Bitte verlassen Sie den Saal* (Tschudin, Meine Ehre 50; CH) – Dazu: **Konsumationsabgabe** A, **Konsumationszwang**

Konsument (gemeindt.): ↗VERBRAUCHER/VERBRAUCHERIN

Konsumenten- A CH (produktives Bestimmungswort in Zus.): ↗VERBRAUCHER- D STIR ›den Käufer bzw. die Käuferin und das Konsumieren von Waren betreffend‹, z. B. Konsumentenanliegen, Konsumentenberater(in) A, Konsumentenberatung A, Konsumentendienst CH, konsumentenfreundlich, Konsumenteninformation A, Konsumentenmagazin, Konsumentenorganisation CH, Konsumentenpreis CH, Konsumentenpreisindex CH, Konsumentenschaft CH, ↗Konsumentenschutz, Konsumentenstimmung CH: *Das Konsumentenschutzministerium nimmt ab sofort Hinweise zu Lockpreisangeboten entgegen* (Unipress 6/1998, 22; A); *Die Lauterkeitskommission ist paritätisch aus Vertretern von Werbung, Konsumentenschaft und Medienschaffenden zusammengesetzt* (Bund 1. 12. 1999, 38; CH) – Das Substantiv *Konsument* ist gemeindt.

Konsumentenschutz A CH der; -es, ohne Plur.: ↗VERBRAUCHERSCHUTZ D STIR ›Gesamtheit der Rechtsvorschriften und Institutionen, die den Konsumenten bzw. die Konsumentin vor einer Benachteiligung im Wirtschaftsleben schützen‹: *Diese Frage beschäftigt ein junges Tiroler Ehepaar ebenso wie den Konsu-*

mentenschutz und eine Filiale der Raiffeisenkasse (ORF Nachlese 9/1997, 4; A); *Das Gütesiegel ist ein Instrument für den Konsumentenschutz* (Bewertungsstelle für Weiterbildungsangebote AG, 1999, Internet; CH) – Vgl. Konsumenten- – Dazu: **Konsumentenschützer(in)**

Konsumraum D der; -(e)s, ...räume: ↗FIXERSTÜBLI CH, ↗GASSENZIMMER CH, ↗DRUCKRAUM D, ↗FIXERSTUBE D ›öffentlicher, bewachter Raum für den Drogenkonsum‹: *Der Konsumraum bietet fünf Plätze, an denen geringe Mengen illegaler Drogen konsumiert werden dürfen* (WDR 31. 1. 2002, Internet)

Kontaktaufnahme (gemeindt.): ↗KONTAKTNAHME

Kontaktnahme CH die; –, -n: ›Kontaktaufnahme‹: *Der Zweck von Smalltalk ist Kontaktnahme in verbindender, aber nicht verbindlicher Atmosphäre* (NLZ 4. 2. 1999, Internet) – In A und D selten

Kontingenzzulage STIR die; –, -n ⟨übersetzt aus ital. *indennità di contingenza*⟩: ↗INFLATIONSABGELTUNG A, ↗TEUERUNGSZULAGE A CH, ↗TEUERUNGSAUSGLEICH CH, ↗INFLATIONSAUSGLEICH D, ↗SONDERERGÄNZUNGSZULAGE STIR ›Zulage, die Angestellten in der Privatwirtschaft zusätzlich zum Lohn als Inflationsausgleich ausbezahlt wird‹: *Denn durch die Abschaffung der Kontingenzzulage würden die Preiserhöhungen und Inflation nicht mehr automatisch ausgeglichen, und jede zusätzliche Lira für die Angestellten müsse ausgehandelt werden* (Dolomiten 30. 12. 1997, 10)

Konto: *das gelbe Konto CH: ↗PSK-KONTO A, ↗POSTSCHECKKONTO A CH BELG LUX, ↗PC-KONTO CH, ↗POSTCHECK CH, ↗POSTKONTO CH STIR , ↗POSTKONTOKORRENT STIR ›Konto bei der Post‹: *Auf sein gelbes Konto zahlt er seinen ganzen Finderlohn* (TA 12. 3. 1997, 19) – Offizielle Bezeichnung der Post für ihre Finanzdienstleistung. Das Substantiv *Konto* ist in allen anderen Verwendungen gemeindt.

Kontrolleur Kontrolleurin CH D (ohne mittelost) der; -s, -e bzw. die; –, -nen ['kɔntrɔlœːr CH, kɔntrɔ'lœːr CH, kɔntrɔ'løːɐ̯ D] ⟨aus frz. *contrôleur* zu frz. *contrôler* ›kontrollieren, überprüfen‹⟩: ↗KONTROLLOR A ›Person, die für eine Behörde, Firma oder Institution eine Kontrollfunktion ausübt‹: *Und endlich müssen die Kontrolleure – die Wirtschaftsprüfgesellschaften – kontrolliert werden, denn die Zahl der Abstürze grosser Unternehmen, die bis zum Ende positiv beurteilt wurden, häufen sich* (TA 29. 11. 1999, 31; CH); *Bei der Suche nach Schwarzsehern arbeiten die Kontrolleure jetzt mit Geheimdienstmethoden* (Focus 16. 3. 1998, 269; D) – In A selten, Aussprache [kɔntrɔ'løːɐ̯] – Dazu: **Elektrokontrolleur(in)** CH, **Feuerungskontrolleur(in)** CH, ↗**Lebensmittelkontrolleur(in)** CH D, **Pilzkontrolleur(in)** CH

Kontrollor Kontrollorin A der; -s, -e bzw. die; –, -nen ⟨aus ital. *controllore*⟩: ↗KONTROLLEUR CH D (ohne mittelost) ›Person, die für eine Behörde, Firma oder Institution eine Kontrollfunktion ausübt‹: *Das Ergebnis ist äußerst schmerzlich: Bei 16,2 Prozent der Zahnbehandlungen orteten die Kontrollore entweder »Behandlungsmängel« oder Ungereimtheiten bei der Abrechnung* (Presse 29. 9. 1998, 15) – Dazu: **Flugverkehrskontrollor(in), Krankenkassenkontrollor(in), Landeskontrollor(in)** (↗Landes-), ↗**Lebensmittelkontrollor(in), Markt- und Gewerbekontrollor(in), Qualitätskontrollor(in)**

Kontrollschild CH das; -(e)s, -er: ↗KENNZEICHENTAFEL A, ↗NUMMERNTAFEL A, ↗NUMMERNSCHILD CH D, ↗KENNZEICHENSCHILD D, ↗ERKENNUNGSTAFEL LUX, ↗KENNTAFEL STIR ›(an Fahrzeugen sichtbar angebrachte) ↗Tafel mit einem amtlichen Kennzeichen‹: *Darf ein Motorfahrzeug auf einer wenig befahrenen Nebenstrasse ohne Kontrollschilder in Verkehr gesetzt werden?* (Theorieprüfung für Motorfahrzeugführer 73)

kontrovers (gemeindt.): ↗KONTROVERSIELL

kontroversiell A Adj. ⟨aus lat. *controversus* ›entgegengewandt, gegenüberliegend‹⟩: ›[einander] entgegengesetzt, strittig, umstritten; kontrovers‹: *Damit hat sich das Kunstforum eines sehr kontroversiellen Themas angenommen, das viele Fragen aufwirft* (Falter 3. 11. 1997, 36)

Konvent CH der; -(e)s, -e ⟨aus lat. *conventus* ›Zusammenkunft, Versammlung‹⟩: ›regelmässige Konferenz der Lehrer(innen) und der Leitung einer Schule; Lehrerkonferenz‹: *Der Konvent nimmt auf Vorschlag der Schulleitung die Verteilung der Mittel vor* (Kanton BL, 1997, Internet) – Andere Bedeutungen sind gemeindt. – Dazu: **Lehrerkonvent**

Konvention LUX die; –, -en: ›vertragliche Übereinkunft‹: *Die Arbeit ... wurde bis 1998 finanziert durch eine Konvention mit dem Gesundheitsministerium* (Luxemb Wort 21. 9. 1999, 7) – Die Bedeutung ›[vertragliche] Übereinkunft [bei internationalen Verträgen]‹ ist gemeindt.

konventioniert STIR Adj. ⟨aus ital. *convenzione* ›Abkommen‹⟩: **1.** (Medizin) ›in einem Vertragsverhältnis stehend (v. a. von Ärzten mit Institutionen)‹ (meist in der Wendung *konventionierte Stelle*): *Hinzu kommen 28 Basisärzte, die zwar nicht angestellt, aber konventioniert sind* (Dolomiten 5. 5. 1995, 25). **2.** (Wohnungswesen) ›für die Benutzung behördlich freigegeben; genehmigt, gewidmet‹ (meist in der Wendung *konventionierter Wohnbau*): *An mehrere als konventioniert gemeldete Wohnungen haben die Carabinieri und der Gemeindegeometer der Gemeinde En-*

neberg im vergangenen August geklopft (Dolomiten 2. 10. 1996, 26) – Dazu: **Konventionierung**

Konzipient Konzipientin A der; -en, -en bzw. die; –, -nen ⟨zu lat. *concipiens,* 1. Part. von *concipere* ›konzipieren‹⟩ (formell): ↗RECHTSANWALTSANWÄRTER A ›Jurist(in), der bzw. die zu Ausbildungszwecken in einem Rechtsanwaltsbüro arbeitet‹: *Im ersten Akt lernen wir drei Frauen kennen: die greise A … und die 26-jährige C, die als Konzipientin in jener Rechtsanwaltskanzlei, deren Klient A ist, arbeitet* (Neue Vorarlberger Tagesztg 19. 11. 1995, 54) – Die Bedeutung ›Verfasser(in) eines Schriftstücks‹ ist gemeindt. veraltet

Koog D-nord der; -(e)s, Köge ⟨niederl.⟩: ↗POLDER D-nord ›durch Eindeichung trockengelegtes Land‹: *Einmal rund um den Koog, hatten sie sich vorgenommen* (Bick, Tödliche Ostern 12)

Kooperator A-west der; -s, -en ⟨kirchenlat. *cooperator* ›Mitarbeiter‹ aus *cooperari* ›mitwirken‹⟩ (kath. Kirche): ↗VIKAR CH D ›Geistlicher, der einem Pfarrer unterstützend zugeordnet ist; Kaplan‹: *Der katholische Kooperator, der fast jeden Sonntag bei Alois daheim zu Mittag aß …, nannte die beiden einmal spaßeshalber Romeo und Julia* (Köhlmeier, Moderne Zeiten 58; A-west) – In D-südwest veraltend

Kopf der; -(e)s, Köpfe (Grenzfall des Standards): **1.** A-west ohne Plur.: kurz für ↗*Kopfsalat:* ↗HÄUPTEL A D-südost, ↗HÄUPTELSALAT A D-nordost/südost, ↗SALAT: *GRÜNE SALAT D ›Salat mit hellgrünen Blättern, die im Inneren einen festen Kopf bilden‹: *Radieschen-Eier-Salat: 1 Kopf, …, 2 Bund Radieschen, 4 hart gekochte Eier und 12 grüne Oliven …* (Vorspeisenkarte Gasteinertal, 1998, Internet). **2. *sich [nicht] auf den Kopf scheißen lassen** A D-südost (salopp, Grenzfall des Standards): ↗KAPPE: *SICH [NICHT] AUF DIE KAPPE SCHEISSEN LASSEN CH ›sich [nicht] schlecht behandeln lassen‹: *Die Wiener Bevölkerung hat sich ja stets von ihren Stadtvätern auf den Kopf scheißen lassen und immer noch »Danke schön« dafür gesagt* (Chronik der Computersteuerung der Straßenbahn, 1996, Internet; A). **3. *eins auf den Kopf geben/bekommen/kriegen** D-nordost/südost: ↗DACH: *EINE AUFS DACH GEBEN/BEKOMMEN/KRIEGEN A D-mittelost/südwest; *EINS AUFS DACH GEBEN/BEKOMMEN/KRIEGEN CH D, ↗DECKEL: *EINE AUF DEN DECKEL GEBEN/BEKOMMEN/KRIEGEN A; *EINS AUF DEN DECKEL GEBEN/BEKOMMEN/KRIEGEN CH D, ↗KAPPE: *EINS AUF DIE KAPPE GEBEN/BEKOMMEN/KRIEGEN CH, ↗HUT: *EINS AUF DEN HUT GEBEN/BEKOMMEN/KRIEGEN D-nord, ↗MÜTZE: *EINS AUF DIE MÜTZE GEBEN/BEKOMMEN/KRIEGEN D (ohne südwest), ↗ÜBERBRATEN: *JMDM. EINS/EINEN ÜBERBRATEN D (ohne südost) ›eine Zurechtweisung, Niederlage, Abfuhr austeilen bzw. bekommen‹: *Aber 1956 habe ich vorausgesehen, dass die SPD 1957 schrecklich eins auf den Kopf bekommen würde, und da wollte ich unbedingt in die Partei eintreten* (Bayerischer Rundfunk 29. 1. 1999, Internet) – Andere Bedeutungen von *Kopf* sowie andere Redewendungen mit *Kopf* sind gemeindt.

Kopf: *jmdm. den Kopf waschen (gemeindt.): ↗KAPPE: *JMDM. DIE KAPPE WASCHEN

köpfeln A CH D-süd sw.V./hat: **1.** ›einen Kopfsprung ins Wasser machen‹: *Reni und Penny köpfelten nebeneinander ins Becken* (Brezina, Katze 44; A); *Er will auch die freudigen Situationen geniessen, »die man nur mit Mehrlingen erlebt«. Etwa wenn er beobachtet, wie seine drei sportlichen Sprösslinge reihenweise vom 3-Meter-Sprungbrett köpfeln* (Bund 30. 7. 1997, 10; CH). **2.** (Fußball); ↗KÖPFEN D (ohne südost) ›einen Kopfball spielen‹: *Einmal kamen die Amerikaner gefährlich vors Tor, H. köpfelte, aber da war Tormann K. mit einer sehenswerten Reaktion zur Stelle* (Standard 17. 6. 1998, 14; A); *Später musste der eingewechselte A. den Ball für seinen geschlagenen Keeper über die Latte köpfeln* (Bund 26. 10. 1998, 28; CH) – Vgl. Köpfler – Zu 2.: **einköpfeln**

kopfen A sw.V./hat (Grenzfall des Standards): ↗HIRNEN CH ›angestrengt nachdenken, überlegen‹: *Die Vorbereitungen für die neue Session laufen in vollem Gange. Das Wichtigste sind die Turnierspiele, über die wir noch beim Kopfen sind* (Computerspiele, 2002, Internet)

köpfen D (ohne südost) sw.V./hat (Sport): ↗KÖPFELN A CH D-süd ›einen Ball mit dem Kopf stoßen‹: *A.Y. … köpfte in der 20. Minute am Tor vorbei und traf zehn Minuten später nur den rechten Pfosten* (BamS 26. 10. 1997, 102) – Die Bedeutung ›enthaupten‹ ist gemeindt. – Dazu: **einköpfen**

Köpfler A CH D-süd der; -s, –: **1.** ↗KÖPPER D-nord/mittel ›Kopfsprung ins Wasser‹: *Meinen ersten und einzigen Köpfler aus fünf Metern Höhe habe ich aber bei meiner Bademeisterprüfung gemacht* (VN 22. 8. 1998, A 12; A); *Köpfler ins seichte Wasser – gelähmt!* (Blick 24. 7. 1998, 6; CH). **2.** (Fußball) ›Kopfball‹: *Drei Minuten zuvor hatte Kocis einen Köpfler von Milovanovic mitgenommen und ausgeglichen* (Standard 3. 3. 1997, Internet; A); *Zu Hause, im Garten, spielte Lucien den Ball an die Wand, übte … Köpfler und Fallrückzieher* (TA 25. 5. 1996, 4; CH) – Vgl. köpfeln – Zu 2.: **Lattenköpfler**

Kopfsalat A-west CH D der; -(e)s, -e: ↗HÄUPTEL A D-südost, ↗HÄUPTELSALAT A D-nordost/südost, ↗SALAT: *GRÜNE SALAT D ›Salatpflanze mit hellgrünen, großen, welligen Blättern, die im Inneren einen Kopf bilden‹: *Er hat ein Herz für alle, für den Kopfsalat in Käfighaltung, die rauchenden Lachse, und das Jogurt im Kühlschrank, das Geburtstag hat* (Bund

27. 10. 1999, 7; CH); *Nach Deutschland wurde der Kopfsalat erst im Mittelalter eingeführt* (Kochen und genießen, 2000, Internet; D) – Vgl. Kopf

kopfüber (gemeindt.): ↗KOPFVORAN

kopfvoran A CH Adv.: ›kopfüber‹: *Der Bursch kam mit seinem Mofa aus noch nicht geklärten Gründen … von der Fahrbahn ab und stieß kopfvoran gegen das linke Geländer der Antiesenbrücke* (ÖON 26. 5. 1990, 23; A); *[Es] ist der kleine Stolperstein am Bord, über den es ihn schlägt, kopfvoran auf den Boden knallt, dass es ihm den Schnauf nimmt* (Ramseier, Eile 50; CH)

Koppel: 1. A D die; –, -n /D (ohne südost) das; -s, –: ↗CEINTURON CH ›Ledergürtel einer Uniform‹: *1925 in Wien/Floridsdorf geboren, wurde ihm nach dem Gymnasium mit 18 die Koppel mit dem »Gott mit uns« verpasst, in Russland verwundet, in Wien ausgebombt, landete er 1945 in Oberösterreich* (Frank, Kommissar 250; A); *Kluttig erhob sich gehorsam und straffte die Uniform unter dem Koppel* (Apitz, Nackt unter Wölfen 44; D). **2.** A D die, –, -n ›eingezäunte Weide[fläche], (bes. für Pferde)‹: *Unsere Koppeln und Weiden umfassen insgesamt 6 ha, wodurch die Pferde genug Platz haben, um sich gegebenenfalls aus dem Weg gehen zu können* (Pferdehof Geyer, Heiligenkreuz, 2002, Internet; A); *Vielleicht haben sie überhaupt noch nie Pferde in freier Wildbahn oder einfach auf der Koppel erlebt* (Ostsee-Ztg 13. 3. 2001, Internet; D)

Köpper D-nord/mittel der; -s, – (Grenzfall des Standards): ↗KÖPFLER A CH D-süd ›Kopfsprung ins Wasser‹: *Bürgermeister T. und Marion L. … tauchten mit einem Köpper in das 16 Grad kalte Wasser ab und eröffneten damit die Freibadsaison* (Dübener Wochenspiegel 23. 5. 2001, Internet)

Korber Korberin CH der; -s, – bzw. die; –, -nen: ↗KORBMACHER D ›Person, die Gegenstände aus Weiden flechtet; Korbflechter(in)‹ /Berufsbezeichnung/: *Weidenruten sind gar nicht so schwierig zu beschaffen, seit die Korber ausgestorben sind, die sie früher benötigt haben* (TA 29. 6. 1999, 72)

Körberlgeld A das; -(e)s, ohne Plur. (oft abwertend, Grenzfall des Standards): ›zusätzlich, nebenbei verdientes Geld; Zubrot‹: *Der Umtausch der Schilling-Münzen in den Euro kann dem Finanzminister sogar ein durchaus nennenswertes Körberlgeld einbringen* (Kleine Ztg 15. 11. 1997, 20)

Korbflechter (gemeindt.): ↗KORBER/KORBERIN, ↗KORBMACHER/KORBMACHERIN

Korbmacher Korbmacherin D der; -s, – bzw. die; –, -nen: ↗KORBER CH ›Person, die Gegenstände aus Weiden flechtet; Korbflechter(in)‹ /Berufsbezeichnung/: *Jeder Bremer über Fünfzig aber kennt den später erblindeten Korbmacher* (TAZ 3. 11. 2001, Internet)

Kord D der; -(e)s, ohne Plur.: siehe Cord

Kordsamt D-nordwest/süd der; -(e)s, ohne Plur.: siehe Cordsamt

Korinthenkacker Korinthenkackerin D der; -s, – bzw. die; –, -nen (abwertend, derb): ↗ I-TÜPFERL-REITER A, ↗TÜPFLISCHEISSER CH ›Person, die übertrieben genau ist; Pedant(in)‹: *Dieser Korinthenkacker schulmeisterte mich* (Martin, Blut 23) – Dazu: **Korinthenkackerei**

Kork D-nordost/südwest der; -(e)s, -en: ↗STOPPEL A (ohne west), ↗STOPSEL A-west (Tir.)/südost D-südost, ↗ZAPFEN CH, ↗PROPFEN D-südwest, ↗PROPPEN D-nord ›aus Kork hergestellter Flaschenverschluss; Korken‹: *Bei der Abfüllung ist unbedingt darauf zu achten, dass … in den Flaschen ein Leerraum zwischen Weinoberfläche und Kork bleibt* (Hülsemann Services 28. 1. 2003, Internet) – Die Bedeutung ›aus der Rinde der Korkeiche gewonnenes Material‹ ist gemeindt.

Korken (gemeindt.): ↗KORK, ↗PFROPFEN, ↗PROPPEN, ↗STOPPEL, ↗STOPSEL, ↗ZAPFEN

Korkenzieherlocke D (ohne südost) die; –, -n: ↗STOPPELLOCKE A, ↗STOPSELLOCKE A-west (Tir.) D-südost, ↗ZAPFENLOCKE CH ›spiralförmig gelocktes langes Haar‹: *Der Lockenstab surrt, um auch die letzte Korkenzieherlocke in Form zu bringen* (Kieler Nachr, 2000, Internet)

Körndlbauer A D-südost der; -n/-s, -n: ›Landwirt, der vorwiegend Getreide anbaut‹: *Der Konflikt Ackerbauern gegen Milchbauern indes … scheint beigelegt. H. ist Rinder- und Bergbauer … Vorgänger K. ist Körndlbauer* (OÖN 17. 10. 2002, 10) – Eine weibliche Form ist nicht gebräuchlich. Vgl. Hörndlbauer

Körndlfresser Körndlfresserin A D-südost der; -s, – bzw. die; –, -nen (abwertend, Grenzfall des Standards): ↗KÖRNLIPICKER CH, ↗KÖRNERFRESSER D ›Person, die sich alternativ ernährt und hauptsächlich Zerealien und vegetarische Nahrung zu sich nimmt‹: *Die Grünen, in der öffentlichen Meinung oft als Körndlfresser verschrien, aßen Schweinsbraten* (Kleine Ztg 15. 10. 1996, Internet; A) – Vgl. Körndlfutter

Körndlfutter A D-südost das; -s, ohne Plur. (Grenzfall des Standards): **1.** (scherzh.) ›Vollwertkost‹: *Noch vor wenigen Jahren wurde »gesunde Ernährung« mit Verzicht, Tristesse und trostlosem Körndlfutter … gleichgesetzt* (Produktwerbung des BML-Konzerns, 2000, Internet; A). **2.** ↗KÖRNERFUTTER CH D ›aus Zerealien bestehendes Tierfutter‹: *Abgesehen davon, dass die meisten Vögel in viel zu kleinen Käfigen gehalten werden, genügt es auch nicht, die Vögel alleine mit* *handelsüblichem Körndlfutter zu versorgen* (Wissenswertes über Tiere, 2000, Internet; A) – Zu 1 vgl. Körndlfresser

Kornelkirsche (gemeindt.): ↗Dirndl[1]

Körnerfresser Körnerfresserin D der; -s, – bzw. die; –, -nen (abwertend): ↗Körndlfresser A D-südost, ↗Körnlipicker CH ›Person, die sich alternativ ernährt und hauptsächlich Getreide und vegetarische Nahrung zu sich nimmt‹: *Neben den Vegetariern, die gerne mit Spitznamen wie Körnerfresser oder Brokkolitante bedacht werden, gibt es noch andere, extremere Lebensweisen* (Mindener Tagebl 28. 9. 1998, Internet)

Körnerfutter CH D das; -s, ohne Plur.: ↗Körndlfutter A D-südost ›aus Getreide bestehendes Tierfutter‹: *Und noch was: Ratten kosten kaum »Mäuse«. Sie brauchen nur Körnerfutter, Stroh und Streicheleien* (Blick 13. 1. 1996, 6; CH); *Körnerfutter mit Sonnenblumenkernen und Erdnüssen ist für Finkenvögel bestimmt* (Passauer Neue Presse 9. 1. 1997, Internet; D)

Kornett A D das; -(e)s, -e/-s: ↗Cornet CH /ein Blechblasinstrument/: *Als Kunsterzieher an einer jüdischen Schule in Florenz lernte er später autodidaktisch Kornett* (OÖN 21. 9. 2000, 9; A); *P.R. ... und B.W. ... präsentieren dabei eine unglaubliche Vielfalt von Blechblasinstrumenten: Trompete, ... Kornett, ... Horn, Posaune, Euphonium und Tuba* (Deutsche Oper Berlin 30. 11. 1997, Internet; D)

Körnlipicker Körnlipickerin CH der; -s, – bzw. die; –, -nen (abwertend): ↗Körndlfresser A D-südost, ↗Körnerfresser D ›Person, die sich alternativ ernährt und hauptsächlich Getreide und vegetarische Nahrung zu sich nimmt‹: *Das Sortiment von Bio-, Öko- und Fair-Trade-Produkten ist so umfassend, dass das Körnlipicker-Etikett längst nicht mehr zutrifft* (TA 20. 2. 1997, 59)

Körperschaftssteuer Körperschaftsteuer A D die; –, -n: ›von Körperschaften wie Kapitalgesellschaften, Genossenschaften, Vereinen, Stiftungen etc. zu zahlende Steuer auf Erträge und Gewinne‹: *»Die Ertragssteuern (Lohnsteuer, Einkommenssteuer) für die Grenzregionen sollten um 10 % gesenkt werden, die Körperschaftssteuer um 5 %«, schlägt er vor* (NÖN 12B/1988, 29; A); *Langfristig sehe ich in der Senkung der Körperschaftssteuer und der Rentenbeiträge schon einen Ausgleich für die Verteuerung des Treibstoffes* (Welt 26. 6. 1999, Internet; D)

Korporal der; -(e)s, ...äle: **1.** A /ein Chargendienstgrad/: *Bei einer Bundesheerübung ... wurde gestern ein 19-jähriger Korporal unbestimmten Grades verletzt, als sich aus einer Leuchtpistole ein Schuss löste* (OÖN 16. 6. 2000, 19). **2.** CH /niedrigster Unteroffiziersgrad beim Militär, der Polizei und der Feuerwehr/: *Beim anschliessenden Einzelexerzieren hatten auch die Korporale und der Wachtmeister nicht mehr viel zu bestellen* (Tschudin, Meine Ehre 79) – Zu 2.: In D veraltet

Korporation CH die; –, -en: ↗Teilsame CH ›(ursprünglich öffentlich-rechtliche, heute private) gemeindeähnliche Nutzungsgenossenschaft (v.a. in der ↗Innerschweiz), deren Aufgabe in der Verwaltung von Korporationsgütern (Wald, ↗Allmend, ↗Alp) oder in öffentlichen Dienstleistungen (Wasserversorgung, Strassenbeleuchtung) besteht‹: *Die Korporation Wollerau ist Eigentümerin von ca. 430 ha Wald, der zum grössten Teil auf dem Gebiet der Gemeinde Feusisberg liegt* (Korporation Wollerau, 2001, Internet) – Die juristische Bedeutung ›Körperschaft‹ und die Bedeutung ›Studentenverbindung‹ sind gemeindt. – Dazu: **Allmendkorporation** (↗Allmend), **Alpkorporation** (↗Alp), **Korporationsbürger(in)** (↗Bürger), **Korporationsgemeinde, Waldkorporation, Wasserkorporation**

Korrektion CH die; –, -en: ›Ausbau, Verbreiterung, Begradigung und ähnliche Ausbesserungen (von Strassen und Gewässern)‹: *Das alte Wasserbaugesetz regelt ... die Korrektion und den Unterhalt von Fliessgewässern* (St. Galler Tagbl 7. 4. 1999, Internet) – Dazu: **Flusskorrektion, Strassenkorrektion**

Korridor CH D (ohne südwest) der; -s, -e: **1.** ↗Gang A-west CH D, ↗Flur D, ↗Eren D-süd ›lang gezogener Raum [mit Garderobe] (im Eingangsbereich innerhalb einer Wohnung oder eines Einfamilienhauses), von dem aus die anderen Räume erreicht werden können‹: *Parkett im Wohnzimmer und Korridor* (BeZ 15, 20. 1. 1997, 2; CH); *Vorsichtig schleicht er durch den Korridor* (BamS 26. 10. 1997, 30; D). **2.** ↗Flur D ›lang gezogener Raum (in einem öffentlichen Gebäude), von dem aus die Büros und Zimmer erreicht werden können; Gang‹: *Längst konnte er wieder gehen, der Jüngling, wenn auch erst an zwei Stöcken, und nur im Korridor und bis zum Rauchzimmer* (Schmidli, Sommer 97; CH); *Auf dem langen Korridor vor dem Ambulanzraum drängte sich der Elendshaufen kranker Häftlinge zusammen* (Apitz, Nackt unter Wölfen 73; D) – In A gehoben. Die Bedeutung ›schmaler Streifen Land in einem fremden Staatsgebiet‹ ist gemeindt.

Kosovo: kann in CH auch ohne bestimmten Artikel, in A und D nur mit bestimmtem Artikel verwendet werden. In D auch Neutrum, gemeindt. Maskulinum: *Bedürftige Bauernfamilien in Kosovo erhalten trächtige Rinder und Kühe aus der Schweiz. So können sie ihre dezimierten Viehbestände wieder aufbauen* (TA 23. 9. 1999, 29; CH); *Die Schweiz erwartet Zehntausende von Flüchtlingen aus Kosovo* (Schweizer Familie 3. 6. 1999, 16; CH); *Die Europäer betrachten* *das Kosovo nach wie vor als Teil der Bundesrepublik Jugoslawien* (Welt 12. 10. 1999, Internet; D)

kọsten A D sw.V./hat: ↗GUSTIEREN A, ↗VERKOSTEN A D, ↗DEGUSTIEREN CH ›(den Geschmack von Ess- und Trinkbarem) prüfen; (Ess- und Trinkbares) probieren‹: *Berni, Willi und ich tranken Milch, und ab und zu ließ uns Anna einen Schluck Most kosten* (Recheis, Lena 35; A); *Sie stand am Herd und war am Kosten* (Hofmann, Glück 32; D) – Andere Bedeutungen sind gemeindt.

Kọstendach CH das; -(e)s, ...dächer: ›Kostenrahmen‹: *Für den Bau ist ein Kostendach von rund 1,5 Millionen Franken vorgesehen* (NLZ 11. 7. 2001, Internet)

Kọstenersatz A der; -es, ohne Plur.: **1.** ↗ABGELTUNG A CH ›[staatliche] Vergütung für Leistungen, die jmd. zu erbringen vom Staat verpflichtet ist [und für die er im Voraus Geld auslegen muss] (z. B. Anreisekosten von Zeugen, die vor Gericht aussagen müssen u. Ä.)‹: *Dass der Verteidigungsminister am Grenzeinsatz noch immer festhält, ohne dafür einen Kostenersatz und eine rasche Beendigung zu fordern, zeigt von Unkenntnis oder Fehleinschätzung der Lage* (Furche 13. 11. 1997, 2). **2.** ›Entschädigung für den materiellen Aufwand, den Personen an den Staat oder eine Institution bei Inanspruchnahme von Serviceleistungen bezahlen (z. B. Material-, aber nicht Herstellungskosten für Kopien, Unterlagen u. Ä.)‹: *Die Angebotsunterlagen liegen in der Zentralkanzlei der MA 14 ... zur Einsichtnahme auf bzw. sind gegen Kostenersatz von S 39,– erhältlich* (Computerwelt 10. 11. 1997, 45). **3.** ›[teilweise] Entschädigung, die eine Versicherung dem Versicherten [nachträglich] (für Medikamente, ärztliche Behandlungen, gestohlene Gegenstände u. Ä.) bezahlt; Rückerstattung‹: *Die anfallenden Kosten müssen vom Patienten zunächst selber bezahlt werden. Die bezahlte Originalrechnung können Sie danach bei der VGKK zum Kostenersatz einreichen* (Facharztpraxis für Radiologie mr-Vorarlberg, 2002, Internet)

Kostenrahmen (gemeindt.): ↗KOSTENDACH

Köter (gemeindt.): ↗TÖLE

Köthen (gemeindt.): ↗BACHSTADT

kotieren CH sw.V./hat: ›(ein Wertpapier) an der Börse für den freien Handel zulassen; notieren‹: *Die Grossbank UBS will ihre Aktien an der New Yorker Börse kotieren lassen* (Bund 15. 12. 1999, 17) – Dazu: ↗**börsenkotiert, Kotierung**

Kọtten D-nord/mittelwest der; -s, –: ›historisches Gehöft‹: *Baudenkmal Bohmter Kotten: Erbaut 1783. Alle Außenwände in Fachwerk* (Geschichtsatlas Niedersachsen, 2003, Internet)

Krạbbe D die; –, -n: ↗GARNELE A D, ↗CREVETTE CH ›in der Nordsee lebender Langschwanzkrebs mit langen Fühlern; Shrimp‹: *Die Krabbe mit beiden Händen fassen, ein Knick, ein Dreh, dann ist der Kopf vom Rumpf getrennt und man kann vorsichtig das Krabbenfleisch aus dem Panzer ziehen* (NRZ 25. 1. 2002, Internet) – Die Bedeutung ›Panzerkrebs (mit rundlichem Körper)‹ ist gemeindt. – Dazu: **Krabbencocktail, Krabbenfang, Krabbenfischer(in)** (↗Fischer), **Krabbenkutter**

Krạbbelstube A D die; –, -n: ↗KINDERHORT CH ›Kinderbetreuungsstätte für Kleinkinder bis zum Alter von 3 Jahren; Kinderkrippe‹: *Eine Tagesmutterbetreuung ist gegenüber einem Kindergarten oder einer Krabbelstube viel flexibler, da auch in der Früh und am Abend eine Betreuung möglich ist* (TT 30. 1. 1998, Beilage 5; A); *Das Studentenwerk Heidelberg unterhält eine Kinderkrippe und eine Krabbelstube für Kleinstkinder* (Universität Heidelberg 18. 2. 2002, Internet; D)

Krạchen CH der; -s, – (Grenzfall des Standards): ›sehr abgelegenes Tal‹: *Das Simmental, das Engstligental, das Frutigental, ... hätte er alles im Dienst kennen gelernt, die entlegensten Krachen* (Hürlimann, Schweizerreise 101); ***im hintersten Krachen:** ↗JWD D-nord/mittelwest ›abgelegen; wo sich Fuchs und Hase gute Nacht sagen; in der Pampa‹: *Freitag- und Samstagnachts karren Busse jenen Teil der Festgemeinde, der nicht bis zur After-Hour-Party im Morgengrauen durchhält, zwischen Mitternacht und drei Uhr morgens noch in die hintersten Krachen der Agglomeration* (Angst, Schweiz und Zürich 125)

Krạcher: *Schweizer Kracher A CH D-süd: ↗BÖLLER D (ohne südost), ↗SILVESTERKNALLER D (ohne südost) ›[zur Jahreswende gezündeter] Feuerwerkskörper, Knallkörper‹: *Wie jedes Jahr werden zur Jahreswende in Linz an zahlreichen Ständen ... wieder Raketen, Schweizer Kracher ... zum Verkauf angeboten* (Grüne Kommunalpolitik OÖ, 1999, Internet; A); *Als Martin Hangl das Gold für den Super-G umgehängt bekam, zündeten Accola und Trainer Didier Bonvin einen Schweizer Kracher* (Blick 29. 1. 1999, 24; CH) – Das Substantiv *Kracher* ist in der Bedeutung ›Knallkörper‹ sowie in allen anderen Bedeutungen gemeindt.

Krạcherl A D-südost das; -s, -n (Grenzfall des Standards, veraltend): ↗LIMO A D, ↗BLÖTERLIWASSER CH, ↗BRAUSE D-nord/mittel, ↗SPRINGERL D-südost, ↗SPRUDEL D (ohne mittelost), ↗SPUMA STIR ›Erfrischungsgetränk mit Kohlensäure; Limonade‹: *Für das Durchhalten wurde nach dem Abstieg ein Kracherl in Aussicht gestellt, lustig prickelndes, süßes himbeerrot- oder gelb gefärbtes Sodawasser in Flaschen aus dickem Glas* (Glantschnig, Mirnock 70; A) – Dazu: **Himbeerkracherl**

Krạchsalat CH der; -(e)s, -e (Plur. ungebräuchl.): ↗BUMMERLSALAT A-mitte/ost, ↗EISSALAT A D (ohne mittelost), ↗EISBERGSALAT CH D ›Salatsorte, deren hellgrüne, knackige Blätter einen festen Kopf bilden‹: *Für den Salat Chinakohl, Krachsalat, Frühlingszwiebel und Cornichons sehr fein schneiden* (Brückenbauer, 1997, Internet)

Krad A D das; -(e)s, Kräder (Kurzwort): ↗KRAFTRAD A D, ↗TÖFF CH ›zwei- bzw. dreirädriges ↗Kraftfahrzeug; Motorrad‹: *Er stürzte und schlitterte samt seinem Krad gegen das linke Vorderrad eines korrekt entgegenkommenden Pkw* (VN 25. 7. 1997, B 1; A); *Brandanschlag auf ein Polizei-Krad* (Spiegel-Jahreschronik 1997, 220; D) – Ursprünglich aus der Fachsprache des Militärs, heute auch im Verkehrswesen und salopp in Motorrad fahrenden Kreisen gebräuchlich

Kraftfahrzeug A D das; -(e)s, -e: ↗MOTORFAHRZEUG CH ›motorbetriebenes Fahrzeug‹: *Im Jahr 1996 waren in Österreich ca. 5 Millionen Kraftfahrzeuge unterwegs* (Fembek, Keine Angst 134; A); *Für starke abbiegende Radverkehrsströme bietet sich auch die Markierung sog. aufgeblasener Radfahrstreifen an, die ein Aufstellen der Fahrradfahrer vor den Kraftfahrzeugen ermöglicht* (Schulwegsicherung, 1994, 11; D) – Abk. ↗Kfz – Dazu: **Kraftfahrzeugmechaniker(in)**, ↗**Kraftfahrzeugschein** D, ↗**Kraftfahrzeugsteuer**, ↗**Kraftfahrzeugzulassung**

Kraftfahrzeugschein D der; -(e)s, -e: ↗ZULASSUNG A, ↗ZULASSUNGSSCHEIN A, ↗FAHRZEUGAUSWEIS CH, ↗KRAFTFAHRZEUGZULASSUNG D, ↗AUTOBÜCHLEIN STIR ›amtliches Dokument, in dem die Genehmigung für den Betrieb eines ↗Kraftfahrzeuges für den Straßenverkehr vermerkt ist‹: *Die exakte Maßangabe steht im Kraftfahrzeugschein oder auf dem Reifen selbst* (SWR, 2000, Internet) – Vgl. Fahrzeugschein

Kraftfahrzeugsteuer A D die; –, -n: ↗MOTORFAHRZEUGSTEUER CH ›Steuer für das Halten und Benutzen eines ↗Kraftfahrzeuges im öffentlichen Verkehr‹: *Die Befreiung von der Kraftfahrzeugsteuer soll sich künftig nur auf Kraftfahrzeuge mit einer Obergrenze von 70 Kilowatt beziehen* (SN 12. 11. 1992, Internet; A); *Die Höhe der Kraftfahrzeugsteuer hängt künftig vom Schadstoffausstoß … ab* (Welt 26. 4. 1996, Internet; D) – Abk. Kfz-Steuer

Kraftfahrzeugzulassung die; –, -en: **1.** A D (formell); ↗KFZ-ZULASSUNG A D, ↗IMMATRIKULATION CH ›Anmeldung und behördliche Genehmigung eines Fahrzeuges für den Straßenverkehr‹: *Für Oberösterreichs Bezirke hat man beispielsweise die Umstellung auf EDV für die Kraftfahrzeugzulassung auf Eis gelegt, weil man keine Fehlinvestition in Höhe von zehn Millionen Schilling riskieren will* (OÖN 23. 1. 1988, 7; A); *Die Zulassungsstelle des Straßenverkehrsamtes der Kreisverwaltung Mettmann regelt die Kraftfahrzeugzulassung* (Kreis Mettmann 17. 7. 2002, Internet; D). **2.** D; ↗ZULASSUNGSSCHEIN A, ↗FAHRZEUGAUSWEIS CH, ↗FAHRZEUGSCHEIN D, ↗KRAFTFAHRZEUGSCHEIN D, ↗AUTOBÜCHLEIN STIR ›amtliches Dokument, in dem die Genehmigung für den Betrieb eines ↗Kraftfahrzeugs für den Straßenverkehr vermerkt ist‹: *Für die Feststellung des Gesamtgewichtes sind die Angaben in der Kraftfahrzeugzulassung maßgebend* (Euroregion Elbe/Labe 7. 1. 2003, Internet) – Vgl. Zulassung

Kraftrad A D das; -(e)s, …räder: ↗KRAD A D, ↗TÖFF CH ›zwei- bzw. dreirädriges ↗Kraftfahrzeug; Motorrad‹: … *Krafträder bis 100 Kubikzentimeter sind steuerfrei* (Presse, 15. 3. 1993, 5; A); *Als ihm ein Kraftrad entgegenkam, bremste er sein Fahrzeug stark ab* (NRZ 31. 10. 2000, Internet; D) – Ursprünglich aus der Fachsprache des Militärs, heute auch im Verkehrswesen und salopp in Motorrad fahrenden Kreisen gebräuchlich

Kraftwagen A D der; -s, -/…wägen (formell): ›motorbetriebenes Fahrzeug mit vier Rädern für den Güter- bzw. Personentransport‹: *Seit 1. Oktober 2001 dürfen Kraftwagen mit mehr als acht Sitzplätzen (Omnibusse) nur mehr zugelassen werden, wenn für alle Sitze Gurte verfügbar sind* (Kuratorium für Verkehrssicherheit, 2001, Internet; A); *Die neuen Länder zählen zu den modernsten Standorten der europäischen Autoindustrie. So ist dort die Fertigung von Kraftwagen und Motoren … produktiver und rentabler als etwa in Westdeutschland* (Welt 21. 7. 1999, Internet; D) – In CH selten. Vgl. Wagen

Kragen der; -s, -/Krägen: Der Plural lautet in A und D-süd *Krägen*, in D-nord/mittel *Kragen*. In CH sind beide Pluralformen gebräuchlich: *Für gewöhnlich sind Sexshops ja eher was für unauffällige Menschen, bevorzugt solche in Regenmänteln mit hochgeschlagenen Krägen* (Falter's Best of Vienna 1/1998, 20; A); *Gewerkschafter führen das Zepter, doch auch bestandene Banker stehen mit offenen Krägen in Gruppen herum und stimmen mutig in die Parolen und Gesänge ein* (TA 21. 1. 1997, 31; CH); *Dem Kanzlisten und dem Gerichtsschreiber platzten die Kragen* (Das Staatsarchiv erzählt 1. 4. 2003, Internet; CH); *Motorradoveralls eignen sich nur bedingt für den Einsatz auf Segelbooten: Das Wasser läuft oben in die Kragen, dann … bis in die Stiefel* (Ruhr-Universität Bochum, 2003, Internet; D-nord/mittel)

Kragen: *jmdn. am Kragen packen (gemeindt.): ↗KRAWATTL: *JMDN. AM KRAWATTL NEHMEN/PACKEN/HABEN, ↗SCHLAFITTCHEN: *JMDN. AM SCHLAFITTCHEN NEHMEN/PACKEN/HABEN

Kragenweite: *[nicht] jmds. Kragenweite sein D (salopp) ›[nicht] nach jmds. Geschmack sein‹: *Sie spielten … gut 45 Minuten und konnten das Publikum durchaus zum Mitsingen und Tanzen bewegen. Aber,* *wie gesagt, meine Kragenweite waren sie nicht* (Stadtnetz Münster 11. 8. 2002, Internet) – Die Bedeutung ›[nicht] jmds. ebenbürtiger Gegner sein‹ ist gemeindt. Das Substantiv *Kragenweite* ist gemeindt.

Krakauer die; –, –: **1.** A D ›der Schinkenwurst ähnliche Wurst aus eingesalzenem magerem Schweinefleisch in Stücken, Wasser und ↗Brät aus Rindfleisch‹: *Generell am fettärmsten ... sind Aufschnittwurst, Krakauer, Kochschinken und Schinkenwurst* (SN 13. 2. 2001, Internet; A); *An Wurstsorten haben wir alle deutschen Sorten, zum Beispiel Krakauer, Jagdwurst* (Deutsche Welle 21. 8. 2002, Internet; D). **2.** D /eine pikante Wurstsorte aus Rind- und Schweinefleisch, die zum Kochen und Braten geeignet ist/: *Die Auswahl an Grillwürsten ist groß. Es gibt kleine Würstchen wie die Nürnberger Bratwürste und große wie Krakauer oder Currywurst* (Naturkost 21. 8. 2002, Internet) – Das Substantiv *Krakauer* (der; -s, -) in der Bedeutung ›Bewohner Krakaus‹ sowie das Adjektiv *Krakauer* in der Bedeutung ›aus Krakau stammend, zu Krakau gehörig‹ sind gemeindt.

Krakel D (ohne südost) der; -s, – (abwertend, salopp): ↗KRAXE A D-mittelost/südost ›unleserlicher Schriftzug oder Buchstabe‹: *Da macht man einen unleserlichen Krakel auf den Zettel, haut einen ebenso unleserlichen Stempel drunter, und das war's* (TAZ 11. 6. 2001, Internet) – Vgl. Klaue – Dazu: ↗**krakeln** D-nord/mittel

krakeln D-nord/mittel sw.V./hat (abwertend, Grenzfall des Standards): ↗FUZELN A D-südost ›klein, eng [und undeutlich] schreiben‹: *Wenige Sekunden später erscheint sein Gruß handschriftlich gekrakelt auf seinem Handy-Display* (Spiegel 25. 4. 2001, Internet) – Vgl. Krakel

Kram CH D der; -(e)s, ohne Plur. (abwertend): ↗KRAMURI A, ↗GLUMPERT A, ↗GRAFFEL A D-südost, ↗GRÜMPEL CH, ↗KREMPEL D, ↗TRÖDELKRAM D-nord/mittel ›wertloses Zeug; Krimskrams, Plunder‹: *Zwischen all dem Kram blinzelten Danis Augen vergnügt in die Welt hinaus* (Buri, Dumm und dick 13; CH); *»Zeit für die Ablösung«, sagte er. »Ich hole meinen Kram und wecke Sauer«* (Remarque, Zeit zu leben 23; D) – In A selten

Kramladen D (ohne südost) der; -s, ...läden (abwertend): ↗GEMISCHTWARENHANDLUNG A, ↗GREIßLEREI A (ohne west), ↗LÄDELI CH, ↗TANTE-EMMA-LADEN D ›kleines Geschäft, in dem Lebensmittel und Gegenstände des täglichen Bedarfs verkauft werden‹: *Kösel, der Kramladen für alles, hat seine Schaufensterdekoration aus der Zeit der Währungsreform immer noch nicht verändert* (Holzach, Deutschland umsonst 69)

Krampe D (ohne südost) die; –, -n: ↗U-HAKEN A, ↗AGRAFFE CH, ↗KRAMPEN D (ohne ost) ›u-förmiger Haken bzw. Eisenklammer zum Befestigen von Draht o. Ä.‹: *Den Angaben zufolge hatte eine Krampe den Plattfuß verursacht* (Kölnische Rundschau 16. 3. 2001, Internet)

Krampen der; -s, –: **1.** A (ohne west) ›Spitzhacke; Pickel‹: *Ich holte Schaufel und Krampen aus der Hütte und ging gleich daran, den Boden umzustechen* (Haushofer, Wand 46). **2.** D (ohne ost); ↗U-HAKEN A, ↗AGRAFFE CH, ↗KRAMPE D (ohne südost) ›u-förmiger Haken bzw. u-förmige Eisenklammer zum Befestigen von Draht o. Ä.‹: *Mit einem Kapital, bestehend aus einer »Fünfzehner-Unterlegscheibe, einem schiefen Krampen und einem Holzschwert«, geht er auf die Reise* (Süddeutsche Ztg 30. 6. 2001, Internet)

Krampf CH der; -(e)s, Krämpfe: ↗TSCHOCH A, ↗HACKE A-ost, ↗SCHÖPF A-südost, ↗BÜEZ CH, ↗MALOCHE D-mittelwest ›sehr anstrengende, mühsame Arbeit; Schufterei‹: *Aber gegen die Japaner, diese Tiefflieger, ist es nicht einfach zu spielen. Es war von A bis Z ein Krampf* (Sonntagsblick 14. 4. 1996, 17) – Die in der CH gebrauchte saloppe Redewendung *einen Krampf drehen* in der Bedeutung ›etw. Unrechtmässiges tun‹ ist veraltet. Andere Bedeutungen sind gemeindt. – Dazu: ↗**krampfen**

krampfen CH sw.V./hat (salopp): ↗HACKELN A-ost, ↗SCHÖPFEN A-südost, ↗BARABERN A-ost D-südost, ↗BUCKELN A-west D-mittelost, ↗KRÜPPELN CH, ↗RACKERN D, ↗ACKERN D-nord/mittel, ↗MALOCHEN D-mittelwest, ↗ROBOTEN D-nordost ›[körperlich] hart arbeiten; schuften‹: *Wir müssen schauen, dass es für alle reicht, und wenn wir bis in alle Nacht hinein krampfen müssen* (Giovannelli-Blocher, Meer 108) – Die Bedeutung ›einen Muskelkrampf haben; verkrampfen‹ ist gemeindt. Vgl. Krampf – Dazu.: **Krampfer(in)**

Krampus A D-südost der; -/-ses, -se: ↗KLAUBAUF A-west (Tir.)/südost, ↗KNECHT: *KNECHT RUPRECHT A-west (Vbg.) D-mittelwest/süd, ↗SCHMUTZLI CH, ↗PELZNICKEL D-mittelwest/südwest ›strafender Begleiter des St. Nikolaus‹: *Zum Schutz gegen die Krampusse standen die Kinder des Schiclubs Kitzbühel vor dem Kinocenter Spalier* (Skip 2/1998, 79; A) – Dazu: **Krampuslarve, Krampuslauf, Krampusumzug,** ↗**Zwetschkenkrampus** A

Kramuri A die; –, ohne Plur. 〈aus *Kram* und der rumän. Pluralendung *-uri*〉 (Grenzfall des Standards): ↗GLUMPERT A, ↗GRAFFEL A D-südost, ↗GRÜMPEL CH, ↗KRAM CH D, ↗KREMPEL D, ↗TRÖDELKRAM D-nord/mittel ›wertloses Zeug; Krimskrams, Plunder‹: *Bei all der Kramuri, die dort herumlag, war es keine Kleinigkeit, einen ordentlichen Klebstoff zu finden* (Kneifl, Vorstellung 179)

Kran D-mittelwest der; -(e)s, Kräne: **1.** ↗Pipe A, ↗Hahnen CH ›Wasserhahn‹: *Sie ... wusch sich unter dem Kran ... die Hände* (Brückner, Spuren 95). **2.** ↗Pipe A D-südost ›Zapfhahn‹: *Schnell zapft Wirt S. ein Bier aus dem Kran* (Mac Gyver Fanclub 15. 10. 1995, Internet) – Die Bedeutung ›Maschine zum Heben von Lasten‹ ist gemeindt. In dieser gemeindeutschen Bedeutung lautet der Plural in A und D *Kräne*, in CH und fachsprachlich *Krane*

Kranawet A (ohne Vbg.) der; -(e)s, -en: siehe Kranewit

Kranewit A (ohne Vbg.) D-südost der; -(e)s, -en: ↗Machandel D-nord ›Wacholder‹: *... dazwischen wachsen Wacholderstauden, der Kranewit, wie er im Volksmund heißt, alles minderwertiges Holz, aus dem sich kaum Gewinn schlagen lässt* (OÖN 12. 8. 1998, Internet; A) – In A (ohne Vbg.) auch in der Form *Kranawet*, in D-südost auch *Kranwit, Kranwitt* – Dazu: ↗**Kranewitter**

Kranewitter A (ohne Vbg.) D-südost der; -s, – (Grenzfall des Standards): ›Wacholderschnaps‹: *Edelbrände und Liköre aus eigener Destillation: Marillenbrand, Kirschenbrand, ... Tresterbrand, Kranewitter* (Weinbau Laimer, 2002, Internet; A) – Vgl. Kranewit

Krankengymnast Krankengymnastin D der; -en, -en bzw. die; –, -nen: ›Fachkraft für Krankengymnastik‹: *Dann startet ein Krankengymnast das Laufband, und der Patient beginnt vorsichtig mit den Gehübungen* (Berliner Ztg 23. 6. 1999, Internet)

Krankenhaus A D das; -es, ...häuser: ↗Spital A CH LUX ›Gebäude, in dem Kranke oder Verletzte stationär oder ambulant behandelt werden; Klinik‹: *Starben früher die Menschen im Kreise ihrer Familie, werden sie heute in Krankenhäuser und Pflegeheime abgeschoben* (Tele 44/1997, 38; A); *Bevor P. ... sein Amt übernahm, arbeitete der Internist ... an verschiedenen französischen Krankenhäusern* (Psychologie 3/1996, 49; D); ***Allgemeine Krankenhaus** A siehe AKH – Abk. KH – Dazu: **Belegkrankenhaus, Kinderkrankenhaus, Krankenhausarzt (...ärztin), Krankenhausaufenthalt, Krankenhauskörperschaft** STIR, **Krankenhauspersonal, Krankenhausspesen** (↗Spesen) STIR, **Krankenhausstruktur** (↗Struktur) STIR, **Kreiskrankenhaus** (↗Kreis) D, ↗**Landeskrankenhaus**, ↗**Unfallkrankenhaus**

Krankenheim CH das; -(e)s, -e: ›Institution zur Pflege von Betagten und Langzeitpatienten; Pflegeheim‹: *Einige betagte Frauen und ein Mann sitzen im Mehrzweckraum im Krankenheim Entlisberg* (Sprechstunde 3/4 1997, 6)

Krankenkassa A die; –, ...kassen: ›Versicherung für Kosten, die durch [Unfall und] Krankheit entstehen; Krankenkasse‹: *Er holte zuerst eine Meldeauskunft ein und erkundigte sich, nachdem er von der Existenz der Mutter erfahren hatte, bei der Krankenkassa und der Hausärztin* (Profil 18. 6. 2002, Internet) – Vgl. Kassa

Krankenkasse (gemeindt.): ↗Krankenkassa

Krankenkassenscheck A der; -s, -s (formell): ↗Arzthilfeschein A, ↗Krankenschein A ›Formular der ↗Gebietskrankenkasse zur Abrechnung von Behandlungskosten bei ↗Vertragsärzt(inn)en‹: *Seit 1. 1. 1997 hat der Gesetzgeber eine Krankenscheingebühr von ATS 50,– pro ausgestellten Krankenkassenscheck bzw. Zahnbehandlungsschein eingeführt* (Universitätsverwaltung Innsbruck, 2002, Internet)

Krankenpflege: *häusliche Krankenpflege D: ↗Hauskrankenpflege A D-nord, ↗Spitex CH, ↗Hauspflegedienst STIR ›Pflege von Kranken in ihrer eigenen Wohnung durch medizinisches Personal‹: *Ihre Kritik richtet sich gegen die zunächst von Gesundheitsminister Horst. S. geäußerte Absicht, die häusliche Krankenpflege ... aus dem Regelkatalog der Kassenleistungen zu streichen* (Welt 12. 12. 1996, Internet) – Das Substantiv *Krankenpflege* ist in allen anderen Verwendungen gemeindt.

Krankenschein der; -(e)s, -e: **1.** A; ↗Arzthilfeschein A, ↗Krankenkassenscheck A ›Formular der Krankenkasse zur Abrechnung von Behandlungskosten bei ↗Vertragsärzt(inn)en‹: *Während des Bezugs von Arbeitslosengeld sind Sie ... krankenversichert und erhalten die Krankenscheine vom Arbeitsmarktservice* (Zwanzger 3/1999, 29); ***auf Krankenschein** A D ›auf Kosten der Krankenkasse‹: *Psychotherapie gibt es in Österreich mittlerweile auch auf Krankenschein* (Ö1 Ganz Ich, 2002, Internet; A); *Bleibt Naturheilkunde auf Krankenschein für viele nur ein schöner Traum?* (Naturkost 10. 2. 2003, Internet; D). **2.** D-nord/mittel (Grenzfall des Standards) ›Krankmeldung‹: *Der Krankenschein ist dem Prüfungsamt umgehend zuzusenden, wenn die Krankschreibung den Prüfungsanmeldezeitraum betrifft* (Humboldt-Universität Berlin 28. 1. 2003, Internet); ***einen Krankenschein machen/haben** D-nordost/mittel ›krankfeiern‹: *Er ... sei 40 Jahre Mitglied der DAK und habe mit 60 Jahren erstmals einen Krankenschein gehabt* (Pirmasenser Ztg 3. 2. 1999, Internet) – Zu 1.: Früher auch in CH und D, in D durch eine Chipkarte ersetzt, deren Einführung auch in A geplant ist – Zu 1.: **Auslandskrankenschein** (↗Auslands-), **Krankenscheingebühr, Urlaubskrankenschein** (↗Urlaub)

Krankheitserreger (gemeindt.): ↗Käfer

kränklich (gemeindt.): ↗fipsig

Kranwit Kranwitt D-südost der; -(e)s, -en: siehe Kranewit

Kranz CH der; -es, Kränze: ›Siegeszeichen in Form eines Kranzes (bes. beim ↗Schwingen)‹: *Hätte ich den*

fünften und sechsten Gang verloren, wäre ich ohne Kranz geblieben (TA 17. 5. 1998, Internet); ***in die Kränze kommen** ›zu den Siegern gehören; Erfolg haben‹: *So kommt heute in die Kränze, wer gute Kochbücher in grossen Auflagen publiziert* (WoZ Luzern 27. 9. 2000, Internet) – Andere Bedeutungen sind gemeindt. – Dazu: ↗**Kranzabzeichen, Kranzgewinner(in), Kranzresultat** (↗Resultat-), **Kranzschwinger(in)** (↗Schwinger), **Kranzturner(in)**

Kranzabzeichen CH das; -s, –: ›Abzeichen für das Erreichen des [Punkte]limits in einem Turn- oder Schützenwettkampf (anstelle des früheren ↗Kranzes)‹: *Auf der 300-Meter-Distanz ist ein 18-schüssiges Programm mit Zeitlimite zu absolvieren, wobei die guten Schützen das Kranzabzeichen als Ziel haben* (Bund 22. 5. 1998, 38)

Krapfen der; -s, –: **1.** A D-südost; ↗Faschingskrapfen A D-südost, ↗Berliner CH D (ohne südost), ↗Pfannkuchen D-ost ›faustgroßes Brandteiggebäck mit einer Füllung aus ↗Marmelade, das in Fett beidseitig herausgebacken wird‹: *Alles in allem ein ganz toller Umzug und danach bekamen alle Kinder einen Krapfen* (VN 30. 3. 2000, Heimat/Feldkirch 32; A). **2.** CH ›süss oder pikant (mit ↗Früchten, Gemüse, Käse, Fleisch) gefüllte Blätterteigtasche‹: *Heinz H. kommt ins Restaurant neben dem Schwimmbad, er begrüsst die Gäste per Handschlag, bestellt einen Espresso und einen Krapfen* (Sonntagsztg 26. 9. 1999, Internet). **3.** A ›tellergroßes, flachrundes Gebäck aus einem Teig aus ↗Germ mit einem ringförmigen, verdickten Rand‹: *Doch Krapfen und Pofesen sind nur zwei von vielen heimischen Spezialitäten, die beim ersten Martinimarkt der Vöcklabrucker Bezirksbauernkammer feilgeboten werden* (OÖN 7. 11. 1991, 4) – Zu 2.: **Apfelkrapfen, Lauchkrapfen,** ↗**Zigerkrapfen.** Zu 3.: ↗**Bauernkrapfen**

Kratt D-nord das; -s, -e: ›dichtes, schwer zu durchdringendes Unterholz, bes. von Eichen‹: *Das Gebiet trägt zum Teil eine trockenen Heide, zum Teil Eichenkrattwald. Das Areal ist wichtig für die Flora und die Wirbellosenfauna. Kratt-Pflege ist erforderlich* (Universität Kiel, 2002, Internet) – Dazu: **Krattwald**

Kratten CH der; -s, Krätten: ›handlicher, tiefer Weidenkorb, der hauptsächlich für landwirtschaftliche Produkte verwendet wird‹: *Zehn Mann arbeiten in der Werkstatt des Korbermeisters. Sie stellen alles her, was man flechten kann: Stubenwagen, Transportkörbe, Flaschenkörbe, Kratten und praktisch jede Art von Stuhlgeflecht* (Blick 17. 3. 1998, 9); ***ein Kratten voll** ›eine ganze Menge‹: *Jeder brachte seinen Kratten voll Probleme mit, und der musste ab und zu einmal geleert werden* (Sieber, Menschenware 126)

Krätze D-südost die; –, -n: ↗Kraxe A D-mittelost/südost, ↗Räf CH, ↗Hutte CH-west, ↗Kräze CH-ost, ↗Kiepe D-nord/mittelwest ›Holzgestell [mit Korb] zum Tragen auf dem Rücken‹: *Drückende Hitze brütete über dem Hegau, als die Eierfrau von Rielasingen mit der schweren Krätze auf dem Rücken nach Engen zum Markt wanderte* (Poppele-Zunft Singen 3/2000, Internet) – Die Bedeutung ›durch die Krätzmilbe hervorgerufene Hautkrankheit‹ ist gemeindt.

Kratzete D-südwest (Schwarzwald) die; –, -n: ↗Kratzeti LIE ›in Streifen geschnittene ↗Pfannkuchen als Beilage zu einem Hauptgericht [häufig zu Spargel]‹: *Ist Kratzete essbar? Aber natürlich, das ist nichts anderes als ein zerrupfter Pfannkuchen* (Stadt Freiburg, 2003, Internet)

Kratzeti LIE die; –, -n: ↗Kratzete D-süd ›Gericht aus verrührten und gebackenen Eiern‹: *Tranken sie dabei sauren Most? Oder assen sie süsse Kratzeti?* (Ospelt, Kaiser 20)

krauchen sw.V./ist: **1.** D-ost ›kriechen‹: *Ich hatte keine Lust, nachts in irgend 'ne Scheune zu krauchen, um mich mit ihm zu treffen* (Bieler, Maria Morzek 43). **2.** D-nord/mittel (Grenzfall des Standards) ›sich nur mit Schwierigkeiten fortbewegen‹: *Nur wenige Meter Weg fehlen, um Eppsteiner Radlern den Weg in den Hintertaunus zu ebnen; zwischen Ehlhalten und Schloßborn bräuchten sie dann nicht länger »durch die Wiesen zu krauchen«* (FR 1. 11. 1999, 2)

Kräuel CH der; -s, –: ›leichte ↗Hacke mit dünnen Zinken und langem Stiel‹: *In den Bau+Hobby-Märkten gibt es fast alles, was im Garten gebraucht wird: Pflanzenkelle, Häckerli, Kräuel, Unkrautstecher sowie Setzholz* (Coopztg 15/2000, Internet)

Kraut A D-mittelost/süd das; -(e)s, ohne Plur.: ↗Weißkraut A D-mittelost/süd, ↗Kabis CH, ↗Weisskabis CH, ↗Kappes D-mittelwest, ↗Kohl D-nord/mittel, ↗Weißkohl D-nord/mittel /ein Kohlgewächs mit hellgrünen, glatten Blättern und einem festen Kopf/: *Fast food für unterwegs: frische Brezeln und Hot Dogs mit Kraut, Senf oder Zwiebeln* (Wellness 10/1997, 33; A); ***Das macht das Kraut [auch] nicht [mehr] fett** siehe fett – Die Bedeutungen ›Heil- und Gewürzpflanze‹ und ›Grünes von Nutzpflanzen‹ sind gemeindt. Die Redewendungen *gegen jmdn./etw. ist kein Kraut gewachsen, ins Kraut schießen* und *[wie] Kraut und Rüben* sind gemeindt. – Dazu: **Krautfass, Krautfleckerln** (↗Fleckerl), **Krauthachel** (↗Hachel), ↗**Krauthäuptel, Krautkopf, Krautroulade** (↗Roulade), **Krautsalat, Krautschneider, Krautstrudel** (↗Strudel), ↗**Krautwickel** A CH D-süd, ↗**Rotkraut** A CH D-mittelost/südwest, **Sauerkraut**

Krauthäuptel: 1. A D-südost das; -s, -n: ›Kopf vom ↗Kraut‹: *Schon deshalb, weil sich auf den Ständen der Gemüsebäuerinnen knackfrische Krauthäuptel türmten,* (OÖN 20. 5. 2000, 25; A). **2.** A der; -s, –; kurz für

Grazer Krauthäuptel/Steirische Krauthäuptel: ›knackiger, süßlich-bitterfreier Salat mit blasig gewölbten feinzackigen Blättern und dunkelroten Rändern, der nur in der Steiermark angebaut wird‹: *Der »Salat-Aristokrat« ist wieder auf dem Markt – der Grazer Krauthäuptel* (Steirische Landeskammer, 1999, Internet) – Zu 1.: In A-west selten. Auch in der Form *Krauthäuptl, Krauthäupel, Krauthäupl.* Mundartnah auch *Krauthappel.* Vgl. Häuptel

Krautroulade A die; –, -n: ↗KRAUTWICKEL A CH D-süd, ↗KOHLROULADE D-nord/mittel ›mit fein zerkleinertem Fleisch gefüllte Blätter vom ↗Kraut‹: *Die Krautrouladen mit Zwirn umwinden, leicht mit Mehl stäuben, in eine Pfanne mit heißem Fett schlichten und beidseitig goldbraun braten* (ORF Nachlese 3/1997, 78)

Krautstiel CH der; -(e)s, -e: ›Gemüsepflanze mit grossen, hellgrünen gewellten Blättern und fleischigen, weissen Blattstielen; Mangold‹: *Haben wir so viel frischen Spinat auf den Tisch gebracht, wie Anfang Saison beschlossen? Haben wir der Rande endlich die gebührende Wertschätzung zukommen lassen? Krautstiel und Schwarzwurzeln verschlungen?* (TA 9. 10. 1996, 17)

Krautwickel A CH D-süd der; -s, –: ↗KRAUTROULADE A, ↗KOHLROULADE D-nord/mittel ›mit fein zerkleinertem Fleisch gefüllte, zusammengerollte Blätter vom ↗Kraut‹: *Einen Teil der Sauce auf die Teller geben und die Krautwickel darin anrichten* (OÖN 27. 3. 1993, 11; A); *Auf dem Menü stehen morgen zwei typische Basler Gerichte: »Laubfrösche« (Krautwickel) und gefüllte Zwiebeln* (Blick 6. 3. 1998, 7; CH) – In A auch in der Form *Krautwickler*

Krawall (gemeindt.): ↗RANDALE

Krawatte (gemeindt.): ↗BINDER, ↗SCHLIPS, ↗SELBSTBINDER

Krawattl: *jmdn. am Krawattl nehmen/packen/haben A D-südost (Grenzfall des Standards): ↗SCHLAFITTCHEN: *JMDN. AM SCHLAFITTCHEN /FASSEN/PACKEN/HABEN D ›jmdn. ergreifen und für etw. zur Rechenschaft ziehen; jmdn. am Kragen packen‹: *Der verschweigt doch glatt, dass er NSDAP-Mitglied war. Dafür hat er ihn beim Krawattl* (OÖN 28. 4. 1997, 7; A) – Das Substantiv *Krawattl* in der Bedeutung ›Krawatte‹ wird in A nur selten und scherzhaft verwendet

Kraxe die; –, -n: **1.** A D-mittelost/südost; ↗RÄF CH, ↗HUTTE CH-west, ↗KRÄZE CH-ost, ↗KIEPE D-nord/mittelwest, ↗KRÄTZE D-südost ›Holzgestell [mit Korb] zum Tragen auf dem Rücken‹: *Sie haben in alter Zeit angeblich reiche Beute auf ihren Kraxen aus den Ötscherhöhlen geschleppt* (Sklenitzka, Schatz im Ötscher 5; A). **2.** A D-mittelost/südost (Grenzfall des Standards); ↗KRAKEL D (ohne südost) ›unleserlicher Schriftzug oder Buchstabe‹: *Sachbearbeiter ein Herr V., und am Ende des Schreibens eine Kraxen vom Bezirksamtsleiter Senatsrat Dr. F.* (Neue Konen Ztg 3. 3. 1997, 16; A). **3.** A (Grenzfall des Standards); ↗KÜBEL A, ↗ROSTLAUBE A D (ohne südost), ↗SCHNAUFERL A D-südost, ↗SPUCKERL A (ohne Vbg.) D-südost, ↗ROSTHAUFEN CH, ↗KISTE CH D (ohne südost), ↗KARRE D-nord/mittel, ↗NUCKELPINNE D (ohne südost), ↗SCHROTTKARRE D-nord/mittel ›minderwertiges Fahrzeug, bes. Auto‹: *Autos, Lkws sollen überall Platz haben, und wenn es der kleinste Berggipfel ist. Aus der eigenen Kraxen hat man doch die beste Aussicht* (Steirerwelt, 2000, Internet). **4.** D-ost ›Rucksack mit außen liegendem Tragegestell‹: *Meinen Schultern hat es auch nicht gerade schlecht getan, dass sie die schwere Kraxe nicht … schleppen mussten* (PDS Sachsen 14. 4. 2003, Internet) – Auch in der Form *Kraxen* (die; –, -). Zu 1 vgl. Butte – Zu 1.: **Buckelkraxe**

kraxeln sw.V./ist: **1.** A D-südost (Grenzfall des Standards); ↗KLIMMEN D, ↗KREBSELN D-südwest ›klettern‹: *Daneben konnten die Buben und Mädchen auf eine Kletterwand des Bergrettungsdienstes kraxeln* (OÖN 8. 9. 2000, Internet; A). **2.** CH D-südost (salopp) ›mühsam klettern‹: *Kraxeln ist angesagt. Nahe dem Gehöft … trete ich aus dem Wald auf eine Viehweide. Und wie immer bei Tobeln und Schluchten: Hat man einmal die Oberkante erreicht, glaubt man selber nicht mehr an die eben erlebte Müh* (NLZ 21. 12. 1998, Internet; CH) – Dazu: **Kraxelei, Kraxler(in)**

Kräze CH-ost die; –, -n (veraltend): ↗KRAXE A D-mittelost/südost, ↗RÄF CH, ↗HUTTE CH-west, ↗KIEPE D-nord/mittelwest, ↗KRÄTZE D-südost ›Holzgestell [mit Korb] zum Tragen auf dem Rücken‹: *Neben dem Lesepult war eine Kräze an die Bücherwand gelehnt. Das hölzerne Traggestell war mit zwei prallen Ledertaschen, gerollten Wolldecken und einem Weinschlauch bepackt* (Ambühl Brennnesselmann, 2001, Internet) – In A-west (Vbg.) dialektal

krebseln D-südwest sw.V./hat (Grenzfall des Standards): ↗KRAXELN A D-südost, ↗KLIMMEN D ›klettern‹: *100 Meter nach Bruck geht's rechts den Berg hinunter. Steil, sehr steil. … Wer sich die Mühe macht, dort hinunter zu krebseln, wird freilich fürstlich belohnt* (ZVW-Zeitungsverlag Waiblingen 3. 8. 2002, Internet)

Kredenz A die; –, -en ⟨aus ital. *credenza* ›Glaube, Vertrauen‹ als Teil der Wendung *far la credenza* ›als Mundschenk Speisen und Getränke an einem Seitentisch vorkosten‹⟩: ›↗Buffet [mit Oberbau]; Anrichte‹: *In der Kredenz standen im Durcheinander Lebensmittel, Gläser, Tassen, aufgetürmte Teller, zusammengestoppeltes Geschirr* (Glantschnig, Mirnock 36) – In CH und D veraltet – Dazu: **Küchenkredenz**

Krefeld (gemeindt.): ↗SEIDENSTADT

kregel D-nord Adj.: ›geistig und körperlich beweglich; rüstig‹: ..., *aber die meisten wirkten gar nicht furchtsam, sondern bemerkenswert kregel für ihr Alter* (Berliner Ztg 17. 6. 2000, Internet)

Kreis der; -es, -e: **1.** D kurz für ↗ *Landkreis:* ↗ BEZIRK A (ohne Graz, Wien) CH, ↗ AMT CH-zentral (LU), ↗ AMTSBEZIRK CH-west (BE), ↗ BEZIRKSGEMEINSCHAFT STIR ›aus mehreren Gemeinden und einem Hauptort bestehende politische Verwaltungseinheit eines ↗ Bundeslandes‹: *Auf einer Landstraße bei Hagenburg (Kreis Schaumburg) kam ein Autofahrer in einer Kurve ins Schleudern* (BamS 26. 10. 1997, 23). **2.** CH ›mehrere Gemeinden umfassende Verwaltungseinheit einzelner Ämter beim Bund und in verschiedenen ↗ Kantonen‹: *Zu diskutieren gab auch die Situation im Kreisspital und im Alterspflegeheim* (Engadiner Post 4. 10. 1997, 3). **3.** CH (ZH); ↗ BEZIRK A (Graz, Wien) D, ↗ STADTKREIS CH ›Verwaltungseinheit und Stadtteil‹: *Die beiden Gemeinderäte der Alternativen Liste hatten ... die Umnutzung des Lettenviaduktes in einen Fussgänger- und Veloweg gefordert. Insbesondere wollte man damit eine Verbindung zwischen Wipkingen, Kreis 5 und Kreis 4 schaffen* (PDA, Vorwärts 13. 2. 1998, Internet) – Zu 2.: Meist als produktives Grundwort in Zus., z. B. Kreisforstamt, ↗ Kreiskommando, Kreisschulpflege (↗ Schulpflege), Kreisspital (↗ Spital) – Zu 1.: **Kreisamt,** ↗ **kreisfrei, Kreisstadt, Kreisverwaltung,** ↗ **Oberkreisdirektor(in)** D (Niedersachsen, Nordrhein-Westfalen). Zu 2.: ↗ **Kreiskommando.** Zu 3.: **Kreiswache** (↗ Wache)

Kreisel CH D der; -s, – (Grenzfall des Standards): ↗ RONDELLE CH, ↗ KREISELVERKEHR CH D, ↗ VERKEHRSKREISEL CH D (ohne südost), ↗ VERTEILERKREIS D ›kreisförmige Regelung des Verkehrs um eine Verkehrsinsel herum; Kreisverkehr‹: *In der Zeit vom kommenden Montag ... wird auf der Flughafenstrasse zwischen der Schlachthofbrücke und dem Kreisel am Flughafen auf mehreren Teilstücken der Belag erneuert* (BaZ 25./26. 10. 1997, 39; CH); *Erst im Sommer war der Kreisel umgebaut worden, um den Autoverkehr flüssiger zu machen* (Rad im Pott 4/1997, 22; D) – Andere Bedeutungen sind gemeindt.

Kreiselverkehr CH D der; -(e)s, -e (Plur. ungebräuchl.): ↗ RONDELLE CH, ↗ KREISEL CH D, ↗ VERKEHRSKREISEL CH D (ohne südost), ↗ VERTEILERKREIS D ›kreisförmige Regelung des Verkehrs um eine Verkehrsinsel herum; Kreisverkehr‹: *Die Gangster ... stossen in einem Kreiselverkehr auf eine Polizeistreife* (Blick 10. 10. 2000, 3; CH); *Ein Verkehrsgutachten [hatte] ergeben, dass [die neue Verbindung] eine Entlastung für den Kreiselverkehr ergeben würde* (Generalanzeiger 9. 1. 2001, Internet; D)

kreisfrei D Adj.: ›nicht zu einem ↗ Landkreis gehörend‹: *Hat eine Gemeinde eine gewisse Größe erreicht, wird sie kreisfreie Stadt* (Haensch, Deutschland Lexikon 55) – Vgl. Kreis

Kreiskommando CH das; -s, -s: ↗ MILITÄRKOMMANDO A, ↗ WEHRBEREICHSKOMMANDO D ›regionale militärische Zentralstelle‹: *Der lange Arm der Militärverwaltung reicht vom eidgenössischen Militärdepartement über ... das regionale Kreiskommando bis zum Sektionschef jeder einzelnen Gemeinde* (Zürcher Bürgerbuch 118) – Vgl. Kreis

Kreisschreiben CH das; -s, –: ↗ RUNDERLASS D ›Rundbrief (meist von übergeordneten Ämtern oder Abteilungen an untergeordnete), Rundschreiben, Zirkular‹: *Vreni H., sozialdemokratische Nationalrätin, hat daran Anstoss genommen, dass der Bundesrat in seinen Kreisschreiben die Kantonsregierungen mit den Worten »Getreue, liebe Eidgenossen!« anspricht* (Blick 6. 6. 1998, 28)

Kreisverkehr (gemeindt.): ↗ KREISEL, ↗ KREISELVERKEHR, ↗ RONDELLE, ↗ VERKEHRSKREISEL, ↗ VERTEILERKREIS

Kreisvortritt CH der; -(e)s, -e: ›Recht, im Kreisverkehr vor einem rechts heranfahrenden Fahrzeug durchzufahren‹: *Für quartierunkundige Verkehrsteilnehmer ist ... unklar, ob Rechts- oder Kreisvortritt gilt* (Bund 24. 1. 1998, 11) – Vgl. Vortritt

Kreiswehrersatzamt D das; -(e)s, ...ämter: ↗ ERGÄNZUNGSKOMMANDO A, ↗ WEHRERSATZBEHÖRDE D ›unterste Dienststelle der für die Einberufung der Soldat(inn)en zuständigen Behörde‹: *Am 15. Dezember 1994 ... habe er einen Brief an das Kreiswehrersatzamt Düsseldorf adressiert ... und um Zurückstellung vom Wehrdienst gebeten* (Welt 20. 10. 1995, Internet) – Betonung auch auf der vorletzten Silbe möglich

Kremation CH die; –, -en ⟨zu lat. *cremare* ›verbrennen‹⟩: ›Einäscherung; Kremierung‹: *Wir erfuhren auch, dass Bubu kremiert würde, dass wir also nicht an seiner Beerdigung, sondern an seiner Kremation waren* (Jaun, Onkel aus Afrika 274) – In A und D selten

Kremierung (gemeindt.): ↗ KREMATION

Krempel D der; -s, ohne Plur. (abwertend): ↗ KRAMURI A, ↗ GLUMPERT A, ↗ GRAFFEL A D-südost, ↗ GRÜMPEL CH, ↗ KRAM CH D, ↗ TRÖDELKRAM D-nord/mittel ›wertloses Zeug; Krimskrams, Plunder‹: *Den ganzen Krempel hatte er in der 100 Quadratmeter großen Wohnung im vierten Stock des Weddinger Mietshauses gehortet* (TAZ 21. 2. 2002, Internet) – In A und CH selten

Kren A D-südost der; -s, ohne Plur. ⟨gemeinslaw., vermutl. über tschech. *křen* oder sorbisch entlehnt⟩: ↗ MEERRETTICH CH D ›Pflanze mit einer sehr scharf schmeckenden länglichen Wurzel, die zum Würzen verwendet wird‹: ... *er ... ließ das Buch sinken und*

schlief bis Linz, wo ihm ein paar Würstel mit Kren sowie ein Seidl Bier auf seinen Wink hin zum Fenster hereingereicht wurden (Doderer, Strudlhofstiege 67; A); ***zu etw. seinen Kren geben** A (ohne west) (Grenzfall des Standards) ›zu etw. ungefragt seine Meinung abgeben; zu etw. seinen Senf geben‹: *Wenn nämlich jetzt noch viele – ungefragt – ihren Kren dazu geben, hätten wir wohl bald eine Diskussion wie weiland beim Hrdlicka-Denkmal* (Kurier 4. 12. 1996, 10); ***etw. ist zum Krenreiben** A (ohne west) (Grenzfall des Standards) ›etw. ist ärgerlich‹: *Dabei werde es auch bleiben, von Wahlempfehlungen des Klerus halte er nichts, diese seien »zum Krenreiben«* (Standard 14. 7. 1997, Internet) – Dazu: **Apfelkren, Krenfleisch,** ↗**Krenreißer** A, **Krensauce,** ↗**Krenwurzen** A, ↗**Oberskren** A, ↗**Semmelkren**

Krenreißer A der; -s, –: ›Küchengerät zum Zerkleinern von ↗Kren‹: *Der Krenreißer ist auch zum Schaben von Karotten u. Ä. geeignet* (Plachutta, Gute Küche 31)

Krenwurzen A die; –, –: ›Wurzel des ↗Krens‹: *Frau Csepek … hatte sie angesprochen, ob sie sich nicht um ihren Gemüsegarten kümmern wolle, ein schmales Kartoffelbeet, Tomatenstauden, Fisolen, Krenwurzen auch* (Hackl, Abschied von Sidonie 64)

Krete CH die; –, -n: ↗SCHNEID A D-südost ›Grat, Geländekamm‹: *Das gesamte Land weiter vorn an der Krete, wo die Torfmoorebene gegen das Rhonetal abfällt, gehörte den Cathreins* (Furrer, My Way 150)

Kreuz das; -es, -e: **1.** CH D kurz für ↗*Autobahnkreuz:* ↗AUTOBAHNKNOTEN A, ↗KNOTEN A ›Stelle, an der die Bahnen von sich überkreuzenden Autobahnen über Zu- und Ausfahrten gewechselt werden können; Autobahnkreuzung‹: *Wegbeschreibungen: Von Zürich kommend: 1. Autobahn A1 Richtung Winterthur/ St. Gallen 2. Brüttiseller Kreuz, Autobahn A53 Richtung Uster/Rapperswil* (Schneider Engineering AG, 31. 3. 2003, Internet; CH); *Gespenstische Szenerie auf der A 40 am Kreuz Kaiserberg* (WDR 25. 9. 2001, Internet; D). **2.** ***übers Kreuz kommen/sein** A D-süd ›in Konflikt geraten/sein‹: *Es hat eine Zeit gebraucht, bis die zutiefst humanistischen Ansätze Nöstlingers, die eben auch des Öfteren mit vorgefassten Allgemeinmeinungen übers Kreuz kommen …, verstanden … wurden* (Buchkultur 5/1996, 49) – Das Substantiv *Kreuz* ist in allen anderen Verwendungen gemeindt.

Kreuzjass A-west (Vbg.) der; -es, ohne Plur.: ›Standard-Spielart des ↗Jass, bei dem zwei gegen zwei spielen‹ /ein Kartenspiel/: *Gegen schläfrige Augen kämpft die Messe-Feuerwehr mit einem zünftigen Kreuzjass* (Neue Vorarlberger Tagesztg 6. 9. 1996, 21) – Dazu: **kreuzjassen** (↗jassen)

Krevette siehe Crevette

kribbeln (gemeindt.): ↗WURLEN

Krickel A das; -s, –: ›Horn der Gämse, Geweih des Rehbocks‹: *An den Wänden hoch über dem Lichtkegel der Lampen hingen die Reh- und Gamskrickel* (Klier, Aufrührer 19) – Häufig auch in der Form *Krickerl* oder *Krückerl.* In CH und D nur in der Jägersprache – Dazu: **Gamskrickel, Rehkrickel**

Krida A die; –, ohne Plur. ⟨ital., aus mlat. *crida* ›Zusammenrufung der Gläubiger‹⟩: ›Herbeiführen der Zahlungsunfähigkeit; Konkursvergehen‹: *Für die Stadt geht es dabei um lächerliche 300 000 Schilling, für den Vorstand des Bierstindls um fahrlässige Krida* (Zwanzger 3/1999, 17) – Dazu: ↗**Kridatar(in)**

Kridatar Kridatarin A der; -s, -e bzw. die; –, -nen (Recht): ↗KONKURSIT CH ›Schuldner(in), über dessen bzw. deren Vermögen ein Konkursverfahren stattfindet, durch das alle Gläubiger anteilmäßig befriedigt werden sollen; Gemeinschuldner(in)‹: *Diversion bedeutet, dass der Kridatar vor allem bei fahrlässiger Krida nicht verurteilt werden muss, sondern das Verfahren auf eine Probezeit von zwei Jahren eingestellt werden kann* (OÖN 24. 7. 1999, 11) – Vgl. Krida

kriechen (gemeindt.): ↗KRAUCHEN

Kriegen D-nord/mittel das; -s, ohne Plur.: ↗FANGERL A-ost D-südost, ↗NACHLAUFEN A-ost (bes. Wien) D-mittelwest, ↗FANGIS CH, ↗GREIFEN D-nordost, ↗HASCHEN D-ost, ↗TICK D-nordwest ›Kinderspiel, bei dem ein Kind andere Kinder durch Nachlaufen fangen muss; Fangen‹: *Lesen, Kriegen spielen und sonstige Tätigkeiten füllten diesen Tag aus* (Freie Pfadfinderschaft Wuppertal, 2000, Internet)

Kriminalbeamte (gemeindt.): ↗KIBERER, ↗KRIMINALER, ↗KRIMINALIST/KRIMINALISTIN, ↗KRIMINESER

Kriminale D der; -n, -n: siehe Kriminaler

Kriminaler D der; -s, – (Grenzfall des Standards): ↗KRIMINESER A, ↗KIBERER A-ost, ↗KRIMINALIST A D ›Kriminalbeamte‹: *Es heißt, Täter ziehe es immer zurück an den Tatort. Darauf setzen Kriminaler und haben womöglich Fangglück* (SZ 5. 5. 2001, Internet) – Auch in der Form *Kriminale* (der; -n, -n) – Eine weibliche Form ist nicht gebräuchlich

Kriminalist Kriminalistin A D der; -en, -en bzw. die; –, -nen: ↗KRIMINESER A, ↗KIBERER A-ost, ↗KRIMINALER D ›Kriminalbeamte bzw. -beamtin‹: *Mit einem Phantombild hoffen die Kriminalisten jetzt jenen Möchtegernräuber zu finden* (OÖN 14. 8. 1999, 21; A); *Der Bund deutscher Kriminalbeamter wurde 1968 gegründet, weil nur Kriminalisten für Kriminalisten fachkompetent argumentieren können* (Bund deutscher Kriminalbeamter, 2001, Internet; D)

Kriminalpolizei (gemeindt.): ↗KRIPO

Krimineser A der; -s, – (salopp, Grenzfall des Standards): ↗Kiberer A-ost, ↗Kriminalist A D, ↗Kriminaler D ›Kriminalbeamte‹: *Die beiden Krimineser sind ein perfekt eingespieltes Team* (Brödl, Blutrausch 21) – Eine weibliche Form ist nicht gebräuchlich

Kripo D die; –, -s (Kurzwort): ›Kriminalpolizei‹: *Als die 63.000 Fans im Stadion anfangen zu toben, sind die Beamten der Kripo ... schon seit einigen Stunden im Dienst* (Starnberger Merkur 24. 8. 1998, 21) – In A und CH zunehmend gebräuchlich. Wird auf der ersten Silbe, mit Kurz- oder Langvokal, betont

Krispel A (ohne ost) das; -s, -n: siehe Krispindl

Krisperle A (ohne ost) das; -s, -n: siehe Krispindl

Krispindl A das; -s, -n (auch abwertend, Grenzfall des Standards): ↗Sprenzel CH ›sehr magerer, schmächtiger Mensch‹: *Ein Krispindl ist er gewesen, der oststeirische Bauer Franz G. 40 Kilo hat er gewogen, im Sommer hat er zwei, im Winter drei Jacken angezogen* (OÖN 2. 10. 1987, 4) – In A (ohne ost) auch in der Form *Krispel, Krisperle*

Kritik: *unter aller Kritik (gemeindt.): ↗Hund: *unter allem Hund, ↗Kanone: *unter aller Kanone

Kröger Krögerin D-nord der; -s, – bzw. die; –, -nen (veraltend): ↗Schankwirt A D-mittelost/süd, ↗Beizer CH, ↗Restaurateur CH, ↗Kneipenwirt D-nord/mittel, ↗Kneipier D-nord/mittel ›Gastwirt(in)‹: *Die Albersdorfer Kröger Frauke und Adolf B. gehören zu den alt eingesessenen Gastwirten der Geestgemeinde* (Dithmarscher Landesztg 7/2001, Internet) – Die in D-nordwest ursprünglich verbreitete gleichbedeutende Form *Krüger(in)* ist veraltet. Vgl. Krug

Krone: *einen in der Krone haben D (ohne südost) (salopp): ↗Kanal: *den Kanal voll haben D (ohne südost), ↗Tee: *einen im Tee haben D-nordwest/mittel, ↗hängen: *eine hängen haben LUX ›betrunken sein‹: *Immerhin, auch ohne einen in der Krone zu haben, das Meer ist noch da, und die Sonne scheint noch* (Wondratschek, Menschen 9; D) – In A selten. Das Substantiv *Krone* ist in allen anderen Verwendungen gemeindt.

Kronfavorit Kronfavoritin CH der; -en, -en bzw. die; –, -nen: ↗Spitzenkandidat A D ›Anwärter(in) mit den grössten Chancen auf den Sieg (bei politischen Wahlen oder sportlichen Wettkämpfen); Topfavorit(in)‹: *C. ist auch deshalb Kronfavorit, weil er ein Gegengewicht zur Deutschschweizer Parteipräsidentin Ursula K. bildet* (TA 4. 11. 1999, 9); *Kronfavoritin L. Davenport (21) flog aus dem WM-Rennen!* (Blick 21. 11. 1997, 20)

Kronleuchter CH D der; -s, –: ↗Luster A, ↗Lüster CH D ›großer, von der Decke herunterhängender, oft reich verzierter Leuchter mit mehreren Armen, an denen die einzelnen Lampen angebracht sind‹: *Die Arbeiten beginnen Anfang Dezember und sollen Ende 2000 abgeschlossen werden. Die Kronleuchter sind bereits in Plastik verpackt* (Bund 21. 11. 1998, 5; CH); *Ein kostbarer Kronleuchter hängt über Maria Stuarts Kerker* (TAZ 25. 2. 2002, Internet; D) – Dazu: **Kristallkronleuchter**

Kronsbeere D-nordwest die; –, -n: ↗Granten A-west (Tir.)/südost, ↗Moosbeere D-südost ›Preiselbeere‹: *Etwas erstaunt ist man, in den Berechnungstabellen auch folgende Naturalien zu finden: Äpfel ..., Wacholderbeeren, Kronsbeeren* (Cellesche Ztg 25. 11. 2000, Internet)

Kropf: *den Kropf leeren CH ›alles Bedrückende und Verärgernde aussprechen und sich dadurch erleichtern‹: *Am Montag hat der Nationalrat die angekündigten Werkschliessungen zum Anlass genommen, um den wirtschaftspolitischen Kropf zu leeren* (NZZ 21. 12. 1999, 13) – Das Substantiv *Kropf* ist in allen anderen Verwendungen gemeindt. – Dazu: ↗**Kropfleerete**

Kropfleerete CH die; –, -n (Grenzfall des Standards): ›offenes Aussprechen von Problemen und Ärgernissen zur Erleichterung‹: *Der Kleinbasler Drogen-Stammtisch ist ... Gefäss für Probleme, Reklamationen und Kropfleerete für alle Betroffenen* (Verein für interaktive Randgruppenarbeit und Suchtproblematik, 1997, Internet) – Vgl. Kropf

kross D-nord/mittel Adj.: ↗resch A D-süd, ↗rösch D-süd ›knusprig‹: *Die nächsten zwei Stunden verbrachte er mit ... einer kross gebratenen Pekingente ... von der Spezialitätenkarte* (Karr & Wehner, Geierfrühling 202)

Krot: *die/eine Krot schlucken [müssen] (Grenzfall des Standards) siehe schlucken

Kröte: *eine Kröte schlucken [müssen] siehe schlucken

Kröten D die; nur Plur. (salopp): ↗Stutz CH, ↗Moneten D, ↗Eier D-nordwest/mittelwest, ↗Flöhe D-nord, ↗Mäuse D (ohne südwest), ↗Möpse D-nordost/mittelwest, ↗Mücken D-nordost/mittel, ↗Penunze D-nord ›Mark, Euro; Geldstück‹: *Sag nur, du kannst mit den paar Kröten auskommen* (Wallraff, Industriereportagen 37) – Die Bedeutungen der Singularform sind gemeindt.

Krug D-nord der; -(e)s, Krüge: ↗Wirtshaus A D-nordwest/süd, ↗Beisel A (ohne west) D-südost, ↗Beiz A-west (Vbg.) CH D-südwest, ↗Wirtschaft A-west (Vbg.) CH D (ohne ost), ↗Spunten CH, ↗Pinte CH D-nord/mittelwest, ↗Kneipe D (ohne südost) ›einfaches Lokal, in dem man sich bes. zum Trinken und Plaudern trifft‹: *Der große Dorfbrand zerstörte den Krug bis auf die Grundmauern* (Berlin-

Rudow, 2003, Internet) – Andere Bedeutungen sind gemeindt. Vgl. Kröger – Dazu: **Dorfkrug**

Krügel A-ost das; -s, –: **1.** ↗SEIDEL D-mittelost/südost ›einen halben Liter fassendes Bierglas [mit Henkel]‹: *Hart stellte sie das Krügel, das sie abtrocknen wollte, auf den Tisch* (Zelger-Alten, Brot 88). **2.** ↗BIER: *GROẞE BIER A-west D, *GROSSE BIER CH, ↗HALBE A (ohne west) D (ohne ost) ›ein halber Liter Bier‹: *Nach zwei Krügel Bier zeigt er bereits erste Ermüdungserscheinungen und lallt merklich* (Kurier 14. 12. 1997, 9) – Zu 1.: Auch in der Form *Krügerl* – Zu 1.: **Bierkrügel**

Kruke D-nord die; –, -n: **1.** ›flaschenartiger Behälter aus Ton oder Steingut‹: *Aus Eingemachtem aus Kruke und Keller werden auch heute noch traditionelle Gerichte in Norddeutschland zubereitet* (Gasthaus Rauchkarte Beverstetdt, 2002, Internet). **2.** (bes. Berlin, selten) ›Person mit auffallenden, eigenartigen Wesenszügen‹: *Eine Kruke ist eine seltsame Person, ein Sonderling* (Universität Hannover, 2002, Internet)

Krümel D-nord/mittel der; -s, – **1.** ↗BRÖSEL A D (ohne ost/südwest), ↗BRÖSMELI CH ›sehr kleine Stückchen von Backwaren; Brotbröckchen‹: *Der Kellner … schlug mit einem Handtuch die Krümel von den Tischen* (Schneider, Wiedersehen 409). **2.** (scherzh., Grenzfall des Standards): ↗BAUXERL A-ost, ↗PIMPF A D-mittelwest/südwest, ↗PFÜDERI CH, ↗DREIKÄSEHOCH CH D, ↗KNOPF CH D-südwest, ↗MURKEL D-ost, ↗STEPPKE D-nord/mittel ›kleines Kind; Knirps‹ /Kosewort/: *Dem kleinen Krümel, der eigentlich Karl … heißt, geht es gar nicht gut. Krümel ist sehr krank* (Kinderhospiz Löwenherz 6. 7. 2000, Internet) – Zu 1.: In CH selten – Zu 1.: **Brotkrümel**, ↗**krümeln**

krümeln D-nord/mittel sw.V./ hat: ›leicht in kleinste Teile zerfallen (von Backwaren); zerbröckeln‹: *Das optimale Brötchen schimmert schön braun und besticht durch seine gute Rösche. Im Klartext: Es krümelt nicht und kracht trotzdem* (WAZ 17. 4. 1997, Internet) – Vgl. Krümel – Dazu: ↗**verkrümeln** CH D (ohne südost)

Krummholzkiefer D die; –, -n (Botanik): ↗LATSCHE A D-südost, ↗BERGFÖHRE CH, ↗KRÜPPELKIEFER D (ohne nordost/südost), ↗LATSCHENKIEFER D-mittel/süd ›alpine, jenseits der Baumgrenze vorkommende, strauchhohe Kiefer; Legföhre‹: *Dazu gehören kleine Nadelhölzer wie Krummholzkiefer* (Berliner Ztg 2. 11. 1996, Internet)

Krüppelkiefer D (ohne nordost/südost) die; –, -n: ↗LATSCHE A D-südost, ↗BERGFÖHRE CH, ↗KRUMMHOLZKIEFER D, ↗LATSCHENKIEFER D-mittel/süd ›alpine, jenseits der Baumgrenze vorkommende, strauchhohe Kiefer; Legföhre‹: *Sein japanischer Steingarten mit Findling, Holzbank und Krüppelkiefer liegt … im Schnee* (Trierischer Volksfreund 15. 6. 2000, Internet)

krüppeln CH sw.V./hat (derb, Grenzfall des Standards): ↗HACKELN A-ost, ↗SCHÖPFEN A-südost, ↗BARABERN A-ost D-südost, ↗BUCKELN A-west D-mittelost, ↗KRAMPFEN CH, ↗RACKERN D, ↗ACKERN D-nord/mittel, ↗MALOCHEN D-mittelwest, ↗ROBOTEN D-nordost ›[körperlich] hart arbeiten; schuften‹: *»Musik soll nicht unterhalten oder betören oder entspannen, damit man nachher wieder richtig krüppeln kann«, sagt die Komponistin, »Musik soll Auswege versperren«* (TA 24. 2. 1999, 62)

krüsch D-nord Adj.: ↗HEIKEL A CH D-süd, ↗MÄKELIG D-nord/mittel ›wählerisch (beim Essen)‹: *Geben Sie mir Ihre Privatadresse, dann kommen wir mal bei Ihnen ne Zeitlang zum Mittagessen. Ist egal, was es gibt, wir sind nicht krüsch* (Radio Bremen, 2000, Internet; D-nord)

Kruspelspitz A der; -es, ohne Plur. (Küche): ›saftiges, zum Kochen geeignetes, unter der Schulter des Rindes gelegenes Fleisch, das nach vorne hin von einem Knorpel durchzogen wird‹: *Die Alt-Wiener Küche ist nämlich eine besondere Spezialität dieses Spittelbergpalais en miniature. Rieslingbeuschel mit Grießknödel, geröstete Kalbsnieren, gekochter Kruspelspitz mit Wurzeln* (Kurier 12. 2. 1993, 12) – Vgl. Kavalierspitz

Krüstchen D-mittelwest das; -s, –: ↗SCHERZ A D-südost, ↗SCHERZEL A (ohne Vbg.) D-südost, ↗KANTEN D-nord/mittel, ↗KAPPE D-nordwest, ↗KIPF D-südost, ↗KNÄPPCHEN D-mittelwest, ↗KNÄUSLE D-südwest, ↗KNUST D-nord, ↗RANFT D-ost, ↗RIEBELE D-südwest ›Anschnitt oder Endstück eines Brotlaibes‹: *Vielleicht fallen dem einen oder anderen auch Zeiten ein … wo der trockene »Riebel« oder das »Krüstchen« noch eingetaucht und gegessen wurde, weil es wenig gab* (Initiative Kirche im Aufwind, 2001, Internet)

Kruzitürken A D ⟨vermutl. Zusammenziehung aus *Kruzifix* und *Türken* oder *Kuruzen* und *Türken*, aufgekommen in den Türkenkriegen im 16. und 17. Jh.⟩: ↗AUFHÖREN: *DA HÖRT SICH [DANN JA/DOCH] ALLES AUF A D, ↗SAKRA A D-süd, ↗GOTTFRIEDSTUTZ CH /Ausruf des Zorns, Ärgers oder der Empörung/: *»Aber es ist wahr, Kruzitürken!«, schimpfte Bartl* (Mitterer, Superhenne Hanna 21; A); *Kruzitürken, wenn das kein wilder Typ da hinter ihr ist* (Berliner Ztg 25. 5. 2000, Internet; D)

Kt. siehe Kanton

Küachle A-west (Vbg.) das; -s, – ⟨in den Standard der Küchensprache aufgestiegenes Dialektwort⟩: ↗KÜCHERL A (ohne west), ↗KIACHL A-west (Tir.) D-südost, ↗KÜCHEL D-südost ›kleineres flaches und rundes ↗Schmalzgebäck [mit einer runden Vertiefung an der Oberseite und Füllung]‹: *Vor dem Servieren die Küachle in einer Mischung aus Zucker und Zimt je nach Belieben etwas wälzen* (ORF online Vbg., 2001, Internet) – Wird diphthongisch ausgesprochen. Selten auch in den Formen *Küachli* und *Küchle* – Dazu: **Apfelküachle**

Kübel der; -s, –: **1.** A CH D-mittelost/südost ›[Abfall]eimer‹: *Eine Tätigkeit ist es, den Kübel zuzumachen, eine andre, etwas reinzuwerfen* (AUF 3/2000, 32; A); *1963 tummelte sich erstmals Kind und Kegel aus dem Dorf im Tobel, um Matratzenfedern, Plastiksäcke, rostige Kübel und Flaschen zu entfernen* (TA 19. 7. 2000, 17; CH); ***es giesst wie aus Kübeln** CH; ***es gießt wie aus Kübeln** D: ↗SCHAFFEL: *ES GIEßT/SCHÜTTET WIE AUS SCHAFFELN A D-südost, ↗SCHUSTERBUB: *ES REGNET SCHUSTERBUBEN A D-südost, ↗BINDFADEN: *ES REGNET BINDFÄDEN CH D (ohne südost), ↗EIMER: *ES GIEßT/SCHÜTTET WIE AUS EIMERN D ›es regnet sehr stark‹: *Nachdem es schon am Sonntag und am Montagmorgen wie aus Kübeln gegossen hatte, regnete es auch gestern stundenlang in Strömen* (Südostschweiz 19. 7. 2001, Internet; CH); *Die Zuschauer machen Lärm, es gießt wie aus Kübeln und es weht der Wind* (Tagesspiegel 9. 9. 2001, Internet; D). **2.** A (oft abwertend); ↗KRAXE A, ↗ROSTLAUBE A D (ohne südost), ↗SCHNAUFERL A D-südost, ↗SPUCKERL A (ohne Vbg.) D-südost, ↗ROSTHAUFEN CH, ↗KISTE CH D (ohne südost), ↗KARRE D-nord/mittel, ↗NUCKELPINNE D (ohne südost), ↗SCHROTTKARRE D-nord/mittel ›minderwertiges, altes Fahrzeug, bes. Auto‹: *Heutzutage wird schon jeder Kübel mit ABS und anderem Schnickschnack verkauft* (OÖN 19. 11. 2001, 20) – Zu 1.: Als Simplex in D selten. Zu den Redewendungen vgl. auch die Verben hudeln, pladdern, plästern, schauern – Zu 1.: ↗**Abfallkübel** A CH D-mittelost, **Blechkübel**, ↗**Coloniakübel** A-ost (bes. Wien), **Güselkübel** (↗Güsel) CH, **Kehrichtkübel** (↗Kehricht) CH, ↗**Kübelmann** CH-ost, **Milchkübel**, ↗**Mistkübel** A, ↗**Müllkübel** A-west, **Plastikkübel**

Kübelmann CH-ost der; -(e)s, ...männer: ↗COLONIAMANN A-ost (Wien), ↗MISTMANN A-mitte, ↗KEHRICHTMANN CH, ↗MÜLLMANN D, ↗MÜLLWERKER D, ↗MÜLLKUTSCHER D-nordost STIR ›Angestellter eines Unternehmens, das Abfall abholt und zu einer Sammelstelle bringt‹: *Das Zeitalter der orangen Kehrichtwagen von Entsorgung & Recycling Zürich (ERZ) und der altmodischen Übergwändli der Kübelmänner neigt sich zu Ende* (TA 22. 8. 2000, 19) – Eine weibliche Form ist nicht gebräuchlich. Vgl. Kübel

Kübelmilch STIR die; –, ohne Plur.: ›Buttermilch‹: *Sie schöpfen dann die Sahne ab und wir bleiben auf der Kübelmilch sitzen* (FF 2. 5. 2002, 28)

Kübler Küblerin D-südwest der; -s, – bzw. die; –, -nen (veraltend): ↗BINDER A D-mittelost/süd, ↗FASSBINDER A D-süd, ↗KÜFER CH D-südwest, ↗BÖTTCHER D (ohne südost), ↗SCHÄFFLER D-südost ›Person, die berufsmäßig Behälter aus Holz, bes. Fässer, herstellt‹: *Von 1830 bis 1835 absolviert Göhringer in Lahr seine Küblerlehre* (Universität Freiburg, 2002, Internet)

Küchel D-südost der; -s, -/-n: ↗KÜACHLE A-west (Vbg.), ↗KÜCHERL A (ohne west), ↗KIACHL A-west (Tir.) D-südost ›kleineres flaches und rundes ↗Schmalzgebäck [mit Füllung und einer runden Vertiefung an der Oberseite]‹: *Ein Hit waren ... die von Kreisbäuerin Roswitha H. und ihren Kolleginnen selbst gebackenen Küchel* (Stadt Amberg 10. 2. 2003, Internet) – Dazu: **Apfelküchel, Hollerküchel** (↗Holler), **Schmalzküchel**

Kuchen: *Braune Kuchen D-nord: ↗LEBZELTEN A D-südost, ↗BIBER CH, ↗HONIGKUCHEN D-nord/mittel, ↗PFEFFERKUCHEN D-nord/mittel, ↗PRINTE D (ohne nordost/südwest) ›Lebkuchen mit Mandelfüllung‹: *Das bedeutet allerdings, tiefer in die Teigmaterie vorzustoßen bis zu den Molekülen und Atomen, aus denen sich das künftige Kipferl, das Anisplätzchen, der Braune Kuchen zusammensetzt* (Tagesspiegel 16. 12. 2000, Internet) – Das Substantiv *Kuchen* ist in allen anderen Verwendungen gemeindt.

Küchenfreund D-mittelwest der; -(e)s, -e: ↗BACKSCHAUFEL A, ↗BRATENWENDER A-mitte D-nord/mittel, ↗BRATSCHAUFEL CH, ↗PFANNENWENDER D-mittel/südwest ›flaches Küchengerät zum Wenden von Speisen beim Braten‹: *Die Schnitzel mit einem Küchenfreund aus der Pfanne nehmen und auf eine Platte legen* (TV-Köchin 13. 2. 2002, Internet)

Küchenmesser (gemeindt.): ↗RÜSTMESSER

Kücherl A (ohne west) das; -s, -n: ↗KÜACHLE A-west (Vbg.), ↗KIACHL A-west (Tir.) D-südost, ↗KÜCHEL D-südost ›kleineres flaches und rundes ↗Schmalzgebäck [mit einer runden Vertiefung an der Oberseite und Füllung]‹: *Schlagobers mit Preiselbeerpüree vermengen und Kücherl damit anrichten* (OÖN 25. 11. 1987, 4) – Dazu: **Apfelkücherl**

Kücken A das; -s, –: ↗KÜKEN CH D ›junges Tier von Geflügel‹: *Elf Kücken suchen (noch) die Nähe der Mutter* (VN 28. 6. 2001, A 6)

kucken siehe gucken

Kudelkraut siehe Kuttelkraut

Küfer Küferin CH D-südwest der; -s, – bzw. die; –, -nen: ↗BINDER A D-mittelost/süd, ↗FASSBINDER A D-süd, ↗BÖTTCHER D (ohne südost), ↗KÜBLER D-südwest, ↗SCHÄFFLER D-südost ›Person, die berufsmäßig Behälter aus Holz, bes. Fässer, herstellt‹: *Als Fuhrmann Mutach noch den Neubau seines Auf-*

traggebers bestaunt, tritt der Küfer unter die Tür der Werkstatt (Treichler, Abenteuer Schweiz 30; CH) – Dazu: **Weinküfer(in)** D, **Weissküfer(in)** CH

Kugel D die; –, -n (Küche): ↗Zapfen A ›mageres Rindfleisch von der Mitte des Hinterschenkels; Nuss‹: *Die Kugel ist ein besonders mageres Fleischstück … geeignet zum Braten, zur Herstellung von Tatar, für Hacksteaks oder auch für Rouladen* (Taurus, 2000, Internet) – Andere Bedeutungen sind gemeindt. Vgl. Haxl, Keule, Schlegel

Kugelstoßer Kugelstoßerin A D der; -s, – bzw. die; –, -nen: ↗Kugelstösser CH ›Person, die Kugelstoßen als sportliche Disziplin betreibt‹: *Der blinde Kugelstoßer Willi Monschein holte bei den Paralympics die zweite Medaille für Österreich* (Kleine Ztg 21. 10. 2000, Internet; A); *Der gewichtige Kugelstoßer musste für Sydney absagen* (Kicker 18. 9. 2000, 93; D)

Kugelstösser Kugelstösserin CH der; -s, – bzw. die; –, -nen: ↗Kugelstoßer A D ›Person, die Kugelstossen als sportliche Disziplin betreibt‹: *Die sechste Dopingprobe in diesem Jahr wurde Kugelstösser Alexander B. zum Verhängnis: Ephedrin* (Blick 8. 8. 1997, 19)

Kuhle D-nord/mittel die; –, -n: ↗Kute D-nordost (bes. Berlin) ›Vertiefung in der Erde; Mulde‹: *Am Waldrand hatten Kinder oder Soldaten tiefe Kuhlen ausgehoben, und da lagen sie und warteten* (-ky, Sonst ist es aus mit dir! 74)

Kühlschrank (gemeindt.): ↗Eiskasten

Küken CH D das; -s, –: **1.** ↗Kücken A ›junges Tier von Geflügel‹: *Ein paar Hühner und Küken laufen pickend herum* (Bund 21. 7. 1999, 2; CH); *Erzählt wird die unglaubliche Geschichte einer Katze, die einer sterbenden Möwe das Versprechen gibt … das Küken großzuziehen* (Darmstädter Echo 13. 2. 2002, Internet; D). **2.** ›junges, unerfahrenes Mädchen‹: *Dass sie diese Vorgabe erreicht, davon sind auch die Eltern überzeugt, die ihrem Kind auf dem Weg zum Spitzensport keine Steine in den Weg legen, auch wenn sie ihr Küken oft vermissen* (Schaffhauser Bock 1. 11. 2000, Internet; CH); *Doch allein der 17-jährigen Karoline H. als zerbrechlich-naives Küken nimmt man ihre Rolle ab* (BZ Berlin 29. 3. 2001, Internet; D) – Zu 1.: **Broilerküken** (↗Broiler) D-ost

Kukuruz A der; -es, ohne Plur. ⟨serb.⟩: ↗Türken A-west/südost LIE ›Mais‹: *Der Bauer war einmal in einer Gegend, so erzählte er mir, da waren die Felder eben und flach, dort wuchs Wein und Kukuruz, und es gab riesige Kürbisse* (Zelger-Alten, Brot 20) – Im Ggs. zu ↗*Türken* als produktives Grundwort in Speisebezeichnungen ungebräuchlich – Dazu: **Kukuruzfeld, Kukuruzkolben**

Kulturbeutel D der; -s, –: ↗Toilettetasche A, ↗Necessaire CH D-südost, ↗Waschbeutel D, ↗Kulturtasche D-nord/mittel ›Tasche [mit Fächern] für die Aufbewahrung von Mitteln und Gegenständen zur Körperpflege; Toilettentasche‹: *Ein paar Turnschuhe lösten sich aus dem voll gestopften Gepäckstück, ein paar Hemden und ein Kulturbeutel folgten* (Junge, Klassenfahrt 59) – In CH ursprünglich fremd, aber zunehmend gebräuchlich. Vgl. Beutel

Kulturschaden CH der; -s, …schäden: ↗Landschaden CH ›Schaden an Feldern und Feldfrüchten; Flurschaden‹: *Die Hagelversicherung ist für Kulturschäden zuständig* (TA 28. 7. 1998, 16)

Kulturtasche D-nord/mittel die; –, -n: ↗Toilettetasche A, ↗Necessaire CH D-südost, ↗Kulturbeutel D, ↗Waschbeutel D ›Tasche [mit Fächern] für die Aufbewahrung von Mitteln und Gegenständen zur Körperpflege; Toilettentasche‹: *Sie nahm ihre Kulturtasche und ging ins Bad* (Arens, Nächste Mann 65)

Kultusminister Kultusministerin D der; -s, – bzw. die; –, -nen: ↗Bildungsdirektor CH, ↗Erziehungsdirektor CH ›für Schul- und Kulturangelegenheiten zuständiger ↗Landesminister bzw. zuständige Landesministerin‹: *Rolf G. will den Kultusministern endlich klar machen, dass die Art und Weise, wie sie die neue Rechtschreibung eingeführt haben, unrecht sei* (Focus 4. 8. 1997, 40); **Kultusminister: *Ständige Konferenz der Kultusminister** (formell): ↗Erziehungsdirektorenkonferenz CH ›regelmäßig stattfindende Konferenz der für Schul- und Kulturangelegenheiten zuständigen ↗Minister der deutschen ↗Bundesländer‹: *Die Ständige Konferenz der Kultusminister der Länder rückte ein paar Jahre später unter dem Druck der Öffentlichkeit von ihren eigenen … Vorschlägen ab* (Welt 23. 8. 1997, Internet) – In A ist für diese Aufgaben der Leiter bzw. die Leiterin des ↗Bundesministeriums für Unterricht zuständig – Dazu: ↗**Kultusministerium**

Kultusministerium D das; -s, …ien: ↗Bildungsdirektion CH, ↗Erziehungsdepartement CH, ↗Erziehungsdirektion CH ›oberste Schulbehörde eines ↗Bundeslandes‹: *Auf den Gesamtzeitraum bezogen werde sich die Arbeitszeit nicht erhöhen, betont das Kultusministerium in Hannover* (FR 29. 5. 1998, 4) – In A ist für diese Aufgaben das ↗Bundesministerium für Unterricht zuständig. Vgl. Kultusminister

Kümmelschnaps (gemeindt.): ↗Köm

Kümmeltürke A D der; -n, -n ⟨ursprüngl. aus der Studentensprache für ›Person aus dem Umkreis von Halle/Saale‹, da diese Gegend wegen des Kümmelanbaus *Kümmeltürkei* genannt wurde⟩ (abwertend): ↗Tschusch A ›Person, die vom Balkan oder aus der Türkei stammt, bes. türkische Gastarbeiter‹ /Schimpfwort/: *Bei Konfrontationen beschimpft der Nachbar Herrn G. als »Scheiß-Tschuschen« und »Scheiß-Türken« oder »Kümmeltürken«, was ihn extrem aufregt, weil, wie er sagt, der Nachbar genau weiß, dass er österreichischer Staatsbürger sei* (Rassismusbericht 1998/99, 2000, Internet; A); *»Trink ruhig, du Kümmeltürke!«, meldete sich nun auch Steffies Bruder* (Junge, Klassenfahrt 27; D)

Kummernummer A die; –, -n: ↗TELEFONSEELSORGE A D, ↗HAND: *DIE DARGEBOTENE HAND CH, ↗SORGENTELEFON CH D ›[kirchlicher] telefonischer Beratungs- und/oder Beschwerdedienst‹: *In diesem Fall kann die Ö3-Kummernummer helfen* (Bundesministerium für Arbeit und Soziales, 1995, 66)

kumulieren CH D-süd sw.V./hat ⟨aus lat. *cumulare* ›anhäufen‹⟩: ›auf einem Wahlzettel einen Kandidaten bzw. eine Kandidatin doppelt anführen‹: *Mit Kumulieren und Panaschieren kann man die gedruckten Listen verändern. Beim Kumulieren wird der Name eines Kandidaten doppelt auf die Liste gesetzt, so dass ihm zwei Stimmen zugerechnet werden* (NZZ 11. 10. 1999, Internet; CH) – In D-süd nur bei ↗Kommunalwahlen. Die Bedeutung ›anhäufen, ansammeln‹ ist gemeindt.

Kunde A die; –, -n: ›Person, die in einem Geschäft Waren kauft oder Dienstleistungen in Anspruch nimmt; Kundschaft‹: *Die CD wird jetzt automatisch gestoppt und wieder ins Magazin zurückbefördert, das Farblichtgerät bereit für die nächste Kunde* (Firma Farblichtgeräte Atotco, 2002, Internet) – Im Maskulinum (der; -n, -n) sowie in anderen Bedeutungen gemeindt. – Dazu: ↗**Kundenstock, Stammkunde**

künden CH sw.V./hat: **1.** ›einen [Arbeits]vertrag auflösen‹: *Sie musste ihre Stelle künden und die Zelte abbrechen* (Furrer, My Way 134). **2.** ↗STUHL: *JMDM. DEN STUHL VOR DIE TÜR STELLEN D ›jmdn. aus einem Arbeits- oder Mietverhältnis entlassen‹: *Ein anderer vergangener Vorfall war, dass ein Bewerber im Arbeitszeugnis ein »im gegenseitigen Einverständnis« stehen hatte, derjenige aber von einer Kündigung nichts wusste. Erst als ich ihn fragte, weshalb ihm gekündet wurde, wurde er darauf aufmerksam* (i.O. Personalberatung 17. 12. 2001, Internet) – Andere Bedeutungen sind gemeindt. Vgl. kündigen

Kundenmaurer CH der; -s, –: ›Maurer, der direkt von Kund[inn]en Aufträge für kleine ↗Unterhaltsarbeiten und Bauarbeiten annimmt und ausführt‹: *Kundenmaurer übernimmt Umbauten, Renovationen, Verputzen, Gipsen und Plättli* (TA 27. 5. 1998, 48) – Eine weibliche Form ist nicht gebräuchlich

Kundenstamm (gemeindt.): ↗KUNDENSTOCK

Kundenstock A der; -(e)s, ...stöcke: ›ständiger, fester Kundenkreis; Kundenstamm‹: *Unsere Produkte werden in Österreich flächendeckend vertrieben und sprechen einen breit gestreuten Kundenstock an* (SN 3. 5. 1997, 47) – Vgl. Kunde

kündigen sw.V./hat: wird in der Bedeutung ›jmdn. aus einem Arbeits-, Mietsverhältnis o. Ä. entlassen‹ in A immer mit Akkusativobjekt verbunden (*jmdn. kündigen*), in CH und D mit Dativobjekt (*jmdm. kündigen*). Die Verwendung mit Akkusativ ist in D nur im Grenzfall des Standards möglich: *Es gibt überhaupt keinen Grund, die Prekaristen zu kündigen* (Falter 3. 11. 1997, 19; A); *Kann der Arbeitgeber während des Militärdienstes dem Arbeitnehmer kündigen?* (Zürcher Bürgerbuch, 18; CH); *Sein Vater kündigte ihm, weil er den Betrieb, angeblich wegen finanzieller und gesundheitlicher Probleme, auflösen wollte* (SZ 7. 10. 1997, 12; D) – Vgl. künden

kundmachen A LIE sw.V./hat: ›(Gesetze, Verordnungen) ordnungsgemäß bekannt machen; verlautbaren‹: *Und zwar werde die Verordnung, die rechtlich genauest fein abgestimmt sein müsse, ... spätestens im Mai 1992 erlassen und kundgemacht werden* (OZ 7. 10. 1992, 5; A); *Verfassungswidrig hatte sie mindestens zweimal Gesetze kundgemacht, ohne zuvor die Zustimmung des Fürsten einzuholen* (Bodensee Hefte 10/1993, 20; LIE) – In CH und D veraltet – Dazu: ↗**Kundmachung**

Kundmachung A LIE die; –, -en: ›Bekanntmachung (von Gesetzen, Verordnungen)‹: *Wenn sich der Eigentümer der gefundenen Sache innerhalb einer Jahresfrist ab dieser Kundmachung nicht meldet, erhält der Finder das Recht, die Sache oder den daraus erlösten Wert zu benützen* (Maxima 3/1998, 162; A); *Am 21. Juni 2000 ist das ... Baugesuch eingereicht worden. Die Kundmachung erfolgte in der Zeit vom 6. Juli 2000 – 20. Juli 2000* (Gemeinde Eschen, 2000, Internet; LIE) – Vgl. kundmachen

Kundschaft (gemeindt.): ↗KUNDE

Künette A die; –, -n ⟨aus frz. *cunette* ›[Straßen]graben‹⟩: ›Graben zum Verlegen von Abflussrohren‹: *Wenn ich an die zwei alten Frauen mit den Handtaschen denk, möcht' ich mich am liebsten in die nächste Künette da draußen eingraben* (News 23. 12. 1997, 198)

kungeln D-nord/mittel sw.V./hat (abwertend): ↗PACKELN A ›in heimlicher Absprache aushandeln; paktieren, mauscheln‹: *Sonst kommt wieder der Vorwurf, es werde gekungelt, sagte G. im Landtag* (TZ 29. 5. 1998, 2) – Dazu: **Kungelei**

Kunst CH die; –, ohne Plur.: ›von der Küche aus mit Holz beheizter Kachelofen mit Ofenbank‹: *Ofen und Kunst stehen auf zierlichen Louis XVI-Beinen und be-*

sitzen Kacheln mit Nelkenmustern (Denkmalpflege Kanton BL, 2002, Internet) – Andere Bedeutungen sind gemeindt.

Kunsteisbahn (gemeindt.): ↗EISBAHN, ↗EISLAUFPLATZ, ↗SCHLITTSCHUHBAHN

Kunststoff (gemeindt.): ↗PLASTE

Kupferstecher: *Mein lieber Freund und Kupferstecher D (salopp): ↗ZWETSCHKENRÖSTER: *MEIN LIEBER FREUND UND ZWETSCHKENRÖSTER A, ↗GESANGVEREIN: *MEIN LIEBER HERR GESANGVEREIN D: /Ausruf des Warnens, Drohens oder des verblüfften Erstaunens/: *Den Dichter Friedrich Rückert veranlasste die künstlerische Technik … zu dem bewundernden Ausruf: »Mein lieber Freund und Kupferstecher«* (Interessengemeinschaft Papiergroßhandel 19. 11. 2002, Internet)

Kupon A der; -s, -s [ku'poːn, ku'põː] ⟨aus frz. *coupon* zu *couper* ›schneiden‹⟩: ↗TALON CH, ↗COUPON CH D STIR ›abtrennbarer Teil eines Schreibens, Formulars oder einer Werbeannonce [der als Gutschein oder Bestellschein ausgefüllt an den Absender zurückgeschickt wird]‹: *Gewünschtes Muster ankreuzen, Absender genau und leserlich ausfüllen, den Kupon auf eine Postkarte kleben und einsenden* (Medizin populär 3/1994, 19) – In D selten, Aussprache [ku'põː D, ku'poːŋ D (ohne süd), ku'poːn D-süd]. Die Bedeutung ›Zinsschein bei Wertpapieren‹ ist gemeindt, in CH allerdings in der Schreibung *Coupon*. – Dazu: **Bestellkupon, Gewinnkupon, Infokupon**

Kuratel A die; –, -en ⟨aus mlat. *curatela*, Zus. aus lat. *curatio* und *tutela* ›Fürsorge‹⟩ (formell): ›(für Personen und Institutionen) behördlich verfügte rechtliche Vertretung; Vormundschaft‹: *Wieder ist eine Bank unter Kuratel gestellt worden. Die Geschäfte der Wiener Trigon-Bank werden durchleuchtet, der Bank wurde ein Regierungskommissär beigestellt* (Kleine Ztg 26. 10. 1999, Internet); *Sanktionen sind eher auszuhalten als eine Kuratel* (Kleine Ztg Ktn. 8. 6. 2000, 4) – Die Redewendung *unter Kuratel stellen* in der Bedeutung ›in jmds. Obhut nehmen‹ ist gemeindt. Vgl. Kurator

kuratieren A CH sw.V./hat: ›(eine Ausstellung) organisieren und betreuen‹: *Vater und Sohn Hollein kuratieren die Pavillons Österreichs und der USA* (ORF online, 2001, Internet; A); *Die von Meret E. kuratierte Ausstellung zeigt den Erfindungsreichtum von Max Bill in der Gebrauchsgrafik in ihrer ganzen Breite* (TA 11. 12. 1998, 61; CH)

Kurator Kuratorin A der; -s, -en bzw. die; –, -nen ⟨aus lat. *curator* ›Wärter, Verwalter‹⟩: **1.** (veraltend, Recht); ↗SACHWALTER A ›[auf Antrag] gerichtlich bestellte Person, die Rechtsgeschäfte für psychisch Kranke erledigt‹: *Denn nicht er hatte den Jakob übernommen, sondern der, der nun mit der Unterschriftensammlung seinen betrügerischen Plan an Jakob weiter ausführen wollte und ihn ohne Kurator alles unterzeichnen lassen wollte* (Schöpf, Ausgedingler 71). **2.** ›Mitglied eines Kuratoriums‹: *Diesmal als »unabhängiger, für Sachthemen des Sports zuständiger Kurator des ORF«* (Profil 4. 6. 2000, Internet) – Zu 1.: In D veraltet. Die Bedeutung ›wissenschaftlicher Leiter bzw. wissenschaftliche Leiterin eines Museums, einer Ausstellung o. Ä.‹ ist gemeindt. Die Bedeutung ›Vormund‹ ist gemeindt. veraltet. Zu 1 vgl. Kuratel – Zu 2.: **Grünkurator(in)** (↗Grün-), **ORF-Kurator(in)** (↗ORF)

küren (gemeindt.): ↗ERKÜREN

Kurie A die; –, -n ['kuːri̯ə] ⟨aus lat. *curia*⟩: ›Standesvertretung in bestimmten Gremien, bes. an Universitäten)‹: *V. … war seit 1973 als Träger des großen Ehrenzeichens für Wissenschaft und Kunst eines der 18 Mitglieder der Österreichischen Kurie für Wissenschaft* (OÖN 13. 4. 2002, 25) – Die Bedeutung ›Gesamtheit und Sitz der päpstlichen Behörden‹ ist gemeindt. – Dazu: **Kuriensprecher(in)** (↗Sprecher), **Mittelbaukurie, Professorenkurie, Studentenkurie**

Kurrende D (ohne südost) die; –, -n ⟨aus lat. *currere* ›laufen‹⟩: ›evangelischer Jugendchor‹: *Die Kurrende der evangelischen Studentinnen- und Studentengemeinde … ist ein Chor mit Tradition* (Evangelische Studentengemeinde Tübingen 7. 8. 2002, Internet)

Kursdatum CH D das; -s, …daten (meist Plur.): ›Termin, an dem ein [Fortbildungs]kurs stattfindet; Kurstermin‹: *Kursort: Singzimmer Gymnasium Kirchenfeld, Kursdaten: 6 Abende ab 21. Oktober, jeweils donnerstags, 19 bis 20.30 Uhr* (Bund 12. 10. 1999, 25; CH); *Wählen Sie einfach den entsprechenden Kursbereich, denn das Kursdatum ist auf das aktuelle Datum voreingestellt* (Exerzitienhaus Hofheim 4. 7. 2002, Internet; D)

Kursgebühr (gemeindt.): ↗KURSGELD, ↗KURSKOSTEN

Kursgeld CH das; -(e)s, …gelder: ↗KURSKOSTEN A CH ›Gebühren, die für einen Kurs bezahlt werden müssen; Kursgebühr‹: *Die 620 Franken Kursgeld haben sich gelohnt: Jetzt weiss ich besser, was Autofahren heisst!* (Blick 1. 6. 1996, 28)

Kurskosten A CH die; nur Plur.: ↗KURSGELD CH ›Gebühren, die für einen Kurs bezahlt werden müssen; Kursgebühr‹: *Die Kurskosten betragen inklusive Unterlagen 83,5 Euro* (OÖN 11. 1. 2002, Internet; A); *Die Kurskosten betragen zwischen 220 und 350 Franken* (TA 20. 10. 1999, 29; CH)

Kurslokal CH das; -(e)s, -e: ›Raum, in dem ein Kurs stattfindet‹: *Wie der Gemeinderat mitteilt, sind für* *die Baracke Nutzungen angemeldet als Brockenstube, Kurslokal, Materiallager für die Wehrdienste, Abgabestelle für Sonderabfälle* (Bund 17. 6. 1999, 34)

Kurtage siehe Courtage

Kurve: *die Kurve kriegen CH D (salopp): ↗RANK: *DEN RANK FINDEN CH ›schließlich doch noch etw. schaffen‹: *Jürgen Klinsmann hat die Kurve zum glücklichen Familienvater und in eine bürgerliche Zukunft gekriegt* (TA 7. 10. 1998, Internet; CH); *Er wird wohl gelernt haben, um noch die Kurve zu kriegen* (-ky, Sonst ist es aus mit dir! 59; D) – Das Substantiv *Kurve* ist in allen anderen Verwendungen gemeindt.

Kurverein CH der; -(e)s, -e: ↗FREMDENVERKEHRSVERBAND A D, ↗TOURISMUSVEREIN STIR ›Tourismusverband‹: *Im Auftrag des Kurvereins präpariert der Loipenwart auch den Winterwanderweg* (Bund 16. 11. 1999, 28)

Kurzaufenthalter Kurzaufenthalterin CH der; -s, – bzw. die; –, -nen: ›Person aus dem Ausland, die für eine bestimmte, begrenzte Zeit in der Schweiz erwerbstätig sein darf‹: *Bis zu 600 Millionen Franken betragen die Mehrkosten für die Arbeitslosenversicherung von Saisonniers und Kurzaufenthaltern, rechnete der Bundesrat vor* (Blick 2. 7. 1998, 5) – Vgl. Aufenthalter

Kurzausbildung (gemeindt.): ↗ANLEHRE

Kurzparkzone A D (ohne mittelost) die; –, -n: ↗ZONE: *BLAUE ZONE CH LUX STIR ›gesondert markierte oder beschilderte Parkplätze, auf denen für eine bestimmte begrenzte Zeit ein Auto abgestellt werden darf‹: *In Wien wurden angesichts der Schneemassen ... vorübergehend die Kurzparkzonen aufgehoben* (Standard 11./12. 1. 2003, Internet; A); *Die Stadtverwaltung bittet die Autofahrer, darauf zu achten, dass sie auf keinen Fall mit einem Langzeit-Ticket in der Kurzparkzone parken dürfen* (Stadt Singen, 1999, Internet; D) – Vgl. Kurzzeitparkplatz

Kurzwaren A D die; nur Plur.: ↗MERCERIE CH ›Gesamtheit von kleineren Gegenständen, die man in der Schneiderei braucht‹: *Es wimmelt von Menschen, die Verkaufsbuden mit Andenken, verschiedenen Kurzwaren, Devotionalien und Krimskrams, um die sich die Schar der Pilger drängt, bringen Anna langsam wieder zurück in die Welt* (OÖN 16. 9. 1998, Internet; A); *Ein anderes Mal stöberte die Kinderbande einen Bestand mit Kurzwaren auf* (Welt 14. 5. 1998, Internet; D) – In CH fachsprachlich – Dazu: ↗**Kurzwarengeschäft** A, **Kurzwarenhändler(in), Kurzwarenhandlung**

Kurzwarengeschäft A das; -(e)s, -e: ↗MERCERIE CH ›Geschäft für Nähzubehör, z. B. Knöpfe, Nähseiden etc.‹: *Wir brauchen hier dringend ein Schuhgeschäft, eine Papierhandlung, ein Kurzwarengeschäft und ein Modegeschäft sowie eine Einkaufsmöglichkeit im Ort für Hartwaren* (OÖN 13. 10. 1988, 21) – In CH und D veraltet. Vgl. Kurzwaren

Kurzzeitparkplatz D der; -es, ...plätze: ›großer Parkplatz, auf dem ein Fahrzeug nur für einen bestimmten, kurzen Zeitraum abgestellt werden darf‹: *Am Flughafen ... finden Sie ... für Ihr Auto einen kostenfreien Parkplatz, direkt vor dem Terminal auf dem Kurzzeitparkplatz* (Flughafen Rostock, 2002, Internet) – Vgl. Kurzparkzone

Kuss (gemeindt.): ↗BUSSERL, ↗MÜNTSCHI

küssen (gemeindt.): ↗BUSSELN

Küster Küsterin D-nord/mittelwest der; -s, – bzw. die; –, -nen ⟨aus mlat. *custor* ›Hüter [des Kirchenschatzes]‹⟩: ↗MESNER A D-süd, ↗MESMER A-west (Vbg.) CH-nordost, ↗SIGRIST CH ›Verwalter(in) einer Kirche und Betreuer(in) des Gottesdienstes; Sakristan(in)‹: *Ein ... Anwalt hat am Samstag Abend in Genf einen Pfarrer und einen Küster angeschossen und sich anschließend fast sechs Stunden in dem Gotteshaus verschanzt* (Welt 16. 12. 1996, Internet) – Dazu: **Küsterei**

Kute D-nordost (bes. Berlin) die; –, -n: ↗KUHLE D-nord/mittel ›Vertiefung in der Erde; Mulde‹: *Aber nun war er in das Dickicht einer Kute geraten, aus der er sich nur noch, indem er auf allen Vieren kroch, befreien konnte* (Lange, Himmel 554)

Kuttel A CH D-süd die; –, -n (meist Plur.): ↗KUTTELFLECK A D-süd, ↗FLECK D-mittelost, ↗KALDAUNE D (ohne südost) ›Speise vom Magen oder Darm [des Rindes oder Kalbes]‹: *So wurden die Speisen Gang für Gang aufgetragen ...: Rübensuppe, Graupen und Käseaugen, Bauchfleisch, Kutteln, in Essig gelegte Blindbrassen* (Ransmayr, Morbus Kitahara 86; A); *Während diesen ... Worten tauchte in mir ein zartes Bild auf aus der Kindheit, da die Mutter uns allen Kutteln, dünn geschnitten aus dem Magen einer Kuh, zubereitete* (Schenker, Manesse 54; CH); ***jmdm. die Kutteln putzen** CH ›jmdm. gehörig die Meinung sagen‹: *Die beiden obersten Europabeauftragten ... mussten sich neulich in Anwesenheit eines andern Bundesrates von Couchepin wie Schulbuben die Kutteln putzen lassen* (WW 1. 7. 1999, Internet) – Dazu: **Kalbskutteln**, ↗**Kuttelkraut** A, **Rindskutteln** (↗Rinds-)

Kuttelfleck A D-süd der; -(e)s, -(e) (meist Plur.): ↗KUTTEL A CH D-süd, ↗FLECK D-mittelost, ↗KALDAUNE D (ohne südost) ›Speise oder Fleich vom Magen oder Darm [des Rindes oder Kalbes]‹: *Äußerst sorgfältig gereinigte Kuttelflecke in Salzwasser weich kochen und in Würfel schneiden* (Firma Thea online, 2000, Internet; A)

Kuttelkraut A das; -(e)s, ohne Plur. (veraltend): ›Thymian‹: *Josefa solle, sagte sie, das Laub vom Nussbaum pflücken und Kuttelkraut, außerdem Steinsalz besorgen, und daraus einen Sud kochen* (Hackl, Abschied von Sidonie 30) – Gelegentlich auch für *Majoran* gebraucht. Selten auch in der Form *Kudelkraut.* Vgl. Kuttel

Kutterschaufel D-südwest die; –, -n: ↗KEHRSCHAUFEL A-west, ↗MISTSCHAUFEL A (ohne west), ↗KEHRICHTSCHAUFEL A-südost CH D-südost, ↗SCHÜFELI CH, ↗KEHRBLECH D-nordost/mittel, ↗MÜLLSCHIPPE D-nordost, ↗SCHIPPE D-nord/mittel, ↗SCHMUTZSCHAUFEL D-nordwest ›kleine Schaufel zum Aufnehmen von Staub- und Schmutzhäufchen‹: *In jedem Klassenzimmer gebe es Kehrwisch und Kutterschaufel* (Stuttgarter Nachr 13. 11. 1999, 25)

Kuvert A D das; -s, -s [ku'veːɐ̯, ku'vɛːɐ̯] ⟨aus frz. *couvert* ›zugedeckt‹⟩: ↗COUVERT CH, ↗UMSCHLAG CH D ›Briefumschlag‹: *Bitte ausschneiden und in einem Kuvert mit ÖS 7,– frankiert an den Kurier einsenden* (Kurier 14. 12. 1997, 5; A); *Dann hielt sie es ihm hin. Ein Kuvert* (Erler, Palais 41; D) – Dazu: **Briefkuvert** A, ↗**kuvertieren, Retourkuvert** (↗Retour-) A, **Rückkuvert** A, **Wahlkuvert** A

kuvertieren A D sw.V./hat: ↗COUVERTIEREN CH, ↗EINTÜTEN D (ohne südost) ›in einen Briefumschlag stecken‹: *Kupon ausfüllen, kuvertieren und absenden an: …* (Bühne 11/1997, 18; A); *Im Nebenzimmer werden derweil Wahlunterlagen kuvertiert und verschickt* (Augsburger Stadtztg 26. 8. 1998, 11; D) – Vgl. Kuvert. In D gehoben

KV siehe Kollektivvertrag

L

L A die; –, ohne Plur.: buchstabierte Abk. für ↗*Landesstraße*: ›Straße, für deren Bau und Unterhalt ein ↗Bundesland zuständig ist‹: *Die Sanierung der Landesstraße L 346 … im Ortsteil Dorf Pichling der Gemeinde Köflach ist bereits im Gange* (Land Steiermark, 2004, Internet) – Vgl. B

LA A: nur geschriebene, unverkürzt gesprochene Abk. für ›↗Landtagsabgeordnete(r)‹: ↗LABG. A, ↗MDL D: *Die Kitzbüheler Bergbahn AG hat LA Alois Leiter wegen Rufschädigung geklagt* (TT 8./9. 11. 1997, 4)

Laberl A-ost das; -s, -n: siehe Laibchen

labern CH D sw.V./hat (abwertend, Grenzfall des Standards): ↗LAFERN CH, ↗SÜLZEN D-nord/mittel ›wortreich [dumm] daherreden; schwafeln‹: *Nur der Hofer neben ihm labert, wie immer, nur heute besonders laut* (Biehler, Nachbrand 27; CH); *Dann saufen sie noch ein bisschen, labern über Geldanlagen und die Sicherheit von Sachwerten* (Breinersdorfer, Herren 67; D) – Dazu: ↗**Gelaber, volllabern**

LAbg. A: nur geschriebene, unverkürzt gesprochene Abk. für ›↗Landtagsabgeordnete(r)‹: ↗LA A, ↗MDL D: *LAbg. Bernhard Ernst (Grüne) wittert einen wahren Kern im Gerücht* (Echo 28. 1. 1999, 16)

Labskaus D-nordwest das; –, ohne Plur.: ›Hamburger Seemannsgericht bestehend aus eingesalzenem Fleisch, gestampften Kartoffeln, zubereitet mit Zwiebeln, Salzgurken, Roter ↗Bete und Matjesheringen‹: *Auch Labskaus lässt er sich schmecken. Jedes Mal, wenn er in Hamburg ist* (Welt 28. 8. 1997, Internet)

Lache CH D (ohne ost) die; –, -n: ↗LACKE A D-südost, ↗PFÜTZE D (ohne südost) ›kleinere, unbeabsichtigte Ansammlung von Flüssigkeit in einer Vertiefung‹: *Als sie zurückkam, lag Nelly in einer Lache dampfenden Urins* (Moser, Putzfraueninsel 40; CH); *Mal sieht man ein schwingendes Beil, mal eine Lache Blut* (Zeit 7. 9. 2000, Internet; D) – In A gehoben

lachen: *jmdm. ist es nicht ums Lachen CH ›jmd. ist es nicht zum Lachen zumute‹: *Sanela lächelt in die Kamera. Dabei ist der 15-jährigen Schülerin gar nicht ums Lachen. Sie fühlt sich geprellt* (Blick 12. 7. 1994, 9); ***auf den Stockzähnen lachen** siehe Stockzahn – Das Verb *lachen* ist in allen anderen Verwendungen gemeindt.

Lacke die; –, -n: **1.** A D-südost; ↗LACHE CH D (ohne ost), ↗PFÜTZE D (ohne südost) ›kleinere [temporäre] Ansammlung von [Regen]wasser‹: *Es regnet in Strömen. Der Schirm liegt daheim. Der Wagenbesitzer läuft, eine Lacke knapp verfehlend, über den Parkplatz zum Auto* (OÖN 11. 12. 2001, 1; A). **2.** A-ost (Bgld.) ›kleiner, seichter See‹: *Sie gingen den Kiesweg zur Lacke hinunter, an Kirschbäumen, Weiden, Wildrosen vorbei, auf das braune Wasser zwischen den Schotterhügeln zu* (Roth, See 188; A-ost) – Zu 2.: Auch in geographischen Namen, z.B. *Lange Lacke*

Lackel der; -s, -n (Grenzfall des Standards): **1.** A D-südost ›grober, grobschlächtiger Mann mit schlechten Manieren‹: *Kläglicher noch für jeden Herrn, wenn sich die Geliebte daheim in seliger Erinnerung an romantische Pubertätszeiten das Bild so eines kraftstrotzenden Lackels an die Wand pinnt* (Wienerin 12/1993, 75; A). **2.** A D-süd (abwertend); ↗HIEFLER A, ↗WAPPLER A, ↗OCHS A CH D-süd, ↗DUBEL CH, ↗GALÖRI CH, ↗SCHLUFI CH, ↗TSCHUMPEL CH, ↗TUBEL CH ›unbeholfener Mann; Tölpel, Idiot‹: *Es geht mir darum, dass ich darüber hinaus auch gelernt habe, dass es im Jahr 1938 war, als Ödön von Horvath von einem herabfallenden Ast erschlagen wurde, und nicht etwa 1937 oder gar 1939, wie ein ungebildeter Lackel vielleicht behaupten könnte* (Standard 29. 6. 1999, 13; A) – Zu 1.: **Kraftlackel**

Läckerli siehe Leckerli

Lade A D-mittelost/südost die; –, -n: ↗SCHUBKASTEN D-nordost/mittel ›Schublade‹: *Er reißt eine Lade auf, nimmt das Geld aus einer kleinen Schachtel* (Mayer-Skumanz, Lügennetz 13; A); *Denn auch die wunderschöne Frisierkommode … neigte sich nun, wie alles andere, gegen ihn, und auch ihre Laden klemmten* (Hofmann, Tolstois Kopf 86; D) – Die anderen Bedeutungen sind, mit Plural *Läden*, gemeindt. oder fachsprachlich – Dazu: **Schreibtischlade, Tischlade**

Ladebrücke CH die; –, -n: ›offene Ladefläche (eines ↗Motorfahrzeugs)‹: *Beim Linksabbiegen kippte ein Kunststoff-Container auf der Ladebrücke um* (Bund 1. 4. 1998, 35) – Vgl. Brücke

Ladebühne D die; –, -n: ›Laderampe‹: *Der Güterschuppen im Bahnhof würde Platz bieten für den Einbau eines größeren Veranstaltungsraumes … Auch ist die*

Nutzung der alten Ladebühne als Außenanlage angedacht (Stadt Espelkamp 2. 12. 2002, Internet)

Lädele A-west (Vbg.) D-südwest das; -s, –: siehe Lädeli

lädelen CH sw.V./hat (Grenzfall des Standards): ↗BUMMELN CH D, ↗SHOPPEN CH D ›gemütlich von Geschäft zu Geschäft gehen und da und dort etw. kaufen; flanieren‹: *Lädelen, einkaufen, herumbummeln. Konsumbedürfnisse, sich in den Schaufenstern über das Angebot orientieren, nehmen also schon für die Kinder einen grossen Stellenwert in der Freizeit ein* (Schulnetz, 2002, Internet) – Häufig auch in der dialektalen Form *lädele.* In A-west (Vbg.) dialektal

Lädeli CH das; -s, -(s): ↗GEMISCHTWARENHANDLUNG A, ↗GREISSLEREI A (ohne west), ↗TANTE-EMMA-LADEN D, ↗KRAMLADEN D (ohne südost) ›kleines Geschäft, in dem Lebensmittel und Gegenstände des täglichen Bedarfs verkauft werden‹: *In fünf Minuten waren wir beim Stöckli, dem grossen, schönen Haus, wo auf der hinteren Seite das Lädeli drin ist* (Wenger, Rosalia 66) – In A-west (Vbg.) und D-südwest in der Form *Lädele* gebräuchlich – Dazu: **Dorflädeli, Lädelisterben, Quartierlädeli** (↗Quartier)

Ladenlokal CH D (ohne südost) das; -s, -e: ↗GESCHÄFTSLOKAL A CH ›Räumlichkeiten für ein Verkaufsgeschäft‹: *Zu vermieten in Laufen-Vorstadt, Nähe Birscenter – Ladenlokal mit Lagerraum* (BaZ 17. 10. 1997, 77; CH); *Aufträge zum Auffüllen von Supermarktregalen oder der Reinigung von Ladenlokalen würden an Fremdfirmen vergeben* (Welt 17. 5. 1999, Internet; D) – Dazu: **Ladenlokalität**

Ladentisch (gemeindt.): ↗BUDEL, ↗THEKE

Laderampe (gemeindt.): ↗LADEBÜHNE

Ladetätigkeit A D die; –, -en (Verkehr): ›Aus- und Einladen von Waren‹: *Wer in der Linzer Straße heute einen größeren Einkauf, der logischerweise mit Ladetätigkeit verbunden ist, tätigen will, kann dies täglich von 8 bis 12 und 14.30 bis 18 Uhr tun* (OÖN 7. 5. 1998, Internet); *Das Parken in der Fußgängerzone ist nicht erlaubt, wer sein Fahrzeug abstellt, darf dies nur über die notwendige Dauer der Ladetätigkeit tun* (Zeitungsverlag Waiblingen 29. 11. 2001, Internet; D); ***ausgenommen Ladetätigkeit** A: ↗ZUSTELLDIENST: *AUSGENOMMEN ZUSTELLDIENST A, ↗ZUBRINGERDIENST: *ZUBRINGERDIENST GESTATTET CH, ↗ANLIEFERUNG: *ANLIEFERUNG FREI D ›Zufahrt für Privatpersonen nur zum Abholen und Bringen von Personen oder Waren gestattet‹: *Über Vorschlag des Bauausschusses wurde einstimmig beschlossen, in der Römerstraße … folgende Verkehrsregelung zu erlassen: Parkverbot an Werktagen von 7.00 bis 18.00 Uhr … ausgenommen Ladetätigkeit* (Gemeinderat Brixlegg, 2001, Internet)

Laferi CH der; -s, -s (abwertend, Grenzfall des Standards): ↗DUMMSCHWÄTZER D-mittel/süd ›viel [und einfältig] daherschwatzender Mensch‹: *Ein Schlingel und ein Lausbub wäre er und ein Laferi dazu. Und überhaupt hätte man nichts als Ärger mit diesen Lehrlingen und mit den Ausländern sowieso* (Tschudin, Meine Ehre 204) – Vgl. lafern

lafern CH sw.V./hat (Grenzfall des Standards): ↗LABERN CH D, ↗SÜLZEN D-nord/mittel ›[dumm] daherreden; schwafeln‹: *Staatsmännisch präsentierte [Schröder] sich als Mann der Tat, als einer der wenigen Politiker, die nicht nur lafern, sondern auch handeln* (Sonntagsztg 8. 2. 1998, 17); ***liefern statt lafern; *nicht lafern, sondern liefern** siehe liefern – Vgl. Gelafer, Laferi

Lagebeurteilung CH D die; –, -en: ›Einschätzung der Situation‹: *Die neue Lagebeurteilung hat nun zu einem Projekt geführt, das schrittweise umgesetzt werden kann* (Bund 15. 12. 1999, 1; CH); *Nach einer Lagebeurteilung des Bundeskriminalamtes (BKA) verschärften einige Länder die Sicherheitsmaßnahmen* (Weser Kurier 3. 4. 2002, Internet; D)

Lageplan (gemeindt.): ↗SITUATIONSPLAN, ↗ZUFAHRTSPLAN

Lager A CH das; -s, –: **1.** ↗FREIZEIT D (ohne südwest) ›mehrtägiger auswärtiger Aufenthalt einer Gruppe [von Jugendlichen in ihrer freien Zeit], der einem bestimmten Thema gewidmet wird, bspw. der Ausübung einer Sportart‹: *Wenn du eine Gelegenheit hast, mit einer Gruppe auf Lager zu fahren, nütze sie* (Jungschar, 2004, Internet; A); *Im Kriegsjahr 1941 sollte das erste Lager vor allem Jugendlichen aus den Städten einmal Ferien im Schnee der Berge ermöglichen* (Brückenbauer 12. 1. 1999, Internet; CH). **2. *etw. auf Lager haben** A D; ***etw. an Lager haben** CH; ***etw. am Lager haben** CH D ›etw. im Warenlager und damit sofort lieferbar haben‹: *Wussten Sie, dass wir auch Spezialfarben auf Lager haben oder kurzfristig beschaffen können?* (Firma Eurotex, 2003, Internet; A); *Die Berner Detailhändler finden es nicht einmal nötig, mehr Lebensmittel als in anderen Jahren an Lager zu haben* (Bund 16. 12. 1999, 27; CH); *Erkundigen Sie sich jedoch vorher, ob er auch alle Sorten Gläser, die Sie benötigen, am Lager hat* (Chuchi-Chäschtli, 25; CH); *Wir sind mit entsprechendem Werkzeug und modernen Messgeräten ausgerüstet und haben Ersatzteile auf Lager* (Baudienstleistungen, 2003, Internet; D); *Wir haben ständig für den Bedarf unserer Kunden ein umfassendes Angebot an Hölzern am Lager* (Spedition Paetz 7. 3. 2003, Internet; D) – Zu 1.: In A meist in Zus. Die Zus. *Ferienlager* sowie die anderen Bedeutungen von *Lager* sind gemeindt. Die Redewendung *etw. auf Lager haben* in der Bedeutung ›mit etw. Überraschendem, Unterhaltendem aufwarten können‹ ist gemeindt. – Zu 1.: **Juniorenlager** (↗Junioren-) CH, ↗**Klassenlager** CH, ↗**Lagerhaus** CH, **Lehrlingslager** CH, **Osterlager** CH, **Pfadfinderlager, Pfadilager** (↗Pfadi) CH, **Pfingstlager** CH, ↗**Schullager** CH, **Skilager, Snowboardlager** CH, **Sommerlager** CH, **Sportlager, Winterlager** CH, **Wintersportlager** CH, **Wochenlager** CH

Lagerarbeiter Lagerarbeiterin A D der; -s, – bzw. die; –, -nen: ›Person [ohne spezifische Ausbildung], die in einem Warenlager arbeitet; Lagerist‹: *Ich hab' mehr gearbeitet als studiert, war Chauffeur, Lagerarbeiter, Postler und Detektiv* (OÖN 15. 1. 2002, 6; A); *Packer und Lagerarbeiter beispielsweise sind leicht anzulernen* (WDR 10. 8. 2001, Internet; D)

Lagerhaus CH das; -es, ...häuser: ↗SCHULLANDHEIM A D ›Haus für die Beherbergung von Personen, die an einem ↗Lager teilnehmen‹: *Federführend war das Kurs- und Lagerhaus Rosenberg. Es bietet Klassenlager, Studienwochen, Aktivferien, Forschungskurse und Experimentiertage an* (TA 21. 10. 1998, 27) – Andere Bedeutungen sind gemeindt. – Dazu: **Ferienlagerhaus** (↗Ferien)

Lagerist (gemeindt.): ↗Lagerarbeiter

Lagerverwalter (gemeindt.): ↗MAGAZINER/MAGAZINERIN, ↗MAGAZINEUR/MAGAZINEURIN

Lahn STIR die; –, -en (Grenzfall des Standards): **1.** ›Schneelawine‹: *Gleich mehrere Lawinen gingen 1951 von der Fadenspitze über St. Peter ab; mit dem Wind gelangte die »Lahn« bis zur Straße im Talboden* (Z am Sonntag 16. 12. 2000, 2). **2.** ›Lawinenhang, Lawinenstreifen‹ /häufig auch als Flurname/: *Das Landesamt für Wildbachverbauung arbeitet bereits seit vergangenem Freitag in der Hofer-Lahn, um Murenschäden vom Herbst zu beseitigen* (Dolomiten 29. 6. 2001, 25) – Selten auch in der Form *Lahne* (die; –, -n). In A (ohne Vbg.) und D-südost mundartlich

Lahne STIR die; –, -n: siehe Lahn

Laibchen A das; -s, –: **1.** ↗Semmel A D-nordwest/südost, ↗WECKERL A D-südost, ↗BRÖTLI CH, ↗BÜRLI CH, ↗MUTSCHLI CH, ↗WEGGEN CH, ↗BRÖTCHEN D-nord/mittel, ↗RUNDSTÜCK D-nordwest (bes. Hamburg), ↗SCHRIPPE D-nordost (bes. Berlin), ↗WECKEN D-südwest ›kleines meist längliches, aus Brotmehl und ↗Germ hergestelltes Gebäck‹: *Holzhackerlaibchen ... Ein Laibchen aus Weizenteig mit Speckstücken ... Ein schmackhaftes Gebäck für den kleinen Hunger* (Bäckerei Der Mann, 2001, Internet); ***Wachauer [Laibchen]** A ›rundlicher kleiner Laib aus dunklem Brotteig‹: *Zur Suppe passen am besten Wachauer Laibchen oder Schwarzbrot* (Firma Spar, Feine Küche, 2002, Internet). **2.** ›Speise (aus Gemüse, Fleisch, Teig) in länglicher Form‹: *Lachs-Tartare zu kleinen Laibchen formen, auf Salatblättern anrichten und mit einem Tupfer Sauerrahm, wenig Kaviar und Petersilienblättchen garnieren* (Kurier 11. 7. 1998, Internet); ***faschierte Laibchen** siehe faschieren. – Auch in der Form *Laiberl*, selten *Laibl* (das; -s, -n), die auch in D-südost gebräuchlich ist, in A-ost auch *Laberl* (das; -s, -n). Zu 1. Das *Wachauer [Laibchen]* wird in A-west auch als *Wachauerle* (das; -s, -n) bezeichnet – Dazu: ↗**Schusterlaibchen** A

Laiberl A D-südost das; -s, -n: siehe Laibchen

Lake D (ohne südost) die; –, -n: ↗SUR A D-südost, ↗PÖKEL D (ohne südost) ›[salzige] Lösung zum Einlegen von Lebensmitteln‹: *Grünen Pfeffer gibt es gefriergetrocknet und auch eingelegt in einer Lake* (WDR 7. 5. 2001, Internet) – Dazu: **Pökellake, Salzlake**

Laken D-nord/mittel das; -s, –: ↗LEINTUCH A CH D-süd, ↗BETTTUCH D, ↗BETTLAKEN D-nord/mittel ›Tuch, das über die Matratze gespannt wird‹: *Ich ging zurück und ... schüttelte die Laken und Decken aus* (Born, Erdabgewandte Seite 2) – Dazu: ↗**Spannbettlaken,** ↗**Spannlaken**

Lakritz D der/das; -es, -e: ↗BÄRENZUCKER A (ohne west), ↗BÄRENDRECK A CH D-süd ›aus dem Saft der Süßholzwurzel hergestellte schwarze Süßigkeit; Lakritze‹: *Den Geistern mit Lakritzstücken und rotem Eiweißguss Gesichter aufkleben* (Schöner Wohnen 10/1997, 160)

Lakritze (gemeindt.): ↗BÄRENDRECK, ↗BÄRENZUCKER, ↗LAKRITZ

Lämmerne A das; -n, ohne Plur.: ›Lammfleisch‹: *Weit gefehlt – obwohl sich Wirtin Marianne G. so gut wie kaum eine andere darauf versteht, ein zartes Lämmernes zuzubereiten* (OÖN 8. 6. 1995, Internet) – Vgl. Hirschene, Kälberne, Schöpserne, Schweinerne

Lammfleisch (gemeindt.): ↗LÄMMERNE

Lämpen CH die; nur Plur.: ›Auseinandersetzungen, Streitereien‹: *Ich bezahl auch sofort, will keine Lämpen mit Franz* (Durschei, Meldegg 148)

lancieren CH sw.V./hat [lã'siːrən] ⟨aus spätlat. *lanceare* ›die Lanze schwingen‹⟩: ›(ein politisches Vorhaben) an die Öffentlichkeit bringen und beschleunigen‹: *Haben Sie die Unterschriftenbögen im Wartezimmer gesehen? Ich lanciere eine Volksinitiative* (Zürcher, Högo Sopatis 34); ***eine Initiative lancieren** siehe Initiative – In A und D selten. Andere Bedeutungen sind gemeindt. – Dazu: **Lancierung, Neulancierung**

Land- (produktives Bestimmungswort in Zus., formell): **1.** CH; ↗LANDES- A D, ↗KANTONAL- CH, ↗KANTONS- CH ›den ↗Kanton betreffend; zum ↗Kanton gehörend (bes. von ↗Landkantonen)‹, z. B. ↗Landammann, ↗Landjäger(in), ↗Landrat (...rätin), ↗Landschreiber(in), ↗Landstatthalter(in), ↗Landweibel(in): *Am Nachmittag versagte der Grossrechner der Staatskanzlei; der Landschreiber versuchte, die Resultate von den Gemeinden direkt anzufordern* (TA 26. 10. 1998, 9). **2.** LIE; ↗LANDES- LIE ›ganz Liechtenstein betreffend; zu ganz Liechtenstein gehörend‹, z. B. Landgericht, ↗Landtag, Landrichter(in): *Vor dem Fürstlich Liechtensteinischen Landgericht in Vaduz wird das Verfahren zur Kraftloserklärung der Aktienzertifikate Nr. 5 und 6 ... eingeleitet* (Liechtensteiner Vaterland 4. 12. 1994, 15)

Land A D das; -(e)s, Länder: ›kurz für ↗Bundesland‹: ↗KANTON CH, ↗ORT CH, ↗STAND CH, ↗STAAT CH, ↗PROVINZ: *AUTONOME PROVINZ [BOZEN/TRIENT] STIR, ↗REGION STIR: *Nach mehr als 15 Jahren noch immer ohne den Segen von Magistrat und Land, die nicht bereit sind, diese »Notschlafstelle« offiziell anzuerkennen und zu unterstützen* (Kleine Ztg 2. 3. 1997, Extrabl 6; A); *So beschäftigt allein das Land Nordrhein-Westfalen auf 10.821 Stellen Geringverdiener* (BamS 26. 10. 1997, 5; D) – Andere Bedeutungen sind gemeindt. Vgl. Freistaat

Landabtausch CH der; -(e)s, ohne Plur.: ›Tausch von Grundstücken‹: *Für die Schaffung von sieben neuen Trockenplätzen im Rohrbuck bot der Sportfischerverein Glattal Hand zu einem Landabtausch* (NZZ 3. 4. 1998, 56) – Vgl. Abtausch

Landammann der; -s, ...ammänner: **1.** CH-ost/zentral; ↗LANDESHAUPTMANN A, ↗REGIERUNGSPRÄSIDENT CH-nord/west, ↗MINISTERPRÄSIDENT D, ↗BÜRGERMEISTER: *ERSTE BÜRGERMEISTER D (Hamburg); *REGIERENDE BÜRGERMEISTER D (Berlin), ↗PRÄSIDENT: *PRÄSIDENT DES SENATS D (Bremen) ›Regierungschef (des ↗Kantons)‹: *Auf die Bedeutung der Gemeinden wies Landammann Andreas I. beim festlichen Eröffnungsakt hin* (Jahr der Schweiz 50). **2.** CH (GR) ›Präsident des Kreisgerichtes und des Kreisrates (↗Kreis)‹: *Der 20-köpfige Kreisrat als Legislative setzt sich zusammen aus dem Landammann und den Gemeindedelegierten* (Gemeinde Samedan, 2000, Internet). **3.** ***Frau Landammann** weibliche Form von *Landammann* (in beiden Bedeutungen): *Der 54-jährigen promovierten Biochemikerin, die heute Abend an ihrem Wohnort Kaiseraugst als erste Frau Landammann gefeiert wird, begegnet das Aargauer Volk eher mit Respekt denn Zuneigung* (TA 1. 4. 1997, Internet) – Zu 1.: Titel des Regierungschefs bzw. der Regierungschefin in den ↗Kantonen AG, AI, AR, GL, NW, OW, SO, SZ, UR und ZG. Vgl. Amman, Land-

Länder- A D (produktives Bestimmungswort in Zus.): ›mehrere ↗Bundesländer betreffend‹, z. B. Länderebene, Länderkammer, ↗Ländersache, Länderseite, länderübergreifend: *Die zuständige Länderkammer der Architekten und Ingenieurkonsulenten wurde im Rahmen ihrer Obliegenheiten tätig* (Gemeinde Pörtschach, 2003, Internet; A); *Innenminister Otto S. forderte im ... Gespräch eine Ausweitung des Polit-Talks auf Länderebene* (ZDF 28. 1. 2003, Internet; D)

Ländersache A D die; –, -n (Plur. ungebräuchl.): ›Angelegenheit, Entscheidungsbefugnis eines ↗Bundeslandes‹: *Die Vergabe der Staatsbürgerschaft ist Ländersache* (Kurier 18. 3. 1999, 3; A); *Es gibt keine bundeseinheitliche Regelung für Stundenpläne – Schule ist Ländersache* (BamS 26. 10. 1997, 58; D) – Vgl. Länder-

Landes- landes- (produktives Bestimmungswort in Zus.): **1.** A D; ↗KANTONAL- CH, ↗KANTONS- CH, ↗LAND- CH ›das ↗Bundesland betreffend, zum ↗Bundesland gehörend‹, z. B. ↗Landesabgabe A, Landesassessor (↗Assessor) STIR, Landesassessorat STIR, ↗Landesausschuss STIR, ↗Landesaußenamt STIR, Landesausstellung A, Landesbank, Landesbedienstete, ↗Landesbeirat STIR, Landesbibliothek, Landesbudget (↗Budget) A, ↗Landeschef(in), Landesfeuerwehrkommandant(in) (↗Kommandant) A, ↗Landesfürst(in), Landesgendarmeriekommando (↗Gendarmerie) A, ↗Landesgericht A, Landesgerichtspräsident(in) (↗Landesgericht) A, ↗Landesgesetz, ↗Landesgesetzblatt A, ↗Landesgesundheitsdienst STIR, ↗Landeshauptmann A (ohne Vbg.), ↗Landeshauptmannstellvertreter(in) A, ↗Landeshauptfrau A, ↗Landeshauptfraustellvertreter(in) A, ↗Landeshauptstadt, ↗Landesheilige A, ↗Landeshymne A, ↗Landeskrankenhaus, Landeskontrollor(in) (↗Kontrollor) A, Landeslehrer(in) A, Landesliga, Landesmilitärkommando (↗Militärkommando) A, Landesmutter, Landesmuseum, Landesobfrau (↗Obfrau) A, Landesobmann (↗Obmann) A, Landesparteiobfrau (↗Obfrau) A, Landesparteiobmann (↗Obmann) A, ↗Landespatron A, Landespolitik, Landesrangordnung (↗Rangordnung) STIR, ↗Landesrat (...rätin) A, ↗Landesregierung, ↗Landesschulrat A, ↗Landesschulratspräsident(in) A, Landesschulsprecher(in) (↗Schulsprecher), ↗Landessanitätsdirektion A, ↗Landesschulinspektor(in) A, Landessozialgericht (↗Sozialgericht), ↗Landesstatthalter(in) A (Vbg.) CH, ↗Landessteuer D STIR, Landestheater, ↗Landesstraße A, Landesvater, Landesverfassung, Landesvolksanwalt (...wältin) (↗Volksanwalt) A, ↗landesweit, Landeszeitung, ↗Landeszulage STIR: *Die Gemeinde- und Landesbediensteten haben frei, die Geschäfte und Betriebe bleiben geschlossen* (Pfaundler, Jungbürgerbuch 272; A); *Die Landesregierung nimmt nur noch die Rechtsaufsicht wahr* (FAZ 10. 10. 1997, 5; D). **2.** CH ›das ganze Land, die Schweiz betreffend; zur ganzen Schweiz gehörend‹, z. B. Landesausstellung, Landesflughafen, Landesgegend, Landeshydrologie, ↗Landeshymne, ↗Landesindex, ↗Landeskarte, Landeskoordinaten, Landesrechnung, Landesrecht,

Landesregion, Landessprache, Landesteil, ↗Landestopographie, Landesversorgung: *Die Tessiner Grenzwächter sind inzwischen mit Kollegen aus den anderen Landesgegenden verstärkt worden* (Blick 4. 4. 1997, 9); *Die Schweiz nimmt Abschied vom Leitbild einer autarken Landesversorgung in Krisensituationen, das während des Zweiten Weltkriegs Bundesrat Wahlen ausgearbeitet hat* (TA 27. 4. 1999, 7); *Ob der derzeit landesabwesende Genfer kandidieren wird, ist offen* (Blick 14. 1. 1999, 1). **3.** LIE; ↗LAND- LIE ›das ganze Land, Liechtenstein betreffend; zu ganz Liechtenstein gehörend‹, z. B. Landesfeuerwehr, ↗Landesfürst(in), ↗Landeskanal, Landeskasse, Landesverwaltung, Landeszeitung: *Neue Amtsleitung für die Landeskasse* (Liechtensteiner Pressebulletin 4. 5. 2000, Internet); *Es war eine gute Zeit, ich hatte einen Schnarchjob als Sachbearbeiter bei der Landesverwaltung* (Sprenger, Dröhnen 108) – Zu 1.: In CH selten, bes. in Bezug auf ↗Landkantone gebraucht, z. B. ↗Landeskanzlei CH-nordwest (BL), Landesrechnung, ↗Landesstatthalter A (Vbg.) CH. Zu 2. und 3.: In A und D selten und nur in bestimmten Zus., z. B. Landeskunde, Landesverteidigung, Landesverräter(in)

Landesabgabe A die; –, -n: ↗KANTONSSTEUER CH, ↗STAATSSTEUER CH, ↗LANDESSTEUER D STIR ›Steuer, die vollständig oder anteilsmäßig einem ↗Bundesland zufließt‹: *In Wien beträgt die monatliche Fernsehgebühr, inklusive Bundes- und Landesabgaben, 238 Schilling* (Fembek, Keine Angst 156) – Vgl. Landes- – Dazu: **Landesabgabenordnung**

Landesausschuss STIR der; -es, ...schüsse ⟨aus ital. *Giunta Provinciale* ›Provinzialausschuss‹⟩: ↗STADTSENAT A (Wien), ↗LANDESREGIERUNG A D, ↗KANTONSREGIERUNG CH, ↗REGIERUNGSRAT CH, ↗STAATSRAT CH-west (FR, VS), ↗STANDESKOMMISSION CH-ost (AI), ↗SENAT D (Berlin, Bremen, Hamburg) ›Regierung der autonomen ↗Provinz Bozen‹: *Das erste Baulos wurde vom Präsidium des Landesausschusses als Sofortmaßnahme finanziert* (Dolomiten 6. 10. 1998, 22) – Vgl. Landes-

Landesaußenamt STIR das; -(e)s, ...ämter: ›amtliche Vertretung Südtirols in Rom‹: *Peter G., 54, Direktor im Landesaußenamt in Rom, hat vergangene Woche hohen Besuch bekommen* (Südtirol Profil 7. 11. 1994, 50) – Vgl. Landes-

Landesbeirat STIR der; -(e)s, ...räte: ↗AUSSCHUSS A D, ↗KOMMISSION: *NATIONALRÄTLICHE/STÄNDERÄTLICHE KOMMISSION; *VORBERATENDE KOMMISSION CH ›von der ↗Landesregierung eingesetzte Expertenkommission für bestimmte Bereiche‹: *Um den Krieg in Eritrea aus der Sicht der Frauen ging es bei einer Informationsveranstaltung, die vom Landesbeirat zur Verwirklichung der Chancengleichheit veranstaltet wurde* (Südtiroler Frau 13/2000, 12) – Häufig in Wendungen, z. B. *Landesbeirat für Altenarbeit, Landesbeirat für Chancengleichheit.* Vgl. Landes-

Landeschef Landeschefin A D der; -s, -s bzw. die; –, -nen (informell): **1.** ↗LANDESFÜRST A D ›Regierungschef(in) eines ↗Bundeslandes‹: *Zu den weiteren Forderungen der Landeschefs zählen außerdem das Vermeiden einer Verschiebung der Lasten der Steuerreform auf die Länder* (VN 15. 4. 2000, A 5; A); *Beide operierten inzwischen von gehobeneren Machtpositionen aus – der Pfälzer als Kanzler in Bonn, der Freiherr inzwischen aus eigener Kraft CDU-Präsident, ein erfolgreicher und beliebter Landeschef und Wahlgewinner* (Spiegel-Jahreschronik 1997, 228; D). **2.** (meist in Zus.) ›für ein ↗Bundesland zuständige(r) Vorsitzende(r) einer Behörde, Partei oder Firma‹: *Bei der gestrigen Eröffnung würdigten AMS-Landeschef Josef S., Sozialreferentin Karin A. und Stadträtin Renate K.-W. die Leistungen des Projektes Neue Arbeit* (Neue Kärntner Tageszeitung 25. 6. 1998, 19; A); *Ähnlich äußerte sich der saarländische SPD-Landeschef Heiko M., der sich ... für eine Berufsarmee ausgesprochen hatte* (Berliner Ztg 11. 4. 2002, Internet; D) – Zu 1 vgl. Bürgermeister, Landes-, Landeshauptfrau, Landeshauptmann, Ministerpräsident, Präsident

Landesfürst Landesfürstin der; -en, -en bzw. die; –, -nen (oft scherzh., informell): **1.** A D; ↗LANDESCHEF A D ›Regierungschef(in) eines ↗Bundeslandes‹: *Die Landesfürsten haben sich laut einem Protokoll einer Sitzung im Finanzministerium stillschweigend geeinigt* (News 3. 7. 1997, 22; A); *Seit Landesfürst C. Mitglied der Landesregierung ist, ist die Arbeitslosigkeit um 270.000 Menschen gestiegen* (CDU Nordrhein-Westfalen 28. 3. 2000, Internet; D). **2.** LIE siehe Fürst – Zu 1 vgl. Bürgermeister, Landes-, Landeshauptfrau, Landeshauptmann, Ministerpräsident, Präsident. Die historische Bedeutung ›Herrscher(in) eines Landes; Landesherr(in)‹ ist gemeindt.

Landesgericht A das; -(e)s, -e: ↗APPELLATIONSGERICHT CH, ↗KANTONSGERICHT CH, ↗OBERGERICHT CH, ↗LANDGERICHT D ›Erstgericht für schwerere Delikte, die beim ↗Bezirksgericht nicht mehr verhandelt werden können bzw. Gericht für Fälle, die beim ↗Bezirksgericht in Berufung gehen‹: *Vor kurzem aber hat das Landesgericht Feldkirch ein geradezu sensationelles Urteil gefällt: Die Vorarlberger Firma ... wurde zur Zahlung von 420.000 Schilling verdonnert* (ORF Nachlese 9/1997, 6) – Abk. LG. Vgl. Landes- – Dazu: **Landesgerichtspräsident(in)** (↗Gerichtspräsident)

Landesgesetz A D das; -es, -e: ›vom ↗Landtag beschlossenes, nur innerhalb des betreffenden ↗Bundeslandes gültiges Gesetz‹: *Ein Landesgesetz ermöglicht es, auch an Sonntagen aufzusperren* (Neue Wochenschau 11. 8. 1999, 3; A); *Wir haben die Mög-*

lichkeit, über Landesgesetz die Einführung von Probezeiten anders zu gestalten (Landtag des Saarlandes, Plenarprotokoll 3. 2. 1999, Internet; D) – Vgl. Landes- – Dazu: ↗**Landesgesetzblatt** A

Landesgesetzblatt A das; -(e)s, ...blätter: ↗GESETZBLATT: *GESETZ- UND VERORDNUNGSBLATT DES LANDES ... D ›von der Regierung eines ↗Bundeslandes herausgegebene periodische Druckschrift zur Veröffentlichung von Gesetzesbeschlüssen des ↗Landtags‹: *Beharrungsbeschlüsse sind dem Bundeskanzleramt nicht mehr bekanntzugeben, der Gesetzesbeschluss kann sofort im Landesgesetzblatt kundgemacht werden* (Pfaundler, Jungbürgerbuch 946) – Abk. LgBl. Vgl. Bundesgesetzblatt, Landes-, Landesgesetz

Landesgesundheitsdienst STIR der; -(e)s, ohne Plur.: ›für die Verwaltung des Gesundheitswesens zuständige Behörde Südtirols‹: *Der Landesgesundheitsdienst in Südtirol zeichnet sich vor allem durch sein hochqualifiziertes Personal, die modernen Strukturen und die hochwertige technische Ausstattung aus* (Autonome Provinz Bozen-Südtirol, Über Südtirol, 2001) – Vgl. Landes-

Landeshauptfrau A die; –, -en: ›Regierungschefin eines ↗Bundeslandes in Österreich‹: *Landeshauptfrau Waltraud Klasnic hat vor der steirischen ÖAAB-Spitze die angedeutete härtere Gangart ihrer Partei präzisiert* (Kleine Ztg 19. 4. 1998, 8) – Vgl. Landes-, Landeshauptmann – Dazu: **Altlandeshauptfrau** (↗Alt-), ↗**Landeshauptfraustellvertreter(in)**

Landeshauptfraustellvertreter Landeshauptfraustellvertreterin A (ohne Vbg.) der; -s, – bzw. die, –, -nen (Politik): ›Stellvertreter(in) der ↗Landeshauptfrau‹: *Spätestens seit dem Theater darum, wie denn Frau Waltraud Klasnic richtig anzureden ist, ob sie denn jetzt Landeshauptmann oder doch Landeshauptfrau ist, und ob Peter Schachner-Blazicek Landeshauptmannstellvertreter oder vielleicht eher Landeshauptfraustellvertreter sein könnte, ist klar, wie sehr Sprache Rollenbilder transportiert* (Standard 6. 12. 1997, Internet) – Vgl. Landes-, Landeshauptmannstellvertreter, Landesstatthalter

Landeshauptmann A der; -(e)s, ...männer/...leute: ↗LANDAMMAN CH-ost/zentral, ↗REGIERUNGSPRÄSIDENT CH-nord/west, ↗MINISTERPRÄSIDENT D, ↗BÜRGERMEISTER: *ERSTE BÜRGERMEISTER D (Hamburg); *REGIERENDE BÜRGERMEISTER D (Berlin), ↗PRÄSIDENT: *PRÄSIDENT DES SENATS D (Bremen) ›Regierungschef eines ↗Bundeslandes‹: *Deshalb wolle er an diesem Tag auch nicht darüber reden, wer als Landeshauptmann kandidieren werde* (SN 20. 10. 1997, 4) – Abk. LH. In Wien fallen das Amt des ↗Bürgermeisters und Landeshauptmannes zusammen, daher häufig die doppelte Bezeichnung *Bürgermeister und Landeshauptmann*. Vgl. Landes-, Landeschef, Landesfürst, Landeshauptfrau – Dazu: **Altlandeshauptmann** (↗Alt-), ↗**Landeshauptmannstellvertreter(in)**

Landeshauptmannstellvertreter Landeshauptmannstellvertreterin A (ohne Vbg.) der; -s, – bzw. die, –, -nen: ↗LANDESSTATTHALTER A (Vbg.) CH, ↗LANDSTATTHALTER CH ›Stellvertreter(in) des ↗Landeshauptmannes (außer in ↗Vorarlberg)‹: *Eine Auszeichnung erhielt kürzlich der ehemalige Landeshauptmannstellvertreter und derzeitige Gemeinderat in Reith bei Seefeld, Ernst F.* (Kurier 17. 9. 1997, 12) – In Wien fallen das Amt des Vizebürgermeisters und des Landeshauptmannstellvertreters zusammen. Vgl. Landes-, Landeshauptfraustellvertreter

Landeshauptstadt A D die; –, ...städte: ↗KANTONSHAUPTORT CH, ↗KANTONSHAUPTSTADT CH ›Hauptstadt eines ↗Bundeslandes‹: *Die Theater in den Landeshauptstädten sind fast durchwegs Mehrspartentheater* (Bundespressedienst, Österreich 153; A); *Das Münchener Polizeipräsidium gab inzwischen bekannt, dass der jetzt in der Landeshauptstadt wohnende Mann eine Therapie mache* (Straubinger Tagbl 7. 4. 1998, 11; D) – Vgl. Landes-

Landesheilige A der/die; -n, -n: ↗LANDESPATRON A ›Schutzheilige(r) eines ↗Bundeslandes‹: *Bald wird es Mitte November sein, und dann wird unser Landesheiliger, der Leopold, vom Himmel wieder traurig auf sein Oberösterreich herunterblicken* (OÖN 16. 9. 2000, 32) – Vgl. Landes-

Landeshymne die; –, -n: **1.** A ›feierliches Lied (eines ↗Bundeslandes, das zu offiziellen Anlässen gesungen oder gespielt wird)‹: *Auserwählte beteten kompakte Verse herunter, zum Abschluss sang man gemeinsam die drei Strophen der Landeshymne* (Glantschnig, Mirnock 84). **2.** CH; ↗BUNDESHYMNE A ›feierliches Lied (eines Staates, das zu offiziellen Anlässen gesungen oder gespielt wird); Nationalhymne‹: *Seit der Bundesrat den Schweizerpsalm »Trittst im Morgenrot« 1961 ... zur offiziellen Landeshymne erhoben hat, decken Unzufriedene das Bundesamt für Kultur mit Anfragen und Vorschlägen ein* (TA 17. 10. 1998, 10) – Vgl. Landes-

Landesindex: *Landesindex der Konsumentenpreise CH: ↗VERBRAUCHERPREISINDEX A D, ↗PREISINDEX D ›statistischer Messwert, der die Entwicklung der Lebenshaltungskosten wiedergibt‹: *Der Bundesrat schlägt nun vor, dass Mietzinsanpassungen künftig vor allem auf die Entwicklung des Landesindexes der Konsumentenpreise abgestützt werden* (Blick 3. 9. 1998, 3) – Vgl. Landes-

Landeskanal LIE der; -(e)s, ...kanäle: ›nationaler Fernsehsender in Liechtenstein, der [politische] Informationssendungen ausstrahlt‹: *Die öffentliche*

Landtagssitzung vom Mittwoch/Donnerstag, 17./18. Dezember 1997, wird im Landeskanal als Tonsendung mit Standbildern ausgestrahlt (FirstLink 15. 12. 1997, Internet) – Eine weibliche Form ist nicht gebräuchlich. Vgl. Landes-

Landeskanzlei CH-nordwest (BL) die; –, ohne Plur.: ↗KANTONSKANZLEI CH (AR), ↗RATSKANZLEI CH (AI), ↗REGIERUNGSKANZLEI CH (GL), ↗STANDESKANZLEI CH (GR, UR) ›zentrale Kanzlei von Regierung und Parlament‹: »*Zu gegebener Zeit*« *werde der Regierungsrat … über die Ergebnisse informieren, beschied die Landeskanzlei in Liestal* (TA 18. 11. 1998, 7) – Vgl. Landes-, Staatskanzlei

Landeskarte CH die; –, -n: ›offizielles Landkartenwerk der Schweiz, bestehend aus mehreren Kartensätzen in verschiedenen Massstäben‹: *Erstmals sind die Landeskarten der Schweiz auf CD-ROM verfügbar* (Blick 16. 2. 1998, 11) – Der *Landeskarte* entspricht in A die *österreichische Karte,* herausgegeben vom Bundesamt für Eich- und Vermessungswesen (Landesaufnahme). Vgl. Landes-

Landeskrankenhaus das; -es, …häuser: **1.** A; ↗KANTONSSPITAL CH ›(von Gemeinden, Land, Bund etc. finanzierte) für den Einzugsbereich eines ↗Bundeslandes zuständige Klinik für allgemeine und spezielle medizinische Versorgung‹: *Er wurde zunächst ärztlich erstversorgt und schließlich mit einem Notarztwagen ins Landeskrankenhaus Villach eingeliefert* (Neue Kärntner Tagesztg 25. 6. 1998, 12). **2.** D ›psychiatrische Klinik‹: *Die Einweisung in das Psychiatrische Landeskrankenhaus, zu dem die Einheimischen noch in hundert Jahren Irrenhaus sagen werden, ist ein verwaltungstechnischer Akt* (Köpf, Innerfern 19) – Abk. LKH. Vgl. Landes-

Landesminister Landesministerin D der; -s, – bzw. die; –, -nen: ↗LANDESRAT A, ↗STADTRAT: *AMTSFÜHRENDE STADTRAT A (Wien), ↗DEPARTEMENTSCHEF CH, ↗DEPARTEMENTSVORSTEHER CH, ↗REGIERUNGSRAT CH, ↗STAATSRAT CH-west (FR, VS), ↗MINISTER D, ↗SENATOR D (Berlin, Bremen, Hamburg), ↗ASSESSOR STIR ›Mitglied der Regierung eines ↗Bundeslandes‹: *Die Landesregierung … besteht aus der Ministerpräsidentin oder dem Ministerpräsidenten und den Landesministerinnen und Landesministern* (Landesregierung Schleswig-Holstein, 1990, Internet) – Vgl. Ministerium

Landespatron A der; -s, -e: ↗LANDESHEILIGE A ›Schutzheiliger eines ↗Bundeslandes‹: *Burgspiele Güssing: Landespatron Martin wurde thematisiert* (Bvz 23. 6. 1998, 21) – Eine weibliche Form ist nicht gebräuchlich. Vgl. Landes-

Landesphysikus LIE der; –, -se: ↗STADTPHYSIKUS A, ↗AMTSARZT A D, ↗KANTONSARZT CH ›von einer Behörde für bestimmte medizinische Aufgaben angestellter Arzt bzw. angestellte Ärztin‹: *Das Verbot von Psilocybin-Pilzen und GHB werde im Kanton St. Gallen konsequent durchgesetzt … Das Verbot gelte auch für Liechtenstein, so Landesphysikus Oskar O.* (Liechtensteiner Volksbl 20. 3. 2002, 23) – Dazu: **Landesphysikat, Landesphysikus-Stellvertreter(in)**

Landesrat Landesrätin A der; -(e)s, …räte bzw. die; –, -nen: ↗STADTRAT: *AMTSFÜHRENDE STADTRAT A (Wien), ↗DEPARTEMENTSCHEF CH, ↗DEPARTEMENTSVORSTEHER CH, ↗REGIERUNGSRAT CH, ↗STAATSRAT CH-west (FR, VS), ↗LANDESMINISTER D, ↗MINISTER D, ↗SENATOR D (Berlin, Bremen, Hamburg), ↗ASSESSOR STIR ›ein bestimmtes Ressort leitendes Mitglied einer ↗Landesregierung‹: *Eindrucksvoll dann auch das Ergebnis: Mit 98,8 Prozent der Stimmen der 314 anwesenden Delegierten wurde der 41-jährige Landesrat Erich H. zum Nachfolger von Fritz H. gewählt* (SN 8. 6. 1998, 2) – Wird in Wien im Vergleich zu *Stadtrat* selten gebraucht. Vgl. Landes- – Dazu: **Agrarlandesrat (…rätin), Altlandesrat (…rätin)** (↗Alt-), **Finanzlandesrat (…rätin), Gesundheitslandesrat (…rätin), Kulturlandesrat (…rätin), Sanitätslandesrat (…rätin)** (↗Sanität), **Spitalslandesrat (…rätin)** (↗Spital), **Sportlandesrat (…rätin), Tourismuslandesrat (…rätin), Umweltlandesrat (…rätin), Verkehrslandesrat (…rätin), Wirtschaftslandesrat (…rätin), Wohnbaulandesrat (…rätin)** (↗Wohnbau)

Landesregierung A D die; –, -en: ↗STADTSENAT A (Wien), ↗KANTONSREGIERUNG CH, ↗REGIERUNGSRAT CH, ↗STAATSRAT CH-west (FR, VS), ↗STANDESKOMMISSION CH-ost (AI), ↗SENAT D (Berlin, Bremen, Hamburg), ↗LANDESAUSSCHUSS STIR ›Regierung, Exekutive eines ↗Bundeslandes‹: *Die Landesregierung wollte mit der Zukunftsstiftung und dem Technologiezentrum ein Zeichen setzen* (Echo 28. 1. 1999, 21; A); *Doch die Sanierung der von der Oderflut betroffenen Landstraßen und Deiche bleibt an der Landesregierung hängen* (Spiegel 17. 11. 1997, 55; D); ***Amt der … Landesregierung** A (ohne Wien) siehe Amt – In CH selten und auf die Regierung der gesamten Schweiz, den ↗Bundesrat, bezogen. In der österreichischen ↗Bundeshauptstadt Wien, die zugleich Bundesland ist, übt der *Stadtsenat* die Funktion der *Landesregierung* aus, daher sind beide Bezeichnungen üblich. Vgl. Landes-

Landesreserve D STIR die; –, -n: ›nicht für den Export bestimmter Teil der landwirtschaftlichen Produktion‹: *Sämtliche Abzüge der Verkaufsstelle … sowie der gesamte Einzug der Milchquote wegen Nichtbelieferung erfolgen zugunsten der Landesreserve* (Thüringer Bauernverband 16. 12. 2002, Internet; D); *Es sei erfreulich, »dass inzwischen nicht genutzte Milchquoten über Rom wieder der Landesreserve zugeführt und so-*

mit im Land bleiben können« (Dolomiten 27. 3. 2002, 28; STIR)

Landessanitätsdirektion A die; –, -en: ›für fachliche Angelegenheiten des Gesundheitswesens und des öffentlichen Gesundheitsdiensts zuständige Abteilung der ↗Landesregierung‹: *Derzeit verwalten Landesanstaltendirektion, Personalabteilung und Landessanitätsdirektion die Krankenhäuser und Kuranstalten des Landes* (Presse 4. 1. 2000, Internet) – Vgl. Landes-, Sanität – Dazu: **Landessanitätsdirektor(in)**

Landesschulinspektor Landesschulinspektorin A der; -s, -en bzw. die; –, -nen (formell): ↗SCHULINSPEKTOR CH, ↗SCHULRAT D (ohne mittelost) ›Schulaufsichtsbeamter bzw. -beamtin des ↗Landesschulrats‹: *Weiters müssen die Direktoren den Bezirksschulinspektoren und diese den Landesschulinspektoren ein Zeugnis ausstellen* (Kleine Ztg 2. 3. 1997, 37) – Abk. LSI. Vgl. Landes-

Landesschulrat der; -(e)s, ...räte: **1.** A; ↗STADTSCHULRAT A (Wien) ›oberste Schulbehörde in einem ↗Bundesland‹: *Im steiermärkischen Landesschulrat tobt ein politischer Kampf um die Bestellung des Landesschulratsdirektors* (Standard 17. 3. 1999, Internet). **2.** STIR ›in Schulfragen beratendes Gremium in Südtirol‹: *Der Landesschulrat kann eigene Arbeitsgruppen zur Behandlung der Sachbereiche seiner Zuständigkeit errichten* (Deutsches Landesschulamt, 2002, Internet) – Zu 1.: Abk. LSR. Im Ggs. zu CH und D ist das Schulwesen in A nicht Sache der ↗Landesregierung. Die Behörde des *Landesschulrats* bzw. *Stadtschulrats* hat pädagogische Aufgaben und Verwaltungsaufgaben inne und ist daher sowohl mit dem ↗*Schulinspektorat* in CH und STIR als auch mit den unterschiedlichen Gremien auf Regierungsebene in CH und D, wie der ↗*Bildungsdirektion*, der ↗*Erziehungsdirektion*, dem ↗*Erziehungsdepartement* und dem ↗*Kultusministerium* zum Teil vergleichbar. Zu 1 vgl. Bezirksschulrat, zu 1 und 2 vgl. Landes-, zu 2 vgl. Schulrat – Zu 1.: ↗**Landesschulratspräsident(in)**

Landesschulratspräsident Landesschulratspräsidentin A der; -en, -en bzw. die; –, -nen (informell): ›Leiter(in) der obersten Schulbehörde eines ↗Bundeslandes‹: *Das Schulwesen in Salzburg sehe nicht umsonst so aus, dass eine Niete von Lehrer zwar die besten Chancen habe, Schuldirektor zu werden, ... aber erst der fieseste aller fiesen Rohrkrepierer ... zum Landesschulratspräsidenten gemacht werde!* (Zier, Himmelfahrt 61) – Die offizielle Form lautet *Präsident(in) des Landesschulrats.* Vgl. Landes-, Landesschulrat

Landesstatthalter Landesstatthalterin A (Vbg.) CH der; -s, – bzw. die, –, -nen: ↗LANDESHAUPTMANNSTELLVERTRETER A (ohne Vbg.), ↗LANDSTATTHALTER CH ›Stellvertreter(in) des Regierungschefs bzw. der Regierungschefin in ↗Vorarlberg bzw. in den ↗Kantonen GL, NW, SZ und UR: *Laut dieser Einigung sollten künftig der Landeshauptmann 190.000 S monatlich brutto, der Landesstatthalter 180.000 S und die Landesräte jeweils 70.000 S verdienen* (VN 29. 10. 1997, A 1; A); *Die Obwaldner Regierung wurde von Landammann Anton R. und Landesstatthalter Josef N. angeführt* (Bund 22. 2. 1997, 35; CH) – Vgl. Landes-, Landeshauptfraustellvertreter

Landessteuer D STIR die; –, -n: ↗LANDESABGABE A, ↗KANTONSSTEUER CH, ↗STAATSSTEUER CH ›Steuer, die vollständig oder anteilsmäßig in D einem ↗Bundesland, in STIR Südtirol zufließt‹: *Während die Landessteuern weiterhin zurückblieben, hätten sich die Gemeinschaftssteuern, an denen die Kommunen beteiligt würden, stabilisiert* (NRZ 3. 9. 1998, Internet; D); *Ein Landtagsabgeordneter der Opposition hat im Südtiroler Landtag einen Beschlussantrag eingebracht, in dem er fordert, dass in Südtirol die so genannte Kraftfahrzeugsteuer, die seit 1999 eine Landessteuer ist, ab 2001 abgeschafft wird* (Wortprotokoll Südtiroler Landtag, 21. 12. 2000, Internet) – Vgl. Landes-

Landesstraße A die; –, -n: ↗KANTONSSTRASSE CH, ↗STAATSSTRASSE CH ›Straße, für deren Bau und Unterhalt ein ↗Bundesland zuständig ist‹: *Es gibt in Tirol derzeit 181 km Autobahnen und rund 1.047 km Bundesstraßen, dazu kommen noch 1.261 km Landesstraßen und an die 6.000 km Gemeindestraßen* (Pfaundler, Jungbürgerbuch 852) – Abk. ↗L. Vgl. Bundesstraße, Landes-

Landesteg CH D der; -(e)s, -e: ↗ANLEGER A D, ↗SCHIFFLÄNDE CH, ↗SCHIFFSSTEG CH, ↗LANDUNGSSTEG CH D, ↗LANDUNGSBRÜCKE D, ↗STEIGER D-mittelwest ›ins Wasser gebaute brückenähnliche Vorrichtung (an der Schiffe anlegen)‹: *Irgendwann in der Nacht hielt das Schiff an einem Landesteg. Hier mussten wir aussteigen* (St. Galler Tagbl 28. 1. 1998, Internet; CH); *Die Schiffsfahrt beginnt um 16 Uhr, Abfahrt ist am Landesteg an der Rheinpromenade, Nähe Jugendherberge* (Mannheimer Morgen 4. 7. 1996 Internet; D)

Landestopographie CH die; –, ohne Plur.: kurz für *Bundesamt für Landestopographie*: ›Behörde, die Raumdaten sammelt und zu Kartenwerken (↗Landeskarte) verarbeitet‹: *Klick – schon bringt die CD-ROM den dazugehörigen Kartenausschnitt der Landestopographie auf den Bildschirm – die ausgewählte Route ist mit einer roten Linie ausgezeichnet* (Blick 1. 7. 1998, 28) – Für die Landesaufnahme ist in A das Bundesamt für Eich- und Vermessungswesen, das weitere andere Aufgaben hat, zuständig. Vgl. Landes-

landesweit A D Adj. (nicht steigerbar): ↗KANTONSWEIT CH ›im gesamten Gebiet eines ↗Bundeslandes‹:

Die Campingplätze melden landesweit ein Minus von 14,1 Prozent gegenüber dem sehr guten Jahr 1998 (Presse 5. 8. 1999, Internet; A); *Zug um Zug sollen jetzt die 50 Polizeibehörden mit ihren landesweit 450 Inspektionen und Wachen an CPOL angeschlossen werden* (WAZ 28. 10. 1997, 3; D) – Die Bedeutung ›im ganzen Staatsgebiet‹ ist gemeindt. Vgl. bundesweit, Landes-, österreichweit

Landeszulage STIR die; –, -n: ›von der ↗Provinz Südtirol ausgezahlte Gehaltszulage für Lehrer(innen)‹: *Jene Lehrer, die für den Staatsvertrag optieren, werden keine Mehrstunden leisten und damit auch keine Landeszulage erhalten* (Zukunft in Südtirol 3/1998, 13) – Vgl. Landes-

Landfrau D-nordwest/süd die; –, -en: ›Landwirtin; Bäuerin‹: *Aber nicht nur Landmaschinen teilten sich die Bauern, sondern auch Gemeinschaftsanlagen …, welche die tägliche Arbeit der Landfrau erleichterten* (Freilichtmuseen Baden-Württemberg 5. 8. 2002, Internet) – In CH selten und häufig im Plural für Namen von Frauenvereinen in Dörfern. Die Bedeutung ›Bewohnerin des Landes (im Ggs. zur Städterin)‹ ist gemeindt. selten

Landgericht D das; -(e)s, -e: ↗LANDESGERICHT A, ↗APPELLATIONSGERICHT CH, ↗KANTONSGERICHT CH, ↗OBERGERICHT CH ›Gericht der ordentlichen Gerichtsbarkeit zwischen dem ↗Amtsgericht und dem ↗Oberlandesgericht‹: *Vor dem Landgericht Frankfurt beginnt einer der größten Wirtschafts-Strafprozesse in Deutschland* (Spiegel-Jahreschronik, 1997, 149) – Dazu: **Landgerichtspräsident(in)** (↗Gerichtspräsident)

Landhaus A das; -es, …häuser: ›Sitz von ↗Landtag, ↗Landesregierung [und Landesverwaltung]‹: *Der Landtag tritt heute im Rahmen einer Festsitzung erstmals im neuen, sehr transparent gebauten Landhaus an der Traisen zusammen* (Standard 21. 5. 1997, Internet) – Die Bedeutung ›Haus auf dem Land; Landsitz‹ ist gemeindt.

Landi CH die; –, -/-s: **1.** kurz für *landwirtschaftliche Genossenschaft*: ›von den Bauern gegründete Selbsthilfeorganisation, die bäuerliche Bedarfsgüter in Verkaufsgeschäften auf dem Land verkauft‹: *In der Landi findet sich eine grosse Auswahl verschiedenster Artikel zur Insektenbekämpfung* (Landi-Online, 2001, Internet). **2.** ›Landesausstellung (insbesondere die Landesausstellung von 1939)‹: *Aber das alles ist vag und schwach und weit hinten in meinem Kopf, wie ich mich auch nur vag an einen Besuch mit Vater an der Landi kurz nach dem Ausbruch des Krieges erinnere* (Hohler, Strom 58); *Zu nennen sind etwa die Landesausstellungen von 1883 in Zürich, 1896 in Genf, 1914 in Bern, 1939 die »Landi« in Zürich und 1964 die »Expo« in Lausanne* (Jahr der Schweiz 11) – Zu 2.: **Landi-Geist**

Landjäger Landjägerin CH der; -s, – bzw. die; –, -nen: ↗GENDARM A BELG LUX, ↗CARABINIERE STIR ›Polizist(in) der ↗Kantonspolizei‹: *Im Schulzimmer war eine grosse Aufregung und ein grosses Rätseln darüber, was ich wohl angestellt hätte, dass der Landjäger mich holen kam* (Buri, Dumm und dick 7) – In D früher. Die Bedeutung ›schmale, flache, kalt geräucherte Wurst aus Rindfleisch und Rückenspeck‹ ist gemeindt. Vgl. Land- – Dazu: **Landjägerposten**

Landkanton CH der; -(e)s, -e: ›traditionell ländlicher, nicht auf eine Stadt als kulturelles, wirtschaftliches und politisches Zentrum ausgerichteter ↗Kanton‹: *Landkantone und Kantone ohne Universitätsspital haben Angebotslücken, speziell in der Spitzenmedizin* (Sonntagsztg 20. 10. 1996, 97) – Vgl. Stadtkanton

Landkreis D der; -es, -e: ›mehrere Gemeinden umfassende, staatliche Verwaltungseinheit‹: *Als Bundestagsabgeordneter soll er künftig die Landkreise Miesbach, Starnberg und ausgerechnet auch Wolfratshausen, die Heimat Stoibers, vertreten* (AZ 19. 6. 1998, 3) – Abk. Lkr. Vgl. Kreis

Ländle das; -s, ohne Plur.: **1.** A ›Vorarlberg‹: *Hohe Qualität durch ausgesuchte, bewährte Vorarlberger Handwerker, die wiederum über 200 Arbeitsplätze im Ländle sichern* (VN 29. 10. 1997, E 3). **2.** CH ›Liechtenstein‹: *Hochzeit in Liechtenstein: Das Ländle feiert seine Prinzessin* (Glückspost 10. 6. 1999, 1) **3.** D ›Baden-Württemberg‹: *Im »Ländle« gibt es Weine, denen man außerhalb von Württemberg kaum begegnet: z. B. den »Schillerwein«, eine urschwäbische Spezialität* (Deutsche Winzer, 1999, Internet) – Zu 1.: Häufig als Eigenbenennung und in Zus., z. B. *Ländle-Industrie, Ländle-Politiker(in), Ländle-Prominenz, Ländle-Tourismus*

Ländler CH der; -s, –: ↗HUDIGÄGGELER CH, ↗LÄNDLERMUSIK CH ›volkstümliche [Instrumental]musik‹: *Um 20 Uhr startet das Fest mit einem unmöglichen Musikmix aus Techno, Rock und Ländler* (Alttoggenburger 30. 5. 1997, 7; CH) – Die Bedeutung ›ursprüngl. aus Oberösterreich stammender Volkstanz im Dreivierteltakt‹ ist gemeindt. – Dazu: ↗**Ländlerkapelle, Ländlerquartett, Ländlerquintett, Ländlertrio**

Ländlerkapelle CH die; –, -n: ↗STUBENMUSI A D-südost, ↗STUBENMUSIG STIR ›kleine Volksmusikgruppe (meistens als Trio, Quartett oder Quintett)‹: *Auf dem einen oder andern der acht Lovemobiles darf auch die Ländlerkapelle oder das Schlagerquartett Platz nehmen* (NLZ 1. 9. 2001, Internet) – Vgl. Ländler

Ländlermusik CH die; –, ohne Plur.: ↗LÄNDLER A CH, ↗HUDIGÄGGELER CH ›volkstümliche [Instrumental]musik‹: *Wysel Gyr hat sich sein Leben lang redlich gegen die Verkitschung der Ländlermusik und gegen*

die Verballhornung unseres Züritütsch eingesetzt (TA 22. 5. 1999, 23)

Landrat der; -(e)s, ...räte: **1.** CH; ↗LANDTAG A D, ↗KANTONSRAT CH, ↗RAT: *GROSSE RAT CH, ↗ABGEORDNETENHAUS D (Berlin), ↗BÜRGERSCHAFT D (Bremen, Hamburg), ↗REGIONALRAT STIR ›Parlament (eines ↗Kantons) (in den ↗Kantonen BS, GL, NW und UR)‹: *Der Baselbieter Landrat hat sich mit 44 zu 21 Stimmen deutlich für eine Standesinitiative ausgesprochen* (BaZ 17. 10. 1997, 33). **2. Landrat Landrätin** CH der; -(e)s, ...räte bzw. die; –, -nen; ↗ABGEORDNETE: *ABGEORDNETE ZUM LANDTAG A, ↗LANDTAGSABGEORDNETE A D LIE, ↗GROSSRAT CH, ↗KANTONSRAT CH, ↗REGIONALRATSABGEORDNETE STIR ›Mitglied im Parlament (eines ↗Kantons in den ↗Kantonen BL, GL, NW und UR)‹: *Von den Gegnern wagte es einzig Landrat Peter M., sich zu Wort zu melden* (BaZ 25./26. 10. 1997, 41). **3. Landrat Landrätin** D (ohne Niedersachsen und Nordrhein-Westfalen) der; -(e)s, ...räte bzw. die; –, -nen; ↗BEZIRKSHAUPTMANN A (ohne Graz, Wien), ↗BEZIRKSVORSTEHER A (Graz, Wien), ↗BEZIRKSAMMANN CH (SG, SZ), ↗BEZIRKSAMTMANN CH (AG), ↗BEZIRKSSTATTHALTER CH (BL, ZH), ↗OBERAMTMANN CH (FR, SO), ↗PRÄFEKT CH (VS), ↗REGIERUNGSSTATTHALTER CH (BE, LU, VS), ↗STATTHALTER CH (BE, BL, TG, ZH), ↗OBERKREISDIREKTOR D (Niedersachsen, Nordrhein-Westfalen) ›die Verwaltung eines ↗Landkreises leitender oberster Beamter bzw. leitende oberste Beamtin‹: *Abstimmen dürfen die 16-jährigen auch bei den Direktwahlen der Bürgermeister und Landräte* (FR 29. 5. 1998, 25) – Vgl. Land- – Zu 1.: **Landratsbeschluss, Landratsfraktion** CH (↗Fraktion), **Landratspräsident(in), Landratssitzung.** Zu 3.: **Landratsamt, Landratswahl**

Landschaden CH der; -s, ...schäden: ↗KULTURSCHADEN CH ›Schaden an Feldern und Feldfrüchten; Flurschaden‹: *Auch Appelle, die Wege nicht zu verlassen und die Markierungen zu beachten, um Landschaden zu vermeiden, nützen oft wenig* (Bund 6. 8. 1999, 24)

Landschäftler Landschäftlerin CH der; -s, – bzw. die; –, -nen: ›Person, die im ↗Kanton Basel-Landschaft wohnt oder aus diesem Kanton stammt‹: *Nach dem 6:3-Erfolg der Landschäftler über Aarau am Donnerstag scheint sich die Ausgangslage vor dem Derby etwas verschoben zu haben* (BaZ 17. 10. 1997, 59)

Landschlachterei D-ost die; –, -en: ›ländlicher Familienbetrieb, der Fleisch- und Wurstwaren herstellt‹: *Der kleine Laden der Rügener Landschlachterei in Gademow bietet jede Menge Wurstspezialitäten* (Rüganer-Ztg 17. 2. 1999, Internet) – Vgl. Schlachterei

Landschreiber Landschreiberin CH der; -s, – bzw. die; –, -nen: ↗STAATSSCHREIBER CH ›Leiter(in) der ↗Landes- bzw. ↗Staatskanzlei; Protokollführer(in) der Regierung und des Parlaments (in einigen ↗Kantonen)‹: *Am Nachmittag versagte der Grossrechner der Staatskanzlei; der Landschreiber versuchte, die Resultate von den Gemeinden direkt anzufordern* (TA 26. 10. 1998, 9) – Vgl. Land-, Schreiber

Landsgemeinde CH die; –, -n: ›Versammlung von ↗Stimmberechtigten des ↗Kantons für Wahlen und Beschlussfassungen (in einigen kleinen ↗Kantonen)‹: *Wenn auch an einer Landsgemeinde Beschlüsse gemeinsam beraten und gefasst werden, so kann der einfache Bauer dort zwar seine Meinung sagen, sich aber kaum durchsetzen* (Stemmle, Mitenand 76)

Landstatthalter Landstatthalterin CH der; -s, – bzw. die; –, -nen: ↗LANDESHAUPTMANNSTELLVERTRETER A (ohne Vbg.), ↗LANDESSTATTHALTER A (Vbg.) CH ›Stellvertreter(in) des Regierungschefs bzw. -chefin (in den ↗Kantonen AG und OW)‹: *Landammann und Landstatthalter sowie die Präsidenten der Gerichte sollen ... vom Kantonsrat gewählt werden* (TA 18. 9. 1997, 10) – Vgl. Land-

Landtag der; -(e)s, -e: **1.** A D; ↗KANTONSRAT CH, ↗LANDRAT CH, ↗RAT: *GROSSE RAT CH, ↗ABGEORDNETENHAUS D (Berlin), ↗BÜRGERSCHAFT D (Bremen, Hamburg), ↗REGIONALRAT STIR ›Parlament eines ↗Bundeslandes‹: *Bei der bevorstehenden Wahl geht es darum, ob dieses Gleichgewicht der Kräfte im Landtag erhalten bleibt* (NÖN 18. 3. 1998, 14; A); *B. will das Programm im Landtag einbringen und empfiehlt es auch anderen Bundesländern* (BamS 26. 10. 1997, 3; D). **2.** LIE; ↗NATIONALRAT A CH, ↗KAMMER: *GROSSE KAMMER CH, ↗BUNDESTAG D, ↗ABGEORDNETENKAMMER STIR ›liechtensteinisches Parlament‹: *Höhepunkte dieser ... Auseinandersetzungen waren ... der Misstrauensantrag des Landtages gegenüber dem amtierenden Regierungschef und die daraufhin erfolgte Landtagsauflösung durch den Landesfürsten* (Liechtensteiner Volksbl 19. 8. 1995, 7) – Zu 2 vgl. Land- – Dazu: ↗**Landtagsabgeordnete** A D LIE, **Landtagsdebatte, Landtagsdiskussion** LIE, **Landtagseröffnung** LIE, **Landtagsklub** (↗Klub) A, **Landtagspräsident(in), Landtagsprotokoll, Landtagssitzung, Landtagsvizepräsident(in), Landtagswahl**

Landtagsabgeordnete A D LIE der/die; -n, -n: ↗ABGEORDNETE: *ABGEORDNETE ZUM LANDTAG A, ↗GROSSRAT CH, ↗KANTONSRAT CH, ↗LANDRAT CH, ↗REGIONALRATSABGEORDNETE STIR ›Mitglied im Parlament eines ↗Bundeslandes bzw. Liechtensteins‹: *Die Stadträtin ... setzte sich in einer Stichwahl gegen den ... Landtagsabgeordneten K. G. durch* (SN 8. 6. 1998, 2; A); *Dies hat jetzt der Landtagsabgeordnete und CDU-Stadtrat R. S. gefordert* (Stuttgarter Ztg 25. 1. 1999, 19; D); *Ende der zwanziger Jahre war mein Vater Landtagsabgeordneter und Landtagsvize-*

präsident (Ospelt, Erfüllte Jahre 14; LIE) – Abk. in A ↗LA, ↗LAbg., in D ↗MdL. Vgl. Landtag

Landumlegung CH die; –, -en (Plur. ungebräuchl.): ›Tausch von gleichwertigen Grundstücken (z. B. bei ↗Güterzusammenlegung, Grenzverlaufsänderungen, Abrundung landwirtschaftlicher ↗Heimwesen oder im Enteignungsverfahren)‹: *Landumlegung: Die Landbesitzer von Frieswil und Umgebung wollen ihr Land besser bewirtschaften und deshalb untereinander abtauschen* (Bund 14. 8. 1997, 30)

Landungsbrücke D die; –, -n: ↗ANLEGER A D, ↗SCHIFFLÄNDE CH, ↗SCHIFFSSTEG CH, ↗LANDESTEG CH D, ↗LANDUNGSSTEG CH D, ↗STEIGER D-mittelwest ›ins Wasser gebaute brückenähnliche Vorrichtung (an der Schiffe anlegen)‹: *Jeroen stand am Pier der Landungsbrücke … und zermarterte sich das Gehirn* (Erler, Palais 27)

Landungssteg CH D der; -(e)s, -e: ↗ANLEGER A D, ↗SCHIFFLÄNDE CH, ↗SCHIFFSSTEG CH, ↗LANDESTEG CH D, ↗LANDUNGSBRÜCKE D, ↗STEIGER D-mittelwest ›ins Wasser gebauter Steg (an dem Schiffe oder Boote anlegen)‹: *Ein Ausflugsboot hat auf der Seine einen Landungssteg am Pont Neuf, der ältesten Brücke von Paris, gerammt, weil das Ruder klemmte* (TA 12. 8. 1997, 10; CH); *Gerade steuert der eine der beiden schönen weißen Dampfer … auf den Landungssteg des Alemannenhofs zu* (Tagesspiegel 5. 4. 1997, Internet; D)

Landweibel Landweibelin CH der; -s, – bzw. die; –, -nen: ↗STAATSWEIBEL CH, ↗STANDESWEIBEL CH ›Amtsdiener(in) oder -bote bzw. -botin eines ↗Kantons (bei feierlichen Veranstaltungen in den Kantonsfarben gekleidet)‹: *Die Regierungs- und Landräte, so heisst es im Reglement, der Sekretär und der Landweibel haben zu den Sitzungen in schwarzer oder dunkler, der Präsident in schwarzer Kleidung zu erscheinen* (Allemann, Schweiz 25) – Vgl. Land-, Weibel

Landwirtschaft A D die; –, -en: ↗BAUERNBETRIEB CH, ↗GUTSBETRIEB CH, ↗HEIMET CH, ↗HEIMWESEN CH ›Bauernhof, Landwirtschaftsbetrieb‹: *Suche Landwirtschaft zu pachten, beste Bezahlung* (VN 29. 10. 1997, 4; A); *Der 40-Jährige hat die Landwirtschaft 1992 von seinen Eltern … mit 75 Hektar Nutzfläche übernommen* (Oberpfalznetz 24. 7. 2002, Internet; D) – Die Bedeutung ›Landwirtschaft als Wirtschaftszweig‹ ist gemeindt.

Landwirtschaftsbetrieb (gemeindt.): ↗BAUERNBETRIEB, ↗GUTSBETRIEB, ↗HEIMET, ↗HEIMWESEN, ↗LANDWIRTSCHAFT

Landwirtschaftsingenieur Landwirtschaftsingenieurin A der; -s, -e bzw. die; –, -nen [...inʒeni̯øːɐ̯]: ↗AGRARINGENIEUR A D, ↗AGRONOM CH, ↗DIPLOMLANDWIRT D ›akademisch ausgebildete Fachperson für Landwirtschaft‹ /Berufsbezeichnung/: *Er ist vom Beruf Landwirtschaftsingenieur* (Kleine Ztg 22. 6. 2000, Internet)

langatmig (gemeindt.): ↗LANGFÄDIG

langfädig CH Adj.: ›weitschweifig, langatmig‹: *Er habe den Hund am Sonntag vom Hof seines Bruders nach Abtwil mitgenommen, führte er langfädig aus* (Bucher, Unruhen 100)

langgehen D st.V./ist (salopp): ›entlanggehen‹: *Mit dem 122er Bus bis Haltestelle Sahlkamp … und gleich rechts am Mittellandkanal langgehen* (Kanu-Gemeinschaft List 17. 6. 2003, Internet); ***wissen/zeigen, wo es langgeht** D (ohne südost): ↗MOST: *WISSEN/ZEIGEN, WO DER BARTL DEN MOST HOLT A D-süd; *WISSEN/ZEIGEN, WO BARTLI DEN MOST HOLT CH; *WISSEN, WO BARTHEL DEN MOST HOLT D (ohne mittelost/südost), ↗HAMMER: *WISSEN/JMDM. ZEIGEN, WO DER HAMMER HÄNGT D (ohne südost) ›Bescheid wissen; alle Tricks genau kennen; demonstrativ seine Überlegenheit zeigen‹: *Weil du mit deinen zwölf Jahren ja so genau weißt, wo's langgeht* (Blobel, Tür 13)

Längsstrich STIR der; -(e)s, -e (Verkehr): ↗SPERRLINIE A, ↗SICHERHEITSLINIE CH, ↗FAHRSTREIFENBEGRENZUNG D ›Linie, die Fahrspuren [und Radwege] voneinander trennt und nicht überfahren werden darf‹: *Der durchgehende doppelte Längsstrich teilt die beiden Fahrtrichtungen einer Gegenverkehrsstraße* (Eckl, Führerschein 9)

längstens A CH Adv.: ›spätestens (von Fristen)‹: *Bitte senden Sie ihre aussagekräftigen Unterlagen mit einem Foto … bis längstens 16. Februar 1998 an die Abteilung OE der Generaldirektion der PTA* (TT 30. 1. 1998, 20; A); *Bei Ausbildungsabschluss im Jahre 1998 übernimmt das BFF die Fürsorgekosten bis längstens 31. Dezember 1998* (Protokoll der Januarsession der Vereinigten Bundesversammlung, 1998, Internet; CH) – In D Grenzfall des Standards und selten. Die Bedeutung ›seit langem; längst‹ ist gemeindt.

langweilen (gemeindt.): ↗FADISIEREN

langweilig (gemeindt.): ↗DRÖGE, ↗FAD, ↗FADE

Lapp A D-südost der; -en, -en (salopp, Grenzfall des Standards): ↗LAPPI CH, ↗LÖLI CH, ↗LAPPEN D-nord/mittelost ›einfältiger, tölpelhafter, aber gutmütiger Mensch; Depp‹: *Der Verteidiger: »Er war ein guter Lapp, dessen Gutmütigkeit ausgenützt wurde«* (TT 22. 8. 1996, Internet; A)

Lappen der; -s, –: **1.** CH D ›kleineres Stück Stoff, Leder etc.; Fetzen‹: *Immer wieder wird der Pinsel im Wasserglas gereinigt, am Lappen getrocknet, bevor die nächsten paar Farbflecken präzis gesetzt werden* (Bund 7. 8.

1999, Z 1; CH); *Fünf Stunden lang rückt die Mannschaft auf dem Köppen-Betriebsgelände mit Lappen und Tuch dem Autodreck zu Leibe* (WAZ 8. 5. 2001, Internet; D). **2.** D; ↗Fetzen A, ↗Putztuch A D-nord/mittel, ↗Lumpen A-west (Vbg.) CH D-süd, ↗Putzlappen A-west (Vbg.) CH D (ohne nordost/südost), ↗Scheuerlappen D-nord/mittel, ↗Huder STIR ›Tuch zum Putzen‹: *Eine Putzhilfe erweist sich als völlig unnötig, sofern man mit dem Lappen in der Hand nur gehörig auf hilflos und verzweifelt macht* (Brigitte 21/1997, 158). **3.** CH D (salopp) ›Geldschein mit höherem Wert (v.a. mit dem Wert 100)‹: *Oder waren das nichts als Floskeln, aus Interesse am Geschäft und an den zwei Schweizer Lappen, die ich aufs Tischchen legte?* (Durschei, Meldegg 205; CH); *»Zehn Mark der Deutschen Demokratischen Republik« steht in Versalien auf dem braunen Lappen von 1971* (Tagesspiegel 28. 6. 2000, Internet; D). **4.** D (salopp); ↗Lenkerberechtigung A, ↗Schein: *rosa Schein A, ↗Führerschein A D, ↗Billett CH, ↗Fahrausweis CH, ↗Führerausweis CH ›amtliche Berechtigung, ein motorisiertes Fahrzeug zu fahren‹: *Auf dem Weg zum Führerschein unterstützt die Fahrschule ihre Schüler mit neuartigen Computersystemen, die die Vorbereitungen auf den Lappen erleichtern* (WAZ 29. 3. 2001, Internet). **5.** D-nord/mittelost (salopp); ↗Lapp A D-südost, ↗Lappi CH, ↗Löli CH ›einfältiger, willensschwacher, tölpelhafter, gutmütiger Mensch‹: *Zum A-Jugend Spiel vom Mittwoch: Nächstes Mal treffen wir bestimmt, du Lappen!* (VFB Lübeck 12. 9. 1999, Internet) – Die in der Jägersprache verwendeten Bedeutungen ›herunterhängendes Stück Haut am tierischen Körper‹ und ›für Treibjagden aufgehängte Stofftücher‹ sowie die daraus abgeleitete Redewendung *jmdm. durch die Lappen gehen* für ›jmdm. entkommen; entgehen‹ sind gemeindt. – Zu 1.: ↗**Abwaschlappen** CH D-nord/mittelost, **Geschirrlappen** CH, ↗**Spüllappen** D (ohne ost)

Lappi CH der; -s, -s (abwertend, Grenzfall des Standards): ↗Lapp A D-südost, ↗Löli CH, ↗Lappen D-nord/mittelost ›einfältige, tölpelhafte Person‹: *Meine Autos habe ich überdies bar bezahlt, sie sind mein und darauf bin ich stolz! Leasen kann ja heute jeder Lappi* (Blick 26. 4. 2000, 15)

large CH Adj. [larʃ] ⟨frz.⟩: ›grosszügig, freizügig‹: *Ist unsere Strafgerichtspraxis zu large?* (NZZ 9. 2. 2000, 15) – In A veraltet. Die Bedeutung ›groß (bei Kleidergrößen)‹ in der Aussprache [laɪdʒ] ist gemeindt.

lärmig CH Adj.: ›laut, lärmend‹: *Frankreich würde die Forderung nicht akzeptieren, dass alle älteren und lärmigen Flugzeuge nur noch in Richtung Norden fliegen dürften* (Abstimmungsempfehlungen Kanton BS, 1999, Internet)

Lastenheft D das; -(e)s, -e: ›Zusammenstellung der Anforderungen an ein technisches Produkt (für die Planung); Pflichtenheft‹: *Es gab ein ausführliches Lastenheft, was die Fahrzeuge leisten müssen* (NRZ 15. 12. 1999, Internet) – In CH zunehmend gebräuchlich

Lastenzug CH der; -(e)s, ...züge: ›Lastwagen mit einem oder mehreren Anhängern; Lastzug‹: *Auf der A 13 bei Widnau im St. Galler Rheintal wurde ein junger Autofahrer bei einer Frontalkollision mit einem Lastenzug getötet* (Bund 6. 9. 1999, 36)

Laster A D der; -s, –: ↗Lastkraftwagen A D, ↗Camion CH ›Lastwagen‹: *Dort gab sich die Autobahn zu erkennen mit den unhörbar rollenden Lastern; und momentlang vibrierte es in seinen Armen, als säße er als Fahrer mit in einer Kabine* (Handke, Nachmittag eines Schriftstellers 16; A); *Wenn ein Laster eine Panne hat, müssen wir dabeibleiben und ihn verteidigen* (FAZ 10. 10. 1997, 42; D) – In CH selten. Das damit nicht verwandte Wort *Laster* in der Bedeutung ›schlechte Angewohnheit‹ ist gemeindt.

lästern (gemeindt.): ↗schnöden

lästig (gemeindt.): ↗nervig, ↗sekkant

Lastkraftwagen A D der; -s, –: ↗Laster A D, ↗Camion CH ›Lastwagen‹: *Der Pkw-Lenker war nach Angaben der Gendarmerie unmittelbar vor einem auf der Vorrangstraße herannahenden Lastkraftwagen ... in die Hofsteigstraße ... eingebogen* (VN 22. 7. 1994, B 2; A); *Lastkraftwagen sind Kraftfahrzeuge, die nach ihrer Bauart und Einrichtung zur Beförderung von Gütern bestimmt sind* (WDR, Ratgeber Recht 15. 3. 1999, Internet; D) – Abk. ↗Lkw

Lastschiff (gemeindt.): ↗Kahn, ↗Ledischiff, ↗Nauen, ↗Plätte, ↗Zille

Lastschrift A die; –, -en: ↗Bankeinzug A D, ↗Lastschriftverfahren CH D, ↗Einzugsverfahren D ›Verfahren, bei dem der Zahlungsempfänger bzw. die Zahlungsempfängerin die Bank beauftragt, mit Erlaubnis des Kontoinhabers bzw. der Kontoinhaberin [regelmäßig] Beträge vom Konto abzubuchen‹: *Sie – als Käufer und in diesem Fall als Zahlungspflichtiger – erteilen einmalig der Bank den Auftrag, regelmäßig anfallende, jedoch betraglich nicht gleich bleibende Forderungen eines bestimmten Zahlungsempfängers (z.B. ORF, Telekom etc.) mittels Lastschrift von Ihrem Konto abzubuchen* (Burgenländische Anlage & Kredit Bank AG, 2000, Internet)

Lastschriftverfahren CH D das; -s, –: ↗Lastschrift A, ↗Bankeinzug A D, ↗Einzugsverfahren D ›bargeldloser Zahlungsverkehr, bei dem [regelmäßige] Zahlungsverpflichtungen aufgrund einer Vollmacht von einem Geldkonto abgezogen werden‹: *Es ist klar, dass weder Post noch Bank ein Lastschriftver-*

fahren ausführen werden, wenn kein Guthaben auf dem Konto ist (TA 3. 10. 1997, 33; CH); *So bequem das Lastschriftverfahren ist, so ärgerlich ist es für den Mieter, wenn die Höhe der Miete auf einmal umstritten ist und der Vermieter einen zu hohen Betrag abbucht* (Deutschlandfunk Verbrauchertipp 7. 10. 1999, Internet; D) – Abk. LSV. In A selten

Lastwagen (gemeindt.): ↗CAMION, ↗LASTER, ↗LASTKRAFTWAGEN

Lastzug (gemeindt.): ↗LASTENZUG

Latsche A D-südost die; –, -n: ↗BERGFÖHRE CH, ↗KRUMMHOLZKIEFER D, ↗KRÜPPELKIEFER D (ohne nordost/südost), ↗LATSCHENKIEFER D-mittel/süd ›alpine, jenseits der Baumgrenze vorkommende, strauchhohe Kiefer; Legföhre‹: *Der Steig führte zwischen Latschen und Alpenrosen dahin, die im Zwielicht wie große und kleine graue Klumpen aussahen* (Haushofer, Wand 58; A)

latschen CH D sw.V./ist (salopp): ↗HATSCHEN A D-südost ›lustlos, unkonzentriert gehen‹: *Schweissgesichtige Sektenbrüder latschen herum und verkünden in okkulten Botschaften das nahe Ende der Welt* (NZZ 19. 4. 1995, 57; CH); *Gott sei Dank, sonst hätte ich wahrscheinlich heute einen der unzähligen Fußgänger über den Haufen gefahren, die überall mit jeder Menge Gottvertrauen auf die Straße latschen* (Der Neue Tag 7. 8. 2001, Internet; D)

Latschen D (ohne südost) der; -s, – (meist Plur., Grenzfall des Standards): ↗PATSCHEN A D-südost, ↗SCHLAPFEN A D-südost, ↗FINKEN CH, ↗SCHLARPE CH, ↗SCHLAPPEN CH D, ↗PUSCHEN D-nord, ↗SCHLUFFEN D-nord/mittelwest ›alter, bequemer, ausgetretener [Haus]schuh; Pantoffel‹: *Pumps sind leider tabu. Ich trage Latschen mit Klettverschluss* (Allegra 11/1997, 50); ***aus den Latschen kippen** CH D siehe kippen – Vgl. Treter, Schluffen

Latschenkiefer D-mittel/süd die; –, -n: ↗LATSCHE A D-südost, ↗BERGFÖHRE CH, ↗KRUMMHOLZKIEFER D, ↗KRÜPPELKIEFER D (ohne nordost/südost) ›alpine, jenseits der Baumgrenze vorkommende, strauchhohe Kiefer; Legföhre‹: *Aus der Latschenkiefer wird wie bei der Edeltanne ein ätherisches Öl gewonnen* (Rappen-Apotheke Freudenstadt, 1999, Internet) – In A nur in Zus. als Bezeichnung für Kosmetikprodukte mit Extrakten der *Latschenkiefer* gebräuchlich

Lattich CH der; -s, -e (Plur. ungebräuchl.): ↗KOCHSALAT A, ↗BINDESALAT D, ↗SALAT: *RÖMISCHE SALAT D (ohne südost) ›Salatsorte mit dunkelgrünen länglichen Blättern mit saftigem Stiel, die sich auch zum Dünsten eignet‹: *Nichts gegen den guten, alten Kopfsalat, den krausen »Antifi« oder den urigen Lattich* (Modebl 10. 6. 1999, 70) – Die Bedeutung ›zu den Korbblütlern gehörende Pflanze mit gelben oder blauen Blüten‹ ist gemeindt.

Lättli CH das; -s, –: ›Latte (von Lattenrosten von Betten)‹: *Auf Tennisbällen ruht, wer sich ins »ball bed« legt: Die Lättli liegen nicht auf Gummi-Kugel-Gelenken, sondern auf Tennisbällen* (Blick 12. 4. 1994, 29) – Dazu: **Lättlirost**

Latz der; -es, Lätze/-e: **1. *jmdm. eine/einen/eins vor den Latz knallen/ballern/donnern** D (ohne südost) (salopp) ›jmdm. einen kräftigen Schlag versetzen; jmdn. scharf zurechtweisen‹: *Kehrt marsch, oder ich knall Ihnen eine vor den Latz!* (Burger, Hitler-Jugend 90). **2.** CH (abwertend); ↗PAPPEN A (ohne Vbg.), ↗FOTZE A D-südost, ↗GOSCHE A D-süd, ↗SCHNORRE A-west (Vbg.) CH, ↗KLAPPE CH D-nord/mittel, ↗FRESSE D-nord/mittel, ↗SABBEL D-nord/mittel, ↗SCHNAUZE D (ohne südost), ↗SCHNUTE D (ohne südost) ›Mund‹ (meistens in Verbindungen wie z. B. *einen dummen/frechen Latz haben, halt deinen Latz!, den Latz offen haben* etc.): *Halt doch deinen dummen Latz* (Sieber, Menschenware 110); ***jmdm. [eins] auf den Latz geben/hauen etc.** ›jmdm. einen kräftigen Schlag versetzen‹: *Klar, solche blöden Macker, die nix kapieren, machen wir nieder – denen muss man auf den Latz geben!* (Blick 27. 2. 1996, 24); ***auf den Latz fallen/fliegen/knallen:** ↗BREZEN: *EINE BREZEN REIẞEN A ›stürzen‹: *Endlich die Skier und Boards anschnallen und losfahren, auf den Sessellift aufsteigen und wie Remo ... auf den Latz fliegen* (PG Reinach, Klasse 2a, 2003, Internet) – Andere Bedeutungen sind gemeindt. Der Plural lautet gemeindt. *Lätze,* in A meist *Latze*

lau: *für lau D-nordwest/mittel (Grenzfall des Standards) ›unentgeltlich, umsonst‹: *In vernetzten Wohnheimen surft es sich billig oder ganz für lau* (Spiegel Special 6/1998, 136) – Das Adjektiv *lau* ist in allen anderen Verwendungen gemeindt.

Laube die; –, -n: **1.** A (ohne ost) CH D-südwest ›offener ↗Gang [mit Treppe] an der Seite eines Hauses, als Zugang zu den Wohnungen und als Balkon (in CH traditionell bei Bauernhäusern)‹: *Und dann kam die Mittagspause, eine schöne Stunde auf der Laube; das Telefon wird abgehängt, und man hört nur noch die Vögel pfeifen im Garten und die Wespen surren* (Kurz, Frieden 146; CH). **2. *[Und] fertig ist die Laube!** D (ohne südost) ›Die Sache ist schon erledigt!‹: *Das ganze wird dann noch mit Pfeffer und Salz gewürzt und fertig ist die Laube* (Haus der Jugend Husum 21. 1. 2003, Internet) – Die Bedeutungen ›gedeckter Gartensitzplatz; Pergola‹ und ›Bogengewölbe im Erdgeschoss eines Gebäudes‹ sind gemeindt. – Zu 1.: ↗**Laubengang** A (ohne ost) CH D, ↗**Laubenganghaus** A (ohne ost) D, ↗**Weinlaube** A

Laubengang A (ohne ost) CH D der; -(e)s, ...gänge: ↗PAWLATSCHE A-ost ›offener ↗Gang an der Seite eines Hauses als Zugang zu den Wohnungen‹: *In acht Wohnungen war die Intimität der Bewohnerinnen und Bewohner dadurch eingeschränkt, dass ein Laubengang unmittelbar vor großen Fenstern dieser Wohnungen vorbeiführte* (Land Salzburg, 3/1998, Internet; A); *Im Block werden Maisonnettewohnungen mit gängigen Geschosswohnungen und einer Treppenhaus- und Laubengang-Erschliessung kombiniert, wodurch eine eindrückliche Strassenfassade entstanden ist* (Bund 7. 10. 2000, 27; CH); *Der Zugang zu den Appartements ist mit einem kommunikativen Laubengang gelöst* (Tango tanzen, 2002, Internet; D) – Vgl. Laube – Dazu: ↗**Laubenganghaus** A (ohne ost) D

Laubenganghaus A (ohne ost) D das; -es, ...häuser: ↗PAWLATSCHENHAUS A-ost ›Haus mit einem offenen balkonartigen Zugang zu den einzelnen Wohnungen‹: *Der Gestaltungsbeirat vermisst ... bessere räumliche Beziehungen zwischen den Kammbauten und dem Laubenganghaus* (Linz Aktuell 11. 11. 1997, Internet; A); *Ludmilla H. errichtete ... Laubenganghäuser, von deren nach Norden und zur Straße ausgerichtetem Loggiengang die einzelnen Wohnungen erschlossen wurden* (Tagesspiegel 22. 7. 2000, Internet; D) – Vgl. Laube, Laubengang

Laubenkolonie D (ohne mittelost/südost) die; –, -n: ↗KLEINGARTENSIEDLUNG A D, ↗GARTENKOLONIE D, ↗KLEINGARTENANLAGE D, ↗KLEINGARTENKOLONIE D-nord/mittelwest ›Schrebergartensiedlung‹: *Aufgeregter Anruf aus einer Laubenkolonie im Hamburger Osten: »Ein unheimliches Tier sitzt auf unserem Kaminholz ...«* (Welt 18. 8. 2000, Internet)

Laubenpieper Laubenpieperin D-nordost (bes. Berlin) der; -s, – bzw. die; –, -nen (scherzh.): ↗KLEINGÄRTNER A D ›Schrebergärtner(in)‹: *Er besuchte die Berliner Kleingartenkolonie ..., wo ihn über Hundert Laubenpieper empfingen* (Welt 25. 9. 2000, Internet)

Laubflecken CH der; -s, – (meist Plur.): ↗GUCKERSCHECKEN A, ↗MÄRZENFLECKEN CH ›Pigmentflecken der Haut; Sommersprosse‹: *Gross, schlank, mit rotblondem kurz geschorenem Haar und Laubflecken und einem Studentenschmiss im Gesicht blieb er herausfordernd unter der Türe stehen* (Tschudin, Meine Ehre 77)

Lauch (gemeindt.): ↗PORREE

Lauchzwiebel D die; –, -n: ↗JUNGZWIEBEL A ›jung geerntete Winterzwiebel mit Grün; Frühlingszwiebel‹: *Mit Knoblauch-Croûtons und restlichen Lauchzwiebeln bestreuen* (Tina 6. 1. 2000, 35) – In A und CH selten

Laufbahngruppe D die; –, -n: ↗BESCHÄFTIGUNGSGRUPPE A, ↗VERWENDUNGSGRUPPE A ›Einteilung und Einstufung von Beamten entsprechend ihrer Ausbildung und nach der Art ihrer vorwiegend ausgeübten Tätigkeit‹: *Beamte der Laufbahngruppe B üben Sachbearbeitertätigkeiten aus* (Berliner Morgenpost 2. 3. 2001, Internet)

laufen CH D st.V./ist (Grenzfall des Standards): ›gehen‹: *Ich bin letztes Jahr bereits den Hauptweg gelaufen, kulturell und hauptsächlich an Natur und Selbsterfahrung interessiert, heiße Patrick und bin 24* (Jakobsweg Ultreia, 2003, Internet; CH); *Bei den 7 Stunden, die ich so durch die Bergwelt ... gelaufen bin, habe ich mich mehrmals total verlaufen* (Wanderführer Gran Canaria 1. 7. 2003, Internet; D); ***am Laufenden sein/bleiben** A D-südost; ***auf dem Laufenden sein/bleiben** CH D (ohne südost) ›über aktuelle Entwicklungen informiert sein‹: *Es wird Ihnen aber sicher nicht schwer fallen darzulegen, dass SozialpädagogInnen, die effektiv arbeiten wollen, am Laufenden bleiben müssen* (Berufsverband der SozialpädagogInnen, 2002, Internet; A); *Marianne N. ist auf dem Laufenden über Neuerscheinungen, ihre Begeisterung gilt Büchern* (St. Galler Tagbl 25. 3. 2000, Internet; CH); *Littbarski ist auf dem Laufenden. Er kriegt Zeitungen, Internet, Video-Aufzeichnungen, all die Schicksalsschläge aus Köln* (Welt 29. 7. 2002, Internet; D); ***jmdn. am Laufenden halten** A D-südost; ***jmdn. auf dem Laufenden halten** CH D (ohne südost) ›jmdn. über aktuelle Entwicklungen informieren‹: *Sie müssen Ihren Vorgesetzten immer am Laufenden halten* (TT 30. 1. 1998, 18; A); *Ich bin es meinen Anhängern schuldig, sie immer über die neuesten Entwicklungen auf dem Laufenden zu halten* (TA 14. 4. 1999, 75; CH); *Das Autoradio hält Fahrer auf dem Laufenden: Wer rechtzeitig von einem Stau erfährt, kann bei der nächsten Ausfahrt die Autobahn verlassen* (NDR 29. 7. 2002, Internet; D) – Die Wendungen *auf dem Laufenden sein/bleiben, jmdn. auf dem Laufenden halten* sind in A formell. Das Verb *laufen* ist in allen anderen Verwendungen gemeindt.

Laufgitter CH D (ohne mittelost) das; -s, –: ↗GEHSCHULE A, ↗LAUFSTALL D (ohne nordost) ›aus [einem Boden und] einem Gitter bestehendes Gestell, in welches Kleinkinder gesetzt werden, um zu spielen oder laufen zu lernen‹: *Offensichtlich leben auch Kleinkinder hier, denn neben dem Töggelikasten steht ein Laufgitter* (TA 5. 12. 2000, 17; CH); *Das Laufgitter sollte mindestens 60 cm hoch und die Abstände zwischen den Gittern nicht größer als 6 cm sein* (Net-Doktor 16. 8. 2000, Internet; D)

Lauflage D die; –, -n: ↗PASSANTENLAGE CH, ↗EINKAUFSLAGE D ›Standort (für ein Geschäft), an dem viele Menschen vorbeikommen‹: *Es ist nun mal keine Lauflage, erklärt Katharina R. von DG Immobilien die schleppende Vermietung* (Tagesspiegel 20. 11. 1999, Internet)

Laufmasche (gemeindt.): ↗FALLMASCHE

Laufmeter A CH der; -s, –: ↗METER: *LAUFENDE METER D ›Meter an einem Stück‹: *Rund 5000 Laufmeter Akten und Amtsbücher (das sind etwa 25.000 Faszikeln) lagern derzeit im Grazer Stadtarchiv* (Kleine Ztg 2. 3. 1997, 27; A); *Blendenplatte: Höhe 30 cm, Länge nach Bedarf; der Laufmeter kostet Fr. 10.-* (Gewerbeverein Laufental, 2000, Internet; CH); ***am Laufmeter** CH: ↗BAND: *AM LAUFENDEN BAND A D, ↗METER: *AM LAUFENDEN METER A D, ↗FLIEßBAND: *[WIE] AM FLIEßBAND D ›in Serie, noch und noch‹: *Bussenzettel am Laufmeter: Innert zehn Minuten verteilte die Polizei gestern in der Schauplatzgasse elf Bussen* (Bund 19. 10. 1999, 23)

Laufstall D (ohne nordost) der; -(e)s, ...ställe: ↗GEHSCHULE A, ↗LAUFGITTER CH D (ohne mittelost) ›aus [einem Boden und] einem Gitter bestehendes Gestell, in welches Kleinkinder gesetzt werden, um zu spielen oder laufen zu lernen‹: *Dem Schnuller geht es wie dem Laufstall. Die einen schimpfen und sagen, dass Babys damit nur ruhig gestellt werden* (Leben 3/2000, 50)

Laugenstange D die; –, -n: ↗LAUGENSTANGERL A D-südost ›vor dem Backen in Natronlauge getauchtes, stangenförmiges Salzgebäck aus Weißbrotteig‹: *Berge von blauen Plastiktüten gehen über die Theke, gefüllt mit Müsliriegeln, Schokolade, einer belegten Laugenstange und einem Fleischwurstbrötchen* (Universität Mainz, 1999, Internet) – Ursprünglich nur in D-süd gebräuchlich

Laugenstangerl A D-südost das; -s, -n: ↗LAUGENSTANGE D ›vor dem Backen in Natronlauge getauchtes, stangenförmiges Salzgebäck aus Weißbrotteig‹: *Beim Bäcker ist Dienstag »Brezeltag«, frische Bierbrezel und Laugenstangerl sind angeschrieben* (SN 14. 3. 1997, Internet; A)

launisch (gemeindt.): ↗ZICKIG

Laureat STIR das; -(e)s, -e ⟨aus ital. *laurea* ›Hochschulabschluss‹⟩: ›Abschluss in einigen Studienrichtungen und Ausbildungsgängen; Diplom‹: *Jenen, die interessiert sind, ein volles Studium zu absolvieren, möchten wir die Möglichkeit bieten, nach Erhalt des kleinen Doktors an konventionierten Universitäten bis zum Laureat weiterzustudieren», sagte Luis Durnwalder, Präsident des Gründungsrats der Freien Universität Bozen* (Dolomiten 24. 6. 1999, 10) – Die historischen Bedeutungen sind gemeindt. – Dazu: **Laureatsgrad, Laureatsdiplom, Laureatsstudiengang**

Lausbub (gemeindt.): ↗LAUSEBENGEL, ↗LAUSEJUNGE, ↗LAUSELÜMMEL, ↗LAUSER, ↗RACKER

Lausebengel D-nord/mittelwest der; -s, – (Grenzfall des Standards): ↗LAUSER A CH D-süd, ↗LAUSEJUNGE D-nord/mittel, ↗LAUSELÜMMEL D-nord/mittelwest, ↗RACKER D-nord/mittel ›zu Streichen aufgelegtes, aber liebenswertes männliches Kind; Lausbub‹: *Zum dritten Male ist der Lausebengel Kevin allein zu Haus, und wieder bietet er mit cleveren Streichen ein paar ziemlich dämlichen Gaunern Paroli* (AZ 19. 6. 2002, Internet) – Kann abwertend oder wohlwollend verwendet werden. In CH selten

Lausejunge D-nord/mittel der; -n, -n/-ns (Grenzfall des Standards): ↗LAUSER A CH D-süd, ↗LAUSEBENGEL D-nord/mittelwest, ↗LAUSELÜMMEL D-nord/mittelwest, ↗RACKER D-nord/mittel ›zu Streichen aufgelegtes, aber liebenswertes männliches Kind; Lausbub‹: *Lausejunge Michel aus Lönneberga treibt mit seinen Streichen nicht nur die Eltern zur Weißglut* (TV Spielfilm 24. 12. 2001, Internet) – Kann abwertend oder wohlwollend verwendet werden. In CH selten

Lauselümmel D-nord/mittelwest der; -s, – (Grenzfall des Standards): ↗LAUSER A CH D-süd, ↗LAUSEBENGEL D-nord/mittelwest, ↗LAUSEJUNGE D-nord/mittel, ↗RACKER D-nord/mittel ›zu Streichen aufgelegtes, aber liebenswertes männliches Kind; Lausbub‹: *Die Haltung zählt: sein Ringen um Respekt, der Lebenslauf vom Türsteher zum Millionär, vom Lauselümmel zum Erwählten* (Welt 12. 3. 2001, Internet) – Kann abwertend oder wohlwollend verwendet werden

Lauser A CH D-süd der; -s, – (scherzh.): ↗LAUSEBENGEL D-nord/mittelwest, ↗LAUSEJUNGE D-nord/mittel, ↗LAUSELÜMMEL D-nord/mittelwest, ↗RACKER D-nord/mittel ›zu Streichen aufgelegtes, aber liebenswertes männliches Kind; Lausbub‹: *»Höllisch war das Warten, gell, ihr Lauser?« Zärtlich wiegt Regina Sch. ihre zwei Babys im Arm* (OÖN 18. 5. 2002, 5; A); *Ist der Lauser also heimgekommen?* (Schädelin, Eugen 51; CH) – Meist wohlwollend gebraucht. In CH Grenzfall des Standards

läuten A CH D-süd sw.V./hat: **1.** ↗SCHELLEN A-west (Vbg.) CH D-mittelwest/südwest ›die Türklingel betätigen; klingeln‹: *Als sie am Nachmittag des Faschingsdienstags wieder an der Haustür der behinderten Pensionistin läutete, war die rund 60 Jahre alte Frau in Begleitung einer etwa 25-jährigen Kollegin* (Kleine Ztg 9. 3. 2003, Internet; A); *[Die Räuber] läuteten an der Türe. Als der ... Geschäftsmann öffnete, wurde er in seine Attikawohnung zurückgedrängt* (Blick 15. 11. 1995, 2; CH). **2.** ›klingeln (von einem Gerät oder Apparat, z. B. Telefon, Türklingel, Wecker)‹: *Dann begann in meinem Wartezimmer das Telefon zu läuten* (Wieninger, Mann 66; A); *Weil sein Natel während der Autofahrt läutete, hatte der 19-jährige Lehrling im Sommer 1998 einen schweren Verkehrsunfall verursacht, bei dem eine 32-jährige Frau ums Leben* *kam* (Bund 10. 11. 1999, 52; CH) – In D (ohne südost) gehoben. Andere Bedeutungen sind gemeindt. – Zu 2.: **anläuten** A, ↗**aufläuten** A (ohne west)

Lavabo CH das; -s, -s ['lavabo] ⟨frz.⟩: ↗BRÜNNELI CH ›Waschbecken‹: *Jemand hat in mehreren Zimmern die Badewannen und Lavabos mit den Stöpseln verdichtet* (Federspiel, Beste Stadt 97) – Die Bedeutung ›liturgisches Händewaschen des Geistlichen in der Messe und dazu verwendetes Waschbecken‹ ist gemeindt., Aussprache in A und D [la'vaːbo] – Dazu: **Doppellavabo**

Leader Leaderin A CH LUX der; -s, – bzw. die; –, -nen ['liːdɐ A, 'liːdər CH] ⟨aus engl. *leader* ›Führer‹⟩ (Sport): ›Person, die bzw. ↗Team, das während des laufenden Wettkampfs auf dem ersten Rang liegt‹: *Der Vorsprung der beiden … Leader auf den … Verfolger Tirol beträgt … schon zehn Punkte* (Kurier 14. 3. 1997, 25; A); *Swidler und Kramnik profitierten vom Missgeschick des Leaders – es kam zum Zusammenschluss an der Spitze* (BaZ 17. 10. 1997, 73; CH); *Meister Mamer bleibt mit einem nahezu ungefährdeten 3:0-Erfolg … dem Leader aus Walferdingen auf den Fersen* (Tagebl 28. 1. 2002, Internet; LUX) – Die Bedeutung ›Leiter(in) einer Musikgruppe‹ ist gemeindt. – Dazu: ↗**Branchenleader(in)** A CH, **Leaderposition** CH, **Leaderrolle** CH, **Leaderstellung** CH, **Mannschaftsleader(in)** CH, ↗**Marktleader(in)** CH, **Tabellenleader(in)** CH, **Teamleader(in)** A, **Weltcupleader(in)** CH

Lebensjahr (gemeindt.): ↗ALTERSJAHR

Lebensminimum STIR das; -s, ohne Plur. ⟨aus ital. *minimo per vivere*⟩: ›[behördlich festgesetztes] Mindesteinkommen, das zum Leben unbedingt notwendig ist; Existenzminimum‹: *Sie bedauerte auch, dass allein erziehende Mütter immer noch ein Achtel der Südtiroler Familien ausmachen und dass 3000 Frauen ein Lebensminimum beziehen* (Dolomiten 19. 12. 2001, 13)

Lebensmittelaufsichtsorgan A das; -(e)s, -e (formell): ↗LEBENSMITTELKONTROLLOR A, ↗LEBENSMITTELINSPEKTOR A CH, ↗KANTONSCHEMIKER CH, ↗LEBENSMITTELKONTROLLEUR CH D ›mit der Lebensmittelkontrolle sowie der Überprüfung von Restaurants und Lebensmittelmärkten befasster Mitarbeiter bzw. befasste Mitarbeiterin des ↗Marktamts‹: *Wir wurden am Montag … über die Erkrankungen informiert und haben von Lebensmittelaufsichtsorganen in dem Gasthof sofort Hendlproben ziehen lassen* (OÖN 28. 10. 1994, 13)

Lebensmittelinspektor Lebensmittelinspektorin A CH der; -s, -en bzw. die; –, -nen: ↗LEBENSMITTELAUFSICHTSORGAN A, ↗LEBENSMITTELKONTROLLOR A, ↗KANTONSCHEMIKER CH, ↗LEBENSMITTELKONTROLLEUR CH D ›Mitarbeiter(in) der ↗Lebensmittelpolizei bzw. des ↗kantonalen Labors, das für Lebensmittelkontrollen zuständig ist‹: *Der Amtsarzt der Bezirkshauptmannschaft Zwettl und ein Lebensmittelinspektor aus Horn begaben sich an die Küchenfront, blieben aber vorerst relativ erfolglos* (OÖN 15. 9. 1989, 5; A); *Lebensmittelinspektor Peter S. vom Kantonalen Labor muss lachen, wenn er an das Bier in der grossen blauen Dose mit der Goldaufschrift denkt* (Kantonales Labor BL, 2000, Internet; CH) – Dazu: ↗**Lebensmittelinspektorat** CH

Lebensmittelinspektorat CH das; -(e)s, -e: ↗MARKTAMT A, ↗LEBENSMITTELPOLIZEI A CH ›↗kantonale Behörde, die für Lebensmittelkontrollen zuständig ist‹: *Das Tessiner Lebensmittelinspektorat nahm die Kalbsplätzli an Thonsauce aus 37 Metzgereien und Läden sowie 33 Restaurants und Grotti unters Mikroskop* (Blick 11. 9. 1996, 5) – Vgl. Lebensmittelinspektor

Lebensmittelkontrolleur Lebensmittelkontrolleurin CH D der; -s, -e bzw. die; –, -nen [...kɔntrɔlœːr CH, ...kɔntrɔ'løːɐ̯ D]: ↗LEBENSMITTELAUFSICHTSORGAN A, ↗LEBENSMITTELKONTROLLOR A, ↗LEBENSMITTELINSPEKTOR A CH, ↗KANTONSCHEMIKER CH ›Mitarbeiter(in) des ↗kantonalen Labors bzw. des Gesundheitsamtes, das für Lebensmittelkontrollen zuständig ist‹: *Ein besonders scharfes Augenmerk richten Lebensmittelkontrolleure bei ihrer Arbeit auch auf den Schlagrahm* (Südostschweiz 9. 6. 2000, Internet; CH); *Der gelernte Fleischer ist einer von drei Lebensmittelkontrolleuren der Stadt Celle* (Cellesche Ztg 14. 6. 2001, Internet; D) – Vgl. Kontrolleur

Lebensmittelkontrollor Lebensmittelkontrollorin A der; -(e)s, -e bzw. die; –, -nen: ↗LEBENSMITTELAUFSICHTSORGAN A, ↗LEBENSMITTELINSPEKTOR A CH, ↗KANTONSCHEMIKER CH, ↗LEBENSMITTELKONTROLLEUR CH D ›mit der Lebensmittelkontrolle sowie der Überprüfung von Restaurants und Lebensmittelmärkten befasster Mitarbeiter bzw. befasste Mitarbeiterin der ↗Lebensmittelpolizei‹: *Die Lebensmittelfiliale einer landesweiten Kette ist heute das Ziel der Arbeit von Wolfgang Sch., Lebensmittelkontrollor des Landes Steiermark* (Kleine Ztg 14. 1. 2001, Internet) – Vgl. Kontrollor

Lebensmittelpolizei A CH die; –, -en (Plur. ungebräuchl.): ↗MARKTAMT A, ↗LEBENSMITTELINSPEKTORAT CH ›Behörde, die für Märkte und Lebensmittelkontrollen zuständig ist‹: *Gläschen werden sowohl von den jeweiligen Produzenten, deren Konkurrenz als auch der Lebensmittelpolizei speziell kontrolliert und unterliegen strengen gesetzlichen Auflagen* (Apotheke 1/1998, 22; A); *Das Regierungsstatthalteramt Biel hat dem Kulturverein eine entsprechende Betriebsbewilligung erteilt, nachdem das Kellerlokal Auflagen des Brandschutzes und der Lebensmittelpolizei erfüllt hat*

(Bund 4. 9. 1998, 34; CH) – Dazu: **lebensmittelpolizeilich**

Leberkäs A D-südost der; -es, ohne Plur.: siehe Leberkäse

Leberkas D-südost der; -es, ohne Plur.: siehe Leberkäse

Leberkäse A D der; -s, –: ↗FLEISCHKÄSE A-west (Tir.) CH D-südwest ›in einer Form gebackene Speise aus durch den Fleischwolf gedrehtem Fleisch, die in Scheiben geschnitten serviert und heiß oder kalt verzehrt wird‹: *Geruch nach Knackwurst und Leberkäse* (Streeruwitz, Verführungen 94; A); *In der VIP-Lounge der Augsburger Panther ... wurde beim letzten Match ... Leberkäse mit Kartoffelsalat serviert* (Welt 11. 10. 2000, Internet; D) – Auch in den Formen *Leberkäs* (der; -es, ohne Plur.) in A D-südost und *Leberkas* (der; -es, ohne Plur.) in D-südost – Dazu: **Leberkässemmel** (↗Semmel) A D-nordwest/südost

Leberli CH das; -s, – (meist Plur., Grenzfall des Standards): ›Leber (als Speise)‹: *Wir fuhren nach Zürich, besuchten den Zoo, assen in einer Wirtschaft Rösti und Leberli* (Simmen, Schokoladentauglich 191) – Dazu: **Kalbsleberli, Schweinsleberli** (↗Schweins-)

Lebhag CH der; -(e)s, ...häge: ›Hecke‹: *Die Hagebuche wird gerne für Lebhäge verwendet* (Wildermuth, Biologie 87) – Vgl. Hag

Lebkuchen (gemeindt.): ↗BIBER, ↗HONIGKUCHEN, ↗KUCHEN: *BRAUNE KUCHEN, ↗LEBZELTEN, ↗PFEFFERKUCHEN, ↗PRINTE

Lebzelten A D-südost der; -s, – (veraltend): ↗BIBER CH, ↗HONIGKUCHEN D-nord/mittel, ↗KUCHEN: *BRAUNE KUCHEN D-nord, ↗PFEFFERKUCHEN D-nord/mittel, ↗PRINTE D (ohne nordost/südwest) ›Lebkuchen‹: *Die Gmundner Lebzelter hielten an diesem Tag ihre Gewölbe offen und boten Lebzelten in den traditionellen Formen an: Doppeladler, Granatapfelherzen, Fatschenkinder, Kavalier und Dame* (OÖN 12. 3. 1994, Freizeit 5; A) – Vgl. Zelten, Lebzelter

Lebzelter Lebzelterin A D-südost der; -s, – bzw. die; –, -nen: ›Person, die Lebkuchen herstellt‹: *Roland W. ist bereits in der 20. Generation Lebzelter und Wachszieher* (ORF Nachlese 11/1997, Beilage 12; A) – Die offizielle Berufsbezeichnung lautet *Lebzelter(in) und Wachszieher(in)*. Vgl. Lebzelten – Dazu: **Lebzelterei**

lecken CH D-nord/mittel sw.V./hat: ↗SCHLECKEN A CH D-süd ›mit der Zunge (Nahrung von flüssiger oder cremiger Konsistenz) aufnehmen‹: *Um ihre Angst zu besänftigen, leckte sie an der Brezel* (Siegfried, Schal 88; CH); *Hier kann man mittags das Besucherbergwerk ... besuchen, hat aber auch die Möglichkeit, bei der Hitze in einem kühlen Raum ein Eis zu lecken* (Stadt Frankfurt, 1998, Internet; D-nord/mittel); ***alle zehn Finger nach etw. lecken** siehe Finger – Das damit nicht verwandte Wort *lecken* in der Bedeutung ›undicht sein; austreten von Flüssigkeit aus einer undichten Stelle‹ ist gemeindt. – Dazu: ↗**ablecken** CH D (ohne südost), ↗**Leckerei** D

lecker D (ohne südost) Adj.: ↗GUSTIÖS A, ↗GLUSCHTIG CH ›appetitlich, appetitanregend, wohlschmeckend (von Speisen)‹: *10 Frühlingssalate, schnell, leicht und lecker!* (Schöner Wohnen 4/1995, 198) – In A, CH und D-südost als fremd empfunden, aber zunehmend gebräuchlich – Dazu: ↗**Leckerei** D

Leckerei D die; –, -en: ↗SCHLECKEREI A CH ›Süßigkeit, Nascherei‹: *»Honeymoon« heißt diese neue Reklame für »Toblerone«, die klebrige Leckerei aus dem Hause Kraft Jacobs Suchard* (Tagesspiegel 26. 5. 1998, Internet) – Vgl. lecken, lecker

Leckerli CH das; -s, –: ›kleines, quadratisches, leicht zähes Lebkuchengebäck‹ (meist in der Wendung *Basler Leckerli*): *Die Basler Leckerli kennt natürlich jedes Kind* (Brückenbauer 3. 12. 1997, 45) – Auch in der Schreibung *[Basler] Läckerli*

Ledischiff CH das; -(e)s, -e: ↗PLÄTTE A D-südost, ↗ZILLE A-mitte/ost D-mittelost, ↗NAUEN CH, ↗KAHN D ›flaches Lastschiff mit Motor (auf dem Bodensee und Zürichsee)‹: *Linksab weit voraus im Hitzedunst ein Ledischiff mit Vollladung* (Späth, Unschlecht 74) – Betonung auf der ersten Silbe, kurz oder lang

Leerschlag CH der; -(e)s, ...schläge: ↗LEERSCHRITT A D ›Abstand, der sich (bei Schreibmaschine, Computer u. Ä.) durch Betätigung der Leertaste ergibt‹: *Alle Befehle und Eingaben jeweils mit* ⟨Enter⟩ *bestätigen, zwischen Befehl s und Suchbegriff immer einen Leerschlag lassen* (Universitätsbibliothek Basel, 1998, Internet)

Leerschritt A D der; -(e)s, -e: ↗LEERSCHLAG CH ›Abstand, der sich (bei Schreibmaschine, Computer o. Ä.) durch Betätigung der Leertaste ergibt‹: *Gibt es mehrere Attribute, wird gesetzt: Hauptschlagwort, darunter Gedankenstrich, Leerschritt, Attribut, Tabulator, Seitenziffer* (Verlag Orac, 1999, Internet; A); *Hinter jedem Satzzeichen kommt in der Regel ein Leerschritt* (Universitas, 1999, Internet; D)

legen sw.V./hat: **1.** A CH (salopp, Grenzfall des Standards) ›hereinlegen‹: *Man kann Wolfgang Schüssels Ärger schon verstehen, wenn er sich »gelegt« fühlt* (News 3. 7. 1997, 45; A); *»Ich wurde gelegt. Man wollte mir eine Lektion erteilen», sagte Eichenberger* (Swiss Connection, 2003, Internet; CH). **2. *[die/eine] Rechnung legen** A (formell) ›die/eine Rechnung stellen‹: *Die Rechnungen dürfen wahlweise in Schilling oder schon in Euro gelegt werden* (Kleine Ztg 15. 11. 1997, 32) – Andere Bedeutungen sind gemeindt. Das Perfekt wird im gemeindeutschen Fall in A, CH und

D-süd mit *sein*, in D-nord/mittel mit *haben* gebildet. Zu 1 vgl. Leger

Leger A der; -s, –: **1.** (salopp, Grenzfall des Standards); ↗AUFSITZER A ›Falle, List, mit der jmd. hereingelegt oder getäuscht wird‹: *Das war der größte Leger, die größte Schweinerei, die es je in Österreich gab* (Profil 20. 2. 1994, Internet). **2.** (Landwirtschaft) ›Lagerplatz des Viehs auf der ↗Alm‹: *Die wichtigsten Auswahlkriterien waren die Nutzungsform (Melkalm, gemischte Alm oder Galtviehalm), die Höhenlage (Nieder-, Mittel- oder Hochalm) ... und die Anzahl der Leger* (Arbeitszeitbedarf auf Almen, 2002, Internet) – Zu 1 vgl. legen

Legföhre (gemeindt.): ↗BERGFÖHRE, ↗KRUMMHOLZKIEFER, ↗KRÜPPELKIEFER, ↗LATSCHE, ↗LATSCHENKIEFER

Legi CH die; –, -s: Kurz für *Studenten-Legitimationskarte*: ›Ausweis für Studierende; Studentenausweis‹: *50 % Legi-Ermässigung an der Abendkasse* (NZZ 3. 11. 1997, 10)

legiferieren CH sw.V./hat ⟨aus lat. *legifer* ›gesetzgebend‹⟩: ›Gesetze beschliessen, erlassen‹: *Der Nationalrat legiferiert in eigener Sache: Mit dem Parlamentsgesetz will er der Bundesversammlung eine moderne Rechtsgrundlage geben* (St. Galler Tagbl 2. 10. 2001, Internet) – Dazu: **Legiferierung**

Legist Legistin A der; -en, -en bzw. die; –, -nen ⟨aus mlat. *legista* ›Rechtskundiger‹⟩: ›Person, die Gesetzesentwürfe, Verordnungen u. Ä. verfasst‹: *Das Gesetz ist allerdings, das muss zur Ehrenrettung der Legisten vermerkt werden, durchaus schlank geraten* (SN 3. 5. 1997, 9) – Die historische Bedeutung ›mittelalterlicher Rechtsgelehrter auf dem Gebiet des römischen Rechts‹ ist gemeindt. – Dazu: ↗**Legistik**, ↗**legistisch**

Legistik A die; –, ohne Plur.: ›Verfassen und Erlassen von Gesetzen; Gesetzgebung‹: *Denn wenn wir schon die Legistik aus verschiedenen Gründen nicht wesentlich einbremsen können, dann sollten zumindest ordentliche Hilfen für ihre Bewältigung vorhanden sein* (Umweltschutz 9/1994, 41) – Vgl. Legist, legistisch

legistisch A Adj.: ›gesetzlich‹: *»Es geht um die legistische Möglichkeit, hungerstreikende Schubhäftlinge ernähren zu können«, wie der Präsidialchef der Wiener Polizei ... erklärt* (Kurier 29. 1. 1998, 15) – In D bildungssprachlich. Vgl. Legist, Legistik

Lehne A D-süd die; –, -n (veraltend): ↗BERGLEHNE A CH, ↗LEITE A D-süd, ↗HALDE CH, ↗STUTZ CH, ↗RAIN CH D-südwest ›[steiler] Berghang, Abhang‹: *Zwischen bewaldeten Abhängen und kahlen Lehnen wand sich dieser See tief ins Gebirge, bis er in einer schroffen, weglosen Einöde an die Felsen schlug* (Ransmayr, Morbus Kitahara 31; A) – Die Bedeutung ›Rücken- bzw. Armlehne‹ ist gemeindt. – Dazu: **Schneelehne**

lehnen sw.V./ist/hat: Das Perfekt wird in der Bedeutung ›schräg gegen etw. gestützt stehen oder sitzen‹ in A, CH und D-süd mit *sein* gebildet, in D-nord/mittel mit *haben*. In der Bedeutung ›mit leichter Neigung, schräg an etw. stellen‹, z. B. die Leiter an die Wand lehnen, wird das Perfekt gemeindt. mit *haben* gebildet: *Sie hatte einmal an derselben Schule wie Kathrin unterrichtet, und bei einem Fest war er ziemlich betrunken mit ihr im Hausflur gelehnt* (Wolfgruber, Verlauf eines Sommers 32; A); *Häufig sind die Arbeiten ... unaufwendig, wie etwa Ceal Floyers »Mäuseloch«, das in schwarzer Tinte auf Papier an eine Wand gelehnt ist* (NZZ 21. 9. 2002, 61; CH); *Lässig war er an seinen alten Sportwagen gelehnt* (Fahrtechnik, 2001, Internet; D)

Lehrabschluss A CH der; -es, ...schlüsse: ›abgeschlossene Ausbildung in einem Handwerk oder Gewerbe; abgeschlossene Lehre‹: *Ca. 50 % der Befragten können nur den Pflichtschulabschluss nachweisen, nur ca. 35 % haben einen Lehrabschluss* (AK aktuell 2/1998, 22; A); *Sie verfügen über einen Lehrabschluss, beispielsweise als Elektromechaniker, Optiker oder Physik-Laborant, und sind gewohnt, selbständig und genau zu arbeiten* (BaZ 25./26. 10. 1997, 67; CH) – Dazu: **Lehrabschlussfeier** CH, ↗**Lehrabschlussprüfung**, ↗**Lehrabschlusszeugnis**

Lehrabschlussprüfung A CH die; –, -en: ↗GESELLENPRÜFUNG A D ›Prüfung, die ein Lehrling als Abschluss einer Berufsausbildung ablegt‹: *Das heißt, dass zur Ausübung von Teilbereichen eines Handwerks oder gebundenen Gewerbes bereits die erfolgreich abgelegte Lehrabschlussprüfung (Gesellenprüfung) berechtigt* (Kurier 23. 3. 1997, 6; A); *Die beiden Berufsschulen für Käser in Thun und Zollikofen konnten 27 jungen Berufsleuten, darunter zwei Frauen, das eidgenössische Fähigkeitszeugnis zur bestandenen Lehrabschlussprüfung überreichen* (Bund 17. 9. 1997, 34; CH) – In D selten als Oberbegriff für die Abschlussprüfung verschiedener Berufe gebräuchlich. Vgl. Berufsprüfung, Lehrabschluss

Lehrabschlusszeugnis A CH das; -ses, -se: ↗GESELLENBRIEF A D, ↗BERUFSDIPLOM CH, ↗FACHAUSWEIS CH, ↗FÄHIGKEITSAUSWEIS CH, ↗FÄHIGKEITSZEUGNIS CH, ↗DIPLOM CH STIR, ↗BEFÄHIGUNGSDIPLOM STIR ›amtliche Bescheinigung über eine abgeschlossene Lehre‹: *Die Absolventen haben nach neunjähriger Ausbildung neben dem ... Maturazeugnis auch das Lehrabschlusszeugnis, sprich: den Gesellenbrief* (OÖN 18. 10. 2001, Internet; A); *In Bad Ragaz ... führt Gabriella C. ... das Spitzenrestaurant Äbtestube. Als Köchin? Als Koch?*

»In meinem Lehrabschlusszeugnis steht, glaub ich, ›weiblicher Koch‹«, antwortet sie mit einem Lachen (NZZ am Sonntag 3. 11. 2002, 102; CH) – Vgl. Lehrabschluss

Lehramtsanwärter Lehramtsanwärterin D der; -s, – bzw. die; –, -nen: ↗ PROBELEHRER A, ↗ UNTERRICHTSPRAKTIKANT A, ↗ REFERENDAR D ›Person, die nach dem ersten ↗ Staatsexamen die praktische Lehrer(innen)ausbildung absolviert‹: *Denn nicht zuletzt die Lehramtsanwärterinnen und -anwärter hatten häufig Anlass zu der Klage, dass ihre Ausbildungsbelange in den Schulen allenfalls als randständiges Problem wahrgenommen wurden* (NDS 12/1997, 9)

Lehranstalt: *höhere technische Lehranstalt A CH: ↗ GEWERBEOBERSCHULE STIR ›berufsbildende höhere Schule (↗ BHS) technischer Richtung, die mit der Erlangung der Hochschulreife abschließt, bzw. Gebäude, in dem diese Schule untergebracht ist‹: *Das Interesse war groß: 350 Mädchen ließen sich in Betrieben, an Höheren Technischen Lehranstalten und in der Fachhochschule informieren* (Standard 27. 2. 2001, Internet; A); *In Winterthur führt der Kanton Zürich seine einzige höhere technische Lehranstalt HTL, das Technikum Winterthur, mit den Abteilungen Hochbau, Tiefbau, Maschinenbau, Elektrotechnik und Chemie* (Zürcher Bürgerbuch 102; CH) – Abk. ↗ HTL. In CH veraltend, da seit 1996 die Berufsbildung auf Hochschulebene einheitlich *Fachhochschule* heißt. Das Substantiv *Lehranstalt* in der Bedeutung ›Bildungsanstalt‹ ist amtssprachlich gemeindt. – Dazu: **Bundeslehranstalt** A

Lehrberuf (gemeindt.): ↗ AUSBILDUNGSBERUF

Lehrbub A D-süd der; -en, -en: ↗ AUSZUBILDENDE D, ↗ AZUBI D ›jugendliche männliche Person, die eine Lehre macht; Lehrling‹: *Der Lehrbub ist in der wohligen Wärme auf der Bank eingeschlafen* (Pirch, Lerra 18; A) – Vgl. Bub, Lehrmädchen

Lehre (gemeindt.): ↗ BERUFSLEHRE, ↗ STIFTI

Lehrer Lehrerin CH D der; -s, – bzw. die; –, -nen: ↗ PROFESSOR A, ↗ STUDIENRAT D ›Lehrende(r) (an einer höheren Schule)‹ /Berufsbezeichnung/: *Nach dem Doktorat 1959 war er zunächst Lehrer an einem mathematisch-naturwissenschaftlichen Gymnasium in Zürich* (Schweizerische Volksbibliothek, 1999, Internet; CH); *An jedem Gymnasium fehlt ein Lehrer* (Oberpfalznetztg, 1999, Internet; D) – Andere Bedeutungen sind gemeindt.

Lehrerpatent CH das; -(e)s, -e: ↗ LEHRPATENT CH ›amtliche Befugnis zur Ausübung des Berufs eine Lehrers bzw. einer Lehrerin (nach abgeschlossener Ausbildung)‹: *Sofern keine geeigneten Lehrerinnen und Lehrer mit zürcherischem Lehrerpatent gefunden werden können, dürfen Lehrpersonen mit ausserkantonalen Fähigkeitszeugnissen und Schulerfahrung ebenfalls eingesetzt werden* (TA 24. 6. 1998, 25) – Vgl. Patent – Dazu: **Primarlehrer(innen)patent** (↗ Primarlehrer), **Sekundarlehrer(innen)patent**

Lehrerseminar CH das; -s, -e/-ien: ↗ AKADEMIE: *PÄDAGOGISCHE AKADEMIE A, ↗ PÄDAK A, ↗ HOCHSCHULE: *PÄDAGOGISCHE HOCHSCHULE CH D ›höhere Schule zur Ausbildung von Kindergärtner(inne)n und ↗ Primarlehrer(inne)n und zur pädagogischen Ausbildung von Fachlehrer(inne)n bzw. Gebäude, in dem diese Schule untergebracht ist‹: *Das Gesetz sieht vor, die sieben öffentlichen Lehrerseminare durch eine zentrale pädagogische Hochschule zu ersetzen* (TA 26. 10. 1999, 27) – Die Ausbildung zu Lehrerberufen wird in CH zunehmend in die pädagogischen Fachhochschulen integriert. Vgl. Seminar – Dazu: **Lehrerseminarist(in)** (↗ Seminarist), **Primarlehrer(innen)seminar**

Lehrkanzel A die; –, -n (veraltend): ›Lehrstuhl‹: *Als kühnen und weitblickenden Plan arbeitet er mit seinen Kollegen daran, eine Lehrkanzel für Neurowissenschaften einzurichten* (Echo 28. 1. 1999, 121) – Dazu: **Lehrkanzelinhaber(in)**

Lehrling (gemeindt.): ↗ AUSZUBILDENDE, ↗ AZUBI, ↗ LEHRBUB, ↗ LEHRMÄDCHEN, ↗ LEHRTOCHTER

Lehrlingsentschädigung A die; –, -en: ↗ LEHRLINGSLOHN CH, ↗ AUSBILDUNGSVERGÜTUNG D ›finanzielle Vergütung, die ein Lehrling monatlich bekommt‹: *Wird nun wirklich alles anders, hatte er gedacht, nur weil ich statt der Lehrlingsentschädigung einen Lohn bekomme?* (Scharang, Sohn eines Landarbeiters 8)

Lehrlingslohn CH der; -(e)s, ...löhne: ↗ LEHRLINGSENTSCHÄDIGUNG A, ↗ AUSBILDUNGSVERGÜTUNG D ›finanzielle Vergütung, die ein Lehrling monatlich bekommt‹: *Viele Eltern möchten gegenüber ihrem Kind oder aussenstehenden Personen nicht als knauserig erscheinen und überlassen ihrem Nachwuchs den ganzen Lehrlingslohn zur freien Verfügung* (Sonntagsztg 31. 5. 1998, Internet)

Lehrmädchen A D-süd das; -s, –: ↗ LEHRTOCHTER CH, ↗ AUSZUBILDENDE D, ↗ AZUBI D ›jugendliche weibliche Person, die eine Lehre macht; Lehrling‹: *Kollegin Z.-G. ist zwar ihre direkte Ausbildnerin, aber auch übers gesamte Arbeitsklima äußert sich das Lehrmädchen voller Lob* (Kurier 8. 3. 1999, 22; A) – In D-nord/mittel veraltend. Vgl. Lehrbub

Lehrmittelfreiheit D die; –, ohne Plur.: ↗ SCHULBUCHAKTION A ›Recht auf weitgehend kostenlosen Bezug von Büchern und Lernmaterialien an allgemein bildenden Schulen‹: *Die Lehrmittelfreiheit an Schulen ist eine wesentliche Säule sozial gerechter Schulpolitik* (Stadt München 23. 7. 2002, Internet)

Lehrpatent CH das; -(e)s, -e: ↗LEHRERPATENT CH ›amtliche Befugnis zur Ausübung des Berufs eines Lehrers bzw. einer Lehrerin (nach abgeschlossener Ausbildung)‹: *Hundert Jahre nach der Eröffnung des Seminars traten gestern die letzten Klassen ihre Ausbildung an. Sie sollen im Jahr 2002 das Lehrpatent erhalten* (Bund 12. 8. 1997, 22) – Vgl. Patent

Lehrprobe D die; –, -n: ↗PROBELEKTION CH, ↗PRÜFUNGSLEKTION CH ›Unterrichtsstunde eines ↗Lehramtsanwärters bzw. einer Lehramtsanwärterin, die von einem Prüfer bzw. einer Prüferin bewertet wird‹: *Die Prüfung der Lehreignung in Sport erfolgt durch eine Lehrprobe von etwa 45 Minuten Dauer* (Universität Halle-Wittenberg, 1993, Internet)

Lehrstelle (gemeindt.): ↗AUSBILDUNGSPLATZ

Lehrstuhl (gemeindt.): ↗LEHRKANZEL

Lehrtochter CH die; –, ...töchter: ↗LEHRMÄDCHEN A D-süd, ↗AUSZUBILDENDE D, ↗AZUBI D ›jugendliche weibliche Person, die eine Lehre macht; Lehrling‹: *Maskiert mit einer Wollmütze und mit vorgehaltener Pistole bedrohte ein Gangster die Lehrtochter eines Papeterie- und EDV-Geschäfts* (TA 16. 9. 1999, 8)

Leibblatt CH das; -(e)s, ...blätter: ›bevorzugte Zeitung (einer Person)‹: *Ich mag nicht einmal mein Leibblatt – es ist natürlich der »Bund« – einigermassen lesen* (Bund 17. 7. 1999, 21)

Leibchen A CH D-südost das; -s, –: **1.** ↗LEIBERL A D-südost ›[ärmelloses] Hemd, das unter der Kleidung getragen wird; Unterhemd‹: *Der Erwachsene liegt auf dem Rücken, Dani auf ihm und zwirbelt sein Brusthaar, das über dem weißen Leibchen quillt* (Rabinovici, Suche nach M. 24; A); *1991 konnte C. ... ihr grösstes Umsatzwachstum erarbeiten. Nur die Öko-Slips und Bio-Leibchen aus ungespritzter Baumwolle ... blieben in den Naturholzgestellen liegen* (TA 21. 9. 1996, 48; CH). **2.** ↗LEIBERL A ›T-Shirt‹: *Statt dessen bevölkerten die Laufstege Schals und Tücher, Rollkragen und offene Hemden, Leibchen mit rundem und spitzem Ausschnitt, bei Armani sogar mit schrägen Schlitzen* (Kurier 14. 1. 1998, 18; A); *Ein 20 bis 30 Jahre alter Unbekannter mit kurzen, dunklen Haaren, dunklem Leibchen und weissen Hosen entriss seinem Opfer die Handtasche mit Bargeld und persönlichen Effekten* (TA 15. 9. 1999, 21; CH). **3.** (Sport); ↗LEIBERL A D-südost, ↗TRICOT CH ›Trikot [das die Mitglieder einer Mannschaft kennzeichnet]‹: *Libero S. stellte nämlich als letzter Mann das Leibchen von G. S. auf die Zerreißprobe* (SN 20. 10. 1997, 15; A); *Wirft der Spieler sein eigenes Trikot in die Fankurve, muss der Fehlbare das Leibchen selbst bezahlen* (Blick 6. 3. 1999, 20; CH) – Zu 1.: In D veraltet – Zu 1.: **Unterleibchen.** Zu 2.: **Turnleibchen**

Leiberl das; -s, -n (Grenzfall des Standards): **1.** A, D-südost (veraltend); ↗LEIBCHEN A CH D-südost ›[ärmelloses] Hemd, das unter der Kleidung getragen wird; Unterhemd‹: *Der Herr im weißen Unterleiberl setzt das x-te Bier an* (Presse 2. 1. 1998, Internet; A). **2.** A; ↗LEIBCHEN A CH D-südost ›T-Shirt‹: *Ein Teenager mit Bon Jovi am Leiberl will von mir ein Autogramm* (Brödl, Blutrausch 90). **3.** A D-südost (scherzh., Sport); ↗LEIBCHEN A CH D-südost, ↗TRICOT CH ›Trikot [das die Mitglieder einer Mannschaft kennzeichnet]‹: *Mit hundsordinärem Leiberl und ebensolcher Trainingshose reihte sich der hohe Gast inkognito ins Läuferfeld und lieferte eine achtbare Zeit* (Profil 19. 1. 1998, 24; A). **4.** A (Sport) ›Platz in der Mannschaft‹: *Neuzugang Binz dürfte ihn vertreten, ihm aber das Leiberl nicht streitig machen* (Kurier 29. 1. 1998, 27); ***ein/kein Leiberl [haben/reißen]*** (salopp) ›eine/keine Chance [haben]‹: *Weil rein optisch reißt du einfach kein Leiberl* (Wiener 9/1999, 122); ***um das Leiberl rennen*** ›sich sehr anstrengen, um etw. zu erreichen; um das Überleben kämpfen‹: *Es war erst halb zehn, aber draußen hatte es eine Hitze, als würde der Sommer ängstlich um sein Leiberl rennen* (Kurier 20. 6. 1998, Beilage 8) – In D-südost auch fachsprachlich in der Bedeutung ›Schnürleibchen (als Teil der Tracht für Frauen)‹, diese Bedeutung ist in A in der Form *Leibl*, z. B. in *Leiblkittel*, gebräuchlich – Zu 1.: **Unterleiberl.** Zu 2.: **Ruderleiberl.** Zu 4.: **Stammleiberl, Teamleiberl** (↗Team)

Leibesertüchtigung D die; –, -en (veraltend): ›Trainieren des Körpers durch verschiedene regelmäßig ausgeführte Übungen‹: *Solche Leibesertüchtigung soll gesund sein, soll dem Körper die Spannkraft eines Panthers geben* (Sportunterricht-Informationen, 1999, Internet)

Leibesübungen A die; nur Plur.: ›Sportunterricht in der Schule‹: *Im Rahmen des österreichischen Schulsystems wird der Leibeserziehung besonderes Augenmerk geschenkt: Leibesübungen sind von der ersten bis zur zwölften Schulstufe Pflichtgegenstand* (Bundespressedienst, Österreich 202) – Die Bedeutung ›regelmäßig ausgeführtes Training des Körpers‹ ist veraltet

Leibgericht D das; -(e)s, -e: ›Lieblingsessen; Leibspeise‹: *Einmal in der Woche, wenn es dir gut geht ..., lässt du dein Leibgericht bringen* (Delius, Himmelfahrt 99)

Leibspeise (gemeindt.): ↗LEIBGERICHT

Leich: ***eine schöne Leich*** A (Grenzfall des Standards) ›ein prächtiges, ehrenvolles Begräbnis‹: *Alfons Sifrers Dogma lautet: Eine Leich' muss eine schöne Leich' sein* (Payr, Drücken des Schuhs 35) – Das Substantiv *Leich* in der Bedeutung ›Begräbnis‹ ist mundartlich und veraltet

Leiche: ***wie eine wandelnde Leiche aussehen/wirken*** CH D; ***wie eine Leiche auf Urlaub aussehen*** D (ohne südwest) (salopp, Grenzfall des Standards): ↗LEIDEN CHRISTI: *WIE DAS LEIDEN CHRISTI AUSSEHEN D ›schlecht, elend aussehen‹: *Nach diesem Verhör habe ich ihn getroffen, wie eine wandelnde Leiche hat er ausgesehen* (Sektenberatung, 2002, Internet; CH); *Dieses Gerücht wurde in die Welt gesetzt, nachdem die Diva bei einem Auftritt wie eine wandelnde Leiche wirkte* (Film-Total 26. 9. 2001, Internet; D); *Trotzdem sehen Sie richtig elend aus, wie eine Leiche auf Urlaub* (TAZ 29. 3. 2001, Internet; D) – Das Substantiv *Leiche* ist in allen anderen Verwendungen gemeindt.

Leichenbittermiene A D (ohne mittelost) die; –, -n (scherzh.): ›(nicht ganz ernst zu nehmender) besonders trauriger Gesichtsausdruck‹: *Da wird das Leben dann ein bisschen menschlicher und lustiger auch oft, wenn man nicht mit solcher Leichenbittermiene herumläuft und überall Unrecht und Beleidigung wittert* (Presse 14. 4. 2001, Internet; A); *Totenstille herrscht bisweilen im Auditorium, wenn die Sänger mit Leichenbittermiene ins Publikum blicken* (Welt 12. 10. 2000, Internet; D)

Leichendienst LUX der; -(e)s, -e: ↗AUFERSTEHUNGSGOTTESDIENST A, ↗BESTATTNISGOTTESDIENST A-west (Vbg.), ↗STERBEGOTTESDIENST A-west/südost, ↗ABDANKUNGSGOTTESDIENST CH, ↗BEERDIGUNGSGOTTESDIENST CH ›Totenmesse‹: *... traf uns die traurige Nachricht, dass ... Soldat Ferdinand Rauter ... sein junges hoffnungsvolles Leben liess. Der Leichendienst wird durch Stillmessen ersetzt* (Manderscheid, Tschako Klack 323)

Leichenmahl CH das; -(e)s, ...mahle/...mähler: ↗TOTENMAHL A, ↗ZEHRUNG A-mitte, ↗LEIDMAHL CH, ↗RAUE D-mittelwest, ↗TRAUERESSEN CH ›festliches Essen nach einem Begräbnis zu Ehren des bzw. der Verstorbenen; Leichenschmaus‹: *Weiss Gott: Es gibt hübschere Gelegenheiten, ein ganzes Lamm zu essen, als Grossvaters vorgezogenes Leichenmahl* (Bund 13. 3. 1999, Z7)

Leichenschmaus (gemeindt.): ↗LEICHENMAHL, ↗LEIDMAHL, ↗RAUE, ↗TOTENMAHL, ↗TRAUERESSEN, ↗ZEHRUNG

Leichtfuß D der; -es, ...füße (scherzh.): ›lebenslustiger, leichtlebiger Mensch‹ (oft in der Wendung *Bruder Leichtfuß*): *Die Leute sagen, P. sei ein Hallodri, ein Leichtfuß* (Welt 31. 1. 2002, Internet); *Hat Renzo P., der Bruder Leichtfuß der Architektur, einen Stil?* (Welt 29. 5. 2000, Internet)

Leiden: *wie das Leiden Christi aussehen D: ↗LEICHE: *WIE EINE WANDELNDE LEICHE AUSSEHEN/WIRKEN CH D; *WIE EINE LEICHE AUF URLAUB AUSSEHEN D (ohne südwest) ›schlecht, elend aussehen‹: *Ich sage das ausdrücklich, weil ich wohl ausgesehen haben mag wie das Leiden Christi* (Spiegel 19. 6. 2002, Internet) – Das Substantiv *Leiden* ist in allen anderen Verwendungen gemeindt.

Leidmahl CH das; -(e)s, -e/...mähler: ↗TOTENMAHL A, ↗ZEHRUNG A-mitte, ↗LEICHENMAHL CH, ↗RAUE D-mittelwest, ↗TRAUERESSEN CH ›festliches Essen nach einem Begräbnis zu Ehren des bzw. der Verstorbenen; Leichenschmaus‹: *Dazu kommen die Aufwendungen für den Grabstein, das Leidmahl und die Blumen, die überall von den Hinterbliebenen getragen werden* (Facts 3. 6. 1999, 93)

Leidzirkular CH das; -s, -e: ↗PARTE A, ↗TRAUERZIRKULAR CH, ↗TRAUERBRIEF D (ohne südwest) ›(mit der Post verschickte) gedruckte Todesanzeige‹: *Denn ein Verstorbener hinterlässt im ersten Moment nicht nur Trauernde, sondern auch eine ganze Menge Arbeit: Der Tod muss angemeldet und bescheinigt werden, der Totenschein abgeholt, die Leidzirkulare versandt und die ganze Bestattung organisiert werden* (Bund 4. 4. 1998, 9)

Leierkasten D der; -s, -/...kästen: ↗WERKEL A ›Drehorgel‹: *Zwar wird die Musik aus den Leierkasten nach wie vor von Orgelpfeifen produziert, doch wann wie viel Luft durch die Pfeife strömt, steuert ein Mikrochip* (Oberpfalznet 13. 8. 2001, Internet) – Dazu: **Leierkastenfrau, Leierkastenmann**

Leihanstalt A die; –, -en: ↗PFANDL A, ↗VERSATZAMT A D-südost, ↗PFANDLEIHKASSE CH, ↗PFANDHAUS D, ↗LEIHHAUS D (ohne mittelost/südwest), ↗PFANDLEIHE D (ohne nordwest) ›private Institution oder Amt, das Wertgegenstände gegen Geld in Pfand nimmt‹: *Die Theaterkostüme bestellte ich von der Leihanstalt Hundegger aus Innsbruck* (Altersheim, 2003, Internet) – In D veraltet – Dazu: **Pfandleihanstalt**

Leiharbeit A D die; –, -en (Plur. ungebräuchl.): ↗ZEITARBEIT A D, ↗TEMPORÄRARBEIT CH ›befristete Arbeit (durch eine spezialisierte Firma vermittelt)‹: *Knapp weniger als 1000 Firmen sind am österreichischen Markt für Leiharbeit tätig* (OÖN 11. 8. 2001, 12; A); *Leiharbeit hat auch ein schlechtes Image, weil bis zu 40 Prozent unter Tarif bezahlt wird* (TAZ 25. 6. 2002, Internet; D) – Dazu: ↗**Leiharbeiter(in)**

Leiharbeiter Leiharbeiterin A D der; -s, – bzw. die; –, -nen: ↗ZEITARBEITER A D, ↗TEMPORÄRARBEITER CH ›Person, die auf Vermittlung durch eine spezialisierte Firma jeweils für begrenzte Zeit in verschiedenen Betrieben arbeitet‹: *So hat beispielsweise die Firma Philipps im vergangenen Jahr schon 300 Leiharbeiter fix übernommen, weil diese sich bewährt hatten* (Presse 29. 9. 1998, 28; A); *Michael W. hatte als Leiharbeiter ... Fässer mit dem fein gemahlenen Kernbrennstoff abgefüllt, als das Missgeschick passierte* (Spiegel 31. 7. 2000, Internet; D) – Vgl. Leiharbeit

Leihhaus D (ohne mittelost/südwest) das; -es, ...häuser: ↗LEIHANSTALT A, ↗PFANDL A, ↗VERSATZAMT A D-südost, ↗PFANDLEIHKASSE CH, ↗PFANDHAUS D, ↗PFANDLEIHE D (ohne nordwest) ›private Institution oder Amt zur Vergabe von verzinslichen Darlehen gegen Hinterlegung von Wertgegenständen als Pfand‹: *1,5 Millionen Kunden überbrückten im vergangenen Jahr finanzielle Engpässe durch den Gang ins Leihhaus* (Welt 29. 4. 1998, Internet) – Dazu: **Pfandleihhaus**

Leine: *Leine ziehen CH D (ohne südost) (Grenzfall des Standards): ↗PUTZEN A, ↗VERTSCHÜSSEN A, ↗HAUS: *SICH ÜBER DIE HÄUSER HAUEN A-ost, ↗SCHLEICHEN A D-süd, ↗VERZUPFEN A D-südost, ↗ZUPFEN A D-südost, ↗ABFAHREN CH, ↗ABSCHLEICHEN CH, ↗VERDRÜCKEN CH D (ohne südost), ↗VERDUFTEN CH D, ↗VERKRÜMELN CH D (ohne südost), ↗ABSCHIEBEN D, ↗FLIEGE: *DIE/EINE FLIEGE MACHEN D, ↗VERPISSEN D, ↗DÜNNEMACHEN D-nord/mittel, ↗MÜCKE: *[DIE/EINE] MÜCKE MACHEN D-nord/mittel, ↗PLATTE: *DIE PLATTE PUTZEN D (ohne mittelost/südost), ↗TROLLEN D (ohne ost) ›sich entfernen; verschwinden, abhauen‹: *Klar müssen auch neue Köpfe her. Denn Ex-Frontmann Ueli S. zog Leine zum »Kassensturz«* (Blick 18. 12. 1996, 22; CH); *Der Junge mit dem Ball linst nur einmal schüchtern durch den Gitterzaun, da tönt es ihm schon entgegen: »Hau ab!«. Ivana springt ein paar Schritte auf ihn zu, der Knabe zieht Leine* (TAZ 2. 6. 2001, Internet; D) – Das Substantiv *Leine* ist in allen anderen Verwendungen gemeindt.

Leintuch A CH D-süd das; -(e)s, ...tücher: ↗BETTTUCH D, ↗BETTLAKEN D-nord/mittel, ↗LAKEN D-nord/mittel ›Tuch, das über die Matratze gespannt wird‹: *Vor sich sah Lena das Leintuch, das sie gerade aufgehängt hatte* (Wolfgruber, Verlauf eines Sommers 69; A); *Grossmutters Haushaltung war sehr einfach: in den Betten nur je ein Leintuch, ein Kissen und ein Deckbettanzug* (Wenger, Rosalia 29; CH) – In D-nord/mittel veraltend – Dazu: ↗**Fixleintuch** CH, **Oberleintuch** CH, ↗**Spannleintuch** A D-südwest, **Unterleintuch** CH

leinwand: *[Das/jmd./etw. ist] leinwand A-ost (Wien) (salopp, Grenzfall des Standards) ›[Das/jmd./etw. ist] großartig!‹: *Du bist echt leinwand* (Kneifl, Vorstellung 31); ***alles leinwand** ›alles in Ordnung‹: *Daher muss man aber aufhören, das in der Öffentlichkeit nur immer so hinzustellen, es ist eh alles paletti, es ist eh alles leinwand und klass* (Protokoll Steiermärkischer Landtag 1. 7. 1999, Internet) – Häufig in der dialektnahen Form *leiwand.* Die Redewendungen stammen aus einer Zeit, in der *Leinwand* als wertvolle Textilie galt. Daher oft noch als Substantiv angesehen und in der Schreibung *Leinwand*

Leipzig (gemeindt.): ↗BACHSTADT

Leistungsauftrag CH der; -(e)s, ...aufträge: ›Auftrag von einer Behörde, bestimmte Dienstleistungen zu erbringen‹: *Ein Museumsgesetz soll den fünf grossen Museen des Kantons Basel-Stadt unternehmerische Freiheit geben. Sie sollen Globalbudget und Leistungsauftrag erhalten* (Blick 11. 7. 1998, 11)

Leistungsausweis CH der; -es, -e: ↗LEISTUNGSNACHWEIS A D ›informeller oder formeller Nachweis, dass jmd. etw. geleistet hat‹ (häufig in der Wendung *politischer Leistungsausweis): P. ist ein Kriegsheld, der keinen politischen Leistungsausweis hat* (Bund 21. 12. 1999, 1)

Leistungskurs D der; -es, -e: ↗SCHWERPUNKTFACH CH ›Schulunterricht für die ↗Oberstufe, der vertiefte Kenntnisse in einem Fach vermitteln soll‹: *In der Zeit von 25. Juni bis 30. Juni präsentieren der Kunst-Leistungskurs der beiden Schorndorfer Gymnasien und Kunsterzieher R.S. »Werke aus zwei Jahren«* (Rems-Murr-Nachr 25. 6. 1999, Internet)

Leistungsnachweis A D der; -es, -e: ↗LEISTUNGSAUSWEIS CH ›Nachweis, dass eine Person oder Organisation etw. geleistet, eine geforderte Leistung erbracht hat‹: *Um für die Öffentlichkeit einen Leistungsnachweis zu erbringen und für Jugendliche attraktiv zu bleiben, müssen sich die Wehren auch vermehrt selbst präsentieren* (OÖN 5. 2. 2002, Internet; A); *Die von Stiftungen, Ministerien ... und der Industrie eingeworbenen Drittmittel gelten als besonderer Leistungsnachweis in der Forschung* (Tagesspiegel 4. 8. 1999, Internet; D) – In CH selten. Die Bedeutung ›Nachweis von Studienleistungen‹ ist gemeindt.

Leistungsträger (gemeindt.): ↗TEAMSTÜTZE

Leite A D-süd die; –, -n: ↗BERGLEHNE A CH, ↗LEHNE A D-süd, ↗HALDE CH, ↗STUTZ CH, ↗RAIN CH D-südwest ›[steiler] Berghang, Abhang‹: *Dass sie ihr nicht lange folgten, sondern sich bald nach links wandten, die gleichen steilen Leiten und Wiesenhänge hinaufsteigend, ... ergab sich aus der Art des Gespräches zwischen den beiden* (Doderer, Strudlhofstiege 529; A) – Erhalten noch in Flur-, Orts- und Nachnamen, z. B. *Ennsleite, Sonnleite.* In D gehoben. In CH in der Bedeutung ›Wasserleitung (in den Schweizer Alpen, bes. im Wallis)‹ nur noch in historischem Kontext gebräuchlich

Leiter (gemeindt.): ↗VORSTAND/VORSTÄNDIN, ↗VORSTEHER/VORSTEHERIN

Leiter Leiterin CH der; -s, – bzw. die; –, -nen: kurz für *Jugend und Sport-Leiter(in):* ›ausgebildete Person, die eine Sportgruppe leitet‹: *Für die Ausbildung der Leiter und Leiterinnen ist die Sportschule Magglingen im Auftrag des Bundesamtes für Sport verantwortlich* (Pro Senectute Schweiz, Zeitlupe, 10/2000, Internet) – Die Bedeutungen ›Person mit führender oder leitender Funktion‹, ›leitender Stoff (Physik, Chemie)‹ sowie das damit nicht verwandte Wort *Leiter* in der Bedeutung ›Aufstiegshilfe‹ sind gemeindt. Vgl. Jugend – Dazu: **Leiterausbildung, Leiterhandbuch, Leiterkurs,** ↗**Leiterteam, Wanderleiter(in)**

Leiterteam CH das; -s, -s [...ti:m]: ›Gruppe von leitenden Personen (v.a. bei Kursen und Projekten)‹: *Dieses Jahr findet das Lager in Fiesch zum zwanzigsten Mal statt. Für das Leiterteam ein besonderer Moment – für die Jugendlichen ein Lager wie jedes andere* (Bund 27. 9. 1999, 19) – Vgl. Jugend, Leiter

Leitplanke (gemeindt.): ↗LEITSCHIENE, ↗LEITSCHRANKE

Leitschiene A die; –, -n: ↗LEITSCHRANKE CH ›seitliche Fahrbahnbegrenzung aus Holz, Stahl oder Beton, die von der Fahrbahn abkommende Fahrzeuge stoppen soll; Leitplanke‹: *Die Berührung mit einer Leitschiene ist genauso gefährlich wie das Streifen eines anderen Fahrzeuges* (Ebner, Zweiradfahren 64) – Wird im Vergleich zum gemeindt. Wort *Leitplanke* im alltäglichen Gebrauch häufiger, im verkehrstechnischen Bereich (z.B. in der Straßenverkehrsordnung, Fahrschulen etc.) ausschließlich verwendet – Dazu: **Mittelleitschiene**

Leitschranke CH die; –, -n (meist Plur.): ↗LEITSCHIENE A ›seitliche Fahrbahnbegrenzung aus Holz, Stahl oder Beton, die von der Fahrbahn abkommende Fahrzeuge stoppen soll; Leitplanke‹: *Der letzte, noch nicht gesicherte Abschnitt des steilen Teilstücks der Fürschwendistrasse wird für 5530 Franken mit Leitschranken versehen* (St. Galler Tagbl 5. 7. 1997, Internet) – Vgl. Schranke

Leitungswasser (gemeindt.): ↗GÄNSEWEIN, ↗HAHNENBURGER, ↗HAHNENWASSER

Lende D die; –, -n: ›zum kurzen Braten in kleine Stücke portioniertes oder im Ganzen als Braten zubereitetes Fleisch des Rindes [Kalbes oder Schweines]‹: *Man kann mit den Fleischsorten variieren, Lende oder Filet vom Rind, Kalb oder Lamm, Hähnchenbrust, auch Fischfilet oder Garnelen* (WDR 3. 4. 1998, Internet) – Wegen uneinheitlicher Schnittführung gibt es keine direkte Entsprechung der Fleischteile, der *Lende* entsprechen in A die drei Fleischteile ↗*Hüferschwanzel,* ↗*Beiried* und ↗*Lungenbraten.* Die Bedeutung /ein Körperteil/ ist gemeindt. – Dazu: ↗**Lendenbraten** D-mittel/süd

Lendenbraten D-mittel/süd der; -s, –: ↗LUNGENBRATEN A, ↗FILET CH D, ↗MÜRBEBRATEN D-nord ›zum Kurzbraten in kleine Stücke portioniertes oder im Ganzen als Braten zubereitetes Fleisch der ↗Lende des Rindes, seltener auch des Kalbes oder Schweines‹: *Der Böhme isst dort, wo es den über alles geliebten Schweinsbraten gibt ... oder den Lendenbraten ... mit Rahmsauce und natürlich Knödeln* (BZ 9. 5. 1999, Internet)

Lenker Lenkerin A CH der; -s, – bzw. die; –, -nen: ›Person, die ein motorbetriebenes Fahrzeug steuert‹: *Außerdem argumentieren sie, die ständige Kontrolle durch den Datenspeicher würde die Leute zu weniger aggressivem Fahren veranlassen – vor allem die Risikogruppe der jugendlichen Lenker* (Format 14. 12. 1998, 99; A); *Ein gleichaltriger Lenker war mit seinem Wagen auf die Gegenfahrbahn geraten* (Blick 18. 1. 1997, 7; CH) – Dazu: ↗**Alkolenker(in)** A, ↗**Autolenker(in), Buslenker(in)** A, ↗**Fahrzeuglenker(in), Junglenker(in)** CH, ↗**Lenkerberechtigung** A, **Lenkerhaftpflicht** A, **Lenkerhaftpflichversicherung** A, **Lenkerprüfung** A, ↗**Neulenker(in)** CH, **Pkw-Lenker(in)** (↗Pkw) A, **Taxilenker(in), Wagenlenker(in)** (↗Wagen)

Lenkerberechtigung A die; –, -en (formell): ↗SCHEIN: *ROSA SCHEIN A, ↗FÜHRERSCHEIN A D, ↗BILLETT CH, ↗FAHRAUSWEIS CH, ↗FÜHRERAUSWEIS CH, ↗LAPPEN D ›amtliche Berechtigung, ein motorisiertes Fahrzeug zu fahren‹: *Das neue Führerscheingesetz verhilft dem B-Führerscheinbesitzer mit 6 Fahrstunden zur erweiterten Lenkerberechtigung für Einspurige bis 125 ccm* (Wiener 3/2000, 58) – Vgl. Lenker

Leopold Leopoldine A: ↗POLDI A D-südost männl. bzw. weibl. Vorname: *Leopold Hawelka weiß, dass nicht nur seine Buchteln zur Passion der Gäste gehören* (Standard 14. 4. 1999, Beilage 5) – In CH und D selten. *Leopold* ist der ↗Landespatron von Ober-, Niederösterreich und Wien. Der Tag seines Namensfestes wird mit *Leopoldi* bezeichnet – Dazu: **Leopolditag**

Leps STIR der; –, ohne Plur. (abwertend, Grenzfall des Standards): ›leichter Tischwein [von minderwertiger Qualität]‹: *Lange Zeit als billiger, nicht lagerungsfähiger »Leps« verschrien, erlebt Südtirols typischste Weinsorte, der Vernatsch, wieder eine Renaissance* (Dolomiten 5. 11. 2001, 5) – Um 1900 in Weinbaugebieten für ein aus Trestern gewonnenes leicht alkoholhaltiges Erfrischungsgetränk aufgekommen, heute oft abwertend für verschiedene leichte Tischweine

Lepschi: *auf Lepschi gehen A-ost (bes. Wien) ⟨tschech.⟩ (Grenzfall des Standards): ↗GAUDEE: *AUF [DER] GAUDEE SEIN A, ↗TREBE: *AUF [DER] TREBE [SEIN/GEHEN] D-nordost/mittelwest ›sich herumtreiben, vergnügen; aus dem begrenzten Lebensraum ausbrechen‹: *Die Schweine nutzten die Gunst der Stunde und gingen sofort auf Lepschi* (Kleine Ztg 24. 4. 1996, Internet)

Lernfahrausweis CH der; -es, -e: ›Ausweis, der dazu berechtigt, in Begleitung einer Person, die einen ↗Führerausweis besitzt, das Autofahren zu erlernen‹: *Bei Hegi verursachte am frühen Samstagmorgen ein Mann, der nur mit einem Lernfahrausweis unterwegs*

gewesen war, einen Selbstunfall (TA 25. 10. 1999, 21) – Vgl. Fahrausweis

Lernfahrer Lernfahrerin CH der; -s, – bzw. die; –, -nen: ›Fahrschüler(in)‹: *Auf der Kreuzung … überfuhr eine 18-jährige Lernfahrerin im Schritttempo ein Stoppschild – und krachte frontal in einen anderen Personenwagen* (Blick 15. 6. 1998, 9)

Leserbrief (gemeindt.): ↗LESERZUSCHRIFT

Leserzuschrift D die; –, -en: ›Leserbrief‹: *Es besteht kein Anspruch auf Veröffentlichung … einer Leserzuschrift* (BWL-Bote 24. 1. 2003, Internet) – In A und CH selten

Lesezeichen A D das; -s, –: **1.** ↗BUCHZEICHEN CH ›Markierung (Papierstreifen, Stoffband o. Ä.), die als Erinnerungshilfe zwischen zwei Buchseiten gelegt wird‹: *Ich kenne jemanden, der wiederum wen kennt und davon weiß, dass jemand als Lesezeichen einen Lottoschein mit Gewinn drauf (ein Vierer zu 400 Schilling und ein paar Zerquetschte) verwendet und im Buch vergessen hat* (Kleine Ztg 23. 6. 1997, Internet; A); *Ich … legte die Bibel, in der ein paar Bonbonpapiere als Lesezeichen steckten, wieder in den Küchenschrank* (Rothmann, Milch 83; D). **2.** (Computer); ↗BUCHZEICHEN CH ›gespeicherte Internetadresse bei gewissen Browsern; Bookmark‹: *Am 20. August wird es sich auf dieser Seite wohl drängen. Am besten gleich als Lesezeichen anlegen: www.computerchannel.de* (Kleine Ztg 14. 8. 2000, Internet; A); *Wenn Sie nun später auf den Knopf »Lesezeichen« klicken, öffnet der Browser links ein Fenster* (Goethe-Institut 5. 6. 2002, Internet; D) – In CH selten

letschert A D-südost Adj. (Grenzfall des Standards): **1.** ↗SCHLAPP CH D ›nicht bei Kräften; schwach‹: *Die charmante Weyreggerin Claudia N. weiß also, was sich geziemt, und erklärte nun in einem amüsanten Vortrag … einige Benimm-Beispiele. Hände nie zu letschert oder zu fest drücken!* (OÖN 17. 3. 2000, Internet; A). **2.** ›die (feste, knusprige, knackige) Konsistenz verlierend (von Speisen)‹: *Der Unterschied zwischen einer guten und einer schlechten Wurst ist leicht erklärt. Letschert darf sie nicht sein, sagt meine Würstelfrau* (SN 16. 3. 2002, Internet; A) – Wird in A auch lang ausgesprochen

Letten A (ohne südost) D-südost der; -s, ohne Plur/ A-südost die; –, ohne Plur. (Grenzfall des Standards): ↗GATSCH A D-südost, ↗PFLOTSCH CH, ↗BATZ D-südost, ↗MODDER D-nord/mittelost, ↗MUD D-nordwest, ↗PAMPE D-nord/mittel ›Schlamm, Matsch‹: *»Dreißig Zentimeter Letten und alle Querwege nicht mehr befahrbar«, brachte es der Absamer Bürgermeister auf den Punkt* (TT 21. 3. 1996, Internet; A) – Die Bedeutung ›Lehm, Ton‹ ist gemeindt.

letztmals CH D Adv.: ›zum letzten Mal‹: *Der Gemeinderat hat am 30. Gedenktag 1993 letztmals die Presse eingeladen und dann beschlossen, das sei jetzt das letzte Mal gewesen* (TA 31. 12. 1999, 23; CH); *Vor dem großen Härtetest in der WM-Vorrunde durften die deutschen Stars gestern letztmals ausspannen* (AZ 19. 6. 1998, 20; D) – In A selten

Leuchtenstadt CH die; –, ohne Plur. ⟨übersetzt aus lat. *lucerna* ›Leuchte‹⟩: ›Luzern‹: *Christkindlmarkt-Atmosphäre in der Leuchtenstadt: Glühwein und Lebkuchen stehen im Zentrum der diesjährigen Luzerner Weihnachtsausstellung* (Blick 2. 12. 1996, 8)

Leumundszeugnis A CH das; -ses, -se: ↗STRAFREGISTERBESCHEINIGING A, ↗FÜHRUNGSZEUGNIS D ›vom Einwohner bzw. von der Einwohnerin bei der Gemeinde anzuforderndes, polizeiliches Zeugnis, das Auskunft über eventuell begangene, im Strafregister eingetragene Straftaten ab einem bestimmten ↗Strafausmaß gibt‹: *Das Leumundszeugnis von Chefs und Mitarbeitern muss tadellos sein, jeder Mitarbeiter ist polizeilich registriert* (Kurier 25. 6. 1999, 10; A); *Jeder Wohnort muss ein Leumundszeugnis zuhanden der Einbürgerungsbehörde ausstellen* (Sonntagsztg 22. 8. 1999, 43; CH) – Die Bedeutung ›Bezeugung über jmds. Ruf bzw. Leumund‹ ist gemeindt.

Leuwagen D-nord der; -s, –: ↗FEGBÜRSTE CH ›hartborstige Bürste mit langem Stil, mit der Böden nass gereinigt werden; Schrubber‹: *Der Feudel wird nicht über einen Schrubber gelegt, sondern über einen Leuwagen (Scheuerbürste mit langem Stiel), nachdem er in das Wasser des Feudeleimers eingetaucht und mit großem Körpereinsatz ausgewrungen worden ist* (Hamburger Abendbl 14. 2. 2003, Internet) – In D fachsprachlich auch in der Bedeutung ›Bügel/ Querbalken am Schiffsmast zur Befestigung von Seilen‹

LG siehe Landesgericht

LgBl. siehe Landesgesetzblatt

LH siehe Landeshauptmann

lic. CH [lits] ⟨aus mlat. *licentiatus, -a* ›der/die mit Erlaubnis Versehene‹⟩: ↗MAG. A, ↗M.A. D /akademischer Titel/: *Seit 1991 vertritt lic. iur. Werner M. … den Kanton in Bern* (Blick 21. 9. 1999, 6) – Vgl. Lizentiat. Immer in Verbindung mit der Bezeichnung der Fakultät, z. B. lic. iur. (selten auch jur.), lic. oec., lic. phil., lic. rer. pol., lic. rer. publ., lic. theol.

Licentiat siehe Lizentiat

Lichtbild A D das; -(e)s, -er: **1.** (formell) ›Passfoto‹: *Bei Interesse richten Sie bitte die schriftliche Bewerbung (mit Lichtbild, handgeschriebenem Lebenslauf und den letzten Abschlusszeugnissen in Kopie) an …* (Monatsjournal Tirol 2. 4. 1998, 15; A); *Kinder benötigen Lichtbild-Ausweis* (Straubinger Tagbl 7. 4. 1998, 11; D). **2.** (veraltend) ›Dia[positiv]‹: *In dem Haus des*

Korneuburgers wurden außerdem 400 Videobänder und eine große Anzahl von Lichtbildern sichergestellt (NÖN 12/1998, 16; A); *Vortrag: Französische Schlösser und Paläste in und um Paris ... mit Lichtbildern* (NRZ 28. 9. 2001, Internet; D) – Zu 1.: **Lichtbildausweis.** Zu 2.: **Lichtbildervortrag**

lieb: ***Mein Lieber!** A D-mittelost; ***Mein lieber Freund!** A D (salopp): ↗FREUNDERL! A ›Freundchen!‹ /emotionaler Ausruf von je nach Betonung unterschiedlicher Bedeutung, bes. als Warnung, Drohung [ernst gemeint oder ironisch-gutmütig], oder als Ausdruck des Erstaunens/: *Das ist ein treffender Vergleich, mein Lieber, ein treffender!* (Protokoll Nationalrat 16./17. 6. 1999, Internet; A); *Mein lieber Freund, so läuft das aber nicht* (Uni aktuell 1/1996, Internet; A); *»Mein lieber Freund«, fährt er den Mann aus Peru mit drohend erhobener Stimme an, »wir wollen doch gefälligst bei der Wahrheit bleiben!«* (Glasnost Archiv 19. 11. 2002, Internet; D) – Das Adjektiv *lieb* in der Bedeutung ›nett‹ ist gemeindt., allerdings ist der Bedeutungsumfang von *lieb* in A weiter als in CH und D und kann sich auch auf Gegenstände beziehen

Liebesknochen D-nordost/mittel der; -s, –: ›mit ↗Creme gefülltes und mit Glasur aus Schokolade überzogenes Gebäck in länglicher Form; Brandteigkrapfen‹: *Der süße Nachtisch wurde womöglich bis zu vierzehn alten Menschen zum Verhängnis: Die »Liebesknochen« ... waren vermutlich mit Salmonellen verseucht* (Tagesspiegel 29. 3. 2000, Internet)

Liechtenstein (gemeindt.): ↗LÄNDLE

liefern: ***liefern statt lafern** CH ›etw. tun, statt nur daherreden‹: *Ob Sie ein Linker sind, weiss ich nicht. Aber das können Sie beweisen, wenn Sie regieren und nicht nur Wahlkampf machen, einmal liefern statt lafern* (Bund 28. 11. 2000, 29); ***nicht lafern, sondern liefern** CH ›nicht daherreden, sondern etw. tun‹: *[Der] Chef verlangt eine hohe Bereitschaft zu Veränderungen. »Nicht lafern, sondern liefern«, schreibt er* (TA 13. 3. 1998, 23) – Das Verb *liefern* ist in allen anderen Verwendungen gemeindt.

liegen st.V./ist/hat: Das Perfekt wird in A, CH und D-süd mit *sein* gebildet, in D-nord/mittel mit *haben*. Das gilt auch für alle Zus. mit *liegen*, z.B. anliegen, ↗aufliegen, ↗ausliegen, beiliegen, brachliegen, bereitliegen, daliegen, danebenliegen, daniederliegen, dazwischenliegen, gegenüberliegen, stillliegen, vorliegen, zurückliegen: *Sie musste schon lange Zeit hier gelegen sein, denn das Gerippe war vollkommen blank gefressen, bleich und weich lag es in der Sonne* (Schöpf, Ausgedingler 101; A); *Auch du bist in einem Kühlraum gelegen, in irgendeinem Krankenhaus, vermutlich in einem weissen Röckchen mit gefalteten Händen* (Franzetti, Hotel Excelsior 45; CH); *Denn was nützt der schönste Plan, wenn man am Ende doch wieder nur auf der Couch gelegen hat?* (WDR 20. 12. 2002, Internet; D-nord/mittel)

Liegenschaft die; –, -en: **1.** A D; ↗GRUND A D-südost ›Grundstück, Grundbesitz‹: *Wie in den Vorjahren wird auch heuer wieder vom 15. bis 24. April der Baum- und Strauchschnitt, der auf privaten Liegenschaften anfällt, abgeholt* (Innsbruck informiert 4/1998, Servicebeilage 19; A); *Es wird ein geeigneter Investor gesucht, der die ca. 2,58 ha große Liegenschaft ... erwirbt* (FAZ 10. 10. 1997, 57; D). **2.** CH D; ↗REALITÄTEN A ›Gebäude mit dazugehörigem Grundstück; Immobilie‹: *Unter den 79 an den Wärmeverbund angeschlossenen Liegenschaften befinden sich drei Schulhäuser, das Alterswohnheim, das Kasino und das alte Gerichtsgebäude* (TA 10. 12. 1998, 25; CH); *Die Stadt Weimar schreibt folgende Liegenschaft aus: Gewerbegrundstück mit Halle* (Stadt Weimar, 1999, Internet; D) – Zu 2.: In A nur in Anzeigen von ↗Immobilienbüros – Zu 1.: ↗**Liegenschaftsamt** D, ↗**Liegenschaftskataster** D. Zu 2.: **Abbruchliegenschaft** CH, ↗**Altliegenschaft** CH, **Fabrikliegenschaft** (↗Fabrik-) CH, **Geschäftsliegenschaft** CH, **Gewerbeliegenschaft** CH, **Liegenschaftsbesitzer(in)** CH, **Liegenschaftshandel** CH, **Liegenschaftsmarkt** CH, ↗**Liegenschaftssteuer** CH STIR, **Liegenschaftsunterhalt** CH, **Liegenschaftsverwalter(in)** CH, **Liegenschaftsverwaltung, Nachbarliegenschaft**

Liegenschaftsamt D das; -(e)s, ...ämter: ↗GRUNDBUCH A, ↗GRUNDBUCHSGERICHT A, ↗GRUNDBUCHAMT CH D, ↗KATASTERAMT D STIR ›Behörde, die das Grundstücksverzeichnis verwaltet‹: *Für die Bebauung liegt ein Baubescheid vor, der beim Liegenschaftsamt eingesehen werden kann* (FAZ 10. 10. 1997, 63) – Vgl. Liegenschaft

Liegenschaftskataster D-nord/mittel das/D-süd der; -s, –: ›vom ↗Grundbuchamt geführtes Verzeichnis aller Grundstücke; Grundbuch‹: *Im Liegenschaftskataster ... werden die Liegenschaften (Flurstücke und Gebäude) landesweit nachgewiesen* (Vermessungsverwaltungen der Länder der BRD, 1998, Internet) – Vgl. Kataster, Liegenschaft

Liegenschaftssteuer CH STIR die; –, -n: ↗GRUNDSTEUER A D, ↗IMMOBILIENSTEUER STIR ›Gemeindesteuer, die auf Grundbesitz, Gebäude und Wohnungen erhoben wird‹: *Die Gemeinden erheben auf den in ihrem Gebiet gelegenen Grundstücken eine Liegenschaftssteuer, die jährlich ... zu entrichten ist* (Steuerverwaltung des Kantons LU, 2003, Internet; CH); *Auf dem Gebiet der Lokalfinanz geht der Trend dahin, den Gemeinden wieder eigene Steuereinnahmen zu erschließen. So wurde beispielsweise eine lokale Liegenschaftssteuer eingeführt* (Autonome Provinz Bozen-Südtirol, Über Südtirol, 2001, Internet;

STIR) – Abk. LStR in CH – Dazu: **Gemeindeliegenschaftssteuer** STIR

Liegetag D-nord der; -(e)s, -e (Seewesen): ›Tag, an dem ein Schiff im Hafen bleibt‹: *Sonntagnachmittag war Liegetag: Mit Butterkuchen und Kaffee genoss Familie A. ... Sonne und Hafenspektakel an Bord ihrer Yacht* (Hamburger Abendbl 14. 5. 2001, Internet)

Liese D: ↗LIESL A, ↗LISI A CH, ↗BETHLI CH Kurzform der weibl. Vornamen *Anneliese, Elisabeth, Lieselotte: Liese P. und Christa K. betonten in ihren Ansprachen die Bedeutung und Notwendigkeit der Hospizarbeit* (Badener Ztg 19. 9. 2001, Internet)

Liesl A: ↗LISI A CH, ↗BETHLI CH, ↗LIESE D Kurzform der weibl. Vornamen *Anneliese, Elisabeth, Lieselotte: Es mag noch angehen, dass die Liesl G. dem Wolferl S. über den Mund gefahren ist* (SN 1. 9. 2003, Internet) – Auch in der Schreibung *Lisl*

Lift (gemeindt.): ↗AUFZUG, ↗FAHRSTUHL

Liftstock A der; -(e)s, ...stöcke: ›Stockwerk, das ein Lift anfährt‹ (häufig in Inseraten): *Supergarçonniere am Donaukanal, traumhafter voll möblierter Gesamtzustand, hoher Liftstock, ablösefrei* (Standard 17. 6. 1998, 31)

Ligaerhalt CH der; -(e)s, ohne Plur. (Sport): ↗KLASSENERHALT D, ↗KLASSENVERBLEIB D ›Verbleib in der Spielklasse; Nichtabstieg‹: *Am 5. Juni wurde im Aarauer Brügglifeld nach dem 2:1-Sieg über Yverdon der Ligaerhalt gefeiert* (Blick 14. 7. 1999, 21) – In D selten

lila (gemeindt.): ↗LILAFARBEN

lilafarben D Adj. (nicht steigerbar): ›in bzw. von lila Farbe; lila‹: *Lotto-Expertin R.: Zunächst muss man darauf achten, den richtigen Schein zu erwischen. Bloß nicht den nehmen, auf dem oben lilafarben »6 aus 45« steht* (Tagesspiegel 23. 6. 2001, Internet)

Limit (gemeindt.): ↗LIMITE

Limite CH die; –, -n ⟨frz.⟩: ›Limit‹: *Trotz gesetzlicher Limiten in der EU (max. 24 km/h) wurden letztes Jahr europaweit 40'000 Velos mit elektrischem Zusatzantrieb verkauft* (TA 26. 10. 1999, 80) – Dazu: **Alterslimite** (↗Alters-), **Ausgabenlimite, Einkommenslimite, Geschwindigkeitslimite, Gewichtslimite, Kreditlimite, Preislimite, Tempolimite, Zeitlimite**

Limmatstadt CH die; –, ohne Plur. ⟨nach dem Fluss *Limmat*, an dessen Ausfluss aus dem Zürichsee die Stadt liegt⟩: ↗ZWINGLISTADT CH ›Zürich‹: *Heute wird die jüngste der drei Zahnrad- und Standseilbahnen in der Limmatstadt 100 Jahre alt* (Bund 4. 4. 2001, 48) – Andere an der *Limmat* gelegene Städte werden nur selten so bezeichnet

Limo A D (ohne südost) die; –, -(s)/D-südost das; -s, -s (Kurzwort, salopp): ↗KRACHERL A D-südost, ↗BLÖTERLIWASSER CH, ↗BRAUSE D-nord/mittel, ↗SPRINGERL D-südost, ↗SPRUDEL D (ohne mittelost), ↗SPUMA STIR ›Limonade‹: *Wir haben 160.000 Halbe Bier ausgeschenkt und 50.000 Flaschen Limo verkauft* (OÖN 8. 5. 2000, Internet; A); *Getrunken wird Eierlikör mit Limo* (WAZ 16. 10. 1997, 12; D) – In A mit kurzem, in D mit langem i gesprochen.

Limonade (gemeindt.): ↗BLÖTERLIWASSER, ↗BRAUSE, ↗KRACHERL, ↗LIMO, ↗SPRINGERL, ↗SPRUDEL, ↗SPUMA

lindengrün CH Adj. (nicht steigerbar): ›lindgrün‹: *Der neue Look basiert auf einem Marineblau kombiniert mit Accessoires in Enzianblau, Hanfrot und Lindengrün* (Tagesanzeiger 1. 7. 1998, 19) – In D selten

lindgrün (gemeindt.): ↗LINDENGRÜN

Lingerie CH die; –, -n [lɛ̃ʒri] ⟨frz. *lingerie* ›Wäschekammer, -zimmer‹⟩: ›Wäscherei (als Teil eines grösseren Betriebes)‹: *Nachdem sie nicht mehr in der Lingerie des Excelsior arbeitete, füllte sie ihre Tage mit Stricken und Nähen, Kuchen- und Brotbacken, Autofahren und Diktaten* (Franzetti, Hotel Excelsior 93) – Die Bedeutung ›Unterwäsche [für Damen]‹ ist gemeindt.

Linie CH STIR die; –, -n: kurz für ↗*Telefonlinie:* ›Telefonleitung‹: *Der Automat unterbrach die Linie, nur noch der Summton war zu hören* (Jacobi, Kleefabrik 97; CH); *Denn so wie ich für eine Telefonblockade mindestens so viele Geräte benötige, wie das Opfer Linien bzw. Apparate besitzt, so ist dies auch bei einem Online-Angriff der Fall* (Dolomiten 16. 2. 2000, 16; STIR); ***Bitte, bleiben Sie in der Linie!** STIR ›Bitte, bleiben Sie am Apparat! Bitte, bleiben Sie dran!‹: *»Bitte, bleiben Sie in der Linie, bis das zuständige Personal antwortet.« Nach etwa zwei Minuten, in denen sich diese Mitteilung (nur) in italienisch und englisch mehrmals wiederholt, wird die Verbindung unterbrochen* (Dolomiten 7. 7. 1995, 12) – Andere Bedeutungen sind gemeindt.

Linienrichter (gemeindt.): ↗OUTWACHLER/OUTWACHLERIN

linieren (gemeindt.): ↗LINIIEREN

liniieren D-nordost/mittel sw.V./hat: ›(ein Blatt Papier) mit Linien versehen; linieren‹: *Lineal und ein Zirkel zum Einstechen der Markierungen für das Liniieren gehörten ebenfalls zur Ausrüstung* (Universität Bamberg 8. 5. 2002, Internet)

Linoleum (gemeindt.): ↗NOVILON

linsen A-west D (ohne südwest) sw.V./hat (Grenzfall des Standards): ↗SPECHTELN A, ↗LUREN D-südost, ↗SPECHTEN D-südost ›spionieren, spähen‹: *Auf der hölzernen Plattform des Gasthauses blieb ich stehen,* *linste durch eines der beiden Aussichtsfenster in den Gastraum* (Lenz, Deutschstunde 54; D)

Linz (gemeindt.): ↗STAHLSTADT

Linzeraugen A die; nur Plur.: ↗SPITZBUB A CH D-süd ›ein aus zwei Hälften bestehendes, rundes, mit ↗Marmelade gefülltes [zur Weihnachtszeit gegessenes] Gebäck aus ↗Mürbteig, dessen eine Hälfte mit [drei] kleinen Löchern versehen wird‹: *Wie jedes Kleingebäck aus Mürbteig bedürfen auch Linzer Augen einer Lagerzeit von ca. 14 Tagen, bis diese mürb sind* (Plachutta, Gute Küche 487) – Auch in der Schreibung *Linzer Augen*

liquidieren STIR sw.V./hat ⟨übersetzt aus ital. *liquidare*⟩: ›zweckgebundenes Geld vor einer Überweisung verfügbar, flüssig machen‹: *Für die Lieferung und Montage der Fenster- und Balkontüren sind vorerst 72 Millionen Lire zu liquidieren* (Volkmar 3/1998, 5) – Andere Bedeutungen sind gemeindt. – Dazu: **Liquidierung**

Lisi A CH: ↗LIESL A, ↗BETHLI CH, ↗LIESE D Koseform der weibl. Vornamen *Anneliese, Elisabeth, Lieselotte*: *Von der Handlung in höchste Aufregung versetzt, wollte er beim Knie der Lisi Halt und Stütze finden* (Kleine Ztg 16. 6. 1999, Internet; A); *Als ich im Dorf zu Lisi und Bethli in die warme Stube kam, meldete ich ihnen, ich hätte Lehrer Stamm nicht angetroffen* (Wenger, Rosalia 87; CH)

Lisl siehe Liesl

Lismer CH der; -s, –: ↗JANKER A D-südost ›gestrickte Jacke; Strickjacke‹: *Wenn wir über Land fuhren, trug er einen echten englischen Tweedanzug mit einem feinen gelben Lismer darunter* (Wyss, Tage 98)

lispeln (gemeindt.): ↗HÖLZELN, ↗ZUZELN

Lizentiat CH das; -(e)s, -e ⟨aus lat. *licentia* ›Erlaubnis‹⟩: ↗MAGISTER A D ›erster akademischer Grad (an nicht naturwissenschaftlichen Fakultäten der Schweizer Hochschulen)‹: *Das gesamte Studium bis zum Lizentiat oder Diplom dauert acht bis zehn Semester, bei den Medizinern bis zum Staatsexamen etwa 13 Semester* (Zürcher Bürgerbuch, 103) – Abk. ↗lic. Auch in den Formen *Licentiat* und *Lizenziat.* Als Personenbezeichnung wird *Lizentiat* nicht mehr verwendet. Im Bereich der katholischen Theologie gemeindt. – Dazu: **Lizentiatsarbeit, ↗Lizentiatsexamen, ↗Lizentiatsprüfung, Lizentiatsstudium, Lizentiatsstufe**

Lizentiatsexamen CH das; -s, –: ↗LIZENTIATSPRÜFUNG CH, ↗STAATSEXAMEN CH D, ↗MAGISTERPRÜFUNG D ›Prüfung zur Beendigung eines [Hochschul]studiums (in manchen Fächern), Diplomprüfung‹: *Zum Abschluss des Hauptstudiums sind folgende Leistungen zu erbringen: … Das Lizentiatsexamen, das eine vierstündige schriftliche und eine 45-minütige mündliche Prüfung umfasst, in welchen aus den zwischen Dozent/in und Kandidat/in vereinbarten Themenkreisen geprüft wird* (Institut für Ethnologie, Universität Bern, 2002, Internet) – Vgl. Lizentiat

Lizentiatsprüfung CH die; –, -en: ↗LIZENTIATSEXAMEN CH, ↗STAATSEXAMEN CH D, ↗MAGISTERPRÜFUNG D ›Prüfung zur Beendigung eines [Hochschul]studiums (in manchen Fächern); Diplomprüfung‹: *Voraussetzung für die Zulassung zur Lizentiatsprüfung ist der Abschluss des Hauptstudiums* (Theologische Fakultät Universität Bern, 2002, Internet) – Vgl. Lizentiat

Lizenziat siehe Lizentiat

LKH siehe Landeskrankenhaus

Lkr. siehe Landkreis

Lkw A D der; -(s), -(s): buchstabierte Abk. für ↗*Lastkraftwagen*: ›Lastwagen‹: *Uralte Handelswege werden belebt, immer mehr Lkw bringen Konsumgüter aus der Türkei nach Taschkent* (Kleine Ztg 2. 3. 1997, 18; A); *Entgegen der Forderung von Umweltschützern, Transporte möglichst von der Straße auf die Schiene zu verlagern, werden Briefe von der Post nur noch per Lkw oder Flugzeug befördert* (Spiegel-Jahreschronik, 1997, 129; D) – In CH selten. Auch in der Schreibung *LKW* – Dazu: **Klein-Lkw, Lkw-Fahrer(in), Lkw-Führerschein** (↗Führerschein)

Löffel: *über den Löffel balbieren/barbieren D (Grenzfall des Standards) ›jmdn. auf plumpe Art und Weise betrügen; jmdn. übers Ohr hauen‹: *Samson wurde … von seinen Brüdern Salomon und Henry in Geldgeschäften über den Löffel balbiert* (Spiegel 1. 12. 1997, 186) – Das Substantiv *Löffel* sowie die anderen Phraseologismen mit Löffel, z. B. *den Löffel abgeben*, sind gemeindt.

Löffelbiscuit siehe Löffelbiskuit

Löffelbiskuit CH D das/der; -(e)s, -s/-e […'bɪsku̯i CH, …bɪs'kviːt D (ohne südost), …bɪs'kvit D-südost]: ↗BISKOTTE A ›fingerlanges, schmales Feingebäck mit abgerundeten Ecken‹: *1 Ananas in kleine Würfel schneiden, Ananassaft mit einem Schuss Kirsch in Teller geben, darin Löffelbiscuits eintunken, bis sie weich und formbar werden* (Minu, Basler Koch(t)köpfe 39; CH); *Ein paar geröstete Mandeln oder Krokant, … vielleicht ein Löffelbiskuit und ein Pfefferminzblättchen genügen zur Verzierung* (SWR, 2000, Internet; D) – In CH auch in den Schreibungen *Löffelbiscuit* und *Löffelbisquit.* Vgl. Biskuit

Löffelbisquit siehe Löffelbiskuit

Logiernacht CH die; –, …nächte [lɔ'ʃiːr…] (Touristik): ↗NÄCHTIGUNG A ›Übernachtung in einem Hotel‹:

1998 zählte man allein in der Stadt Zürich über 2 Millionen Logiernächte (Aargauer Ztg 10. 6. 1999, 24)

Lohn (gemeindt.): ↗SALÄR

Lohnausweis CH der; -es, -e: ↗LOHNSTEUERKARTE D ›vom Arbeitgeber bzw. von der Arbeitgeberin auszustellende Bescheinigung als Grundlage zur Berechnung der ↗Einkommenssteuer‹: *Mein Sohn ist Lehrling und hat 1998 laut Lohnausweis brutto 12 090 Franken verdient* (Bund 27. 2. 1999, 16)

Lohnbuchhalter (gemeindt.): ↗GEHALTSVERRECHNER/GEHALTSVERRECHNERIN, ↗LOHNVERRECHNER/LOHNVERRECHNERIN, ↗PERSONALVERRECHNER/PERSONALVERRECHNERIN

Lohnbuchhaltung CH D die; –, -en: ↗GEHALTSVERRECHNUNG A, ↗LOHNVERRECHNUNG A, ↗PERSONALVERRECHNUNG A ›[Abteilung für die] Berechnung, Auszahlung und Verbuchung der Gehälter in einem Betrieb‹: *Die Lohnbuchhaltung sorgt monatlich für die Auszahlung der Löhne von insgesamt 360 Personen* (Evang. Kirche Kanton BS, 2001, Internet; CH); *Ein Beispiel wäre, dass Stellen in der Lohnbuchhaltung durch technischen Fortschritt überflüssig werden* (SZ 5. 12. 2000, Internet; D)

Lohnklasse CH die; –, -n: ↗GEHALTSSTUFE A, ↗GEHALTSGRUPPE A D, ↗BESOLDUNGSGRUPPE D ›Gehaltsklasse‹: *Die 21 Berufsschullehrerinnen … verlangten den gleichen Lohn wie die eine Lohnklasse höher eingestuften Mittelschullehrer* (TA 12. 11. 1999, 10)

Lohnprozent CH das; -(e)s, -e: ›Prozent des Bruttolohnes, das für gesetzliche Sozialversicherungen vor der Auszahlung abgezogen wird‹: *Besteht jetzt eine Chance, Arbeitnehmer und Arbeitgeber vom dritten Lohnprozent zu entlasten?* (TA 4. 11. 1999, 33)

Lohnsackerl A das; -s, -n (oft scherzh.): ↗LOHNTÜTE CH D ›Lohn‹: *Vielleicht, Herr Redakteur, legen auch Sie … Ihr Lohnsackerl offen* (Kleine Ztg 31. 10. 1998, Internet) – Die Bedeutung ›Briefumschlag mit dem bar ausbezahlten Lohn‹ ist veraltet

Lohnsteuer A D die; –, -n: ↗QUELLENSTEUER CH ›Steuer auf Einkünfte aus unselbstständiger Tätigkeit, die vor der Auszahlung der Löhne/Gehälter abgezogen wird‹: *Die Beiträge an Sozialversicherung, Lohnsteuer und Kommunalsteurer, die aus den Betrieben zurück an die öffentliche Hand fließen, entsprechen in etwa der Höhe der erhaltenen Subventionen* (Zwanzger 3/1999, 13; A); *Daraus errechnet sich für das Weihnachtsgeld eine Lohnsteuer von 331 Mark* (Berliner Kurier 14. 2. 2001, Internet; D) – Einkünfte aus nichtselbstständiger Arbeit werden in CH gewöhnlich im Rahmen der Einkommensteuer versteuert – Dazu: **Lohnsteuererklärung**, ↗**Lohnsteuerkarte** D, **lohnsteuerpflichtig**, **Lohnsteuerzahler(in)**

Lohnsteuerkarte D die; –, -n: ↗LOHNAUSWEIS CH ›von der Gemeinde ausgestellte Bescheinigung als Unterlage zur Berechnung der ↗Lohnsteuer‹: *Weiterhin im Service-Angebot: Führungszeugnisse, Beglaubigungen, Änderungen von Lohnsteuerkarten* (WAZ 28. 10. 1997, 23) – In A früher

Lohntüte CH D die; –, -n: ↗LOHNSACKERL A ›Lohn‹: *Die Spieler spielen dort, wo die Lohntüte am grössten ist* (Sport 10. 3. 1998, 25; CH); *Die Deutschen hatten im vergangenen Jahr im Schnitt über 2 Prozent mehr in der Lohntüte als 1999* (TAZ 31. 1. 2001, Internet; D) – Die Bedeutung ›Briefumschlag mit dem bar ausbezahlten Lohn‹ ist veraltet

Lohnverrechner Lohnverrechnerin A der; -s, – bzw. die; –, -nen: ↗GEHALTSVERRECHNER A, ↗PERSONALVERRECHNER A ›Person, die für ein Unternehmen Löhne berechnet; Lohnbuchhalter(in)‹: *Für die Werkverträge muss eine ganze Berufsgruppe, nämlich Buchhalter, Lohnverrechner und Wirtschaftstreuhänder, umgeschult werden* (Kurier 18. 8. 1996, 2) – Vgl. Gehaltsverrechnung, Lohnverrechnung, Personalverrechnung

Lohnverrechnung A die; –, -en: ↗GEHALTSVERRECHNUNG A, ↗PERSONALVERRECHNUNG A, ↗LOHNBUCHHALTUNG CH D ›Berechnung, Auszahlung und Verbuchung der Gehälter in einem Betrieb‹: *Derartige Wartungsarbeiten sind längst Sache selbständiger Zulieferbetriebe, ebenso wie die Putzkolonnen in den Büros und in vielen Betrieben die Lohnverrechnung und Buchhaltung* (Profil 30. 3. 1998, 25) – Vgl. Gehaltsverrechner, Lohnverrechner, Personalverrechner

Lohnzahlung (gemeindt.): ↗ENTLOHNUNG, ↗ENTLÖHNUNG, ↗SALARIERUNG

Lohnzettel A der; -s, –: **1.** ↗BEZUGSZETTEL A, ↗GEHALTSZETTEL A D ›Ausdruck, auf dem die Abrechnung über den Lohn vermerkt ist‹: *Die Beamten winken gerne mit dem Lohnzettel, wo nur das Grundgehalt ausgewiesen ist* (News 6. 11. 1997, 19). **2.** ›Zusammenstellung des Lohnes bzw. des Gehaltes für das gesamte abgelaufene Jahr für steuerliche Berechnung, die von der bezugsauszahlenden Stelle (Firma, Behörde) dem ↗Finanzamt übermittelt wird‹: *Der Lohnzettel braucht nicht mitgeschickt zu werden, der kommt vom Arbeitgeber direkt an das Finanzamt* (Maxima 3/1998, 164) – Zu 2.: **Jahreslohnzettel**

Lokal (gemeindt.): ↗BEISEL, ↗BEIZ, ↗KNEIPE, ↗KRUG, ↗PINTE, ↗SPUNTEN, ↗WIRTSHAUS, ↗WIRTSCHAFT

Lokalaugenschein A der; -(e)s, -e: ↗LOKALTERMIN D, ↗ORTSTERMIN D, ↗ORTSAUGENSCHEIN STIR ›behördlicher oder gerichtlicher Termin an einem Tat- oder Unfallort zur Rekonstruktion der Ereignisse und zur Beweisaufnahme‹: *An der Tür wurde ein Lo-*

kalaugenschein durchgeführt, ob Sachbeschädigung vorliegt (ORF Nachlese 11/1997, 42)

Lokalfinanz STIR die; –, ohne Plur.: ›lokale Finanzverwaltung‹: *Verabschiedet wurden auch vier Gesetzentwürfe über die Reform der Rentenversorgung, des Gesundheitswesens, des Staatsdienstes und der Lokalfinanz* (Dolomiten 11. 7. 1992, Internet)

Lokalrunde A D die; –, -n: ›Spendieren eines Getränks an alle Anwesenden in einer Gaststätte‹: *Er bewaffnete sich mit einem Butterfly-Messer und schmiss in einem Lokal in Wien-Donaustadt eine Lokalrunde* (SN 14. 7. 2000, Internet; A); *Vater und Trainer Franz-Josef B. bestellte gleich eine Lokalrunde in der Hotelbar auf »diesen Sieg mit der Brechstange«* (Welt 14. 7. 1997, Internet; D)

Lokalseite A D die; –, -n: ›Seite einer Zeitung, auf der über Lokales berichtet wird‹: *Unentwegt sucht unser Waldzeller Fotograf Alois L. … nach passenden Schnappschüssen für die Innviertler Lokalseiten* (OÖN 31. 7. 2000, Internet; A); *Es werden regelmäßige Infoveranstaltungen sowie Presseartikel auf der Lokalseite angeboten* (Stadt Harsewinkel 21. 1. 2003, Internet; D)

Lokaltermin D der; -(e)s, -e: ↗Lokalaugenschein A, ↗Ortstermin D, ↗Ortsaugenschein STIR ›behördlicher oder gerichtlicher Termin an einem Tatort oder Unfallort zur Rekonstruktion der Ereignisse und zur Beweisaufnahme‹: *Das Portemonnaie war plötzlich verschwunden und die Belegschaft erschien fast geschlossen zum Lokaltermin mit der Polizei* (NRZ 26. 6. 2001, Internet) – In CH selten. Vgl. Augenschein

Lokalwährung CH die; –, -en: ›Währung des Staates, in dem eine Niederlassung eines international tätigen Unternehmens ansässig ist‹: *Die in der Automatenverpflegung tätige Gruppe hat den Nettoerlös in den ersten Monaten des laufenden Jahres um 6,6 % (Lokalwährung) bzw. 6,3 % (Schweizer Franken) gesteigert* (Bund 5. 5. 1999, 18)

Löli CH der; -s, -s (abwertend, Grenzfall des Standards): ↗Lapp A D-südost, ↗Lappi CH, ↗Lappen D-nord/mittelost ›einfältige, tölpelhafte Person‹: *Er maulte, fluchte über die Sirenen, wenn sie ertönten, schalt mich einen jungen Löli, einen Taugenichts, der nicht einmal eine Sense richtig halten könne* (Honegger, Ehemalige 10) – Eine weibliche Form ist nicht gebräuchlich

Lolli D-nord/mittel der; -s, -s (Grenzfall des Standards): ↗Schlecker A (ohne west/südost), ↗Lutscher A D, ↗Schleckstängel CH, ↗Dauerlutscher D-nordwest/mittel ›Süßigkeit [in runder Form] auf einem Stängel zum Lutschen‹: *Ich … zog eine Gummischlange und einen angelutschten Lolli aus den Taschen* (Rothmann, Wäldernacht 49)

Lorbeeren: *sich auf seinen Lorbeeren ausrasten siehe ausrasten

löschen sw.V./hat: **1. *die Tafel löschen** A D-südost siehe Tafel. **2.** CH D; ↗abdrehen A D, ↗ausdrehen A D, ↗ablöschen CH, ↗ausmachen CH D ›(das Licht) ausschalten‹: *Wie kann man nur so leben, dachte sie, die Hand am Lichtschalter, als wollte sie gleich wieder löschen* (Moser, Putzfraueninsel 12; CH); *Die Schüler und Lehrer müssen lediglich einige Grundregeln einhalten: Der letzte löscht das Licht* (Siegener Ztg 21. 1. 1999, Internet; D) – Zu 2.: In A gehoben. Andere Bedeutungen sind gemeindt.

Lostag der; -(e)s, -e: **1.** A D-südost (Volkskunde) ›ein nach dem Volksglauben für das Wetter der kommenden Wochen bestimmender oder für landwirtschaftliche Tätigkeiten wichtiger Kalendertag‹: *Gute Aussichten gibt es auch für den Samstag (25. Mai), laut Bauernregel ein wichtiger Lostag: »Scheint am Urbanstag die Sonne, so gerät der Wein zur Wonne«* (OÖN 16. 5. 2002, 20; A). **2.** A ›Stichtag‹: *Regionalmanager Karl B. hat den 18. März als Lostag genommen für eine geplante Frühjahrsschau »Gut leben – Gut wohnen«* (OÖN 8. 3. 2002, Internet)

Lothar D ⟨aus germ. *hlod, hlut(a), hlût* ›berühmt, laut‹ und *-hâr, -hari, -harja, -heri* ›Heer‹, ehemaliger Königs- und Herzogsname⟩: männl. Vorname: *Libero Lothar M., der sich bei seinem Comeback auf Anhieb gut zurechtfand …* (Passauer Neue Presse 29. 5. 1998, 15) – In A selten

Lotte: *flotte Lotte A D (ohne nordwest/südost): ↗Passevite CH ›rundes Küchengerät mit Lochsieb und Drehkurbel zum Passieren von Früchten und Gemüse‹: *Die Suppe mit dem Pürierstab pürieren oder durch die Flotte Lotte passieren* (Kleine Ztg 11. 5. 2001, Internet; A); *Man kann zum Spätzlemachen auch eine … Flotte Lotte … benutzen* (Spätzle 16. 8. 2001, Internet; D) – Der weibliche Vorname *Lotte* ist gemeindt.

Lottoannahmestelle D die; –, -n: ↗Lottokollektur A ›Stelle, an der Lottoscheine erhältlich sind und abgegeben werden können‹: *Wilson Y. arbeitet als Leiter einer Lottoannahmestelle* (Welt 24. 7. 2000, Internet) – In A zunehmend gebräuchlich. In CH selten

Lottokollektur A die; –, -en ⟨aus lat. *collectus*, Part. zu *colligere* ›sammeln‹⟩ (veraltend): ↗Lottoannahmestelle D ›Stelle, bei der Lottoscheine erhältlich sind und abgegeben werden können‹: *Eine der ältesten Lottokollekturen Österreichs wird in Leoben von der 84-jährigen Leopoldine W.-P. und ihrem 83-jährigen Ehemann Leopold betrieben* (Kleine Ztg 21. 5. 2000, Internet) – Selten auch in der Kurzform *Kollektur*

Lottomatch CH der; -(e)s, -e(s) […matʃ]: ›öffentliche Spielveranstaltung (meist in einem Restaurant), bei dem mit dem Gesellschaftsspiel Lotto Preise gewonnen werden können‹: *Zusätzliche Einnahmen holt sich der Dorfverein aus den Überschüssen seiner Veranstaltungen, dem Dorffest, dem Lottomatch, dem Suppentag und dem Sponsorenlauf* (Bund 12. 1. 2001, 26) – Vgl. Match

Löwenzahn (gemeindt.): ↗PUSTEBLUME

LSI siehe Landesschulinspektor

LStR siehe Liegenschaftssteuer

LSV siehe Lastschriftverfahren

Lübeck (gemeindt.): ↗HANSESTADT

Lüfterl A das; -s, -n (Grenzfall des Standards): ›schwacher Wind‹: *Mildes Lüfterl, strahlender Sonnenschein, keine Schneeflocke und abends kitschig-schönes Rot, in das die Silvretta getaucht war* (Echo 28. 1. 1999, 162) – Dazu: **Frühlingslüfterl, Mailüfterl**

Luftibus CH der; -/-ses, -se: ↗HALLODRI A D (ohne mittelost), ↗LUFTIKUS D ›leichtlebiger, unzuverlässiger Mann‹: *Kein einziges Mal schlug er Wurzeln in festen Theaterensembles. Lange haftete ihm das Image eines nomadenhaft-zerzausten Luftibus an* (Blick 18. 7. 2001, 11)

Luftikus D der; -/-ses, -se (abwertend): ↗HALLODRI A D (ohne mittelost), ↗LUFTIBUS CH ›leichtlebiger, unzuverlässiger Mann‹: *Als Alt-Genosse Hans A. aus dem politischen Abseits mit der Bemerkung dazwischengefahren war, L. sei ein »politischer und moralischer Luftikus«, hatten ... viele genickt* (Welt 19. 4. 1996, Internet)

Lüftlmalerei A-west (Tir.) D-südost die; –, ohne Plur.: ›ornamentale Malerei an Hausfassaden‹: *Zusätzlich kommt die Tierliebe der Familie G. auch in der Lüftlmalerei zum Ausdruck* (TT 8. 11. 2001, Internet; A-west); *Seit 1996 zeigt das altehrwürdige Gasthaus »Zur Post« am Stadtplatz ein neues Gesicht. Farbenfrohe Lüftlmalerei schmückt das erste und zweite Obergeschoss* (Passauer Neue Presse 18. 10. 2000, Internet; D-südost)

Luftpumpe A D die; –, -n: ↗VELOPUMPE CH ›Fahrradpumpe‹: *Die Radler finden dort Werkzeuge für kleinere Reparaturen und eine Luftpumpe vor* (Neue Vorarlberger Tagesztg 22. 11. 1998, 19; A); *Fahrradflickzeug hatte er mitgenommen, der Pessimist, aber keine Luftpumpe* (Bick, Tödliche Ostern 12; D)

Luftreifen (gemeindt.): ↗FINKEN, ↗PNEU

Luftseilbahn CH die; –, -en: ↗KABINENBAHN A, ↗GONDELBAHN A CH, ↗SEILSCHWEBEBAHN A D-süd, ↗SCHWEBEBAHN D (selten) ›an Drahtseilen hängende, fahrende Kabine zur Beförderung von Personen und Gütern zwischen Berg und Tal; Seilbahn‹: *Die durch eine Lawine zerstörte Talstation der Luftseilbahn Wengen-Männlichen wird an einem sicheren Standort ausserhalb der Lawinenzone wieder aufgebaut* (Blick 16. 4. 1999, 8) – In D selten

Luftwaffe (gemeindt.): ↗FLUGWAFFE

lügen (gemeindt.): ↗PLAUSCHEN

lügen: *sich selber/selbst in den Sack lügen A; ***sich [selber/selbst] in die Tasche lügen** A D (ohne südost) (Grenzfall des Standards) ›sich etw. vormachen‹: *Aber ich möchte mich mit den Aussagen jener Vorredner auseinander setzen, die sich darüber gefreut haben, dass die Kriminalität zurückgeht ... Wir dürfen uns bitte nicht selber in den Sack lügen* (Protokoll Nationalrat 18. 9. 1997, Internet; A); *Herr Präsident! Herr Bundesminister! Herr Staatssekretär! Meine Damen und Herren! Wir dürfen uns nicht selbst in die Tasche lügen* (Protokoll Nationalrat 17. 4. 1997, Internet; A); *Es gibt die alte Ferrari-Krankheit, sich den Winter über mit unkontrollierbaren Fabelzeiten in die Tasche zu lügen* (Express 29. 2. 2000, 16; D) – Das Verb *lügen* ist in allen anderen Verwendungen gemeindt.

Lukas: *Hau den Lukas CH D: ↗WATSCHENMANN A-ost ›(meist auf Jahrmärkten aufgestellter) Apparat zur Krafterprobung durch Schlagen mit der Faust oder einem Hammer‹: *Zu vermieten Hau den Lukas für Kilbi und Firmenfeste* (Tierwelt 15. 8. 1997, 142; CH); *Von Zuckerwatte über Hau den Lukas gab es alles, was das Herz begehrte* (Universität Trier 1. 1. 2000, Internet; D) – Der männliche Vorname *Lukas* ist gemeindt. Wird auf der ersten Silbe betont, in A mit Kurz- oder Langvokal, in CH mit Kurzvokal, in D mit Langvokal

lukrieren A sw.V./hat ⟨aus lat. *lucrari* ›gewinnen‹⟩ (Wirtschaft): **1.** ›(Gewinn) erzielen‹: *Durch die niedrige Produktivität können ausländische Investoren aus dem Lohnkostenvorteil nur 50 Prozent lukrieren* (Kurier 17. 9. 1997, 20). **2.** ›etw. bezahlt oder angerechnet bekommen‹: *Während die höchsten ASVG-Pensionen 27.572 Schilling ausmachen, lukrieren Staatsdiener im Ruhestand durchschnittlich 32.000 Schilling* (News 6. 11. 1997, 20). **3.** ›als Erfolg verbuchen; erreichen, erzielen‹: *Lugner wird überproportional viele »Anti-Politik«-Stimmen lukrieren* (News 6. 11. 1997, 48) – Zu 1.: In D veraltet und selten. Das Adjektiv *lukrativ* ist gemeindt. – Dazu: **Lukrierung**

Luller A der; -s, – (Grenzfall des Standards): ↗ZUZEL A (ohne west), ↗SCHNULLER A D, ↗NUGGI A-west (Vbg.) CH, ↗NUCKEL D-nord/mittel ›kleines, auf einer mit einem Ring versehenen Plastikscheibe befestigtes Gummibällchen, das Kleinkindern zur Beruhigung in den Mund gesteckt wird‹: *Das war ein kleines Kind, mit einem Luller im Mund!* (Neue Kronen Ztg 28. 1. 2000, Internet)

Lumpen A-west (Vbg.) CH D-süd der; -s, –: ↗FETZEN A, ↗PUTZTUCH A D-nord/mittel, ↗PUTZLAPPEN

A-west (Vbg.) CH D (ohne nordost/südost), ↗LAPPEN D, ↗SCHEUERLAPPEN D-nord/mittel, ↗HUDER STIR ›Tuch zum Putzen‹: *Während sich die Grossen mit Lumpen und Besen bewaffnet an den Hausputz machten, näherten sich die jüngeren Teilnehmer der Pfaditechnik auf spielerische Weise* (Pfadfinder Lachen, 1999, Internet; CH) – Die Bedeutung ›Stofffetzen, zerschlissene Kleidung‹ ist gemeindt. – Dazu: ↗**Bodenlumpen** A-west CH, **Putzlumpen**

Lumpensammler der; -s, –: **1. Lumpensammler Lumpensammlerin** CH D der; -s, – bzw. die; –, -nen (veraltend); ↗FETZENTANDLER A, ↗ALTKLEIDERHÄNDLER A D ›Person, die gebrauchte Kleidungsstücke sammelt und weiterverkauft‹: *Lumpensammler und Grempler haben ihr damals ziemlich niedriges Prestige mittlerweile aufpoliert und nennen sich nun selbstbewusster Altstoffhändler, Brocantier oder Antiquar* (Bund 10. 2. 2001, Z7; CH); *Früher sammelten Lumpensammler und Wanderarbeiter die auf den Straßen herumliegenden Plastikabfälle ein und verkauften sie* (WAZ 29. 1. 2000, Internet; D). **2.** D (ohne südwest) (scherzh.) ›öffentliches Verkehrsmittel, das in der Nacht die letzte Möglichkeit der Beförderung bietet‹: *Am Eröffnungstag sollen auch die zwölf Buslinien eine lange Nacht haben, der letzte Lumpensammler hinaus in die Felder verlässt die Stadt gegen 2.30 Uhr* (Welt 19. 2. 1999, Internet)

Lungenbraten A der; -s, –: **1.** ↗JUNGFERNBRATEN A, ↗FILET CH D ›unterhalb des ↗Beiriedes liegender länglicher Fleischteil von der Lende des Rindes, seltener auch des Kalbes oder Schweines, der v. a. für Steaks verwendet wird‹: *Die Fleischer müssen aber in Spitzenzeiten … Edelteile (wie Lungenbraten oder Schweinsfilet) aufgrund mangelnder Mengen im Inland importieren* (Kurier 25. 10. 1996, 17). **2.** ↗FILET CH D, ↗LENDENBRATEN D-mittel/süd, ↗MÜRBEBRATEN D-nord ›zum Kurzbraten in kleine Stücke portioniertes oder im Ganzen als Braten zubereitetes Fleisch der Lende des Rindes, seltener auch des Kalbes oder Schweines‹: *Mit diesen Anweisungen ist es nun etwa jedermann möglich, einen Alt-Wiener Lungenbraten zu bereiten, wie ihn Frau Zittel im »Heldenplatz« verstand* (Presse 24. 11. 1999, Internet) – Dazu: **Kalbslungenbraten, Rindslungenbraten** (↗Rinds-), **Schweinslungenbraten** (↗Schweins-)

Lungenhaschee D das; -s, -s: ↗BEUSCHEL A D-südost, ↗LÜNGERL D-südost ›Speise aus gehackter Lunge von Rind oder Schwein‹: *»Lungenhaschee gab's«, sagte er* (Bieler, Maria Morzek 66) – Vgl. Haschee

Lungenstrudel A-mitte/ost der; -s, –: ›Suppeneinlage aus einem mit gehackten Innereien gefüllten und in Scheiben geschnittenen ↗Strudel‹: *Frittaten, ein Leberknödel, Grammel- und Lungenstrudel bilden die schmackhafte Einlage in einem Topf voll Rindsuppe* (OÖN 7. 2. 1998, Internet) – Dazu: **Lungenstrudelsuppe**

Lüngerl D-südost das; -s, -n: ↗BEUSCHEL A D-südost, ↗LUNGENHASCHEE D ›Speise aus gehackter Lunge von Rind oder Schwein‹: *Da kamen sie auf dem Heimweg an einer Wirtschaft vorbei, aus der es sehr verführerisch nach Lüngerl roch* (Straubinger Tagbl 7. 4. 1998, 16) – In A in manchen Regionen dialektal

Lüning D-nordost der; -s, -e: ↗SPERLING D-nord/mittel ›Spatz‹ /eine Vogelart/: *Lüning oder ähnlich wird der Vogel landläufig genannt – beinahe ein zärtlicher Name: der Haussperling* (Naturschutzbund Deutschland, Ebertal, 2002, Internet)

lüpfig CH Adj.: ›beschwingt‹: *Einen traurigen Song leitete ich mit einer witzigen Geschichte ein, und rund um ein lüpfiges Lied spann ich eine traurige Story* (Bund 8. 1. 2000, Z1) – Selten auch in der Form *lupfig*

Lurch A der; -(e)s, -e: ›Ansammlung von dicken, zusammenhängenden Staubflocken‹: *Nicht einmal die Bedienerin kommt dort hin, immerhin liegt da ganz viel Lurch, und kleine Käfer kriechen auch herum* (Rudle, Engel 34) – Das damit nicht verwandte Wort *Lurch* in der Bedeutung ›Amphibie‹ ist gemeindt.

luren D-südost sw.V./hat: **1.** ↗SPECHTELN A, ↗LINSEN A-west D (ohne südwest), ↗SPECHTEN D-südost ›spionieren, spähen‹: *Das Mädchen reißt die Augen weit auf, als sie unter einen der Teller lurt: 84 Zuckerstückchen verstecken sich darunter* (Landauer Neue Presse 20. 6. 2001, Internet). **2.** ↗SPECHTELN A, ↗SPECHTEN D-südost ›voyeuristisch beobachten; spannen‹: *Überzeugend auch das köstliche, fast artistische Intrigantenspiel Klaus S.s als Leicester: wunderbar, wie der hinter Türen lurt* (Düsseldorfer Schauspielhaus 8. 10. 2002, Internet) – Zu 2.: **Lurer(in)**

Luster A der; -s, –: ↗KRONLEUCHTER CH D, ↗LÜSTER CH D ›großer, von der Decke herunterhängender, oft reich verzierter Leuchter mit mehreren Armen, an denen die einzelnen Lampen angebracht sind‹: *Suche für Schloss- und Villeneinrichtugen: alte Gemälde, Uhren, Marmorbüsten, Skulpturen, Antikmöbel, Spiegel, Luster etc.* (Presse 29. 9. 1998, 8); ***brennen wie ein Luster** (salopp, Grenzfall des Standards) ›sehr viel bezahlen müssen‹: *Wir Jungen werden brennen wie ein Luster* (News 3. 7. 1997, 27) – Dazu: **Kristallluster**

Lüster CH D der; -s, –: ↗LUSTER A, ↗KRONLEUCHTER CH D ›großer, von der Decke herunterhängender [reich verzierter] Leuchter mit mehreren Armen, an denen Lampen angebracht sind‹: *Abends an der kerzenerhellten Tafel; Perlmuttglanz, Bechergefunkel unter kristallenen Lüstern* (Hartmann, Pestalozzi 57; CH); *An der Ecke hängt ein alter, kunstvoll gearbeite-*

ter Lüster (Hauptmann, Suche 20; D) – Andere Bedeutungen sind gemeindt. – Dazu: **Kristalllüster**

lustig (gemeindt.): ↗GLATT, ↗ULKIG

Lutscher A D der; -s, –: ↗SCHLECKER A (ohne west/südost), ↗SCHLECKSTÄNGEL CH, ↗DAUERLUTSCHER D-nordwest/mittel, ↗LOLLI D-nord/mittel ›Süßigkeit [in runder Form] auf einem Stängel zum Lutschen‹: *Bei einem bewaffneten Banküberfall in Crofton (USA) forderte ein 14-jähriger einen Lutscher – »oder ich schieße«* (OÖN 23. 10. 1992, 5; A); *Ein Kind reichte mir seinen Lutscher, und die Mutter nickte mir freundlich zu* (Born, Erdabgewandte Seite 20; D)

lütt D-nord Adj. (Grenzfall des Standards): ›klein (von Personen und Tieren)‹: *Was meinst du, was der lütte Peter sagte, wenn ich sein Bett besetzt hielte?* (Noack, Hautfarbe 9) – Dazu: ↗**Lütte**

Lütte D-nord der/die; -n, -n (Grenzfall des Standards): ›[kleines] Kind; der/die Kleine‹: *Die größeren Kinder fingen an im Kreis zu tanzen und die Lütten, so wie ich, drehten sich um sich selbst und klatschten in die Hände* (Eckernförder-Ztg 22. 1. 2002, Internet) – Vgl. lütt

Luzern (gemeindt.): ↗LEUCHTENSTADT

Lyzeum STIR das; -s, Lyzeen ⟨aus lat. *Lyceum* zu griech. *Lykeion* ›Name einer athenischen Bildungsstätte‹⟩: ↗AHS A, ↗KANTONSSCHULE CH-ost/nordost/zentral ›Schule, die zur Hochschulreife führt bzw. Gebäude, in dem diese Schule untergebracht ist; Gymnasium‹: *Dabei war Paola ein unpolitischer Mensch und hielt sich im Lyzeum aus den Streitereien heraus, die es zwischen den Schülern gab* (Flöss, Zwillinge 27) – In CH noch häufig im Namen von kirchlich oder privat geführten Gymnasien. Die Bedeutung ›höhere Schule für Mädchen‹ ist gemeindt. veraltet

M

M.A. D der/die: buchstabierte Abk. für *Magister Artium* bzw. *Magistra Artium:* ↗Mag. A, ↗lic. CH /akademischer Titel/: *Dr. Christoph S., M. A., Wissenschaftlicher Assistent* (Universität Mainz, 1998, Internet) – Vgl. Magister

Machandel D-nord der; -s, –: ↗Kranewit A (ohne Vbg.) D-südost ›Wacholder‹: *Der Wacholder, im Volksmund Machandel, wurde wie viele stark duftende Pflanzen zur Abwehr von bösen Geistern, Krankheit und allem Unguten eingesetzt* (Universität Münster, 1998, Internet)

machen: *in etw. machen D (Grenzfall des Standards) ›sich beruflich mit etw. beschäftigen‹: *Der Mann macht in Kunst – da muss er auch so auftreten* (Allegra 11/1997, 224) – Das Verb *machen* ist in allen anderen Verwendungen gemeindt.

Macke die; –, -n (salopp): **1.** CH D (ohne südost) ›kleine Verrücktheit, absonderliche Eigenschaft; Spleen‹: *Mick weiss … genau, was er an Jerry hat: Sie ist nämlich die einzige, die seine Macken und Marotten über die Jahre hinweg zu verstehen gelernt hat* (Glückspost 3. 6. 1999, 12; CH); *Eventuell ist dies meine kleine Macke, aber vielleicht sollten Sie das selbst herausfinden* (Hauptmann, Suche 28; D); ***eine Macke haben:** ↗Huscher: *einen Huscher haben A, ↗Klopfer: *einen Klopfer haben A, ↗Pecker: *einen Pecker haben A, ↗Klamsch: *einen Klamsch haben A-ost/südost, ↗Schuss: *einen Schuss haben A D, ↗Hau: *einen Hau haben A-west D-mittelwest, ↗Ecken: *einen Ecken abhaben CH, ↗hundert: *nicht ganz hundert sein CH, ↗Meise: *eine Meise haben CH D-nord/mittel, ↗Rad: *ein Rad abhaben D, ↗Stich: *einen Stich haben D, ↗Haschmich: *einen Haschmich haben D-nord/mittel, ↗Kittel: *jmdm. brennt der Kittel D-südwest, ↗Schlag: *einen Schlag haben D-ost/südost ›nicht ganz bei Verstand sein; verrückt sein‹: *Es gibt Leute, die sagen: »Die hat doch eine Macke«* (TA 12. 3. 1999, 47; CH); *In Los Angeles haben alle Bürger eine leichte Macke und flüchten sich in Abenteuer* (Berliner Ztg 3. 1. 1995, Internet; D). **2.** D ›kleiner Fehler, Makel (bei Gegenständen)‹: *Exklusiv mit kleinen Macken* (TZ 29. 5. 1998, 7) – In A als fremd empfunden, aber zunehmend gebräuchlich

Mädchen (gemeindt.): ↗Dirndl[2], ↗Mädel, ↗Madl, ↗Mädle, ↗Meitli

Mädchenriege CH die; –, -n: ›Abteilung eines Turnvereins [bestehend aus Mädchen zwischen ca. 7 und ca. 15 Jahren]‹: *Für Turnerinnen aus den Mädchenriegen … ist Gymnastik eine Disziplin aus einem vielfältigen Vereinsangebot* (Bund 18. 4. 1996, 41) – Vgl. -riege

Mädel A (ohne südost) D-südost das; -s, -(n)/D das; -s, -s (Grenzfall des Standards): ↗Dirndl A-west (Tir.)/mitte/südost D-südost, ↗Madl A-west (Tir.)/mitte/ost D-südost, ↗Meitli CH, ↗Mädle D-südwest ›[kleines] Mädchen, junge Frau‹: *Und was soll's privat werden: Bub oder Mädl? – »Hauptsache, gesund!«* (Neue Kronen Ztg 3. 9. 1995, 24; A); *Gehen Sie an der frischen Luft spazieren, am besten mit einem Mädel am Arm* (Eckert, Erbe 63; D-südost) – In A-ost und D-südost auch in der Form *Mäderl* – Dazu: **Schulmädel**

Madl A-west (Tir.)/mitte/ost D-südost das; -s, -n (Grenzfall des Standards): ↗Dirndl A-west (Tir.)/mitte/südost D-südost, ↗Mädel A (ohne südost) D, ↗Meitli CH, ↗Mädle D-südwest ›[kleines] Mädchen, junge Frau‹: *Das fesche Tiroler Madl … sorgte dafür, dass das Erbe Ihres Vaters … nicht verloren ging* (Echo 23. 9. 1998, 89; A-west/mitte/ost); *Am Kirchweihmontag treffen sich … zunächst die Madln und Burschen getrennt voneinander in zwei Wirtshäusern* (Bayerischer Rundfunk 6. 6. 2002, Internet; D-südost) – Auch in den Formen *Maderl, Madl*

Mädle D-südwest das; –, – (Grenzfall des Standards): ↗Dirndl A-west (Tir.)/mitte/südost D-südost, ↗Mädel A (ohne südost) D, ↗Madl A-west (Tir.)/mitte/ost D-südost, ↗Meitli CH ›[kleines] Mädchen, junge Frau‹: *Die traumhaften Melodien wie … ›Mädle aus dem Schwarzwald‹ und ›Lockende Augen‹ sind Highlights der leichten Muse* (Berlin online 22. 10. 1998, Internet)

Mag. A: nur geschriebene, unverkürzt gesprochene Abk. für ↗*Magister, Magistra:* ↗lic. CH, ↗M.A. D ›erster akademischer Grad und Titel (bei den meisten akademischen Universitäts- und einigen Fachhochschulstudien)‹: *Der Wiener Staatsanwalt Mag. S. wollte anklagen – doch der berichtspflichtige Fall wurde vom Justizministerium abgeschmettert* (News

23. 12. 1997, 47) – Für Magistra gibt es auch die Abk. Mag.[a]

Magaziner Magazinerin CH der; -s, – bzw. die; –, -nen: ↗MAGAZINEUR A ›Lagerist(in), Lagerverwalter(in)‹: *Schon der Grossvater meines Freundes K. hat bei Keller gearbeitet, als Magaziner* (Fehr, Helvetia 135) – In D fachsprachlich und selten

Magazineur Magazineurin A der; -(e)s, -e bzw. die; –, -nen [magatsi'nøːɐ̯]: ↗MAGAZINER CH ›Lagerist(in), Lagerverwalter(in)‹: *Charon – ein großer, glatzköpfiger Pathologiegehilfe im grauen Kittel eines Magazineurs oder Hausmeisters – schnitt gerade durch Kopfschwarte und Haupthaar einer nackten, männlichen Leiche, die vor ihm auf dem ersten Seziertisch lag* (Wieninger, Mann 91) – Dazu: **Magazineursgehilfe (...gehilfin)**

Magdeburg (gemeindt.): ↗ELBESTADT

Magen: *[schwer] im Magen liegen A D; ***[schwer] auf dem Magen liegen** CH D-südwest ›unangenehm sein; Schwierigkeiten bereiten; schwer zu schaffen machen‹: *Besonders schwer im Magen liegt den Unternehmern die neue Großzügigkeit beim Kindergeld* (Profil 13. 4. 2001, Internet; A); *»Die Erfolge der SVP liegen den anderen schwer auf dem Magen, aber sie dürfen es nicht zeigen«*, sagt S. (TA 31. 7. 2000, 15; CH); *[Die vielen Abstellungen zur tunesischen Nationalelf] sind es, die den Verantwortlichen des SCF schwer im Magen liegen* (Kölnische Rundschau 1. 4. 2001, Internet; D); ***jmdm. hängt der Magen bis in die Kniekehlen** D (ohne südost) (salopp) ›jmd. ist sehr hungrig‹: *Dem armen N. hing der Magen bis in die Kniekehlen* (Titanic, 9/2001, Internet) – Das Substantiv *Magen* ist in allen anderen Verwendungen gemeindt.

Magenzucker STIR der; -s, ohne Plur.: ›Zuckerwürfel in roter Färbung, der aus Glukose und Gewürzen, v. a. Zimt, besteht‹: *Die Nüsse abseihen und den Schnaps mit den Gewürznelken, der Zimtrinde, dem Magenzucker und dem Zucker hinzufügen und wiederum für drei Wochen stehen lassen* (Gasteiger, So kocht Südtirol 484)

Magister Magistra A D der; -s, -/...tri bzw. die; –, ...trae ⟨aus lat. *magister* ›Vorsteher, Lehrer‹⟩: ↗LIZENTIAT CH ›erster akademischer Grad und Titel (bei den meisten akademischen Universitäts- und einigen Fachhochschulstudien)‹: *Schon im nächsten Sommer will sie das Studium als frisch gebackene Magistra beenden* (Trend, 10/1998, Internet; A); *Rund 180.000 arbeitslose Diplomanden, Magister und Doctores warten ... schon* (Spiegel Special 6/1998, 18; D) – Abk. ↗Mag. in A, ↗M.A in D. Vgl. Diplomkauffrau, Diplomkaufmann – Dazu: ↗**Magisterprüfung** D

Magisterprüfung D die; –, -en: ↗LIZENTIATSEXAMEN CH, ↗LIZENTIATSPRÜFUNG CH, ↗STAATSEXAMEN CH D ›Prüfung zur Beendigung eines [Hochschul]studiums; Diplomprüfung (in geisteswissenschaftlichen Fächern)‹: *Das Studium ist unterteilt in ein Grundstudium (vier Semester) und ein Hauptstudium (fünf Semester), das mit der Magisterprüfung endet* (Berliner Ztg 10. 4. 1997, Internet) – Vgl. Magister

Magistrat der; -(e)s, -e ⟨aus lat. *magistratus* ›Vorsteher, Anführer‹⟩: **1.** A; ↗STADTAMT A, ↗GEMEINDEAMT A D, ↗GEMEINDEVERWALTUNG CH D, ↗KOMMUNALVERWALTUNG D, ↗BÜRGERMEISTERAMT D (ohne mittelost/südost) LIE ›Verwaltungsbehörde einer Gemeinde (nur in ↗Statutarstädten)‹: *Er wandte sich an den Magistrat und beteuerte seine Schuldlosigkeit* (ORF Nachlese 9/1997, 7). **2.** A (Wien); ↗AMT: *AMT DER ... LANDESREGIERUNG A (ohne Wien), ↗DEPARTEMENT CH, ↗DIREKTION CH, ↗BEHÖRDE D (Hamburg), ↗SENATOR: DER SENATOR FÜR ... D (Bremen), ↗SENATSVERWALTUNG D (Berlin) ›höchste Verwaltungsbehörde eines ↗Bundeslandes‹: *Die permanenten Interventionen zeigten im Herbst des Vorjahres erste Erfolge, der Magistrat Wien hat Bürgermeister Dr. Gottfried S. damals verständigt, dass vom Bundesministerium für Verkehr eine eisenbahnrechtliche Überprüfungsverhandlung angesetzt wird* (Donaukurier 15. 4. 2001, Internet). **3.** D (Hessen, Schleswig-Holstein) ›Stadtverwaltung‹: *Der Magistrat stimmte einem Vorschlag zu, die Vilbeler Landstraße nördlich des Arabella-Hotels enden zu lassen* (FR 3. 1. 2002, Internet). **4. Magistrat Magistratin** CH der; -en, -en die; –, -nen: ›Regierungsmitglied‹: *Es sei nicht leicht, die Urner zum Geldausgeben zu bewegen, sagte mir ein Magistrat in Altdorf* (Allemann, Schweiz 27) – Die historische Bedeutung ›hoher Beamter im Imperium Romanum‹ ist gemeindt. – Zu 1.: **Stadtmagistrat.** Zu 1., 2. und 3.: **magistratisch.** Zu 2.: **Magistratsabteilung, Magistratsdirektion,** ↗**Magistratsdirektor(in)** A

Magistratsdirektor Magistratsdirektorin A der; -s, -en bzw. die; –, -nen: ↗STADTAMTSDIREKTOR A, ↗AMTMANN A (Bgld.), ↗AMTSLEITER A (ohne Bgld.), ↗GEMEINDESEKRETÄR A BELG LIE LUX, ↗GEMEINDESCHREIBER CH, ↗STADTDIREKTOR D, ↗GEMEINDEDIREKTOR D-nordwest/mittelwest ›Leiter(in) des ↗Magistrats‹: *BM Herwig van Staa teilt dazu mit, er werde dem Magistratsdirektor eine Weisung erteilen, innerhalb von vier Wochen einen Maßnahmenkatalog zu erstellen* (TT 30. 1. 1998, 9)

Mahd: 1. A das; -(e)s, -en/Mähder: ↗MATTE CH (ohne ost) ›Bergwiese‹ /häufig in Flurnamen/: *Wenn man aber im Gereute schnitt, beim Schleppen des Heus von diesen hochgelegenen Mahden, konnten sie sich allen Freuden einer Bergauffahrt ergeben* (Lipuš, Verweigerung 92). **2.** A CH D-südost die; –, -en ›das Mähen‹: *Mahd und eine kleine Schafherde drängen die »Aller-*

weltsarten« weiter zurück (Standard 30. 9. 2000, Internet; A); *Für den Unterhalt dieses Naturschutzgebietes – und somit auch für die Mahd – ist die Naturschutzabteilung des Kantons Solothurn zuständig* (TA 3. 6. 1998, 50; CH). **3.** A CH D-südost die; –, -en ›das gemähte Gras, Zeile gemähten Grases‹: *Mahd um Mahd rückten die Knechte vom roten Stadel weg, durch die Umstände an die Sensen gefesselt, in die Hitze hinein* (Innerhofer, Schöne Tage 14; A); *Die Haufen und Mahden sind gesuchte Unterschlüpfe für Wiesel* (NZZ 11. 6. 1994, 57; CH) – Zu 1.: **Bergmahd.** Zu 2.: ↗**Heumahd** A

Mahlzeit: *[gesegnete] Mahlzeit! A D: ↗GUETE: *EN GUETE CH ›Guten Appetit!‹: *Gesegnete Mahlzeit, Pater Wolfgang!* (Gasthaus zur schönen Aussicht, 1999, Internet; A); *Gesegnete Mahlzeit – dies ist nicht nur eine Dankesformel an den Gott als den Spender der Nahrung* (Deutsches Allgemeines Sonntagsbl 14/1998, Internet; D); ***Mahlzeit!** A D /Gruß zur Mittagszeit/: *Er sagte, knapp und bündig: Mahlzeit!* (Mocca 29/1997, 5; A); *Wer mittags den Fahrstuhl betritt, dem schallt häufig ein mehrstimmiges »Mahlzeit!« entgegen* (Spiegel Special 6/1998, 29; D); ***na Mahlzeit!** A D-südost; ***[na denn] prost Mahlzeit!** D (Grenzfall des Standards): ↗GOTT: *PFIAT DI GOTT [SCHÖNE GEGEND] A D-südost, ↗SERVUS: *[NA] SERVUS! A D-südost, ↗BACKE: *AU BACKE! D (ohne südost), ↗EI: *ACH DU DICKES EI! D-nord/mittel, ↗GRÜN: *ACH DU GRÜNE NEUNE! D (ohne südwest) /Ausruf des Erschreckens bzw. der Betroffenheit/: *Wenn das bei unserem Baby auch so wird, na Mahlzeit* (Thüminger, Entscheidung 72; A); *Und jetzt das Schlimme: ... die Bremer bilden das Schlusslicht. Na denn prost Mahlzeit!* (TAZ 5. 11. 2001, Internet; D) – Das Substantiv *Mahlzeit* ist in allen anderen Verwendungen gemeindt.

Mahnbescheid D der; -(e)s, -e: ↗ZAHLUNGSBEFEHL A CH ›schriftliche Aufforderung, eine überfällige Zahlung zu entrichten‹: *Wenn Schuldner nicht bezahlen, können ihre Gläubiger bei Gericht einen Mahnbescheid beantragen* (Welt 15. 7. 1997, Internet)

mahnen (gemeindt.): ↗ERHEBEN: *DEN MAHNFINGER/WARNFINGER/ZEIGEFINGER [ER]HEBEN

Mahnfinger CH der; -s, –: ↗WARNFINGER CH ›zur Mahnung erhobener Zeigefinger‹: *Die Lehrer haben darauf verzichtet, eine Welt mit dem pädagogischen Mahnfinger aufzubauen* (TA 5. 7. 2001, 21); ***den Mahnfinger [er]heben** siehe erheben

Maiausflug STIR der; -(e)s, ...flüge: ↗MAIBUMMEL CH ›Schulausflug im Mai, an dem eine Wanderung oder eine Reise zu einem entfernteren Ziel unternommen wird‹: *Zweimal war ich während des zweiten Semesters in Innsbruck gewesen, einmal bei Doktor M., einmal bei diesem Maiausflug* (Galvagni, Melancholia 9)

Maibummel CH der; -s, –: ↗MAIAUSFLUG STIR ›Frühlingsausflug im Mai (von Schulklassen und Vereinen)‹: *Um den Nofler Schulkindern zu zeigen, was eine Tagesschule ist, haben die Nofler Lehrkräfte den Maibummel als Sternmarsch organisiert* (Bund 24. 5. 2000, 31) – Vgl. Bummel

Maiensäss CH das; -es, -e: **1.** ↗MAISÄß A-west (Vbg.), ↗SCHWAIGE A-west (Tir.), ↗VORALPE A-west (Vbg.), ↗VORSÄß A-west (Vbg.) ›Bergweide, auf der das Vieh im Frühling weidet, sobald der Schnee geschmolzen ist‹: *Die Walser siedelten vorwiegend in hochgelegenen Tälern, auf Alpen oder Maiensässen der Romanen, und sie rodeten selber weite Gebiete* (Burri, Schweiz 82). **2.** ↗MAISÄß A-west (Vbg.), ↗VORSÄß A-west (Vbg.) ›Wohngebäude und Stall auf (1)‹: *Es sind nebst Spekulanten auch begüterte »Naturfreunde«, welche Maiensässe, Alphütten und Bauernhäuser um jeden Preis suchen, finden und kaufen* (P.M., Olten 22) – Selten auch Femininum

Maieriesli CH das; -s, – (Grenzfall des Standards): ↗MAIGLÖCKLEIN CH ›Maiglöckchen‹: *Brooke Shields will den Fotografen ihr Gesicht nicht zeigen. Fast immer gelingt es ihr, es hinter einem Maieriesli-Strauss zu verstecken* (Blick 22. 4. 1997, 3) – Auch in den Formen *Maien-, Meienriesli, -risli, -riisli* gebräuchlich

Maiglöckchen (gemeindt.): ↗MAIERIESLI, ↗MAIGLÖCKLEIN

Maiglöcklein CH das; -s, –: ↗MAIERIESLI CH ›Maiglöckchen‹: *Viele frühlingsblühende Gewächse bringen ihre ganz persönliche Duftnote mit, so etwa Stiefmütterchen, Goldlack, Maiglöcklein und Waldmeister* (Bund 2. 5. 1996, 45)

Maikäfer: *strahlen wie ein Maikäfer CH D-südost: ↗HUTSCHPFERD: *GRINSEN WIE EIN [FRISCH LACKIERTES] HUTSCHPFERD A, ↗HONIGKUCHENPFERD: *GRINSEN/LACHEN/STRAHLEN WIE EIN HONIGKUCHENPFERD D (ohne südost) ›sich sichtlich sehr freuen‹: *Urs E. strahlte wie ein Maikäfer als er seine Rekordzeit auf dem Displaymonitor erblickte* (Nebez-Cup, 2000, Internet; CH) – Das Substantiv *Maikäfer* ist in allen anderen Verwendungen gemeindt.

Maike Meike D-nord ⟨niederdt.⟩: ↗MARIDL A, ↗MIDI A-west, ↗MIRL A-ost, ↗MITZI A-ost, ↗MAREIKE D-nord/mittel Koseform des weibl. Vornamens *Maria*: *Maike F. hätte sich ihre Worte ein bisschen besser zurecht legen sollen* (Welt 23. 8. 1999, Internet) – In D-mittel zunehmend gebräuchlich

Mailänderli CH das; –, –: ↗BRUNSLI CH, ↗AUSSTECHERLE D-südwest ›mit Ei bestrichenes, helles Weihnachtsgebäck, das mit verschiedenen Blechformen aus einem flachen Teig herausgestochen und anschliessend gebacken wird‹: *Weihnachtsgebäck wie Zimtsterne, Brunsli, Mailänderli, Änischräbeli und andere sind, unter vielem anderem, im Angebot* (Bund 20. 12. 1996, 30)

Mainhattan D das; -s, ohne Plur. ['maɪnhɛtn̩] ⟨nach dem durch die Stadt fließenden Fluss *Main* und den an die New Yorker Wolkenkratzer im Stadtteil *Manhattan* erinnernden Hochhäuser⟩ (scherzh.): ↗GOETHESTADT D ›Frankfurt am Main‹: *Niemand mehr kann sich heute die amerikanischste Stadt Europas, auch Mainhattan genannt, ohne ihre Türme vorstellen* (Berliner Ztg 10. 6. 1998, Internet) – Auch in der Schreibung *Mainhatten*

Mainz (gemeindt.): ↗GUTENBERGSTADT

Mais (gemeindt.): ↗KUKURUZ, ↗TÜRKEN

Maisäß A-west (Vbg.) der/das; -es, -e: **1.** ↗SCHWAIGE A-west (Tir.), ↗VORALPE A-west (Vbg.), ↗VORSÄß A-west (Vbg.), ↗MAIENSÄSS CH ›höher gelegene Weide, auf der das Vieh im Frühling vor der ↗Übersiedlung auf die ↗Alp vorübergehend weidet‹: *Am Ende der Wiese verlässt man nach etwa 30 Metern den Güterweg, geht links auf einem Pfad durch den Wald zum Maisäß Mansaura* (VN 30. 6. 2000, Magazin 15). **2.** ↗VORSÄß A-west (Vbg.), ↗MAIENSÄSS CH ›Wohngebäude und Stall auf (1)‹: *Vorarlberger sucht mittelgroßes, sehr ruhig gelegenes Wochenendhaus oder Maisäss* (VN 24. 2. 1998, C 5) – Zu 2.: Heute häufig nicht mehr für landwirtschaftliche Zwecke, sondern als Wochenend- oder Ferienhaus genutzt

Majorz CH der; -es, ohne Plur.: ›Mehrheitswahlsystem‹: *Der Majorz (Mehrheitswahlverfahren) wird in der Schweiz vor allem für die Wahl zahlenmässig kleinerer Behörden, in erster Linie also der Exekutive, benützt* (Zürcher Bürgerbuch 36) – Vgl. Proporz – Dazu: **Majorzsystem, Majorzverfahren, Majorzwahl**

Makel (gemeindt.): ↗MACKE

mäkelig D-nord/mittel Adj.: ↗HEIKEL A CH D-süd, ↗KRÜSCH D-nord ›wählerisch (bezüglich Essen)‹: *Streifenhörchen sind zwar genügsame, aber zuweilen etwas mäkelige Esser* (Berliner Kurier 12. 9. 1995, Internet)

mäkeln CH D sw.V./hat (abwertend): ↗SEMPERN A, ↗MATSCHKERN A-ost, ↗SUMSEN A-west (Tir.), ↗RAUNZEN A D-südost, ↗MOSERN D ›seiner Unzufriedenheit durch [in kurzen Abständen wiederholte] kritische Äußerungen Ausdruck verleihen; nörgeln‹: *Jedenfalls mäkelte er viel, und dann kam wieder die alte Platte mit dem Posten in Eugens Druckerei* (Brechbühl, Kneuss 78; CH); *»Das Haus ist in einem sehr maroden Zustand«, mäkelte Enno unerbittlich* (Lind, Superweib 70; D)

Makkaroni D-nord/mittel der; -s, -(s) (abwertend): ↗WELSCHE A-west, ↗TSCHINGGELER A-west (Tir.), ↗KATZELMACHER A (ohne Vbg.) D-südost, ↗TSCHINGG CH, ↗SPAGHETTI D ›Italiener‹: *Nach 1790 bringen die Makkaronis die französische Hasenohr-Krawatte der Incroyables mit nach London* (RTL 26. 6. 2002, Internet) – Eine weibliche Form ist nicht gebräuchlich. Die Bedeutung ›röhrenförmige Teigware‹ ist gemeindt. – Dazu: **Makkaronifresser**

Makler Maklerin A D der; -s, – bzw. die; –, -nen: ↗SENSAL A ›freiberuflich tätige Person, die Verträge, Geschäftsabschlüsse und Warenkäufe vermittelt‹ /Berufsbezeichnung/: *Als konzessionierter Makler und Versicherungsberater mit beinahe 25-jähriger Markterfahrung handeln wir ausschließlich im Interesse unserer Kunden* (Innsbruck informiert 4/1998, 15; A); *Ein Makler verlangt gleich ein wenig mehr, wenn ein Wohnzimmer mit zwei Bogendurchgängen ausgestattet ist* (Bauen & Renovieren 2/2000, 57; D) – In CH bekannt, aber selten – Dazu: **Börsemakler(in)** (↗Börse-) A, **Börsenmakler(in)** (↗Börsen-) D, **Grundstücksmakler(in)**, ↗**Immobilienmakler(in)**, **Maklerbüro**, **Maklercourtage** (↗Courtage) D, ↗**Maklergebühr** D, **Maklerprovision** (↗Provision) A, **Versicherungsmakler(in)**

Maklergebühr D die; –, -en: ↗PROVISION A, ↗COURTAGE D ›Gebühr für Leistungen von ↗Maklern auf dem Immobilien- und Wohnungsmarkt‹: *Jeder sucht in Berlin eine Wohnung. Fast immer. Schöner, größer, billiger soll sie bitte sein. Wenn möglich ohne Maklergebühr* (Welt 27. 1. 2000, Internet)

mal Adv. (Grenzfall des Standards): **1.** CH D ›einmal‹: *Noch ist es nicht mal ein Jahr her, und schon ist er Legende: Der Deutsche Jan Ullrich im Maillot Jaune des Tour-Leaders* (Sport 10. 3. 1998, 1; CH); *Und wenn er es verfehlt ..., versucht er's noch mal und noch mal* (Geo 11/1996, 155; D); ***aufs Mal** CH ›auf einmal, gleichzeitig‹: *»Segnen« heisst noch mehr, es heisst auch schützen, lieben und vergeben. – Soviel aufs Mal? frag ich* (Werner, Ausgezappelt 174); *Man bekommt immer nur eine Information aufs Mal* (Hohler, Strom 88). **2.** D ›doch‹: *Vater lobte uns; ... er sagte, wenn mal bloß alle so einsichtig wären wie wir* (Schnurre, Schnurren 9) – Die Bedeutung ›Multiplikationszeichen‹ ist gemeindt.

Malaise A D-nordwest die; –, -n /CH das; -s, -n [ma'lɛːs A, 'malɛːs CH, ma'lɛːsə D] ⟨frz.⟩: ›Unbehagen, Missstand, Übel‹: *Das Ausmaß der Malaise wird dabei täglich immer deutlicher sichtbar* (Standard 17. 6. 1998, 21; A); *Ist nicht in dieser Schizophrenie der Grund zu suchen für das Malaise, das insbesondere vor der Erdölkrise unter den Managern grassierte?* (Pestalozzi, Zukunft 73; CH); *Die Malaise nahm ihren Lauf,* *als der Hamburger Schiedsrichter M. Anfang November einen Anruf von seinem Ausschuss-Vorsitzenden R. erhielt* (Spiegel 1. 12. 1997, 142; D-nordwest) – In D (ohne nordwest) selten und gehoben. In CH als Femininum selten

Maloche D-mittelwest die; –, -n ⟨aus jidd. *melocho*⟩ (salopp): ↗TSCHOCH A, ↗HACKE A-ost, ↗SCHÖPF A-südost, ↗BÜEZ CH, ↗KRAMPF CH ›sehr anstrengende Arbeit; Schufterei‹: *Was Verona F. da macht, ohne Zicken oder einen Anflug von Selbstmitleid, das ist Maloche* (Stern 25. 9. 1997, 64) –Dazu: ↗**malochen**

malochen D-mittelwest sw.V./hat (salopp): ↗HACKELN A-ost, ↗SCHÖPFEN A-südost, ↗BARABERN A-ost D-südost, ↗BUCKELN A-west D-mittelost, ↗KRAMPFEN CH, ↗KRÜPPELN CH, ↗RACKERN D, ↗ACKERN D-nord/mittel, ↗ROBOTEN D-nordost ›körperlich hart arbeiten‹: *Deng jobbte als Handlanger im Stahlwerk ... und malochte bei Renault* (Spiegel-Jahreschronik 1997, 44) – In CH ursprünglich fremd, aber zunehmend gebräuchlich – Vgl. ↗Maloche, ↗Malocher(in)

Malocher Malocherin D-mittelwest der; -s, – bzw. die; –, -nen (salopp): ↗HACKLER A-ost, ↗BÜEZER CH ›Arbeiter(in)‹: *In den 60ern warben Zechen aus dem Pott Malocher in Südkorea* (NRW TAZ Ruhr 27. 5. 1999, Internet) – Vgl. Maloche, malochen

Malzkaffee (gemeindt.): ↗ERSATZKAFFEE, ↗MUCKEFUCK

Mami das; -s, -s/die; –, -s: In CH auch Neutrum, gemeindt. Femininum: *Melanie, 37-jährig, ein apartes, hübsches Mami, fröhlich und gefühlvoll* (Tierwelt 15. 8. 1997, 144; CH)

Manchester CH D-nordwest der; -s, ohne Plur. ['mæntʃɛstər CH, 'manʃɛstər CH, 'mɛntʃɛstɐ D, man'ʃɛstɐ D] ⟨nach der gleichnamigen englischen Stadt⟩: ↗SCHNÜRLSAMT A, ↗CORD A D, ↗CORDSAMT A D-nordwest/süd ›geripptes Baumwollgewebe‹: *Originalkleider der 50er bis 70er Jahre, Blusen, Jacken, Trainer, T-Shirts, Hippiekleider, Plüsch-Pullis, Manchester, Samtblazer, Schlaghosen* (WWF Zürich, 1998, Internet; CH) – In D (ohne nordwest) selten – Dazu: **Manchesterhose(n), Manchesterjacke, Manchesterstoff**

Mandatar Mandatarin A BELG der; -s, -e bzw. die; –, -nen ⟨aus mlat. *mandatarius* zu lat. *manus* ›Hand‹ und *dare* ›geben‹⟩: ↗ABGEORDNETE A D LIE, ↗PARLAMENTSMITGLIED CH, ↗RATSMITGLIED CH ›Mitglied einer Volksvertretung, eines Parlaments; Parlamentarier(in)‹: *Als in einer Gegenaktion Mandatare der Salzburger Bürgerliste und Künstler einen Kranz für von der SS ermordete Deserteure aufs Kriegerdenkmal hängten, kam es zu Tumulten* (Falter 3. 11. 1997, 7; A); *Das Ziel der Provinz dürfen nicht die Belange der Permanentdeputierten oder der Mandatarinnen und Mandatare sein* (ECOLO 10/2002, Internet; BELG) – Dazu: **Grünmandatar** (↗Grün-) A

Mander A-west (Tir.) die; nur Plur. (Grenzfall des Standards): ›[aufrechte, bewährte, tüchtige] Männer‹: *Die Mander, die in der Vergangenheit Verantwortung gehabt haben, hätten mit dieser Entwicklung sicher keine Freude gehabt* (Echo 28. 1. 1999, 20) – Häufig in Wahlwerbesprüchen, die Andreas Hofers Aufruf zum Kampf ›Mander, es isch Zeit‹ von 1809 nachempfunden sind

Manderl, das; -s, -n: siehe Mandl

Mandl A D-südost das; -s, -n (Grenzfall des Standards): **1.** ↗MÄNNEKEN D-nord/mittel (bes. Berlin, Ruhrgebiet) ›kleiner [alter] Mann; Männlein‹: *So recht glauben wollte dem Mandl niemand* (Österr. Sagen, 2003, Internet; A). **2.** ›männliche Pflanze oder männliches Tier; Männchen‹: *War die Taube ein Manderl oder ein Weiberl?* (Witze im Kirchenweb, 2003, Internet; A); ***Manderl[n] machen: a)** A D-südost ›sich aufrecht auf die Hinterpfoten stellen (von Tieren); Männchen machen‹: *Werden sie »Manderlmachen« lernen und apportieren und auf Wunsch das herzige Kindergsichterl dazu?* (Morgengedanken ORF-Regionalradio, 2002, Internet; A). **b)** A ›widerspenstig sein‹: *Russland wird zwar ständig Manderl machen, aber, konfrontiert mit Islam und China, ist auch seine Zukunft die eines widerborstigen Getreuen im NATO-Verein* (Neue Kronen Ztg 5. 4. 1999, Internet). **3.** ›an die Gestalt eines Männchens erinnernde Aufschichtung von Garben, Steinen o. Ä.‹: *Nach dem sog. »Steinmandl« quert er über einen Steg den Weißeneckerbach und führt mäßig steigend zur AV-Hütte, die auch eine gemütliche Übernachtungsmöglichkeit ... darstellt* (SN 17. 9. 1998, Internet; A) – Neben *Mandl* ist als weitere Verkleinerungsform zu *Mann* die Form *Manderl* gebräuchlich, nicht jedoch in Bedeutung 3, dafür ausschließlich in der Wendung *Manderl machen.* Vgl. Weiberl – Zu 2b.: ↗**aufmandeln** D-südost. Zu 3.: **Heumandl, Kornmandl, Steinmandl**

Mange CH D-süd die; –, -n: ↗MANGEL CH D ›[größeres] Gerät mit zwei Rollen zum Glattpressen von Wäsche; Bügelmaschine‹: *In der Lingerie nimmt sie sich der Hotelwäsche und der Berufskleider an, bedient Waschautomaten, Tumbler, Mange und führt einfachere Flickarbeiten mit der Nähmaschine aus* (Gewerbeverband Kanton BS, 2002, Internet; CH) – Dazu: **Heißmange,** ↗**mangen**

Mangel CH D die; –, -n: ↗MANGE CH D-süd ›[größeres] Gerät mit zwei Rollen zum Glattpressen von Wäsche; Bügelmaschine‹: *Informationsziele: ... Ablauf der Arbeiten in Grosswäscherei kennen. Wasch- und Waschhilfsmittel richtig einsetzen. Arbeiten an der Mangel* (Kanton BL, 2002, Internet; CH); *1 Plätter/in* *mit Berufserfahrung zum Bedienen der Mangel gesucht* (BerlinText 15. 11. 2001, Internet; D) – Dazu: **Heißmangel, ↗mangeln, Wäschemangel**

Mangelhaft D das; –, –: ↗GENÜGEND: *NICHT GENÜGEND A ›zweitschlechteste Schulnote‹: *Dabei bedeutet 1 sehr gut, 2 gut, 3 befriedigend, 4 ausreichend, 5 mangelhaft und 6 ungenügend* (Arbeitsgruppe Bildungsbericht, Bildungswesen 331)

mangeln CH D sw.V./hat: ↗MANGEN CH D-süd ›größere Wäschestücke mit einer ↗Mangel glatt pressen‹: *Bügelfeucht extrem. Für Textilien, die noch gemangelt werden sollen* (V-Zug AG Wäschetrockner, 2003, Internet; CH); *Das Kind Anita muss Wäsche mangeln und ... austragen* (Hamburger Abendbl 18. 11. 1997, Internet; D) – Das damit nicht verwandte Verb *mangeln* in der Bedeutung ›in unzureichendem Maß vorhanden sein‹ ist gemeindt. – Vgl. Mangel

mangen CH D-süd sw.V./hat: ↗MANGELN CH D ›[größere] Wäschestücke mit einer ↗Mangel glatt pressen‹: *Auf der neuen Mangestrasse ... können wir in Zukunft sowohl Kleinteile als auch Grossteile mangen und falten* (InoText Bern AG WäscheService, 2002, Internet; CH); *Wir waschen und mangen/bügeln für Sie sämtliche anfallende Wäsche* (Firma Lieb, Bartholomäa, 2001, Internet; D-süd) – Vgl. Mange

Mangold (gemeindt.): ↗KRAUTSTIEL

Mani Mäni CH: Kurzform der männl. Vornamen *Manuel, Emanuel: Mani Matter wuchs in Bern auf, studierte Jurisprudenz ... und war als Rechtskonsulent des Gemeinderates von Bern sowie als Lehrbeauftragter an der Universität Bern tätig* (Siegrist, Daten 387); *Die wichtigste Frau in Mänis Leben ist nach seinen eigenen Worten ... seine Mutter Seline* (Blick 13. 9. 1999, 30) – Wird auf der ersten Silbe betont, regional unterschiedlich mit Kurz- oder Langvokal

Manipulationsgebühr A die; –, -en (veraltend): ›Bearbeitungsgebühr‹: *Das emittierende Institut behält sich beim Verkauf eine Manipulationsgebühr ein, die mit ein bis zwei Prozent allerdings niedriger ist als bei den meisten Fonds* (Trend 4/1999, Internet)

Männeken D-nord/mittel (bes. Berlin, Ruhrgebiet) das; -s, – (scherzh., abwertend): ↗MANDL A D-südost ›[mitleiderweckender] kleiner Mann, der nicht ernst genommen wird; Männlein‹ (auch als Drohformel *Männeken!* gegenüber kleinen ↗Jungen): *Dennoch ... wurde das namenlose Kerlchen nach der Wende ... durch ein weniger beleibtes, staksiges Männeken ersetzt* (Tagesspiegel 13. 10. 2001, Internet)

Männerriege die; –, -n: **1.** CH ›Abteilung eines Turnvereins, bestehend aus Männern ab ca. 35 Jahren‹: *Mit einem Fest am Samstag im »Gambrinus« feierte die Männerriege des Bürgerturnvereins Bern ... ihr 100-jähriges Bestehen* (Bund 3. 11. 1999, 26). **2.** D ›Vereins- bzw. Nationalmannschaft von Turnern‹: *Sie trage übrigens ihren Namen Queen of Bars nicht nur wegen dem Sport, sie trinke gelegentlich auch die Turner aus der Männerriege unter den Tisch* (SZ 22. 9. 2000, Internet) – Zu 1 vgl. -riege

Männerturnverein CH der; -(e)s, -e: ›Verein von Turnern‹: *Der Männerturnverein organisiert den Anlass, der am 24. und 25. Juni über die Bühne gehen wird* (Bund 22. 3. 2000, 33) – In D selten. Vgl. Damenturnverein, Frauenturnverein

Mannheim (gemeindt.): ↗QUADRATESTADT

männiglich CH Pron.: ›jedermann, die Allgemeinheit‹: *Bis zuletzt klammerte sich männiglich an seine Prognosen* (Sport 10. 3. 1998, 11)

Mannschaft (gemeindt.): ↗EQUIPE

Mannschaftskapitän Mannschaftskapitänin A D der; -s, -e bzw. die; –, -nen (Sport): ↗TEAMKAPITÄN A, ↗CAPTAIN CH ›Sprecher(in) einer Mannschaft‹: *Mannschaftskapitän Oliver G.: »Um in Innsbruck zu punkten, brauchst du viel Glück und einen überragenden Torhüter«* (OÖN 13. 8. 2001, 25; A); *Z. ist der anständige, unauffällige ... Mittelfeldspieler und Mannschaftskapitän des Bundesligavereins* (Welt 17. 6. 1995, Internet; D)

Mansarde A D (ohne mittelost) die; –, -n: ↗DACHGESCHOßWOHNUNG A D-südwest DACHGESCHOSSWOHNUNG D-nord/mittel, ↗MANSARDENWOHNUNG A D, ↗DACHWOHNUNG CH D (ohne nordost) ›Wohnung unter dem Dach‹: *Seine Wohnung hat er nicht verloren: eine Art Mansarde unter dem Dach eines Turms* (Kleine Ztg 13. 12. 1997, Internet; A); *Ein Maler-Poet in einer Mansarde der Ohlmüllerstraße* (Blaue Seiten, 1999, Internet; D) – Die Bedeutung ›Zimmer unter dem Dach‹ ist gemeindt.

Mansardenwohnung A D die; –, -en: ↗DACHGESCHOßWOHNUNG A D-südwest ↗DACHGESCHOSSWOHNUNG D-nord/mittel, ↗MANSARDE A D (ohne mittelost), ↗DACHWOHNUNG CH D (ohne nordost) ›Wohnung unter dem Dach‹: *Sie war dann am Sonntag genauso geschockt wie die zweite Hauspartei, was da von der Feuerwehr aus der Mansardenwohnung in Säcken und Terrarien abtransportiert wurde* (OÖN 4. 11. 1998, 18; A); *Wie die Polizei berichtete, brach das Feuer aus noch ungeklärter Ursache in der Mansardenwohnung eines dreistöckigen Hauses aus* (Rhein-Ztg 19. 10. 1995, Internet; D)

Mansch D-nord/mittelwest der; -(e)s, ohne Plur.: ↗BATZ A D-südost, ↗GATSCH A D-südost, ↗PAMPE D-nord/mittel ›breiige Masse; zu Brei Zerdrücktes‹: *Die Entscheidung wurde mir abgenommen, bevor ich* *meinen Mansch runtergeschluckt hatte* (Doppelleben 3. 6. 2001, Internet)

Manteltarifvertrag D der; -(e)s, ...verträge: ↗KOLLEKTIVVERTRAG A LUX, ↗GESAMTARBEITSVERTRAG CH, ↗TARIFVERTRAG D, ↗BEREICHSVERTRAG STIR ›für einen längeren Zeitraum zwischen Arbeitgeber bzw. Arbeitgeberin und Gewerkschaft abgeschlossener Vertrag über Arbeitsbedingungen‹: *Manteltarifvertrag ist ein Tarifvertrag, der die grundsätzlichen und allgemeinen Regelungen und Arbeitsbedingungen für die Arbeitsverhältnisse der Arbeitnehmer enthält* (WDR Ratgeber Recht 15. 3. 1999, Internet)

Manus A CH das; –, -/-se ⟨aus mlat. *manuscriptum* ›Handgeschriebenes‹⟩ (Kurzwort): ↗SKRIPTUM A D-süd, ↗SKRIPT D (ohne südost) ›schriftliche Ausarbeitung; Manuskript (als Grundlage für eine Veröffentlichung)‹: *Ein schlichtest gestricktes Kürzest-Machwerk, das kein Verlag angenommen hätte, stünde nicht der berühmte Name über dem Manus* (OÖN 6. 8. 1998, 7; A); *Schliesslich liegt das Manus von »The Plant« seit den 80ern bei King herum* (PC-Tip, 2003, Internet; CH)

Mäpple D-südwest das; -s, –: siehe Federmäppchen

Maräne D-nord die; –, -n: ↗RENKEN A D-südost, ↗ALBELI CH, ↗FELCHE CH ›Felchen‹ /forellengroßer Fisch aus der Familie der Salmoniden/: *Während Forelle und Schnäpel nach der Prozedur des Abstreifens wieder in die Freiheit entlassen werden, kommen Maräne und Hecht als Speisefisch auf den Markt* (Welt 16. 6. 1998, Internet)

Marbach am Neckar (gemeindt.): ↗SCHILLERSTADT

Märchen (gemeindt.): ↗MÄRLI

Marchstein CH der; -(e)s, -e: ›Markstein‹: *Vor einem Jahr war im Gebiet der Cordillera del Cóndor ein bewaffneter Konflikt in einem 78 Kilometer langen, nicht mit Marchsteinen versehenen Grenzabschnitt aufgeflackert* (NZZ 11. 3. 1996, 5)

Mareike D-nord/mittel ⟨niederdt.⟩: ↗MARIDL A, ↗MIDI A-west, ↗MIRL A-ost, ↗MITZI A-ost, ↗MAIKE D-nord Koseform des weibl. Vornamens *Maria: Die Gäste gingen zwar mit 2:0 in Führung, doch Mareike J. gelang der 1:2-Anschluss* (Heilbronner Stimme 9. 4. 2001, Internet)

Marend STIR die; –, -en: siehe Marende

Marende STIR die; –, -n: **1.** ↗JAUSE A, ↗ZVIERI CH, ↗ZWISCHENVERPFLEGUNG CH, ↗BROTZEIT D-südost, ↗VESPER D-südwest ›Zwischenmahlzeit am Nachmittag; [kalter] Imbiss‹: *Die anschließende zünftige Marende ließen sich dann alle schmecken* (Dolomiten 29. 3. 2001, 42). **2.** ↗JAUSE A, ↗ZVIERIPAUSE CH, ↗KAFFEETRINKEN CH D, ↗BROTZEIT D-südost, ↗VESPERPAUSE D-südwest ›für eine Zwischenmahlzeit vorgesehene Pause am Nachmittag‹: *Das »Gasthaus zu den drei Tannen« ... ist deshalb ein beliebter Treffpunkt zur Mittagszeit, zur Marende oder am frühen Abend* (Bozner Christkindlmarkt, 2001, Internet) – Seltener auch in der Form *Marend* (die; –, -en). Im Tiroler Oberinntal und CH-südost dialektal – Dazu: ↗**marenden**

marenden STIR sw.V./hat: ↗JAUSNEN A, ↗BROTZEIT: *BROTZEIT MACHEN D-südost, ↗VESPERN D-südwest ›eine Zwischenmahlzeit am Nachmittag einnehmen‹: *Wir marenden in dem Wirtshaus in deiner Straße* (Flöss, Dürre Jahre 18) – Im Tiroler Oberinntal, in A-west (Vbg.) und in CH-südost dialektal. Vgl. Marende

Margit A D ⟨aus lat. *margarita* ›Perle‹⟩: ↗MARGRIT CH Kurzform der weibl. Vornamen *Margarete, Margarethe, Margaretha, Margareta: Zwei, Ursula und Margit, gehen in dieselbe Klasse wie Susi und ich* (Thüminger, Entscheidung 7; A); *So präsentierte Margit N., Leiterin der Volkshochschule, gestern das neue Programm für das Herbstsemester* (Pirmasenser Ztg 9. 3. 1999, Internet; D)

Margrit Margrith CH ⟨aus lat. *margarita* ›Perle‹⟩: ↗MARGIT A D Kurzform des weibl. Vornamens *Margarit(h)a: Betreut werden die Kinder an diesem Morgen von Colette S. und Margrith M. – zwei der vier Frauen, die die Kinderwerkstatt Längmuur ins Leben gerufen haben* (Bund 13. 12. 1999, 18); *Margrit S. ist gelernte Bäuerin, war dann als Hauspflegerin tätig, bis sie an einem Jodlerfest ihren Hans kennen lernte* (Sonntagsblick 14. 5. 2000, M18) – In D selten. Wird auf der ersten Silbe betont, regional unterschiedlich mit Kurz- oder Langvokal

Maria (gemeindt.): ↗MAIKE, ↗MAREIKE, ↗MARIDL, ↗MIDI, ↗MIRL, ↗MIZZI

Maridl A: ↗MIDI A-west, ↗MIRL A-ost, ↗MITZI A-ost, ↗MAIKE D-nord, ↗MAREIKE D-nord/mittel Koseform des weibl. Vornamens *Maria: Karl bekam ein Paar Fäustlinge und Nüsse, ich erhielt ein Paar Socken und zwei Äpfel, Maridl ein Kopftuch usw.* (TT 22. 12. 1999, Internet) – Auch in der Form *Maridi, Ridi*

Marie A D-nord die; ohne Plur. (salopp, Grenzfall des Standards): ↗FLIEDER A (ohne west), ↗GERSTL A D-südost, ↗KLOTZ CH, ↗STUTZ CH, ↗KOHLE CH D, ↗ASCHE D-nord/mittel, ↗KIES D (ohne südwest), ↗KNETE D (ohne südost), ↗MOOS D (ohne mittelost/südwest) ›Geld‹: *Wohin mit der Marie? Logisch, dass sich der Konsument die zur stillsten Zeit des Jahres treffliche Frage stellt: Wohin, so kurz vor dem Heiligen Abend, mit der Marie?* (Format 14. 12. 1998, 133; A) – Als weiblicher Vorname gemeindt. Der Vorname wird in A und D auf der zweiten Silbe, mit Langvokal, in CH auf der ersten Silbe, mit Kurzvokal, betont

Marille A die; –, -n ⟨aus ital. *armellino* zu lat. *armeniacum pomum* ›armenischer Apfel‹⟩: ↗APRIKOSE CH D ›orangefarbenes, samtiges Steinobst mit braunem, glattem Kern‹: *Die Marillen waschen und gut abtrocknen, danach entkernen und in Achtel schneiden* (ORF Nachlese 9/1997, 73) – Die *Marille* spielt in der österreichischen Küche eine wesentlich größere Rolle als die *Aprikose* in der deutschen und Schweizer Küche, daher gibt es in A eine große Zahl von Zus. mit *Marille* – Dazu: **Marillenbrand, Marillenfleck** (↗Fleck), **Marillengeist,** ↗**Marillenknödel, Marillenkoch** (↗Koch), **Marillenkompott, Marillenkuchen, Marillenlikör, Marillenmarmelade** (↗Marmelade), **Marillennektar** (↗-nektar), **Marillenröster** (↗Röster), ↗**Marillenschnaps, Marillenstrudel** (↗Strudel)

Marilleler STIR der; -s, – (Grenzfall des Standards): ↗MARILLENSCHNAPS A, ↗ABRICOTINE CH, ↗APRIKOSENSCHNAPS CH D ›aus ↗Marillen gebrannter Schnaps‹: *Wenn ich heute wieder einen echten Vintschger Marilleler unter die Nase bekomme, dann ... ist er wieder da, der »sündige« Duft aus der Kindheit!* (Marseiler, Vinschgau 173) – In A-west (Tir.) dialektal. Vgl. Nusseler

Marillenknödel A der; -s, -n: ›mit einer ↗Marille gefüllter und mit ↗Bröseln und Zucker servierter ↗Knödel‹: *Bevor du da warst, hat mir die Großmutter Marillenknödel gekocht, mit ganz viel Bröseln und mehr Zucker* (Rudle, Engel 33) – In CH und D gibt es keine entsprechende Speise

Marillenschnaps A der; -es, ...schnäpse: ↗ABRICOTINE CH, ↗APRIKOSENSCHNAPS CH D, ↗MARILLELER STIR ›aus ↗Marillen gebrannter Schnaps‹: *Ich glaub, ich hab noch einen Marillenschnaps* (Kneifl, Vorstellung 63)

Mark: *die grüne Mark A ›Steiermark‹: *Es würde sich aus Tiroler Sicht lohnen, auch noch nach dem Autorennen einen Blick in die grüne Mark zu werfen* (TT 20./21. 9. 1997, 2) – Das Substantiv *Mark* ist in allen anderen Verwendungen gemeindt.

Markenbutter D die; –, ohne Plur.: ↗TEEBUTTER A, ↗VORZUGSBUTTER CH ›Butter der höchsten Handelsklasse‹: *Zu sehr günstigen Preisen wird deutsche Markenbutter weiterhin angeboten* (WAZ 17. 2. 2000, Internet)

Markise A D die; –, -n ⟨aus frz. *marquise* ›Zeltdach über dem Zelt eines Offiziers‹⟩: ↗STORE CH ›aufrollbares, schräges Sonnendach aus Stoff‹: *Markisen, Gelsengitter, Rollladen und Jalousien prompt und preiswert vom Erzeuger* (SN 3. 5. 1997, 23; A); *Markisen mit Motor und Wetterautomatik* (Schöner Wohnen 4/1995, 218; D) – Die Bedeutung ›Edelsteinschliff mit schiffchenförmiger Anordnung der Facetten‹ ist fachsprachlich gemeindt.

Markstein (gemeindt.): ↗MARCHSTEIN

Markt A der; -(e)s, Märkte: ↗MARKTGEMEINDE A D-südost, ↗MARKTFLECKEN CH D ›Gemeinde, die das historische Marktrecht besitzt oder diesen Titel verliehen bekommen hat‹: *Von März bis Juli wird im Markt Ilz die neue Ortsdurchfahrt gebaut* (Kleine Ztg 15. 2. 1996, Internet) – Den Titel *Markt*, der nur mit Prestige, aber nicht mit Rechten und Pflichten verbunden ist, bekommen nur Gemeinden mit herausragender historischer, wirtschaftlicher und kultureller Bedeutung von der ↗Landesregierung verliehen. Andere Bedeutungen sind gemeindt. – Dazu: ↗**Markterhebung** A D, **Markterhebungsurkunde**

Marktamt A das; -(e)s, ...ämter: ↗LEBENSMITTELPOLIZEI A CH, ↗LEBENSMITTELINSPEKTORAT CH ›städtische Behörde, die für Märkte und Lebensmittelkontrollen zuständig ist‹: *Das Marktamt kontrolliert peinlich genau die Sperrzeiten* (Werner, Wien 45)

Markterhebung A D die; –, -en: ›Verleihung des Marktrechts an einen Ort‹: *»Die Markterhebung wird weiter zur Stärkung unseres Selbstbewusstseins beitragen«, sagt Niederwaldkirchens Amtsleiter Karl R.* (OÖN 7. 8. 2001, Internet; A); *Mit der Markterhebung waren drei Privilegien verbunden: Die Abhaltung eines Wochenmarktes sowie von vier großen Jahrmärkten und die Führung eines Ortswappens* (Gemeinde Marktbreit 10. 2. 2003, Internet; D) – Ursprünglich im Mittelalter relevant, heute ohne rechtliche Konsequenz. Trotzdem streben viele österreichische Gemeinden die *Markterhebung* aus Prestigegründen an. – Die Bedeutung ›Erhebung der Marktlage‹ ist gemeindt. – Vgl. Markt, Marktgemeinde

Marktfahrer Marktfahrerin A CH der; -s, – bzw. die; –, -nen: ↗STANDLER A D-südost, ↗FIERANT A-ost D-südost ›Person, die [beruflich] auf Märkten Waren verkauft (mit mobilem Verkaufsstand); Marktverkäufer(in)‹: *Rund 400 Aussteller, Marktfahrer, Schausteller und Konsumationsbetriebe bieten ... ihre Waren und Leistungen in Hallen und am Freigelände feil* (Kurier 23. 4. 1997, 10; A); *Auch heute noch kommen die Marktfahrer aus allen Himmelsrichtungen, um am Dienstag und Freitag auf der Steinberggasse ihre Produkte anzubieten* (TA 9. 8. 1999, 16; CH)

Marktflecken CH D der; -s, – (veraltend): ↗MARKT A, ↗MARKTGEMEINDE A D-südost ›Ort mit Marktrecht‹: *Wie oft musste sich der umtriebige Marktflecken am Oberlauf der Limmat die Klage der Auswärtigen anhören, Zürich sei eine kalte Stadt* (TA 5. 1. 2001, 7; CH); *Sondheim ist ein Marktflecken mit ca. 1100 Einwohnern* (Universität Weimar 1. 8. 2001, Internet; D)

Marktführer (gemeindt.): ↗BRANCHENFÜHRER, ↗BRANCHENLEADER/BRANCHENLEADERIN, ↗MARKTLEADER/MARKTLEADERIN

Marktgemeinde A D-südost die; –, -n: ↗MARKT A, ↗MARKTFLECKEN CH D ›Gemeinde, die das historische Marktrecht besitzt oder diesen Titel verliehen bekommen hat‹: *Die Marktgemeinde Nenzing bringt im Rahmen der Erweiterung der Ortskanalisation die Baumeisterarbeiten … im Wege eines »offenen Verfahrens« zur Ausschreibung* (VN 29. 10. 1997, C 3; A) – Vgl. Markterhebung

Markthändler (gemeindt.): ↗FIERANT/FIERANTIN, ↗MARKTFAHRER/MARKTFAHRERIN, ↗STANDLER/STANDLERIN

Marktleader Marktleaderin CH der; -s, – bzw. die; –, -nen [...li:dər]: ↗BRANCHENLEADER A CH, ↗BRANCHENFÜHRER D ›führende Firma in einem Wirtschaftszweig; Marktführer‹: *Schweizer Marktleaderin für Geräte zur Verkehrsüberwachung ist die Ustermer Firma Multanova* (TA 19. 11. 1998, 75) – Vgl. Leader

Markung D die; –, -en (veraltend): ↗GEMEINDEBANN CH, ↗GEMARKUNG D ›Gemeindegebiet‹: *Tatsächlich dachte man in Reutlingen ja nicht mehr ernsthaft daran, die eigene Markung nach Westen zu erweitern* (Schwäbisches Tagbl 19. 3. 2002, Internet)

Märli CH das; -s, – (Grenzfall des Standards): ›Märchen‹: *Als Spass für die ganze Familie empfehlen wir unser Märli ›de Zauberer vo Oz‹* (Luzerner Theater, 1998, Internet) – Dazu: **Märliecke, Märlionkel, Märlitante, Märlitelefon, Märlitheater, Märlitram** (↗Tram), **Märlizauber**

Marmel CH D-nordost die; –, -n: ↗MURMEL A CH D (ohne nordwest/südost), ↗KLICKER D-mittelwest, ↗KNICKER D-mittelwest, ↗PICKER D-nordwest, ↗SCHUSSER D-südost ›kleine Glaskugel zum Spielen‹: *Wenn niemand sich achtete, trat er mit diesem Loch auf eine Marmel und arbeitete sie mit seinen Zehen ins Innere des Schuhs* (Schädelin, Eugen 60; CH)

Marmelade- A (produktives Bestimmungswort in Zus.): ↗MARMELADEN- D ›für ↗Marmelade, mit ↗Marmelade‹, z. B. Marmeladebrot, Marmeladefüllung, Marmeladeglas: *Zwischendurch esse ich aber gerne ein Marmeladebrot* (VN 22. 5. 1995, C 10); *Sterzbrösel sprenkelten das Tischtuch, fanden sich in den Bankritzen, in den Marmeladegläsern, jede Menge Spuren* (Glantschnig, Mirnock 12)

Marmelade A D die; –, -n: ↗KONFITÜRE CH ›dickflüssiger süßer Brotaufstrich aus eingekochten ↗Früchten oder Beeren‹: *Und jedes Jahr, wenn sie … die Gläser mit der vertrockneten Marmelade aus dem Vorjahr heimlich entsorgte, kam sie sich dabei wie eine Betrügerin vor* (Prugger, Nachbarn 123; A); *Er geht an der Backstube vorbei und kauft Brötchen … Er isst sie gern mit Quark und selbst gemachter Marmelade* (Wolf, Samstags 90; D) – Vgl. Marmelade-, Marmeladen- – Dazu: **Erdbeermarmelade, Marillenmarmelade** (↗Marille) A, **Marmeladenglas, Marmeladensemmel** (↗Semmel) A D-nordwest/südost, **Ribiselmarmelade** (↗Ribisel) A (ohne Vbg.), **Zwetschgenmarmelade** (↗Zwetschge) D-süd, **Zwetschkenmarmelade** (↗Zwetschke) A

Marmeladen- D (produktives Bestimmungswort in Zus.): ↗MARMELADE- A ›für ↗Marmelade, mit ↗Marmelade‹, z. B. Marmeladenbrot, Marmeladenfüllung, Marmeladenglas, Marmeladentopf: *Kisten stellten die Tische vor, Marmeladengläser und gravitätische Krüge die Vasen* (Lenz, Deutschstunde 39)

marod Adj. ⟨aus frz. *maraud* zu *marauder* ›herumstrolchen, plündern‹⟩: **1.** A D-südost ›[leicht] krank, kränklich‹: *Weil einige Bundesligisten derzeit etwas marod sind, dürfte die B-Liga heuer aber auch über eine Hintertür zu erreichen sein* (OÖN 17. 4. 1998, 30; A). **2.** A CH D-süd; ↗MARODE D (ohne südost) ›heruntergekommen, finanziell schwach oder ruiniert, abgewirtschaftet‹: *Dass der landeseigene Betrieb derart marod ist, hat auch mit dem Gegenteil von Sparen zu tun* (OÖN 17. 4. 1997, 17; A); *Unsere Gelder müssen als Fonds für Erneuerungen und gezielte Investitionen eingesetzt werden, ansonsten die Gastrobranche marod dahin dämmert und als Folge davon dem Tourismus schadet* (NLZ 29. 10. 2000, Internet; CH) – Zu 1.: **fußmarod, kiefermarod.** Zu 2.: **finanzmarod** A

marode Adj. ⟨aus frz. *maraud* zu *maurauder* ›herumstrolchen, plündern‹⟩: **1.** D-nord/mittel ›erschöpft, ermattet‹: *Durchfall machte ihn marode* (Talknet 7. 3. 2002, Internet). **2.** D (ohne südost); ↗MAROD A CH D-süd ›heruntergekommen, finanziell schwach oder ruiniert, abgewirtschaftet‹: *Das Problem der maroden Schulen ist auch der Landesregierung bekannt* (WDR 7. 3. 2002, Internet)

Marone D-mittelost/südwest die; –, -n/Maroni ⟨aus ital. *marrone*⟩: ↗MARONI A D-süd, ↗MARRONI CH, ↗ESSKASTANIE D ›[geröstete] Kastanie‹: … *Weihnachtsmarkt genannt, wo … Gebäck, Kerzen, gebrannte Mandeln und Maronen … verkauft werden* (Haensch, Deutschland Lexikon 35) – Die Bedeutung ›Maronenpilz‹ ist gemeindt.

Maroni A D-süd die; –, – (meist Plur.) ⟨aus ital. *marrone*⟩: ↗MARRONI CH, ↗ESSKASTANIE D, ↗MARONE D-mittelost/südwest ›[geröstete] Kastanie‹: *Was bei keinem Christkindlmarkt fehlen darf, gibt's natürlich reichlich: heiße Maroni, Glühwein und Punsch* (Kurier 14. 12. 1997, Beilage 3; A) – Dazu: **Maronibrater(in), Maronistand, Maroniverkäufer(in)**

Marroni CH die; –, – (meist Plur.) ⟨aus ital. *marrone*⟩: ↗MARONI A D-süd, ↗ESSKASTANIE D, ↗MARONE D-mittelost/südwest ›[geröstete] Kastanie‹: *Einen Franken verlangten sie in Locarno für hundert Gramm gebratene Marroni* (Rüegg, Welt 95) – Wird auf der zweiten Silbe, mit Kurz- oder Langvokal, betont – Dazu: **Marronibrater(in), Marronihändler(in), Marronistand, Marroniverkäufer(in)**

Marschhalt CH der; -(e)s, -e: **1.** ›Rast auf langen Märschen‹: *Bei einem kurzen Marschhalt auf einer Bergwanderung setzte sich doch eine Bergdohle auf meinen Fuss* (Blick 20. 5. 1996, 11). **2.** ›[Denk]pause‹: *Die Arbeitgeber stehen zu den heutigen Sozial-Zusagen. Wir müssen aber einen Marschhalt beim weiteren Ausbau unseres Sozialstaates einlegen* (Blick 28. 6. 1996, 4)

Marschzeit CH die; –, -en: ›Zeit, die für einen Fussmarsch oder eine Wanderung gebraucht wird‹: *Tagesetappen von fünf bis sechs Stunden Marschzeit, zum grössten Teil in weglosem Gelände* (TA 27. 3. 1998, 93)

Marterl A D-südost das; -s, -n ⟨Dim. zu *Marter* ›Qual, Leiden‹⟩: ↗Bildstock A CH D-süd, ↗Kappile LIE ›Holz- oder Steinpfeiler mit Kruzifix oder Heiligenbild [zur Erinnerung an ein Unglück]‹: *Nachmittags, auf dem Weg vom heimatlichen Fürstenfeld nach Graz, hält er traditionell bei einem Marterl stille Einkehr* (Sport Magazin 10/1997, 38; A)

Martinshorn D das; -(e)s, ...hörner: ↗Folgetonhorn A ›akustisches Warnsignal bei Polizei-, Feuerwehr- oder Rettungswagen; Sirene‹: *Vom Dorf her ertönten erneut Martinshörner, Blaulicht flackerte auf* (Junge, Klassenfahrt 83)

Märzenflecken CH der; -s, – (meist Plur.): ↗Guckerschecken A, ↗Laubflecken CH ›Pigmentflecken der Haut; Sommersprosse‹: *Der Mann hatte rote, wild gelockte Haare auf dem Kopf, war behaart am ganzen Körper, der zudem von Märzenflecken übersät war* (Internettexte Arthur Weber, 2002, Internet)

Marzipan der/das; -(e)s, ohne Plur. ⟨aus ital. *marzapane*⟩: ist in A und D meist Neutrum und selten Maskulinum. In CH meist Maskulinum und selten Neutrum. Wird in D selten auf der letzten Silbe, mit Langvokal, betont, gemeindt. auf der ersten Silbe, mit Kurzvokal: *Das restliche Marzipan rosa und grün einfärben, Rosen und Blätter formen, mit Zuckerwasser bestreichen, auf die Torten aufsetzen* (Kirchenweb, 2000, Internet; A); *Den Marzipan, abgeriebene Schale und Zitronensaft mit einer Gabel zusammen zerdrücken* (Chochclub Albatross, 1999, Internet; CH); *Dem besonderen Anspruch, weltweit das beste Marzipan anzubieten, fühlt sich das Haus Niederegger bis heute verbunden* (Niederegger, Lübeck, 2003, Internet; D)

Masche A CH D-süd die; –, -n: **1.** ↗Schleife D ›Haarband als Zierde‹: *Die Haare bedecken gerade die Ohren, sind im Bereich der Stirn zu einem Schopf hinaufgebürstet, von einer Schleife gehalten, ein kleines Mädchen mit einer großen Masche im Haar* (Glantschnig, Mirnock 5; A); *Wenn also mal »Eva mit der Masche im Haar den Stock giesst«, dann ist die Eva keineswegs durchgedreht. Sie hat bloss eine »Schleife« im Haar und giesst die »Topfpflanze«* (Spick Sammelmagazin für Schülerinnen und Schüler, 2001, Internet; CH). **2.** ↗Schleife D ›Verknotung zweier Bänder mit zwei Schlingen (bei Schuhen, Verpackungen etc.; im Ggs. zum festen Knoten)‹: *Mehrere Male band ich die Bänder um den Schaft, zum Schluss eine Masche* (Glantschnig, Mirnock 46; A); *Ihr und Erich war ... ein riesiger Geschenkkorb mit einer noch grösseren roten Masche überreicht worden* (Waller, Barbi 59; CH) – Die Bedeutungen ›Strickmasche‹ und ›Trick‹ sind gemeindt. – Zu 1.: **Haarmasche**

Mascherl A das; -s, -n: ↗Schlips CH, ↗Fliege CH D ›zur Querschleife gebundene Krawatte‹: *Ein fülliger Politiker im Polyesteranzug ist eine Ausnahmeerscheinung, der mit passend koordinierten Mascherln und Brille allerdings auch* (Fembek, Keine Angst 187)

Maschin- maschin- A (produktives Bestimmungswort in Zus.): ↗Maschinen- maschinen- CH D ›mit einer Maschine, an einer Maschine, maschinell‹, z. B. maschindreschen, maschinmelken, Maschinnäher(in), maschinschreiben, Maschinschreibkenntnisse, Maschinschrift, Maschinstricker(in): *Derzeit besucht sie am Wifi einen Maschinschreibkurs* (Standard 27. 4. 2000, Internet); *Mit der Reform der Gewerbeordnung werden die folgenden Handwerke und Gewerbe für jeden grundsätzlich frei zugänglich: ... Wagner, Maschinstricker und Wirker, Weber* (Kurier 23. 3. 1997, 6); *Die Aufsätze dürfen nicht mehr als vier DIN-A4-Seiten (maschingeschrieben) umfassen* (Kleine Ztg 30. 9. 1997, Internet)

Maschinen- maschinen- CH D (produktives Bestimmungswort in Zus.): ↗Maschin- maschin- A ›mit einer Maschine, an einer Maschine, maschinell‹, z. B. maschinengeschrieben, maschinenmelken, maschinennähen, maschinenrechnen, maschinenschreiben, Maschinenschrift: *Die Wiederholung der Unterschriften mit Maschinenschrift ist eine angelsächsische Gewohnheit, die Nachahmung verdient* (Rutishauser, Geschäftsbriefe 23; CH); *Peter gab seine Offerten bisher fix und fertig zum Maschinenschreiben im Büro ab* (Tschudin, Meine Ehre 166; CH); *Handelt es sich um ein Gespräch mit wichtigem Inhalt, ist es empfehlenswert, das Wesentliche noch einmal maschinenschriftlich festzuhalten* (Briese-Neumann, Geschäftskorrespondenz 170; D) – In A selten. Zus. in der Bedeutung ›Maschinen betreffend‹, z. B. Maschinenbau, Maschinenindustrie, sind gemeindt.

Maschinenmech CH der; -s, -s (salopp): siehe Maschinenmechaniker

Maschinenmechaniker Maschinenmechanikerin A CH der; -s, – bzw. die; –, -nen: ›Mechaniker(in), der bzw. die Maschinen aller Art wartet und repariert‹:

Der angehende Maschinenmechaniker verweist stolz auf sein erstes Werkstück, einen Nussknacker (Standard 28. 4. 1998, Internet; A); *Der Vater … führt im St. Galler Rheintal eine Maschinenfabrik. Kein Wunder, dass der Sohn eine Lehre als Maschinenmechaniker machte* (Blick 21. 1. 1998, 2; CH) – In A formell. In CH salopp auch in der Kurzform *Maschinenmech* (der; -s, -s) gebräuchlich – Dazu: **Büromaschinenmechaniker(in)** A, **Landmaschinenmechaniker(in)**

Masel siehe Massel

Masen A die; –, ohne Plur. ⟨aus jidd. *massel* zu hebr. *mazzalot* Plur. ›Geschick‹⟩ (Grenzfall des Standards): ↗Massel A D (ohne mittelost/südwest), ↗Dusel D ›günstiger Zufall; Glück‹: *Wenn Sie eine Masen haben, bleibt für Sie grade noch ein Fernsehkomiker übrig, der im Werbeblock mit einer Cosy-Rolle diskutiert* (Trend 10/1994, Internet)

Maskenball (gemeindt.): ↗Redoute

Maß A-west die; –, -(e): ↗Mass D-süd ›ein Liter Bier im Glas oder Krug‹: *Jeder hatte eine Maß Bier vor sich stehen* (Längle, Tynner 28) – Dazu: **Maßkrug, Radlermaß** (↗Radler)

Mass D-süd die; –, -(en): ↗Maß A-west ›ein Liter Bier im Glas oder Krug‹: *Beim verwandten Bierkopf wird nicht um Geld, sondern in der Regel um eine Mass Bier gekartet* (Bamberger Bierbesonderheiten, 2002, Internet) – Vgl. Halbe – Dazu: **Masskrug**

Massel A D (ohne mittelost/südwest) das/der; -s, ohne Plur. ⟨aus jidd. *massel* zu hebr. *mazzalot* Plur. ›Geschick‹⟩ (Grenzfall des Standards): ↗Masen A, ↗Dusel D ›günstiger Zufall, Glück‹: *… es war ein großes Massel, dass dies alle unbeschadet überstanden* (Standard 31. 7. 1998, Internet; A); *Sie durfte auf Jachten, in Nachtclubs und Nobelhotels gehen, weil wir es ihr gönnten, sie war schließlich eine von uns, die den Massel hatte, das alles erleben zu können* (Spiegel-Jahreschronik, 1997, 202; D) – In A und D-südost Neutrum, in D (ohne mittelost/süd) Maskulinum. In A auch in der Schreibung *Masel*

Massenlager CH das; -s, –: ↗Touristenlager CH ›einfacher Schlafraum für mehrere Personen; Matratzenlager‹: *Aus dem Berggasthaus mit Massenlager (40 Schlafplätze) soll eine gemütliche Künstlerbeiz für Jung und Alt werden* (TA 14. 12. 1998, 3) – In D selten und meist abwertend. Die Bedeutung ›Auffanglager für Flüchtlinge‹ ist gemeindt.

Masseverwalter Masseverwalterin A der; -s, – bzw. die; –, -nen: ↗Konkursverwalter CH D ›gerichtlich eingesetzter Verwalter bzw. gerichtlich eingesetzte Verwalterin einer Konkursmasse bei einem Konkursverfahren‹: *Sie haben dem Vernehmen nach für den Erwerb des Lagers, der Maschinen und der Marke einen hohen zweistelligen Millionenbetrag an den Masseverwalter überwiesen* (Profil 14. 5. 2000, Internet)

Maßregel D (ohne mittelost) die; –, -n: ›geltende Maßnahme, die genau befolgt werden muss; Vorschrift‹: *Eine solche Maßregel wird hierzulande bisher nicht ernsthaft erwogen* (Welt 27. 9. 1996, Internet) – In A und CH selten und nur formell

mastig CH Adj.: **1.** ›schwer verdaulich‹: *Das Essen sei zu mastig, man hätte die leichtere Kost des Gemeinderates vorgezogen* (Bund 13. 10. 1997, 16). **2.** ›feucht und üppig; fett (von Pflanzen, Wiesen)‹: *Auf mastigem Land wäre es schwierig, diese Artenvielfalt zu erreichen* (Bund 1. 7. 1999, 27)

Match der/das; -(e)s, -e(s) [mɛtʃ A D, matʃ CH] ⟨engl.⟩ (Sport): ist in A und D Neutrum, in CH Maskulinum. Das gilt auch für die Zus., z. B. Fußballmatch, Ländermatch A, ↗Lottomatch CH, Plauschmatch CH (↗Plausch), Tennismatch: *Am 11. Oktober wird das Match im ausverkauften Happel-Stadion gegen Weißrussland um 16 Uhr angepfiffen* (Kurier 17. 9. 1997, 25; A); *Also, ohne Aschi und mit einem halbbatzigen Eduard fing der entscheidungsschwere Match an* (Schädelin, Eugen 79; CH); *Auch das Match gestern … wurde vom Regen behindert* (AZ 19. 6. 1998, 24; D)

Matchuhr A CH die; –, -en ['mɛtʃ… A, 'matʃ… CH]: ›Uhr zur Anzeige der gespielten Zeit eines sportlichen Wettkampfes mit festgelegter Spieldauer; Spieluhr‹: *92 Minuten und 52 Sekunden zeigte die Matchuhr, als im Derby das für Sturm erlösende 2:1 gegen den GAK fiel* (Kurier 25. 5. 1999, 27; A); *Hat eines Ihrer Vereinsmitglieder im Lotto gewonnen und seinen Gewinn in eine neue Matchuhr investiert?* (Sport 10. 3. 1998, 32; CH) – Vgl. Match

Materialstelle die; –, -n: **1.** D; ↗Ökonomat CH-süd (VS) STIR, ↗Betriebsmittelverwaltung D ›Abteilung in einer Behörde oder in einem Betrieb, in der Sachmittel verwaltet werden; Materialmagazin‹: *Das … notwendige Büromaterial … wird in der Materialstelle der Abteilung I vorgehalten, verwaltet und bei Bedarf ausgegeben* (Universität Trier 12. 8. 2002, Internet). **2.** CH ›Ort, an dem das Material gelagert oder bereitgestellt wird (von kirchlichen Jugendorganisationen, Pfadfindern und Sportanlässen)‹: *Die Materialstelle vermittelt Unterlagen nach dem Motto »aus der Praxis für die Praxis«* (Reformierte Kirche St. Gallen, 2003, Internet) – Zu 1.: In A selten

Matratzenlager (gemeindt.): ↗Massenlager, ↗Touristenlager

Matrik A die; –, -en: ↗Matrikel A, ↗Matrikenbuch A, ↗Zivilstandsregister CH LUX, ↗Personenstandsregister D ›behördliches Verzeichnis, in dem Personenstandsangelegenheiten vermerkt werden‹: *Kreuzen darf sich rühmen, die älteste und wertvollste illustrierte Matrik Oberösterreichs zu besitzen* (Marktgemeinde Bad Kreuzen, 2001, Internet) – Dazu: **Matrikenführer(in), Pfarrmatrik** (↗Pfarr-)

Matrikel A die; –, -n ⟨aus spätlat. *matricula* ›öffentliches Verzeichnis‹⟩: ↗Matrik A, ↗Matrikenbuch A, ↗Zivilstandsregister CH LUX, ↗Personenstandsregister D ›behördliches Verzeichnis, in das Personenstandsangelegenheiten vermerkt werden‹: *Zwar enthalten die Einträge in der Regel Hinweise auf die Eltern, wenn aber beispielsweise die Ehefrau nicht aus dem betreffenden Dorf stammte, wurde ihr Geburtsort oftmals nicht in den Matrikeln verzeichnet* (OÖN 25. 7. 1998, 9) – Die Bedeutung ›amtliches Personenverzeichnis, z. B. einer Universität‹ ist gemeindt. – Dazu: **Matrikelamt, Sterbematrikel, Taufmatrikel**

Matrikenbuch A das; -(e)s, ...bücher: ↗Matrik A, ↗Matrikel A, ↗Zivilstandsregister CH LUX, ↗Personenstandsregister D ›behördliches Verzeichnis, in das Personenstandsangelegenheiten vermerkt werden‹: *Im Matrikenbuch des Pfarramtes in Hallstatt befindet sich eine Aufzeichnung in lateinischer Sprache, die Pfarrer Johann Weidinger übersetzt hat* (OÖN 28. 12. 1994, 20) – Das *Matrikenbuch* besteht aus dem *Familienbuch,* dem ↗*Ehebuch,* dem *Geburtenbuch* und dem *Sterbebuch* zur jeweiligen Beurkundung von Heiraten, Geburten und Todesfällen

Matsch (gemeindt.): ↗Batz, ↗Gatsch, ↗Letten, ↗Modder, ↗Mud, ↗Pampe, ↗Pflotsch, ↗Schmant

matschkern A-ost sw.V./hat (salopp, Grenzfall des Standards): ↗sempern A, ↗sumsen A-west (Tir.), ↗raunzen A D-südost, ↗mäkeln CH D, ↗mosern D ›seiner Unzufriedenheit durch ständige, kritisierende Äußerungen Ausdruck verleihen; nörgeln‹: *Begründung: »Weil es nur jedes Mal 2,5 Millionen kostete und der Partei außer Matschkern und Mauscheln nie wirklich was brachte«, so der Klubchef Andreas K.* (News 23. 12. 1997, 18) – Die Bedeutung ›Tabak kauen‹ ist veraltet – Dazu: **Matschkerer (...kerin)**

Matte CH (ohne ost) die; –, -n: ↗Mahd A ›Wiese‹: *Das Heu auf jener Matte sollte bis zum Abend dürr sein* (Wiesner, Jaromir 30) – Andere Bedeutungen sind gemeindt. – Dazu: **Dorfmatte, Heumatte**

Matur CH die; –, -en ⟨aus lat. *maturus* ›reif‹⟩: kurz für *Maturitätsprüfung:* ↗Matura A CH, ↗Reifeprüfung A D, ↗Maturität CH, ↗Abitur D ›Prüfung bzw. Schulabschluss zur Erlangung der Hochschulreife‹: *Und er fliegt zwei Jahre vor der Matur noch vom Gymnasium?* (Walter, Beton zu Gras 83) – Dazu: **Maturabschluss, ↗Maturand(in), Maturarbeit, Maturfeier, Maturprüfung, Maturreise, ↗Maturzeugnis**

Matura A CH die; –, ohne Plur. ⟨aus lat. *maturus* ›reif‹⟩: ↗Reifeprüfung A D, ↗Matur CH, ↗Maturität CH, ↗Abitur D ›Prüfung bzw. Schulabschluss zur Erlangung der Hochschulreife‹: *Er habe sich nach der Matura ein paar Jahre hinter dem Schalter einer Bank aufgehalten* (Wolfgruber, Verlauf eines Sommers 58; A); *Thomas hätte im letzten Herbst die Matura bestanden, wolle aber nicht an die Hochschule* (Hostettler, Moira 10; CH) – Dazu: ↗**Berufsmatura** CH, **Externistenmatura** (↗Externist) A, **HAK-Matura** (↗HAK) A, **Handelsmatura** CH, **HTL-Matura** (↗HTL) A, ↗**Maturaball** A, **Maturadiplom** STIR, **Maturafeier, Maturaklasse, Maturajahrgang, Maturaniveau,** ↗**Maturand(in)** CH, ↗**Maturant(in)** A, **Maturadiplom** STIR, **Maturareise, Maturaschule, Maturatreffen, Maturavorbereitung, Maturavorsitzende, Maturazeitung,** ↗**Maturazeugnis,** ↗**maturieren** A

Maturaball A der; -(e)s, ...bälle: ›öffentliche Fest- und Tanzveranstaltung von Schulklassen, die vor der ↗Reifeprüfung stehen‹: *Der 27. Maturaball der BHAK Liezen findet heute im Kulturhaus statt* (Kleine Ztg 15. 11. 1997, 24) – Vgl. Matura

Maturadiplom STIR das; -(e)s, -e: ↗Reifeprüfungszeugnis A, ↗Maturazeugnis A CH, ↗Reifezeugnis A D (ohne ost), ↗Maturitätszeugnis CH, ↗Maturzeugnis CH, ↗Abiturzeugnis D ›Zeugnis über die bestandene ↗Matura‹: *Voraussetzung für die Teilnahme am Kurs sind das Maturadiplom, der Wohnsitz innerhalb eines EU-Landes und Grundkenntnisse in Informatik, Italienisch, Englisch und BWL* (Dolomiten 13. 7. 2000, 35) – Vgl. Diplom

Maturand Maturandin CH der; -en, -en bzw. die; –, -nen: ↗Maturant A, ↗Abiturient D ›Person, die die ↗Matur ablegt oder abgelegt hat‹: *Am 7./8. September 1999 führt die ETH Zürich wiederum die Informationstage für Maturandinnen und Maturanden nach neuem Konzept durch* (ETH Zürich, 1999, Internet)

Maturant Maturantin A der; -en, -en bzw. die; –, -nen: ↗Maturand CH, ↗Abiturient D ›Person, die die ↗Matura ablegt oder abgelegt hat‹: *Vergangene Woche brachten sie im Nationalrat einen Antrag ein, wonach auch Maturanten diskriminierter Volksgruppen die Studienerlaubnis erhalten sollen* (SN 20. 10. 1997, 2) – Dazu: **AHS-Maturant(in)** (↗AHS), **HAK-Maturant(in)** (↗HAK), **HTL-Maturant(in)** (↗HTL)

Maturazeugnis A CH das; -ses, -se: ↗Reifeprüfungszeugnis A, ↗Reifezeugnis A D (ohne ost), ↗Maturitätszeugnis CH, ↗Maturzeugnis CH, ↗Abiturzeugnis D, ↗Maturadiplom STIR ›Zeugnis über die bestandene ↗Matura‹: *Von jedem Inter-*

net-PC aus können Erstsemestrige ihre Daten eingeben und einen Termin vereinbaren, bei dem Dokumente wie das Maturazeugnis vorgelegt werden (Standard 1. 3. 2000, Internet; A); *Zwar hat sie ein Maturazeugnis in der Tasche, doch ein Studium ist wegen der prekären wirtschaftlichen Situation der Eltern ausgeschlossen* (Bund 18. 10. 1997, Z1; CH)

maturieren A sw.V./hat ⟨aus lat. *maturus* ›reif‹⟩: ›die ↗Matura ablegen‹: *Maturiert hat sie mit Auszeichnung, der Josef war sehr stolz auf seine Tochter* (Marzik, Mizzi 121)

Maturität CH die; –, -en ⟨aus lat. *maturitas* ›Reife‹⟩ (formell): ↗MATURA A CH, ↗REIFEPRÜFUNG A D, ↗MATUR CH, ↗ABITUR D ›Prüfung bzw. Schulabschluss zur Erlangung der Hochschulreife‹: *Der Romanischunterricht soll den Einstieg in die zweisprachige Maturität ermöglichen und fördern* (Kantonsschule Chur, 1999, Internet) – Dazu: **Maturitätsabschluss, Maturitätsausbildung, Maturitätsnote, Maturitätsprüfung, Maturitätsschule, ↗Maturitätszeugnis**

Maturitätszeugnis CH das; -ses, -se: ↗REIFEPRÜFUNGSZEUGNIS A, ↗MATURAZEUGNIS A CH, ↗REIFEZEUGNIS A D (ohne ost), ↗MATURZEUGNIS CH, ↗ABITURZEUGNIS D, ↗MATURADIPLOM STIR ›Zeugnis über die bestandene ↗Maturität‹: *Im ersten Semester der sechsten Klasse ist die Maturaarbeit zu präsentieren, die im Maturitätszeugnis aufgeführt wird* (Kantonsschule Zug, 1999, Internet)

Maturzeugnis CH das; -ses, -se (Grenzfall des Standards): ↗REIFEPRÜFUNGSZEUGNIS A, ↗MATURAZEUGNIS A CH, ↗REIFEZEUGNIS A D (ohne ost), ↗MATURITÄTSZEUGNIS CH, ↗ABITURZEUGNIS D, ↗MATURADIPLOM STIR ›Zeugnis über die bestandene ↗Matur‹: *Die Maturaarbeit … wird … nur als nichtzählende Note ins Maturzeugnis aufgenommen* (Jugendrat Basel-Landschaft, 2000, Internet)

Maultasche D die; –, -n: ›gefüllte Teigtasche, die in siedendem Wasser gegart wird‹: *Wahrscheinlich befürchtete er, ich könnte eines Tages auf dem Treppenabsatz vor seiner Tür sitzen, hinter der er mit seiner Frau Maultaschen in Bouillon aß* (Maron, Animal triste 77)

Maulwurfsgrille (gemeindt.): ↗WERRE

Maurerklavier A das; -s, -e (scherzh., Grenzfall des Standards): ↗KNÖPFERLHARMONIKA A (ohne west), ↗KNOPFORGEL A-west, ↗ZIEHORGEL A-west (Tir.), ↗HANDORGEL A-west (Vbg.) CH, ↗QUETSCHE A D-nordwest/süd, ↗ZIEHHARMONIKA A D, ↗SCHWYZERÖRGELI CH, ↗HANDHARMONIKA CH D (ohne mittelost/südost), ↗SCHIFFERKLAVIER D, ↗QUETSCHKOMMODE D (ohne südost) ›Harmonika mit diatonisch angeordneten Knopftasten, bei der auf Druck und Zug des Balges verschiedene Töne erklingen; Akkordeon‹: *Zwei, die gleich klingen, gibt's nicht. Auch nicht, wenn man zehn aus ein- und demselben Holz fertigt? Ein belustigtes Lächeln ist Antwort genug – dann klingen die Maurerklaviere ähnlich, aber nicht gleich* (Kurier 31. 1. 1993, 14)

mausarm CH Adj.: ›mittellos, bedürftig; arm wie eine Kirchenmaus‹: *Sie machte den mausarmen Bewohnern etwas Hoffnung auf ein besseres Leben im Jenseits* (Furrer, My Way 10)

mauscheln (gemeindt.): ↗KUNGELN, ↗PACKELN

Mäuse D (ohne südwest) die; nur Plur. (salopp): ↗STUTZ CH, ↗KRÖTEN D, ↗MONETEN D, ↗EIER D-nordwest/mittelwest, ↗FLÖHE D-nord, ↗MÖPSE D-nordost/mittelwest, ↗MÜCKEN D-nordost/mittel, ↗PENUNZE D-nord ›Mark, Euro; Geldstück‹: … *der hat bestimmt ein paar hunderttausend oder noch mehr Mäuse rausgeschlagen für die Exklusivrechte* (Martin, Rabe 181) – Die Bedeutungen der Singularform sind gemeindt.

mausen D sw.V./hat (scherzh.): ↗FLADERN A, ↗MOPSEN D (ohne südost) ›[geschickt] entwenden; stehlen‹: *Ellen hat ihm auch schon einen Federhalter gemaust* (Trott, Pucki 14) – Andere Bedeutungen sind gemeindt.

Mausespeck D-mittelwest der; -(e)s, ohne Plur.: ↗SPECK: *SÜẞE SPECK A ›Süßigkeit aus Zuckerschaum‹: *Ich setzte mich entzückt auf einen der kleinen Stühle und verstaute Marzipaneier und Mausespeck aus meiner Schultüte unter der Bank* (Rothmann, Wäldernacht 35)

Mausmatte CH die; –, -n: ↗MOUSEPAD A D, ↗MAUSPAD D ›Unterlage, auf der die Computermaus bewegt wird‹: *»Body pads« nennt die Zürcherin Miriam S. Mausmatten für den Computer, auf die sie Fotos, Nahaufnahmen von ihrem Körper druckt und als Geschenklein verpackt* (Bund 5. 12. 1996, 6)

Mauspad D das; -s, -s ['mausped]: ↗MOUSEPAD A D, ↗MAUSMATTE CH ›Unterlage, auf der die Computermaus bewegt wird‹: *Es empfiehlt sich, ein so genanntes Mauspad zu benutzen; dies entlastet das Handgelenk* (Universität Hannover 19. 4. 2002, Internet) – In A selten

Maut die; –, ohne Plur. ⟨aus got. *mota* ›Zoll‹⟩: **1.** A D ›Gebühr für die Benutzung von Straßen, Tunneln oder Brücken‹: *Unerfüllt blieb aber die Forderung der Tourismuswirtschaft, gewisse Autobahnabschnitte ab der Grenze von der Maut auszunehmen* (SN 11. 11. 1997, 9; A); *Viele Transporte werden auf Tageszeiten mit einem geringeren Verkehrsaufkommen ausweichen, wenn die Maut entsprechend niedriger ist* (SZ 28. 2. 2003, Internet; D). **2.** A-ost/südost (salopp); ↗SCHMATTES A-ost ›Trinkgeld‹: … *dass die Wäh-*

rungsumstellung die Trinkgewohnheiten seiner Gäste … gravierend beeinflussen wird: Wer viel gibt, wird weiter großzügig sein, wer bisher wenig gab, wird weiter knausern – und null Maut bleibt ohnehin gleich (Standard 26. 11. 2001, 8) – Zu 1.: **Anrainermaut** (↗Anrainer) A, **Autobahnmaut**, ↗**bemauten** A, **Generalmaut** A, **Mautautobahn, Mautbefreiung** A, **Mauteinnahmen, Mauteinhebung** A, **mautfrei, Mautgebühr, Mauthäuschen, Mautner(in)** A, **Mautpickerl** (↗Pickerl) A, **Mautpflicht, mautpflichtig, Mautstelle, Mautstraße, Mautstrecke, Mautsystem, Mauttarif** A, **Mautvignette** (↗Vignette) A

Max: *Stramme Max D ›mit Schinken und Spiegelei belegtes Brot‹: *Sie brachte mir ohne Bestellung einen Strammen Max* (Holzach, Deutschland umsonst 93) – Der männliche Vorname *Max* ist gemeindt.

Maximalnote CH die; –, -n: ›Höchstnote‹: *Eine Versicherungsdeckung erhielt dann die Maximalnote, wenn sie in 90 Prozent aller Fälle genügt* (TA 6. 9. 1999, 29)

MdB D der; -s, -s: buchstabierte Abk. für ›Mitglied des ↗Bundestages‹: ↗NRAbg. A: *Wenn es den »Braunschweiger Klüngel« gebe, zischte der MdB, dann müsste jetzt ja wohl er, Igelbauer, Ministerpräsident werden* (Welt 30. 11. 1999, Internet)

MdL D der; -s, -s: buchstabierte Abk. für ›Mitglied des ↗Landtages‹: ↗LA A, ↗LAbg. A: *MdL Alfred R. sagte, Helmut Kohl habe keine schlechte Politik für unseren Raum gemacht* (Straubinger Tagbl 7. 4. 1998, 19)

Mechaniker (gemeindt.): ↗AUTOMECH, ↗AUTOMECHANIKER/AUTOMECHANIKERIN, ↗KFZ-MECHANIKER/KFZ-MECHANIKERIN, ↗MASCHINENMECHANIKER/MASCHINENMECHANIKERIN, ↗VELOMECH, ↗VELOMECHANIKER/VELOMECHANIKERIN, ↗ZWEIRADMECHANIKER/ZWEIRADMECHANIKERIN

Medieninhaber A der; -s, –: ›Betreiber eines Medienunternehmens, Herausgeber, Verlag (presserechtlich vorgeschriebene Angabe in Impressen)‹: *Die SP will, dass sich Medieninhaber, die bereits Printprodukte erzeugen, nur in einem Sendegebiet zu maximal 25 Prozent an einem Privatradio beteiligen können* (OÖN 29. 5. 1992, 2)

Medienkonferenz CH die; –, -en: ↗MEDIENORIENTIERUNG CH, ↗PRESSEORIENTIERUNG CH ›Pressekonferenz‹: *Wie Sportamt-Leiter Ernst L. an einer Medienkonferenz in Gelterkinden ausführte, werden die mittlerweile über hundert »Streetball«-Anlagen … von vielen Jugendlichen auch sehr rege genutzt* (BaZ 17. 10. 1997, 43)

Medienmitteilung CH die; –, -en: ↗AUSSENDUNG A, ↗KOMMUNIQUÉ A D, ↗COMMUNIQUÉ CH LUX ›schriftliche Verlautbarung für die Massenmedien; Pressemitteilung; Kommunikee‹: *In seiner Medienmitteilung rühmte der Gemeinderat P. für seinen »unermüdlichen und pflichtbewussten Einsatz«* (Bund 10. 7. 2000, 18)

Medienorientierung CH die; –, -en: ↗MEDIENKONFERENZ CH, ↗PRESSEORIENTIERUNG CH ›Pressekonferenz‹: *Der Direktionsvorsitzende Walter B. fand an der gestrigen Medienorientierung … nur noch Superlative, um die zahlenmässige Entwicklung der Firma wiederzugeben* (Bund 18. 12. 1999, 17)

Medizinalrat Medizinalrätin der; -(e)s, …räte bzw. die; –, -nen: **1.** A /Ehrentitel für Ärzte bzw. Ärztinnen/: *Unser Doktor ist der Amtsarzt, der Medizinalrat Blechner* (Haslinger, Opernball 45). **2.** D ›Arzt bzw. Ärztin, die im öffentlichen Gesundheitswesen tätig ist‹: *Der diesjährige Preisträger, Medizinalrat Dr. Wolfgang B., ist Facharzt für Chirurgie* (Journalmed 1. 4. 2001, Internet) – Zu 1.: **Obermedizinalrat (…rätin)**

Meer (gemeindt.): ↗SEE

Meer: *Meter über dem Meer A D; ***Meter/Höhe über Meer** CH: ↗SEEHÖHE A ›Meter über dem Meeresspiegel‹ /in geografischen Höhenangaben/: *Bei uns finden Sie 3000 m über dem Meer – 365 Tage Schneevergnügen!* (Firma Zillertaler Gletscherbahn Gmbh, 2000, Internet; A); *Die Winter waren lang in fast 900 m über Meer* (Wenger, Rosalia 24; CH); *Auf beinahe 3000 Meter Höhe über Meer sind die Nächte und die Winter unfreundlich kalt* (Bund 29. 8. 1998, Z 1; CH); *Die beiden auf 2100 und 1300 Meter über dem Meer gelegenen Käsereien produzieren mit Abstand würzigeren Gruyère als jene, die in 1000 und 600 Meter … arbeiten* (Geo Magazin 3/2001, 181; D) – Abk. m.ü.d.M in A und D, m.ü.M. in CH. Das Substantiv *Meer* ist in allen anderen Verwendungen gemeindt. Vgl. Höhe

Meerrettich CH D der; -s, -e: ↗KREN A D-südost ›Pflanze mit einer genießbaren, scharf schmeckenden Wurzel; Wurzel dieser Pflanze‹: *Danach stopften sie sich Sushi-Bällchen mit extrem scharfem Meerrettich in den Mund* (NLZ 22. 6. 2000, Internet; CH); *Für die Marinade Essig, Zitronensaft, Meerrettich und Kürbiskernöl verrühren* (Freundin 19/1997, 162; D) – Dazu: ↗**Meerrettichschaum** CH, **Meerrettichsoße** (↗Soße) D, ↗**Sahnemeerrettich** D

Meerrettichschaum CH der; -(e)s, ohne Plur.: ↗OBERSKREN A, ↗SAHNEMEERRETTICH D ›mit [geschlagenem] Süssrahm vermischter geriebener ↗Meerrettich‹: *Auf der Alphütte braucht's keine Eglifilets, die ja sicher nicht aus dem Murgsee kommen, und schon gar keinen Lachsteller mit Meerrettichschaum* (Sonntagsztg 27. 7. 1997, 75)

Mehl: *glatte Mehl A: ↗WEIZENMEHL: *WEIZENMEHL TYPE 405 D ›sehr fein gemahlenes Mehl aus Weizen‹: *Naturschnitzel, Koteletts u. Ä. sollte man nach dem*

Würzen sparsam mit glattem Mehl bestauben, abschütteln, anpressen und erst dann braten (Plachutta, Gute Küche 40); ***griffige Mehl** A: ↗WEIZENMEHL: *WEIZENMEHL TYPE 550 D ›grobkörniges Mehl aus Weizen‹: *Mit 8 dag griffigem Mehl, 1 Dotter, Salz, Pfeffer und gemahlener Muskatnuss zu einem glatten Teig verarbeiten* (Ganze Woche 5. 11. 1997, 86) – *Glattes Mehl* hat die Type 700, *doppelgriffiges Mehl* hat die Type 480, jedoch spielen in A die Typenbezeichnungen im alltäglichen Sprachgebrauch keine Rolle. Die österreichischen Mehltypen entsprechen nicht jenen der in D bzw. der in der EU verwendeten. Das Substantiv *Mehl* ist in allen anderen Verwendungen gemeindt.

Mehlsauce CH die; –, -n [...ˈsoːsə]: ↗EINMACH A, ↗EINBRENN A D-südost, ↗EINBRENNE D-mittelost/süd STIR, ↗MEHLSCHWITZE D (ohne südost) ›dickflüssige Sauce aus in Fett geröstetem Mehl und Wasser‹: *Für mich, der vor 30 Jahren in der Zeit der dicken Mehlsauce noch Koch gelernt hat, kommen Philippe Rochats traumhafte Kompositionen wie aus einer anderen Welt* (Blick 5. 10. 1998, 3)

Mehlschwitze D (ohne südost) die; –, -n: ↗EINMACH A, ↗EINBRENN A D-südost, ↗MEHLSAUCE CH, ↗EINBRENNE D-mittelost/süd STIR ›in Fett geröstetes Mehl (zum Eindicken von Suppen, Gemüse, Fleischsaucen etc.)‹: *Aus der restlichen Butter mit dem Mehl eine Mehlschwitze bereiten, mit dem Weißwein und dem restlichen Fleischwasser ablöschen* (SWR, 2000, Internet)

Mehlspeis A die, –, -en: siehe Mehlspeise

Mehlspeise A die, –, -n: **1.** ›kleineres süßes Gebäck (z. B. ↗Topfenkolatsche, ↗Beugel, ↗Kipferl)‹: *Genießen Sie die Melange, den großen Braunen oder einen Drink, lesen Sie internationale Zeitungen und naschen Sie Wiener Mehlspeisen* (Wienerin 12/1993, 155). **2.** ›süße Hauptspeise (z. B. Aufläufe, ↗Knödel, ↗Buchteln, ↗Wuchteln, ↗Palatschinken etc.)‹: *Fleisch nur am Sonntag, sonst halt Gemüse und Mehlspeis* (Marzik, Mizzi 118) – Zu 1.: Seltener auch als Sammelbezeichnung für Kuchen und Torten, nicht aber für ↗Kekse. In D selten für ›aus Mehl hergestellte Speisen‹. Auch in der Form *Mehlspeis* (die; –, -en) – Zu 1.: **Mehlspeisgabel, Mehlspeiskoch (...köchin).** Zu 1. und 2.: **Mehlspeisküche, Mehlspeistiger** (↗-tiger), **Mehlspeistradition**

Mehr CH das; -s, ohne Plur.: ›Stimmenmehrheit‹: *Nachdem die Aktionäre des »Journal de Genève« am Mittwoch mit klarem Mehr einer Statutenänderung zugestimmt haben, ... lancierten die Opponenten der Fusion gestern eine ... letzte Offensive zur Rettung des Genfer Traditionstitels* (BAZ 17. 10. 1997, 9); ***absolute Mehr** ›durch die Hälfte aller abgegebenen Stimmen plus eine Stimme erreichte Stimmenmehrheit‹: *Der Nationalrat wurde nach dem Majorzsystem gewählt, das heisst, dass jeder einzelne Kandidat in seinem Kreis das absolute Mehr erreichen musste* (Tschäni, Profil der Schweiz 119); ***qualifizierte Mehr** ›durch 2/3, 3/4, 3/5 oder 4/5 der Stimmen erreichte Stimmenmehrheit‹: *Bei der Genehmigung des Budgets ... kann das Parlament mit dem qualifizierten Mehr von drei Fünfteln seiner Mitglieder von den strengen Vorgaben der Defizitbremse abweichen* (Verfassung des Kantons BE 3. 3. 2002, 1); ***relative Mehr** ›durch die grösste Anzahl der Stimmen erreichte Stimmenmehrheit‹: *Beim relativen Mehr ist der Kandidat mit der höchsten Stimmenzahl gewählt* (Wahlgesetz Zürich 1. 7. 2001, Internet) – Die Bedeutung ›Menge, um die ein bestimmtes Mass übertroffen wird‹ ist gemeindt. – Dazu: ↗**abmehren,** ↗**ausmehren,** ↗**Gegenmehr,** ↗**Handmehr,** ↗**Ständemehr,** ↗**Stimmenmehr,** ↗**Volksmehr, Zweidrittelsmehr**

mehr: ***nur mehr** A LUX ›nur noch‹: *Noch vor einer Stunde strahlte die Sonne heiß vom Himmel, jetzt reflektierten die Häuser ihr fahles Licht nur mehr ganz schwach* (Neue Wochenschau 11. 8. 1999, 2; A); *Gewerbesteuer und staatliche Zuwendung liegen nicht mehr wie zuvor über den ordentlichen Ausgaben, sondern nur mehr gleichauf mit ihnen* (Goosch-Ztg vun déi Lénk 12/2001, Internet; LUX); ***kaum mehr** A CH LUX ›kaum noch‹: *Heute kann man sich einen Bergrettungseinsatz ohne Hubschrauber kaum mehr vorstellen* (Pfaundler, Jungbürgerbuch 910; A); *Bauern interessieren sich kaum mehr fürs Wetter, weil ihnen Ausgleichszahlungen sicher sind* (P.M., Olten 17; CH); *Lässt das Gedächtnis alter Menschen nach ... und haben sie kaum mehr Kontakt zu alten Freunden, fehlen ihnen auch die Anknüpfungspunkte für ein Gespräch über die Vergangenheit* (Ministère de la Famille 29. 10. 2002, Internet; LUX) – In D ist die Wendung *nur mehr* veraltend. Das Wort *mehr* ist in allen anderen Verwendungen gemeindt.

Mehrdienstleistung A die; –, -en: ›Überstunden von Beamt(inn)en‹: *Schulsprecherin Maria S. spricht von 1000 Stellen, die durch die Kürzung von Mehrdienstleistungen geschaffen werden könnten* (Presse 23. 9. 1997, 28)

mehrheitlich (gemeindt.): ↗GROSSMEHRHEITLICH

Mehrheitswahlsystem (gemeindt.): ↗MAJORZ

Mehrwertsteuer (gemeindt.): ↗UMSATZSTEUER

Meike siehe Maike

meinethalben D Adv.: ›meinetwegen‹: *Die Bayern sollen meinethalben ihre Lederhose auch zum Laptop tragen und die Norddeutschen die Prinz-Heinrich-Mütze aufbehalten* (WDR 28. 11. 2002, Internet)

meinetwegen (gemeindt.): ↗MEINETHALBEN

Meise: *eine Meise haben CH D-nord/mittel (salopp): ↗HUSCHER: *EINEN HUSCHER HABEN A, ↗KLOPFER: *EINEN KLOPFER HABEN A, ↗PECKER: *EINEN PECKER HABEN A, ↗KLAMSCH: *EINEN KLAMSCH HABEN A-ost/südost, ↗SCHUSS: *EINEN SCHUSS HABEN A D, ↗HAU: *EINEN HAU HABEN A-west D-mittelwest, ↗ECKEN: *EINEN ECKEN ABHABEN CH, ↗HUNDERT: *NICHT GANZ HUNDERT SEIN CH, ↗MACKE: *EINE MACKE HABEN CH D (ohne südost), ↗RAD: *EIN RAD ABHABEN D, ↗STICH: *EINEN STICH HABEN D, ↗HASCHMICH: *EINEN HASCHMICH HABEN D-nord/mittel, ↗KITTEL: *JMDM. BRENNT DER KITTEL D-südwest, ↗SCHLAG: *EINEN SCHLAG HABEN D-ost/südost ›nicht ganz bei Verstand sein; verrückt sein‹: *Mir verzeiht man alles, weil alle Leute denken, ich habe sowieso eine Meise* (Blick 21. 11. 2002, 15; CH); *Irgendwann hast du die gleiche Meise wie deine Schwester* (Hettler, Gerd und Gerda 88; D-nord/mittel) – Das Substantiv *Meise* ist in allen anderen Verwendungen gemeindt.

Meisel A das; -s, ohne Plur.: ›Schulterfleisch vom Rind‹: *Gekochtes Meisel mit Rösti, Cremespinat und Semmelkren 145.-/10,53* (Speisekarte Florianistubn, 2003, Internet); ***magere Meisel**: ↗LUNGENBRATEN: *FALSCHE LUNGENBRATEN A, ↗FILET: *FALSCHE FILET CH D ›vorderer Schulterblattmuskel, der sich zum Kochen und Dünsten eignet‹ *Das Fleisch: ein mildes Hüferschwanzl oder mageres Meisel, ein ausgeprägtes Beinfleisch, ein ausdrucksstarker Kruspelspitz oder ein schmackhaftes Schulterscherzel* (Standard 18. 2. 1995, Beilage 6); ***fette Meisel** ›fetter Teil des Schulterblattmuskels‹: *Auf dieselbe Art lassen sich Hieferscherzel, Hieferschwanzel, mageres oder fettes Meisel … zubereiten* (Plachutta, Küche 276)

Meisterprüfung A D die; –, -en: ↗BERUFSPRÜFUNG CH ›höhere Fachprüfung, die nach einer erfolgreich abgeschlossenen Ausbildung in einem handwerklichen Beruf absolviert werden kann‹: *Außerdem soll die Meisterprüfung den Zugang zu fachspezifischen Fachhochschulen oder Universitäten erlauben* (VN 16. 1. 2002, A 1; A); *In den vergangenen 31 Jahren haben sich rund 15.000 Handwerkerinnen und Handwerker an den Schulen auf die Meisterprüfung vorbereitet* (Handwerkskammer für München und Oberbayern, 2000, Internet; D) – Vgl. Gesellenprüfung

Meitli CH das; -s, -/-s (Grenzfall des Standards): ↗DIRNDL A-west (Tir.)/mitte/südost D-südost, ↗MÄDEL A (ohne südost) D, ↗MADL A-west (Tir.)/mitte/ost D-südost, ↗MÄDLE D-südwest ›[kleines] Mädchen, junge Frau‹: *Blauäugig strahlt sie aus dem Monitor heraus … und erzählt in breitestem St.-Galler-Dialekt, was sie so denkt: Ein Schweizer Meitli, wie es im Buche steht!* (TA 11. 9. 1999, 54) – Auch in den Formen *Maitli, Mäitli, Meiteli,* in CH-west auch *Meitschi.* Alle Formen aus dem Dialekt, aber gelegentlich, oft verniedlichend, auch im Standard gebräuchlich

Melange die; –, -n [me'lãːʒ A D-süd, me'lãːʒə D] ⟨aus frz. *mélange* ›Mischung‹⟩: **1.** A (Plur. ungebräuchl.); ↗CAFÉ: *CAFÉ MÉLANGE CH, ↗SCHALE CH ›heißes Getränk aus etwa gleich viel Bohnenkaffee und aufgeschäumter Milch; Milchkaffee‹: *Puristen schätzen das »Einfach klassisch«, das als Melange mit einem reschen Buttersemmerl auf den Tisch kommt* (Standard 14. 4. 1999, Beilage 2). **2.** A D ›Mischung, Gemisch‹: *Sie haben sich in einem Interview für den Eklektizismus, für die Melange verschiedenster Epochen und Stile im Wohnbereich ausgesprochen* (Wiener 3/2000, Magazin W 6; A); … *schwappt Musik vom Podium. Eine Melange aus Pop und Jazz, die jeder sofort mitsummen … kann* (Welt 28. 1. 2000, Internet; D) – Zu 1.: Ursprünglich nur in Wien in der Form *Wiener Melange,* heute aber in ganz A verbreitet. In A-südost in dieser Bedeutung auch Maskulinum (der; –, -n). Zu 2.: In D auch in der Schreibung *Mélange*

Melanzani A die; –, -/…ne ⟨ ital.⟩: ↗AUBERGINE CH D ›zu den Kürbisgewächsen gehörendes Gemüse mit großen ovalen violetten Früchten; Eierfrucht‹: *Morgen sollen »Melanzani im Bierteig« … angeboten werden* (Standard 7. 7. 1999, 6); *Die Teigtaschen … waren heiß und gut, der Karfiol und die Melanzane in würziger Sauce … tendierten zu köstlich* (Falter 3. 11. 1997, 78) – Der Plural auf …*ne* ist selten – Dazu: **Melanzaniauflauf**

Meldeamt A D das; -(e)s, …ämter: ↗EINWOHNERDIENSTE CH, ↗EINWOHNERKONTROLLE CH, ↗EINWOHNERMELDEAMT D, ↗MELDEBEHÖRDE D, ↗MELDESTELLE D ›Behörde, die Daten über die Einwohner(innen) einer Gemeinde sammelt und verwaltet‹: *Im zuständigen Meldeamt (Gemeindeamt, Polizeikommissariat) wird dann die Änderung sofort durchgeführt – sofern Sie den alten Meldezettel nicht vergessen haben* (Wienerin 12/1993, 106; A); *Gespart werden soll bei den Personalkosten, unter anderem durch Einsparung einer Stelle im Meldeamt* (Cellesche Ztg 29. 11. 2000, Internet; D)

Meldebehörde D die; –, -n: ↗MELDEAMT A D, ↗EINWOHNERDIENSTE CH, ↗EINWOHNERKONTROLLE CH, ↗EINWOHNERMELDEAMT D, ↗MELDESTELLE D ›Behörde, die Daten über die Einwohner(innen) einer Gemeinde sammelt und verwaltet‹: *Wer aus einer Wohnung auszieht, ist verpflichtet, sich innerhalb einer Woche bei der Meldebehörde abzumelden* (Stadt Lüneburg, 2000, Internet)

Meldebescheinigung D die; –, -en: ↗MELDEZETTEL A, ↗NIEDERLASSUNGSAUSWEIS CH ›polizeiliche Bestätigung der Anmeldung an einem Wohnsitz‹: *So soll*

für den Nachweis eines Wohnsitzes in der Nähe eines Betriebes in Zukunft die Meldebescheinigung ausreichen (Tagesspiegel 25. 2. 1998, Internet)

mẹlden A sw.V./hat (formell, Hochschule): ↗INSKRIBIEREN A, ↗RÜCKMELDEN D ›sich als Hörer bzw. Hörerin an einer Hochschule für das laufende Semester anmelden‹: *Die Studierenden sind verpflichtet, … der Rektorin oder dem Rektor der Universität, an der eine Zulassung zum Studium besteht, die Fortsetzung des Studiums der jeweiligen Studienrichtung zu melden* (Informationen über Universitäten und Studium des BMWV, 1999, Internet) – Im Vergleich zum informellen Wort ↗*inskribieren* wird *melden* seltener verwendet. Andere Bedeutungen sind gemeindt. – Dazu: ↗**Meldung**

Mẹldestelle die; –, -n: **1.** D; ↗MELDEAMT A D, ↗EINWOHNERDIENSTE CH, ↗EINWOHNERKONTROLLE CH, ↗EINWOHNERMELDEAMT D, ↗MELDEBEHÖRDE D ›Amt, das Daten über die Einwohner(innen) einer Gemeinde registriert und verwaltet‹: *Köpenick hat die Integration einer Meldestelle in sein Bürgeramt … vollzogen* (Berliner Morgenpost 16. 8. 2000, Internet). **2.** A CH ›von Behörden eingerichtete Stelle, der bestimmte mutmaßlich kriminelle Personen oder Vorkommnisse gemeldet werden können oder müssen‹: *Der zweite Bereich … ist jener, dass wir … im österreichischen Innenministerium eine zentrale Meldestelle gegen den Missbrauch des Internets im Bereich Kinderpornographie und Radikalismus … eingerichtet haben* (Protokoll Nationalrat 17. 9. 1998, Internet; A); *Nur 57,8 Millionen Franken hat der oberste Geldwäscher der Schweiz blockiert. 35 Verdächtige wurden der Meldestelle für Geldwäscherei bisher gemeldet* (Blick 10. 7. 1998, 5; CH)

Mẹldezettel A der; -s, –: ↗NIEDERLASSUNGSAUSWEIS CH, ↗MELDEBESCHEINIGUNG D ›polizeiliche Bestätigung der Anmeldung an einem ordentlichen oder außerordentlichen Wohnsitz‹: *Denn Antrag, Einkommensnachweis, Meldezettel, Leumundszeugnis und Lebenslauf allein machen noch keinen Neo-Österreicher* (News 6. 11. 1997, 44)

Mẹldung A die; –, -en: **1.** (formell); ↗INSKRIPTION A, ↗RÜCKMELDUNG D ›semesterweise Bestätigung des Studierenden, ein bestimmtes Studium aufnehmen bzw. fortsetzen zu wollen‹: *Für die erstmalige Meldung der Fortsetzung des Studiums (früher: Inskription) der zweiten oder weiteren Studienrichtungen ist vor der Meldung in der Studienabteilung um die Bewilligung der Zulassung anzusuchen* (Wegweiser durch österreichische Behörden, Ämter und Institutionen, 1999, Internet). **2.** (salopp) ›Äußerung, [witzige, provozierende] Bemerkung‹: *… was sagst du zu einem alten Menschen auf so eine Meldung hinauf* (Haas, Knochenmann 6) – Zu 1.: Im Vergleich zum informellen Wort ↗*Inskription* wird *Meldung* seltener verwendet. Zu 2 vgl. Sager. Andere Bedeutungen sind gemeindt.

Melker (gemeindt.): ↗SCHWEIZER/SCHWEIZERIN

Menage A die; –, -n [mɛ'naːʃ A, 'mɛnaːʃ CH, me'naːʒə D] 〈aus frz. *menage* ›Haushalt‹〉: ›Verpflegung einer militärischen Truppe‹: *Eine Armee ohne Befehlshaber und Menage, die sich selber in unaufhörlicher Meuterei anfällt und auffrisst, die Hölle, mein Kind* (Fritsch, Fasching 54) – In CH und D veraltend. Die Bedeutung ›Haushalt‹ ist in A veraltet, in CH dialektal gebräuchlich. Die Bedeutungen ›kleines Gestell für Essig und Öl‹ sowie die Wendung *Ménage-à-trois* in der Bedeutung ›Dreiecksverhältnis‹ sind gemeindt. – Dazu: **Menagekost**

Mẹnsa STIR die; –, -s/Mensen 〈übersetzt aus ital. *mensa*〉: ›Kantine‹: *Forderung ans Land: heimische Produkte an allen öffentlichen Mensen* (FF 29. 3. 2001, 12) – Die Bedeutungen ›Kantine in einer Schule oder Universität‹ und ›Altartisch in der katholischen Kirche‹ sind gemeindt. – Dazu: ↗**Betriebsmensa, Kindermensa, Mensadienst, Seniorenmensa**

Mẹnsch: *Mensch Meier! D (salopp): ↗NIEDERLEGEN: *DA LEGST [DU] DICH NIEDER A D-südost, ↗NIEDERSETZEN: *DA SETZT [DU] DICH NIEDER A D-südost, ↗DONNERKIEL D-nord/mittelwest, ↗DONNERLITTCHEN D-nord/mittel, ↗FRESSE: *MEINE FRESSE D-nord/mittel, ↗JUNGE: *JUNGE, JUNGE D (ohne südost) /Ausruf des verblüfften Erstaunens/: *Nur noch 30 Sekunden bis zur Halbzeit. Und schon kommt der Pfiff. Drei Tore Vorsprung. Mensch Meier, diese Aufregung!* (Post Sportverein Nürnberg 10. 12. 2002, Internet) – Das Substantiv *Mensch* ist in allen anderen Verwendungen gemeindt.

Menü (gemeindt.): ↗MENU

Menu CH BELG LUX das; -s, -s ['møny, məny]: ›Speisenfolge (aus mehreren Gängen); Menü‹: *Zur Kalten Küche gehören auch die so genannten Resten, aus denen sich mit ein bisschen Phantasie ohne eine einzige Kochplatte ein herrliches Menu herbeizaubern lässt* (NZZ-Folio 2/1999, 60; CH); *Um sicher zu stellen, dass ein Platz im Speisewagen frei ist und das gewünschte Menu stets zur Verfügung steht, ist es äußerst ratsam, im Voraus zu reservieren* (SNCB Belgische Eisenbahn, 25. 2. 2003, Internet; BELG); *Einige Restaurantbesitzer aus der näheren Umgebung bieten an beiden Tagen ein spezielles Menu an* (Naturpark Our, 2001, Internet; LUX) – Dazu: **Drei-Gang-Menu, Lieblingsmenu,** ↗**Menukarte** CH BELG, **Menuplan**

Menukarte CH BELG die; –, -n ['møny…, məny…]: ↗SPEISENKARTE D-nordost/südost ›Speisekarte‹: *Gegenwärtig figurieren auf der Menukarte auch Wild-*

spezialitäten (Bund 6. 11. 1996, 36; CH); *Auf Wunsch übernehmen wir gerne kostenfrei den Druck Ihrer Menukarten* (Hotel des 3 clés 25. 2. 2003, Internet; BELG) – Vgl. Menu

Meran (gemeindt.): ↗PASSERSTADT

Mercerie CH die; –, ohne Plur. [mɛrsəri] 〈frz.〉: **1.** ↗KURZWAREN A D ›Gesamtheit von kleineren Gegenständen, die man in der Schneiderei braucht‹: *Das Lana-Lädeli in Lichtensteig bietet Mercerie, Damen- und Herrenwäsche sowie Kinderkleider an* (St. Galler Tagbl 7. 10. 1999, Internet). **2.** kurz für *Mercerieabteilung, -geschäft, -laden:* ↗KURZWARENGESCHÄFT A ›Geschäft für Nähzubehör (z. B. Knöpfe, Nähseide etc.)‹: *Kürzlich wollte ich beim Loeb in der Mercerie Faden einkaufen, in meinem Gedächtnis befand sich die Abteilung noch im Erdgeschoss* (Bund 20. 4. 1999, 11) – Zu 1.: **Mercerieartikel, Mercerieladen, Merceriewaren.** Zu 1. und 2.: **Mercerieverkäufer(in)**

merci CH Interj. ['mɛrsi] 〈frz.〉: ›danke‹: *Es gibt aber auch sehr nette Leute, die meine Arbeit schätzen und auch mal merci sagen oder mir einen Fünfliber in die Hand drücken* (Bund 4. 8. 1999, 22)

Mergel (gemeindt.): ↗SCHLIER

Meringe D-südwest die; –, -n [me'rɪŋə] 〈aus frz. *meringue*〉: ↗WINDBÄCKEREI A, ↗MERINGUE CH, ↗BAISER D ›[mit ↗Sahne gefülltes] Gebäck aus Eischnee und Zucker‹: *Dass Meringeneis eines der köstlichsten Dinge ist, das kann man beim Essen auch hören, dann nämlich, wenn die Meringe leise knirschend mit dem schmelzenden Eis zusammengepresst wird* (Bayrischer Rundfunk 2. 12. 1999, Internet) – Auch in der Form *Meringel* (das; -s, -)

Meringel D-südwest das; -s, – [me'rɪŋl̩]: siehe Meringe

Meringue CH die; –, -s/das; -s, -s ['mɛrɛ̃k', 'mɛrɛŋ] 〈frz.〉: ↗WINDBÄCKEREI A, ↗BAISER D, ↗MERINGE D-südwest ›Gebäck aus Eischnee und Zucker‹: *Gross wie ein Kindskopf war die Meringue, Herr Schorsch!* (Ramseier, Eile 51); *Zum Dessert ein Meringue, ein Cornet mit Schlagrahm oder ein Stück hausgemachte Fruchtwähe* (Tourismus Neuenburg, 2002, Internet) – Selten auch in der Schreibung *Méringue* – Dazu: ↗**Meringueschale**

Meringueschale CH die; –, -n ['mɛrɛ̃k'…, 'mɛrɛŋ…]: ›schalenförmig gebackene ↗Meringue (als Bestandteil von Süssspeisen)‹: *Den Rahm steif schlagen und als kleines Matterhorn in die Mitte jeden Tellers setzen. Zum Schluss links und rechts eine Meringueschale dranklemmen* (Schweizer Kochrezepte, 2001, Internet)

Merkzettel D der; -s, –: ›Notizzettel‹: *Bevor du loslegst, schreibst du dir am besten einen Merkzettel, damit du auch nichts Wichtiges vergisst* (Zebra-Ideenbank für Kinder 20. 1. 2003, Internet)

Mesmer Mesmerin A-west (Vbg.) CH-nordost der; -s, – bzw. die; –, -nen 〈aus mlat. *ma(n)sionarius* ›Haushüter‹〉: ↗MESNER A D-süd, ↗SIGRIST CH, ↗KÜSTER D-nord/mittelwest ›Verwalter(in) einer Kirche und Betreuer(in) des Gottesdienstes; Sakristan(in)‹: *Wir danken Pfarrer J. B. für die würdige Gestaltung des Trauergottesdienstes, Mesmer J. M. für die geleisteten Dienste sowie … P. H. für die bewegenden Abschiedsworte* (VN 20. 12. 1997, B 9; A-west); *Leider können wir diese Kirche nicht ständig offen halten. Sie können die Kirche aber besichtigen unter Voranmeldung bei unserer Mesmerin … oder beim Pfarramt* (Kommunikationsnetz Flims/Surselva, 2000, Internet; CH-nordost) – Dazu: **Mesmerwohnung**

Mesner Mesnerin A D-süd der; -s, – bzw. die; –, -nen 〈aus mlat. *ma(n)sionarius* ›Haushüter‹〉: ↗MESMER A-west (Vbg.) CH-nordost, ↗SIGRIST CH, ↗KÜSTER D-nord/mittelwest ›Verwalter(in) einer Kirche und Betreuer(in) des Gottesdienstes; Sakristan(in)‹: *Er soll in der Pfarrkanzlei arbeiten, dort fehlt seit Monaten eine Kraft, das Mädchen ist weggezogen, der Mesner gestorben, alles bleibt liegen* (Fritsch, Fasching 17; A) – Dazu: **Mesnerwohnung**

Messe CH D-südwest die; –, -n: ↗KILBI A-west (Vbg.) CH, ↗KIRTAG A-mitte/ost, ↗KIRCHTAG A D-südost, ↗DULT A-mitte D-südost, ↗KIRCHWEIH A-west D-süd, ↗CHILBI CH, ↗KIRBE D-südwest, ↗KIRMES D-mittelwest, ↗KIRMSE D-nordost, ↗KIRTA D-südost, ↗RUMMEL D-ost/nord ›lokales Fest zum Jubiläum der Kirchenweihe mit anschließendem Volksfest; Jahrmarkt‹: *Auf der Schützenmatte war gerade Messe. Hei, wie es da lustig hin und her wogt* (Wenger, Rosalia 9; CH) – Andere Bedeutungen sind gemeindt.

Messer: *jmdm. geht das Messer in der Tasche auf siehe Tasche

Metallindustrie (gemeindt.): ↗METALLWIRTSCHAFT

Metallwirtschaft D die; –, -en: ›Gesamtheit der Metall verarbeitenden und mit Metall handelnden Unternehmen; Metallindustrie‹: *Im Jahr 2000 stieg die Produktivität in der Metallwirtschaft um 8,6 %* (IG Metall Hildesheim 10. 4. 2003, Internet)

Meteo CH das; -s, ohne Plur.: ›Wetterbericht‹: *An erster Stelle steht … die Nutzung des Internet für … Mails … Weitere wichtige Nutzungsmotive sind die Informationsbeschaffung und der Zugriff auf Dienstleistungen wie Fahrplan oder Meteo* (TA 17. 5. 1999, 19)

Meter der; -s, –: **1.** A CH; ↗ZOLLSTAB A, ↗DOPPELMETER CH, ↗GLIEDERMETER CH, ↗ZOLLSTOCK D ›zusammenklappbarer Stab mit Maßeinteilung; Meterstab‹: *Buchenholz- und Kunststoffmeter: 1m, 2m, beidseitig auf den Hochseiten … bedruckt … Preis auf Anfrage!* (Firma Cawo Werbemittel, 2001, Internet;

A); *Welches Messgerät haben Sie gebraucht, den Meter, den Massstab oder den Rollmeter?* (Zürcher Hochschule Winterthur, 2001, Internet; CH). **2. *laufende Meter** D: ↗LAUFMETER A CH ›Meter an einem Stück‹: *In den vergangenen 14 Tagen wurden Verträge für 100 laufende Meter Bandenwerbung abgeschlossen* (Welt 31. 10. 1995, Internet); ***am laufenden Meter** A D: ↗BAND: *AM LAUFENDEN BAND A D, ↗LAUFMETER: *AM LAUFMETER CH, ↗FLIEßBAND: *[WIE] AM FLIEßBAND D ›in Serie, noch und noch‹: *Am Rande sei angemerkt, dass auch die Reaktion der Fernsehsender nicht ausblieb: es gibt inzwischen Kommissarinnen am laufenden Meter* (ÖDV-News 1/1999, Internet; A); *Verblüffungseffekte wie diese produziert Jörg A. am laufenden Meter* (Starnberger Merkur 24. 8. 1998, 13; D) – *Meter* in der Bedeutung ›Längenmaßeinheit‹ ist gemeindt. In dieser gemeindt. Bedeutung fachsprachlich auch Neutrum

Meterstab (gemeindt.): ↗DOPPELMETER, ↗GLIEDERMETER, ↗METER, ↗ZOLLSTOCK

Mett D-nord/mittel das; -(e)s, ohne Plur.: ↗BRÄT A CH D-süd ›fein gehacktes rohes Schweinefleisch mit geringem Fettanteil [für Wurstfüllungen]‹: *... und Sonntag morgens Brötchen holen, damit sie da Mett und Zwiebeln drauftun können* (Allegra Spezial 11/1997, 4) – Dazu: ↗**Mettwurst** D (ohne südost), **Schweinemett** (↗Schweine-)

Mettwurst D (ohne südost) die; –, ...würste: ›geräucherte Wurst aus ↗Hackfleisch‹: *200g geräucherte Mettwurst hinzufügen, mitkochen lassen* (Dr. Oetker, Schulkochbuch 57) – In CH selten. Vgl. Mett

Metzg CH die; –, -en (Grenzfall des Standards): ↗FLEISCHHAUEREI A, ↗FLEISCHHACKEREI A-ost, ↗FLEISCHEREI A D-nord/mittel, ↗METZGEREI A-west CH D-mittel/süd, ↗SCHLACHTEREI D-nord ›Betrieb und Geschäft, in dem Fleisch- und Wurstwaren hergestellt und verkauft werden‹: *Bei einem Einbruch in eine Metzg wuchteten Unbekannte in der Nacht auf gestern den Tresor auf* (Blick 3. 11. 1998, 6) – Dazu: **metzgen, Dorfmetzg**

metzgen sw.V./hat: **1.** CH D-südwest; ↗SCHLAGEN A, ↗STECHEN A D-südost ›schlachten, abstechen‹: *Hinterm Haus würden schon die Hühner gemetzget, in ein paar Stunden seien die Gäste da* (Hasler, Göldins Ankunft 191; CH). **2.** CH sich ›eine Situation oder Aufgabe trotz schwieriger Voraussetzungen meistern‹: *›Er hat sich gut gemetzget‹, urteilt Peter N. von der Arbeitsgemeinschaft der Entwicklungsorganisationen* (Facts, 1999, Internet) – Zu 1.: Vgl. ↗Metzg – Dazu: ↗**Metzger(in)** A-west CH D-mittelwest/süd, ↗**Metzgete** CH

Metzger Metzgerin A-west CH D-mittelwest/süd der; -s, – bzw. die; –, -nen: ↗FLEISCHHAUER A, ↗FLEISCHHACKER A-ost, ↗FLEISCHER A D-nord/mittel, ↗SCHLACHTER D-nord/mittelwest ›Person, die Vieh schlachtet, zu Fleisch- und Wurstwaren verarbeitet und verkauft‹ /Berufsbezeichnung/: *Mein Vater, Metzger, und als solcher Handwerker, war trotzdem Zeit seines Lebens kein Unruhestifter* (Schenker, Manesse 51; CH); *Jede Menge Fleisch von einem guten Metzger* (Welt 16. 12. 1999, Internet; D-mittelwest/süd) – Vgl. metzgen – Dazu: **Dorfmetzger(in)**, ↗**Metzgerei, Metzgermeister(in), Störmetzger(in)**

Metzgerei A-west CH D-mittel/süd die; –, -en: ↗FLEISCHHAUEREI A, ↗FLEISCHHACKEREI A-ost, ↗FLEISCHEREI A D-nord/mittel, ↗METZG CH, ↗SCHLACHTEREI D-nord ›Betrieb und Geschäft, in dem Fleisch- und Wurstwaren hergestellt und verkauft werden‹: *Im Interesse der Konsumenten wünscht Paris ... eine klare Beschriftung, die Aufschluss gibt über die Herkunft des Schlachtviehs und den gesamten Weg vom Stall bis in die Metzgerei* (Bund 17. 11. 1999, 18; CH); *Die letzte Metzgerei wurde vor vier Jahren geschlossen, der einzige Friseur arbeitet nur vormittags* (Welt 17. 1. 1996, Internet; D-mittel/süd) – Vgl. Metzger – Dazu: **Grossmetzgerei** CH, **Landmetzgerei** D-mittelwest/süd

Metzgete CH die; –, -n: **1.** ↗SAUTANZ A-ost, ↗SCHLACHTPARTIE A-west (Vbg.), ↗SCHLACHTFEST D ›traditionelles Schlachten auf dem eigenen Hof mit anschliessendem Essen‹: *Denn der Sinn der Metzgete ist es, alle jene Teile der Sau zu verzehren, die sich nicht konservieren lassen, sprich: nicht pökeln und räuchern* (Blick 7. 11. 1993, 56). **2.** ↗BAUERNSCHMAUS A D-südost, ↗BERNERPLATTE CH ›aus verschiedenen Fleisch- und Wurstsorten sowie Bohnen oder Sauerkraut und Salzkartoffeln bestehendes Gericht; Schlachtplatte‹: *Fast 30 Grad im Schatten, Badewetter – aber in der Alpwirtschaft »Rittmarren« lud die Wirte-Familie Fischbacher zur Metzgete – mit Würsten, Wädli und Leberli* (Blick 13. 9. 1999, 8) – Vgl. metzgen

Mezzanin A das/der; -s, -e ⟨aus frz. *mezzanine* zu ital. *mezzanino*⟩: ↗HALBSTOCK A ›Stock zwischen Parterre und erstem Stock; Zwischengeschoß‹: *Er ... verschwand im Hauseingang, drückte sich an der Tür des Hausmeisters vorbei, lief die Treppe hoch, Mezzanin, erster Stock, zweiter Stock* (Hackl, Abschied von Sidonie 63) – In CH und D nur in Bezug auf die Baukunst der Renaissance und des Barock gebräuchlich – Dazu: **Mezzaninwohnung**

Mezzie A-ost die; –, -n [me'tsi:ɛ] ⟨aus jidd. *m'ziah* ›Fund‹⟩: ↗SCHNÄPPCHEN CH D ›günstiges [Kauf]-angebot; Gelegenheitskauf‹: *Stolze 6480 Naira (rund 39 Euro) kostet ein Neu-Vertrag – eine Mezzie, verglichen mit 25.000 Naira am Schwarzmarkt. Nur 3,7 Prozent der 35 Millionen Nigerianer haben derzeit ein Mobiltelefon* (Presse 2. 4. 2004, Internet); *Damen meist* *mittleren Alters sind auf der Suche nach der einen oder anderen Mezzie* (Presse 18. 3. 1998, Internet)

MFH CH D das; -s, -s: nur geschriebene, unverkürzt gesprochene Abk. für *Mehrfamilienhaus: Bei den … realisierten und ausgezeichneten Projekten handelt es sich um … eine 40 kW-Wärmepumpen-Anlage in einem MFH in Heiden* (Pressemitteilung des BfE 27. 1. 1998, Internet; CH); *Suche in Lychen Seegrundstück mit Haus (MFH, EFH) bis 300.000 DM* (Stadt Lychen, 2000, Internet; D) – Vgl. EFH

MFK CH die; –, -(s): buchstabierte Abk. für ↗*Motorfahrzeugkontrolle:* ↗TÜV D ›Amt, in dem ↗Motorfahrzeuge auf ihre Verkehrstauglichkeit geprüft werden‹: *Zu verkaufen Ford Transit Pick-up 1992 mit Blachenverdeck, ab MFK, sehr gepflegt, mtl. ab Fr. 440.- ohne Anz.* (Tierwelt 33/1997, 103)

Midi A-west: ↗MARIDL A, ↗MIRL A-ost, ↗MIZZI A-ost, ↗MAIKE D-nord, ↗MAREIKE D-nord/mittel Koseform des weibl. Vornamens *Maria: »Statt der üblichen Weihnachtsgrüße ein sehr persönlicher Abend«, war das Motto der Veranstaltung, zu der Midi M. nicht nur ihre Kunden, sondern alle Telfer einlud* (Echo 28. 1. 1999, 166)

Miese: *in den Miesen sein/stehen D (salopp) ›das Konto überzogen haben‹: *Die Zinsen werden immer nur auf den Betrag berechnet, um den das Konto in den Miesen steht* (Tina 6. 1. 2000, 58)

Miesepeter D (ohne südost) der; -s, – (abwertend, Grenzfall des Standards): ↗GRANTSCHERBEN A, ↗GRANTLER A D-südost, ↗GRANTLHUBER D-südost, ↗NIESELPRIEM D-ost, ↗PIESEPAMPEL D-nordost, ↗SAUERTOPF D (ohne südost) ›[ständig unzufriedene und] schlecht gelaunte Person‹: *Bei Yvonne scheint es, als habe sie die gute Laune gepachtet. »Ich bin einfach kein Miesepeter«, lächelt sie* (Express Köln 23. 4. 2002, Internet) – In CH bekannt, aber als fremd empfunden – Dazu: ↗**miesepetrig** D-nord/mittel

miesepetrig D-nord/mittel Adj. (Grenzfall des Standards): ↗GRANTIG A D-süd, ↗MUFF CH, ↗MISSGELAUNT D, ↗ÜBELLAUNIG D, ↗MISSLAUNIG D (ohne nordost/südwest), ↗SAUERTÖPFISCH D (ohne südost) ›schlecht gelaunt; mürrisch‹: *Eine Entwicklung, die SPD-Chef S. sichtlich aufs Gemüt schlug. Miesepetrig erläuterte er … vor dem Pressepulk, dass die »Liste der Dissense« mittlerweile 56 Punkte umfasse* (FR 4. 12. 2001, Internet) – Vgl. Miesepeter

Miete (gemeindt.): ↗MIETZINS, ↗ZINS

mieten (gemeindt.): ↗ANMIETEN, ↗AUSMIETEN

Mietpartei CH D die; –, -en: ↗HAUSPARTEI A, ↗PARTE D-ost ›Mieter(innen) einer Wohnung in einem Mietshaus‹: *Die Stadt Bern besitzt 21 Herrschaftswohnungen, bei sieben Mietparteien handelt es sich um amtierende oder ehemalige Behördenmitglieder oder Beamte* (Bund 17. 8. 2001, 28; CH); *In Mehrfamilienhäusern gibt es in jeder Wohnung einen Schalter, mit dem jede Mietpartei den Lichtschalter im Keller fernsteuern kann* (TAZ 9. 10. 2001, Internet; D)

Mietshaus (gemeindt.): ↗ZINSHAUS

Mietspiegel D der; -s, –: ›Tabelle mit durchschnittlichen Mietpreisen in einer Region als Grundlage für die Ermittlung marktüblicher Mieten bei Neuvermietungen und Mieterhöhungen‹: *Als Alternative zum üblichen Mietspiegel soll es künftig einen »qualifizierten Mietspiegel« geben, der nach wissenschaftlichen Grundsätzen erstellt wird* (Welt 20. 7. 2000, Internet)

Mietzins A CH D-mittelost/südost der; -es, -e: ↗ZINS A CH D-süd ›[Wohnungs]miete‹: *Der Vorteil für die vier nichtbehinderten Bewohner: Sie können zu einem günstigen Mietzins wohnen* (OÖN 16. 6. 2001, Internet; A); *Musters haben zwei vorschulpflichtige Kinder, und sie wohnen mit 1410 Franken Mietzins eher billig* (Chuchi-Chäschtli, 70; CH) – Dazu: **Hauptmietzins** (↗Hauptmiete) A, **Mietzinsbeihilfe** (↗Beihilfe) A, **Mietzinserhöhung, Mietzinsreduktion, Mietzinssenkung, Nettomietzins**

MilAK A die; –, -s (Kurzwort): ›↗Militärakademie‹: *Stadtgemeinde und Militärakademie Wiener Neustadt organisieren am 22. und 23. Juli gemeinsam Sporttage für jedermann. Beginn ist jeweils um 8.00 auf dem Gelände der MilAK in Wr. Neustadt* (Kurier 21. 7. 1992, 24) – Auch in den informellen Schreibungen *Milak, MilAk.* Vgl. Akademie – Dazu: **MilAK-Absolvent(in)**

Milch: *saure Milch A CH D-mittelost, ***gestockte Milch** A-west (Tir.) D-südost, ***dicke Milch** D-nord, ***gestandene Milch** D-südwest, ***gestöckelte Milch** D-südost: ↗SAUERMILCH A CH D-mittelost, ↗DICKMILCH D-nord/mittel, ↗SETZMILCH D-nord ›durch Milchsäuregärung geronnene, dickflüssige Milch‹: *Leber und Niere nach dem Einkauf in Joghurt oder saure Milch legen, vor Verwendung abwaschen* (Firma Thea online, 1999, Internet; A); *Buttermilch oder gestockte Milch!* (Gschwentner, Tiroler Bäurinnen kochen 59; A-west); *Erst jetzt wird die saure Milch langsam und unter ständigem Rühren erhitzt* (St. Galler Tagbl 20. 7. 1999, Internet; CH); *Die Eltern hielten eine Kuh, die es den Kinder ermöglichte, jeden Tag saure gestockte Milch, ihre Lieblingsspeise, zu essen* (Materialien zum historisch-politischen Unterricht, 1982, Internet; D-südost); *Aus Einweckgläsern kann man sich angeblich französisches Parfüm ablitern lassen wie zehn Schritte weiter dicke Milch* (Das Magazin 5. 6. 2002, Internet; D-nord); *Neben dem gusseisernen Ofen das Milchschränkle mit den Häfen für die gestandene Milch* (Albverein Betzingen 18. 5. 2002, Internet;

D-südwest); *Die gestöckelte Milch in circa ein Zentimeter große Würfel schneiden, handwarm erwärmen ..., in Säckchen füllen und circa zwei bis drei Stunden hängen lassen* (Bayerisches Staatsministerium f. Landwirtschaft u. Forsten, 2003, Internet; D-südost) – Das Substantiv *Milch* ist in allen anderen Verwendungen gemeindt.

Milchbrötchen D (ohne ost) das; -s, –: ↗WEGGLI CH ›kleines rundes Milchgebäck‹: *Lediglich Milch-, Quark- und Laugenbrötchen haben keine knusprige Kruste, sondern sind insgesamt weicher* (Allkauf, 2000, Internet) – Vgl. Brötchen

Milchbüchleinrechnung CH die; –, -en: ›zu einfache, der Komplexität einer Sache nicht gerecht werdende Rechnung; Milchmädchenrechnung‹: *Fakten: Die Milchbüchleinrechnung des Nutzfahrzeugverbands ASTAG berücksichtigt viele Faktoren nicht* (Greenpeace 6. 8. 2002, Internet)

Milchkaffee (gemeindt.): ↗CAFÉ: *CAFÉ MÉLANGE, ↗MELANGE, ↗SCHALE

Milchkasten CH der; -s, ...kästen: ›↗Kasten neben oder hinter dem Briefkasten, in dem Gegenstände [die abgeholt oder mitgebracht werden] deponiert werden können‹: *Deponieren Sie Schlüssel auf keinen Fall im Blumentopf, Milchkasten oder unter der Fussmatte* (Blick 4. 7. 1998, 8) – Der *Milchkasten* wurde ursprünglich vom Milchmann benutzt, um Milchprodukte abzuliefern

Milchmädchenrechnung (gemeindt.): ↗MILCHBÜCHLEINRECHNUNG

Milchrahmstrudel A D-südost der; -s, –: ↗MILLIRAHMSTRUDEL A-ost D-südost ›mit ↗Topfen, saurem Rahm u. a. gefüllter ↗Strudel, der mit Milch übergossen und [mit Vanillesauce] warm serviert wird‹: *Besonders die warmen Mehlspeisen wie der Kaiserschmarren, der Milchrahmstrudel oder der »Mohr im Hemd« erfreuen die Süßschnäbel im Kaffeehaus* (Standard 22. 9. 1999, Internet; A)

Milchzentrale CH die; –, -n: **1.** ↗CHÄSI CH ›Sammelstelle für Milch; Verkaufsladen für Milchprodukte; Molkerei, Käserei‹: *Ruth K., Geschäftsführerin der Milchzentrale Engi, lud vergangenen Samstag zu einem kleinen, aber feinen Alpkäsemarkt in Engi ein* (Südostschweiz 6. 8. 2001, Internet). **2.** ›industrieller Milchverarbeitungsbetrieb‹: *Der Rohmilchkäse Tomme kann jetzt industriell hergestellt werden: Die Neuenburger Milchzentrale weihte eine Anlage für Massenproduktion ein* (Blick 13. 1. 1994, 6)

Militärakademie A die; –, -n: kurz für *Theresianische Militärakademie:* ↗MILAK A, ↗OFFIZIERSSCHULE CH D ›Fachhochschule, die u. a. Offiziere ausbildet, bzw. Gebäude, in dem diese Schule untergebracht ist‹: *Es ist die letzte Ausmusterung der Leutnante an der Theresianischen Militärakademie in Wiener Neustadt nach alter Tradition* (Kurier 15. 9. 1998, 13) – Vgl. Akademie

Militärdienst CH der; -(e)s, ohne Plur.: ↗PRÄSENZDIENST A, ↗BARRAS A D, ↗WEHRDIENST A D ›aufgrund der Wehrpflicht zu leistender einjähriger Dienst beim Militär (falls kein ↗Aktivdienst zu leisten ist)‹: *Wie viel Militärdienst leistet ein Schweizer als Soldat während seiner gesamten Dienstpflicht?* (Zürcher Bürgerbuch 18) – In A und D in der Bedeutung ›Wehrpflicht‹ selten. Vgl. Rekrutenschule, Wiederholungskurs – Dazu: **militärdienstpflichtig, Militärdienstverweigerer(...gerin), Militärdienstverweigerung**

Militärkommando A das; -s, -s/...den: ↗KREISKOMMANDO CH, ↗WEHRBEREICHSKOMMANDO D ›höchste territoriale Dienststelle des ↗Bundesheeres in einem ↗Bundesland‹: *Vertreter der Landesregierung, des Militärkommandos Vorarlberg und des Milizverbandes werden bei dieser Gelegenheit ebenfalls Stellung beziehen* (VN 29. 10. 1997, A 8) – Vgl. Ergänzungskommando, Kommando – Dazu: **Landesmilitärkommando** (↗Landes-)

Militärpflichtersatz CH der; -es, ohne Plur.: ›jährliche Abgabe, die bei allen militärdienstpflichtigen Schweizer Männern erhoben wird, die ihrer Pflicht zum ↗Militärdienst nicht nachkommen können‹: *Wer nur hilfsdiensttauglich ist, hat für Jahre, in denen er nicht mindestens 6 Tage Dienst (HD) leistet, Militärpflichtersatz zu zahlen* (Tschäni, Profil der Schweiz 71)

Militärpolizei (gemeindt.): ↗FELDJÄGER, ↗HEERESPOLIZEI

Militärstreife A die; –, -n: ›Truppengattung des ↗Bundesheeres, die zusammen mit der Polizei für die Aufrechterhaltung der Ordnung sorgt, z. B. beim militärischen Personen- und Fahrzeugverkehr, bei Staatsbesuchen u. Ä.‹: *Das gut 15 Meter lange Fluggerät musste am Montag ... nach Villach transportiert werden. Begleitet wurde die Sonderfahrt von Lotsen der Militärstreife* (Neue Kronen Ztg 26. 10. 1999, Internet) – Im Ggs. zur *Militärpolizei* darf die *Militärstreife* keine polizeilichen Aufgaben, wie z. B. die Verbrechensbekämpfung, übernehmen

Milizsystem CH das; -s, -e: ›politisches System der Schweiz, in dem öffentliche Ämter und der Dienst in der ↗Armee in der Regel nebenberuflich ausgeübt werden‹: *Es ist an der Zeit, dass aus dem veralteten Milizsystem eine vollberufliche Armee wird* (Blick 28. 10. 1997, 21); *Unser Milizsystem ist hoffnungslos* *überfordert, aber keiner der aktiven Räte würde das zugeben* (Blick 19. 10. 1995, 5)

Milke CH die; –, -n: ↗KALBSMILCH A D-mittelost/südwest, ↗BRIESCHEN D-mittelwest/südwest ›[Gericht aus der] Brustdrüse des Kalbes; Bries‹: *Die Milke in Scheibchen schneiden, würzen, im Mehl wenden und in der heissen Butter goldgelb backen* (Saisonrezepte, 2003, Internet) – Dazu: **Kalbsmilke, Milkenpastete**

-milliarde A die; –, -n (produktives Grundwort in Zus.): ›im ↗Budget vorgesehener, sehr hoher Geldbetrag zur schwerpunktmäßigen Förderung oder Problemlösung‹, z. B. Kinderbetreuungsmilliarde, Kindergartenmilliarde, Technologiemilliarde, Universitätsmilliarde, Wissenschaftsmilliarde: *Familienminister B. und Frauenministerin Barbara P. (SP) haben hier ein eigenes Paket geschnürt, das … die Richtlinien der nächsten Kindergartenmilliarde für 1999/2000 umfasst* (Presse 12. 2. 1998, 7); *Als weitere Schwerpunkte nannte E. … eine zusätzliche Technologiemilliarde sowie 3,2 Mrd. S für das Unterrichtsministerium* (Kurier 13. 3. 1998, 19)

Millionendorf D das, -(e)s, ohne Plur. ⟨auf die gemütliche, etw. behäbige Atmosphäre anspielende Bezeichnung⟩ (scherzh.): ↗ISAR-ATHEN D, ↗ISAR-STADT D ›München‹: *Zwar geschehen in Hamburg mehr Verbrechen als in München, aber welcher Hamburger vergliche seinen Welthafen mit dem bayerischen Millionendorf?* (Netztg 25. 9. 2001, Internet)

Millirahmstrudel A-ost D-südost der; -s, – ⟨*Milli* ist das Dialektwort für *Milch*⟩: ↗MILCHRAHMSTRUDEL A D-südost ›mit ↗Topfen, saurem Rahm u. a. gefüllter ↗Strudel, der mit Milch übergossen [und mit Vanillesauce] warm serviert wird‹: *Ein Mensch, der genüsslich in alten Kochbüchern schmökert, erfährt von Liwanzeln und Pflanzeln, von Golatschen und Pogatscherl, von Millirahmstrudel, Powidltatschkerl, Semmelkoch und Schmalztorte* (OÖN 29. 9. 1990, 5; A-ost); *Es gibt … saftigen Millirahmstrudel, würzig-frische Sorten Brot und Holzofenbrot* (Hotel Olymp München 14. 3. 2000, Internet; D-südost)

Minderertrag CH D der; -(e)s, …erträge: ↗ABGANG A ›Differenz zwischen dem erwarteten und dem tiefer ausgefallenen Ertrag; Fehlbetrag‹: *Der Minderertrag gegenüber der Budgetvorgabe beträgt 187 443 Franken* (St. Galler Tagbl 28. 1. 1999, Internet; CH); *Ein möglicher Minderertrag zum vereinbarten Ertrag ist durch die Garantiegeber finanziell auszugleichen* (Solarenergie 21. 1. 2003, Internet; D)

Mindestkultureinheit STIR die; –, -en: ›Mindestgröße einer landwirtschaftlichen Nutzfläche, die zur Erlangung des Status eines geschlossenen Hofes erforderlich ist‹: *Um die Bildung von geschlossenen Kleinhöfen … zu erschweren, wird man die so genannten Mindestkultureinheiten von bisher zwei Hektar bei Obst- und Weinbau auf drei Hektar … anheben* (Dolomiten 13. 10. 2001, 19)

Mindeststudiendauer A die; –, ohne Plur.: ›für ein bestimmtes Studium vorgeschriebene Mindestanzahl von Studiensemestern‹: *Nach der Mittelschule in Perg hat die ehrgeizige Frau an der Linzer Johannes Kepler Universität zu studieren begonnen. Betriebswirtschaft in der Mindeststudiendauer von acht Semestern* (OÖN 2. 1. 2003, 10)

Mineral A CH das; -s, ohne Plur.: ↗SPRUDELWASSER CH D-nord/mittelwest, ↗SPRUDEL D, ↗SELTERS D-nord/mittel ›Mineralwasser‹: *Von eurem gepantschten Wein krieg ich Kopfweh und vom Mineral Läuse im Bauch* (Kneifl, Vorstellung 28; A); *Gasthaus Krone: 3 dl Mineral oder Most, Stange Millennium-Bier* (Blick 5. 8. 1999, 10; CH) – Die Bedeutung ›anorganische, kristalline Substanz‹ ist gemeindt.

Mineralwasser (gemeindt.): ↗MINERAL, ↗SELTERS, ↗SPRUDEL, ↗SPRUDELWASSER

minim CH Adj.: ›minimal‹: *Meine Rente ist minim, und ich bin gezwungen, ganz bescheiden zu leben* (Weibel, Beethoven 55)

minimal (gemeindt.): ↗MINIM

Minister Ministerin der; -s, – bzw. die; –, -nen: **1.** A D; ↗BUNDESMINISTER A D, ↗BUNDESRAT CH, ↗DEPARTEMENTSCHEF CH, ↗DEPARTEMENTSVORSTEHER CH ›für ein ↗Ministerium zuständiges Mitglied der ↗Bundesregierung‹: *Die ÖVP bekam neun Minister und drei Staatssekretäre, die FPÖ drei Minister und ebenso viele Staatssekretäre* (Profil 2. 3. 2003, Internet; A); *Gegen Stimmen der Union hat die rot-grüne Koalition Einschnitte bei den Übergangsgeldern für ausscheidende Minister und Staatssekretäre durchgesetzt* (SPD-Norden, 2000, Internet; D). **2.** D; ↗LANDESRAT A, ↗STADTRAT: *AMTSFÜHRENDE STADTRAT A (Wien), ↗DEPARTEMENTSCHEF CH, ↗DEPARTEMENTSVORSTEHER CH, ↗REGIERUNGSRAT CH, ↗STAATSRAT CH-west (FR, VS), ↗LANDESMINISTER D, ↗SENATOR D (Berlin, Bremen, Hamburg), ↗ASSESSOR STIR ›für ein ↗Ministerium zuständiges Mitglied einer ↗Landesregierung‹: *Der nordrhein-westfälische Innenminister Dr. Franz B. warnt eindringlich davor, sich Silvester und am Neujahrstag alkoholisiert ans Steuer zu setzen* (Innenministerium NRW, 1999, Internet) – Zu 1.: **Außenminister(in)**, ↗**Bildungsminister(in)**, **Frauenminister(in)**, ↗**Ministerrat** A LUX, **Regionenminister(in)** (↗Region) STIR, **Sozialminister(in)**, **Verteidigungsminister(in)**. Zu 1. und 2.: **Finanzminister(in)**, **Innenminister(in)**, **Justizminister(in)**, **Landwirtschaftsminister(in)**, **Umweltminister(in)**, **Wirtschaftsminister(in)**

Ministerialdirektor Ministerialdirektorin D der; -s, -en bzw. die; –, -nen: ↗SEKTIONSCHEF A, ↗BUNDESAMTSDIREKTOR CH ›Person, die eine Abteilung eines ↗Ministeriums leitet‹: *Nach der Wiedervereinigung war er Ministerialdirektor im Bundesfinanzministerium* (Welt 26. 2. 2000, Internet) – Vgl. Ministerialrat

Ministerialrat Ministerialrätin A D der; -(e)s, ...räte bzw. die; –, -nen: ›höherer Beamte bzw. höhere Beamtin eines ↗Ministeriums‹: *Die Beschwerde würde die oberen Sprossen, Kommissär, Oberkommissär, Rat, Oberrat, Ministerialrat, Sektionschef und Kabinettchef, erklimmen* (Haslinger, Opernball 54; A); *Der Amtsarzt attestierte dem Ministerialrat im Bundesverkehrsministerium ... dauernde Dienstuntauglichkeit* (Welt 28. 1. 2000, Internet; D) – Vgl. Ministerialdirektor

ministeriell A D Adj.: ↗BUNDESRÄTLICH CH ›von einem ↗Minister oder ↗Ministerium ausgehend‹: *Die Staatsanwälte fordern seit langem den Wegfall des ministeriellen Weisungsrechtes* (SN 13. 6. 1998, Internet; A); *Da wird die Staatsanwaltschaft ministeriell kritisiert, weil sie auch gegen die politische Elite des Landes ermittelt* (Bündnis 90/Die Grünen Berlin, 1999, Internet; D)

Ministerium das; -s, ...ien: **1.** A D; ↗DEPARTEMENT CH ›höchste Verwaltungsbehörde eines Staates‹: *Obwohl die Begutachtungsfrist für eine Gesetzesvorlage vom Ministerium auf drei Tage beschränkt wurde, gelang es in kürzester Zeit, bundesweiten Widerstand zu organisieren* (Welt der Frau 6/1996, 32; A); *Am vergangenen Freitag sandte J. den Bonner Ministerien bereits eine kräftig verwässerte Version seiner Vorschläge zu* (Spiegel 17. 11. 1997, 32; D). **2.** D; ↗AMT: *AMT DER ... LANDESREGIERUNG A (ohne Wien), ↗MAGISTRAT A (Wien), ↗DEPARTEMENT CH, ↗DIREKTION CH, ↗BEHÖRDE D (Hamburg), ↗SENATOR: DER SENATOR FÜR ... D (Bremen), ↗SENATSVERWALTUNG D (Berlin) ›höchste Verwaltungsbehörde eines ↗Bundeslandes‹: *Die so gewonnenen Daten stehen dann Ministerien, Bezirksregierungen, Landkreisen und Gemeinden bei der Planung von Umweltschutzprojekten ... zur Verfügung* (BdW 10/1990, 59) – Vgl. Landesminister, Minister – Zu 1.: **Außenministerium, Bildungsministerium, Bundesministerium, Finanzministerium, ↗Gesundheitsministerium, Innenministerium, Landwirtschaftsministerium, Regionenministerium** (↗Region) STIR, **Unterrichtsministerium** A

Ministerpräsident Ministerpräsidentin D der; -en, -en bzw. die; –, -nen: ↗LANDESHAUPTMANN A, ↗LANDAMMANN CH-ost/zentral, ↗REGIERUNGSPRÄSIDENT CH-nord/west, ↗BÜRGERMEISTER: *ERSTE BÜRGERMEISTER D (Hamburg); *REGIERENDE BÜRGERMEISTER D (Berlin), ↗PRÄSIDENT: *PRÄSIDENT DES SENATS D (Bremen) ›Regierungschef(in) eines ↗Bundeslandes‹: *Kai-Uwe von H., 84, CDU, war Ministerpräsident von Schleswig-Holstein, Verteidigungsminister und Bundestagspräsident* (Spiegel Jahreschronik, 1997, 308) – Vgl. Landeschef, Landesfürst

Ministerrat der; -(e)s, ...räte: **1.** A ›versammelte ↗Minister(innen) unter dem Vorsitz des ↗Bundeskanzlers oder der -kanzlerin‹: *Bundeskanzler Klima reagierte beim gestrigen Ministerrat sehr bestimmt auf die Forderung der Beamten nach einer Abfertigung* (Kurier 17. 9. 1997, 2). **2.** LUX ›Gesamtheit der ↗Minister(innen) einer Regierung‹: *Überraschend kommt die Nominierung von K. durch den Ministerrat nicht* (Telecran 22. 1. 2000, 14) – Dazu: **Ministerratsprotokoll, Ministerratssitzung**

Miniwohnung STIR die; –, -en (selten): ↗GARÇONNIÈRE A, ↗EINZIMMERWOHNUNG CH D STIR, ↗EINRAUMWOHNUNG D ›aus einem Zimmer bestehende Wohnung‹: *Möblierte Miniwohnung in Bruneck ... zu vermieten* (Dolomiten 7. 4. 2000, 39)

Minna: *grüne Minna D-nord/mittel (Grenzfall des Standards): ↗ARRESTANTENWAGEN A, ↗HEINRICH: *GRÜNE HEINRICH A ›gesichertes Auto für den Transport von Häftlingen‹: *Die Grüne Minna kippte um, fünf Gefangene, vier Wärter und der Porschefahrer wurden schwer verletzt* (Berliner Kurier 18. 9. 1998, Internet) – Das Substantiv *Minna* als Kurzform des Namens *Wilhelmine* sowie in den Bedeutungen ›Hausangestellte, Dienstmädchen‹ ist veraltet

Minne: *in Minne CH ›in gegenseitigem Einvernehmen, ohne Streit, in Frieden‹: *Der Abend endete in Minne und mir brachte er sogar eine Riesenüberraschung: Die Kirchenpflege hatte meinen Döschwo bis zum Dach mit Spenden gefüllt* (Sieber, Menschenware 92) – Das Substantiv *Minne* in der Bedeutung ›höfische Liebe im Mittelalter‹ ist gemeindt.

Mirl A-ost: ↗MARIDL A, ↗MIDI A-west, ↗MIZZI A-ost, ↗MAIKE D-nord, ↗MAREIKE D-nord/mittel Koseform des weibl. Vornamens *Maria*. Auch in Zus., z. B. *Annamirl: »Alte Liebe rostet nicht«, meint die Volksbühne Steyr und spielt den Schwank von Hans Lellis ... im Alten Theater Steyr. Mit dabei: Manfred S. (Martin) und Pili C. (Magd Mirl)* (OÖN 2. 11. 2000, Internet)

mischeln sw.V./hat: **1.** A CH ›(Karten) mischen‹: *Beim zünftigen Jassnachmittag wurden die Karten kräftig gemischelt, um tolle Preise zu erspielen* (VN 4. 10. 2001, Heimat/Bludenz 35; A); *Zuerst werden die Karten gemischelt und an die ... Spieler je 7 Karten ausgeteilt* (Jugendgruppe Züri Jugi, 2001, Internet; CH). **2.** CH; ↗MITMISCHELN CH ›etw. mit unlauteren Mitteln arrangieren, bewerkstelligen‹: *16 Jahre hat der Wirtschaftsberater und mehrfache Verwaltungsrat im*

Nationalrat lobbyiert und gemischelt (Bund 1. 10. 1999, 17) – Dazu: **Mischler(in), Mischlerei**

mischen (gemeindt.): ↗MISCHELN

Mischpoche A D **Mischpoke** D die; –, -n ⟨aus jidd. *mischpocho* ›Familie‹⟩ (abwertend, salopp): ›Verwandtschaft, Familie‹: *Ecks Mutter hatte »die ganze Mischpoche« gemieden, wie sie die Ecks nannte* (Roth, See 99; A); *Hoffentlich ist die Wohnung desjenigen, der zu Silvester mit der ganzen Mischpoche … aus dem Weihnachtsurlaub heimkehrt, nicht von einem Ganoven … ausgeräumt worden* (Rhein Ztg 29. 12. 1998, Internet; D); *Es gab immer wieder Situationen, wo sich ein Treffen nicht vermeiden ließ. Zum Beispiel auf Lisas Geburtstagsparty, wo die ganze Mischpoke auftauchte* (Allegra 11/1997, 144; D) – In D auch in der Form *Muschpoke*

Mischpoke D die; –, -n: siehe Mischpoche

Mischung A-südost die; –, -en: ↗SPRITZER A (ohne west), ↗GESPRITZTE A D-süd, ↗SCHORLE D, ↗WEINSCHORLE D ›mit [Mineral]wasser verdünnter Wein‹: *Ein Autofahrer kannte angeblich den Unterschied zwischen einer Mischung und purem Wein nicht* (Kleine Ztg 23. 4. 2000, Internet) – Andere Bedeutungen sind gemeindt. Vgl. Weiß

missgelaunt D Adj. (geh.): ↗GRANTIG A D-süd, ↗MUFF CH, ↗ÜBELLAUNIG D, ↗MIESEPETRIG D-nord/mittel, ↗MISSLAUNIG D (ohne nordost/südwest), ↗SAUERTÖPFISCH D (ohne südost) ›schlecht gelaunt; mürrisch‹: *Der Mann schüttelt dann den Kopf, murmelt Unverständliches und schlurft missgelaunt zu seinem See zurück* (Tagesspiegel 27. 1. 2002, Internet)

misslaunig D (ohne nordost/südwest) Adj.: ↗GRANTIG A D-süd, ↗MUFF CH, ↗MISSGELAUNT D, ↗ÜBELLAUNIG D, ↗MIESEPETRIG D-nord/mittel, ↗SAUERTÖPFISCH D (ohne südost) ›schlecht gelaunt; mürrisch‹: *Lisa nagte misslaunig an einem gesunden Körnerbrötchen* (Arens, Nächste Mann 90) – In A selten

misslingen (gemeindt.): ↗ABVERHEIEN

Misstritt CH der; -(e)s, -e: ›Fehltritt‹: *Nach einem schrecklichen Misstritt ohne gegnerische Einwirkung blieb Ronaldo mit schmerzverzerrtem Gesicht am Boden liegen und umklammerte sein rechtes Knie* (Bund 13. 4. 2000, 37); *Wer die moralischen Standards setzt und überwacht, konnte sich schon immer da und dort einen Misstritt leisten* (TA 25. 9. 1999, 36)

Mist der; -(e)s, ohne Plur.: **1.** A; ↗MÜLL A D, ↗GÜSEL CH-ost/zentral, ↗KEHRICHT CH D-südwest ›[Haushalts]abfall‹: *Nach dem Mittagessen ist eine Bewohnerin des Hauses mit dem Mist runter in den Hof* (Brödl, Blutrausch 82). **2. *Der Mist ist geführt** CH ›etw. ist gelaufen, erledigt‹: *Die Kräfte reichten nur bis zum ersten Gegentor. Dann war der Tank leer – und der Mist geführt* (Blick 16. 5. 1998, 15) – Die Bedeutungen ›Stallmist‹, ›Misthaufen‹ und ›dummes, wertloses Zeug‹ sind gemeindt. – Zu 1.: ↗**Mistkübel**, ↗**Mistmann** A-mitte, ↗**Mistschaufel** A (ohne west), **Mistsack** (↗Sack).

Mistgabel (gemeindt.): ↗FORKE

Misthaufen (gemeindt.): ↗MISTSTOCK

Mistkratzerli CH das; -s, – (Grenzfall des Standards): ↗BRATHUHN A, ↗BRATHENDL A D-südost, ↗HENDL A D-südost, ↗GÜGGELI CH, ↗POULET CH, ↗BRATHÄHNCHEN D-nord/mittel, ↗BROILER D-ost, ↗HÄHNCHEN D (ohne südost) ›als Gericht zubereitetes, gebratenes junges Huhn‹: *Was damals, als die Portionen hauptsächlich gross sein mussten, das Poulet war, ist heute das Coquelet, auch als Mistkratzerli oder Poussins bekannt* (Brückenbauer 9. 3. 1999, Internet) – Auch in der Schreibung *Mischtchratzerli*

Mistkübel A der; -s, –: ↗MÜLLKÜBEL A-west, ↗ABFALLKÜBEL A CH D-mittelost, ↗KEHRICHTEIMER CH, ↗MÜLLEIMER D ›Abfalleimer‹: *Die Lebensmittelreste, die in seinem Kühlschrank und in der Kredenz vor sich hin schimmelten, sind ebenfalls in den Mistkübel gewandert* (Kneifl, Vorstellung 92) – Vgl. Kübel, Mist

Mistmann A-mitte der; -(e)s, …männer: ↗COLONIAMANN A-ost (Wien), ↗KEHRICHTMANN CH, ↗KÜBELMANN CH-ost, ↗MÜLLMANN D, ↗MÜLLWERKER D, ↗MÜLLKUTSCHER D-nordost STIR ›Angestellter eines Unternehmens, das Abfall abholt und zu einer Sammelstelle bringt‹: *Sie stellten sich in orangeroten Uniformen der Mistmänner den Fotografen* (Kurier 13. 11. 1999, 10) – Eine weibliche Form ist nicht gebräuchlich. Vgl. Mist

Mistschaufel A (ohne west) die; –, -n: ↗KEHRSCHAUFEL A-west, ↗KEHRICHTSCHAUFEL A-südost CH D-südost, ↗SCHÜFELI CH, ↗KEHRBLECH D-nordost/mittel, ↗KUTTERSCHAUFEL D-südwest, ↗MÜLLSCHIPPE D-nordost, ↗SCHIPPE D-nord/mittel, ↗SCHMUTZSCHAUFEL D-nordwest ›kleine Schaufel zum Aufnehmen von Staub- und Schmutzhäufchen‹: *Wir holten vom Boot einen Besen und eine Mistschaufel und begannen, die 15 cm Erdreich wegzuschaufeln und sauber freizukehren* (Katholisch Österreichische Studentenverbindung Herulia, 2000, Internet) – Vgl. Mist

Miststock CH der; -(e)s, …stöcke: ›Misthaufen‹: *Schon vor Sonnenaufgang krähen auf den Miststöcken die Hähne* (Stemmle, Mitenand 53) – Vgl. Mist

mit A Präp. mit Dat.: ↗PER A CH, ↗AUF CH, ↗ZUM D /zur Angabe einer Frist oder eines Zeitpunktes/: *Mit 1. August 1997 ist das Universitäts-Studiengesetz (UniStG) in Kraft getreten* (Informationsbroschüre,

Individuelle Diplomstudien, 1997, 8) – Andere Verwendungen sind gemeindt.

Mitbürger Mitbürgerin: *ausländische Mitbürger(in) A D ›Einwohner(in) ohne deutsche bzw. österreichische Staatsbürgerschaft‹: *Durch die im oö. Landtag beschlossene Öffnung der Wohnbeihilfe für ausländische Mitbürger wird eine gerechte Zukunft im Wohnbau möglich* (SPÖ OÖ, 2002, Internet; A); *Gerade in einer Zeit, in der ... Rassenhass und Extremismus das Bild einer demokratischen Gesellschaft verdunkeln, muss auch der Sport Verantwortung übernehmen und ausländischen Mitbürgern die Hand reichen* (Ostfriesen Ztg 18. 7. 2002, Internet; D) – Das Substantiv *Mitbürger* ist in allen anderen Verwendungen gemeindt.

Mitgliederbeitrag CH der; -(e)s, ...beiträge: ↗MITGLIEDSBEITRAG A D ›Beitrag, der für die Mitgliedschaft in einem Verein oder einer Partei zu bezahlen ist‹: *Über die Mitgliederbeiträge wurde fein säuberlich Buch geführt* (Waller, Barbi 9)

Mitgliedsbeitrag A D der; -(e)s, ...beiträge: ↗MITGLIEDERBEITRAG CH ›Beitrag, der für die Mitgliedschaft in einem Verein oder einer Partei zu bezahlen ist‹: *Im Geschirrkasten fanden sie Geld, Mitgliedsbeiträge der Partei, die Josefa in der Vorwoche kassiert hatte* (Hackl, Abschied von Sidonie 39; A); *Die Parteienfinanzierung über den Mitgliedsbeitrag ist ungerecht* (Welt 7. 4. 2000, Internet; D)

mitkriegen sw.V./hat (Grenzfall des Standards): **1.** D; ↗ABKRIEGEN CH D (ohne südost), ↗ABBEKOMMEN D-nord/mittel, ↗ABHABEN D-nord/mittel (einen Teil von etw.) bekommen‹: *Ein Porsche muss aber nicht nur kernig klingen, ein Porsche muss auch Dampf haben, und davon hat der Boxster reichlich mitgekriegt* (BZ Berlin 28. 9. 1999, Internet). **2.** CH D ›etw. bemerken‹: *Shaun Bartlett hatte die Entscheidung im Hardturm aus der Distanz nicht genau mitgekriegt* (Sonntagsztg 26. 9. 1999, Internet; CH); *Dass er die Platzanweiserin weggeschubst hat, räumt er ein, aber dass sie und ihre Kollegin dann am Boden lagen, sagt er, hat er nicht mitgekriegt* (SZ 31. 10./1. 11. 1998, 34; D)

mitmischeln CH sw.V./hat: **1.** ›mitmachen, um zu profitieren; aktiv dabei sein‹: *E-Commerce hat sich bei europäischen Unternehmen fest etabliert. Auch Schweizer Firmen mischeln ganz vorne mit* (TA 25. 9. 2000, 104). **2.** ↗MISCHELN CH ›etw. mit unlauteren Mitteln arrangieren, bewerkstelligen‹: *Als Fanatiker fiebern [die Mafiabosse] mit, wenn die Spieler dem runden Leder nachrennen, als Klubpräsidenten mischeln sie mit, wenn es darum geht, der Konkurrenz eins auszuwischen* (Bund 18. 7. 1997, 29)

Mittagslunch CH der; -s, -s [...lʌntʃ, ...lœntʃ] ⟨aus engl. *lunch* ›Mittagessen‹⟩: ›einfache Mahlzeit zur Mittagszeit‹: *Nach dem Kurssturz schloss der Dow Jones am Dienstag mit einem deutlichen Gewinn. Trotz hohem Umsatz konnten sich die Börsenhändler wieder einen Mittagslunch erlauben – ein untrüglich gutes Zeichen* (TA 29. 10. 1997, 1)

Mitte: *Mitte Jahr CH ›in der Mitte des Kalenderjahres; Mitte des Jahres‹: *Im Januar 1997 trat sie als neues Mitglied der Chefredaktion in den »Tagesanzeiger« ein und wurde Mitte Jahr zur Nachfolgerin von Chefredaktor Roger de W. ernannt* (Annabelle 2. 1. 1998, 83) – Das Substantiv *Mitte* ist in allen anderen Verwendungen gemeindt.

Mitteilungsblatt (gemeindt.): ↗BULLETIN

Mittelklass- CH (produktives Bestimmungswort in Zus.): ›Mittelklasse-‹, z. B. Mittelklasshotel, Mittelklasswagen (↗Wagen): *Man bucht sechs Tage im Mittelklasshotel und zahlt dafür samt Mietvelo 795 Franken* (TA 22. 5. 1998, 85); *Am Samstag wurde ein Mädchen auf ihrem Fahrrad in einem Kreisel von einem Mittelklasswagen abgedrängt* (Neue Urner Ztg 25. 9. 2000, Internet)

Mittelklasse- (gemeindt.): ↗MITTELKLASS-

Mittelland CH das; -(e)s, ohne Plur.: **1.** ›der verhältnismässig flache Teil der Schweiz zwischen Jura und Voralpen‹: *Reichte es nicht, musste die Familie auswandern – ins Mittelland oder über die Weltmeere bis nach Süd- und Nordamerika* (Furrer, My Way 10). **2.** ›zentrales Gebiet einer Region (z. B. im ↗Kanton BE die Gegend rund um die Hauptstadt)‹: *Am seltsamsten aber war, dass der Gemeinderat jenen Mann nicht erwähnte, ... der im Oktober 1966 vom Geschworenengericht Bern-Mittelland in absentia ... verurteilt worden ist* (Federspiel, Beste Stadt 85) – Vgl. Oberland, Unterland

Mittelpunktgemeinde D STIR die; –, -n: ›Gemeinde als Zentrum eines Gebietes‹: *Trittau ist Mittelpunktgemeinde des Amtes Trittau mit derzeit rund 7.500 Einwohnern* (Stadt Hamburg 29. 11. 2002, Internet; D); *Vor allem in den Jahrzehnten nach dem Ende des Zweiten Weltkrieges wuchs Lana zielstrebig auf die heutige Marktgemeinde zu, die mit über 9000 Einwohnern eine Mittelpunktgemeinde im Etschtal darstellt* (Dolomiten 7. 4. 1998, 8; STIR)

Mittelschule die; –, -n: **1.** CH; ↗BHS A, ↗FACHOBERSCHULE D, ↗BERUFSFACHSCHULE D (ohne südost), ↗OBERSCHULE STIR ›an die obligatorische Schulausbildung anschliessende höhere Schule, die zur Hochschulreife oder einem berufsbezogenen Abschluss führt, bzw. Gebäude, in dem diese Schule untergebracht ist‹: *Im Frühling 1954 erhielt ich das Mittellehrerdiplom und begann die Lehrtätigkeit an Basler Mittelschulen* (Gallusser, Bewusst sein 69). **2.** D (veraltend); ↗REALSCHULE D ›an die ↗Grundschule anschließende Schule, deren Bildungsziel zwischen dem der ↗Hauptschule und dem des Gymnasiums liegt, bzw. Gebäude, in dem diese Schule untergebracht ist‹: *Auf Grund des winterlichen Wetters werden in der Narsdorfer Mittelschule derzeit Renovierungsarbeiten übernommen* (LVZ 18. 1. 2001, Internet). **3.** STIR ⟨übersetzt aus ital. *scuola media*⟩; ↗HAUPTSCHULE A D, ↗REALSCHULE CH, ↗SEKUNDARSCHULE CH, ↗BEZIRKSSCHULE CH (AG, SO), ↗OBERSCHULE CH (GL, SO, ZH) ›an die ↗Grundschule anschließende, drei Jahre dauernde Schule, deren Besuch verpflichtend ist, bzw. Gebäude, in dem diese Schule untergebracht ist‹: *Nach Abschluss der Mittelschule können die Schüler zwischen vierjährigen Gymnasien verschiedenster Ausrichtungen oder vierjährigen berufsbildenden Schulen wählen* (Dolomiten 14. 12. 2001, 18) – In A früher als Bezeichnung für Gymnasium – Zu 1.: ↗**Berufsmittelschule, Diplommittelschule, Handelsmittelschule, Mittelschulstufe.** Zu 1. bis 3.: **Mittelschulabschluss, Mittelschüler(in), Mittelschullehrer(in), Mittelschulunterricht.** Zu 1. und 3.: **Mittelschuldiplom** (↗Diplom). Zu 3.: **Mittelschuldirektion**

mittendrin (gemeindt.): ↗MITTENMANG

mittenmang D-nord (bes. Berlin.) Adv. (Grenzfall des Standards): ›in der Mitte, [da]zwischen; mittendrin‹: *Die Austernbar liegt ein wenig außerhalb der zentralen Fressmeile, aber mittenmang im Herzen ihrer Kundschaft* (Berliner Morgenpost 23. 6. 2002, Internet)

Mitunterzeichnende CH der/die; -n, -n: ›Mitunterzeichner(in)‹: *Die Mitunterzeichnenden stellen sich mit ihrem Aufruf in eine bewährte Tradition sozialdemokratischen Wahlkampfes* (Sonntagsztg 3. 10. 1999, 9)

Mitunterzeichner (gemeindt.): ↗MITUNTERZEICHNENDE

Mitzi Mizzi A-ost: ↗MARIDL A, ↗MIDI A-west, ↗MIRL A-ost, ↗MAIKE D-nord, ↗MAREIKE D-nord/mittel Koseform des weibl. Vornamens *Maria: Den Umgang mit diesen Kindern musste sie Bruno nicht mehr verbieten, seit er einmal von diesen Mitzi gerufen worden war* (Menasse, Schubumkehr 77); *Mizi Schlager* (Figur in Arthur Schnitzlers »Liebelei«) – In D-südost selten. Älter auch in der Schreibung *Mizi.* Früher in der Wendung *Wiener Mitzi* als Sinnbild für die mollige, liebenswürdige, oberflächliche und lebenslustige Wienerin gebraucht

mixen (gemeindt.): ↗QUIRLEN, ↗VERKLOPFEN, ↗VERQUIRLEN, ↗VERSPRUDELN

Möbelhaus (gemeindt.): ↗MÖBELMARKT

Möbelmarkt D der; -(e)s, ...märkte: ›größeres Möbelgeschäft; Möbelhaus‹: *Bis 2003/2004 soll ein 20.000 qm großer Möbelmarkt entstehen* (Welt 30. 1. 2002, Internet)

Mobilität STIR die; –, -en ⟨übersetzt aus ital. *mobilità*⟩: ›Erwerbslosigkeit von Arbeitnehmer(inne)n nach einer zeitweiligen Beurlaubung bei Verschlechterung der Auftragslage des Unternehmens‹: *Alle nach dem 10. August 1991 in Mobilität verbrachten Zeiträume werden für den Rentenanspruch und die Berechnung voll anerkannt* (Dolomiten 29. 5. 2002, WIKU 14) – Andere Bedeutungen sind gemeindt. – Dazu: **Mobilitätsgeld, Mobilitätsgesuch, Mobilitätsliste**

Mocca siehe Mokka

Modder D-nord/mittelost der; -s, ohne Plur. (Grenzfall des Standards): ↗GATSCH A D-südost, ↗LETTEN A D-südost, ↗PFLOTSCH CH, ↗BATZ D-südost, ↗MUD D-nordwest, ↗PAMPE D-nord/mittel ›Schlamm, Matsch‹: *Sie watete durch faulen Modder* (Erler, Palais 91) – Dazu: ↗**modderig** D-nord

modderig D-nord Adj. (Grenzfall des Standards): ↗GATSCHIG A D-südost, ↗PFLOTSCHIG CH, ↗BATZIG D-südost, ↗MUDDIG D-nordwest ›schlammig, matschig‹: *Nach kurzem Zögern fuhr Jörgen in das Feld hinein. Es war ziemlich modderig* (Globetrotter-Erlebnisse 14. 7. 2001, Internet) – Vgl. Modder

Modenschau D die; –, -en: ↗MODESCHAU A CH ›Veranstaltung, bei der Kleidungsstücke bzw. Modekollektionen vorgeführt werden‹: *Schon zu ihrer zweiten Modenschau mit eigenen Kreationen kamen 2000 Leute* (Stern 25. 9. 1997, 66) – In A selten

Modeschau A CH die; –, -en: ↗MODENSCHAU D ›Veranstaltung, bei der Kleidungsstücke bzw. Modekollektionen vorgeführt werden‹: *Mit einem grauen Ensemble eröffnete Carolina Herrera ihrerseits ihre Modeschau* (Kurier 5. 11. 1997, 24; A); *Ich setz' mich also in einen der Ohrenfauteuils, erzählte der Verrückte, und schon spazieren sie an mir vorbei, Modeschau, Mannequins, verdammt hübsche Weiber* (Diggelmann, Vergnügungsfahrt 16; CH) – Dazu: **Damenmodeschau, Kindermodeschau**

mogeln CH D (ohne südost) sw.V./hat: ↗SCHWINDELN A, ↗ABSCHAUEN A D-süd, ↗SPICKEN CH D, ↗ABGUCKEN D (ohne südost) ›(bei schriftlichen Prüfungen) vom Nachbarn bzw. der Nachbarin abschreiben bzw. unerlaubte Hilfsmittel verwenden; schummeln‹: *Es könnte ... sein, dass die norwegischen Jugendlichen in der Schule deshalb weniger mogeln oder spicken, weil der Leistungsdruck im norwegischen Schulsystem kleiner ist als im schweizerischen* (Dachverband Schweizer Lehrerinnen und Lehrer, 2002, Internet; CH); *48 Prozent ... haben sogar gelegentlich geschwänzt und 27 Prozent bei Klassenarbeiten öfter einmal gemogelt* (Berliner Ztg 29. 6. 2002, Internet; D) – Die Bedeutung ›unehrlich handeln (außerhalb von Prüfungssituationen)‹ ist gemeindt.

Mohnnudeln A die; nur. Plur.: ›in Mohn und zerlassener Butter geschwenkte, gerollte fingerdicke kurze Kartoffelteigstücke, die mit Zucker bestreut serviert werden‹: *Es hat Mohnnudeln gegeben* (Thüminger, Entscheidung 105)

Möhre D-mittel die; –, -n: ↗RÜEBLI CH, ↗GELBRÜBE D-südwest, ↗MOHRRÜBE D-ost, ↗RÜBE: *GELBE RÜBE D-süd, ↗WURZEL D-nord ›Karotte‹: *Die Möhren in dem restlichen Öl andünsten* (Schöner Wohnen 10/1997, 156) – In A (ohne west) dialektal – Dazu: **Möhrengemüse, Möhrensaft, Möhrensalat**

Mohrenkopf A-west (Vbg.) CH D (ohne nordwest) der; -(e)s, ...köpfe: ↗SCHWEDENBOMBE A, ↗NEGERKUSS D, ↗SCHOKOKUSS D-mittelwest/südwest ›mit Schokolade überzogenes Schaumgebäck auf Waffelboden‹: *Die aufgemalten Nüsse kollerten mir entgegen, die Mohrenköpfe blähten sich auf, das ruppige Staniol um die Schokoladestängel funkelte* (Schriber, Kartenhaus 37; CH); *Ich weiß nicht genau, warum ich heute Verlangen auf einen Mohrenkopf verspürte, denn ich hatte sicherlich zwei Jahre oder mehr keinen gegessen* (Universität Heidelberg 13. 9. 2001, Internet; D)

Mohrrübe D-ost die; –, -n: ↗RÜEBLI CH, ↗GELBRÜBE D-südwest, ↗MÖHRE D-mittel, ↗RÜBE: *GELBE RÜBE D-süd, ↗WURZEL D-nord ›Karotte‹: *In feineren Restaurants gibt der Küchenchef sich der Kunst ... hin und schnitzt aus Mohrrüben Schmetterlinge* (Brigitte 11/1996, 156)

moin D-nordwest ⟨aus fries. *moi* ›schön, angenehm, gut‹⟩: ↗BEGRÜSSEN: *BEGRÜSSE! A-südost, ↗GOTT: *GRÜSS GOTT A D-süd, ↗GRÜEZI CH, ↗TAG: *GUTEN TAG CH D-nord/mittel; *TAG! D-nord/mittel /zu jeder Tageszeit anwendbare Grußformel/‹: *Kam uns doch einmal ein Mensch entgegen, erfreuten wir ihn mit dem neu gelernten Ganztagsgruß der Schleswig-Holsteiner »Moin, moin«* (Welt 20. 9. 2000, Internet) – Häufig in der Doppelung *Moin, Moin*

mokant D Adj. (geh.): ›spöttisch‹: *Reineboth, gegen den Tisch gelehnt, meinte mit mokantem Lächeln: »Ich sagte es dir, aus dem kriegst du keinen Furz heraus«* (Apitz, Nackt unter Wölfen 48) – In A selten

Mokick D das; -s, -s ⟨zusammengezogen aus *Moped* und *Kickstarter*⟩ (Kurzwort): ›Kleinmotorrad mit Kickstarter‹: *Ihr Moped, Mofa oder Mokick ist zwar ein steuerfreies Vergnügen, am Straßenverkehr dürfen Sie aber erst mit einem gültigen Versicherungskennzeichen teilnehmen* (Allianz 28. 2. 2003, Internet)

Mokka A D der; -s, ohne Plur. (Gastronomie): ›starker, aus Mokkabohnen zubereiteter Kaffee, der in kleinen Tassen serviert wird‹: *Er stellte die Servierplatte mit dem fertigen Mokka neben das Bärenfell auf den Boden* (Doderer, Strudlhofstiege 94; A); *Da alte, repräsentative Häuser über mehrere Salons verfügen, wird der Mokka nach dem Essen in einem anderen Raum serviert* (Schöner Wohnen 4/1995, 164; D) – Auch in der Schreibung *Mocca.* Die Bedeutung ›Kaffee einer besonders aromatischen Sorte‹ ist gemeindt.

Molke (gemeindt.): ↗SCHOTTE

Molle die; –, -n: **1.** D-nordost (Berlin) ›Glas Bier‹: *Ihre Gäste erliegen vielfach der Zirrhose, nicht zuletzt deshalb, weil man sie meist schon morgens um acht am Tresen findet mit der Molle in der Hand* (Berliner Ztg 29. 10. 1999, Internet). **2.** D-mittelost; ↗NEST CH D (ohne mittelost), ↗KISTE D (ohne nordost/südwest) ›Bett‹: *Dicke Kopfkissen, aufgerichtete Kopfteile am Bett, weiche Matratzen, auch das Lesen »in der Molle« – alles das ist Gift für unseren Rücken* (Handelskrankenkasse 8. 10. 2002, Internet) – Zu 1 vgl. Bier, Halbe

Monatsaktion (gemeindt.): ↗MONATSHIT

Monatshit CH der; -s, -s (Handel): ›(günstiges) Angebot, das einen Monat lang gilt; Monatsaktion‹: *Der Chef eines Lokalbahnhofs zur Sonntagszeitung: »Wir kennen den Rail-Away-Monatshit für den Juni noch nicht«* (Sonntagsztg 4. 6. 2000, 79) – Vgl. Tageshit, Wochenhit

Moneten D die; nur Plur. (Grenzfall des Standards): ↗STUTZ CH, ↗KRÖTEN D, ↗EIER D-nordwest/mittelwest, ↗FLÖHE D-nord, ↗MÄUSE D (ohne südwest), ↗MÖPSE D-nordost/mittelwest, ↗MÜCKEN D-nordost/mittel, ↗PENUNZE D-nord ›Mark, Euro; Geldstück‹: *Wenn es dir gefällt ..., solltest du mir eine handvoll Moneten zukommen lassen* (Humboldt Universität Berlin 4. 4. 2002, Internet)

Montfortstadt A die; –, ohne Plur. ⟨benannt nach den *Grafen von Montfort,* die um 1200 die Stadt von der Schattenburg aus regierten⟩: ›Feldkirch‹: *Reges Treiben herrschte während der vergangenen zwei Tage in den Gassen der Montfortstadt* (Neue Vorarlberger Tagesztg 29. 7. 2001, 12)

Montur die; –, -en ⟨aus frz. *monture* ›Ausrüstung‹⟩: **1.** A; ↗BLAUE A, ↗SCHLOSSERGEWAND A, ↗ARBEITSANZUG A D, ↗BERUFSKLEID CH, ↗GWÄNDLI CH, ↗ÜBERGEWAND CH, ↗ÜBERKLEID CH, ↗BLAUMANN D (ohne südost), ↗ANTON: *BLAUE ANTON D-südwest ›berufstypische Arbeitskleidung und Ausrüstung; Uniform, Overall‹: *Am 20. September fuhr der Mann, bekleidet mit der ehemaligen Firmen-Montur, mit dem gestohlenen Billa-Lkw auf das Wiener Neudorfer Werksgelände* (Kurier 31. 10. 1996, 13). **2.** A CH ›Sport-, Freizeit- und Kampfausrüstung‹: *Dem »Zauber der Montur« konnte sich Verteidigungsminister Fasslabend gestern nicht ganz entziehen. Er probierte* *in der Heeres-Bekleidungsanstalt Brunn am Gebirge höchstpersönlich ein neues Tragesystem mit Rucksack usw.* (Neue Kronen Ztg 28. 4. 1999, Internet; A); *Die Halbstarken traten in der Montur aus hautengen Jeans und Cowboy-Stiefeln auf* (Blick 29. 3. 2000, 13) – Die Wendung *in voller Montur* ist gemeindt.

Moor (gemeindt.): ↗Fehn/Fenn, ↗Moos

Moos: 1. A CH D-südost das; -es, -e/Möser: ↗Fehn D-nord ›Moor, Sumpf‹: *Lermoos bietet fast 60 km Langlaufspuren im Moos, einer stillen unberührten Winterlandschaft* (Schischule Felsenheim, 2002, Internet; A); *Vom Areal des Werkhofes führte die Wanderung ins Rietli, entlang dem Rietlibach ins Moos* (St. Galler Tagbl 2. 7. 1997, Internet; CH) **2.** D (ohne mittelost/südwest) das; -es, ohne Plur. (salopp): ↗Flieder A (ohne west), ↗Gerstl A D-südost, ↗Marie A D-nord, ↗Klotz CH, ↗Stutz CH, ↗Kohle CH D, ↗Asche D-nord/mittel, ↗Kies D (ohne südwest), ↗Knete D (ohne südost) ›Geld‹: *Als der deutsche Film … auf einmal vor dem Problem stand, über viel Moos und wenig Materie zu verfügen, war es klar, dass die Schattenseiten irgendwann dran sein würden* (Welt 31. 1. 2002, Internet); ***ohne Moos nix los:** ↗Musi: *ohne Geld keine Musi A ›für alles muss bezahlt werden‹: *Ohne Moos nix los: Wie jede Gemeinschaft braucht auch die Kirche zur Erfüllung ihrer Aufgaben die Unterstützung und die Beiträge ihrer Mitglieder* (Kirchensteuer Köln, 2001, Internet). – Zu 1.: Häufig in Flur- und Landschaftsnamen, z. B. *Erdinger Moos, Erlimoos, Filzmoos, im Moos, Lermoos, Moosmatt, Mösern, Möserersee, Moosbach, Wildmoos*

Moosbeere die; –, -n: **1.** A-west (Tir.); ↗Blaubeere A-west (Vbg.) D-nordwest/mittel, ↗Heidelbeere A (ohne südost) CH D, ↗Schwarzbeere A-mitte/südost/west (Tir.) D-südost, ↗Heubeere CH, ↗Bickbeere D-nord, ↗Taubeere D-südost, ↗Waldbeere D-mittelwest ›Heidekrautgewächs mit kleinen, blauschwarzen Beeren‹: *Pilze und Moosbeeren sammelte er nebenbei, richtete Holzvorrat und versorgte die Kühe* (Schöpf, Ausgedingler 102). **2.** D-südost; ↗Granten A-west (Tir.)/südost, ↗Kronsbeere D-nordwest ›Preiselbeere‹: *Die Moosbeere bevorzugt zum Wachsen einen Boden mit einem pH-Wert von etwa 4* (Bayerischer Rundfunk 20. 3. 2002, Internet) – Zu 1.: **Moosbeernocken** (↗Nocke)

Moped (gemeindt.): ↗Töffli

Mopp (gemeindt.): ↗Flaumer

Möpse D-nordost/mittelwest die; nur Plur. (Grenzfall des Standards): **1.** ↗Stutz CH, ↗Kröten D, ↗Moneten D, ↗Eier D-nordwest/mittelwest, ↗Flöhe D-nord, ↗Mäuse D (ohne südwest), ↗Mücken D-nordost/mittel, ↗Penunze D-nord ›Euro; Geldstück‹: *Also, nichts wie ran an die Möpse und ab die Post!* (Ping online Ztg 4. 4. 2002, Internet). **2.** (derb); ↗Titte D (ohne mittelost/südost) ›weibliche Brüste‹: *Sind das wirklich Angelina Jolies Brüste auf dem Filmplakat? Nein, sind sie nicht. Sie haben die Möpse computertechnisch aufgeblasen* (TAZ 28. 6. 2001, Internet) – Die Bedeutungen der Singularform sind gemeindt.

mopsen D (ohne südost) sw.V./hat (scherzh.): ↗fladern A, ↗mausen D ›[geschickt] entwenden; stehlen‹: *Dieses Heft ist von uns gedruckt und hergestellt worden, um es überall dort, wo es ausgelegt wird, erst beschnuppern und dann klammheimlich mopsen zu lassen* (Universität Marburg 25. 5. 1999, Internet) – In CH selten

Morgenessen CH das; -s, –: ↗Zmorge CH ›Frühstück‹: *Das Morgenessen kochen für sieben Personen auf dem Holzfeuer ist … nicht dasselbe, wie das Morgenessen zubereiten auf dem Elektro- oder Gasherd* (Wenger, Rosalia 91)

Mörtel (gemeindt.): ↗Speis

mosern D sw.V./hat (Grenzfall des Standards): ↗sempern A, ↗matschkern A-ost, ↗sumsen A-west (Tir.), ↗raunzen A D-südost, ↗mäkeln CH D ›seiner Unzufriedenheit durch ständige, kritisierende Äußerungen Ausdruck verleihen; nörgeln‹: *Dortmunds Profis mosern heimlich über S.* (Welt 14. 4. 1999, Internet)

Most der; -(e)s, -e ⟨aus lat. *(vinum) mustum* ›junger Wein‹⟩: **1.** A (ohne ost) D-süd ›vergorener, alkoholischer, sauer schmeckender Saft aus Äpfeln oder Birnen‹ (in CH nur in der Wendung *saurer Most*): *Er sei in einem Kreis von Mineralwassertrinkern gesessen, habe eine Flasche Schnaps, zwölf Flaschen Bier und einen großen Krug Most gesoffen und sei nüchtern geblieben, während die anderen im Rausch unter die Bänke gefallen seien* (Köhlmeier, Moderne Zeiten 40; A); *Der frisch gekelterte Most kommt in Holzfässern oder Gärtanks zur ersten Gärung, die aus dem Traubensaft Wein macht* (eCocktail, 2003, Internet; D-süd); ***wissen/zeigen, wo der Bartl den Most holt** A D-süd, ***wissen/zeigen, wo Bartli den Most holt** CH, ***wissen/zeigen, wo Barthel den Most holt** D (ohne mittelost/südost) (salopp): ↗langgehen: *wissen/zeigen, wo es langgeht D (ohne südost), ↗Hammer: *wissen/zeigen, wo der Hammer hängt D (ohne südost) ›alle Tricks genau kennen; demonstrativ seine Überlegenheit zeigen‹: *Durch diesen »Schulterschluss zwischen Partei und Klub« könne er notfalls persönlich dafür sorgen, dass Beschlüsse des Parteivorstandes im Landtagsklub »ratifiziert« werden. Hochmair: »Jetzt wissen einige, wo der Bartl den Most holt«* (Kurier 29. 10. 1993, 21; A); *Geena Davis zeigt Obermacho James Bond, wo Bartli den Most holt: Mit Frauenpower und Waffengeschick trickst sie Bösewichte …*

aus (Sonntagsblick 29. 12. 1996, 52; CH); *Das Verwalten ist ... schwerer geworden, wir betreiben das jetzt mehr und mehr mit wenig oder ohne Geld ... Da muss man schon verdammt gut wissen, wo der Barthel den Most holt* (Universität Bochum, 1999, Internet; D). **2.** A-ost CH D (ohne südwest) ›unvergorener Saft aus Äpfeln, Birnen [oder Trauben]; Süßmost‹: *Schweizer sollen mehr Most trinken. Die Obstbauern in der Schweiz fahren reiche Ernte ein. ... Sie rufen die Bevölkerung zum Apfelsafttrinken auf* (Blick 2. 10. 2000, 8; CH); *Für die Saft-, Most- und Apfelweinherstellung werden in großem Maße billige Äpfel aus dem Ausland importiert* (Bund Naturschutz 13. 10. 2000, Internet; D). **3.** CH (salopp) ›Treibstoff, Sprit‹: *Aus der Diesel-Zapfsäule beim »Benzin Discount« in Wohlen AG kommt bereits am frühen Nachmittag kein einziger Tropfen mehr. Kein Wunder: Alle wollen noch den billigeren Most* (Blick 4. 9. 2000, 3) – Zu 1. Vgl. Gestaubte, Sauser, Sturm – Zu 1.: **Glühmost** A, **Mostfass,** ↗**Mostheurige** A, **Mostkrug,** ↗**Mostschenke** A (ohne west), ↗**Mostwirtshaus** A (ohne west). Zu 2.: **Traubenmost, Trottenmost** (↗Trotte) CH D (ohne südwest). Zu 1. und 2.: **Apfelmost, Birnenmost,** ↗**mosten** A-west (Vbg.) CH, ↗**Mostindien** CH, **Mostobst** (↗Obst)

Mostbröckli CH das; -s, –: ↗BINDENFLEISCH CH, ↗BÜNDNERFLEISCH CH, ↗TROCKENFLEISCH CH ›gewürztes, luftgetrocknetes [Rind]fleisch‹: *Zu den typischen Schweizer Spezialitäten gehören nebst dem Käse auch Bauernhamme, Mostbröckli, Gemspfeffer und Kartoffelterrine* (Blick 2. 11. 2000, 8)

mosten A-west (Vbg.) CH sw.V./hat: ›Äpfel oder Birnen zu Saft pressen‹: *Wir haben diesen Herbst viel Arbeit: Mosten, Äpfel pflücken, Mist ausfahren, Runkeln putzen* (Honegger, Ehemalige 6; CH) – Vgl. Most

Mostheurige A der; -n, -n (Neubildung): ↗MOSTSCHENKE A (ohne west), ↗MOSTWIRTSHAUS A (ohne west) ›Lokal, in dem ↗Most [aus eigenem Anbau] ausgeschenkt wird‹: *Auf Initiative des Arbeitskreises Most im Regionalmanagement Mostviertel wurde vor kurzem ein neuer Most-Informationsfalter herausgebracht, der derzeit bei allen Mostheurigen, Mostwirten und an verschiedenen Informationsstellen der Region erhältlich ist* (Land Niederösterreich, Landeskorrespondenz, 2000, Internet) – Vgl. Buschenschank, Buschenschenke, Heurige

Mostindien CH das; -s, ohne Plur. (scherzh.): ›↗Kanton Thurgau‹: *Jeden Franken Gewinn hat er sofort wieder investiert: eine neue Attraktion, ein neues Gehege, ein neues Restaurant, ein Traumschloss als Diskothek. Alle haben sie ihm abgeraten, hier im Niemandsland von Mostindien so etwas zu wagen* (Sonntagsztg 1. 4. 2001, 13) – Die Bezeichnung spielt auf den überdurchschnittlichen Obstanbau an. Vgl. Most

Mostrich D-ost der; -s, ohne Plur.: ›Senf‹: *Sie trägt in der zusammengehaltenen Schürze ... ein Tütchen Pfeffer, etwas Mostrich* (Strittmatter, Ochsenkutscher 52)

Mostschenke A (ohne west) die; –, -n: ↗MOSTHEURIGE A, ↗MOSTWIRTSHAUS A (ohne west) ›Lokal, in dem ↗Most [aus eigenem Anbau] ausgeschenkt wird‹: *Wie beliebt und begehrt der Saft ist, zeigt sich nicht zuletzt an der immer größer werdenden Zahl von Mostschenken* (OÖN 3. 5. 2000, Internet) – Vgl. Buschenschank, Buschenschenke, Heurige

Mostwirtshaus A (ohne west) das; -es, ...häuser: ↗MOSTHEURIGE A, ↗MOSTSCHENKE A (ohne west) ›Lokal, in dem ↗Most [aus eigenem Anbau] ausgeschenkt wird‹: *In 20 Gemeinden zwischen St. Valentin und Amstetten haben 29 Mostwirtshäuser, 20 bäuerliche Mostheurige und 21 Ab-Hof-Landwirte ihre Keller und Gastzimmer geöffnet* (Kurier 24. 7. 2001, 9) – Vgl. Buschenschank, Buschenschenke, Heurige, Wirtshaus

Motion CH die; –, -en ⟨aus frz. *motion* zu lat. *motio* ›Bewegung‹⟩: ›verbindlicher Auftrag eines Parlamentsmitglieds an die Regierung (des Bundes, eines ↗Kantons oder einer Gemeinde), einen Entwurf zu einem Gesetz oder Beschluss vorzulegen oder eine Massnahme zu ergreifen‹: *Nach längerer Diskussion wird die Motion mit grossem Mehr an die Regierung überwiesen* (BaZ 17. 10. 1997, 45) – Andere Bedeutungen sind gemeindt. Vgl. Anzug, Postulat, Vorstoss – Dazu: ↗**Motionär(in), Volksmotion**

Motionär Motionärin CH der; -s, -e bzw. die; –, -nen: ›Person, die eine ↗Motion einreicht‹: *»Es geht darum, ob das Strafrecht das geeignete Mittel ist, den Missbrauch von Cannabis-Produkten zu bekämpfen«, sagte Motionär J. am Ende der gestrigen Debatte* (BaZ 17. 10. 1997, 33)

Motodrom A D das; -s, -e ⟨aus ital. *motodromo* ›Rennbahn für Motorfahrzeuge‹⟩: ↗AUTODROM D ›[ovale] Rennstrecke für Motorsportveranstaltungen‹: *Mehr als 80.000 Fans hatten Michael Jackson beim letzten Deutschlandtermin seiner Welttour im Motodrom des Hockenheimrings zugejubelt* (Kleine Ztg 12. 8. 1997, Internet; A); *So entstand das 1966 eingeweihte Motodrom mit einem großen (6,788km) und einem kleinen (2,634km) Kurs* (Deutsche Städte 4. 3. 2003, Internet; D)

Motorfahrzeug CH das; -(e)s, -e: ↗KRAFTFAHRZEUG A D ›motorbetriebenes Fahrzeug‹: *Den Motorfahrzeugen fielen 1997 gemäss Statistik des Bundes 7540 Rehe und 5350 Füchse zum Opfer* (TA 19. 10. 1999, 77) – Dazu: **Motorfahrzeugführer(in),** ↗**Motorfahrzeugkontrolle,** ↗**Motorfahrzeugsteuer, Motorfahrzeugverkehr**

Motorfahrzeugkontrolle CH die; –, -n: ↗TÜV D ›Amt, in dem ↗Motorfahrzeuge auf ihre Verkehrstauglichkeit geprüft werden‹: *Am Freitag sind in Genf die technischen Inspektoren der Motorfahrzeugkontrolle in den Ausstand getreten* (Bund 5. 10. 1996, 13) – Abk. ↗MFK

Motorfahrzeugsteuer CH die; –, -n: ↗KRAFTFAHRZEUGSTEUER A D ›Steuer für das Halten und Benutzen eines ↗Motorfahrzeugs auf öffentlichen Strassen‹: *Zum 7. Mal seit 1973 versucht der Zürcher Regierungsrat, die Motorfahrzeugsteuern im Kanton anzuheben* (Blick 25. 2. 2000, 2)

Motorrad (gemeindt.): ↗KRAD, ↗KRAFTRAD, ↗TÖFF

Mottbrand CH der; -(e)s, ...brände: ›langsamer Brand mit starker Rauchentwicklung ohne offene Flamme; Schwelbrand‹: *Als gegen neun Uhr abends Rauch aufstieg, alarmierte die Hausbesitzerin die Feuerwehr, die den Mottbrand löschte* (Blick 29. 6. 1998, 6) – Vgl. motten

motten CH sw.V./hat: ›schwelen, glimmen‹: *Im Elternschlafzimmer mottete es lang, als würden die Flammen ständig erstickt* (Giovannelli-Blocher, Meer 172) – Dazu: ↗**Mottbrand, Mottfeuer**

Mousepad A D das; -s, -s ['mauspɛd]: ↗MAUSMATTE CH, ↗MAUSPAD D ›Unterlage, auf der die Computermaus bewegt wird‹: *So endet der Segen des schönen, neuen Computerzeitalters meistens damit, dass man sich ein Einheits-Passwort für alle Fälle zulegt und das irgendwo aufschreibt, ganz altmodisch, und den Zettel unterm Mousepad versteckt* (OÖN 18. 6. 1999, 1; A); *Zum Selbstkostenpreis ... erhalten Sie ein tolles Designer-Mousepad in der Benutzerberatung des Rechenzentrums* (Universität Wuppertal 19. 4. 2002, Internet; D)

Mozartstadt A die; –, ohne Plur. ⟨nach dem in Salzburg geborenen österr. Komponisten *Wolfgang Amadeus Mozart*⟩: ↗FESTSPIELSTADT A ›Salzburg‹: *Je näher das Weltwirtschaftsforum in Salzburg ... rückt, desto rigoroser werden die Sicherheitsvorkehrungen rund um die Mozartstadt* (Kleine Ztg 26. 6. 2001, Internet)

Mücke 1. CH D-nord/mittel die; –, -n: ↗GELSE A, ↗SCHNAKE CH-nord/ost D-mittelost/süd ›Stechmücke‹: *Wo die Mücken vor allem in der Nacht stechen, helfen Moskitonetze für die Betten* (TA 23. 3. 2000, 50; CH); *Ist die Mücke erst im Zimmer, klappt es mit dem Schlafen nimmer!* (WAZ 31. 5. 2001, Internet; D-nord/mittel); ***[die/eine] Mücke machen** D-nord/mittel (salopp): ↗PUTZEN A, ↗VERTSCHÜSSEN A, ↗HAUS: *SICH ÜBER DIE HÄUSER HAUEN A-ost, ↗SCHLEICHEN A D-süd, ↗VERZUPFEN A D-südost, ↗ZUPFEN A D-südost, ↗ABFAHREN CH, ↗ABSCHLEICHEN CH, ↗LEINE: *LEINE ZIEHEN CH D (ohne südost), ↗VERDRÜCKEN CH D (ohne südost), ↗VERDUFTEN CH D, ↗VERKRÜMELN CH D (ohne südost), ↗ABSCHIEBEN D, ↗FLIEGE: *DIE/EINE FLIEGE MACHEN D, ↗VERPISSEN D, ↗DÜNNEMACHEN D-nord/mittel, ↗PLATTE: *DIE PLATTE PUTZEN D (ohne mittelost/südost), ↗TROLLEN D (ohne ost) ›sich entfernen; verschwinden; abhauen‹ (häufig im Imperativ): *Auch Victorias Freund hatte die Mücke gemacht* (Tagesspiegel 2. 10. 2000, Internet). **2.** D-nordost/mittel die; nur Plur. (Grenzfall des Standards): ↗STUTZ CH, ↗KRÖTEN D, ↗MONETEN D, ↗EIER D-nordwest/mittelwest, ↗FLÖHE D-nord, ↗MÄUSE D (ohne südwest), ↗MÖPSE D-nordost/mittelwest, ↗PENUNZE D-nord ›Euro; Geldstück‹: *Schön, er war das schwarze Schaf der Familie, chronisch abgebrannt, wenn er nicht gerade die letzten Mücken ... verzockte* (Berliner Ztg 25. 10. 1997, Internet) – Andere Bedeutungen sind gemeindt. – Zu 1.: **Mückennetz, Mückenschutz, Mückenspray**

Mucke D-südwest die; –, -n: ›Stubenfliege‹: *Weder Storch noch kleine Kinder, eher die Fliegen, schwäbisch Mucken, gaben der Muckenhalde wohl ihren Namen* (Rems-Murr-Nachr 16. 6. 2001, Internet) – Vgl. Brummer

Muckefuck D der; -s, – (Grenzfall des Standards): ↗ERSATZKAFFEE D ›Kaffeeersatz aus Getreide, Eicheln und Malz; Malzkaffee‹: *Blümchenkaffee, Muckefuck! Das findet man in Wien garantiert auf keiner Kaffeehauskarte* (Welt 29. 10. 1999, Internet) – Vgl. Blümchenkaffee, Plempe, Plörre

Muckis D-nord/mittel die; nur Plur. (Grenzfall des Standards): ›Muskeln‹: *Comic-Helden mit Schwarzenegger-Muckis und Göttinnen mit Barbiemaßen* (Allegra 11/1997, 197) – In A zunehmend gebräuchlich, in CH selten

mucksch muksch D-nord Adj.: ›beleidigt‹: *Sie hocken mucksch in ihrer Zelle, warten, dass ihnen hübsche Arbeiten zugetragen werden, erschrecken aber zu Tode, sobald jemand den Raum betritt* (Allegra 11/1997, 162)

Mud D-nordwest der; -s, ohne Plur.: ↗GATSCH A D-südost, ↗LETTEN A D-südost, ↗PFLOTSCH CH, ↗BATZ D-südost, ↗MODDER D-nord/mittelost, ↗PAMPE D-nord/mittel ›Schlamm, Matsch‹: *In einem leeren, versifften Schwimmbecken wälzt sich Z. in Mud und Matsch* (TAZ 20. 10. 2000, Internet) – Auch in der Schreibung *Mudd* – Dazu: ↗**muddig**

muddig D-nordwest Adj.: ↗GATSCHIG A D-südost, ↗PFLOTSCHIG CH, ↗BATZIG D-südost, ↗MODDERIG D-nord ›schlammig, matschig‹: *In der Tiefe bewohnen die Fische vor allem muddig-sandige Böden* (Fun Fishing Team, 2000, Internet) – Vgl. Mud

Müesli CH das; -s, – ['myɛsli] ⟨Dim. von alem. *Mues* ›Mus‹⟩: ↗MÜSLI A D, ↗BIRCHERMÜESLI CH ›Speise aus Getreideflocken, Nüssen, getrockneten Früchten, [rohem ↗Obst] und Milch oder ↗Yoghurt‹: *Für jeden*

Gaumen steht ein Schmaus bereit: vom Müesli über würzige Gemüsesuppen, fruchtigen Ananas-Drinks bis zu köstlichen Erdbeere-Desserts (Glücks Post 10. 6. 1999, 96) – Dazu: **Müesliriegel**

muff CH Adj. (Grenzfall des Standards): ↗GRANTIG A D-süd, ↗MISSGELAUNT D, ↗ÜBELLAUNIG D, ↗MIESEPETRIG D-nord/mittel, ↗MISSLAUNIG D (ohne nordost/südwest), ↗SAUERTÖPFISCH D (ohne südost) ›schlecht gelaunt; mürrisch‹: *Werden Sie nicht muff, wenn Sie gegen Ihr Kind im Spiel verlieren* (St. Galler Tagbl 3. 5. 1997, Internet)

muffeln (gemeindt.): ↗müffeln

müffeln CH D-nord/mittel sw.V./hat (Grenzfall des Standards): ›muffig riechen; muffeln‹: *Aber dann kam der Winter und man konnte nicht mehr ständig die Fenster offen lassen. Es müffelte so übel, dass mir fast schlecht wurde* (Blick 5. 1. 2001, 12; CH); *Der Verpackungsmüll gehört in die gelbe Tonne ... zum Beispiel alle Joghurtbecher. Die ungespülten müffeln zwar, aber man sollte den gelben Sack auch nicht in der Küche ... abstellen* (Deutsches Museum Bonn 10/1998, Internet; D-nord/mittel) – In D-nordost auch in den Formen *muffen, müffen*

muffen müffen siehe müffeln

Mugel A der; -s, -n (Grenzfall des Standards): ›kleiner Hügel; Bodenwelle‹: *Er hat zwar auch Berge gehabt in seiner Heimat, aber über kleines Herumsteigen auf Mugeln ... ist er nie hinausgekommen* (Okopenko, Kindernazi 50) – Dazu: **mugelig,** ↗**Mugelpiste**

Mugelpiste A die; –, -n (Grenzfall des Standards): ›Buckelpiste‹: *Dort gibt es von der anstrengenden Mugelpiste bis zu weitläufigen Strecken alle Schwierigkeitsgrade, und schneesicher ist es außerdem* (Profil 2. 11. 1997, Internet) – Vgl. Mugel

Mulde (gemeindt.): ↗KUHLE, ↗KUTE

Mull D-nordost der; -(e)s, -e: ›lockerer Humusboden‹: *Der Mull stellt die günstigste Humusform dar* (Technische Universität Berlin, 2002, Internet) – Das nicht verwandte Wort *Mull* mit der Bedeutung ›weitmaschiges Baumwollgewebe‹ ist gemeindt.

Müll A D der; -s, ohne Plur.: ↗MIST A, ↗GÜSEL CH-ost/zentral, ↗KEHRICHT CH D-südwest ›[Haushalts]abfall‹: *Jedes Jahr zu Weihnachten fallen etwa zehn Prozent mehr Müll an als an gewöhnlichen Tagen* (Kurier 27. 12. 1997, 12; A); *Seit hier Müll getrennt in zwei Eimern gesammelt wird, wirft Wolf nur zu gern den Plastikmüll in den Bio-Behälter* (Wolf, Samstags 63; D) – In CH selten – Dazu: **Großstadtmüll, Hausmüll, Müllabfuhr,** ↗**Müllberg, Müllbeutel** (↗Beutel) D, ↗**Mülldeponie,** ↗**Mülleimer** D, **Müllentsorgung,** ↗**Müllgebühr,** ↗**Müllkippe** D, ↗**Müllkübel** A-west, ↗**Müllkutscher** D-nordost STIR, ↗**Müllmann** D, ↗**Müllplatz, Müllsack** (↗Sack), ↗**Müllschippe** D-nordost, ↗**Mülltonne,** ↗**Mülltrennung, Mülltüte** (↗Tüte) D, ↗**Müllwerker(in)** D, ↗**Restmüll,** ↗**Sperrmüll, Verpackungsmüll, Zivilisationsmüll**

Müllberg A D der; -(e)s, -e: ↗ABFALLBERG CH ›gesamte Abfallmenge, die eine Gesellschaft produziert‹: *Die Leidenschaft der Österreicher beim Sammeln von Altglas, Papier, Metall und Plastik steigt. Genauso schießen die heimischen Müllberge in die Höhe* (Standard 20./21. 3. 1999, 28; A); *Deponien sind nicht gerade die beste Lösung, um unsere Müllberge zu bewältigen* (GEO 8/1994, 155; D) – Vgl. Müll

Mullbinde A D die; –, -n: ↗GAZEBINDE CH BELG ›Verbandstoff aus weitmaschigem, dünnem Baumwollstoff‹: *Während wir auf die Rettung gewartet haben, habe ich die Wunde mit Mullbinde keimfrei verbunden und sie dabei nicht berührt* (OÖN 2. 5. 1998, Internet; A); *Moderne Verbände haben mit der klassischen Mullbinde nur noch wenig gemein* (Welt 25. 8. 1998, 1; D)

Mülldeponie A D die; –, -n: ↗MÜLLPLATZ A D, ↗KEHRICHTDEPONIE CH, ↗MÜLLKIPPE D, ↗KIPPE D (ohne mittelost) ›Gelände, auf dem Abfall mit behördlicher Genehmigung und unter Aufsicht endgelagert wird; Abfalldeponie‹: *Im Jahre 1974 hat die Landesverwaltung mit der Planung von Müllbeseitigungsanlagen und kontrollierten Mülldeponien begonnen* (Pfaundler, Jungbürgerbuch 804; A); *Mikrowellen und Computer enden auf der Mülldeponie* (Welt 16. 8. 1995, Internet; D) – Vgl. Müll

Mülleimer D der; -s, –: **1.** ↗MISTKÜBEL A, ↗MÜLLKÜBEL A-west, ↗ABFALLKÜBEL A CH D-mittelost, ↗KEHRICHTEIMER CH ›Abfalleimer‹: *Den Kaffee konnte ich gerade noch austrinken, die Tasse aber nicht mehr spülen, die leere Sardinenbüchse nicht mehr in den Mülleimer werfen* (Born, Erdabgewandte Seite 47). **2.** ↗COLONIAKÜBEL A-ost (bes. Wien), ↗MÜLLTONNE A D ›großer, im Freien stehender Behälter für Abfall‹: *Der Stadtrat legt die strategischen Ziele, die Visionen für die Stadt fest. Welche Farbe die Mülleimer haben, darum kümmert er sich nicht mehr* (Welt 22. 9. 1997, Internet) – Vgl. Müll

Müllgebühr A D die; –, -en: ↗KEHRICHTGEBÜHR CH ›Gebühr für die Entsorgung von Abfall; Abfallgebühr: *Die Müllgebühr besteht aus Grundgebühr und Abfuhrgebühr* (Gemeinde Purgstall-Eggersdorf, 1999, Internet; A); *Höchstens um ein paar Pfennige könnte die monatliche Müllgebühr in Eschwege gesenkt werden, wenn die Abfuhrintervalle verlängert würden* (Werra-Rundschau 2. 2. 1999, Internet; D) – Vgl. Müll

Müllkippe D die; –, -n: ↗MÜLLDEPONIE A D, ↗MÜLLPLATZ A D, ↗KEHRICHTDEPONIE CH ›Gelände, auf dem Abfall mit behördlicher Genehmigung und unter Aufsicht endgelagert wird; Abfalldeponie‹: *Sogar die Müllkippen der Russen durchstöberten die Nachrichtendienstler auf der Suche nach Brauchbarem* (Spiegel 1. 12. 1997, 70) – Vgl. Kippe, Müll

Müllkübel A-west der; -s, –: ↗Mistkübel A, ↗Abfallkübel A CH D-mittelost, ↗Kehrichteimer CH, ↗Mülleimer D ›Abfalleimer‹: *Eine nicht ganz ausgelöschte Zigarette in einem Müllkübel hatte das Großfeuer ausgelöst* (Neue Vorarlberger Tageszt 19. 9. 2001, 16) – Vgl. Kübel, Müll

Müllkutscher D-nordost STIR der; -s, –: ↗Coloniamann A-ost (Wien), ↗Mistmann A-mitte, ↗Kehrichtmann CH, ↗Kübelmann CH-ost, ↗Müllmann D, ↗Müllwerker D ›Angestellter eines Unternehmens, das Abfall abholt und zu einer Sammelstelle bringt‹: *Es sind Beschwerden überliefert, nach denen die Müllkutscher im hohen Bogen die entleerten Gefäße zurück auf den Bürgersteig beförderten* (Stadtentsorgung Rostock GmbH, 1999, Internet; D-nordost); *Der beste Blinddarmschneider muss sein Messer weglegen, der Kaminkehrer kann seine Glück bringenden Klamotten in den Rauch hängen, der Müllkutscher muss deutschen von welschem Dreck unterscheiden* (Kaser, Prosa 192; STIR) – Eine weibliche Form ist nicht gebräuchlich. Vgl. Müll

Müllmann D der; -(e)s, ...männer: ↗Coloniamann A-ost (Wien), ↗Mistmann A-mitte, ↗Kehrichtmann CH, ↗Kübelmann CH-ost, ↗Müllwerker D, ↗Müllkutscher D-nordost STIR ›Angestellter eines Unternehmens, das Abfall abholt und zu einer Sammelstelle bringt‹: *Auf jeden, der ihm begegnete, schlug er ein. Kollegen, unbeteiligte Passanten, blau gekleidete Müllmänner* (Eckert, Erbe 83) – Eine weibliche Form ist nicht gebräuchlich. In A und CH selten. Vgl. Müll

Müllplatz A D der; -es, ...plätze: **1.** ↗Mülldeponie A D, ↗Kehrichtdeponie CH, ↗Müllkippe D, ↗Kippe D (ohne mittelost) ›Gelände, auf dem Abfall mit behördlicher Genehmigung und unter Aufsicht endgelagert wird; Abfalldeponie‹: *Strauchschnittaktion: Abholung durch Gemeinde nach Anmeldung ... oder Abgabe am Müllplatz der Gemeinde* (Gemeinde Purkersdorf, 2003, Internet; A); *Zu den Straßen und Wegen, die im Wesentlichen dem innerörtlichen Verkehr dienen, sind zugeordnet: ... Moorweg – (bis Müllplatz)* (Amt Nortorf-Land, 2002, Internet; D). **2.** ›Platz in der Nähe eines Wohnhauses zum Aufstellen von ↗Mülltonnen‹: *Weiters wird ein Müllplatz, optisch abgetrennt, im Freien errichtet* (Immobilien Much, Mödling, 2003, Internet; A); *Im Zuge der Reduzierung der Nebenkosten für unsere Genossenschafter wurden ... die Müllplätze neu gestaltet* (Wohnungsbaugenossenschaft Lübbenau, 2002, Internet; D) – Vgl. Müll

Müllschippe D-nordost die; –, -n: ↗Kehrschaufel A-west, ↗Mistschaufel A (ohne west), ↗Kehrichtschaufel A-südost CH D-südost, ↗Schüfeli CH, ↗Kehrblech D-nordost/mittel, ↗Kutterschaufel D-südwest, ↗Schippe D-nord/mittel, ↗Schmutzschaufel D-nordwest ›kleine Schaufel zum Aufnehmen von Staub- und Schmutzhäufchen‹: *N. sprang wütend aus seinem Bett und schlug dem Angeklagten ins Gesicht. Dieser konterte mit einer Müllschippe, fiel dabei jedoch gegen ein Buffet, auf dem ein etwa 20 Zentimeter langes Küchenmesser lag* (Berliner Morgenpost 18. 6. 1999, Internet) – Vgl. Müll

Mülltonne A D die; –, -n: ↗Coloniakübel A-ost (bes. Wien), ↗Mülleimer D ›großer, im Freien stehender Behälter für Abfall‹: *Vielleicht liegt das aber auch daran, dass es Produkte gibt, die offenbar von Anfang an für die Mülltonne gedacht sind* (Standard 9. 9. 1997, 7; A); *Ich ... renne mit dem Eimer durch den Regen zur Mülltonne, die so voll ist, dass ich einen kleinen Berg aufschütten muss* (Becker, Bronsteins Kinder 36; D) – Vgl. Müll

Mülltrennung A D die; –, ohne Plur.: ›Sonderung von Abfall nach den verschiedenen Rohstoffgruppen Glas, Plastik, Metall und Papier zur Weiterverarbeitung sowie zur getrennten Endlagerung von ↗Rest-, Bio-, Sonder- und ↗Sperrmüll; Abfalltrennung‹: *Diese völlig neuartige Form der Mülltrennung wurde im Auftrag der Firma Binder (Gleisdorf) entwickelt und ist bereits in Krefeld im Einsatz* (Info-Server Korso Graz 6/1999, Internet; A); *In vielen Städten und Gemeinden gibt es Probleme bei der sortenreinen Mülltrennung* (Pädag. Hochschule Heidelberg, 2002, Internet; D) – Vgl. Müll

Müllwerker Müllwerkerin D der; -s, – bzw. die, –, -en: ↗Coloniamann A-ost (Wien), ↗Mistmann A-mitte, ↗Kehrichtmann CH, ↗Kübelmann CH-ost, ↗Müllmann D, ↗Müllkutscher D-nordost STIR ›Angestellter eines Unternehmens, das Abfall abholt und zu einer Sammelstelle bringt‹: *In stationäre Behandlung musste sich am Freitag ein Müllwerker begeben, nachdem ihm ein Pkw-Fahrer ... über den Fuß gefahren war* (Siegener Ztg 18. 8. 1999, Internet) – Vgl. Müll

Mumpitz CH D (ohne südost) der; -es, ohne Plur. (abwertend, Grenzfall des Standards): ↗Holler A, ↗Quargel A, ↗Schas A, ↗Topfen A, ↗Gugus CH, ↗Hafenkäse CH, ↗Kabis CH, ↗Käse CH D, ↗Quark CH D, ↗Schnickschnack D, ↗Blech D (ohne südost), ↗Fez D (ohne südost), ↗Kappes D-mittelwest, ↗Kohl D-nord/mittel, ↗Kokolores D (ohne südost) ›Quatsch; Unsinn‹: *Die Kritiker sind sich einig: Was die kantonale Baudirektion 1998 in Kraft gesetzt hatte, war Mumpitz* (TA 14. 6. 1999, 20; CH); *Derweil musste ich meine Geschwister davon ab-*

halten, am Kerzenwachs herumzupiddeln ... und sonstigen Mumpitz zu veranstalten (Berliner Ztg 30. 7. 1999, Internet; D) – In A bekannt, aber als fremd empfunden

Mumps (gemeindt.): ↗ZIEGENPETER

München (gemeindt.): ↗ISAR-ATHEN, ↗ISAR-STADT, ↗MILLIONENDORF

Mund (gemeindt.): ↗FOTZE, ↗FRESSE, ↗GOSCHE, ↗KLAPPE, ↗LATZ, ↗PAPPEN, ↗SABBEL, ↗SCHNAUZE, ↗SCHNORRE, ↗SCHNUTE

Mundartrock CH D der; -s, ohne Plur.: ›Rockmusik mit Dialekttexten‹: *Dänu Siegrist, der Pionier des Mundartrocks, spielt mit Band und neuer CD im Sack um 21 Uhr im Albani* (TA 29. 4. 2000, 16; CH); *Herr Wenders, woher rührt Ihre erkennbare Liebe zum Kölner Mundartrock von Wolfgang Niedeckens BAP?* (Welt 12. 4. 2002, Internet; D) – Dazu: **Mundartrocker(in)** CH

Mundharmonika (gemeindt.): ↗FOTZHOBEL, ↗GOSCHENHOBEL

Mundl A-ost: Kurzform der männl. Vornamen *Edmund, Raimund: Als Raimund auf dem A1-Ring vor Sperrer lag, stöhnte Frau T.: »Ich halt das nicht aus, wenn ich dem Hannes bei einem Rennen zuschau, bin ich nicht so nervös wie beim Mundl«* (OÖN 20. 3. 2001, 23) – Bekannt durch die legendäre Figur des *Mundl Sackbauer* aus einer Fernsehserie

Muni CH der; -s, -s (Grenzfall des Standards): ↗BULLE D ›Zuchtstier‹: *Wegen der BSE-Krise sind die Preise für Munis 30 Prozent gefallen* (Blick 7. 12. 2000, 8) – Dazu: **Muneli**

Munotstadt CH die; –, ohne Plur. ⟨nach der die Stadt beherrschenden Festung, zu der u. a. der mächtige *Munotturm* gehört⟩: ›Schaffhausen‹: *Heute fällt der Entscheid, ob das Cupspiel gegen Schaffhausen wegen des Schnees von der Munotstadt nach Luzern verlegt wird* (Blick 17. 2. 1999, 17)

Müntschi CH-west das; -s, – (Grenzfall des Standards): ↗BUSSERL A D-südost ›Kuss‹: *Ruedi gibt der kleinen Frau ein herzhaftes Müntschi, verspricht, dass Susanne bestimmt bald wieder kommt* (Wyss, Tage 33)

Münz A-west (Vbg.) CH das; -es; ohne Plur.: ›Kleingeld‹: *S. hat auch keinen Kiosk, keinen Laden. Zum Telefonieren, Münzwechseln und Zigarettenkaufen kamen die Flüchtlinge in den »Freihof«* (TA 14. 7. 1999, 25; CH) – In A-west (Tir.) dialektal und im Femininum (die; –, ohne Plur.) gebräuchlich. In A (ohne Vbg.) und D nur in Zus. gebräuchlich, z. B. *Münzautomat, Münzgeld, ↗Münzfernsprecher A D, Münztelefon*

Münzfernsprecher A D der; -s, – (veraltend): ›öffentlicher Telefonapparat, der nach Einwurf von Münzen benutzt werden kann‹: *Ab 1. November, dem Start der österreichweiten Reform der Telefontarife, hat in Münzfernsprechern der Telefonschilling ausgedient* (VN 29. 10. 1997, D 2; A); *In den Clemens-Galerien ... ist jetzt ein Münzfernsprecher installiert worden* (Rheinische Post 10. 10. 2000, Internet; D) – Vgl. Münz

mürb A CH D-süd Adj.: ↗MÜRBE CH D-nord/mittel ›(von Fleisch, ↗Obst, Teig etc.) eine weiche Konsistenz aufweisend; zerfallend bzw. (von textilen Materialien, Tauen etc.) durch Alter brüchig geworden‹: *Neben dem Fleisch der Hochlandrinder, das – weil es zart, mürb und leicht marmoriert ist – bei Experten hoch im Kurs steht, wird in Rottenmann in Zukunft auch Wildbret verarbeitet* (Kleine Ztg 28. 5. 1998, Internet; A); *Der Teig für diese spezielle Apfeltorte hat es in sich: eine besonders feine Art Mürbteig, der köstlich schmeckt und so mürb und zart ist, dass er auf der Zunge förmlich zergeht* (Brückenbauer 8. 9. 1998, Internet; CH) – Dazu: ↗**Mürbteig** A

mürbe CH D-nord/mittel Adj.: ↗MÜRB A CH D-süd ›(von Fleisch, ↗Obst, Teig etc.) eine weiche Konsistenz aufweisend; zerfallend bzw. (von textilen Materialien, Tauen etc.) durch Alter brüchig geworden‹: *Damit der Teig nach dem Backen richtig bröselig-mürbe wird, muss der Butteranteil mindestens die Hälfte der Mehlmenge betragen* (Brückenbauer 8. 9. 1998, Internet; CH); *Eine geschmorte Rinderbacke mit Balsamico (24 Mark), bot nicht das erhoffte mürbe Fleisch* (Welt 11. 9. 1999, Internet; D-nord/mittel) – Die Wendung *jmdn. mürbe machen* in der Bedeutung ›jmds. Widerstand brechen‹ ist gemeindt. – Dazu: ↗**Mürbebraten** D-nord, ↗**Mürbeteig** CH D

Mürbebraten D-nord der; -s, –: ↗LUNGENBRATEN A, ↗FILET CH D, ↗LENDENBRATEN D-mittel/süd ›zum Kurzbraten in kleine Stücke portioniertes oder im Ganzen als Braten zubereitetes Fleisch der ↗Lende des Rindes, seltener auch des Kalbes oder Schweines‹: *Mürbebraten aus dem Schinken, mit Schwarte 16,00 DM/KG* (Lürkenhof, Schleswig-Holstein, 2001, Internet) – Vgl. mürbe

Mürbeteig CH D der; -(e)s, -e: ↗MÜRBTEIG A ›gekneteter Kuchenteig aus Mehl, Zucker, Eiern und Butter‹: *Ein Mürbeteig aus besten Zutaten und viel Butter verbirgt die köstliche Füllung, die der Reber Nusstorte zu recht ihren Namen gibt* (Confiserie Reber, 1999, Internet; CH); *Rührt man etwas Zitronensaft unter die Eier, wird Gebäck aus Mürbeteig schön locker* (Dienstmann, Kerzenwachs 149; D) – Vgl. mürbe

Mürbteig A der; -(e)s, -e: ↗MÜRBETEIG CH D ›gekneteter Kuchenteig aus Zucker, Fett, Eiern und Mehl‹: *Für den Mürbteig das Mehl auf eine Arbeitsfläche häufen und mit Butter, Zucker, Mandeln, Eiern und Zimt*

rasch zu einer glatten Masse zusammenwirken (ORF Nachlese 11/1997, Beilage 6) – In CH selten. Vgl. mürb

Mure A D-südost die; –, -n: ↗MURGANG CH, ↗RÜFE CH ›Schutt- und Schlammlawine‹: *Im Juli 1983 zerstörte eine Mure weite Teile von Axams* (Echo 23. 9. 1998, 179; A) – Dazu: **Murenabgang, ↗vermuren**

Murgang CH der; -(e)s, ...gänge: ↗MURE A D-südost, ↗RÜFE CH ›Schlamm- und Schuttlawine‹: *Ein breiter Murgang ging von Buchberg bis knapp an den Rhein hinunter* (NZZ 21. 5. 2002, 42)

Murkel D-ost der; -s, – (Grenzfall des Standards): ↗BAUXERL A-ost, ↗PIMPF A D-mittelwest/südwest, ↗PFÜDERI CH, ↗DREIKÄSEHOCH CH D, ↗KNOPF CH D-südwest, ↗KRÜMEL D-nord/mittel, ↗STEPPKE D-nord/mittel ›kleines Kind; Knirps‹: *Weil wir uns während der Schwangerschaft nicht so gut auf einen Namen einigen konnten, heißt er jetzt bei uns zu Hause immer noch »Murkel«* (Babyzimmer, 2003, Internet)

Murks der; -es, ohne Plur. (abwertend): **1.** CH ›etw., das gegen Widerstand (mechanisch, gesellschaftlich) durch- oder ausgeführt wird; Kraftakt‹: *Notfalls geht's auch mit einem feinen Schraubenzieher ... ist aber ein bisschen ein Murks* (Veloflix Zürich, 2001, Internet). **2.** D ›schlecht ausgeführte Arbeit; Pfusch‹: *Statt Modernisierung kam Murks heraus* (Welt 23. 12. 1996, Internet) – Dazu: ↗**murksen**

murksen sw.V./hat (abwertend): **1.** CH ›mit Gewalt bearbeiten; erzwingen‹: *Der Mechaniker ... holt einen Satz Werkzeuge aus seinem schrottreifen Kasten, schraubt und murkst, zieht eine wie Alteisen aussehende Büchse aus dem Motor und kann sie ersetzen* (TA 17. 2. 1999, Internet). **2.** D ›unsachgemäß behandeln; sich ohne Erfolg mit etw. beschäftigen; pfuschen‹: *Nebenbei: Was passiert denn eigentlich, wenn die Mannschaft weiterhin murkst und die Fans nicht zu beruhigen sind?* (NRZ 11. 11. 1999, Internet) – Vgl. Murks – Dazu: **Gemurkse**

Murmel A CH D (ohne nordwest/südost) die; –, -n: ↗MARMEL CH D-nordost, ↗KLICKER D-mittelwest, ↗KNICKER D-mittelwest, ↗PICKER D-nordwest, ↗SCHUSSER D-südost ›kleine Glaskugel zum Spielen‹: *Ein Spieler zielt mit dem gesamten Einsatz von 8 Murmeln auf eine 12 cm große Mulde, die 2 bis 3 m entfernt sein soll. Gelingt es, alle Murmeln in diese Vertiefung zu befördern, dann gewinnt er 8 Punkte* (OÖN 2. 8. 2000, 20; A); *In der Hand hält er einige Murmeln, lässt sie durch seine Finger aufs Sofa fallen* (Sonntagsztg 5. 4. 1998, Internet; CH); *Alle Spieler erhalten fünf Murmeln gleicher Farbe und rollen diese der Reihe nach auf das Spielbrett* (Berliner Ztg 2. 1. 1998, Internet; D) – Dazu: **murmeln**

mürrisch (gemeindt.): ↗GRANTIG, ↗MIESEPETRIG, ↗MISSGELAUNT, ↗MISSLAUNIG, ↗MUFF, ↗SAUERTÖPFISCH, ↗ÜBELLAUNIG

Murtenbiet CH das; -(e)s, ohne Plur. (informell): ›Region im ↗Kanton Freiburg um die Stadt Murten und den Murtensee‹: *Die Gemeinde Münchenwiler liegt als bernische Enklave im freiburgischen Murtenbiet* (Schweizer Seminar- und Bildungszentren, 2001, Internet) – Vgl. -biet

Muschel A die; –, -n (Grenzfall des Standards): ↗SCHÜSSEL CH D ›Becken bei sanitären Anlagen‹: *Weil das Leben da so angenehm ist, kniete Berger (der junge) am Klo und kotzte in die Muschel, die er mit beiden Armen umfasst hielt* (Klier, Aufrührer 23) – Andere Bedeutungen sind gemeindt. – Dazu: **Klomuschel, Waschmuschel**

Muschpoke D die; –, -n: siehe Mischpoche

Musi A D-südost die; –, ohne Plur.: ›Musik, Volksmusikgruppe‹: *Der Festsommer auf dem Land wird nach alter Manier inszeniert: Trachtig mit Musi, Tanzl, Umzug* (SN 8. 8. 1997, Internet; A); ***ohne Geld keine Musi** A: ↗MOOS: *OHNE MOOS NIX LOS D (ohne mittelost/südwest) ›ohne Bezahlung läuft nichts‹: *Ohne Geld keine Musi – nicht einmal eine Gratisuntersuchung für Kinder?* (Kurier 25. 10. 1996, 1) – Aufgestiegene Dialektform, die in der populären Volksmusik und in einigen Redewendungen verwendet wird – Dazu: **Geigenmusi, ↗Stubenmusi, Tanzlmusi**

Musikantenknochen siehe Musikknochen

Musikdose CH die; –, -n: ↗SPIELUHR D ›mechanisches Musikinstrument, bei dem Metallzungen durch eine Stiftwalze, die mittels Federkraft dreht, zum Klingen gebracht werden; Spieldose‹: *Es gibt keine Musikdose, die weiter gereist ist! Ihr Flug ins Weltall an der Seite des Schweizer Astronauten Claude Nicollier brachte der Spieldose aus Ste-Croix ... einen Ehrenplatz im Museum ein* (Blick 10. 12. 1997, 12)

Musikgesellschaft CH die; –, -en: ↗BLASMUSIKKAPELLE A D, ↗MUSIKKAPELLE A D, ↗FANFARE LUX, ↗BÜRGERKAPELLE STIR ›Verein von [Laien]blasmusiker(inne)n; Blaskapelle‹: *Armbrust- und Pistolenschützen, Musikgesellschaft, Damenriege, Turnverein, Männerchor und Fussballclub zeigten ihre Fahnen* (TA 28. 4. 1999, 27)

Musikkapelle A D die; –, -n: ↗BLASMUSIKKAPELLE A D, ↗MUSIKGESELLSCHAFT CH, ↗FANFARE LUX, ↗BÜRGERKAPELLE STIR ›Verein von [Laien]blasmusiker(inne)n; Blaskapelle‹: *Sie präsentiert in großartiger Weise das ganze Gemeinwesen von Dorf oder Stadt: Schützen, Feuerwehr, Musikkapelle, Kirchenchor, Vereine, Verbände, Schulkinder usw.* (Pfaundler, Jungbürgerbuch 659; A); *Zur Unterhaltung spielt die Mu-*

sikkapelle Burgweiler (Südkurier 21. 6. 2002, Internet; D) – *Musik-* wird in dieser Zus. in A auf der zweiten Silbe, mit Kurzvokal, in D auf der zweiten Silbe, mit Langvokal, betont. In A sind *Blasmusikkapelle* und *Musikkapelle* im Vergleich zum gemeindt. *Blaskapelle* die am häufigsten gebrauchten Wörter

Musikknochen D (ohne ost/südost) der; -s, –: ↗BEIN: *NÄRRISCHE BEIN A, ↗NARRENBEIN CH ›Stelle am Ellbogen, die bei Stößen einen heftigen, rasch abklingenden Schmerz verursacht‹: *Der Arzt erklärte mir anschließend, dass dies von meinem Musikknochen oder eher gesagt dem Nerv ausgehe* (Neurologie-Infos, 1999, Internet) – Selten auch in der Form *Musikantenknochen*

Musikraum D-nord/mittel der; -(e)s, ...räume: ↗MUSIKSAAL A D (ohne mittelost), ↗SINGSAAL CH, ↗SINGZIMMER CH ›Unterrichtsraum für Musik und Singen in der Schule‹: *Der Musikraum habe eine schlechte Akustik* (Zeit 8. 4. 1999, Internet)

Musiksaal A D (ohne mittelost) der; -(e)s, ...säle: ↗SINGSAAL CH, ↗SINGZIMMER CH, ↗MUSIKRAUM D-nord/mittel ›Unterrichtsraum für Musikunterricht‹: *Der Musiksaal ist ein sehr beliebter Raum im Khevenhüller Gymnasium* (Khevenhüller Gymnasium Linz, 1998, Internet; A); *Der große Musiksaal des Görres-Gymnasiums liegt direkt über dem SV-Raum* (Görres-Gymnasium Düsseldorf 7. 8. 2002, Internet; D) – *Musik-* wird in dieser Zus. in A auf der zweiten Silbe, mit Kurzvokal, in D auf der zweiten Silbe, mit Langvokal, betont

Muskeln (gemeindt.): ↗MUCKIS

Müsli A D das; -s, -s: ↗BIRCHERMÜESLI CH, ↗MÜESLI CH ›meist zum Frühstück verzehrtes Rohkostgericht aus Haferflocken, Nüssen, getrockneten Früchten und Milch‹: *Ich kann nicht anders, als ununterbrochen fassungslos auf den Teller vor mir zu starren, auf den abwechselnd Lammschulter oder Milchreis, Müsli mit Yoghurt oder gefülltes Huhn geladen wird* (Menasse, Schubumkehr 90; A); *Laura isst morgens Müsli, mittags gemischten Salat mit Vollkornbrötchen und eine Orange* (Allegra Spezial 11/1997, 11; D) – Dazu: **Müsliriegel, Schokomüsli** (↗Schoko-), **Vollkornmüsli**

Müsterchen CH das; -s, –: **1.** ›bezeichnende Begebenheit, Anekdote‹: *Um den technologischen Führungsanspruch zu demonstrieren, hatte I. an der Show ein besonderes Müsterchen parat: Ein Spezialexemplar des neuen Chips durchbrach mit 1002 MHz die Gigahertz-Schallmauer* (TA 1. 3. 1999, 59). **2.** ›Beispiel‹: *Gewisse Sätze sind in Anwesenheit der Schwiegertochter zu vermeiden. Hier ein paar Müsterchen: »Mein Sohn, wie bist du doch abgemagert!«* (TA 10. 6. 1999, 14) – Manchmal auch in der dialektalen Form *Müsterli*

mustern A D sw.V./hat: ↗AUSHEBEN CH ›(Wehrpflichtige) auf die Tauglichkeit für den ↗Wehrdienst untersuchen‹: *Er war ... einer von rund 26.000 jungen Männern, die im Mai gemustert und tauglich für den Dienst mit der Waffe befunden wurden* (Kurier 29. 9. 1999, 5; A); *Davidov wurde gemustert, und der Militärarzt attestierte ... volle Tauglichkeit für den Militärdienst* (Deutsche Friedensgesellschaft 25. 12. 1997, Internet; D) – Andere Bedeutungen sind gemeindt. – Dazu: ↗**Musterung**

Musterung A D die; –, -en: ↗STELLUNG A, ↗AUSHEBUNG CH ›Prüfung der Wehrpflichtigen auf ihre Tauglichkeit für den ↗Wehrdienst‹: *Der Leutnant erklärt auch, dass alle aufstehen sollen, wenn der Oberstleutnant ankommt, um über ... den Vorgang der Musterung zu informieren* (Zenker, Katzenkopfpflaster 121; A); *Ein zehn Monate alter Säugling ist per Einschreiben zur Musterung ins Kreiswehrersatzamt Koblenz bestellt worden* (NRZ 17. 7. 1998, Internet; D) – Die Bedeutungen ›genaues Prüfen mit Blicken‹ und ›flächige Verzierung, Ornament‹ sind gemeindt. Vgl. mustern – Dazu: ↗**Eintrittsmusterung** CH

Mutschli CH das; -s, ohne Plur.: **1.** ↗LAIBCHEN A, ↗SEMMEL A D-nordwest/südost, ↗WECKERL A D-südost, ↗BRÖTLI CH, ↗BÜRLI CH, ↗WEGGEN CH, ↗BRÖTCHEN D-nord/mittel, ↗RUNDSTÜCK D-nordwest (bes. Hamburg), ↗SCHRIPPE D-nordost (bes. Berlin), ↗WECKEN D-südwest ›kleines, rundes, meist aus Brotmehl und ↗Hefe hergestelltes Gebäck‹: *Jeder der über 100 Mitarbeiter darf zum Znüni jeweils so viel Wurstwaren konsumieren, wie er will. Die Mutschli dazu muss er selbst bezahlen* (Blick 26. 2. 1997, 7). **2.** /eine Käsesorte/: *Wir verkaufen die Produkte (Milch, Rahm, Bergkäse, Mutschli und Butter) aus unserem biologisch geführten Bauernbetrieb* (Alphütten Kanton BE, 2002, Internet) – Zu 1.: Selten auch in der Form *Mütschli*

Müttergenesungswerk D das; -(e)s, -e: ›Organisation, die sich für die Gesundheit von Müttern einsetzt‹: *So hätten die Burschen ... sogar eine Sammelbüchse des Müttergenesungswerks geklaut* (Straubinger Tagbl 7. 4. 1998, 9)

Mutter-Kind-Pass A der; -es, ...pässe: ↗MUTTERPASS D ›Dokument [für werdende Mütter], das den Verlauf von Schwangerschaft und Geburt sowie Befunde ärztlicher Untersuchungen an Mutter und Kind bis zum 4. Geburtstag enthält‹: *Als die Untersuchungen für den Mutter-Kind-Pass Voraussetzung für Geldleistungen des Staates waren, war die Bereitschaft zu dieser medizinisch höchst notwendigen Vorsorge und Früherkennung von Krankheiten groß* (OÖN 21. 4. 2001, 5) – Dazu: **Mutter-Kind-Pass-Untersuchung**

Mutterpass D der; -es, ...pässe: ↗MUTTER-KIND-PASS A ›Dokument für werdende Mütter, das die Befunde ärztlicher Untersuchungen sowie den Verlauf von Schwangerschaft und Geburt enthält‹: *Gleich bei Ihrem ersten Besuch stellen Arzt oder Hebamme Ihnen einen Mutterpass aus* (Leben 3/2000, 23) – In CH zunehmend, als Wort und als Sache, gebräuchlich

Mutterschaftsgeld D das; -(e)s, -er: ↗WOCHENGELD A ›von der Krankenkasse ausbezahlter Durchschnittslohn für Schwangere bzw. Mütter während des gesetzlich geregelten ↗Mutterschutzes‹: *Steuerfreie Einnahmen wie Mutterschaftsgeld oder Wohngeld werden nicht angerechnet* (Welt 25. 3. 1999, Internet)

Mutterschaftsurlaub CH der; -(e)s, -e (Plur. ungebräuchl.): ↗KARENZ A, ↗KARENZURLAUB A, ↗ELTERNZEIT D, ↗ERZIEHUNGSURLAUB D ›gesetzlich abgesicherte Freistellung von der Arbeit während einer bestimmten Zeitspanne für Mütter nach der Geburt eines Kindes‹: *Zur Streitfrage, wie lange ein ... bezahlter Mutterschaftsurlaub dauern sollte, hat sich der Bundesrat noch nicht festgelegt* (TA 21. 9. 1999, 9) – In D veraltend. Vgl. Urlaub

Mutterschutz A D der; -es, ohne Plur.: ↗SCHWANGERSCHAFTSURLAUB CH D ›gesetzlich verpflichtete Freistellung ohne Zahlung des Lohns und ohne Auflösung des Arbeitsverhältnisses von Müttern ab acht oder zwölf Wochen vor und nach der Geburt, während der sie von der Krankenkasse das ↗Wochengeld beziehen und nicht arbeiten dürfen‹: *Wenn es wirklich passiert, dass vielleicht gleichzeitig zwei, drei Frauen in Mutterschutz oder Karenz gehen, dann könnte der Universitätsbetrieb an solch einem Institut zusammenbrechen* (Stenogr. Protokoll des Nationalrates 13./14. 3. 1996, Internet; A); *Bei Mehrlings- und Frühgeburten verlängert sich der Mutterschutz um vier Wochen* (WDR Service Zeit 5. 3. 2003, Internet; D) – In A statt *Mutterschutz* im informellen Gebrauch fälschlicherweise auch ↗*Karenz* gebräuchlich. Die Bedeutung ›Gesetze zum Schutz berufstätiger werdender Mütter und Wöchnerinnen‹ ist gemeindt. – Dazu: **Mutterschutzbestimmungen**

Mütze CH D die; –, -n: ↗HAUBE A D-süd, ↗KAPPE A-west CH ›Kopfbedeckung aus Wolle oder anderen weichen Materialien, die eng am Kopf anliegt‹: *Mütze, Jacke, Hosen und Schuhe müssen warm geben – da friert keiner auf dem Mountainbike* (Blick 26. 10. 1996, 25; CH); *Er ... schien zu überlegen, ob er die Mütze aufsetzen sollte oder nicht* (Ossowski, Maklerin 28; D); ***eine Mütze [voll] Schlaf** D-nord/mittel (Grenzfall des Standards) ›ein wenig Schlaf‹: *Kameramann Bernd hat alles gegeben und gönnt sich jetzt eine Mütze Schlaf* (ARD-Mittagsmagazin 7. 6. 2000, Internet); ***eins auf die Mütze geben/bekommen/kriegen** D (ohne südwest) (Grenzfall des Standards): ↗DACH: *EINE AUFS DACH GEBEN/BEKOMMEN/KRIEGEN A D-mittelost/südwest; ↗*EINS AUFS DACH GEBEN/BEKOMMEN/KRIEGEN CH D, ↗DECKEL: *EINE AUF DEN DECKEL GEBEN/BEKOMMEN/KRIEGEN A; *EINS AUF DEN DECKEL GEBEN/BEKOMMEN/KRIEGEN CH D, ↗KAPPE: *EINS AUF DIE KAPPE GEBEN/BEKOMMEN/KRIEGEN CH, ↗HUT: *EINS AUF DEN HUT GEBEN/BEKOMMEN/KRIEGEN D-nord, ↗KOPF: *EINS AUF DEN KOPF GEBEN/BEKOMMEN/KRIEGEN D-nordost/südost, ↗ÜBERBRATEN: *JMDM. EINS/EINEN ÜBERBRATEN D (ohne südost) ›eine Zurechtweisung, Niederlage, Abfuhr austeilen bzw. bekommen‹: *Irgendwer muss den hochbezahlten Kickern in den preußischen Farben schwarz-weiß eins auf die Mütze gegeben haben* (Jungle World 16. 6. 1999, Internet) – Das Substantiv *Mütze* ist in A selten – Dazu: ↗**Kochmütze**, ↗**Schirmmütze**

N

na A D-südost Partikel (Grenzfall des Standards): ↗NEE D (ohne südost) ›nein‹: *Und, naa, sagt Haas, das passt da wirklich nicht, und Hader zuckt gutmütig mit den Schultern* (Profil 4. 6. 2000, Internet; A) – Auch in der Form *naa.* Als Gesprächspartikel, z. B. *na, wo bleibst du denn?*, gemeindt.

Nachachtung: *etw. Nachachtung verschaffen CH ›dafür sorgen, dass ein Beschluss, eine Regel o. Ä. befolgt wird‹: *An erster Stelle soll dem fundamentalen Prinzip der Unschuldsvermutung für jeden Angeklagten bis zum Beweis des Gegenteils Nachachtung verschafft werden* (NZZ 31. 10. 1997, 3)

nachbesetzen A sw.V./hat (formell): › für einen Posten einen Nachfolger bzw. eine Nachfolgerin bestimmen; [neu] besetzen‹: *Der bisherige Agrarlandesrat Leopold H. geht in Pension, seine Funktion wird nicht mehr nachbesetzt* (VN 29. 10. 1997, A 3) – Dazu: **Nachbesetzung**

nachdenken (gemeindt.): ↗HIRNEN, ↗KOPFEN

Nachdiplomkurs CH der; -es, -e: ›zusätzliche berufliche Ausbildung für Personen, die bereits über ein ↗[Berufs]diplom verfügen; Weiterbildung‹: *Ergänzend wurde nun mit der Luzerner Hochschule für Technik und Architektur ein Nachdiplomkurs »Projektmanager Bau« entwickelt* (NZZ 29. 6. 2000, 25) – Vgl. Nachdiplomstudium

Nachdiplomstudium CH das; -s, ...studien: ↗AUFBAUSTUDIENGANG D ›zusätzliches, oft berufsbegleitendes Studium für [Fach]hochschulabsolvent(inn)en; Aufbaustudium‹: *Nach dem Biologiestudium an der Uni Basel und einem Nachdiplomstudium im Fach Entwicklungszusammenarbeit an der ETH Zürich hatte sich Annemarie S. zur Entwicklungshelferin ausbilden lassen* (TA 7. 9. 1999, 10) – Vgl. Nachdiplomkurs – Dazu: **Nachdiplomstudiengang, Nachdiplomstudierende**

nachdoppeln CH sw.V./hat: ↗SCHÄUFERL: *[NOCH] EIN SCHÄUFERL NACHLEGEN A, ↗DRAUFSETZEN: *NOCH EINS DRAUFSETZEN CH D, ↗NACHLEGEN D (ohne ost) ›erneut versuchen; [mit Nachdruck] wiederholen; dasselbe betonen‹: *Zum Leserbrief von H. V. möchte ich nachdoppeln. Seine Argumente entsprechen meinem Empfinden* (TA 7. 8. 1999, 19)

Nachdurst D-nordwest/mittelwest der; -(e)s, ohne Plur.: ›Durst nach übermäßigem Alkoholkonsum; Brand‹: *Enträtselt hingegen ist der große Nachdurst, auch »Brand« genannt: der Alkohol stört im Gehirn die Hypophyse* (Landesapothekerverband Baden-Württemberg 2. 2. 2001, Internet)

nachführen CH sw.V./hat: ↗AJOURIEREN A, ↗AJOURNIEREN STIR ›(Verzeichnisse, [Gesetzes]sammlungen und ↗Nachschlagwerke) auf den neuesten Stand bringen; aktualisieren‹: *Die Microsoft-Enzyklopädie* ›*Encarta*‹ *wird seit Jahren nachgeführt* (Brückenbauer 3. 12. 1997, 62) – In A selten, in D selten und formell – Dazu: **Nachführung**

nachgucken nachkucken D (ohne südost) sw.V./hat (Grenzfall des Standards): **1.** ↗NACHSCHAUEN A CH D-südost ›[auf Mängel] untersuchen; kontrollieren, nachsehen‹: *Deutschklausuren nachgucken ist wie Schundliteratur lesen* (Schillergymnasium Münster, 1999, Internet). **2.** ↗NACHSCHAUEN A CH D-südost ›sich über etw. informieren; nachschlagen‹: *Die Bundesbahnmonatskarte zwischen Dortmund und Hamm wird damit deutlich preiswerter, aktuelle Preise bitte selbst nachgucken* (Universität Dortmund 24. 6. 2002, Internet) – Zur Verwendung der Grundbedeutung ›hinterherblicken‹ vgl. gucken

nachher (gemeindt.): ↗HERNACH

nachkucken siehe nachgucken

Nachlass (gemeindt.): ↗VERLASSENSCHAFT

Nachlassstundung CH die; –, -en: ›Frist, die einem/einer in finanziellen Schwierigkeiten stehenden Schuldner(in) von behördlicher Seite gewährt wird, um einen ↗Nachlassvertrag mit dem Gläubiger bzw. den Gläubigern auszuhandeln‹: *Die SAirGroup hat am Donnerstag bei den zuständigen Richtern Gesuche um Nachlassstundung eingereicht* (BAZ 5. 10. 2001, Internet)

Nachlassverfahren CH das; -s, –: ↗AUSGLEICHSVERFAHREN A, ↗VERGLEICHSVERFAHREN D ›Verfahren, das bei drohender Zahlungsunfähigkeit eines Schuldners bzw. einer Schuldnerin den Nachlass zwischen Schuldner(in) und Gläubiger(inne)n regelt, um einen Konkurs zu vermeiden‹: *Das gerichtliche Nachlassverfahren ist ... ein vollstreckungsrecht-*

liches Instrumentarium, welches auf Sanierungen oder zumindest bestmögliche Substanzerhaltung ausgerichtet ist und dem Schuldner die Möglichkeit gibt, eine Minderheit von Gläubigern zu einem Forderungsverzicht zu zwingen (Schweizer Treuhänder 11/1997, Internet)

Nachlassvertrag CH der; -(e)s, ...verträge: ›Vertrag, der bei Zahlungsunfähigkeit eines Schuldners bzw. einer Schuldnerin zwischen diesem/dieser und den Gläubiger(inne)n abgeschlossen wird, den partiellen Erlass der Schulden durch die Gläubiger(innen) beinhaltet und sicherstellt, dass der Schuldner bzw. die Schuldnerin vorläufig die Geschäfte weiterführen kann‹: *Die Mehrheit der Gläubiger für die restlichen 5 Mio. muss einverstanden sein, dem Nachlassvertrag beizutreten und sich mit einer bescheidenen Dividende, etwa 10 % der Forderung, zufriedenzugeben* (Blick 11. 5. 1999, 21)

Nachlassverwalter Nachlassverwalterin der; -s, – bzw. die; –, -nen: **1.** A D; ↗ERBSCHAFTSVERWALTER CH ›gerichtlich bevollmächtigte Person, die einen Nachlass verwaltet‹: *Wie die OÖN berichteten, haben die Nachlassverwalter B.s eine einstweilige Verfügung beantragt, um die Versteigerung zu verhindern* (OÖN 3. 9. 2001, Internet; A); *Der 61-jährige Anwalt ist der Nachlassverwalter des 1994 verstorbenen Kaiserenkels Prinz Louis Ferdinand* (Berliner Ztg 5. 2. 1999, Internet; D). **2.** CH; ↗AUSGLEICHSVERWALTER A, ↗SACHWALTER CH ›gerichtlich beauftragte Person, die ein ↗Nachlassverfahren durchführt‹: *Heute schicken die Nachlassverwalter des FC Sion ihren Bericht ans Gericht. Es ist mit dem Schlimmsten zu rechnen* (Blick 14. 12. 1998, 18)

Nachlauf D-mittelwest der; -s, ohne Plur.: siehe Nachlaufen

Nachlaufen A-ost (bes. Wien) D-mittelwest das; -s, ohne Plur.: ↗FANGERL A-ost D-südost, ↗FANGIS CH, ↗GREIFEN D-nordost, ↗HASCHEN D-ost, ↗KRIEGEN D-nord/mittel, ↗TICK D-nordwest ›Kinderspiel, bei dem ein Kind anderen Kindern nachläuft und sie fangen muss; Fangen‹: *Verstecken und Nachlaufen spielen Monika und Peter lieber im Freien* (Angebote für den Unterricht, 2002, Internet; A-ost); *Polit-Krimi mit Nachlaufen und Versteckspiel* (Welt 17. 1. 2000, Internet; D-mittelwest) – In D-mittelwest auch in der Form *Nachlauf* (der; -s, ohne Plur.)

nachlegen D (ohne ost) sw.V./hat: ↗SCHÄUFERL: *[NOCH] EIN SCHÄUFERL NACHLEGEN A, ↗NACHDOPPELN CH, ↗DRAUFSETZEN: *NOCH EINS DRAUFSETZEN CH D ›eine Konflikt-, Konkurrenzsituation durch eine Äußerung oder Handlung vorantreiben; eine kritische Aussage durch eine weitere Äußerung verstärken‹: *Des »Kaisers« ehemaliger Weggefährte ... legte am Mittwoch nach und ging gar noch weiter* (Passauer Neue Presse 29. 5. 1998, 15) – Die Bedeutung ›nachgeben (von Essen, Holz aufs Feuer etc.)‹ ist gemeindt.

Nachname (gemeindt.): ↗SCHREIBNAME, ↗ZUNAME

Nachprüfung die; –, -en: **1.** CH; ↗NACHTRAGSPRÜFUNG A ›Prüfung, die von einer Schülerin bzw. einem Schüler zu einem späteren Zeitpunkt nachgeholt wird‹: *Grundsätzlich sind alle Prüfungen nachzuholen; in Ausnahmefällen kann die Fachlehrperson von einer Nachprüfung absehen* (Alte Kantonsschule Aarau, 2002, Internet). **2.** A (informell), D; ↗NACHZAPF A, ↗NACHZIPF A, ↗WIEDERHOLUNGSPRÜFUNG A ›Prüfung am Beginn des ↗Schuljahres, mit der eine negative Beurteilung des vergangenen Jahres verbessert werden kann‹: *Die Chancen, eine Nachprüfung zu bestehen, stehen übrigens nicht schlecht: Etwa die Hälfte aller Kandidaten schafft die Hürde* (Presse 28. 6. 2001, Internet; A); *Wird die Nachprüfung bestanden, wird ein Zeugnis mit der Note »ausreichend« im Fach der Nachprüfung ausgestellt* (Rheinisches Berufskolleg 25. 6. 2002, Internet; D) – Die Bedeutung ›Nachforschen; Nachkontrollieren‹ ist gemeindt.

Nachrang A der; -(e)s, ohne Plur.: ↗VORTRITT: *KEIN VORTRITT CH ›Pflicht, an einer Kreuzung oder Einmündung ein anderes herankommendes Fahrzeug durchfahren zu lassen‹: *Wer mit dem Auto eine Wohnstraße verlässt, hat immer Nachrang* (Kurier 6. 9. 1996, 12) – Sekundäre Parallelbildung zu ↗ *Vorrang*, kein verkehrstechnischer Terminus – Dazu: ↗**benachrangt, Nachrangstraße, Nachrangtafel** (↗Tafel)

nachrichtlich D Adj.: ›in Form einer Nachricht, auf einer Nachricht beruhend‹: *Die nachrichtliche Mitteilung dient dazu, eine bestimmte Zielgruppe ... über einen aktuellen, umgrenzten Sachverhalt zu informieren* (Deutsche Forschungsgemeinschaft 19. 8. 2002, Internet)

nachschauen A CH D-südost sw.V./hat: **1.** ↗NACHGUCKEN D (ohne südost) ›[auf Mängel] untersuchen; kontrollieren, nachsehen‹: *Die Deponiepolizisten werden nicht nur den angelieferten Müll ... prüfen, sondern vor allem auch nachschauen, ob die Deponie mit den Plänen übereinstimmt, die genehmigt wurden* (OÖN 16. 12. 1989, 5; A); *»Ich wollte nur nachschauen, ob der Gärtner das Grab gemacht hat, es ist das dort drüben», sagt die Frau und zeigt dabei in die Richtung, wo das Grab ihres Mannes liegt* (St. Galler Tagbl 31. 10. 1998, Internet; CH). **2.** ↗NACHGUCKEN D (ohne südost) ›sich über etw. informieren; nachschlagen‹: *Moment, da muss ich erst einmal im Programm nachschauen», reagiert Nationalratsabgeordneter Manfred S.* (OÖN 6. 10. 1990, 34; A); *Also schleppte ich mich nach beendetem Telefonat von der Couch zum Computer und schaute nach, was er geschrieben hatte* (WoZ

Tagebuch 5. 2. 2002, Internet; CH) – Zur Verwendung der Grundbedeutung ›hinterherblicken‹ vgl. schauen

nachschieben D (ohne mittelost) st.V./hat (salopp): ›(eine Frage oder Mitteilung) hinzufügen; fortfahren‹: *»Außerdem schrumpelt die Haut und wird faltig«, schob Gerd nach* (Hettler, Gerd und Gerda 26)

nachschlagen (gemeindt.): ↗NACHGUCKEN, ↗NACHSCHAUEN

Nachschlagewerk (gemeindt.): ↗NACHSCHLAGWERK

Nachschlagwerk A CH D-süd das; -(e)s, -e: ›Wörterbuch, Lexikon; Nachschlagewerk‹: *Ein Nachschlagwerk für klassische Rezepturen der österreichischen Mehlspeisküche* (Besser Wohnen 11/1997, 50; A); *Grübeln und sich den Kopf zerbrechen ist nicht mehr nötig. Jetzt gibt es das optimale Nachschlagwerk* (Blick 9. 11. 2001, 12; CH) – In D-nord/mittel selten. Das gemeindt. Substantiv *Nachschlagewerk* wird auch in A, CH und D-süd häufiger gebraucht

nachsehen (gemeindt.): ↗NACHGUCKEN, ↗NACHSCHAUEN

Nachspeise A D die; –, -n: ↗DESSERT CH D, ↗NACHTISCH D (ohne südost) ›(meist aus einer süßen Speise oder aus ↗Obst, Käse o. Ä. bestehender) letzter Gang eines Essens‹: *Als Nachspeise hat der Josef vom Konditor in der Wienerstraße frische Erdbeerschnitten spendiert* (Marzik, Mizzi 98; A); *Er schob schnell zwei Löffel Nachspeise in den Mund und erhob sich* (Waldhoff, Grund des Meeres 41; D) – In CH selten

Nachsteuer CH die; –, -n: ↗STEUERNACHZAHLUNG A D ›nachträglich erhobene Steuern bei zu niedrig angesetzter Verfügung durch die ↗Steuerbehörde‹: *Wer bisher nicht versteuerte Vermögen und Einkommen angibt, muss keine Busse, sondern lediglich Nachsteuern samt Verzugszins bezahlen* (Blick 20. 3. 1997, 2) – In D selten

Nacht: *zu Nacht essen CH D-südwest (nur im Inf. und 2. Part.): ↗NACHTMAHLEN A, ↗ABENDESSEN A D (ohne nordost), ↗NACHTESSEN CH D-südwest, ↗ABENDBROT: *ABENDBROT ESSEN D-nord/mittel ›zu Abend essen‹: *Anschliessend wurde zu Nacht gegessen, … es gab Pouletschnitzel mit Pommes Frites und, für uns Schweizer etwas ungewohnt, Salat ohne Sauce* (Badminton Schweiz, 1999, Internet; CH) – Das Substantiv *Nacht* ist in allen anderen Verwendungen gemeindt. Vgl. Nachtessen, Znacht

Nachtbuben CH die; nur Plur.: ›Gruppe männlicher Jugendlicher, die in der Nacht Streiche spielt‹: *In der Weinbergstrasse in Zürich haben Nachtbuben fünf Dolendeckel entfernt* (TA 12. 10. 1998, 13) – Vgl. Bub – Dazu: **Nachtbubenstreich**

Nachtessen A-west (Vbg.) CH D-südwest das; -s, –: ↗NACHTMAHL A, ↗ZNACHT CH, ↗ABENDBROT D-nord/mittel ›Abendessen‹: *Auf acht hat Mama im Salon zum Apéro mit anschliessendem Nachtessen eingeladen* (d'Henri, Frau 14; CH) – Regional auch in A-südost (Ktn.). Vgl. Nacht, nachtessen

nachtessen CH D-südwest (nur im Inf. und im 2. Part.): ↗NACHTMAHLEN A, ↗ABENDESSEN A D (ohne nordost), ↗NACHT: *ZU NACHT ESSEN CH D-südwest, ↗ABENDBROT: *ABENDBROT ESSEN D-nord/mittel ›zu Abend essen‹: *Gehen wir nachtessen?* (Brechbühl, Kneuss 21; CH) – Vgl. Nachtessen, Znacht

nächtigen sw.V./hat: **1.** A CH ›übernachten‹: *Genächtigt wird in den komfortablen, selbstverständlich provenzalisch eingerichteten Zimmern oder Suiten der Hostellerie* (Anima 11/1997, 61; A); *Der Geheimdienstler nächtigte mit B. im Luxushotel* (Sonntagsblick 23. 7. 2000, A 8; CH). **2.** CH D ›die Nacht nicht in einem Bett o. Ä. verbringen (sondern im Freien, z. B. auf einer Parkbank, unter einer Brücke etc.)‹: *Ich … ziehe es vor, draussen in der Wüste zu nächtigen* (Motosport Schweiz 9/2002, Internet; CH); *Auf öffentlichen Straßen, Wegen und Plätzen … untersagt: 1. das Nächtigen, 2. das aggressive und beleidigende Betteln* (Ortspolizeibehörde Pforzheim, 1998, Internet; D) – Zu 1.: In D gehoben – Zu 1.: ↗**Nächtigung** A, **Nächtigungsgeld** A, **Nächtigungsmöglichkeit** A, **Nächtigungszahl** A, **Nächtigungszuwachs** A

Nächtigung A die; –, -en: ↗LOGIERNACHT CH ›Übernachtung in einem Hotel‹: *Ein Tagesskipass sowie Eintritt zum Weltcuprennen sind im Preis von 1.150 Schilling ebenso enthalten wie drei Nächtigungen* (Reisen 6/1997, 79) – Vgl. nächtigen

Nachtisch D (ohne südost) der; -(e)s, ohne Plur.: ↗NACHSPEISE A D, ↗DESSERT CH D ›(meist aus einer süßen Speise oder aus ↗Obst, Käse o. Ä. bestehender) letzter Gang eines Essens‹: *Die Gäste hatten längst ihren Lachs genossen, und das Vanilleeis zum Nachtisch auch, als sich der Sportler des Jahres 1995 auf die italienische Vorspeise stürzte* (Welt 16. 12. 1995, Internet) – In A und CH selten

Nachtkästchen A D-südost das; -s, –: ↗NACHTTISCH CH D ›kleines Möbelstück neben einem Bett‹: *Sie stützte den linken Arm auf die Lehne des Sessels, den ihr Anna als Hilfe zum Aufstehen neben Bett und Nachtkästchen gestellt hatte* (Steinwendtner, Rote Lackn 76; A) – Im Grenzfall des Standards auch in der Form *Nachtkastl* – Dazu: **Nachtkästchenlampe**

Nachtmahl A das; -(e)s, -e/…mähler: ↗NACHTESSEN A-west (Vbg.) CH D-südwest, ↗ZNACHT CH, ↗ABENDBROT D-nord/mittel ›Abendessen‹: *Das Frühstück bestand aus den Resten des Nachtmahls, das wiederum aus allerlei Überbleibseln vom Mittagessen*

bestanden hatte (Rosei, Edgar Allan 16) – Dazu: ↗**nachtmahlen, Nachtmahlzeit**

nachtmahlen A sw.V./hat: ↗ABENDESSEN A D (ohne nordost), ↗NACHT: *ZU NACHT ESSEN CH D-südwest, ↗NACHTESSEN CH D-südwest, ↗ABENDBROT: *ABENDBROT ESSEN D-nord/mittel ›zu Abend essen‹: *Eine Woche Halbpension in einem gutbürgerlichen Gasthof mit vorzüglicher Küche ... die Kleinen logieren, frühstücken und nachtmahlen ... umsonst* (Kurier 19. 4. 1996, 9) – Vgl. Nachtmahl

Nachtragsbudget A das; -s, -s [...by'dʃe:] (Politik): ↗NACHTRAGSKREDIT CH, ↗NACHTRAGSHAUSHALT D STIR ›Haushalt (eines ↗Bundeslandes oder einer Gemeinde), der auf Grund von Mehrausgaben zusätzlich zum bestehenden ↗Budgetvoranschlag erstellt wird‹: *Die Stadt Bregenz werde nicht darum herumkommen, im Nachtragsbudget einen namhaften Betrag für das Theater Kosmos vorzusehen* (VN 2. 2. 2002, D 8) – Vgl. Budget

Nachtragshaushalt D STIR der; -(e)s, -e (Politik): ↗NACHTRAGSBUDGET A, ↗NACHTRAGSKREDIT CH ›Haushalt, der auf Grund von Mehrausgaben zusätzlich zum bestehenden ↗Haushaltsplan erstellt wird‹: *Bundesfinanzminister Hans E. (SPD) hat angesichts verminderter Einnahmen die Vorlage eines Nachtragshaushalts ... angekündigt* (Handelsbl 30. 10. 2002, Internet; D); *Die SVP hat mit dem Nachtragshaushalt vom Juli 1998 drei neue Landessteuern eingeführt* (Dolomiten 22. 7. 1998, 10; STIR)

Nachtragskredit CH der; -(e)s, -e (Politik): ↗NACHTRAGSBUDGET A, ↗NACHTRAGSHAUSHALT D STIR ›Kredit, der auf Grund von Mehrausgaben zusätzlich zum bestehenden ↗Budget benötigt wird‹: *Für die erneute Verstärkung der Nothilfe vor Ort hat der Bundesrat einen Nachtragskredit von 50 Millionen Franken bewilligt* (Blick 24. 6. 1999, 5)

Nachtragsprüfung A die; –, -en (formell): ↗NACHPRÜFUNG CH ›Prüfung, die von einer Schülerin bzw. einem Schüler aus verschiedenen Gründen zu einem späteren Zeitpunkt nachgeholt wird‹: *Meine Tochter ... wurde im ersten Semester wegen ihres Tennisarmes in fünf Gegenständen nicht abgeschlossen. Morgen soll sie eine ... Nachtragsprüfung in Französisch über den Stoff des ersten Semesters absolvieren* (OÖN 27. 5. 1988, 3)

nachtschwarz D-mittelost Adj.: ↗KOHLSCHWARZ A D (ohne nordost/mittelwest), ↗BRANDSCHWARZ CH, ↗PECHRABENSCHWARZ D (ohne südost) ›sehr dunkel; rabenschwarz‹: *Mitten am Tag wird es nachtschwarz über dem bayerischen Wallfahrtsort Altötting* (Focus 40/2000, Internet)

Nachttisch CH D der; -(e)s, -e: ↗NACHTKÄSTCHEN A D-südost ›kleines Möbelstück (als Ablage neben einem Bett)‹: *Ein Tischchen mit zwei Tessinerstühlen vor dem Fenster, ein Nachttisch mit Potchambertürli und Marmorplatte und ein in die Dachschräge eingebauter Schrank machten die ganze Einrichtung aus* (Wyss, Tage 111; CH); *Bald stand sie auf, kramte in ihrem Nachttisch herum, bis sie eine Zigarette fand, und rauchte* (Becker, Bronsteins Kinder 65; D) – In A selten – Dazu: **Nachttischchen, Nachttischlampe**

Nachtzeug D das; -(e)s, -e (Plur. ungebräuchl.): ↗SCHLAFANZUG A D ›bequeme Kleidung zum Schlafen; Pyjama, Nachthemd‹: *Am Freitag ... trafen sich alle 24 Vorschulkinder ausgerüstet mit Luftmatratze, ... Nachtzeug etc.* (Kirchengemeinde St. Georg, Seelscheid 20. 1. 2003, Internet)

Nachzapf A der; -(e)s, -e (salopp, Grenzfall des Standards): ↗NACHZIPF A, ↗WIEDERHOLUNGSPRÜFUNG A, ↗NACHPRÜFUNG A D ›Prüfung am Beginn des ↗Schuljahres, mit der eine negative Beurteilung des vergangenen Jahres verbessert werden kann‹: *Durchgefallen, Nachzapf, rausgeflogen, Schule abgeschlossen und kein Arbeitsplatz und und und* (KPÖ Graz, 2002, Internet)

Nachzipf A der; -(e)s, -e (salopp, Grenzfall des Standards): ↗NACHZAPF A, ↗WIEDERHOLUNGSPRÜFUNG A, ↗NACHPRÜFUNG A D ›Prüfung am Beginn des ↗Schuljahres, mit der eine negative Beurteilung des vergangenen Jahres verbessert werden kann‹: *Getrübte Ferienfreude wird es für mehr als 40.000 Schüler geben, die das Lernziel nicht erreichten und einen »Nachzipf« haben* (Presse 21. 6. 2001, Internet)

Nacken D der; -s, –: ↗AUSGELÖST: *VORDERE AUSGELÖSTE A, ↗HALS CH D (ohne ost), ↗KAMM D ›fettarmes Halsstück vom Rind, das bes. für Suppen verwendet wird; Bug‹: *Zum Kochen eignen sich: Nacken, Brust, Haxe* (Dr. Oetker, Schulkochbuch 100) – Andere Bedeutungen sind gemeindt.

nackert A D-südost Adj. (Grenzfall des Standards): ↗BLUTT CH, ↗NACKICHT D-nord/mittelwest, ↗NACKIG D (ohne südost) ›nackt, bloß‹: *Aber glaubst, dass irgendein Politiker hierher nackert herkommen würde, in die Lobau* (Ivancsics, Mohr 73; A)

nackicht D-nord/mittelwest Adj. (Grenzfall des Standards): ↗NACKERT A D-südost, ↗BLUTT CH, ↗NACKIG D (ohne südost) ›nackt, bloß‹: *Auf den Klos der Abtanzschuppen ziehen sie sich zahnpastatubendicke Koks-Lines rein, wenn sie nicht gerade nackicht neben dem Waschbecken liegen* (Tagesspiegel 15. 4. 1999, Internet)

nackig D (ohne südost) Adj. (Grenzfall des Standards): ↗NACKERT A D-südost, ↗BLUTT CH, ↗NACKICHT D-nord/mittelwest ›nackt, bloß‹: *Nackig oder nicht nackig – das scheint in Berlin jedenfalls weniger ein*

Ost-West-Konflikt, als vielmehr eine Frage des Alters zu sein (Berliner Morgenpost 26. 8. 2001, Internet)

nackt (gemeindt.): ↗BLUTT, ↗NACKERT, ↗NACKICHT, ↗NACKIG

Nadelstreif A der; -s, -e: **1.** ↗NADELSTREIFEN CH D ›Stoffmuster mit schmalen Längsstreifen, die sich deutlich von der Grundfarbe abheben‹: *Margit K. entwarf in Grau gehaltene Anzüge und Kostüme, Klein- und großkariert, Nadelstreif, Lampassen an der Hosennaht und stilisierte Trachtenjanker* (Kleine Ztg 22. 9. 1997, Internet). **2.** ↗NADELSTREIFENANZUG CH D ›Anzug mit schmalen Längsstreifen, die sich deutlich von der Grundfarbe abheben‹: *Jakob Tandler im Nadelstreif, den Stock in der Hand, leicht gebeugt* (Rabinovici, Suche nach M. 56)

Nadelstreifen CH D der; -s, –: ↗NADELSTREIF A ›Stoffmuster mit schmalen Längsstreifen, die sich farblich deutlich von der Grundfarbe abheben‹: *Nadelstreifen lassen auf ein Direktionsmitglied mit Repräsentationspflichten schliessen* (TA 11. 12. 1996, 61; CH); *Hollywoodreife Abendroben wechseln sich mit strengen Nadelstreifen-Kostümen ab* (Rhein-Ztg 17. 7. 2000, Internet; D) – Dazu: ↗**Nadelstreifenanzug, Nadelstreifenhose**

Nadelstreifenanzug CH D der; -(e)s, ...züge: ↗NADELSTREIF A ›Anzug mit schmalen Längsstreifen, die sich deutlich von der Grundfarbe abheben‹: *Er trägt einen alten Nadelstreifenanzug und eine gelbe Krawatte* (P.M., Olten 81; CH); *Dann nimmt er das blütenweiße Hemd und den Nadelstreifenanzug vom Bügel* (Zeit 10. 6. 1999, Internet; D) – In A selten. Vgl. Nadelstreifen

Naderer A der; -s, – (abwertend, Grenzfall des Standards): ›Denunziant, Verräter‹: *Das fehlt uns gerade noch: Müll-Naderer. ... Sollte ein Hausbewohner seinen Müll absichtlich oder unabsichtlich im falschen Behälter deponieren, werden die Nachbarn im Hause angeregt, den Täter zu denunzieren* (Kurier 23. 3. 1992, 22) – Eine weibliche Form ist nicht gebräuchlich. Vgl. vernadern

Nagelknipser (gemeindt.): ↗NAGELZWICKER

nagelneu (gemeindt.): ↗NIGELNAGELNEU

Nagelzwicker A der; -s, –: ›kleines Gerät zum Schneiden der Finger- und Zehennägel; Nagelknipser‹: *Vom Abendkleid bis zur Zahnbürste, vom Anzug bis zum Nagelzwicker, alles »Lebenswichtige« muss mit* (Kurier 15. 6. 1996, Internet)

Nähkästchen: *aus dem Nähkästchen plaudern D (ohne südost) ›etw. Vertrauliches, Privates preisgeben‹: *So, jetzt haben wir genug aus dem Nähkästchen geplaudert* (Onlinespiele 1. 7. 2003, Internet) – In A und CH bekannt, aber selten. Das Substantiv *Nähkästchen* ist in allen anderen Verwendungen gemeindt.

Nahversorger A der; -s, –: ↗QUARTIERLADEN CH ›Lebensmittelgeschäft, das die unmittelbare Umgebung versorgt‹: *Sicher ist, dass neben dem Kaufpark Alt-Erlaa dann ein neues Einkaufszentrum die Funktion des Nahversorgers übernehmen kann* (Trend 11/1997, 123) – Vgl. Nahversorgung

Nahversorgung A die; –, ohne Plur.: ›Versorgung der unmittelbaren Umgebung mit Artikeln des täglichen Gebrauchs und Lebensmitteln (durch ein Geschäft)‹: *Allerdings sollten Verkehrsanbindung, Nahversorgung, Möglichkeiten zur Freizeitgestaltung ebenfalls passen* (VN 29. 10. 1997, Vorarlberg Journal 10) – Vgl. Nahversorger – Dazu: **Nahversorgungsbetrieb, Nahversorgungseinrichtung, Nahversorgungsgesetz**

Näll CH das; -s, –: siehe Nell

Namenaktie CH die; –, -n: ↗NAMENSAKTIE A D ›Aktie, die auf den Namen einer bestimmten Person ausgestellt und im Aktienbuch des Unternehmens eingetragen ist‹: *Gestern Morgen wurde die BSC Young Boys Betriebs AG mit einem Aktienkapital von 500'000 gegründet, gestückelt ist es in 500 Namenaktien à 1000 Franken* (Bund 17. 12. 1999, 3)

Namensaktie A D die; –, -n: ↗NAMENAKTIE CH ›Aktie, die auf den Namen des Inhabers/der Inhaberin ausgestellt und im Aktienbuch des Unternehmens eingetragen ist‹: *Die ... Vereinbarungen sehen vor, dass Baxter von den Mehrheitsaktionären 162.000 Stück Inhaberaktien sowie 870.000 Namensaktien erwirbt* (OÖN 30. 8. 1996, 7; A); *Namensaktien lauten auf den Namen einer bestimmten natürlichen oder juristischen Person* (Stadtsparkasse Schrobenhausen 9. 10. 2001, Internet; D)

Nana LIE die; –, -s (Grenzfall des Standards): ↗OMA A D, ↗GROSI CH, ↗GROSSMAMI CH ›Grossmutter‹: *Wenn das Gespräch der Grosseltern über die Menschen ihres Dorfes ging ..., so strickten beide, ... die Nana am Tisch, der Neni auf dem Kanapee, als Erstes rasch und geschickt deren genealogische Netze* (Sprenger, Dröhnen 145)

Napfkuchen D-nord/mittel der; -s, –: ↗GUGELHUPF A D-süd, ↗GUGELHOPF CH D-südwest, ↗RODONKUCHEN D-mittelwest, ↗TOPFKUCHEN D-nord ›in einer ringförmigen, gewellten Backform gebackener Kuchen aus Rührteig‹: *Zum Kaffee stehen Pfefferkuchen, Mohnkuchen, Napfkuchen oder Hefekuchen ... auf dem Tisch* (Nordkurier-Online, 1999, Internet)

Narrenbein CH das; -(e)s, -e (Grenzfall des Standards): ↗BEIN: *NÄRRISCHE BEIN A, ↗MUSIKKNOCHEN D (ohne ost/südost) ›Stelle am Ellbogen, die bei Stössen einen heftigen, rasch abklingenden Schmerz verursacht‹: *Wegen der mangelnden Polsterung [des nervus ulnaris] ist auch eine Verletzung durch Anschlagen häufig und äussert sich in elektrisierenden in den Vorderarm und den Kleinfinger ausstrahlenden Schmerzen (Narrenbein)* (Schulthess Clinic, Zürich, 1998, Internet)

Narrengilde A D-südost die; –, -n: ›Verein, der im ↗Fasching als Gruppe mit einheitlicher Verkleidung, mit Musik- oder Kabaretteinlagen bei diversen Veranstaltungen auftritt‹: *Die Narrengilde wartete mit einem mitreißenden Pointenfeuerwerk auf* (Kleine Ztg 23. 1. 2000, Internet; A) – Vgl. Faschingsnarr

narrisch (Grenzfall des Standards): **1.** A D-südost Adj.; ↗DAMISCH A D-süd, ↗DEPPERT A D-südost, ↗BEHÄMMERT D (ohne südost), ↗BEKLOPPT D-nord/mittel, ↗BESCHEUERT D (ohne südost) ›nicht ganz bei Verstand; verrückt‹: *»Narrische Männer laufen mehr als genug herum«, bemerkte Klara trocken* (Kneifl, Vorstellung 110; A); ***narrische Schwammerln; *narrische Schwammerln gegessen haben*** siehe Schwammerl; ***narrische Zeit** siehe Zeit. **2.** A D-süd Adj. ›verrückt, begierig nach etw.‹: *Wenn der Himmel blau wird, sind die Leute narrisch auf Autos* (OÖN 20. 3. 1999, 21; A). **3.** A D-südost Adj. ›zornig, wütend‹: *Umzugstermin macht die Knittelfelder narrisch: … Judenburg macht eigenen Umzug und setzt exakt gleichen Termin an – das sorgt für Unmut* (Kleine Ztg 20. 1. 2001, Internet; A). **4.** A D-südost Adv.; ↗ARG A CH D-mittelost/süd, ↗BANNIG D-nord, ↗DOLL D (ohne mittelost/südost), ↗IRRE D (ohne südwest) ›sehr, äußerst‹: *Ich hab' die Leut' einfach narrisch gerne, und die Menschen spüren das* (OÖN 9. 1. 2002, Internet; A)

Nase: *sich [selber] an der Nase nehmen A CH; ***sich an die eigene Nase fassen** D ›den Fehler bei sich selbst suchen‹: *Wir sollten uns da ein wenig an der Nase nehmen* (Kurier 20. 6. 1998, Beilage 2; A); *Ich muss mich auch selber an der Nase nehmen* (Sport 10. 3. 1998, 40; CH); *Die Ministerin kritisiert, dass die Mediziner gegen das Gesetz kämpfen, obwohl sie sich an die eigene Nase fassen müssten* (Welt 18. 12. 1998, Internet; D) – Das Substantiv *Nase* ist in allen anderen Verwendungen gemeindt.

Nasenfahrrad D (ohne südost) das; -(e)s, …räder (scherzh.): ↗NASENVELO CH ›Brille‹: *Brillenschlangen galten als langweilig und spießig. Dabei hatten sie es wirklich nicht leicht, außer dem Kassengestell, das eher die Bezeichnung Nasenfahrrad verdiente, etwas Passendes und Schickes zu finden* (Berliner Morgenpost 30. 6. 2001, Internet)

Nasenschleim (gemeindt.): ↗ROTZ, ↗SCHNODDER

Nasenvelo CH das; -s, -s (scherzh.): ↗NASENFAHRRAD D (ohne südost) ›Brille‹: *Wer Komplexe wegen seinem Nasenvelo hat, sollte sich die Frauen-mit-Brillen-Seite anschauen* (Blick 15. 2. 2001, 29)

Nastuch CH das; -(e)s, …tücher: ↗SACKTUCH A D-süd LIE, ↗SCHNÄUZTUCH A D-südost, ↗SCHNUPFTUCH D-mittelost ›Taschentuch‹: *Wäsche, Hemden, Nastücher, alles hier in logischer Reihenfolge fein säuberlich aufgestapelt* (Heimann, Lisi 12)

Natel CH das; -s, -s ⟨zusammengezogen aus *Nationales Autotelefon*⟩ (Kurzwort, Wz.): ›Mobiltelefon; Handy‹: *Ohne Agenda, Telefonbeantworter, Natel, langfristige Reservationen, Auto verlierst du zu viel Zeit* (P.M., Olten 6) – Dazu: **Natelantenne, Natelnummer**

Nati CH die; –, -s ['natsi] (Plur. ungebräuchl., Kurzwort): ↗NATIONALTEAM A, ↗TEAM A ›Nationalmannschaft‹: *Wie wir alle wünscht ihr euch nichts sehnlicher als eine Nati, die das Beste vereint, was der Schweizer Fussball heute zu bieten hat* (Blick 8. 8. 1997, 17) – Dazu: **Fussballnati, Handball-Nati**

Nati-Coach siehe Nationalcoach

Nationalbank A CH die; –, ohne Plur.: ↗BUNDESBANK D ›zentrale Notenbank in Österreich bzw. in der Schweiz‹: *Plangemäß liefen die Umstellungen für 2000 auch in der Oesterreichischen Nationalbank und in der Europäischen Zentralbank* (Presse 3. 1. 2000, Internet; A); *Die Nationalbank soll … in der Verfassung dazu verpflichtet werden, … ausreichende Währungsreserven – darunter auch Gold – zu halten* (Bundesbehörden der Schweiz. Eidgenossenschaft, 1998, Internet; CH) – Abk. in A OeNB, in CH SNB – Dazu: **Nationalbankgesetz, Nationalbankpräsident(in)**

Nationalcoach CH der; -/-s, -s […kɔʊtʃ]: ↗TEAMCHEF A D, ↗NATIONALTRAINER CH BELG LUX, ↗BUNDESTRAINER D ›Trainer der Nationalmannschaft (im Fussball, Handball, Eishockey, Volleyball etc.)‹: *Für die Mannschaft von Nationalcoach Gilbert G. geht es am Mittwoch in Lausanne gegen Italien um die Qualifikation für die Europameisterschaft 2000* (Facts 3. 6. 1999, 134) – Auch in der Kurzform *Nati-Coach* gebräuchlich. Eine weibliche Form ist nicht gebräuchlich – Dazu: **Eishockey-Nationalcoach, Fussball-Nationalcoach, Handball-Nationalcoach**

Nationalhymne (gemeindt.): ↗BUNDESHYMNE, ↗LANDESHYMNE

Nationalliga CH die; –, …ligen: ↗STAATSLIGA A, ↗BUNDESLIGA A D, ↗SERIE STIR ›Verband aller schweizerischen Spitzenclubs einer Mannschaftssportart‹: *Der Kontrollausschuss der Nationalliga hat am Dienstag 17 von 21 Nationalliga-Klubs die Lizenz für die nächste Saison in Aussicht gestellt* (TA 27. 5. 1998, 55) – Die höchste Spielklasse einer Mannschaftssportart heisst *Nationalliga A* (Abk. NLA), die zweithöchste *Nationalliga B* (Abk. NLB). In einigen Sportarten gibt es auch eine *Nationalliga C* und *Nationalliga D.* Im Fussball zu *Super League* und *Challenge League* umbenannt – Dazu: **Nationalliga-A-Club, Nationalliga-A-Spiel, Nationalliga-A-Verein, Nationalligaspiel, NLA-Mannschaft**

Nationalmannschaft (gemeindt.): ↗Nati, ↗Nationalteam, ↗Team

Nationalrat A CH: **1.** der; -(e)s, ohne Plur.: ↗Kammer: *grosse Kammer CH, ↗Bundestag D, ↗Landtag LIE, ↗Abgeordnetenkammer STIR ›erste ↗Kammer des österreichischen bzw. schweizerischen Parlaments, zusammengesetzt nach dem prozentualen Anteil jedes ↗Bundeslandes bzw. ↗Kantons an der Gesamtbevölkerung; Volksvertretung‹: *Tatsächlich verpflichtet ein erfolgreiches Volksbegehren (mit mehr als 100.000 Unterschriften) die Volksvertreter lediglich, den Inhalt des Begehrens im Nationalrat zu behandeln* (Presse 23. 9. 1997, 6; A); *Der Nationalrat umfasst die Abgeordneten des gesamten Schweizervolkes, der Ständerat wird von je zwei Vertretern jedes Kantons gebildet* (Zürcher Bürgerbuch 34; CH). **2. Nationalrat Nationalrätin** der; -(e)s, ...räte bzw. die; –, -nen; ↗Abgeordnete: *Abgeordnete zum Nationalrat A, ↗Nationalratsabgeordnete A, ↗Bundestagsabgeordnete D ›Mitglied des Nationalrates (Bed. 1)‹: *Freie Sitze finden sich dennoch im Plenarsaal, obwohl alle 183 Nationalräte anwesend sind* (Presse 30. 10. 1999, Internet; A); *In seiner Antrittsrede rief der Obwaldner Nationalrat die Delegierten zu »Vertrauen in die Zukunft« auf* (BeZ 20. 1. 1997, 1; CH) – Abk. NR. Zu 1 vgl. Bundesversammlung, Ständerat – Zu 1.: ↗**nationalrätlich** CH, ↗**Nationalratsabgeordnete** A, **Nationalratsfraktion** (↗Fraktion) CH, **Nationalratsliste, Nationalratsmandat, Nationalratssaal** CH, **Nationalratssitz** CH, **Nationalratswahl**

nationalrätlich CH Adj.: ›zum ↗Nationalrat gehörend; vom ↗Nationalrat ausgehend‹ (häufig in der Wendung *nationalrätliche ↗Kommission*): *Als langjährige, entschlussfreudige Geschäftsfrau habe ich freilich mit dem nationalrätlichen Ritual einige Mühe. Ich fragte mich manchmal: Für wen wird da so lange geredet?* (Blick 6. 3. 1999, 13)

Nationalratsabgeordnete A der/die; -n, -n: ↗Abgeordnete: *Abgeordnete zum Nationalrat A, ↗Nationalrat A CH, ↗Bundestagsabgeordnete D ›↗Abgeordnete der ersten ↗Kammer des Parlaments‹: *Die steirischen Nationalratsabgeordneten würden »nicht mehr für alles zu haben sein«, sondern hätten Auftrag, auf Bundesebene zuerst die Anliegen des Landes wahrzunehmen* (Kleine Ztg 19. 4. 1998, 8) – Abk. ↗NRAbg.

Nationalstrasse CH die; –, -n: ↗Bundesstraße A D, ↗Staatsstraße LUX STIR ›Strasse für den weiträumigen Verkehr, für deren Bau und Erhalt der Bund zuständig ist‹: *Die Verkehrskommission des Ständerates will Druck auf den Bundesrat machen, damit »die Finanzierung der Unterhaltsarbeiten an den Nationalstrassen sichergestellt wird«* (Blick 18. 7. 1996, 7) – *Nationalstrassen* sind meist Autobahnen und Autostrassen. Vgl. Kantonsstrasse – Dazu: **Nationalstrassenbau, Nationalstrassengesetz, Nationalstrassennetz, Nationalstrassenunterhalt**

Nationalteam A das; -s, -s [...ti:m] (Sport): ↗Team A ↗Nati CH ›Nationalmannschaft‹: *Das Nationalteam für die »Österreich-Rundfahrt« steht!* (Kleine Ztg 30. 5. 2000, Internet) – In CH und D selten

Nationaltrainer Nationaltrainerin CH BELG LUX der; -s, – bzw. die; –, -nen [...trɛ:nər]: ↗Teamchef A D, ↗Nationalcoach CH, ↗Bundestrainer D ›Trainer(in) der Nationalmannschaft (im Fußball, Handball, Eishockey, Volleyball etc.)‹: *Was Shakespeares Tragödien ... mit Eishockey zu tun haben – Nationaltrainer Ralph Krueger (38) verrät es Ihnen im grossen TELE-Interview* (Tele 17/1998, Internet; CH); *Nationaltrainer Waseige sagt klipp und klar: ... wenn Goor noch länger auf der Bank sitzt, ist das ein echtes Problem* (Skynet Belgacom 5. 10. 2001, Internet; BELG); *Die Klasse des nur 1,68 m großen Spielgestalters hatte auch bald der Nationaltrainer erkannt* (Revue 6. 11. 2002, Internet; LUX) – Dazu: **Eishockey-Nationaltrainer(in), Fussball-Nationaltrainer(in)** CH **Fußball-Nationaltrainer(in)** BELG LUX, **Handball-Nationaltrainer(in)**

Nationalturnen CH das; -s, ohne Plur.: ›sportlicher Wettkampf, der aus mehreren, als typisch schweizerisch betrachteten Disziplinen besteht‹: *Wie die besten Kunstturnerinnen- und Kunstturner, wie die Könige der Leichtathletik im Zehnkampf, die schlanken Girls in der Sportgymnastik und die starken Mannen im Nationalturnen, kämpften auch die Kleinsten um den Turnfestsieg in den entsprechenden Kategorien* (Blick 24. 6. 1996, 24) – Die Anzahl und Zusammensetzung der Disziplinen ist nicht bei jedem Wettkampf gleich. Es können dazugehören: Steinheben, Steinstossen, Lauf, Bodenübung, ↗Hochweitsprung, ↗Schwingen und Ringen – Dazu: **Nationalturner(in), Nationalturntag**

Naturalpreis CH der; -es, -e: ↗Sachpreis A D ›Preis, der nicht in Form von Geld ausbezahlt wird‹: *Zu gewinnen sind Naturalpreise im Wert von total 10'000 Franken* (Bund 23. 2. 1998, 20)

Naturkost D die; –, ohne Plur.: ›Lebensmittel aus ökologischer Produktion; Bioprodukt‹: *Dass sich Biolebensmittel und Kosmetik nicht mehr nur in kleinen Naturkostläden und Reformhäusern verkaufen, wissen*

auch die Organisatoren der BioFach, der weltweit größten Messe für Naturkost und Naturwaren (TAZ 8. 2. 2002, Internet) – Dazu: **Naturkostladen, Naturkostprodukt**

Naturstrasse CH die; –, -n: ›nicht asphaltierte Strasse‹: *Im Rahmen des normalen Strassenbauprogrammes sind die Hartbelagsstrassen überholt und die Naturstrassen gepflegt worden* (St. Galler Tagbl 28. 5. 1997, Internet)

Nauen CH der; -s, –: ↗PLÄTTE A D-südost, ↗ZILLE A-mitte/ost D-mittelost, ↗LEDISCHIFF CH, ↗KAHN D ›grosses, flaches Lastschiff (auf dem Vierwaldstättersee und dem Zugersee)‹: *Bei solcher Wetterlage ist wohl der Tell, falls wahr, aus dem schwankenden Nauen auf die Platte gesprungen* (Schmidt, Wanderung 45)

NAW siehe Notarztwagen

Neapolitanerschnitten A die; nur Plur. ⟨nach der neapolitanischen Herkunft des Rezepts⟩: ›[mit Schokolade überzogene] Süßigkeit aus mehreren übereinander gelegten, mit Schokolade gefüllten Waffelschichten‹: *SPAR Neapolitanerschnitten 210gr Pkg* (Firma Sparmarkt Prosenbauer, 2002, Internet) – Vgl. Schnitte

nebenberuflich (gemeindt.): ↗TEILAMTLICH

Nebenkosten CH D die; nur Plur.: ↗BETRIEBSKOSTEN A D ›neben der Wohnungsmiete an den Vermieter bzw. die Vermieterin zu bezahlende laufende Kosten‹ (häufig in den Wendungen *mit/inklusive/exklusive/ohne/zuzüglich Nebenkosten*): *Seine Einzimmerwohnung kostete Fr. 280.- plus Nebenkosten* (Walter, Beton zu Gras 50; CH); *Kaltmiete DM 5500 mtl. inkl. Nebenkosten* (FAZ 10. 10. 1997, 64; D) – Abk. NK. Andere Bedeutungen sind gemeindt. Vgl. Warmmiete

Nebenwohnsitz A D der; -es, -e: ›zusätzlich zum ↗Hauptwohnsitz gewählter Wohnsitz, an dem sich eine Person nur zeitweise aufhält; Zweitwohnsitz‹: *Ein »City-Bag« mit Gutscheinen im Wert von mehr als 5000 Schilling … ist das Willkommens-Paket der Stadt Graz für alle, die bis zum 15. Mai, dem Stichtag der Volkszählung, ihren Nebenwohnsitz in Graz auf ihren Hauptwohnsitz ummelden* (Stadt Graz, 2002, Internet; A); *Der angemeldete Nebenwohnsitz wird dem Einwohnermeldeamt Ihres Hauptwohnsitzes behördenintern mitgeteilt* (Verbandsgemeinde Saarburg 1. 1. 2003, Internet; D)

nebst CH Präp. mit Dat.: ›ausser; zusätzlich zu‹: *So hatte Teresa wieder für die Zigarrenfabrik in Brissago in Heimarbeit Zigarren verfertigt – nebst aller andern Arbeit im Haus und auf dem Feld* (Kauer, Spätholz 18) – In A und D veraltend. Vgl. danebst

Necessaire das; -s, -s [nesɛˈsɛːɐ̯ A D-südost, ˈnesɛsɛːr CH] ⟨aus frz. *nécessaire* ›das Nötige‹⟩: **1.** CH D-südost; ↗TOILETTETASCHE A, ↗KULTURBEUTEL D, ↗WASCHBEUTEL D, ↗KULTURTASCHE D-nord/mittel ›Tasche [mit Fächern] für die Aufbewahrung von Mitteln und Gegenständen zur Körperpflege; Toilettentasche‹: *Drei Modefachfrauen haben für drei Wochen Südfrankreich gepackt, drei Bücher, vier Paar Schuhe, Badetuch, Necessaire und Schminkutensilien inklusive* (Sonntagsztg 5. 7. 1998, 92; CH). **2.** A ›[verführerische] Damenunterwäsche aus edlen Materialien; Dessous‹: *Isaac Mizrahi brachte Transparenz ins Spiel, Azzedine Alaa mit einer Glamour-Handtasche und einem Panther-Necessaire* (Kurier 8. 5. 1996, 20) – Zu 1.: Auch in der Schreibung *Nécessaire*. In A selten. Die Bedeutung ›kleiner Behälter für Nähzeug oder Instrumente zur Nagelpflege‹ ist gemeindt.

nee D (ohne südost) Partikel (Grenzfall des Standards): ↗NA A D-südost ›nein‹: *»Nee«, sagte ich und schüttelte heftig den Kopf* (Schnurre, Schnurren 8)

Negativsteuer A die; –, -n: ›Steuergutschrift, die bei geringen Einkünften vom ↗Finanzamt ausgezahlt wird‹: *Die Bedingung der Sozialdemokraten: Wer einen so geringen Lohn hat, dass er den erhöhten Absetzbetrag nicht lukrieren kann, weil er gar nicht so viel Steuern zahlt, soll eine Negativsteuer vom Staat ausbezahlt bekommen* (Kurier 13. 1. 1999, 2)

Negerkuss D der; -es, …küsse: ↗SCHWEDENBOMBE A, ↗MOHRENKOPF A-west (Vbg.) CH D (ohne nordwest), ↗SCHOKOKUSS D-mittelwest/südwest ›mit Schokolade überzogenes Schaumgebäck auf Waffelboden‹: *Die Mutter notierte sich streng Diätvorschriften und aß Erdbeertorte, Schlagsahne, Negerküsse … und Cracker* (Fichte, Geschichte 81)

nehmen: *etw./jmdn. auf die Schaufel nehmen A; ***etw./jmdn. auf die Schippe nehmen** CH D (ohne südost) (Grenzfall des Standards) ›etw. zum Ziel des Spottes machen; jmdn. zum Narren halten; verspotten‹: *Er kannte sich gleich aus, wie's gemeint war, als da unter anderem das weltberühmte »Kufsteiner Lied« oder die ach so schöne Hymne »Vorarlberg« anständig auf die Schaufel genommen wurden* (Tirolerin 2/2000, 123; A); *Viktor Giacobbo hat in seinem »Spätprogramm« den eigenen Fernsehsender auf die Schippe genommen* (Sonntagsztg 19. 11. 2000, 3; CH); *… werden so von der siebenköpfigen Schülergruppe auch … Talkshows und die aktuelle deutsche Popkultur auf die Schippe genommen und kritisch durchleuchtet* (TAZ Bremen 6. 10. 2000, Internet; D) – Das Verb *nehmen* ist in allen anderen Bedeutungen gemeindt.

Nehni siehe Neni

nein (gemeindt.): ↗NA, ↗NEE

-nektar A D der; -s, -e (Plur. ungebräuchl., produktives Grundwort in Zus.): ›Getränk aus gepressten

↗Früchten mit Wasser- und Zuckerzusatz‹, z. B. Birnennektar, Kirschnektar, Marillennektar (↗Marille) A, Orangennektar (↗Orange), Pfirsichnektar, Traubennektar: *Neben dem traditionellen Most gibt es für die dem Alkohol nicht ganz so zugeneigten Gäste auch Pfirsich- und Birnennektar sowie Apfelsaft* (Kleine Ztg 24. 7. 1997, Internet; A); *Das Ergebnis ist ein Sauerkirsch-Nektar der Spitzenklasse, hocharomatisch, feinfruchtig und angenehm säuerlich* (Schütz Fruchtsaft 16. 8. 2001, Internet; D) – In CH nur in der Simplexform *Nektar* bzw. in der Zus. *Fruchtnektar* gebräuchlich

Nẹll A-west CH das; -s, -e: ›zweithöchste Trumpfkarte beim ↗Jass‹: *As, König, Ober, Unter, Banner, Neun, das bei Trumpf zum Nell wird und dann an zweiter Stelle hinter dem Trumpfbauer sticht* (Späth, Unschlecht 14; CH) – In CH selten auch in der Schreibung *Näll.* Vgl. Neun, Neuner

Ne̱ni LIE der; -s, -s (Grenzfall des Standards): ↗ÄHNE A-west (Vbg.), ↗OPA A D, ↗GROSSÄTTI CH, ↗GROSSPAPI CH, ↗EHNI LIE ›Grossvater‹: *Es hatte auch nicht viel genützt damals, als Mutter, Gotta und Neni den Baum fällten, in dessen Krone mein Bruder sass und sich weigerte, herunterzusteigen* (Nigg, Baumfällungen 225) – Auch in der Schreibung *Nehni*

Nẹpp A D der; -s, ohne Plur. (abwertend, Grenzfall des Standards): ↗ABRISS CH, ↗ABZOCKEREI CH D ›unverschämt hohe Preisforderung‹: *1000 Schilling Spesen für das Wechseln von 700 Dollar, das ist Touristennepp in Reinkultur* (OÖN 10. 6. 2000, 26; A); *Aus seiner Zeit in der Sitte wusste Thann, dass es seit Jahren gängige Praxis war, die einheimische Zuhälterszene ungeschoren zu lassen, solange es keine Beschwerden wegen Nepps … gab* (Eckert, Erbe 52; D) – Dazu: ↗**neppen** A D, ↗**Nepper(in), Nepperei, Nepplokal** D, **Neppreis** D

nẹppen A D sw.V./hat (abwertend, Grenzfall des Standards): ↗ABZOCKEN CH D ›überhöhte Preise verlangen; betrügen‹: *Wir PensionistInnen lassen uns nicht weiter neppen: Eine Pensionsanpassung von 1,6 Prozent bei einer Teuerung von 2,9 Prozent vorzuschlagen, das ist ein Schandangebot* (ÖGB News 15. 10. 2001, Internet; A); *Die deutschen Lebensversicherer neppen ihre Kunden schon seit Jahren mit unklaren Vertragsklauseln* (NDR 14. 5. 2001, Internet; D) – Vgl. Nepp

Nẹpper Nẹpperin A D (ohne mittelost) der; -s, – bzw. die; –, -nen ⟨aus rotwelsch *Nepper* ›Gauner, der mit unechten Ringen oder Uhren betrügt‹⟩ (abwertend, salopp): ↗ABREISSER CH, ↗ABZOCKER CH D ›Person, die andere um ihr Geld bringt oder überhöhte Preise nimmt; Betrüger(in)‹: *Die Unternehmer pauschal als Ausbeuter und Nepper darzustellen, sei eine Geschäftsschädigung sowie eine vorsätzliche Rufschädigung* (SN 7. 8. 1997, Internet; A); *Jetzt geht's Neppern an den Kragen! Ab Montag nennen der Berliner Kurier und RTL … Abzocker beim Namen* (Berliner Ztg 7. 6. 1997, Internet; D) – Vgl. neppen

nẹrvig D Adj. (Grenzfall des Standards): ↗SEKKANT A D-südost ›auf unangenehme Art störend; lästig, nervtötend‹: *Nervig sind die kleinen technischen Probleme* (Berliner Ztg 9. 10. 1999, Internet) – In CH selten

Nẹst das; -(e)s, -er: **1.** CH D (ohne mittelost) (salopp); ↗KISTE D (ohne nordost/südwest), ↗MOLLE D-mittelost ›Bett‹: *Soll sie ins Nest mit wem sie will und nachher dreimal tief schnaufen* (Heimann, Lisi 17; CH); *Wenn man die Kinder nicht aus dem Nest herauskriegt, muss man ihnen das Nest wegnehmen* (Stadt Germering 13. 8. 2002, Internet; D). **2.** D-süd; ↗BÜRZI CH, ↗DUTT D ›Haarknoten‹: *Die Haare wurden streng zurückgekämmt … und später zum Nest oder Knoten gefasst und mit einem Samtstirnband gehalten* (Fellbacher Ztg 19. 2. 1985, Internet) – Andere Bedeutungen sind gemeindt.

Nettomiete (gemeindt.): ↗KALTMIETE

Netz: *durch das Netz fallen (gemeindt.): ↗ROST: *DURCH DEN ROST FALLEN

Nẹtzli CH das; -s, –: ›Verpackung aus einem Netz (für ↗Früchte und Gemüse)‹: *Clementinen aus Spanien, Netzli à 2 kg* (Brückenbauer 3. 12. 1997, 6)

Neubau (gemeindt.): ↗NEUBAUTE

Ne̱u̱baugebiet D das; -(e)s, -e: ›aus Neubauten bestehendes bzw. für Neubauten vorgesehenes Gebiet‹: *Vergibt die Gemeinde ein Neubaugebiet komplett an einen Bauträger …, befreit sie sich damit weitgehend von den Erschließungskosten* (Pfeifer, Hausbau 162)

Ne̱u̱baute CH die; –, -n: ›neu errichtetes Gebäude; Neubau‹: *Vor Baubeginn ist von einem Statiker der Nachweis zu erbringen, dass durch die Neubaute keine negativen Auswirkungen für die darunterliegende Bauten des Miteigentums entstehen* (Bruggenmatt Bonstetten, 2002, Internet) – Vgl. Baute

Ne̱u̱bürger Ne̱u̱bürgerin der; -s, – bzw. die; –, -nen: **1.** D; ↗ZUGEREISTE A D (ohne mittelost), ↗ZUZÜGLER A D-ost/südwest, ↗NEUZUZÜGER CH, ↗ZUZÜGER CH, ↗REINGESCHMECKTE D-süd ›Person, die sich in einer Gemeinde niederlässt; Zugezogene(r)‹: *Mit dem Regierungs- und Parlamentsumzug von Bonn nach Berlin erwartet auch Brandenburg Neubürger aus dem Rheinland* (Welt 3. 7. 1999, Internet). **2.** A D; ↗ZUGEREISTE A, ↗ZUZÜGLER A ›Person ausländischer Herkunft, die sich in einer Gemeinde niederlässt‹: *Um Wels für diese und weitere Neubürger auch ohne mehrmaligen Stadtbummel rasch durchsichtig zu machen, haben Magistrat und*

Fremdenverkehrsamt daher schon beizeiten einen Leitfaden für »Zuagroaste« herausgebracht (OÖN 26. 3. 1987, 26; A); *Deshalb müsse Deutschland, wenn es sich als Einwanderungsland verstehe, Neubürger auch mit einer Einbürgerungsfeier begrüßen* (Welt 27. 11. 2000, Internet; D). **3.** CH ›neu in einer Gemeinde eingebürgerte Person (Schweizer(in) oder Ausländer(in))‹: *Einbürgerung gefeiert: 181 Neubürger erhalten an der Neubürgerfeier den St. Galler Bürgerbrief* (St. Galler Tagbl 6. 12. 1997, Internet) – Zu 3.: **Neubürgerfeier**

neuerdings A D-südost Adv.: ↗NEUERLICH A ›nochmals, erneut, wiederum‹: *Nun, ich wollte Allan am Quadri auflauern, ihn neuerdings verfolgen* (Rosei, Edgar Allan 77; A) – In D-nord/mittel veraltend. Die Bedeutung ›seit kurzem, im Unterschied zu früher‹ ist gemeindt.

neuerlich A Adj.: ↗NEUERDINGS A D-südost ›erneut, wieder‹: *Beim Schließen der Autotür hielt Michael mit der anderen Hand einen neuerlichen Brechreiz zurück* (Steinwendtner, Rote Lackn 61) – In CH und D selten

Neugewürz A das; -es, ohne Plur.: ›Piment, Nelkenpfeffer‹: *Fleisch mit Salz, Pfeffer, Neugewürz, Senf bestreichen, in Margarine anbraten ..., mit Most ablöschen und mit Rindsuppe aufgießen* (OÖN 8. 7. 1999, Internet)

neugierig (gemeindt.): ↗GWUNDERIG, ↗WUNDERFITZIG

Neulenker Neulenkerin CH der; -s, – bzw. die; –, -nen: ↗FAHRANFÄNGER A D, ↗FÜHRERSCHEINNEULING A D ›Person, die erst kurze Zeit im Besitz des ↗Führerausweises ist‹: *In der City zur Stosszeit, wenn aus allen Richtungen die Autos, Busse und Lastzüge drängeln und auch noch Radfahrer und Fussgänger herumwuseln, verlieren Neulenker schnell die Orientierung* (TA 11. 5. 1999, 79) – Vgl. Lenker

Neun CH D (ohne südost) die; –, -en: ↗NEUNER A CH D-süd ›Zeichen für die Ziffer 9; Nummer (auf einer Liste o. Ä.); Verkehrslinie; Spielkartenwert‹: *In der Folge kann ein Achter oder ein Ober, ebenfalls von gleicher Farbe, neben die Neun oder den »Under« gelegt werden* (Jassonkel, 2002, Internet; CH); *Suche immer alte Spielkarten ... Bitte nennen Sie mir bei Angeboten den ... Hersteller (meist auf Herz Neun, Pik Bube)* (Sammlerpage 10. 12. 2002, Internet; D) – Vgl. den Kommentarteil zu ↗Eins. Zur Spielkarte vgl. Nell. Im Ggs. zum Substantiv *die Neun* ist das kleingeschriebene Zahlwort *neun,* z.B. *sie ist neun [Jahre alt],* gemeindt.

Neuner A CH D-süd der; -s, –: ↗NEUN CH D (ohne südost) ›Zeichen für die Ziffer 9; Nummer (auf einer Liste o. Ä.); Verkehrslinie; Spielkartenwert; Jahrgang [20]09‹: *Der 9. 9. 99 ist ebenfalls ein kritisches Datum, da oft von den Programmierern der Begriff »unbegrenzt« durch lauter Neuner im Datumfeld symbolisiert wurde* (Österreichischer Städtebund, 1999, Internet; A); *Der Liechtensteiner spielte mit viel Risiko und erreichte einen Neuner* (Blick 24. 11. 2000, 23; CH) – Vgl. den Kommentarteil zu ↗Einser. Zur Spielkarte vgl. Nell. Zur Verwendung des kleingeschriebenen Zahlwortes *neun,* z.B. *sie ist neun [Jahre alt],* siehe Neun

neunmalklug D (ohne südost) Adj. (abwertend, scherzh.): ↗OBERGESCHEIT A, ↗SIEBENGESCHEIT A D-südost, ↗OBERSCHLAU D-nord/mittel ›besserwisserisch‹: *Jedenfalls meinen neunmalkluge Experten einen weiter westlich (wohl um Fulda) gesprochenen Dialekt ... zu erkennen* (Tagesspiegel 1. 9. 2001, Internet) – Dazu: ↗**Neunmalkluge** D-nord/mittel

Neunmalkluge D-nord/mittel der/die; -n, -n (abwertend, scherzh.): ↗OBERGESCHEITE A, ↗KLUGSCHEIßER D, ↗GESCHEITMEIER D-südost, ↗KLUGSCHNACKER D-nord ›Besserwisser(in)‹: *Kollegen, die über Leichen gehen, gibt es hier nicht, allenfalls ein paar Neunmalkluge* (Zeit 21. 3. 2002, Internet) – Vgl. neunmalklug

Neuntel der/das; -s, –: in A und D Neutrum, in CH Maskulinum, selten auch Neutrum: *Die Erlöse betragen ... nur rund ein Neuntel des Umsatzes der gesamten Flughafen GmbH* (OÖN 13. 2. 1999, 13; A); *Die Schweiz bezahlt einen Neuntel des Budgets und verfügt demgemäss über einen Neuntel der Sendezeit* (Wintersession 1995 des Nationalrats, 2003, Internet; CH); *Nur ein Neuntel der ... Beschäftigten unterstützt die Arbeitsniederlegungen* (Welt 18. 6. 2002, Internet; D)

Neunzig CH D (ohne südost) die; –, -en: siehe Zwanzig

Neunziger A CH D-süd der; -s, –: siehe Zwanziger

Neunzigste CH D der; -n, -n: siehe Zwanzigste

Neuruppin (gemeindt.): ↗FONTANESTADT

Neuzuzüger Neuzuzügerin CH der; -s, – bzw. die; –, -nen: ↗ZUGEREISTE A D (ohne mittelost), ↗ZUZÜGLER A D-ost/südwest, ↗ZUZÜGER CH, ↗NEUBÜRGER D, ↗REINGESCHMECKTE D-süd ›Person, die sich neu in einer Gemeinde niedergelassen hat; Zugezogene(r)‹: *Crans-Montana freut sich über Neuzuzüger Roger Moore* (Blick 30. 12. 1996, 9)

Nichtabstieg (gemeindt.): ↗KLASSENERHALT, ↗KLASSENVERBLEIB, ↗LIGAERHALT

Nichteinbringungsfall: *im Nichteinbringungsfall A (Recht) ›im Fall der Zahlungsunfähigkeit‹: *Im Nichteinbringungsfall kann bei einem Finanzstrafverfahren ... eine Freiheitsstrafe von maximal einem Jahr verhängt werden* (Trend 11/1996, Internet)

Nichteintreten CH das; -s, ohne Plur.: **1.** ›Nichtbehandlung eines Erlassentwurfs durch eine Parlamentskammer (auf Antrag aus den eigenen Reihen oder durch die Regierung)‹: *Die Bundesratsvorlage zur Volksrechtsreform ist vom Tisch. Stillschweigend hat sich der Ständerat am Montag dem Nichteintreten des Nationalrates angeschlossen* (TA 31. 8. 1999, 8). **2.** ›Weigerung eines Gerichtes oder einer Behörde, auf eine Klage oder ein ↗Gesuch einzutreten‹: *Per Dringlichkeitsrecht in Kraft gesetzt werden sollte ... das Nichteintreten auf Asylgesuche papierloser Personen sowie Kriminaltouristen* (Bund 2. 5. 1998, 14) – Andere Bedeutungen sind gemeindt. Vgl. eintreten – Zu 1.: **Nichteintretensantrag, Nichteintretensbeschluss**. Zu 1. und 2.: **Nichteintretensentscheid** (↗Entscheid)

nichts (gemeindt.): ↗NIX

Nidel CH der/die; -s/-, ohne Plur. (Grenzfall des Standards): **1.** ↗OBERS A-ost, ↗RAHM A CH D (ohne nordwest), ↗SAHNE D (ohne südost), ↗SCHMANT D-mittelost ›oben schwimmender, fetthaltiger Teil der Milch; flüssiger Süssrahm‹: *Am Morgen zubereiten: 250 g Zucker, 2 Eier (während 25–30 Minuten schaumig rühren), 2 1/2 dl Milch oder Nidel beigeben* (Schwyzer Kochrezepte, 2002, Internet). **2.** ↗SCHLAG A, ↗SCHLAGOBERS A-mitte/ost, ↗SCHLAGRAHM A (ohne ost) CH D-süd, ↗RAHM CH, ↗SAHNE D (ohne südost), ↗SCHLAGSAHNE D (ohne südost) ›steif geschlagener Süssrahm‹: *Zwischenverpflegung auf der Alp Emaney: frischer Geisskäse, selbst gepresster Apfelsaft, Méringues mit Nidel, Kaffee und verschiedene kalte Getränke* (wanderBar, 2002, Internet) – In CH-ost Maskulinum, in CH-west Femininum. Auch in der Form *Nidle* – Zu 1.: **Nideltäfeli** (↗Täfeli), **Nidelwähe** (↗Wähe), **Nidelzältli** (↗Zältli)

Nidle siehe Nidel

nieder A CH D-süd Adj.: **1.** ›von geringer Höhe; niedrig‹: *Das niedere, baufällige Häuschen kam in Sicht* (Brezina, Katze 77; A); *Ich nahm Platz auf dem niedern Kanapee und zog meine Hosen etwas in die Höhe* (Kolb, Niederdorf 8; CH). **2.** ›sich in geringer Höhe befindend; tief‹: *Auf der einen Seite drohen durch das rapide Abschmelzen der Polkappen nieder gelegene Regionen buchstäblich zu versinken, auf der anderen Seite wird Wasser immer knapper* (Medizin populär 5/1997, 3; A); *Der ... Mäusebussard lässt den eher seltenen und unregelmässig – mit Vorliebe in eher nieder gelegenen Laubwäldern – vorkommenden Wespenbussard nur schwer aufkommen* (Schweizerischer Jagdverband, 2002, Internet; CH). **3.** ›zahlen- oder mengenmäßig gering; niedrig‹: *Aber es ist eine schöne Zeit für den Nachfrager, die Preise fallen, es gibt niederste Bankzinsen und Baukosten* (Echo 28. 1. 1999, 107; A); *Arbeiterfamilien mit niederem Einkommen fanden in architektonisch gut gestalteten Wohnblocks ein menschenwürdiges Zuhause* (Bär, Geographie Europas 219; CH) – Andere Bedeutungen sind gemeindt. – Zu 1.: ↗**Niederwasser** A CH

Niederdruck- A (produktives Bestimmungswort in Zus., Meteorologie): ›Tiefdruck-‹, z. B. Niederdruckgebiet, Niederdruckwetter, Niederdruckzone: *Die Brandursache war vermutlich eine Verpuffung im Ofen durch das herrschende Niederdruckwetter* (Kurier 7. 4. 1993, 18); *Das Phänomen beschreibt die Wechselwirkung zwischen den häufigen Hochdruckgebieten über den Azoren und den Niederdruckzonen über Island und Grönland* (Profil 19. 1. 1998, 69) – *Niederdruck* in der Bedeutung ›geringer Gas- oder Dampfdruck‹ ist fachsprachlich gemeindt. Vgl. nieder

niederfahren A st.V./hat: ↗NIEDERFÜHREN A, ↗ZUSAMMENFÜHREN A, ↗ZUSAMMENFAHREN A D-südost ›(mit einem Fahrzeug) jmdn. zu Fall bringen; überfahren‹: *Klar kann ich mir ausdenken, dass ich von einem roten Cadillac niedergefahren und abtransportiert werde* (Nöstlinger, Bonsai 75) – Die Bedeutung ›(vom Himmel) herunterfahren‹ ist gehoben gemeindt. Vgl. niederstoßen

niederfallen A st.V./ist: ›hinfallen, stürzen‹: *Ist es möglich, dass er sich seine Ripperln erst beim Niederfallen gebrochen hat?* (Kurier 25. 4. 1996, 14) – Die Bedeutungen ›nach unten fallen‹ ist gehoben gemeindt.

niederführen A sw.V./hat: ↗NIEDERFAHREN A, ↗ZUSAMMENFÜHREN A, ↗ZUSAMMENFAHREN A D-südost ›(mit einem Fahrzeug) jmdn. durch einen Stoß zu Boden werfen; überfahren‹: *Mit diesem Urteil wurde eine Chance versäumt: all jene wenigstens ein bisschen abzuschrecken, die jetzt noch immer glauben, dass ... Menschen niederführen ein Kavaliersdelikt ist* (Kurier 9. 6. 1998, 10) – Vgl. niederstoßen

niedergelassen CH Adj.: **1.** ›(von Schweizer Bürgern und Bürgerinnen) in einer Gemeinde seinen festen Wohnsitz habend, ohne dort das ↗Gemeindebürgerrecht zu besitzen‹: *Stimmberechtigt sind nach Vollendung des 20. Altersjahres: ... die im Stadtgebiet wohnhaften Kantonsbürger, Bürger einer andern solothurnischen Gemeinde sofort nach Abgabe der Ausweisschriften sowie die in der Stadt niedergelassenen Schweizer Bürger* (Walter, Jammers 116). **2.** ›(von ausländischen Personen) eine ↗Niederlassungsbewilligung besitzend und in einer Gemeinde einen festen Wohnsitz habend‹: *Ganze 50 Rappen wirft der Bund heute jährlich pro niedergelassenen Ausländer für Integration auf* (Bund 5. 2. 1999, 15) – Andere Bedeutungen sind gemeindt. Vgl. ansässig, domiziliert, Niederlassungsausweis, Niederlassungsgemeinde – Dazu: ↗**Niedergelassene**

Niedergelassene CH der/die; -n, -n: **1.** ›Schweizer(in), der bzw. die in einer Gemeinde einen festen Wohnsitz hat, ohne dort das ↗Gemeindebürgerrecht zu besitzen‹: *1304 sind Niedergelassene, 1080 Bürger und 236 Ausländer* (Werdenberger & Obertoggenburger 25. 3. 1993, 5). **2.** ›Ausländer(in) mit Schweizer ↗Niederlassungsbewilligung, der bzw. die in einer Gemeinde einen festen Wohnsitz hat‹: *Das Bundesamt für Ausländerfragen gab gestern detaillierte Daten bekannt: Die Zahl der Saisonangestellten nahm um 30 Prozent ab, jene der Jahresaufenthalter, Niedergelassenen und Grenzgänger um je 0,2 Prozent* (Bund 11. 2. 1999, 14) – In A historisch. Vgl. niedergelassen, Niederlassungsausweis, Niederlassungsgemeinde

Niederlassungsausweis CH der; -es, -e: ↗MELDEZETTEL A, ↗MELDEBESCHEINIGUNG D ›schriftliche Bestätigung der Anmeldung an einem ordentlichen oder ausserordentlichen Wohnsitz‹: *Für die Verlängerung eines Passes ist dem Passbüro der Niederlassungsausweis vorzulegen* (Staatskanzlei des Kantons BE, 2002, Internet)

Niederlassungsbewilligung CH die; –, -en: ›amtliche Genehmigung für den dauerhaften Aufenthalt in der Schweiz bzw. in einem Schweizer ↗Kanton‹: *Ein Anspruch auf Niederlassungsbewilligung besteht erst, wenn die Ehe wenigstens fünf Jahre gedauert hat* (Beobachter 19. 9. 1997, 62) – Vgl. Aufenthaltsbewilligung, Bewilligung

Niederlassungsgemeinde CH die; –, -n: ↗HAUPTWOHNSITZ A D ›Wohnort, an dem jmd. seine Papiere hinterlegt hat und Steuern bezahlen muss‹: *Wochenaufenthalter haben regelmässig wöchentlich in ihre Niederlassungsgemeinde zurückzukehren* (Gemeinde Waltalingen, 1980, Internet)

niederlegen sich A D-südost sw.V./hat (Grenzfall des Standards): ›sich hinlegen; schlafen gehen‹: *Da werde ich fünf Frauen haben und mich schon um drei Uhr niederlegen, witzelte der Italiener* (Kurier 18. 2. 1992, 31; A); ***Da legst [du] dich nieder!**: ↗NIEDERSETZEN: *DA SETZT [DU] DICH NIEDER A D-südost, ↗MENSCH: *MENSCH MEIER D, ↗DONNERKIEL D-nord/mittelwest, ↗DONNERLITTCHEN D-nord/mittel, ↗FRESSE: *MEINE FRESSE D-nord/mittel, ↗JUNGE: *JUNGE, JUNGE D (ohne südost) /Ausruf des verblüfften Erstaunens/: *In der Not kennen die Menschen plötzlich den Nachbarn wieder, … diese Heuchler, stehn vor der Tür, da legst dich nieder* (Franz Ramharter, 2002, Internet; A) – Die Wendung lautet in D-südost auch *Da legst [du] dich nieder und stehst nimmer auf.* Das Verb *niederlegen* in der Bedeutung ›sich hinlegen; schlafen gehen‹ ist in D (ohne südost) gehoben. Andere Bedeutungen sind gemeindt.

niedersetzen sich A D-südost sw.V./hat: ↗HINSITZEN A CH, ↗HOCKEN A CH D-mittelost/süd, ↗NIEDERSITZEN A D-südost, ↗ABSITZEN CH, ↗SITZEN CH ›sich hinsetzen‹: *Alle stehen auf und setzen sich nach einer Weile wieder nieder* (Pinter, Haus 95; A); ***Da setzt [du] dich nieder** (Grenzfall des Standards): ↗NIEDERLEGEN: *DA LEGST [DU] DICH NIEDER A D-südost, ↗MENSCH: *MENSCH MEIER D, ↗DONNERKIEL D-nord/mittelwest, ↗DONNERLITTCHEN D-nord/mittel, ↗FRESSE: *MEINE FRESSE D-nord/mittel, ↗JUNGE: *JUNGE, JUNGE D (ohne südost) /Ausruf des verblüfften Erstaunens/: *Bumms, da setzt dich nieder. Ich bin sprachlos* (Das tägliche Leben, 2000, Internet; A) – Die nichtreflexive Verwendung von *niedersetzen* in der Bedeutung ›etw. hinstellen‹ ist gemeindt.

niedersitzen A D-südost st.V./ist (meist im Inf. oder Imperativ, Grenzfall des Standards, veraltend): ↗HINSITZEN A CH, ↗HOCKEN A CH D-mittelost/süd, ↗NIEDERSETZEN A D-südost, ↗ABSITZEN CH, ↗SITZEN CH ›sich hinsetzen‹: *Da lädt der dunkle Holztisch zum Niedersitzen ein, an dem schon der Sohn Andreas Hofers die große Brotlade öffnete* (OÖN 30. 8. 1986, 62; A)

niederstoßen A st.V./hat: ↗UMSTOSSEN CH UMSTOßEN D ›jmdn. durch einen heftigen Stoß zu Boden werfen‹: *»Wir müssen in den nächsten Tagen knapp 1000 Leute befragen«, berichtet ein Kriminalist am Freitag, nachdem Donnerstag Abend ein 75-jähriger Besucher des »Casinos Cercle Wien« in der Wiener City niedergestoßen und ihm eine Tasche mit zehn Millionen Schilling geraubt worden war* (Presse 16. 12. 2000, Internet) – In D gehoben. Vgl. niederfahren, niederführen

Niederwasser A CH das; -s, ohne Plur.: ›geringer Wasserstand eines Gewässers; Niedrigwasser‹: *Die einsetzende Schneeschmelze und das Niederwasser am Inn offenbaren Müllhalden mitten in der Stadt* (Kurier 19. 2. 1992, 17; A); *Zudem war das linke Ufer an verschiedenen Stellen mit Nagelfelsbänken durchsetzt, die bei Niederwasser den Schiffsrumpf beschädigten* (Fähri-Verein Basel, 2002, Internet; CH) – Vgl. nieder

niedrig (gemeindt.): ↗NIEDER

Niedrigwasser (gemeindt.): ↗NIEDERWASSER

Nieselpriem D-ost der; -s, -e/-s (abwertend, salopp): ↗GRANTSCHERBEN A, ↗GRANTLER A D-südost, ↗GRANTLHUBER D-südost, ↗MIESEPETER D (ohne südost), ↗PIESEPAMPEL D-nordost, ↗SAUERTOPF D (ohne südost) ›Mensch mit mürrischer Grundstimmung‹: *Wir mögen auch gut gelaunte Menschen viel lieber als Nieselpriems* (Zauberwort, Nordstemmen 21. 1. 2003, Internet)

Nieselregen (gemeindt.): ↗SPRÜHREGEN

Nietenhose D die; –, -n (veraltend): ↗JEAN A, ↗JEANSHOSE D ›Hose aus strapazierfähigem Baumwollstoff; Jeans‹: *Er … hat unterwegs den grauen Anzug gegen* *die Nietenhose gewechselt* (Welt 12. 2. 1999, Internet) – In D-ost selten auch in der Form *Niethose*

Niethose D-ost die; –, -n (selten): siehe Nietenhose

Nigel A der; -s, – (Grenzfall des Standards): ›kleiner widerspenstiger Kerl‹: *Ein Aberglaube besagt, der Nigel sei von Grund auf bösartig, man nennt ihn deshalb zuweilen auch Bosnigel, aber das ist eine schlichte Unterstellung* (Hinkelbogels Bibliothek, 2003, Internet) – Dazu: **Bosnigel** A D-südost, **Grantnigel** (↗Grant) A D-südost

nigelnagelneu A CH D-mittel/süd Adj.: ›ganz neu, funkelnagelneu; nagelneu‹: *Da passiert es schon, dass ein herrenlos gewordenes Mountainbike um 1500 Schilling ersteigert werden kann. Ziemlich nigelnagelneu das Fahrzeug, in Bestzustand sozusagen* (Kleine Ztg 4. 5. 1998, Internet; A); *Damit auch die Bundesverwaltung auf der Höhe der Technik ist, wurde eine nigelnagelneue, hochmoderne Telefonzentrale eingebaut* (Blick 15. 4. 1997, 1; CH)

Niklaus CH ⟨aus griech. *Nikólaos*⟩: männl. Vorname, Variante zu *Nikolaus: Auch Lukas war hübsch, oder Niklaus oder Tillmann oder Gregor* (Meylan, Abfahrt 198) – In D selten

Nikolaus A D der; –, -e/...läuse: ↗Nikolo A D-südost, ↗Klaus CH, ↗Samichlaus CH ›St. Nikolaus‹: *Am 5. und 6. Dezember war für alle Kinder ein großer Tag am Christkindlmarkt auf dem Landhausplatz: Der hl. Nikolaus flog mit dem Hubschrauber herbei und beschenkte alle Kinder* (Kurier 14. 12. 1997, Shopping in Tirol 1; A); *Wer »artig« war, wurde vom Nikolaus mit Apfel, Nuss und Mandelkern, heute eher mit Süßigkeiten, belohnt* (Berliner Morgenpost 6. 12. 1996, Internet; D) – Wird auf der ersten Silbe betont, in A und D-südost mit Kurzvokal, in D (ohne südost) mit Langvokal – Dazu: **Nikolausabend, Nikolausfeier, Nikolaustag**

Nikolo A D-südost der; -s, -s: ↗Nikolaus A D, ↗Klaus CH, ↗Samichlaus CH ›St. Nikolaus‹: *Ich habe ihm den rechten Haxen dick bandagieren müssen und dann habe ich ihm den roten Filzschlapfen drübergestülpt, den, wo dir deine Kusine vorigen Nikolo das Konfektsackerl reingestopft hat* (Nöstlinger, Bonsai 96; A) – In D-südost veraltend – Dazu: **Nikoloabend, Nikolofeier, Nikolotag**

nimmer A D-süd Adv. (Grenzfall des Standards): ›nicht mehr; nicht wieder‹: *»Die Kieferstein ist bei ihm drinnen«, sagte die Sekretärin. »Wird aber nimmer lange dauern, denke ich«* (Nöstlinger, Bonsai 64; A) – Die Bedeutung ›nie‹ ist gemeindt. gehoben

Nisselsalat D-südost der; -(e)s, ohne Plur.: siehe Nüsslisalat

Niveauübergang CH der; -(e)s, ...gänge ['nivo...]: ↗Eisenbahnkreuzung A, ↗Bahnübergang: *schienengleiche Bahnübergang D ›Bahnübergang, bei dem die Gleise überfahren bzw. überschritten werden (ohne Brücke oder Unterführung)‹: *32 Jahre sind vergangen, seit ... für 2,3 Millionen Franken der holperige Niveauübergang zugunsten einer Unterführung aufgehoben wurde* (St. Galler Tagbl 9. 4. 1999, Internet)

nix A D Pron. (Grenzfall des Standards): ›nichts‹: *»Nix ist unmöglich!«, sagte der Bauer* (Mitterer, Superhenne Hanna 24; A); *»Nix kannst du!« bullerte der Baron* (Martin, Blut 41; D); ***Nix Genaues weiß man nicht** ›Die Ergebnisse, Entscheidungen werden nur vermutet, sind aber noch nicht bekannt‹: *Die Nachbarn munkelten, dass der Vater und der Bruder ... aber nix Genaues wusste man nicht, und Eva schwieg* (Grän, Dame 156; A); *»Ideen aus Omas Küche!« Ob den Berliner Sternenträgern damit gedient ist? Nix Genaues weiß man nicht* (Berliner Ztg 8. 5. 1996, Internet; D); ***nix ist fix** A D ›alles ist offen‹: *Fazit der Studie: Nix ist fix* (Kleine Ztg 20. 11. 1997, Internet; A); *An der Champions Wall schließlich findet das große Finale statt – hier ist alles möglich, aber nix ist fix* (Bayerischer Rundfunk 29. 7. 2003, Internet; D)

NK siehe Nebenkosten

NL siehe Nationalliga

Nock A-west (Tir.)/südost der; -(e)s, -e(n): ›abgeflachte Bergkuppe, bewachsener Felsen‹: *Dazu gehörte das Bescheidwissen ..., das Im-Kopf-Haben von Grundstücksanlagen, von Hängen, Nocken, Steinen, Pfützen, Gräben* (Innerhofer, Schöne Tage 86) – Häufig Bestandteil in Bergnamen, z. B. *Nockberge, Hoher Nock*

Nocke die; –, -n: **1.** A; ↗Paunzen A-west (Tir.) ›süße oder pikante, aus einem festen Mehl-Eier-Milchteig geformte, mit dem Löffel gestochene und in Fett herausgebackene Speise‹: *Moosbeer-Nocken oder Granten (Preiselbeer)-Kuchen stehen genauso auf der Speisekarte wie eine Reihe von Pilzgerichten* (Echo 23. 9. 1998, 184). **2.** A D-südost (abwertend, Grenzfall des Standards) ›dumme, eingebildete Frau‹: *Hat man so was schon gesehen!? Diese Nocken!* (Doderer, Strudlhofstiege 102; A) – Auch in der Form *Nocken* (die; –, -). Zu 1 vgl. Nockerl – Zu 1.: **Kasnocke** (↗Kas-), **Moosbeernocke** (↗Moosbeere) A-west, **Schottnocke** (↗Schotten), **Schwarzbeernocke** (↗Schwarzbeere)

Nocken A die; –, –: siehe Nocke

Nockerl das; -s, -n: **1.** A D-südost; ↗Spatzen A D-süd, ↗Spätzle A D, ↗Spatzeln A-west (Tir.) D-südost, ↗Knöpfli CH, ↗Spätzli CH, ↗Spatzlen STIR ›in Wasser gekochte, kleine ovale oder längliche Teigstücke (als Beilage oder Hauptspeise)‹: *Rindsgulasch (wahlweise mit Nockerln, Serviettenknödel, Erdäpfel* *oder Gebäck) … klein 59.*- (Speisekarte Gasthaus Hopfhaus, 1998, Internet; A). **2.** A D-süd; ↗KLÖSSCHEN D (ohne südost) ›aus festem Mehlteig mit dem Löffel gestochene und in Wasser gegarte Suppeneinlage in ovaler, mittelgroßer Form, z. B. Grießnockerln, Lebernockerln‹: *Verlockend klingen ihre Kreationen: … Kalbschwanzessenz mit Grießnockerln* (Stiegls Braujournal 2/1996, Internet; A). **3.** A D-süd ›aus festem Mehlteig mit dem Löffel gestochene und in Wasser gegarte Süßspeise in ovaler Form‹ /meist in Zus., z. B. Topfennockerln/: *Die Topfenmasse zu Nockerln formen (in die Mitte Nougatwürfel füllen) und in kochendes Wasser einkochen* (Stiegls Braujournal 1/1997, Internet; A) – Zu 3 vgl. Nocke – Zu 1.: ↗**Nockerlsieb** A-mitte/ost. Zu 3.: **Topfennockerl** (↗Topfen)

Nockerlsieb A-mitte/ost das; -(e)s, -e: ↗SPÄTZLESIEB A D-südwest, ↗SPÄTZLISIEB CH ›zur Herstellung von ↗Nockerln verwendetes Sieb, durch das der Teig ins Kochwasser gestrichen wird‹: *Teig durch das Nockerlsieb in kochendes Salzwasser streichen* (Firma Thea online, 1999, Internet)

Nominale A das; -(s), …lia ⟨aus lat. *nomen* ›Name‹⟩: ›Nominalwert, Nennwert einer Münze, Banknote, Aktie, eines Wertpapiers‹: *Darüber hinaus hält die Börsekammer … die Aktien der Wiener Börse AG im Nominale von 100 Mill. S* (SN 11. 11. 1997, 11) – In CH und D Femininum und selten

Nomination CH die; –, -en: **1.** ›Ernennung in den engeren Kreis eines Auswahlverfahrens; Nominierung‹: *An die hundert Produkte aus zehn Kategorien … waren den Jurymitgliedern eine Nomination wert* (Annabelle 28. 11. 1997, 103). **2.** ›direkte Berufung‹: *Er engagierte Peter M. als Abfahrtstrainer – und scheiterte mit dieser Nomination wie noch keiner seiner Vorgänger* (Blick 26. 10. 1999, 22)

Nominierung (gemeindt.): ↗NOMINATION

Nordostschweiz CH die; –, ohne Plur.: ›Region der Schweiz, die die ↗Kantone AI, AR, SG, SH und TG umfasst‹: *Zwei weitere Luchse sind schon früher im Toggenburg frei gelassen worden. Damit sind die im Rahmen des Projekts »Luchsumsiedlung Nordostschweiz« vorgesehenen insgesamt 6 Luchse angesiedelt worden* (Blick 21. 4. 2001, 6) – Vgl. Ostschweiz – Dazu: **Nordostschweizer(in), nordostschweizerisch**

Nordwestschweiz CH die; –, ohne Plur.: ›(deutschsprachige) Region der Schweiz, die die ↗Kantone BL und BS sowie die im Juragebiet gelegenen Teile der ↗Kantone AG und SO umfasst‹: *Keinen verbotenen Gentech-Mais haben die kantonalen Labors der Nordwestschweiz in Lebensmitteln gefunden* (Blick 16. 10. 1999, 11) – Dazu: **Nordwestschweizer(in), nordwestschweizerisch**

nörgeln (gemeindt.): ↗MÄKELN, ↗MATSCHKERN, ↗MOSERN, ↗RAUNZEN, ↗SEMPERN, ↗SUMSEN

Normalstatut STIR das; -(e)s, -e ⟨übersetzt aus ital. *statuto normale*⟩: ›Verfassung einer ↗Region, durch welche dieser (im Ggs. zu einer ↗Region mit ↗Sonderstatut) keine primäre Gesetzgebungsbefugnis eingeräumt wird‹: *Wir geben pro Einwohner fünfmal so viel für den sozialen Bereich aus als Regionen mit Normalstatut* (Südtirol Profil 25. 5. 1996, 29)

Normverbrauchsabgabe A die; –, -n (formell): ›beim Erwerb eines ↗Kraftfahrzeugs zu entrichtende Steuer, die nach dem Treibstoffverbrauch des Fahrzeugs berechnet wird‹: *In Österreich kommt zur höheren Mehrwertsteuer von 20 % des Nettopreises noch die Normverbrauchsabgabe von bis zu 16 % hinzu* (Wiener Ztg 7. 12. 2000, Internet) – Abk. NOVA

nostrifizieren A D sw.V./hat ⟨lat.⟩: ›(ein ausländisches Zeugnis, eine ausländische Qualifikation) im Inland anerkennen‹: *Seinen Doktorhut erwarb er 1980 in Belgrad (später in Leoben nostrifiziert)* (Kleine Ztg 29. 1. 1999, Internet; A); *Unberührt bleiben die bestehenden Möglichkeiten, die akademischen Grade nach den jeweiligen rechtlichen Bestimmungen umzuwandeln oder zu nostrifizieren* (Bundesgesetzbl 1991, Teil II, 1057; D) – Dazu: **Nostrifikation, Nostrifizierung**

Notarzt Notärztin A D der; -(e)s, …ärzte bzw. die; –, -nen: ↗NOTFALLARZT CH, ↗UNFALLARZT D ›Arzt bzw. Ärztin mit einer spezifischen Ausbildung für Notfälle, der bzw. die mit einem Einsatzfahrzeug zu Unfallorten gebracht wird‹: *Er wurde vom Notarzt versorgt und dann in die Kinderchirurgie der Landeskrankenanstalten gebracht* (SN 15. 10. 1998, Internet; A); *Der Notarzt sitzt nicht in irgendeiner Zentrale und wartet auf einen Notfall, sondern arbeitet in der Regel im Krankenhaus* (Notfalldienst Wieslauftal 6. 12. 2002, Internet; D) – Dazu: ↗**Notarzthubschrauber** A, ↗**Notarztwagen**

Notarzthubschrauber A der; -s, –: ↗RETTUNGSHUBSCHRAUBER A D, ↗RETTUNGSHELIKOPTER CH LUX ›speziell ausgerüsteter Helikopter für Rettungseinsätze mit einem ↗Notarzt bei Unfällen‹: *35 Millionen Schilling … kostet jeder einzelne der sechs neuen Notarzthubschrauber, die der ÖAMTC in den nächsten drei Jahren in Betrieb nehmen wird* (Presse 23. 9. 1997, 12) – Vgl. Flugrettung, Hubschrauber

Notarztwagen A D der; -s, …wagen/…wägen: ↗KLINOMOBIL D ›intensiv-medizinisch ausgerüstetes Rettungsfahrzeug‹: *Via Gendarmerie wurde um 5.17 Uhr um zwei Notarztwagen und einen Rettungshubschrauber ersucht, zunächst kam aber nur ein Notarzt* (Presse 8. 5. 2000, Internet; A); *Am Unfallort seien zwölf Rettungswagen sowie zwei Notarztwagen und eine mobile*

Leitstelle des Roten Kreuzes (Stuttgarter Ztg 25. 1. 1999, 16; D) – Abk. NAW. Vgl. Notarzt, Wagen

Notaufnahme A D die; –, -n: ↗NOTFALLSTATION CH ›Teil eines ↗Krankenhauses, in dem Notfälle behandelt werden‹: *Ein 43-jähriger Ghanese, der statt in die Notaufnahme versehentlich in die Leichenhalle eines Krankenhauses eingeliefert wurde, ist im dortigen Kühlfach erfroren* (TT 9. 3. 1998, Internet; A); *Besonders außerhalb der gewöhnlichen Arztsprechstunden herrscht in der Notaufnahme des Allgemeinen Krankenhauses in Celle ein reges Treiben* (Cellesche Allgemeine Ztg 25. 4. 2002, Internet; D)

Notbatzen CH der; -s, –: ↗NOTGROSCHEN A D, ↗NOTPFENNIG D-nord/südwest ›für Notzeiten gesparte Geldreserve‹: *Die Gemeinde verfügt aber über einen gut dotierten Notbatzen* (Bund 11. 11. 2000, 33)

Note CH die; –, -n: kurz für *Geldnote:* ↗SCHEIN A D ›Banknote‹: *Am Boden der Kasse bewahrte man die vom Vater streng überwachten Noten auf* (Burkart, Moor 21) – Andere Bedeutungen sind gemeindt. – Dazu: **Fünfzigernote, Hunderternote, Nötli, Tausendernote, Zehnernote, Zwanzigernote, Zweihunderternote**

Notenkonferenz (gemeindt.): ↗SCHLUSSBEWERTUNGSKONFERENZ

Notfallarzt Notfallärztin CH der; -(e)s, ...ärzte bzw. die; –, -nen: ↗NOTARZT A D, ↗UNFALLARZT D ›für die Versorgung von Unfallopfern zuständige(r) Arzt bzw. Ärztin‹: *Das nächstgelegene Spital ist über den Notfalldienst in der Gemeinde informiert und vermittelt einen Notfallarzt* (Linth Ztg 1. 12. 1999, 6)

Notfallschirm (gemeindt.): ↗NOTSCHIRM

Notfallstation CH die; –, -en: ↗NOTAUFNAHME A D ›Teil eines ↗Spitals, in dem Notfälle behandelt werden‹: *Nach einem Flug nach New York musste Sophia Loren mit Herzrhythmus-Störungen in die Notfallstation eingeliefert werden* (TA 18. 9. 1999, 6)

Notgroschen A D der; -s, –: ↗NOTBATZEN CH, ↗NOTPFENNIG D-nord/südwest ›für Notzeiten gesparte Geldreserve‹: *Das Geld ... sei schon 1955 von Spitzenfunktionären der Fraktion Sozialistischer Gewerkschafter als Notgroschen deponiert worden* (Format 14. 12. 1998, 88; A); *Von ihren allerletzten Notgroschen lassen die beiden es sich einen ganzen Tag richtig gut gehen* (WDR 23. 10. 2001, Internet; D) – In CH selten. Vgl. Groschen

Nothburga A ⟨Lokalheilige in Tirol aus dem 13./14. Jh.⟩: weibl. Vorname: *Nothburga W. betreute jahrzehntelang die Germanistik-Bibliothek* (Echo 28. 1. 1999, 178) – Auch in der Schreibung *Notburga.* Vgl. Burgi

Nothelferkurs CH der; -es, -e: ↗NOTHILFEKURS CH ›Erste-Hilfe-Kurs‹: *Die Erste-Hilfe-Massnahmen sind gemäss dem für Fahrzeuglenker obligatorischen Nothelferkurs anzuwenden* (TA 30. 11. 1999, 75)

Nothilfekurs CH der; -es, -e: ↗NOTHELFERKURS CH ›Erste-Hilfe-Kurs‹: *Integriert ins Kursprogramm war ... der Nothilfekurs* (NLZ 28. 7. 2001, Internet)

Notizzettel (gemeindt.): ↗MERKZETTEL

Notpfennig D-nord/südwest der; -s, -e: ↗NOTGROSCHEN A D, ↗NOTBATZEN CH ›für Notzeiten gesparte Geldreserve‹: *Hinter verschlossenen Türen verhandelt derzeit das Rektorat mit dem Ministerium ... um die letzten Notpfennige* (Universität Potsdam, 2001, Internet) – Vgl. Pfennig

Notschirm CH D der; -(e)s, -e: ›Notfallschirm‹: *Die Fallschirmspringer »Piranhas« müssen am Samstag den Notschirm ziehen, als beim Tandemsprung eine Leine reisst* (Bund 25. 3. 1996, 20; CH); *Auch das automatische Rettungssystem löste den Notschirm nicht aus* (WDR 1. 7. 2003, Internet; D)

Notspur STIR die; –, -en: ↗PANNENSTREIFEN A CH, ↗STANDSPUR D, ↗STANDSTREIFEN D ›durch eine Markierung abgetrennter Teil der Fahrbahn zum Halten im Notfall‹: *Er hatte noch nicht einmal die Autos zu zählen begonnen, als ein weißer Volkswagenkombi abbremste und etwa zwanzig Meter vor ihm auf der Notspur hielt* (Zoderer, Lontano 135)

Notstand A der; -(e)s, ...stände (informell): ↗NOTSTANDSHILFE A, ↗ARBEITSLOSENHILFE D ›verminderte Zahlung an Erwerbslose, die keinen Anspruch mehr auf Arbeitslosenunterstützung haben‹: *Danach rutsche ich in den »Notstand« ab, der um acht Prozent weniger ausmacht* (Kleine Ztg 15. 8. 1996, Internet) – Die Bedeutungen ›Notlage in Katastrophensituationen‹ sowie jene im Staats- und Strafrecht sind gemeindt. – Dazu: **Notstandsunterstützung, Sondernotstand, Sondernotstandsgeld**

Notstandshilfe A die; –, -n (formell): ↗NOTSTAND A, ↗ARBEITSLOSENHILFE D ›verminderte Zahlung an Erwerbslose, die keinen Anspruch mehr auf Arbeitslosenunterstützung haben‹: *Weil ich auf meine Karriere verzichtet habe und nur Mutter bin, habe ich kein Recht auf Notstandshilfe* (News 3. 7. 1997, 58) – Dazu: **Sondernotstandshilfe**

NOVA siehe Normverbrauchsabgabe

Novelle A D die; –, -n ⟨aus lat. *novella (lex)* ›neues (Gesetz)‹⟩: ↗REVISION CH D ›Abänderung bzw. Ergänzung durch Nachtrag (eines bereits bestehenden Gesetzes)‹: *Diese Novelle des Arbeiter-Abfertigungsgesetzes sieht vor, dass Entgeltfortzahlung im Krankheitsfall und verbesserte Kündigungsfristen und -termine eingeführt werden* (Solidarität 3/1998, 5; A); *Deswegen komme es darauf an, die Novelle des Atomgesetzes als Grundlage für den Ausstieg schnell im Bundestag zu* *verabschieden* (Berliner Ztg 17. 10. 2001, Internet; D) – Die Bedeutung ›kürzere Prosaerzählung‹ ist gemeindt. – Dazu: **Bauordnungsnovelle, Gesetzesnovelle, Gewerberechtsnovelle, Novellenentwurf, ↗novellieren, Verfassungsnovelle**

novellieren A D sw.V./hat: ↗REVIDIEREN CH D-nord/mittelwest ›(ein bestehendes Gesetz) ändern, erneuern, ergänzen‹: *Im Juli soll die Werkvertragsregelung ein weiteres Mal novelliert werden* (Presse 12. 2. 1998, 15; A); *D. fordert nun, das Gesetz der privaten Finanzierung von Fernstraßenbauten rasch zu novellieren* (Stuttgarter Nachr 17. 10. 2001, Internet; D) – In CH selten und fachsprachlich. Vgl. Novelle

Novilon CH der; -s, ohne Plur. (Wz.): ›glatter Bodenbelag aus Kunststoff; hochwertiges Linoleum‹: *Zu vermieten per sofort oder nach Vereinbarung, helle 4-Zimmer-Wohnung ohne Balkon, … Wohnzimmer Parkett, übrige Zimmer Novilon* (TA 27. 5. 1998, 56)

NR siehe Nationalrat

NRAbg. A: nur geschriebene, unverkürzt gesprochene Abk. für ›↗Nationalratsabgeordneter‹: ↗MDB D *Zu den Feierlichkeiten konnte die Vereinsleitung um Obmann Tischler unter anderem … NRAbg. Ing. Kaipel … begrüßen* (bvz 23. 6. 1998, 50)

Nuckel D-nord/mittel der; -s, –: ↗LULLER A, ↗ZUZEL A (ohne west), ↗SCHNULLER A D, ↗NUGGI A-west (Vbg.) CH ›kleines, auf einer mit einem Ring versehenen Plastikscheibe befestigtes Gummibällchen, das Kleinkindern zur Beruhigung in den Mund gesteckt wird‹: *Grundsätzlich sollten Eltern jeden Nuckel vor dem ersten Gebrauch auskochen, um eventuell vorhandene Schadstoffe zu verringern* (Berliner Kurier 10. 11. 1996, Internet) – Dazu: **nuckeln**

Nuckelpinne D (ohne südost) die; –, -n (salopp): ↗KRAXE A, ↗KÜBEL A, ↗ROSTLAUBE A D (ohne südost), ↗SCHNAUFERL A D-südost, ↗SPUCKERL A (ohne Vbg.) D-südost, ↗ROSTHAUFEN CH, ↗KISTE CH D (ohne südost), ↗KARRE D-nord/mittel, ↗SCHROTTKARRE D-nord/mittel ›leistungsschwaches oder altes Auto‹: *Sie brauchen genau vier Minuten, um … das Haus zu verlassen. Bernds alte Nuckelpinne springt sogar an* (Neue Welt 16. 2. 2000, 66)

Nudel die; –, -n (meist Plur.): **1.** A D ›vor dem Verzehr zu kochende, in verschiedenen Formen vorkommende Teigware‹: *Für die Pasta mache ich die Nudeln selbst, aus Spinat* (Kurier 20. 6. 1998, Beilage 19; A); *Wer Heißhunger auf Kartoffeln, Nudeln … oder Sahne verspürt, sollte ihm auch nachgeben* (Allegra Spezial 11/1997, 1; D). **2.** CH D-süd; ↗BANDNUDEL A D-nord/mittel ›bandförmige Teigware; Tagliatelle‹ (in D-süd in der Wendung *breite Nudel*): *Ich mag gutes Brot. Und Teigwaren – vor allem Spaghetti und Nudeln* (Blick 22. 2. 1995, 7; CH); *Dazu passen breite Nudeln, Knödel oder Gnocchi* (SWR, 2002, Internet; D-süd). **3.** A-südost (Ktn.) ›mit ↗Topfen, Spinat oder Kartoffeln gefüllte Teigtasche, die gekocht oder in Öl gegart wird‹: *Und auch für den heimischen Tourismus gehört die würzige oder süße Nudel mit der typischen Krendelart auf den Mittagstisch* (Kleine Ztg 16. 11. 2001, Internet). **4.** ***jmdn. auf die Nudel schieben** D-südost ›jmdn. zum Besten halten‹: *Wir lassen uns nicht länger auf die Nudel schieben* (Berliner Ztg 21. 3. 2001, Internet) – Zu 3 vgl. Schlipfkrapfen, Schlutzkrapfen – Zu 1.: ↗**Fadennudel** D (ohne südwest), ↗**Hörnchennudel** D (ohne südwest), **Nudelauflauf**, ↗**Nudelbrett** A D (ohne nordwest/mittelwest), **Nudelfertiggericht**, ↗**Nudelholz** D (ohne südost) STIR, ↗**Nudelrolle** D-mittelwest, ↗**Nudelwalker** A D-südost, ↗**Suppennudel.** Zu 2.: ↗**Nüdeli** CH. Zu 3.: **Erdäpfelnudel** (↗Erdapfel), **Fleischnudel, Kasnudel** (↗Kas-), **Käsnudel** (↗Käs-), **Kletzennudeln** (↗Kletze), **Topfennudel** (↗Topfen)

Nudelbrett A D (ohne nordwest/mittelwest) das; -(e)s, -er: ›eckiges [Holz]brett, auf dem Teig ausgewalzt wird‹: *Das Marzipan mit dem Zucker und der Zitronenschale auf dem Nudelbrett mit so viel Eiklar abmischen, dass eine weiche, modellierbare Masse entsteht* (ORF Nachlese 11/1997, Beilage 8; A); *Nudelbrett frisch einmehlen und den Teig in drei Teile teilen* (SWR, 1996, Internet; D) – Vgl. Nudel

Nudelholz D (ohne südost) STIR das; -es, …hölzer: ↗NUDELWALKER A D-südost, ↗WALLHOLZ CH, ↗NUDELROLLE D-mittelwest, ↗WELLHOLZ D-südwest ›hölzerne Rolle zum Auswalzen von Teig‹ /ein Küchengerät/: *Holzlöffel, Fleischklopfer, Nudelholz, Würstchenzange* (Schöner Wohnen 4/1995, 178; D); *Mit dem Nudelholz nicht zu dünn austreiben und in 10 cm breite Streifen schneiden* (Kompatscher, Küche in Südtirol 68; STIR) – Vgl. Nudel

Nüdeli CH das; -s, –: ›sehr schmale und eher kurze, bandförmige Teigware‹: *Tut euch etwas Gutes und esst Rahmschnitzel mit Nüdeli* (Sonntagsztg 12. 1. 1997, 78) – Vgl. Nudel – Dazu: **Butternüdeli**

Nudelrolle D-mittelwest die; –, -n: ↗NUDELWALKER A D-südost, ↗WALLHOLZ CH, ↗NUDELHOLZ D (ohne südost) STIR, ↗WELLHOLZ D-südwest ›hölzerne Rolle zum Auswalzen von Teig‹ /ein Küchengerät/: *Bitte mitbringen: Löffel, Gabel, …, Nudelrolle* (VHS Velbert/Heiligenhaus 7. 8. 2002, Internet) – Vgl. Nudel

Nudelsuppe: *nicht auf der Nudelsuppe dahergeschwommen sein A D-mittelost/südost (Grenzfall des Standards): ↗BRENNSUPPE: *NICHT AUF DER BRENNSUPPE DAHERGESCHWOMMEN SEIN A D-mittelost/südost, ↗HOSE: *DIE HOSE NICHT MIT DER BEISSZANGE ANZIEHEN D-süd; *DIE HOSE NICHT

MIT DER KNEIFZANGE ANZIEHEN D-nord/mittel ›sich gut auskennen; eine Ahnung von etw. haben [obwohl dies von anderen bezweifelt wird]‹: *Die Leute von »Media Sales« sind nicht auf der Nudelsuppe dahergeschwommen, das sind Profis* (Brödl, Blutrausch 67; A) – Das Substantiv *Nudelsuppe* ist gemeindt.

Nudelwalker A D-südost der; -s, –: ↗WALLHOLZ CH, ↗NUDELHOLZ D (ohne südost) STIR, ↗NUDELROLLE D-mittelwest, ↗WELLHOLZ D-südwest ›hölzerne Rolle zum Auswalzen von Teig‹ /ein Küchengerät/: *Das noch nicht abgesteifte Karamell auf ein geöltes Blech geben und mit Hilfe eines ebenfalls gut geölten Nudelwalkers ca. 1 cm dick ausrollen* (ORF Nachlese 11/1997, Beilage 7; A) – Vgl. Nudel

Nuggel A-west (Vbg.) der; -s, –: siehe Nuggi

Nuggi A-west (Vbg.) CH der; -s, -/-s: ↗LULLER A, ↗ZUZEL A (ohne west), ↗SCHNULLER A D, ↗NUCKEL D-nord/mittel ›kleines, auf einer mit einem Ring versehenen Plastikscheibe befestigtes Gummibällchen, das Kleinkindern zur Beruhigung in den Mund gesteckt wird‹: *Die falsche Zungenbewegung beim Saugen am Nuggi oder der Schoppenflasche ... bewirkt, dass der Gaumen zu schmal bleibt* (BaZ 23./24. 10. 1999, 54; CH); ***jmdm. jagt es den Nuggi raus** CH (Grenzfall des Standards): ↗HUT: *JMDM. GEHT DER HUT HOCH D, ↗HUTSCHNUR: *JMDM. GEHT DIE HUTSCHNUR HOCH; *JMDM. PLATZT DIE HUTSCHNUR D (ohne nordwest/süd) ›jmd. verliert die Geduld; jmd. regt sich sehr auf‹: *»Zigeuner auf dem Gästeparkplatz!« Den Oehrlis jagt's den Nuggi raus. Die Zigeuner müssen vertrieben werden* (Theatergesellschaft Vordemwald, 1996, Internet) – In A-west (Vbg.) auch in der Form *Nuggel*

Null CH das; -s, -s/CH D (ohne südost) die; –, -en: ↗NULLER A D-süd ›Zeichen für die Ziffer 0; Nummer (auf einer Liste o. Ä.)‹: *Achte, dass die Natel-Nummern inkl. Ländervorwahl angegeben werden. Das Null der Telefondienstvorwahl wird weggelassen* (Kantonsschule Sargans, 2001, Internet; CH); *»Es ist nicht die Null meines Alters, die mich irritiert», sagt er, »sondern die Sechs davor!«* (Blick 4. 9. 2000, 13; CH); *Mit einem Zahlenstrahl, der mit einer Null beginnt, verdeutlicht der Briefschreiber seine Interpretation vom Jahrtausendwechsel: Der 1. 1. 2000 00 Uhr ist der Wechsel der Jahrtausende* (WAZ 6. 1. 2000, Internet; D) – Die Bedeutung ›unfähiger Mensch‹ ist gemeindt. und Femininum. Im Ggs. zum Substantiv *die Null* ist das kleingeschriebene Zahlwort *null*, z. B. *von null auf hundert beschleunigen*, gemeindt.

Nullentscheid CH der; -(e)s, -e: ›Entscheidung, die alles beim alten lässt‹: *Das Aufatmen nach dem Nullentscheid des amerikanischen Federal Reserve hält sich an den Kapitalmärkten in Grenzen* (Bund 7. 10. 1999, 17) – Vgl. Entscheid

Nuller der; -s, –: **1.** A D-süd; ↗NULL CH D (ohne südost) ›Zeichen für die Ziffer 0, Nummer (auf einer Liste o. Ä.)‹: *Hinter dem Zweier und dem Nuller prangt nämlich ein kleines Herz* (Kurier 20. 2. 1998, 3; A). **2.** CH (Sport) ›Fehlversuch (in einigen sportlichen Disziplinen)‹: *Hauptsponsor Petronas erwartet beim Heimrennen nach fünf Nullern endlich wieder Punkte* (Blick 13. 10. 1999, 23) – Zu 2.: In A selten. Die Bedeutung ›Nullfehlerritt‹ im Reitsport ist gemeindt. Zur Verwendung des kleingeschriebenen Zahlwortes *null*, z. B. *von null auf hundert beschleunigen*, siehe Null

Nummer: *grüne Nummer STIR: ↗GRATISNUMMER CH ›Telefonnummer, über die gebührenfrei Auskunft von öffentlichen oder privaten Diensten eingeholt werden kann‹: *Bis dahin können Mobiltelefonbesitzer weiterhin die allgemeine Servicenummer 187 oder die Grüne Nummer für die Insit-Geschäfte nutzen* (Dolomiten 7. 7. 1995, 12) – Das Substantiv *Nummer* ist in allen anderen Verwendungen gemeindt.

Nummernschild CH D das; -(e)s, -er: ↗KENNZEICHENTAFEL A, ↗NUMMERNTAFEL A, ↗KONTROLLSCHILD CH, ↗KENNZEICHENSCHILD D, ↗ERKENNUNGSTAFEL LUX, ↗KENNTAFEL STIR ›(an Fahrzeugen sichtbar angebrachte) ↗Tafel mit einem amtlichen Kennzeichen‹: *Auf dem Parkplatz stehen nur gerade sechs Autos, darunter eines mit niederländischem Nummernschild* (NLZ 20. 7. 2001, Internet; CH); *Nach dem Kauf eines Autos benötigt man noch eine Versicherung und ein Nummernschild* (Universität Stuttgart 28. 10. 2001, Internet; D) – In A selten

Nummerntafel A die; –, -n: ↗KENNZEICHENTAFEL A, ↗KONTROLLSCHILD CH, ↗NUMMERNSCHILD CH D, ↗KENNZEICHENSCHILD D, ↗ERKENNUNGSTAFEL LUX, ↗KENNTAFEL STIR ›(an Fahrzeugen sichtbar angebrachte) ↗Tafel mit einem amtlichen Kennzeichen‹: *Weil die Nummerntafeln gestohlen waren, glaubten die Beamten zunächst, einem Autodieb auf der Spur zu sein* (Kurier 17. 9. 1997, 14)

nunmehrig A Adj.: ›jetzig‹: *Die nunmehrige Diskussion ist zu einem Zeitpunkt hochgekommen, wo noch nicht einmal die Experten zu einem vorläufigen Ende der Linienvorgabe gekommen sind* (SN 11. 11. 1997, 20) – In D gehoben und selten

Nürnberg (gemeindt.): ↗DÜRERSTADT

Nuss (gemeindt.): ↗KUGEL, ↗ZAPFEN

Nuss: *harte Nuss (gemeindt.): ↗KNACKNUSS

Nusseler STIR der; -s, – (Grenzfall des Standards): ›aus Nüssen und Gewürzen hergestellter Schnaps; Nussschnaps‹: *Der Nusseler sollte ein Jahr gelagert werden,* *damit sein Aroma besser zur Geltung kommt* (Gasteiger, So kocht Südtirol 484) – Vgl. Marilleler

Nụssler CH der; -s, ohne Plur.: ↗VOGERLSALAT A, ↗RAPUNZEL A-west/südost D-mittel, ↗NÜSSLISALAT CH, ↗FELDSALAT D, ↗ACKERSALAT D-südwest, ↗VOGELESALAT STIR ›Salatsorte mit feinen Blättern, die in Rosetten wachsen‹: *Ab Ende Monat beginnt die Saatzeit für Nüssler, der im Spätherbst und Winter geerntet wird* (Eulenspiegel, 1999, 17)

Nụsslesalat A-west (Vbg.) der; -(e)s, ohne Plur.: siehe Nüsslisalat

Nụsslisalat CH der; -(e)s, ohne Plur.: ↗VOGERLSALAT A, ↗RAPUNZEL A-west/südost D-mittel, ↗NÜSSLER CH, ↗FELDSALAT D, ↗ACKERSALAT D-südwest, ↗VOGELESALAT STIR ›Salatsorte mit feinen Blättern, die in Rosetten wachsen‹: *Nüsslisalat rundet diese Mahlzeit bestens ab* (TA 11. 1. 1999, 13) – In A-west (Vbg.) in der Form *Nüsslesalat* gebräuchlich, in D-südost im mündlichen Gebrauch in der Form *Nisselsalat*

Nussschnaps (gemeindt.): ↗NUSSELER

nụtzen A CH D-süd sw.V./hat: ›verwenden, gebrauchen; nutzen‹: *Die Römer, immer schon sinnesfreudiger als die Griechen, nützten die Bäder und Thermen aber nicht hauptsächlich zu hygienischen und heilenden Zwecken* (Besser Wohnen 1/1998, 25; A); *Es ist an uns, die feinen Signale wahrzunehmen und die Offerten zu nützen* (Waller, Barbi, 14; CH) – Dazu: **abnützen, Abnützung, ausnützen, Ausnützung, benützen, Benützung, nützbar, Nützung**

O

ÖAMTC A der; -(s), ohne Plur.: buchstabierte Abk. für ›Österreichischer Automobil-, Motorrad- und Touring-Club‹: ↗ARBÖ A, ↗ACS CH, ↗TCS CH, ↗ADAC D, ↗ACI STIR: *Der Frage, wie die Überwachung dieses Fahrverbots in der Praxis ausschaut, ist kürzlich der Autofahrerclub ÖAMTC nachgegangen* (Neue Wochenschau 11. 8. 1999, 1)

ob CH: **1.** Präp. mit Gen. oder Dat. ›wegen, aufgrund‹: *Sonder krümmte sich ob des stechenden Schmerzes in seiner Seite* (Mettler, Keiler 53). **2.** Präp. mit Dat.; ↗OBER A ›oberhalb‹: *Und es ... schneit den Schneepflug zu, welcher ob der Sägerei, in der Kurve vor der Brücke, übers Wegbord geraten ist* (Hänny, Schnee-Fuge 74) – Zu 1.: In A und D veraltend. In Verbindung mit Dativ selten in CH, dialektal in A. Zu 2.: In historischen und geographischen Bezeichnungen gemeindt., z. B. *Land ob der Enns* für ›Oberösterreich‹, *Goldwil ob dem Wald, Rothenburg ob der Tauber*

OB D der; -s, -s/die; –, -s: buchstabierte Abk. für ↗*Oberbürgermeister(in)*: ›direkt gewählter politischer Repräsentant bzw. direkt gewählte politische Repräsentantin und Leiter(in) der Verwaltung einer größeren Stadt‹: *60,3 Prozent der Wähler hatten im Mai '97 bei der ersten OB-Direktwahl für G. gestimmt* (Focus 16. 3. 1998, 76)

ÖBB A die; nur Plur.: buchstabierte Abk. für ›Österreichische ↗Bundesbahnen‹: ↗SBB CH, ↗DB D: *Die Tickets sind künftig für jedermann erhältlich – auch die ÖBB streichen das Alterslimit, das derzeit bei 26 Jahren liegt* (VN 29. 10. 1997, A 6) – Dazu: **ÖBB-Beamte (...beamtin), ÖBBler(in)**

obdachlos (gemeindt.): ↗UNTERSTANDSLOS, ↗WOHNUNGSLOS

Obdachlose (gemeindt.): ↗BERBER/BERBERIN, ↗CLOCHARD, ↗PENNER/PENNERIN, ↗SANDLER/SANDLERIN, ↗STADTSTREICHER/STADTSTREICHERIN, ↗TIPPELBRUDER, ↗TREBEGÄNGER/TREBEGÄNGERIN, ↗TREBER/TREBERIN, ↗UNTERSTANDSLOSE

Ober A D der; -s, –: ↗SCHANI A-ost, ↗BEDIENUNG A D, ↗SERVICEANGESTELLTE CH ›Person, die in einem Restaurant bedient; Kellner‹: *Kaum hatte er einen Platz gefunden, nahm der Ober im Smoking die Bestellung auf* (Rabinovici, Suche nach M. 7; A); *Der jugoslawische Ober bringt den Saftbraten* (Holzach, Deutschland umsonst 42; D) – Eine weibliche Form ist nicht gebräuchlich. Die Bedeutung /eine Spielkarte im deutschen Kartenspiel/ ist gemeindt.

ober A Präp. mit Dat.: ↗OB CH ›oberhalb von; über‹: *Aber die Sauen sollen dann immer wieder in den Jungwald ausgerissen sein, so dass er kurz ober Malling der einen und ein Stück weiter drunten der anderen das Kreuz mit einem Schleifholzprügel abgeschlagen hat* (Innerhofer, Schöne Tage 103) – In D (landsch.) veraltet

Oberamtmann CH (FR, SO) der; -(e)s, ...männer: ↗BEZIRKSHAUPTMANN A (ohne Graz, Wien), ↗BEZIRKSVORSTEHER A (Graz, Wien), ↗BEZIRKSAMMANN CH (SG, SZ), ↗BEZIRKSAMTMANN CH (AG), ↗BEZIRKSSTATTHALTER CH (BL, ZH), ↗PRÄFEKT CH (VS), ↗REGIERUNGSSTATTHALTER CH (BE, LU, VS), ↗STATTHALTER CH (BE, BL, TG, ZH)), ↗LANDRAT D (ohne Niedersachsen und Nordrhein-Westfalen), ↗OBERKREISDIREKTOR D (Niedersachsen, Nordrhein-Westfalen) ›↗Vorsteher eines ↗Bezirks oder eines Amts‹: *Der Politiker, Oberamtmann und Regierungsstatthalter vom Sensebezirk, wurde wegen Amtsmissbrauchs verurteilt* (TA 16. 10. 1999, 14) – Eine weibliche Form ist nicht gebräuchlich. In D nur als Beamtentitel der unteren Ränge gebräuchlich

Oberarzt Oberärztin CH D der; -(e)s, ...ärzte bzw. die; –, -nen: ›Leiter(in) einer Krankenhausabteilung‹: *Honorarberechtigt sind ... die Chefärzte, leitende Ärzte, die Oberärzte bis maximal 50'000 Franken* (Sonntagsztg 25. 8. 1996, 73; CH); »*Wird umgehend die richtige Hilfe geleistet, sind die Chancen in vielen Fällen gut, mit nur einer leichten Sprachstörung ... davonzukommen«, sagt Oberarzt Thomas V.* (Welt 27. 7. 1999, Internet; D)

Oberauditor CH der; -s, -en: ›↗Vorsteher der Militärjustiz‹: *Gestern kam R. auch unter Beschuss des Chefanklägers der Schweizer Armee, Oberauditor Dieter W.* (Blick 18. 9. 1999, 1) – Eine weibliche Form ist nicht gebräuchlich. Vgl. Auditor

Oberbett D (ohne ost) das; -(e)s, -en: ↗TUCHENT A, ↗FEDERBETT A D, ↗DUVET CH, ↗PLUMEAU D-südost ›mit Federn oder anderen weichen Materialien gefüllte Bettdecke‹: *Sie zuckte zusammen und zog das Oberbett ganz auf ihre Seite* (Junge, Klassenfahrt 16)

Oberbürgermeister Oberbürgermeisterin D der; -s, – bzw. die; –, -nen: ↗Bürgermeister A D LIE (Vaduz), ↗Ammann CH (FR), ↗Gemeindeammann CH (AG, SG, TG), ↗Gemeindehauptmann CH (AR, AI), ↗Gemeindepräsident CH (BL, BS, GL, GR, NW, OW, SO, SZ, UR, VS, ZG, ZH), ↗Ortsvorsteher CH (TG), ↗Stadtammann CH (AG, SG, TG), ↗Stadtpräsident CH (BE, LU, SH, SO, ZG, ZH), ↗Stadtoberhaupt D, ↗Gemeindevorsteher LIE ›direkt gewählte Person, die eine größere Stadt politisch repräsentiert und die Verwaltung leitet‹: *Ähnlich der Urwahl der Oberbürgermeister in den großen Städten bestünde bei einer Direktwahl der Ministerpräsidenten die Chance zu innovativen Mehrheiten* (Focus 4. 8. 1997, 50) – Abk. ↗OB

Obergericht CH das; -(e)s, -e: ↗Landesgericht A, ↗Appellationsgericht CH, ↗Kantonsgericht CH, ↗Landgericht D ›(in den meisten Deutschschweizer ↗Kantonen) oberstes ↗kantonales Gericht für Strafsachen‹: *Das Thurgauer Obergericht hat einen 26-jährigen Mann wegen vorsätzlicher Tötung zu einer Strafe von sieben Jahren Zuchthaus verurteilt* (NZZ Intern. Ausgabe 31. 10. 1997, 48)

obergescheit A Adj. (abwertend, Grenzfall des Standards): ↗siebengescheit A D-südost, ↗neunmalklug D (ohne südost), ↗oberschlau D-nord/mittel ›besserwisserisch‹: *Außerdem geht ihm das ewige Politisieren dieser obergescheiten Bauern auf die Nerven* (OÖN 7. 1. 1999, Internet) – Dazu: ↗**Obergescheite**

Obergescheite A der/die; -n, -n (abwertend, Grenzfall des Standards): ↗Klugscheißer D, ↗Gescheitmeier D-südost, ↗Klugschnacker D-nord, ↗Neunmalkluge D-nord/mittel ›Besserwisser(in)‹: *Johann ist der Intellektuelle, der Obergescheite – der Kopf-Mensch* (Standard 15. 5. 1998, Internet) – Vgl. obergescheit

oberkant CH Adv.: ›von der Oberkante gemessen‹: *Übersteigt die Höhe der Geschosse (Rohmass oberkant bis unterkant) 4,3 m, so wird pro 3,0 m Gebäudehöhe ein Geschoss berechnet* (Baugesetz der Gemeinde St. Moritz, Art. 87, 1999, Internet) – Vgl. unterkant

Oberkreisdirektor Oberkreisdirektorin D (Niedersachsen, Nordrhein-Westfalen) der; -s, -en bzw. die; –, -nen: ↗Bezirkshauptmann A (ohne Graz, Wien), ↗Bezirksvorsteher A (Graz, Wien), ↗Bezirksammann CH (SG, SZ), ↗Bezirksamtmann CH (AG), ↗Bezirksstatthalter CH (BL, ZH), ↗Oberamtann CH (FR, SO), ↗Präfekt CH (VS), ↗Regierungsstatthalter CH (BE, LU, VS), ↗Statthalter CH (BE, BL, TG, ZH), ↗Landrat D (ohne Niedersachsen, Nordrhein-Westfalen) ›die Verwaltung eines ↗Landkreises leitender oberster Beamter bzw. leitende oberste Beamtin‹: *Oberkreisdirektor verspricht persönliches Engagement für Radwegebau Ostenfelde-Oelde* (Kreis Warendorf, 2000, Internet)

Oberland A-west/südost CH D-süd das; -(e)s, ohne Plur.: ›höher gelegener Landesteil‹: *Dabei wurde Landesrat Karl P. von der Wichtigkeit einer Förderung im Kärntner Oberland überzeugt* (Kleine Ztg 4. 7. 2001, Internet; A-west/südost); *Unverändert kritisch auch die Situation im Berner Oberland: Allein in Adelboden und Grindelwald sind noch 9000 Touristen vom Schnee gefangen* (Blick 25. 2. 1999, 1; CH) – Meist in Verbindung mit Regionen, z. B. *Berner Oberland,* ↗*Bündner Oberland, Kärntner Oberland, St. Galler Oberland,* ↗*Zürcher Oberland.* In STIR nur als Bezeichnung für den kleinräumigen oberen Vinschgau gebräuchlich. Vgl. Mittelland, Unterland – Dazu: **Berneroberland** CH, **Bündneroberland** CH, ↗**Oberländer(in)** A-west/südost CH D-südwest, ↗**Oberlandler(in)** D-südost, **Zürcheroberland** (↗Zürcher) CH

Oberländer A-west/südost CH D-südwest: **1. Oberländer Oberländerin** der; -s, – bzw. die; –, -nen: ↗Oberlandler D-südost ›Bewohner(in) eines höher gelegenen Landesteiles; Person, die aus dem ↗Oberland stammt‹: *Unterländer aus dem Fürstentum, die ins Oberland wollen, oder Oberländer, die ihren Arbeitsplatz im Unterland haben, fahren nicht über das eigene Staatsgebiet* (St. Galler Tagbl 22. 1. 1998, Internet; CH). **2.** indekl. Adj.; ↗Oberlandler D-südost ›vom ↗Oberland stammend, zum ↗Oberland gehörend‹: *Zwar wurde artig debattiert, doch richtig ins Zeug legten sich nur die Thuner und Oberländer Grossräte* (Bund 11. 6. 1998, 31; CH) – Zu 2.: In CH immer in Zusammenhang mit bestimmten Regionen, z. B. Berner Oberland, ↗Bündner Oberland, St. Galler Oberland, ↗Zürcher Oberland. Vgl. Unterländer

Oberlandesgericht A D das; -(e)s, -e: ›Gericht für Zivil- und Strafsachen in 2. Instanz‹: *Der deutsche Profiboxer ... ist vom Wiener Oberlandesgericht nun auch in der Berufungsverhandlung wegen schwerer Körperverletzung zu vier Monaten Haft auf Bewährung verurteilt worden* (Profil 30. 3. 1998, 19; A); *Jonas, zum Zeitpunkt der letzten Verhandlung vor dem Oberlandsgericht Karlsruhe fast 13 Jahre alt, hatte sich ... bis zu diesem Tag hartnäckig geweigert, seinen Vater auch nur zu sehen* (Spiegel 17. 11. 1997, 85; D) – Abk. ↗OLG. Ein *Oberlandesgericht* ist in A als Berufungsgericht für mehrere ↗Bundesländer zuständig, daher gibt es nicht in jedem ↗Bundesland ein *Oberlandesgericht.* Vgl. Kartellgericht – Dazu: **Oberlandesgerichtspräsident(in)** (↗Gerichtspräsident)

Oberlandler D-südost: **1. Oberlandler Oberlandlerin** der; -s, – bzw. die; –, -nen: ↗OBERLÄNDER A-west/südost CH D-südwest ›Bewohner(in) des ↗Oberlandes, des bayrischen ↗Alpenvorlandes‹: *Die beiden Oberlandler Claus S. und Peter H. ... machten nicht zuletzt mit ihrer im Himmel spielenden Szene Lust auf weitere ganze Programme* (Oberbayerisches Volksbl 8. 2. 2002, Internet). **2.** indekl. Adj. (nicht steigerbar); ↗OBERLÄNDER A-west/südost CH D-südwest ›aus dem ↗Oberland, zum ↗Oberland gehörend‹: *Derzeit gehören 49 Vereine mit knapp 18000 Mitgliedern, 25 Blaskapellen und 4 Spielmannszüge zum Oberlandler Gauverband* (Trachtenverband Bayern, 2002, Internet) – In A-west (Tir.) Grenzfall des Standards. In STIR selten und nur als Bezeichnung für Bewohner(innen) des kleinräumigen oberen Vinschgaus bzw. als Adjektiv mit Bezug auf den oberen Vinschgau gebräuchlich. Vgl. Unterlandler

Oberleitungsbus D der; -(es), -se: ↗OBUS A D, ↗TROLLEYBUS CH ›Bus im öffentlichen Verkehr, der mit Strom einer Oberleitung angetrieben wird‹: *Die Hauptstadtbewohner kommen miteinander ins Gespräch auf der Fahrt im Oberleitungsbus* (TAZ 18. 5. 2002, Internet) – In A selten

Oberlicht CH D (ohne südost) das; -(e)s, -e(r): ↗OBERLICHTE A D-südost, ↗OBLICHT CH ›oben in einem Raum oder an der Decke angebrachtes Fenster‹: *Die Häuser werden von einem grosszügigen, zentralen, vom Oberlicht erhellten Treppenhaus erschlossen* (St. Galler Tagbl 19. 6. 1997, Internet; CH); *Vor dem mittigen Haupteingang mit zweiflügeliger Tür und Oberlicht befindet sich ... ein von 4 Pfeilern gestützter Vorbau* (Stadt Düsseldorf 2. 8. 2001, Internet; D) – Die Bedeutung ›Licht, das von oben in einen Raum einfällt‹ ist gemeindt.

Oberlichte A D-südost die; –, -n: ↗OBLICHT CH, ↗OBERLICHT CH D (ohne südost) ›oben in einem Raum oder an der Decke angebrachtes Fenster‹: *Die Kiste Mineralwasser lasse ich mir gern von euch raufschleppen, die Oberlichten dürft ihr mir auch putzen* (Ganze Woche 5. 11. 1997, 82; A)

Oberlippenbart D (ohne nordwest/südost) der; -(e)s, ...bärte: ↗SCHNAUZBART A D, ↗SCHNAUZER A D, ↗SCHNAUZ CH D-südwest, ↗SCHNÄUZER D-mittelwest/südwest ›Schnurrbart‹: *Der Täter ist etwa 25 Jahre alt, 1,65 Meter groß und hat einen Oberlippenbart sowie einen dünnen Kinnbart* (Main-Echo 21. 11. 2001, Internet)

Obers A-ost das; –, ohne Plur.: ↗RAHM A CH D (ohne nordwest), ↗NIDEL CH, ↗SAHNE D (ohne südost), ↗SCHMANT D-mittelost ›oben schwimmender, fetthaltiger Teil der Milch; flüssiger Süßrahm‹: *Die Garnelen in 5 mm große Stücke schneiden und in der Butter kurz anrösten, mit Cognac ablöschen, mit Obers aufgießen* (ORF Nachlese 11/1997, 70) – Dazu: **Kaffeeobers** (↗Kaffee), **Oberscreme** (↗Creme), ↗**Oberskren** A, ↗**Oberssauce**

oberschlau D-nord/mittel Adj. (abwertend, Grenzfall des Standards): ↗OBERGESCHEIT A, ↗SIEBENGESCHEIT A D-südost, ↗NEUNMALKLUG D (ohne südost) ›besserwisserisch‹: *Fußballtrainer sind Fußballtrainer, weil sie viel mehr von der Materie verstehen als der normale Mensch, der auf der Tribüne ... oberschlau daherredet* (TAZ 4. 2. 2002, Internet)

Oberschule die; –, -n: **1.** CH (GL, SO, ZH); ↗HAUPTSCHULE A D, ↗REALSCHULE CH, ↗SEKUNDARSCHULE CH, ↗BEZIRKSSCHULE CH (AG, SO), ↗MITTELSCHULE STIR ›eine der an die ↗Primarschule anschliessenden Schulen der obligatorischen Schulzeit bzw. Gebäude, in dem diese Schule untergebracht ist‹: *1959 wurde die Oberstufe neu gegliedert. Sie besteht nun aus den drei Teilen Sekundarschule, Realschule und Oberschule* (Zürcher Bürgerbuch 93). **2.** STIR; ↗BHS A, ↗MITTELSCHULE CH, ↗FACHOBERSCHULE D, ↗BERUFSFACHSCHULE D (ohne südost) ›an die obligatorische Schulausbildung anschließende höhere Schule, die zu einem berufsbezogenen Abschluss und/oder zur Hochschulreife führt bzw. Gebäude, in dem diese Schule untergebracht ist‹: *Jahrzehntelang wirkte er ... als Vizedirektor an der Handelsoberschule und Oberschule für Geometer von Bozen und Meran* (Katholisches Sonntagsbl 10. 12. 2000, 8) – Zu 1. und 2.: **Oberschüler(in), Oberschullehrer(in).** Zu 2.: **Frauenoberschule,** ↗**Gewerbeoberschule,** ↗**Handelsoberschule, Oberschulbiennium** (↗Biennium), **Sportoberschule**

Oberskren A der; -s, ohne Plur.: ↗MEERRETTICHSCHAUM CH, ↗SAHNEMEERRETTICH D ›mit [geschlagenem] Süßrahm versetzter ↗Kren‹: *Tischte man früher Gänsesuppe, -leber und -braten auf, so serviert man jetzt Gravad-Lachs mit Senfsauce zum Einstieg, danach kalt geräucherten Lachs mit Oberskren auf Toast und als Höhepunkt – warm geräucherten Lachs mit Blattspinat* (Kurier 29. 11. 1996, 23) – Vgl. Obers

Oberssauce A-ost die; –, -n [...soːs]: ↗RAHMSOSSE D, ↗SAHNESOSSE D (ohne südost) ›mit ↗Obers zubereitete Sauce; Rahmsauce‹: *Wird Wein zu lange mit Oberssauce gekocht, dann gerinnt das Obers* (OÖN 28. 5. 1999, 24) – Vgl. Sauce

Oberstübchen (gemeindt.): ↗HINTERSTÜBERL

Oberstudienrat Oberstudienrätin der; -(e)s, ...räte bzw. die; –, -nen: **1.** A /ein Ehrentitel für Gymnasiallehrer(innen)/: *Der Herr Bundespräsident hat zwei verdiente Salzburger Pädagogen durch die Verleihung des Berufstitels »Oberstudienrat« ausgezeichnet* (Land Salzburg, Landesschulrat, 1999, Internet). **2.** D ›Berufstitel für einen um einen Rang beförderten ↗Studienrat bzw. für eine um einen Rang beförderte Studienrätin‹: *Als dritter in der Hierarchie des Gymnasiums stand da Oberstudienrat Dr. B. verzeichnet* (Martin, Blut 22) – Abk. OstR

Oberstufe die; –, -n: **1.** A D; ↗SEKUNDARSTUFE: *SEKUNDARSTUFE II CH D, ↗SEKUNDARSCHULE: *SEKUNDARSCHULE 2. GRADES STIR ›in Österreich vier oder fünf Jahre dauernder zweiter Abschnitt des Gymnasiums; in Deutschland drei Jahre dauernder Abschnitt nach der verpflichtenden Schulzeit, der z. B. am Gymnasium absolviert werden kann‹: *So setzten sie sich zusammen, brüteten einen neuen Lehrplan für die Oberstufe aus und suchten um den Schulversuch »Politische Bildung und Zeitgeschichte« an* (OÖN 21. 11. 1998, 20; A); *Sie plädiert gleichzeitig für große Gymnasien mit vier Eingangsklassen, um in der Oberstufe zahlenmäßig stark genug zu sein für ein breites Fächerangebot* (WAZ 11. 7. 2001, Internet; D). **2.** CH; ↗SEKUNDARSTUFE: *SEKUNDARSTUFE II CH, *SEKUNDARSTUFE I CH D, ↗SEKUNDARSCHULE: *SEKUNDARSCHULE 1. GRADES STIR ›Teil der obligatorischen Schulzeit im Anschluss an die ↗Primarschule, für deren Absolvierung verschiedene Schulformen (z. B. Gymnasium, Berufsausbildungsschule, Diplommittelschule (↗Mittelschule)) zur Verfügung stehen‹: *Ob die Schulpflicht erfüllt ist, hängt nur von der Zahl der tatsächlich absolvierten Unterrichtsjahre ab, hingegen nicht davon, ob alle Klassen (erste bis sechste Klasse der Primarschule, erste bis dritte Klasse der Oberstufe) besucht werden* (Kanton SO, Gesetzessammlung, 1999, Internet) – Die *Oberstufe* in der Schweiz setzt sich aus den beiden Abschnitten *Sekundarstufe I* und *II* zusammen. Vgl. Schulstufe – Zu 1.: **AHS-Oberstufe** (↗AHS) A, **Bundesoberstufenrealgymnasium** (↗Realgymnasium) A, **Oberstufenrealgymnasium** (↗Realgymnasium) A, **Oberstufenreform.** Zu 1. und 2.: **Oberstufenlehrer(in), Oberstufenschüler(in).** Zu 2.: **Oberstufenschule, Oberstufenschulhaus**

Obertasse D die; –, -n (Handel): ↗TASSENKOPF D-nord ›zu einer Untertasse gehörende Tasse‹: *Beide Teile … zeigen … das … Bildnis eines Herrn auf der Obertasse* (Städtische Sammlungen Wetzlar 26. 6. 2002, Internet)

Oberverwaltungsgericht D das; -(e)s, -e: ↗VERWALTUNGSGERICHTSHOF D ›zweithöchste Instanz der Gerichtsbarkeit für Verwaltungsakte‹: *Das Sächsische Oberverwaltungsgericht in Bautzen (OVG) hat es abgelehnt, die langen Öffnungszeiten im Leipziger Hauptbahnhof zu verbieten* (Welt 15. 12. 1998, Internet) – Abk. OVG

Obfrau A die; –, -en: **1.** ↗VORSITZENDE D ›weibliche Person, die in einer politischen Partei die leitende Position innehat‹: *Nur bei der Entmachtung der Frontfrau des Fundi-Flügels, der Ex-Obfrau Madeleine P., die Van der B. als Klubchefin absetzte, ächzte es im Gebälk* (Profil 9. 7. 2000, Internet). **2.** ↗VORSITZENDE D ›weibliche Person, die in einem Verein, einem Verband o. Ä. die leitende Position innehat; Präsidentin‹: *Porträt: Christine Nöstlinger als neue Obfrau von SOS-Mitmensch* (Kurier 14. 12. 1997, 17) – Vgl. Obmann – Zu 1.: **Bezirksparteiobfrau** (↗Bezirk), **Bundesparteiobfrau,** ↗**Klubobfrau, Landesparteiobfrau** (↗Landes-), **ÖVP-Obfrau** (↗ÖVP), **Parteiobfrau, Parteiobfraustellvertreter(in), Stadtparteiobfrau.** Zu 2.: **Betriebsratsobfrau** (↗Betriebsrat), **Bezirksobfrau** (↗Bezirk), **Ehrenobfrau, Obfraustellvertreter(in), Sektionsobfrau**

obgenannt A CH Adj. (nicht steigerbar, formell): ›oben genannt‹: *Die Konsumenten können aber sicher sein, dass die problematischen Klauseln durch das obgenannte Verfahren sowieso gerichtlich geprüft und … für nichtig erkannt werden* (Konsument 5/2001, Internet; A); *Ich bin mir sehr wohl bewusst, wie viel Leid die obgenannten Krankheiten sowohl für Betroffene, als auch für Angehörige bedeuten* (BeZ 3. 9. 1997, 53; CH)

Oblicht CH das; -(e)s, -er: ↗OBERLICHTE A D-südost, ↗OBERLICHT CH D (ohne südost) ›an der Decke eines Raums angebrachtes Fenster‹: *Helle weisse Wände, darüber der ungleichseitige Giebel des Shed-Daches, dessen steilere Nordseite als Oblicht ausgebildet ist* (St. Galler Tagbl 17. 3. 1998, Internet)

Obligation A CH die; –, -en (meist Plur., Finanzwesen): ↗RENTENPAPIER A D, ↗RENTENWERT D ›festverzinsliches Wertpapier (eines Unternehmens oder einer Gemeinde)‹: *Dessen ungeachtet ist die Emittentin berechtigt, jederzeit Obligationen zu jedem beliebigen Preis im Markt … zu erwerben* (Raiffeisenlandesbank Steiermark, 2002, Internet; A); *Die Schweizer Börse läuft nicht recht … Also doch lieber in Obligationen investieren?* (TA 29. 10. 1999, 83; CH) – In D fachsprachlich. Die Bedeutung ›Verpflichtung, persönliche Verbindlichkeit‹ ist fachsprachlich gemeindt. – Dazu: ↗**Kassenobligation, Kommunalobligation** D, ↗**Obligationenfonds, Obligationenmarkt, Obligationenrendite**

Obligationenfonds A CH der; –, – […fõː]: ↗RENTENFONDS A D ›Vermögensmasse aus festverzinslichen Wertpapieren, die zum Zweck einer kollektiven Kapitalanlage unter einem größeren Personenkreis durch Anteilscheine aufgeteilt ist und die von einer Bank verwaltet wird‹: *Für Anleger stelle sich die Frage, ob nicht stattdessen vermehrt auf Obligationenfonds gesetzt werden sollte, da so dank der Diversifikation die Volatilität gesenkt werde* (Standard 15. 1. 2002, Internet; A); *Angepasst an Anlageziel und Risikofähigkeit, verfügen die vier Fund-of-Funds über eine unterschiedliche Ausrichtung und Renditezielsetzung, was* *durch die Gewichtung der Anteile von Aktien- oder Obligationenfonds ... zum Ausdruck kommt* (TA 29. 10. 1999, 83; CH) – Vgl. Anlagefonds, Obligation, Wertschriftenfonds

Obligationenrecht A CH das; -(e)s, ohne Plur.: ↗SCHULDRECHT D ›gesetzliche Regelung der Entstehung, Wirkung und des Erlöschens von Schuldverhältnissen, die durch Vertrag oder durch unerlaubte Handlung entstehen‹: *Zufolge der in unserem Obligationenrecht grundsätzlich herrschenden Vertragsfreiheit kann es den Parteien nicht verwehrt werden, ihre gegenseitigen Rechtsbeziehungen so zu gestalten, wie es ihrer Willkür entspricht* (Rechtsinformationssystem Ris, 2001, Internet; A); *Im Obligationenrecht steht klar und deutlich, dass ein Arbeitnehmer von Kunden keine Geschenke annehmen darf* (Salz&Pfeffer 3/1993, 91; CH) – Abk. OR. Vgl. Zivilgesetzbuch

Obligatorium CH das; -s, ...orien: ›[gesetzliche] Verpflichtung; Pflichtleistung‹: *Die vor einem Jahr ... eingereichte Initiative will das Obligatorium in der Krankenversicherung auf die Spitalkosten beschränken* (TA 9. 9. 1999, 11) – Dazu: **Helmobligatorium**, ↗**Schulobligatorium, Versicherungsobligatorium**

Obmann der; -(e)s, ...männer/...leute: **1.** A; ↗PARTEIPRÄSIDENT CH BELG, ↗VORSITZENDE D ›männliche Person, die in einer politischen Partei die leitende Position innehat‹: *Entsprechend dem Wahlergebnis übernahm Leopold Figl, der Obmann der ÖVP, das Amt des Bundeskanzlers* (Wald, Zeitbilder 12). **2.** A CH; ↗VORSITZENDE D, ↗VORSITZER D ›männliche Person, die in einem Verein, einem Verband o. Ä. die leitende Position innehat; Präsident‹: *»Wer sich neuerer Literatur öffnet oder gut ist, hat keine Nachwuchssorgen«, stellt Kurt B., Obmann des Chorverbandes Vorarlberg, fest* (VN 29. 10. 1997, D 5; A); *Emil ist dem OV Rebstein 1929 beigetreten und übernahm von 1933 – 1944 das Amt des Kaninchenobmannes* (Tierwelt 15. 8. 1997, 35; CH) – In D selten. Vgl. Obfrau – Zu 1.: **Bezirksparteiobmann** (↗Bezirk), **Bundesparteiobmann**, ↗**Klubobmann, Landesparteiobmann** (↗Landes-), **ÖVP-Obmann** (↗ÖVP), **Parteiobmann, Parteiobmannstellvertreter(in), Stadtparteiobmann.** Zu 2.: **Betriebsratsobmann** (↗Betriebsrat) A, **Bezirksobmann** (↗Bezirk) A, **Juniorenobmann** (↗Junioren-) CH, **Landesobmann** (↗Landes-) A, **Sektionsobmann** A. Zu 1. und 2.: **Ehrenobmann, Obmanndebatte** A, **Obmannschaft, Obmannstellvertreter(in)** A, **Obmannwahl** A

obschon CH Konj.: ›obwohl‹: *Eine Strasse zu bauen wäre in dem steilen Gelände sehr teuer, obschon sie nur etwa sechshundert Meter lang sein müsste* (Rüegg, Welt 16) – In A und D selten und gehoben

Obsorge A die; –, ohne Plur. (formell): ›Aufsicht, Betreuung, Fürsorge‹: *Voraussetzung für eine einvernehmliche Scheidung ist allerdings, ... dass die Eheleute sich zuvor über die Scheidungsfolgen (Obsorge für die Kinder, Unterhalt und Aufteilung des ehelichen Vermögens) geeinigt haben* (Profil 19. 1. 1998, 87) – Dazu: **Obsorgepflicht, Obsorgerecht**

Obst das; -(e)s, ohne Plur.: **1.** A D; ↗FRUCHT CH /Sammelbezeichnung für verschiedene Fruchtsorten/: *Die Waren in den wenigen privaten Lebensmittelmärkten, die Fleisch und Obst in guter Qualität anbieten, sind für Normalverdiener unerschwinglich* (Kurier 2. 1. 1992, 3; A); *Bevor ein Bauer sein Obst, Gemüse oder Fleisch mit dem Zusatz »Bio« versehen darf, müssen Anbau und Produktion strenge EU-Richtlinien erfüllen* (Welt 13. 11. 2000, Internet; D). **2.** CH ›Kernobst‹: *Wenn meine Äpfel und Birnen von Hagel und Unwetter verschont blieben, ist der Herbst für mich das Paradies. ... In einem guten Jahr ... kann ich etwa 80 Tonnen Obst einfahren* (Sonntagsblick 1. 10. 2000, M2) – Wird in CH kurz oder lang ausgesprochen. Zu 1.: In CH fachsprachlich – Zu 1.: ↗**Backobst** D (ohne südost), ↗**Dörrobst D** (ohne südost), **Mostobst** (↗Most), **Obstbrennerei, Obstkeller** A, **Obstkorb, Obstkuchen,** ↗**Obstler,** ↗**Obstmagazin** STIR, **Obstmarkt** CH D, **Obstsalat, Obstschale** D, **Obstschnitte** (↗Schnitte), **Obststeige** (↗Steige) A D-nordwest/süd, ↗**Obstwasser** D-mittel/südwest, ↗**Obstwiese** D STIR, ↗**Trockenobst** D STIR. Zu 1. und 2.: **Obstbauer (...bäuerin), Obstgarten, Obstkultur**

Obstgarten (gemeindt.): ↗FRUCHTGARTEN

Obstlager (gemeindt.): ↗OBSTMAGAZIN

Obstler A D der; -s, –: ↗BÄTZI CH, ↗TRÄSCH CH, ↗OBSTWASSER D-mittel/südwest ›aus ↗Obst gebrannter Schnaps‹: *Aber erstens gibt man sich auf dem Lande abgasbewusst und zweitens kippen die Damen bei den grünen Abenden gern Obstler und wollen heimfahrend nicht im Straßengraben landen* (Nöstlinger, Bonsai 79; A); *Äpfel schmecken nicht nur als frische Frucht, sondern auch in flüssiger Form als Saft, und für oberschwäbische Genießer als Most und Obstler* (Fachschule für Landwirtschaft Ravensburg, 1999, Internet; D)

Obstmagazin STIR das; -s, -e: ›größeres Lager für ↗Obst; Obstlager‹: *Ziel war eine gemeinsame Sortierung und Verpackung der Bioäpfel, dafür mietete man ein Obstmagazin in Burgstall* (FF 2. 5. 2002, 16)

Obstwasser D-mittel/südwest das; -s, ...wässer: ↗OBSTLER A D, ↗BÄTZI CH, ↗TRÄSCH CH ›aus ↗Obst gebrannter Schnaps‹: *Im Süden destilliert man Früchte aus den Obstplantagen des Rheintals und des Bodensees zu Obstwasser* (Deutschland Tourismus, 2002, Internet)

Obstwiese D STIR die; –, -n: ›Wiese, auf der ↗Obst angebaut wird‹: *Obstwiesen und -weiden sind typische*

Kulturlebensräume, die vielerorts noch zur Belebung des Landschaftsbildes beitragen (Natur- und Umweltschutz Akademie NRW 12. 11. 2000, Internet; D); *Er bettelte, sie solle mit ihm ausgehen, zum Tanzen oder ins Kino, er käme sie abholen auf seiner* Lambretta *zu einer Spazierfahrt in die Obstwiesen* (Pichler, Lunaspina 102; STIR)

Obus A D der; –, -se ⟨zusammengezogen aus *Oberleitungsomnibus*⟩ (Kurzwort): ↗Trolleybus CH, ↗Oberleitungsbus D ›Bus im öffentlichen Verkehr, der mit Strom einer Oberleitung angetrieben wird‹: *Im Anschluss an das laufende Buserneuerungsprogramm werden künftig auch Obusse und Straßenbahnen in Niederflurtechnik beschafft* (Lebendiges Linz 11/1997, 37; A); *Leise, leicht, ja fast schwerelos kommt der Obus daher, doch dabei steht er wie jeder normale Bus fest mit allen vier Rädern auf der Straße* (WDR 18. 6. 2002, Internet; D)

obwohl (gemeindt.): ↗obschon

Occasion die; –, -en [ɔkas'i̯õ: A, 'ɔk'asi̯õ CH] ⟨aus frz. *occasion* ›Gelegenheit‹⟩ **1.** CH; ↗Gebrauchtwagen A D ›Auto aus zweiter Hand‹: *In der Schweiz werden jährlich … 300000 Neuwagen verkauft. Aber … 700000 Occasionen wechseln den Besitzer* (TA 9. 3. 1999, 85). **2.** CH ›[Gebrauchs]gegenstand oder Gerät aus zweiter Hand‹: *Trotz oder gerade wegen der sprunghaften Entwicklung in der Fotobranche sind gut erhaltene Occasionen weiterhin heiss begehrt* (Bund 30. 3. 1995, 45). **3.** A; ↗Okkasion A ›Kauf[angebot] zum Sonderpreis‹: *Occasion: Baugrund Unterach/Attersee, aufgeschl., ÖS 950, -/qm* (SN 8. 11. 1997, 37) – Zu 1. und 2.: **Occasionenhandel, Occasionsauto, Occasionsbörse, Occasionshändler(in), Occasionsmarkt, Occasionsmaschine, Occasionsmöbel, Occasionspreis, Occasionswagen**

Ochs A CH D-süd der; -en, -en: **1.** ↗Ochse D (ohne südost) ›kastriertes männliches Rind‹: *Angeheizt wurde um 2 Uhr morgens, bis 12 Uhr war der Ochs gar* (Kleine Ztg 22. 6. 1996, Internet; A); *Ein Ochs am Spiess und viele weitere kulinarische Spezialitäten regen den Appetit an!* (Bezirk Münchwilen, 2003, Internet; CH); ***[dastehen] wie der Ochs vorm Berg** A D siehe Berg. **2.** (abwertend, salopp); ↗Hiefler A, ↗Wappler A, ↗Lackel A D-süd, ↗Dubel CH, ↗Galöri CH, ↗Schlufi CH, ↗Tschumpel CH, ↗Tubel CH ›Dummkopf; Idiot; Hornochse‹: *Im etwa 500 Jahre alten Gebäude erwartet den Gast ein altes Gewölbe mit Granitsäulen und ein bezaubernder Gastgarten mit dem Flair der Wachau. … Ein Ochs, wer hier nicht einkehrt!* (Weinstube Ochsenhof/Wachau, 2002, Internet; A); *Dampf abzulassen, wenn einem einer auf den Wecker geht: Den Nervtöter beschimpfen – lauthals oder leise. Das entsprechende Vokabular ist vielseitig: Tubel, Trottel, … Ochs, Hornochs, Esel, Schaf, Rhinozeros* (Blick 9. 7. 1998, Internet; CH) – Zu 1.: ↗**Ochsenschlepp** A

Ochse D (ohne südost) der; -n, -n: ↗Ochs A CH D-süd ›kastriertes männliches Rind‹: *Zwei Hirten beten das Jesuskind an und Schafe, Ochse und ein Esel stehen in stiller Eintracht vor dem Jesuskind* (Schwäbische Ztg 3. 1. 2002, Internet) – In A, CH und D-süd selten

Ochsenauge das; -s, -n: **1.** D-süd; ↗Setzei D-ost ›Ei, das in eine Bratpfanne geschlagen und ohne Verrühren gebraten wird, so dass das ↗Eigelb ganz bleibt; Spiegelei‹: *Ochsenaugen. Nimm 2 Eier, schütte dieselben in eine Pfanne mit heißem Schmalz und lasse dieselben unverrührt ausbacken* (Universität Marburg 17. 1. 2002, Internet). **2.** D-mittel/süd ›Gebäckstück mit einer halben ↗Aprikose‹: *Wer … etwas Ruhe sucht, ist in der kleinen namenlosen Bar … gut aufgehoben. Dort gibt es zum Cafe … ein süßes »Ochsenauge«* (SZ 12. 3. 2001, Internet) – Zu 1.: In A selten. Andere Bedeutungen sind gemeindt.

Ochsenschlepp A der; -(e)s, -e: ›Ochsenschwanz (Fleischteil und daraus zubereitete Speise)‹: *Den Ochsenschlepp salzen und pfeffern, der Länge nach zusammenklappen und in einem großen Topf in heißem Öl auf beiden Seiten braun anbraten* (ORF Nachlese 11/1997, 73) – Vgl. Ochs – Dazu: **Ochsenschleppsuppe**

Ochsenschwanz (gemeindt.): ↗Ochsenschlepp

OeAV A der; -s, ohne Plur.: buchstabierte Abk. für *Österreichischer Alpenverein:* ↗SAC CH, ↗DAV D ›Bergsteigervereinigung, die sich u.a. Natur- und Umweltschutzfragen widmet, Wanderwege wartet und Berghütten unterhält‹: *Im Jahre 1981 konnte der OeAV sein Grundeigentum nach über 60 Jahren des Ringens in den Nationalpark Hohe Tauern einbringen* (Alpenverein, 2001, Internet)

OeNB A siehe Nationalbank

ÖFB A der; -s, ohne Plur.: buchstabierte Abk. für ›Österreichischer Fußballbund‹: ↗SFV CH, ↗DFB D: *Die Partie ist übrigens durch die ÖFB-Aktion dem Nachwuchs gewidmet* (TT 8./9. 11. 1997, 37)

Ofen CH D der; -s, Öfen: kurz für ↗*Backofen:* ↗Backrohr A D-südost, ↗Rohr A D-südost, ↗Backröhre D-nord/mittel, ↗Röhre D-nord/mittel ›meist mit Elektrizität oder Gas betriebenes Küchengerät zum Backen und Braten‹: *Irma schob den Hackbraten in den Ofen* (Moser, Putzfraueninsel 88; CH); *Den Backofen auf 180°C vorheizen … Nun das Schweinefleisch … in den Ofen schieben* (MDR 31. 7. 2002, Internet; D) – Die Bedeutungen ›Ofen zum Heizen‹ und die saloppe Bedeutung ›Motorrad‹ sind gemeindt.

Ofenbauer Ofenbauerin CH D-südwest der; -s, – bzw. die; –, -nen: ↗Hafner A CH D-süd, ↗Ofensetzer

A D, ↗TÖPFER D-nord ›Person, die berufsmäßig [Kachel]öfen und Rauchabzugsschächte baut‹: *Wir sind stolz, dass es in unserer Gemeinde noch einen Ofenbauer, einen Sattler und einen Schmied gibt* (Sonntagsztg 15. 10. 2000, 55; CH)

Ofensetzer Ofensetzerin A D der; -s, – bzw. die; –, -nen: ↗HAFNER A CH D-süd, ↗OFENBAUER CH D-südwest, ↗TÖPFER D-nord ›Person, die berufsmäßig [Kachel]öfen und Rauchabzugsschächte baut‹: *Salzburgs Ofensetzer wehren sich gegen Pfusch in ihrer Branche* (SN 3. 11. 1999, Internet; A); *Auf die Geschäftsidee, einen Allround-Service für kleinere Reparatur- und Hilfsarbeiten … anzubieten, kam der Ofensetzer während der langen Arbeitslosigkeit* (Welt 15. 8. 2000, Internet; D)

Offenausschank CH der; -(e)s, ohne Plur.: ›portionenweise Ausgabe (von Getränken aus Flaschen oder Fässern)‹ (meistens in der Wendung *im Offenausschank*): *Auf die Getränkekarte wird viel Wert gelegt; im Offenausschank gibt's alles, was auch in Flaschen zu haben ist* (Züritipp 1. 2. 2002, Internet) – Vgl. Offenverkauf

Öffentlichkeitsregister LIE das; -s, –: ↗FIRMENBUCH A, ↗HANDELSREGISTER CH D ›öffentliches Verzeichnis der Inhaber(innen) von Gewerbebetrieben‹: *Auflagen sind im Grundbuch oder im Öffentlichkeitsregister als öffentlich-rechtliche Auflagen anzumerken* (Liechtensteinisches Landesgesetzbl 9. 3. 1999, Internet) – Dazu: **Öffentlichkeitsregisteramt**

Offenverkauf CH der; -(e)s, …käufe (Plur. ungebräuchl.): ↗THEKENVERKAUF D-mittel ›Verkauf von frischen, unverpackten Lebensmitteln (bes. Käse und Fleisch) im Supermarkt an einer ↗Theke durch Personal‹ (meistens in der Wendung *im Offenverkauf*): *Die Zahl der Käseläden nimmt ab, immer öfter kommt der Käse aus dem Supermarkt, wo er abgepackt oder im Offenverkauf in grosser Auswahl angeboten wird* (Bund 20. 2. 1997, 31) – Vgl. Offenausschank

Offert A das; -(e)s, -e ⟨aus frz. *offert* (2. Part.) zu *offrir* ›anbieten‹⟩: ↗ANBOT A, ↗OFFERTE CH ›[Kauf]angebot; Kostenvoranschlag‹: *Fordern Sie ein unverbindliches Offert ein* (News 6. 11. 1997, 167) – Vgl. Offert-Dazu: **Billigoffert, Erstoffert, Offertwesen** (↗-wesen) CH

Offert- A CH (produktives Bestimmungswort in Zus.): ↗OFFERTEN- CH D ›zum [Kauf]angebot, Kostenvoranschlag gehörend‹, z. B. Offertabgabe, Offertlegung, Offertsteller(in), Offerterstellung, Offertwesen (↗-wesen) CH: *Im Gegensatz zu den öffentlichen Ausschreibungen werden bei den beschränkten Ausschreibungen Firmen von den Landesstraßenbauabteilungen bis zu einem bestimmten Auftragsvolumen zur Offertlegung direkt angeschrieben* (Profil 23. 10. 1998, Internet; A); *Der Zuschlag kann von den Offertstellern innert 30 Tagen angefochten werden* (Bund 11. 1. 2000, 25; CH) – In A werden die Zus. ohne, in CH mit oder ohne und in D nur mit dem Fugenelement -en- gebildet. Vgl. Offert

Offerte CH die; –, -n [ɔ'fɛrtə] ⟨aus frz. *offerte* (2. Part. Femininum) zu *offrir* ›anbieten‹⟩: **1.** ↗ANBOT A, ↗OFFERT A ›[schriftliches] [Verkaufs]angebot‹: *Es ist ein Gebot des geschäftlichen Anstandes und der Klugheit, solche Bedingungen schon in der Offerte und nicht erst bei der Bestätigung des Auftrages bekannt zu geben* (Rutishauser, Geschäftsbriefe 71); ***eine Offerte einholen:** ↗ANGEBOT: *EIN ANGEBOT EINHOLEN A D ›an einen Anbieter eine Preisanfrage richten‹: *Es wurden damals viele Offerten eingeholt, O. bot als einziges Unternehmen den gewünschten Schutz im Kassenbereich* (Bund 24. 3. 1993, 9). **2.** ›[Stellen]bewerbung‹: *Bitte richten Sie Ihre Bewerbung an unseren Herrn R. W. Er behandelt Ihre Offerte vertraulich und gibt Ihnen auch gerne weitere Auskünfte* (Hunziker Winterthur, 2000, Internet) – In A und D formell und in der Kaufmannssprache gebräuchlich. Vgl. Offerten- – Dazu: **Offert(en)formular**

Offerten- CH D (produktives Bestimmungswort in Zus.): ↗OFFERT- A CH ›zum [Kauf]angebot, Kostenvoranschlag gehörend‹, z. B. Offertenabgabe, Offertenformular, Offertensteller(in): *Termin für die Offertenabgabe: 31. Juli 2000* (Schweizerisches Handelsamtsbl 4. 7. 2000, 1; CH); *Ihre Aufgabenbereiche umfassen … die Einsatzplanung von Fahrern und Fahrzeugen, oft verbunden mit Offertenabgabe und weiteren Kundenserviceleistungen* (Technische Hochschule Aachen 8. 1. 2001, Internet; D) – In D fachsprachlich und formell. In A werden die Zus. ohne, in CH mit oder ohne und in D nur mit dem Fugenelement -en- gebildet. Vgl. Offerte

Öffi A das; -s, -s (salopp, Kurzwort): ›öffentliches Verkehrsmittel‹: *Um zu testen, ob das waghalsige Experiment des Landesgrenzübertrittes per Öffi gelingen kann, werden zur Frühspitze vier … kurze U6-Züge so tun, als wären sie Badner Bahnen – und auf der U6-Trasse … fahren* (Standard 9./10. 11. 2002, Internet)

Offiziersschule CH D die; –, -n: ↗MILAK A, ↗MILITÄRAKADEMIE A ›militärische Ausbildung zum Offizier‹: *Samuel Schmid war gerne Soldat, absolvierte später die Offiziersschule und wurde Oberst* (Blick 7. 12. 2000, 3; CH); *Die Schulordnung allerdings war noch strenger geworden, der Dienst entsprach dem einer Offiziersschule* (Bayerische Beamtenfachhochschule 5. 12. 2001, Internet; D) – Dazu: **Unteroffiziersschule** CH

offside CH Adj. ['ɔfsaɪd] ⟨engl.⟩: ›sich im Abseits befindend; abseits‹: *G. stand klar offside, und deshalb war das Tor irregulär* (TA 11. 3. 1997, 45)

Offside CH das; -s, -s ['ɔfsaɪd] ⟨engl.⟩: **1.** ›regelwidrige Stellung eines Spielers (beim Fussball und Eishockey); Abseits‹: *Die Verteidigung spekulierte zu oft auf Offside und liess sich überlaufen* (St. Galler Tagbl 5. 6. 2000, Internet). **2.** ›durch eigenes Verhalten provozierte Isolation‹: *Denner-Chef S. manövriert sich ins Offside* (SBV-Medienmitteilungen, 1998, Internet) – Vgl. offside – Zu 1.: **Offsidefalle, Offsideposition, Offside-Tor**

ọfter: *des Öftern A CH ›des Öfteren‹: *Außerdem habe S. bereits des Öftern Flugblätter ohne Genehmigung umgestaltet* (OÖN 2. 4. 1993, 17; A); *Die Schauspielerin gibt … zu, »des Öftern gelogen zu haben, um damit die Realität zu verschönern«* (Blick 23. 10. 1999, 9; CH) – Das Adverb *öfter* ist in allen anderen Verwendungen gemeindt.

OGH siehe Gerichtshof

ÖH A die; –, ohne Plur.: buchstabierte Abk. für *Österreichische ↗Hochschülerschaft*: ›gesetzlich verankerte, gewählte Vertretung der Studierenden an österreichischen Universitäten‹: *»Shoot the Students« – nur im übertragenen Sinne ruft die ÖH ab sofort alle Studierenden damit auf, ihre Welt durch die Linse der Lomo zu sehen und zu zeigen* (Neue Zeit 19. 4. 1998, 15) – Dazu: **ÖH-Referat** (↗Referat), **ÖH-Referent(in)** (↗Referent), **ÖH-Wahl**

Öhmd D-südwest das; -(e)s, ohne Plur.: ↗GRUMMET A D-nordost/südost, ↗EMD CH ›durch einen zweiten oder dritten Grasschnitt gewonnenes Heu‹: *Die Trockenheit … hat dazu geführt, dass das Öhmd (zweiter Grasschnitt) jetzt um drei Wochen früher als sonst eingebracht werden muss* (Rems-Murr Nachr 1. 7. 2000, Internet) – Dazu: ↗**öhmden**

öhmden D-südwest sw.V./hat: ↗EMDEN CH ›zur Heugewinnung einen zweiten oder dritten Grasschnitt machen‹: *Als Gegenleistung halfen sie beim Heuen, Viehhüten, Öhmden (Öhmd: südwestdeutsch für das zweite Mähen) und Ähnlichem* (Universität Freiburg 16. 11. 2001, Internet) – Vgl. Öhmd

Ohrfeige (gemeindt.): ↗BACKPFEIFE, ↗CHLAPF, ↗DACHTEL, ↗FOTZE, ↗SCHELLE, ↗WATSCHE

ohrfeigen (gemeindt.): ↗BACKPFEIFEN, ↗FOTZEN, ↗WATSCHEN

OK CH D das; -s, -s: buchstabierte Abk. für *Organisationskomitee*: ›Personenkreis, der eine Veranstaltung organisiert‹: *Seit zwei Jahren bereitet das OK unter der Leitung von Paula B. das grosse Festwochenende vor* (St. Galler Tagbl 21. 5. 1997, Internet; CH); *Über finanzielle Einzelheiten des Kontrakts machte das OK indes keine Angaben* (ZDF 18. 2. 2002, Internet; D) – Dazu: **OK-Chef(in), OK-Präsident(in)**

Okkasion A die; –, -en ⟨aus frz. *occasion* ›Gelegenheit‹⟩: ↗OCCASION A ›Kauf[angebot] zum Sonderpreis‹: *Was sich beim Einkauf zunächst als Okkasion dargestellt hat, entpuppt sich bei einem Defekt rasch zum Bumerang* (Computerwelt 10. 11. 1997, 33) – Dazu: **Okkasionsangebot, Okkasionspreis**

Ökonomat CH-süd (VS) STIR das; -(e)s, -e ⟨aus ital. *economato* ›Verwaltung‹⟩: ↗MATERIALSTELLE CH D, ↗BETRIEBSMITTELVERWALTUNG D ›Abteilung in einer Behörde oder in einem Betrieb, in der Sachmittel verwaltet werden‹: *Am Kollegium Spiritus Sanctus haben Schülerinnen und Schüler die Möglichkeit im Internat zu wohnen. Über die Aufnahmebedingungen gibt das Ökonomat des Internates Auskunft* (Kanton VS, 2003, Internet; CH-süd); *Am 23. und 24. November werden diese Beträge direkt im Ökonomat am Waltherplatz 1 ausbezahlt* (Dolomiten 21. 11. 1998, 31; STIR) – In A selten – Dazu: **Ökonomatsamt** STIR, **Ökonomatsdienst** STIR, **Ökonomatskasse** STIR

Ökopunkt A der; -(e)s, -e: ↗SCHWERVERKEHRSABGABE CH ›anhand der Abgaswerte berechnete Gebühr für Lastwagen über 7,5 Tonnen Gesamtgewicht aus dem EU-Raum, die bei der Durchfahrt durch Österreich zu entrichten ist‹: *Die Qualität der bestehenden Kontrollen der Ökopunkte zeigte sich in den vergangenen Tagen am Brenner, wo die Grenzgendarmerie etwa 50 Lkw-Fahrer zurückwies, da sie ohne Ökopunkte einzureisen versuchten und dabei ertappt wurden* (TT 8./9. 11. 1997, 5) – Dazu: **Ökopunktekontrolle, Ökopunktesystem**

Ökosteuer D die; –, -n: ›Anteil am Steueraufkommen, der für ökologische Maßnahmen vorgesehen ist‹: *Abgabenlast steigt durch Ökosteuer weiter an* (Welt 27. 12. 1999, Internet)

Olaf Olav D: ⟨aus germ. *anu* ›Ahn‹ und *-laib* ›zurückgelassen‹, überliefert aus dem Nordischen mit den Bedeutungen ›Nachkomme, Götterkind‹⟩: männl. Vorname: *Ihr Blick fiel wieder auf Olaf, neben dessen Platz sie gerade stand* (Junge, Klassenfahrt 44)

Ole D-nord: ⟨dän. Form zu *Olav* oder fries. Kurzform zu Vornamen, die mit *Ul-* oder *Od-* beginnen⟩: männl. Vorname: *Ole P., mein Nebenmann, bewegte seine fleischige Lippen, las halblaut mit und bereitete seine Krämpfe vor* (Lenz, Deutschstunde 10)

OLG A D das; -(s), -(s): buchstabierte Abk. für ›↗Oberlandesgericht‹: *12 Posten müssen im Bereich des Oberlandesgerichtes (OLG) Wien rationalisiert werden* (Standard 26. 4. 2000, Internet; A); *Es enthält … ein Archiv mit Jahresübersichten des Bundesgesetzblattes, umfassende Pressemitteilungen … der OLGs, viele Ge-*

setzes- und Entscheidungssammlungen (Unicum 11/1997, 34; D)

Oma A D die; –, -s: **1.** ↗GROSI CH, ↗GROSSMAMI CH, ↗NANA LIE ›Großmutter‹: *Meistens richtet ihm seine Oma eine Jause her, die er ins Studio mitnimmt* (Echo 23. 9. 1998, 116; A); *Die Oma, die seit längerem in Schweden lebt, kennt die beiden Enkel noch gar nicht* (Welt 12. 6. 1999; D). **2.** (salopp, oft abwertend) ›alte Frau‹: *Tausende kreischende Mädels fallen in Ohnmacht ... Alte Omas fühlen sich wieder jung, Gelähmte können auf einmal wieder gehen* (FC Breitenfeld, 2002, Internet; A); *Als er einen Blick in den Zeitungsladen warf, sah er den Opa, wie er gerade ein paar Omas von den Illustrierten wegjagte* (Karr & Wehner, Geierfrühling 115; D) – In CH bekannt, aber als fremd empfunden

Ombudsfrau A CH die; –, -en: ›(nicht in die Verwaltung eingebundene) Mittlerin zwischen Bürger(innen) und Behörden‹: *Ab sofort gibt's nun im Wissenschaftsministerium eine Art Ombudsfrau für Studenten* (Kleine Ztg 24. 1. 1997, Internet; A); *Nächste Woche wird die ehemalige Berner SP-Nationalrätin Gret H. in Sarajevo ihr neues Amt als Ombudsfrau für Menschenrechte des Staates Bosnien-Herzegowina antreten* (TA 14. 2. 1996, Internet; CH) – In D selten. Vgl. Ombudsmann

Ombudsmann A CH der; -(e)s, ...männer/...leute ⟨aus schwed. *ombudsman* ›Treuhänder‹⟩: ›(nicht in die Verwaltung eingebundener) Mittler zwischen Bürger(innen) und Behörden‹: *R. ist nebenbei Ombudsmann einer VP-Zeitung und Präsident des oberösterreichischen Hilfswerks* (News 3. 7. 1997, 21; A); *Als Einwohnerin der Stadt Zürich, welche seit mehr als 25 Jahren einen Ombudsmann hat, weiss ich, wie wichtig und wie segensreich eine solche Institution ist* (Vereinigte Bundesversammlung, 1998, Internet; CH) – In D selten. Auch in der Schreibung *Ombudsman.* Vgl. Ombudsfrau

Omelett das; -(e)s, -s/-e: [ɔm'lɛt A, ɔm(ə)'lɛt D]: **1.** A D (ohne mittelost); ↗PALATSCHINKE A (ohne Vbg.), ↗OMELETTE A CH, ↗EIERKUCHEN D-ost/südwest, ↗PFANNEKUCHEN D-mittelwest, ↗PFANNENKUCHEN D-süd, ↗PFANNKUCHEN D-nord/mittelwest, ↗PLINSE D-nordost ›in der ↗Pfanne gebackene flache Speise aus Eiern, Milch und Mehl‹: *Die warme Küche bereitet alle Omelett-Formen zu, aber auch Crepes und belgische Waffeln* (Welt 16. 10. 1999, Internet). **2.** D ›ohne Mehl zubereitete runde, flache Speise aus Eiern‹: *Die Garbo lacht ... und rührt sich ... aus den letzten Eiern ein nostalgisches Omelett* (Welt 29. 11. 1997, Internet) – In A ist nur der Plural mit -s gebräuchlich – Zu 1.: **Blaubeeromelett** (↗Blaubeere), **Schwarzbeeromelett** (↗Schwarzbeere)

Omelette A CH die; –, -n [ɔm'lɛt(ɛ) A, 'ɔm(ə)lɛtə CH] ⟨frz.⟩: ↗PALATSCHINKE A (ohne Vbg.), ↗OMELETT A D (ohne mittelost), ↗EIERKUCHEN D-ost/südwest, ↗PFANNEKUCHEN D-mittelwest, ↗PFANNENKUCHEN D-süd, ↗PFANNKUCHEN D-nord/mittelwest, ↗PLINSE D-nordost ›in der ↗Pfanne gebackene, flache Speise aus Eiern, Milch und Mehl, die zusammengerollt und [mit ↗Marmelade, ↗Topfen o. Ä.] gefüllt ist‹: *Wenden, sobald die Unterseite gebräunt ist, danach auch die andere Seite leicht bräunen. Die Omelette wird flach serviert* (OÖN 12. 1. 1991, 4; A); *Sie würde sich ... etwas Winziges kochen, eine Omelette oder etwas Reis* (Hostettler, Moira 38; CH) – Fachsprachlich auch in D. Die Aussprache lautet [ɔm(ə)'lɛt] – Dazu: **Eieromelette, Moosbeeromelette** (↗Moosbeere) A, **Omelettenteig, Schwarzbeeromelette** (↗Schwarzbeere) A

ÖNORM A die; –, -en: kurz für *Österreichische Norm:* ›vom Österreichischen Normungsinstitut ausgearbeitete verbindliche Normung für Maße von industriell gefertigten Bauteilen, Gegenständen, Geräten u. Ä.‹: *Verbandkassette entspricht ÖNORM V5101 für mehrspurige KFZ* (ÖRK, Erste Hilfe 109)

Önothek CH-süd STIR die; –, -en ⟨aus ital. *enoteca* ›Weinhandlung‹⟩: ↗VINOTHEK A CH ›[kleines] Geschäft, in dem Wein probiert und gekauft werden kann; Weinhandlung‹: *Im Südteil des Schlosses wurde eine Önothek installiert, wo man eine grosse Auslese von Walliserweinen degustieren kann* (Walliser Weinmuseum, 2003, Internet; CH-süd); *Eine der renommiertesten Önotheken ist Vinum in der Brennerstraße* (Bernhart, Bozen 52; STIR)

Opa A D der; -s, -s: **1.** ↗ÄHNE A-west (Vbg.), ↗GROSSÄTTI CH, ↗GROSSPAPI CH, ↗EHNI LIE, ↗NENI LIE ›Großvater‹: *Bewegung, Spaß und Gesundheit stehen im Mittelpunkt: für Kinder, Oma, Opa, für Hobbyläufer und Spitzensportler* (Innsbruck informiert 4/1998, Servicebeilage 16; A); *Laras Opa soll von einer skrupellosen Baufirma aus seiner Wohnung geklagt werden* (Bravo 21. 1. 1999, 41; D). **2.** (salopp, oft abwertend) ›alter Mann‹: *Die ... Rockveteranen der irischen Gruppe U2 haben heuer die Stones-Opas um Mick Jagger bei den Einnahmen locker überrundet* (OÖN 30. 6. 2001, 30; A); *Der Klient trifft dort einen alten Mann – Opa Müller – wieder, der für ihn immer eine Art Vorbild gewesen war* (Therapiezentrum Kamala 14. 8. 2002, Internet; D) – In CH bekannt und gebräuchlich, aber als fremd empfunden

Openair A CH das; -s, -s ['ɔʊpənɛːr] ⟨aus engl. *open-air* ›im Freien‹⟩ (Kurzwort): ›Openair-Festival, Openair-Konzert, Openair-Kino‹: *Wir möchten uns ... für deine hervorragende Unterstützung anlässlich unseres 1. Openairs im Juli d. J. herzlichst bedanken* (Firma Pitz Promotion, 2001, Internet; A); *Bei* *den grossen Openairs von St. Gallen, Zofingen, Gurten und Gampel war der Berner Ex-Bauarbeiter einer der Headliner* (TA 12. 11. 1999, 27; CH) – Auch in den Schreibungen *Open-Air, Open Air*

Operationstisch (gemeindt.): ↗Schragen

Optạnt Optạntin STIR der; -en, -en bzw. die; –, -nen ⟨aus lat. *optare* ›wählen‹⟩ (früher): ›Südtiroler(in), der bzw. die sich 1939 für die deutsche Staatsbürgerschaft und damit zur Aussiedlung entschied‹: *Jeder Optant musste die Zusicherung einer Gemeinde haben, im Falle der Annahme seines Gesuchs in den Heimatverband aufgenommen zu werden* (Aspmair, Minderheiten 24) – Die Bedeutung ›Person, die sich für etw. entscheidet‹ ist gemeindt.

OR siehe Obligationenrecht

Orange A CH D-süd die; –, -n [o'rãːʃɛ, o'ranʃɛ A D-südost, 'ɔrãʃə, 'ɔraŋʃə, ɔ'rãːʃə ɔ'raŋʃə CH, o'rãːʒə, o'raŋʒə D-nord/mittel, o'rãːʃe D-südwest] ⟨aus frz. *pomme d'orange*⟩: ↗Apfelsine D-nord/mittel /eine Südfrucht/: *Broccoli, Zitronen, Orangen und Kiwis gelten als besonders vitaminreich* (Presse 17. 2. 1998, Internet; A); *Neben dem trockenen Papier sind gluschtige Säfte bereitgestellt, einesteils von Orangen und andernteils von vergorenen Trauben* (Bund 1. 5. 1995, 20; CH) – In D-nord/mittel selten. Die Zusammensetzung *Orangensaft* ist gemeindt. – Dazu: ↗**Orangeade** A D, ↗**Orangeat** CH D, ↗**orangefarben** D, ↗**Orangenjuice** A, ↗**Orangenjus** CH, ↗**Orangenlimo** D, ↗**Orangenlimonade** D (ohne südwest), **Orangenschnitz** (↗Schnitz), **Orangenspalte** (↗Spalte), ↗**Orangensprudel** D-mittelwest, ↗**Orangina** CH

Orangeade die; –, -n [orã'ʃaːt, ɔran'ʃaːt A, orã'ʒaːdə, oraŋ'ʒaːdə D] ⟨frz.⟩: **1.** A ›Saft zum Verdünnen aus ↗Orangen‹: *Orangeade 1,5-l-Flasche, 1+6 verdünnbar 27.90* (Kleine Ztg 2. 3. 1997, 35). **2.** D (selten); ↗Orangina CH, ↗Orangenlimonade D (ohne südwest), ↗Orangensprudel D-mittelwest, ↗Aranciata STIR ›Erfrischungsgetränk mit Orangensaft, Zucker und Kohlensäure‹: *Getränke: viele Erfrischungsgetränke wie Coke, Zitronenlimonade, Orangeade* (Goethe Institut 6. 12. 2001, Internet)

Orangeat CH D das; -s, ohne Plur. [orãʃaːt CH, orã'ʒaːt, oraŋ'ʒaːt D] ⟨frz.⟩: ↗Aranzini A ›kleinwürfelig geschnittene, kandierte Schalen von ↗Orangen‹: *Die … Bitterorangen werden vor allem für die Herstellung von Orangeat und Likör verwendet* (Bund 14. 11. 1997, 34; CH); *Zutaten für Honiglebkuchen: 500g Honig … Orangeat, Zimt, gemahlene Nelken, Kakaopulver* (Woll, Feste 109; D) – In A selten

orangefarben D Adj. [o'rãːʒn̩…, o'raŋʒn̩…]: ›orange‹: *Je intensiver orangefarben das Fruchtfleisch ist, desto mehr Betakarotin ist enthalten* (NDR 7. 7. 2002, Internet) – In A und CH selten. Vgl. Orange

Orangenjuice A der; -s, ohne Plur. [o'rãːʃəndʒuːs]: ↗Orangenjus CH, ↗O-Saft D ›Orangensaft‹: *Außerdem bekam er während der Tat Durst und trank eine Flasche Orangenjuice aus* (Kurier 30. 4. 2000, 12) – Vgl. Juice

Orangenjus CH der; –, – [orãːʃenʃy]: ↗Orangenjuice A, ↗O-Saft D ›Orangensaft‹: *Vom Buffet holt sie sich ein Gipfeli, Butter, Erdbeerkonfitüre und ein Glas Orangenjus* (Blick 14. 10. 1998, 23) – Vgl. Jus

Orangenlimo D (ohne südwest) die; –, -s [o'rãːʒn̩…, o'raŋʒn̩…]: siehe Orangenlimonade

Orangenlimonade D (ohne südwest) die; –, -n [o'rãːʒn̩…, o'raŋʒn̩…]: ↗Orangina CH, ↗Orangeade D, ↗Orangensprudel D-mittelwest, ↗Aranciata STIR ›Erfrischungsgetränk mit Orangensaft, Wasser, Zucker und Kohlensäure‹: *In einer Sache ist er sich ganz sicher: Es geht nichts über Pizza Margherita und Orangenlimonade* (WDR 6. 12. 2001, Internet) – Salopp auch in der Kurzform *Orangenlimo* (die; –, -s). In A selten, da meist Produktnamen verwendet werden

Orangensaft (gemeindt.): ↗Orangenjuice, ↗Orangenjus, ↗O-Saft

Orangensprudel D-mittelwest der; -s, – [o'rãːʒn̩…, o'raŋʒn̩…]: ↗Orangina CH, ↗Orangeade D, ↗Orangenlimonade D (ohne südwest), ↗Aranciata STIR ›Erfrischungsgetränk mit Orangensaft, Wasser, Zucker und Kohlensäure‹: *Im Orangensprudel dreht eine Biene ihre Runden, als wolle sie hier den Freischwimmer machen* (Meine Grüne Welt 3/2001, Internet) – Vgl. Orange, Sprudel

Orangina CH das; –, – [orã'ʃina oraŋ'ʃina] ⟨frz.⟩ (Wz.): ↗Orangeade D (selten), ↗Orangenlimonade D (ohne südwest), ↗Orangensprudel D-mittelwest, ↗Aranciata STIR ›Getränk mit Orangensaft, Wasser, Zucker und Kohlensäure‹: *Irgendwie kam ich mir mit meinem Velosolex kindisch vor und fiel in die Rolle des kleinen Jungen zurück, der von Tante Agnes ein Glas Most oder Orangina erhielt* (Bucher, Unruhen 87) – Vgl. Orange

Ordinatio̱n A die; –, -en ⟨aus lat. *ordinatio* ›Ordnung, Regelung, Amtseinsetzung‹⟩: **1.** ↗Arztambulatorium STIR ›Räumlichkeiten einer Arztpraxis‹: *Die Wartezimmer diverser Ordinationen waren ihm das geworden, was für andere Leute der Platz am Stammtisch ist* (Maxima 3/1998, 90). **2.** kurz für *Ordinationszeit:* ›Zeit, in der ein Arzt bzw. eine Ärztin Patienten behandelt; Sprechstunde‹: *Ordination nach Vereinbarung* (TT 20./21. 9. 1997, 5) – Zu 2.: In D veraltet. Die Bedeutungen ›feierliche Einsetzung eines Pfarrers bzw. einer Pfarrerin in das Amt‹ (ev./reformierte Kirche) und ›sakramentale Weihe eines Diakons, Priesters, Bischofs‹ (kath. Kirche) sind gemeindt. –

Zu 1.: **Facharztordination,** ↗**Ordinationshilfe, Ordinationsraum, Ordinationszimmer.** Zu 2.: ↗**ordinieren**

Ordinationshilfe A die; –, -n: ↗SPRECHSTUNDENHILFE A D, ↗ARZTGEHILFE CH, ↗PRAXISASSISTENT: *MEDIZINISCHE PRAXISASSISTENT CH, ↗ARZTHELFER D ›Person, die in einer Arztpraxis administrative Arbeiten erledigt und bei den medizinischen Behandlungen assistiert‹ /Berufsbezeichnung/: *Wir suchen ab sofort ... eine Arztsekretärin/Ordinationshilfe mit Praxis u. EDV-Kenntnissen* (TT 20./21. 9. 1997, 30) – Vgl. Ordination

ordinieren A st.V./hat ⟨aus kirchenlat. *ordinare*, zu lat. *ordo* ›Regel, Reihenfolge‹⟩: ›die ärztliche Sprechstunde halten‹: *Augenarzt Prof. Dr. E. K. ordiniert wieder* (SN 3. 5. 1997, 30, Anzeige) – In D selten. Die Bedeutungen ›einen Pfarrer bzw. eine Pfarrerin feierlich in das Amt einsetzen‹ (ev./reformierte Kirche) und ›einen Diakon, Priester, Bischof sakramental weihen‹ (kath. Kirche) sind gemeindt.

-ordnung (gemeindt.): ↗-REGLEMENT

Ordnungsamt D das; -(e)s, ...ämter: ›Amt, das für die ordnungsgemäße Abwicklung des öffentlichen Lebens zuständig ist, Ausweise erstellt und Genehmigungen erteilt‹: *Das Aufgabenfeld des Ordnungsamtes der Stadt ist weit gesteckt* (Stadt Idar-Oberstein, 2003, Internet)

Ordnungsantrag CH der; -(e)s, ...träge: ›Antrag während einer [parlamentarischen] Sitzung, der sich auf die Behandlung des in Beratung stehenden Gegenstands oder die ↗Traktandenliste bezieht und der vor der Weiterberatung behandelt werden muss‹: *Sollte die Ratsleitung die Debatte ... ablehnen, wollen die Grünen und die SP per Ordnungsantrag darauf zurückkommen* (TA 25. 8. 1999, 8)

Ordnungsbusse CH die; –, -n: ↗ORGANMANDAT A, ↗ORGANSTRAFMANDAT A, ↗ORGANSTRAFVERFÜGUNG A, ↗STRAFMANDAT A, ↗POLIZEIBUSSE CH, ↗VERWARNUNG: *GEBÜHRENPFLICHTIGE VERWARNUNG D ›(von der Polizei) direkt verfügte Geldstrafe ohne Anzeige und Verfahren; Ordnungsstrafe‹: *Gemäss vorläufigen Auswertungen wurden 30 Fahrzeuglenker angehalten und mit einer Ordnungsbusse oder Verzeigung belegt* (Berner Oberland News, 1998, Internet) – Vgl. Busse

Ordnungsstrafe (gemeindt.): ↗ORDNUNGSBUSSE, ↗ORGANMANDAT, ↗ORGANSTRAFMANDAT, ↗ORGANSTRAFVERFÜGUNG, ↗POLIZEIBUSSE, ↗STRAFMANDAT, ↗STRAFVERFÜGUNG, ↗VERWARNUNG: *GEBÜHRENPFLICHTIGE VERWARNUNG

ORF A der; -(s), ohne Plur.: buchstabierte Abk. für *Österreichischer* ↗*Rundfunk*: ↗SRG CH, ↗ARD D, ↗ZDF D ›öffentlich-rechtlicher Anbieter von Radio- und Fernsehprogrammen in Österreich‹: *Die Kontrolle des ORF müsse nach objektiven Kriterien und von geeigneten Personen vorgenommen werden* (VN 24. 2. 1998, 3) – Dazu: **ORF-Generalintendant(in)** (↗Intendant), **ORF-Generalsekretär(in), ORF-Interview, ORF-Kaiser** (↗-kaiser), **ORF-Kurator(in)** (↗Kurator), **ORF-Kuratorium, ORF-Radio**

Organmandat A das; -(e)s, -e: kurz für ↗*Organstrafmandat*: ↗ORGANSTRAFVERFÜGUNG A, ↗STRAFMANDAT A, ↗ORDNUNGSBUSSE CH, ↗POLIZEIBUSSE CH, ↗VERWARNUNG: *GEBÜHRENPFLICHTIGE VERWARNUNG D ›(von der Polizei) direkt verfügte und kassierte Strafe ohne Anzeige und Verfahren; Ordnungsstrafe‹: *Bitte sechs Monate aufbewahren – diesen auf das Organmandat gestempelten Hinweis kennt wohl jeder Verkehrssünder* (SN 3. 5. 1997, 43) – Dazu: **Organmandatsweg**

Organstrafmandat A das; -(e)s, -e: ↗ORGANSTRAFVERFÜGUNG A, ↗ORDNUNGSBUSSE CH, ↗POLIZEIBUSSE CH, ↗VERWARNUNG: *GEBÜHRENPFLICHTIGE VERWARNUNG D ›(von der Polizei) direkt verfügte und kassierte Strafe ohne Anzeige und Verfahren; Ordnungsstrafe‹: *Ein Polizist beobachtete die Szene und verhängte ein 300- Schilling-Organstrafmandat wegen »Verletzung des öffentlichen Anstands«* (Standard 13. 11. 1998, Internet) – Vgl. Organmandat, Strafe, Strafmandat

Organstrafverfügung A die; –, -en: ↗ORGANMANDAT A, ↗ORGANSTRAFMANDAT A, ↗STRAFMANDAT A, ↗ORDNUNGSBUSSE CH, ↗POLIZEIBUSSE CH, ↗VERWARNUNG: *GEBÜHRENPFLICHTIGE VERWARNUNG D ›(von der Polizei) direkt verfügte und kassierte Strafe ohne Anzeige und Verfahren; Ordnungsstrafe‹: *C. S. hatte (berechtigt) eine Organstrafverfügung wegen Falschparkens erhalten* (Kleine Ztg 13. 1. 1996, Internet) – Vgl. Strafe

Ort CH der; -(e)s, -e: **1.** (früher); ↗BUNDESLAND A D, ↗LAND A D, ↗KANTON CH, ↗STAAT CH, ↗STAND CH, ↗PROVINZ: *AUTONOME PROVINZ [BOZEN/TRIENT] STIR, ↗REGION STIR ›Teilgebiet der Schweiz mit weitgehender innenpolitischer Autonomie; grösste Verwaltungseinheit nach dem Bund‹: *Der Begriff Kanton ... erscheint in französischsprachigen Urkunden ab dem 15. Jh., in der Deutschschweiz bürgerte er sich Ende 17. Jh. ein und ersetzte allmählich die Bezeichnungen »Orte« und »Stände«* (Sonderegger, Lexikon 186); ***fünf [innern] Orte** ›die fünf (katholischen) ersten ↗Kantone der Schweiz‹: *Entscheidenden Einfluss auf den Fortgang der kath. Erneuerung ... hatten 1586 die Berufung der Kapuziner ... und 1588 die Einladung zum Eintritt in das 1587 abgeschlossene Sold- und Militärbündnis der fünf inneren Orte und Freiburgs mit Spanien* (Schweizer Landesbibliothek, 2000, Internet); ***13 alte Orte:** ↗EIDGENOSSEN-

SCHAFT: *DREIZEHNÖRTIGE EIDGENOSSENSCHAFT CH ›↗Kantone, die von 1513 bis 1798 die ↗Eidgenossenschaft bildeten‹: *Am 19. 2. 1803 überreichte Napoleon in Paris einer helvet. Consulta seine Mediationsakte, welche die 13 alten Orte wiederherstellte und ihnen 6 neue Kantone anfügte, darunter den Ringkanton St. Gallen* (Schweizer Familienforschung, 2000, Internet); ***zugewandte Ort: a)** (früher) ›Stadt oder Staatswesen, das mit der alten ↗Eidgenossenschaft oder einem Teil ihrer Mitglieder verbündet war‹: *1478 war die Stadt Biel als zugewandter Ort der Eidgenossenschaft mit 2 Abgeordneten an den eidgenössischen Tagsatzungen vertreten* (Stadt Biel, 2002, Internet). **b)** ›nicht dem engsten, jedoch einem weiteren Interessenkreis angehörend‹: *Die Damen und Herren des National- und Ständerats und einige zugewandte Orte sind zum Apéro mit Häppchen und anschliessender Vorpremière des Giaccobo-Films geladen* (WoZ Tagebuch 13. 3. 2002, Internet). **2. *an Ort** ›an Ort und Stelle; vor Ort; ebendort‹: *Getränke werden an Ort abgegeben* (Tierwelt 33/1997, 45); ***an Ort treten** siehe treten – Das Substantiv *Ort* ist in allen anderen Verwendungen gemeindt. Zur Wendung *fünf [innern] Orte* vgl. Innerschweiz, Urkanton, Urschweiz, Waldstatt, Zentralschweiz

Ọrtsaugenschein STIR der; -(e)s, -e: ↗LOKALAUGENSCHEIN A, ↗LOKALTERMIN D, ↗ORTSTERMIN D ›behördlicher oder gerichtlicher Termin an einem Tat- oder Unfallort zur Rekonstruktion der Ereignisse und Beweisaufnahme‹: *Nach dem Beben war die Meraner Wehr zu 207 Einsätzen ausgerückt, bis gestern Mittag unternahmen Statiker und Wehrmänner 67 Ortsaugenscheine* (Dolomiten 19. 7. 2001, 10) – In A formell und selten. Das in A gebrauchte Wort *Lokalaugenschein* wird auch in STIR häufiger als *Ortsaugenschein* verwendet

Ọrtsausfahrt A D die; –, -en: ↗AUSFALLSTRASSE CH AUSFALLSTRAẞE D (ohne mittelost/südwest) ›aus einem Ort herausführende Straße‹: *Er habe Thomas bei der Ortsausfahrt von Tarrenz ausgesetzt, teilte der Entführer wider Willen dem verblüfften Hausarzt mit* (Kurier 21. 1. 1997, 13; A); *Die längsten Öffnungszeiten im Januar hat der Sammelplatz des Landkreises … an der Ortsausfahrt Richtung Sexau* (Landkreis Emmendingen 3. 1. 2000, Internet; D)

Ọrtsbürger Ọrtsbürgerin CH-ost/zentral der; -s, – bzw. die; –, -nen: ↗BÜRGER CH, ↗BURGER CH-west/süd ›(in einigen ↗Kantonen) Person, die das ↗Bürgerrecht einer Gemeinde besitzt und dort wohnt‹: *Beim Waldumgang der Ortsbürger wollen die Männer unter sich bleiben* (Blick 10. 6. 1997, 6) – Dazu: ↗**Ortsbürgergemeinde, Ortsbürgerrecht** (↗Bürgerrecht) CH

Ọrtsbürgergemeinde CH-ost/zentral die; –, -n: ↗BÜRGERGEMEINDE CH, ↗BURGERGEMEINDE CH-west/süd, ↗ORTSGEMEINDE CH-ost (SG), ↗TAGWEN CH-ost (GL) ›(in einigen ↗Kantonen) Gesamtheit der Angehörigen einer Gemeinde, d. h. alle, die in einer Gemeinde das ↗Bürgerrecht besitzen (im Ggs. zur ↗Einwohnergemeinde, welche alle in einer Gemeinde Wohnhaften umfasst)‹: *Für das Gelände kassierte die Ortsbürgergemeinde jährlich 400'000 Fr. Baurechtszins* (TA 5. 3. 1997, 25) – Vgl. Ortsbürger

Ọrtschef Ọrtschefin der; -s, -s bzw. die; –, -nen […ʃeːf A, …ʃɛf CH] (salopp, informell): **1.** A; ↗DORFKAISER A, ↗ORTSKAISER A, ↗DORFKÖNIG CH ›[direkt] gewählte Person, die eine Dorf-, ↗Markt- oder Stadtgemeinde politisch repräsentiert und die Verwaltung leitet‹: *Eine Kehrtwendung um 90 Grad hat SP-Gemeinderat Josef B. beim neuen Ortschef festgestellt* (Echo 28. 1. 1999, 26; A); *Der Ortschef geht davon aus, dass zumindest für die kommenden vier bis fünf Jahre der Bedarf an Bauplätzen in Alsheim abgedeckt sei* (Gemeinde Alsheim 3. 5. 2002, Internet; D). **2.** CH ›Leiter(in) einer örtlichen Abteilung des Zivilschutzes‹: *Der neuen Zivilschutzorganisation wird Ortschef Werner H. aus Kirchlindach vorstehen* (Bund 27. 10. 1999, 31) – Zu 1 vgl. Bürgermeister

Ọrtseingangsschild D das; -(e)s, -er: ↗ORTSTAFEL A CH, ↗INNERORTSTAFEL CH, ↗ORTSSCHILD D ›Schild am Ortseingang, das den Namen des Ortes angibt‹: *Nach dem Ortseingangsschild auf der B 7 verbleiben Sie in Richtung Stadtzentrum* (Thüringer Generalstaatsanwaltschaft, 2003, Internet)

Ọrtsgemeinde die; –, -n: **1.** A ›Verwaltungseinheit, die sich aus einer oder mehreren ↗Katastralgemeinden zusammensetzt‹: *Vor 75 Jahren wurde die Ortsgemeinde Ternitz aus der Taufe gehoben* (Kurier 19. 6. 1998, 10). **2.** CH-ost (SG); ↗BÜRGERGEMEINDE CH, ↗BURGERGEMEINDE CH-west/süd, ↗ORTSBÜRGERGEMEINDE CH-ost/zentral, ↗TAGWEN CH-ost (GL) ›(im ↗Kanton SG) Gesamtheit der Angehörigen einer Gemeinde, d. h. alle, die in einer Gemeinde das ↗Bürgerrecht besitzen (im Ggs. zur ↗Einwohnergemeinde, welche alle in einer Gemeinde Wohnhaften umfasst)‹: *Die politische Gemeinde Rebstein zahlt der Ortsgemeinde 4900 Franken für die Waldpflege* (Rheintaler 12. 9. 2001, Internet). **3.** CH-ost (GL); ↗EINWOHNERGEMEINDE CH, ↗GEMEINDE: *POLITISCHE GEMEINDE CH, ↗BEZIRK CH-ost (AI) ›Körperschaft, die alle auf ihrem Gebiet wohnhaften Personen umfasst (im ↗Kanton GL)‹: *Die Ortsgemeinde umfasst die im Gemeindegebiet wohnhaften Personen … Sie besorgt alle kommunalen Angelegenheiten, für die nicht der Bund, der Kanton oder eine andere Gemeinde zuständig ist* (Verfassung Kanton GL, 1999, Internet). **4.** D ›kleiner Ort bzw. Dorf mit den Rechten einer selbständigen Gemeinde‹: *Für die groß angelegte Sanierung der Mehrzweckhalle muss die*

Ortsgemeinde »tief in die Tasche« greifen (Pirmasenser Ztg 2. 8. 2001, Internet) – Zu 2 und 3 vgl. Ort

Ortskaiser A der; -s, – (salopp, informell): ↗Dorfkaiser A, ↗Ortschef A, ↗Dorfkönig CH ›[direkt] gewählte Person, die eine Dorf-, ↗Markt- oder Stadtgemeinde politisch repräsentiert und die Verwaltung leitet‹: *Als sie das erste Mal in eine öffentliche Sitzung des Gemeinderates platzte, brachen die Ortskaiser die Besprechung ab* (Wienerin 12/1993, 43) – Eine weibliche Form ist nicht gebräuchlich. Vgl. Bürgermeister, -kaiser

Ortskern A D der; -(e)s, -e: ↗Dorfkern CH, ↗Dorfzentrum CH ›zentraler Bereich einer nichtstädtischen Siedlung‹: *Millioneninvestition in Wenigzell: Noch in diesem Jahr soll der Ortskern umgestaltet werden und ein total neues Aussehen erhalten* (Kleine Ztg 18. 4. 1998, Internet; A); *Der Weg führt weiter durch den historischen Ortskern von Scheuren mit einer gotischen prachtvoll ausgestalteten Kapelle* (WAZ 15. 9. 2001, Internet; D)

Ortspräsident Ortspräsidentin CH der; -en, -en bzw. die; –, -nen: ›Präsident(in) der örtlichen Sektion (einer Partei oder eines Vereins)‹: *Um den einzigen Sitz der SP im ... Gemeinderat kommt es zu einer Kampfwahl. Für den zurücktretenden R.H. (SP) wollen der SP-Ortspräsident G.S. und der parteilose A.H. in die Behörde* (TA 15. 12. 1997, 19)

Ortsschild D das; -(e)s, -er: ↗Ortstafel A CH, ↗Innerortstafel CH, ↗Ortseingangsschild D ›Schild am Ortseingang, das den Namen des Ortes angibt‹: *Dieses Ortsschild hebt die zulässige Höchstgeschwindigkeit von 30 km/h wieder auf 50 km/h* (WAZ 22. 6. 2000, Internet)

Ortstafel A CH die; –, -n: ↗Innerortstafel CH, ↗Ortseingangsschild D, ↗Ortsschild D ›Schild am Ortseingang, das den Namen des Ortes angibt‹: *Das Versetzen der Ortstafel hat die Raser wenig beeindruckt* (Kleine Ztg 20. 1. 2001, Internet; A); *Auch auf der Ortstafel haben die Bewohner von Vellerat vor Jahren den Namen Bern durch Jura ausgewechselt* (Blick 2. 7. 1996, 3; CH) – Vgl. Tafel

Ortstermin D der; -(e)s, -e: ↗Lokalaugenschein A, ↗Lokaltermin D, ↗Ortsaugenschein STIR ›Termin, bei dem direkt vor Ort etw. betrachtet und besprochen wird‹: *Der Ortstermin führt u. a. »ins Gelände« – entsprechende Kleidung und festes Schuhwerk werden empfohlen* (Universität Bonn 23. 8. 2002, Internet) – Vgl. Augenschein

Ortsvorsteher Ortsvorsteherin der; -s, – bzw. die; –, -nen: **1.** CH (TG); ↗Bürgermeister A D LIE (Vaduz), ↗Ammann CH (FR), ↗Gemeindeammann CH (AG, SG, TG), ↗Gemeindehauptmann CH (AR, AI), ↗Gemeindepräsident CH (BL, BS, GL, GR, NW, OW, SO, SZ, UR, VS, ZG, ZH), ↗Stadtammann CH (AG, SG, TG), ↗Stadtpräsident CH (BE, LU, SH, SO, ZG, ZH), ↗Oberbürgermeister D, ↗Stadtoberhaupt D, ↗Gemeindevorsteher LIE ›direkt gewählte Person, die eine Gemeinde politisch repräsentiert und die Verwaltung leitet‹: *Zwar macht der Beschwerdeführer nunmehr geltend, im Jahre 1987 habe der ... Ortsvorsteher mit ihm vereinbart, dass auf eine Setzung der Grenzsteine entlang der Flurstrasse verzichtet werden könne* (Anklagekammer TG, 2003, Internet). **2.** A ›Person, die die Aufgaben des Bürgermeisters bzw. der Bürgermeisterin einer ↗Ortsgemeinde in einer der zugehörigen Katastralgemeinde übernimmt‹: *Die Zusammenlegung von vier Katastralen zur Großgemeinde im Jahr 1971 wurde als himmelschreiendes Unrecht empfunden, die Ortsvorsteher ... als Verräter gebrandmarkt* (OÖN 29. 12. 1988, 9)

Ortswehr D die; –, -en: ›freiwillige Feuerwehr‹: *Ortswehr Ottensen: Freiwillige Feuerwehr der Stadt Buxtehude* (Feuerwehr Ottensen 13. 10. 2002, Internet)

öS A der (früher): nur geschriebene, unverkürzt gesprochene Abk. für *österreichischer Schilling:* ↗ATS A, ↗S A, ↗CHF CH, ↗sFr CH, ↗DEM D, ↗DM D /Währungsbezeichnung/: *Alle Mixgetränke um nur öS 25,–* (Universität Salzburg, Hochschülerschaft, 2000, Internet) – Vgl. Alpendollar

O-Saft D der; -(e)s, ...säfte (Grenzfall des Standards): ↗Orangenjuice A, ↗Orangenjus CH ›Orangensaft‹: *Nach Kaffee, Tee und Schoko gibt es jetzt auch fair gehandelten O-Saft* (TAZ 17. 10. 2001, Internet)

Ösi D der; -s, -s (scherzh., oft abwertend): ›Person aus Österreich‹: *»Bleibt ihr mal schön zu Hause«, habe ich dem Antonio und Wolfgang, dem alten Ösi, gesagt* (Welt 3. 4. 2001, Internet) – In A bekannt, aber als Eigenbezeichnung abgelehnt. Vgl. Ossi, Wessi

Ossi[1] A D: Koseform der männl. Vornamen *Oskar, Oswald: Als Kind ... hatte er zu Weixelbaum Onkel Ossi gesagt* (Menasse, Schubumkehr 35; A); *Als Trainer wirkten zeitweise der Coach des FC Saarbrücken Ossi Müller und ... Helmut Schön* (Champus 5/1999, Internet; D)

Ossi[2] D der; -s, -s (oft abwertend): ›Person aus der ehemaligen DDR‹: *Seine mit »Roman aus der ostdeutschen Provinz« untertitelten »Short Stories« beschreiben fast ausschließlich Ossis nach der Wende* (Sächsische Ztg 19. 6. 1998, 4) – Vgl. Ösi, Wessi

Ossobucco Ossobuco A CH das; -s, ohne Plur. ⟨aus ital. *ossobuco*, aus *osso* ›Knochen‹ und *buco* ›Vertiefung, Loch‹⟩: ↗Beinscheibe D (ohne südost) ›3 bis 5 cm dicke Scheibe aus dem Bein vom Kalb oder Rind‹: *Preise von Bioprodukten für Selbstabholung:*

Kalbstelze 15,10, Osso Bucco 18,90, Bries 19,10, Lungenbraten 30,60 (Firma Kollecker, Wien, 2003, Internet; A); *Geniesst den Barbera als Begleiter zu einer Polenta mit Pilzen oder zum Ossobuco, dann braucht es wenig mehr zum Glück* (NZZ 29. 1. 2000, 135; CH) – Auch in den Schreibungen *Osso Bucco* bzw. *Osso Buco*. Die Schreibung mit *-cc-*, die es im Italienischen nicht gibt, wird vor allem im Bereich Gastronomie verwendet. Als Speisebezeichnung gemeindt.

Osterferien A D die; nur Plur.: ↗FRÜHLINGSFERIEN CH ›Ferien [an Schulen und Universitäten] um die Osterfeiertage‹: *In ganz Österreich wurden zwischen den Semester- und den Osterferien die Vorlesungen bestreikt* (Profil 9. 9. 1996, Internet; A); *Trotz der Osterferien herrscht im Schulzentrum von Ramsloh reger Betrieb* (Welt 11. 4. 1998, Internet; D)

Ostern die; nur Plur./das; –, –: kann mit oder ohne Artikel verwendet werden, meistens aber ohne. Mit Artikel oder attributivem Adjektiv ist *Ostern* in A, CH und D-süd ein Pluralwort, in D-nord/mittel ein Singularwort im Neutrum. Ohne Artikel oder attributives Adjektiv ist *Ostern* ein Singularwort und gemeindt. *Ostern* wird in CH und D-süd mit *an* verbunden, gemeindt. mit *zu*: *In die Ostern nicht zu rasen, raten dir die Osterhasen* (ARBÖ 17. 4. 2003, Internet; A); *Weisse Ostern sind in!* (ASO, Bettmeralp, 2001, Internet; CH); *Die »Spatzenmesse« von Wolfgang Amadeus Mozart wurde an Ostern und Pfingsten aufgeführt* (Gemischter Chor Entlebuch, 2002, Internet; CH); *Wer an Ostern gerne einen Gottesdienst besuchen möchte, ... der sollte einen Blick ins Internet werfen* (Bayerischer Rundfunk 9. 4. 2001, Internet; D-süd); *In der Slowakei wird das Ostern sehr lustig gefeiert* (Goethe Institut 9. 7. 2003, Internet; D-nord/mittel)

Österreicher: *Herr und Frau Österreicher A: ↗SCHWEIZER: *HERR UND FRAU SCHWEIZER CH, ↗OTTO: *OTTO NORMALVERBRAUCHER D ›der bzw. die durchschnittliche Österreicher(in)‹: *Herr und Frau Österreicher putzen sich die Zähne nur jeden zweiten Tag* (Wellness 10/1997, 16) – Selten auch in der Reihenfolge *Frau und Herr Österreicher*. Das Substantiv *Österreicher/in* ist in allen anderen Verwendungen gemeindt.

österreichweit A Adj. (nicht steigerbar): ↗BUNDESWEIT A D, ↗SCHWEIZWEIT CH, ↗DEUTSCHLANDWEIT D ›in ganz Österreich; landesweit‹: *Trotzdem kann der Schluss gezogen werden, dass die thermische Qualität der Wohnungen in Wien einen Standard erreicht hat, der österreichweit als erstrebenswert bezeichnet werden kann* (Umweltschutz 9/1994, 27) – Vgl. landesweit

OStR siehe Oberstudienrat

Ostschweiz CH die; –, ohne Plur.: ›Region der Schweiz, die alle deutschsprachigen ↗Kantone der Schweiz umfasst, die östlich von Zürich liegen, das sind AI, AR, GL, GR, SG, SH, TG und ZH, und‹: *Der Tabellenletzte aus der Ostschweiz hat sich zuletzt gesteigert* (NLZ 12. 10. 2001, Internet) – Dazu: ↗**Nordostschweiz, Ostschweizer(in), ostschweizerisch**

ÖTB A siehe Turnerbund

Otto: *Otto Normalverbraucher D: ↗ÖSTERREICHER: *HERR UND FRAU ÖSTERREICHER A, ↗SCHWEIZER: *HERR UND FRAU SCHWEIZER CH ›der bzw. die durchschnittliche Deutsche‹: *Was dort am Potsdamer Platz passiert, übersteigt schon fast die Vorstellungs-Grenzen des Otto-Normal-Verbrauchers* (Augsburger Stadtztg 26. 8. 1998, 2) – Der Name *Otto* ist gemeindt.

out A CH Adv. [aʊt] ⟨engl.⟩ (Sport): ›außerhalb des Spielfeldes; aus‹: *Der erste Punkt im zweiten Game traf voll die Linie – die TV-Zeitlupe zeigte es überdeutlich – für den Linesman war der Ball out* (Neue Kronen Ztg 19. 10. 1995, 54; A); *»Der Ball war out! Ich weiss es, sie wissen es und alle Zuschauer wissen es!« schrie Venus den Briten auf dem Stuhl an* (Blick 2. 7. 1998, 25; CH) – Die Bedeutungen ›nicht dem neuesten Trend entsprechend‹ ist gemeindt. Dazu: **Out**

Out A das; -(s), -(s) [aʊt] ⟨engl.⟩ (Sport): ›Raum außerhalb des Spielfeldes; Aus‹: *Ein Verteidiger kann den Ball ins Out befördern* (ÖFB, 2000, Internet) – Andere Bedeutungen sind gemeindt. Vgl. out – Dazu: **Outball, Outeinwurf, Outlinie,** ↗**Outwachler(in)** A-mitte/ost, ↗**Torout**

Outwachler Outwachlerin A-mitte/ost der; -s, – bzw. die; –, -nen ['aʊt...] ⟨aus engl. *out* ›außen, heraus‹⟩ (scherzh., Grenzfall des Standards, Fußball): ›Schiedsrichterassistent(in); Linienrichter(in)‹: *Erstmals in der Geschichte gab es auch eine Funkverbindung zwischen Schiedsrichter und Assistenten, wodurch die Outwachler beinahe arbeitslos waren* (Kleine Ztg 12. 6. 1998, Internet) – Vgl. Out, wacheln

Ovation CH LUX die; –, -en ⟨aus lat. *ovatio* ›kleiner Triumph‹ zu *ovare* ›triumphieren‹⟩ (geh.): ›öffentliche Anerkennung einer Leistung; Ehrung‹: *Statistisch gesehen – gemessen an der Anzahl Ovationen – erhielt Bill Clinton die Huldigungen, die ihm traditionsgemäss gebühren* (Bund 25. 1. 1996, 3; CH); *... hatten sich 31 Walferdinger Vereine zusammengefunden, um den Mitgliedern des neuen Gemeinderates eine Ovation darzubringen* (Luxemb Wort 11. 2. 2000, 10; LUX) – Die Bedeutung ›begeisterter Beifall‹ ist gemeindt.

Overheadprojektor A D der; -s, -en ['oʊvɐhɛd...]: ↗HELLRAUMPROJEKTOR CH, ↗PROKISCHREIBER CH, ↗TAGESLICHTPROJEKTOR D ›Gerät, mit dem beschriebene transparente Folien auf eine Leinwand projiziert werden können‹: *Mit Overheadprojektor*

und Laptop wirft sie komplizierte Netzwerke auf eine Leinwand (Profil 6. 9. 1998, Internet; A); *Hierfür sind zwei Seminarräume … vorgesehen, die etwa mit Rednerpult, Overheadprojektor, Flipcharts sowie Video- und Fernsehgerät ausgestattet sind* (Welt 15. 9. 2000, Internet; D)

OVG siehe Oberverwaltungsgericht

Ovo CH die; –, -s: kurz für *Ovomaltine* (Wz.): ›(kaltes oder warmes) Getränk aus Milch und Pulver, bestehend aus Malzextrakt, Ei, ↗Hefe und Kakao, zum Anrühren‹ (oft in der Wendung *heisse/kalte Ovo*): *So hat man etwa die abgejoggten Kalorien eines einstündigen Waldlaufs mit einer Stange Bier oder einer Ovo bereits wieder aufgefüllt* (Sport 10. 3. 1998, 13)

Ovomaltine (gemeindt.): ↗Ovo

ÖVP A die; –, ohne Plur.: buchstabierte Abk. für ›Österreichische Volkspartei‹: *Der Poker zwischen SPÖ und ÖVP um die ORF-Reform wird spannend* (News 15. 1. 1998, 5) – Dazu: **ÖVP-Chef(in)**, **ÖVP-Obfrau** (↗Obfrau), **ÖVP-Obmann** (↗Obmann)

P

P.b.b. siehe Postgebühr

PA siehe Akademie

Paarl STIR das; -s, -(e)n: ↗Vinschgerl A D-südost ›zwei aneinander gebackene kleine rundliche Brote aus Roggenmehl‹ (häufig in der Wendung *Vinschger Paarl*): *Ein klassisches Paarl aus einer Vinschger Bäckerei wiegt 200 Gramm* (Dolomiten 15. 7. 1993, Internet); *Am Südtiroler Büffet gab es ... Speck, Wein, Käse, Trauben, Vinschger Paarlen und Schüttelbrot zu verkosten* (Dolomiten 16. 12. 1996, 5) – Verschriftlichung der dialektalen Verkleinerungsform von *Paar*. Vgl. Schüttelbrot, Vinschger – Dazu: **Paarlbrot, Paarle**

Pack CH das; -(e)s, –: ↗Packerl A (ohne Vbg.) D-südost, ↗Päckli CH, ↗Beutel CH D, ↗Tüte D ›[kleine] Packung einer Ware‹: *Wir stellten ... ein halbes Pack Kentauer Haferflocken in die Kiste* (Schädelin, Eugen 74) – In A und D nur in Zus. gebräuchlich, z.B. ↗Dreierpack A D, ↗Zweierpack A D. Das Genus ist in A und D Maskulinum (der; -(e)s, -e/-s/Päcke). In der Bedeutung ›Gesindel‹ gemeindt. und Neutrum (das; -(es), ohne Plur.) – Dazu: **Doppelpack,** ↗**Duopack,** ↗**Triopack**

Päckchen (gemeindt.): ↗Packerl, ↗Packl, ↗Päckli

Packelei A die; –, ohne Plur.: ↗Päcklipolitik CH ›inoffizielle Absprache über eine bevorstehende Entscheidung‹: *Das ist nicht irgendeine kleine Packelei, das ist eine große Sache, die ich da vorhabe und die man nur jetzt durchbringen kann, jetzt, wo alle Angst haben um ihren Arbeitsplatz* (Scharang, Sohn eines Landarbeiters 87) – Vgl. packeln

Packeln A die; nur Plur. (salopp, Grenzfall des Standards): ›Fußballschuhe‹: *Während die Sturm-Fußballer ihre Packeln wütend auf die Laufbahn des Linzer Stadions warfen, wurde beim Lask der erste Saisonsieg gefeiert* (OÖN 22. 8. 1988, 17)

packeln A sw.V./hat (abwertend, Grenzfall des Standards): ↗kungeln D-nord/mittel ›[geheime, verdächtige] Abmachungen treffen; paktieren, mauscheln‹: *Bezüglich des Umganges mit SPÖ und FPÖ ist L.s Strategie klar: »Wir wollen mit keiner der beiden Parteien packeln«* (Standard 4. 8. 1999, 8) – Vgl. Packl – Dazu: ↗**Packelei**

Packerl A (ohne Vbg.) D-südost das; -s, -n (Grenzfall des Standards): **1.** ↗Pack CH, ↗Päckli CH, ↗Beutel CH D, ↗Tüte D ›[kleine] Packung [als Inhalt und Verpackung einer abzählbaren Menge von einer Ware]‹: *War es früher ab 15 Jahren möglich, sich eine Flasche Schnaps oder ein Packerl Zigaretten zu kaufen, wird dies künftig erst ab 16 erlaubt sein* (Standard 20. 9. 2001, Internet; A). **2.** ↗Packl A D-südost, ↗Päckli CH ›[Post]paket, Schachtel‹: *Die Garantieerklärung, wonach ich nur das leere Packerl zurückschicken muss, wenn ich nicht zufrieden bin und dann das gesamte Geld zurückbekomme, gehört zu den üblichen Tricks, die wir von solchen Warenversendern schon kennen* (Kleine Ztg 2. 3. 1997, 12; A). **3.** ›Verpackung von flüssigen Lebensmitteln; Tetrapack‹: *Während Limonaden bereits in Mehrweg-PET-Flaschen abgefüllt werden, bleibt dem Milch-Konsumenten nur das Packerl als Alternative zur Glasflasche* (Kurier 15. 7. 1992, 16; A) – In A-west (Vbg.) und D-südwest in der Form *Päckle* (das; -s, -) – Zu 1.: ↗**Packerlsuppe** A D-südost, **Zigarettenpackerl.** Zu 2.: **Weihnachtspackerl.** Zu 3.: **Kakaopackerl, Milchpackerl, Saftpackerl**

Packerlsuppe A D-südost die; –, -n: ↗Päcklisuppe CH, ↗Beutelsuppe CH D-nordost, ↗Tütensuppe D-nord/mittel ›Mischung von getrockneten Zutaten, die mit heißem Wasser übergossen oder aufgekocht eine Suppe ergibt; Fertigsuppe‹: *Kartoffelstärke ist zum Beispiel als Bindemittel in Packerlsuppen enthalten* (AK Wien, 1997, Internet; A) – Vgl. Packerl

Packl A D-südost das; -s, -n (Grenzfall des Standards): ↗Packerl A (ohne Vbg.) D-südost, ↗Päckli CH ›[Post]paket, Päckchen, Schachtel‹: *Mit Brief und Packl geht's schwer bergab. Die klassische Post schreibt ein Milliardendefizit nach dem anderen* (Trend 5/1994, Internet; A); ***sich auf ein Packl [zusammen]hauen** A (salopp) ›eine geheime, verdächtige Abmachung, einen Pakt schließen‹: *Das Sinfonieorchester und die Faschingsgilde »hauen sich auf ein Packl« und versprechen ein beschwingtes »Neujahrtausendkonzert«* (Neue Kronen Ztg 27. 12. 1999, Internet) – In A-west (Vbg.) selten. Vgl. packeln

Päckle A-west (Vbg.) D-südwest das; -s, –: siehe Packerl

Päckli CH das; -s, –: **1.** ↗Packerl A (ohne Vbg.) D-südost, ↗Pack CH, ↗Beutel CH D, ↗Tüte D ›[kleine] Packung‹: *Ab 150 Franken pro Päckli vergeht mir der Genuss auf meine heissgeliebten Zigaretten* (Blick 27. 8. 1999, 15). **2.** ↗Packerl A (ohne Vbg.) D-südost, ↗Packl A D-südost ›[Post]paket, Päckchen, Schachtel‹: *Da sie nur einen Brief pro Monat schreiben darf, lässt sie allen Lesern und Leserinnen, die ihr in den letzten Wochen Päckli und Briefe gesandt haben, auf diesem Weg herzlich danken* (SI 21. 6. 1999, 5). **3.** ↗Packl A ›geheime, verdächtige Abmachung; Pakt‹: *Peter B. sprach im Sonntagsblick von einem Päckli von FDP und SP im zweiten Wahlgang* (Regional-Ztg 8. 10. 1999, Internet) – Auch in der Form *Päcklein* – Zu 1.: ↗**Päcklisuppe**. Zu 2.: ↗**Fresspäckli, Geschenkpäckli, Weihnachtspäckli, Zigarettenpäckli**. Zu 3.: ↗**Päcklipolitik**

Päcklipolitik CH die; –, ohne Plur.: ↗Packelei A ›inoffizielle Absprache über eine bevorstehende Entscheidung‹: *Kaum war er gewählt, traten erneut die Skeptiker auf den Plan und monierten Günstlingswirtschaft und Päcklipolitik zwischen SP und CVP* (Sonntagsztg 8. 6. 1997, 91) – Vgl. Päckli

Päcklisuppe CH die; –, -n (Grenzfall des Standards): ↗Packerlsuppe A D-südost, ↗Beutelsuppe CH D-nordost, ↗Tütensuppe D-nord/mittel ›Mischung von getrockneten Zutaten, die mit heissem Wasser übergossen oder aufgekocht eine Suppe ergibt; Fertigsuppe‹: *Kein Zelt, kein Essgeschirr, kein Gaskocher. Wozu Päcklisuppen mitnehmen, wenn der Portugiese so gut kochen kann* (Sonntagsztg 18. 4. 1999, 135) – Vgl. Päckli

Packung (gemeindt.): ↗Beutel, ↗Pack, ↗Packerl, ↗Päckli, ↗Tüte

Packung die; –, -en: **1.** CH (Militär) ›militärische Ausrüstung, Gepäck‹: *Aufgeschnallt werden konnte zudem der Karabiner, für den die Packung auch als Auflage beim Liegendschiessen diente* (Schweizer Armeemuseum,.2002, Internet). **2.** D-nordwest/mittelwest (Sport); ↗Schraufen A, ↗Tragerl A (ohne west), ↗Kanterniederlage CH, ↗Stängeli CH ›hohe Niederlage; Debakel‹: *Bei der jüngsten 0:4-Packung gegen Hamborn 07* (Revier Sport 19. 2. 1998, 19) – Andere Bedeutungen sind gemeindt. – Zu 1.: ↗**Vollpackung**

Pädak A die; –, -s (Kurzwort): ›Pädagogische ↗Akademie‹: *Teilweise saniert wird die Sportanlage auf dem Gelände der Pädak* (Badener Ztg 19. 3. 1998, 3) – Auch in der Schreibung *PädAk* – Dazu: **Pädak-Absolvent(in), Pädak-Student(in), Pädak-Studium**

Pafese A (ohne Vbg.) D-südost die; –, -n ⟨aus spätmhd. *pafese, pavese* zu ital. *pavese* ›aus Pavia‹⟩ (meist Plur.): ↗Fotzelschnitte CH, ↗Ritter: *arme Ritter D ›Gericht aus Weißbrotscheiben, die in Milch eingeweicht, mit ↗Marmelade oder [Kalbs]hirn gefüllt und in Fett frittiert werden‹: *Für die Pofesen sticht man aus dem Toastbrot runde Scheiben aus, erweicht sie in Milch, lässt sie kurz abtropfen und bäckt sie in Fett heraus* (Firma Billa, Gusto Rezepte, 2000, Internet; A) – Auch in der Form *Pofese*. Selten in den Schreibungen *Bafese* und *Bofese* – Dazu: **Hirnpafese, Zwetschkenpafese** (↗Zwetschke) A

PAFL LIE das; –, ohne Plur.: als Wort gesprochene Abk. für *Presseamt des Fürstentums Liechtenstein:* ↗APA A, ↗SDA CH, ↗DPA D ›offizielle Nachrichtenagentur des Fürstentums Liechtenstein‹: *Die Wahlinfo auf Landtag.li ist eine Dienstleistung des Presse- und Informationsamts des Fürstentums Liechtenstein (PAFL)* (Presse- und Informationsdienst, 2002, Internet)

Paket (gemeindt.): ↗Packerl, ↗Packl, ↗Päckli

Pakt (gemeindt.): ↗Packl: *sich auf ein Packl [zusammen]hauen, ↗Päckli

paktieren (gemeindt.): ↗kungeln, ↗packeln

Palatschinke A (ohne Vbg.) die; –, -n ⟨aus ungar. *palacsinta*, über rumän. *placinta* aus lat. *placenta* ›Kuchen‹⟩: ↗Omelette A CH, ↗Omelett A D (ohne mittelost), ↗Eierkuchen D-ost/südwest, ↗Pfannekuchen D-mittelwest, ↗Pfannenkuchen D-süd, ↗Pfannkuchen D-nord/mittelwest, ↗Plinse D-nordost ›Gericht aus einem dünnen Teig aus Eiern, Milch und Mehl, der in der ↗Pfanne in Fett gebacken, mit ↗Marmelade, ↗Topfen o. Ä. bestrichen oder pikant gefüllt und zusammengerollt wird‹: *In einer beschichteten Pfanne die Butter aufschäumen und darin 4 Palatschinken goldgelb backen* (ORF Nachlese 11/1997, 72) – Dazu: **Nusspalatschinke, Palatschinkenpfanne** (↗Pfanne), **Palatschinkenteig, Spinatpalatschinke,** ↗**Topfenpalatschinke**

palen D-nord sw.V./hat: ↗auslösen A D-süd, ↗pulen D-nord/mittel ›(Hülsenfrüchte) schälen; enthülsen‹: *Die Bohnen aus den Hülsen palen, in kochendem Salzwasser blanchieren* (Orschel-Verlag, 2002, Internet) – Dazu: **auspalen**

Palett CH das; -(e)s, -e: ›Palette für den Transport von Gütern‹: *Im Gubristtunnel hat ein Lieferwagen seine Ladung verloren. Der Lieferwagen mit Anhänger hatte ein Palett mit 650 Kilogramm geschnittenem Papier geladen* (TA 30. 8. 2000, 26) – Dazu: **Euro-Palett, palettweise**

Pallawatsch siehe Ballawatsch

Pampa: *in der Pampa (gemeindt.): ↗jwd, ↗Krachen: *im hintersten Krachen

Pampe D-nord/mittel die; –, -n (Plur. ungebräuchl.): **1.** (abwertend); ↗Batz A D-südost, ↗Gatsch A D-südost, ↗Mansch D-nord/mittelwest ›breiige

Masse; zu Brei Zerdrücktes‹: *Und der Kartoffelbrei war nichts als Pampe* (Welt 10. 12. 1997, Internet). **2.** ↗GATSCH A D-südost, ↗LETTEN A D-südost, ↗PFLOTSCH CH, ↗BATZ D-südost, ↗MODDER D-nord/mittelost, ↗MUD D-nordwest ›Schlamm, Matsch‹: *Der Weg in ihre Metzgerei habe bei Regen durch »Schlamm und Pampe«, durch Matsch und Morast geführt* (NRZ 2. 3. 2001, Internet) – Dazu: ↗**pampig**

Pampelmuse D (ohne südost) die; –, -n: ↗GRAPEFRUCHT D ›Grapefruit‹: *Testpersonen einer Studie nahmen Arzneien mit dem Saft der Pampelmuse ein* (Focus online 8. 1. 2002, Internet) – Dazu: **Pampelmusensaft**

pampig Adj. (abwertend, Grenzfall des Standards): **1.** CH D (ohne südost); ↗GATSCHIG A D-südost, ↗PATZIG A D-südost ›von weicher, breiiger Konsistenz‹: *Im Osten isst man ohnehin etwas durchgekochter (Gulasch) und pampiger (Knödel)* (Sonntagsztg 30. 4. 2000, 127; CH); *Man möchte zurück in den Laden marschieren, wie mit einem pampigen Kuchen zum Bäcker* (Prinz 1. 8. 2001, Internet; D). **2.** D (ohne südost); ↗PATZIG A D, ↗HÄSSIG CH ›grob antwortend, unverschämt‹: *Andersherum heißt das natürlich auch, dass man nicht … pampig wird, wenn die Arbeit von erfahrenen Kollegen kritisiert und verbessert wird* (Allegra 11/1997, 162) – Zu 1 vgl. Pampe – Zu 2.: **Pampigkeit**

Panaché CH das; -s, -s ['p'anaʃe] ⟨aus frz. *panacher* ›mischen‹⟩: ↗RADLER A D (ohne nordwest), ↗ALSTERWASSER D-nord/mittelwest ›Getränk aus hellem Bier und Limonade‹: *Was trinken Sie, wenn Sie durstig sind? Mineralwasser, und im Sommer mag ich sehr gerne ein Panaché mit nur wenig Citro* (Sonntagsblick 14. 4. 1995, Internet)

Panade CH D (ohne südost) die; –, -n ⟨aus frz. *paner* ›mit Brotbröseln bestreuen‹⟩: ↗PANIER A, ↗PANAT D-südost ›knusprige Hülle bei gebratenem Fleisch, Pilzen u. Ä., die aus Mehl, Eiern [↗Semmelbröseln und weiteren Zutaten und Gewürzen] besteht‹: *Seinen schlechten Ruf hat »Schnipo« von schweinigen Faserstücken in pampiger Panade, lieblos begleitet von fettigen Kartoffelstäbchen* (Blick 27. 2. 1998, 11; CH); *Paniermehl, Parmesan, gehackte Petersilie, Salz, Pfeffer vermischen … Hühnerteile … dann in der Panade wenden* (WDR 1. 2. 1999, Internet; D)

panaschieren CH D-süd sw.V./hat ⟨aus frz. *panacher* ›buntstreifig machen, mischen‹⟩: ›mischen von Kandidatennamen verschiedener Parteien auf einem Wahlzettel‹: *Die Hälfte der Stimmenden hat den Wahlzettel handschriftlich verändert, hat kumuliert, panaschiert, gestrichen oder gar die ganzen 63 Linien der Wahlliste eigenhändig neu geschrieben* (St. Galler Tagbl 28. 8. 2000, Internet; CH) – In D-süd nur bei ↗Kommunalwahlen – Dazu: **Panaschierstimmen**

Panat D-südost das; -s, ohne Plur. ⟨aus frz. *paner* ›mit Brotbröseln bestreuen‹⟩: ↗PANIER A, ↗PANADE CH D (ohne südost) ›knusprige Hülle bei gebratenem Fleisch, Pilzen u. Ä., die aus Mehl, Eiern [↗Semmelbröseln und weiteren Zutaten und Gewürzen] besteht‹: *Das Panat ist schön knusprig … und schmeckt ebenfalls sehr lecker* (Verbraucherplattform für Erfahrungsberichte 18. 6. 2003, Internet)

Panhas D-mittelwest der; –, ohne Plur.: ›quaderförmige Speise aus Buchweizenmehl, ↗Brühe und ↗Speck, die in Scheiben geschnitten serviert wird und heiß oder kalt verzehrt werden kann‹: *Von der Currywurst über Panhas bis hin zur Folienkartoffel war alles vertreten, was das Schlemmerherz begehrte* (WAZ 25. 9. 2000, Internet)

Panier A die; –, ohne Plur. ⟨aus frz. *paner* ›mit Brotbröseln bestreuen‹⟩: ↗PANADE CH D (ohne südost), ↗PANAT D-südost ›knusprige Hülle bei gebratenem Fleisch, Pilzen u. Ä., die aus Mehl, Eiern [sowie ↗Semmelbröseln und weiteren Zutaten und Gewürzen] besteht‹: *Die Panier wird außen knusprig und das Backgut bleibt innen saftig* (Gusto 11/1997, 39) – Als Neutrum (das; -s, -e) in der Bedeutung ›Fahne, Parole‹ gemeindt. veraltet

panieren A sw.V./hat (salopp, Grenzfall des Standards, Sport): ›hoch besiegen, schlagen‹: *Beim erstmals in Tokio ausgetragenen Season Opener panierten die Canucks die Anaheim Mighty Ducks mit 3:2* (Sport Magazin 10/1997, 12) – Die Bedeutung ›(Fleisch, Gemüse, Fisch) vor dem Braten in einer ↗Panier wälzen‹ ist gemeindt.

Paniermehl CH D das; -(e)s, ohne Plur.: ↗BRÖSEL A D-mittelost/südost, ↗SEMMELBRÖSEL A D, ↗SEMMELMEHL D (ohne mittelwest/südwest) ›fein gemahlenes, trockenes Weißbrot zum Panieren‹: *Am besten schmeckt eigentlich hausgemachtes Paniermehl: Altbackenes Weiss- oder Toastbrot im Ofen bei kleiner Hitze … trocknen, anschliessend mit dem Wallholz fein zerbröseln* (Brückenbauer 23. 9. 1997, Internet; CH); *Kartoffelplätzchen zuerst im leicht angeschlagenen Eiweiß, dann im Paniermehl wenden* (Freundin 19/1997, 162; D)

Pannemann D-mittelwest der; -(e)s, …männer (abwertend, Grenzfall des Standards): ›Mann, der sich durch sein Verhalten unbeliebt macht‹: *Der Pannemann meinte mal wieder, auf den Platz rennen zu müssen* (Von Schalkern für Schalker 29. 10. 1999, Internet)

Pannenstreifen A CH der; -s, –: ↗STANDSPUR D, ↗STANDSTREIFEN D, ↗NOTSPUR STIR ›durch eine Markierung abgetrennter Teil der Fahrbahn auf Autobahnen zum Halten im Notfall‹: *Der Lkw-Lenker wich über den Pannenstreifen dem gefährlichen Ge-*

genüber aus (Kurier 6. 2. 1998, 11; A); *Der Wagen schlingerte, ich trat auf die Bremse und kam auf dem Pannenstreifen zum Stehen. Ein Reifen war geplatzt* (Zürcher, Högo Sopatis 223; CH) – In D selten

pannonisch A Adj. ⟨aus lat. *Pannonia* ›Pannonien‹, römische Provinz zwischen Ostalpen, Donau und Save⟩: ›nach [traditioneller] burgenländischer Art; [traditionell] burgenländisch‹: *Für Radenthusiasten, die einen Abstecher zum Neusiedler See planen, bieten die ÖBB jetzt ein maßgeschneidertes Angebot, das dazu einladen soll, die pannonische Region zu erkunden* (Neue Wochenschau 11. 8. 1999, 21) – Als auf Ungarn bezogenes geographisches Fachwort, z. B. pannonisches Klima, pannonische Tiefebene, gemeindt.

Pantine D-nordost die; –, -n ⟨aus frz. *pantin* ›Schuh mit Holzsohle‹⟩: ↗Clog A D, ↗Zoccoli CH, ↗Klotschen D-mittelwest ›Schuh mit durchgehender Holzsohle und offenem Fersenteil‹: *Wir hängten unser bisschen Garderobe in die Blechspinde ... und knallten mit unseren Pantinen über die Fliesen* (Bieler, Maria Morzek 9); ***aus den Pantinen kippen** siehe kippen – Dazu: **Holzpantine**

Pantoffel (gemeindt.): ↗Finken, ↗Latschen, ↗Patschen, ↗Puschen, ↗Schlapfen, ↗Schlappen, ↗Schlarpe, ↗Schluffen

Pantoffelkino D (ohne mittelost) das; -s, -s (scherzh.): ↗Patschenkino A ›Fernsehen‹: *Die Beilage fürs Pantoffelkino* (Filmjournal 11/1997, 15) – In CH bekannt, aber als fremd empfunden

Pantolette D die; –, -n ⟨zusammengezogen aus ↗*Pantoffel* und *Sandalette*⟩: ›leichter Haus- bzw. Sommerschuh ohne Fersenteil‹: *Sie hatte weiße Pantoletten an, ... aber der Bommel auf der Spitze war wieder rosa* (Bieler, Maria Morzek 34)

Pantscherl A-ost das; -s, -n (Grenzfall des Standards): ›kurzfristige sexuelle Beziehung; Verhältnis; Flirt, Liebelei‹: *Es musste mehr sein als ein gewöhnliches Pantscherl* (Rudle, Sex Orange 94)

Papeterie CH die; –, -n [papɛtəˈriː]: ↗Papierfachgeschäft A, ↗Schreibwarenhandlung A D, ↗Schreibwarenladen D ›Geschäft für Papierwaren und Schreibgeräte‹: *Der Kalender ist ... in Papeterien und Buchhandlungen zu kaufen* (BaZ 17. 10. 1997, 62) – Dazu: **Papeterieartikel, Papeteriegeschäft, Papeteriewaren, Papeterist(in)**

Papierfachgeschäft A das; -(e)s, -e: ↗Schreibwarenhandlung A D, ↗Papeterie CH, ↗Schreibwarenladen D ›Geschäft für Papierwaren und Schreibgeräte‹: *Seit 1993 soll eine Angestellte ... in einem Papierfachgeschäft ... Kassengeld und Waren im Wert von 300.000 bis 400.000 S gestohlen haben* (Kurier 8. 11. 1998, 10)

Papiersammlung CH die; –, -en: ›öffentliche Sammlung von Altpapier; Altpapiersammlung‹: *Böse Menschen stellen einen nicht ordnungsgemässen Sack hinaus, in den sie eine an den bösen Nachbarn adressierte Zeitung aus der Papiersammlung hineingesteckt haben* (NZZ Folio 10/1998, 51) – In D selten

Papiertüte D die; –, -n: ↗Stanitzel A-mitte/ost D-südost ›trichterförmiges oder rechteckiges Verpackungsmittel‹: *Ein anderer ... durchbricht das Murmeln seiner Nebenleute beim Griff in die Papiertüte immer wieder mit einem Rascheln* (Welt 19. 10. 1999, Internet) – Vgl. Tüte

Papp der; -(e)s, -e (Plur. ungebräuchl., Grenzfall des Standards): **1.** A D-süd; ↗Pappe CH ›Brei‹: *Sein Kollege Klaus O. konnte aufgrund von Analysen des Darminhalts nachweisen, dass Ötzi vor seinem Tod eine gekochte, pflanzlich-tierische Nahrung zu sich genommen hat, eine Art Papp oder Brot aus gestampftem Einkorn* (Profil 11. 1. 1998, Internet; A). **2.** A D-südost ›klebrige Masse; Kleister‹: *Anschließend wird der Papp in mühevoller Handarbeit mit Hilfe eines Druckmodels auf das vorbereitete Leinen aufgedruckt* (Textilwerkstatt Weitersfelden, 2000, Internet)

Pappe die; –, -n: **1.** D-nord/mittel; ↗Pappendeckel A D-mittelwest/süd ›aus gepresstem Papier hergestelltes Verpackungs- oder Bastelmaterial; Karton‹: *Das Fenster war mit Pappe geflickt* (Remarque, Zeit zu leben 47). **2.** CH (Plur. ungebräuchl.); ↗Papp A D-süd ›Brei‹: *Wehe dem, der nach einer fulminanten Rede dafür verantwortlich ist, dass die ganze Delegiertenversammlung während des nachfolgenden Essens lustlos in einer undefinierbaren Pappe herumstochert* (Zentralverband Staats- und Gemeindepersonal 20. 5. 2000, Internet) – Zu 1.: In CH zunehmend gebräuchlich – Zu 1.: ↗**Pappkarton** D, **Pappschild, Pappschachtel, Pappteller**

Pappen A (ohne Vbg.) die; –, – (derb, Grenzfall des Standards): ↗Fotze A D-südost, ↗Gosche A D-süd, ↗Schnorre A-west (Vbg.) CH, ↗Latz CH, ↗Klappe CH D-nord/mittel, ↗Fresse D-nord/mittel, ↗Sabbel D-nord/mittel, ↗Schnauze D (ohne südost), ↗Schnute D (ohne südost) ›Mund‹: *Ein Fußtritt, »genau in die Pappen«, bewirkte, dass der Zahnersatz des Lokalbesuchers »davongeflogen ist« und auf der Tanzfläche landete* (Kleine Ztg 6. 3. 1997, Internet); ***die Pappen halten** siehe halten; ***jmdm. in die Pappen hauen** siehe hauen

Pappendeckel A D-mittelwest/süd der; -s, –: ↗Pappe D-nord/mittel ›aus gepresstem Papier hergestelltes Verpackungs- oder Bastelmaterial; Karton‹: *Schneiden Sie aus einem Pappendeckel einen Kreis in der Größe des jeweiligen Erdbeerstrauches zu und machen Sie in den Kreis einen tiefen Schnitt, damit Sie die*

Pflanze »durchschieben« können (Neue Kronen Ztg 3. 6. 2000, Internet; A)

Pappkarton D der; -s, -s: ↗KARTON A D, ↗KARTONSCHACHTEL CH ›aus gepresstem Papier hergestellter Behälter‹: *Vor der Croissant-Bäckerei türmte sich ein Stapel leerer Pappkartons* (Karr & Wehner, Geierfrühling 35) – Vgl. Pappe

pappsatt D (ohne ost) Adj. (Grenzfall des Standards): ›ganz und gar satt‹: *Ein luftig leichtes »Griesflammerie auf Kirschragout« (6 Euro) geht immer noch, obwohl wir schon pappsatt sind* (Welt am Sonntag 1. 12. 2002, Internet)

Paprika A D-südost der; -s, -(s)/D (ohne südost) die; –, -(s) ⟨serb., über ungar.⟩: ↗PEPERONI CH STIR, ↗GEMÜSEPAPRIKA D, ↗PAPRIKASCHOTE D ›längliche oder rundliche hohle Frucht der Paprikapflanze von gelber, roter oder grüner Farbe‹: *Reich an Vitamin C sind der grüne Paprika, Petersilie und Fenchel* (Neue Vorarlberger Tagesztg 18. 2. 2001, 16; A); *Vitamin C: Empfohlen von der DGE täglich 75 mg, z. B. enthalten in 55 g rohem Paprika* (Test 12/1997, 97; D) – In A und D-südost Maskulinum, in D (ohne südost) Femininum. Die Bedeutung ›Gewürzpulver aus der getrockneten Paprikaschote‹ ist gemeindt. In CH Neutrum. Vgl. Pfefferoni

Paprikagewürz D das; -es, ohne Plur.: ↗PEPERONI STIR ›als Gewürz verwendetes Pulver der getrockneten, roten Pfefferschote; Paprikapulver‹: *Eine Teigplatte mit Eigelb bestreichen. Käse verteilen und mit Pfeffer und Paprikagewürz bestreuen* (Lecker Backen, 2002, Internet)

Paprikapulver (gemeindt.): ↗PAPRIKAGEWÜRZ, ↗PEPERONI

Paprikaschote D die; –, -n: ↗PAPRIKA A D, ↗PEPERONI CH STIR, ↗GEMÜSEPAPRIKA D ›längliche oder rundliche hohle Frucht der Paprikapflanze von gelber, roter oder grüner Farbe‹: *Ein Salat aus Gnocchi, Zucchini und Paprikaschoten* (Brigitte 11/1996, 201)

paprizieren A sw.V./hat (Küche): ›mit Paprikapulver würzen‹: *Inzwischen das Salz erhitzen, die fein gehackte Zwiebel darin glasig anrösten und paprizieren, danach den gut ausgedrückten Kürbis mitrösten* (ORF Nachlese 9/1997, 76)

Paradeis- A (ohne west) (produktives Bestimmungswort in Zus.): ›aus Tomaten bestehend‹, z. B. ↗Paradeismark, Paradeissaft, Paradeissalat, Paradeissauce, Paradeissuppe: *Paradeissalat mit frischem Basilikum oder ein weißer G'spritzter werden nicht serviert* (Kleine Ztg 23. 2. 1998, Internet); *Die frischen Mini-Pizze mit Paradeissauce und Schafkäse schmecken hervorragend* (Kurier 6. 3. 1998, 8) – Manche Zus. können auch mit *Paradeiser-* gebildet werden. Vgl. Paradeiser

Paradeiser A (ohne west) der; -s, –: ›Tomate‹: *Paradeiser helfen auch, mehr Fette im Körper abzubauen, und sie wirken auch mit, dass der Körper die nötigen Aufbaustoffe bekommt* (ORF Nachlese 9/1997, 58) – Vgl. Paradeis- – Dazu: ↗**Kirschparadeiser, Paradeiserernte, Paradeisersalat, Paradeiserstaude** (↗Staude)

Paradeismark A (ohne west) das; -(e)s, ohne Plur.: ↗TOMATENMARK A D, ↗TOMATENPÜRÉE CH ›püriertes und eingedicktes Fruchtfleisch von Tomaten‹: *Gedünstetes Kürbisgemüse mit Rindsuppe aufgießen, etwas Paradeismark dazugeben und anschließend pürieren* (Neue Kronen Ztg 1. 10. 1999, Internet) – Vgl. Paradeis-

paragleiten A (nur im Inf.): ↗GLEITSCHIRMFLIEGEN CH D ›mit einem Paraglider fliegen; paragliden‹: *Über 20.000 Personen sind aktive Flugsportler, vom Paragleiten bis zum Motorfliegen* (Presse 7. 8. 1999, Internet) – Vgl. Paragleiter

Paragleiter A der; -s, – ⟨aus engl. *paraglider*, zusammengezogen aus *para* (kurz für *parachute* ›Fallschirm‹) und *to glide* ›segeln‹⟩: **1.** ↗GLEITSCHIRM CH D, ↗GLEITSEGEL D-mittelwest/südwest ›Paraglider; Hängegleiter‹: *So in etwa musste er sich im vergangenen September nach seiner Notlandung mit dem Paragleiter auf dem Nadelbaum von Ast zu Ast in Richtung Waldboden bewegt haben* (Zier, Himmelfahrt 98). **2. Paragleiter Paragleiterin** der; -s, – bzw. die; –, -nen; ›Person, die mit einem Paraglider fliegt‹: *Auch mehrere Paragleiter mussten aus Bäumen gerettet werden* (Steyrer Rundschau 19. 3. 1998, 22) – Vgl. paragleiten

paragliden (gemeindt.): ↗GLEITSCHIRMFLIEGEN, ↗PARAGLEITEN

Paraglider (gemeindt.): ↗GLEITSCHIRM, ↗GLEITSEGEL, ↗PARAGLEITER

Pardon der/das; -s, -s ⟨frz.⟩: ist in A und D auch Maskulinum, gemeindt. Neutrum. Die Aussprache lautet in A und D-südost [parˈdoːn], in CH [ˈpˈardõ], in D (ohne südost) [parˈdõː, parˈdɔŋ]. Als Ausruf der Entschuldigung wird *Pardon* in A [parˈdõː] ausgesprochen: *Landwirtschaftsminister Wilhelm Molterer (ÖVP) bekräftigte in der Fragestunde, dass man »alles tun« werde, um die »kriminellen Machenschaften« zu ahnden: »Da darf und kann es keinen Pardon geben«* (SN 2. 2. 2001, Internet; A); *Aber da kannte die Kommissarin keinen Pardon* (Bick, Tödliche Ostern 20; D)

Parere A das; -(s), -(s) ⟨aus lat. *parere* ›sichtbar sein‹⟩ (Medizin): ›Zwangseinweisung in die Psychiatrie aufgrund eines vom ↗Amtsarzt bzw. von einer Amtsärztin ausgestellten Gutachtens‹: *In Wirklichkeit habe es nie eine Notwendigkeit für ein derartiges Parere gegeben, so der AKH-Mediziner* (Standard 25. 5. 2001, Internet) – Die in D ursprünglich verbreitete Bedeutung ›unparteiisches kaufmännisches Gutachten‹ ist veraltet

Pariserbrot CH das; -(e)s, -e: ↗KAVIARBROT D-mittelwest/ost, ↗STANGENBROT D-mittelwest/süd, ↗STANGENWEISSBROT D-mittel/süd ›stangenförmiges Brot; Baguette‹: *Noch vor zwei Jahrzehnten erschöpfte sich das Angebot hier zu Lande in Weiss- und Ruchbrot, in Tessiner, Toast und Pariserbrot* (TA 15. 5. 1999, 73)

Park der; -s, Pärke/-e/-s ⟨engl. und frz.⟩: In der Bedeutung ›größere Grünfläche in einer Stadt‹ lautet der Plural in CH auch *Pärke*, gemeindt. *Parks.* In der Bedeutung ›großräumiges naturbelassenes geschütztes Gebiet, z. B. Naturpark‹ lautet der Plural in STIR auch *Parke*, gemeindt. *Parks: Schlösser, zierlich-luftig, in Pärken mit künstlichen Bächen* (Hartmann, Pestalozzi 56; CH); *Unter dem Motto »Von der Vielfalt unserer Landschaft« steht die Sonderschau über die Südtiroler Naturparke. Sie soll den Besuchern die Welt der Parke näher bringen* (Dolomiten 7. 4. 2000, 18; STIR)

Parkbank (gemeindt.): ↗BÄNKLI, ↗RUHEBANK

parken A D sw.V./hat ⟨zu engl. *to park*⟩: **1.** ↗PARKIEREN CH ›ein Fahrzeug [vorübergehend] an einer Straße oder auf einem Platz abstellen‹: *Vor einem Haus in der Prinz Eugen Straße ... parkte Alex das Auto* (Streeruwitz, Verführungen 13; A); *Karsten S. parkte den Wagen in der dritten Reihe* (Bick, Tödliche Ostern 19; D). **2.** ›(von einem Fahrzeug) an einer Straße oder auf einem Platz abstellt sein‹: *Am 29. Juni 1996 wurde sie beobachtet, wie sie vor einem Wiener Innenstadtlokal mit den Fäusten auf ein parkendes Auto einschlug* (News 6. 11. 1997, 66; A); *Ein altes Auto ... parkte am Straßenrand* (Martin, Blut 37; D)

Parkettboden (gemeindt.): ↗PARKETTEN

Parketten A die; nur Plur.: ›Fußboden, der aus kurzen, schmalen Holzbrettchen besteht; Parkett[boden]‹: *Die teils einzigartigen, kunstvoll gemusterten Parketten aus Ahorn und Eiche sind restauriert* (Presse 16. 8. 1997, 2); *120-m²-Wohnfläche, 4 Zimmer, Parketten, Stuckdecken, Flügeltüren, ablösefreier, unbefristeter Sofortbezug, 14.500,–* (Kurier 5. 11. 1997, 20) – Zugrunde liegt die seltene Singularform *die Parkette* in der Bedeutung ›einzelnes Brett eines Parkettbodens‹

Parkhaus (gemeindt.): ↗EINSTELLHALLE, ↗PARKING

parkieren CH sw.V./hat ⟨aus engl. *to park*⟩: ↗PARKEN A D ›(ein Fahrzeug) vorübergehend an einer Strasse oder auf einem Platz abstellen‹: *Auf dem ganzen Trottoir der Grenzacherstrasse sollen Autos parkiert werden können. Für die FussgängerInnen bleibt dann kaum mehr Platz und die Velofahrenden werden durch die parkierten und parkierenden Autos gefährdet* (Basler Velobl 130/2002, 1) – Im Ggs. zu *parken* kann bei *parkieren* der Zustand des vorübergehenden Abgestelltseins nur mit dem 2. Part. (Zustandspassiv) ausgedrückt werden *(parkiert)*, nicht mit dem Partizip Präsens (aktiv) *(parkende Autos)* oder mit dem Präsens *(das Auto parkt)* – Zu 1.: **Dauerparkierer, einparkieren, Parkierungsdauer, Parkierungsverbot**

Parking CH LUX das; -(s), -s ['pa:rkɪŋ]: ↗EINSTELLHALLE CH ›[mehrgeschossige] ober- oder unterirdische Garage für das Abstellen von Fahrzeugen; Parkhaus‹ /oft in Zus. mit einer Ortsangabe/: *Im 2. Untergeschoss des Bahnhofparkings war gegen 20.30 Uhr ein Feuer ausgebrochen* (Blick 16. 8. 1999, 2; CH); *In diesem Projekt sind die Einrichtungen sowie die kompletten Außenanlagen mit unterirdischem Parking einbegriffen* (Gemeinde Niederanven 27. 7. 2001, Internet; LUX) – In D selten

Parkplatz (gemeindt.): ↗ABSTELLPLATZ, ↗EINSTELLPLATZ, ↗STELLPLATZ

Parlament (gemeindt.): ↗ABGEORDNETENHAUS, ↗BUNDESRAT, ↗BUNDESTAG, ↗BUNDESVERSAMMLUNG, ↗BÜRGERSCHAFT, ↗HAUS: *HOHE HAUS, ↗KANTONSRAT, ↗KLEIN: *KLEINE RAT, ↗LANDRAT, ↗LANDTAG, ↗NATIONALRAT, ↗RAT: *DIE EIDGENÖSSISCHEN RÄTE, ↗RAT: *GROSSE RAT, ↗REGIONALRAT, ↗STÄNDERAT

Parlamentarier (gemeindt.): ↗ABGEORDNETE, ↗MANDATAR/MANDATARIN, ↗PARLAMENTSMITGLIED, ↗RATSMITGLIED

Parlamentsdienste die; nur Plur.: **1.** CH ›administrative Dienste für die schweizerische Legislative‹: *Die Parlamentsdienste stehen den beiden Räten (National- und Ständerat) und ihren Organen sowie den Ratsmitgliedern für Dienstleistungen zur Verfügung* (Schweiz. Eidgenossenschaft, 2000, Internet). **2.** D ›administrativer Dienst im Deutschen Bundestag, der sich v. a. mit Parlamentsrecht befasst‹: *Die Unterabteilung Parlamentsdienste ist vor allem mit Parlamentsrecht befasst, ihr gehören auch die Parlamentsstenographen an ...* (Informationen zur politischen Bildung 228/1995, Internet) – Zu 1.: Auch für ↗kantonale Parlamente gibt es *Parlamentsdienste*

Parlamentsdirektion A die; –, -en: ›Verwaltungseinrichtung des Parlaments‹: *Die inoffizielle Angabe über die fraktionelle Zusammensetzung des Ergebnisses beruht auf einer Beobachtung des Abstimmungsvorganges durch jene Bediensteten der Parlamentsdirektion, die den Präsidenten in der Vorsitzführung unterstützen* (Parlament 40/1998, 6)

Parlamentsferien A D die; nur Plur.: ›Zeitraum [meistens im Sommer], in dem keine Parlamentssitzungen stattfinden‹: *Wenige Tage vor Beginn der Parlamentsferien sind SP und VP noch immer uneins, wie die drohende Aufhebung der Getränkesteuer abgewendet wer-*

den kann (OÖN 13. 7. 1999, 1; A); *Allerdings ist die nächste Zusammenkunft erst für Mitte September nach den Parlamentsferien geplant* (TAZ 8. 5. 2001, Internet; D)

Parlamentsmitglied CH das; -(e)s, -er: ↗ABGEORDNETE A D LIE, ↗MANDATAR A BELG, ↗RATSMITGLIED CH ›Mitglied einer Volksvertretung, eines Parlaments; Parlamentarier(in)‹: *Die Motion unterschrieben schliesslich 102 von 200 Parlamentsmitgliedern* (BeZ 3. 9. 1997, 31) – In A und D selten

Parole CH die; –, -n: kurz für ↗*Abstimmungsparole*: ›unverbindliche Empfehlung (einer politischen Gruppierung), einer ↗Abstimmungsvorlage zuzustimmen oder sie abzulehnen‹: *Die SVP ist doch mit ihren Parolen seit dem letzten Sommer ständig neben den Schuhen gestanden* (Blick 9. 2. 1999, 5) – Andere Bedeutungen sind gemeindt. – Dazu: **Ja-Parole, Nein-Parole, Parolenfassung, Parolenspiegel**

Parte[1] A die; –, -n ⟨aus frz. *donner part* ›Nachricht geben‹⟩: ↗LEIDZIRKULAR CH, ↗TRAUERZIRKULAR CH, ↗TRAUERBRIEF D (ohne südwest) ›öffentlich angeschlagene oder mit der Post verschickte Mitteilung über den Tod eines Menschen‹: *An den weihnachtlich beleuchteten Geschäften im Zentrum hing die Parte der Stadtverwaltung* (VN 9. 12. 1999, A 4) – Dazu: **Partezettel, Trauerparte**

Parte[2] D-ost die; –, -n ⟨zu ital. *parte* ›Partei‹⟩: ↗HAUSPARTEI A, ↗MIETPARTEI CH D ›Mieter(innen) einer Wohnung in einem Mietshaus‹: *Die Villa gab nach 1945 bis jetzt verschiedenen Parten Wohnunterkunft* (Universität Leipzig 18. 12. 2000, Internet)

Partei A die; –, -en: ›Person, die bei einer Behörde vorspricht‹: *Bescheide oder Amtshandlungen, die auch im Interesse der Partei liegen* (Bezirkshauptmannschaft Zell am See, 2001, Internet) – Die Bedeutungen ›Gruppe von Gleichgesinnten, insbesondere politische Organisation‹, ›Mieter(innen) in einem Mietshaus‹ und ›Gegner in einem Rechtsstreit‹ sind gemeindt. – Dazu: ↗**Parteienverkehr** A LIE

Parteibuch (gemeindt.): ↗PARTEIKARTE

Parteibuchwirtschaft A die; –, ohne Plur. (abwertend): ›Postenvergabe oder Protektion auf Grund der Zugehörigkeit zu einer bestimmten politischen Partei‹: *… es werden weiter jene Probleme, vor allem die Lebensgrundlagen, das Wohnungsproblem, die Parteibuchwirtschaft, in entsprechender Weise geregelt werden* (Falter 3. 11. 1997, 4) – In D selten. Vgl. Freunderlwirtschaft

Parteienstellung A die; –, -en (formell): ›Beteiligung einer Person oder Institution an einem gerichtlichen oder behördlichen Verfahren‹: *Aber das grüne Forderungspaket umfasst mehr: Mitspracherecht und Parteienstellung für betroffene Anrainer durch eine Bewilligungspflicht der Sendeanlagen* (Wiener Ztg 19. 6. 2001, Internet)

Parteienverkehr A LIE der; -s, ohne Plur.: ↗PUBLIKUMSVERKEHR D ›von einer Behörde festgesetzte Öffnungszeiten, in der Bürger(innen) dort persönlich vorsprechen können; Schalteröffnungszeiten‹: *Parteienverkehr: Mo – Fr von 8 – 11 Uhr bzw. nach Vereinbarung* (Echo 28. 1. 1999, 93; A); *Nach der neuen Regelung ist in allen Amtsräumen mit Parteienverkehr das Rauchen … verboten* (Liechtensteiner VL 28. 9. 1995, 3; LIE) – Vgl. Partei

Parteikarte BELG LUX die; –, -n: ›Ausweis über die Mitgliedschaft in einer politischen Partei; Parteibuch‹: *Staatsanwalt oder Richter wird, wer die richtige Parteikarte hat* (Grenz-Echo 9. 12. 1994, 3; BELG); *Die Grünen schlagen vor, Agnès R. in den Staatsrat zu berufen. Wer ist diese Frau, die sich nicht durch eine Parteikarte qualifizierte?* (Luxemb Wort 11. 2. 2000, 15; LUX)

Parteipräsident Parteipräsidentin CH BELG der; -en, -en bzw. die; –, -nen: ↗OBMANN A, ↗VORSITZENDE D ›Person, die einer politischen Partei vorsteht‹: *Parteipräsident Franz S. hat an der Delegiertenversammlung in Zug kürzlich »mehr Disziplin« verlangt* (Facts 11. 9. 1997, 31; CH); *Haushaltsministerin Mieke O. kehrt zum flämischen Arbeitgeberverband zurück und macht Platz für Herman V., bis dahin Parteipräsident der CVP* (Grenz-Echo 10. 12. 1994, 3; BELG)

Partie die; –, -n ⟨frz.⟩: **1.** A ›Gruppe von Arbeiter(inne)n [für bestimmte Aufgaben]‹: *Eine zweite Partie schlägt die Äste ab, eine dritte schlichtet das Holz zu Stößen* (Profil 28. 12. 2000, Internet). **2.** A ›Gruppe von Menschen [mit bestimmten Zielen und Interessen]‹: *Die Wende-Partie. Die blau-schwarzen Pläne: Bis Dienstag wollen Schüssel und Haider den Regierungspakt fertig haben* (News 26. 1. 2000, Internet). **3.** A-ost (Grenzfall des Standards) ›Gruppe, Gang in der Unterwelt‹: *Die Hools schätzen wir auf rund 200, die meisten sind national. Steyr: So um die zehn Skins. Davon sind noch zwei aus der alten Partie* (Kurier 27. 12. 1992, 3) – Andere Bedeutungen sind gemeindt. – Zu 1.: **Maurerpartie, Partieführer(in).** Zu 2.: **Retourpartie** (↗Retour-)

Partikularsekretär Partikularsekretärin STIR der; -s, -e bzw. die; –, -nen ⟨übersetzt aus ital. *segretario particolare*⟩: ›Politikern zustehender persönlicher Referent bzw. zustehende persönliche Referentin‹: *Den Wunsch, vom neuen Landesrat als Partikularsekretär übernommen zu werden, hegt er nicht* (Dolomiten 15. 1. 1999, 13)

Party (gemeindt.): ↗FEST, ↗FESTL, ↗FETE

Pass der; -es, Passes/Pässe ⟨engl.⟩ (Sport): In der Bedeutung ›gezielter Ballzuwurf‹ lautet der Plural in A auch wie engl. *Passes* mit Aussprache ['pasɪs], gemeindt. *Pässe.* In den gemeindt. Bedeutungen, z. B. Ausweisdokument, Gebirgspass etc., lautet der Plural *Pässe: Die Passes, die er braucht, um seine Schnelligkeit auszuspielen, kommen einfach nicht* (NÖN 22. 6. 1998, 14)

Pạssamt A D LIE das; -(e)s, ...ämter: ↗PASSBÜRO CH ›Behörde, die Ausweispapiere ausstellt und verlängert‹: *Für den Pass ist das jeweilige Passamt zuständig* (Wienerin 12/1993, 106; A); *Haben Sie Ihren Pass verloren oder wurde er gestohlen, teilen Sie dies bitte umgehend dem Passamt mit* (Gemeinde Weissach 7. 3. 2003, Internet; D); *Um die Wartezeiten zu verkürzen, ... werden die Schalter des Passamtes an den beiden Samstagen, 17. Juni und 1. Juli 2000 ... offen gehalten* (Liechtensteiner Pressebulletin 4. 5. 2000, 5; LIE)

Passạntenlage CH die; –, -n: ↗EINKAUFSLAGE D, ↗LAUFLAGE D ›Standort (für ein Geschäft), an dem viele Menschen zu Fuss vorbeikommen‹: *Solventes Schweizer Unternehmen sucht zwecks Eröffnung weiterer Filialen Top-Ladenlokal ab 30 m² bis 100 m², nur an allerbester Passantenlage in Zürich, Bern, Basel* (Berner Ztg 20. 1. 1997, 16)

Pạssbüro CH das; -s, -s: ↗PASSAMT A D LIE ›↗kantonale Behörde, die Ausweispapiere ausstellt und verlängert‹: *Vor zwei Wochen sandten meine Frau und ich die Reisepässe zur Verlängerung an das Passbüro des Kantons Bern* (Bund 30. 11. 1996, 13)

pạssen sw.V./hat: **1.** A D-süd ›richtig sein; stimmen‹: *Daher haben NÖN und GPA die Aktion »Passt Ihr Urlaubsgeld?« gestartet* (NÖN 22. 6. 1998, 11; A); ***[Das/ es/etw.] passt [schon]!*** ›[Das/es/etw. ist] in Ordnung! Gut so!‹ /zum Ausdruck der Bestätigung, des Einverständnisses/: *Ich habe versucht, so wenig Fehler wie möglich zu machen. Es wäre noch etwas mehr möglich, aber es passt schon* (ORF online, 2000, Internet; A). **2.** A D-südost (Grenzfall des Standards) ›auf jmdn./ etw. warten; jmdm. auflauern, jmdn. abpassen (in Verbindung mit *auf*)‹: *... aber ich, ohne Rücksicht auf Verluste, gleich dem Piefke, der hinterm Eck auf meinen Reinfaller gepasst hat* (Okopenko, Kindernazi 34; A). **3.** D-südost ›bekömmlich sein (von Speisen)‹: *Die Stimmung ist gut, das Essen passt, der Wein ist in Ordnung und mehr will man nicht* (Ringsgwandl 2. 4. 2003, Internet). **4.** ***etw. passt wie Arsch auf Eimer*** D-nord/mittel (derb, Grenzfall des Standards) ›genau passen bzw. gar nicht passen‹: *Der Kesselbrink ist aussichtsreicher Anwärter auf die Top Ten der hässlichsten Plätze der Welt und das Bertelsmann-Ufo passt auf diesen Platz wie Arsch auf Eimer* (AKP – Fachzeitschrift für Alternative Kommunalpolitik, 2000, Internet); *Und was das Motto der diesjährigen Verleihung anbelangt, so passt [der Preisträger] wie Arsch auf Eimer: Wenn schon daneben, dann aber auch voll!* (Junge Welt 2. 6. 2000, Internet) – Andere Bedeutungen sind gemeindt.

passend (gemeindt.): ↗ASSORTIERT

Passerelle CH die; –, -n ['p'asrɛlə] ⟨frz.⟩: ›Fussgängerbrücke zur Überquerung von Strassen oder Gleisen; Fussgängerüberführung‹: *Er steht auf der Passerelle und starrt auf die vorbeischiessenden Autos herunter* (Balmer, Letzte Abenteuer 63)

Pạsserstadt STIR die; –, ohne Plur. ⟨benannt nach ihrer Lage am Fluss *Passer*⟩: ›Meran‹: *Aber nicht nur die reiche Gesellschaft war in der Passerstadt zur Kur, auch zahlreiche Musiker, Maler und Poeten ließen sich von der Landschaft Merans inspirieren* (Südtirol online, 2001, Internet) – Dazu: **Passerstädter(in)**

Passetout Passe-Tout CH das; -s, -s ['p'ast'u] ⟨zu frz. *passer* ›passieren‹ und *tout* ›alles‹⟩: siehe Passevite

Passevite CH das; -s, -s ['p'asvit] ⟨zu frz. *passer* ›passieren‹ und *vite* ›schnell‹⟩: ↗LOTTE: *FLOTTE LOTTE A D (ohne nordwest/südost) ›Küchengerät mit Lochsieb und Drehkurbel zum Passieren von Früchten und Gemüse‹: *Kartoffeln waschen, in Salzwasser weich kochen. Schälen und noch heiss durchs Passevite auf die bemehlte Arbeitsfläche treiben* (Blick 20. 6. 1995, 24) – Auch in der Schreibung *Passe-Vite*

Passfoto (gemeindt.): ↗LICHTBILD

Passierschein (gemeindt.): ↗FREIPASS

Pạssivmitglied CH das; -(e)s, -er: ›Mitglied eines Vereins, das nicht [mehr] an den Vereinsaktivitäten teilnimmt‹: *Der Verein zählt zirka 70 Aktiv- und 100 Passivmitglieder* (Bund 3. 9. 1999, 31) – In A selten. Vgl. Aktivmitglied – Dazu: **Passivmitgliedschaft**

Pastetchen (gemeindt.): ↗PASTETLI

Paste̲tli CH das; -s, –: ›zylinderförmiges Blätterteiggebäck als Bestandteil eines Gerichtes (mit Fleisch-, Pilz- oder Gemüsefüllung); Pastetchen‹: *Pastetli mit Pilzrahmfüllung stand auf dem Anschlagbrett* (Zürcher, Högo Sopatis 146)

Pạstmilch CH die; –, ohne Plur. (Kurzwort): ›pasteurisierte Milch‹: *Bei Coop kostet der Liter Pastmilch neu Fr. 1.60, bei der Migros noch Fr. 1.50* (Blick 3. 5. 1999, 8) – Vgl. UHT-Milch

Pastor Pastorin A D (ohne südost) der; -s, -en/Pastöre bzw. die; –, -nen (evang. Kirche): ›Pfarrer(in)‹: *Der streng protestantische Theologe, der noch mit einer Pastorin verheiratet ist, sieht kein Problem in der neuen Beziehung: Es ist ein Klischee, zu glauben, dass Pastorenehen im Himmel geschlossen werden und für immer halten* (OÖN 3. 5. 2001, 24; A); *Pastor M. predigt für Sonntagsöffnung* (Welt 10. 8. 1999, Internet; D) – *Pastor* wird in A und D auf der ersten Silbe, mit Kurzvokal, in D auch auf der zweiten Silbe, mit Langvokal, betont. *Pastorin* wird immer auf der zweiten Silbe betont – Dazu: **Pastorat, Pastorentochter, Pastorensohn**

Pastoralamt das; -(e)s, …ämter (kath. Kirche): **1.** A; ↗Seelsorgeamt A D ›Amt einer Diözese für seelsorgerische Belange‹: *Wie sieht der neue Leiter des Pastoralamtes der Erzdiözese, Monsignore Franz M… den Sachverhalt?* (Presse 23. 9. 1997, 8). **2.** CH ›Amt in der Bistumsverwaltung, das koordinierende und informierende Aufgaben wahrnimmt‹: *Unterstützt werden die Pfarreien … durch das Pastoralamt der Diözese. Dieses koordiniert überregionale Projekte sowie die Arbeit in Beratungsgremien und Arbeitsstellen* (Bistum St. Gallen, 2002, Internet) – Dazu: **Pastoralamtsleiter(in)**

Pate (gemeindt.): ↗Göd, ↗Göti, ↗Götti

Patent CH das; -(e)s, -e (veraltend): ›amtliche Befugnis zur Ausübung einer [beruflichen] Tätigkeit‹: *Auch den »Meldegg«-Wirten haben Sie etwas Schönes eingebrockt, die machen sich strafbar, wenn sie Gäste nicht melden, im Wiederholungsfall könnten sie das Patent verlieren* (Durschei, Meldegg 121) – Andere Bedeutungen sowie die Zus. *Kapitänspatent* sind gemeindt. – Dazu: ↗**Alkoholpatent,** ↗**Anwaltspatent,** ↗**Fürsprecherpatent,** ↗**Fischereipatent, Hausiererpatent,** ↗**Jagdpatent,** ↗**Lehrerpatent,** ↗**Lehrpatent,** ↗**Patentjagd, Patententzug,** ↗**patentieren, Primarlehrerpatent** (↗Primarlehrer), **Sekundarlehrerpatent,** ↗**Wirtepatent**

patentieren CH sw.V./hat: ›jmdm. die Bewilligung zur Ausübung eines Berufs erteilen‹: *Im kommenden Jahr werden voraussichtlich rund 180 Primarlehrerinnen und -lehrer patentiert* (TA 26. 6. 1997, 23) – Andere Bedeutungen sind gemeindt. Vgl. Patent – Dazu: **Patentierung**

Patentjagd CH die; –, ohne Plur.: ›Jagdsystem (in einigen ↗Kantonen), das nach dem Erwerb eines ↗Jagdpatents die Jagd im ganzen Gebiet des ↗Kantons erlaubt (ausser in ↗Bannbezirken)‹: *Die Bündner Jagd ist Patentjagd, die zürcherische ist Revierjagd mit Jagdgesellschaften* (TA 23. 6. 1998, 23) – Vgl. Patent

Patin (gemeindt.): ↗Goden, ↗Gota, ↗Gotl, ↗Gotta, ↗Gotte

Patron Patronne CH der; -s, -s bzw. die; –, -s ['p'atrõ bzw. 'p'atrɔn] ⟨frz.⟩: ›Inhaber(in) eines Geschäfts oder einer (kleineren) Firma‹: *Der Chefingenieur wäre bereit gewesen, Peters Stundenlohn merklich zu erhöhen, musste aber die Einwilligung des Patrons haben* (Tschudin, Meine Ehre 133); *Nicht nur als Sportlerin, auch als Patronne im exklusiven Gourmet-Restaurant … heimst Franziska Rochat-Moser Lorbeeren ein* (Bund 8. 11. 1997, 45) – *Patron* in der Bedeutung ›Schutzheiliger‹ ist gemeindt. und wird auf der zweiten Silbe, mit Langvokal, betont

Patronanz A die; –, -en ⟨aus lat. *patronus* ›Schutzherr‹⟩: ↗Ehrenschutz A, ↗Patronat CH, ↗Schirmherrschaft D ›[finanzielle] Förderung und Betreuung einer Veranstaltung durch eine [prominente] Person bzw. Institution oder Firma‹: *Die Präsentation zum Projekt … findet … unter der Patronanz von Frau Martina Fasslabend … statt* (Furche 13. 11. 1997, 12); *Diese prekäre Lage führte vor allem bei den kleineren Gesellschaften, die nicht unter der Patronanz einer kapitalkräftigen Bank standen, zu erheblichen Kursverlusten* (Trend 8/1996, Internet) – Die Verwendung im Bereich Kirche ist gemeindt.

Patronat das; -(e)s, -e ⟨aus lat. *patronus* ›Schutzherr‹⟩: **1.** CH; ↗Ehrenschutz A, ↗Patronanz A, ↗Schirmherrschaft D ›[finanzielle] Förderung und Betreuung einer Veranstaltung durch eine [prominente] Person bzw. Institution oder Firma‹: *Stadtpräsident Josef Estermann hat das Patronat für die Eurogames 2000 übernommen* (TA 21. 8. 1999, 16). **2.** STIR ⟨übersetzt aus ital. *patronato*⟩: ›Sozialdienst bei Gewerkschaften und diversen Verbänden‹: *Das Patronat für Gastwirte und Kaufleute steht Ihnen an folgenden Tagen für individuelle Auskünfte zu Verfügung* (HGV Ztg 4/1998, 57) – Zu 1.: In D selten – Zu 1.: **Patronatskomitee.** Zu 2.: **Patronatsdirektor(in)**

Patschen der; -s, – (Grenzfall des Standards): **1.** A D-südost (meist Plur.); ↗Schlapfen A D-südost, ↗Finken CH, ↗Schlarpe CH, ↗Schlappen CH D, ↗Latschen D (ohne südost), ↗Puschen D-nord, ↗Schluffen D-nord/mittelwest ›bequemer, leichter [Haus]schuh; Pantoffel‹: *Handgestrickte Socken, Handschuhe und Patschen sind bei den Besuchern immer gefragt, auch hier sind fleißige Frauen am Werk* (VN 25. 11. 1999, Heimat/Dornbirn 6; A). **2.** A; ↗Platten CH D, ↗Plattfuss CH Plattfuß D ›Panne, bei der durch ein Loch im Reifen die Luft entweicht; Reifenpanne‹: *Wer mit dem Mountainbike unterwegs ist, solle Stahlreifen montieren, »die bieten mehr Halt als Slicks, und man hat nicht dauernd einen Patschen«* (Standard 16. 2. 1998, 28). **3.** (salopp) ›wuchtiger Reifen (von einem Auto)‹: *Ansonsten gibt es feinstes Leder, Klimaanlage, 18-Zoll Aluminiumräder mit 275-er Patschen hinten* (Auto aktuell 1999, Internet; A) – Zu 1.: In D-südost auch in der Form *Batschen* – Zu 1.: **Filzpatschen, Hauspatschen,** ↗**Hüttenpatschen** A, ↗**Patschenkino** A, **Turnpatschen**

Patschenkino A das; -s, -s (scherzh., Grenzfall des Standards): ↗Pantoffelkino D (ohne mittelost) **1.** ›Fernsehen‹: *Arm, wer am Samstagabend auf das Patschenkino angewiesen ist* (Presse 6. 9.1999, Internet) **2.** ›Fernsehapparat‹: *91 von 100 Befragten gaben*

demnach an, dass sie zumindest einmal pro Woche ihre freien Stunden vor dem Patschenkino verbringen (Presse 7. 1. 2002, Internet) – Vgl. Patschen

patschert A D-südost Adj. (Grenzfall des Standards): ›ungeschickt‹: *Wie lange ist es schon her, dass wir zu gewissen Zeiten die nur scheinbar patscherten Mörderjagden des Inspektor Columbo miterleben?* (Kurier 17. 9. 1997, 31; A)

Patz siehe Batz

Patzen A D-südost der; -s, –: **1.** ↗PATZER A D-südost, ↗TOLGGEN CH, ↗KLECKS CH D ›[Tinten]fleck‹: *Genau gegenüber dem Eingang in Augenhöhe, wo das Girlandenmuster einen Schlenker macht, leuchtet seine Hand als dicker, schwarzer Patzen von der Wand* (OÖN 23. 3. 1999, Internet; A). **2.** ↗BATZEN A D ›Klumpen aus einer weichen, klebrigen Masse‹: *Mit dem Igel hat Herr T. Recht. So nennt man in Wien einen Patzen Liptauer, in dem Solettistangerln stecken* (OÖN 15. 9. 2000, 26; A) – Zu 1.: **Tintenpatzen.** Zu 2.: **Dreckpatzen, Schneepatzen, Teigpatzen**

patzen A D-südost sw.V./hat: **1.** ↗SUDELN CH D-südwest, ↗KLECKSEN D ›(feste oder flüssige Nahrungsmittel, Farbe etc.) verstreuen bzw. verschütten‹: *Im Kindergarten wollen sie nicht zeichnen und basteln und können nicht essen ohne patzen* (sensorische integration, 2004, Internet; A); *Wenn einst Horst Skoff mit Thomas Muster essen gegangen wäre, dann nur, um ihm die Suppe auf die Hose zu patzen* (OÖN 4. 2. 2000, 21; A). **2.** ↗KLECKSEN D ›[mit Tinte] unsauber schreiben; schlecht malen; sudeln‹: *Wir haben die Farbe falsch gemischt, beim Malen ausführlich gepatzt* (Verlag Franz, 2004, Internet; A) – Die Bedeutung ›kleinere Fehler machen‹ ist gemeindt. Vgl. Patzer – Zu 1.: ↗**anpatzen, Patzerei**

Patzer A D-südost der; -s, –: **1.** ↗PATZEN A D-südost, ↗TOLGGEN CH, ↗KLECKS CH D ›kleine Menge verschütteter Tinte, Farbe oder Nahrungsmittel (von fester oder flüssiger Konsistenz)‹: *Man erkennt schon beim ersten Blick, wie schlampig häufig der Boden mit dem Anti-Rutsch-Belag ausgemalt ist; überall sind Patzer, Tropfen und Klumpen* (Private Homepage, 2003, Internet; A). **2. Patzer Patzerin** der; -s, – bzw. die; –, -nen ›Person, die sich ständig [beim Essen] beschmutzt‹: *Es gibt ja auch Dicke und Dünne, … Patzer und Nichtpatzer, Schwätzer und Schweiger, Österreicher und Deutsche usw.* (Kurier 3. 4. 1992, 17; A). **3. Patzer Patzerin** der; -s, – bzw. die; –, -nen (abwertend) ›Person, die schlecht malt; Kleckser‹: *So etwas bringen die modernen Patzer heute doch nie zusammen* (Brandstetter, Wirt 94; A) – Die Bedeutung ›kleiner Fehler‹ bzw. ›Person, die kleinere Fehler macht‹ ist gemeindt. Vgl. patzen

Patzerl siehe Batzerl

patzig Adj. (Grenzfall des Standards): **1.** A D (abwertend); ↗HÄSSIG CH, ↗PAMPIG D (ohne südost) ›grob antwortend, unverschämt, frech, überheblich‹: *Er hat so gut wie alles falsch gemacht in Sachen persönliches Krisenmanagement, als er zur »Amsterdamer Frühstücksaffäre« nur patzige Dementis verlauten lässt* (News 3. 7. 1997, 15; A); *Er gratulierte nicht, er sagte nur patzig, Beckers Erfolg sei lediglich eine Sache der Erfahrung* (Welt 22. 10. 1997, Internet; D). **2.** A D-südost siehe batzig – Dazu: **Patzigkeit**

patzweich siehe batzweich

pauken CH D sw.V./hat (Grenzfall des Standards): ↗BÜFFELN CH D, ↗STUCKEN D-südost ›mit viel Mühe [auswendig] lernen‹: *Hier wird nicht einfach Theorie gepaukt sondern aktiv und engagiert gearbeitet, diskutiert und gelernt* (Pfadi Luzern, 2002, Internet; CH); *Sie lernen leicht und mühelos wie ein Kind: Vokabeln und Grammatik pauken ist verboten!* (Psychologie 12/1997, 77; D) – Dazu: **Pauker,** ↗**Paukerei** D

Paukerei D die; –, -en (Grenzfall des Standards): ↗BÜFFELEI D (ohne südost) ›intensives, mühevolles Lernen‹: *Paukerei und Prüfungsstress. Wieder einmal wird über die Reform der Juristenausbildung diskutiert* (Berliner Ztg 29. 1. 2001, Internet) – Vgl. pauken

Paunzen A-west (Tir.) die; nur Plur.: ↗NOCKE A ›süße oder pikante, aus festem Teig mit dem Löffel gestochene und in Fett ausgebackene Speise‹/meist in Zus., z. B. Erdäpfelpaunzen (↗Erdapfel), Schottpaunzen (↗Schotten), Weinpaunzen/: *Schottpaunzen wurden früher zu Brennsuppe gegessen, heute lieber zu Kompott oder Milch* (Drewes, Tiroler Küche 32)

Pauschalabzug CH der; -(e)s, …züge: ›Geldbetrag, der ohne nähere Spezifizierung abgezogen werden kann‹: *Beim Abzug der Unterhaltskosten für Liegenschaften wird der Hauseigentümer auch künftig zwischen dem Abzug der realen Kosten und einem Pauschalabzug wählen können* (Bund 30. 4. 1999, 35) – Häufig im Zusammenhang mit Steuern gebraucht

Pauschalbetrag (gemeindt.): ↗PAUSCHBETRAG

Pauschbetrag A D der; -(e)s, …träge: ›aus mehreren Posten bestehender Geldbetrag; Pauschalbetrag‹: *Dabei kann auch die für eine Begünstigung in Betracht kommende Besteuerungsgrundlage oder die darauf entfallende Steuer mit einem Pauschbetrag festgesetzt werden* (Steuerberatung Weiss, 2003, Internet; A); *Bei Dienstreisen beträgt der Pauschbetrag nur noch 46 DM, wenn die Dienstreise mindestens 24 Stunden dauert* (Welt 27. 12. 1995; D)

Pauschenpferd A CH das; -(e)s, -e: ↗SEITPFERD A D, ↗PFERDPAUSCHEN CH ›dem Rumpf eines Pferdes nachgebildetes Turngerät, bestehend aus einem lederbezogenen, mit zwei Griffen versehenen Körper, der auf vier Beinen steht‹: *Österreichs Topturner entschied das Pauschenpferd und die Ringe für sich* (Neue Vorarlberger Tagesztg 12. 11. 2002, 40; A); *Vor zwei Jahren stand Donghua Li mit dem Sieg am Pauschenpferd im Mittelpunkt* (Blick 27. 4. 1998, 33; CH) – In D selten

Pausenbrot D-nord/mittel das; -(e)s, -e: ↗JAUSENBROT A ›während einer Pause zu verzehrendes Butterbrot‹: *Jeder dritte Erstklässler kommt ohne Pausenbrot in die Schule* (Berliner Morgenpost 27. 8. 2002, Internet)

Pausenhof A-ost D-nordost/südost der; -(e)s, ...höfe: ↗SCHULHOF A D, ↗PAUSENPLATZ CH, ↗SCHULHAUSPLATZ CH ›zur Schule gehörender Platz, auf dem sich die Schüler(innen) während der Pause aufhalten‹: *Höhepunkt ist am Freitag, 2. Juli, im Pausenhof der Volksschule Stadl-Paura ein öffentliches Wasserfest* (Neue Kronen Ztg 21. 6. 1999, Internet; A-ost); *Neben dem Spielplatz sollte auch der ... Pausenhof möglichst interessant und anregend bepflanzt sein* (Fachzeitschrift Spielraum 2/1994, Internet; D-nordost/südost)

Pausenplatz CH der; -es, ...plätze: ↗SCHULHOF A D, ↗PAUSENHOF A-ost D-nordost/südost, ↗SCHULHAUSPLATZ CH ›zur Schule gehörender Platz, auf dem sich die Schüler während der Pause aufhalten‹: *Eine Schule war auch hier, mit Glaswänden, vollgestellten Fahrradständern und leerem Pausenplatz* (Schenker, Manesse 10)

Pavatex CH das; –, ohne Plur. (Wz.): ›plattenförmiges Baumaterial aus gepresstem Holzschliff; Spanplatte‹: *Will der Hauseigentümer unter den Ziegeln ein schützendes Unterdach anbringen – beispielsweise aus Pavatex –, geht dies auf eigene Kosten* (Bund 24. 7. 1999, 22) – Dazu: **Pavatexplatte, Pavatexwand**

Pawlatsche die; –, -n ⟨aus tschech. *pavlač* ›offener Hausgang, überdachter Balkon‹⟩: **1.** A-ost; ↗LAUBENGANG A (ohne ost) CH D ›offener ↗Gang an der Außenseite eines Hauses als Zugang zu den Wohnungen (bes. in älteren Häusern in Wien, Prag, Budapest, zunehmend in der modernen Wohnhausarchitektur)‹: *Die meisten Wohnungen bestanden nur aus Zimmer und Küche und man erreichte sie über Pawlatschen, offene Gänge, die an der Hofseite der Häuser gebaut wurden, um im Inneren den Platz für Gänge zu sparen* (Bezirksmuseum Vorstadt, 2002, Internet). **2.** A-ost D-südost ›Brettergestell, Gerüst, das vorübergehend aufgestellt wird, z.B. als Lagerfläche oder Schutz‹: *Auf der Pawlatschen vor seiner Wohnungstür steht allerlei Gerümpel herum* (Kneifl, Vorstellung 91; A-ost). **3.** A-ost ›einfache Bühne aus Holz für künstlerische Darbietungen im Freien, z.B. in einem Innenhof; Bretterbühne‹: *Vor einer Stunde ist die erste von insgesamt neun »unwiderruflich letzten« Gernot-Friedel-Vorstellungen des »Jedermann« auf der Pawlatschen vor dem Dom zu Ende gegangen* (Neue Kronen Ztg 23. 7. 2001, Internet). **4.** A-ost D-südost (abwertend) ›behelfsmäßig aufgestelltes oder baufälliges Bauwerk‹: *Die einstigen Wohnhäuser der Arbeiter – Holz-Pawlatschen – stehen noch* (Kurier 18. 12. 1998, 8; A-ost) – Zu 3 vgl. Brettl – Zu 1.: ↗**Pawlatschenhaus.** Zu 3.: **Pawlatschenkomödie, Pawlatschentheater**

Pawlatschenhaus A-ost das; -es, ...häuser: ↗LAUBENGANGHAUS A (ohne ost) D ›Haus mit einem offenen balkonartigen Zugang zu den einzelnen Wohnungen‹: *Wunderschönes Altwiener-Pawlatschenhaus – Nähe Innenstadt/Schottenring* (Firma Perconsult, 2001, Internet) – Der ursprünglich Altwiener Bautyp wird in der modernen Wohnarchitektur wieder belebt. Vgl. Pawlatsche

Pay-TV (gemeindt.): ↗BEZAHLFERNSEHEN

PAZ siehe Polizeianhaltezentrum

PC-Konto CH das; -s, ...konti/...konten: ↗PSK-KONTO A, ↗POSTSCHECKKONTO A CH BELG LUX, ↗KONTO: *DAS GELBE KONTO CH, ↗POSTCHECK CH, ↗POSTKONTO CH STIR, ↗POSTKONTOKORRENT STIR ›Konto bei der Post‹: *Vor einiger Zeit erkundigte ich mich auf einem Postamt in Deutschland, ob es möglich sei, von dort Einzahlungen auf mein PC-Konto in der Schweiz zu machen. Antwort: Ja* (TA 16. 9. 1997, 27)

Pech A D-süd das; -(e)s, -e: ›Baumharz‹: *Der Bohrkern wird zurückgesteckt und die Lärche verklebt die Hohlräume und Risse mit Pech* (Museum online, 2003, Internet; A)

pechrabenschwarz D (ohne südost) Adj.: ↗KOHLSCHWARZ A D (ohne nordost/mittelwest), ↗BRANDSCHWARZ CH, ↗NACHTSCHWARZ D-mittelost ›sehr dunkel; rabenschwarz‹: *Sobald die Nacht alles ganz pechrabenschwarz gemacht hat, so dass keiner Sie mehr sieht* (Tagesspiegel 13. 1. 2002, Internet)

pecken A D-südost sw.V./hat: **1.** ›mit dem Schnabel hacken (von Vögeln); picken‹: *Dahinter könnte sich ein Wurm oder ähnliches Futter verbergen. Also hämmert der Specht los. Oder er will – so die zweite Möglichkeit – mit seinem rhythmischen Pecken Weibchen anlocken* (OÖN 21. 8. 2000, Internet; A). **2.** ***Eier pecken** ›Ostereier aneinander stoßen‹ /ein Osterbrauch/: *Im Übrigen zählt beim mittäglichen Eierpecken vor dem Osterschmaus ohnehin nur noch das Gesetz des Stärkeren, das heißt der härtesten Schale!* (Land Salzburg, 2000, Internet; A). **3.** (salopp) ›(verbal) aggressiv sein, unfreundliche Kritik üben, auf jmdn. herumhacken‹: *Wenn der Satte nicht will, dann igelt er sich in seinem Volkskultur-Nest ein, aus dem heraus er auf den Fremden peckt, der sich ihm zu nähern wagt* (OÖN 6. 10. 1993, Internet; A) – Zu 1.: **zerpecken**

Pẹcker: *einen Pecker haben A D-südost (salopp, Grenzfall des Standards): ↗HUSCHER: *EINEN HUSCHER HABEN A, ↗KLOPFER: *EINEN KLOPFER HABEN A, ↗KLAMSCH: *EINEN KLAMSCH HABEN A-ost/südost, ↗SCHUSS: *EINEN SCHUSS HABEN A D, ↗HAU: *EINEN HAU HABEN A-west D-mittelwest, ↗ECKEN: *EINEN ECKEN ABHABEN CH, ↗HUNDERT: *NICHT GANZ HUNDERT SEIN CH, ↗MACKE: *EINE MACKE HABEN CH D (ohne südost), ↗MEISE: *EINE MEISE HABEN CH D-nord/mittel, ↗RAD: *EIN RAD ABHABEN D, ↗STICH: *EINEN STICH HABEN D, ↗HASCHMICH: *EINEN HASCHMICH HABEN D-nord/mittel, ↗KITTEL: *JMDM. BRENNT DER KITTEL D-südwest, ↗SCHLAG: *EINEN SCHLAG HABEN D-ost/südost ›nicht ganz bei Verstand sein; verrückt sein‹: *Drehen die Posthof-Macher durch? Lassen sie doch in der Pause das Publikum von einer Militaristenfigur überwachen. Keine Angst, die Posthof-Garde hat keinen Pecker. Johnny Melville startet sein Programm eben nicht erst dann, wenn das Publikum wieder artig im Saal sitzt* (OÖN 22. 5. 1989, 10; A)

pedalen CH sw.V./hat: ↗RAD: *RAD FAHREN A D, ↗RADELN A D-süd, ↗VELO: *VELO FAHREN CH ›in die Fahrradpedale treten; Fahrrad fahren‹: *Nach etwas mehr als einer Stunde pedalen die gut gelaunten Freunde auf der Hauptstrasse durch Krauchthal* (Jaeggi, Schritte im Kopf 20) – Vgl. trampen

Pẹdalo CH LUX das; -s, -s: ↗TRETBOOT A D ›kleines Vergnügungsboot mit Tretkurbelantrieb‹: *Manche der Besucher mieten ein Pedalo oder ein Ruderboot. Sie paddeln oder rudern hinaus, geniessen den leichten Wellengang und das warme Lüftchen* (Südostschweiz 2. 5. 2000, Internet; CH); *Wassersportler können an den Stränden ... nach Lust und Laune Jetski oder Pedalo fahren* (Revue 8. 11. 2002, Internet; LUX) – Die Bedeutung ›achträdriges Sportgerät‹ ist fachsprachlich gemeindt.

Pedant (gemeindt.): ↗I-TÜPFERL-REITER/I-TÜPFERL-REITERIN, ↗KORINTHENKACKER/KORINTHENKACKERIN, ↗TÜPFLISCHEISSER/TÜPFLISCHEISSERIN

Pelati A CH die; nur Plur. [ˈpˈɛlaːti] ⟨aus ital. *pomodori pelati* ›geschälte Tomaten‹⟩: ↗DOSENTOMATE D ›gekochte und geschälte Tomaten aus einer Konservendose‹: *Gehackte Pelati beigeben, mit Salz, Pfeffer und Oregano würzen* (Plachutta, Gute Küche 214; A); *Anstelle von frischen Tomaten 1 Dose gehackte Pelati verwenden* (Bossi, Schweizer Spezialitäten 56; CH)

Pelerine CH die; –, -n [pˈɛləˈriːnə] ⟨aus frz. *pèlerine* ›Umhang‹⟩: ↗WETTERFLECK A, ↗REGENCAPE D ›Regenschutz in Form eines ärmellosen Umhangs‹: *Der wirksamste Regenschutz ist noch immer die gute, alte Pelerine* (Bund 30. 11. 1995, 37) – In A fachsprachlich, in D veraltend – Dazu: **Regenpelerine**

Pẹlle D-nord/mittel die; –, -n: ›dünne Schale; Haut‹: *Sie haben auch gelernt, dass ... Wurst mit Pelle viel Fett enthält* (Lippische Landes-Ztg 28. 12. 2001, Internet); ***jmdm. auf der Pelle liegen** ›jmdm. durch seine dauernde Anwesenheit lästig werden‹: *Die liegen uns doch nur auf der Pelle* (Heins, Obdachlosenreport 138); ***jmdm. auf die Pelle rücken** ›jmdm. [mit Forderungen oder Drohungen] unangenehm nahe kommen‹: *Seine Gegner findet er auch in Brüssel, wo er der EU-Kommission immer wieder mit Vorstößen und Forderungen auf die Pelle rückt* (Welt 23. 11. 1998, Internet) – Dazu: ↗**pellen, Wurstpelle**

pẹllen sw.V./hat: **1.** D-nord/mittel ›eine Haut oder dünne Schale von etw. [Kartoffeln, Zwiebeln, Nüssen, Eiern] entfernen; schälen‹: *Zwiebeln pellen und vierteln* (Schöner Wohnen 10/1997, 64); ***wie aus dem Ei gepellt** CH D-nord/mittel ›hübsch zurechtgemacht; adrett‹: *Sind Sie immer wie aus dem Ei gepellt oder kann man Sie auf der Strasse auch mal nachlässig angezogen sehen* (Blue Dog News 25. 3. 2001, Internet; CH); *Dann stieg eine ganze Familie zu, ... und alle für den Gottesdienst wie aus dem Ei gepellt* (Spiegel 12. 2. 2001, Internet; D-nord/mittel). **2.** sich D-nord/mittel ›(von einer dünnen Schicht) sich ablösen‹: *Die Tapeten pellen sich von den Wänden* (Welt 20. 9. 1996, Internet); ***sich aus etw. pellen** ›ein Kleidungsstück ausziehen‹: *Marie Maas pellte sich aus ihrem Mantel und nahm auf dem einzigen freien Sessel Platz* (Bick, Samstags 86) – Vgl. Pelle – Dazu: **abpellen,** ↗**Pellkartoffel**

Pẹllkartoffel D-nord/mittel die; –, -n: ↗ERDAPFEL: *ERDAPFEL IN DER SCHALE/MONTUR A, ↗SCHELFELER A-west (Tir.), ↗GSCHWELLTI CH, ↗KARTOFFEL: *GESCHWELLTE KARTOFFEL CH; *GEKOCHTE KARTOFFEL D-mittelost/süd; *GESOTTENE KARTOFFEL D-südost ›in der Schale gekochte Kartoffel als Speise‹: *Gebeizter Lachs mit neuen Pellkartoffeln – das Essen ist beliebt und macht kaum Arbeit!* (Brigitte 11/1996, 202) – In A zunehmend gebräuchlich. Vgl. pellen

Pẹlznickel D-mittelwest/südwest der; -s, –: ↗KLAUBAUF A-west (Tir.)/südost, ↗KRAMPUS A D-südost, ↗KNECHT: *KNECHT RUPRECHT A-west (Vbg.) D-mittelwest/süd, ↗SCHMUTZLI CH ›strafender Begleiter des St. Nikolaus‹: *Freche Rangen hingegen mussten mit einer Strafe von den Nikolaus-Begleitern – Knecht Ruprecht, Pelznickel oder Krampus – rechnen* (Berliner Morgenpost 6. 12. 1996, Internet) – Auch in der Schreibung *Belznickel*

Penalty CH BELG der; -(s), -s [ˈpɛnaltɪ] ⟨engl.⟩ (Fußball): ↗ELFER A D ›Elfmeter, Strafstoß‹: *So hatte er Aarau schon nach vier Minuten einen klaren Penalty verweigert, wenig später aber in der gleichen Situation auf der Gegenseite auf Strafstoss entschieden* (NZZ Intern. Ausgabe 3. 11. 1997, 35; CH); *Beim Fußballmatch schreie ich nur noch, wenn's ein Tor gibt oder einen ungerechtfertigten Penalty* (Männer 11. 11. 2002, Internet; BELG) – In A selten. Aussprache in A [pe'nalti] und wie englisch ['pɛnl̩ti]. Die Bedeutung ›Strafstoß im Eishockey‹ ist gemeindt. – Dazu: **Foulpenalty, Handspenalty** (↗Hands), **Penaltypunkt, Penaltyschiessen**

pendẹnt CH Adj.: ↗ANHÄNGIG A D, ↗HÄNGIG CH ›noch nicht erledigt; noch nicht entschieden‹: *Erstmals hat das Kassationsgericht des Kantons Zürich die Anzahl der pendenten Fälle reduzieren können* (TA 3. 7. 1999, 19) – Vgl. Pendenz

Pendẹnz CH die; –, -en: ›unerledigte Aufgabe‹: *Ich rief Marianne zu Hause an und ging mit ihr die Pendenzen durch* (Zürcher, Högo Sopatis 213) – Vgl. pendent – Dazu: **Pendenzenberg, Pendenzenliste**

Pẹndlerpauschale A die; –, -n: ↗ENTFERNUNGSPAUSCHALE D ›steuerlich absetzbarer Pauschalbetrag für Fahrtkosten zum Arbeitsplatz‹: *Der Abgeordnete fordert eine »abgestufte Erhöhung der Pendlerpauschale«* (Kurier 18. 4. 2000, 9)

Pẹnne D (ohne südost) die; –, -n (Schülersprache): ›[weiterführende] Schule‹: *Als er eines Morgens wieder versoffen und verkatert in die Penne kam ... brachten wir die drei Lampen in unserm Klassenzimmer ins Schwingen, und zwar so, dass sie gleichmäßig hin und her pendelten* (Bieler, Maria Morzek 71)

Pẹnner Pẹnnerin D der; -s, – bzw. die; –, -nen (salopp, abwertend): ↗UNTERSTANDSLOSE A, ↗SANDLER A D-südost, ↗CLOCHARD CH LUX, ↗STADTSTREICHER CH D, ↗BERBER D, ↗TREBEGÄNGER D, ↗TIPPELBRUDER D (ohne mittelost/südwest), ↗TREBER D-nordost (bes. Berlin) ›Obdachlose(r)‹: *In den Eingang des Zeitungsladens drückten sich drei Penner und wärmten sich an Zigaretten und Schnaps* (Eckert, Erbe 70) – Dazu: **Bahnhofspenner(in)**

Pension die; –, -en [pɛnsi̯'o:n A CH D-südost, pãsi̯'o:n CH D (ohne südost), paŋsi̯'o:n D (ohne südost)] ⟨frz.⟩: **1.** A; ↗ASVG-PENSION A, ↗AHV-RENTE CH, ↗RENTE CH D, ↗ALTERSRUHEGELD D ›regelmäßige Zahlung, die Arbeitnehmer(inne)n aufgrund einer gesetzlichen Versicherung bei Erreichen eines bestimmten Alters als Einkommen ausbezahlt wird‹: *Unzählige Schlagzeilen über unsere zukünftigen Pensionen schwirren durch alle Medien* (Besser Wohnen 11/1997, 106). **2.** A D; ↗RUHEGENUSS A ›regelmäßige Zahlung für Beamte im Ruhestand‹: *Die Pensionsreform, die auch für die Berechnung von Beamtenpensionen einen Durchrechnungszeitraum bringen soll, stand im Mittelpunkt der Eröffnung des 13. Gewerkschaftstages des Öffentlichen Dienstes, bei der es turbulent zuging* (VN 29. 10. 1997, A 3; A); *Der parlamentarische Staatssekretär hat Anspruch auf 3161 Euro Pension* (Politikforum 7. 7. 2003, Internet; D). **3. *in Pension gehen/sein** A D: ↗PENSIONIEREN: *PENSIONIERT WERDEN/SEIN CH D, ↗RENTE: *IN RENTE GEHEN/SEIN D ›in den Ruhestand entlassen werden/im Ruhestand sein (in D nur für Beamte)‹: *Jeder Kollege, der in Pension ging, bekam von mir zum Abschied eine launige Urkunde* (Ganze Woche 5. 11. 1997, 37; A); *General K. N., Deutschlands höchster Offizier bei der NATO, geht in Pension* (Hamburger Abendbl 6. 5. 1999, Internet; D) – In A wurde das Wort *Rente* zugunsten von *Pension* aufgegeben. In STIR formell nur für Angestellte vor allem im öffentlichen Dienst und *Rente* für Arbeiter(innen), informell wird jedoch nicht unterschieden. Die Bedeutung ›Beherbergungsbetrieb, Fremdenheim‹ ist gemeindt. – Zu 1.: ↗**Pensionär(in)** CH D (ohne mittelost/südost). Zu 2.: **Abgeordnetenpension** (↗Abgeordnete), ↗**Pensionär(in)** D (ohne südost), **Pensionsamt** STIR, **Politpension.** Zu 1. und 2.: **Alterspension, Betriebspension, Eigenpension** A, **Frühpension,** ↗**Gleitpension** A, **Grundpension, Hinterbliebenenpension,** ↗**Invaliditätspension** A LUX, ↗**Pensionierte** CH BELG, ↗**Pensionist(in)** A D-südost, **Pensionsanspruch, Pensionsbeitrag** A, **Pensionsbezieher(in)** (↗Bezieher), ↗**Pensionskasse** CH LUX, **Pensionsreform, Pensionssystem,** ↗**Pensionsversicherung** A, **Witwenpension, Waisenpension, Zusatzpension**

Pensionär Pensionärin der; -s, -e bzw. die; –, -nen [pɛnsi̯o'nɛr, pãsi̯o'nɛr CH, pãsi̯o'nɛ:ɐ̯, paŋsi̯'o:nɛ:ɐ̯ D]: **1.** CH D (ohne mittelost/südost); ↗PENSIONIST A D-südost, ↗PENSIONIERTE CH BELG, ↗RENTNER CH D ›Person, die im Altersruhestand ist und ↗Rente bezieht‹: *Als Pensionär will der Unternehmer höchst aktiv bleiben* (TA 20. 10. 1999, 19; CH); *Weil die Nettolöhne ... kaum steigen, ... müssten sich die Pensionäre 1998 auf eine Rentensteigerung von nur noch 0,1 Prozent gefasst machen* (Focus 4. 8. 1997, 152; D). **2.** CH ›Person, die in einer Pension oder in einem Altersheim wohnt‹: *Ein Zimmermieter, der täglich mindestens eine Hauptmahlzeit bei seinem Vermieter bzw. seiner Vermieterin einnimmt, gilt als Pensionär und fällt unter den Haushalt des Wohnungsinhabers* (Statistisches Amt Kanton AG, 2000, Internet); *Obschon den Pensionären ein Lift zur Verfügung steht, muss auf dem Weg in den Speisesaal ein Treppenabsatz mit einigen Tritten überwunden werden* (Stadt Zürich, Amt für Altersheime, 2000, Internet) – Zu 1.: In D aufwertend für ›Rentner(in)‹ oder Bezeichnung für ›Beamte bzw. Beamtin im Ruhestand‹. Vgl. Pension, pensionieren

pensionieren: *pensioniert werden/sein CH D [pɛnsi̯o'ni:rən CH D, pãsi̯o'ni:rən CH D, paŋsi̯'o:ni:rən D (ohne süd)]: ↗PENSION: *IN PENSION GEHEN/SEIN A D, ↗RENTE: *IN RENTE GEHEN/SEIN D ›in den Ruhestand entlassen werden/im Ruhestand sein‹: *Sie lebte nach dem Tod von Cherubin das Leben eines Rentners, nicht einer Rentnerin, denn sie lebte das wie ein Mann, der pensioniert ist* (Bichsel, Cherubin Hammer 74; CH); *Beamte sollen auf Antrag bereits mit 55 Jahren pensioniert werden können, damit Stellen schneller abgebaut werden können* (Innenministerium NRW, 1999, Internet; D); ***sich [vorzeitig] pensionieren lassen** CH D ›[vor Erreichen des gesetzlich festgelegten Alters] in den Ruhestand gehen (und dabei in der Regel finanzielle Einbußen in Kauf nehmen)‹: *Ich lasse mich im Februar vorzeitig pensionieren und habe ... vor, mich ... für die Leichtathletik zu engagieren* (Bund 4. 12. 1999, 37; CH); *Einerseits ist derzeit der Anteil der Professorinnen und Professoren, die sich vor Vollendung des 65. Lebensjahres pensionieren lassen, verhältnismäßig klein* (Hessischer Landtag, 1996, Internet; D) – Gilt in D nur für Beamte. Vgl. Pensionär – Dazu: **Frühpensionierung**, ↗**Pensionierte** CH BELG, **Pensionierung, Pensionierungsalter**

Pensionierte CH BELG der/die; -n, -n [pɛnsi̯o'ni:rtə, pãsi̯o'ni:rtə]: ↗PENSIONIST A D-südost, ↗PENSIONÄR CH D (ohne mittelost/südost), ↗RENTNER CH D ›Person, die im Altersruhestand ist und ↗Rente bezieht‹: *Obwohl nicht mehr im Berufsleben, sind viele Pensionierte weiterhin engagiert in Vorhaben der Gemeinden und in der Politik* (ABB Vorsorge, 2000, Internet; CH); *Wenn die Zuschläge für invalide Arbeitnehmer, Arbeitslose und Pensionierte nicht mehr vom Pflegegeld abgezogen werden, wird dies pro Pflegefamilie zwischen 153 und 3023 BF pro Kind pro Monat an Mehrkosten für die DG mit sich bringen* (Deutschsprachige Gemeinschaft Belgiens 11. 1. 2001, Internet; BELG) – Vgl. Pension, pensionieren

Pensionist Pensionistin A D-südost der; -en, -en bzw. die; –, -nen [pɛnsio'nɪst]: ↗PENSIONÄR CH D (ohne mittelost/südost), ↗PENSIONIERTE CH BELG, ↗RENTNER CH D ›Person, die im Altersruhestand ist und ↗Pension bezieht‹: *Die Zeiten änderten sich und heute sind die Pensionisten rüstiger, setzen sich auch nicht mehr so gern in ein Kaffeehaus, sondern fliegen lieber in die Karibik* (Standard 14. 4. 1999, Beilage 4; A) – In D-südost nur auf Beamte bezogen – Dazu: **ASVG-Pensionist(in)** A, **Frühpensionist(in), Pensionistenabsetzbetrag** (↗Absetzbetrag) A, **Pensionistenausflug, Pensionistenausweis** A, ↗**Pensionistenheim** A

Pensionistenheim A das; -(e)s, -e [pɛnsio'nɪstən...]: ↗SENIORENHEIM A D, ↗ALTERSASYL CH, ↗ALTENHEIM D, ↗FEIERABENDHEIM D-ost ›Heim für betagte Menschen; Altersheim‹: *Nach der Mittelschule kam erst mal der Zivildienst, Peter diente als Pfleger in einem Pensionistenheim* (Ö3 Magazin 2/1998, 47) – Vgl. Pensionist

Pensionskasse CH LUX die; –, -n [pɛnsi̯'o:ns..., pãsi̯'o:ns...]: ↗PENSIONSVERSICHERUNGSANSTALT A, ↗RENTENKASSE D ›berufliche ↗Vorsorgeeinrichtung für Alter, Invalidität und Tod‹: *Kürzungslose Frühpensionierung für alle ... könnte die Pensionskasse nicht verkraften* (BaZ 28. 15. 1999, 42; CH); *Wenn Sie Fragen im Zusammenhang mit Ihrer Rente haben, wenden Sie sich bitte an die Pensionskasse, in der Sie Mitglied sind* (Stadt Luxemburg 4. 11. 2002, Internet; LUX) – *Pensionskassen* sind in der Schweiz die Träger der für Angestellte obligatorischen beruflichen Vorsorge, die zu mindestens 50 % von den Arbeitgebern übernommen werden muss und die, als sog. 2. Säule, die staatlich organisierte ↗AHV (1. Säule) ergänzt. Vgl. Pension

Pensionsversicherung A die; –, -en [pɛnsi̯'o:ns...]: ↗ASVG-VERSICHERUNG A, ↗INVALIDENVERSICHERUNG CH, ↗ALTERSVERSICHERUNG: *ALTERS- UND HINTERLASSENENVERSICHERUNG CH, ↗RENTENVERSICHERUNG D ›gesetzlich vorgeschriebene Alters- und Hinterbliebenenvorsorge‹: *Der Bericht der Expertenkommission zur Reform der gesetzlichen Pensionsversicherung hat ... für einige Aufregung gesorgt* (SN 18. 1. 2003, Internet) – Vgl. Pension – Dazu: ↗**Pensionsversicherungsanstalt**

Pensionsversicherungsanstalt A die; –, -en [pɛnsi̯'o:ns...]: ↗PENSIONSKASSE CH LUX, ↗RENTENKASSE D ›zentral organisierter Sozialversicherungsträger, der im Alter, bei Erwerbsunfähigkeit u. Ä. Leistungen gewährt‹: *An dem Beschäftigungsmodell ist das Arbeitsmarktservice ebenso beteiligt wie das Bundessozialamt, das Land Kärnten, die Gemeinden, aber auch die Pensionsversicherungsanstalten* (Neue Kärntner Tagesztg 25. 6. 1998, 19) – Die Trägervereine sind auf verschiedene Anstalten verteilt, z. B. Pensionsversicherungsanstalt der Angestellten, Pensionsversicherungsanstalt der Arbeiter(innen). Vgl. Pensionsversicherung

Pẹnsum CH das; -s, Pensen/Pensa: ↗STUNDENAUSMAß A, ↗BESCHÄFTIGUNGSAUSMAß A D, ↗BESCHÄFTIGUNGSGRAD CH ›Umfang des Arbeitsverhältnisses (in Prozent oder Stunden)‹: *Pfarrer Gisin ist aber nicht bereit, sein Pensum von 100 Prozent auf 60 Prozent zu reduzieren* (TA 11. 11. 1999, 27) – Der lateinische Plural *Pensa* ist in CH selten. Die Bedeutung ›zu leistende Aufgaben in einer bestimmten Zeit, z. B. Lernpensum, Arbeitspensum, Trainingspensum‹ ist gemeindt. – Dazu: ↗**Teilpensum** CH, ↗**Teilzeitpensum** CH, ↗**Vollpensum** CH

Penthouse (gemeindt.): ↗ATTIKAWOHNUNG

Penụnze D-nord die; –, -n (meist Plur., Grenzfall des Standards): ↗STUTZ CH, ↗KRÖTEN D, ↗MONETEN D, ↗EIER D-nordwest/mittelwest, ↗FLÖHE D-nord, ↗MÄUSE D (ohne südwest), ↗MÖPSE D-nordost/

mittelwest, ↗Mücken D-nordost/mittel ›Mark, Euro; Geldstück‹: *Seit den Tagen, als man in Mode-Boutiquen und Kneipen nicht länger mit Hühnereiern und Speckschwarten zahlte ... haben die Menschen ein geradezu sinnliches Verhältnis zum lieben Geld entwickelt: Knete, Schotter, Mammon, Penunze, Kies, Mäuse, Zaster* (Parlament 31. 8. 2001, Internet)

penzen siehe benzen

Pep CH D der; -s, ohne Plur. ⟨aus engl. *pep*, gekürzt aus *pepper* ›Pfeffer‹⟩: ›Schwung; modischer Chic‹: *Live hatte das Ganze ... mehr Pep. Ungeschliffener bleiben die Songs im Ohr sogar hängen* (NLZ 20. 6. 2001, Internet; CH); *Eine Dauerwelle sorgt für mehr Volumen und eine warme, leuchtende Rot-Goldblond Coloration für mehr Pep* (Beauty and More 1. 3. 2001, Internet; D) – In A bekannt, aber als fremd empfunden – Dazu: ↗**aufpeppen** CH D (ohne südost), **peppig**

Peperoncino CH STIR der; -s, ...ni [p'ɛp'ɛrɔn'tʃi:nɔ] ⟨ital.⟩: ↗Pfefferoni A, ↗Peperoni D ›[in Essig oder Öl eingelegte] kleine, sehr scharfe Paprikaschote‹: *Lieblingsessen: Fisch mit Peperoncini, Knoblauch und Tomaten an Olivenöl* (Blick 5. 10. 1999, 6; CH); *Mir schmeckt Pasta mit Rübensprossen und Peperoncino sehr gut* (Spitaler, Gekochte Kultur 28; STIR) – In CH nur im Plural gebräuchlich

Peperoni die; –, – ⟨aus ital. *peperone* zu *pepe* ›Pfeffer‹⟩: **1.** CH STIR; ↗Paprika A D, ↗Gemüsepaprika D, ↗Paprikaschote D ›längliche oder rundliche hohle Frucht der Paprikapflanze von gelber, roter oder grüner Farbe‹: *Zutaten: Mariniertes Gemüse: 3 rote Peperoni, 200 ml Olivenöl, 250 g Zucchetti ...* (TA 29. 10. 1999, 19; CH); *Man nehme rote, gelbe oder grüne Peperoni mit vier Spitzen, wasche sie und stelle sie noch nass bei 100 Grad für ca. 1 Stunde ins Rohr* (Spitaler, Gekochte Kultur 119; STIR). **2.** D; ↗Pfefferoni A, ↗Peperoncino CH STIR ›[in Essig eingelegte] kleine, sehr scharfe Paprikaschote‹: *Rigatoni »Diavolo« mit Paprika, Schinken, Champignons, Tomatenrahmsauce, scharfen Peperoni* (Ristorante Bänksken, Hattingen, 2000, Internet). **3.** STIR; ↗Paprikagewürz D ›Paprikapulver‹ /ein Gewürz/: *Anbraten, mit Salz und Peperoni würzen, mit Mehl bestäuben und drei Gläser Fleischbrühe und Rotwein aufgießen* (Casentino Gastronomie, 2001, Internet)

Pepi A D-südost: **1.** ↗Joschi A-ost/südost, ↗Sepp A CH D-südost Kurzform des männl. Vornamens *Josef* und der weibl. Vornamen *Josefa, Josefine: Er studiert ihr Leben, recherchiert für sein Buch über den Strich ... und lernt den Ganoven Pepi Taschner, dessen Leben er porträtiert, kennen* (Profil 1. 9. 1995, Beilage 62; A). **2.** der; -s, – (salopp, Grenzfall des Standards) ›Haarteil, Perücke‹: *Sie wissen doch genau, dass ich da einen Pepi getragen habe ... Es war nur ganz schön heiß, zumal ich so viele Tanzszenen hatte. Wenn ich die Perücke abnahm, hat mein Kopf immer ganz schön gedampft* (OÖN 28. 2. 2003, Internet)

per Präp. mit Akk. ⟨lat.⟩: **1.** A ›pro, jeweils, je‹: *Senf-Dilldressing, per Packung 29.90* (VN 29. 10. 1997, C 9). **2.** A CH; ↗mit A, ↗zum A D, ↗auf CH ›am (zur Angabe von genauen Daten und Zeiträumen, z. B. *per 1. Juli, per Ende Monat, per Jahresende*)‹: Das Unternehmen rechnet in seinem Aktionärsbrief, dass der Personalstand »voraussichtlich per Jahresultimo durch Personalfreisetzungen auf zirka 450 Mitarbeiter schrumpfen« werde (Kurier 5. 11. 1997, 20; A); *Und per Ende 1999 soll das Frischfleisch aller Tiergattungen in der ganzen Schweiz in Sano-Qualität angeboten werden* (Brückenbauer 3. 12. 1997, 46; CH). **3.** ***per sofort** A CH ›ab sofort‹ (häufig in Inseraten): *Und die FIS stoppt per sofort die Weitenjagd* (Kleine Ztg 20. 3. 2000, Internet; A); *Wir suchen per sofort oder nach Vereinbarung Koch oder Köchin zur Ergänzung unseres Teams* (Engadiner Nachr 4. 10. 1997, 8; CH) – Zu 2.: In D nur fachsprachlich. Die Bedeutung ›durch, mittels‹ ist gemeindt.

Percht A die; –, -en (Volkskunde): ›[weibliche] dämonische Sagengestalt, die in der ↗Fasnacht oder in manchen Gegenden als Begleiterin des St. Nikolaus auftritt‹: *Tiroler Krampusse und Perchten werden am kommenden Wochenende in Kärnten sicher für einiges Aufsehen sorgen* (TT 24. 11. 1998, Internet) – Dazu: **Perchtenbrauchtum, Perchtengestalt, Perchtenlauf, Perchtenmaske, Perchtentanz, Schiechpercht, Schönpercht**

perfid A CH Adj.: ↗perfide D ›hinterhältig, tückisch‹: *Die Methode ist perfid, doch sie erreicht ihr Ziel, die Wahl als einen Kampf zwischen Gut und Böse zu inszenieren* (Kleine Ztg 20. 5. 2001, Internet; A); *Die Kündigung ist perfid. Fünf Monate nach Ablauf der Kündigungsfrist wäre der Stadtförster 50 Jahre alt und hätte Anrecht auf eine 60-prozentige Pension* (TA 18. 7. 1998, 13; CH)

perfide D Adj. (geh.): ↗perfid A CH ›hinterhältig, tückisch‹: *Besonders perfide ist die Art der Ansage. Die Stimme spricht nicht von einer 0190er-Nummer, sondern sagt die Hotline wie folgt an ...* (Cellesche Ztg 27. 6. 2002, Internet)

Pergel STIR die; –, -n ⟨aus ital. *pergola* ›Vorbau‹⟩: ↗Weinlaube A ›Laubengang, der von Weinreben umrankt und überwachsen ist; Pergola‹: *Links und rechts je eine übermannshohe Mauer mit zerbröckelndem Rand und Löchern von herausgebrochenen Steinen. Dahinter Pergeln* (Arunda 13/1984, 94)

Pergola (gemeindt.): ↗Pergel, ↗Weinlaube

perlustrieren A sw.V./hat ⟨aus lat. *perlustrare* ›prüfend blicken‹⟩: ›jmdn. aufhalten, überprüfen und durchsuchen‹: *Die herbeigerufene Funkstreifenbesatzung* *perlustrierte alle Anwesenden und bei dem Viertelmühler war sehr Verdächtiges gefunden worden* (Frank, Kommissar 140) – Dazu: **Perlustration, Perlustrierung**

Perlwein D (ohne südwest) der; -(e)s, -e: ›mit Kohlensäure versetzter Wein; Schaumwein‹: *Anstatt zu nörgeln, sollten Sie in Perlwein baden* (Allegra 11/1997, 148)

Perron CH das/der; -s, -s ['p'ɛrõ] 〈 frz.〉: ↗BAHNSTEIG A D ›neben den Bahngleisen gelegene Plattform, die das Ein- und Aussteigen ermöglicht‹: *Es war kühl auf dem Perron, sie fröstelte im leichten Kleid* (Faes, Vater 141) – In A veraltet, nur Maskulinum, Aussprache [pe'ro:n] – Dazu: **Perrondach, Perronhalle**

Personalausweis A D der; -es, -e: ↗IDENTITÄTSKARTE CH LUX STIR ›amtlicher Ausweis für Staatsbürger(innen), mit Foto und Personalangaben‹: *Künftig sind die Bürger bei der Ausstellung eines Reisepasses oder eines Personalausweises nicht mehr an die Behörde des Hauptwohnsitzes gebunden* (OÖN 30. 4. 2001, 2; A); *Eingeschüchtert und sichtlich nervös sucht sie verzweifelt nach ihrem Personalausweis* (Heins, Obdachlosenreport 31; D)

Personaldokument A D das; -(e)s, -e: ↗SCHRIFTEN CH, ↗AUSWEISPAPIER CH D, ↗PERSONALPAPIER D ›schriftliche [amtliche] Legitimation einer Person; Ausweisdokument‹: *Der harte Kern der Gruppe bestand laut Ermittlern aus fünf Österreichern und fünf Jugoslawen, die mit total gefälschten Personaldokumenten, Lohnzetteln und Sozialversicherungspapieren bei Banken Autofinanzierungskredite aufnahmen und dafür teure Autos anschafften* (OÖN 21. 2. 2002, 19; A); *Auf Anordnung der Sicherheitsbehörden ist die Teilnahme an Flughafenrundfahrten nur noch mit gültigem Personaldokument (Personalausweis, Reisepass) möglich* (Flughafen München, 2002, Internet; D)

Personalleasing A D das; -s, ohne Plur. [...li:zɪŋ] 〈aus engl. *to lease* ›pachten, mieten‹〉: ↗ARBEITSKRÄFTEÜBERLASSUNG A, ↗PERSONALVERLEIH CH ›Verleih von Arbeitskräften‹: *Beim Abbau setzt die Telekom Austria heuer auf Vorruhestand, ... Personalleasing, Teilzeitbeschäftigung* (VN 8. 6. 2001, D 1; A); *Bei Dumpinglöhnen ... ist das Personalleasing geradezu ideal, um Personalschwankungen abzufedern* (Junge Welt 5. 10. 1998, Internet; D) – In CH selten. Auch in der Schreibung *Personal-Leasing* – Dazu: ↗**Personalleasingfirma**

Personalleasingfirma A D die; –, ...firmen [...li:zɪŋ...]: ↗TEMPORÄRBÜRO CH, ↗ZEITARBEITSFIRMA D, ↗ZEITARBEITSVERMITTLUNG D ›Firma, die Arbeitskräfte für eine bestimmte Zeitdauer verleiht‹: *Die Arbeitsuchenden werden im Auftrag des AMS OÖ von der gemeinnützigen Personalleasingfirma espora (Steyr) bereitgestellt* (AMS OÖ, 2003, Internet; A); *Du wirst fest in der Zeitarbeits- oder Personalleasingfirma eingestellt und bist bei Bedarf für einen befristeten Zeitraum ... bei einem Kunden tätig* (Technische Universität Dresden, 2001, Internet; D) – Vgl. Personalleasing

Personalpapier D das; -s, -e: ↗PERSONALDOKUMENT A D, ↗SCHRIFTEN CH, ↗AUSWEISPAPIER CH D ›schriftliche (amtliche) Legitimation einer Person; Ausweisdokument‹: *Alle Studierenden müssen ein gültiges Personalpapier (Personalausweis/Reisepass) ... vorlegen* (Universität Hamburg, 2002, Internet)

Personalrestaurant CH das; -s, -s [...rɛstɔrã:]: ↗BETRIEBSKÜCHE A, ↗WERKSKANTINE A D, ↗BETRIEBSMENSA STIR ›Restaurant für die Angestellten eines Unternehmens; Betriebskantine‹: *Im Personalrestaurant mussten Frühstückende ihr Essen mit Taschenlampen beleuchten* (Bund 24. 11. 1999, 26)

Personalverleih CH der; -(e)s, -e: ↗ARBEITSKRÄFTEÜBERLASSUNG A, ↗PERSONALLEASING A D ›Verleih von Arbeitskräften‹: *Herr K. hat weder eine Bewilligung für Arbeitsvermittlung noch für Personalverleih* (Blick 21. 7. 2001, 4) – Vgl. Temporärbüro – Dazu: **Personalverleiher(in), Personalverleihfirma**

Personalverrechner Personalverrechnerin A der; -s, – bzw. die; –, -nen: ↗GEHALTSVERRECHNER A, ↗LOHNVERRECHNER A ›Person, die für ein Unternehmen Gehälter berechnet und die Auszahlung veranlasst; Lohnbuchhalter(in)‹ /Berufsbezeichnung/: *Für unsere Personalabteilung suchen wir eine(n) gut ausgebildete(n) Personalverrechner(in) in Ganztagesbeschäftigung* (SN 3. 5. 1997, 46) – Vgl. Personalverrechnung

Personalverrechnung A die; –, ohne Plur.: ↗GEHALTSVERRECHNUNG A, ↗LOHNVERRECHNUNG A, ↗LOHNBUCHHALTUNG CH D ›Berechnung von Löhnen‹: *Sie bearbeiten selbstständig Unternehmensbereiche unseres Verbandes, die neben der Personalverrechnung auch Beratung und Korrespondenz beinhalten* (SN 8. 11. 1997, 66) – Vgl. Personalverrechner

Personenkraftwagen A D der; -s, – (formell): ↗PERSONENWAGEN CH D-mittelwest/süd ›motorbetriebenes Fahrzeug mit vier Rädern für den Personentransport; Auto[mobil]‹: *Zu einer Kollision zwischen einem Mofa-Fahrer und einem Personenkraftwagen kam es am Mittwoch* (NÖN 23. 6. 1998, 1; A); *Solar- und Elektromobile sind nicht die einzigen ökologischen Alternativen zum Personenkraftwagen der Gegenwart* (Welt 21. 8. 1997, Internet; D) – Abk. ↗Pkw

Personenstand (gemeindt.): ↗FAMILIENSTAND, ↗ZIVILSTAND

Personenstandsregister D das; -s, –: ↗MATRIK A, ↗MATRIKEL A, ↗MATRIKENBUCH A, ↗ZIVILSTANDSREGISTER CH LUX ›Verzeichnis, in das Personenstandsangelegenheiten eingetragen werden‹: *Die Personenstandsregister werden am Ort des Ereignisses (Geburt, Eheschließung, Begründung einer Lebenspartnerschaft, Sterbefall) geführt* (Stadt Bonn 29. 5. 2002, Internet) – In CH aufgrund der Einführung eines ↗gesamtschweizerischen, elektronischen so genannten *Personenstandsregisters* im Jahr 2000 zunehmend gebräuchlich. Das Substantiv *Personenstand* ist gemeindt.

Personenwagen CH D-mittelwest/süd der; -s, – (formell): ↗PERSONENKRAFTWAGEN A D ›motorbetriebenes Fahrzeug für den Personentransport; Auto[mobil]‹: *Die Unterführung für Last- und Personenwagen nördlich des Bahnhofs wird ausgebaut* (Bund 22. 12. 1999, 25; CH) – Abk. ↗PW in CH. Die Bedeutung ›Eisenbahnwagen für den Personentransport‹ ist gemeindt.

Pesel D-nordwest der; -s, –: ›Wohnraum und Besuchsstube in einem norddeutschen Bauernhaus‹: *Schöne Beispiele für Pesel befinden sich im Heinrich-Sauermann-Haus auf dem Museumsberg in Flensburg* (Marsch & Förde – Reiseführer, 2002, Internet) – Häufig Bestandteil von Gast- und Ferienhausnamen

Peterli CH der; -s, ohne Plur.: ↗PETERSIL A D-südost, ↗PETERLING D-südwest ›Petersilie‹: *Ich liebe es, vor dem Braten das Hackfleisch, das Ei, den Peterli und die Gewürze mit den Händen lange durchzukneten* (Brückenbauer 3. 12. 1997, 35)

Peterling D-südwest das; -(s), ohne Plur.: ↗PETERSIL A D-südost, ↗PETERLI CH ›Petersilie‹: *Die Ingredienzen sind: Kalbsbratwurstbrät … Zwiebel, Zitrone, Peterling, Muskat, Pfeffer* (Zeitungsverlag Waiblingen 1. 12. 1998, Internet)

Petersil A D-südost der; -s, ohne Plur.: ↗PETERLI CH, ↗PETERLING D-südwest ›Petersilie‹: *Es gibt Köche, für die ist Grüne Küche gleich Petersil, und was über den Petersil hinausgeht, schon kreativ* (Gusto 11/1997, 8; A) – Dazu: **Petersilerdapfel** (↗Erdapfel), **Petersilwurzel**

Petersilie (gemeindt.): ↗PETERLI, ↗PETERLING, ↗PETERSIL

Petrol- CH (produktives Bestimmungswort in Zus.): ↗PETROLEUM- A D ›mit einer aus Erdöl gewonnenen, brennbaren Flüssigkeit betrieben‹, z. B. Petrollampe, Petrollicht, Petrolofen: *Wozu Strom? Brauchst du mehr Licht in dein Gehirn, oder ist dir die Petrollampe zu wenig hoffärtig?* (Kauer, Spätholz 60)

Petroleum- A D (produktives Bestimmungswort in Zus.): ↗PETROL- CH ›mit einer aus Erdöl gewonnenen, brennbaren Flüssigkeit betrieben‹, z. B. Petroleumlampe, Petroleumlicht, Petroleumofen: *Der Handel legt ihnen verstärkt kaminunabhängige Flüssiggas- oder Petroleumöfen, Ölradiatoren, Konvektoren, Heizstrahler oder Wärmewellen-Heizgeräte ans Herz* (OÖN 26. 9. 2000, 22; A); *Zwar gehörte der Kienspan als Lichtquelle auch hier schon längst der Vergangenheit an, aber nun hatte auch die Petroleumlampe ausgedient* (Frankenpost 5. 9. 2001, Internet; D)

Petze D die; –, -n (abwertend): ↗RATSCHKATHL A-mitte/west D-südost ›Person, die einer Autoritätsperson mitteilt, dass jmd. etw. Unerlaubtes getan hat‹: *K. findet das richtig und sagt überall: »Das hat sie nun davon. Die Petze!«* (Radio K2, 2000, Internet) – Seltener auch in der Form *Petzer* (der; -s, -) bzw. *Petzerin* (die; –, -nen) – Dazu: ↗**petzen**

petzen D sw.V./hat (abwertend): ↗VERRATSCHEN A ›(von Kindern) einer Autoritätsperson mitteilen, dass jmd. etw. Unerlaubtes getan hat; verraten‹: *Er hatte seinen drei Mitschülern das Petzen und seiner Stiefmutter die Schläge längst verziehen* (Krüss, Timm Thaler 57) – Vgl. Petze – Dazu: **verpetzen**

Petzer Petzerin D der; -s, – bzw. die; –, -nen: siehe Petze

Pfader Pfaderin CH der; -s, – bzw. die; –, -nen: ↗PFADI A CH, ↗PFADESSE CH ›Mitglied der Pfadfinder(innen)‹: *Seit 34 Jahren ist der Luzerner Walter H. Pfader* (Neue Urner Ztg 13. 10. 1999, Internet)

Pfadesse CH die; –, -n ['pfades]: ↗PFADI A CH, ↗PFADER CH ›Mitglied der Pfadfinderinnen‹: *[In] Konolfingens Partnergemeinde Pocatky südöstlich von Prag werden die 11- bis 16-jährigen Pfader und Pfadessen Tage wie in einem Sommerlager in der Schweiz verbringen* (Bund 18. 7. 1997, 23)

Pfadi: 1. CH die; –, ohne Plur.: ›Institution der Pfadfinder(innen)‹: *In der Pfadi zählt die Gruppe, in die sich jedes einbringen kann* (BeZ 3. 9. 1997, 40). **2.** CH die; –, -/s: ›lokaler/regionaler Verband von Pfadfinderinnen und Pfadfindern‹: *Am Samstag findet im Freien Gymnasium der Unterhaltungsabend der Pfadi Patria Bern statt* (Bund 11. 9. 1999, 25). **3.** A CH der/die; –, -/s: ↗PFADER CH, ↗PFADESSE CH ›Mitglied der Pfadfinder(innen)‹: *Wer kann Pfadi werden? Jeder – unabhängig von Alter, Rasse, Konfession oder Geschlecht* (Pfadfindergruppe Baden, 2002, Internet; A); *Pfadi überlebt 8-Meter-Sturz: Ein 14-jähriger Hilfsleiter einer Pfadigruppe wollte auf einem Felsvorsprung Wache halten* (Blick 12. 5. 1997, 5; CH) – Zu 2.: **Pfadiführer(in)** CH, **Pfadiheim, Pfadilokal, Pfadiübung**. Zu 3.: **Pfadigruppe**. Zu 2. und 3.: **Pfadilager** (↗Lager)

Pfandhaus D das; -es, …häuser: ↗LEIHANSTALT A, ↗PFANDL A, ↗VERSATZAMT A D-südost, ↗PFANDLEIHKASSE CH, ↗LEIHHAUS D (ohne mittelost/südwest), ↗ PFANDLEIHE D (ohne nordwest) ›private Institution oder Amt zur Vergabe von verzinslichen Darlehen gegen Hinterlegung von Wertgegenständen als Pfand‹: *Es werden immer mehr, die auf einmal so knapp bei Kasse sind, dass ihnen nur der Gang ins Pfandhaus als Ausweg erscheint* (Tagesspiegel 23. 12. 2001, Internet) – In A und CH selten

Pfạndl A das; -s, -n (Grenzfall des Standards): kurz für *Pfandleihanstalt:* ↗ LEIHANSTALT A, ↗ VERSATZAMT A D-südost, ↗ PFANDLEIHKASSE CH, ↗ PFANDHAUS D, ↗ LEIHHAUS D (ohne mittelost/südwest), ↗ PFANDLEIHE D (ohne nordwest) ›private Institution oder Amt zur Vergabe von verzinslichen Darlehen gegen Hinterlegung von Wertgegenständen als Pfand‹: *Herrn S. gehört das älteste private Pfandl Wiens* (Kurier 15. 5. 1993, 24) – Das damit nicht verwandte Wort *Pfandl* ist die in A übliche Verkleinerungsform des Substantivs ↗ *Pfanne*

Pfạndleihe D (ohne nordwest) die; –, -n: ↗ LEIHANSTALT A, ↗ PFANDL A, ↗ VERSATZAMT A D-südost, ↗ PFANDLEIHKASSE CH, ↗ PFANDHAUS D, ↗ LEIHHAUS D (ohne mittelost/südwest) ›private Institution oder Amt zur Vergabe von verzinslichen Darlehen gegen Hinterlegung von Wertgegenständen als Pfand‹: *Zwei vermutlich bewaffnete Täter haben am Dienstag ... eine Pfandleihe ... in Kreuzberg überfallen* (Tagesspiegel 23. 2. 2000, Internet) – In CH selten

Pfạndleihkasse CH (ZH) die; –, -n: ↗ LEIHANSTALT A, ↗ PFANDL A, ↗ VERSATZAMT A D-südost, ↗ PFANDHAUS D, ↗ LEIHHAUS D (ohne mittelost/südwest), ↗ PFANDLEIHE D (ohne nordwest) ›private Institution, die Wertgegenstände gegen Geld als Pfand nimmt‹: *Wieder einmal war Ebbe in der Kasse. Die Pfandleihkasse der Zürcher Kantonalbank sprang ein. Eheringe gegen Geld* (Spielzeugmuseum, 2001, Internet)

Pfạnne die; –, -n: **1.** A D ›Bratpfanne‹: *Die Masse mit den Gewürzen und Kräutern abschmecken, mit einem Löffel Nockerln formen und in heißem Öl in einer Pfanne ... anbraten* (ORF Nachlese 9/1997, 68; A); *Er ging in die Küche zurück [und] ordnete sorgfältig die durcheinander stehenden Töpfe und Pfannen* (Timm, Currywurst 87; D); ***etw. auf der Pfanne haben** D (Grenzfall des Standards) ›etw. Überraschendes bereit haben; etw. auf Lager haben‹: *Ich mag Künstler nicht, diese Zampanos, die immer irgend etwas auf der Pfanne haben, das sie der Welt vorhalten* (Welt 21. 1. 2003, Internet). **2.** CH; ↗ HÄFEN A (ohne west), ↗ HAFEN A-west CH D-süd, ↗ TOPF A D, ↗ POTT D-nord/mittelwest ›Gefäss zum Kochen; Kochtopf‹: *Die Kumquats waschen, in eine Pfanne geben, mit Wasser bedecken und 30 Minuten kochen lassen* (SI 21. 6. 1999, 53). **3.** D (ohne mittelost/südwest) kurz für ↗ *Dachpfanne:* ↗ DACHPLATTE D-süd ›Dachziegel‹: *Das herausschießende Wasser fiel über die Pfannen herunter ... und lief in großen Schlieren über die Rauputzfassade wieder in den Krater zurück* (Karr & Wehner, Geierfrühling 102) – Andere Bedeutungen sind fachsprachlich gemeindt. – Zu 1.: **Dalkenpfanne** (↗ Dalken) A (ohne west), **Palatschinkenpfanne** (↗ Palatschinke) A, ↗ **Pfannkuchen** D-nord/mittelwest, ↗ **Pfannekuchen** D-mittelwest, ↗ **Pfannenkuchen** D-süd, ↗ **Pfannenwender** D-mittel/südwest. Zu 1. und 2.: ↗ **pfannenfertig** CH D

Pfạnnekuchen D-mittelwest der; -s, –: ↗ PALATSCHINKE A (ohne Vbg.), ↗ OMELETTE A CH, ↗ OMELETT A D (ohne mittelost), ↗ EIERKUCHEN D-ost/südwest, ↗ PFANNENKUCHEN D-süd, ↗ PFANNKUCHEN D-nord/mittelwest, ↗ PLINSE D-nordost ›in der ↗ Pfanne gebackene flache Speise aus Eiern, Milch und Mehl‹: *Für das leibliche Wohl wird mit vielen kulinarischen Leckerbissen z. B. Pfannekuchen, Crepe, Folienkartoffeln, Zwiebelkuchen etc. gesorgt* (Stadtmarketing Frechen, 2001, Internet)

pfạnnenfertig Adj.: **1.** CH D ›bereit für die Zubereitung (von Speisezutaten)‹: *Das Fleisch wird durch unseren Vertrauensmetzger pfannenfertig zugeschnitten, portioniert und vakuumiert* (Landwirtschaftsbetrieb Lindenhof, 2003, Internet; CH); *Braten kostet pfannenfertig 16 Mark pro Kilo* (Berliner Ztg 20. 12. 1996, Internet; D). **2.** CH ›bereit für die Anwendung, ausgereift‹: *Zusätzlich haben die Experten die Uno mit pfannenfertigen Resolutionsentwürfen versorgt* (TA 3. 4. 1999, 8) – Zu 1 vgl. Pfanne

Pfạnnenkuchen D-süd der; -s, –: ↗ PALATSCHINKE A (ohne Vbg.), ↗ OMELETTE A CH, ↗ OMELETT A D (ohne mittelost), ↗ EIERKUCHEN D-ost/südwest, ↗ PFANNEKUCHEN D-mittelwest, ↗ PFANNKUCHEN D-nord/mittelwest, ↗ PLINSE D-nordost ›in der ↗ Pfanne gebackene flache Speise aus Eiern, Milch und Mehl‹: *Er isst ... mittags mal einen halben Pfannenkuchen, abends mal eine Portion Pommes, dann und wann einen Apfel* (Eltern 19. 12. 1999, Internet)

Pfạnnenwender D-mittel/südwest der; -s, –: ↗ BACKSCHAUFEL A, ↗ BRATENWENDER A-mitte D-nord/mittel, ↗ BRATSCHAUFEL CH, ↗ KÜCHENFREUND D-mittelwest ›flaches, schaufelartiges Küchengerät zum Wenden von Speisen beim Braten‹: ... *kaltes Wasser dazugießen und Beutelinhalt mit dem Pfannenwender einrühren* (Pfanni 1. 3. 2001, Internet) – Vgl. Pfanne

Pfạnnkuchen der; -s, –: **1.** D-nord/mittelwest; ↗ PALATSCHINKE A (ohne Vbg.), ↗ OMELETTE A CH, ↗ OMELETT A D (ohne mittelost), ↗ EIERKUCHEN D-ost/südwest, ↗ PFANNEKUCHEN D-mittelwest, ↗ PFANNENKUCHEN D-süd, ↗ PLINSE D-nordost ›in der ↗ Pfanne gebackene flache Speise aus Eiern, Milch und Mehl‹: *So begnügte sie sich damit, einen Pfannku-*

chen in der Hand zu zerdrücken (Trott, Pucki 86).
2. D-ost; ↗FASCHINGSKRAPFEN A D-südost, ↗KRAPFEN A D-südost, ↗BERLINER CH D (ohne südost) ›faustgroßes, mit ↗Marmelade gefülltes und mit Zucker bestreutes Brandteiggebäck‹: *Zöllner J. dagegen fuhr mit drei Kollegen und Pfannkuchen im Gepäck zum Kontrollpunkt Drewitz, um dort mit ehemaligen DDR-Grenzern zu feiern* (Welt 7. 10. 1999, Internet) – Zu 1.: Werden mit Zucker bestreut, mit ↗Obst oder Wurst belegt oder mit ↗Marmelade bestrichen. Sie können aufgerollt, zusammengeklappt oder offen gegessen werden – Zu 1.: **Apfelpfannkuchen, Eierpfannkuchen**

Pfarr- A D (ohne mittelost) (produktives Bestimmungswort in Zus.): ›zu einer ↗Pfarre gehörend‹, z.B. Pfarrbücherei (↗Bücherei), ↗Pfarrgemeinde A D, Pfarrgemeinderat, Pfarrheim, Pfarrhaus, ↗Pfarrhof A, Pfarrmatrik (↗Matrik) A, Pfarrsaal, Pfarrsprengel (↗Sprengel) A, Pfarrwidum (↗Widum) A-west/südost: *Ihre Familie stellte viele Jahre die eigene Hauskapelle für die Gottesdienste im Pfarrsprengel Fürstenbrunn zur Verfügung* (SN 21. 9. 1998, Internet; A); *Während sie offenbar übersah, dass ich schon mal etwas durchpauste oder aus Kunstbänden der Pfarrbücherei kopierte* (Rothmann, Wäldernacht 42; D)

Pfarre A D-nord/mittelwest die; –, -n: ↗PFARREI A-west (Vbg.) CH D-mittelwest/süd ›unterste kirchliche Verwaltungseinheit und deren Mitglieder‹: *Draußen in den Pfarren und Gemeinden machen sich weder die Priester noch ihre Schäfchen groß Gedanken darüber, ob ihre Lebenswirklichkeit noch zu den Kategorien der Theologen passt* (Format 14. 12. 1998, 32; A); *Am 6. November hat sich der Priester der Pfarre ... erhängt* (Spiegel 1. 12. 1997, 161; D-nord/mittelwest) – Vgl. Pfarr-

Pfarrei A-west (Vbg.) CH D-mittelwest/süd die; –, -en: ↗PFARRE A D-nord/mittelwest ›unterste kirchliche Verwaltungseinheit der römisch-katholischen Kirche und Gesamtheit der Mitglieder dieser Einheit‹: *Seit 1824 hat der damals aus 440 Seelen bestehende Ort eine eigene Pfarrei* (VN 4. 5. 2000, Heimat/Bregenz 15; A-west); *Wann immer er eine Vertretung für seine grosse Pfarrei fand, verreiste unser Pfarrer – am liebsten auf den Spuren Napoleons, über den er mehrere Bücher verfasste* (Furrer, My Way 138; CH); *Die katholische Frauengemeinschaft in unserer Pfarrei hat 305 Mitglieder* (Katholische Frauengemeinschaft, 2000, Internet; D-mittelwest/süd) – Dazu: **Pfarreiheim** CH, **Pfarreileitung** CH, **Pfarreirat (...rätin)** CH, **Pfarreisaal** CH, **Pfarreizentrum** CH

Pfarrer (gemeindt.): ↗PASTOR/PASTORIN

Pfarrgemeinde A D die; –, -n (Kirche): ↗KIRCHGEMEINDE CH, ↗KIRCHENGEMEINDE D ›unterste Verwaltungseinheit der katholischen und evangelischen Kirche und ihre Mitglieder‹: *Die evangelische Pfarrgemeinde leide nicht unter der Anzahl der Muslime, sondern unter der religiösen Gleichgültigkeit der Menschen* (OÖN 8. 11. 2001, Internet; A); *Zum Amtsgebiet des Ruhrbischofs gehören die meisten katholischen Pfarrgemeinden in Duisburg* (Rheinische Post 3. 1. 2002, Internet; D) – Vgl. Pfarr- – Dazu: **Pfarrgemeinderat, Pfarrgemeinderatswahl, Pfarrgemeindesaal**

Pfarrhaus (gemeindt.): ↗PFARRHOF, ↗WIDUM

Pfarrhof A der; -(e)s, ...höfe: ↗WIDUM A-west/südost ›Wohnstätte eines Pfarrers; Pfarrhaus‹: *Umständlich ging es durch den Ort. Eng zwischen Friedhofsmauer und Pfarrhof durch* (Innerhofer, Schattseite 60) – In D veraltend. Vgl. Pfarr-

Pfefferkuchen D-nord/mittel der; -s, –: ↗LEBZELTEN A D-südost, ↗BIBER CH, ↗HONIGKUCHEN D-nord/mittel, ↗KUCHEN: *BRAUNE KUCHEN D-nord, ↗PRINTE D (ohne nordost/südwest) ›Lebkuchen mit Mandelfüllung‹: *Teig ausrollen, Pfefferkuchen ausstechen, auf ein gut gefettetes Blech geben, bestreichen, bei Mittelhitze backen* (BZ Berlin 28. 11. 1996, Internet)

Pfefferoni A der; -(s), – ⟨aus ital. *peperone*, eingedeutscht nach dem Vorbild von *Pfeffer*⟩ (meist Plur.): ↗PEPERONCINO CH STIR, ↗PEPERONI D ›[in Essig oder Öl eingelegte, scharfe] längliche Paprikafrucht‹: *Scharfe Gewürze wie Pfeffer, Chili oder Pfefferoni treiben zwar den Schweiß auf die Stirn, wenn man zuviel davon erwischt, aber der Blutdruck bleibt unten* (Weltheilandapotheke Wien, 2000, Internet) – Vgl. Paprika

Pfennig D der; -s, -e (früher): ↗GROSCHEN A, ↗RAPPEN CH ›kleinste Währungseinheit der BRD (vor Einführung des Euro)‹: *Dabei brauchen wir jeden Pfennig für ... das Baby* (Arens, Nächste Mann 86) – Dazu: ↗**Notpfennig** D-nord/südwest, ↗**Pfennigabsatz,** ↗**Pfennigfuchser(in)**

Pfennigabsatz D der; -es, ...absätze: ›hoher, schmaler Absatz an Stöckelschuhen mit einer etwa pfennigstückgroßen Fläche zum Auftreten‹: *Seit der Stiletto-, Pfennig-, Bleistift- oder Stöckelabsatz Anfang der Fünfziger das Fashion-Parkett betrat, ist er Objekt der Begierde* (Allegra 11/1997, 120) – Vgl. Pfennig

Pfennigfuchser Pfennigfuchserin D der; -s, – bzw. die; –, -nen (abwertend): ↗RAPPENSPALTER CH, ↗KNAUSER D ›geizige, geldgierige Person; Geizhals‹: *Einige ... geben bereits unverhohlen zu, dass ihnen der Pfennigfuchser langsam auf die Nerven gehe* (Welt 10. 11. 2000, Internet) – Vgl. Pfennig

Pferd (gemeindt.): ↗GAUL, ↗ROSS, ↗RÖSSL

Pferd: *das Pferd beim Schwanz aufzäumen (gemeindt.): ↗GAUL: *DEN GAUL BEIM SCHWANZ AUF-

ZÄUMEN, ↗PFERD: *DAS PFERD VON HINTEN AUFZÄUMEN

Pferd: *das Pferd von hinten aufzäumen siehe aufzäumen

Pferd: *jmdm. gehen die Pferde durch (gemeindt.): ↗GAUL: *JMDM. GEHT DER GAUL DURCH

Pferdekuss D (ohne südost) der; -es, ...küsse (Grenzfall des Standards): ›heftiger Kniestoß gegen jmds. Oberschenkel und die dadurch verursachte Schwellung‹: *Der Libero bekam lediglich einen leichten Pferdekuss ab, der rechtzeitig abgeklungen sein müsste* (Reviersport 19. 2. 1998, 12)

Pferdeschwanz (gemeindt.): ↗ROSSSCHWANZ

Pferdpauschen CH der; –, –: ↗PAUSCHENPFERD A CH, ↗SEITPFERD A D ›dem Rumpf eines Pferdes nachgebildetes Turngerät, bestehend aus einem lederbezogenen, mit zwei Griffen versehenen Körper, der auf vier Beinen steht‹: *Am Pferdpauschen sind sie stark. Aber echte Pferde bringen die Turnerinnen einer Damenriege aus dem Gleichgewicht* (Blick 16. 6. 1997, 2)

Pfiffer D-südost (Franken) der; -s, –: ↗EIERSCHWAMMERL A (ohne Vbg.), ↗EIERSCHWAMM A-west (Vbg.) CH, ↗PFIFFERLING A-west D, ↗REHLING D-südost ›kleiner, gelber Lamellenpilz‹ /eine Pilzsorte/: *Als Reverenz an den Heimatort dürfen die Herriedener Bratwürste nicht fehlen, zur Abwechslung einmal ... mit Pfiffern und mariniertem Semmelknödel* (Nürnberger Nachr 13. 7. 1998, Internet)

Pfifferling A-west D der; -s, -e: ↗EIERSCHWAMMERL A (ohne Vbg.), ↗EIERSCHWAMM A-west (Vbg.) CH, ↗PFIFFER D-südost (Franken), ↗REHLING D-südost ›kleiner, gelber Lamellenpilz‹ /eine Pilzsorte/: *Eine Besonderheit dieses Waldes bestand darin, dass er oft nach Pilzen duftete, nach Bergen von Morcheln und Pfifferlingen* (Becker, Bronsteins Kinder 18; D) – Dazu: **Pfifferlinggulasch** (↗Gulasch)

Pfingsten die; nur Plur./das; –, –: kann mit oder ohne Artikel verwendet werden, meistens aber ohne. Mit Artikel oder attributivem Adjektiv ist *Pfingsten* in A, CH und D-süd ein Pluralwort, in D-nord/mittel ein Singularwort im Neutrum. Ohne Artikel oder attributives Adjektiv ist *Pfingsten* ein Singularwort und gemeindt. *Pfingsten* wird in CH und D-süd mit *an* verbunden, gemeindt. mit *zu*: *Das Bibliotheksteam wünscht Ihnen schöne Pfingsten!* (Vu-Wien, 2003, Internet; A); *An der Landesausstellung Expo.02 wird es auch Thementage für die christlichen Kirchen und Freikirchen geben, eventuell an Pfingsten und am Bettag 2002* (Reformierte Nachr 21. 2. 2001, Internet; CH); *Die Pfingsten im Tessin gehören bereits seit Jahren zu einem festen Bestandteil des Klublebens* (Kanu Club Chur, 2002, Internet; CH); *Das Pfingsten war trotz aller Widrigkeiten eine gelungene Veranstaltung, da sich wieder einmal eine so große Anzahl von Sportfreunden zusammenfand* (Dresdner Kanu Club 9. 7. 2003, Internet; D-nord/mittel)

Pfitschigogerln A das; -s, ohne Plur. (Grenzfall des Standards, veraltend): ›mit Kamm und Münze gespieltes ↗Tischfußball‹: *Doch einige schaffen es, wiederbelebt zu werden, wie zum Beispiel das legendäre Pfitschigogerln* (OÖN 20. 7. 1996, 10) – Auch in der Form *Fitschigogerln*

Pflanz A der; –, ohne Plur. (salopp, Grenzfall des Standards): ›Schwindel, Schwindelei‹: *Aber einerseits Solidarität mit kampfbereiten Arbeitern bekunden und gleichzeitig beschwichtigend zu fordern, die »hervorragende Atmosphäre« nicht zu stören – das muss von den Arbeitern als Pflanz empfunden werden* (Kleine Ztg 29. 9. 1996, Internet) – In D-südost selten. Dazu: **pflanzen**, **Pflanzerei**

Pflanzblätz siehe Pflanzplätz

pflanzen A D-südost sw.V./hat (Grenzfall des Standards): **1.** ↗SCHMÄH: *JMDN. AM SCHMÄH HALTEN A, ↗SEIL: *JMDN. AM SEIL HERUNTERLASSEN CH, ↗ANFÜHREN D, ↗VERÄPPELN D, ↗VERHOHNEPIPELN D, ↗VERALBERN D (ohne südost), ↗VERGACKEIERN D (ohne mittelost/südost) ›jmdn. zum Narren halten; schikanös lange hinhalten‹: *Das verärgerte Kirchenvolk wird wieder einmal gepflanzt – wie immer, wenn's ums Vertuschen und Verdrängen geht* (News 15. 1. 1998, 36; A). **2.** ›sich auf jmds. Kosten ohne verletzende oder bösartige Absicht amüsieren‹: *Ich pflanz ihn, dass seine Mondscheinbräune vom Sterngucken kommt* (Okopenko, Kindernazi 49; A) – Die anderen Bedeutungen, z. B. ›Pflanzen einsetzen‹, sind gemeindt. Im Ggs. zur gemeindt. Bedeutung in D-südost mit hellem a gesprochen. Zu 1 vgl. ankohlen, verkohlen – Vgl. ↗Pflanz A, Pflanzerei

Pflanzplätz CH der; -es, -e (Grenzfall des Standards): ↗KLEINGARTEN A D, ↗FAMILIENGARTEN CH ›Stück Land zum Anbau von Gemüse und Blumen; Schrebergarten‹: *Mein Mann und ich haben einen Pflanzplätz, der ist zwei Aren gross* (Bund 24. 8. 1996, 31) – Auch in der Schreibung *Pflanzblätz*

Pflästerli CH das; -s, – (Grenzfall des Standards): **1.** ›Schnellverband, Heftpflaster‹: *Die Lehrerin darf beweisen, dass auch Schulmeister nicht vollkommen sind. Ihr Thermoskrug ist im Rucksack geborsten, die Pflästerli und das Verbandmaterial, in weiser Voraussicht eingepackt, sind völlig durchnässt* (TA 30. 6. 1998, 15). **2.** ›notdürftige [Schein]lösung‹: *Ein Pflästerli mehr für den schwer leidenden Patienten Krankenversicherung: Kantone mit hohen Gesundheitskosten bekommen künftig mehr Bundessubventionen als sparsamere Kantone* (Blick 18. 6. 1996, 1) – Zu 2.: **Pflästerlipolitik**

pflastern (gemeindt.): ↗PFLÄSTERN

pflästern CH sw.V./hat: ›pflastern‹: *Eine Autobahn pflästert man nicht mit Steinen – im Strassenbau haben längst High-Tech-Methoden Einzug gehalten* (Bund 13. 8. 1999, 25) – Dazu: **Pflästerer (...sterin),** **↗Pflästerung**

Pflasterung A D die; –, -en: **1.** ↗PFLÄSTERUNG CH D-südwest ›Pflastern eines Bodens, einer Straße‹: *Während der Pflasterung der Innenstadt diente der Konviktgarten als Ausweichparkplatz* (OÖN 22. 4. 2002, Internet; A); *Als wahre Fehlleistung erwies sich die Pflasterung des Bahnhofsvorplatzes im Bereich der dort verlaufenden Straßenbahngleise* (Welt 20. 9. 2000, Internet; D). **2.** ↗PFLÄSTERUNG CH ›Pflaster (als Straßenbelag)‹: *Der Wind trägt Wasserschleier vom Marktbrunnen über die Menschen, über den Segen der Erde, über die Pflasterung aus Stein* (Steinwendtner, Rote Lackn 92; A); *Die Pflasterung wird aus Platten in 5 verschiedenen Größen bestehen* (Stadt Bremen 4. 6. 2002, Internet; D)

Pflästerung die; –, -en: **1.** CH D-südwest; ↗PFLASTERUNG A D ›Pflastern‹: *Die grossflächige Pflästerung hat wesentliche Auswirkungen auf Zonenordnung und Umwelt und ist nicht mit den wichtigen Anliegen der Raumplanung vereinbar* (Solothurner Obergericht, 2000, Internet; CH). **2.** CH; ↗PFLASTERUNG A D ›Pflaster (als Strassenbelag)‹: *Ausserhalb der Städte gibt es keine Pflästerung; parallel laufende Karrenspuren durchziehen das Land* (Treichler, Abenteuer Schweiz, 22) – Vgl. pflästern

Pflaume D-nord/mittel die; –, -n: ↗ZWETSCHKE A, ↗ZWETSCHGE CH D-mittel/süd, ↗ZWETSCHE D-nord ›kleine längliche Frucht mit grünlich-gelbem, süßem Fruchtfleisch und glatter Oberfläche von blauer Farbe‹: *Vor der Haustür wartete unser Nachbar mit einem Eimer voller Pflaumen* (Grün, Lawine 31) – In D-nord/mittel ist *Pflaume* im alltäglichen Sprachgebrauch Sammelname für alle verwandten ↗Früchte der Gattung, nur Fachleute unterscheiden zwischen den Arten. In CH und D-süd wird zwischen den einzelnen ↗Früchten unterschieden und nur die ›größere, runde Frucht mit gelbem, süßem Fruchtfleisch und glatter Oberfläche von violetter Farbe‹ als *Pflaume* bezeichnet – Dazu: **↗Backpflaume** D (ohne südost), **↗Dörrpflaume** CH D, **Pflaumenkompott, Pflaumenmus, Pflaumenschnaps**

Pflege- (gemeindt.): ↗ZIEH-

Pflegeheim (gemeindt.): ↗KRANKENHEIM

Pflegekasse D die; –, -n (salopp): ↗PFLEGEVERSICHERUNG CH D ›Versicherung, die für die Pflegekosten bei Pflegebedürftigen aufkommt‹: *Dies werde drei bis fünf Jahre möglich sein, ohne die Substanz der Pflegekasse anzugreifen* (LVZ 3. 2. 1998, 2) – In CH selten

Pflegeversicherung CH D die; –, -en: ↗PFLEGEKASSE D ›Versicherung, die für die Pflegekosten bei Pflegebedürftigen aufkommt‹: *Weiterhin wenig Interesse an Pflegeversicherung* (TA 25. 10. 1999, 31; CH); *Die Bonner Koalition streitet erneut über die Pflegeversicherung* (LVZ 3. 2. 1998, 2; D) – In CH eine Privatversicherung, in D eine staatliche Pflichtversicherung

Pflegschaftsgericht A das; -(e)s, -e: ↗VORMUNDSCHAFT CH, ↗VORMUNDSCHAFTSAMT CH, ↗VORMUNDSCHAFTSBEHÖRDE CH, ↗VORMUNDSCHAFTSGERICHT D ›Abteilung des ↗Bezirksgerichts, die über die rechtliche Vertretung von Minderjährigen und anderen Pflegebefohlenen sowie Unterhaltsregelungen u. Ä. entscheidet‹: *Der strafunmündige Täter ergriff daraufhin mit zwei gleichaltrigen Freunden die Flucht. Er wurde jedoch ausgeforscht und dem Pflegschaftsgericht angezeigt* (OÖN 29. 3. 1993, 15)

Pflichtenheft (gemeindt.): ↗LASTENHEFT

Pflichtenheft A CH das; -(e)s, -e: ›[Verzeichnis der] Gesamtheit der mit einem Amt oder einer Stellung verbundenen Aufgaben‹: *Der Posten eines City-Managers sei ausgeschrieben, und es gäbe für ihn ein Pflichtenheft mit klaren Zielen* (OÖN 6. 11. 2002, Internet; A); *Das Pflichtenheft von R. ist gross: Sitzungen, Buchhaltung, Jahresabschluss, das Budget – denn R. ist auch Steueramtsvorsteher, Finanzverwalter und Zivilstandsbeamter* (Blick 1. 10. 1996, 4; CH) – Die Bedeutung ›Zusammenstellung der Anforderungen an ein technisches Produkt (für die Planung)‹ ist gemeindt.

Pflichtschuldirektion STIR die; –, -en: ↗DIREKTIONSSITZ STIR ›übergreifend für mehrere ↗Pflichtschulen zuständige Schulleitung‹: *Am Nachmittag berichten die Verantwortlichen der Pflichtschuldirektionen St. Martin in Passeier ... von ersten Erfahrungen* (Dolomiten 19. 4. 2001, 12) – Vgl. Direktion

Pflichtschule A die; –, -n: ↗VOLKSSCHULE CH /Oberbegriff für ↗Volksschule und ↗Hauptschule, deren Besuch die Erfüllung der gesetzlichen Schulpflicht gewährleistet/: *Der »Familienschilling« ist eine Einmalzahlung an Familien, vorausgesetzt, es ist mindestens ein Kind in der Familie, das eine Pflichtschule besucht* (TT 30. 1. 1998, Beilage 7) – Alternativ zur Hauptschule kann auch ein Gymnasium besucht werden, das aber nicht zu den Pflichtschulen gerechnet wird – Dazu: **Pflichtschulabschluss, Pflichtschulabsolvent(in), Pflichtschüler(in), Pflichtschulalter, Pflichtschulleher(in), Pflichtschulzeit**

Pflichtspiel A D das; -(e)s, -e: ↗ERNSTKAMPF CH ›sportlicher Wettkampf, bei dem das Resultat zählt (im Ggs. zum Training oder Trainingsspiel)‹: *Seit da-*

mals hat die Mannschaft in 35 Pflichtspielen erst einmal verloren (OÖN 26. 9. 2000, Internet; A); *Der Dortmunder Fredi Bobic, zuletzt erfolgreich mit fünf Toren in sechs Pflichtspielen, muss sich gedulden* (Welt 28. 9. 1999, Internet; D)

Pflotsch CH der; -(e)s, ohne Plur.: **1.** ↗GATSCH A D-südost, ↗LETTEN A D-südost, ↗BATZ D-südost, ↗MODDER D-nord/mittelost, ↗MUD D-nordwest, ↗PAMPE D-nord/mittel ›Schlamm, Matsch‹: *Unter dem Strich war die Witterung den Teilnehmerinnen und Teilnehmern günstig gesinnt, mit milden Nächten und nicht allzu heissen Tagen. Ganz abgesehen davon gehört ein wenig Schlamm und Pflotsch zum Wölfli- und Pfadileben* (Pfadi Schalberg Basel, 2001, Internet). **2.** ›Schneematsch‹: *Ab heute Mittag wandeln sich die Flocken in Tropfen, und das saubere Weiss wird durch grauen Pflotsch verdrängt* (TA 14. 1. 1999, 15) – Dazu: ↗**pflotschig**, ↗**pflotschnass**, **Pflotschwetter**

pflotschig CH Adj.: ↗GATSCHIG A D-südost, ↗BATZIG D-südost, ↗MODDERIG D-nord, ↗MUDDIG D-nordwest ›schlammig; matschig (von Schnee oder Erdboden)‹: *Es ist kalt, der Himmel ist grau, die Tage kurz, die Strassen pflotschig* (Appenzeller Ztg 4. 12. 1998, Internet) – Vgl. Pflotsch

pflotschnass CH Adj.: ↗WASCHELNASS A D-südost, ↗BACHNASS CH, ↗PRITSCHNASS D-südost ›sehr nass, durchnässt; platschnass‹: *Nach dem 0:2 existierte nur noch ein Team: Dasjenige von Lucien Favre, der den wegen des einwöchigen Dauerregens im Tessin pflotschnassen Rasen kritisierte* (Blick 25. 10. 1999, 26) – Vgl. Pflotsch

pflücken (gemeindt.): ↗BROCKEN, ↗KLAUBEN

Pflümli CH der; -s, –: ›Schnaps aus ↗Pflaumen‹: *Whisky, Gin und andere hochprozentige Spirituosen aus dem Ausland werden billiger werden, einheimische Obstdestillate wie Kirsch, Pflümli oder Träsch hingegen aufschlagen* (TA 1. 7. 1999, 9)

Pfosten CH D der; -s, – (Sport): ↗STANGE A ›seitliche Begrenzung des Tores (bes. bei Ballspielen)‹: *Eine Flanke von Varela prallte via Ivanovs Fingerspitzen von der Latte zurück, den Nachschuss setzte Lonfat an den Pfosten* (TA 30. 9. 1998, Internet; CH); *Anthony Yeboah, trotz Zehenproblemen dabei, köpfte in der 20. Minute am Tor vorbei und traf zehn Minuten später nur den rechten Pfosten* (BamS 26. 10. 1997, 102; D) – Andere Bedeutungen sind gemeindt. – Dazu: **Aussenpfosten** CH, **Außenpfosten** D, **Innenpfosten**, **Pfostenschuss**, **Pfostentreffer** D

Pfropfen D-südwest der; -s, –: ↗STOPPEL A (ohne west), ↗STOPSEL A-west (Tir.)/südost D-südost, ↗ZAPFEN CH, ↗KORK D-nordost/südwest, ↗PROPPEN D-nord ›aus Kork hergestellter Flaschenverschluss; Korken‹: *Alle Puppen tanzten, alle Pfropfen knallten: 625 Millionen Mark ließ sich … Moskau seinen kunterbunten 850. Geburtstag kosten* (Spiegel Jahreschronik, 1997, 223) – Dazu: **Pfropfenzieher**

Pfüderi CH der; -s, – (Grenzfall des Standards): ↗BAUXERL A-ost, ↗PIMPF A D-mittelwest/südwest, ↗DREIKÄSEHOCH CH D, ↗KNOPF CH D-südwest, ↗KRÜMEL D-nord/mittel, ↗MURKEL D-ost, ↗STEPPKE D-nord/mittel ›[männliches] kleines Kind; Knirps‹: *Pompös reisen die Eishockeystars in der Weltgeschichte herum, und die Nachwuchsspieler, die ganz kleinen Pfüderi, müssen morgens um sechs zum Training erscheinen und frieren sich dabei halb tot* (TA 17. 7. 1999, 11)

pfui: ***pfui gack** A (salopp oder Kindersprache): ↗GAGA A, ↗BABA D (ohne mittelost/südwest) /Ausdruck des Ekels (häufig als Warnung vor etw. Schmutzigem, Ekligem, das nicht berührt werden sollte)/: *Früher war Mediengewerkschaft mein Pfui-Gack-Wort, heute offenkundig nicht mehr* (Blätterteig 9/1990, Internet) – Die Interjektion *pfui* ist in allen anderen Verwendungen gemeindt.

Pfulmen CH der/das; -s, –: ›breites ↗Kissen‹: *Kissen, Pfulmen- und Duvetanzüge sind aus 100 Prozent reinem Baumwoll-Satin und bei 60 Grad waschbar* (Bund 28. 8. 1998, 37) – Dazu: **Pfulmenanzug** (↗Anzug)

Pfund CH D das; -(e)s, -e: ›500 Gramm‹: *Es kommen dazu: Zwei Kilo Hörnli grob, ein Kilo Hörnli fein, zwei Pfund Spaghetti, etwa ein Pfund Kaffee, drei Kilo Mais* (Heimann, Lisi 70; CH); *Sie hat aus einem Pfund Kartoffeln ein Festessen zubereitet* (Grün, Lawine 63; D); ***halbe Pfund**: ›250 Gramm‹: *Der Lehrer schnitt von dem herrlich duftenden Brot … jedem ein grosses Stück, etwa ein halbes Pfund, ab* (Wenger, Rosalia 47; CH); *Gonzo ließ sich ein halbes Pfund Dauerwurst geben und karrte seine Einkäufe zur Kasse* (Karr & Wehner, Geierfrühling 32; D) – Die Bedeutung ›Währungseinheit in Großbritannien‹ ist gemeindt. – Dazu: ↗**pfundig** D-süd, **sechspfündig**, **Viertelpfund** D

pfundig D-süd Adj.: ↗KLASS A (ohne west), ↗ASTREIN D, ↗KLASSE D, ↗DUFTE D-nord (bes. Berlin), ↗KNORKE D-nordost (bes. Berlin), ↗SCHNIEKE D-nord (bes. Berlin) ›sehr gut; großartig‹: *Pfundig war's, sagen die Besucher. Der Musikverleger Felix M. R. meint, Ludwig II. könne zum florierenden Exportartikel werden* (WAZ 10. 4. 2000, Internet) – Vgl. Pfund

Pfupf CH der; -s, Pfüpfe (Plur. ungebräuchl., Grenzfall des Standards, salopp): ›Energie, Kraft, Mumm‹: *Ich bin für die beiden Frauen. Es ist Zeit, dass der Bundesrat besser durchmischt ist. Die Frauen haben mehr Pfupf* (Sonntagsztg 7. 3. 1999, 15)

Pfusch (gemeindt.): ↗MURKS

Pfusch A der; -(e)s, ohne Plur. (Grenzfall des Standards): ›Schwarzarbeit‹: *Solange eine Arbeitsstunde im Pfusch 100 bis 200 S koste, bei Professionisten aber aufgrund der hohen Arbeitskostenbelastung 600 bis 800 S, werde man die Schwarzarbeit mit gesetzlichen Restriktionen nicht eindämmen können* (Kurier 20. 11. 1998, 17) – Die Bedeutung ›schlecht, schlampig oder unsachgemäß durchgeführte Arbeit‹ ist gemeindt. – Dazu: ↗**pfuschen, Pfuscher(in), Privatpfusch, Wochenendpfusch**

pfuschen (gemeindt.): ↗HUDELN, ↗SCHLAMPEN, ↗SCHLUDERN, ↗SCHLUNZEN

pfuschen A sw.V./hat (Grenzfall des Standards): ›unerlaubte Lohnarbeit verrichten; schwarzarbeiten‹: *Trotzdem sei es, so S., nicht verkehrt, auch in Österreich über den Fehler im System nachzudenken, der das Pfuschen so rasend attraktiv macht* (Profil 30. 3. 1998, 51) – Die Bedeutung ›schlecht, schlampig oder unsachgemäß arbeiten‹ ist gemeindt. Vgl. Pfusch

Pfuschzettel D-mittelwest der; -s, –: ↗SCHWINDELZETTEL A, ↗SPICKER CH D-mittelost/südost, ↗SPICKZETTEL CH D ›kleiner Zettel mit Notizen als unerlaubtes Hilfsmittel bei Prüfungsarbeiten‹: *Felix verlässt sich während der Matheklausur nicht nur auf sein Wissen, sondern auch auf einen Pfuschzettel* (Deutsches Entertainment Magazin, 1999, Internet)

Pfütze CH D (ohne südost) die; –, -n: ↗LACKE A D-südost, ↗LACHE CH D (ohne ost) ›kleinere Ansammlung von [Regen]wasser in einer Vertiefung‹: *Ich hatte selber kleine Kinder. Die waschen ihren Teddybär in einer solchen Pfütze* (BaZ 29. 4. 2003, 35; CH); *Ein kurzer, heftiger Regenschauer, dann eine Pfütze und schon sind sie wie aus heiterem Himmel da: Urzeitkrebse* (WDR, 1999, Internet; D) – In A selten

Pi: ***Daumen mal Pi** A; ***Handgelenk mal Pi** CH; ***Pi mal Daumen** D ›über den Daumen gepeilt‹: *Sollte der Jackpot nach der morgigen Ziehung geleert werden, dürfte Daumen mal Pi der Höchstgewinn mit 30 Millionen Schilling dotiert sein* (Kleine Ztg 25. 7. 2000, Internet; A); *Meist ... beträfen Reklamationen so genannte Hinterhofgaragen, wo der Preis Handgelenk mal Pi festgelegt werde* (Facts, 2001, Internet; CH); *Die Versuchung, die Investitionen nur Pi mal Daumen zu schätzen, mag groß sein – bringt Sie aber nicht weiter* (Focus online, 2001, Internet; D) – Das Substantiv *Pi* ist in allen anderen Verwendungen gemeindt.

Piccoloflöte (gemeindt.): ↗PICKSÜẞ: *PICKSÜẞE HÖLZL

Pichl A (ohne Vbg.) D-südost der; -s, – (Grenzfall des Standards): siehe Bühel

Pick A D-südost der; -(e)s, ohne Plur. (Grenzfall des Standards): ›Klebstoff‹: *Auch das Abfüllen von Klebstoffen und anderen Substanzen in Plastiksackerl, um die highmachenden Substanzen einzuatmen, geschieht immer wieder ... Diese Pick-, Azeton- oder Benzinschnüffler leben dabei aber sehr gefährlich, ganz abgesehen, dass diese Form der Berauschung sehr schnell abhängig macht* (OÖN 5. 10. 1990, 16; A) – Dazu: ↗**picken**

Pickel CH D der; -s, –: ↗WIMMERL A D-südost, ↗BIBELI CH ›Eiterbläschen; Hautunreinheit‹: *Natürlich hatte sie wieder neue Pickel auf der Stirn* (Siegfried, Schal 74; CH); *Täglich erwartet er den Bartwuchs, leider sprießen nur Pickel* (Focus 4. 8. 1997, 87; D) – Das damit nicht verwandte Wort *Pickel* in der Bedeutung ›Spitzhacke, Eispickel‹ ist gemeindt.

pickelhart A-west (Vbg.) CH Adj.: **1.** ›sehr hart; steinhart‹ (häufig in Bezug auf Skipisten und andere Unterlagen): *Die Piste ist extrem schwierig und pickelhart gewesen, es war ein Fahrfehler – da kann man nichts machen* (TA 18. 1. 1999, 33; CH). **2.** ↗BEINHART A D (ohne südwest) ›unerbittlich, unnachgiebig‹: *Ich werde nur mit Schweizer Produkten kochen. Da bleibe ich pickelhart* (TA 11. 3. 1999, 14; CH)

picken A D-südost sw.V./hat (Grenzfall des Standards): **1.** ↗ANPICKEN A D-südost ›ankleben; aufkleben‹: *Und ein frisch gekürter Generaldirektor bei Mercedes würde den Stern abschaffen und einen Mond an den Vorderteil der Karosserie picken lassen* (OÖN 9. 7. 1999, 5; A); *Jeden Morgen der Verdacht, dass ein Fetzen am Gaumen picken bleiben könnte* (Glantschnig, Mirnock 11; A). **2.** ›[regelmäßig] durch Kleben einer Marke eine Gebühr entrichten‹: *Trotz aller Skandale wurde Autobahnpickerl zum Erfolg: 98 Prozent der Österreicher haben brav gepickt* (Kurier 5. 11. 1997, 14; A). **3.** ›klebrig sein‹: *Coca-Cola so weit das Auge reichte – vom Armaturenbrett bis zur Heckscheibe. Alles verschmiert, alles pickt, alles versaut* (OÖN 26. 8. 2000, 1; A). **4.** ›fest kleben‹: *Fliegen pickten auf dem klebrigen Streifen, der von der Lampe hing* (Glantschnig, Mirnock 79; A); ***auf jmdm. picken** A ›jmdm. keinen Freiraum lassen‹: *Wir richten uns aufeinander ein, ohne aufeinander zu picken* (Tirolerin 2/2000, 140); ***jmdm. eine picken** A: ↗AUFLEGEN: *JMDM. EINE AUFLEGEN A, ↗REIBEN: *JMDM. EINE REIBEN A, ↗KLESCHEN: *JMDM. EINE KLESCHEN A (ohne Vbg.), ↗KLEBEN: *JMDM. EINE KLEBEN D-nord/mittel, ↗SCHALLERN: *JMDM. EINE SCHALLERN D-nord/mittel, ↗SCHEUERN: *JMDM. EINE SCHEUERN D (ohne südost) ›jmdm. eine Ohrfeige geben, jmdm. eine schmieren‹: *Vor der Trauergemeinde hab' ich dem geldgierigen Sack eine gepickt, dass nachher sein Topf (der Priesterhut der Orthodoxen), seine Brille und seine Nase schief standen* (Wienerin 12/1993, 34); ***picken bleiben** A D-südost ›sich von jmdm. nicht mehr lösen können/wollen‹: *Mitunter blieb er auch in Mattersburg für* *einige Zeit bei einer Witwe picken* (Scharang, Sohn eines Landarbeiters 106; A) – Das nicht verwandte Wort *picken* mit den Bedeutungen ›(mit dem Schnabel) Nahrung aufnehmen, leicht schlagen‹ ist gemeindt. – Zu 1 und 4 vgl. Pick. Zu 3 vgl. pickert, pickig – Zu 1. und 2.: **aufpicken, draufpicken, Pickerl.** Zu 3. und 4.: **verpicken.** Zu 4.: **zupicken**

Picker D-nordwest der; -s, –: ↗MURMEL A CH D (ohne nordwest/südost), ↗MARMEL CH D-nordost, ↗KLICKER D-mittelwest, ↗KNICKER D-mittelwest, ↗SCHUSSER D-südost ›kleine Glaskugel zum Spielen‹: *Wir legten drei Picker … nebeneinander und eine oben drauf und stießen sie mit einer großen Kugel um* (Kieler Nachr 19. 11. 1999, Internet)

Pickerl A D-südost das; -s, -n: **1.** ↗WAPPERL D-südost ›Abziehbildchen, Aufkleber‹: *Und das »I love Austria«-Pickerl an der Tür?* (Profil 22. 2. 1998, Internet; A). **2.** (informell, Verkehr); ↗BEGUTACHTUNGSPLAKETTE A, ↗TÜV-PLAKETTE D ›rechts auf der Windschutzscheibe angebrachter Aufkleber, der die behördliche Überprüfung eines Fahrzeuges auf seine Verkehrstauglichkeit nachweist und die Fälligkeit der nächsten Überprüfung anzeigt‹: *Das Minimum ist, dass ein Wagen verkehrssicher ist, also noch das Pickerl bekommt* (ORF Nachlese 9/1997, 11; A). **3.** (informell, Verkehr) ›Aufkleber, der anzeigt, dass Spikes benutzt werden dürfen‹: *Die Verwendung von Spikes muss durch ein Pickerl am Fahrzeug-Heck angezeigt werden* (OÖN 16. 11. 1999, 20; A). **4.** (informell, Verkehr): ↗VIGNETTE A CH ›nach Bezahlung einer Gebühr an der Windschutzscheibe anzubringender Aufkleber, der zur Benutzung von Autobahnen berechtigt‹: *Das anfängliche Desaster um die Autobahn-Vignette ist zwar nicht vergessen, das Pickerl aber weitgehend akzeptiert* (Trend 9/1998, Internet; A). **5.** (bes. Wien) (informell, Verkehr): ↗WAPPERL D-südost ›Aufkleber, der ↗Anrainern die Parkberechtigung bescheinigt‹: *Nach Einführung des Pickerls in dem größten Teil der Leopoldstadt seien zahlreiche Autofahrer einfach in die (pickerlfreie) Wehlistraße ausgewichen* (Presse 6. 5. 2000, Internet; A). **6.** ↗WAPPERL D-südost ›Aufkleber zur Kennzeichnung von Waren, die bestimmte Gütekriterien erfüllen müssen‹: *Gen-Pickerl vorerst nur für Gen-Soja und Mais* (Kurier 27. 5. 1998, 23; A) – Vgl. picken – Zu 2.: **Pickerlüberprüfung.** Zu 3.: **Kat-Pickerl, Spikepickerl.** Zu 4.: **Autobahnpickerl, Jahrespickerl, Mautpickerl** (↗Maut), **Monatspickerl.** Zu 5.: **Parkpickerl, Pickerlzone** (↗Zone). Zu 6.: **Abgaspickerl, Gen-Pickerl, Gütepickerl, Umweltpickerl**

pickert A D-südost Adj. (Grenzfall des Standards): ↗PICKIG A ›klebrig‹: *Ich hab ein Krügerl bestellt, aber bracht hast du mir ein pickertes Cola* (Kneifl, Vorstellung 34; A) – Vgl. picken

pickig A Adj. (Grenzfall des Standards): ↗PICKERT A D-südost ›klebrig‹: *Sogar der von der Decke herabhängende, pickige Fliegenfänger wurde, selbst wenn nur ein oder zwei Fliegen auf den Leim gegangen waren, täglich gleich nach dem Aufsperren erneuert* (Palla, Gemischtwarenhändlerin 107) – Vgl. picken

picksüß A Adj.: ↗ZUCKERSÜSS CH ZUCKERSÜß D ›sehr süß‹: *Den eigentlichen geschmacklichen Reiz der Banane wachzuküssen, indem man ihre zugegebenermaßen oft picksüßen Aromen in einen produktiven Gegensatz zur Schärfe von Chilischoten setzt, das haben allerdings nur die so genannten Ethno-Küchen … wirklich verstanden* (Gusto 2/1999, 81); ***picksüße Hölzl** (das) ›Piccoloflöte‹: *Vielleicht werden sich dann auch junge Menschen finden, die bereit sind, Instrumente wie die Alt Wiener Kontragitarre, die Wiener Knopfharmonika oder das »picksüße Hölzl« spielen zu lernen* (Gesellschaft ›Freunde der Wiener Musik‹, 2002, Internet)

Pièce: *Pièce de résistance CH (das/die) [p'i̯ɛs də resistã:s] ›harter Brocken, schwer zu lösendes Problem‹: *Pièce de résistance ist das vom Souverän am 23. Juni 1999 angenommene Asylgesetz … und der Bundesbeschluss über die dringlichen Massnahmen in Asyl- und Ausländerbereich* (CVP 20. 7. 2000, Internet)

Piefke (abwertend): **1.** A D-südost der; -s, –; ↗PREUß D-südost ›Deutscher nördlich des Mains‹: *Bei Berger oder Alesi habe ich immer das Gefühl, dass die denken: Der Piefke soll erst mal erwachsen werden, bevor er Formel 1 fährt* (Kleine Ztg 12. 2. 1997, Internet). **2.** A der; -s, –; ↗SCHWAB CH ›Bewohner der Bundesrepublik Deutschland‹: *Anfangs wurde ich häufig als Piefke beschimpft, versehen mit dem Rat, die Stadt rasch wieder zu verlassen* (Kleine Ztg 13. 6. 1998, Internet). **3.** D (ohne mittelost/südwest) der; -s, -s; ↗GERNEGROSS CH GERNEGROß D, ↗PRAHLHANS D, ↗PROTZ D ›Angeber, dümmlicher Wichtigtuer‹: *Es sei »unverschämt, wie die rechten Piefkes den Begriff bürgerlich für sich reklamieren«, so der Grünen-Politiker* (FR 2. 7. 1998, 35) – *Piefke* ist ein ostdeutscher Nachname, ab 1850 Name einer Berliner Witzfigur. In A seit dem 1. Weltkrieg als abwertende Bezeichnung für deutsche Soldaten gebraucht, später wurde die Bezeichnung auf alle deutschen Bürger ausgedehnt. Zu 1. und 2.: Selten auch in der Form *Piefkinese* (der; -n, -n), dazu das Adjektiv *piefkinesisch*

Piefkinese A D-südost der; -n, -n: siehe Piefke

piefkinesisch siehe Piefke

piesacken D (ohne südost) sw.V./hat (Grenzfall des Standards): ↗SEKKIEREN A D-südost, ↗TRATZEN A-west (Tir.)/südost D-südost, ↗TRIEZEN D ›jmdn.

unaufhörlich quälen; plagen‹: *Und es war eine Schweinerei, diejenigen zu piesacken, die ohnehin schwach und gedemütigt am Rand der Gesellschaft lebten* (Burger, Hitler-Jugend 34) – Dazu: ↗**Piesackerei**

Piesackerei D (ohne südost) die; –, -en (Grenzfall des Standards): ↗SEKKATUR A ›Quälerei‹: *In Wahrheit hat der Zwist wohl mit unterschiedlichen Vorstellungen von Theaterkunst zu tun. W. berichtet von »jahrelanger Piesackerei« durch Ministeriumsbeamte* (Spiegel 15. 11. 1999, Internet) – Vgl. piesacken

pieseln A D-mittelwest/südost sw.V./hat (salopp, Grenzfall des Standards): ↗BRUNZEN A CH D-süd, ↗PULLERN D-nord/mittel, ↗STRULLEN D-nord/mittel ›urinieren; pinkeln‹: *Dahinter, im Pipi-Raum, waren an zwei Seiten Wandbrunnen fürs Pieseln, an der dritten Seite vier Türen zu Wandkabinen* (Nöstlinger, Bonsai 53; A); *Nun fängt Lucky (der Kater vom Katzenschutzbund) an, in die Wohnungsecken zu pieseln* (Katzenforum Miau, 2002, Internet; D-mittelwest/südost) – Auch in der Schreibung *bieseln*

Piesepampel D-nordost die; –, -n (abwertend, salopp): ↗GRANTSCHERBEN A, ↗GRANTLER A D-südost, ↗GRANTLHUBER D-südost, ↗MIESEPETER D (ohne südost), ↗NIESELPRIEM D-ost, ↗SAUERTOPF D (ohne südost) ›[ständig unzufriedene und] schlecht gelaunte Person‹: *Wenn einer nicht rechnen oder schreiben kann, können wir das nachschulen, aber ein Piesepampel bleibt ein Piesepampel* (Zeit 7. 2. 2001, Internet)

Pignoli Pignolie A die; –, …lien ⟨aus ital. *pi(g)nole* zu *pino* ›Pinie‹⟩: ›Pinienkern‹: *Suppe anrichten und mit Pignoli und Schnittlauch bestreut servieren* (Gusto 11/1997, 76); *Wer noch dazu die »Lieblingsspeisen« kennt – H.s heißer Tipp sind Pignolie … –, braucht keine Angst haben, dass die Futterstelle nicht angenommen wird* (OÖN 16. 11. 1991, Internet)

Pignolie siehe Pignoli

Pikett CH das; -(e)s, -s ['p'ik'e, p'i'k'et] ⟨aus frz. *piquet* ›kleine Abteilung von Soldaten‹⟩: ↗BEREITSCHAFTSDIENST A D ›Dienst auf Abruf für [handwerkliche, medizinische, polizeiliche] Notfälle‹: *Er hatte jedes Mal Pikett bei den spektakulären Fällen. So auch bei der SBB-Katastrophe in Zürich-Affoltern, beim Mord an einem Spielclub-Besitzer und bei der Exekution eines Drogendealers* (Blick 14. 10. 1999, 11); ***auf Pikett** ›in Bereitschaft‹: *An den Tunnelportalen sind je vier Feuerwehrmänner rund um die Uhr auf Pikett* (SI 7. 6. 1999, 31) – Dazu: **Feuerwehrpikett, Pikettarzt (…ärztin), Pikettchef(in), Pikettdienst, Piketteinsatz, Pikettstellung**

Pilot (gemeindt.): ↗FLUGZEUGFÜHRER/FLUGZEUGFÜHRERIN

Pilz (gemeindt.): ↗SCHWAMM, ↗SCHWAMMERL

Pilz: *etw. schießt wie Pilze aus dem Boden (gemeindt.): ↗SCHWAMMERL: *ETW. SCHIEẞT WIE SCHWAMMERLN AUS DEM BODEN

Pimpf der; -(e)s, -e: **1.** A D-mittelwest/südwest (meist abwertend, veraltend); ↗BAUXERL A-ost, ↗PFÜDERI CH, ↗DREIKÄSEHOCH CH D, ↗KNOPF CH D-südwest, ↗KRÜMEL D-nord/mittel, ↗MURKEL D-ost, ↗STEPPKE D-nord/mittel ›kleines Kind; Knirps‹: *Als ich noch ein kleiner Pimpf war, gab es für ein paar Groschen ein sehr lustiges Plastikspielzeug* (Firma ebay, Angebote, 2002, Internet; A); *Der Pimpf sollte doch Bier holen, oder?* (Rothmann, Wäldernacht 89; D). **2.** A (Grenzfall des Standards, veraltend) ›Person, die nicht ernst genommen wird‹: *Ein andermal spuckte mir ein Konkurrent einen vollen Mund mit Wasser ins Gesicht, weil er mich für einen arroganten Pimpf hielt* (Vienna Blues Connection, 2002, Internet). **3.** A D (früher) ›Mitglied der nationalsozialistischen Organisation ›Jungvolk‹‹: *Die neuen Gauleiter übernahmen bereits die so genannten Landeshauptmannschaften. »Blut und Ehre« für die Pimpfe* (OÖN 25. 5. 1988, 6; A); *In dem Buch findet man auch Bilder … von einem Platz, der im Nationalsozialismus auch dazu diente, die so genannten Pimpfe in die Hitlerjugend aufzunehmen* (Berliner Ztg 2. 6. 2001, Internet; D)

Pinienkern (gemeindt.): ↗PIGNOLI/PIGNOLIE

Pinkel[1] D der; -s, – (abwertend, Grenzfall des Standards): ↗BINKEL A D-südost, ↗CHEIB CH ›[unangenehmer, unsympathischer] Mann‹ (häufig in der Wendung *feiner Pinkel*): *Zwei Cops sahen, dass wir den bewusstlosen Pinkel zu unserem Wagen brachten* (Technische Universität München 10. 1. 2002, Internet)

Pinkel[2] D-nordwest (westliches Niedersachsen) die; –, –: ↗GRÜTZWURST D-nord/mittel ›kleine, weiche heiße Wurst aus Schweinefleisch, ↗Speck sowie geschältem und grob geschrotetem Hafer)‹ /norddt. Spezialität/: *Im Winter habe ich Grünkohl mit Pinkel, eine sehr fette Wurst-Spezialität aus meiner Heimat, angeboten* (Hamburger Morgenpost 27. 4. 1999, Internet)

pinkeln (gemeindt.): ↗BRUNZEN, ↗PIESELN, ↗PULLERN, ↗STRULLEN

Pinsch A-mitte/ost der; -(e)s, -e (salopp, Grenzfall des Standards): ↗FETZEN A, ↗FLECK A ›schlechteste Schulnote‹: *Unterrichtsministerin Gehrer erwägt die Möglichkeit, Schüler mit einem Pinsch im Zeugnis generell »außerordentlich« in die nächste Schulstufe aufsteigen zu lassen* (Kurier 1. 9. 1997, 20) – Vgl. Fünfer, Genügend

Pinte CH D-nord/mittelwest die; –, -n (Grenzfall des Standards): ↗WIRTSHAUS A D-nordwest/süd, ↗BEISEL A (ohne west) D-südost, ↗BEIZ A-west (Vbg.) CH D-südwest, ↗WIRTSCHAFT A-west (Vbg.) CH D (ohne ost), ↗SPUNTEN CH, ↗KNEIPE D (ohne südost), ↗KRUG D-nord ›einfaches Lokal, in dem man sich bes. zum Trinken und Plaudern trifft‹: *Nie würde sie den unglaublichen Nachmittag in der dunklen Pinte von Aristau vergessen* (Durschei, Meldegg 59; CH); *Die meisten Kneipen pfeifen auf das Verbot. So sitze ich denn vor der Pinte »Zum Bierstübchen« ... und lasse die Fronleichnamsprozession an mir vorbeiziehen* (Welt 13. 6. 1998, Internet; D-nord/mittelwest) – Dazu: ↗**Pintenkehr** CH

Pintenkehr CH der; -s, -en: ›Zechtour‹: *Man sprach über Gott und die Welt, verspottete Passanten ... oder verabredete einen Pintenkehr* (Koppinger Sportverein, 2001, Internet) – Vgl. Pinte

Pipe die; –, -n ⟨aus ital. *pipa* ›Röhre, Pfeife‹ zu lat. *pipare* ›pfeifen‹⟩ (Grenzfall des Standards): **1.** A; ↗HAHNEN CH, ↗KRAN D-mittelwest ›Wasserhahn‹: *Links und rechts Rohbauten, Wracks, Paradeisgärten, Plastikfässer und Wasserleitungspipen, Erdhügel, blühendes Unkraut* (Roth, See 94). **2.** A D-südost; ↗KRAN D-mittelwest ›Zapfhahn‹: *Dann schwang der Welser Bürgermeister Peter K. den großen Holzhammer und traf just beim zweiten Schlag nicht nur die Pipe, sondern auch den ... vorsorglich untergehaltenen Bierkrug* (OÖN 26. 8. 2000, 23; A) – Zu 1.: In A und D-südost auch in der Form *Pippen* (die; –, -). Zu 2.: In D-südost auch in der Form *Pippen* (die; –, -). Das englische Wort *pipe* [paɪp] ist in der Bedeutung ›Piste zum Skaten und Snowboarden‹ und im Bereich EDV fachsprachlich gemeindt.

Pippen A D-südost die; –, –: siehe Pipe

Pirelli CH der; -(s), -(s) ⟨bildhaft abgeleitet von der gleichnamigen Autoreifenmarke⟩ (scherzh.): ↗SCHWIMMREIFEN A, ↗SCHWIMMRING CH D-ost, ↗RETTUNGSRING D ›Fettpolster am Bauch‹: *Pirellis und Pölsterchen mit dem Feinwollenen kaschiert?* (Sport 10. 3. 1998, 13)

pitschen STIR sw.V./hat: ›Teigränder zu einem Zierrand zusammendrücken‹: *Der Vater des heurigen Besitzers, Josef S., Hotelkoch Pustertaler Ursprungs, kam auf die Idee, das mühsame und zeitaufwendige »Pitschen« der Schlutzkrapfen maschinell zu bewältigen* (Dolomiten 25. 1. 1998, 17) – Küchensprachlich auch in A-südost (Osttir.) – Dazu: **anpitschen, festpitschen**

Pizza-Bringdienst D der; -(e)s, -e: ↗PIZZASERVICE A D, ↗PIZZAKURIER CH, ↗PIZZADIENST D, ↗PIZZA-TAXI D ›Person oder Firma, die Pizzen sowie andere einfache Mahlzeiten und Getränke ausliefert‹: *Die Unternehmer planen als nächsten Schritt, einen Pizza-Bringdienst ins Leben zu rufen* (NRZ 4. 12. 2000, Internet) – Vgl. Bringdienst

Pizzadienst D der; -(e)s, -e: ↗PIZZASERVICE A D, ↗PIZZAKURIER CH, ↗PIZZA-BRINGDIENST D, ↗PIZZA-TAXI D ›Person oder Firma, die Pizzen sowie andere einfache Mahlzeiten und Getränke ausliefert‹: *Gute Geschäftsideen jenseits von Bügelservice und Pizzadienst sind nicht leicht aufzuspüren* (Allegra 10. 3. 2003, Internet)

Pizzakurier CH der; -(e)s, -e: ↗PIZZASERVICE A D, ↗PIZZA-BRINGDIENST D, ↗PIZZADIENST D, ↗PIZZA-TAXI D ›Person oder Firma, die Pizzen und andere einfache Mahlzeiten und Getränke in Haushalte oder Geschäfte liefert‹: *Im lockeren Dialog mit dem Entwicklungschef gab er bei einem Pizzakurier seine Bestellung auf und liess die Rechnung seiner Kreditkarte belasten* (Bund 9. 12. 1999, 18) – Auch in der Schreibung *Pizza-Kurier*

Pizzaservice A D der; -(s), -s [...søːɐ̯vɪs A, ...zøːɐ̯vɪs D]: ↗PIZZAKURIER CH, ↗PIZZA-BRINGDIENST D, ↗PIZZADIENST D, ↗PIZZA-TAXI D ›Person oder Firma, die Pizzen sowie andere einfache Mahlzeiten und Getränke ausliefert‹: *Er angelte sich eine Flasche Bier aus dem Kühlschrank, bestellte beim Pizzaservice telefonisch sein Abendessen und ließ sich auf die Couch fallen* (OÖN 4. 3. 2000, 11; A); *In einem Fall sei bei einem Pizzaservice eine fingierte Bestellung aufgegeben worden* (WAZ 9. 12. 1999, Internet; D) – In A auch Neutrum. Auch in der Schreibung *Pizza-Service*

Pizza-Taxi D das; -s, -s: **1.** ↗PIZZASERVICE A D, ↗PIZZAKURIER CH, ↗PIZZA-BRINGDIENST D, ↗PIZZADIENST D ›Person oder Firma, die Pizzen sowie andere einfache Mahlzeiten und Getränke ausliefert‹: ... *leerer Kühlschrank – kein Problem. Ein Anruf beim Pizza-Taxi und das Abendessen scheint gesichert* (WDR 19. 6. 2000, Internet). **2.** ›Auto, mit dem Pizzen sowie andere einfache Mahlzeiten und Getränke ausgeliefert werden‹: *So gingen der Überfall ... auf einen Pizza-Taxi-Fahrer und zahlreiche Pkw-Einbrüche ... auf sein Konto* (NRZ 24. 9. 1999, Internet)

Pkw A D der; -(s), -(s): buchstabierte Abk. für ↗*Personenkraftwagen:* ↗PW CH ›motorbetriebenes Fahrzeug mit vier Rädern für den Personentransport; Auto[mobil]‹: *In der Höhe der Saager Kreuzung wich er einem stehenden Pkw aus und verlor die Herrschaft über den unbeladenen Mehltankzug* (Welser Rundschau 19. 3. 1998, 13; A); *Am Straßenrand stand ein Polizeiwagen und ein ziviler Pkw* (Martin, Blut 64; D) – Auch in der Schreibung *PKW*. In A endbetont, in D erstbetont. In CH zunehmend und mit Erstbetonung gebräuchlich – Dazu: **Pkw-Abstellplatz** (↗Abstellplatz) A, **Pkw-Fahrer(in), Pkw-Lenker(in)** (↗Lenker) A

Plache A CH D-südost die; –, -n: ↗Blache CH ›Plane‹: *Wer den durch eine kunststoffbeschichtete Plache kontrapunktisch gegliederten Raum betritt, wird zunächst lediglich eine Reihe schwarzer Rahmen mit blank weißem Bildinhalt konstatieren* (OÖN 26. 4. 1991, 16; A); *Die Ladungen, die man mit Plachen überdeckt hatte, sahen aus wie die Rücken von Elefanten* (Hürlimann, Schweizerreise 99; CH) – Wird auf der ersten Silbe, mit Kurz- oder Langvokal, betont – Dazu: **Zeltplache**

placken sich D-nordost sw.V./hat (Grenzfall des Standards): ↗fretten A D-südost, ↗knorzen CH ›sich abmühen, sich plagen‹: *Die Leute machen es sich auf Bierbänken bequem und sehen zu, wie sich 2000 Frauen und Männer placken* (Deutsches Allgem Sonntagsbl 14. 7. 2000, Internet) – Dazu: **Plackerei**

pladdern D-nord sw.V./hat: ↗hudeln CH, ↗schauern D (ohne mittelost/südwest), ↗plästern D-mittelwest ›sehr stark regnen; schütten‹: *Gegen die Fenster pladdert der Regen, die Bäume wollen und wollen nicht grün werden* (Amica 5. 12. 2001, Internet) – Vgl. auch die gleichbedeutenden Redewendungen unter Bindfaden, Eimer, Kübel, Schusterbub

Plafond der; -s, -s [pla'fõ:n, pla'fõ: A D-süd, 'p'lafɔ̃ CH] ⟨frz.⟩: **1.** A D-süd ›[verputzte] Zimmerdecke‹: *Die Funkstreife kam nach 5 Minuten, gefunden wurde nichts, nur die durchschossene Fensterscheibe und ein Projektil im Plafond des Wohnzimmers* (Frank, Kommissar 40; A). **2.** A CH ›Obergrenze (von Geldbeträgen)‹: *In den vergangenen Jahren wurde bei den Lotterien-Umsätzen in Österreich ein Plafond erreicht* (Standard 19. 11. 1998, Beilage B 2; A); *Es gibt nur noch Einzelrenten. Bei Ehepaaren im gleichen Haushalt gilt dabei ein Plafond von 150 Prozent der Maximalrente* (Blick 29. 12. 1996, A10; CH) – Zu 2.: ↗**plafonieren** CH

plafonieren CH sw.V./hat: ↗deckeln A D ›nach oben begrenzen (vor allem von Geldbeträgen)‹: *Die SVP ... will die Staatsausgaben bei 8,5 Milliarden Franken plafonieren und den Steuerfuss um 20 Prozent ... senken* (TA 1. 10. 1999, 17) – Vgl. Plafond – Dazu: ↗**Plafonierung**

Plafonierung CH die; –, -en: ↗Deckelung A D ›obere Begrenzung (vor allem von Geldbeträgen)‹: *Der Winterthurer Gemeinderat hat am Montagabend die Beinahe-Plafonierung der Kultursubventionen beschlossen* (Zürcher Oberländer 19. 3. 1997, 27) – Vgl. plafonieren

Plagegeist D (ohne mittelost) der; -(e)s, -er: ↗Plaggeist CH D-südost ›Mensch oder Tier, der bzw. das andere Menschen unaufhörlich bedrängt und belästigt; Quälgeist‹: *Mit geschickten Manipulationen machen sich einige die natürlichen Reflexe dieser hochspezialisierten Plagegeister zunutze* (Geo 11/1996, 150) – In CH selten

Plaggeist CH D-südost der; -(e)s, -er: ↗Plagegeist D (ohne mittelost) ›Mensch oder Tier, der bzw. das andere Menschen unaufhörlich bedrängt und belästigt; Quälgeist‹: *Und erst die Mücken! Rund um die Uhr waren die Plaggeister präsent* (TA 7. 8. 1998, 13; CH)

plagieren CH sw.V./hat: ›angeben, aufschneiden, prahlen‹: *Daladier aus Frankreich war zwar skeptisch, aber Chamberlain plagierte bei seiner Rückkehr nach England, dass der Frieden gerettet worden wäre* (Tschudin, Meine Ehre 122) – Selten auch in der Schreibung *blagieren*

plakatieren (gemeindt.): ↗affichieren

Plan: *keinen Plan [von etw.] haben A D-mittel/südwest (salopp, Grenzfall des Standards): ↗Tau: *keinen Tau [von etw.] haben A, ↗Hochschein: *keinen Hochschein [von etw.] haben CH ›keine Ahnung [von etw.] haben; nichts wissen; keinen [blassen] Dunst/Schimmer [von etw.] haben‹: *Ich kann die Leute schon irgendwo verstehen, wenn auf einmal jeder ankommt und so tut, als ob er die Band schon immer gehört habe, im Endeffekt aber keinen Plan von der Sache hat* (Vor.laut, 2002, Internet; A); *Ankündigung für Erstsemester der Philosophie ... oder solche, die immer noch keinen Plan haben, obwohl sie seit sieben Semestern hier sind* (Universität Leipzig, 2002, Internet; D) – Das Substantiv *Plan* ist in allen anderen Verwendungen gemeindt.

Planauflage CH die; –, -n: ›öffentliches Zugänglichmachen von Plänen grösserer öffentlicher oder die Öffentlichkeit betreffender Bauvorhaben‹ (meist in der Wendung *öffentliche Planauflage*): *Für die Planauflage des Wipkinger Projekts, die am 7. September beginnt, kündet sich jetzt schon eine Flut von Einsprachen an* (TA 22. 8. 1998, 13) – Dazu: **Planauflageverfahren**

Plane (gemeindt.): ↗Blache, ↗Plache

Planierraupe A D die; –, -n: ›Fahrzeug mit Planierrolle zum Ebnen von Bodenflächen‹: *Er geriet auf der Schotterstraße ins Schleudern und rammte zunächst mit voller Wucht eine Planierraupe* (OÖN 3. 6. 1998, 13; A); *Gestern hat eine Planierraupe erst einmal die bereits frei gelegte Straßenführung zugeschoben* (Ostfriesen Ztg 28. 3. 2001, Internet; D)

Planposten A der; -s, –: ↗Planstelle A D ›im ↗Budget fest eingeplante Anstellung im öffentlichen Dienst‹: *Das Einstiegsgehalt auf universitären Planposten wird durch den §48 des Gehaltsgesetzes geregelt* (Jobchancen Studium, Individuelle Diplomstudien, 1997, 23)

planschen (gemeindt.): ↗pritscheln

Planstelle A D die; –, -n: ↗Planposten A ›im ↗Budget fest eingeplante Anstellung im öffentlichen Dienst‹:

Planstellen im Bundesdienst werden meist entweder durch den Aufstieg, den Berufswechsel oder die Pensionierung von BeamtInnen oder Vertragsbediensteten frei (Jobchancen Studium, Individuelle Diplomstudien, 1997, 20; A); *Polizei verliert weitere Planstellen* (WAZ 18. 10. 1997, 25; D) – Dazu: **Planstelleninhaber(in)**

plappern (gemeindt.): ↗SABBELN

plärren D sw.V./hat (abwertend): ›laut reden, schreien‹: *Die Angeklagten plärren die üblichen Beleidigungen, die Polizisten fast jede Woche … entgegengeschmäht werden* (Nordbayerischer Kurier 8. 11. 2001, Internet) – Die Bedeutung ›[laut] weinen‹ ist gemeindt.

Plast D-ost der; -(e)s, -e: siehe Plaste

Plaste D-ost die; –, -n: ›Plastik, Kunststoff‹: *Ausgestellt ist nahezu alles, was bis zur Wende in fast jedem DDR-Haushalt vorhanden war: Farbige Plaste-Eierbecher, Frühstücksbrettchen, Butterdosen* (LVZ 12. 2. 1998, 14) – Auch in der Form *Plast* (der; -(e)s, -e) – Dazu: **Plastemasse, Plastetüte** (↗Tüte)

plästern D-mittelwest sw.V./hat: ↗HUDELN CH, ↗SCHAUERN D (ohne mittelost/südwest), ↗PLADDERN D-nord ›sehr stark regnen; schütten‹: *Im Augenblick haben wir mehr als genug Wasser in den Tanks. Es plästert, was das Zeug hält* (Neuss-Grevenbroicher Ztg 22. 12. 2000, Internet) – Vgl. auch die gleichbedeutenden Redewendungen unter Bindfaden, Eimer, Kübel, Schusterbub

Plastik (gemeindt.): ↗PLASTE

plätschern (gemeindt.): ↗PRITSCHELN

platschnass (gemeindt.): ↗BACHNASS, ↗PFLOTSCHNASS, ↗PRITSCHNASS, ↗WASCHELNASS

Plätte die; –, -n: **1.** A D-südost; ↗ZILLE A-mitte/ost D-mittelost, ↗LEDISCHIFF CH, ↗NAUEN CH, ↗KAHN D ›flaches Lastschiff auf Binnengewässern‹: *Dort wartet die Oberndorfer Schiffergarde mit ihren Plätten und lädt zu einer Schiffsreise auf der Salzach* (Erlebnis Bahn & Schiff Österreich, 27; A). **2.** D-ost; ↗GLÄTTEISEN CH, ↗PLÄTTEISEN D-nord ›Bügeleisen‹: *Die Holzkohle wurde eingesetzt … im Haushalt zum Erhitzen der Plätte (Bügeleisen)* (Ferienland Dübener Heide 1999, Internet) – Zu 2.: **plätten** – Zu 1.: **Holzplätte**

Platte: *die Platte putzen D (ohne mittelost/südost) (Grenzfall des Standards): ↗PUTZEN A, ↗VERTSCHÜSSEN A, ↗HAUS: *SICH ÜBER DIE HÄUSER HAUEN A-ost, ↗SCHLEICHEN A D-süd, ↗VERZUPFEN A D-südost, ↗ZUPFEN A D-südost, ↗ABFAHREN CH, ↗ABSCHLEICHEN CH, ↗LEINE: *LEINE ZIEHEN CH D (ohne südost), ↗VERDRÜCKEN CH D (ohne südost), ↗VERDUFTEN CH D, ↗VERKRÜMELN CH D (ohne südost), ↗ABSCHIEBEN D, ↗FLIEGE: *DIE/EINE FLIEGE MACHEN D, ↗VERPISSEN D, ↗DÜNNEMACHEN D-nord/mittel, ↗MÜCKE: *[DIE/EINE] MÜCKE MACHEN D-nord/mittel, ↗TROLLEN D (ohne ost) ›sich entfernen; verschwinden, abhauen‹: *Bleiben Sie bei Laune, wenn Ihre Lieben nach dem Sonntagsbraten ganz einfach die Platte putzen: Der Bauknecht spült's* (Wiescher Design 21. 1. 2003, Internet); ***Platte machen** D (ohne südost) ›(von Nichtsesshaften) im Freien übernachten‹: *Etwa 4000 Obdachlose … müssen Platte machen* (Heins, Obdachlosenreport 45) – Das Substantiv *Platte* ist in allen anderen Verwendungen gemeindt.

Plätteisen D-nord das; -s, –: ↗GLÄTTEISEN CH, ↗PLÄTTE D-ost ›Bügeleisen‹: *Ergebnis sind Herrenjacketts und eine Kollektion von Pariser Nachkriegsimpressionen in einer jüdischen Schneiderstube. Das Schlimmste ist vorüber, jetzt richtet man sich vorsichtig wieder in der Normalität zwischen Zwirn und Plätteisen ein* (Welt 27. 10. 2000, Internet) – Vgl. plätten

plätteln CH sw.V./hat: ↗VERFLIESEN A, ↗KACHELN A D (ohne nordost), ↗FLIESEN D ›(Böden oder Wände) mit Keramikplatten belegen‹: *Vielleicht bringt es die Leute auf die Idee, ihre Badezimmer kreativer und weniger eintönig zu gestalten und zu plätteln, als es heute meist der Fall ist* (Bund 23. 5. 1998, 23) – Vgl. Plättli

Platten CH D der; -s, –: ↗PATSCHEN A, ↗PLATTFUSS CH PLATTFUẞ D ›Panne, bei der durch ein Loch im Reifen die Luft entweicht; Reifenpanne‹: *Erst wenige Strassen waren geteert, die Fussgänger trugen noch »Schuhe mit je zwei Reihen Nägeln«, die sie nach und nach am Strassenrand verloren, die Autos fingen regelmässig einen Platten ein, es gab Arbeit genug* (TA 2. 10. 1996, Internet; CH); *Eines Nachts habe ein Fremder an einer Kreuzung … an die Scheibe geklopft und ihn darauf hingewiesen, dass sein Hinterrad einen Platten habe* (Welt 15. 8. 1996, Internet; D) – In A zunehmend gebräuchlich

plätten D-nord/mittelost sw.V./hat: ↗GLÄTTEN CH ›bügeln‹: *Sie war mir schon beim letzten Mal aufgefallen, nicht zuletzt deshalb, weil sie stets mit makellos geplätteten Rüschenblusen … auf dem Trampolin herumsprang* (Lind, Superweib 30); ***geplättet sein** ›durch Überraschung sprachlos sein‹: *Der Sieger war ganz geplättet, als der Anruf direkt aus der NDR 2 Morgenshow kam* (NDR 24. 10. 2001, Internet) – Dazu: **abplätten, aufplätten,** ↗**Plätte** D-ost, ↗**Plätteisen** D-nord, **Plätterei, Plätter(in), Plättwäsche**

Plattfuss CH **Plattfuß** D der; -es, ohne Plur. (Grenzfall des Standards): ↗PATSCHEN A, ↗PLATTEN CH D ›Panne, bei der durch ein Loch im Reifen die Luft entweicht; Reifenpanne‹: *Als ich einmal mit vollgepacktem Auto aus den Skiferien zurückkam, hielt ich* *auf dem Pannenstreifen an. Ich meinte, der Wagen habe einen Plattfuss, dabei war's nur der schlechte Belag* (Blick 26. 10. 1999, 15; CH); *Reifenschaden oder Plattfuß – egal wie das Problem genannt wird: Die Fahrt ist zu Ende, dann folgt der kräftezehrende Reifenwechsel* (Passauer Neue Presse 22. 1. 2000, Internet; D) – Die Verwendung im Bereich Orthopädie ist gemeindt.

Plättli CH das; -s, – (Grenzfall des Standards): **1.** ↗FLIESE A D, ↗KACHEL A D (ohne nordost) ›Keramikplatte zur Auskleidung von Böden oder Wänden‹: *Der Konsument muss nicht mehr an verschiedenen Orten Armaturen, Plättli, Wanne und Toilettenschüssel selber zusammensuchen, sondern er kauft alles nach einem bestimmten Typus* (TA 3. 11. 1998, 69). **2. *[kalte] Plättli:** ↗BRETTLJAUSE A ›[auf einem Holzbrett angerichtete kalte] ↗Zwischenverpflegung, bestehend aus Käse, ↗Trockenfleisch u. Ä.‹: *Gleich nach dem Millionengewinn fuhren Cristina M. und ihr Mann … nach Zürich, stiessen in einer Bar mit Champagner an und assen ein kaltes Plättli* (Blick 19. 1. 1998, 6) – Zu 1.: **Bodenplättli, Keramikplättli, Küchenplättli, Marmorplättli, ↗plätteln, Plättliarbeiten, Plättliboden, Plättlileger(in).** Zu 2.: **Käseplättli, Zvieriplättli** (↗Zvieri)

Platzanweiser (gemeindt.): ↗BILLETEUR/BILLETEURIN

Plätzchen D (ohne südwest) das; -s, –: ↗KEKS A D, ↗BISKUIT CH, ↗GUETZLI CH, ↗BRÖTLE D-südwest, ↗GUETSLE D-südwest ›süßes, kleines Feingebäck‹: *Von der Küche erwarte ich, dass dem Backrohr der Duft von Vanille und heißen Plätzchen entströmt* (Köpf, Innerfern 63) – *Plätzchen* werden im Ggs. zu *Keksen* meist mit weiteren Zutaten wie Nüssen, Schokolade oder ↗Marmelade verfeinert – Dazu: **↗Anisplätzchen** D, **Butterplätzchen, Schokoladenplätzchen** (↗Schokoladen-), **Weihnachtsplätzchen**

-plätzer CH der; -s, – (produktives Grundwort in Zus., in der Verbindung mit einem Zahlwort): ›Transportmittel oder Möbelstück mit entsprechender Anzahl von Sitzgelegenheiten‹, z. B. 2-Plätzer, 4-Plätzer, Dreiplätzer, Sechsplätzer, Zweiplätzer: *Aus einem familiären 4-Plätzer zaubern Sie einen rassigen Zweisitzer mit Roadbox* (Garage Dubach, 2001, Internet); *Grosse Lautsprecher beschallen den weiten Platz der geordnet parkierten, teilweise wild bemalten Zweiplätzer* (Bund 30. 8. 1999, 27) – Dazu: ↗**-plätzig**

Platzherr CH D der; -(e)n, -en (Sport): ↗HAUSHERR A D ›Mannschaft, die eine gegnerische Mannschaft auf dem eigenen Platz empfängt; Heimmannschaft‹: *Schon bald war man stolzer Platzherr auf dem legendären »Möösli«, wo sich die Wollishofer gegen hochkarätige Gegner wacker wehrten* (FC Wollishofen, 2002, Internet; CH); *Jakob W. nutzte … eine der wenigen Chancen zum 1:0 für die Gäste, während die Platzherren Torgelegenheiten en masse vergaben* (Starnberger Merkur 24. 8. 1998, 36; D)

Platzierung (gemeindt.): ↗KLASSIERUNG, ↗RANGIERUNG

-plätzig CH (produktiver Wortbestandteil in Zus., in Verbindung mit einem Zahlwort): ›eine bestimmte Anzahl von Sitze habend‹, z. B. 2-plätzig, 4-plätzig, dreiplätzig, sechsplätzig, vierplätzig, zweiplätzig: *Aber nach rund 300 Meter Flug sackte das zweiplätzige Flugzeug jäh ab und zerschellte in einem Wäldchen* (Blick 19. 10. 1999, 2) – Vgl. -plätzer

Plätzli CH das; -s, – (Grenzfall des Standards): ›dünnes Stück Fleisch, das gebraten oder gedünstet wird; Schnitzel‹: *Das Fleischangebot ist auf die Grillsaison ausgerichtet und umfasst etwa verschiedene Plätzli, Spiessli und Koteletts* (Bund 24. 10. 1996, 40) – Dazu: **↗Huftplätzli, Rindsplätzli** (↗Rinds-), **Saftplätzli, Schweinsplätzli** (↗Schweins-)

plaudern (gemeindt.): ↗BABBELN, ↗KLÖNEN, ↗PLAUSCHEN, ↗QUATSCHEN, ↗RATSCHEN, ↗RÄTSCHEN, ↗SCHNACKEN, ↗SCHWATZEN, ↗SCHWÄTZEN, ↗TRATSCHEN

Plausch der; -(e)s, Pläusche: **1.** CH; ↗GAUDEE A, ↗GAUDI A CH D-süd, ↗HETZ A D-südost ›Vergnügen, Spass‹: *Ein besonderer Plausch für Kinder ist das Winterwandern mit Lamas in Beatenberg* (Blick 18. 1. 1997, 25); ***[den] Plausch haben** ›sich vergnügen‹: *Ich möchte den Plausch haben und den Mädchen zeigen, dass bei uns auch im Jahr 2000 eine Frau Sportkarriere machen kann* (Blick 15. 11. 1999, 6); ***aus/zum Plausch:** ↗HETZ: *AUS/ZUR HETZ A D-südost, ↗DAFFKE: *AUS DAFFKE D-nordost ›spasseshalber‹: *»Wir machen aus Plausch mit«, klingt es unisono aus der Garderobe* (Bund 15. 3. 1996, 25). **2.** A D-süd (Grenzfall des Standards); ↗TRATSCH A, ↗SCHWATZ CH, ↗KLÖNSCHNACK D-nord, ↗SCHNACK D-nord, ↗SCHWÄTZCHEN D (ohne nordwest/südost) ›gemütliche Unterhaltung‹: *Der ist manchmal sogar zu Besuch gekommen auf einen Plausch und war so menschlich, so verständnisvoll, zu dem hätt' sie Vertrauen haben können* (Marzik, Mizzi 93; A) – Zu 1.: **Badeplausch, Familienplausch, Ferienplausch** (↗Ferien), **↗Grillplausch, Plauschanlass** (↗Anlass), **Plauschfahrt, Plauschmannschaft, Plauschmatch** (↗Match), **↗Plauschturnier.** Zu 2.: **Kaffeeplausch, ↗plauschen** A D-südost, **Plauscherl**

plauschen sw. V./hat: **1.** A D-südost; ↗RATSCHEN A D-südost, ↗SCHWÄTZEN A-west (Vbg.) D-südwest, ↗SCHWATZEN CH D-mittel, ↗BABBELN D-mittel/südwest, ↗KLÖNEN D-nord, ↗QUATSCHEN D-nord/mittel, ↗SCHNACKEN D-nord ›sich unterhalten, plaudern‹: *Wenn erst einmal eine neue Runde Tequila da* *ist, plauscht er sogar launig über seine Sicht der Institution Ehe* (Wienerin 12/1993, 51; A). **2.** D-südost (abwertend); ↗TRATSCHEN A D, ↗RATSCHEN A D-südost, ↗SCHWATZEN CH, ↗DURCHHECHELN CH D (ohne mittelost/südwest), ↗KLATSCHEN CH D (ohne südost) ›etw. herumerzählen, ausplaudern, über andere Leute [schlecht] sprechen‹: *Beide Schriftsteller hätten ja in ihrem neuen Werk ein wenig ... geplauscht* (Leselust, 2002, Internet). **3.** A (salopp) ›übertreiben, lügen‹: *Geh plausch net, Peperl. Wieso bist dir auf einmal so sicher, dass sie's nicht war? Gerade hast du noch behauptet, deine Holde hätt ihn am Gewissen* (Kneifl, Vorstellung 205) – Zu 1 vgl. Plausch

Plauschturnier CH das; -(e)s, -e: ↗JUXTURNIER A ›sportlicher Wettkampf zum reinen Vergnügen‹: *Das Jubiläums-Festprogramm startet am Freitag mit einem Plauschturnier* (Bund 12. 8. 1998, 23) – Vgl. Plausch

Plauze D-nord/mittel die; –, -n (Grenzfall des Standards): ↗RANZEN CH D-süd ›[dicker] Bauch; Wampe‹: *Die Rolle des am liebsten Videos guckenden und Pizza essenden Kinderfeinds ist ihm mit seiner achtbaren Plauze quasi auf den Leib geschneidert* (WAZ 25. 3. 2000, Internet)

pledern siehe bledern

Plempe D-nordost die; –, -n (abwertend): ↗GSCHLADER A (ohne west), ↗GESÜFF D-südost, ↗PLÖRRE D-nord/mittelwest ›übel schmeckendes Getränk, z. B. schales Bier, billiger Wein, dünner Kaffee; Gesöff‹: *Wenn er von den Rotweinen Kaliforniens spricht, sagt er »Plempe«, um ... den gewaltigen Qualitätsunterschied ... zu den französischen Top-Weinen deutlich zu machen* (Welt 20. 10. 2000, Internet) – Vgl. Blümchenkaffee, Muckefuck

Plent STIR der; -en, -en: siehe Plenten

Plente STIR die; –, -n: siehe Plenten

plenten STIR Adj. (Grenzfall des Standards): kurz für ↗*schwarzplenten:* ›aus Buchweizen zubereitet‹: *Nun gab es sich, dass es einen der vielen Tiroler Kraxenträger bis nach Murbach verschlug, wo er den Edenhauser kennen lernte und von dessen Wunsch nach plentenen Knödeln erfuhr* (Dolomiten 9. 8. 2001, 18) – Meist in Speisebezeichnungen, z. B. *plentene ↗Knödel, plentene ↗Riebler.* Vgl. Plenten

Plenten STIR der; -s, ohne Plur.: ›Maisgrieß bzw. daraus zubereitete Speise, Polenta‹: *Der Brunnerhofbauer Robert Senn in Verdings baut alljährlich noch Roggen und Plenten an* (Dolomiten 21. 10. 1999, 39) – Auch in den Formen *Plent* (der; -en, -en) *und Plente* (die; –, -n). In manchen Gegenden steht *Plenten* kurz für ↗*Schwarzplenten.* In A-west (Tir.)/südost nur noch als Speisebezeichnung üblich – Dazu: **Plentensterz** (↗Sterz)

plietsch D-nord Adj.: **1.** ↗GEFINKELT A, ↗GEFITZT CH ›schlau, gewieft, gerissen, durchtrieben (von Personen); gewitzt‹: *Die Hamburger seien nun mal plietscher, als ihr denkt* (Hamburger Abendbl 20. 9. 2001, Internet). **2.** ↗GEFINKELT A, ↗GEFITZT CH ›raffiniert ausgedacht; gewitzt‹: *Auf dieser CD erzählt Wilhelm Wieben plietsche Geschichten von Hinrich Kruse* (Verlag Michael Jung, 2003, Internet)

Plinse D-nordost die; –, -n ⟨slaw.⟩: **1.** ↗PALATSCHINKE A (ohne Vbg.), ↗OMELETTE A CH, ↗OMELETT A D (ohne mittelost), ↗EIERKUCHEN D-ost/südwest, ↗PFANNEKUCHEN D-mittelwest, ↗PFANNENKUCHEN D-süd, ↗PFANNKUCHEN D-nord/mittelwest ›[mit Kompott oder ↗Marmelade gefüllte] in der ↗Pfanne gebackene flache Speise aus Eiern, Milch und Mehl‹: *Entspannen ... können Sie ... bei einer geselligen Kremserfahrt ..., die in die nahe gelegenen Plinsdörfer führt. Heute wird dort noch der seltene Buchweizen angebaut, um Plinse aus dessen Mehl zu backen* (Pension Jank, 2003, Internet). **2.** ↗ERDÄPFELPUFFER A, ↗KARTOFFELPUFFER A D, ↗KARTOFFELPFANNKUCHEN D-südwest, ↗KARTOFFELPLÄTZCHEN D-nord/mittel, ↗PUFFER D-nord/mittelwest, ↗REIBEKUCHEN D-mittelwest, ↗REIBEPLÄTZCHEN D-mittelwest, ↗REIBERDATSCHI D-südost ›Fladen aus einem Teig von rohen geriebenen Kartoffeln, der in Fett gebraten wird‹: *Alles dreht sich um die Kartoffel: Es gibt Kartoffelsuppe, Plinse und Stampfkartoffeln* (Pension Zur Alten Sensenschmiede, 2003, Internet)

plinsen D-nordost sw.V./hat (abwertend): ↗TRENZEN A (ohne west) D-südost, ↗KLÖNEN CH ›weinerlich klagen; jammern‹: *Da er immer gleich plinste, wenn er seinen Willen nicht kriegte, gab die Mutter ihm, was er verlangte* (FU Berlin 24. 1. 2003, Internet)

Plottegg A der, -s, -s ⟨nach einem Familiennamen⟩: ›mit Kunststofffolien verschweißte Heuballen‹: *Ich war den Plotteggs schon öfter begegnet, vor allem in ärmeren, also alpinen Landschaften* (Achleitner, Die Plotteggs kommen 5)

Plörre D-nord/mittelwest die; –, -n (Plur. ungebräuchl., abwertend): ↗GSCHLADER A (ohne west), ↗GESÜFF D-südost, ↗PLEMPE D-nordost ›übel schmeckendes Getränk, z. B. schales Bier, billiger Wein, dünner Kaffee; Gesöff‹: *Überall Leute mit Bierbechern, nur kommt die Plörre nicht mehr von Carlsberg, sondern von Tuborg* (TAZ 3. 7. 2002, Internet) – Vgl. Blümchenkaffee, Muckefuck

Plumeau D-südost das; -s, -s [ply'mo:] ⟨aus frz. *plumeau* zu frz. *plume* ›Feder‹⟩: ↗TUCHENT A, ↗FEDERBETT A D, ↗DUVET CH, ↗OBERBETT D (ohne ost) ›mit Federn oder anderen weichen Materialien gefüllte Bettdecke‹: *Kein Gedanke daran, je zur Ruhe zu kommen, bis Elsa eines Abends bei der Heimkehr aus* *dem Theater Mama im Bett fand, eine dicke getigerte Hauskatze in Kniehöhe auf dem Plumeau* (Welt 21. 10. 1995, Internet)

Plụnderteig A D der; -(e)s, ohne Plur.: ›mit ↗Germ zubereiteter Blätterteig‹: *1 Packung tiefgekühlten Plunderteig auftauen lassen* (Kleine Ztg 7. 9. 2000, Internet; A); *Auch in anderen Teilen Deutschlands haben die Bäcker das sehr fetthaltige Teilchen aus Plunderteig ... nicht im Programm* (Hamburger Abendbl 8. 8. 2001, Internet; D)

Plụ̈nnen D-nord die; nur Plur. (Grenzfall des Standards): ↗GEWAND A D-südost ›Kleidungsstücke‹: *Schon beginnt sie ihre Plünnen abzuwerfen* (Allegra 2/2001, Internet)

Plụtzer der; -s, – (Grenzfall des Standards): **1.** A D-südost (veraltend); ↗BEMBEL D-mittelwest (Hessen) ›dickbauchiger Krug‹: *Wigg ist nicht mehr ganz nüchtern, er hatte den Nachmittag beim Em, dem Mesner, zugebracht, angeblich, um die Muster auszusuchen, in Wahrheit hat man zwei, drei Plutzer Most geleert* (OÖN 19. 3. 1999, Internet; A). **2.** A-südost (Stmk.) ›Kürbis‹: *Während sich das Kernöl nur zum Würzen und nicht zum Braten eignet, sind der Verwendung des Plutzers und seiner Einzelteile nur die Grenze der Phantasie gesetzt* (Presse 8. 9. 2000, Schaufenster 12). **3.** A (ohne west) (abwertend); ↗GRIND CH, ↗DEZ D ›Kopf‹: *... der schwerfällige Körper passte überhaupt nicht zu den quirligen Fingern, diese quirligen Finger nicht zu dem klotzigen Bergbauernplutzer so wie sie über die Tastatur wuselten* (Alfare, Kirchberger 24) – Zu 2.: **Plutzerkern**

Pneu CH der; -s, -s [pnø:] ⟨frz.⟩: ↗FINKEN CH ›mit Luft gefüllter Reifen; Luftreifen‹: *Seine [des Angeklagten] Anwältin macht geltend, dass auch ein geplatzter Pneu schuld an der Schleuderfahrt sein könnte* (Blick 26. 8. 1999, 2) – In A fachsprachlich – Dazu: **Autopneu, Ersatzpneu,** ↗**Pneuhaus,** ↗**Pneukran,** ↗**Pneulader, Pneuservice** (↗Service), **Pneuwagen** (↗Wagen), **Pneuwechsel, Sommerpneu, Velopneu** (↗Velo), **Winterpneu**

Pneuhaus CH das; -es, ...häuser ['pnø:...]: ›Geschäft, das Autoreifen verkauft und wechselt‹: *Das absolut günstigste Pneuhaus der Region* (Gelbe Seiten 1993/94, 144) – Vgl. Pneu

Pneukran CH der; -(e)s, ...kräne ['pnø: ...]: ›(schwerer) Kranwagen mit Luftreifen; Autokran‹: *Ein Pneukran hob das alte Wasserrad aus dem Radgraben* (TA 25. 6. 1998, 27) – Vgl. Kran, Pneu

Pneulader CH der; -s, – ['pnø: ...]: ↗RADLADER A D ›mit breiter Schaufel ausgestatteter Bagger mit Luftreifen‹: *Die Firma Rohrer-Marti ... hat ... Tausende von Pneuladern und Minibaggern sowie Hunderte von Raupenladern, Bulldozern, Hydraulikbaggern [und] vollhydraulischen Mobilkranen ... hergestellt* (Bund 24. 1. 1998, 19) – Vgl. Pneu

Pochette CH die; –, -n ['p'ɔʃɛt] ⟨frz.⟩: ↗STECKTUCH A, ↗EINSTECKTUCH D (ohne nordost/südwest) ›kleines Tuch, das als Accessoire in der äusseren Brusttasche von Jacken getragen wird‹: *Unsere Mietpreise: Smoking mit Fliege, Kummerbund, Pochette, Hemd, auf Mass angepasst: 150.– bis 250.– CHF je nach Ausstattung* (Trachtenstube Bern, 2000, Internet) – Wird auch im Diminutiv in der Form *Poschettchen* bzw. mundartlich *Poschettli* gebraucht

Podẹstplatz CH der; -es, ...plätze: ↗STOCKERLPLATZ A, ↗SIEGERTREPPCHEN: *PLATZ AUF DEM SIEGERTREPPCHEN D ›Platzierung unter den ersten drei [auf dem Siegerpodest]‹: *Michael von Grünigen vergab einen Podestplatz im Mittelteil beider Läufe* (Bund 23. 12. 1999, 33)

Po̲dex A D der; -es, -e: ↗POPO A D, ↗FÜDLI CH ›Gesäß; Hintern‹: *Um in Hinkunft bei Verstößen gegen die guten Bekleidungssitten amtlich definieren zu können, was wir Gesäß, Po, Popo, Popsch, Podex oder Allerwertester nennen, soweit wir nicht Posterioria oder Tokus sagen, weil wir im Duden-Synonymwörterbuch nachgeschaut haben* (OÖN 21. 3. 1992, 7; A); *Da hat wohl der Chirurg Busen und Podex verwechselt!* (Praline 2/1998, Internet; D)

Pofese siehe Pafese

Poga̲tsche A-ost die; –, -n ⟨aus ital. *focaccia* ›auf der Herdplatte gebackener Teig‹ über slaw. und ungar. Vermittlung⟩: ›flaches Weißbrot mit ↗Grammeln‹: *... Mit dem Bus fahren wir die Gäste in die Pusta, wo sie mit Schnaps und frisch zubereiteten Pogatschen ... begrüßt werden* (MAG Reisen, 2003, Internet) – Dazu: **Grammelpogatsche** (↗Grammel)

Poka̲l D der; -s, -e (Sport): kurz für ↗*Pokalwettbewerb:* ↗CUPBEWERB A, ↗CUP CH ›Serie von Wettkämpfen, in denen jeweils nur die Siegermannschaft eine Runde weiter kommt (im Ggs. zur Meisterschaft, wo jeder gegen jeden spielt)‹: *In der Woche geht's im Pokal weiter* (BamS 26. 10. 1997, 103) – Andere Bedeutungen sind gemeindt. – Dazu: ↗**Pokalendspiel,** ↗**Pokalfinale, Pokalrunde, Pokalsieger, Pokalspiel**

Poka̲lendspiel D das; -(e)s, -e (Sport): ↗CUPFINALE A LUX, ↗CUPFINAL CH, ↗POKALFINALE D ›Schlussspiel um den Sieg in einem Wettbewerb, in dem jeweils nur die Siegermannschaft eine Runde weiter kommt‹: *... im nationalen Pokalendspiel wartet morgen Werder Bremen in Berlin* (Berliner Morgenpost 5. 5. 2000, Internet) – Vgl. Endspiel, Pokal

Poka̲lfinale D das; -s/...finals, -/...finals (Sport): ↗CUPFINALE A LUX, ↗CUPFINAL CH, ↗POKALENDSPIEL D ›Schlussspiel um den Sieg in einem Wettbewerb, in dem jeweils nur die Siegermannschaft eine Runde weiter kommt‹: *D. gratuliert dem MSV Duisburg zum Erreichen des DFB-Pokalfinales* (Revier Sport 19. 2. 1998, 1) – Vgl. Finale, Pokal

Pokalwettbewerb D der; -(e)s, -e (Sport): ↗CUPBEWERB A, ↗CUP CH ›Serie von Wettkämpfen, in denen jeweils nur die Siegermannschaft eine Runde weiter kommt (im Ggs. zur Meisterschaft, wo jeder gegen jeden spielt)‹: *Noch älter sind die Erinnerungen der Königsblauen an ihre letzte Endspielteilnahme im nationalen Pokalwettbewerb* (Stuttgarter Nachr 7. 2. 2001, Internet) – Vgl. Pokal

Pökel D (ohne südost) der; -s, –: ↗SUR A D-südost, ↗LAKE D (ohne südost) ›salzige Lösung zum Einlegen von Lebensmitteln‹: *Nachdem diese Rollwürste dann einige Tage in Pökel gelegen haben, kocht man sie etwa 4 Stunden* (Webkoch 28. 2. 2002, Internet) – Dazu: ↗**pökeln**

pökeln D (ohne südost) sw.V./hat: ↗SUREN A D-südost ›durch Einlegen in Salz haltbar machen; einsalzen‹: *... weniger gesunde Konservierungsmethoden wie Pökeln oder Räuchern wurden verdrängt* (Welt 28. 10. 1997, Internet) – Als Fachausdruck auch in A und CH bekannt. Vgl. Pökel – Dazu: **einpökeln, Pökelfass, Pökelfleisch, Pökellake** (↗Lake) D

Polder D-nord der; -s, – ⟨ostfries.⟩: ↗KOOG D-nord ›durch Eindeichung trockengelegtes Land‹: *Seit 1996 ist ... die Ausweisung von Poldern vorgeschrieben* (Welt 24. 8. 1998, Internet)

Poldi A D-südost: ↗LEOPOLD A männl. bzw. weibl. Vorname: *Trotz der frühen Nachmittagsstunde und des linden Frühlingslüfterls draußen war das Lokal gerammelt voll, als Poldi Huber schwungvoll die Wildwesttür aufstieß* (Semrau, Zimtapfel 8; A); *Die Poldi stellte ihren BMW 520 am Mittwochabend in der Plobergerstraße ab und vergaß, das Schiebedach zu schließen* (OÖN 31. 7. 2000, Internet; A) – Auch in der Form *Poldl* für *Leopold*

Polente D (ohne südost) die; –, ohne Plur. (Grenzfall des Standards, salopp): ↗SCHMIER CH ›Polizei‹: *Ein wildes Fest – bis die Polente kommt* (NRZ 20. 5. 1999, Internet) – In A bekannt, aber als fremd empfunden, in CH zunehmend gebräuchlich

Police CH D die; –, -n ['p'olisə CH, po'li:s D] ⟨frz.⟩: ↗POLIZZE A, ↗VERSICHERUNGSSCHEIN D ›von einer Versicherungsgesellschaft ausgefertigte Urkunde über den Abschluss einer Versicherung; Versicherungsurkunde‹: *Für Zusatzversicherungen nach VVG gibt's nur eine gesetzliche Regel: Die Police ist im Schadensfall, wenn die Versicherung zahlen muss, kündbar* (Beobachter 19. 9. 1997, 16; CH); *Mit einem Sprung war er beim Tisch und entnahm der Schublade einige Policen: bevor ich »Eroika« sagen konnte, hatte er mich gegen Mord, Unfall, Hagel und Nebel ... versichert* (Hildesheimer, Legenden 58; D) – Dazu: **Versicherungspolice**

polieren: *jmdm. die Fresse polieren D-nord/mittel; ***jmdm. die Schnauze polieren** D (ohne südost) (derb, Grenzfall des Standards): ↗HAUEN: *JMDM. IN DIE PAPPEN HAUEN A (ohne Vbg.); *JMDM. IN DIE GOSCHE HAUEN A D-süd ›jmdm. heftig ins Gesicht schlagen‹: *Wenn der Herr Raab sich schon ordentlich die Fresse polieren lässt, dann soll es zu diesem einmaligen Spektakel auch einen anständigen Werbetrailer geben* (TV Total 8. 3. 2001, Internet; D-nord/mittel); *Alle wollten sehen, wie Sonny Liston ihm die große Schnauze poliert* (Zeit 21. 10. 1999, Internet; D) – Das Verb *polieren* ist in allen anderen Verwendungen gemeindt.

politieren A sw.V./hat (Handwerk): ›Möbel nach dem Schleifen mit einer Politur aus Schellack behandeln‹: *Doch werden die alten, wertvollen Techniken wie Drechseln, Intasieren, Schnitzen, Politieren, Restaurieren und andere weiter praktiziert* (Schule HTBL Hallein, 2001, Internet)

Politlandschaft A CH die; –, -en (Plur. ungebräuchl.): ›Gesamtheit aller politischen Kräfte in ihrem Wechselspiel; Politszene‹: *Die Tatsache, dass die ganze Meute, allen voran die eigenen Parteifreunde, über ihn herfallen, zeigt nur die Trostlosigkeit in der derzeitigen Politlandschaft* (OÖN 4. 2. 1999; 5; A); *Die Berner Politlandschaft hat sich am 24. Oktober 1999 nicht wesentlich verändert – sie blieb, was sie seit Jahren ist: stabil und bürgerlich* (Bund 26. 10. 1999, 27; CH)

Politszene (gemeindt.): ↗POLITLANDSCHAFT

Polizei (gemeindt.): ↗POLENTE, ↗SCHMIER

Polizeianhaltezentrum A das; -s, ...tren: ↗GEFANGENENHAUS A, ↗JUSTIZANSTALT A, ↗JUSTIZVOLLZUGSANSTALT D ›Gefängnis (bei Abschiebungen, Verwaltungsdelikten etc.); Strafvollzugsanstalt‹: *Am 22. 4. 2002 ... kletterte ein 47-jähriger rumänischer Häftling im Polizeianhaltezentrum Roßauerlände während des Spazierengehens im Innenhof an einer Dachrinne bis zu einem Gesims in 10 Meter Höhe* (Netzfahndung, 2003, Internet) – Abk. PAZ

Polizeibusse CH die; –, -n: ↗ORGANMANDAT A, ↗ORGANSTRAFMANDAT A, ↗ORGANSTRAFVERFÜGUNG A, ↗STRAFMANDAT A, ↗ORDNUNGSBUSSE CH, ↗VERWARNUNG: *GEBÜHRENPFLICHTIGE VERWARNUNG D ›(von der Polizei) direkt verfügte Geldstrafe ohne Anzeige und Verfahren; Ordnungsstrafe‹: *Müssen ... vom Tanzen erschöpfte Raver, die fast gezwungen sind, draussen zu schlafen, weil sie keinen Unterschlupf finden, mit Polizeibussen rechnen?* (TA 11. 8. 2000, 15) – Vgl. Busse

Polizeicorps siehe Polizeikorps

Polizeidepartement CH das; -(e)s, -e [...departəmɛnt]: ↗SICHERHEITSDIREKTION A, ↗QUÄSTUR STIR ›oberste Polizeibehörde eines ↗Kantons‹: *Vorsteher des Polizeidepartements wurde ein Sozialdemokrat, der erstmals die Polizei auf ihre Verantwortung dem Volk gegenüber hinwies und sie entsprechend beeinflusste* (Tschudin, Meine Ehre 115) – Vgl. Departement

Polizeidienststelle D die; –, -n: ↗GENDARMERIEPOSTEN A, ↗WACHZIMMER A, ↗POSTEN A CH, ↗WACHSTUBE A D, ↗POLIZEIPOSTEN CH D, ↗POLIZEIREVIER D, ↗POLIZEIWACHE D, ↗WACHE D ›für ein bestimmtes Gebiet zuständige Polizeibehörde bzw. Räumlichkeit dieser Behörde‹: *Die ... Behörden ... riefen die Bevölkerung auf, bei der Aufklärung der Tat mitzuhelfen. Sachdienliche Hinweise nimmt jede Polizeidienststelle entgegen* (Welt 13. 1. 1997, Internet)

Polizeigefangenenhaus A das; -es, ...häuser: ›im Polizeigebäude untergebrachtes Gefängnis [für die vorübergehende Unterbringung von Häftlingen]‹: *55 Schubhäftlinge »saßen« mehr als drei Monate im Polizeigefangenenhaus im Hof der Bundespolizeidirektion* (TT 30. 1. 1998, 14) – Amtlich auch in der Form *Polizeigefangenhaus.* Vgl. Gefangenenhaus

Polizeigefangenhaus siehe Polizeigefangenenhaus

Polizeikorps CH das; –, – [...kˈɔːr]: ›Gesamtheit der Polizisten einer ↗Gemeinde-, ↗Kantons- oder ↗Stadtpolizei‹: *Rund 110 Kommandanten und Kripochefs von Schweizer Polizeikorps sind seit gestern per Intranet vernetzt* (Blick 7. 7. 1999, 13) – Auch in der Schreibung *Polizeicorps*

Polizeiposten CH D der; -s, –: ↗GENDARMERIEPOSTEN A, ↗WACHZIMMER A, ↗WACHSTUBE A D, ↗POLIZEIDIENSTSTELLE D, ↗POLIZEIREVIER D, ↗POLIZEIWACHE D, ↗WACHE D ›für ein bestimmtes Gebiet zuständige Polizeibehörde bzw. Räumlichkeit dieser Behörde‹: *Nach dem Verbrechen verliess der ... Metzger die Wohnung, rief die Sanität und stellte sich auf dem Polizeiposten* (Bund 24. 11. 1999, 25; CH); *Wie der Polizeiposten Neuhof gestern mitteilte, hatte ein Autofahrer ... an einer unübersichtlichen Stelle trotz Gegenverkehrs ein gewagtes Überholmanöver gestartet* (Ruhr Nachr 27. 9. 2000, Internet; D) – Vgl. Posten

Polizeipräsident (gemeindt.): ↗QUÄSTOR/QUÄSTORIN

Polizeipräsidium D das; -s, ...ien: ›oberste Polizeibehörde für Städte [und deren Einzugsgebiet]‹: *Doch verfolge das Polizeipräsidium Bielefeld alle bekannt gewordenen Aktivitäten von Personen im Umfeld der Nationalen Front* (Welt 24. 8. 1995, Internet)

Polizeirevier D das; -s, -e: ↗GENDARMERIEPOSTEN A, ↗WACHZIMMER A, ↗POSTEN A CH, ↗WACHSTUBE A D, ↗POLIZEIPOSTEN CH D, ↗POLIZEIDIENSTSTELLE D, ↗POLIZEIWACHE D, ↗WACHE D ›für ein bestimmtes Gebiet zuständige Polizeibehörde bzw. Räumlichkeit dieser Behörde‹: *An vielen Ecken sind Videokameras installiert, die vom Polizeirevier aus überwacht werden* (Welt 16. 4. 1997, Internet)

Polizeistreife (gemeindt.): ↗FUNKSTREIFE

Polizeistunde CH D die; –, -n: ↗SPERRSTUNDE A D ›gesetzlich festgelegte Uhrzeit, zu der Gasthäuser und Bars geschlossen werden müssen und sich keine Gäste mehr im Lokal aufhalten dürfen‹: *Schon zweimal hätten sie die Polizei rufen müssen, weil Gäste die Polizeistunde nicht einhalten wollten* (Durschei, Meldegg 191; CH); *Die Rave-Nation ist eine Nation ohne Heimat, ohne Grenzen, ohne Polizeistunde* (SWR, 1997, Internet; D)

Polizeiwache D die; –, -n: ↗GENDARMERIEPOSTEN A, ↗WACHZIMMER A, ↗POSTEN A CH, ↗WACHSTUBE A D, ↗POLIZEIPOSTEN CH D, ↗POLIZEIDIENSTSTELLE D, ↗POLIZEIREVIER D ›für ein bestimmtes Gebiet zuständige Polizeibehörde bzw. Räumlichkeit dieser Behörde‹: *Ich kam an der Polizeiwache vorbei, wo ich das Tempo drosselte, weil einer der Polizisten auf der Straße stand* (Martin, Blut 12) – In CH selten. Vgl. Wache

Polizze A die; –, -n ⟨aus ital. *polizza*⟩: ↗POLICE CH D, ↗VERSICHERUNGSSCHEIN D ›von einer Versicherung ausgefertigte Urkunde über den Abschluss einer Versicherung; Versicherungsurkunde‹: *N.s Team übernimmt das Verhandeln von Zinsen, Prämien oder Polizzen und legt Interessentinnen dann das Ergebnis zur Entscheidung vor* (Wienerin 12/1993, 13) – Dazu: **Polizzennummer, Versicherungspolizze**

Polster A der; -s, Pölster: ↗KISSEN CH D ›mit weichem Material (bes. Federn) gefüllte Stoffhülle [als Kopfunterlage in Betten]‹: *Die Teppiche, Wolldecken, Tischtücher, Pölster und Kleidungsstücke geben die Arbeitsphilosophie ihrer Erzeugerin wieder* (Welt der Frau 6/1996, 24) – In D-südost mundartnah. Die Bedeutung ›mit festem Stoff oder Leder bezogene Auflage auf Sitz- und Liegemöbel‹ sowie die weiteren Bedeutungen (z. B. Moospolster, Geldpolster)‹ sind gemeindt. In den gemeindt. Verwendungen in CH und D (ohne südost) immer Neutrum und ohne umgelauteten Plural (das; -s, -). In A und D-südost Maskulinum oder Neutrum (das/der; -s; -/Pölster) – Dazu: **Bettpolster, Kopfpolster, Polsterbezug, Polsterschlacht, Polsterüberzug, ↗Polsterzipf**

Polstergarnitur (gemeindt.): ↗POLSTERGRUPPE, ↗SITZGARNITUR

Polstergruppe CH D-mittel die; –, -n: ↗SITZGARNITUR A D ›Sitzgruppe, Polstergarnitur‹: *Ja, eigentlich habe ich mich, als regelmässige Läuferin, schon daran*

gewöhnt, dass im Wald Polstergruppen, Stühle und Abfallsäcke jeglicher Art entsorgt werden (TA 9. 6. 1999, 31; CH)

Polstersessel (gemeindt.): ↗Fauteuil, ↗Sessel

Pọlsterzipf A der; -(e)s, -e: **1.** (Küche) ›zu Quadraten oder Dreiecken zusammengeschlagene, dünn ausgewalzte [mit ↗Marmelade gefüllte] Teigtasche, die beim Ausbacken in heißem Fett aufgeht‹: *Polsterzipfe in heißem Fett schwimmend beidseitig ausbacken und auf Küchenkrepp abtropfen lassen* (Gusto 11/1997, 71). **2.** ›Zipfel eines ↗Polsters‹: *Manche Starter kamen erst zur Eröffnung oder sie ließ der Polsterzipf nicht so früh los, jedenfalls war bis dorthin der Andrang an der Startstelle noch nicht so groß* (Alemannenklub Göfis, 2000, Internet) – Auch in der Form *Polsterzipfel*

Pọly A das; -(s), -s (Grenzfall des Standards): kurz für *Polytechnische ↗Schule:* ↗Berufswahlschule CH ›auf eine Lehre vorbereitende Schule bzw. Gebäude, in dem diese Schule untergebracht ist‹: *Drei Monate war Michael nach dem Poly zu Hause gewesen, hatte 30 Bewerbungsschreiben geschickt* (Standard 27. 4. 1999, 24)

polysporti̱v CH Adj.: ›mehrere Sportarten umfassend bzw. betreibend; sportlich vielseitig‹: *Er ist ein polysportives Multitalent, intelligent und sieht gut aus* (Blick 8. 7. 1996, 28); *Es steht ausser Zweifel, dass der polysportive Unterricht sich äusserst positiv auf den Unterricht in der Schulstube auswirkt* (Bund 22. 10. 1999, 11)

pọ̈lzen A D-südost sw.V./hat: ›(eine Mauer, einen Schacht) durch Pfosten, Verschalungen o. Ä. abstützen‹: *Mit österreichischem Geld wurde die Ruine gepölzt und mit einem Notdach versehen* (Kleine Ztg 30. 11. 1997, Internet; A) – Dazu: **Pölzung**

Pommes-Chips CH die; nur Plur. ['p'ɔmtʃips]: ›in Fett gebackene, kalte dünne Kartoffelscheiben; Chips‹: *Andauernd hatte er Pommes-Chips, Ragusas und Kägi-Frets gefuttert und dazu eine Colabüchse um die andere leer getrunken, die er aus einem farbigen Plastiksack herausnahm* (Durschei, Meldegg 94) – Selten auch in der Schreibung *Pommeschips*

Pönale A das; –, -/...lien ⟨aus lat. *poenalis* ›zur Strafe gehörig‹⟩ (Verwaltung): ›Strafgebühr für Fristüberschreitungen, Nichteinhaltung von Verträgen u.Ä.‹: *Manfred Swarowskis Swarco Futurit musste 10 Mio. S Pönale zahlen* (News 23. 12. 1997, 84) – In D veraltet – Dazu: **Pönalevereinbahrung, Pönalezahlung**

Pontonier CH der; -s, -s ['p'õtɔni̯e, ponto'niːr] ⟨aus frz. *ponton* ›tragender Schwimmkörper‹⟩: ›Soldat(in) einer Truppe, die schwimmende Brücken baut und für das Übersetzen auf Gewässern zuständig ist‹: *Pontoniere sind Brückenbauer über See und Fluss, aber sie überbrücken auch Grenzen zwischen den Menschen* (St. Galler Tagbl 6. 7. 1998, Internet) – Dazu: **Pontonierfahrverein, Pontonier-Wettfahren**

Popo A D der; -s, -s: ↗Podex A D, ↗Füdli CH ›Gesäß; Hintern‹: *Es hilft dir nichts, wenn du mit 70 einen knackigen Popo hast, und das Hirn weiß es nimmer* (Neue Kronen Ztg 4. 6. 2000, 57; A); *Sie werden diesen Hinweis spätestens dann zu schätzen wissen, wenn ihnen nach einer halben Stunde auf einem schmalen Brett ... der Popo gänzlich ertaubt ist* (Berliner Ztg 17. 8. 1995, Internet; D) – Wird in A und D auf der letzten Silbe betont und mit langem o gesprochen, in D auch auf der ersten Silbe betont und in diesem Fall mit kurzem o gesprochen

Pọrree A D (ohne südwest) der; -s, -s ⟨über afrz. *porrée* aus lat. *porrum* ›Schnittlauch‹⟩: ›Lauch‹: *Den Porree längs halbieren, in Scheiben schneiden* (Neue Kärntner Tagesztg 25. 6. 1998, 27; A); *Butter in einem großen Topf zerlassen, den Porree darin andünsten, mit Salz und Pfeffer bestreuen* (Dr. Oetker, Schulkochbuch 154; D) – Dazu: **Porreestange**

Portemonnaie CH D (ohne südost) **Portmonee** D (ohne südost) das; -s, -s ['pɔrtmɔnɛ CH, pɔrtmɔ'neː D] ⟨frz.⟩: ↗Geldbörse A, ↗Geldtasche A, ↗Geldbeutel D ›kleines Behältnis aus Leder, Stoff- oder Plastikgewebe für Geld [und Ausweise]‹: *Ronni nickt, zieht sein Portemonnaie aus der Hosentasche, öffnet es rasch und holt eine Fotographie von Yvonne hervor* (Limacher, Krieg 82; CH); *Er tastete hinten nach seinem Portemonnaie* (Born, Erdabgewandte Seite 23; D) – In A selten und Aussprache wie in D

Pọrter der/das; -s, – ⟨engl.⟩ /ein dunkles englisches Bier/: ist in A Neutrum, in CH Maskulinum oder Neutrum, in D meist Maskulinum, selten Neutrum: *Arthur Guinness verfeinerte Ende des 18. Jahrhunderts das Porter und kreierte das Stout, ein Dunkles aus gerösteter Gerste* (Pub Black Lion, 2000, Internet; A); *Verbreitete Spezialbier-Sorten sind die britischen Ales und Stouts, sowie das englische Porter, auch deutsche Biersorten werden gebraut (Märzen, Pilsner und Alt)* (Panamericana, 2. 4. 2003, Internet; CH); *In Deutschland ist die Kunst, einen schönen Porter zu brauen, leider ziemlich in Vergessenheit geraten* (Universität Potsdam, 2003, Internet; D)

Portier der; -s, -s/-e ⟨frz.⟩: Die Aussprache lautet in A [pɔr'tiːɐ̯], in CH ['porti̯e], in D [por'ti̯eː]. Der Plural lautet in A *Portiere,* in CH und D *Portiers.* Die Aussprache [por'ti̯eː] ist in A selten und gehoben, der Plural lautet in diesem Fall *Portiers: Die Portiere sind rund um die Uhr anwesend* (Zwanzger 3/1999, 22; A) – Eine weibliche Form ist nicht gebräuchlich

porti̱eren CH sw.V./hat: ›für eine Wahl vorschlagen und unterstützen‹: *Erneut portiert werden die beiden* *bisherigen Stadträte Hans E. und Dominik M.* (NZZ Intern. Ausgabe 3. 11. 1997, 18) – Die fachsprachliche Bedeutung ›Software für ein bestimmtes Betriebsystem anpassen‹ ist gemeindt. – Dazu: **Portierung**

portionenweise CH Adv.: ↗PORTIONSWEISE A D ›in Portionen‹: *Entenbruststreifen mit Salz und Pfeffer würzen und im Rapsöl portionenweise ca. 2 Min. braten* (Glückspost 3. 6. 1999, 42)

portionsweise A D Adv.: ↗PORTIONENWEISE CH ›in Portionen‹: *Den Apfel-Rotkraut-Salat auf kalten Tellern portionsweise anrichten, die Rehtatarnockerln darauf setzen und mit Waldpilzen ausgarnieren* (ORF Nachlese 9/1997, 68; A); *Gemüse in den Teig tauchen und portionsweise nach Gemüsesorte getrennt ... ins heiße Fett geben* (SWR, 2000, Internet; D)

Porto: *Porto wird vom Empfänger bezahlt CH; ***Porto/Gebühr bezahlt Empfänger** D: ↗POSTGEBÜHR: *POSTGEBÜHR BEIM EMPFÄNGER EINHEBEN A; *POSTGEBÜHR BEZAHLT/ZAHLT EMPFÄNGER A / Aufdruck bzw. Vermerk auf [vorgedruckten Antwort]briefsendungen [an der Stelle, wo sonst Briefmarken angebracht werden]/: *Von ordentlicher Beamtenhand steht auf dem Briefumschlag dort, wo die Marke aufgeklebt werden sollte, die folgende Versicherung: »Porto wird vom Empfänger bezahlt«* (GSoA-Zitig 83/1999, Internet; CH); *Sie brauchen den Briefumschlag lediglich mit dem Vermerk »Gebühr bezahlt Empfänger« zu versehen* (Zahnärztebl Baden-Württemberg, 2002, Internet; D) – Das Substantiv *Porto* ist gemeindt.

possierlich D Adj.: ↗HERZIG A CH D-süd ›niedlich, drollig‹: *Freundlich und possierlich sieht er aus, der Zwerg* (Welt 30. 6. 2000, Internet)

Postamt A D das; -(e)s, ...ämter: ↗POSTSTELLE CH, ↗POSTBÜRO BELG LUX ›Dienststelle der Post‹: *Sowohl für die Bawag als auch für den Raiffeisen-Sektor hat die PSK, die ihre Produkte über 2.300 Postämter in ganz Österreich vertreiben kann, strategische Bedeutung* (News 3. 7. 1997, 76; A); *Jetzt soll sich das Postamt zum modernen Servicezentrum wandeln* (Welt 14. 10. 1996, Internet; D) – In CH selten

Postauto das; -s, -s: **1.** CH; ↗POSTAUTOBUS A, ↗POSTBUS A ›gelber Linienbus der Post‹: *Zehn Minuten zu Fuss den Berg hinunter bis zur Haltestelle des Postautos, zwanzig Minuten Fahrt mit dem Postauto von Heiden nach Trogen* (Knellwolf, Klassentreffen 9). **2.** A ›kleiner gelber Personenwagen der Post für Briefträger‹: *Der Posteinlauf ist so groß, dass Postautos nicht ausreichen, um die Briefe dem Gericht zuzustellen* (Kurier 5. 11. 1997, 8) – Zu 1.: In A nur noch informell veraltend – Zu 1.: **Postautochauffeur** (↗Chauffeur), **Postautochauffeuse** (↗Chauffeuse), **Postautodienst, Postautohalter, Postautohaltestelle, Postautokurs, Postautolinie, Postautoverbindung**

Postautobus A der; -ses, -se (veraltend): ↗POSTBUS A, ↗POSTAUTO CH ›Autobus, der als öffentliches Verkehrsmittel von der Post für den Überlandverkehr betrieben wird‹: *Mit dem Postautobus wäre man vier Stunden unterwegs gewesen und hätte dann noch ein paar Kilometer zu Fuß gehen müssen* (Haslinger, Opernball 82)

Postbureau siehe Postbüro

Postbüro BELG LUX das; -s, -s: ↗POSTAMT A D ↗POSTSTELLE CH ›[kleine] Dienststelle der Post‹: *Das Online-Suchprogramm für Postbüros und Postleitzahlen hilft Ihnen im Nu weiter* (Post 11. 11. 2002, Internet; BELG); *Beauftragen Sie Ihr Postbüro mit dem Nachversand ihrer Post und Ihrer Zeitungen* (Ministères et Administrations du Grand-Duché de Luxembourg, 11. 11. 2002, Internet; LUX) – In CH selten. Auch in der Schreibung *Postbureau*

Postbus A der; -ses, -se: ↗POSTAUTOBUS A, ↗POSTAUTO CH ›Autobus, der als öffentliches Verkehrsmittel von der Post für den Überlandverkehr betrieben wird‹: *So hocken wir auf der Bank in der Sonne und schlecken Eis und palavern, als auf einmal der gelbe Postbus an der Straßenkreuzung auftaucht* (Thüminger, Entscheidung 57) – In D bis 1982 offizielle Bezeichnung für den Linienbus der Post

Postcard CH die; –, -s ['poʊstkaːrd]: ›Chipkarte der Post für den bargeldlosen Zahlungsverkehr und den Bezug von Bargeld‹: *Postschecks können ab dem 1. November im Ausland nicht mehr eingelöst werden. Dafür stehen seit dem 1. Juni weltweit 420'000 Automaten zum Bargeldbezug mit der Postcard zur Verfügung* (Bund 12. 6. 1999, 15)

Postcheck CH der; -s, -s ['pɔstʃɛk]: **1.** kurz für *Postcheckkonto:* ↗PSK-KONTO A, ↗POSTSCHECKKONTO A CH BELG LUX, ↗KONTO: *DAS GELBE KONTO CH, ↗PC-KONTO CH, ↗POSTKONTO CH STIR, ↗POSTKONTOKORRENT STIR ›Konto bei der Post‹: *Die Patientenstelle wird nicht subventioniert. Daher ist sie auf neue Mitglieder, Spenden und Legate angewiesen: Postcheck 80–18530–5* (Blick 16. 12. 1995, 8). **2.** (früher) ›↗Check, mit dem man auf der Post im In- und Ausland Bargeld beziehen kann‹: *Wir empfehlen, in die Ferien Postchecks mitzunehmen. Die werden bei einem Diebstahl in der Regel innert zwei Tagen ersetzt* (Blick 7. 7. 1995, 7) – Selten auch in der Form *Postscheck*, früher auch in der Form *Postcheque* gebräuchlich – Zu 1.: **Postcheckamt, Postcheckguthaben.** Zu 2.: **Postcheckbüchlein**

Postcheckkonto CH das; -s, ...konti/...konten ['pɔstʃɛkɔnto]: siehe Postscheckkonto

Postcheque siehe Postcheck

Pösteler Pöstelerin CH der; -s, – bzw. die; –, -nen: siehe Pöstler

Posten A CH der; -s, –: kurz für ↗ *Gendarmerieposten*, ↗ *Polizeiposten:* ↗ WACHZIMMER A, ↗ WACHSTUBE A D, ↗ POLIZEIDIENSTSTELLE D, ↗ POLIZEIREVIER D, ↗ POLIZEIWACHE D, ↗ WACHE D ›für ein bestimmtes Gebiet zuständige Polizeibehörde bzw. Räumlichkeit dieser Behörde‹: *Beamte der Kriminalaußenstelle Niklasdorf und des Postens St. Lorenzen ... ermitteln* (Kleine Ztg 15. 11. 1997, 10; A); *Der seit 1861 existierende Eglisauer Posten wird Ende September geschlossen. Die Kantonspolizei ist seit einiger Zeit daran, ihr Polizeipostennetz zu straffen* (TA 3. 9. 1999, 27; CH) – Die Bedeutung ›Anstellung, Stelle‹ ist gemeindt. – Dazu: ↗ **Postenkommandant(in)** A, **Postenkommando** (↗ Kommando)

posten CH sw.V./hat (Grenzfall des Standards): ↗ EINHOLEN D-nord/mittelost ›[ein]kaufen‹: *Alles Fleisch postete die Mutter beim Metzger Langenegger* (Hohler, Strom 45) – Das damit nicht verwandte, aus dem Englischen stammende Verb *posten* mit der Aussprache [pɔʊstən] in der Bedeutung ›sich in Newsgroups im Internet beteiligen‹ ist gemeindt.

Postenkommandant Postenkommandantin A der; -en, -en bzw. die; –, -nen: ↗ KOMMANDANT A CH LUX, ↗ REVIERLEITER D ›Leiter(in) einer für ein bestimmtes Gebiet zuständigen Polizeibehörde‹: *Und als dann eines Tages der Postenkommandant mit einem Gendarmen zur Hütte der Lina gekommen ist, da hat sie von niemandem gewusst* (Sadler, Kälte 99) – Vgl. Posten – Dazu: **Gendarmeriepostenkommandant(in)** (↗ Gendarmerieposten)

Postenschacher A D der; -s, ohne Plur. (abwertend): ›besonders zwischen Parteien übliche Absprache über interne Stellenvergaben ohne öffentliche Ausschreibung‹: *Scheinbar ist den Österreichern der soziale Friede wichtiger als der zuletzt immer wieder kritisierte Postenschacher zwischen Rot und Schwarz* (Neue Wochenschau 11. 8. 1999, 3; A); *Abgeordnete verärgert über Postenschacher* (Berliner Ztg 26. 1. 2001, Internet; D)

Postgebühr A die; –, -en: ›von der Post verlangtes Entgelt für ihre Dienste‹: *Postgebühren spart die Johannes-Kepler-Universität in Zukunft bei ihrem Mitteilungsblatt* (OÖN 21. 12. 2000, 18); ***Postgebühr bar bezahlt** A; ↗ ENTGELT: *ENTGELT BEZAHLT D /häufig als Aufdruck auf Massenbrief- und Werbesendungen oder Periodika/: *An einen Haushalt. Postgebühr bar bezahlt. Amtliche Mitteilung* (Amtsbl St. Andrä-Wördern 7/2000, Internet); ***Postgebühr beim Empfänger einheben** A; ***Postgebühr bezahlt/zahlt Empfänger** A: ↗ PORTO: *PORTO WIRD VOM EMPFÄNGER BEZAHLT CH; *PORTO/GEBÜHR BEZAHLT EMPFÄNGER D /Aufdruck bzw. Vermerk auf [vorgedruckten Antwort]briefsendungen [an der Stelle, an der sonst Briefmarken angebracht werden]/: *Postgebühr beim Empfänger einheben* (ORF Nachlese 9/1997, 82) – Die Abk. für *Postgebühr bar bezahlt* lautet P.b.b. Das Substantiv *Postgebühr* ist in D veraltet

Posthalter Posthalterin CH der; -s, – bzw. die; –, -nen: ›Leiter(in) einer kleineren Poststelle‹: *Die Fahrzeuge werden entweder von der Post gemietet oder von den Posthaltern nach Post-Richtlinien selbst gekauft und finanziert* (Schweiz Revue 5/1998, 12) – In D veraltet

Postkasten A D der; -s, ...kästen: ›von der Post aufgestellter bzw. am Haus angebrachter Briefkasten‹: *Schon von weitem sah er den kleinen weißen Zettel auf dem Postkasten kleben* (Wolfgruber, Verlauf eines Sommers 18; A); *Eines Morgens im Januar lag der Brief halt im Postkasten* (Welt 26. 2. 1999, Internet; D); *Wenn ich den Brief fertig vorbereitet habe, werfe ich ihn in den Postkasten bei uns auf der Straße* (Kinderschutzbund Bochum, 2003, Internet; D) – In A und D-südost im Grenzfall des Standards auch in der Form *Postkastl.* Vgl. Kasten

Postkastl A D-südost das; -s, -n siehe Postkasten

Postkonto CH STIR das; -s, ...konti/...konten: ↗ PSK-KONTO A, ↗ POSTSCHECKKONTO A CH BELG LUX, ↗ KONTO: *DAS GELBE KONTO CH, ↗ PC-KONTO CH, ↗ POSTCHECK CH, ↗ POSTKONTOKORRENT STIR ›Konto bei der Post‹: *Gespendet werden kann ... auf das Postkonto 10–15000–6 mit dem Vermerk »Türkei«* (Blick 17. 9. 1999, 15; CH); *Die Bezahlung der Steuern kann auch über ein eigens eingerichtetes Postkonto erfolgen* (Dolomiten 31. 5. 1996, 10; STIR)

Postkontokorrent STIR das; -s, -e ⟨übersetzt aus ital. *conto corrente postale*⟩: ↗ PSK-KONTO A, ↗ POSTSCHECKKONTO A CH BELG LUX, ↗ KONTO: *DAS GELBE KONTO CH, ↗ PC-KONTO CH, ↗ POSTCHECK CH, ↗ POSTKONTO CH STIR ›Konto bei der Post für laufende Einzahlungen‹: *Der Gemeindeausschuss beschließt: ... 25 % der kassierten Gebühren durch das Postkontokorrent ... für Verwaltungsspesen der Gemeinde Gsies einzubehalten* (Gsieser Gemeindebl 4/2000, 11) – Das Substantiv *Kontokorrent* ist fachsprachlich gemeindt.

Postler Postlerin A D der; -s, – bzw. die; –, -nen (Grenzfall des Standards): **1.** ›Postangestellte(r)‹: *In dieser Gewerkschaft sind vier Gruppen vertreten: Die Beamten, die Gemeindebediensteten, die Postler sowie die Eisenbahner* (Ganze Woche 5. 11. 1997, 8; A); *Lieber einen Tag zu als für immer geschlossen, sagen sich die protestierenden Postler* (SZ 1. 1. 1998, 20; D).

2. ↗ Pöstler CH ›Briefträger(in)‹: *Aber es gibt auch andere … Postler, die nicht gleich den orangen Zettel hinterlegen, die einen zweiten Zustellversuch unternehmen* (Ganze Woche 5. 11. 1997, 10; A); *Diebe hatten ganze Packen aus dem Handwagen der Postlerin geklaut* (Tagesspiegel 27. 6. 1998, Internet; D)

Pöstler Pöstlerin CH der; -s, – bzw. die; –, -nen: ↗ Postler A D ›Briefträger(in), Postbote bzw. Postbotin‹: *Meine Überraschung war gross, als … ein paar Tage später ein Brief im Korridor lag. Der Pöstler hatte ihn dort hingelegt* (Honegger, Ehemalige 22) – Auch in der Schreibung *Pösteler(in)*

Postomat CH der; -(e)s, -en: ↗ Bankomat A, ↗ Bancomat CH LUX STIR, ↗ Bankautomat D, ↗ Geldautomat D ›von der Post betriebener Automat, an dem Berechtigte mit einer Chipkarte Bargeld beziehen können‹: *Zur Erhöhung der Sicherheit für die Kunden wird der Postomat ins Innere des Gebäudes verlegt* (Bund 27. 8. 1999, 28)

Postscheck siehe Postcheck

Postscheckkonto A CH BELG LUX das; -s, …konti/ …konten (Bankwesen): ↗ PSK-Konto A, ↗ Konto: *das gelbe Konto CH, ↗ PC-Konto CH, ↗ Postcheck CH, ↗ Postkonto CH STIR, ↗ Postkontokorrent STIR ›Konto bei der Post‹: *Untersuchungen hätten gezeigt, dass über einzelne Postscheckkonten riesige Tagesumsätze abgewickelt worden seien, wobei ein Verdacht auf Drogengelder bestünde* (Kurier 6. 2. 1996, 15; A); *Er plünderte einen Briefkasten, wechselte in einem an eine Bank adressierten Couvert einen Einzahlungsschein über 7900 Franken aus und liess sich den Betrag auf sein eigenes Postcheckkonto überweisen* (Bund 27. 8. 1998, 44; CH); *Die Rechnungsbeträge sind auf unser Bankkonto oder Postscheckkonto einzuzahlen* (Luyten 11. 11. 2002, Internet; BELG); *Mitglieder ohne eigenes Einkommen sind aufgefordert einen jährlichen Mindestbeitrag von 100 LUF auf das Postscheckkonto … von déi Lénk zu überweisen* (déi Lénk, 2003, Internet; LUX) – In CH auch in der Schreibung *Postcheckkonto* gebräuchlich

Poststelle die; –, -n: **1.** CH; ↗ Postamt A D, ↗ Postbüro BELG LUX ›Dienststelle der Post‹: *Die Schweizerische Post besteht heute aus 3'500 Poststellen und beschäftigt 55'000 Mitarbeiterinnen und Mitarbeiter* (Schweiz. Post, 2001, Internet). **2.** A D ›Abteilung in Firmen und Behörden, die für die Bearbeitung der Post zuständig ist‹: *Martin M., kleiner D-Beamter in der Poststelle des Innenministeriums, legte keinen Wert auf Formalitäten, als er vor mehr als zwei Jahren illegale Ermittlungen im burgenländischen Oberwart anstellte* (Format 14. 12. 1998, 34; A); *Die Poststelle befindet sich ab Montag, den 2. Juli 01 wieder in ihren angestammten Räumen* (TU-München 27. 6. 2001, Internet; D) – Zu 1.: In D selten. Zu 2.: In CH gibt es keine einheitliche Bezeichnung, die Abteilung wird *interne Post, Post, Postbüro* o. Ä. genannt. Zu 2 vgl. Einlaufstelle

Postulant Postulantin CH der; -en, -en bzw. die; –, -nen ⟨aus lat. *postulans* ›fordernd‹⟩: ›Person, die ein ↗ Postulat einreicht‹: *Ein Postulant schlug vor, im Jubiläumsjahr das Matterhorn zu illuminieren* (Jahr der Schweiz 13) – Andere Bedeutungen sind veraltet bzw. fachsprachlich gemeindt.

Postulat CH das; -(e)s, -e ⟨aus lat. *postulare* ›fordern‹⟩: ↗ Interpellation CH, ↗ Interpellanz STIR ›parlamentarischer Antrag an die Regierung (des Bundes, eines ↗ Kantons oder einer Gemeinde), zu prüfen, ob ein Gesetz oder ein Beschluss vorzulegen oder eine Massnahme zu ergreifen sei, und darüber Bericht zu erstatten; Anfrage‹: *Der Zürcher Nationalrat Ueli G. brachte im Sommer 1970 das Thema in einem Postulat vor dem Parlament zur Sprache* (Tschäni, Patriotismus 35) – Andere Bedeutungen sind gemeindt. Vgl. Motion, Vorstoss – Dazu: ↗ **Postulant(in)**

Postur CH die; –, -en ⟨aus ital. *postura*⟩: ›Körperbau; Statur‹: *Ich sah nur seine schönen blauen Augen und die tolle Postur* (Blick 12. 6. 1999, 24)

Pott D-nord/mittelwest der; -(e)s, Pötte (Grenzfall des Standards): **1.** ↗ Häfen A (ohne west), ↗ Hafen A CH D-süd, ↗ Topf A D, ↗ Pfanne CH ›Kochtopf‹: *Nachdem die erste Stunde mit Schmerzen beim Aufwärmen der Zehen und Finger vorbei war und jeder einen heißen Pott voll dampfender Suppe vor sich hatte, erzählten sie von ihrem dramatischen Absturz* (Welt 15. 5. 2000, Internet). **2.** ›Schiff, Dampfer‹: *Seither liegt der 80 Meter lange Pott aus Tschechien mit 762 Tonnen Kunstdünger im Bauch mutterseelenallein vor dem Magdeburger Schiffshebewerk im Eis fest* (Welt 14. 1. 1997, Internet). **3.** kurz für ↗ *Kohlenpott*, ↗ *Ruhrpott*: ↗ Revier D (ohne mittelost/südost) ›Ruhrgebiet‹: *Staufrei durch den Pott* (WAZ 24. 10. 1997, 11). **4.** ›Siegerpokal‹: *Zebras, holt den Pott nach Duisburg!* (Pott Sonderausgabe DFB-Pokal 5/1998, 1)

Poulet CH das; -s, -s ['pule] ⟨frz.⟩: ↗ Brathuhn A, ↗ Brathendl A D-südost, ↗ Hendl A D-südost, ↗ Güggeli CH, ↗ Mistkratzerli CH, ↗ Brathähnchen D-nord/mittel, ↗ Broiler D-ost, ↗ Hähnchen D (ohne südost) ›als Gericht zubereitetes, gebratenes Huhn‹: *Als Mitglieder der Uno-Polizei … gehen sie in Pristina auf Streife. Sie wissen bereits, in welchem Restaurant es gute Poulets und wo es ordentliche Hamburger gibt* (TA 12. 8. 1999, 5) – Dazu: **Pouletbrust, Pouletbrüstchen, Pouletfleisch, Pouletflügel, Pouletschenkel, Pouletschnitzel**

Pouvoir A das; -s, -s [pu'vo̜a:] ⟨aus frz. *pouvoir* ›Macht‹⟩ (formell): ›Entscheidungsmöglichkeit,

Machtbefugnis‹: *Herr Landeshauptmann Haider hat wirklich nicht das Pouvoir, eine Vetodrohung auszusprechen* (Format 17. 4. 2000, 35)

Powidl A der; -s, ohne Plur. ⟨aus tschech. *povidla* (Pl.) ›Pflaumenmus‹⟩: ›Mus aus ↗Zwetschken, Honig und Gewürzen, das im ↗Backrohr gegart wird‹: *Auf jede Teigscheibe 1/2 TL Powidl geben und zu einem Halbmond zusammenklappen* (TT 20./21. 9. 1997, Magazin 4); ***etw./jmd. ist jmdm. Powidl** A (ohne Vbg.) (salopp): ↗BLUNZE: *ETW./JMD. IST JMDM. BLUNZEN A-ost ›etw./jmd. ist jmdm. gleichgültig, egal; etw./ jmd. ist jmdm. Wurst‹: *Von Kostenwahrheit ist keine Rede, »faire und effiziente Preise im Verkehr«, sind dem EU-Verkehrsministerrat Powidl* (SN 7. 2. 1998, Internet) – Die Entsprechungen werden in CH und D regelmäßig aus den Bestimmungswörtern ↗*Pflaume*, ↗*Zwetschge* und dem gemeindt. Grundwort *Mus* gebildet: In CH und D-süd *Zwetschgenmus*, in D-nord/mittel *Pflaumenmus* – Dazu: **Powidlfülle** (↗Fülle), **Powidlknödel** (↗Knödel), **Powidlkolatsche** (↗Kolatsche), **Powidltascherl** (↗Tascherl), **Powidltatschkerl** (↗Tatschkerl) A-ost

pracken A sw.V./hat (Grenzfall des Standards): ›heftig schlagen‹: *Da hab' ich dann eine Runde gehen müssen, sonst hätt' ich ihr eine geprackt* (OÖN 2. 12. 1993, 10) – Dazu: ↗**Fliegenpracker**, ↗**Pracker**

Pracker A der; -s, – (Grenzfall des Standards): **1.** ›Teppichklopfer‹: *Wie ehemals die strengen Väter nach der Rute oder den »Pracker«, braucht Hörtnagl nur nach seinen Knien zu schielen – und alle, alle parieren* (Neue Kronen Ztg 11. 8. 1999, Internet). **2.** kurz für ↗*Fliegenpracker*: ↗FLIEGENTÄTSCHER CH, ↗FLIEGENKLAPPE CH D-nordost/mittelwest, ↗FLIEGENPATSCHE D-süd ›einfaches Handgerät zum Erschlagen von Fliegen‹: *Mit seinem unverwechselbaren Humor benützte er in Lappland eine Insektenspraydose als Moskito-»Pracker«* (OÖN 21. 12. 1992, 17). **3.** (scherzh., Sport) ›Tennisschläger, Racket‹: *Und da das sogar für einen coolen Hund wie Muster ein besonderer Tag ist, wird er noch einmal zum Pracker greifen – und gegen den Spanier Sergi Bruguera ein Exhibition-Match spielen* (Kurier 21. 6. 2000, 16) – Zu 1 und 2 vgl. pracken

Präfekt Präfektin CH (VS) der; -en, -en bzw. die; –, -nen ⟨aus lat. *praefectus* ›Vorgesetzter‹⟩: ↗BEZIRKSHAUPTMANN A (ohne Graz, Wien), ↗BEZIRKSVORSTEHER A (Graz, Wien), ↗BEZIRKSAMMANN CH (SG, SZ), ↗BEZIRKSAMTMANN CH (AG), ↗BEZIRKSSTATTHALTER CH (BL, ZH), ↗OBERAMTMANN CH (FR, SO), ↗REGIERUNGSSTATTHALTER CH (BE, LU, VS), ↗STATTHALTER CH (BE, BL, TG, ZH), ↗LANDRAT D (ohne Niedersachsen und Nordrhein-Westfalen), ↗OBERKREISDIREKTOR D (Niedersachsen, Nordrhein-Westfalen) ›↗Vorsteher(in) eines ↗Bezirks‹: *»Etwa 40'000 Mann-Stunden Arbeit braucht es nur schon, um die Weiden zu räumen», schätzt O. S., Präfekt des Walliser Bezirks Goms* (Blick 4. 6. 1999, 32) – Auch in den französischsprachigen Gebieten der Schweiz gebräuchlich

pragmatisieren A sw.V./hat: ↗DEFINITIV: *JMDN. DEFINITIV STELLEN A, ↗VERBEAMTEN D ›jmdn. unkündbar als Beamten bzw. als Beamtin anstellen‹: *Auch wenn heutzutage nicht alle, die in den Staatsdienst eintreten, nach einer gewissen Zeit automatisch pragmatisiert werden – verglichen mit Jobs in der freien Wirtschaft sind Beamtenposten nach wie vor ein sanftes Ruhekissen* (Ganze Woche 5. 11. 1997, 2) – Dazu: ↗**Pragmatisierung**

Pragmatisierung A die; –, -en: ↗DEFINITIVSTELLUNG A, ↗VERBEAMTUNG D, ↗STAMMROLLE STIR ›unkündbare Anstellung als Beamter bzw. Beamtin‹: *Für neu eintretende Mitarbeiter wurde 1998 im öffentlichen Dienst mit dem neu gestalteten Vertragsbedienstetenrecht eine attraktive Alternative zur Pragmatisierung geschaffen* (Format 19. 6. 2000, 149) – Vgl. pragmatisieren

Prahlhans D der; -(es), ...hänse (abwertend, Grenzfall des Standards): ↗GERNEGROSS CH GERNEGROß D, ↗PROTZ D, ↗PIEFKE D (ohne mittelost/südwest) ›Angeber; Aufschneider‹: *Ihre armselige Kindheit als Tochter ... eines durchs Land ziehenden Händlers, der als Prahlhans und Schürzenjäger gilt, empfindet sie zeitlebens als fatal* (Berliner Ztg 10. 6. 2000, Internet)

Praktikant (gemeindt.): ↗STAGIAIRE

Praktikum (gemeindt.): ↗STAGE

praktizieren A sw.V./hat: ›(im Rahmen der Ausbildung) ein Praktikum absolvieren‹: *Im Rahmen der Anlehre praktizieren derzeit 60 Jugendliche in verschiedenen Vorarlberger Unternehmen* (VN 31. 1. 2001, A 8) – In D selten. Andere Bedeutungen sind gemeindt.

Praline CH das; -s, -s ['praline]/CH D die; –, -n [pra'li:ne] ⟨frz.⟩: ↗BONBON A D-südost, ↗KONFEKT A D ›feine, kleine Süßigkeit, meist aus Schokolade mit Füllung‹: *Beglückt wurden gestern die Bewohner des Obdachlosenheims in Bern. G. erhielt eine Schachtel Pralinen: »Pralinés habe ich gern», sagte er* (Bund 31. 12. 1999, 26; CH); *Überfällt mich schlechte Laune, dann nehme ich ein Strickzeug zur Hand, stricke und knabbere dabei Pralinen* (WAZ 28. 10. 1997, 12; D) – In A selten. In A und CH auch in der Schreibung *Praliné*, in D und in CH selten auch in der Schreibung *Pralinee* (mit Endbetonung)

Präposition (gemeindt.): ↗VERHÄLTNISWORT, ↗VORWORT

präpotent A Adj. ⟨aus lat. *praepotentis*, Genitiv zu *praepotens* ›sehr mächtig, übermächtig‹⟩: ›anmaßend, aufdringlich, überheblich‹: *Was jedoch im*

Fernsehen gut ankommt, kann im direkten Kontakt präpotent, aggressiv oder egozentrisch wirken (Standard 24. 9. 1999, Internet) – In D bildungssprachlich in der Bedeutung ›übermächtig‹ – Dazu: ↗**Präpotenz**

Präpotenz A die; –, -en ⟨aus lat. *präpotentia* ›Übermacht, Überlegenheit‹⟩: ›anmaßendes, aufdringliches Verhalten, Überheblichkeit‹: »*Wir haben gehofft, dass Sie uns das sagen können«, meint Skocik und überrascht mich erstmals nicht nur mit seiner schier grenzenlosen Präpotenz* (Brödl, Blutrausch 24) – In D bildungssprachlich in der Bedeutung ›Übermächtigkeit‹. Vgl. präpotent

Präsentkorb D (ohne südost) der; -(e)s, ...körbe: ›mit Delikatessen gefüllter Korb, der jmdm. zum Geschenk gemacht wird; Geschenk[s]korb‹: *Die siegende Hausfrau bekommt eine Reise, die zweite einen Präsentkorb* (Welt 22. 7. 2000, Internet) – In A selten

Präsenzdiener Präsenzdienerin A der; -s, – bzw. die; –, -nen: ↗GRUNDWEHRDIENER A, ↗REKRUT A CH, ↗GRUNDWEHRDIENSTLEISTENDE D ›Soldat(in) im ↗Grundwehrdienst‹: *Während der endlosen Zugfahrt verging so manchem Präsenzdiener die Laune* (Neue Kronen Ztg 26. 1. 2000, Internet) – Vgl. -diener, Präzenzdienst

Präsenzdienst A der; -(e)s, ohne Plur.: ↗BARRAS A D, ↗WEHRDIENST A D, ↗MILITÄRDIENST CH ›aufgrund der Wehrpflicht zu leistender Dienst beim Militär‹: *Erwin F., der seit 1. Oktober den ordentlichen Präsenzdienst ableistet, war mit seinen Kameraden auf Gefechtsübung* (Bundesministerium für Arbeit und Soziales, 1995, 36) – Vgl. Grundwehrdienst, Präsenzdiener

Präsident: *Präsident(in) des Senats D (Bremen): ↗LANDESHAUPTMANN A, ↗LANDAMMAN CH-ost/zentral, ↗REGIERUNGSPRÄSIDENT CH-nord/west, ↗MINISTERPRÄSIDENT D, ↗BÜRGERMEISTER: *ERSTE BÜRGERMEISTER D (Hamburg); *REGIERENDE BÜRGERMEISTER D (Berlin) ›Leiter(in) der ↗Landesregierung von Bremen‹: *Der Präsident des Senats wird ... erforderlichenfalls durch ein anderes, von ihm dazu bestimmtes Mitglied des Senats vertreten* (Landesverfassung der Freien Hansestadt Bremen, Artikel 115, Internet) – Das Substantiv *Präsident* ist in allen anderen Verwendungen gemeindt. Vgl. Senat, Landeschef, Landesfürst

Präsidiale A die; –, -n (Politik): **1.** ›aus den drei Präsident(inn)en bestehendes Präsidium des ↗Nationalrates‹: *In einem Brief an die Mitglieder der Präsidiale ... zeigt er sich verärgert über die Entscheidung, dem »Haus der Toleranz« eine Absage zu erteilen* (Format 14. 12. 1998, 27). **2.** ›Konferenz der drei Präsident(inn)en des ↗Nationalrats‹: *Ich ersuche den Herrn Präsidenten zu überprüfen, ob diese uns vorliegenden Berichte aus dem Verfassungsausschuss mit den Unterlagen ..., die in der Präsidiale aufliegen müssten, überhaupt übereinstimmen* (Stenogr. Protokoll des Nationalrates 27./28. 6. 1996, Internet) – Dazu: **Parlamentspräsidiale, Präsidialkonferenz**

Praxisassistent Praxisassistentin: *medizinische Praxisassistent(in) CH: ↗ORDINATIONSHILFE A, ↗SPRECHSTUNDENHILFE A D, ↗ARZTGEHILFE CH, ↗ARZTHELFER D ›Person, die in einer ärztlichen Praxis administrative Arbeiten erledigt und bei den medizinischen Behandlungen assistiert‹ /Berufsbezeichnung/: *Als medizinische Praxisassistentin, die im Kantonsspital St. Gallen tätig ist, begrüsst sie eine Zusammenarbeit mit den Ärzten* (St. Galler Tagbl 14. 11. 2001, Internet)

präzis A CH Adj. ⟨aus lat. *praecisus* ›vorn abgeschnitten, abgekürzt‹⟩: ›sehr genau; exakt; präzise‹: *Hier stieß der Dirigent hörbar an die Grenzen seiner Fähigkeit, die Instrumentalisten präzis zusammenzuhalten* (Kurier 26. 1. 1999, 12; A); *Wichtiger als endgültige Antworten sind ihm die Fragen, und diese sind unverkrampft präzis und ungemein gescheit* (BaZ 17. 10. 1997, 52; CH)

präzise (gemeindt.): ↗PRÄZIS

Preisanstieg (gemeindt.): ↗TEUERUNG

Preisausschreiben A D das; -s, –: ↗WETTBEWERB CH ›[in Zeitungen/Zeitschriften] ausgeschriebene Aufgabenstellung mit Gewinnmöglichkeit‹: *Eine Dissertation schreiben, meine Beine mit Rosskastanie einreiben, Marillenknödel einfrieren, an Preisausschreiben teilnehmen, beim Gehen den Brustkorb breit machen, damit die Taille schlanker wird* (Balàka, Atem 122; A); *Die drei Passagiere, zwei Frauen und ein Mann, waren über ein Preisausschreiben zu dem Flug gekommen* (Welt 22. 9. 1999, Internet; D)

Preiselbeere (gemeindt.): ↗GRANTEN, ↗KRONSBEERE, ↗MOOSBEERE

Preisindex D der; -(es), -e/...indizes (Wirtschaft): ↗VERBRAUCHERPREISINDEX A D, ↗LANDESINDEX: *LANDESINDEX DER KONSUMENTENPREISE CH ›statistischer Messwert, der die Entwicklung der Lebenshaltungskosten wiedergibt‹: *Wie das Statistische Bundesamt mitteilt, ist der Preisindex für die Lebenshaltung aller privaten Haushalte für Deutschland im November 1997 um 1,9 % ... gestiegen* (Statistisches Bundesamt, 1997, Internet) – In A selten – Dazu: **Energiepreisindex, Großhandelspreisindex**

Preiskommission A die; –, ohne Plur.: ↗PREISÜBERWACHER CH ›Kommission im ↗Ministerium für Wirtschaft und Arbeit, die Preissteigerungen beobachtet, unverbindliche Preisempfehlungen abgibt und Beschwerden der Bevölkerung weiterleitet‹: *Bisher wur-*

den der Preiskommission rund 740 Verdachtsfälle gemeldet, 420 davon betrafen vermutete ungerechtfertigte Preiserhöhungen, 87 befassten sich mit angeblichen Mängeln bei der Preisauszeichnung (Kleine Ztg 31. 10. 2001, Internet) – Dazu: **Euro-Preiskommission**

Preissturz (gemeindt.): ↗PREISVERFALL, ↗PREISZERFALL

Preisüberwacher Preisüberwacherin CH der; -s, – bzw. die; –, -nen: ↗PREISKOMMISSION A ›Person, die im Namen des Bundes die Preise marktmächtiger Organisationen kontrolliert und notfalls herabsetzt‹: *Die Preise für Spirituosen sind ... wegen Zollsenkungen gefallen. Ist der Preisüberwacher vom Gastgewerbe bestochen worden? Von den Restaurants, Bars und Nightclubs haben nur ganz wenige Lokale abgeschlagen* (TA 16. 9. 1999, 31) – Dazu: **Preisüberwachung**

Preisverfall A D der; -s, ohne Plur.: ↗PREISZERFALL CH ›Preissturz‹: *Unterdessen überlegen die in der OPEC zusammengeschlossenen Erdölproduzenten, wie sie den anhaltenden Preisverfall stoppen können* (SN 27. 1. 1998, Internet; A); *Die Münchner Epcos AG reagiert auf den anhaltenden Preisverfall ... für elektronische Bauelemente ... mit neuem Stellenabbau* (Stuttgarter Ztg 21. 11. 2001, Internet; D)

Preiszerfall CH der; -s, ohne Plur.: ↗PREISVERFALL A D ›anhaltender Rückgang der Preise‹: *Die Überproduktion bei Fleisch und Milch hat zum gesamteuropäischen Preiszerfall für Agrarprodukte beigetragen* (Bär, Geographie Europas 252)

pressant CH D-süd Adj. [prɛˈsant] (Grenzfall des Standards): ›dringend‹: *Manchmal, wenn die Arbeit pressant ist, so muss ich bis um elf Uhr fädeln im Keller* (Meyer, Geschichte 2, 35; CH) – Vgl. pressieren

Pressekonferenz (gemeindt.): ↗MEDIENKONFERENZ, ↗MEDIENORIENTIERUNG, ↗PRESSEORIENTIERUNG

Presseorientierung CH die; –, -en: ↗MEDIENKONFERENZ CH, ↗MEDIENORIENTIERUNG CH ›[kleine] Pressekonferenz‹: *Eine neu gestaltete Umgebung wäre »ein Riesengewinn« für die Schule, sagte Gemeinderätin Locher an einer Presseorientierung* (Bund 2. 12. 1999, 29)

pressieren sw.V./hat: **1.** A CH D-süd (in Verbindung mit *es*) ›dringend sein; eilen‹: *Zum Umziehen bleibt bei einem Einsatz kaum Zeit: im Feuerwehrgerätehaus Rankweil pressiert's* (Vorarlberg Magazin 90/1997, Internet; A); *Er kam in die Küche, wenn sie kochte und wenn das Reden mal recht angefangen hatte, so pressierte es ihm nicht, wieder zu gehen* (Wenger, Rosalia 38; CH). **2.** CH D-südwest; ↗TUMMELN A D-mittelost/südost, ↗SPUTEN CH D (ohne südost) ›sich beeilen‹: *Wir schlängeln uns zwischen den Bäumen hindurch, und ich habe das Gefühl, pressieren zu müssen* (Heimann, Lisi 34; CH) – In A Grenzfall des Standards – Zu 1.: ↗**pressant** CH D-süd, ↗**pressiert** CH

pressiert CH Adj.: ›in Eile‹: *Steh auf, leg dich an, ... ich bin pressiert* (Wenger, Rosalia 82) – Vgl. pressieren

Presskopf (gemeindt.): ↗PRESSSACK, ↗PRESSWURST

Presssack D-nordost/süd der; -(e)s, ...säcke: ↗PRESSWURST A ›Wurst aus in einen Darm oder Schweinemagen gepresstem Fleisch vom Kopf des Schweins oder Kalbs; Presskopf‹: *Der Lichtenfelser Landrat Reinhard L. hatte fränkische Wurstspezialitäten mitgebracht ... darunter weißer und roter Presssack* (Welt 18. 3. 2000, Internet)

Presswurst A die; –, ...würste: ↗PRESSSACK D-nordost/süd ›Wurst aus gepresstem [Kopf]fleisch vom Schwein oder Kalb in ↗Aspik; Presskopf‹: *Was immer Gerhard U. anbietet, ist Spitze: ob Kümmelbraten, Leberwurst, Presswurst, Vorarlberger Bergkäse oder toskanische Spezialitäten – alles wird von kleinsten Produzenten liebevoll ausgesucht* (Kurier 18. 4. 1998, 22)

Preuß D-südost der; -en, -en (abwertend): ↗PIEFKE A D-südost ›Deutscher nördlich des Mains‹: *Die Besetzung fand ich sehr gut! ... der Bayer und der Preuß, das reichte, um die Dimensionen deutlich zu machen* (Deutschlandradio, 2003, Internet) – In A veraltet

Primar Primaria A der; -s, -e bzw. die; –, ...riae ⟨aus lat. *primarius* ›einer der Ersten‹⟩: ↗PRIMARARZT A, ↗PRIMARIUS A, ↗CHEFARZT CH D ›leitender Arzt bzw. leitende Ärztin eines Krankenhauses; Leiter(in) einer Krankenhausabteilung‹: *Tiere sind ideale Therapeuten für alte Menschen. Tiere werten nicht, sagt Primaria Eva F., die medizinische Leiterin* (Kurier 27. 12. 1992, 10) – Abk. Prim. Auch als Anrede gebräuchlich

Primararzt Primarärztin A der; -(e)s, ...ärzte bzw. die; –, -nen: ↗PRIMAR A, ↗PRIMARIUS A, ↗CHEFARZT CH D ›leitender Arzt bzw. Ärztin eines Krankenhauses; Leiter(in) einer Krankenhausabteilung‹: *Untersucht wurden die Daten über den Zeitraum von 1988 bis 1992 von den Primarärzten Willi O. (Tirol), Hans C. und Hubert H. (Salzburg)* (SN 31. 3. 1998, 17)

Primarius Primaria A der; –, ...rien/...rii bzw. die; –, ...riae ⟨aus lat. *primarius* ›einer der Ersten‹⟩: ↗PRIMAR A, ↗PRIMARARZT A, ↗CHEFARZT CH D ›leitender Arzt bzw. leitende Ärztin eines Krankenhauses; Leiter(in) einer Krankenhausabteilung‹: *»Ein ebenso weltweit zu beobachtendes Phänomen ist die Häufung von Tbc-Fällen in Großstädten«, warnte Primarius Dr. Norbert V., Vorstand der 2. Internen Lungenabteilung des Pulmologischen Zentrums in Wien am Dienstag* (Kurier 5. 11. 1997, 14) – Die Bedeutung ›erster

Geiger bzw. erste Geigerin in einem Streichquartett‹ ist gemeindt.

Primarlehrer Primarlehrerin CH der; -s, – bzw. die; –, -nen: ↗Volksschullehrer A, ↗Grundschullehrer D STIR ›Lehrer(in) an einer ↗Primarschule‹: *Schweizerschule Mexiko sucht per August 1998 1 Primarlehrer* (SLZ 1/1998, 2) – Dazu: **Primarlehrerpatent** (↗Lehrerpatent)

Primarschule CH die; –, -n: ↗Volksschule A, ↗Grundschule D STIR, ↗Klippschule D-nordost, ↗Primärschule LUX ›erste, vier oder fünf Jahre dauernde staatliche Schule zur Vermittlung von elementarer Bildung bzw. Gebäude, in dem diese Schule untergebracht ist‹: *Ohne kausalen Zusammenhang erzähle ich von einem Klassenabend der Primarschule nach 20 Jahren in Davos-Dorf* (Federspiel, Beste Stadt 45) – Vgl. Primarlehrer, Primarstufe – Dazu: **Primarschulalter, Primarschüler(in), Primarschulhaus** (↗Schulhaus), **Primarschulklasse, Primarschulkommission** (↗Schulkommission), **Primarschullehrer(in), Primarschulpflege** (↗Schulpflege)

Primärschule LUX die; –, -n: ↗Volksschule A, ↗Primarschule CH, ↗Grundschule D STIR, ↗Klippschule D-nordost ›erste, sechs Jahre dauernde staatliche Schule zur Vermittlung von elementarer Bildung bzw. Gebäude, in dem diese Schule untergebracht ist‹: *Derzeit beträgt die durchschnittliche Schülerzahl pro Klasse … in der Primärschule 17,9* (Gemeinde Beaufort, 2002, Internet)

Primarstufe CH D die; –, -n: ›(in der Schweiz) je nach ↗Kanton vier bis sechs Jahre dauernder, erster Abschnitt der ↗Volksschule, für dessen Absolvierung die ↗Primarschule zur Verfügung steht; (in Deutschland) vier Jahre dauernder erster Abschnitt der schulischen Ausbildung, für dessen Absolvierung die ↗Grundschule zur Verfügung steht‹: *In Bern, Biel, Langenthal und Spiez werden Lehrkräfte für den Kindergarten und das 1. und 2. Schuljahr sowie für die oberen Klassen der Primarstufe (3. bis 6. Schuljahr) ausgebildet* (Bund 22. 2. 2001, 21; CH); *Das Ziel: ein abgeschlossenes Studium der Primarstufe und danach eine Anstellung als Grundschullehrer* (WAZ 23. 3. 2001, Internet; D) – Vgl. Schulstufe

Printe D (ohne nordost/südwest) die; –, -n: ↗Lebzelten A D-südost, ↗Biber CH, ↗Honigkuchen D-nord/mittel, ↗Kuchen: *Braune Kuchen D-nord, ↗Pfefferkuchen D-nord/mittel ›lebkuchenähnliches Gebäck‹ (oft in der Wendung *Aachener Printe*): *Wir stellen 9 verschiedene Sorten Printen her* (Printenstübchen, 2003, Internet); *Süße Exportschlager der Stadt – nicht nur zur Weihnachtszeit – sind Aachener Printen, Schokoladen und Konfitüren* (RWTH Aachen 25. 11. 1999, Internet)

Priska Prisca CH ⟨aus lat. *Prisca* ›die Altehrwürdige‹⟩: weibl. Vorname: *Priska (36), Lehrerin, ledig, liebt zwei Männer* (Blick 25. 8. 1999, 22)

pritscheln sw.V./hat (Grenzfall des Standards): **1.** A D-südost ›planschen‹: *Das Gerücht, dass die Union Geinberg nur deswegen Letzter sei, weil ihre Spieler zu viel im Thermalwasser pritscheln, anstatt zu trainieren, entbehrt also jeglicher Grundlage* (OÖN 5. 6. 2001, 11; A). **2.** D-südost ›plätschern‹: *Guglweids Stimme wurde fast vom eintönigen Geräusch des Regens, der aufs Blechdach pritschelte …, verschlungen* (Bekh, Apollonius 160)

pritschnass D-südost Adj.: ↗waschelnass A D-südost, ↗bachnass CH, ↗pflotschnass CH ›sehr nass, durchnässt; platschnass‹: *Angie war erschrocken und kam weinend, pritschnass zu uns heraufgerannt* (Hausinger Versandhandel München, 2002, Internet)

Privatbeamte Privatbeamtin LUX der; -n, -n bzw. die; –, -nen: ›Person mit beamtenähnlichem Status in der Privatwirtschaft (bes. in größeren Unternehmen)‹: *Einstimmig wurde sodann ein Posten für einen teilbeschäftigten Privatbeamten … geschaffen* (Luxemb Wort 21. 9. 1999, 14)

Privatissimum A das; -s, …ma ⟨aus lat. *privatissimus*, Superlativ zu *privatus* ›nicht öffentlich‹⟩: ›Übung an einer Universität für eine beschränkte Zahl von ausgewählten Teilnehmer(inne)n‹: *Privatissimum für Diplomanden und Dissertanten WS ’00* (TU Wien, 2000, Internet) – In CH und D selten

Privatist Privatistin A der; -en, -en bzw. die; –, -nen ⟨aus lat. *privatus* ›gesondert, nicht öffentlich‹⟩: ↗Externist A ›sich privat und ohne Unterrichtsbesuch auf einen Schulabschluss vorbereitender Schüler bzw. vorbereitende Schülerin‹: *Die Schüler wurden als Privatisten am Linzer Akademischen Gymnasium eingeschrieben und machten dort auch ihre Prüfungen* (75 Jahre Stiftsgymnasium Wilhering, 2002, Internet)

Privatverkehr CH der; -s, ohne Plur.: ›Beförderung von Personen und Gütern mit privaten Fahrzeugen (im Ggs. zum öffentlichen Verkehr); Individualverkehr‹: *Auf eine Million Personenkilometer umgerechnet, passieren durchschnittlich in der Schweiz nur gerade zwei Unfälle im Bahnverkehr. Im Flugverkehr sind es drei, bei Bus/Tram 13,5 und im Privatverkehr gar 110 Unfälle!* (Blick 5. 6. 1998, 2)

Probe CH die; –, -n: ↗Schularbeit A, ↗Klausur D, ↗Klassenarbeit D (ohne südost), ↗Schulaufgabe D-südost ›schriftliche Prüfung während des Schulunterrichts‹: *Zum ungetrübten Ärger fast aller Lehrer waren sie gezwungen, uns nach jeder Probe eine Fünf oder Sechs zu notieren* (Schädelin, Eugen 60) – Andere Bedeutungen sind gemeindt.

Probeführerschein A der; -(e)s, -e (Verkehr): ›↗Führerschein auf Probe für Anfänger(innen) mit befristeter Gültigkeitsdauer, während der keine schweren Verkehrsdelikte begangen werden dürfen und die Alkoholgrenze niedriger liegt‹: *Wahnwitzige Fahrmanöver legte Samstag Nachmittag ein 19-jähriger Linzer … hin, nachdem der Inhaber eines Probeführerscheins im Leondinger Ortsgebiet Hart mit 94 km/h in eine Geschwindigkeitskontrolle geraten war* (OÖN 30. 9. 2002, 19)

Probejahr A das; -(e)s, -e (informell): ↗UNTERRICHTSPRAKTIKUM A, ↗REFERENDARIAT D ›einjähriges Praktikum nach abgeschlossenem Studium, bei dem in Begleitung eines Lehrers bzw. einer Lehrerin unterrichtet wird‹: *»Das Lehramt kann heute aber nur mehr als eine Basisausbildung betrachtet werden«, betont T., selbst ausgebildete AHS-Lehrerin, die nach dem Probejahr nie im Schuldienst untergekommen ist* (Kleine Ztg 19. 9. 1997, Internet) – Vgl. Probelehrer

Probelehrer Probelehrerin A der; -s, – bzw. die; –, -nen (informell): ↗UNTERRICHTSPRAKTIKANT A, ↗LEHRAMTSANWÄRTER D, ↗REFERENDAR D ›Junglehrer(in), der bzw. die nach abgeschlossenem Studium das in die Unterrichtstätigkeit einführende Praxisjahr absolviert‹: *Nachdem er als wissenschaftliche Uni-Hilfskraft bloß 1000 Schilling und als Probelehrer … nur magere 3200 Schilling brutto im Monat verdient hatte, bot sich die Gelegenheit, für einen erkrankten Freund als Berufsmusiker einzuspringen* (Profil 1. 9. 1995, Extra 68) – Vgl. Probejahr

Probelektion die; –, -en: **1.** CH; ↗PRÜFUNGSLEKTION CH, ↗LEHRPROBE D ›Unterrichtsstunde (eines angehenden Lehrers bzw. einer angehenden Lehrerin), die von einer Prüfungskommission bewertet wird‹: *Die schulpraktische Prüfung besteht aus 2 Probelektionen (45 bzw. 90 Minuten). Jede Probelektion wird ergänzt durch ein 30-minütiges Prüfungsgespräch* (Studienführer Universität Bern, 2002, Internet). **2.** CH ›Unterrichtsstunde, die ein(e) Bewerber(in) für eine Stelle als Lehrer(in) an einer Schule vor einer Wahlbehörde abhält‹: *Die Bewerber um eine Lehrstelle an den Kantonsschulen und an den Lehrerbildungsanstalten haben eine Probelektion abzuhalten oder auch eine Prüfung zu bestehen, wenn die Wahlbehörde nicht anderweitig in den Stand gesetzt ist, über die Befähigung derselben ein sicheres Urteil zu fällen* (Zürcher Gesetzessammlung, 2002, Internet). **3.** CH D ›kostenlose Unterrichtsstunde für potentielle Kursteilnehmer(innen)‹: *Das untenstehende Formular ausfüllen, abschicken und schon kontaktieren wir Sie für Ihre persönliche Gratis-Probelektion* (Musikseminar Husar, 2002, Internet; CH); *Wenn sie mehr über die Alexander Technik erfahren wollen, schauen Sie doch mal zu einer kostenlosen Probelektion bei uns vorbei* (Zentrum für Bewegung und Entwicklung Freiburg, 2002, Internet; D) – Zu 1.: In D selten

pröbeln CH sw.V./hat: ›sich mit Ausdauer und Experimentierfreude einer kniffligen Aufgabe widmen; tüfteln‹: *Ich musste erst selbst studieren, pröbeln, verwerfen und wieder neu beginnen, zerstören und wieder konstruieren, eine endlos lange, mühselige Arbeit* (SI 21. 6. 1999, 58) – Dazu: **herumpröbeln**

Probezeit A CH die; –, -en (Recht): ↗BEWÄHRUNGSFRIST D ›befristete Zeit, in der im Fall der ↗bedingten Verurteilung nicht ein weiteres Delikt begangen werden darf, da sonst die Strafe für das erste Delikt vollzogen wird‹: *Von Seiten der Behörde sperrt man Drogensüchtige auch nicht gleich ein. S.: »Es wird hier erst einmal mit einer Probezeit versucht, dem Täter die Gelegenheit zu geben, nicht weiter straffällig zu werden«* (Kleine Ztg 30. 6. 1996, Internet; A); *Das Gericht entschied sich für eine Strafe von drei Monaten Gefängnis auf eine Probezeit von drei Jahren* (NLZ 24. 8. 2001, Internet; CH) – Die Bedeutung ›befristete Zeit zum Nachweis der Eignung für eine Arbeit o. Ä.‹ ist gemeindt.

Produkt- A D (produktives Bestimmungswort in Zus.): ↗PRODUKTE- CH ›ein Erzeugnis betreffend‹, z. B. Produkthaftpflicht, Produkthaftung, Produktpalette, Produktübersicht: *Eine Verbindung von traditioneller Handarbeit und moderner Architektur bietet Ihnen unsere Produktpalette, welche sich von keramischen Bodenplatten, Fenstergesimsen über Stiegenhandläufe bis zu Kachelelementen erstreckt* (BF 24. 6. 1998, 66; A); *Unter Produkthaftung versteht man die Haftung des Herstellers für Schäden, die aus der Benutzung seiner Produkte resultieren* (IHK Aachen 7/2001, Internet; D) – Einige Zus. mit *Produkt-* sind auch in CH gebräuchlich, z. B. Produktentwicklung, Produktgruppe, Produktname

Produkte- CH (produktives Bestimmungswort in Zus.): ↗PRODUKT- A D ›ein Erzeugnis betreffend‹, z. B. Produkteauswahl, Produkteentwicklung, Produktegruppe, Produktehaftpflicht, Produktehaftung, Produktenamen, Produktepalette, Produktesortiment, Produkteübersicht: *Dutzende von Plattenfirmen offerieren Internet-Nutzern Produkteübersichten und Hörproben* (Bund 7. 4. 1995, 2); *In einer Motion fordert die FDP, die Dienstleistungen der Gemeindeverwaltung in Produktegruppen und Produktebudgets zu definieren* (Bund 1. 5. 1999, 26)

Professionist Professionistin A-ost der; -en, -en bzw. die; –, -nen ⟨über frz. *profession* ›Beruf‹ aus *lat. professio* ›öffentliche Angabe‹⟩: ↗FACHARBEITER A D, ↗BERUFSMANN CH ›Person mit abgeschlossener Lehre‹: *Bauherr, Architekt oder Professionist – wer zahlt bei Fehlern beim Hausbau?* (Trend 6/2000, Internet)

Professor Professorin A der; -s, -en bzw. die; –, -nen ⟨lat.⟩: ↗LEHRER CH D, ↗STUDIENRAT D ›Bezeichnung und Anrede für Gymnasiallehrer(innen)‹/Berufstitel für ↗pragmatisierte Lehrer(innen)/: *Für zukünftige Professoren, die sich bereits im Juni im Landesschulrat für Niederösterreich für ein Unterrichtspraktikum anmelden wollten, heißt es allerdings »Bitte warten«* (Format 19. 6. 2000, 26) – In CH und D veraltet. Als Bezeichnung und Anrede für Universitätsprofessor(inn)en gemeindt. – Dazu: **Deutschprofessor(in), Gymnasialprofessor(in), Mathematikprofessor(in)**

Programmation CH die; –, -en: ›Zusammenstellen eines Programms für eine (kulturelle) Veranstaltung, ein Kino oder elektronische Medien; Programmgestaltung‹: *Mit dem Einbau eines 35 mm Projektors Anfang 1998 wurde die Programmation intensiviert: jeden Sonntag ist Kinovorführung* (Kino Nische Winterthur, 2001, Internet) – In D selten

Programmgestaltung (gemeindt.): ↗PROGRAMMATION

Programmkino A D das; -s, -s: ↗STUDIOKINO CH D ›Kino, in dem anspruchsvollere, nicht kommerzielle Filme aus aller Welt [in Originalfassung mit Untertiteln] und Filmretrospektiven gezeigt werden‹: *Als erstes und einziges Tiroler Kino wurde das Programmkino Cinematograph kürzlich in die Vereinigung »Europa Cinemas« aufgenommen* (TT 22. 11. 1996, Internet; A); *Davor träumten … Werner G. und Rechtsanwalt Dr. Winfried F. von einem völlig neuartigen Programmkino, einem Ort, wo Filme gezeigt werden sollten, die es in Hamburg sonst nirgends zu sehen gab* (Welt 27. 10. 2000, Internet; D)

progressiv LUX Adj.: ›nach und nach; sukzessive‹: *Bis zum Termin vom 3. Oktober werden wir progressiv weitere Teile des Geheimnisses … lüften* (Luxemb Wort 21. 9. 1999, 40) Die fachsprachliche Bedeutung ist gemeindt. Die Bedeutung ›fortschrittlich‹ ist gemeindt.

Progymnasium CH das; -s, …gymnasien: ›an die ↗Primarschule anschliessende Schule, die auf das Gymnasium vorbereitet‹: *Jede Oberstufenlehrkraft muss künftig so ausgebildet werden, dass sie an Progymnasien unterrichten kann* (TA 17. 2. 2000, 21) – In D veraltet. Vgl. Bezirksschule, Oberschule, Sekundarschule

Projektwoche A die; –, -n (formell): ↗SCHULLANDWOCHE A, ↗KLASSENLAGER CH, ↗SCHULLAGER CH, ↗KLASSENFAHRT D ›mehrtägiger auswärtiger Aufenthalt von Schulklassen [der einem bestimmten Thema gewidmet wird, z. B. der Ausübung einer Sportart oder des Besuchs einer Stadt]‹: *Die Projektwoche der 4. Klassen fand auch heuer wieder in Flattach in Kärnten (Mölltal) statt. Das sportliche Angebot erstreckte sich diesmal auf Bogensport, Mountainbike, Canyoning und Seifenfußball* (Hauptschule Markt Allhau, Projektwoche, 1999, Internet) – Informell gebräuchlich sind Bezeichnungen, die vom konkreten Ziel oder Programm des Aufenthalts abgeleitet werden, z. B. *Skiwoche, Sportwoche, Wienwoche.* Die Bedeutung ›Unterrichtswoche, in der Schülerinnen und Schüler an der Schule fächerübergreifende Projekte bearbeiten‹ ist gemeindt.

Prokischreiber CH der; -s, –: ↗OVERHEADPROJEKTOR A D, ↗HELLRAUMPROJEKTOR CH, ↗TAGESLICHTPROJEKTOR D ›Gerät, mit dem beschriebene transparente Folien auf eine Leinwand projiziert werden können‹: *Stuckys verzweifelter Ruf nach einem Prokischreiber und Folien, mit denen er die ach doch so komplizierte Materie viel besser hätte erklären können, verhallte ungehört* (Bund 14. 3. 1997, 15)

Prolongation A die; –, -en: ›Verlängerung der Laufzeit eines Films, Theaterstücks, Zustands o. Ä‹: *Der sieht vor, Horst R. anzubieten, »Arielle« im City-Kino ab 28. Dezember in einem der beiden kleinen Säle 14 Tage (ohne Prolongation) parallel zum Apollo mitzuspielen* (OÖN 19. 12. 1990, 17) – Die Verwendung im Bereich Wirtschaft in der Bedeutung ›Verlängerung der Laufzeit eines Kredits, Wechsels, Termingeschäfts‹ ist gemeindt. Vgl. prolongieren

prolongieren A sw.V./hat ⟨aus spätlat. *prolongare* ›verlängern‹⟩: ›(die Laufzeit eines Films, Theaterstücks, eines Zustands o. Ä.) verlängern‹: *Der Serienklassiker »Forsthaus Falkenau« wird prolongiert* (ORF online, 2000, Internet) – Die Verwendung im Bereich Wirtschaft in der Bedeutung ›die Laufzeit eines Kredits, Wechsels, Termingeschäftes verlängern‹ ist gemeindt. – Dazu: ↗**Prolongation, Prolongierung**

Promenade (gemeindt.): ↗FLANIERMEILE

Promillegrenze (gemeindt.): ↗ALKOLIMIT

Promotion die; –, -en ⟨aus lat. *promotio* ›Beförderung‹⟩: **1.** A D-mittelost (Hochschule) ›akademische Feier zur Verleihung der Doktorwürde‹: *Beibehalten wollen die Universitäten die Tradition der akademischen Feiern dennoch: Sponsion und Promotion wird es weiterhin geben, aber es bekommt jeder sofort seinen Bescheid* (Kurier 22. 9. 1997, 21; A). **2.** CH D (Hochschule) ›Erlangung der Doktorwürde; Beförderung zum Doktor bzw. zur Doktorin‹: *Die Promotion zum Dr. phil. im Fach Publizistikwissenschaft ist möglich* (Universität Zürich, IPMZ, 2000, Internet; CH); *Andere Briten belegen den Kurs unmittelbar nach ihrem Abschluss als Bachelor und legen mit dem Master die Grundlage für eine Promotion im selben Fachgebiet* (SZ Hochschule & Beruf Sonderdruck SS 1998, 5; D). **3.** CH (Schule) ›Versetzung in die nächsthöhere

Klasse‹: *Das reicht noch knapp für die Promotion in die vierte Klasse* (Diggelmann, Vergnügungsfahrt 42). **4.** CH BELG LUX (Sport) ›Aufstieg in die nächsthöhere Wettkampfklasse‹: *Auch wenn der Gewinn der Meisterschaft und damit die Promotion in die 2. Liga ins Auge gefasst werden können, wäre ein Nichtaufstieg weder eine Katastrophe noch ein Beinbruch* (Schaffhauser Bock online, 2001, Internet; CH); *Zum vierten Male steigt der RFCU-Kelmis in die Promotion auf* (Gemeinde Kelmis, 2002, Internet; BELG); *In der Promotion steht Leader Echternach bei den Reserven des HBD auf dem Prüfstand* (Luxemburger Wort 11. 2. 2000, 24; LUX) – Zu 2. bis 4.: In CH selten auch in der Form *Promovierung.* Zu 1, 2 und 3 vgl. promovieren. Zu 2 vgl. Promovend – Zu 1.: **Promotionsfeier.** Zu 2.: ↗**Promotionsstudium** D. Zu 2. und 3.: **Promotionsbestimmungen, Promotionsordnung, Promotionsreglement** (↗-reglement), **Promotionsverordnung** CH. Zu 4.: **Promotionsrunde**

Promotionsstudium D das; -s, …ien: ↗Doktoratsstudium A, ↗Doktorat CH ›Studium an der Universität, das zum Erwerb des akademischen Grades eines Doktor bzw. einer Doktorin führt‹: *Das Informatikstudium gliedert sich in das Bachelorstudium … und das Promotionsstudium* (Universität Göttingen 27. 4. 2000, Internet) – In A und CH selten. Vgl. Promotion

Promovend Promovendin D der; -en, -en bzw. die; –, -nen ⟨aus lat. *promovere* ›befördern‹⟩ (Hochschule): ↗Dissertant A, ↗Doktorand CH D ›Person, die an einer Dissertation schreibt‹: *Das Projekt … steht aber auch jungen Dozenten und Dozentinnen … sowie Promovenden offen* (UNI Magazin 7/1997, 7) – Vgl. Promotion, promovieren

promovieren sw.V./hat: **1.** A (Hochschule) ›am feierlichen Akt, bei dem die Doktorwürde verliehen wird, als Kandidat(in) teilnehmen‹: *Erstmals in Österreich promoviert jetzt ein Geschwisterpaar sub auspiciis* (Kleine Ztg 3. 11. 2000, Internet). **2.** CH D; ↗dissertieren A, ↗doktorieren CH ›an einer Dissertation schreiben; den Doktortitel erlangen; voranschreiten (zum Doktortitel)‹: *Nach der Kantonsschule Stadelhofen erwarb N. 1985 an der Universität Zürich das Lizentiat der Rechtswissenschaft und promovierte 1989 zum Doktor* (TA 17. 1. 1996, 17; CH); *Bernhard wollte promovieren, hat den einfachsten Weg dazu in Amerika entdeckt* (SZ Hochschule & Beruf, Sonderdruck SS 1998, 1; D). **3.** CH (formell); ↗aufsteigen A D-südost, ↗befördern CH D-südwest, ↗versetzen D (ohne südost), ↗vorrücken D-mittelost/südost ›(einen Schüler oder eine Schülerin) aufgrund der schulischen Leistungen für die nächsthöhere Klasse zulassen‹: *Bist du provisorisch promoviert und möchtest wissen, wie du die Schule wieder in den Griff bekommst?* (Kantonsschule Enge, Schülerberatung, 1998, Internet) – Die Bedeutung ›die Doktorwürde verliehen bekommen‹ ist gemeindt. Vgl. Promotion Zu 2.: ↗**Promovend(in)** D

Promovierung CH die; –, -en (selten): siehe Promotion

Proponent Proponentin A der; -en, -en bzw. die; –, -nen ⟨aus lat. *proponere* ›öffentlich aufstellen‹⟩ (formell): ›Person, die sich für eine Sache öffentlich engagiert; Förderer (…derin)‹: *Kirchenoffensive für Religion an den Schulen. Bank Austria-Chef Randa ist ein Proponent des Vereins der Freunde des Religionsunterrichts* (Presse 7. 12. 2000, Internet) – Die Bedeutung ›Antragsteller(in)‹ ist gemeindt. veraltet – Dazu: **Proponentenkomitee**

Proporz der; -es, -e ⟨verkürzt aus *Proportionalwahl,* aus spätlat. *proportionalis* ›in gleichem, angemessenem Verhältnis stehend‹⟩: **1.** CH ohne Plur.: kurz für *Proporzwahlsystem:* ›Verhältniswahlsystem‹: *Neuwahl des Nationalrates auf Grundlage des Proporzes* (Frisch, Schweiz 78). **2.** D ›Verteilung von Ämtern oder Sitzen nach der Stimmenzahl‹: *Proporz bezeichnet das Verhältnis der Angehörigen einer Gruppe und der Zahl ihrer Vertreter in einem Entscheidungsgremium* (WDR, 2002, Internet). **3.** A ›Verteilung der Macht und der öffentlichen Ämter entsprechend der Stärke der Parteien im ↗Nationalrat (bes. in Koalitionsregierungen)‹: *Halten Sie Vorwürfe bezüglich Proporz und Freunderlwirtschaft generell für irrelevant oder nur in Ihrem Fall für irrelevant?* (Trend 7/2000, Internet). **4.** STIR ›Besetzung von öffentlichen Stellen, Zuweisung von Subventionen etc. in Südtirol entsprechend dem Zahlenverhältnis der deutschen, italienischen und ladinischen Sprachgruppe‹ (auch in der Wendung *ethnischer Proporz*): *Nicht dem Proporz unterworfen sind hingegen bestimmte staatliche Verwaltungen wie z. B. Militär und Sicherheitsorgane* (Autonome Provinz Bozen-Südtirol, Über Südtirol, 2001, Internet); *Seiner Funktion nach ist der ethnische Proporz ein Schutzmechanismus für die in Südtirol lebenden beiden ethnischen Minderheiten der Deutschen und Ladiner* (Südtirols Autonomie 93) – Zu 1.: In A veraltet, in D selten. Zu 1 vgl. Majorz – Zu 1.: **Proporzglück, Proporzverfahren,** ↗**Proporzwahl.** Zu 4.: **Proporzdekret** (↗Dekret), **proporzmäßig**

Proporzwahl CH die; –, -en: ›Wahlen nach dem Verhältniswahlsystem; Verhältniswahl‹: *Einen heftigeren Wechsel in der Wählergunst hat es seit Einführung der Proporzwahl vor 80 Jahren noch nie gegeben* (TA 25. 10. 1999, 3) – In A fachsprachlich. Vgl. Proporz – Dazu: **Proporzwahlrecht, Proporzwahlsystem, Proporzwahlverfahren**

Proppen D-nord der; -s, –: ↗Stoppel A (ohne west), ↗Stopsel A-west (Tir.)/südost D-südost, ↗Zapfen CH, ↗Kork D-nordost/südwest, ↗Propfen D-südwest ›aus Kork hergestellter Flaschenverschluss; Korken‹: *Aber was nun gerade das Material des Proppens, mit dem meine Pulle verschlossen ist, mit »Romantik« zu tun hat, wird mir für immer verborgen bleiben!* (Wein im Internet, 2002, Internet) – Dazu: ↗**proppenvoll** D-nord/mittel

proppenvoll D-nord/mittel Adj. (Grenzfall des Standards): ↗BUMMVOLL A, ↗GESTECKT: *GESTECKT VOLL A D-süd, ↗BUMSVOLL CH, ↗GESTOSSEN: *GESTOSSEN VOLL CH, ↗RAMMELVOLL D (ohne südost), ↗RAPPELVOLL D-mittelwest/südwest ›[mit Menschen] übermäßig angefüllt (von Räumen); überfüllt‹: *Das Kino war proppenvoll, und ich erinnere mich lebhaft an die grandiose Stimmung* (TAZ 4. 2. 2002, Internet) – Vgl. Proppen

Prospekt (gemeindt.): ↗FALTBLATT, ↗FALTER, ↗FALTPROSPEKT

Prospekt der/das; -(e)s, -e: in A auch Neutrum, gemeindt. Maskulinum. Das gilt auch für die Zus., z. B. *Reiseprospekt, Werbeprospekt: »Das Auersbach Tal erleben« heißt das neue Prospekt der Erwerbsgemeinschaft Auersbach* (Kleine Ztg 16. 9. 1997, Internet; A)

Protestant (gemeindt.): ↗REFORMIERTE

protestantisch (gemeindt.): ↗REFORMIERT

Protokoll: *Protokoll errichten LUX ›Anzeige erstatten‹: *Dem ... Fahrer wurde eine Blutprobe entnommen. Gegen ihn wurde außerdem Protokoll errichtet* (Luxemb Wort 21. 9. 1999, 12) – Das Substantiv *Protokoll* ist in allen anderen Verwendungen gemeindt.

Protokollführer (gemeindt.): ↗AKTUAR/AKTUARIN, ↗SCHREIBER/SCHREIBERIN, ↗SCHRIFTFÜHRER/SCHRIFTFÜHRERIN

Protz D der; -es, -e (abwertend, Grenzfall des Standards): ↗GERNEGROSS CH GERNEGROß D, ↗PRAHLHANS D, ↗PIEFKE D (ohne mittelost/südwest) ›Angeber; Aufschneider‹: »*Neureiche Protze!*« (Krüss, Timm Thaler 64)

Providurium CH das; -s, ...ien (Neubildung): ›Übergangslösung, die sich allmählich zu einer definitiven Lösung entwickelt‹: *Für Berns Heilsarmee-Passantenheim heisst dies, dass das Provisorium zum Providurium, wenn nicht zum Definitivum wird* (Bund 13. 10. 2001, 25)

Provinz STIR die; –, -en ⟨aus spätlat. *provincia* ›Gegend, Bereich‹⟩: ›aus mehreren Gemeinden (ital. *comune*) und einer Hauptstadt (ital. *capoluogo*) bestehende Verwaltungseinheit des ital. Staates, Teilgebiet einer ↗Region‹: *Es dürfte einzigartig in der Provinz sein, dass eine dermaßen konzentrierte Veranstaltung über Frauenkultur ... organisiert wird* (BAZ 18. 4. 1998, 22); ***autonome Provinz [Bozen/Trient]:** ↗BUNDESLAND A D, ↗LAND A D, ↗KANTON CH, ↗ORT CH, ↗STAAT CH, ↗STAND CH, ↗REGION STIR ›Teilgebiet des ital. Staates mit beschränkter politischer Autonomie‹: *Die geforderte Kompetenzübertragung von den regionalen auf die provinziellen Sportverwaltungsstrukturen wäre mit dem vom neuen Autonomiestatut vorgesehene Übergang der Befugnisse von der Region auf die autonomen Provinzen zu vergleichen* (Autonome Provinz Bozen-Südtirol, Über Südtirol, 2001, Internet) – Die Bedeutungen ›staatliche oder kirchliche Verwaltungseinheit‹ und die abwertende Bedeutung ›Gegend, in der wenig los ist‹ sind gemeindt. – Dazu: **provinzansässig** (↗ansässig), ↗**provinzfremd, Provinzhauptstadt, Provinz-Kennzeichen, Provinzstraße**

provinzfremd STIR Adj.: ›nicht aus der ↗autonomen Provinz Bozen-Südtirol kommend (von Betrieben)‹: *Gerade in Meran drängen immer mehr provinzfremde Betriebe auf den Markt* (Dolomiten 11. 3. 2002, 12) – Vgl. Provinz – Dazu: **Provinzfremde**

Provision A die; –, -en ⟨aus lat. *provisio* ›Vorsorge, Vorkehrung‹⟩: ↗COURTAGE D, ↗MAKLERGEBÜHR D ›Gebühr für Leistungen von ↗Maklern auf dem Immobilien- und Wohnungsmarkt‹: *Dass die Immobilienfirma, die ihre Gesellschaft als Bauträgerin vermittelt, ihrem Mann Erwin gehört, bereitet keine Gewissensbisse: Die Provisionen, die Kunden für das Maklergeschäft unter Eheleuten verrechnet wurden, seien »üblich«* (OÖN 24. 1. 2001, Internet) – Die Bedeutung im Bereich Wirtschaft ›Beteiligung an einem Umsatz als Vergütung für die Vermittlung eines [Handels]geschäfts‹ sowie andere Bedeutungen sind gemeindt. – Dazu: **Höchstprovision, Maklerprovision** (↗Makler), **provisionsfrei, Provisionshöhe, Vermittlungsprovision**

provisorisch: *provisorisch werden CH ›in der Schule bei ungenügenden Leistungen den Vermerk ins Zeugnis bekommen, dass eine Zulassung für die nächst höhere Klasse gefährdet ist, wenn sich die Leistungen nicht verbessern‹: *Es können sich also auch SchülerInnen bewerben, die am Ende des vorhergehenden Semesters provisorisch geworden sind* (Kantonsschule Oerlikon, 2003, Internet) – Das Adjektiv *provisorisch* ist in allen anderen Verwendungen gemeindt.

Provisorium CH das; -s, ...rien: ›Gefährdung der Zulassung in die nächst höhere Klasse bei ungenügenden schulischen Leistungen‹: *Überhaupt, in mehreren Fächern offensichtlich nachgelassen, in Mathe bereits am Rande zum Provisorium* (Walter, Beton zu Gras 54) – Andere Bedeutungen sind gemeindt.

-prozentig (gemeindt.): ↗-GRADIG, ↗-GRÄDIG

prozentual CH D Adj. ⟨aus ital. *per cento* ›pro Hundert‹⟩: ↗PROZENTUELL A ›in Prozenten‹: *Die Gesamtkosten werden sich auf etwa 700'000 Franken* *belaufen, wobei sie prozentual auf Bund, Kanton und Gemeinde verteilt werden* (NLZ 7. 8. 2001, Internet; CH); *Im Wintersemester 1911/12 leisteten sich prozentual mehr als doppelt so viele Studenten wie heute den Luxus, ausländische Hochschulen zu besuchen* (SZ Hochschule & Beruf, Sonderdruck SS 1998, 1; D)

prozentuell A Adj. ⟨aus ital. *per cento* ›pro Hundert‹⟩: ↗PROZENTUAL CH D ›in Prozenten‹: *Kleinere Betriebe in benachteiligten Regionen sollen prozentuell mehr Beihilfen bekommen als die Großen* (Profil 12. 9. 1999, Internet)

Prüfungslektion CH die; –, -en: ↗PROBELEKTION CH, ↗LEHRPROBE D ›Unterrichtsstunde eines angehenden Lehrers bzw. einer angehenden Lehrerin, die von einer Prüfungskommission bewertet wird‹: *Unmittelbar nach einer Prüfungslektion haben die Studierenden die Gelegenheit, sich zum Verlauf der gehaltenen Lektion zu äussern* (Prüfungsausschuss für das Lehramt an mittleren und oberen Schulen, 2002, Internet)

Prüfungsordnung A D die; –, -en: ↗PRÜFUNGSREGLEMENT CH ›Vorschriften über die Durchführung einer Prüfung; Prüfungsvorschriften‹: *Diese ist unter anderem an die Vorlage eines Studienplanes sowie einer Prüfungsordnung, an den Nachweis der erforderlichen Personal-, Raum und Sachausstattung … gebunden* (Kurier 17. 3. 1998, 17; A); *Das Konzept sieht eine einheitliche Prüfungsordnung und Lehrstoffplanung vor* (Welt 11. 6. 1996, Internet; D)

Prüfungsreglement CH das; -(e)s, -e [...mɛnt]: ↗PRÜFUNGSORDNUNG A D ›Vorschriften über die Durchführung einer Prüfung; Prüfungsvorschriften‹: *Das Esperanto-Kulturzentrum in La Chaux-de-Fonds hat … eine Art Prüfungsreglement für Esperantisten ausgearbeitet. Es soll dereinst den Kantonen als Rahmen dienen, falls sie sich entschliessen sollten, Esperanto an den Schulen zu unterrichten* (Bund 17. 3. 1997, 18) – Vgl. Reglement, -reglement

Prüfungssession CH STIR die; –, -en: ›Prüfungsperiode an Schulen und Universitäten‹: *Die an einer Prüfungssession mitwirkenden Examinatoren übernehmen die auf diese Prüfungssession hin erlassenen Prüfungsgebühren anteilsmässig* (Schweiz. Gesetzestexte, 2000, Internet; CH); *Die Abschlussprüfung über die Mittelschule kann nur in einer einzigen Prüfungssession (Juni jeden Jahres) abgelegt werden* (Brugger, Rechte und Pflichten 237; STIR) – Vgl. Session

Prüfungsvorschriften (gemeindt.): ↗PRÜFUNGSORDNUNG, ↗PRÜFUNGSREGLEMENT

Prügelknabe (gemeindt.): ↗BÖLIMANN, ↗WATSCHENMANN

Prügeltorte A-west (Tir.) die; –, -n: ↗BAUMKUCHEN D ›ursprünglich über einer offenen Feuerstelle schichtweise und zylindrisch gebackener, hoher Kuchen aus Biskuitteig‹: *Die Prügeltorte ist eine außerordentlich wohlschmeckende Festtagsspeise für Weihnacht, Hochzeiten, Taufen und wurde auch Königin Elisabeth von England während ihres Tirolbesuches serviert* (Drewes, Tiroler Küche 120)

Prunktreppe CH D die; –, -n: ↗FESTSTIEGE A ›prunkvoll und festlich gestaltete ↗Treppe‹: *1920 kam die Bahn. Vom tief im Tal gelegenen Bahnhof wurde eine repräsentative Prunktreppe bis auf die Ronda hinauf gebaut* (Didaktikum des Kantons AG, 2002, Internet; CH); *Die Prunktreppe mit einem Deckengemälde von Carlo Carlone (1749) führt zum Staatsappartement* (General-Anzeiger Bonn 1. 2. 2002, Internet; D)

PSK-Konto A das; -s, ...ten: ↗POSTSCHECKKONTO A CH BELG LUX, ↗KONTO: *DAS GELBE KONTO CH, ↗PC-KONTO CH, ↗POSTCHECK CH, ↗POSTKONTO CH STIR, ↗POSTKONTOKORRENT STIR ›Konto bei der Postsparkasse‹: *Die Einzahlung … muss am PSK-Konto der jeweiligen Universität bzw. Universität der Künste einlangen* (Parlamentarische Materialien, 2001, Internet)

Psyche A die; –, -n [psyːçə, psɪç(ɛ)] ⟨frz. über ital., nach einer Figur der griech. Göttin Psyche, die oft auf dem Möbelstück stand⟩: ›tischartiges Möbel [mit Spiegel], in dem Toilettenartikel verstaut werden; Frisiertisch, Schminktisch‹: *Boudoir, Barock, Paravent, Bauerntruhe, Bleikristall, Perserbrücken, eine Psyche aus Rosenholz, ein Feld-Bidet hinter dem Evangelisten Johannes, den die Würmer fraßen* (Fritsch, Fasching 29) – Die Bedeutung ›Seele‹ ist gemeindt.

psychiatrieren A sw.V./hat: ›psychiatrisch untersuchen‹: *Er behandelt Jugendliche, die nach einem LSD-Trip psychiatriert werden mussten* (Profil 23. 6. 1996, Internet) – In D selten – Dazu: **Psychiatrierung**

PTS siehe Schule

PUA D siehe Untersuchungsausschuss

Publikumsverkehr der; -s, ohne Plur.: **1.** CH D ›Kommen und Gehen von Besuchern/Kunden an einem öffentlichen Ort‹: *Kunst am Bau ja, aber wenn schon, nicht im Liftschacht eines Verwaltungsgebäudes ohne Publikumsverkehr* (Sonntagsblick 28. 9. 1997, A31; CH); *Am 20. Oktober 1953 begann der Umzug der Volksbücherei … in das geräumige neue Haus, wo … der Publikumsverkehr rasch zunahm* (Stadtbibliothek Ulm, 1999, Internet; D). **2.** D; ↗PARTEIENVERKEHR A LIE ›Zeit für persönliche Vorsprachen bei einer Behörde; Schalteröffnungszeiten‹: *Deshalb wird in der Woche vom 12. Januar bis 16. Januar 1998 nur ein eingeschränkter Publikumsverkehr möglich sein* (Stadt Köln, 1998, Internet)

Pudel D-südost die; –, -n (Grenzfall des Standards): siehe Budel

Puder das/der; -s, –: in D im Grenzfall des Standards Neutrum, gemeindt. Maskulinum. Das gilt auch für die Zus., z. B. Babypuder, Körperpuder: *Gaultier hat seine 1997 vorgestellte Serie Le Bain um … ein parfümiertes Körperpuder und drei kleine parfümfreie Seifenstücke erweitert* (Passauer Neue Presse 29. 5. 1998, 14)

Puderzucker CH D der; -s, ohne Plur.: ↗STAUBZUCKER A D-mittelost/süd BELG ›fein gemahlener Zucker‹: *Himbeersauce: 500 Gramm Beeren mit 80 Gramm Puderzucker mischen und eine halbe Stunde stehen lassen* (Blick 21. 8. 1998, 8; CH); *200 Gramm weiche Butter und 180 Gramm Puderzucker schaumig schlagen* (Allegra 11/1997, 191; D)

Puff: **1.** A CH D-südost das/D (ohne südost) der; -s, -s (abwertend, salopp): ›Bordell‹: *Wie schaut eine Bedarfsprüfung für ein Puff aus? Es wird die Anzahl der Männer erhoben, die im Einzugsgebiet des Puffs lebt* (Kurier 31. 3. 2000, 32; A); *Die Schweiz ist das grösste Puff Europas* (Facts 8. 6. 1999, Internet; CH); *Sie hätte sogar schon daran gedacht, wieder in den Puff zu gehen* (Waldhoff, Grund des Meeres 74; D). **2.** CH das; -s, -s: ›Unordnung, Chaos, Ärger‹: *Manchmal haben wir über vierzig Leute mit all ihren Hunden hier in diesem kleinen Raum, das gibt ein rechtes Puff* (Bund 2. 12. 1999, 33). **3.** D (ohne mittelost/südost) der; -(e)s, Püffe (Grenzfall des Standards): ↗KNUFF D-nord ›[leichter] Stoß mit der Faust oder dem Ellbogen‹: *Aber schon Oliver Twist überlebte Prügel, Püffe und Armenhaus ungescheut lebensgierig und war zuletzt eher ein gewitzter Hehler- und Stehlergehilfe als bloß ein Kind von Traurigkeit* (Stuttgarter Ztg 29. 6. 2001, Internet). **4.** D (ohne mittelost/süd) das; -(e)s, ohne Plur. (veraltend): ›Brettspiel mit Würfeln für zwei Personen‹: *Vorformen von Backgammon haben schon die Menschen in Ur gespielt. Seitdem wurde es in vielen Varianten (Tric-Trac, Puff, …) zu allen Zeiten (z. B. im Mittelalter) und in allen Ländern der Erde gespielt* (Abspiel, Brettspiele 14. 8. 2001, Internet)

puffen (gemeindt.): ↗KNUFFEN

Puffer D-nord/mittelwest der; -s, –: ↗ERDÄPFELPUFFER A, ↗KARTOFFELPUFFER A D, ↗KARTOFFELPFANNKUCHEN D-südwest, ↗KARTOFFELPLÄTZCHEN D-nord/mittel, ↗PLINSE D-nordost, ↗REIBEKUCHEN D-mittelwest, ↗REIBEPLÄTZCHEN D-mittelwest, ↗REIBERDATSCHI D-südost ›Fladen aus einem Teig von rohen geriebenen Kartoffeln, der in Fett gebraten wird‹: *Gerichte mit Kartoffeln müssen weder aufwändig noch teuer oder kompliziert sein. Ob Ofenkartoffeln in zahlreichen Variationen, feine Salate, Gratins, Rösti, Puffer oder sogar eine delikate Kartoffeltorte* (Hotelier 28. 7. 1998, Internet) – Andere Bedeutungen sind gemeindt.

PUK siehe Untersuchungskommission

Pülcher A-ost der; -s, – (salopp, Grenzfall des Standards): ›Gauner, Strolch‹: *»Da haben Sie Ihr jugendliches Publikum! Nicht einmal im Kaffeehaus hat man vor diesen Pülchern seine Ruhe«, empfing Klara die beiden empört* (Kneifl, Vorstellung 189)

pulen sw.V./hat: **1.** D-nord/mittel; ↗KLETZELN A, ↗KLAUBEN A CH D-südwest, ↗GRÜBELN CH, ↗KNÜBELN CH ›(etw. mit den Fingern oder mit einem Gegenstand) entfernen, herausholen‹: *Mühsam pulte sie die Watte aus dem Ohr ihres Sohnes* (Gesundheitsnetz, 1998, Internet). **2.** D (ohne südost) ›(Krabben) aus der Schale lösen‹: *Geübte Hände sollen es schon geschafft haben, aus fünf Kilo Krabben in 90 Minuten 1,5 Kilo Fleisch zu pulen* (Welt 25. 6. 1998, Internet). **3.** D-nord/mittel; ↗AUSLÖSEN A D-süd, ↗PALEN D-nord ›(Hülsenfrüchte) schälen; enthülsen‹: *Die Erbsen aus den Schoten pulen und für eine Gemüsebeilage zur Seite legen* (WDR, 1999, Internet) – Dazu: **auspulen**

pullern D-nord/mittel sw.V./hat (Grenzfall des Standards): ↗BRUNZEN A CH D-süd, ↗PIESELN A D-mittelwest/südost, ↗STRULLEN D-nord/mittel ›urinieren; pinkeln‹: *»Die trinken vielleicht ein Wasser und müssen mal pullern«, sagt die Wirtin* (Welt 10. 7. 2000, Internet)

Pulver A das; -s, –: ›Medikament, Tablette‹: *Am vierten Tag hörten die Pulver überhaupt zu wirken auf, und ich saß am Tisch, den Kopf in die Armee gestützt, und lauschte auf das wütende Toben in meinem Hirn* (Haushofer, Wand 67) – In CH und D nur in der Form *Pülverchen,* sonst veraltet. Die Bedeutung ›Geld‹ ist gemeindt. und salopp, in A und D Neutrum, in CH Maskulinum – Dazu: **Beruhigungspulver, Kopfwehpulver**

pumperlgesund A D-südost Adj. (Grenzfall des Standards): ›sehr gesund; kerngesund‹: *Sie sind seit dem ersten Tag ihres Lebens pumperlgesund* (Ganze Woche 5. 11. 1997, 95; A) – Häufig in der Form *pumperlgsund*

pumpern A D-südost sw.V./hat (Grenzfall des Standards): ›laut und heftig klopfen‹: *Abgabenfest wartet derweil der Direktor in seinem Büro und hilft uns nicht weiter, wenn wir an seine Tür pumpern* (Jelinek, Lust 91; A) – Vgl. Pumperer

punktgenau A D (ohne südost) Adj. (nicht steigerbar): ›zeitlich oder räumlich ganz genau; exakt, haargenau‹: *Wir sorgen dafür, dass Ihre Anzeige punktgenau und ohne Streuverluste erscheint* (Kleine Ztg 27. 2. 1998, 18; A); *Eine ländliche Idylle schildert Christof Hamann: Blumengärten …, die Glocken der Kirchen,* *die morgens und abends punktgenau um sieben unerträglich sind* (HAZ 16. 11. 2001, Internet; D) – In CH selten

punkto A CH Präp. mit Art. und Genitivobjekt oder ohne Art. und Akkusativobjekt ⟨aus lat. *in puncto* zu *punctum* ›Punkt‹⟩: ›betreffend, betreffs‹: *Dass punkto Umweltschutz viele Kinder ihre Eltern erziehen statt umgekehrt, stimmt nachdenklich* (Maxima 3/1998, 168; A); *Punkto Beliebtheit liegen Theaterbesuche weit vorn und keine schlechte Adresse für einen solchen ist Zürich* (Annabelle 2. 1. 1998, 105; CH) – In D veraltet. Die Formen *in punkto/puncto* sind gemeindt.

Puppe: *die Puppen tanzen lassen (Grenzfall des Standards): **a)** D (ohne südost); ↗FESTEN A-west (Vbg.) CH, ↗DURCHGEBEN: *EINEN DURCHGEBEN CH, ↗DRAUFMACHEN: *EINEN DRAUFMACHEN D, ↗BUDE: *DIE BUDE AUF DEN KOPF STELLEN D (ohne nordwest), ↗FASS: *EIN FASS AUFMACHEN D-nord/mittel ›ausgelassen feiern‹: *Auf der Insel lassen die Herren Fußballer in diesen Tagen die Puppen tanzen* (Rhein Ztg 21. 12. 2001, Internet); **b)** D-nord/mittel ›energisch durchgreifen‹: *Schröder und Stoiber wollen die Puppen tanzen lassen* (NTV, 2002, Internet); ***bis in die Puppen** D (ohne südost) (Grenzfall des Standards) ›bis spät in die Nacht; bis zum späten Morgen‹: *Für das Gros der Branche lohnt es sich offenkundig nicht, bis in die Puppen auszuschenken* (FR 23. 10. 1998, 21); *Erschöpft schlafen die meisten dann am Wochenende bis in die Puppen* (GEO Explorer 21. 8. 2000, Internet) – Zu a): In A und CH ursprünglich fremd, aber zunehmend gebräuchlich. Das Substantiv *Puppe* ist in allen anderen Verwendungen gemeindt.

Püree (gemeindt.): ↗STAMPF

Pürierstab D der; -(e)s, ...stäbe: ›Stabmixer‹: *Sahne hinzufügen, noch mal erhitzen und mit dem Pürierstab schaumig aufschlagen* (WDR 25. 11. 1999, Internet) – In A selten

Pürzi siehe Bürzi

Puschen D-nord der; -s, – (meist Plur.): ↗PATSCHEN A D-südost, ↗SCHLAPFEN A D-südost, ↗FINKEN CH, ↗SCHLARPE CH, ↗SCHLAPPEN CH D, ↗LATSCHEN D (ohne südost), ↗SCHLUFFEN D-nord/mittelwest ›bequemer, warmer Hausschuh; Pantoffel‹: *Filzpuschen von G., ca. 90 Mark* (Allegra 11/1997, 100) – Dazu: **Filzpuschen**

Puste D (ohne südost) die; –, ohne Plur. (salopp): ↗SCHNAUF CH, ↗SCHNAUFER D-mittelost/süd ›Atem‹: *Da war mir plötzlich die Puste ausgegangen* (Strauß, Junge Mann 41) – In CH bekannt, aber als fremd empfunden – Dazu: ↗**pusten**

Pusteblume D (ohne südost) die; –, -n: ›verblühter Löwenzahn‹: *Dagegen lodern zwei neue starke Sehnsüchte auf, nämlich Pusteblumen und Pilze* (Kietz, Kinder erleben 10) – Vgl. pusten

Pustekuchen: *[ja/aber] Pustekuchen! D (ohne südost) (Grenzfall des Standards): ↗SCHNECK: *SCHNECKEN! A D-südost, ↗DENKEN: *DENKSTE! D (ohne südost) /spöttische Ablehnung eines Wunsches; Ausdruck der Enttäuschung über etw. Erwartetes, aber nicht Eingetretenes/: *Ihr Domizil: eine marode Dreieinhalb-Zimmer-Wohnung. Dennoch begann man optimistisch in der Gewissheit, dereinst ins ... historische Comoedienhaus einziehen zu können. Pustekuchen! Nie war Geld vorhanden für eine derart aufwändige Sanierungsaufgabe* (Welt 17. 2. 1997, Internet) – Vgl. pusten

pusten sw.V./hat: **1.** D (ohne südost) ›mit spitzen Lippen Atemluft irgendwohin blasen‹: *Beim Verlassen des Zimmers – Kerzen löschen. Aber nicht pusten, denn dabei fliegen häufig auch Funken* (SWR, 1998, Internet). **2.** D-nord/mittel ›schwer atmen‹: *Pustend sind sie nach hundert Stufen über dem Mittelschiff angelangt, in einem düsteren, nur schwach erhellten Dachraum* (Trierer Bistumsbl Paulinus 41/1999, Internet) – Zu 1 vgl. Puste. In A und CH bekannt, aber als fremd empfunden. – Zu 1.: **auspusten,** ↗**Pusteblume** D, ↗**Pustekuchen,** ↗**Pusterohr**. Zu 2.: ↗**verpusten** D-nord

Pusterer STIR: **1. Pusterer Pustererin** der; -s, – bzw. die; –, -nen: ›Bewohner(in) des Pustertales; Pustertaler(in)‹: *Nächste Woche ist der Pusterer beim 25.000-Dollar-Turnier in Brindisi im Einsatz* (Dolomiten 23. 8. 2001, 34). **2.** indekl. Adj. ›aus dem bzw. im Pustertal, zum Pustertal gehörend; Pustertaler‹: *Die Vorwahl in den Bezirken gewann der als Außenseiter gestartete Arbeitnehmer mit 306 Stimmen vor dem Pusterer Topfavoriten Franz G.* (Südtirol Profil 7. 11. 1994, 9); ***Pusterer Breatl** siehe Breatl – Vgl. Burggräfler, Vinschger

Pusterohr D-nord/mittel das; -(e)s, -e (Grenzfall des Standards): ›Blasrohr‹: *Im nahe gelegenen Wald bauten sie Hütten aus alten Holzstämmen und Zweigen oder schossen mit dem Pusterohr auf irgendein Ziel* (Universität Hamburg 6. 12. 2001, Internet) – Vgl. pusten

Pute A D die; –, -n: ↗TRUTE CH ›Truthenne‹: *Das Angebot reicht von Fleisch, Wurst, Puten, Hühnern, Jungrindfleisch, Lamm, Forellen, Käse, Bauernbutter, Brot und Eiern bis hin zu frischem, heimischem Vogerlsalat und Bärlauch* (OÖN 11. 4. 2001, Internet; A); *Mittags hat sie ein Sandwich mit Pute und Salat gegessen* (Allegra Spezial 11/1997, 10; D); ***dumme Pute** D (ohne südost) (abwertend); ↗URSCHEL A D-südost ›dumme Frau; dummes Mädchen‹: *Bei dem Gedränge in der Kantine ist mir so eine dumme Pute mit* *ihren Pfennigabsätzen auf meinen Zeh getreten* (Vereinsforum, 2003, Internet) – In A ursprünglich fremd – Dazu: **Putenbrust, Putenbruststreifen, Putenfilet, Putenfleisch, Putengeschnetzelte** (↗Geschnetzelte) D, **Putenkeule** (↗Keule), **Putensteak**

Puter D-nord/mittel der; -s, –: ›Truthahn [bes. als Speise]‹: *Vor ihrem Pappkartonkäfig ... stolzieren zwei fette Puter* (Geo 11/1996, 120)

Putschauto CH das; -s, -s (Grenzfall des Standards): ↗Autodrom A, ↗Scooter D, ↗Boxauto D-südwest ›elektrisches Kleinauto auf Vergnügungsparks, Jahrmärkten o. Ä.‹: *Pikant: Als Pickel-Teenie hatte sie mal eine Affäre mit Harry Hasler – in einem Putschauto am Zürcher Knabenschiessen* (Blick 27. 5. 1998, 38) – Dazu: ↗**Putschautobahn**

Putschautobahn CH die; –, -en (Grenzfall des Standards): ↗Autodrom A ›Fahrbahn für elektrische Kleinautos in Vergnügungsparks, auf Jahrmärkten o. Ä.; Autoscooter‹: *Kinder können sich auf der Rösslirytti, beim Ponyreiten, auf der Putschautobahn, beim Büchsenschiessen oder bei Geschicklichkeitsspielen vergnügen* (Volksstimme 26. 5. 2000, Internet) – Vgl. Putschauto

Pütt D-mittelwest der; -s, -s (Bergmannssprache): ↗Zeche A D ›Bergwerk‹: *Rentabler sollen die Pütts künftig arbeiten. ... Sechs Zechen wurden seit 1997 geschlossen* (Welt 14. 11. 2000, Internet)

Putzeimer D der; -s, –: ›Eimer für Putzwasser‹: *Der berüchtigte Suff-Pfuhl, wo man Sangria aus Putzeimern tankte, heißt nun wieder schlicht: Balneario 6* (Passauer Neue Presse 29. 5. 1998, 3) – In A und CH selten. Vgl. Eimer

putzen sw.V./hat: **1.** A CH D (ohne nordost); ↗aufwaschen A D-mittelost, ↗aufwischen A D, ↗wischen A D, ↗fegen CH, ↗aufnehmen: *[den Boden] feucht/nass aufnehmen CH D-nord, ↗feudeln D-nord ›(den Boden) mit einem feuchten Tuch reinigen‹: *Zum Bodenputzen war ein chemischer Zusatz verwendet worden, der eigentlich für die Lkw-Reinigung gedacht ist* (Kleine Ztg 3. 8. 1996, Internet; A); *Die penetranten Chlordämpfe entstammen dem Wassereimer, mit dem der Boden geputzt wird* (TA 24. 12. 1998, Internet; CH). **2.** A D; ↗rüsten CH ›nicht zum Verzehr geeignete Teile entfernen (bei Gemüse)‹: *3 Frühlingszwiebeln putzen, waschen, in feine Scheiben schneiden und in 1 Esslöffel Butter weich dünsten* (Wienerin 12/1993, 165; A); *Radicchio und Eisbergsalat putzen, abspülen und trockenschleudern* (Brigitte 11/1996, 210; D). **3.** A ›(Textilien) chemisch reinigen‹ /meist mit *lassen* oder im Part./: *Ein Frotteehandtuch kann man in Salzburgs Wäschereien sowohl um 9 als auch um 40 Schilling putzen lassen* (Landeskorrespondenz Salzburg, 2001, Internet). **4.** A D-mittelost/süd; ↗ausputzen A CH D-mittelwest/süd ›Wertvolles aussondern, Hinderliches entfernen, z. B. Spreu von Getreide; Äste von einem Baumstamm, lockeres Gestein von einem Felsen‹: *Doch begibt man sich tatsächlich auf Kernöl-Spuren, so trifft man nach wie vor auf Gruppen von Frauen und Kindern, die am Feld zusammensitzen und Kürbis putzen, das heißt mit einem breiten Messer die Kerne aus den reifen Früchten herauskratzen* (Presse 8. 9. 2000, Internet; A). **5.** sich A (salopp, Grenzfall des Standards); ↗vertschüssen A, ↗Haus: *sich über die Häuser hauen A-ost, ↗schleichen A D-süd, ↗verzupfen A D-südost, ↗zupfen A D-südost, ↗abfahren CH, ↗abschleichen CH, ↗Leine: *Leine ziehen CH D (ohne südost), ↗verdrücken CH D (ohne südost), ↗verduften CH D, ↗verkrümeln CH D (ohne südost), ↗abschieben D, ↗Fliege: *die/eine Fliege machen D, ↗verpissen D, ↗dünnemachen D-nord/mittel, ↗Mücke: *[die/eine] Mücke machen D-nord/mittel, ↗Platte: *die Platte putzen D (ohne mittelost/südost), ↗trollen D (ohne ost) ›sich entfernen; verschwinden; abhauen‹ (oft als drohende Aufforderung): *Oder wenn die Buben sie weg haben wollten: Putz dich, Schwarze* (Hackl, Abschied von Sidonie 50; A). **6.** ***die Tafel putzen** CH D-mittel/süd siehe Tafel – Andere Bedeutungen, z. B. ›etw. mit Putzmitteln reinigen‹ sind gemeindt. – Zu 1.: ↗**Hausputz** A D, **Putz** D-südost, ↗**Putzeimer** D, ↗**Putzerin** A-west, ↗**Putzete** CH D-südwest, **Putzfetzen** A, ↗**Putzlappen** A-west (Vbg.) CH D (ohne nordost/südost), **Putzlumpen** (↗Lumpen), ↗**Putztuch** A D. Zu 3.: ↗**Putzerei**

Putzerei A die; –, -en: ↗Reinigung CH D ›chemischer Reinigungsbetrieb‹: *Mein Herr, wir sind, wie Sie hoffentlich schon bemerkt haben, eine Wäscherei und Putzerei* (Wieninger, Mann 86) – Vgl. putzen

Putzerin A-west die; –, -nen: ↗Aufräumerin A-mitte/südost, ↗Bedienerin A (ohne west), ↗Zugeherin A-west (Vbg.) D-süd, ↗Zugehfrau A-west (Vbg.) D-südost LIE, ↗Spetter CH, ↗Spettfrau CH, ↗Aufwartung D-nordost, ↗Reinemachefrau D-nord/mittelost ›Putzfrau, Raumpflegerin‹: *Ich habe in meinem Betrieb für eine Putzerin um Arbeitsgenehmigung angesucht* (Stenogr. Protokoll des BR 2. 7. 1999, Internet) – Vgl. putzen

Putzete CH D-südwest die; –, -n: ↗Hausputz A D, ↗Reinemachen D-nord/mittelost ›Beseitigen von Schmutz und gründliches Reinigen aller Räume des Hauses/der Wohnung oder eines Geländes‹: *Wie wäre es, wenn Jugendorganisationen sich zusammentun und statt einer Seeufer-Putzete einmal eine Altstadt-Reinigung organisieren würden* (TA 3. 4. 1996, 29; CH) – Vgl. putzen – Dazu: **Bachputzete, Frühlingsputzete, Hüttenputzete, Waldputzete**

Putzfrau (gemeindt.): ↗Aufräumerin, ↗Aufwartung, ↗Bedienerin, ↗Putzerin, ↗Reinemachefrau, ↗Spetter, ↗Spettfrau, ↗Zugeherin, ↗Zugehfrau

Pụtzlappen A-west (Vbg.) CH D (ohne nordost/südost) der; -s, –: ↗Fetzen A, ↗Putztuch A D-nord/mittel, ↗Lumpen A-west (Vbg.) CH D-süd, ↗Lappen D, ↗Scheuerlappen D-nord/mittel, ↗Huder STIR ›Stück Stoff zum Putzen‹: *Die Rechnungsbücher bleiben an diesem Nachmittag unter den Pulten der Erstklässlerinnen und Erstklässler. Statt dessen packen die Kinder Putzeimer und Putzlappen hervor. Für einmal steht »Aufräumen« auf dem Stundenplan* (NLZ 6. 7. 2001, Internet; CH); *Zwei Rollen Toilettenpapier und ein paar Putzlappen kamen in den vergangenen Wochen mehreren Gutgläubigen … teuer zu stehen* (Welt 25. 5. 2000, Internet; D)

Pụtztuch A D-nord/mittel das; -(e)s, …tücher: ↗Fetzen A, ↗Lumpen A-west (Vbg.) CH D-süd, ↗Putzlappen A-west (Vbg.) CH D (ohne nordost/südost), ↗Lappen D, ↗Scheuerlappen D-nord/mittel, ↗Huder STIR ›Stück Stoff zum Putzen‹: *… taucht sie ein Putztuch in einen mit Waschmittel und Weihwasser gefüllten Blecheimer* (Winkler, Leibeigene 61; A); *Dass ein mehrfach verwendbares, nach Gebrauch zu waschendes Putztuch billiger und umweltschonender ist als Einwegtücher …, weiß jede Hausfrau* (Welt 1. 10. 1997, Internet; D-nord/mittel) – In CH selten

P̣W CH der; -s, -s: buchstabierte Abk. für ↗*Personenwagen:* ↗PKW A D ›motorbetriebenes Fahrzeug mit vier Rädern für den Personentransport; Auto[mobil]‹: *Wir fahren mit den PW gemeinsam nach Ehrendingen und treffen uns um 8.15 Uhr beim Bahnhof Kölliken* (Tierwelt 15. 8. 1997, 46) – Dazu: **PW-Ausweis**, **PW-Bewilligung** (↗Bewilligung)

Pyjama das/der; -s, -s: In CH auch Neutrum, gemeindt. Maskulinum. Aussprache in A [pi'dʒaːma, py'dʒaːma], in CH [pi'dʒaːma, 'piʃama], in D [py'dʒaːma]: *Bei den anfallenden Arbeiten musste auch ich zünftig mithelfen, obwohl ich mich oft ausserstande fühlte, irgendetwas zu verrichten. So musste ich mich täglich waschen, das Pyjama wechseln, mein Bett frisch anziehen, etc.* (Stiftung zur Förderung der Knochenmarktransplantation, 1999, Internet; CH)

Q

Quadratestadt D die; –, ohne Plur. ⟨nach der Anordnung der historischen Innenstadt in nach einem bestimmten Prinzip nummerierten Häusergevierten⟩: ›Mannheim‹: *Seit … Sonntagabend … gilt in der Quadratestadt erhöhte Alarmbereitschaft, auch wenn es keine konkreten Hinweise für Anschläge gibt* (Rhein-Neckar-Ztg 9. 10. 2001, Internet)

Quai A CH der/CH das; -s, -s [keː A, kʼɛ CH] ⟨frz.⟩: ↗KAI D ›befestigte Straße oder befestigter Weg am Ufer (mit Anlegestelle für Schiffe)‹: *Als Gesamtkunstwerk bildet die Villa eine merkwürdige Mischung aus neuer Gotik, altem Kaiserbarock und wunderschönen Blicken nach draußen auf den adretten Quai, der die Barkassen der illustren Gäste empfing* (OÖN 12. 3. 1988, 49; A); *Dem Quai entlang stehen Bäume, und die Boote, die mit Plachen zugedeckt sind, sehen aus wie gestrandete Wale* (Hürlimann, Besuch 46; CH) – Als Bestandteil von Straßennamen in A vor allem in Wien (z.B. *Franz-Josephs-Quai*), in CH vor allem in Zürich (z.B. *Bahnhofquai, Limmatquai, Quaibrücke)* gebräuchlich. In A Maskulinum, in CH Maskulinum und Neutrum – Dazu: **Quaianlage, Quaimauer**

Quälerei (gemeindt.): ↗PIESACKEREI, ↗SEKKATUR

Quälgeist (gemeindt.): ↗PLAGEGEIST, ↗PLAGGEIST

qualmen D sw.V./hat (salopp): ↗TSCHICKEN A, ↗QUARZEN D-nordost/mittel, ↗SCHMOKEN D-nordost/mittelwest, ↗SCHMÖKEN D-nord ›(Tabakwaren) rauchen‹: *Immerhin 40 Prozent aller Raucher in Deutschland wälzen den Gedanken hin und her, endlich mit dem Qualmen aufzuhören* (Tagesspiegel 31. 5. 2001, Internet); ***qualmen wie ein Schlot** ›Tabakwaren stark konsumieren; stark rauchen‹: *Der hat doch schon immer gequalmt wie ein Schlot* (Tagesspiegel 17. 12. 1999, Internet) – In A und CH als fremd empfunden, aber zunehmend gebräuchlich

Quargel A der; -s, –: **1.** ↗KÄSE: *MAINZER KÄSE D, ↗HANDKÄSE D (ohne nordwest/mittelost), ↗HARZER D (ohne südost), ↗HARZKÄSE D-nordost ›kleiner, rundlicher, stark riechender Käse von würzigem Geschmack‹: *Butter und Topfen schaumig abrühren, passierten Quargel sowie fein gehackte Zwiebel und Schnittlauch daruntermengen* (Hausmannskost aus Oberösterreich, 2000, Internet). **2.** (abwertend, Grenzfall des Standards); ↗HOLLER A, ↗SCHAS A, ↗TOPFEN A, ↗GUGUS CH, ↗HAFENKÄSE CH, ↗KABIS CH, ↗KÄSE CH D, ↗MUMPITZ CH D (ohne südost), ↗QUARK CH D, ↗SCHNICKSCHNACK D, ↗BLECH D (ohne südost), ↗FEZ D (ohne südost), ↗KAPPES D-mittelwest, ↗KOHL D-nord/mittel, ↗KOKOLORES D (ohne südost) ›Quatsch; Unsinn‹: *Man braucht nur die Zeitungen aufzuschlagen und stößt auf Satansjünger, auf Mordbefehle aus dem Maul des Nachbarhundes und ähnliche Dinge. Es gibt die Astro-Shows und Horoskope und all diesen Quargel* (Petz, Verblödung aus den Hinterwelten, 2000, Internet) – Zu 1. In der Wendung *Olmützer Quargel* auch in D

Quark der; -s, ohne Plur.: **1.** CH D; ↗TOPFEN A D-südost, ↗SCHOTTEN A-west (Tir.)/südost D-süd, ↗WEISSKÄSE D-ost ›cremige Masse aus saurer Milch‹: *Ab heute kosten auch Joghurt, Rahm und Quark weniger* (Blick 3. 5. 1999, 8; CH); *Er … kauft Brötchen frisch vom Blech … Er isst sie gern mit Quark und selbst gemachter Marmelade* (Wolf, Samstags 90; D). **2.** CH D (ohne südost) (abwertend, Grenzfall des Standards); ↗HOLLER A, ↗QUARGEL A, ↗SCHAS A, ↗TOPFEN A, ↗GUGUS CH, ↗HAFENKÄSE CH, ↗KABIS CH, ↗KÄSE CH D, ↗MUMPITZ CH D (ohne südost), ↗SCHNICKSCHNACK D, ↗BLECH D (ohne südost), ↗FEZ D (ohne südost), ↗KAPPES D-mittelwest, ↗KOHL D-nord/mittel, ↗KOKOLORES D (ohne südost) ›Quatsch; Unsinn‹: *Da redet einer über das Schrumpfen von Penissen im kalten Wasser. So ein Quark, dürften die denken, die zuschalten* (Sonntagsztg 9. 1. 2000, Internet; CH); *Vorkoster soll er engagiert haben aus Angst, vergiftet zu werden, und ein Fan soll ihn mit einem Striptease beglückt haben (beides Quark)* (Stern 10. 2. 2000, 48; D) – Das aus dem Englischen entlehnte gleich geschriebene, aber [kwɔːk] ausgesprochene Wort in der Bedeutung ›hypothetisches Elementarteilchen‹ ist gemeindt. – Zu 1.: **Magerquark, Halbfettquark** CH, **Quarkmasse** D, **Quarkspeise** D, ↗**Quarktasche** D, **Quarktorte,** ↗**Rahmquark** CH, ↗**Sahnequark** D (ohne südost)

Quarktasche D die; –, -n: ↗TOPFENKOLATSCHE A, ↗TOPFENTASCHERL A D-südost, ↗ZIGERKRAPFEN CH ›süßes, mit ↗Quark gefülltes Gebäck‹: *Als Plunderteilchen offerieren wir eine Auswahl von Quarkta-*

schen mit Früchten, Apfeltaschen und Schokoladen-Croissants (Hotel Adlon 8. 8. 2001, Internet)

Quartier CH das; -s, -e: ↗Viertel A D, ↗Kiez D-nordost (bes. Berlin) ›Stadtteil‹: *Das Quartier entwickelte sich zum Dorf in der Stadt* – Andere Bedeutungen sind gemeindt. – Dazu: ↗**Aussenquartier, Industriequartier, Quartieranliegen, Quartierbeiz** (↗Beiz), **Quartierbevölkerung, Quartierbewohner(in), Quartierfest, Quartierkultur,** ↗**Quartierladen, Quartierlädeli** (↗Lädeli), **Quartierplan, Quartierplanung, Quartierschule, Quartierstrasse, Quartierteil,** ↗**Quartierverein, Quartierzeitung,** ↗**Quartierzentrum, Wohnquartier**

Quartierladen CH der; -s, ...läden: ↗Nahversorger A ›Lebensmittelgeschäft, das die unmittelbare Umgebung versorgt‹: *Was Kunden sonst nur noch im regelmässig besuchten Quartierladen finden, wird im Internet wieder möglich: das Persönliche* (Bund 16. 11. 1999, 15) – Vgl. Quartier

Quartierverein CH der; -(e)s, -e: ›Vereinigung von Menschen zur Förderung des sozialen Lebens in ihrem Wohnviertel‹: *Der Quartierverein gibt auch die Quartierzeitung »dr Jupi« heraus und führt Vereinsanlässe wie Flohmarkt, ... Grümpelturnier oder Räbeliechtli-Umzug durch* (Bund 2. 3. 1996, 31) – Vgl. Quartier

Quartierzentrum CH das; -s, ...zentren: ›Treffpunkt in einem Wohnviertel‹: *Fusswege verbinden die Wohnquartiere untereinander sowie mit den autofreien Quartierzentren* (Bär, Geographie Europas 119) – Vgl. Quartier

quarzen D-nordost/mittel sw.V./hat (Grenzfall des Standards): ↗tschicken A, ↗qualmen D, ↗schmoken D-nordost/mittelwest, ↗schmöken D-nord ›(Tabakwaren) rauchen‹: *Meine Lunge ist schwarz vom Quarzen* (TAZ 17. 8. 2002, Internet)

Quästor Quästorin der; -s, -en bzw. die; –, -nen: **1.** CH; ↗Säckelwart A, ↗Kassier A CH D-süd, ↗Säckelmeister CH, ↗Kassenwart D, ↗Schatzmeister D, ↗Kassierer D-nord/mittel ›Person, die für die Finanzen eines Vereins zuständig ist‹: *Herr S. betreut als Quästor das Rechnungswesen von Exit im Auftrage des Vorstands* (TA 15. 2. 1999, 7). **2.** STIR ›Polizeipräsident(in)‹: *Quästor Umberto N. wird interregionaler Polizeichef* (Dolomiten 29. 3. 2001, 13) – Zu 2 vgl. Quästur. Die Bedeutung ›Leiter(in) der Quästur an einer Universität‹ ist gemeindt.

Quästur STIR die; –, -en ⟨aus ital. *questura* ›Polizeidirektion‹⟩: ↗Sicherheitsdirektion A, ↗Polizeidepartement CH ›oberste Polizeibehörde Südtirols‹: *Das gestern in der Bozner Quästur unterzeichnete Abkommen betrifft die grenzüberschreitende Ermittlungstätigkeit* (Neue Südtiroler Tageszeitung 19. 10. 2000, 5) – Die Bedeutung ›für Gebühren zuständige Universitätsabteilung‹ und die historische Bedeutung ›Amt des Quästors (im antiken Rom)‹ sind gemeindt. Vgl. Quästor – Dazu: **Quästurbeamte (...beamtin), Quästurschalter**

quatschen D-nord/mittel sw.V./hat (salopp): ↗plauschen A D-südost, ↗ratschen A D-südost, ↗schwätzen A-west (Vbg.) D-südwest, ↗schwatzen CH D-mittel, ↗babbeln D-mittel/südwest, ↗klönen D-nord, ↗schnacken D-nord ›sich unterhalten, plaudern‹: *Mitten in der Luft kam der Co-Pilot nach hinten, um mit den Leuten zu quatschen* (-ky, Sonst ist es aus mit dir! 57) – In A zunehmend gebräuchlich

Quellensteuer CH die; –, -n: ↗Lohnsteuer A D ›Steuer auf Löhne, die der Auszahlung abgezogen wird‹: *Die Gemeinde ... hat immer noch ein Guthaben für nicht bezahlte Quellensteuern in der Höhe von rund 8100 Franken* (Bund 20. 4. 1999, 29) – Die Bedeutung ›Steuer, die am Ort und zur Zeit des Entstehens einer steuerpflichtigen Einnahme erhoben wird‹ ist gemeindt.

Quengelei A D (ohne südost) die; –, -en: ↗Zwängerei CH ›ständiges, weinerliches Bitten um etw. (von Kindern)‹: *Setzen Sie Ihr Baby möglichst bald an den Tisch. So haben Sie weniger Quengelei, und das Kind schaut sich Ihre Essgewohnheiten ab* (Kurier 10. 2. 1998, 24; A); *31 Prozent aller Kleidungskäufe werden durch die Nörgelei der Kinder beeinflusst, und ohne die Quengelei der Kleinen würden den Vergnügungsparks mindestens 20 Prozent aller Besucher fehlen* (Berliner Morgenpost 13. 8. 1998, Internet; D)

quengeln (gemeindt.): ↗benzen, ↗zwängeln

Quetsche die; –, -n: **1.** A D-nordwest/süd (scherzh., Grenzfall des Standards); ↗Maurerklavier A, ↗Knöpferlharmonika A (ohne west), ↗Knopforgel A-west, ↗Ziehorgel A-west (Tir.), ↗Handorgel A-west (Vbg.) CH, ↗Ziehharmonika A D, ↗Schwyzerörgeli CH, ↗Handharmonika CH D (ohne mittelost/südost), ↗Schifferklavier D, ↗Quetschkommode D (ohne südost) ›Harmonika mit diatonisch angeordneten Knopftasten, bei der auf Druck und Zug des Balges verschiedene Töne erklingen; Akkordeon‹: *... ab 17 Uhr sorgt der »Lois aus Linz« mit seiner Quetsche für musikalische Unterhaltung* (OÖN 16. 9. 1999, Internet; A); *Man könnte die Musik als »Bauernpunk« bezeichnen, der geschmackvoll auf Reisebass, Quetsche und am Mikrofon präsentiert wird* (Kiels Stadtmagazin 10/2001, Internet; D-nordwest/süd). **2.** A ›[Hand]getreidemühle‹: *Die Korn-Quetsche ist erstaunlich funktionell: Die Flockenstärke ist einstellbar und die offenen Bauweise ermöglicht ein schnelles und gründliches Reinigen* (Verlag Lotosblume, 1999, Internet). **3.** A D (abwertend,

Grenzfall des Standards) ›(kleiner) Betrieb‹: *1981 wollte Big Blue seinen ersten PC nicht mit dem weit verbreiteten CP/M auf den Markt bringen und lizensierte bei einer kleinen Software-Quetsche namens Microsoft ein alternatives Betriebssystem, um Konkurrenten auszutricksen* (SN 31. 3. 1998, 22; A); *Aber es war eine bescheidene Quetsche, die es nie über eine Belegschaft von 25 Personen brachte* (Spiegel 19. 8. 2000, Internet; D)

Quetschkartoffeln D-nordost die; nur Plur.: ↗ERDÄPFELPÜREE A, ↗KARTOFFELPÜREE A D (ohne mittelost/südwest), ↗KARTOFFELSTOCK CH, ↗STOCK CH, ↗STOCKI CH, ↗KARTOFFELBREI D, ↗KARTOFFELMUS D-nord, ↗STAMPFKARTOFFELN D-nordost/mittelwest ›Brei aus gekochten, pürierten Kartoffeln [als Beilage]‹: *Quetschkartoffeln und süß-saure Eier sind … ein typisches Montags-Kantinen-Essen, weil man dazu nicht viel vorbereiten braucht* (Internet-Portal der Uckermark 12. 6. 2002, Internet)

Quetschkommode D (ohne südost) die; –, -n (scherzh.): ↗MAURERKLAVIER A, ↗KNÖPFERLHARMONIKA A (ohne west), ↗KNOPFORGEL A-west, ↗ZIEHORGEL A-west (Tir.), ↗HANDORGEL A-west (Vbg.) CH, ↗QUETSCHE A D-nordwest/süd, ↗ZIEHHARMONIKA A D, ↗SCHWYZERÖRGELI CH, ↗HANDHARMONIKA CH D (ohne mittelost/südost), ↗SCHIFFERKLAVIER D ›Harmonika mit diatonisch angeordneten Knopftasten, bei der auf Druck und Zug des Balges dieselben Töne erklingen; Akkordeon‹: *Für ihn sei diese Musik ein Kampf zwischen Leben und Tod. Er setzt sich hin, rückt die Quetschkommode auf seinen Knien zurecht und legt los* (Welt 19. 9. 2000, Internet)

Quirl CH D der; -(e)s, -e: ↗SPRUDLER A ›Küchengerät [aus Holz] mit Stiel und sternförmigem Unterteil zum Verrühren von Flüssigkeit‹: *Die ganzen Eier, Zucker, abgeriebene Zitronenschale und Zitronensaft in eine Rührschüssel geben. Alles mit dem Quirl des Mixers schaumig schlagen* (NLZ 20. 11. 2000, Internet; CH); *Für den Kakaoteig Puderzucker, Mehl und Kakao vermischen, die flüssige Butter mit dem Quirl unterrühren und das Eiweiß zugeben* (Deutschkurse 11. 7. 1999, Internet; D) – Die Verwendung im Bereich Botanik ist gemeindt. – Dazu: ↗**quirlen**, ↗**verquirlen**

quirlen CH D sw.V./hat: ↗VERSPRUDELN A, ↗VERKLOPFEN CH, ↗VERQUIRLEN CH D ›mit einem Handrührgerät [ver]rühren‹: *August-Bar: aktuelle Drinks – gemixt, gerührt, geschüttelt oder gequirlt* (August-Bar St. Gallen 12. 3. 2000, Internet; CH); *Eier, Salz, Mehl und Milch mit dem Schneebesen glatt quirlen und eine halbe Stunde kalt stellen* (WDR, 1998, Internet; D) – Vgl. Quirl

R

RAA siehe Rechtsanwaltsanwärter bzw. Richteramtsanwärter

Rabauke D der; -n, -n (Grenzfall des Standards): ›rüpelhafte junge Person, meist Jugendliche(r); Rowdy‹: *Er war ein Tennisrabauke aus dem Bilderbuch, arrogant, obszön und aufbrausend* (Brigitte 11/1996, 91)

Räbe CH die; –, -n: ↗WEISSRÜBE CH, ↗RÜBCHEN: *TELTOWER RÜBCHEN D-nord/mittelwest, ↗SPEISERÜBE D-mittel ›weisse Rübe, die im Herbst geerntet und als Gemüse oder Salat gegessen wird‹: *Noch im Mittelalter gehörte die Räbe auch in der Schweiz zu den wichtigen Nahrungsmitteln* (Blick 13. 11. 1998, 8) – Dazu: **Räbechilbi** (↗Chilbi), ↗**Räbeliechtli**

Räbeliechtli CH das; -s, – ['ræːbəliḡxtlɪ]: ›ausgehöhlte, meist zu einem Gesicht geschnitzte weisse Rübe mit einer Kerze im Innern (die von Kindern im November bei einem Umzug getragen wird)‹: *Mit dem Lampionumzug am 1. August, einem Räbeliechtli-Umzug im November und einer Samichlous-Bescherung am 6. Dezember soll den Kindern im Quartier Rechnung getragen werden* (Bund 15. 2. 1995, 24) – Auch in der Form *Räbenliechtli* bzw. *Räbenliecht* (das; -s, -er). Vgl. Räbe – Dazu: **Räbeliechtliumzug**

Rabenaas D (ohne südost) das; -es, -e/ …äser (abwertend, salopp): ↗RABENVIEH A, ↗BAZI A D-südost ›hinterhältiger, verschlagener Mensch‹: *Im Übrigen bleiben die Herren von ungetrübter Blässe; sie haben vielleicht einen Beruf, ein paar äußerliche Attribute werden ihnen zugestanden, ansonsten sind sie der Retter oder das Rabenaas* (Berliner Morgenpost 22. 9. 1999, Internet)

Räbenliecht CH das; -s, -er: siehe Räbeliechtli

Räbenliechtli siehe Räbeliechtli

rabenschwarz (gemeindt.): ↗BRANDSCHWARZ, ↗KOHLSCHWARZ, ↗NACHTSCHWARZ, ↗PECHRABENSCHWARZ

Rabenvieh A das; -(e)s, …viecher (salopp, Grenzfall des Standards): ↗BAZI A D-südost, ↗RABENAAS D (ohne südost) ›hinterhältiger, verschlagener Mensch‹/Schimpfwort/: *Im Allgemeinen versucht Kreszenz … dem Rabenvieh, wie sie ihre Schwester insgeheim bezeichnet, der rothaarigen Giftnudel, so gut sie kann aus dem Weg zu gehen* (OÖN 11. 1. 1999, Internet) – Auch in der Form *Rabenviech*

Racker D-nord/mittel der; -s, – (scherzh.): ↗LAUSER A CH D-süd, ↗LAUSEBENGEL D-nord/mittelwest, ↗LAUSEJUNGE D-nord/mittel, ↗LAUSELÜMMEL D-nord/mittelwest ›zu Streichen aufgelegtes, aber liebenswertes Kind; Lausbub‹: *Bis zu 20 kleine Racker hat Renno ein halbes Jahr lang im Praktikum täglich betreut* (Berliner Ztg 14. 10. 2000, Internet)

rackern D sw.V./hat (Grenzfall des Standards): ↗HACKELN A-ost, ↗SCHÖPFEN A-südost, ↗BARABERN A-ost D-südost, ↗BUCKELN A-west D-mittelost, ↗KRAMPFEN CH, ↗KRÜPPELN CH, ↗ACKERN D-nord/mittel, ↗MALOCHEN D-mittelwest, ↗ROBOTEN D-nordost ›körperlich hart arbeiten; schuften‹: *Die ganze Familie trabte an und rackerte, um den Garten bis zum Drehtag in Schuss zu haben* (Krause, Dein Garten 16) – In A und CH selten – Dazu: **abrackern**

Raclette die; –, -s/das; -s, -s [rak'lɛt A (ohne Vbg.) D, 'rak'lɛt A-west (Vbg.) CH]: in CH selten auch Femininum, gemeindt. Neutrum: *Ein Walliser Kantonstag ohne politische Untertöne wäre indes wie eine Raclette ohne Pfeffer gewesen* (NZZ 9. 9. 2002, 11)

Raclettestube CH die; –, -n ['rak'lɛt…]: ›Wirtshaus oder Imbissstand, in bzw. an dem man ↗Raclette essen kann‹: *Am Samstag … organisiert der Samariterverein … in der alten Turnhalle Fraubrunnen eine Raclettestube* (Bund 11. 11. 1998, 32) – Auch in der Schreibung *Raclette-Stube* – Dazu: **Raclettestübli** (↗Stübli), **Raclette-Stübli** (↗Stübli)

Rad A D das; -(e)s, Räder: ↗RADL A D-südost, ↗VELO CH, ↗STAHLROSS CH D ›Fahrrad‹: *Als guter Schüler bekam er die Möglichkeit, nach Graz ins Gymnasium zu gehen – genauer: mit dem Rad dorthin zu fahren* (Kirche intern 8/1995, 24; A); *Du kannst das Rad nehmen und auf den Friedhof fahren* (Brückner, Spuren 30; D); ***Rad fahren:** ↗RADELN A D-süd, ↗PEDALEN CH, ↗VELO: *VELO FAHREN CH ›Fahrrad fahren‹: *Wer sucht eine Brieffreundin, die sich ihre Zeit mit Lesen, Schi und Rad fahren … vertreibt?* (Weite Welt 1/1998, 23; A); *Berlin fährt Rad. Sternfahrt legt am Sonntag die Stadtautobahn lahm* (Berliner Ztg 5. 6. 1999, Internet; D); ***ein Rad abhaben** D (Grenzfall des Standards): ↗HUSCHER: *EINEN HUSCHER HABEN

A, ↗KLOPFER: *EINEN KLOPFER HABEN A, ↗PECKER: *EINEN PECKER HABEN A, ↗KLAMSCH: *EINEN KLAMSCH HABEN A-ost/südost, ↗SCHUSS: *EINEN SCHUSS HABEN A D, ↗HAU: *EINEN HAU HABEN A-west D-mittelwest, ↗ECKEN: *EINEN ECKEN ABHABEN CH, ↗HUNDERT: *NICHT GANZ HUNDERT SEIN CH, ↗MACKE: *EINE MACKE HABEN CH D (ohne südost), ↗MEISE: *EINE MEISE HABEN CH D-nord/mittel, ↗STICH: *EINEN STICH HABEN D, ↗HASCHMICH: *EINEN HASCHMICH HABEN D-nord/mittel, ↗KITTEL: *JMDM. BRENNT DER KITTEL D-südwest, ↗SCHLAG: *EINEN SCHLAG HABEN D-ost/südost ›nicht ganz bei Verstand sein; verrückt sein‹: *Wer sich auf zwei Reifen über Stock und Stein in die Tiefe stürzt, muss doch ein Rad abhaben!* (Morgenweb 25. 5. 2002, Internet) – Andere Bedeutungen sind gemeindt. – Dazu: **Damenrad, Herrenrad, Klapprad** D, **Radfahrer(in)**, ↗**Radler(in)** A D-südost, ↗**Radlfahrer(in)** A D-südost, **Radrennen, Radroute, Radrundfahrt, Radständer, Radtour, Rennrad,** ↗**Radwanderung, Radweg, Radwegunterführung**

Radar der/das; -s, -e ⟨engl.⟩ (Kurzwort): ist in CH und D nicht fachsprachlich auch Maskulinum, gemeindt. Neutrum. Wird in A und CH auf der ersten Silbe, mit Kurzvokal, in D meist auf der letzten Silbe, mit Langvokal, betont: *Ein Radar oder ein Geländefahrzeug etwa gelten nicht automatisch als Kriegsmaterial … Vielmehr hängt dies vom konkreten Gebrauch ab, für den der Radar oder das Fahrzeug speziell konzipiert wurde* (Pressemitteilung zum Kriegsmaterialgesetz, 1995, Internet; CH); *Mit Stanniol-Streifen … verwirrte die … erste Staffel den Radar, wodurch die deutsche Luftverteidigung weitgehend außer Gefecht gesetzt war* (ZDF, 2002, Internet; D)

radeln: 1. A (Grenzfall des Standards), D-süd sw.V./ist: ↗RAD: *RAD FAHREN A D, ↗PEDALEN CH, ↗VELO: *VELO FAHREN CH ›Fahrrad fahren‹: *Wer seine Muskelkraft radelnd wirkungsvoll einsetzen will, muss richtig auf dem Drahtesel sitzen* (Medizin populär 5/1995, 45; A). **2.** A sw.V./hat (Grenzfall des Standards, Küche); ↗AUSRÄDELN D (ohne südost) ›mit einem Rädchen ausschneiden‹: *Streifen von 1 1/2 cm Breite radeln, dabei einen 1 cm breiten Rand stehen lassen* (Welt der Frau 6/1996, 42). **3.** A sw.V./hat (Grenzfall des Standards) ›mit einem ↗Schubkarren transportieren‹: *Abends radelte der Aichholzerpoldl im Haus meines Großvaters mütterlicherseits den Mist aus dem Stall und ordnete die dort herumliegenden Hahnenköpfe und Hahnenfüße* (Winkler, Leibeigene 58)

Radio der/das; -s, -s: in der Bedeutung ›Radiogerät‹ in A, CH und D-süd Maskulinum, gemeindt. Neutrum. In den gemeindt. Bedeutungen, z.B. Sendestudio, ist *Radio* Neutrum: *Der Sommer Rudi, der am Steinhof oben in der Gärtnerei arbeitet, wird sein Erspartes möglicherweise wieder in einen Mini-Fernseher oder einen Radio umsetzen, mit dem er dann beim Wirten sitzt* (Freizeit Kurier 27. 12. 1997, 25; A); *Auf den Radio ist er besonders stolz. Kein Wunder, denn der Radio läuft wie ein neu gekaufter* (Pro Senectute, Zeitlupe 10/1999, Internet; CH)

Radiodirektor Radiodirektorin CH der; -s, -en bzw. die; –, -nen: ↗INTENDANT A D ›künstlerischer und kaufmännischer Leiter bzw. künstlerische und kaufmännische Leiterin des Schweizer Radios‹: *Um Bedenken zu zerstreuen, adelte die TV-Industrie ihre Geräte mit Namen wie Raffael, Symphonie oder Senator. Dennoch hielt der Berner Radiodirektor das Fernsehen für eine »Angriffswaffe auf die Seele«* (TA 16. 10. 1999, 57)

Radl das; -s, -n (Grenzfall des Standards): **1.** A D-südost ›[kleines] Rad‹: *»Doch das Radl dreht sich weiter und von Medaillen kann man nicht abbeißen«, philosophiert Kombiniererstar Felix Gottwald* (Neue Kronen Ztg 29. 8. 2001, Internet; A). **2.** A D-südost; ↗RAD A D, ↗VELO CH, ↗STAHLROSS CH D ›Fahrrad‹: *»Endlich auch ein Radl für Krawattenmenschen«, freut sich Hannes F., während er auf dem von seiner Firma entwickelten »City Blitz« durch die Wiener Hauptallee rollt* (Kurier 2. 4. 1999, 24; A). **3.** A D-südost ›[von einer Wurst oder einer Frucht abgeschnittene] Scheibe‹: *Aber gelegentlich so ein kleines Radl als Appetithappen wird schon keine Todsünde sein* (OÖN 11. 1. 1993, 5; A). **4.** A ›Aufteilung des Dienstes in drei oder vier Schichten bei durchgehend besetzten Behörden; Abschnitt dieser Aufteilung‹: *Ein ganzes Team von AktivistInnen und Vorstandsmitgliedern wechselt sich an den HOSI-Dienstagen im »Radl« als Bardienst ab* (Homosexuellen-Initiative HOSI-Wien, 2002, Internet); *Silvia H. und Franz B. beginnen ihr »Radl« auf dem Funkwagen* (Öffentliche Sicherheit 1–2/2001, Internet) – Zu 1.: ↗**Radlbock** A. Zu 2.: ↗**Radlerin,** ↗**Radlfahrer(in), Radltour.** Zu 3.: **Apfelradl, Wurstradl.** Zu 4.: **Dreierradl, Viererradl**

Radlader A D der; -s, –: ↗PNEULADER CH ›mit breiter Schaufel ausgestatteter Bagger mit Luftreifen‹: *Im Paznauntal, wo zahlreiche Abgänge die Straße teilweise bis zu fünf Meter hoch verschüttet hatten, versuchten Radlader, Kettenbagger und Räumfahrzeuge, den Verkehrsweg nach Ischgl freizubekommen* (Standard 9. 2. 1999, Internet; A); *Zwischen den letzten aufragenden Mauerresten … eilt geschäftig ein kleinerer Radlader hin und her, den bergeweise herumliegenden Schutt mit seiner Schaufel aufsammelnd* (Weser Kurier 26. 2. 2002, Internet; D)

Radlbock A der; -(e)s, …böcke (Grenzfall des Standards): ›einrädriges Transportgerät aus Holz mit zwei Griffen zum Transportieren von Kisten und Säcken‹: *Bürgermeister D. verabschiedete den auf einen Radlbock geschnallten Faschingsprinzen noch feierlich, bevor dieser am Nachmittag … feierlich der Donau übergeben wurde* (Kurier 24. 2. 1993, 15)

Radler Radlerin: 1. A D-südost der; -s, – bzw. die; –, -nen (Grenzfall des Standards): ↗Radlfahrer A D-südost, ↗Velofahrende CH, ↗Velofahrer CH ›Fahrradfahrer(in)‹: *Der Radweg ist bestens beschildert und überaus gut ausgebaut und im Laufe eines Tages auch von weniger geübten Radlern zu schaffen* (ÖBB 100 Jahre Pinzgaubahn, 1997, 14; A); *… woraufhin Lisa … stehen blieb, bis der Radler weitergefahren war* (Arens, Nächste Mann 27; D-süd). **2.** A der/D (ohne nordwest) das; -s, –: ↗Panaché CH, ↗Alsterwasser D-nord/mittelwest ›Getränk aus hellem Bier und Limonade‹: *Was bei uns schlicht Radler genannt wird, kommt in Frankreich als France Panachés daher* (Format 19. 6. 2000, 119; A); *Handfeste Speisen … zum selbst gebrauten Bier … sowie Radler, Alsterwasser u. Bierbowle mit Kirschen* (Marabo online 11/1999, Internet; D) – Zu 1 vgl. Rad, Radl – Zu 2.: **Radlerhalbe** (↗Halbe), **Radlermaß** (↗Maß)

Radlfahrer Radlfahrerin A D-südost der; -s, – bzw. die; –, -nen (Grenzfall des Standards): ↗Radler A D-südost, ↗Velofahrende CH, ↗Velofahrer CH ›Fahrradfahrer(in)‹: *Der 26. Oktober wird ab nun nicht nur den Wanderern und Radlfahrern, sondern auch dem Geflügel geweiht* (Gusto 11/1997, 93; A) – Vgl. Radl

Radwanderung A D die; –, -en: ›ausgedehnter Ausflug mit dem Fahrrad‹: *Bruck an der Mur ist … Ausgangspunkt für ausgiebige Radwanderungen entlang von Mur und Mürz* (Stadt Bruck an der Mur, 1999, Internet; A); *Empfehlungen: … Radwanderungen in die Umgebung, Baden im See …* (Bahntours, Schulfahrten 1998, 35; D) – Vgl. Rad – Dazu: **Radwanderer (…derin), Radwandertag, Radwanderweg**

Räf CH das; -s, -e: **1.** ↗Kraxe A D-mittelost/südost, ↗Hutte CH-west, ↗Kräze CH-ost, ↗Kiepe D-nord/mittelwest, ↗Krätze D-südost ›Holzgestell [mit Korb] zum Tragen auf dem Rücken‹: *Für die Alp hat der Sonnenofen vor allem drei Vorteile: […] das Koffermodell ist auf einem Räf relativ gut transportierbar und kann auch im Winter benützt werden* (Internetseite der Älplerinnen und Älpler, Zalp, 2002). **2.** (abwertend) ›grobe, dominante Frau‹: *Meine sexy Verführerin wurde zum Räf* (Blick 14. 2. 1996, 4)

Raffel CH die; –, -n: ↗Reibeisen A D-mittelost/süd, ↗Raspel D (ohne mittelost), ↗Reibe D (ohne südost) ›Küchengerät zum Zerkleinern von Gemüse u.Ä. in stiftförmige Stückchen‹: *Die Kartoffeln schälen, entweder auf einer groben Raffel reiben oder vierteilen und in Scheibchen schneiden* (Schweizer Kochrezepte, 2000, Internet) – Vgl. raffeln – Dazu: **Bircherraffel, Käseraffel, Röstiraffel** (↗Rösti)

raffeln CH sw.V./hat: ↗reiben A D-südost ›(↗Obst, Gemüse und Käse) mit Hilfe einer ↗Raffel in kleine Stückchen zerkleinern; raspeln‹: *Die Äpfel schälen, entkernen und raffeln* (Stemmle, Mitenand 37)

raffen CH D-mittel/süd sw.V./hat (Grenzfall des Standards): ↗überziehen A, ↗gneißen A D-südost, ↗spannen A D-nordwest/südost, ↗überreißen A D-südost, ↗blicken D ›etw. plötzlich erfassen, durchschauen‹: *Da waren sie, die alten Schwulen, die natürlich sofort rafften, weswegen ich dort herumhing* (Coming out 23; CH); *Ruppert: Der rafft jetzt eh nix mehr* (Universität Kaiserslautern, 2000, Internet; D) – Andere Bedeutungen sind gemeindt. Vgl. Trichter

Rag. siehe Ragioniere

Ragioniere STIR der; –, …i [radʒoˈni̯ɛːre] ⟨ ital. *ragioniere* ⟩: ›Buchhalter(in) und Rechnungsprüfer(in)‹/Berufstitel/: *Die Kammern der Wirtschaftsprüfer und Steuerberater, der »Ragionieri« und Wirtschaftsexperten, der Arbeitsrechtsberater der Provinz Bozen halten heute mit dem Finanzblatt »Italia Oggi« eine Telekonferenz mit dem Finanzministerium* (Dolomiten 23. 2. 1999, 5) – Abk. Rag. Als Berufstitel nur in der männlichen Form gebräuchlich

Ragout (gemeindt.): ↗Voressen

Ragù STIR das; -s, -s ⟨ital.⟩ (selten): ›Fleischsauce bei Pastagerichten; Sugo‹: *Eine Auslaufform ausbuttern, eine Lage Nudeln hineingeben, löffelweise Ragù und Béchamelsoße darüber verteilen* (Kompatscher, Küche 115)

Rahm der; -(e)s, ohne Plur.: **1.** A CH D (ohne nordwest); ↗Obers A-ost, ↗Nidel CH, ↗Sahne D (ohne südost), ↗Schmant D-mittelost ›oben schwimmender, fetthaltiger Teil der Milch; flüssiger Süßrahm‹: *Zwei- bis dreimal wöchentlich schüttete Minna Rahm in den Butterkübel und trieb daraus goldgelbe Butterknollen* (Schöpf, Ausgedingler 16; A); *Judith weiß doch, dass ich immer zwei Stück Zucker in den Tee nehme und nur einen Tropfen Rahm* (Geiser, Brachland 32; CH). **2.** CH; ↗Schlag A, ↗Schlagobers A-mitte/ost, ↗Schlagrahm A (ohne ost) CH D-süd, ↗Nidel CH, ↗Sahne D (ohne südost), ↗Schlagsahne D (ohne südost) ›steif geschlagener Süssrahm‹: *Zum Dessert schwelgte ich in steif geschlagenem Rahm, der sich über den Meringue-Schalen türmte* (Hartmann, Eis 23) – Dazu: **Halbrahm, Kaffeerahm** (↗Kaffee), **Rahmglace** (↗Glace) CH, ↗**Rahmhaube** CH, **rahmig,** ↗**Rahmquark** CH, **Rahmsauce, Rahmsoß** (↗Soß), ↗**Rahmsoße** D, ↗**Rahmtopfen** D-südost, **Rahmtorte** CH D-süd

Rahmhaube CH die; –, -n (selten): ↗SCHLAGOBERSHAUBE A, ↗SAHNEHÄUBCHEN D (ohne südost) ›kleine Portion geschlagener Süssrahm, die auf die Oberfläche heißer Getränke, wie Kaffee und Kakao, gesetzt wird‹: *Eiskugel in ein Longdrinkglas geben und mit dem Kaffee übergiessen. Rahmhaube aufsetzen und etwas bittere Schokolade darüber raspeln* (Food News, 2001, Internet) – Vgl. Rahm

Rahmquark CH der; -s, ohne Plur.: ↗RAHMTOPFEN D-südost, ↗SAHNEQUARK D (ohne südost) ›unter Zugabe von ↗Rahm hergestellter ↗Quark‹: *In eine Glasschale streue ich drei Esslöffel Brot-Schokoladen-Mischung, gebe eine Schicht cremig gerührten Rahmquark darüber, wiederhole das, bis die Brotmischung und ein Pfund Rahmquark aufgebraucht sind* (WW 24. 7. 1997, Internet)

Rahmsauce (gemeindt.): ↗OBERSAUCE, ↗RAHMSOSSE, ↗SAHNESOSSE

Rahmsoße D die; –, -n: ↗OBERSSAUCE A-ost, ↗SAHNESOSSE D (ohne südost) ›unter Zugabe von ↗Rahm zubereitete Sauce; Rahmsauce‹: *Thüringer Rehbraten in feiner Rahmsoße* (Thüringen, 1999, Internet) – Vgl. Soße

Rahmtopfen D-südost der; -s, ohne Plur.: ↗RAHMQUARK CH, ↗SAHNEQUARK D (ohne südost) ›unter Zugabe von ↗Rahm hergestellter ↗Topfen‹: *Rahmtopfen wird mit etwas Sauerrahm verschlagen und mit fein gehackter Zwiebel, Salz, weißem Pfeffer und Zitronensaft gewürzt* (Harriet's Koch- und Backseite 27. 11. 2002, Internet)

Rahne A (ohne Vbg.) D-südost die; –, -n (Grenzfall des Standards): ↗RÜBE: *ROTE RÜBE A D-süd, ↗RANDE A-west (Vbg.) CH, ↗BETE: *ROTE BETE D (ohne südost) ›Gemüsepflanze mit runder Wurzel und rotem Fleisch‹: *Rote Rübe (rote Beete, Rahne, Rahnden)* (Maier-Bruck, Österr. Küche 436); *In unseren Breitengraden ist sie überall als Rohne bekannt und man kann sie am Wochenmarkt entweder roh (14 Schilling/Kilo) oder ungeschält und gekocht (24 Schilling/Kilo) kaufen* (Kleine Ztg Ktn. 5. 2. 2000, Internet; A) – Auch in der Schreibung *Rane*. In A-west (Tir.)/südost nur in der Form *Rohne* – Dazu: **Rahnenknolle, Rahnensaft, Rahnensalat**

Rain CH D-südwest der; -(e)s, -e: ↗BERGLEHNE A CH, ↗LEHNE A D-süd, ↗LEITE A D-süd, ↗HALDE CH, ↗STUTZ CH ›(kleinerer) Abhang‹: *Sie wohnte im Haus am unteren Rain* (Wyss, Schwester Judith 130; CH) – Die Bedeutung ›unbebauter Grasstreifen‹ ist gemeindt. und gehoben

räkeln (gemeindt.): ↗REKELN

Ralf Ralph D: Kurzform der männl. Vornamen *Radolf, Radulf*: *Nicht anders verhält es sich mit seinem sieben Jahre jüngeren Bruder Ralf* (Berliner Ztg 17. 4. 2001, Internet) – In CH selten

Ramasuri A D-südost die; -s, ohne Plur. ⟨aus rumän. *ramasuri* ›Durcheinander, Allerlei‹⟩ (Grenzfall des Standards): **1.** ↗BALLAWATSCH A ›Durcheinander, Wirrwarr‹: *Ich liebe dieses Buch. Es hat so schöne Überschriften wie: »Warum die Ramasuri der österreichischen Küche unübersetzbar ist« oder »Die Neigung zur Ramasuri«* (Kleine Ztg 15. 11. 1999, Internet; A). **2.** ›ausgelassenes Vergnügen‹: *Schauen Sie – gegen an guten Witz hab i ja nix … a Hetz und a Remasuri* (Qualtinger, Herr Karl 362; A) – Auch in der Form *Remasuri*

rammelvoll D (ohne südost) Adj. (Grenzfall des Standards): ↗BUMMVOLL A, ↗GESTECKT: GESTECKT VOLL A D-süd, ↗BUMSVOLL CH, ↗GESTOSSEN: *GESTOSSEN VOLL CH, ↗PROPPENVOLL D-nord/mittel, ↗RAPPELVOLL D-mittelwest/südwest ›[mit Menschen] übermäßig angefüllt (von Räumen); überfüllt‹: *In den Achtzigern waren diese Läden rammelvoll* (Stuttgarter Nachr 4. 1. 2002, Internet)

Rand: *mit etw./jmdm. zu Rande kommen (gemeindt.): ↗SCHLAG: *MIT ETW./JMDM. ZU SCHLAGE KOMMEN

Randale D (ohne südost) die; –, -n (Grenzfall des Standards): **1.** ›starker und meist mit Gewalt verbundener Protest; Krawall; Randaliererei‹: *Herbert hatte dienstfrei, und sein Kollege fand die Bilder von der Randale im Erlengrund überhaupt nicht spannend* (Karr & Wehner, Geierfrühling 80). **2.** ›mutwilliges Zerstören, Randaliererei‹: *Seit langem schon wende ich mich angewidert vom Fußball ab – wegen der Randale drumherum!* (Psychologie 3/1996, 7)

Rande A-west (Vbg.) CH die; –, -n (meist Plur.): ↗RÜBE: *ROTE RÜBE A D-süd, ↗RAHNE A (ohne Vbg.) D-südost, ↗BETE: *ROTE BETE D (ohne südost) ›Gemüsepflanze mit runder Wurzel und rotem Fleisch‹: *Brombeer- und Waldheidelbeeressig eignen sich für herbstliche Salatvariationen zu Randen, Rotkraut, Tintenfischsalat* (Chuchi-Chäschtli 15; CH) – In A-west (Vbg.) meist in der Form *Randig* (der; -s, ohne Plur.) – Dazu: **Randensaft, Randensalat**

Randig A-west (Vbg.) der; -s, ohne Plur.: siehe Rande

Randstein A CH D-süd der; -(e)s, -e: ↗GEHSTEIGKANTE A, ↗TROTTOIRRAND CH D-südwest, ↗BORDKANTE D-ost, ↗BORDSTEIN D (ohne südost), ↗KANTSTEIN D-nordwest ›steinerne Einfassung eines Fußgängerweges‹: *Wenn er so dahinging am Randstein des Trottoirs, um ja nicht dem dahineilenden Bürger im Wege zu sein, weckte er Neugierde* (Zwanzger 3/1999, 10; A); *Plötzlich schiesst ihr Auto mit aufheulendem Motor über den zehn Zentimeter hohen Randstein aufs Trottoir hinauf und erfasst einen Touristen* (Blick 25. 10. 1999, 13; CH)

Rane siehe Rahne

Ranft D-ost der; -(e)s, Ränfte: ↗SCHERZ A D-südost, ↗SCHERZEL A (ohne Vbg.) D-südost, ↗KANTEN D-nord/mittel, ↗KAPPE D-nordwest, ↗KIPF D-südost, ↗KNÄPPCHEN D-mittelwest, ↗KNÄUSLE D-südwest, ↗KNUST D-nord, ↗KRÜSTCHEN D-mittelwest, ↗RIEBELE D-südwest ›Anschnitt oder Endstück eines Brotlaibes‹: *Der Schwabe schwärmt vom Riebele, im rauen Sachsen und Franken spricht man vom Ranft* (Bäckerei Hofpfisterei 15. 10. 2002, Internet) – In CH dialektal – Dazu: **Ränftchen**

rangeln siehe ranggeln

ranggeln A-mitte/südost/west (Tir.) D-südost sw.V./hat (Sport): ↗SCHWINGEN CH /eine Form des Ringens/: *Am Wochenende wird im Pinzgau wieder heftig um den Staatsmeistertitel geranggelt* (SN 6. 9. 2002, Internet; A-mitte/südost/west); *Das Ranggeln, das bayerische Judo nach festen Regeln, wird zwar fast nur noch unter Kindern und Jugendlichen praktiziert, Meisterschaften, bei denen der segnende Pfarrer nach Abschluss des Gottesdienstes teilnimmt, sollen aber noch vorkommen* (Scharbert, Über München und Bayern, Internet; D-südost) – Auch in der Schreibung *rangeln* – Dazu: **Abschlussranggeln, Länderranggeln** (↗Länder-), **Mannschaftsranggeln, Pokalranggeln, Preisranggeln, Ranggler(in)**

rangieren: 1. A D sw.V./hat/ CH sw.V./ist / [rãʒiːrən A, raŋ'giːrən CH, raŋ'ʒiːrən D] ⟨aus frz. *ranger* ›ordnungsgemäss aufstellen‹⟩: ↗KLASSIEREN CH LUX ›(in einem Teilnehmerfeld einen Platz bzw. Rang) einnehmen; platziert sein‹: *Die Tatsache, dass Österreich bei der letzten Benchmarkingstudie zu eGovernment nur an elfter Stelle EU-weit rangiert hat, führte zum Auftrag des Herrn Bundeskanzlers, noch in dieser Legislaturperiode unter die ersten Fünf zu kommen* (Städtebund, 2003, Internet; A) *Auch die WM- und EM-Zweiten Krylowa/Owsjannikow sind noch vor den Kanadiern rangiert* (Zürcher Oberländer 19. 3. 1997, 37; CH); *so haben die Senioren in der letzten Saison meistens in der erten Tabellenhälfte rangiert* (Stadt Kleve, 1999, Internet; D). **2.** D sw.V./hat ›(ein Fahrzeug) auf engem Raum manövrieren‹: *G. rangierte den Kombi in den Hof und lud die Suzie und die Akkus aus* (Karr & Wehner, Geierfrühling 19) – Die Bedeutung ›Eisenbahnwagen auf andere Gleise schieben‹ ist gemeindt. In dieser gemeindt. Bedeutung wird das Perfekt mit *hat* gebildet, die Aussprache lautet in CH dann [raŋ'ʃiːrən] – Dazu: ↗**Rangierung**

Rangierung CH die; –, -en [raŋ'giːrʊŋ]: ↗KLASSIERUNG CH BELG ›Platzierung‹: *Die Schweiz hat an den Judo-Weltmeisterschaften in Birmingham keine einzige Rangierung unter den ersten 7 erreicht* (Blick 11. 10. 1999, 25); *Eher von Belang als die aussichtslose Ständeratskandidatur dürfte die Rangierung auf der Nationalratsliste sein* (TA 10. 7. 1999, 19) – In D selten, Aussprache [raŋ'ʒiːrʊŋ]. Vgl. rangieren – Dazu: **Schlussrangierung** (↗Schlussrang)

Ranglistenerste (gemeindt.): ↗RANGLISTENSPITZE

Ranglistenspitze CH die; –, -n: ›erste Position[en] in der Rangliste‹: *Zum zweiten Mal übernimmt die 1,89 Meter grosse Powerfrau heute die Ranglistenspitze* (Blick 5. 7. 1999, 19)

Rangordnung STIR die; –, -en: ›Rangliste in einem ↗Wettbewerb um eine öffentliche Anstellung‹: *In der ersten Rangordnung waren nämlich weniger als 80 gültige Gesuche* (FF 29. 3. 2001, 16) – Die Bedeutung ›Abstufung in einer hierarchischen Ordnung‹ ist gemeindt. – Dazu: **Landesrangordnung** (↗Landes)

Rangverkündigung CH die; –, -en: ↗RANGVERLESEN CH-ost ›festliche, öffentliche Bekanntgabe der Ränge (am Schluss eines Wettbewerbs oder Wettkampfs)‹: *Nach drei Stunden ist Rangverkündigung: T-Shirts für die Sieger, Pins, Kleber, Farbstifte – jedes Kind erhält einen Preis* (Blick 22. 8. 1996, 29)

Rangverlesen CH-ost das; -s, –: ↗RANGVERKÜNDIGUNG CH ›festliche, öffentliche Bekanntgabe der Ränge (am Schluss eines Wettbewerbs oder Wettkampfs)‹: *Nach dem Rangverlesen, welches von Res P. ... durchgeführt wurde, zogen die Faustballer langsam aber sicher wieder nach Hause* (Glarner Turnverband, Berichte 9/2000, Internet)

ranhalten sich D (ohne südost) st.V./hat (Grenzfall des Standards): ›sich (bei der Arbeit) beeilen‹: *Da muss Jakarta sich ganz schön ranhalten, um ganz schnell ganz modern zu sein* (Allegra 11/1997, 20)

Rank CH der; -(e)s, Ränke: ›Wegbiegung, Kurve‹: *Dann, in einem Rank, hielt er an, reckte sich, hob den Kopf und sah, dass die Felsen oberhalb des Weges zum Teil nach innen gerundet waren und kleine Höhlen bildeten* (Durschei, Meldegg 75); ***den Rank finden:** ↗KURVE: *DIE KURVE KRIEGEN CH D ›zurechtkommen, den Weg finden‹: *Jetzt bin ich bald vierundfünfzig, kann jeden Tag Grossmutter werden und finde erst jetzt den Rank, meine Geschichte aufzuschreiben* (Wenger, Rosalia 7)

Ränzel D-nordwest das/der; -s, –: ↗SCHULTASCHE A D (ohne mittelost/südwest), ↗SCHULSACK CH, ↗THEK CH-ost, ↗TORNISTER CH D-nordwest/mittelwest, ↗RANZEN D (ohne nordost), ↗SCHULMAPPE D-nord ›rucksackartige Tasche [für Schulutensilien]‹: *Jeden Morgen lief ich über den großen Platz zur Schule. Ich hatte es eilig und mein Ränzel war schwer* (Carlsen Verlag Hamburg, 2001, Internet) – Die Wendung *sein/das Ränzel schnüren* ist veraltet

Ranzen der; -s, –: **1.** D (ohne nordost); ↗SCHULTASCHE A D (ohne mittelost/südwest), ↗SCHULSACK CH,

↗THEK CH-ost, ↗TORNISTER CH D-nordwest/mittelwest, ↗RÄNZEL D-nordwest, ↗SCHULMAPPE D-nord ›rucksackartige Tasche für Schulutensilien‹: *90 % der Grundschüler tragen zu schwere Ranzen* (BamS 26. 10. 1997, 58). **2.** CH D-süd (Grenzfall des Standards); ↗PLAUZE D-nord/mittel ›[dicker] Bauch; Wampe‹: *Der Pfarrer sorgt für die Seele, und ich sorge für den Ranzen* (Sieber, Menschenware 55; CH); *Eine Eigentümlichkeit der passionierten Biertrinker bringt uns auf die richtige Spur: Viele von ihnen entwickeln im Laufe der Zeit nicht nur einen mächtigen Ranzen, sondern auch einen deutlichen Brustansatz* (Deutschlandradio 22. 9. 2001, Internet; D-süd). **3.** A-west (Trachtenmode) ›bestickte Bauchbinde aus Leder, die von Männern über der Lederhose getragen wird‹: *Die Lederhose und der reich bestickte Ranzen, dazu die typischen Lungauer Hosenkraxn aus Handwebe, die rote Weste und die heute noch gebräuchliche Form des Rockes zeigen, wie Tracht auch ohne viel Veränderung die Zeiten bis in die Gegenwart überdauert* (Salzburger Trachten, 2002, Internet) – Zu 1.: In A, CH und D-nordost veraltet – Zu 1.: **Schulranzen**

rapid A CH D-süd Adj. ⟨aus frz. *rapide*⟩: ↗RAPIDE D ›sehr schnell (verlaufend)‹: *Die Verhandler der Koalition, die … die rapid steigenden Kosten begrenzen wollten, dürften sich über ihre Verhandlungsergebnisse zu früh gefreut haben* (Kirche intern 11/1996, 24; A); *Die seelischen Probleme überhaupt nehmen rapid zu* (Sieber, Menschenware 9; CH)

rapide D Adj. ⟨frz.⟩: ↗RAPID A CH D-süd ›sehr schnell (verlaufend)‹: *Nach ersten Lähmungserscheinungen verschlechtert sich Heines Zustand rapide* (Spiegel 1. 12. 1997, 187)

rappelvoll D-mittelwest/südwest Adj. (nicht steigerbar, salopp): ↗BUMMVOLL A, ↗GESTECKT: *GESTECKT VOLL A D-süd, ↗BUMSVOLL CH, ↗GESTOSSEN: *GESTOSSEN VOLL CH, ↗PROPPENVOLL D-nord/mittel, ↗RAMMELVOLL D (ohne südost) ›[mit Menschen] übermäßig angefüllt (von Räumen); überfüllt‹: *In den meisten Zoos sind die Gehege rappelvoll* (Berliner Morgenpost 31. 3. 2001, Internet)

Rappen CH der; -s, –: ↗GROSCHEN A, ↗PFENNIG D ›kleinste Währungseinheit in der Schweiz, 1/100 Franken‹: *Meine Bedingungen habe ich genannt, keinen Rappen weniger* (Brechbühl, Kneuss 56); ***kein [roter] Rappen** CH ›überhaupt kein Geld; kein [roter] Heller‹: *Der Bund wird an die neue Unterführung bei der Landi keinen roten Rappen bezahlen* (Bund 4. 12. 1998, 31) – Dazu: ↗**Rappenspalter(in)**

Rappenspalter Rappenspalterin CH der; -s, – bzw. die; –, -nen: ↗KNAUSER D, ↗PFENNIGFUCHSER D ›geizige, geldgierige Person; Geizhals‹: *Eine Putzequipe, so die Ansicht des Rappenspalters, verursacht nur unnötige Kosten* (Blick 20. 8. 1997, 11) – Vgl. Rappen – Dazu: **Rappenspalterei, rappenspalterisch**

Rapperswil (gemeindt.): ↗ROSENSTADT

Räppler CH der; -s, – (Grenzfall des Standards): ›Rappenstück‹: *Der Eduard hielt mit einer Beisszange den Räppler an die Flamme* (Schädelin, Eugen 58) – Dazu: **Einräppler, Fünfräppler, Zehnräppler, Zwanzigräppler, Zweiräppler**

Rapport CH der; -(e)s, -e ⟨frz.⟩: ›[regelmässige] Meldung an Vorgesetzte über eine Arbeitsperiode oder ein Ereignis (von der Polizei, von Schiedsrichtern im Sport oder von Arbeitsgruppen im Schichtbetrieb); Bericht‹: *Konkret soll die Polizei künftig jedes Mal einen Rapport schreiben, wenn sie zu gewalttätigen Auseinandersetzungen in der Familie gerufen wird* (Zürcher Oberländer 19. 3. 1997, 27) – Andere Bedeutungen sind gemeindt. – Dazu: **Polizeirapport,** ↗**rapportieren, Schiedsrichterrapport, Zustandsrapport**

rapportieren CH sw.V./hat ⟨aus frz. *rapporter*⟩: ›[regelmässig] Meldung an Vorgesetzte über eine Arbeitsperiode oder ein Ereignis erstatten (von Schiedsrichtern im Sport oder von Arbeitsgruppen im Schichtbetrieb); berichten‹: *Solange man Angestellter sei, müsse man immer jemandem rapportieren und Rechenschaft ablegen* (TA 25. 5. 1999, 87) – Vgl. Rapport

Rapunzel A-west/südost der; -s, ohne Plur. / D-mittel die; –, ohne Plur.: ↗VOGERLSALAT A, ↗NÜSSLER CH, ↗NÜSSLISALAT CH, ↗FELDSALAT D, ↗ACKERSALAT D-südwest, ↗VOGELESALAT STIR ›Salatsorte mit feinen Blättern, die in Rosetten wachsen‹: *Wer seinen Rapunzel nicht selbst schneiden will, zahlt dafür 200 Schilling statt 150 Schilling pro Kilo* (Kleine Ztg Ktn. 13. 1. 1998, Internet; A-west/südost); *Als Zwischenfrucht können Sie im Herbst Rapunzel, Spinat oder Pflücksalat aussäen* (Berliner Morgenpost 6. 4. 1997, Internet; D-mittel) – In A Maskulinum, in D Femininum. Die gleichnamige Märchenfigur ist gemeindt. und Neutrum

raschest A Adv.: ↗RASCHESTENS A CH, ↗RASCHESTMÖGLICH A CH, ↗RASCHMÖGLICHST CH ›so schnell wie möglich; unverzüglich‹: *Bei solchen Symptomen, die möglicherweise allergischer Natur sind, sollte raschest ärztliche Hilfe in Anspruch genommen werden* (Medizin populär 5/1997, 37)

raschestens A CH Adv.: ↗RASCHEST A, ↗RASCHESTMÖGLICH A CH, ↗RASCHMÖGLICHST CH ›so schnell wie möglich; unverzüglich‹: *Hier ist raschestens eine Antwort des Landes notwendig, ob es zu einer finanziellen Beteiligung bereit ist* (Kleine Ztg 8. 2. 1996, Internet; A); *Jedenfalls bitten wir dringend darum, dass die Anliegen des Bezirkes Horgen … nicht weiter auf* *die lange Bank geschoben werden, sondern raschestens ein weiteres Projekt ... verabschiedet wird* (Protokoll des Zürcher Kantonsrates, 29. 6. 1998, Internet; CH)

raschestmöglich A CH Adv.: ↗RASCHEST A, ↗RASCHESTENS A CH, ↗RASCHMÖGLICHST CH ›so schnell wie möglich; unverzüglich‹: *Die Baudurchführung wird raschestmöglich erfolgen, wir bitten aber jetzt schon um Verständnis, wenn es zu Behinderungen kommen sollte* (Kleine Ztg 28. 6. 1998, Internet; A); *Alle betroffenen Wettläufer bzw. Wettläuferinnen sind verpflichtet, raschestmöglich geordnet und bei sichtbarem Tragen der Startnummern nach Zermatt zurückzukehren* (Patrouille de Glaciers, Wettlaufreglement, 2002, Internet; CH)

raschmöglichst CH Adv.: ↗RASCHEST A, ↗RASCHESTENS A CH, ↗RASCHESTMÖGLICH A CH ›so schnell wie möglich; unverzüglich‹: *Es wird wohl besser sein, hier raschmöglichst zu verduften* (Heimann, Lisi 42)

rasen (gemeindt.): ↗BLEDERN, ↗BLOCHEN, ↗BRETTELN, ↗BRETTERN, ↗FAHREN: *FAHREN WIE EINE GESENGTE SAU, ↗FRÄSEN, ↗HEIZEN, ↗STOCHEN, ↗TUSCHEN: *TUSCHEN LASSEN

Raspel D (ohne mittelost) die; –, -n: ↗REIBEISEN A D-mittelost/süd, ↗RAFFEL CH, ↗REIBE D (ohne südost) ›mit scharfkantig umrandeten Löchern versehenes Küchengerät zum Zerkleinern von Gemüse oder Obst‹: *Papaya oder Mango ... auf einer groben Raspel in dünne Scheiben hobeln* (SWR, 2000, Internet)

raspeln (gemeindt.): ↗RAFFELN, ↗REIBEN

räß A-west (Vbg.) **räss** CH Adj.: ›scharf, würzig (von Speisen)‹: *Für jene, die es gerne räss hatten, gab es gesalzene Speckschwarten oder geräuchertes Euter* (St. Galler Tagbl 10. 1. 2001, Internet; CH) – In A und D-süd dialektal in der Form *rass* – Dazu: ↗**Räßkäse** A-west (Vbg.)

Räßkäs A-west (Vbg.) der; -es, –: siehe Räßkäse

Räßkäse A-west (Vbg.) der; -s, –: ›sehr scharfer und würziger Käse‹: *Insgesamt werden rund 30 verschiedene regionale Käsesorten erzeugt, darunter international preisgekrönter Emmentaler, würziger Räßkäse, diverse Camemberts ... u. A.* (Käsestraße Bregenzerwald, 2000, Internet) – Auch in der Form *Räßkäs* (der; -es, -). Vgl. räß

rasten A sw.V./hat (in Verbindung mit *lassen*, Küche): ›zubereitetes Fleisch vor dem Aufschneiden bzw. einen Teig vor der weiteren Verarbeitung ruhen lassen‹: *Den Teig nur noch kurz abarbeiten und dann 2 Stunden kurz im Kühlschrank rasten lassen* (ORF Nachlese 9/1997, 66) – Die Bedeutung ›eine Pause machen, um sich auszuruhen‹ ist gemeindt.

Rasthaus A D das; -es, ...häuser: ↗AUTOBAHNSTATION A, ↗RASTSTATION A, ↗STATION A, ↗RASTHOF D ›Gasthaus an einem Autobahnparkplatz oder einer Straße; [Autobahn]raststätte‹: *Angeschlossen an die Tankstelle entsteht ein Rasthaus, für das allerdings noch ein Betreiber gesucht wird* (Kleine Ztg 18. 12. 1996, Internet; A); *Ebenfalls an der A 9 gelegen ... hält das erst vor kurzem umgebaute Rasthaus Greding-West einen ruhigen, modernen Tagungsraum ... bereit* (Standortmagazin 28. 7. 2002, Internet; D)

Rasthof D der; -(e)s, ...höfe: ↗AUTOBAHNSTATION A, ↗RASTSTATION A, ↗STATION A, ↗RASTHAUS A D ›Gasthaus an einem Autobahnparkplatz oder einer Straße; [Autobahn]raststätte‹: *Fritz S., Inhaber des Rasthofes Uhrsleben an der A2, ... zeigt sich zufrieden* (Truck-Magazin 13/2001, Internet)

Raststation A die; –, -en: ↗AUTOBAHNSTATION A, ↗STATION A, ↗RASTHAUS A D, ↗RASTHOF D ›Gasthaus an einem Autobahnparkplatz; Autobahnraststätte‹: *Es kam laut ARBÖ zu zahlreichen Unfällen auf Grund der extremen Straßenglätte, wie zum Beispiel auf der A1, kurz vor der Raststation Mondsee* (Wiener Ztg 21. 12. 1999, Internet)

Rat der; -(e)s, Räte: **1. *die eidgenössischen Räte** CH: ↗HAUS: *HOHE HAUS A D-nord/südwest, ↗BUNDESHAUS CH D ›das schweizerische Parlament mit seinen beiden Kammern ↗National- und ↗Ständerat‹: *Und wenn es politisch brennt, haben Bundesrat und eidgenössische Räte immer noch die Möglichkeit, mit dringlichen Bundesbeschlüssen zu agieren* (NZZ Folio 10/1998, 66). **2. *Grosse Rat** CH: ↗LANDTAG A D, ↗KANTONSRAT CH, ↗LANDRAT CH, ↗ABGEORDNETENHAUS D (Berlin), ↗BÜRGERSCHAFT D (Bremen, Hamburg), ↗REGIONALRAT STIR ›Parlament eines ↗Kantons (in den ↗Kantonen AG, AI, BE, BS, FR, GR, LU, SG, SH und TG)‹: *Nach Möglichkeit soll der Grosse Rat [das Projekt] im laufenden Jahr genehmigen* (BaZ, 17. 10. 1997, 39). **3.** STIR kurz für ›Gemeinderat‹: *Die Gemeinde ist eine autonome Körperschaft. Die Organe dieser Körperschaft sind der Rat, der Ausschuss und der Bürgermeister* (Südtirol Handbuch 167). **4. Rat Rätin** STIR der; -(e)s, Räte bzw. die; –, -nen ⟨übersetzt aus ital. *consigliere*⟩: ›Mitglied des Gemeinderates‹: *Mit einer Enthaltung haben sich die 13 anwesenden Räte für den Verzicht auf das Sitzungsgeld für die Gemeinderatssitzungen ausgesprochen* (Dolomiten 16. 10. 2000, 11). **5. Herr Rat/Frau Rätin** A /Anrede für einen Richter bzw. eine Richterin/: *Also muss eine Frau Rat im Bezirksgericht Innerer Stadt entscheiden* (ORF Nachlese 11/1997, 42). **6.** A /ein Amtstitel/: *Das Land Tirol: Rat Dr. Gerhard B.* (Pfaundler, Jungbürgerbuch 993). **7. *Fürstliche Rat** LIE /vom ↗Fürsten verliehener Ehrentitel/: *Nach Erledigung der üblichen Vereinsgeschäfte wurden Dr. Georg M. und Fürstlicher Rat Robert A. zu Ehrenmitgliedern des Vereins ernannt* (Liechtensteiner Volksbl

28. 5. 1996, 3) – Zu 2.: Auch in der Form *Grossrat*. In den (ganz oder teilweise) französischsprachigen ↗Kantonen GE, NE, VD und VS heisst das Parlament entsprechend *Grand Conseil* und im italienischsprachigen Kanton TI *Gran Consiglio*. Andere Bedeutungen sind gemeindt. – Zu 1., 2. und 3.: **Ratsbeschluss, Ratsfraktion** (↗Fraktion), ↗**Ratsmitglied, Ratssitzung, Ratsversammlung, Ratswahl.** Zu 6.: ↗**Kommerzialrat (...rätin),** ↗**Medizinalrat (...rätin),** ↗**Regierungsrat (...rätin).** Zu 7.: ↗**Justizrat (...rätin),** ↗**Kommerzienrat (...rätin)**

Ratsche A D-südost die; –, -n (Volkskunde): ↗RÄTSCHE CH D-südwest ›[im Volksbrauch verwendetes] an einer Stange befestigtes Zahnrad, gegen das beim Drehen eine Holzzunge schlägt‹: *Die Ratscherbuam wiederum verscheuchen mit ihren lärmenden Ratschen die Dämonen und ersetzen während der Karwoche das Glockengeläut* (Monatsjournal Tirol 2. 4. 1998, 29; A) – Dazu: **Karfreitagsratsche, ratschen**

Rätsche CH D-südwest die; –, -n: ↗RATSCHE A D-südost ›[im Volksbrauch verwendetes] an einer Stange befestigtes Zahnrad, gegen das beim Drehen eine Holzzunge schlägt‹: *Zum einen werden hölzerne Klappern und Rätschen ... als Knabenspielzeug beschrieben (Trommelersatz); zum andern könnten sie auch Nachfahren der Siechenklappern sein* (Oberhasler, 1997, Internet; CH) – Wird auf der ersten Silbe betont, in CH mit Kurzvokal, in D-südwest mit Langvokal – Dazu: ↗**rätschen**

rätschen CH D-südwest sw.V./hat: ↗RATSCHEN A D-südost ›mit einer Rassel ein Geräusch erzeugen (als Volksbrauch); ein Geräusch ähnlich einer Rassel machen‹: *Botanisch Interessierte freuen sich über Raritäten wie den Gepunkteten Enzian ..., Tierfreunde über ... die rätschenden Tannhäher, die Frösche und Molche in den Tümpeln* (Brückenbauer 35/1998, Internet; CH) – Wird auf der ersten Silbe betont, in CH mit Kurzvokal, in D-südwest mit Langvokal. Vgl. Rätsche

ratschen sw.V./hat: **1.** A D-südost (Grenzfall des Standards); ↗PLAUSCHEN A D-südost, ↗SCHWÄTZEN A-west (Vbg.) D-südwest, ↗SCHWATZEN CH D-mittel, ↗BABBELN D-mittel/südwest, ↗KLÖNEN D-nord, ↗QUATSCHEN D-nord/mittel, ↗SCHNACKEN D-nord ›sich unterhalten; plaudern‹: *Und die Nachbarn nutzen den vor kurzem eröffneten Park als neuen Treffpunkt – zum Ratschen, Krafttanken und Erholen* (SN 14. 8. 1997, Internet; A). **2.** A D-südost (abwertend, Grenzfall des Standards); ↗TRATSCHEN A D, ↗SCHWATZEN CH, ↗DURCHHECHELN CH D (ohne mittelost/südwest), ↗KLATSCHEN CH D (ohne südost), ↗PLAUSCHEN D-südost ›etw. herumerzählen, ausplaudern, über andere Leute [schlecht] sprechen‹: *Die Kleinen werden ihr zugeführt, damit sie klatschen und ratschen lernen* (Jelinek, Lust 95; A). **3.** A D-südost; ↗RÄTSCHEN CH D-südwest ›mit einer Rassel ein Geräusch erzeugen (als Volksbrauch); ein Geräusch ähnlich einer Rassel machen‹: *Die Glocke hatte längst das Pausen-Ende geratscht, aber hinter der hofrätlichen Tür rührte sich noch immer nichts* (Nöstlinger, Bonsai 64; A). **4.** D (ohne südwest) ›ein kratzendes oder reißendes Geräusch produzieren‹: *Bestimmt war sie die einzige Kundin, die ... Bügel für Bügel über die Metallstangen ratschen ließ* (Arens, Nächste Mann 28) – Zu 1. bis 3.: Wird auf der ersten Silbe, mit Langvokal, betont. Zu 4.: Wird auf der ersten Silbe, mit Kurzvokal, betont. Zu 3. vgl. Ratsche – Zu 1. und 2.: **ausratschen** A, ↗**Ratschkathl,** ↗**verratschen**

Ratschkathl A-mitte/west D-südost die; –, -n (Grenzfall des Standards): ↗PETZE D ›schwatzhafte [oft in verräterischer Absicht handelnde] Person‹: *Das gehört weitererzählt auch auf die Gefahr hin, für eine Ratschkathl gehalten zu werden* (TT 14. 2. 1996, Internet; A-mitte/west); *Er selbst schlüpfte in die maßgeschneiderte Rolle des Familienvaters, der mit ... der Ratschkathl Christiane J. zu kämpfen hatte* (Oberbayerisches Volksbl 5. 2. 2002, Internet; D-südost) – Vgl. ratschen

Ratskanzlei CH (AI) die; –, ohne Plur.: ↗KANTONSKANZLEI CH (AR), ↗LANDESKANZLEI CH-nordwest (BL), ↗REGIERUNGSKANZLEI CH (GL), ↗STANDESKANZLEI CH (GR, UR) ›zentrale Kanzlei von Regierung und Parlament‹: *Gibt der Stimmberechtigte seine Stimme brieflich ab, so hat er den Stimmausweis ... in ein frankiertes ... Zustellkuvert zu legen und dieses ... der kantonalen Ratskanzlei in Appenzell ... zu überbringen* (Behörden der Schweizerischen Eidgenossenschaft, 2000, Internet) – Vgl. Rat, Staatskanzlei

Ratsmitglied das; -(e)s, ...glieder: **1.** CH D STIR ›Mitglied eines politischen Rates, z.B. Stadt- oder Gemeinderat‹: *Gemeinden sollen für Ausgabenbeschlüsse ihrer Parlamente die Zustimmung einer Mehrheit aller Ratsmitglieder oder von zwei Dritteln der Anwesenden vorschreiben dürfen* (TA 6. 7. 1999, 21; CH); *Schon vor Tagen habe er seine Äußerungen gegenüber dem Ratsmitglied F. bedauert* (ARD Tagesschau 1. 6. 2002, Internet; D); *Nun müssen St. Christinas Ratsmitglieder entscheiden, ob sie diese Verbindung überhaupt wollen oder nicht* (Dolomiten 29. 3. 2001, 18; STIR). **2.** CH; ↗ABGEORDNETE A D LIE, ↗MANDATAR A BELG, ↗PARLAMENTSMITGLIED CH ›Mitglied einer Volksvertretung; Parlamentarier(in)‹: *Danach hat jedes Ratsmitglied beim Eintritt in das eidgenössische Parlament schriftlich über seine berufliche Tätigkeit, die Tätigkeit in Führungs- und Aufsichtsgremien bedeutender Körperschaften ... und die Mitwirkung in Kommissionen und anderen Organen des Bundes zu unter-*

richten (Fehr, Helvetia 81) – Zu 1.: In D vor allem auf den Gemeinderat und den Stadtrat, in STIR meist auf den Gemeinderat bezogen. Die Verwendung im Bereich der Europäischen Union ist gemeindt. Vgl. Rat

Räuber: *Räuber und Gendarm A D; ***Räuber und Schandi** A /ein Kinderspiel/: *Unsere Lieblingsspiele sind: Seilspringen, Räuber und Gendarm, Eins, Zwei oder Drei, mein rechter Platz ist leer und Komm mit Lauf weg* (Pfadfindergruppe Traun-Oedt, 2002, Internet; A); *Wo können denn Kinder heute noch Fußball oder Räuber und Schandi spielen?* (Kurier 11. 6. 1994, 10; A); *Dann haben alle mehr Zeit – etwa für Spielchen wie Räuber und Gendarm* (TAZ 3. 5. 2001, Internet; D) – Das Substantiv *Räuber* ist in allen anderen Verwendungen gemeindt.

rauchen (gemeindt.): ↗QUALMEN, ↗QUARZEN, ↗SCHMOKEN, ↗SCHMÖKEN, ↗TSCHICKEN

Raucher (gemeindt.): ↗SCHMÖKER/SCHMÖKERIN

Räucheraal D der; -(e)s, -e: ↗SPICKAAL D-nord ›geräucherter Aal‹: *Den Räucheraal zerzupfen und zusammen mit dem Lachskaviar auf die Rote Beete geben* (SWR, 2000, Internet)

Räucherei CH D die; –, -en: ↗SELCHEREI A ›Fachbetrieb, in dem Fleisch und Fisch geräuchert wird‹: *Haben die Hechtweibchen einmal ihren »Rogen« und die Männchen ihre »Milch« abgeliefert, landen sie meist im Kochtopf eines Fischrestaurants oder in der Räucherei der Berufsfischer* (Bund 15. 4. 1999, 30; CH); *Nachdem eine 68-jährige Frau nach dem Verzehr von Räucherfisch gestorben ist, wird jetzt wegen des Verdachts der fahrlässigen Tötung gegen den Betreiber einer Räucherei in Bad Münstereifel ermittelt* (General-Anzeiger 10. 8. 2000, Internet; D)

Räucherkammer A-west (Vbg.) CH D die; –, -n: ↗SELCH A D-südost, ↗SELCHKAMMER A D-südost ›Raum zum Räuchern von Fleisch, Wurst und Fisch‹: *Würzig duftend und sorgsam ausgerichtet hängen die Hammen und Speckseiten in ihrer Räucherkammer unter dem Dach* (Sonntagsztg 28. 1. 1996, 107; CH); *Fisch und Holz in einer Räucherkammer gibt unserem Räucherfisch den herzhaften Geschmack* (Ostseenet, 1997, Internet; D)

Räucherlachs A D der; -es, -e: ↗RAUCHLACHS CH ›geräucherter Lachs‹: *Zweimal im Jahr ging es beim großen Markt hoch her, wenn die Waldarbeiter kamen, voll beladen mit Fuchspelzen, Filzstiefeln und Räucherlachs* (OÖN 27. 3. 2001, Internet; A); *Und in der letzten halben Stunde vor Schluss ging auch der Räucherlachs für 70 statt 120 Mark über den Ladentisch* (Welt 25. 1. 2000, Internet; D)

räuchern (gemeindt.): ↗SELCHEN

Rauchfang A (ohne west) D-südost der; -(e)s, ...fänge: ↗KAMIN A-west CH D-mittelwest/süd, ↗ESSE D-mittelost, ↗SCHLOT D-mittelost/südost, ↗SCHORNSTEIN D-nord/mittel ›Rauchabzugsschacht‹: *Oben im Fenster war über dem Dachfirst des gegenüberliegenden Hauses, auf dem eine Taube zwischen den Rauchfängen hin und her trippelte, ein Stück wolkenloser Himmel* (Wolfgruber, Verlauf eines Sommers 87; A); *In ebendiesem Saale lag eine tote Schwalbe, die mutmaßlich durch den Rauchfang gekommen war und den Ausgang nicht hatte finden können* (Welt 24. 8. 2000; D-südost); ***etw. in den Rauchfang schreiben** siehe schreiben – Dazu: ↗**Rauchfangkehrer(in)** A D-südost

Rauchfangkehrer Rauchfangkehrerin A D-südost der; -s, – bzw. die; –, -nen: ↗KAMINKEHRER A-west D-südost, ↗KAMINFEGER CH D-mittelwest/südwest, ↗ESSENKEHRER D-mittelost, ↗SCHLOTFEGER D-mittelost/südost, ↗SCHORNSTEINFEGER D-nord/mittel ›Person, die Rauchabzugsschächte reinigt und je nach Zusatzausbildung auch die Überprüfung und Wartung von Heizungsanlagen übernehmen kann‹ /Berufsbezeichnung in A/: *Die Rauchfangkehrer bieten ihren Kunden ein breites Leistungsspektrum an* (SN 31. 12. 2002, Internet; A) – In A-west nur formell. Vgl. Rauchfang – Dazu: **Rauchfangkehrermeister(in)**

Rauchfleisch CH D (ohne südost) das; -(e)s, ohne Plur.: ↗GESELCHTE A D-südost, ↗SELCHFLEISCH A D-südost, ↗GERÄUCHERTE CH D ›[in dünne Scheiben geschnittenes] geräuchertes Fleisch‹: *Hier oben mischte sich der Geruch feuchter Wäsche mit dem von Rauchfleisch, Nüssen, Dörrobst* (Schriber, Kartenhaus 44; CH); *1 Scheibe Broichtaler Bauernbrot buttern ... 50 g Rauchfleisch darauf verteilen und mit roten Trauben garnieren!* (Kronenbrot, 2000, Internet; D)

Rauchkuchl siehe Rauchküche

Rauchlachs CH der; -es, ohne Plur.: ↗RÄUCHERLACHS A D ›geräucherter Lachs‹: *Beim Rauchlachs sind die Qualitätsunterschiede erheblich. Das Angebot ist breit gefächert, wobei die Farbe nichts über die Qualität des Rauchlachses verrät* (Brückenbauer 3. 12. 1997, 38)

Raue D-mittelwest die; –, -n: ↗TOTENMAHL A, ↗ZEHRUNG A-mitte, ↗LEICHENMAHL CH, ↗LEIDMAHL CH, ↗TRAUERESSEN CH ›einfaches Essen nach einem Begräbnis zu Ehren des bzw. der Verstorbenen; Leichenschmaus‹: *Selbstverständlich ging die Nachbarschaft geschlossen mit zur Beerdigung. Die anschließende Raue wurde in der Wohnung des Verblichenen abgehalten* (Oberhausen Buschhausen online, 2003, Internet)

raufen (gemeindt.): ↗KEILEN, ↗KLOPPEN, ↗SCHLAGEN, ↗SCHLÄGERN

Rauke D die; –, -n: ›Rucola‹: *Eine feine und cremige Suppe aus Kartoffeln und Rauke* (Brigitte 11/1996, 204)

Raumausstatter A D der; -s, –: **1.** ↗RAUMAUSSTATTUNG A D, ↗INNENDEKORATION CH ›Geschäft, in dem Möbelstoffe, Tapeten, Teppiche u. Ä. erhältlich sind bzw. gewerblicher Betrieb, der Innenräume mit diesen Produkten ausstattet‹: *Für 1998 rechnet der Raumausstatter wieder mit Umsatzwachstum in allen Konzernbereichen* (Kleine Ztg 6. 12. 1997, Internet; A); *In der oberen Abbildung peppt eine Quaste … die Schubkastenfront auf. Die bekommen Sie beim Raumausstatter* (Selber machen 6/2000, 17; D). **2. Raumausstatter Raumausstatterin** der; -s, – bzw. die; –, -nen; ↗INNENDEKORATEUR CH ›Person mit Handwerksausbildung, die Innenräume mit Teppichen, Tapeten etc. einrichtet und Polstermöbel neu bezieht‹ /Berufsbezeichnung/: *Nach dem Muster der Flächenberufe sollten auf Unternehmerseite durch Reform der Gewerbeordnung integrierte Gewerbe entstehen, z. B. könnte es statt Fliesenleger, Maler, Tapezierer den Raumausstatter geben* (Kurier 11. 11. 1996, 2; A); *Anfang der 80er Jahre hatte der Raumausstatter eine Berufsunfähigkeitszusatzversicherung abgeschlossen* (Test 3/1994, 16; D) – In A ursprünglich fremd, aber zunehmend gebräuchlich als Sammelbezeichnung für einzelne Berufe, z. B. ↗*Tapezierer(in), Maler(in)* etc.

Raumausstattung A D die; –, -en: ↗RAUMAUSSTATTER A D, ↗INNENDEKORATION CH ›Geschäft, in dem Möbelstoffe, Tapeten, Teppiche u. Ä. erhältlich sind bzw. gewerblicher Betrieb, der Innenräume mit diesen Produkten ausstattet‹ /häufig in Verbindung mit dem Firmennamen bzw. Namen des Inhabers/: *Für die Lieferung und Montage der elektrischen Verdunkelungsanlage sowie für die Vorhänge für die Turnsaalgalerie war die Raumausstattung Heinz P. aus St. Marein verantwortlich* (Kleine Ztg 19. 10. 1999, Internet; A); *Für nahezu alle Einrichtungs-Stile hält Raumausstattung Bergmann eine große Auswahl … an Gardinen- und Dekostoffen bereit* (WAZ 11. 4. 2001, Internet; D)

Raunacht A D-südost die; –, …nächte (Volkskunde): ›eine der zwölf Nächte zwischen dem 25. Dezember und dem Dreikönigstag, die als ↗Lostage gesehen wurden und in denen Maskenumzüge, Räucherungen mit Weihrauch und Weihwasserbesprengungen stattfinden‹: *Es ist immer wieder ein einzigartiges Erlebnis, wenn in der Nacht vor dem Dreikönigstag, der letzten Raunacht, die Glöckler durch Ortschaften des Ennstales laufen* (Kleine Ztg 4. 1. 2002, Internet; A); *Die Nacht vor dem 6. Januar heißt Raunacht, in der früher sehr viel gegessen wurde, um Hexen fernzuhalten* (Ihr Platz 26. 8. 2002, Internet; D)

raunzen sw.V./hat (Grenzfall des Standards): **1.** A D-südost; ↗SEMPERN A, ↗MATSCHKERN A-ost, ↗SUMSEN A-west (Tir.), ↗MÄKELN CH D, ↗MOSERN D ›seiner Unzufriedenheit durch ständige, kritisierende Äußerungen Ausdruck verleihen; nörgeln‹: *Auch wenn der alte Chefinspektor ständig raunzte, er möchte bloß wissen, woher der Schloch das Geld für seine Bar hatte* (Frank, Kommissar 87; A). **2.** D (ohne mittelost/südwest) ›laut schimpfen‹: *Reden Sie keinen Unfug! raunzte der lange Mensch* (Martin, Henker 91) – Zu 1. und 2.: **Geraunze, Raunzerei, Raunzer(in)**

Rauschgift (gemeindt.): ↗SUCHTGIFT

Rauschgoldengel D (ohne mittelost) der; -s, –: **1.** ›kleiner Engel aus fein geschlagener Messingfolie‹: *Sie erklärt den Wandel der Weihnachtbräuche vom 17. Jahrhundert bis in die fünfziger Jahre unserer Zeit anhand Tausender historischer Objekte, darunter … Kerzenhalter und Rauschgoldengel* (Zeit 26. 12. 1997, 55). **2.** (scherzh.) ›blonde, langhaarige Frau; Blondine‹: *Comeback für edle Roben, kunstvolle Frisuren … für die spektakulären Auftritte moderner Rauschgoldengel* (Kosmetik international 12. 1. 2001, Internet)

Rautekgriff A D der; -(e)s, -e ⟨nach dem österr. Physiotherapeuten *Franz Rautek*⟩: ↗UNTERARMGRIFF CH ›Rettungsgriff, bei dem eine verletzte Person mit beiden Händen, unter ihren beiden Achseln hindurch, an einem angewinkelten Unterarm festgehalten wird‹: *Lässt sich der Verunglückte nicht wegziehen, kann ihn der Helfer mit dem Rautekgriff aus einer misslichen Lage bergen* (Medizin populär 3/1994, 47; A); *Kurzerhand schnappte er seinen Vater im Rautekgriff und schleifte ihn … zur nächsten Straße* (Rettungsdienst Ulm 4. 11. 2001, Internet; D)

Rayon ⟨aus frz. *rayon* ›Abteilung‹⟩: **1.** A der; -s, -e/A CH das; -s, -s ›[Dienst]bereich, [Dienst]bezirk, für den eine Person zuständig ist bzw. in dem sich eine Person bewegt‹: *Der Hausmeister, um die Dunkelheit in seinem Rayon wohl wissend, erschien gleich mit einer Blendlaterne* (Semrau, Zimtapfel 69; A); *Eine um das Fussgelenk fixierte »elektronische Fessel« in Form einer überdimensionierten Armbanduhr löst über einen Sender Alarm aus, wenn sich der Häftling unerlaubterweise aus seinem Rayon entfernt* (Sonntagsztg 7. 1. 2001, 7; CH). **2.** CH das; -s, -s ›Abteilung in einem Warenhaus‹: *Wer beispielsweise seine Lehre bei der Migros erfolgreich abgeschlossen hat, kann bereits ein Rayon betreuen* (Bund 11. 8. 1999, Z7) – Zu 1.: In D veraltet. Zu 2.: In A fachsprachlich und in D selten. Aussprache in A [ra'joːn], Plural in diesem Fall *Rayone*, oder [ra'jõ], in CH [rɛjõ] und in D [rɛ'jõː], Plural in diesen Fällen *Rayons* – Zu 1.: **rayonieren** A, **Rayonverbot** CH, **Rayonsgrenze** A, **Rayonsinspek-**

tor(in) A. Zu 2.: **Rayonchef(in), Rayonleiter(in), Verkaufsrayon**

Realbesitz A der; -es, ohne Plur.: ›Immobilienbesitz‹: *Das Raumordnungsgesetz schuf für zahlreiche Gebiete des Landes strenge Grundverkehrsgesetze, die Ausländern Realbesitz verbieten* (Trend 11/1995, Internet) – Vgl. Realitäten – Dazu: **Realbesitzer(in)**

Realbüro A das; -s, -s: ↗REALITÄTENBÜRO A, ↗REALKANZLEI A, ↗IMMOBILIENBÜRO A D, ↗IMMOBILIENTREUHAND A CH ›Firma, die Immobilien vermittelt‹ (häufig als Firmenname): *»Kaufen Sie dort, wo der Markt am schlechtesten ist«, empfahl Max H. vom gleichnamigen Realbüro* (OÖN 18. 5. 1992, 7) – Vgl. Realitäten

Realersatz CH der; -es, ohne Plur.: ›Entschädigung durch etw. Gleichwertiges‹: *In der Folge habe er Charles etwa viermal aufgefordert, ihm entweder das Geld zurück- oder ein anständiges Kokainbällchen als Realersatz abzugeben* (TA 21. 4. 1999, 21)

Realgymnasium A CH das; -s, ...ien: ›Gymnasium mit einer mathematisch-naturwissenschaftlichen Ausrichtung‹: *Der Inhalt richtet sich nach dem österreichischen Lehrplan für Realgymnasien* (SN 31. 3. 1998, 22; A); *Nach Primarschule, Progymnasium und Realgymnasium in Bern studierte ich an der Uni Bern Volkswirtschaft* (Bund 11. 8. 1998, Z13; CH) – In D veraltet. Vgl. AHS, Kantonsschule – Dazu: **Bundesoberstufenrealgymnasium** A, **Bundesrealgymnasium** A, **Oberstufenrealgymnasium** (↗Oberstufe) A

realisieren CH sw.V./hat ⟨aus frz. *réaliser* ›verwirklichen, durchführen‹⟩: ›schiessen (von Toren im Sport); erringen‹: *Seine beiden gestrigen Treffer in Zug realisierte er allerdings mit Howald und Triulzi als Partner, im Powerplay und bei vier gegen vier* (TA 9. 12. 1996, 40) – Andere Bedeutungen sind gemeindt. – Dazu: **Realisierung**

Realitäten A die; nur Plur. ⟨aus mlat. *realis* ›wirklich‹⟩: ↗LIEGENSCHAFT CH D ›Gebäude mit dazugehörigem Grundstück; Immobilie‹: *Der Immobilientreuhänder ist Partner für Realitäten und Immobilien mit Sitz in Graz* (Immobilienbüro Rag Graz, 2002, Internet) – Häufig in Namen von ↗Immobilienbüros. Das Wort *Realität* (die; –, -en) ist in allen anderen Bedeutungen gemeindt. Vgl. Realbesitz, Realbüro, Realkanzlei – Dazu: **Realitätenbesitzer(in)**, ↗**Realitätenbüro, Realitätenhändler(in), Realitätenmarkt, Realitätenvermittler(in), Realitätenvermittlung**

Realitätenbüro A das; -s, -s: ↗REALBÜRO A, ↗REALKANZLEI A, ↗IMMOBILIENBÜRO A D, ↗IMMOBILIENTREUHAND A CH ›Firma, die Immobilien[käufe] vermittelt‹: *Ich bin froh, dass wir nicht bei dem Realitätenbüro angeklopft haben* (Semrau, Zimtapfel 72) – Vgl. Realitäten

Realkanzlei A die; –, -en: ↗REALBÜRO A, ↗REALITÄTENBÜRO A, ↗IMMOBILIENBÜRO A D, ↗IMMOBILIENTREUHAND A CH ›Firma, die Immobilien vermittelt‹ (häufig als Firmenname): *In der »Vorschau auf 1993« für das Objekt 1120, Assmayergasse 6 informierte die Realkanzlei Gertrud M. die betroffenen Wohnungseigentümer* (Trend 6/1998, Internet) – Vgl. Realitäten

Realschule die; –, -n: **1.** D; ↗MITTELSCHULE D ›an die ↗Grundschule anschließende Schule, deren Bildungsziel zwischen dem der ↗Hauptschule und dem des Gymnasiums liegt, bzw. Gebäude, in dem diese Schule untergebracht ist‹: *Es heißt Walbach, hat etwa dreißigtausend Einwohner, ... vier Volksschulen, eine Realschule, eine Berufsschule, eine Sonderschule und das Gymnasium* (Martin, Blut 11). **2.** CH; ↗HAUPTSCHULE A D, ↗SEKUNDARSCHULE CH, ↗BEZIRKSSCHULE CH (AG, SO), ↗OBERSCHULE CH (GL, SO, ZH), ↗MITTELSCHULE STIR ›eine der an die ↗Primarschule anschliessenden Schulen der obligatorischen Schulzeit (in den meisten deutschsprachigen ↗Kantonen) bzw. Gebäude, in dem diese Schule untergebracht ist‹: *1943, mitten im Weltkrieg, trat ich als 14-jähriger von der Realschule in das Mathematisch-Naturwissenschaftliche Gymnasium (MNG) über* (Gallusser, Bewusst sein 68) – Zu 1 vgl. Gesamtschule – Dazu: **Realschüler(in), Realschulklasse, Reallehrer(in), Realschulpflege** (↗Schulpflege) CH

Rebbau CH der; -(e)s, ohne Plur.: ›Weinbau‹: *Prognose-Modelle für den Rebbau, den Kernobstbau, den Getreidebau und den Kartoffelbau wurden in der Schweiz in den letzten Jahren erfolgreich entwickelt* (TA 13. 10. 1999, 9) – Vgl. Rebgebiet – Dazu: ↗**Rebbauer (...bäuerin)**

Rebbauer Rebbäuerin CH der; -s, -n bzw. die; –, -nen: ↗HAUER A, ↗WEINZIERL A-ost, ↗WEINGÄRTNER A-ost D-süd, ↗REBLEUTE CH ›Person, die berufsmässig Wein anbaut und herstellt; Weinbauer bzw. Weinbäuerin, Winzer(in)‹: *In der Schweiz ... sah man eigentlich nicht ein, weshalb Schweizer Rebbauern verboten werden sollte, für Wein von ihren Reben wie eh und je ihren Dorfnamen zu verwenden* (Bund 9. 12. 1998, 13) – Vgl. Rebbau

Rebberg CH der; -(e)s, -e: ↗RIED A-ost, ↗WEINGARTEN A D-mittelost/süd, ↗REBHANG CH D-mittelost/südwest, ↗WINGERT D-mittelwest/südwest, ↗WEINACKER STIR ›Weinberg‹: *Flury liess ihm den kleinen Rebberg hinter dem Haus zum Eigenanbau* (Hostettler, Moira 26)

Rebel LIE der; -s, ohne Plur.: siehe Riebel

rebeln A sw.V./hat: **1.** ↗ABREBELN A D-nordwest ›(Beeren, kleine Blätter von Stielen) abzupfen, abbeeren‹: *Die getrockneten Blättchen von den Stielen rebeln und* *luftdicht, trocken und dunkel lagern* (Gusto 11/1997, 24). **2.** ›mit den Fingern zerreiben; Körner durch Reiben lösen‹: *Je 1 dag Beifuß und Majoran (getrocknet und gerebelt) und Schabzigerklee [nehmen]* (ORF Nachlese 9/1997, 79) – Zu 1 vgl. Gerebelte

Rebgebiet CH das; -(e)s, -e: ›Weinbaugebiet‹: *Unter den grossen Weinbauregionen der Schweiz rangiert das Genfer Rebgebiet an dritter Stelle* (Swisswine, 2002, Internet) – Vgl. Rebbau

Rebhang CH D-mittelost/südwest der; -(e)s, ...hänge: ↗RIED A-ost, ↗WEINGARTEN A D-mittelost/süd, ↗REBBERG CH, ↗WINGERT D-mittelwest/südwest, ↗WEINACKER STIR ›Weinberg‹: *Portugals »ewige zweite Stadt« gab zwar dem Portwein ihren Namen, trotzdem ist die betriebsame Handels- und Industriestadt nicht in Rebhänge eingebettet* (SI 18. 1. 1999, 70; CH)

Rebleute CH die; nur Plur.: ↗HAUER A, ↗WEINZIERL A-ost, ↗WEINGÄRTNER A-ost D-süd, ↗REBBAUER CH ›Weinbauern bzw. Weinbäuerinnen; Winzer(innen)‹: *Das bislang nicht sehr gefreute Herbstwetter zwingt die Rebleute zu Geduld* (NBT 12. 10. 2001, Internet)

Rebstecken A CH D-südwest der; -s, –: ›Pfahl als Stütze für Weinreben‹: *Bei der Bodenvorbereitung zur Pflanzung sind möglichst weit reichend die Holz- und Wurzelrückstände aus dem Boden zu entfernen – diese Pilze vermögen über viele Jahre auf abgestorbenen Holzresten (Wurzelresten, Obstbäumen, Laub- und Nadelhölzern, Rebstecken u. a.) im Boden zu überleben* (Bauer, Weinbau, 2002, Internet; A); *Das Wunder hörte aber auf, als sie einmal, ermüdet vom langen Weg, im Weinberg am Erlibach einen Rebstecken ausgerissen habe, um sich darauf zu stützen* (Brugg online 6/2002, Internet; CH) – Vgl. Stecken

Récamiere CH D die; –, -n [reka'mi̯e:rə] ⟨nach der frz. Schriftstellerin *J. Récamier* (1777–1849)⟩: ›[gepolsterte] Liege mit zwei seitlich angebrachten Armlehnen‹: *Auf einer Récamiere liegt eine muskulöse nackte Venus mit unzähligen Tätowierungen* (Bassand, Glimmer, 2000, Internet; CH); *Die Recamiere stammt vom Sperrmüll und hat nach ihrer Aufarbeitung einen Ehrenplatz bekommen* (Schöner Wohnen 10/1997, 274; D) – In CH fachsprachlich. Auch in der Schreibung *Recamiere*

Reception A CH die; –, -en/-s [retsɛptsi̯'o:n A, 'resɛpsi̯ɔ̃ CH] ⟨aus lat. *receptio* ›Aufnahme‹ über frz. *réception* ›Empfang‹⟩: ↗REZEPTION A D ›Empfangsbüro [eines Hotels]; Empfang‹: *Unsere Reception ist ganzjährig von Montag bis Freitag von 8 bis 14 Uhr und 16 bis 22 Uhr geöffnet* (Hostel Badgastein, 2002, Internet; A); *Ich drückte auf die Klingel, doch in der Réception rührte sich nichts* (Franzetti, Hotel Excelsior 87; CH) – In CH auch in der Schreibung *Réception*. Die Schreibung *Reception* ist in A bes. im Tourismus gebräuchlich, sonst *Rezeption* – Dazu: ↗**Receptionist(in)**

Receptionist Receptionistin A CH der; -en, -en bzw. die; –, -nen [retsɛptsi̯o'nɪst A, resɛpsi̯o'nɪst CH]: ↗REZEPTIONIST A D ›Person, die im Empfangsbüro [eines Hotels] arbeitet‹: *Wir suchen per 18. Dezember Zahlkellner(in), Barman(dame), Küchenhilfe (weiblich) und Receptionist(in)* (Kleine Ztg 15. 11. 1997, 35; A); *Ich bin die Dienstälteste in der Tennishalle, denn ich war schon bei der vorgängigen Geschäftsleitung als Receptionistin angestellt* (Tennishalle Wädenswil, 2002, Internet; CH) – In CH auch in der Schreibung *Réceptionist(in)*. In der Schreibung *Receptionist(in)* in A nur im Tourismus, sonst *Rezeptionist(in)*. Vgl. Reception

Rechaud A CH das; -s, -s/D-süd der; -s, -s [re'ʃo: A D-süd, 'reʃo CH] ⟨aus frz. *réchaud*, zu *rechauffer* ›(wieder) erwärmen‹⟩: **1.** ›kleiner Gas- oder Spirituskocher (für Camping etc.)‹: *Gefäß auf ein brennendes Rechaud stellen* (OÖN 23. 10. 1993, 10; A); *Am Abend steht allen gemeinsam das grosse Wohnzimmer zur Verfügung, auch in der Küche kann man sich aufhalten, Kaffee und Tee kann jeder selbst auf einem Rechaud kochen* (Honegger, Ehemalige 91; CH). **2.** ↗STÖVCHEN D (ohne südost) ›Gerät [mit offener Flamme] zum Warmhalten von Speisen und Getränken während des Essens‹: *Gut ist auch eine mäßig warme Herdplatte oder ein elektrischer Rechaud. Weniger geeignet sind Kerzenwarmhalter oder, zum Warmhalten kleiner Mengen, die Heizplatte mancher Kaffeemaschinen* (Kirchenweb, 2002, Internet; A); *Fondue am Tisch auf einem Rechaud leise köcheln lassen* (Bossi, Schweizer Spezialitäten 28; CH) – In A und CH Neutrum, in D-süd Maskulinum. In CH auch in der Schreibung *Réchaud* – Zu 1.: **Fonduerechaud** (↗Fondue)

Rechen A CH D-süd der; -s, –: ↗HARKE D-nord/mittel ›Gartengerät zum Anhäufen von Laub, Gras und Heu oder zum Glätten von Erde und Kies‹: *Rechen, die mit den Zinken nach oben im Gras liegen, können schnell zum Verhängnis werden* (VN 25. 3. 1994, Magazin 20; A); *Mit Gartenscheren, Schaufeln, Pickeln, Rechen und Sägen musste man für den freiwilligen Arbeitseinsatz auf dem Spielplatz erscheinen* (Rheintalische Volksztg 29. 6. 1996, Internet; CH) – Die Bedeutung ›Gitterstäbe in Wasserläufen, die grobe Gegenstände vor Kraftwerken, Mühlen u. Ä. zurückhalten‹ ist gemeindt. – Dazu: **Heurechen, Holzrechen, Laubrechen,** ↗**rechen**

rechen A CH D-süd sw.V./hat: ↗HARKEN D-nord/mittel ›ein Beet o. Ä. mit dem ↗Rechen glätten; (Laub, Gras, Heu) mit dem ↗Rechen anhäufen oder entfernen‹: *Müssen Bäume geschnitten und Laub gerecht* *werden, kommt ein Stundenlohn von 89,80 S hinzu* (OÖN 7. 11. 1998, 1; A); *Es nützt nichts, wenn die Schüler zur Strafe Laub rechen oder Aschenbecher im Lehrerzimmer putzen müssen* (TA 23. 11. 1999, Internet; CH) – Dazu: **zusammenrechen**

Rechenfehler (gemeindt.): ↗Rechnungsfehler

Rechenpapier D (ohne südost) das; -s, -e (Plur. ungebräuchl.): ↗Häuschenpapier CH ›kariertes Papier‹: *Der weiße Stoff erinnert an Rechenpapier, die Röcke sind mit computergenerierten Mohnblumen bedruckt* (Spiegel 9. 10. 2000, Internet)

Rechnungsausschuss A der; -es, ...ausschüsse: ↗Finanzdelegation CH, ↗Rechnungsprüfungsausschuss D ›parlamentarische Kommission (im ↗Nationalrat, ↗Landtag und in den Gemeinden) aus Experten, die die Finanzierungen von Projekten überprüft‹: *Unser Antrag, ... dass die politisch Verantwortlichen ... zwecks Klärung in den Rechnungsausschuss gebeten werden, wurde abgelehnt* (Stenogr. Protokoll des Nationalrates 26. 3. 1998, Internet) – Vgl. Ausschuss

Rechnungsbericht (gemeindt.): ↗Rechnungsprüfungsbericht, ↗Revisorenbericht

Rechnungsfehler CH D-mittelost der; -s, –: ›falsch durchgeführte Berechnung; Rechenfehler‹: *Dionysius Exiguus verblieb trotz seinem Rechnungsfehler die Ehre, den meistgebrauchten Kalender der Menschheitsgeschichte präsentiert zu haben* (LiveNet 20. 8. 2002, Internet; CH)

Rechnungshof A D der; -(e)s, ...höfe (Plur. ungebräuchl.): ›Behörde zur Überprüfung der Geschäftsführung von Bund, Ländern und Gemeinden mit mehr als 20.000 Einwohnern sowie öffentlichen Fonds, Stiftungen und den Sozialversicherungsträgern‹: *Dass das Krankenanstaltengesetz vom Rechnungshof, vom Bundeskanzleramt und von Ministern teilweise kritisiert wurde ... kümmert die Landesrätin wenig* (Echo 28. 1. 1999, 29; A); *Der Rechnungshof sieht vor allem Mängel in der Finanzverwaltung* (FAZ 10. 10. 1997, 17; D) – Dazu: **Bundesrechnungshof** D, **Rechnungshofbericht, Rechnungshofeinschau** (↗Einschau) A, **Rechnungshofpräsident(in)**

Rechnungsprüfer Rechnungsprüferin A D der; -s, – bzw. die; –, -nen: ↗Buchprüfer A D, ↗Bücherexperte CH, ↗Revisor CH, ↗Bücherrevisor CH D, ↗Rechnungsrevisor CH STIR ›Wirtschaftsprüfer(in)‹: *Der Schatzmeisterin und dem Vorstand konnten die Rechnungsprüfer die Entlastung erteilen, die auch einstimmig angenommen wurde* (Osttiroler Bote 12. 3. 1998, 41; A); *Für diese Defizite lägen aber keine Belege vor, kritisieren die Rechnungsprüfer* (Berliner Ztg 12. 6. 2002, Internet; D) – In CH selten

Rechnungsprüfungsausschuss D der; -es, ...ausschüsse: ↗Rechnungsausschuss A, ↗Finanzdelegation CH ›parlamentarische Kommission, die die Bundesausgaben überprüft‹: *Der Rechnungsprüfungsausschuss ... kontrolliert die Ausgabenpolitik der Bundesregierung* (Bundestag 25. 2. 2002, Internet)

Rechnungsprüfungsbericht D der; -(e)s, -e: ↗Revisorenbericht CH, ↗Kassenprüfungsbericht D ›Bericht der ↗Rechnungsprüfer über die Buchführung (einer Körperschaft); Rechnungsbericht‹: *So sei dem Jugendamt im Rechnungsprüfungsbericht mangelnde Sorgfalt vorgeworfen worden, da es versehentlich einige unberechtigte Anträge bewilligt hatte* (Berliner Ztg 18. 11. 1996, Internet)

Rechnungsrevisor Rechnungsrevisorin der; -s, -en bzw. die; –, -nen: **1.** CH STIR; ↗Buchprüfer A D, ↗Rechnungsprüfer A D, ↗Bücherexperte CH, ↗Bücherrevisor CH D ›Wirtschaftsprüfer(in)‹: *Da der Kanton ausgebildete Rechnungsrevisoren verlangt, wird neu voraussichtlich eine von der Gemeindeversammlung gewählte, externe Firma die Arbeit der bisherigen Rechnungsprüfungskommission übernehmen* (Bund 14. 9. 1999, 27; CH); *Eintragung im Register der Amtlichen Rechnungsrevisoren in Rom* (Firma Studio Menghin, 2002, Internet; STIR). **2.** CH STIR ›Laienwirtschaftsprüfer(in) in einem Verein‹: *Mit Applaus wurden ... die übrigen Vorstandsmitglieder und die beiden Rechnungsrevisoren im Amt bestätigt* (Werdenberger & Obertoggenburger 25. 3. 1993, 7; CH); *Zu den neuen Rechnungsrevisoren wurden A. Georg und H. Christoph bestellt, da sich die alten ... nicht mehr zur Verfügung stellten* (Gsieser Gemeindebl 4/2000, 46; STIR). **3.** STIR ›für eine bestimmte Amtszeit ernannte Person, die in der öffentlichen Verwaltung als Wirtschaftsprüfer(in) fungiert‹: *Dieser erteilte auch die Ermächtigung zur provisorischen Haushaltsführung für 1999 und ernannte Heinrich E. zum Rechnungsrevisor für die Dreijahresperiode 1999–2001* (Dolomiten 8. 1. 1999, 24) – Vgl. Revisor

recht CH Adj.: ›ordentlich, tüchtig, gut‹: *Wieso sollen wir nicht wissen, dass du recht verdienst, dass es dir gut geht?* (Hartmann, Eis 90); *Die Kuh braucht rechtes Gras, das Gras braucht rechten Boden* (Werner, Ausgezappelt 171); *»Ich kann nicht schimpfen. Ich kann nicht rühmen», sagt Hulda W. gleich zu Beginn. »Es ist recht hier. Ich habe ein schönes Zimmer«* (Brückenbauer 21. 3. 2000, Internet); ***seine Sache recht machen** ›die Erwartungen erfüllen‹: *Die Veranstalter und Redner hatten ihre Sache recht gemacht* (Jahr der Schweiz 24); ***wenn es mir recht ist** ›wenn ich mich nicht irre‹: *Wenn es mir recht ist, habe ich sogar noch alle Nummern seither aufbewahrt* (Ethos-Magazin, Gästebuch, 1999, Internet); ***recht eigentlich** ›bei genauerem Hinsehen‹: *Die Stadt schien recht eigentlich* *geteilt* (Waller, Barbi 81); ***zum Rechten sehen/ schauen** ›nach dem Rechten sehen/schauen‹: *Die 15-köpfige Kartellkommission soll nun hier zum Rechten sehen* (Tschäni, Profil der Schweiz 280) – Das Adjektiv *recht* ist in allen anderen Verwendungen gemeindt.

Rechtsanwaltsanwärter Rechtsanwaltsanwärterin A der; -s, – bzw. die; –, -nen (formell): ↗KONZIPIENT A ›Jurist(in), der bzw. die zu Ausbildungszwecken in einer Anwaltskanzlei arbeitet‹: *S. stammt aus Raab, ist Jurist, und trat 1993 nach einigen Berufsjahren, auch in Deutschland, und zuletzt als Rechtsanwaltsanwärter in einer Linzer Kanzlei in die Kammerorganisation ein* (OÖN 29. 7. 1999, Internet) – Abk. RAA

Rechtserlass CH der; -es, -e: ↗ERLASSUNG A ›rechtskräftige Anordnung der Legislative, der Exekutive oder einer diesen Instanzen untergeordneten Behörde‹: *Mit der laufenden Verfassungsrevision soll das Parlament mehr Kompetenzen in der Aussenpolitik und bei wichtigen Rechtserlassen erhalten* (Bund 26. 3. 1997, 13)

rechtsgültig (gemeindt.): ↗AUFRECHT

Rechtsöffnung CH die; –, -en: ›Aufheben des ↗Rechtsvorschlages durch einen Richter bzw. eine Richterin‹: *Abgenommen haben laut Jahresbericht nur Rechtsöffnungen und Schlichtungsverhandlungen in Mietsachen* (TA 9. 3. 1999, 21) – Dazu: **Rechtsöffnungsbegehren, Rechtsöffnungsverfahren**

Rechtspraktikant Rechtspraktikantin A der; -en, -en bzw. die; –, -nen (formell): ↗AUDITOR CH, ↗RECHTSREFERENDAR D ›Person, die nach dem Abschluss des Studiums der Rechtswissenschaften ein Praxisjahr bei Gericht absolviert‹: *Als Lisa den 23-jährigen Rechtspraktikanten Rudi zugeteilt bekommt, verliebt sie sich in ihn* (OÖN 29. 5. 1991, 6)

Rechtsreferendar Rechtsreferendarin D der; -s, -e bzw. die; –, -nen (formell): ↗RECHTSPRAKTIKANT A, ↗AUDITOR CH ›Person, die nach dem ersten Abschluss des Studiums der Rechtswissenschaften eine Ausbildung bei Gericht absolviert‹: *Wer die erste juristische Staatsprüfung bestanden hat, wird auf Antrag in den Vorbereitungsdienst eingestellt und zum Rechtsreferendar ernannt* (Universität Halle 27. 4. 1994, Internet) – Vgl. Referendar

Rechtsregel A D die; –, -n: ↗RECHTSVORTRITT CH ›Recht, an einer Kreuzung oder Einmündung vor einem links herankommenden Fahrzeug durchzufahren‹: *Eine Straße, die mit einem Fahrverbot in beiden Richtungen, jedoch mit der Zusatztafel »Zufahrt gestattet«, gekennzeichnet ist, ist als Sackgasse zu behandeln; die Rechtsregel ist anzuwenden* (Fahrschule Fürböck, 2001, Internet; A); *Auch emanzipierte Damen lieben es, wenn man ihnen die Türe öffnet und den Vortritt lässt, allerdings hat die Rechtsregel im Straßenverkehr trotzdem Vorrang* (Mystis Homepage 7. 2. 2003, Internet; D)

rechtsumkehrt: *rechtsumkehrt machen CH ⟨ursprüngl. militärisches Kommando⟩ ›eine Wendung in die entgegengesetzte Richtung machen; eine Kehrtwende machen‹: *Einen Augenblick noch verharre ich, dann mache ich rechtsumkehrt und stolpere zurück gegen die Küche* (Heimann, Lisi 90); *Die Partei hat in dieser Frage aber schon einmal rechtsumkehrt gemacht* (Bund 9. 10. 1999, 3)

Rechtsvorschlag CH der; -(e)s, ...vorschläge: ›Einspruch gegen einen ↗Zahlungsbefehl‹ (häufig in der Wendung *Rechtsvorschlag erheben): Normalerweise werde vom Schuldner ein Rechtsvorschlag eingereicht, dann könne man die Beweismittel einreichen und das Verfahren weiterführen* (Bund 16. 11. 1999, 17)

Rechtsvortritt CH der; -(e)s, -e: ↗RECHTSREGEL A D ›Recht, an einer Kreuzung oder Einmündung vor einem links herankommenden Fahrzeug durchzufahren‹ (meist in der Wendung *Kreuzung mit Rechtsvortritt*): *Sie fahren innerorts auf einer signalisierten Hauptstrasse. Wie ist der Vortritt geregelt? a Rechtsvortritt b Ich muss den übrigen Fahrzeugen den Vortritt gewähren c Ich habe Vortritt* (Theorieprüfung für Motorfahrzeugführer 81) – Vgl. Vortritt

Rechtswissenschaften (gemeindt.): ↗JURA, ↗JUS

rechtzeitig (gemeindt.): ↗ZEITGERECHT

recyceln D sw.V./hat [ri'saikl̩n]: ↗REZYKLIEREN CH, ↗RECYKLIEREN LUX ›wiederaufbereiten; recyclen‹: *Papierfabriken recyceln den Inhalt ohne teure Nachsortierung* (Wetzlaer Neue Ztg 24. 6. 1998, Internet)

recyclen (gemeindt.): ↗RECYCELN, ↗RECYKLIEREN, ↗REZYKLIEREN

recyclieren siehe rezyklieren

Recyclinghof A D der; -(e)s, ...höfe [ri'saiklɪŋ...]: ↗ALTSTOFFSAMMELZENTRUM A ›Sammelstelle und Zwischenlager für wieder verwertbare Abfälle‹: *Zweimal jährlich wird der Sperrmüll aus jeder Straße abgeholt, und wem dies nicht genügt, der kann seine alten Möbel, Betteinsätze, Matratzen, Elektrogeräte, Öfen, Fahrräder, Metallwaren und Gebrauchsartikel ... im neuen Recyclinghof am Industriegelände abliefern* (OÖN 30. 1. 1997, 3; A); *In Hummelsbüttel wurde am Freitag der 16. Hamburger Recyclinghof eröffnet* (Hamburger Abendbl 14. 6. 2003, Internet; D) – In CH zunehmend gebräuchlich

recyklieren LUX sw.V./hat [resi'kli:rən] ⟨aus frz. *recycler*⟩: ↗REZYKLIEREN CH, ↗RECYCELN D ›wieder aufbereiten; recyceln‹: ... *dabei entsteht ein festes Anbauprodukt, das sicher und problemlos entsorgt werden* *kann, während die Säure zur Wiederverwendung recykliert wird* (Luxemb Wort 21. 9. 1999, 43)

Red: *Red und Antwort stehen CH ›Rede und Antwort stehen‹: *Die Europäische Kommission und der »Ministerrat« der EU-Staaten stehen [dem Parlament] regelmässig Red und Antwort* (St. Galler Tagbl 10. 6. 1999, 7)

Redakteur Redakteurin A D der; -s, -e bzw. die; –, -nen [redak'tøːɐ̯] ⟨aus frz. *rédacteur*⟩: ↗Redaktor CH ›Person, die berufsmäßig für Massenmedien Beiträge auswählt, bearbeitet oder schreibt‹: *Bei der Zeitung von Weltruf ist alles etwas größer: mehr Redakteure, mehr bedruckte Seiten, mehr Macht* (Standard 7. 9. 2002, Internet; A); *Er war Redakteur bei Bild der Wissenschaft und arbeitet heute als freier Wissenschaftsjournalist* (BdW 8/1990, 63; D) – Dazu: **Chefredakteur(in), Lokalredakteur(in), Sportredakteur(in)**

Redaktor Redaktorin CH der; -s, -en bzw. die; –, -nen: ↗Redakteur A D ›Person, die berufsmässig für Massenmedien Beiträge auswählt, bearbeitet oder schreibt‹: *Dem NZZ-Redaktor A. C. gebührt Anerkennung dafür, dass er ausgewogen über die ... Sklaverei berichtet* (NZZ Intern. Ausgabe 31. 10. 1997, 45) – Die Bedeutung ›Person, die literarische oder wissenschaftliche Texte sammelt, bearbeitet und herausgibt‹ ist gemeindt. – Dazu: **Auslandredaktor(in)** (↗Ausland-), **Bildredaktor(in), Chefredaktor(in), Inlandredaktor(in), Kulturredaktor(in), Wirtschaftsredaktor(in)**

reden: *zu reden geben CH ›zu Diskussionen führen‹: *Die Volksschule steht vor den grössten Veränderungen ihrer Geschichte. Die Reformen werden zu reden geben* (TA 29. 6. 1999, 15) – Das Verb *reden* ist in allen anderen Verwendungen gemeindt.

redimensionieren CH sw.V./hat: ›in der Grösse einschränken, kleiner machen, kleiner planen‹: *Vom Bundesrat hat Innenministerin Ruth Dreifuss den Auftrag erhalten, ihr ursprüngliches Projekt zu redimensionieren* (Bund 13. 11. 1999, 13) – Dazu: **Redimensionierung**

Redoute A die; –, -n [re'dut] ⟨aus frz. *redoute* ›Zufluchtsort‹⟩: ›Maskenball‹: *Im Rahmen der Wiener Redoute am 13. Februar im Rathaus verleiht die Faschingsgesellschaft den Lieben Augustin ’98 an Austropopper Rainhard Fendrich* (Ganze Woche 4. 2. 1998, 49) – Die Bedeutungen ›Saal für Tanzveranstaltungen‹ und ›trapezförmige Schanze als Teil einer Festung‹ sind gemeindt. veraltet, Aussprache in CH und D [re'duːtə]

Reduit Réduit CH das; -s, -s ['redyi] ⟨frz.⟩: **1.** ↗Kammer D ›Abstellraum‹: *Die Putzfrau fand die Leiche am Nachmittag im Réduit des Hauses liegend* (Bund 18. 3. 1997, 27). **2.** ›Rückzugsbefestigung im Alpenmassiv; [Alpen]festung‹: *J. drehte einen Beitrag über den Bundesrats-Bunker. Ein Festungswächter fand, das »Rundschau«-Team sei dem Reduit zu nahe gekommen, wollte das Filmmaterial beschlagnahmen und hielt die TV-Equipe fest* (Blick 29. 9. 1999, 30). **3.** ›ängstliche Rückzugsmentalität‹: *Die Neutralität, welche politische, diplomatische und militärische Unabhängigkeit garantiert, hat das Land nicht in ein nationales Réduit eingezwängt* (Treichler, Abenteuer Schweiz 344) – Zu 2.: Vor allem bezogen auf die im Zweiten Weltkrieg errichteten Rückzugsbefestigungen im Alpenmassiv – Zu 2.: **Reduitbrigade, Reduitplan, Reduit-Soldat, Reduitstellung.** Zu 3.: **Reduitdenken, Reduitmentalität, Reduitstrategie**

Reet D-nord das; -s, ohne Plur.: ↗Ried D (ohne mittelost/südost) ›Schilfgras‹: *Schönes Friesenhaus unter Reet ... zu verkaufen* (FAZ 10. 10. 1997, 60) – Dazu: **Reetdach, reetgedeckt**

Ref CH der; -s, -s ⟨engl.⟩ (Kurzwort, Sport): ↗Referee A D ›Schiedsrichter‹: *Der Holländer schlug einem Gegenspieler von Rayo Vallecano in den Rücken, was der Ref nicht sah* (Blick 29. 12. 1999, 16)

Referat A D das; -(e)s, -e ⟨aus lat. *referat* ›er/sie/es möge berichten‹⟩: ↗Dezernat A D, ↗Agentur STIR ›für bestimmte Bereiche zuständige Abteilung oder Dienststelle in Behörden, Interessenvertretungen, in einer ↗Landes- oder Stadtregierung‹: *Neben dem Gartenamt gehören auch die Referate »Planung und Neubau von Grünanlagen« sowie das »Forstamt« zur Stadtgartendirektion* (Innsbruck informiert 4/1998, 4; A); *Den Bericht ... erhalten Sie kostenlos beim: Bundesumweltministerium, Referat Öffentlichkeitsarbeit* (Focus 4. 8. 1997, 139; D) – Andere Bedeutungen sind gemeindt. – Dazu: **Auslandsreferat** (↗Auslands-), **Familienreferat, ÖH-Referat** (↗ÖH) A, ↗**Referatsleiter(in),** ↗**Referent(in), Sozialreferat**

Referatsleiter Referatsleiterin A D der; -s, – bzw. die; –, -nen: ↗Dezernent D ›Sachbearbeiter(in) mit Entscheidungsbefugnis bei einer Behörde; Ressortleiter(in)‹: *Unter dem Vorsitz des Referatsleiters beim Land, Reinhard A., hat sich gestern der von Landesrat Walter Aichinger initiierte Landesjugendbeirat konstituiert* (OÖN 5. 3. 1998, 16; A); *Da der Referatsleiter ... die FH verlässt, solltet ihr euch schon einmal Gedanken darüber machen, wer das »Amt« übernimmt* (Fachhochschule Furtwangen 26. 2. 2003, Internet; D) – Vgl. Referat

Referee A D der; -s, -s [refɐ're: A, refə'riː, 'rɛfəri D] ⟨engl.⟩ (Sport): ↗Ref CH ›Schiedsrichter‹: *88. Minute, die Schlüsselszene: Schalke-Legionär Nemec zupft den eingewechselten Ronald de Boer am Trikot, der Barcelona-Legionär lässt sich spektakulär fallen, Referee Collina fällt drauf herein* (Presse 13. 6. 2000, Internet; A); *Wir sollten uns nicht über den Profi-*

Schiri unterhalten, sondern über den Referee an der Basis, in der Kreisliga (Welt 19. 11. 1997, Internet; D) – In CH selten

Referendar Referendarin D der; -s, -e bzw. die; –, -nen: **1.** ›Person, die nach dem ersten ↗Staatsexamen den praktischen Teil der Berufsausbildung absolviert‹: *Sein Referendar, sagt der Anwalt, habe für diese Strecke eine Stunde gebraucht* (Welt 27. 5. 1998, Internet). **2.** ↗PROBELEHRER A, ↗UNTERRICHTSPRAKTIKANT A, ↗LEHRAMTSANWÄRTER D ›Person, die nach dem ersten ↗Staatsexamen die praktische Lehrerausbildung absolviert‹: *Der 30 Jahre alte Lehramts-Referendar (Sport und Erdkunde) trainierte nach seiner Arbeit die B-Mädchen der Leichtathletik-Abteilung* (Welt 12. 5. 1999, Internet) – Zu 1.: ↗**Rechtsreferendar(in)** D. Zu 1. und 2.: **Referendariat, Studienreferendar(in)**

Referendariat D das; -(e)s, -e ⟨über frz. *référer* aus lat. *referre* ›wiederbringen, zurücktragen‹⟩: **1.** ›praktische Berufsausbildung nach dem ersten ↗Staatsexamen‹: *Jura-Studium und anschließendes Referendariat sollen zusammengefasst und praxisnäher gestaltet werden* (Welt 29. 6. 1998, Internet). **2.** ↗PROBEJAHR A, ↗UNTERRICHTSPRAKTIKUM A ›praktische Lehrerausbildung nach dem ersten ↗Staatsexamen‹: *Seit Einführung des Referendariats für alle Lehrämter in den 60er Jahren hat es eine kritische Diskussion ... gegeben* (Neue Deutsche Schule 12/1997, 9) – Vgl. Referendar

Referendum CH das; -s, ...den ⟨aus lat. *referendum* ›zu Berichtendes, zu Beschliessendes‹⟩: ›politische Sachentscheidung durch Volksabstimmung‹: *Was die Schweiz betrifft, so haben wir nicht nur eine Demokratie wie andere, sondern die direkte Demokratie: nicht bloss Wahlen, sondern Abstimmungen jahrein und jahraus, dazu die Volks-Initiative und das Referendum, und jeder rechte Schweizer ist stolz darauf, dass wir so etwas vorzuführen haben* (Frisch, Schweiz 71); ***fakultative Referendum** ›Volksabstimmung, die nur durchgeführt wird, wenn eine genügende Anzahl von ↗Stimmbürgern oder ↗Kantonen dies verlangen‹: *Das Gesetz untersteht dem fakultativen Referendum* (TA 14. 9. 1999, 23); ***obligatorische Referendum** ›Volksabstimmung über Verfassungs- und wichtige Gesetzesänderungen, die durch die Verfassung zwingend vorgeschrieben ist‹: *Verträge, welche die Schweiz verpflichten, neues Recht auf Verfassungsstufe zu erlassen, sollen dem obligatorischen Referendum unterstehen* (TA 28. 4. 1997, 8); ***das Referendum ergreifen** ›durch Sammlung von Unterschriften ein Abstimmungsverfahren in die Wege leiten‹: *SP-Parlamentarier sind sich einig: Welsche Gewerkschafter werden gegen das Personalgesetz auf jeden Fall das Referendum ergreifen* (Bund 4. 1. 2000, 9) – In A und D fachsprachlich – Dazu: **Behördenreferendum, Gesetzesreferendum, Referendumsabstimmung, Referendumsbegehren, Referendumsdemokratie, Referendumsdrohung, Referendumskomitee, Referendumsrecht, Referendumsvorlage** (↗Vorlage), **Volksreferendum**

Referent Referentin A D der; -en, -en bzw. die; –, -nen: ↗ASSESSOR STIR ›Person, die als Leiter(in) oder Sachbearbeiter(in) in einer für bestimmte Bereiche zuständigen Abteilung oder Dienststelle in einer Behörde, Gemeindeverwaltung, Stadt- oder ↗Landesregierung oder in einem ↗Ministerium tätig ist‹: *Als Referent im Ministerbüro von Martin Bartenstein kümmerte sich der Senkrechtstarter um die Themen Telekommunikation und Umwelt* (Trend 9/1999, Internet; A); *Bislang hatten sich die Referenten des Ministeriums nicht die Mühe gemacht, ihre Ideen bei den Datenschützern vorzutragen* (Tagesspiegel 31. 10. 2001, Internet; D) – Die Bedeutung ›Person, die eine Rede hält‹ sowie andere Bedeutungen sind gemeindt. Vgl. Referat – Dazu: **Baureferent(in), Finanzlandesreferent(in), Finanzreferent(in), Frauenreferent(in), Gesundheitsreferent(in), Kulturreferent(in), ÖH-Referent(in)** (↗ÖH) A, **Sportreferent(in)**

reformiert CH Adj.: kurz für *evangelisch-reformiert:* ›zur von Calvin bzw. Zwingli begründeten Landeskirche gehörig; protestantisch‹: *Sonja ist zwar reformiert, aber sie hat sich über den Papst auch schon ihre Gedanken gemacht* (Blick 1. 11. 1999, 27) – Die Bedeutung ›erneuert‹ ist gemeindt. – Dazu: ↗**Reformierte**

Reformierte CH der/die; -n, -n: ›Mitglied der von Calvin bzw. Zwingli begründeten protestantischen, so genannten Evangelisch-Reformierten Landeskirche; Protestant(in)‹: *Rund 70 % der Kantonseinwohner sind noch immer Kantonsbürger, und die Zahl der Reformierten erreicht noch lange nicht einmal ein Zehntel* (Allemann, Schweiz 28) – Vgl. reformiert

refundieren A sw.V./hat ⟨aus lat. *refundere* ›zurückgießen‹⟩ (formell): ›(einen Geldbetrag) zurückzahlen‹: *Die Republik Österreich muss an den Beschwerdeführer ... zwar keinen Schadenersatz zahlen, aber 200.000 Schilling Rechtskosten refundieren* (SN 21. 10. 1997, 2) – In D veraltet – Dazu: **Refundierung**

refüsieren CH sw.V./hat.: ›etw. ablehnen, zurückweisen‹: *Wenn wir auch diese Lösung refüsieren, wäre es wohl schwierig für die Schweiz, bei der EU für weitere Verhandlungen glaubwürdig zu erscheinen* (NZZ 25. 3. 2000, 15) – In A und D bildungssprachlich und veraltet – Dazu: **Refüsierung**

Reg.-Bez. siehe Regierungsbezirk

REGA CH die; –, ohne Plur. (Wz.): ↗FLUGRETTUNG A ›Rettungsdienst mit einem Flugzeug oder Helikopter‹: *Ausser Bundesstellen wie Grenzwacht, Bundespolizei oder Rettungstruppen sollen auch Kantons- und*

Stadtpolizeikorps, Feuerwehren, Ambulanzdienste und die Rega mittelfristig auf das digitale System umsteigen (TA 19. 1. 1999, 66) – Auch in der Schreibung *Rega*

Regal (gemeindt.): ↗GESTELL, ↗STELLAGE

Regalboden D der; -s, ...böden: ↗REGALBRETT A D, ↗TABLAR CH ›[Ablage]brett, das horizontal in ein Regal eingelegt wird‹: *... nicht nur bei Regalböden, sondern auch bei Tischplatten, Schrankeinlegeböden und dergleichen, sind Schnittkanten hinter Umleimern versteckt* (WDR 23. 10. 1998, Internet)

Regalbrett A D das; -(e)s, -er: ↗TABLAR CH, ↗REGALBODEN D ›[Ablage]brett, das horizontal in ein Regal eingelegt wird‹: *Darauf ein dreiteiliger Spiegel rechts, links ein Schminktisch samt Kopf für die Perücken, weiter hinten ein rundes Metallrohrgestänge samt Regalbrettern als Kasten für die Kleider und den Fummel der Madame* (OÖN 7. 2. 2000, 7; A); *Jeder Quadratzentimeter der 38.000 Meter langen Bücherstrecke müsse zuvor erfasst, jedes Regalbrett ... beschriftet sein* (Welt 24. 4. 1999, Internet; D)

Regelschule A D die; –, -n: ›normale, reguläre Schule‹: *Eltern haben die Wahl, sich für die Betreuung ihres behinderten Kindes in der Regelschule oder einer Sonderschule zu entscheiden* (OÖN 25. 5. 2000, 18; A); *Die Thüringer Regelschule führt zum Hauptschulabschluss ... und zum Realschulabschluss* (Freistaat Thüringen 11. 7. 2002, Internet; D) – Dazu: **Regelschulalter, Regelschulzeit**

Regencape D das; -s, -s [...ke:p] ⟨aus engl. *cape* ›Umhang‹⟩: ↗WETTERFLECK A, ↗PELERINE CH ›ärmelloser Umhang als Regenschutz‹: *Es gibt kein schlechtes Wetter ... – an diese alte Weisheit hat sich auch Bürgermeister Henning S. gehalten, als er gestern Morgen mit grünem Regencape ausstaffiert zum Park Hotel radelte* (Welt 26. 4. 2001, Internet) – In A und CH selten, Aussprache [...keɪp]

Regierungsbezirk D der; -(e)s, -e: ›mehrere Gemeinden und ↗Landkreise umfassende Einheit eines ↗Bundeslandes, über die der ↗Regierungspräsident bzw. die Regierungspräsidentin die Aufsicht hat‹: *Heute herrscht wegen unterschiedlicher Regelungen ... teilweise von Regierungsbezirk zu Regierungsbezirk größte Rechtszersplitterung* (Welt 15. 8. 1995, Internet) – Abk.: Reg.-Bez. *Regierungsbezirke* existieren nicht in Berlin, Brandenburg, Bremen, Hamburg, Mecklenburg-Vorpommern, Saarland, Schleswig-Holstein und Thüringen

Regierungskanzlei CH (GL) die; –, ohne Plur.: ↗KANTONSKANZLEI CH (AR), ↗LANDESKANZLEI CH (BL), ↗RATSKANZLEI CH (AI), ↗STANDESKANZLEI CH (GR, UR) ›zentrale Kanzlei von Regierung und Parlament‹: *Mit der am Mittwoch von der Regierungskanzlei veröffentlichten Einstellungsverfügung ist ein erstes Kapitel in der Glarner Gerichtshausaffäre ... abgeschlossen worden* (NZZ 23. 2. 1995, 16) – Vgl. Staatskanzlei

Regierungskommissär Regierungskommissärin der; -s, -e bzw. die; –, -nen: **1.** A ›zeitweilig eingesetzte(r) Beauftragte(r) der Regierung, z. B. im Falle der Auflösung des Gemeinderates bis zur Neuwahl oder zur Aufsicht von Banken‹: *Das letzte Mal wurde die meistgeprüfte Bank Österreichs im Sommer 1998 von Wirtschaftsprüfer Richard B. unter die Lupe genommen, der nach der Flucht des Banken-Chefs R. zum Regierungskommissär bestimmt wurde* (Trend 12/1998, Internet). **2.** STIR ›oberster Vertreter bzw. oberste Vertreterin der italienischen Regierung in Südtirol‹: *Der vom Landtag genehmigte Gesetzentwurf wird anschließend an den Regierungskommissär weitergeleitet* (Südtirol Handbuch 86) – Zu 1 vgl. Kommissär – Zu 2.: ↗**Regierungskommissariat**

Regierungskommissariat STIR das; -(e)s, -e ⟨übersetzt aus ital. *Commissariato di Governo*⟩: ›Sitz des ↗Regierungskommissärs bzw. der Regierungskommissärin bzw. Amt, das die staatlichen Bediensteten in der Autonomen ↗Provinz verwaltet, Gesetze gegenzeichnet etc.‹: *Für die Bezirksgemeinschaft Eisacktal habe der Staat und somit das Bozner Regierungskommissariat die Aufgabe, einen geeigneten Standort für die im Einzugsgebiet der Talgemeinschaft anzusiedelnden Roma ausfindig zu machen* (Dolomiten 4. 4. 1996, 20)

Regierungspräsident Regierungspräsidentin der; -en, -en bzw. die; –, -nen: **1.** CH-nord/west; ↗LANDESHAUPTMANN A, ↗LANDAMMANN CH-ost/zentral, ↗MINISTERPRÄSIDENT D, ↗BÜRGERMEISTER: *ERSTE BÜRGERMEISTER D (Hamburg); *REGIERENDE BÜRGERMEISTER D (Berlin), ↗PRÄSIDENT: *PRÄSIDENT DES SENATS D (Bremen) ›Regierungschef(in) eines ↗Kantons‹: *Regierungspräsident Karl S. und Bundesrat Otto S. meditierten beide über den Gegensatz von Gemeinschaftssinn und Eigennutz* (Jahr der Schweiz, 36). **2.** D ›von der Regierung eines ↗Bundeslandes ernannter leitender Beamter bzw. ernannte leitende Beamtin des ↗Regierungsbezirks‹: *Franz-Josef A. ist Deutschlands dienstältester und populärster Regierungspräsident* (Welt 21. 4. 1998, Internet) – Zu 1.: Titel des Regierungschefs bzw. der Regierungschefin in den ↗Kantonen BE, BL, BS, FR, GR, SH und TG sowie in allen französischsprachigen Kantonen (*président*) und im Kanton Tessin (*presidente*)

Regierungsrat der; -(e)s, ...räte: **1.** CH; ↗STADTSENAT A (Wien), ↗LANDESREGIERUNG A D, ↗KANTONSREGIERUNG CH, ↗STAATSRAT CH (FR, VS), ↗STANDESKOMMISSION CH (AI), ↗SENAT D (Berlin, Bremen,

Hamburg), ↗Landesausschuss STIR ›Regierung, Exekutive eines ↗Kantons (in allen Deutschschweizer ↗Kantonen ausser AI)‹: *P.M., der 1963 das in der Schweiz nicht häufige Schicksal erlebte, dass ihn das Volk aus dem Regierungsrat ... kurzerhand wegwählte* (Allemann, Schweiz 122). **2. Regierungsrat Regierungsrätin** CH der; -(e)s, ...räte bzw. die; –, ...nen; ↗Landesrat A, ↗Stadtrat: *amtsführende Stadtrat A (Wien), ↗Departementschef CH, ↗Departementsvorsteher CH, ↗Staatsrat CH (FR, VS), ↗Landesminister D, ↗Minister D, ↗Senator D (Berlin, Bremen, Hamburg), ↗Assessor STIR ›Mitglied der Regierung eines ↗Kantons‹: *»Die heutige Entlöhnung ist an der unteren Grenze«, erklärt der Zuger Regierungsrat Peter B.* (Ktip 10. 9. 1997, 4). **3. Regierungsrat Regierungsrätin** D der; -(e)s, ...räte bzw. die; –, -nen ›höherer Beamter bzw. höhere Beamtin im Verwaltungsdienst‹: *Nach dem Studium war er in folgenden Bereichen tätig: Regierungsrat bei der Wehrbereichsverwaltung IV in Wiesbaden ...* (Stadt Konstanz, 2000, Internet). **4.** A ›ehrenhalb verliehener Titel für bestimmte Beamte‹: *Amtsdirektor Regierungsrat Herbert K. von der Salzburg-Direktion der Post und Telekom Austria vollendet im August eine Dienstzeit von 40 Jahren* (SN 8. 8. 1998, Internet) – Zu 1.: ↗**regierungsrätlich, Regierungsratsbeschluss, Regierungsratskandidat(in), Regierungsratsverordnung, Regierungsratswahlen**

regierungsrätlich CH Adj.: ›dem ↗Regierungsrat angehörend, ihn betreffend, ihm unterstellt, von ihm ausgehend‹: *Die regierungsrätlichen Vorbehalte haben sich unter anderem auf die Grösse der Intensiverholungs- und Landschaftsschutzzone ... bezogen* (BaZ, 17. 10. 1997, 46); *L. betont, dass die Kommission im Gegensatz zur Regierung den Frauenrat weiterhin als regierungsrätliche Kommission belassen wolle* (BaZ 17. 10. 1997, 45)

Regierungssekretär Regierungssekretärin LIE der; -s, -e bzw. die; –, -nen: ›höchster Beamter bzw. höchste Beamtin der Landesverwaltung in Liechtenstein‹: *Die Regierung hat ... eine Arbeitsgruppe bestehend aus dem Regierungssekretär, dem Bürgermeister als Vertreter der Gemeinden, dem Polizeichef, dem Leiter der Regierungskanzlei und einem Vertreter des Amts für Volkswirtschaft eingesetzt* (Gemeinderatssitzung Vaduz, 2001, 5)

Regierungsstatthalter Regierungsstatthalterin CH (BE, LU, VS) der; -s, – bzw. die; –, -nen: ↗Bezirkshauptmann A (ohne Graz, Wien), ↗Bezirksvorsteher A (Graz, Wien), ↗Bezirksammann CH (SG, SZ), ↗Bezirksamtmann CH (AG), ↗Bezirksstatthalter CH (BL, ZH), ↗Oberamtmann CH (FR, SO), ↗Präfekt CH (VS), ↗Landrat D (ohne Niedersachsen und Nordrhein-Westfalen), ↗Oberkreisdirektor D (Niedersachsen, Nordrhein-Westfalen) ›↗Vorsteher(in) eines ↗Bezirks‹: *Der Berner Regierungsrat beauftragte Yves M., den Regierungsstatthalter von Biel, ein Disziplinarverfahren gegen die Gemeindebehörden von La Neuveville durchzuführen* (Blick 4. 6. 1999, 8) – Vgl. Statthalter – Dazu: **Regierungsstatthalteramt**

Region STIR die; –, -en ⟨aus ital. *regione*⟩: ↗Bundesland A D, ↗Land A D, ↗Kanton CH, ↗Ort CH, ↗Staat CH, ↗Stand CH, ↗Provinz: *autonome Provinz [Bozen/Trient] STIR ›Teilgebiet des ital. Staates mit beschränkter politischer Autonomie‹: *Der Abschluss der Verhandlungen mit den Koalitionspartnern in der Region stand im Mittelpunkt der Sitzung des Parteiausschusses* (Zukunft in Südtirol 9/2000, 7) – Die Bedeutung ›größeres Gebiet, Bereich‹ ist gemeindt. – Dazu: **Regionalamt, Regionalassessor(in)** (↗Assessor), ↗**Regionalausschuss, Regionalautonomie, Regionalhaushalt,** ↗**Regionalrat, Regionalratspräsident(in),** ↗**Regionalregierung,** ↗**Regionalratsabgeordnete, Regionalratswahl, Regionenminister(in)** (↗Minister), **Regionenministerium** (↗Ministerium)

Regionalausschuss STIR der; -es, ...schüsse ⟨übersetzt aus ital. *giunta regionale*⟩: ↗Regionalregierung STIR ›Regierung der ↗Region Trentino-Südtirol‹: *Die Organe der Region Trentino-Südtirol sind: der Regionalrat, der Regionalausschuss und der Präsident des Regionalausschusses* (Autonome Provinz Bozen-Südtirol, 2001, Internet) – Die anderen Verwendungen, z. B. *Regionalausschuss* der EU, *Regionalausschuss* einer Organisation, sind gemeindt. Vgl. Ausschuss – Dazu: **Regionalausschusspräsident(in)**

Regionalrat STIR der; -(e)s, ...räte: ↗Landtag A D, ↗Kantonsrat CH, ↗Landrat CH, ↗Rat: *Grosse Rat CH, ↗Abgeordnetenhaus D (Berlin), ↗Bürgerschaft D (Bremen, Hamburg) ›aus Wahlen hervorgegangene Volksvertretung einer ↗Region‹: *»Diese Regierung wird nur durch Streitereien und Skandale in die Schlagzeilen kommen«, erklärte P. gestern im Regionalrat* (Neue Südtiroler Tagesztg 19. 10. 2000, 3) – Dazu: ↗**Regionalratsabgeordnete, Regionalratspräsident(in), Regionalratspräsidium, Regionalratswahl**

Regionalratsabgeordnete STIR der/die; -n, -n: ↗Abgeordnete: *Abgeordnete zum Landtag A, ↗Landtagsabgeordnete A D LIE, ↗Grossrat CH, ↗Kantonsrat CH, ↗Landrat CH ›Mitglied im Parlament einer ↗Region‹: *Ausnahmsweise können an Stelle des betroffenen Bürgers auch Regionalrats- oder Landtagsabgeordnete oder Gemeinderäte beim Verwaltungsgericht Rekurs einlegen* (Südtirols Autonomie 307) – Vgl. Regionalrat

Regionalregierung STIR die; –, -en: ↗REGIONALAUSSCHUSS STIR ›Regierung der ↗Region Trentino-Südtirol‹: *Die kommende Regionalregierung wird aber gleich zusammengesetzt sein wie die alte* (Dolomiten 16. 10. 2000, 3)

Regionalzug (gemeindt.): ↗BUMMELBAHN, ↗BUMMELZUG, ↗BUMMLER

Registeramt STIR das; -(e)s, ...ämter: ›Amt, das für die Registrierung von Kauf- und Mietverträgen, Erbschaften und Vereinsgründungen zuständig ist‹: *Nicht schlecht staunte kürzlich ein Villnösser Bürger, als er vom Brixner Registeramt ein Schreiben erhielt, wonach er insgesamt 1,4 Millionen Lire nachzahlen müsse* (Dolomiten 16. 10. 2000, 12)

Registersteuer STIR die; –, -n ⟨übersetzt aus ital. *imposta di registro* ›Grundverkehrssteuer‹⟩: ›Steuer, die auf Mietverträge und Grundstückserwerb eingezogen wird‹: *Die Registersteuer beträgt bei Abschluss eines neuen Mietvertrages 2 % der Jahresmiete (Mindestbetrag 100.000 Lire + 7000 Lire für Gebühren), und der Überweisungsbeleg muss beim Registeramt abgegeben werden* (Dolomiten 29. 4. 1998, WIKU 12)

-reglement CH LUX das; -(e)s, -e [...reglə'mɛnt CH] (produktives Grundwort in Zus.): ›-ordnung‹, z. B. Baureglement, Benutzungsreglement, Besoldungsreglement, Betriebsreglement, Dienstreglement, Fondsreglement, Gemeindereglement, ↗Geschäftsreglement CH, Parkplatzreglement, Promotionsreglement (↗Promotion), ↗Prüfungsreglement CH, Stiftungsreglement, Wahlreglement, Zonenreglement (↗Zone): *Mit einer Änderung des Baureglements hat die Gemeindeversammlung grünes Licht für die weitere Überbauung »Sädel« gegeben* (Bund 6. 12. 1999, 21; CH); *Angegebene theoretisch anzunehmende Rendite und Restlaufzeit ... können sich ... aufgrund von Kapitalmarktschwankungen und Fondsreglement ständig ändern* (DZ Bank International 22. 11. 2001, Internet; LUX) – Vgl. Reglement

Reglement das; -s, -s/-e [reglə'mã: A D, reglə'mɛnt CH]: wird in A und D mit französischer Lautung, in CH mit deutscher Lautung gesprochen. Der Plural lautet in A und D auf -s, in CH auf -e. *Reglement* ist in D bildungssprachlich, in A v. a. im Sport gebräuchlich, in CH dagegen alltagssprachlich. Das gilt auch für die Zus.: *Der Erfolg unserer Serien und der mehr oder weniger reibungslose Ablauf im Vorjahr haben gezeigt, dass sich unsere Reglements gut bewährt haben* (Max Challenge Club 2. 4. 2003, Internet; A); *Aber Reglemente und Verbote machen die Welt nicht leiser* (Frauchiger, Menschen 14; CH); *Der Verein richtet sich streng nach den Reglements des Mutterverbandes in den Vereinigten Staaten* (WAZ 7. 8. 2001, Internet; D) – Vgl. -reglement, reglementarisch

reglementarisch CH Adj.: ›auf einer Ordnung beruhend‹: *Im Bereich Schule und Kindergarten ... sollen bei der Klassenbildung die reglementarischen Möglichkeiten ausgeschöpft werden* (BaZ 17. 10. 1997, 46) – In D bildungssprachlich. Vgl. Reglement

Regula CH ⟨nach der Märtyrerin *Regula*, Patronin von Zürich⟩: weibl. Vorname: *Gemäss einer Legende wurde die Wasserkirche auf der Hinrichtungsstätte der Zürcher Stadtheiligen Felix und Regula erbaut* (Zürich Tourismus, 2001, Internet) – In D selten. Wird auf der ersten Silbe betont, regional unterschiedlich mit Kurz- oder Langvokal

Rehling D-südost der; -s, -e: ↗EIERSCHWAMMERL A (ohne Vbg.), ↗EIERSCHWAMM A-west (Vbg.) CH, ↗PFIFFERLING A-west D, ↗PFIFFER D-südost (Franken) ›kleiner, dottergelber Lamellenpilz‹ /eine Pilzsorte/: *Pfifferlinge werden auch Dotterpilze, Eierschwämme oder Rehlinge genannt* (Kochatelier, 2002, Internet; D-südost) – Selten auch in A-südost

Reibe D (ohne südost) die; –, -n: ↗REIBEISEN A D-mittelost/süd, ↗RAFFEL CH, ↗RASPEL D (ohne mittelost) ›mit scharfkantig umrandeten Löchern versehenes Küchengerät zum Zerkleinern von Gemüse oder Obst‹: *Die Äpfel mit einer Reibe grob raffeln* (WDR-Hobbythek, 2004, Internet) Dazu: **Rohkostreibe**

Reibeisen A D-mittelost/süd das; -s, –: ↗RAFFEL CH, ↗RASPEL D (ohne mittelost), ↗REIBE D (ohne südost) ›mit scharfkantig umrandeten Löchern versehenes Küchengerät zum Zerkleinern von Gemüse oder Obst‹: *Den Passionsfrucht-Schaum auf 4 Teller verteilen und die Schale der Limette mit einem feinen Reibeisen über den Schaum reiben* (Kurier 2. 4. 1999, 23; A) – Regional im Grenzfall des Standards auch in der Form *Riebeisen*. Vgl. reiben

Reibekuchen D-mittelwest der; -s, –: ↗ERDÄPFELPUFFER A, ↗KARTOFFELPUFFER A D, ↗KARTOFFELPFANNKUCHEN D-südwest, ↗KARTOFFELPLÄTZCHEN D-nord/mittel, ↗PLINSE D-nordost, ↗PUFFER D-nord/mittelwest, ↗REIBEPLÄTZCHEN D-mittelwest, ↗REIBERDATSCHI D-südost ›Fladen aus einem Teig von rohen, geriebenen Kartoffeln, der in Fett gebraten wird‹: *Den Teig esslöffelweise hineingeben, flachdrücken und die Reibekuchen von beiden Seiten goldbraun braten* (Deutsche Post 23. 8. 2000, Internet)

reiben st.V./hat: **1.** A; ↗AUSREIBEN A, ↗FEGEN CH, ↗SCHEUERN D (ohne südost) ›(den Fußboden) mit einer hartborstigen Bürste reinigen; schrubben‹: *Dann rieb die Bäuerin selbst den Fußboden fertig* (Zelger-Alten, Brot 30). **2.** A D-südost; ↗RAFFELN CH ›(↗Obst und Gemüse) mit Hilfe eines speziellen Küchengerätes in kleine Stückchen zerkleinern; raspeln‹: *Zubereitung: Erdäpfel schälen. Zusammen mit dem Apfel gründlich waschen, fein reiben* (Kurier 23. 2. 1996, 19; A). **3.** A D-südost ›mahlen (von Kaffee o. Ä.)‹: *Erleben wir heute Heimat, wenn nicht auch durch wiederkehrende Verrichtungen (Kaffee reiben, Wäsche waschen usw.), Alltagskultur genannt!* (Social Impact, 2000, Internet; A). **4. *jmdm. eine reiben** A (salopp, Grenzfall des Standards): ↗AUFLEGEN: *JMDM. EINE AUFLEGEN A, ↗KLESCHEN: *JMDM. EINE KLESCHEN A (ohne Vbg.), ↗PICKEN: *JMDM. EINE PICKEN A D-südost, ↗KLEBEN: *JMDM. EINE KLEBEN D-nord/mittel, ↗SCHALLERN: *JMDM. EINE SCHALLERN D-nord/mittel, ↗SCHEUERN: *JMDM. EINE SCHEUERN D (ohne südost) ›jmdm. eine Ohrfeige geben, jmdm. eine schmieren‹: *Wenn Ihnen in Oberbayern jemand »eine reiben will«, gehen Sie am besten in Deckung* (OÖN 5. 1. 1991, 8) – Die anderen Bedeutungen, z. B. ›mit kräftigen Bewegungen über etw. hin- und herfahren‹, sind gemeindt. – Zu 2.: ↗**Reibeisen** A D-mittelost/süd

Reibeplätzchen D-mittelwest das; -s, –: ↗ERDÄPFELPUFFER A, ↗KARTOFFELPUFFER A D, ↗KARTOFFELPFANNKUCHEN D-südwest, ↗KARTOFFELPLÄTZCHEN D-nord/mittel, ↗PLINSE D-nordost, ↗PUFFER D-nord/mittelwest, ↗REIBEKUCHEN D-mittelwest, ↗REIBERDATSCHI D-südost ›Fladen aus einem Teig von rohen, geriebenen Kartoffeln, der in Fett gebraten wird‹: *Ebenso frisch wie der Fisch sind die Reibeplätzchen* (Münstersche Ztg 21./22. 3. 1998, 28)

Reiberdatschi D-südost der; -s, –: ↗ERDÄPFELPUFFER A, ↗KARTOFFELPUFFER A D, ↗KARTOFFELPFANNKUCHEN D-südwest, ↗KARTOFFELPLÄTZCHEN D-nord/mittel, ↗PLINSE D-nordost, ↗PUFFER D-nord/mittelwest, ↗REIBEKUCHEN D-mittelwest, ↗REIBEPLÄTZCHEN D-mittelwest ›Fladen aus einem Teig von rohen, geriebenen Kartoffeln, der in Fett gebraten wird‹: *Fleischbrühe zugießen, mit Salz, Pfeffer und Essig abschmecken und zu den Reiberdatschi servieren* (Stern 19. 8. 2000, Internet) – In A selten

Reibtuch A (ohne west) das; -(e)s, ...tücher: ↗AUSREIBFETZEN A (ohne west), ↗BODENLUMPEN A-west CH, ↗AUFNEHMER D-nordwest/mittelwest, ↗FEUDEL D-nord ›[grobes] Tuch, mit dem Böden nass gereinigt werden‹: *Am Sonntag wollen sich die Veranstalter im Anschluss an den Frühschoppen mit dem »längsten Reibtuch der Welt« ins Guinness-Buch der Rekorde »wischen«* (Kurier 8. 7. 1995, 10) – Dazu: **Ausreibtuch**

reibungslos (gemeindt.): ↗KLAGLOS

reichlich (gemeindt.): ↗SATT

Reifen (gemeindt.): ↗FINKEN, ↗PNEU

Reifenpanne (gemeindt.): ↗PATSCHEN, ↗PLATTEN, ↗PLATTFUSS/PLATTFUß

Reifeprüfung A D die; –, -en (formell): ↗MATURA A CH, ↗MATUR CH, ↗MATURITÄT CH, ↗ABITUR D ›Schulabschluss zur Erlangung der Hochschulreife‹: *Jugendlichen Leistungssportlern soll die Möglichkeit geboten werden ... eine AHS zu besuchen und diese mit einer Reifeprüfung abzuschließen* (TT 30. 1. 1998, 13; A); *Viele Generationen von Schülerinnen und Schülern aus Homburg und Umgebung haben hier ihre Schulausbildung erhalten und die Reifeprüfung abgelegt* (Saarpfalz-Gymnasium Homburg, 1999, Internet; D) – Dazu: ↗**Berufsreifeprüfung** A, ↗**Reifeprüfungszeugnis** A

Reifeprüfungszeugnis A das; -ses, -se (formell): ↗MATURAZEUGNIS A CH, ↗REIFEZEUGNIS A D (ohne ost), ↗MATURITÄTSZEUGNIS CH, ↗MATURZEUGNIS CH, ↗ABITURZEUGNIS D, ↗MATURADIPLOM STIR ›Zeugnis über die bestandene ↗Matura‹: *Die Gesamtbeurteilung der Leistungen des Prüfungskandidaten ist bei der Reifeprüfung in einem Reifeprüfungszeugnis ... zu beurkunden* (SchUG § 39 (1)) – Vgl. Reifeprüfung – Dazu: **Berufsreifeprüfungszeugnis** (↗Berufsreifeprüfung)

Reifezeugnis A D (ohne ost) das; -ses, -se (veraltend): ↗REIFEPRÜFUNGSZEUGNIS A, ↗MATURAZEUGNIS A CH, ↗MATURITÄTSZEUGNIS CH, ↗MATURZEUGNIS CH, ↗ABITURZEUGNIS D, ↗MATURADIPLOM STIR ›Zeugnis über die bestandene ↗Matura‹: *Studienvoraussetzungen: Österreichisches Reifezeugnis oder ausländisches Zeugnis, das aufgrund einer internationalen Vereinbarung oder Beglaubigung einem österreichischen gleichwertig ist, oder Berufsreifezeugnis* (Kleine Ztg 20. 3. 1999, Internet; A); *Ausländische Studienbewerber ... müssen das Abschlusszeugnis der Sekundarschule ihres Heimatlandes vorlegen. Dieses wird mit dem deutschen Reifezeugnis verglichen und entsprechend bewertet* (Universität Frankfurt am Main, 2000, Internet; D) – Dazu: **Berufsreifezeugnis**

reihen A sw.V./hat: ›jmdn./etw. in eine Reihenfolge stellen (z. B. bei Postenvergabe)‹: *Auf der Klagenfurter Kandidatenliste wurde er an die unwählbare elfte Stelle gereiht, damit fliegt er 1999 auch aus dem Landtag* (Profil 19. 1. 1998, 27) – Andere Bedeutungen sind gemeindt. – Dazu: **Reihung**, ↗**umreihen**

Rein A D-südost die; –, -en (Grenzfall des Standards): ›flaches [rechteckiges] Kochgeschirr‹: *Vater hob den Deckel von der Rein, um mit dem Kochlöffel vom dampfenden Sterz zu kosten* (Glantschnig, Mirnock 11; A) – Auch in der Form *Reine* (die; –, -n). Vgl. Reindl – Dazu: **Sterzrein** (↗Sterz)

rein: *reinen Tisch machen (gemeindt.): ↗SAUBER: *SAUBEREN TISCH MACHEN

Reinanke A die; –, -n: ›Blaufelchen‹ /zu den Renken gehörender Fisch mit blau- bis dunkelgrünem Rücken/: *Obwohl die Durchschnittsgröße der Reinanken bei nur 35 cm lag, waren die angereisten und die einheimischen Petrijünger zufrieden, denn es wurden zwar kleinere Renken, dafür aber größere Mengen als im Vorjahr gefangen* (Kleine Ztg 18. 10. 1997, Internet) – Selten auch in der Schreibung *Rheinanke*

Reindl A D-südost das; -s, -n (Grenzfall des Standards): ↗KASSEROL D-südost, ↗KASSEROLLE A D (ohne südost) ›kleines, niedriges Kochgeschirr‹: *Den Germteig gut durchkneten ... und in ein befettetes mittelgroßes Reindl oder in eine Gugelhupfform füllen* (ORF Nachlese 3/1997, 36; A) – Vgl. Rein

Reindling A-südost der; -s, -e: ›mit ↗Germ zubereiteter und mit einer Masse aus Rosinen, Zimt, Nüssen etc. gefüllter Kuchen, der in einer ↗Rein gebacken wird‹: *Gewöhnlich bereitete Mutter gegen Wochenende den Teig für den Reindling, alles der Reihe nach, routinemäßig* (Glantschnig, Mirnock 24) – Auch in der Form *Reinling* – Dazu: **Mohnreindling, Nussreindling**

Reine A D-südost die; –, -n: siehe Rein

Reineclaude CH D-südwest die; –, -n ['rɛːnkloːd CH, rɛːnə'kloːdə D] ⟨aus frz. *reine Claude* ›Königin Claudia‹, nach der Gemahlin des frz. Königs Franz I.⟩: ↗RINGLOTTE A, ↗RINGLO A-west (Tir.) D-südost, ↗RENEKLODE D ›gelbe oder grüne, glatte, runde Pflaumensorte‹: *Für den Rumtopf besonders gut geeignet sind Erdbeeren, Kirschen, Aprikosen, Pfirsiche, Nektarinen, Reineclauden, Mirabellen, Zwetschgen und Melonen* (Coopztg 24/2002, Internet; CH); *Die Reineclaude hat die Form einer Kugel, eine grünlichgelbe Haut, die leicht rötlich schimmert* (SWR, 2002, Internet; D-südwest)

Reinemachefrau D-nord/mittelost die; –, -en: ↗AUFRÄUMERIN A-mitte/südost, ↗BEDIENERIN A (ohne west), ↗PUTZERIN A-west, ↗ZUGEHERIN A-west (Vbg.) D-süd, ↗ZUGEHFRAU A-west (Vbg.) D-südost LIE, ↗SPETTER CH, ↗SPETTFRAU CH, ↗AUFWARTUNG D-nordost ›Putzfrau, Raumpflegerin‹: *Der südländischen Reinemachefrau, die mir beim Hinausgehen mit ihrem Putzwagen begegnet, nicke ich freundlich zu* (Holzach, Deutschland umsonst 126) – Auch in den Formen *Reinemachfrau, Reinmachefrau.* Vgl. reinemachen

reinemachen D-nord/mittelost sw.V./hat: ↗REINMACHEN D-nord ›sauber machen, putzen‹: *Bei mir leiden am meisten die Kacheln im Badezimmer, nach dem Duschen wird ja nun nicht gleich immer so tüchtig reinegemacht* (Produkttest dooyoo, 2003, Internet) – Dazu: ↗**Reinemachen,** ↗**Reinemachefrau**

Reinemachen D-nord/mittelost das; -s, ohne Plur.: ↗HAUSPUTZ A D, ↗PUTZETE CH D-südwest ›das gründliche Putzen des Hauses/der Wohnung‹: *Das Reinemachen ist der pensionierten Bridge-Spielerin zu beschwerlich geworden. Deshalb ist sie auf die Hilfe des Putzdienstes angewiesen* (SWR, 1996, Internet) – Vgl. reinemachen

Reinemachfrau siehe Reinemachefrau

Reinfall CH D der; -(e)s, ...fälle: ›peinlicher, enttäuschender Misserfolg‹: *Für einen deutschen Gesangsverein wurde die Fahrt zum Rheinfall wegen eines zu langen Cars zum Reinfall* (Schaffhauser Bock 45/2001, Internet; CH); *Das Volksbegehren gegen die Schreibreform ist ein glatter Reinfall* (Berliner Ztg 31. 5. 1999, Internet; D) – In A selten

Reingeschmeckte D-süd der/die; -n, -n (abwertend): ↗ZUGEREISTE A D (ohne mittelost), ↗ZUZÜGLER A D-ost/südwest, ↗NEUZUZÜGER CH, ↗ZUZÜGER CH, ↗NEUBÜRGER D ›Person, die sich in einer anderen Gemeinde als ihrem Herkunftsort niederlässt; Zugezogene(r)‹: *Das lassen sich Einheimische und Reingeschmeckte nie entgehen: Der Pfullinger Kirbemarkt ... lockte wieder Tausende zum gemütlichen Bummeln in die Innenstadt* (Reutlinger General-Anzeiger 26. 10. 1998, Internet)

Reinheft CH das; -(e)s, -e (früher): ›Schulheft für Reinschriften‹: *Am Computer lassen sich Fehler rasch und spurlos korrigieren. Im Reinheft unserer Schulzeit war das nicht möglich, Schreibfehler blieben auf alle Ewigkeit sichtbar* (Emil Zopfi 28. 12. 2000, Internet); ***Klecks/Tolggen im Reinheft** ›Makel, Schandfleck‹: *Anfang August triumphierte die bald 19-jährige ebenso ohne Satzverlust wie in der vergangenen Woche. Einziger Klecks in Hingis' Reinheft war in dieser Zeit die ... Niederlage gegen Williams* (Bund 28. 8. 1999, 39); *Die Schuldsprüche im Prozess gegen zwei ehemalige Geschäftspartner betreffen den US-Präsidenten rechtlich zwar nicht. Doch politisch sind sie peinliche Tolggen im Reinheft Clintons* (TA 30. 5. 1996, 3)

reinigen (gemeindt.): ↗AUSPUTZEN

Reinigung CH D die; –, -en: kurz für ›chemische Reinigung‹: ↗PUTZEREI A: *Der Beton ist zerfressen, die Bänke verrostet, »wenns regnet«, sagt der S. Hansruedi, »musst du nach dem Spiel den Mantel in die Reinigung bringen«* (TA 31. 12. 1999, Internet; CH); *Darf das neue Seidenkleid in die Waschmaschine – oder sollte man es lieber in die Reinigung geben?* (WAZ 28. 5. 2001, Internet; D) – In A selten. Die Bedeutung ›das Reinigen‹ ist gemeindt. – Dazu: **Reinigungsinstitut** CH

Reinling siehe Reindling

Reinmachefrau siehe Reinemachefrau

reinmachen D-nord sw.V./hat: ↗REINEMACHEN D-mittelost ›sauber machen, putzen‹: *Nicht Angst war es, nicht Furcht, die ihn durchjagte, Sorge, bange Sorge um die Mutter am Deich, die auf ihre alten Tage* *nicht plätten und reinmachen sollte für fremde Leute* (Segelrevier Schlei 16. 7. 2001, Internet)

Reiseauskunft D die; –, ohne Plur.: ↗Zugauskunft A D, ↗Bahnauskunft D ›Dienst der Bahn, der Reisenden am Schalter, Telefon oder im Internet Auskünfte über Zugverbindungen, Verspätungen etc. erteilt‹: *Die Reiseauskunft ist zur Planung einzelner, kompletter Reisewege da* (Deutsche Bahn 25. 7. 2002, Internet)

Reisebus A D der; -ses, -se: ↗Autocar CH, ↗Car CH ›Bus für Gesellschaftsfahrten, Fernreisen etc.‹: *Für das Jahr 2000 ... wird ein Massenandrang von 40 Millionen Gläubigen erwartet – die nicht zu Ross oder per Kutsche in die Ewige Stadt kommen werden, sondern großteils mit Reisebussen* (Kurier 4. 1. 1999, 5; A); *Steigen Sie ein in den komfortablen Reisebus und erleben Sie ein unvergessliches Wochenende in Berlin* (BWZ 49/1997, 36; D) – Dazu: **Reisebusunternehmen, Reisebusunternehmer(in)**

Reiseplan D der; -(e)s, ...pläne: ↗Zugbegleiter A ›↗ Faltblatt, das den Fahr- und Streckenplan enthält‹: *Mein Abteilgenosse blättert irritiert in »Ihr Reiseplan« und stellt fest, dass der Zug über Magdeburg fährt* (Haber, Oldenburg-Stuttgart, 2003, Internet) – Die Bedeutung ›Plan für eine Reise‹ ist gemeindt.

Reißbrettstift D der; -(e)s, -e (selten): ↗Reißnagel A D (ohne ost) Reissnagel CH, ↗Heftzwecke D-nord/mittelwest, ↗Reißzwecke D-nord/mittel ›kurzer Nagel mit breitem Kopf zum Befestigen von Plakaten o. Ä.‹: *Wenn manchmal in frisch renovierten Wänden noch kein Loch zu erkennen ist, kannst du mit einem Reißbrettstift nachhelfen* (Titanic Satire-Magazin 20. 1. 2003, Internet)

reißen A st.V./hat: **1.** ›(↗Kren) mit Hilfe eines speziellen Küchengerätes raspeln‹: *Mit einem Schuss Essig, Salz und ein wenig gerissenem Kren würzen* (Ganze Woche 5. 11. 1997, 86). **2.** (Grenzfall des Standards) ›(einen Zahn) ziehen; extrahieren‹: *Die Vergütungen für das zahnärztliche Alltagsgeschäft wie Plombieren, Reißen etc. sind ein Ärgernis, weil sie zu einer Kostenverlagerung führen und die Last jenen Patienten aufbürden, die sich ein makelloses, gesundes Gebiss leisten* (VN 20. 3. 1998, A 6) – Andere Bedeutungen sind gemeindt. – Zu 1.: ↗**Krenreißer**

Reißnagel A D (ohne ost) **Reissnagel** CH der; -s, ...nägel: ↗Reißbrettstift D, ↗Heftzwecke D-nord/mittelwest, ↗Reißzwecke D-nord/mittel ›kurzer Nagel mit breitem Kopf zum Befestigen von Plakaten o. Ä.‹: *Mühsam entfernte er die Reißnägel und sicherte das poröse und mehrfach zerrissene Plakat der Nachwelt* (OÖN 13. 6. 2000, Internet; A); *Nur jüngere Generationen heften vielleicht ihre Idole per Reissnagel unmittelbar an die Wand* (NZZ 20. 2. 1999, 123; CH); *Steckt Reißnägel ... durch die Pappe und klebt sie so auf das Brett, dass die Nägel nach vorne rausstehen* (Christl. Pfadfinder Württemberg 17. 1. 2003, Internet; D)

Reißverschluss (gemeindt.): ↗Zipp, ↗Zipper, ↗Zippverschluss

Reißzwecke D-nord/mittel die; –, -n: ↗Reißnagel A D (ohne ost) Reissnagel CH, ↗Reißbrettstift D, ↗Heftzwecke D-nord/mittelwest ›kurzer Nagel mit breitem Kopf zum Befestigen von Plakaten o. Ä.‹: *Ich muss meinen mit Reißzwecken besetzten Stock wieder finden, den ich irgendwo hingelegt hatte* (Lenz, Deutschstunde 88)

rekeln sich A D sw.V./hat (Grenzfall des Standards): ›seinen Körper vor Wohlbehagen dehnen und strecken; sich räkeln‹: *Die Faulenzer rekeln sich gemütlich an Bord* (OÖN 5. 6. 1999, 3; A); *Am Tag darauf gingen Bilder durch die Presse von einer Stripperin, die sich auf dem Schoß des Freundes rekelte* (Berliner Ztg 28. 3. 2001, Internet; D)

rekognoszieren CH sw.V./hat: ⟨aus lat. *recognoscere* ›immer wieder prüfen‹⟩ ›(im Voraus) auskundschaften, erkunden‹: *Durch erfahrene Triathleten wurde jeder Streckenteil disziplinengerecht rekognosziert* (Engadiner Post 4. 10. 1997, 11) – Ursprünglich aus der Militärsprache. In A und D fachsprachlich und veraltet – Dazu: **Rekognoszierung**

Rekrut Rekrutin A CH der; -en, -en bzw. die; –, -nen: ↗Grundwehrdiener A, ↗Präsenzdiener A, ↗Grundwehrdienstleistende D ›Soldat(in) während der militärischen Ausbildungszeit‹: *1200 Rekruten aus Linz-Ebelsberg, Hörsching, Wels und St. Pölten standen bei der Angelobung »Habt Acht!«* (ÖON 8. 2. 2003, 21; A); *Dann wird Richtstrahl-Rekrut P. mit seinen 15 RS-Wochen abgeschlossen haben und Soldat sein* (Sport 10. 3. 1998, 39; CH) – In D selten und veraltend – Dazu: ↗**Rekrutenschule** CH

Rekrutenschule CH die; –, -n: ↗Grundwehrdienst A D ›aufgrund der Wehrpflicht bzw. Dienstpflicht bei den Streitkräften zu leistende militärische Grundausbildung‹: *Nach der Rekrutenschule wird ... ein Teil der Dienstpflichtigen dem Bevölkerungsschutz zugeteilt, wo sie mit jenen zusammenarbeiten, die zuvor schon aus gesundheitlichen Gründen gar nicht zur RS zugelassen wurden* (TA 11. 6. 1999, 9) – Abk. ↗RS. Vgl. Militärdienst, Rekrut, Wiederholungskurs

Rektor Rektorin CH D der; -s, -en bzw. die; –, -nen: ›Schulleiter(in), Direktor(in) (einer Schule)‹: *Ich komme ... in die vierte Klasse. Rektor des Schulhauses ist Herr Z.* (Hohler, Strom 50; CH); *Rektor und Schulrat haben der zum Islam konvertierten Lehrerin verboten, ihr Haar zu bedecken* (Focus 4. 8. 1997, 46; D) – In CH bes. als Bezeichnung für Schulleiter(innen) höherer Schulen gebräuchlich. Die Bedeutung ›Leiter(in) einer Universität‹ ist gemeindt. – Dazu: ↗**Rektorat**

Rektorat das; -(e)s, -e: **1.** CH-nord (Basel); ↗SCHULDIREKTION CH ›Teil der obersten Schulbehörde in Basel‹: *In der Frage der Auflösung des Rektorats der Kleinklassen hat Erziehungsdirektor C. bewiesen, dass er den Salto vorwärts wie auch den Salto rückwärts aus dem Stand beherrscht* (SP Kanton BS 4. 2. 1999, Internet). **2.** CH D; ↗DIREKTION A, ↗SCHULDIREKTION A CH, ↗DIREKTORAT D-mittelost/süd ›Leitung einer Schule‹: *Ich trat hinzu, nahm die Sonnenbrille ab und fragte die Lehrerin, wo das Rektorat sei* (Zürcher, Högo Sopatis 68; CH); *In einer wirklichen Lehrer-Republik werden wir nicht hinter uns haben Ruhekissen, Verordnungen, die vom Rektorat kommen* (Lindenberg, Waldorfschulen 121; D) – Die Bedeutung ›Leitung einer Hochschule‹ ist gemeindt. Zu 2 vgl. Rektor

rekurrieren CH sw.V./hat ⟨aus frz. *recourir* zu lat. *recurrere* ›zurücklaufen‹⟩: ↗BEEINSPRUCHEN A, ↗BERUFEN A, ↗EINBRINGEN: *BERUFUNG EINBRINGEN A, ↗EINSPRUCH: *EINSPRUCH ERHEBEN A, ↗APPELLIEREN CH, ↗REKURS: *REKURS EINLEGEN/EINREICHEN CH STIR, *EINSPRUCH EINLEGEN D ›Berufung einlegen‹: *Wer hier mit dem Entscheid der Eidgenössischen Fremdenpolizei nicht einverstanden ist, der kann rekurrieren* (Tschäni, Patriotismus 35) – Die bildungssprachliche Bedeutung ›auf etw. zurückgehen, Bezug auf etw. nehmen‹ ist gemeindt.

Rekurs: *Rekurs einlegen/einreichen CH STIR: ↗BEEINSPRUCHEN A, ↗BERUFEN A, ↗EINBRINGEN: *BERUFUNG EINBRINGEN A, ↗EINSPRUCH: *EINSPRUCH ERHEBEN A; *EINSPRUCH EINLEGEN D, ↗APPELLIEREN CH, ↗REKURRIEREN CH ›Berufung einlegen‹: *Der Mann fühlt sich durch dieses Verbot geschädigt und reicht beim Gemeinderat einen Rekurs gegen dieses Verbot ein* (Tschäni, Profil der Schweiz 210; CH); *Einige der Prüfungskandidaten, die bei dieser »neuen Prüfungsweise« aufgrund von oben genannten Ungereimtheiten den Test nicht bestanden haben, haben Rekurs eingereicht* (Dolomiten 14. 1. 1993, Internet; STIR) – Das Substantiv *Rekurs* ist in der bildungssprachlichen Bedeutung ›Rückgriff, Bezugnahme auf früher Geschehenes‹ gemeindt.

Remasuri siehe Ramasuri

Remo CH ⟨aus ital. *Remo* zu lat. *Remus*⟩: männl. Vorname: *Remo B., Bischofszell, wurde mit zwei Gold- und einer Bronzemedaille zum erfolgreichsten Teilnehmer* (Werdenberger & Obertoggenburger 25. 3. 1993, 12) – In D selten. Wird auf der ersten Silbe betont, regional unterschiedlich mit Kurz- oder Langvokal

Remuneration A die; –, -en ⟨aus lat. *remuneratio* ›Erkenntlichkeit, Belohnung‹⟩ (formell): **1.** ›finanzielle Entschädigung, Abgeltung‹: *Für 68 Prozent der Aufsichtsorgane ist die Remuneration ihrer Tätigkeit im Hinblick auf den getätigten Zeitaufwand zu niedrig* (Trend 9/1995, Internet). **2.** ›finanzielle Zuwendung, Sonderzahlung (z. B. bei Dienstjubiläen, ↗Weihnachtsgeld)‹: *Wird eine Belohnung, ein Bonus, eine Remuneration oder eine ähnliche Sonderzahlung, auf die ein Arbeitnehmer eigentlich keinen vorher verbrieften Anspruch hat, vom Arbeitgeber nicht ausbezahlt, … dann gilt das als Arbeitgeberbeitrag; mit allen Abgaben-Vorteilen* (Wiener Ztg 1. 10. 1998, Internet) – In D veraltet. Vgl. remunerieren – Zu 2.: ↗**Weihnachtsremuneration**

remunerieren A sw.V./hat ⟨aus lat. *remunerari* ›belohnen, sich erkenntlich zeigen‹⟩ (formell, Verwaltung): ›finanziell entschädigen; vergüten‹: *Der Stress, die Ausbildung, die Verantwortung – all das will und soll anständig remuneriert sein* (Standard 4. 6. 1998, Internet) – In D veraltet. Vgl. Remuneration – Dazu: **Remunerierung**

Reneklode D die; –, -n ⟨aus frz. *reineclaude* ›Königin Claudia‹, nach der Gemahlin des frz. Königs Franz I.⟩: ↗RINGLOTTE A, ↗RINGLO A-west (Tir.) D-südost, ↗REINECLAUDE CH D-südwest ›gelbe oder grüne, glatte, runde Pflaumensorte‹: *Bei den Hochstämmen handelt es sich um … Pflaumenbäume, … Ontariopflaume und Reneklode* (Rheinische Post 20. 12. 2000, Internet)

Renke D-südost die; –, -n: siehe Renken

Renken A D-südost der; -s, –: ↗ALBELI CH, ↗FELCHE CH, ↗MARÄNE D-nord ›Felchen‹ /forellengroßer lachsartiger Fisch/: *Die Nahrung der Renken besteht fast zu 100 % aus Bodenorganismen wie Zuckmücklarven und -puppen, Wasserasseln und kleinsten Muscheln* (Der Weissensee, Kärnten, 2003, Internet; A); *Welchen Einfluss haben vertikale Trennungen zwischen Fischen und deren Nahrung, … vor allem auf die Ernährung der Renken im Ammersee?* (Bayerisches Landesamt für Wasserwirtschaft, 2003, Internet; D-südost) – In D-südost auch in der Form *Renke* (die; –, -n)

rennen LUX unr.V./ist: : ›gegen etw. fahren, rasen‹: *In der Höhe des Hauses Nummer 96 rannte die Fahrerin … mit ihrem Fahrzeug, ohne zu bremsen, in ein abgestelltes Auto* (Luxemb. Wort 21. 9. 1999, 12) – Andere Bedeutungen sind gemeindt.

Renovation CH die; –, -en: ↗RENOVIERUNG A D ›Erneuerung und Instandsetzung (von Gebäuden und Kunstwerken); Restaurierung‹: *Sie … liessen durchblicken, sie würden in Zukunft gezwungen sein, bei Krediten für die Renovation katholischer Kirchtürme* *und Kirchendächer Zurückhaltung zu üben* (Lötscher, Schlüssel 65) – Dazu: **Aussenrenovation, Fassadenrenovation, Gesamtrenovation, Hausrenovation, Innenrenovation, Renovationsarbeiten, Renovationsbedarf, renovationsbedürftig, Renovationskosten**

Renovierung A D die; –, -en ⟨aus lat. *renovare* ›erneuern‹⟩: ↗RENOVATION CH ›Erneuerung und Instandsetzung (von Gebäuden, Denkmälern etc.); Restaurierung‹: *Ich kam an einem in Renovierung befindlichen Haus vorbei, und ganz oben vom Baugerüst erklang laut eine männliche Stimme* (Balàka, Atem 47; A); *Die evangelische Kirchengemeinde Hintersteinau hatte bereits ... einen Kostenrahmenplan für die Renovierung der Denkmalsorgel ... aufgestellt* (Fuldaer Ztg 27. 9. 2000, Internet; D) – In CH selten – Dazu: **Renovierungsarbeiten, renovierungsbedürftig, Renovierungskosten**

Rente CH D die; –, -n: ↗ASVG-PENSION A, ↗PENSION A, ↗AHV-RENTE CH, ↗ALTERSRUHEGELD D ›regelmäßige Zahlung, die Arbeitnehmer(inne)n aufgrund einer gesetzlichen Versicherung bei Erreichen eines bestimmten Alters als Einkommen zusteht (in D nur für Arbeiter(innen) und Angestellte, in CH auch für ehemalige Beamte)‹: *Sie vertrank ihre Rente und starb, berauscht vom roten Wein, in meinen Armen, als ich zehn Jahre alt war* (Bachmann, Gilgamesch 14; CH); *Dass die Anna überhaupt noch im Krankenhaus arbeitet, liegt an ihrer kleinen Rente, die sie so ein wenig aufbessern kann* (BamS 26. 10. 1997, 16; D); ***in Rente gehen/sein** D: ↗PENSION: *IN PENSION GEHEN/SEIN A D, ↗PENSIONIEREN: *PENSIONIERT WERDEN/SEIN CH D ›(von Arbeiter(inne)n und Angestellten) in den Ruhestand entlassen werden; im Ruhestand sein‹: *Da die Menschen länger leben, können sie auch später in Rente gehen* (Welt 17. 11. 1997, Internet) – In D erhalten Arbeiter(innen) und Angestellte eine *Rente*, die Beamt(inn)en eine *Pension*. Im formellen Sprachgebrauch erhalten in STIR Arbeiter(innen) eine *Rente*, Angestellte vor allem im öffentlichen Dienst eine *Pension*, informell wird jedoch nicht unterschieden. In A wurde das Wort *Rente* durch *Pension* ersetzt. Die Bedeutung ›verschiedene Leistungen der Sozialversicherung (z. B. Waisenrente)‹ ist gemeindt. – Dazu: **Altersrente, Ehepaarrente** CH, **Einzelrente** CH, **Frührente** D, ↗**Hausfrauenrente** STIR, **Hinterbliebenenrente** D, **Hinterlassenenrente** (↗Hinterlassene) CH, ↗**Invalidenrente** CH, ↗**IV-Rente** CH, **Rentenalter, Rentenanspruch, Rentenbeitrag** D, ↗**Rentenkasse** D, **Rentenreform** D, ↗**Rentenversicherung** D, ↗**Rentner(in), Witwenrente, Zusatzrente**

Rentenfonds A D der; –, – [...fõ:]: ↗OBLIGATIONENFONDS A CH ›Vermögensmasse aus festverzinslichen Wertpapieren, die zum Zweck einer kollektiven Kapitalanlage unter einem größeren Personenkreis durch Anteilscheine aufgeteilt und bei einer Bank deponiert ist‹: *Das Verhältnis zwischen Gewinnern und Verlierern per Ende Februar war bei den Rentenfonds genau umgekehrt. Von den 134 in Österreich zugelassenen Rentenfonds haben 118 eine positive Wertentwicklung verzeichnet* (OÖN 13. 3. 2002, Internet; A); *Die Rentenfonds sichern den Werterhalt über die Zeit, die Aktienfonds sorgen für den Mehrertrag* (Spiegel 15. 10. 2001, Internet; D) – Vgl. Rentenpapier, Rentenwert, Wertpapierfonds

Rentenkasse D die; –, -n: ↗PENSIONSVERSICHERUNGSANSTALT A, ↗PENSIONSKASSE CH LUX ›Trägerin der ↗Rentenversicherung‹: *Sozialminister B. hofft, die SPD noch für eine Erhöhung der Mehrwertsteuer zugunsten der Rentenkassen zu gewinnen* (Spiegel-Jahreschronik, 1997, 286) – Die Trägerschaft ist auf verschiedene Anstalten verteilt, z. B. Landesversicherungsanstalt für Arbeiter, Bundesversicherungsanstalt für Angestellte oder Bundesknappschaft für Bergleute. Vgl. Rente

Rentenpapier A D das; -(e)s, -e (meist Plur.): ↗OBLIGATION A CH, ↗RENTENWERT D ›festverzinsliches Wertpapier (eines Unternehmens, eines Staates oder einer Gemeinde)‹: *Wer jetzt – als Profi – seine Rentenpapiere noch nicht auf dem Markt verkauft hat, der wartet auf die Zinskorrektur und verkauft zu besseren Kursen, bei etwas niedrigeren Zinsen* (OÖN 28. 2. 1994, 7; A); *Studien haben ergeben, dass Aktien langfristig eine höhere Rendite abwerfen als konservativere Anlageformen wie Rentenpapiere* (UNICUM 11/1997, 18; D) – Vgl. Rentenfonds

Rentenversicherung D die; –, -en: ↗ASVG-VERSICHERUNG A, ↗PENSIONSVERSICHERUNG A, ↗INVALIDENVERSICHERUNG CH, ↗ALTERSVERSICHERUNG: *ALTERS- UND HINTERLASSENENVERSICHERUNG CH ›gesetzlich vorgeschriebene Alters- und Hinterbliebenenvorsorge‹: *Zunächst kündigte Bundessozialminister Norbert. B. an, dass der Beitragssatz zur Rentenversicherung von 20,3 Prozent 1998 auf 20,6 Prozent steigt* (Focus 4. 8. 1997, 152) – Vgl. Rente – Dazu: **Rentenversicherungsbeitrag**

Rentenwert D der; -(e)s, -e: ↗OBLIGATION A CH, ↗RENTENPAPIER A D ›festverzinsliches Wertpapier (eines Unternehmens, eines Staates oder einer Gemeinde)‹: *... die Kurse am Anleihemarkt legten zu, da die Rentenwerte von der Aussicht auf einen langsamen Aufschwung ... profitieren* (Wirtschaftswoche 25. 4. 2002, Internet) – Vgl. Rentenfonds

Rentner Rentnerin CH D der; -s, – bzw. die; –, -nen: ↗PENSIONIST A D-südost, ↗PENSIONÄR CH D (ohne mittelost/südost), ↗PENSIONIERTE CH BELG ›Person, die im Ruhestand ist und ↗Rente bezieht‹: *Man spürt, dass ... die Rentner nicht monatlich um ihre*

Auszahlungen zittern müssen (Walker-Nederkoorn, Rüstmesserchen 60; CH); *In wenigen Jahrzehnten stehen jedem Rentner nur noch zwei Beitragszahler gegenüber* (Focus 4. 8. 1997, 27; D) – In A wurde das Wort *Rentner* durch *Pensionist* ersetzt – Dazu: **AHV-Rentner(in)** (↗AHV) CH, **IV-Rentner(in)** (↗IV-Rente) CH

Repräsentanz A D die; –, -en: ›Niederlassung eines größeren Unternehmens; Geschäftsvertretung‹: *Beschäftigte: 2000 weltweit in 48 Niederlassungen, Betriebsstätten, Repräsentanzen* (Neue BS 3/1995, 17; A); *Die Adam Opel AG feierte am 21. Juni das Richtfest ihrer Berliner Repräsentanz* (Automotive Intelligence 21. 6. 2001, Internet; D) – Die bildungssprachlichen Bedeutungen ›[politisches] Repräsentiertwerden‹ und ›Repräsentativsein‹ sind gemeindt. – Dazu: **Anzeigenrepräsentanz, Generalrepräsentanz, Verkaufsrepräsentanz**

Republik: ***Erste Republik** A ›Bezeichnung für jenen Abschnitt in der Verfassungsgeschichte von 1918 bis 1938, während dem Österreich nach der Monarchie und vor dem Anschluss an Hitlerdeutschland als Staatsform die Republik gewählt hatte‹: *Hinter uns lag die Erste Republik, die zunächst keiner wollte, an die später zu wenige glaubten und die schließlich im zweifelhaften Rettungsversuch eines autoritären Ständestaates mündete* (Vorarlberg Bericht 1/1995, Internet); ***Zweite Republik** A ›Bezeichnung für die nach dem Ende der nationalsozialistischen Diktatur im Jahr 1945 wieder eingeführte, bis heute gültige Staatsform der Republik‹: *Dass weiters das »Lichtermeer« der 250.000 in Wien gegen Ausländerfeindlichkeit und Fremdenhass zur weitaus größten politischen Kundgebung der II. Republik wurde, war u. a. auch dem entschlossenen Einsatz kirchlicher Persönlichkeiten und Gruppen zu verdanken* (Kirche intern 8/1995, 36) – Auch in der Schreibung *1. Republik, 2. Republik* bzw. *I. Republik, II. Republik.* Das Substantiv *Republik* ist gemeindt.

Requiem das; -s, -s/Requien ⟨aus lat. *requies* ›Todesruhe‹⟩: Der Plural lautet in A und CH *Requien,* in D *Requiems: Anders als in anderen Requien steht bei Brahms auch der Trost im Mittelpunkt* (Neue Vorarlberger Tagesztg 3. 3. 2000, 43; A); *Verdis »Libera me«, ein Satz, der in den italienischen Requien des 19. Jahrhunderts nicht ungewöhnlich war, bildete den Schluss* (Regio-Chor Binningen/Basel, 2002, Internet; CH); *Aber was machen wir, wenn die Epitaphe, die Oratorien, die Requiems gesungen sind?* (Tagesspiegel 4. 9. 2000, Internet; D)

resch Adj. (Grenzfall des Standards): **1.** A D-süd; ↗KROSS D-nord/mittel, ↗RÖSCH D-süd ›knusprig‹: *Puristen schätzen das [Frühstück] »Einfach klassisch«, das als Melange mit einem reschen Buttersemmerl auf den Tisch kommt* (Standard 14. 4. 1999, Beilage 2; A). **2.** A ›spritzig, deutlich naturnah schmeckend, ins Säuerliche gehend (von Wein)‹: *Ein rescher Burgunder mit feiner Säure-Struktur und Frucht* (Presse 10. 4. 1998, Schaufenster 26). **3.** A D-südost; ↗HANTIG A (ohne Vbg.) D-südost ›im Umgang mit anderen Menschen resolut und kurz angebunden; barsch‹: *Eine resche Wienerin, 72 Jahre alt, macht ihrem Unmut gehörig Luft* (Kirche intern 8/1995, 3; A)

Reservation CH die; –, -en: ↗RESERVIERUNG A D ›Vorbestellung eines Zimmers, eines Platzes (im Hotel, im Restaurant, Zug, Kino, Theater)‹: *Die neue Verkehrsachse hat sich bereits auf die Reservationen im Hotel ausgewirkt* (Blick 16. 11. 1999, 9) – Die Bedeutung ›Reservat‹ ist gemeindt. – Dazu: **Billettreservation** (↗Billett), **Hotelreservation, Platzreservation, Raumreservation, Reservationssystem, Sitzplatzreservation, Tischreservation, Vorreservation**

Reservierung A D die; –, -en: ↗RESERVATION CH ›Vorbestellung eines Zimmers, eines Platzes (im Hotel, Restaurant, Zug, Kino, Theater)‹: *Um telefonische Tischreservierung wird gebeten* (SN 8. 11. 1997, 48; A); *Er diktiert die Verbindungen ins Telefon, empfiehlt den Gruppentarif und fertigt gleich Reservierungen und Tickets aus* (Greenpeace 2/1996, 27; D) – Dazu: **Kartenreservierung** (↗Karte), **Sitzplatzreservierung, Tischreservierung, Zimmerreservierung**

Resi A D-südost: Koseform der weibl. Vornamen *Theresa, Theresia: Großes Glück hatte gestern die siebenjährige Resi K. auf dem Heimweg von der Schule* (OÖN 12. 4. 2003, 24) – Auch in den Formen *Resl, Tresl* und in D-südost *Res*

resp. CH: nur geschriebene, unverkürzt gesprochene Abk. für ↗*respektive:* ›beziehungsweise‹: *Sonderflüge mit Crossair nach Lissabon resp. mit CSA nach Prag* (BeZ 3. 9. 1997; 5)

respektive CH Konj.: ›beziehungsweise‹: *Deshalb beschränkt sich der Kontakt zwischen Vater und Sohn, respektive zwischen Eltern und Sohn, auf das absolute Minimum* (Weibel, Beethoven 22) – Abk. ↗resp. In A zunehmend gebräuchlich, in D selten

Ressortleiter (gemeindt.): ↗DEZERNENT/DEZERNENTIN, ↗REFERATSLEITER/REFERATSLEITERIN

Ressortsekretär Ressortsekretärin LIE der; -s, -e bzw. die; –, -nen ['rœsor…] (früher): ›hoher Beamter bzw. Beamtin der Landesverwaltung in Liechtenstein‹: *Regierungschef Mario F. weilte am Donnerstag … in Begleitung von Ressortsekretär Marcus R. in Innsbruck* (Liechtensteiner Pressebulletin 16. 2. 2000, 2)

Restanz CH die; –, -en: ›unerledigter Teil (von Aufgaben, Schulden etc.)‹: *Der TGV-Est wird noch als eine*

der letzten Restanzen des alten, sehr ambitiösen TGV-Planes verwirklicht (TA 6. 2. 1998, 33)

Restaurateur Restaurateurin CH der; -s, -e bzw. die; –, -nen [rɛstɔratœr]: ↗Schankwirt A D-mittelost/süd, ↗Beizer CH, ↗Kneipenwirt D-nord/mittel, ↗Kneipier D-nord/mittel, ↗Kröger D-nord ›Gastwirt(in)‹: *Eine Kochausbildung allein qualifiziert noch keinen Restaurateur zum erfolgreichen Gastro-Unternehmer* (Gourmetworld, 2002, Internet)

Restaurierung (gemeindt.): ↗Renovation, ↗Renovierung

Restmüll A D der; -s, ohne Plur.: ›Abfall, der nicht abgebaut oder wiederverwertet werden kann‹: *Weniger Restmüll durch die Verarbeitung von Küchen- und Gartenabfällen und mehr Ertrag durch den daraus entstehenden Humus* (Umweltschutz 9/1994, 11; A); *Sie gehören aber nicht auf den Kompost, … sondern in den Restmüll* (Garten 8/1997, 49; D) – Vgl. Müll – Dazu: **Restmülldeponie**

Reststimmenmandat A das; -(e)s, -e: ↗Überhangmandat D ›Mandat, das eine Partei zusätzlich zu den nach dem Verhältniswahlrecht gewonnenen Mandaten von einer anderen Partei, die den Einzug in den ↗Nationalrat nicht erreichte, erhält‹: *Wie viele … seiner Kandidaten es letztlich schaffen werden, hänge laut Schüssel vom Schicksal der Liberalen ab. Sollten sie scheitern, geht der VP-Chef von »bis zu zwölf« Reststimmenmandaten aus* (OÖN 3. 9. 1999, 2)

Resultat- -resultat CH (produktives Grund- oder Bestimmungswort in Zus.): ›ein (sportliches) Ergebnis betreffend‹, z. B. Bestresultat, ↗Endresultat D, Glanzresultat, Kranzresultat (↗Kranz), Resultatdienst, ↗Resultatkosmetik, resultatmässig, Resultattabelle, Resultatübersicht, ↗Schlussresultat CH LUX, Sportresultat, Suchresultat: *Topaktuell ist die Resultatübersicht. Viertelstündlich wird das Renngeschehen auf den Etappen aufgelistet* (Blick 7. 6. 2000, 16); *Die aktuellen Sportresultate werden im Anschluss an die Nachrichten … zusammengefasst* (Blick 28. 12. 1999, 26) – Das Substantiv *Resultat* ist gemeindt., wird aber in CH viel häufiger verwendet, vor allem im Sport. Entsprechend häufiger gibt es auch Zus.

Resultatkosmetik CH die; –, ohne Plur.: ↗Ergebniskosmetik D ›Verbesserung eines Zahlenverhältnisses (z. B. Tore im Sport oder Stimmen bei Wahlen) ohne Auswirkungen auf das Endergebnis‹: *Der Anschlusstreffer der Gäste auf Penalty zum 2:1-Endstand war bloss noch Resultatkosmetik* (TA 14. 11. 2000, 52) – Vgl. Resultat- -resultat-

retablieren CH sw.V./hat: ›wiederherstellen, in Ordnung bringen (von Ausrüstung)‹: *Sowohl in Rorschach wie auch in Horn wurde das Material der Feuerwehr (Schläuche, Pumpen usw.) grösstenteils bereits retabliert* (St. Galler Tagbl 7. 7. 1999, Internet)

Reto CH: ⟨aus rätorom. *Reto, Räto* ›der Räte, Rätoromane‹⟩: männl. Vorname: *Der Buchautor begleitet Reto auf einer geheimnisvollen Reise* (Jaeggi, Schritte im Kopf 7) – Wird auf der ersten Silbe betont, regional unterschiedlich mit Kurz- oder Langvokal

retour A CH Adv. [re'tu:ɐ̯ A, 'rœtu:r, 'rɛtu:r CH] ⟨frz.⟩: ›zurück‹: *Falls unzustellbar, bitte (mit neuer Anschrift) retour* (Mocca 29/1997, 32; A); *Als ich sah, dass der Geldtransporter schon im Hof war, wollte ich retour. Doch das ging nicht, weil hinter uns ein anderer Wagen aufgeschlossen hatte* (Blick 19. 10. 1999, 11; CH); ***hin und retour** A; ***retour** CH ›hin und zurück‹: *Abfahrt von Bratislava Busbahnhof nach Flughafen Wien; Fahrpreis einfach öS 100.-; Fahrpreis hin und retour öS 180.-* (Flughafen Wien AG, 2000, Internet; A); *599 Franken kostet jetzt ein Swissair-Flug Zürich-New York retour* (Blick 6. 10. 1999, 5; CH) – In D veraltet – Vgl. retour-, Retour- – Dazu: ↗**retournieren**

retour- A CH [re'tu:ɐ̯… A, 'rœtu:r…, 'rɛtu:r… CH] (produktiver Wortbestandteil in Zus.): ›zurück-‹, z. B. retourfahren, retourgeben, retoursenden, retourschicken: *Bitte senden Sie die unterschriebenen Bögen an obige Adresse bis Ende August retour* (Kirche intern 8/1995, 49; A); *Du bekommst gleich alles retour* (Benvenuti, Harter Stoff 97; A); *Die anderen Spieler sollten auf dem Rasen halt auch mal das Maul aufreissen und Smajic retourgeben. Aber das macht ja niemand!* (Blick 19. 9. 1995, 20; CH) – Vgl. retour, Retour-

Retour- A CH [re'tu:ɐ̯… A, 'rœtu:r…, 'rɛtu:r… CH] (produktiver Wortbestandteil in Zus.): ›Rück-‹, z. B. Retourbillett (↗Billett) CH, Retourcouvert (↗Couvert) CH, Retourfahrkarte, Retourfahrt, Retourflasche CH, ↗Retourgeld, Retourkarte A, Retourkuvert (↗Kuvert), Retourkampf A, Retourmatch (↗Match), Retourpartie (↗Partie), Retourreise CH, Retoursendung, Retourspiel A, Retourstrecke CH, Retourtarif CH, Retourticket, Retourweg: *Nur über die Straße musste man gehen, beziehungsweise am Retourweg stolpern* (Frank, Kommissar 15; A); *Eine stundenlange Retourfahrt stand uns noch bevor* (Hürlimann, Schweizerreise 102; CH) – Vgl. retour, retour-

Retourgang A CH, der; -(e)s, …gänge [re'tu:ɐ̯… A, 'rœtu:r…, 'rɛtu:r… CH] ⟨aus frz. *retour* ›zurück‹⟩: ›Rückwärtsgang‹: *Mit dem Retourgang fährt man einige Meter ins tiefere Wasser, ehe man losfährt* (Hausboot Böckl, 2004, Internet; A); *Und dem obersten Post-Boss verleihen wir das »gelbe, sprich goldene Trikot« einer total »abverheiten« Tour de Suisse im Retourgang* (Bund 31. 7. 1999, 7; CH) Vgl. retour, retour-, Retour-

Retourgeld A CH das; -(e)s, ohne Plur. [re'tu:ɐ̯... A, 'rœtu:r..., 'rɛtu:r... CH] ⟨aus frz. *retour* ›zurück‹⟩: ↗HERAUSGELD CH ›Wechselgeld‹: *Als der Trafikant Alfred S. (35) aus Wr. Neustadt die Kassenlade öffnete, um das Retourgeld herauszunehmen, bedrohte ihn der Jugendliche mit einer Gasspraydose* (Badener Ztg 19. 3. 1998, 4; A); *Auf dem Landbier (6 Fr.) war ein Flaschendepot, damit die Kinderchen auch noch für einen Franken Retourgeld anstehen durften* (Biwidus, 1998, Internet; CH) – Vgl. retour, retour-, Retour-

retournieren A CH sw.V./hat [retuɐ̯'ni:rən A, rœtʊr'ni:rən, rɛtʊr'ni:rən CH] ⟨aus frz. *retourner* ›umkehren‹⟩: ›zurückgeben, zurückschicken‹: *Der Beschenkte retourniert uns die ausgefüllte Anmeldung, und wir schicken ihm sein angemeldetes Handy mit Telefonnummer per Post!* (News 23. 12. 1997, 2; A); *Alle in diesen Gebieten Wohnhaften erhalten in diesen Tagen Personen- und Haushaltfragebogen, welche sie innerhalb einer Woche ausgefüllt retournieren sollten* (Bund 9. 9. 1998, 23; CH) – Die Verwendungen im Bereich Sport bzw. Wirtschaft in den Bedeutungen ›einen Ball zurückschlagen‹ bzw. ›eine Ware zurückschicken‹ sind gemeindt. Vgl. retour

Rettung A die; –, ohne Plur.: **1.** kurz für *Rettungsdienst:* ↗SANITÄT CH, ↗SAMU LUX ›Organisation zur Durchführung von Krankentransporten, erster Hilfe etc.; Ambulanzdienst, Sanitätsdienst‹: *Eine Person, die den LKW mit brennenden Hinterreifen sah, alarmierte Gendarmerie und Rettung, aber es war schon zu spät* (Neue Wochenschau 11. 8. 1999, 11). **2.** ↗AMBULANZ CH D-südost STIR, ↗UNFALLWAGEN D ›Einsatzfahrzeug zum Transport von Verletzten oder Kranken in die Klinik; Krankenwagen, Rettungswagen‹: *Ist der Halsschlagaderpuls weiterhin nicht tastbar, müssen Beatmung und Herzmassage bis zum Eintreffen der Rettung weiter durchgeführt werden* (ÖRK, Erste Hilfe 6/1997, 35) – Zu 1.: Die Vollform *Rettungsdienst* ist in A selten. Die Bedeutung ›das Retten, das Gerettetsein‹ ist gemeindt. – Zu 1.: **Bergrettung,** ↗**Flugrettung,** ↗**Rettungshubschrauber** A D. Zu 2.: **Rettungsauto, Rettungsfahrer(in), Rettungszille** (↗Zille)

Rettungshelikopter CH LUX der; -s, –: ↗NOTARZTHUBSCHRAUBER A, ↗RETTUNGSHUBSCHRAUBER A D ›Helikopter für Rettungseinsätze bei Unfällen‹: *Wie die Kantonspolizei mitteilte, musste der Verletzte von der Berufsfeuerwehr Zürich geborgen und mit dem Rettungshelikopter ins Spital geflogen werden* (TA 15. 12. 1999, 25; CH); *In der Nähe der medizinischen Abteilung befindet sich ein Landeplatz für den Rettungshelikopter* (de Letzebuerger Pompjee 2/2002, Internet; LUX)

Rettungshubschrauber A D der; -s, –: ↗NOTARZTHUBSCHRAUBER A, ↗RETTUNGSHELIKOPTER CH LUX ›Helikopter für Rettungseinsätze bei Unfällen‹: *Franz H. wurde mit dem Rettungshubschrauber Martin II in das Wagner-Jauregg-Krankenhaus nach Linz geflogen* (Kremstaler Rundschau 19. 3. 1998, 13; A); *Der vom ADAC betriebene Rettungshubschrauber startet im Notfall auch nachts* (Spiegel 8. 7. 2001, Internet; D) – Vgl. Flugrettung, Hubschrauber, Rettung – Dazu: **Rettungshubschraubereinsatz**

Rettungsring D der; -(e)s, -e (scherzh., Grenzfall des Standards): ↗SCHWIMMREIFEN A, ↗PIRELLI CH, ↗SCHWIMMRING CH D-ost ›Fettpolster am Bauch‹: *Der Rettungsring ist alles andere als das: Das Bauchfett signalisiert oft einen hohen Cholesterinspiegel oder Bluthochdruck und kann zu Diabetes und Herzleiden führen* (Ärzte Ztg 9. 10. 1997, Internet) – Die Bedeutung ›Schwimmkörper, an dem sich Ertrinkende festhalten können‹ ist gemeindt.

Rettungswagen (gemeindt.): ↗AMBULANZ, ↗RETTUNG, ↗UNFALLWAGEN

reversieren A sw.V./hat ⟨zu frz. *reverser* ›umkehren‹ aus spätlat. *reversare* ›umdrehen, rückwärts wenden‹⟩: ↗ZURÜCKSETZEN D ›ein Fahrzeug wenden, mit einem Fahrzeug rückwärts fahren‹: *Ein Kraftfahrer hatte mit seinem Lkw-Zug die doppelte Sperrlinie überfahren, um zu einem auf der gegenüberliegenden Straßenseite liegenden Parkplatz zu gelangen und musste dabei nochmals reversieren* (TT 8./9. 11. 1997, 36)

revidieren sw.V./hat ⟨zu mlat. *revidere* ›prüfend einsehen‹, aus lat. *revidere* ›wieder hinsehen‹⟩: **1.** CH ›(eine Maschine) reparieren, überholen‹: *Es waren hundert »Harvards«, die alle weniger als zweihundert Flugstunden hinter sich hatten und deren Motoren total revidiert waren* (Diggelmann, Verhör 87). **2.** CH D-nord/mittelwest; ↗NOVELLIEREN A D ›ein bestehendes Gesetz ändern, erneuern, ergänzen‹: *Das per Anfang 1996 in Kraft gesetzte revidierte Eisenbahngesetz hat für den gesamten Regionalverkehr einige wichtige Elemente der Bahnreform … bereits vorgezogen* (Protokoll der Januarsession der Vereinigten Bundesversammlung, 1998, Internet; CH); *Selbst wenn das Gesetz in Zukunft nicht mehr revidiert wird, dauert es wahrscheinlich sogar noch einige Jahre länger, bis auch das letzte AKW abgeschaltet wird* (TAZ 14. 5. 2001, Internet; D-nord/mittelwest) – Andere Bedeutungen sind gemeindt. Vgl. Revision

Revier D (ohne mittelost/südost) das; -s, ohne Plur.: ↗KOHLENPOTT D, ↗RUHRPOTT D, ↗POTT D-nord/mittelwest ›Ruhrgebiet‹: *Aber das Zentrum, die Mitte, das Herz des deutschen Fußballs lag schon immer im Revier* (Spiegel-Jahreschronik 1997, 118) – Andere Bedeutungen sind gemeindt.

Revierleiter Revierleiterin D der; -s, – bzw. die; –, -nen: ↗POSTENKOMMANDANT A, ↗KOMMANDANT A

CH LUX ›Leiter(in) einer für ein bestimmtes Gebiet zuständigen Polizeidienststelle‹: *Deshalb glaubt der Revierleiter, der Täter müsse seine Opfer gekannt haben* (TAZ 4. 3. 2002, Internet)

Revision die; –, -en ⟨aus mlat. *revisio* ›Wiederdurchsicht‹⟩: **1.** CH ›Überholen, Reparieren, Sanieren (von Bauten, Strassen, technischen Anlagen etc.)‹: *Nach Plan dauert die Revision zirka zwei Jahre, bevor die Maschine in die angestammte Heimat zurückkehren wird* (Dampfbahn Furka, 2001, Internet). **2.** D; ↗EINSCHAU A ›behördliche Kontrolle; Überprüfung‹: *Bei der Revision von Block B des Atomkraftwerks Biblis sind Schadstellen an der Edelstahlauskleidung des Reaktorkühlkreislaufes entdeckt worden* (Frankfurter Rundschau 17. 10. 2001, Internet). **3.** CH D; ↗NOVELLE A D ›Abänderung bzw. Ergänzung durch Nachtrag (eines bereits bestehenden Gesetzes oder der Verfassung)‹: *In der Schweiz steht nicht nur das Umweltschutzgesetz in Vorbereitung, sondern das Kranken- und Unfallversicherungsgesetz (KUVG) befindet sich in Revision und das Arbeitsgesetz (ArG) soll abgeändert werden* (Gasche, Bauern 179; CH); *Am kommenden Donnerstag beginnt in Magdeburg die zweitägige Verkehrsminister-Konferenz; dort soll der Fahrplan für die Revision des Gesetzes festgezurrt werden* (Bund für Umwelt und Naturschutz 14. 4. 1998, Internet; D). **4.** A D ›Rechtsmittel gegen ein [Berufungs]urteil‹: *Das Urteil ist nicht rechtskräftig. Die ordentliche Revision an den OGH wurde zugelassen* (Konsument 3/2000, Internet; A); *Der Bundesgerichtshof (BGH) hat Ewalds Revision gegen ein Urteil des Landgerichts Berlin als unbegründet verworfen* (Deutsche Presse-Agentur 17. 9. 2001, Internet; D) – Zu 1.: In A und D fachsprachlich und selten. Die Bedeutungen ›Änderung, Wandel, Wechsel (einer Haltung, Meinung o. Ä.)‹, ›Kontrolle von Geschäftsbüchern, einer Kasse‹ sowie die fachsprachliche Verwendung im Bereich Druckwesen sind gemeindt. Vgl. revidieren – Zu 1.: **Generalrevision, Revisionsarbeiten,** ↗**Totalrevision.** Zu 3.: **AHV-Revision** (↗AHV) CH, **Asylgesetzrevision, Besoldungsrevision, Gesamtrevision, Gesetzesrevision, IV-Revision** (↗IV) CH, **Partialrevision, Revisionsentwurf, Revisionsstelle, Revisionsvorlage** (↗Vorlage) CH, **Tarifrevision,** ↗**Teilrevision** CH, ↗**Totalrevision** CH

Revisor Revisorin der; -s, -en bzw. die; –, -nen: **1.** A D ›Person, die innerbetriebliche Abläufe kontrolliert‹: *Der interne Revisor ist nicht nur Kontrollor und Prüfer, sondern immer mehr auch Berater für Verwaltungsinnovation* (Bundesministerium für öffentliche Leistung und Sport, Strategiekonzept, 9/1998, Internet; A); *Ein grauhaariger Revisor in Zivil liest über den Rand seiner Brille hinweg mit* (TAZ 24. 2. 2002, Internet; D). **2.** CH kurz für ↗*Bücherrevisor* und ↗*Rechnungsrevisor:* ↗BUCHPRÜFER A D, ↗RECHNUNGSPRÜFER A D, ↗BÜCHEREXPERTE CH ›Wirtschaftsprüfer(in)‹: *[Für wichtige Entscheidungen] ist der Trägerverein zuständig, dessen Buchhaltung durch staatlich anerkannte Revisoren kontrolliert wird* (NLZ 8. 9. 2001, Internet). **3.** CH kurz für ↗*Rechnungsrevisor:* ›ehrenamtlicher [Laien]wirtschaftsprüfer bzw. ehrenamtliche [Laien]wirtschaftsprüferin in einem Verein‹: *Zugestimmt wurde auch einem Antrag der beiden Revisoren Fred W. und Hans Ulrich S., die Entschädigung des Vorstandes mit einer bescheidenen Erhöhung den heutigen Gegebenheiten anzupassen* (Werdenberger & Obertoggenburger 25. 3. 1993, 7). **4.** STIR kurz für ↗*Rechnungsrevisor:* ›für eine bestimmte Amtszeit ernannte Person, die in der öffentlichen Verwaltung als Wirtschaftsprüfer(in) fungiert‹: *Im Rathaus von Innichen wird diese Aussage dahingehend korrigiert, als die Gemeindeverwaltung die im Gemeinderat gewählten Revisoren der Fraktionsverwaltung mitteilt, nicht aber jeden einzelnen Revisor von seiner erfolgten Wahl informiert* (Dolomiten 13. 1. 1999, 26). – Zu 2. und 3.: In STIR selten – Zu 2.: **Revisorat,** ↗**Steuerrevisor(in).** Zu 3.: **Revisorenamt,** ↗**Revisorenbericht**

Revisorenbericht CH der; -(e)s, -e: ↗KASSENPRÜFUNGSBERICHT D, ↗RECHNUNGSPRÜFUNGSBERICHT D ›Bericht der ↗Revisoren über die Buchführung (einer Körperschaft); Rechnungsbericht‹: *»1999 werden wir die Finanzen wieder in den Griff bekommen«, versprach der Kassier. Rechnung und Revisorenbericht wurden einstimmig genehmigt* (St. Galler Tagbl 10. 2. 1999, Internet)

revitalisieren A sw.V./hat ⟨aus lat. *re-* ›wieder‹ und lat. *vita* ›Leben‹⟩: ↗ADAPTIEREN A, ↗ASSANIEREN A, ↗GENERALSANIEREN A D ›von Grund auf erneuern, renovieren, wieder in Stand setzen; sanieren‹ (meist in Inseraten): *Fünf revitalisierte, frei finanzierte Eigentumswohnungen, vis à vis Augarten* (Besser Wohnen 1/1998, 54) – Die Verwendung im Bereich Medizin ist gemeindt. – Dazu: **Revitalisierung**

Rezepisse A die; –, -n [...'pɪs] ⟨aus lat. *recepisse* Inf. Perf. zu *recipere* ›aufnehmen‹⟩ (formell, veraltend, Post): ›Empfangsbestätigung‹: *L. schrieb an die Landesregierung und Direktor K. je einen rekommandierten Brief mit Retour-Rezepisse, dass die Ausführung des Wirtschaftsplanes von anderer Seite nicht gestattet werden sollte* (Sab-Journal 16. 6. 1999, Internet) – In D Neutrum (das; -(s), -) und veraltet

Rezeption A D die; –, -en ⟨aus lat. *receptio* ›Aufnahme‹ über frz. *réception* ›Empfang‹⟩: ↗RECEPTION A CH ›Empfangsbüro [eines Hotels]; Empfang‹: *Im Haupthaus sind Rezeption, ein Kinderspielraum, eine Dampfsauna sowie Waschmaschine und Wäschetrockner untergebracht* (OÖN 21. 9. 2001, Internet; A); *Im Sporthotel Barsinghausen ist viel Bewegung. Vor allem* *an der Rezeption* (FAZ 10. 10. 1997, 38; D) – Dazu: ↗**Rezeptionist(in)**

Rezeptionist Rezeptionistin A D der; -en, -en bzw. die; –, -nen: ↗RECEPTIONIST A CH ›Person, die im Empfangsbüro [eines Hotels] arbeitet‹: *Masseurin, Rezeptionistin, Zahntechnikerin gelten als Arbeiter ..., der Polier ist Angestellter* (Profil 30. 3. 1998, 24; A); *Am Ende dieses Trainings werden Sie Ihr Praktikum als Rezeptionist bzw. Rezeptionistin in einem unserer Etablissements in den Alpen ... fortsetzen* (Wirtschaftswoche 18. 7. 2002, Internet; D) – Vgl. Rezeption

rezyklieren CH sw.V./hat: ↗RECYCELN D, ↗RECYKLIEREN LUX ›wiederaufbereiten, recyclen‹: *Nachhaltig leben heisst, nicht-nachwachsende Rohstoffe zu rezyklieren* (BaZ 13. 1. 1999, Internet) – Auch in der Schreibung *recyclieren* – Dazu: **recyklierbar, Recyklierung**

Rheinanke siehe Reinanke

Rheinstadt CH die; –, ohne Plur. ⟨nach dem Fluss *Rhein*, an dessen Ufern Basel liegt⟩: ›Stadt Basel‹: *Um die riesige Nachfrage nach grossen Wohnungen zu befriedigen, behelfen sich die Verwaltungen in der Rheinstadt mit anderen Massnahmen* (Bund 25. 2. 2001, 76) – Andere am Rhein liegende Schweizer Städte werden nur selten so bezeichnet

Rhonestadt CH die; –, ohne Plur. ⟨nach dem Fluss *Rhone*, an dessen Ausfluss aus dem Genfersee die Stadt liegt⟩: ↗CALVINSTADT CH ›Genf‹: *Nachdem das Genfer Stimmvolk am 20. Dezember eine tief greifende Sanierung der Kantonsfinanzen wuchtig abgelehnt hatte, herrscht in der Rhonestadt Katzenjammer* (Blick 30. 12. 1998, 5) – Andere an der *Rhone* liegende Schweizer Städte werden nur selten so bezeichnet

Ribel LIE der; -s, ohne Plur.: siehe Riebel

Ribisel A (ohne Vbg.) die; –, -n ⟨aus ital. *ribes*, zu einem arab. Pflanzennamen⟩: ↗JOHANNISBEERE A-west (Vbg.) CH D /in kleinen Trauben wachsende Beerenfrucht/: *... die Beeren sind nicht zu freiem Genuss bestimmt, Himbeeren, ein paar letzte Erdbeeren, Stachelbeeren, rote und schwarze Ribisel, an den schwarzen vergreift sich das Kind* (Soria, Leben zwischen den Seiten 72) – Ursprünglich nur für die roten, heute auch für die schwarzen Beeren gebräuchlich – Dazu: **Ribiselfleck** (↗Fleck), **Ribiselkuchen, Ribiselmarmelade** (↗Marmelade), **Ribiselsaft, Ribiselschnitte** (↗Schnitte), **Ribiselstaude** (↗Staude), **Ribiselstrauch, Ribiselwein**

Ribl A-west (Vbg.) der; -s, ohne Plur.: siehe Riebel

Ribler STIR der; -s, ohne Plur.: siehe Riebler

Richtbaum D der; -(e)s, ...bäume: ↗FIRSTBAUM A, ↗GLEICHENBAUM A, ↗AUFRICHTEBÄUMCHEN CH ›beim ↗Richtfest auf den Dachfirst gestelltes, mit bunten Bändern geschmücktes Bäumchen‹: *Auf das Dach des Gebäudes wurde der Richtbaum gesetzt, der Polier trug den Richtspruch vor* (Morgenweb 28. 4. 2002, Internet) – Vgl. Richtkranz

richten sw.V./hat: **1.** A CH D-süd; ↗ZUSAMMENRICHTEN D-südost ›reparieren, in Stand setzen, (die Frisur, Kleider etc.) in Ordnung bringen‹: *Am gescheitesten wär's halt, dachte sich Wurglawez, wenn der Sepp selber zum Mechaniker fährt und das Getriebe richten lässt* (Scharang, Sohn eines Landarbeiters 37; A); *A. hatte sich zu diesem Gang zur Einwohnerkontrolle ihres Wohnkreises mit Freude aufgemacht, hatte sich auch nett gerichtet* (Wyss, Mutters Geburtstag 62; CH). **2.** A CH D-süd ›etw. durch vorbereitende Maßnahmen in einen solchen Zustand bringen, dass es benutzt werden kann; (Zimmer für Gäste, Kleider für den nächsten Tag [für eine andere Person]) vorbereiten‹: *Sonnenschein oder Wettersturz? Wo geht's lang? Ist mein Bett auf der Hütte schon gerichtet? Der Alpenverein informiert Sie* (Alpenverein, 2000, Internet; A); *Nur das Bettchen richtete sie, kaufte karierten Stoff für das Kleiekissen, ein ganz flaches, denn auf harter Kleie soll der Kopf des Säuglings die richtige Form annehmen, sollen die Ohren nicht abstehen bei regelmässigem Wenden des Kindes* (Wyss, Mutters Geburtstag 44; CH). **3.** A CH D-süd; ↗ZURECHTMACHEN CH D-nord/mittel ›(Essen) zubereiten‹: *Und was glaubst, wer dir jetzt noch was richtet?* (Scharang, Sohn eines Landarbeiters 62; A); *Das Frühstück war schon gerichtet, als wir uns zu Tisch setzten* (Schultagebuch Oberstufe Mittelrheintal, 2000, Internet; CH). **4.** A CH ›(eine Uhr) auf die richtige Zeit stellen‹: *Ich richtete sie später nach dem Glockenschlag* (Rosei, Edgar Allan 47; A); *Auf die gleiche Weise lässt sich ... die Uhr anhand eines Zeitsignals richten* (ASULAB 7. 4. 2003, Internet; CH). **5. *es sich richten** A D-südwest ›dafür sorgen, dass etw. im gewünschten Sinn passiert; das Beste für sich aus einer Situation herausholen‹: *Er kritisierte, dass die Pensionsreform nach der Methode »Hinter uns die Sintflut« zustande gekommen sei: »Die D.s im Beamtenbereich haben sich's gerichtet, die Politiker ebenfalls«* (Kurier 5. 11. 1997, 3; A) – Andere Bedeutungen sind gemeindt.

Richteramtsanwärter Richteramtsanwärterin A der; -s, – bzw. die; –, -nen: ↗ASSESSOR D ›Person, die nach dem Studium der Rechtswissenschaften und einem Praxisjahr bei Gericht zu einer Prüfung antreten darf, die bei erfolgreicher Absolvierung zum Richteramt berechtigt‹: *Etwa fünfzig Richter, Staatsanwälte und Richteramtsanwärter haben sich für das Seminar ... bereits angemeldet* (VN 22. 5. 1999, B 2) – Abk. RAA

Richtfest D das; -(e)s, -e: ↗DACHGLEICHE A, ↗FIRSTFEIER A, ↗GLEICHENFEIER A, ↗AUFRICHTE CH

›Fest, das ein(e) Bauherr(in) mit den Handwerkern und Bauarbeitern anlässlich der Fertigstellung des Rohbaus feiert‹: *Beim Richtfest auf dem Meidericher Bahnhofsvorplatz nutzte fast die Hälfte der 8000 Besucher die Chance, sich ein Bild vom Fortgang der Bauarbeiten ... zu machen* (WAZ 20. 10. 1997, 11) – In CH selten

Richtkranz D der; -es, ...kränze: ›anlässlich eines ↗Richtfests aufgehängter, mit bunten Bändern geschmückter Kranz‹: *Der Richtkranz mit den Bändern in Hamburgs Farben Rot und Weiß schwebt über der Süllberg-Baustelle* (Welt 20. 5. 2000, Internet) – Vgl. Richtbaum

Richtplan CH der; -(e)s, ...pläne: ›Plan, der die Entscheidungen von Bund, ↗Kantonen und Gemeinden bezüglich der ↗Überbauung von Flächen koordiniert‹: *Die bereits im Richtplan eingetragene Unterquerung ist in der Stadtplanung und im Gemeinderat schon seit Jahren ein Thema und gehört zu den Legislaturzielen des abtretenden Bauvorstehers Heiri V.* (TA 27. 10. 1999, 23) – Dazu: **Richtplanung**

Richtungsanzeiger CH der; -s, –: ↗BLINKLEUCHTE A D, ↗FAHRTRICHTUNGSANZEIGER A D, ↗RICHTUNGSBLINKER CH ›Blinklicht an Fahrzeugen, mit dem Richtungsänderungen und Spurwechsel angezeigt werden; Blinker‹: *Tatsächlich ist der gelbe Tramblinker schwierig zu verstehen. Auf offener Strecke dient er als Richtungsanzeiger, den Automobilisten allerdings meist übersehen und zur Strafe die scharfe Klingel kriegen* (TA 27. 10. 1998, 17) – In A und D selten

Richtungsblinker CH der; -s, –: ↗BLINKLEUCHTE A D, ↗FAHRTRICHTUNGSANZEIGER A D, ↗RICHTUNGSANZEIGER CH ›Blinklicht an Fahrzeugen, mit dem Richtungsänderungen und Spurwechsel angezeigt werden; Blinker‹: *Bei der Einfahrt in die Autobahn muss der Richtungsblinker betätigt werden* (Theorieprüfung für Motorfahrzeugführer 250)

Richtwaage D die; –, -n: ›Wasserwaage‹: *Für Längen über 1600 mm werden neben der Richtwaage auch oft optische Verfahren angewendet* (TU Hamburg-Harburg, 2002, Internet)

Riebeisen siehe Reibeisen

Riebel der; -s, ohne Plur.: **1.** A-west (Vbg.) LIE ›Süßspeise aus Grieß [und Maismehl sowie Kirschen], der in kochende Milch eingerührt wird‹: *Riebel zum Frühstück, Apfelküchle und ein Mehlschmarren zum Nachtisch sind noch immer Favoriten der Vorarlberger Hausfrauen* (VN 2. 9. 1999, Heimat/Bregenz 25; A-west); *Das Gerede über die alten Zeiten. Die so fern sind vom wirklichen Leben wie ... der Rebel vom Big Mäc* (Ospelt, Kaiser 4; LIE). **2.** STIR siehe Riebler – Zu 1.: In A-west (Vbg.) auch in den Schreibungen *Riebl* und *Ribl.* In LIE auch in den Schreibungen *Ribel* und *Rebel* – Zu 1.: **Ribelmehl, Ribelschüssel, Türkenriebel** (↗Türken) A-west/südost LIE

Riebele D-südwest das; -s, –: ↗SCHERZ A D-südost, ↗SCHERZEL A (ohne Vbg.) D-südost, ↗KANTEN D-nord/mittel, ↗KAPPE D-nordwest, ↗KIPF D-südost, ↗KNÄPPCHEN D-mittelwest, ↗KNÄUSLE D-südwest, ↗KNUST D-nord, ↗KRÜSTCHEN D-mittelwest, ↗RANFT D-ost ›Anschnitt oder Endstück eines Brotlaibes‹: *Der Anschnitt vom Brot heißt Riebele oder Knäusle* (Universität Ulm 1. 6. 2001, Internet)

Riebl A-west (Vbg.) STIR der; -s, ohne Plur.: siehe Riebel bzw. Riebler

Riebler STIR der; -s, ohne Plur.: ›Speise aus Mehl, Fett, Milch [und anderen Zutaten]‹: *Schwarzplenten (Buchweizen) stand früher jeden Tag als Mus, Riebler, Knödel oder Pultn auf dem kargen bäuerlichen Esstisch* (Dolomiten 21. 10. 1999, 39); ***schwarzplentene Riebler** ›Speise aus Mehl, Fett, Milch und Buchweizen‹: *Gaumenfreuden wie Saure Suppe, Gerst- und Gulaschsuppe ... gehören ebenso dazu wie Schlutzer, schwarzplentener Riebler* (Dolomiten 19. 8. 1999, 23) – Je nach Tälern in unterschiedlichen Rezepturen. Seltener auch in der Schreibung *Ribler,* im Vinschgau nur in den Formen *Riebel* und *Riebl* – Dazu: **Türkenriebler** (↗Türken)

Ried: 1. A-ost die; –, -e(n); ↗WEINGARTEN A D-mittelost/süd, ↗REBBERG CH, ↗REBHANG CH D-mittelost/südwest, ↗WINGERT D-mittelwest/südwest, ↗WEINACKER STIR ›Wirtschaftsgrundstück [auf dem Wein angebaut wird]; Weinberg‹: *Auf den zerwühlten Feldern und Weinrieden Moors, auf leeren Güterwegen und ... morastigen Wiesen überlagerten und durchkreuzten sich in diesem ersten Jahr die Besatzungszonen sechs verschiedener Armeen* (Ransmayr, Morbus Kitahara 15). **2.** D (ohne mittelost/südost) das; -(e)s, -e; ↗REET D-nord ›Schilfgras‹: *Am Niederrhein hat das Dachdecken mit »Ried«, niederdeutsch »Reet«, eine lange Tradition* (Gemeinde Herongen 16. 8. 2001, Internet) – Zu 1.: Auch in der Form *Riede* (die; –, -n). Die Bedeutung ›sumpfiges [schilfbewachsenes] Gebiet‹ ist gemeindt. – Zu 1.: **Weinried**

Rieddeckel A der; -s, – (Plur. ungebräuchl., Küche): ›im Rippenbereich hinter der Schulter liegender Fleischteil des Rindes, der besonders als Suppenfleisch verwendet wird‹: *Ich mach' Ihnen alles, was Sie wollen, nur kein' Tafelspitz, denn Schulterscherzl, Kavalierspitz, Kruspelspitz, Rieddeckel sind viel gschmackiger* (Standard 11. 3. 1995, Internet)

Riede A-ost die; –, -n: siehe Ried

Riedel A (ohne west) der; -s, – (Grenzfall des Standards): ↗BÜHEL A, ↗HUBEL CH, ↗BUCKEL D-süd

›Hügel‹: *Als Holl hinter Moritz in den Schlag fahren musste, fuhr er den Bauknecht auf den Riedel, weil ihn das Pferd einfach hinzog, wohin es gerade wollte* (Innerhofer, Schöne Tage 16) – Die Bedeutung ›[lang gestreckte] Bodenerhebung [zwischen zwei Tälern]‹ ist fachsprachlich gemeindt. – Dazu: **Riedellandschaft**

Riedhiefel A-ost das; -s, – /die; –, -n (Plur. ungebräuchl.): siehe Riedhüfel

Riedhüfel A das; -s, – /die; –, -n (Plur. ungebräuchl.): ›zum Kochen geeigneter, unterhalb des ↗Lungenbratens gelegener Fleischteil aus dem Bauchbereich des Rindes‹: *Die ... Riedhüfel ist ein ausgesprochenes Siedefleisch* (Plachutta, Gute Küche 66) – Wegen uneinheitlicher Schnittführung gibt es keine direkte Entsprechung der Fleischteile. In A-ost auch in der Form *Riedhiefel*

-riege CH die; –, -n (produktives Grundwort in Zus.) ›(aufgrund von Alterskategorie oder sportlicher Disziplin gebildete) Abteilung eines Turnvereins‹, z. B. ↗Aktivriege, ↗Damenriege, Faustballriege, ↗Frauenriege, Geräteriege, Gymnastikriege, Handballriege, ↗Jugendriege, Leichtathletikriege, ↗Mädchenriege, ↗Männerriege: *Auch die Geräteriege Stettlen wurde in Belp zum »Abräumer«. Einmal Gold, zweimal Silber und einmal Bronze* (Bund 24. 11. 1998, 39) – Das Substantiv *Riege* in der Bedeutung ›Turnergruppe (im Breiten- oder Spitzensport)‹ ist gemeindt.

Riegelhaus CH das; -es, ...häuser: ↗FACHWERKHAUS A D ›Haus mit Wänden aus Balkengerüsten, deren Zwischenräume mit Steinen und Lehm oder mit Flechtwerk und Lehm gefüllt sind‹: *Goldene Getreidefelder, ein Mosaik von Wiesen und Äckern, stille Spazierwege am Flussufer, stattliche Riegelhäuser, das macht die Eigenart des Weinlandes aus* (Zürcher Bürgerbuch 129) – In CH-west auch in der Form *Rieghaus*

Rieghaus CH-west das; -es, ...häuser: siehe Riegelhaus

Rieke Rike D: ↗FRITZI A-ost, ↗FRIEDL A D-südost Kurzform der weibl. Vornamen *Henrieke* bzw. *Friderieke: Rike S. hatte bereits ihren ersten großen Auftritt im Fernsehen* (Prisma 20. 11. 2002, Internet)

Riemenparkett CH das; -(e)s, -s/-e: ›Fussboden aus schmalen, kurzen Brettern; Parkettboden‹: *Der bestehende Zementboden wurde mit einem schwimmenden Riemenparkett versehen* (HEV Zürich 1999, Internet) – In A und D fachsprachlich

Rienzstadt STIR die; –, ohne Plur. ⟨benannt nach ihrer Lage am Fluss *Rienz*⟩: ›Bruneck‹: *Bühne und Zuschauerraum in einem waren gestern die Gassen und Straßen der Rienzstadt* (Dolomiten 7. 9. 2001, Internet) – Dazu: **Rienzstädter(in)**

Riesenslalom (gemeindt.): ↗RIESENTORLAUF

Riesentorlauf A D der; -(e)s, ...läufe (Skisport): ›Riesenslalom‹: *Und die Entscheidungen im Riesentorlauf und Slalom fallen gar erst gegen fünf Uhr früh – ganz nach dem Motto: Morgenstund hat Gold im Mund* (News 6. 11. 1997, 219; A); *Ihr misslang beim Riesentorlauf auch der vorerst letzte Versuch, den Anschluss an die Weltspitze herzustellen* (WAZ 10. 1. 2000, Internet; D) – Abk. RTL. Vgl. Torlauf – Dazu: **Riesentorlaufsieger(in)**

Rigorosum ⟨aus lat. *examen rigorosum* ›strenge Prüfung‹⟩: **1.** A D das; -s, ...sen/...sa ›mündliche Abschlussprüfung bei einem ↗Doktoratsstudium‹: *Als Formalerfordernisse für den Erwerb des Doktorats waren ... eine Dissertation und die Ablegung eines Rigorosums vorgesehen* (Campus 2/1998, 26; A); *Sogar aufs Rigorosum bereiten die gekauften Helfer vor – damit der Betrug nicht auffliegt* (Welt 19. 12. 1998, Internet; D). **2.** A das; -s, ...sen ›größere mündliche Prüfung über ein medizinisches Teilgebiet während des Medizinstudiums‹: *Die elitärste aller universitären Würden erhält nur verliehen, wer ... bei allen Diplomprüfungen und Rigorosen nur die »bestmögliche Beurteilung« erhalten hat* (Profil Extra 1. 9. 1995, 64) – Zu 1.: In CH veraltet. Der Plural lautet in A und D *Rigorosen,* in D auch *Rigorosa.* Die Pluralbildung ist in D selten

Rike siehe Rieke

Rinder- D-nord/mittel (produktives Bestimmungswort in Zus.): ↗RINDS- A CH D-süd ›aus Rindfleisch oder anderen verwertbaren Teilen des Rinds bestehend‹, z. B. Rinderbraten, Rinderbrühe (↗Brühe), Rinderfilet (↗Filet), Rindergeschnetzelte (↗Geschnetzelte), Rindergulasch (↗Gulasch), Rinderroulade (↗Roulade): *Ist die zwei bis drei Zentimeter dicke Scheibe gebratenes Rinderhack saftig oder trocken?* (NRZ 12. 10. 1998, Internet)

Rindleder D das; -s, ohne Plur.: ›Rindsleder‹: *Da die Rinderhaut großflächiger als Ziegenhaut ist, kommen die Hersteller bei Rindleder meist mit weniger Nähten aus* (Firma Bikeway-Motorradbekleidung 20. 1. 2003, Internet)

Rinds- A CH D-süd (produktives Bestimmungswort in Zus.): ↗RINDER- D-nord/mittel ›aus Rindfleisch oder anderen verwertbaren Teilen des Rinds bestehend‹, z. B. Rindsbouillon (↗Bouillon) CH, Rindsbraten, Rindsfilet (↗Filet), Rindsgeschnetzelte (↗Geschnetzelte) CH, Rindsgulasch (↗Gulasch), Rindshuft (↗Huft) CH, Rindskutteln (↗Kuttel), Rindslungenbraten (↗Lungenbraten) A, Rindsroulade (↗Roulade) A D-süd, Rindsplätzli (↗Plätzli) CH, Rindsschnitzel, Rindsstotzen (↗Stotzen) CH, ↗Rindssuppe A D-südost, Rindstalg, ↗Rindsvögerl A D-südost, Rindsvoressen (↗Voressen) CH: *Bei zwei Rindsschnitzel kostete das Einwickeln gar 7,85 Schilling*

(OÖN 5. 8. 1994, 7; A); *Meine Geschmacksnerven sind aber dafür in der Lage, einwandfrei auseinander zu kennen, von welcher Tiefkühlkostfirma das Rindsgulasch oder der Germknödel auf dem Teller stammt* (Nöstlinger, Bonsai 93; A); *Nach Tortellini an Basilikum-Sauce, Salat, Rindsfilet, Teigwaren, Erbsen und Aprikosenkuchen steht noch eine kurze Video-Sitzung an* (Blick 2. 9. 1999, 20; CH); *Rindsplätzli à la minute, Schweizer Qualitätsfleisch* (Brückenbauer 3. 12. 1997, 48; CH)

Rindsleder (gemeindt.): ↗RINDLEDER

Rindssuppe A D-südost die; –, -n: ↗RINDSUPPE A, ↗BOUILLON CH D-südwest, ↗BRÜHE D, ↗SUPPE: *KLARE SUPPE D-nord/mittel ›aus Rindfleisch, Knochen [und Gemüse] gekochte Suppe‹: *Es duftet nach heißer Rindssuppe* (Kurier 7. 12. 1996, 40; A) – Die Bildung mit Fugen-s ist in A seltener als die ohne Fugen-s. Vgl. Rinds-

Rindsuppe A die; –, -n: ↗RINDSSUPPE A D-südost, ↗BOUILLON CH D-südwest, ↗BRÜHE D, ↗SUPPE: *KLARE SUPPE D-nord/mittel ›aus Rindfleisch, Knochen [und Gemüse] gekochte Suppe‹: *Eine gute Rindsuppe köchelt vor sich hin, und Rostbraten in Kräuterpanier wartet auf die Verkostung* (Welt der Frau 6/1996, 33)

Rindsvögerl A D-südost das; -s, -n: ↗ROULADE A D, ↗FLEISCHVOGEL CH ›Scheibe Rindfleisch, die mit pikanten Zutaten belegt, eingerollt und gedünstet wird‹: *Der Gasthof Gletscherblick ... vereint zeitgemäße Ansprüche mit Tradition und Qualität. Diese ist auch im kulinarischen Bereich spürbar, wenn das »Rindsvögerl nach Großmutter Art« oder das »Oberländer Kasmuas« auf den schön gedeckten Tisch kommen* (Sporthotel Holzer Kaunertal, 2000, Internet; A) – ↗*Vögerl* ist keine Kurzform zu *Rindsvögerl*, sondern zu *Kalbsvögerl*. Vgl. Rinds-

Ringelpiez D-nord/mittel der; -es, -e ⟨ursprüngl. ›lustige, anspruchslose Tanzveranstaltung‹⟩ (scherzh., Grenzfall des Standards): **1.** ›geselliges Beisammensein mit Tanz‹ (abwertend auch in der Wendung *Ringelpiez mit Anfassen*): *Drei Tage lang gab es auf Straßen und Plätzen ... pausenlosen Ringelpiez* (Spiegel-Jahreschronik 1997, 237); *Andererseits zeige die Teilnehmerzahl deutlich, dass in dem Bereich Tanz für Kinder ein riesiger Bedarf herrsche ... Ringelpietz mit Anfassen dürfte allenfalls für die Kleinsten noch witzig sein* (Cellesche Allgemeine Ztg 3. 5. 2001, Internet) **2.** ›schlecht organisierte Veranstaltung, die nicht ernst genommen wird; unproduktive Tätigkeit o. Ä.‹: *Der ewige Ringelpiez der organisierten Unverantwortlichkeit soll durchbrochen werden* (TAZ 3. 7. 2002, Internet).

Ringelspiel A das; -(e)s, -e: ↗RÖSSLISPIEL CH ›Karussell‹: *Ein Ringelspiel dreht sich, und kleine Autos und Motorräder, ein Feuerwehrwagen und ein Mini-Omnibus warten auf alle Kinder, die einsteigen möchten und mitfahren möchten* (Kurier 14. 12. 1997, Beilage 5) – In D-südost veraltet

ringhörig CH Adj.: ↗HELLHÖRIG A D ›schalldurchlässig (von Räumen, Wohnungen, Gebäuden)‹: *Weil aber der Klangkörper fehlt, tönen sie [die Instrumente] sehr leise und können so ... selbst in den ringhörigsten Wohnungen und bei lärmempfindlichsten Nachbarn problemlos gespielt werden* (Bund 28. 6. 1996, 19) – Dazu: **Ringhörigkeit**

Ringlo A-west (Tir.) D-südost die; –, -(s): ↗RINGLOTTE A, ↗REINECLAUDE CH D-südwest, ↗RENEKLODE D ›gelbe oder grüne, glatte, runde Pflaumensorte‹: *Wir führen für Sie ... Steinobst ... Marillen (Aprikosen), Datteln, ... Ringlo gelb, Ringlo rot* (Markthalle Innsbruck, 2002, Internet, A-west); *In unserer Brennerei werden Äpfel, Mirabellen ... und Zwetschgen weiterverarbeitet, gelegentlich auch Quitten und Ringlo* (Brennerei Meier/Lober 19. 10. 2000, Internet; D-südost)

Ringlotte A die; –, -n: ↗RINGLO A-west (Tir.) D-südost, ↗REINECLAUDE CH D-südwest, ↗RENEKLODE D ›gelbes oder grünes, glattes, rundes Steinobst (mit einem kleinen glatten, braunen Kern)‹: *Natürlich stärken nicht nur erwähnte Lebensmittel das Immunsystem – auch die Ringlotte tut's. Sie sollte mit Fett (z. B. Nüssen) gegessen werden, so wirkt das Carotin (Vitamin A) besser* (Presse 31. 10. 2000, Internet)

Rinne (gemeindt.): ↗KÄNNEL

Rippe: *Hohe Rippe D-nord/mittel: ↗ROSTBRATEN A, ↗HOHRÜCKEN CH, ↗HOCHRIPPE D ›Fleisch vom oberen Rücken des Rindes‹: *Gala-Menü: ... Lachsforelle gefüllt mit Zandermousse, Hohe Rippe am Knochen (rosa gebraten)* (Hotel Bargenturm, 1999, Internet) – Das Substantiv *Rippe* ist in allen anderen Verwendungen gemeindt.

Rippenstück D das; -(e)s, -e: ›Fleisch vom Rippenbereich des Kalbes, Lamms oder Schweins; Karree‹: *Das Roastbeef wird ja aus dem Rippenstück des Rindes geschnitten und sollte gut abgehangen ... sein* (Universität Bochum 31. 8. 1994, Internet) – In A und CH fachsprachlich und selten

Ripperl A D-südost das; -s, -n: ↗RIPPLE A-west (Vbg) D-südwest, ↗RIPPLI CH, ↗KASSELER: *KASSELER RIPPENSPEER D-nord/mittel ›geräuchertes ↗Rippenstück vom Schwein‹: *Alle Zutaten der Marinade vermischen, Ripperl 24 Stunden darin beizen lassen, Ripperl aus der Marinade heben, auf ein Gitter legen, dieses in eine Bratenpfanne setzen und im vorgeheizten Backrohr braten* (Kurier 3. 2. 1993, 10; A); *Außerdem bieten wir Ihnen jeden Mittwoch unser beliebtes Ripperl-Essen oder im Sommer Grillabende mit musikali-*

scher Unterhaltung an (Riedlhütte, 2000, Internet; D-südost) – Dazu: **Grillripperln, Ripperlessen, Selchripperln** (↗selchen)

Ripple A-west (Vbg) D-südwest das; -s, – (Grenzfall des Standards): ↗RIPPERL A D-südost, ↗RIPPLI CH, ↗KASSELER: *KASSELER RIPPENSPEER D-nord/mittel ›geräuchertes ↗Rippenstück vom Schwein‹: *Mit feinen Ripple, Lammkoteletts und anderen Leckereien verwöhnt er seine Gäste immer wieder* (VN 17. 6. 1999, A 12; A-west); *Schwäbische Schlachtplatte: ... Sauerkraut, ... Bratwürstle, geräucherte Ripple oder Saitenwürstle* (Schwäbische Küchenschätze, 2003, Internet; D-südwest) – Dazu: **Grillripple, Rippleessen**

Rippli CH das; -s, –: **1.** ↗ RIPPERL A D-südost, ↗RIPPLE A-west (Vbg.) D-südwest, ↗KASSELER: *KASSELER RIPPENSPEER D-nord/mittel ›geräuchertes ↗Rippenstück vom Schwein‹: *Als Gottfried ... uns noch Rippli mit Kraut spendierte, da vergass ich sogar Sylvia für diesen Abend* (Honegger, Ehemalige 32). **2.** ›Strickmuster, das abwechslungsweise aus rechts und links gestrickten Maschenzeilen besteht‹: *Es werden ebenfalls Rippli gestrickt und zusätzlich können in beliebigen Abständen Perlen eingestrickt werden* (Schulnetz Schweiz, Textiles Werken, 1999, Internet)

Risi: *Risi Bisi CH D (das): ↗ERBSENREIS A, ↗RISIPISI A, ↗RISI-PISI D ›Reis mit Erbsen [und Parmesan]‹: *Resten von gekochtem Reis eignen sich als Suppeneinlage oder für Eintopfgerichte wie »Risi Bisi«* (Coopztg 4/1999, Internet; CH); *Vegetarische Alternative: Gemüsestäbchen mit Tomatensauce und Risi Bisi* (Ratskeller Chemnitz 3. 4. 2003, Internet; D) – Häufig auch in der Schreibung *Risi-Bisi*

Risiko das; -s, Risken/-s/Risiken ⟨aus ital. *rischio*; Plur. *Risken* aus ital. Plur. *rische*⟩: Der Plural lautet in A auch *Risken*, in D auch *Risikos*, gemeindt. *Risiken: Die Außenhandelsrisken werden durch die einheitliche Währung verringert* (Kleine Ztg 15. 11. 1997, 32; A); *Oft wurden diejenigen Studenten, die Risikos auf sich nahmen, mehr belohnt als die, die das Problem einfach lösten* (OM, 2001, Internet; D)

Risikokapital (gemeindt.): ↗WAGNISKAPITAL

Risipisi A das; -(s), –: ↗ERBSENREIS A, ↗RISI BISI CH D, ↗RISI-PISI D ›Reis mit Erbsen [und Parmesan]‹: *Etwas geriebener Parmesan macht das Risipisi noch schmackhafter* (Plachutta, Gute Küche 394)

Risi-Pisi D das; -(s), –: ↗ERBSENREIS A, ↗RISIPISI A, ↗RISI BISI CH D ›Reis mit Erbsen [und Parmesan]‹: *Sie hat man »der Tafel verwiesen«, weil sie die Erbsen aus dem Risi-Pisi vom Teller in die Hosentasche geschmuggelt hat. Sie hasst Erbsen* (Evangelisch-lutherischer Büchereiring Emsland-Nord 4. 3. 2003, Internet)

Risotto der/das; -s, -(s) ⟨ital.⟩: ist in A und CH auch Neutrum, gemeindt. Maskulinum: *Kurz vor dem Servieren das Risotto mit den Orangenfilets, dem Parmesan und einigen kalten Butterflocken aufrühren* (Maxima 3/1998, 114; A); *Am Schluss des Degustationsrundganges offerieren wir ein feines Risotto* (BaZ Dreilandztg 17. 10. 1997, 2; CH)

Ritschert A-südost das/der; -s, ohne Plur.: ›Speise aus Gerstenkörnern, Hülsenfrüchten und geräuchertem Fleisch‹: *Im Saal des Gasthauses Schmid ... kann man sich nach Herzenslust bei ... einem kräftigen Ritschert stärken* (Kleine Ztg 21. 3. 1996, Internet)

Ritter: *arme Ritter D (der): ↗PAFESE A (ohne Vbg) D-südost, ↗FOTZELSCHNITTE CH ›Gericht aus in Milch eingeweichten und in Fett gebratenen Brotscheiben‹: *Zünftig-bescheiden wurde den anwesenden Honoratioren »armer Ritter«, ein Gericht aus Brotresten ... angeboten* (Junge Welt, 1998, Internet) – Das Substantiv *Ritter* ist in allen anderen Verwendungen gemeindt.

rittern A sw.V./hat (salopp): ›in einer letzten Entscheidung im Wettstreit sein; um etw. kämpfen‹: *Wie es jetzt aussieht, werden im kommenden Frühjahr drei bis fünf Kandidaten um das Amt des Bundespräsidenten rittern* (News 6. 11. 1997, 48)

Röbi CH: ↗ROBI CH Kurzform des männl. Vornamens *Robert: Einfühlsam und ohne falsches Pathos zeigte der Beitrag die unterschiedlichsten Alki-Typen. Etwa den sensiblen Tschüge, den coolen Rolf, den hilfsbereiten Röbi oder den herrlich direkten, zynischen Trinker-»Philosophen« Jack* (Blick 27. 10. 2000, 2) – Wird auf der ersten Silbe betont, regional unterschiedlich mit Kurz- oder Langvokal

Robi CH: ↗RÖBI CH Kurzform des männl. Vornamens *Robert: Robi, mein alter Freund vom Skiclub Zermatt, überrascht mich mit einem Fresspäckli: Walliser Trockenfleisch und Bergkäse* (Blick 2. 3. 2000, 2) – In A und D selten. Wird auf der ersten Silbe betont, regional unterschiedlich mit Kurz- oder Langvokal

Robidog CH der; -s, -s (Wz.): ›briefkastenähnlicher Behälter im öffentlichen Raum für die Entsorgung von Hundekot‹: *So wird den Haltern beispielsweise zum Besuch eines Erziehungskurses geraten, die Entsorgung des Kotes per Robidog und das Führen der Hunde an der Leine nahe gelegt* (St. Galler Tagbl 19. 1. 2001, Internet) – Dazu: **Robidog-Säckli** (↗Säckli)

roboten D-nordost sw.V./hat (Grenzfall des Standards): ↗HACKELN A-ost, ↗SCHÖPFEN A-südost, ↗BARABERN A-ost D-südost, ↗BUCKELN A-west D-mittelost, ↗KRAMPFEN CH, ↗KRÜPPELN CH, ↗RACKERN D, ↗ACKERN D-nord/mittel, ↗MALOCHEN D-mittelwest ›[körperlich] hart arbeiten; schuften‹: *Als radikalste Truppe ist die Jugendbereitschaft 14 ...*

durch Roboten im Urangebiet Annaberg-Buchholz verrufen (Spiegel 22. 5. 2000, Internet) – In A veraltet

Rochade CH die; –, -n [rɔʃaːdə]: ›Orts- oder Personenwechsel in bzw. von Ämtern oder Institutionen‹: *Unterstützt vom Bund, dem Kanton Schwyz und der Vereinigung der Freunde des Klosters gewann man Platz durch Rochaden. Im ehemaligen Kabiskeller befinden sich heute das Büchermagazin und der Kulturgüterschutzraum, in die Professorenbibliothek zogen die Musikalien ein* (TA 14. 11. 1998, 59); *Der Rücktritt von Richi M. als Präsident führte zu einigen Rochaden und Neubesetzungen von Ämtern* (Bote der Urschweiz 13. 1. 1997, 6) – Die Bedeutung im Bereich des Schachspiels ist gemeindt., Aussprache in A und D [rɔ'ʃaːdə], in D auch [rɔ'xaːdə]

Rock der; -(e)s, Röcke: **1.** A CH (veraltend); ↗VESTON CH, ↗KITTEL CH D-südwest, ↗JACKETT D ›Oberteil des Herrenanzugs bzw. einer Kombination zu einer anderen Hose; Sakko‹: *Sie kann dem Kind keine Antwort geben, denn sein Vater kommt vielleicht heimlich ohne Schuhe, ohne Strümpfe, mit einer geschenkten Hose und einem geschenkten Rock* (Pirch, Lerra 77; A); *Oben bei den Tischen sass Detektiv-Wachtmeister Madörin im vorgeschriebenen Sommertenue – Hemd mit Krawatte, ohne Rock – und schaute herunter* (Schneider, Flattermann 56; CH). **2.** A D; ↗KITTEL A D-südost, ↗JUPE CH ›von der Taille abwärts reichendes Kleidungsstück in unterschiedlicher Länge für Frauen und Mädchen‹: *In den Zimmern wollen Frauen große Spiegel, großzügige Ablageflächen im Bad und in den Kästen extra Kleiderbügel für Röcke* (OÖN 21. 9. 2001; A); *Der Rock hat vorn zwei kleine Taschen* (Brigitte 21/1997, 26; D). **3.** CH ›Kleid (für Frauen)‹: *Ich trug elegante Kleider, oft Jupes und Röcke, Claudia dagegen Jeans und Turnschuhe* (Bund 3. 7. 1999, 26) – Das damit nicht verwandte Wort *Rock* in der Bedeutung ›Rockmusik‹ ist gemeindt. – Zu 1.: **Rockaufschlag, Rocktasche.** Zu 2.: **Damenrock, Minirock, Reifrock**

Rockzipfel: *jmdm. am Rockzipfel hängen (gemeindt.): ↗KITTELFALTE: *JMDM. AN DER KITTELFALTE HÄNGEN

Rodel[1] A die; –, -n/A-südost D-südost der; -s, –: **1.** A D-südost; ↗RODELSCHLITTEN D ›[Kinder]schlitten‹: *Die Rodel hinter mir herziehend, muss ich noch ein gutes Stück Weges zurücklegen, die letzte Strecke kann ich wieder abfahren* (Schöpf, Ausgedingler 6; A). **2.** A kurz für ↗*Sackrodel*, ↗*Kistenrodel:* ↗SACKKARREN CH D-süd, ↗SACKKARRE D-nord/mittelwest ›zweirädriges Transportgerät mit zwei Griffen und einer kleinen Ladefläche, auf die Kisten, Säcke etc. geladen und in gekippter Lage leicht bewegt werden können‹: *Einen Lkw … mit Ladebordwand, Rodel und Übersiedelungshilfen (Gurte und Möbelwagen) zu mieten, das kann teuer werden* (Absolut-Service, 2003, Internet) – Zu 1.: In A Femininum, in A-südost auch Maskulinum, in D-südost nur Maskulinum. Die Bedeutung ›Sport-, Rennschlitten‹ ist gemeindt. – Zu 1.: **Rodelbahn,** ↗**rodeln** A D

Rodel[2] CH der; -s, Rödel ⟨aus mlat. *rotulus* m./*rotula* f. ›Schriftrolle‹⟩ (früher): ›Urkunde; Verzeichnis‹: *In der Schweiz sind früher beide »von« – ob Adelstitel oder Herkunftsverweis – in die … Kirchen- oder Pfarrbücher (Rödel) und Register eingetragen worden* (NZZ 27. 12. 1994, 19) – Kommt fast nur noch in historischen Zusammenhängen vor, auch die Zus. sind nicht mehr allgemein gebräuchlich – Dazu: **Absenzrodel, Baurodel, Bürgerrodel, Schuldenrodel, Schülerrodel, Taufrodel**

rodeln A D sw.V./ist ⟨vermutl. zu oberdt. mundartlich *rodeln* ›rollen, kugeln‹⟩: ↗SCHLITTELN CH ›Schlitten fahren‹: *Wer sucht eine Brieffreundin, die sich ihre Zeit mit Lesen, Schi und Rad fahren, Rodeln, Zeichnen, Spielen, Schwimmen etc. vertreibt?* (Weite Welt 1/1998, 23; A); *Rodeln in Bremen? Wenig Schnee, keine Gipfel – und doch jedes Jahr ein Höhepunkt* (Zeit 26. 12. 1997, 61; D) – Als Sportart und Bezeichnung der olympischen Disziplin gemeindt. Vgl. Rodel

Rodelschlitten D der; -s, –: ↗RODEL A D-südost ›[Kinder]schlitten‹: *Moonboots und Skianzüge an, und ab geht es mit dem Rodelschlitten ins Dorf* (Berliner Ztg 22. 1. 2000, Internet)

Rodonkuchen D-mittelwest der; -s, – [ro'dõː…, ro'dɔŋ…] (selten): ↗GUGELHUPF A D-süd, ↗GUGELHOPF CH D-südwest, ↗NAPFKUCHEN D-nord/mittel, ↗TOPFKUCHEN D-nord ›in einer ringförmigen, gewellten Backform gebackener Kuchen aus Rührteig‹: *Der Nachmittagskaffee unterschied sich vom Morgenkaffee, weil es dazu Rodonkuchen und Streuselkuchen gab* (Herongen, 1996, Internet)

Röggelchen D-mittelwest (bes. Köln) das; -s, –: ›kleines ↗Brötchen aus Roggenmehl‹: *Röggelchen nennen die Rheinländer ihre Spezialbrötchen mit Roggenmehl, die von dort als Roggenbrötchen ihren Weg ins bundesweite Sortiment der Bäcker gefunden haben* (Vereinigung Getreide-, Markt- und Ernährungsforschung, 2000/2001, Internet)

Rohbauland D das; -(e)s, ohne Plur.: ›Gebiet, für das bereits ein Plan zur ↗Bebauung beschlossen wurde‹: *Rohbauland: Damit werden Gebiete bezeichnet, für die schon eine Bebauung geplant ist* (Pfeifer, Hausbau 31)

Rohne A-west (Tir.)/südost die; –, -n: siehe Rahne

Rohr A D-südost das; -(e)s, -e: kurz für ↗*Backrohr:* ↗BACKOFEN CH D, ↗OFEN CH D, ↗BACKRÖHRE D-nord/mittel, ↗RÖHRE D-nord/mittel ›mit Elektrizität oder Gas betriebenes Küchengerät zum Backen und Braten‹: *Den Strudel ... im vorgeheizten Rohr bei 180 Grad ca. 20 Minuten backen* (ORF Nachlese 11/1997, 75; A) – Andere Bedeutungen sind gemeindt.

Röhre die; –, -n: **1.** D-nord/mittel: kurz für ↗*Backröhre:* ↗BACKROHR A D-südost, ↗ROHR A D-südost, ↗BACKOFEN CH D, ↗OFEN CH D ›meist mit Elektrizität oder Gas betriebenes Küchengerät zum Backen und Braten‹: *Schließlich muss, bevor der Gänsebraten des Richters aus der Röhre kommt, auch der letzte Delinquent in seine Zelle eingefahren sein* (Zeit 26. 12. 1997, 61). **2.** D-nord/mittelost (salopp); ↗KASTL A D-südost, ↗FLIMMERKASTEN D, ↗GLOTZE D ›Fernsehapparat, Flimmerkiste‹: *Noch mehr Fernsehen und Filme, noch weniger Familienleben. ... Immer nur dieser Schrott aus der Röhre, nun auch noch aufgewärmt* (-ky, Sonst ist es aus mit dir! 107). **3. *in die Röhre gucken** CH D (ohne südost) (salopp): ↗FINGER: *DURCH DIE FINGER SCHAUEN A ›Pech haben, leer ausgehen‹: *Geld für die, die bei der Swissair-Pleite in die Röhre guckten. Der Verkauf von Swissair-Material in Bassersdorf läuft super* (Blick 9. 11. 2002, 5); *Und die Introvertierten, so genial sie auch sein mögen, müssten in die Röhre gucken* (Focus 4. 8. 1997, 116; D) – Andere Bedeutungen sind gemeindt.

Roli CH: Kurzform des männl. Vornamens *Roland: Mein Freund Roli besitzt ein Salz-und-Pfeffer-Streuset, das ein berühmter Designer designt hat* (Sonntagsztg 14. 2. 1999, 101) – Wird auf der ersten Silbe betont, regional unterschiedlich mit Kurz- oder Langvokal

Rolladen (gemeindt.): ↗JALOUSIE, ↗STORE

Rollbalken A der; -s, –: ›[massiver] Rollladen [an Fenstern und Türen eines Geschäftslokals]‹: *Er zog den Rollbalken seines Geschäfts hoch* (Pirch, Lerra 87) – Die Bedeutung ›Navigationselement auf dem Computerbildschirm‹ ist gemeindt. Vgl. Balken, Fensterbalken, Jalousie

Rolle: *Rolle vorwärts/rückwärts A D (Sport): ›Purzelbaum‹ (meist in Verbindung mit dem Verb *machen*): *Wer kennt sie nicht, die vielbegabten Kinder mit musischem Talent, Kreativität, Einfallsreichtum und dem Hang zur Rolle vorwärts* (Stube, Buchtipps 4/2001, Internet; A); *Allerdings tut er das nicht, ohne vorher ... noch eine akkurate Rolle vorwärts gezeigt zu haben* (Deutsches Allgemeines Sonntagsbl 27. 8. 1999, Internet; D) – In CH fachsprachlich. Das Substantiv *Rolle* ist in allen anderen Verwendungen gemeindt.

rollen: *jmdm. rollt es die Fußnägel hoch/auf D-nord/mittel; ***jmdm. rollt es die Zehennägel hoch/auf** D-mittel/südost (Grenzfall des Standards) ›jmd. ärgert sich sehr‹: *Der Mann vergreift sich so sträflich an Klassikern wie »Dock Of The Bay« und »I Feel Good«, dass es einem die Fußnägel hochrollt* (Mannheimer Morgen 2. 5. 1991, Internet); *Gerade in Stuttgart ist die Unterbringung der gegnerischen Fans alles andere als vorbildlich. Wenn FIFA-Generalsekretär Sepp B. so etwas sehen würde, rollten sich bei ihm bestimmt die Zehennägel auf* (Frankfurter Rundschau 1. 9. 1997, 28) – Das Verb *rollen* ist in allen anderen Verwendungen gemeindt.

Roller der; -s, –: **1.** A kurz für ›Rollbraten‹ (häufig in Zus., z. B. Hirschroller, Karreeroller, Putenroller (↗Pute), ↗Selchroller, Surroller (↗Sur)): *Beim Hirsch notierte ... der Hirschroller von 180 S bis 190 S* (SN 3. 11. 2000, Internet). **2.** A D; ↗TRITTROLLER A, ↗TROTTI CH, ↗TROTTINETT CH, ↗KINDERROLLER D, ↗TRETROLLER D (ohne südwest) ›zweirädriges Fahrzeug mit Trittfläche und Lenkstange für eine Person‹: *Dreiradler, Roller oder Kinderfahrräder, kleine Holzfiguren zum Nachziehen an der Leine* (Kurier 13. 6. 1999, 17; A); *Hochstuhl, Dreirad, Holzlaufstall, Roller, Autositz u. Schaukelpferd* (WAZ 28. 10. 1997, 26; D). **3. *Harzer Roller** D siehe Harzer – Andere Bedeutungen, z. B. ›Motorroller‹, sind gemeindt.

Rollfähre A die; –, -n: ›Fähre, die an einem über den Fluss gespannten Seil befestigt ist und durch die Strömung betrieben wird‹: *Die Rollfähre zwischen Marbach und Krummnussbaum befand sich etwa in der Mitte des Stromes* (Hochgatterer, Über die Chirurgie 51)

Rollgerste A CH D-südost die; –, ohne Plur.: ↗GERSTL A D-südost, ↗GRAUPE A D (ohne südost) ›geschälte Gerstenkörner‹: *Rollgerste am Vortag in kaltem Wasser einweichen* (Gusto 11/1997, 18; A); *Eine herbstliche Krönung ist das Rehrückensteak vom Sommerbock ... auf einem Bett aus Eierschwämmen und Rollgerste* (Sonntagsztg 12. 10. 1997, 129; CH)

Rolli der; -s, -(s): **1.** CH ›Rollwagen [mit vier Rädern]‹: *Der Maurer lenkte den Rolli in den Lift und fuhr ins erste Untergeschoss* (NZZ 2. 2. 1994, 48). **2.** A D ›Pullover mit Rollkragen‹: *Bei H&M ist dann auch für Markus was dabei: ... ein anthrazitfarbener Rolli um 398 Schilling* (OÖN 7. 10. 1999, Internet; A); *Rippenrolli mit farblich abgestimmtem Mini* (Freundin 19/1997, 15; D). **3.** A D-nord/mittel (salopp, Grenzfall des Standards) ›kurz für *Rollstuhl*‹: *Das Lieblingsspiel der »Mittwochrunde« ist Basketball, bei dem natürlich auch »Fußgänger« mitmachen können, wenn sie sich in einen Rolli setzen* (OÖN 28. 7. 1998, 20; A); *Die Motive ... zeigen weitere ganz normale Leute: blonde und kurzhaarige, junge und ältere, Rolli- und Taxifahrer* (Welt 9. 1. 2001, Internet; D-nord/mittel) – Zu 1.: **Abschlepprolli, ↗Gepäckrolli.** Zu 2.: **Baumwollrolli.** Zu 3.: **Rollifahrer(in)**

Rollo (gemeindt.): ↗JALOUSIE, ↗STORE

Rollschinken (gemeindt.): ↗KASSELERROLLBRATEN, ↗SELCHROLLER

rollstuhlgängig CH Adj.: ↗ROLLSTUHLGERECHT A D ›(in der Bauweise) für Rollstuhlfahrer(innen) geeignet‹: *Neu ist das Museum rollstuhlgängig und entspricht den vom Amt für Bundesbauten … vorgebrachten Sicherheitsansprüchen* (Neues Bülacher Tagbl 4. 12. 1998, Internet)

rollstuhlgerecht A D Adj.: ↗ROLLSTUHLGÄNGIG CH ›(in der Bauweise) für Rollstuhlfahrer(innen) geeignet‹: *Die 13 Einzel- und 26 Zweibettzimmer sind komfortabel, rollstuhlgerecht und mit eigenen Sanitäreinheiten ausgestattet* (Gemeinde Pram, 1999, Internet; A); *Übersichtlich geordnet … stellt er … Ferienquartiere in ganz Deutschland vor – vom rollstuhlgerechten Bauernhof bis zum Hotel mit Pflegedienst* (Zeit 26. 12. 1997, 53; D)

Romand CH der; -s, -s [rɔmã] ⟨frz.⟩: ↗WELSCHE CH ›französischsprachiger Schweizer‹: *Der Romand hatte lediglich seine Situation sorgfältig analysiert und die Chancen … haargenau registriert* (Sport 10. 3. 1998,6) – Eine weibliche Form *Romande* ist nicht gebräuchlich – Dazu: ↗**Romandie**

Romandie CH die; –, ohne Plur. [rɔmãdi] ⟨frz.⟩: ↗WELSCHE CH, ↗WELSCHLAND CH, ↗WELSCHSCHWEIZ CH ›französischsprachige Schweiz‹: *Unbestritten ist parteiintern, dass entweder der neue Präsident oder der neue Fraktionschef aus der Romandie respektive dem Tessin stammen muss* (TA 16. 10. 1999, 8) – Vgl. Romand

Romanisch CH das; -en, ohne Plur.: ›Rätoromanisch‹: *Die vierte Landessprache, das Romanisch, wird noch von einer Minderheit in verschiedenen Bündner Tälern gesprochen* (Silvaplana Tourismus, 2002, Internet) – Das Adjektiv *romanisch* in der Bedeutung ›die aus dem Latein hervorgegangenen romanischen Sprachen betreffend‹ ist gemeindt.

Romed A-west (Tir.): ⟨lat., nach dem Märtyrer *Romedius*, gest. 540, der in Tirol besonders verehrt wurde⟩: männl. Vorname: *Es ist einer der aufregendsten Tage im Leben des Thaurer Pensionisten und Hobby-Weinbauern Romed I., der Ende April erstmals seinen eigenen Wein in Flaschen ziehen konnte* (Kurier 5. 5. 1992, 19) – Die Kurzform lautet *Medi*

Rondeau A das; -s, -s [rɔn'doː] ⟨frz. *rondeau* ›Tanzlied mit Kehrreim‹⟩: ↗RONDELLE CH ›rundes Beet oder runder Platz in einer Gartenanlage; Rondell‹: *Ein schöner Anblick ist etwa das Rondeau auf der Hasenauerstraße im 18./19. Bezirk* (Standard 7. 4. 2001, Internet) – Die Bedeutungen ›mittelalterliches Tanzlied‹ und ›mittelalterliche Gedichtform‹ sind gemeindt.

Rondell (gemeindt.): ↗RONDEAU, ↗RONDELLE

Rondelle CH die; –, -(n): **1.** ↗RONDEAU A ›runder Platz, rundes Blumenbeet, runder Innenhof; Rondell‹: *Die Elemente wurden in ihrer Strenge gemildert durch kunstvoll gestaltete Rondellen* (Jacobi, Kleefabrik 5). **2.** ↗KREISEL CH D, ↗KREISELVERKEHR CH D, ↗VERKEHRSKREISEL CH D (ohne südost), ↗VERTEILERKREIS D ›kreisförmige Regelung des Verkehrs um eine Verkehrsinsel herum; Kreisverkehr‹: *Die Autofahrer lieben die Rondelle …, weil man sie fast ohne vom Gas zu gehen durchblochen kann* (Blick 30. 5. 1996, 29). **3.** ›kreisrunde Scheibe (in der Küche aus Teig etc., im Handwerk aus Metall, Holz etc.)‹: *Nun wallt man den Blätterteig 5 mm dick zu einer etwas grösseren Rondelle aus* (BaZ 17. 10. 1997, Dreilandztg16) – Die Bedeutung ›Rundteil an einem Bauwerk‹ ist gemeindt.

rosa (gemeindt.): ↗ROSAFARBEN

rosafarben D Adj.: ›von rosaroter Farbe; rosa‹: *Mandelbäume blühen ab Mitte Januar weiß oder rosafarben* (Mallorca 6. 7. 2002, Internet) – In A und CH selten

rösch D-süd Adj.: ↗RESCH A D-süd, ↗KROSS D-nord/mittel ›knusprig‹: *Ente Grossmutter Art … rösch gebraten, fast ohne Knochen, mit Rotweinsoße, Kartoffelklöße und Rotkraut* (Zum goldenen Anker 3. 4. 2001, Internet)

Rose A die; –, -n (Plur. ungebräuchl., Küche): ↗HÜFERSCHERZEL A, ↗HUFTPLÄTZLI CH ›unterer auslaufender Teil des ↗Hüferls vom Rind‹: *Die Rose, auch Hieferscherzel genannt, wird im Ganzen gedünstet oder gekocht* (Plachutta, Gute Küche 66) – Wegen uneinheitlicher Schnittführung gibt es keine direkte Entsprechung der Fleischteile. Andere Bedeutungen sind gemeindt.

Rosenkohl CH D der; -(e)s, ohne Plur.: ↗KOHLSPROSSE A, ↗SPROSSENKOHL A ›Kohlart, die in kleinen kugelförmigen Knospen an einem hohen Stängel wächst‹: *Es ist gute Hausmannskost mit Fleisch und Gemüsebeilagen, die … angeboten wird. Beispielsweise Hackbraten mit Kartoffelstock und Rosenkohl* (Bund 15. 1. 1999, 32; CH); *Auch Nahrungsmittel wie Käse oder Rosenkohl vertragen sich nicht mit bestimmten Medikamenten* (Welt 21. 8. 1998, Internet; D)

Rosenmontag D der; -(e)s, -e: ›Montag in der Zeit des ↗Karnevals, an dem ↗Karnevalsumzüge stattfinden‹: *Lange bevor die Jecken am Rosenmontag durch die Kölner Innenstadt ziehen … tobt der Trubel schon im Internet* (Rhein-Ztg 8. 5. 2002, Internet) – In A zunehmend gebräuchlich

Rosenspitz D der; -es, -e (Küche): ↗TAFELSPITZ A D, ↗HÜFTDECKEL D-mittelwest/südwest ›in der Suppe gekochtes und in Scheiben geschnitten serviertes Rindfleisch von der Hüfte‹: *Rosenspitz ... ist die bei Rindern an das Roastbeef anschließende ... und zum Kreuzbein reichende äußere Hüftmuskulatur* (Verbraucherministerium 11. 3. 2003, Internet)

Rosenstadt die; –, ohne Plur. **1.** CH ⟨nach dem Stadtwappen, das zwei rote Rosen zeigt⟩: ›Rapperswil (SG)‹: *Über der Stadt thront das Schloss Rapperswil, wo einst die Edlen der Rosenstadt hausten* (Zürich Tourismus, 2001, Internet). **2.** D ⟨nach dem Rosenschmuck der Stadt anlässlich der Rückkehr des Herzogs von Oldenburg aus dem Exil⟩: ›Eutin‹: *Herzlich willkommen in der Rosenstadt Eutin, dem Heilklimatischen Kurort im Herzen der Holsteinischen Schweiz* (Stadt Eutin, 2001, Internet)

Rosine (gemeindt.): ↗Weinbeere, ↗Zibebe

Rosinenbrötchen D (ohne südost) das; -s, –: ›mit ↗Hefe hergestelltes süßes ↗Brötchen mit Rosinen‹: *Wir rauchen trotzig, zechen heftiger, streichen Butter auf die Rosinenbrötchen, stolzieren in Pelzen* (Rhein-Ztg 17. 12. 1996, Internet)

Rosl A D-südost: ↗Rösli CH Koseform der weibl. Vornamen *Rosa, Rosalia, Rosina: Rosl B. hat in der Hilfe für Alkohol- und Drogenkranke hervorragende persönliche Leistungen erbracht* (VN 4. 9. 2002, A 3; A) – Die Koseform *Rosi* ist gemeindt.

Rösli CH: ↗Rosl A D-südost Koseform des weibl. Vornamens *Rosa: Erst als ich am Ärmel gezupft wurde, drehte ich den Kopf schräg rückwärts und sah in die Augen von Rösli* (Honegger, Ehemalige 63); *»Oh ja, darüber wäre ich sehr froh«, versicherte ich dem Rösi* (Wenger, Rosalia 74) – Auch in der Form *Rösi*. Die Koseform *Rosi* ist gemeindt.

Ross A CH D-süd das; -es, Rosse/Rösser: ↗Rössl A D-südost, ↗Gaul D-mittel/süd ›Pferd‹: *Die bäuerlichen Wirtshäuser und Herbergen blühten, die großen Bauern und Gastwirte stellten Rösser für den Fuhrverkehr* (Pfaundler, Jungbürgerbuch 740; A); *Als Krönung der Ferienwoche gibt es dann den Tagesausflug mit Ross und Wagen* (Ponyclub 1. 4. 2003, Internet; CH); ***Ross und Reiter nennen** D ›etw., jmdn. offen nennen; deutlich sagen, wovon oder von wem die Rede ist‹: *Ist man sich seiner Sache sicher, muss man Ross und Reiter nennen* (Hamburger Abendbl 11. 1. 2001, Internet); ***jmdm. zureden wie einem kranken Ross** siehe zureden – Der Plural *Rösser* ist in CH leicht abwertend. In D gehoben oder fachsprachlich in der Landwirtschaft. Andere Redewendungen mit *Ross* sind gemeindt. – Dazu: **Rossapfel, Rossbollen** CH D-süd, **Rosshändler(in), Rosskotzen** A D-süd, ↗**Rossschwanz** A CH, ↗**Stahlross** CH D

Rössl A D-südost das; -s, -n: **1.** ↗Ross A CH D-süd, ↗Gaul D-mittel/süd ›[kleines] Pferd‹: *Hier fiel Scharfreiter Kunigunde samt Rössl in die Hohe Munde* (Land der Berge 5/1997, 3; A). **2.** ›Springer‹ /eine Schachfigur/: *Dame, Rössl und Co. stehen zu Turnierbeginn heute, Samstag, ab 17 Uhr im Cafe Isola ... im Vordergrund* (Kurier 3. 6. 2000, 15; A) – Zu 1.: **Rösslreiten**

Rösslispiel CH das; -(e)s, -e (Grenzfall des Standards): ↗Ringelspiel A ›Karussell‹: *Im Rahmen des Basars findet vor der reformierten Kirche ein Harassenklettern statt. Für Kinder wird Eselreiten, Rösslispiel und Stabpuppentheater organisiert* (Bund 10. 11. 1999, 30)

Rossschwanz A CH der; -es, ...schwänze: ›am Hinterkopf zusammengebundenes, offen herabfallendes Haar; Pferdeschwanz‹: *Die Stirnfransen flogen, der Rossschwanz lockerte sich, wirbelte ums Gesicht* (Glantschnig, Mirnock 60; A); *Die halblangen schwarzen Haare Stefanies gefielen ihr sehr, doch mit Daniels Rossschwanz könne sie nichts anfangen* (Bund 23. 1. 1999, 23; CH) – Vgl. Ross

Rost: *durch den Rost fallen A ›finanziell, sozial benachteiligt werden, indem ein Individuum, eine Gruppe, eine Institution aus irgendeinem Grund die allen zustehenden Sozialleistungen nicht erhält; durch das Netz fallen‹: *Nun besteht aber die Gefahr, dass vor allem die nicht als öffentliche Spitäler anerkannten Häuser unter ihnen finanziell durch den Rost fallen könnten* (Kirche intern 11/1996, 24) – In D selten. Das Substantiv *Rost* ist in allen anderen Verwendungen gemeindt.

Rostbraten der; -s, –: **1.** A; ↗Hohrücken CH, ↗Hochrippe D, ↗Rippe: *hohe Rippe D-nord/mittel ›fettdurchzogener, im Rippenbereich vor dem ↗Beiried liegender Fleischteil am Rücken des Rindes zum Braten oder Dünsten‹: *Englischer (Rücken) besteht aus Lungenbraten, Beiried und Rostbraten* (VN 9. 3. 2000, Heimat/Dornbirn 16). **2.** A ›zum Braten, Grillen und Dünsten geeignete Scheibe vom im Rippenbereich vor dem ↗Beiried liegenden Fleischteil am Rücken des Rindes‹: *Die Rostbraten salzen und pfeffern, auf jeder Seite ca. 7 Minuten im Olivenöl anbraten, dann herausnehmen, die Butterflocken darauf verteilen und zugedeckt warm stellen* (ORF Nachlese 9/1997, 76). **3.** D-süd; ↗Beiried A ›im Lendenbereich liegendes, von der Fortsetzung des Rückens bis zum hinteren Bein reichendes Fleischteil beim Rind, das im Ganzen als Braten oder in Scheiben zubereitet wird; Roastbeef‹: *Spitzenreiter ist und bleibt der Rostbraten, der butterzart und zartrosa aus der Pfanne hüpft* (Reutlinger General-Anzeiger 19. 12. 2000, Internet) – Wegen uneinheitlicher Schnittführung gibt es keine exakte Entsprechung der Fleischteile. Die *Hochrippe* in D ist nur der vordere Teil von *Rostbraten* (A) und *Hohrücken* (CH) – Zu 2.: **Vanillerostbraten, Zwiebelrostbraten**

Rostbratwurst D die; –, ...würste: ›auf einem Bratrost gegarte Bratwurst‹: *Bei den zahlreichen Festen ... im Thüringer Wald dürfen natürlich die Thüringer Rostbratwurst – am besten vom Tannenzapfengrill – und Kartoffelklöße nicht fehlen* (Bahntours Nostalgiereisen 1997, 19)

rösten A CH D-mittelost/süd sw.V./hat: ›(Lebensmittel in Fett) bräunend garen; braten‹: *Erdäpfel dazugeben, würzen und unter häufigem Umrühren resch rösten* (Echo 23. 9. 1998, 186; A); *Gehackte Zwiebel und Knoblauch mit dem Schweinefett goldgelb rösten* (Giger Cuisine, 2001, Internet; CH); ***geröstete Erdapfel** siehe Erdapfel – Häufig in Speisebezeichnungen, z. B. *Geröstete ↗Knödel, Geröstete Leber.* Vgl. bräteln, Gröstl, Rösti, Rösterdapfel, Röstkartoffel. Das Wort wird auf der ersten Silbe betont, in A mit Kurzvokal, in CH mit Langvokal, in D mit Kurz- oder Langvokal. Die Bedeutung ›etw. längere Zeit ohne Zusatz von Fett oder Flüssigkeit garen; toasten‹ ist gemeindt. – Dazu: ↗**anrösten** A CH D-süd

Röster A der; -s, –: ↗KOCH A D-südost ›Mus aus gedünsteten Früchten‹: *Beeren mit Sauce übergießen und behutsam durchrühren. Röster auskühlen lassen* (Firma Thea online, 1999, Internet) – Die Bedeutung ›Gerät zum Brotrösten‹ ist gemeindt. veraltet – Dazu: **Beerenröster, Hollerröster** (↗Holler), **Marillenröster** (↗Marille), **Zwetschkenröster** (↗Zwetschke)

Rösterdapfel A der; -s, ...äpfel (meist Plur.): ↗ERDAPFEL: *GERÖSTETE ERDAPFEL A, ↗RÖSTKARTOFFEL A D-nord/mittel ›Bratkartoffel‹: *Als Beilage werden knackige Salate und Rösterdäpfel serviert* (OÖN 4. 3. 1995, Internet) – Vgl. Erdapfel, rösten

Rosthaufen CH der; -s, –: ↗KRAXE A, ↗KÜBEL A, ↗ROSTLAUBE A D (ohne südost), ↗SCHNAUFERL A D-südost, ↗SPUCKERL A (ohne Vbg.) D-südost, ↗KISTE CH D (ohne südost), ↗KARRE D-nord/mittel, ↗NUCKELPINNE D (ohne südost), ↗SCHROTTKARRE D-nord/mittel ›minderwertiges, altes Fahrzeug, bes. Auto‹: *In den folgenden Jahren entstanden automobile Träume, Legenden aus Stahl und Blech, aber auch rollende Rosthaufen und finanzielle Flops* (Blick 5. 9. 2000, 29)

Rösti CH die; –, ohne Plur.: ↗KARTOFFELRÖSTI A D ›mit einer ↗Raffel zerkleinerte, gebratene Kartoffeln mit zusammenhängender Kruste (gelegentlich unter Zugabe von Würfeln aus ↗Speck, Käse oder zerkleinerten Äpfeln)‹: *Der Kellner brachte zweimal Läberli mit Rösti und Salat* (Waller, Barbi 12) – In A und D bekannt, aber seltener als in CH, Aussprache mit kurzer Erstsilbenbetonung. Genus in A und D auch Neutrum (das; -s, ohne Plur.). In CH auch in der mundartnahen Schreibung *Röschti.* Vgl. rösten – Dazu: **Apfelrösti, Käserösti, ↗Röstigraben, ↗Röstiraffel, Speckrösti** (↗Speck)

Röstigraben CH der; -s, ohne Plur.: ›das gegenseitige Verständnis erschwerende Kluft zwischen der deutsch- und der französischsprachigen Schweiz‹: *Er hat gezeigt, dass [die Schweiz] weniger an einem Röstigraben, denn an einem Graben zwischen Stadt und Land leidet* (Brückenbauer 3. 12. 1997, 59) – Vgl. Rösti

Röstkartoffel A D-nord/mittel die; –, -n (meist Plur.): ↗ERDAPFEL: *GERÖSTETE ERDAPFEL A, ↗RÖSTERDAPFEL A ›Bratkartoffel‹: *Sogar wenn sie Röstkartoffeln als eine der Beilagen zubereitet, macht sie extra noch einen Kartoffelsalat dazu* (Menasse, Schubumkehr 87; A); *Will man den Tafelspitz als Hauptgericht servieren, passen sehr gut Brat- oder Röstkartoffeln dazu* (WDR 22. 7. 1999, Internet; D-nord/mittel) – Vgl. Kartoffel, rösten

Rostlaube A D (ohne südost) die; –, -n (scherzh., Grenzfall des Standards): ↗KRAXE A, ↗KÜBEL A, ↗SCHNAUFERL A D-südost, ↗SPUCKERL A (ohne Vbg.) D-südost, ↗ROSTHAUFEN CH, ↗KISTE CH D (ohne südost), ↗KARRE D-nord/mittel, ↗NUCKELPINNE D (ohne südost), ↗SCHROTTKARRE D-nord/mittel ›altes, rostiges Auto‹: *Zum Gasthaus Quell sind es nur ein paar Schritte, und vor dem Lokal parkt die froschgrüne Rostlaube des Trainers* (Brödl, Blutrausch 30; A); *Bis zu 700 Mark müssten Autobesitzer auf den Tisch blättern, um ihre schrottreife Rostlaube loszuwerden* (Auto 11. 11. 1998, Internet; D)

Rostock (gemeindt.): ↗HANSESTADT

Rot: ***[Spritzer/Gespritzter] rot sauer** A-west (der); ***Schorle rot sauer** D-südwest (die/das): ›mit [Mineral]wasser verdünnter Rotwein‹: *Der Spritzer rot-sauer kostet statt im März 2000 ATS 30,– nunmehr ATS 33,02* (Gastro-Stuttgart 7. 3. 2003, Internet; D-südwest); ***rote Spritzer** A (ohne west) siehe Spritzer; ***[Spritzer/Gespritzter] rot süß** A-west (der); ***Schorle rot süß** D-südwest (die/das) ›mit [Zitronen]limonade verdünnter Rotwein‹: *Gespritzter rot/sauer oder süß Euro 2,00* (Restaurant Bella Vista, Speisekarte, 2003, Internet; A-west); *Schorle rot süß 0,25 l: Euro 2,10* (Gastro-Stuttgart 7. 3. 2003, Internet; D-südwest) – Vgl. Gespritzte, Mischung. Die Substantivierung *Rot* ist in allen anderen Verwendungen gemeindt.

Rotchabis siehe Rotkabis

Rötel CH der; -s, –: ↗SALBLING D-südwest ›[See]saibling‹ /ein Lachsfisch/: *Saiblinge (Rötel) und Trüschen sind in kleineren Mengen erhältlich* (Schweiz. Berufsfischerverband, 2001, Internet); ***Zuger Rötel** ›Saibling aus dem Zugersee‹: *Die Männchen ziehen mit dem roten Bauch die Weibchen an, auf dass es immer wieder neue Zuger Rötel auf unseren Tellern gebe* (Salz und Pfeffer, 2001, Internet) – Dazu: **Röteli**

Rotkabis CH der; –, ohne Plur.: ↗Blaukraut A D-süd, ↗Rotkraut A CH D-mittelost/südwest, ↗Blaukabis CH, ↗Rotkohl D-nord/mittel ›Kohlart mit rotblauen Blättern, die einen festen Kopf bilden‹: *Günstig sind gegenwärtig die Lagergemüse wie Weiss- und Rotkabis, Wirz, Randen, Sellerie, Schwarzwurzeln* (TA 4. 3. 1998, 19) – Auch in der Schreibung *Rotchabis*

Rotkohl D-nord/mittel der; -(e)s, ohne Plur.: ↗Blaukraut A D-süd, ↗Rotkraut A CH D-mittelost/südwest, ↗Blaukabis CH, ↗Rotkabis CH ›Kohlart mit rotblauen Blättern, die einen festen Kopf bilden‹: *Geschenke gab's und mittags Ente mit Rotkohl* (Zeit 26. 12. 1997, 42) – In CH ursprünglich fremd, aber zunehmend gebräuchlich

Rotkraut A CH D-mittelost/südwest das; -(e)s, ohne Plur.: ↗Blaukraut A D-süd, ↗Blaukabis CH, ↗Rotkabis CH, ↗Rotkohl D-nord/mittel ›Kohlart mit rotblauen Blättern, die einen festen Kopf bilden‹: *Neben Weiß- und Rotkraut ist der Kohl mit seinen stark gekräuselten Blättern eines der wichtigsten Mitglieder dieser Artenfamilie* (Gusto 11/1997, 48; A); *Fleisch anrichten, etwas eingekochten Bratensaft darüber giessen und die Schwartenstreifen darüber streuen. Dazu passt hervorragend Rotkraut oder Sauerkraut* (Blick 29. 11. 1996, 35; CH)

Rotspon D-nordwest der; -(e)s, -e: ›Rotwein [aus Frankreich]‹ (häufig in der Wendung *Lübecker Rotspon*): *Bei Lübecker Rotspon findet der Abend gegen 22 Uhr seinen geselligen Ausklang* (Buddenbrookhaus 1. 12. 2001, Internet)

Rotwein (gemeindt.): ↗Rotspon

Rotz A D der/das; -(es), ohne Plur. (derb): ↗Schnodder D-nord/mittelwest ›Nasenschleim‹: *Die Kunst, so fordert R., sei dazu da, das Leben zu begleiten, in diesem Auftrag muss nichts verschwiegen werden. Grauslig? Gibt es nicht, auch nicht bei Rotz, Speichel, Blut, Sperma und Kotze* (OÖN 29. 3. 2002, Internet; A); *Sie zog den Rotz in der Nase hoch* (Karr & Wehner, Geierfrühling 49; D); ***Rotz und Wasser heulen** ›heftig weinen‹: *Nacht für Nacht heule ich Rotz und Wasser* (Kempinger, Scherbenkind, Internet; A); *Wie Kahn am Pfosten saß und Rotz und Wasser heulte, das war doch schön* (Zeit 28/2002, Internet) – In A und D Maskulinum, in D-südost auch Neutrum. In D (ohne südost) auch Femininum *Rotze* (die; –, ohne Plur.). In CH selten, aber in bestimmten Zus., z. B. ↗Rotzbengel CH D-süd, rotzfrech, rotzig, Rotznase, gebräuchlich. Die Bedeutung ›Krankheit bei Einhufern‹ ist gemeindt. – Dazu: ↗**Rotzbengel** CH D (ohne südwest), ↗**Rotzbub** A D-süd, ↗**Rotzjunge** D-nord/mittelwest, ↗**Rotzlöffel**, ↗**Rotzpippe** A

Rotzbengel CH D (ohne südwest) der; -s, – (abwertend, Grenzfall des Standards): ↗Rotzpippe A, ↗Rotzbub A D-süd, ↗Rotzlöffel A D, ↗Schnuderbueb CH, ↗Rotzjunge D-nord/mittelwest ›ungezogenes, freches männliches Kind‹: *Der junge Mann … hat nicht mehr die geringste Ähnlichkeit mit jenem etwas pummeligen, sommersprossigen Strubbelkopf, der als Tobias in der gleichnamigen Fernseh-Sitcom auf Teufel komm raus den Rotzbengel der Nation mimen musste* (TA 24. 10. 1998, 75; CH); *Und doch wirkt er immer noch wie ein Rotzbengel, wenn er … eine Faust macht, um seinen Worten Kraft zu geben* (Amica 11. 7. 2002, Internet; D) – Eine weibliche Form ist nicht gebräuchlich. Vgl. Rotz

Rotzbub A D-süd der; -en, -en (abwertend, Grenzfall des Standards): ↗Rotzpippe A, ↗Rotzlöffel A D, ↗Schnuderbueb CH, ↗Rotzbengel CH D (ohne südwest), ↗Rotzjunge D-nord/mittelwest ›ungezogenes, freches männliches Kind‹: *An diese Attacke konnte sich der Pädagoge zwar gestern nicht erinnern, er gab aber zu, den Schüler gepackt und gebeutelt und ihn einen Rotzbuben geschimpft zu haben* (OÖN 25. 3. 1998, 15; A) – Eine weibliche Form ist nicht gebräuchlich. Vgl. Bub, Rotz

Rotze D (ohne südost) die; –, ohne Plur.: siehe Rotz

Rotzjunge D-nord/mittelwest der; -n, -n/-ns (abwertend, Grenzfall des Standards): ↗Rotzpippe A, ↗Rotzbub A D-süd, ↗Rotzlöffel A D, ↗Schnuderbueb CH, ↗Rotzbengel CH D (ohne südwest) ›ungezogenes, freches männliches Kind‹: *Wenn es die Sonntage nicht gegeben hätte, dann wäre Timm aus lauter Trotz wahrscheinlich ein richtiger frecher Rotzjunge geworden* (Krüss, Timm Thaler 21) – Eine weibliche Form ist nicht gebräuchlich. Vgl. Junge, Rotz

Rotzlöffel A D der; -s, – (abwertend, Grenzfall des Standards): ↗Rotzpippe A, ↗Rotzbub A D-süd, ↗Schnuderbueb CH, ↗Rotzbengel CH D (ohne südwest), ↗Rotzjunge D-nord/mittelwest ›ungezogenes, freches [männliches] Kind‹: *Nichts gegen Studien, obwohl: Was ein aufgeweckter Rotzlöffel ist, der wird sich einen Jux daraus machen, den Herren Befragern etwas zu erzählen, das ihnen die Grausbirnen aufsteigen lässt* (OÖN 21. 10. 1996, 5; A); *M. ist ein Rotzlöffel: Seit seiner Einschulung war er verhaltensauffällig, mit zehn klaute er* (Rems-Murr-Nachr 12. 12. 1998, Internet; D) – Eine weibliche Form ist nicht gebräuchlich. Vgl. Rotz

Rotznase (gemeindt.): ↗Schnudernase

Rotzpippe A die; –, -n (abwertend, Grenzfall des Standards): ↗Rotzbub A D-süd, ↗Rotzlöffel A D, ↗Schnuderbueb CH, ↗Rotzbengel CH D (ohne südwest), ↗Rotzjunge D-nord/mittelwest ›ungezogenes, freches [männliches] Kind‹: *Keine Band der*

Welt … bringt das kaputte Kofferradio einer alten Mutti wieder zum Singen, weil ihr die Rotzpippen von Sohn die Ersparnisse fladert (Brödl, Blutrausch 14) – Auch in der Form *Rotzpippen* (die; –, -). Vgl. Rotz

Rotzpippen A die; –, –: (abwertend, Grenzfall des Standards): siehe Rotzpippe

Roulade A D die; –, -n ⟨aus frz. *roulade* ›Rolle‹⟩ [ru'la:də]: ↗Rindsvögerl A D-südost, ↗Fleischvogel CH ›Fleischscheibe, die mit pikanten Zutaten belegt, eingerollt und gedünstet wird‹: *In flacher Pfanne Rouladen im erhitzten Öl allseitig anbraten, Pfanne in das vorgeheizte Backrohr stellen, fertig garen* (Plachutta, Gute Küche 310; A); *Zum Mittagessen sitzen die 20 Vorständler ausgerechnet vor Rouladen mit Rotkohl* (Welt 30. 10. 1995, Internet; D) – Dazu: **Kalbsroulade, Krautroulade** (↗Kraut), **Rinderroulade** (↗Rinder-) D-nord/mittel, **Rindsroulade** (↗Rinds-) A D-süd

Rowdy (gemeindt.): ↗Rabauke

RS CH die; –, ohne Plur.: buchstabierte Abk. für ↗*Rekrutenschule:* ›aufgrund der Wehrpflicht bzw. Dienstpflicht bei den Streitkräften zu leistende militärische Grundausbildung‹: *Der Kampf des Kloteners Martin P. (20), der versucht, erfolgreiches Playoff-Eishockey und RS unter einen Hut zu bringen* (Sport 10. 3. 1998, 39)

RTL siehe Riesentorlauf

rubbeln D (ohne südost) sw.V./hat: ›fest und schnell hin und her reiben‹: *Lisa rubbelte über ihren durchweichten Ärmel* (Arens, Nächste Mann 79) – In A nur für Lose (Rubbellose) bekannnt, in CH selten – Dazu: ↗**abrubbeln** D-nord/mittel

Rübchen: *Teltower Rübchen D-nord/mittelwest: ↗Räbe CH, ↗Weissrübe CH, ↗Speiserübe D-mittel ›kleine weiße Rübe‹: *Mairübchen und Teltower Rübchen stammen aus der Familie der Speiserüben* (WDR 25. 5. 1998, Internet) – Das Substantiv *Rübchen* ist die in CH und D übliche Verkleinerungsform des gemeindt. Substantivs *Rübe*

Rübe: *gelbe Rübe: a) A ›Gemüsepflanze mit dunkelgelber länglicher Wurzel‹: *Karotte und gelbe Rübe putzen, schälen und in ca. 1/2 cm dicke, 5 cm lange Stifte schneiden* (Gusto 11/1997, 82). **b)** D-süd; ↗Rüebli CH, ↗Gelbrübe D-südwest, ↗Möhre D-mittel, ↗Mohrrübe D-ost, ↗Wurzel D-nord ›Karotte‹: *Gelbe Rübe, Zwiebeln und 5 Knoblauchzehen schälen und in kleine Würfel schneiden* (Bayrischer Rundfunk 26. 3. 2001, Internet); ***rote Rübe** A D-süd: ↗Rahne A (ohne Vbg.) D-südost, ↗Rande A-west (Vbg.) CH, ↗Bete: *Rote Bete D (ohne südost) ›Gemüsepflanze mit roter Knolle‹: *Wurzelgemüse wie rote Rüben enthalten im Herbst durch Einlagerung einen hohen Nitratanteil* (Anima 11/1997, 93; A); *Es macht Spaß, die vielfältigen Tönungen auszuprobieren, die mit heimischen Pflanzen wie rote Rüben, Zwiebelschalen und vielen anderen erzielt werden können* (Woll, Feste 49; D-süd)

Rübenkraut das; -(e)s, ohne Plur.: **1.** A-west (Tir.) D-südost ›sauer marinierte geraspelte weiße Rüben‹: *Die Krapfen richten wir mit brauner Butter und Schnittlauch und/oder Parmesan an. Dazu essen wir grünen Salat. Krautsalat und Rübenkraut passen ebenso dazu* (Planegger, Tiroler »Koscht«, Internet; A-west); *Für das Rübenkraut werden Rüben wie Sauerkraut zubereitet und mit Kümmel gewürzt* (Café Abseits, Bamberg 1. 2. 2003, Internet; D-südost). **2.** D-nord/mittelwest ›Zuckerrübensirup‹: *Wollte Maria nicht, dass er morgens ein Rosinenbrot mit Rübenkraut aß?* (TAZ 4. 1. 2003, Internet)

Rübstiel D-mittelwest der; -(e)s, ohne Plur.: ↗Stielmus D-mittelwest /ein Blattstielgemüse/: *Rübstiel waschen und von der Spitze aus in etwa zwei Zentimeter lange Stücke schneiden* (Dom Kölsch, 2003, Internet)

Ruchbrot CH das; -(e)s, -e: ›Schwarzbrot‹: *Weder das Ruchbrot noch das Halbweissbrot werden demnach in nächster Zeit heller werden* (Bund 26. 3. 1998, 48)

Ruchmehl das; -(e)s, ohne Plur.: **1.** CH ›Weizenmehl mit hohem Ausmahlungsgrad des Weizenkorns‹: *Die Lebensmittelrationierung bestimmte …, dass nicht mehr als zehn Prozent Weissmehl gemahlen werden durften; und für das Ruchmehl waren die damaligen modernen Walzenstühle weniger geeignet* (Bund 9. 11. 1996, Z7). **2.** D-südwest ›Dinkelmehl‹: *Teig auf eine mit Ruchmehl (nicht Roggenmehl!) leicht bestreute Arbeitsplatte stürzen* (SWR 17. 1. 1996, Internet)

Rückholversicherung A D die; –, -en: ›Versicherung, die im Falle eines Unfalls oder einer Erkrankung im Ausland auf einer Reise die Kosten für den Transport des Patienten bzw. der Patientin in eine Klinik im Ursprungsland übernimmt‹: *Für exotische Staaten empfiehlt sich eine Rückholversicherung per Flugzeug in Notfällen* (Medizin populär 5/1995, 25; A); *Wer eine Rückholversicherung abschließt, verschont zumindest seine Angehörigen vor … Kosten* (Pirmasenser Ztg 14. 12. 1996, Internet; D)

Rückkommen CH das; -s, –: ›[parlamentarisches] Wiederaufnehmen eines bereits entschiedenen Verhandlungsgegenstandes‹: *Der Nationalrat lehnte mit 85 zu 79 Stimmen ein Rückkommen ab* (Bund 17. 12. 1999, 14) – Dazu: **Rückkommensantrag**

rückmelden sich D sw.V./hat: ↗inskribieren A, ↗melden A ›die Fortsetzung des Studiums im nächsten Semester bekannt geben (von Studenten)‹: *Gegen Mitte jeden Semesters muss man sich, wenn man das* *darauf folgende Semester weiterhin studieren will, rückmelden* (TU München 6. 10. 1999, Internet) – Dazu: **Rückmeldefrist,** ↗**Rückmeldung**

Rückmeldung D die; –, -en: ↗INSKRIPTION A, ↗MELDUNG A ›die semesterweise Bestätigung, ein bereits begonnenes Studium fortzusetzen (von Studenten)‹: *Wir wissen von den Hochschulen, dass die Verwaltungskosten für die Rückmeldung bei rund zwanzig, nicht bei hundert Mark liegen* (Welt 24. 2. 1999, Internet; D) – Vgl. rückmelden

Rücksitz (gemeindt.): ↗HINTERSITZ

Rücktrittsversicherung A D die; –, -en: ↗STORNOVERSICHERUNG A, ↗ANNULLATIONSKOSTENVERSICHERUNG CH, ↗ANNULLIERUNGSKOSTENVERSICHERUNG CH ›Versicherung von Kosten, die durch den [unfall- oder krankheitsbedingten] Rücktritt von einem Reisearrangement entstehen‹: *Allgemein gilt, dass eine Rücktrittsversicherung vor der Reise abgeschlossen werden soll* (OÖN 17. 6. 1995, 10; A); *Und warum sie gezwungen war, eine Rücktrittsversicherung für eine geschenkte Reise abzuschließen, kann sich die Anruferin bis heute nicht erklären* (WAZ 6. 3. 2001, Internet; D) – Dazu: **Reiserücktrittsversicherung**

rückwärts A D-süd Adv. (Grenzfall des Standards): ›hinten‹: *Dann durchschritten sie ein kurzes Stück des Raumes, nur um alsbald nach rückwärts in den Wirtsgarten zu verschwinden* (Doderer, Strudlhofstiege 541; A) – Die Bedeutung ›nach hinten‹ ist gemeindt.

Rückweisung CH die; –, -en: **1.** ›Ablehnung einer ↗Vorlage durch das Parlament mit dem Auftrag an die Exekutive, sie zu überarbeiten‹: *Max Weber zog nach der Rückweisung einer definitiven Finanzordnung die Konsequenzen* (Tschäni, Profil der Schweiz 198). **2.** ›Zurückschicken von Akten durch das Gericht an die Untersuchungsbehörde zur Behebung eines Fehlers oder Mangels‹: *Und die präsentierte Rechnung war … so unklar, dass die für die Revision zuständige Zürcher Treuhandfirma ihre Rückweisung empfahl* (Blick 28. 10. 1998, 19). **3.** ↗ABSCHIEBUNG A D, ↗AUSSCHAFFUNG CH ›Ausweisung eines Ausländers bzw. einer Ausländerin aus einem Staat‹: *Eine Teilrevision des Asylgesetzes soll das Aufnahmeverfahren effizienter und billiger machen. … Zentral ist darin eine Regelung, die eine Rückweisung in sichere Drittstaaten zuliesse* (Südostschweiz 16. 6. 2001, Internet) – Zu 1.: **Rückweisungsantrag, Rückweisungsentscheid** (↗Entscheid)

Rucola (gemeindt.): ↗RAUKE

Rudi A D: ↗RUEDI CH Kurzform des männl. Vornamens *Rudolf, Rudolph: Ihre Vorbilder und Leitfiguren sind der Freund und Maler Wilfried K. aus Innsbruck und ihr Akademieprofessor Rudi T.* (Welt der Frau 5/1995, 26; A); *Rudi V. wird Teamchef der Fußball-Nationalmannschaft* (Welt 29. 12. 2000, Internet; D)

Rüdiger D: ⟨aus ahd. *hroth, hruod* ›Ruhm‹ und *-gêr* ›Speer‹⟩: männl. Vorname, bekannt durch das Nibelungenlied: *Rüdiger S. liefert heute den ersten umfassenden Versuch, die mythologischen Hintergründe des Nationalsozialismus im Fernsehen zu erhellen* (FR 29. 5. 1998, 11)

Rüebli CH das; -s, – ['ryɐ̯blɪ]: ↗GELBRÜBE D-südwest, ↗MÖHRE D-mittel, ↗MOHRRÜBE D-ost, ↗RÜBE: *GELBE RÜBE D-süd, ↗WURZEL D-nord ›Karotte‹: *Am Kiosk gibt es Postkarten, die ein blondbezopftes Mädchen abbilden, das ein Murmeltier mit einem Rüebli füttert* (P.M., Olten 4; CH) – Die verschriftlichte Dialektform *Rüebli* wird im Vergleich zum gemeindt., aber in CH fachsprachlich empfundenen Wort *Karotte* gleich häufig verwendet – Dazu: ↗**Rüebliland, Rüeblisalat, Rüeblitorte**

Rüebliland CH das; -(e)s, ohne Plur. ['ryɐ̯blɪland] (scherzh.): ›↗Kanton Aargau‹: *Die »Aargauer Zeitung«, d. h. die Zeitung aus dem Rüebliland, wirbt … mit zahlreichen Rüebli, welche symbolisch eingesetzt werden für Themen wie Menschenrechte (Rübe ab), Ausländerfrage (eine Banane zwischen all den Rüebli), Rechtsradikale (kurz geschorenes Rüebli)* (TA 10. 4. 1999, 38) – Vgl. Rüebli – Dazu: **Rüebliländer(in)**

Ruedi CH ['ruɐ̯di]: ↗RUDI A D Kurzform des männl. Vornamens *Rudolf, Rudolph: Ich zeigte das Kärtchen meinen beiden Wohngenossen, Ruedi von Passavant und Rudolf Bussmann* (Weibel, Mai 187) – Dazu: ↗**Hansruedi**

Rüfe CH die; –, -n: ↗MURE A D-südost, ↗MURGANG CH ›Schutt- und Schlammlawine‹: *Ihr könnt nicht wissen, wie lange ihr brauchen werdet, um die Leitung zu reparieren, wenn einmal eine Rüfe darüber hinwegdonnert* (Kauer, Spätholz 168; CH) – In A-west (Vbg.) Grenzfall des Standards und in Flurnamen, z. B. *Gavadurarüfe,* gebräuchlich

Rufezeichen A-west das; -s, –: ↗RUFZEICHEN A D-südost, ↗AUSRUFEZEICHEN CH D (ohne südost), ↗AUSRUFUNGSZEICHEN D ›Satzzeichen, das Aufforderungs-, Ausrufe- und Wunschsätze abschließt‹: *Wichtig ist hier noch zu kontrollieren, dass bei der angezeigten Netzwerkkarte kein gelbes Rufezeichen davor angezeigt wird* (Stadtwerke Imst, 2000, Internet)

Rufnummer A D die; –, -n (formell): ↗FERNSPRECHNUMMER A ›Telefonnummer‹: *Ein paar Sekunden später läutet Ihr Telefon und eine Computerstimme erklärt Ihnen, dass die Leitung jetzt frei ist und Sie die gewünschte Rufnummer im Ausland anwählen können* (Ganze Woche 5. 11. 1997, 71; A); *Weitere Informationen unter der Rufnummer 0130/119491* (WAZ 28. 10.

1997, 23; D) – Dazu: **Rufnummernauskunft, Rufnummernsperre**

Rufpreis A der; -es, -e: ›als Mindestgebot festgesetzter Nennwert bei einer Versteigerung; Ausrufpreis‹: *Eva Christina F. stiftet eine frühlingshafte Glücksgöttin in Öl (Rufpreis 120.000 S)* (Ganze Woche 4. 2. 1998, 33)

Rufzeichen A D-südost das; -s, –: ↗RUFEZEICHEN A-west, ↗AUSRUFEZEICHEN CH D (ohne südost), ↗AUSRUFUNGSZEICHEN D ›Satzzeichen, das Aufforderungs-, Ausrufe- und Wunschsätze abschließt‹: *Schmidradner suchte die Lohnstreifen der beiden und machte ein Rufzeichen drauf* (Scharang, Sohn eines Landarbeiters 34; A) – Die Bedeutung ›Freizeichen (beim Telefon)‹ ist gemeindt.

Rugel CH der; -s, –: ›Stück Rundholz‹: *Die Holzscheiter ... werden in 25 Zentimeter lange Rugel, also vier pro Scheit, geschnitten* (Südostschweiz 29. 7. 1999, Internet)

Ruhebank D die; –, ...bänke (formell): ↗BÄNKLI CH ›[Park]bank‹: *Freude auch über die Zusage, dass die Schaffrathpromenade weiter begrünt wird und auch eine weitere Ruhebank erhält* (WAZ 3. 6. 1999, Internet)

Ruhegenuss A der; -es, ...genüsse (formell): ↗PENSION A D ›regelmäßige Zahlung für Beamte bzw. Beamtinnen im Ruhestand‹: *Kommt es beim Zusammenfall von mehreren Pensionen ... zu hohen Ruhegenüssen, soll ein Teil davon ruhen* (Kurier 17. 9. 1997, 2) – Vgl. Versorgungsgenuss – Dazu: **Ruhegenussanspruch, Ruhegenussbestimmungen, ruhegenussfähig**

Ruhelage A die; –, -n: ›lärmfreie, ruhige Lage (von Wohnungen, Häusern)‹ (häufig in Annoncen): *Pradl: großzügige 2-Zimmer-Wohnung mit Westloggia, bestens vermietet bis 6/98, Ruhelage, 1,820.000,–* (TT 20./21. 9. 1997, 40) – Die Bedeutung ›in entspannter, unbewegter Lage‹ ist gemeindt. – Dazu: **Grünruhelage, Hofruhelage**

Ruhensbestimmung A die; –, -en (meist Plur., Verwaltung): ›Bestimmung über Kürzungen der ↗Pension bei Erwerbstätigkeit‹: *Für die Dauer der Karenzierung unterliegen die Beamten den Ruhensbestimmungen und dürfen nur bis zur Geringfügigkeitsgrenze ... dazuverdienen* (Presse 23. 9. 1997, 23)

Ruhetag (gemeindt.): ↗WIRTESONNTAG

Rührei CH D das; -(e)s, -er: ↗EIERSPEIS A ›Gericht aus mit Milch verrührten Eiern, das in der ↗Pfanne leicht angebraten wird‹: *Charles hasst Rotwein ebenso wie Kaffee, isst nur Fisch und Gemüse, am liebsten Rauchlachs mit Rührei* (Blick 25. 7. 1996, 4; CH); *Der kräftige Duft von Rührei mit Schinken wehte herüber* (Junge, Klassenfahrt 10; D) – In A bekannt, aber als fremd empfunden

rühren sich A D (ohne mittelost) sw.V./hat: ›sich zu Wort melden; aktiv werden‹: *Aber spätestens, wenn die Pension weiterhin überwiesen wird ..., sollte man sich schon rühren und das Geld zurückgeben* (Kurier 5. 11. 1997, 13; A); *Insbesondere bei größeren Investitionen ... lohnt sich ein Preisvergleich. Wer nicht weiterhin Maximalpreise bezahlen will, muss sich rühren* (Badischer Landwirtschaftlicher Hauptverband 26. 3. 2003, Internet; D) – Andere Bedeutungen sind gemeindt.

Ruhrgebiet (gemeindt.): ↗KOHLENPOTT, ↗POTT, ↗REVIER, ↗RUHRPOTT

Ruhrpott D der; -(e)s, ohne Plur. (Grenzfall des Standards): ↗KOHLENPOTT D, ↗REVIER D (ohne mittelost/südost) ›Ruhrgebiet‹: *Skispringen, gleich hinterm Ruhrpott, nur einen Steinwurf von der norddeutschen Tiefebene entfernt, entfesselt in der Tat die Massen* (Welt 29. 1. 1999, Internet) – In A und CH bekannt. Vgl. Pott

Rührschüssel A D die; –, -n: ↗WEITLING A D-südost ›große Schüssel; Teigschüssel‹: *Die Dotter mit dem restlichen Zucker, Maisstärke und Mehl in einer Rührschüssel aus Metall weißschaumig aufschlagen* (ORF Nachlese 11/1997, Beilage 14; A); *Dann gibst du Beeren, Zucker und einen Schuss Milch in eine Rührschüssel* (Berliner Ztg 30. 10. 1999, Internet; D)

Rumba der; -s, -s/die; –, -s ⟨kuban.-span.⟩: ist in A und CH Maskulinum, in D und fachsprachlich gemeindt. Femininum: *Paso-doble-Fans kamen ebenso auf ihre Rechnung wie Freunde des Rumbas, Cha Cha Cha, Jive oder Samba* (Kleine Ztg Ktn. 25. 2. 1997, Internet: A); *»Was Jayne tanzte, war eigentlich gar kein Rumba. Das war eher eine Liebeserklärung an mich«, scherzte Frauenheld Christopher* (Blick 21. 1. 1994, 21; CH); *Kaum ein Tanz versprüht so viel Gefühl und Erotik wie die Rumba* (Universität Marburg 18. 12. 1999, Internet; D)

Rummel D-ost/nord der; -s, –: ↗KIRTAG A-mitte/ost, ↗KIRCHTAG A D-südost, ↗KILBI A-west (Vbg.) CH, ↗KIRCHWEIH A-west D-süd, ↗DULT A-mitte D-südost, ↗CHILBI CH, ↗MESSE CH D-südwest, ↗KIRBE D-südwest, ↗KIRMES D-mittelwest, ↗KIRMSE D-nordost, ↗KIRTA D-südost ›Jahrmarkt‹: *Zum Glück kam damals gerade ein Rummel in unsere Gegend* (Schnurre, Schnurren 21) – Die Bedeutung ›Trubel, Wirbel‹ ist gemeindt. – Dazu: **Rummelplatz**

Rumms D (ohne mittelost/südost) der; -es, -e (Grenzfall des Standards): ↗KLESCHER A (ohne Vbg.), ↗TUSCH A (ohne Vbg.), ↗SCHNALL A-west D-südost, ↗CHLAPF CH, ↗BUMMS D (ohne mittelost/südost) ›Knall, Schlag‹: *Die einläufige Pistole liegt gut in der*

Faust. Kurzes Fingerkrümmen, ein satter Rumms … und es ist förmlich in der Hand zu spüren, wie die Kugel aus dem Lauf geschoben wird (Donaukurier Ingolstadt 13. 8. 2001, Internet) – Auch in der Schreibung *Rums* – Dazu: ↗**rumsen**

Rumpf CH der; -(e)s, Rümpfe: ›[Knitter]falte‹: *Quadratsocken waren quadratische Barchentstoffstücke aus alten Hemden, welche die Männer geschickt um die Füsse wickelten, so dass es keine Rümpfe gab unten an der Fusssohle* (Wenger, Rosalia 44) – Andere Bedeutungen, z. B. ›Körper ohne Gliedmassen‹, sind gemeindt. – Dazu: **rumpfen, rumpflig, verrumpfen**

Rumpsteak D das; -s, -s ['rʊmpsteːk] ⟨engl.⟩: ↗BEIRIED A, ↗ENTRECÔTE CH LUX ›zum Kurzbraten geeignetes, in Scheiben portioniertes Stück vom Roastbeef; Steak‹: *4 Rumpsteaks … unter fließendem kaltem Wasser abspülen* (Dr. Oetker, Schulkochbuch 67) – Als zubereitete Speise gemeindt., Aussprache in A und CH [rʌmsteɪk]

Rums siehe Rumms

rumsen D (ohne südost) sw.V./hat: ›mit einem lauten Geräusch gegen etw. prallen‹: *Jonas hielt so schwungvoll vor dem Haus, dass er mit dem rechten Vorderreifen gegen den Bürgersteig rumste* (Arens, Nächste Mann 72) – Vgl. Rumms

Runde die; –, -n: **1.** A ›fortlaufende Zählung der Ausspielungen und Ziehungen im Glücksspiel, z. B. Lotto, Toto‹: *Insgesamt wurden bei dieser Runde mit Rekord-Jackpot über 38 Millionen Tipps abgegeben und 380 Millionen Schilling Umsatz eingenommen* (Profil 17. 12. 2000, Internet). **2.** A CH (Sport); ↗SPIELTAG D ›Tag(e) bzw. Wochenende, an dem die Spiele in einer Meisterschaft stattfinden‹: *In 14 Runden steht der Meister fest* (TT 30. 1. 1998, 26; A); *M. ist der einzige Spieleragent, der praktisch in jeder Runde irgendwo im Stadion sitzt, um den Puls der Präsidenten, Spieler und Trainer zu fühlen* (Sonntagsblick 13. 12. 1998, 34; CH) – Andere Bedeutungen sind gemeindt.

Runderlass D der; -es, …lässe: ↗KREISSCHREIBEN CH ›Rundbrief, meist von übergeordneten Ämtern oder Abteilungen an untergeordnete; Zirkular; Rundschreiben‹: *Ein entsprechendes Grundsatzpapier soll der Behörde per Runderlass zugestellt werden* (Berliner Kurier 6. 9. 2000, Internet)

Rundfunk A D der; -s, ohne Plur.: ›[Gesamtheit der] Radio- und Fernsehsender‹: *Die Kündigung des Atomwaffensperrvertrages stellt laut Rundfunk und Zeitungen »einen Schritt der natürlichen Selbstverteidigung« dar* (Presse 15. 3. 1993, 2; A); *G. äußerte sich am Mittwoch im … Rundfunk* (Rheinische Post 3. 4. 2002, Internet; D); ***Österreichische Rundfunk** A siehe ORF – Die Bedeutung ›drahtlose Verbreitung von Informationen durch elektromagnetische Wellen‹ ist gemeindt. Die Bedeutung ›Radiogerät‹ ist veraltend gemeindt. – Dazu: **Rundfunkanstalt, Rundfunkgebühren, Rundfunkintendant(in)** (↗Intendant), **Rundfunksendung, Rundfunkteilnehmer(in), Rundfunkübertragung**

Rundschreiben (gemeindt.): ↗KREISSCHREIBEN, ↗RUNDERLASS

Rundstück D-nordwest (bes. Hamburg) das; -(e)s, -e (veraltend): ↗LAIBCHEN A, ↗SEMMEL A D-nordwest/südost, ↗WECKERL A D-südost, ↗BRÖTLI CH, ↗BÜRLI CH, ↗MUTSCHLI CH, ↗WEGGEN CH, ↗BRÖTCHEN D-nord/mittel, ↗SCHRIPPE D-nordost (bes. Berlin), ↗WECKEN D-südwest ›kleines rundes oder längliches, aus Brotmehl hergestelltes Gebäck‹: *Typisch sind die Hamburger Rundstücke, die Kölner Röggelchen, die Berliner Schrippen oder die Kaisersemmel, die in Bayern sehr verbreitet ist* (Bäckerhandwerk, 1999, Internet) – Wird in D-nordwest immer mehr durch *Brötchen* verdrängt

Runse A CH D-südost die; –, -n: ›steile, steinige Rinne [mit Bach] an Gebirgshängen‹: *Wir schreiten am Abhang zwischen den Tannen hin und treten an den Rand einer Runse* (Sagen, 2002, Internet; A); *In der steilen Runse wenig unterhalb des Männlichen-Gipfels sind … in diesem Frühjahr 40 Kubikmeter Erde in Bewegung geraten* (Bund 28. 7. 1999, 22; CH) – Vgl. Kännel

Rupert A D: männl. Vorname: *Rupert G. F. … kehrt immer wieder zum Ursprung seines Künstlertums zurück: zur Orgel* (OÖN 28. 12. 1998, 9; A); *Rupert Sch., CDU-Bundestagsabgeordneter, könnte sich Wolfgang Sch. durchaus als Unions-Kanzlerkandidaten vorstellen* (Rheinische Post 3. 11. 2001, Internet; D) – Wird auf der ersten Silbe betont, in A und D-südost meist mit Kurzvokal, sonst mit Langvokal. In A auch in der Kurzform *Bertl. Rupert* ist der ↗Landespatron von Salzburg. Der Tag seines Namensfestes wird mit *Ruperti* bezeichnet, daher der Name der bayrischen, an Salzburg grenzenden Landschaft *Rupertiwinkel.* In CH selten – Dazu: **Rupertitag** A D-südost

Ruß (gemeindt.): ↗SOTT

rüsten CH sw.V./hat: ↗PUTZEN A D ›nicht zum Verzehr geeignete Teile entfernen (bei Gemüse und ↗Früchten)‹: *Lisi rüstete gewiss vier Äpfel in der gleichen Zeit, in der Grossmutter einen rüstete* (Wenger, Rosalia 79) – Andere Bedeutungen sind gemeindt. – Dazu: **Gemüserüster, Rüstabfälle,** ↗**Rüstmesser, Rüsttisch**

Rustico CH das/der; -s, Rustici ⟨zu ital. *rustico* ›ländlich, bäuerlich‹⟩: ↗KEUSCHE A, ↗KATE D-nord/mittelwest ›als Ferienhaus umgebautes, im italienischsprachigen Gebiet gelegenes, einfaches Bauernhäuschen aus Bruchsteinmauerwerk‹: *Steinhaufen – zum Beispiel ein zusammengefallenes Rustico im Tessin – dürfen nicht zum Umbau freigegeben werden, wie Kommissionssprecher Gian-Reto Plattner … am Mittwoch erklärte* (Bund 11. 12. 1997, 13) – Meist Neutrum, selten auch Maskulinum

rüstig (gemeindt.): ↗KREGEL

Rüstmesser CH das; -s, –: ›Küchenmesser‹: *Flavia S. beherrscht ihr Mundwerk besser als das Rüstmesser. In ihrer Sendung »VIP-Rezept« geht es erst in zweiter Linie ums Kochen* (Blick 6. 10. 1998, 2) – Vgl. rüsten

Rute: *jmdm. die Rute ins Fenster stellen A ›jmdn. deutlich und drohend warnen‹: *Sie stellen der Wirtschaft aber vorsorglich die Rute ins Fenster, dass kommende Beiträge zur Pensionsreform von dieser Seite kommenmüssen* (Profil 10. 11. 1997, 32) – Das Substantiv *Rute* ist in allen anderen Verwendungen gemeindt.

Rutte A D-süd die; –, -n: ↗AALRAUPE A, ↗AALRUTTE A D-südwest, ↗TRÜSCHE CH, ↗AALQUAPPE D-nordost /ein [Süßwasser]dorschfisch/: *Die Verschmutzung des Wassers und das Aufkommen des Bruträubers Aal ließen die Rutte fast aussterben* (OÖN 19. 6. 1997, 12; A); *Der Legend Lake bietet noch ausreichend Fisch zur Bereicherung des Speisezettels – neben Hechten auch die köstlichen Aalquappen (Rutten)* (Jagen Weltweit 6/1999, Internet; D-süd)

S

S A der (früher): buchstabierte Abk. für *österreichischer Schilling:* ↗ATS A, ↗öS A, ↗CHF CH, ↗sFr CH, ↗DEM D, ↗DM D /Währungsbezeichnung/: *Für jede Veröffentlichung überweisen wir ein Honorar von S 50,–* (Ganze Woche 5. 11. 1997, 74) – Vgl. Alpendollar

s: *scharfe S siehe scharf

Sabbel D-nord/mittel der; -s, – (Grenzfall des Standards): ↗Pappen A (ohne Vbg.), ↗Fotze A D-südost, ↗Gosche A D-süd, ↗Schnorre A-west (Vbg.) CH, ↗Latz CH, ↗Klappe CH D-nord/mittel, ↗Fresse D-nord/mittel, ↗Schnauze D (ohne südost), ↗Schnute D (ohne südost) ›Mund‹: *Bekannt dafür, dass er unter seingesgleichen kein Blatt vor den reaktionären Sabbel hält* (Zentrum für Aktion, Kultur und Kommunikation 8. 10. 2002, Internet); ***den Sabbel halten** siehe halten – Dazu: ↗**sabbeln**

sabbeln D-nord/mittel sw.V./hat (abwertend, Grenzfall des Standards): ›undeutlich, schnell und ohne Sachkenntnis sprechen; plappern‹: *Ein ruhiger Fernsehabend ist angenehmer, als wenn deine Schwester uns besuchen kommt und die ganze Zeit ohne Punkt und Komma sabbelt* (Spiegel 1. 12. 1997, 138) – Vgl. Sabbel – Dazu: **Sabbeltante**

sabbern D (ohne südost) sw.V./hat (salopp): ↗trenzen A D-südost ›speicheln‹: *Er sabbert beim Zähneputzen* (Berliner Ztg 28. 3. 2002, Internet) – In A und CH als fremd empfunden, aber zunehmend gebräuchlich

SAC CH der; -s, ohne Plur.: buchstabierte Abk. für *Schweizer Alpen-Club:* ↗OeAV A, ↗DAV D ›Verein, der die Interessen der Bergsteiger(innen) wahrnimmt und Berghütten für Hochtouren in den Alpen unterhält‹: *Der Berner Fürsprecher F.S. wurde an der 139. Abgeordnetenversammlung des Schweizer Alpen-Clubs (SAC) zum neuen Zentralpräsidenten gewählt* (Blick 14. 6. 1999, 13)

Sachpreis A D der; -es, -e: ↗Naturalpreis CH ›Preis, der nicht in Form von Geld ausbezahlt wird‹: *Zahlreiche Geld- und Sachpreise warten auf die künftigen Unternehmer* (Profil 14. 2. 2000, 125; A); *Auch die Sachpreise sind möglichst umweltfreundlich: Neben der Bahncard gehören Fahrräder und Ballonfahrten zu den Gewinnen* (Test 12/1997, 13; D)

Sachwalter Sachwalterin der; -s, – bzw. die; –, -nen (Recht): **1.** A; ↗Kurator A ›[auf Antrag] gerichtlich bestellte Person, die Rechtsgeschäfte für psychisch Kranke erledigt‹: *Frau H., die mittlerweile für Gerichtsangelegenheiten einen Sachwalter beigestellt bekommen hat, äußert uns gegenüber lediglich ein paar Grobheiten* (ORF Nachlese 11/1997, 41). **2.** CH D; ↗Ausgleichsverwalter A, ↗Nachlassverwalter CH ›vom Gericht bestellte Person, die den Vermögensstand des Schuldners bzw. der Schuldnerin, die Geschäftsführung des Konkursunternehmens und die Zweckmäßigkeit seiner Weiterführung prüft‹: *Die Aktiven des traditionsreichen Familienunternehmens sollen gemäss dem Sachwalter nicht mit einer konkursamtlichen Zwangsliquidation, sondern durch einen Nachlassvertrag mit Vermögensabtretung verwertet werden* (TA 20. 12. 1996, 29; CH); *Die Forderungen der Insolvenzgläubiger sind beim Sachwalter anzumelden* (Insolvenzverordnung 13. 7. 1999, Internet; D) – Die Bedeutung ›Person, die in der Öffentlichkeit als Fürsprecher(in) für eine Person oder Sache auftritt‹ ist gemeindt. – Zu 1.: **Sachwalterschaft**

Sack der; -(e)s, Säcke: **1.** A CH; ↗Sackerl A, ↗Tragtasche A CH D-südost, ↗Tasche CH D-süd, ↗Beutel D, ↗Tragetasche D, ↗Tüte D ›[größeres] aus Stoff, Plastik oder Papier gefertigtes Behältnis mit Tragegriff zum Transport von Waren‹: *Der Sprengsatz war in einem Sack mit Obst und Gemüse versteckt, den besorgte Fahrgäste beim Fahrer abgegeben hatten* (Kleine Ztg 12. 7. 1996, Internet; A); *In der Zeughausgasse holt … die Kundschaft zunächst einen speziellen Einkaufssack ab. Wer diesen Sack beim Einkaufen in den teilnehmenden Geschäften und Warenhäusern vorweist, erhält Vergünstigungen und Geschenke* (Bund 1. 6. 2001, 32; CH). **2.** A-west CH D-süd: kurz für ↗*Hosensack:* ›Hosentasche‹: *Dieser zog erneut sein schmutziges Taschentuch aus dem Sack und tat so, als ob er in Abschiedsschluchzen ausbrechen müsste* (Kolb, Niederdorfer 90; CH); ***aus dem eigenen Sack [berappen/bezahlen/investieren etc.]** CH D-südost ›mit dem eigenen Geld, aus eigener Tasche [bezahlen etc.]‹: *Der Kurier muss allfällige Verkehrsbussen aus dem eigenen Sack berappen* (Bund 17. 12. 1998, 25); ***(Geld etc.) in den eigenen Sack stecken** CH D-südost ›(Geld etc.) unrechtmäßig für sich selbst behalten‹: *G. V.*

wurde vergangene Woche verhaftet. Er hat in mehreren Fällen beschlagnahmte Gelder in den eigenen Sack gesteckt (Blick 14. 8. 1997, 6); ***sich selber/selbst in den Sack lügen** A siehe lügen; ***die Faust im Sack machen** CH siehe Faust – Die anderen Bedeutungen, z. B. ›Sack aus Jute zum Transportieren von Kartoffeln, Kohle u. Ä.‹, sind gemeindt. – Zu 1.: **Einkaufssack** CH, **Erdäpfelsack** (↗Erdäpfel) A, **Kehrichtsack** (↗Kehricht) CH, **Mistsack** (↗Mist) A, **Müllsack** (↗Müll) A D, **Nylonsack, Papiersack, Plastiksack.** Zu 2.: ↗**Sackgeld** A-west (Vbg.) CH, ↗**Sackhegel** CH, ↗**Sackmesser** A-west (Vbg.) CH, ↗**Sacktuch** A D-süd LIE

Säckel der; -s, –: **1.** A CH ›Beutel oder [Hosen]tasche zur Aufbewahrung von Geld und Wertsachen‹: *Jeder Österreicher arbeitet vom 1. Jänner bis Mitte Juni für den Finanzminister, erst dann bleibt ihm das sauer Erarbeitete im eigenen Säckel* (Südostjournal online 15/1998, Internet; A); *Hatte sich die Diebestour gelohnt, landeten vielleicht ein beschlagenes Messer oder ein silberner Dolch im Säckel* (Südostschweiz 4. 5. 1999, Internet; CH); ***in den Säckel greifen** A ›viel Geld ausgeben; Geld locker machen‹: *Und da scheint den Tausenden Vorarlbergerinnen und Vorarlbergern, die in ihren Säckel gegriffen haben, klar zu sein, dass wir alle im Vergleich mit jenen, die derzeit am Balkan alles verlieren, in besten Verhältnissen leben* (VN 24. 4. 1999, D 10); ***jmdm. in den Säckel greifen** A ›von jmdm. Geld fordern; jmdn. zur Kasse bitten‹: *… so wie Sie Steuerzahlern rückwirkend, ohne dass sie es gestalten können, in den Säckel greifen* (Stenogr. Protokoll des Nationalrates 14. 1. 1997, Internet). **2.** A CH D-südwest ›Kasse (einer Institution, eines Vereins o. Ä.)‹: *Als Steuern und Gebühren noch reichlich im Säckel der Stadt klimperten, war die Budgeterstellung ein Kinderspiel* (VN 21. 12. 1995, A 6; A); *Die vielen Holdinggesellschaften … tragen immerhin einiges zum Staatssäckel bei* (Allemann, Schweiz 86; CH) – *Säckel* in der Bedeutung ›Brieftasche‹ ist veraltet. Zu 2.: In D-nord/mittel nur ironisch – Zu 2.: ↗**Säckelmeister(in)** CH, ↗**Säckelwart(in)** A, **Staatssäckel**

Säckelmeister Säckelmeisterin CH der; -s, – bzw. die; –, -nen: **1.** ↗SÄCKELWART A, ↗KASSIER A CH D-süd, ↗QUÄSTOR CH, ↗KASSENWART D, ↗SCHATZMEISTER D, ↗KASSIERER D-nord/mittel ›Person, die die Finanzen eines Vereines o. Ä. verwaltet‹: *Der Säckelmeister leitet die finanziellen Geschicke des Vereins und der Rodelführer führt die Mitgliederkontrolle sowie das Inkasso der Jahresbeiträge durch* (Weinbruderschaft St. Martin zu Zofingen, 2002, Internet). **2.** ↗STADTKÄMMERER D ›Leiter(in) der Finanzverwaltung in Gemeinden der ↗Kantone Appenzell Innerrhoden und Schwyz und im ↗Kanton Nidwalden‹: *Ruth Metzler, abgetretene Säckelmeisterin und gewählte Bundesrätin, hatte gestern in ihrer Heimat Appenzell nochmals einen grossen Auftritt* (Blick 26. 4. 1999, 1). **3.** (scherzh.); ↗SÄCKELWART A ›↗Vorsteher(in) des ↗eidgenössischen ↗Departements für Finanzen‹: *Sollen Kapitalgewinne … besteuert werden? Nein, findet Bundesrat Kaspar Villiger, obwohl er als oberster Säckelmeister der Nation vermutlich nichts gegen Mehreinnahmen hätte* (Brückenbauer 20. 11. 2001, Internet) – Zu 2.: Auch in der veraltenden Schreibung *Seckelmeister(in)*. Vgl. Säckel – Zu 2.: **Landsäckelmeister(in)**

Säckelwart Säckelwartin A der; -(e)s, -e bzw. die; –, -nen: **1.** ↗KASSIER A CH D-süd, ↗QUÄSTOR CH, ↗SÄCKELMEISTER CH, ↗KASSENWART D, ↗SCHATZMEISTER D, ↗KASSIERER D-nord/mittel ›Person, die die Finanzen eines Vereines o. Ä. verwaltet‹: *Zur Gültigkeit von Belegen in finanziellen Angelegenheiten des Vereines ist neben der Unterschrift des Säckelwartes diejenige des Obmannes erforderlich* (Turnverein MTV Hernals, 2001, Internet). **2.** (scherzh.); ↗SÄCKELMEISTER CH ›für die Finanzen zuständiger ↗Minister bzw. zuständige Ministerin‹: *Der 31-jährige Säckelwart der Republik zum Sozialfonds* (Profil 14. 2. 2000, 23) – Vgl. Säckel

Sackerl A das; -s, -n (Grenzfall des Standards): **1.** ↗SÄCKLI CH, ↗BEUTEL D ›kleines Behältnis aus Stoff, Plastik oder Papier‹: *In der Akutphase kann man auch Eiswürfel in ein Sackerl geben und dieses auf die schmerzende Stelle auflegen* (ORF Nachlese 9/1997, 60). **2.** ↗SACK A CH, ↗TRAGTASCHE A CH, ↗TASCHE CH D-süd, ↗BEUTEL D, ↗TRAGETASCHE D, ↗TÜTE D ›[größeres] aus Stoff, Plastik oder Papier gefertigtes Behältnis mit Tragegriff zum Transport von Waren‹: *Es war Mitte November, als Margareta S. nach einem Großeinkauf zu Hause feststellen musste, dass ein Sackerl fehlte. Es war … ausgerechnet das mit 12 rezeptpflichtigen Medikamenten* (Kurier 1. 2. 1999, 27) – Zu 1.: **Gefriersackerl, Jausensackerl** (↗Jause), **Papiersackerl.** Zu 2.: **Einkaufssackerl, Turnsackerl.** Zu 1. und 2.: **Nylonsackerl, Plastiksackerl**

Sackgebühr CH die; –, -en: ›Entsorgungsgebühr, die pro Abfallsack erhoben wird‹: *Die Kehrichtverwertung Horgen meldet erstmals seit Einführung der Sackgebühr einen Rechnungsüberschuss* (TA 4. 6. 1999, 25) – Vgl. Kehrichtgebühr – Dazu: ↗**Abfallsackgebühr,** ↗**Kehrichtsackgebühr**

Sackgeld A-west (Vbg.) CH das; -(e)s, -er: ›Taschengeld‹: *Gebt den Kids ein eigenes Bankkonto. So haben sie nicht nur einen Anreiz, ihr Sackgeld zu sparen, sondern können auch gleich ihre neu erworbenen Kenntnisse im Bankverkehr mit eigenem Geld ausprobieren* (Sonntagsztg 17. 5. 1998, Internet; CH) – Vgl. Sack – Dazu: **Sackgelderhöhung**

Sackhegel CH der; -s, – (Grenzfall des Standards): ↗FEITEL A D-südost, ↗SACKMESSER A-west (Vbg.) CH ›einfaches Klappmesser; Taschenmesser‹: *Erfun-*

den wurde der schweizerische Sackhegel von Carl Elseners Grossvater, 1897 liess er das elegante Offiziermesser patentieren (Facts 6. 8. 1995, 72) – Vgl. Sack

Sackkarre D-nord/mittelwest die; –, -n: ↗KISTENRODEL A, ↗RODEL A, ↗SACKRODEL A, ↗SACKKARREN CH D-süd ›zweirädriges Transportgerät mit zwei Griffen und einer kleinen Ladefläche, auf die Kisten, Säcke etc. geladen und in gekippter Lage leicht bewegt werden können‹: *Auf dem Barmbeker Güterbahnhof wurden früher Waren und Pakete mit der Sackkarre umgeladen* (Welt 28. 12. 1999, Internet) – Vgl. Karre

Sackkarren CH D-süd der; -s, –: ↗KISTENRODEL A, ↗RODEL A, ↗SACKRODEL A, ↗SACKKARRE D-nord/mittelwest ›zweirädriges Transportgerät mit zwei Griffen und einer kleinen Ladefläche, auf die Kisten, Säcke etc. geladen und in gekippter Lage leicht bewegt werden können‹: *Nachdem du dich von der Nützlichkeit beim Transportieren von Kisten und dergleichen überzeugen konntest, bitten wir dich, uns den Sackkarren wieder ... zurückzubringen* (St. Galler Tagbl 5. 1. 1999, Internet; CH)

Säckli CH das; -s, – (Grenzfall des Standards): ↗SACKERL A, ↗BEUTEL D ›kleines Behältnis aus Stoff, Plastik oder Papier‹: »*Wenn ich mit Barry am Waldrand spaziere, habe ich das Säckli immer dabei*«, *sagt Ruedi M.* (Schweizer Familie 22/1999, 14) – Dazu: **Baumwollsäckli, Kot-Säckli, Robidog-Säckli** (↗Robidog), **Tee-Säckli**

Sackmesser A-west (Vbg.) CH das; -s, –: ↗FEITEL A D-südost, ↗SACKHEGEL CH ›einfaches Klappmesser; Taschenmesser‹: *Bei einem Streit in einer Wohnung rammte ein 30-jähriger Italiener seinem spanischen Kollegen ein Sackmesser in den Leib* (Blick 7. 4. 1998, 23; CH) – In A-südost veraltend. Vgl. Sack

Sackrodel A die; –, -n: ↗KISTENRODEL A, ↗SACKKARREN CH D-süd, ↗SACKKARRE D-nord/mittelwest ›zweirädriges Transportgerät mit zwei Griffen und einer kleinen Ladefläche, auf die Kisten, Säcke etc. geladen und in gekippter Lage leicht bewegt werden können‹: *Zum Schluss noch ein Tipp für den Transport der oft großen und schweren Töpfe: Eine Sackrodel leistet dabei unschätzbare Dienste* (OÖN 12. 11. 1996, 20) – Vgl. Rodel

sackstark CH Adj. (salopp): ›sehr gut‹: *Erfreulich ist, dass die Musiker nicht nur gut, sondern sackstark sind* (NLZ 29. 8. 2001, Internet)

Sacktuch A D-süd LIE das; -(e)s, ...tücher (Grenzfall des Standards, veraltend): ↗SCHNÄUZTUCH A D-südost, ↗NASTUCH CH, ↗SCHNUPFTUCH D-mittelost ›Taschentuch‹: *Umständlich putzt er die Brille mit einem blauweißen Sacktuch* (Presse 2. 5. 2000, Internet; A); *Bevor Peter seinen mühevollen Weg fortsetzte, wischte er sich mit seinem Sacktuch die Stirn* (Ospelt, Vision 81; LIE) – Die Bedeutung ›minderwertiger Stoff; Jute‹ ist gemeindt. Vgl. Sack

Saft A der; -(e)s, ohne Plur.: ↗SOß A, ↗SOßE D, ↗TUNKE D-nord/mittelwest, ↗STIPPE D-nord/mittelost ›Bratensauce; Jus‹: ... *Schweinsbraten mit Knödel und Saft, gebackenes Hirn* (Kurier 2. 1. 1999, 19); ***Würstel mit Saft** siehe Würstel – Die Bedeutungen ›Fleischsaft‹, ›Fruchtsaft‹ und ›in Pflanzen enthaltene Flüssigkeit‹ sind gemeindt. – Dazu: **Gulaschsaft** (↗Gulasch)

Säge A CH D-süd die; –, -n: kurz für ›Sägewerk‹: ↗SÄGEREI CH D-nordwest/südwest: *Betriebe: Forst, Säge, Landwirtschaft, Fischerei, Weinbau* (Zisterzienserstift Zwettl, 1999, Internet; A); *Wann das Gebäude der heutigen Säge erstellt wurde, ist nicht bekannt* (Gemeinde Fanas, 2000, Internet; CH) – Die Bedeutung ›Werkzeug zum Sägen‹ ist gemeindt. – Dazu: **Sägearbeiter(in)**

Sägebock (gemeindt.): ↗SCHRAGEN

sagen sw.V./hat: in der Bedeutung ›etw. benennen‹ in CH auch ohne Präposition und mit Dativobjekt, gemeindt. nur in Verbindung mit der Präposition *zu* und Akkusativobjekt: *Und dem Tisch sage ich Tisch, dem Bild sage ich Bild, das Bett heisst Bett, und den Stuhl nennt man Stuhl. Warum denn eigentlich?* (Bichsel, Kindergeschichten 25; CH)

Sager A der; -s, – (salopp): ›Ausspruch, Aussage‹: *Vollbracht hat Haider dieses Wunder mit einem für ihn typischen Werkzeug – einem unbeherrschten Sager am Abend vor dem Linzer Parteitag* (News 6. 11. 1997, 40) – Vgl. Meldung

Sägerei CH D-nordwest/südwest die; –, -en: ↗SÄGE A CH D-süd ›Sägewerk‹: *Der Grossvater arbeitete weiter in der elterlichen Sägerei* (Wenger, Rosalia 8; CH) – In D selten. In CH häufiger als *Säge* – Dazu: **Sägereibesitzer(in)**

Sägewerk (gemeindt.): ↗SÄGE, ↗SÄGEREI

Sago das/der; -s, ohne Plur. ⟨engl. *sago* zu malaiisch *sagu*⟩: ist in der Bedeutung ›gekörntes Stärkemehl aus Palmenmark‹ in A auch Neutrum, gemeindt. Maskulinum: *Hier wird das Sago von den Fasern getrennt und läuft durch ein Sieb in einen Sammeltrog, wo sich das weiße Mehl absetzt* (Private Homepage, 2003, Internet)

Sahne D (ohne südost) die; –, ohne Plur.: **1.** ↗OBERS A-ost, ↗RAHM A CH D (ohne nordwest), ↗NIDEL CH, ↗SCHMANT D-mittelost ›oben schwimmender, fetthaltiger Teil der Milch; flüssiger Süßrahm‹: *Sahne und Eigelbe miteinander verrühren, die Suppe vom Feuer nehmen und damit legieren* (Palette 2/1998, 49); ***erste Sahne** ›sehr gut, exzellent‹: *Bei meinen Torten* *muss auch die Deko erste Sahne sein* (Freundin 19/1997, 168); ***saure Sahne:** ↗Schmant D-mittel ›Sauerrahm‹: *... zwei Teller mit dampfender Tomatensuppe, mit einem kräftigen Klecks saurer Sahne in der Mitte ...* (Bick, Tödliche Ostern 23). **2.** ↗Schlag A, ↗Schlagobers A-mitte/ost, ↗Schlagrahm A (ohne ost) CH D-süd, ↗Nidel CH, ↗Rahm CH, ↗Schlagsahne D (ohne südost) ›steif geschlagener Süßrahm‹: *Ein Viertel Liter steifgeschlagene Sahne mit Erdbeermark aus 500 Gramm durchgepressten Erdbeeren, 100 Gramm Zucker und sechs Blatt aufgelöster Gelatine vermengen* (AZ 19. 6. 1998, 26) – In A als fremd empfunden, aber in Fremdenverkehrsgebieten häufig gebraucht. Einige wenige Zus. mit *Sahne* sind auch in A und CH zunehmend gebräuchlich, obwohl sie als fremd empfunden werden, z. B. *Sahnetorte* in A und CH und der Produktename ↗*Sahnesteif* in A – Dazu: **Kaffeesahne** (↗Kaffee), ↗**Sahnebaiser, Sahnecreme** (↗Creme), **Sahnedessert** (↗Dessert), ↗**Sahnehäubchen,** ↗**Sahnemeerrettich** D, **Sahnepudding,** ↗**Sahnequark,** ↗**Sahnesoße,** ↗**Sahnestück** D-nord/mittel, **sahnig**

Sahnehäubchen D (ohne südost) das; -s, –: **1.** ↗Schlagobershaube A, ↗Rahmhaube CH ›kleine Portion geschlagener Süßrahm, die auf die Oberfläche heißer Getränke, wie Kaffee und Kakao, gesetzt wird‹: *Aber so, wie der Übergewichtige trotzdem nicht auf seinen Kuchen verzichtet, bestand er auf dieses Sahnehäubchen* (Hettler, Gerd und Gerda 49). **2.** ›etw., das eine Sache vollkommen macht‹: *Die zusammenfassende Bewertung im »Film-Dienst« bildet das Sahnehäubchen jeder Kritik* (Filmjournal 11/1997, 8) – In CH ursprünglich fremd, aber zunehmend gebräuchlich, vor allem in Bedeutung 2. Zu 1 vgl. Sahne

Sahnemeerrettich D der; -s, ohne Plur.: ↗Oberskren A, ↗Meerrettichschaum CH ›mit [geschlagenem] Süßrahm versetzter ↗Meerrettich‹: *Das schmeckt hier besonders gut: ... Forelle »Müllerin Art« mit frischer Butter, Sahnemeerrettich, Petersilienkartoffeln und grünem Salat* (BZ Berlin 7. 5. 1999, Internet) – Vgl. Sahne

Sahnequark D (ohne südost) der; -s, ohne Plur.: ↗Rahmquark CH, ↗Rahmtopfen D-südost ›unter Zugabe von ↗Sahne hergestellter ↗Quark‹: *Sahnequark mit Kirschen* (Bäckerei Büscher, 1999, Internet)

Sahnesoße D (ohne südost) die; –, -n: ↗Oberssauce A-ost, ↗Rahmsoße D ›unter Zugabe von ↗Sahne hergestellte Sauce; Rahmsauce‹: *Wie wäre es denn mit Spaghetti mit Sahnesoße und Schinken?* (Blobel, Tür 33) – Vgl. Soße

Sahnestück D-nord/mittel das; -(e)s, -e: ›etw. von besonderer Qualität‹: *Ein Notebook, das ... keine halbe Portion ist. Im Gegenteil: Kenner und Genießer bezeichnen es auch als das Sahnestück im Programm* (Stern 25. 9. 1997, 191)

Saibling (gemeindt.): ↗Rötel, ↗Salbling

Saison die; –, -en/-s ⟨frz.⟩: Die Aussprache lautet in A und D-süd [sɛ'soːn, sɛ'sõː], in CH ['sesõ], in D (ohne süd) [ze'zõː, ze'zɔŋ]. Der Plural lautet bei Aussprache [sɛ'soːn] *Saisonen*, sonst *Saisons*. Das gilt auch für die Zus. z. B. Sommersaison, Wintersaison: *Zwei bis drei Jahre hätten aber bei diesen guten Saisonen genügt, alle Schulden ... wären getilgt gewesen* (Schöpf, Ausgedingler 51; A); *In den vergangenen Saisons arbeitete Dmitry Sitkovetsky mit einigen bedeutenden Orchestern und Dirigenten zusammen* (Grazer Symphoniker, 2004, Internet; A); *Er hielt sich einige Saisons, ehe er sich über Zwischenlösungen, dem »Midi«, ins andere Extrem verwandelte, nämlich zum Maxi-Rock* (Schierbaum, Modegeschichten 61; CH); *Was sich in den vergangenen Saisons kontinuierlich aufgebaut hat, kommt nun auf allen Linien zum Durchbruch: Im Winter '99/2000 ist in der Mode Wohlfühlen angesagt* (Textil-Revue 7. 6. 1999, 3; D)

Saisonarbeiter (gemeindt.): ↗Saisonnier

Saisonier A der; -s, -s [seson'i̯eː] siehe Saisonnier

Saisonnier A CH der; -s, -s [seson'i̯eː A, 'sɛsɔni̯e CH]: ›Saisonarbeiter‹: *Die Wirtschaftskammer beklagt die zu geringen Kontingente an ausländischen Saisonniers aus Nicht-EU-Staaten* (Echo 28. 1. 1999, 47; A); *Einst war der 54-jährige in unserem Land ein willkommener Saisonnier* (Blick 20. 10. 1998, 1; CH) – Eine weibliche Form ist nicht gebräuchlich. In A auch in der Schreibung *Saisonier.* Vgl. Aufenthalter, Saison – Dazu: **Saisonnierstatus, Saisonnierstatut** CH

Saitling D der; -(e)s, -e (Küche): ›[Schafs]darm, der u. a. als Haut für feine ↗Würstchen verwendet wird‹: *Wiener Würstchen im Saitling* (Leipziger Rundschau 18. 2. 1998, 5)

Sakko der/das; -s, -s ⟨aus ital. *sacco* ›Sack‹⟩: in A und D Neutrum, in CH Maskulinum. Die Verwendung im Maskulinum ist in D selten. Wird in A auf der zweiten Silbe, mit Langvokal, betont, in CH und D auf der ersten Silbe, mit Kurzvokal. Das gilt auch für die Zus., z. B. Herrensakko, Leinensakko A D, Sakkotasche, Trachtensakko A D: *Er trug ein Sakko mit auffallend wildem Muster* (Rados, Quotenfieber 39; A); *Sie trägt ein dunkles Kopftuch, einen schwarzweiss karierten Sakko, einen dunkelblauen Rock und dunkelbraune Halbschuhe* (NZZ 1. 3. 2003, 46; CH); *Über Alfred Bioleks Karteikärtchen zum Beispiel weiß man, dass sie farblich auf das Sakko des Talkmasters abgestimmt werden* (WDR Service 28. 7. 2000, Internet)

Sakra A D-süd Interj. ⟨verkürzt aus *Sakrament*⟩ (salopp, Grenzfall des Standards): ↗aufhören: *da

HÖRT SICH [DANN JA/DOCH] ALLES AUF A D, ↗KRUZITÜRKEN A D, ↗GOTTFRIEDSTUTZ CH ›verdammt, verflucht‹ /Ausruf des Zorns, Ärgers oder der Empörung/: *Sakra, ja ist denn das möglich?* (Fritsch, Fasching 97; A) – Kommt groß oder klein geschrieben vor. Auch in der Verstärkung *himmelsakra* gebräuchlich

Sakristan (gemeindt.): ↗KÜSTER/KÜSTERIN, ↗MESMER/MESMERIN, ↗MESNER/MESNERIN, ↗SIGRIST/SIGRISTIN

Salami der; -s, -s/die; –, -(s): in CH auch Maskulinum, gemeindt. Femininum: *Wohlgefällig sah ich zu, wie Rädchen um Rädchen verschwand und der Salami sich merklich verkürzte* (Kolb, Niederdorfer 88; CH)

Salär CH D-süd das; -s, -e (geh.): ›Lohn, Gehalt‹: *Wir bieten eine entwicklungsfähige Position, überdurchschnittliches Salär und Sozialleistungen, Firmenwagen etc.* (BaZ 25./26. 10. 1997, 75; CH) – In A und D-nord/mittel veraltet. Vgl. Salarierung – Dazu: **Grundsalär, Jahressalär, Monatssalär, Saläradministration** CH, **Salärsystem**

Salarierung CH die; –, -en: ↗ENTLOHNUNG A D, ↗ENTLÖHNUNG CH LUX ›Lohnzahlung‹: *Generell angekreidet wird S., dass er gerne mit der grossen Kelle anrichte, nicht zuletzt auch bei der Salarierung seiner Mitarbeiter* (TA 25. 4. 1996, 51) – Vgl. Salär – Dazu: **Salarierungsmodell, Salarierungssystem**

Salat: *grüne Salat D: ↗KOPF A-west, ↗KOPFSALAT A-west CH D, ↗HÄUPTEL A D-südost, ↗HÄUPTELSALAT A D-nordost/südost ›Salat mit hellgrünen Blättern, die im Inneren einen festen Kopf bilden‹: *Viele Köpfe gehören zur Familie der Kopfsalate … Der berühmteste ist wohl der klassische grüne Salat* (DEM-Magazin 7. 8. 2001, Internet); ***Römische Salat** D (ohne südost): ↗KOCHSALAT A, ↗LATTICH CH, ↗BINDESALAT D ›leicht bittere Salatsorte mit dunkelgrünen länglichen Blättern und roten Sprenkeln, die sich auch zum Dünsten eignet‹: *Der Römische Salat gehört zu der botanischen Familie der Korbblütler* (Lebensmittellexikon 9. 8. 2001, Internet) – Das Substantiv *Salat* ist in allen anderen Verwendungen gemeindt.

Salatgurke (gemeindt.): ↗SCHLANGENGURKE

Salbei die; –, ohne Plur./der; -s, ohne Plur. ⟨aus lat. *salvia*⟩: in CH und D Femininum, gemeindt. Maskulinum. Wird in CH und D auf der ersten Silbe, mit Kurzvokal, oder auf der zweiten Silbe betont, in A nur auf der ersten Silbe: *Die Salbei ist eine vielfältige Pflanze* (Apotheke Wyss, 2002, Internet; CH); *Den Rosmarin, die Salbei, die Petersilie und das Lorbeerblatt dazulegen* (Chefkoch 26. 11. 2002, Internet; D)

Salbling D-südwest der; -s, -e: ↗RÖTEL CH ›[See]saibling‹ /ein Lachsfisch/: *Dill mariniert ein Salblings-, Lachs oder Forellenfilet* (Die Woche 11. 5. 2001, Internet)

saldieren A sw.V./hat ⟨aus ital. *saldare* ›zahlen‹⟩: ›die Bezahlung einer Rechnung bestätigen‹: *Legen Sie die alten rot-grünen Schilling-Zahlscheine bei, solange Sie in Schilling verrechnen, und die neuen rot-blauen Euro-Zahlscheine, sobald Sie in Euro saldieren* (Diözese Linz, 2002, Internet) – Die Verwendung im Bereich Wirtschaft in den Bedeutungen ›einen Differenzbetrag, ein Saldo berechnen‹ und ›ein Konto abschließen oder auflösen‹ sind gemeindt. – Dazu: **Saldierung**

Salettl A (ohne west) D-südost das; -s, -n ⟨aus ital. *saletta* ›Sälchen‹⟩: ›Gartenhäuschen, Laube, Pavillon‹: *Da gibt es etwa ein wunderschönes Biedermeier-Salettl im Innenhof eines sanierungsbedürftigen Hauses. Das Salettl droht in einem Meer von Wildwuchs zu ertrinken* (Kurier 8. 7. 2000, 21; A); *Neben dem Brunnen wurde … dann auch noch das denkmalgeschützte Salettl eröffnet, jenes frisch renovierte, kleine Gartengebäude des Paulaner* (Ganz München, 2003, Internet; D-südost) – Auch in der Form *Salettel*

Säli CH das; -s, –: ›kleiner, abgetrennter Saal in einem Restaurant, der von Familien, Gruppen und Vereinen gemietet werden kann‹: *In unserem kleinem heimelig eingerichteten Säli servieren wir Ihnen feine auserlesene à la carte Gerichte. Für Ihre privaten Familienanlässe, oder kleine Feiern, eignet sich dieses Lokal bestens* (Restaurant Iselihof, 2001, Internet)

sali siehe salü

Salsiz CH der; –, -/das; -es, -e: ›Dauerwurst aus Graubünden‹: *Salsiz und Bündnerfleisch von glücklichen Kühen vom Wellness-Metzger Ludwig H. im Center Chasa Augustin* (WW 36/1997, 83) – Betonung auf der letzten Silbe mit kurzem oder langem Vokal

Saltner Saltnerin STIR der; -s, – bzw. die; –, -nen (früher): ›Wächter(in) für ↗Weinäcker und ↗Obstwiesen‹: *Der Saltner bekreuzigte sich ein paar Mal, dann machte er sich auf zu seiner Runde durch den Weinberg* (Ilmer-Ebnicher, Südtiroler Sagen 26) – Dazu: **Saltnerdienst**

salü CH ⟨aus frz. *salut*⟩ (Grenzfall des Standards): **1.** ↗GOTT: *GRÜß DICH/EUCH [GOTT] A D-süd, ↗SERVUS A D-südost, ↗HOI CH ›hallo‹ /Grussformel (zur Begrüssung von Personen, mit denen man per du ist)/: *Gerlinde begrüsste jedermann mit einem freundlichen Salü, der Walliser Grussform unter Leuten, die sich duzen* (Furrer, My Way 137). **2.** ↗BABA A, ↗GOTT: *PFIAT DI/EUCH [GOTT] A D-südost, ↗SERVUS A D-südost, ↗ADE CH D-südwest ›tschüss‹ / Grussformel (zur Verabschiedung von Personen, mit denen man per du ist)/: *Bei der Verabschiedung ... würdigten sich die Streithähne am Freitag mit keinem Blick. Kein »bis am Dienstag«, kein »salü, bis nächste Woche«* (Sonntagsblick 3. 10. 1999, s18) – Auch in den Formen *salut* und *sali*

salut siehe salü

Salzamt A das; -(e)s, ...ämter (scherzh.): ›fiktives Amt letzter Instanz, das aber nie erreichbar ist‹: *Er überlegte daraufhin ernsthaft, sich in das Salzamt versetzen zu lassen* (Frank L., Kommissar 120) – Nach dem historischen (von Wien weit entfernten) Verwaltungssitz der staatlichen Salinen des Salzkammerguts in Gmunden (OÖ) oder nach den 1850 aufgelösten und daher nicht mehr als Bezugsquellen vorhandenen Vertriebsstellen der Salinen

Salzburg (gemeindt.): ↗FESTSPIELSTADT, ↗MOZARTSTADT

Salzstange die; –, -n: **1.** D; ↗SOLETTI A, ↗SALZSTÄNGEL A-west (Vbg.) CH D-südwest, ↗SALZSTANGERL A-mitte/ost D-südost, ↗SALZSTÄNGELI CH ›mit Salzkörnern bestreutes Knabbergebäck in Form kleiner dünner Stangen‹: *Er knabbert an seinem Finger wie an einer Salzstange bei einem spannenden Film vor dem Fernseher* (Welt 1. 3. 1999, Internet). **2.** D-süd; ↗SALZSTANGERL A D-südost, ↗SALZSTÄNGEL A-west (Vbg.) ›mit Salzkörnern bestreute Brotsorte in langer, dünner Form‹: *Menü 1: Schwäbischer Gulaschsuppentopf, Salzstange, Frischobst* (Universität Stuttgart, 1995, Internet)

Salzstängel der; -s, –: **1.** A-west (Vbg.); ↗SALZSTANGERL A D-südost, ↗SALZSTANGE D-süd ›mit Salzkörnern bestreute Brotsorte in langer, dünner Form‹: *Goldbraune Semmeln, knusprige Salzstängel oder Pärle – über 100 Brotsorten bieten die Bäcker des Landes an* (VN 30. 9. 1999, Heimat/Bregenz 26). **2.** A-west (Vbg.) CH D-südwest; ↗SOLETTI A, ↗SALZSTANGERL A-mitte/ost D-südost, ↗SALZSTÄNGELI CH, ↗SALZSTANGE D ›mit Salzkörnern bestreutes Knabbergebäck in Form kleiner dünner Stangen‹: *Das Nachspiel ... fand jeweils in unserem Zimmer statt, mit Chips, Salzstängel, literweise Eistee* (Ferien in Spanien, 2001, Internet; A-west); *Bubu, der Mann, der ihnen im Odéon immer Nüsschen, Salzmandeln, Salzstängel ... oder Sirup bezahlt habe, der Mann mit dem grossen Schnauz und dem Buckel* (Jaun, Onkel aus Afrika 280; CH)

Salzstängeli CH das; -s, -(s): ↗SOLETTI A, ↗SALZSTÄNGEL A-west (Vbg.) CH D-südwest, ↗SALZSTANGERL A-mitte/ost D-südost, ↗SALZSTANGE D ›mit Salzkörnern bestreutes Knabbergebäck in Form kleiner dünner Stangen‹: *Der Apéro mit Salzstängeli und Chips war ... eher eine laue Nummer* (Schweiz. Feldweibelverband, Zürcher Oberland, 1998, Internet)

Salzstangerl das; -s, -(n): **1.** A D-südost; ↗SALZSTÄNGEL A-west (Vbg.), ↗SALZSTANGE D-süd ›mit Salzkörner bestreute Brotsorte in langer, dünner Form‹: *Er tunkt den Gulaschsaft so genüsslich mit einem Salzstangerl auf, dass ich alle guten Vorsätze und die letzten Reste meiner Übelkeit vergesse* (Brödl, Blutrausch 30; A). **2.** A-mitte/ost D-südost; ↗SOLETTI A, ↗SALZSTÄNGEL A-west (Vbg.) CH D-südwest, ↗SALZSTÄNGELI CH, ↗SALZSTANGE D ›mit Salzkörnern bestreutes Knabbergebäck in Form kleiner dünner Stangen‹: *Einer liegt ... auf dem Bretterboden, zwischen den zertretenen Salzstangerln und Kaugummischleifen* (Zenker, Katzenkopfpflaster 128; A-mitte/ost); *Wer sich gern am Sonntagabend bei Bier und Salzstangerl den »Tatort« reinzieht, der konnte jetzt mal sein Dasein als »couch potatoe« aufgeben und Frischkost genießen* (SPD Donau-Ries, 2003, Internet; D-südost) – Auch in der Form *Salzstangl*

Samba der; -s, -s/die; –, -s ⟨afrik.-port.⟩: ist in A und CH Maskulinum, in D Femininum: *Ihre ganze Leidenschaft gilt dem Samba* (Standard 23. 6. 2000, Internet; A); *Das Publikum bedankte sich mit grossem Applaus und erhielt dafür als Zugabe noch einen Samba von Renato Bui vorgetragen* (St. Galler Tagbl 14. 6. 2000, Internet; CH); *Wo der Rhythmus als wichtigster Kommunikator fungiert, ... wo Musik alle Lebensbereiche tangiert, da ist die Samba geboren* (Tanzoriental 2/1999, Internet; D)

Sämi CH: Kurz- und Koseform des männl. Vornamens *Samuel: Sämi K. konstatiert: »Fleissarbeiten finden heute in Form von Suchen und Finden der richtigen Internetadressen statt«* (Bund 5. 1. 2000, 6)

Samichlaus CH der; -es, ...chläuse (Grenzfall des Standards): ↗NIKOLAUS A D, ↗NIKOLO A D-südost, ↗KLAUS CH ›St. Nikolaus‹: *Ein moderner Samichlaus verzichtet darauf, die Rute zu schwingen und hat statt dessen ein offenes Ohr für Sorgen* (Brückenbauer 3. 12. 1997, 5) – Dazu: **Samichlausfeier**

Sammeltasse D die; –, -n: ›Tasse mit außergewöhnlichem Design (oft als Einzelstück)‹: *Ein Mensch, der in seiner Stube sitzt und auf das Büfett mit den Sammeltassen stiert* (Wolf, Juninachmittag 488)

Samstag A CH D-mittel/süd der; -(e)s, -e: ↗SONNABEND D-nord ›sechster Tag der Woche‹: *Am Samstag, den 31. Jänner, findet das 13. Hornschlittenrennen ... statt* (TT 30. 1. 1998, 10; A); *Am Samstag wurden in Metzerlen die neuen Gemeindebauten mit einem grossen Fest eingeweiht* (BaZ 23. 6. 1998, Internet; CH) – In D-nord/mittel zunehmend gebräuchlich – Dazu: **Pfingstsamstag, samstägig** A D, **samstäglich, samstags**

Samu LUX der; –, – [sa'my:]: als Wort gesprochene Abk. für *Service d'Assistance Médicale Urgente:* ↗RET-

TUNG A, ↗SANITÄT CH ›Organisation zur Durchführung von Krankentransporten, erster Hilfe etc.; Rettungsdienst, Ambulanzdienst, Sanitätsdienst‹: *... der Samu aus Ettelbrück, die Gendarmen aus Fels ... waren an der Unfallstelle* (Luxemb Wort 21. 9. 1999, 11)

sạ̈ndeln CH sw.V./hat (Grenzfall des Standards): ↗SPIELEN: *SAND SPIELEN A, ↗SANDELN D-südost ›im Sand spielen‹: *Beim Blick über den Rand einer Kiesgrube öffnen sich gewaltige Kessel und Täler, als hätte ein Riesenkind gesändelt und sein Spielzeug vergessen* (TA 16. 2. 1996, Internet)

sạndeln sw.V./hat: **1.** A (abwertend, Grenzfall des Standards); ↗KNOTZEN A, ↗GAMMELN D ›statt zu arbeiten seine Zeit untätig vergeuden‹: *Die Universität ist ja ganz was anderes, da sitzen ja nur die Studenten herum und saufen und sandeln!* (Universität Graz, Gekle, Veit!, 2000, Internet). **2.** A D-südost (abwertend, Grenzfall des Standards) ›als Obdachloser leben‹: *Warum er »sandelt«, wollten wir wissen. Während er genüsslich einen »Tschik« wuzzelt und an der Bierflasche zuzzelt, kommt die Antwort* (Kleine Ztg 7. 9. 1996, Internet; A). **3.** A-west (Tir.)/südost (Grenzfall des Standards) ›im Winter Kies auf eisige Straßen streuen, um die Rutschgefahr zu minimieren‹: *An lustige Ereignisse erinnert sich H. H. besonders gerne. Zum Beispiel an einen Besuch bei der Gemeinde, als ein Kind auf die Frage des Bürgermeisters, was die Gemeindebediensteten so machen, antwortete: »Sandeln«. Was ein verdutztes Staunen beim Stadtoberhaupt hervorrief, bis sich herausstellte, dass der Knirps das Splittstreuen im Winter meinte* (Kleine Ztg 18. 4. 1999, Internet). **4.** D-südost; ↗SPIELEN: *SAND SPIELEN A, ↗SÄNDELN CH ›im Sand spielen‹: *Kinder sollten im Freibad nach Herzenslust matschen und sandeln dürfen* (Rems-Murr-Nachr 7. 8. 1999, Internet) – Zu 1 und 2 vgl. Sandler

Sandkasten (gemeindt.): ↗SANDKISTE

Sạndkiste A die; –, -n: ›mit Brettern, Beton o. Ä. eingefasster viereckiger, mit Sand gefüllter Platz zum Sandspielen für Kinder; Sandkasten‹: *Die einarmige Puppe des letzten Jahres lag immer noch neben der Sandkiste* (Reichart, Fotze 5) – In D selten

Sạndler Sạndlerin A D-südost der; -s, – bzw. die; –, -nen (abwertend, Grenzfall des Standards): **1.** ↗UNTERSTANDSLOSE A, ↗CLOCHARD CH LUX, ↗STADTSTREICHER CH D, ↗BERBER D, ↗PENNER D, ↗TREBEGÄNGER D, ↗TIPPELBRUDER D (ohne mittelost/südwest), ↗TREBER D-nordost (bes. Berlin) ›Obdachlose(r)‹: *»Ich unterschrieb, weil Sie so einen Vogel hat«, erklärte mir ein Sandler, und ein anderer unterschrieb erst nach einer Schimpftirade auf den verfressenen Klerus* (Kirche intern 8/1995, 30; A). **2.** ›untüchtiger, träger Mensch‹: *Sandler sind das Ihrer Meinung nach. Die Schotterbarone werden sich freuen, dass sie von Ihnen als »Sandler« bezeichnet werden* (Stenogr. Protokoll des Nationalrates 20. 3. 1996, Internet; A) – Dazu: ↗**sandeln**

Sandwich der/das; -(e)s, -e(s) ['sɛndvɪtʃ A, 'sændvɪtʃ CH, 'zɛntvɪtʃ D] ⟨engl.⟩: in D auch Maskulinum, gemeindt. Neutrum: *Es gibt keine richtigen Pausen, sondern halt den Sandwich am Schreibtisch* (Universität Stuttgart, 2002, Internet; D)

sanieren (gemeindt.): ↗ADAPTIEREN, ↗ASSANIEREN, ↗GENERALSANIEREN, ↗REVITALISIEREN

Sanie̲rung STIR die; –, -en ⟨übersetzt aus ital. *sanatoria*⟩: ›nachträgliche Genehmigung von Dienststellen, Bauten, Eingriffen in die Natur etc. durch Gesetz oder Beschluss‹: *Für die Sanierung ist in der Regel der Erwerb des Zweisprachigkeitsnachweises erforderlich* (Südtirols Autonomie 121) – Andere Bedeutungen sind gemeindt.

sanitä̲r STIR Adj. ⟨frz.⟩ (nicht steigerbar): ›die Gesundheit, das Gesundheitswesen betreffend‹ (meist in den Wendungen *sanitäre Körperschaften* und *sanitäre Leistungen*): *Dies bescheinigt ein Frauenarzt des sanitären Dienstes oder ein Frauenarzt, der mit dem sanitären Dienst konventioniert ist* (Dolomiten 18. 8. 2000, 10) – Im übrigen Sprachgebiet veraltend. Die Bedeutung ›die Hygiene betreffend‹ ist gemeindt.

Sanitä̲rinstallateur Sanitä̲rinstallateurin CH D der; -s, -e bzw. die; –, -nen [...ɪnstala'tœːr CH, ...ɪnstala'tøːɐ̯ D]: ↗INSTALLATEUR A D, ↗BLECHNER D-südwest, ↗FLASCHNER D-südwest, ↗KLEMPNER D (ohne südost), ↗SPENGLER D-südost, ↗HYDRAULIKER STIR ›Person, die beuflich Wasser- und Sanitäranlagen installiert und repariert‹: *Hansruedi U. ist von seinem Werdegang her ein idealer Abwart: Nach der Lehre als Sanitärinstallateur absolvierte er Zusatzlehren als Spengler und Heizungsmonteur* (Bund 29. 11. 1996, 30; CH); *Wenn ... die Regenrinne schadhaft und undicht wird, ruft man den Sanitärinstallateur oder Klempner* (IKZ Praxis 4/2002, Internet; D)

Sanitä̲t die; –, ohne Plur. ⟨aus lat. *sanitas* ›Gesundheit‹⟩: **1.** A CH ›für das Gesundheitswesen zuständige Behörde‹, bes. in Zus., z. B. ↗Landessanitätsdirektion A, Sanitätsabteilung A, Sanitätsaufsicht A, ↗Sanitätsdepartement CH, ↗Sanitätsdienst CH, ↗Sanitätsdirektion CH, Sanitätshoheit CH, Sanitätslandesrat (↗Landesrat) A, Sanitätspersonal, Sanitätspolizei, Sanitätsrat CH, Sanitätswesen (↗-wesen) CH: *Sanitätslandesrat J. A. (SP) präsentierte am Mittwoch ein Modell für die Verbesserung der »Sanitären Aufsicht«. ... Ein umfassender Prüfungskatalog listet die Pflichten der Sanitätsaufsicht auf* (Standard 3. 2. 2000, Internet; A); *Für die Kantone als Inhaber der Sanitätshoheit (Spitäler, Ausbildung) bedeutete die allgemeine*

Entwicklung immer mehr Spitäler mit immer mehr Abklärungs- und Behandlungsangeboten (Sprechstunde 3/4 1997, 29; CH). **2.** STIR ⟨aus ital. *sanità* ›Gesundheit, Gesundheitswesen‹⟩ ›Gesamtheit der öffentlichen Einrichtungen und Maßnahmen zur Sicherung der Gesundheit; Gesundheitswesen‹, bes. in Zus., z. B. Sanitätsangestellte(r), Sanitätsassistent(in), ↗Sanitätsausweis, Sanitätsbauten, Sanitätsbereich, Sanitätsbehörde, ↗Sanitätsbetrieb, ↗Sanitätseinheit, Sanitätsdirektor(in), Sanitätsgebühr, Sanitätskörperschaft, Sanitätspolitik, Sanitätsreform, Sanitätssprengel (↗Sprengel): *In Zukunft soll die Region neue Kompetenzen in den Bereichen Energie ..., Sanität oder Sozialpolitik bekommen* (Neue Südtiroler Tageszt 19. 10. 2000, 3). **3.** A CH (Militär) ›Sanitätstruppe‹: *Erstens sind kleine Kasernen mit 100 oder 150 Mann unwirtschaftlich, da sie annähernd das gleiche Personal (Verwaltung, Küche, Sanität, Wache) benötigen wie Großkasernen* (SN 2. 12. 1997, Internet; A); *Dr. Christian J., selbst Hauptmann der Sanität, bezeichnete [die Antwort auf das Schreiben] als weltfremd* (Universität Zürich, Medizinstudium und Militär, 1998, Internet; CH). **4.** CH; ↗RETTUNG A, ↗SAMU LUX ›Organisation zur Durchführung von Krankentransporten, erster Hilfe etc.; Rettungsdienst, Ambulanzdienst‹: *Der fehlbare Autolenker musste von der Sanität mit erheblichen Verletzungen ins Spital gebracht werden* (NZZ Intern. Ausgabe 3. 11. 1997, 18) – Zu 4.: In A selten – Zu 3.: **Sanitätssoldat(in).** Zu 4.: **Sanitätsfahrzeug** A CH, **Sanitätshilfe, Sanitätskraftwagen** A, **Sanitätsnotruf** CH

Sanitätsausweis STIR der; -es, -e: ↗SOZIALVERSICHERUNGSKARTE A, ↗AHV-AUSWEIS CH, ↗SOZIALVERSICHERUNGSAUSWEIS D ›Magnetkarte, auf der persönliche und medizinische Daten gespeichert sind‹: *In Südtirol werden vorläufig 17 Basisärzte der Sanitätseinheit Mitte-Süd an insgesamt 16.000 Patienten die neuen Sanitätsausweise verteilen* (Dolomiten 13. 5. 2000, 17) – Vgl. Sanität

Sanitätsbetrieb STIR der; -(e)s, -e (formell): ↗SANITÄTSEINHEIT STIR ›staatliche Dienstleistungsorganisation für das Gesundheitswesen‹: *Zahnärztlicher Notdienst des Sanitätsbetriebes Brixen im Krankenhaus Brixen* (Z am Sonntag 22. 10. 2000, 29) – Vgl. Sanität

Sanitätsdepartement CH das; -(e)s, -e [...departəmɛnt]: ↗GESUNDHEITSMINISTERIUM A D, ↗GESUNDHEITSDIREKTION CH, ↗SANITÄTSDIREKTION CH ›für das Gesundheitswesen zuständiger Sektor einer ↗Kantonsregierung, dem ein Mitglied der Regierung vorsteht‹: *Das Basler Sanitätsdepartement entzog [dem Arzt] ... mit sofortiger Wirkung ... die Praxisbewilligung* (Blick 9. 1. 1999, 24) – Vgl. Departement, Sanität

Sanitätsdirektion CH die; –, -en: ↗GESUNDHEITSMINISTERIUM A D, ↗GESUNDHEITSDIREKTION CH, ↗SANITÄTSDEPARTEMENT CH ›für das Gesundheitswesen zuständiger Sektor einer ↗Kantonsregierung, dem ein Mitglied der Regierung vorsteht‹: *Die Sanitätsdirektion Baselland »bestätigt vollauf« die Aussage der Firma, dass weder Dioxine noch Furane in die Umgebung gelangten* (Chemiekatastrophe 41) – Vgl. Direktion, Sanität – Dazu: **Sanitätsdirektor(in), Sanitätsdirektorenkonferenz**

Sanitätseinheit STIR die; –, -en (informell, veraltend) ⟨übersetzt aus ital. *unità sanitaria*⟩: ↗SANITÄTSBETRIEB STIR ›staatliche Dienstleistungsorganisation für das Gesundheitswesen‹: *Das staatliche Reformgesetz Nr. 833 vom 23. Dezember 1978 ... hat alle Träger von Dienstleistungen im Gesundheitsbereich ... aufgelöst und alle Aufgaben einer einzigen Dienstleistungsorganisation – Sanitätseinheit – übertragen* (Südtirol Handbuch 207) – Die Verwendung im Bereich Militär in der Bedeutung ›Sanitätstruppe‹ ist gemeindt. Vgl. Sanität

Sanktus A der; –, ohne Plur. ⟨aus lat. *sanctus* ›heilig‹⟩: ›Genehmigung, Zustimmung‹: *Die schwarze Landeshauptfrau Waltraud Klasnic ... zog ihren Sanktus zurück* (News 23. 12. 1997, 30); ***seinen Sanktus zu etw. geben** ›seine Zustimmung zu etw. geben‹: *Die Gewerkschaft Öffentlicher Dienst gab Dienstag Mittag der Pensionsreform ihren Sanktus* (Kurier 5. 11. 1997, 1) – Die Verwendung im Bereich Religion in der Bedeutung ›Lobgesang in der Messe‹, meist in der Schreibung *Sanctus,* ist gemeindt.

satt: 1. CH Adj. ›eng, dicht‹: *Es gibt wohl viele Leute, die nicht wissen, wie man ein Paket satt zuschnürt* (TA 16. 10. 1999, 27). **2.** D-nordwest/mittelwest Adv. (auch nachgestellt) ›genug, reichlich‹: *»Es war ein richtig schöner, harmonischer Abend«, schwärmte auch Detlev T., der ... seinen Silvestergästen auf Sylt ... Kaviar satt und Spitzenweine servierte* (Welt 8. 5. 2000, Internet) – Andere Bedeutungen sind gemeindt.

Satzung A D die; –, -en: ›schriftlich festgelegte Grundsätze eines Vereins oder einer Körperschaft; Statuten‹: *Für jede der sechs Kunst-Unis ist dabei eine eigene Satzung vorgesehen, ebenso wie ein Studiendekan und ein »Rektor neuen Typs«* (VN 4. 1. 2000, D 4; A); *Nach der Satzung wird erwartet, dass die Parteimitglieder 0,5 Prozent ihres Monatseinkommens in die Kasse zahlen* (Welt 27. 5. 1999, Internet; D) – Dazu: **Satzungsänderung, ↗satzungsgemäß**

satzungsgemäß A D Adj.: ↗STATUTARISCH A CH ›die ↗Satzungen betreffend; statuarisch‹: *Wie berichtet, hat der Landesrechnungshof bei einer erneuten Prüfung festgestellt, dass das Geld satzungsgemäß verwendet worden sei* (OÖN 17. 11. 2000, 20; A); *Es fanden satzungsgemäß vier Beiratssitzungen statt* (Gesellschaft Deutscher Akademikerinnen 29. 7. 2003, Internet; D) – In CH selten

sauber Adj.: **1.** A D-mittelost/süd (Grenzfall des Standards, veraltend) ›hübsch, nett‹: *War der Tanzboden leergefegt, kam das neue Jahr, ein sauberes Dirndl* (Altjahraustreiben in Rohr im Gebirge, 2002, Internet; A). **2.** A D-südost (abwertend, Grenzfall des Standards) ›sehr groß, viel, stark‹ (intensivierend bei Verben und Substantiven): *Da würden sich die anderen Gäste sauber beschweren* (Kneifl, Vorstellung 30; A). **3. *sauberen Tisch machen** CH ›klare Verhältnisse schaffen; reinen Tisch machen‹: *Nach dem Bankverein und der Bankgesellschaft macht auch die dritte Grossbank, die CS Holding, sauberen Tisch im Kreditgeschäft* (TA 21. 12. 1996, 1). **4. *saubere Sache** CH D ›Anerkennung verdienende Verhältnisse, Zustände‹: *Vater geht zur Arbeit, die Kinder zur Schule, und daheim sieht Mutter nach dem Rechten. Alles ordentlich, alles überblick- und berechenbar – eine »saubere« Sache* (TA 14. 11. 1998, 5); *Frauenfußball ist eine saubere Sache, die Akteurinnen sind unglaublich weiblich, charmant, attraktiv* (Freitag 19. 4. 2004, Internet; D) – Andere Bedeutungen sind gemeindt. – Zu 1.: ↗**blitzsauber** A D-südost

Sauce (gemeindt.): ↗SAFT, ↗SOß, ↗SOßE, ↗STIPPE, ↗TUNKE

Sauce: *braune Sauce CH D (ohne südost) ›flüssige bis sämig gebundene Beigabe zu verschiedenen Gerichten auf Basis von Fett und geröstetem Mehl‹: *Kaninchenschenkel in Rotwein gegart an brauner Sauce* (Kantonsspital Winterthur, 1999, Internet; CH); *Die braune Sauce etwas einkochen ..., etwas Butter zugeben und mit Thymian würzen* (WDR 6. 2. 1998, Internet; D) – Das Substantiv *Sauce* ist in allen anderen Verwendungen gemeindt. Es wird in A ['so:s], in CH und D-süd ['so:sə], in D-nord/mittel ['zo:sə] ausgesprochen

sauer: *sauer sein A D (salopp): ↗ANFRESSEN: *ANGEFRESSEN SEIN A D-mittel ›angewidert, verärgert, wütend sein‹: *Die Ministerin, die offensichtlich auf sämtliche Mitarbeiterinnen der Abteilung sauer war, ... übergab das Budget der Erwachsenenbildner an eine andere Stelle* (Falter 3. 11. 1997, 16; A); *Die Fans sind sauer, aber B. bittet um Toleranz* (Welt 10. 8. 1996, Internet; D) – Das Adjektiv *sauer* ist in allen anderen Verwendungen gemeindt.

Sauerbraten D der; -s, –: ›marinierter und geschmorter, süß-saurer Braten aus Rindfleisch‹: *Aus der unteren Wohnung roch es nach Sauerbraten* (Brückner, Spuren 45) – In CH selten, aber zunehmend gebräuchlich

Sauerkirsche D die; –, -n: ↗WEICHSEL A CH D-südost, ↗WEICHSELKIRSCHE CH D-südost ›säuerliche rote Kirsche‹: *Hildegard Grundke und Frau Friebe bereiteten das Hochzeitsessen zu, Schweinebraten mit Leipziger Allerlei, hinterher Vanilleeis mit Schlagsahne und in Wodka eingelegte Sauerkirschen* (Ossowski, Maklerin 85) – Dazu: **Sauerkirschenbaum**

Sauerkohl D-nord der; -(e)s, ohne Plur.: ›Sauerkraut‹: *Speck mit Zwiebel glasig ausbraten und auf den Sauerkohl legen* (Berliner Ztg 27. 2. 1997, Internet) – Vgl. Kohl

Sauerkraut (gemeindt.): ↗SAUERKOHL

Sauerland D das; -(e)s, ohne Plur.: ›östlich von Dortmund gelegene westfälische Region‹: *Bei uns im Sauerland haben unsere Vorfahren überall an den Wegrändern junge Obstbäume gepflanzt* (Westfalenpost 1. 10. 2001, Internet)

Sauermilch A CH D-mittelost die; –, ohne Plur.: ↗MILCH: *SAURE MILCH A CH D-mittelost; *GESTOCKTE MILCH A-west (Tir.) D-südost; *DICKE MILCH D-nord; *GESTANDENE MILCH D-südwest; *GESTÖCKELTE MILCH D-südost, ↗DICKMILCH D-nord/mittel, ↗SETZMILCH D-nord ›durch Milchsäuregärung geronnene, dickflüssige Milch‹: *Schließlich und endlich kommen wir zum letzten Grundbaustein: Er steht für die Magermilchprodukte – also Topfen, Joghurt und Butter- oder Sauermilch* (ORF Nachlese 11/1997, 67; A); *Der Zentralverband Schweizerischer Milchproduzenten hat eine Broschüre mit Informationen über Herstellung und Eigenschaften der verschiedenen Milchfrischprodukte wie Joghurt, Sauermilch, Kefir, Molke usw. herausgegeben* (St. Galler Tagbl 28. 1. 1998, Internet; CH)

Sauerrahm (gemeindt.): ↗SAHNE: *SAURE SAHNE, ↗SCHMANT

Sauertopf D (ohne südost) der; -(e)s, ...töpfe (abwertend, Grenzfall des Standards, selten): ↗GRANTSCHERBEN A, ↗GRANTLER A D-südost, ↗GRANTLHUBER D-südost, ↗MIESEPETER D (ohne südost), ↗NIESELPRIEM D-ost, ↗PIESEPAMPEL D-nordost ›Mensch mit mürrischer Grundstimmung‹: *H. galt als ... frömmelnder Sauertopf, der sich beispielsweise weigerte, mit Kollegen zu feiern* (Spiegel 5. 3. 2001, Internet) – Dazu: ↗**sauertöpfisch**

sauertöpfisch D (ohne südost) Adj. (abwertend, Grenzfall des Standards): ↗GRANTIG A D-süd, ↗MUFF CH, ↗MISSGELAUNT D, ↗ÜBELLAUNIG D, ↗MIESEPETRIG D-nord/mittel, ↗MISSLAUNIG D (ohne nordost/südwest), ›schlecht gelaunt; mürrisch‹: *Ich überlegte, ob ich versuchen sollte, ihr sauertöpfisches Gemüt ein wenig zu erheitern* (Lind, Superweib 90) – Vgl. Sauertopf

Säugling (gemeindt.): ↗BÉBÉ, ↗BUSCHI

Säuliamt CH das; -(e)s, ohne Plur. (informell): ›Region im ↗Kanton Zürich; ↗Bezirk Affoltern‹: *Bereits*

am Freitagabend hatten sich ein paar Dutzend deutsche und schweizerische Skinheads im Zürcher Säuliamt versammelt (Bund 17. 8. 1999, 20) – Vgl. Amt – Dazu: **Säuliämtler(in)**

saunen A D sw.V./hat: ↗SAUNIEREN A D ›in die Sauna gehen‹: *Dient zur belebenden Körpermassage, auch nach dem Duschen, Baden und Saunen* (Medizin populär 3/1994, 33; A); *Regelmäßiges Saunen verbessert die Durchblutung* (Spiegel TV 17. 3. 2002, Internet; D) – In CH selten

saunieren A D sw.V./hat: ↗SAUNEN A D ›in die Sauna gehen‹: *Saunieren stärkt nicht nur die körpereigenen Abwehrkräfte, sondern fördert auch das körperliche Wohlbefinden* (Kleine Ztg 23. 9. 1998, Internet; A); *Experten raten dazu, einmal pro Woche zu saunieren, damit die Wirkungen gegen Erkältungen anhalten* (WAZ 20. 10. 1997, 13; D) – In CH selten

Sauschwab siehe Schwab

Sause D-nord/mittel die; –, -n (salopp): ›Party mit großem Alkoholkonsum‹: *Und damit sich all die kleinen Geister nicht erzürnen, schmeißt man am besten eine große Sause* (Schöner Wohnen 10/1997, 149)

Sauser CH der; -s, –: ↗GESTAUBTE A-ost, ↗STURM A D-südost, ↗FEDERWEIßE D (ohne nordwest), ↗SUSER STIR ›in Gärung übergegangener Traubensaft‹: *Das gleiche geschieht mit süssem Traubensaft. Er gärt. Vorerst wird er zu Sauser, dann zu Wein* (Wildermuth, Biologie 52) – Auch in der Form *Suuser.* In A-west (Vbg.) selten. Vgl. Most

Sautanz A-ost der; -es, …tänze: ↗SCHLACHTPARTIE A-west (Vbg.), ↗METZGETE CH, ↗SCHLACHTFEST D ›Festessen nach dem Schlachten von Schweinen auf dem eigenen Hof‹: *Während der Sautanz einst ein wahres Volksfest war, bei dem sich oft die gesamte Nachbarschaft versammelte, bleibt seit Erfindung der Kühlschränke das Auftischen frischer Köstlichkeiten vom Schwein im kleinen Rahmen* (Kurier 23. 2. 2000, 13)

Sauwetter (gemeindt.): ↗HUDELWETTER, ↗SCHMUDDELWETTER

SBB CH die Plur.: buchstabierte Abk. für ›Schweizerische ↗Bundesbahnen‹: ↗ÖBB A, ↗DB D: *Jetzt sind sie wieder zu haben, die Mietvelos der SBB, die in diesem Sommer an den diversen Bahnstationen für den Plausch auf zwei Rädern zur Verfügung standen* (BaZ 17. 10. 1997, 65) – Dazu: **SBB-Bahnhof, SBB-Schalter**

Schabziger CH-ost (bes. GL) der; -s, –: ↗ZIEGER A-west ›Glarner Kräuterkäse‹: *Seit Jahrhunderten gehört der Schabziger zu den traditionellen Glarner Spezialitäten* (Kanton GL, Kultur, 2000, Internet) – Der *Schabziger* wird für den Verkauf zu kleinen, stumpfen Kegeln gepresst, den *Ziger-* oder *Schabzigerstöckli.* Mit dem österreichischen *Zieger* insofern verwandt, als es sich bei beiden um Frischkäse handelt. Vgl. Ziger

Schachtel (gemeindt.): ↗KARTON, ↗KARTONSCHACHTEL, ↗PAPPKARTON

Schafblattern A D-südost die; nur. Plur.: ↗FEUCHTBLATTERN A, ↗BLATTERN: *SPITZE/WILDE BLATTERN CH, ↗WINDPOCKEN CH D ›Infektionskrankheit [bei Kindern], bei der die Haut von stark juckenden Bläschen befallen wird, die später eintrocknen und verkrusten‹: *Laut hatte er nur … mitgeteilt, dass die Zerkowitz-Kinder jetzt die Schafblattern hätten* (Doderer, Strudlhofstiege 14; A)

Schaff A D-südost das; -(e)s, -e: ↗SCHAFFEL A D-südost, ↗ZUBER A CH D-süd, ↗BOTTICH CH D (ohne südost) ›großes wannenförmiges Gefäß (aus Holz, Plastik o. Ä.)‹: *An den Küchenmöbeln Halt suchend, durch den Raum stolpernd, stürzte das Kind in das für die Wäsche gefüllte Schaff* (Glantschnig, Mirnock 35; A) – Dazu: **Holzschaff, Waschschaff, Wäscheschaff, Wasserschaff**

Schaffel A D-südost das; -s, -n (Grenzfall des Standards): ↗SCHAFF A D-südost, ↗ZUBER A CH D-süd, ↗BOTTICH CH D (ohne südost) ›[kleines] wannenförmiges Gefäß (aus Holz, Plastik oder Metall)‹: *Gebt ihm ein Schaffel Wasser, damit er seine Haxen hineinstellen kann!* (Stenogr. Protokoll des Nationalrates 15. 7. 1999, Internet; A); ***es gießt/schüttet wie aus Schaffeln** A D-südost: ↗SCHUSTERBUB: *ES REGNET SCHUSTERBUBEN A D-südost, ↗BINDFADEN: *ES REGNET BINDFÄDEN CH D (ohne südost), ↗KÜBEL: *ES GIESST WIE AUS KÜBELN CH; *ES GIEßT WIE AUS KÜBELN D, ↗EIMER: *ES GIEßT/SCHÜTTET WIE AUS EIMERN D ›es regnet sehr stark‹: *Es schüttete wie aus Schaffeln, blitzte wie im Umspannwerk* (Sport Magazin 10/1997, 126; A) – Zur Wendung vgl. auch die gleichbedeutenden Verben pladdern, plästern

schaffen A-west (Vbg.) CH D-südwest sw.V./hat: ↗WERKELN D-mittelost/südost ›arbeiten‹: *Ich versuche, so zu klingen, als röche ich schon nach Rasierwasser, als hätte ich schon die ersten Offerten eingeholt, ich würde sagen, ich bin schon eine Weile am Schaffen* (Balmer, Letzte Abenteuer 18; CH); *Die Frau des Wirts erzählte, dass der Mann die Landwirtschaft mache und sie in der Küche schaffe* (Lenz, Herbstlicht 37; D-südwest); ***[ein] Frohes Schaffen!** D ›Viel Spaß bei der Arbeit!‹ /(oft ironischer) Ausruf/: *Wir werden stichprobenartig die … Dienstausweise kontrollieren und wünschen Ihnen ein frohes Schaffen* (Universität Hannover, 2001, Internet) – Die Wendung *Frohes Schaffen!* ist in CH selten. Andere Bedeutungen sind gemeindt. – Dazu: **Schafferei**

Schaffhausen (gemeindt.): ↗MUNOTSTADT

Schäffler Schäfflerin D-südost der; -s, – bzw. die; –, -nen: ↗BINDER A D-mittelost/süd, ↗FASSBINDER A D-süd, ↗KÜFER CH D-südwest, ↗BÖTTCHER D (ohne südost), ↗KÜBLER D-südwest ›Person, die berufsmäßig Behälter aus Holz (bes. Fässer) herstellt‹: *Je nach Zweck verarbeitet der Schäffler oder Böttcher Holz, Kunststoff oder Metall* (Handwerkskammer München, 2002, Internet)

Schaffner Schaffnerin A D der; -s, – bzw. die; –, -nen: ↗ZUGBEGLEITER A D, ↗KONDUKTEUR CH ›Person, die in öffentlichen Verkehrsmitteln Fahrkarten kontrolliert [und verkauft]‹: *Die abgestempelte Fahrkarte berechtigt dann – gegen Vorweis beim Schaffner – zur Freifahrt bei der Rückreise* (Alpenverein 4/1997, 49; A); *In Baden-Baden bugsierte Lisa ihren Ehemann mit Hilfe des netten Schaffners aus dem Zug* (Arens, Nächste Mann 111; D) – Dazu: **Straßenbahnschaffner(in)** (↗Straßenbahn)

Schafkäse A der; -s, –: ↗BRIMSEN A-ost, ↗FETA CH D, ↗SCHAFSKÄSE D ›aus Schafsmilch hergestellter Käse‹: *Bei dieser zweiten Schank unter den Kastanien treffen sich die Stammgäste zur Jause mit Gölsentaler Schafkäse mit Schnittlauch* (NÖN 22. 6. 1998, 22) – In CH selten

Schafkopf D der; -(e)s, ohne Plur.: /ein Kartenspiel/: *Auch Schafkopf ist ein altes deutsches Kartenspiel, benannt nach dem Brauch, die Gewinne durch Kreidestriche kenntlich zu machen, die zusammen einem Schafkopf ähneln* (Haensch, Deutschland Lexikon 69) – Auch in der Form *Schafskopf*. Wird vorwiegend in Süddeutschland gespielt. Andere Bedeutungen sind gemeindt. – Dazu: **Schafkopfturnier**

Schafskäse D der; -s, –: ↗SCHAFKÄSE A, ↗BRIMSEN A-ost, ↗FETA CH D ›aus Schafsmilch hergestellter Käse‹: *Fein gehackte Petersilie mit Schafskäse vermengen, gleichmäßig auf der breiten Seite des Teigs verteilen* (Stern 10. 6. 2000, Internet) – In A und CH selten

Schale (gemeindt.): ↗PELLE

Schale die; –, -n: **1.** A ›kleines Trinkgefäß mit Henkel; Tasse‹: *[Er] lud die eine oder andere sodann in sein kleines Tankstellenespresso mit dem klingenden Namen Highway zu einer Schale Kaffee* (Prochazka, Museum 245). **2.** CH; ↗MELANGE A, ↗CAFÉ: *CAFÉ MÉLANGE CH ›Tasse Kaffee mit viel Milch; Milchkaffee‹: *Milchcafé, Café latte oder Schale: Rund 1/2 der Tasse wird mit aromatischem Café gefüllt. Die restliche Tasse wird mit heisser Milch aufgefüllt* (Café-Rezepte, 2001, Internet). **3.** CH D ›flache Schüssel‹: *Rosenbäumchen, Schalen und sogar Kränze verschwinden von Friedhöfen – oder werden auf andere Gräber gezügelt* (Winterthurer Woche 2. 8. 2000, Internet; CH); *Kathrin hat heute mit drei Toasties und einer Schale Frosties angefangen* (Allegra Spezial 11/1997, 8; D) – Zu 1.: In D-süd veraltend. Zu 2.: In A (bes. Wien) nur im Bereich Gastronomie in der Form *Schale Gold*, die in CH veraltet ist, gebraucht. Zu 3.: In A selten und gehoben. Die Bedeutungen ›äußerste Schicht einer ↗Frucht oder eines Samens, zerbrechliche Hülle eines Eis‹ sowie die fachsprachlichen Verwendungen in den Bereichen Jagd, Tiermedizin, Bauwesen und Physik sind gemeindt. Die Redewendung *sich in Schale werfen* in der Bedeutung ›festliche Kleidung anziehen, sich herausputzen‹ ist gemeindt. Zu 1 vgl. Häferl – Zu 1.: **Jausenschale** (↗Jause) A, **Kaffeeschale, Mokkaschale, Schälchen** D-süd, **Schalerl, Teeschale.** Zu 3.: **Dessertschale** (↗Dessert), **Früchteschale** (↗Frucht), **Obstschale** (↗Obst) D

schälen (gemeindt.): ↗PELLEN

Schälerbse D-nord/mittel die; –, -n: ›getrocknete Erbse‹: *Die Getreidekörner, die Schälerbsen und die Linsen hinzufügen und unter gelegentlichem Umrühren 5 Min. mitdünsten* (Netcologne Köln, 2002, Internet)

schallern: *jmdm. eine schallern D-nord/mittel (salopp): ↗AUFLEGEN: *JMDM. EINE AUFLEGEN A, ↗REIBEN: *JMDM. EINE REIBEN A, ↗KLESCHEN: *JMDM. EINE KLESCHEN A (ohne Vbg.), ↗PICKEN: *JMDM. EINE PICKEN A D-südost, ↗KLEBEN: *JMDM. EINE KLEBEN D-nord/mittel, ↗SCHEUERN: *JMDM. EINE SCHEUERN D (ohne südost) ›jmdm. eine Ohrfeige geben, jmdm. eine schmieren‹: *In »Black & White« gibt es eine legendäre Szene, in der Robert D. … eine geschallert kriegt* (Focus 24. 8. 2000, Internet) – Das Verb *schallern* in der Bedeutung ›laut singen‹ ist in D selten, in A und CH ungebräuchlich

Schalotte (gemeindt.): ↗ESCHALOTTE

Schalthebel (gemeindt.): ↗SCHALTKNÜPPEL

Schaltjahr: *alle Schaltjahre [ein]mal CH D-ost/südwest: ↗ZEIT: *ALLE HEILIGEN ZEITEN [EINMAL] A, ↗*JUBELJAHR: *ALLE JUBELJAHRE [EIN]MAL D ›sehr selten‹: *Marsala? Moment, so heisst es doch auf dem verstaubten Etikett einer Flasche, die schon seit Jahren in der Küche herumsteht und deren Inhalt alle Schaltjahre mal zum Kochen gebraucht wird?* (Sonntagsztg 7. 11. 1999, Internet CH); *Vor meinem Start in den Ausdauersport war ich ein kerngesunder Mensch, hatte höchstens alle Schaltjahre mal eine Erkältung* (Morgenweb 6. 1. 2003, Internet; D-ost/südwest) – Das Substantiv *Schaltjahr* ist in allen anderen Verwendungen gemeindt.

Schaltknüppel D der; -s, –: ›Hebel zum Einlegen der Gänge bei einem motorisierten Fahrzeug; Schalthebel‹: *Wolf wischt mit einem ölgetränkten Lappen flüchtig das Lenkrad ab und den Schaltknüppel* (Wolf, Samstags 46)

Schạndi A der; -s, – ⟨nach der dialektalen Form von *Gendarm*⟩ (meist Plur., salopp, Grenzfall des Standards): ↗Butz A-west, ↗Tschugger CH-west/nordwest, ↗Bulle CH D ›Polizist‹: *Der zweite Beamte wollte mittels Gummiknüppel eingreifen und schlich sich von hinten an W. heran. Dies endete wie beim Kasperlthater: Der Schandi rutschte aus und flog unsanft auf die Nase* (Kurier 17. 3. 1992, 17); ***Räuber und Schandi** siehe Räuber – Eine weibliche Form ist nicht gebräuchlich

Schạndmaul A D das; -(e)s, …mäuler (abwertend, salopp): ↗Kodderschnauze D-nord/mittelwest ›freches Mundwerk‹: *Das schlagfertige Schandmaul, ihre drei vorlauten Kinder und der häufig arbeitslose Mann … bringen Freud und Leid, Lust und Frust der Arbeitersippe Conner ins Wohnzimmer* (OÖN 12. 9. 1996, 19; A); *Sie war schlank und hatte ein Schandmaul, dass es einem manchmal die Sprache verschlug* (Freudenberger 18. 6. 2003, Internet; D)

Scha̲ni A-ost (bes. Wien) der; -s, – ⟨aus frz. *Jean* ›Johann‹⟩ (Grenzfall des Standards): **1.** (abwertend) ›Person, die Handlangerdienste verrichtet‹: *Als gut investiertes Geld sollten Prag-Besucher jene 20 Schilling betrachten, die sie einem Hotel-Schani mit der Bitte zustecken, ein Funk-Taxi zu organisieren* (Kurier 25. 1. 1999, 5). **2.** ↗Bedienung A D, ↗Ober A D, ↗Serviceangestellte CH, ↗Serviertochter CH ›Person, die in einem Gasthaus bedient; Kellner‹: *»Schani, räum' den Garten eini«: Glücklich der Wirt, der seinen Gastgarten dem Wetter anpassen kann* (OÖN 23. 7. 1993, 14) – Eine weibliche Form ist nicht gebräuchlich – Zu 1.: **Ballschani.** Zu 2.: ↗**Schanigarten**

Scha̲nigarten A-ost der; -s, …gärten: ↗Gastgarten A, ↗Gartenwirtschaft A-west (Vbg.) CH D-nordwest/südwest, ↗Schankgarten A-west, ↗Gartenrestaurant CH D-nordwest/südwest, ↗Biergarten D, ↗Gartenlokal D (ohne mittelost) ›kleinere, auf dem ↗Gehsteig vorübergehend eingerichtete, abgegrenzte Fläche eines Restaurants‹: *Bei den Schanigärten werde ich an einige Tische herangewunken, und am einfachsten ist es bei den Bänken, die in der Mitte des Grabens aufgestellt sind* (Kirche intern 8/1995, 32) – Vgl. Schani

Schạnk A D-mittelost/südost die; –, -en: **1.** ›Raum in einem Gasthaus, in dem [alkoholische] Getränke ausgeschenkt werden‹: *Damit Hungrige und Durstige nicht allzu lange warten müssen, gibt's eine schöne Durchreiche von der Schank in den Garten* (NÖN 22. 6. 1998, 22; A). **2.** ›Schanktisch, Theke‹: *Neben der Schank winselte und fauchte der Glücksspielautomat* (Haslinger, Opernball 76; A) – Zu 1.: ↗**Ausschank** A D, ↗**Buschenschank** A-ost/südost, **Schankbursch** (↗Bursch) A D-südost, **Schankbursche** (↗Bursche) D-mittelost, ↗**Schankerlaubnis** D, ↗**Schankgarten** A-west, **Schankgehilfe (…gehilfin)** A, **Schankhilfe** A, **Schankkassier(in)** (↗Kassier), ↗**Schankkonzession** D, **Schankkraft** A, **Schankmädchen** A, **Schankraum** A, ↗**Schankwein** A-ost, ↗**Schankwirt(in)** A D-mittelost/süd, **Stehausschank, Weinschank**

Schạnkbier D das; -(e)s, -e: ›alkoholreduziertes, leichteres Bier‹: *Jever Light wird als Schankbier eingebraut und hat ganze 40 % weniger Alkohol und Kalorien als Jever Pilsener* (Jever-Brauerei 6. 11. 2001, Internet)

Schạnkerlaubnis D die; –, -se: ↗Gastgewerbekonzession A, ↗Alkoholpatent CH, ↗Wirtepatent CH, ↗Schankkonzession D ›amtliche Genehmigung zum Führen einer Gastwirtschaft und zum Ausschenken von Alkohol‹: *Besetzer bauten Badezimmer, vergrößerten Räume, gründeten Cafés – natürlich ohne offizielle Schankerlaubnis* (TAZ 22. 9. 2001, Internet) – Vgl. Schank

Schạnkgarten A-west der; -s, …gärten: ↗Gastgarten A, ↗Schanigarten A-ost, ↗Gartenwirtschaft A-west (Vbg.) CH D-nordwest/südwest, ↗Gartenrestaurant CH D-nordwest/südwest, ↗Biergarten D, ↗Gartenlokal D (ohne mittelost) ›größere [abgegrenzte] Fläche eines Restaurants im Freien‹: *Da habe der Wirt die Tür geöffnet, und draußen sei der Nachbar gestanden und habe … gesagt, der Wirt solle doch … den Lautsprecher im Schankgarten abstellen* (Köhlmeier, Moderne Zeiten 53) – Vgl. Schank

Schạnkkonzession D die; –, -en: ↗Gastgewerbekonzession A, ↗Alkoholpatent CH, ↗Wirtepatent CH, ↗Schankerlaubnis D ›amtliche Genehmigung zum Führen einer Gastwirtschaft und zum Ausschenken von Alkohol‹: *Dabei stellte sich heraus, dass … Getränke ausgeschenkt wurden, obwohl keine Schankkonzession und auch keine Betriebsgenehmigung vorlagen* (Berliner Ztg 25. 4. 1998, Internet) – Vgl. Schank

Schankraum (gemeindt.): ↗Ausschank

Schanktisch (gemeindt.): ↗Budel, ↗Theke, ↗Tresen

Schạnkwein A-ost der; -(e)s, -e: ↗Schoppenwein D (ohne südwest) ›offener Wein‹: *Ausgezeichnet ist der ungewöhnlich günstige Schankwein (18.- öS das Glas)* (Freizeit Kurier 27. 12. 1997, 16) – Vgl. Schank

Schạnkwirt Schạnkwirtin A D-mittelost/süd der; -(e)s, -e bzw. die; –, -nen: ↗Beizer CH, ↗Restaurateur CH, ↗Kneipenwirt D-nord/mittel, ↗Kneipier D-nord/mittel, ↗Kröger D-nord ›Gastwirt(in)‹: *In seinem neuen Programm Ausschwitzn spielt Zimmerschied einen saunenden Ordnungsbeamten der Stadt Passau, … außerdem eine Bedienerin und einen Schankwirt* (Kurier 12. 3. 1992, 20; A) – Vgl. Schank

Schar (gemeindt.): ↗Harst, ↗Schippel

scharf: ***scharfe S** A D: ↗Eszett D ›Buchstabe ß‹: *Anstatt ihren Taferklasslern lang und breit zu erklären, warum sie in ihrem Deutschbuch das Wort »Fluss« mit Doppel-S, in den Sachunterricht-Unterlagen hingegen mit scharfem S vorfinden, hilft sie sich mit einem auch künftig unstrittigem Wort: »Bach« malt sie in Riesenlettern für ihre Schüler an die Tafel* (Kurier 7. 9. 1997, 23; A); *Im deutschsprachigen Raum sind besonders die Umlaute und das scharfe S interessant* (Universität Koblenz 5. 12. 2000, Internet; D) – Das Adjektiv *scharf* ist in allen anderen Verwendungen gemeindt.

Schas A der; -(es), -(e) (Grenzfall des Standards): **1.** (derb) ›hörbar entweichende Darmblähung; Furz‹: *Ich war einmal wegen eines Drogenmissbrauchs für eine Woche in einer Zelle, und dort hat einer einen lauten Schas gelassen* (Gespräch mit Franz West, 2000, Internet). **2.** (abwertend); ↗Holler A, ↗Quargel A, ↗Topfen A, ↗Gugus CH, ↗Hafenkäse CH, ↗Kabis CH, ↗Käse CH D, ↗Mumpitz CH D (ohne südost), ↗Quark CH D, ↗Schnickschnack D, ↗Blech D (ohne südost), ↗Fez D (ohne südost), ↗Kappes D-mittelwest, ↗Kohl D-nord/mittel, ↗Kokolores D (ohne südost) ›Quatsch; Unsinn‹: *Bundesrat S.:»Wer hat den Schas verzapft?«* (Stenogr. Protokoll des Bundesrates 15. 2. 2001, Internet)

Schattenseite (gemeindt.): ↗Schattseite

Schattseite A CH die; –, -n: ›von der Sonne abgewandt gelegene [Tal]seite; Schattenseite‹: *Sie erfasste nun höhere Talhänge und Schattseiten und führte zur Anlage der so genannten Neureuten* (Nationalpark Hohe Tauern 48; A); *Der Grossteil der Fläche befindet sich auf der Schattseite, ist steil und feucht, und im Winter verschwindet die Sonne ganz für 3 Monate* (Schweizerbauer, 2001, Internet; CH) – Dazu: **schattseitig**

Schatzmeister Schatzmeisterin D der; -s, – bzw. die; –, -nen: ↗Säckelwart A, ↗Kassier A CH D-süd, ↗Quästor CH, ↗Säckelmeister CH, ↗Kassenwart D, ↗Kassierer D-nord/mittel ›Person, die die Finanzen eines Vereines o. Ä. verwaltet‹: *FDP-Schatzmeister Hermann O. S. ... will mit einer Öffentlichkeitsarbeit neuen Stils die liberalen Kassen schonen* (Zeit 26. 12. 1997, 24) – Die Bedeutung ›Beamter bzw. Beamtin, der bzw. die für die Verwaltung von königlichem bzw. staatlichem Vermögen zuständig ist‹ ist gemeindt. veraltet

schauen A CH D-mittelost/südost sw.V./hat: ↗gucken D (ohne südost), ↗kieken D-nord ›blicken, sehen (in den meisten konkreten und übertragenen Bedeutungen)‹: *Düsseldorf eignet sich hervorragend zum Bummeln und Schauen, zum Einkaufen und Genießen* (OÖN 7. 12. 1990, 10; A); *Das Fernsehen sei unbequem, weil man Nachrichten nicht dann schauen könne, wann man wolle* (Kleine Ztg 3. 9. 2000, Internet; A); *Der muss erst schauen, ob er im nächsten Gemeinderat überhaupt noch drinnen ist* (Kleine Ztg 17. 4. 1999, Internet; A); *Ein dreieckiger heller Zipfel Papier schaut aus der Seitentasche der Jacke* (Welt der Frau, 2002, Internet; A); *Wir werden im Juli eine Bilanz legen, da werden Sie schauen!* (Kleine Ztg 2. 8. 1996, Internet; A); *Manch einer schaute komisch, wenn plötzlich ein viel langsameres Schiff in seiner Nähe war* (Bootclub SMCGW, 1998, Internet; CH); *Hinter Mosers Hütte will ich den Schilfpfad nehmen und schauen gehn, ob im Roten Moor schon das Heidekraut blüht* (Burkart, Moor 11; CH); *Bei der Anlage von Begräbnisstätten wird darauf geschaut, dass diese »Aussicht haben«* (Laederach, Mördli 99; CH); *Schau, es ist doch ganz einfach so, wie es unser Finanzvorstand immer wieder sagt: »Nur Produkte, die ihre Selbstkosten decken, sind gute Produkte«* (Controller Zentrum St. Gallen, 2002, Internet; CH); ***durch die Finger schauen** A siehe Finger; ***Schau, schau!** A D-südost: **a)** ↗herschauen: *Da schau her! A D-südost, ↗angucken: *Guck mal einer an! D (ohne südost), ↗ankieken: *Kiek mal einer an! D-nord, ↗ansehen: *Sieh mal einer an! D (ohne nordost/südost) ›Wer hätte das gedacht!‹ /Ausruf des bewundernden Erstaunens/: *»Schau, schau«, denkt man beim Blättern mit Respekt, »der ist ganz oben, der hat schon wieder Wertvolles für die Heimat geleistet!«* (Steirische 19. 10. 2001, Internet; A). **b)** ↗Chapeau! CH BELG LUX, ↗Junge: *Junge, Junge! D (ohne südost) ›Alle Achtung!‹ /Ausruf der Anerkennung/: *Schau, schau, was du alles weißt!* (Hauptschule Bärnbach, 2001, Internet; A); ***So schnell kann man [gar] nicht schauen** A D-südost; ↗gucken: *So schnell kann man [gar] nicht gucken D (ohne südost) /Wendung, die ausdrückt, dass etw. sehr rasch passiert/‹: *So schnell kann man gar nicht schauen, wie ein Wassermann die Meinung ändert* (Krone-Horoskop, 2002, Internet; A); ***sich [nicht] in die Karten schauen lassen** A CH D-südost siehe Karte; ***jmd. schaut jmdm. ähnlich** A D-südost ›jmd. sieht einer anderen Person ähnlich‹: *... schad um ihn, war ein hübscher Mensch, ein bisserl hat er dem Josef ähnlich geschaut, mit dem weichen Zug um den Mund* (Marzik, Mizzi 79; A); ***etw. schaut jmdm. ähnlich/gleich** A D-südost ›etw. ist typisch (für eine bestimmte Person); etw. sieht jmdm. ähnlich/gleich‹: *Sie »paschen« heute anlässlich einer Forderung, deren Umsetzung Sie zwei Jahre lang verhindert haben, und das schaut Ihnen ähnlich, meine sehr verehrten Damen und Herren!* (Stenogr. Protokoll des Nationalrates 23. 11. 2000, Internet; A); ***zum Rechten schauen** CH siehe recht – Das Verb *schauen* ist in D (ohne mittelost/südost) bekannt, wird aber selten verwendet. Dort wird im Grenzfall des Standards im schriftlichen Sprachgebrauch meist das Verb *gucken,* in mündlicher Rede meist *kucken* verwendet. In D-nord wird zudem *kieken* gebraucht. In A, CH und D-südost ist *gucken* bekannt, wird aber seltener verwendet und als fremd empfunden. *Kucken* ist dort nicht gebräuchlich. In A (ohne Vbg.) und D-nord/mittel wird *lugen* nur schriftlich und gehoben, in A-west (Vbg.) und CH nur dialektal gebraucht und dabei diphthongisch ausgesprochen. Dasselbe wie für *schauen* gilt für die Grundbedeutungen seiner Ableitungen, z. B. ↗ *abschauen*, ↗ *anschauen*, ↗ *ausschauen*, ↗ *dazuschauen*, ↗ *herausschauen*, ↗ *herschauen*, ↗ *nachschauen*, ↗ *verschauen* – Dazu: **aufschauen, hinschauen, hochschauen** (↗ hoch), **umherschauen, wegschauen, zurückschauen, zuschauen**

schauern D (ohne mittelost/südwest) sw.V./hat (nur in Verbindung mit *es*): ↗ HUDELN CH, ↗ PLADDERN D-nord, ↗ PLÄSTERN D-mittelwest ›sehr stark, aber kurz regnen; schütten‹: *Morgen wird es unfreundlicher: Aus zahlreich vorhandenen Wolken schauert es wiederholt* (Radio Berg 13. 8. 2002, Internet) – Andere Bedeutungen sind gemeindt. Das Substantiv *Schauer* ist gemeindt. Vgl. auch die gleichbedeutenden Redewendungen unter Bindfaden, Eimer, Kübel, Schusterbub

Schaufel (gemeindt.): ↗ SCHIPPE, ↗ SCHÜPPE

Schaufel: *etw./jmdn. auf die Schaufel nehmen A siehe nehmen; ***dem Tod/Totengräber [noch einmal] von der Schaufel gesprungen sein** A D-südost siehe springen

Schäufele D-südwest das; -s, – (Küche): ↗ TEILSAME A, ↗ SCHÜFELI CH ›geräuchertes Schulterstück vom Schwein‹: *Zum Schäufele wird häufig auch Kartoffelsalat serviert, der mit der heißen Schäufele-Brühe angemacht und warm gegessen wird* (SWR, 2000, Internet)

Schaufellader A D der; -s, –: ↗ TRAX CH ›Fahrzeug mit hydraulischer Schaufel (für Tiefbauarbeiten)‹: *Drei Krankenwagen, ... ein Schaufellader und vierzehn Puch Mopeds können zu Ausrufpreisen von 500 bis 10.000 Schilling erstanden werden* (OÖN 29. 3. 2000, Internet; A); *Dafür rückten ... endlich gegenüber Schaufellader an, die Fahrbahn wurde aufgerissen* (Hamburger Morgenpost 10. 4. 2001, Internet; D)

schaufeln (gemeindt.): ↗ SCHIPPEN, ↗ SCHÜPPEN

Schaufelstück D-südwest das; -(e)s, -e: ›zum Kochen geeignetes Fleisch von der Unterseite des Schulterblattes des Rindes‹: *Schaufelstück: Das Fleisch ist grobfaserig und wird aus der Schulter geschnitten* (Kochatelier, Februar 2001, Internet)

Schäuferl: *[noch] ein Schäuferl nachlegen A (Grenzfall des Standards): ↗ NACHDOPPELN CH, ↗ DRAUFSETZEN: *NOCH EINS DRAUFSETZEN CH D, ↗ NACHLEGEN D (ohne ost) ›eine Konflikt-, Konkurrenzsituation durch eine Äußerung oder Handlung vorantreiben; eine kritische Aussage durch eine weitere Äußerung verstärken‹: *Freilich ist das Image der Stuttgarter Wagenschmiede arg ramponiert und die Lust der Kritiker groß, noch ein Schäuferl nachzulegen, wenn so ein Missgeschick ausgerechnet einem »technisch unfehlbaren« Autokonzern passiert* (Profil 10. 11. 1997, 122)

Schaukel (gemeindt.): ↗ HUTSCHE

schaukeln (gemeindt.): ↗ HUTSCHEN

Schaukelpferd (gemeindt.): ↗ HUTSCHPFERD

Schaumkelle CH D-nord/mittelwest die; –, -n: ↗ SIEBSCHÖPFER A, ↗ SCHAUMLÖFFEL A D ›Schöpflöffel mit Löchern zum Herausheben von Gemüse, Teigwaren u. Ä. aus dem Kochwasser‹: *Gnocchi ... in viel kochendes Salzwasser geben. Ziehen lassen, bis sie an die Oberfläche steigen. Mit der Schaumkelle herausheben und gut abtropfen lassen* (Blick 20. 6. 1995, 24; CH); *Nimm die Schoten mit einer Schaumkelle aus dem heißen Wasser* (Dr. Oetker, 2004, Internet; D-nord/mittelwest) – Vgl. Kelle

Schaumlöffel A D der; -s, –: ↗ SIEBSCHÖPFER A, ↗ SCHAUMKELLE CH D-nord/mittelwest ›Schöpflöffel mit Löchern zum Herausheben von Gemüse, Teigwaren u. Ä. aus dem Kochwasser‹: *Der Schaumlöffel oder Knödelfänger ist ein ideales Gerät zum Entschäumen von Suppen und Saucen, wird aber in erster Linie zum Herausheben von Nockerln, Knödeln, Tomaten, Eiern und Gemüse aus dem Kochsud verwendet* (Plachutta, Gute Küche 30; A); *Gemüse in den Teig tauchen und portionsweise nach Gemüsesorte getrennt mit einem Schaumlöffel ins heiße Fett geben* (SWR, 2000, Internet; D)

Schaumrolle A D-südost die; –, -n: ↗ CORNET CH, ↗ SCHILLERLOCKE D (ohne nordwest/südost) ›mit einer Masse aus ↗ Eiklar, Zucker oder Süßrahm gefülltes Kleingebäck in Form einer Rolle aus Blätterteig‹: *Bei einem rollenden Standl können sich die Besucher mit Köstlichkeiten wie Krapfen und Schaumrollen eindecken* (Kurier 2. 2. 2002, 77; A)

Schaumwein (gemeindt.): ↗ PERLWEIN

Schauraum A D der; -(e)s, ...räume ⟨übersetzt aus engl. *showroom*⟩: ›Ausstellungsraum‹: *Weitere Informationen erhalten Sie von kompetenten Fachberatern, die auch gerne zu Ihnen kommen. Oder besuchen Sie uns doch einfach in unseren Schauräumen!* (Besser Wohnen 11/1997, 32; A); *Ihr Domizil finden hier die Staatsgalerie Moderner Kunst ... und ein Schauraum der Staatlichen Graphischen Sammlung* (Berliner Ztg 27. 3. 2002, Internet; D) – In CH selten

Schauung D-nord die; –, -en: ›Überprüfung des Deichzustandes‹: *Darunter ist ein Verband zu verstehen, der für die Unterhaltung des damaligen Eisenraddeiches und die Schauung verschiedener anderer Deiche ver-*

antwortlich war (Deichverband Bremen, 2002, Internet)

Scheck A D der; -s, -s: ↗CHECK CH, ↗ZIRKULARSCHECK STIR ›Formular, mit dem der Inhaber bzw. die Inhaberin eines Kontos bargeldlos bezahlen kann‹: *Fax, E-Mail und elektronische Überweisungen haben Schreibmaschinen und die Bezahlung per Scheck abgelöst* (Ganze Woche 5. 11. 1997, 11; A); *Ich lege einen Scheck von 10 DM bei* (Schöner Wohnen 4/1995, 67; D) – Dazu: **Bankscheck, Scheckbuch, Scheckheft, Scheckkarte, Verrechnungsscheck**

Scheibtruhe A (ohne Vbg.) D-südost die; –, -n: ↗SCHIEBETRUHE A (ohne west), ↗SCHUBKARREN A D-mittelost/süd, ↗KARRETTE A-west (Vbg.) CH, ↗STOSSKARREN CH, ↗SCHIEBKARRE D-nord, ↗SCHUBKARRE D-nord/mittel ›kleiner einrädriger Wagen mit zwei Griffen, mit dem kleinere Lasten transportiert werden‹: *Die Straße neigte sich leicht, und ich hatte alle Aufmerksamkeit auf meine Scheibtruhe gerichtet, nur damit ich mit dem kleinen Holzrad den Schlaglöchern auswich* (Hoffer, Bieresch 17; A); *Zuerst wurde ausgemistet, das war echt schwer mit der vollen Scheibtruhe zum Misthaufen zu fahren* (Rund ums Baby, Tegernsee 20. 2. 2003, Internet; D-südost)

Schein der; -(e)s, -e: **1.** A D kurz für *Geldschein:* ↗NOTE CH ›Banknote‹: *Der Kellner verzog keine Miene, ließ den Schein in seiner Kassiertasche verschwinden* (Rosei, Edgar Allan 14; A); *Zu ihrer Verblüffung flogen Banknoten durch die Luft: Scheine, die zwanzig, fünfzig, sogar hundert Mark wert waren* (Krüss, Timm Thaler 49; D). **2.** ***rosa Schein** A (salopp): ↗LENKERBERECHTIGUNG A, ↗FÜHRERSCHEIN A D, ↗BILLETT CH, ↗FAHRAUSWEIS CH, ↗FÜHRERAUSWEIS CH, ↗LAPPEN D ›amtliche Berechtigung, ein motorisiertes Fahrzeug zu fahren‹: *Den rosa Schein hatten ihm die Vöcklabrucker Kollegen schon im Februar abgenommen – wegen Trunkenheit am Steuer* (OÖN 9. 3. 2002, 25) – Andere Bedeutungen sind gemeindt.

Scheit das; -(e)s, -e/-er: Der Plural lautet in A und CH *Scheiter,* in D *Scheite: Mit Kräften, die nicht von dieser Welt waren, rupfte er den Hanfstrick vom Pflock und stieb zur geschlossenen Stalltür hinaus: morsches Holz splitterte, Scheiter schwirrten durch die Luft* (Alfare, Kirchberger 10; A); *Ein paar Minuten später kam Cherubin wieder herein, mit einem Korb voll Holz und legte im Ofen Scheiter nach* (Bichsel, Cherubin Hammer 33; CH); *Zu Beginn des Nationentages schob die Politikerin ... einige Scheite Holz in den Ofen einer landestypischen Sauna* (Welt 20. 6. 2000, Internet; D)

Scheiterbeige CH die; –, -n: ›aufgeschichtetes Brennholz; Holzstoss‹: *Er hackt fleissig drauflos und türmt die Hölzer geschickt zu einer stattlichen Scheiterbeige auf* (Sieber, Menschenware 117) – Vgl. Beige, Scheit

Scheiterhaufen A D-mittelost/südost der; -s, –: ›im ↗Backrohr zubereitete Speise aus in Schichten gelegten Weißbrotstücken, Äpfeln, Milch, Eiern und Zucker‹: *Beim deftigen »Ramseider« (290 S) bestachen der Grammelknödel mit Radikraut und der Scheiterhaufen* (Kleine Ztg 2. 3. 1997, Internet; A) – Die Bedeutung ›Holzstoß zur Verbrennung von Menschen‹ ist gemeindt.

Scheitstock CH der; -(e)s, ...stöcke: ↗HACKSTOCK A D-südost, ↗SPALTSTOCK CH, ↗STOCK CH D-südost, ↗HAUKLOTZ D-nord/mittelwest, ↗HACKKLOTZ D-nordost/mittel ›Holzklotz als Unterlage zum Hacken von Brennholz‹: *Unglaublich, wie fein er das Kleinholz spaltet ... und welche Kraft er am Scheitstock entwickelt* (NZZ 18. 11. 2000, Internet) – Vgl. Scheit

Schelfeler A-west (Tir.) die; nur Plur. ⟨aus dialektal *Schelfe* ›Schale‹⟩ (Grenzfall des Standards): ↗ERDAPFEL: *ERDAPFEL IN DER SCHALE/MONTUR A, ↗GSCHWELLTI CH, ↗KARTOFFEL: *GESCHWELLTE KARTOFFEL CH; *GEKOCHTE KARTOFFEL D-mittelost/süd; *GESOTTENE KARTOFFEL D-südost, ↗PELLKARTOFFEL D-nord/mittel ›in der Schale gekochte Kartoffeln (als Speise)‹: *Kalte Küche mit Wurst, Käse, einem Ei und 2 dag Butter kommt auf einen Wert von 1085 Kalorien ..., hingegen »Schelfeler« mit Buttermilch auf 755 Kalorien* (Bauernztg 30. 3. 1999, 5)

Schelle die; –, -n: **1.** D-mittelwest/südwest; ↗GLOCKE A D-süd ›Vorrichtung zum Klingeln; Klingel‹: *Ich war mir nicht einmal darüber im Klaren gewesen, dass unten am Haus eine Schelle war* (Brückner, Spuren 84). **2.** D-nordost/südost kurz für *Maulschelle:* ↗DACHTEL A D-südost, ↗FOTZE A D-südost, ↗WATSCHE A D-südost, ↗CHLAPF CH, ↗BACKPFEIFE D-nord/mittelwest ›Ohrfeige‹: *Mein Kumpel sagte, lüge mich nicht an und gab ihm eine Schelle* (Berliner Ztg 16. 10. 1999, Internet) – Zu 1.: ↗**schellen** A-west (Vbg.) CH D-mittelwest/südwest, **Schellenknopf** D-mittelwest/südwest

schellen A-west (Vbg.) CH D-mittelwest/südwest sw.V./hat: ↗LÄUTEN A CH D-süd ›klingeln‹: *In der Berufsschule schellte es bereits, als sie durch die Schwingtür ... kam* (Walter, Beton zu Gras 59; CH) – Vgl. Schelle

Schellenursli CH der; -s, ohne Plur.: ›Engadiner ↗Bub mit Zipfelmütze, weisser Kutte und Glocke um den Hals‹ /Kinderbuchfigur/: *Bei der Ankunft in der Heimatgemeinde von Schellenursli stutzt der Städter. Hier sieht es nicht anders aus, als man es sich nach der Ursli-Lektüre vorstellt* (TA 6. 7. 2000, 83)

Schelmenstreich D (ohne mittelost) der; -(e)s, -e: ↗EULENSPIEGELEI D ›Streich, bei dem andere [auf lustige Art und Weise] überlistet werden‹: *Gleich vier Hauptmänner von Köpenick stürmten gestern das Rat-*

haus, … – ein Schelmenstreich wie vor 95 Jahren (Berliner Kurier 17. 10. 2001, Internet)

Schemel (gemeindt.): ↗Fußbank

Schenkel (gemeindt.): ↗Gigot, ↗Haxl, ↗Keule, ↗Knöpfel, ↗Schlegel, ↗Schlögel, ↗Stotzen

schenken (gemeindt.): ↗vergaben

Schenkung (gemeindt.): ↗Vergabung

Scherbe (gemeindt.): ↗Scherben

scherbeln sw.V./hat: **1.** CH ›unrein, dünn, kläglich klingen‹: *Wer bisher übers Internet Musik hören wollte, musste … scherbelnde Klänge erdulden* (Bund 6. 2. 1999, 7). **2.** D-nordost; ↗schwofen D ›tanzen‹: *Das Ballhaus an der Grabbeallee war 1880 erbaut worden. 50 Jahre lang ist darin auch gescherbelt worden* (Berliner Ztg 11. 12. 1996, Internet)

Scherben der; -s, –: **1.** A D-süd ›Stück von einem zerbrochenen Gegenstand aus Glas, Porzellan oder Ton; Scherbe‹: *Tom Sawyer hatte … folgende Dinge in seinen Besitz gebracht: 12 Murmeln, ein Stück von einer Mundharmonika, einen Scherben blaues Flaschenglas* (Universität Wien, Arbeitsgruppe Museologie, 2002, Internet; A). **2.** A D-südost (Grenzfall des Standards) ›Nachttopf‹: *Ein alter Scherben überlebt manch neuen Topf* (Jiddische Spruchweisheiten, 2002, Internet; A); ***den Scherben aufhaben** A ›in eine missliche Lage geraten; bedient sein‹: *Nachrichten über die unhaltbaren Zustände im Ort drangen bis Innsbruck, und wieder hatten die Gendarmen den Scherben auf* (Hackl, Abschied von Sidonie 107; A) – Zu 1.: In CH im Dialekt gebräuchlich, wird aber standardsprachlich vermieden. Die Verwendung im Bereich Keramik in der Bedeutung ›gebranntes, nicht glasiertes Stück aus Ton‹ ist gemeindt.

Scherz der; -es, -e: **1.** A D-südost; ↗Scherzel A (ohne Vbg.) D-südost, ↗Kanten D-nord/mittel, ↗Kappe D-nordwest, ↗Kipf D-südost, ↗Knäppchen D-mittelwest, ↗Knäusle D-südwest, ↗Knust D-nord, ↗Krüstchen D-mittelwest, ↗Ranft D-ost, ↗Riebele D-südwest ›Anschnitt oder Endstück eines Brotlaibes‹: *Der Brotlaib ist auf den Scherz zusammengeschrumpft* (OÖN 20. 4. 1999, Internet; A). **2.** A (ohne west) D-südost; ↗Scherzel A (ohne west) D-südost, ↗Kanten D-nord/mittel ›dickes Stück Brot‹: *Richte ihm Kaffee her und gib ihm einen Scherz Brot zum Einbrocken* (OÖN 20. 4. 1998, Internet; A) – Das nicht verwandte Wort *Scherz* in der Bedeutung ›Jux, Spaß‹ ist gemeindt.

Scherzel das; -s, -n: **1.** A (ohne Vbg.) D-südost; ↗Scherz A D-südost, ↗Kanten D-nord/mittel, ↗Kappe D-nordwest, ↗Kipf D-südost, ↗Knäppchen D-mittelwest, ↗Knäusle D-südwest, ↗Knust D-nord, ↗Krüstchen D-mittelwest, ↗Ranft D-ost, ↗Riebele D-südwest ›Anschnitt oder Endstück eines Brotlaibes oder -weckens‹: *Sissi reichte dem Betrunkenen eine fette Käsekrainer mit einem Scherzel und zwei Dosen Bier und bestand darauf, dass er sofort bezahlte* (Kneifl, Vorstellung 22; A). **2.** A (ohne west) D-südost; ↗Scherz A (ohne west) D-südost, ↗Kanten D-nord/mittel ›Stück Brot‹: *Die Stube hat sich mittlerweile gefüllt, ein paar Nachbarn … sind zugekehrt auf ein Grüß Gott, ein Scherzel Brot und, naja, auf einen Schluck Most – oder zwei* (OÖN 19. 7. 1999, Internet; A). **3.** A (Küche) ›unterhalb und seitlich des ↗Tafelspitzes liegender Teil des Hinterbeines des Rinds, das v. a. zum Kochen und Dünsten verwendet wird‹: *Schon der Kaiser ist einst der Vielfalt von Scherzeln, Spitz und Schwanzeln fast täglich erlegen* (Plachutta, Wo der Tafelspitz zuhause ist, 2000, Internet); ***schwarze Scherzel** ›unterhalb des ↗Tafelspitzes liegendes Fleischstück vom Rind‹: *Das schwarze Scherzel eignet sich als Siede- und Dünstfleisch im Ganzen oder für Schnitzel und Rouladen* (Plachutta, Gute Küche 66); ***weiße Scherzel** ›verlängerter, seitlich des ↗Tafelspitzes verlaufender Muskelstrang am hinteren Teil des Hinterbeines vom Rind‹: *Noch bis Sonntag feiert man die so genannten Rindfleischwochen, was sich bei den Vorspeisen zum Beispiel in Kräutercarpaccio … äußert, und bei den Hauptspeisen ein Spektrum von Traditionals wie Rindsroulade mit Butterspiralen, Beinfleisch mit Semmelkren, Altwiener-Backfleisch oder Weißem Scherzel mit eingemachtem Kürbisgemüse eröffnet* (Standard 18. 7. 1998, Internet) – Zu 3 vgl. Knöpfel – Zu 3.: **Beinscherzel, Schulterscherzel**

Scheuer D-südwest die; –, -n: ↗Stadel A CH-ost D-südost, ↗Scheune A-west CH D-nord/mittel, ↗Schober A-west CH D-mittelost/südwest ›Teil des Bauernhauses oder freistehendes Gebäude, in dem Heu und Stroh, oft auch Gerätschaften, aufbewahrt werden‹: *Er kannte jede Gabelung, jede Scheuer, jedes einsam stehende Gehöft und jede Abkürzung* (Härtling, Waiblingers Augen 12) – In CH selten, weil *Scheuer* als überkorrekte Standardisierung des mundartlichen *Schüür(e)* empfunden wird

Scheuerlappen D-nord/mittel der; -s, –: ↗Fetzen A, ↗Putztuch A D-nord/mittel, ↗Lumpen A-west (Vbg.) CH D-süd, ↗Putzlappen A-west (Vbg.) CH D (ohne nordost/südost), ↗Lappen D, ↗Huder STIR ›Tuch zum Putzen‹: *Trude greift leise jammernd nach Birkenbesen und Scheuerlappen* (Strittmatter, Ochsenkutscher 13) – Vgl. scheuern

scheuern D (ohne südost) sw.V./hat: **1.** ↗ausreiben A, ↗reiben A, ↗fegen CH ›(den Fußboden) mit einer hartborstigen Bürste reinigen; schrubben‹: *Ob Schiffsplanken scheuern, Rost abschlagen oder die Leichtmatrosen mit Getränken bedienen – das*

Spektrum der zu erledigenden Aufgaben war breit gefächert (Welt 20. 11. 2000, Internet). **2. *jmdm. eine scheuern** (salopp): ↗AUFLEGEN: *JMDM. EINE AUFLEGEN A, ↗REIBEN: *JMDM. EINE REIBEN A, ↗KLESCHEN: *JMDM. EINE KLESCHEN A (ohne Vbg.), ↗PICKEN: *JMDM. EINE PICKEN A D-südost, ↗KLEBEN: *JMDM. EINE KLEBEN D-nord/mittel, ↗SCHALLERN: *JMDM. EINE SCHALLERN D-nord/mittel ›jmdm. eine Ohrfeige geben, jmdm. eine schmieren‹: *Am liebsten hätte sie ihm für seine dumme Arroganz eine gescheuert* (Hauptmann, Suche 79) – In CH selten – Zu 1.: ↗**Scheuerlappen** D-nord/mittel

Scheune A-west CH D-nord/mittel die; –, -n: ↗STADEL A CH-ost D-südost, ↗SCHOBER A-west CH D-mittelost/südwest, ↗SCHEUER D-südwest ›Teil des Bauernhauses oder freistehendes Gebäude, in dem Heu und Stroh, oft auch Gerätschaften, aufbewahrt werden‹: *Beim Brand einer Scheune in Brienz ist … Sachschaden in der geschätzten Höhe von 440'000 Franken entstanden* (Berner Oberland News 3. 8. 1999, Internet; CH); *U. verweist die Geschichte von der Katze, die … einem Christbaum zu nahe gekommen und anschließend mit ihrem brennendem Schwanz eine Scheune angezündet haben soll, eher ins Reich der Fabel* (Welt 13. 12. 1997, Internet; D-nord/mittel)

schicken sw.V./hat: **1.** A D-mittelost/südost (in Verbindung mit der Präp. *um*) ›veranlassen, dass jmd. mit einem Auftrag an einen bestimmten Ort geht, etw. von einem bestimmten Ort holt‹: *Etwas stockte, wenn Mutter mich um Erdäpfel in den Keller schickte* (Glantschnig, Mirnock 27). **2.** D-nord/mittel sich ›anständig sein‹: *Nabelfrei schickt sich nicht im Unterricht* (Rheinische Post 13. 7. 2002, Internet). **3. *bachab schicken** CH siehe bachab – Andere Bedeutungen, z. B. ›veranlassen, dass etw. zu jmdm. befördert wird; senden‹, sind gemeindt.

schieben A-west (Vbg.) CH st.V./hat: ›beim ↗Jassen dem Partner bzw. der Partnerin die Bestimmung des Trumpfes überlassen‹: *Es geht darum, sich nicht in die Karten schauen zu lassen, Trumpf zu wählen oder zu schieben* (Schule Buchs, 1999, Internet; CH) – Andere Bedeutungen sind gemeindt. – Dazu: ↗**Schieber** CH

Schieber CH der; -s, –: ›Standard-Spielart des ↗Jass, bei der zwei gegen zwei spielen‹ /ein Kartenspiel/: *Zu Hause spielte der Vater zuerst gar nicht, später ausnahmsweise mit meinen Freunden Gion C., Ludwig R. und mir – das gab einen Schieber* (Hohler, Strom 43) – Andere Bedeutungen sind gemeindt. Vgl. schieben

Schiebetruhe A (ohne west) die; –, -n (formell): ↗SCHUBKARREN A D-mittelost/süd, ↗KARRETTE A-west (Vbg.) CH, ↗SCHEIBTRUHE A (ohne Vbg.) D-südost, ↗STOSSKARREN CH, ↗SCHIEBKARRE D-nord, ↗SCHUBKARRE D-nord/mittel ›kleiner einrädriger Wagen mit zwei Griffen, mit dem kleinere Lasten transportiert werden‹ (bes. im Handel): *Heiße Asche in einer Schiebetruhe setzte Dienstag gegen 8 Uhr in einem Bauernhof in Engerwitzdorf in der Nähe gelagertes Papier in Brand* (OÖN 31. 12. 1998, 22)

Schiebkarre D-nord die; –, -n: ↗SCHIEBETRUHE A (ohne west), ↗SCHUBKARREN A D-mittelost/süd, ↗KARRETTE A-west (Vbg.) CH, ↗SCHEIBTRUHE A (ohne Vbg.) D-südost, ↗STOSSKARREN CH, ↗SCHUBKARRE D-nord/mittel ›kleiner einrädriger Wagen mit zwei Griffen, mit dem kleinere Lasten transportiert werden‹: *Mit 90 Jahren, schon Witwe geworden, hat sie noch selber ihren Roggen gemäht, gebunden und auf der Schiebkarre nach Hause gefahren* (Schweriner Volksztg 8. 4. 2000, Internet) – Vgl. Karre

Schiedsgericht A das; -(e)s, -e: ›aus Privatleuten zusammengesetztes und nach der Zivilgerichtsordnung geregeltes Gericht, das zum Urteil über privatrechtliche Streitigkeiten einberufen wird‹: *Das Schiedsgericht forderte eine neue Expertise an* (OÖN 11. 10. 2001, 7) – Andere Bedeutungen, z. B. im Bereich Sport, sind gemeindt. Vgl. Schiedsrichter

Schiedsmann Schiedsfrau D der; -(e)s, …männer/…leute bzw. die; –, -en (Recht): ↗VERMITTLER CH, ↗FRIEDENSRICHTER CH D-mittelost ›Person, die kleinere Streitigkeiten schlichten soll, damit es nicht zu einer Gerichtsverhandlung kommt‹: *Gewählt werden die Schiedsfrauen und Schiedsmänner für fünf Jahre* (Stadt Lübeck Pressemitteilungen 5. 5. 1997, Internet; D); *Schiedsleute gibt es in Deutschland bereits seit 1827* (Welt 14. 6. 1997, Internet; D) – *Schiedsleute* gibt es nicht in Bremen, Hamburg, Baden-Württemberg und Bayern. In A gibt es kein entsprechendes Amt

Schiedsrichter (gemeindt.): ↗REF, ↗REFEREE

Schiedsrichter Schiedsrichterin A der; -s, – bzw. die; –, -nen (Recht): ›Mitglied eines ↗Schiedsgerichts‹: *Die Parteien benennen den oder die Schiedsrichter, bestimmen die Verfahrensordnung und den Schiedsort in einem eigenen Schiedsvertrag und einem Schiedsverfahrensvertrag* (Rechtsanwaltskanzlei Dr. Puchner, 1999, Internet) – Die Verwendung im Bereich Sport ist gemeindt.

Schiedsrichterassistent (gemeindt.): ↗OUTWACHLER/OUTWACHLERIN

Schiefer A D-südost der; -s, –: ↗SPREIßEL D-süd ›Splitter (von Holz)‹: *Die Sonne brannte, und meine Hände bluteten, aufgerissen von Dornen und Schiefern* (Haushofer, Wand 29; A); ***sich einen Schiefer einziehen/einreißen: a)** ↗SPLITTER: *SICH EINEN SPLITTER EINZIEHEN/EINREIßEN D-nord/mittel, ↗SPREIßEL: *SICH EINEN SPREIßEL EINZIEHEN/HOLEN D-süd ›sich durch Berühren von rauem Holz einen Holzsplitter zuziehen‹: *Wenigstens sind die Stangln der Transparente jetzt aus viel besserem Holz gemacht. Früher hat man sich da beim Tragen regelmäßig einen Schiefer eingezogen* (OÖN 2. 5. 1996, Internet; A). **b)** (salopp) ›bei einer bestimmten Angelegenheit mit unerwarteten Komplikationen konfrontiert sein; sich eine Abfuhr holen‹: *Die Kehrseite ist aber, dass sie sich Schiefer einziehen, etwa wenn sie sich verschulden* (Standard 8. 1. 1998, Internet; A) – *Schiefer* ist in der Bedeutung ›aus dünnen Lagen bestehendes Gestein‹ gemeindt.

schießen: *etw. schießt jmdm. A (st.V./ist, salopp) ›etw. fällt jmdm. blitzartig ein‹: *Da schoss es ihm: Wer schwänzt, steigt auch heimlich in ein Fußballstadion ein* (Payr, Drücken des Schuhs 85) – Das Verb *schießen* ist in allen anderen Verwendungen gemeindt.

Schiesspflicht CH die; –, ohne Plur.: ›Pflicht für alle waffentragenden Angehörigen der ↗Armee, jährlich eine ausserdienstliche Schiessübung zu absolvieren‹: *Am kommenden Mittwochabend … bieten die Roggwiler Schützen Gelegenheit, die obligatorische Schiesspflicht für 1997 zu absolvieren* (St. Galler Tagbl 5. 5. 1997, Internet) – Dazu: **schiesspflichtig, Schiesspflichtige**

Schiff: *vom Schiff aus [sehen] CH ›von weitem [sehen]; intuitiv [erkennen]‹: *Ich würde darum jetzt einfach raten und sagen, vom Schiff aus gesehen sind Sie der Herbsttyp* (Webfashion 2001, Internet); ***klar Schiff machen** D (ohne südost) (salopp) ›klare Verhältnisse schaffen; aufräumen‹: *Schneller als erwartet macht die schleswig-holsteinische CDU klar Schiff in ihrer Führungsetage* (Welt 15. 3. 2000, Internet) – Das Substantiv *Schiff* ist in allen anderen Verwendungen gemeindt.

Schiffer (gemeindt.): ↗SCHIPPER/SCHIPPERIN

Schifferklavier D das; -s, -e: ↗MAURERKLAVIER A, ↗KNÖPFERLHARMONIKA A (ohne west), ↗KNOPFORGEL A-west, ↗ZIEHORGEL A-west (Tir.), ↗HANDORGEL A-west (Vbg.) CH, ↗QUETSCHE A D-nordwest/süd, ↗ZIEHHARMONIKA A D, ↗SCHWYZERÖRGELI CH, ↗HANDHARMONIKA CH D (ohne mittelost/südost), ↗QUETSCHKOMMODE D (ohne südost) ›Harmonika mit diatonisch angeordneten Knopftasten, bei der auf Druck und Zug des Balges dieselben Töne erklingen; Akkordeon‹: *Die Ziehharmonika, auch Akkordeon oder »Schifferklavier« genannt, hat einen die Luft teils anblasenden, teils ansaugenden Balg* (Haensch, Deutschland Lexikon 84)

Schifflände CH die; –, -n: ↗ANLEGER A D, ↗SCHIFFSSTEG CH, ↗LANDESTEG CH D, ↗LANDUNGSSTEG CH D, ↗LANDUNGSBRÜCKE D, ↗STEIGER D-mittelwest ›Anlegestelle für Schiffe‹: *Ausgangspunkt für unsere sportliche Bike-Tour ist die Schifflände Thun* (Blick 31. 5. 1996, 36) – Auch in der Form *Schiffländte*

Schiffländte siehe Schifflände

Schiffssteg CH der; -(e)s, -e: ↗ANLEGER A D, ↗SCHIFFLÄNDE CH, ↗LANDESTEG CH D, ↗LANDUNGSSTEG CH D, ↗LANDUNGSBRÜCKE D, ↗STEIGER D-mittelwest ›ins Wasser gebauter Steg, an dem Schiffe anlegen‹: *Ein Mann ist in Zürich von einem öffentlichen Schiffssteg in den Zürichsee gestürzt* (St. Galler Tagbl 21. 9. 1999, Internet) – Auch in der Form *Schiffsteg*

Schiffsteg siehe Schiffssteg

Schilcher A-südost (Stmk.) der; -s, –: ↗SCHILLERWEIN D-südwest ›Roséwein aus der Steiermark‹ /eine Weinsorte/: *Der Schilcher, ein aus der Blauen Wildbachertraube gewonnener, leicht säuerlicher Wein, wird nur in der Steiermark angebaut und dort auch hauptsächlich getrunken* (Fembek, Keine Angst 143) – Dazu: **Schilcherland**

Schildkappe A D-südwest die; –, -n: ↗DÄCHLIKAPPE CH, ↗SCHIRMMÜTZE CH D ›Kopfbedeckung mit Schild [zum Schutz vor Sonnenlicht]‹: *Genau untersucht wird auch eine Schildkappe, die kurz nach dem Anschlag auf dem Gipfelplateau gefunden wurde* (Kleine Ztg 22. 8. 1997, Internet; A) – Vgl. Kappe

Schilfgras (gemeindt.): ↗REET, ↗RIED

Schill A der; -(e)s, -e: ↗FOGOSCH A ›Zander‹ /zu den Barschen gehörender Fisch/: *Aber man begibt sich nicht in den Florianihof, um dort den allsonntäglichen Braten zu essen, wo es doch Fischköstlichkeiten wie zum Beispiel Traisentaler Bachsaibling, Donauschill, pochierten Wels auf Krenwurzeln oder gebratene Filets der Waldviertler Forelle zur Auswahl gibt* (Kurier 5. 7. 1997, Internet) – Dazu: **Donauschill**

Schillerlocke D (ohne nordwest/südost) die; –, -n: ↗SCHAUMROLLE A D-südost, ↗CORNET CH ›mit einer Masse aus ↗Eiweiß, Zucker oder Süßrahm gefülltes [Klein]gebäck in Form einer Rolle aus Blätterteig‹: *Claus bestellte Mokkatorte, einen Windbeutel und eine Schillerlocke* (Trott, Pucki 28) – Die Bedeutung ›geräuchertes, eingerolltes Fischfleisch‹ ist gemeindt.

Schillerstadt D die; –, …städte ⟨nach dem Dichter *Friedrich von Schiller,* der dort lebte und arbeitete⟩: ›Marbach am Neckar, Jena‹: *Annette R. wurde 1961in Stuttgart geboren und wuchs in der Schillerstadt Marbach am Neckar heran* (SWR 9. 10. 2001, Internet)

Schillerwein D-südwest der; -(e)s, -e: ↗SCHILCHER A-südost (Stmk.) ›aus Weiß- und Rotweinen verschnittener Roséwein aus Württemberg‹: *Schillerwein … ist eine Spezialität aus Württemberg, die im Glase »schillert«* (Haensch, Deutschland Lexikon 127)

Schimmer: *keinen [blassen] Schimmer [von etw.] haben (gemeindt.): ↗HOCHSCHEIN: *KEINEN HOCHSCHEIN [VON ETW.] HABEN, ↗PLAN: *KEINEN PLAN [VON ETW.] HABEN, ↗TAU: *KEINEN TAU [VON ETW.] HABEN

Schinạkel A-mitte/ost das; -s, -n ⟨aus ungar. *csónak* ›Boot‹⟩ (Grenzfall des Standards): ›kleines [Ruder]boot‹: *Die Seestreitkräfte der Schweiz können Sie mir zeigen! Vielleicht fahren ein paar Schinakel auf dem Genfer See, Herr Kollege S.* (Stenogr. Protokoll des Nationalrates 16./17. 4. 1998, Internet) – Selten auch in D-südost

Schinken (gemeindt.): ↗HAMME

Schịnkli CH das; -s, –: ›geräuchertes Schulterstück vom Schwein, ohne Knochen‹: *Was den einen ein Schinkli im Brotteig, ist den andern die geräuchte Zunge oder der gefüllte Karpfen* (NZZ Folio, 2002, Internet) – Dazu: **Rollschinkli**

Schịppe die; –, -n: **1.** D-nord/mittel; ↗KEHRSCHAUFEL A-west, ↗MISTSCHAUFEL A (ohne west), ↗KEHRICHTSCHAUFEL A-südost CH D-südost, ↗SCHÜFELI CH, ↗KEHRBLECH D-nordost/mittel, ↗KUTTERSCHAUFEL D-südwest, ↗MÜLLSCHIPPE D-nordost, ↗SCHMUTZSCHAUFEL D-nordwest ›kleine Schaufel zum Aufnehmen von Staub- und Schmutzhäufchen‹: *Mit Schippe und Besen. Am 8. Juni ist Frühjahrsputz* (Berliner Ztg 3. 6. 1996, Internet). **2.** D (ohne südost); ↗SCHÜPPE D-nord/mittelwest ›Gerät zum Graben, Aufnehmen und Entfernen von Erde, Schmutz, Schnee etc.; Schaufel‹: ... *unterm Arm trug er eine funkelnagelneue Schippe* (Schnurre, Schnurren 8); ***noch eine Schippe drauflegen** D-nordwest/mittel (Grenzfall des Standards) ›eine Arbeit schneller machen, eine Sache beschleunigt erledigen‹: *Körperlich sind wir voll im Soll, taktisch müssen wir noch eine Schippe drauflegen* (Focus 16. 3. 1998, 252); ***etw./jmdn. auf die Schippe nehmen** CH D (ohne südost) siehe nehmen; ***dem Tod/ Totengräber [noch einmal] von der Schippe gesprungen sein** D-nord/mittel siehe springen – Dazu: ↗**schippen** D (ohne südost)

Schịppel Schụ̈ppel der; -s, -(n) (Grenzfall des Standards): **1.** A D-südost ›Büschel‹: *Das einzige an seiner Erscheinung, das nicht ganz zum Bild einer moralisch gefestigten Amtsperson passte, war ein Schüppel Härchen, der ... widerspenstig himmelwärts zeigte* (Rede zum 50. Geburtstag von Ernst Mitgutsch 27. 9. 1999, Internet; A). **2.** A; ↗HARST CH ›Schar‹: *Kaum gelingt es ihr, einen Schippel Weiber vom gesundheitsschädlichen Arbeitsmarkt in die erholsame Beschäftigungslosigkeit zu drängen, marschieren aufsässige Frauenzimmer justament beim Heer ein* (Profil 30. 3. 1998, 132) – Dazu: **schippelweise schüppelweise**

schịppen D (ohne südost) sw.V./hat: ↗SCHÜPPEN D-nordost/mittelwest ›schaufeln‹: *Einmal war eine Lawine auf unsern Weg runtergegangen, und Otto holte die Schaufel vom Schlitten und fing an zu schippen* (Schnurre, Schnurren 30) – Vgl. Schippe

Schịpper Schịpperin D-nord der; -s, – bzw. die; –, -nen: ›Schiffer(in)‹: *Die Schipper von Brücke 3 gucken in die Röhre, weil viele Touristen schon Tickets haben, wenn sie die Barkassen entdecken* (Hamburger Morgenpost 12. 11. 1999, Internet) – Dazu: ↗**schippern** D (ohne mittelost/südost)

schịppern D (ohne mittelost/südost) (Grenzfall des Standards): **1.** sw.V./ist ›fahren (von Schiffen); mit dem Schiff fahren‹: *Von Schanghai schipperte der französische Dampfer »André-Lebom« ... nach Marseille* (Spiegel-Jahreschronik 1997, 44). **2.** sw.V./hat ›(mit einem Schiff) transportieren‹: *Die »Alster Sonne« soll künftig bis zu 100 Menschen emissionsfrei durch die Hansestadt schippern* (Spiegel 23. 5. 2000, Internet) – In CH selten. Vgl. Schipper

Schịrmherrschaft D die; –, -en: ↗EHRENSCHUTZ A, ↗PATRONANZ A, ↗PATRONAT CH ›[finanzielle] Förderung und Betreuung einer Veranstaltung durch eine [prominente] Person, Institution oder Firma‹: *Die Schirmherrschaft hat Bundespräsident Johannes Rau übernommen* (WAZ 10. 5. 2001, Internet) – In A und CH selten – Dazu: **Schirmherr(in)**

Schịrmmütze CH D die; –, -n: ↗KAPPE A D, ↗SCHILDKAPPE A D-südwest, ↗DÄCHLIKAPPE CH ›eng anliegende Kopfbedeckung mit Schirm zum Schutz der Augen vor Sonnenlicht‹: *Er trägt eine Schirmmütze, eine Brille und seit drei Wochen auch Handschuhe aus grauer Wolle* (Steiner, Sinai 119; CH); *Danach wird von Hautärzten zu ... Kleidung aus Naturfasern ... und Schlapphut mit breiter Krempe geraten. Schirmmützen sind wenig sinnvoll, wenn Ohren und Nacken ungeschützt bleiben* (Welt 12. 7. 1999, Internet; D) – Vgl. Mütze

Schịsser Schịsserin D (ohne mittelost) der; -s, – bzw. die; –, -nen (derb, Grenzfall des Standards): ↗BANGBÜX D-nord/mittel, ↗HOSENKACKER D-nord/mittel ›Angsthase, Feigling‹: *Die Besten von ihnen ... zettelten den Boykott an, denn wären es nicht die Besten, stünden sie im Verdacht, bloß »Schisser«, »Hasenfüße«, feige Memmen zu sein* (Ost-West-Wochenztg 18. 2. 2000, Internet)

schịtter CH Adj. (Grenzfall des Standards): ›schlecht, schwach‹: *Dann sassen wir ein Weilchen auf seinem schitteren Bett und redeten nicht viel* (Wenger, Rosalia 50); ***Es sieht schitter aus** ›Es sieht schlecht aus‹: *Letztes Jahr, als es Mitte Juli ganz schitter aussah, zogen ein mirakulöser August und September die Saison noch aus dem Schneider* (NLZ 17. 7. 1998, Internet); ***schit-**

ter bis bewölkt ›ungünstig, schlecht‹: *Die Lage für den Wald ist schitter bis bewölkt. Der Wolkenwald von Monteverde in den Bergen Costa Ricas ist zwar geschützt, aber trotzdem bedroht* (Sonntagsztg 25. 11. 2001, Internet)

schlachten (gemeindt.): ↗METZGEN, ↗SCHLAGEN, ↗STECHEN

Schlạchter Schlạchterin D-nord/mittelwest der; -s, – bzw. die; –, -nen: ↗FLEISCHHAUER A, ↗FLEISCHHACKER A-ost, ↗FLEISCHER A D-nord/mittel, ↗METZGER A-west CH D-mittelwest/süd ›Person, die Vieh schlachtet, zu Fleisch- und Wurstwaren verarbeitet und verkauft‹ /Berufsbezeichnung/: *Beim Schlachter stand die Schlange bis auf die Straße* (Bick, Tödliche Ostern 7) – Dazu: ↗**Schlachterei** D-nord, **Schlachterladen**

Schlachtere̲i D-nord die; –, -en: ↗FLEISCHHAUEREI A, ↗FLEISCHHACKEREI A-ost, ↗FLEISCHEREI A D-nord/mittel, ↗METZGEREI A-west CH D-mittel/süd, ↗METZG CH ›Betrieb und Geschäft, in dem Fleisch- und Wurstwaren hergestellt und verkauft werden‹: *Vor der ersten BSE-Krise hat er seine Rinder direkt an die Schlachterei verkauft* (Stiftung Naturschutz Schleswig-Holstein 1. 12. 2001, Internet) – Vgl. Schlachter – Dazu: ↗**Landschlachterei** D-ost/nord

Schlạchtfest D das; -(e)s, -e: ↗SAUTANZ A-ost, ↗SCHLACHTPARTIE A-west (Vbg.), ↗METZGETE CH ›traditionelles Schlachten auf eigenem Hof mit anschließendem Essen‹: *4000 Besucher kamen zum traditionellen Schlachtfest auf dem Bauernfest* (CDU 16. 7. 1999, Internet)

Schlạchtpartie A-west (Vbg.) die; –, -n: ↗SAUTANZ A-ost, ↗METZGETE CH, ↗SCHLACHTFEST D ›Festessen nach dem Schlachten von Schweinen auf dem eigenen Hof‹: *Für die Schlachtpartien im Frühjahr und Herbst wird eine Hausschlachtung durchgeführt und das Wildbret kommt ausschließlich aus dem Laternsertal* (VN 19. 1. 1996, Extra 6)

Schlachtplatte (gemeindt.): ↗BAUERNSCHMAUS, ↗BERNERPLATTE, ↗METZGETE

Schlachtvieh (gemeindt.): ↗BANKVIEH

schlạckern D sw.V./hat: ›unregelmäßig, wackelnd bewegen; schlenkern‹: *Die Bankreihen durchmusternd, schnippte er leise mit den Fingern und schlackerte wie zur Lockerung mit den Beinen* (Rothmann, Wäldernacht 52); ***mit den Ohren schlackern** (salopp): ↗SOCKEN: *VON DEN SOCKEN SEIN A D, ↗BAUKLOTZ: *BAUKLÖTZE STAUNEN CH D (ohne südost), ↗GUCKEN: *GUCKEN WIE EIN AUTO D-nord/mittel ›sehr erstaunt sein‹: *Unsere Kreativität ist größer denn je. Ihr werdet noch mit den Ohren schlackern, was wir alles vorhaben* (Spiegel 20. 10. 2003, Internet)

Schla̲fanzug A D der; -(e)s, ...züge: ↗NACHTZEUG D ›bequemer Anzug, der zum Schlafen getragen wird; Pyjama‹: *Besonders beeindruckend ... die Modenschau, bei der die Mädchen ihre modischen Kreationen vom Schlafanzug bis zur Abendgarderobe präsentierten* (VN 12. 6. 1998, Heimat/Dornbirn 14; A); *Noch im Schlafanzug trat ich auf die Terrasse* (Grün, Lawine 7; D)

Schla̲fcouch D die; –, -(e)s/-en [...kautʃ]: ↗AUSZIEHCOUCH A D, ↗BETTSOFA CH, ↗BETTCOUCH D, ↗SCHLAFSOFA D ›zu einem Bett ausklappbares Sofa‹: *Direkt hinter dem Schreibtischdrehstuhl steht eine kleine ausziehbare Schlafcouch* (NRZ 6. 12. 2000, Internet)

Schlafịttchen: *jmdn. am Schlafittchen fassen/packen/haben D (Grenzfall des Standards): ↗KRAWATTL: *JMDN. AM KRAWATTL NEHMEN/PACKEN/HABEN A D-südost ›jmdn. ergreifen und für etw. zur Rechenschaft ziehen; jmdn. am Kragen packen‹: *Also wehe dem, der nachts über den Friedhof geht, könnte selber am Schlafittchen gepackt, ins Grab gezogen und zum Tanzen gezwungen werden* (Deutschlandradio Berlin 21. 11. 2003, Internet)

Schlafmangel (gemeindt.): ↗SCHLAFMANKO

Schla̲fmanko CH das; -s, -s: ›Schlafmangel‹: *J. buchte damit bereits den zweiten Hattrick in dieser Saison, und dies trotz acht Wochen Rekrutenschule, Schlafmanko und müden Beinen* (Blick 28. 10. 1998, 26)

Schla̲fsofa D das; -s, -s: ↗AUSZIEHCOUCH A D, ↗BETTSOFA CH, ↗BETTCOUCH D, ↗SCHLAFCOUCH D ›zu einem Bett ausklappbares Sofa‹: *Es gibt eben nur wenige Chefs, die ein Schlafsofa für Mitarbeiter im Büro aufstellen lassen* (Allegra 9. 5. 2000, Internet)

Schla̲g der; -(e)s, Schläge: **1.** A (ohne Plur.); ↗SCHLAGOBERS A-mitte/ost, ↗SCHLAGRAHM A (ohne ost) CH D-süd, ↗NIDEL CH, ↗RAHM CH, ↗SAHNE D (ohne südost), ↗SCHLAGSAHNE D (ohne südost) ›steif geschlagener Süßrahm‹: *Na und ob das einen G'spaß gab, ... an fast jedem schönen Sonntag mit Kind und Kegel ... nach Magdalena oder in die Zizlau ... auf einen Kaffee mit Schlag zu fahren* (Bezirk Freistadt, Postkutschenzeit, 2000, Internet). **2.** A D-südost kurz für *Brombeerschlag, Himbeerschlag*: ›nicht kultivierte [Wald]lichtung, auf der Beerensträucher wachsen‹: *Mein Weg führte über zwei Bergwiesen, durch eine junge Fichtenkultur und über einen verwachsenen Himbeerschlag* (Haushofer, Wand 29). **3.** CH ›einfaches [Schlaf]zimmer‹: *Für uns sind ein Zehnerschlag sowie sechs Doppelzimmer reserviert. Beim Zehnerschlag befinden sich die sanitären Anlagen auf dem Gang* (VBG Klettgau, 2001, Internet).
4. D (ohne mittelost/südost) kurz für ›Blitzschlag‹: *In der Nähe des Blitzkanals ist es am gefährlichsten ... ein*

direkter Schlag kann tödlich enden (Unwetter 21. 3. 2003, Internet). **5.** D (Grenzfall des Standards) ›[mit einem großen Löffel] abgemessene Portion (einer Speise)‹: *Endlich bekamen sie einen Schlag Suppe, in der etwas Fleisch und Gemüse und ein paar Kartoffeln schwammen* (Remarque, Zeit zu leben 51). **6. *ein Schlag ins Kontor** D (salopp) ›Niederlage wie aus heiterem Himmel‹: *Für die designierte Parteichefin Z., einzige Kandidatin für diesen Posten, wäre solch ein Ergebnis dagegen ein Schlag ins Kontor* (Welt 14. 10. 2000, Internet). **7. *einen Schlag haben** D-ost/südost (Grenzfall des Standards): ↗HUSCHER: *EINEN HUSCHER HABEN A, ↗KLOPFER: *EINEN KLOPFER HABEN A, ↗PECKER: *EINEN PECKER HABEN A, ↗KLAMSCH: *EINEN KLAMSCH HABEN A-ost/südost, ↗SCHUSS: *EINEN SCHUSS HABEN A D, ↗HAU: *EINEN HAU HABEN A-west D-mittelwest, ↗ECKEN: *EINEN ECKEN ABHABEN CH, ↗HUNDERT: *NICHT GANZ HUNDERT SEIN CH, ↗MACKE: *EINE MACKE HABEN CH D (ohne südost), ↗MEISE: *EINE MEISE HABEN CH D-nord/mittel, ↗RAD: *EIN RAD ABHABEN D, ↗STICH: *EINEN STICH HABEN D, ↗HASCHMICH: *EINEN HASCHMICH HABEN D-nord/mittel, ↗KITTEL: *JMDM. BRENNT DER KITTEL D-südwest ›nicht ganz bei Verstand sein; verrückt sein‹: *Na ja, wie gesagt, einen Schlag haben sie hier ja schon alle, also sollte mich das nicht gerade wundern* (Universität München 21. 3. 2003, Internet). **8. *einen Schlag bei jmdm. haben** D (Grenzfall des Standards, selten) ›jmdm. sympathisch sein und dadurch Erfolg haben‹: *Er hat einen Schlag bei der Presse* (Hamburger Abendbl 13. 10. 1999, Internet). **9. *keinen (Hand-) schlag tun** D ›nichts arbeiten‹: *Mein Kind tut keinen Schlag freiwillig für die Schule. Was kann ich machen?* (Erich Fried Gesamtschule Ronsdorf, 2001, Internet). **10. *mit etw./jmdm. zu Schlage kommen** CH ›mit etw./jmdm. zu Rande kommen‹: *Weil dieser Lehrer in seinem Zustand mit den Senkrechten nicht zu Schlage kam, sah er zuerst überhaupt nichts* (Schädelin, Eugen 77) – In der Bedeutung ›Autotür; Wagenschlag‹ veraltend. Andere Bedeutungen sind gemeindt. – Zu 3.: **Bubenschlag** (↗Bub), **Mädchenschlag, Viererschlag**

Schläge (gemeindt.): ↗DRESCHE, ↗HAUE, ↗KEILE, ↗KLOPPE, ↗SENGE

schlagen st.V./hat: **1.** A; ↗STECHEN A D-südost ↗METZGEN CH D-südwest ›(Rinder) schlachten, abstechen‹: *Ich holte sofort Hilfe, aber das verletzte Tier musste an Ort und Stelle geschlagen werden* (Winkler, Leibeigene 17). **2.** CH D; ↗SCHLÄGERN A ›(Bäume auf einer größeren Fläche) fällen‹: *Der neue Wald-Betriebsplan sieht den Dauerwald vor: Statt flächenmässig Bäume zu schlagen, werden überall einzelne Stämme herausgeschlagen* (Brugg online, 1998, Internet; CH); *Auf vielen Plantagen gerade im ländlichen Bereich kann man seinen Baum selbst aussuchen und dann schlagen* (WDR 9. 12. 1999, Internet; D). **3.** sich CH D; ↗SCHLÄGERN A, ↗KEILEN D-nord/mittel, ↗KLOPPEN D-nord/mittel ›sich gegenseitig verprügeln; raufen‹: *Sie lieben und sie schlagen sich. Cesar Dominguez und Vince Boudreau sind nicht nur die besten Freunde, sondern auch Sparringpartner* (Moviebase Filmdatenbank, 2003, Internet; CH); *Wenn Frauen sich schlagen – vielen tut da schon das Zugucken weh* (Bild 1. 10. 1998, Internet; D) – Andere Bedeutungen sind gemeindt. Zu 2 vgl. holzen

schlägern A sw.V./hat: **1.** ↗SCHLAGEN CH D ›(Bäume auf einer größeren Fläche) fällen‹: *Das Stadtgartenamt schlägerte im Vorjahr auf öffentlichem Grund 172 Bäume* (Kleine Ztg 2. 3. 1997, 28). **2.** [sich] (salopp, Grenzfall des Standards); ↗SCHLAGEN CH D, ↗KEILEN D-nord/mittel, ↗KLOPPEN D-nord/mittel ›sich gegenseitig verprügeln; raufen‹: *Unter dem Motto »... beim Gastronom, da ist gut schlägern« gingen die zwei Männer auf ihre Kontrahenten los, traktierten sie mit Fausthieben, Fußtritten und Kopfstößen* (VN 3. 4. 1995, B 1) – Zu 1 vgl. holzen. Zu 1.: **Schlägerung, ↗Schlägerungsunternehmen**

Schlägerungsunternehmen A das; -s, –: ›gewerblicher Betrieb, der gegen Auftrag das Abholzen von Waldstücken übernimmt‹: *Gleichzeitig erfolgt die Vermessung von Lagerort sowie der Zu- und Abfuhrrouten für das Schlägerungsunternehmen bzw. für den Holz-Lkw mit GPS* (Standard 19. 11. 2002, Internet) – Vgl. schlägern

Schlagobers A-mitte/ost das/der; –, ohne Plur.: ↗SCHLAG A, ↗SCHLAGRAHM A (ohne ost) CH D-süd, ↗NIDEL CH, ↗RAHM CH, ↗SAHNE D (ohne südost), ↗SCHLAGSAHNE D (ohne südost) ›steif geschlagener Süßrahm‹: *Zum Nachtisch Eis auf Mandarinenscheiben, mit Schlagobers und Schokosauce* (Kientzl, Wissen 158) – Im Grenzfall des Standards Maskulinum, sonst Neutrum – Dazu: ↗**Schlagobershaube** A

Schlagobershaube A die; –, -n: ↗RAHMHAUBE CH, ↗SAHNEHÄUBCHEN D (ohne südost) ›kleine Portion geschlagener Süßrahm, die auf die Oberfläche heißer Getränke, wie Kaffee und Kakao, gesetzt wird‹: *Der Kaffee hatte eine schöne Schlagobershaube* (Treiber, Blaue See 32) – Vgl. Schlagobers

Schlagrahm A (ohne ost) CH D-süd der; -(e)s, ohne Plur.: ↗SCHLAG A, ↗SCHLAGOBERS A-mitte/ost, ↗NIDEL CH, ↗RAHM CH, ↗SAHNE D (ohne südost), ↗SCHLAGSAHNE D (ohne südost) ›steif geschlagener Süßrahm‹: *Im ganzen Quartier und in der ganzen Stadt stehen die Kaffeekannen auf dem Tisch, es gibt Schlagrahm dazu* (Walter, Jammers 116; CH)

Schlagsahne D (ohne südost) die; –, ohne Plur.: ↗SCHLAG A, ↗SCHLAGOBERS A-mitte/ost, ↗SCHLAG-

RAHM A (ohne ost) CH D-süd, ↗NIDEL CH, ↗RAHM CH, ↗SAHNE D (ohne südost) ›steif geschlagener Süßrahm‹: *Ich denke, in der Maiglöckchen-Konditorei gibt es gute Torten mit Schlagsahne* (Trott, Pucki 26)

Schlamm (gemeindt.): ↗BATZ, ↗GATSCH, ↗LETTEN, ↗MODDER, ↗MUD, ↗PAMPE, ↗PFLOTSCH, ↗SCHMANT

Schlammlawine (gemeindt.): ↗MURE, ↗MURGANG, ↗RÜFE

Schlampe CH D (ohne südost) die; –, -n (abwertend, Grenzfall des Standards): ↗SCHLAMPEN A D-südost, ↗SCHLUNZE D-nord/mittelwest ›unordentlich gekleidete oder sittlich verkommene Frau‹: *An dieser Oberschlampe hätte Milena Moser ihre helle Freude: Die junge Hotelbesitzerin könnte ihrem »Schlampenbuch« entstiegen sein und am Empfang jenes dahinsiechenden Hotels Platz genommen haben* (Bund 29. 11. 1997, z6; CH); *Ein lebenslustiges, nicht unsympathisches Mädchen, gespielt von P.A., deren Rollen stets ein Hauch von Schlampe anhaftet* (Rhein-Ztg 11. 1. 2000, Internet; D)

Schlampen A D-südost der; -s, – (abwertend, Grenzfall des Standards): ↗SCHLAMPE CH D (ohne südost), ↗SCHLUNZE D-nord/mittelwest ›unordentlich gekleidete oder sittlich verkommene Frau‹: *... da hat sie auf einmal gedroht, sie wird ihrem Sohn alles aufdecken, was der für einen Schlampen zur Frau hat* (Marzik, Mizzi 103; A); *Die Hausherrin horcht ganz starr auf: ... Ja, wo is denn der Schlampen* (Gutenberg – Die digitale Bibliothek, 1999, Internet; D-südost) – Vgl. schlampert

schlampen CH D sw.V./hat. (abwertend): ↗HUDELN A D-süd, ↗SCHLUDERN A (ohne west) CH D, ↗SCHLUNZEN D-nordost/mittelwest ›unordentlich arbeiten; pfuschen‹: *Lausanner Dopinglabor wehrt sich gegen den Vorwurf, im »Fall Ottey« geschlampt zu haben* (NZZ, 7. 7. 2000, Internet; CH); *Danach muss ein Arzt Schadensersatz zahlen, wenn er bei ... einer Sterilisation schlampt* (TAZ 5. 12. 2001, Internet; D)

schlampert A D-südost Adj. (Grenzfall des Standards): ↗SCHLEIßIG A, ↗SCHLUDRIG A (ohne west) CH D, ↗SCHLUNZIG D-nordost/mittelwest ›unsorgfältig, liederlich; schlampig (von Personen, Arbeit)‹: *Sie kann sorgfältig putzen oder schlampert oder überhaupt putzen lassen* (Profil 14. 2. 2000, 102; A) – Vgl. Schlampen

schlampig (gemeindt.): ↗SCHLAMPERT, ↗SCHLEIßIG, ↗SCHLUDRIG, ↗SCHLUNZIG

Schlangenfrass CH **Schlangenfraß** D (ohne nordwest/südwest) der; -es, ohne Plur. (abwertend): ›ungenießbares Essen‹: *Und dann das Essen! Ein Schlangenfrass, den ich nicht einmal einem Hund geben würde* (Sonntagsblick 2. 11. 1997, A39; CH); *Auch der Stadtrat macht keinen großen Unterschied zwischen Schlangenfraß und Weihnachtsbraten* (Tagesspiegel 18. 1. 2001, Internet; D)

Schlangengurke D (ohne nordwest/mittelost) die; –, -n: ›meist für Salat verwendete lange, schmale Gurke mit glatter Schale; Salatgurke‹: *Schlangengurken schälen, in der Länge halbieren und mit einem Löffel die Kerne entfernen* (Dienstmann, Kerzenwachs 215) – In A und CH selten

Schlapfen A D-südost der; -s, – (meist Plur., Grenzfall des Standards): ↗PATSCHEN A D-südost, ↗FINKEN CH, ↗SCHLARPE CH, ↗SCHLAPPEN CH D, ↗LATSCHEN D (ohne südost), ↗PUSCHEN D-nord, ↗SCHLUFFEN D-nord/mittelwest ›bequemer Hausschuh; Pantoffel‹: *Die Mizzi nimmt sich die Haarnadeln aus den Zöpfen, zieht die Schuhe aus und die Schlapfen an* (Marzik, Mizzi 30; A) – Dazu: **Badeschlapfen, Filzschlapfen**

schlapp Adj.: **1.** CH D; ↗LETSCHERT A D-südost ›nicht bei Kräften; schwach‹: *Der Entzug dauerte 3 Tage ..., ich fühlte mich die ersten 2 Tage nur müde und schlapp* (Pro Adicta, Patientenecho, 2001, Internet; CH); *Hinterher war sie so schlapp, dass sie wirklich einschlief* (Arens, Nächste Mann 61; D); ***sich schlapp lachen** D (salopp); ↗ZERKUGELN A, ↗ZERWUZELN A, ↗AST: *SICH EINEN AST LACHEN D, ↗KAPUTTLACHEN D, ↗TOTLACHEN D ›stark, laut, schallend lachen‹: *Man wird durchgerüttelt, man lacht sich schlapp, man wirft sich weg – und man will mehr davon* (Prosieben 20. 12. 2002, Internet). **2.** D (ohne südost) ›[gerade] eben; nur‹: *Während sich Eheleute vor einigen Jahren noch rund 20 Minuten am Tag unterhalten haben, sind es nach neueren Untersuchungen heute gerade schlappe 9 Minuten* (Spiegel 1. 12. 1997, 140; D) – Zu 2.: In CH selten

Schlappen CH D der; -s, – (meist Plur.): ↗PATSCHEN A D-südost, ↗SCHLAPFEN A D-südost, ↗FINKEN CH, ↗SCHLARPE CH, ↗LATSCHEN D (ohne südost), ↗PUSCHEN D-nord, ↗SCHLUFFEN D-nord/mittelwest ›bequemer, leichter [Haus]schuh; Pantoffel‹: *Bei den Treckingsandalen von Nike für 49 Dollar ist die gewünschte Grösse nicht zu haben. Später finden sich die Schlappen in Miami-Stadt* (Schweizer Familie, Reisen, Internet; CH); *Judo für Kinder von 8–14 Jahren ... Bitte mitbringen: Schlappen, Sportzeug* (VHS Rheingau-Taunus, 2000, Internet; D)

Schlarpe CH die; –, -n (meist Plur.): ↗PATSCHEN A D-südost, ↗SCHLAPFEN A D-südost, ↗FINKEN CH, ↗SCHLAPPEN CH D, ↗LATSCHEN D (ohne südost), ↗PUSCHEN D-nord, ↗SCHLUFFEN D-nord/mittelwest ›bequemer, ausgetretener [Haus]schuh; Pantoffel‹: *Für den ... Pilzspezialisten Dr. med. Thomas R. besteht die einfachste und effizienteste Massnahme im*

Tragen von Plastiksandalen oder -schlarpen in öffentlichen Badeanstalten (Sprechstunde 3/1997, 13)

schlau: *sich schlau machen CH D (Grenzfall des Standards) ›sich informieren‹: *Wer reichlich Zeit und dazu Freude am Gruseln hat, sollte sich vorher schlau machen, damit das Abenteuer nicht versumpft* (Eastmonde, 2003, Internet; CH); *Wer sich ein wenig Zeit nimmt, kann ... sich über laufende Umweltprojekte schlau machen* (Allegra 11/1997, 188; D) – In A bekannt, aber als fremd empfunden. Das Adjektiv *schlau* ist in allen anderen Verwendungen gemeindt.

Schlaufe CH die; –, -n: ↗SCHLEIFE A D ›starke Flussbiegung‹: *Wir denken uns einen Fluss, der in weiter Schlaufe ums Häuschen führt* (Mettler, Mäusesammeln 23) – Andere Bedeutungen sind gemeindt. – Dazu: **Flussschlaufe**

Schleck: *etw. ist kein Schleck CH ›etw. ist kein Vergnügen; etw. ist eine unangenehme, schwierige Angelegenheit; etw. ist kein Honig(sch)lecken, kein Zuckerschlecken‹: *Das Unileben ist kein Schleck, dies weiss, wer es hinter sich hat* (Bund 26. 6. 1999, 4)

schlecken A CH D-süd sw.V./hat: ↗LECKEN CH D-nord/mittel ›mit der Zunge (Nahrung von flüssiger oder cremiger Konsistenz) aufnehmen‹: *Die Lienzer schlecken bei ihm am liebsten Stracciatella, Vanille und Haselnuss* (Kleine Ztg 10. 7. 1999, Internet; A); *Wenn Noemi D. ein Magnum schleckt, bekommt ganz England Stielaugen* (Blick 11. 9. 2000, 36) – Die Bedeutung ›Süßigkeiten essen; naschen‹ ist gemeindt. – Dazu: ↗**abschlecken, aufschlecken,** ↗**Schlecker** A-mitte/ost, ↗**Schleckerei** A CH, ↗**Schleckstängel** CH, ↗**Schleckwaren** CH

Schlecker A-mitte/ost der; -s, –: ↗LUTSCHER A D, ↗SCHLECKSTÄNGEL CH, ↗DAUERLUTSCHER D-nordwest/mittel, ↗LOLLI D-nord/mittel ›Süßigkeit [in runder Form] auf einem Stängel zum Lutschen‹: *Die paar Schlecker für die Kinder sind ja auch kein Gschäft* (Brödl, Blutrausch 36) – Vgl. schlecken

Schleckerei A CH die; –, -en: ↗LECKEREI D ›Süßigkeit, Nascherei‹: *Dort ziehen die Kinder ... von Haus zu Haus und bekommen Schleckereien, denn der hl. Martin ist Symbol für das Teilen* (TT 11. 11. 1997, 13; A); *Spitzenreiterin unter den kühlen Schleckereien ist seit ewigen Zeiten Vanille-Glace* (Blick 3. 8. 1999, 24; CH) – Vgl. schlecken

Schleckstängel CH der; -s, –: ↗SCHLECKER A-mitte/ost, ↗LUTSCHER A D, ↗DAUERLUTSCHER D-nordwest/mittel, ↗LOLLI D-nord/mittel ›Süssigkeit [in runder Form] auf einem Stängel zum Lutschen‹: *Der glatzköpfige, Schleckstängel lutschende Detektiv mit den markigen Sprüchen faszinierte das Publikum* (Bund 30. 5. 1998, 31) – Vgl schlecken

Schleckwaren CH die; nur Plur.: ›Süssigkeiten zum Schlecken‹: *Schleckwaren aller Art basieren auf Akaziengummi, Confiseure verwenden ihn, und in süssen Mineralwassern dient er zur Konservierung der Farbe* (TA 24. 3. 1998, 38) – Vgl. schlecken

Schlegel A CH D-süd der; -s, – (Küche): ↗KNÖPFEL A, ↗SCHLÖGEL A, ↗HAXL A D-südost, ↗GIGOT CH, ↗STOTZEN CH, ↗KEULE D (ohne nordost/südost) ›Hinterschenkel eines geschlachteten Tiers‹: *Wie angekündigt, haben sich gestern die ersten Maiböckerl eingestellt, und das Geriss um Rücken oder Schlegel (entbeint), das Kilo 360 S, war groß* (OÖN 16. 5. 1998, 28; A); *Kaninchen werden vor allem in Form von Schlegel, Rückenfilet oder Voressen angeboten* (Schweizer Landwirtschaft online, 1999, Internet; CH) – In A gilt *Schlegel* generell für Schlachtvieh (bes. Lamm, Kalb, Schwein) und für Wild. In CH wird bei geschlachtetem Wild (Reh, Gämse, Hirsch, Kaninchen, Hase), bei Schaf und jungen Ziegen das Hinterbein *Schlegel* genannt, bei Lamm ↗*Gigot* und bei Schwein, Kalb und Rind ↗*Stotzen*. *Schenkel* bei Geflügel ist gemeindt. – Dazu: **Kalbsschlegel** A, **Kitzschlegel** (↗Kitz) A, **Lammschlegel, Rehschlegel, Schöpsenschlegel** (↗Schöpsen-) A, **Schweinsschlegel** (↗Schweins-) A D-süd

schleichen sich A D-süd st.V./hat (salopp, Grenzfall des Standards): ↗PUTZEN A, ↗VERTSCHÜSSEN A, ↗HAUS: *SICH ÜBER DIE HÄUSER HAUEN A-ost, ↗VERZUPFEN A D-südost, ↗ZUPFEN A D-südost, ↗ABFAHREN CH, ↗ABSCHLEICHEN CH, ↗LEINE: *LEINE ZIEHEN CH D (ohne südost), ↗VERDRÜCKEN CH D (ohne südost), ↗VERDUFTEN CH D, ↗VERKRÜMELN CH D (ohne südost), ↗ABSCHIEBEN D, ↗FLIEGE: *DIE/EINE FLIEGE MACHEN D, ↗VERPISSEN D, ↗DÜNNEMACHEN D-nord/mittel, ↗MÜCKE: *[DIE/EINE] MÜCKE MACHEN D-nord/mittel, ↗PLATTE: *DIE PLATTE PUTZEN D (ohne mittelost/südost), ↗TROLLEN D (ohne ost) ›sich entfernen, weggehen, verschwinden (von Personen), abhauen‹ (häufig als Drohung und Aufforderung): *Die Beleidigung eines Lehrer-Kollegen mit »Schleich dich, du Trottel!« stellt jedenfalls einen groben Verstoß gegen die Dienstpflichten dar und ist somit ein Kündigungsgrund* (Kurier 22. 10. 1999, 14; A) – Andere Bedeutungen, in nichtreflexiver Verwendung, sind gemeindt.

Schleife die; –, -n: **1.** D; ↗MASCHE A CH D-süd ›Haarband (als Zierde)‹: *Es war ein Mädchen von etwa zwei Jahren, blond, mit einer blauen Schleife im Haar* (Remarque, Zeit zu leben 67). **2.** D; ↗MASCHE A CH D-süd ›Verknotung zweier Bänder mit zwei Schlingen im Ggs. zum festen Knoten (bei Schuhen, Verpackungen etc.)‹: *»Notfalls stellen wir die BMW-Motoren ins Regal«, sagt ein VW-Vorstand, »und binden eine Schleife drum«* (Spiegel 17. 11. 1997, 117). **3.** A D;

↗SCHLAUFE CH ›starke Biegung eines Flusses oder einer Straße‹: *Erstmals werden den Krumauer Stadtansichten von Egon Schiele die topografischen Gegebenheiten des barocken Kleinods an der Moldauschleife gegenübergestellt* (Profil extra 1. 9. 1995, 99; A); *Das Parlaments- und Regierungsviertel entsteht am Spreebogen, dort wo der Fluss in einer Schleife den Reichstag umfließt* (Parlament 34/2001, Internet; D) – In CH selten – Zu 3.: **Flussschleife**

schleifen D-süd st.V./ist/hat: ↗SCHLINDERN D-mittelwest, ↗SCHLITTERN D (ohne südost) ›nach einem Anlauf stehend über glatten Schnee oder glattes Eis rutschen‹: *Die Inlinebahn wurde vom Bauhof mit Wasser besprüht. Damit entstand bei den anhaltend niedrigen Temperaturen eine tolle Eisbahn, welche besonders in den Pausen heftig fürs Schleifen benutzt wurde* (Teckschule, Dettingen 11. 1. 2001, Internet) – In CH dialektal. Andere Bedeutungen sind gemeindt.

schleißig Adj. (Grenzfall des Standards): **1.** A D-südost ›abgenutzt, zerschlissen‹: *Darum stolpern die zahlreichen Besucher der Stadtbücherei auch über einen unglaublich schleißigen Teppichvorleger im Eingangsbereich, der die Löcher im Boden verdecken muss* (OÖN 17. 1. 2000, Internet; A). **2.** A; ↗SCHLAMPERT A D-südost, ↗SCHLUDRIG A (ohne west) CH D, ↗SCHLUNZIG D-nordost/mittelwest ›schlampig (von Arbeit)‹: *Er ist aufgeschnitten worden, von der Kehle bis zum Bauch hinunter, und schleißig wieder zusammengenäht* (Alfare, Kirchberger 28)

schlenkern (gemeindt.): ↗SCHLACKERN

Schlepper D-mittelost/süd STIR der; -s, –: ↗BULLDOG D-nordwest/süd, ↗TRECKER D-nord/mittel ›landwirtschaftliches ↗Kraftfahrzeug zum Ziehen von Anhängern und Geräten; Traktor‹: *Irgendwie muss der Landwirt mit dem Schlepper auf die Felder kommen* (Verkehrsportal, 2004, Internet; D-mittelost/süd); *Der Schlepper überschlug sich und begrub den Lenker unter sich* (Dolomiten 27. 10. 2000, 27; STIR) – In D (ohne mittelost/süd) selten. Andere Bedeutungen sind gemeindt.

schletzen CH sw.V./hat (Grenzfall des Standards): **1.** ›[zu]schlagen‹: *Ich steige wieder ein, schliesse die Tür. Ich schletze sie nicht* (Balmer, Letzte Abenteuer 39). **2.** ›(Essen) hinunterschlingen‹: *Andere wiederum sind glücklich darüber, in voller Fahrt auf der Jurasüdfusslinie auf leeren Magen einen Big Mäc mit Salat zu schletzen* (Salz&Pfeffer 3/1993, 62) – Zu 1.: **zuschletzen**

schlichten A D-südost sw.V./hat: ↗AUFBEIGEN CH D-südwest, ↗BEIGEN CH D-südwest ›geordnet aufschichten; stapeln‹: *So ist sie reingegangen, um dem Rudi freundlich aber bestimmt … zu sagen, … dass man Bierkisten auch leiser schlichten kann* (Brödl, Blutrausch 82; A) – Die Bedeutung ›einen Streit regeln‹ ist gemeindt.

Schlickkrapfen A-west (Tir.)/südost die; nur Plur.: ›kleine gekochte Nudelteigtaschen als Suppeneinlage mit einer Füllung aus Innereien und Kräutern‹: *Bereits das Abendessen am Vorabend war ein Fest des Geschmacks. Kärntner Spezialitäten wie Schlickkrapfen oder Kletzennudeln ähneln in vielem bereits den Teigwaren im nahen Italien* (Biker/Reisen, 2004, Internet) – Auch in der Form *Schlickkrapferl.* Vgl. Schlipfkrapfen, Schlutzkrapfen

schliefen A D-südost st.V./ist (Grenzfall des Standards): ›schlüpfen‹: *Während Holl noch an den Hamburger Studenten dachte, … schloff Prosch in den Bibergehrock und strahlte, weil er endlich einen passenden Rock gefunden hatte* (Innerhofer, Schöne Tage 74; A) – Wird diphthongisch ausgesprochen. In D nur im Bereich Jagd gebräuchlich

Schlier A der; -s, ohne Plur.: ›Mergel‹ /eine Gesteinsart/: *Hier finden sich einerseits einzelne Decklehm- und Deckenschotter, andererseits kommt der Schlier an die Oberfläche und ist Boden bildend* (Marktgemeinde Riedau, 2000, Internet) – Dazu: **Schliersand**

schließen (gemeindt.): ↗AUFLASSEN, ↗ZUSPERREN

schließlich (gemeindt.): ↗SCHLUSSENDLICH

Schlinderbahn D-mittelwest die; –, -en: ↗SCHLITTERBAHN D (ohne südost) ›glatte Schnee- oder Eisfläche, auf der man nach einem Anlauf stehend rutscht‹: *Durch das sofort gefrierende Löschwasser verwandelte sich die Umgebung … schnell zur Schlinderbahn* (Feuerwehr Telgte 3. 1. 2002, Internet) – Vgl. schlindern

schlindern D-mittelwest sw.V./ist/hat: ↗SCHLEIFEN D-süd, ↗SCHLITTERN D (ohne südost) ›nach einem Anlauf stehend über glatten Schnee oder glattes Eis rutschen‹: *Auf die Plätze, fertig, schlindern … Das Mädchen-Quartett hatte auch ohne Schlittschuhe sichtlich Spaß an der künstlichen Eisbahn* (Borkener Ztg 13. 1. 2003, Internet) – Dazu: ↗**Schlinderbahn**

Schlipfkrapfen A-west (Tir.) die; nur Plur.: ›kleine gekochte Nudelteigtaschen mit einer Füllung aus Kartoffeln und Gewürzen, die mit brauner Butter übergossen und mit Käse bestreut serviert werden‹: *Die Osttiroler Haubenlokale bieten ihren Gästen eine Speisekarte, die keine Wünsche offen lässt. Angefangen von Osttiroler Schlipfkrapfen, Lammzüngerlgröstl bis hin zu Mohndalken mit Zwetschkenröster ist alles vertreten* (Osttirol Tourismus, 2001, Internet) – Vgl. Nudel, Schlickkrapfen, Schlutzkrapfen

Schlips der; -es, -e (salopp): **1.** D (ohne südost); ↗BINDER A D-ost/südost, ↗SELBSTBINDER A D-südost ›Krawatte‹: *Er … rückte seinen Schlips gerade und*

strich sich über den Anzug (Martin, Blut 35). **2.** CH; ↗MASCHERL A, ↗FLIEGE CH D ›zur Querschleife gebundene Krawatte‹: *Sollte B.T. denn in Frack und weissem Hemd mit Schlips auf die Bühne?* (Blick 19. 4. 1995, 90) – Zu 1.: In A bekannt, aber als fremd empfunden

schlitteln CH sw.V./ist: ↗RODELN A D ›Schlitten fahren‹: *Den vielen Schnee haben vor allem meine Kinder genossen. Weil sie noch nicht Ski fahren, bin ich jeweils mit ihnen schlitteln gegangen* (Blick 18. 3. 1999, 13) – Dazu: **Nachtschlitteln, Schlittelbahn, Schlittelfahrt, Schlittelweg, Schlittler(in)**

Schlitten (gemeindt.): ↗RODEL, ↗RODELSCHLITTEN

Schlitterbahn D (ohne südost) die; –, -en: ↗SCHLINDERBAHN D-mittelwest ›glatte Schnee- oder Eisfläche, auf der man nach einem Anlauf stehend rutscht‹: *Kinder hatten den eingefrorenen Mann gefunden, als sie sich eine Schlitterbahn bastelten* (Berliner Ztg 4. 2. 1998, Internet) – Vgl. schlittern

schlittern D (ohne südost) sw.V./ist/hat: ↗SCHLEIFEN D-süd, ↗SCHLINDERN D-mittelwest ›nach einem Anlauf stehend über glatten Schnee oder glattes Eis rutschen‹: *Damit nicht die kleinste Unebenheit den Curlinggenuss trübt, schlittert Eismeister J. F. vor jedem Spiel prüfend durch die Halle* (Defacto Kulturjournal 26. 8. 2002, Internet) – Die Bedeutung ›(unabsichtlich) rutschen‹ ist gemeindt. – Dazu: ↗**Schlitterbahn**

Schlittschuh (gemeindt.): ↗EISLAUFSCHUH

Schlittschuh: *Schlittschuh laufen/fahren (gemeindt.): ↗EIS: *EIS LAUFEN

Schlittschuhbahn CH D die; –, -en: ↗EISLAUFPLATZ A, ↗EISBAHN CH D (ohne südost) ›Fläche zum Schlittschuh laufen‹: *Draussen ist es so richtig kalt, das Novembergrau drückt aufs Gemüt. An einem solchen Tag gibt's für mich nur ein Rezept: Mütze und Handschuhe montieren und ab auf die Schlittschuhbahn!* (Blick 8. 11. 2000, 8; CH); *Die Kalorien könnten dann bei einigen Pirouetten auf der Schlittschuhbahn am Schlossplatz abtrainiert werden* (Stuttgarter Ztg 22. 8. 2002, Internet; D)

Schlögel A der; -s, – (Küche): ↗KNÖPFEL A, ↗HAXL A D-südost, ↗SCHLEGEL A CH D-süd, ↗GIGOT CH, ↗STOTZEN CH, ↗KEULE D (ohne nordost/südost) ›Hinterschenkel eines geschlachteten Tiers‹: *In Österreich darf im Übrigen nur Fleisch vom Schlögel, d. h. vom hinteren Teil des Schweines, auch als Schinken bezeichnet werden* (Maxima 3/1998, 128) – Die Hauptform lautet *Schlegel*, allerdings ist *Schlögel* im österreichischen EU-Vertrag verankert – Dazu: **Kalbsschlögel, Lammschlögel, Rehschlögel, Schweinsschlögel** (↗Schweins-)

Schlossergewand A das; -(e)s, ohne Plur.: ↗BLAUE A, ↗MONTUR A, ↗ARBEITSANZUG A D, ↗BERUFSKLEID CH, ↗GWÄNDLI CH, ↗ÜBERGEWAND CH, ↗ÜBERKLEID CH, ↗BLAUMANN D (ohne südost), ↗ANTON: *BLAUE ANTON D-südwest ›Arbeitskleidung [aus blauem Baumwollstoff]; Overall‹: *Natürlich wird man als Frau im Schlossergewand angeschaut, aber nicht abschätzend, sondern eher bewundernd* (Solidarität 6/1998, Internet)

Schlot der; -(e)s, -e: **1.** D-mittelost/südost; ↗KAMIN A-west CH D-mittelwest/süd, ↗RAUCHFANG A (ohne west) D-südost, ↗ESSE D-mittelost, ↗SCHORNSTEIN D-nord/mittel ›Rauchabzugsschacht in einem [Wohn]haus‹: *Damals begannen die Städte anzuordnen, dass die Schlote regelmäßig gekehrt werden müssen* (Ökotest, 2000, Internet). **2.** D-nord ›hinter dem Binnendeich gelegener kleiner Entwässerungsgraben‹: *Walchumer Schlot, Einmündung Alter Schlot, Ems* (Gewässerverzeichnis, Bezirksregierung Hannover, 2000, Internet) – Die Bedeutung ›hoher Fabrikschlot‹ ist gemeindt. – Zu 1.: ↗**Schlotfeger(in)**

Schlotfeger Schlotfegerin D-mittelost/südost der; -s, – bzw. die; –, -nen: ↗RAUCHFANGKEHRER A D-südost, ↗KAMINKEHRER A-west D-südost, ↗KAMINFEGER CH D-mittelwest/südwest, ↗ESSENKEHRER D-mittelost, ↗SCHORNSTEINFEGER D-nord/mittel ›Person, die Rauchabzugsschächte reinigt‹ /Berufsbezeichnung/: *Ein richtiger Kamin, in den der Schlotfeger noch hineinsteigt und sich dreckig macht* (Oberpfalznetz, 2000, Internet) – Vgl. fegen, Schlot

Schlötterlig siehe Schlötterling

Schlötterling CH der; -s, -e: ›Schimpfwort, Beleidigung‹: *»Schleimscheisser«, »SP-Löli«. Diese und andere Schlötterlinge in anonymen Briefen sorgten im Fricktaler Dorf Wittnau über Jahre für Zwietracht. Jetzt ist der Übeltäter bekannt: der Gemeindeammann!* (Blick 15. 8. 1998, 24); ***jmdm. einen Schlötterling anhängen:** ↗BEFLEGELN A ›jmdn. beschimpfen‹: *Er hat ihm wieder den Pullover über den Kopf gezogen und ihm dabei Schlötterlinge angehängt: Stubenhocker, Mutterditti, Stinker, …* (Giovannelli-Blocher, Meer 39) – Auch in der mundartnahen Form *Schlötterlig* gebräuchlich

schlottern (gemeindt.): ↗SCHUBBERN

Schlotzer Schlotzerin D-südwest der; -s, – bzw. die; –, -nen: ↗WEINBEIẞER A D-südost ›genussvoller Weintrinker bzw. genussvolle Weintrinkerin‹: *Schlotzer ist der schwäbische Inbegriff für einen Weingenießer* (Galerie Trollinger-Schlotzer, 2001, Internet) – Im mündlichen Gebrauch auch in der Bedeutung ›Süßigkeit zum Lutschen‹ gebräuchlich

Schluckauf (gemeindt.): ↗GLUCKSER, ↗HETSCHER, ↗HICKSER, ↗HITZGI, ↗SCHNACKERL

schlucken: ***leer schlucken** CH ›einen kurzen Moment vor Furcht, Überraschung oder Überwältigung sprachlos sein‹: *Christian nickte zaghaft und schluckte leer* (Bachmann, Gilgamesch 9); ***die/eine Krot schlucken [müssen]** A D-südwest; ***eine Kröte schlucken [müssen]** CH D (ohne mittelost/südost) ›aus einer Zwangslage heraus etw. Unangenehmes tun oder hinnehmen [müssen]‹: *Mit Recht stellen sich immer mehr österreichische Bürgerinnen und Bürger die Frage: Warum haben wir eigentlich diese Belastungspakete … hinnehmen müssen, warum haben wir diese Krot schlucken müssen, wenn wir heute wieder vor einem Budgetchaos stehen?* (Stenogr. Protokoll des Nationalrates 26. 1. 2000, Internet; A); *Das neue Bundespersonalgesetz ist für die Linke eine Kröte, die nicht leicht zu schlucken ist* (TA 7. 10. 1999, 11; CH); *Der Verzicht auf den Einstieg in die 35-Stunden-Woche ist wohl die dickste Kröte, die die Gewerkschaft schlucken musste* (Welt 23. 9. 1998, Internet; D) – Das Verb *schlucken* ist in allen anderen Verwendungen gemeindt.

Schluckspecht CH D der; -(e)s, -e (scherzh.): ↗TSCHECHERANT A-ost, ↗SCHNAPSDROSSEL D ›Trinker(in); Alkoholiker(in)‹: *»Alkoholiker sind gewandt, was Ausreden anbelangt«, sagt Wegmüller. Und wenn der Chef selber ein Schluckspecht ist? … Dann wird's heikel* (Sonntagsztg 5. 12. 1999, Internet; CH); *Die Songs handeln von armseligen Kleinbürgern, von unscheinbaren Versicherungsvertretern … oder vom Schluckspecht* (TAZ 29. 12. 2001, Internet; D)

schludern A (ohne west) CH D sw.V./hat. (abwertend): ↗HUDELN A D-süd, ↗SCHLAMPEN CH D, ↗SCHLUNZEN D-nordost/mittelwest ›unordentlich arbeiten; pfuschen‹: *Ärger Nummer 1: Auf Baustellen wird gepfuscht und geschludert* (Blick 27. 7. 1999, 1; CH); *In Manchester standen vier neue Spieler auf dem Platz. »Hitzfeld macht das sehr gut«, bestätigt Jupp H. …, »mit diesem Rotationssystem sorgt er dafür, dass die Spieler nicht schludern* (Welt 15. 12. 1998, Internet; D) – In A-südost selten – Dazu: ↗**schludrig**

schludrig A (ohne west) CH D Adj.: ↗SCHLEIẞIG A, ↗SCHLAMPERT A D-südost, ↗SCHLUNZIG D-nordost/mittelwest ›nachlässig, schlampig [ausgeführt]‹: *Sie darf nicht so schludrig auf den Ski stehen* (Blick 4. 3. 2000, 18; CH); *Doch die … Baufirmen führten die Arbeiten schludrig aus, so dass sich die Mieter bald wegen tausenderlei Mängel beschwerten* (Brisant 6. 3. 1999, Internet; D) – Seltener auch in der Form *schluderig*. Vgl. schludern

schluffen D-mittelwest sw.V./ist: ›schlurfen‹: *In mehr oder weniger eleganten … Klamotten schluffen sie durchs Reiffmuseum* (Technische Hochschule Aachen, 1998, Internet) – Dazu: ↗**Schluffen** D-nord/mittelwest

Schluffen D-nord/mittelwest der; -s, – (meist Plur.): ↗PATSCHEN A D-südost, ↗SCHLAPFEN A D-südost, ↗FINKEN CH, ↗SCHLARPE CH, ↗SCHLAPPEN CH D, ↗LATSCHEN D-nord/mittel, ↗PUSCHEN D-nord ›alter, bequemer, ausgetretener [Haus]schuh‹: *Selters statt Sekt, Schluffen statt Lackschuh – die Hauptstadt schnallt den Gürtel eng* (Berliner Ztg 4. 3. 1996, Internet) – Vgl. Latschen, schluffen, Treter

Schlufi CH der; -s, -s (abwertend, Grenzfall des Standards): ↗HIEFLER A, ↗WAPPLER A, ↗LACKEL A D-süd, ↗OCHS A CH D-süd, ↗DUBEL CH, ↗GALÖRI CH, ↗TSCHUMPEL CH, ↗TUBEL CH ›ungeschickte, liederliche Person‹: *Ich könne ruhig ein wenig mehr auf mich geben, sagte sie, wenn ich immer daherkomme wie ein Schlufi, wolle bestimmt kein Mädchen etwas von mir wissen und ich werde mit der Zeit ein sürmliger Altlediger* (Späth, Unschlecht 91)

Schlummermutter CH die; –, …mütter: ↗ZIMMERFRAU A, ↗HAUSFRAU A D-mittelost/südost, ↗ZIMMERWIRTIN D (ohne südost) ›Frau, die in ihrem Haus oder in ihrer Wohnung [möblierte] Zimmer vermietet‹: *Da war auch noch T., ein exilierter Sizilianer, der schon seit Jahren in der Küche seiner Schlummermutter die Maische ansetzte* (TA 6. 8. 1998, 50)

Schlunze D-nord/mittelwest die; –, -n (abwertend, Grenzfall des Standards): **1.** ↗SCHLAMPEN A D-südost, ↗SCHLAMPE CH D (ohne südost) ›unordentlich gekleidete oder sittlich verkommene Frau‹: *Die schmerzhafte Geschlechtskrankheit, die sich der … Matrose durch den Verkehr mit einer »Schlunze« zuzog, betrachtete er als Fluch* (Literaturkritik 7/1999, Internet). **2.** ›dünne Suppe, dünner Kaffee‹: *So mancher Liter Schlunze fließt durch die Kehlen* (Newsgroup Pfeifenraucher 7. 7. 2002, Internet) – Zu 1 vgl. schlunzen, schlunzig

schlunzen sw.V./hat: **1.** D-nordost/mittelwest (abwertend, salopp); ↗HUDELN A D-süd, ↗SCHLUDERN A (ohne west) CH D, ↗SCHLAMPEN CH D ›unordentlich arbeiten; pfuschen‹: *Nachdem wir mit unserem Newsletter etwas geschlunzt haben, soll es jetzt wieder ernsthaft zur Sache gehen* (Ferienzeit, Reiseforum 1. 6. 1999, Internet). **2.** A (ohne west) (Grenzfall des Standards) ›schlummern‹: *Er [der Fahrer] dreht am Radio. »Drah ob«, schreien einige Männer nach vorne, da sie noch schlunzen wollen* (Löwenmaul 7/1977, 8) – Zu 1 vgl. Schlunze – Zu 1.: ↗**schlunzig**

schlunzig D-nordost/mittelwest Adj. (salopp): ↗SCHLEIẞIG A, ↗SCHLAMPERT A D-südost, ↗SCHLUDRIG A (ohne west) CH D ›nachlässig, schlampig [ausgeführt]‹: *Zudem wurde der maskierte Täter von Saarn als seriös beschrieben, in Selbeck als schlunzig mit Winnetou-Perücke und Kappe* (WAZ 23. 6. 2001, Internet) – Vgl. Schlunze, schlunzen

schlurfen (gemeindt.): ↗SCHLUFFEN

Schlụss: *[Jetzt/Dann ist] Schluss mit lustig D (ohne südost) (Grenzfall des Standards): ↗FERTIG: *[JETZT/DANN IST] FERTIG LUSTIG CH ›Jetzt/Dann wird es [aber] ernst‹: *Spätestens nach dem Examen ist Schluss mit lustig* (Spiegel Special 6/1998, Service 18); ***[Schluss] aus, Amen/amen** A D-mittelost/süd; ***[Schluss] aus und Amen/amen** CH D-südwest siehe Amen – Das Substantiv *Schluss* ist in allen anderen Verwendungen gemeindt.

Schlụssbewertung STIR die; –, -en: ›Vergabe der Abschlussnoten in der Schule‹: *Die Termine für die Schlussbewertungen und Prüfungen im heurigen Schuljahr stehen nun endgültig fest* (Dolomiten 7. 4. 2000, 15) – Die Bedeutung ›abschließende Bewertung von etw.‹ ist gemeindt. – Dazu: ↗**Schlussbewertungskonferenz**

Schlụssbewertungskonferenz STIR die; –, -en: ›Konferenz der Lehrer(innen) an einer Schule zur Vergabe der Abschlussnoten; Notenkonferenz‹: *Durch die Abschaffung der Nachprüfungen ab dem Schuljahr 1994/95 wurde die Vorgangsweise bei den Schlussbewertungskonferenzen geändert* (Schule und Kindergarten in Südtirol 94) – Vgl. Schlussbewertung

Schlụssbouquet CH das; -s, -s [...buk'ɛ]: **1.** ›letztes, besonders eindrucksvolles Bild eines Feuerwerks‹: *Knallige Blitze fürs Schlussbouquet entspringen einem Gemisch aus Kaliumperchlorat und Aluminiumpulver* (TA 20. 7. 1999, 21). **2.** ›fulminanter Schlusspunkt (einer Veranstaltung)‹: *Das Müllhaldenkonzert ... ist nur eines der Schlussbouquets, die die britisch-amerikanische Perkussionstruppe Stomp für das Premierenpublikum bereithält* (TA 23. 7. 1999, 46) – Vgl. Bouquet

Schlụ̈sseldienst A D der; -(e)s, -e: ↗SCHLÜSSELSERVICE CH ›Firma, die [Zweit]schlüssel, Schlösser etc. fertigt und verkauft und in Notfällen verschlossene Türen auf private oder behördliche Anordnung öffnet‹: *Sie konnten niemanden im Raum sehen, ließen sich von einem Schlüsseldienst daraufhin das Büro öffnen* (Kleine Ztg 8. 11. 2001, Internet; A); *Und als wäre der Ärger noch nicht groß genug, stellte ihm der Schlüsseldienst dann auch noch eine völlig überzogene Rechnung aus* (ZDF 18. 6. 2003, Internet; D) – In CH selten. Vgl. Aufsperrdienst

Schlụ̈sselservice CH der; -s, -s [...sɛrvis]: ↗SCHLÜSSELDIENST A D ›Firma, die [Zweit]schlüssel, Schlösser etc. fertigt und verkauft und in Notfällen verschlossene Türen auf private oder behördliche Anordnung öffnet‹: *Mit Hilfe eines Schlüsselservices konnte die Polizei in die betreffenden Räume vordringen* (Bund 28. 12. 1999, 32) – Vgl. Service

schlụssẹndlich A CH Adv.: ›schließlich, endlich, letztlich, letztendlich‹: *Die erarbeiteten Konzepte reichten vom Schleifen und Neubau von Gebäudeteilen bis hin zum Ausbau des Dachgeschosses, erwiesen sich schlussendlich jedoch als unfinanzierbar* (TT 30. 1. 1998, 12; A); *Wer mit dem falschen Argument des Luxus und des Unnötigen gegen die Mutterschaftsversicherung antritt, ... der sieht Kinder schlussendlich als etwas luxuriös Privates an* (Schweizerischer Gewerkschaftsbund, 1999, Internet; CH)

Schlụssklassement CH das; -(e)s, -e [...klasəmɛnt CH]: ↗ENDSTAND A D, ↗SCHLUSSRESULTAT CH LUX, ↗ENDRESULTAT D ›Gesamtergebnis; Endergebnis‹: *Die Männer brachen ihren Wettkampf bei Nebel und starkem Schneefall ab und werteten den Stand nach den Halbfinalläufen als Schlussklassement* (Zürich online, News 23. 1. 2000, Internet) – In A selten, Aussprache [...klas'mãː]

Schlụssmann D der; -(e)s, ...männer: ↗TORMANN A D, ↗GOALIE CH, ↗TORWART D ›Spieler, der im Tor steht; Torhüter‹: *Trotz des frühen Treffers ..., der Werders Schlussmann Frank Rost bei einem Schuss ins kurze Eck nicht gut aussehen ließ, hatten die Bremer das Spiel von Beginn an unter Kontrolle* (Berliner Ztg 20. 9. 1999, Internet) – In A und CH selten

Schlụssrang CH der; -(e)s, ...ränge: ↗ENDRANG A, ↗ENDPLATZIERUNG D ›Rang nach Beendigung eines [sportlichen] Wettkampfes oder Wettbewerbes‹: *Martin H. belegte bei der Inline-WM in Chile im Marathon über 84 Kilometer den 13. Schlussrang* (Blick 4. 10. 1999, 29) – Dazu: **Schlussrangierung** (↗Rangierung), **Schlussrangliste**

Schlụssresultat CH LUX das; -(e)s, -e: ↗ENDSTAND A D, ↗SCHLUSSKLASSEMENT CH, ↗ENDRESULTAT D ›Gesamtergebnis; Endergebnis‹: *Am Sonntag, etwa um 18 Uhr, dürfte das Schlussresultat der Ständeratswahl feststehen* (TA 22. 10. 1999, 25; CH); *Zwar gingen die stark ersatzgeschwächten Genfer dank Petrows Foulpenalty in Führung, doch nur sechs Minuten später konnte Thommen ... zum Schlussresultat von 1:1 ausgleichen* (TA 20. 9. 1999, 44; CH); *Die Bettemburger lagen zur Pause noch ... in Front ... Schlussresultat: 96:100* (Revue 5. 12. 2001, Internet; LUX) – Vgl. -resultat

Schlụssverkauf A D der; -(e)s, ohne Plur.: ›verbilligter Verkauf von Waren am Ende einer Saison‹: *Im Schlussverkauf gebe es kaum mehr Luft für Zusatzrabatte. Na und? Auch an kleinen Summen kann man sich erfreuen* (OÖN 26. 7. 2001, 5; A); *Wichtig für Einsteiger: Nicht irgendwelche vermeintlich günstigen Schuhe aus dem Schlussverkauf anschaffen* (SWR, 2002, Internet; D) – Dazu: **Saisonschlussverkauf** D, ↗**Sommerschlussverkauf**, ↗**Winterschlussverkauf**

Schlutzer STIR der; -s, – (meist Plur.): ↗SCHLUTZKRAPFEN A ›kleine gekochte Nudelteigtasche mit einer Füllung aus ↗Topfen und Spinat, die mit brauner Butter übergossen und Käse bestreut serviert wird‹: *Vieles, sehr vieles ist ihnen entgangen, aber man kann nicht verlangen, dass sie sich totfressen an Schlutzern, Tirteln oder Graukas* (Kaser, Prosa 244)

Schlutzkrapfen A die; nur Plur.: ↗SCHLUTZER STIR ›kleine gekochte Nudelteigtaschen mit einer Füllung aus ↗Topfen und Spinat, die mit brauner Butter übergossen und mit Käse bestreut serviert werden‹: *Dort kocht Gattin Karin, eine Hermagorerin, alpeadriatisch: Kürbisnockerln, friulanische Capeletti, slowenische Krensuppe, Schlutzkrapfen, Schwarzbeerknödel* (Kleine Ztg 14. 2. 1999, Internet) – Vgl. Nudel, Schlickkrapfen, Schlipfkrapfen

Schmackes: *mit Schmackes D-mittelwest ›mit Schwung, mit Wucht‹: *Gibt es aber etwas Sinnloseres, als mit möglichst viel Schmackes einen gelben Filzball über das Netz zu dreschen?* (Welt 13. 1. 1998, Internet)

Schmäh A der; -s, -(s) (salopp): **1.** ›Schwindel, Betrügerei‹ (meist in Zus., z. B. Politschmäh, Ökoschmäh): *Irish Pubs schießen wie Pilze aus dem Boden, und eine der größten Megaseller-Bands bei uns, die Kelly Family, lebt prächtig vom »Irland-Schmäh«* (Ö3 Magazin 2/1998, 25). **2.** ›etw. nicht ganz der Wahrheit Entsprechendes‹: *Die Politik erzählt einen Schmäh nach dem anderen, setzt aber nichts um* (Monatsjournal Tirol 2. 4. 1998, 7); ***jmdn. am Schmäh halten**: ↗PFLANZEN A D-südost, ↗SEIL: *JMDN. AM SEIL HERUNTERLASSEN/HERABLASSEN CH, ↗ANFÜHREN D, ↗VERÄPPELN D, ↗VERHOHNEPIPELN D, ↗VERALBERN D (ohne südost), ↗VERGACKEIERN D (ohne mittelost/südost) ›jmdn. zum Narren halten, jmdm. etw. vormachen‹: *Mehrmals haben wir uns schon gefragt, ob uns diverse BekennerInnen am Schmäh halten und unsere gediegene Berichterstattung desavouieren* (Tatbl 8/1998, Internet); ***einen Schmäh erzählen/machen** ›Unwahrheiten verbreiten; jmdm. etwas vorgaukeln‹: *Geh, Oma! Erzähl keinen Schmäh! Niemand kommt aus den Wohnparks hinaus, niemand! Und schon gar nicht einfach so!* (Lukas, Wiener Blei 9); *Er weiß, dass es eine Schmähgeschichte war. Eine Schmähgeschichte! Mit alten Menschen kann man ja einen Schmäh machen* (Stenogr. Protokoll des Nationalrates 13. 11. 1997, Internet). **3.** ›witzige, originelle Bemerkung; Pointe, Scherz‹: *Diese Schmähs kommen ganz spontan, sie können natürlich auch daneben gehen* (Echo 23. 9. 1998, 117); ***den Schmäh rennen lassen** ›eine Pointe nach der anderen landen‹: *Die Herren der Lüfte lassen um Jahresende den Schmäh rennen* (News 23. 12. 1997, 76); ***Der Schmäh läuft/rennt** ›Es ist gute Stimmung, ein Scherz/eine Pointe folgt dem/der anderen‹: *Der Schmäh lief bis in den frühen Morgen* (Sport Magazin 10/1997, 21); ***[einen] Schmäh führen** ›laufend Sprüche machen; andere auf humorige Art unterhalten‹: *So verbrachten wir also die Zeit mit tanzen, trinken, essen, Schmäh führen und was halt so alles dazugehört* (TU Wien, Fachschaft Technische Mathematik, 2000, Internet); ***Schmäh ohne** ›im Ernst; das ist kein Witz‹: *Bei Vollmond kann es sogar – Schmäh ohne! – passieren, dass die beiden den Mond anheulen und biedere Nachtrodler am Lindkogel zu Tode erschrecken* (Land der Berge 5/1997, 74). **4. *[Wiener] Schmäh** ›als typisch österreichisch angesehene, gelegentlich auch als oberflächliche Freundlichkeit empfundene, charmante Grundhaltung, die bes. im Westen Österreichs den Wienern zugeschrieben wird‹: *Man macht die Erfahrung, dass während der Dreharbeiten das gesamte Team auf den typischen Schmäh abfährt. Ohne Leistung geht natürlich nichts, doch österreichisches Flair verleiht zusätzlich eine ganz besondere Note* (Tele 44/1997, 8); *Liegt es doch nicht nur in Uni-Reichweite, sondern verfügt auch über studentengerechte Preise und ein Personal, das den charmanten »Wiener Schmäh« für sich gepachtet hat* (Presse 23. 9. 1997, 30) – Aus dem Wiener Dialekt in den Standard aufgestiegen. In der Form *Wiener Schmäh* auch in D bekannt – Zu 1. und 2.: **Politschmäh, ↗Schmähbruder, ↗Schmähführer(in), ↗schmähstad** A-ost, **↗schmähtandeln, ↗Schmähtandler(in)**

Schmähbruder A der; -s, ...brüder (salopp): **1.** ↗SCHMÄHFÜHRER A, ↗SCHMÄHTANDLER A ›Person, die gerne nicht ganz wahrheitsgemäße Geschichten erzählt‹: *1983 wird Haider Parteiobmann in Kärnten und kritisiert von dort aus seinen Parteichef öffentlich als »inkompetent« und »autoritär«, als »Umfaller« und »Schmähbruder«* (Haider Bio, 2000, Internet). **2.** ↗SCHMÄHFÜHRER A, ↗SCHMÄHTANDLER A ›Person, die laufend [billige] Witze und Scherze zur Unterhaltung anderer macht‹: *Mit vier neuen Ausgaben seiner Action-Show Glück gehabt geht Schmähbruder Armin A. in den Herbst* (TV-Media, 1999, Internet) – Vgl. Schmäh

Schmähführer Schmähführerin A der; -s, – bzw. die; –, -nen ⟨substantiviert aus der Wendung *Schmäh führen*⟩ (salopp): **1.** ↗SCHMÄHBRUDER A, ↗SCHMÄHTANDLER A ›Person, die gerne nicht ganz wahrheitsgemäße Geschichten erzählt‹: *Haider ist ein Schmähführer* (Foehn 21/2000, Internet). **2.** ↗SCHMÄHBRUDER A, ↗SCHMÄHTANDLER A ›Person, die laufend [billige] Witze und Scherze zur Unterhaltung anderer macht‹: *Ostbahn-Kurti, der ansonsten immer zu Blödsinn aufgelegte Schmähführer aus Wien-Simmering, ist todernst* (Rennbahnexpress 11/1999, Internet) – Vgl. Schmäh

schmähstad A-ost Adj. (salopp, Grenzfall des Standards): ›sprachlos, verblüfft‹: *Was die Zukunft der Börse betrifft, sind die früher so selbstsicheren Finanzmarktexperten ziemlich schmähstad* (Trend 11/2002, Internet) – Vgl. Schmäh, stad

schmähtandeln A sw.V./hat ⟨Verbalbildung zu ↗*Schmähtandler*⟩ (nur im Inf. und 2. Part., salopp): ›nicht ganz wahrheitsgemäße Geschichten erzählen‹: *Was beginnt wie eine Memoiren-Erzählung, wird bald zum haarsträubenden Schmähtandeln, zur unverschämten Flunkerei* (OÖN 7. 10. 1994, 17) – Vgl. Schmäh – Dazu: ↗**Schmähtandler(in)**

Schmähtandler Schmähtandlerin A der; -s, – bzw. die; –, -nen (salopp): ↗Schmähbruder A, ↗Schmähführer A ›Person, die gerne nicht ganz wahrheitsgemäße Geschichten erzählt‹: *Lukas Resetarits agiert mit der Vitalität und Schlagfertigkeit einer volksnahen Sprache, als souveräner Schmähführer. Ein Schmähtandler aber ist er nie gewesen* (Deutscher Kabarettpreis 1998, Laudatio, Internet); *Die Schmähtandler Jakob und Wilhelm Grimm hätten sich in ihren kühnsten Träumen nicht vorgestellt, dass ihr Märchen vom Tischlein, das immer gedeckt ist, von der Realität eingeholt wird* (Kriminalpolizei aktuell 6/2004, Internet) – Vgl. Schmäh, schmähtandeln

Schmalzbrot A D das; -(e)s, -e: ›mit tierischem Schmalz bestrichene Brotscheibe‹: *Bei Schmalzbrot, Saft und gesprächiger Atmosphäre kam die Rede einmal auf die Hebamme in der Nachbarschaft* (Glantschnig, Mirnock 63; A); *Ein zünftiges Schmalzbrot schafft ... die Grundlage für die Probeschnäpschen* (Tourismusverband Nordrhein-Westfalen 3. 4. 2003, Internet; D)

Schmalzgebäck A D das; -(e)s, ohne Plur.: ↗Fettgebäck CH D (ohne südost) ›in ↗Butterschmalz gebackene, mit Zucker bestreute oder mit pikanten Beilagen servierte Teigstücke [mit Füllung]‹: *Schon im alten Rom kam gefülltes Schmalzgebäck bei Festmählern auf den Tisch* (OÖN 12. 2. 1998, 9; A); *Schneeballen sind ein traditionsreiches Rothenburger Schmalzgebäck* (SWR, 2001, Internet; D) – In D selten auch in der Form *Schmalzgebackene* (das; -n, ohne Plur.)

Schmalzgebackene D das; -n, ohne Plur. (selten): siehe Schmalzgebäck

Schmalznudel D-mittelost/südost die; –, -n: ↗Bauernkrapfen A ›tellergroßes, flachrundes Gebäck aus einem Teig mit ↗Hefe mit einem ringförmigen, verdickten Rand‹: *Wir hatten nicht die Pfennige, um uns im nahe gelegenen Café Gröber eine Tasse Kaffee oder gar eine Schmalznudel kaufen zu können* (München, 2002, Internet) – Vgl. Nudel

Schmand siehe Schmant

Schmankerl A D-südost das: -s, -n: **1.** ↗Gustostückerl A ›kulinarischer Leckerbissen [der bodenständigen Küche]‹: *In einem Sonderteil für Weihnachten und Silvester werden Schmankerln von Meisterköchen, Bäuerinnen und aus der Klosterküche serviert* (ORF Nachlese 11/1997, 80; A). **2.** ↗Gustostückerl A, ↗Zuckerl A D-südost, ↗Zückerchen CH, ↗Bonbon D (ohne südost), ↗Zuckerle STIR ›als Lockmittel eingesetzte Vergünstigung, bes. interessantes Angebot, spezielle Neuheit; Anreiz; Auserlesenes, Spezielles‹: *Noch ein Schmankerl: Mit der fitness-bewussten Gemahlin, die er mit 23 heiratete, ließ er sich vom Schönheitschirurgen Fett absaugen!* (Ganze Woche 5. 11. 1997, Beilage 6; A) – In D ursprünglich fremd, aber zunehmend gebräuchlich

Schmant Schmand der; -(e)s, ohne Plur.: **1.** D-mittel; ↗Sahne: *saure Sahne D (ohne südost) ›Sauerrahm‹: *Mit einem frischen Gurken-Dip aus Schmand wird's sommerlich* (Brigitte 11/1996, 202). **2.** D-mittelost; ↗Obers A-ost, ↗Rahm A CH D (ohne nordwest), ↗Nidel CH, ↗Sahne D (ohne südost) ›oben schwimmender, fetthaltiger Teil der Milch; flüssiger Süßrahm‹: *Der Schmant auf der Milch entsteht durch maschinelle Zentrifugierung* (Eschwege-Rundschau 22. 11. 1997, Internet) – Zu 1.: **Schmantkartoffel, Schmantkuchen**

Schmarren A D-südost der; -s, –: **1.** (Küche); ↗Sterz A-west (Tir.)/südost D-südost ›Speise aus einem mit Mehl, Grieß oder Kartoffeln hergestellten Teig, der in Fett gegart oder in Wasser gekocht und dann zu kleinen Stücken zerstochen serviert wird‹: *Den Schmarren anrichten und mit Zucker bestreuen* (Firma Thea online, 2000, Internet; A). **2.** ***etw. geht jmdn. einen Schmarren an** ›etw. geht jmdn. nichts an; etw. geht jmdn. einen [feuchten] Dreck/Kehricht an‹: *Was ich für eine Zigarette rauche, wenn ich allein auf einer einsamen Bergspitze sitze, nur ich und die Raben, das geht jeden Nichtraucher einen Schmarren an* (Profil 10. 11. 1997, 46; A) – Die Bedeutung ›Quatsch, Unsinn, wertloses Zeug‹ ist gemeindt. – Zu 1.: **Eierschmarren, Erdäpfelschmarren** (↗Erdapfel), ↗**Grießschmarren** A, ↗**Kaiserschmarren** A D, **Mehlschmarren, Semmelschmarren** (↗Semmel)

Schmattes A-ost der; –, ohne Plur. ⟨jidd., aus poln. *szmata* ›Fetzen, Inflationsgeld‹⟩ (salopp, Grenzfall des Standards): ↗Maut A-ost/südost ›Trinkgeld‹: *Bevor so ein Bühnenstar dem Kellner einen Zwanziger Schmattes in die Hand drückt, würde er sich lieber alle Finger abhacken* (Ganze Woche 4. 2. 1998, 33)

schmeicheln (gemeindt.): ↗flattieren

schmeißen (gemeindt.): ↗schupfen

Schmer D-mittelost der/das; -s, ohne Plur.: ↗FILZ A, ↗FLOMEN D (ohne mittelost/südost) ›zur Herstellung von Schmalz verwendetes Schweinefett‹: *Gänsefett mit ausgelassenem Schmer* (Erzgebirgsfritz, 2003, Internet)

Schmier CH die; –, ohne Plur. (salopp, Grenzfall des Standards): ↗POLENTE D (ohne südost) ›Polizei‹: *Bist du eigentlich ein Spitzel der Schmier, oder machst du ein Praktikum als Sozialarbeiter?* (Sieber, Menschenware 18)

Schmierpapier A D das; -s, ohne Plur. (Grenzfall des Standards): ↗SUDELPAPIER CH ›Papier, auf dem man Entwürfe macht‹: *Schmierpapier. Irgend jemand hat in nächster Minute ein Strichmännchen darauf gezeichnet oder ein Stück Papier herausgerissen* (Werner, Wien 27; A); *Einseitig bedrucktes oder kopiertes Papier wird als Schmierpapier weiter verwendet* (Greenpeace, 1999, Internet; D)

schmöken D-nord sw.V./hat: ↗TSCHICKEN A, ↗QUALMEN D, ↗QUARZEN D-nordost/mittel, ↗SCHMOKEN D-nordost/mittelwest ›(Tabakwaren) rauchen‹: *Nur ein einziger in der Führungsriege schmökt Zigarren* (Zeit 1. 4. 2001, Internet) – Dazu: ↗**Schmöker(in)**

schmoken D-nordost/mittelwest sw.V./hat: ↗TSCHICKEN A, ↗QUALMEN D, ↗QUARZEN D-nordost/mittel, ↗SCHMÖKEN D-nord ›(Tabakwaren) rauchen‹: *Ich habe das Verbot gar nicht wahrgenommen, bis ich vom Bahnhofspersonal angesprochen worden bin. Die haben mir gezeigt, wo ich schmoken darf* (NRZ 25. 9. 2002, Internet) – Dazu: **Schmok**

Schmöker Schmökerin D-nord der; -s, -/-s bzw. die; –, -nen (Grenzfall des Standards): ›Raucher(in)‹: *Moin Moin Schmökers; auf diesen Seiten findet ihr zahlreiche nützliche Tipps, Tricks, Anregungen und Klamauk rund um das Schmöken* (Lornsenschule, 2002, Internet) – *Schmöker* in der Bedeutung ›dickes Buch‹ ist gemeindt. Vgl. schmöken

schmoren CH D (ohne südost) sw.V./hat: ↗SCHMURGELN D-nord/mittelwest ›mit wenig Flüssigkeit weich kochen; dünsten‹: *Gründlich vermischen und zugedeckt unter gelegentlichem Umrühren 45 bis 60 Minuten schmoren, bis der Tintenfisch gar ist!* (Gastro-Tipp, 2003, Internet; CH); *Mein Blick fiel auf die Fleischplatte: gefüllte Paprikaschoten mit geschmorten Tomaten* (Brückner, Spuren 22; D) – Wird in A als fremd empfunden. Andere Bedeutungen sind gemeindt. – Dazu: ↗**Schmortopf** CH D-nord/mittel

Schmortopf CH D-nord/mittel der; -(e)s, ...töpfe: ↗BRATENPFANNE A, ↗BRATTOPF CH, ↗TÜPFI CH, ↗BRATENTOPF D-nordwest/südwest, ↗BRÄTER D-mittelwest/südwest ›zum Braten und Dünsten geeignetes großes [ovales] Kochgeschirr mit hohem Rand und Deckel‹: *Ganz besonders feine Poulets kommen aus dem Schmortopf. Mit Kräutern, Gewürzen oder Gemüsen im Sud geschmort, nimmt das zarte helle Fleisch bereitwillig deren Aromen an* (Blick 12. 3. 1996, 24; CH); *Wer Fleisch vorzieht, kann Köstliches aus dem Schmortopf bestellen* (Welt 10. 12. 1999, Internet; D-nord/mittel) – Vgl. schmoren, Topf

schmuddelig CH D (ohne südost) Adj. (abwertend, Grenzfall des Standards): ›schmutzig, unsauber, unordentlich‹: *Der Hund hatte wohl keine Seele – oder aber eine besonders schmutzige, schmuddelige* (Furrer, My Way 68; CH); *Es ist ein wenig schmuddelig geworden vom Staub der Straße* (Ossowski, Maklerin 42; D) – In CH selten auch in der Schreibung *schmuddlig* – Dazu: ↗**Schmuddelwetter** D (ohne südost)

Schmuddelwetter D (ohne südost) das; -s, ohne Plur.: ↗HUDELWETTER CH ›nasskaltes Wetter; Sauwetter‹: *Urlaub buchen macht bei diesem Schmuddelwetter richtig Spaß* (Familie 1/2000, 6) – Vgl. schmuddelig

schmurgeln D-nord/mittelwest sw.V./hat: ↗SCHMOREN CH D (ohne südost) ›mit wenig Flüssigkeit weich kochen; dünsten‹: *In den Fünfziger- und Sechzigerjahren schmurgelten Kaninchen sonntags häufig in der Pfanne* (TAZ 30. 3. 2002, Internet)

schmutzig (gemeindt.): ↗SCHMUDDELIG

Schmutzkampagne (gemeindt.): ↗SCHMUTZKÜBELKAMPAGNE

Schmutzkübelkampagne A die; –, -n [...kã'pan, ...kam'panjə]: ›gegen eine Person oder Institution gerichtete [politisch motivierte] Aktion, die mit unfairen Mitteln und heftigen, diffamierenden verbalen Angriffen geführt wird; Schmutzkampagne‹: *SPÖ-Vizebürgermeister Manfred W. ... ortet eine Schmutzkübelkampagne: »Ich sehe in diesen Aussagen eine Rufschädigung«* (Kleine Ztg 19. 5. 1998, Internet)

Schmutzli CH der; -s, –: ↗KLAUBAUF A-west (Tir.)/südost, ↗KRAMPUS A D-südost, ↗KNECHT: *KNECHT RUPRECHT A-west (Vbg.) D-mittelwest/süd, ↗PELZNICKEL D-mittelwest/südwest ›strafender Begleiter des St. Nikolaus‹: *Über diese Tage hat es der Klaus regelrecht streng. Zusammen mit dem Schmutzli muss er viele Kinder zu Hause besuchen* (Rheintalische Volksztg 6. 12. 1996, Internet)

Schmutzschaufel D-nordwest die; –, -n: ↗KEHRSCHAUFEL A-west, ↗MISTSCHAUFEL A (ohne west), ↗KEHRICHTSCHAUFEL A-südost CH D-südost, ↗SCHÜFELI CH, ↗KEHRBLECH D-nordost/mittel, ↗KUTTERSCHAUFEL D-südwest, ↗MÜLLSCHIPPE D-nordost, ↗SCHIPPE D-nord/mittel ›kleine Schaufel zum Aufnehmen von Staub- und Schmutzhäufchen‹: *Also schlief das arme Tier in der ersten Nacht* *nicht in meinem Bett ... Als ich ihn dann am nächsten Tag in der Küche mit Flohschutzpulver eingepudert hatte, konnte ich doch einige Zeit später eine ganze Schmutzschaufel voll toter Flöhe zusammenfegen* (Doris-Welt 2. 7. 2001, Internet)

Schnack D-nord der; -(e)s, -s: ↗TRATSCH A, ↗PLAUSCH A D-süd, ↗SCHWATZ CH, ↗KLÖNSCHNACK D-nord, ↗SCHWÄTZCHEN D (ohne nordwest/südost) ›gemütliche Unterhaltung‹: *Die Polizistin von der Davidwache dagegen hat mehr Zeit für einen Schnack. »Ich habe gerade zwei Autos abschleppen lassen«, erzählt sie* (Reeperbahn 3/2002, Internet) – Vgl. schnacken

schnackeln A-mitte/west sw.V./hat (Grenzfall des Standards): ↗SCHNIPSEN D (ohne nordwest/südost) ›(mit der Zunge oder den Fingern) ein schnalzendes Geräusch erzeugen; (mit den Fingern) schnippen‹: *Hinnen sagt, er habe 22 einwandfreie Jodler geboten, bei Scholl habe es hingegen nur 17mal sauber geschnackelt* (OÖN 6. 5. 1992, 5; A-mitte/west); *Ich spürte zweimal ein schwaches Knacksen, so wie wenn man die Finger schnackeln lässt, vielleicht etwas lauter* (Klettertraum, München 22. 6. 2001, Internet; D-südost). ***es hat geschnackelt**: ›ein Ablauf ist durch einen Einschnitt unterbrochen worden; etw. ist plötzlich eingetreten, z. B. etwas funktioniert nach längeren Bemühungen, jmd. hat endlich etwas begriffen, jmd. hat sich plötzlich verliebt‹: *Als ich den CLK in Betrieb nahm, hat's bei mir als Pilot geschnackelt* (Presse 20. 9. 1997, Internet; A-mitte/west); *Das »Pfingsterlebnis« war ja auch für die ersten Jünger das Ereignis durch das es letztlich bei ihnen »geschnackelt« hat* (Bürgernetzverein Altmühltal 11. 4. 2003, Internet; D-südost); *Geschnackelt hatte es bei ihr erstmals in Frankfurt, wo ihr Lehrer nach einer Schulaufführung von »Tartuffe« Juliannes Talent erkannte und sie ermutigte, Schauspielerin zu werden* (OÖN 11. 4. 2000, 6; A); *Wenn im mittleren Fenster ein roter Punkt in diesen 4 Minuten erscheint, ist man schwanger, auch wenn er nur zart zu sehen ist, kann man davon ausgehen, dass es geschnackelt hat* (Verbraucherportal Ciao, 2002, Internet; A-mitte); *Beim ersten Eisprung hat es also sofort geschnackelt* (Merryman, 2003, Internet; D-südost); *Die schönsten Frauen hast du im Arm gehabt, hat's da nicht oft geschnackelt?* (OÖN 28. 10. 1996, 27; A-mitte); *Bei B. und D. aus Bayreuth hat's beim ersten Blickkontakt »geschnackelt«* (Nordbayerischer Kurier 11. 2. 2000, Internet; D-südost)

schnacken D-nord sw.V./hat: **1.** ↗SCHWÄTZEN D-südwest ›sprechen‹: *Die Leute schnacken alle mit mir, gratulieren mir, manche erzählen mir ihre halbe Lebensgeschichte* (Welt 19. 12. 1996, Internet). **2.** ↗PLAUSCHEN A D-südost, ↗RATSCHEN A D-südost, ↗SCHWÄTZEN A-west (Vbg.) D-südwest, ↗SCHWATZEN CH D-mittel, ↗BABBELN D-mittel/südwest, ↗KLÖNEN D-nord, ↗QUATSCHEN D-nord/mittel ›sich unterhalten, plaudern‹: *Keine 20 Sekunden O-Ton konnte der Radiomann ... vom NDR seinem Taxifahrer während der halbstündigen Fahrt entlocken ... »Schnacken war nicht«* (Welt 10. 12. 1999, Internet) – Dazu: ↗**Klugschnacker(in), Schnack**

Schnackerl A (ohne west) das/der; -s, ohne Plur. (Grenzfall des Standards): ↗HITZGI CH, ↗GLUCKSER D-südwest, ↗HETSCHER D-südost, ↗HICKSER D-nordost/südwest ›Schluckauf‹: *Das Dauerschnackerl, das einen 75-jährigen Anwalt in Gelsenkirchen seit 42 Tagen geplagt hatte, ist gestoppt* (OÖN 22. 1. 1991, 5) – Häufig in der Form *Schnackl*, in A-west und D-südost in der Form *Schnackler*

Schnackerl- A (produktives Bestimmungswort in Zus., abwertend, Grenzfall des Standards): /beschreibt etw. als sehr klein, lächerlich/, z. B. Schnackerlbetrieb, Schnackerlfirma, Schnackerlzug: *Die ÖIAG, Minister oder Staatssekretäre sollten den Verkauf nochmals prüfen, meint der Abgeordnete, noch dazu, weil für Sch.s »Schnackerl-Bergbaubetrieb« weiter Bergbauförderung fließt* (OÖN 28. 3. 1998, 15); *Wegen dem Schnackerl-Honorar hab ich ihm sicher nicht geholfen* (Kurier 15. 5. 1997, 14)

Schnackler A-west D-südost der; -s, ohne Plur.: siehe Schnackerl

Schnaderhüpfl A D-südost das; -s, -n: ↗GSTANZL A D-südost ›[aus dem Stegreif gesungenes] lustiges, volkstümliches [vierzeiliges] Spottlied‹: *Ein gelungenes Schnaderhüpfl darf freilich bisweilen ungelenk oder holperig klingen* (SN 11. 2. 1993, Internet; A)

Schnake CH-nord/ost D-mittelost/süd die; –, -n: ↗GELSE A, ↗MÜCKE CH D-nord/mittel ›Stechmücke‹: *Die Schnaken gehörten ganz einfach, wie das Hochwasser auch, zum Bodensee* (NZZ 10. 7. 1999, 63; CH-nord/ost); *Aber nach und nach wird klar, dass die Frau ... von einer Schnake gepiesackt wird* (Reutlinger General-Anzeiger 19. 3. 2001, Internet; D-mittelost/süd) – Die Bedeutung ›Insekt mit schlankem Körper, langen Beinen und Flügeln‹ ist gemeindt.

Schnall A-west D-südost der; -(e)s, Schnälle (Grenzfall des Standards): ↗KLESCHER A (ohne Vbg.), ↗TUSCH A (ohne Vbg.), ↗CHLAPF CH, ↗BUMMS D (ohne mittelost/südost), ↗RUMMS D (ohne mittelost/südost) ›Knall, Schlag‹: *Im Bereich der Autobahnbrücke beim Anschluss Altach hat's dann plötzlich einen Schnall getan. Und dann war die Scheibe kaputt* (VN 12. 10. 1999, B 1; A-west); *... einmal geht er die Treppe rauf und dann macht's einen Schnall* (Priv. Homepage 11. 4. 2003, Internet; D-südost)

Schnalle A D-süd die; –, -n: ↗FALLE CH, ↗TÜRGRIFF D, ↗KLINKE D (ohne südwest), ↗DRÜCKER D-nord/

mittelost ›hebelartiger Griff zum Öffnen und Schließen (eines Fensters, einer Tür)‹: *Ich legte meine Hand auf die Schnalle* (Neuwirth, Treue Gefährtin 160; A) – Andere Bedeutungen sind gemeindt. – Dazu: **Fensterschnalle, Türschnalle**

Schnäppchen CH D das; -s, –: ↗MEZZIE A-ost ›günstiges [Kauf]angebot; preisgünstig angebotene Ware‹: *Für den erfahrenen Autoprüfer gibt es … auf dem Schweizer Occasionsmarkt schon lange keine echten Schnäppchen mehr zu kaufen* (Brückenbauer 3. 12. 1997, 82; CH); *In Pariser Auktionshäusern sucht Roswitha mit Vorliebe nach antiken Schnäppchen* (BamS 26. 10. 1997, 61; D) – In A zunehmend gebräuchlich – Dazu: **Schnäppchenjagd, Schnäppchenjäger(in), Schnäppchenpreis**

Schnappmesser D-mittel/süd das; -s, –: ↗SPRINGMESSER A D, ↗STELLMESSER CH ›Messer, dessen verborgene Klinge bei Betätigung eines Knopfes herausspringt‹: *In Großbritannien ist das Mitführen folgender Waffen … verboten: … Messer mit feststehender Klinge oder Schnappmesser* (Auswärtiges Amt 6. 6. 2002, Internet)

Schnapsdrossel D die; –, -n (scherzh., Grenzfall des Standards): ↗TSCHECHERANT A-ost, ↗SCHLUCKSPECHT CH D ›Trinker(in); Alkoholiker(in)‹: *In der kalten Jahreszeit entwickelt sich unsere Tochter zu einer kleinen Schnapsdrossel: Da wird locker was Hochprozentiges weggeschluckt* (Tagesspiegel 29. 1. 2001, Internet)

schnapsen sw.V./hat: **1.** A ›das Kartenspiel Schnapsen spielen‹: *Als ob Zeit eine Bedeutung hätte in der Ewigkeit, die sie dort verbrachten mit Lesen, Reden, Schachspielen, Schnapsen, Essen und Trinken* (Grän, Dame 146). **2.** CH ›Schnaps brennen‹: *Wo gemostet wird, wird auch geschnapst … im Norden Frankreichs heisst das hochprozentige Ergebnis bekanntlich Calvados* (Sonntagsztg 15. 3. 1998, Internet). **3.** CH ›Schnaps trinken‹: *Denn noch in der ersten Hälfte des 20. Jahrhunderts verursachte das ausschweifende Schnapsen viel menschliches Leid. Kein Wunder deshalb, dass … den Heranwachsenden immer wieder eingeschärft wurde: »Trink lieber Wasser«* (Volksstimme 13. 3. 1998, Internet) – Zu 1.: ↗**ausschnapsen, Schnapser(in), Schnapskarten**

Schnapsglas (gemeindt.): ↗BUDERL, ↗STAMPERL

Schnauf CH der; -(e)s, ohne Plur.: ↗PUSTE D (ohne südost), ↗SCHNAUFER D-mittelost/süd ›Atem‹: *Weiter steht in Frischs »Wilhelm Tell für die Schule« zu lesen, dass dem Gessler durchaus nicht mit einem noch so wohlgezielten Pfeilschuss der Garaus gemacht wurde, sondern dass ihm bei Föhndruck ganz einfach der Schnauf ausging* (Schmidt, Wanderung 51) – Dazu: **schnaufen**

schnaufen CH D-mittelost/süd sw.V./hat (Grenzfall des Standards): ›Luft holen; atmen‹: *Um Gottes willen, Lore! Herr Jesses, Herr Jesses, sag etwas, kannst du noch schnaufen?* (Giovannelli-Blocher, Meer 112; CH) – Die Bedeutung ›deutlich hörbar atmen‹ ist gemeindt. Vgl. Schnauf, Schnaufer – Dazu: **aufschnaufen,** ↗**ausschnaufen,** ↗**einschnaufen, Schnauf** CH

Schnaufer der; -s, –: **1.** D-mittelost/süd; ↗SCHNAUF CH, ↗PUSTE D (ohne südost) ›Atem‹: *Die drückt dich an ihr mächtiges Herz, dass dir der Schnaufer ausgeht* (Haidhauser Nachr 7. 12. 1998, Internet). **2.** ***junge Schnaufer** CH: ↗HUPFER: *JUNGE HUPFER A D-süd, ↗HÜPFER: *[JUNGE] HÜPFER A D (ohne südost) ›junger, unerfahrener Mensch; Flegel, Lümmel‹: *Stellen Sie sich vor: Ein junger Schnaufer von einem Russen kommt hereinspaziert. Macht seinen eigenen Laden auf, schnappt sich eine Villa am Luganersee und jettet im Privatflugzeug hin und her!* (TA 23. 9. 1999, 13) – Die Bedeutung ›lauter, hörbarer Atemzug‹ ist gemeindt. Zu 1 vgl. schnaufen

Schnauferl A D-südost das; -s, -n (scherzh., Grenzfall des Standards): ↗KRAXE A, ↗KÜBEL A, ↗ROSTLAUBE A D (ohne südost), ↗SPUCKERL A (ohne Vbg.) D-südost, ↗ROSTHAUFEN CH, ↗KISTE CH D (ohne südost), ↗KARRE D-nord/mittel, ↗NUCKELPINNE D (ohne südost), ↗SCHROTTKARRE D-nord/mittel ›kleines, leistungsschwaches [altes] Auto‹: *Samstagmittag fahren 250 Schnauferln und chromblitzende Limousinen eine Rallye durch die Bezirke Grieskirchen, Ried und Schärding* (OÖN 16. 8. 1997, 19; A)

Schnauz CH D-südwest der; -es, Schnäuze: ↗SCHNAUZBART A D, ↗SCHNAUZER A D, ↗OBERLIPPENBART D (ohne nordwest/südost), ↗SCHNÄUZER D-mittelwest/südwest ›Schnurrbart‹: *Dem kleinen, etwas untersetzten Mann mit dem struppigen Schnauz … durfte … noch einiges zugetraut werden* (Mettler, Keiler 13; CH) – Dazu: **Schnäuzchen, Schnauzhaar, Schnauzträger**

Schnauzbart A D der; -(e)s, …bärte: ↗SCHNAUZER A D, ↗SCHNAUZ CH D-südwest, ↗OBERLIPPENBART D (ohne nordwest/südost), ↗SCHNÄUZER D-mittelwest/südwest ›Schnurrbart‹: *Was habe ich gesehen in diesem Wesen mit dem unter dem Schnauzbart kaschierten schwachen Kinn, mit den hängenden Hinterbacken und den superkleinen Slips* (Rudle, Sex Orange 35; A); *Bollmann strich mit Daumen und Zeigefinger über seinen blonden, kurz geschnittenen Schnauzbart* (Eckert, Erbe 13; D)

Schnauze D (ohne südost) die; –, -n (derb, Grenzfall des Standards): ↗PAPPEN A (ohne Vbg.), ↗FOTZE A D-südost, ↗GOSCHE A D-süd, ↗SCHNORRE A-west (Vbg.) CH, ↗LATZ CH, ↗KLAPPE CH D-nord/mittel, ↗FRESSE D-nord/mittel, ↗SABBEL D-nord/mittel, ↗SCHNUTE D (ohne südost) ›Mund‹: *Ich kann mir*

gut vorstellen, mit nem Joint in der Schnauze aufzutreten (TAZ Köln 9. 11. 2000, Internet); ***frei [nach] Schnauze** D; ***die Schnauze [weit] aufreißen** D-nord/mittel siehe aufreißen; ***die Schnauze halten** D-nord/mittel siehe halten; ***eine große Schnauze haben** D-nord/mittel siehe haben; ***auf die Schnauze fallen** CH D (ohne südost) siehe fallen; ***jmdm. die Schnauze polieren** D (ohne südost) siehe polieren; ***die Schnauze von jmdm./etw. voll haben** D (ohne südost) siehe haben; ›nach Gutdünken‹: *Niemals was darauf geben, was andere über einen denken, einfach frei Schnauze die alltäglichen Dinge des Lebens und ihre Protagonisten aufs Korn nehmen* (WDR-Talkshow 25. 5. 2000, Internet) – Die Redewendung *die Schnauze [von jmdm./etw.] voll haben* ist in A und CH selten. Andere Bedeutungen sind gemeindt. Zu 1 vgl. Flappe, Flunsch – Dazu: ↗**Kodderschnauze** D-nord/mittelwest

Schnauzer A D der; -s, –: ↗SCHNAUZBART A D, ↗SCHNAUZ CH D-südwest, ↗OBERLIPPENBART D (ohne nordwest/südost), ↗SCHNÄUZER D-mittelwest/südwest ›Schnurrbart‹: *Dass es sich beim sportlichen Täter mit der braunen Kurzhaarfrisur und dem Schnauzer um einen Profi handelt, wird eher ausgeschlossen* (Kurier 17. 9. 1997, 11; A); *Der »schöne Rene«, der stets durch seinen gepflegten Schnauzer, sonnengebräunte Haut sowie reihenweise schöne Frauen an seiner Seite auffiel* (Hamburg Sportal 12. 2. 2003, Internet; D) – *Schnauzer* als Hunderasse ist gemeindt.

Schnäuzer D-mittelwest/südwest der; -s, –: ↗SCHNAUZBART A D, ↗SCHNAUZER A D, ↗SCHNAUZ CH D-südwest, ↗OBERLIPPENBART D (ohne nordwest/südost) ›Schnurrbart‹: *Er hätte gern so einen richtigen harten Bart. Er will sich keinen Schnäuzer stehen lassen* (Wolf, Samstags 94)

Schnäuztuch A D-südost das; -(e)s, …tücher (veraltend): ↗SACKTUCH A D-süd LIE, ↗NASTUCH CH, ↗SCHNUPFTUCH D-mittelost ›Taschentuch‹: *Aber der Hilfsgendarm Moritz … hätte die Kleidungsstücke, Unterwäsche, Hemd, Walksocken, auch ein Schnäuztuch, vor Konrad auf den Boden geworfen und ihm anbefohlen, er möge sich raschest umkleiden* (Bernhard, Kalkwerk 11; A) – Auch in den Formen *Schnäuztüchl, Schnäuztüchel*

Schneck A D-süd der; -s, -en (Grenzfall des Standards): ›Schnecke‹: *Die Kellnerin … schaute einige Zeit interessiert dem Schneck zu, so interessiert, dass sie glatt vergaß, ein Wort der Entschuldigung zum Gast zu sagen* (OÖN 26. 5. 2000, 24; A); ***Schnecken!** A D-südost (salopp): ↗DENKEN: *DENKSTE! D (ohne südost), ↗PUSTEKUCHEN: *[JA/ABER] PUSTEKUCHEN! D (ohne südost) /spöttische Ablehnung eines Wunsches; Ausdruck der Enttäuschung über etw. Erwartetes, aber nicht Eingetretenes/: *Schnecken, eine simple Taste hat er gemeint!* (Ganze Woche 4. 2. 1998, 66; A) – Das Substantiv *Schneck* ist in CH dialektal

Schneckerl A das; -s, -n: **1.** nur Plur. ›gekräuseltes Haar; kurze Locken‹: *Das muss ein Ausländer sein … der hat ganz schwarze Haare, richtige Schneckerln, ein schöner Mensch ist das!* (Semrau, Zimtapfel 63). **2.** ›Mann, der kurze Locken trägt‹ (Spitzname, bekannt vor allem durch den österr. Fußballspieler Herbert Prohaska): *Dann wieder ein großer Auftritt von Edi Talmasov, der ein Zuspiel von »Schneckerl« Lackner volley zum 1:6 verwertete* (Spielberichte SV Inter Leopoldstadt, 2003, Internet). **3.** /Kosename für Kinder, Frauen, Haustiere/: *Er sagt immer nur »Schneckerl« zu ihr* (OÖN 23. 10. 1993, 9) – Zu 1.: **Schneckerlfrisur**

Schnee: *anno Schnee/im Jahre Schnee A ›in längst vergangener Zeit; in unbestimmter Zeit‹: *Die sozialdemokratischen Finanzstrategen gaben mit Ausnahme einer auf anno Schnee verschobenen Privatisierung um keinen Millimeter nach, und die ÖVP-Verhandler mussten mangels Neuwahlen-Alternative klein beigeben* (Standard 21. 1. 1997, Internet); ***von/seit anno Schnee** A ›seit sehr langer Zeit‹: *Jedenfalls ist die Verordnung, die das Finanzministerium zu erlassen hätte, schon seit anno Schnee ausständig* (Stenogr. Protokoll des Nationalrates 23. 4. 1996, Internet); ***aus dem Jahre Schnee** A ›aus alter, längst vergangener Zeit [stammend]‹: *… hat der auf einmal geglaubt, er muss sich da an gewisse Dinge aus dem Jahre Schnee erinnern* (Haas, Silentium 18) – Das Substantiv *Schnee* ist in allen anderen Verwendungen gemeindt.

Schneeanzug D-nordwest/süd der; -(e)s, …anzüge: ›ein- oder zweiteiliger Anzug für den Wintersport; Skianzug‹: *Schon im kommenden Winter schwingen die Snowboarder vernetzt im Pulverschnee: Ihr Handy ist in den Schneeanzug integriert* (3sat 19. 11. 2001, Internet)

Schneebesen A D der; -s, –: ↗SCHNEERUTE A (ohne west), ↗SCHWINGBESEN CH ›Küchengerät zum Verrühren von Flüssigkeiten und Schlagen von Süßrahm u.Ä.‹: *Die restliche Milch mit dem Zucker aufkochen, die Dottermasse beigeben und mit dem Schneebesen so lange rühren, bis die Masse eine cremige Konsistenz hat* (ORF Nachlese 9/1997, 66; A); *Kartoffelpuffer-Masse mit dem Schneebesen in … 1/4 Liter Wasser rühren und zehn Minuten quellen lassen* (MDR 2000, Internet; D) – In CH selten

Schneehäschen CH das; -s, – (abwertend): ↗SKIHASERL A D-süd ›Frau, die in Wintersportorten Bekanntschaften [mit Skilehrern] anknüpfen möchte‹: *Die hübschesten Schneehäschen warteten hier Abend für Abend auf den Auftritt der Kennedys und ihrer Skilehrer* (Furrer, My Way 109) – Die Bedeutung ›kleiner Schneehase‹ ist gemeindt.

Schneematsch (gemeindt.): ↗Pflotsch

Schneerute A (ohne west) die; –, -n: ↗Schneebesen A D, ↗Schwingbesen CH ›Küchengerät zum Verrühren von Flüssigkeiten und Schlagen von Süßrahm u. Ä.‹: *Rotwein, Zucker und rohe Eidotter verquirlt man zuerst kalt recht gut und schlägt das ganze auf kleiner Flamme mit einer Schneerute dickschaumig, bis sich am Rand des Schneekessels die ersten Kochblasen zeigen* (Kleine Ztg 28. 11. 1995, Internet)

Schneid A D-südost die; –, ohne Plur.: **1.** ↗Krete CH ›[schmaler] Bergrücken; Grat‹: *Der junge Mann lässt sich rastend auf einen sonnenwarmen Stein nieder, … und sucht mit den Blicken einen Hang ab, der sich … bis auf die Schneid erstreckt* (Steurer, Faschaunerin 35; A). **2.** (Grenzfall des Standards) ›Schärfe der Klinge eines Messers, einer Schere o. Ä.; Schneide‹: *Das 260 Meter breite und 70 Zentimeter hohe Schild »bekam eine Schneid«, wie ein riesiges Messer* (OÖN 26. 1. 2000, 15; A) – Zu 1.: In A Grenzfall des Standards. Häufig in Bergnamen, z. B. *Bodenschneid, Schneidjoch.* Die Bedeutung ›Mut, forsches Draufgängertum‹ ist gemeindt., ebenso die Redewendung *jmdm. die/den Schneid abkaufen* für ›jmdm. den Mut zu etw. nehmen‹. In dieser gemeindt. Bedeutung ist *Schneid* in A und D-südost Femininum (die; –, ohne Plur.), in CH und D (ohne südost) Maskulinum (der; -s, ohne Plur.) – Zu 2.: **schneidig**

Schneide (gemeindt.): ↗Schneid

schneiden: *sich geschnitten haben A D ›sich getäuscht haben‹: *Und falls wer glauben sollte, dass ganz dahinter logischerweise der »Schummel-Schumi« folgen sollte, dann hat er sich geschnitten* (Sandammeer, 2002, Internet; A); *Wer meint, man müsse für eine Suppe alles fein schneiden, der hat sich geschnitten* (Braunschweiger Stadtmagazin 16. 8. 2001, Internet; D) – Das Verb *schneiden* ist in allen anderen Verwendungen gemeindt.

Schneider (gemeindt.): ↗Kleidermacher/Kleidermacherin

Schneider D-nord/mittelwest der; -s, –: **1.** ↗Zimmermann CH, ↗Kanker D-ost ›Spinnentier mit langen Beinen; Weberknecht‹: *Schneider: Normalerweise besitzen diese Spinnentiere einen weichen Körper, der viele stachelige Fortsätze tragen kann* (Ravensburger Naturführer, 222). **2.** ›Insekt mit schlankem Körper, langen, dünnen Beinen und Flügeln‹: *Offenbar unter Anspielung auf ihre außergewöhnlich dünnen Beine werden diese Tiere … vielfach auch als »Schneider« bezeichnet* (Grzimeks Tierleben, 427) – Andere Bedeutungen sind gemeindt.

schnell (gemeindt.): ↗fix, ↗wieselflink

Schnellbleiche CH die; –, -n: ↗Schnellsiederkurs A ›schnelle oder oberflächliche Vermittlung von Grundkenntnissen und Fertigkeiten; Schnellkurs‹: *Pfaffenbichler führte mich in einer Schnellbleiche in meine Obliegenheiten ein und übertrug mir bereits am ersten August die Schlüsselgewalt* (Burger, Wasserfallfinsternis 13)

Schnellhefter (gemeindt.): ↗Hefter

Schnellkurs (gemeindt.): ↗Schnellbleiche, ↗Schnellsiederkurs

Schnellmerker Schnellmerkerin D (ohne mittelost/südost) der; -s, – bzw. die; –, -nen (scherzh.): ↗Blitzgneißer A, ↗Blitzmerker D (ohne südost), ↗Schnellspanner D-südost ›Person, die etw. schnell begreift oder durchschaut‹: *Als Król das Angebot für Venedig bekam, wurde aus dem Nachdenker ein Schnellmerker* (Spiegel 31. 1. 2000, Internet) – Oft ironisch für das Gegenteil gebraucht

Schnellsiedekurs siehe Schnellsiederkurs

Schnellsiederkurs A der; -es, -e (salopp): ↗Schnellbleiche CH ›schnelle oder oberflächliche Vermittlung von Grundkenntnissen und Fertigkeiten; Schnellkurs‹: *Kein Wunder, dass Sturm-Präsident Kartnig bereits überlegt, ob er nicht einen Schnellsiederkurs in Japanisch machen soll* (Kleine Ztg 28. 5. 1996, Internet) – Auch in der Form *Schnellsiedekurs*

Schnellspanner Schnellspannerin D-südost der; -s, – bzw. die; –, -nen (scherzh.): ↗Blitzgneißer A, ↗Blitzmerker D (ohne südost), ↗Schnellmerker D (ohne mittelost/südost) ›Person, die etw. schnell begreift oder durchschaut‹: *Major H. ist ein Schnellspanner: Endlich hat er gemerkt, dass es in der Umgebung … verhältnismäßig oft zu Sabotageakten kommt* (Universität Bremen 28. 6. 1999, Internet) – Oft ironisch für das Gegenteil gebraucht. Die Bedeutung ›Vorrichtung zum schnellen Festklemmen z. B. eines Rades [an einen Fahrradrahmen]‹ ist gemeindt. Vgl. spannen

schnetzeln CH D-südwest sw.V./hat: ›(Fleisch, Gemüse, ↗Früchte) mit einem Messer in kleine Stückchen schneiden‹: *Das Anni, lachend und plappernd, schnetzelte Gemüse, hantierte an den Töpfen, walzte Teig aus* (Hürlimann, Besuch 50; CH) – Ist in A in der Bedeutung ›Fleisch in schmale Streifen schneiden‹ fachsprachlich gebräuchlich – Dazu: ↗**Geschnetzelte**

schnibbeln siehe schnippeln

Schnickschnack der; -(e)s, ohne Plur. (abwertend, Grenzfall des Standards): **1.** CH D; ↗Gugus CH, ↗Gedöns D-nord/mittelwest ›überflüssiger Zierrat‹: *Postmodernen Schnickschnack sucht man an dem über weite Strecken antiseptisch wirkenden Kulturzentrum vergebens* (Bund 17. 12. 1997, 2; CH); *Technischer*

Schnickschnack ist prima (NRZ 20. 1. 2002, Internet; D). **2.** D; ↗HOLLER A, ↗QUARGEL A, ↗SCHAS A, ↗TOPFEN A, ↗GUGUS CH, ↗HAFENKÄSE CH, ↗KABIS CH, ↗KÄSE CH D, ↗MUMPITZ CH D (ohne südost), ↗QUARK CH D, ↗BLECH D (ohne südost), ↗FEZ D (ohne südost), ↗KAPPES D-mittelwest, ↗KOHL D-nord/mittel, ↗KOKOLORES D (ohne südost) ›Quatsch; Unsinn‹: *Außerdem ist für Schnickschnack keine Zeit* (TAZ 7. 11. 2001, Internet)

schnieke Adj.: **1.** D-nord/mittelwest (bes. Berlin); ↗FESCH A D-mittelost/südost ›hübsch, elegant, schick‹: *Und schlampig läuft sie auch nicht herum – manchmal sogar besonders schnieke* (Spiegel 27. 8. 2001, Internet). **2.** D-nord (bes. Berlin); ↗KLASS A (ohne west), ↗ASTREIN D, ↗DUFTE D-nord (bes. Berlin), ↗KLASSE D, ↗KNORKE D-nordost (bes. Berlin), ↗PFUNDIG D-süd ›sehr gut; großartig‹: *96 hat leider im Elfmeterschießen verloren, dafür hatten die Hörer aber eine schnieke Sendung* (Radio Flora 3. 6. 1998, Internet)

Schnipo CH D das; -s, -s ⟨zusammengezogen aus *Schnitzel mit Pommes frites*⟩ (Kurzwort, Grenzfall des Standards): ›paniertes Schnitzel mit Pommes frites‹: *Es ist ein gastronomischer Dauerbrenner und darf auf keiner Speisekarte fehlen: das Schnipo – unser Nationalgericht Nummer eins* (Blick 15. 5. 1997, 3; CH); *Das Schnitzelangebot, von Insidern kurz Schnipo rot/weiß genannt, bezeichnet er aber schon als absoluten Renner* (Universität Freiburg 21. 2. 2002, Internet; D)

Schniposa CH D das; -s, -s ⟨zusammengezogen aus *Schnitzel mit Pommes frites und Salat*⟩ (Kurzwort, Grenzfall des Standards): ›paniertes Schnitzel mit Pommes frites und Salatbeilage‹: *Egli- und Schniposa-Esser zieht es immer magisch an den See, egal wie die Qualität des Essens ist* (Salz&Pfeffer 3/1993, 22; CH); *In der vorlesungsfreien Zeit wird es ... zeitweise nur das Wahlessen und Schniposa geben* (Universität Karlsruhe, 1999, Internet; D) – Wird auf der ersten Silbe betont, in CH mit Kurzvokal, in D mit Langvokal

schnippeln CH D (ohne südost) sw.V./hat (salopp): ›in [viele] kleine Stücke schneiden; schnipseln‹: *Pathologen müssen kleine Proben des krebsverdächtigen Gewebes aus dem Körper schnippeln und diese dann unter dem Mikroskop nach krankhaften Veränderungen untersuchen* (Sonntagsztg 30. 1. 2000, 85; CH); *Sie schaut den Köchen beim Schnippeln ... zu* (Stuttgarter Ztg 24. 10. 1999, Beilage 70; D) – Seltener auch in der Form *schnibbeln* – Dazu: **Schnippel**

schnipseln (gemeindt.): ↗SCHNIPPELN

schnipsen D (ohne nordwest/südost) sw.V./hat: ↗SCHNACKELN A-mitte/west D-südost ›(mit den Fingern) ein schnalzendes Geräusch erzeugen; (mit den Fingern) schnippen‹: *Auf dem »Bazaar Oriental« singt die türkische Sängerin ... so voller Inbrunst, dass die türkischen Jugendlichen ... aufspringen, im Takt klatschen oder mit den Fingern schnipsen* (Tagesspiegel 3. 6. 2001, Internet) – In A und CH selten

Schnitte die; –, -n: **1.** A (nur Plur.) ›[aus mehreren Schichten bestehende und mit einer süßen Masse bestrichene] Waffel‹: *Wer genug erfahren hatte, konnte sich mit Manner-Schnitten sowie Wein, Mineralwasser und Bier aus Österreich stärken* (VN 21. 6. 2000, A 3). **2.** A (meist Plur.) ›Suppeneinlage aus mit Leber oder Milz bestrichenen Weißbrotstückchen‹: *Ähnlich die »Rindsuppe mit Milzschnitte« ..., nicht zu intensiv und doch ein echter Gemüse-Fleischsud, wunderbar beruhigend, natur ohne Zusätze, mit einer kleinen, deftigen Einlage* (Standard 28. 3. 1998, Internet). **3.** A D (ohne ost/südwest) ›rechteckig geschnittenes Stück eines auf einem Backblech gebackenen Kuchens‹: *Mit Schokoladeglasur ... überziehen, in kleine Schnitten teilen* (Firma Thea online, 2001, Internet; A); *Die Schnitten nicht mehr lange stehen lassen, servieren, bevor sie in der Feuchtigkeit der Creme aufweichen können* (WDR 2. 10. 2002, Internet; D). **4.** CH D-nord/mittel; ↗BEMME D-ost, ↗KNIFTE D-mittelwest, ↗STULLE D-nordost (bes. Berlin) ›[belegte oder bestrichene] Scheibe [Brot]; Butterbrot‹: *Normalerweise esse ich ein Joghurt oder eine Schnitte Brot mit Käse* (Fachinfo Geistige Behinderung, 2002, Internet; CH); *Auf seinem Schoß liegt eine angebissene Schnitte ..., die zur Hälfte mit einem Klacks Butter bestrichen ist* (Universität Münster 22. 8. 1996, Internet; D-nord/mittel). **5.** D-nordwest ›abgeschnittene Scheibe [Wurst, Käse etc.]‹: *Wenn ich als Kind am Abendbrottisch etwas – zum Beispiel eine Schnitte Wurst oder Käse – »umsonst« haben wollte, dann bedeutete das noch etwas anderes, nämlich Käse oder Wurst pur ohne Butterbrot* (Technische Universität Braunschweig 2. 4. 2003, Internet) – Zu 4.: In CH Grenzfall des Standards – Zu 1.: ↗**Neapolitanerschnitten.** Zu 2.: **Leberschnitten, Milzschnitten.** Zu 3.: **Apfelschnitte,** ↗**Cremeschnitte** A CH, **Fruchtschnitte** (↗Frucht), **Kokosschnitte, Mohnschnitte, Nussschnitte, Obstschnitte** (↗Obst), **Preiselbeerschnitte, Punschschnitte, Ribiselschnitte** A (ohne Vbg.) (↗Ribisel), **Topfenschnitte** (↗Topfen). Zu 4.: **Brotschnitte, Käseschnitte, Wurstschnitte**

Schnitz A-west (Vbg.) CH D-süd der; -es, -e: ↗SPALTE A D-mittelwest/südost ›keilförmiges Stück (von ↗Obst oder Zitrusfrüchten)‹: *Dörren ist wirklich kinderleicht: Essreife Äpfel werden geschält, das Kerngehäuse wird entfernt und man schneidet 1 1/2 cm dicke Schnitze oder 8 mm dicke Ringe* (Blick 15. 9. 1999, 27; CH) – Dazu: **Apfelschnitz, Orangenschnitz** (↗Orange), ↗**Schnitzbrot** D-südwest, **Zitronenschnitz**

Schnitzbrot D-südwest das; -(e)s, -e: ↗Zelten A-west, ↗Birnenbrot A-west (Vbg.) CH, ↗Kletzenbrot A (ohne Vbg.) D-südost, ↗Birnenweggen CH, ↗Hutzelbrot D-süd ›[in der Weihnachtszeit gegessenes] dunkles, süßes Früchtebrot‹: *Die Mädchen pochten an die Tür, sangen ein Lied, ließen sich ihre Körbe mit Äpfeln, Schnitzbrot und Nüssen füllen* (Rems-Murr-Nachr 23. 6. 1999, Internet) – Vgl. Schnitz

Schnitzel (gemeindt.): ↗Plätzli

Schnitzelbank CH der/die; -(e)s / –, ...bänke: ›Bänkelsängervers, der zur ↗Fasnacht dargeboten wird‹: *Der Calypso ist eine Art improvisierter Schnitzelbank mit Refrain und Reimen zum Mitsingen und hat immer einen politischen oder sozialkritischen Inhalt* (TA 26. 6. 1999, 21) – In CH-nordwest (Basel) oft auch in der dialektnahen Schreibung *Schnitzelbangg*

Schnitzelklopfer A der; -s, –: ↗Fleischklopfer CH D, ↗Fleischhammer D ›Schlägel mit Eisennoppen zum Weichklopfen von Fleischscheiben‹: *Auch als ihr Begleiter – bewaffnet mit einem Schnitzelklopfer – in das Haus seiner Großeltern einstieg, sei sie »Schmiere gestanden«, versteckte dann aber die erbeuteten 4500 Schilling in ihrer Wohnung und verbrauchte sie auch zum Teil für sich* (Kurier 6. 6. 1996, 9)

schnöd A CH D-süd Adj.: ↗schnöde CH D (ohne südost) ›verachtenswert‹: »*Teilrechtsfähigkeit« heißt das Zauberwort, hinter dem sich ein schnöd kapitalistischer Auftrag verbirgt* (SN 11. 11. 1997, 1; A); *Die SVP liess den »Übertölpelten« schnöd im Regen stehen* (Blick 2. 10. 1995, 15; CH)

Schnodder D-nord/mittelwest der; -s, ohne Plur. (derb): ↗Rotz A D ›Nasenschleim‹: *Den Schnodder an seiner Nase bemerkt er nie* (Wolf, Samstags 13)

schnöde CH D (ohne südost) Adj.: ↗schnöd A CH D-süd ›verachtenswert‹: *Allein das Gemüse wird von manchen schnöde behandelt* (Bund 20. 11. 1999, 26; CH); *Der schnöde Mammon gilt als Feind der Kunst. Blödsinn! Geld und Geist vertragen sich prima* (Sonntagsbl 29. 7. 2002, Internet; D) – Dazu: ↗**schnöden** CH

schnöden CH sw.V./hat: ›in abfälliger Weise, schlecht reden; lästern‹: *Heute hat man sich an das Bundeshaus in der Mutzenstadt gewöhnt. Damals schnödeten die einen über »eine Mischung zwischen Petersdom und Kreml« und andere über »laubgesägelte Renaissance«* (Wiedmer, Hautnah-Helvetia 24) – Vgl. schnöde

Schnorre A-west (Vbg.) CH die; –, -n (derb, Grenzfall des Standards): ↗Pappen A (ohne Vbg.), ↗Fotze A D-südost, ↗Gosche A D-süd, ↗Latz CH, ↗Klappe CH D-nord/mittel, ↗Fresse D-nord/mittel, ↗Sabbel D-nord/mittel, ↗Schnauze D (ohne südost), ↗Schnute D (ohne südost) ›Mund‹: *Der Pilzmüller, wissen Sie, Herr Wachtmeister, dumme Schnorre einsfünfzig, dieser Stinkkrauterer hat sein Maul ja immer offen, das ist bekannt* (Späth, Unschlecht 66; CH) – Die Redewendung *die Schnorre halten* in der Bedeutung ›still sein; den Mund halten‹ ist mundartnah

Schnösel CH D der; -s, – (abwertend, Grenzfall des Standards): ›frecher, arroganter [junger] Mann‹: *Paola singt seit 1990 nicht mehr. Und da kommt so ein – pardon – junger Schnösel und bewegt sie zu einem Auftritt* (Sonntagsztg 17. 5. 1998, Internet; CH); *Ich halte ihn für einen Schnösel, aber die Frauen?* (Koeppen, Tauben 64; D) – Dazu: ↗**schnöselig schnöslig** D

schnöselig schnöslig D Adj. (abwertend): ›dumm und arrogant‹: *Aber der ganze Verein betrug sich während der späten Achtziger ebenso schnöselig ... wie der typische Mac-User* (c't 4/1995, Internet) – Vgl. Schnösel

schnöslig siehe schnöselig

Schnuderbueb CH der; -s/-en, -en (abwertend, Grenzfall des Standards): ↗Rotzpippe A, ↗Rotzbub A D-süd, ↗Rotzlöffel A D, ↗Rotzbengel CH D (ohne südwest), ↗Rotzjunge D-nord/mittelwest ›ungezogenes, freches männliches Kind‹: *Diese Schnuderbuebe-Chaoten sind doch nur stark in Gruppen, sonst ist nicht viel zu erwarten von ihnen* (Blick 27. 9. 1995, Internet) – Wird auf der ersten Silbe betont, regional unterschiedlich mit Kurz- oder Langvokal. Eine weibliche Form ist nicht gebräuchlich. Vgl. Bub

Schnudernase CH die; –, -n (Grenzfall des Standards): ›Nase [eines Kindes], aus der Schleim läuft; Rotznase‹: *Seppli A., der immer in löchrigen Strümpfen und mit seiner Schnudernase in die Schule kam ..., hat es nie kapiert* (Meienberg, Heimsuchungen, Internet) – Wird auf der ersten Silbe betont, regional unterschiedlich mit Kurz- oder Langvokal

Schnuller A D der; -s, –: ↗Luller A, ↗Zuzel A (ohne west), ↗Nuggi A-west (Vbg.) CH, ↗Nuckel D-nord/mittel ›kleines, auf einer [mit einem Ring versehenen] Plastikscheibe befestigtes Gummibällchen, das Kleinkindern zur Beruhigung in den Mund gesteckt wird‹: *Quietsch-Entchen, Beißringe und Schnuller aus PVC – sie alle sollen schleunigst aus den Verkaufsregalen verschwinden, fordert die Umweltorganisation Greenpeace* (Ganze Woche 5. 11. 1997, 14; A); *Eltern, die besorgt sind, dass ihre Kinder den Anschluss an die Internetzeit verpassen könnten, geben Babys nicht mehr den Schnuller oder eine Rassel* (Spiegel 27. 8. 1999, Internet; D)

Schnupftuch D-mittelost das; -(e)s, ...tücher: ↗Sacktuch A D-süd LIE, ↗Schnäuztuch A D-südost,

↗NASTUCH CH ›Taschentuch‹: *»In vielen macht sich ganz schön Verzweiflung breit«, sagt beispielsweise Petra B., ... die schon mal solidarisch ihr rotes Schnupftuch hervorgeholt hat* (Welt 25. 6. 1999, Internet)

Schnürer A D der; -s, – (salopp): ›Halbschuh oder Stiefel zum Schnüren; Schnürschuh, Schnürstiefel‹: *Klassisch-bequemer Schnürer, Lederfutter, Lederdecksohle ... öS 699.-* (Kleine Ztg 2. 3. 1997, Beilage 3; A); *Modische Kinderschuhe, Obermaterial: hochwertiges Nubukleder, mit einer sportlichen, strukturierten Sohle, als Schnürer oder mit Klettverschluss* (Leipziger Rundschau 18. 2. 1998, 9; D)

Schnurlostelefon A das; -s, -e: ↗TELEFON: *SCHNURLOSE TELEFON CH D ›Festnetztelefon mit kabellosem Hörer‹: *Der vier Jahre alte Komfort-Apparat mit dem Zehnmeterkabel war mit dem Kauf eines postgenehmigten Schnurlostelefones überflüssig geworden* (Konsument 8/1997, 45) – In CH und D selten

Schnürlregen: *[Salzburger] Schnürlregen A D-südost ›feiner, lang anhaltender Dauerregen, der für das Salzburger ↗Alpenvorland typisch ist‹: *Wer nur an Mozart, Schnürlregen und Festspiele denkt, liegt im Salzburger Land völlig daneben* (Anima 11/1997, 101; A)

Schnürlsamt A der; -(e)s, ohne Plur.: ↗CORD A D, ↗CORDSAMT A D-nordwest/süd, ↗MANCHESTER CH D-nordwest ›geripptes Baumwollgewebe‹: *Ich steckte in kurzen Hosen, nicht im schwarzen Schnürlsamt der »Jungvolk«-Uniform* (Okopenko, Kindernazi 22) – Dazu: **Schnürlsamthose**

Schnurrbart (gemeindt.): ↗OBERLIPPENBART, ↗SCHNAUZ, ↗SCHNAUZBART, ↗SCHNAUZER, ↗SCHNÄUZER

Schnürschuh (gemeindt.): ↗SCHNÜRER

Schnürsenkel D-nord/mittel der; -s, –: ↗SCHUHBAND A D (ohne mittelost/südwest), ↗SCHUHBÄNDEL CH D-südwest, ↗SCHUHRIEMEN D-mittelwest, ↗SCHUHLITZE STIR ›Schnur oder Band zum Zuschnüren eines Schnürschuhs‹: *Da setzte der Junge rasch einen Fuß auf die Münze, ... tat, als wolle er seine Schnürsenkel binden, hob schnell und verstohlen das Geldstück auf und ließ es in die Tasche gleiten* (Krüss, Timm Thaler 26) – In A und CH selten

schnurspringen A st.V./ist (meist im Inf. oder Part.): ↗SEILSPRINGEN CH D STIR, ↗SEILHOPFEN D-südwest, ↗SEILHOPSEN D-südwest, ↗SPRINGSEILSPRINGEN D-nordost ›über eine in Schwingung versetzte Leine ohne sie zu berühren springen; seilhüpfen‹: *Da wird zum Beispiel mit einem »Katzenbuckel« die Wirbelsäule mobilisiert oder bei Übungen wie dem ein wenig aus der Mode gekommenen Schnurspringen die Koordinationsfähigkeit verbessert* (OÖN 7. 5. 1988, 9) – Vgl. Springschnur, Sprungschnur

Schnürstiefel (gemeindt.): ↗SCHNÜRER

Schnute D (ohne südost) die; –, -n (salopp): ↗PAPPEN A (ohne Vbg.), ↗FOTZE A D-südost, ↗GOSCHE A D-süd, ↗SCHNORRE A-west (Vbg.) CH, ↗LATZ CH, ↗KLAPPE CH D-nord/mittel, ↗FRESSE D-nord/mittel, ↗SABBEL D-nord/mittel, ↗SCHNAUZE D (ohne südost) ›Mund‹: *Rotkäppchen hat zu Beginn ein babyrundes Gesichtchen mit rosa Schnute* (Zeit 29. 11. 2001, Internet); ***eine Schnute ziehen/machen** siehe ziehen

Schober der; -s, –: **1.** A D-mittelost ›im Freien gelagerter Heu- oder Strohhaufen‹: *Er sah und hörte aber nichts mehr; nur kalter Wind wehte über den Schober* (Sagen, 2002, Internet; A). **2.** A-west CH D-mittelost/südwest; ↗STADEL A CH-ost D-südost, ↗SCHEUNE A-west CH D-nord/mittel, ↗SCHEUER D-südwest ›Teil des Bauernhauses oder freistehendes Gebäude, in dem Heu und Stroh, oft auch Gerätschaften, aufbewahrt werden‹: *Der Himmel hoch, die Lüfte klar, und an den frisch gemähten Hängen klammern sich ein paar verhutzelte Schober und Scheunen* (BaZ 7. 7. 2001, Internet; CH) – Zu 1.: Meist in Zus. – Zu 1.: ↗**schobern** A, **Strohschober.** Zu 1. und 2.: **Heuschober**

Schöberl A das; -s, -n: ›pikante Suppeneinlage aus rautenförmig geschnittenem Biskuitteig‹: *Allein, was nützen die flaumigsten Schöberln, die herzhaftesten Pofesen und die saftigsten Rouladen, wenn eine – die vielleicht wichtigste – Zutat fehlte?* (Plachutta, Gute Küche 164) – Dazu: **Fleischschöberl, Markschöberl, Schinkenschöberl**

schobern A sw.V./hat (Landwirtschaft): ›im Freien Heu zum Trocknen aufschichten‹: *Mit den Pferden besorgte man die Zufuhr der Garben, das Stroh wurde gleich auf dem Acker geschobert* (Katastralgemeinde Platt, 2002, Internet) – Auch in der Form *schöbern.* Vgl. Schober – Dazu: **aufschobern**

schöbern siehe schobern

Schöffe Schöffin der; -n, -n bzw. die; –, -nen: **1.** A D ›an ↗Schöffen- und ↗Geschworenengerichten teilnehmender Laienrichter bzw. teilnehmende Laienrichterin‹: *In bestimmten Fällen sind neben den Richtern auch Vertreter aus dem Volk an der Rechtsprechung beteiligt: Schöffen und Geschworene in den Strafgerichten* (Wald, Zeitbilder 113; A); *Denn dem Duell mit dem Prüfer, garniert mit einer Schar angeblich unberechenbarer und hinterhältiger Schöffen, gehen zahllose, durchweg grausame Tagträume voraus* (Spiegel Special 6/1998, 126; D). **2.** LUX ›Mitglied des ↗Schöffenrates‹: *Schließlich nahm man den Vorschlag von Schöffe T. R. an, eine ... Unterredung zwischen dem Schöffenrat ... und den zuständigen Schulinstanzen einzuberufen* (Luxemb Wort 21. 9. 1999, 14). **3.** BELG ›für ein bestimmtes Ressort zuständiges Mitglied eines ↗Schöffenkollegiums‹: *Daraus wurde ein Dorffest für Alt und Jung mit einem abwechslungsreichen Unterhaltungsprogramm, das auch Bürgermeister Christian K., Kulturschöffe Lorenz P. ... sowie Schöffe Leo K. zu genießen wussten* (Gemeinde Crombach 16. 4. 2002, Internet) – Zu 1.: Im Ggs. zu den Geschworenen, die auch als Laienrichter fungieren und nur über die Schuld richten, urteilen *Schöffen* zusammen mit den Berufsrichter(inne)n sowohl über Schuld als auch über das ↗Strafausmaß – Zu 1.: ↗**Schöffensenat** A

Schöffengericht A D LIE das; -(e)s, -e: ›aus Berufs- und Laienrichter(inne)n bestehendes, kollegiales Strafgericht für [schwere] Strafsachen und politische Delikte‹: *Also trug Staatsanwalt Friedrich K. vor einem Schöffengericht in Krems ... die neue, nunmehr leicht abgeänderte Version der Anklage vor* (SN 21. 10. 1997, 17; A); *Zum Schutze des Angeklagten schloss das Schöffengericht die Öffentlichkeit aus* (Stern 25. 9. 1997, 227; D); *In Kollegialbesetzung wird das Landgericht als Kriminalgericht oder als Schöffengericht tätig* (Liechtensteinisches Landesgesetzbl, 1988, Internet; LIE) – Im *Schöffengericht* wird in A nur über bestimmte Delikte, die mit mehr als fünf Jahren Freiheitsstrafe bestraft werden und nicht dem ↗*Geschwornengericht* zugeordnet sind, entschieden. Vgl. Schöffe, Schöffensenat

Schöffenkollegium BELG das; -s, ...kollegien: ↗GEMEINDEVERTRETUNG A D, ↗BÜRGERMEISTERKOLLEGIUM BELG, ↗SCHÖFFENRAT LUX ›Leitung einer Gemeinde bzw. Stadt, bestehend aus ↗Bürgermeister(in) und den ↗Schöff(inn)en; Gemeinderat‹: *Was die Ämteraufteilung betrifft, so steht bislang lediglich fest ..., dass die einzig Gewählte der Ecolos, Géraldine P., einen Sitz im Bürgermeister- und Schöffenkollegium erhält* (Grenz-Echo 10. 12. 1994, 7)

Schöffenrat LUX der; -(e)s, ...räte: ↗GEMEINDEVERTRETUNG A D, ↗BÜRGERMEISTERKOLLEGIUM BELG, ↗SCHÖFFENKOLLEGIUM BELG ›Gemeinderat‹: *In Anwesenheit des Rechtsbeistandes der Gemeindeverwaltung wurde der Schöffenrat einstimmig ermächtigt, in einer Personalangelegenheit vor Gericht aufzutreten* (Luxemb Wort 21. 9. 1999, 14) – Vgl. Schöffe

Schöffensenat A der; -(e)s, -e: ›zur Beurteilung eines bestimmten Falles zusammengetretenes Strafgericht, bestehend aus Berufs- und Laienrichter(innen)‹: *Wegen schweren gewerbsmäßigen Betruges stand der »Freiberufler« gestern vor einem Innsbrucker Schöffensenat, bekannte sich aber – zumindest anfangs – nicht schuldig* (Kurier 5. 11. 1997, 9) – Der *Schöffensenat* entscheidet in A nur über politische Delikte und Strafsachen, die mit mehr als fünf Jahren Freiheitsstrafe bestraft werden und nicht dem ↗*Geschwornengericht* unterliegen. Vgl. Schöffe, Schöffengericht

Schoggi CH die; –, ohne Plur. (Grenzfall des Standards): **1.** ↗SCHOKO A D ›Schokolade (in fester Form)‹: *Der Student klaubt das kleine Täfelchen Schoggi vom Zettel ab und lässt es auf der Zunge zerlaufen* (TA 15. 9. 1999, 17). **2.** ↗SCHOKOLADE: *HEIßE SCHOKOLADE A D ›Getränk aus Milch und Schokoladenpulver‹: *Im Zolli-Restaurant können sich dann Gross und Klein bei einer heissen Schoggi oder einem Kaffee aufwärmen* (Brückenbauer 3. 12. 1997, 49) – Vgl. Schokolade-, Schokoladen- – Zu 1.: **Schöggeli, Schoggikuchen, Schoggimousse, Schoggistängeli, Schoggitaler**

Schoko A D die; –, -s (Grenzfall des Standards): ↗SCHOGGI CH ›Schokolade (in fester Form)‹: *Schon im Oktober des Jahres 2000 ist in den Geschäften ein Osterhasen-Nikolo aus Schoko aufgetaucht* (OÖN 18. 1. 2001, 26; A); *Manchmal muss es eben auch Soulfood wie ein Stück Schoko sein* (Freundin 29. 5. 2002, Internet; D) – Vgl. Schoko-, Schokolade-, Schokoladen- – Dazu: **Schokomüsli** (↗Müsli), ↗**Schokokuss** D-mittelwest/südwest

Schoko- schoko- A D (produktives Bestimmungswort in Zus.): ↗SCHOKOLADE- SCHOKOLADE- A CH LUX, ↗SCHOKOLADEN- SCHOKOLADEN- CH D ›aus Schokolade bestehend, Schokolade enthaltend, Schokolade betreffend‹, z. B. schokobraun, Schokoeis, Schokoglasur, ↗Schokokuss D-mittelwest/südwest, Schokomüsli (↗Müsli), Schokopudding, Schokosoße (↗Soße) D, Schokostück, Schokotorte: *Wie werden Schokofans auf den Tod von Überraschungsei und Schokobanane reagieren?* (Format 14. 12. 1998, 72; A); *Schokosoße mit einem Löffel leicht unter die Sahne ziehen* (Landwirtschaftliche Ztg Rheinland 26. 2. 2003, Internet; D) – Vgl. Schoko

Schokokuss D-mittelwest/südwest der; -es, ...küsse: ↗SCHWEDENBOMBE A, ↗MOHRENKOPF A-west (Vbg.) CH D (ohne nordwest), ↗NEGERKUSS D ›mit Schokolade überzogenes Schaumgebäck auf Waffelboden‹: *Am Frischegrad der – politisch korrekt gesagt – Schokoküsse scheiden sich die Geschmäcker* (Allegra Spezial 11/1997, 7) – Vgl. Schoko, Schoko-, Schokoladen-

Schokolade: *heiße Schokolade A D: ↗SCHOGGI CH ›[heißes] Getränk aus flüssiger, in Milch aufgekochter Schokolade‹: *Heiße Schokolade vermittelt Gemütlichkeit, macht gute Laune und schafft eine freundliche Atmosphäre* (Wiener Ztg 28. 12. 2001, Internet; A); *1 Getränk 0,2l nach Wahl (Cola ... oder heiße Schokolade)* (Zoo Dresden, 1999, Internet; D) – Nur in der Gastronomie gebräuchlich, oft auch fälschlicherweise als Bezeichnung für heißen Kakao. Das Substantiv *Schokolade* ist in allen anderen Verwendungen gemeindt.

Schokolade (gemeindt.): ↗SCHOGGI, ↗SCHOKO

Schokolade- schokolade- A CH LUX (produktives Bestimmungswort in Zus.): ↗SCHOKO- SCHOKO- A D, ↗SCHOKOLADEN- SCHOKOLADEN- CH D ›aus Schokolade bestehend, Schokolade enthaltend, Schokolade betreffend‹, z. B. schokoladebraun, Schokoladecreme (↗Creme), Schokoladeflocken, Schokoladeglasur, Schokoladehersteller(in), Schokoladepudding, Schokoladestück, Schokoladetorte: *Die Kipferln kann man je nach Geschmack mit Marmelade, Schokoladestücken, Früchten oder Nüssen füllen* (Gusto 11/1997, 68; A); *Schokoladehersteller haben vorderhand allerdings wenig Interesse, die Schweizer Markenschokolade zu »verwässern«* (BaZ 25./26. 10. 1997, 57; CH); *Bill Clintons Liebe ist schokoladebraun, wackelt mit den Ohren und wedelt mit dem Schwanz: Labrador »Buddy« tröstet den US-Präsidenten* (Blick 10. 5. 2000, 32; CH); *Wir schmecken den Schokoladepudding mit dem Finger* (Restena 22. 11. 2002, Internet; LUX)

Schokoladen- schokoladen- CH D (produktives Bestimmungswort in Zus.): ↗SCHOKO- SCHOKO- A D, ↗SCHOKOLADE- SCHOKOLADE- A CH LUX ›aus Schokolade bestehend; Schokolade enthaltend, Schokolade betreffend‹, z. B. Schokoladenglace (↗Glace) CH, Schokoladenguetzli (↗Guetzli) CH, Schokoladenmousse, Schokoladenplätzchen (↗Plätzchen) D (ohne südwest): *Rezept einer Sauce aus gedörrten Aprikosen, die hervorragend zu Vanille- und Schokoladenglace oder Griessköpfchen passt* (Blick 19. 2. 1999, 26; CH); *Wir sitzen auf den Burgmauern am Wassergraben, essen köstliches Schokoladeneis* (Freundin 19/1997, 116; D) – Vgl. Schoko

Scholle (gemeindt.): ↗BUTT

schön: *schöne Dank siehe Dank

Schönheitsreparatur D die; –, -en: ›der Verschönerung dienende ↗Renovierung‹: *Schönheitsreparaturen sind das Anstreichen, Kalken und Tapezieren der Wände und Decken* (Kölner Haus- und Grundbesitzerverein 20. 11. 2002, Internet)

Schöpf A-südost der; -(e)s, -e (Plur. ungebräuchl.): ↗TSCHOCH A, ↗HACKE A-ost, ↗BÜEZ CH, ↗KRAMPF CH, ↗MALOCHE D-mittelwest ›sehr anstrengende Arbeit; Schufterei‹: *Wer sie kennt, weiß, dass die Arbeit eines Konservators ein kreativer, aber oft unbedankter Schöpf ist* (Kleine Ztg 30. 10. 1999, Internet) – Dazu: ↗**schöpfen**

Schopf der; -(e)s, Schöpfe: **1.** A-west (Vbg.) CH D-südwest; ↗SCHUPFEN A D-südost, ↗SCHUPF D-süd STIR ›einfacher [Holz]bau zum Unterstellen von landwirtschaftlichen Geräten; Schuppen‹: *In einer Tischlerei ... brach gegen 20 Uhr aus bisher unbekannter Ursache in einem Holzschopf ein Feuer aus, das wegen des starken Windes auf ein angrenzendes Haus überzugreifen drohte* (VN 29. 10. 1998, B 1; A-west); *Wütend hetzten sie hinter dem Mann her, bissen immer wieder zu, bevor das schwer verletzte Opfer sich in einem alten Schopf verschanzen konnte* (Schweizer Familie 3. 6. 1999, 15; CH). **2.** A (Plur. ungebräuchl.): kurz für ›↗Schopfbraten, ↗Schweinsschopf‹: ↗SCHWEINSHALS CH, ↗SCHWEINENACKEN D, ↗SCHWEINEKAMM D (ohne südost): *Die Teile von der Schulter ... und besonders vom Schopf ... sind dagegen etwas deftiger* (Wellness 10/1997, Beilage 10). **3.** A-west (Vbg.) ›einer Veranda ähnlicher Vorbau (am Bregenzerwälder Bauernhaus)‹: *Das Gebäude mit klassischem Schopf in Egg-Ittensberg ist Pilgerstätte* (VN 21. 1. 1999, Journal 8) – Andere Bedeutungen sind gemeindt. – Zu 1.: **Geräteschopf, Holzschopf, Schopfanbau.** Zu 2.: **Selchschopf** (↗selchen)

Schopfbraten A der; -s, –: ↗SCHWEINSSCHOPF A, ↗SCHWEINSHALS CH, ↗SCHWEINENACKEN D, ↗SCHWEINEKAMM D (ohne südost) ›Fleisch vom Nacken des Schweins [für Braten und Schnitzel] bzw. zubereitete Speise daraus‹: *An Hauptgerichten wurden gefüllte Paprika, ein Waldviertler Wurzelkarpfen und ein geselchter Schopfbraten mit Wurzelwerk und Erdäpfeln angeboten* (Kurier 11. 9. 1992, 7) – Vgl. Schopf

schöpfen A-südost sw.V./hat: ↗HACKELN A-ost, ↗BARABERN A-ost D-südost, ↗BUCKELN A-west D-mittelost, ↗KRAMPFEN CH, ↗KRÜPPELN CH, ↗RACKERN D, ↗ACKERN D-nord/mittel, ↗MALOCHEN D-mittelwest, ↗ROBOTEN D-nordost ›körperlich hart arbeiten; schuften‹: *So verschieden die Branchen sind, schwören doch beide in ihren Firmen auf »persönlichen Einsatz – in den ersten Jahren ist nur Schöpfen angesagt – und auf besonders gute Mitarbeiter«* (Kleine Ztg 25. 6. 1996, Internet) – Andere Bedeutungen sind gemeindt. Vgl. Schöpf

Schöpfer A der; -s, –: ↗KELLE CH D-nord/mittel, ↗SCHÖPFKELLE CH D-nord/mittel, ↗SUPPENKELLE CH D-nord/mittel ›Schöpflöffel‹: *Sobald die Flüssigkeit vom Reis aufgenommen wurde, mit einem weiteren Schöpfer Suppe aufgießen* (Kleine Ztg 9. 1. 1997, Internet) – In D selten. Andere Bedeutungen sind gemeindt. – Dazu: ↗**Siebschöpfer, Saucenschöpfer, Suppenschöpfer**

Schöpfkelle CH D-nord/mittel die; –, -n: ↗SCHÖPFER A, ↗KELLE CH D-nord/mittel, ↗SUPPENKELLE CH D-nord/mittel ›Schöpflöffel‹: *Eine Schöpfkelle Pasta auf dem Kartonteller kostet ... 15 Franken* (TA 5. 4. 2000, 49; CH); *Es gibt große und kleine Schöpfkellen, die zum Schöpfen von Suppen, Saucen oder auch Eierbzw. Pfannkuchenteig gebraucht werden* (Küchentipps, 2000, Internet; D-nord/mittel)

Schöpflöffel (gemeindt.): ↗KELLE, ↗SCHÖPFER, ↗SCHÖPFKELLE, ↗SUPPENKELLE

schöppelen siehe schöppeln

schöppeln CH sw.V./hat (Grenzfall des Standards): ›(einem Säugling) Nahrung aus der Flasche geben‹: *Bei anhaltendem Spardruck erprobt das Ostschweizerische Kinderspital neue Methoden. Bereits helfen 35 Freiwillige mit, die Babys zu schöppelen und den Kindern bei den Hausaufgaben zu helfen* (St. Galler Tagbl 12. 12. 1997, Internet) – Auch in der Form *schöppelen.* Vgl. Schoppen

schoppen A D-südost sw.V./hat: **1.** (Grenzfall des Standards) ›stopfen‹: *Was nun bestimmt nicht zur Schlussfolgerung beitragen soll, wir dürften jetzt umso bedenkenloser alles hineinschoppen, was uns gerade vor die Futterluke kommt* (Steirerwelt 11/2000, Internet; A). **2.** ›(Geflügel) durch gewaltsame Überfütterung mästen; nudeln‹: *Als Tierquälerei … sind insbesondere anzusehen: … die zwangsweise Einverleibung von Futter oder sonstigen Mitteln (z. B. Schoppen von Geflügel)* (Vetfacts, 2002, Internet; A). **3.** sich (Grenzfall des Standards) ›sich stauen‹: *Denn sonntags ab 11 Uhr in der Früh schoppt es sich auch beim Buffet im Fünf-Sterne-Haus gewaltig* (Kleine Ztg 14. 5. 2000, Internet; A) – Zu 1.: In CH dialektal – Zu 1.: **ausschoppen, hineinschoppen**

Schoppen der; -s, –: **1.** CH D; ↗Viertel A D, ↗Zweier CH, ↗Zweierli CH ›ein Viertelliter [Wein] im Glas oder in der Karaffe‹: *Da sassen dann die Terzoner Bauern in Hemdsärmeln zu viert um die rohen Tische, einen Schoppen vor sich, mit verkniffenen Gesichtern, um zu erraten, was der Gegner wohl für ein Blatt in der Hand halten mochte* (Kauer, Spätholz 76; CH); *Im »Jugendtreff« des Palastes hopsten die Teenager, während die Älteren sich im Spreerestaurant einen Schoppen Wein gönnten* (Berliner Ztg 19. 8. 1997, Internet; D). **2.** CH D-südwest ›Trinkflasche mit Sauggummivorrichtung für Kleinkinder‹: *Eltern, die ihren Kindern in den ersten Lebensjahren zu häufig süsse Flüssigkeiten im Schoppen zu trinken geben, riskieren Sprachstörungen bei ihren Sprösslingen* (St. Galler Tagbl 7. 11. 1998, Internet; CH). **3.** CH D-südwest ›[warmes] Milchgetränk (für Säuglinge und Kleinkinder)‹: *Werde versuchen, … Kevin die Windeln zu wechseln, und Salome wird einen lauwarmen Schoppen mit Erdbeergeschmack kriegen* (NZZ 6. 7.2003, 10; CH) – Die Bedeutung ›Hohlmaß von einem halben Liter‹ ist gemeindt. veraltet. – Zu 1.: ↗**Schoppenwein** D (ohne südwest). Zu 2.: **schöppeln, Schoppenflasche, Schoppenwärmer, Schoppenzusatz**

Schoppenwein D (ohne südwest) der; -(e)s, -e: ↗Schankwein A-ost ›offener Wein‹: *Die Weine aus der Portugieser Rebe haben wenig Säure und sind angenehm als Schoppenwein zu trinken* (General-Anzeiger Bonn 6. 6. 2002, Internet) – Vgl. Schoppen

Schöps A der; -es/-en, -en: ›Hammel‹: *Männliche Tiere (Bock bzw. Widder; kastriert Hammel oder Schöps) erreichen bis zu 230 kg Gewicht* (Universität Wien, Schafinfo, 2000, Internet) – Dazu: ↗**Schöpsen-**, ↗**Schöpserne**

Schöpsen- A (produktives Bestimmungswort in Zus.): ›aus Hammelfleisch bestehend‹, z. B. Schöpsenbraten, Schöpsenfleisch, Schöpsenrücken, Schöpsenschlegel (↗Schlegel): *Schöpsenfleischsuppe: 20 dag Schöpsenfleisch, 4 dag Fett (am besten Butter), 1/2 Zwiebel, 10 dag Wurzelwerk …* (Drewes, Tiroler Küche 20) – Vgl. Schöps, Schöpserne

Schöpserne A das; -n, ohne Plur.: ›Hammelfleisch‹: *Die Zwiebel und das gewürfelte Schöpserne in Fett anrösten* (Drewes, Tiroler Küche 54) – Vgl. Hirschene, Kälberne, Lämmerne, Schöps, Schöpsen-, Schweinerne

Schorf (gemeindt.): ↗Borke

Schorle D die; –, -n/das; -s, –: **1.** ↗Mischung A-südost, ↗Spritzer A (ohne west), ↗Gespritzte A D-süd, ↗Weinschorle D ›Mischgetränk aus Wein und Mineralwasser‹: *Ich trinke gern Wein, Schorle, Bier und ab und zu einen Schnaps* (Berliner Kurier 25. 10. 1995, Internet). **2.** ↗gespritzt: *gespritzte Apfelsaft A D-südwest, ↗Apfelsprudel CH (selten), ↗Apfelschorle D ›Mischgetränk aus Apfelsaft und Mineralwasser‹: *In den Biergärten herrschte Hochkonjunktur, Bier, Radler und Schorle flossen in Strömen* (Welt 22. 7. 1995, Internet) – In D-südwest auch Neutrum – Zu 1.: **Rotweinschorle, Weißweinschorle.** Zu 2.: **Apfel(saft)schorle**

Schornstein D-nord/mittel der; -(e)s, -e: ↗Kamin A-west CH D-mittelwest/süd, ↗Rauchfang A (ohne west) D-südost, ↗Esse D-mittelost, ↗Schlot D-mittelost/südost ›Rauchabzugsschacht‹: *Anderentags: winterlicher Rauch, wie er aus dem Schornstein eines verlassen liegenden Gehöfts aufsteigt* (Köpf, Innerfern 95); ***Der Schornstein raucht** ›Das Geschäft geht gut‹: *Aber auch die Rechnung der Hersteller geht nur scheinbar auf. Gewiss, die Kunden sind's zufrieden, wenn der Schornstein raucht* (Computerwoche 17. 10. 2000, Internet); ***etw. in den Schornstein schreiben** siehe schreiben – Dazu: ↗**Schornsteinfeger(in)**

Schornsteinfeger Schornsteinfegerin D-nord/mittel der; -s, – bzw. die; –, -nen: ↗Rauchfangkehrer A D-südost, ↗Kaminkehrer A-west D-südost, ↗Kaminfeger CH D-mittelwest/südwest, ↗Essenkehrer D-mittelost, ↗Schlotfeger D-mittelost/südost ›Person, die Rauchabzugsschächte reinigt‹ /Berufsbezeichnung/: *Der Schornsteinfeger kommt dann mit den gleichen Messgeräten wie die Heizungsbaufirma* *und macht die gleichen Messungen nochmal!* (Greenpeace 2/1996, 56) – Vgl. fegen, Schornstein

Schotte CH die; –, -n: ›flüssiger Rückstand der geronnenen Milch bei der Käseherstellung; Molke‹: *Wir hatten alle beschriebenen Symptome, mussten ab morgen Schotte trinken, auf dem Balkon Luft ein- und ausatmen* (Schriber, Kartenhaus 23) – Das damit nicht verwandte Wort ›Einwohner von Schottland‹ ist gemeindt.

Schotten A-west (Tir.)/südost D-süd der; -s, ohne Plur. (veraltend): ↗ TOPFEN A D-südost, ↗ QUARK CH D, ↗ WEISSKÄSE D-ost ›cremige Masse aus saurer Milch‹: *Schotten kann selbst hergestellt werden: Saure Milch oder Buttermilch unter ständigem Schlagen aufkochen, vom Herd nehmen, ein wenig kaltes Wasser dazugeben* (Kleine Ztg 17. 2. 1999, Internet; A-west/südost); *Der Schotten wird … mit Schwarzbrotschnitten und gehacktem Schnittlauch serviert* (Herzenspost 1. 4. 2003, Internet; D-süd) – Die Zus. werden häufig mit *Schott-* gebildet – Dazu: **Schottenfülle** (↗ Fülle) A, **Schottnocken** (↗ Nocke) A, **Schottpaunzen** (↗ Paunzen) A-west (Tir.), **Schottsuppe**

Schragen der; -s, –: **1.** A D-südost ›Holzbock als Stütze für Tischplatten, Werkstische o. Ä.; Sägebock‹: *Die Holzstämme wurden auf Schragen (Böcke) gestellt, mit einer Schnur, die vorher durch Farbpulver gezogen wurde, befestigt, in Längsrichtung gespannt und angeschlagen* (Felbertauernmuseum Mittersill, 1998, Internet; A). **2.** CH ›medizinischer Untersuchungs- und Behandlungstisch, Operationstisch‹: *Die OP-Assistentin hat erst auf den zweiten Blick gemerkt, wer auf dem Schragen liegt* (Blick 26. 6. 2001, 7)

Schrammeln A-ost (Wien) die; nur Plur. ⟨benannt nach *Johann* und *Josef Schrammel,* die 1877 das erste Quartett dieser Art gründeten⟩: ›Wiener Volksmusikquartett, das aus zwei Violinen, Akkordeon (ursprüngl. Klarinette) und Kontragitarre besteht‹: *Sie sind bereits eine Institution: die Philharmonia Schrammeln aus Wien, die sich dem bereits klassischen Repertoire der Brüder Schrammel und ähnlichen Werken widmen* (Standard 22. 6. 1998, Internet) – Häufig Teil des Namens solcher Volksmusikgruppen – Dazu: **Schrammelmusik, Schrammelquartett**

Schrank CH D der; -(e)s, Schränke: ↗ KASTEN A CH D-süd ›größeres Möbelstück zum Verstauen von Kleidung oder Gebrauchsgegenständen‹: *Fanny begann, die herumliegenden Kleider aufzuheben und im Schrank zu versorgen* (Sigfried, Schal 93; CH); *Ich sah mir die Kontoauszüge an, die ich im Umschlag oben auf den Schrank gelegt hatte* (Born, Erdabgewandte Seite 20; D); ***ein Schrank von Kerl** D ›Person, die groß und breit ist‹: *Der Kämpfer-Vater ist »ein Schrank von Kerl«* (Spiegel-Jahreschronik, 1997, 14) – In A formell – Dazu: **Effektenschrank** (↗ Effekten) CH, ↗ **Geldschrank** D, **Kleiderschrank, Schränkchen,** ↗ **Schrankwand** A D, **Schuhschrank, Vorzimmerschrank** (↗ Vorzimmer), **Wäscheschrank**

Schranke CH D die; –, -n: ↗ SCHRANKEN A, ↗ BARRIERE CH ›balkenförmige Sperrvorrichtung an Straßen, Wegen und Bahnübergängen zur zeitweiligen Verhinderung des Durchgangs oder der Durchfahrt‹: *Trotz der dauernd geschlossenen Schranke benützten viele Anwohner den Übergang, um ins nahe Erholungsgebiet zu gelangen* (TA 5. 2. 1996,16; CH); *Sie hielten vor einer geschlossenen Schranke, die scheinbar aus dem Nichts aufgetaucht war* (Hilbig, Provisorium 43; D) – Die Bedeutung ›Grenze des Erlaubten, Möglichen‹ sowie die übrigen Verwendungen, z. B. Lichtschranke, Zeitschranke etc., sind gemeindt. – Dazu: **Bahnschranke,** ↗ **Leitschranke** CH, **Zollschranke**

Schranken A der; -s, –: ↗ BARRIERE CH, ↗ SCHRANKE CH D ›balkenförmige Sperrvorrichtung an Straßen, Wegen und Bahnübergängen zur zeitweiligen Verhinderung des Durchgangs oder der Durchfahrt‹: *Sie wurde angehupt, schon während der Zug an dem Schranken vorbeifuhr* (Streeruwitz, Verführungen 49) – Dazu: **Bahnschranken**

Schrankwand die; –, …wände: **1.** A D; ↗ WANDVERBAU A, ↗ WOHNWAND A CH ›aus zusammensetzbaren Schrankteilen bestehende Anbauwand, die sich meist über die Länge einer Zimmerwand erstreckt‹: *Schrankwände sind nicht mehr nur alleine Aufbewahrungsort für allerlei Nützliches, sie setzen die Wand richtig in Szene* (OÖN 6. 11. 1999, 26; A); *Die Schrankwand … ist bis heute kollektiver Ausdruck eines Werte-Ideals, in den eigenen vier Wänden althergebrachte Ordnungen zu sichern* (Hamburger Abendbl 4. 10. 1999, Internet; D). **2.** A ›Raumteiler‹: *Herz des Hauses ist das an die Diele angrenzende Esszimmer, das mit der von zwei Seiten begehbaren Küche zwar durch eine Tür verbunden, aber mit einer fein gearbeiteten Schrankwand getrennt ist* (Standard 13. 10. 2001, Internet) – Vgl. Schrank

Schranne A-mitte (bes. Stadt Sbg.) die; –, -n: ›[Gemüse]markt‹: *Die erste winterliche Schranne verblüffte mit einem großen Angebot an Gemüsen, das noch vom Feld auf den Markt gebracht wurde* (SN 19. 11. 1999, Internet) – In A, außer als Bezeichnung für den Salzburger Markt, veraltet bzw. noch in Namen von Straßen und Plätzen erhalten. In D-südost veraltet

Schraubglas A D das; -es, …gläser: ›Glas mit einem verschraubbaren Deckel‹: *Nur wenige Besucher waren hier, zumeist ältere Leute, die … Mitgebrachtes aus Plastikbechern und Schraubgläsern aßen* (Wolfgruber, Verlauf eines Sommers 53; A); *Salatsauce im Schraubglas kräftig schütteln, dann drüberträufeln* (Stern 20. 6. 2000, Internet; D)

Schraufen A der; -s, – (Grenzfall des Standards, Sport): ↗ TRAGERL A (ohne west), ↗ KANTERNIEDERLAGE CH, ↗ STÄNGELI CH, ↗ PACKUNG D-nordwest/mittelwest ›hohe Niederlage; Debakel‹: *Wie verbrachte Admira-Trainer Didi Constantini Silvester? »Natürlich zu Hause, nach diesen Schraufen in der Halle trau' ich mich nicht mehr in die Öffentlichkeit«* (Kurier 1. 1. 1994, 27) – Die Bedeutung ›Schraube‹ ist mundartlich

Schrebergarten (gemeindt.): ↗ FAMILIENGARTEN, ↗ KLEINGARTEN, ↗ PFLANZPLÄTZ

Schrebergartensiedlung (gemeindt.): ↗ GARTENKOLONIE, ↗ KLEINGARTENANLAGE, ↗ KLEINGARTENKOLONIE, ↗ KLEINGARTENSIEDLUNG, ↗ LAUBENKOLONIE

Schrebergärtner (gemeindt.): ↗ KLEINGÄRTNER/KLEINGÄRTNERIN, ↗ LAUBENPIEPER/LAUBENPIEPERIN

schreiben: *etw. in den Kamin schreiben A-west CH D-mittelwest/süd; ***etw. ins Kamin schreiben** CH; ***etw. in den Rauchfang schreiben** A (ohne west) D-südost; ***etw. in die Esse schreiben** D-mittelost; ***etw. in den Schornstein schreiben** D-nord/mittel: ↗ BEIN: *SICH ETW. ANS BEIN STREICHEN CH ›etw. als verloren ansehen‹: *In einem zweiten Schritt schreiben die reichen Nationen ihre bilateralen Forderungen (insgesamt 580 Milliarden Schilling) in den Kamin* (Kurier 15. 5. 1996, 4; A-west); *Bis zur Kündigung des Vertrages Ende 1995 musste das Wiener Unternehmen stolze 300 Millionen Schilling in den Rauchfang schreiben* (Presse 25. 2. 1997, Internet; A); *Weisst du, so einem wie dir glaubt keiner ein Wort, und den Lohn kannst du ins Kamin schreiben* (Honegger, Ehemalige 83; CH); *Durch einen Akt der Unterwerfung würde ich das, wofür ich eingetreten bin, nämlich eine fundamentale Strukturveränderung in der Kirche, in den Kamin schreiben* (Universität Tübingen, 2000, Internet; D); *Er muss beiden zeigen, wer Herr im Hause ist, andernfalls kann er die IWF-Milliarden in den Rauchfang schreiben* (Welt 11. 6. 1999, Internet; D-südost); *Wie bei solchen Unternehmungen üblich, ist nach zwei Jahren das Kapital vertan für Gehälter und Schuldendienst, und die Anleger dürfen ihr Geld in die Esse schreiben* (Stadt Krumhermersdorf, 2002, Internet; D-mittelost); *Neben dem Verlust des Arbeitsplatzes müssen sie nicht auch noch rückständige Arbeitsverdienste in den Schornstein schreiben* (LVZ, 2000, Internet; D-nord/mittel) – Das Verb *schreiben* ist in allen anderen Verwendungen gemeindt.

Schreiber Schreiberin CH der; -s, – bzw. die; –, -nen: ↗ SCHRIFTFÜHRER A D, ↗ AKTUAR CH ›Person, die in Vereinen oder bei Gericht für die Korrespondenz und die Protokolle zuständig ist; Protokollführer(in)‹: *Das Protokoll der Sitzung … vom 13. 12. 00 im Hotel Kolping, Luzern wird einstimmig genehmigt und dem Schreiber mit einem Applaus verdankt* (Luzerner Lehrer- und Lehrerinnenverband, 2001, Internet) – Andere Bedeutungen sind gemeindt. – Dazu: **Bezirksschreiber(in)** (↗ Bezirk), **Gemeinde(rats)schreiber(in)**, ↗ **Gerichtsschreiber, Kirchenratsschreiber(in)**, ↗ **Landschreiber(in), Ratsschreiber(in)**, ↗ **Staatsschreiber(in)**

Schreibname A der; -ns, -n (veraltend): ↗ ZUNAME A D ›Familienname, Nachname‹: *Bei Bauern ist es heute noch so: Da mögen ihre Schreibnamen noch so schön im Telefonbuch stehen – Anrufer finden sie nicht, weil viele Landwirte nur unter den Hausnamen bekannt sind* (OÖN 19. 8. 1996, 16)

Schreibwarenhandlung A D die; –, -en: ↗ PAPIERFACHGESCHÄFT A, ↗ PAPETERIE CH, ↗ SCHREIBWARENLADEN D ›Geschäft für Papierwaren und Schreibgeräte‹: *Der Geschäftsinhaber war … zu dem Haus seiner Papier- und Schreibwarenhandlung gekommen* (Kurier 23. 2. 1993, 19; A); *Der Elektroladen, das Möbelgeschäft, das Restaurant King Salomon, die Schreibwarenhandlung – alle weg* (Zeit 2. 6. 1999, Internet; D)

Schreibwarenladen D der; -s, …läden: ↗ PAPIERFACHGESCHÄFT A, ↗ SCHREIBWARENHANDLUNG A D, ↗ PAPETERIE CH ›Geschäft für Papierwaren und Schreibgeräte‹: *In einem Schreibwarenladen kaufte ein Mann ein Dutzend Bleistifte* (Born, Erdabgewandte Seite 8)

schreien (gemeindt.): ↗ BÖLKEN

Schreiner Schreinerin A-west (Vbg.) CH D-mittelwest/süd der; -s, – bzw. die; –, -nen: ↗ TISCHLER A D-nord/mittel ›Handwerker(in), der bzw. die aus Holz Möbel und andere Gegenstände herstellt [und einbaut]‹: *Schreiner haben frisch lackierte Kommoden zum Trocknen hinausgestellt* (P.M. Olten 69; CH) – Dazu: **Möbelschreiner(in)**, ↗ **Schreinerei, Schreinermeister(in)**, ↗ **schreinern, Schreinerwerkstatt**

Schreinerei A-west (Vbg.) CH D-mittelwest/süd die; –, -en: ↗ TISCHLEREI A D-nord/mittel ›Werkstatt, in der Holz zu Möbelstücken u. Ä. verarbeitet wird‹: *Nach dem Augenschein … und dem Anfertigen eines mit allen Massen versehenen Planes wird der Auftrag für Retos neues Schreibpult in die spitaleigene Schreinerei gegeben* (Jaeggi, Schritte im Kopf 64; CH) – Vgl. Schreiner – Dazu: **Antikschreinerei**

schreinern A-west (Vbg.) CH D-mittelwest/süd sw.V./hat: ↗ TISCHLERN A D-nord/mittel ›(Möbel oder andere Gegenstände aus Holz) herstellen‹: *Die Zimmerleute und Schreiner der Zimmereigenossenschaft Zürich bauen Dachstöcke, schreinern Möbel nach Mass, fertigen Treppen an* (Swissonline, 1999, Internet; CH) – Vgl. Schreiner

Schriften CH die; nur Plur.: ↗ PERSONALDOKUMENT A D, ↗ AUSWEISPAPIER CH D, ↗ PERSONALPAPIER D

›schriftliche [amtliche] Legitimation einer Person; Ausweisdokument‹: *Bei einem Wegzug muss die Niederlassungs- bzw. die Aufenthaltsbewilligung der Gemeinde zurückgegeben werden, damit die Einwohnerkontrolle die deponierten Schriften aushändigen kann* (Gemeinde Reutigen, 2002, Internet) – Andere Bedeutungen sind gemeindt. – Dazu: **Ausweisschriften**

Schriftführer Schriftführerin A D der; -s, – bzw. die; –, -nen: ↗Aktuar CH, ↗Schreiber CH ›Person, die in Vereinen oder bei Gericht für die Korrespondenz und die Protokolle zuständig ist; Protokollführer(in)‹: *Die Neuwahl ergab keine Sensationen und bestätigte Kommandant, Schriftführer und Kassier in ihren Funktionen* (Osttiroler Bote 12. 3. 1998, 55; A); *Der Schriftführer ... führt die Protokolle der Landesmitgliederversammlung* (Verband der Katholischen Religionslehrer in Bayern 13. 10. 2000, Internet; D)

Schrippe D-nordost (bes. Berlin) die; –, -n: ↗Laibchen A, ↗Semmel A D-nordwest/südost, ↗Weckerl A D-südost, ↗Brötli CH, ↗Bürli CH, ↗Mutschli CH, ↗Weggen CH, ↗Brötchen D-nord/mittel, ↗Rundstück D-nordwest (bes. Hamburg), ↗Wecken D-südwest ›kleines rundes oder längliches, aus Brotmehl hergestelltes Gebäck‹: *Ein junger Mann, der ... eine Tüte mit frischen Brötchen im Arm trägt, greift hinein, reicht ihr eine noch warme Schrippe und sagt: Hier Oma, sollst auch was Gutes haben* (Ossowski, Maklerin 46)

Schrofen A der; -s, –: ↗Fluh CH ›rauher Fels; Felswand‹: *Ihr Haus steht seit mehr als einer Woche leer unter dem Schrofen* (Profil 18. 7. 1999, Internet) – Auch als Grundwort in Bergnamen, z. B. *Eiblschrofen, Wampeter Schrofen.* In CH fachsprachlich

Schrottkarre D-nord/mittel die; –, -n (abwertend, Grenzfall des Standards): ↗Kraxe A, ↗Kübel A, ↗Rostlaube A D (ohne südost), ↗Schnauferl A D-südost, ↗Spuckerl A (ohne Vbg.) D-südost, ↗Rosthaufen CH, ↗Kiste CH D (ohne südost), ↗Karre D-nord/mittel, ↗Nuckelpinne D (ohne südost) ›schrottreifes Auto‹: *Sein älterer Bruder stieg in eine Schrottkarre und nahm die Mutter mit, während sich die beiden jüngeren Geschwister auf ihre Räder setzten* (-ky, Sonst ist es aus mit dir! 76) – In D-süd in der Form *Schrottkarren* (der; -s, -)

Schrottkarren D-süd der; -s, –: siehe Schrottkarre

schrubben (gemeindt.): ↗ausreiben, ↗fegen, ↗reiben, ↗scheuern

Schrubber (gemeindt.): ↗Fegbürste, ↗Leuwagen

schubben siehe schubbern

schubbern sw.V./hat: **1.** sich D ›sich an etw. reiben‹: *Ein mächtiger Keiler hatte sich genau an den Pfählen geschubbert* (Berliner Ztg 16. 10. 1998, Internet). **2.** D-nord ›vor Kälte oder Angst erschauern; schlottern‹: *Wasser und Luft gleiche Temperatur (ca. 28°C), kein Schubbern wenn man ins Wasser geht, herrlich* (Seniorennet Hamburg 11. 10. 1999, Internet) – Auch in der Form *schubben.* Zu 1.: Meistens im Zusammenhang mit Tieren

Schubhaft A die; –, ohne Plur (Verwaltung): ↗Ausschaffungshaft CH, ↗Abschiebehaft D, ↗Abschiebungshaft D ›polizeilich angeordnete Haft bei unerlaubten Grenzübertritten, fehlenden Ausweisdokumenten etc., durch die erreicht werden soll, dass eine ausländische Person abgeschoben werden kann‹: *Ahmed wurde wegen des versuchten Raubes der Flüchtlingsstatus aberkannt, die Polizei erließ ein Aufenthaltsverbot gegen ihn und nahm ihn in Schubhaft* (Profil 30. 3. 1998, 84) – Dazu: **Schubhäftling**

Schubkarre D-nord/mittel die; –, -n: ↗Schiebetruhe A (ohne west), ↗Schubkarren A D-mittelost/süd, Karrette A-west (Vbg.) CH, ↗Scheibtruhe A (ohne Vbg.) D-südost, ↗Stosskarren CH, ↗Schiebkarre D-nord ›kleiner einrädriger Wagen mit zwei Griffen, mit dem kleinere Lasten transportiert werden‹: *Alles in kleine Häufchen fegen, dann in die Schubkarre schaufeln und raus in den Kübel fahren* (Wallraff, Industriereportagen 70) – Vgl. Karre

Schubkarren A D-mittelost/süd der; -s, –: ↗Schiebetruhe A (ohne west), ↗Karrette A-west (Vbg.) CH, ↗Scheibtruhe A (ohne Vbg.) D-südost, ↗Stosskarren CH, ↗Schiebkarre D-nord, ↗Schubkarre D-nord/mittel ›kleiner einrädriger Wagen mit zwei Griffen, mit dem kleinere Lasten transportiert werden‹: *»Cobra«-Milizionäre transportierten auf Schubkarren oder in Autos Radiogeräte, Fernseher und Möbelstücke ab* (SN 20. 10. 1997, 6; A); *Wenige Kilometer weiter westlich ... fühlt sich jeder Bauhilfsarbeiter, der dem Maurer Ziegel zuträgt oder den (Mörtel-)Speis im Schubkarren anfährt, jedem Kellner überlegen, der im Restaurant den Gästen – als deren »Lakai« – Speisen und Getränke serviert* (Welt 13. 5. 1997, Internet; D-mittelost/süd)

Schubkasten D-nordost/mittel der; -s, ...kästen: ↗Lade A D-mittelost/südost ›Schublade‹: *Als ich den Schubkasten eines Nachmittags aufziehe, finde ich einen Rosenkranz* (Welt 30. 4. 1999, Internet) – Vgl. Kasten

Schublade (gemeindt.): ↗Lade, ↗Schubkasten

schubladisieren sw.V./hat: **1.** CH ›etw. in einer Schublade verschwinden lassen; (ein Vorhaben) nicht weiter verfolgen‹: *Der Nationalrat hat die Volksrechtsreform schubladisiert* (St. Galler Tagbl 10. 6. 1999, 9). **2.** A CH ›etw. oder jmdn. in Kategorien einteilen‹: *Diese radikale Direktheit beraubt den Zuseher der Sicherheit, sich in einem fiktionalen Drama zu befin-*

den und es als solches zu entschärfen und zu schubladisieren unter »England, Realismus der späten neunziger Jahre« (OÖN 19. 2. 1999, 8; A); *Da wir unbedingt ein Instrument benötigen, um andere irgendwie verwalten und schubladisieren zu können, wurde beschlossen, ältere Menschen in drei Kategorien einzuteilen: die jungen Älteren, die Älteren und die älteren Älteren* (Bund 30. 12. 1999, 11; CH) – Zu 2.: In D selten – Dazu: **schubladisierbar, Schubladisierung**

Schüblig CH der; -s, -e: ↗Schübling A-west (Vbg.), ↗Knacker A (ohne Vbg.) D (ohne südwest), ↗Knackwurst A (ohne west) D (ohne südwest), ↗Cervelat CH, ↗Klöpfer CH-nordwest, ↗Cervelatwurst D ›geräucherte Wurst aus Rindfleisch, Schweinefleisch, Schwarten und ↗Speck‹: *Vier Stunden sind wir nun unterwegs; es wäre an der Zeit, einen Schüblig oder sonst etwas Wurstiges vor sich zu sehen* (Schmidt, Wanderung 42) – In der ganzen Schweiz bekannt ist der *St. Galler Schüblig* – Dazu: **Bauernschüblig**

Schübling A-west (Vbg.) der; -s, -e: ↗Knacker A (ohne Vbg.) D (ohne südwest), ↗Knackwurst A (ohne west) D (ohne südwest), ↗Cervelat CH, ↗Schüblig CH, ↗Klöpfer CH-nordwest, ↗Cervelatwurst D ›dicke kurze Wurst aus Rind- und Schweinefleisch‹: *Die in Vorarlberg hergestellten Produkte Schübling, Frankfurter, Leberkäse … wurden von der Jury jeweils mit Bestnoten bewertet* (VN 18. 9. 1999, D 1) – In CH selten

Schubs CH D der; -es, -e (Grenzfall des Standards): ↗Schupfer A, ↗Schupf A-west (Vbg.) CH D-süd ›leichter Stoß‹: *Dann hast du Isa als Schutzschild benutzt und ihr noch einen Schubs gegeben, damit der Gangster reflexartig abdrückt* (Melle, Fall des Lächelns, Internet; CH); *Und das ist auch kein Wunder, bleibt dem Highway-Gigolo doch zum Anbändeln nichts als Anhupen, Anblinken oder ein Schubs mit der Stoßstange* (Spiegel 11. 4. 2000, Internet; D) – Auch in der Form *Schubser* (der; -s, -) – Dazu: ↗**schubsen, Schubserei**

schubsen CH D sw.V./hat: ↗schupfen A CH D-südost ›anrempeln, stoßen‹: *Blitzschnell wird er von einem Pulk aus Sicherheitsbeamten umringt, die ihn sanft, aber bestimmt zur wartenden Maschine schubsen* (Südostschweiz 1. 2. 2000, Internet; CH); *Wie die Polizei gestern mitteilte, schubste ein unbekannter Mann im Kassenbereich die Aufsichtsperson zur Seite … und raubte … eine Geldsumme in unbekannter Höhe* (Rheinische Post 16. 10. 2001, Internet; D) – Vgl. Schubs

Schubser CH D der; -s, –: siehe Schubs

Schüfeli CH das; -s, -/-s: **1.** ↗Kehrschaufel A-west, ↗Mistschaufel A (ohne west), ↗Kehrichtschaufel A-südost CH D-südost, ↗Kehrblech D-nordost/mittel, ↗Kutterschaufel D-südwest, ↗Müllschippe D-nordost, ↗Schippe D-nord/mittel, ↗Schmutzschaufel D-nordwest ›kleine Schaufel zum Aufnehmen von Staub- und Schmutzhäufchen‹: *Die Nachmittage mit Billy, wenn er im Garten mit einem Schüfeli hinter mir her trippelte oder mit seinen Händchen eifrig im Seifenwasser herumplantschte, trösteten mich über alles hinweg* (Wyss, Tage 150). **2.** ↗Teilsame A, ↗Schäufele D-südwest ›geräuchertes Schulterstück vom Schwein‹: *So ist denn Grossmutters Bündner Gerstensuppe, in welcher den ganzen Tag ein Schüfeli oder ein Schinkli geköchelt hat, viele Jahre hindurch am Weihnachtsabend auf dem Tisch gestanden* (Bund 4. 12. 1996, 34)

Schuft (gemeindt.): ↗Hundsfott

schuften (gemeindt.): ↗ackern, ↗barabern, ↗buckeln, ↗hackeln, ↗krampfen, ↗krüppeln, ↗malochen, ↗rackern, ↗roboten, ↗schöpfen

Schufterei (gemeindt.): ↗Büez, ↗Hacke, ↗Krampf, ↗Maloche, ↗Schöpf, ↗Tschoch

Schugger CH-nordwest der; -s, –: siehe Tschugger

Schuh (gemeindt.): ↗Hatscher, ↗Treter

Schuh: *neben den Schuhen sein/stehen: a) A CH ›durcheinander sein; verwirrt sein‹: *Sie haben Ihre Glaubwürdigkeit als Wirtschaftspartei aufs Spiel gesetzt, meine Damen und Herren! Sie sind fachlich neben den Schuhen gestanden* (Stenogr. Protokoll des Nationalrates 14. 1. 1997, 31; A); *Fünf Jahre stand ich völlig neben den Schuhen, war schwer drogensüchtig* (Blick 20. 3. 1998, 34; CH). **b)** CH ›sich irren; falsch liegen‹: *Immerhin bin ich von über 400 bernischen SVP-Delegierten einstimmig und ohne Enthaltungen nominiert worden. So wahnsinnig neben den Schuhen kann ich also nicht sein* (Sonntagsztg 10. 12. 2000, 27); ***jmdm. in die Schuhe blasen** CH (salopp, Grenzfall des Standards): ↗buckelfünferln: *jmd. kann jmdn. buckelfünferln A ›jmdm. ist etw. gleichgültig; jmd. kann jmdm. den Buckel hinunterrutschen‹: *Wenn der Staat uns immer mehr nimmt von dem bisschen, das bleibt, dann muss ich sagen, jetzt könnt ihr mir in die Schuhe blasen* (NZZ 28. 5. 1999, Internet); ***einen Schuh voll herausziehen** CH ›[aus eigenem Verschulden] Schaden nehmen‹: *Mit Aktien ist man … erst ab zehn Jahren einigermassen sicher, keinen Schuh voll herauszuziehen* (Sonntagsztg 16. 1. 2000, Internet); ***jmdm. den Schuh geben** CH ›jmdn. [aus einer Liebesbeziehung] entlassen‹: *Vor einem Monat hat mir meine Freundin den Schuh gegeben* (Blick 12. 7. 1996, 28); ***umgekehrt wird ein Schuh draus** D (ohne südost) ›die Sache ist umgekehrt, muss andersherum angefangen oder gesehen werden‹: *»Ich dich?« rief Nicola und schlug sich wild vor* *den Kopf.* »*Umgekehrt wird ein Schuh draus! Du wolltest mich hereinlegen*« (Ende, Momo 19) – In A lautet die entsprechende, aber nur mündlich und dialektal gebrauchte Wendung zu *jmdm. in die Schuhe blasen: jmd. kann jmdm. die Schuhe aufblasen.* Das Substantiv *Schuh* ist in allen anderen Verwendungen gemeindt.

Schuhabstreifer D der; -s, –: ↗ FUẞTACKE A, ↗ TACKE A, ↗ FUẞABSTREIFER A D-südost, ↗ TÜRVORLAGE CH, ↗ TÜRVORLEGER CH D-nordwest/südost, ↗ FUẞABTRETER D (ohne südost), ↗ SCHUHPUTZER D-südwest ›Matte oder Rost am Boden vor einer Tür zum Säubern der Schuhe; Fußmatte‹: *Die Anrin-Poly-Boy-Komfort Schuhabstreifer sind qualitativ hochwertige Elemente zum Einbau vor Haustüren und sonstigen Eingängen* (Firma Anrin-Poly-Boy, Anröchte 11. 12. 2002, Internet) – Vgl. abstreifen

Schuhband A D (ohne mittelost/südwest) das; -(e)s, ...bänder: ↗ SCHUHBÄNDEL CH D-südwest, ↗ SCHNÜRSENKEL D-nord/mittel, ↗ SCHUHRIEMEN D-mittelwest, ↗ SCHUHLITZE STIR ›Schnur oder Band zum Zuschnüren eines Schnürschuhs‹: *Der Wanderhändler ... bietet seine Ware feil: Knöpfe, Zwirn, Schuhbänder, Kämme, kleine Dinge, die immer gebraucht werden* (Pirch, Lerra 27; A); *Für die erwartete Rendite von zehn Prozent würde sich einer wie Anthony Y. wohl nicht einmal die Schuhbänder zubinden* (Hamburger Abendbl 14. 8. 1999, Internet; D) – In A und D-südost im Grenzfall des Standards häufig in der Form *Schuhbandl*

Schuhbändel CH D-südwest der; -s, –: ↗ SCHUHBAND A D (ohne mittelost/südwest), ↗ SCHNÜRSENKEL D-nord/mittel, ↗ SCHUHRIEMEN D-mittelwest, ↗ SCHUHLITZE STIR ›Band zum Zuschnüren eines Schuhs‹: *Später irren wir durch die Stadt und wundern uns, dass es in Zürich schwieriger ist, einen passenden Schuhbändel zu finden als in der DDR* (TA 30. 2. 1998, 61; CH)

Schuhbandl siehe Schuhband

Schuhlitze STIR die; –, -n: ↗ SCHUHBAND A D (ohne mittelost/südwest), ↗ SCHUHBÄNDEL CH D-südwest, ↗ SCHNÜRSENKEL D-nord/mittel, ↗ SCHUHRIEMEN D-mittelwest ›Schnur oder Band zum Zuschnüren eines Schnürschuhs‹: *... im Selbstbedienungsladen, wo sie früher für die Mutter Mehl, Waschpulver, Nudeln, Knöpfe, Schuhlitzen und Schuhcreme ... gekauft hatte ...* (Zoderer, Walsche 33)

Schuhmacher (gemeindt.): ↗ SCHUSTER/SCHUSTERIN

Schuhputzer D-südwest der; -s, –: ↗ FUẞTACKE A, ↗ TACKE A, ↗ FUẞABSTREIFER A D-südost, ↗ TÜRVORLAGE CH, ↗ TÜRVORLEGER CH D-nordwest/südost, ↗ FUẞABTRETER D (ohne südost), ↗ SCHUHABSTREIFER D ›Matte oder Rost am Boden vor einer Tür zum Säubern der Schuhe; Fußmatte‹: *Und wenn man eine Zeitlang ... durch den Garten gestreift ist, merkt man schnell, wie sinnvoll ... beim Betreten des Hauses dann der schwere, gusseiserne Schuhputzer ist* (Tissot, 1999, Internet) – Andere Bedeutungen sind gemeindt.

Schuhriemen D-mittelwest der; -s, –: ↗ SCHUHBAND A D (ohne mittelost/südwest), ↗ SCHUHBÄNDEL CH D-südwest, ↗ SCHNÜRSENKEL D-nord/mittel, ↗ SCHUHLITZE STIR ›Schnur oder Band zum Zuschnüren eines Schnürschuhs‹: *Damit die Metallteile am Schuh nicht rosten, müssen sie ab und zu mit Vaseline oder Wachs eingelassen werden. Die Schuhriemen sollten zum Einwachsen entfernt werden* (Steppenwolf, 1999, Internet)

Schulamt das; -(e)s, ...ämter: **1.** D; ↗ BEZIRKSSCHULRAT A ›oberste Schulbehörde einer Stadt bzw. in einem ↗ Kreis‹: *Das Schulamt für den Kreis Gütersloh bietet eine Vielzahl an lokalen Fortbildungsmaßnahmen für Lehrerinnen und Lehrer an* (Kreis Gütersloh 16. 9. 1999, Internet). **2.** A ›diözesane Schulbehörde für katholische Privatschulen‹: *Die vom Schulamt der steirischen katholischen Kirche alljährlich mit großer Spannung erwartete Zahl der Abmeldungen vom Religionsunterricht bewegt sich auch im heurigen Schuljahr im bisher üblichen Rahmen* (Kleine Ztg 25. 11. 1999, Internet). **3.** STIR ›Südtirol unterstellte und für alle drei Sprachgruppen eingerichtete oberste Behörde für die Schulverwaltung‹: *Einen Überblick über alle Termine gibt eine Aussendung des Schulamts* (Dolomiten 7. 4. 2000, 15). **4.** LIE ›Schulbehörde des Fürstentums Liechtenstein‹: *Anlässlich der Schulratspräsidenten-Sitzung der Unterländer Gemeinden mit Vertretern des Schulamtes vom 22. Oktober 2001 wurde die Idee einer gemeinsamen Trägerschaft für die Vorschulen im Unterland einstimmig befürwortet* (Gemeinde Eschen, 2002, Internet) – Zu 3.: Die offiziellen Namen lauten *Deutsches Schulamt, Italienisches Schulamt, Ladinisches Schulamt* – Zu 3.: **Hauptschulamt, Hauptschulamtsleiter(in), Landesschulamt, Schulamtsleiter(in)**

Schulanfänger (gemeindt.): ↗ ERSTKLASSLER/ERSTKLASSLERIN, ↗ ERSTKLÄSSLER/ERSTKLÄSSLERIN, ↗ I-DOTZ, ↗ TAFELKRATZER/TAFELKRATZERIN, ↗ TAFERLKLASSLER/TAFERLKLASSLERIN

Schulanlage CH die; –, -n: ↗ SCHULGELÄNDE A D, ↗ SCHULAREAL CH LUX ›Grundstück mit Schulgebäude[n] und zugehöriger Freifläche‹: *Die Primarschüler wurden von der Bande zwar nicht verprügelt, aber viele benützten die Schulanlagen in ihren freien Stunden nicht mehr als Treffpunkt zum Spielen* (TA 13. 11. 1998, 25)

Schularbeit die; –, -en: **1.** A; ↗ PROBE CH, ↗ KLAUSUR D, ↗ KLASSENARBEIT D (ohne südost), ↗ SCHULAUFGABE D-südost ›regelmäßig stattfindende schriftliche Prüfung in bestimmten Fächern während der Unterrichtszeit‹: *Ab der 7. Klasse müssen die Schüler auch in den Unterrichtsgegenständen Physik und Biologie Schularbeiten schreiben* (TT 30. 1. 1998, 13). **2.** D-nord/mittelwest (meist Plur.); ↗HAUSÜBUNG A, ↗HAUSAUFGABE CH D, ↗HAUSARBEIT D-nord/mittel, ↗SCHULAUFGABE D (ohne mittelost/südost) ›[kleinerer] Arbeitsauftrag, der von Schüler(inne)n zu Hause [in schriftlicher Form] zu erledigen ist‹: *Die Schularbeiten dürfen nicht vernachlässigt werden, Melitta!* (Trott, Pucki 53)

Schulareal CH LUX das; -s, -e: ↗SCHULGELÄNDE A D, ↗SCHULANLAGE CH ›Grundstück mit Schulgebäude(n) und zugehöriger Freifläche‹: *Falls man jemanden abschlagen will, versucht man ihn ausserhalb des Schulareals zu erwischen* (Schweizer Schulnetz, 2001, Internet; CH); *Des Weiteren ist er der Meinung gewesen, dass die Erweiterungsarbeiten, die auf das Schulareal übergegriffen hätten, den Unterricht während sechs Monaten zu sehr beeinträchtigt hätten* (Gemeinde Bertrange 14. 7. 2000, Internet; LUX)

Schulassistent Schulassistentin D der; -en, -en bzw. die; –, -nen: ↗ASSISTENT: *TECHNISCHE ASSISTENT STIR ›Person, die beruflich an Schulen für die Wartung von Spezialräumen (Physik-, Chemielabor und Computerraum) und die Vorbereitung von Experimenten etc. zuständig ist‹: *Schulassistenten und Schulassistentinnen sind in Schulen für die Wartung und Bedienung von technischen Geräten und Unterrichtsmitteln … zuständig* (Berufenet, 2002, Internet)

Schulaufgabe die; –, -n: **1.** D (ohne mittelost/südost) (meist Plur.); ↗HAUSÜBUNG A, ↗HAUSAUFGABE CH D, ↗HAUSARBEIT D-nord/mittel, ↗SCHULARBEIT D-nord/mittelwest ›[kleinerer] Arbeitsauftrag, der von Schülern und Schülerinnen zu Hause [in schriftlicher Form] zu erledigen ist‹: *Als Pucki später die Schulaufgaben beendet hatte, holte sie aus der Kommode ihr Tagebuch* (Trott, Pucki 17). **2.** D-südost; ↗SCHULARBEIT A, ↗PROBE CH, ↗KLAUSUR D, ↗KLASSENARBEIT D (ohne südost) ›schriftliche Prüfung während des Schulunterrichts‹: *Vor der Schulaufgabe kann ich's, aber sobald das Blatt vor mir liegt, fällt mir nichts mehr ein!* (Volkshochschule Gilching, 2001, Internet) – Zu 1.: In CH selten. Vgl. Aufgabe

Schulausflug A D der; -(e)s, …ausflüge: ↗WANDERTAG A D, ↗SCHULREISE CH ›eintägiger Ausflug einer Schulklasse‹: *Teile der Lehrerschaft an höheren Schulen drohen an, keine Schulausflüge, Skikurse und Projektwochen mehr durchführen zu wollen* (OÖN 11. 9. 2001, 5; A); *Für sieben kanadische Schüler hat ein Schulausflug ein tragisches Ende genommen* (Rheinische Post 3. 2. 2003, Internet; D)

Schulausspeisung A die; –, -en (formell): ↗SCHÜLERSPEISUNG D ›Verpflegung von Schüler(inne)n in der Schule‹: *Fast 60 % unserer Schüler nehmen an der Schulausspeisung teil* (HS Pregarten, 2003, Internet) – Vgl. Ausspeisung

Schulbahn A die; –, -en (formell): ›[vorgeschriebener] Verlauf, Weg der schulischen Ausbildung; Schullaufbahn‹: *Der Schülerberater … und der Bildungsberater … sind für alle Informationen über die zukünftige Schulbahn oder Studienwahl zuständig* (Informationsbl zum Schulrecht, 2000, Teil 2, 25) – Dazu: **Schulbahnberater(in), Schulbahnberatung**

Schulbesuch CH der; -(e)s, -e: ›vorübergehende Anwesenheit einer oder mehrerer schulexterner Personen, z. B. Eltern, Mitglieder der ↗Schulpflege während der Schulstunden‹: *Interessierte Eltern laden wir mit ihrem Kind zu einem Schulbesuch ein, damit sie sich ein Bild machen können* (Privatschule am Mutschälle, 2002, Internet) – Die Bedeutung ›regelmässige Teilnahme am Schulunterricht‹ ist gemeindt.

Schulbub A CH D-süd der; -en, -en: ↗SCHULJUNGE D-nord/mittel ›männliches Schulkind‹: *Als er wieder einmal dort stand, wo er als Schulbub gestanden war … kam ihm die Luft so dünn … vor, dass er jeden Augenblick mit einem Absturz rechnete* (Payr, Drücken des Schuhs 63; A); *Schon als Schulbub organisierte er hier eine Bücherausleihe, dort ein Kasperlitheater, gab auch während Jahren eine Klassenzeitung heraus und absolvierte erste Bühnenauftritte* (Bund 14. 5. 1999, 44; CH); ***wie ein Schulbub**: ↗JUNGE: *WIE EIN DUMMER JUNGE D-nord/mittel ›hilflos, unreif, unschuldig wirkend (von männlichen Personen)‹: *»Haben Sie in diesem Zusammenhang noch etwas zu sagen?« fragt der Richter. »Dass es mir Leid tut«, sagt Franz wie ein Schulbub, der Mercedes-Sterne abgebrochen hat* (Kontexte zu den Schriftlesungen 14. 6. 1998, Internet; A); *Wie ein Schulbub wirkte der 47-jährige Putin nach seiner überraschenden Ernennung im August neben dem massigen Kremlchef* (Sonntagsztg 2. 1. 2000, 17; CH) – Vgl. Bub

Schulbuchaktion A die; –, ohne Plur.: ↗LEHRMITTELFREIHEIT D ›staatliche [kostenlose] Versorgung der Schüler(innen) mit neuen Schulbüchern‹: *Schließlich würde eine Reduktion der Schulbuchaktion wiederum vor allem den kleinen und mittleren Buchhandel belasten* (Standard 5. 6. 1997, Internet)

Schuldanerkenntnis A D das; -es, -se: **1.** (Recht); ↗SCHULDANERKENNUNG CH ›Anerkennung einer Schuld; Schuldbekenntnis‹: *Die Frage ist insofern sehr berechtigt, als es gefährlich ist, am Unfallort irgendwelche Schuldanerkenntnisse zu geben* (ORF Nachlese 9/1997, 12; A); *Das Wohnungsabnahmeprotokoll sei ein Schuldanerkenntnis im Sinne des § 781 BGB* (Welt 27. 11. 1999, Internet; D). **2.** (Wirtschaft); ↗SCHULDANERKENNUNG CH, ↗SCHULDBRIEF CH D ›schriftliches Zahlungsversprechen; Schuldschein‹: *Häufig* *sieht der/die Schuldner/Schuldnerin nur die angebotene Ratenhöhe und »übersieht« dabei, dass er ein Schuldanerkenntnis unterschreibt* (Schuldner- und Familienberatung, 2002, Internet; A); *Mit notariellem Schuldanerkenntnis … unterwarf sich der aus Uganda stammende Kläger der sofortigen Zwangsvollstreckung in sein gesamtes Vermögen* (Universität Kiel 8. 7. 2002, Internet; D)

Schuldanerkennung CH die; –, -en: **1.** (Recht); ↗SCHULDANERKENNTNIS A D ›Anerkennung einer Schuld; Schuldbekenntnis‹: *Fast jeder Automobilist hat schon gehört, dass man nicht voreilig seine Schuld anerkennen soll. Die Haftpflichtversicherung ist nämlich nicht an eine solche Schuldanerkennung gebunden* (TA 24. 8. 1999, 69). **2.** (Wirtschaft); ↗SCHULDANERKENNTNIS A D, ↗SCHULDBRIEF CH D ›schriftliches Zahlungsversprechen; Schuldschein‹: *Da Sie aber keine Schuldanerkennung besitzen, ist es schwierig zu beweisen, dass Klaus Ihnen das Geld schuldet* (Blick 3. 3. 1998, 26)

Schuldbekenntnis (gemeindt.): ↗SCHULDANERKENNTNIS, ↗SCHULDANERKENNUNG

Schuldbrief CH D der; -(e)s, -e: ↗SCHULDANERKENNTNIS A D, ↗SCHULDANERKENNUNG CH ›schriftliches Zahlungsversprechen; Schuldschein‹: *Die Schuldbriefe des Gläubigers belaufen sich auf 3,5 Millionen Franken* (Bund 14. 3. 1997, 32; CH); *Beim Hypothekardarlehen dient wie beim Baukredit ein Schuldbrief oder eine Grundpfandverschreibung als Sicherheit* (Strohgäu Magazin 8. 7. 2002, Internet; D)

Schuldenbremse CH die; –, -n: ›Verfassungsbestimmung, die auf Dauer ein Gleichgewicht von Ausgaben und Einnahmen vorschreibt‹: *Weiter verankerte der Rat die Schuldenbremse in der Verfassung. Kernstück des Systems: Über einen Konjunkturzyklus hinweg dürfen die Ausgaben nicht grösser sein als die Einnahmen* (NLZ 23. 6. 2001, Internet) – Vgl. Ausgabenbremse

Schuldenruf CH der; -(e)s, -e: ›öffentlicher Aufruf zur fristgerechten Anmeldung von finanziellen Forderungen‹: *Offen sei allerdings, ob aufgrund des nun zu publizierenden Schuldenrufs noch mit Forderungen gerechnet werden müsse* (Bund 19. 12. 1996, 13)

Schuldiener Schuldienerin STIR der; -s, – bzw. die; –, -nen: ›Person, die in Schulen für die Reinigung der Räume zuständig ist‹: *Der Kellner, hört sich Rita plötzlich sagen, sieht aus wie mein früherer Schuldiener* (Gruber, Aushäusige 75) – In A und D veraltet. Der Schuldiener bzw. die Schuldienerin kann in kleineren Schulen auch die Funktionen des ↗Hausmeisters bzw. der Hausmeisterin übernehmen

Schuldirektion die; –, -en: **1.** CH; ↗REKTORAT CH-nord (Basel) ›Teil der obersten Schulbehörde (in gewissen Städten, z. B. Bern, Lausanne, Luzern)‹: *Die Luzerner Schuldirektion konnte die Eltern von westlich der Reuss etwas beruhigen, indem sie im neuen Schuljahr drei erste Primarklassen im St.-Karli-Schulhaus führen wird, eine mehr als bisher* (TA 4. 7. 1998, 7). **2.** A CH; ↗DIREKTION A, ↗REKTORAT CH D, ↗DIREKTORAT D-mittelost/süd ›Leitung einer Schule‹: *Schuldirektion, Lehrer und Schüler wussten und wissen also von ihrer demokratischen Verantwortung* (Presse 9. 12. 1998, Internet; A); *Probleme gab's in der Schule. Alain: »Ich bekam Aufgebote für Jugendländerspiele. Die Schuldirektion war aber dagegen* (Blick 10. 10. 1994, 20; CH)

Schuldrecht D das; -(e)s, ohne Plur.: ↗OBLIGATIONENRECHT A CH ›gesetzliche Regelung der Entstehung, Wirkung und des Erlöschens von Schuldverhältnissen, die durch Vertrag oder durch unerlaubte Handlung entstehen‹: *Als wichtige Punkte nannte sie unter anderem … die Modernisierung des Schuldrechts und die Anerkennung gleichgeschlechtlicher Partnerschaften* (Rheinische Post 15. 9. 1999, Internet)

Schuldschein (gemeindt.): ↗SCHULDANERKENNTNIS, ↗SCHULDANERKENNUNG, ↗SCHULDBRIEF

Schule: *Polytechnische Schule A: ↗POLY A, ↗BERUFSWAHLSCHULE CH ›auf eine Lehre vorbereitende Schule bzw. Gebäude, in dem diese Schule untergebracht ist‹: *Bis zum 18. Lebensjahr kann durch ein freiwilliges 10. bzw. 11. Schuljahr der HS-Abschluss bzw. der Abschluss der Polytechnischen Schule nachgeholt werden* (Bundesministerium für Unterricht und kulturelle Angelegenheiten, 1998, Internet) – Abk. PTS. Die Bezeichnung für *polytechnische Schule* lautete bis zur Schulreform 1997/98 *polytechnischer Lehrgang.* Das Substantiv *Schule* ist in allen anderen Verwendungen gemeindt.

Schülercharta STIR die; –, -s: ›von der ↗Provinz Südtirol erlassene Festschreibung der Rechte und Pflichten der Schüler(innen); Schulordnung‹: *In allen Schulen liegt die Schülercharta auf. Eltern und Schüler sollen ihr Recht einfordern* (Dolomiten 3. 8. 2001, 11)

Schulerhalter A der; -s, –: ↗SCHULTRÄGER CH D ›Behörde oder Institution, die eine Schule finanziert‹: *Monatlich sind dem Schulerhalter – der Republik Österreich – 4000 Schilling zu überweisen* (Wienerin 12/1993, 81)

Schülerspeisung D die; –, -en (selten): ↗SCHULAUSSPEISUNG A ›Verpflegung von Schüler(inne)n in der Schule‹: *Dringend gebraucht werden neue Räume für die Schülerspeisung des Humboldt-Gymnasiums* (Berliner Ztg 7. 11. 1996, Internet)

Schülersprecher Schülersprecherin D der; -s, – bzw. die; –, -nen: ↗SCHULSPRECHER A D ›von den Schüler(inne)n gewählter Mitschüler bzw. gewählte Mitschülerin zur Vertretung ihrer Interessen an der Schule‹: *Schülersprecher Marvin S. erinnerte … an die seit Jahren dauernde Misere an vielen Berliner Schulen* (Welt 13. 4. 2000, Internet)

Schulfach (gemeindt.): ↗GEGENSTAND

Schulfürsorge STIR die; –, ohne Plur.: ›Gesamtheit der behördlichen Maßnahmen zur Sicherung des Rechtes auf schulische Bildung‹: *Das »Recht auf moderne Bildung mit Qualität« ist ein Leitwort in der Arbeit von Landesrätin Sabina K. in den ihr neu zugewiesenen Bereichen Schule, Berufsbildung und Schulfürsorge* (Dolomiten 17. 5. 1999, 4) – Dazu: **Hochschulfürsorge**

Schulgebäude A D (ohne mittelost) das; -s, –: ↗SCHULHAUS CH D (ohne ost) ›Gebäude, in dem der Schulunterricht stattfindet‹: *Das Schulgebäude in Gmünd liegt genau an der Grenze zu Tschechien* (Presse 15. 11. 1999, Internet; A); *… für die Erhaltung und Sanierung maroder Schulgebäude sollen 1997 zehn Millionen Mark mehr als bisher geplant ausgegeben … werden* (Schulelternrat, 1997, Internet; D)

Schulgelände A D das; -s, –: ↗SCHULANLAGE CH, ↗SCHULAREAL CH LUX ›Grundstück mit Schulgebäude[n] und zugehöriger Freifläche‹: *Denn am 30. Juni wird ab 17 Uhr auf dem Schulgelände in Haid ein riesiges Klassentreffen abgehalten* (OÖN 20. 6. 2000, Internet; A); *Seit langem kämpfe die Schulleitung dafür, dass das Schulgelände … eingezäunt wird* (Usinger Anzeiger 18. 2. 2002, Internet; D) – In CH selten

Schulgemeinde CH die; –, -n: ↗AUFSICHTSKOMMISSION CH, ↗SCHULKOMMISSION CH, ↗SCHULPFLEGE CH ›unabhängige Körperschaft für die Betreuung des obligatorischen Schulwesens einer oder mehrerer politischer Gemeinden (in mehreren ↗Kantonen)‹: *Die Stimmbürgerinnen und -bürger werden gefragt, ob sie die Politischen Gemeinden, die Ortsgemeinden und die vier Schulgemeinden zusammenführen wollen* (TA 30. 9. 1999, 27) – Dazu: **Oberstufenschulgemeinde, Primarschulgemeinde** (↗Primarschule), **Sekundarschulgemeinde** (↗Sekundarschule)

Schulgemeinschaftsausschuss A der; -es, …schüsse: ↗SCHULPFLEGSCHAFT D, ↗SCHULRAT STIR ›beratendes Gremium an einer Schule, das sich aus Schüler(innen)-, Lehrer(innen)- und Elternvertreter(inne)n zusammensetzt‹: *Zuständig für die 5-Tage-Woche sind weder Direktor oder Administrator, sondern ausschließlich der Schulgemeinschaftsausschuss, in dem drei Eltern, drei Schüler und drei Lehrer sitzen* (Echo 28. 1. 1999, 6) – Vgl. Ausschuss

Schulhaus CH D (ohne ost) das; -es, …häuser: ↗SCHULGEBÄUDE A D (ohne mittelost) ›Gebäude, in dem der Schulunterricht stattfindet‹: *Pro Schulhaus delegiert jede Klasse zwei Schüler in den Schülerrat* (Baslerstab 5. 11. 1997, 25; CH); *Wir erwarten aus diesem Grund auch, dass die Kinder um 7.45 Uhr im Schulhaus eintreffen* (Schule Wald a.d. Alz, 2002, Internet; D) – In A selten – Dazu: **Primarschulhaus** (↗Primarschule) CH, ↗**Schulhausabwart(in)** CH, ↗**Schulhausplatz** CH, **Sekundarschulhaus** (↗Sekundarschule) CH

Schulhausabwart Schulhausabwartin CH der; -(e)s, -e bzw. die; –, -nen: ↗SCHULWART A, ↗HAUSMEISTER CH D ›für Unterhalt und Reinigung einer Schule zuständige Person‹: *In den ersten beiden Sommerferienwochen herrscht im Schulhaus Feld dennoch Betrieb, da Schulhausabwart Gebhard S. … alle Räume auf Hochglanz bringt* (St. Galler Tagbl 14. 7. 2000, Internet) – Vgl. Abwart

Schulhausplatz CH der; -es, …plätze: ↗SCHULHOF A D, ↗PAUSENHOF A-ost D-nordost/südost, ↗PAUSENPLATZ CH ›zur Schule gehörender Platz, auf dem sich die Schüler(innen) während der Pause aufhalten‹: *Hier in dieser Zeitung würde es zu lesen sein, wie ich vom Asphalt-Hockeyspieler vom Schulhausplatz zu einem richtigen Eishockeystar aufstieg* (Blick 24. 12. 1996, 28) – Vgl. Schulhaus

Schulhof A D der; -(e)s, …höfe: ↗PAUSENHOF A-ost D-nordost/südost, ↗PAUSENPLATZ CH, ↗SCHULHAUSPLATZ CH ›zur Schule gehörender Platz, auf dem sich die Schüler(innen) während der Pause aufhalten‹: *Jede Schule muss einen großen Schulhof haben, in dem sich die Schüler in den Pausen aufhalten können* (Kurier 28. 1. 1999, Internet; A); *Es ist ein furchtbarer Gedanke, dass ein Kind … auf dem Schulhof … von anderen Schülern bedroht, erpresst oder sogar zusammengeschlagen wird* (Berliner Morgenpost 5. 3. 1998, Internet; D)

Schulinspektor Schulinspektorin CH der; -s, -en bzw. die; –, -nen: ↗LANDESSCHULINSPEKTOR A, ↗SCHULRAT D (ohne mittelost) ›Aufsichtsbeamter bzw. Aufsichtsbeamtin des ↗Schulinspektorats‹: *Der junge Schwandenlehrer brachte das Kunststück fertig und entwickelte sich in kurzer Zeit zum wahren Meister der Schule, was ihm bei der Dorfbevölkerung, den Schülern, aber auch beim Schulinspektor und bekannten Pädagogen weit im Land herum ungeteilte Anerkennung eintrug* (Bund 19. 2. 2000, Z7) – In A informell als Kurzform für Landesschulinspektor(in) oder ↗Bezirksschulinspektor(in)

Schulinspektorat CH STIR das; -(e)s, -e: ›amtliches Aufsichts- und Kontrollorgan über alle Schulen des ↗Schulobligatoriums (Kindergarten, ↗Primarschule, ↗Sekundarstufe I)‹: *Dieser [Antrag] geht an die Schulkommission, gegen deren Entscheid sich die Eltern dann allenfalls beim Schulinspektorat beschweren können* (Schweizer Familie 20. 5. 1999, 48; CH); *Das ita-*

lienische Schulinspektorat hat für diese Initiative eine Lehrerin der Volksschule zum Teil freigestellt, um den Kontakt zwischen Schule und Betreuungszentrum herzustellen (Dolomiten 18. 1. 1997, 30; STIR) – In CH auf der Ebene des ↗Bezirks bzw. des ↗Kantons. Vgl. Inspektorat

Schuljahr CH D das; -(e)s, -e: ↗Schulstufe A ›ein Jahr dauernder Abschnitt der Schulzeit (wobei diese Abschnitte fortlaufend nummeriert gezählt werden)‹: *Unser Sohn besuchte während zwei Jahren die Kleinklasse und absolviert nun das neunte Schuljahr in der Werkklasse* (Blick 15. 2. 2001, 14; CH); *Die SPD-geführten Kultusministerien kämpfen für das 13. Schuljahr* (Welt 29. 5. 1997, Internet; D) – Die Bedeutung ›Zeitraum eines Jahres für die Arbeit an der Schule‹ ist gemeindt.

Schuljunge D-nord/mittel der; -n, -n/-ns/...jungs: ↗Schulbub A CH D-süd ›männliches Schulkind‹: *Als Schuljunge begann er mit einem kleinen Teleskop wissenschaftlich verwertbare Beobachtungen anzustellen* (TU Ilmenau 30. 9. 2003, Internet) – Die Pluralformen *Schuljungs* und *Schuljungens* sind Grenzfälle des Standards. Vgl. Junge

Schulkommission CH die; –, -en: ↗Aufsichtskommission CH, ↗Schulgemeinde CH, ↗Schulpflege CH ›[politisches] Kontroll- bzw. Aufsichtsorgan über eine Schule (in den ↗Kantonen AR, BE, SO, VS und ZG)‹: *Als Mitglied der Schulkommission einer grösseren Gemeinde im Kanton Zug teile ich die Skepsis der Fachleute bezüglich unserer Fähigkeiten zur Beurteilung von Lehrpersonen* (TA 13. 9. 1999, 24) – Vgl. Kommission – Dazu: **Primarschulkommission** (↗Primarschule)

Schullager CH das; -s, –: ↗Projektwoche A, ↗Schullandwoche A, ↗Klassenlager CH, ↗Klassenfahrt D ›mehrtägiger auswärtiger Aufenthalt von Schulklassen, der einem bestimmten Thema gewidmet wird, z. B. der Ausübung einer Sportart‹: *Ein Lehrer einer Zürcher Vorortsgemeinde toleriert im Schullager, dass die Mädchen und Knaben im gleichen Raum schlafen* (Pestalozzi, Zukunft 212) – Vgl. Lager

Schullandheim A D das; -(e)s, -e: ↗Lagerhaus CH ›Heim, in dem Schulklassen bei ↗Klassenfahrten wohnen‹: *Wie viele Schulen in ganz Oberösterreich ähnlich reagieren werden, lässt sich derzeit noch nicht sagen, aber beispielsweise hat auch das Schullandheim in Spital am Pyhrn bereits Absagen bekommen* (OÖN 30. 8. 1995, 1; A); *Das Schullandheim besitzt insgesamt 89 Gästebetten* (Bahntours, Schulfahrten 1998, 48; D)

Schullandwoche A die; –, -n (formell): ↗Projektwoche A, ↗Klassenlager CH, ↗Schullager CH, ↗Klassenfahrt D ›mehrtägiger auswärtiger Aufenthalt von Schulklassen [der einem bestimmten Thema gewidmet wird, z. B. der Ausübung einer Sportart oder des Besuchs einer Stadt]‹: *Naturführer und Programmvorschläge für Ökowochen, Schullandwochen, Jugendlager und Gruppentouren im Nationalpark Hohe Tauern* (Nationalpark Hohe Tauern 3) – Informell gebräuchlich sind Bezeichnungen, die vom konkreten Ziel oder Programm des Aufenthalts abgeleitet werden, z. B. *Skiwoche, Sportwoche, Wienwoche*

Schullaufbahn (gemeindt.): ↗Schulbahn

Schulmappe D-nord die; –, -n: ↗Schultasche A D (ohne mittelost/südwest), ↗Schulsack CH, ↗Thek CH-ost, ↗Tornister CH D-nordwest/mittelwest, ↗Ränzel D-nordwest, ↗Ranzen D (ohne nordost) ›rucksackartige Tasche für Schulutensilien‹: *Sind die Schulmappen der Kinder zu schwer, können leicht Haltungsschäden die Folge sein* (Senatsverwaltung für Schule, Jugend und Sport, Berlin, 1999, Internet)

Schulobligatorium CH das; -s, ...ien: ›gesetzlich vorgeschriebener Schulbesuch‹: *Wer ... nur das Schulobligatorium absolviert und auf eine eigentliche Berufsausbildung verzichtet hat, ist in einem von zwei Fällen mit Armut konfrontiert* (Medienmitteilung des Statistischen Amts Zürich, 2002, Internet) – Vgl. Obligatorium

Schulordnung (gemeindt.): ↗Schülercharta

Schulpflege CH die; –, -n: ↗Aufsichtskommission CH, ↗Schulgemeinde CH, ↗Schulkommission CH ›[politisches] Kontroll- bzw. Aufsichtsorgan über eine Schule (in den ↗Kantonen AG, BL, LU und ZH)‹: *Die Schulpflege hat ein Gesuch um Übernahme der Kosten für das Bus-Abonnement der Itschnacher Schüler, die die Oberstufe im Dorf besuchen, erneut abgelehnt* (Schule Küsnacht, 1998, Internet) – Dazu: **Bezirksschulpflege** (↗Bezirksschule), **Gemeindeschulpflege, Kreisschulpflege** (↗Kreis), **Primarschulpflege** (↗Primarschule), **Realschulpflege** (↗Realschule), **Schulpflegepräsident(in), Schulpfleger(in), Sekundarschulpflege** (↗Sekundarschule), **Zentralschulpflege**

Schulpflegschaft D die; –, -en: ↗Schulgemeinschaftsausschuss A, ↗Schulrat STIR ›aus Vertretern der Eltern, der Lehrer(innen) und des ↗Schulträgers zusammengesetztes Organ, das sich um die Belange der Schüler(innen) kümmert und in Schulangelegenheiten beratende Funktion hat‹: *Die Schulpflegschaft vertritt die Interessen der Erziehungsberechtigten bei der Gestaltung der Bildungs- und Erziehungsarbeit* (Gymnasium Antonianum in Geseke, 1999, Internet)

Schulrat: 1. Schulrat Schulrätin D (ohne mittelost) der; -(e)s, ...räte bzw. die; –, -nen: ↗Landesschulinspektor A, ↗Schulinspektor CH ›Aufsichtsbeamter bzw. -beamtin der Schulbehörde‹: *Rektor und Schulrat haben der zum Islam konvertierten Lehrerin verboten, ihr Haar zu bedecken* (Focus 4. 8. 1997, 46). **2. Schulrat Schulrätin** A der; -(e)s, ...räte bzw. die; –, -nen: /ein Berufstitel, der verdienten Lehrer(inne)n verliehen wird/: *Für seine Leistungen als Religionslehrer erhielt er 1996 den Titel Schulrat* (Seelsorge Ranggen, 1998, 36). **3.** STIR; ↗SCHULGEMEINSCHAFTSAUSSCHUSS A, ↗SCHULPFLEGSCHAFT D ›beratendes Gremium an einer Schule‹: *Was den Schulrat der einzelnen Schulen betrifft, ergibt sich ein Vakuum wegen der Auflösung der alten Schulen und damit auch ihrer Räte* (Dolomiten 26. 5. 2001, 20); ***gesamtstaatliche/nationale Schulrat** ›in Schulfragen beratendes Gremium auf staatlicher Ebene‹: *Dazu müssen der Landesschulrat und der Nationale Schulrat angehört werden, in dem ein Sitz der deutschen Schule in Südtirol vorbehalten ist* (Schule und Kindergarten in Südtirol 88). **4. Schulrat Schulrätin** STIR der; -(e)s, ...räte bzw. die; –, -nen: ›Mitglied des beratenden Gremiums an einer Schule‹: *Bis zur Wahl der neuen Schulräte (Ende Oktober) muss ein Kommissar eingesetzt werden, der die Geschäfte des Schulrates führt* (Dolomiten 26. 5. 2001, 20)

Schulreise CH die; –, -n: ↗SCHULAUSFLUG A D, ↗WANDERTAG A D ›einmal im Jahr stattfindender, eintägiger Ausflug einer Schulklasse‹: *Bei der Anlegestelle der Fähre warteten Kinder, die auf einer Schulreise waren* (Schneider, Flattermann 22)

Schulsack CH der; -(e)s, ...säcke: **1.** ↗SCHULTASCHE A D (ohne mittelost/südwest), ↗THEK CH-ost, ↗TORNISTER CH D-nordwest/mittelwest, ↗RÄNZEL D-nordwest, ↗RANZEN D (ohne nordost), ↗SCHULMAPPE D-nord ›rucksackartige Tasche für Schulutensilien‹: *Simone hat vor drei Wochen zum ersten Mal ihren Schulsack gepackt* (Bund 1. 9. 1999, 31). **2.** ›Schulbildung‹: *Fehlt es an Weiterbildungsangeboten für die Schwächeren, oder nehmen diese die Chancen nicht genügend wahr? Beides. Wer nur einen kleinen Schulsack mitbringt, fühlt sich in der Regel auch wenig motiviert, weiterzumachen* (TA 30. 9. 1999, 12)

Schulschluss der; -es, ohne Plur.: **1.** A ›Ende eines Schuljahres‹: *John hatte in diesen Tagen, da der Schulschluss immer näher rückte, viel zu lernen* (Haller, Jana 29). **2.** CH D ›Ende der täglichen Unterrichtszeit in einer Schule; Unterrichtsschluss‹: *Schulschluss war heute eine Stunde früher, damit alle das Naturschauspiel verfolgen können* (Blick 12. 8. 1999, 1; CH); *Ganz freiwillig bleiben dreißig Schüler ... jeden Freitag nach Schulschluss noch in ihrer Schule* (DRK Berlin 1. 8. 2002, Internet; D) – Zu 1.: **Schulschlussfeier, Schulschlussmesse**

Schulsprecher Schulsprecherin A D der; -s, – bzw. die; –, -nen: ↗SCHÜLERSPRECHER D ›von den Schüler(innen) gewählter Mitschüler bzw. gewählte Mitschülerin zur Vertretung ihrer Interessen an der Schule‹: *Die AHS-Landesschülervertretung (LSV) Wien hatte wieder eingeladen, und zahlreiche Schulsprecher sowie interessierte Schüler bevölkerten den Gemeinderatssaal im Rathaus* (Standard 24. 4. 2001, Internet; A); *Er ist sehr früh erfolgreich gewesen. Als Schulsprecher, ... Stadtrat, ... als jüngster Bundestagsabgeordneter* (Welt 19. 7. 1999, Internet; D) – Dazu: **Bundesschulsprecher(in)** A, **Landesschulsprecher(in)** (↗Landes-)

Schulstufe die; –, -n: **1.** A; ↗SCHULJAHR CH D ›ein Jahr dauernder Abschnitt der vorgeschriebenen Schulzeit (wobei diese Abschnitte fortlaufend nummeriert gezählt werden)‹: *Die Volksschule hat in den ersten vier Schulstufen (Grundschule) eine für alle Schüler gemeinsame Elementarbildung unter Berücksichtigung einer sozialen Integration behinderter Kinder zu vermitteln* (Voneinander lernen, 1996, 28). **2.** CH D ›mehrere Jahre dauernder Abschnitt innerhalb des Schulsystems‹: *Kurs Deutsch, zu empfehlen für SchülerInnen, die sich im 2. Semester der 5. Primarschule effizient auf die nächste Schulstufe vorbereiten möchten* (Lernzentrum learn in, 2001, Internet; CH); *Die Nachprüfung ist aber nur ein Mal je Schulstufe möglich* (Welt 23. 8. 2000, Internet; D) – Zu 1.: In CH selten. Zu 2.: In CH gibt es vier Schulstufen, nämlich die ↗*Primarstufe*, ↗*Sekundarstufe I*, ↗*Sekundarstufe II* und die ↗*Oberstufe*

Schultasche A D (ohne mittelost/südwest) die; –, -n: ↗SCHULSACK CH, ↗THEK CH-ost, ↗TORNISTER CH D-nordwest/mittelwest, ↗RÄNZEL D-nordwest, ↗RANZEN D (ohne nordost), ↗SCHULMAPPE D-nord ›[rucksackartige] Tasche für Schulutensilien‹: *Gisela packte die Schultasche für den nächsten Tag* (Treiber, Blaue See 12; A); *Ein livrierter Diener hat ihm die Schultasche getragen* (Brigitte 21/1997, 241; D)

Schulterspitz CH der; -es, ohne Plur.: ›oberster Teil von der Schulter des Rindes‹: *Wer einmal Lust hat auf Währschaftes, zum Beispiel auf ein echtes Wienerschnitzel oder ... auf einen zarten Schulterspitz, der lässt's sich in der »Stüva Paradies« schmecken* (Sonntagsztg 13. 9. 1998, 139)

Schulträger CH D der; -s, –: ↗SCHULERHALTER A ›Behörde oder Institution, die eine Schule finanziert und führt‹: *In ihrer Not – die Stadt sah sich als Schulträgerin am Ende ihrer Möglichkeiten – sandte Joy M., Schuldirektorin der Stadt Bern, Anfang März einen Brief an den bernischen Erziehungsdirektor und bat ihn um Hilfe* (Bund 20. 5. 1995, 31; CH); *Allein in Sachsen werden die Schulträger in den nächsten Jahren etwa 200 von 1200 Grundschulen schließen* (Welt 22. 7. 1998, Internet; D)

Schulwart Schulwartin A der; -(e)s, -e bzw. die; –, -nen: ↗Schulhausabwart CH, ↗Hausmeister CH D ›Person, die beruflich die Räume einer Schule instand hält und die technischen Anlagen (z.B. Heizung) bedient und wartet‹: *Ein anderes Mal sah Albert in der Pause den Schulwart auf den Dachboden hinaufgehen* (Payr, Drücken des Schuhs 56)

Schulzimmer CH das; -s, –: ↗Klasse A D, ↗Klassensaal LUX ›Klassenzimmer‹: *Im Schulhaus Käferholz braucht man dringend mehr Schulzimmer, es ist aber kein einziger Raum mehr frei* (TA 10. 2. 1999, 19)

Schummel D-nord der; -s, ohne Plur. (salopp): ›leichte Betrügerei; Schwindel‹: *Als Maischollen werden auch Fische verkauft, die bis zu einem Jahr lang tiefgefroren waren. Aber: Auch ungeübte Gäste können den Schummel erkennen* (Hamburger Abendbl 18. 5. 2001, Internet)

schummeln (gemeindt.): ↗abgucken, ↗abschauen, ↗mogeln, ↗schwindeln, ↗spicken

Schundheft A D das; -(e)s, -e (abwertend): ↗Groschenheft D-nord/mittel ›Trivialroman in Heftform; Groschenroman‹: *Da planscht ein nicht mehr ganz junger Mann ausgelassen mit seiner neuen Freundin im kristallblauen Wasser und gibt Sätze von sich, die sich die Autoren der Bastei-Schundhefte nicht besser ausdenken könnten* (OÖN 28. 8. 2001, 4; A); *An der Schundheft-Serie Jerry Cotton schreiben zehn Verfasser* (Firma Auftrieb, Schwelm, 2003, Internet; D)

Schupf (Grenzfall des Standards): **1.** A-west (Vbg.) CH D-süd der; -(e)s, -e/Schüpfe: ↗Schupfer A, ↗Schubs CH D ›leichter Stoß‹: *»Beim Rempler wusste ich, dass das nicht gut endet.« Auch Andrés Schwester Irene (28) ist überzeugt: »Der Schupf kostete André viel Kraft«* (Blick 28. 9. 2000, 9; CH); ***sich/ jmdm. einen Schupf geben** ›sich überwinden; jmdm. helfen, sich zu überwinden‹: *Jeden Frühling versuche ich von neuem, mir einen Schupf zu geben* (TA 28. 1. 1999, Internet; CH). **2.** D-süd der; -(e)s, -e/Schüpfe/ STIR die; –, -en: ↗Schupfen A D-südost, ↗Schopf A-west (Vbg.) CH ›einfacher Holzbau zum Unterstellen von [landwirtschaftlichen] Geräten; Schuppen‹: *Zu jedem dieser insgesamt 4 Stände oder Bahnen gehörten ein Schießhäusle, ein Schupf, Schießmauer und Zielerhäusle* (Schützenverein Nördlingen, 1998, Internet; D-süd); *Die an den alten Stadel angebaute Schupf fehlt* (Dolomiten 13. 10. 1995, 11; STIR) – Zu 1. **schupfen**

Schupfen A D-südost der; -s, – /D-südost die; –, –: ↗Schopf A-west (Vbg.) CH, ↗Schupf D-süd STIR ›einfacher Holzbau zum Unterstellen von [landwirtschaftlichen] Geräten; Schuppen‹: *Es gab Schüttkästen und Schupfen, Keller und Dachböden und Kammerln und eine Rauchkuchl* (Profil 16. 1. 1994, Internet; A) – In D-südost Maskulinum und Femininum, in A ist die feminine Form dialektal. In A-west (Vbg.) dialektal und meist in der Form *Schupfe*

schupfen sw.V./hat (Grenzfall des Standards): **1.** A CH D-südost; ↗schubsen CH D ›[an]stoßen, anrempeln‹: *»Ich kann Ihnen leider gar nichts sagen«, bedauerte dieser, »ich bin ja nicht neben ihr gesessen, sondern … dieser unscheinbare Mann, den ich vom Barhocker geschupft habe* (Semrau, Zimtapfel 26; A); *Hundsgemein war's, wie Sulser mich … vor den Augen vom Anneli in sein Polizeiauto schupfte, bin doch kein Hund* (Durschei, Meldegg 171; CH). **2.** A ›(einen Ball) werfen‹: *I. schupft einem Israeli den Ball ins Gesicht – Rot* (Sport Magazin 10/1997, 111); ***Ziegel schupfen** ›(Ziegel) auf Baustellen werfend weiterreichen‹: *Weiche, warme Hände mit den manchmal wiederkehrenden Schwielen aus den Jahren, in denen sie Ziegel schupften, Mörtel mischten* (Reichart, Fotze 5). **3.** A (salopp) ›managen, schmeißen‹: *Ihre Hoffnung, hier einen braven Handwerker oder Gewerbetreibenden zu finden und als dessen Ehefrau »den Haushalt zu schupfen und im Übrigen ein faules Leben zu führen«, wie sie sich ausdrückte, hatte sich nicht erfüllt* (Semrau, Zimtapfel 38) – Zu 1.: ↗**anschupfen** A, ↗**Schupf** A-west (Vbg.) CH D-süd. Zu 1. und 2.: ↗**Schupfer** A

Schupfer A der; -s, – (Grenzfall des Standards): **1.** ↗Schupf A-west (Vbg.) CH D-süd, ↗Schubs CH D ›leichter Stoß‹: *Er sei »zerscht« auch ganz friedlich gewesen, der Dietmar, meinte ein Inspektor im Gerichtssaal, aber dann war's aus mit der Harmonie: »Er gab mir an Schupfer und hat 's Messer außergholt«* (Kurier 4. 3. 1994, 13). **2.** (Sport) ›leichter Stoß oder Wurf mit dem Ball‹: *Herrlicher Schupfer von W. ideal in den Lauf von P. und der Junior ließ Gästegoalie K. keine Chance – 2:0 nach exakt einer halben Stunde!* (Regionalliga Ost, 1999, Internet) – Vgl. schupfen

Schüppe D-nord/mittelwest die; –, -n: ↗Schippe D (ohne südost) ›Gerät zum Graben, Aufnehmen und Entfernen von Erde, Schmutz, Schnee etc.; Schaufel‹: *Zum Glück fand sich noch eine Schüppe, deren leuchtendes Rot der CDU-Politiker ignorierte* (Werdener Nachr 22. 10. 1998, Internet) – Dazu: ↗**schüppen** D-nordost/mittelwest

Schüppel siehe Schippel

Schuppen (gemeindt.): ↗Schopf, ↗Schupf, ↗Schupfen

schüppen D-nordost/mittelwest sw.V./hat: ↗schippen D (ohne südost) ›schaufeln‹: *Im Keller sorgt im Winter eine Koksheizung für Wärme. Morgens und abends muss kräftig geschüppt werden* (WAZ 24. 7. 1999, Internet) – Vgl. Schüppe

Schürfung CH D die; –, -en: ›Schürfwunde‹: *Als unser Zugführer die Schürfungen und Beulen an Laibs Kopf*

sah, da machte er Meldung an den Hauptmann (Honegger, Ehemalige 37; CH); *Liegt bei der Schürfung auch noch gleich eine Prellung mit Bluterguss vor, sollten Sie auch an Arnica denken!* (Biomedicus 20. 1. 2003, Internet; D) – Andere Bedeutungen sind gemeindt.

Schürfwunde (gemeindt.): ↗SCHÜRFUNG

Schurl A-mitte/ost: ↗JÜRG CH, ↗JÖRN D, ↗JÜRGEN D Kurzform des männl. Vornamens *Georg: »Schurl!« hatte der Chefinspektor geschrieen, »Hände hoch und keinen Muckser! Sonst kracht's!«* (Frank, Kommissar 9) – Auch in der Koseform *Schurli*

Schurz der; -es, -e: **1.** A-west D-süd; ↗KITTELSCHÜRZE D-nord/mittel ›geschlossene Schürze, die bei Hausarbeiten zum Schutz der Kleidung darüber angezogen wird‹: *Das Mädle stand auch noch ohne Schurz im Laden* (Rems-Murr-Nachr 13. 4. 2002, Internet; D-süd). **2. *blaue Schurz** STIR ›traditionelle blaue Arbeitsschürze‹: *Alle Teilnehmer erhielten einen blauen Schurz mit dem eingestickten Gemeindewappen* (Dolomiten 25. 5. 2002, 40) – Die Bedeutung ›dickere, widerstandsfähige Schürze als Arbeitskleidung für bestimmte Berufe‹ ist gemeindt.

Schuss (gemeindt.): ↗GUTSCH

Schuss: *Der Schuss geht [nach] hinten hinaus/raus CH ›Etw. misslingt; der Schuss geht nach hinten los‹: *Sollte der ehemalige Zürcher EVP-Stadtrat Ruedi A. ins Team gewählt werden, ginge der Schuss hinten hinaus* (NZZ 12. 4. 1999, 33); ***[gut] in Schuss sein/bleiben/halten** A D; **[gut] im Schuss sein/bleiben/halten** CH (Grenzfall des Standards) ›in Ordnung, in gutem Zustand, guter Verfassung sein/bleiben/halten‹: *Die Wanderwege auf Madeira sind sehr gut in Schuss* (SN 29. 6. 2002, Internet; A); *Ebenso gut im Schuss wie Novartis ist der Basler Riese Roche* (Blick 8. 8. 1997, 8; CH); *Das kleine Hotel mit französischen Besitzern vermittelt einen sehr persönlichen, familiären Eindruck. Das ganze Haus ist gut in Schuss und gepflegt* (Cosmopolit Reisen 17. 11. 2001, Internet; D); ***einen Schuss haben** A D (ohne südwest) (Grenzfall des Standards): ↗HUSCHER: *EINEN HUSCHER HABEN A, ↗KLOPFER: *EINEN KLOPFER HABEN A, ↗PECKER: *EINEN PECKER HABEN A, ↗KLAMSCH: *EINEN KLAMSCH HABEN A-ost/südost, ↗HAU: *EINEN HAU HABEN A-west D-mittelwest, ↗ECKEN: *EINEN ECKEN ABHABEN CH, ↗HUNDERT: *NICHT GANZ HUNDERT SEIN CH, ↗MACKE: *EINE MACKE HABEN CH D (ohne südost), ↗MEISE: *EINE MEISE HABEN CH D-nord/mittel, ↗RAD: *EIN RAD ABHABEN D, ↗STICH: *EINEN STICH HABEN D, ↗HASCHMICH: *EINEN HASCHMICH HABEN D-nord/mittel, ↗KITTEL: *JMDM. BRENNT DER KITTEL D-südwest, ↗SCHLAG: *EINEN SCHLAG HABEN D-ost/südost ›nicht ganz bei Verstand sein; verrückt sein‹: *Ein Deutscher, der nach Wien umzieht – und das nicht wegen einer Frau, der muss einen Schuss haben* (Korso, 2002, Internet; A); *Die Stadtverwaltung lehnte ab, wohl mit der Überlegung, dass hier wohl jemand einen Schuss hat* (ISUV Report 69/2000, Internet; D) – Die Wendung *einen Schuss haben* ist in CH selten. Das Substantiv *Schuss* ist in allen anderen Verwendungen gemeindt.

Schüssel CH D die; –, -n: ↗MUSCHEL A ›Becken bei sanitären Anlagen‹: *Im Schulhaus Zelgli in Zuchwil nahm das Reinigungspersonal Abschied von den alten Toiletten. Nach über 8000 Reinigungen ... haben die Schüsseln ausgedient* (Sonntagsblick 4. 5. 1997, A37; CH); *Er ... schnappte ... sich diesen Besserwisser, machte die nächstbeste Toilettentür auf, warf den Kerl auf die Schüssel* (Literatur-Café 3. 4. 2003, Internet; D) – Andere Bedeutungen sind gemeindt. – Dazu: **Kloschüssel, Toilettenschüssel, WC-Schüssel**

Schusser D-südost der; -s, –: ↗MURMEL A CH D (ohne nordwest/südost), ↗MARMEL CH D-nordost, ↗KLICKER D-mittelwest, ↗KNICKER D-mittelwest, ↗PICKER D-nordwest ›kleine Glaskugel zum Spielen‹: *Einer nach dem anderen ging zum Tischchen vorne in der Ecke, wo er entweder eine schwarze, eine weiße oder eine rote Kugel von der Größe eines Schussers ins Loch eines Kästchens stecken musste* (Lenz, Herbstlicht 71) – Dazu: **schussern**

Schuster Schusterin A D der; -s, – bzw. die; –, -nen (informell): ›Schuhmacher(in)‹: *Im Extrastüberl saßen die Bauern, der Oberlehrer und die Lehrer, der Kaufmann, der Bäcker, der Schuster und der Fleischhauer* (Recheis, Lena 89; A); *Meine Schuhe würde ich nie zum Schuster bringen* (Born, Erdabgewandte Seite 67; D) – Die formelle Bezeichnung lautet *Schuhmacher(in)*

Schusterbub: *es regnet Schusterbuben A D-südost (Grenzfall des Standards, veraltend): ↗SCHAFFEL: *ES GIESST/SCHÜTTET WIE AUS SCHAFFELN A D-südost, ↗BINDFADEN: *ES REGNET BINDFÄDEN CH D (ohne südost), ↗KÜBEL: *ES GIESST WIE AUS KÜBELN CH; *ES GIESST WIE AUS KÜBELN D, ↗EIMER: *ES GIESST/SCHÜTTET WIE AUS EIMERN D ›es regnet sehr stark‹: *Wenn es nicht gerade Schusterbuben regnet, wird die Innere Stadt auch heuer wieder Zentrum des Silvesterpfades sein* (Standard 30. 12. 1999, Internet; A) – Das Substantiv *Schusterbub* ist in der Bedeutung ›Lehrling eines Schuhmachers‹ veraltet. Vgl. die gleichbedeutenden Verben pladdern, plästern, schauern

Schusterlaberl A das; -s, -(n): siehe Schusterlaibchen

Schusterlaibchen A das; -s, –: ›mit Kümmel bestreutes rundes Brot aus Weizen- und Roggenmehl‹: *Dabei zählen Salzstangerl, Salzweckerl, Mohn- oder Sesam-*

flesserl, Handsemmerl, Schusterlaibchen etc. zum klassischen Handgebäck (Bäckerei und Konditorei Flöckner, 2001, Internet) – Im Grenzfall des Standards auch in der Form *Schusterlaberl* (das; -s, -(n)). Vgl. Laibchen

Schuttabladeplatz (gemeindt.): ↗SCHUTTPLATZ

Schụ̈ttelbrot STIR das; -(e)s, -e: ›sehr hartes, knuspriges und würziges Fladenbrot aus Roggenmehl‹: *Die Leute assoziieren Speck und Schüttelbrot mit unserem Land* (Dolomiten 16. 10. 2000, 4) – Vgl. Paarl, Vinschger

Schütteler siehe Tschütteler

schütteln (gemeindt.): ↗BEUTELN

schütten (gemeindt.): ↗HUDELN, ↗PLADDERN, ↗PLÄSTERN, ↗SCHAUERN

schutten siehe tschutten

Schụttplatz D (ohne ost) der; -es, ...plätze: kurz für ›Schuttabladeplatz‹: *Hat der Mörder des Unbekannten vom Schuttplatz auch den zweiten Mann erschossen?* (Tatortfundus, 2000, Internet)

Schụ̈ttstein CH der; -(e)s, -e: ↗ABWASCH A, ↗ABWÄSCHE A, ↗ABWASCHTROG CH, ↗SPÜLTROG CH, ↗ABWASCHBECKEN CH D-nord/mittelost, ↗AUSGUSS CH D (ohne südwest), ↗SPÜLBECKEN CH D (ohne mittelost), ↗SPÜLSTEIN D-nordwest/mittelwest ›fest installiertes Becken zum Reinigen von schmutzigem Geschirr‹: *Am meisten zu reden gaben die Küchen, in denen sich zum Teil noch 80-jährige Schüttsteine finden* (TA 10. 6. 1998, 21)

Schützenfest (gemeindt.): ↗AUSSCHIESSEN, ↗AUSSCHIESSET

Schụtzgebühr A D die; –, -en: ›Gebühr, die sicherstellen soll, dass kostenlose Dinge nur von wirklichen Interessenten bestellt werden‹: *Die Angebotsunterlagen können ab sofort ... gegen eine Schutzgebühr von ATS 1000,– inkl. 20 % Mehrwertsteuer abgeholt bzw. angefordert werden* (VN 29. 10. 1997, 3; A); *Beachten Sie bitte, dass manchmal für sehr aufwändige Kataloge eine Schutzgebühr erhoben wird* (Schöner Wohnen 10/1997, 291; D)

Schụtzmann D der; -(e)s, ...männer/...leute (veraltend): ›Polizist‹: *Die Gründe brachte der ehemalige Schutzmann wiederholt vor, und als kein größerer Bus oder Zweitbus eingesetzt wurde, drohte er mit einer Anzeige* (Wallraff, Industriereportagen 63) – Eine weibliche Form ist nicht gebräuchlich. Vgl. Bulle

Schụtzweg A der; -(e)s, -e: ↗FUßGEHERÜBERGANG A (ohne west), ↗FUßGÄNGERÜBERGANG A D-nordwest/südost, ↗FUSSGÄNGERSTREIFEN CH ↗FUßGÄNGERSTREIFEN D-nordwest LUX, ↗FUßGÄNGERÜBERWEG D (ohne südost) STIR, ↗ÜBERWEG D STIR ›Zebrastreifen‹: *Laut Gesetz müssten Lenker schon anhalten, wenn der Fußgänger die Absicht zeigt, den Schutzweg zu überqueren* (Presse 29. 9. 1999, Internet)

Schwa̲b CH der; -en, -en (abwertend): ↗PIEFKE A ›Bewohner(in) der Bundesrepublik Deutschland‹: *Die Leute redeten durcheinander, und viele meinten, es sei gut, dass die Schwaben endlich den Arsch voll bekommen hätten* (Honegger, Ehemalige 58) – Eine weibliche Form ist nicht gebräuchlich. Auch in der mundartlichen Form *Schwob*

schwach (gemeindt.): ↗LETSCHERT, ↗SCHLAPP

schwafeln (gemeindt.): ↗LABERN, ↗LAFERN, ↗SÜLZEN

Schwa̲i̲g A-mitte/ost die; –, -en: siehe Schwaige

Schwa̲i̲ge die; –, -n: **1.** A-mitte/ost; ↗ALM A (ohne Vbg.) D, ↗ALP A-west (Vbg.) CH D-südwest, ↗ALPE A-west (Vbg.)/südost CH-süd (VS) ›alpine Bergweide zur sommerlichen Weidenutzung‹: *Charakteristisch für die Wechsel-Region sind die vielen Schwaigen mit ihren weiten Almflächen* (Wandern im Hochwechsel, 2002, Internet). **2.** A-west (Tir.); ↗MAISÄß A-west (Vbg.), ↗VORALPE A-west (Vbg.), ↗VORSÄß A-west (Vbg.), ↗MAIENSÄSS CH ›höher gelegene Weide mit Wirtschaftsgebäude, auf der das Vieh im Frühling vor der ↗Übersiedlung auf die ↗Alp vorübergehend weidet‹: *Man lud auf, ... was man für lebensnotwendig hielt. Der eine schleppte dahin, der andere dorthin. Bauernhöfe, Schwaigen, Almen: gesuchte Refugien* (Fussenegger, Spiegelbild 399) – In D-südost selten. Zu 1.: In NÖ häufig in der Form *Schwaig* (die; –, -en) – Zu 1.: ↗**Schwaiger(in).** Zu 2.: **Schwaighof**

Schwa̲i̲ger Schwa̲i̲gerin A-mitte/ost der; -s, – bzw. die; –, -nen: ↗ALMER A-west (Tir.), ↗SENN A CH D-süd, ↗ÄLPLER A-west (Vbg.) CH, ↗SENNER A D-mittelost/südost ›Person, die eine ↗Alm bewirtschaftet‹: *Nachdem der neue Seelenhüter vollständig mit Ehren überhäuft ist und die Schwaiger ihm den Gipfel der Almgenüsse zu kosten gegeben haben, macht man ihm ein Spalier zum Podium, wo der Ringelreihen A-be-bu weitergeht* (Lipuš, Beseitigung meines Dorfes 201) – In D-südost selten. Vgl. Schwaige

Schwạmm A CH D-südost der; -(e)s, ...schwämme: ↗SCHWAMMERL A D-südost ›Pilz‹: *Er lud das Wild, manchmal auch Beeren oder Schwämme auf das Pferd* (Zelger-Alten, Brot 116; A); *Aber nur um Schwämme und Beeren zu sammeln bin ich ja eigentlich nicht gekommen* (Orientierungslauf-Gruppe Bern, 2002, Internet; CH) – In A (ohne Vbg.) veraltend, in A-west (Vbg.) auch in der Form *Schwämmle* (das; -s, -). Andere Bedeutungen sind gemeindt. – Dazu: ↗**Eierschwamm** A-west (Vbg.) CH

Schwạmmerl A das; -s, -n/D-südost der; –, -n: ↗SCHWAMM A CH D-südost ›Pilz (als Sammelbezeichnung)‹: *Nun die Zwiebeln im restlichen Fett glasig dünsten, Schwammerln mit Salz würzen, dazugeben und rösten* (Echo 28. 1. 1999, 161; A); ***etw. schießt wie Schwammerln aus dem Boden** ›innerhalb kürzester Zeit in großer Menge entstehen oder auftreten; etw. schießt wie Pilze aus dem Boden‹: *Die kleinen Privatsender, die in den vergangenen 18 Monaten wie Schwammerln aus dem heimischen Boden geschossen sind, wurden von vornherein als Nischenprodukte konzipiert* (Presse 23. 9. 1997, 15; A); ***narrische Schwammerln** ›Pilze mit halluzinogener Wirkung‹: *Wirkstoffhaltige Hanfprodukte und »narrische Schwammerl« sind bei Drogenkonsumenten in der Schweiz und in Österreich im Trend* (Öffentliche Sicherheit 12/1999, Internet; A); ***narrische Schwammerln gegessen haben** ›sich verrückt, ausgelassen verhalten‹: *Sie haben wohl narrische Schwammerln gegessen?* (Upside, 4/1990, Internet; A) – In A Neutrum, in D-südost Maskulinum. In A-west (Tir.) auch in der Form *Schwamml* – Dazu: ↗**Eierschwammerl** A (ohne Vbg.), **Schwammerlgulasch** (↗Gulasch), **Schwammerlplatz, Schwammerlsauce, Schwammerlsucher(in)**

Schwamml siehe Schwammerl

Schwämmle A-west (Vbg.) das; -s, –: siehe Schwamm

Schwammtuch A D (ohne ost/südwest) das; -(e)s, ...tücher: ↗ABWASCHFETZEN A, ↗WETTEX A, ↗ABWASCHLAPPEN CH D-nord/mittelost, ↗SPÜLLAPPEN D (ohne ost), ↗SPÜLTUCH D-nordwest/mittelwest ›Tuch, das zur Küchen- und Geschirrreinigung verwendet wird‹: *Damit Töpfe, während Sie rühren, und Schneidbretter, während Sie hacken oder schneiden, nicht verrutschen, legen Sie ein Schwammtuch darunter* (Firma Thea online, 2000, Internet; A); *Zunächst wird die Fliesenoberfläche mit einem Schwammtuch abgewaschen* (Schweriner Volksztg 26. 6. 2001, Internet; D)

Schwangerschaftsurlaub CH D der; -(e)s, -e (Plur. ungebräuchl.): ↗MUTTERSCHUTZ A ›gesetzlich abgesicherte Freistellung während einer bestimmten Zeitspanne für Mütter kurz vor und nach der Geburt eines Kindes‹: *Da mein Schwangerschaftsurlaub langsam zu Ende ging, musste ich mich schweren Herzens nach einer Tagesmutter umsehen* (Wyss, Tage 135; CH); *Im Orchester von Buddy J. konnte sie als Vertretung für seine Schwester Ella, die auf Schwangerschaftsurlaub war, ihre ersten Sporen verdienen* (Jazzztg 2/2002, Internet; D) – Vgl. Urlaub

Schwarzarbeit (gemeindt.): ↗PFUSCH

schwarzarbeiten (gemeindt.): ↗PFUSCHEN

Schwarzbeere A-mitte/südost/west (Tir.) D-südost die; –, -n: ↗MOOSBEERE A-west (Tir.), ↗BLAUBEERE A-west (Vbg.) D-nordwest/mittel, ↗HEIDELBEERE A (ohne südost) CH D, ↗HEUBEERE CH, ↗BICKBEERE D-nord, ↗TAUBEERE D-südost, ↗WALDBEERE D-mittelwest ›Heidekrautgewächs mit kleinen, blauschwarzen Beeren‹: *Eine Brettljause vom Feinsten, erlesene Schnäpse (Schwarzbeer, Holunder!), Most und Mehlspeisen – praktisch alles stammt aus eigener Erzeugung* (Kleine Ztg/Extrabl 3. 11. 1996, Internet; A-mitte/südost/west); *Unsere heimischen Früchte sind: Himbeere, Schwarzbeere, Apfel, Birne* (Hotel Drei Hirschen, 2000, Internet; D-südost) – Dazu: **Schwarzbeernocken** A (ohne ost) (↗Nocke), **Schwarzbeeromelett** (↗Omelett), **Schwarzbeeromelette** A (ohne ost) (↗Omelette), **Schwarzbeertorte**

Schwarzbelag CH der; -(e)s, ...beläge: ›Teerbelag (einer Strasse)‹: *Der Schwarzbelag besteht aus Split, Sand, dem Bindemittel Bitumen und Kunststoffzusätzen* (St. Galler Tagbl 18. 3. 1999, Internet)

Schwarzbrot (gemeindt.): ↗RUCHBROT

Schwarzbub CH der; -en, -en: ›Bewohner des ↗Schwarzbubenlandes‹: *Doch von ... einem grösseren politischen Zusammenschluss mit Basel-Stadt, dem aargauischen Fricktal und den Solothurner Schwarzbuben mögen die etablierten Politiker und Parteien im Baselbiet ... nichts wissen* (TA 19. 3. 1999, 12) – Auch in der Form *Schwarzbube* (der; -n, -n). Vgl. Bub

Schwarzbube CH der; -n, -n: siehe Schwarzbub

Schwarzbubenland CH das; -(e)s, ohne Plur.: ›Gebiet des ↗Kantons Solothurn nördlich des Jurakamms‹: *In der Nordwestschweiz laufen Bestrebungen, Basel-Stadt und Basel-Land mit dem solothurnischen Schwarzbubenland und dem aargauischen Fricktal zusammenzulegen* (Bund 19. 5. 1999, 13) – Vgl. Schwarzbub

Schwarze: *kleine Schwarze (der) A ›kleiner ↗Mokka, der ohne Milch serviert wird‹: *Da es bereits zu spät war, um pünktlich zur Einladung zu erscheinen, blieb er sitzen, las einen Artikel über Chruschtschow und bestellte noch einen kleinen Schwarzen* (Rabinovici, Suche nach M. 10); ***große Schwarze** (der) A ›großer ↗Mokka, der ohne Milch serviert wird‹: *Wir saßen im Café Landtmann. Ich trank eine Melange, der Wiener einen großen Schwarzen* (Reichart, Fotze 46) – Das Substantiv *Schwarze* ist in allen anderen Verwendungen gemeindt. Vgl. Braune

schwarzplenten STIR Adj.: ›aus Buchweizen‹: *Aus dem Buchweizenmehl bereitet die Bäuerin die nahrhaften schwarzplentenen Knödel* (Arnold, Heimat- und Umweltkunde 4/5 53); ***schwarzplentene Riebler** siehe Riebler – Meist in Speisebezeichnungen, z. B. *schwarzplentener ↗Knödel, schwarzplentene Torte.* Vgl. plenten, Schwarzplenten

Schwarzplenten STIR der; -s, ohne Plur.: ›Buchweizen bzw. daraus zubereitete Speise‹: *Ich mag sie sehr ...*

auch mit Leberknödel oder solche mit Schwarzplenten (Spitaler, Gekochte Kultur 44) – In manchen Gegenden auch in der Kurzform *Plenten.* In A-west (Tir.)/südost nur noch als Speisebezeichnung bzw. als produktives Bestimmungswort in Speisebezeichnungen üblich, z.B. *Schwarzplentenmehl, Schwarzplententorte*

Schwarzsauer D-nord das; -s, ohne Plur.: ›säuerlich gewürztes Gericht aus Wild, Schweine- oder Geflügelfleisch und Blut‹: *Flugs wurde auch die Frau aus dem Nachbardorf geholt, die so ein unvergessliches Schwarzsauer ... weit und breit machen konnte* (Stern 25. 9. 1997, 172)

Schwatz CH der; -es, -e: ↗Tratsch A, ↗Plausch A D-süd, ↗Klönschnack D-nord, ↗Schnack D-nord, ↗Schwätzchen D (ohne nordwest/südost) ›gemütliche Unterhaltung‹: *Wenn mir nach einem Schwatz zumute ist, stehe ich vors Haus, und die Gespräche mit anderen Frauen ergeben sich von alleine* (Bund 27. 11. 1999, 28) – Dazu: ↗**schwatzen** CH D-mittel

Schwätzchen D (ohne nordwest/südost) das; -s, –: ↗Tratsch A, ↗Plausch A D-süd, ↗Schwatz CH, ↗Klönschnack D-nord, ↗Schnack D-nord ›gemütliche Unterhaltung‹: *Es war durchaus nicht so, dass Herr Fusi etwas gegen ein Schwätzchen hatte* (Ende, Momo 58) – In A und CH selten. Vgl. schwätzen

schwätzen sw.V./hat: **1.** A D-mittelwest/süd; ↗schwatzen CH D-mittel ›sich während des Unterrichts verbotenerweise unterhalten‹: *Denn das Schwätzen ist nicht gestattet und auch nicht das Entfernen vom Unterricht* (OÖN 12. 9. 1998, 8; A); *Der Nikolaus tadelte aber, dass einige Kinder immer wieder schwätzen, Hausaufgaben nicht erledigen* (Grundschule Altenstadt, 2003, Internet; D-mittelwest/süd). **2.** A-west (Vbg.) D-südwest; ↗plauschen A D-südost, ↗ratschen A D-südost, ↗schwatzen CH D-mittel, ↗babbeln D-mittel/südwest, ↗klönen D-nord, ↗quatschen D-nord/mittel, ↗schnacken D-nord ›sich unterhalten, plaudern‹: *»Denn Zeit ist Geld«, sagt der Fahrrad-Mechaniker, steigt in seinen Firmenbus und meint, dass er jetzt keine Zeit mehr zum Schwätzen hätte, denn die nächste Kundschaft warte schon* (Neue Vorarlberger Tagesztg 18. 10. 2002, 16; A-west); *Sie schwätzten, johlten und spielten Kopf und Schrift* (Koeppen, Tauben 72; D-südwest). **3.** D-südwest; ↗schnacken D-nord ›sprechen‹: *Nationalteam soll wieder schwäbisch schwätzen* (Rems-Murr-Nachr 10. 4. 2003, Internet) – Zu 3.: In A-west (Vbg.) dialektal. Zu 2. und 3.: In CH dialektal. Wird meist zu *schwatzen* hyperkorrigiert

schwatzen sw.V./hat: **1.** CH D-mittel; ↗plauschen A D-südost, ↗ratschen A D-südost, ↗schwätzen A-west (Vbg.) D-südwest, ↗babbeln D-mittel/südwest, ↗klönen D-nord, ↗quatschen D-nord/mittel, ↗schnacken D-nord ›sich unterhalten, plaudern‹: *Bereits am Morgen belagerten Horden von schwatzenden Jugendlichen die Eingangshalle und setzten sich ungeniert auf den roten Teppich* (Bund 26. 11. 1999, 33; CH). **2.** CH D-mittel; ↗schwätzen A D-mittelwest/süd ›sich [während des Unterrichts] verbotenerweise unterhalten‹: *Leider dürfen sie nicht mehr nebeneinander sitzen, weil sie während dem Unterricht immer nur schwatzen* (Kreisschule Erlinsbach, 2000, Internet; CH). **3.** CH (abwertend); ↗ratschen A D-südost, ↗tratschen A D, ↗durchhecheln CH D (ohne mittelost/südwest), ↗klatschen CH D (ohne südost), ↗plauschen D-südost ›etw. herumerzählen, ausplaudern; über andere Leute [schlecht] sprechen‹: *Auf dem Land kennt man jeden, und hinter den Rücken wird so viel geschwatzt. Das hasse ich!* (Sodbrennen, Trogener Schülerztg, 1/1997, Internet) – Zu 1 vgl. Schwatz

Schwebe: ***in Schwebe [sein]** A; ***in der Schwebe [sein]** CH D ›noch nicht entschieden [sein]‹: *R. betont allerdings, dass alles noch in Schwebe ist und noch keinerlei Entscheidungen getroffen wurden* (VN 11. 8. 2001, A 7; A); *Die Buchpreisbindung bleibt in der Schwebe* (NZZ online 2. 4. 2003, Internet; CH); *Die Souveränität in der Europäischen Union ist in der Schwebe* (Humboldt-Universität Berlin 11. 3. 2003, Internet; D)

Schwebebahn D die; –, -en: **1.** ›an Schienen hängende Hochbahn des öffentlichen Personennahverkehrs‹: *Die Wuppertaler Schwebebahn hat mit dem heutigen Tag einiges von ihrem Ruf als sicherstes Verkehrsmittel der Welt eingebüßt* (Rheinische Post 23. 8. 2000, Internet). **2.** (selten); ↗Kabinenbahn A, ↗Gondelbahn A CH, ↗Seilschwebebahn A D-süd, ↗Luftseilbahn CH ›an Drahtseilen hängende, fahrende Kabinen zur Beförderung von Personen und Gütern zwischen Berg und Tal; Seilbahn‹: *Die Schwebebahn überwindet ... einen Höhenunterschied von 84 m* (Sächsische Ztg 15. 2. 1998, Internet)

schweben sw.V./ist/hat: Das Perfekt wird in A, CH und D-süd in der Bedeutung ›sich in der Luft, im Wasser o. Ä. im Gleichgewicht halten, ohne zu Boden zu sinken‹ (also bei Angabe einer Lage, Körperhaltung) mit *sein* gebildet, in D-nord/mittel mit *haben.* Das gilt auch für die übertragene Bedeutung ›unentschieden, noch nicht abgeschlossen sein; im Gange sein‹. In der Bedeutung ›sich schwebend irgendwohin bewegen‹ (also bei Angabe einer Bewegung) wird das Perfekt gemeindt. mit *sein* gebildet: *Genauso bin ich früher im Toten Meer geschwebt«, beschreibt eine Frau ihre WATSU-Behandlung* (OÖN 30. 12. 2002, Internet; A); *Der »Geist von Davos« ist über diesem Ehebett geschwebt* (Zeit-Fragen 45/2001, Internet; CH); *Es hat* *geschwebt, ganz ausgewogen, leicht und luftig um die Besucher herum* (Atelier Eigen Art, 2003, Internet; D-nord/mittel)

Schwedenbombe A die; –, -n (Wz.): ↗Mohrenkopf A-west (Vbg.) CH D (ohne nordwest), ↗Negerkuss D, ↗Schokokuss D-mittelwest/südwest ›mit Schokolade überzogenes Schaumgebäck auf Waffelboden‹: *Jener Besucher, jene Besucherin, der (die) einst auf dem Bonbonball Schwedenbomben ins Publikum warf, wurde nicht gefunden* (Kurier 19. 2. 1998, 11) – Vgl. Indianer, Indianerkrapfen

Schweine- D (ohne südost) (produktives Bestimmungswort in Zus.): ↗Schweins- A CH D-nordost/süd ›aus Schweinefleisch oder anderen verwertbaren Teilen des Schweins bestehend‹, z. B. ↗Schweinebauch D, Schweinebraten, Schweinefilet (↗Filet), Schweinegeschnetzelte (↗Geschnetzelte), ↗Schweinekamm, ↗Schweinenacken D, Schweineschmalz: *Hildegard G. und Frau F. bereiteten das Hochzeitsessen zu, Schweinebraten mit Leipziger Allerlei* (Ossowski, Maklerin 85)

Schweinebauch D der; -(e)s, ...bäuche: ↗Schweinsbauch A, ↗Bauchfleisch A D ›Fleisch vom Bauch des Schweins‹: *Der Saumagen ... ist eine Wurstmasse aus Würfeln von Schweinebauch, Vorderschinken, Kartoffeln* (Haensch, Deutschland Lexikon 135) – In CH gibt es *Schweinebauch* nur als ↗Speck. Vgl. Schweine-

Schweinefleisch (gemeindt.): ↗Schweinerne, ↗Schweinige

Schweinekamm D (ohne südost) der; -(e)s, ...kämme: ↗Schopf A, ↗Schopfbraten A, ↗Schweinsschopf A, ↗Schweinshals CH, ↗Schweinenacken D ›Fleisch vom Halsstück des Schweins‹: *Rabatt-Coupons und Klöße gratis zum Schweinekamm – was sich Händler einfallen lassen, um ... Kunden in die Läden zu locken* (Tagesspiegel 4. 1. 2003, Internet) – Vgl. Schweine-

Schweinekram D (ohne mittelost/südost) der; -(e)s, ohne Plur. (abwertend, Grenzfall des Standards): ↗Schweinkram D-nord, ↗Schweinskram D-südost ›[sexuell] unanständige Sache bzw. Handlung‹: *In der Schimpfwortforschung gibt es fast nur unbeantwortete Fragen: von mittelalterlichen Epen über das Schimpfen der Mandarine bis zu Schweinekram* (Welt 25. 10. 1996, Internet)

Schweinenacken D der; -s, –: ↗Schopf A, ↗Schopfbraten A, ↗Schweinsschopf A, ↗Schweinshals CH, ↗Schweinekamm D (ohne südost) ›Fleisch vom Halsstück des Schweins‹: *Gulasch: 200 g Schweinenacken ohne Knochen* (Brigitte 21/1997, 220) – Vgl. Schweine-

Schweinerne A D-südost das; -n, ohne Plur.: ↗Schweinige CH ›Schweinefleisch‹: *Doch in ihrem Geschäft in der Marchfeldstraße wurde auch Schweinernes verkauft* (Falter 3. 11. 1997, 77; A) – Vgl. Hirschene, Kälberne, Lämmerne, Schöpserne, Schweins-

Schweinige CH das; -n, ohne Plur.: ↗Schweinerne A D-südost ›Schweinefleisch‹: *Der Knecht im Nebenzimmer hiess jetzt Hüsseyn. Ein fleissiger Mann, der Schweiniges nicht ass* (TA 24. 5. 1997, 44)

Schweinkram D-nord der; -(e)s, ohne Plur. (abwertend, Grenzfall des Standards): ↗Schweinekram D (ohne mittelost/südost, ↗Schweinskram D-südost ›[sexuell] unanständige Sache bzw. Handlung‹: *Sittenstrolche lauern ihnen auf und entblößen sich, rufen an und reden Schweinkram* (TAZ 27. 7. 2001, Internet)

Schweins- A CH D-nordost/süd (produktives Bestimmungswort in Zus.): ↗Schweine- D (ohne südost) ›aus Schweinefleisch oder anderen verwertbaren Teilen des Schweins bestehend; vom Schwein‹, z. B. ↗Schweinsbauch A, Schweinsbeuschel (↗Beuschel) A, Schweinsbraten, ↗Schweinsbratwurst CH D-mittelost/süd, Schweinsbrust, ↗Schweinsbrüstl A D-südost, Schweinsfilet (↗Filet) CH, ↗Schweinshals CH, ↗Schweinshaxe D-süd, Schweinshuft (↗Huft) CH, Schweinsgeschnetzelte (↗Geschnetzelte) CH, Schweinsjungfernbraten (↗Jungfernbraten) A, Schweinskarree, Schweinskotelett, Schweinsleberli (↗Leberli) CH, Schweinsleder, Schweinslungenbraten (↗Lungenbraten) A, Schweinsmedaillon, Schweinsplätzli (↗Plätzli) CH, Schweinsragout CH, Schweinsschlegel (↗Schlegel), Schweinsschlögel (↗Schlögel) A, Schweinsschnitzel, ↗Schweinsschopf A, Schweinsschulter, Schweinsstelze (↗Stelze) A, Schweinsstotzen (↗Stotzen) CH, Schweinsvoressen (↗Voressen) CH: *Sie hatten Lust auf etwas Einfaches und bestellten Schweinsbraten mit Knödel und grünem Salat* (Scharang, Sohn eines Landarbeiters 20; A); *3/4 kg würfelig geschnittene Schweinsschulter in wenig Schmalz oder Öl anschwitzen, mit 3/4 l Rindsuppe aufgießen ... und schwach wallend köcheln* (Gusto 11/1997, 52; A); *Beim Metzger erstehen sie sechs Schweinsplätzli und ein Kilo Schweinsbraten* (Blick 14. 1. 1994, 5; CH); *Bei uns gab es heute Schweinsvoressen mit einer feinen Sauce, dazu Gemüse – Blumenkohl, Rüebli und Salzkartoffeln* (Blick 28. 1. 1998, 7; CH)

Schweinsbauch A der; -(e)s, ...bäuche: ↗Bauchfleisch A D, ↗Schweinebauch D ›[gebratenes] Fleisch vom Bauch des Schweins‹: *Das mit Spinnweben, Knoblauch und Fledermäusen originell geschmückte Festzelt bot einen schaurig-schönen Anblick, das Buffet war mit Schweinsbauch und -haxen*

äußerst bodenständig und üppig (Echo 28. 1. 1999, 165) – Vgl. Schweins-

Schweinsbratwurst CH D-mittelost/süd die; –, ...würste: ›ungeräucherte Wurst aus vorwiegend Schweinefleisch, die vor dem Verzehr gebraten wird‹: *Sein Lieblingsessen ist etwas sehr Einfaches: ein Gericht aus braunen oder grünen Linsen mit Schweinsbratwurst* (NLZ 8. 10. 1999, Internet; CH) – Vgl. Kalbsbratwurst, Schweins-

Schweinsbrüstl A D-südost das; -s, -n: ›Fleisch vom Brustbereich des Schweines‹: *Im Buschenschank wird eine zünftige Jause von erster Güte serviert, bei der weder das Verhackertbrot noch der Bohnensalat mit Kürbiskernöl oder das Schweinsbrüstl fehlen dürfte* (Gusto 11/1997, 88; A) – Vgl. Schweins-

Schweinshals CH der; -es, ...hälse: ↗Schopf A, ↗Schopfraten A, ↗Schweinsschopf A, ↗Schweinenacken D, ↗Schweinekamm D (ohne südost) ›Fleisch vom Halsstück des Schweins‹: *Ideal ist Schweinshals, weil das Fleisch gut durchzogen ist und auch nach dem Braten saftig bleibt* (Sonntagsztg 10. 1. 1999, Internet) – Vgl. Hals, Schweins-

Schweinshaxe D-süd die; –, -n (Küche): ↗Stelze A, ↗Gnagi CH, ↗Wädli CH, ↗Eisbein D-nord/mittel, ↗Spitzbein D-nordost ›eingesalzenes und gekochtes oder gebratenes Stück vom Unterschenkel des Schweines‹: *Gommeraner Schweinshaxe mit feiner Füllung, dazu Feldsalat und kleine Kartoffelpuffer* (MDR, 1999, Internet) – In A, CH und D (ohne südost) zunehmend gebräuchlich. Vgl. Hachse, Haxe, Haxl, Schweins-

Schweinskram D (ohne nordwest/mittelwest) der; -(e)s, ohne Plur. (abwertend, Grenzfall des Standards): ↗Schweinekram D (ohne mittelost/südost), ↗Schweinkram D-nord ›[sexuell] unanständige Sache bzw. Handlung‹: *Das sind ... die Anbieter von Schweinskram, die mit ihren 0190er Nummern Jugendliche abzocken* (MDR 10. 9. 2002, Internet)

Schweinsschopf A der; -(e)s, ...schöpfe (Plur. ungebräuchl.): ↗Schopfbraten A, ↗Schweinshals CH, ↗Schweinenacken D, ↗Schweinekamm D (ohne südost) ›Fleisch vom Halsstück des Schweins‹: *Lamm, Schweinsschopf und feine Rindersteaks waren ebenso gefragt wie die diversen Grillwürste* (OÖN 12. 8. 2000, 22) – Vgl. Schopf, Schweins-

Schweizer: **1. Schweizer Schweizerin** D der; -s, – bzw. die; –, -nen (veraltend): ›Melker(in)‹ /Berufsbezeichnung/: *Nachdem er verschiedene Kurse und die Ausbildung zum Schweizer (Melker) abgeschlossen hatte, wurde er von vielen Landwirten um Hilfe gebeten* (Passauer Neue Presse 13. 4. 2000, Internet). **2. *Herr und Frau Schweizer** CH: ↗Österreicher: *Herr und Frau Österreicher A, ↗Otto: *Otto Normalverbraucher D ›der bzw. die durchschnittliche Schweizer(in)‹: *Herr und Frau Schweizer gehören beim Suchtmittelkonsum zu den europäischen Spitzenreitern* (Schweiz. Fachstelle für Alkohol- und andere Drogenprobleme, 1999, Internet) – Das Substantiv *Schweizer* in der Bedeutung ›aus der Schweiz Stammende(r)‹ sowie das gleichlautende Adjektiv in der Bedeutung ›zur Schweiz gehörend, aus der Schweiz stammend‹ sind gemeindt.

schweizerdeutsch CH Adj.: ›in der alltäglichen mundartlichen Sprache der Bevölkerung der deutschen Schweiz‹: *Und obschon er französischer Zunge ist, bevorzugt er im Dialog mit Deutschschweizern schweizerdeutschen Dialekt* (NZZ 27. 1. 2003, 21) – Meist nach ↗Kantonen unterschieden: baseldeutsch, berndeutsch, walliserdeutsch etc.

Schweizerfahne CH die; –, -n: ›Nationalflagge der Schweiz (weisses Kreuz auf quadratischem roten Grund)‹: *Nicollier hat auf seinen Flügen ins All an die Schweiz gedacht: Er nahm eine Schweizerfahne mit, zwei kleine Stücke vom Matterhorn, eine Serie Swatch-Uhren* (TA 7. 1. 1997, 12)

schweizerisch CH Adj.: ↗eidgenössisch CH /amtliche Bezeichnung für Bundesbehörden, Institutionen, Organisationen oder ↗Anlässe/: *Am ersten August, dem schweizerischen Bundesfeiertag, wird bei mir nicht gearbeitet* (Rüegg, Welt, 75) – In der Bedeutung ›zur Schweiz gehörend, die Schweiz betreffend‹ gemeindt. – Dazu: **deutschschweizerisch, ↗gesamtschweizerisch, ↗innerschweizerisch, nordostschweizerisch, nordwestschweizerisch, ostschweizerisch, urschweizerisch, westschweizerisch, zentralschweizerisch**

Schweizerkreuz CH das; -es, -e: ›weisses Kreuz im roten Feld des Schweizerwappens‹: *In 14 Tagen wird der Käse mit dem Schweizerkreuz in allen Coop-Filialen aufliegen* (Blick 17. 10. 1998, 28)

Schweizerland CH das; -(e)s, ohne Plur.: ↗Confoederatio: *Confoederatio Helvetica CH, ↗Eidgenossenschaft CH, ↗Helvetien CH ›(gemütlich, feierlich, poetisch, scherzh. oder selbstkritisch für) Schweiz‹: *Auch ohne EU ist es jetzt im Schweizerland Frühling geworden* (NLZ 19. 2. 2001, Internet)

Schweizermeister Schweizermeisterin CH der; -s, – bzw. die; –, -nen (Sport): ↗Staatsmeister A, ↗Italienmeister STIR ›Athlet(in), der bzw. die in einem sportlichen Wettkampf als Beste bzw. Bester des Landes in einer Sportart ermittelt wurde; Schweizer Meister(in)‹: *Einmal war er Olympiasieger im Fechten ..., einmal Schweizermeister im Pistolenschiessen gewesen* (Dürrenmatt, Justiz 12) – Dazu: **Schweizermeisterschaft, Schweizermeistertitel**

Schweizerpsalm CH der; -(e)s, ohne Plur.: ›Nationalhymne der Schweiz‹: *Seit der Bundesrat den Schweizerpsalm »Trittst im Morgenrot« 1961 provisorisch und zwanzig Jahre später definitiv zur offiziellen Landeshymne erhoben hat, decken Unzufriedene das Bundesamt für Kultur mit Anfragen und Vorschlägen ein* (TA 17. 10. 1998, 10) – Vgl. Landeshymne

Schweizervolk CH das; -(e)s, ohne Plur.: **1.** ↗Stimmbevölkerung CH, ↗Stimmvolk CH ›stimm- und wahlberechtigte Bevölkerung der Schweiz‹: *Meinungsumfragen zeigen klar, dass das Schweizervolk die Bewaffnung zum Selbstschutz will* (TA 28. 10. 1999, 9). **2.** (veraltend) ›Einwohner(innen) der Schweiz‹: *Die politische Vormachtstellung der Regierung ist gegenwärtig so offensichtlich, dass das Schweizervolk den Bundesrat für die Leitung der Geschicke des Staates verantwortlich macht* (Tschäni, Profil der Schweiz 172)

schweizweit CH Adj. (nicht steigerbar): ↗österreichweit A, ↗bundesweit A D, ↗deutschlandweit D ›in der ganzen Schweiz‹: *Monika R. … unterrichtet … keine gefügigen Duckmäuser, sondern die schweizweit erste Primarklasse für Hochbegabte* (Sonntagsztg 29. 11. 1998, Internet) – Vgl. kantonsweit

Schwelbrand (gemeindt.): ↗Mottbrand

schwellen CH sw.V./hat (veraltend): ›im Wasser gar kochen‹: *Ja, Grossmutter musste Eier schwellen, grad ein halbes Dutzend* (Wenger, Rosalia 40) – Andere Bedeutungen sind gemeindt. Vgl. Gschwellti, Kartoffel

Schwemme die; –, -n: **1.** A ›Flößen von Holz (in kleineren Flüssen)‹: *Die Wälder rund um die Ballungszentren hatte man geschlägert, so dass man das begehrte Holz aus weit entfernten, teilweise schwer zugänglichen Forsten heranschaffen musste. Das geschah durch Schwemme und Trift, auf größeren Gewässern durch Flößen* (Wanderprofis NÖ, Auf dem Holzweg, 2002, Internet). **2.** A D-südost ›einfacher Raum in einem Gasthaus‹: *Das Hotel umfasst 75 Zimmer, drei Restaurants, eine Fast-food-Schwemme sowie eine Catering-Abteilung* (OÖN 6. 2. 1995, 8; A). **3.** A (veraltend) ›Abteilung mit billigen Waren in einem ↗Kaufhaus‹: *Und in der »Schwemme« im Untergeschoß hat schon so mancher Student Preisgünstiges für seine erste Einrichtung gefunden* (Dinersclubmagazin, 2001, Internet). **4.** D-mittelost/südost ›einfaches [Bier]lokal‹: *Die Schwemme, ein uriger, rustikaler Ort mit etwa 90 Plätzen lädt zum geselligen Verweilen ein* (Bräustüberl Maisach 4. 9. 2002, Internet) – Die Bedeutungen ›Pferdeschwemme‹ und ›Überangebot an Produkten, Arbeitskräften u. Ä.‹ sind gemeindt. – Zu 1.: ↗**schwemmen, Schwemmkanal**

schwemmen A D-mittelost sw.V./hat: **1.** ›(Holz) flößen‹: *Mittels eines Kanals sollte Holz von den Höhen des Böhmerwaldes zur Großen Mühl und weiter zur Donau bis Wien und Budapest geschwemmt werden* (Gemeinde Aigen-Schlägl, 2002, Internet; A). **2.** ›[Hand]wäsche durch Bewegen im klaren Wasser von Rückständen reinigen‹: *Ein mühevoller Teil des Waschtages war jedoch das Schwemmen der Wäsche* (Murecker Kontakte 4/2001, Internet; A). **3.** ›(Gemüse, Teigwaren o. Ä.) mit kaltem Wasser nach dem Kochen übergießen‹: *Gekochte, geschnittene Fisolen kalt schwemmen, abtropfen lassen* (Plachutta, Gute Küche 155; A) – Die Bedeutung ›(von fließendem Wasser) tragen, befördern‹, z. B. Tang ans Land schwemmen, ist gemeindt. – Zu 1. vgl. ↗Schwemme

Schwenkkartoffeln D-nord die; nur Plur.: ›Salzkartoffeln, die in Butter geschwenkt werden‹: *Für den verwöhnten Gaumen ist die feine Fischplatte mit einer Variation von Wels, Havelzander, Lachs und Garnelen, lecker zubereitet mit Kaviarsauce und Dillbutter, Schwenkkartoffeln und Gurkensalat* (Berliner Morgenpost 4. 3. 2001, Internet)

schwerbeschädigt D Adj.: ›durch Krankheit oder Verletzung dauerhaft gesundheitlich geschädigt‹: *T. L. aus Hamburg ist erst 38 Jahre alt und schon unheilbar krank. … Die Berufsgenossenschaft hat ihn als schwerbeschädigt anerkannt* (WDR 23. 8. 1999, Internet) – Dazu: **Schwerbeschädigte, Schwerbeschädigtenausweis**

Schwerpunktfach CH das; -(e)s, …fächer: ↗Leistungskurs D ›Schulunterricht für die ↗Oberstufe des Gymnasiums, der vertiefte Kenntnisse in einem Fach vermitteln soll‹: *Wer Italienisch als Schwerpunktfach wählen will, muss künftig schon im 9. Schuljahr in einem Fakultativkurs mit dem Lernen beginnen* (Bund 2. 12. 1999, 25) – Andere Bedeutungen sind gemeindt.

Schwerverkehrsabgabe CH die; –, -n: ↗Ökopunkt A ›auf Lastwagen für die Benutzung von öffentlichen Strassen in der Schweiz erhobene Abgabe‹ (häufig in den Verbindungen *leistungsabhängige Schwerverkehrsabgabe (LSVA)* und *pauschale Schwerverkehrsabgabe (PSVA)*): *Zwei Rappen pro Tonne: Soviel soll die leistungsabhängige Schwerverkehrsabgabe in den kommenden fünf Jahren kosten* (Blick 18. 5. 1999, 1)

Schwimmbassin CH das; -s, -s […basɛ̃] ⟨aus frz. *bassin* ›Becken‹⟩: ›Schwimmbecken‹: *Der Regen füllt das leere Schwimmbassin mit kleinen, grauen Pfützen* (Bund 11. 10. 2000, 35) – In A und D veraltet

Schwimmmeister Schwimmmeisterin D der; -s, – bzw. die; –, -nen: ↗Badmeister CH ›Person, die die Aufsicht in einem Schwimmbad führt; Bademeister(in)‹: *Für die Schwimmmeister bedeuten mehr Badegäste je-*

doch eine erhöhte Aufmerksamkeit (Filder-Extra Wochen Ztg 22. 7. 2003, Internet)

Schwimmreifen der; -s, –: **1.** A D; ↗SCHWIMMRING CH D-ost/südwest ›luftgefüllter Schlauch als Schwimmhilfe‹: *Und obwohl viele schon recht früh ohne »Flügerl« und Schwimmreifen auskommen, führen überfüllte Bäder und übermütige Spring- und Tauchmanöver zu gefährlichen Situationen* (Kleine Ztg 1. 6. 2001, Internet; A); *Mit Schwimmreifen, Luftmatratzen, Taucherbrille und Schwimmflossen erkunden sie jeden Quadratzentimeter der Nordsee* (Stadt Westerland 14. 3. 2003, Internet; D). **2.** A (scherzh., Grenzfall des Standards); ↗PIRELLI CH, ↗SCHWIMMRING CH D-ost, ↗RETTUNGSRING D ›Fettpolster am Bauch‹: *Nur Wenige tragen ihre überflüssigen Kilos mit gelassener Würde und zeigen keinen Willen, etwas gegen die Schwimmreifen zu tun* (Kleine Ztg 25. 2. 2001, Internet)

Schwimmring der; -(e)s, -e: **1.** CH D-ost/südwest; ↗SCHWIMMREIFEN A D ›luftgefüllter Schlauch als Schwimmhilfe‹: *Mit dem Schwimmring im Pool gehen Dominik die Ideen nie aus* (Blick, 4. 8. 1999, 22; CH); *Die jüngsten Teilnehmer waren fünf Jahre alt und durften Schwimmring oder Schwimmflügel zu Hilfe nehmen* (Reutlinger General-Anzeiger 19. 7. 1999, Internet; D-ost/südwest). **2.** CH D-ost (scherzh., Grenzfall des Standards); ↗SCHWIMMREIFEN A, ↗PIRELLI CH, ↗RETTUNGSRING D ›Fettpolster am Bauch‹: *Ein Schwimmring um den Bauch wäre ganz schrecklich, selbst wenn ich nicht gerade auf einen Waschbrettbauch hinarbeite* (Aarezytig, 2002, Internet; CH)

schwindelig D (ohne südost) Adj.: ↗DAMISCH A D-südost, ↗STURM CH, ↗DUSELIG CH D (ohne südost) ›benommen, schwindlig‹: *... und lächelte so süß, dass dem unglückseligen Prinzen ganz schwindelig wurde* (Ende, Momo 51)

schwindeln A sw.V./hat: ↗ABSCHAUEN A D-süd, ↗MOGELN CH D (ohne südost), ↗SPICKEN CH D, ↗ABGUCKEN D (ohne südost) ›bei schriftlichen Prüfungen vom Nachbarn bzw. von der Nachbarin abschreiben bzw. unerlaubte Hilfsmittel verwenden; schummeln‹: *Nachdem er von der Lehrerin ... beim Schwindeln während eines Erdkundetests erwischt worden war, holte ein 12-jähriger eine Luftdruckpistole aus seiner Schultasche* (OÖN 28. 3. 1998, 31) – Andere Bedeutungen sind gemeindt. – Dazu: ↗**Schwindelzettel**

Schwindelzettel A der; -s, –: ↗SPICKZETTEL CH D, ↗SPICKER CH D-mittelost/südost, ↗PFUSCHZETTEL D-mittelwest ›kleiner Zettel mit Notizen als unerlaubtes Hilfsmittel bei Prüfungsarbeiten‹: *Raffael hat mir zum Glück heimlich einen Schwindelzettel zugeschoben* (Thüminger, Entscheidung 116) – Vgl. schwindeln

schwindlig (gemeindt.): ↗DAMISCH, ↗DUSELIG, ↗SCHWINDELIG, ↗STURM

Schwingbesen CH der; -s, –: ↗SCHNEERUTE A (ohne west), ↗SCHNEEBESEN A D ›Küchengerät zum Verrühren von Flüssigkeiten und Schlagen von Süssrahm u. Ä.‹: *Wenn ich den Kirsch und das Maizena unter die Käsemasse mische, benutze ich immer einen Schwingbesen* (Bund 31. 10. 1998, 29) – Vgl. schwingen

schwingen CH st.V./hat: **1.** (Küche) ›mit einem ↗Schwingbesen schaumig schlagen‹: *Kalte Butter dazu schwingen. Abschmecken* (TA 3. 6. 2000, 15). **2.** (Sport); ↗RANGGELN A-mitte/südost/west (Tir.) D-südost ›ringen, indem man den Gegner mit der rechten Hand am Gürtel, mit der linken am aufgerollten Hosenbein fasst und versucht, ihn auf mit Sägemehl bedecktem Platz auf den Rücken zu werfen‹: *In die Herzen der Zuschauer schwang sich aber für einmal nicht Jörg, sondern sein Bruder Beat A. Was er im Schlussgang gegen Thomas S. alles zeigte, war wirklich Klasse. Angriffiger kann man nicht mehr schwingen* (Blick 23. 8. 1999, 23) – Andere Bedeutungen sind gemeindt., das Perfekt wird je nach Bedeutung mit *hat* oder *ist* gebildet. Zu 2 vgl. Schwinger – Zu 2.: **ausschwingen, Schwingclub,** ↗**Schwinget,** ↗**Schwingfest**

Schwinger Schwingerin CH der; -s, – bzw. die; –, -nen: ↗BÖSE CH ›Person, die ↗Schwingen als Wettkampfsport ausübt‹: *Wie Schwinger im Sägmehlring versuchen sich die Gegner mit aller Kraft wegzudrücken* (NZZ Folio 10/1998, 77) – Dazu: **Jungschwinger(in), Kranzschwinger(in)** (↗Kranz), **Schwingclub, Schwingerfest, schwingerisch,** ↗**Schwingerkönig(in), Schwingertag, Schwingerverband**

Schwingerfest siehe Schwingfest

Schwingerkönig Schwingerkönigin CH der; -s, -e bzw. die; –, -nen: ›Sieger(in) einer Wettkampfveranstaltung im ↗Schwingen‹: *Beim Schwarzsee-Bergfest hat Eugen H. den amtierenden Schwingerkönig Thomas S. im Schlussgang besiegt* (Bund 24. 6. 1996, 34) – Vgl. Schwinger

Schwinget CH der; -s, -e: ›Wettkampfveranstaltung im ↗Schwingen‹: *Der sonntägliche Schwinget in Siebnen steht im Zeichen einer Begegnung: Der abtretende Innerschweizer Eugen H. dürfte erstmals auf Schwingerkönig Jörg A. treffen* (Bund 24. 9. 1999, 46) – Oft in Zus., z. B. *Bergschwinget, Brünigschwinget, Frauenschwinget, Hallenschwinget, Unspunnen-Schwinget.* Vgl. Schwingfest

Schwingfest CH das; -(e)s, -e: ›festlicher ↗Anlass rund um eine Wettkampfveranstaltung im ↗Schwingen‹: *Dann drehte er auf einen anderen Sender, wo ein Reporter gerade vom Schwingfest auf der Thuner All-*

mend berichtete (Balmer, Letzte Abenteuer 56) – Selten auch in der Form *Schwingerfest.* Vgl. Schwinget

Schwịppschwager D (ohne mittelost) der; -s, –: ›Schwager des Ehepartners oder der Schwester bzw. des Bruders‹: *Es kann jetzt doch glatt passieren, dass man zweimal einen missratenen Schwippschwager zu Besuch hatte* (Spiegel 9. 2. 1998, 24)

schwo̱fen D sw.V./hat (salopp): ↗SCHERBELN D-nordost ›tanzen‹: *Heißer Tipp: dienstags Schwofen bei heißer Reggae Musik!* (Oktoberfest 26. 11. 2002, Internet) – In CH selten – Dazu: **Schwof**

Schwu̱rgericht D das; -(e)s, -e: ↗GESCHWORNENGERICHT A GESCHWORENENGERICHT CH BELG ›Gericht für besonders schwere Strafsachen, das aus Berufsrichtern bzw. Berufsrichterinnen und Laien besteht‹: *Wegen Mordes an ihrer Chefin ist am Dienstag ein Kindermädchen vom Schwurgericht München ... verurteilt worden* (Berliner Ztg 3. 4. 2002, Internet) – Dazu: **Schwurgerichtsprozess**

Schwu̱rgerichtshof A der; -(e)s, ohne Plur.: ›Gremium der drei Berufsrichter(innen) im ↗Geschwornengericht‹: *Acht Geschworene und der Schwurgerichtshof aus drei Berufsrichtern ... haben zu klären, ob der Elektrotechniker B. tatsächlich der »Ausführende« der zehn Briefbombenattentate vom Dezember 1993 ist* (OÖN 11. 9. 1995, 16)

Schwy̱zerörgeli CH das; -s, –: ↗MAURERKLAVIER A, ↗KNÖPFERLHARMONIKA A (ohne west), ↗KNOPFORGEL A-west, ↗ZIEHORGEL A-west (Tir.), ↗HANDORGEL A-west (Vbg.) CH, ↗QUETSCHE A D-nordwest/süd, ↗ZIEHHARMONIKA A D, ↗HANDHARMONIKA CH D (ohne mittelost/südost), ↗SCHIFFERKLAVIER D, ↗QUETSCHKOMMODE D (ohne südost) ›kleine Harmonika mit diatonisch angeordneten Knopftasten, bei der auf Druck und Zug des Balges verschiedene Töne erklingen; Akkordeon‹: *In der ersten Klasse lernte Monique erste Griffe auf dem Schwyzerörgeli, später Akkordeon und Keyboard* (Bund 4. 9. 1999, 26)

Scooter D der; -s, – ['sku:tɐ] ⟨engl.⟩: ↗AUTODROM A, ↗PUTSCHAUTO CH, ↗BOXAUTO D-südwest ›elektrisches Kleinauto in Vergnügungsparks, auf Jahrmärkten o. Ä.‹: *Die über 70 erwarteten Fahrgeschäfte und Buden müssen ... ihren Platz finden: ... Scooter, Harlekin und »Break Dance« wollen optimal platziert werden* (Stadt Marsberg, 2003, Internet) – In CH selten. Auch in der Schreibung *Skooter.* Die Bedeutungen ›zusammenklappbarer ↗Roller für Kinder und Erwachsene‹ und ›Motorroller‹ sind gemeindt. – Dazu: **Autoscooter, Autoscooterbahn, Scooterbahn**

Score (gemeindt.): ↗SKORE

scoren (gemeindt.): ↗SKOREN

Scorer (gemeindt.): ↗SKORER/SKORERIN

Ṣ DA CH die; –, ohne Plur.: buchstabierte Abk. für *Schweizerische Depeschenagentur:* ↗APA A, ↗DPA D, ↗PAFL LIE ›nationale Nachrichtenagentur der Schweiz‹: *Im BLICK vom 14. Januar 1995 wurde eine Meldung der SDA abgedruckt, wonach der frühere Tessiner Ständerat ... im Zusammenhang mit der Erbschaft eines italienischen Adligen ins Zwielicht geraten sei* (Blick 4. 2. 1995, 5)

sec CH Adj. ['sɛk'] ⟨aus frz. *sec* ›trocken‹⟩: ›trocken, nüchtern, bündig (von Äusserungen)‹: *Eine andere Chance vertat Europa als Jugoslawien in die EU wollte. Deren Mitglieder antworteten ganz sec: Löst eure ethnischen Probleme, dann diskutieren wir* (Bieler Tagbl 10. 4. 1999, Internet) – Die Bedeutung ›trocken (von bestimmten alkoholischen Getränken); dry‹ ist gemeindt. Das damit nicht verwandte Wort *sec* als Abkürzung für ›Sekunde‹ ist gemeindt.

Sẹchs CH D (ohne südost) die; –, -en: ↗SECHSER A CH D-süd ›Zeichen für die Ziffer 6; Nummer (auf einer Liste o. Ä.); Verkehrslinie; Augenzahl 6 auf dem Würfel; Spielkartenwert‹: *Zaghaft nimmt die fünfjährige Katja ein Puzzleteil in die Hand. Auf der Rückseite des Teils steht eine Sechs* (Zürcher Unterländer 28. 12. 2002, Internet; CH); *Das brachte M. nun auch nicht weiter, denn wo die Sechs fährt, wusste er leider nicht* (Love Kurzgeschichten 27. 1. 2003, Internet; D) – Vgl. den Kommentarteil zu ↗Eins. Als Schulnote auch in D-südost gebräuchlich. In CH ist *die Sechs* die beste Note, in D die schlechteste, in A ist die schlechteste Note der ↗Fünfer. Im Ggs. zum Substantiv *die Sechs* ist das kleingeschriebene Zahlwort sechs, z. B. *sie ist sechs [Jahre alt],* gemeindt.

Sẹchser A CH D-süd der; -s, –: ↗SECHS CH D (ohne südost) ›Zeichen für die Ziffer 6; Nummer (auf einer Liste o. Ä.); Verkehrslinie; Augenzahl 6 auf dem Spielwürfel; Spielkartenwert; Jahrgang [20]06‹: *Ost erkannte nicht, dass West keine Pik mehr hatte, und spielte sofort – ohne das Pik-As abzuziehen – den sorgsam aufbewahrten Treff-Sechser, den West mit seinem Siebener stechen musste* (Standard 8. 7. 2000, Internet; A); *Erich verabschiedete sich mit einem aufmunternden Klaps und bestieg den Sechser* (Waller, Barbi 27; CH) – Vgl. den Kommentarteil zu ↗Einser. Zur Spielkarte vgl. Weli. Zur Schulnote vgl. Ausgezeichnet, Gut. Zur Verwendung des kleingeschriebenen Zahlwortes *sechs,* z. B. *sie ist sechs [Jahre alt],* siehe Sechs. Die Bedeutung ›Höchstgewinn im Lotto‹ ist gemeindt.

Sẹchsertragerl A (ohne Vbg.) das; -s, -n: ›↗Kiste mit Tragegriff für sechs Flaschen [Bier]‹: *Im Preis von 280 Schilling pro Person sind die Hin- und Rückfahrt, Brauereiführung, Verkostung und ein Sechser-*

tragerl Bierspezialitäten enthalten (OÖN 16. 6. 1994, Extra 6) – Vgl. Bierkiste, Tragerl

Sechstel der/das; -s, –: ist in A und D Neutrum, in CH Maskulinum, selten auch Neutrum: *Unter jede Parteisumme ist die Hälfte, darunter das Drittel, das Viertel, das Fünftel, das Sechstel und so weiter zu schreiben* (Donaukurier 3/2001, Internet; A); *Basel liegt um zwei Drittel über dem westeuropäischen Durchschnitt ... die ganze Schweiz um einen Sechstel; die Ostschweiz liegt ganz knapp darunter* (St. Galler Tagbl 1. 4. 1998, Internet; CH); *Das Sechstel der Menschheit, das in Europa, USA und Japan lebt, verursacht zwei Drittel der Belastung des globalen Ökosystems* (Evangelische Kirche im Rheinland 14. 3. 2000, Internet; D)

Sechter A D-südost der; -s, –: ›hölzernes oder metallenes Gefäß zum Aufbewahren von Flüssigkeiten‹: *Mit dem Sechter ... wird der Fleckerlbrei in die Handschöpfbütte befördert, in die dann das Schöpfsieb getaucht wird* (OÖN 6. 10. 1990, Internet; A) – Dazu: **Melksechter, Milchsechter**

Sechzig CH D (ohne südost) die; –, ohne Plur.: siehe Zwanzig

Sechziger A CH D-süd der; -s, –: siehe Zwanziger

Sechzigste CH D der; -n, -n: siehe Zwanzigste

See D die; –, ohne Plur.: ›Meer‹: *Empfohlen werden auch Klimaveränderungen und eher kühle Ferien an der See* (Test 12/1997, 107) – In A selten. Die Wendung *in See stechen* ist gemeindt.

See der; -s, -n (Grundwort in geographischen Namen): Bezeichnungen der Binnenseen vom Typus *geographischer Name mit -er-Ableitung + See* werden in D meist auseinander geschrieben, z. B. *Schweriner See, Starnberger See*, in CH offiziell und inoffiziell zusammengeschrieben, z. B. *Bielersee, Brienzersee, Genfersee, Urnersee* (↗Urner), *Vierwaldstättersee, Zugersee*. Getrenntschreibung gibt es nur auf ↗Landeskarten. In A gilt in der normierten Namenschreibung meist die Getrenntschreibung, z. B. *Hallstätter See, Millstätter See, Neusiedler See, Wörther See*, inoffiziell werden diese Namen aber auch oft zusammengeschrieben. Bei nicht abgeleiteten Bestimmungswörtern gilt gemeindt. die Zusammenschreibung (außer bei einfachen Ortsnamen auf *-er*), z. B. *Bodensee, Brennersee, Chiemsee, Lünersee, Traunsee, Rursee, Wallersee, Wannsee, Zürichsee*

Seegfrörne D-südwest die; –, -n: siehe Seegfrörni

Seegfrörni CH die; –, ...gfrörnen (Plur. ungebräuchl.): ›Zufrieren eines grösseren Sees (im schweizerischen ↗Mittelland)‹: *Bereits im November hatte das Mittelland eine geschlossene Schneedecke und winterliche Temperaturen. Wer jetzt allerdings auf eine Seegfrörni hofft, muss immer noch Geduld haben. Bis die grossen Seen zufrieren, müsste die Temperatur noch einige Wochen lang deutlich unter dem Gefrierpunkt liegen* (Bund 21. 12. 1998, 28) – In D-südwest, am Bodensee, auch in der Form *Seegfrörne* (die; –, -n)

Seehöhe A die; –, ohne Plur.: ↗MEER: *METER ÜBER DEM MEER A D; *METER/HÖHE ÜBER MEER CH ›Meter über dem Meeresspiegel‹ /in geographischen Höhenangaben/: *Mehr als 100 Kilometer Wanderwege aller Schwierigkeitsgrade und Höhenlagen (700 bis 2600 m Seehöhe) führen den Gast durch unendlich schöne und ruhige Berglandschaften* (Alpenverein 4/1997, 16)

Seeland CH das; -(e)s, ohne Plur.: ›Region in der westlichen Schweiz mit den drei Seen Bielersee, Murtensee und Neuenburgersee‹: *Beteiligt sind auch die SBB, die Truppen und Material mit sieben Zügen vom Waffenplatz Bure ins Seeland transportierten* (BeZ 3. 9. 1997, 43); ***Berner Seeland** ›Kernregion des Seelandes (im ↗Kanton BE)‹: *Rund ein Drittel der Schweizer Kartoffelernte ist in diesem Jahr ins Wasser gefallen. Am stärksten hat es die Ostschweizer Anbaugebiete getroffen, etwas weniger das Berner Seeland* (TA 1. 11. 1999, 21) – Dazu: **Seeländer(in), seeländisch**

Seelenrosenkranz A D-südost der; -es, ...kränze (kath. Kirche): ›gemeinsam gebeteter Rosenkranz für Verstorbene in den Tagen vor dem Begräbnis (häufig in Todesanzeigen)‹: *Den Seelenrosenkranz beten wir am Donnerstag, dem 30. Oktober 1997, um 19 Uhr in unserer Pfarrkirche* (VN 29. 10. 1997, 3; A)

Seelenschmetter CH der; -s, ohne Plur.: ›Niedergeschlagenheit; traurige Stimmung‹: *Frust, Schuld und Depression: Wer sich vom Seelenschmetter befreien möchte, kann an qualifizierte Seelsorger in der Predigerkirche gelangen* (TA 23. 12. 1998, 16)

Seelsorgeamt A D das; -(e)s, ...ämter (Kirche): ↗PASTORALAMT A ›Amt einer Diözese für seelsorgerische Belange‹: *Die Zuständigkeiten liegen beim bischöflichen Seelsorgeamt und beim Landesschulrat für Kärnten* (Bildungsland Kärnten, 2002, Internet; A); *Für die Anreise empfiehlt das Seelsorgeamt allen Wallfahrern, auf den Pkw zu verzichten* (Bistum Magdeburg 28. 8. 1998, Internet; D) – Dazu: **Seelsorgeamtsleiter(in)**

Seetal CH das; -(e)s, ohne Plur. (informell): ›Tal und Region um den Hallwiler- und den Baldeggersee (↗Kantone AG und LU)‹: *Aufgewachsen ist Patrik M. im luzernischen Seetal, in Hochdorf* (Sonntagsztg 1. 12. 1996, 115) – Dazu: **Seetalbahn**

sehen (gemeindt.): ↗GUCKEN, ↗KIEKEN, ↗SCHAUEN

sehen: *hast du nicht gesehen D-nord/mittel (Grenzfall des Standards) ›plötzlich, unversehens‹: *Eine Überraschung für jeden Tag ... – und hast du nicht ge-*

sehen steht Weihnachten vor der Tür (Schöner Wohnen 10/1997, 80); ***lass sehen** A D (Grenzfall des Standards) ›zeige es [her], weise es vor‹: *Die Weißfische flitzten wie Silberpfeile dahin und waren viel zu schnell für mich. »Ich hab' einen!« schrie Willi. »Lass sehen!«* (Recheis, Lena 36; A); *Noch haben wir deine Taschen nicht untersucht; lass sehen, was sich in denselben befindet!* (Universität Bielefeld 20. 7. 2001, Internet; D) – Das Verb *sehen* ist in allen anderen Verwendungen gemeindt.

Seher Seherin A der; -s, – bzw. die; –, -nen: kurz für ↗*Zuseher(in)*: ›Fernsehzuschauer(in)‹: *In einem umstrukturierten ORF darf aber auch weiterhin nicht die Stimme der Hörer und Seher fehlen* (Furche 12. 2. 1998, 3) – Andere Bedeutungen, z. B. ›Person, die durch Visionen prophetische Einsichten hat‹, sind gemeindt. – Dazu: **Seherbeirat, Seherquote, Sehervertretung**

sehr (gemeindt.): ↗ARG, ↗BANNIG, ↗DOLL, ↗IRRE

Seich CH der; -s, ohne Plur. ⟨aus alem. *Seich* ›Urin‹⟩ (Grenzfall des Standards): **1.** ›unangenehme Lage‹: *Lisi, wir geraten von einem Seich in den andern* (Heimann, Lisi 51). **2. *Seich machen** ›Mist bauen, Unfug treiben‹: *Ich mag Männer mit schwarzen Haaren. Vor allem muss er lustig sein – ein Typ, mit dem man Seich machen kann!* (Blick 6. 7. 1999, 6)

Seicherl A-mitte/ost das; -s, -n (abwertend, Grenzfall des Standards): ›ängstlicher, willensschwacher, geistig minderbemittelter Mensch‹: *»Schüssel ist ein Seicherl«, prangte in grüner Schrift auf einem Gebäude am Hessenplatz* (OÖN 12. 9. 2000, 13)

Seidel das; -s, -n ⟨aus lat. *situla* ›Eimer‹⟩: **1.** A (ohne west); ↗BIER: *KLEINE BIER A-west CH D, ↗STANGE CH ›etwa 0,35 Liter Bier im Glas‹: *Das Viertel Wein oder das Seidel Bier zu viel genehmigen sich viel zu viele Autolenker* (TT 17. 10. 1996, Internet). **2.** D-mittelost/südost; ↗KRÜGEL A-ost ›Bierglas mit Henkel‹: *Jede am Weg liegende Kneipe war zu besuchen. In jeder musste ein Seidel Bier hinter die Binde gegossen werden* (Dresdner Neueste Nachr 13. 2. 2002, Internet) – Zu 1.: Auch in den Formen *Seitel, Seiterl* – Zu 1.: **Seidelglas, Stehseidel.** Zu 2.: **Bierseidel**

Seidenstadt D die; –, ohne Plur. ⟨nach der dort traditionell ansässigen Textilindustrie⟩: ›Krefeld‹: *Schwere Gewitter gingen Samstag auch über der Seidenstadt nieder* (Rheinische Post 2. 7. 2001, Internet)

Seife: *auf die Seife steigen A (salopp, Grenzfall des Standards) ›sich durch eine unbedachte Äußerung oder Handlung in eine unangenehme Lage bringen; ins Fettnäpfchen treten‹: *Nicht wenige Artisten steigen im Varieté auf die Seife* (Wienerin 12/1993, 192) – Das Substantiv *Seife* ist in allen anderen Verwendungen gemeindt.

Seiher A D-mittelost/süd der; -s, –: ›Sieb zum Filtern von Flüssigkeiten‹: *In Säcken wandern die Kerne in die Ölmühle, wo sie vor dem Pressen im »Seiher« gewaschen, getrocknet und geröstet werden müssen* (OÖN 12. 9. 1992, 11; A) – In A meist in der Verkleinerungsform *Seiherl*, mundartnah *Seicherl*. Vgl. abseihen, durchseihen – Dazu: **Kaffeeseiher** (↗Kaffee), **Teeseiher**

Seil: *jmdn. am Seil herunterlassen/herablassen CH: ↗SCHMÄH: *JMDN. AM SCHMÄH HALTEN A, ↗PFLANZEN A D-südost, ↗ANFÜHREN D, ↗VERÄPPELN D, ↗VERHOHNEPIPELN D, ↗VERALBERN D (ohne südost), ↗VERGACKEIERN D (ohne mittelost/südost) ›jmdm. die Unwahrheit sagen und sich damit [heimlich] über die Person lustig machen; zum Narren halten‹: *Jahrelang hat sie von Kostendämpfung im Gesundheitsbereich gesprochen, aber die Versicherer und die Versicherten am Seil heruntergelassen* (Blick 14. 7. 2001, 22) – Das Substantiv *Seil* ist in allen anderen Verwendungen gemeindt.

Seilbahn (gemeindt.): ↗GONDELBAHN, ↗KABINENBAHN, ↗LUFTSEILBAHN, ↗SCHWEBEBAHN, ↗SEILSCHWEBEBAHN

seilhopfen D-südwest sw. V./ist (meist im Inf. oder Part.): ↗SCHNURSPRINGEN A, ↗SEILSPRINGEN CH D STIR, ↗SEILHOPSEN D-südwest, ↗SPRINGSEILSPRINGEN D-nordost ›über ein Seil springen, das bogenförmig um den Springer bzw. die Springerin bewegt wird; seilhüpfen‹: *Am lautesten geht es auf dem Marktplatz zu. Denn hier haben sich viele zusammengefunden, um die schöne Freizeit mit Ballspiel, Seilhopfen, Verstecken, vielleicht auch mit einigen Turnspielen auszufüllen* (Heimatverein Laichingen 6. 2. 2002, Internet)

seilhopsen D-südwest sw. V./ist (meist im Inf. oder Part.): ↗SCHNURSPRINGEN A, ↗SEILSPRINGEN CH D STIR, ↗SEILHOPFEN D-südwest, ↗SPRINGSEILSPRINGEN D-nordost ›über ein Seil springen, das bogenförmig um den Springer bzw. die Springerin bewegt wird; seilhüpfen‹: *Einfache Trainingsprogramme wie Waldlauf, Seilhopsen oder Übungen für die Bauch- und Rückenmuskulatur sollten im Trainingsprogramm enthalten sein* (Deutsche Tennis Ztg 6. 2. 2002, Internet)

seilhüpfen (gemeindt.): ↗SCHNURSPRINGEN, ↗SEILHOPFEN, ↗SEILHOPSEN, ↗SEILSPRINGEN, ↗SPRINGSEILSPRINGEN

Seilschwebebahn A D-süd die; –, -en: ↗KABINENBAHN A, ↗GONDELBAHN A CH, ↗LUFTSEILBAHN CH, ↗SCHWEBEBAHN D (selten) ›Anlage zur Beförderung von Personen und Gütern [zwischen Berg und Tal] in an Drahtseilen hängenden Kabinen; Seilbahn‹: *Zum ersten Mal transportierte in Österreich*

eine Seilschwebebahn Personen, 10 Millionen Fahrgäste sind es inzwischen (Land der Berge 5/1997, 92; A) – In D-nord/mittel selten

seilspringen CH D STIR st.V./ist (meist im Inf. und Part.): ↗SCHNURSPRINGEN A, ↗SEILHOPFEN D-südwest, ↗SEILHOPSEN D-südwest, ↗SPRINGSEILSPRINGEN D-nordost ›über ein Seil springen, das bogenförmig um den Springer bzw. die Springerin bewegt wird; seilhüpfen‹: *Singen, tanzen oder Bilder malen, Kopf stehen, seilspringen oder Sandburgen bauen – für Olivia ist das alles kein Problem* (Buch und Ton 2001, Internet; CH); *Auf dem Festplatz am Affenhaus konnten sich die Kinder … noch weiter austoben, so zum Beispiel beim Seilspringen* (Neue OZ 26. 6. 2000, Internet; D); *Von 14 bis 18 Uhr können sich Kinder von zwei bis 14 Jahren bei Tempelhüpfen, Seilspringen und Geschicklichkeitsspielen auf dem Sportplatz des Klosters vergnügen* (Dolomiten 22. 5. 1999, 20; STIR)

Seilziehen CH das; -s, ohne Plur.: ›(langwierige politische) Auseinandersetzung; Tauziehen‹: *Das Seilziehen um die Medikamentenpreise geht weiter* (K-tip 11. 2. 1998, 31) – Die Bedeutung ›Tauziehen zweier Mannschaften als Sport und Spiel‹ ist gemeindt.

sein: *jmdm. ist warm/heiß/kalt A D: ↗HABEN: *JMD. HAT WARM/HEISS/KALT CH ›jmd. empfindet Wärme bzw. Kälte‹: *Ich schlafe unruhig, denn mir ist warm* (Aurora-Literaturmagazin, 2002, Internet; A); *Der Schnaps hat seinen Blick verwässert, ihm ist warm, und er ist beeindruckt von der Geschwindigkeit, mit der sich die Tanzenden bewegen* (Textgalerie 29. 11. 2002, Internet; D) – Das Verb *sein* ist in allen anderen Verwendungen gemeindt.

Seitel siehe Seidel

Seiterl siehe Seidel

-seitig (produktiver Wortbestandteil in Zus.): **1.** A (räumlich) ›auf der Seite von, zu einer Seite hin‹, z. B. gassenseitig, hofseitig, nordseitig, ostseitig, schattseitig, sonnseitig, straßenseitig, südseitig, westseitig: *Das hofseitige Fenster einer Schlafkammer stammte aus der alten Wiener Stadtbahn* (Haslinger, Opernball 82); *Als angenehme Extras sind der straßenseitige Gastgarten … und die separaten Räume für größere Gesellschaften … zu erwähnen* (Presse 23. 9. 1997, 30). **2.** A D (Wirtschaft) ›zu etw. gehörend‹, z. B. angebotseitig, angebotsseitig, arbeitgeberseitig, arbeitnehmerseitig, ausgabenseitig, einnahmenseitig, nachfrageseitig: *Arbeitgeberseitig stehe noch nicht einmal das Verhandlungsteam fest* (Standard 9. 11. 1999, Internet; A); *Die Haushaltsansätze werden einnahme- und ausgabeseitig jeweils in Höhe von 1.006.850,00 DM … erhöht* (Stadt Chemnitz 13. 9. 2000, Internet; D) – Zu 1.: In CH und D selten. Zu 2.: In CH selten

Seitpferd A D das; -(e)s, -e: ↗PAUSCHENPFERD A CH, ↗PFERDPAUSCHEN CH ›dem Rumpf eines Pferdes nachgebildetes Turngerät, bestehend aus einem lederbezogenen Körper mit zwei Griffen, der auf vier Beinen steht‹: *Nur auf dem Seitpferd, bei dem M. einmal zum Absteigen gezwungen wurde, musste der 18-jährige St. Valentiner Altmeister Katalin M. ziehen lassen* (OÖN 22. 5. 2000, 28; A); *An den Ringen habe ihm … Kraft gefehlt, am Seitpferd habe er einfach Pech gehabt* (Welt 20. 4. 1996, Internet; D)

sekkant A D-südost Adj. ⟨aus ital. *seccante*, Part. von *seccare* ›austrocknen‹⟩: ↗NERVIG D ›lästig, zudringlich‹: *Kleine Reparaturen, da während der Proben bestimmt etwas gerissen ist, da und dort noch ein Flitter und im letzten Moment werden die Kostümbildnerinnen meistens sekkant* (Bundesrealgymnasium Wien 19, 1998, Internet; A) – In D (ohne südost) veraltet. Vgl. Sekkatur, sekkieren

Sekkatur A die; –, -en (veraltend): ↗PIESACKEREI D (ohne südost) ›Quälerei‹: *Jeder Alleinerzieher empfindet in der Regel das Besuchsrecht des anderen als Sekkatur* (Kurier 3. 4. 1995, 11) – In D veraltet. Vgl. sekkant, sekkieren

sekkieren A D-südost sw.V./hat ⟨aus ital. *seccare* ›austrocknen‹⟩: **1.** ↗TRATZEN A-west (Tir.)/südost D-südost, ↗TRIEZEN D, ↗PIESACKEN D (ohne südost) ›belästigen, bedrängen; ärgern, necken, plagen‹: *Er, der sich, nachdem er sie sekkiert hatte, immer viel schneller mit ihr zu versöhnen verstand, anhänglicher, anschmiegsamer* (Glantschnig, Mirnock 69; A). **2.** ›peinigen, quälen‹: *Er denke, sie will aus dem Ofterdingen vorgelesen haben und er lese ihr aus dem Kropotkin vor, damit sekkiere er sie, keine andere Strafe sei wirksamer* (Bernhard, Kalkwerk 84; A) – In D (ohne südost) veraltet. Vgl. sekkant, Sekkatur – Dazu: **Sekkierer(in), Sekkiererei**

Sekt: *Sekt oder Selters siehe Selters

Sektionschef Sektionschefin der; -s, -s bzw. die; –, -nen: **1.** A; ↗BUNDESAMTSDIREKTOR CH, ↗MINISTERIALDIREKTOR D ›höchster Beamte bzw. höchste Beamtin in einem ↗Ministerium‹: *Sektionschef Sigurd H. weiß, dass vor allem die Studenten an den Kunsthochschulen einen besonderen Aspekt der Reform erkannt haben* (Presse 12. 2. 1998, 5). **2.** CH /Dienstgrad in der Bundesverwaltung und in ↗kantonalen Verwaltungen/: *1984 wurde er zum Sektionschef, 1987 zum Abteilungschef und 1990 zum Vizedirektor befördert* (Staatssekretariat Wirtschaft, 1999, Internet). **3.** CH (Militär) ›Chef(in) der Verwaltung und Kontrolle über die Militärdienstpflichtigen einer Gemeinde‹: *Vom Sektionschef erhält jeder Wehrpflichtige sein Dienstbüchlein; er ist seine persönliche Melde- und Auskunftstelle, und ihm hat er eventuell seinen*

Militärpflichtersatz – allgemein Militärsteuer genannt – zu entrichten (Zürcher Bürgerbuch 118)

Sekundarschule die; –, -n: **1.** CH; ↗HAUPTSCHULE A D, ↗REALSCHULE CH, ↗BEZIRKSSCHULE CH (AG, SO), ↗OBERSCHULE CH (GL, SO, ZH), ↗MITTELSCHULE STIR ›eine der an die ↗Primarschule anschliessenden Schulen der obligatorischen Schulzeit (in den meisten deutschsprachigen ↗Kantonen) bzw. Gebäude, in dem diese Schule untergebracht ist‹: *Ihm gestand sie auch, ... dass sie nie in der Sekundarschule gewesen war, und sie nahm ihm das Versprechen ab, dass er das niemandem, und vor allem dem Vater nicht, sagte* (Bichsel, Cherubin Hammer 41). **2.** STIR ⟨übersetzt aus ital. *scuola secondaria*⟩ ›Gesamtheit der an die ↗Grundschule anschließenden Schulen‹: *In den Sekundarschulen bestimmen ... die zuständigen Schulgremien, in welcher Weise die ladinische Sprache im Unterricht verwendet werden soll* (Südtirols Autonomie 188); ***Sekundarschule 1. Grades** ⟨übersetzt aus ital. *scuola secondaria di primo grado*⟩: ↗OBERSTUFE CH, ↗SEKUNDARSTUFE: *SEKUNDARSTUFE I CH D ›an die ↗Grundschule anschließende, drei Jahre dauernde Schule, deren Besuch verpflichtend ist‹: *Ich bewerbe mich um eine Stelle, für welche folgende Ausbildung vorausgesetzt ist: ... der Abschluss einer Sekundarschule 1. Grades ...* (Ansuchen um Zulassung zur Zweisprachigkeitsprüfung 1); ***Sekundarschule 2. Grades** ⟨übersetzt aus ital. *scuola secondaria di secondo grado*⟩: ↗OBERSTUFE A D, ↗SEKUNDARSTUFE: *SEKUNDARSTUFE II CH D ›an die obligatorische Schulausbildung anschließende höhere Schule, die zu einem berufsbezogenen Abschluss und/oder zur Hochschulreife führt‹: *Zur Immatrikulation in den Laureatsstudiengang Angewandte Informatik werden folgende Studienanwärter zugelassen: a) Absolventen einer 5-jährigen Sekundarschule 2. Grades ...* (Freie Universität Bozen, 2002, Internet) – Zu 1.: **Sekundarschulpflege** (↗Schulpflege). Zu 1. und 2.: **Sekundarlehrer(in), Sekundarschüler(in), Sekundarschulhaus** (↗Schulhaus) CH, **Sekundarschulklasse**

Sekundarstufe: *Sekundarstufe I CH D: ↗OBERSTUFE CH, ↗SEKUNDARSCHULE: *SEKUNDARSCHULE 1. GRADES STIR ›in der Schweiz drei bis fünf Jahre dauernder, zweiter Abschnitt der ↗Volksschule, für dessen Absolvierung verschiedene Schulformen (z. B. ↗Bezirksschule, ↗Progymnasium, ↗Realschule, ↗Sekundarschule und ↗Oberschule) zur Verfügung stehen; in Deutschland sechs Jahre dauernder, verpflichtender Abschnitt nach der ↗Grundschule, für dessen Absolvierung verschiedene Schulformen zur Verfügung stehen‹: *In Zürich tritt man nach sechs Jahren Primarschule in die Sekundarstufe I ein, im Aargau nach fünf* (TA 20. 12. 2000, 9; CH); *Ethik/Philosophie wird seit 1994 als Schulversuch in der Sekundarstufe I an 37 Schulen angeboten* (Welt 18. 9. 2000, Internet; D); ***Sekundarstufe II** CH D: ↗OBERSTUFE A D, ↗SEKUNDARSCHULE: *SEKUNDARSCHULE 2. GRADES STIR ›in der Schweiz Abschnitt nach der verpflichtenden Schulzeit, für dessen Absolvierung verschiedene Schulformen (z. B. Gymnasium, Berufsausbildungsschule, Diplommittelschule (↗Mittelschule)) zur Verfügung stehen; in Deutschland drei Jahre dauernder Abschnitt der schulischen Ausbildung zur Erlangung der Hochschulreife‹: *Knapp zwei Drittel der Jugendlichen absolvieren die Sekundarstufe II in einer Form der Berufsbildung, 17 Prozent besuchen Maturitätsschulen und 6 Prozent andere allgemein bildende Schulen* (Berufliche Bildung Schweiz, 1999, Internet; CH); *So liegt das durchschnittliche Einkommen von Hochschulabsolventen in Deutschland um mehr als 60 Prozent über dem von Absolventen mit Abschluss der Sekundarstufe II* (Welt 10. 12. 1996, Internet; D) – Die *Sekundarstufe I* und *II* ergeben in CH zusammengefasst die ↗*Oberstufe*. In A wird *Sekundarstufe I* bzw. *II* nur in der pädagogischen Fachliteratur gebraucht. Vgl. Schulstufe

Selbständigerwerbende CH der/die; -n, -n: ↗FREIBERUFLER A D, ↗FREIERWERBENDE CH ›nicht als Angestellte(r), sondern selbstständig Geld Verdienende(r); selbstständig Erwerbstätige(r)‹: *Er führt ein Treuhandbüro, ist Anlageberater, also Selbständigerwerbender* (Tierwelt 15. 8. 1997, 4) – Auch in der Form *Selbstständigerwerbende.* Vgl. Unselbständigerwerbende

Selbstbehalt A CH der; -(e)s, -e: ↗FRANCHISE CH, ↗SELBSTBETEILIGUNG D ›festgesetzter Betrag, der zusätzlich zu einer bestehenden Versicherung oder Finanzierung durch öffentliche Mittel von der versicherten Person bei einem Schadens- oder Krankheitsfall o. Ä. selbst übernommen werden muss‹: *Von den Eltern will der Familienminister trotz Einsparungen durch ein teilweises Leihsystem weiterhin einen Selbstbehalt einheben* (SN 3. 5. 1997, 2; A); *Unbestritten ist, dass die Baukosten von 11 bis 12 Millionen Franken abzüglich eines Selbstbehaltes von 200'000 Franken vom Bund getragen werden* (BaZ 17. 10. 1997, 39; CH) – In D fachsprachlich

Selbstbescheinigung STIR die; –, -en ⟨übersetzt aus ital. *autocertificazione*⟩: ↗SELBSTDEKLARATION CH, ↗EIGENERKLÄRUNG D STIR ›selbstständig gemachte Angaben [über zu leistende Abgaben]‹: *Wer bei der Selbstbescheinigung mogelt, muss mit einer Anzeige bei der Gerichtsbehörde rechnen* (Dolomiten 7. 3. 2001, 22)

Selbstbeteiligung D die; –, -en: ↗SELBSTBEHALT A CH, ↗FRANCHISE CH ›festgsetzter Betrag, der zusätzlich zu einer bestehenden Versicherung oder Finanzierung durch öffentliche Mittel vom Versicherten bei einem Schadens- oder Krankheitsfall o. Ä.

selbst übernommen werden muss‹: *S. will mit den beiden Gesetzen künftige Ausgabensteigerungen auf drei Schultern verteilen: Arbeitgeber, Arbeitnehmer und – durch eine höhere Selbstbeteiligung – Patienten* (Welt 12. 6. 1997, Internet)

Sẹlbstbinder A D-südost der; -s, –: ↗ Schlips D (ohne südost) ›Krawatte‹: *Beim Dinner der Staats- und Regierungschefs mit der Queen am Montag Abend tauchte der Bundeskanzler, der sonst ausschließlich rot trägt, mit einem silbergrau gemusterten Selbstbinder auf* (Kurier 17. 6. 1998, 3; A) – Vgl. Binder

Sẹlbstdeklaration CH die; –, -en: **1.** ↗ Eigenerklärung D STIR, ↗ Selbstbescheinigung STIR ›selbständig gemachte Angaben über zu leistende Abgaben‹ (oft in Zusammenhang mit dem selbstständigen Ausfüllen der Steuererklärung): *Für den Vorsteher der Steuerverwaltung … sähe der Idealzustand so aus: Die Steuererklärungen werden unbesehen übernommen und die Steuerpflichtigen gemäss ihrer Selbstdeklaration veranlagt* (St. Galler Tagbl 24. 10. 1997, Internet). **2.** ›Selbsteinschätzung‹: *Arnold S., Jahrgang 1954, Romancier, Lyriker, Psalmenübersetzer und gemäss Selbstdeklaration »bekennender Regionalschreiber«, ist morgen Samstag … auf dem Bodensee zu Gast* (St. Galler Tagbl 10. 9. 1999, Internet)

Sẹlbstkocher Sẹlbstkocherin CH der; -s, – bzw. die; –, -nen: ›Person, die in einer Reiseunterkunft oder Ferienwohnung selbst kocht‹: *Ein Haus für Erholungssuchende Wandernde, Senioren, Umweltbewusste, Selbstkocher, Rollstuhlfahrende, Lernende* (VCS-Ztg 11/1997, 13)

Selbstständigerwerbende siehe Selbständigerwerbende

Sẹlbsttor D das; -(e)s, -e: ↗ Eigengoal CH ›versehentlicher Treffer ins Tor der eigenen Mannschaft; Eigentor‹: *Dirk van der V. zum 1:1 und Sven B. mit einem Selbsttor zum 2:2 glichen jeweils für Bielefeld aus* (LVZ 12. 3. 2002, Internet)

sẹlbsttragend A CH Adj.: ›selbstfinanzierend‹: *Wie sollte ein Marketingkonzept für das Projekt Heilpädagogische Ambulanz der Stiftung Grünau aussehen, um perspektivisch Planstellen selbsttragend finanzieren zu können?* (WU Wien, 2003, Internet; A); *Seit der Trennung von Post und Swisscom müssen beide Geschäftszweige selbsttragend sein* (Dorfposcht 27. 11. 1998, Internet; CH) – Die Bedeutung ›sich ohne zusätzliche Konstruktionen selbst stützend‹ ist gemeindt.

Sẹlbstunfall CH der; -(e)s, …fälle: ›Unfall, bei dem ausser dem Unfallverursachenden kein weiterer Verkehrsteilnehmer bzw. keine -teilnehmerin beteiligt ist‹: *Am Donnerstag um ungefähr 19.35 Uhr ereignete sich ein Selbstunfall auf der Autobahn J 18, Fahrtrichtung Delémont, bei welchem der nicht angegurtete Beifahrer schwere Kopfverletzungen erlitt* (BaZ 25./26. 10. 1997, 41)

Sẹlbstverlad CH der; -(e)s, ohne Plur.: ›eigenhändiges Verladen (eines Fahrrades) in ein öffentliches Verkehrsmittel‹: *Für den Velotransport per Selbstverlad ist bei den Schweizerischen Bundesbahnen SBB sowie bei den meisten Privatbahnen keine Reservation nötig* (Veloland Schweiz, 2001, Internet) – Vgl. Verlad

Sẹlch A D-südost die; –, -en: ↗ Selchkammer A D-südost, ↗ Räucherkammer A-west (Vbg.) CH D ›Raum zum Räuchern von Fleisch, Wurst und Fisch‹: *Vor dem Backofen sah er ihre bucklige Gestalt Brot herausholen, im Vorhaus sah er sie den Ofen heizen, die Selch heizen* (Innerhofer, Schöne Tage 71; A) – Auch in der Form *Selche* (die; –, -n) – Dazu: ↗**selchen**

Sẹlche A D-südost die; –, -n: siehe Selch

sẹlchen A D-südost sw.V./hat: ›(Fleisch, Wurst und Fisch) räuchern‹: *An den Stangen unter der Decke hängt Speck zum Selchen* (Pfaundler, Jungbürgerbuch 735; A) – Vgl. Geselchte, Selch, Selcher, Selcherei, Selchfleisch, Selchkammer, Selchkarree, Selchroller

Sẹlcher der; -s, –: **1. Selcher Selcherin** A der; -s, – bzw. die; –, -nen ›Person, die berufsmäßig Fleisch, Wurst und Fisch räuchert‹: *Er ist Metzger und begnadeter Selcher in Aurolzmünster und erzeugt typische österreichische Genussmittel in seiner Metzgerei: Speck und Rohwürste sind seine Spezialität* (Firma Heinrich Hable Fleischwaren KG, 2000, Internet). **2.** A-südost kurz für *Selchwurst:* ›geräucherte Wurst‹ /eine Wurstsorte/: *Schinken, Selcher, Eier und Reindling gehören heute unbedingt zur Fleischweihe* (Kleine Ztg 14. 4. 2001, Internet) – Vgl. selchen – Zu 1.: ↗**Selcherei, Selchergeschäft, Selchermeister(in)**

Selcherei A die; –, -en: ↗ Räucherei CH D ›Fachbetrieb, in dem Wurst, Fleisch und Fisch geräuchert und zum Verkauf angeboten wird‹: *1914 erfolgte der Umbau der Fleischbank … 1926 die Vergrößerung der Wursterei, Selcherei und des Maschinenraumes* (Metzgerei Vinzenz Leitner KG, 2000, Internet) – Vgl. selchen, Selcher – Dazu: **Selchereibetrieb**

Sẹlchfleisch A D-südost das; -(e)s, ohne Plur.: ↗ Geselchte A D-südost, ↗ Geräucherte CH D, ↗ Rauchfleisch CH D (ohne südost) ›geräuchertes Schweinefleisch‹: *Beim Selchfleisch allerdings hat es einmal eine ganz unbedeutende Verstimmung gegeben* (Palla, Gemischtwarenhändlerin 106; A) – Vgl. selchen – Dazu: **Selchfleischknödel** (↗ Knödel)

Sẹlchkammer A D-südost die; –, -n: ↗ Selch A D-südost, ↗ Räucherkammer A-west (Vbg.) CH D ›Raum zum Räuchern von Fleisch, Wurst und Fisch‹: *Blühende Wiesen und Kräutergärten, frisch gebackenes Bauernbrot und selbst gerührte Butter, Käsekeller und*

Selchkammer ... – so schön kann Urlaub am Bauernhof sein! (Interaktive Salzburg-Karte, 2000, Internet; A) – Vgl. selchen

Selchkarree A das; -s, -s: ↗Kasseler D (ohne südost) ›geräuchertes Rückenstück vom Schwein, das im Ganzen gekocht wird‹: *Im Chicoree-Heimatland Belgien lieben die Flamen ihre Spitzen mit gleichviel Äpfeln und einer Handvoll Rosinen, mit Selchkarree im Rohr 25 Minuten geschmort* (OÖN 8. 1. 2000, 20) – Vgl. selchen

Selchroller A der; -s, –: ↗Kasselerrollbraten D-mittel ›zusammengerolltes geräuchertes Schweinefleisch; Rollschinken‹: *Auf Grund einer Anzeige des Detektivs ... veranstaltete die Polizei bei dem angeblichen Dieb sogar eine ausgewachsene Hausdurchsuchung, stellte dessen Eigenheim auf den Kopf und fand – nichts, zumindest keinen Selchroller, aber auch keine anderen verdächtigen Waren* (OÖN 13. 7. 1994, 13) – Vgl. Roller, selchen

Sellerie die; –, -(n)/der; -s, –: in A (ohne südost) auch Femininum, gemeindt. Maskulinum: *Sobald die Sellerie weich gedünstet ist, den Deckel abnehmen und die Flüssigkeit fast zur Gänze einreduzieren* (Keplingerwirt, St. Johann am Wimberg, 1999, Internet; A) Die Betonung liegt auf der ersten, in A auch auf der letzen Silbe

Selters D-nord/mittel das; –, –: ↗Mineral A CH, ↗Sprudelwasser CH D-nord/mittelwest, ↗Sprudel D ›Mineralwasser‹: *Die Unterschiede sind augenfällig: Rudolf S. bestellte vergangenes Jahr ein Selters, Oskar L. lässt diesmal ein Kännchen Kaffee servieren, wo ringsum Maßkrüge stehen* (Welt 22. 2. 1996, Internet); ***Sekt oder Selters** ›alles oder nichts‹: *Sekt oder Selters: Soll es das billigste »gute« Handy im Test sein ... oder das designstarke Minihandy ... für 1300 Mark?* (Test 12/1997, 35) – Dazu: **Seltersflasche, Selterswasser**

Semester LUX das; -s, –: ›Halbjahr‹: *Diskussionslos wurden die Taxenrollen des 1. Semesters 1999 ... genehmigt* (Luxemb Wort 21. 9. 1999, 14) – In CH selten. Die Bedeutung ›Schul- und Studienhalbjahr‹ ist gemeindt.

Semesterferien A die; nur Plur.: ↗Energieferien A, ↗Fasnachtsferien CH, ↗Sportferien CH, ↗Zeugnisferien D-nordwest/mittel ›zwischen den Schulhalbjahren liegende, einwöchige Schulferien im Februar‹: *Ausgerechnet am 11. 11., dem Beginn der Fasnat, legt Ministerin Elisabeth Gehrer dem Ministerrat einen Entwurf zur Abänderungen des Schulzeitgesetzes vor, der darauf abzielt, Semesterferien flexibler gestalten zu können* (VN 11. 11. 1997, A 1) – Die Bedeutung ›vorlesungsfreie Zeit zwischen zwei Semestern‹ auf Hochschulebene ist gemeindt.

Semifinale A D das; -s/...finals, -/...finals/...finali (Sport): ↗Halbfinale A D, ↗Halbfinal CH ›einer von zwei Wettkämpfen, deren Sieger um den Gesamtsieg in einem Wettbewerb spielen bzw. kämpfen‹: *Wer Semifinale und Finale sehen will, muss ebenfalls schnell zuschlagen. Es gibt nur noch Restkarten* (Kurier 1. 2. 1996, 27; A); *Im Semifinale steht auch Anke H., die im Doppel ... gewann* (SZ 31. 3. 2000, Internet; D) – Der Plural lautet in A ...finale und ...finali, in D ...finale oder ...finals. Vgl. Finale

Seminar das; -s, -e/-ien: **1.** CH kurz für ↗*Lehrerseminar:* ↗Akademie: *Pädagogische Akademie A, ↗Hochschule: Pädagogische Hochschule CH D ›höhere Schule zur Ausbildung von Kindergärtner(inne)n und ↗Primarlehrer(inne)n und zur pädagogischen Ausbildung von Fachlehrer(inne)n bzw. Gebäude, in dem diese Schule untergebracht ist‹: *Nach der Ausbildung zur Primarlehrerin am Seminar Küsnacht besuchte Margrit B. die Schauspielschule* (Siegrist, Schweizer Erzählungen 376). **2.** CH D ›universitäres Institut‹: *Im Historischen Seminar der Universität Basel ging es indessen sehr geruhsam zu* (Weibel, Mai 187; CH); *Das Englische Seminar der Philosophischen Fakultät vertritt das Studium der englischen Sprache, Literatur und Kultur* (Universität Köln 2. 12. 2002, Internet; D) – Andere Bedeutungen sind gemeindt. In der Bedeutung ›Priesterseminar‹ lautet der Plural auch *Seminarien*, in D nur *Seminare* – Zu 1.: ↗**Seminarist(in), Seminarlehrer(in)**

Seminarist Seminaristin CH der; -s/-en, -en bzw. die; –, -nen: ›Person, die sich an einem ↗Kindergärtnerinnenseminar oder ↗Lehrerseminar ausbilden lässt‹: *An der Patentfeier des Kindergärtnerinnenseminars Spiez konnten 18 Seminaristinnen und ein Seminarist ihr Patent entgegennehmen* (Bund 30. 6. 1998, 31) – In D selten. Die Bedeutung ›Person, die an einem Priesterseminar ausgebildet wird‹ ist gemeindt. Vgl. Seminar

Semmel A D-nordwest/südost die; –, -n: ↗Laibchen A, ↗Weckerl A D-südost, ↗Brötli CH, ↗Bürli CH, ↗Mutschli CH, ↗Weggen CH, ↗Brötchen D-nord/mittel, ↗Rundstück D-nordwest (bes. Hamburg), ↗Schrippe D-nordost (bes. Berlin), ↗Wecken D-südwest ›kleines rundes aus Brotmehl hergestelltes Gebäck‹: *In der Früh, bevor ich in die Fabrik ging, habe ich für eine Bäckerei Semmeln und Brot ausgetragen* (Ganze Woche 5. 11. 1997, 36; A); *Gegessen wird die Roster gleich in der Semmel ... mit Senf drauf* (Thüringen-Mosaik, 1999, Internet; D-nordwest/südost); ***weggehen wie warme Semmeln** A D: ↗Weggli: *weggehen wie frische Weggli CH ›sich besondes gut und schnell verkaufen‹: *Die »Größten Hits der 80er und 90er« gehen weg wie die warmen Semmeln* (Ö3 Magazin 9/1997, 68; A); *Die* *neuen Kompaktrechner von Apple gehen in den USA weg wie warme Semmeln* (Geld online 4. 9. 1998, Internet; D) – Dazu: **Buttersemmel, Fleischkässemmel** (↗Fleischkäse), **Kaisersemmel, Käsesemmel, Leberkässemmel** (↗Leberkäse), **Marmeladesemmel** (↗Marmelade), **Schinkensemmel, semmelblond,** ↗**Semmelbrösel** A D, **Semmelknödel** (↗Knödel), ↗**Semmelkren** A, ↗**Semmelmehl** D (ohne mittelwest/südwest), **Semmelschmarren** (↗Schmarren), **Wurstsemmel**

Semmelbrösel A D die; nur Plur.: ↗Brösel A D-mittelost/südost, ↗Paniermehl CH D, ↗Semmelmehl D (ohne mittelwest/südwest) ›sehr fein gemahlenes, trockenes Weißbrot, das in der Küche vielfältig verwendet wird, z. B. zum Panieren‹: *Mehl, Zucker, Reis, Semmelbrösel und Teigwaren werden trocken, kühl und dunkel gelagert* (Plachutta, Küche 17; A); *Schafkäse zuerst in Ei und dann in Semmelbrösel wenden* (Brigitte 11/1996, 208; D) – Vgl. Semmel

Semmelkren A der; -s, ohne Plur.: ›Brei aus eingeweichten ↗Semmeln und ↗Kren als Beilage für Rindfleischgerichte‹: *Das Mastochsenfleisch war mürb und fein, der Semmelkren vorzüglich* (Standard 22. 3. 2002, Internet)

Semmelmehl D (ohne mittelwest/südwest) das; -(e)s, ohne Plur.: ↗Brösel A D-mittelost/südost, ↗Semmelbrösel A D, ↗Paniermehl CH D ›sehr fein gemahlenes, trockenes Weißbrot‹: *Knödel … in angeröstetem Semmelmehl wälzen und mit Zimt und Zucker bestreut zu Tisch geben* (TU Hamburg-Harburg 8. 7. 2002, Internet) – Vgl. Semmel

sempern A sw.V./hat (Grenzfall des Standards): ↗matschkern A-ost, ↗sumsen A-west (Tir.), ↗raunzen A D-südost, ↗mäkeln CH D, ↗mosern D ›seiner Unzufriedenheit durch ständige, kritisierende Äußerungen Ausdruck verleihen; nörgeln‹: *Der Edi war kein Streiter, wenn ich gesempert hab', ist er einfach gegangen!* (Kleine Ztg 4. 3. 2002, Internet)

Senat der; -(e)s, -e: **1.** D (Berlin, Bremen, Hamburg); ↗Stadtsenat A (Wien), ↗Landesregierung A D, ↗Kantonsregierung CH, ↗Regierungsrat CH, ↗Staatsrat CH-west (FR, VS), ↗Standeskommission CH-ost (AI), ↗Landesausschuss STIR ›Regierung der ↗Bundesländer Berlin, Bremen und Hamburg‹: *Der Berliner Senat etwa sieht bis zum Jahr 2003 Einsparungen von rund 300 Millionen Mark vor* (Spiegel Special 6/1998, 18). **2.** A D; ↗Kammer CH D ›aus mehreren Richter(inne)n bestehendes Gremium für die Rechtsprechung (bei Gerichten höherer Instanz)‹: *Der Senat glaubte den beiden kein Wort. Dennoch fiel die Strafe für den Angeklagten ausgesprochen milde aus* (Neue Vorarlberger Tagesztg 9. 10. 2002, 12; A); *Das Gericht setzt sich aus zwei Senaten mit jeweils acht Mitgliedern zusammen* (Bundesverfassungsgericht, 2002, Internet; D). **3.** STIR ⟨übersetzt aus ital. *senato*⟩ ›zweite Kammer des italienischen Parlaments‹: *Der Senat hat gestern mit den Stimmen der Mehrheit und der Enthaltung von Forza Italia ein neues Fürsorgegesetz verabschiedet* (Neue Südtiroler Tagesztg 19. 10. 2000, 7) – Zu 1.: ↗**Senatsverwaltung** D (Berlin). Zu 1. und 3.: ↗**Senator(in), Senatspräsident(in), Senatswahl.** Zu 2.: **Senatspräsident(in), Senatsprozess,** ↗**Strafsenat** D. Zu 3.: **Senatswahlkreis**

Senator Senatorin der; -s, -en bzw. die; –, -nen ⟨aus lat. *senator* zu *senatus* ›Rat der Alten‹⟩: **1.** D (Berlin, Bremen, Hamburg); ↗Landesrat A, ↗Stadtrat: *amtsführende Stadtrat A (Wien), ↗Departementschef CH, ↗Departementsvorsteher CH, ↗Regierungsrat CH, ↗Staatsrat CH-west (FR, VS), ↗Landesminister D, ↗Minister D, ↗Assessor STIR ›Mitglied der ↗Landesregierung in Berlin, Bremen oder Hamburg‹: *Fußball-Manager wird Senator in Bremen* (Welt 22. 6. 1999, Internet). **2. *Der Senator für …** D (Bremen); ↗Amt: *Amt der … Landesregierung A (ohne Wien), ↗Magistrat A (Wien), ↗Departement CH, ↗Direktion CH, ↗Ministerium D, ↗Behörde D (Hamburg), ↗Senatsverwaltung D (Berlin) ›höchste Verwaltungsbehörde des ↗Bundeslandes Bremen‹: *Der Senator für Arbeit, Frauen, Gesundheit, Jugend und Soziales – Bereich Gesundheit, Jugend und Soziales – Abteilung Gesundheitswesen* (Bremen, Politik-digital 21. 8. 2000, Internet). **3.** STIR ⟨übersetzt aus ital. *senatore* bzw. *senatrice*⟩ ›Mitglied der zweiten ↗Kammer des italienischen Parlaments‹: *So ist z. B. das Amt des Kammerabgeordneten und Senators, eines Verfassungsrichters, eines Gemeinderatsmitglieds einer Gemeinde der Region … mit dem Amt eines Regionalratsabgeordneten unvereinbar* (Südtirols Autonomie 28) – Vgl. Senat – Zu 1.: **Finanzsenator(in), Innensenator(in)**

Senatsverwaltung D (Berlin) die; –, -en: ↗Amt: *Amt der … Landesregierung A (ohne Wien), ↗Magistrat A (Wien), ↗Departement CH, ↗Direktion CH, ↗Ministerium D, ↗Behörde D (Hamburg), ↗Senator: *Der Senator für … D (Bremen) ›höchste Verwaltungsbehörde des ↗Bundeslandes Berlin‹: *… dass die Senatsverwaltung nur eine Begründung dafür sucht, warum noch nicht mit dem Bau begonnen wurde* (Berliner Ztg 25. 4. 1994, Internet) – Vgl. Senat

Sendeformat A D das; -(e)s, -e: ↗Sendegefäss CH ›Radio- oder Fernsehreihe, die sich immer demselben Themenbereich widmet oder dieselbe Form hat‹: *Weil es offenbar sehr anstrengend und in Zeiten verschärfter Quotenjagd auch sehr riskant ist, sich eigene Rätselrate-Ideen auszudenken, wurde hier – wie auch bei »Quiz Einundzwanzig« oder der »ORF-Millionen-Show« – ein bewährtes Sendeformat einfach kopiert* (Kurier 4. 7. 2000, 28; A); *Für talentierte Hobbyfilmer* *gibt es sogar ein eigenes Sendeformat, Video-Pannenshows* (Arte 11. 2. 2000, Internet; D) – Vgl. Format

Sendegefäss CH das; -es, -e: ↗FORMAT A D, ↗SENDEFORMAT A D ›Radio- oder Fernsehreihe, die sich immer demselben Themenbereich widmet oder dieselbe Form hat‹: *Im Weiteren gibt es auf DRS2 vom 6. April 1998 an ein neues Sendegefäss; ein Magazin mit Kurzbeiträgen, das sich mit kulturellen und gesellschaftlichen Themen befasst* (Zoomtip 4. 8. 1998, Internet)

Senf (gemeindt.): ↗MOSTRICH

Senge D-nord/mittel die; –, ohne Plur. (salopp): ↗DRESCHE D-nord/mittel, ↗HAUE D-nord/mittel, ↗KEILE D-nord/mittel, ↗KLOPPE D-nord/mittel ›Prügel, Schläge‹: *Hermann. R. aus Koblenz … hatte ihm die Senge eigentlich erst ein paar Tage später in Aussicht gestellt. Er hatte dem L. auf dem Bahnsteig … zugerufen: »Du roter Hund, in Tuttlingen breche ich dir die Knochen!«* (Spiegel 15. 5. 2000, Internet)

Senioren CH D die; nur Plur. (Sport): kurz für *Seniorenmannschaft:* ↗ALTHERREN A D-nordost/mittelwest ›ältere [ehemalige] Spieler‹: *Am Abend spielten die Senioren und Veteranen der Spielergruppierungen Buttikon/Tuggen* (FC Tuggen, 2003, Internet; CH); *Die II. Senioren wurde in der Saison 2002/2003 unangefochten Meister* (HSC Alswede 14. 7. 2003, Internet; D) – *Senior* in der Bedeutung ›älterer Mensch‹ ist gemeindt.

Seniorenheim A D das; -(e)s, -e: ↗PENSIONISTENHEIM A, ↗ALTERSASYL CH, ↗ALTENHEIM D, ↗FEIERABENDHEIM D-ost ›Heim für betagte Menschen; Altersheim‹: *Vom Fenster des Bahnwärterhäuschens hatte ich eine müde Novembersonne … gesehen, wie bei einem letzten Walzer beim bunten Abend im Seniorenheim* (Wieninger, Mann 77; A); *In unserem Seniorenheim gibt es keine fest geregelten Besuchszeiten* (AWO Auerbach, 2000, Internet; D)

senkrecht CH Adj.: ›aufrichtig, rechtschaffen, ehrenhaft‹ (häufig in Wendungen wie *senkrechter Bürger* bzw. *senkrechte Bürgerin, senkrechter Eidgenosse, senkrechter Schweizer* bzw. *senkrechte Schweizerin*): *Mein Hauptlehrer an der Realschule war Herr Jakob S., ein stattlicher, tüchtiger, senkrechter Mann mit Grundsätzen* (Hohler, Strom 54) – Die Bedeutung ›vertikal, rechtwinklig abstehend‹ ist gemeindt.

Senn Sennin A CH D-süd der; -(e)s, -en bzw. die; –, -nen: ↗ALMER A-west (Tir.), ↗SCHWAIGER A-mitte/ost, ↗ÄLPLER A-west (Vbg.) CH, ↗SENNER A D-mittelost/südost ›Person, die eine ↗Alm bewirtschaftet‹: *Der Senn hat daraufhin gesagt, sie sollen doch heroben bleiben, man ginge jetzt nicht mehr hinunter, sie könnten im Heu schlafen* (Wäger, D'Alp 119; A); *Von Göschenen aus sind wir am Samstagnachmittag bis auf eine Alp in der Nähe des Berges aufgestiegen. Dort haben wir beim Senn in der Hütte das Nachtessen eingenommen* (Tschudin, Ehre 124; CH) – Die weibliche Form *Sennin* ist in D-süd nicht gebräuchlich. Die Form *Senne* ist in A veraltet, in CH selten – Dazu: ↗**sennen** A CH D-südost, **Sennenchilbi** (↗Chilbi) CH, **Sennenchäppi** CH, **Sennenchutte** CH, **Sennhütte** A-west (Vbg.) CH D-süd, ↗**Sennerei** A CH D-mittelost/süd, **Zusenn** CH

sennen A CH D-südost sw.V./hat: ↗ALPEN A-west (Vbg.) CH, ↗SÖMMERN A-west (Vbg.) CH ›eine ↗Alm bewirtschaften, insbesondere Käse herstellen‹: *Seit Juni wird in modernster Anlage nach EU-Reglement gesennt* (VN 19. 7. 1999, B 6; A); *Wer heute sommers vielerorten sennt oder hirtet, hat Düsseldorf im Hirn, Wien oder Frankfurt in den Kutteln oder beileibe Zürich in den Poren, unauslöschlich, weil dort aufgewachsen* (TA 31. 1. 2000, Internet; CH) – Vgl. Senn, Senner, Sennerei

Senner Sennerin A D-mittelost/südost der; -s, – bzw. die; –, -nen: ↗ALMER A-west (Tir.), ↗SCHWAIGER A-mitte/ost, ↗SENN A CH D-süd, ↗ÄLPLER A-west (Vbg.) CH ›Person, die eine ↗Alm bewirtschaftet‹: *War es ein guter Sommer auf den mehr als 20 Almen, gab es keinen Unfall, legen die Sennerinnen und Senner ihren Kühen Kopfschmuck an* (OÖN 13. 8. 1994, 5; A) – Vgl. sennen

Sennerei A CH D-mittelost/süd die; –, -en: ›kleine [bäuerliche] Käserei in den Bergen‹: *Kein Dreigroschenroman, sondern eine wahre Begebenheit hoch droben auf der Alm, wo Lisi (19) und Leo (22) in trauter Zweisamkeit die Sennerei bewirtschaften* (OÖN 22. 8. 1991, 5; A); *Johann Gottfried Ebels vielgelesene »Anleitung, die Schweiz zu bereisen« empfiehlt in der Ausgabe um 1800 neben dem Rheinfall, dem Rütli, der Tellsplatte, einer Rigi-Sennerei und dem Grabmal von Hindelbank auch den Besuch von Pestalozzis Institut in Burgdorf* (Bund 29. 6. 1996, Z1; CH) – Vgl. sennen

Sensal Sensalin A der; -(e)s, -e bzw. die; –, -nen ⟨aus ital. *sensale* ›Makler, Vermittler‹⟩: ↗MAKLER A D ›freiberuflich tätige Person, die Verträge, Geschäftsabschlüsse und Warenkäufe vermittelt (bes. an der Börse und auf Auktionen)‹: *Mit 27 Jahren avancierte er zum jüngsten Sensal an der Wiener Börse* (Trend 11/1996, Internet) – Vgl. Sensarie – Dazu: **Börsensal(in)** (↗Börse-)

Sensalie siehe Sensarie

Sensarie A die; –, -n ⟨aus ital. *sensaria* ›Vermittlung‹⟩: ›Honorar für von ↗Maklern vermittelte Geschäfte an der Börse; Provision, Courtage‹: *Die Sensarie betrug 1‰ des umgesetzten Betrags* (Wiener Börse, 2001, Internet) – Selten auch in der Form *Sensalie*. Vgl. Sensal

Sensation (gemeindt.): ↗KNALLER, ↗KNÜLLER

Sepp A CH D-südost: ↗Joschi A-ost/südost, ↗Pepi A D-südost Kurzform des männl. Vornamens *Josef*: *Seit mittlerweile 18 Jahren ist Sepp W. ... »hauptberuflicher« Rodelbauer* (Kleine Ztg 6. 12. 1998, Internet; A); *Ist es nun reaktionärer Schwachsinn, dass Moritz, Markus und Sepp gelacht haben sollen, oder haben Moritz, Markus und Sepp über reaktionären Schwachsinn gelacht?* (NZZ 29. 9. 2000, 47; CH) – In A (ohne mitte/ost) und D-südost auch in den Formen *Sepperl, Seppi, Seppl*, in CH auch in der Form *Seppli*

sequestrieren STIR sw.V./hat ⟨aus ital. *sequestrare* ›beschlagnahmen‹⟩: ›etw. behördlich entziehen; beschlagnahmen‹: *Das Fahrzeug des Typs Fiat Punto wurde von der Grenzpolizei sequestriert* (Neue Südtiroler Tagesztg 27. 10. 2000, 12) – Die Verwendungen in den Bereichen Medizin und Recht sind fachsprachlich gemeindt.

serbeln CH sw.V./ist: ↗absterbeln CH, ↗abnibbeln D-nordost/mittel (bes. Berlin) ›langsam [ab]sterben‹: *Wer die neue Leitung des serbelnden Theaters übernimmt, ist noch unklar* (Blick 28. 11. 1998, 2) – Dazu: **dahinserbeln, verserbeln**

Serie STIR die; –, -n ⟨ital.⟩: ↗Staatsliga A, ↗Bundesliga A D, ↗Nationalliga CH ›Spielklasse in einigen Sportarten, z. B. Fußball, Eishockey‹: *Die Serie B bröckelt in ihren Grundfesten* (Dolomiten 27./28. 10. 2001, 50) – Die höchste Spielklasse einer Mannschaftssportart heißt *Serie A*, die zweithöchste *Serie B*. Andere Bedeutungen sind gemeindt.

Servela siehe Cervelat

Servelat siehe Cervelat

Servelatprominenz siehe Cervelatprominenz

Service das/der; –, ohne Plur.: ist in der Bedeutung ›Dienstleistung, Kundendienst, Bedienung‹ in A auch Neutrum, gemeindt. Maskulinum. In dieser Bedeutung lautet die Aussprache in A ['sø:ɐ̯vɪs] und in D ['zø:ɐ̯vɪs] nach engl. *service* ›Dienst, Bedienung‹, in CH meist ['sɛrvis] nach dem frz. *service* ›Dienstleistung, Bedienung‹: *Ich will das Besondere, beste Qualität, erstklassiges Service, kompetente Beratung* (Kurier 5. 11. 1997, 8; A) – Die Bedeutung ›Tafelgeschirr‹ ist gemeindt. und Neutrum (das; -/-s, -), Aussprache in A [sɛr'vi:s], in CH ['sɛrvis], in D [zɛr'vi:s]

Serviceangestellte CH der/die; -n, -n ['sɛrvis...]: ↗Schani A-ost, ↗Bedienung A D, ↗Ober A D, ↗Serviertochter CH ›Person, die in einem Restaurant bedient; Kellner(in)‹: *Die Serviceangestellte bahnt sich geduldig den Weg zwischen Journalisten, Kabeln und Kameras* (Bund 7. 12. 2000, 5) – In A selten

Servicemonteur Servicemonteurin CH der; -s, -e bzw. die; –, -nen ['sɛrvismɔntœ:r] ⟨aus frz. *service* ›Dienst‹ und *monteur*, zu *monter* ›montieren‹⟩: ›Servicetechniker(in)‹: *Für den Verkehr müsse ... alles zugänglich sein, weil ein Servicemonteur ... sonst nicht mehr innert nützlicher Frist den kaputten Kühlschrank reparieren könne* (Bund 29. 10. 1996, 21) – Vgl. Service

Servicepersonal (gemeindt.): ↗Servierpersonal

Servicetechniker (gemeindt.): ↗Servicemonteur/Servicemonteurin

Servierpersonal A CH das; -s, ohne Plur.: ›Personal, das in einem Restaurant bedient; Servicepersonal‹: *Eilig saust das Servierpersonal durch Schanigärten und Wirtsstuben* (OÖN 17. 6. 1999, Internet; A); *Das Servierpersonal hat derzeit alle Hände voll zu tun. Denn im Gastgewerbe sind Tausende von Stellen unbesetzt* (TA 19. 10. 2000, 31; CH)

Serviertochter CH die; –, ...töchter: ↗Bedienung A D, ↗Serviceangestellte CH ›Frau, die in einem Restaurant bedient; Kellnerin‹: *Die Serviertochter fragte, ob sie einkassieren dürfe, sie habe Zimmerstunde* (Brechbühl, Kneuss 39)

servus A D-südost ⟨aus lat. *servus* ›Diener‹. Ursprüngl. in der österr.-ungar. Monarchie üblicher Gruß unter Offizieren⟩ (Grenzfall des Standards): **1.** ↗Gott: *grüß dich/euch [Gott] A D-süd, ↗hoi CH, ↗salü CH ›hallo‹ /Grußformel (zur Begrüßung von näher bekannten, befreundeten oder verwandten Personen)/: *Servus, Grabner, haben sie ihm zugerufen, und beim Tee wurde über Gleichheit am Arbeitsplatz diskutiert* (Kaiser, Oktoberfrühling 29; A). **2.** ↗baba A, ↗*pfiat di/euch [Gott] A D-südost, ↗salü CH, ↗ade CH D-südwest ›tschüss‹ /Grußformel (zur Verabschiedung von näher bekannten, befreundeten oder verwandten Personen)/: *Also spute dich, Amigo, meine Zeit ist auch bemessen. Servus!* (Semrau, Zimtapfel 14; A); ***[na] servus!**: ↗Gott: *pfiat di Gott [schöne Gegend] A D-südost, ↗Mahlzeit: *na Mahlzeit! A D-südost; *[na denn] prost Mahlzeit! D, ↗Backe: *au Backe! D (ohne südost), ↗Ei: *Ach du dickes Ei! D-nord/mittel, ↗grün: *Ach du grüne Neune! D (ohne südwest) /Ausruf des Erschreckens bzw. der Betroffenheit/: *Na servus denk ich, jetzt wird es etwas ungemütlich* (Hexengeschichten, 2002, Internet; A)

Sessel der; -s, –: **1.** A ›Stuhl‹: *Auf den Sesseln rutschen die Gesäße hin und her, klopfende, scharrende Füße, alle schauten allen ins Gesicht* (Glantschnig, Mirnock 19). **2.** CH D; ↗Fauteuil A CH ›gepolstertes Sitzmöbel; Polstersessel‹: *Das Porträt seiner [Picassos] Geliebten Marie-Therese Walter, schlafend in einem Sessel, gilt als Meisterwerk der Kunst des 20. Jahrhunderts* (Bund 11. 11. 1999, 44; CH); *Die niedrigen Sessel waren weich und bequem* (Noack, Hautfarbe 51; D). **3.** CH ›Sitz in einer Behörde; Mandat im Parlament‹: *Jetzt holte der prominente Paraplegiker-*

Chefarzt für die Aargauer CVP einen Sessel (Blick 25. 10. 1999, 4) – Zu 1.: Das gemeindt. Wort *Stuhl* ist das in A-west/südost häufiger gebrauchte Wort, *Sessel* wird bewusst als Austriazismus verwendet – Zu 1.: ↗**sesselreiten** A-mitte/ost. Zu 3.: **Sesselhocker(in), Sesselkleber(in)** A CH, ↗**Sesselrücken** A CH, ↗**Sesseltanz** CH

sesselreiten A-mitte/ost st.V./ist (meist im Inf. und Part.): ↗STUHLREITEN A-west/südost, ↗KIPPELN D (ohne südost) ›mit dem Stuhl schaukelnd hin- und herwippen‹: *Außerdem erfahren Sie, warum Stress Lernen unmöglich macht, was es bedeutet, wenn Kinder sesselreiten, warum manche Kinder ihr Heft schief hinlegen* (Salzburger Hilfswerk, 2001, Internet) – Vgl. Sessel

Sesselrücken A CH das; -s, – (Plur. ungebräuchl.): ↗STÜHLERÜCKEN D ›Wechsel einer Führungsposition (in Politik und Wirtschaft)‹: *Auch bei der Erste Bank gibt es Sesselrücken: Wie berichtet, wird von der Bank Austria Erwin E. ins Haus am Graben wechseln* (Kurier 13. 12. 2000, 12; A); *Auch im Schulrat setzte mit Beendigung der Amtsperiode das grosse Sesselrücken ein* (Werdenberger & Obertoggenburger 25. 3. 1993, 7; CH) – Vgl. Sessel

Sesseltanz CH der; -es, ...tänze (abwertend): ›[Abstimmungs]kampf um einen Sitz (in einem Parlament, einer Behörde oder auch in der Spitze eines Unternehmens)‹: *Zürcher Regierungs- und Kantonsratswahlen 18. April 1999. 10 Bisherige kandidieren für 9 Sitze. Einer verliert beim Sesseltanz* (TA 29. 3. 1999, 13) – Vgl. Sessel

Session die; –, -en ⟨aus lat. *sessio* ›Sitzung‹⟩: **1.** A CH; ↗SITZUNGSPERIODE D ›aufeinander folgende Sitzungen des Parlaments [und des ↗Verfassungsgerichtshofes in Österreich] über einen längeren Zeitraum hinweg‹: *Meine sehr geehrten Damen und Herren! Ich darf Sie zur ersten Sitzung der Session 2000/2001 sehr herzlich begrüßen und erkläre die 36. Sitzung für eröffnet* (Stenogr. Protokoll des Nationalrates 20. 9. 2000, Internet; A); *National- und Ständerat verabschiedeten zum Abschluss der Session die Unternehmenssteuerreform und weitere sieben Geschäfte* (TA 11. 10. 1997, 8; CH). **2.** CH STIR kurz für ↗*Prüfungssession:* ›Prüfungsperiode an Schulen und Universitäten‹: *Gemäss dem internationalen Reglement kann sich ein Kandidat je nach Wunsch für eine oder mehrere Prüfungen pro Session eintragen lassen* (Ausbildungszentrum AZEK, 2002, Internet; CH); *Diese Prüfungen finden in einer einzigen Session statt* (Schule und Kindergarten in Südtirol 93; STIR) – In D bekannt, aber selten. Das englische Lehnwort *session* ['seʃən] in der Bedeutung ›Musikveranstaltung mit improvisierter Musik‹ ist gemeindt. – Zu 1.: **Dezembersession** CH, **Frühjahrssession, Grossratssession** CH, **Herbstsession, Januarsession** (↗Januar) CH, **Jubiläumssession** CH, **Jugendsession** CH, **Märzsession** CH, **Oktobersession** CH, **Sessionsdaten** CH, **Sessionswoche** CH, **Wintersession** CH. Zu 1. und 2.: **Herbstsession, Sommersession**

Setzei D-ost das; -(e)s, -er: ↗OCHSENAUGE D-süd ›Ei, das in eine Bratpfanne geschlagen und ohne verrühren gebraten wird, so dass das ↗Eigelb ganz bleibt; Spiegelei‹: *Auch ein Blick in die Speisekarte offenbart Alpenländisches. Leberkäse mit Setzei* (Berliner Morgenpost 23. 5. 2001, Internet)

setzen (gemeindt.): ↗ABSITZEN, ↗HINSITZEN, ↗HOCKEN, ↗NIEDERSETZEN, ↗NIEDERSITZEN, ↗SITZEN

setzen sw.V./hat: **1.** A D-südost ›aktiv werden; etw. durchführen, Maßnahmen ergreifen‹ (in Verbindung mit den Pluralformen *Aktionen,* ↗*Aktivitäten, Handlungen, Impulse, Initiativen, Maßnahmen, Schritt[e]* u. Ä.): *Am Wissen fehlt es nicht in Sachen Umweltbedrohung, wohl aber an der Bereitschaft, Maßnahmen gegen die Gefahren zu setzen* (Furche 13. 11. 1997, 6; A). **2.** ***Sonst setzt es etw./was!** A D (ohne südost) (Grenzfall des Standards) ›gleich wird es eine Strafpredigt oder handgreifliche Maßnahmen geben!‹: »*Keine Rettung, sonst setzt's was!*«, *hat er geantwortet* (Standard 1./2. 9. 2001, Internet; A); *Spiel nicht mit den Schmuddelkindern, heißt das – sonst setzt es was* (Spiegel 13. 5. 2003, Internet; D). **3.** ***Es setzt etw./was[!]** (Grenzfall des Standards): **a)** D (ohne südost) ›Gleich wird es eine Strafpredigt oder handgreifliche Maßnahmen geben!‹: *Der Parteirat möchte von Erfahrungen wie in den letzten 14 Tagen verschont bleiben, ... übersetzt bedeutet es so viel wie: Klappe halten, Trittin, oder es setzt was* (SWR, 2001, Internet). **b)** A D-nordost/mittelwest/südwest ›es passiert etw. Negatives‹: *In Österreich setzte es 1996 ein 2,5 prozentiges Minus, 1997 sollten die Umsätze gehalten werden können* (Trend 11/1997, 95; A); *Bereits am Freitag Abend setzte es eine Niederlage für die »Füchse«* (WAZ 20. 10. 1997, 26; D-nordost/mittelwest/südwest). **4.** ***etw. in Verkehr setzen: a)** A (Wirtschaft) ›(Güter) in Umlauf bringen; in Verkehr bringen‹: *Die Verpackungsverordnung ... ist seit 1. Oktober 1993 in Kraft und verpflichtet alle Hersteller, Vertreiber und Importeure, die Verpackungen bzw. verpackte Waren in Österreich in Verkehr setzen, zur unentgeltlichen Rücknahme und zur Wiederverwendung bzw. Verwertung* (Firma Anfallstellen Service, 2001, Internet). **b)** CH; ↗ZULASSEN A D, ↗IMMATRIKULIEREN CH STIR ›(ein Fahrzeug, Schiff oder Flugzeug) [aufgrund von behördlicher Genehmigung] in Betrieb nehmen‹: *1998 lag die Zahl der neu in Verkehr gesetzten Motorfahrzeuge wieder deutlich über jener der Vorjahre, wobei Fahrzeuge mit grossem Hubraum sehr beliebt sind* (TA 19. 10. 1999, 27) – Zu 4. a) und b):

Auch in den substantivierten Formen *das Inverkehrsetzen* und *die Inverkehrsetzung* gebräuchlich. Andere Bedeutungen sind gemeindt.

Setzmilch D-nord die; –, ohne Plur. (selten): ↗SAUERMILCH A CH D-mittelost, ↗MILCH: *SAURE MILCH A CH D-mittelost; *GESTOCKTE MILCH A-west (Tir.) D-südost; *DICKE MILCH D-nord; *GESTANDENE MILCH D-südwest; *GESTÖCKELTE MILCH D-südost, ↗DICKMILCH D-nord/mittel ›durch Milchsäuregärung geronnene, dickflüssige Milch‹: *Die trinkfähige Milch wird als Schwedenmilch bezeichnet und die dickgelegte Milch als Dickmilch oder Setzmilch* (TU Hamburg 6. 6. 2002, Internet)

SFDRS CH das; –, ohne Plur.: buchstabierte Abk. für *Schweizer Fernsehen der deutschen und (der) rätoromanischen Schweiz:* ›Teil der öffentlich-rechtlichen ↗SRG, der zwei Fernsehprogramme für die deutsche und rätoromanische Schweiz produziert‹: *Die Alpinistin B. machte 1999 mit der spektakulären Live-Besteigung der Eigernordwand für SFDRS Schlagzeilen* (Blick 25. 5. 2001, 1) – Auch in der Schreibung *SF DRS*

sFr SFr CH der (veraltet): nur geschriebene, unverkürzt gesprochene Abk. für ›Schweizer ↗Franken‹: ↗ATS A, ↗öS A, ↗S A, ↗CHF CH, ↗DEM D, ↗DM D /Währungsbezeichnung/: *Mitgliederbeitrag 140.- sFr./Jahr* (Mittelschullehrerverband Zürich, 2000, Internet); *Aus wenig wird viel, z. B. mit einem Kapitaleinsatz von SFr. 75'000.-* (Investmentfirma, 2000, Internet) – Durch den ISO-Währungscode von *CHF* abgelöst

SFV CH der; -s, ohne Plur.: buchstabierte Abk. für ›Schweizerischer Fussballverband‹: ↗ÖFB A, ↗DFB D: *Die Damenliga schliesst sich im Mai dem Schweizerischen Fussballverband (SFV) an* (Schweizer Familie 3. 6. 1999, 22)

She-DJ CH die; –, -s [ˈʃiːdiːdʒeɪ] ⟨aus engl. *she* ›sie‹ und *DJ* kurz für *discjockey*⟩: ›Frau, die an Partys und in Discos Platten und CDs mischt und vorspielt; weiblicher DJ‹: *Eine Frau hat alles im Griff. Im Bieler Disco-»Laden« No Joke geht heute die Post ab. She-DJ Ajele steht am Mix-Pult* (Bieler Tagbl 21. 8. 1999, Internet)

SHIV CH der; –, ohne Plur. (früher): buchstabierte Abk. *für Schweizerischer Handels- und Industrie-Verein:* ↗INDUSTRIELLENVEREINIGUNG A, ↗ECONOMIESUISSE CH, ↗VORORT CH, ↗BDI D, ↗INDUSTRIELLENVERBAND STIR ›Dachorganisation der Verbände von Unternehmen der Industrie und von grossen privaten Dienstleistungsfirmen‹: *Seit die Globalisierung … voranschreitet, haben die Unternehmer den Trumpf der … Standortverlagerung in der Hand. Die Möglichkeit, diesen auszuspielen, dürfte dem SHIV zusätzliches Gewicht verschaffen* (Bund 9. 9. 1995, 19)

shoppen CH D sw.V./hat ⟨aus engl. *to shop* ›einkaufen‹⟩: ↗LÄDELEN CH, ↗BUMMELN CH D ›(Kleidung o. Ä.) einkaufen; einen Einkaufsbummel machen‹: *Beim Shoppen im Dorfladen, beim Fischhändler oder Metzger, auch beim Einkehren in einem der gemütlichen Pubs erlebt man, weshalb die Leute von Yorkshire als besonders freundlich und herzlich gelten* (TA 15. 6. 2000, 87; CH); *In den neuen … Jacken ist das Shoppen selbst bei starkem Regen kein Problem* (Freundin 19/1997, 56; D) – In A zunehmend gebräuchlich

Shrimp (gemeindt.): ↗CREVETTE, ↗GARNELE, ↗KRABBE

sicher: *etw. sicher haben A D; ***etw. auf sicher [haben/sein/besitzen]** CH ›gesichert [haben/sein/besitzen]‹: *Diese fünf Spieler haben ihren Startplatz bei der ATP-Meisterschaft … sicher* (Kurier 5. 11. 1997, 27; A); *Ich habe noch nie in Aktien investiert. Das ist mir viel zu riskant. … Lieber ein kleiner Zins vom Sparheft – dafür auf sicher* (Blick 1. 7. 1998, 13; CH); *Sie haben Ihren Platz sicher und ersparen sich bei frühzeitigem Kauf der Karte lästiges Warten in der Schlange!* (Kinocenter Passau 20. 11. 2002, Internet; D); ***auf sicher gehen** CH D-ost ›kein Risiko eingehen; auf Nummer sicher gehen‹: *Um auf sicher zu gehen, liess ich den Motor des alten Bootes drosseln* (Diggelmann, Verhör 14; CH); ***auf sicher geglaubt** CH ›vermeintlich gesichert‹: *Die auf sicher geglaubte Sanierung der Bundeskasse ist wieder in Frage gestellt* (TA 24. 6. 1999, 8); ***etw. ist so sicher wie das Amen im Gebet** A; **etw. ist so sicher wie das Amen in der Kirche** CH D siehe Amen – Das Wort *sicher* ist in allen anderen Verwendungen gemeindt.

Sicherheitsdirektion A die; –, -en: ↗POLIZEIDEPARTEMENT CH, ↗QUÄSTUR STIR ›dem Bund unterstellte Sicherheitsbehörde eines ↗Bundeslandes‹: *Die Tiroler Sicherheitsdirektion hat nun als Berufungsinstanz festgestellt, dass die Bestimmungen des Fremdengesetzes missachtet worden waren* (TT 20./21. 9. 1997, 1) – Dazu: **Bundessicherheitsdirektion**

Sicherheitslinie CH die; –, -n: ↗SPERRLINIE A, ↗FAHRSTREIFENBEGRENZUNG D, ↗LÄNGSSTRICH STIR ›Linie, die Fahrspuren [und Radwege] voneinander trennt und nicht überfahren werden darf‹: *Dürfen Sie die Fahrspur wechseln, wenn die Fahrstreifen durch Sicherheitslinien abgegrenzt sind?* (Theorieprüfung für Motorfahrzeugführer 163) – Die Bedeutung ›Linie, die einen Gefahrenbereich abtrennt‹ ist gemeindt.

Sicherheitswache A die; –, -n: ›der Polizeidirektion beigegebene uniformierte Polizei‹: *Die Sicherheitswache musste absperren und den Verkehr umleiten* (Frank, Kommissar 224) – Vgl. Wache – Dazu: **Sicherheitswachebeamte (…beamtin)** (↗Wachebeamte)

Sieben CH D (ohne südost) die; –, -/-en: ↗Siebener A D-süd, ↗Siebner CH ›Zeichen für die Ziffer 7; Nummer (auf einer Liste o. Ä.); Verkehrslinie; Spielkartenwert‹: *Der Spieler verliert die Würfel, wenn er eine Sieben nach dem ersten Wurf … macht* (Casinos Schweiz, 2002, Internet; CH); *Einen Zustand hoher Ordnung haben wir zum Beispiel bei einem neuen Satz von Skatkarten, in dem alle Karten in der richtigen Rangordnung vom Kreuz As bis zur Karo Sieben liegen* (Technische Universität Braunschweig 10. 12. 2002, Internet; D) – Vgl. den Kommentarteil zu ↗Eins. Im Ggs. zum Substantiv *die Sieben* ist das kleingeschriebene Zahlwort *sieben,* z. B. *sie ist sieben [Jahre alt],* gemeindt.

Siebener A D-süd der; -s, –: ↗Siebner CH, ↗Sieben CH D (ohne südost) ›Zeichen für die Ziffer 7; Nummer (auf einer Liste o. Ä.); Verkehrslinie; Spielkartenwert; Jahrgang [20]07‹: *Und für den Vorsitzenden der Gemeindebediensteten-Gewerkschaft Rudolf H. gilt es, eine satte Mehrheit von 76 Prozent zu verteidigen. »Für mich ist nur der Siebener vor der zweistelligen Prozentzahl wichtig«, meint H.* (Kurier 4. 5. 1998, 10; A) – Vgl. den Kommentarteil zu ↗Einser. Zur Verwendung des kleingeschriebenen Zahlwortes *sieben,* z. B. *sie ist sieben [Jahre alt],* siehe Sieben

siebengescheit A D-südost Adj.: ↗obergescheit A, ↗neunmalklug D (ohne südost), ↗oberschlau D-nord/mittel ›besserwisserisch‹: *Jugendleiter Hans P.: »Mir tun nur die Jungen Leid, aber nicht dieser siebengescheite H.«* (OÖN 15. 10. 1992, 27; A) – Dazu: **Siebengescheite**

Siebner CH der; -s, –: ↗Siebener A D-süd, ↗Sieben CH D (ohne südost) ›Zeichen für die Ziffer 7; Nummer (auf einer Liste o. Ä.); Verkehrslinie; Spielkartenwert; Jahrgang [19]07‹: *Tramstation Stockerstrasse, Zürich. Béatrice steigt aus dem Siebner aus und wartet auf den Achter* (Blick 15. 11. 1994, 13) – Vgl. den Kommentarteil zu ↗Einser. Zur Verwendung des kleingeschriebenen Zahlwortes *sieben,* z. B. *sie ist sieben [Jahre alt],* siehe Sieben

Siebschöpfer A der; -s, –: ↗Schaumlöffel A D, ↗Schaumkelle CH D-nord/mittelwest ›Schöpflöffel mit Löchern zum Herausheben von Gemüse, ↗Knödel u. Ä. aus dem Kochwasser‹: *Die Trüffeltascherln in reichlich Salzwasser ca. 8 Minuten vorsichtig köcheln lassen, danach mit einem Siebschöpfer herausnehmen und auf Küchenpapier abtropfen lassen* (ORF Nachlese 11/1997, 74) – Vgl. Schöpfer

Siebtel der/das; -s, –: ist in A und D Neutrum, in CH Maskulinum, selten auch Neutrum: *Dieses … Kapitel ist aber nur ein Siebtel des Ganzen, was in den anderen sechs steht, wird sich zeigen* (Presse 24. 7. 1999, Internet; A); *Es sei »technisch möglich«, die Fluor-Emissionen je nach bisheriger Verschmutzung der einzelnen Fabriken auf einen Siebtel oder einen Viertel des bestehenden Ausmasses herabzusetzen!* (Gasche, Bauern 18; CH); *Deshalb sei das Siebtel willkürlich* (Financial Times Deutschland 16. 10. 2002, Internet; D)

Siebzig CH D (ohne südost) die; –, -en: siehe Zwanzig

Siebziger A CH D-süd der; -s, –: siehe Zwanziger

Siebzigste CH D der; -n, -n: siehe Zwanzigste

siedeln A sw.V./hat (Grenzfall des Standards): ↗übersiedeln A D, ↗dislozieren CH, ↗zügeln CH ›(den Wohn-, Firmen- oder Behördensitz) wechseln bzw. an eine andere Stelle verlegen; umziehen‹: *Angeblich musste er strafweise in den kleinen Teil des Wohnhauses siedeln, wo bisher der Werkmeister wohnte* (Werner, Wien 74) – Die Bedeutung ›sich an einem Ort dauerhaft niederlassen‹ ist gemeindt.

Siedfleisch A-west CH D-südwest das; -(e)s, ohne Plur.: ↗Spatz CH ›Rindfleisch zum Kochen; Suppenfleisch‹: *Was es hingegen nicht gibt, ist die typisch österreichische Beilage zum Siedfleisch, also Kren* (VN 25. 5. 2000, A 10; A-west); *Auf den Tischen standen mächtige ›Bernerplatten‹: Bauernschinken, Schweinerippchen, Siedfleisch, Speck, Zungenwurst, Bohnen, Sauerkraut, Salzkartoffeln* (Dürrenmatt, Dritte Weltkrieg, 141; CH) – Dazu: **Siedfleischsalat** CH

Siegerpodest (gemeindt.): ↗Siegertreppchen, ↗Stockerl, ↗Treppchen

Siegertreppchen D das; -s, – (Sport): ↗Stockerl A ›[Sieger]podest‹: *Sein Lächeln auf dem Siegertreppchen neben Olympiasieger Dan O'Brian hat damals alle mitgerissen* (Welt 30. 8. 1996, Internet); ***Platz auf dem Siegertreppchen**: ↗Stockerlplatz A, ↗Podestplatz CH ›Platzierung unter den ersten Drei [auf dem Siegerpodest]‹: *Wechselnde Witterungsverhältnisse kosteten den deutschen Frauen erstmals in dieser Saison einen Platz auf dem Siegertreppchen* (Welt 23. 1. 1998, Internet) – Seltener auch in der Form *Siegertreppe* (die; –, -n). Vgl. Treppchen

Siegertreppe D die; –, -n: siehe Siegertreppchen

Siel D-nord der/das; -(e)s, -e: ›Abwasserkanal, Deichschleuse‹: *Immer wieder sind … einzelne Tiere dieser im Wattenmeer heimischen Robbenart zu beobachten, wie sie bei einströmendem Wasser vor dem Siel auf Fische lauerten* (Welt 17. 1. 2000, Internet)

Sietland D-nord das; -(e)s, …länder: ›tief gelegene Wiesenfläche‹: *Wasser, das aus den Hochmooren der Geest in das Sietland floss, konnte nur schwerlich abfließen, weil sowohl Geest als auch Küstenmarsch höher lagen* (Nordwestreisemagazin Wilhelmshaven, 2002, Internet)

Sietwende D-nord die; –, -n: ›Binnendeich zum Schutz des ↗Sietlandes vor Wasser aus höher gelegenen, angrenzenden Gebieten‹: *Gedacht war diese Sietwende als eine Art Zwischendeich* (Gemeinde Welt in Nordfriesland 3. 7. 2002, Internet) – Auch in der Form *Sietwendung* (die; –, -en). Häufiger Straßenname in D-nord

Sietwendung D-nord die; –, -en: siehe Sietwende

Signalement CH das; -(e)s, -e [signalə'mɛnt] ⟨frz.⟩: ›Personenbeschreibung anhand weniger äusserer Merkmale‹: *Für einen Täter liegt ein Signalement vor: 180 cm gross, dunkler Teint, dunkle Haare, Rossschwanz, dunkle Hose und weisses Gilet* (St. Galler Tagbl 22. 8. 1997, Internet) – Wird in A und D [signal'mã:] ausgesprochen. Der Plural lautet in A und D auf -s. Die Bedeutung ›Merkmale, die ein bestimmtes Nutz- oder Haustier kennzeichnen‹, ist fachsprachlich gemeindt.

Signalisation CH die; –, -en: ↗Signalisierung CH LUX, ↗Ausschilderung D ›Beschilderung [auf Strassen, öffentlichen Plätzen und Wegen]‹: *Wer glaubt, als rundum gesunder Mensch auf einem Feld parkieren zu müssen, das auf Grund der Signalisation für Gehbehinderte bestimmt ist, bezahlt die Höchststrafe* (TA 19. 8. 2000, 48) – Vgl. signalisieren

signalisieren CH sw.V./hat: ›im Strassenverkehr mittels Schildern anzeigen; ausschildern‹: *Mit welchem Signal wird eine vorher signalisierte Höchstgeschwindigkeit aufgehoben?* (Theorieprüfung für Motorfahrzeugführer 26) – Andere Bedeutungen sind gemeindt. – Dazu: ↗**Signalisation,** ↗**Signalisierung** CH LUX

Signalisierung CH LUX die; –, -en: ↗Signalisation CH, ↗Ausschilderung D ›Beschilderung [auf Straßen, öffentlichen Plätzen und Wegen]‹: *Die Signalisierung wird laut Ulrich S., Chef Erschliessung und Verkehrssicherheit beim Verkehrsinspektorat, »zügig vonstatten gehen«* (Bund 28. 5. 1999, 33; CH); *Meistens spielen sich die Arbeiten ganz am Fahrbahnrand ab, so dass eine Fahrbahnverengung mit entsprechender Signalisierung … eigentlich für genügende Sicherheit sorgen müsste* (Fédération des Artisans 1. 12. 2001, Internet; LUX) – Vgl. signalisieren

Sigrist Sigristin CH der; -en, -en bzw. die; –, -nen: ↗Mesner A D-süd, ↗Mesmer A-west (Vbg.) CH-nordost, ↗Küster D-nord/mittelwest ›Verwalter(in) einer Kirche und Betreuer(in) des Gottesdienstes; Sakristan(in)‹: *Das Leben dieser Gemeinschaft war auf die Kapelle ausgerichtet, in der Tonelis Vater als Sigrist amtete* (Sieber, Menschenware 14)

Silke D ⟨niederdt.⟩: ↗Cilli A D-südost Kurzform der weibl. Vornamen *Cäcilie* bzw. *Gisela: Silke S. gewann mit der … Schlankheitskur ihre gute Figur und ihre Lebensfreude zurück* (Stuttgarter Ztg 24. 10. 1999, Beilage 5)

Silserli CH das; -s, –: ›Laugengebäck‹: *An unserer Take Away-Theke finden Sie alles für den kleinen Hunger: Bengeli und Silserli mit raffinierten Beilagen* (Bäckerei Grellinger, 2002, Internet)

Silvesterknaller D (ohne südost) der; -s, –: ↗Kracher: *Schweizer Kracher A CH D-süd, ↗Böller D (ohne südost) ›[zur Jahreswende gezündeter] Feuerwerkskörper, Knallkörper‹: *Sie sind über das Ausmaß der Zerstörung erschrocken. Bisher haben sie höchstens mal Silvesterknaller angezündet* (Wolf, Samstags 83)

Singsaal CH der; -(e)s, …säle: ↗Musiksaal A D (ohne mittelost), ↗Singzimmer CH, ↗Musikraum D-nord/mittel ›Unterrichtsraum für Musik und Singen in Schulen‹: *Die Schulgelder reichen auch nicht bis zu einem Kleinklavier im Singsaal und zu einem Laptop pro Pültchen, wo früher ein Tintenfass war* (Blick 24. 9. 1999, 40)

Singzimmer CH das; -s, –: ↗Musiksaal A D (ohne mittelost), ↗Singsaal CH, ↗Musikraum D-nord/mittel ›Unterrichtsraum für Musik und Singen in Schulen‹: *Was sich in den Singzimmern und Aulen unserer Schulen abspielt, hat mit den Voraussetzungen und der Erwartungshaltung der Kinder wenig zu tun* (Frauchiger, Menschen 22)

Sinkkasten D der; -s, …kästen (Bauwesen): **1.** ↗Gully A D (ohne südwest), ↗Dole CH D-südwest ›Wasserabflussschacht auf der Straße‹: *Seitlich der Straße befinden sich Sinkkästen (Gullys), wo das Regenwasser abfließt* (Stadt Bayreuth 23. 5. 2000, Internet). **2.** ↗Gully A, ↗Dole CH D-südwest ›Wasserabflussschacht im Haus‹: *Sinkkasten mit Geruchs- und Rückstauverschluss in der Waschküche* (Haug Hausbau 31. 1. 2000, Internet)

Sinn: *in zustimmendem/ablehnendem Sinn[e] CH (formell) ›zustimmend bzw. ablehnend‹: *Die Kommission beantragt mit 17 Stimmen, vom Bericht in zustimmendem Sinne Kenntnis zu nehmen. Ein Mitglied will ausdrücklich in ablehnendem Sinne Kenntnis nehmen* (Pressemitteilung des Nationalrates, 1998, Internet) – Das Substantiv *Sinn* ist in allen anderen Verwendungen gemeindt.

Sirene (gemeindt.): ↗Folgetonhorn, ↗Martinshorn

Sirup D der; -s, ohne Plur.: ›zähflüssige, braune Masse aus eingekochten Zuckerrüben, Äpfeln oder Birnen‹: *Der Rübensaft wird abgepumpt und nochmals erhitzt, damit aus dem bräunlich-süßen Saft der zähflüssige Sirup wird* (General-Anzeiger Bonn 14. 8. 2002, Internet) – Die Bedeutungen ›zähflüssiges Konzentrat aus Zucker und [Frucht]aromen, das vor dem Trinken mit Wasser verdünnt wird‹ und ›Hustensirup‹ sind gemeindt.

sistieren D sw.V./hat: ›jmdn. zur Feststellung der Personalien zur Polizeistation bringen‹: ... *liefen sie sogar Gefahr, sistiert zu werden, wenn sie sich nicht ausweisen könnten, obwohl die Ausweispflicht nicht zum Mitführen eines Ausweises verpflichte* (Landesverfassungsgericht Mecklenburg 6. 5. 1999, Internet) – Die Bedeutung ›(vorläufiges) Einstellen einer Handlung oder eines Vorganges‹ ist gemeindt. – Dazu: **Sistierung**

Sistierung D die; –, -en: ›Recht der Polizei, jmdn. zur Feststellung der Personalien zur ↗Polizeiwache zu bringen‹: ... *kann eine Sistierung vor allem dann zulässig sein, wenn der Betroffene keine oder nur unzureichende Angaben zu seiner Identität macht ... oder wenn sich Zweifel an dem ausgehändigten Ausweispapier ergeben* (Verfassungsgerichtshof Bayern 3. 6. 2003, Internet) – Die Bedeutung ›(vorläufiges) Einstellen einer Handlung oder eines Vorgangs‹ ist gemeindt. Vgl. sistieren

Situationsplan CH der; -(e)s, ...pläne: ↗ZUFAHRTSPLAN CH ›[schematische] Karte, aus der die Lage von Gebäuden, Wegen und andern Einrichtungen ersichtlich ist; Lageplan‹: *Ein Einlageblatt zum Touristikprospekt enthält Kurzinformationen über die Hotels, die Restaurants und die Gasthöfe sowie einen groben Situationsplan* (Bund 29. 1. 1997, 30)

situieren CH sw.V./hat: ›liegen (von Gebäuden, Räumen)‹: *Am Vorplatz gegenüber Kirche und Kirchplatz ist der Eingang situiert, der die Wohngruppen und die Publikumsräume gleichermassen erschliesst* (St. Galler Tagbl 4. 10. 2000, Internet) – In A gehoben, in D veraltet. Andere Bedeutungen und die Wendung *gut situiert sein* in der Bedeutung ›wohlhabend sein‹ sind gemeindt.

sitzen CH st.V./ist/hat: ↗HINSITZEN A CH, ↗HOCKEN A CH D-mittelost/süd, ↗NIEDERSETZEN A D-südost, ↗NIEDERSITZEN A D-südost, ↗ABSITZEN CH ›sich setzen‹: *Godi sitzt zum Vater auf die Bank, steht aber sogleich wieder auf* (Zürcher, Zeit 43) – Andere Bedeutungen sind gemeindt. Das Perfekt wird in A, CH und D-süd in allen Bedeutungen meistens mit *sein*, in D-nord/mittel mit *haben* gebildet. Das gilt auch für Ableitungen und Zus., z.B. ↗*absitzen, beisammensitzen, dabeisitzen, dasitzen, drinsitzen, festsitzen, gegenübersitzen, herumsitzen, stillsitzen, zusammensitzen*

Sitzgarnitur A D die; –, -en: ↗POLSTERGRUPPE CH D-mittel ›Sitzgruppe, Polstergarnitur‹: *In seinem Büro stehen aber nur ein Besprechungstisch, eine Sitzgarnitur und ein Laptop* (Profil 11. 8. 2000, Internet; A); *Der Adventskranz im Erdgeschoss war in Brand geraten, das Feuer erfasste eine Sitzgarnitur und griff auf den Wintergarten über* (Rheinische Post 26. 12. 2000, Internet; D)

Sitzungsperiode D die; –, -n: ↗SESSION A CH ›aufeinander folgende Sitzungen des Parlaments über einen längeren Zeitraum hinweg‹: *Am Beginn einer jeden Sitzungsperiode steht zudem ein neuer Beschluss über die Geschäftsordnung des Bundestages* (Rhein-Ztg Wiesbaden 25. 10. 1998, Internet)

Ski der; -s, -/-er/-s [ʃiː, CH auch skiː]: Der Plural lautet in CH auch *Skis*, gemeindt. *Ski* bzw. *Skier*: *Ich fantasierte mir einen Wunschvater zusammen, der mir bei einem beschwerlichen Aufstieg zu einer verschneiten Hütte die Skis abnahm* (Hartmann, Eis 89; CH)

Skianzug (gemeindt.): ↗SCHNEEANZUG

Skihaserl A D-südost das; -s, -n [ʃiː...]: **1.** (scherzh.) ›junge [unerfahrene] Skiläufer(in)‹: *Die Berge rund um Kitzbühel, auf denen die »Roten Teufel« im Winter den Skihaserln den Stemmschwung beizubringen pflegen, ziehen in der schneefreien Zeit die Wanderer an* (OÖN 27. 7. 1996, 2; A). **2.** (abwertend); ↗SCHNEEHÄSCHEN CH ›Frau, die in Wintersportorten Bekanntschaften [mit Skilehrern] anknüpfen möchte‹: *»Dabei ist die Post abgegangen«, bejubelten nicht nur die deutschen Urlaubsgäste das vergnügliche Freiluftspektakel mit den hübschen Skihaserln* (OÖN 7. 3. 2000, 16; A) – In D-nord/mittel als zur Skifahrersprache gehörend bekannt

Skikarussell STIR das; -s, -s/-e [ʃiː...]: ↗SKISCHAUKEL A ›mehrere Skilifte umfassende Wintersportanlage‹: *Und während sie [die Landbevölkerung] auf der einen Seite gezeigt hat, dass sie mit den Erscheinungen des modernen Massentourismus fertig zu werden imstande ist (Skikarussells, Rennsport usw.), hat sie auf der anderen Seite für den Ruhe suchenden Bergwanderer eine patriarchalische Welt der Höhen bewahrt* (Rampold, Pustertal 86)

Skischaukel A die; –, -n [ʃiː...]: ↗SKIKARUSSELL STIR ›mehrere Skilifte umfassende Wintersportanlage‹: *Geplante Skischaukel bedroht geologische und botanische Rarität* (Standard 26. 7. 2000, 8)

Skischuh (gemeindt.): ↗SKISTIEFEL

Skistiefel D der; -s, – [ʃiː...]: ›Skischuh‹: *Viele Skiläufer versuchen das Passform-Problem dadurch zu lösen, dass sie ihre Skistiefel mit Übergröße kaufen* (Firma Schäfer, 2003, Internet)

Skooter siehe Scooter

Skore CH das; -s, -s: [skɔːr] ⟨aus engl. *score*⟩ (Sport): ›Spielstand, Punktestand; Score‹: *Die Sache mit Michael sei doch, dass man einen Zehn-Punkte-Vorsprung herausholen könne und zwei Minuten später das Skore wieder unentschieden sei* (NZZ Intern. Ausgabe 31. 10. 1997, 42) – Die eingedeutschte Schreibung mit *-k-* ist nur in CH üblich, die Schreibung mit

-*c*- ist gemeindt. – Dazu: **Gesamtskore, ↗Skorer(in), ↗skoren**

skoren CH sw.V./hat ['skɔːrən] ⟨aus engl. *to score* ›ein Tor schiessen; treffen‹⟩ (Sport): ›einen Punkt, einen Treffer oder ein Tor erzielen; scoren‹: *Nur wenn Ronaldo und Romario skoren ... stimmt das Selbstwertgefühl auch im hintersten, elendesten Winkel Brasiliens* (TA 14. 7. 1998, 35) – Die eingedeutschte Schreibung mit -*k*- ist nur in CH üblich, die Schreibung mit -*c*- ist gemeindt. Vgl. Skore – Dazu: **↗Skorer(in)**

Skorer Skorerin CH der; -s, – bzw. die; –, -nen: ['skɔːrər] ⟨aus engl. *scorer* ›Torschütze‹⟩ (Sport): ›Person, die einen Punkt, Treffer erzielt; Scorer(in)‹: *Der momentan beste Schweizer Skorer schiesst noch weiter gegen seinen Ex-Trainer: »Die Stimmung im Hallenstadion ist schlecht* (Blick 7. 10. 1999, 25) – Die eingedeutschte Schreibung mit -*k*- ist nur in CH üblich, die Schreibung mit -*c*- ist gemeindt. Vgl. Skore, skoren – Dazu: **Skorerpunkt, Topskorer(in)**

Skript das; -(e)s, -en/-s ⟨aus engl. *script* zu lat. *scriptum* ›Geschriebenes‹⟩ (Kurzwort): **1.** CH D (ohne südost); ↗SKRIPTUM A D-süd ›[handgeschriebene oder gedruckte] Mitschrift (einer Vorlesung an einer Hochschule, eines Kurses o.Ä.).‹: *Oftmals sind nur Texte und Skripts von Vorlesungen abrufbar, interaktive Komponenten fehlen* (Bund 15. 9. 1999, 11; CH); *Das Skript enthält den gesamten Stoff der zweisemestrigen Vorlesung von Prof. M.* (Technische Universität München 27. 1. 2003, Internet; D). **2.** D (ohne südost); ↗MANUS A CH, ↗SKRIPTUM A D-süd ›schriftliche Ausarbeitung; Manuskript‹: *Hilfreich ist auch eine Angabe auf dem Skript, wann und wo der freie Journalist ... zu erreichen ist* (Klub der Wissenschaftsjournalisten 27. 1. 2003, Internet) – Die Bedeutung ›Drehbuch‹ ist gemeindt.

Skriptum A D-süd das; -s, ...ten ⟨aus lat. *scriptum* ›das Geschriebene‹⟩: **1.** ↗SKRIPT CH D (ohne südost) ›[handgeschriebene oder gedruckte] Mitschrift einer Vorlesung an einer Hochschule, eines Kurses o. Ä.‹: *Wer eine Vorlesung oder ein Seminar »abonniert«, erhält eine Mitteilung per E-Mail, wenn ein Termin verschoben wird oder ein neues Skriptum erscheint* (Presse 10. 3. 1999, Internet; A). **2.** ↗MANUS A CH, ↗SKRIPT D (ohne südost) ›schriftliche Ausarbeitung; Manuskript‹: *Im Anschluss an den damaligen Vortrag hatten Analysten geäußert, die Passage zur Zinssenkung sei möglicherweise versehentlich in das Skriptum gelangt und dürfte nicht überbewertet werden* (Kurier 16. 9. 1998, 17; A)

Slalom (gemeindt.): ↗TORLAUF

SMS die/das; –, – ⟨Abk. aus engl. *Short Message Service* ›Kurzmitteilungsdienst‹⟩: ist in A und CH meist Neutrum, in D meist Femininum. Wird in A und D endbetont, in CH erstbetont: *Gäste, die das SMS an der Bar vorzeigen, bekommen einen Drink gratis* (Firma Brau Union Österreich AG, Bierakademie, 2002, Internet; A); *Die Bestätigung sagt nur, dass das SMS korrekt auf das Handy, den Pager oder das Faxgerät übertragen worden ist* (Konsumenteninfo 3. 7. 2001, Internet; CH); *Als Dankeschön für Ihr Feedback können Sie ... guten Freunden eine SMS schicken* (WDR 13. 3. 2002, Internet; D)

SNB CH siehe Nationalbank

snöben CH sw.V./hat (salopp): ›Snowboard fahren, snowboarden‹: *Gut hat der Winter begonnen. Jetzt gehe ich an den Wochenenden snöben* (TA 30. 1. 1999, 12) – Dazu: **↗Snöber(in)**

Snöber Snöberin CH der; -s, – bzw. die; –, -nen: ›Snowboarder(in)‹: *Den Baggy-Look, den die Snöber propagieren, darf man auf zwei Latten getrost vergessen* (Annabelle 23/1997, 94) – Vgl. snöben

snowboarden (gemeindt.): ↗SNÖBEN

Snowboarder (gemeindt.): ↗SNÖBER/SNÖBERIN

so: *so lala (gemeindt.): ↗SOSO: *SOSO LALA

Socke D-nord/mittel die; –, -n: ↗SOCKEN A CH D-süd ›textile, bis zum Knöchel oder an die Wade reichende Beinbekleidung‹: *Eine Socke und ein Fäustling im Schnee des Mount Everest lassen die Herzen eines US-Forscherteams höher schlagen: Die Utensilien könnten zu der Expedition des Briten Mallory im Jahr 1924 gehören* (Rheinische Post 30. 4. 2001, Internet); ***etw. haut jmdn. aus den Socken** CH D siehe Socken – In CH zunehmend gebräuchlich, zur Vermeidung der als dialektnah empfundenen maskulinen Form

Socken A CH D-süd der; -s, –: ↗SOCKE D-nord/mittel ›textile, bis zum Knöchel oder an die Wade reichende Beinbekleidung‹: *Der helle Socken hat zwei Löcher* (Kneifl, Vorstellung 41; A); *Wenn Stürmer so einen Unsinn tun, sich den muffelnden Stiefel unter die eigene Nase reiben und auf einem Socken über den Rasen rennen, haben sie ein Tor geschossen* (TA 16. 8. 1999, Internet; CH); ***von den Socken sein** A D (Grenzfall des Standards): ↗BAUKLOTZ: *BAUKLÖTZE STAUNEN CH D (ohne südost), ↗SCHLACKERN: *MIT DEN OHREN SCHLACKERN D, ↗GUCKEN: *GUCKEN WIE EIN AUTO D-nord/mittel ›völlig überrascht; verdutzt sein‹: *Ich bin von den Socken* (Ö3 Magazin 9/1997, 20; A); *»Der Präsident war von den Socken«, versicherte Vorsitzender Bernd K.* (Rheinische Post 30. 1. 2001, Internet; D); ***etw. haut jmdn. aus den Socken** CH D (Grenzfall des Standards): ↗STOCKERL: *ETW. HAUT/REIẞT JMDN. VOM STOCKERL A, ↗HOCKER: *ETW. HAUT/REISST/REIẞT JMDN. VOM HOCKER CH D, ↗STUHL: *ETW. HAUT/

REISST/REIẞT JMDN. VOM STUHL CH D ›etw. überrascht jmdn. außerordentlich‹: *Der Brief der Ausgleichskasse Nidwalden haute einen Stanser Geschäftsmann (61) aus den Socken: Er sollte fast acht Millionen Franken AHV-Beiträge zahlen* (Blick 22. 4. 1999, 6; CH); *Mag sein, dass gewöhnliche Sportangebote nicht jeden aus den Socken hauen* (TAZ Spezial 14. 2. 2002, Internet; D) – Dazu: ↗**Kniesocken** CH

Soda A D das; -s, ohne Plur. ⟨span.⟩: ›mit Kohlensäure versetztes Wasser; Sodawasser‹: *Er kaufte sich einen Becher Eis, trank ein Glas Soda und spülte die Paspertin-Tropfen gegen Brechreiz und eine Kreislauftablette hinunter* (Roth, See 90; A); *Frank hat seit sieben Wochen keinen Alkohol mehr getrunken und bestellt auch jetzt ein Soda mit Limone* (Wunderlich, Buch- und Filmtipps 27. 1. 2003, Internet; D) – In CH fast ausschließlich in gemeindt. Zus. und Kollokationen wie z. B. *Sodawasser, Campari-Soda.* Die Bedeutung ›wasserlösliches Natriumsalz der Kohlensäure‹ ist gemeindt. In dieser gemeindt. Bedeutung Maskulinum und Femininum – Dazu: **Sodaflasche**

Sodawasser (gemeindt.): ↗SODA

Sodbrunnen CH der; -s, –: ›tiefer Brunnen, aus welchem das Wasser mit Hilfe einer Kurbel in einem Eimer heraufgezogen wird; Ziehbrunnen‹: *Ein idyllisch gelegenes und ruhiges Herrschaftshaus, dessen Mitte ein Patio mit altem Sodbrunnen und Wasserrad prägt* (SSR Reisen, 1997, 80)

Sode D-nord die; –, -n: ›abgestochenes Rasen- oder Torfstück‹: *Von den damals beschriebenen Grundrissen der alten Häuser, die aus Soden erbaut waren, konnte Michael E. auch mit Archäologenhilfe keine Spur mehr finden* (GEO 8/1994, 69) – Dazu: **Grassode**

sohin A Adv. (formell): ›somit, also‹: *Österreich besteht sohin als Bundesstaat aus einer Mehrheit von ursprünglich selbständigen Staaten* (Pfaundler, Jungbürgerbuch 943) – Wird auf der zweiten Silbe, mit Kurz- oder Langvokal, betont

Söhnke siehe Sönke

Solarium (gemeindt.): ↗SONNENBANK

Soletti A das; -s, -(s) (Wz.): ↗SALZSTÄNGEL A-west (Vbg.) CH D-südwest, ↗SALZSTANGERL A-mitte/ost D-südost, ↗SALZSTÄNGELI CH, ↗SALZSTANGE D ›mit Salzkörnern bestreutes Knabbergebäck in Form kleiner dünner Stangen‹: *In ihrer Bregenzer Zentrale war ab 16 Uhr Einlass, nach Kaffee und Soletti wurde zur Feier des Tages eine Flasche Sekt geköpft* (VN 20. 4. 1998, A 5)

solid A CH D-süd Adj. ⟨aus frz. *solide*⟩: ↗SOLIDE D (ohne südost) ›fest, gut, fundiert, haltbar‹: *Die Nebenrollen sind solid besetzt* (Furche 12. 2. 1998, 19; A); *Alles war fast neu, und ich wunderte mich, dass es in diesem solid gebauten Stall kein Vieh gab* (Honegger, Ehemalige 97; CH)

solide D (ohne südost) Adj. ⟨frz.⟩: ↗SOLID A CH D-süd ›massiv, haltbar, fundiert‹: *In Belgien hingegen kann Finanzminister R. die Ratspräsidentschaft … genießen: Die Haushaltszahlen sind solide* (WDR 1. 9. 2001, Internet)

Solingen (gemeindt.): ↗KLINGENSTADT

Söller der; -s, –: **1.** D-mittelwest; ↗DACHBODEN A D, ↗ESTRICH CH, ↗UNTERDACH CH-südwest STIR, ↗BODEN D (ohne südwest), ↗BÜHNE D-südwest, ↗SPEICHER D-mittelwest/süd ›unbewohnter Raum unter dem Dach eines Hauses‹: *Der Autor hat mit vier Fallen … zu Hause auf dem Söller und im Garten über 12 Mäuse gefangen* (Landwirtschaftskammer Rheinland, 2002, Internet). **2.** STIR ›Holzbalkon [an Bauernhäusern, Burgen o. Ä.]‹: *Der Wilderer fällt beim Haschischrauchen vom Söller und bricht sich das Genick* (Dolomiten 11. 6. 1997, WIKU 47) – Zu 1.: In CH veraltet. Die Bedeutung aus der Architektur ›vom Erdboden aus gestützter balkonartiger Anbau; Altan‹ ist fachsprachlich gemeindt.

Solothurn (gemeindt.): ↗AARESTADT, ↗AMBASSADORENSTADT

somit (gemeindt.): ↗SOHIN

sömmern A-west (Vbg.) CH sw.V./hat: ↗SENNEN A CH D-südost, ↗ALPEN A-west (Vbg.) CH ›(Vieh) in den Sommermonaten auf einer ↗Alp weiden lassen‹: *Immer öfter würden in manchen Gebieten in den Bergen zu viele Schafe gesömmert – mit sichtbaren ökologischen Folgen* (Bund 18. 9. 2000, 23; CH) – Dazu: **Sömmerung**

sommers D (ohne ost) Adv.: ›[immer] im Sommer‹: *Sommers am Meer, die ganze Rügen-Herrlichkeit* (Brigitte 11/1996, 184) – In A und CH selten

Sommerschlussverkauf A D der; -(e)s, …verkäufe: ›am Ende der Sommersaison stattfindender Ausverkauf‹: *Im Juli hätten die Sommerschlussverkäufe und die Preisentwicklung bei Saisonwaren preisdämpfend gewirkt* (OÖN 17. 9. 1997, 9; A); *Er rechnet damit, dass der Sommerschlussverkauf … noch einmal einen Boom bringen wird* (Welt 12. 7. 2000, Internet; D) – Vgl. Schlussverkauf, Winterschlussverkauf

Sommersprossen (gemeindt.): ↗GUCKERSCHECKEN, ↗LAUBFLECKEN, ↗MÄRZENFLECKEN

Sonderbetrieb STIR der; -(e)s, -e: ›Betrieb der öffentlichen Verwaltung, z. B. ↗Sanitätseinheit bzw. ↗Sanitätsbetrieb etc.‹: *»Die Situation war auf Dauer nicht mehr zumutbar«, erklärt Amtsdirektor Rudolf P. vom Sonderbetrieb Wildbachverbauung* (Dolomiten 29. 3. 2001, 37) – Die Bedeutung ›gesonderter Betrieb im Ggs. zum Normalbetrieb‹ ist gemeindt.

Sonderergänzungszulage STIR die; –, -n ⟨übersetzt aus ital. *indennità integrativa speciale*⟩: ↗INFLATIONSABGELTUNG A, ↗TEUERUNGSZULAGE A CH, ↗TEUERUNGSAUSGLEICH CH, ↗INFLATIONSAUSGLEICH D, ↗KONTINGENZZULAGE STIR ›Zulage, die öffentlichen Angestellten zusätzlich zum Lohn als Inflationsausgleich ausgezahlt wird‹: *Die Sonderergänzungszulage wurde im Jahr 1979 … eingeführt, um den kontinuierlichen Anstieg der Lebenshaltungskosten zumindest teilweise abzufangen* (Brugger, Rechte und Pflichten 57)

Sonderfahrstreifen D der; -s, –: ›Fahrweg, der nur von den auf Verkehrsschildern angegebenen Fahrzeugen benutzt werden darf‹: *Welche Fahrzeuge dürfen den so gekennzeichneten Sonderfahrstreifen benutzen?* (Beck-Texte, Führerscheinprüfung 152)

Sonderfahrt (gemeindt.): ↗EXTRAFAHRT

Sonderschule (gemeindt.): ↗KLEINKLASSE, ↗WERKKLASSE, ↗WERKSCHULE

Sonderstatut STIR das; -(e)s, -e ⟨übersetzt aus ital. *statuto speciale*⟩: ›Verfassung einer ↗Region, durch die dieser (im Ggs. zu einer ↗Region mit ↗Normalstatut) primäre Gesetzgebungsbefugnis eingeräumt wird‹: *Die Theorie von den Grenzen und Möglichkeiten, die die italienische Rechtsordnung für die Gesetzgebungs- und Verwaltungsbefugnisse der Regionen mit Normalstatut einerseits, der Regionen und Provinzen mit Sonderstatut andererseits vorsieht, ist ein Thema, dem vor allem die wissenschaftliche Literatur besonders breiten Raum widmet* (Südtirols Autonomie 143) – Trentino-Südtirol zählt zu den Regionen mit Sonderstatut

Sonderzug A D der; -(e)s, …züge: ↗EXTRAZUG CH ›aus besonderem Anlass zusätzlich eingesetzter Zug‹: *Die ÖBB karren jährlich hunderte, ja tausende Radbegeisterte aus dem Zentralraum mit Sonderzügen an den Attersee* (OÖN 30. 11. 2000, Internet; A); *Gemeinsam mit rund 400 Heimkehrern ist Matthias mit dem Sonderzug … angekommen* (Rhein Ztg 25. 2. 1999, Internet; D) – In CH selten und hauptsächlich übertragen verwendet

Sonderzüglein CH das; -s, –: ›egoistische Umgehung von allgemeinen Regeln‹: *Schluss mit dem Sonderzüglein: Nach der Unterzeichnung der bilateralen Verträge hat die EU keine Lust mehr, mit der Schweiz Extrawürste auszuhandeln* (Blick 23. 6. 1999, 5); ***ein Sonderzüglein fahren** ›auf egoistische Weise allgemeine Regeln umgehen; eine Extrawurst braten‹: *Der von S. geleitete Bereich Kurier, Express, Pakete ist praktisch ein Sonderzüglein gefahren und hat zu wenig Rücksicht auf das Gesamtunternehmen Post genommen* (TA 10. 9. 1999, 35)

Sönke Söhnke D ⟨niederdt.⟩: männl. Vorname: *Sönke Wortmann über die Europapokalsieger Borussia Dortmund und Schalke* (Spiegel-Jahreschronik 1997, 7)

Sonnabend D-nord/mittel der; -s, -e: ↗SAMSTAG A CH D-mittel/süd ›sechster Tag der Woche‹: *Der nächste Trödelmarkt ist doch erst am Sonnabend* (-ky, Sonst ist es aus 18) – Dazu: **sonnabends**

Sonnenbank D die; –, …bänke: ›Solarium‹: *Die Haut schimmerte in einem sanften Braunton, der zu dieser Jahreszeit nur von Make-up und Sonnenbänken erzeugt werden konnte* (Karr & Wehner, Geierfrühling 98) – In A selten

Sonnenseite (gemeindt.): ↗SONNSEITE

Sonnenstube CH die; –, -n (Plur. ungebräuchl.) ⟨nach der Lage des Tessins südlich der Alpen⟩: ›↗Kanton Tessin‹ (oft in der Wendung *Sonnenstube der Schweiz): Die beiden Investoren sind illustre Persönlichkeiten: Sergio ist Geschäftsmann in London. Geo residiert in der Sonnenstube* (Blick 7. 8. 1999, 10)

Sonnenwendfeier D-nord/mittel die; –, -n: ↗SONNWENDFEIER A D-südost ›Feier der Sonnenwende‹: *Die traditionsreiche Sonnenwendfeier findet heute ab 19 Uhr an der Monheimer Straße statt* (NRZ 19. 6. 1999, Internet)

Sonnenwendfeuer D (ohne südost) das; -s, –: ↗SONNWENDFEUER A D-südost ›Feuer, das zur Feier der Sonnenwende im Juni abends [auf den Bergen] angezündet wird‹: *Eigentlich sollte das Sonnenwendfeuer mit Einsetzen der Dämmerung angezündet werden* (WAZ 29. 6. 1999, Internet)

sonnig (gemeindt.): ↗HEITER

Sonnseite A CH die; –, -n: ›zur Sonne hin gelegene [Tal]seite; Sonnenseite‹: *Die Sprungschanze außerhalb des Blickfelds, deren Auslaufbahn, wenn auf der Sonnseite der Schnee wegschmolz, zum Schifahren genützt wurde* (Glantschnig, Mirnock 46; A); *Die Wanderung auf der Sonnseite des Tales … war anstrengend* (Bund 24. 12. 1999, 2; CH) – Dazu: **sonnseitig**

Sonnwend A D-südost die; –, -en: ›Tag der Sonnenwende im Juni, der abends mit [Berg]feuern und kirchlichen Messen gefeiert wird‹: *Zu Sonnwend leuchten die Grate und Gipfel rund ums Gasteinertal weithin in die Nacht!* (Brauchtum in Dorfgastein, 2002, Internet; A); *Wir haben pro Jahr 4.500–5.000 Übernachtungen, hohe Belegung ist immer an Sonnwend … und über Silvester* (Deutscher Alpenverein 2. 3. 2003, Internet; D-südost) – Dazu: ↗**Sonnwendfeier**, ↗**Sonnwendfeuer**

Sonnwendfeier A D-südost die; –, -n: ↗SONNENWENDFEIER D-nord/mittel ›mit [Berg]feuern und kirchlichen Messen begangene Feier der Sonnenwende im Juni‹: *Gestartet wird am Sonntag … mit der Sonn-*

wendfeier, wo ein fulminantes Menü aufgetischt wird (BF 24. 6. 1998, 74; A); *Für die … Jugendgruppe natürlich wieder ein Erfolg, denn sie hatte schon erfolgreich die Sonnwendfeier organisiert* (Frankenpost 25. 9. 2001, Internet; D-südost) – Vgl. Sonnwend

Sonnwendfeuer A D-südost das; -s, –: ↗Sonnenwendfeuer D (ohne südost) ›Feuer, das zur Feier der Sonnenwende im Juni abends [auf den Bergen] angezündet wird‹: *Am kommenden Samstag, 22. Juni, leuchten auf den Bergen Tirols wieder die Sonnwendfeuer* (TT 19. 6. 1996, Internet; A); *Am 21. 06. 2003 entzündet die Freiwillige Feuerwehr Regenhütte wieder das alljährliche Sonnwendfeuer* (Feuerwehr Regenhütte, 2003, Internet; D-südost) – Vgl. Sonnwend

Soot siehe Sott

Sophie: *Kalte Sophie A CH D-mittelost/süd (die) ›Namenstag der hl. Sophie am 15. Mai, an dem oft Frostgefahr besteht (wird manchmal zu den Eisheiligen gerechnet)‹: *Pankrazi, Servazi (13. 5.), Bonifazi (14. 5.), sind drei frostige Bazi, und am Schluss fehlt nie die Kalte Sophie (15. 5.)* (Bauernregel, Jagdweb, 2002, Internet; A); *Die »gewöhnlichen« Kistchengeranien darf man bekanntlich erst nach der Kalten Sophie (15. Mai) hinausstellen* (NZZ 21. 5. 1999, 50; CH) – Der weibliche Vorname *Sophie* ist gemeindt. und wird auf der ersten oder zweiten Silbe betont, in der Wendung *Kalte Sophie* nur erstbetont

Sorgentelefon CH D das; -s, -e: ↗Kummernummer A, ↗Telefonseelsorge A D, ↗Hand: *die Dargebotene Hand CH ›[kirchlicher] telefonischer Beschwerde- bzw. Beratungsdienst für Menschen in Krisensituationen‹: *Das Sorgentelefon ist eine private telefonische Krisenberatungsstelle für Kinder und Jugendliche in der Schweiz* (Sorgentelefon, 1999, Internet; CH); *Ein Sorgentelefon habe man eingerichtet, unbürokratisch soll den Betroffenen geholfen werden* (Welt 13. 4. 1996, Internet; D)

soso: *soso lala CH Adv. ›einigermassen [gut]; so lala‹: *Es gibt vieles auf der Welt, aber eines gibt es nicht: Leute, die Claude Simon soso lala finden. Diesen Nobelpreisträger liebt man heiss oder nicht* (TA 9. 1. 1999, 49) – Das Adverb bzw. die Partikel *soso* ist in allen anderen Verwendungen gemeindt.

Soß A die; –, -en: ↗Saft A, ↗Soße D, ↗Stippe D-nord/mittelost, ↗Tunke D-nord/mittelwest ›Sauce‹: *Durch das Pürieren wird die Soß breiig in der Konsistenz, heller in der Farbe und geschmacklich vom Gemüse übertönt* (Kleine Ztg 21. 10. 1997, Internet) – Dazu: **Käsesoß, Kräutersoß, Rahmsoß** (↗Rahm)

Soße D die; –, -n: ↗Saft A, ↗Soß A, ↗Stippe D-nord/mittelost, ↗Tunke D-nord/mittelwest ›Sauce‹: *Immer gibt es eine Vorsuppe, Braten, Gemüse oder Salat, Kartoffeln mit Soße und Nachtisch* (Wolf, Samstags 58) – In A und CH selten – Dazu: **Bratensoße, Meerrettichsoße** (↗Meerrettich), ↗**Rahmsoße**, ↗**Sahnesoße** D (ohne südost), **Schokosoße** (↗Schoko-), **Schokoladensoße** (↗Schokolade-), **Vanillesoße**

Sott D-nord der/das; -(e)s, ohne Plur.: ›Ruß‹: *Sott ist das, was von der Asche übrig bleibt* (Sonntagsbl 27/1998, Internet) – Selten auch in der Schreibung *Soot* – Dazu: **sottig**

Soussol CH das; -s, -s: ['susɔl]: ↗Tiefgeschoß A Tiefgeschoss D-mittelwest/südwest, ↗Tiefparterre A D-südost ›Souterrain, Untergeschoss, Kellergeschoss‹: *Im Soussol eines Hauses stellte er sein Hab und Gut – auch sein Bett – ein und bezahlte für diesen Raum monatlich eine Kleinigkeit* (Kurz, Frieden 110) – Auch in der Schreibung *Sous-Sol*

Souterrain (gemeindt.): ↗Soussol, ↗Tiefgeschoß/Tiefgeschoss, ↗Tiefparterre

Souverän CH der; -s, ohne Plur. ⟨aus frz. *souverain* ›Herrscher‹⟩: ›die Gesamtheit der ↗Stimmberechtigten‹: *1983 hat der Souverän durch eine Verfassungsrevision die Gleichstellung der Geschlechter im Bürgerrecht beschlossen* (TA 17. 12. 1999, 2) – Die Bedeutung ›Herrscher‹ ist gemeindt.

SozAk A die; –, -s (Kurzwort): ›↗Sozialakademie‹: *Im Februar nächsten Jahres startet die SozAk eine zusätzliche Ausbildungsschiene für Berufstätige* (OÖN 5. 10. 1995, 1) – Auch in der Schreibung *Sozak.* Vgl. Akademie

Sozialakademie A die; –, -n: ↗SozAk A ›Ausbildungsstätte für Berufe im sozialen Bereich‹: *Und die Sozialakademie St. Pölten bemüht sich derzeit um ein einjähriges Pilotprojekt für zwei hauptberuflich angestellte Sozialarbeiter* (Standard 10. 4. 2001, Internet) – In CH und D erfolgen Ausbildungen im sozialen Bereich an Fachhochschulen und Universitäten. Vgl. Akademie

Sozialarbeiter (gemeindt.): ↗Sozialassistent/Sozialassistentin

Sozialassistent Sozialassistentin STIR der; -en, -en bzw. die; –, -nen ⟨übersetzt aus ital. *assistente sociale*⟩: ›Mitarbeiter(in) im sozialen Dienst, der bzw. die Jugendliche und Erwachsene in Problemsituationen berät und eng mit den Gerichten zusammenarbeitet; Sozialarbeiter(in)‹: *Das therapeutische Team setzt sich aus Sozialassistenten, Psychologen, Krankenpflegern, Ergotherapeuten, Psychotherapeuten und Ärzten zusammen* (Dolomiten 21. 7. 2001, 33) – Vgl. Assistent

Sozialgenossenschaft STIR die; –, -en ⟨übersetzt aus ital. *cooperativa sociale*⟩: ›Vereinigung zur Förderung und Integration kranker bzw. behinderter Menschen und gesellschaftlicher Randgruppen‹: *Der B.S.B leitet die Dienste im Bereich der Sozialfürsorge der Stadt Bozen entweder direkt oder in veräußerlichter Form durch Vereinigungen und Sozialgenossenschaften* (Stadt Bozen, 2001, Internet)

Sozialgericht A D das; -(e)s, -e: ↗SOZIALVERICHERUNGSGERICHT CH (BS, ZH) ›für Sozialleistungen und die Sozialversicherung betreffende Streitfälle zuständiges Gericht‹: *Bleiben diese Fragen nach den Verhandlungen mit der Sozialversicherungsanstalt strittig, so kommt es auf ein Verfahren vor dem Sozialgericht an, das ... über den Anspruch entscheidet* (SN 3. 4. 1999, Internet; A); *Die Betriebskrankenkasse des Landes Berlin (BKK) und die Berliner Krankenhäuser streiten sich jetzt vor dem Sozialgericht* (Welt 28. 10. 1999, Internet; D) – Der offizielle Name lautet in A *Arbeits- und Sozialgericht.* In D sind ↗Arbeits- und Sozialgericht getrennt – Dazu: **Bundessozialgericht, Landessozialgericht** (↗Landes-), **Sozialgerichtsverfahren**

Sozialhilfekraft STIR die; –, ...kräfte: ›Person, die in der Sozialhilfe, vor allem in der Altenpflege und Familienhilfe tätig ist‹: *Sie betreut die verwirrten betagten Menschen derzeit gemeinsam mit zwei Sozialhilfekräften* (Z am Sonntag 26. 10. 1997, 9)

Sozialversicherungsausweis D der; -es, -e: ↗SOZIALVERSICHERUNGSKARTE A, ↗AHV-AUSWEIS CH, ↗SANITÄTSAUSWEIS STIR ›Ausweis für Arbeitnehmer(innen) mit dessen bzw. deren Name und Versicherungsnummer‹: *Die Arbeitsämter sind gesetzlich verpflichtet, bei Beantragung und Bezug von Arbeitslosengeld ... die Hinterlegung des Sozialversicherungsausweises zu verlangen* (Arbeitsamt 10. 7. 2002, Internet)

Sozialversicherungsgericht CH (BS, ZH) das; -(e)s, -e: ↗SOZIALGERICHT A D ›↗kantonales Gericht, das bei Streitfällen über Sozialversicherungsleistungen entscheidet‹: *Das Gesetz will für Richter am Obergericht und an grossen Bezirksgerichten die Möglichkeit des Teilamts einführen, wie sie am Sozialversicherungsgericht und am Verwaltungsgericht besteht* (TA 13. 11. 1999, 19) – Vgl. Versicherungsgericht

Sozialversicherungskarte A die; –, -n: ↗AHV-AUSWEIS CH, ↗SOZIALVERSICHERUNGSAUSWEIS D, ↗SANITÄTSAUSWEIS STIR ›grünes Papierkärtchen für alle österreichischen Staatsbürger(innen), auf dem der Name und die Sozialversicherungsnummer verzeichnet sind‹: *Dokumente, über die Sie bereits verfügen, wie Sozialversicherungskarte, Meldezettel und Geburtsurkunde, sollten jedoch schon bei der ersten Vorsprache mitgenommen werden* (Zwanzger 3/1999, 29) – Abk. SV-Karte. Wird durch eine Chipkarte ersetzt

SP CH die; –, ohne Plur.: buchstabierte Abk. für ›sozialdemokratische Partei‹: *Im Kanton Zürich besonders wichtig sind die Freisinnig-Demokratische-Partei (FDP), die Sozialdemokratische Partei (SP), die Schweizerische Volkspartei (SVP), die Christlichdemokratische Volkspartei (CVP)* (Zürcher Bürgerbuch 72); ***SP Schweiz** CH: ↗SPÖ A, ↗SPS CH, ↗SPD D: ›Sozialdemokratische Partei der Schweiz‹: *Die Zürcher Nationalrätin Barbara H. war Ende 1996 ... zur Generalsekretärin der SP Schweiz gewählt worden* (Bund 23. 3. 1998, 68) – Die Abkürzung *SP* ist in A und D selten

Spachtel der; -s, -/die; –, -n: in A Femininum, in CH und D Maskulinum. Das gilt auch für die Zus., z.B. Malerspachtel, Teigspachtel: *Mit einer Spachtel lösen und auf einem Gitter erkalten lassen* (Tele 44/1997, 47; A); *Von da an schaute ich voller Verlangen zu, wie der Verkäufer ... erst die kalte Schokoladenmasse ins Biscuit-Cornet stopfte und dann mit seinem Spachtel Pistazieneis darüber schichtete* (Hartmann, Eis 66; CH); *Ist ein Kariesloch gefunden, muss R. nur eine kleine Menge des Gels hineingeben, eine Viertelstunde warten und ab und zu mit einem Spachtel im Loch kratzen* (Spiegel 17. 11. 1997, 228; D)

Spagat A D-südost der; -(e)s, -e: ↗BINDFADEN CH D (ohne südost) ›robuste, dünne Schnur‹: *Gans innen und außen mit Salz und Majoran würzen, mit Zwiebel-, Apfel- und Orangenstücken füllen und mit Spagat binden* (Gusto 11/1997, 36; A) – Die Verwendung im Bereich Gymnastik ist gemeindt. In dieser Bedeutung ist *Spagat* in A, CH und D-südost Maskulinum, in D (ohne südost) Neutrum – Dazu: **Küchenspagat**

Spagetti siehe Spaghetti

Spaghettata CH STIR die; –, ...te ⟨ital.⟩ (Grenzfall des Standards): ›[spontanes nächtliches] Essen, bei dem Pastagerichte verzehrt werden‹: *Auf dem Bodensee feiert man den Jahreswechsel mit Seeräubergelage und Meuterei ..., auf dem Vierwaldstättersee mit Spaghettata* (TA 27. 11. 1998, 85; CH); *Andere wieder ziehen der weltweit beliebten Pizza eine Spaghettata vor* (Dolomiten 23. 6. 2001, 20; STIR)

Spaghetti D der; -s, -(s) (abwertend): ↗WELSCHE A-west, ↗TSCHINGGELER A-west (Tir.), ↗KATZELMACHER A (ohne Vbg.) D-südost, ↗TSCHINGG CH, ↗MAKKARONI D-nord/mittel ›Italiener‹: *Was ja im Übrigen unsere alten Ressentiments gegen die »Spaghettis« aus dem Süden erklärt* (Bremer Tagesztg 26. 6. 2002, Internet) – Auch in der Schreibung *Spagetti.* Eine weibliche Form ist nicht gebräuchlich. Die Bedeutung ›dünne lange Teigware‹ ist gemeindt. – Dazu: **Spaghettifresser(in)**

spähen (gemeindt.): ↗LINSEN, ↗LUREN, ↗SPECHTELN, ↗SPECHTEN

Spalte A D-mittelwest/südost die; –, -n: ↗SCHNITZ A-west (Vbg.) CH D-süd ›keilförmiges Stück (einer ↗Frucht, bes. von Zitrusfrüchten)‹: *Ich entfernte die weißen Fäden, die die Frucht netzartig überzogen, die rot-blutigen Adern, aß jede Spalte einzeln* (Glantschnig, Mirnock 21; A); *Die geschälte Frucht wird in Streifen, Spalten oder Würfel geschnitten* (Universität Bochum 9. 10. 2002, Internet; D-mittelwest/südost) – In D-nordwest auch in der Form *Spälte*. Andere Bedeutungen sind gemeindt. – Dazu: **Apfelspalte, Orangenspalte** (↗Orange), **Zitronenspalte**

Spälte die; –, -n: **1.** CH ›der Länge nach halbiertes oder geviertelte gespaltenes, 1 Meter langes Stück Rundholz‹: *Das Holz der zu entfernenden Bäume wird von Herrn Kortens Beauftragten in die von dir gewünschte Form (Bretter, Spälten, Papierholz) gebracht und dir in transportbereitem Zustand zur Verfügung gestellt* (Kauer, Spätholz 100). **2.** D-nordwest siehe Spalte

Spaltstock CH der; -(e)s, …stöcke: ↗HACKSTOCK A D-südost, ↗SCHEITSTOCK CH, ↗STOCK CH D-südost, ↗HACKKLOTZ D-nordost/mittel, ↗HAUKLOTZ D-nord/mittelwest ›Holzklotz als Unterlage zum Hacken von Brennholz‹: *Fröhliche Handwerksburschen veranstalteten einen Wettbewerb im Nägel einschlagen auf dem mitgeführten Spaltstock* (Volksstimme, Fasnacht 2001, Internet)

Spannbettlaken D-nord/mittel das; -s, –: ↗SPANNLEINTUCH A D-südwest, ↗FIXLEINTUCH CH, ↗SPANNBETTTUCH D-mittelwest/süd, ↗SPANNLAKEN D-nordost ›Tuch, das mit Hilfe eines eingenähten Gummibandes über die Matratze gespannt wird‹: *Kann man normale Spannbettlaken benutzen oder braucht man spezielle Laken?* (Schlafkampagne 17. 6. 2003, Internet) – Vgl. Bettlaken, Laken

Spannbetttuch D-mittelwest/süd das; -(e)s, …tücher: ↗SPANNLEINTUCH A D-südwest, ↗FIXLEINTUCH CH, ↗SPANNBETTLAKEN D-nord/mittel, ↗SPANNLAKEN D-nordost ›Tuch, das mit Hilfe eines eingenähten Gummibandes über die Matratze gespannt wird‹: *Reisebett … m. Tragetasche, Matratze, Spannbetttuch, 2x benutzt, 120 DM* (WAZ 28. 10. 1997, 26) – Vgl. Betttuch

spannen (gemeindt.): ↗LUREN, ↗SPECHTELN, ↗SPECHTEN

spannen A D-nordwest/südost sw.V./hat (salopp, Grenzfall des Standards): ↗ÜBERZIEHEN A, ↗GNEISSEN A D-südost, ↗ÜBERREISSEN A D-südost, ↗RAFFEN CH D-mittel/süd, ↗BLICKEN D ›etw. plötzlich erfassen, durchschauen‹: *Wirst es ja wohl schon gespannt haben, dass wir beide … als Brautwerber auf den Faschaun kommen sind* (Steurer, Faschaunerin 52; A) – Andere Bedeutungen sind gemeindt. Vgl. Trichter – Dazu: ↗**Schnellspanner(in)** D-südost

Spannlaken D-nordost das; -s, –: ↗SPANNLEINTUCH A D-südwest, ↗FIXLEINTUCH CH, ↗SPANNBETTTUCH D-mittelwest/süd, ↗SPANNBETTLAKEN D-nord/mittel ›Tuch, das mit Hilfe eines eingenähten Gummibandes über die Matratze gespannt wird‹: *Gepolstertes Wasserbett … mit … Schlitz zur Befestigung von Spannlaken über die gesamte Breite und Länge* (Wohnform Wasserbetten, 1999, Internet) – Vgl. Laken

Spannleintuch A D-südwest das; -(e)s, …tücher: ↗FIXLEINTUCH CH, ↗SPANNBETTLAKEN D-nord/mittel, ↗SPANNBETTTUCH D-mittelwest/süd, ↗SPANNLAKEN D-nordost ›Tuch, das mit Hilfe eines eingenähten Gummibandes über die Matratze gespannt wird‹: *Vor zwanzig Jahren erblickte das erste Spannleintuch die müden, abgebügelten Augen eines mehrfach belasteten Menschen* (Standard 17. 1. 1995, 1; A) – Vgl. Leintuch

Spannteppich CH der; -(e)s, -e: ↗TEPPICHBODEN A D ›durchgehender textiler Bodenbelag‹: *Die … Gruppe aus den USA schaut Mats und mich … erstaunt an, als wir mit unseren schweren Wanderschuhen … über den vornehmen Spannteppich der Reception stapfen* (Schmidt, Wanderung 33) – In A selten

Spanplatte (gemeindt.): ↗PAVATEX

Sparbatzen CH der; -s, –: ↗SPARGROSCHEN D (ohne südost) ›kleinere Summe gesparten Geldes‹: *Wenn ich alle meine Sparbatzen zusammenzählte, kam ich auf rund fünf Franken* (Kolb, Niederdorf 59)

Sparbuch A D das; -(e)s, …bücher: ↗SPARBÜCHLEIN CH, ↗SPARHEFT CH ›kleines Heft, in dem ein Geldinstitut ein- oder ausgezahlte Sparbeträge und Zinsguthaben sowie die ↗KESt für den Kunden bzw. die Kundin verzeichnet‹: *Die Herrschaften in Brüssel haben bereits entschieden: die österreichische Spezialität der anonymen Sparbücher muss ein Ende haben!* (Konsument 8/1997, 32; A); *Ich habe ein Sparbuch mit vierjähriger Kündigungsfrist* (Welt 11. 3. 1996, Internet; D)

Sparbüchlein CH das; -s, –: ↗SPARBUCH A D, ↗SPARHEFT CH ›kleines Heft, in dem ein Geldinstitut ein- oder ausgezahlte Sparbeträge und Zinsguthaben für den Kunden bzw. die Kundin verzeichnet‹: *Was hätte die junge Familie mit dem Geld der Mutterschaftsversicherung gemacht? »Wir hätten es für unsere Tochter auf ein Sparbüchlein gelegt. Für später«, sagt U. G.* (Blick 19. 5. 1999, 5)

Spargel der; -s, – (Plur. selten)/die; –, -n: ist in A und D Maskulinum, in CH auch Femininum. In A und D im Plural selten. Der Singular bezeichnet meist den

Sammelbegriff, seltener ein einzelnes Exemplar: *Geschälten Spargel in 1 l Salzwasser weich kochen, Sud abseihen und aufheben* (Bund der Marchfelder Spargelgüter, 2000, Internet; A); *Spargeln rüsten und in Salzwasser mit Butter und Zucker nicht zu weich kochen* (Saisonrezepte, 1999, Internet; CH); *Salzwasser aufkochen, grünen Spargel am unteren Ende etwa 3 cm abschneiden* (Brigitte 11/1996, 214; D)

Spargroschen D (ohne südost) der; -s, – (Grenzfall des Standards): ↗SPARBATZEN CH ›kleinere Summe gesparten Geldes‹: *Eine zweite ... Liste enthielt Spargroschen (12,90 Franken) eines »Ulianow, Wladimir«, besser bekannt als Lenin* (Spiegel-Jahreschronik 1997, 80)

Sparheft CH das; -(e)s, -e: ↗SPARBUCH A D, ↗SPARBÜCHLEIN CH ›kleines Heft, in dem ein Geldinstitut ein- oder ausgezahlte Sparbeträge und Zinsguthaben für den Kunden bzw. die Kundin verzeichnet‹: *Selbst wer nur über wenig Geld verfügt und das Risiko scheut, sollte sich von seinem lieb gewonnenen Sparschwein verabschieden. Sinnvoller ist immer noch das gute alte Sparheft* (TA 15. 10. 1999, 81)

spaßen D-nord/mittel sw.V./hat: ›Späße, Witze machen; witzeln‹: *A. M. ... spaßt während des Shootings mit K. S.* (Allegra 11/1997, 3) – Die Bedeutung ›etw. nicht ernst meinen‹ sowie die Wendungen *mit etw. ist nicht zu spaßen, mit jmdm. ist nicht zu spaßen* sind gemeindt.

spaßeshalber (gemeindt.): ↗HETZ: *AUS HETZ, ↗PLAUSCH: *AUS/ZUM PLAUSCH

Spaßetteln A-ost die; nur Plur. (Grenzfall des Standards): **1.** ›Scherze, Witze‹: *Eine Posse ohne falschen Biedermeier-Streif, ohne geblümte Vorstadtgemütlichkeit, ohne zwanghaft wirkende Spaßetteln* (Neue Kronen Ztg 22. 9. 1999, Internet). **2.** ›Unfug‹: *Links und rechts des engen Grabens sollte man keine Spaßetteln wagen – die Wächten und Lawinenpolster könnten ja doch einmal ernst machen, wenn man ihnen zu nahe kommt* (OÖN 2. 12. 1995, 3) – Selten auch in der Schreibung *Spassetteln* bzw. in der Form *Gspaßetteln*

Spaßfaktor D der; -s, -en: ›Ausmaß an Spaß‹: *Dieses unterstreicht den Spaßfaktor, den dieser Beruf mit sich bringt – nicht zuletzt aufgrund der hervorragenden Perspektiven* (Welt 21. 6. 1999, Internet) – Durch die Medien in A und CH bekannt, aber als fremd empfunden

Spatz (gemeindt.): ↗LÜNING, ↗SPERLING

Spatz CH der; -en/-es, -en (Soldatensprache): ↗SIEDFLEISCH A-west CH D-süd ›ein Stück Suppenfleisch‹: *Suppe und Spatz gab es, wo und was die Unteroffiziere und Offiziere assen – das wusste Rocco nicht* (Kauer, Spätholz 12) – Die Bedeutungen ›kleiner, graubraun gefiederter Vogel‹ und /Kosewort für kleine Kinder/ sind gemeindt.

Spatzelhobel STIR der; -s, –: ↗SPÄTZLER A-west (Vbg.), ↗SPÄTZLEHOBEL A D-südwest, ↗SPATZENHOBEL D-südwest ›Küchengerät mit Aufsatz zum Reiben von ↗Spatzlen‹: *Wenn ein Löffel darin steht, nehme ich einen Spatzelhobel* (Spitaler, Gekochte Kultur 62)

Spatzeln A-west (Tir.) D-südost die; nur Plur.: ↗NOCKERL A D-südost, ↗SPATZEN A D-süd, ↗SPÄTZLE A D, ↗KNÖPFLI CH, ↗SPÄTZLI CH, ↗SPATZLEN STIR ›in Wasser gekochte, kleine ovale oder längliche Teigstücke (als Beilage oder Hauptspeise)‹: *Wasserspatzeln werden in etwas zerlassener Butter geschwenkt und mit Käse überstreut angerichtet* (Drewes, Tiroler Küche 33; A-west); *Salat, eine herbstliche Suppe, Knödel, Nockerl und Spatzeln in verschiedenen Variationen und ein süßes Gebäck erinnern uns an den letzten Urlaub* (VHS Peiting 21. 11. 2001, Internet; D-südost) – Dazu: **Kasspatzeln** (↗Kas-), **Wasserspatzeln**

Spatzen die; nur Plur.: **1.** A D-süd; ↗NOCKERL A D-südost, ↗SPÄTZLE A D, ↗SPATZELN A-west (Tir.) D-südost, ↗KNÖPFLI CH, ↗SPÄTZLI CH, ↗SPATZLEN STIR ›in Wasser gekochte, kleine ovale oder längliche Teigstücke (als Beilage oder Hauptspeise)‹: *Teig durch das Nockerlsieb in kochendes Salzwasser streichen und die Spatzen 8 – 10 Minuten kochen* (Firma Thea online, 1999, Internet; A). **2.** A-südost (Grenzfall des Standards) ›Muskelkater‹: *Muskelschmerzen (Spatzen) können dadurch vermieden werden* (Kleine Ztg 31. 7. 1997, Internet) – Zu 1.: **Kasspatzen** (↗Kas-), ↗**Spatzenhobel** D-südwest, **Wasserspatzen** A

Spatzenhobel D-südwest der; -s, –: ↗SPÄTZLER A-west (Vbg.), ↗SPÄTZLEHOBEL A D-südwest, ↗SPATZELHOBEL STIR ›Küchengerät mit Aufsatz zum Reiben von ↗Spätzle‹: *Aus dem Teig Spätzle vom Brett ins Wasser schaben. Oder mit Spatzenhobel oder ähnlichem Gerät* (Südwest Fernsehen 12. 12. 1994, Internet) – Vgl. Spatzen, Spätzlepresse, Spätzleschwob

Spätzle A D das; -(s), – (meist Plur.): ↗NOCKERL A D-südost, ↗SPATZEN A D-süd, ↗SPATZELN A-west (Tir.) D-südost, ↗KNÖPFLI CH, ↗SPÄTZLI CH, ↗SPATZLEN STIR ›in Wasser gekochte, kleine ovale oder längliche Teigstücke (als Beilage oder Hauptspeise)‹: *Ob feine Suppennudeln, Spiralen, Spätzle, Spaghetti oder Bandnudeln, kolossale Gaumenfreuden sind garantiert* (OÖN 19. 5. 2000, Internet; A); *Es muss doch noch etwas anderes zu finden sein als Gulasch mit Spätzle* (Erler, Palais 67; D) – In D vor allem in D-südwest als Speise verzehrt – Dazu: **Kässpätzle** (↗Käs-), ↗**Spätzlehobel** A D-südwest, ↗**Spätzlepresse** D-südwest, ↗**Spätzler** A-west (Vbg.), ↗**Spätzleschwob** D-südwest, **Spätzlesieb**

Spätzlehobel A D-südwest der; -s, –: ↗SPÄTZLER A-west (Vbg.), ↗SPATZENHOBEL D-südwest, ↗SPATZELHOBEL STIR ›Küchengerät mit Aufsatz zum Reiben von ↗Spätzle‹: *Den Spätzleteig portionsweise entweder vom Brett schaben oder mit dem Spätzlehobel ins kochende Wasser geben* (Neue Vorarlberger Tagesztg 25. 2. 2000, Magazin 22; A) – Vgl. Spätzleschwob, Spätzlepresse

Spatzlen STIR die; nur Plur.: ↗NOCKERL A D-südost, ↗SPATZEN A D-süd, ↗SPÄTZLE A D, ↗SPATZELN A-west (Tir.) D-südost, ↗KNÖPFLI CH, ↗SPÄTZLI CH ›in Wasser gekochte, kleine ovale oder längliche Teigstücke (als Beilage oder Hauptspeise)‹: *Die Spatzlen darin schwenken und mit etwas Parmesan bestreut servieren* (Kompatscher, Küche in Südtirol 27); ***schwarzplentene Spatzlen** siehe plenten – Dazu: **Spinatspatzlen**

Spätzlepresse D-südwest die; –, -n: ↗SPÄTZLESCHWOB D-südwest ›Presse aus Metall oder Hartplastik zur Herstellung von ↗Spätzle‹: *In einem großen Topf gesalzenes Wasser zum Kochen bringen und den Teig mit Hilfe einer Spätzlepresse portionsweise in das kochende Wasser geben* (WDR 19. 4. 2001, Internet) – Vgl. Spatzenhobel, Spätzlehobel

Spätzler A-west (Vbg.) der; -s, –: ↗SPÄTZLEHOBEL A D-südwest, ↗SPATZENHOBEL D-südwest, ↗SPATZELHOBEL STIR ›Küchengerät mit Aufsatz zum Reiben von ↗Spätzle‹: *Salzwasser zum Kochen bringen und den Teig durch den Spätzler ins Wasser reiben, aufwallen lassen und aus dem Wasser nehmen* (VN 19. 3. 1998, Heimat/Feldkirch 14)

Spätzleschwob D-südwest der; -s, -en: ↗SPÄTZLEPRESSE D-südwest ›Presse aus Metall oder Hartplastik zur Herstellung von ↗Spätzle‹: *Ich habe meinen neuen Spätzleschwob versehentlich in der Spülmaschine gereinigt* (Chefkoch, 2003, Internet) – Vgl. Spatzenhobel, Spätzlehobel

Spätzli CH die; nur Plur.: ↗NOCKERL A D-südost, ↗SPATZEN A D-süd, ↗SPÄTZLE A D, ↗SPATZELN A-west (Tir.) D-südost, ↗KNÖPFLI CH, ↗SPATZLEN STIR ›in Wasser gekochte, kleine ovale oder längliche Teigstücke (als Beilage oder Hauptspeise)‹: *Und wie ich dann zu Hause am Tisch sitze, wird prompt so ein Bratenstück samt Spätzli aufgetischt* (Minu, Basler Koch(t)köpfe 49) – Dazu: **Spätzlisieb, Spätzliteig**

Spatzung CH die; –, ohne Plur. (Grenzfall des Standards): ›freier Raum; Spielraum‹: *Die Eulach führte am vergangenen Mittwoch mit 19 Kubikmeter zwar viel Wasser, jedoch zu wenig, um die Fachleute zu beunruhigen. »Wir haben noch Spatzung«, sagt Kurt V., Leiter Wasserversorgung beim Awel* (Winterthurer Woche, 2001, Internet)

Spazierstock (gemeindt.): ↗HANDSTOCK

SPD D die; –, ohne Plur.: buchstabierte Abk. für ›Sozialdemokratische Partei Deutschlands‹: ↗SPÖ A, ↗SP: *SP SCHWEIZ, ↗SPS CH: *Die SPD kann diese positiven Erfolge nicht mehr bestreiten* (Parlament 22./29. 5. 1998, 3) – Dazu: **SPD-Bundestagsabgeordnete** (↗Abgeordnete), **SPD-Chef(in), SPD-Geschäftsführer(in)**

spechteln A sw.V./hat: **1.** ↗LINSEN A-west D (ohne südwest), ↗LUREN D-südost, ↗SPECHTEN D-südost ›in etwas herumspionieren, spähen‹: *Zwar habe er als Dienstgeber die Pflicht, die Eignung des Bewerbers zu prüfen, doch sei das durch Tests zu klären, ohne in alte Personalakten zu spechteln* (Kurier 7. 7. 1995, 11). **2.** (salopp); ↗LUREN D-südost, ↗SPECHTEN D-südost ›voyeuristisch beobachten; spannen‹: *Danach war es in den Kabinen ein bisschen intimer, aber die Badegäste ärgerten sich weiterhin: Neben den (geschlossenen) Türen konnte man immer noch durch Ritzen spechteln* (Kurier 22. 3. 1995, 19) – Zu 2.: **Spechtler(in)**

spechten D-südost sw.V./hat: **1.** ↗SPECHTELN A, ↗LINSEN A-west D (ohne südwest), ↗LUREN D-südost ›spionieren, spähen‹: *Die Ägäis ist spiegelglatt ... einige von uns liegen in der Sonne, ... der Rest spechtet mit dem Fernglas zur Türkei rüber* (Wassersportschule Steinlechner, 2002, Internet). **2.** ↗SPECHTELN A, ↗LUREN D-südost ›voyeuristisch beobachten; spannen‹: *Auch die Tatsache, dass er als Spanner durch das Fenster der sich entkleidenden Heike M. spechtet, macht ihn noch lange nicht zum Serienkiller* (Nürnberger Ztg 21. 11. 2002, Internet)

Speck der; -(e)s, ohne Plur.: **1.** A (ohne west/südost) CH D ›zum Verzehr geeignete, geräucherte, zwischen Haut und Muskelschicht liegende Fettschicht vom Schwein‹: *Übersättigt von Fastfood und Szenebeizen, sehnen sich viele Städter nach einem heissen Beinschinken oder einer Rösti mit Speck* (WW 27/1999, Internet; CH); *Bei den Bauern bin ich singen gegangen für Speck und Eier* (WAZ 30. 12. 2000, Internet; D); ***grüne Speck** CH D (ohne südwest) ›zum Verzehr geeignete, nicht geräucherte, zwischen Haut und Muskelschicht liegende Fettschicht vom Schwein‹: *Statt grünen Speck geräucherten Speck verwenden: In Streifen schneiden, kurz blanchieren, damit der Räuchergeschmack das feine Aroma der Minestrone nicht übertönt* (Brückenbauer 1. 1. 1998, Internet; CH); *Kartoffeln und Karotten schälen, in Scheiben schneiden und in etwas Wasser zusammen mit einem Stück grünen Speck weich kochen* (SWR, 2000, Internet; D); ***ran an den Speck!** D (ohne südost) (salopp): ↗GEHEN: *GEMMA GEMMA! A, ↗BULETTE: *RAN AN DIE BULETTEN/BOULETTEN D ›Los!; Vorwärts!‹: *Also: ran an den Speck! wenn ihr die Veranstaltungen besuchen wollt, dann wendet euch doch bitte direkt an die HdA* (Technische Universität Darmstadt 19. 11. 2002, Internet). **2.** A-west/südost CH D-südost ›roh eingesalzenes, geräuchertes Stück Schweinefleisch mit Fett und Schwarte‹ (oft in der Wendung *geräucherte Speck*): *An den Stangen unter der Decke hängt Speck zum Selchen* (Pfaundler, Jungbürgerbuch 735; A-west/südost); *Die bekannte Berner Platte servieren wir Ihnen auf einem Teller, ansonsten fehlt dem bekannten Gericht aber gar nichts: Siedfleisch, Speck, Rippli, Wurst, Salzkartoffeln, Bohnen und Sauerkraut* (Schüpbärg-Beizli, 2001, Internet; CH); ***Speck und Bohnen** CH /ein traditionelles Gericht/: *Bin gespannt, welche Erinnerungen ein duftender Eintopf mit Speck und Bohnen weckt* (Food & Beverage 1/2000, Internet). **3. *süße Speck** A; ↗MAUSESPECK D-mittelwest ›Süßigkeit aus Zuckerschaum‹: *Snikers 8,50, Süßer Speck 1,00, Toblerone 10,00* (Buffet der Vienna-Business-School, 2003, Internet) – Zu 2.: Zunehmend auch in D (ohne südost) gebräuchlich, bes. in den Zus. *Bauchspeck, Schinkenspeck.* In A oft mit Angabe der Herkunft [der Rezeptur], z.B. *Kärntner Speck, Südtiroler Speck, Tiroler Speck.* Die Bedeutung ›Fettpolster beim Menschen‹ ist gemeindt. – Zu 1.: **Magerspeck, Spickspeck** CH, **Speckgriebe** (↗Griebe) D, **Speckrösti** (↗Rösti) CH, ↗**Speckgugelhopf** (↗Gugelhopf) CH-nordwest, **Specktranche** CH, **Rohessspeck** CH, **Kochspeck** CH. Zu 2.: **Bauchspeck** A D, **Karreespeck** A D, **Schinkenspeck, Selchspeck** (↗Selch) A D, **Speckjause** (↗Jause) A, **Speckknödel** (↗Knödel) A D

Speckgugelhopf CH-nordwest der; -(e)s, ...höpfe: ›in einer ringförmigen, gewellten Backform gebackener, salziger Kuchen aus Rührteig oder einem Teig aus ↗Hefe, versetzt mit Stücken von ↗Speck‹: *Mit den besten Wünschen für die kommenden Festtage werden alle Anwesenden zu Speckgugelhopf, Zopf und einem Glas Wein eingeladen* (Gemeindeversammlungsprotokoll der Gemeinde Zwingen 4. 12. 2000, Internet) – Vgl. Gugelhopf

speditiv CH Adj.: ›effizient, zügig‹: *Sie haben technisches Flair, wissen Prioritäten zu setzen, sind belastbar und arbeiten gerne speditiv in einem lebhaften Umfeld* (BaZ 25./26. 10. 1997, 66) – Dazu: **Speditivität**

speicheln (gemeindt.): ↗SABBERN, ↗TRENZEN

Speicher D-mittelwest/süd der; -s, –: ↗DACHBODEN A D, ↗ESTRICH CH, ↗UNTERDACH CH-südwest STIR, ↗BODEN D (ohne südwest), ↗BÜHNE D-südwest, ↗SÖLLER D-mittelwest, ›unbewohnter Raum unter dem Dach eines Hauses‹: *Ich ging auf den Speicher und fand dort in einem verstaubten Koffer den hellgrauen Mantel meines Vetters* (Hildesheimer, Legenden 16)

Speis[1] A D-südost die; –, -en: ›kleiner, meist an die Küche grenzender Vorratsraum für Lebensmittel‹: *Innsbruck: 3-Zimmer-Wohnung, 90 qm, große sonnendurchflutete Räume, freie Aussicht, Einbauküche mit Speis, Westbalkon* (TT 20./21. 9. 1997, 41; A)

Speis[2] D-mittelwest/süd der; -es, ohne Plur.: ›Mörtel‹: *Natürlich muss auch dieses Massivhaus unter Verwendung jeder Menge Wasser für Mörtel, Speis und Beton hergestellt werden* (Naumann Immobilien Service, Lüdenscheid-Rathmecke, 2002, Internet)

Speiseeis (gemeindt.): ↗EIS, ↗GLACE

Speisekarte (gemeindt.): ↗MENUKARTE, ↗SPEISENKARTE

speisen st.V./sw.V./hat: In der Bedeutung ›(mit Energie, Wasser, etw. Notwendigem) versorgen‹ lautet das Präteritum in CH meist *spies,* gemeindt. *speiste,* das 2. Part. in CH meist *gespiesen,* gemeindt. *gespeist.* Das gilt auch für die Zus., z.B. *einspeisen, abspeisen.* In der Bedeutung ›essen‹ werden die starken Formen in CH nur scherzhaft verwendet: *Inmitten der niederen Blumenpracht lag ein runder Brunnen. Er wurde gespiesen von zwei kreuzweise angeordneten mannshohen V-Zeichen* (Jacobi, Kleefabrik 5; CH); *Die anderen spiesen wie Fürsten am See* (Ramseier, Resus 69; CH)

Speisenkarte D-nordost/südost die; –, -n: ↗MENUKARTE CH BELG ›Speisekarte‹: *Gemüsesuppe, Tomatenpizza und Dessert standen am Donnerstag auf der Speisenkarte* (Winnender Ztg 3. 2. 2001, Internet)

Speiserübe D-mittel die; –, -n: ↗RÄBE CH, ↗WEISSRÜBE CH, ↗RÜBCHEN: *TELTOWER RÜBCHEN D-nord/mittelwest ›weiße Rübe, die im Herbst geerntet und als Gemüse oder Salat gegessen wird; Herbstrübe‹: *Mairübchen und Teltower Rübchen stammen aus der Familie der Speiserüben, einer Kulturpflanze, die schon im Altertum bis zur Verbreitung der Kartoffel durch ihren hohen Nährstoffgehalt zu den wichtigsten Nahrungsmitteln zählte* (WDR 25. 5. 1998, Internet)

Spekulatius D der; –, –: ›gewürztes Weihnachtsgebäck in Form von Figuren‹: *Schokoladen-Weihnachtsmänner und Spekulatius könnten in den kommenden Wochen zum Ladenhüter werden* (Welt 21. 10. 1999, Internet) – In A durch den Produktaustausch bekannt

Spelte STIR die; –, -n: ›dünne Holzlatte‹: *Die in den Boden gerammten Spelten werden mit Fichtenästen oder Weidenzweigen an die Querstangen geflochten* (Dolomiten 1. 7. 1999, 18) – In A selten – Dazu: **Speltenzaun**

Spelunke (gemeindt.): ↗KASCHEMME

spengeln A sw.V./hat: ›Bleche verarbeiten und Rohre installieren‹: *Man kaufte die rund 40 Jahre alten Traktoren, zerlegte, entrostete, spengelte und reparierte sie, sodass einige von ihnen aussehen, als hätten sie die Traktorenfabrik eben erst verlassen* (SN 31. 3. 1998, 4) – Vgl. Spengler, Spenglerei

Spẹngler Spẹnglerin der; -s, – bzw. die; –, -nen: **1.** A CH D-südost; ↗BLECHNER D-südwest, ↗FLASCHNER D-südwest, ↗KLEMPNER D (ohne südost) ›Person, die berufsmäßig Blechteile für verschiedene Verwendungszwecke verfertigt (z. B. Blechdächer, Dachrinnen, Blechbestandteile für den Heizungs- und Lüftungsbau etc.)‹: *Egal ob Wanderer, Extremkletterer oder ›Fernsehsportler‹, Spengler, Krankenschwester oder Rechtsanwalt, für jeden ist es [Canyoning] ein Genuss ohne Reue* (Land der Berge 5/1997, 55; A); *Der in Bern aufgewachsene Hansruedi U. ist von seinem Werdegang her ein idealer Abwart: Nach der Lehre als Sanitärinstallateur absolvierte er Zusatzlehren als Spengler und Heizungsmonteur sowie als Kinooperateur* (Bund 29. 11. 1996, 30; CH). **2.** D-südost; ↗INSTALLATEUR A D, ↗SANITÄRINSTALLATEUR CH D, ↗BLECHNER D-südwest, ↗FLASCHNER D-südwest, ↗KLEMPNER D (ohne südost), ↗HYDRAULIKER STIR ›Person, die berufsmäßig Gasleitungen, Heizungen, Wasser- und Sanitäranlagen installiert und repariert‹: *Klempner, Spengler, Flaschner oder Blechner sind gefragte Spezialisten, deren Arbeit durch moderne Technik wesentlich erleichtert wird* (Fachverband Sanitär-, Heizungs- und Klimatechnik Bayern 25. 2. 2003, Internet) – Vgl. spengeln – Zu 1.: ↗**Autospengler(in)** A CH D-südost, **Bauspengler(in)**, ↗**Carrosseriespengler(in)** CH, ↗**Galanteriespengler(in)** A, ↗**Karosseriespengler(in)** A, ↗**Kfz-Spengler(in)** A, **Lüftungsspengler(in)**, ↗**Spenglerei, Spengler-Polier(in)** CH. Zu 1. und 2.: **Spenglerarbeiten**

Spenglerei die; –, -en: **1.** A CH D-südost; ↗KLEMPNEREI D (ohne südost) ›Handwerksbetrieb, in dem Blechteile für verschiedene Verwendungszwecke verfertigt werden (z. B. Blechdächer, Dachrinnen, Blechbestandteile für den Heizungs- und Lüftungsbau etc.)‹: *Augenblicklich strafft sich der Bub und atmet tief die schlechte Luft der kleinen Gießereien, Spenglereien und Kohlenläden aus schwarzen Höfen und stolprigen schwarzen Kellergeschossen ein* (Okopenko, Kindernazi 114; A); *Zum Arbeitsfeld der Spenglerei gehören im Weiteren komplette Dachsanierungen, einschliesslich wärmetechnischer Verbesserungen, Dachkontrollen im Abonnement, Dachreparaturen, Erstellen von Blitzschutzanlagen usw.* (Domeisen, 2000, Internet; CH). **2.** CH kurz für ›↗Autospenglerei‹: ↗KAROSSERIESPENGLEREI A, ↗CARROSSERIE CH, ↗CARROSSERIESPENGLEREI CH, ↗KAROSSERIEBAU D: *Wir führen eine eigene Spenglerei. Auch dort werden die Fahrzeuge von Fachleuten bearbeitet* (Garage Müller, 2000, Internet) – Vgl. spengeln, Spengler – Zu 1.: **Bauspenglerei**

Spẹrling D-nord/mittel der; -s, -e: ↗LÜNING D-nordost ›Spatz‹ /eine Vogelart/: *Unser Haussperling gehört ebenfalls zur weitläufigen Verwandtschaft* (Tier 4/1996, 14) – In A selten

Spẹrre die; –, -n: **1.** A; ↗SPERRUNG CH D ›Sperren eines Verkehrsweges, einer Straße, Durchfahrt o. Ä.‹: *Durch die Sperre der Geleise kam es zu erheblichen Behinderungen im Fern- und Nahverkehr* (Kleine Ztg 15. 11. 1997, 12). **2.** A D-südost kurz für ↗*Talsperre:* ›Stauwerk, das ein ganzes Tal abschließt‹: *Oben bei der Sperre angekommen, werden wir die Zeit nützen, um ein wenig körperliche Bewegung zu machen* (Internationales Porsche-Classic-Treffen, Kärnten, 2001, Internet; A). **3.** A ›vorübergehende Schließung eines Geschäfts, einer Schule o. Ä. während einer bestimmten Zeitspanne, z. B. über Mittag, nachts, zwecks ↗Urlaub‹: *Die Mensa hat vom 16. 8. 1998 bis zum 27. 8. 1998 … Betriebsurlaub. Die Personalvertretung wurde von der Sperre natürlich (wie immer) nicht verständigt* (Universität Klagenfurt, Service-Center, 1999, Internet) – Andere Bedeutungen sind gemeindt. – Zu 1.: **Straßensperre** A D. Zu 3.: **Mittagssperre,** ↗**Urlaubssperre.** Zu 1 und 3: **sperren**

spẹrren sw.V./hat: **1.** A D-südost ›(ein Tor, eine Tür o. Ä.) mit einem Schlüssel schließen‹: *»Nun versuche, ob dein Schlüssel sperrt!«, befiehlt Döbler* (Sklenitzka, Schatz im Ötscher 136; A). **2.** A ›(ein Geschäft, Gasthaus o. Ä.) vorübergehend schließen‹: *Zwar müsse er seine Gaststube gleich sperren und Wege erledigen, seine Kärntner Jungkellnerzeit habe aber Vorrang* (Werner, Wien 72). **3.** A ›(ein Geschäft, ein Gasthaus, einen Betrieb) dauerhaft schließen; stilllegen‹: *Am 18. Dezember sperrt die insolvente Schokoladenfabrik Czapp* (Format 14. 12. 1998, 72). **4.** D-südost ›sich nicht schließen lassen (von einem Fenster, einer Tür o. Ä.); klemmen‹: *Busch, Wilhelm. Erntes und Heiters … mit zahlreichen Abbildungen, Original-Leinwandeinband (Deckel sperrt etwas)* (Antiquariat Barbian 26. 7. 2002, Internet) – Andere Bedeutungen sind gemeindt. Zu 2. vgl. Sperre – Zu 1.: ↗**absperren,** ↗**versperren** A, **wegsperren.** Zu 2.: ↗**Sperrstunde** A D. Zu 3.: ↗**Sperrung.** Zu 1. und 2.: ↗**aufsperren** A D-südost, ↗**zusperren** A D-südost

Spẹrrgut CH BELG das; -(e)s, ohne Plur.: ↗SPERRMÜLL A D ›großes Stück Abfall, das nicht in einen Abfallsack oder einen Container passt und gesondert entsorgt wird (z. B. Möbel)‹: *180 Personen fischten zwischen dem 23. August und 15. Oktober 12200 Liter Abfall und 1,5 Tonnen Sperrgut aus dem Fluss* (Bund 1. 11. 1999, 21; CH); *Anstatt das Sperrgut direkt bei der Sammelaktion zu zerkleinern, zu verschrotten … versucht das Projekt ein Maximum wiederzuverwerten* (Deutschsprachige Gemeinschaft Belgiens, 2003, Internet; BELG) – Die Bedeutung ›auf Grund der Größe oder Beschaffenheit mit Vorsicht zu transportierende Ware‹ ist gemeindt. – Dazu: **Sperrgutabfuhr, Sperrgutmarke, Sperrgutvignette** (↗Vignette)

Spẹrrlinie A die; –, -n: ↗SICHERHEITSLINIE CH, ↗FAHRSTREIFENBEGRENZUNG D, ↗LÄNGSSTRICH STIR ›Linie, die Fahrspuren [und Radwege] voneinander trennt und nicht überfahren werden darf‹: *Fahrstreifen können durch Leit- oder Sperrlinien gekennzeichnet sein* (Ebner, Fahren lernen 5)

Spẹrrmüll A D der; -s, ohne Plur.: ↗SPERRGUT CH BELG ›großes Stück Abfall, das nicht in einen Abfallsack oder einen Container passt und gesondert entsorgt wird, z. B. Möbel‹: *Aber niemanden schien es zu stören, zwischen Sperrmüll zu sitzen* (Wolfgruber, Verlauf eines Sommers 39; A); *Das Rätsel um das vor elf Jahren auf dem Sperrmüll gefundene Ölgemälde von August Macke scheint gelöst* (Kölnische Rundschau 8. 5. 2002, Internet; D) – Vgl. Müll – Dazu: **Sperrmüllabfuhr, Sperrmülldeponie, Sperrmüllsammlung**

Spẹrrstunde A D die; –, -n: ↗POLIZEISTUNDE CH D ›gesetzlich festgelegte Uhrzeit, zu der Gasthäuser und Bars täglich geschlossen werden müssen und sich keine Gäste mehr im Lokal aufhalten dürfen‹: *Mein Ziel war das Viertel um den Rio Tentor, dort wo er nach Norden schwenkt und wo ich, hinter einem leer stehenden Haus verborgen, einen Ausschank wusste, der weder eine Sperrstunde noch sonst ein einschränkendes Reglement kannte* (Rosei, Edgar Allan 17; A); *Ich bin bis zur Sperrstunde im Hirschen geblieben und habe unzählige Gläser Bier getrunken* (Hofmann, Tolstois Kopf 22; D) – Vgl. sperren – Dazu: **Sperrstundenregelung**

Spẹrrung die; –, -en: **1.** A D-südost ›dauerhafte Schließung (eines Geschäfts, Betriebs o. Ä.); Stilllegung‹: *Zwei andere Wiener Mittelbühnen mit hohen Schulden konnten zwar die Sperrung vermeiden, gingen nach der Sanierung aber ihrer regelmäßigen Grundsubvention verlustig* (Kurier 19. 1. 1994, 25; A). **2.** CH D; ↗SPERRE A ›Sperren (eines Verkehrsweges, einer Straße, Durchfahrt o. Ä.)‹: *Verschwinden wird die Strasse nicht. Doch mit der nächtlichen Sperrung ... kann die Gefahr für Kröten und Frösche massiv reduziert werden* (Zürcher Unterländer 5. 8. 1999, Internet; CH); *Die Licher Haltestellen »Limeskaserne« und »Albrecht-Dürer-Straße« werden während der Sperrung ebenfalls nicht angefahren* (Rhein-Main-Verkehrsbund Gießen 24. 7. 2002, Internet; D) – Zu 1. vgl. sperren

Spesen (gemeindt.): ↗TAGESGELD, ↗TAGGELD, ↗TAGESSATZ

Spe̲sen STIR die; nur Plur. ⟨aus ital. *spese,* Plur. von *spesa,* ›Ausgaben, Kosten‹⟩: ›finanzielle Ausgaben; Aufwendungen, Auslagen, Kosten‹: *Mit dem Einsatz dieses Gerätes erhofft sich die Gemeindeverwaltung vor allem die Eindämmung verschiedener Spesen, etwa im Bereich der Schneeräumung oder kleiner Grabungsarbeiten* (Mühlrad, 2001, Internet) – Die Bedeutung ›Kosten, die bei der Erledigung eines Auftrags, Geschäfts o. Ä. anfallen‹ ist gemeindt. – Dazu: **Arztspesen, Betriebsspesen, Kondominiumspesen** (↗Kondominium), **Krankenhausspesen** (↗Krankenhaus), **Mietspesen, Operationsspesen**

Spẹtter Spẹtterin CH der; -s, – bzw. die; –, -nen: ↗AUFRÄUMERIN A-mitte/südost, ↗BEDIENERIN A (ohne west), ↗PUTZERIN A-west, ↗ZUGEHERIN A-west (Vbg.) D-süd, ↗ZUGEHFRAU A-west (Vbg.) D-südost LIE, ↗SPETTFRAU CH, ↗AUFWARTUNG D-nordost, ↗REINEMACHEFRAU D-nord/mittelost ›Hilfskraft, die stundenweise [im Haushalt] aushilft; Putzfrau‹: *Zwei Spetterinnen sind weiterbeschäftigt worden, weil die Altersgrenze versehentlich weder vom Arbeitgeber noch von den Arbeitnehmerinnen erkannt worden ist* (Zürcher Kantonsrat, 1995, Internet)

Spẹttfrau CH die; –, -en: ↗AUFRÄUMERIN A-mitte/südost, ↗BEDIENERIN A (ohne west), ↗PUTZERIN A-west, ↗ZUGEHERIN A-west (Vbg.) D-süd, ↗ZUGEHFRAU A-west (Vbg.) D-südost LIE, ↗SPETTER CH, ↗AUFWARTUNG D-nordost, ↗REINEMACHEFRAU D-nord/mittelost ›Haushaltshilfe; Putzfrau‹: *Der Bund möchte die soziale Absicherung der Spettfrauen vereinfachen, um der Schwarzarbeit zu begegnen* (TA 1. 3. 1999, 27)

Spe̲zi: 1. A D-süd der; -s, -(s) (salopp, Grenzfall des Standards); ↗HABERER A-ost ›guter Freund, Kumpan, Zechbruder‹: *Um dir selbst zu beweisen, wie schlau du bist, gehst über Leichen, verdächtigst sogar einen alten Spezi* (Kneifl, Vorstellung 79; A). **2.** A D (ohne mittelost) das; -s, ohne Plur.; ↗DIESEL D-mittel, ↗KAFFEE: *KALTE KAFFEE D-nordwest/mittelwest ›Getränk aus Cola und ↗Orangeade‹: »*Wien und Österreich hab' ich viel zu verdanken«, sagt das 23-jährige Temperamentsbündel und trinkt zu rohem Rindsfilet ein Spezi* (News 6. 11. 1997, 215; A); *Wochentags gibt es hier von 14 bis 16 Uhr Bier und Spezi für 3,50 Mark sowie Pommes für vier Mark* (Starnberger Merkur 24. 8. 1998, 22) – Zu 1.: Auch in der Form *Spezl*

Spezia̲larzt Spezia̲lärztin CH der; -(e)s, ...ärzte bzw. die; –, -nen: ›Facharzt bzw. Fachärztin‹: »*Warten wir noch ein Vierteljahr« schlug ich dem Spezialarzt vor, »das kann doch auch noch spontan heilen, oder nicht?«* (Sprechstunde 3/4 1997, 35); ***Spezialarzt FMH *Spezialärztin FMH** ›Facharzt bzw. Fachärztin mit Anerkennung der schweizerischen ↗Ärztegesellschaft‹: *Der Spitalrat des Regionalspitals Interlaken hat Dr. med. Arnold K., Spezialarzt FMH für Chirurgie, zum neuen Chefarzt für Viszeral- und Gefässchirurgie gewählt* (Bund 27. 11. 1996; 33) – Vgl. FMH – Dazu: **Spezialarzttitel**

Spezl siehe Spezi

SPI CH der; –, ohne Plur. [ɛspiːˈæɪ] ⟨engl.⟩: buchstabierte Abk. für *Swiss Performance Index:* ↗ATX A, ↗DAX D ›Schweizerischer Aktienindex‹: *Nur wenige Fonds haben es geschafft, den Swiss Performance Index (SPI) zu schlagen* (Ktip 10. 9. 1997, 6)

Spickaal D-nord der; -(e)s, -e: ↗RÄUCHERAAL D ›geräucherter Aal‹: *Den Spickaal häuten, die Filets von der Mittelgräte lösen* (Essen und Trinken 10. 10. 2001, Internet)

Spickbrust D-nordost die; –, ...brüste (veraltend): ↗SPICKGANS D-nordost ›geräucherte Gänsebrust‹: *Frisches Geflügelfleisch und Delikatessen wie Spickbrust, Geflügelsauerfleisch, Geflügelwurst und andere regionale Produkte werden im Hofladen angeboten* (NDR Landpartie: Rügen u. Hiddensee 9. 2. 2003, Internet)

Spickel CH der; -s, –: **1.** ↗ZWICKEL A D ›keilförmiger Stoffeinsatz‹: *Die Rektoren der Kantons- und der Berufsschule Kreuzlingen sind zwei schlanke ranke 55-jährige. Da werden ihre Ehefrauen ... keine Knöpfe am Gwändli versetzen oder hinten am Bund einen feldgrünen Spickel einnähen müssen* (St. Galler Tagbl 13. 1. 2000, Internet). **2.** ›[kleines] eingekeiltes Grundstück‹: *Ein paar Schritte vom Dorfzentrum entfernt, im Spickel zwischen Haselbach und Watibach, sind fünf Reiheneinfamilien- und Mehrfamilienhäuser im Bau* (TA 8. 5. 1998, 69)

spicken sw.V./hat: **1.** CH D; ↗SCHWINDELN A, ↗ABSCHAUEN A D-süd, ↗MOGELN CH D (ohne südost), ↗ABGUCKEN D (ohne südost) ›bei schriftlichen Prüfungen [vom Nachbarn bzw. der Nachbarin] abschreiben bzw. unerlaubte Hilfsmittel verwenden; schummeln‹: *Die spickenden Schüler wissen selbst am besten, wie ihre Lehrer ihnen das Spicken im Internet vergällen können* (Bund 5. 1. 2000, 6; CH); *Die Lehrer sind strikt dagegen ... und doch ist es an den Schulen nach wie vor sehr in Mode: das Spicken beim Banknachbarn* (Berliner Ztg 2. 11. 1996, Internet; D). **2.** CH ›schnellen [lassen]‹: *Plötzlich brach der Baumast, dadurch spickte der Draht nach oben, berührte die Starkstromleitung und das Unglück war geschehen* (St. Galler Tagbl 4. 11. 1998, Internet). **3.** CH (Grenzfall des Standards) ›einnehmen (von Tabletten bzw. Drogen in Tablettenform)‹: *Kiko spickt so viele Pillen, dass sie sich manchmal gar nicht mehr daran erinnern kann, ob sie überhaupt mit ihrem Lover gebumst hat* (TA 11. 3. 1998, 77) – Die Bedeutungen ›etw. reichlich versehen‹ sowie ›Fleisch vor dem Braten mit Streifen von ↗Speck durchziehen‹ sind gemeindt. – Zu 1.: ↗**Spicker** CH D-mittelost/südost, ↗**Spickzettel**

Spicker CH D-mittelost/südost der; -s, –: **1.** ↗SCHWINDELZETTEL A, ↗SPICKZETTEL CH D, ↗PFUSCHZETTEL D-mittelwest ›kleiner Zettel mit Notizen (als unerlaubtes Hilfsmittel bei Prüfungsarbeiten oder als Gedächtnisstütze)‹: *Das Farbband einer Schreibmaschine herausnehmen, Text auf ein Löschblatt tippen. Den Spicker kann man nur bei genauerem Hinsehen erkennen und ein Löschblatt gehört in jedes Schulheft* (Schulnetz Schweiz, 2002, Internet; CH); *Wörter und Zahlen werden eingekreist, die wichtigsten Informationen auf einen Spicker geschrieben* (SZ 13. 2. 1999, Internet; D-mittelost/südost). **2. Spicker Spickerin** der; -s, – bzw. die; –, -nen ›Person, die bei Prüfungen unerlaubte Hilfsmittel benutzt‹: *TELE machte sich in Zürcher Schulen auf die Suche nach Natel-Spickern ... TELE zeigt Schülern nützliche Tricks, wie sie das Handy am besten zum Spicken verwenden, und gibt der Lehrerschaft die Infos, wie sie dagegen vorgehen kann* (Tele 30/2000, Internet; CH); *Die Verwendung von Spickzetteln in der Klausur ist ... für den Spicker selbst fatal* (Universität Erlangen 23. 7. 2002, Internet; D-mittelost/südost) – Vgl. spicken

Spickgans D-nordost die; –, ...gänse (veraltend): ↗SPICKBRUST D-nordost ›geräucherte Gänsebrust‹: *Bei Fontane wird sie bei Herrendiners zur Spickgans serviert* (Tagesspiegel 10. 11. 2001, Internet)

Spickzettel CH D der; -s, –: ↗SCHWINDELZETTEL A, ↗SPICKER CH D-mittelost/südost, ↗PFUSCHZETTEL D-mittelwest ›kleiner Zettel mit Notizen (als unerlaubtes Hilfsmittel bei Prüfungsarbeiten oder als Gedächtnisstütze)‹: *Wenn man ein rundes Etui hat, legt man den Spickzettel so ins Etui, dass man ihn nicht sieht* (Sekundarschule Wiedlisbach, 2003, Internet; CH); *Schüler, die bei der Abschlussprüfung mit einem Spickzettel erwischt werden, können von der weiteren Prüfung ausgeschlossen werden* (BamS 26. 10. 1997, 86; D) – Vgl. spicken

Spiegelei (gemeindt.): ↗OCHSENAUGE, ↗SETZEI

Spiel CH das; -(e)s, -e: ›militärischer Zug von Musiker(inne)n, der bei festlichen Gelegenheiten der ↗Armee aufspielt‹: *Dank der guten Verpflegung ... und der Tafelmusik durch das Spiel Inf RS Aarau bleibt die Stimmung weiterhin gut* (Gemeinde Aeschi, 1994, Internet) – Andere Bedeutungen sind gemeindt. – Dazu: **Militärspiel, Regimentsspiel**

Spieldose (gemeindt.): ↗MUSIKDOSE, ↗SPIELUHR

spielen sw.V./hat: **1. *Sand spielen** A; ↗SÄNDELN CH, ↗SANDELN D-südost ›im Sand spielen‹: *Schaukeln und plantschen und Sand spielen gehören zu meinen liebsten Sachen* (Homepage der Familie Weber, 2003, Internet). **2.** CH ›wirksam werden; funktionieren‹: *Grundsätzlich und im Allgemeinen spielt bei Wahlen und Abstimmungen die Demokratie einwandfrei* (Zürcher Bürgerbuch 36). **3. *etw. spielt es [nicht]** A (Grenzfall des Standards) ›etw. findet [nicht] statt, tritt [nicht] ein, gibt es [nicht]‹: *Ohne höhere Einnahmen wird es das Nulldefizit im Jahr 2002 aber nicht* *spielen* (Format 17. 7. 2000, 28); ***sich mit etw./jmdm. spielen a)** A D-süd ›mit etw./jmdm. nicht ernsthaft, ohne Verantwortung umgehen‹: *Ich hoffe, dass die AG dieses Signal verstanden hat, nämlich dass man sich gerade als Minderheits-Exekutive nicht zu sehr spielen darf und nicht über die Köpfe anderer hinweg Entscheidungen treffen sollte* (unipress 6/1998, 29; A). **b)** A D-südost ›etw. spielerisch leicht bewältigen, lösen; jmdn. leicht besiegen‹: *Ferrari spielt sich mit der Konkurrenz* (Formel 1, 2001, Internet; A) – Das Verb *spielen* ist in allen anderen Verwendungen gemeindt.

Spielmannszug D der; -(e)s, ...züge: ›uniformierter Zug von Musiker(inne)n, der bei Festzügen aufspielt‹: *Abwechslung war das wichtigste Kriterium bei der Auswahl von 30 Blaskapellen, Orchestern, Spielmannszügen, Quintetten und Solisten* (SZ 7. 10. 1997, 45)

Spielplatz (gemeindt.): ↗BOLZPLATZ

Spielraum (gemeindt.): ↗SPATZUNG

Spieltag D der; -(e)s, -e (Sport): ↗RUNDE A CH ›Tag(e), an dem bzw. denen die Spiele in einer Meisterschaft stattfinden‹: *Wir haben uns vorgenommen, bis zum 34. Spieltag den Vorsprung vor den Bayern zu halten* (BamS 26. 10. 1997, 105) – In A und CH zunehmend gebräuchlich

Spieluhr D die; –, -en: ↗MUSIKDOSE CH ›mit einem Spielwerk ausgestattete Uhr, bei der Metallzungen durch eine Stiftwalze, die mittels Federkraft dreht, zum Klingen gebracht werden; Spieldose‹: *Nur manchmal beginnt Avignon sich zu bewegen, als habe eine unsichtbare Hand die Stadt aufgezogen wie eine Spieluhr* (WAZ 4. 3. 2000, Internet) – Die Bedeutung ›Uhr zur Anzeige der gespielten Zeit eines sportlichen Wettkampfes mit festgelegter Spieldauer‹ ist gemeindt.

Spießbürger (gemeindt.): ↗BÜNZLI, ↗FÜDLIBÜRGER(IN)

spießen sich A sw.V./hat: ↗HARZEN CH ›[durch Widrigkeiten] mühsam vonstatten gehen‹: *Bei den 370 Mill. S, die von Stadt und Bund getragen werden müssen, spießt es sich auf Bundesseite noch* (SN 3. 5. 1997, 19) – Die nichtreflexiven Verwendungen sind gemeindt.

Spiessli CH das; -s, –: ›kleiner Spiess mit Fleisch- und Gemüsestücken zum Braten‹: *Gell, wir grillieren unsere Würste und Spiessli halt immer noch nach alter Väter Sitte* (Südostschweiz 23. 9. 1999, Internet) – Dazu: **Fischspiessli, Fleischspiessli, Gemüsespiessli**

spillerig D-nord/mittel Adj.: ↗ZAUNDÜRR A D-südost, ↗BRANDMAGER CH ›dürr, schmächtig; spindeldürr‹: *Dünn bin ich geworden. Spillerig. Das letzte Loch im Gürtel der Hose* (Welt 4. 5. 2002, Internet) – Auch in der Form *spillrig*

spillrig siehe spillerig

spindeldürr (gemeindt.): ↗BRANDMAGER, ↗SPILLERIG, ↗ZAUNDÜRR

Spintisiererei (gemeindt.): ↗SPÖKENKIEKEREI

Spirituosen (gemeindt.): ↗SUPERALKOHOLIKA

Spital A CH LUX das; -s, Spitäler ⟨aus spätlat. *hospitale* ›Gastzimmer‹⟩: ↗KRANKENHAUS A D ›Gebäude, in dem Kranke und Verletzte stationär oder ambulant behandelt werden; Klinik‹: *Die Ärzte verlangten, dass er noch eine Woche im Spital bleibt und dann drei Wochen zu Hause* (Profil 10. 11. 1997, 86; A); *Einsam und allein – so sterben heute viele Menschen, vor allem Betagte: im Spital, im Altersheim oder auch zu Hause* (Brückenbauer 3. 12. 1997, 2; CH); *Nachdem er der Opfer ... gedacht hatte, sprach er den Pfadfindern seine Anerkennung aus, dass sie ... mit dem Verkauf des Glühweines und der Europatassen zum Ankauf einer Ambulanz für ein Spital in Rumänien beisteuern wollen* (Gemeinde Grosbous 4. 11. 2002, Internet; LUX) – In D veraltet. Die Zus. mit *Spital* werden in A mit Fugen-s gebildet, in CH meist ohne Fugen-s – Dazu: **Akutspital** CH, **Bezirksspital** (↗Bezirk) CH, **Frauenspital, ↗Kantonsspital** CH, **Kinderspital, Kreisspital** (↗Kreis) CH, **Regionalspital** CH, **Spitalabteilung, Spitalarzt (...ärztin), Spitalaufenthalt, Spitalbehandlung, Spitalbett, Spitaldirektor(in), Spitaleintritt, Spitalentlassung, Spitalkosten, Spitalpflege, Spitalsarzt (...ärztin)** A, **Spitalsaufenthalt** A, **Spitalseelsorge, Spitalsfinanzierung** A, **Spitalslandesrat (...rätin)** (↗Landesrat) A, **Spitalsträger(in)** A, **Spitalwesen** (↗-wesen) CH, **Tierspital, ↗Universitätsspital** CH

Spitex CH die; –, ohne Plur. ['ʃpɪteks] ⟨zusammengezogen aus *spitalexterne (Pflege)*⟩ (Kurzwort): ↗HAUSKRANKENPFLEGE A D-nord, ↗KRANKENPFLEGE: *HÄUSLICHE KRANKENPFLEGE D, ↗HAUSPFLEGEDIENST STIR ›Pflege von Kranken in ihrer eigenen Wohnung durch medizinisches Personal‹: *Die spitalexterne Pflege (Spitex) stellt in wesentlichem Masse die Unabhängigkeit des Patienten oder Pflegebedürftigen sicher und ist grundsätzlich zu fördern* (Pressedienst der Schweiz. FDP, 1998, Internet) – Dazu: **Spitexdienst, Spitex-Schwester**

Spitz der; -es, -e: **1.** A CH D-südost ›spitz zulaufender oberster Teil von etw.; Spitze‹: *Also das Spitzkraut in der Mitte spalten und dann vom Spitz her zu Fleckerln schneiden* (OÖN 9. 9. 2000, 24; A); *Schlichtes Glas, Silberkugeln, weisse Kerzen und der obligate Spitz obendrauf schmücken den Baum, der im eigenen Wald geschlagen wird* (Bund 24. 12. 1998, 26; CH). **2.** A CH D-süd ›Spitze eines Berges; Gipfel‹ (häufig in Bergnamen): *Die Handlung stünde als solche ja fein gezeichnet da wie ein schöner Bergspitz* (OÖN 18. 10. 2000, 7; A); *Und hier unten der Grat, das geht dann* *weiter dort hinten, zum Rotsteinpass. Und über dem Altmann, siehst du in der Ferne den Spitz? Das ist wohl der Aela* (NZZ 2. 10. 2000, 73; CH). **3.** A CH ›spitz zulaufender Teil eines Gewässers, einer Insel‹: *Das Hochwasser des Spätsommers hat zu einem Abtrag bzw. einem Unterschwemmen des bereits stark verwachsenen flussabwärts gelegenen Inselspitzes geführt. Teile des Spitzes beginnen in die Mur abzubrechen* (Land Steiermark, 1997, Internet; A); *Die gesamte Insel ist Naturschutzgebiet, trotzdem darf sie an manchen Stellen befahren oder bewandert werden. ... Der Spitz der Insel ist hingegeben für jeden Besuch gesperrt* (Pferdewelt, 2001, Internet; CH). **4.** A D-südost ›kleines längliches Brot [in gewundener Form]‹ (nur in Zus., z. B. *Kornspitz, Mohnspitz, Sesamspitz*): *Im Laufe der Jahre sammelt man einige Rezeptspezialitäten, aber es gibt auch fixfertige Mixturen, wie zum Beispiel beim Kornspitz, der österreichweit nach dem gleichen Rezept gebacken wird* (Kleine Ztg 29. 3. 1997, Internet; A). **5. *etw. steht auf Spitz und Knopf/etw. steht Spitz auf Knopf** D-süd ›etw. ist bis jetzt nicht entschieden‹: *[Er] kehrte noch einmal an den Verhandlungstisch zurück. Wieder stand es Spitz auf Knopf. Wieder scheiterte die amerikanische Vermittlung* (Spiegel 16. 10. 2000, Internet) – Das gemeindt. Substantiv *Spitze* wird in CH häufiger gebraucht als *Spitz.* Die Bedeutung /eine Hunderasse/ ist gemeindt. – Zu 2.: **Bergspitz, Nadelspitz.** Zu 3.: **Seespitz.** Zu 4.: **Kornspitz**

Spitzbein D-nordost das; -(e)s, -e (Küche): ↗Stelze A, ↗Gnagi CH, ↗Wädli CH, ↗Eisbein D-nord/mittel, ↗Schweinshaxe D-süd ›eingesalzenes und gekochtes oder gebratenes Stück vom Unterschenkel des Schweines‹: *250 g Spitzbein oder Schweineöhrchen oder magerer Schweinebauch in 1 cm große Würfel geschnitten* (Stern 25. 9. 1997, 174)

Spitzboden D der; -s, ...böden: ↗Dachstock CH D-süd ›Stockwerk im Spitzdach eines Gebäudes; Dachgeschoss‹: *Der Spitzboden ist ausbaufähig* (Hundertmark Immobilien, 2002, Internet) – Vgl. Boden

Spitzbub A CH D-süd der; -en, -en: **1.** ↗Spitzbube CH D-nord/mittel ›verschmitzte, durchtriebene, aber liebenswerte männliche Person‹: *Wohl nimmt der Volksmund in vager Ahnung an, dass das Ungute vom Mann herrührt, und behängt ihn, dem Grad der Schufterei entsprechend, hallodrisch mit Spitzbub, halunkisch mit Filou, hämisch mit Schlurf* (Profil 20. 4. 1997, Internet; A); *Die Neuverfilmung des Kinderbuchklassikers »Pinocchio« ... ist ein Meisterwerk für lehrreiche Unterhaltung. Der mit neuester Computeranimation zum Leben erweckte Spitzbub mit der langen Nase erlebt jede Menge gefährlicher Situationen* (Blick 2. 5. 1997, 31; CH). **2.** (meist Plur.); ↗Linzeraugen A ›kleines süßes Gebäck aus zwei mit ↗Konfitüre zusammengeklebten runden Teilen, in deren oberem meist drei Löcher ausgestochen sind‹: *Normalerweise backe ich fünf bis sechs Sorten. Die Favoriten sind Nussecken, Vanillegipfel und natürlich die Spitzbuben* (Neue Vorarlberger Tagesztg 13. 12. 1995, 12; A); *Feinsäuberlich aufgereiht warten die Weihnachtsguetzli darauf, dass sie Stefanie veredelt – erst die Himbeerkonfitüre macht sie zu echten Spitzbuben* (Blick 12. 12. 2001, 10; CH) – Die Bedeutung ›Dieb, Gauner, Betrüger‹ ist in A und CH veraltet. Zu 1 vgl. Bub

Spitzbube CH D-nord/mittel der; -n, -n: ↗Spitzbub A CH D-süd ›verschmitzte, durchtriebene, aber liebenswerte männliche Person‹: *Marcel Fässler ist ... einer der Lieblinge der Zuschauer. Das liegt ... daran, dass er ausgesprochen sympathisch ist: Er lacht wie ein Spitzbube, er plaudert gern, und das offen und ehrlich* (NZZ 5. 9. 2000, 54; CH); *Vom Wesen her ein durchtriebener Spitzbube, dem der Schalk im Nacken sitzt und dem man trotz allem Unfug nicht böse sein kann* (Narrenzunft Aulendorf 21. 3. 2003, Internet; D-nord/mittel) – In der Bedeutung ›Dieb, Gauner, Betrüger‹ gemeindt. veraltet

Spitze (gemeindt.): ↗Spitz

Spitzenkandidat Spitzenkandidatin A D der; -en, -en bzw. die; –, -nen: ↗Kronfavorit CH ›der bzw. die von der Partei aufgestellte vorrangige Kandidat(in), Listenführer(in)‹: *Spitzenkandidat ist der politisch völlig unbekannte Leopold F.* (Kleine Ztg 5. 9. 1999, Internet; A); *Bei der CDU ist noch völlig offen, wer als Spitzenkandidat antritt* (WAZ 16. 6. 2001, Internet; D) – In CH zunehmend gebräuchlich

Spitzenteam (gemeindt.): ↗Fanionteam, ↗Kampfmannschaft

Spitzer der; -s, –: **1.** A CH; ↗Anspitzer D ›Gerät zum Spitzen von Bleistiften und Buntstiften‹: *Mitzubringen: Bleistift, ... Radiergummi, Spitzer* (VHS Linz, 2003, Internet; A); *Nach der Pause lehrte ich ihnen ... noch Papierflugzeuge zu machen ..., Spickzettel zu schreiben und den Spitzer kaputt zu machen* (Primarschule Oberbürren 14. 7. 2003, Internet; CH). **2.** CH ›Spitz‹ /kleine Hunderasse/: *Bis vor einem Jahr hatten wir einen Hund namens Simba, es war ein kleiner Spitzer* (Schule Alvaneu, 2003, Internet)

Spitzname (gemeindt.): ↗Übername

Spleen (gemeindt.): ↗Macke

Splitter: *sich einen Splitter einziehen/einreißen D-nord/mittel: ↗Schiefer: *sich einen Schiefer einziehen/einreißen A D-südost, ↗Spreißel: *sich einen Spreißel einziehen/holen D-süd ›sich durch Berühren von rauem Holz einen Holzsplitter zuziehen‹: *Ein lautes Poltern aus der Küche. »Autsch ich habe mir einen Splitter eingezogen – das* *gibt bestimmt eine Blutvergiftung!«* (SZ 10. 9. 2001, Internet) – Das Substantiv *Splitter* ist in allen anderen Verwendungen gemeindt.

splitternackt (gemeindt.): ↗FÜDLIBLUTT

SPÖ A die; –, ohne Plur.: buchstabierte Abk. für ›Sozialdemokratische Partei Österreichs‹: ↗SP: *SP SCHWEIZ CH, ↗SPS CH, ↗SPD D: *Vranitzky hat seinerzeit den Stimmungsumschwung in der SPÖ zugunsten des EU-Beitritts eingeleitet und damit maßgeblich zur EU-Mitgliedschaft Österreichs beigetragen* (Standard 17. 6. 1998, 6) – Von 1945 bis 1989 stand *SPÖ* für *Sozialistische Partei Österreichs*

Spökenkiekerei die; –, -en: **1.** D-nord ›Hellseherei‹: *Gemeinsam war beiden der Hang zur Spökenkiekerei, beide vermeinten, das »zweite Gesicht« zu haben* (Universität Hamburg 1. 10. 2001, Internet). **2.** D (scherzh., Grenzfall des Standards) ›das Verfolgen abwegiger, phantastischer Gedanken; Spintisiererei‹: *Nüchtern und trocken, wie es einem Forscher geziemt, ohne jede interpretative Spökenkiekerei hat S. seine Resultate aufgelistet* (Welt 14. 11. 1997, Internet) – Dazu: **Spökenkieker(in)**

Spompanadeln A-ost die; nur Plur. ⟨aus ital. *spampanata* ›Abnehmen der Blätter des Weinstocks; Prahlerei‹⟩ (Grenzfall des Standards): ›ausgefallene, von der gesellschaftlichen Norm abweichende Aktionen; Dummheiten, Extravaganzen‹: *Wenn er im Prater Autodrom fuhr und sich nachher ein Brathuhn bestellte, hielten das die Zeitungen für veröffentlichenswert. Keine Spompanadeln* (Standard 5. 9. 2000, Internet) – Auch in der Form *Spompanaden*

Spompanaden siehe Spompanadeln

spondieren A sw.V./hat (Hochschule): ›den akademischen Titel eines ↗Magisters bzw. einer Magistra verliehen bekommen‹: *Die spondierte Juristin über starke Frauen: »Als Kraftsportlerin wird man sicherlich auch über seinen Körper definiert«* (Tirolerin 2/2000, 137) – Vgl. Sponsion

Sponsion A die; –, -en: ›akademische Feier, bei der der Titel des ↗Magisters bzw. der Magistra verliehen wird‹: *Als angenehme Extras sind der straßenseitige Gastgarten ... und die separaten Räume für größere Gesellschaften (u. a. auch für Sponsionen und Promotionen) zu erwähnen* (Presse 23. 9. 1997, 30) – Vgl. spondieren – Dazu: **Sponsionsfeier, Sponsionsurkunde**

Sporen: *sich die/seine/ihre [ersten] Sporen verdienen A D; ***[sich] die/seine/ihre Sporen abverdienen** CH ›[erste] Erfolge einer beruflichen Karriere haben‹: *Seine ersten journalistischen Sporen verdiente er sich während des Betriebswirtschaftsstudiums in der OÖN-Wirtschaftsredaktion* (OÖN 9. 2. 2002, 6; A); *Herr F., ein halbes Jahr sind Sie nun bei Saurer, und schon übergibt Ihnen Ernst T. die operative Führung des Milliardenkonzerns. Womit haben Sie sich die Sporen abverdient?* (TA 26. 9. 1996; CH); *Ich dachte, prima, da kann ich mir meine Sporen verdienen, bis ich einen großen Zoo übernehme* (Tier 4/1996, 64; D) – Das Substantiv *Sporen* ist in allen anderen Verwendungen gemeindt.

Sportbahnen CH die; nur Plur.: ›Gesamtheit der Bahnen eines Berggebietes (Sessel- und Schlepplifte, ↗Gondel- und Zahnradbahnen); Bergbahnen‹: *Mit Ausnahme der Anlagen am Jakobshorn und im Gebiet Schatzalp-Strela ist jetzt das gesamte Netz der Sportbahnen von Davos und Klosters in einer Hand* (TA 19. 1. 1999, 27) – Oft in Firmennamen, z.B. *Sportbahnen Axalp-Windegg AG, Sportbahnen Jaunpass AG*

sporteln A D-süd sw.V./hat (Grenzfall des Standards): ›Sport treiben‹: *Wie aus einer aktuellen Salzburger Studie hervorgeht, sporteln 24 Prozent der Bevölkerung nie, 29 Prozent nur selten, und nicht ganz ein Drittel öfter* (Medizin populär 5/1997, 5; A); *Bin wieder solo und wünsche mir eine ... Freundin aus der Umgebung, mit der ich ... sporteln und auch mal bummeln kann* (Freundin 19/1997, 202; D-süd) – In CH selten und auch in der Form *spörteln*

spörteln siehe sporteln

Sportferien CH die; nur Plur.: ↗ENERGIEFERIEN A, ↗SEMESTERFERIEN A, ↗FASNACHTSFERIEN CH, ↗ZEUGNISFERIEN D-nordwest/mittel ›Schulferien in den Monaten Februar oder März‹: *Für Neujahr und die Sportferien melden Hoteliers und Ferienwohnungsvermieter bereits jetzt einen hohen Buchungsstand* (Blick 30. 10. 1998, 17)

Sporthalle (gemeindt.): ↗TURNHALLE

Sportkarre D-nord die; –, -n (Grenzfall des Standards): ↗SPORTWAGEN CH D ›Kinderwagen für Kleinkinder zum Sitzen‹: *Der zweieinhalbjährige Jonathan ließ sich nicht mehr in der Sportkarre halten* (Strandpost online – Neue Ztg für St. Peter-Ording, 4/2001, Internet) – Vgl. Karre

Sportwagen CH D der; -s, –: ↗SPORTKARRE D-nord ›Kinderwagen für Kleinkinder zum Sitzen‹: *Zu verkaufen, Luxus Kombikinderwagen, ... umbaubar zu Sportwagen, inkl. Babytragtasche, Wickeltasche, Sonnenschirm* (Gratisanzeigen, 2002, Internet; CH); *Danach kommt der Sportwagen zum Sitzen, den man nehmen kann, bis das Kind größere Strecken alleine läuft* (Kind & Gesundheit 2/2002, Internet; D) – In A selten, dafür der Produktname *Buggy.* Die Bedeutung ›sportliches Auto‹ ist gemeindt. Vgl. Wagen

spöttisch (gemeindt.): ↗MOKANT

Sprachaufenthalt CH der; -(e)s, -e: ›Besuch eines Sprachkurses in einem anderssprachigen Gebiet‹: *Wenn ich jetzt nicht mehr arbeiten müsste, würde ich Weiterbildungskurse besuchen. Am liebsten Sprachkurse. Da würde mir ein Sprachaufenthalt im Ausland sicher Spass machen* (Blick 25. 5. 1999, 15)

Sprachgruppenerklärung siehe Sprachgruppenzugehörigkeitserklärung

Sprachgruppenzugehörigkeitserklärung STIR die; –, -en: ›bei der Volkszählung erhobenes Bekenntnis zur Zugehörigkeit zu einer bestimmten Sprachgruppe (Kernwort der Südtirolpolitik)‹: *Die EU wird in der Frage der Sprachgruppenzugehörigkeitserklärung im Rahmen der Volkszählung in Südtirol »sehr maßvoll« vorgehen* (Dolomiten 10./11. 11. 2001, 17) – Seltener auch in der Kurzform *Sprachgruppenerklärung*

Spray das/der; -s, -s [ʃpreːɪ, spreːɪ A CH, ʃpreː, spreː D]: ist in D Neutrum oder Maskulinum, gemeindt. Maskulinum. Das gilt auch für alle Zus., z. B. *Haarspray, Raumspray, Schuhspray: Die Haare ... sitzen einfach so. Weil der Schnitt gut ist. Und nicht wie bei manchen anderen Kollegen, weil das Haarspray so klebt* (Prinz online 11. 10. 2001, Internet; D)

Sprayerei CH D die; –, -en (meist Plur.) [ʃpreːɪərai, spreːɪərai CH, ʃpreːɐrai, spreːɐrai D]: ›[unerwünschte] Figur oder Parole, die mit Lackfarbe auf Mauern, Wände, Fassaden gesprüht ist; Graffito‹: *Die Stadt plant noch intensivere Aktionen gegen Graffitis – will dafür aber Geld. Bisher hat Bern als einzige Stadt in der Schweiz Sprayereien im Zentrum völlig auf eigene Rechnung getilgt* (Bund 14. 1. 2000, 27; CH); *Die Verunstaltung der Stadt Meppen durch Graffiti-Sprayer war ein weiteres Thema der AG. Kurzfristiges Entfernen der Sprayereien führten bisher nicht zum gewünschten Erfolg* (Stadt Meppen, 2004, Internet; D) – Die abwertende Bedeutung ›Tätigkeit des Sprayens‹ ist gemeindt. Vgl. Spray

sprechen (gemeindt.): ↗SCHNACKEN, ↗SCHWÄTZEN

Sprecher Sprecherin A der; -s, – bzw. die; –, -nen: ›für ein bestimmtes Ressort zuständiger Wortführer bzw. zuständige Wortführerin einer politischen Partei im Parlament‹: *Im Oktober 1996 kehrt er vom Europäischen Parlament nach Österreich in den Nationalrat zurück und wird Außenpolitischer Sprecher der ÖVP* (Homepage Martin Schindlegger, 2004, Internet) – Meist als produktives Grundwort in Zus., z. B. Bildungssprecher(in), Familiensprecher(in), Finanzsprecher(in) (↗Finanz), Gesundheitssprecher(in), Justizsprecher(in), Kultursprecher(in), Kuriensprecher(in) (↗Kurie), Sozialsprecher(in), Sicherheitssprecher(in), Verkehrssprecher(in), ↗Wehrsprecher(in). Die Bedeutungen, ›Wortführer(in) einer Gruppe‹, ›Person, die von einer höheren Dienststelle zur Kundgabe offizieller Mitteilungen bestimmt ist‹, ›Ansager(in) in audiovisuellen Medien‹ und ›Person, die eine bestimmte Sprache spricht‹, sind gemeindt.

Sprechstunde (gemeindt.): ↗ORDINATION

Sprechstundenhilfe A D die; –, -n: ↗ORDINATIONSHILFE A, ↗ARZTGEHILFE CH, ↗PRAXISASSISTENT: *MEDIZINISCHE PRAXISASSISTENT CH, ↗ARZTHELFER D ›Person, die in einer Arztpraxis administrative Arbeiten erledigt und bei den medizinischen Behandlungen assistiert‹: *Doch als Sarah der Sprechstundenhilfe sagte, sie brauche eine Krankmeldung für ihr Mutter, die habe Fieber, kam der Arzt gerade ins Wartezimmer* (Welsh, Disteltage 39; A); *Unheimlich wird es Mr. H., als Dr. Charles die Sprechstundenhilfe nicht etwa dazuholt, sondern sie nach Hause schickt* (WDR Hörfunk, 1998, Internet; D)

Sprechtag der; -(e)s, -e: **1.** A D; ↗AMTSTAG A ›Zeit an einem bestimmten Wochentag, an dem eine Behörde, Politiker(innen) für Auskünfte und Informationen zur Verfügung stehen‹: *Bregenz: Gebietskrankenkasse, Sprechtag der Pensionsversicherungsanstalt der Angestellten, 8 bis 12 Uhr* (VN 29. 10. 1997, C 6; A); *Heute, Dienstag, ... Sprechtag der allgemeinen Sozialberatung in der Kranken- und Altenpflegestation* (Passauer Neue Presse 25. 6. 2002, Internet; D). **2.** A ›Halbtag, an dem der Lehrkörper einer Schule für Gespräche mit Eltern [und Schüler(inne)n] zur Verfügung steht‹: *Am Donnerstag, dem 26. April 2001 findet an unserer Volksschule von 18 – 20 Uhr der 2. Sprechtag des Schuljahres 2000/2001 statt* (Volksschule Schwoich, 2000, Internet) – Zu 2.: ↗**Elternsprechtag** A D

Spreeathen D das; -s, ohne Plur. ⟨nach dem Fluss *Spree* und den vielen kulturellen Einrichtungen⟩ (scherzh.): ↗SPREESTADT D ›Berlin‹: *Im Rahmen des Expo-2000-Projekts präsentiert die Schau die Entwicklung Berlins vom historischen Spreeathen über den Industriestandort bis hin zur Rückgewinnung der Ufer für seine Bewohner* (Berliner Morgenpost 31. 5. 2000, Internet)

Spreestadt D die; –, ohne Plur. ⟨nach dem Fluss *Spree*, an dem die Stadt liegt⟩: ↗SPREEATHEN D ›Berlin‹: *Das vereinigte Paradies von Marcia Z. lässt sich beinahe als Parodie lesen, so dreist bemächtigt sich die Autorin, die als Tochter deutsch-jüdischer Eltern in Berlin aufwuchs, jedes der Spreestadt anhaftenden Klischees* (Kieler Nachr 10. 2. 2000, Internet)

Spreißel: 1. A D-südost das; -s, -(n) ›abgespaltenes Holzstück; Span [als Abfall]‹: *Ich wollte gerade meinen Lkw auf dem Sägewerksgelände mit Spreißel beladen, als ich den beißenden Brandgeruch wahrnahm* (Neue Vorarlberger Tagesztg 21. 8. 1996, 14; A). **2.** D-süd der; -s, -/das; -s, -(n); ↗SCHIEFER A D-südost ›Splitter (von Holz)‹: *Einen Spreißel entfernst du am besten mit einer Splitterpinzette* (Royal Rangers Altensteig, 2003, Internet); ***sich einen Spreißel einziehen/holen:** ↗SCHIEFER: *SICH EINEN SCHIEFER EINZIEHEN/EINREIßEN A D-südost, ↗SPLITTER: *SICH EINEN SPLITTER EINZIEHEN/EINREIßEN D-nord/mittel ›sich durch Berühren von rauem Holz einen Holzsplitter zuziehen‹: *Bei dieser Gelegenheit zieht sich Martin einen prächtigen Spreißel aus der neuen Holzbank ein* (Rhoenline 24. 2. 2002, Internet) – In A und D-südost Neutrum, in D-südwest Maskulinum – Zu 1.: **Spreißelholz**

spreizen sich sw.V./hat: **1.** A D ›sich zieren‹: *Helmut Z. poltert, dass er nichts von bezahlten Gästen halte, die auf den »Opernballstrich« gehen. Seine Dagi merkt säuerlich an, dass sich Fergie »nicht so spreizen« solle* (OÖN 8. 2. 1997, 23; A); *Aber nein. Becker spreizt sich: »Radarfallen vor Schulen und Kindergärten gingen bei Radio Hamburg noch nie on Air«* (TAZ 17. 3. 2001, Internet; D). **2.** D ›sich eitel und überheblich verhalten‹: *Ewald L. … und Hans M. … sind die dominanten Personen in ihren Klubs geworden, wo sich … oft eitle Funktionäre spreizten* (SZ 18. 8. 2001, Internet) – Andere Bedeutungen sind gemeindt.

Sprelacart D-ost das; -s, ohne Plur.: ›Resopal‹: *Holzfurniere an den Seitenwänden des Fahrgastraumes sind durch weiße, kratzfeste Kunststoffplatten (Sprelacart) ersetzt* (S-Bahn-Berlin 14. 3. 2003, Internet)

Sprengel A der; -s, –: ›Zuständigkeitsbereich eines Amtes oder einer Institution‹: *Anzumelden ist die Heirat bei jenem Standesamt, in dessen Sprengel entweder der Bräutigam oder die Braut ihren Wohnsitz hat* (Wienerin 12/1993, 106) – In D nur im kirchlichen Bereich, sonst veraltet – Dazu: ↗**Gerichtssprengel, Gesundheitssprengel, Kirchensprengel, Pfarrsprengel** (↗Pfarr-), **Sanitätssprengel** (↗Sanität), **Schulsprengel, Sozialsprengel,** ↗**Sprengelsitz** STIR, **Verwaltungssprengel, Wahlsprengel**

Sprengelsitz STIR der; -es, -e: ›Sitz der für einen ↗Sprengel zuständigen Leitung‹: *Die Bezirksgemeinschaft Pustertal wird künftig den Sprengelsitz für das Gadertal in St. Martin führen* (Dolomiten 29. 1. 2002, 21)

Sprenzel CH der; -s, – (Grenzfall des Standards): ↗KRISPINDL A ›feingliedrige, leichtgewichtige Person‹: *»Sie sind ja so ein Sprenzel«, meinte sie mitleidig und häufte mir Kuchen und Nussgipfel auf den Teller* (Kolb, Niederdorfer 73) – Auch in der Schreibung *Spränzel*

springen: *dem Tod/Totengräber [noch einmal] von der Schaufel gesprungen sein A D-südost (salopp); ***dem Tod/ Totengräber [noch einmal] von der Schippe gesprungen sein** D-nord/mittel (salopp) ›dem Tod knapp entronnen sein‹: *Ich bin dem Totengräber gerade noch von der Schaufel gesprungen* (Bildpost 7/2000, Internet; A); *Wie lebt es sich mit dem Wissen, dem Tod von der Schippe gesprungen zu sein?* (Trierischer Volksfreund 21. 9. 2000, Internet; D-nord/mittel) – Das Verb *springen* ist in allen anderen Verwendungen gemeindt.

Springerl D-südost das; -s, -n (Grenzfall des Standards): ↗KRACHERL A D-südost, ↗LIMO A D, ↗BLÖTERLIWASSER CH, ↗BRAUSE D-nord/mittel, ↗SPRUDEL D (ohne mittelost), ↗SPUMA STIR ›Erfrischungsgetränk mit Kohlensäure; Limonade‹: *Als wir dann im Getränkemarkt Limo (in Fachkreisen auch Springerl genannt) holen wollten, da hatte der keins mehr* (Fachhochschule Regensburg, 1998, Internet)

Springerle D-südwest das; -s, –: ↗ANISBOGEN A, ↗ANISBRÖTCHEN CH, ↗ANISPLÄTZCHEN D ›kleinteiliges Weihnachtsgebäck mit Anis‹: *Zu den beliebtesten Gebäcksorten im süddeutschen Raum zählen Springerle, Lebkuchen, Ausstecherle und Hutzelbrot* (Woll, Feste 108)

Springginkerl siehe Springinkerl

Springinkerl A (ohne Vbg.) D-südost das; -s, -n (Grenzfall des Standards): ›lebhafter Mensch‹: *»Früher war ich ein Springinkerl und hyperaktiv«, erzählt Meissnitzer* (SN 19. 11. 1998, Internet; A); *Wir Springinkerln stammen aus dem oberbayrischen Raum, genauer gesagt aus Ingolstadt und Ruhpolding* (Springinkerl Musikband 17. 4. 2003, Internet; D-südost) – In D-südost auch in der Schreibung *Springginkerl*

Springmesser A D das; -s, –: ↗STELLMESSER CH, ↗SCHNAPPMESSER D-mittel/süd ›Messer, dessen verborgene Klinge erst bei Betätigung eines Knopfes herausspringt‹: *Er hat Wochen vor dem Doppelmord ein Springmesser gekauft* (Profil 25. 9. 1994, Internet; A); *Im Mordfall Christina N. hat das Landeskriminalamt ein Springmesser … als Tatwaffe identifiziert* (Rheinztg 27. 11. 2002, Internet; D)

Springschnur A die; –, …schnüre: ↗SPRUNGSCHNUR A (ohne west), ↗SPRINGSEIL CH D ›in Schwingung versetzte Leine, über die eine Person springen muss, ohne sie zu berühren; Sprungseil‹: *Es gibt zwei Laufbänder, zwei Stepper, drei Fahrräder, drei Hometrainer, eine Sprossenwand, ein paar Matten und eine Springschnur* (OÖN 28. 4. 2000, 2) – Vgl. schnurspringen

Springseil CH D das; -(e)s, -e: ↗SPRINGSCHNUR A, ↗SPRUNGSCHNUR A (ohne west) ›in Schwingung versetzte Leine, über die eine Person springen muss, ohne sie zu berühren; Sprungseil‹: *Sie hatte ihr beträchtliches Arsenal an Fitnessgeräten vor die Tür geschoben, sich mit einem Springseil an den Schreibtisch* *gefesselt und war in den Hungerstreik getreten* (TA 9. 1. 1997, Internet; CH); *Die Branche versteht es geschickt, die Mühen zwischen Joggingpfad, Springseil und Eisenhantel als »Spaß« zu verkaufen* (Welt 14. 8. 2000, Internet; D)

springseilspringen D-nordost st.V./ist (meist im Inf. oder Part.): ↗SCHNURSPRINGEN A, ↗SEILSPRINGEN CH D STIR, ↗SEILHOPFEN D-südwest, ↗SEILHOPSEN D-südwest ›über ein Seil springen, das bogenförmig um den Springer bzw. die Springerin bewegt wird; seilhüpfen‹: *Die 17-jährige Tochter raucht zwar Haschisch, ... tollt aber mit weißen Turnschühchen so niedlich herum, als ginge es gleich zum Springseilspringen* (Berliner Ztg 21. 10. 1995, Internet)

Sprit (gemeindt.): ↗MOST

Spritzbeutel D der; -s, –: ↗DRESSIERSACK A CH ›bes. zur Verzierung von Torten mit ↗Creme oder steif geschlagenem Süßrahm verwendeter, spitz zulaufender ↗Sack mit Tülle‹: *Wenn man weiche Butter in einen Spritzbeutel gibt, kann man sehr dekorative Butterstückchen herstellen* (Dienstmann, Kerzenwachs 163) – Vgl. Beutel

spritzen A CH D-mittelost/süd sw.V./hat: ›(ein Getränk) verdünnen‹: *Es gibt einige sehr medizinische Mineralwässer, die zum Spritzen von Wein absolut ungeeignet sind, da es zu eigenartigen chemischen Reaktionen kommt* (OÖN 30. 6. 2000, 24; A); *Sie schaut mich nachdenklich an, nippt an ihrem gespritzten Weissen* (P.M., Olten 95; CH) – Andere Bedeutungen sind gemeindt. Vgl. gespritzt, Gespritzte

Spritzer A (ohne west) der; -s, –: ↗MISCHUNG A-südost, ↗GESPRITZTE A D-süd, ↗SCHORLE D, ↗WEINSCHORLE D ›mit [Mineral]wasser verdünnter Wein‹: *Der Großteil der Getränke (Spritzer, Bier etc.) kostet zwischen 28 und 36 Schilling* (Kurier 30. 1. 1999, 10); ***rote Spritzer:** ↗ROT: *[SPRITZER/GESPRITZTER] ROT SAUER A-WEST; *SCHORLE ROT SAUER D-südwest ›mit [Mineral]wasser verdünnter Rotwein‹: *Rälli, noch ein Cola! – Rälli, wann kommt mein roter Spritzer? heut noch?!* (Brödl, Blutrausch 8); ***weiße Spritzer:** ↗WEIß: *[SPRITZER/GESPRITZTER] WEIß SAUER A-WEST; *SCHORLE WEIß SAUER D-südwest, ↗GESPRITZT: *GESPRITZTE WEISSE/WEISSWEIN CH ›mit [Mineral]wasser verdünnter Weißwein‹: *Der Rest blieb jedes Mal unverständlich, weil der Herr Doldinger seine Zähne daheim vergessen und den einen oder anderen weißen Spritzer zu viel getrunken hat* (Brödl, Blutrausch 8) – Andere Bedeutungen sind gemeindt.

Spritzkanne CH die; –, -n: ›Gefäss zum Bewässern von Pflanzen; Giesskanne‹: *Er zündet sich eine Zigarette an ... greift sich die Spritzkanne neben der Tür des kleinen Stationsgebäudes, giesst die Geranien und schaut hinunter auf die Rhoneebene* (Sonntagsztg 7. 9. 1997, 127)

Sprossenkohl A der; -(e)s, ohne Plur.: ↗KOHLSPROSSE A, ↗ROSENKOHL CH D ›Kohlart, die in kleinen kugelförmigen Knospen an einem hohen Stängel wächst‹: *Der Sprossenkohl in diesem Schrebergarten hat jedenfalls eine beachtliche Höhe erreicht* (VN 10. 10. 1997, Extra 8)

Sprudel der; -s, –: **1.** D; ↗MINERAL A CH, ↗SPRUDELWASSER CH D-nord/mittelwest, ↗SELTERS D-nord/mittel ›Mineralwasser‹: *Um Viertel vor neun darf die Putzfrau samt all ihrer Feudel noch Aufzug fahren, ... dürfen Wassergläser und Sprudel rund um den Konferenztisch fehlen* (Welt 20. 11. 2000, Internet). **2.** D (ohne mittelost); ↗KRACHERL A D-südost, ↗LIMO A D, ↗BLÖTERLIWASSER CH, ↗BRAUSE D-nord/mittel, ↗SPRINGERL D-südost, ↗SPUMA STIR ›Erfrischungsgetränk mit Kohlensäure; Limonade‹: *Zu jeder Mahlzeit gab es außer Wasser nur Wein und Bier – kein Gedanke an Sprudel oder Säfte* (Unicum 11/1997, 20) – Zu 1.: In D-südwest auch *saurer Sprudel.* Zu 2.: In A veraltend. In D-südwest auch *süßer Sprudel.* Die Bedeutung ›aufsprudelndes Wasser (durch Düsen in Whirlpools und Schwimmbecken)‹ ist gemeindt. – Zu 2.: ↗**Orangensprudel** D-mittelwest, **Zitronensprudel**

Sprudelwasser CH D-nord/mittelwest das; -s, –: ↗MINERAL A CH, ↗SPRUDEL D, ↗SELTERS D-nord/mittel ›Mineralwasser‹: *Das ist der Hit des Jahres: Sprudelwasser zum Selbermachen! Immer mehr Schweizer werden dank einer Soda-Maschine zum Mineralwasser-Produzenten* (Blick 24. 10. 1994, 9; CH); *Sprudelwasser ist die beliebteste Variante des Wassers, da es einen besonders erfrischenden, leicht säuerlichen Geschmack hat* (WDR Hobbythek 17. 11. 1999, Internet; D-nord/mittelwest)

Sprudler A der; -s, –: ↗QUIRL CH D ›Küchengerät [aus Holz] mit Stiel und sternförmigem Unterteil zum Verrühren von Flüssigkeit‹: *Der Kupferkessel, der hölzerne Sprudler und die vom Opa geschnitzten Buttermodeln sind nach wie vor die klassischen Arbeitsgeräte* (OÖN 14. 8. 1998, 3) – Vgl. versprudeln

Sprühregen D der; -s, – (Plur. ungebräuchl.): ›Nieselregen‹: *Vor allem im Bergischen Land fällt etwas Regen und Sprühregen* (WAZ 20. 10. 97, 3) – In CH fachsprachlich

Sprungschnur A (ohne west) die; –, ...schnüre: ↗SPRINGSCHNUR A, ↗SPRINGSEIL CH D ›in Schwingung versetzte Leine, über die eine Person springen muss, ohne sie zu berühren; Sprungseil‹: *Er griff zur Sprungschnur und sprang mit seinem Sohn um die Wette* (OÖN 16. 6. 1988, 25) – Vgl. schnurspringen

Sprungseil (gemeindt.): ↗SPRINGSCHNUR, ↗SPRINGSEIL, ↗SPRUNGSCHNUR

Sprutz CH D-südost der; -es, Sprütze (Grenzfall des Standards): ›Spritzer‹: *Ein Kind macht hungrig den Mund auf, während eine der Mütter ihre linke Brust mit beiden Händen drückt. Sie zielt gut, der Sprutz Milch trifft genau in den Kindermund* (Berner, Wunschzeiten 136; CH) – Wird in CH kurz, in D-südost lang ausgesprochen

ṢPS CH die; –, ohne Plur. (früher): buchstabierte Abk. für ›Sozialdemokratische Partei der Schweiz‹: ↗SPÖ A, ↗SP: *SP SCHWEIZ CH, ↗SPD D: *Als letzte der Bundesratsparteien hat am Montag die SPS ihre Vernehmlassungsantwort zum neuen Armeeleitbild präsentiert* (NZZ 31. 7. 2001, 11)

Spụckerl A (ohne Vbg.) D-südost das; -s, -n (scherzh., Grenzfall des Standards): ↗KRAXE A, ↗KÜBEL A, ↗ROSTLAUBE A D (ohne südost), ↗SCHNAUFERL A D-südost, ↗ROSTHAUFEN CH, ↗KISTE CH D (ohne südost), ↗KARRE D-nord/mittel, ↗NUCKELPINNE D (ohne südost), ↗SCHROTTKARRE D-nord/mittel ›kleines, leistungsschwaches [altes] Auto‹: *Er liebte große Autos, die in den Scheibenwischern mehr Kraft hatten als die Spuckerl unter der Motorhaube* (Menasse, Schubumkehr 39; A)

Spülbecken CH D (ohne mittelost) das; -s, –: ↗ABWASCH A, ↗ABWÄSCHE A, ↗ABWASCHTROG CH, ↗SCHÜTTSTEIN CH, ↗SPÜLTROG CH, ↗ABWASCHBECKEN CH D-nord/mittelost, ↗AUSGUSS CH D (ohne südwest), ↗SPÜLSTEIN D-nordwest/mittelwest ›fest installiertes Becken zum Reinigen von schmutzigem Geschirr‹: *Nach dem Abendessen schlurfen die Familienväter mit dem schmutzigen Geschirr über den Platz, stellen es scheppernd ins Spülbecken und nehmen sich alle Zeit der Welt, die sonst ungeliebte Arbeit zu verrichten* (Bund 20. 7. 1998, 16; CH); *Er stand am Spülbecken und ließ das Wasser in den Kessel laufen* (Brasch, Fliegen 467; D) – Nicht zu verwechseln mit ↗*Spüle* und ↗*Spültisch*, die das Becken mit Unterschrank bezeichnen. Vgl. spülen

Spüle D-nord/mittel die; –, -n: ↗SPÜLTISCH D-südwest ›(mit einem Unterschrank versehenes) ↗Spülbecken mit Arbeits- bzw. Abstellfläche‹: *Die Küche war einfach mit … Kühlschrank, Spüle und Esstisch ausgestattet* (Bick, Tödliche Ostern 13) – Nicht zu verwechseln mit ↗*Abwaschbecken*, ↗*Ausguss*, ↗*Spülstein* – Dazu: **Edelstahlspüle, Einbauspüle,** ↗**spülen**

spülen D (ohne ost) sw.V./hat: ↗ABSPÜLEN A-west D-südost, ↗ABWASCH: *DEN ABWASCH MACHEN CH D (ohne südost) ›schmutziges Geschirr reinigen; abwaschen‹: *Sag mal, Beatrix, musst du zu Hause nie spülen?* (Junge, Klassenfahrt 75) – Andere Bedeutungen sind gemeindt. Vgl. Spüle – Dazu: **ausspülen,** ↗**Spülbecken** CH D (ohne mittelost), **Spülbürste, Spülhände,** ↗**Spüli,** ↗**Spüllappen,** ↗**Spülmaschine** D, ↗**Spülmittel** D, ↗**Spülstein** D-nordwest/mittelwest, ↗**Spültisch** D-südwest, ↗**Spültrog** CH, ↗**Spültuch** D-nordwest/mittelwest, **Spülwasser**

Spüli D (ohne ost) das; -s, -s ⟨ursprüngl. Produktname⟩ (Grenzfall des Standards): ↗ABWASCHMITTEL CH D-nord/mittelwest, ↗SPÜLMITTEL D ›Geschirrspülmittel‹: *Die Pfanne nur mit heißem Wasser und Spüli reinigen* (Küchentipps, 1999, Internet) – Vgl. spülen

Spülküche D (ohne nordost) die; –, -n: ›Raum zum Abwaschen von schmutzigem Geschirr‹: *Mit wütenden Gesichtern standen sie in der Spülküche der Jugendherberge und betrachteten mit wachsendem Ekel die Berge schmutzigen Geschirrs* (Junge, Klassenfahrt 75)

Spüllappen D (ohne ost) der; -s, –: ↗ABWASCHFETZEN A, ↗WETTEX A, ↗SCHWAMMTUCH A D (ohne ost/südwest), ↗ABWASCHLAPPEN CH D-nord/mittelost, ↗SPÜLTUCH D-nordwest/mittelwest ›Tuch zum Geschirrabwaschen und für die Küchenreinigung‹: *Wechseln Sie Geschirrtücher, Spüllappen und -bürsten häufig* (Landwirtschaftsverwaltung Baden-Württemberg, 2000, Internet) – Vgl. spülen

Spülmaschine D die; –, -n: ↗ABWASCHMASCHINE CH, ↗GESCHIRRWASCHMASCHINE CH ›Geschirrspüler; Geschirrspülmaschine‹: *Die 12 komfortablen Wohnungen haben volleingerichtete Küchen mit Spülmaschinen* (Rügen-Team, 1999, Internet) – Vgl. spülen – Dazu: **spülmaschinenfest**

Spülmittel D das; -s, –: ↗ABWASCHMITTEL CH D-nord/mittelwest, ↗SPÜLI D (ohne ost) ›Geschirrspülmittel‹: *Eine Befragung von rund 2000 Frauen ergab, dass etwa 85 Prozent ein alkalisches Spülmittel verwendeten* (Deutsche Standards, 1999, Internet) – Vgl. spülen

Spülstein D-nordwest/mittelwest der; -(e)s, -e: ↗ABWASCH A, ↗ABWÄSCHE A, ↗ABWASCHTROG CH, ↗SCHÜTTSTEIN CH, ↗SPÜLTROG CH, ↗ABWASCHBECKEN CH D-nord/mittelost, ↗AUSGUSS CH D (ohne südwest), ↗SPÜLBECKEN CH D (ohne mittelost) ›fest installiertes Becken zum Reinigen von schmutzigem Geschirr‹: *Gonzo schüttete den kalten Kaffee aus seinem Becher in den Spülstein* (Karr & Wehner, Geierfrühling 148) – Nicht zu verwechseln mit ↗*Spüle* und ↗*Spültisch*, die das Becken mit Unterschrank bezeichnen. Vgl. spülen

Spültisch D-südwest der; -(e)s, -e: ↗SPÜLE D-nord/mittel ›(mit einem Unterschrank versehenes) ↗Spülbecken mit Arbeits- bzw. Abstellfläche‹: *Die Fliesen in der Ecke hinter Herd und Spültisch waren von ihr selbst mit altem blauem Rankenwerk bedruckt worden*

(Born, Erdabgewandte Seite 61) – Nicht zu verwechseln mit ↗*Abwaschbecken*, ↗*Ausguss*, ↗*Spülstein*. Vgl. spülen

Spültrog CH der; -(e)s, …tröge: ↗ABWASCH A, ↗ABWÄSCHE A, ↗ABWASCHTROG CH, ↗SCHÜTTSTEIN CH, ↗ABWASCHBECKEN CH D-nord/mittelost, ↗AUSGUSS CH D (ohne südwest), ↗SPÜLBECKEN CH D (ohne mittelost), ↗SPÜLSTEIN D-nordwest/mittelwest ›fest installiertes Becken zum Reinigen von schmutzigem Geschirr‹: *Ausschnitte, beispielsweise für den Spültrog von Küchenabdeckungen, konnten frei programmiert und gefräst werden* (Messe Basel, 1999, Internet)

Spültuch D-nordwest/mittelwest das; -(e)s, …tücher: **1.** ↗ABWASCHFETZEN A, ↗WETTEX A, ↗SCHWAMMTUCH A D (ohne ost/südwest), ↗ABWASCHLAPPEN CH D-nord/mittelost, ↗SPÜLLAPPEN D (ohne ost) ›Tuch zum Geschirrabwaschen und für die Küchenreinigung‹: *Pfannen oder Töpfe … mit warmem Wasser, etwas Spülmittel und weichem Schwamm oder Spültuch waschen* (Meine Familie & ich, 1999, Internet). **2.** ↗GESCHIRRHANGERL A, ↗ABTROCKNUNGSTUCH CH, ↗GESCHIRRHANDTUCH D (ohne südost) ›Tuch, mit dem abgewaschenes Geschirr getrocknet wird; Küchentuch, Geschirrtuch‹: *Und der Rest schnappt sich Spültücher, trocknet die sauberen Sachen ab und stapelt sie da hinten in den Schränken auf* (Junge, Klassenfahrt 77) – Vgl. spülen

Spuma STIR das; -(s), -s [ʃpu:ma] ⟨aus ital. *spùma* ›Schaum‹⟩ (veraltend): ↗KRACHERL A D-südost, ↗LIMO A D, ↗BLÖTERLIWASSER CH, ↗BRAUSE D-nord/mittel, ↗SPRINGERL D-südost, ↗SPRUDEL D (ohne mittelost) ›Erfrischungsgetränk mit Kohlensäure; Limonade‹: *Aber nur mit einem Glas Spuma lässt sich auch hierzulande niemand mehr abspeisen* (Dolomiten 19. 10. 2000, 25) – Dazu: **Spumaflasche**

Spundus A der; –, ohne Plur. (salopp, Grenzfall des Standards): ›Furcht, Respekt‹: *Vor den alternativen Telefonanbietern haben sie offenkundig besonderen Spundus* (Format 14. 12. 1998, 71)

Spunte CH die; –, -n: siehe Spunten

Spunten CH der; -s, –: **1.** ↗WIRTSHAUS A D-nordwest/süd, ↗BEISEL A (ohne west) D-südost, ↗BEIZ A-west (Vbg.) CH D-südwest, ↗WIRTSCHAFT A-west (Vbg.) CH D (ohne ost), ↗PINTE CH D-nord/mittelwest, ↗KNEIPE D (ohne südost), ↗KRUG D-nord ›einfaches Lokal, in dem man sich besonders zum Trinken und Plaudern trifft‹: *Vor seiner Auskernung von 1983/85 war der »Salmen« … ein populärer Spunten für Arbeiter, Künstler und Intellektuelle gewesen* (TA 11. 3. 1999, 21). **2.** (selten) ›hölzerner Verschluss für Fässer; Spund‹: *Für die … angeführten Arten von Hausiergewerben werden die Patentgebühren … folgendermassen festgesetzt: … g) geringe Holzwaren, Gäbeli, Zündhölzer, hölzerne Kellen, Strohringe, Besen, Spunten, Zapfen, Holzkohlen … usw. Fr. 5.- bis 20.-* (Kantonale Verwaltung AG, 2000, Internet) – Zu 1.: Seltener auch in der Form *Spunte* (die; –, -n)

Spurrille A D die; –, -n: ›durch häufiges Befahren verursachte Vertiefung in Längsrichtung einer Straße; Spurrinne‹: *Eine Belagssanierung sei notwendig, weil sich wegen der großen Hitze der vergangenen Wochen … Spurrillen gebildet haben* (Kurier 26. 8. 1994, 10; A); *Auf einer geraden Abfahrt bin ich in eine Spurrille gekommen und kopfüber in die Büsche gestürzt* (Berlin online 19. 8. 2001, Internet; D) – In CH selten

Spurrinne (gemeindt.): ↗SPURRILLE

sputen sich CH D (ohne südost) sw.V./hat: ↗TUMMELN A D-mittelost/südost, ↗PRESSIEREN CH D-südwest ›sich beeilen‹: *Die Kellner der Schweiz mögen sich sputen, wie sie wollen: So schnell wie im »Adler« Freienbach wird man nirgends bedient* (TA 17. 3. 1999, 25; CH); *G. setzte sich für eine schnelle Umsetzung des Flughafenausbaus … ein. Die Verantwortlichen sollten sich endlich sputen* (Welt 26. 8. 2000, Internet; D)

SRG CH die; –, ohne Plur.: buchstabierte Abk. für *Schweizerische Radio- und Fernsehgesellschaft:* ↗ORF A, ↗ARD D, ↗ZDF D ›öffentlich-rechtlicher Anbieter von Radio- und Fernsehprogrammen in der Schweiz‹: *Kritisiert wird … die Vergabe von Radiokonzessionen in den Kantonen Zürich, Aargau und Luzern sowie der Schutz der Schweizerischen Radio- und Fernsehgesellschaft (SRG)* (TA 11. 4. 1997, 7) – 1999 zum sprachübergreifenden Namen *SRG SSR idée suisse* erweitert. Vgl. DRS

SS siehe Staatsstrasse

St. Gallen (gemeindt.): ↗GALLUSSTADT

St. Nikolaus (gemeindt.): ↗KLAUS, ↗NIKOLAUS, ↗NIKOLO, ↗SAMICHLAUS

Staat CH der; -(e)s, -en: ↗BUNDESLAND A D, ↗LAND A D, ↗KANTON CH, ↗ORT CH, ↗STAND CH, ↗PROVINZ: *AUTONOME PROVINZ [BOZEN/TRIENT] STIR, ↗REGION STIR ›Teilgebiet der Schweiz mit weitgehender innenpolitischer Autonomie; grösste Verwaltungseinheit nach dem Bund‹: *Vieles wäre einfacher, wenn der Staat, also der Kanton, alles selber besorgen und eine einheitliche Steuer einziehen würde* (Zürcher Bürgerbuch 79) – Andere Bedeutungen sind gemeindt. – Dazu: **Staatsarchiv, Staatsarchivar(in), Staatsbeitrag** (↗Beitrag), **Staatsbuchhaltung,** ↗**Staatskalender,** ↗**Staatskanzlei** CH D, **Staatspersonal,** ↗**Staatsrat** CH-west (FR, VS), ↗**Staatsrechnung,** ↗**Staatsschreiber(in),** ↗**Staatssteuer,** ↗**Staatsstrasse, Staatsvoranschlag** (↗Voranschlag), ↗**Staatsweibel(in)**

staatlich: *staatlich geprüft A D: ↗EIDGENÖSSISCH: *EIDGENÖSSISCH DIPLOMIERT CH ›nach Ablegen einer staatlichen Prüfung als für die Ausübung eines bestimmten Berufes geeignet befunden‹: *Auch im Winter hatte der staatlich geprüfte Schilehrer das persönliche Trainingsprogramm immer beinhart durchgezogen* (News 15. 1. 1998, 146; A); *Fremdsprachenausbildung mit weltweiten Karrierechancen durch Abschluss als staatlich geprüfter Übersetzer* (Brigitte 11/1996, 169; D) – Das Adjektiv *staatlich* ist in allen anderen Verwendungen gemeindt.

Staatsadvokatur STIR die; –, -en: ›staatliches Amt, das in allen zivil- und strafrechtlichen Verfahren die Interessen des Staates und aller staatlichen Körperschaften vertritt‹: *Dieser Vorschlag widerspricht dem »Prinzip der absoluten Zweisprachigkeit«, das ausdrücklich im Autonomiestatut festgelegt sei, schreibt die Staatsadvokatur im Gutachten vom 21. April* (Z am Sonntag 21. 5. 2000, 3)

Staatsbilanz D die; –, -en: ↗STAATSRECHNUNG CH ›Aufstellung der Einnahmen und Ausgaben des Bundes im abgelaufenen Jahr‹: *Die Staatsbilanz ist ausgeglichen* (Berliner Ztg 11. 4. 1996, Internet)

Staatsbürgerkunde A D die; –, ohne Plur. (veraltend): ↗BILDUNG: *POLITISCHE BILDUNG A D, ↗STAATSKUNDE CH, ↗GEMEINSCHAFTSKUNDE D STIR, ↗BÜRGERKUNDE STIR ›Schulfach, in dem Kenntnisse über den Aufbau des Staates und des Gemeinwesens vermittelt werden‹: *Denn die litten ohnehin schon lange unter dem Frust, dass an Berufsbildenden Höheren Schulen und selbst an Berufsschulen mehr »Staatsbürgerkunde« unterrichtet wird, als es an den AHS möglich ist* (OÖN 21. 11. 1998, 20; A); *In der »Staatsbürgerkunde« ist es eine beliebte Frage: »Wie kann der Bundeskanzler gestürzt werden?«* (Lindenberg, Waldorfschulen 44; D)

Staatsbürgerschaftsnachweis A der; -es, -e: ↗HEIMATSCHEIN CH ›Urkunde, in der die österreichische Staatszugehörigkeit einer Person festgeschrieben ist‹: *Zur Schülereinschreibung sind Geburtsurkunde, Staatsbürgerschaftsnachweis (ev. jener des gesetzlichen Vertreters) und gegebenenfalls das Vormundschaftsdekret mitzubringen* (VN 8. 4. 1999, Heimat/Feldkirch 10)

Staatsexamen CH D das; -s, –: ↗LIZENTIATSEXAMEN CH, ↗LIZENTIATSPRÜFUNG CH, ↗MAGISTERPRÜFUNG D ›Prüfung zur Beendigung eines [Hochschul]studiums unter der Aufsicht einer staatlichen Prüfungskommission; Diplomprüfung‹: *Nach Schulen und Matur studierte sie Jus und schloss mit dem Staatsexamen als Fürsprecherin ab* (Bund 2. 10. 1999, 2; CH); *Das Staatsexamen legte ich nach dem elften Semester ab* (Hein, Horns Ende 75; D)

Staatsgebiet (gemeindt.): ↗BUNDESGEBIET

Staatsgrundgesetz A das; -es, -e: **1.** ohne Plur. ›Gesetzeskodex, der Bestandteil der österreichischen Verfassung ist‹: *Das … im Staatsgrundgesetz verankerte Grundrecht auf Versammlungsfreiheit (Artikel 11 EMRK) bringt es mit sich, dass wirtschaftliche Rechte oftmals mit der grundsätzlich zu gewährenden Zulassung angemeldeter Demonstrationen kollidieren* (Standard 21. 11. 2000, Internet). **2.** ›einzelnes Gesetz dieses Kodex‹: *Der erste Freispruch … trug die Anmerkung: Das Staatsgrundgesetz auf Freiheit der Kunst wiege schwerer als der religiöse Frieden im Land* (Kurier 14. 12. 1997, 13) – Das *Staatsgrundgesetz* wurde 1867 zur Sicherung der Grundrechte für die Staatsbürger(innen) der österreichischen Reichshälfte der österr.-ungar. Monarchie erlassen und ist heute mit Zusätzen noch Teil der Verfassung. Vgl. Bundesverfassung

Staatshaushalt (gemeindt.): ↗BUDGET, ↗BUNDESHAUSHALT, ↗ETAT

Staatskalender CH der; -s, –: ↗AMTSKALENDER A ›amtliches Verzeichnis der Ämter und Behörden eines ↗Kantons oder des Bundes‹: *Normalerweise gibt der Eidgenössische Staatskalender einzig das Organisationsschema der Bundesverwaltung sowie die Namen und Telefonnummern der Beamtenschaft wieder* (Bund 7. 3. 1996, 17) – Vgl. Staat

Staatskanzlei CH D die; –, -en: ›Stabsstelle der Regierung eines ↗Kantons bzw. eines ↗Bundeslandes, die der Verwaltung vorsteht‹: *Die Staatskanzlei muss nun die konkreten Verfassungs- und Gesetzesänderungen ausarbeiten* (Bund 23. 12. 1999, 30; CH); *Die Staatskanzlei sieht sich ausgetrickst* (FR 29. 5. 1998, 25; D) – Vgl. Kantonskanzlei, Landeskanzlei, Ratskanzlei, Regierungskanzlei, Staat, Standeskanzlei

Staatskunde CH die; –, ohne Plur.: ↗BILDUNG: *POLITISCHE BILDUNG A D, ↗STAATSBÜRGERKUNDE A D, ↗GEMEINSCHAFTSKUNDE D STIR, ↗BÜRGERKUNDE STIR ›Schulfach, in dem Kenntnisse über den Aufbau des Staates und des Gemeinwesens vermittelt werden‹: *Die Zeiten, wo man noch Staatskunde büffeln und sich auf Hausbesuche gefasst machen musste, gehören endgültig der Vergangenheit an?* (TA 11. 2. 1999, 17) – Vgl. Staat

Staatsliga A die; –, …gen: ↗BUNDESLIGA A D, ↗NATIONALLIGA CH, ↗SERIE STIR ›höchste Spielklasse in einigen Sportarten, z. B. Handball, Judo, Tischtennis, Schach‹: *Heute Freitag und morgen Samstag bestreitet die WSG Swarovski Wattens ihre letzten zwei Begegnungen in der Staatsliga 1996* (TT 29. 11. 1996, Internet)

Staatsmeister Staatsmeisterin A der; -s, – bzw. die; –, -nen (Sport): ↗SCHWEIZERMEISTER CH, ↗ITALIEN-

MEISTER STIR ›Athlet(in), der bzw. die in einem sportlichen Wettkampf als Beste bzw. Bester des Landes in einer Sportart ermittelt wurde; österreichischer Meister bzw. österreichische Meisterin‹: *Zwei Punkte sind durchaus möglich, umso mehr als die Salzburger im Sommer ihren erfolgreichsten Mann, den vielfachen Staatsmeister Josef Schnöll, in die deutsche Bundesliga abgeben mussten* (TT 20./21. 9. 1997, 40) – Dazu: **Staatsmeisterschaft, Staatsmeisterschaftslauf, Staatsmeistertitel**

Staatspolizei die; –, -en (Plur. ungebräuchl.): **1.** STIR ⟨übersetzt aus ital. *polizia di stato*⟩ ›mit allgemeinen Sicherheitsaufgaben betraute Polizei‹: *Die Evakuierungszone wurde um 9.30 Uhr hermetisch von Feuerwehr, Staatspolizei, Carabinieri und Stadtpolizei abgeriegelt* (Dolomiten 16. 10. 2000, 9). **2.** A (früher); ↗STAPO A, ↗BUNDESPOLIZEI CH, ↗VERFASSUNGSSCHUTZ D ›Einrichtung zum Schutz des Staats und der Verfassung‹: »*Unterschwelligen und verklausulierten Rechtsextremismus« schreibt der jüngste Lagebericht der Staatspolizei den rund 30 deutsch-nationalen Studentenverbindungen zu* (Profil 12. 9. 2000, Internet) – Zu 2.: Wurde 2001 zum *Bundesamt für Verfassungsschutz und Terrorismusbekämpfung* umstrukturiert – Dazu: **staatspolizeilich, Staatspolizist(in)**

Staatsrat der; -(e)s, ...räte: **1.** CH-west (FR, VS) ⟨dt. Bez. für *Conseil d'Etat*⟩: ↗STADTSENAT A (Wien), ↗LANDESREGIERUNG A D, ↗KANTONSREGIERUNG CH, ↗REGIERUNGSRAT CH, ↗STANDESKOMMISSION CH-ost (AI), ↗SENAT D (Berlin, Bremen, Hamburg), ↗LANDESAUSSCHUSS STIR ›Regierung, Exekutive (der zweisprachigen ↗Kantone FR und VS)‹: *Europa war auch das Thema der kurzen Ansprache des Präsidenten des Freiburger Staatsrates* (Jahr der Schweiz 57). **2. Staatsrat Staatsrätin** CH-west (FR, VS) der; -(e)s, ...räte bzw. die; –, -nen ⟨dt. Bez. für *Conseil d'Etat*⟩: ↗LANDESRAT A, ↗STADTRAT: *AMTSFÜHRENDE STADTRAT A (Wien), ↗DEPARTEMENTSCHEF CH, ↗DEPARTEMENTSVORSTEHER CH, ↗REGIERUNGSRAT CH, ↗LANDESMINISTER D, ↗MINISTER D, ↗SENATOR D (Berlin, Bremen, Hamburg), ↗ASSESSOR STIR ›Mitglied der Regierung (in den ↗Kantonen FR und VS)‹: *Im Wallis sind noch beide Plätze (im Ständerat) zu vergeben. Der frühere SP-Parteipräsident, Ex-Nationalrat und Ex-Staatsrat Peter B. will allerdings nicht in den Kampf eingreifen* (Blick 26. 10. 1999, 5). **3. Staatsrat Staatsrätin** D der; -(e)s, ...räte bzw. die; –, -nen ›Staatssekretär(in) in Hamburg bzw. Leiter(in) der Senatskanzlei (Staatskanzlei) in Bremen‹: *Ist sich Reinhard M. nicht so sicher, wie seine Rolle als Staatsrat mit besonderer Funktion zu verstehen ist?* (TAZ Bremen 21. 9. 1999, 21). **4.** D (früher) ›Staatsorgan der ehemaligen DDR‹: *Der Staatsrat bildete – wie in der UdSSR und anderen Ostblockstaaten – das »kollektive Staatsoberhaupt« der DDR* (ORB, Chronik der Wende, 2000, Internet). **5.** STIR ⟨übersetzt aus ital. *Consiglio di Stato*⟩; ↗VERWALTUNGSGERICHTSHOF A, ↗BUNDESVERWALTUNGSGERICHT D ›höchstes Verwaltungsgericht Italiens‹: *Die Besitzer des Campingplatzes ... wandten sich Hilfe suchend an den Staatsrat in Rom* (FF 29. 3. 2001, 22). **6. Staatsrat Staatsrätin** STIR der; -(e)s, ...räte bzw. die; –, -nen: ↗VERWALTUNGSRICHTER A D ›Mitglied des höchsten Verwaltungsgerichts Italiens‹: *1986 Ernennung zum Staatsrat; Rechtsberater im Schatzministerium* (Südtirol Handbuch 156) – *Staatsrat* heißen in CH auch die Regierungen (bzw. deren Mitglieder) der rein französischsprachigen ↗Kantone GE, NE und VD, (Conseil d'Etat), sowie die Regierung (bzw. deren Mitglieder) des ↗Kantons TI (Consiglio di Stato). Vgl. Staat

Staatsrechnung CH die; –, -en: ↗STAATSBILANZ D ›Aufstellung der Einnahmen und Ausgaben des Bundes oder eines ↗Kantons [im abgelaufenen Jahr]‹ (häufig in der Wendung *eidgenössische Staatsrechnung*): *Auch 1999 dürfte das Defizit in der Staatsrechnung kleiner ausfallen als budgetiert* (Blick 29. 10. 1999, 5); ***die Staatsrechnung abnehmen** ›die Staatsrechnung genehmigen (durch das Parlament)‹: *Die beiden Räte stellen den Voranschlag (Budget) auf, nehmen die Staatsrechnung ab, verfügen über die Armee, können bewaffnete Interventionen beschliessen, Krieg erklären und Frieden schliessen* (Tschäni, Profil der Schweiz 157) – Vgl. Budget, Etat, Staat

Staatsschreiber Staatsschreiberin CH der; -s, – bzw. die; –, -nen: ↗LANDSCHREIBER CH ›Leiter(in) einer ↗Landes- bzw. ↗Staatskanzlei; Protokollführer(in) der Regierung und des Parlaments [in einigen ↗Kantonen]‹: *Auf Geheiss des Staatsschreibers habe der Kontrolleur einen Abschnitt aus dem Finanzkontrollbericht 1995 gestrichen* (Blick 30. 10. 1996, 5) – Vgl. Staat

Staatssekretär (gemeindt.): ↗STAATSRAT/STAATSRÄTIN

Staatssteuer CH die; –, -n: ↗LANDESABGABE A, ↗KANTONSSTEUER CH, ↗LANDESSTEUER D STIR ›von den ↗Kantonen erhobene Steuer (im Ggs. zur vom Bund oder von den Gemeinden erhobenen Steuer)‹: *Loch in der Kasse: Die Solothurner Regierung denkt an eine befristete Erhöhung der Staatssteuer* (Blick 25. 6. 1997, 10) – Vgl. Bundessteuer, Staat

Staatsstrasse CH **Staatsstraße** LUX STIR die; –, -n: **1.** CH; ↗LANDESSTRASSE A, ↗KANTONSSTRASSE CH ›Strasse, für deren Bau und Unterhalt der ↗Kanton zuständig ist‹: *Falls die Staatsstrasse – wie im letzten Februar – blockiert ist, hat man noch immer genügend Schiffe und Helikopter* (Bund 31. 12. 1999, 3). **2.** LUX STIR ⟨übersetzt aus ital. *strada statale*⟩; ↗BUNDESSTRASSE A D, ↗NATIONALSTRASSE CH ›Straße für den weiträumigen Verkehr, für deren Bau und Erhalt der Staat zuständig ist‹: *Im Gegenzug verpflichtet sich die Gemeinde die Parzelle der Eigentümerin mit einer neuen Zufahrt auf die Staatsstraße zu versehen* (Gemeinde Hosingen, 2000, Internet; LUX); *Wir beginnen unsere Runde auf dem Sankt-Michaels-Platz, dem natürlichen Zentrum der Siedlung, durch das heute noch der Verkehr nach Sexten geht, während die Staatsstraße den Ort im Norden umfährt* (Rampold, Pustertal 132; STIR) – Zu 2.: Abk. SS

Staatsweibel Staatsweibelin CH der; -s, – bzw. die; –, -nen: ↗Landweibel CH, ↗Standesweibel CH ›Amtsdiener(in) oder Amtsbote bzw. Amtsbotin eines ↗Kantons, bei festlichen Veranstaltungen in den Kantonsfarben gekleidet‹: *Für die Zuteilung der Sektoren im Saal an die Fraktionen sind der Staatssekretär und der Staatsweibel zuständig* (St. Galler Tagbl 26. 9. 2000, Internet) – Vgl. Staat, Weibel

Stabelle CH die; –, -n: ›Holzstuhl, dessen Beine [und Lehne] einzeln in die Sitzfläche eingelassen sind‹: *Rund herum auf Stabellen und Bänken sassen die Leute, Jung und Alt, und schauten still zum Ältesten* (Seiler, Bärwolfgeschichten 97)

Stabmixer (gemeindt.): ↗Pürierstab

Stachel CH der; -s, –: ↗Stake D-nord ›lange Stange aus Holz zum Abstossen eines Bootes‹: *Der Weidling wird stromaufwärts, in seichten Gewässern mit dem Stachel und in tieferen Gewässern mit dem Ruder vorwärts bewegt* (Basel online, 2002, Internet) – Andere Bedeutungen sind gemeindt. – Dazu: ↗**stacheln**

stacheln CH sw.V./hat: ↗stangeln A-mitte/ost D-südost, ↗staken D-nord/mittelwest ›ein Boot o. Ä. durch Abstossen mit einer Stange fortbewegen‹: *Um von Baden nach Zürich limmataufwärts zu rudern oder zu stacheln, benötigte man viele Stunden* (Treichler, Abenteuer Schweiz 101) – Andere Bedeutungen sind gemeindt. Vgl. Stachel

stad A D-süd Adj. (Grenzfall des Standards): ›still, ruhig‹: *Gö, jetzt bist stad* (Sänger Kurt Ostbahn, Der Favorit'n'Blues, 2000, Internet; A); ***stade Zeit** D-südost ›Advent‹: *Es naht die »stade Zeit« mit Glühwein, Punsch und Lebkuchen und Weihnachtsferien* (Evangelische Jugend Rosenheim, 2003, Internet) – Dazu: ↗**hackenstad** A-ost, ↗**schmähstad** A-ost

Stadel A CH-ost D-südost der; -s, -n: ↗Scheune A-west CH D-nord/mittel, ↗Schober A-west CH D-mittelost/südwest, ↗Scheuer D-südwest ›Teil des Bauernhauses oder freistehendes Gebäude, in dem Heu und Stroh, oft auch Gerätschaften, aufbewahrt werden‹: *Am Freitag gegen 22 Uhr geriet in Lustenau aus bisher unbekannter Ursache ein an ein Wohnhaus angrenzender Stadel in Brand* (VN 30. 12. 1996, B 1; A); *Irgendwo werden wir uns schon verkriechen können, es ist ja alles voll von Ställen und Stadeln* (Heimann, Lisi 53; CH-ost) – Dazu: **Heustadel, Holzstadel**

Stadtammann CH der; -(e)s, ...männer: **1.** (AG, SG, TG); ↗Bürgermeister A D LIE (Vaduz), ↗Gemeindeammann CH (AG, SG, TG), ↗Gemeindehauptmann CH (AR, AI), ↗Gemeindepräsident CH (BL, BS, GL, GR, NW, OW, SO, SZ, UR, VS, ZG, ZH), ↗Ortsvorsteher CH (TG), ↗Stadtpräsident CH (BE, LU, SH, SO, ZG, ZH), ↗Oberbürgermeister D, ↗Stadtoberhaupt D, ↗Gemeindevorsteher LIE ›direkt gewählte Person, die eine ↗Stadtgemeinde politisch repräsentiert und die Verwaltung leitet‹: *Mit einer Drahtschere durchschnitten der Konstanzer Oberbürgermeister und der Kreuzlinger Stadtammann den Grenzzaun zwischen dem Emmishofer Zoll und dem Döbeleplatz in Konstanz* (Blick 22. 9. 1999, 8). **2.** (ZH) ›gewählter Beamter bzw. gewählte Beamtin für Fragen der ↗Betreibung und Vollstreckung für einen ↗Stadtkreis von Zürich‹: *Nach kantonalem Gesetz entspricht der Stadtammann dem Gemeindeammann auf der Landschaft. Nach landläufiger Ansicht ist er vor allem Betreibungsbeamter. Doch in seinen Tätigkeitsbereich gehören noch viele andere Obliegenheiten* (Stadtammann- und Betreibungsamt Zürich, 2000, Internet). **3. *Frau Stadtammann** weibliche Form von *Stadtammann* (in beiden Bed.): *Es sind im ganzen Kantonsgebiet vor allem die Frauen, welche sich als Frau Gemeindeammann oder Frau Stadtammann ... bezeichnen* (Stadtammann- und Betreibungsamt Zürich, 1998, Internet) – Zu 1.: Zunehmend auch in anderen ↗Kantonen gebräuchlich. Die offizielle, aber nicht gebräuchliche weibliche Form lautet im ↗Kanton Zürich *Stadtamtsfrau.* Vgl. Ammann

Stadtamt A das; -(e)s, ...ämter: **1.** ↗Magistrat A, ↗Gemeindeamt A D, ↗Gemeindeverwaltung CH D, ↗Kommunalverwaltung D, ↗Bürgermeisteramt D (ohne mittelost/südost) LIE ›Verwaltungsbehörde einer Gemeinde in ↗Statutarstädten‹: *Informationen und Karten gibt es am Stadtamt Judenburg* (Murtaler Ztg 4. 3. 2000, 62). **2.** ↗Gemeindeamt A, ↗Gemeindekanzlei CH, ↗Gemeinderatskanzlei CH, ↗Gemeindeschreiberei CH, ↗Stadtkanzlei CH, ↗Bürgermeisteramt D (ohne mittelost/südost) LIE ›Verwaltungsgebäude oder -büro (einer Stadt)‹: *Das Stadtamt Zwettl wurde ... durch die Flutwelle des Hochwassers vom 7./8. August 2002 bzw. 12./13. August 2002 schwer in Mitleidenschaft gezogen* (Stadtamt Zwettl, 2002, Internet) – Zu 1.: **Stadtamtsdirektor(in)**

Stadtautobahn A D die; –, -en: ›Stadtteile verbindende Autobahn [für den innerstädtischen Verkehr]‹: *Der Rauchpilz, der in Richtung Stadtautobahn trieb, war selbst im Mühlviertel noch zu sehen* (OÖN 3. 7. 2001, 1;

A); *Viele Autofahrer ärgerten sich diese Woche über Bauarbeiten auf der Stadtautobahn* (Welt 17. 7. 1999, Internet; D) – In CH selten

Stadtdirektor Stadtdirektorin D der; -s, -en bzw. die; –, -nen: ↗Magistratsdirektor A, ↗Amtmann A (Bgld.), ↗Amtsleiter A (ohne Bgld.), ↗Gemeindesekretär A BELG LIE LUX, ↗Gemeindeschreiber CH, ↗Gemeindedirektor D-nordwest/mittelwest ›Chef(in) der Stadtverwaltung (in einigen deutschen ↗Bundesländern)‹: *Der Stadtdirektor gewann die VEW Dortmund als Sponsor, der die fünfstellige Kaufsumme aufbrachte* (WAZ 16. 5. 1998, 4) – Dazu: **Oberstadtdirektor(in)**

Stadtgemeinde A die; –, -n: ›Stadt als Verwaltungseinheit‹: *Bei der Stadtgemeinde Innsbruck gelangen für den Bereich der Jugendwohlfahrt zwei Dienstposten für Sozialarbeiterinnen bzw. Sozialarbeiter vollbeschäftigt zur temporären Nachbesetzung* (TT 20./21. 9. 1997, 29) – In CH und D selten

Stadtkämmerer Stadtkämmerin D der; -s, – bzw. die; –, -nen: ↗Säckelmeister CH ›Person, die die Finanzverwaltung einer Stadt leitet (in einigen Städten)‹: *Kein Wunder also, dass so mancher Stadtkämmerer seit geraumer Zeit auf die neuartigen »Vergnügungssteuern« schielt und in ihnen eine bis dahin ungeahnte Quelle der Bereicherung sieht* (Zug 3/1998, 33) – Auch in der Form *Stadtkämmrer(in)*

Stadtkämmrer Stadtkämmrerin D der; -s, – bzw. die; –, -nen: siehe Stadtkämmerer

Stadtkanton CH der; -s, -e: ›traditionell städtischer oder auf eine Stadt als kulturelles, wirtschaftliches und politisches Zentrum ausgerichteter ↗Kanton‹: *Beispiele … sind die bevölkerungsreichen, aber flächenmässig vergleichsweise kleinen Stadtkantone Basel-Stadt und Genf* (Bund 14. 10. 1999, 2) – Vgl. Landkanton

Stadtkanzlei CH die; –, -en: ↗Gemeindeamt A, ↗Stadtamt A, ↗Gemeindekanzlei CH, ↗Gemeinderatskanzlei CH, ↗Gemeindeschreiberei CH, ↗Bürgermeisteramt D (ohne mittelost/südost) LIE ›Verwaltungsgebäude oder -büro (einer Stadt)‹: *Publikumsintensive Amtsstellen wie Einwohnerkontrolle, Bauinspektorat, Standesamt und Stadtkanzlei sollen auch am Mittag geöffnet bleiben* (Blick 19. 6. 1995, 3)

Stadtkreis der; -es, -e: **1.** CH; ↗Bezirk A (Graz, Wien) D, ↗Kreis CH (Zürich) ›(einen oder mehrere Stadtteile umfassende) Verwaltungseinheit (in einer grösseren Stadt)‹: *Am Sonntag Morgen ist in Zürich im Stadtkreis vier ein Kebabstand explodiert* (Bund 10. 5. 1999, 48). **2.** D ›aus einer einzelnen Stadt bestehender staatlicher Verwaltungsbezirk‹: *Später war sie unter anderem als Bauamtsleiterin im Landkreis Rastatt und im Stadtkreis Baden-Baden tätig* (Berliner Ztg 26. 4. 1996, Internet)

Stadtmitte A D die; –, ohne Plur.: ↗Innerstadt CH, ↗City D ›Innenstadt, Stadtzentrum‹: *Das führe dazu, dass die Stadtmitte schon in aller Früh mit Transitverkehr verstopft sei und die Steyregger selbst nicht mehr ein- noch ausfahren könnten* (OÖN 24. 11. 2000, Internet; A); *Er ließ sich vom Strom der Fahrzeuge in Richtung Stadtmitte treiben* (Karr & Wehner, Geierfrühling 100; D) – In A formell, in CH selten

Stadtoberhaupt D das; -(e)s, …häupter (informell): ↗Bürgermeister A D LIE (Vaduz), ↗Ammann CH (FR), ↗Gemeinedeammann CH (AG, SG, TG), ↗Gemeindehauptmann CH (AR, AI), ↗Gemeindepräsident CH (BL, BS, GL, GR, NW, OW, SO, SZ, UR, VS, ZG, ZH), ↗Ortsvorsteher CH (TG), ↗Stadtammann CH (AG, SG, TG), ↗Stadtpräsident CH (BE, LU, SH, SO, ZG, ZH), ↗Oberbürgermeister D, ↗Gemeindevorsteher LIE ›direkt gewählte Person, die eine Stadtgemeinde politisch repräsentiert und die Verwaltung leitet‹: *Bürgermeister K. zeigte in der Versammlung den Weg auf, den er künftig als Stadtoberhaupt gehen möchte* (Main-Echo 22. 10. 2001, Internet)

Stadtphysikus Stadtphysika A der; –, -se bzw. die; –, …ken ⟨aus lat. *physikus* ›Naturkundiger‹⟩: ↗Amtsarzt A D, ↗Kantonsarzt CH, ↗Landesphysikus LIE ›von einer Behörde für bestimmte medizinische Aufgaben angestellter Arzt bzw. angestellte Ärztin im städtischen Bereich‹: *Neben dem Stadtphysikus Dr. Hans M. und seinem Vertreter Dr. Christian R. stehen drei Schulärztinnen und 7 Mitarbeiter in unserem Gesundheitsamt im Einsatz* (Stadt Villach, 2003, Internet) – In D historisch

Stadtplanung (gemeindt.): ↗Urbanistik

Stadtpolizei A CH die; –, -en: ↗Stapo CH ›Polizei in einer Stadt‹: *Aufgrund von drei Vorfällen innerhalb weniger Tage, bei denen Pensionistinnen die Opfer waren, setzt die Stadtpolizei jetzt verstärkt Fußstreifen ein* (Kurier 6. 1. 1998, 8; A); *Das Zürcher Freierregister wurde nicht etwa vom Kantonsrat … eingeführt, sondern durch einen simplen Dienstbefehl der Stadtpolizei* (Tschäni, Hans 15; CH) – Vgl. Bundespolizei, Feuerpolizei, Gemeindepolizei, Gewerbepolizei, Heerespolizei, Kantonspolizei – Dazu: **Stadtpolizist(in)**

Stadtpräsident Stadtpräsidentin CH (BE, LU, SH, SO, ZG, ZH) der; -en, -en bzw. die, –, -nen: ↗Bürgermeister A D LIE (Vaduz), ↗Ammann CH (FR), ↗Gemeindeammann CH (AG, SG, TG), ↗Gemeindehauptmann CH (AR, AI), ↗Gemeindepräsident CH (BL, BS, GL, GR, NW, OW, SO, SZ, UR, VS, ZG, ZH), ↗Stadtammann CH (AG, SG, TG), ↗Ortsvorsteher CH (TG), ↗Oberbürgermeis-

TER D, ↗STADTOBERHAUPT D, ↗GEMEINDEVORSTEHER LIE ›direkt gewählte Person, die eine ↗Stadtgemeinde politisch repräsentiert und die Verwaltung leitet; Vorsitzende(r) des ↗Stadtrates‹: *Wir hatten uns gesagt, es werde sicher viele Leute haben, und es hatte viele Leute, zwar nicht so viele, wie wenn der Stadtpräsident ... gestorben wäre, aber doch genug, um die Abdankungshalle zu füllen* (Jaun, Onkel aus Afrika 272)

Stadtrat der; -(e)s, ...räte: **1.** CH ›Stadtparlament (in Bern, Biel, Thun)‹: *Der Bieler Stadtrat hat in seiner gestrigen Sitzung das revidierte Abstimmungs- und Wahlreglement an den Gemeinderat zurückgewiesen* (Bieler Tagbl 8. 6. 2001, Internet). **2.** ***amtsführende Stadtrat (...rätin)** A (Wien): ↗LANDESRAT A, ↗DEPARTEMENTSCHEF CH, ↗DEPARTEMENTSVORSTEHER CH, ↗REGIERUNGSRAT CH, ↗STAATSRAT CH-west (FR, VS), ↗LANDESMINISTER D, ↗MINISTER D, ↗SENATOR D (Berlin, Bremen, Hamburg), ↗ASSESSOR STIR ›ein bestimmtes Ressort leitendes Mitglied der ↗Landesregierung‹: *Landeshauptmann, Landtagspräsidenten und amtsführende Stadträte haben nach dem Wiener Bezügegesetz »gesetzlich normierten Anspruch« – macht insgesamt zwölf Autos samt Fahrern* (Presse 16. 5. 1997, Internet) – Zu 2.: *Stadträte* ohne eigenes Ressort werden in Wien veraltend als *nichtamtsführende Stadträte* bezeichnet. Zu den politischen Verhältnissen in Wien vgl. Landesregierung. Die Bedeutung ›Stadtregierung‹ bzw. ›Mitglied der Stadtregierung‹ ist gemeindt. – Zu 2.: **Urbanistikstadtrat (...rätin)** (↗Urbanistik) STIR, **Wohnbaustadtrat (...rätin)** (↗Wohnbau) A

Stadtschulrat A (Wien) der; -(e)s, ...räte: ↗LANDESSCHULRAT A ›oberste Schulbehörde des ↗Bundeslandes Wien‹: *Zusätzlich zu der »Spiele-Bibel« ist man aber auch dabei, vorerst in Zusammenarbeit mit dem Stadtschulrat Wien, Lehrerseminare auf dem Gebiet Spielepädagogik zu entwickeln* (Neue BS 3/1995, 15) – Abk. SSR. Im Ggs. zu CH und D ist das Schulwesen in A nicht Sache der ↗Landesregierung. Die Behörde des *Landesschulrats* bzw. *Stadtschulrats* hat sowohl pädagogische als auch Verwaltungsaufgaben inne und ist daher sowohl mit dem ↗*Schulinspektorat* in CH und STIR als auch mit den unterschiedlichen Gremien auf Regierungsebene in CH und D, wie der ↗*Bildungsdirektion*, der ↗*Erziehungsdirektion*, dem ↗*Erziehungsdepartement* und dem ↗*Kultusministerium* zum Teil vergleichbar. Vgl. Bezirksschulrat – Dazu: **Stadtschulratspräsident(in)**

Stadtsenat der; -(e)s, -e: **1.** A (Wien); ↗LANDESREGIERUNG A D, ↗KANTONSREGIERUNG CH, ↗REGIERUNGSRAT CH, ↗STAATSRAT CH-west (FR, VS), ↗STANDESKOMMISSION CH-ost (AI), ↗SENAT D (Berlin, Bremen, Hamburg), ↗LANDESAUSSCHUSS STIR ›Regierung des ↗Bundeslandes Wien‹: *Es wird personelle Änderungen nicht nur im Stadtsenat, sondern auch im Parteisekretariat geben* (Presse 23. 9. 1997, 6). **2.** A; ↗MAGISTRAT D (Hessen, Schleswig-Holstein) ›Regierung einer ↗Statutarstadt‹: *Der Stadtsenat befasste sich kürzlich mit einem Bericht des Städtischen Tiefbauamtes/Planung und Neubau* (Innsbruck informiert 4/1998, 16) – Zu 1.: In der österreichischen ↗Bundeshauptstadt Wien, die zugleich ↗Bundesland ist, übt der Stadtsenat die Funktion der ↗Landesregierung aus, daher sind beide Bezeichnungen üblich. Zu 2.: Die Regierung in allen übrigen österreichischen Städten sowie in CH und D heißt *Stadtrat* – Dazu: **stadtsenatlich**

Stadtstreicher Stadtstreicherin CH D der; -s, – bzw. die; –, -nen (abwertend): ↗UNTERSTANDSLOSE A, ↗SANDLER A D-südost, ↗CLOCHARD CH LUX, ↗BERBER D, ↗PENNER D, ↗TREBEGÄNGER D, ↗TIPPELBRUDER D (ohne mittelost/südwest), ↗TREBER D-nordost (bes. Berlin) ›Obdachlose(r)‹: *Die sonst schmutzige Stadt mit überfüllten Mülltonnen glänzte nach einer blitzschnellen Reinigungsaktion in neuer Pracht. Sogar die Bettler, Stadtstreicher und herumstreunenden Hunde verschwanden über Nacht* (NLZ 22. 11. 1999, Internet; CH); *Zur Verdeutlichung sei das Klischee-Bild vom Bier trinkenden Stadtstreicher gestattet* (NRZ 27. 11. 2000, Internet; D) – In A selten

Stadtteil (gemeindt.): ↗KIEZ, ↗QUARTIER, ↗VIERTEL

Stadtviertelrat STIR der; -(e)s, ...räte: **1.** ↗BEZIRKSRAT A (Graz), ↗BEZIRKSVERTRETUNG A (Wien) D ›Parlament in einem Stadtbezirk‹: *So sollen etwa die Komitees der Bäckergasse, des St.-Vigil-Platzes und des St.-Antonius-Viertels zu einem Stadtviertelrat verbunden werden* (Dolomiten 17. 5. 2001, 33). **2. Stadtviertelrat Stadtviertelrätin** der; -(e)s, ...räte bzw. die; –, -nen: ↗BEZIRKSRAT A (Graz, Wien) CH ›Mitglied des Parlaments in einem Stadtbezirk‹: *Auch die Zahl der Stadtviertelräte beabsichtigt der Stadtrat zu reduzieren* (Dolomiten 17. 5. 2001, 33) – Zu 1.: **Stadtviertelratspräsident(in)**

Stadtzentrum (gemeindt.): ↗CITY, ↗INNERSTADT, ↗STADTMITTE

Staffelei STIR die; –, -en: ›Leiter mit einer Stütze; Stehleiter‹: *Vater könne nicht mehr auf die Staffelei und die Kinder seien in der Schule* (Gruber, Aushäusige 123) – Die Bedeutung ›Gestell zum Malen und Zeichnen‹ ist gemeindt. – Dazu: **Holzstaffelei**

Stage CH LUX der/die; –, -s [sta:ʒ] ⟨frz.⟩: ›Praktikum‹: *Während des Studiums absolvierte Susanne M. eine Stage bei »Cash«* (TA 4. 1. 1999, 17; CH); *Stages: Die Schüler absolvieren Lehrgänge in unterschiedlichen Betrieben. Sie sollen die verschiedenen Arbeitstechniken kennen lernen* (Lycée Technique Agricole

5. 2. 2003, Internet; LUX) – Dazu: ↗**Stagiaire** CH BELG LUX, ↗**Stagiar(in)** LUX

Stagiaire CH BELG LUX der bzw. die; –, -s [staʒi̯ɛr] ⟨frz.⟩: ↗STAGIAR LUX ›Person, die probeweise zu geringem Lohn bei einer Firma oder Institution arbeitet (und dabei gleichzeitig ausgebildet wird); Praktikant(in)‹: *Der ausgebildete Ökonom hatte seine firmeninterne Karriere einst als Stagiaire der Ciba-Finanzabteilung begonnen* (TA 3. 10. 1998, 2; CH); ... *gehören zum Personalbstand die benannten Mitarbeiter, ... die ... Stagiaire, die vertraglichen Angestellten, das Hilfspersonal und die subventionierten Angestellten* (LSSPLV-Landesamt für Sozialsicherheit, 1999, Internet; BELG); *Zu der Zeit war sie als Stagiaire bei uns tätig* (Socialnet Luxemburg, 2003, Internet; LUX) – Vgl. Stage

Stagiar Stagiarin LUX der; -s, -e bzw. die; –, -nen [staʒi̯aːr]: ↗STAGIAIRE CH BELG LUX ›Anwärter(in), Praktikant(in)‹: *Da ein Stagiar während eines Monats in der Gemeinde arbeiten wird, wurde ihm eine Entschädigung bewilligt* (Gemeinderatsberichte 18. 4. 2000, Internet)

Stahlarbeiter (gemeindt.): ↗STAHLKOCHER

Stahlkocher D (ohne mittelost) der; -s, – (salopp): ›Stahlarbeiter‹: *Vor der Krupp-Zentrale in Essen protestieren Tausende Stahlkocher gegen den Übernahmeversuch von Thyssen durch den Konzern* (SZ 1. 1. 1998, 5) – Eine weibliche Form ist nicht gebräuchlich. In A und CH selten

Stahlross CH D das; -es, ...rösser (scherzh.): ↗RAD A D, ↗RADL A D-südost, ↗VELO CH ›Fahrrad‹: *War es vor einigen Jahren noch undenkbar, sein Stahlross von der Bergbahn auf den Hügel transportieren zu lassen, werden die Downhiller diesen Sommer von den Tourismusdirektoren aufs heftigste umworben* (TA 20. 5. 1998, 95; CH); *Die Frau war mit dem Fahrrad auf dem Weg nach Bocholt, als ihr Stahlross in Anholt einen »Platten« bekam* (NRZ 28. 8. 2001, Internet; D) – In A selten. Selten auch für ›Motorrad‹ und poetisch für ›Lokomotive‹. Vgl. Ross

Stahlstadt die; –, ohne Plur. ⟨benannt nach der hauptsächlich dort vorkommenden Eisen- und Stahlindustrie⟩: **1.** A ›Linz‹: *Großer Andrang auf dem Linzer Hauptplatz herrschte gestern Nachmittag, als der englische Musiksender MTV in seinem limonengrünen Vehikel in der Stahlstadt Station machte* (OÖN 13. 9. 1996, 15). **2.** D ›Dortmund; Duisburg‹: *Vor allem Menschen, die ... ihre Vorurteile über die Stahlstadt an Rhein und Ruhr pflegen, ... dürften beim Anblick der ausgedehnten Wiesen, Wälder und Seen in sattem Grün und Blau argwöhnen, dass hier jemand ganz kräftig an den Farben manipuliert hat. Und doch sei Duisburg genau so* (NRZ 12. 12. 1998, Internet)

Stake D-nord die; –, -n: ↗STACHEL CH ›lange Stange aus Holz zum Abstoßen eines Bootes‹: *Der eine stand im Wasser und zog das Boot durch den Schlamm, der andere half am Heck mit der Stake nach* (Stöckle, Knolles Abenteuer auf der Fischer-Insel, 2002, Internet) – Dazu: ↗**staken** D-nord/mittelwest

staken D-nord/mittelwest sw.V./hat: **1.** ↗STANGELN A-mitte/ost D-südost, ↗STACHELN CH ›ein Boot o. Ä. durch Abstoßen mit einer Stange fortbewegen‹: *Der Nebel hatte den Kahn unter ihm abgedeckt ... und das Geräusch hatte die Stange erzeugt, die er zum Staken benutzte* (Schnurre, Schnurren 52). **2.** (selten) ›[spitz] herausragen‹: *Wie bei einer Kriegsruine staken die Mauern in den Wind* (Welt 24. 12. 1998, Internet) – Zu 1 vgl. Stake

Stammrolle STIR die; –, -n ⟨aus ital. *ruolo* ›Rolle, Stellenplan‹⟩ (veraltend): ↗DEFINITIVSTELLUNG A, ↗PRAGMATISIERUNG A, ↗VERBEAMTUNG D ›unkündbare Anstellung als Beamter bzw. Beamtin‹: *Er werde ... auf die Notwendigkeit hinweisen, die internen Wettbewerbe für die Stammrollen bei den Zollämtern besser zu koordinieren* (Dolomiten 26. 9. 1996, 9) – Dazu: **Stammrollendienst, Stammrollenlehrer(in), Stammrollenpersonal, Stammrollenstelle**

Stamperl A D-südost das; -s, -n (Grenzfall des Standards): ›kleines, massives Schnapsglas‹: *Frischen Paradeissaft sollten Sie vor dem Frühstück zu sich nehmen – ein Stamperl jeweils genügt, und Sie werden sich bald frischer und jugendlicher fühlen* (ORF Nachlese 9/1997, 58; A) – Vgl. Buderl – Dazu: **Schnapsstamperl**

Stampf D-süd der; -(e)s, -e: ›Püree aus Kartoffeln, Gemüse o. Ä.‹: *Der Otto-Normal-Grieche dagegen tat sich an seinem täglichen Stampf von Gerste und Hirse gütlich, den er mit Oliven, Feigen, Ziegenkäse und gesalzenem Fisch verfeinerte* (Mainpost 7. 12. 2001, Internet) – In D-südwest abwertend

Stampfkartoffeln D-nordost/mittelwest die; nur Plur.: ↗ERDÄPFELPÜREE A, ↗KARTOFFELPÜREE A D (ohne mittelost/südwest), ↗KARTOFFELSTOCK CH, ↗STOCK CH, ↗STOCKI CH, ↗KARTOFFELBREI D, ↗KARTOFFELMUS D-nord, ↗QUETSCHKARTOFFELN D-nordost ›Brei aus gekochten, pürierten Kartoffeln [als Beilage]‹: *Das Bioessen, ein Blumenkohl-Käse-Bratling mit Kräutersoße, Stampfkartoffeln und Karotten-Kohlrabi-Gemüse, scheint zumindest das gute Gewissen zu garantieren* (TAZ 22. 10. 2001, Internet)

Stampiglie A die; –, -n [ʃtamˈpiːli̯ɛ] ⟨aus ital. *stampiglia*⟩: **1.** ›Gerät zum Stempeln; Stempel‹: *Der Zoll hat reagiert und heuer sämtliche Stempel ausgetauscht. Die fälschungsanfälligen Gummistampiglien wurden durch präzisere Metallstempel ersetzt* (SN 16. 8. 2000,

Internet). **2.** ›Stempelabdruck‹: *Die Lohnzettel sollen keine Stampiglie oder Unterschrift aufweisen* (VN 30. 1. 1995, D 1) – Zu 2.: **Amtsstampiglie.** Zu 1. und 2.: **Rundstampiglie**

Stand CH der; -(e)s, Stände: ↗Bundesland A D, ↗Land A D, ↗Kanton CH, ↗Ort CH, ↗Staat CH, ↗Provinz: *autonome Provinz [Bozen/Trient] STIR, ↗Region STIR ›Teilgebiet der Schweiz mit weitgehender innenpolitischer Autonomie; grösste Verwaltungseinheit nach dem Bund‹: *Bis zur Reformation war Zürich selbstverständlich ein rein katholischer Stand der Eidgenossenschaft* (Zürcher Bürgerbuch 112); ***Volk und Stände** siehe Volk – Andere Bedeutungen sind gemeindt. – Dazu: ↗**Ständemehr,** ↗**Ständerat,** ↗**ständerätlich, Standesinitiative** (↗Initiative), ↗**Standeskanzlei** CH (GR, UR), ↗**Standeskommission** CH-ost (AI), ↗**Standesweibel(in), Ständevertretung**

Ständemehr CH das; -s, ohne Plur.: ›Mehrheit zustimmender ↗Kantone bei Volksabstimmungen‹: *Relativ knapp fiel das ebenfalls notwendige Ständemehr aus, nämlich mit 13 zustimmenden gegenüber 10 ablehnenden Kantonen* (TA 10. 5. 1999, 26) – Vgl. Mehr, Stand

Ständerat CH der; -(e)s, ...räte: **1.** (Plur. ungebräuchl.): ↗Bundesrat A D, ↗Kammer: *kleine Kammer CH, ↗Stöckli CH ›zweite ↗Kammer des Schweizer Parlaments, zusammengesetzt aus je 2 Vertretern bzw. Vertreterinnen pro ↗Kanton‹: *In der Herbstsession 1988 verabschiedeten National- und Ständerat das Geschäft einstimmig* (Jahr der Schweiz 18). **2. Ständerat Ständerätin** der; -(e)s, ...räte bzw. die; –, -nen: ↗Bundesrat A ›Mitglied der zweiten ↗Kammer in der Schweiz‹: *Ständerätin V. S. (58) zeigt, dass auch Politikerinnen schick und modern angezogen sein können* (Blick 18. 1. 1997, 3) – Zu 1 vgl. Bundesversammlung, Nationalrat – Zu 1 und 2 vgl. Stand – Zu 1.: ↗**ständerätlich, Ständeratspräsident(in), Ständeratssitz, Ständeratswahlen**

ständerätlich CH Adj. (nicht steigerbar): ›dem ↗Ständerat angehörend, vom ↗Ständerat ausgehend, ihn betreffend‹ (häufig in der Wendung *ständerätliche Kommission*): *Diesem ständerätlichen »Ja, aber ...« zur Xenotransplantation ... hat sich gestern Dienstag der Nationalrat angeschlossen* (TA 22. 9. 1999, 10) – Vgl. Kommission, Stand

Ständerlampe CH die; –, -n: ›Stehlampe‹: *Ein Holztisch, zwei Stühle, eine Ständerlampe – das ist das Mobiliar* (TA 8. 5. 1999, 61)

Standesamt A D das; -(e)s, ...ämter: ↗Zivilstandsamt CH ›Behörde, die Geburten, Eheschließungen, Namensgebungen und Namensänderungen, Todesfälle und Staatsbürgerschaftsnachweise registriert und beurkundet‹: *Zur Anmeldung am Standesamt sollten Braut und Bräutigam anwesend sein* (Standesamt Grünau im Almtal, 1999, Internet; A); *Die Polizei hatte den Weg vom Standesamt zur Kirche ... hermetisch abgeriegelt* (Welt 24. 12. 1998, Internet; D) – In CH informell und selten. Vgl. Standesbeamte

Standesbeamte Standesbeamtin A D der; -n, -n bzw. die; –, -nen: ↗Zivilstandsbeamte CH ›Beamter bzw. Beamtin, der bzw. die Eheschließungen vornimmt und Geburten, Eheschließungen, Namensgebung und Namensänderungen, Todesfälle und Staatsbürgerschaftsnachweise registriert und beurkundet‹: *In Österreich kommt eine gültige Eheschließung nur dann zustande, wenn sie von einer Standesbeamtin/einem Standesbeamten vorgenommen wird* (Standesamt Grünau im Almtal, 1999, Internet; A); *Die deutschen Standesbeamten haben eine Reform des Personenstandsgesetzes angemahnt* (Tagesspiegel 18. 1. 2001, Internet; D) – Vgl. Standesamt

Standeskanzlei CH (GR, UR) die; –, ohne Plur.: ↗Kantonskanzlei CH (AR), ↗Landeskanzlei CH-nordwest (BL), ↗Ratskanzlei CH (AI), ↗Regierungskanzlei CH (GL) ›zentrale Kanzlei von Regierung und Parlament‹: *Jetzt gibt es das Bündner Parlament auf Video! Die Standeskanzlei hat den 15-minütigen Streifen »Demokratie in der Praxis« für 12'000 Franken realisiert* (Blick 16. 2. 1996, 6) – Vgl. Stand, Staatskanzlei

Standeskommission CH-ost (AI) die; –, -en: ↗Stadtsenat A (Wien), ↗Landesregierung A D, ↗Kantonsregierung CH, ↗Regierungsrat CH, ↗Staatsrat CH-west (FR, VS), ↗Senat D (Berlin, Bremen, Hamburg), ↗Landesausschuss STIR ›Regierung des ↗Kantons Appenzell Innerrhoden‹: *Der Appenzeller Dorfkern wird versuchsweise ab dem 1. Juli 1995 für ein Jahr verkehrsfrei. Die Standeskommission (Regierung) verfügte laut Mitteilung vom Dienstag entsprechende Verkehrsbeschränkungen* (TA 7. 6. 1995, 11) – Vgl. Stand

Standeskontrolle A die; –, -n: ↗Antrittsverlesen CH ›Antritt einer militärischen Einheit vor Beginn des Dienstbetriebs; Appell‹: *9:00 Uhr Standeskontrolle im Kasernenhof. Die 60 Mann der österreichischen Sicherheitstruppe sind vollzählig angetreten* (Fernsehsendung Thema ORF 2, 21. 1. 2002, Internet)

Standesweibel Standesweibelin CH der; -s, – bzw. die; –, -nen: ↗Landweibel CH, ↗Staatsweibel CH ›Amtsdiener(in) oder -bote bzw. -botin eines ↗Kantons, bei feierlichen Veranstaltungen in den Kantonsfarben gekleidet‹: *Die Landesregierung in corpore, alle Kantonsregierungen mit ihren farbigen Standesweibeln, zahlreiche Honoratioren zumeist männlichen Geschlechts* (Jahr der Schweiz 24) – Vgl. Stand, Weibel

Standl A D-südost das; -s, -n (Grenzfall des Standards): ↗Bude D ›Marktstand, Verkaufsstand, Werbestand‹: *Wer von einem Standl zum nächsten schlendert, schaut, gustiert und sich begeistern lässt, findet ganz bestimmt das Richtige* (Kurier 14. 12. 1997, Shopping in Tirol 5; A) – Dazu: ↗**Standler(in)**

Standler Standlerin A D-südost der; -s, – bzw. die; –, -nen (Grenzfall des Standards): ↗Markfahrer A CH, ↗Fierant A-ost D-südost ›Person, die auf Märkten Waren verkauft (mit festem oder mobilem Verkaufsstand); Marktverkäufer(in)‹: *Auf dem Hauptplatz in Freistadt wird der Bauernmarkt vorbereitet – die Standler füllen ihre Stände mit frischen Waren aus der Umgebung* (Presse 29. 9. 1998, 7; A) – Vgl. Standl – Dazu: **Marktstandler(in)**

Standspur D die; –, -en: ↗Pannenstreifen A CH, ↗Standstreifen D, ↗Notspur STIR ›durch eine Markierung abgetrennter Teil der Fahrbahn zum Halten im Notfall‹: *Gegen Stau: Freie Fahrt auf der Standspur* (Rheinische Post 12. 3. 2002, Internet)

Standstreifen D der; -s, –: ↗Pannenstreifen A CH, ↗Standspur D, ↗Notspur STIR ›durch eine Markierung abgetrennter Teil der Fahrbahn zum Halten im Notfall‹: *Zudem sei der Standstreifen an der Unfallstelle nur sehr schmal* (Stuttgarter Ztg 25. 1. 1999, 16)

Stange die; –, -n: **1.** A (Sport); ↗Pfosten CH D ›seitliche Begrenzung des Tores (bes. bei Ballspielen)‹: *Einen Torjubel verhinderte aber die Stange* (Neue Zeit 19. 4. 1998, 20). **2.** CH; ↗Seidel A (ohne west), ↗Bier: *kleine Bier A-west CH D ›etwa 0,3 Liter Bier im Glas‹: *Das kühle Bier im heissen Sommer macht müde Männer munter. Auch Frauen greifen immer häufiger zur Stange* (Blick 29. 6. 2003, M1). **3.** ***jmdm. die Stange halten** CH ›sich mit jmdm. messen‹: *Die Spieler begannen das Spiel voll konzentriert und konnten dem Favoriten die Stange halten, sogar noch tolle Chancen herausspielen* (Schlittschuhclub Biberen, 2002, Internet) – Die Wendung *jmdm. die Stange halten* in der Bedeutung ›jmdn. nicht im Stich lassen‹ ist gemeindt. Andere Bedeutungen sind gemeindt. – Zu 1.: **Außenstange, Innenstange, Stangenschuss**

Stängeli CH das; -s, -s (Grenzfall des Standards, Sport): ↗Schraufen A, ↗Tragerl A (ohne west), ↗Kanterniederlage CH, ↗Packung D-nordwest/mittelwest ›hohe Niederlage mit 10 oder mehr Gegentoren; Debakel‹: *Ein Stängeli zum Auftakt. Am Samstag spielten die Novizen des Glarner Eislaufclubs gegen den SC Rheintal und gewannen das Spiel überlegen mit 10:0* (Südostschweiz 25. 10. 2000, Internet)

stangeln A-mitte/ost D-südost sw.V./hat: ↗stacheln CH, ↗staken D-nord/mittelwest ›ein Boot o. Ä. durch Abstoßen mit einer Stange fortbewegen‹: *Mit kleinen Booten wird durchgerudert, eigentlich mehr gestangelt* (Reisebericht, Von Jugoslawien über Italien und Griechenland in die Türkei, 1993, Internet; A-mitte/ost)

Stangenbrot D-mittelwest/süd das; -(e)s, -e: ↗Pariserbrot CH, ↗Kaviarbrot D-mittelwest/ost, ↗Stangenweißbrot D-mittel/süd ›stangenförmiges Brot; französisches Baguette‹: *Bevorzugt wird das Baguette (Stangenbrot mit Pastete, Käse, Schinken)* (NRZ 5. 10. 1998, Internet)

Stangensellerie (gemeindt.): ↗Bleichsellerie, ↗Staudensellerie

Stangenweißbrot D-mittel/süd das; -(e)s, -e: ↗Pariserbrot CH, ↗Kaviarbrot D-mittelwest/ost, ↗Stangenbrot D-mittelwest/süd ›stangenförmiges Brot; französisches Baguette‹: *Beilage: Frisches Stangenweißbrot oder Fladenbrot* (Oetker, Schulkochbuch 242)

Stanglpass A der; -es, ...pässe (Fußball): ›flacher Pass aus der Nähe der Torlinie zur Mitte vor das Tor‹: *Der deutsche Libero Happe schlug einen Stanglpass von Christian P. ins eigene Tor* (Standard 13. 7. 1998, Internet) – Auch in der Form *Stangelpass*

Stanitzel das; -s, –: **1.** A-mitte/ost D-südost; ↗Papiertüte D ›kleines, trichterförmiges Behältnis aus Papier‹: *Sie fielen mir schon auf, als sie beim Burger-Eck standen und Pommes frites kauften, gemeinsam ein Stanitzel Pommes, eins nur für alle* (Haslinger, Opernball 98; A-mitte/ost); *Mache dir aus Butterbrotpapier ein Stanitzel, eine Spitztüte ...* (Chefkoch, 2003, Internet; D-südost). **2.** A-mitte/ost; ↗Eistüte A D (ohne südost), ↗Cornet CH, ↗Hörnchen D-nordwest/mittel ›trichterförmiges Gebäck aus Waffelteig, in das Speiseeis gefüllt wird‹: *Heute ist er wunschlos glücklich mit zwei Kugeln Haselnusseis im Stanitzel* (Mayer-Skumanz, Lügennetz 71) – Auch in der Form *Stanitzl*, regional auch *Starnitzel.* In A (ohne mitte/ost) veraltet

Stapel (gemeindt.): ↗Beige

stapeln (gemeindt.): ↗aufbeigen, ↗beigen, ↗schlichten

Stapo die; –, ohne Plur. (Kurzwort): **1.** CH ›↗Stadtpolizei‹: *Beamte der Stapo Bern stossen bei der Spurensicherung auf eine Mütze und ein Paar Handschuhe* (Blick 23. 7. 1998, 6). **2.** A (früher) ›↗Staatspolizei‹: *Ihr Fehler: Sie unterschätzten die österreichische Stapo* (Kurier 5. 11. 1997, 15) – Wird auf der ersten Silbe betont, mit Kurz- oder Langvokal – Dazu: **Stapo-Beamte (...beamtin), Stapochef(in)**

Starnitzel siehe Stanitzel

Starterliste A D die; –, -n: ↗Startliste A CH ›Verzeichnis der Teilnehmenden an einem sportlichen

Wettkampf‹: *Veranstaltungschef Peter A. ist sehr vorsichtig, wenn es um die Veröffentlichung der Starterliste geht* (OÖN 12. 5. 2000, 23; A); *Ergänzt wird die eindrucksvolle Starterliste im Springreiten um die Silber- und Bronzemedaillengewinner von Sydney* (Welt 5. 10. 2000, Internet; D)

Startliste A CH die; –, -n: ↗STARTERLISTE A D ›Verzeichnis der Teilnehmenden an einem sportlichen Wettkampf‹: *Im Vorfeld der Spiele waren 27 chinesische Sportler nach einer internen Kontrolle überhaupt von der Startliste zurückgezogen worden* (Kurier 28. 9. 2000, 36; A); *Erholt sehen sie aus, richtig gut, ihr Tatendrang ist spürbar. Die Gegner, nein, die hätten sie noch nicht richtig studiert, nur kurz auf die Startlisten geblickt* (TA 21. 8. 1999, 41; CH) – In D selten

Station A die; –, -en ⟨aus lat. *statio* ›Stehen, Stand, Aufenthaltsort‹⟩: **1.** ↗AUTOBAHNSTATION A, ↗RASTSTATION A, ↗RASTHAUS A D, ↗RASTHOF D ›Gasthaus [an einem Autobahnparkplatz]; [Autobahn]raststätte‹: *Die neue Station wurde nach einem neuen italienischen Konzept gestylt, das nun schon auf sechs weiteren Agip Stationen verwirklicht wurde* (Land Salzburg, 2002, Internet). **2.** ***freie Station** A (formell) ›freie Unterkunft und Verpflegung; freie Kost und Logis‹: *Wir bieten gute Entlohnung bei freier Station sowie Einzelzimmer mit Dusche, WC und Kabel-TV* (Kleine Ztg 8. 6. 2000, 39) – Zu 2.: In D veraltend. Andere Bedeutungen sind gemeindt. – Zu 1.: ↗**Jausenstation**

Statthalter Statthalterin CH der; -s, – bzw. die; –, -nen: **1.** (TG, ZH, in BL kurz für ↗*Bezirksstatthalter*, in BE kurz für ↗*Regierungsstatthalter*): ↗BEZIRKSHAUPTMANN A (ohne Graz, Wien), ↗BEZIRKSVORSTEHER A (Graz, Wien), ↗BEZIRKSAMMANN CH (SG, SZ), ↗BEZIRKSAMTMANN CH (AG), ↗OBERAMTMANN CH (FR, SO), ↗PRÄFEKT CH (VS), ↗LANDRAT D (ohne Niedersachsen und Nordrhein-Westfalen), ↗OBERKREISDIREKTOR D (Niedersachsen, Nordrhein-Westfalen) ›↗Vorsteher(in) eines ↗Bezirks‹: *Die unumstrittenen Erneuerungswahlen … in den Bezirksrat Dietikon brachten bei der Wahl des Statthalters einen auffallenden Anteil an leeren (477) und vereinzelten Stimmen (183)* (NZZ 3. 3. 1997, Internet). **2.** ›Vizepräsident(in) des Parlamentes in BL bzw. der Regierung in LU und ZG bzw. des ↗Bezirksrates in SZ‹: *An den Regierungsratssitzungen führt der Schultheiss oder bei dessen Verhinderung der Statthalter den Vorsitz* (Regierungsrat Kanton LU 6. 1. 1999, Internet) – Die Bedeutung ›Stellvertreter [einer Regierung]‹ ist gemeindt. veraltet. Vgl. Landesstatthalter – Zu 1. und 2.: **Statthalteramt**

Stattpreis A der; -es, -e: ›früher gültiger höherer Verkaufspreis einer Ware im Vergleich zum aktuellen niedrigeren Preis‹ (häufig in Werbeaufschriften und -texten): *Stattpreise sind unsere bisherigen Verkaufspreise, Preise inkl. Steuern, exkl. Pfand, Satz- und Druckfehler vorbehalten* (Echo 28. 1. 1999, 45)

statuarisch (gemeindt.): ↗SATZUNGSGEMÄß, ↗STATUTARISCH

Statuarstadt siehe Statutarstadt

Statur (gemeindt.): ↗POSTUR

statutarisch A CH Adj. (nicht steigerbar): ↗SATZUNGSGEMÄß A D ›die Statuten betreffend; statuarisch‹: *An der Spitze der Bewegung hat statutarisch eine Frau zu stehen* (OÖN 13. 6. 2000, 2; A); *Der Jodelchor singt mit statutarisch vorgeschriebenen Händen in den Hosentaschen »Det obe bim Hüttli«* (Blick 2. 3. 1994, 17; CH) – In D selten. Vgl. Statutarstadt

Statutarstadt A die; –, …städte: ›Stadt mit eigenem Statut, die dadurch selbständig Verwaltungsaufgaben von politischen ↗Bezirken wahrnimmt‹: *Auch in der niederösterreichischen Statutarstadt Krems ist am Sonntag Wahltag* (Standard 4. 10. 1997, Internet) – Selten auch in der Form *Statuarstadt.* Vgl. statutarisch

Statuten (gemeindt.): ↗SATZUNG

stauben A sw.V./hat: **1.** ↗EINDICKEN CH D ›(angebratenes Fleisch, Gemüse etc. mit Mehl) bestreuen, um nach dem Aufgießen eine sämige Sauce zu erhalten‹: *Um einen molligeren Saft zu bekommen, kann das Gulasch leicht mit glattem Mehl gestaubt werden* (Plachutta, Gute Küche 294). **2.** ↗BESTÄUBEN CH D STIR ›(eine Backform) mit Mehl bestreuen; bemehlen‹: *In eine gefettete, gestaubte Form füllen und bei mäßiger Hitze, ca. 180 Grad, 50 bis 60 Minuten backen* (OÖN 6. 12. 1986, 58). **3.** (nur in Verbindung mit *es*, Grenzfall des Standards) ›eine handfeste Reaktion nach sich ziehen; Ärger geben‹: *Die Für-Demonstranten in Pregarten rufen sinngemäß: »Dalli dalli, ihr Versager, sonst staubt's!«* (OÖN 15. 12. 1992, 13) – Die Bedeutung ›Staub aufwirbeln‹ ist gemeindt.

Staubzucker A D-mittelost/süd BELG der; -s, ohne Plur.: ↗PUDERZUCKER CH D ›fein gemahlener Zucker‹: *Birnen in heißem Fett goldgelb backen … und mit Staubzucker bestreut servieren* (Gusto 11/1997, 47; A); *Striezel mit Butter bestreichen und mit Staubzucker bestreuen* (Grenz- Echo 10. 12. 1994, 13; BELG)

Staude die; –, -n: **1.** A CH D-süd ›Busch‹: *Nur ein paar Stauden seien umgeschnitten worden. Und ein paar Stauden sind ja schließlich kein Auwald* (Kurier 18. 2. 1993, 19; A); *Steht ein Himbeerstrauch einzeln für sich, so gilt er als Strauch. Werden verschiedene Himbeerstauden in eine Reihe gesetzt, so bilden sie eine Grünhecke oder einen Lebhag* (Brückenbauer 18. 8. 1998, Internet; CH). **2.** D (ohne mittel/südwest); ↗HÄUPTEL A D-südost ›Kopf einer Gemüse- oder Salatpflanze‹: *Den Chicoree gründlich waschen, dann halbieren, den bitteren Kegel am breiten Ende der Staude sorgfältig herausschneiden* (Stadt Braunschweig 25. 3. 2003, Internet) – Die Bedeutung ›[große] Pflanze mit mehreren, aus einer Wurzel wachsenden kräftigen Stängeln‹ ist gemeindt. – Zu 1.: **Paradeiserstaude** (↗Paradeiser) A (ohne west), **Ribiselstaude** (↗Ribisel) A (ohne Vbg.)

Staudensellerie D (ohne mittelost/südost) der; -s, ohne Plur.: ↗BLEICHSELLERIE D-mittelost ›über der Erde aus einer Wurzel wachsender Sellerie mit hellgrünen Stangen; Stangensellerie‹: *Staudensellerie in dünne Scheiben schneiden und mit einer Tasse Salzwasser … kochen* (Brigitte 15. 4. 2002, Internet) – In A selten. Vgl. Sellerie

stechen A D-südost st.V./hat: ↗SCHLAGEN A, ↗METZGEN CH D-südwest ›(Kälber und Schweine) schlachten, abstechen‹: *Wenn also ein armes Schwein auf einem Bauernhof gestochen wird, wie kürzlich in Sipbachzell, macht das alsogleich die Runde in der großen Bekanntenschar* (OÖN 18. 11. 1998, Internet; A) – In D (ohne südost) fachsprachlich. Andere Bedeutungen sind gemeindt. – Dazu: ↗**Stechvieh** A

Stechmücke (gemeindt.): ↗GELSE, ↗MÜCKE, ↗SCHNAKE

Stechvieh A das; -(e)s, ohne Plur.: ›kleinere Tiere, wie Kälber, Schweine, Schafe, die früher durch Abstechen getötet wurden‹: *Die eigentlichen Gewinner der Marktpreisveränderungen von Stechvieh sind die Großhändler* (OÖN 13. 1. 1990, 13) – Vgl. stechen

Stecken A CH D-süd der; -s, –: ›Stock‹: *Hüter und Hüterinnen, ausgerüstet mit einem Stecken, walteten ihres Amtes und fingen die Täter* (Gemeinde Tattendorf, 1998, Internet; A); *Die Jugendlichen kletterten zusammen mit den Fischern an den Uferhängen herum, wateten durch das Gewässer, zogen mit Rechen und Stecken Unrat aus dem Wasser und befreiten die Büsche von angeschwemmtem Zivilisationsgut* (St. Galler Tagbl 29. 4. 1998, Internet; CH) – Dazu: ↗**Rebstecken, Skistecken** A D-südost, ↗**steckengerade** CH

stecken sw.V./hat: **1.** CH D (ohne mittelost) ›(Knollen, Zwiebeln o. Ä.) in die Erde setzen‹: *Früher hatte ich meiner Mutter im Garten geholfen, Unkraut jäten, Kartoffeln stecken, Johannisbeeren pflücken* (Emil Zopfi 2002, Internet; CH); *Der Rasen muss nun belüftet werden, im Sommer blühende Blumen können jetzt ausgesät und Zwiebeln gesteckt werden* (Berliner Ztg 5. 4. 2002, Internet; D). **2. *es jmdm. stecken** D (ohne mittelost) (Grenzfall des Standards) ›jmdm. unverblümt die Wahrheit sagen‹: *Niemand hatte ihm gesteckt, dass ein farbiges Hemd besser rübergekommen wäre* (LVZ 3. 12. 2001, Internet). **3.** D-südwest (Grenzfall des Standards) ›etw. aufgeben, abhaken, vergessen‹: *Geschichte habe ich irgendwann gesteckt, also aufgegeben* (Friedrich-Eugens-Gymnasium Stuttgart 23. 5. 2002, Internet) – In der gemeindt. Bedeutung ›festsitzen‹ wird das Perfekt in A, CH und D-süd mit *sein* gebildet, in D-nord/mittel mit *haben*. Dies gilt auch für alle Zus., z. B. *drinstecken, zusammenstecken*. Andere Bedeutungen sind gemeindt.

steckengerade CH Adj. (nicht steigerbar): ›aufrecht, kerzengerade‹: *Eine steckengerade Postur erwartet L. auch von seiner Tanz- und Lebenspartnerin Erika L.* (Bund 13. 3. 1997, 27) – Vgl. Stecken

Steckrübe D (ohne ost) die; –, -n: ↗BODENKOHLRABI CH, ↗WRUKE D-nordost ›Gemüsepflanze mit verdickter, gelbfleischiger, saftiger Wurzel; Kohlrübe‹: *Mit neuen raffinierten Rezepten zeigt er, wie die Steckrübe im Winter den Speiseplan bereichern kann* (WDR 5. 1. 1996, Internet) – In A selten

Stecktuch A das; -(e)s, …tücher: ↗POCHETTE CH, ↗EINSTECKTUCH D (ohne nordost/südwest) ›kleines Tuch, das als Accessoire in der äußeren Brusttasche von ↗Jacketts getragen wird‹: *Alte Männer in Opel Tigras kennt man schließlich auch, mit Stecktüchern und pastellgelber Lacoste-Weste* (Sport Magazin 10/1997, 134)

Stefani Stephani A D-südost das; -s, ohne Plur.: ↗STEFANITAG A D-südost, ↗STEFANSTAG CH, ↗WEIHNACHTSTAG: *ZWEITE WEIHNACHTSTAG D ›Namensfest des hl. Stephanus, 26. Dezember‹: *Zu Stefani 1980 ist mein Kusin Frank in Amerika verstorben* (Schuch, Gruft 74; A)

Stefanitag Stephanitag A D-südost der; -(e)s, -e: ↗STEFANI A D-südost, ↗STEFANSTAG CH, ↗WEIHNACHTSTAG: *ZWEITE WEIHNACHTSTAG D ›Namensfest des hl. Stephanus, 26. Dezember‹: *So war es auch an diesem kalten Winterabend Mitte der Sechziger Jahre. … Es war der Stefanitag* (Halwachs, Großvaters Geschichte 44; A)

Stefanstag Stephanstag CH der; -(e)s, -e: ↗STEFANI A D-südost, ↗STEFANITAG A D-südost, ↗WEIHNACHTSTAG: *ZWEITE WEIHNACHTSTAG D ›Namensfest des hl. Stephanus; 26. Dezember‹: *Gleich 20 verunfallte Wintersportlerinnen und -sportler musste die Rettungsflugwacht am Stefanstag ins Spital fliegen* (Blick 27. 12. 2002, 9); *Das Feuer, das am Stephanstag ausbrach, beschädigte die Decke des Lokals* (Blick 28. 12. 1998, 2)

Steffen D ⟨niederdt.⟩: Kurzform des männl. Vornamens *Stefan, Stephan: Der Mensch, der sich folgendes Experiment ausgedacht hat, ist der Psychologiestudent … Steffen M.* (Allegra 11/1997, 35)

Steffl A der; -s, ohne Plur.: Koseform für den *Stephansdom* /ein Wahrzeichen von Wien/: *Pünktlich zum 850.*

Jubiläum der Kathedrale erstrahlt nun einer der ältesten und heikelsten Teile des Steffls in neuem Glanz (Kleine Ztg 21. 3. 1997, Internet)

Stehbeisel A (ohne west) das; -s, -n: ↗BUFFET A D-südost, ↗IMBISS A D, ↗TAKE-AWAY CH ›Imbissstand, an dem Getränke und Imbisse im Stehen bzw. auf Hockern konsumiert werden können‹: *Über die besten Maßschuster und die beliebtesten Stehbeiseln will sich die Menschheit unterhalten* (Rudle, Sex Orange 16) – Vgl. Beisel

Stehcafé A D (ohne nordost) das; -s, -s: ›kleines Café, meist in Bahnhöfen oder Fußgängerpassagen, wo Kaffee im Stehen konsumiert werden kann‹: *Rund um universitäre Einrichtungen finden sich jede Menge Stehcafés bzw. Imbissläden, die Kaffee im Plastikbecher verkaufen* (Standard 3. 10. 2002, Internet; A); *Nach jedem Gottesdienst laden wir deshalb ein zum Stehcafé, als Ort und Zeit für Begegnung und Gespräch* (Stadtkirche Dortmund, 1999, Internet; D)

stehen A st.V./ist: ›ruhen (von Arbeit, Betrieben u. Ä.)‹: *Die ganze Arbeit würd stehen, wenn ich mir nicht von anderen Polieren Arbeiter geholt hätt* (Scharang, Sohn eines Landarbeiters 103) – Andere Bedeutungen sind gemeindt. Das Perfekt wird in den gemeindeutschen Verwendungen in A, CH und D-süd mit *sein* gebildet, in D-nord/mittel mit *haben*. Das gilt auch für die Zus., wie z. B. abstehen, beistehen, beisammenstehen, bereitstehen, dabeistehen, ↗dafürstehen, dahinstehen, dastehen, dazwischenstehen, entgegenstehen, freistehen, gegenüberstehen, gutstehen, herausstehen, hervorstehen, hinausstehen, hintenanstehen, hochstehen, nachstehen, stillstehen, umherstehen, unterstehen, überstehen, vorstehen, wegstehen, zurückstehen, zustehen

stehend: *stehend freihändig D (Grenzfall des Standards) ›mühelos‹: *So wurde denn ... die Gründung des Wassersportvereins »Wiking« ... mit Satzung und Protokoll stehend freihändig vor dem Bootshaus vollzogen* (SV Wiking 14. 10. 2002, Internet)

Stehlampe (gemeindt.): ↗STÄNDERLAMPE

Stehleiter (gemeindt.): ↗STAFFELEI

stehlen (gemeindt.): ↗FLADERN, ↗MAUSEN, ↗MOPSEN

Stehplatztribüne A D die; –, -n: ↗STEHRAMPE CH ›Stehplätze in einem Sportstadion‹: *Mit einem Aufwand von rund sieben Millionen Schilling ließ der SC Oberstdorf nicht nur eine Stehplatztribüne über dem Faltenbach bauen, sondern er planierte auch das abschüssige Gelände unterhalb der Anzeigentafel* (OÖN 22. 12. 1999, 27; A); *Das Westfalenstadion mit der größten Stehplatztribüne der Welt fasst nach den Umbauarbeiten 69500 Zuschauer* (Welt 24. 8. 1998, Internet; D)

Stehrampe CH die; –, -n: ↗STEHPLATZTRIBÜNE A D ›Stehplätze in einem Sportstadion‹: *Die Siegesträume des SC Bern platzten im fünften Playoffspiel genauso schnell wie die von den Berner Fans mitgebrachten Luftballons auf der Stehrampe* (Sport 10. 3. 1998, 43)

Steiermark (gemeindt.): ↗MARK: *DIE GRÜNE MARK

Steig A der; -(e)s, -e: ›schmaler, steiler [Berg]weg‹: *Geradeaus erreichen wir den Gipfel, und rechts quert ein Steig, mit Drahtseilen gesichert, kurz durch eine Felswand* (Land der Berge 5/1997, 19) – In D selten

Steige die; –, -n: **1.** A D (ohne ost); ↗HARASS CH, ↗KISTE D, ↗STIEGE D-nord/mittelost ›offenes Behältnis [aus Holzlatten] (vor allem für ↗Obst und Gemüse)‹: *Wer eine Steige voll [Pilze auf dem Wochenmarkt] kaufte, kriegte sie noch erheblich billiger* (OÖN 19. 9. 1998, 24; A); *Wir bekamen eine große Steige Äpfel gespendet und machten daraus leckeren Apfelkuchen* (Abenteuerspielplatz Riederwald, Frankfurt a.M., 1999, Internet; D). **2.** A D-süd ›Verschlag aus Holzlatten als Stall für Geflügel oder Kleintiere‹: *Im Winter wohnen wir in einer geräumigen Steige in der Küche, weil auch wir Hühner es gern ganz warm haben* (Mitterer, Superhenne Hanna 9; A) – Zu 1.: **Apfelsteige, Erdäpfelsteige** (↗Erdapfel), **Obststeige** (↗Obst). Zu 2.: **Hühnersteige**

steigen st.V./ist: **1.** A D-südost (mit den Präp. *auf* und *in*); ↗TRETEN CH D ›[versehentlich oder absichtlich] seinen Fuß, einen Schritt auf oder in etw. setzen‹: *Auf der Hut, nicht in den Dreck zu steigen, den schlagenden Schwänzen auszuweichen, brachte ich mich im kuhlosen Teil in Sicherheit* (Glantschnig, Mirnock 81; A). **2.** A D-mittelost/südost (mit der Präp. *auf*); ↗DRÜCKEN CH D-südwest, ↗TRETEN D ›[abrupt und heftig] (ein Pedal, z. B. Bremse, Gas, Kupplung eines [Motor]fahrzeugs, einer Maschine) mit dem Fuß betätigen‹: *Dass der eine beim Rückwärtsfahren wie wild aufs Gas steigt, wo er doch genau weiß, dass das Getriebe das nicht aushält und der Retourgang herausspringt* (Scharang, Sohn eines Landarbeiters 37; A); ***auf die Bremse steigen** A D (ohne südwest) siehe Bremse; ***in die Eisen steigen** D siehe Eisen; ***auf die Seife steigen** A siehe Seife. **3.** CH D (mit der Präp. *in*) ›(Kleidung) anziehen‹: *Ich bürstete meinen Mantel, wichste die Schuhe, stieg in das weisse Hemd mit den Perlmutter-Manschettenknöpfen* (Brechbühl, Kneuss 49; CH); *7 Uhr, er wirft sich ein paar Butterbrote ein ... und steigt in die kurze Hose* (Georgienseite 21. 10. 2002, Internet; D); ***in die Hosen steigen** CH siehe Hose. **4.** CH (Sport) ›(in eine Saison, einen Wettkampf) gehen‹: *Vor allem aber liebt es André, auf dem Land, nur wenige Kilometer von seinem Wohnort Neudorf entfernt, mit einem Heimrennen in die Saison zu steigen* (Sonntagsblick 13. 5. 2001, 38) – Zu 2.: In D selten. Andere

Bedeutungen sind gemeindt. – Zu 1.: **draufsteigen, hineinsteigen**

Steiger der; -s, –: **1.** D-mittelwest; ↗Anleger A D, ↗Schiffl ände CH, ↗Schiffssteg CH, ↗Landesteg CH D, ↗Landungssteg CH D, ↗Landungsbrücke D ›Anlegestelle für die Personenschifffahrt‹: *Vom Rheinsteiger aus kann man sogar mit einer Fähre auf das rechte Ufer des Stromes übersetzen* (Niederrhein 6/2000, 2). **2.** A-west (Vbg.) LIE ›Spielart des ↗Jass‹: *Und so konnten sich die verbleibenden drei bis zu seinem Dazustossen mit einem Steiger die Zeit vertreiben* (Ospelt, Vision 79; LIE) – Zu 2.: In A-west (Vbg.) häufig in der Form *Steigerer.* In der Bedeutung ›Leiter(in) einer Grubenabteilung im Bergbau‹ gemeindt. Zu 2 vgl. Dreiersteigerer

Steigerer siehe Steiger

steil (gemeindt.): ↗stotzig

steinhart (gemeindt.): ↗pickelhart

Steinpilz (gemeindt.): ↗Herrenpilz

Steirer A der; -s, – (Kurzwort): ↗Steireranzug A ›grauer Trachtenanzug aus der Steiermark mit Hirschhornknöpfen‹: *Hans T.T. bewegt sich souverän in Lederhosen, Peter F. im Salonsteirer und Sigrid S. im schmucken Dirndl* (Standard 28. 7. 1999, Internet) – Die Bedeutung ›Bewohner der Steiermark‹ ist gemeindt.

Steireranzug A der; -(e)s, ...züge: ↗Steirer A ›grauer Trachtenanzug [aus der Steiermark] mit Hirschhornknöpfen‹: *Als ob die Delegierten etwas geahnt hätten: Der Großteil der mehr als hundert Anwesenden war modern gekleidet, der traditionelle Steireranzug blieb bei den meisten im Kasten* (Kleine Ztg 5. 6. 2000, Internet)

Steirergoal A das; -s, -s [...goʊl] ⟨in der Wiener Fußballsprache geprägt basierend auf der früheren Anschauung, die Bewohner(innen) der Steiermark seien naive Hinterwäldler⟩ (Grenzfall des Standards, Fußball): ›Tor, das durch Ungeschicklichkeit des Torhüters bzw. der Torhüterin erzielt wird‹: *Otto Konrad hat gegen den LASK ein Steirergoal bekommen* (Standard 2. 1. 1995, Internet) – Vgl. Goal, Gurkerl

Stellage A D die; –, -n [ʃtɛˈlaːʃ A, ʃtɛˈlaːʒə D]: ↗Gestell CH ›zum Aufbewahren von Gegenständen und Lagern von Lebensmitteln dienender Aufbau aus Holz, Kunststoff oder Eisen; Regal‹: *Von der breiten Treppe sah man im Halbdunkel große Stellagen für Flaschen, Fässer und an die Wand gelegte Bottiche* (Eisendle, Fassung der Wunderwelt 78; A); *Die Arbeitskräfte entnehmen den Spargel und legen ihn in direkt über den Fächern auf einer Stellage bereitstehende Kisten* (Spargel- und Erdbeerprofi 3/1999, Internet; D)

Stelle: *auf der Stelle treten siehe treten

Stellenantritt CH der; -(e)s, -e: ›Aufnahme einer neuen beruflichen Tätigkeit; Arbeitsantritt‹: *Der initiative Direktor wusste bei seinem Stellenantritt zwar, in was für einen Betrieb er kam, doch ging er davon aus, dass Veränderungen schneller möglich seien* (TA 16. 9. 1999, 17) – In D selten

Stellenanzeiger CH der; -s, –: ›Teil einer grösseren Tages- oder Wochenzeitung mit Angeboten freier Arbeitsstellen‹: *Die Stellenanzeiger sind wieder erfreulich dick, und die Klagen aus der Wirtschaft über den Mangel an »qualifizierten« Mitarbeitern sind wieder erstaunlich zahlreich geworden* (Bund 27. 12. 1999, 11)

Stellenvorbehalt STIR der; -(e)s, -e: ›Vorsehen einer Stelle im öffentlichen Dienst für ein Mitglied einer bestimmten Sprachgruppe auf Grund des ethnischen ↗Proporzes‹: *Besetzung einer Stelle als Soziologe/Soziologin/Pädagoge/Pädagogin (8. Funktionsebene) mit Stellenvorbehalt für die deutsche Sprachgruppe ausgeschrieben* (Dolomiten 10. 1. 2001, WIKU 39)

Stellmacher Stellmacherin D-nord/mittel der; -s, – bzw. die; –, -nen: ↗Wagner A CH D-süd ›Wagenbauer(in)‹: *Der Vater verdiente sein Geld als Stellmacher, fertigte Wagenräder an, Deichseln ... und was man sonst noch so auf dem Land brauchte* (Ossowski, Maklerin 11) – In A veraltet – Dazu: **Stellmacherei**

Stellmesser CH das; -s, –: ↗Springmesser A D, ↗Schnappmesser D-mittel/süd ›Messer, dessen verborgene Klinge erst bei Betätigung eines Knopfes herausspringt‹: *Erst eben flog in Genf eine Gruppe von Minderjährigen auf, die, mit Stellmessern bewaffnet, monatelang ganze Quartiere eingeschüchtert hatten* (WW 36/1997, 77)

Stellplatz D der; -es, ...plätze: ↗Abstellplatz A CH, ↗Einstellplatz CH D ›[überdachter] Platz zum Abstellen eines Fahrzeuges; Parkplatz‹: *Eine nächtliche Nutzung der etwa 400 Stellplätze im firmeneigenen Parkhaus sei für Anwohner schlicht unmöglich* (FR 29. 5. 1998, 22) – In A und CH selten. Die Bedeutung ›Wohnwagenstellplatz auf einem Campingplatz‹ ist gemeindt.

Stellung A die; –, -en: ↗Musterung A D, ↗Aushebung CH ›Prüfung der Wehrpflichtigen auf ihre Tauglichkeit für den ↗Wehrdienst‹: *Jetzt will man die Fenster von innen verdunkeln und versuchen, Schlafwandler schon bei der Stellung aufzuspüren, um für sie Unterkünfte im Erdgeschoß zu reservieren* (Profil 23. 6. 2002, Internet) – Andere Bedeutungen sind gemeindt. – Dazu: ↗**Stellungskommission,** ↗**Stellungspflicht** A CH, **Stellungsverfahren**

Stellungskommission A die; –, -en: ›Kommission, die über die physische und psychische Tauglichkeit der Wehrpflichtigen entscheidet‹: *Stellungspflichtige, die*

durch Krankheit am Erscheinen vor der Stellungskommission verhindert sind, haben dies umgehend dem zuständigen Militärkommando ... durch Vorlage einer ärztlichen Bestätigung nachzuweisen (Behördenwegweiser, 2000, Internet) – Vgl. Stellung

Stellungspflicht A CH die; –, ohne Plur. (formell): ›Pflicht, sich in einem bestimmten Alter einer Prüfung der Wehrdiensttauglichkeit zu unterziehen‹: *Stellungspflichtige können auf Grund ihrer Meldung zur Erfüllung der Stellungspflicht einer anderen Stellungskommission zugewiesen werden* (Behördenwegweiser, 2000, Internet; A); *Die Stellungspflicht beginnt mit Anfang des Jahres, in dem das 19. Altersjahr vollendet wird und erlöscht am Ende des Jahres, in dem das 25. Altersjahr vollendet wird* (ABC für Wehrpflichtige, 2001, Internet; CH) – Vgl. Stellung – Dazu: ↗**stellungspflichtig**

stellungspflichtig A CH Adj. (nicht steigerbar, formell): ›[in einem bestimmten Alter] zur Prüfung der Wehrdiensttauglichkeit verpflichtet‹: *In Antau fand erstmals ein Bundesheer-Informationsabend für die stellungspflichtigen jungen Männer der Gemeinde statt* (OZ 7. 10. 1992, 15; A); *Im Jahr 2001 werden die Schweizer Bürger des Jahrgangs 1982 stellungspflichtig* (Südostschweiz 21. 8. 2000, Internet; CH) – Vgl. Stellung, Stellungspflicht – Dazu: **Stellungspflichtige**

Stelze A die; –, -n (Küche): **1.** ↗HAXL A D-südost, ↗WÄDLI CH, ↗HAXE CH D-mittel/süd, ↗HACHSE D-nordost/mittelwest ›unterer Teil des Beines bei Schwein und Kalb‹: *Sie sollten nicht zu dünn geschnitten werden – egal, ob es eine Scheibe von der Stelze ..., ein Filetsteak ... oder ein saftiges Kotelett ... zum Grillen ist* (Wellness 10/1997, Beilage 9). **2.** ↗GNAGI CH, ↗WÄDLI CH, ↗EISBEIN D-nord/mittel, ↗SCHWEINSHAXE D-süd, ↗SPITZBEIN D-nordost ›eingesalzenes, gekochtes oder gebratenes Stück vom Unterschenkel des Schweines‹: *Weiterhin lassen viele landestypische Gerichte schon am Namen erkennen, dass sie zwar den Gaumen, nicht aber den Verdauungsapparat erfreuen werden: Bauernschmaus, Bratenfettbrot, Nierndl mit Hirn, Stelze (Schweinshaxen), Schweinsbraten mit Kraut und Knödl* (Fembek, Keine Angst 141) – Dazu: **Kalbsstelze, Schweinsstelze** (↗Schweins-)

Stempel (gemeindt.): ↗STAMPIGLIE

Stempelmarke A die; –, -n (früher): ↗GEBÜHRENMARKE D ›Marke zum Aufkleben auf amtlichen Schriftstücken, mit der Verwaltungsgebühren bezahlt werden‹: *Aber wenn Sie wissen wollen, wer Ihnen hineingefahren ist, müssen Sie zur Behörde gehen und dort wieder die Stempelmarke bezahlen* (NÖN 22. 6. 1998, 11) – In D selten. In A als Zahlungsform abgeschafft – Dazu: **Bundesstempelmarke**

Stempelpapier STIR das; -(e)s, -e ⟨aus ital. *carta bollata* ›Papier für stempelpflichtige Gesuche‹⟩: ↗DRUCKSORTE A ›behördliches Formular; Vordruck‹: *Während dieser Zeit kann jedermann in die Unterlagen Einsicht nehmen und der Gemeinde auf Stempelpapier Einwände und Vorschläge vorbringen* (Dolomiten 23. 8. 2001, 14)

Stempelsteuer die; –, -n: **1.** CH ›Steuer (auf Wertpapieren und Versicherungsprämien)‹: *Der Bund kann auf Wertpapieren, auf Quittungen von Versicherungsprämien und auf anderen Urkunden des Handelsverkehrs eine Stempelsteuer erheben* (Schweizerische Bundesverfassung, 2000, Internet). **2.** STIR ⟨übersetzt aus ital. *imposta di bollo*⟩ ›Steuer, die auf die Ausstellung von Dokumenten, Urkunden u. Ä. erhoben wird‹: *Was die Abgabe nach fester Quote betrifft, so erhält das Land ... jeweils 9/10 der ... Register- und Stempelsteuern, der Verkehrssteuern und der Tabaksverbrauchssteuern* (Südtirols Autonomie 61)

Stephani siehe Stefani

Stephanitag siehe Stefanitag

Stephanstag siehe Stefanstag

Steppke D-nord/mittel (bes. Berlin) der; -s, – (Grenzfall des Standards): ↗BAUXERL A-ost, ↗PIMPF A D-mittelwest/südwest, ↗PFÜDERI CH, ↗DREIKÄSEHOCH CH D, ↗KNOPF CH D-südwest, ↗KRÜMEL D-nord/mittel, ↗MURKEL D-ost ›kleiner Junge, kleines Kind; Knirps‹: *Deshalb gehe ich mit dem Steppke jetzt in seine Schule, zum letztenmal* (Hofmann, Glück 76)

Sterbegottesdienst A-west/südost der; -(e)s, -e (kath. Kirche): ↗AUFERSTEHUNGSGOTTESDIENST A, ↗BESTATTNISGOTTESDIENST A-west (Vbg.), ↗ABDANKUNGSGOTTESDIENST CH, ↗BEERDIGUNGSGOTTESDIENST CH, ↗LEICHENDIENST LUX ›Gottesdienst für Verstorbene anlässlich des Begräbnisses; Totenmesse, Trauergottesdienst‹: *Den heiligen Sterbegottesdienst feiern wir am Mittwoch, dem 12. November, um 14 Uhr in der Pfarrkirche Vomp* (TT 8./9. 11. 1997, 45)

sterben (gemeindt.): ↗ABNIBBELN, ↗ABSERBELN, ↗SERBELN

-Stern- A CH (produktiver Wortbestandteil in Zus.): /Kategorisierung von Qualitätsstandards bei Hotels mittels einer Anzahl von sternförmigen Zeichen; -Sterne-/ z. B. 1-Stern-Kategorie, 2-Stern-Hotel, 3-Stern-Hotel, 4-Stern-Hotel, 5-Stern-Hotel: *Während in 3-Stern-Hotels der Umsatzzuwachs mit einem Plus von 0,75 Prozent hinter der Steigerung bei den Nächtigungen nachhinkte, konnten die Betriebe der 4- und 5-Stern-Kategorie ein Umsatzplus von 6,75 Prozent verzeichnen* (Presse 12. 2. 1998, 15; A); *Das Vier-Stern-Hotel in Going am Wilden Kaiser bietet viele Aktivitäten und Gesundheitsprogramme* (News 6. 11. 1997, 146; A); *Für die Übernachtung hast du die Wahl* *zwischen einfachen Gasthäusern oder 2-Stern-Hotels* (SSR Reisen, 1997, 10; CH) – Auch in den Schreibungen *Fünf-Stern-Hotel* und *Fünfsternhotel*

-Sterne- (gemeindt.): ↗-STERN-

sternhagelvoll (gemeindt.): ↗STINKBESOFFEN, ↗STURZBESOFFEN

Sterz A-west (Tir.)/südost D-südost der; -es, -e (Plur. ungebräuchl.): ↗SCHMARREN A D-südost ›Speise aus einem mit Mehl oder Grieß hergestellten Teig, der in Fett gegart oder in Wasser gekocht und dann zu kleinen Stücken zerstochen serviert wird‹: *Vater hob den Deckel von der Rein, um mit dem Kochlöffel vom dampfenden Sterz zu kosten* (Glantschnig, Mirnock 11; A-west/südost); *Der Sterz schmeckt … am besten mit Dickmilch oder Sauerkraut* (Bayrischer Rundfunk 19. 8. 2002, Internet; D-südost) – Dazu: **Erdäpfelsterz** (↗Erdapfel) A (ohne ost), **Heidensterz** (↗Heiden-) A-west (Tir.)/südost, **Plentensterz** (↗Plenten) A-west (Tir.)/südost, **Sterzrein** (↗Rein), **Türkensterz** (↗Türken) A-west/südost

Sterzing (gemeindt.): ↗FUGGERSTADT

Steueramt CH STIR das; -(e)s, …ämter: ↗FINANZAMT A D ›für die Einziehung und die Verwaltung der Steuern zuständiges Amt‹: *Wenn ich heute als Dolmetscherin mit einer albanischen Frau zum Steueramt gehe …, um irgendwelche bürokratischen Probleme zu lösen, dann schauen sich diese Frauen alle paar Meter verängstigt um, ob auch niemand sie in meiner Begleitung sieht* (Sonntagsztg 12. 12. 1999, 23; CH); *Gerade im Pustertal könnte diese Mobilität die volle Funktionsfähigkeit des geplanten einheitlichen Steueramtes (Registeramt, Mehrwertsteueramt und direkte Steuerabgabestelle) garantieren* (Dolomiten 16. 12. 2000, 18; STIR) – In D veraltend – Dazu: **Bezirkssteueramt** STIR, **Einheitssteueramt** STIR, **Gemeindesteueramt** CH, **Mehrwertsteueramt** STIR, **Steueramtsvorsteher(in)** (↗Vorsteher)

Steueraufkommen A D das; -s, –: ↗STEUERERTRAG CH ›Bruttoertrag, den das öffentliche Gemeinwesen durch die Steuereinziehung erwirtschaftet‹: *Das erhöhte Steueraufkommen ermöglicht gegenüber 1996 eine deutlich höhere Dotation der Bedarfszuweisungen für das nächste Jahr* (TT 12. 11. 1996, Internet; A); *Kleine wie mittelständische Betriebe erbringen über die Hälfte des Steueraufkommens* (UNI Magazin 7/1997, 21; D) – In CH selten

Steuerausscheidung CH die; –, -en: ›Aufteilung von Steuerleistungen (von natürlichen und juristischen Personen) auf mehrere Gemeinden, ↗Kantone oder Staaten (z. B. bei unterschiedlichem Wohn- und Geschäftsort)‹: *Die Frage der interkommunalen Steuerausscheidung, d. h. die Frage der Aufteilung der Steuerleistungen zwischen Wohnort und Arbeitsplatz, hat der Bundesrat dahingehend beantwortet, dass ihm keine Methode bekannt sei, die der Verwaltung keinen zusätzlichen Aufwand bringen würde* (Protokoll der Januarsession der Vereinigten Bundesversammlung, 1998, Internet)

Steuerbehörde CH die; –, -n: ↗FINANZBEHÖRDE A D, ↗STEUERVERWALTUNG CH ›für alle Belange der Steuern verantwortliches Amt‹: *Schmied verwaltete auch die Renten von einigen [armen Säufern] und er verhandelte mit den Steuerbehörden sozusagen im Paket* (Bichsel, Cherubin Hammer 71) – In D selten

Steuerbeistand STIR der; -(e)s, ohne Plur.: ›Information und Beratung in steuerlichen Angelegenheiten; Steuerberatung‹: *Arbeitnehmer und Pensionisten, die den Steuerbeistand des Steuervertreters (Arbeitgeber, Versicherungsanstalt) in Anspruch nehmen, müssen bis heute den ausgefüllten Vordruck 730 abgeben* (Dolomiten 4. 4. 2001, 25) – Dazu: **Steuerbeistandszentrum**

Steuerberatung (gemeindt.): ↗STEUERBEISTAND

Steuerbescheid A D der; -(e)s, -e: ↗STEUERVERANLAGUNG CH ›Verfügung der Steuerbehörde über die Höhe der zu zahlenden Steuerschuld‹: *Nach Rechtskraft der Steuerbescheide – also erst in zwei Jahren – gibt es wahrscheinlich für sie eine Anklage* (News 23. 12. 1997, 52; A); *Es muss nicht mehr der nächste Steuerbescheid abgewartet werden* (Ostsee-Ztg 2. 2. 2001, Internet; D)

Steuerdomizil CH STIR das; -s, -e: ↗STEUERWOHNSITZ CH STIR ›Ort, an dem die Steuern bezahlt werden (bei mehreren Wohn- oder Geschäftssitzen)‹: *Allein in der Stadt Zürich leben 16 000 Personen mit auswärtigem Steuerdomizil* (TA 5. 12. 1997, 25; CH); *Die Anträge müssen dem Bürgermeister jener Gemeinde zugestellt werden, wo der Selbständige sein Steuerdomizil hat* (Dolomiten 27. 1. 1993, Internet; STIR) – Wird in CH im Vergleich zu *Steuerwohnsitz* selten gebraucht

Steuereinbehalt STIR der; -(e)s, -e: ›Steuer, die Arbeitgeber(innen) für nicht fest Angestellte an das ↗Steueramt überweisen müssen‹: *Hausangestellte müssen die Steuererklärung machen, weil Arbeitgeber von Hausangestellten nicht verpflichtet sind, den Steuereinbehalt durchzuführen* (Dolomiten 27. 5. 1998, WIKU 7)

Steuererstattung A (formell), D die; –, -en: ›Rückzahlung zu viel gezahlter Steuern durch die ↗Finanzbehörden; Steuerrückerstattung‹: *Gleichzeitig bemüht sich der stellvertretende Sektionsobmann der Industrie, Herbert S., in Brüssel einen Entwurf zu verhindern, der eine Reduktion der Steuererstattung auf Null vorsieht* (OÖN 13. 10. 2000, 11; A); *Hierfür war aber die Steuererstattung … fest eingeplant* (Welt 16. 2. 1999, Internet; D)

Steuerertrag CH der; -(e)s, ...träge: ↗STEUERAUFKOMMEN A D ›Bruttoertrag, den das öffentliche Gemeinwesen durch die Steuereinziehung erwirtschaftet‹: *Der durchschnittliche Steuerertrag aus den Einkommen ist in der Stadt von 1993 bis 1997 von 4070 Franken pro Kopf auf 3864 Franken gesunken* (Sonntagsztg 3. 10. 1999, 23) – In D selten. Vgl. Steuerfranken

Steuerfachgehilfe Steuerfachgehilfin D der; -n, -n bzw. die; –, -nen: ›Angestellte[r] in steuer- und wirtschaftsberatenden Berufen‹: *Der überforderte Steuerfachgehilfe ... mühte sich 18 Tage in Fußfesseln zum Prozess* (Welt 25. 1. 1997, Internet)

Steuerfahnder Steuerfahnderin D der; -s, – bzw. die; –, -nen: ↗STEUERREVISOR CH ›Beamter bzw. Beamtin der ↗Finanzbehörden mit den gleichen Rechten und Pflichten wie Polizisten zur Untersuchung von Steuerstraftaten‹: *Jede Behinderung der Steuerfahnder bei ihrer Arbeit kann als Widerstand gegen die Staatsgewalt strafrechtlich geahndet werden* (Welt 27. 4. 1998, Internet) – Dazu: ↗**Steuerfahndung**

Steuerfahndung D die; –, -en: ↗STEUERREVISORAT CH ›Abteilung der ↗Finanzbehörden mit den gleichen Rechten und Pflichten wie Polizisten zur Untersuchung von Steuerstraftaten; Untersuchung von Steuerstraftaten durch ↗Steuerfahnder‹: *Möglicherweise spielt die Aktion der Steuerfahndung eine nicht unerhebliche Rolle* (Welt 24. 12. 1996, Internet)

Steuerfranken CH der; -s, –: ↗STEUERGROSCHEN D ›[von der Bevölkerung erarbeiteter] Ertrag aus Steuern; Steuergelder‹: *Erfreut ist der Finanzminister über die Tatsache, dass zwei von drei Schweizern der Überzeugung sind, ihre Steuerfranken würden vom Staat richtig verwendet* (Blick 9. 8. 1999, 5) – Wird stets in Kontexten verwendet, in denen an den sorgfältigen Umgang mit Steuergeldern appelliert wird. Vgl. Steuerertrag

Steuerfuss CH der; -es, ohne Plur.: ›jährlich festgelegter Steuersatz, bezogen auf den im Steuergesetz festgelegten Satz‹: *Steuersatz und Steuerfuss: In allen andern Kantonen erfolgt die Berechnung in zwei Phasen: Zuerst wird durch die Multiplikation des steuerbaren Vermögens mit dem Steuersatz die einfache Steuer ermittelt. Anschliessend wird diese mit dem so genannten Steuerfuss multipliziert* (Pax Versicherungen, 2001, Internet) – Dazu: **Steuerfusserhöhung**

Steuergelder (gemeindt.): ↗STEUERFRANKEN, ↗STEUERGROSCHEN

Steuergroschen D der; -s, –: ↗STEUERFRANKEN CH ›[von der Bevölkerung erarbeiteter] Ertrag an Steuern; Steuergelder‹: *Wie schwer es ist, den aus Steuergroschen gefüllten Subventionstropf zu bremsen, zeigt das Beispiel der neuen Länder* (Welt 28. 12. 1999, Internet)

Steuerklasse A D die; –, -n: ›Steuerbemessungsgrundlage, z. B. bei Einkommenssteuer, ↗Lohnsteuer und ↗Erbschaftssteuer‹: *Das ist der Effekt, wenn man durch Lohnerhöhungen nominell in höhere Steuerklassen kommt und daher mehr Steuer bezahlen muss, das tatsächliche Einkommen aber aufgrund der Inflation nicht steigt* (Kurier 25. 3. 1998, 20; A); *Beide Erbschaftsteuerentwürfe verringern die Zahl der Steuerklassen von 4 auf 3* (Welt 14. 6. 1996, Internet; D) – In A nur bei der *Erbschafts- und Schenkungssteuer* üblich

Steuerkodex STIR der; –, ...dices ⟨aus ital. *codice fiscale* ›Steuernummer‹⟩: ›Steuernummer‹: *Für jedes Eigentumsverhältnis mussten rund hundert verschiedene Einzeldaten eingegeben werden (Name, Geburtsdatum und -ort, Adresse, Steuerkodex, Parzelle, Einlagezahl, Katastralgemeinde, Quadratmeter usw.)* (Dolomiten 30. 7. 1997, 11)

Steuerkommission CH STIR die; –, -en: ›Beschwerdeinstanz in Steuersachen‹: *Die Aarauer Steuerkommission habe den Abzug eines Erstklass-Generalabos nach Rücksprache mit dem kantonalen Steueramt bewilligt* (TA 29. 2. 2000, 13; CH); *Bei einem Steuerstreitverfahren kann die teilweise Einhebung der höheren Steuern zusammen mit den Zinsen und Strafen erst nach dem ersten Urteil der Steuerkommission erfolgen* (Dolomiten 19. 4. 2000, 21; STIR) – Dazu: **Landessteuerkommission** LIE STIR

Steuernachzahlung A D die; –, -en: ↗NACHSTEUER CH ›nachträglich erhobene Steuern bei zu niedrig angesetzter Verfügung durch die ↗Finanzbehörde‹: *Jedoch würde auch eine Einigung in dieser Frage den österreichischen Goldanlegern die Steuernachzahlung nicht ersparen* (Kurier 17. 1. 1998, 19; A); *Das Finanzamt fordert 900 000 Mark Steuernachzahlung* (Berliner Kurier 21. 5. 2000, Internet; D)

Steuernummer (gemeindt.): ↗STEUERKODEX

Steuerperiode CH STIR die; –, -n: ↗VERANLAGUNGSZEITRAUM A D ›Zeitraum, der zur Bemessung der Steuerschuld herangezogen wird (gewöhnlich ein oder zwei Kalenderjahre)‹: *Einer der häufigsten Fehler besteht darin, dass grössere Umbauten in einem einzigen Jahr in Abzug gebracht werden, anstatt sie auf zwei verschiedene Steuerperioden zu verteilen* (TA 22. 1. 1999, 89; CH); *Für die Steuerperioden 2000 und folgende hingegen müssen die Anträge um die Irap-Rückerstattung zuständigkeitshalber an das Landesamt für Abgaben gerichtet werden* (Dolomiten 29. 5. 2002, 5; STIR) – In D selten

Steuerrechnung CH die; –, -en: ›Rechnung über den zu bezahlenden Steuerbetrag‹: *Angesichts von höheren Steuerrechnungen ist unter Rentnerinnen und*

Rentnern eine allgemeine Unzufriedenheit ausgebrochen (TA 20. 8. 1999, 21) – In A und D Teil des Steuerbescheids

Steuerrevisor Steuerrevisorin CH der; -s, -e bzw. die; –, -nen: ↗STEUERFAHNDER D ›bei der ↗Steuerbehörde angestellte Person, die im Zweifelsfall die Richtigkeit der Angaben in Steuererklärungen überprüft‹: *Es kamen zwei Steuerrevisoren aus Aarau und sahen sich die Unterlagen ... meiner Firmen ... ganz genau an. Natürlich fanden sie nichts* (Blick 21. 7. 1998, 5) – Hat im Ggs. zum *Steuerfahnder* keine polizeilichen Befugnisse. Vgl. Revisor, Steuerrevisorat

Steuerrevisorat CH das; -s, -e: ↗STEUERFAHNDUNG D ›Abteilung der ↗Steuerbehörde, die im Zweifelsfall die Richtigkeit der Angaben in Steuererklärungen überprüft‹: *Steuerrevisorat (Buchprüfungen): 1997 wurden 298 steuerliche Buchprüfungen durchgeführt* (Amtsbericht des Regierungsrates BL, 1997, Internet) – Hat im Ggs. zur *Steuerfahndung* keine polizeilichen Befugnisse. Vgl. Steuerrevisor

Steuerrolle STIR die; –, -n: ›behördliches Verzeichnis der pro steuerpflichtiger Person zu zahlenden Steuern‹: *Unter anderem muss der vorausgegangene Steuerbescheid oder die Begründung in gekürzter Form angegeben werden, weil sonst eine Eintragung in die Steuerrolle nicht möglich ist* (Dolomiten 31. 1. 2001, 31)

Steuerrückerstattung (gemeindt.): ↗STEUERERSTATTUNG

Steuersubstrat CH das; -(e)s, -e: ›besteuerbares Einkommen und Kapital aller Steuerpflichtigen (einer Gemeinde bzw. eines ↗Kantons bzw. des Bundes)‹: *Die Erbschafts- und Schenkungssteuer vertreibe die guten Steuerzahler und schmälere damit das kantonale Steuersubstrat* (TA 6. 11. 1999, 18)

Steuerveranlagung CH die; –, -en: ↗STEUERBESCHEID A D ›Verfügung der ↗Steuerbehörde über die Höhe der Steuerschuld‹: *Eine Mitarbeiterin vom Heissen Draht half Antonia beim Aufsetzen eines Briefes an das Steueramt. Sie erklärte den Sachverhalt und bat das Steueramt, die Steuerveranlagung zu überprüfen* (Blick 20. 1. 1998, 22) – In D selten

Steuerverwaltung CH die; –, -en: ↗FINANZBEHÖRDE A D, ↗STEUERBEHÖRDE CH ›für alle Belange der Steuern verantwortliche Behörde (auf ↗kantonaler oder nationaler Ebene)‹: *Gute Anhaltspunkte gibt die jährliche Liste der Steuerbelastung in Gemeinden mit mehr als 2000 Einwohnern – zu beziehen bei der Eidgenössischen Steuerverwaltung in Bern* (Blick 17. 7. 1999, 1) – In D selten

Steuervogt CH der; -(e)s, ...vögte (abwertend): ↗FINANZ A ›für die Steuern zuständige Behörde; Fiskus‹: *Wer den Wohnsitz nur pro forma ins Ausland verlegt, um den Steuervogt zu täuschen, muss trotzdem die ganze Steuer zahlen* (Blick 8. 8. 1998, 3)

Steuerwohnsitz CH STIR der; -es, -e: ↗STEUERDOMIZIL CH STIR ›Gemeinde, in der eine Person die [größten] Einkünfte bezieht und die damit für die Zahlung der Steuern maßgeblich ist‹ (in CH selten auch in der Wendung *steuerlicher Wohnsitz*): *Wolle er den kantonalen Entscheid über den Steuerwohnsitz beim Bundesgericht anfechten, könne er »nicht zuwarten, bis die kantonale Veranlagung abgeschlossen ist«* (TA 4. 12. 1997, 12; CH); *Werden Einkünfte in mehreren Gemeinden bezogen, so gilt als Steuerwohnsitz jene Gemeinde, wo die größten Einkünfte erzielt werden* (Dolomiten 10. 5. 1995, WIKU 3; STIR) – Wird in CH im Vergleich zu *Steuerdomizil* häufiger gebraucht

Steward (gemeindt.): ↗FLIGHT ATTENDANT, ↗FLUGBEGLEITER/FLUGBEGLEITERIN

Stewardess (gemeindt.): ↗FLIGHT ATTENDANT, ↗FLUGBEGLEITERIN

Stewi CH der; –, -s (Wz.): ↗WÄSCHESPINNE A D ›zusammenklappbare, mobile Vorrichtung zum Aufhängen von Wäsche [im Freien]‹: *Auf dem Rasen vor dem Haus Nr. 15 spielen drei Mädchen Gummitwist, eine Frau hängt Wäsche an den Stewi, im Kinderwagen schläft ein Baby* (TA 12. 4. 1997, 13)

Stich der; -(e)s, -e: **1.** A (Grenzfall des Standards) ›[steiler kurzer] Weg, jäher Anstieg einer Straße‹: *Wie gesagt, kurzer steiler Stich – dann in 2 Serpentinen auf eine Forstautobahn – mit Fullspeed in den Wald – dort wird's zum Singletrail mit einer kurzen Rampe am Beginn* (Cross Country Radrennen, Groß Gerungs 26. 5. 2002, Internet). **2.** CH ›Wettschiessen‹: *Werner K. mit 677 Punkten vor Karl S. ... sowie weiteren 13 Schützen schwang in diesem originellen Stich obenaus* (St. Galler Tagbl 20. 11. 1999, Internet). **3.** D (ohne mittelost/südost) ›kleine, meist mit dem Messer abgeschnittene Menge Fett o.Ä.‹: *In einer großen beschichteten Pfanne etwas Olivenöl mit einem guten Stich Butter erhitzen* (WDR 8. 2. 2002, Internet). **4.** ***Stich halten** A D (ohne südwest) (Grenzfall des Standards) ›einer Überprüfung standhalten‹: *Wo das Äußere entsprach, hat das Herz nicht Stich gehalten und wo der Charakter am Ende lieblich war, da war er von einer Körperwüste umgeben, die dem Auge weh tat* (Ahamay, Unterbrechung, Internet; A); *Ob dieses Argument Stich hält, wird sich ... nur empirisch feststellen lassen* (Zeit 8. 3. 2001, Internet; D). **5.** ***einen Stich haben** D (salopp, Grenzfall des Standards): ↗HUSCHER: *EINEN HUSCHER HABEN A, ↗KLOPFER: *EINEN KLOPFER HABEN A, ↗PECKER: *EINEN PECKER HABEN A, ↗KLAMSCH: *EINEN KLAMSCH HABEN A-ost/südost, ↗SCHUSS: *EINEN SCHUSS HABEN A D, ↗HAU: *EINEN HAU HABEN A-west D-mittelwest, ↗ECKEN: *EINEN ECKEN ABHABEN CH, ↗HUNDERT: *NICHT

GANZ HUNDERT SEIN CH, ↗MACKE: *EINE MACKE HABEN CH D (ohne südost), ↗MEISE: *EINE MEISE HABEN CH D-nord/mittel, ↗RAD: *EIN RAD ABHABEN D, ↗HASCHMICH: *EINEN HASCHMICH HABEN D-nord/mittel, ↗KITTEL: *JMDM. BRENNT DER KITTEL D-südwest, ↗SCHLAG: *EINEN SCHLAG HABEN D-ost/südost ›nicht ganz bei Verstand sein; verrückt sein‹: *Wer ein Kind adoptiert und kurze Zeit später seine Partnerschaft beendet, muss einen Stich haben* (Zeit 2. 1. 2001, Internet; D) – Zu 5.: Selten auch in A (ohne west). Andere Bedeutungen sind gemeindt.

Stichdatum CH BELG LUX das; -s, ...daten: ›[von Ämtern oder Behörden] festgesetzter Termin; Stichtag‹: *Stichdatum sei der 15. Februar. Bis dahin könne die Wahlliste ... noch ergänzt werden* (Bund 26. 1. 1999, 29; CH); *Dieses neue Gesetz ist am 3. 9. 1996 in Kraft getreten. Bis zu diesem Stichdatum galt die vorhergehende Gesetzgebung* (Belgoka 18. 11. 2002, Internet; BELG); *Stichdatum für die Übernahme soll der 1. März 2000 sein* (Luxemb Wort 11. 2. 2000, 16; LUX)

Stichentscheid CH der; -(e)s, -e: – ›Entscheidung durch den Präsidenten bzw. die Präsidentin bei Stimmengleichheit‹: *Nachdem die Kontrahenten in einzelnen wichtigen Punkten keinen Konsens hatten erzielen können, sorgte Eagleburger am 6. August mit dem Stichentscheid des Kommissionspräsidenten für eine Klärung* (TA 22. 9. 1999, 37) – Vgl. Entscheid

Stichpunkt D der; -(e)s, -e: ›kurze Notiz zur Gedächtnisstütze‹: *Jeder Stichpunkt sollte nur aus einer Zeile bestehen* (Universität Augsburg, 2003, Internet)

Stichtag (gemeindt.): ↗STICHDATUM

Stiege[1] die; –, -n: **1.** A D-süd; ↗TREPPE CH D ›aus Stufen bestehender Aufgang‹: *Abends schlüpfte er in die Turnschuhe, ... die Stiegen hinab nahm er drei Stufen in einem, glitt zum Abschluss über das Geländer, landete vor der Haustür* (Rabinovici, Suche nach M. 45; A). **2.** A (veraltend) ›einzelne Stufe einer Stiege (1)‹: *Alle Ärzte bestätigen mir den unbändigen Willen, wieder ganz gesund zu werden: heute 10, morgen 15 Stiegen in der Amtsvilla* (News 23. 12. 1997, 99). **3.** A-ost (Wien) ›Aufgang, durch das eine bestimmte Wohnung in Wohnblöcken mit mehreren Aufgängen erreicht wird‹ /meist in Adressangaben und in Verbindung mit einer römischen Ziffer/: *Görg konnte als Vizebürgermeister und »Zukunftsstadtrat« ins große Stadtratsbüro auf Stiege IV einziehen* (Presse 9. 2. 2002, Internet); *Florian-Geyer-Gasse 6–8, Stiege 6: Hier hat Nicole S. gewohnt, in der Nähe lauerte vor elf Jahren der Mörder* (Presse 30. 11. 2001, Internet) – Zu 3.: In Wien erhalten Wohnblöcke nur eine einzige Hausnummer, die Eingänge werden nach *Stiegen* unterschieden, im Ggs. zu anderen Städten, in denen jeder Eingang eine Hausnummer hat – Zu 1.: **Dachbodenstiege** (↗Dachboden), **Eingangsstiege**, ↗**Feststiege** A, **Kellerstiege, Stiegenabsatz, Stiegenaufgang, Stiegenbau, Stiegenhaus, Stiegengeländer**

Stiege[2] D-nord/mittelost die; –, -n: ↗STEIGE A D (ohne ost), ↗HARASS CH, ↗KISTE D ›offenes Behältnis [aus Holzlatten]‹: *Zubehör: Bistrotisch, Theke, Spüle, ..., Stiege Biergläser, Stiege Sektgläser* (Zeltverleih Jakobi 29. 2. 2000, Internet)

Stielmus D-mittelwest das; –, ohne Plur.: ↗RÜBSTIEL D-mittelwest /ein Blattstielgemüse/: *Stielmus, auch Rübstiel genannt, wird aus den Blattstielen und Blättern von speziellen Sorten der Weißen Mairübe gewonnen* (Dr. Oetker, Schulkochbuch 241)

Stier (gemeindt.): ↗BULLE, ↗MUNI

stieren A D-süd sw.V./hat (Grenzfall des Standards): ›durchsuchen, stochern, stöbern‹: *Und wenn wir nach ihr wühlen, wenn wir in unseren beliebten Delikatessen, Sachertorte, Schlagobers, Apfelstrudel, in der Truhe herumstieren, finden wir immer nur: nichts* (Isotopia 1998/12; Internet; A); *Es ist weitverbreiteter Usus der Architekten, jeden kleinsten Entwurfsgedanken von etwas ableiten zu wollen. Sie stierln am Grundstück, im Umfeld herum, und wenn sie dort nichts finden, in der Geschichte, in der Soziologie, in der Kunst, im eigenen Bauch* (TU Graz, Institut für Baukunst, 2002, Internet; A); ***jmdn. stiert etw.** A ›jmdm. ist etw. unangenehm, jmdn. ärgert etw.‹: *Besonders Letzteres dürfte den ausgewiesenen Amerika-Kenner und -Freund Klestil gestiert haben* (Kleine Ztg 31. 10. 2001, Internet) – In A häufig in der Form *stierln.* Die Bedeutung ›starr, ausdruckslos blicken‹ ist gemeindt.

stierln siehe stieren

stiften: *stiften gehen D (Grenzfall des Standards): ↗ABPASCHEN A, ↗AUSBÜCHSEN D-nord/mittel ›flüchten, weglaufen, entwischen, heimlich verschwinden‹: *Der Ladendieb ist ... ein alter Mann ... der zweimal aus einem Altersheim stiften gegangen ist* (WAZ 24. 10. 1997, 21) – In A selten. Das Verb *stiften* ist in allen anderen Verwendungen gemeindt.

Stiftenkopf D-mittelwest/südost der; -(e)s, ...köpfe (salopp): **1.** ↗STOPPELFRISUR A, ↗STOPPELGLATZE A (ohne west), ↗STOPPELHAAR D-mittelwest/südost ›sehr kurzer Haarschnitt; Bürstenschnitt‹: *Da fiel mir der Mann mit dem Stiftenkopf ein* (Grün, Lawine 25). **2.** ›Person mit sehr kurzem Haarschnitt‹: *Es war der Stiftenkopf, der uns in den Weg trat* (Grün, Lawine 29)

Stifti CH die; –, ohne Plur. (salopp): ↗BERUFSLEHRE CH ›nichtakademische Berufsausbildung; Lehre‹: *Ein loser Bund von sieben jungen Zürchern, die entweder noch in der Stifti sind, gerade die Matur gemacht haben oder dann an der ETH studieren, teilen sich die Arbeit* (TA 27. 5. 1998, 17)

stillgestanden D Part. (Militär): ↗ACHT: *HABT ACHT A, ↗ACHTUNG: *ACHTUNG STEHT CH /militärisches Kommando, mit dem der Truppe das Stillstehen in strammer Haltung befohlen wird/: *Militärisch wurde es erst wieder zum Schluss, glich der letzte Abschlag des Dirigenten doch eher dem Befehl Stillgestanden* (WAZ 7. 4. 2001, Internet) – Vgl. Strammstehen

stilllegen (gemeindt.): ↗AUFLASSEN, ↗ZUSPERREN

Stilllegung (gemeindt.): ↗SPERRUNG

Stimmausweis CH der; -es, -e: kurz für ↗*Stimmrechtsausweis*: ›Ausweis, der zur Teilnahme an Abstimmungen und Wahlen berechtigt‹: *Im Gegensatz zum Pass jedoch, für dessen Ersatz eine hieb- und stichfeste Berechtigung vorliegen muss, ist der Erhalt eines zweiten Sets von Nationalratslisten plus den entsprechenden Stimmausweis dazu ausgesprochene Vertrauenssache* (TA 18. 10. 1999, 17)

Stimmberechtigte CH der/die; -n, -n: ↗WAHLBERECHTIGTE A D, ↗ABSTIMMUNGSBERECHTIGTE D ›Person, die an [politischen] Wahlen teilnehmen darf‹: *Nur knapp 15 Prozent der Schweizerinnen und Schweizer würden den Zürcher SVP-Politiker in die Landesregierung wählen. Dies ergab eine repräsentative Isopublic-Umfrage der Sonntagszeitung bei 700 Stimmberechtigten* (Sonntagsztg 12. 12. 1999, 1; CH) – Die Bedeutung ›Person, die an Abstimmungen teilnehmen darf‹ ist gemeindt. Vgl. Stimmberechtigung

Stimmberechtigung CH die; –, ohne Plur.: ↗STIMMRECHT: *STIMM- UND WAHLRECHT CH ›Berechtigung, an [politischen] Wahlen und Abstimmungen teilzunehmen‹: *Es bleibt der Gesetzgebung des Bundes vorbehalten, über die Stimmberechtigung einheitliche Vorschriften aufzustellen* (Tschäni, Profil der Schweiz 126) – Die Bedeutung ›Berechtigung zur Stimmabgabe‹ ist gemeindt. Vgl. Stimmberechtigte

Stimmbeteiligung CH die; –, -en: ↗WAHLBETEILIGUNG A D ›prozentuale Beteiligung der ↗Stimmberechtigten an Volksabstimmungen oder Wahlen‹: *Die Stimmbeteiligung in der Schweiz sank von durchschnittlich über 50 % in den Jahren vor 1959 auf heute noch 38 %* (Pestalozzi, Zukunft 21) – In CH auf die kommunalen, ↗kantonalen oder nationalen Volksabstimmungen bzw. Wahlen bezogen, in A auf die nur nationalen und in D auf die nur regional und selten vorkommenden Volksabstimmungen bezogen. Im Zusammenhang mit Abstimmungen in Vereinen, Gewerkschaften, Parlamenten etc. ist *Stimmbeteiligung* gemeindt.

Stimmbevölkerung CH die; –, ohne Plur.: ↗SCHWEIZERVOLK CH, ↗STIMMVOLK CH ›stimm- und wahlberechtigte Bevölkerung‹: *Nur gerade 26,1 Prozent der Stimmbevölkerung waren bereit, den kühnen Vorschlägen der Initianten zu folgen* (TA 30. 11. 1998, 3)

Stimmbürger Stimmbürgerin CH der; -s, – bzw. die; –, -nen: ↗AKTIVBÜRGER CH ›stimm- und wahlberechtigte Person; Wähler(in)‹: *Die Stimmbürger lehnten das 27-Millionen-Projekt in einer Referendumsabstimmung mit 905 Nein- gegen 630 Ja-Stimmen ab* (Blick 23. 8. 1999, 13) – In A-west (Vbg.) selten und formell. Vgl. Bürger

stimmen CH sw.V./hat: ›seine Stimme abgeben, abstimmen‹: *Muss ich stimmen und wählen? Nein. Aber wer nicht stimmt, über den wird bestimmt* (Zürcher Bürgerbuch 7) – Andere Bedeutungen sowie die Wendung *für/gegen etw./jmdn. stimmen* sind gemeindt. – Dazu: **Stimmabstinenz, ↗Stimmenmehr**

Stimmenmehr CH das; -s, -e: ›Stimmenmehrheit‹: *Mit grossem Stimmenmehr wurde der Wrigley für diese Rolle ausersehen, weil er eine tiefe Stimme und viele Pickel auf der Backe hat* (Schädelin, Eugen 11) – Vgl. Mehr

Stimmenmehrheit (gemeindt.): ↗STIMMENMEHR

Stimmenzähler Stimmenzählerin CH der; -s, – bzw. die; –, -nen: ↗WAHLHELFER D ›mit der Auszählung der Stimmen bei Wahlen und Abstimmungen betraute Person‹: *In der letzten Zeit kam es in La Neuveville immer wieder vor, dass aufgebotene Stimmenzählerinnen und -zähler unentschuldigt nicht zur Auszählung erschienen sind* (Bund 18. 12. 1999, 29)

stimmfähig CH Adj.: ›die Voraussetzungen für die ↗Stimmberechtigung erfüllend; älter als 18 Jahre und nicht bevormundet‹: *Die stimmfähigen Männer des Tales hatten an ihrer Talgemeindeversammlung mit offenem Handmehr Leponti als Nachfolger seines Vaters ins Amt gewählt* (Kauer, Spätholz 16) – Dazu: **Stimmfähige(r), Stimmfähigkeit**

Stimmfreigabe CH die; –, -n (Plur. ungebräuchl.): ›Verzicht auf eine Empfehlung an die Bevölkerung oder die Mitglieder (durch eine politische Gruppierung oder einen Verband), wie abzustimmen sei‹: *Der Parteivorstand der SP beschloss Stimmfreigabe für die Abstimmung vom 29. November über die Volksinitiative »für eine vernünftige Drogenpolitik«* (Blick 14. 9. 1998, 17) – Vgl. Abstimmungsparole

Stimmlokal CH das; -s, -e: ↗ABSTIMMUNGSLOKAL CH ›Ort, an dem bei Abstimmungen und Wahlen die Stimme abgegeben werden kann; Wahllokal‹: *Wenn in unserem Eisenbahnerdorf eine neue Sonntagsschullehrerin gewählt wird, gehe ich sicher nicht zum Stimmlokal. Aber bei Nationalratswahlen ist das natürlich Pflicht* (Blick 21. 10. 1995, 9)

Stimmrecht: *Stimm- und Wahlrecht CH: ↗STIMMBERECHTIGUNG CH ›Recht, an Volksabstimmungen und an periodischen Wahlen von Regierungs-, Parlaments-, Behördenmitgliedern und Richtern teilzunehmen‹: *Die Schweizer Jugendverbände fordern ein Stimm- und Wahlrecht für 16-jährige* (Bund 22. 6. 1999, 13) – Das Substantiv *Stimmrecht* ist in allen anderen Verwendungen gemeindt.

Stimmrechtsausweis CH der; -es, -e: ›Ausweis, der zur Teilnahme an Abstimmungen und Wahlen berechtigt‹: *190 Wahlberechtigte haben sich … vergeblich die Mühe genommen, die Wahlzettel … auszufüllen und einzuschicken. Der Grund: Ihr Stimmrechtsausweis war … nicht unterschrieben* (TA 6. 3. 1998, 25) – Vgl. Stimmausweis

Stimmregister CH das; -s, –: ↗WÄHLEREVIDENZ A, ↗WÄHLERVERZEICHNIS A D ›Liste der stimmberechtigten Bürger(innen) einer Gemeinde‹: *Das Stimmregister basiert auf der Einwohnerdatei, enthält aber auch alle gemeldeten und stimmberechtigten Auslandschweizer* (Stadt Thun, 2000, Internet) – Dazu: **Stimmregisterbüro, Stimmregisterführer(in), Stimmregisterzentrale**

Stimmvolk CH das; -(e)s, ohne Plur.: ↗SCHWEIZERVOLK CH, ↗STIMMBEVÖLKERUNG CH ›stimm- und wahlberechtigte Bevölkerung‹: *Im Kanton Schwyz muss das Stimmvolk am kommenden 7. Dezember wegen einer weiteren staatspolitischen Kernfrage ausrücken* (Brückenbauer 3. 12. 1997, 3) – In A informell und selten

Stimmzwang CH (SH, sonst veraltet) der; -(e)s, ohne Plur.: ↗WAHLPFLICHT A ›die gesetzliche Verpflichtung, zu wählen und abzustimmen‹: *Der Amtszwang wie auch der Stimmzwang sind im Gegensatz zur heute geltenden Verfassung nicht mehr vorgesehen* (Neue Verfassung Kanton SG, Internet)

stinkbesoffen D Adj. (derb, Grenzfall des Standards): ↗STURZBESOFFEN D ›stockbesoffen, sturzbetrunken; sternhagelvoll‹: *Sie waren besoffen! Stinkbesoffen. Alkoholvergiftung höchsten Grades* (Berliner Ztg 5. 5. 1994, Internet)

Stipendium (gemeindt.): ↗STUDIENBÖRSE

Stippe D-nord/mittelost die; –, -n: ↗SAFT A, ↗SOß A, ↗SOßE D, ↗TUNKE D-nord/mittelwest ›Sauce‹: *Gräfin Bredow, die 1979 mit ihrem ersten Buch »Kartoffeln mit Stippe« auf Anhieb an der Spitze der Bestsellerliste landete …, entführt auch diesmal wieder in die Welt der 20er Jahre* (Hamburger Morgenpost 28. 6. 1997, Internet) – Dazu: **stippen**

stippen D-nord/mittel sw.V./hat: ›eintauchen, eintunken‹: *Man isst die Schweinehack-Päckchen mit der Hand. Zum Stippen serviert man dazu einen Soja-Ingwer-Dip* (Universität Bochum 20. 7. 1994, Internet) – Vgl. Stippe

Stippvisite CH D die; –, -n: ›Kurzbesuch‹: *Sie … war gerade auf Stippvisite in Athen* (Blick 8. 8. 1997, 7; CH); *Japanischer Generalkonsul auf Stippvisite* (Duisburger Uni Report 2–3/1997, 31; D)

stöbern D-südost sw.V./hat: ›sehr gründlich reinigen‹: *Minna, mir scheint, es ist allerhöchste Zeit, dass Sie das gesamte Haus einmal wieder ganz gründlich stöbern* (Theaternetz 14. 6. 2002, Internet) – Andere Bedeutungen sind gemeindt.

stochen D-mittelwest sw.V./ist/hat (Grenzfall des Standards): ↗BRETTELN A, ↗TUSCHEN: *TUSCHEN LASSEN A, ↗BLEDERN A-mitte/ost, ↗FAHREN: *FAHREN WIE EINE GESENGTE SAU A D, ↗BLOCHEN CH, ↗FRÄSEN CH, ↗BRETTERN CH D, ↗HEIZEN D-mittelwest/südwest ›schnell und rücksichtslos fahren; rasen‹: *Als Alfred B. dem Mopedfahrer davonradelte, hat er, wie er sagt, so richtig einen draufgestocht. Gestocht heißt hier nichts anderes als schnell fahren* (Deutsche Welle 1/1999, Internet)

Stock der; -(e)s, Stöcke: **1.** CH (Plur. ungebräuchl.) kurz für ↗*Kartoffelstock:* ↗ERDÄPFELPÜREE A, ↗KARTOFFELPÜREE A D (ohne mittelost/südwest), ↗STOCKI CH, ↗KARTOFFELBREI D, ↗KARTOFFELMUS D-nord, ↗QUETSCHKARTOFFELN D-nordost, ↗STAMPFKARTOFFELN D-nordost/mittelwest ›Speise aus gekochten, pürierten Kartoffeln und Milch [als Beilage]‹: *Mit wenig heisser Milch anfangen und die passierten Kartoffeln zu Stock verrühren* (Salz & Pfeffer, 2000, Internet). **2.** A-west (Vbg.) CH nur Plur. (Kartenspiel) ›König und Ober/Dame von der Trumpffarbe beim ↗Jass‹: *Gewiesen werden die Stöcke beim Ausspielen der zweiten Stöckkarte* (Jassinfo, 2002, Internet; CH). **3.** A ›Gebirgsmassiv‹: *Blick vom Großen Tragl … zur Warscheneckgruppe mit dem vorherrschend aus Dolomiten aufgebauten Stock des Hochmölbing* (Landschaftsgliederung Steiermark, 2002, Internet). **4.** CH D-südost; ↗HACKSTOCK A D-südost, ↗SCHEITSTOCK CH, ↗SPALTSTOCK CH, ↗HAUKLOTZ D-nord/mittelwest, ↗HACKKLOTZ D-nordost/mittel ›Holzklotz als Unterlage zum Hacken von Holz‹: *Die Axt muss vor und nach dem Wettkampf in den Stock geschlagen sein* (Sägesport-Freunde Rheintal, 2002, Internet; CH) – Zu 2.: Als fester Ausdruck meistens in der mundartnahen Form *Stöck*, in A-west (Vbg.) auch in der Form *Stöckle.* Zu 3.: Häufig in Zus. und Gebirgsnamen, z. B. *Grimmingstock, Sarsteinstock, Warscheneckstock.* Andere Bedeutungen sind gemeindt. Die damit nicht verwandten Wörter *Stock* in den Bedeutungen ›Stockwerk‹ und ›Bestand an Waren, Kapital‹ sind gemeindt.

Stockbett A D-südost das; -(e)s, -en: ↗KAJÜTENBETT CH, ↗DOPPELSTOCKBETT D (ohne nordwest/südost), ↗ETAGENBETT D (ohne ost/südost) ›zweistöckiges Bett [für Kinder]‹: *Am Karfreitag machte Helene Frühjahrsputz. Fenster putzen. Boden einlassen und* *polieren. Kasten auswischen. Die Stockbetten der Kinder abwaschen* (Streeruwitz, Verführungen 63; A)

Stöckel[1] A D der; -s, – (Grenzfall des Standards): ↗STÖCKELABSATZ D ›[dünner] Absatz eines Stöckelschuhs‹: *Ich stehe nun mal auf Lippenstift, hohe Stöckel und kurze Röcke* (Sport Magazin 10/1997, 80; A); *Marens höchster Absatz im heimischen Schuhschrank misst stattliche 14,5 Zentimeter, der »flachste« Stöckel immerhin schon stolze 6,5 Zentimeter* (Berliner Kurier 7. 8. 1999, Internet; D)

Stöckel[2] siehe Stöckl

Stöckelabsatz D der; -es, ...sätze: ↗STÖCKEL A D ›[dünner] Absatz eines Stöckelschuhs‹: *Jonas runzelte mahnend die Stirn, ... warnte ... vor hohen Stöckelabsätzen* (Arens, Nächste Mann 85) – In CH selten

stocken: 1. A D sw.V./ist/hat ›gerinnen; sauer werden (von Milch)‹: *Der Hausflur war dunkelrot ausgemalt und seit einer Ewigkeit verschmutzt, so dass Eck an gestocktes Blut dachte* (Roth, See 181; A); *Die Milch stockt und riecht unangenehm säuerlich* (Portal für Gesundheit 18. 6. 2003, Internet; D). **2.** D sw.V./hat ›schimmeln (von Textilien, Papier, Holz)‹: *Holz darf nicht in Keller oder Garage gelagert werden. Dort kann es nicht austrocknen, sondern stockt* (Firma Kaminfeuer 21. 3. 2003, Internet) – Zu 1.: In A wird das Perfekt mit *ist*, in D mit *hat* gebildet. Andere Bedeutungen sind gemeindt. In den gemeindt. Verwendungen wird das Perfekt auch in A mit *hat* gebildet. Zu 1 vgl. Milch

Stockerl A das; -s, -n: **1.** ↗TABOURETTLI CH ›Hocker‹: *Das seiner Sitzgelegenheit beraubte Männchen verzog sich ohne Protest in die Fensterecke des Lokals, wo es ein leeres Stockerl fand* (Semrau, Zimtapfel 9); ***etw. haut/reißt jmdn. vom Stockerl** (salopp): ↗HOCKER: *ETW. HAUT/REISST/REIẞT JMDN. VOM HOCKER CH D, ↗SOCKEN: *ETW. HAUT JMDN. AUS DEN SOCKEN CH D, ↗STUHL: *ETW. HAUT/REISST/REIẞT JMDN. VOM STUHL CH D ›etw. überrascht jmdn. außerordentlich‹: *Und dass sich die zeitgenössische Theaterliteratur in einer Weise mit einer Sechzigjährigen befasst, dass mich das vom Stockerl reißt: Sollte das eintreten, dann wäre es vielleicht doch interessant* (Presse 15. 5. 1998, Internet). **2.** (Sport); ↗SIEGERTREPPCHEN D, ↗TREPPCHEN D (ohne südost) ›[Sieger]podest‹: *Knapp mehr als eine Woche vor dem Start der Olympischen Winterspiele von Nagano gelang Sabine Egger in der schwächsten Disziplin der ÖSV-Skidamen der Sprung auf das Stockerl* (TT 30. 1. 1998, 25) – Zu 1.: **Klavierstockerl, Küchenstockerl.** Zu 2.: **Siegerstockerl,** ↗**Stockerlplatz**

Stockerlplatz A der; -es, ...plätze: ↗PODESTPLATZ CH, ↗SIEGERTREPPCHEN: *PLATZ AUF DEM SIEGERTREPPCHEN D ›Platzierung unter den ersten drei [auf dem Siegerpodest]‹: *Den dritten Stockerlplatz errang die Aprilia RSV Mille mit dem Rotax-Motor aus Österreich* (SN 8. 11. 1997, 50) – Vgl. Stockerl

Stocki CH der; -s, ohne Plur. (Wz.): ↗ERDÄPFELPÜREE A, ↗KARTOFFELPÜREE A D (ohne mittelost/südwest), ↗KARTOFFELSTOCK CH, ↗STOCK CH, ↗KARTOFFELBREI D, ↗KARTOFFELMUS D-nord, ↗QUETSCHKARTOFFELN D-nordost, ↗STAMPFKARTOFFELN D-nordost/mittelwest ›Brei aus industriell hergestellten Kartoffelflocken und Milch‹: *In den meisten Läden ist Stocki von Maggi, Knorr oder Uncle Ben's, das aus Polen importiert wird, zu kaufen, aber nicht das am Ort produzierte Miwok* (TA 15. 4. 1998, 33) – Ursprünglich ein Markenname, heute Überbegriff für alle Sorten industriell hergestellter Kartoffelflocken

Stöckl A das; -s, –: ↗ZUHAUS A ›Nebengebäude [von Schlössern, Bauernhäusern oder Wohnblöcken]‹: *Einmal, als sie mit einem Pack Futter nach Hause ging, kam ihr die Mutter aus dem »Speckkasten« entgegen, einem festgebauten Stöckl neben dem Wohnhaus, das als Vorratskammer für mancherlei bäuerliches Gut dient* (Steurer, Faschaunerin 25) – Auch in der Form *Stöckel* – Dazu: **Stöcklgebäude**

Stöckli CH das; -s, –: **1.** ›kleineres Wohnhaus neben einem Berner Bauernhaus, in das sich die Eltern des Bauern zurückziehen oder wo andere Angehörige wohnen‹: *Wenn ich die alten Leute auf dem Belpberg sehe, Bauersleute im Stöckli, für die ist der Garten doch die grosse Freude* (Hartmann, Eis 42). **2.** (informell); ↗BUNDESRAT A D, ↗KAMMER: *KLEINE KAMMER CH, ↗STÄNDERAT CH ›↗Kammer des schweizerischen Parlaments, zusammengesetzt aus 2 Vertretern bzw. Vertreterinnen pro ↗Kanton‹: *Christine B. war unschlagbar. Die bisherige Ständerätin und FDP-Fraktionschefin hatte ihren Sitz im Stöckli auf Nummer sicher* (TA 25. 10. 1999, 6)

Stockwerk (gemeindt.): ↗ETAGE

Stockwerkeigentum CH das; -s, ohne Plur.: ›Eigentum an einer Wohnung oder einem Stockwerk; Eigentumswohnung‹: *Stärker erhöht haben sich die Preise für Eigentumswohnungen: Der Index für Stockwerkeigentum kletterte im zweiten Quartal um 1,9 Prozent* (TA 22. 7. 2000, 17) – Dazu: **Stockwerkeigentümer(in)**

Stockzahn A CH D-südost der; -(e)s, ...zähne: ↗BACKENZAHN CH D (ohne südost), ↗BACKZAHN D-mittelost ›im hinteren Bereich des Kiefers liegender Zahn‹: *Mein Arzt, Dr. Peter B., schickte mich auch zum Zahnarzt, bald darauf kam der Befund: Ein abgebrochener oberer Stockzahn als Entzündungsherd* (News 23. 12. 1997, 197, A); *Es ist nämlich nicht das gleiche, ob man Röschti auf den Stockzähnen hat oder Spargelwähe* (Zürcher, Högo Sopatis 30; CH); ***auf**

den Stockzähnen lachen CH ›heimlich lachen; sich ins Fäustchen lachen‹: *Allein schon die Tatsache, dass der Schweizer National-Circus auf seine Europatauglichkeit geprüft werden soll, löst ein Lachen auf den Stockzähnen aus* (Winterthurer Woche 17. 3. 1999, Internet)

Stöpe D-nord die; –, -n: ›Deichdurchfahrt, die bei Überflutung geschlossen werden kann‹: *Im Winter 1993/94 habe ich dann im Bereich der großen Stöpe die Gräben leer geräumt* (Borsflether Ztg 12/2000, Internet)

Stoppel A (ohne west) der; -s, -n: **1.** ↗Stopsel A-west (Tir.)/südost D-südost ›Verschluss eines Wasserbeckens; Stöpsel‹: *Denken Sie nur einmal an eine Badewanne, aus der Sie den Stoppel herausziehen* (HC + RS Home Labor Page, 2003, Internet). **2.** ↗Stopsel A-west (Tir.)/südost D-südost, ↗Zapfen CH, ↗Kork D-nordost/südwest, ↗Pfropfen D-südwest, ↗Proppen D-nord ›aus Kork, Plastik oder Glas hergestellter Flaschen- oder Karaffenverschluss; Korken, Stöpsel‹: *Erst jüngst zeigte sich ein Langenloiser '83er auf Topniveau, obwohl Stoppel und Flaschenhals ganz inferior müffelten* (Kleine Ztg 25. 7. 1999, Internet) – Zu 1.: ↗**stoppeln.** Zu 2.: **Stoppelzieher.** Zu 1. und 2.: **zustoppeln**

Stoppelfrisur A die; –, -en: ↗Stoppelglatze A (ohne west), ↗Stiftenkopf D-mittelwest/südost, ↗Stoppelhaar D-mittelwest/südost ›sehr kurzer Haarschnitt; Bürstenschnitt‹: *Seine Stoppelfrisur zeigt unterm Heiligenschein schon deutliche Lichtung* (Standard 9. 12. 1997, 24)

Stoppelglatze A (ohne west) die; –, -n: ↗Stoppelfrisur A, ↗Stiftenkopf D-mittelwest/südost, ↗Stoppelhaar D-mittelwest/südost ›sehr kurzer Haarschnitt; Bürstenschnitt‹: *Der etwa 25 Jahre alte und 190 Zentimeter große Hüne mit der dunklen Stoppelglatze zog unter seinem Kapuzen-Shirt ein 70 Zentimeter langes Eisenschwert aus einer Stoffhülle hervor* (Neue Kronen Ztg 11. 6. 1999, Internet)

Stoppelhaar D-mittelwest/südost das; -(e)s, ohne Plur.: ↗Stoppelfrisur A, ↗Stoppelglatze A (ohne west), ↗Stiftenkopf D-mittelwest/südost ›sehr kurzer Haarschnitt; Bürstenschnitt‹: *War er im letzten Jahr mit Robert de N. verabredet, um dessen Stoppelhaar zu richten, so muss er sich in diesem Jahr … im Hotel Kempinski am Kudamm bereithalten* (Berliner Ztg 9. 2. 1999, Internet)

Stoppellocke A die; –, -n (meist Plur.): ↗Stopsellocke A-west (Tir.) D-südost, ↗Zapfenlocke CH, ↗Korkenzieherlocke D (ohne südost) ›spiralförmig gelocktes langes Haar‹: *Ich wäre nicht sehr überrascht gewesen, wenn die Haare über Nacht dreißig oder vierzig Zentimeter gewachsen wären und die Lockenwickler schwere Stoppellocken erzeugt hätten* (Wiener Ztg 13. 10. 2000, Internet)

stoppeln sw.V./hat: **1.** A D-nordwest/mittel ›notdürftig zusammensetzen‹: *Zugleich hat G. sein Budget 2002 wiederum aus vielen Einzelmaßnahmen gestoppelt, die 2003 nicht mehr wiederholbar sind* (OÖN 2. 3. 2001, 5; A); *Das Ballett-Programm wurde aus Übernahmen und Kooperationen gestoppelt, ein Ballettdirektor nicht ernannt* (Kühn Theaterkritiken 3. 4. 2003, Internet; D-nordwest/mittel). **2.** A (ohne west) ›nach Kork riechen (von Wein)‹: *Einen Wein, der stoppelt, soll es schon bald nicht mehr geben!* (Neue Kronen Ztg 19. 4. 1999, Internet). **3.** D-ost ›auf abgeernteten Feldern Gemüse bzw. in Obstgärten übriges Obst einsammeln‹: *Auf den Feldern stoppelten Greise Kartoffeln* (Unsere Zeit 11. 2. 2000, Internet) – Zu 2 vgl. Stoppel – Zu 1.: **zusammenstoppeln**

Stöpsel (gemeindt.): ↗Stoppel, ↗Stopsel

Stopsel A-west (Tir.)/südost D-südost der; -s, – (Grenzfall des Standards): **1.** ↗Stoppel A (ohne west) ›Verschluss für Wasserbecken; Stöpsel‹: *Tipp: Nie den Stopsel im Waschbecken lassen!!* (Ministranten Furth im Wald 4/2000, Internet; D-südost). **2.** ↗Stoppel A (ohne west), ↗Zapfen CH, ↗Kork D-nordost/südwest, ↗Pfropfen D-südwest, ↗Proppen D-nord ›[aus Kork hergestellter] Flaschenverschluss; Korken, Stöpsel‹: *Hier haben sich ebenfalls die … Stiere lieber an einem mit weicher Rinde versehenen Bäumchen gerieben denn an einer stolzen Korkeiche, die in Bälde harte Stopsel für irgendwelche Flaschen liefern wird* (Kurier 17. 9. 2000, 10; A); *R. Sekt in Stuttgart Bad Cannstatt gewährt auf die »einfacheren« Qualitäten (mit PE Stopsel und Innenkork) 3 Jahre Qualitätsgarantie* (Weinglossar, 2000, Internet; D-südost) – Zu 2.: **Stopselzieher**

Stopsellocke A-west (Tir.) D-südost die; –, -n (meist Plur.): ↗Stoppellocke A, ↗Zapfenlocke CH, ↗Korkenzieherlocke D (ohne südost) ›spiralförmig gelocktes langes Haar‹: *Die Mädchen erscheinen im weißen Kleid und süßen »Stopsellocken«, die Buben bekommen meist ihren ersten Anzug – natürlich mit Mascherl* (Neue Kronen-Ztg 14. 4. 1996, 14; A-west); *Porträt einer Frau mit Stopsellocken, im seidenen Empire-Kleid mit rotem Schultertuch* (Hampels Katalog 2002, Internet; D-südost)

Store ['sto:ɐ̯, 'ʃto:ɐ̯ A D, 'ʃto:rɛ CH,] ⟨aus frz. *store* ›Vorhang‹ zu lat. *storea, storia* ›geflochtene Decke, Matte‹⟩: **1.** A D (ohne mittelost/südwest) der; -s, -s; ↗Vorhang A CH D-süd, ↗Gardine D ›Sichtschutz für Fenster aus lichtdurchlässigem Stoff‹: *Er zog den Store vorm Fenster zurück* (Schöpf, Ausgedingler 85; A); *Sportlichen Schrittes eilte Veyen zum Panoramafenster und schob die wallenden Stores zur Seite* (Junge, Klassenfahrt 10; D). **2.** CH die; –, -n (meist

Plur.); ↗JALOUSIE A D, ↗MARKISE A D ›aufrollbarer Sicht- oder Sonnenschutz aus Stoff oder Lamellen, der vor ein Fenster herabgelassen oder über eine Terrasse gespannt werden kann; Rolladen, Rollo‹: *Ich schlafe am liebsten bei offenem Fenster, wenn die Storen hochgezogen sind und der Mond ins Zimmer scheint* (Bund 28. 11. 1998, 30) – Zu 2.: **Lamellenstore, Sonnenstore, Storenbau, Storenmonteur(in)**

stornieren A D sw.V./hat: ›für ungültig erklären (von Bestellungen, Buchungen)‹: *Für die Reisebüros bedeutet diese Einschätzung zwar nicht, dass sie gebuchte Ägyptenreisen nun kostenlos stornieren müssen, sie tun dies aber freiwillig* (Kurier 20. 4. 1996, 4; A); *Wegen der angeblich negativen Berichterstattung ... im Zusammenhang mit dem Pilotenstreik, hat die Fluglinie 10.000 Bordexemplare der Zeitung storniert* (Rheinische Post 23. 5. 2001, Internet; D) – In CH nur fachsprachlich im Bank- und Handelswesen gebräuchlich – Dazu: ↗**Stornierung**

Stornierung A D die; –, -en: ↗ANNULLIERUNG A CH, ↗ANNULLATION CH ›Ungültigkeitserklärung (von Bestellungen, Buchungen, Verträgen)‹: *Allerdings hat der Kunde das Recht zur kostenlosen Stornierung bei einer Erhöhung um mehr als zehn Prozent* (Kurier 11. 3. 1997, 12; A); *Zwischen Hin- und Rückfahrt muss ... allerdings immer ein Wochenende liegen, Umbuchungen oder Stornierungen sind nicht möglich* (Rheinische Post 25. 10. 1999, Internet; D) – In CH nur fachsprachlich im Bank- und Handelswesen gebräuchlich. Vgl. stornieren

Stornoversicherung A die; –, -en: ↗RÜCKTRITTSVERSICHERUNG A D, ↗ANNULLATIONSKOSTENVERSICHERUNG CH, ↗ANNULLIERUNGSKOSTENVERSICHERUNG CH ›Versicherung von Kosten, die durch den [unfall- oder krankheitsbedingten] Rücktritt von einem Reisearrangement entstehen‹: *Bei teuren Pauschalreisen ist eine Stornoversicherung sinnvoll* (Profil 15. 3. 1998, Internet)

stossen CH st.V./hat: **1.** ↗DRÜCKEN A D ›eine Tür durch Druck nach vorne öffnen (als Aufschrift an Türen)‹: *Ich muss erst noch den Abwart rausklingeln, weil wir denken, die Türe sei abgeschlossen. »Die linke Türe«, sagt er. »Einfach stossen«* (Gymnasium Liestal, 1998, Internet). **2.** ›schieben (von Fahrzeugen)‹: *Meist blieb ihm nichts anderes übrig, als das Motorrad zur nächsten Reparaturwerkstatt zu stossen* (Hartmann, Eis 97) – Andere Bedeutungen sind gemeindt.

stossend CH Adj.: ›Anstoss erregend, ungerecht; anstössig‹: *Es gab Parlamentarier, die es grundsätzlich als stossend empfanden, dass im Nationalratssaal ein Theaterstück aufgeführt wurde* (Jahr der Schweiz 59); *Bei den Krankenkassen gibt es stossende Unterschiede in den Leistungen für die stationäre Behandlung von psychisch Kranken* (TA 1. 11. 1999, 1)

Stosskarren CH der; -s, –: ↗SCHIEBETRUHE A (ohne west), ↗SCHUBKARREN A D-mittelost/süd, ↗KARRETTE A-west (Vbg.) CH, ↗SCHEIBTRUHE A (ohne Vbg.) D-südost, ↗SCHIEBKARRE D-nord, ↗SCHUBKARRE D-nord/mittel ›kleiner ein- bis vierrädiger Wagen mit zwei Griffen, mit dem kleinere Lasten transportiert werden‹: *Optische Oasen sind dafür die vielen Gemüse- und Fruchtstände wo auf den vierrädrigen Stosskarren Bananen, Orangen, Mandarinen, Äpfel, Blumenkohl, Broccoli, Tomaten, Auberginen, Kartoffeln, Kohl und Zwiebeln schön präsentiert werden* (Internet consulting, 1999, Internet)

Stotzen CH der; -s, – (Küche): ↗KNÖPFEL A, ↗SCHLÖGEL A, ↗HAXL A D-südost, ↗SCHLEGEL A CH D-süd, ↗GIGOT CH, ↗KEULE D (ohne nordost/südost) ›Hinterschenkel eines geschlachteten Tiers‹: *Stotzen und Rücken werden auch eingesalzen und geräuchert; sie werden in eine Salzlake gelegt* (Scholz, Schweizer Wörter 68) – In CH wird bei geschlachtetem Wild (Reh, Gämse, Hirsch, Kaninchen, Hase), bei Schaf und ↗Gitzi das Hinterbein ↗*Schlegel* genannt, bei Lamm ↗*Gigot* und bei Schwein, Kalb und Rind ↗*Stotzen*. *Schenkel* bei Geflügel ist gemeindt. – Dazu: **Rindsstotzen** (↗Rinds-), **Schweinsstotzen** (↗Schweins-)

stotzig CH Adj.: ›steil‹: *Das Schmelzwasser sprudelt von den überzuckerten Gipfeln durch ungezählte Rinnen und Runsen ins Tal, da und dort schiesst es mitten in den stotzigen Hängen aus Löchern und Ritzen hervor* (Bund 11. 6. 1999, 2)

Stövchen D (ohne südost) das; -s, – ⟨aus engl. *stove* ›Ofen‹⟩: ↗RECHAUD A CH D-süd ›kleiner Behälter mit Kerze, auf dem vor allem Getränke warm gehalten werden‹: *Teekanne 1,6 Liter und Stövchen, entworfen von Erik M.* (Schöner Wohnen 4/1995, 202) – Auch in der Form *Stovchen*

Stovchen siehe Stövchen

strabanzen siehe strawanzen

Strafanzeige (gemeindt.): ↗VERZEIGUNG

Strafarbeit D die; –, -en: ↗STRAFAUFGABE A CH ›zusätzlich auferlegte Aufgabe als Strafe für Schüler(innen)‹: *Nicht nur einmal versah ein Elternteil die Strafarbeit des Kindes neben der obligatorischen Unterschrift noch mit dem Vermerk: Stock gebrauchen!* (WAZ 3. 2. 2000, Internet)

Strafaufgabe A CH die; –, -n: ↗STRAFARBEIT D ›zusätzlich auferlegte Aufgabe als Strafe für Schüler(innen)‹: *Lehrervertreter aus Oberösterreich, die notorische Störenfriede in den Klassen nun mit Strafaufgaben und Nachsitzen einbremsen wollen ..., müssen dagegen kaum mit großem Widerstand rechnen* (OÖN 18. 10. 1995, 1; A); *Und nun stelle ich ... fest,* *dass meine Kinder in einer Gemeinde zur Schule gehen, in welcher Pädagogik noch heute vorwiegend aus Ohrfeigen, Strafaufgaben, Schularrest und Drohungen mit Institutseinweisung zu bestehen scheint* (Pestalozzi, Zukunft 32; CH) – Vgl. Aufgabe

Strafausmaß A das; -es, -e: ↗STRAFMASS CH STRAFMAß D ›Höhe einer gerichtlichen Strafe‹: *Die Höchstrichter bestätigten gestern sowohl den Schuldspruch als auch das Strafausmaß* (TT 30. 1. 1998, 1) – Vgl. Ausmaß

strafbeglaubigen A sw.V./hat (nur im Inf. und 2. Part., Sport): ↗STRAFVERIFIZIEREN A, ↗FORFAIT: *FORFAIT GEWINNEN/VERLIEREN CH LUX ›administrativ ein Spielresultat bei Nichterscheinen einer Wettkampfpartei oder, nachträglich, bei groben Regelverstößen festlegen; am grünen Tisch entscheiden‹: *Entgegen ursprünglichen Meldungen wird der CE Wien, dessen Match gegen Saeco EHC mit 5:0 für Lustenau strafbeglaubigt wurde, ... nicht automatisch schlechter gereiht* (VN 15. 12. 1995, C 2) – Dazu: **Strafbeglaubigung**

Strafbescheid A CH der; -(e)s, -e (formell): ›behördliche Mitteilung über eine Geldstrafe‹: *Umso erstaunter war er, als ihm eines Tages ein Strafbescheid über 800 Schilling ins Haus flatterte* (ORF Nachlese 9/1997, 7; A); *Mittels Strafbescheid wurde der Angeschuldigte wegen zu geringen Abstands zum voranfahrenden Auto gebüsst* (St. Galler Tagbl 5. 6. 1999, Internet; CH) – In D selten

Strafe A D die; –, -n: ↗BUSSE CH BUßE D STIR, ↗GELDBUßE D, ↗BUßGELD D STIR ›Geldstrafe zur Ahndung von Ordnungswidrigkeiten‹: *Mindestens 300 Schilling Strafe drohen Autolenkern, die während der Fahrt beim Telefonieren ohne Freisprecheinrichtung erwischt werden* (Neue Kronen Ztg 25. 6. 2000, Internet; A); *7000 DM Strafe für Vater: Tochter erst nach Tagen zurückgebracht* (Berliner Morgenpost 29. 4. 1997, Internet; D) – Andere Bedeutungen sind gemeindt. Vgl. Organstrafmandat, Organstrafverfügung, Strafmandat, Strafverfügung – Dazu: **Verwaltungsstrafe**

Strafkammer CH D die; –, -n: ›für Strafsachen zuständige ↗Kammer bei Gericht‹: *Das Obergericht tagte 16-mal, ... die Strafkammer des Kantonsgerichtes zwölfmal* (Südostschweiz 30. 6. 2001, Internet; CH); *Das Gericht, damals eine Strafkammer in Fulda, hatte der von der Angeklagten ... vorgebrachten Version ... keinen Glauben geschenkt* (Spiegel-Jahreschronik 1997, 98; D)

Strafmandat A das; -(e)s, -e: kurz für ↗*Organstrafmandat*: ↗ORGANMANDAT A, ↗ORGANSTRAFVERFÜGUNG A, ↗ORDNUNGSBUSSE CH, ↗POLIZEIBUSSE CH, ↗VERWARNUNG: *GEBÜHRENPFLICHTIGE VERWARNUNG D ›von der Polizei direkt verfügte und kassierte Strafe ohne Anzeige und Verfahren; Ordnungsstrafe‹: *Die Höchstgeschwindigkeit von 165 km/h reicht jedenfalls noch allemal für ein saftiges Strafmandat* (TT 20./21. 9. 1997, 50) – In CH und D selten. Vgl. Strafe

Strafmass CH **Strafmaß** D das; -es, -e: ↗STRAFAUSMAß A ›Höhe und Art einer gerichtlichen Strafe‹: *Als Strafmass setzte das Gericht fünf Monate Gefängnis unbedingt fest* (Südostschweiz 14. 7. 2001, Internet; CH); *Er sah den Tatvorwurf als bewiesen an, setzte das Strafmaß allerdings recht tief an: 20 Tagessätze à fünf Mark* (Der Neue Tag 17. 10. 2001, Internet; D)

Strafregisterauskunft A die; –, ...künfte: ↗STRAFREGISTERAUSZUG A CH ›amtliches Zeugnis, das über alle, von einem Einwohner oder einer Einwohnerin eventuell begangenen, im Strafregister eingetragenen Straftaten Auskunft gibt‹: *Bisher hatten Beamte in den Bezirkshauptmannschaften die Zuverlässigkeit von Antragstellern anhand von Strafregisterauskunft, Verwaltungsstrafregister und der »Geisteskrankenkartei« untersucht* (Kurier 6. 12. 1996, 9)

Strafregisterauszug A CH der; -(e)s, ...züge: ↗STRAFREGISTERAUSKUNFT A ›amtliches Zeugnis, das über alle, von einem Einwohner oder einer Einwohnerin eventuell begangenen, im Strafregister eingetragenen Straftaten Auskunft gibt‹: *Der Grazer wollte Zivildiener werden ..., konnte aber seinem Antrag nicht den erforderlichen Strafregisterauszug beilegen* (Kurier 6. 1. 1994, 17; A); *Auswärts wohnhafte Jägerinnen und Jäger müssen nicht mehr jährlich einen Strafregisterauszug einreichen* (NLZ 8. 6. 2001, Internet; CH)

Strafregisterbescheinigung A die; –, -en: ↗LEUMUNDSZEUGNIS A CH, ↗FÜHRUNGSZEUGNIS D ›vom Bürger bzw. der Bürgerin bei der Gemeinde anzuforderndes, polizeiliches Zeugnis, das Auskunft über eventuell begangene, im Strafregister eingetragene Straftaten ab einem bestimmten ↗Strafausmaß gibt‹: *Für die Bewerbung sind folgenden Unterlagen erforderlich: ... Strafregisterbescheinigung zum Nachweis der Unbescholtenheit* (Berufsinfo Med-Technik, Musiktherapie, 1997, 9)

Strafsenat der; -(e)s, -e: **1.** D ›aus mehreren, für Strafsachen zuständigen Richtern zusammengesetztes Gremium an höheren Gerichten‹: *Das Revisionsurteil des 5. (Berliner) Strafsenats des Bundesgerichtshofs gegen den DDR-Richter Hans R. hat Genugtuung ausgelöst* (Welt 17. 11. 1995). **2.** A (Sport) ›über Regelverstöße urteilendes und Strafen verhängendes Gremium‹: *Beim heutigen Strafsenat der Bundesliga hofft Pasching, dass K. freigesprochen wird* (OÖN 16. 9. 2002, 23) – Zu 1 vgl. Senat

Strafuntersuchung CH die; –, -en: ↗VORERHEBUNG A D-süd, ↗VORERMITTLUNG D ›Voruntersuchung einer Straftat‹: *So kassierte ein Marketingverantwortlicher der mittlerweile liquidierten Käseunion 350'000 Franken von den italienischen Geschäftspartnern. Dieses mutmassliche Bestechungsgeld ist unter anderem Gegenstand einer Strafuntersuchung in der Schweiz* (Bund 13. 11. 1999, 14) – Dazu: **Strafuntersuchungsbehörde**

Strafverfügung A CH die; –, -en: ›ohne vorangehenden Strafprozess gefälltes Urteil bei kleineren Vergehen‹: *Werden in einer Strafverfügung mehrere Geldstrafen verhängt, besteht Versicherungsschutz für das gesamte Verfahren* (Bundesländerversicherung-ARAG, 1999, Internet; A); *Das Bezirksamt Schwyz schickt Hans B. eine Strafverfügung von insgesamt 470 Franken ins Haus* (Blick 26. 2. 2000, 6; CH) – Vgl. Strafe

strafverifizieren A sw.V./hat (nur im Inf. und 2. Part., Sport): ↗STRAFBEGLAUBIGEN A, ↗FORFAIT: *FORFAIT GEWINNEN/VERLIEREN CH LUX ›administrativ ein Spielresultat bei Nichterscheinen einer Wettkampfpartei oder, nachträglich, bei groben Regelverstößen festlegen; am grünen Tisch entscheiden‹: *Die ausständigen Spiele der Kapfenberger werden strafverifiziert (0:5), kommende Saison will der Klub in der zweiten Liga einen Neustart versuchen* (Standard 6. 2. 1998, Internet) – Dazu: ↗**Strafverifizierung**

Strafverifizierung A die; –, -en (Sport): ↗FORFAIT CH LUX ›administrative Festlegung eines Spielresultats bei Nichterscheinen einer Wettkampfpartei oder, nachträglich, bei groben Regelverstößen‹: *Obwohl eine 3:0-Strafverifizierung zugunsten Rapids die einzig angemessene Strafe gewesen wäre, entscheidet die Strafkommission, dass ein Wiederholungsspiel auf fremden Boden die Entscheidung bringen soll* (SC Rapid Wien, 1998, Internet) – Vgl. strafverifizieren

Strafvollzugsanstalt (gemeindt.): ↗GEFANGENENHAUS, ↗JUSTIZANSTALT, ↗JUSTIZVOLLZUGSANSTALT, ↗POLIZEIANHALTEZENTRUM

Strafzettel (gemeindt.): ↗BUSSENZETTEL, ↗KNÖLLCHEN

Stralsund (gemeindt.): ↗HANSESTADT

Strammstehen D das; -s, ohne Plur. (Militär): ↗HABTACHTSTELLUNG A D-südost, ↗ACHTUNGSTELLUNG CH ›militärische Grundstellung, bei der die Soldat(innen) in strammer Haltung stehen‹: *Schlöndorff hatte es sich weitaus schwieriger vorgestellt, Jungen zum Strammstehen auszubilden* (Rhein Ztg 9. 11. 1999, Internet) – Vgl. stillgestanden

Strankerl A-südost (Ktn.) das; -s, -n: ↗FISOLE A (ohne west) ›längliche, dünne, grüne oder gelbe Schote der Busch- und Stangenbohne; Bohne‹: *Strankerlgulasch (Bohnengulasch). Zubereitung: Zwiebel kleinschneiden und anrösten. Kartoffeln und Tomaten würfeln, Strankerln je nach Größe halbieren, alles mit anrösten* (Silvanas Kochbuch, August 2004, Internet)

Strapaz A die; –, -en ⟨aus ital. *strapazzo* ›Überanstrengung‹⟩: ↗STRAPAZE CH D ›länger andauernde große [körperliche] Anstrengung‹: *Er hat die Strapaz noch in den Knochen* (Neue Kronen Ztg 12. 8. 2001, Internet) – Dazu: ↗**strapazfähig**

Strapaze CH D die; –, -n ⟨aus ital. *strapazzo* ›Überanstrengung‹⟩: ↗STRAPAZ A ›länger andauernde große [körperliche] Anstrengung‹: *Mit dem Kinderwagen unterwegs zu sein ist meist mehr Strapaze als Vergnügen* (NLZ 14. 1. 2001, Internet; CH); *Eine Reise von einer knappen Woche nach Paris, mit dem Trabant zur schlechten Jahreszeit, bleibt auch im Rückblick nach der Heimkehr eher eine Strapaze als eine Bestätigung neuer Möglichkeiten* (Gaus, Wendewut 18; D) – Dazu: ↗**strapazierfähig**

strapazfähig A Adj.: ↗STRAPAZIERFÄHIG CH D ›für große Beanspruchung geeignet (von Material, Stoffen, Textilien)‹: *Der neue Stoff ist geruchs- und geschmacksneutral, vor allem aber doppelt strapazfähig* (Profil 30. 3. 1998, 95) – Vgl. Strapaz – Dazu: **Strapazfähigkeit**

strapazierfähig CH D Adj.: ↗STRAPAZFÄHIG A ›für große Beanspruchung geeignet‹: *Wer zu den Hauptverkehrszeiten mit dem Auto nach Rapperswil fahren will, braucht vor allem zwei Dinge: strapazierfähige Nerven und eine gewaltige Portion Ausdauer* (Südostschweiz 29. 8. 2001, Internet; CH); *Das schöne Stück hat einen extrem strapazierfähigen Flor aus Kunstfaser-Velours* (Freundin 19/1997, 138; D) – In A zunehmend gebräuchlich. Vgl. Strapaze – Dazu: **Strapazierfähigkeit**

Straßenbahn A D die, –, -en: ↗BIM A-ost (bes. Wien), ↗TRAMWAY A-ost/südost, ↗TRAM CH D-nordost (Berlin)/südost, ↗TRAMBAHN CH-zentral (bes. Luzern) D-südost ›Schienenfahrzeug des öffentlichen Nahverkehrs‹: *32 Prozent der Befragten meinen, Bahn, Bus und Straßenbahn müssten billiger werden* (TT 30. 1. 1998, 24; A); *Kollision zweier Straßenbahnen: 13 Verletzte* (WAZ 28. 10. 1997, 15; D) – Dazu: **Straßenbahndepot, Straßenbahnfahrer(in), Straßenbahnfahrkarte, Straßenbahnfahrschein** (↗Fahrschein), **Straßenbahngarnitur** (↗Garnitur) A, **Straßenbahnhaltestelle, Straßenbahnschaffner(in)** (↗Schaffner), **Straßenbahnschiene**

Strassenbord CH das; -(e)s, -e/...börder: ›Böschung am Strassenrand‹: *Bei Nieselregen und dichtem Nebel fiel der Spanier in der Abfahrt vom Collado-Pass ... über den vor ihm gestürzten Belgier ... und rutschte* *über das Strassenbord in einen Graben* (Bund 13. 9. 1999, 28) – Vgl. Bord

Straßenfeger D-nordwest/mittelwest der; -s, –: **1. Straßenfeger Straßenfegerin** der; -s, – bzw. die; –, -nen; ↗STRAßENKEHRER A D (ohne nordwest), ↗STRASSENPUTZER CH, ↗STRASSENWISCHER CH ›Person, die berufsmäßig Straßen reinigt; Straßenreiniger(in)‹: *Jeder Bürger ein Straßenfeger? … Müssen die Deutschen künftig die Straßen in den Städten selbst fegen?* (Rheinztg 17. 6. 1997, Internet). **2.** ›besonders spannender Film‹: *Dreharbeiten in Miami und Köln: »Mayday« … soll ein Straßenfeger werden* (Focus 4. 8. 1997, 126) – Zu 2.: In der neueren Mediensprache auch in A und CH gebräuchlich. Zu 1 vgl. fegen

Straßenkehrer Straßenkehrerin A D (ohne nordwest) der; -s, – bzw. die; –, -nen: ↗STRASSENPUTZER CH, ↗STRASSENWISCHER CH, ↗STRAßENFEGER D-nordwest/mittelwest ›Person, die berufsmäßig Straßen reinigt; Straßenreiniger(in)‹: *Ein Straßenkehrer in blauer Montur schob gleichmütig seinen Karren vor sich her* (Prugger, Mitten im Weg 87; A); *Wir können nicht hinter jedem Hund einen Straßenkehrer schicken* (Welt 15. 9. 1999, Internet; D) – Die gemeindt. Bezeichnung *Straßenreiniger(in)* ist in A die offizielle Berufsbezeichnung. Vgl. kehren

Straßenmeister Straßenmeisterin A D der; -s, – bzw. die; –, -nen: ›Person, die eine ↗Straßenmeisterei leitet‹: *Den ganzen Vormittag sitzt du da unten mit dem Bürgermeister, seinem Baureferenten und manchmal auch noch einem Straßenmeister* (Wiener 9/1999, 27; A); *Johannes N. vom Straßenbauamt räumt heute ein, dass … der Straßenmeister vor Ort »übers Ziel hinausgeschossen« sei* (Berliner Ztg 3. 11. 1999, Internet; D)

Straßenmeisterei A D die; –, -en: ↗ANAS STIR ›für die Erhaltung von Straßen zuständige Dienststelle‹: *Angesichts der Frühlingsvorboten haben die Straßenmeistereien Hochsaison, und kehren, um den Streusplit zu sammeln* (Presse 12. 2. 1998, 11; A); *Einmal pro Woche fahren die Mitarbeiter der Straßenmeisterei das gesamte zu betreuende Streckennetz ab* (WAZ 26. 2. 1999, Internet; D) – Vgl. Straßenmeister – Dazu: **Autobahnstraßenmeisterei**

Strassenputzer Strassenputzerin CH der; -s, – bzw. die; –, -nen: ↗STRAßENKEHRER A D (ohne nordwest), ↗STRASSENWISCHER CH, ↗STRAßENFEGER D-nordwest/mittelwest ›Person, die berufsmässig Straßen reinigt; Straßenreiniger(in)‹: *Ich will Elektromonteur werden, aber es hat ja sogar als Strassenputzer nicht genug Arbeit* (Sonntagsztg 8. 6. 1997, 21)

Straßenraub D der; -(e)s, -e (Plur. ungebräuchl.): ↗ENTREISSDIEBSTAHL CH ›Raub auf offener Strasse durch überraschendes, gewaltsames Entreißen der Beute (meistens Handtaschen, Brieftaschen u. Ä.)‹: *Sie stehen unter Verdacht, … Straßenraub und andere Straftaten in Kreuzberg und Neukölln begangen zu haben* (TAZ 16. 7. 2002, Internet)

Straßenreiniger (gemeindt.): ↗STRAßENFEGER/STRAßENFEGERIN, ↗STRAßENKEHRER/STRAßENKEHRERIN, ↗STRASSENPUTZER/STRASSENPUTZERIN, ↗STRAßENWISCHER/STRAßENWISCHERN

Straßenverkauf D der; -(e)s, …verkäufe: ↗GASSENVERKAUF A, ↗GASSE: *VERKAUF ÜBER DIE GASSE A CH ›Verkauf [von fertigen Speisen und Getränken] zum unmittelbaren Verzehr außerhalb des Lokals‹: *Wir haben den Straßenverkauf und das Vertriebsmarketing ausgebaut und setzen konsequent auf Database-Marketing* (Welt 7. 7. 2000, Internet) – Die Bedeutung ›Verkauf auf der Straße, im Freien (von Zeitungen etc.)‹ ist gemeindt.

Strassenverkehrsamt CH **Straßenverkehrsamt** D das; -(e)s, …ämter: ↗VERKEHRSAMT A (Wien) D ›Behörde für verkehrsrechtliche Angelegenheiten‹: *Drei Autos waren in einem derart schlechten Zustand, dass sie zur Nachprüfung beim Strassenverkehrsamt aufgeboten wurden* (Alttoggenburger 30. 5. 1997, 1; CH); *Während ihrer jüngsten Sitzung haben die Gemeindevertreter einen entsprechenden Antrag beschlossen, in dem das Straßenverkehrsamt aufgefordert wird, den Verkehr mit einer Ampel zu regeln* (Lübecker Nachr 25. 2. 2002, Internet; D)

Strassenwischer Strassenwischerin CH der; -s, – bzw. die; –, -nen: ↗STRAßENKEHRER A D (ohne nordwest), ↗STRASSENPUTZER CH, ↗STRAßENFEGER D-nordwest/mittelwest ›Person, die berufsmässig Straßen reinigt; Strassenreiniger(in)‹: *Die Strassenreinigung ist mehr poetisch als praktisch: Haben Sie die Methode beobachtet, mit der die Strassenwischer die Trottoirrinne reinigen?* (TA 7. 6. 1996, 5) – Vgl. wischen

Straube A D-südost die; –, -n: ›Gebäck aus flüssigem Teig, der in heißes Fett getropft wird und daher eine unregelmäßige Oberfläche aufweist‹: *Man greift zu Strauben, Türkentommerl, … während und nach dem Essen* (Gruber, Wunschkonzert 251; A)

Straußenwirtschaft D-südwest die; –, -en: ↗BUSCHENSCHANK A-ost/südost, ↗BUSCHENSCHENKE A-ost/südost, ↗HEURIGE A D-mittelost/südost, ↗BESENBEIZ CH, ↗BESENWIRTSCHAFT D-mittel/südwest ›Lokal, in dem Wein der letzten Lese [aus eigenem Anbau] ausgeschenkt wird‹: *Die echte Straußenwirtschaft ist ein Lokal mit maximal 40 Sitzplätzen, das einem landwirtschaftlichen Betrieb angegliedert ist, der eigenen Wein … ausschenkt* (SWR, 2002, Internet) – Vgl. Wirtschaft

strawanzen A D-südost sw.V./ist ⟨aus ital. *stravagante* ›verschroben, überspannt‹⟩ (Grenzfall des Standards): ↗STROMERN D ›untätig herumziehen; sich herumtreiben; herumstreunen‹: *Albert strawanzte tatsächlich viel herum* (Payr, Drücken des Schuhs 101; A) – Auch in der Form *strabanzen* – Dazu: ↗**Strawanzer(in)**

Strawanzer Strawanzerin A D-südost der; -s, – bzw. die; –, -nen (salopp, Grenzfall des Standards): ›Herumtreiber(in); Nichtsnutz‹: *Aber mir ist es eigentlich lieber, dass ich ein Mama-Burli sein soll als ein Strawanzer* (Kurier 6. 6. 1998, Internet; A) – Vgl. strawanzen

Streetwork (gemeindt.): ↗GASSENARBEIT

streichen CH D st.V./hat: ↗AUSMALEN A ›(einen Innenraum) mit neuem Farbanstrich versehen‹: *Wir müssen die Wände neu streichen, Teile der Wendeltreppe waren aus der Verstrebung gerissen* (Blick 11. 1. 1995, 24; CH); *Im ersten Arbeitsgang sollten die Maler ... die Decken der jeweiligen Zimmer streichen, bevor die Schüler endlich selbst Hand an den Pinsel legen konnten* (Sächsischer Lehrertreff, 1999, Internet; D) – Andere Bedeutungen sowie die Wendung *frisch gestrichen* sind gemeindt.

Streichholz (gemeindt.): ↗ZÜNDER, ↗ZÜNDHOLZ

Streifkollision CH die; –, -en: ›Verkehrsunfall, bei dem sich zwei Fahrzeuge seitlich berühren‹: *Vorgestern ereignete sich im Uzner Städtli eine Streifkollision zwischen einem Personen- und einem parkierten Lieferwagen* (Südostschweiz 25. 7. 2001, Internet)

Streithahn (gemeindt.): ↗STREITHANSL

Streithansl A D-südost der; -s, -n (Grenzfall des Standards): ›streitsüchtiger Mensch; Streithahn, Streithammel‹: *Busek ... profiliert statt seiner Mannschaft sich selbst als Streithansel, dem im Zweifelsfall das verbreitete Wort vor die Tat geht* (OÖN 23. 10. 1991, 2; A)

Stremel D-nord der; -s, –: ›schmales Stück, [langer] Streifen‹: *Wintertags isst man ... Fisch, indem man den Schollen die Haut abzieht und den Fisch in Stremel – also Streifen – schneidet* (Hamburger Abendbl 27. 11. 2002, Internet)

streng A CH D-südost Adj.: ›anstrengend‹: *Er ist ein Arbeiterkind, erinnert sich an fröhliche und strenge Zeiten* (Gleisdorfer Stadtjournal, 2001, Internet; A); *Sonja warnte doch bereits in Zürich, es würde zu streng für uns, mit den Tieren, den Zimmern, den Gesellschaften, der zu reichhaltigen Speisekarte, dem fehlenden freien Tag* (Durschei, Meldegg 202; CH); ***es streng haben** (Grenzfall des Standards) ›viel zu tun haben‹: *»Ich möchte wieder einmal viel Zeit für meinen Buben, Freunde, Einladungen und Besuche haben, ... träumt sie wie so viele andere, die es streng haben und sich selbst immer zu kurz kommen lassen* (Kabarettistin Gabi Fleisch, 2002, Internet; A); *Mutter hatte ihr angeboten, für sie die Wäsche zu besorgen und für sie zu kochen, wo sie es doch so streng habe* (Waller, Barbi 45; CH) – Das Adjektiv *streng* ist in allen anderen Verwendungen gemeindt.

stricheln (gemeindt.): ↗STRICHLIEREN

Strichkampf CH der; -(e)s, ...kämpfe (Sport): ›Wettkampf um den Abstieg aus bzw. um den Verbleib in einer Spielklasse; Abstiegskampf‹: *Wie in einem Strichkampf nicht anders zu erwarten, gingen oft auch die Emotionen hoch* (Bund 5. 1. 2000, 27)

strichlieren A sw.V./hat: ›eine unterbrochene Linie mit kleinen, kurzen und voneinander abgesetzten Strichen zeichnen; stricheln‹: *Der vierzigste Besitzer des Hauses ... nahm Renovierungsarbeiten ... im Parterre zum Anlass, um nach dem in einem alten Plan strichliert eingezeichneten Brunnen zu suchen* (OÖN 19. 4. 1997, 26)

Strickjacke (gemeindt.): ↗JANKER, ↗LISMER

Striezel A D-südost der; -s, –: ›längliche, mit ↗Germ zubereitete Backware, meist in geflochtener Form‹: *Der Bäcker trat aus seinem Geschäft, er stellte sich vor seine Striezel, er prüfte das Wetter und spähte nach Felix, der um den Markt ging* (Fritsch, Fasching 21; A) – Dazu: **Butterstriezel**, ↗**Germstriezel** A

Strippe die; –, -n: **1.** D (ohne südost) ›Faden, Schnur, Seil‹: *Im Unterricht wurden 3 Seiten in der Mitte gefaltet und mit einer dicken Nadel und Strippe zusammengenäht* (Pädagogische Praxis 30. 7. 2003, Internet). **2.** D (ohne südost) (salopp) ›Kabel, [Telefon]leitung‹: *Dr. I. spielte mit seinem Telefonhörer. Lässig wie ein Cowboy zog er an der Strippe, bis ihm der Hörer in die Hand sprang* (Welt 27. 1. 2000, Internet); ***an der Strippe** ›am Telefon‹: *Nach einigen Minuten hatte er den behandelnden Arzt an der Strippe* (Junge, Klassenfahrt 90); ***Strippen ziehen**: **a)** D-nord/mittel (Grenzfall des Standards) ›Kabel verlegen‹: *Das Monopol der Telekom bei den Hausanschlüssen wird hinfällig, die Anbieter müssen nicht in jeder Straße buddeln, um ihre eigenen Strippen zu ziehen* (Rheinischer Merkur 30. 1. 1998, 14); **b)** D (ohne südost) ›im Verborgenen, für andere unbemerkbar wichtige Entscheidungen treffen und damit das Geschehen in einer bestimmten Weise lenken; Fäden ziehen‹: *Wer ist der Schattenmann, der hinter Gerhard M. die Strippen zieht?* (Stuttgarter Ztg 12. 5. 1999, 37) – Zu 2.: Das Substantiv *Strippe* und die Wendung *an der Strippe* sind in A und CH selten – Zu 2b: ↗**Strippenzieher(in)**

Strippenzieher Strippenzieherin D-nord/mittel der; -s, – bzw. die, –, -nen: ›Person, die im Hintergrund das Geschehen lenkt; Drahtzieher(in)‹: *Die Noncha-*

lance der Strippenzieher hatte etwas Zynisches, aber auch etwas Befreiendes (Zeit 26. 12. 1997, 7) – Vgl. Strippe

Strizzi A D-südost der; -s, -s (salopp): **1.** ›leichtsinniger Mann; Strolch‹: *Seine klassischen Helden … wurden ebenso berühmt wie seine wienerischen Strizzis von Nestroy und Horvath* (Bühne 9/1997, 10; A). **2.** ›Krimineller, Zuhälter‹: *Wer wen angrinsen darf, ist im Zuhältermilieu durch ein ungeschriebenes Gesetz festgelegt. Wer zu wem »Strizzi« sagen darf, erst recht* (Standard 10. 12. 1998, Internet; A). **3.** ›liebenswürdiges, aber zu Streichen aufgelegtes kleines Kind‹: *»Sie ist ein richtiger Strizzi, der sich immer wieder Streiche ausdenkt«, erzählt Mutter Renate* (Neue Kronen Ztg 2. 1. 1999, Internet)

strohdumm (gemeindt.): ↗BOHNENSTROH: *DUMM WIE BOHNENSTROH

Strolchenfahrt CH die; –, -en: ›Fahrt mit einem entwendeten Fahrzeug‹: *Ein 15-jähriger Schüler ist gestern Abend tödlich verletzt worden, als er in der Nähe von Frutigen mit einem Bagger eine Strolchenfahrt unternahm* (Bund 23. 8. 1997, 33) – Dazu: **Strolchenfahrer(in)**

stromern D sw.V./ist/hat (Grenzfall des Standards): ↗STRAWANZEN A D-südost ›untätig herumziehen; sich herumtreiben; herumstreunen‹: *Menschen stromern, flanieren, lassen sich treiben* (Welt 26. 8. 2000, Internet) – In CH selten – Dazu: **herumstromern**

strub CH Adj.: ›schlimm, schwierig, widerspenstig‹: *Ich erinnere mich auch an einen Patrouillenlauf in einem Militärskikurs in Wengen. Alles ziemlich strub* (Basler Kochtöpfe 13); ***strub zugehen; *strub zu- und hergehen** ›anstrengend und hektisch vor sich gehen‹: *Denn wenn es strub zu- und hergeht und er nicht spurt, kann ich schon mal hässig werden* (TA Magazin 27. 1. 2001, 62)

Strudel A D-mittelost/süd der; -s, –: ›Speise aus auseinander gezogenem oder ausgewalztem Teig, der mit ↗Obst, Gemüse oder Fleisch belegt, zusammengeschlagen und gebacken wird‹: *Milch mit Zucker und Vanillinzucker aufkochen, über den Strudel gießen, noch 25 Minuten backen, bis die Flüssigkeit aufgesaugt ist* (Firma Thea online, 2000, Internet; A) – In CH selten, bekannt sind vor allem die gemeindt. Zus. *Apfelstrudel* und *Gemüsestrudel*. Die Bedeutung ›kreisende Strömung in einem Gewässer‹ ist gemeindt. – Dazu: **Erdäpfelstrudel** (↗Erdapfel) A D-südost, **Fleischstrudel, Grammelstrudel** (↗Grammel) A D-südost, **Krautstrudel** (↗Kraut) A D-südost, ↗**Lungenstrudel** A-mitte/ost, **Marillenstrudel** (↗Marille) A, ↗**Milchrahmstrudel** A D-südost, ↗**Millirahmstrudel** A-ost D-südost, **Mohnstrudel, Nussstrudel, Spinatstrudel, Strudelblatt, Strudelteig, Topfenstrudel** (↗Topfen) A D-südost

strudeln sw.V./hat: **1.** D (ohne ost) ›kreisende Strömungen bilden, in wirbelnder Bewegung sein‹: *Spezialisierte Geißelzellen strudeln Wasser herbei, aus dem sie nahrhafte Schwebstoffe heraussieben* (Geo 21. 3. 2002, Internet). **2.** A ›stolpern, straucheln‹: *Dem Trottel zeig ich's jetzt. Der glaubt wirklich, dass mich so ein paar Schneeflockerl ins Strudeln bringen* (Kneifl, Vorstellung 184)

Struktur STIR die; –, -en ⟨übersetzt aus ital. *strutture publiche* ›öffentliche Einrichtungen‹⟩: ›öffentliche Einrichtung; Institution‹: *»Zur Zeit sind nur sechs Jugendliche bei uns«, erklärt Hermann P., von Anfang an rühriger Leiter der Struktur* (Dolomiten 22. 12. 2001, 38) – Andere Bedeutungen sind gemeindt. – Dazu: **Krankenhausstruktur** (↗Krankenhaus), **Wohnstruktur**

strullen D-nord/mittel sw.V./hat (salopp): ↗BRUNZEN A CH D-süd, ↗PIESELN A D-mittelwest/südost, ↗PULLERN D-nord/mittel ›geräuschvoll urinieren; pinkeln‹: *Welch ein Vergnügen, in freier Natur zu strullen!* (Junge, Klassenfahrt 26)

Strumpf der; -(e)s, Strümpfe: **1.** D; ↗KNIESTRUMPF A D, ↗KNIESOCKEN CH, ↗WADENSTRUMPF D, ↗WADELSTRUMPF D-südost ›den Fuß bedeckende, bis zum Knie reichende, eng anliegende textile Beinbekleidung‹: *Ich zog die Schuhe und auch die nassen Strümpfe aus, wir setzten uns auf den Teppich, nur ja nicht aufs Bett* (Becker, Bronsteins Kinder 107); ***sich auf die Strümpfe machen** D-nord/mittelost (Grenzfall des Standards) ›aufbrechen [um irgendwohin zu gehen]; sich auf die Socken machen‹: *Bevor sie sich auf die Strümpfe machen, empfiehlt sich ein kleiner Ausflug in die Historie* (Onlinereiseführer Japan 21. 3. 2001, Internet). **2.** ***nicht im Strumpf sein** CH ›nicht in guter Verfassung sein‹: *Nicht im Strumpf war Roger Federer. Der Baselbieter fand … gegen Mario Zabaleta … kein Rezept* (Bund 27. 3. 2000, 28) – Die Bedeutung ›bis zum Oberschenkel reichende Beinbekleidung [aus Nylon] für Damen‹ ist gemeindt. – Zu 1.: **Herrenstrumpf, Kinderstrumpf**

Strutz A-südost der; -es, -e: ↗WECKEN A D-südost ›mindestens 1 Kilo schweres längliches Brot‹: *Brotspezialitäten: Heller Strutz, dunkler Strutz, Patergasserer Strutz, Bauernlaib* (Bäckerei Weissensteiner, Bad Kleinkirchheim, 2002, Internet)

Stubben D-nord der; -s, –: ↗BAUMSTRUNK A CH ›Rest des Baumstammes nach dem Fällen eines Baumes; Baumstumpf‹: *Auch wenn es schwer vorstellbar erscheint – dieser Eichenstamm bei der Hallig Langeneß bezeugt, wie auch andere Stubben und Wurzelreste, dass einmal Wälder standen, wo heute Watt ist* (GEO 8/1994, 72)

Stube CH die; –, -n: ›Wohnzimmer‹: *»Das ist meine grösste Freude im Leben«, meint Haqif mit sichtlichem Stolz, »hier in meiner Stube mit meiner Familie auf dem Sofa sitzen und Fernsehen schauen«* (Modebl 10. 6. 1999, 46) – In A auf die Bedeutung ›rustikaler Aufenthaltsraum in einer Wohnung‹ eingeschränkt und in Zus. gebräuchlich, z. B. *Bauernstube, Zirbenstube.* Darüber hinaus im Gastgewerbe in Ableitungen bzw. Zus. gebräuchlich, z. B. ↗ *Stubenmädchen,* ↗ *Stüberl* und in einigen Zus. im Bereich Verwaltung, z. B. ↗ *Gemeindestube,* ↗ *Wachstube* erhalten, in D noch in den Bedeutungen ›größerer gemeinschaftlicher Wohn- und Schlafraum für eine Gruppe von Soldaten, Touristen, Schülern eines Internats o. Ä.‹ gebräuchlich – Dazu: **Arvenstube** (↗ Arve), **Arvenstübli** (↗ Arve), ↗ **Stubenmusi** A D-südost, ↗ **Stubenmusig** STIR, ↗ **Stubete, Wohnstube, Zirbenstube** (↗ Zirbe) A

Stubenappell D der; -s, -e: ↗ BEFEHLSAUSGABE A, ↗ ABENDVERLESEN CH, ↗ ZIMMERVERLESEN CH ›Appell einer militärischen Einheit vor der Nachtruhe‹: *Das Leben in dem ehemaligen Rittergut ist vom ... Stubenappell und militärischem Drill geprägt* (WDR, 2002, Internet)

Stubenarrest D der; -(e)s, -e (Plur. ungebräuchl.): ›Verbot für ein Kind das Haus oder das Zimmer zu verlassen; Hausarrest‹: *Wie schrecklich, dass sie immer noch Stubenarrest hatte!* (Trott, Pucki 89) – In A veraltet, in CH selten

Stubenfliege (gemeindt.): ↗ BRUMMER, ↗ MUCKE

Stubenmädchen A das; -s, –: ↗ ZIMMERIN A-west, ↗ ZIMMERFRAU D ›Frau, die in Beherbergungsbetrieben die Gästezimmer reinigt; Zimmermädchen‹ /Berufsbezeichnung/: *Wir suchen ab Mitte Dezember für die Wintersaison noch ... Anfangskellner(in), Stubenmädchen, Wäscher(in), Abwäscher(in)* (SN 8. 11. 1997, 57) – Im Grenzfall des Standards auch in der Form *Stubenmädel.* In D veraltend

Stubenmusi A D-südost die; –, ohne Plur. ⟨eigtl. *Stubenmusik*⟩: ↗ LÄNDLERKAPELLE CH, ↗ STUBENMUSIG STIR ›kleine Volksmusikgruppe‹: *Über seine Anregung haben sich Mitglieder aus der Plattlergruppe des Wagrainer Trachtenvereines zu einer Stubenmusi zusammengetan und sich in einem öffentlichen Konzert vorgestellt* (SN 13. 3. 1997, Internet; A) – Vgl. Musi, Stube

Stubenmusig STIR die; –, ohne Plur.: ↗ STUBENMUSI A D-südost, ↗ LÄNDLERKAPELLE CH ›kleine Volksmusikgruppe‹: *Fr., 8. 12. ... Kirchenchor Tisens, Nusser-Stubenmusig und Männergesangsverein* (Lana aktuell 3/2000, 8) – Vgl. Stube

Stüberl A D-südost das; -s, -n: **1.** ↗ STÜBLI CH ›rustikal eingerichtetes Zimmer [in einem Bauernhaus für die auf dem Hof lebenden Bauersleute im Ruhestand]‹: *Acht kleine Schauräume, das Vorhaus mit offenem Herd, Bauernstüberl, Nebenraum mit Funden aus früherer Zeit und alten Handwerksgeräten ... sind zu besichtigen* (Land Salzburg, 1999, Internet; A). **2.** ↗ STÜBLI CH ›kleinerer, gemütlicher [Neben]raum in einem Gasthaus‹: *Hier passt einfach alles: Die Location ist perfekt, die Stüberln sind über alle Maßen entzückend, urig und gemütlich* (Standard 24. 12. 1999, Internet; A) – In A-west (Vbg.) und D-südwest auch in der Form *Stüble.* Häufig auch als Grundwort in Wirtshausnamen, z. B. *Altstadtstüberl, Johannisstüberl* – Zu 1.: **Austragstüberl** (↗ Austrag). Zu 2.: **Bräustüberl** (↗ Bräu), **Extrastüberl,** ↗ **Hinterstüberl** A, **Kellerstüberl**

Stubete CH die; –, -n: ›gemütliche abendliche Zusammenkunft bei Volksmusik‹: *Meisterköche haben Gourmetmenus ... aufgetischt. Und zu all dem spielten in Hotels und Berghäusern Volksmusikgruppen zur fröhlichen Stubete auf* (Bund 7. 7. 1997, 20) – Vgl. Stube

Stübli CH das; -s, –: **1.** ↗ STÜBERL A D-südost ›rustikal eingerichtetes Zimmer [in einem Bauernhaus für die auf dem Hof lebenden Bauersleute im Ruhestand]‹: *Im Stübli, getrennt durch die Küche von der Stube, auch sonnseits, standen etwa vier grosse Betten* (Wenger, Rosalia 16). **2.** ↗ STÜBERL A D-südost ›kleinerer, gemütlicher [Neben]raum (in einem Gasthaus)‹: *Zum Betrieb gehören die in zwei Sektoren unterteilte Gaststube (40 Plätze), das Stübli (14), und der Saal* (Bund 23. 8. 1995, 33) – Zu 2.: **Arvenstübli** (↗ Arve), ↗ **Fixerstübli, Raclettestübli** (↗ Raclette)

Stück: *am Stück CH D ›ohne Unterbrechung, hintereinander (von Zeiteinheiten)‹: *Hochschwanger wirbelte sie 36 Stunden am Stück für eine Tangoszene vor der Kamera herum* (Brückenbauer 3. 3. 1998, Internet; CH); *Sie haben ... nie länger als 10 Tage Urlaub am Stück gemacht* (Geo 11/1996, 85; D) – Das Substantiv *Stück* ist in allen anderen Verwendungen gemeindt. Vgl. am

stucken D-südost sw.V./hat: ↗ BÜFFELN CH D, ↗ PAUKEN CH D ›mit großem Zeitaufwand und großer Anstrengung [auswendig] lernen‹: *Es war ein Privileg, besonders für Mädchen, aufs Gymnasium gehen zu dürfen. So haben wir fleißig gestuckt* (Elly-Heuss-Gymnasium Weiden, 2002, Internet)

stuckern D-nord sw.V./hat: ›auf unebenem Weg rüttelnd fahren; holpern‹: *Das Stuckern auf Querfugen und kurzen Bodenwellen dringt deutlich in den Innenraum vor* (Autoztg 6/1999, Internet) – Dazu: **stuckerig**

Studentenausschuss: *Allgemeine Studentenausschuss D: ↗ HAUPTAUSSCHUSS A ›oberstes Organ der Studierenden an einer deutschen Universität‹: *Im Allge-*

meinen Studentenausschuss beklagen sich immer mehr Studenten, dass sie auf dem Campus von Kommilitonen belästigt oder gar angegriffen werden (Berliner Morgenpost 17. 10. 2000, Internet) – Abk. ASTA

Studentenausweis (gemeindt.): ↗LEGI

Studienbörse die; –, -n: **1.** D ›Informationsveranstaltung für Schüler(innen) und Student(inn)en über Studienmöglichkeiten‹: *Diese … Veranstaltung ist eine Stellen- und Studienbörse, an der sich Hochschulen, Institutionen und Unternehmen … beteiligen* (Ministerium für Bildung, Kultur und Wissenschaft des Saarlandes, 2001, Internet). **2.** STIR ›Stipendium‹: *Die Studienbörse im Gesamtbetrag von einer Million Lire wird je zur Hälfte von beiden Bergrettungseinsätzen in Südtirol vergeben* (Dolomiten 16. 11. 1994, 12)

Studienkollege (gemeindt.): ↗KOMMILITONE/KOMMILITONIN

Studienrat Studienrätin D der; -(e)s, …räte bzw. die; –, -nen: ↗PROFESSOR A, ↗LEHRER CH D ›Lehrende(r) an einer höheren Schule‹: *Studienrat Regelius war der Schwarm der gesamten oberen Klassen* (Trott, Pucki 7) – Dazu: ↗**Oberstudienrat (…rätin)**

Studientitel STIR der; -s, – ⟨übersetzt aus ital. *titolo di studio* ›Schulabschluss‹⟩ (Grenzfall des Standards): ›Abschlusszeugnis einer Schule‹: *Studientitel von Oberschulen aus dem Ausland, auch aus Österreich, … werden in Südtirol nur dann anerkannt, … wenn es in Südtirol kein gleichwertiges Schulangebot gibt* (Wortprotokoll des Südtiroler Landtages 16. 12. 1999, Internet) – Die Bedeutung ›Titel, Grad, der nach Abschluss eines Studiums oder einer höheren Fachschule erworben wird‹ ist gemeindt.

Studiofilm CH der; -(e)s, -e: ›Film für ein kleineres, anspruchsvolleres Publikum‹: *Wir setzen derzeit lieber auf die Verfeinerung der herkömmlichen Projektoren … Die Digitaltechnik wird sich zuerst im Massenmarkt durchsetzen. Erst später werden wir vom Verleiher auch Studiofilme in digitalem Format erhalten* (Sonntagsztg 16. 12. 2001, 127) – In A und D selten

Studiokino CH D das; -s, -s: ↗PROGRAMMKINO A D ›Kino, in dem anspruchsvollere, nicht kommerzielle Filme aus aller Welt [in Originalfassung mit Untertiteln] und Filmretrospektiven gezeigt werden‹: *In Männedorf gab es genug Leute, die sich für gute Filme in einem Studiokino engagieren wollten* (TA 7. 1. 1998, 19; CH); *Und eine gute Anlaufstelle für anspruchsvollere Freizeitgestaltung ist das Studiokino mit angeschlossenem Café* (Campus-Germany 5. 3. 2003, Internet; D) – In A selten

Stuhl (gemeindt.): ↗SESSEL

Stuhl: *jmdm. den Stuhl vor die Tür stellen D: ↗KÜNDEN CH ›eine Person aus einem Arbeits- oder Mietverhältnis entlassen‹: *Ein Ärgernis vor allem für jene, die Arbeit hatten und keinen Gedanken daran verschwendeten, dass vielleicht auch ihnen eines Tages der Stuhl vor die Tür gestellt werden könnte* (Grün, Lawine 61); ***zwischen Stuhl und Bank fallen/geraten/sitzen** CH ›sich alle Möglichkeiten verscherzen/verscherzt haben; weder hier noch dorthin gehören‹: *Erasmus geriet zwischen Stuhl und Bank. Weil er niemandem verpflichtet war, hatte er es schliesslich auch mit allen verscherzt* (Blick 27. 9. 2000, 13); ***zwischen zwei Stühlen sitzen** A D ›hin- und hergerissen sein‹: *»Die Gemeinde sitzt jetzt zwischen zwei Stühlen, weil das Projekt vom Land nicht genehmigt ist«, meint etwa Franz F. von den Gegnern* (Kleine Ztg 20. 3. 1997, Internet; A); *Angelina sitzt also ständig zwischen zwei Stühlen, die Hexe will sie zu kleinen Bosheiten verleiten, der Schutzengel will sie davor bewahren* (WDR 22. 10. 2001, Internet; D); ***etw. haut/reisst/reißt jmdn. vom Stuhl** CH D (salopp): ↗STOCKERL: *ETW. HAUT/REISST JMDN. VOM STOCKERL A, ↗HOCKER: *ETW. HAUT/REISST/REISST JMDN. VOM HOCKER CH D, ↗SOCKEN: *ETW. HAUT JMDN. AUS DEN SOCKEN CH D ›etw. überrascht jmdn. außerordentlich‹: *Unser Motto »Jazz Non Stop« wird Sie auf Anhieb vom Stuhl reissen, – falls überhaupt einer dort steht* (PMZ Luzern 2002, Internet; CH); *Es ist augenfällig, dass diese Fragen die Bürger nicht vom Stuhl reißen* (Deutschlandradio 14. 4. 2000, Internet; D) – Das Substantiv *Stuhl* ist in allen anderen Verwendungen gemeindt.

Stühlerücken D das; -s, – (Plur. ungebräuchl.): ↗SESSELRÜCKEN A CH ›Wechsel einer Führungsposition (in Politik und Wirtschaft)‹: *Weil … eine weitere Fraktion in den Rat zog, hatte das größeres Stühlerücken in diversen Aufsichtsräten zur Folge* (WAZ 1. 10. 1999, Internet)

stuhlreiten A-west/südost (nur im Inf.): ↗SESSELREITEN A-mitte/ost, ↗KIPPELN D (ohne südost) ›mit dem Stuhl schaukelnd hin- und herwippen‹: *Kein Lümmeln in Sofas oder auf dem Boden, kein Stuhlreiten, sondern aufrechtes Sitzen auf Stühlen mit Rückenlehnen: Die Mediziner warnen die WM-Fernseh-Zaungäste vor bleibenden Haltungsschäden* (Kurier 13. 6. 1998, 1)

stuken D-nord sw.V./hat: **1.** ›in Flüssigkeit tauchen‹: *Er steht auf, nimmt Jeans und T-Shirt und stukt die Sachen behutsam … ins Wasser* (Berliner Ztg 1. 10. 1998, Internet). **2.** ›auf etw. stoßen‹: *Ohne uns mit der Nase sonst wohin zu stuken* (Berliner Ztg 21. 6. 2001, Internet)

Stulle D-nordost (bes. Berlin) die; –, -n: ↗SCHNITTE CH D-nord/mittel, ↗BEMME D-mittelost, ↗KNIFTE D-mittelwest ›belegte Scheibe Brot; Butterbrot‹: *Wir* *saßen uns ... am Küchentisch gegenüber und kauten unsere Stullen* (Bieler, Maria Morzek 53) – Dazu: **Butterstulle, Käsestulle, ↗Stullendose, Wurststulle**

Stullendose D-nordost (bes. Berlin) die; –, -n: ↗BROTBÜCHSE D (ohne südost), ↗BUTTERBROTDOSE D (ohne ost/südwest) ›Behältnis zum Transport von Butterbroten‹: *Zum Held erkoren ist ... L. im schlecht sitzenden Anzug und mit dicker Kassenbrille, der mittags die Stullendose auspackt* (TAZ 5. 2. 2003, Internet) – Vgl. Stulle

Stulpe die; –, -n (meist Plur.): **1.** CH D (Sport); ↗STUTZEN A D ›textile Beinbekleidung, die nur die Wade, nicht den Fuß bedeckt‹: *Wäre die Bestellung bei Kluiverts ... letztem Streich nicht schon abgewickelt gewesen, hätte er womöglich auch noch Turnhose und Stulpen bestellt* (Bund 28. 6. 2000, 39; CH); *Auch Männer haben ihre Tricks. Warum sie schließlich nur noch ... Stulpen ... ohne Fuß überzogen, ist historisch nicht geklärt* (SZ 22. 9. 2001, Internet; D). **2.** CH ›über Schuhe und Socken getragene Beinbekleidung zum Schutz vor Nässe und Schmutz; Gamasche‹: *Abgesehen von Schuhen und Skistöcken ist keine spezielle Ausrüstung nötig. Gute Winterbekleidung, imprägnierte Wanderschuhe und Stulpen genügen* (Sonntagsztg 30. 1. 2000, 103). **3.** CH ›Handgelenk und Unterarm bedeckende Bekleidung‹: *Schneiden wir die Ärmel doch einfach ab und liefern sie separat im Doppelpack mit! ... Im Nu war ein neuer Trend geboren, jener der mobilen Ärmel, Stulpen oder Manschetten* (TA 15. 5. 1999, 72) – Die Bedeutung ›Aufschlag an Ärmeln, Hosen und Stiefeln‹ ist gemeindt. – Zu 3.: **Armstulpe**

stumm: *stumme h A ›Dehnungs-h‹: *Sie brauchen die neuen Rechtschreibregeln so dringend wie die Tomate ein stummes h* (Presse 28. 3. 1998, Internet) – Das Adjektiv *stumm* ist in allen anderen Verwendungen gemeindt.

Stumpengeleise CH das; -s, –: siehe Stumpengleis

Stumpengleis CH das; -es, -e: ›nicht durchgehendes Gleis an Bahnhöfen, das für den Passagierverkehr genutzt wird‹: *Die Fahrt endet auf einem Stumpengleis im Bahnhof Waldshut* (Bund 11. 8. 1998, 13); *Die Kreuzung hatte nur eine Weiche, weshalb der zuerst angekommene Wagen auf das Stumpengeleise fahren musste* (Trammuseum Zürich 2002, Internet) – Auch in der Form *Stumpengeleise* (das; -s, -). Vgl. Geleise

Stundenansatz CH der; -es, ...sätze: ›Kosten für eine Stunde Arbeit; Stundensatz‹: *Stundenansatz halbiert: Mit diesen Tarifregelungen würde die Situation der Komplementärmedizin im Vergleich zur bisher geltenden Regelung markant schlechter* (Bund 19. 7. 1999, 7)

Stundenausmaß A das; -es, -e: **1.** ↗BESCHÄFTIGUNGSAUSMAß A D, ↗BESCHÄFTIGUNGSGRAD CH, ↗PENSUM CH ›↗Ausmaß der Anstellung [in Stunden pro Woche]‹: *Die Mitarbeiterzahl von 20 bleibt unverändert, teils verringert sich das Stundenausmaß* (OÖN 16. 9. 2000, 1). **2.** ›Anzahl der Wochenstunden, die ein Fach in der Schule oder an der Universität einnimmt‹: *Das Stundenausmaß für freie Wahlfächer beträgt 3 Stunden* (Stundenplan Statistik Universität Linz, 2002, Internet)

Stundensatz (gemeindt.): ↗STUNDENANSATZ

stupfen A CH D-süd sw.V./hat (Grenzfall des Standards): ›leicht stoßen, stechen‹: *»Geh, Franz«, sagte Erna und stupfte ihn mit dem Fuß, »du weißt genau, was gemeint ist* (Scharang, Sohn eines Landarbeiters 131; A); *Ich sah, wie Walter seinen Nachbarn stupfte und vielsagend grinste* (Kolb, Niederdorfer 90; CH) – Dazu: **Stupf** CH, **Stupfer** A D-süd

Sturm A D-südost der; -(e)s, ohne Plur.: ↗GESTAUBTE A-ost, ↗SAUSER CH, ↗FEDERWEIßE D (ohne nordwest), ↗SUSER STIR ›in Gärung übergegangener Traubensaft‹: *Wenn man bei der provisorischen Schank angekommen war, trank man sein Viertel grauen Sturm aus und ging wieder* (Kain, Lob 72; A) – Andere Bedeutungen sind gemeindt. Vgl. Most

sturm CH Adj. (Grenzfall des Standards): ↗DAMISCH A D-südost, ↗DUSELIG CH D (ohne südost), ↗SCHWINDELIG D (ohne südost) ›benommen; schwindlig‹: *Schon beim Versuch, Seite um Seite durchzulesen, wurde mein Kopf sturm* (Macintosh Users Switzerland, 2002, Internet); *Es tat mir so sehr weh, dass mir sturm wurde und ich absitzen musste* (Wenger, Rosalia 29)

Stürmi CH der; -s, -/-s (Grenzfall des Standards): ›ungeduldiger Mensch, Hitzkopf‹: *Aufschwünge des Enthusiasmus und Exzesse der Phantasie ... sind ihm verhasstes Gstürm, und von einem Stürmi lässt er sich schon gar nicht mitreissen* (Allemann, Schweiz 154)

Sturschädel A D-südost der; -s, – (abwertend, Grenzfall des Standards): ›sturer, starrsinniger Mensch; Dickschädel‹: *Man kennt das ja: ein Missverständnis, zwei Sturschädel, und die Saat der Zwietracht ist gesät* (Schuch, Gruft 76; A)

sturzbesoffen D Adj. (derb, Grenzfall des Standards): ↗STINKBESOFFEN D ›stockbesoffen, sturzbetrunken; sternhagelvoll‹: *Offensichtlich machte ein sturzbesoffener Bräutigam den Gästen jedoch weitaus weniger zu schaffen als einer, der aus Ingrimm über seine Schwiegermutter verbale Sprengsätze zündete* (Arens, Nächste Mann 110)

sturzbetrunken (gemeindt.): ↗STINKBESOFFEN, ↗STURZBESOFFEN

Stutenkerl D-nordwest/mittelwest der; -s, -e: ↗GRÄTTIMAA CH (nordwest), ↗GRITTIBÄNZ CH (ohne nordwest), ↗WECKMANN D-mittelwest/südwest ›süßes Gebäck in Form einer menschlichen Gestalt [mit weißer Pfeife], das am Martinstag oder zu St. Nikolaus gebacken wird‹: *Weil alle schön mitgesungen und mitgespielt haben, gab's zur Belohnung natürlich einen Stutenkerl* (NRZ 9. 11. 2000, Internet)

Stutz CH (Grenzfall des Standards): **1.** der; -es, Stütze: ↗BERGLEHNE A CH, ↗LEHNE A D-süd, ↗LEITE A D-süd, ↗HALDE CH, ↗RAIN CH D-südwest ›steiler Berghang, Abhang‹: *Ich fürchtete mich, allein an den hohen Haselhecken vorbeizugehn, oben am Stutz und auf der Ebene dem Weg entlang* (Wenger, Rosalia 31). **2.** der; -es, -/Stütz(e) (salopp); ↗KRÖTEN D, ↗MONETEN D, ↗EIER D-nordwest/mittelwest, ↗FLÖHE D-nord, ↗MÄUSE D (ohne südwest), ↗MÖPSE D-nordost/mittelwest, ↗MÜCKEN D-nordost/mittel, ↗PENUNZE D-nord ›Geldstück‹: *In der Napfgasse wurde er angerempelt. Eine Frau wollte zwei Stutz* (Hostettler, Moira 65). **3.** der; -es, – (Plur. ungebräuchl.) (salopp); ↗FLIEDER A (ohne west), ↗GERSTL A D-südost, ↗MARIE A D-nord, ↗KLOTZ CH, ↗KOHLE CH D, ↗ASCHE D-nord/mittel, ↗KIES D (ohne südwest), ↗KNETE D (ohne südost), ↗MOOS D (ohne mittelost/südwest) ›Geld‹: *Meine Frau hat mir dann aus ihrem Frauengut noch einmal ein Darlehen geschoben, damit die Kinder nicht merken, dass ihr Papa unfähig war, den Stutz für die Ferien heimzubringen* (Salz&Pfeffer 3/1993, 93) – Zu 2 und 3 vgl. Franken

Stütze D die; –, ohne Plur. (Grenzfall des Standards): ›jegliche Art der Arbeitslosenunterstützung oder Sozialhilfe‹: *Ein Leben von der Stütze ist für niemanden komfortabel* (Tagesspiegel 25. 8. 2001, Internet) – Andere Bedeutungen sind gemeindt.

Stutzen der; -s, – (meist Plur.): **1.** A D-südost ›aus Wolle gestrickte [rustikal gemusterte] bis zum Knie reichende eng anliegende Beinbekleidung in der Trachtenmode‹: *Aber ich hab' locker sechs sieben Paar bergsteigerischer Socken und Stutzen zu Haus'* (Land der Berge 5/1997, 98; A). **2.** A D (Sport); ↗STULPE CH D ›textile Beinbekleidung, die nur die Wade, nicht den Fuß bedeckt‹: *Weil sowohl die LASK-Spieler als auch die Grazer mit schwarzen Stutzen aufs Feld wollten, sah Referee Benedek rot und weigerte sich, das Match anzupfeifen* (Kurier 18. 3. 1992, 31; A); *Spieler wie Roy P. legen heimlich einen Pfennig in den Stutzen* (Welt 15. 8. 2000, Internet; D) – Zu 2.: In CH selten. Die anderen Bedeutungen sind gemeindt. – Zu 2.: ↗**Wadelstutzen** A D-südost

Subsidium das; -s, Subsidien ⟨aus lat. *subsidium* ›Hilfe, Hilfsmittel‹⟩: **1.** CH; ↗BEIHILFE A D ›organisierte [finanzielle] Hilfe zum Lebensunterhalt und in besonderen Lebenslagen durch eine öffentliche Einrichtung; Unterstützung‹: *Vom Subsidium, der Hilfe für die wirklich Bedürftigen, zu einem Substitut, zur Hängematte für möglichst viele* (Zeitfragen 1997, Internet CH). **2.** BELG LUX; ›Unterstützung für Vereine, Studenten [und öffentliche Einrichtungen]‹: *Q. setzt sich unermüdlich für die Operette ein – er arbeitet ohne Subsidien und musste ... wegen Geldmangels auf Neuauflagen verzichten* (Grenz-Echo 9. 12. 1994, 10; BELG); *Wir bitten die Sektionskassierer, den Beitrag bis spätestens 1. Mai 2000 zu entrichten, da sonst ... das Recht zum Erhalt von Subsidien für das laufende Jahr verloren geht* (Gaart 11/1999, 247; LUX)

Substandard A der; -s, ohne Plur. ⟨aus engl. *substandard* ›unzulänglich‹⟩: ›geringe, unterdurchschnittliche [Wohn]qualität‹: *Die Mieter müssen also weiterhin in desolaten Substandard-Wohnungen leben* (Kurier 4. 2. 1997, 7) – In D selten. Die sprachwissenschaftliche Bedeutung ›nichtstandardsprachliche Sprachform‹ ist gemeindt. – Dazu: **Substandardwohnung**

Subtotal CH das; -s, -e: ›Zwischensumme‹: *Das Subtotal der Kürzungen beträgt rund 230'000 Franken* (TA 9. 12. 1997, 20) – Vgl. Total

Subvention (gemeindt.): ↗BEITRAG, ↗ZUSCHUSS, ↗ZUSTUPF

subventionieren (gemeindt.): ↗BEZUSCHUSSEN

Suchtgift A das; -(e)s, -e (formell): ›Rauschgift‹: *Den Kriminalisten ist es gelungen, Suchtgift im Wert von mehr als 5 Mio. S aus dem Verkehr zu ziehen* (TT 30. 1. 1998, 14) – Dazu: **Suchtgiftdelikt, Suchtgiftfahnder(in), Suchtgiftgesetz, Suchtgiftmissbrauch, Suchtgiftverbrechen, Suchtgiftverordnung**

Sudel- CH D (produktives Bestimmungswort in Zus.): ›Schmutz-, Pfusch-, Dreck-‹, z. B. Sudelbild, Sudelbuch, Sudelheft, Sudelkampagne, ↗Sudelpapier CH, Sudelvideo: *Ich frage mich, ob Bücher einfach Arbeits- und Sudelhefte sein sollen* (Bund 27. 11. 1997, 27; CH); *Wer die Schwierigkeiten kleiner Kinder kennt, die über die traurigen Sudelprojekte selber unglücklich sind, der wird über vernünftiges »handwerkliches« Training nicht vorschnell die Kunsterziehernase rümpfen* (Zeit 3. 10. 1986, 33; D)

Sudel CH der; -s, –: ↗KLADDE D-nord ›Entwurf (auf Papier)‹: *Zuerst schreibe ich meine Ideen in Stichworten auf. Das ist aber nur ein Sudel, ganz für mich. Dann tippe ich alles ins Reine und schicke es dem Verlag* (Sonntagsblick 26. 11. 1995, 92) – In A selten. Dazu: **sudeln**

sudeln CH D-südwest sw.V./hat (abwertend): ↗PATZEN A D-südost, ↗KLECKSEN D ›feste oder flüssige Nahrungsmitteln, Farbe etc. verstreuen bzw. verschütten‹: *In der Schweiz sind die Folgen von Pfusch am Bau glücklicherweise selten so dramatisch. Aber murksen, stümpern, wursteln, schludern und sudeln – das können auch unsere Handwerker hervorragend* (Beobachter Nr. 22/2000, Internet; CH) – Die Bedeutung ›unsauber schreiben‹ ist gemeindt. Vgl. Sudel – Dazu: ↗**besudeln** CH D-nord/mittel, **sudelig, Sudler(in)**

Sudelpapier CH das; -s, ohne Plur.: ↗SCHMIERPAPIER A D ›Papier, auf dem man Entwürfe macht‹: *Lies die Abschnitte der Reihe nach durch und versuche die Aufgaben zu lösen. Lege dir am besten gleich jetzt einen Stapel Sudelpapier zurecht* (ETH Zürich, 2002, Internet) – Vgl. Sudel-

Südtirol (gemeindt.): ↗PROVINZ: *AUTONOME PROVINZ BOZEN-SÜDTIROL

Südtirol-Paket STIR das; -(e)s, -e (Plur. ungebräuchl., informell, früher): ›1972 in Kraft getretener Staatsvertrag zwischen Österreich und Italien über die Autonomie Südtirols (Kernwort der Südtirolpolitik)‹: *Erst 1969, mit der Einigung über das so genannte Südtirol-»Paket«, war der Spuk zu Ende* (Gatterer, Weg 75)

Sugo (gemeindt.): ↗RAGÙ

Sugo das/der; -s, –: ist in A auch Neutrum, gemeindt. Maskulinum. Das gilt auch für die Zus., z.B. *Fleischsugo, Pilzsugo, Tomatensugo: Wie lange nach dem Öffnen kann ich das Sugo im Kühlschrank aufbewahren?* (Firma Felix Austria, 2002, Internet; A)

Sukkurs CH der; -es, -e ⟨aus mlat. *succursus* zu lat. *succursum* ›geholfen‹⟩ (Plur. ungebräuchl.): ›Unterstützung‹: *Sukkurs leistete Hashimoto auch für die russischen Bemühungen, eine auf den Fernen Osten ausgerichtete Aussenpolitik zu betreiben* (NZZ 3. 11. 1997, 1) – In A und D veraltet

Sulz: 1. A CH D-süd die; –, -en; ↗SÜLZE D (ohne südost) ›in Scheiben geschnittene Speise aus Fleisch- und Gemüsestücken in Gelee‹: *Sulz in gefällige Scheiben schneiden, diese eventuell mit Aspik glacieren und garnieren* (Plachutta, Gute Küche 145; A); *Vor allem aber ist Sulz ein preiswerter Leckerbissen, der immer und überall gern gegessen wird* (Gemperli AG, 2001, Internet; CH). **2.** CH D-südwest die; –, -en; ↗ASPIK A D ›durch das Auskochen von Knochen und Fleisch gewonnene durchsichtige Gallertmasse‹: *Sobald die Sulz die richtige Temperatur hat, den Terrinenboden gleichmässig ca. 3 mm ausgiessen und fest werden lassen* (Bluewin Schweiz, 2002, Internet; CH). **3.** CH der; -es, ohne Plur.: kurz für *Sulzschnee:* ›breiiger Altschnee‹: *Am schönsten ist es im Pulverschnee, am zweitschönsten im Sulz, am schlechtesten bei eisigen Bedingungen* (Blick 26. 2. 1997, 27) – Zu 1.: In CH häufig in der Form *Sülzchen* (das; -s, -), in A und D-südwest auch in der Form *Sulze* (die; –, -n). Zu 1. und 2.: ↗**sulzen**

Sülzchen CH das; -s, –: siehe Sulz

Sulze A D-südwest die; –, -n: siehe Sulz

Sülze D (ohne südost) die; –, -n: ↗SULZ A CH D-süd ›in ↗Aspik eingelegtes Fleisch, Gemüse oder Fisch‹: *Die Remouladensauce zu Sülze mit Bratkartoffeln oder zu kaltem Braten reichen* (Dr. Oetker, Schulkochbuch 196) – Dazu: ↗**sülzen** D-nord/mittelwest

sulzen A D-süd sw.V./hat (meist im Part.): ↗SÜLZEN D-nord/mittelwest ›(Gemüse, Fleisch, Fisch) in ↗Aspik einlegen‹: *Gesulzten Karpfen in Scheiben oder Quadrate schneiden* (Plachutta, Gute Küche 144; A) – In CH veraltet. Vgl. Sulz

sülzen sw.V./hat: **1.** D-nord/mittelwest; ↗SULZEN A D-süd ›(Gemüse, Fleisch, Fisch) in ↗Aspik einlegen‹: *Berühmt sind ... der gesülzte Petersilienschinken, der »Coq au vin« und Hase in Senfsauce* (Welt 14. 2. 2002, Internet). **2.** D-nord/mittel (abwertend, Grenzfall des Standards); ↗LAFERN CH, ↗LABERN CH D ›wortreich [dumm] daherreden; schwafeln‹: *Es ist in der Vergangenheit viel geredet und dabei sehr viel gesülzt worden* (NRZ 11. 9. 1999, Internet) – Zu 1 vgl. Sülze

Summe: *in Summe A: ↗GESAMTHAFT CH, ↗TOTAL CH, ↗INTEGRAL CH BELG ›im Gesamten; insgesamt‹: *In einer umfassenden Aufgabenreform wurden alle Aufgaben des Landes durchleuchtet und dadurch konnten in Summe mehr als 200 Mitarbeiter abgebaut werden* (Profil 10. 11. 1997, 77) – Das Substantiv *Summe* ist in allen anderen Verwendungen gemeindt.

Summton CH der; -(e)s, ...töne: ↗FREIZEICHEN A D ›Ton beim Telefon oder Fax, der anzeigt, dass die Leitung frei ist‹: *Swisscom-Chef Toni R. unternimmt alles, damit die Schweizerinnen und Schweizer am 1. Januar 2000 mit Sicherheit einen Summton im Telefonhörer haben* (Bund 10. 1. 1999, 57) – Die Bedeutung ›summender Ton‹ ist gemeindt., aber in CH selten

Sumper A der; -s, – (salopp, Grenzfall des Standards): ›schwerfälliger, rückschrittlicher Mensch ohne höhere Interessen; Banause‹: *Seine Gemeinderatskollegen teilt er in wenig schmeichelhafte Kategorien ein: Der Typ des Jasagers, der Schweiger, der Sumper, der Raunzer und der Nasenbohrer ist in seinem Büchlein ebenso präsent wie der Dampfplauderer, der Titelhamster und der Lobhudler* (OÖN 5. 9. 1991, 6) – Vgl. Dodel, Dolm, Gescherte, sumpern, Surm – Dazu: **Sumpertum,** ↗**versumpern**

Sumpfdotterblume (gemeindt.): ↗BUTTERBLUME

sumsen A-west (Tir.) sw.V./hat (Grenzfall des Standards): ↗SEMPERN A, ↗MATSCHKERN A-ost, ↗RAUNZEN A D-südost, ↗MÄKELN CH D, ↗MOSERN D ›seiner Unzufriedenheit durch ständige, kritisierende Äußerungen Ausdruck verleihen; nörgeln‹: *»Die ÖVP kann sich nicht verkaufen!«, hört man oft sumsen* (Föhn 18/1993, Internet) – Dazu: **Sumser(in)**

Sündenbock (gemeindt.): ↗BÖLIMANN, ↗WATSCHENMANN

sündhaft: *sündhaft teuer CH D: ↗SÜNDTEUER A D-südost ›sehr teuer‹: *Elton John ist bekannt dafür, sich stets von sündhaft teuren Blumenarrangements zu umgeben* (20 Minuten 5. 3. 2002, Internet; CH); *Erdbeeren sind wie immer vor einem Feiertag der Renner ..., aber sündhaft teuer* (Phoenix 30. 12. 2000, Internet; D) – Das Adjektiv *sündhaft* ist in allen anderen Verwendungen gemeindt.

sündteuer A D-südost Adj.: ↗SÜNDHAFT: *SÜNDHAFT TEUER CH D ›sehr teuer‹: *Geht es nach den Vorstellungen der Pro-Atom-Abteilung, so sollen sündteure Aufrüstungen die alten Sowjet-Reaktoren wieder sicherer machen* (Anima 11/1997, 105; A)

sünnelen CH sw.V./hat (Grenzfall des Standards): ›sich sonnen‹: *Nadine (21) aus Chur liebt es, an einem romantischen See zu baden und zu sünnelen* (Blick 7. 7. 1998, 6)

Sunser siehe Sauser

Superalkoholika STIR die; nur Plur. ⟨aus ital. *superalcolico* ›Spirituose‹⟩: ›hochprozentige alkoholische Getränke; Spirituosen‹: *Nach Auffassung der Organisatoren sollte dort wieder der ursprüngliche Charakter der Feierlichkeit aufkommen, ein gemütliches Fest für Familien und somit ohne Superalkoholika und überlaute Diskomusik* (Dolomiten 2. 10. 1999, 14)

Suppe: *klare Suppe D-nord/mittel; ↗RINDSUPPE A, ↗RINDSSUPPE A D-südost, ↗BOUILLON CH D-südwest, ↗BRÜHE D ›aus Knochen, Rindfleisch [und Gemüse] gekochte Suppe‹: *Eine klare Suppe wird aus einer Brühe hergestellt, eine gebundene Suppe aus einer Mehlschwitze* (Universität Hamburg 25. 2. 2003, Internet); ***Die Suppe ist zu dünn: a)** A D-südost ›die Fakten oder die Beweislage sind für ein [gerichtliches] Vorgehen nicht ausreichend‹: *Jörg Haiders Vorwürfe gegen Ludwig A. sind haltlos und nicht entsprechend den Fakten untermauert. Kurz: Die Suppe ist zu dünn* (Standard 10. 1. 2002, Internet). **b)** A ›die Sache ist nicht spruchreif‹: *Werner Fasslabend soll Nationalratspräsident werden. »Die Suppe ist zu dünn«* (Presse 7. 2. 2001, Internet) – Das Substantiv *Suppe* ist in allen anderen Verwendungen gemeindt.

Suppenfleisch (gemeindt.): ↗SIEDFLEISCH, ↗SPATZ

Suppengemüse das; -s, –: **1.** CH D (ohne südost); ↗WURZELWERK A, ↗SUPPENPACKL A-west (Tir.), ↗SUPPENGRÜN A D (ohne nordwest) ›im Handel erhältliche, fertig zusammengestellte Portion aus verschiedenen Gemüsesorten für klare Fleischsuppen [und diverse Fleischspeisen]‹: *Für die Sauce die Kalbsfüsschen und das Suppengemüse grob zerkleinern* (Brückenbauer 21. 7. 1998, Internet; CH); *Die Fischgräten kurz in heißem Olivenöl anrösten, das klein geschnittene Suppengemüse dazugeben und kurz mitrösten* (WDR, 1998, Internet; D). **2.** A ›Einlage aus verschiedenen Gemüsesorten für eine gebundene Gemüsesuppe‹: *Kohlrabi kostet 40 S, Kohlsprossen 48 S, ... Suppengrün 5 S/Bund, geschnittenes Suppengemüse 12 S/Packerl* (Kleine Ztg 24. 1. 1997, Internet) – Zu 1.: In A selten

Suppengrün A D (ohne nordwest) das; -s, ohne Plur.: ↗WURZELWERK A, ↗SUPPENPACKL A-west (Tir.), ↗SUPPENGEMÜSE CH D (ohne südost) ›im Handel erhältliche, fertig zusammengestellte Gemüseportion aus Karotten, Sellerie, Lauch und Petersilie für klare Fleischsuppen [und diverse Fleischspeisen]‹: *Fleisch mit Suppengrün, Zwiebel, Pfefferkörnern und 1 Lorbeerblatt langsam weich kochen* (Wellness 10/1997, Beilage 14; A); *Fleisch mit 1,5 l Wasser und Suppengrün aufsetzen* (Stern 25. 9. 1997, 174; D)

Suppenkelle CH D-nord/mittel die; –, -n: ↗SCHÖPFER A, ↗KELLE CH D-nord/mittel, ↗SCHÖPFKELLE CH D-nord/mittel ›löffelartiges Schöpfgerät mit langem Stiel und einer offenen Halbkugel; Schöpflöffel‹: *Der Streit, so vermutet das Gericht, sei entstanden, weil die Frau Milch in den Kaffeekrug geschüttet habe. Er eskalierte, als sie sich mit einer Suppenkelle bewehrte* (Bund 8. 10. 1998, 23; CH); *Die Großmutter in weißer Schürze trägt eine Suppenkelle* (Fichte, Geschichte 25; D-nord/mittel) – In A selten

Suppennudel A D die; –, -n: ↗FIDELI CH, ↗FADENNUDEL D (ohne südwest) ›als Suppeneinlage verwendete Teigware‹: *Ob feine Suppennudeln, Spiralen, Spätzle, Spaghetti oder Bandnudeln, kolossale Gaumenfreuden sind garantiert* (OÖN 19. 5. 2000, Internet; A); *Die Suppe mit gehacktem Schnittlauch und Suppennudeln vollenden* (SWR, 2000, Internet; D) – Vgl. Nudel

Suppenpackl A-west (Tir.) das; -s, -n (Grenzfall des Standards): ↗WURZELWERK A, ↗SUPPENGRÜN A D (ohne nordwest), ↗SUPPENGEMÜSE CH D (ohne südost) ›im Handel erhältliche, fertig zusammengestellte Gemüseportion aus Karotten, Sellerie, Lauch und Petersilie für klare Fleischsuppen [und diverse Fleischspeisen]‹: *Sie warteten drei Tage, bis sie nur noch ein Suppenpackl und einen Müsliriegel hatten* (Neue Kronen Ztg 22. 2. 2002, Internet)

Suppenschüssel (gemeindt.): ↗Terrine

Suppenwürfel A D der; -s, –: ↗Bouillonwürfel CH D (ohne ost), ↗Brühwürfel D ›zu einem Würfel gepresstes, festes Suppenkonzentrat‹: *Salz, zerdrückten Knoblauch, Suppenwürfel und Käse dazugeben* (Welt der Frau 5/1995, 41; A); *Und dann ... gibt es bei Schröders noch Suppenwürfel – wenn sie rein pflanzlich sind* (Zeit 30. 11. 2000, Internet; D)

Suppleant Suppleantin CH der; -en, -en bzw. die; –, -nen ⟨frz.⟩: ›Ersatzperson [in einer Behörde]‹: *Die neue Protokollführerin heisst Kathrin B., Barbara M. wird in der Gruppe Bau und Verkehr mitwirken, und Barbara M. übernimmt das Amt einer Suppleantin* (Bund 24. 3. 1999, 28)

Supplent Supplentin STIR der; -en, -en bzw. die; –, -nen ⟨aus ital. *supplente* ›Stellvertreter(in)‹⟩: ↗Vikar CH ›Lehrperson auf Zeit; Aushilfslehrer(in)‹: *Als Hochschüler studierte er in Wien Kunstgeschichte, er gab das Studium auf und wurde Supplent an vielen Volksschulen Südtirols* (Nachrichten aus Südtirol 283) – In A in der Bedeutung ›Lehrperson, die eine (einzelne) Schulstunde in Vertretung hält‹ veraltet. Vgl. Supplenz

Supplenz STIR die; –, -en ⟨aus ital. *supplenza* ›Vertretung‹⟩: ↗Vikariat CH ›Vertretung einer Lehrperson an einer Schule; Aushilfeunterricht‹: *Vorgesehen ist auch die Erstellung von Schulranglisten, in die sich Lehrpersonen mit oder ohne Lehrbefähigung bzw. Eignung für den Erhalt einer Supplenz eintragen lassen können* (Dolomiten 29. 6. 2001, 14) Vgl. Supplent – Dazu: **Jahressupplenz**

supplieren A sw.V./hat ⟨aus lat. *supplere* ›ergänzen‹⟩: ›eine durch Krankheit, eine Tagung o. Ä. verhinderte Lehrkraft im Unterricht vertreten‹: *Einem Drei-Stufen-Plan entsprechend sollen nicht mehr alle entfallenen Stunden (Randstunden, Freigegenstände) suppliert werden* (Wiener Ztg 27. 6. 2000, Internet) – Dazu: **Supplierstunde**, **↗Supplierung**

Supplierung A die; –, -en: ›Vertretung einer Lehrperson für einzelne Stunden oder einen kurzen Zeitraum‹: *Würden, so Chorherrs Rechnung, alle Überstunden und Supplierungen von Lehrern radikal abgebaut, brächte das 3,5 Milliarden Schilling jährlich* (News 3. 7. 1997, 30) – Vgl. supplieren

Supporter Supporterin CH LUX der; -s, – bzw. die; –, -nen [su'pɔrtər] ⟨aus engl. *supporter* ›Anhänger‹⟩: ›Anhänger einer Sportmannschaft; Fan‹: *Er ist noch jung, wie die meisten der Supporter, deshalb steht M. uns auch viel näher als ältere Spieler* (Sport 10. 3. 1998, 26; CH); *Bei jedem Turnier trifft man mindestens so viele Supporter als Teilnehmer* (Hippoline 13. 11. 2002, Internet; LUX) – In D selten. Vgl. Angefressene – Dazu: **Supportervereinigung**

Sur die; –, -en: **1.** A D-südost; ↗Pökel D (ohne südost), ↗Lake D (ohne südost) ›salzige Lösung zum Konservieren und Würzen von Fleisch‹: *Die einen meinten, die Würzigkeit rühre vom Koriander in der Sur her, andere wieder vermuteten eine längere Selchzeit* (Palla, Gemischtwarenhändlerin 106; A). **2.** A-west (Tir.); ↗Gülle A-west (Vbg.) CH D-mittelwest/südwest ›aus tierischen Fäkalien hergestellter Dünger; Jauche‹: *Der anfallende Mist sei in das »Kasbachle« geworfen worden und mit dieser »Sur« (Jauche) habe man in Fernstein die Schlosswiese gedüngt* (Sagen um Nassereith, 2002, Internet) – Zu 1.: **Surbraten, Surfleisch, Surhaxl** (↗Haxl), **Surroller** (↗Roller). Zu 1. und 2.: **↗suren**

suren sw.V./hat: **1.** A D-südost; ↗pökeln D ›(Fleisch) mit einer salzigen Lösung konservieren; (Fleisch) einsalzen‹: *Freizeit haben diese Landwirte keine mehr, schließlich muss unter der Woche der Hof bewirtschaftet werden (daneben wird Most gepresst), das Fleisch gesurt und geselcht, alles Mögliche organisiert und geplant werden* (OÖN 17. 2. 2000, Internet; A). **2.** A-west (Tir.); ↗güllen A-west (Vbg.) CH D-mittelwest/südwest ›Jauche ausfahren; jauchen‹: *Was haben die SAM's noch so zu tun? Heuarbeiten mit allem Drumherum, Düngen: Misten, Suren, Äcker bestellen* (Familie Slibar, Abhofverkauf, 2002, Internet) – Vgl. Sur – Zu 1.: **einsuren**

Surm A-mitte/ost (bes. OÖ) der; -(e)s, -e (salopp, Grenzfall des Standards): ›dummer, primitiver, verbohrter, uneinsichtiger Mensch [vom Land]‹: *Mit einer Sprache, die auch dem allerletzten Stammtisch-Surm zur Ehre gereichen würde, hatte der bekannte Wiener Bildhauer und Zeichner Alfred Hrdlicka eine wüste Attacke gegen die derzeitige politische Haltung des deutschen Liedermachers Wolf Biermann geritten* (OÖN 7. 12. 1994, 19) – Vgl. Dodel, Dolm, Gescherte, Sumper

Suser STIR der; -s, –: ↗Gestaubte A-ost, ↗Sturm A D-südost, ↗Sauser CH, ↗Federweiße D (ohne nordwest) ›in Gärung übergegangener Traubensaft‹: *Bis heute hat sich nichts geändert: Kastanien und Suser sind immer noch die Grundlagen des »Törggelens«* (Dolomiten 22. 10. 1998, 1) – In A-west (Vbg.), CH und D-südwest dialektal, in CH auch in der Form *Suuser* gebräuchlich

Süssgetränk CH das; -(e)s, -e (formell): ›kaltes Getränk, das Zucker enthält‹: *Die Schweiz exportierte 1998 93,5 Mio. Liter Süssgetränke in die EU* (TA 10. 9. 1999, 37) – In D selten

Süßmost (gemeindt.): ↗Most

SUVA CH die; –, ohne Plur.: als Wort gesprochene Abk. für *Schweizerische Unfall-Versicherungs-Anstalt:* ›Trägerin der obligatorischen Unfallversicherung in der Schweiz, die Berufstätige gegen Berufsunfälle, Berufskrankheiten und ausserberufliche Unfälle versichert‹: *Die Unfallstatistik der SUVA … zeigt, wo die Verletzungsschwerpunkte beim Inline-Skating liegen* (Sprechstunde 3/4 1997, 11)

SV-Karte siehe Sozialversicherungskarte

SVP CH die; –, ohne Plur.: buchstabierte Abk. für *Schweizerische Volkspartei:* ›konservative politische Partei, die sich für eine liberale Wirtschaftsordnung und in aussenpolitischen Fragen mehrheitlich gegen eine Integration in supranationale Organisationen einsetzt‹: *Eindeutig ist, dass die SVP als Regierungspartei dieselben unheimlichen Patrioten anzieht, die früher die Schweizer Demokraten unterstützten* (TA 19. 10. 1999, 11)

T

Tabakladen CH D der; -s, ...läden: ↗ Trafik A, ↗ Tabakwarengeschäft CH D ›Tabakwaren- und Zeitschriftenhandlung‹: *Wer zu Hause keinen Apparat hatte, konnte von einem Hotel, einem Restaurant oder einem Tabakladen aus telefonieren* (Treichler, Abenteuer Schweiz 264–265); *In einem Tabakladen kaufte ich Zigaretten und Streichhölzer* (Born, Erdabgewandte Seite 7; D)

Tabakwarengeschäft CH D das; -(e)s, -e: ↗ Trafik A, ↗ Tabakladen CH D ›Tabakwaren- und Zeitschriftenhandlung‹: *So gelingt T. ... ein Panorama unterdrückter Todessehnsucht in der Nachkriegszeit, indem er ... todkranke Kunden im elterlichen Tabakwarengeschäft porträtiert* (TA 3. 5. 1996, Internet; CH); *Außerdem verwies sie auf ... das Tabakwarengeschäft ... in der Wolfgang-Heinze-Straße 10* (LVZ 3. 2. 1998, 12; D)

Tabelle (gemeindt.): ↗ Tableau

Tablar CH das; -s, -e/-s: **1.** ↗ Regalbrett A D, ↗ Regalboden D ›[Ablage]brett, das horizontal in ein Regal eingelegt wird‹: *Auf den beiden oberen Tablaren mit den geschnitzten Ranken stand das braune Tongeschirr, das er seit fünfzehn Jahren nicht mehr gebrauchte* (Kauer, Spätholz 83). **2.** ↗ Bücherbrett D, ↗ Bücherbord D-nord/mittelwest ›einzelnes, an der Wand befestigtes Brett, auf dem Bücher abgestellt werden‹: *Ich griff mir den Mankell vom Tablar und blätterte ihn durch* (St. Galler Tagbl 8. 8. 2000, Internet)

Tableau das; -s, -s [ta'blo: A, 't'ablo: CH] ⟨frz.⟩: **1.** A ›tabellarische Übersicht; Tabelle‹: *Die Präsentation der Arbeiten muss einheitlich auf Tableaus im Format DIN A2 erfolgen* (Preisverleihung Twister, 2000, Internet). **2.** A (veraltend) ›Tafel, auf der die Mieter(innen) eines Hauses verzeichnet sind‹: *... suchte er im Hausflur auf dem so genannten Tableau den Namen des Dr. Eptinger* (Doderer, Wasserfälle 38). **3.** A CH; ↗ Tasse A ›Tablett‹: *Frau Estner ... beobachtete: Maria Wiesinger, ein großes Serviertableau voller Getränke, ... das Tableau mit leeren Flaschen Gläsern Krügen hinaus und wieder mit einem vollen Tableau herein* (Innerhofer, Schattseite 107; A); *Stöckli-Weinset bestehend aus einem Tableau, 1 Krug und 6 Becher, kupferfarbig Fr. 30.–* (s'Sproochroor Felix Platter-Spital, 4/2001, Internet; CH) – Andere Bedeutungen sind gemeindt. – Zu 3.: **Serviertableau** CH

Tablett (gemeindt.): ↗ Tableau

Tabouret CH das; -s, -e/-s ['taburɛt]: siehe Tabourettli

Tabourettli CH das; -(s), – [tabu'rɛtlɪ]: ↗ Stockerl A ›Stuhl ohne Lehne; Hocker‹: *Es gibt hier kein fliessendes Wasser, und das Plastikbecken steht auf dem einzigen Taburettli* (TA Magazin 27. 1. 2001, Internet) – Auch in den Schreibungen *Taburett[li]* (das; -s, -e/-s) und *Tabouret*, in dieser Schreibung auch in D, aber veraltet

Taburett CH das; -s, -e/-s ['taburɛt]: siehe Tabourettli

tachinieren A sw.V./hat ⟨Etymologie unklar, vielleicht zu rotwelsch *Tarchener* ›Betler, Betrüger‹⟩ (abwertend, Grenzfall des Standards): **1.** ›geschickt jeglicher Arbeit aus dem Weg gehen‹: *»Pausen sind notwendig. Tachinieren ist aber nicht drinnen«, sind sich die drei »Aufpasser« einig* (Kurier 30. 12. 1999, 11). **2.** ›vorgeben krank zu sein, um nicht arbeiten zu müssen; blau machen‹: *Dass von den derzeit 3,21 Prozent Kranken in Niederösterreich nur wenige tachinieren, beweist die Tatsache, dass davon immerhin ein Fünftel im Spital liegen* (NÖN 18. 3. 1998, 2) – Dazu: **Tachinierer(in)**

Tacke A die; –, -n (Grenzfall des Standards): ↗ Fußtacke A, ↗ Fußabstreifer A D-südost, ↗ Türvorlage CH, ↗ Türvorleger CH D-nordwest/südost, ↗ Schuhabstreifer D, ↗ Fußabtreter D (ohne südost), ↗ Schuhputzer D-südwest ›Matte oder Rost am Boden vor einer Tür zum Säubern der Schuhe; Fußmatte‹: *Die [Gratiszeitungen] werden tagelang auf allen Türtacken platziert* (Standard 4./5. 3. 1995, Internet) – Dazu: **Türtacke**

Tacker D der; -s, – ['takɐ] ⟨aus engl. *tacker*, zu *to tack* ›heften, nageln‹⟩: ↗ Klammermaschine A, ↗ Bostitch CH, ↗ Klammeraffe D-nord/mittel ›Gerät zur Anbringung u-förmiger Metallklammern; Hefter‹: *Tacker Pegaso heftet – egal ob Papier, Pappe, Plastik oder Stoff* (Klou Designartikelvertrieb München, 1999, Internet) – Dazu: ↗ **tackern**

tackern D sw.V./hat ['takɐn] ⟨aus engl. *to tack* ›heften, nageln‹⟩: ↗ bostitchen CH ›u-förmige Metallklammern anbringen; heften‹: *Das abnehmbare Oberteil tackert gnadenlos z. B. Fotos und Stoff an Wände* (Klou Designartikelvertrieb München, 1999, Internet) – Vgl. Tacker

Tafel die; –, -n: **1.** A CH D-südwest ›öffentlich aufgestelltes oder angebrachtes Schild mit Informationen, z. B. Ortsnamen, Reklame, Fahrplänen, Verkehrsregelungen‹ (meist in Zus.): *Entscheidend ist die Frage, ob sich durch das Entfernen der Tafel Unterschiede gegenüber dem Zustand, als die 70 km/h-Beschränkung noch angebracht war, erkennen lassen* (Kleine Ztg 14. 2. 1999, Internet; A); *Ich passierte die erste Tafel mit allgemeinem Fahrverbot und begegnete einer jungen Frau mit Hund, einem Pudel. Im Wald stand plötzlich eine weitere Verbotstafel, und ich traute meinen Augen nicht* (Schenker, Manesse 11; CH). **2.** ***die Tafel löschen** A D-mittelost/süd; ***die Tafel putzen** CH D-mittel/süd; ***die Tafel wischen** D ›die Schultafel mit einem Tuch oder Schwamm reinigen‹: *Nach der letzten Unterrichtseinheit wird die Tafel gelöscht, die Sessel werden auf die Tische gestellt, die Jalousien hochgekurbelt und die Fenster geschlossen* (Hauptschule St. Georgen/Gusen, Hausordnung, 2003, Internet; A); *Nach dem Unterricht: Stühle aufs Pult, Licht löschen, Tafel putzen, Fenster schliessen, Spezialraum abschliessen* (Sekundarschule Allenlüften, 2003, Internet; CH); *Am Ende der letzten Unterrichtsstunde müssen die Stühle auf die Tische gestellt, die Tafel gewischt … und die Tür abgesperrt werden* (Gymnasium Königsbrunn 15. 2. 2003, Internet; D) – Andere Bedeutungen sind gemeindt. – Zu 1.: ↗**Amtstafel** A, ↗**Anschlagtafel** A, ↗**Erkennungstafel** LUX, ↗**Innerortstafel** CH, ↗**Kenntafel** STIR, ↗**Kennzeichentafel** A, **Nachrangtafel** (↗Nachrang) A, ↗**Nummerntafel** A, ↗**Ortstafel, Stopptafel, Verbotstafel, Verkehrstafel, Vorrangtafel** (↗Vorrang) A

Täfeli CH-west/nord das; -s, – (Grenzfall des Standards): ↗Zuckerl A D-südost, ↗Zältli CH-ost, ↗Bonbon CH D, ↗Zuckerle STIR ›Süssigkeit zum Lutschen (als Ganzes in den Mund zu stecken)‹: *Zu knabbern gibt's entweder Nüssli, Gummibärchen oder Täfeli* (Bund 16. 1. 1999, 22) – Wird auf der ersten Silbe betont, in CH-west mit kurzem, in CH-nord mit langem Vokal – Dazu: **Nideltäfeli** (↗Nidel)

Tafelkratzer Tafelkratzerin A-mitte der; -s, – bzw. die; –, -nen (Grenzfall des Standards): ↗Erstklassler A (ohne Vbg.) D-südost, ↗Erstklässler A-west (Vbg.) CH D, ↗Taferlklassler A (ohne west) D-südwest, ↗I-Dotz D-mittelwest (rhein.) ›Schüler(in) der ersten Schulklasse; Schulanfänger(in)‹: *In der Schulecke des Museums erfährt man die Hintergründe vom Tafelkratzer oder Tintenpatzer* (Kleine Ztg 3. 10. 1998, Internet)

täfeln A D (ohne südost) sw.V./hat: ↗täfern A-west CH, ↗vertäfeln D ›(mit ineinander gefügten Holzbrettern) verkleiden‹: *Malen, täfeln, verputzen und verfliesen – wer selber was kann, spart viel Geld* (VN 24. 7. 1998, A 12; A); *Einer der Mediziner raffte 500 000 Mark zusammen, ein anderer ließ sein Arbeitszimmer mit Edelholz täfeln* (Berliner Kurier 20. 7. 1996, Internet; D) – Dazu: ↗**Getäfel**, ↗**Täfelung**

Tafelspitz der; -es, -e (Plur. ungebräuchl., Küche): **1.** A ›mit kleinem Fettrand versehener hinten gelegener Fleischteil vom obersten Teil der Hüfte des Rindes, der zum Kochen und Dünsten im Ganzen verwendet wird‹: *Zutaten: 80 dag Tafelspitz* (Firma Thea online, 2000, Internet). **2.** A D; ↗Hüftdeckel D-mittelwest/südwest, ↗Rosenspitz D-süd ›in der Suppe gekochtes und in Scheiben geschnitten serviertes Rindfleisch von der Hüfte‹: *Das Hauptgericht: Tafelspitz mit Schnittlauchsauce, Apfelkren und Kartoffelschmarrn* (NÖN 22. 6. 1998, 6; A); *Den Tafelspitz quer zu Faser in Scheiben schneiden und auf dem Ragout anrichten* (Stern 10. 6. 2000, Internet; D) – Wegen uneinheitlicher Schnittführung gibt es keine direkte Entsprechung der Fleischteile. In D als Speise ursprünglich fremd, aber zunehmend gebräuchlich. Zu 1 vgl. Knöpfel

Täfelung A D (ohne südost) die; –, -en: ↗Getäfel A D, ↗Vertäfelung A D, ↗Täfer A-west CH, ↗Täferung A-west CH, ↗Getäfer CH ›Holzverkleidung (für Zimmerdecken und -wände)‹: *Die hohen, von schwarzer Täfelung eingefassten Fenster gingen auf den Canale Grande hinaus* (Rosei, Edgar Allan 85; A); *Dafür knackt es hin und wieder im Holz der Täfelung meiner Wände* (Hildesheimer Tynset, 2003, Internet; D) – In CH selten. Vgl. täfeln – Dazu: **Holztäfelung, Stubentäfelung** (↗Stube)

Täfer A-west CH das; -s, –: ↗Getäfel A D, ↗Täfelung A D (ohne südost), ↗Vertäfelung A D, ↗Täferung A-west CH, ↗Getäfer CH ›Holzverkleidung (für Zimmerdecken und -wände)‹: *Während der Umbauarbeiten auf der westlichen Hausseite kamen unter einem einfachen Täfer Wandmalereien zum Vorschein* (Toggenburger Annalen, 32; CH) – Dazu: **Deckentäfer, Holztäfer, Täferdecke, täfern, Täferwand, Wandtäfer**

Taferlklassler Taferlklasslerin A (ohne west) D-südwest der; -s, – bzw. die; –, -nen (Grenzfall des Standards): ↗Tafelkratzer A-mitte, ↗Erstklassler A (ohne Vbg.) D-südost, ↗Erstklässler A-west (Vbg.) CH D, ↗I-Dotz D-mittelwest (rhein.) ›Schüler(in) der ersten Schulklasse; Schulanfänger(in)‹: *Weitere Neuerung in der Schulnovelle, die zum Teil bereits im Herbst wirksam wird: Fremdsprache für Taferlklassler* (TT 30. 1. 1998, 3; A); *Die Zeitschrift »Konsument« nahm … das führende Schultaschen-Angebot aufs Korn, denn … so mancher Taferlklassler hat die Qual der Wahl angesichts der vielen farbenprächtigen Modelle* (Schuhrevue, Online-Fachmagazin der Schuh- und Lederwarenbranche 16. 4. 2003, Internet; D-südwest) – Vgl. -klassler

täfern A-west CH sw.V./hat: ↗TÄFELN A D (ohne südost), ↗VERTÄFELN D ›(mit ineinander gefügten Holzbrettern) verkleiden‹: *Die Wände sind mit Holz getäfert* (d'Henri, Frau 29; CH) – Vgl. Getäfer, Täfer – Dazu: **vertäfert**

Täferung A-west CH die; –, -en: ↗GETÄFEL A D, ↗TÄFELUNG A D (ohne südost), ↗VERTÄFELUNG A D, ↗TÄFER A-west CH, ↗GETÄFER CH ›Holzverkleidung (für Zimmerdecken und -wände)‹: *Einzig im ersten Wohngeschoss wurde die beschädigte Täferung entfernt* (Toggenburger Annalen 33; CH) – Vgl. täfern – Dazu: **Vertäferung**

Tag- A CH (produktives Bestimmungswort in Zus.): ↗TAGE- D (ohne südost) ›für einen Tag, den Tag betreffend oder bei Tageslicht‹, z. B. ↗Tagbau, ↗Tagblatt CH D-süd, ↗Taggeld A CH D-süd, Taglohn, Tagreise, tagweise: *Auf ihren Gesichtern lag eine Schicht von Müdigkeit aus dem Tagwerk monotoner schwerer Arbeit und schien den Staub zu verdichten* (Pirch, Lerra 98; A); *Wenn du für ein Coca-Cola den Taglohn einer Einheimischen ausgeben kannst, dann ist eine ungetrübte persönliche Begegnung nicht mehr möglich* (P.M., Olten 35; CH)

Tag: *guten Tag CH D-nord/mittel; ***Tag!** D-nord/mittel: ↗BEGRÜẞEN: *BEGRÜẞE! A-südost, ↗GOTT: *GRÜẞ GOTT A D-süd, ↗GRÜEZI CH, ↗MOIN D-nordwest /Grußformel (zur Begrüßung von nicht näher befreundeten oder verwandten Personen)/: *Guten Tag, ich möchte bitte den hiesigen Datenschutzbeauftragten sprechen* (Datenschleuder 26/27, 1988, Internet; CH); *Er lernt jetzt auch seit zwei Jahren die deutsche Sprache und kann schon Guten Tag sagen* (TAZ 18. 2. 2002, 19; D); ***mit heutigem Tag** A ›vom heutigen Tag an‹: *Denn mit heutigem Tag werde ich nur noch Lieder über Marlene schreiben* (Brödl, Blutrausch 53) – Die Begrüßungsformel *Guten Tag* ist in A bes. in Wien verbreitet, sonst formell und selten. Die Redewendung *auf meine alten Tage* in der Bedeutung ›in meinem Alter noch‹ ist gemeindt. Das Substantiv *Tag* ist in allen anderen Verwendungen gemeindt.

Tagbau A CH der; -(e)s, ohne Plur.: **1.** ↗TAGEBAU D ›oberirdisches Erstellen eines unteriridischen Bauwerks‹: *Auf Hochtouren laufen die Arbeiten an der Pyhrnautobahn. ... Die unterirdischen Fahrbahnen wurden im Tagbau errichtet* (OÖN 19. 4. 2002, Internet; A); *Im nächsten Jahr will der Flughafen ... im Tagbau den Verbindungstunnel zum neuen Fingerdock erstellen* (Bund 19. 11. 1999, 2; CH). **2.** ↗TAGEBAU D ›Abbau von Erz oder Kohle an der Erdoberfläche‹: *Die Straßen links und rechts sind von Steinbrüchen gesäumt, in denen im Tagbau der Marmor geschnitten wird* (OÖN 10. 7. 1999, 3; A); *Andere Länder können Kohle im Tagbau weit rentabler fördern [als Deutschland]* (Bund 29. 5. 1997, 2; CH) – Vgl. Tag- – Zu 1.: **Tagbaustrecke** CH, **Tagbautunnel** CH. Zu 1. und 2.: **Untertagbau**

Tagblatt CH D-süd das; -(e)s, ...blätter: ↗TAGEBLATT D-nord/mittel ›Tageszeitung‹ (Namensbestandteil von Tageszeitungen): *Aschi hatte eine Fertigpackung Lasagne eingekauft, die assen sie in seiner ... Wohnung, dann schauten sie im Tagblatt die Kino-Anzeigen an* (Walter, Beton zu Gras 49; CH) – In A historisch. Vgl. Abendblatt, Tag-

Tage- D (ohne südost) (produktives Bestimmungswort in Zus.): ↗TAG- A CH ›für einen Tag, den Tag betreffend oder bei Tageslicht, den oberirdischen Bergbau betreffend‹, z. B. ↗Tagebau D, ↗Tageblatt D-nord/mittel, ↗Tagegeld D, Tagereise, tageweise: *Der Tagebau dient der Versorgung des von der VEAG betriebenen Kraftwerks Jänschwalde mit Braunkohle* (Tagesspiegel 30. 9. 2000, Internet); *Diese Kamera kann ... zu dienstlichen Zwecken tageweise ausgeliehen werden* (Universität Freiburg 1. 7. 1999, Internet)

Tagebau D der; -(e)s, -e: **1.** ↗TAGBAU A CH ›oberirdisches Erstellen eines unteriridischen Bauwerks‹: *Die ersten 425 m des Tunnels, ausgehend vom Westportal, wurden ... im Tagebau erstellt* (Firma Wirtgen 30. 7. 2003, Internet). **2.** ↗TAGBAU A CH ›Abbau von Erz oder Kohle an der Erdoberfläche‹: *Wie es aussieht, wird sich dieses Szenario nie wiederholen, denn es gibt langsam keine Tagebaue mehr* (Leipziger Rundschau 18. 2. 1998, 3) – Vgl. Tage- – Zu 2.: **Braunkohletagebau, Untertagebau**

Tageblatt D-nord/mittel das; -(e)s, ...blätter (veraltend): ↗TAGBLATT CH D-süd ›Tageszeitung‹ /Namensbestandteil von Tageszeitungen/: *Finkelstein wurde Redakteur beim »Argentinischen Tageblatt«, nachdem er Krokodile geschossen, Häuser gebaut und Versicherungen verkauft hatte* (Welt 26. 7. 1999, Internet) – Vgl. Abendblatt, Tage-

Tagegeld D das; -(e)s, -er: **1.** ↗TAGGELD A CH D-süd, ↗TAGESSATZ A D ›Vergütung des zeitlichen und materiellen Aufwandes für eine bestimmte Tätigkeit für einen Tag [z. B. bei Dienstreisen]; Spesen‹: *Für jeden vollen Kalendertag einer Dienstreise beträgt das Tagegeld 40,– DM* (Universität Kaiserslautern 5. 11. 2001, Internet). **2.** ↗TAGGELD A CH D-süd ›von einer Versicherung bezahlter Betrag pro Tag bei Krankheit und Unfall‹: *Patienten können bei einem Krankenhausaufenthalt nur dann Tagegeld von ihrer Versicherung beanspruchen, wenn der Aufenthalt im Krankenhaus medizinisch notwendig ist* (Guter Rat 5. 11. 2001, Internet)

Tagesaktion (gemeindt.): ↗TAGESHIT

Tagesdecke (gemeindt.): ↗ÜBERWURF, ↗ZIERDECKE

Tagesdienst (gemeindt.): ↗JOURNALDIENST

Tageseinnahmen (gemeindt.): ↗TAGESLOSUNG

Tageshit CH der; -s, -s (Handel): ›[günstiges] Angebot, das einen Tag lang gilt; Tagesaktion‹: *Wir entscheiden uns am Sonntag für den Tageshit. Der Potaufeu für 17.50 Franken ist von der Art, die jedes Soldatenherz sentimental werden lässt* (TA 26. 9. 2000, 21) – Vgl. Monatshit, Wochenhit

Tageslichtprojektor D der; -s, -en: ↗OVERHEADPROJEKTOR A D, ↗HELLRAUMPROJEKTOR CH, ↗PROKISCHREIBER CH ›Gerät, mit dem beschriebene transparente Folien auf eine Leinwand projiziert werden können‹: *Nimm eine Folie mit den Umrissen der Kontinente und vergrößere diese mithilfe des Tageslichtprojektors auf Plakatkarton* (Fischer, Geographie 122)

Tageslosung A die; –, -en: ›von einer Firma, einem Geschäft an einem Tag eingenommenes Geld; Tageseinnahmen‹: *Leni räumte jetzt auf, bereitete alles für den Geschäftsschluss vor – Loni zählte die Tageslosung in eine Handkassa* (Frank, Kommissar 52)

Tagesordnung A D die; –, -en: ↗GESCHÄFTSLISTE CH, ↗TRAKTANDENLISTE CH, ↗TAGLISTE CH-ost (ZH) ›Programm[punkte] einer Sitzung‹: *Auf der Tagesordnung stand … die vorläufige Endfassung des neuen »Strategieplanes für Wien«, der … heuer beschlossen werden soll* (Standard 24. 3. 2000, Internet; A); *Die 4. Sitzung des Haupt- und Finanzausschusses des Rates der Gemeinde Borchen … findet am Donnerstag … mit nachfolgender Tagesordnung statt* (Gemeinde Borchen, 2000, Internet; D) – Abk. TO – Dazu: ↗**Tagesordnungspunkt**

Tagesordnungspunkt A D der; -(e)s, -e: ↗TRAKTANDUM CH ›Verhandlungsgegenstand einer Sitzung‹: *Mit besonderer Spannung wird jener Tagesordnungspunkt erwartet, der sich mit dem Wechsel an der Unternehmensspitze befasst* (Trend 6/2001, Internet; A); *Rege Diskussion kommt beim Tagesordnungspunkt »Umgestaltung des Schlossparks« auf* (Stadt Donzdorf, 2000, Internet; D) – Abk. TOP. Vgl. Tagesordnung

Tagessatz A D der; -es, …sätze: **1.** ↗TAGGELD A CH D-süd, ↗TAGEGELD D ›Vergütung des zeitlichen und materiellen Aufwandes für eine bestimmte Tätigkeit für einen Tag [z. B. bei Dienstreisen]; Spesen‹: *Bei Auslandsreisen steht der volle Tagessatz erst zu, wenn die Reise über 12 Stunden dauert, bei einer Reisedauer unter 5 Stunden gebührt kein Tagessatz* (Österr. Lohnsteuerverein, 2001, Internet; A); *Ein Tagessatz entspricht einer Arbeitsleistung von 8 Stunden pro Arbeitstag* (Firma Ision 12. 3. 2003, Internet; D). **2.** ›nach bestimmten Richtlinien festgelegter täglicher Geldbetrag für Unterbringung und Behandlung eines Patienten im ↗Krankenhaus, auf Kuren etc.‹: *Das Pflegegeld – vom Sparbefehl gedrosselt – entspricht im Mittelwert von 11.000,– gerade einem Tagessatz im AKH* (OÖN 24. 2. 2001, 5; A); *Der Tagessatz wird 135,40 Mark betragen, weil nach Auskunft des Caritasverbandes der Pflegeaufwand sehr groß sein wird* (Tagesspiegel 22. 6. 2001, Internet; D). **3.** (Recht) ›den wirtschaftlichen Verhältnissen angepasste Bemessungseinheit, in der Geldstrafen festgelegt werden‹: *Wer einen anderen ohne dessen Einwilligung, wenn auch nach den Regeln der medizinischen Wissenschaft, behandelt, ist mit Freiheitsstrafe bis zu sechs Monaten oder mit Geldstrafe bis zu 360 Tagessätzen zu bestrafen* (IGSL o. J., 10; A); *Ersatzweise droht Ordnungshaft mit einem Tagessatz von 5000 Mark* (Tagesspiegel 24. 2. 2001, Internet; D) – Zu 1. und 2.: In CH selten

Tagesteller CH der; -s, –: ›nur aus dem Hauptgang bestehendes Tagesmenü‹: *Hier kocht der Chef persönlich die Tagesteller* (Blick 13. 7. 1998, 8)

Tageszeit: *die Tageszeit sagen D-mittelwest ›grüßen‹: *Manche von denen haben kaum die Tageszeit gesagt und sich sofort verdrückt, wenn sie ihr Gebet verrichtet hatten* (Rheinische Post 7. 2. 2003, Internet) – Das Substantiv *Tageszeit* ist in allen anderen Verwendungen gemeindt.

Taggeld A CH D-süd das; -(e)s, -er: **1.** ↗TAGESSATZ A D, ↗TAGEGELD D ›Vergütung des zeitlichen und materiellen Aufwandes für eine bestimmte Arbeitstätigkeit an einem Tag, z. B. bei Dienstreisen; Spesen‹: *Liegt … eine abzugsfähige Bildungsmaßnahme vor, so sind folgende Kosten abzugsfähig: Kursgebühren, Skripten, Bücher, durch die Ausbildung ausgelöste zusätzliche Fahrtkosten und … auch Taggelder und Nächtigungsgelder* (OÖN 24. 8. 2000, 11; A); *Wenn ich diesen Betrag mit der Vorbereitungszeit aufrechne, komme ich nicht einmal auf 100 Franken Taggeld* (Blick 8. 9. 1998, 15; CH). **2.** ↗TAGEGELD D ›von einer Versicherung bezahlter Betrag pro Tag bei Krankheit, Unfall, Arbeitslosigkeit‹: *Die Versicherung weigerte sich, das Krankenhaus-Taggeld zu bezahlen, weil sie annimmt, dass der Brandunfall deshalb geschah, weil Alois M. an einem Lösungsmittel gerochen … hatte und sich dabei eine Zigarette anzünden wollte* (Kleine Ztg 28. 11. 1997, Internet; A); *Zu klären wäre noch, ob Ihr Sohn beim letzten Arbeitgeber eine Taggeldversicherung hatte oder über die Pensionskasse gegen Invalidität versichert war* (TA 27. 9. 1999, 29; CH) – Zu 1 vgl. Diäten – Zu 2.: **Krankentaggeld** CH, **Unfalltaggeld** CH

Tagliatelle (gemeindt.): ↗BANDNUDEL, ↗NUDEL

Tagliste CH-ost (ZH) die; –, -n (Verwaltung): ↗TAGESORDNUNG A D, ↗GESCHÄFTSLISTE CH, ↗TRAKTANDENLISTE CH ›Programm[punkte] einer Sitzung‹: *Diese sieben Begehren wurden bereits versandt*

und auf die Tagliste gesetzt (Grosser Rat Zürich, 1999, Internet)

Tagwache A CH die; –, -n (bes. Militär): ↗Tagwacht CH ›morgendliche Weck- und Aufstehzeit (einer Personengruppe)‹: *Die Soldaten hackeln quasi wie die Tiere, Tagwache 4.30 Uhr, Ende nie* (Standard 6. 2. 2001, Internet; A); *An Trainingstagen wie Dienstag und Mittwoch ist jeweils um sechs Uhr Tagwache* (TA 26. 1. 1999, 45; CH)

Tagwacht CH die; –, ohne Plur.: ↗Tagwache A CH ›morgendliche Weck- und Aufstehzeit (einer Personengruppe)‹: *Ferien auf dem Campingplatz. Tagwacht ist um 7 Uhr früh* (Blick 24. 7. 1998, 9)

Tagwen CH-ost (GL) der; -s, –: ↗Bürgergemeinde CH, ↗Burgergemeinde CH-west/süd, ↗Ortsbürgergemeinde CH-ost/zentral, ↗Ortsgemeinde CH-ost (SG) ›(im ↗Kanton GL) Gesamtheit der Angehörigen einer Gemeinde, d.h. alle, die in einer Gemeinde das ↗Bürgerrecht besitzen (im Ggs. zur ↗Einwohnergemeinde, welche alle in einer Gemeinde Wohnhaften umfasst)‹: *Der Tagwen ist die Bürgergemeinde und umfasst die im Gebiet der Ortsgemeinde wohnhaften Tagwensbürger* (Verfassung Kanton GL, 1999, Internet) – Dazu: **Tagwensgemeinde**

Take-away CH der; -s, -s ['teɪkəweɪ] ⟨aus engl. *to take away* ›zum Mitnehmen‹⟩: ↗Stehbeisel A (ohne west), ↗Buffet A D-südost, ↗Imbiss A D ›[sehr kleines] Lokal, in dem Getränke und Imbisse in kurzer Zeit konsumiert oder zum Mitnehmen verkauft werden‹: *Laut Baupublikation wird das ehemalige Ladenlokal von Heinz M. »Chäsbueb« in ein »Take-away- und Imbiss-Restaurant« umgewandelt* (Bund 4. 8. 1999, 19) – Auch in der Form *Takeaway. Take-away* umfasst die kleinen Imbissstände ebenso wie die grossen Fast-Food-Restaurants. Vgl. Wurststand – Dazu: **Take-away-Stand**

Talferstadt STIR die; –, ohne Plur. ⟨benannt nach ihrer Lage am Fluss *Talfer*⟩: ›Bozen‹: *Goethe und Herder und Josef II. besuchten die Talferstadt und wohnten im ehemaligen Sonnenwirtshaus am Obstmarkt, wo heute noch eine Gedenktafel an den Aufenthalt Goethes erinnert* (Bernhart, Bozen 55) – Dazu: **Talferstädter(in)**

Talgemeinschaft CH STIR die; –, -en: ›für bestimmte öffentliche Aufgaben gebildete Verwaltungseinheit in einer Talregion‹ (in CH nur in der Wendung *Sarganserländische Talgemeinschaft): Die Sarganserländische Talgemeinschaft will sich mit einer Petition gegen den drohenden Arbeitsplatzverlust bei den Militärbetrieben im Sarganserland wehren* (St. Galler Tagbl 14. 2. 2000, Internet; CH); *Das dafür nötige Geld wird mühsam zusammengekratzt bei öffentlichen Institutionen, Talgemeinschaft, Banken und anderen Sponsoren* (Dolomiten 9. 5. 2001, 8; STIR) – In LIE selten. Vgl. Berggemeinschaft

Talon CH der; -s, -s ['t'alõ] ⟨frz.⟩: ↗Kupon A, ↗Coupon CH D STIR ›abtrennbarer Teil eines Schreibens, Formulars oder einer Werbeannonce [der ausgefüllt und an den Absender zurückgeschickt wird]‹: *Wenn Sie untenstehenden Talon ausfüllen und einsenden, haben Sie innert wenigen Tagen die neue »Tierwelt« zu Hause* (Tierwelt 33/1997, 73) – Die anderen fachsprachlichen Bedeutungen sind gemeindt., Aussprache in A [ta'loːn], in D [ta'lõː, ta'loŋ] – Dazu: **Anmeldetalon, Bestelltalon**

Talschaft A-west (Vbg.) CH die; –, -en: ›Gesamtheit der Personen, die in einem Tal leben‹: *Was vor fast genau zwei Jahren mit bescheideneren Mitteln begann, entwickelt sich langsam zu einem komplexen Informationssystem für die gesamte Talschaft* (VN 20. 2. 1997, Heimat/Bludenz 12; A-west); *Das Verhältnis der beiden Talschaften zueinander ist bis in die Gegenwart hinein ein einigermassen delikates psychologisches Problem geblieben* (Allemann, Schweiz 53; CH) – Die Verwendung im Bereich Geografie in der Bedeutung ›Hochgebirgstal als Ganzes (mit seinen Nebentälern)‹ ist fachsprachlich gemeindt.

Talsperre A D die; –, -n: ›Stauwerk, das ein ganzes Tal abschließt‹: *Knapp zehn Jahre später kursierten Pläne für eine mögliche Talsperre im Reichraminger Hintergebirge* (OÖN 6. 9. 2002, Internet; A); *Die Talsperre hielt dem immensen Druck zwar stand, doch wie Springflutwellen nach einem Seebeben schossen die Wassermassen über die Staumauer* (Welt 10. 10. 1995, Internet; D) – In CH fachsprachlich. Vgl. Sperre

Tambour der; -s/-en, -e/-en ['tambuːɐ̯]: ›Trommelspieler‹: Der Genitiv Sing. und der Nom. Plural lauten in CH meist auf -en, gemeindt. auf -s bzw. -e: *Die Tambouren pflügten sich ihren Weg durch das grosse Gedränge* (Blick 18. 2. 1997, 28; CH) – Betonung in A meist auf der letzten Silbe. Eine weibliche Form ist nicht gebräuchlich

Tandelmarkt A-ost der; -(e)s, ...märkte: ↗Altwarenmarkt A, ↗Brocante CH-west, ↗Trödelmarkt D (ohne südost), ↗Tändelmarkt D-südost ›Markt, auf dem gebrauchte Waren aller Art angeboten werden; Flohmarkt‹: *Der Lions-Club Wiener Neustadt veranstaltet am 24. und 25. April im Ausstellungsgelände von Wiener Neustadt wieder einen Tandelmarkt* (Kurier 10. 2. 1993, 6) – In A-west selten. Vgl. Tandler

Tändelmarkt D-südost der; -(e)s, ...märkte (selten): ↗Altwarenmarkt A, ↗Tandelmarkt A-ost, ↗Brocante CH-west, ↗Trödelmarkt D (ohne südost) ›Markt, auf dem gebrauchte Waren aller Art angeboten werden; Flohmarkt‹: *Bereits 1854 war den Auer Dulten mit einem »Niederländer Markt« ein*

Tändelmarkt angeschlossen, auf dem nur der Verkauf von gebrauchten Haushaltsgeräten und abgetragenem Gewand gestattet war (München-Tourist 25. 7. 2001, Internet)

Tandler Tandlerin A D-südost der; -s, – bzw. die; –, -nen (veraltend): ↗ALTWARENHÄNDLER A, ↗ALTSTOFFHÄNDLER CH, ↗TRÖDLER D (ohne mittelost/südost) ›Person, die mit gebrauchten Waren aller Art, z. B. Kleidern, Haushalts- und Elektrogeräten, handelt; Gebrauchtwarenhändler(in)‹: *Holl hatte sein unmöglich rot kariertes Jacket an, das ihm der Vater vom Tandler mitgebracht hatte* (Innerhofer, Schöne Tage 47; A) – In A-west selten. Vgl. Tandelmarkt – Dazu: ↗**Fetzentandler(in)** A

Tanke D die; –, -n (salopp, Grenzfall des Standards): ›Tankstelle‹: *Wenn man sonntags einkaufen könnte, müssten arbeitsame Journalisten … nicht mehr an der Tanke Milch kaufen* (TAZ 3. 11. 2003, Internet)

Tanksäule CH D die; –, -n: ›Vorrichtung an einer Tankstelle, von der mit einem Schlauch Treibstoff in ein Fahrzeug gepumpt werden kann; Zapfsäule‹: *Bei der Explosion einer Tanksäule an der Forchstrasse im Kreis 7 ist am Dienstagmorgen eine Frau verletzt worden* (TA 17. 9. 1997, 21; CH); *An der Hauptstraße des beschaulichen Heidedorfes … steht seit einigen Wochen eine Tanksäule, an der Autofahrer den umweltfreundlichen Diesel zapfen können* (HAZ 24. 9. 2002, Internet; D)

Tankstelle (gemeindt.): ↗TANKE

Tannenbaum D-nord/mittel der; -(e)s, …bäume: ↗CHRISTBAUM A CH-nordost D-mittelwest/süd, ↗WEIHNACHTSBAUM CH (ohne nordost) D-nord/mittel ›Nadelbaum, der Weihnachten ins Zimmer gestellt und geschmückt wird‹: *Nach einem leckeren Abendschmaus versammelt sich die Familie um den festlich geschmückten Tannenbaum, unter dem fein säuberlich die Geschenke platziert sind* (Dittmarscher Landesztg 15. 1. 2001, Internet) – Die Bedeutung ›Tanne‹ ist gemeindt.

Tannenzapfen (gemeindt.): ↗TANNZAPFEN, ↗TSCHURTSCHEN

Tannzapfen CH der; -s, –: ↗TSCHURTSCHEN A-west (Tir.)/südost ›Tannenzapfen‹: *Mit einem pinzettenartigen Schnabel mit überkreuzten Spitzen kann er die Schuppen von Tannzapfen auseinanderdrücken und so an die Samen gelangen* (Jetzer, Naturspuren 61)

Tanse CH-ost die; –, -n: ›auf dem Rücken zu tragender Holz- oder Metallbehälter für das Abmessen und den Transport von Milchprodukten, alkoholischen Getränken, Trauben etc.‹: *Um die Jahrhunderwende bestand diese Entschädigung üblicherweise aus einer Tanse Wein …, die im Hause des Hochzeiters abgeholt und im geschlossenen Kreis konsumiert wurde* (Knabenverein Dällikon, 2002, Internet) – Auch in der Form *Tause*. Vgl. Butte – Dazu: **Milchtanse**

Tante-Emma-Laden D der; -s, …läden: ↗GEMISCHTWARENHANDLUNG A, ↗GREISSLEREI A (ohne west), ↗LÄDELI CH, ↗KRAMLADEN D (ohne südost) ›kleines Geschäft, in dem Lebensmittel und Gegenstände des täglichen Bedarfs verkauft werden‹: *Im Tante-Emma-Laden wird Käse mit einer mechanischen Schneidemaschine portioniert* (WAZ 16. 5. 1998, 20) – In A und CH selten

tanzen (gemeindt.): ↗SCHERBELN, ↗SCHWOFEN

Tanzmariechen D-nordost/mittelwest das; -s, –: ↗FUNKENMARIECHEN D-nordost/mittelwest ›junges Mädchen, das Mitglied einer ↗Karnevalsgesellschaft ist und bei Auftritten [in einer Gruppe] tanzt‹: *Tanzmariechen sind ohne Zweifel die tänzerischen Höhepunkte einer jeden Carnevals-Veranstaltung* (Carnevalclub Süderelbe 24. 1. 2003, Internet)

Tanztee D der; -s, -s: ›nachmittägliche Tanzveranstaltung‹: *Monika B., Bürgermeisterin, lädt am Sonntag … zu einem Tanztee ein* (WAZ 15. 10. 1997, 22)

tapern D-nord/mittelwest sw.V./ist: ›sich unbeholfen, ungeschickt bewegen bzw. benehmen‹: *Brav folgte das junge Paar den Anweisungen des Buchs – und taperte von einer Fehlinformation zur nächsten* (Tagesspiegel 18. 3. 2000, Internet)

tapezieren A sw.V./hat: ›Polstermöbel mit Stoff, Leder etc. neu überziehen‹: *Der Tischler gab den Auftrag, die Sitzelemente für ein Gastlokal mit Leder zu tapezieren* (Kleine Ztg 30. 10. 1999, Internet) – Die Bedeutung ›Wände mit Tapeten verkleiden‹ ist gemeindt. – Dazu: ↗**Tapezierer(in)**

Tapezierer Tapeziererin A der; -s, – bzw. die; –, -nen: ›Person, die berufsmäßig Polstermöbel neu bezieht‹: *So bekamen wir für unseren Saal, er hat ein Fassungsvermögen von 200 Personen, die Bühnenbretter von einem Tischler gratis und von einem Tapezierer alle Bespannungen* (Kurier 15. 7. 1992, 4) – Die Bedeutung ›Person, die berufsmäßig Wände mit Tapeten verkleidet‹ ist gemeindt. Vgl. Raumausstatter, tapezieren

Tarifvertrag D der; -(e)s, …verträge: ↗KOLLEKTIVVERTRAG A LUX, ↗GESAMTARBEITSVERTRAG CH, ↗MANTELTARIFVERTRAG D, ↗BEREICHSVERTRAG STIR ›Vertrag zwischen Arbeitgeberverband und Gewerkschaft über Löhne und Gehälter, der meist jährlich neu abgeschlossen wird‹: *Als erste deutsche Gewerkschaft akzeptiert die IG Chemie in ihrem Tarifvertrag eine Öffnungsklausel, die es Arbeitgebern und Betriebsräten erlaubt, den Tariflohn in einem Unter-*

nehmen direkt auszuhandeln (Spiegel-Jahreschronik, 1997, 148) – Vgl. Flächentarif

Tarọck das/der; -(s), ohne Plur. ⟨ital. *tarocco*⟩: /ein Kartenspiel/: ist in A auch Neutrum, gemeindt. Maskulinum: *Er hatte Sub auspiciis maiestatis promoviert und erzählte mir eines Tages verschmitzt, er klopfe bisweilen mit einigen Freunden ein ordentliches Tarock* (Neue Kronen Ztg 25. 4. 2002, Internet; A)

tarockie̲ren A sw.V./hat: ›das Kartenspiel ↗Tarock spielen‹: *Dann brachte er den Kartenspielern die Getränke und schaute ihnen eine Weile beim Tarockieren zu* (Kneifl, Vorstellung 34) – Dazu: **Tarockierer(in)**

Tạrtarsauce CH die; –, -n [...'so:sə]: ›dickflüssige, kalte Sauce aus Mayonnaise vermischt mit Gewürzgurken, Schalotten, Petersilie und Kapern; Sauce tartar‹: *Rote und gelbe Peperoni sowie Schinken fein würfeln, mit 3 EL Mayonnaise, Curry- oder Tartarsauce mischen und in die ausgekühlten Brötchentaschen füllen* (Blick 7. 6. 1996, 29)

Tạsche die; –, -n: **1.** CH D-süd; ↗SACK A CH, ↗SACKERL A, ↗TRAGTASCHE A CH D-südost, ↗BEUTEL D, ↗TRAGETASCHE D, ↗TÜTE D ›[größeres] aus Plastik oder Papier gefertigtes Behältnis mit Tragegriff zum Transport gekaufter Waren‹: *Die Untersuchungsbehörden schliessen ... nicht aus, »dass die Plastiktasche mit dem verdächtigen Paket ... beim Bahnhofgebäude abgestellt worden war«. Eine unbeteiligte Drittperson hätte die Tasche mitgenommen und beim Parkplatz deponiert haben können* (Berner Oberland News 26. 6. 2000, Internet). **2.** ***jmdm. geht das/der Feitel in der Tasche auf** A; ***jmdm. geht das Messer in der Tasche auf** D ›jmd. ärgert, empört sich; jmd. gerät in Zorn‹: *Billy Zane als Roses versprochener Bräutigam bringt die aufgeblasene Arroganz so gewaltig rüber, dass einem im Kinosessel fast der Feitel in der Tasche aufgeht* (OÖN 10. 1. 1998, 6; A); *Wenn ich zusehe, wie manche Radfahrer sich benehmen, da geht mir das Messer in der Tasche auf* (Dekra, 2001, Internet; D); ***die Faust in der Tasche ballen** A D (ohne südost) siehe Faust; ***sich selbst in die Tasche lügen** A D (ohne südost) siehe lügen – Andere Bedeutungen, z. B. ›genähte Einkaufstasche [aus Stoff]‹ und ›Hosentasche‹, sind gemeindt. – Zu 1.: **Plastiktasche** A CH

Taschengeld (gemeindt.): ↗SACKGELD

Taschenmesser (gemeindt.): ↗FEITEL, ↗SACKHEGEL, ↗SACKMESSER

Taschentuch (gemeindt.): ↗NASTUCH, ↗SACKTUCH, ↗SCHNÄUZTUCH, ↗SCHNUPFTUCH

Tạscherl das; -s, -n: **1.** A D-südost (Grenzfall des Standards); ↗TÄSCHLI CH ›kleine [Hand- oder Einkaufs]tasche; Täschchen‹: *Und eine Hausfrau zu Fuß kann maximal Lebensmittel um 300 S tragen, Drogeriewaren um 1500 S aber finden leicht in einem Tascherl Platz* (Neue Kronen Ztg 8. 4. 1999, Internet; A). **2.** A; ↗TATSCHKERL A-ost ›süß oder pikant gefüllte Backware‹: *Aus den Teigresten kleine Quadrate schneiden und als Verschluss auf die Tascherln setzen* (Gusto 11/1997, 69) – Zu 1.: **Geldtascherl.** Zu 2.: **Blunzentascherl** (↗Blunze), **Grammeltascherl** (↗Grammel), **Nusstascherl, Powidltascherl** (↗Powidl), ↗**Topfentascherl**

Tạ̈schli CH das; -s, – (Grenzfall des Standards): ↗TASCHERL A D-südost ›kleine [Hand]tasche‹: *Katja findet ihr Täschli draussen beim Grill. Das Portemonnaie ist noch drin, Geld und Agenda sind weg* (Blick 24. 6. 2000, 1) – Dazu: **Handtäschli, Täschlidieb(in)**

Tạsse die; –, -n: **1.** A; ↗TAZZERL A ›flaches, schüsselförmiges Behältnis [aus Kunststoff], bes. als Teil der Verpackung für ↗Obst oder Fleischstücke im Handel‹: *Wenn Sie den Schopfbraten irrtümlich samt der Plastiktasse verkohlen, können Sie versuchen, das als »Kotelett a la Belgique« an den Gast zu bringen* (OÖN 19. 6. 1999, 28). **2.** A (veraltend); ↗TABLEAU A CH ›Tablett‹: *Als jüngster Ministrant durfte ich bei der Feuerweihe auf einer Silbertasse fünf goldfarbene Weihrauchkugeln halten* (kirche: konkret 3/2001; Internet). **3.** ***trübe Tasse** D (abwertend, Grenzfall des Standards) ›langweilige Person‹: *Du bist vielleicht eine trübe Tasse!* (Burger, Hitler-Jugend 72). **4.** ***hoch die Tassen** D /Ausspruch beim gemeinsamen Trinken/: *Noch einmal hoch die Tassen, dann ist Schluss* (Die Woche 27. 4. 2001, Internet) – Die Bedeutung ›kleines Trinkgefäß mit Henkel‹ ist gemeindt. – Zu 1.: **Plastiktasse, Styroportasse.** Zu 2.: **Serviertasse**

Tạssenkopf D-nord der; -(e)s, ...köpfe: ↗OBERTASSE D ›zu einer Untertasse gehörende Tasse‹: *Hiervon knapp 1/3 Masse in einen Tassenkopf füllen und zugedeckt beiseite stellen* (Backstube, 2002, Internet)

Ta̲t: *in Tat und Wahrheit CH ›in Wirklichkeit, eigentlich‹: *Der kleine gallische Gnom und seine wackere Dorfgemeinde meinen in Tat und Wahrheit ein modernes, autonomes Frankreich* (WW 13. 1. 2000, Internet) – In D gehoben und veraltend. Das Substantiv *Tat* ist in allen anderen Verwendungen gemeindt.

Ta̲tbeweis CH der; -es, -e: ›Beweis durch konkrete Taten‹: *Nelson Mandela hat für mich den Tatbeweis erbracht, dass eine einzige Person eine grosse Hoffnung für die Menschheit verkörpern kann* (Blick 24. 12. 1998, 4)

Tati siehe Dati

Tạtschkerl A-ost das; -s, -n ⟨aus *Tatsch* ›Schlag‹ mit ans Tschechische angelehntem *k*⟩ (Grenzfall des Standards): ↗TASCHERL A D-südost ›süß oder pikant gefüllte Backware‹: *Diese Tatschkerln schmecken auch*

Mehlspeismuffeln! (OÖN 3. 7. 1999, 24) – Dazu: **Powidltatschkerl** (↗Powidl), **Topfentatschkerl** (↗Topfen)

Tätschmeister Tätschmeisterin CH der; -s, – bzw. die; –, -nen (Grenzfall des Standards): ›Leiter(in), tonangebende Person (oft bei grossen privaten Festen diejenige Person, welche den gesamten Ablauf organisiert)‹: *Was in den USA seit Jahren gang und gäbe ist, macht jetzt auch im Privatfernsehen Schule: Tägliche Talkshows, die den Namen des Tätschmeisters tragen* (Blick 14. 9. 1993, 17)

Tau: *keinen Tau [von etw.] haben A (salopp, Grenzfall des Standards): ↗PLAN: *KEINEN PLAN [VON ETW.] HABEN A D-mittel/südwest, ↗HOCHSCHEIN: *KEINEN HOCHSCHEIN [VON ETW.] HABEN CH ›keine Ahnung haben; nichts wissen; keinen [blassen] Dunst/Schimmer [von etw.] haben‹: *»Ich hab keinen Tau, was da los war, Jean-Jacques«, sagt er zu seinem Partner* (Lukas, Wiener Blei 16) – Das Substantiv *Tau* ist in allen anderen Verwendungen gemeindt.

Taubeere D-südost die; –, -n: ↗MOOSBEERE A-west (Tir.), ↗BLAUBEERE A-west (Vbg.) D-nordwest/ mittel, ↗HEIDELBEERE A (ohne südost) CH D, ↗SCHWARZBEERE A-mitte/südost/west (Tir.) D-südost, ↗HEUBEERE CH, ↗BICKBEERE D-nord, ↗WALDBEERE D-mittelwest ›Heidekrautgewächs mit kleinen, blauschwarzen Beeren‹: *... dass wir ... beim Taubeerbrocken uns blaugefärbte Zungen ausstreckten* (Bekh, Apollonius Guglweid 185)

Taubenkobel A D-südost der; -s, –: ↗KOBEL A D-südost ›Taubenschlag‹: *Auch eine gezielte Brut-Kontrolle in einem Taubenkobel ... habe nicht den gewünschten Erfolg gebracht* (Kleine Ztg 22. 8. 1999, Internet; A) – Auch in der Kurzform ↗*KOBEL*

Taubenschlag (gemeindt.): ↗KOBEL, ↗TAUBENKOBEL

taugen A D-südost sw.V./hat (mit Dat.): ›jmdm. gefällt, behagt etw.‹: *Mountainbiken ist einfach eine Sucht, die Rennatmosphäre taugt mir unheimlich* (TT 20./21. 9. 1997, Magazin 3; A) – Andere Bedeutungen sind gemeindt.

Tause siehe Tanse

Tausend D (ohne südost) die; –, -en: ↗TAUSENDER A CH D-süd ›Zeichen für die Zahl 1000‹: *Die mit roter Farbe an die Tunnelwand geschmierte Tausend war ... kaum zu erkennen* (Fahrradreisen 11. 7. 2003, Internet) – *Tausend* (das; -s, -en) in der Bedeutung ›Einheit von tausend gleichartigen Dingen‹ und ›eine unbestimmte Anzahl‹ ist gemeindt. Im Ggs. zum Substantiv *die Tausend* ist das kleingeschriebene Zahlwort *tausend* gemeindt. Zur Verwendung siehe Hundert

Tausender A CH D-süd der; -s, –: ↗TAUSEND D (ohne südost) ›Zeichen für die Zahl 1000‹: *Seit 5. Dezember 1995 ist »Dirty Harry« Kult-Star der schrägsten aller TV-Talkshows. Am Freitag wird der Tausender endlich voll* (Kleine Ztg 14. 11. 2001, Internet; A); *Wieder haben wir einen Tausender voll gemacht! Somit sind wir auch wieder [ein] bisschen näher an den 20000* (Sky Energy 17. 7. 2003, Internet; CH) – Die Verwendung in der Mathematik, die Bedeutungen ›Banknote mit dem Wert Tausend‹ sowie ›Berg von 1000 Meter Höhe‹ sind gemeindt. Zur Verwendung des kleingeschriebenen Zahlwortes *tausend* siehe Tausend

Tausendstel der/das; -s, –: ist in A und D Neutrum, in CH Maskulinum, selten auch Neutrum. Als Verkürzung für *Tausendstelsekunde* A D, *Tausendstelssekunde* CH gemeindt. Femininum: *»Das Ganze ist ein Prozess, es gibt hundert Faktoren«, beschreibt es Ex-Rennfahrer Helmut M., »da ein Tausendstel, dort zwei Tausendstel, es gibt überall was zu holen, bei der Motordrehzahl, beim Getriebe, bei der Radaufhängung ...«* (Profil 8. 3. 1999, Internet; A); *Die vor das Linsensystem vorgeschalteten Filter liessen nur einen Tausendstel des einfallenden Lichtes durch* (Volksstimme 12. 8. 1999, 4; CH); *Ein Nanometer ... ist das Tausendstel eines Tausendstel Millimeters* (Universität Bielefeld 1999, Internet; D)

Tauziehen (gemeindt.): ↗SEILZIEHEN

taxativ A Adj. (formell): ›vollständig, erschöpfend‹ (meist in Verbindung mit dem Verb *aufzählen*): *Tatsächlich hat das Innenministerium ... die Ausfuhr der Gewehre in die Schweiz genehmigt – unter der Auflage, dass die Firma sie dort vor dem Weiterverkauf in taxativ aufgezählte Länder demilitarisiert* (Kurier 11. 12. 1998, 2)

Taxcard CH die; –, -s ['takska:rd]: ↗TELEFONWERTKARTE A, ↗TELEFONKARTE D, ↗TELEKARTE BELG ›Karte, mit der man in öffentlichen ↗Telefonkabinen bargeldlos telefonieren kann‹: *Die Kabine mit dem Münzautomaten ist von einem heimwehkranken Gastarbeiter besetzt. Frei ist nur die zweite Kabine – für Taxcard-Benützer. Sie ahnen es: Ich besitze keine* (Blick 8. 8. 1996, 21)

Taxichauffeur A CH LUX **Taxichauffeurin** A der; -s, -e; bzw. die; –, -nen [... ʃɔ'fø̞ A, ...'ʃofœːr CH] ↗TAXLER A ›Taxifahrer(in)‹: *Der Taxichauffeur fuhr im Schritttempo an den Vermummten vorbei, Schweißperlen auf der Stirn* (Rados, Quotenfieber 54; A); *Der Chef ist zwar noch jung, aber der hat schon so manchen fertig gemacht, vom Taxichauffeur bis zum Direktor einer Telefonzentrale* (Brechbühl, Kneuss 43; CH); *Plötzlich versteht man vorher gesehene Bilder: etwa, warum Y. dem Taxichauffeur und dem Zimmerservice im Hotel 100 Dollar Trinkgeld gegeben hat* (d'Land 19. 1. 2001, Internet; LUX) – Vgl. Chauffeur, Taxichauffeuse

Taxichauffeuse CH die; –, -n [...ʃofø:s, ...ʃofø:sə]: ›Taxifahrerin‹: *Die Taxichauffeuse weiss, was es für Olympia braucht: »Bessere Strassen. Vor allem lawinensichere«* (Blick 15. 6. 1999, 2) – Vgl. Chauffeuse, Taxichauffeur

Taxifahrer (gemeindt.): ↗TAXICHAUFFEUR/TAXICHAUFFEURIN, ↗TAXLER/TAXLERIN

Taxifahrerin (gemeindt.): ↗TAXICHAUFFEUSE

Taxler Taxlerin A der; -s, – bzw. die; –, -nen (Grenzfall des Standards): ↗TAXICHAUFFEUR A CH LUX ›Taxifahrer(in)‹: *Der Räuber zwang den Taxler, das Fahrzeug zu verlassen* (Kurier 17. 9. 1997, 11)

Tazerl siehe Tazzerl

Tazze A die; –, -n (selten): siehe Tazzerl

Tazzerl A das; -s, -n ⟨aus ital. *tazza* ›Tasse‹⟩ (Grenzfall des Standards, veraltend): **1.** ›kleiner Untersetzer; Untertasse‹: *Wie oft mussten Sie schon Münzen mühsam von glatten, ebenen Flächen kletzeln? Haben Sie's? Dann wissen Sie auch, dass da etwas gefehlt hat. ... Ist der schleichende Tazerl-Mangel Zufall? Kann sein. Wir geben aber zu bedenken, dass gewisse Kreise schon länger versuchen, uns das Bargeld abzugewöhnen* (OÖN 4. 11. 2000, 30). **2.** ↗TASSE A ›flaches, schüsselförmiges Behältnis, bes. aus Kunststoff, als Teil der Verpackung für ↗Obst oder Fleischstücke im Handel‹: *Ein Batzen Senf – süss oder scharf – platscht aufs Papp-Tazzerl, und fertig ist der Mampf gegen die Heißhunger-Attacke zwischendurch* (Kurier 16. 10. 1999, 21) – Auch in der Schreibung *Tazerl*, selten in der Form *Tazze* (die; –, -n) – Zu 1.: **Biertazzerl**

TCS CH der; –, ohne Plur.: buchstabierte Abk. für *Touring-Club der Schweiz:* ↗ARBÖ A, ↗ÖAMTC A, ↗ACS CH, ↗ADAC D, ↗ACI STIR ›Vereinigung für Reisende aller Art (Auto-, Motorrad- und Fahrradfahrer(innen), Campingplatzbenutzer(innen) etc.)‹: *Beim Velokauf gibt es die Vignette 98 sowie die Veloversicherung »vélo assistance« des TCS gratis dazu* (BaZ 17. 10. 1997, 65) – Die zwei grossen Schweizer Automobilclubs werden in der Form *ACS/TCS* oft gemeinsam genannnt

Team A das; -s, -s [ti:m] ⟨engl.⟩ (Sport): kurz für ↗*Nationalteam:* ↗NATI CH ›Nationalmannschaft‹: *Nach dem Out in Frankreich und dem unverständlichen Austausch gegen Italien denkt der Toni ernsthaft über seinen Rücktritt vom Team nach* (Neue Kärntner Tageszt 25. 6. 1998, 31) – Andere Bedeutungen sind gemeindt. – Dazu: **Slalomteam, Teambewerb** (↗Bewerb), **Teamcaptain** (↗Captain) CH, ↗**Teamchef(in)** A D, **Teamdebüt, Teamkeeper(in), Teamleader(in)** (↗Leader), **Teamleiberl** (↗Leiberl), **Teamspieler(in), Teamstürmer(in), Teamtorhüter(in), Teamtorjäger(in), Teamtormann** (↗Tormann), **Teamtrainer(in), Teamverteidiger(in)**

Teamchef Teamchefin A D der; -s, -s bzw. die; –, -nen [ti:mʃe:f A, ti:mʃɛf D]: ↗NATIONALCOACH CH, ↗NATIONALTRAINER CH BELG LUX, ↗BUNDESTRAINER D ›Trainer(in) der [Fußball]nationalmannschaft‹: *Fernseh- und Radioreporter aus Italien und Chile, aus den Ländern der Gruppengegner, bestürmten Österreichs Teamchef Herbert Prohaska und Kapitän Anton Polster* (SN 8. 6. 1998, 21; A); *Das fällt dem doppelten Teamchef womöglich leichter, als der Republik das Comeback von Berti Vogts und dessen Teamkonzept zu verkaufen* (SZ 13. 11. 2000, Internet; D) – Die Bedeutung ›Trainer(in) einer Mannschaft‹ ist gemeindt. Vgl. Team

Teamkapitän A der; -s, -e [ti:m...] (Sport): ↗MANNSCHAFTSKAPITÄN A D, ↗CAPTAIN CH ›Sprecher einer Mannschaft‹: *Drei Treffer des Teamkapitäns beim 4:2-Erfolg des 1. FC Köln gegen Borussia Dortmund* (Kurier 14. 12. 1997, 20) – Eine weibliche Form ist nicht gebräuchlich

Teamstütze CH die; –, -n ['ti:m...]: ›wichtiges Mitglied einer Mannschaft; Leistungsträger(in)‹: *Das Kader von der letzten Saison ist zum Grossteil zusammengeblieben, keine Teamstütze hat den Verein verlassen* (TA 6. 8. 1999, 45)

Tea-Room CH das; -s, -s ['ti:ru:m] ⟨engl.⟩: ↗TEESTUBE D ›[zu einer Bäckerei/Konditorei gehörendes] Café, in dem keine alkoholischen Getränke serviert werden‹: *Während 15 Jahren hat das Wirtepaar Haller das Restaurant Spitz geführt. Ab Januar übernehmen sie das Tea-Room Viktoria* (Bund 5. 11. 1999, 27) – In A und D als Maskulinum in der Schreibung *Tearoom* und in der Bedeutung ›tagsüber geöffnetes Lokal, das kleine Imbisse bietet‹ selten. Diese Schreibung ist in CH selten

Technik A die; –, ohne Plur. (informell, Kurzwort): ›Technische Universität‹: *Die Arbeitssuche sei jedoch für Bauingenieure, die zweite Studienrichtung auf der Technik, sicherlich leichter* (Echo 23. 9. 1998, 130) – Andere Bedeutungen sind gemeindt. Vgl. TU

Tee: *einen im Tee haben D-nordwest/mittel (salopp): ↗KANAL: *DEN KANAL VOLL HABEN D (ohne südost), ↗KRONE: *EINEN IN DER KRONE HABEN D (ohne südost), ↗HÄNGEN: *EINE HÄNGEN HABEN LUX ›betrunken sein‹: *Aber natürlich darf ein Kanzler auch mal einen im Tee haben – wenn er nur Wein trinkt, ist das ja nicht weiter schlimm* (Welt 4. 11. 2002, Internet) – Das Substabtiv *Tee* ist in allen anderen Verwendungen gemeindt.

Teebäckerei A die; –, ohne Plur.: ↗KONFEKT CH D-süd ›Teegebäck‹: *Im November gibt es bei mir aber noch*

keine Teebäckerei, die verdirbt einem den Gusto auf die Weihnachtskekse (Gusto 11/1997, 42) – Vgl. Bäckerei

Teebutter A die; –, ohne Plur.: ↗VORZUGSBUTTER CH, ↗MARKENBUTTER D ›Butter der höchsten Handelsklasse‹: *Konkret geht es um ein schlichtes, in Wien bei der Spar verkauftes Packerl heimischer Teebutter, das in Wirklichkeit aus dem Ausland stammt* (Kleine Ztg 10. 5. 1996, Internet)

Teegebäck (gemeindt.): ↗KONFEKT, ↗TEEBÄCKEREI

Teekanne (gemeindt.): ↗TEEKRUG

Teekrug CH der; -(e)s, ...krüge: ›Teekanne‹: *Jenny stellte einen Teekrug und zwei Gläser auf den Tisch, dann holte er aus der Küche eine Weihnachtsschachtel mit Haberguetzli* (Hostettler, Moira 67) – Vgl. Kaffeekrug, Thermoskrug

Teestube die; –, -n: **1.** D; ↗TEA-ROOM CH ›kleines Lokal, in dem vor allem Tee ausgeschenkt wird‹: *Tee braucht den Genießer. Deshalb warten in der puppenhaften Teestube ... über hundert Sorten Tee ... auf die unterschiedlichsten Geschmäcker* (Welt 26. 10. 1999, Internet). **2.** A D ›von einer sozialen Einrichtung betriebenes Lokal, in dem sich bestimmte Gruppen, z. B. Obdachlose, Drogensüchtige, Jugendliche etc. treffen [und Beratung finden]‹: *Mit der Teestube Schwaz wurde ein offener Kommunikationsraum geschaffen, wo sich Menschen in sozialen Notlagen hinwenden können und eine Erstberatung erhalten* (Teestube Schwaz, 2002, Internet; A); *Die Teestube versteht sich als ein Kontaktangebot an drogenabhängige Frauen* (Senatsverwaltung Berlin 6. 3. 2003, Internet; D)

Teewurst D die; –, ohne Plur.: ›geräucherte Streichwurst‹: *Rügenwalder Teewurst ... wird inzwischen von Feinschmeckern in aller Welt gepriesen* (Pressemeldungen Schleswig-Holstein 6. 12. 1999, Internet) – In A durch den Produktaustausch bekannt

Teigschaber CH D der; -s, –: ›spachtelförmiges Gerät zum Lösen von Teig aus einer Schüsssel; Teigspachtel‹: *Mit dem Teigschaber die mit Löffelbiscuits ausgelegte Schale austapezieren* (Minu, Basler Koch(t)köpfe 39; CH); *Der Teigschaber hat einen Stiel, an dem ein flaches Hartgummiteil befestigt ist, dessen eine Ecke abgerundet ist* (Universität Hamburg 21. 1. 2003, Internet; D) – In A bekannt, aber als fremd empfunden

Teigschüssel (gemeindt.): ↗RÜHRSCHÜSSEL, ↗WEITLING

Teigspachtel (gemeindt.): ↗TEIGSCHABER

Teilamt CH das; -(e)s, ...ämter: ›Amt, das nebenberuflich ausgeübt wird‹: *Richter sollen nicht nur im Vollamt, sondern auch im Teilamt gewählt werden können* (TA 30. 10. 1999, 19) – Vgl. Halbamt, Vollamt – Dazu: ↗**teilamtlich**

teilamtlich CH Adj.: ›nebenberuflich‹: *Gegen das Gesetz über die Wahl von teilamtlichen Mitgliedern der Gerichte, welches Teilämter auch für Ober- und Bezirksrichter möglich machen will, hat die SVP das Behördenreferendum ergriffen* (TA 21. 9. 1999, 23) – Vgl. halbamtlich, Teilamt, vollamtlich

Teilchen D-nord/mittel das; -s, –: ›süßes Gebäckstück in der Größe eines Stück Kuchens‹: *Bei dem bloßen Gedanken an klebrige Berliner und andere sirupgeschwängerte Teilchen stellte sich augenblicklich Brechreiz ein* (Lind, Superweib 52) – Andere Bedeutungen sind gemeindt.

-teilet CH das/der; –, – (produktives Grundwort in Zus.): ›das Teilen oder gemeinschaftliche Besitzen und Nutzen von Sachen betreffend‹, z. B. Autoteilet, Boots-Teilet, ↗Chästeilet: *Das Bundesamt für Energie unterstützt Auto-Teilet in der Verwaltung* (TA 5. 2. 2001, 9); *Die Idee des Boots-Teilet begeistert Familien ebenso wie Sportsegler* (TA 25. 6. 1996, 59) – Vgl. Teilete

Teilete CH die; –, -n (Grenzfall des Standards): ›gemeinsames Mahl [nach Gottesdienst oder Messe], zu dem die Beteiligten Speisen und Getränke mitbringen und untereinander aufteilen‹: *Der Abend beginnt um 19 Uhr mit einer Teilete und dauert bis um 22 Uhr* (ProZ 12/1997, 27) – Selten auch in der Form *Teilet* (der/das; -s, -). Vgl. -teilet

Teilpensum CH das; -s, ...pensen: ↗TEILZEITPENSUM CH ›Teilzeitarbeit (oft bezogen auf Lehrberufe)‹: *Lehrer, die lediglich ein Teilpensum unterrichten, stehen vor einem Lohnabbau* (Bund 26. 11. 1999, 34) – Vgl. Pensum, Vollpensum

teilrechtsfähig A Adj.: ›in eingeschränktem Umfang berechtigt, selbstständig und finanziell eigenverantwortlich zu handeln (von ursprüngl. staatlichen Institutionen)‹: *Seit 1. Jänner ist auch das Österreichische Museum für angewandte Kunst teilrechtsfähig und ausgegliedert* (Presse 2. 2. 2000, Internet) – Vgl. vollrechtsfähig – Dazu: **Teilrechtsfähigkeit**

Teilrevision CH die; –, -en: ›Überarbeitung von Teilen eines Gesetzes oder Vertrags‹: *0,43 Quadratmeter – auf so viel Platz hat eine 90 bis 110 Kilo schwere Schlachtsau beim Transport Anrecht. Der Bundesrat beschloss gestern diese Teilrevision der Tierschutzverordnung in Einklang mit der EU-Regelung* (Blick 29. 9. 1998, 13) – Vgl. Revision

Teilsame: **1.** A das; -n, -n (Plur. ungebräuchl.): ↗SCHÜFELI CH, ↗SCHÄUFELE D-südwest ›[geräucherte] Schulter vom Schwein‹: *Teilsames essfertig, per kg 69.90* (Kleine Ztg 2. 3. 1997, 35). **2.** CH die; –, -n:

↗KORPORATION CH ›(ursprünglich öffentlich-rechtliche, heute private) gemeindeähnliche Nutzungsgenossenschaft (v.a. in der ↗Innerschweiz), deren Aufgabe in der Verwaltung von Korporationsgütern (Wald, ↗Allmend, ↗Alp) oder in öffentlichen Dienstleistungen (Wasserversorgung, Strassenbeleuchtung) besteht‹: *Nebst dem Bürger-, bzw. Korporationsbürgerrecht der betreffenden Gemeinde müssen die Mitglieder in der Teilsame auf eigenem oder gepachteten Land einen Landwirtschaftsbetrieb führen* (Verband Obwaldner Bürgergemeinden, 2000, Internet)

Teilzeitarbeit (gemeindt.): ↗TEILPENSUM, ↗TEILZEITPENSUM

Teilzeitbeschäftigte (gemeindt.): ↗TEILZEITER/ TEILZEITERIN

Teilzeiter Teilzeiterin CH der; -s, – bzw. die; –, -nen: ›Person, die ↗teilzeitlich einer Erwerbsarbeit nachgeht; Teilzeitbeschäftigte(r)‹: *Die Beratungsfirma M. hat ermittelt, dass Teilzeiter 3 bis 20 Prozent mehr leisten, weil sie frischer an die Arbeit gehen* (TA 30. 4. 1996, 65) – Vgl. Vollzeiter

teilzeitlich CH Adj.: ›einen Prozentsatz der gesamten Arbeitszeit umfassend‹: *Gerade in der heutigen Zeit, da viele Frauen und Männer nicht auf ihr Arbeitseinkommen verzichten können, ist eine teilzeitliche Ausbildung besonders wichtig und notwendig* (Annabelle 2. 1. 1998, 6) – Vgl. Teilzeiter, Teilzeitpensum

Teilzeitpensum CH das; -s, ...pensen: ↗TEILPENSUM CH ›Teilzeitarbeit‹: *Sacha D. ist in Muri und Hinterkappelen je mit einem Teilzeitpensum als Jugendarbeiter angestellt* (Bund 22. 4. 1999, 30) – Vgl. Teilzeiter, teilzeitlich

Telefon (gemeindt.): ↗FERNSPRECHER

Telefon das; -s, -e: **1.** CH kurz für *Telefongespräch*: ›Anruf; Telefonat‹: *In den Grossunternehmen ist es bereits so weit, dass jedes einzelne Telefon jedes Mitarbeiters von Computern registriert wird* (Pestalozzi, Zukunft 151); ***[jmdm.] ein Telefon geben** ›[jmdn.] anrufen‹: *Iso gibt etwa ein kurzes Telefon, oder er kommt auf einen Sprung* (Zürcher, Zeit 87). **2. *schnurlose Telefon** CH D: ↗SCHNURLOSTELEFON A ›Festnetztelefon mit kabellosem Hörer‹: *Natel und schnurloses Telefon im Betrieb wiederum gewährleisten jederzeitige Erreichbarkeit* (NZZ 12. 8. 1998; CH); *Der Mörder nahm ein schnurloses Telefon ..., einen schwarzen Lederrucksack und ein Schlüsselbund mit herzförmigem Anhänger mit* (Tagesspiegel 30. 11. 1999, Internet; D) – Zu 1.: *Telefon!* als Zuruf, um jmdn. an den Telefonapparat zu holen, ist gemeindt. und wird auf der ersten Silbe betont. Zu 2.: Das Substantiv *Telefon* in der Bedeutung ›Apparat zum Telefonieren‹ ist gemeindt. und wird in A auf der letzten Silbe, mit Langvokal, betont, in CH meist auf der ersten Silbe, mit Kurzvokal, in D auf der ersten oder auf der letzten Silbe – Zu 1.: ↗**Telefonbeantworter** CH BELG

Telefonbeantworter CH BELG der; -s, –: ›Anrufbeantworter‹: *Wenig später fand ich, von einem Räuspern begleitet, dieselbe Mitteilung auf dem Telefonbeantworter* (Müller, Schreckliche 124; CH); *Wenn Sie das Haus verlassen müssen, schalten Sie den Telefonbeantworter ein* (Euregio 25. 2. 2003, Internet; BELG) – Vgl. Telefon

telefonieren sw.V./hat: wird in der Bedeutung ›jmdn. anrufen‹ in CH auch ohne Präposition und mit Dativobjekt verwendet, gemeindt. mit der Präposition *mit* und Dativobjekt: *Haben Sie eine Frage zum Thema Ernährung im Allgemeinen oder Früchte im Besonderen? Telefonieren Sie unserer Beraterin, Frau Dr. Stephanie B.* (Frutta 3/1997, 14; CH) – Vgl. anläuten

telefonisch (gemeindt.): ↗FERNMÜNDLICH

Telefonkabine CH BELG LUX STIR die; –, -n: ↗TELEFONZELLE A D ›kleiner Raum mit öffentlichem Telefon‹: *Von einer Telefonkabine aus telefonierte sie dann dem Portier und sagte ihm, mit ihren Kindern stimme etwas nicht, er solle nachschauen* (Blick 12. 10. 1999, 8; CH); *Änderungen des Straßenbildes ... können eine Geschwindigkeitsdrosselung herbeiführen. Anpflanzungen, eine Straßenbeleuchtung, ... Straßenmobiliar wie Bänke, Telefonkabinen und Buswartehäuschen können den gewünschten Effekt herbeiführen* (Belgisch Staatsblad 27. 10. 1998, Internet; BELG); *Da steht man in der Telefonkabine, an der Parkuhr oder auch nur am Getränkeautomaten und sucht verzweifelt nach Kleingeld* (Letzeburger Journal 14. 10. 1998, Internet; LUX); *Er war jedes Mal ins Gasthaus gefahren, zur einzigen öffentlichen Telefonkabine, die es im Dorf gab, und hatte sie von dort aus zurückgerufen* (Mall, Wege 36; STIR) – Wird in CH auf der ersten Silbe betont, in STIR auf der dritten

Telefonkarte D die; –, -n: ↗TELEFONWERTKARTE A, ↗TAXCARD CH, ↗TELEKARTE BELG ›Karte, mit der man in öffentlichen ↗Telefonzellen bargeldlos telefonieren kann‹: *Mit einer Telefonkarte für zwölf Mark rufe ich zu Hause an* (Welt 23. 10. 2000, Internet)

Telefonleitung (gemeindt.): ↗LINIE, ↗TELEFONLINIE

Telefonlinie CH STIR die; –, -n: ›Telefonleitung‹: *Israel und die Palästinenser richten ein »rotes Telefon« ein – eine gemeinsame Telefonlinie zur Koordination aller Sicherheitsfragen* (Blick 24. 3. 1997, 1; CH); *»In wenigen Monaten konnte Brennercom 1000 Kunden gewinnen und mehr als 3000 Telefonlinien verkaufen«, zog M. Bilanz* (Dolomiten 19. 12. 2001, 8; STIR) – Vgl. Linie

Telefonnummer (gemeindt.): ↗FERNSPRECHNUMMER, ↗RUFNUMMER

Telefonseelsorge A D die; –, ohne Plur.: ↗Kummernummer A, ↗Hand: die Dargebotene Hand CH, ↗Sorgentelefon CH D ›[kirchlicher] telefonischer Beratungsdienst für Menschen in Krisensituationen‹: *Die Wiener Telefonseelsorge tröstet jetzt auch per E-Mail* (Standard 17./18. 11. 2001, Internet; A); *Unter diesen ... Telefonnummern bietet die Telefonseelsorge Rat suchenden Menschen die Möglichkeit, ... verschwiegene Gesprächspartner zu finden* (Evangelische Kirche Rheinland, 1999, Internet; D)

Telefonwertkarte A die; –, -n: ↗Taxcard CH, ↗Telefonkarte D, ↗Telekarte BELG ›Karte, mit der man in öffentlichen ↗Telefonzellen bargeldlos telefonieren kann‹: *Wenn du oft auswärts bist und nur vom Automaten telefonieren kannst, kauf dir eine Telefonwertkarte* (Welt der Frau 6/1996, 5) – Dazu: **Telefonwertkartensammler(in)**

Telefonzelle A D die; –, -n: ↗Telefonkabine CH BELG LUX STIR ›kleiner, abgeteilter Raum oder kleines Häuschen mit öffentlichem Telefon‹: *Private Anbieter wollen der Post auch mit eigenen Telefonzellen Konkurrenz machen* (SN 6. 2. 1998, Internet; A); *Von einer Telefonzelle aus rief ich sie an* (Born, Erdabgewandte Seite 10; D)

Telefonzentrale CH D die; –, -n: ↗Wählamt A ›Schaltzentrale einer Telekommunikationsfirma‹: *In der Liegenschaft ... sind die Wehrdienste, zwei Wohnungen und die Telefonzentrale der Swisscom untergebracht* (Bund 23. 2. 2000, 28; CH); *In der Telefonzentrale der Telekom meldete sich ebenfalls kein Mensch* (Freie Universität Berlin 5. 3. 2000, Internet; D) – In A selten. Die Bedeutung ›zentrale Telefonstelle einer Firma oder eines Amts‹ ist gemeindt.

Telekarte BELG die; –, -n: ↗Telefonwertkarte A, ↗Taxcard CH, ↗Telefonkarte D ›Karte mit elektronisch gespeichertem Guthaben für Telefongespräche‹: *Eine nicht zu unterschätzende Verbesserung ... ist die Tatsache, dass die Fluggäste überall im Terminal Telekartentelefone sowie Faxgeräte benutzen können* (Grenz-Echo 10. 12. 1994, 29)

Tellergericht CH D das; -(e)s, -e: ↗Tellerservice CH ›Gericht, das direkt auf dem Teller serviert wird (nicht in Schüsseln oder Schalen)‹: *In der Gaststube werden Tellergerichte serviert* (Bund 6. 11. 1996, 36; CH); *Wir ... wärmten ein Tellergericht aus Fleisch, Karotten und Kartoffelbrei auf* (Test 12/1997, 46; D)

Tellerservice CH der; –, ohne Plur. [...sɛrvis]: ↗Tellergericht CH D ›Angebot von Gerichten, die direkt auf dem Teller serviert werden (nicht in Schüsseln oder Schalen)‹: *Gemütliches Gasthaus mit gutbürgerlicher Küche und preiswertem Tellerservice* (Gasthaus Curwalden, 2001, Internet)

Tellerwäscher (gemeindt.): ↗Abspüler/Abspülerin, ↗Abwäscher/Abwäscherin

telquel CH Adv. [t'ɛlk'ɛl] ⟨frz. *tel quel*⟩: ›ohne Änderung; einfach so; vorbehaltlos‹: *Würde man die polnische Landwirtschaft tel quel in die Brüsseler Agrarpolitik einfügen, müsste die EU die billigen polnischen Agrarprodukte bis zu der in Brüssel vorgegebenen Höhe subventionieren* (Bund 16. 7. 1997, 2) – Auch in den Schreibungen *tel quel, tel-quel.* In A und D bildungssprachlich und selten

Temporär- CH (produktiver Wortbestandteil in Zus.): ›befristet von Arbeitsverhältnissen‹, z. B. Temporäranstellung, ↗Temporärarbeit, ↗Temporärarbeiter(in), ↗Temporärbüro, Temporäreinsatz, Temporärjob, Temporärstelle: *Mit Glück fand W. für zwei Monate bis zum Beginn der Offiziersschule noch einen Temporärjob* (K-tip 11. 2. 1998, 7)

Temporärarbeit CH die; –, -en (Plur. ungebräuchl.): ↗Leiharbeit A D, ↗Zeitarbeit A D ›befristete Arbeit (durch eine spezialisierte Firma vermittelt)‹: *Viele kleinere und mittlere Unternehmen haben ihre Stammbelegschaft heruntergefahren und vermehrt auf Temporärarbeit gesetzt* (TA 22. 8. 1998, 25) – Vgl. Temporär-

Temporärarbeiter Temporärarbeiterin CH der; -s, – bzw. die; –, -nen: ↗Leiharbeiter A D, ↗Zeitarbeiter A D ›Person, die auf Vermittlung durch ein ↗Temporärbüro jeweils für begrenzte Zeit in verschiedenen Betrieben arbeitet‹: *Die Temporärarbeiter ersetzen die Saisonniers als Manövriermasse, kritisiert derweil die Gewerkschaft Bau und Industrie* (Bund 29. 12. 1999, 13) – Vgl. Temporär-

Temporärbüro CH das; -s, -s: ↗Personalleasingfirma A D, ↗Zeitarbeitsfirma D, ↗Zeitarbeitsvermittlung D ›Firma, die Arbeitskräfte für eine bestimmte Zeitdauer verleiht‹: *R. soll keiner geregelten Arbeit nachgegangen sein, sondern habe bei einem Temporärbüro gearbeitet* (TA 30. 10. 1999, 18) – Vgl. Personalverleih

Tenn CH das; -s, -e: ›Tenne‹: *Im Tenn hingen hölzerne Heugabeln* (Hartmann, Eis 13)

Tenne (gemeindt.): ↗Tenn

Tenue CH das; -s, -s ['t'œny] ⟨aus. frz. *tenue* ›Kleidung‹⟩: ›[vorgeschriebene] [einheitliche] Art sich für einen bestimmten ↗Anlass oder eine bestimmte Aufgabe zu kleiden‹: *Nicht einmal mehr auf die Tenüs ist Verlass! Da kicken in ganz Europa muntere Multi-Kulti-Truppen in irgendwelchen Leibchen für irgendeinen Verein* (TA 12. 10. 1999, 49); ***Tenue blau** ›blaue Arbeitskleidung für manuelle Arbeiten [im Militär und Zivilschutz]‹: *Mann und Frau gehen vor [der Cocktailparty] – vorausgesetzt, sie arbeiten nicht im*

Tenü blau – nicht nach Hause, um sich umzuziehen, sondern kommen im normalen Business-Look (Sonntagsztg 9. 3. 1997, 107); ***Tenue grün:** ↗Wehrkleid CH ›Militäruniform‹: *Nati-Neuling Ludovic M. steckt in der 2. Woche im Tenue Grün. In Monte Ceneri absolviert er die Sanitäter-RS* (Blick 21. 7. 2000, 18) – Auch in der Schreibung *Tenü.* Vgl. Gwändli – Dazu: **Arbeitstenue, Tenuevorschrift**

teppert siehe deppert

Teppichboden A D der; -s, ...böden: ↗Spannteppich CH ›durchgehender textiler Bodenbelag‹: *Gemusterte Teppichböden, Wände und Möbelbezugsstoffe bewirken, dass der Raum nicht zu kühl wirkt* (VN 15. 10. 1998, Heimat/Feldkirch 13; A); *Der Teppichboden wurde im Freizeit-Aufentshaltsraum der Schule verlegt* (Berliner Ztg 19. 4. 1996, Internet; D) – In CH selten

Teppichklopfer (gemeindt.): ↗Pracker

Terrine D (ohne südwest) die; –, -n ⟨frz.⟩: ›Suppenschüssel‹: *Sie beließen an ihrem Platz die ... Geschirrschränke mit den unbescheidenen Wittbünder Tellern und den maßlosen Terrinen und Schüsseln* (Lenz, Deutschstunde 29) – In A und CH in der Gastronomie vor allem als Bezeichnung für die in Terrinen zubereiteten Speisen gebraucht – Dazu: **Suppenterrine**

Terz: *Terz machen D-mittelwest/südwest (Grenzfall des Standards) ›Getue, Aufhebens machen‹: *Deshalb machte er auch solch einen Terz wegen Lisas schief gewachsenem Schneidezahn* (Arens, Nächste Mann 45) – Das Substantiv *Terz* ist in allen anderen Verwendungen gemeindt.

Tesafilm D der; -(e)s, -e (Wz.): ↗Tixo A, ↗Klebstreifen CH ›[durchsichtiger] Klebestreifen‹: *Er hat die Plakate persönlich mit Tesafilm an die Tür geklebt* (Delius, Himmelfahrt 25) – In der Kurzform *Tesa* selten auch in CH

Tetrapack (gemeindt.): ↗Packerl

Teuerung A CH die; –, -en: ›Preisanstieg‹: *Treibstoffe, sonst treibende Kraft im Verbraucherindex für Teuerungen, wurden im November um ein Siebentel billiger* (OÖN 19. 12. 2001, 9; A); *Das Bundesamt für Statistik erwartet nächstes Jahr eine Teuerung von 1,25 %* (TA 29. 10. 1999, 35; CH) – Dazu: **Jahresteuerung** CH, ↗**Teuerungsausgleich** CH, **teuerungsbereinigt** CH, **Teuerungsrate,** ↗**Teuerungszulage**

Teuerungsausgleich CH der; -(e)s, -e: ↗Inflationsabgeltung A, ↗Teuerungszulage A CH, ↗Inflationsausgleich D, ↗Kontingenzzulage STIR, ↗Sonderergänzungszulage STIR ›Angleichung von Löhnen und ↗Renten an die ↗Teuerung‹: *Das Personal soll auf einen Teuerungsausgleich verzichten* (Engadiner Post 4. 10. 1997, 9)

Teuerungszulage A CH die; –, -n: ↗Inflationsabgeltung A, ↗Teuerungsausgleich CH, ↗Inflationsausgleich D, ↗Kontingenzzulage STIR, ↗Sonderergänzungszulage STIR ›Angleichung von Löhnen und ↗Renten an die ↗Teuerung‹: *Dann gibt es noch Erschwerniszulagen für Bedienstete in den Regierungsbüros und die Bereitschaftsentschädigung einschließlich Teuerungszulage* (Kleine Ztg 13. 2. 1998, Internet; A); *Die 60'000 Post-Angestellten erhalten im neuen Jahr weder mehr Lohn noch eine Teuerungszulage* (Bund 19. 12. 1998, 16; CH)

TH CH D die; –, -(s): buchstabierte Abk. für ›Technische Hochschule‹: ↗TU A D, ↗ETH CH: *Die Drittmittel umfassen die Beiträge an die Schwerpunktsprogramme aus dem ETH-Bereich sowie die TH-Forschungsprojekte, die aus dem ETHZ-Budget finanziert werden* (Mehrjahresplan 2000 – 2003 der ETH Zürich, 1998, Internet; CH); *Als es der TH Darmstadt im Rahmen der Hochschulreform Anfang der siebziger Jahre freistand, sich selbst in »Technische Universität« umzubenennen ..., hat sie dies abgelehnt* (Technische Hochschule Darmstadt, 1999, Internet; D) – In A veraltet

Theaterdirektor Theaterdirektorin CH LUX der; -s, -en bzw. die; –, -nen: ↗Intendant A D ›künstlerischer und kaufmännischer Leiter bzw. künstlerische und kaufmännische Leiterin eines Theaters‹: *Die Baslerin wurde als Eliane in »Fertig lustig« zur beliebten TV-Figur und prägt als Theaterdirektorin die Kleintheater-Szene* (Blick 11. 12. 2000, 8; CH); *Leider war kein einziger der mittlerweile recht zahlreichen Luxemburger Theaterdirektoren am vergangenen Donnerstagabend anwesend* (d'Letzebuerger Land 2. 11. 2001, Internet; LUX) – In A und D selten und nur informell

Thek CH-ost der; -s, -s: ↗Schultasche A D (ohne mittelost/südwest), ↗Schulsack CH, ↗Tornister CH D-nordwest/mittelwest, ↗Ränzel D-nordwest, ↗Ranzen D (ohne nordost), ↗Schulmappe D-nord ›rucksackartige Tasche für Schulutensilien‹: *Yann dagegen, der Schulbub mit dem grossen Thek auf dem Rücken, isst mehr, als dass er redet* (Sonntagsztg 24. 5. 1998, 65) – Dazu: **Schulthek**

Theke D die; –, -n: **1.** ↗Budel A (ohne Vbg.), ↗Tresen D ›Bar; Schanktisch‹: *Dort pflegten sie haltzumachen, Vater wollte zum Wirt an die Theke* (Nadolny, Entdeckung 10). **2.** ↗Budel A (ohne Vbg.) D-südost ›Ladentisch‹: *Er baute den technisch-naturwissenschaftlichen Anteil der Buchhandlung aus, schob den bildungshungrigen Studenten und Professoren stets den neuesten Stand der Forschung über die Theke* (Welt 11. 12. 1999, Internet) – In A und CH selten – Zu 2.: **Fleischertheke** (↗Fleischer), **Käsetheke,** ↗**Thekenverkauf** D-mittel, ↗**Wursttheke** D (ohne ost)

Thekenverkauf D-mittel der; -(e)s, ...verkäufe (Plur. ungebräuchl.): ↗Offenverkauf CH ›Verkauf von frischen, unverpackten Lebensmitteln (bes. Käse und Fleisch) im Supermarkt an einer ↗Theke durch Personal‹: *Ein weiterer wesentlicher Vorteil beim Thekenverkauf ist die frei wählbare Positionsbestimmung der einzelnen Scheibenreihen* (Bizerba Balingen, 2001, Internet)

Thermophor A der; -s, -e ⟨aus griech. *thermós* ›warm‹ und *phóros* ›tragend‹⟩: ↗Bettflasche A-west CH D-süd ›mit heißem Wasser befüllbarer Behälter aus Gummi; Wärmflasche‹: *Magen- und darmschonende Tees und ein kleiner Thermophor beruhigen ebenfalls* (Medizin populär 5/1997, 32) – Die Verwendungen in den Bereichen Physik und Technik sind gemeindt.

Thermoskanne (gemeindt.): ↗Thermoskrug

Thermoskrug CH der; -(e)s, ...krüge: ›Thermoskanne‹: *Nach dem langsamen Anrollen der Gespräche bringt Regula S. den grossen Thermoskrug mit Kaffee, der alle aufleben lässt* (Sprechstunde 3/4 1997, 6) – Vgl. Kaffeekrug, Teekrug

Thon CH der; -(e)s, ohne Plur.: ↗T[h]unfisch A D ›Fleisch des T[h]unfisches‹: *An jenem 8. Dezember ass ich wohl wie immer ein Sandwich mit Thon und Ei* (Das Magazin 13. 6. 1997, 48) – Dazu: **Thonbrötli** (↗Brötli), **Thonmousse, Thonsalat**

Thorsten Torsten D-nord/mittel: ⟨aus dem germ. Götternamen *Thor* und germ. *-sten* ›Stein‹⟩: männl. Vorname: *Den zweiten Wunsch erfüllen kann ihm unter anderem Thorsten S., der sich wieder einen Stammplatz als Verteidiger erkämpft hat* (Landesztg Lüneburger Heide 6. 4. 2001, Internet)

Thunfisch Tunfisch A D der; -(e)s, -e: ↗Thon CH ›Fleisch des T[h]unfisches‹: *Zutaten waren durchwegs Thunfisch, Salz, Öl oder Wasser* (Konsument 8/1997, 6; A); *Thunfisch und gehackte Sardellen dazu und alles mit dem Pürierstab zu einer cremigen Sauce pürieren* (WDR, 1998, Internet; D) – Die Bedeutung ›Thunfisch als Fischart‹ ist gemeindt. – Dazu: **Thunfischsalat Tunfischsalat**

Thymian (gemeindt.): ↗Kuttelkraut

Tick[1] D (ohne südost) der; -(e)s, -e (Grenzfall des Standards): ↗Alzerl A-ost ›ein [kleines] bisschen‹: *Dann ... einen Tick Butter in die Pfanne reiben* (Fertigs Kochrezepte 3. 4. 2003, Internet) – Andere Bedeutungen sind gemeindt.

Tick[2] D-nordwest das; -s, ohne Plur.: ↗Fangerl A-ost D-südost, ↗Nachlaufen A-ost (bes. Wien) D-mittelwest, ↗Fangis CH, ↗Greifen D-nordost, ↗Haschen D-ost, ↗Kriegen D-nord/mittel ›Kinderspiel, bei dem ein Kind andere Kinder durch Nachlaufen fangen muss; Fangen‹: *Noch schreit und tobt er, wenn Jungs und Mädchen auf dem Schulhof Tick spielen* (Stern, 2002, Internet)

Ticket (gemeindt.): ↗Billett, ↗Karte

Tide D-nord die; –, -n: ›Bewegung des Meereswassers bei Ebbe und Flut‹: *Wenn die Tide sich umkehrt, fließen das süße Flusswasser und das salzige Meereswasser zu einer brackigen, durch den aufwirbelnden Schlick sich trübenden Suppe zusammen* (Welt 28. 7. 2000, Internet)

tief (gemeindt.): ↗nieder

Tiefdruck- (gemeindt.): ↗Niederdruck-

Tiefgarage (gemeindt.): ↗Einstellhalle, ↗Parking

Tiefgeschoß A **Tiefgeschoss** D-mittelwest/südwest das; -es, -e: ↗Tiefparterre A D-südost, ↗Soussol CH ›unter der Erde gelegenes Stockwerk eines Gebäudes; Kellergeschoß/Kellergeschoss, Untergeschoß/Untergeschoss, Souterrain‹: *Großes Wohnhaus ..., zwei Obergeschosse, unterkellert mit 2–3 Wohnungen, Fitnessräume im Tiefgeschoß, Doppelgarage* (VN 29. 10. 1997, D 4; A); *Im Hbf Essen Tiefgeschoss: Straßenbahn Richtung Porscheplatz* (Universität Duisburg-Essen, 2003, Internet; D-mittelwest/südwest)

Tiefkühler CH der; -s, –: ›Gerät zur Konservierung von Lebensmitteln durch Gefrieren; Tiefkühltruhe, Tiefkühlschrank, Gefrierschrank‹: *Dekoriert wird mit halbierten Datteln sowie Himbeeren aus dem Tiefkühler* (Blick 18. 12. 1998, 13) – In A selten

Tiefparterre A D-südost das; -s, -s [...tɛr] ⟨aus frz. *parterre* zu *par terre* ›zu ebener Erde‹⟩: ↗Tiefgeschoß A Tiefgeschoss D-mittelwest/südwest, ↗Soussol CH ›unter der Erde gelegenes Stockwerk eines Gebäudes; Kellergeschoß/Kellergeschoss, Untergeschoß/Untergeschoss, Souterrain‹: *Zu diesem Zeitpunkt haben weder die Familie von Hotelbesitzer Sepp W., die im Tiefparterre des Nobelhotels schläft, noch Bedienstete des Hauses ... vom Brand in der obersten Etage und im Dachstuhl etwas bemerkt* (Kurier 16. 12. 1992, 15; A) – In CH selten

Tierkörperbeseitigungsanstalt D die; –, -en (formell): ↗Tierkörperverwertung A D, ↗Kadaversammelstelle CH, ↗Abdeckerei D ›Betrieb zur Tierkadaverbeseitigung‹: *In den Zeiten des Rinderwahns stehen Fabriken im Zentrum des öffentlichen Interesses, die sonst nur wenig Publikumsverkehr haben: Die Tierkörperbeseitigungsanstalten* (Deutschlandradio 30. 11. 2000, Internet)

Tierkörperverwertung A D die; –, -en: ↗Kadaversammelstelle CH, ↗Abdeckerei D, ↗Tierkörperbeseitigungsanstalt D ›[Betrieb zur] Tierkadaverbeseitigung‹: *Sinn dieses Tierkrematoriums ist es, dass ein lieb gewonnenes Haustier nach seinem Tode nicht in einer Tierkörperverwertung enden muss*

(Tierfriedhof Pasching, 2002, Internet; A); *Die andern Tiere ... sind schon jetzt in der Tierkörperverwertung. Nichts bleibt von ihnen* (Sonntagsbl 11. 4. 1997, Internet; D) – Dazu: **Tierkörperverwertungsanstalt**

-tiger der; -s, – (produktives Grundwort in Zus.): **1.** A ›Person, die von etw. [übermäßig] begeistert ist‹, z. B. Balltiger, Partytiger, Pistentiger: *Balltiger kommen auch an diesem Wochenende in den Orten rund um den Attersee auf ihre Kosten* (OÖN 25. 1. 2001, Internet). **2.** A CH ›Liebhaber(in) einer Speise‹, z. B. Fleischtiger, Mehlspeistiger (↗Mehlspeise) A: *Manege frei für die Mehlspeistiger* (Standard 22. 9. 1999, Beilage A 2; A); *Auch Fleischtiger und Dessertfans kommen auf ihre Kosten: Weder Entrecôte, Rahmplätzli noch der obligate Sonntagscoupe fehlen auf der Karte* (TA 14. 5. 1999, 30; CH)

Till D ⟨fries.⟩: männl. Vorname, Kurzform von Zus. mit *Diet-*, bes. *Dietrich: Brigitte-Mitarbeiter Till R. traf sie in Berlin* (Brigitte 21/1997, 105) – Bekannt durch die Figur *Till Eulenspiegel*

Tippel siehe Dippel

Tippelbruder D (ohne mittelost/südwest) der; -s, ...brüder (abwertend): ↗UNTERSTANDSLOSE A, ↗SANDLER A D-südost, ↗CLOCHARD CH LUX, ↗STADTSTREICHER CH D, ↗BERBER D, ↗PENNER D, ↗TREBEGÄNGER D, ↗TREBER D-nordost (bes. Berlin) ›Obdachlose(r)‹: *Der ... bekannte Stadtstreicher und Tippelbruder ... wird erschlagen unter ihrem Wohnbus gefunden* (Berliner Lesezeichen 5/1999, Internet)

Tirggel CH (ZH) der; -s, –: ›dünnes, hartes Weihnachtsgebäck aus Honig und Gewürzen, in das reliefartige Bilder oder Sprüche eingeprägt werden‹: *An einem Stand mit Honignüssen und Zürcher Tirggeln stand ein lebendiger Samichlaus und vertrieb mit einer Fitze neugierige Kinder* (Honegger, Ehemalige 31) – Oft auch in der Verkleinerungsform *Tirggeli*

Tirol das; -s, ohne Plur.: wird in A und D ohne den bestimmten Artikel gebraucht, in CH immer mit dem bestimmten Artikel. Dies gilt auch für die Zus. *Ost-* und *Südtirol: Nirgends sind die Alpen so breit wie in Tirol* (Pfaundler, Jungbürgerbuch 308; A); *Ich ging ins Tirol, wo ich jemanden kannte* (Tschudin, Meine Ehre, 61; CH); *Tirol gibt es gleich dreimal, Nord-, Ost- und Südtirol, einst hing das alles zusammen* (Reiserat 17. 12. 2002, Internet; D)

tirolerisch A D Adj.: ›nach Tiroler Art; zu ↗Tirol gehörend; aus ↗Tirol‹: *Vielleicht die romantischste Idee, hoch über Innsbruck gutbürgerlich-tirolerisch zu speisen* (Profil 16. 7. 2000, Internet; A); *Die Fensterscheiben sind natürlich tirolerisch bleiverglast* (WAZ 11. 11. 2000, Internet; D) – *Tirolerisch* ist die heute allgemein übliche Form, in historischen Texten kommt in A, CH und D daneben auch die Form *tirolisch* vor

Tirtlen STIR die; nur Plur. (Grenzfall des Standards): ›in Fett gebackene, dünne aufeinander gelegte und an den Rändern zusammengedrückte Teigplatten mit einer Füllung aus ↗Kraut oder einer Füllung mit einer Mischung aus Spinat bzw. Kartoffeln und ↗Topfen‹: *Ab Oktober haben wir ein reichhaltigs Angebot an Törggele-Gerichten! Hausgemachte Würste, gebratene Kastanien, Wein, Tirtlen, usw.* (Gasthof Wöhrmaurer, Feldthums, 2004, Internet) – Auch in den Formen *Türteln, Türtlen.* Auch in A-west (bes. Osttir.) bekannt

Tisch: *die Füße unter jmds. Tisch stecken/stellen A D (ohne südwest); ***die Beine unter jmds. Tisch strecken** D (ohne südost) ›bei jmdm. wohnen und sich ernähren lassen‹: *Solang du die Füße unter meinen Tisch steckst, denkst du, was ich sage* (Kunstfehler online 5/1995, Internet; A); *Das Argument »So lange du deine Beine unter meinen Tisch streckst ...« zieht wieder* (Juso-Kreisverband Rhein-Neckar 5. 4. 2000, Internet; D); ***nach Tisch** D-nord/mittel ›nach dem Essen‹: *Wir sprechen nach Tisch weiter, Herr de Groot* (Erler, Palais 58); ***vor Tisch** D-nord/mittel ›vor dem Essen‹: *Auf die Stunde vor Tisch kann ich mich nicht besinnen* (Brückner, Spuren 9); ***sauberen Tisch machen** CH siehe sauber – Das Substantiv *Tisch* ist in allen anderen Verwendungen gemeindt.

Tischblatt CH das; -(e)s, ...blätter: ›Tischfläche; [Material der] Tischplatte‹: *Seine Hände streichen das Tischblatt des leer geräumten Pultes* (TA 27. 6. 1997, 17)

Tischdecke A D die; –, -n: ›Tischtuch‹: *Ich hielt meine Augen auf die Tischdecke gerichtet und trank den Wein in heftigen Schlucken* (Pluhar, Als gehörte eins zum andern 130; A); *Probieren Sie mal, welche Tischdecke oder welches Besteck am besten dazu passt* (Brigitte 14. 5. 1996, 144; D) – In CH selten

tischen CH sw.V./hat: ›den Tisch decken; aufdecken‹: *Hätte ich für dich in der Stube tischen sollen?* (Schibler, Kartenhaus 102) – In D veraltet – Dazu: ↗**abtischen**

Tischfußball D der; -(e)s, ohne Plur.: ↗TISCHFUSSBALLTISCH A, ↗WUZELTISCH A, ↗WUZLER A, ↗TÖGGELI CH, ↗TÖGGELIKASTEN CH, ↗KICKER D ›Kasten auf Beinen, an dem an drehbaren Stangen Spielfiguren befestigt sind, mit denen Fußball gespielt werden kann‹: *Zum Entspannen und Auflockern bietet das Haus einen großen Aufenthaltsraum mit Tischtennisplatte und Tischfußball* (Deutsche Angestellten-Gewerkschaft, 2001, Internet); ***Tischfußball spielen** A D: ↗WUZELN A, ↗TÖGGELEN CH, ↗KICKERN D ›an einem ↗Tischfußballtisch spielen‹: *Besonders beliebt im Jugendraum ist Tischfußball spielen oder Musik hören* (VN 29. 4. 1999, Heimat/Bregenz 18; A); *Wer Lust hat, Billard und Tischfußball zu spielen oder Probleme* *anzusprechen, sollte montags ... vorbeikommen* (Berliner Ztg 22. 3. 1996, Internet; D) – Das Substantiv *Tischfußball* als Spielgerät ist in A und CH selten

Tischfußballtisch A der; -(e)s, -e: ↗WUZELTISCH A, ↗WUZLER A, ↗TÖGGELI CH, ↗TÖGGELIKASTEN CH, ↗KICKER D, ↗TISCHFUSSBALL D ›Kasten auf Beinen, an dem an drehbaren Stangen Spielfiguren befestigt sind, mit denen Fußball gespielt werden kann‹: *Aber es steht auch zur Unterhaltung ein Dart und ein Tischfußballtisch zur Verfügung* (Sport-Billard-Club Intzing, 2001, Internet)

Tischler Tischlerin A D-nord/mittel der; -s, – bzw. die; –, -nen: ↗SCHREINER A-west (Vbg.) CH D-mittelwest/süd ›Person, die aus Holz Möbel und andere Gegenstände herstellt [und einbaut]‹ /Berufsbezeichnung/: *Holz ... bietet in seiner Formgebung und Bearbeitung unerschöpfliche Möglichkeiten für kreative Tischler* (Besser Wohnen 11/1997, 22; A); *Ich kann mir viele Berufe vorstellen, die zu ertragen wären, Tischler, Krankenpfleger, Bauer* (Becker, Bronsteins Kinder 50; D-nord/mittel) – Dazu: ↗**Tischlerei, Tischlerinnung** (↗Innung), **Tischlermeister(in),** ↗**tischlern, Tischlerwerkstatt**

Tischlerei A D-nord/mittel die; –, -en: ↗SCHREINEREI A-west (Vbg.) CH D-mittelwest/süd ›↗Werkstätte, in der Holz zu Möbelstücken u. Ä. verarbeitet wird‹: *Die in der Tischlerei tätigen behinderten Menschen wären somit ab der Bearbeitung des rohen Brettes über das fertige Möbelstück bis zur Montage mit dem Kunden in Kontakt* (Furche 13. 11. 1997, 10; A); *Wir fertigen auch selbst in eigener Tischlerei* (BWZ 49/1997, 24; D-nord/mittel) – Vgl. Tischler

tischlern A D-nord/mittel sw.V./hat: ↗SCHREINERN A-west (Vbg.) CH D-mittelwest/süd ›Möbel oder andere Gegenstände [aus Holz] herstellen‹: *Hervorragende, qualifizierte Mitarbeiter tischlern in handwerklicher Spitzenqualität ... kostengünstig Möbel* (Besser Wohnen 11/1997, 22; A); *So dass wir wenigstens die alten Männer ... hätten dulden müssen, um die Handwerke von ihnen zu lernen, maurern, tischlern* (Maron, Animal triste 69; D-nord/mittel) – Vgl. Tischler

Tischtuch (gemeindt.): ↗TISCHDECKE

Titelseite (gemeindt.): ↗FRONTSEITE

Titte D (ohne mittelost/südost) die; –, -n (derb): ↗MÖPSE D-nordost/mittelwest ›weibliche Brust‹: *Mensch, ich guck da so aus Zufall an mir runter und seh, ups!, da hängt doch die Titte raus* (Bild 17. 5. 2001, Internet) – In A und CH zunehmend gebräuchlich

Tixo A das; -s, -s (Wz.): ↗KLEBSTREIFEN CH, ↗TESAFILM D ›[durchsichtiger] Klebestreifen‹: *Wer hat sich noch nie geärgert, wenn der Kleber auf Briefkuverts nicht funktioniert. Man sucht nach Verschlussmarken, Tixo, Uhu und bemüht sich, den Brief so zuzupicken, dass er nicht ausschaut, als wäre er schon von Unbefugten geöffnet worden* (OÖN 8. 1. 1996, Internet) – Dazu: **Tixoband, Tixostreifen**

TO siehe Tagesordnung

Tobel A-west CH der/das; -s, -/CH Töbel: ↗KLAMM A D-süd ›enge Schlucht [mit Wasserfall]‹: *Das Fahrzeug drehte sich um die eigene Achse und stürzte in ein zehn Meter tiefes Tobel* (Kurier 18. 2. 1992, 20; A-west); *Darum zeichnet sich das Tössgebiet durch die scharfgeschnittenen Tobel und Gräte aus* (Zürcher Bürgerbuch 28; CH) – Der Plural *Töbel* und das maskuline Genus sind in CH selten. Als Fachwort im Bereich Geographie gemeindt. – Dazu: **Bachtobel** CH

Tod (gemeindt.): ↗HINSCHIED

Tod: *dem Tod [noch einmal] von der Schaufel/ Schippe gesprungen sein siehe springen

Todesanzeige (gemeindt.): ↗TRAUERANZEIGE

Todesfall (gemeindt.): ↗TRAUERFALL

Töff CH der; -s, -s (Grenzfall des Standards): ↗KRAD A D, ↗KRAFTRAD A D ›Motorrad‹: *Ich wollte den Töff nicht unbedingt besitzen, ich wollte ihn fahren* (Brückenbauer 3. 12. 1997, 24) – Dazu: **Töfffahrer(in), Töffli, Töffjacke, Töffler(in), Töffsaison** (↗Saison), **Töfftreff, Töffunfall**

Töffli CH das; -s, -s: ›Mofa, Moped‹: *Fernsehen gab es erst in der letzten Schulklasse und ein Töffli erst, als er es für die Lehre brauchte* (Salz & Pfeffer 9/1996, Internet) – Vgl. Töff

töggelen CH sw.V./hat **1.** ›in einen Computer Daten eingeben; tippen‹: *»Ich bin kein Bürogummi, der gern stundenlang am Computer sitzt und Zahlen töggelet«, sagt Stéphanie, »viel lieber arbeite ich mit Menschen zusammen«* (SI 15. 12. 1997, 42). **2.** ↗WUZELN A, ↗TISCHFUSSBALL: *TISCHFUSSBALL SPIELEN A D, ↗KICKERN D ›an einem ↗Töggelikasten spielen‹: *Töggelen, tanzen, spielen oder einfach rumhängen* (Bund 13. 6. 1998, 28) – Zu 2.: ↗**Töggelikasten**

Töggelikasten CH der; -s, -kästen: ↗TISCHFUSSBALLTISCH A, ↗WUZELTISCH A, ↗WUZLER A, ↗TÖGGELI CH, ↗KICKER D, ↗TISCHFUSSBALL D ›Kasten auf Beinen, an dem an drehbaren Stangen Spielfiguren befestigt sind, mit denen Fussball gespielt werden kann‹: *Herzstück der seit vielen Jahren angestrebten neuen Jugi ist der 140 Quadratmeter grosse Keller mit Konzertbühne, Bar, Töggelikasten, Billardtisch, Soundbox und »Hängerecke«* (TA 16. 5. 1997, 17) – Vgl. töggelen

Toggenburg CH das; -(e)s, ohne Plur.: ›voralpines Gebiet im Süden des ↗Kantons St. Gallen‹: *Er träumte*

davon, als Landmarcher Verzierungen im Toggenburg herzustellen (Böni, Am Ende 184)

Toilette- A [toɐ'lɛt...] (produktives Bestimmungswort in Zus.): ›zur Toilette (Körperpflege, WC) gehörend; Toiletten-‹, z.B. Toiletteartikel, Toilettepapier, Toilettepapierrolle, Toiletteraum, Toiletterolle, Toilettesachen, Toiletteseife, ↗Toilettetasche, Toilettetisch: *In meiner Zelle befindet sich kein Kocher, kein Toilettepapier und kein Rasierzeug* (Profil 15. 6. 1997, Internet); *Über dem Waschbecken bot eine Ablage Platz für eigene Toilettesachen* (Glantschnig, Mirnock 91) – Die Bildungen mit *Toiletten-* sind in A seltener

Toiletten- (gemeindt.): ↗TOILETTE-

Toilettentasche (gemeindt.): ↗KULTURBEUTEL, ↗KULTURTASCHE, ↗NECESSAIRE, ↗TOILETTETASCHE, ↗WASCHBEUTEL

Toilettetasche A die; –, -n [toɐ'lɛt...]: ↗NECESSAIRE CH D-südost, ↗KULTURBEUTEL D, ↗WASCHBEUTEL D, ↗KULTURTASCHE D-nord/mittel ›Tasche [mit Fächern] für die Aufbewahrung von Mitteln und Gegenständen zur Körperpflege; Toilettentasche‹: *Ich zog Schubladen heraus, entdeckte Accessoires, in einer Toilettetasche einmal Watteriegel* (Glantschnig, Mirnock 95) – Auch in der Form *Toiletttasche.* Vgl. Toilette-

Töle D-nord/mittel die; –, -n (abwertend, Grenzfall des Standards): ›Hund; Köter‹: *Nun habe ich als Souvenir von den Reißzähnen der Töle Löcher in der Packtasche* (Breitlingweb, 2003, Internet)

Toleranzsemester A das; -s, – (Hochschule): ›zusätzlich zur vorgesehenen Semesterzahl toleriertes Semester (relevant bei der Gewährung von bestimmten Sozialleistungen für Studierende)‹: *Die Studienbeihilfe ... gilt für die Mindeststudiendauer plus ein Toleranzsemester* (Standard 19. 9. 2000, Internet)

Tolggen CH der; -s, – (Grenzfall des Standards): ↗PATZEN A D-südost, ↗PATZER A D-südost, ↗KLECKS CH D ›[Tinten]tropfen, [Tinten]fleck‹: *Er brachte es nicht fertig, die Feder aus dem Tintenfass zu heben und aufs Papier zu setzen, ohne dass ein Tolggen fiel* (Schneider, Flattermann 90); ***Tolggen im Reinheft** siehe Reinheft

toll D Adj.: ↗DOLL D (ohne mittelost/südost) ›unglaublich, ungewöhnlich‹: *Plötzlich kam ein toller Sturm auf und brachte Schnee- und Graupelschauer* (Mannheimer Morgen 30. 6. 2001, Internet) – Die Bedeutung ›großartig‹ ist gemeindt.

Tomate (gemeindt.): ↗PARADEISER

Tomate: *treulose Tomate D (scherzh.) ›Person, die jmdn. im Stich lässt‹: *Später nannte sie ihren Liebsten treulose Tomate, als der sie mit einer Anderen enttäuscht hatte* (Schwarzwälder Bote 11. 7. 2002, Internet); ***Tomaten auf den Augen haben** CH D (ohne südost) siehe Auge – Das Substantiv *Tomate* ist in allen anderen Verwendungen gemeindt.

Tomatenmark A D das; -(e)s, ohne Plur.: ↗PARADEISMARK A (ohne west), ↗TOMATENPÜRÉE CH ›konzentriertes Fruchtfleisch von Tomaten‹: *Gerne wird auch Wurzelgemüse, Zwiebel und eventuell etwas Tomatenmark beigefügt* (Besser Wohnen 11/1997, 38; A); *Es ist vorgekommen, dass seine Marinade Tomatenmark anstatt frischer Tomate enthielt* (Hildesheimer, Legenden 42; D)

Tomatenpüree CH das; -s, -s: ↗PARADEISMARK A (ohne west), ↗TOMATENMARK A D ›püriertes und eingedicktes Fruchtfleisch von Tomaten‹: *Maschinell wird auch das Tomatenpüree auf dem Pizza-Boden verteilt* (Blick 12. 7. 1999, 5)

Ton: *große Töne spucken D (abwertend, salopp) ›angeberisch reden‹: *Präsident Gerd N. spuckte große Töne: »Siege gegen die Bayern sind normal«* (Berliner Kurier 24. 11. 1995, Internet) – In A und CH bekannt, aber als fremd empfunden. Das Substantiv *Ton* ist in allen anderen Verwendungen gemeindt. Vgl. großsprecherisch

tönen CH sw.V./hat: ›klingen‹: *Barbara tönte plötzlich eine Spur weniger begeistert* (Waller, Barbi 15) – Andere Bedeutungen sind gemeindt. – Dazu: ↗**antönen**

-tonner A D der; -s, – (produktiver Wortbestandteil in Zus., in Verbindung mit einem Zahlwort): ↗-TÖNNER CH ›eine Anzahl Tonnen wiegend (von Lastwagen)‹, z.B. 20-Tonner, 40-Tonner, Dreitonner, Vierzigtonner: *Nicht die Schadstoffreduktion war also das Ziel, sondern die »freie Fahrt für die 40-oder 50-Tonner«* (Echo 28. 1. 1999, 30; A); *»Hallo«, sagte der Dunkelhaarige durch die geöffnete Tür des Zwanzigtonners* (SZ 1. 1. 1998, VIII; D)

-tönner CH der; -s, – (produktiver Wortbestandteil in Zus., in Verbindung mit einem Zahlwort): ↗-TONNER A D ›eine Anzahl Tonnen wiegend (von Lastwagen, grossen Tieren)‹, z.B. 20-Tönner, 40-Tönner, Dreitönner, Vierzigtönner: *Jeder Vierzigtönner solle mit 450 bis 500 Franken pro Transitfahrt belastet werden* (Beobachter 10/1998, Internet); *Wir ... entdecken eine Gruppe von See-Elefanten und -löwen ... Vorsichtig nähern wir uns den fast sechs Meter langen Dreitönnern* (GMC Tourism and Media GmbH, 2003, Internet)

TOP siehe Tagesordnungspunkt

Topf der; -(e)s, Töpfe: **1.** A D; ↗HÄFEN A (ohne west), ↗HAFEN A-west CH D-süd, ↗PFANNE CH, ↗POTT D-nord/mittelwest ›Kochtopf‹: *Alles zusammen mit den Lorbeerblättern in einen Topf mit dem Gemüsesud geben und 20 – 25 Minuten weich kochen* (ORF Nachlese 9/1997, 67; A); *Unser Leben ist vom Computer* *über die Töpfe auf dem Herd bis zum Schmuck vom Bergbau geprägt* (WAZ 20. 10. 1997, 11; D). **2.** CH (salopp, Grenzfall des Standards, Sport); ↗BUMMERL A (ohne west), ↗GOAL A CH ›erzieltes Tor; Treffer‹: *Kurzpassspiel, sichere Defensive, Geduld haben und dann werden wir vorne auch irgendwann einen Topf machen – ein Tor, das genügt für 3 Punkte* (Fricktaler Bote 29. 8. 2000, Internet) – Zu 1.: In CH selten bzw. in bestimmten Zus., z. B. ↗*Brattopf*, ↗*Schmortopf*. Die anderen Bedeutungen sowie die Redewendungen, wie z. B. *[alles] in einen Topf werfen*, sind gemeindt. – Zu 1.: ↗**Bratentopf** D-nordwest/südwest, ↗**topfgucken** D-nord/mittel, ↗**Topfgucker(in)** D-nord/mittel

Topfavorit (gemeindt.): ↗KRONFAVORIT/KRONFAVORITIN, ↗SPITZENKANDIDAT/SPITZENKANDIDATIN

topfeben CH D-südwest Adj. (nicht steigerbar): ↗BRETTLEBEN A D-südost, ↗BRETTEBEN D-nord/mittel ›ganz flach, ohne Erhebungen (von Landschaften)‹: *Dann geht es wieder den Wald hinan auf eine … Hochebene. Sie macht ihrem Namen alle Ehre. Topfeben, von weiten Feldern bestanden, mit einem behäbigen Gutshof in der Mitte* (Schmidt, Wanderung 24; CH); *Topfeben kann man entlang des Neckars in wenigen Minuten bis ins Stadtzentrum von Heilbronn radeln* (Gemeinde Nordheim 3. 2. 2003, Internet; D)

Topfen der; -s, ohne Plur.: **1.** A D-südost; ↗SCHOTTEN A-west (Tir.)/südost D-süd, ↗QUARK CH D, ↗WEIẞKÄSE D-ost ›cremige Masse aus saurer Milch‹: *Die Sennereien erzeugen Frischmilch, Butter, Joghurt, Topfen, Sauermilch und weitere Produkte der so genannten weißen Palette* (Pfaundler, Jungbürgerbuch 796; A). **2.** A (abwertend, Grenzfall des Standards); ↗HOLLER A, ↗QUARGEL A, ↗SCHAS A, ↗GUGUS CH, ↗HAFENKÄSE CH, ↗KABIS CH, ↗KÄSE CH D, ↗MUMPITZ CH D (ohne südost), ↗QUARK CH D, ↗SCHNICKSCHNACK D, ↗BLECH D (ohne südost), ↗FEZ D (ohne südost), ↗KAPPES D-mittelwest, ↗KOHL D-nord/mittel, ↗KOKOLORES D (ohne südost) ›Quatsch; Unsinn‹: *Ein Theaterkritiker muss nicht deklamieren können, wie einst der Quadflieg, um beurteilen zu können ob sie auf der Bühne einen Topfen geben oder nicht* (Presse 12. 2. 1998, 2) – Zu 1.: **Bauerntopfen, Magertopfen, Schafstopfen, Speisetopfen, Topfenaufstrich, Topfencreme** (↗Creme), **Topfendalken** (↗Dalken) A (ohne west), **Topfenfülle** (↗Fülle), ↗**Topfenkolatsche** A, **Topfenkäse, Topfenknödel** (↗Knödel), **Topfennudel** (↗Nudel) A-südost (Ktn.), **Topfennockerl** (↗Nockerl), ↗**Topfenpalatschinke** A (ohne Vbg.), ↗**Topfenreinkerl** A-südost (Ktn.), **Topfenschnitte** (↗Schnitte), **Topfensoufflé, Topfenstrudel** (↗Strudel), ↗**Topfentascherl, Topfentatschkerl** (↗Tatschkerl) A-ost, **Topfenteig, Topfentorte**

Topfengolatsche siehe Topfenkolatsche

Topfenkolatsche A die; –, -n: ↗TOPFENTASCHERL A D-südost, ↗ZIGERKRAPFEN CH, ↗QUARKTASCHE D ›süßes, quadratisches Gebäck mit eingeschlagenen Ecken und einer Füllung aus ↗Topfen‹: *Backofenfrisches und flaumig zartes, knusprig blättriges Plundergebäck, wie die berühmten Croissants oder unsere geliebten Topfengolatschen und Nussschnecken* (Gusto 11/1997, 65) – Auch in der Schreibung *Topfengolatsche*. Vgl. Kolatsche, Topfenreinkerl

Topfenpalatschinke A (ohne Vbg.) die; –, -n: ›Speise aus einem in der ↗Pfanne gebackenen dünnen Teig aus Eiern, Mehl und Milch, die mit einer Masse aus ↗Topfen bestrichen und zusammengerollt wird‹: *Ob Kasnockerl oder Carpaccio, Saibling oder Knurrhahn, ob Tiramisu oder Topfenpalatschinken mit schwarzer Hollersauce: Was bei Payrs auf die einfachen, rustikalen Tische kommt, passt* (OÖN 20. 6. 1996, Internet) – Vgl. Palatschinke

Topfenreinkerl A-südost (Ktn.) das; -s, -n: ›Gebäck mit einer Füllung aus ↗Topfen‹: *Menü 2: … Topfenreinkerl mit Salat, Bananenkuchen* (Restaurant Suppenkaspar, 2002, Internet) – Vgl. Topfenkolatsche, Topfentascherl

Topfentascherl A D-südost das; -s, -n: ↗TOPFENKOLATSCHE A, ↗ZIGERKRAPFEN CH, ↗QUARKTASCHE D ›süßes, quadratisches Gebäck mit eingeschlagenen Ecken und einer Füllung aus ↗Topfen‹: *Herrliche Buchteln, gefüllt mit Marmelade, Krapfen, Topfentascherl, Nusskipferl, Apfelstrudel oder Pfirsichspitz laden zum Kosten ein* (Kleine Ztg 21. 5. 1998, Internet; A) – Vgl. Tascherl, Topfenreinkerl

Topfentorte A D-südost die; –, -n: ↗KÄSEKUCHEN D ›Torte aus ↗Topfen‹: *Wer die Wahl hat, hat die Qual. Mozarttorte, Kastanientorte, Topfentorte oder doch lieber eine Fruchtschnitte?* (ORF Beisltipps, 2004, Internet)

Töpfer Töpferin D-nord der; -s, – bzw. die; –, -nen: ↗HAFNER A CH D-süd, ↗OFENSETZER A D, ↗OFENBAUER CH D-südwest ›Person, die berufsmäßig [Kachel]öfen und Rauchabzugsschächte baut‹: *Neben der Herstellung von Gefäßkeramik restaurieren die Töpfer beispielsweise alte Kachelöfen und Wandgestaltungen* (Handwerkskammer Leipzig, 1998, Internet) – Die Bedeutung ›Person, die Gefäße u. Ä. aus Ton herstellt‹ ist gemeindt.

Töpferei D-nord die; –, -en: ↗HAFNEREI A CH D-süd ›Handwerksbetrieb, der [Kachel]öfen baut‹: *Kachelöfen und Heizkamine einer Töpferei zeigen auf, wie individuell und energieeffizient Öfen gestaltet werden können* (Teckbote 12. 9. 2000, Internet) – Die Bedeutungen ›Handwerksbetrieb, in dem Tonwaren hergestellt werden‹ und ›Tonwarenhandwerk‹ sind gemeindt.

topfgucken D-nord/mittel (nur im Inf., scherzh., Grenzfall des Standards): ↗HÄFERLGUCKEN A ›beim Kochen neugierig zusehen‹: *Abwechselnd sind Sie sonntags beim Heimatmagazin … oder beim Topfgucken in der Radio-Küche* (MDR, 2002, Internet) – Vgl. Topf, Topfgucker

Topfgucker Topfguckerin D-nord/mittel der; -s, – bzw. die; –, -nen: ↗HÄFERLGUCKER A ›Person, die beim Kochen neugierig zusieht‹: *Der Wirt in Lutetia mag keine Topfgucker* (TU Berlin, 1999, Internet) – Vgl. Topf, topfgucken

Topfkuchen D-nord der; -s, –: ↗GUGELHUPF A D-süd, ↗GUGELHOPF CH D-südwest, ↗NAPFKUCHEN D-nord/mittel, ↗RODONKUCHEN D-mittelwest ›in einer ringförmigen, gewellten Backform gebackener Kuchen aus Rührteig‹: *Die kleine Empfangshalle erwartete die … BesucherInnen mit einem festlich gedeckten Tisch, auf dem … ein puderzuckerbedeckter Topfkuchen auf hungrige Münder wartete* (Haidhauser Nachr 1/1996, Internet)

Topfreiniger (gemeindt.): ↗WASCHEL

toppen D sw.V./hat ⟨aus engl. *to top*⟩ (salopp): ›übertreffen, überbieten‹: *Oder dass kein Film so durchgeknallt sein kann, dass ihn das wahre Leben nicht noch toppen könnte* (Welt 20. 10. 2000, Internet) – Andere Bedeutungen sind fachsprachlich gemeindt.

Toraus D das; –, ohne Plur. (Sport): ↗TOROUT A, ↗BEHIND CH ›Raum hinter den Torlinien‹: *Da war dieser Klops im Punktspiel gegen St. Pauli, als Golz, statt den Ball … ins Toraus rollen zu lassen, einen Pass direkt zum Gegner spielte* (Welt 15. 10. 1999, Internet) – Dazu: **Torauslinie**

törggelen STIR (nur im Inf., meist substantiviert): ›im Herbst [in einem Gasthaus] jungen Wein mit ↗Maroni [und ↗Speck] zu sich nehmen‹: *Am darauf folgenden Sonntag ist ab 10.30 Uhr vormittags Frühschoppen und Törggelen mit unverfälschter Volksmusik angesagt* (Dolomiten 17. 10. 2001, Internet) – Vgl. Torggl – Dazu: **Törggeleabend, Törggelefahrt, Törggelekeller, Törggelemenü, Törggelepartie, Törggelezeit**

Torggl STIR die; –, -n ⟨aus lat. *torquere* ›drehen, pressen‹⟩: ↗TORKEL A-west (Vbg.) CH-nordost D-südost, ↗TROTTE CH, ↗WEINKELTER D, ↗KELTER D-mittel/süd ›Presse zur Gewinnung von Trauben- und Obstsaft‹: *Wie werbeträchtig könnte die Tatsache sein, dass die Südtiroler Weine noch mit der Torggl gepresst werden?* (Z am Sonntag 29. 10. 2000, 8) – Selten auch in der Schreibung *Torggel.* Dazu: **törggelen, Torgglkeller**

Torhüter (gemeindt.): ↗GOALIE, ↗SCHLUSSMANN, ↗TORMANN, ↗TORWART

Torkel A-west (Vbg.) CH-nordost der; -s, -/D-südost die; –, -n: ↗TROTTE CH, ↗WEINKELTER D, ↗KELTER D-mittel/süd, ↗TORGGL STIR ›[Weinkeller mit] Weinpresse‹: *Mit Scheren und Kösten ausgerüstet schnitt das Team … Weintrauben von den Stöcken. Aus diesen wird dann nach dem Pressen im hauseigenen Torkel ein exzellenter »Riesling Sylvaner« und der Biowein »Regent« gekeltert* (VN 24. 10. 1996, Heimat/Feldkirch 30; A-west); *Nach der Ernte werden die Trauben im Torkel von Heiligkreuz verarbeitet und bis nach der Gärung in grossen Chromstahltanks gelagert* (Weinbaugenossenschaft Mels, 2002, Internet; CH-nordost); *Die … Weindegustation in einem kühlen Torkel mitten in den Rebbergen verspricht Interessantes für Gaumen und Geist* (Bad Ragaz-Tourismus, 2002, Internet; CH-nordost); *Es ist immer wieder interessant, ein paar Minuten im Vorbeigehen vor dem alten Keltergebäude zu verweilen und zu sehen, wie die Torkel durch »Bracken« und »Hunde« gesichert dasteht* (Verein Kelter Konzerte, 2002, Internet; D-südost) – In A-west (Vbg.), CH-nordost und D-südost Maskulinum, in D-südost auch Femininum

Törl A das; -s, –: ›[schmaler] Felsdurchgang‹: *Unterhalb des Törls, eines vier Meter hohen Felsloches zwischen den Steinflanken der Krems- und der Falkenmauer, liegt der harte Altschnee mitunter bis in den Sommer hinein* (OÖN 23. 6. 2000, Internet) – Meist in Bergnamen, z. B. *Fuscher Törl, Kleines Törl*

Torlauf A der; -(e)s, …läufe (Skisport): ›Slalom‹: *Lastet der Druck auf Thomas Stangassinger weniger schwer, da er ja bereits einmal Olympiasieger im Torlauf war?* (Ganze Woche 4. 2. 1998, 80) – In D veraltet – Dazu: ↗**Riesentorlauf** A D

Tormann A, D (veraltend) der; -(e)s, …männer/…leute (Sport): ↗GOALIE CH, ↗SCHLUSSMANN D, ↗TORWART D ›Spieler, der im Tor steht; Torhüter‹: *In der 80. Minute hatte Roman S. für Hartberg den Sieg am Fuß, doch Tormann M. konnte seinen Schuss an die Latte lenken* (Neue Zeit 19. 4. 1998, 23; A); *Tormann Klaus Z. war maßgeblich an der klaren Führung zur Pause beteiligt* (Badische Ztg 20. 3. 2001, Internet; D) – Die weibliche Form *Torfrau* ist gemeindt. – Dazu: **Teamtormann** (↗Team) A

Tornister CH D-nordwest/mittelwest der; -s, –: ↗SCHULTASCHE A D (ohne mittelost/südwest), ↗SCHULSACK CH, ↗THEK CH-ost, ↗RÄNZEL D-nordwest, ↗RANZEN D (ohne nordost), ↗SCHULMAPPE D-nord ›rucksackartige Tasche für Schulutensilien‹: *Ein Kind freut sich in aller Regel auf die Schule. Teilen Sie seine Vorfreude und schenken Sie ihm etwas zum Schuleintritt, zum Beispiel einen besonderen Tornister oder ein Tagebuch* (Brückenbauer 28. 7. 1998; CH) – Die Bedeutung ›auf dem Rücken getragener Behälter der Soldaten‹ ist gemeindt.

Torout A das; -(s), ohne Plur. [...aʊt] (Sport): ↗BEHIND CH, ↗TORAUS D ›Raum hinter den Torlinien‹ (meist in der Wendung *im Torout*): *In der 15. Minute versenkte er eine Hütter-Flanke per Kopf im Tor, der Referee hatte den Ball aber zuvor schon im Torout gesehen* (SN 23. 2. 2000, Internet) – Vgl. Out – Dazu: **Toroutlinie**

Torwart D der; -(e)s, -e (Sport): ↗TORMANN A D, ↗GOALIE CH, ↗SCHLUSSMANN D ›Spieler, der im Tor steht; Torhüter‹: *In der 8. Minute geht es frei auf Torwart Koch zu, der hält* (BamS 26. 10. 1997, 104)

total CH Adv.: ↗SUMME: *IN SUMME A, ↗GESAMTHAFT CH, ↗INTEGRAL CH BELG ›im Gesamten, insgesamt‹: *Das gab total rund einhundertfünzig Franken pro Woche* (Rüegg, Welt 94) – Vgl. Total

Total CH das; -s, -e: ›Gesamtheit; Gesamtsumme‹: *Wenn das Total der Einnahmen kleiner ist als das Total der Ausgaben, könnten Sie Ergänzungsleistungen zugut haben* (Ktip 10. 9. 1997, 27) – Vgl. total, Totalbetrag – Dazu: ↗**Gesamttotal**, ↗**Subtotal**, **Zwischentotal**

Totalausverkauf CH D der; -(e)s, ...käufe: ↗ABVERKAUF A ›[verbilligter] Verkauf aller Waren eines Geschäftes (z.B. wegen Geschäftsauflösung)‹: *Da der Geschäftsgang ... nicht mehr kostendeckend war, entschloss sich die Heilsarmee, die Brockenstube ... zu schliessen. Der Totalausverkauf läuft noch bis zum 2. März 2002* (Aemme-Zytig, 2002, Internet; CH); *Ein Räumungsverkauf wegen Geschäftsaufgabe kann traditionell auch mit ... Totalausverkauf beworben werden* (IHK Frankfurt/Main, 2002, Internet; D) – Die übertragene Bedeutung ›Totalausverkauf des Landes o. Ä.‹ ist gemeindt.

Totalbetrag CH der; -(e)s, ...beträge: ›Gesamtbetrag‹: *Per Tastendruck wird der Totalbetrag von Francs in Euros umgerechnet* (Bund 5. 1. 1999, 14) – Vgl. Total, total

Totalrevision CH die; –, -en: **1.** ›völlige Überarbeitung eines Gesetzes oder Vertrags‹: *Im Zuge der Totalrevision des Steuergesetzes zuhanden der Landsgemeinde 2000 hat der Glarner Landrat die Aufhebung der Erbschaftssteuer für direkte Nachkommen beschlossen* (Bund 23. 12. 1999, 13). **2.** ↗GENERALSANIERUNG A ›umfassende ↗Renovation; Sanierung (von Bauten und Strassen)‹: *Am Osterdienstag fällt ... der Startschuss zur Belags-Totalrevision. Die 29 Kilometer werden in Etappen erneuert* (Blick 7. 4. 1998, 3) – Vgl. Revision

Totenfrieden CH der; -s, ohne Plur. (Recht): ›Totenruhe‹: *Eine Exhumierung stellt einen massiven Eingriff in den Totenfrieden dar* (Blick 30. 9. 1996, 8)

Totengräber: *dem Tod/Totengräber [noch einmal] von der Schaufel/Schippe gesprungen sein siehe springen

Totenmahl A das; -(e)s, -e: ↗ZEHRUNG A-mitte, ↗LEICHENMAHL CH, ↗LEIDMAHL CH, ↗RAUE D-mittelwest, ↗TRAUERESSEN CH ›festliches Essen nach einem Begräbnis zu Ehren des bzw. der Verstorbenen; Leichenschmaus‹: *Man denke nur daran, dass das Totenmahl auf dem Lande mitunter zu einer überaus geselligen Veranstaltung auswächst* (OÖN 10. 7. 1997, 1) – In CH und D-südwest selten

Totenmesse (gemeindt.): ↗ABDANKUNGSGOTTESDIENST, ↗AUFERSTEHUNGSGOTTESDIENST, ↗BEERDIGUNGSGOTTESDIENST, ↗BESTATTNISGOTTESDIENST, ↗LEICHENDIENST, ↗STERBEGOTTESDIENST

Totenruhe (gemeindt.): ↗TOTENFRIEDEN

totlachen sich D sw.V./hat (Grenzfall des Standards): ↗ZERKUGELN A, ↗ZERWUZELN A, ↗AST: *SICH EINEN AST LACHEN D, ↗KAPUTTLACHEN D, ↗SCHLAPP: *SICH SCHLAPP LACHEN D ›sehr lachen‹: *Zum Ende hin wird's so bitter, dass sich die Figuren selbst halb totlachen über ihre Sätze* (TAZ 15. 3. 2002, Internet)

Totschlag: *unfreiwillige Totschlag LUX ›fahrlässige Tötung‹: ... *Geldstrafe sowie vier Jahre Fahrverbot lautet das Urteil für einen Bauarbeiter, der wegen unfreiwilligen Totschlags vor Gericht stand* (Luxemb Wort 11. 2. 2000, 9) – Das Substantiv *Totschlag* ist gemeindt.

Tötung: *fahrlässige Tötung (gemeindt.): ↗TOTSCHLAG: *UNFREIWILLIGE TOTSCHLAG

Tourismusverein STIR der; -(e)s, -e: ↗FREMDENVERKEHRSVERBAND A D, ↗KURVEREIN CH ›Tourismusverband‹: *Denn die Gemeindeverwaltung löste dem Tourismusverein die Minigolfanlage ab, um sie dem Sportverein zur Führung zu übertragen* (Dolomiten 27. 4. 2002, 34) – Dazu: **Tourismusvereinspräsident(in)**

Touristenlager CH das; -s, –: ↗MASSENLAGER CH ›einfacher Schlafraum für mehrere Personen; Matratzenlager‹: *Die heissesten Angebote von damals: Wurstsalat einfach für 1 Franken, eine Übernachtung im Touristenlager für 1 Franken, ein Kochbuch für 1 Franken* (Blick 2. 6. 1999, 2)

träf CH Adj.: ›treffend, schlagfertig‹: *Der Mundartrocker Gölä ist schon fast berüchtigt für seine träfen Sprüche, während der Popstar DJ Bobo stets charmant und freundlich auftritt* (SI 7. 6. 1999, 3)

Trafik A die; –, -en ⟨aus ital. *traffico* ›Handel, Verkehr‹⟩: ↗TABAKLADEN CH D, ↗TABAKWARENGESCHÄFT CH D ›Tabakwaren- und Zeitschriftenhandlung‹: *In der Trafik gegenüber dem Storchenwirt kaufte sich Franz eine Zeitung, um während der Fahrt etwas zu lesen zu haben* (Scharang, Sohn eines Landarbeiters 12) – Dazu: **Tabaktrafik**, ↗**Trafikant(in)**

Trafikant Trafikantin A der; -en, -en bzw. die; –, -nen: ›Betreiber(in) einer ↗Trafik‹: *Den Trafikanten mit seinem bockigen »Grüß Gott!« habe ich ohnehin geärgert* (Okopenko, Kindernazi 14) – Dazu: **Tabaktrafikant(in)**

Träger A D-südost der; -s, –: ↗TRAGERL A (ohne Vbg.) D-südost ›zusammenfaltbares Behältnis aus Karton für den Transport und die Aufbewahrung von Bierflaschen‹: *Gösser Märzen 0,5 Liter, 6er Träger* (NÖN 23. 6. 1998, 1; A); *Das Bio-Bier verkauft sich gut, obwohl der Preis pro Träger fünf bis sechs Mark höher liegt als bei herkömmlichen Biersorten* (Umweltministerium Bayern, 2003, Internet; D-südost)

Tragerl das; -s, -n: **1.** A (ohne Vbg.) ›Traggestell für Babys‹: *Das Baby schien die ganze Zeit über im »Tragerl« zu schlafen* (Presse 16. 2. 1994, Internet). **2.** A (ohne Vbg.) D-südost; ↗TRÄGER A D-südost ›zusammenfaltbares Behältnis aus Karton für den Transport und die Aufbewahrung von Bierflaschen‹: *Bei einem Europacupmatch vor zwei Monaten hat ihm der Herr Osim das letzte Tragerl »Puntigamer« [Biermarke] weggeschnappt* (OÖN 13. 7. 1998, 24; A). **3.** A (ohne west) (salopp, Sport); ↗SCHRAUFEN A, ↗KANTERNIEDERLAGE CH, ↗STÄNGELI CH, ↗PACKUNG D-nordwest/mittelwest ›hohe Niederlage; Debakel‹: *Sollten wir ins Achtelfinale kommen und auf Brasilien treffen, glaube ich nicht, dass wir ein »Tragerl« bekämen* (NÖN 22. 6. 1998, 25) – Zu 2.: ↗**Sechsertragerl** A (ohne Vbg.)

Tragetasche D die; –, -n: ↗SACK A CH, ↗SACKERL A, ↗TRAGTASCHE A CH D-südost, ↗TASCHE CH D-süd, ↗BEUTEL D, ↗TÜTE D ›[größere] Tasche aus Papier, Plastik oder Stoff [für den Transport von Einkäufen]‹: *Die Anuga entließ schließlich ihre Besucher mit vollen Bäuchen und Tragetaschen* (WAZ 18. 10. 1997, 25)

Tragtasche A CH D-südost die; –, -n: ↗SACK A CH, ↗SACKERL A, ↗TASCHE CH D-süd, ↗BEUTEL D, ↗TRAGETASCHE D, ↗TÜTE D ›[größere] Tasche aus Papier, Plastik oder Stoff für den Transport gekaufter Waren‹: *Eine Frau, wie gerade erst zur Tür hereingetreten, stand noch in Mantel und Hut, die Tragtasche schwer in der Hand* (Handke, Nachmittag eines Schriftstellers 17; A); *Und wenn Sie im Coop oder Migros für 100 oder 200 Franken einkaufen, für die Tragtasche werden Ihnen immer 30 Rappen verrechnet* (TA 16. 6. 1999, 21; CH)

Trainer A CH der; -s, – ['tre:nɐ A, 'trɛ:nər CH] (Kurzwort): ›Sportanzug, Trainingsanzug‹: *Trainer aus Ballonseide mit BW-Futter, abnehmbare Ärmel, Jacke türkis/royalblau/schwarz* (Firma Stapro-Sport, 2003, Internet; A); *Auf dem Trainer ist die Hauptwerbefläche mit dem Aufdruck »Schweiz. Mobiliar« versehen worden* (Appenzeller Volksfreund 16. 8. 1997, 4; CH) – Die Bedeutung ›Person, die das Training von Sportler(inne)n leitet‹ ist gemeindt. – Dazu: **Trainerhose** CH

Traiteur CH der; -s, -e ['trɛtœ:r] ⟨aus frz. *traiter* ›behandeln‹⟩: **1.** ›Person, die Fertiggerichte, insbesondere kalte Fleischgerichte wie Pasteten und Wurstwaren, herstellt und verkauft‹ /Berufsbezeichnung/: *In Erlenbach zeigt Reiseveranstalter Kuoni seine schönsten Destinationen zur Mode von Robert O.; als Dritter im Bunde serviert Traiteur O. Cocktailhäppchen* (TA 10. 4. 1999, 67). **2.** ↗WURSTABTEILUNG A D, ↗CHARCUTERIE CH, ↗WURSTTHEKE D (ohne ost) ›Verkaufsabteilung, in der Wurstwaren und die Angebote des Traiteurs verkauft werden; Wurstwarenabteilung‹: *Noch fehlen aber drei wichtige Pfeiler: eine Bäckerei, ein Geschäft mit Gemüse und Früchten sowie ein Traiteur mit Charcuterie und Käse* (Bund 10. 12. 1999, 31) – Zu 1.: Die weibliche Form *Traiteuse* ist sehr selten. Die Bedeutung ›Küchenchef‹ ist fachsprachlich gemeindt. – Zu 1. und 2.: **Traiteurladen, Traiteurprodukt**

Traktandenliste CH die; –, -n: ↗TAGESORDNUNG A D, ↗GESCHÄFTSLISTE CH, ↗TAGLISTE CH-ost (ZH) ›Programm[punkte] einer Sitzung‹: *Die Traktandenliste ist kurz, aber die Sitzung kann lang werden* (Jacobi, Kleefabrik 79) – Vgl. Traktandum

traktandieren CH sw.V./hat (häufig im 2. Part.): ›[im Voraus] als Verhandlungsgegenstand einer Sitzung bestimmen; auf die ↗Traktandenliste setzen‹: *»Die ganze Klubleitung«, sagte er nur, »wird ihre Posten zur Verfügung stellen und an der ausserordentlichen Generalversammlung eine Gesamterneuerungswahl traktandieren«* (TA 11. 9. 1997, 52) – Vgl. Traktandum

Traktandum CH das; -s, …den ⟨zu lat. *tractare* ›bearbeiten, behandeln‹⟩: ↗TAGESORDNUNGSPUNKT A D ›Verhandlungsgegenstand an einer Sitzung‹: *Aber alle waren in Gedanken längst beim nächsten Traktandum* (Jacobi, Kleefabrik 80) – Dazu: ↗**Traktandenliste**, ↗**traktandieren**

Traktor (gemeindt.): ↗BULLDOG, ↗SCHLEPPER, ↗TRECKER

Tram[1] CH das; -s, -s/D-nordost (Berlin)/südost die; –, -s ⟨aus engl. *tram, tramway* ›Straßenbahn[linie]‹⟩: ↗BIM A-ost (bes. Wien), ↗TRAMWAY A-ost/südost, ↗STRAẞENBAHN A D, ↗TRAMBAHN CH-zentral (bes. Luzern) D-südost ›Schienenfahrzeug des öffentlichen Nahverkehrs‹: *Um 7 Uhr rattern wir mit Tram Nr. 14 vom Aeschenplatz nach St. Jakob hinaus* (Schmidt, Wanderung 10; CH); *Nach 28 Jahren fährt im Westteil der Stadt erstmals wieder eine Tram* (Welt 10. 10. 1995; D-nordost) – In A selten. In A, D-nordost (Berlin)/südost Femininum, in CH Neutrum – Dazu: **Extratram, Märlitram** (↗Märli) CH, ↗**Trambil-**

lett CH, **Tramchauffeur** (↗Chauffeur) CH, **Tramführer(in)**, **Tramgeleise** (↗Geleise) CH, **Tramhaltestelle**, **Traminsel**, **Tramkomposition** (↗Komposition), **Tramlinie**, **Tramschiene**, **Tramstation**, **Tramverbindung**, **Tramwagen** (↗Wagen), **Tramzug**

Tram[2] A D-südost der; -(e)s, -e/Träme: ›vierkantiges, massives, langes Stück [Bau]holz; Balken‹: *… tatsächlich schlummern in den großen alten Städten, gut verborgen hinter Putz und Mauern, ganze Wälder in Form uralter Holzbalken und Träme* (Arbeitsgemeinschaft ProHolz Austria 6/2002, Internet; A) – Dazu: **Deckentram**, **Holztram**, **Holztramdecke**, **Trambaum**, **Tramboden**, **Tramdecke**

Trambahn CH-zentral (bes. Luzern) D-südost die; –, -en ⟨aus engl. *tram, tramway* ›Straßenbahn[linie]‹⟩: ↗BIM A-ost (bes. Wien), ↗TRAMWAY A-ost/südost, ↗STRAẞENBAHN A D, ↗TRAM CH D-nordost (Berlin)/südost ›Schienenfahrzeug des öffentlichen Nahverkehrs‹: *Die LSE, als wichtigstes öffentliches Verkehrsmittel in unserem Kanton, muss schrittweise zu einer Trambahn ausgebaut werden* (Demokratisches Nidwalden, 1999, Internet; CH-zentral); *Der Ausbau der Trambahn soll nämlich nicht irgendeinem Politiker nutzen, sondern uns Fahrgästen* (Aktion Münchner Fahrgäste, 1999, Internet; D-südost)

Trambillett CH das; -s, -s […bilɛt, …bileːt]: ›Ticket für die Benutzung eines ↗Trams; Fahrkarte‹: *Auch diesmal können BEA-Besucher, welche die öffentlichen Verkehrsmittel benützen, von einem Bahn- und Trambillett inklusive Eintritt zu ermässigtem Preis profitieren* (Bund 2. 5. 1997, 41) – Vgl. Billett

Trämel CH der; -s, – (Grenzfall des Standards): ›rundes Stück eines Baumstammes‹: *Eine gute Weile schauten wir ihnen zu, bis drinnen bei der Säge der Trämel hinten aus war* (Wenger, Rosalia 18)

trampen CH sw.V./ist (Grenzfall des Standards): **1.** ›stapfend treten‹: *Die Hitze lastet schwerer. Der Gaul trampt* (Bachmann, Gilgamesch 31). **2.** ›mühselig in die Pedale treten‹: *Wenn Sie nach der Arbeit in den ersten Morgenstunden auf ihren Velos müde … heimwärts trampten, war in den Strassen und Gassen völlige Stille* (Tschudin, Meine Ehre 107) – Das engl. Lehnwort *trampen* mit der Bedeutung ›(mit Rucksack und) per Autostopp reisen‹ ist gemeindt. und wird in dieser gemeindt. Bedeutung in A und D ['trɛmpn̩] und in CH ['træmpən] ausgesprochen. Zu 2 vgl. pedalen

Tramway A-ost/südost die; –, -s ⟨aus engl. *tram, tramway* ›Straßenbahn[linie]‹⟩ ['tramvaɪ]: ↗BIM A-ost (bes. Wien), ↗STRAẞENBAHN A D, ↗TRAM CH D-nordost (Berlin)/südost, ↗TRAMBAHN CH-zentral (bes. Luzern) D-südost ›Schienenfahrzeug des öffentlichen Nahverkehrs‹: *Während einiger Jahre wechselte so meine Existenz fast täglich zwischen dem Fahren mit Bus, Tramway, Zug, in der Anonymität* (Handke, Niemandsbucht 94) – Dazu: **Tramwayhaltestelle**

Tranksame CH die; –, ohne Plur.: ›Getränke‹: *Zu Disco-Musik wird getanzt, Bratwurst-Duft liegt in der Luft, bunte Luftballons wiegen sich im Wind … Die Tranksame kommt aus zwei mit Eis gefüllten Holzbetten* (Blick 25. 3. 1996, 3) – Vgl. Bauernsame, Genossame

transferieren A sw.V./hat ⟨aus lat. *transferre* ›hinübertragen, vorbeitragen‹⟩: **1.** ›jmdn. versetzen‹: *Man kann auch innerhalb des Systems transferiert werden, ohne seinen Status zu verlieren* (Wiener Ztg 9. 1. 2001, Internet). **2.** ›die Produktion an einen anderen Ort verlegen‹: *Die dortige Produktion musste ins Wiener Hauptwerk transferiert werden* (Trend 11/1997, 100) – Die Bedeutungen ›jmdn. an einen anderen Ort überstellen‹ und ›(Daten) übertragen‹ sowie die Verwendungen in den Bereichen Bankwesen und Sport sind gemeindt. – Dazu: **Transferierung**

Transitverkehr (gemeindt.): ↗DURCHGANGSVERKEHR, ↗DURCHZUGSVERKEHR

Transportunternehmen (gemeindt.): ↗CAMIONNAGE, ↗FUHRUNTERNEHMEN

Transportunternehmer (gemeindt.): ↗CAMIONNEUR/CAMIONNEUSE, ↗FRÄCHTER/FRÄCHTERIN, ↗FUHRHALTER/FUHRHALTERIN

Träsch CH der; -s, ohne Plur.: ↗OBSTLER A D, ↗BÄTZI CH, ↗OBSTWASSER D-mittel/südwest ›Schnaps aus Pressrückständen von Äpfeln und Birnen‹: *Dünner Kaffee mit einem kräftigen Schuss Schnaps – halb Träsch, halb Zwetschgenwasser* (Blick 1. 2. 1997, 27)

Trasse A D die; –, -n ⟨aus frz. *tracé* ›Umriss‹⟩: ↗TRASSEE CH ›Bahn- oder Strassendamm‹: *In der Regel münden sie in eine den hintersten Winkel der Vorstadt bogenförmig umsäumende Trasse* (Handke, Niemandsbucht 76; A); *Wenn im nächsten Jahr die neue ICE-Trasse … in Betrieb geht, wird sich die Wettbewerbssituation der Bahn im Ost-West-Verkehr verbessern* (Test 12/1997, 94; D) – Dazu: **Bahntrasse**

Trassee CH das; -s, -s [traseː] ⟨aus frz. *tracé* ›Spur, Verlauf⟩: ↗TRASSE A D ›Bahn- oder Strassendamm‹: *Ich bin der Ansicht, dass ein Tram, das auf dem S-Bahn Trassee bis Stöckacker fährt und dann dieses Trassee verlässt, für Bethlehem und Brünnen attraktiver wäre* (Tram Bern West, 2001, Internet) – Dazu: **Bahntrassee**, **SBB-Trassee** (↗SBB), **Strassentrassee**, **Tramtrassee** (↗Tram)

Tratsch A der; -es, ohne Plur. (Grenzfall des Standards): ↗PLAUSCH A D-süd, ↗SCHWATZ CH, ↗KLÖNSCHNACK D-nord, ↗SCHNACK D-nord, ↗SCHWÄTZCHEN D (ohne nordwest/südost) ›gemütliche

Unterhaltung‹: *Im Obergeschoss adaptierten sie zwei bislang ungenützte Räume: dort bieten Sitzgruppen Platz für Brett- und Kartenspiele, zum Basteln oder zum gemütlichen Tratsch* (OÖN 15. 11. 1999, Internet) – Die Bedeutung ›[gehässiges] Gerede, bes. hinterrücks‹ ist gemeindt. – Dazu: ↗**Bassenatratsch** A-ost (Wien), ↗**tratschen** A D-nordwest/mittelost/südost

tratschen sw.V./hat: **1.** A D-nordwest/mittelost/südost ›plaudern‹: *Ich kann sowieso nicht die ganze Zeit tratschen, muss mich jetzt eh wieder um meine Gäste kümmern* (Kneifl, Vorstellung 98; A). **2.** A D (abwertend); ↗RATSCHEN A D-südost, ↗SCHWATZEN CH, ↗DURCHHECHELN CH D (ohne mittelost/südwest), ↗KLATSCHEN CH D (ohne südost), ↗PLAUSCHEN D-südost ›etw. herumerzählen, ausplaudern; über andere Leute [schlecht] sprechen‹: *Die Stadt hat etwas zu tratschen: Des Fürsten Tochter hatte einen Orgasmus* (Kurier 7. 3. 1994, 9; A); *Mehr verriet Lisa nicht, weil sie sich nur zu gut vorstellen konnte, was ihre Kollegin rundtratschen würde, wenn sie erführe, dass Lisa sich ihr Brautkleid aus einer Gardine zu nähen gedachte* (Arens, Nächste Mann 90; D) – In CH selten. Wird auf der ersten Silbe betont, in A mit Kurzvokal, in CH und D mit Langvokal. Vgl. Tratsch – Dazu: **herumtratschen, rundtratschen** D

tratzen A-west (Tir.)/südost D-südost sw.V./hat (Grenzfall des Standards): ↗SEKKIEREN A D-südost, ↗PIESACKEN D (ohne südost), ↗TRIEZEN D ›jmdn. durch provozierende Handlungen oder stichelnde, spottende Bemerkungen ärgern; necken, plagen‹: *Zweitens wollte Sigmund Freud mit dem Hang zum Rindfleisch (Zwischenrippenstück) offensichtlich seine Frau tratzen* (Kleine Ztg 1. 6. 2000, Internet; A-west/südost); *Dauernd auf Achse, von Lernen keine Spur, nur freche Widerworte und die Nachbarmädchen tratzen* (Bayerischer Rundfunk 9. 10. 2000, Internet; D-südost) – Dazu: **Tratzerei**

Traudel D: ↗TRAUDI A D-südost Kurzform der weibl. Vornamen *Gertraud,* ↗*Waltraud: Beim VW-Konzern bemüht sich Traudel K. … seit zehn Jahren darum, Männer für die Elternzeit zu gewinnen* (WAZ 14. 5. 2001, Internet)

Traudi A D-südost: ↗TRAUDEL D Kurzform der weibl. Vornamen *Gertraud, Irmtraud,* ↗*Waltraud: Auf der 500 Jahre alten Filzalm servieren die Wirtsleute Traudi und Loisl K. Produkte vom eigenen Hof* (OÖN 10. 7. 1993, 62; A) – Auch in der Form *Traudl*

Traueranzeige D (ohne mittelost) die; –, -n: ›Todesanzeige in der Zeitung‹: *E. R.s Witwer gibt mit der Traueranzeige für seine tote Frau gleich auch ein Heiratsgesuch auf* (Welt 30. 6. 2000, Internet) – In A und CH selten

Trauerbrief D (ohne südwest) der; -(e)s, -e: ↗PARTE A, ↗LEIDZIRKULAR CH, ↗TRAUERZIRKULAR CH ›mit der Post verschickte Mitteilung über den Tod eines Menschen‹: *Wir bitten alle, die versehentlich keinen Trauerbrief erhalten haben, diese Anzeige als persönliche Nachricht zu betrachten* (WAZ 15. 10. 1997, 34)

Traueressen CH das; -s, –: ↗TOTENMAHL A, ↗ZEHRUNG A-mitte, ↗LEICHENMAHL CH, ↗LEIDMAHL CH, ↗RAUE D-mittelwest ›festliches Essen nach einem Begräbnis zu Ehren des bzw. der Verstorbenen; Leichenschmaus‹: *Der Saal im ersten Stock war eine Drehscheibe des dörflichen Lebens … Hier traf man sich zu Maskenbällen und Traueressen, Bürger- und Bankversammlungen* (St. Galler Tagbl 19. 6. 2001, Internet)

Trauerfall D der; -(e)s, …fälle: ›Todesfall‹: *Ihr Gehirn reagiert hyperaktiv auf bestimmte Reize, wie einen Wetterumschwung, bestimmte Nahrungsmittel … sowie emotionale Reize, wie einen Trauerfall* (Welt 27. 7. 1995, Internet) – Das gemeindt. Substantiv *Todesfall* ist auch in D häufiger

Trauerfamilie A CH die; –, -n: ›Hinterbliebene bei einem Todesfall‹: *J. versuchte all seine Fähigkeiten einzusetzen, um der Trauerfamilie seelischen Beistand zu leisten* (Kleine Ztg 29. 11. 2000, Internet; A); *Der Trauerfamilie sprechen wir unser herzliches Beileid aus* (Stadtschützen Bern 4. 1. 2003, Internet; CH) – In D selten

Trauerfeier (gemeindt.): ↗ABDANKUNG, ↗VERABSCHIEDUNG

Trauerkloß D-nord/mittel der; -es, …klöße (scherzh.): ›Person, die zu Traurigkeit und Lustlosigkeit neigt‹: *… wer guter Laune ist und positiv denkt, mobilisiert Kräfte, von denen der dröge Trauerkloß nur träumen kann* (Welt 11. 10. 1996, Internet)

Trauerzirkular CH das; -s, -e: ↗PARTE A, ↗LEIDZIRKULAR CH, ↗TRAUERBRIEF D (ohne südwest) ›mit der Post verschickte, gedruckte Todesanzeige‹: *Profane Dinge wie Sargausstattung, Trauerzirkular und Bestattungsort müssen bei jedem Todesfall auch entschieden werden* (Verband Kindergärtnerinnen Schweiz, 2000, Internet)

Traute: ***[die] Traute haben** D (ohne südost) (Grenzfall des Standards) ›[den] Mut haben‹: *Leverkusen hat jetzt mehr Traute und übernimmt mehr und mehr die Spielführung* (Rheinische Post 19. 8. 2002, Internet)

Trauungsregister STIR das; -s, –: ↗EHEBUCH A, ↗EHEREGISTER CH D ›verwaltungsbehördliches Verzeichnis, in dem Heiraten beurkundet werden‹: *Der Wechsel von Gemeinschaft zur Trennung erfolgt mittels öffentlicher Urkunde beim Notar und muss … im*

Trauungsregister angemerkt werden (Raiffeisen Notizen 7/2000, 4)

Trax CH der; -(es), -e ⟨aus amerik.-engl. *Traxcavator*⟩: ↗SCHAUFELLADER A D ›[Raupen]fahrzeug zum Planieren, Umschichten und Aufladen von Aushubmaterial‹: *Der Trax fuhr vor, planierte eine Zufahrt* (Sonntagsblick 13. 3. 1997, A2) – Dazu: **Raupentrax**

Trebe: *auf [der] Trebe [sein/gehen] D-nordost/mittelwest (Grenzfall des Standards): ↗GAUDEE: *AUF [DER] GAUDEE SEIN A, ↗LEPSCHI: *AUF LEPSCHI GEHEN A-ost (bes. Wien) ›sich [als Ausreißer] herumtreiben; obdachlos sein‹: *Er erzählte von seiner Drogensucht, dem Leben als Obdachloser auf der Trebe und den Versuchen, sesshaft zu werden* (Tagesspiegel 23. 3. 2000, Internet) – Dazu: ↗**Trebegänger(in)** D, ↗**Treber(in)** D-nordost (bes. Berlin)

Trebegänger Trebegängerin D der; -s, – bzw. die; –, -nen (abwertend, Grenzfall des Standards): ↗UNTERSTANDSLOSE A, ↗SANDLER A D-südost, ↗CLOCHARD CH LUX, ↗STADTSTREICHER CH D, ↗BERBER D, ↗PENNER D, ↗TIPPELBRUDER D (ohne mittelost/südwest), ↗TREBER D-nordost (bes. Berlin) ›jugendlicher Ausreißer bzw. jugendliche Ausreißerin; Obdachlose(r)‹: *In diese Anlaufstelle kommen pro Woche 25 bis 50 jugendliche Trebegänger* (Arbeitsgemeinschaft für Sozialberatung 26. 2. 2001, Internet)

Treber Treberin D-nordost (bes. Berlin) der; -s, – bzw. die; –, -nen (abwertend): ↗UNTERSTANDSLOSE A, ↗SANDLER A D-südost, ↗CLOCHARD CH LUX, ↗STADTSTREICHER CH D, ↗BERBER D, ↗PENNER D, ↗TREBEGÄNGER D, ↗TIPPELBRUDER D (ohne mittelost/südwest) ›jugendlicher Ausreißer bzw. jugendliche Ausreißerin; Obdachlose(r)‹: *Die »Straßenzeitung« ist eine Berliner Obdachlosen-Zeitung, wie sie Treber in U-Bahnen und Kneipen verkaufen* (Tagesspiegel 2. 12. 2001, Internet) – Vgl. Trebe

Trecker D-nord/mittel der; -s, –: ↗BULLDOG D-nordwest/süd, ↗SCHLEPPER D-mittelost/süd STIR ›landwirtschaftliches ↗Kraftfahrzeug zum Ziehen von Anhängern und Geräten; Traktor‹: *Am Sonntag kommen rund 30 Trecker zu einer Parade zusammen* (WAZ 20. 10. 1997, 5)

Treffer (gemeindt.): ↗BUMMERL, ↗GOAL, ↗TOPF

Treibhausgas (gemeindt.): ↗KLIMAGAS

Treibstoffzoll CH der; -(e)s, ...zölle: ›Steuer, die auf die Einfuhr von Treibstoffen erhoben wird; Benzinsteuer‹: *Der Touring Club der Schweiz unterstützt eine Erhöhung des Treibstoffzolls um fünf Rappen* (Südostschweiz 30. 5. 2001, Internet)

Treichel CH die; –, -n: ›bauchige, geschmiedete Kuhglocke‹: *Das Gebimmel der Glocken und das dumpfe Schlagen der Treicheln passte zu der Stille* (Honegger, Ehemalige 8)

Treidelpfad CH D der; -(e)s, -e: ↗TREPPELWEG A D-südost ›schmaler Weg am Rand eines Flusses oder Kanals, der Menschen bzw. Tieren zum Stromaufwärtsziehen der Schiffe diente; Treidelweg‹: *Entlang dem Wasserweg, teilweise als Allee angelegt, führen die Treidelpfade, die früher von grosser Bedeutung waren* (Sonntagsztg 26. 4. 1998, Internet; CH); *Kähne von 200 t Zuladung ... wurden von Pferden stromaufwärts auf dem begleitenden Treidelpfad gezogen* (Universität Saarland 26. 7. 2002, Internet; D) – Trotz des historischen Zwecks als Bezeichnung gebräuchlich

Treidelweg (gemeindt.): ↗TREIDELPFAD, ↗TREPPELWEG

trenzen sw.V./hat (Grenzfall des Standards): **1.** A D-südost; ↗SABBERN D (ohne südost) ›speicheln‹: *Der Franz hat natürlich wieder getrenzt* (Thüminger, Entscheidung 73; A). **2.** A (ohne west) D-südost; ↗KLÖNEN CH, ↗PLINSEN D-nordost ›weinerlich klagen; jammern‹: *Seit er ins Alter kommt, ist er ein Raunzer geworden, der bei jeder Gelegenheit zu trenzen anfängt* (OÖN 1. 12. 1998, Internet; A) – Die in der Jägersprache verwendete Bedeutung ›röhren (von Hirschen)‹ ist gemeindt. – Zu 1.: **antrenzen, Trenzer** A. Zu 2.: **Trenzer(in)** A

Treppchen D (ohne südost) das; -s, – (Sport): kurz für ↗*Siegertreppchen:* ↗STOCKERL A ›[Sieger]podest‹: *Sie lief neben den Reitpferden der Familie D. her und stand bei Turniersiegen sogar mit auf dem Treppchen* (Tier 9/1996, 30) – Das Substantiv *Treppchen* ist die in CH und D übliche Verkleinerungsform des Substantivs ↗*Treppe*

Treppe CH D die; –, -n: ↗STIEGE A D-süd ›aus Stufen bestehender Aufgang‹: *Ohne auf Daniel zu warten, trat Françoise in den Korridor und ging die Treppe hinauf* (Z'Graggen, Erwartung 91; CH); *Ihr Taxi ist da, rufen wir und steigen die Treppe hoch, sind Sie denn nicht fertig?* (Hofmann, Tolstois Kopf 16; D) – In A zunehmend gebräuchlich – Dazu: **Kellertreppe,** ↗**Prunktreppe, Treppenaufgang, Treppengeländer, Treppenhaus, Treppenraum** D

Treppelweg A D-südost der; -(e)s, -e: ↗TREIDELPFAD CH D ›schmaler Weg am Rand eines Flusses oder Kanals, der Menschen bzw. Tieren zum Stromaufwärtsziehen der Schiffe diente; Treidelweg‹: *Die geplante Trassenführung verläuft am Treppelweg, rechtsseitig entlang des Wr. Neustädter Kanals* (Neue Wochenschau 11. 8. 1999, 11; A) – Trotz des historischen Zwecks als Bezeichnung gebräuchlich

treschetten STIR sw.V./hat ⟨aus ital. *tressette*⟩: ›das ital. Kartenspiel Tressette spielen‹: *In der Wirtsstube in Brixen spielen Handwerker und Trientiner Scheren-*

schleifer ein Kartenspiel, das sie Tresette heißen. Daraus machen die Ahrntaler das Treschetten (Flöss, Schnittbögen 94) – Auch in der Form *tresetten* – Dazu: **Treschetter(in)**

Tresen D der; -s, –: ↗Budel A (ohne Vbg.), ↗Theke D ›Bar; Schanktisch‹: *Die abendliche Thekenrunde in der Kneipe ... hat sich gelichtet, die Männer stehen nicht mehr jeden Abend am Tresen* (Grün, Lawine 103)

tresetten siehe treschetten

Tresor (gemeindt.): ↗Geldschrank

Tretboot A D das; -(e)s, -e: ↗Pedalo CH LUX ›kleines Vergnügungsboot mit Tretkurbelantrieb‹: *Eck folgte ihr und lud sie nach wenigen Sätzen zu einer Fahrt mit dem Tretboot ein* (Roth, See 137; A); *Während man auch nicht unbedingt schwimmen sollte, kann man Tretboot fahren, segeln, surfen oder Rollerskates fahren* (Universität Essen, 2001, Internet; D)

treten: 1. CH D st.V./ist/hat (mit den Präp. *auf* oder *in*); ↗steigen A D-südost ›[(un)absichtlich] seinen Fuß, einen Schritt auf oder in etw. setzen‹: *Sie trat in einen Nagel und es entwickelte sich ein Wundbrand am tauben Fuss, weshalb man sie erneut zur Behandlung ins Spital holte* (Leprahilfe Schweiz, 2002, Internet; CH); *Beim Fototermin in einem Kuhstall war sie in einen Kuhfladen getreten* (Zentrale für Unterrichtsmedien im Internet 2. 1. 2001, Internet; D). **2.** D st.V./hat; ↗steigen A D-mittelost/südost, ↗drücken CH D-südwest ›[abrupt und heftig] ein Pedal, z. B. Bremse, Gas, Kupplung eines [Motor]fahrzeugs, einer Maschine mit dem Fuß betätigen‹: *Plötzlich taucht ... ein Hindernis auf, der Fahrer tritt die Bremse* (Sommer Fahrzeugbau 17. 10. 2002, Internet); ***auf die Bremse treten** CH D (ohne südost) siehe Bremse; ***in die Eisen treten** D siehe Eisen; ***auf die Ausgabenbremse treten** CH siehe Ausgabenbremse. **3. *auf der Stelle treten** A D; ***an Ort treten** CH ›[im Leben] nicht vorwärts kommen‹: *Bis zu den deutschen Wahlen Ende September 1998 werden die Verhandlungen auf EU-Ministerebene auf der Stelle treten* (Kleine Ztg 18. 3. 1998, Internet; A); *Stellen Sie fest, dass Sie in Ihrer jetzigen beruflichen Situation an Ort treten?* (Chancen in Beruf und Arbeit, 2000, Internet; CH); *Im Wattenmeer treten die Naturschützer auf der Stelle* (Welt 14. 8. 1995, Internet; D). **4. *in [den] Ausstand treten** CH D (ohne ost) siehe Ausstand – Zu 1. und 2.: In A selten. Andere Bedeutungen sind gemeindt. – Zu 1.: ↗**übertreten**

Treter der; -s, – (abwertend, Grenzfall des Standards): **1.** A D (ohne südost); ↗Hatscher A D-südost ›alter, ausgetragener [aber bequemer] Schuh‹: *Exakt die Treter, welche der Erzeuger an den Pedalen gehabt hatte* (Nöstlinger, Bonsai 95; A); *Bald würde er die schweren Treter abstreifen und seine leichten Zivilschuhe heraussuchen* (Remarque, Zeit zu leben 68; D). **2.** D-nord/mittel; ↗Holzhacker A D, ↗Hacker CH, ↗Knüppler D ›unfairer Fußballspieler‹: *Die Spieler mit der Nummer zwei waren in unserer Mannschaft immer die Treter und Holzfäller* (Welt 22. 6. 1998, Internet) – Zu 1 vgl. Latschen, Schluffen

Tretroller D (ohne südwest) der; -s, –: ↗Trittroller A, ↗Roller A D, ↗Trotti CH, ↗Trottinett CH, ↗Kinderroller D ›zweirädriges Fahrzeug mit Trittfläche und Lenkstange für eine Person: *Sollte dann immer noch Geld übrig sein, wollte Timm sich einen Tretroller kaufen* (Krüss, Timm Thaler 34)

Treue: *in guten Treuen CH (Recht): **a)** ›in gutem Glauben‹: *Der Kläger hat für beide selbständigen Autoinsassenversicherungen Prämien bezahlt. Er kann sich deshalb in guten Treuen auf den Wortlaut des Vertrages berufen und die ... versprochene Taggeldleistung einfordern* (Schoenbaechler, 2000, Internet). **b)** ›gewissenhaft, aufrichtig‹: *Der Arbeitnehmer ist verpflichtet, die ihm übertragenen Arbeiten sorgfältig auszuführen und die berechtigten Interessen des Arbeitgebers in guten Treuen zu wahren* (Zürcher Bürgerbuch 124) – Das Substantiv *Treue* ist in allen anderen Verwendungen gemeindt.

Treuhandbüro CH das; -s, -s: ↗Treuhandfirma CH, ↗Treuhandgesellschaft CH D ›mit der Verwaltung von Geld- und Sachwerten beauftragte Firma‹: *Seit April 1998 gilt das Geldwäschereigesetz: Institutionen wie Banken, Treuhandbüros oder die Post müssen ihre Kunden identifizieren, verdächtige Transaktionen abklären und wenn nötig melden* (TA 18. 5. 1999, 23) – In D selten

treuhänderisch CH D Adj.: ↗treuhändisch A ›in bevollmächtigter Ausübung fremder Rechte erfolgend; in Treuhandschaft erfolgend‹: *Auf treuhänderischen Rat hin hatte H. nach dem Verkauf des Café Steibach in Belp innerhalb kurzer Zeit das Kapital ins Café Ründi investiert* (Bund 28. 9. 1999, 29; CH); *Daraus folge aber keineswegs auch der Erwerb der Hypotheken, ... denn im Rechtssystem der ehemaligen DDR habe die Rechtsträgerschaft lediglich eine treuhänderische Stellung ... bedeutet* (FAZ 10. 10. 1997, 50; D)

Treuhandfirma CH die; –, ...firmen: ↗Treuhandbüro CH, ↗Treuhandgesellschaft CH D ›mit der Verwaltung von Geld- und Sachwerten beauftragte Firma‹: *Die Treuhandfirma Price Waterhouse Coopers prüfte im Auftrag des IWF die Verwendung des 4,8-Milliarden-Dollar-Kredits und stellte keinerlei Missbrauch fest* (Bund 16. 9. 1999, 3)

Treuhandgesellschaft CH D die; –, -en: ↗Treuhandbüro CH, ↗Treuhandfirma CH ›mit der Verwaltung von Geld- und Sachwerten beauftragte Firma‹:

Eine externe Treuhandgesellschaft klärt … ab, ob strafrechtliche Handlungen vorliegen (Bund 23. 12. 1999, 16; CH); *Ein Mitglied arbeitet bei der bayerischen Treuhandgesellschaft, eines ist beim Bundesinstitut für Berufsbildung tätig* (Berliner Ztg 24. 12. 1997, Internet; D)

treuhändisch A Adj.: ↗TREUHÄNDERISCH CH D ›in bevollmächtigter Ausübung fremder Rechte erfolgend; in Treuhandschaft erfolgend‹: *In diesem Verzeichnis können Anwälte die Übernahme von treuhändisch zu verwaltenden Klientengeldern dokumentieren lassen* (Standard 29. 1. 1999, Internet)

Triangel der/das; -s, –: ›Schlaginstrument aus Stahl in Form eines Dreiecks‹: ist in A Neutrum, in CH und D Maskulinum. Wird in A auf der zweiten Silbe (auf dem -a-), in CH und D auf der ersten Silbe (auf dem -i-) betont: *Das Triangel ist ein an einer Ecke offenes kleines Metalldreieck, das mit einem Metallstab zum Klingen gebracht wird* (Musik-Steiermark, 2002, Internet: A); *Der Aläwisi war noch nicht lange bei der Musikgesellschaft Steinen, er schlug den Triangel* (Gemeinde Steinen, 2002, Internet; CH); *In der Orchestermusik … wurde der Triangel nur für besondere Klangeffekte gebraucht* (Stadt Münster, 2002, Internet; D)

Trichter: *auf den [richtigen] Trichter kommen D-nord/mittel (Grenzfall des Standards) ›begreifen, wie etw. funktioniert, wie etw. zu handhaben ist‹: *Die Wissenschaftler sind längst auf den Trichter gekommen und haben die inneren Werte der vermeintlich alltäglichen Software erkannt* (BdW 10/1990, 166); ***auf den [richtigen] Trichter bringen** D-nord/mittel (Grenzfall des Standards) ›jmdn. auf die Idee bringen, wie ein Problem zu lösen ist‹: *Das hat auch die Bauern auf den Trichter gebracht, die ebenfalls keine Steuern auf ihren Treibstoff mehr zahlen wollen* (Rheinztg 4. 9. 2000, Internet) – Das Substantiv *Trichter* ist in allen anderen Verwendungen gemeindt. Vgl. gneißen, raffen, spannen, überreißen

Tricot CH das; -s, -s: ['trik'o]: ↗LEIBCHEN A CH D-südost, ↗LEIBERL A D-südost ›Trikot‹: *Die Sprinterin Florence Griffith-Joyner sorgte mit Patriotismus bis in die Nagelspitzen und aufregenden Tricots für etwas Glamour, was der Welt des Sports bestimmt nicht zum Nachteil gereichte* (Sonntagsztg 16. 2. 1997, 97) – Die Schreibung *Trikot* ist gemeindt., die Aussprache lautet in A [tri'ko:], in D ['triko]

Triennium STIR das; -s, …ien ⟨aus lat. *triennium* ›Zeitraum von drei Jahren‹⟩: ›die letzten drei Schuljahre in [5-jährigen] staatlichen ↗Oberschulen‹: *Die Fachrichtung Informatik/Programmierer wird mit Beginn des kommenden Unterrichtsjahres im Triennium (3. bis 5. Klasse) begonnen* (Dolomiten 7. 4. 2000, 29) – Die Bedeutung ›Zeitraum von drei Jahren‹ ist gemeindt. Vgl. Biennium

Trient (gemeindt.): ↗PROVINZ: *AUTONOME PROVINZ TRIENT/TRENTINO

triezen D sw.V./hat: ↗SEKKIEREN A D-südost, ↗TRATZEN A-west (Tir.)/südost D-südost, ↗PIESACKEN D (ohne südost) ›jmdn. durch provozierende Handlungen oder stichelnde, spottende Bemerkungen ärgern; necken, plagen‹: *Und später triezte Papa E. seinen Filius im Training mit Verhörmethoden für Kriegsgefangene* (Stern 25. 9. 1997, 243)

Trikot (gemeindt.): ↗LEIBCHEN, ↗LEIBERL, ↗TRICOT

Trimm-dich-Pfad D STIR der; -(e)s, -e: ↗FORSTMEILE A-west (Tir.), ↗FITNESSPARCOURS A CH LUX, ↗VITA-PARCOURS CH ›[durch den Wald] führender Weg mit Turngeräten und Anweisungen für gymnastische Übungen‹: *Der alte Trimm-dich-Pfad … ist in die Jahre gekommen, die Laufstrecke arg in Mitleidenschaft gezogen* (Reutlinger General-Anzeiger 4. 4. 2002, Internet; D); *Der Tourismusverein hat einen 800 Meter langen Trimm-dich-Pfad mit 14 Übungsstationen angelegt* (Dolomiten 19. 6. 1999, 31; STIR)

Trinkgeld (gemeindt.): ↗MAUT, ↗SCHMATTES

Trinkhalle D-nord/mittelwest die; –, -n: ↗BUDE D-mittelwest ›Kiosk, an dem es vor allem Getränke, Zeitungen, Tabak- und Süßwaren zu kaufen gibt‹: *So stapfte ich … bis zur Trinkhalle hinter der Schule und beschloss wütend, statt Pils nur Exportbier zu kaufen* (Rothmann, Wäldernacht 91) – Die Bedeutung ›Halle, in der Heilwasser getrunken werden kann‹ ist gemeindt.

Triopack CH das; -(e)s, –: ↗DREIERPACK A D ›Packung mit drei Stück‹: *Grosse Sommeraktion – T-Shirts im Triopack für nur 15 Franken* (Volksstimme 21. 9. 1999, 14) – Vgl. Pack

trischacken A-ost sw.V./hat ⟨aus tschech. *drzák* ›Stiel‹⟩ (salopp, Grenzfall des Standards): ↗HERSCHLAGEN A, ↗ABSCHLAGEN CH, ↗BREI: *JMDN. ZU BREI SCHLAGEN CH D (ohne südost), ↗VERKLOPFEN CH D-südwest, ↗VERMÖBELN CH D, ↗VERHAUEN D, ↗HUCKE: *JMDM. DIE HUCKE VOLL HAUEN D-nord/mittel, ↗VERKLOPPEN D-nord/mittel, ↗VERTRIMMEN D-nord/mittel ›jmdn. verprügeln, schlagen; verdreschen‹: *Den habens recht trischackt* (Sagen, 2001, Internet)

Trittroller A der; -s, –: ↗ROLLER A D, ↗TROTTI CH, ↗TROTTINETT CH, ↗KINDERROLLER D, ↗TRETROLLER D (ohne südwest) ›zweirädriges Fahrzeug mit Trittfläche und Lenkstange für eine Person‹: *Mit dem Trittroller rechts und links grüßend die Holzstraße hinunter* (Hofstädter, Lustenauer Idyllen 50)

trocken (gemeindt.): ↗DRÖGE

Trọckenfleisch CH das; -(e)s, ohne Plur.: ↗BINDENFLEISCH CH, ↗BÜNDNERFLEISCH CH, ↗MOSTBRÖCKLI CH ›luftgetrocknetes [Rind]fleisch‹: *Wir feierten die Rettung mit Fendant, Roggenbrot, Käse und Trockenfleisch* (Furrer, My Way 190)

Trọckenfrucht D-nord/mittel die; –, ...früchte (meist Plur.): ↗DÖRROBST A D (ohne südost), ↗DÖRRFRUCHT CH, ↗BACKOBST D (ohne südost), ↗TROCKENOBST D STIR, ↗HUTZEL D-süd ›getrocknetes ↗Obst‹: *Dringend benötigt werden von den Menschen in Grebeni Lebensmittel wie Hartfette, Öl, Teigwaren ... Trockenfrüchte und Nüsse* (Rheinische Post 30. 10. 2001, Internet) – In A selten

Trọckenobst D STIR das; -(e)s, ohne Plur.: ↗DÖRROBST A D (ohne südost), ↗DÖRRFRUCHT CH, ↗BACKOBST D (ohne südost), ↗TROCKENFRUCHT D-nord/mittel, ↗HUTZEL D-süd ›getrocknetes ↗Obst‹: *Trockenobst ist ein kalorienreiches Lebensmittel mit vielen lebensnotwendigen Mineralstoffen* (Hamburger Abendbl 1. 9. 1994, Internet; D); *Du kannst statt der getrockneten Aprikosen auch anderes Trockenobst verwenden wie Äpfel, Feigen oder Pflaumen* (Dolomiten 12. 12. 2001, 39; STIR)

Trockenraum (gemeindt.): ↗TROCKNUNGSRAUM

Trọckner A D der; -s, –: ↗TUMBLER CH ›Wäschetrockner‹: *Dort stehen moderne Waschautomaten und Trockner, die in kurzer Zeit für saubere Wäsche sorgen* (Unipress 6/1998, 19; A); *Unter der Schräge brachte der Planer auch noch Waschmaschine und Trockner sowie Ablagen unter* (Schöner Wohnen 4/1995, 94; D)

Trọcknungsraum CH der; -(e)s, ...räume: ›zum Trocknen von Wäsche bestimmter Raum; Trockenraum‹: *Freundliche Personalräume mit Esstischen, Küche und Trocknungsraum stehen zur Verfügung* (Leuthold Gärten AG, 2001, Internet) – Selten auch in der dialektnahen Form *Tröckneraum*

Trö̱del D (ohne südost) der; -s, ohne Plur.: ↗ALTWAREN A LUX ›[zum Kauf angebotene] gebrauchte Waren aller Art, z.B. Kleider, Haushalts- und Elektrogeräte‹: *Ob wir Trödel verkaufen oder um Spenden betteln – immer fragen die Leute: Warum tut ihr bloß so viel für diese Kinder?* (Welt 20. 10. 1995, Internet) – Dazu: ↗**Trödelkram** D-nord/mittel, ↗**Trödelladen,** ↗**Trödelmarkt**

Trö̱delkram D-nord/mittel der; -(e)s, ohne Plur. (abwertend): ↗KRAMURI A, ↗GLUMPERT A, ↗GRAFFEL A D-südost, ↗GRÜMPEL CH, ↗KRAM CH D, ↗KREMPEL D ›wertloses Zeug; Krimskrams, Plunder‹: *Man sollte gar nicht glauben, was in einem Haus für Trödelkram drin ist* (Schweriner Volksztg 8. 5. 2002, Internet)

Trö̱delladen D (ohne nordwest/südost) der; -s, ...läden: ↗BROCKENHAUS CH, ↗BROCKENSTUBE CH ›Geschäftslokal, in dem gebrauchte Waren zum Kauf angeboten werden‹: *Unser erstes Fundstück, das wir im Trödelladen aufgetan haben: ein mächtiger Spiegel mit Seitenklappen* (Selber machen 6/2000, 12) – Auch in der Form *Trödlerladen*

Trö̱delmarkt D (ohne südost) der; -(e)s, ...märkte: ↗ALTWARENMARKT A, ↗TANDELMARKT A-ost, ↗BROCANTE CH-west, ↗TÄNDELMARKT D-südost ›Markt, auf dem gebrauchte Waren aller Art angeboten werden; Flohmarkt‹: *Der jährliche Trödelmarkt des Lions-Clubs gehört mittlerweile schon zum festen Programm in Straubing* (Straubinger Tagbl 7. 4. 1998, 28) – Vgl. Trödel

trödeln (gemeindt.): ↗BRODELN, ↗BUMMELN

Trö̱dler Trö̱dlerin der; -s, – bzw. die; –, -nen (Grenzfall des Standards): **1.** D (ohne mittelost/südost); ↗ALTWARENHÄNDLER A, ↗TANDLER A D-südost, ↗ALTSTOFFHÄNDLER CH ›Person, die mit gebrauchten Waren aller Art, z.B. Kleidern, Haushalts- und Elektrogeräten, handelt; Gebrauchtwarenhändler(in)‹: *Kinderbücher, Spielzeug und jede Menge Krimskrams hatten die Trödler im Angebot* (WAZ 2. 5. 2001, Internet). **2.** D (ohne südost) (abwertend); ↗BRODLER A (ohne west), ↗BUMMELANT D, ↗BUMMLER D ›langsam und ineffizient arbeitende Person‹: *Also los jetzt, du kleiner Trödler, gefrühstückt wird unterwegs!* (Wissenschaft online, 2002, Internet) – Zu 1.: In CH bekannt, aber als fremd empfunden. In A zunehmend gebräuchlich. Zu 2.: In A selten

Trödlerladen siehe Trödelladen

trö̱len CH sw.V./hat: ›die Legislation, den Gesetzesvollzug oder die Jurisdiktion absichtlich unstatthaft verzögern‹: *[Es] wurde gesagt, dass die Botschaft nach Vorliegen des Berichtes ... vorgelegt werde ... Es passiert nichts, der Bundesrat trölt weiter* (Amtliches Bulletin, Ständerat 18. 3. 1998)

trọllen sich D (ohne ost) sw.V./hat (Grenzfall des Standards): ↗PUTZEN A, ↗VERTSCHÜSSEN A, ↗HAUS: *SICH ÜBER DIE HÄUSER HAUEN A-ost, ↗SCHLEICHEN A D-süd, ↗VERZUPFEN A D-südost, ↗ZUPFEN A D-südost, ↗ABFAHREN CH, ↗ABSCHLEICHEN CH, ↗LEINE: *LEINE ZIEHEN CH D (ohne südost), ↗VERDRÜCKEN CH D (ohne südost), ↗VERDUFTEN CH D, ↗VERKRÜMELN CH D (ohne südost), ↗ABSCHIEBEN D, ↗FLIEGE: *DIE/EINE FLIEGE MACHEN D-nord/mittel, ↗VERPISSEN D, ↗DÜNNEMACHEN D-nord/mittel, ↗MÜCKE: *[DIE/EINE] MÜCKE MACHEN D-nord/mittel, ↗PLATTE: *DIE PLATTE PUTZEN D (ohne mittelost/südost) ›sich entfernen; verschwinden, abhauen‹: *Mädchen finden es toll, gleichaltrigen Jungs ... eine Abfuhr zu erteilen, sie dazu zu bringen, sich zu trollen* (Psychologie 12/1997, 66) – Andere Bedeutungen sind gemeindt.

Trolleybus CH der; -ses, -se ['trɔlɛɪbus, 'trɔlɪbus]: ↗Obus A D, ↗Oberleitungsbus D ›Bus im öffentlichen Verkehr, der mit Strom einer Oberleitung angetrieben wird‹: *Die Schüttel-Drämmli sind recht bequem – enttäuschend die neuen Trolleybusse – zu wenig Platz für Langbeinige* (Blick 22. 2. 1996, 8) – In A und D selten

Tröpferlbad A-ost (bes. Wien) das; -(e)s, ...bäder (veraltend): ›öffentliches Brause- und Wannenbad‹: *Gewaschen haben wir uns wochentags im Lavoir, und am Samstag sind wir ins Tröpferlbad gegangen* (ORF Nachlese 9/1997, 24)

Tröte D-nordwest/mittelwest die; –, -n: ›einfaches trompetenartiges Blasinstrument [für Kinder]‹: *Warum auch immer, die Marketing-Leute haben dem Erzengel eine Tröte in die Hand gedrückt* (WAZ 1. 12. 2000, Internet) – In CH selten. Vgl. tröten

tröten D-nordwest/mittelwest sw.V./hat: ›Laute auf einer ↗Tröte erzeugen‹: *Jedenfalls trötete das Fanfarencorps Blau-Weiß Oberhausen kräftig* (WAZ 16. 2. 1999, Internet) – In CH selten

Trotte CH die; –, -n: ↗Torkel A-west (Vbg.) CH-nordost D-südost, ↗Weinkelter D, ↗Kelter D-mittel/süd, ↗Torggl STIR ›Presse zur Gewinnung von Trauben- und Obstsaft‹: *Es war eine kalte Nacht gewesen, der erste Reif hatte fast den Süssmost in der Trotte gefrieren lassen, als wir nach dem Neunuhrbrot in den Graben stiegen* (Honegger, Ehemalige 9) – Dazu: **Trottenmost** (↗Most) CH

Trotti CH das; -s, -s ⟨aus frz. *trottinette*⟩: ↗Trittroller A, ↗Roller A D, ↗Trottinett CH, ↗Kinderroller D, ↗Tretroller D (ohne südwest) ›zweirädriges Fahrzeug mit Trittfläche und Lenkstange für eine Person‹: *Eine Konkurrenz zum Fahrrad will das Trotti ... nicht sein – für längere Strecken ist es ungeeignet* (NZZ 27. 6. 2000, 59)

Trottinett CH das; -s, -e/-s ⟨aus frz. *trottinette*⟩: ↗Trittroller A, ↗Roller A D, ↗Trotti CH, ↗Kinderroller D, ↗Tretroller D (ohne südwest) ›zweirädriges Fahrzeug mit Trittfläche und Lenkstange für eine Person‹: *Immer schon gab es jenen Schulfreund mit dem schnelleren Trottinett, der einem seinerzeit das Mädchen ausspannte* (Bund 20. 7. 1999, 21)

Trottoir CH D-süd das; -s, -s [trɔtoa:r, trɔtva:r CH, trɔ'toa:ɐ D] ⟨frz.⟩: ↗Gehsteig A D-südost, ↗Bürgersteig D (ohne südwest), ↗Gehweg D (ohne südost) ›einer Straße entlang führender [erhöhter] Weg für Fußgänger(innen)‹: *Längst sind es nicht mehr nur Jugendliche, die auf Trottoirs und Plätzen um die Wette kurven und sausen, sondern auch Erwachsene und ganze Familien* (Sprechstunde 3/1997, 11; CH); *Das »Pavesi« mit seinen drei winzigen vanillefarbenen Tischen auf dem Trottoir liegt ungefähr in der Mitte ... der Türkenstraße* (SZ 8. 8. 2002, Internet; D-süd) – In A und D (ohne süd) veraltet – Dazu: ↗**Trottoirrand** CH D-südwest

Trottoirrand CH D-südwest der; -(e)s, ...ränder [trɔtoa:r..., trɔtva:r... CH, trɔ'toa:ɐ ... D]: ↗Gehsteigkante A, ↗Randstein A CH D-süd, ↗Bordkante D-ost, ↗Bordstein D (ohne südost), ↗Kantstein D-nordwest ›steinerne Einfassung des ↗Trottoirs‹: *Gemäss Polizeiangaben touchierte das Motorrad am Ende der Linkskurve kurz vor dem Dorfeingang M. den Trottoirrand* (Bund 20. 9. 1999, 24; CH)

Trude A D: ↗Trudi CH Kurzform der weibl. Vornamen *Gertrud, Gertrude: Und Trude M. saugte echte Volkskunst tatsächlich von Kindheit an in sich auf* (Kleine Ztg 10. 5. 1996, Internet; A); *Auch wenn sich die Namen gleichen: Bochums Uni-Panther haben nichts mit dem Seniorenverband von Trude U. zu tun* (WAZ 22. 4. 2000, Internet; D)

Trudi CH: ↗Trude A D Kurzform des weibl. Vornamens *Gertrud: Gleich will er das Skalpell über die Bauchdecke von Hausfrau Trudi ziehen. Präzisionsarbeit* (Blick 27. 7. 1999, 22) – In A und D selten. Wird auf der ersten Silbe betont, regional unterschiedlich mit Kurz- oder Langvokal

Truffe CH das; -s, -s [tryf] ⟨frz.⟩ (meist Plur.): **1.** ↗Trüffel A D ›kugelförmiges ↗Konfekt aus Schokolade‹: *Gleich einem edlen Wein entsteht das Truffe aus reinster Schokolade* (St. Galler Tagbl 23. 12. 2000, Internet). **2.** ›wertvoller Speise- und Gewürzpilz‹: *Zehn Kellner und ein Maître bedienten bis zu dreihundert Personen mit Kaviar, Lachs und Truffes* (Franzetti, Hotel Excelsior 32) – Zu 2.: In CH nur fachsprachlich (Küche) und in gehobener Gastronomie üblich, sonst wie in A und D *Trüffel* – Zu 1.: **Champagner-Truffe**

Trüffel A D die; –, -n: ↗Truffe CH ›kugelförmiges ↗Konfekt aus Schokoloade‹: *Unsere Konditoren fertigen in der hauseigenen Pralinenerzeugung jede Trüffel Stück für Stück in Handarbeit* (Konditorei Baumgartner, 1999, Internet; A); *Klassischer Baumkuchen, ... Spekulatius und Trüffel zu Weihnachten?* (Welt 15. 12. 2000, Internet; D) – Die Bedeutung ›wertvoller Speise- und Gewürzpilz‹ ist gemeindt.

Trumm A D-süd das; -(e)s, Trümmer (Grenzfall des Standards): ›großes Stück von etw.‹: *Munter wird ein ganzes Trumm in den Mistkübel befördert, obwohl nur ein ganz kleiner, austauschbarer Teil defekt ist* (Maxima 3/1998, 172; A) – Dazu: **Eisentrumm, Holztrumm, Mordstrumm, Riesentrumm**

-trupp A D der; -s, -s (produktives Grundwort in Zus.): ↗-equipe CH, ↗-kolonne D ›Gruppe von Leuten mit gemeinsamem Auftrag; -truppe‹, z. B. Bautrupp,

Bergungstrupp, Putztrupp: *Einige Monate verdingte er sich als Mädchen für alles bei verschiedenen Bautrupps, dann war er neun Monate versorgt* (Rudle, Sex Orange 68; A); *Unzählige Putztrupps sorgen nicht nur in den Gebäuden, sondern auch auf Straßen und in den Verkehrsmitteln für peinlichste Sauberkeit* (Ganze Woche 4. 2. 1998, 78; A); *Ein Personenzug fährt auf der Strecke Dortmund-Frankfurt in einen Bautrupp – 6 Tote* (WAZ 7. 7. 1997, Internet; D); *Dazu muss ein Bergungstrupp erst zu ihr vordringen, ohne dass die Ruine gänzlich über dem Kind einbricht* (NRZ 28. 1. 2001, Internet; D)

-truppe (gemeindt.): ↗-EQUIPE, ↗-KOLONNE, ↗-TRUPP

Truppenübungsplatz A D der; -es, ...plätze: ↗WAFFENPLATZ CH ›[Kaserne und] Gelände für militärische Übungen‹: *Schon im März war am Truppenübungsplatz Allentsteig ein Grundwehrdiener von einem umkippenden Kürassier-Panzer erdrückt worden* (Profil 12. 7. 1998, Internet; A); *Ein ... Bundeswehrsoldat ist bei einer Schießübung auf dem Truppenübungsplatz ... durch Schüsse eines Kameraden getötet worden* (WAZ 24. 10. 1997, 1; D)

Trüsche CH die; –, -n: ↗AALRAUPE A, ↗AALRUTTE A D-südwest, ↗RUTTE A D-süd, ↗AALQUAPPE D-nordost /ein [Süsswasser]dorschfisch/: *An einer produktiven Stelle und unter günstigen Bedingungen sind mir ... Fänge von bis zu 40 Trüschen an einem Tag gelungen* (Petri Heil, Schweiz. Fischmagazin, 11/1997, Internet)

Trute CH die; –, -n: ↗PUTE A D ›Truthenne‹: *Gemästete Truten sind krank, aggressiv und viel zu schwer* (Verein gegen Tierfabriken Schweiz, 1999, Internet) – Dazu: **Trutenbrust, Trutenfleisch, Trutengeschnetzelte** (↗Geschnetzelte), **Trutenschenkel, Trutenschnitzel**

Truthahn (gemeindt.): ↗PUTER

Truthenne (gemeindt.): ↗PUTE, ↗TRUTE

tschalpen CH st.V./ist (Grenzfall des Standards): ›unachtsam [umher]gehen‹: *Der Toningenieur tschalpte mit seinen Kabeln herum und versuchte die Tonstärke des Bellens zu analysieren* (Federspiel, Beste Stadt 64)

Tschecherant Tschecherantin A-ost der; -en, -en bzw. die; –, -nen (salopp, Grenzfall des Standards): ↗SCHLUCKSPECHT CH D, ↗SCHNAPSDROSSEL D ›Trinker(in); Alkoholiker(in)‹: *Unsere Klientel ist nicht der Tschecherant, der sich besäuft, wir distanzieren uns von Alkohol im Straßenverkehr* (Landjugend 2/1998, 13) – Vgl. tschechern, Tschoch

Tschecherl A-ost das; -s, -n: siehe Tschoch

tschechern A-ost sw.V./hat. ⟨aus jidd. *schochar* ›trinken, sich berauschen‹ zu rotwelsch *schecher* ›berauschendes Getränk‹⟩ (salopp, Grenzfall des Standards): ↗BÜRSTELN A ›[gewohnheitsmäßig] viel Alkohol trinken‹: *Da hört man immer, dass wir Nächte lang durch die Bars ziehen und tschechern bis zum Umfallen, dass dem einen oder anderen Spieler von uns der Führerschein weggenommen wurde, weil er alkoholisiert mit dem Auto unterwegs war* (Kurier 29. 10. 1999, 23) Dazu: ↗**Tschecherant(in)**, ↗**Tschoch**

Tschick A der; -s, -(s) ⟨aus friaul. *cic* ›Splitter, Zigarettenstummel‹⟩ (Grenzfall des Standards): **1.** (abwertend); ↗KIPPE D ›Zigarettenstummel‹: *Meine Mutter wusch mit einer Brühe aus Schmierseife und Zigaretten-Tschicks die Rosenblätter, um Blattläusen darauf das Leben schwerer zu machen* (Nöstlinger, Bonsai 77). **2.** (salopp); ↗ZIGI CH, ↗FLUPPE D-nord/mittel ›Zigarette‹: *Im Raucherzugabteil setzte ich mich ganz unauffällig zu Barbara, Walter und Petra ..., schlug aber jeden Tschik ab, der mir angeboten wurde* (Kupfermuckn 2/1999, 2) – Auch in der Schreibung *Tschik* – Dazu: ↗**tschicken**

tschicken A sw.V./hat (auch abwertend, Grenzfall des Standards): ↗QUALMEN D, ↗QUARZEN D-nordost/mittel, ↗SCHMOKEN D-nordost/mittelwest, ↗SCHMÖKEN D-nord ›(Zigaretten) rauchen‹: *In erster Linie aber ist er ein Raucher, der von seiner Ehefrau zum Tschicken ins Freie verbannt wurde* (OÖN 7. 12. 1998, 24) – Vgl. Tschick

Tschik siehe Tschick

Tschinelle A CH D-südost die; –, -n ⟨aus ital. *cinelli, cinelle*⟩: ›Musikinstrument aus zwei tellerförmigen Messingscheiben, die gegeneinander geschlagen werden‹: *Manfred O. sen. an der Tschinelle und der großen Trommel gehört der Kapelle schon seit 22 Jahren an* (Kleine Ztg 19. 7. 2000, Internet; A); *Der virtuose Künstler ... bewies, dass es möglich ist, mit Tschinellen, Trommeln und diversen Perkussionsinstrumenten ein spezifisches Klangkolorit hervorzuzaubern* (St. Galler Tagbl 20. 9. 2000, Internet; CH) – In D (ohne südost) veraltet

Tschingg CH der; -en, -en (derb, veraltend): ↗WELSCHE A-west, ↗TSCHINGGELER A-west (Tir.), ↗KATZELMACHER A (ohne Vbg.) D-südost, ↗SPAGHETTI D, ↗MAKKARONI D-nord/mittel ›Italiener‹ /Schimpfwort/: *Und wenn Erich später sagte, er wolle kein Tschingg sein, dann meinte er damit die Armut, nichts sonst* (Niederhauser, Erich 260) – In A-west (Vbg.) dialektal

Tschinggeler A-west (Tir.) der; -s, – (abwertend, Grenzfall des Standards): ↗WELSCHE A-west, ↗KATZELMACHER A (ohne Vbg.) D-südost, ↗TSCHINGG CH, ↗SPAGHETTI D, ↗MAKKARONI D-nord/mittel ›Italiener‹ /Schimpfwort/: *Dass »die Tschinggeler« uns den Süden weggenommen haben, versteht die junge Generation gar nicht mehr* (Echo 23. 9. 1998, 168)

Tschoch **1.** A-ost das; -s, – ⟨aus jidd. *schochar* ›trinken, sich berauschen‹ zu rotwelsch *schecher* ›berauschendes Getränk‹⟩ (abwertend, Grenzfall des Standards): ›kleines Café‹: *Die Bachmann und ich haben uns dann in das kleine Tschoch in der Bandgasse gesetzt und beraten* (Wienerjournal 6/2000, Internet). **2.** A der; -s, ohne Plur. ↗Hacke A-ost, ↗Schöpf A-südost, ↗Büez CH, ↗Krampf CH, ↗Maloche D-mittelwest ›sehr anstrengende Arbeit; Schufterei‹: *Um diesen »ordentlichen Tschoch« zu bewältigen, wird sie während ihrer »Willkommen Österreich«-Wochen nicht auf Ö 3 zu hören sein* (Kurier 27. 9. 1999, 31) – Zu 1.: Auch in den Formen *Tschocherl* (das; -s, -n) und *Tschecherl* (das; -s, -n). Vgl. tschechern

Tschocherl A-ost das; -s, -n: siehe Tschoch

Tschugger CH-west/nordwest der; -s, – (abwertend, Grenzfall des Standards): ↗Schandi A, ↗Butz A-west, ↗Bulle CH D ›Polizist‹: *Aufs WC will ich, Herr Tschugger, aufs WC, eine Frechheit, mich einzusperren, eine Frechheit* (Durschei, Meldegg 174); *Die vier Beauftragten für Community Policing oder »Schugger zum Anfassen« stellten sich der Bevölkerung vor* (Basler Quartier Gundeldingen, 2001, Internet) – Eine weibliche Form ist nicht gebräuchlich. In CH-nordwest auch in der Form *Schugger* – Dazu: **Tschuggerei**

Tschumpel CH der; -s, – (abwertend, Grenzfall des Standards): ↗Hiefler A, ↗Wappler A, ↗Lackel A D-süd, ↗Ochs A CH D-süd, ↗Dubel CH, ↗Galöri CH, ↗Schlufi CH, ↗Tubel CH ›ungeschickte, tollpatschige Person; Trottel, Idiot‹: *Mit mir könnt ihr nicht machen, was ihr wollt, ich bin kein Tschumpel* (Giovannelli-Blocher, Meer 102)

Tschurtschen A-west (Tir.)/südost der; -s, –: ↗Tannzapfen CH ›Zapfen von Nadelhölzern (bes. von Tannen und Fichten); Tannenzapfen‹: *Mit der Zeit ein Dahinstolpern, ein Nicht-mehr-weiter-gehen-Wollen, die Tschurtschen, die wir aufgehoben hatten, wurden wieder dem Boden überlassen* (Glantschnig, Mirnock 68)

Tschusch A der; -en, -en ⟨vermutl. lautnachahmend⟩ (abwertend, Grenzfall des Standards): ↗Kümmeltürke A D ›Person, die vom Balkan oder aus der Türkei stammt‹ /Schimpfwort/: *Na, klaub's halt wieder auf, kleiner Tschusch!* (Mayer-Skumanz, Lügennetz 28)

tschüss (gemeindt.): ↗ade, ↗baba, ↗Gott: *pfiat di/euch [Gott], ↗salü, ↗servus

Tschütteler CH der; -s, – (salopp, Grenzfall des Standards): ↗Ballesterer A-ost/südost, ↗Kicker D ›Fussballspieler‹: *Mich regt es total auf, wenn immer nur Fussball am Fernsehen kommt. Das ist so sinnlos, wie diese Tschütteler die ganze Zeit von einem Goal zum anderen rennen* (TA 19. 6. 1996, 15) – Eine weibliche Form ist nicht gebräuchlich. Auch in der Form *Schütteler*. Vgl. tschutten – Dazu: **Hobby-Tschütteler, Senioren-Tschütteler**

tschutten CH sw.V./hat ⟨aus engl. *shoot* ›schiessen‹⟩ (salopp, Grenzfall des Standards): ↗ballestern A-ost/südost, ↗bolzen D, ↗kicken D ›Fussball spielen‹: *Ich mochte Heidi nicht. Sie wurde immer von ihrer Mutter begleitet und durfte nie mit mir tschutten* (Blick 5. 9. 2000, 3); *Andertags wollten wir Mario B. um ein Interview bitten, weil wir von ihm wissen wollten, wie ein Profi seine Freizeit verbringt, wenn er nicht schuttet und nicht Schutten schaut* (BaZ 25./26. 10. 1997, 56) – Auch in der Form *schutten*. In A-west (Vbg.) dialektal. Vgl. Tschütteler

T-Shirt (gemeindt.): ↗Leibchen, ↗Leiberl

TU A D die; –, -s: buchstabierte Abk. für ›Technische Universität‹: ↗ETH CH, ↗TH CH D: *Das Institut für Eisenbahnwesen und Verkehrswirtschaft der Technischen Universität Graz veranstaltet ... die 31. Tagung »Moderne Schienenfahrzeuge« an der TU Graz* (Neue Zeit 19. 4. 1998, 9; A); *Die TU München krempelt ihre Strukturen um* (Welt 31. 3. 1999, Internet; D) – Vgl. Technik – Dazu: **TU-Rektor(in), TU-Student(in), TU-Studierende**

Tube: *auf die Tube drücken D (ohne südost) ›beschleunigen, Gas geben‹: *Für Langzeitstudenten tickt die Uhr ja schon seit längerem, aber jetzt sollen auch die wissenschaftlichen Angestellten auf die Tube drücken* (Reutlinger Generalanzeiger 28. 3. 2002, Internet) – Das Substantiv *Tube* ist in allen anderen Verwendungen gemeindt.

Tubel CH der; -s, – (abwertend, Grenzfall des Standards): ↗Hiefler A, ↗Wappler A, ↗Lackel A D-süd, ↗Ochs A CH D-süd, ↗Dubel CH, ↗Galöri CH, ↗Schlufi CH, ↗Tschumpel CH ›Trottel, Idiot‹: *Sobald die Kiste läuft, mache ich eine Medienkonferenz. Ich wäre ein Tubel, wenn ich jetzt etwas sagen würde* (Bund 28. 8. 1999, 15) – Dazu: **tubelisicher**

Tuberkel die; –, -n/der; -s, – ⟨aus lat. *tuberculum*⟩: ›knötchenförmige Geschwulst, bes. bei Tuberkulose‹: ist in A und D-südost auch Femininum, gemeindt. Maskulinum: *Meine Pleuritis ist »wahrscheinlich« tuberculosen Ursprungs, oder wenn ... nicht, so haben sich im Verlaufe Tuberkeln zugesellt* (Nachlass Hans Pirchegger, 2003, Internet; A); *Die eine Mannschaft spuckte Blutschwälle gegen die zunächst etwas desorientiert herumstehenden Leprösen. »Also ich setze fünfzig Mark auf die Tuberkerl«, raunte mir Violetta ins Ohr.* (Trash and Platter, Satiren, 2004, Internet; A)

Tuch: *ins [gute] Tuch gehen CH ›teuer zu stehen kommen‹: *Ins gute Tuch und ans Ersparte geht es erst, wenn wir das Spital in Anspruch nehmen müssen* (Biel/Bienne 28. 5. 1998, 6); ***in trockenen Tüchern sein** D ›endlich zufrieden stellend abgeschlossen, erledigt sein‹: *Noch ist nicht alles in trockenen Tüchern, aber es geht aufwärts* (Geld Idee 4. 6. 1998, 14) – Das Substantiv *Tuch* ist in allen anderen Verwendungen gemeindt.

Tuchent A die; –, -en/A-südost der; -s, -en: ↗FEDERBETT A D, ↗DUVET CH, ↗OBERBETT D (ohne ost), ↗PLUMEAU D-südost ›mit Federn oder anderen weichen Materialien gefüllte Bettdecke‹: *Er drehte sich zur Wand und zog die Tuchent bis ans Kinn* (Recheis, Lena 79); ***unter der Tuchent** (Grenzfall des Standards) ›im Geheimen, im Verborgenen‹: *Noch hält er die Pläne unter der Tuchent* (Format 14. 12. 1998, 83) – Dazu: **Tuchentüberzug**

tüfteln (gemeindt.): ↗PRÖBELN

Tumbler CH der; -s, – ['tømblər, 'tʌmblər]: ↗TROCKNER A D ›Wäschetrockner‹: *Wäsche, bevor sie in den Tumbler kommt, stets gut schleudern* (Zoller Elektro AG, 2000, Internet) – In D selten, Aussprache ['tamblɐ]

tummeln sich A D-mittelost/südost sw.V./hat: ↗PRESSIEREN CH D-südwest, ↗SPUTEN CH D (ohne südost) ›sich beeilen‹: *Der Hoteldirektor wird auch keine Ahnung haben, was ein Page an Koffer schleppen muss. Er wird sagen: »Tummel dich ein bisschen!«* (Homepage Tamer Fahmy, 2002, Internet; A) – Die Bedeutung ›sich lebhaft bewegen‹ ist gemeindt.

tünchen CH D-nord/mittel sw.V./hat: ↗WEIẞIGEN A-südost, ↗WEIẞELN A D-süd WEISSELN CH, ↗WEIẞEN ›(eine Wand oder eine Decke) mit Kalkfarbe [weiß] streichen‹: *Diese Küche war einst schön gleichmässig kalkweiss getüncht, ist jetzt weniger gleichmässig gelbbräunlich bis schwarzgräulich verrusst* (Späth, Unschlecht, 33; CH); *Stuben und Kammern wurden geputzt und getüncht* (Woll, Feste 16; D-nord/mittel) – Dazu: **Tünche**

Tunfisch siehe Thunfisch

Tunke D-nord/mittelwest die; –, -n: ↗SAFT A, ↗SOẞ A, ↗SOẞE D, ↗STIPPE D-nord/mittelost ›Sauce‹: *Es ist Frische gefragt, viel Vegetarisches, vitaminreiche Salate, keine fetten Tunken* (Spiegel Special 6/1998, 8) – Das Verb *tunken* ist gemeindt.

Tüpfi CH das; -s, – (Grenzfall des Standards): **1.** ↗BRATENPFANNE A, ↗BRATTOPF CH, ↗SCHMORTOPF CH D-nord/mittel, ↗BRATENTOPF D-nordwest/südwest, ↗BRÄTER D-mittelwest/südwest ›zum Braten und Dünsten geeignetes grosses [ovales] Kochgeschirr mit hohem Rand und Deckel‹: *Fleisch aus Marinade nehmen und trockentupfen. Salzen und pfeffern und in passender Form (Bräter, Tüpfi) in Speisefettcrème ringsum anbraten* (Verband Schweizer Metzgermeister, 2001, Internet). **2.** ↗TUSSI D ›attraktive, etw. eingebildete junge Frau‹: *Man sieht diese jungen Tüpfi – kaum trocken hinter den Ohren – mit einer Zigarette im Mund hinter dem Steuerrad. Aber vom Kochen haben sie keine Ahnung* (Blick 4. 2. 1998, 27)

Tüpflischeisser Tüpflischeisserin CH der; -s, – bzw. die; –, -nen (Grenzfall des Standards): ↗I-TÜPFERLREITER A, ↗KORINTHENKACKER D ›Person, die übertrieben genau ist; Pedant(in)‹: *Ein Chef, der wirklich die ganz grosse Leistung sucht, der muss doch ein Tüpflischeisser sein, der muss doch ständig seine Finger auf die schwachen Punkte legen?* (Salz & Pfeffer 8/1996, Internet) – Auch in der Form *Tüpflischisser(in)* gebräuchlich

Tüpflischisser Tüpflischisserin CH der; -s, – bzw. die; –, -nen: siehe Tüpflischeisser

Tür: ***Türen schließen automatisch/selbsttätig** A D / Ansage auf Bahnhöfen/: »*Vorsicht Bahnsteig 12. Euronight 246 nach Bregenz fährt ab. Türen schließen automatisch«, dröhnt es aus den Lautsprechern* (Dialog 1/1999, Internet; A); *Die Weichen sind also gestellt: Alles einsteigen, die Türen schließen selbsttätig!* (TU Chemnitz 3/1996, Internet; D); ***jmdm. den Stuhl vor die Tür stellen** D siehe Stuhl – Das Substantiv *Tür* ist in allen anderen Verwendungen gemeindt.

Türgriff D der; -(e)s, -e: ↗SCHNALLE A D-süd, ↗FALLE CH, ↗KLINKE D (ohne südwest), ↗DRÜCKER D-nord/mittelost ›hebelartiger Griff zum Öffnen und Schließen einer Tür‹: *Der Türgriff zum Kirchturm besteht aus einem Hund mit einer brennenden Fackel* (NRZ 2. 2. 2000, Internet) – Die Bedeutung ›Türöffner am Auto‹ ist gemeindt.

Türken A-west/südost LIE der; -s, ohne Plur.: ↗KUKURUZ A ›Mais‹: *Der »Tirgerribler« wird besonders dort gekocht, wo der »Türken« (Mais) reift: im Oberinntal* (Drewes, Tiroler Küche 36; A-west/südost); *Einmal hätten wir Türken häufeln sollen; zwischen dem Türken waren Setzlinge, ich habe sie alle kaputt gemacht, bis man mich verjagt hat, das war der Zweck der Übung* (Ospelt, Erfüllte Jahre 26; LIE) – Als Grundwort häufig in Speisebezeichnungen – Dazu: **Türkengrieß, Türkenmehl, Türkenriebel** (↗Riebel) A-west (Vbg.) LIE, **Türkenriebler** (↗Riebler) STIR, **Türkensterz** (↗Sterz)

Türkische A der; -n, -n (Gastronomie): ›↗Mokka nach türkischer oder griechischer Art, wobei das Kaffeepulver gemeinsam mit dem Wasser gekocht und serviert wird‹: *Der Türkische ergoss sich über die Fliesen, Raimund taumelte, Felix stützte ihn, der dem Freunde an die Brust sank* (Fritsch, Fasching 28)

Turl A-ost (veraltend): Koseform des männl. Vornamens *Arthur: Das Lied … vom Tramwayschienenritzenkratzer, eine Glanznummer vom Turl Wiener* (Marzik, Mizzi 90)

Turnerbund A D der; -(e)s, ...bünde: **1.** ↗TURNERSCHAFT A D ›Turnverein oder aus einem Turnverein hervorgegangener Sportverein‹: *Der Kunststofftechniker Klaus F. (25) aus Uttendorf hatte sich am Samstagabend beim Faschingsgschnas des Braunauer Turnerbundes in der Jahn-Turnhalle vergnügt, als sein Kostüm gegen 22 Uhr plötzlich in Flammen stand* (OÖN 26. 2. 2001, 15; A); *Beim Turnerbund Rheinhausen geht es um den Abstieg* (WAZ 16. 5. 1998, Internet; D). **2.** ↗TURNVERBAND CH D ›Verband von Turnvereinen‹: *Beim Landesturnfest des Österreichischen Turnerbundes (ÖTB) in Gmunden stellte sich der Turnverein Ried 1848 mit Höchstleistungen an die oberösterreichische Spitze* (OÖN 26. 7. 2000, Internet; A); *Sehr selbstbewusst präsentiert sich der Niedersächsische Turnerbund vor seinem 12. Landesturnfest in Oldenburg* (Welt 31. 5. 2000, Internet; D); ***Österreichische Turnerbund** A; ***Deutsche Turnerbund** D: ↗TURNVERBAND: *SCHWEIZERISCHER TURNVERBAND CH ›Dachverband der Turnvereine in Österreich bzw. Deutschland‹: *Schon vor der offiziellen Eröffnung abends auf dem Domplatz herrschte gestern beim Bundesturnfest des Österreichischen Turnerbundes in Salzburg Hochbetrieb* (OÖN 10. 7. 2001, 22; A); *Auch beim Deutschen Turnerbund hat Aerobic einen Siegeszug angetreten* (Welt 3. 6. 1999, Internet; D) – Zu 2.: Abk. in A ÖTB, in D DTB

Turnerschaft A D die; –, -en: ↗TURNERBUND A D ›Turnverein oder aus einem Turnverein hervorgegangener Sportverein‹: ... *in der Jugendklasse D schlugen die Arnreiterinnen im Finale das Team der Turnerschaft Schwarzach 2:0* (OÖN 19. 3. 2001, Internet; A); *Bei ihrer Rock'n'Roll-Aufführung wirbeln die Turbo Dancers der Turnerschaft über die Bühne* (Kölner Stadt-Anzeiger 30. 10. 2001, Internet; D) – In CH nur noch in Namen von Studentenverbindungen gebräuchlich

Turnfest CH D das; -(e)s, -e: ›festliche Veranstaltung mit sportlichen Wettkämpfen, die von den Turnvereinen bestritten werden‹: *Sie lernten sich an einem Turnfest kennen: Ruedi gewann im Kunstturnen, »Hausi« im Nationalturnen* (Blick 12. 3. 1998, 4; CH); *Ein lauschiger Empfang mit Begrüßungsworten ... ging dem Turnfest voraus* (Welt 11. 12. 2000, Internet; D); ***Eidgenössische Turnfest** CH ›alle sechs Jahre in einer anderen Stadt stattfindendes, ↗gesamtschweizerisches Turnfest‹: *Für den zweifachen Sieger des Eidgenössischen Turnfestes und Kranzschwinger Steve A. ist die Turn- und Schwingsaison schon zu Ende* (Blick 10. 6. 1997, 21); ***Deutsche Turnfest** D ›alle vier Jahre in einer anderen Stadt stattfindendes Turnfest des Deutschen ↗Turnerbundes‹: *In Bremen hatte S. maßgeblich an der Bewerbung für das Deutsche Turnfest 2006 mitgearbeitet* (Welt 2. 3. 2001, Internet) – In A nur in Zus. gebräuchlich – Dazu: **Kantonalturnfest** (↗Kantonal-) CH

Turnhalle CH D die; –, -n: ↗TURNSAAL A D-südost LUX ›großes [Schul]gebäude für sportliche Aktivitäten; Sporthalle‹: *Die Heimspiele tragen die Wildcats nicht in irgendeiner Turnhalle aus, sondern im 12 000 Sitzplätze fassenden Dee Events Center* (Sonntagsztg 21. 1. 2001, 45; CH); *Ihr Lieblingsplatz ist immer noch die Turnhalle* (Welt 25. 7. 2000, Internet; D)

Turnsaal A D-südost LUX der; -(e)s, ...säle: ↗TURNHALLE CH D ›Nebengebäude oder Raum in der Schule für sportliche Aktivitäten‹: *Vielleicht bin ich auch noch aus meiner Schulzeit geschädigt von den stinkerten Turnsälen!* (Maxima 3/1998, 14; A); *Wegen eines Asbestproblems ... musste der Turnsaal der Schule ... während der Sanierungsarbeiten als Schulsaal dienen* (Luxemb Wort 11. 2. 2000, 13; LUX) – In D-südost veraltend

Turnus A der; -/-ses, -se ⟨aus mlat. *turnus* ›Wechsel, Reihenfolge‹⟩: ›mehrjähriges Praktikum in einem ↗Krankenhaus nach Abschluss eines Medizinstudiums‹: *Schon jetzt warten hunderte Ärzte, die den Turnus absolviert haben, auf einen Arbeitsplatz* (Medizin populär 9/1996, 24) – Die Bedeutungen ›regelmäßige Abfolge (von Vorgängen, Ereignissen)‹ und ›einzelner Durchgang bei regelmäßigen Vorgängen (z. B. von Versuchsreihen)‹ sind gemeindt. – Dazu: **Turnusarzt (...ärztin), Turnusplatz, Turnusstelle**

Turnverband CH D der; -(e)s, ...bände: ↗TURNERBUND A D ›Verband von Turnvereinen‹: *Die Abgeordnetenversammlung des Turnverbandes Oberaargau-Emmental sprach sich für eine Fusion mit dem Frauenturnverband Bern-Oberaargau-Emmental aus* (Bund 7. 12. 1999, 42; CH); *Der Hessische Turnverband ist der größte Sportverband in Hessen* (Landessportbund Hessen 20. 4. 2000, Internet; D); ***Schweizerische Turnverband** CH; ↗TURNERBUND: *ÖSTERREICHISCHE TURNERBUND A, *DEUTSCHE TURNERBUND D ›Dachverband der Turnvereine in der Schweiz‹: *Getragen hat Jacot den schwarz-weiss-roten Trainingsanzug mit dem Emblem des Schweizerischen Turnverbandes ... noch nie* (TA 8. 7. 1999, 49) – Dazu: **Frauenturnverband** CH, **Kantonalturnverband** (↗Kantonal-) CH

Türrahmen (gemeindt.): ↗TÜRSTOCK

Türteln siehe Tirtlen

Türtlen siehe Tirtlen

Türstock A D-südost der; -(e)s, ...stöcke: ›Einfassung einer Türöffnung; Türrahmen‹: ... *dazu hätten sich ihm zwei unter dem wasserseitigen Fenster gelegene Marmorblöcke, die ursprünglich für den Türstock be-*

stimmt gewesen waren, … förmlich angeboten (Bernhard, Kalkwerk 12; A) – Vgl. Fensterstock

Türvorlage CH die; –, -n: ↗Fußtacke A, ↗Tacke A, ↗Fußabstreifer A D-südost, ↗Türvorleger CH D-nordwest/südost, ↗Schuhabstreifer D, ↗Fußabtreter D (ohne südost), ↗Schuhputzer D-südwest ›Matte oder Rost am Boden vor einer Tür zum Säubern der Schuhe; Fussmatte‹: *Glauben eigentlich die … Politiker, sie könnten die Schweiz als eine Art Türvorlage betrachten, an der man die Schuhe abputzen kann?* (TA 15. 2. 1997, 21)

Türvorleger CH D-nordwest/südost der; -s, –: ↗Fußtacke A, ↗Tacke A, ↗Fußabstreifer A D-südost, ↗Türvorlage CH, ↗Schuhabstreifer D, ↗Fußabtreter D (ohne südost), ↗Schuhputzer D-südwest ›Matte oder Rost am Boden vor einer Tür zum Säubern der Schuhe; Fussmatte‹: *Vorsicht mit Schlüsselverstecken. Türvorleger, Milchkasten, Blumentöpfe usw. sind auch für Diebe bekannte Schlüsseldepots* (Coop Televersicherung, 1999, Internet; CH)

Tusch A (ohne Vbg.) der; -s, -(e) (Grenzfall des Standards): ↗Klescher A (ohne Vbg.), ↗Schnall A-west D-südost, ↗Chlapf CH, ↗Bumms D (ohne mittelost/südost), ↗Rumms D (ohne mittelost/südost) ›Knall, Schlag‹: *Es machte einen Tusch, und die Taxifahrerin fiel zusammen wie eine Puppe, die aufgehängt ist, wenn man die Schnur abschneidet* (Profil 2. 5. 1999, Internet) – Auch in der Form *Tuscher* (der, -s, -). In A-west (Vbg.) dialektal in der Form *Tutsch.* Die Bedeutung ›kurze, markante Folge von Tönen zur Ankündigung oder Unterstreichung eines Hochrufs‹ ist gemeindt. Vgl. tuschen

tuschen A D-südost sw.V./hat (nur in Verbindung mit *es*, Grenzfall des Standards): ↗kleschen A (ohne Vbg.) ›knallen, krachen‹: *Je mehr es tuscht und raucht und Blut spritzt, desto höher der Adrenalinspiegel bei den Spielern* (OÖN 3. 4. 2000, 18; A); ***es tuschen lassen** A: **a)** ↗bretteln A, ↗bledern A-mitte/ost, ↗fahren: *fahren wie eine gesengte Sau A D, ↗blochen CH, ↗fräsen CH, ↗brettern CH D, ↗heizen D-mittelwest/südwest, ↗stochen D-mittelwest ›(mit Skiern, dem Auto etc.) schnell und rücksichtslos fahren; rasen‹: *Wer zum Beispiel auf den steilsten Stücken der Kitzbühler Streif, dort, wo es die Ski-Asse »tuschen« lassen, die Bretteln abschnallt und zu Fuß absteigt, ist nicht feig, sondern vernünftig* (Ganze Woche 4. 2. 1998, 4). **b)** ›ausgiebig feiern‹: *Personen, die es zum Jahreswechsel ordentlich »tuschen« lassen wollen, seien gewarnt. Verstöße gegen das Pyrotechnikgesetz können mit sechs Wochen Arrest und einer bis zu 30.000 Schilling teuren Pönale bestraft werden* (Standard 28. 6. 1996, Internet) – Dazu: ↗**Tusch** A (ohne Vbg.)

Tuscher A (ohne Vbg.) der; -s, –: siehe Tusch

Tussi D die; –, -s (salopp, oft abwertend): ↗Tüpfi CH ›attraktive, etw. eingebildete junge Frau‹: *Beim letzten Mal hat so eine … Tussi versucht, ihn vollzulabern* (Wolf, Samstags 10) – In A und CH zunehmend gebräuchlich

Tüte die; –, -n: **1.** D; ↗Sackerl A, ↗Sack A CH, ↗Tragtasche A CH D-südost, ↗Tasche CH D-süd, ↗Beutel D, ↗Tragetasche D ›aus Plastik oder Papier gefertigtes Behältnis mit Tragegriff für den Transport gekaufter Waren‹: *Bepackt mit Tüten und Paketen kam sie aus dem Kaufhaus* (Born, Erdabgewandte Seite 38). **2.** D; ↗Packerl A (ohne Vbg.) D-südost, ↗Pack CH, ↗Päckli CH, ↗Beutel CH D ›[kleine] Packung‹: *Kleine Tüten mit löslichem Kaffee klemmt sie zwischen die Knie und schneidet sie mit der gesunden Hand auf* (Allegra 11/1997, 50). **3. *etw. kommt nicht in die Tüte** D (ohne südost) ›etw. kommt nicht in Frage‹: *Die 15 EU-Agrarminister bockten, einstimmig: Die Abschaffung der Schulmilch käme gar nicht in die Tüte* (Welt 13. 10. 2000, Internet) – Zu 1.: **Einkaufstüte, Plastiktüte, Tragetüte.** Zu 2.: ↗**Papiertüte,** ↗**Tütensuppe** D-nord/mittel

Tütensuppe D-nord/mittel die; –, -n: ↗Packerlsuppe A D-südost, ↗Päcklisuppe CH, ↗Beutelsuppe CH D-nordost ›Mischung von getrockneten Zutaten, die mit heißem Wasser übergossen oder aufgekocht eine Suppe ergibt; Fertigsuppe‹: *Nicht jede Tütensuppe muss gleich weggeworfen werden, weil Mai '96 draufsteht und heute ist der 1. Juni* (Brigitte 11/1996, 156) – Vgl. Tüte

TÜV D der; -s, ohne Plur.: als Wort gesprochene Abk. für *Technischer Überwachungs-Verein:* ↗MFK CH, ↗Motorfahrzeugkontrolle CH ›Amt, in dem motorisierte Fahrzeuge auf ihre Verkehrstauglichkeit geprüft werden‹: *Da stehen unsere ADAC- und TÜV-bewährten Musterknaben für Sie bereit zur Probefahrt* (FR 29. 5. 1998, 21) – Dazu: ↗**TÜV-Plakette**

TÜV-Plakette D die; –, -n (Verkehr): ↗Begutachtungsplakette A, ↗Pickerl A D-südost ›auf dem Nummernschild angebrachter Aufkleber, der die nächste fällige Untersuchung duch den ↗TÜV anzeigt‹: *Über die Verkehrssicherheit des Wagens macht er sich keine Gedanken, schließlich ist die TÜV-Plakette ja noch zwei Monate gültig* (SWR, 1999, Internet) – Vgl. TÜV

Typ CH D der; -s, -en (Technik): ↗Type A ›Modell, Bauart‹: *Beim Absturz eines Transportflugzeugs vom Typ DC–8 … sind … drei Menschen ums Leben gekommen* (St. Galler Tagbl 8. 8. 1997, Internet; CH); *Nachdem Volkswagen bereits in Dresden den Phaeton baut, will Porsche … Geländewagen vom Typ Cayenne herstellen* (TAZ 21. 8. 2002, Internet; D) – Andere Bedeutungen sind gemeindt. – Dazu: ↗**Typenschein** A CH

Type A die; –, -n (Technik): ↗Typ CH D ›Modell, Bauart‹: *Bei der Buchung sind Type und polizeiliches Kennzeichen sowie die Maße einschließlich aller Aufbauten, z. B. Dachgepäcksträger, Ihres Fahrzeuges notwendig* (ÖBB Autoreisezüge, 1997, 6) – Andere Bedeutungen, z. B. ›Mehltype‹, sind gemeindt. – Dazu: ↗**Typenschein** A CH

Typenschein A CH der; -(e)s, -e: ›Herstellungsurkunde eines technischen Gerätes mit Betriebserlaubnis (bes. bei Autos)‹: *Änderungen am Fahrzeug, die im Typenschein enthaltene Angaben betreffen, ... hat der Zulassungsbesitzer unverzüglich dem Landeshauptmann anzuzeigen* (Ebner, Zweiradfahren 7; A); *Ein ... wichtiger Anhaltspunkt für die Eignung als Zugfahrzeug ist der Typenschein ... Darin ist vermerkt, welche maximale Anhängelast vom Autohersteller garantiert wird* (TA 14. 5. 1998, 77; CH) – Vgl. Typ, Type

typisieren A sw.V./hat ⟨zu lat. *typus* ›Figur, Muster‹⟩: ›(ein Gerät) auf die Normentsprechung prüfen‹: *Danach wird das Fahrzeug für Österreich typisiert und zugelassen* (Trend 8/1995, Internet) – Die bildungssprachlichen Bedeutungen ›etw. nach Typen einteilen, klassifizieren‹ und ›das Wesentliche von jmdm. oder etw. herausstreichen (bes. in Kunst und Literatur)‹ sind gemeindt. – Dazu: **Typisierung**

U

U-Ausschuss A siehe Untersuchungsausschuss

Ubald STIR: männl. Vorname: *»So einen hohen Gewinn hat es im Passeiertal noch nie gegeben«, freuen sich Ubald und Erika P. aus St. Martin* (Dolomiten 30. 10. 2001, 27)

übellaunig D Adj.: ↗GRANTIG A D-süd, ↗MUFF CH, ↗MISSGELAUNT D, ↗MIESEPETRIG D-nord/mittel, ↗MISSLAUNIG D (ohne nordost/südwest), ↗SAUERTÖPFISCH D (ohne südost) ›schlecht gelaunt; mürrisch‹: *Bürgermeister Richard H. ist übellaunig, wenn er auf das Problem angesprochen wird* (FR 2. 12. 1999, 12) – In A und CH selten

über: 1. A (formell) ›auf (in Verbindung mit bestimmten Substantiven, z. B. *über Antrag, über Auftrag, über Bitten, über Einladung, über Ersuchen, über Intervention, über Vorschlag, über Wunsch, über Zureden, über Zuweisung*)‹: *Die Bewilligung wird über Antrag des Erhalters erteilt* (Steiermärkisches Kinderbetreuungsgesetz § 36 (2)); *Über Wunsch des Kollegen K. wurde die Sitzung unterbrochen* (Stenogr. Protokoll des Bundesrates 6. 4. 2001, Internet); *Arbeitslose MigrantInnen, die von Langzeitarbeitslosigkeit bedroht sind, werden über Zuweisung des Arbeitsmarktservice in das Projekt aufgenommen* (Beratungszentrum für MigrantInnen, 2002, Internet). **2. *Meter über dem Meer** A D; ***Meter/Höhe über Meer** CH siehe Meer. **3. *über die Bücher gehen** CH siehe Buch. **4.** D Adv. ›überlegen‹: *Ich gestehe: er ist mir über. Ich wurde gefangen* (Seidenschmiede 6. 8. 2003, Internet)

überbauen CH sw.V./hat: ›(ein leeres Grundstück) bebauen‹: *In die engere Auswahl gekommen seien schliesslich zwei Konkurrenten, die beide das gesamte Terrain überbauen möchten* (Bund 30. 10. 1999, 29) – Die Bedeutung ›über etw. bauen‹ ist gemeindt. Vgl. Überbauung

Überbauung CH die; –, -en: **1.** ↗VERBAUUNG A, ↗BEBAUUNG D ›Erstellen von Gebäuden nach einem Gesamtplan‹: *Neue Gesetze suchen der … unwirtschaftlichen Überbauung der begrenzten Bodenfläche einen Riegel zu schieben* (Zürcher Bürgerbuch 31). **2.** ↗BEBAUUNG D ›mehrere nach einem Gesamtplan erstellte Bauten‹: *Unterwegs … begegnen wir … den Wunden, die moderne Überbauungen und Anlagen in der Natur hinterlassen haben* (Travelmosaik, 1999, Internet) – Die Bedeutung ›das Darüberbauen‹ ist gemeindt. Vgl. überbauen – Dazu: **Arealüberbauung, Neuüberbauung, Überbauungsordnung, Überbauungsplan,** ↗**Wohnüberbauung** CH

überbinden CH st.V./hat: ›auferlegen, übertragen (von Verpflichtungen, Aufgaben oder Kosten)‹: *Der Handel überbindet dem Konsumenten die Kosten der Feinverteilung* (Pestalozzi, Zukunft 118) – Die Verwendung im Bereich Musik in der Bedeutung ›Noten aneinander hängen‹ ist gemeindt. und wird auf der ersten Silbe betont

überbleiben A D (ohne mittelost/südwest) st.V./ist: ›übrig bleiben‹: *Ist es nicht so, dass die »gutbürgerliche« Mitte wegbricht, während einerseits ein an sich erfreulicher Trend zu mehr Spitzengastronomie eingesetzt hat und andererseits die miesen Beisel überbleiben?* (Furche 12. 2. 1998, 15; A)

überborden CH sw.V./ist: ›das übliche und erwünschte Mass überschreiten‹: *Nur sehr selten überbordete Wrigley, zum Beispiel, als er einige Schlüssellöcher und Wasserhahnen zulötete* (Schädelin, Eugen 58) – Andere Bedeutungen sind gemeindt.

überbraten st.V./hat: **1.** A D-nord (Küche) ›(eine bereits fertig zubereitete Speise) bei großer Hitze im ↗Backrohr kurz backen; überbacken‹: *Melanzane dann salzen, mit Paradeisscheiben und Paprikastreifen sowie Zwiebelringen belegen, würzen und noch einige Minuten überbraten* (OÖN 7. 11. 1987, 18; A). **2. *jmdm. eins/einen überbraten** D (ohne südost) (salopp) **a)** ›jmdm. einen Schlag [auf den Kopf] versetzen‹: *Ned K. bekommt so oft eins übergebraten, bis er zurückschlägt* (Zeit 23/2002, Internet); **b)** ↗DACH: *EINE AUFS DACH GEBEN A D-mittelost; *EINS AUFS DACH GEBEN CH D, ↗DECKEL: *EINE AUF DEN DECKEL GEBEN A; *EINS AUF DEN DECKEL GEBEN CH D, ↗KAPPE: *EINS AUF DIE KAPPE GEBEN CH, ↗HUT: *EINS AUF DEN HUT GEBEN D-nord, ↗KOPF: *EINS AUF DEN KOPF GEBEN D-nordost/südost, ↗MÜTZE: *EINS AUF DIE MÜTZE GEBEN D (ohne südwest) ›eine Zurechtweisung, Niederlage, Abfuhr austeilen‹: *Wir … haben diesen … Dogmatikern eins übergebraten* (Gratzik, Schüler 207) – Zu 1.: Wird auf der dritten Silbe betont. Das Partizip lautet *überbraten.* Zu 2.: Wird auf der ersten Silbe betont. Das Partizip lautet *übergebraten*

überfallartig CH D Adj.: ↗ÜBERFALLSARTIG A ›plötzlich, wie ein Überfall über etw. hereinbrechend, auftauchend‹: *Gottfried Sonder, verwirrt durch die überfallartige Begrüssung, zögerte einen Moment, bis er ihre Hand ergriff* (Mettler, Keiler 32; CH); *Das erlebte Grauen kehrt bei Traumatisierten oft überfallartig zurück* (Greenpeace Magazin 1. 4. 1999, Internet; D)

überfallsartig A Adj.: ↗ÜBERFALLARTIG CH D ›plötzlich, wie ein Überfall über etw. hereinbrechend, auftauchend‹: *Deutliches Anzeichen: Eine überfallsartige Preissteigerung um 100 Prozent* (Konsument 11/1997, 45)

Überfuhr A die; –, -en: **1.** ›Wasserfahrzeug, das zum Transport von Personen oder Fahrzeugen über ein Gewässer dient; Fähre‹: *Da der Stadt Groß-Enzersdorf eine eigene Überfuhr immer wieder versagt wurde, sah sich die Stadtverwaltung gezwungen, die herrschaftliche Überfuhr zu pachten* (Stadt Groß-Enzersdorf, 2001, Internet); ***die Überfuhr verpassen/versäumen** ›etw. zu lange hinauszögern; zu spät handeln‹: *Wenn nicht mit internationalem Kapital und auch mit nationalem Privatkapital in Österreich gleichgerichtet investiert wird, dann werden wir einfach die Überfuhr verpassen* (Stenogr. Protokoll des Nationalrates 26./27. 4. 2000, Internet). **2.** ›Fahrt einer Fähre über ein Gewässer‹: *Die Fähre wird eine abrupte Trennung der beiden Ufergemeinden verhindern. Der Verkehr soll um 5 Uhr morgens beginnen, die letzte Überfuhr soll um 21 Uhr sein* (OÖN 5. 4. 2002, Internet)

überführen CH D sw.V./hat: **1.** ↗ÜBERSTELLEN A ›(Personen von einem Ort an einen anderen) bringen‹: *Polizeigefreiter P. Heim musste mit Lungenschuss ins Krankenhaus überführt werden* (Walter, Jammers 112; CH); *Nur ein Teil von ihnen wird in die Sonderkolonien für TBC-Kranke überführt, der Rest bleibt in den gewöhnlichen Anstalten* (IGFM-Zeitschrift Menschenrechte 12/1997, Internet; D). **2.** ↗ÜBERSTELLEN A ›(Waren, Fahrzeuge von einem Ort an einen anderen) bringen‹: *Kantonsschüler aus Zürich haben gut 20 Tonnen Hilfsgüter für Kosovo-Vertriebene organisiert und nach Albanien überführt* (TA 19. 5. 1999, 19; CH); *Wann ist eine Fahrt mit roter Nummer erlaubt? A) Für eine Probefahrt, B) Um das Fahrzeug zu überführen* (WDR 16. 1. 2001, Internet; D) – In D auch auf der ersten Silbe betont. Die anderen Bedeutungen, z. B. ›einen Leichnam von einem Ort zu einem anderen bringen‹, sind gemeindt.

überfüllt (gemeindt.): ↗BUMMVOLL, ↗BUMSVOLL, ↗GESTECKT: *GESTECKT VOLL, ↗GESTOSSEN: *GESTOSSEN VOLL, ↗PROPPENVOLL, ↗RAMMELVOLL, ↗RAPPELVOLL

Übergabe- (gemeindt.): ↗ÜBERGABS-

Übergabs- A (produktives Bestimmungswort in Zus., Recht): ›eine [Besitz]übergabe betreffend; Übergabe-‹, z. B. Übergabsauftrag, Übergabsverhandlung, Übergabsvertrag: *Bei bäuerlichen Übergabsverträgen ist der Wert der übergebenden Liegenschaften und Fahrnisse maßgebend* (Notariatstarifgesetz § 5 (6)); *Am 16. Oktober 1995 fand im Gasthaus Novakovits die Übergabsverhandlung für die vorläufige Übernahme der Abfindungsgrundstücke statt* (Chronik von Neuberg/Bgld., 2002, Internet)

Übergardine D-nord/mittel die; –, -n: ›aus [transparentem] Stoff gefertigter, dekorativer Sichtschutz für Fenster, der über die ↗Gardine gezogen wird; Vorhang‹: *Übergardinen offenlassen, damit wenigstens ein kleiner Schimmer von draußen hineindringen kann* (BamS 26. 10. 1997, 50)

Übergenuss A der; -es, ...genüsse (Verwaltung): ›irrtümlich zu hohe Gehaltszahlung; Überbezahlung‹: *Er hat daher im vergangenen Jahr zuviel Gehalt bezogen: »Diese besoldungsmäßigen Übergenüsse werden im Sinne des Gehaltsgesetzes behandelt«, heißt es im Bescheid der Bundespolizeidirektion Wien* (Kurier 3. 1. 1998, 10)

Übergewand CH das; -(e)s, ...gewänder: ↗BLAUE A, ↗MONTUR A, ↗SCHLOSSERGEWAND A, ↗ARBEITSANZUG A D, ↗BERUFSKLEID CH, ↗GWÄNDLI CH, ↗ÜBERKLEID CH, ↗BLAUMANN D (ohne südost), ↗ANTON: *BLAUE ANTON D-südwest ›Arbeitskleidung, Overall‹: *Sein Vater war in Visp Velomechaniker und tat alles dafür, dass sein Sohn nicht ebenfalls das blaue Übergewand anziehen musste* (Sonntagsztg 29. 3. 1998, 21) – Auch in der Form *Übergwändli*

überhaben unr.V./hat: **1.** D (Grenzfall des Standards) ›ein Kleidungsstück über ein anderes angezogen haben‹: *Wir haben abends die ersten 5 Tage immer Pullover übergehabt, weil auf Menorca auch immer ein bisschen Wind ist* (Menorca Reiseinformationen 27. 3. 2003, Internet). **2.** A ›für etw. zuständig sein, mit etw. betraut sein‹: *Die Künstler sind zu Komplizen der Kulturpolitik geworden, denn man hat gelernt, sich immer mit denen zu arrangieren, die die Geldvergabe überhaben* (Stenogr. Protokoll des Nationalrates 18. 9. 1998, Internet). **3.** A D (Grenzfall des Standards); ↗HABEN: *DEN VERLEIDER HABEN/BEKOMMEN CH; *JMDN./ETW. DICKE HABEN D; *DEN KANAL VOLL HABEN D; *DIE FRESSE VON JMDM./ETW. VOLL HABEN D-nord/mittelwest; *DIE SCHNAUZE VON JMDM./ETW. VOLL HABEN D (ohne südost) ›einer Sache/Person überdrüssig sein‹: *Sie hatte die Poesie dieser Verse, die von den Schulkameradinnen zum Teil mehrmals benutzt worden waren, schnell übergehabt* (Pluhar, Als gehörte eins zum andern 101; A); *Hast du deinen Schatz schon über?* (Arens, Nächste Mann 90; D). **4.** A D (Grenzfall des Standards) ›ein bestimmtes Gefühl einer Person oder Sache entgegenbringen (in Verbindung mit der Präp. *für* und Akkusativobjekt)‹: *Bärlach hat letztlich nur Verachtung für ihn über* (Referat über Dürrenmatt, 2002, Internet; A); *Gnümies sind für alle, die etwas für gut gemachte Comics und »Fantasien« überhaben* (Amtsjugendring Burg-Süderhastestedt 5. 3. 2003, Internet; D). **5.** A D-nordwest/mittelwest (Grenzfall des Standards) ›als Rest übrig haben‹: *Die Restebörse wendet sich an Bauspengler, die manchmal von einem eher selten gebrauchten Material eine kleine Restmenge ... überhaben* (Verband der Spengler, 2002, Internet; A); *Was wir jetzt an möglicher Kapazität in der Endmontage überhaben, werden wir durch unsere flexiblen Lösungsmöglichkeiten wie die Arbeitszeitkonten regeln* (Welt 5. 3. 2003, Internet; D-nordwest/mittelwest) – Zu 3, 4 und 5 vgl. über

Überhangmandat D das; -(e)s, -e: ↗RESTSTIMMENMANDAT A ›Mandat, das eine Partei zusätzlich zu den nach dem Verhältniswahlrecht gewonnenen Mandaten erhält‹: *Die SPD in Hamburg hat bei der Bundestagswahl vor vier Jahren sieben Direktmandate gewonnen. Weil ihr nach dem Zweitstimmenanteil aber nur sechs Parlamentssitze zustehen, wurde ein Überhangmandat vergeben* (Tagesschau 9. 7. 2002, Internet) – Vgl. Direktmandat

überhaps überhapps A Adv. (Grenzfall des Standards): **1.** ›annäherungsweise, überschlagsmäßig, ungefähr‹: *Mit »überhaps« haben die Gösselinger Fackeltreiber nichts am Hut. »Wir richten uns nach der Geometrie, wenn wir die 28 Fackeln zu einem 200 Meter langen und 100 Meter breiten Kreuz ausrichten«, sagt Wolfgang S.* (Kleine Ztg 22. 4. 2000, Internet). **2.** ›Hals über Kopf, überstürzt‹: *Nachdem sich monatelang kaum jemand laut zum Thema »Mahnmal« geäußert hatte, brach in den vergangenen Wochen überhapps eine Diskussion aus, die längst hätte stattfinden müssen* (Profil 4. 8. 1996, Internet)

überhöht (gemeindt.): ↗ÜBERRISSEN, ↗ÜBERSETZT

Überholungsweg CH der; -(e)s, -e: ↗ÜBERHOLWEG A D ›Strecke, die ein Fahrzeug zurücklegen muss, um ein anderes zu überholen‹: *Wie wirkt sich der Geschwindigkeitsunterschied der beteiligten Fahrzeuge auf den Überholungsweg aus?* (Theorieprüfung 76)

Überholweg A D der; -(e)s, -e: ↗ÜBERHOLUNGSWEG CH ›Strecke, die ein Fahrzeug zurücklegen muss, um ein anderes zu überholen‹: *Die Straße sei sehr uneben, ans Gelände angepasst worden. Daher, so der Gutachter, wäre der Überholweg für Tempo 100 zu kurz* (OÖN 15. 10. 1998, Internet; A); *Der 2,5-Liter-Sechszylinder-Motor macht natürlich Heidenspaß und mit dem maximalen Drehmoment ... lässt sich im Bedarfsfall ein relativ kurzer Überholweg realisieren* (Freie Presse, 2000, Internet; D)

Überkleid CH das; -(e)s, -er: ↗BLAUE A, ↗MONTUR A, ↗SCHLOSSERGEWAND A, ↗ARBEITSANZUG A D, ↗BERUFSKLEID CH, ↗GWÄNDLI CH, ↗ÜBERGEWAND CH, ↗BLAUMANN D (ohne südost), ↗ANTON: *BLAUE ANTON D-südwest ›Arbeitskleidung, Overall‹: *In der Garderobe nimmt Felber das dunkelblaue Überkleid aus dem Spind und zieht sich um* (Biehler, Nachbrand 26)

überknöcheln [sich] A sw.V./hat: ↗VERTRAMPEN CH, ↗ÜBERTRETEN CH D-nordost/südwest ›sich den Knöchel verstauchen; sich den Fuß vertreten‹: *Kaum war er fit, überknöchelte er wieder, das ganze passierte ihm auch noch ein drittes Mal* (Kleine Ztg 21. 9. 2000, Internet)

überkochen A sw.V./hat (Küche): ↗ABBRÜHEN CH D ›(Gemüse u. Ä.) vor der weiteren Verarbeitung kurz kochen, aber nicht fertig garen; blanchieren‹: *Von 1 Kohlkopf ca. 8 schöne, große Blätter ablösen und in Salzwasser überkochen* (Gusto 11/1997, 52) – Das 2. Part. lautet *überkocht*. Die Bedeutung › stark kochen und über den Rand des Kochtopfes rinnen (von Flüssigkeiten)‹ ist gemeindt. In dieser Bedeutung wird *überkochen* erstbetont und das Perfekt mit *ist* gebildet, das Partizip lautet *übergekocht*

überkühlen A sw.V./hat (Küche): ›ein wenig abkühlen, aber nicht auskühlen lassen‹: *Den Kuchen im vorgeheizten Rohr bei 170 – 190 Grad ca. 35 Minuten backen und überkühlt, aber noch warm mit der kochend heißen Marillenmarmelade bestreichen* (ORF Nachlese 11/1997, Beilage 6)

übermarchen CH sw.V./hat: ›die Grenze des Normalen überschreiten; übertreiben‹: *Auch darf kein Land mit seinem Budgetdefizit übermarchen, weil es so Inflation und Geldschwemme im ganzen Raum schüfe* (WW 14. 3. 2001, Internet) – Dazu: **Übermarchung**

übernachten (gemeindt.): ↗NÄCHTIGEN

übernächtig A Adj.: ↗ÜBERNÄCHTIGT CH D ›übermüdet durch zu wenig Schlaf‹: *Wenn er saß, schlief er meistens, weil er immer übernächtig war, sofort ein* (Innerhofer, Schöne Tage 56)

übernächtigt CH D Adj.: ↗ÜBERNÄCHTIG A ›übermüdet durch zu wenig Schlaf‹: *Evi sass mit verweinten Augen am Küchentisch, übernächtigt, als wüsste sie längst um den Tod ihres Verlobten* (Moser, Hier geht die Braut 109; CH); *Sie ... fand sich eigentlich ganz attraktiv, so übernächtigt, mit eingefallenen Wangen und dunklen Augenrändern* (Bick, Tödliche Ostern 36; D)

Übernahmestelle A die; –, -n: ›Annahmestelle für Sammelgut, z. B. landwirtschaftliche Produkte, wieder verwertbaren Abfall u. Ä.‹: *Das Speiseöl wird von Biobauer Michael S. aus Stein/Enns von der zentralen Übernahmestelle im Altstoffsammelzentrum abgeholt* *und weiterverarbeitet* (Kleine Ztg 28. 11. 2000, Internet) – Veraltend auch in der Form *Übernahmsstelle*

Übername CH der; -ns, -n: ›Spitzname‹: *Die Verteidiger erreichten bereits einen Sieg. Der Kopf der Bande … darf in der Anklageschrift nicht mehr mit dem Übernamen »Al Capone« genannt werden* (Blick 26. 10. 1999, 11) – In A und D selten

überreißen A D-südost st.V./hat (salopp, Grenzfall des Standards): ↗ÜBERZIEHEN A, ↗GNEIßEN A D-südost, ↗SPANNEN A D-nordwest/südost, ↗RAFFEN CH D-mittel/süd, ↗BLICKEN D ›etw. plötzlich erfassen; durchschauen‹: *Doch wir von der Opposition sind sicher nicht so dumm, dass wir diesen Zug, diesen Deal, den Sie da gemacht haben, nicht überreißen würden* (Stenogr. Protokoll des Nationalrates 5. 11. 1998, Internet; A) – Vgl. Trichter

überrepräsentiert (gemeindt.): ↗ÜBERVERTRETEN

überrissen CH Adj.: ↗ÜBERSETZT CH ›zu hoch (angesetzt), übertrieben (teuer); überhöht‹: *Er schritt säend übers Land, das ihm aber nicht gehörte: er hatte es zu überrissenem Zins gepachtet* (Hartmann, Eis 13)

übersetzt CH Adj.: ↗ÜBERRISSEN CH ›zu hoch; überhöht‹ (häufig in den Wendungen *übersetzte Geschwindigkeit, übersetzte Preise*): *Die Geschwindigkeit von 70 km/h ist übersetzt* (Theorieprüfung 338) – Andere Bedeutungen sind gemeindt.

übersiedeln A D sw.V./ist: ↗SIEDELN A, ↗DISLOZIEREN CH, ↗ZÜGELN CH ›(den Wohn-, Firmen- oder Behördensitz) wechseln bzw. an eine andere Stelle verlegen; umziehen‹: *Die Ausstellung wird bis 3. Jänner 1999 gezeigt und übersiedelt anschließend ins Los Angeles County Museum of Art* (Presse 29. 9. 1998, 11; A); *Am Ende hätte er sogar Wittenberg verlassen und nach Bonn übersiedeln müssen* (Zeit 26. 12. 1997, 14; D) – Wird in A auf der dritten Silbe, in D meist auf der ersten Silbe betont. In A kann das Verb nicht getrennt werden – Dazu: ↗**Übersiedlung**

Übersiedelung siehe Übersiedlung

Übersiedlung A D die; –, -en: ↗ZÜGLETE CH ›Verlegung des Wohn- oder Firmensitzes an einen anderen Ort; Umzug‹: *Die Übersiedlung der Landesakademie ins Regierungsviertel ist abgeschlossen* (Presse 12. 2. 1998, 10; A); *Später ist eine Übersiedlung in die neue Einrichtung möglich* (Böblinger Bote 11. 4. 2002, Internet; D) – In D seltener auch in der Form *Übersiedelung.* Vgl. übersiedeln

überstellen[1] A sw.V./hat (Grenzfall des Standards): ↗ZUSTELLEN A, ↗AUFSTELLEN A D (ohne mittelost/südwest), ↗AUFSETZEN CH D ›zum Kochen auf den Herd stellen‹: *Charlotte, stell die Suppe über!* (Ebner, Phantom 3)

überstellen[2] sw.V./hat: **1.** A; ↗ÜBERFÜHREN CH D ›(Personen von einem Ort an einen anderen) bringen‹: *Nach der ärztlichen Erstversorgung und Zwischenaufenthalt im Krankenhaus St. Johann musste sie aufgrund der schweren Verletzungen ins Unfallkrankenhaus-Salzburg überstellt werden* (Kurier 14. 12. 1997, 11). **2.** A; ↗ÜBERFÜHREN CH D ›(Autos von einem Ort an einen anderen) liefern‹: *Wir überstellen mittels LKW – Kosten je nach Distanz verschieden* (Autohaus Öllinger, 2000, Internet). **3.** CH ›(einen Raum mit sperrigen Gegenständen) vollstopfen‹: *Aber vergiss nicht – und an diese Punkte muss jeder Architekt und jede Familie denken –, die Wohnung darf nicht mit Möbeln überstellt sein* (Helveticus 1975, 73) – Die Bedeutung ›Gefangene weisungsgemäß einer anderen Stelle übergeben‹ ist gemeindt. – Zu 1. und 2.: **Überstellung**

Überstunden (gemeindt.): ↗ÜBERZEIT

übertauchen A sw.V./hat (Grenzfall des Standards): ›(eine Krankheit, eine Krise, ein Übel) unbeschadet, ohne größere Schwierigkeiten überstehen‹: *Tags darauf beerdigte Müller mit militärischen Ehren die zwei letzten Grünlilien, … flog nach München, übertauchte den Abend des Faschingsdienstag in den samtdunklen Tiefen der Hotelbar, wohin sich die Pappnasenbesitzer nicht vorwagten* (Klier, Aufrührer 14)

Übertopf A D der; -(e)s, …töpfe: ↗CACHEPOT CH ›Ziergefäß, in das Blumentöpfe gestellt werden‹: *Bei Zimmerpflanzen, die beim Gießen auf keinen Fall nass werden dürfen, füllt man das lebenswichtige Nass in den Untersatz oder Übertopf* (OÖN 14. 11. 1992, 19; A); *Topfpflanzen stehen nach dem Gießen nicht mehr im Wasser, wenn man in die Übertöpfe eine Schicht Katzenstreu gibt* (Dienstmann, Kerzenwachs 125; D)

übertragen (gemeindt.): ↗UMLEGEN

übertreiben (gemeindt.): ↗PLAUSCHEN

übertreten sich CH D-nordost/südwest st.V./hat: ↗ÜBERKNÖCHELN A, ↗VERTRAMPEN CH ›sich (den Knöchel oder Fuß) verstauchen‹: *Zwei Wochen vor dem US Open übertrat ich mir noch den Fuss* (BeZ 3. 9. 1997, 47; CH); *Beim FV Lauda sind bis auf Christian W., der sich den Fuß übertreten hat, alle Mann an Bord* (Fränkische Nachr 6. 1. 2003, Internet; D-nordost/südwest) – Nichtreflexiv in der Bedeutung ›sich über ein Verbot hinwegsetzen‹ gemeindt. Vgl. treten

übervertreten CH Adj.: ›überdurchschnittlich vertreten; überrepräsentiert‹: *Juristen sind in Parlamenten stark übervertreten* (Bund 9. 10. 1999, 3) – Vgl. untervertreten – Dazu: ↗**Übervertretung**

Übervertretung CH die; –, -en: ›überdurchschnittliche, zu starke Vertretung‹: *»Es gibt gar keinen Schlüssel«, wehrt sich SVP-Fraktionschef Dieter W. gegen* *den Vorwurf der Übervertretung seiner Partei am Obergericht* (Bund 2. 3. 2000, 33) – Vgl. übervertreten, Untervertretung

Überwachungsgericht STIR das; -(e)s, -e ⟨übersetzt aus ital. *tribunale di sorveglianza*⟩: ›Gericht, das verfügte Alternativstrafen, z. B. Hausarreste oder Sozialdienste, überwacht‹: *Daraufhin nahmen ihn die Carabinieri von Sarnthein auf Anordnung des Bozner Überwachungsgerichtes fest und brachten ihn in das Bozner Gefängnis, wo er nun einsitzt* (Dolomiten 4. 7. 2001, 12) – Vgl. Überwachungsrichter – Dazu: **Überwachungsgerichtshof**

Überwachungsrichter Überwachungsrichterin STIR der; -s, – bzw. die; –, -nen ⟨übersetzt aus ital. *magistrato di sorveglianza*⟩: ›Richter(in), der bzw. die darüber entscheidet, ob eine Alternativstrafe, z. B. Hausarrest oder Sozialdienste, aufrecht erhalten bleibt‹: *Der Überwachungsrichter entschied, den Mann ins Gefängnis zurückzuschicken, die Carabinieri vollstreckten den Haftbefehl* (Dolomiten 29. 3. 2001, 33) – Vgl. Überwachungsgericht

Überweg der; -(e)s, -e: **1.** D ›Stelle zum Überqueren von Gleisen; Bahnübergang‹: *Der Zug fährt mit der ersten Achse auf einen Schienenkontakt ... mit der letzten Achse am Überweg wird die Schranke wieder geöffnet* (Stadt Taucha, 2002, Internet). **2.** D ›Brücke, Überführung‹: *Für den erhöhten Überweg wurden Erdwälle auf beiden Seiten der Straße aufgeschüttet* (Schlossgarten Stuttgart, 2002, Internet). **3.** D ›durch Straßenmarkierungen gekennzeichnete Stelle zum Überqueren einer Straße mit einem Fahrrad; Übergang‹: *Da die Mellinghofer Straße ... verbreitert werden muss, regt der ADFC an, bei dieser Gelegenheit bereits die ... Radfahrstreifen zu markieren und den Überweg an der Kreuzung ... beizubehalten* (ADFC Landesverband NRW 1/2002, Internet). **4.** D STIR kurz für ↗ *Fußgängerüberweg:* ↗ SCHUTZWEG A, ↗ FUẞGEHERÜBERGANG A (ohne west), ↗ FUẞGÄNGERÜBERGANG A D-nordwest/südost, ↗ FUSSGÄNGERSTREIFEN CH ↗ FUẞGÄNGERSTREIFEN D-nordwest LUX ›Zebrastreifen‹: *Der Überweg ist so angelegt, dass Fußgänger einen unnötigen Umweg gehen müssen* (SPD Fraktion Aachen, 2002, Internet; D); *Priorität haben Überwege an Schulen, Krankenhäusern, Bushaltestellen und Altersheimen* (Dolomiten 27. 11. 1996, 22; STIR) – Zu 1.: **Bahnüberweg.** Zu 3.: **Fahrradüberweg, Radüberweg** (↗ Rad)

Überwurf A CH D-mittel/süd der; -(e)s, ...würfe: ↗ ZIERDECKE D-mittelwest/südwest ›Decke, mit der tagsüber ein Bett, eine Couch o. Ä. abgedeckt wird; Tagesdecke‹: *Für den Objektbereich verzeichnen speziell entwickelte, stilistisch »sehr österreichische« Stoffkombinationen für Fensterkleid, Tischdecke, Überwurf und Kissen gute Akzeptanz* (OÖN 3. 3. 2001, 16; A); *Bei der Ankunft ... wird der Interviewer ... in ein »Wohnzimmer« ... komplimentiert, das neben einem Schrank, einem Tisch und einem mit Kleidern belegtem Stuhl ... nur noch eine mit einem blauen Überwurf bezogene Matratze am Boden enthält* (Universität Bern, Institut für Psychologie, 1994, Internet; CH) – Dazu: **Bettüberwurf**

Überzeit CH die; –, -en: ›Arbeitszeit, die über die vereinbarte Wochenarbeitszeit hinausgeht; Überstunden‹: *Bestenfalls käme eine Lieferung in sechs Wochen in Frage, aber nur, wenn wir Überzeit anordnen* (Rutishauser, Geschäftsbriefe 82) – Dazu: **Überzeitarbeit**

überziehen A st.V./hat: **1.** ↗ ANZIEHEN CH ›mit Bettwäsche beziehen‹: *Jeden Morgen musste Josefa das Kopfkissen frisch überziehen* (Hackl, Abschied von Sidonie 27). **2.** (Grenzfall des Standards); ↗ GNEIẞEN A D-südost, ↗ SPANNEN A D-nordwest/südost, ↗ ÜBERREIẞEN A D-südost, ↗ RAFFEN CH D-mittel/süd, ↗ BLICKEN D ›etw. aus bestimmten Anzeichen erschließen, plötzlich erfassen‹: *Der Rieder Torhüter wird von der Strafraumlinie überrascht, darf den Ball nicht mehr in die Hände nehmen und das überzieht Mayerhofer ..., der sich das Geschenk nicht entgehen lässt* (SV Josko Ried i.I., 2003, Internet) – Andere Bedeutungen, z. B. ›etw. flächenfüllend mit einer dünnen Schicht bedecken‹, sind gemeindt. Auf der ersten Silbe betont und in der Bedeutung ›ein Kleidungsstück anziehen‹ gemeindt.

Überziehungskredit (gemeindt.): ↗ DISPOSITIONSKREDIT

überzuckern CH D (ohne nordost) sw.V./hat: ↗ ANZUCKERN A ›mit einer dünnen Schneeschicht bedecken (von Bergen etc.)‹: *Gerade rechtzeitig auf den Samstagnachmittag überzuckert ein weisser Schleier die Emmentaler Landschaft* (Schweizerische Goldwäschervereinigung, 2002, Internet; CH); *Gräser machen auch den Winter im Garten schöner. Mit Frost und Raureif überzuckert begeistern sie in der sonst kargen kalten Jahreszeit* (Garten und Zoo 24/2003, Internet; D) – Die Bedeutungen ›mit Zucker bestreuen‹, ›zu stark zuckern‹ und ›(den Organismus) mit zu viel Glukose belasten‹ sind gemeindt.

Überzug (gemeindt.): ↗ ANZUG

Übung CH die; –, -en (salopp): ›[fragwürdiges] Unterfangen‹: *Einmal haben wir eine Schnupperkreuzfahrt gemacht, diese Übung wird jedoch nicht wiederholt* (TA Magazin 27. 1. 2001, Internet) – In A und D nur ironisch und scherzhaft. Die Bedeutungen ›das Üben‹ und ›Probe für den Ernstfall‹ sowie andere Bedeutungen sind gemeindt. – Dazu: ↗ **Alibiübung, Sparübung**

Udo D: männl. Vorname: *Udo Lindenbergs Konzert verlief ohne Zwischenfälle* (Welt 6. 2. 2001, Internet) – In A selten

Ueli CH ['ue̯li]: ↗Uli A D Kurzform des männl. Vornamens *Ulrich: Um 19.00 Uhr Begrüssung durch Ueli Vischer, Regierungspräsident Basel-Stadt* (BaZ 25./26. 10. 1997, 79) – Wird diphthongisch ausgesprochen. Schriftlich ist auch in CH die Form *Ulrich* häufiger

U-Haken A der; -s, –: ↗Agraffe CH, ↗Krampe D (ohne südost), ↗Krampen D (ohne ost) ›u-förmiger Haken bzw. u-förmige Eisenklammer zum Befestigen von Draht o. Ä.‹: *Der Lenker eines Geländewagens versuchte, mit Hilfe eines Seils und einem daran befestigten U-Haken einen Vierkantblock aus einem Holzstapel zu ziehen* (Kurier 12. 1. 1996, 12)

U-Hakerl A das; -s, -n (Grenzfall des Standards): ›kleiner u-förmiger Haken aus Papier oder Eisen, der [von Kindern] als Wurfgeschoß verwendet wird‹: *Ob vielleicht F. S. in der Sekunde des Abschaltens der Fernsehkameras Heide S. mit einem papierenen U-Hakerl auf die Nase schoss* (Kurier 16. 5. 1997, 9)

Uhrenstadt CH die; –, ...städte ⟨nach der traditionell dort ansässigen Uhrenindustrie⟩: ›Grenchen, Biel‹: *Unser Spital liegt am Waldrand, etwas oberhalb der Uhrenstadt Biel (Swatch, Rolex) und bietet eine wunderschöne Aussicht auf Bielersee, bernisches Seeland und Alpen* (Regionalspital Biel, 2001, Internet) – Seltener auch für die Westschweizer Städte La Chaux-de-Fonds und Le Locle verwendet

UHT-Milch CH LUX die; –, ohne Plur.: ↗Haltbarmilch A, ↗H-Milch A D ›durch schnelles, hohes Erhitzen für einen längeren Zeitraum haltbar gemachte Milch‹: *Tafelwasser und Mineralwasser, Vorzugsmilch und UHT-Milch sind nicht dasselbe* (TA 11. 3. 2000, 65; CH); *Durch das Anreichern von industriell hergestellten ... Nahrungsmitteln (Weissmehl, UHT-Milch, gezuckerte Vitaminsäfte usw.) will man die Volksgesundheit verbessern* (Webplaza 17. 6 2001, Internet; LUX) – Vgl. Pastmilch

Uli Ulli A D: ↗Ueli CH Kurz- bzw. Koseform des männl. Vornamens *Ulrich* bzw. des weibl. Vornamens *Ulrike: Um 17.24 Uhr behob die Schülerin am Bahnhof noch Geld vom Bankomaten: Es waren nur 100 Schilling, was darauf hindeutet, dass Ulli R. ihre Reiseroute nicht ändern wollte* (Kurier 23. 8. 1998, 11; A); *Uli H. räumt Bayer Leverkusen drei Wochen vor dem Start der Fußball-Bundesliga keine großen Chancen auf den Meistertitel ein* (Welt 20. 10. 1997, Internet; D)

Ulk D-nord/mittel der; -(e)s, -e (Plur. ungebräuchl.): ↗Fez D (ohne südost) ›Jux, Witz‹: *Ich werde Onkel Fritz von Ritter Kunibert erzählen und werde ihm das Gruseln beibringen. Oh, mit dem mache ich meinen Ulk* (Trott, Pucki 97) – Dazu: ↗**ulkig**, ↗**Ulknudel**

ulkig D-nord/mittel Adj.: ↗glatt CH D-südwest ›lustig‹: *Es sah sehr ulkig aus und Timm lachte wieder einmal* (Krüss, Timm Thaler 38) – Vgl. Ulk

Ulknudel D-nord/mittel die; –, -n: ›Person, die durch ihr Verhalten auf andere lustig wirkt‹: *Die Hollywood-Ulknudel schwört auf tibetische Heilkunde und Meditation* (Bunte 11. 2. 1999, 88) – Vgl. Ulk

Ulla D: ↗Ursi CH Kurzform des weibl. Vornamens *Ursula: Bundesgesundheitsministerin Ulla Sch. (SPD) will per Gesetz einen Mindestbeitrag von 12,5 Prozent in der gesetzlichen Krankenversicherung durchsetzen* (Welt 29. 3. 2001, Internet)

um: **1.** A Präp. mit Akk. ›für‹ /in Verbindung mit Preisangaben/: *Internet testen um nur 50,–* (SN 11. 11. 1997, 22); *Eine süddeutsche Arbeit aus dem 17. Jahrhundert wird um S 100.000 ausgerufen* (SN 8. 11. 1997, 17); ***um ein Butterbrot** siehe Butterbrot. **2.** A Präp. mit Akk. /bei Verben der Bewegung zur Angabe des Zwecks oder Ziels, z. B. *um die Zeitung gehen, jmdm. um den Arzt schicken*/: *Nach einiger Zeit kam der um Maria Berger geschickte Gendarm mit der Nachricht zurück* (Hackl, Abschied von Sidonie 108); *Sobald das Almheu in den »Thayen« war, ging sie an den schönen Spätsommertagen mit der Mutter um Preiselbeeren* (Schöpf, Ausgedingler 17); *... sah Rosa sich bücken um eine Schüssel, hörte die Tür gehen, sah Moritz die Pfeife anzünden* (Innerhofer, Schöne Tage 70). **3.** A Präp. mit Akk. /in Verbindung mit bestimmten Verben, z. B. *um etw. fragen, um etw. ansuchen*/: *Das hatte Sonja, die er beim Aufwachen erst um den Namen hatte fragen müssen, auch gesagt* (Wolfgruber, Verlauf eines Sommers 12); *Nach einer Prozesslawine suchte Goldberger ... um die jugoslawische Staatsbürgerschaft an, um wenigstens springen zu dürfen* (Kurier 14. 12. 1997, 17). **4.** ***das Um und Auf** A ›das Wesentliche, das Wichtigste; das A und O‹: *Wie beim Menschen ist auch bei Tieren die richtige Ernährung das Um und Auf für ein gesundes Leben* (ORF Nachlese 9/1997, 54) – Zu 1.: Das gemeindt. *für* zur Angabe eines Kaufpreises, z. B. *das Stück für 10 Euro,* wird in A seltener verwendet als *um*

Umfahrung A CH die; –, -en: ↗Umgehung D-mittel/süd ›[Fernverkehrs]straße, die um ein Siedlungsgebiet herumgeführt wird‹: *Es gab keine Umfahrung: Wer wollte sich schon Harland entgehen lassen?* (Wieninger, Mann 63; A); *Die neu eröffnete Umfahrung entlastet die diesen Sommer von Unwettern gebeutelte Obwaldner Gemeinde endlich vom Durchgangsverkehr* (VCS-Ztg 11/1997, 27; CH) – Dazu: **Autobahnumfahrung, Ortsumfahrung, Umfahrungsstraße** A **Umfahrungsstrasse** CH

umfassen (gemeindt.): ↗begreifen

Umgebung (gemeindt.): ↗Umgelände

Umgehung D-mittel/süd die; –, -en: ↗Umfahrung A CH ›Fernverkehrsstraße, die um ein Siedlungsgebiet herumgeführt wird‹: *Im Januar 2001 wurde mit dem*

Bau der Umgehung begonnen (NGZ, Neuss 4. 4. 2002, Internet) – Andere Bedeutungen sind gemeindt. – Dazu: **Umgehungsstraße**

Umgelände CH das; -s, –: ›Umgebung (eines Bauwerks)‹: *W. sei es ein Anliegen gewesen, die baulichen Nebenanlagen der Strasse ... bestmöglich in das Umgelände einzufügen* (Bund 30. 8. 1997, Z1)

Umkehrplatz A der; -es, ...plätze: ↗KEHRPLATZ CH, ↗WENDEPLATZ CH D ›Freiraum zum Wenden eines Fahrzeuges‹: *Eine Aus- und Einsteigstelle bzw. ein Umkehrplatz wurden bei der Zufahrt zum Bezirksseniorenheim errichtet* (OÖN 24. 11. 1994, 17)

Umlad CH der; -(e)s, -e: ›Umladen (von Waren)‹: *Am St. Galler Bahnhof parkierte zwecks Umlad ein Lastwagen auf der Strasse derart, dass freie Parkplätze nicht belegt werden konnten* (St. Galler Tagbl 4. 5. 1999, Internet) – Vgl. Ablad, Verlad

Umland (gemeindt.): ↗AGGLOMERATION

umlegen A sw.V./hat: ›auf eine andere Situation übertragen‹: *Auf unsere Zeit umgelegt, geht es dabei um die Küche mit Tiefkühlschrank, Kühlschrank und Herd* (Besser Wohnen 11/1997, 40) – Andere Bedeutungen sind gemeindt. – Dazu: **Umlegung**

umnutzen CH sw.V./hat: ↗UMWIDMEN A D, ↗UMZONEN CH ›einer anderen Nutzung zuweisen (von Grundstücken, Gebäuden etc.)‹: *Ueli S. vor seinen Ställen, die er umnutzen will – um einen Nebenerwerb zu erwirtschaften und das Bauernhaus zu erhalten* (Bund 6. 11. 1999, 29) – Dazu: **Umnutzung**

umreihen A sw.V./hat: ›die Reihenfolge von etw. ändern‹: *Ein Bildzähler sorgt dafür, dass man die Szenen richtig ordnet, aber auch umreihen kann* (Kurier 16. 4. 1997, 29) – Vgl. reihen – Dazu: **Umreihung**

Umsatzsteuer A D die; –, -n (formell): ›auf den Gesamtwert abgesetzter Waren, erbrachter Leistungen oder umgesetzter Geldbeträge erhobene Steuer; Mehrwertsteuer‹: *Die Gesetzesnovelle trifft besonders jene Unternehmer hart, die vor der Insolvenz stehen und die Zahlung der Umsatzsteuer um einige Monate verzögern* (Format 11. 10. 1998, Internet; A); *Die Umsatzsteuer (auch Mehrwertsteuer genannt) gehört ... zu den Besitz- und Verkehrsteuern* (Bundesministerium für Finanzen 27. 3. 2001, Internet; D) – Abk. USt. Im allgemeinen Sprachgebrauch wird *Mehrwertsteuer* verwendet – Dazu: **Umsatzsteuererklärung, Umsatzsteuerpflicht, umsatzsteuerpflichtig, Umsatzsteuervorauszahlung**

Umschlag CH D der; -(e)s, ...schläge: ↗KUVERT A D, ↗COUVERT CH ›Briefumschlag‹: *Bei der Kastanie sind es zwei Schalen und die Haut, beim Geschäftsbrief der Umschlag* (Rutishauser, Geschäftsbriefe 15; CH); *Als ich sie auf den Küchentisch werfe, kommt mir die Schrift auf dem obersten Umschlag bekannt vor* (Becker, Bronsteins Kinder 36; D) – Andere Bedeutungen sind gemeindt.

Umschwung CH der; -(e)s, ohne Plur.: ↗BERING LUX ›zu einem Gebäude dazugehöriges Land‹: *Junge Familie sucht: geräumiges Bauernhaus oder allein stehendes Haus mit Schopf, Scheune und etwas Umschwung* (Tierwelt 15. 8. 1997, 85) – Die Bedeutungen ›grundlegende Veränderung‹ und ›Drehung am Reck‹ sind gemeindt.

umseitig A D Adj.: ›auf der Rückseite eines Blattes Papier stehend‹: *Tragen Sie umseitig das richtige Lösungswort des Preisrätsels ein* (Medizin populär 9/1996, 51; A); *Meine Postadresse gebe ich umseitig deutlich lesbar an* (Psychologie 3/1996, 42; D)

umstossen CH **umstoßen** D st.V./hat: ↗NIEDERSTOSSEN A ›jmdn./etw. durch einen heftigen Stoß zu Boden werfen‹: *Der Unbekannte stiess ihn um, trat ihm mit dem Fuss gegen den Kopf und flüchtete zu Fuss in Richtung stadteinwärts* (Presdok AG, 2002, Internet; CH); *Wer auf dem Friedhof in Weißensee 103 Grabsteine umgestoßen hat, bleibt unbekannt* (Tagesspiegel 30. 12. 1999, Internet; D) – Andere Bedeutungen sind gemeindt.

umteilen CH sw.V./hat: ›anders zuordnen; neu zuordnen‹: *Die fünf Kinder wurden in andere Kindergartenklassen umgeteilt* (Facts 11. 9. 1997, 37) – Dazu: ↗**Umteilung**

Umteilung CH die; –, -en: ›Zuordnung zu einem anderen Bereich; Neuzuordnung‹: *[Es] meldeten sich auf Anhieb drei Elternpaare, die der Umteilung ihres Kindes von der heutigen ersten Klasse in die neue gemischte Klasse zustimmten* (Aargauer Ztg 10. 6. 1999, Regionalbeilage 49) – Vgl. umteilen

Umtrieb CH der; -(e)s, -e: ›grosser Aufwand; Unannehmlichkeit‹: *Arbeitsplätze für Behinderte zur Verfügung zu stellen scheint Arbeitgebern meist bloss mit Umtrieben belastet* (Beobachter, Richtig versichert? 53) – Andere Bedeutungen sind gemeindt.

Umwegrentabilität A die; –, -en: ›Nutzen, den ein öffentlicher Bereich oder wirtschaftlicher Sektor durch einen anderen hat, z. B. Tourismus durch Kulturveranstaltungen; indirekte Rentabilität‹: *Subventioniert von Land, Bund, Gemeinden und Privatsponsoren tragen Sommerfestivals durch mittlerweile erwiesene Umwegrentabilität dazu bei, Gemeindekassen zu füllen* (Wiener Ztg 29. 5. 2001, Internet)

umwidmen sw.V./hat: **1.** A D; ↗UMNUTZEN CH, ↗UMZONEN CH ›einen Teil des Gemeindegebietes einer anderen als der vorgesehenen Nutzung zuweisen (z. B. Agrargebiet in Bauland umwandeln)‹: *Damals* *hatte er sogar gedroht, das Areal in ein »Erholungsgebiet mit Kleingärten« umwidmen zu lassen* (Trend 6/2000, Internet; A); *Der Bezirk würde gerne den Baggersee ... zum Naturbad umwidmen* (Berliner Ztg 29. 6. 1995, Internet; D). **2.** D ›einen Geldbetrag einer [anderen] Nutzung als vorgesehen zuführen‹: ... *in der Regel wird nicht einmal die Hälfte der Gelder ... ausgegeben. Angesichts solcher Missstände will Außenkommissar P. die Mittel einfach umwidmen* (Welt 11. 5. 2000, Internet) – Dazu: **Umwidmung**

umziehen (gemeindt.): ↗DISLOZIEREN, ↗SIEDELN, ↗ÜBERSIEDELN, ↗ZÜGELN

umzonen CH sw.V./hat: ↗UMWIDMEN A D, ↗UMNUTZEN CH ›einen Teil des Gemeindegebietes einer anderen als der vorgesehenen Nutzung zuweisen (z. B. Agrargebiet in Bauland umwandeln)‹: *Die Grünfläche ist eine Zone für öffentliche Bauten. Laut Stadtrat Reinhard S. müsste man sie nicht umzonen* (TA 11. 8. 1998, 17) – Vgl. abzonen, auszonen, einzonen, Zonenplan – Dazu: **Umzonung**

Umzug (gemeindt.): ↗ÜBERSIEDLUNG, ↗ZÜGLETE

Umzugstermin (gemeindt.): ↗ZÜGELTERMIN

unangenehm (gemeindt.): ↗BIESTIG

unbedankt A Adj.: ›nicht die gebührende Wertschätzung erfahrend‹: *Was kann der Wegwart der Sektion, oftmals einer der unbedanktesten Funktionäre, dazu beitragen?* (Alpenverein 4/1997, 10)

unberechenbar (gemeindt.): ↗WETTERWENDISCH

unberücksichtigt: *[etw.] unberücksichtigt bleiben/lassen (gemeindt.): ↗AUßEN: *ETW. AUßEN VOR LASSEN

Unfallarzt Unfallärztin D der; -(e)s, ...ärzte bzw. die; –, -nen: ↗NOTARZT A D, ↗NOTFALLARZT CH ›für die Versorgung von Unfallopfern zuständiger Arzt bzw. Ärztin‹: *Dr. Ulrich M., Sportarzt, Unfallarzt und Chirurg, ... Mannschaftsarzt des Hamburger SV* (Welt 18. 5. 2000, Internet)

Unfallflucht D die; –, ohne Plur.: ↗FÜHRERFLUCHT CH ›unerlaubtes Verlassen des Unfallortes nach Verursachen eines Verkehrsunfalls; Fahrerflucht‹: *In Osnabrück wurde ein 45-jähriger Fußgänger von einem Auto überrollt und lebensgefährlich verletzt – der Fahrer beging Unfallflucht* (BamS 26. 10. 1997, 23)

Unfallkrankenhaus A D das; -es, ...häuser: ›Klinik für Unfallopfer‹: *Nach der ärztlichen Erstversorgung und Zwischenaufenthalt im Krankenhaus St. Johann musste sie aufgrund der schweren Verletzungen ins Unfallkrankenhaus Salzburg überstellt werden* (Kurier 14. 12. 1997, 11; A); *Die beiden kleinen Jungen wurden ... in das Unfallkrankenhaus Marzahn gebracht* (Welt 22. 12. 1999, Internet; D) – Vgl. Krankenhaus

Unfallwagen (gemeindt.): ↗HAVARIE

Unfallwagen D der; -s, –: ↗RETTUNG A, ↗AMBULANZ CH D-südost STIR ›Einsatzfahrzeug zum Transport von Verletzten oder Kranken in die Klinik; Krankenwagen, Rettungswagen‹: *Ein Unfallwagen bringt sie ins nächstliegende Krankenhaus* (Welt 25. 2. 1999, Internet) – Die Bedeutung ›durch einen Unfall beschädigtes Auto [das günstig zum Verkauf angeboten wird]‹ ist gemeindt.

ungefähr (gemeindt.): ↗DREH: *UM DEN DREH

ungeschickt (gemeindt.): ↗PATSCHERT

Ungeschlagenheit CH die; –, -en (Plur. ungebräuchl.): ›Nichtverlieren (bei sportlichen Wettkämpfen)‹: *Mit neun Siegen und drei Unentschieden haben sich die ZSC Lions ... eine stolze Serie der Ungeschlagenheit erarbeitet* (TA 30. 10. 2000, 46)

ungustiös A Adj.: ›unappetitlich; unansehnlich‹: *Ich hatte mir eigentlich einen fetten, irgendwie ungustiösen Typen mit pompösem Nadelstreif erwartet* (Wieninger, Mann 77) – Vgl. gustiös, Gusto

Ungustl A der; -s, -n (salopp, Grenzfall des Standards): ›ungepflegter, unangenehmer Mensch‹: *Und jetzt bedaure mich gefälligst, dass ich eine Nacht an einen Ungustl vergeudet habe, der nicht zu dem steht, was er tut* (Nöstlinger, Bonsai 98) – Vgl. Unsympathler

ungut A D-südost Adj.: ›mürrisch, boshaft, abweisend, hinterhältig‹: *P. beruft sich dabei vorwiegend auf die Internet-Generation, die sich um das tradierte Image eines unguten Spekulanten nicht mehr kümmern würde* (Standard 15. 11. 1999, Internet; A) – Die Bedeutungen ›aufgrund von Ahnungen, Befürchtungen unbehaglich‹ und ›ungünstig, negativ‹ sowie die Redewendung *nichts für ungut* sind gemeindt.

Unihockey CH das; -s, ohne Plur. ['unıhɔki]: ›Hallenhockey (nicht auf Eis)‹: *Heute ist Unihockey in Nordeuropa eine etablierte Sportart und boomt vor allem in Ost- und Zentraleuropa* (Schweiz. Unihockey-Verband, 2001, Internet) – Dazu: **Unihockeyaner(in), Unihockeyclub, Unihockeysport**

Universitätsdirektor Universitätsdirektorin A der; -s, -en bzw. die; –, -nen (veraltend): ↗KANZLER D ›Verwaltungschef(in) einer Universität‹: *Rektor Christian S. und Universitätsdirektor Friedrich L. gratulierten Moser in der Aula der Universität* (Echo 28. 1. 1999, 178)

Universitätsklinik (gemeindt.): ↗UNIVERSITÄTSSPITAL

Universitätsspital CH das; -s, ...spitäler: ›Universitätsklinik‹: *Unter der Leitung von Professor Anton. V. wurde am Institut für Neuroradiologie des Universitätsspitals Zürich eine erfolgreiche Behandlungsmethode entwickelt* (Bund 14. 12. 1999, 11) – Vgl. Spital

unpräzis A CH Adj. ⟨zu lat. *praecisus* ›vorn abgeschnitten‹⟩: ›ungenau, unscharf; unpräzise‹: *Unpräzis ist der amerikanische Geheimdienstmann jedoch zumindest in einem Punkt: Undifferenziert ordnet er kirchliche Organisationen in seinem Bericht einfach dem Vatikan zu* (Kurier 1. 3. 1992, 5; A); *Die Emser taten sich vor allem mit der Offsidefalle der Gäste schwer, und zudem waren sie im Angriff zu unpräzis* (Südostschweiz 25. 9. 2000, Internet; CH)

unpräzise (gemeindt.): ↗UNPRÄZIS

Unselbständigerwerbende CH der/die; -n, -n: ›bei einem Arbeitgeber angestellte Person; unselbständig Erwerbstätige(r)‹: *Die in einer eheähnlichen Gemeinschaft lebende Frau, die den gemeinsamen Haushalt führt und dafür von ihrem Partner Naturalleistungen ... und allenfalls zusätzlich ein Taschengeld erhält, ist als Unselbständigerwerbende zu betrachten* (TA 4. 5. 1998, 29) – Auch in der Form *Unselbstständigerwerbende.* Vgl. Selbständigerwerbende

Unselbstständigerwerbende siehe Unselbständigerwerbende

Unsinn (gemeindt.): ↗BLECH, ↗FEZ, ↗GUGUS, ↗HAFENKÄSE, ↗HOLLER, ↗KABIS, ↗KAPPES, ↗KÄSE, ↗KOHL, ↗KOKOLORES, ↗MUMPITZ, ↗QUARGEL, ↗QUARK, ↗SCHAS, ↗SCHNICKSCHNACK, ↗TOPFEN

Unsympathler Unsympathlerin A der; -s, – bzw. die; –, -nen (salopp, Grenzfall des Standards): ›unangenehm wirkender, missliebiger Mensch‹: *Andererseits kann ich nicht jeden Unsympathler eines Mordes verdächtigen* (Kneifl, Vorstellung 59) – Vgl. Ungustl

unter Präp.: **1.** A D-süd (mit Dat., zeitlich) ›während (der Verrichtung einer Tätigkeit)‹: *Die Mutter, die unterm Waschen immer wieder davon musste, ist auf einen Sprung in die Küche hinauf* (Innerhofer, Schöne Tage 10; A); ***unterm Jahr** A CH D-süd ›während des Jahres‹: *Einstieg auch unterm Jahr möglich* (AK Wien, 2000, Internet; A); *Aber auch unterm Jahr ist Hochdorf bekannt für seinen Humor und Mutterwitz* (Hochdorf, 2003, Internet; CH); ***unter einem** A (formell) ›gleichzeitig, zugleich, in einem‹: *Wir gelangen nun zu den Punkten 15 bis 17 der Tagesordnung, über welche die Debatte unter einem abgeführt wird* (Stenogr. Protokoll des Bundesrates 29./30. 7. 1999, Internet; A). **2.** ***unter der Tür** CH ›an der Tür, in der Tür (stehend)‹: *Mitten unter der Tür in inniger Umarmung, die Welt vergessend, hinderten verliebte Paare die Züge am rechtzeitigen Abfahren* (TA 5. 3. 1998, 16). **3.** ***unter Dach** CH ›abgeschlossen, erledigt; unter Dach und Fach‹: *Die bilateralen Verträge mit der EU will ... noch das alte Parlament unter Dach bringen* (TA 23. 8. 1999, 7) – Andere Verwendungen sind gemeindt.

Unterarmgriff CH der; -(e)s, -e: ↗RAUTEKGRIFF A D ›Rettungsgriff, bei dem eine verletzte Person mit beiden Händen, unter ihren beiden Achseln hindurch, an einem abgewinkelten Unterarm festgehalten wird‹: *Unterarmgriff: Der Helfer schiebt von hinten seine Arme unter die Achselhöhlen des Patienten durch und umfasst von oben mit beiden Hände einen unverletzten Unterarm* (Samariterverein Sempach, 2001, Internet) – In D selten

Unterbestand CH D der; -(e)s, ...bestände: ›zu geringer Bestand (im Verhältnis zum Soll)‹: *Das Erziehungsdepartement hat uns die Bewilligung erteilt die 3./4. Klasse mit Unterbestand zu führen* (Alttoggenburger 30. 5. 1997, 6; CH); *Abschläge für Unterbestand an Weinvorräten sind nicht zu machen* (Bundesgesetzbl 1995, Teil I Seite 1401, Internet; D)

Unterbrechung (gemeindt.): ↗UNTERBRUCH

Unterbruch CH der; -(e)s, ...brüche: ›Unterbrechung‹: *Ein Wiedereinstieg in den erlernten Beruf nach einem längeren Unterbruch aber ist heute ... sehr schwierig* (BaZ 25./26. 10. 1997, 73) – Dazu: **Arbeitsunterbruch, Betriebsunterbruch, Ferienunterbruch** (↗Ferien), **Spielunterbruch, Stromunterbruch**

Unterdach CH-südwest (VS) STIR das; -(e)s, ...dächer: ↗DACHBODEN A D, ↗ESTRICH CH, ↗BODEN D (ohne südwest), ↗BÜHNE D-südwest, ↗SÖLLER D-mittelwest, ↗SPEICHER D-mittelwest/süd ›unbewohnter Raum unter dem Dach eines Hauses‹: *Im Unterdach befindet sich eine Ausstellung zum Leben von Stockalper* (Stockalperschloss Brig, 2002, Internet; CH); *1-Zimmer-Wohnung mit Unterdach: Die Wohnung liegt in einem Neubau und verfügt über Diele, Wohnzimmer mit Kochecke* (Realitätenbüro Benedikter, 2001, Internet; STIR) – Selten auch in A-südost (Ktn.) im Neutrum und Maskulinum (*das/der Unterdach*) gebräuchlich. Wird in CH-südwest auf der ersten, in STIR auf der dritten Silbe betont. Die Bedeutung ›eine unter den Ziegeln oder anderem Deckmaterial liegende, dichtende Schicht‹ ist gemeindt.

unterfertigen A sw.V./hat (formell): ›unterschreiben, unterzeichnen‹: *Bei einem mehrseitigen Letzten Willen ist es empfehlenswert, jede Seite zu nummerieren und gesondert zu unterfertigen* (Seniorenratgeber, 1996, 41) – In CH und D selten – Dazu: **Unterfertigung**

Untergeschoß Untergeschoss (gemeindt.): ↗SOUSSOL, ↗TIEFGESCHOß/TIEFGESCHOSS, ↗TIEFPARTERRE

Untergriff A der; -(e)s, -e: ›versteckter verbaler Angriff; beleidigende Äußerung‹: *Untergriffe, Schockeffekte und gelegentlich auch Geschmacklosigkeiten wurden eingesetzt, um publikumswirksam eine Abfolge von Niedrig- und Heldenhaftigkeiten in Szene zu setzen* (SN 31. 3. 1998, 20) – Die Verwendung im Bereich Sport ist gemeindt. – Dazu: **untergriffig**

unterhaken sich D (ohne südost) sw.V./hat (Grenzfall des Standards): ↗EINHAKEN D (ohne südost) ›auf Ellbogenhöhe unter den Arm eines Menschen greifen, um sich oder die andere Person zu stützen oder in vertrauter Nähe zu gehen; sich einhängen‹: *Sie hatten sich untergehakt und marschierten* (Eckert, Erbe 71) – In A und CH selten

unterhalten sich (gemeindt.): ↗BABBELN, ↗KLÖNEN, ↗PLAUSCHEN, ↗QUATSCHEN, ↗RATSCHEN, ↗SCHNACKEN, ↗SCHWATZEN, ↗SCHWÄTZEN

Unterhaltsarbeiten CH BELG LUX die; nur Plur.: ›Bauarbeiten, die dem Unterhalt von Gebäuden und Strassen dienen; Wartungsarbeiten‹: *Wegen Unterhaltsarbeiten ist der Tunnel diese und nächste Woche ... geschlossen* (TA 8. 6. 1999, 16; CH); *Die N 626 von Manderfeld bis Lanzerath wurde im Rahmen der Unterhaltsarbeiten ... ausgebessert* (Gemeinde Büllingen, 2003, Internet; BELG); *Es kann jedenfalls nicht so weitergehen, dass bereits kleinste Unterhaltsarbeiten an den Autobahnen immer wieder für noch mehr Staus sorgen* (D'Handwierk 12/2001, Internet; LUX)

Unterhaltungssteuer STIR die; –, -n ⟨übersetzt aus ital. *imposta sugli intrattenimenti*⟩: ↗VERGNÜGUNGSSTEUER A D, ↗BILLETTSTEUER CH ›Steuer auf bestimmte Arten von Veranstaltungen und Aufführungen, z. B. Konzerte, Tanzveranstaltungen‹: *Wie erwähnt, werden ab dem Jahr 2000 gewisse Veranstaltungen von der neuen Unterhaltungssteuer betroffen sein* (Dolomiten 7. 4. 1999, 34)

unterheben A D (ohne südost) st.V./hat (Küche): ↗UNTERZIEHEN D (ohne südost) ›vorsichtig in einen Teig einrühren; Zutaten mit einer Masse vermengen‹: *Ein Drittel von 400 g Weintrauben unterheben, auf dem Teigboden verteilen, restliche Weintrauben darüber streuen* (Anima 11/1997, 80; A); *Nun 100 – 150 g Nordseekrabben ... vorsichtig unterheben, einige Minuten in der Sauce warmziehen lassen* (WDR, 1999, Internet; D) – In CH selten

Unterhemd (gemeindt.): ↗LEIBCHEN, ↗LEIBERL

unterkant CH Adv.: ›von der Unterkante gemessen‹: *Im Dachgeschoss sind die für Wohn- und Arbeitszwecke ausgebauten oder ausbaubaren Räume anzurechnen, soweit ihre lichte Höhe unterkant Schalung 1,6 m überschreitet* (Baugesetz der Gemeinde St. Moritz, Art. 87, 1999, Internet) – Vgl. oberkant

Unterkunft (gemeindt.): ↗UNTERSTAND

Unterland A-west/südost CH D-südwest das; -(e)s, ohne Plur.: ›tiefer liegender Landesteil‹: *Nach Norden schweift der Blick zum Hochobir und ins Kärntner Unterland* (Standard 18./19. 10. 1997, 4; A-west/südost); *Er wusste, wo ... Elend und Not die Bewohner aus dem Tal vertrieben: ... in ein fremdes Land oder zumindest in die grossen Städte des Unterlandes* (Kauer, Spätholz 146; CH) – Oft Bestandteil von Regionennamen, z. B. *Glarner Unterland, Kärntner Unterland,* ↗*Zürcher Unterland* etc. Vgl. Mittelland, Oberland – Dazu: ↗**Unterländer(in),** ↗**Unterlandler(in)** D-südost STIR

Unterländer A-west/südost CH D-südwest: **1. Unterländer Unterländerin** der; -s, – bzw. die; –, -nen; ↗UNTERLANDLER D-südost STIR ›Bewohner(in) eines tiefer gelegenen Landesteiles; Person, die aus dem ↗Unterland stammt‹: *Fabio fühlt sich als Unterländer mitverantwortlich: »Wir fahren ja in den Bergen Ski. Da kann man ruhig etwas tun für die Bergler!«* (TA 4. 6. 1999, 32; CH). **2.** indekl. Adj.; ↗UNTERLANDLER D-südost STIR ›vom ↗Unterland stammend, zum ↗Unterland gehörend‹: *Am vergangenen 6. Oktober brannten in einem Holzschopf ... leere Futtermehlsäcke auf einem Mistzetter ... Die Anschläge sind zurzeit das Thema im Unterländer Dorf* (TA 15. 10. 1996, 15; CH) – Vgl. Oberländer

Unterlandler D-südost STIR: **1. Unterlandler Unterlandlerin** der; -s, – bzw. die; –, -nen; ↗UNTERLÄNDER A-west/südost CH D-südwest ›Bewohner(in) eines tiefer gelegenen Landesteiles, des ↗Unterlandes‹: *Die Mentalität der Menschen ist mir ja nicht fremd, weil ich selbst Unterlandler bin* (Umweltministerium Bayern, 2001, Internet; D-südost); *Die Unterlandler vom Jahrgang 1933 sind zu einem großen Jahrgangstreffen eingeladen* (Dolomiten 30. 4. 1998, 36; STIR). **2.** Adj. (nicht steigerbar); ↗UNTERLÄNDER A-west/südost CH D-südwest ›aus dem bzw. im ↗Unterland, zum ↗Unterland gehörend‹: *Musikalisch umrahmt wurde die Weihnachtsfeier wie in jedem Jahr von der Unterlandler Saitenmusik* (Schützengesellschaft Peissenberg 16. 12. 2002, Internet; D-südost); *Die Köche-Woche im April verführt den Feinschmecker, die Apfel-Woche im Mai preist das Unterlandler Obst* (Schnürer, Südtirol 149; STIR) – In A-west (Tir.) Grenzfall des Standards. Vgl. Oberlandler

Unternehmen (gemeindt.): ↗UNTERNEHMUNG

Unternehmung CH D die; –, -en: ›aus mehreren Einheiten bestehender größerer Betrieb; Unternehmen‹: *Mitarbeiter sind das höchste Gut einer Unternehmung* (Zürcher Oberländer 19. 3. 1997, Stellentip 2; CH); *Heute steht die Unternehmung auf sechs gesunden Beinen. Man beschäftigt sich mit dem Kanal- ... und Wasserbau* (NRZ 5. 2. 2001, Internet; D) – Die Bedeutung ›Vorhaben‹ ist gemeindt. – Dazu: **Bahnunternehmung, Bauunternehmung, Einzelunternehmung, Familienunternehmung, Generalunternehmung, Grossunternehmung** CH, **Ingenieurunternehmung, Munitionsunternehmung** CH, **Seilbahnunternehmung, Transportunternehmung, Verkehrsunternehmung**

unterrepräsentiert (gemeindt.): ↗UNTERVERTRETEN

Unterrichtsjahr A das; -(e)s, -e: ›Zeitraum vom Schulbeginn im September bis zum Unterrichtsende im Juli für die Arbeit an der Schule; Schuljahr‹: *Fünf Prozent ihrer Budgets sollen die Schulen in Oberösterreich im kommenden Unterrichtsjahr einsparen* (OÖN 31. 8. 2000, 1)

Unterrichtsminister Unterrichtsministerin A der; -s, – bzw. die; –, -nen (informell, veraltend): ↗Bildungsminister A D ›für Schul- und Kulturangelegenheiten zuständiger ↗Bundesminister bzw. zuständige Bundesministerin‹: *Vor exakt 30 Jahren kündigte der damalige SP-Unterrichtsminister Fred S. an, dass Lehrmittel für alle Schüler kostenlos sein sollen* (Presse 22. 3. 2002, Internet) – Dazu: **Unterrichtsministerium** (↗Ministerium)

Unterrichtspraktikant Unterrichtspraktikantin A der; -en, -en bzw. die; –, -nen: ↗Probelehrer A, ↗Lehramtsanwärter D, ↗Referendar D ›Junglehrer(in) mit abgeschlossenem Studium, der bzw. die das in die Unterrichtstätigkeit einführende Praxisjahr absolviert‹: *Welche Eindrücke die jungen Unterrichtspraktikant(inn)en ... bei diesen Schnuppertagen gewonnen haben, wird bei der Abschlussveranstaltung am Freitag im Hohenemser WIFI präsentiert* (VN 20. 6. 2001, B 2) – Vgl. Unterrichtspraktikum

Unterrichtspraktikum A das; -s, ...praktika: ↗Probejahr A, ↗Referendariat D ›einjähriges Praktikum nach abgeschlossenem Studium, bei dem in Begleitung eines Lehrers bzw. einer Lehrerin unterrichtet wird‹: *So möchte sie nach einjährigem Unterrichtspraktikum an einer Mittelschule in den Nahen Osten, um im Rahmen der UNO-Flüchtlingsorganisation für die Palästinenser mitarbeiten zu können* (OÖN 6. 2. 1992, 6) – Dazu: ↗**Unterrichtspraktikant(in)**

Unterrichtsschluss (gemeindt.): ↗Schulschluss

Untersatz (gemeindt.): ↗Untersetzer

Unterschriftenbogen CH der; -s, –: ›gedruckte Liste für eine Unterschriftensammlung (z. B. bei ↗Initiativen, ↗Referenden oder Petitionen)‹: *Bald könnte die Bundeskanzlei auf Internet Unterschriftenbogen für Initiativen und Referenden anbieten* (Bund 6. 1. 2000, 1) – Vgl. Bogen

Untersetzer D der; -s, –: ›Untersatz‹: *Wer hier gleich zuschlägt, hat vielleicht einen silbernen Untersetzer für das Bierglas gekauft, aber noch keine gute Spiel-CD-ROM für seine Kinder* (NDR, 2002, Internet) – In A und CH selten

Unterstand A der; -(e)s, ...stände (formell): ›Unterkunft‹: *Der nächste Schlafplatz muss organisiert werden, etwas Geld auch oder wenigstens ein Unterstand* (Sandlerztg, 1997, Internet) – Häufig in Zus. Die Bedeutungen ›geschützter Platz in der Natur zum Unterstellen‹ und ›Bunker‹ sind gemeindt. – Dazu: **Unterstandsgeber(in)**, ↗**unterstandslos**, ↗**Unterstandslose**

unterstandslos A Adj. (formell): ↗wohnungslos D (ohne nordwest) ›ohne Unterkunft; obdachlos‹: *In Wahrheit heißt er aber Martin K., ist arbeits- und unterstandslos und schlug sich in letzter Zeit vorwiegend mit Einmietbetrügereien durch* (Kleine Ztg 28. 6. 2001, Internet) – Vgl. Unterstand – Dazu: ↗**Unterstandslose**

Unterstandslose A der/die; -n, -n (formell): ↗Sandler A D-südost, ↗Clochard CH LUX, ↗Stadtstreicher CH D, ↗Berber D, ↗Penner D, ↗Trebegänger D, ↗Tippelbruder D (ohne mittelost/südwest), ↗Treber D-nordost (bes. Berlin) ›Obdachlose(r)‹: *Die Erfahrungen zeigten, dass U-Bahn-Stationen leider auch von Unterstandslosen und sonstigen Randgruppen der Gesellschaft als Aufenthaltsort missbraucht werden* (Augustin 4/1999, 15) – Vgl. Unterstand, unterstandslos

Unterstützung (gemeindt.): ↗Beihilfe, ↗Subsidium

Untersuch CH der; -(e)s, -e: ›medizinische Untersuchung‹: *Der jährliche Untersuch beim Gynäkologen ist den meisten Frauen ebenso wenig genehm wie der Besuch beim Zahnarzt* (Annabelle 2. 1. 1998, 21)

Untersuchungsausschuss A D der; -es, ...schüsse: ↗Untersuchungskommission CH ›Gruppe von ↗Abgeordneten, die mit der Untersuchung von unvorhergesehenen Ereignissen und von Verfehlungen in Politik und Verwaltung beauftragt ist‹: *[Die] Oppositionsparteien [griffen] ... zu ungewöhnlichen Maßnahmen, um ... im Fall der Wiener Kurdenmorde 1989 einen Untersuchungsausschuss zu erzwingen* (News 23. 12. 1997, 31; A); *Der Untersuchungsausschuss wird mindestens ein Jahr arbeiten* (Berliner Ztg 3. 4. 1998, Internet; D); ***parlamentarische Untersuchungsausschuss**: ↗Untersuchungskommission: *parlamentarische Untersuchungskommission CH ›von einem Parlament eingesetzte Gruppe von ↗Abgeordneten, die mit der Untersuchung von Verfehlungen in Politik und Verwaltung beauftragt ist‹: *Zu einem parlamentarischen Untersuchungsausschuss kam es wegen des Widerstandes der damaligen Koalitionsparteien ÖVP und SPÖ ebenfalls nie* (Profil 9. 6. 2000, Internet; A); *Gestern machte der Bürgermeister zum ersten Mal in seinem Politikerleben mit dem Zeugenstuhl eines parlamentarischen Untersuchungsausschusses Bekanntschaft* (Hamburger Abendbl 25. 2. 1999, Internet; D) – Abk. in A informell U-Ausschuss, in D für *parlamentarischer Untersuchungsausschuss* PUA. Vgl. Ausschuss

Untersuchungskommission CH die; –, -en: ↗Untersuchungsausschuss A D ›Gruppe von Experten, die mit der Untersuchung von unvorhergesehenen

Ereignissen und von Verfehlungen in Politik und Verwaltung beauftragt ist‹: *Die vom Kirchenrat eingesetzte Untersuchungskommission wirft dem Geistlichen vor: Mangelnder körperlicher Abstand zu Frauen während Amtshandlungen* (Blick 1. 12. 1999, 32); ***parlamentarische Untersuchungskommission:** ↗PARLAMENTARISCHE UNTERSUCHUNGSAUSSCHUSS A D ›von einem Parlament eingesetzte Gruppe von Experten, die mit der Untersuchung von Verfehlungen in Politik und Verwaltung beauftragt ist‹: *Die SP-Fraktion und die Grünen wollten, dass eine Parlamentarische Untersuchungskommission (PUK) Licht in die Affäre D.B. bringt* (Blick 1. 10. 1999, 2) – Abk. PUK. Das Substantiv *Untersuchungskommission* ist in A und D selten. Vgl. Kommission

untertags A CH Adv.: ›während des Tages; tagsüber‹: *Nur wenn Sie untertags überhaupt nicht mehr telefonieren, können Sie etwas einsparen* (Konsument 11/1997, 16; A); *Arbeitsfähige, die untertags auf der Strasse angetroffen werden, müssen Ferien haben* (Böni, Am Ende 180; CH)

untervertreten CH Adj.: ›unterdurchschnittlich vertreten; unterrepräsentiert‹: *Doch mit den rund zwanzig Prozent gewählter Parlamentarierinnen im Jahr 1995 sind die Frauen im Vergleich zu ihrem Anteil an Wahlberechtigten ... immer noch deutlich untervertreten* (TA 13. 9. 1999, Z4) – Vgl. übervertreten – Dazu: ↗**Untervertretung**

Untervertretung CH die; –, -en: ›unterdurchschnittliche, zu schwache Vertretung‹: *Ursula W. will »für das Problem der Untervertretung der jüngeren Generation in der etablierten Politik sensibilisieren«* (Bund 29. 12. 1999, 11) – Vgl. untervertreten, Übervertretung

unterziehen st.V./hat: **1.** D (ohne südost) (Küche); ↗UNTERHEBEN A D (ohne südost) ›vorsichtig in einen Teig einrühren; Zutaten mit einer Masse vermengen‹: *Sie können auch 2 oder 3 Löffel Mayonnaise und/oder 2 Löffel Sahne unterziehen* (FAZ 10. 10. 1997, 44). **2.** D-nord/mittel ›unter ein Kleidungsstück zusätzlich anziehen‹: *Das ... Langarmshirt aus Microfleece für kühlere Sommertage oder zum Unterziehen im Winter* (ADFC 26. 9. 2002, Internet) – Zu 1.: In CH selten. Andere Bedeutungen sowie die reflexive Verwendung in der Bedeutung ›eine Sache, z.B. eine Prüfung, eine Operation auf sich nehmen‹ sind gemeindt. In dieser Bedeutung liegt die Betonung auf der dritten Silbe

unverzüglich (gemeindt.): ↗RASCHEST, ↗RASCHESTENS, ↗RASCHESTMÖGLICH, ↗RASCHMÖGLICHST

Unzukömmlichkeit A CH die; –, -en (meist Plur.): ›Unannehmlichkeit, Unzulänglichkeit; Unkorrektheit, Misstände‹: *Für die Gerichte sind das »mit diesem Gewerbe notwendig verbundene Unzukömmlichkeiten«* (Kurier 29. 1. 1998, 23; A); *Die letzten Tage hatten aussergewöhnlich viele Unannehmlichkeiten gebracht. ... Kleine Sonderwünsche und Unzukömmlichkeiten, wie sie wohl keiner Gemeinschaft erspart blieben* (Waller, Barbi 52; CH) – Die Bedeutung ›das Unzukömmlichsein‹ ist gemeindt.

urassen A sw.V./hat (Grenzfall des Standards): ↗VERLOCHEN CH, ↗VERQUASEN D-nordost ›verprassen, verschwenden‹ (oft mit der Präp. *mit*): *Wenn die Industrieländer mit der Energie weiterhin so urassen, wird sich die Temperatur im globalen Mittel bis zum Jahr 2100 um drei Grad Celsius erhöhen* (VN 18. 10. 1995, A 8) – Wird auf der ersten Silbe betont, mit Kurz- oder Langvokal. In D-südost selten

Urbanistik STIR die; –, ohne Plur.: ›Planung städtebaulicher Maßnahmen; Stadtplanung, Städteplanung‹: *Die Frage, ob das zulässig ist oder nicht, muss die Gemeinde entscheiden, denn sie ist für die Urbanistik zuständig* (Wortprotokoll des Südtiroler Landtages 16. 12. 1999, Internet) – Die fachsprachliche Bedeutung ›Wissenschaft vom Städtebau‹ ist gemeindt. – Dazu: **Urbanistikstadtrat (...rätin)** (↗Stadtrat) A, ↗**urbanistisch**

urbanistisch STIR Adj. (nicht steigerbar): ›die Städteplanung betreffend‹: *Urbanistisch gesehen könnten wir ein Haus mit 132 Betten errichten. Doch werden es zum Schluss voraussichtlich nur 116 sein* (Dolomiten 18. 7. 2001, WIKU 3) – Vgl. Urbanistik

urchig CH Adj.: ↗URIG A D ›bodenständig, urtümlich‹: *Der ... stämmige Berner Oberländer mit der sanften Stimme, dem breiten und urchigen Dialekt und dem Händedruck, der am Rande der Schmerzgrenze liegt, ist ein Geistheiler* (Jaeggi, Schritte im Kopf 8)

Urgenz A die; –, -en ⟨aus mlat. *urgentia* ›Dringlichkeit‹⟩ (formell): ›Forderung nach rascherer Erledigung‹: *Auf Urgenz des Vizepräsidenten und gleichzeitig Finanzchef Robert H. wurde eine Ratenzahlungsvereinbarung akzeptiert* (Echo 23. 9. 1998, 62) – In D bildungssprachlich und veraltend. Vgl. urgieren

urgieren A sw.V./hat ⟨aus lat. *urgere* ›drängen‹⟩: ›raschere Erledigung fordern‹: *Ich urgierte ständig, doch man kriegt nichts zu hören oder zu sehen* (Echo 23. 9. 1998, 62) – Vgl. Urgenz

urig A D Adj.: ↗URCHIG CH ›bodenständig, urtümlich‹: *Dort bieten jedoch diese urigen, knorrigen und oftmals windzerzausten Baumgestalten einen imposanten Eindruck* (Nationalpark Hohe Tauern 26; A); *Da finden auch jene ein Angebot für einen erholsamen Winterurlaub, die nicht unbedingt auf Brettern stehen wollen: stille Plätzchen, ... urige Hütten, um in geselliger Runde nette Leute kennen zu lernen* (WAZ 18. 10. 1997, Reisejournal 10; D)

Urkanton CH der; -(e)s, -e (meist Plur.): ›einer der historisch ersten drei ↗Kantone der Schweiz‹: *1994 habe sie ihre Tätigkeit als ordinierte Pfarrerin in den Urkantonen begonnen, 1995/96 mit dem Rütli in ihrem Pfarrkreis. Sie selbst habe »ein paar wenige Meter« vom Telldenkmal entfernt gewohnt* (Bund 29. 8. 1998, 24) – Zu den *Urkantonen* zählen die ↗Kantone Uri, Schwyz und Unterwalden. Vgl. Innerschweiz, Ort, Urschweiz, Waldstatt, Zentralschweiz

Urlaub der; -(e)s, -e: **1.** A D; ↗FERIEN CH D-südwest ›gesetzlich oder tarifvertraglich festgelegte, bezahlte arbeitsfreie Zeit, die der Erholung dient‹: *Neu ist außerdem, dass in allen Bereichen nicht nur die Lohn-, sondern auch die hierzulande geltenden Urlaubsansprüche eingefordert werden können, wenn ein ausländischer Arbeiter in Österreich ein höheres Urlaubsausmaß als in seiner Heimat hat* (Standard 28. 6. 1999, 18; A); *Hugo Lepschitz hatte sich im Betrieb eigens freigenommen und einen Urlaubstag geopfert* (Becker, Bronsteins Kinder 89; D). **2.** A D; ↗FERIEN CH ›bestimmter Zeitraum, in dem man nicht arbeitet und eventuell verreist‹: *Die holländische Familie macht seit zehn Jahren Urlaub in Tirol* (Neue Kronen Ztg 30. 12. 1997, 14; A); *Urlaub, die schönsten Wochen des Jahres – für uns Menschen* (Tier 4/1996, 28; D); ***auf Urlaub fahren** A; ***in [den] Urlaub fahren** D: ↗FERIEN: *IN DIE FERIEN FAHREN/GEHEN CH D-süd ›für die Dauer der arbeitsfreien Tage oder Wochen eine Reise unternehmen‹: *Man(n) hat's nicht leicht mit seinen Kindern – schon gar nicht, wenn man als geschiedener Vater mit der 14-jährigen Tochter auf die Bahamas auf Urlaub fährt* (Tele 44/1997, 27; A); *Er durfte mit seinen Kindern eine Woche lang in den Urlaub fahren – eine Woche wieder Vater sein* (Spiegel 17. 11. 1997, 107; D); ***auf Urlaub sein** A; ***im Urlaub sein** D: ↗FERIEN: *IN [DEN] FERIEN SEIN CH D-süd ›die arbeitsfreien Tage oder Wochen außerhalb des eigenen Wohnortes verbringen‹: *Auf Urlaub war sie gewesen, die Frau Inspektor* (Frank, Kommissar 79; A); *Der Bürgermeisterkandidat ist im Urlaub* (Siegburgpartei, 1999, Internet; D); ***wie eine Leiche auf Urlaub aussehen** D siehe Leiche. **3.** CH (Militär) ›Erlaubnis, sich vom Truppenstandort zu entfernen‹: *Ich bin nach dem Wochenendurlaub nicht mehr in die RS/den WK eingerückt* (Beratungsstelle für Militärverweigerung und Zivildienst 1999, Internet). **4.** CH ›ausserordentliche Dienstbefreiung eines Arbeitnehmers bzw. einer Arbeitnehmerin‹: *Bei Urlaub wird der Ferienanspruch für jeden vollen Monat um ein Zwölftel gekürzt* (Kanton AG, 1999, Internet). **5.** ***unbezahlte Urlaub** D; ↗KARENZ A, ↗KARENZURLAUB A ›Freistellung für eine bestimmte Frist, ohne Zahlung des Lohns und ohne Auflösung des Arbeitsverhältnisses‹: *Auf Antrag kann unbezahlter Urlaub gewährt werden, soweit die dienstlichen Belange dies zulassen* (Universität Tübingen, 2003, Internet) – Zu 1.: **Auslandsurlaub** (↗Auslands-), **Erholungsurlaub,** ↗**Urlaubsbeihilfe** A, ↗**Urlaubsgeld, Urlaubskrankenschein** (↗Krankenschein) A, ↗**Urlaubssperre, Urlaubstag,** ↗**Urlaubsvertretung,** ↗**Urlaubszuschuss** A. Zu 2.: **Familienurlaub, Osterurlaub, Skiurlaub, Sommerurlaub, Strandurlaub, Urlaubsland, Urlaubsort, Urlaubsreise, Urlaubsverkehr, Urlaubszeit.** Zu 1. und 2.: ↗**Urlauber(in),** ↗**urlauben** A. Zu 4.: ↗**Bildungsurlaub** CH D, ↗**Erziehungsurlaub** D, ↗**Mutterschaftsurlaub,** ↗**Schwangerschaftsurlaub** CH D, ↗**Weiterbildungsurlaub**

urlauben A sw.V./hat: ›↗Urlaub machen; an einem bestimmten Ort seinen ↗Urlaub verbringen‹: *Ob man nun im Nobel-Hotel in der Stadt oder auf dem Campingplatz in der Wildnis urlaubt: Die gewohnten Dauermedikamente sollten immer in ausreichender Menge dabei sein* (NÖN 22. 6. 1998, 20) – In D selten und ein Grenzfall des Standards

Urlauber Urlauberin A D der; -s, – bzw. die; –, -nen: ›Person, die ↗Urlaub macht; Feriengast‹: *Botschafter raten Urlaubern von Reisen nach Colombo ab* (SN 20. 10. 1997, 6; A); *Sofort greifbare Informationen für den Urlauber auf Reisen* (Tier 9/1996, 50; D) – Dazu: **Häfenurlauber(in)** (↗Häfen) A, **Skiurlauber(in), Urlaubergruppe**

Urlaubsbeihilfe A die; –, -n: ↗GEHALT: *VIERZEHNTE GEHALT A, ↗URLAUBSZUSCHUSS A, ↗VIERZEHNTE A, ↗URLAUBSGELD A D, ↗FERIENGELD CH BELG ›meist Mitte des Jahres oder zu Beginn des ↗Urlaubs ausgezahlte zusätzliche Vergütung zum Lohn in der Höhe eines Bruttomonatslohns, der aber besonders versteuert wird‹: *Bei Antritt des Urlaubs, spätestens jedoch am 1. Juli, gebührt den Angestellten eine Urlaubsbeihilfe in der Höhe eines Monatsgehaltes* (Kollektivvertrag für Angestellte bei Ärzten, 1999, Internet)

Urlaubsgeld A D das; -(e)s, -er: ↗GEHALT: *VIERZEHNTE GEHALT A, ↗URLAUBSBEIHILFE A, ↗URLAUBSZUSCHUSS A, ↗VIERZEHNTE A, ↗FERIENGELD CH BELG ›meist Mitte des Jahres oder zu Beginn des ↗Urlaubs ausgezahlte zusätzliche Vergütung zum Lohn [in A in der Höhe eines Bruttomonatslohns, der aber besonders versteuert wird]‹: *Das Urlaubsgeld schon bekommen? Hoffentlich sind Sie zufrieden damit* (NÖN 22. 6. 1998, 11; A); *Ob Ihnen zusätzlich Urlaubs- und Weihnachtsgeld für 1997 zustehen, das muss sich aus dem für Sie gültigen Tarifvertrag ergeben* (BamS 26. 10. 1997, 86; D)

Urlaubssperre die; –, -n: **1.** A ›Schließung eines Geschäfts, einer Schule o. Ä. während einer bestimmten Zeitspanne zwecks ↗Urlaub‹: *Urlaubssperre macht Löbl keine: »Aber der Sonntag ist heilig. Dann fahren meine Frau und ich aus und essen irgendwo«* (Kurier 10. 2. 1997, 10). **2.** A D ›Verbot für Mitarbeiter(innen), während einer bestimmten Zeitspanne ↗Urlaub zu nehmen‹: *Der Frühling naht und für die Mitarbeiter der Standesämter beginnt die Zeit der Urlaubssperre* (Welser Rundschau 19. 3. 1998, 5; A); *Im Einzelhandel und in den Banken gilt wegen der Euroeinführung im Januar und Februar 2002 Urlaubssperre* (TAZ 20. 8. 2001, Internet; D) – Zu 1 vgl. Sperre

Urlaubsvertretung A D die; –, -en: ↗ FERIENABLÖSUNG CH ›Person, die eine andere Person während deren ↗ Urlaub [am Arbeitsplatz] vertritt‹: *Kamenko B. betreut als Einziger die hochgiftigen Grünen Mambas – Urlaubsvertretung hat er keine* (Kurier 19. 11. 1999, 11; A); *Wer zukünftig eine Urlaubsvertretung ... sucht, kann sich von uns die Liste derjenigen geben lassen, die zur Übernahme solcher Vertretungen bereit sind* (Rechtsanwaltskammer Hamburg, 1999, Internet; D)

Urlaubszuschuss A der; -es, ...zuschüsse (formell): ↗ GEHALT: *VIERZEHNTE GEHALT A, ↗ URLAUBSBEIHILFE A, ↗ VIERZEHNTE A, ↗ URLAUBSGELD A D, ↗ FERIENGELD CH BELG ›meist Mitte des Jahres oder zu Beginn des ↗ Urlaubs ausgezahlte zusätzliche Vergütung zum Lohn in der Höhe eines Bruttomonatslohns, der aber besonders versteuert wird‹: *Neben dem gesetzlichen Urlaubsentgelt erhalten alle Arbeitnehmer einmal im Dienstjahr einen Urlaubszuschuss im Ausmaß eines Monatsverdienstes* (Rahmenvertrag Chemiearbeiter 15. 1. 1987, Internet) – Vgl. Zuschuss

Urnengang CH der; -(e)s, ...gänge: ›Wahl durch Stimmabgabe; Volksabstimmung‹: *Das Geplänkel zeigt, wie nervös die Parteien drei Wochen vor dem Urnengang sind, in welch gehässiger Atmosphäre der Wahlkampf sich teilweise abspielt* (Blick 1. 10. 1999, 10) – In A und D selten

Urner CH: **1. Urner Urnerin** der; -s, – bzw. die; –, -nen: ›Person, die aus dem ↗ Kanton Uri stammt oder dort wohnt‹: *Bei der Grenzziehung am Klausen hatten die Urner ... mehr Glück bei den Glarnern als hier bei den Tessinern* (Schmidt, Wanderung 67). **2.** indekl. Adj.: ›aus dem ↗ Kanton Uri stammend, zu Uri gehörend‹: *»Um die Expo zu retten, braucht es jetzt ... Organisation, genaue Kostenkontrolle, geordnete Abläufe«, sagte Franz S., Urner FDP-Nationalrat* (Bund 31. 12. 1999, Internet) – Dazu: **urnerisch, Urnerland, Urnersee** (↗ See)

Urs CH: ⟨Stadtheiliger von Solothurn, der dort um 302 hingerichtet wurde⟩: männl. Vorname: *Es schien doch etwas dran zu sein an dem neuen Glauben. Dessen ungeachtet liess der Stadtobere Urs und Viktor auf der Brücke köpfen* (Stadt Solothurn, 2001, Internet) – In D selten. Wird regional unterschiedlich mit Kurz- oder Langvokal ausgesprochen

Urschel A D-südost die; –, -n ⟨eigtl. Koseform des weibl. Vornamens *Ursula*⟩ (Grenzfall des Standards): ↗ PUTE: *DUMME PUTE D (ohne südost) ›törichte, unbeholfene, dumme Frau‹: *Und Roseanne, die Schauspielerin, ist im wirklichen Leben eine ziemliche Urschel* (Kurier 22. 1. 1996, 31; A) – Auch in der Form *Urschl*

Urschl siehe Urschel

Urschweiz CH die; –, ohne Plur.: ›historischer Kern der Schweiz, der die ↗ Kantone Uri, Schwyz und Unterwalden umfasst‹: *Peter M. hat in der Urschweiz die Originaltöne der SVP gefunden* (Bund 5. 10. 1999, 34) – Vgl. Innerschweiz, Ort, Urkanton, Waldstatt, Zentralschweiz – Dazu: **Urschweizer(in), urschweizerisch**

Ursi CH: ↗ ULLA D Kurzform des weibl. Vornamens *Ursula: Ursi verschwand in der Toilette. Zurück kam sie mit einem Wasserfleck auf dem Rock* (Dinkel, Bedürfnis 145) – Wird auf der ersten Silbe betont, regional unterschiedlich mit Kurz- oder Langvokal. Die Kurzform *Uschi* ist gemeindt.

Ursina CH: weibl. Vorname: *Die Bernerin Ursina G., Titelverteidigerin in fünf Kategorien, zählte an der Schweizer Meisterschaft zu den grossen Abwesenden* (Bund 24. 8. 1999, 37)

Usance A D die; –, -n [y'zã:s] ⟨frz.⟩: ↗ USANZ CH ›Brauch, Gepflogenheit; Usus‹: *Diese Usance wird sich mit der Ausgliederung aus der Hoheitsverwaltung ändern, denn fortan gilt die Regel »wer anschafft, der zahlt«* (Wiener Ztg 5./6. 5. 2000, 12; A); *Was wäre leichter für die protokollbewussten Briten gewesen, dem ... russischen Apparat zu signalisieren, dass ... die Usance eines Staatsbesuchs, Audienz bei der Königin, nicht befolgt werden könne?* (Welt 19. 4. 2000, Internet; D) – In D gehoben

Usanz CH die; –, -en: ↗ USANCE A D ›Brauch, Gepflogenheit; Usus‹: *Es ist Usanz, bei grossen tragischen Ereignissen die Lücken zwischen den Nachrichtenblöcken mit Musik zu füllen; da macht man sicher nichts falsch* (Blick 4. 9. 1998, 36) – Dazu: **usanzgemäss**

USt. siehe Umsatzsteuer

Usus (gemeindt.): ↗ USANCE, ↗ USANZ

Ute D ⟨bekannt durch das Nibelungenlied⟩: weibl. Vorname: *Ute V. will Bildungspolitik thematisieren* (Welt 23. 5. 2000, Internet) – In A selten

Uwe D: männl. Vorname: *Dies muss auch unterschiedliche Herangehensweisen an die ... Gesundheitsförderung nach sich ziehen, bilanziert der Untersuchungsleiter Uwe S.* (Psychologie 12/1997, 42)

V

valabel CH Adj.: ›annehmbar, brauchbar‹: *Als valabel bezeichnete der SMV grundsätzlich den Vorschlag des Bundesrates, die Mieten statt an den Hypothekarzins an die Teuerung anzupassen* (TA 29. 5. 1999, 6)

Vanillekipferl A das; -s, -n [va'nɪlə...]: ›kleines, süßes Haselnuss- oder Mandelgebäck in Form eines ↗Kipferls, das mit Vanillezucker bestreut wird‹: *Powidltascherl, Marillenknödel, Vanillekipferl: Die meisten Kinder haben ein Faible für diese süßen Köstlichkeiten* (Presse 9. 4. 1999, Internet)

Vanilleschote (gemeindt.): ↗VANILLESTANGE, ↗VANILLESTÄNGEL

Vanillestange D die; –, -n [va'nɪli̯ə..., va'nɪlə...]: ↗VANILLESTÄNGEL CH ›als Gewürz verwendete, getrocknete, längliche, dunkle Frucht der Vanille; Vanilleschote‹: *Vanillestangen der Länge nach aufschneiden und das Mark herauskratzen* (WDR, 1998, Internet) – In CH selten

Vanillestängel CH der; -s, – ['vanil...]: ↗VANILLESTANGE D ›als Gewürz verwendete, getrocknete, längliche, dunkle Frucht der Vanille; Vanilleschote‹: *Das künstliche Vanillin ... hat den Vanillestängel fast vom Markt geschwemmt, weil es viel billiger ist* (Sonntagsztg 24. 5. 1998, 127)

Varia CH die; nur Plur.: ↗ALLFÄLLIGE A CH ›eventuell Vorkommendes (meist als letzter Punkt einer ↗Tagesordnung bzw. ↗Traktandenliste); Verschiedenes‹: *Unter Varia machte Gemeinderat Heinz F. darauf aufmerksam, dass ... die Abwassergebühren massiv steigen werden* (BaZ 16. 12. 1999, Internet)

Vater (gemeindt.): ↗ÄTTI, ↗DATI

Vatertag der; -(e)s, -e: **1.** A ›zu Ehren der Väter begangener Familientag (als Entsprechung zum Muttertag)‹: *Als erster Schwerpunkt drängt sich eine Kampagne gegen die stiefmütterliche Behandlung des Vatertages auf* (OÖN 27. 2. 2001). **2.** D ›von Männergruppen zum [feuchtfröhlichen] Feiern genutzter Tag‹: *Christi Himmelfahrt, ein Feiertag, den man besser unter dem Begriff Vatertag kennt* (Woche 29. 9. 2000, Internet) – In A immer an einem Sonntag im Juni, in D immer an Christi ↗Himmelfahrt

Vegetarier (gemeindt.): ↗VEGI

Vegi- CH ['fegi, 'feːgi, 'vegi, 'veːgi] (produktiver Wortbestandteil in Zus.): ›Vegetarisches betreffend‹, z. B. Vegiburger, Vegi-Gericht, Vegi-Kochbuch, Vegi-Mac, Vegi-Menü, Vegi-Ravioli, Vegiteller: *Der Tagesteller kostet 26.50 Fr., das Vegi-Menü 27.50 Fr.* (Blick 3. 8. 1998, 6); *Auch im Vegi-Burger stecken massig Kalorien* (PulsTip 19. 9. 1997, 7) – Mit Bindestrich oder in einem Wort geschrieben. Vgl. Vegi

Vegi CH der; -s, -s bzw. die; –, -s ['fegi, 'feːgi, 'vegi, 'veːgi] (Grenzfall des Standards, Kurzwort): ›Vegetarier(in)‹: *Speck esse ich, obwohl ich sonst Vegi bin* (Bund 19. 11. 1999, 8) – Vgl. Vegi-

Velo CH das; -s, -s ['velo, 'veːlo] ⟨aus frz. *vélocipède*, zu lat. *velox* ›schnell‹ und *pes* ›Fuss‹⟩: ↗RAD A D, ↗RADL A D-südost, ↗STAHLROSS CH D ›Fahrrad‹: *Inzwischen hat die Mutter das Kind mit dem Velo zur Schule gebracht* (P.M., Olten 40); ***Velo fahren:** ↗RAD: *RAD FAHREN A D, ↗RADELN A D-süd, ↗PEDALEN CH ›Fahrrad fahren‹: *Velo fahren auf Jersey ist nicht lebensgefährlich, sondern echtes Vergnügen* (TA Reisen, 2000, Internet); ***Velos und Motos** ›Fahrräder und Motorräder‹ /Firmen- und Branchenbezeichnung/: *B. R. – Velos und Motos – Burgfelderstrasse 160 – 4055 Basel* (Die Gelben Seiten, 2003, Internet) – Dazu: **Damenvelo, Herrenvelo, Kindervelo, ↗Nasenvelo, Rennvelo, Stadtvelo, Veloanhänger, Veloatelier, ↗Velofahrende, ↗Velofahrer(in), Velofahrt, Veloferien** (↗Ferien), **Velogeschäft, Velohändler, Velokarte, Velokeller, ↗Velokurier, Veloladen, ↗Velomech, ↗Velomechaniker(in), Velomiete, Velopneu, ↗Velopumpe, Veloraum, Velorennen, Veloständer, Velostreifen, Veloträger, ↗Velounterstand, Veloverkehr, Veloverlad** (↗Verlad), **Velovermietung, velowandern, Veloweg, Velowerkstatt**

Velofahrende CH der/die; -n, -n ['velo..., 'veːlo...]: ↗RADLER A D-südost, ↗RADLFAHRER A D-südost, ↗VELOFAHRER CH ›Fahrradfahrer(in)‹: *In der Stadt Bern sollen Spiegel an Lichtsignalanlagen die Unfallrisiken zwischen Lastwagen und Velofahrenden mindern* (Bund 1. 12. 1999, 1) – Vgl. Velo

Velofahrer Velofahrerin CH der; -s, – bzw. die; –, -nen ['velo..., 'veːlo...]: ↗RADLER A D-südost, ↗RADLFAHRER A D-südost, ↗VELOFAHRENDE CH ›Fahrradfahrer(in)‹: *Und immer wieder strampeln*

schwitzende Velofahrerinnen vorbei: Sie nehmen an einer Passfahrt teil, die vom Touring Club der Schweiz organisiert wird (P.M., Olten 3) – Vgl. Velo

Velokurier CH der; -s, -e ['velo..., 've:lo...]: **1. Velokurier Velokurierin** der; -s, -e bzw. die; –, -nen: ↗FAHRRADBOTE A D, ↗FAHRRADKURIER D ›Person, die berufsmässig Botengänge mit dem ↗Velo erledigt‹: *Der gebürtige Schwamendinger arbeitete einst als Velokurier und Fotomodell* (Schweizer Familie 20. 5. 1999, 30). **2.** ›Firma, die Botengänge mit dem ↗Velo erledigt‹: *Zurzeit arbeiten zehn Fahrerinnen und Fahrer für den Velokurier, rund die Hälfte davon Vollzeit* (Bieler Tagbl 11. 2. 1999, Internet) – Zu 1.: In A zunehmend gebräuchlich – Zu 2.: **Velokurierdienst**

Velomech CH der; -s, -s (salopp) ['velo..., 've:lo...]: kurz für ↗*Velomechaniker(in)*: ↗ZWEIRADMECHANIKER D ›Fahrradmechaniker(in)‹: *Nachdem ich fast den ganzen Morgen an meinem Renner herumgebastelt habe, habe ich ihn entnervt dem Velomech gebracht* (Rolf Järmann, Tagebuch, 1997, Internet) – Eine weibliche Form ist nicht gebräuchlich. Vgl. Automech

Velomechaniker Velomechanikerin CH der; -s, – bzw. die; –, -nen ['velo..., 've:lo...]: ↗ZWEIRADMECHANIKER D ›Fahrradmechaniker(in)‹: *Als gelernter Velomechaniker ... brachte er einige Erfahrung aus der Velobranche mit* (Bund 3. 8. 1999, 11) – Vgl. Velo, Velomech

Velopumpe CH die; –, -n ['velo..., 've:lo...]: ↗LUFTPUMPE A D ›Fahrradpumpe‹: *»Der Veloraum und die Velopumpe sind bereit«, freut sich der Hotelbesitzer optimistisch auf zukünftige Stahlrossgäste* (Oberhasler, 1998, Internet) – Vgl. Velo

Velounterstand CH der; -(e)s, ...stände ['velo..., 've:lo...]: ›überdachter Platz zum Unterstellen von ↗Velos‹: *Für die Benützer des Ortsbusses ist ein Velounterstand vorgesehen, damit das wilde Parkieren aufhört* (Bund 1. 11. 1999, 19)

verabsäumen A D (ohne südwest) LIE sw.V./hat: ›(etw., wozu man verpflichtet oder in der Lage gewesen wäre) versäumen‹: *Du verabsäumst jedes Mal mindestens eine Kleinigkeit, hättest dies und das hinterlassen können* (Werner, Wien 16; A); *Die Vertreter dieser Position haben es bislang verabsäumt, die ... Frage zu beantworten, welche Natur es denn nun tatsächlich zu schützen gilt* (Parlament 47/2001, Internet; D); *Leider haben wir es verabsäumt, in der ersten Halbzeit höher in Führung zu gehen* (Liechtensteiner Fussballverband, 2002, Internet; LIE)

Verabschiedung A die; –, -en (evang. Kirche): ↗ABDANKUNG CH ›Trauerfeier‹: *Der Trauergottesdienst findet am Freitag ... in der Guthirtenkirche statt, anschließend Verabschiedung auf dem Friedhof Hasenfeld* (VN 29. 10. 1997, B 2) – Das Wort *Verabschiedung* wird in der katholischen Kirche nur bei Feuerbestattungen gebraucht. Andere Bedeutungen sind gemeindt.

veralbern D (ohne südost) sw.V./hat: ↗SCHMÄH: *JMDN. AM SCHMÄH HALTEN A, ↗PFLANZEN A D-südost, ↗SEIL: *JMDN. AM SEIL HERUNTERLASSEN/HERABLASSEN CH, ↗ANFÜHREN D, ↗VERÄPPELN D, ↗VERHOHNEPIPELN D, ↗VERGACKEIERN D (ohne mittelost/südost) ›jmdn. zum Narren halten; verspotten, hochnehmen‹: *Mit einer taktischen Meisterleistung verprügelte er Holyfield erbarmungslos, konnte sich leisten, den Bezwinger von Mike Tyson am Schluss sogar zu veralbern* (Welt 15. 3. 1999, Internet) – Vgl. albern, ankohlen, verkohlen

veranlagen A sw.V./hat (Wirtschaft): ›(Geld) anlegen‹: *Und wenn die Versicherung mein Geld auch noch gut veranlagt, dann bekomme ich sogar noch eine ordentliche Gewinnbeteiligung und einen Bonus* (ORF Nachlese 11/1997, 7) – Die Bedeutung ›Steuerschuld ermitteln‹ ist gemeindt. – Dazu: **Veranlagung, Veranlagungsbereich, Veranlagungsexperte (...expertin)**

Veranlagungszeitraum A D der; -(e)s, ...räume: ↗STEUERPERIODE CH STIR ›Zeitraum, der zur Bemessung der Steuerschuld herangezogen wird (in A ein Kalenderjahr, in D ein oder zwei Kalenderjahre)‹: *Ein Antrag auf Veranlagung ist innerhalb von 5 Jahren ab Ende des Veranlagungszeitraumes mit dem Formular L 1 beim Wohnsitzfinanzamt zu stellen* (OÖN 15. 1. 1998, 13; A); *Die am Schluss eines Veranlagungszeitraums verbleibenden negativen Einkünfte sind gesondert festzustellen* (Einkommenssteuergesetz, 1997, Internet; D)

veräppeln D sw.V./hat (Grenzfall des Standards): ↗SCHMÄH: *JMDN. AM SCHMÄH HALTEN A, ↗PFLANZEN A D-südost, ↗SEIL: *JMDN. AM SEIL HERUNTERLASSEN/HERABLASSEN CH, ↗ANFÜHREN D, ↗VERHOHNEPIPELN D, ↗VERALBERN D (ohne südost), ↗VERGACKEIERN D (ohne mittelost/südost) ›jmdn. zum Narren halten; verspotten, hochnehmen‹: *Sagen Sie: wollen Sie mich veräppeln oder provozieren?* (Rinser, Bruder Feuer 53) – Vgl. ankohlen, verkohlen

verärgern (gemeindt.): ↗VERGRÄTZEN

verbarrikadieren (gemeindt.): ↗VERMACHEN, ↗VERRAMMELN

verbauen A sw.V./hat: **1.** ›besiedeln, bebauen‹: *Nur ein Bruchteil der Gesamtfläche wurde verbaut, der Rest blieb Wiese und Parkanlage* (Profil 28. 12. 2000, Internet). **2.** ›in eine gesamte Wand Einbaumöbel einpassen‹: *... die Loggia hat ca. 10 m² und ist komplett verbaut, ein Garagenplatz gehört zur Wohnung* (Firma

Barcelo Immobilien, 2002, Internet) – In D selten. Andere Bedeutungen sind gemeindt. – Zu 1.: ↗**Verbauung.** Zu 2.: ↗**Wandverbau**

Verbauung A die; –, -en: ↗ÜBERBAUUNG CH, ↗BEBAUUNG D ›Erstellen von Gebäuden nach einem Gesamtplan‹: *Die Schrunser Gemeindevertretung hat vorgestern die Verbauung des Bahnhofs-Areals genehmigt* (Neue Vorarlberger Tagesztg 17. 5. 2000, 14) – Vgl. verbauen. Andere Bedeutungen sind gemeindt. – Dazu: **Neuverbauung**

verbeamten D sw.V./hat: ↗DEFINITIV: *JMDN. DEFINITIV STELLEN A, ↗PRAGMATISIEREN A ›jmdn. unkündbar als Beamten bzw. Beamtin anstellen‹: *Schulsenator Klaus B. muss notgedrungen mehr Lehrer als geplant verbeamten* (Welt 16. 11. 2000, Internet) – Dazu: ↗**Verbeamtung**

Verbeamtung D die; –, -en: ↗DEFINITIVSTELLUNG A, ↗PRAGMATISIERUNG A, ↗STAMMROLLE STIR ›unkündbare Anstellung als Beamter bzw. Beamtin‹: *Die vom Berliner Senat … beschlossene Verbeamtung von Ost-Berliner Lehrern ist vom Verwaltungsgericht Berlin vorläufig gestoppt worden* (Welt 29. 11. 1996, Internet) – Vgl. verbeamten

Verbraucher- D STIR (produktives Bestimmungswort in Zus.): ↗KONSUMENTEN- A CH ›den Käufer und das Konsumieren von Waren betreffend‹, z. B. Verbraucherberater(in), Verbraucherberatung, verbraucherfreundlich, Verbraucherinformation, Verbraucherinteressen, Verbrauchermagazin, Verbraucherorganisation, ↗Verbraucherpreisindex A D, Verbraucherschutz, Verbraucherschützer(in), Verbraucherverbände, Verbraucherzentrale: *Die Verbraucherzentralen bieten neben der Beratung auch eine Vielzahl von Ratgebern zu unterschiedlichen Themen an* (Umweltbewusst einkaufen, 1997, 40; D); *Besonders die »Figurella-International GmbH« mit ihren vier Südtiroler Standorten ist den Verbraucherschützern zu einem Begriff geworden* (FF 29. 3. 2001, 37; STIR) – In A nur in bestimmten Zus. und v. a. im Bankwesen verwendet, z. B. Verbraucherbestimmungen, Verbrauchergeschäfte. Vgl. Verbraucher

Verbraucher Verbraucherin D STIR der; -s, – bzw. die; –, -nen: ›Person, die Waren kauft oder Dienstleistungen in Anspruch nimmt; Konsument(in)‹: *Ob die Verbraucher allerdings vom medizinischen Bio-Boom so profitieren wie die … Heilmittelindustrie …, erscheint zunehmend zweifelhafter* (Psychologie 3/1996, 46; D); *Dieses Gütezeichen zum Schutze des Verbrauchers garantiert ein nach den Qualitätsnormen Südtirols hergestelltes Produkt* (Qualitätsprodukte aus Südtirol, 1998, 51; STIR) – Dazu: **Verbraucherpreis,** ↗**Verbraucherschutz, Verbraucherverhalten, Verbraucherzentrale**

Verbraucherpreisindex A D der; -(es), -e/…indices: ↗LANDESINDEX: *LANDESINDEX DER KONSUMENTENPREISE CH, ↗PREISINDEX D ›statistischer Messwert, der die Entwicklung der Lebenshaltungskosten wiedergibt‹: *Während der allgemeine Verbraucherpreisindex 1998 um 0,9 Prozent anstieg, erhöhte sich der Teilindex für Ernährung und Getränke um 1,9 Prozent* (Trend 6/1999, Internet; A); *Wie das Statistische Bundesamt auf der Grundlage des neu berechneten Verbraucherpreisindex für Telefondienstleistungen mitteilt, telefonierten die privaten Haushalte … um 11,5 % billiger* (Statistisches Bundesamt, Pressemitteilung 3. 3. 1999, Internet; D) – Abk. VPI

Verbraucherschutz D STIR der; -es, ohne Plur.: ↗KONSUMENTENSCHUTZ A CH ›Gesamtheit der Institutionen und Maßnahmen, die ↗Verbraucher(innen) vor einer Benachteiligung im Wirtschaftsleben schützen‹: *Laufende Untersuchungen hätten in den letzten Wochen zahlreiche Lücken bei den Kontrollen der Fleischproduktion … ergeben, sagte die für den Verbraucherschutz zuständige … Kommissarin B.* (FAZ 10. 10. 1997, 6; D); *Der zweite Teil des Buches befasst sich mit dem Verbraucherschutz* (Bibliomagazine 4/2001, 16; STIR)

verdanken CH sw.V./hat: ›sich für etw. bedanken‹: *Wir möchten die vielen Geschenke zu unserer Hochzeit vom 12. Juni verdanken* (SI 21. 6. 1999, 88) – Andere Bedeutungen sind gemeindt. – Dazu: ↗**verdankenswert,** ↗**Verdankung**

verdankenswert CH Adj.: ↗DANKENSWERT A D ›Dank verdienend‹: *Immerhin: Jeder Ansatz, jeder Versuch, das Morden auf dem Balkan zu stoppen, ist verdankenswert* (Blick 4. 1. 1995, 2) – Vgl. verdanken, Verdankung – Dazu: **verdankenswerterweise**

Verdankung CH die; –, -en: ›Ausdruck des Dankes‹: *Dort wurde die Gästeschar aus der Schweiz […] durch das Städtchen zum Rathaus geleitet, wo mit Ansprachen und Verdankungen vielleicht der Grundstein für weitere solcher Gedenkveranstaltungen gelegt wurde* (Bund 3. 2. 1997, 28); ***unter Verdankung [der/ihrer/seiner] geleisteter/geleisteten Dienste** /protokollarische Formel bei Rücktritten und Kündigungen/: *Der Gemeinderat hat unter Verdankung der geleisteten Dienste von der Kündigung Daniela K.s Kenntnis genommen; die Stelle wurde bereits zur Wiederbesetzung ausgeschrieben* (St. Galler Tagbl 30. 1. 1999, Internet) – Vgl. verdanken

verderben (gemeindt.): ↗VERGEIGEN, ↗VERNUDELN

Verdienstausfall D der; -(e)s, …fälle: ↗VERDIENSTENTGANG A, ↗ERWERBSAUSFALL CH ›Wegfall oder Einbuße des Einkommens‹: *Der 56-jährige B. hatte den Konzern auf zwölf Millionen Dollar Schadenersatz verklagt und dabei … den erlittenen Verdienstausfall* *geltend gemacht* (WAZ 8. 6. 2001, Internet) – In CH selten

Verdienstentgang A der; -(e)s, ...gänge: ↗ERWERBSAUSFALL CH, ↗VERDIENSTAUSFALL D ›Wegfall oder Einbuße des Einkommens durch bestimmte Umstände, z. B. lange Krankheit‹: *Für Heinz hätte diese Situation einen Verdienstentgang von mehr als 20.000 Schilling bedeutet* (AK aktuell 2/1998, 24)

Verdingbub CH der; -en/-s, -en (früher): ›männliches Kind, das durch die Waisenbehörde bei einer Pflegefamilie gegen geringes Kostgeld untergebracht wird‹: *Der Mann weiss, wovon er spricht. Erst im Kinderheim, später als Verdingbub bei Bauern aufgewachsen, arbeitete sich Eduard B. empor* (Sonntagsztg 6. 4. 1997, 121) – Vgl. Bub, verdingen, Verdingkind

verdingen A CH sw.V./hat (früher): ›ein Kind bei einer Bauernfamilie gegen geringes Kostgeld unterbringen‹: *Frauen werden aus dem regulären Arbeitsmarkt zunehmend ausgegrenzt und verdingen sich als Working Poor* (Standard, 22. 7. 2004, Internet; A); *Mein Brüderchen und ich waren also bei unseren Grosseltern verdingt durch die Armenbehörde* (Wenger, Rosalia 17) – Dazu: ↗**Verdingbub** CH, ↗**Verdingkind** CH

Verdingkind CH das; -(e)s, -er (früher): ›Kind, das durch die Waisenbehörde bei einer Pflegefamilie gegen geringes Kostgeld untergebracht wird‹: *Genau habe ich erfahren, dass, wenn man Verdingkind ist, jeder, auch der unfeinste Knecht, an ihm die Schuhe abputzen darf, das ganz ungeniert und ungestraft* (Wenger, Rosalia 89) – Vgl. Verdingbub, verdingen

verdrücken sich CH D (ohne südost) sw.V./hat (Grenzfall des Standards): ↗PUTZEN A, ↗VERTSCHÜSSEN A, ↗HAUS: *SICH ÜBER DIE HÄUSER HAUEN A-ost, ↗SCHLEICHEN A D-süd, ↗VERZUPFEN A D-südost, ↗ZUPFEN A D-südost, ↗ABFAHREN CH, ↗ABSCHLEICHEN CH, ↗LEINE: *LEINE ZIEHEN CH D (ohne südost), ↗VERDUFTEN CH D, ↗VERKRÜMELN CH D (ohne südost), ↗ABSCHIEBEN D, ↗FLIEGE: *DIE/EINE FLIEGE MACHEN D, ↗VERPISSEN D, ↗DÜNNEMACHEN D-nord/mittel, ↗MÜCKE: *[DIE/EINE] MÜCKE MACHEN D-nord/mittel, ↗PLATTE: *DIE PLATTE PUTZEN D (ohne mittelost/südost), ↗TROLLEN D (ohne ost) ›sich entfernen; verschwinden, abhauen‹: *Rechtzeitig erkannte der Firmenchef die nahende Katastrophe und verdrückte sich. Inzwischen wird er per internationalem Haftbefehl gesucht* (Blick 19. 6. 2000, 36; CH); *Daniela, die ihren Teil eines Gebets gesprochen hat, will sich erleichtert vom Mikrofon verdrücken* (Rheinische Post 20. 5. 2000, Internet; D) – In A als fremd empfunden, aber zunehmend gebräuchlich. Andere Bedeutungen sind gemeindt.

verduften CH D sw.V./ist (Grenzfall des Standards): ↗PUTZEN A, ↗VERTSCHÜSSEN A, ↗HAUS: *SICH ÜBER DIE HÄUSER HAUEN A-ost, ↗SCHLEICHEN A D-süd, ↗VERZUPFEN A D-südost, ↗ZUPFEN A D-südost, ↗ABFAHREN CH, ↗ABSCHLEICHEN CH, ↗LEINE: *LEINE ZIEHEN CH D (ohne südost), ↗VERDRÜCKEN CH D (ohne südost), ↗VERKRÜMELN CH D (ohne südost), ↗ABSCHIEBEN D, ↗FLIEGE: *DIE/EINE FLIEGE MACHEN D, ↗VERPISSEN D, ↗DÜNNEMACHEN D-nord/mittel, ↗MÜCKE: *[DIE/EINE] MÜCKE MACHEN D-nord/mittel, ↗PLATTE: *DIE PLATTE PUTZEN D (ohne mittelost/südost), ↗TROLLEN D (ohne ost) ›sich entfernen; verschwinden, abhauen‹: *Die Tierpflegerin aus dem Säuliamt hat ihren Ponys mal kurz tschüss gesagt und ist nach Mallorca verduftet* (Blick 21. 2. 2001, 6; CH); *Vor allem müssen wir jetzt verduften, ehe uns jemand über den Weg läuft* (Burger, Hitler-Jugend 33; D) – Die Bedeutung ›den Duft verlieren‹ ist gemeindt.

vereinbaren (gemeindt.): ↗AKKORDIEREN

Vereinbarung: *nach [telefonischer] Vereinbarung (gemeindt.): ↗ABSPRACHE: *GEMÄSS ABSPRACHE; NACH [TELEFONISCHER] ABSPRACHE

Verfahren: *außerstreitige Verfahren A: ↗AUßERSTREITVERFAHREN A ›zivilgerichtliches Verfahren zur Erledigung bürgerlicher Rechtssachen ohne Prozess‹: *»Wenn das nicht möglich ist ... kann der bisherige Hauptmieter im Hinblick auf die beabsichtigte Veräußerung den zulässigen Hauptmietzins durch ein außerstreitiges Verfahren bestimmen lassen«* (Wiener Wirtschaft 14/2001, 2) – Das Substantiv *Verfahren* ist in allen anderen Verwendungen gemeindt. Vgl. Außerstreitrichter

Verfalldatum CH D das; -s, ...daten: ↗ABLAUFDATUM A, ↗HALTBARKEITSDATUM D ›auf der Verpackung angegebene Frist, bis zu der Lebensmittel oder Medikamente haltbar sein sollen; Verfallsdatum‹: *Ein kurzer Blick auf den Deckel informiert über Inhalt, Abfüllmenge und Verfalldatum* (Salz&Pfeffer 3/1993, 76; CH); *Jedes Arzneimittel und die meisten Verbandmittel tragen auf der Verpackung ein Verfalldatum* (Tiergarten-Apotheke 3. 9. 2002, Internet; D) – In A selten

Verfallsdatum (gemeindt.): ↗ABLAUFDATUM, ↗HALTBARKEITSDATUM, ↗VERFALLDATUM

Verfassungsgerichtshof A der; -(e)s, ohne Plur.: ↗BUNDESVERFASSUNGSGERICHT D ›Gericht des öffentlichen Rechts, das v. a. für die Verfassung tangierende Fragen zuständig ist; eines der drei ↗Höchstgerichte‹: *Durch das Erkenntnis des Verfassungsgerichtshofes ist die Familienpolitik in Österreich wieder in ein Spannungsfeld der politischen Auseinandersetzung geraten* (TT 30. 1. 1998, Beilage 3) – Abk.

VfGH. In CH existiert keine Verfassungsgerichtsbarkeit auf Bundesebene. Vgl. Verfassungsrichter – Dazu: **Verfassungsgerichtshofpräsident(in)**

Verfassungsrichter Verfassungsrichterin A (informell), D der; -s, – bzw. die; –, -nen: ›Richter(in) beim ↗Verfassungsgerichtshof (in Österreich) bzw. beim ↗Bundesverfassungsgericht (in Deutschland)‹: *Jetzt hat der Oberste Gerichtshof die Verfassungsrichter aufgefordert, die umstrittene Gesetzeslage endgültig zu bereinigen* (Wiener Ztg 13. 6. 2002, Internet; A); *Vier männliche Verfassungsrichter hatten dem Urteil zugestimmt, die drei weiblichen an der Entscheidung beteiligten Richterinnen lehnten es ab* (TAZ 12. 7. 2001, Internet; D) – Formell lautet die Bezeichnung in A *Richter(in) des Verfassungsgerichtshofes.* Vgl. Höchstrichter, Verwaltungsrichter

Verfassungsschutz D der; -es, ohne Plur. (informell): ↗STAATSPOLIZEI A, ↗STAPO A, ↗BUNDESPOLIZEI CH ›Behörde zum Schutz des Staats und der Verfassung‹: *Die Organisation, von der ... wirklich eine Gefahr ausgehen könnte und die deshalb vom Verfassungsschutz beobachtet wird, ... wird ... verharmlost* (AZ 19. 6. 1998, 2) – Die formelle Bezeichnung lautet *Bundesamt für Verfassungsschutz*

verfliesen A sw.V./hat: ↗KACHELN A D (ohne nordost), ↗PLÄTTELN CH, ↗FLIESEN D ›(Böden oder Wände) mit Keramikplatten belegen‹: *Der revolutionäre Baustoff lässt sich auch direkt verfliesen und verputzen und dies bei nur halber Montagezeit* (Monatsjournal Tirol 2. 4. 1998, 22) – In D fachsprachlich. Vgl. Fliese

vergaben CH sw.V./hat: ›(gemeinnützigen Institutionen Geld) hinterlassen; schenken‹: *Den verbleibenden Rest vergabte der Verbandsvorstand an vier hilfsbedürftige Organisationen* (NZZ 9. 12. 1993, 50) – Dazu: ↗**Vergabung**

Vergabung CH die; –, -en: ›Schenkung (an gemeinnützige Institutionen); Vermächtnis‹: *Rechnet man die vielen Vergabungen hinzu, die dem Stift seit seiner Gründung im Jahr 1233 zugeflossen sind, so dürfen sich die Tösser Klosterfrauen zu den reichsten Klosterbesitzern der Gegend zählen* (Treichler, Abenteuer Schweiz 58) – Vgl. vergaben

vergackeiern D (ohne mittelost/südost) sw.V./hat (salopp): ↗SCHMÄH: *JMDN. AM SCHMÄH HALTEN A, ↗PFLANZEN A D-südost, ↗SEIL: *JMDN. AM SEIL HERUNTERLASSEN/HERABLASSEN CH, ↗ANFÜHREN D, ↗VERÄPPELN D, ↗VERHOHNEPIPELN D, ↗VERALBERN D (ohne südost) ›jmdn. zum Narren halten; verspotten, hochnehmen‹: *Doch ob sich die Wähler noch einmal so gnadenlos vergackeiern lassen, ist unwahrscheinlich* (Berliner Kurier 27. 4. 2001, Internet) – Vgl. ankohlen, verkohlen

verganden CH sw.V./hat: ›verwildern [lassen] (von Kulturland)‹: *B. befürchtete ..., Touristen könnten aus Angst vor dem Wolf fernbleiben, Alpen könnten verganden, wenn ihre Blumen von den Schafen nicht mehr kurz und klein gefressen würden* (Bund 16. 9. 1999, 35) – Dazu: **Vergandung**

verganten CH sw.V./hat: ›versteigern‹: *Der Gartenbauverein versteigert jeweils im Herbst Gartenerzeugnisse. Diesmal wurden sie im Restaurant Schöntal vergantet* (St. Galler Tagbl 20. 9. 1997, Internet)

vergattern sw.V./hat: **1.** A D (Grenzfall des Standards); ↗VERKNURREN CH ›jmdn. dazu bringen, eine [unangenehme] Handlung auszuführen‹: *Darum vergatterte sie ihren Poldi für den nächsten Abend zu einer kleinen Party* (Semrau, Zimtapfel 37; A); *Das Fixpunkt-Team denkt an ... Leute, die vom Richter zu einer gemeinnützigen Tätigkeit vergattert worden sind* (Berliner Morgenpost 1. 2. 2002, Internet; D). **2.** A (salopp, Grenzfall des Standards, Militär) ›Soldat(inn)en bei Antritt der Wache zu bestimmten Aufgaben verpflichten‹: *Zum Kloputzen wollte sich ein Grundwehrdiener nicht von einem Vizeleutnant vergattern lassen, mit dem er wegen eines Versicherungsvertrages in Streit lag* (OÖN 28. 10. 1999, 21) – Zu 2.: In D veraltet

vergeigen CH D sw.V./hat (Grenzfall des Standards): ↗VERNUDELN A ›etw. unsachgemäß angehen; verderben‹: *Keine Generation dieses Jahrhunderts hat so viele Hoffnungen und Chancen gehabt – und keine so viele vergeigt* (Bund 17. 10. 1998, Z7; CH); *Matthias Z., der ... völlig frei stehend die größte Chance der Partie vergeigte, laboriert mittlerweile an einer Zerrung* (Starnberger Merkur 24. 8. 1998, 32; D)

vergelstern CH sw.V./hat: ›erschrecken; verwirren‹: *Christo trägt wie immer Jeans, eine farblose Windjacke und eine schwarze Hornbrille... Er wirkt unscheinbar und unauffällig, fahrig und vergelstert* (Sonntagsztg 15. 11. 1998, 59)

vergessen st.V./hat.: **1.** A mit Präp. *auf* ›an etw. nicht [rechtzeitig] denken; etw. vergessen‹: *Beim großen Kofferpacken sollte auf eine ordentliche Reiseapotheke nicht vergessen werden* (NÖN 22. 6. 1998, 20). **2.** A mit Präp. *auf* ›sich um jmdn./etw. nicht mehr kümmern‹: *Und der Viktor hat auf die Lina vergessen, und oben in den Bergen, da ist es immer kälter geworden* (Sadler, Kälte 92). **3.** ***vergessen gehen** CH ›in Vergessenheit geraten‹: *Es darf nicht sein, dass die Leiden und Opfer früherer Generationen vergessen gehen* (Jahr der Schweiz 60) – Andere Bedeutungen sind gemeindt.

Vergleichsverfahren D das; -s, – (Recht): ↗AUSGLEICHSVERFAHREN A, ↗NACHLASSVERFAHREN CH ›Verfahren, das bei drohender Zahlungsunfähigkeit eines Schuldners bzw. einer Schuldnerin den

↗Zwangsvergleich zwischen Schuldner(in) und Gläubiger(inne)n regelt, um einen Konkurs zu vermeiden‹: *Durch das Vergleichsverfahren will die Konzernleitung die Sanierung des Unternehmens sicherstellen* (Berlin Chronik 9. 8. 1982, Internet)

Vergnügen (gemeindt.): ↗Gaudee, ↗Gaudi, ↗Hetz, ↗Plausch

Vergnügungssteuer A D die; –, -n: ↗Billettsteuer CH, ↗Unterhaltungssteuer STIR ›Gemeindesteuer auf den Betrieb von Spiel- und Unterhaltungsgeräten‹: *Neben den Abgabenertragsanteilen haben die Gemeinden aber auch noch eigene Steuern, z. B. die Gemeindegewerbesteuer, die Lohnsummensteuer, die Getränkesteuer, die Vergnügungssteuer* (Pfaundler, Jungbürgerbuch 937; A); *Seit im Frühjahr die Vergnügungssteuer erhöht wurde, geht der gesamten Branche Umsatzpotenzial verloren* (Welt 21. 8. 2000, Internet; D)

Vergnügungsviertel (gemeindt.): ↗Kiez

vergrätzen D sw.V./hat (Grenzfall des Standards): ›verärgern‹: *Ein paar Anstandsminuten sind wichtig, damit man die Abfotografierten nicht vergrätzt. Irgend jemand ist immer beleidigt, wenn man nach der Knipserei sofort den Schauplatz verlässt* (Grün, Lawine 74) – Dazu: **vergrätzt**

vergucken sw.V./hat (Grenzfall des Standards): **1.** D (ohne südost); ↗verschauen A D-südost, ↗versehen D-nord/mittelwest ›sich beim Hinsehen irren‹: *Was du, Kopernikus, beobachtest, und was in der Bibel steht, muss deshalb nicht dasselbe sein, weil das Wort Gottes falsch ist, sondern es könnte doch auch sein, dass du dich verguckt hast* (Blinde Kuh 2. 5. 2002, Internet). **2.** sich CH D (ohne südost); ↗verschauen A D-südost ›sich in jmdn. verlieben‹: *Strassenkater O'Malley ... verguckt sich in die hinreissend blauen Augen der Katzendame* (Schweizer Familie 20. 5. 1999, 96; CH); *Was kommt dabei heraus, wenn sich ein Ochse in ein Schaf verguckt?* (Stern 25. 9. 1997, 181; D) – Vgl. gucken

verhabern sich A-ost sw.V./hat (meist in der Verbindung *verhabert sein*, abwertend): ›sich zwecks Aufbau einer Günstlingswirtschaft verbrüdern‹: *Der Teamchef ist verhabert und wienlastig* (Sport Magazin 10/1997, 34) – Vgl. Haberer – Dazu: **Verhaberung**

Verhackert A das; -s, ohne Plur.: ›Brotaufstrich aus klein gehacktem, geräuchertem Schweinefleisch‹: *In der »Selchhüttn« gibt die Kärntner Jausen mit Salami, Schinken, Schinkenspeck, Glundner, Liptauer, Schweinebraten, Bratlfett, Verhackert, usw. den Ton an* (Kleine Ztg 27. 2. 1998, 21) – Ursprünglich eine Spezialität aus der Steiermark und aus Kärnten

verhackstücken sw.V./hat (Grenzfall des Standards): **1.** D (ohne nordost/südost) ›vernichtende Kritik üben; verreißen‹: *Die trotzige Reaktion auf diese Einsicht: Zertrümmerung theatralischer Formen, Verhackstücken der Texte* (Welt 26. 8. 1999, Internet). **2.** D-nordwest/mittel ›beratend besprechen‹: *Was auch immer die Christenfraktion zu verhackstücken hat, Helmut Kohl bleibt in eisiges Schweigen gehüllt* (Berliner Ztg 30. 1. 1999, Internet)

Verhältniswahl (gemeindt.): ↗Proporzwahl

Verhältniswahlsystem (gemeindt.): ↗Proporz

Verhältniswort D das; -(e)s, ...wörter: ↗Vorwort A ›Präposition‹: *Wenn vor diesen Satzgliedern ein Verhältniswort (Präposition) steht, spricht man vom nominalen Satzglied mit Präposition* (Universität Essen 23. 1. 2002, Internet) – In CH selten

Verhandler Verhandlerin A der; -s, – bzw. die; –, -nen: ›Person, die Verhandlungen führt; Unterhändler(in), Verhandlungspartner(in)‹: *Unklar ist aber, ob den drei Verhandlern aus Algerien, Argentinien und Schweden Zugang zu Saddam Hussein gewährt wird* (Kurier 5. 11. 1997, 4) – Dazu: **Chefverhandler(in)**

Verhandlungspartner (gemeindt.): ↗Verhandler/Verhandlerin

verhauen D sw.V./hat: ↗herschlagen A, ↗trischacken A-ost, ↗abschlagen CH, ↗Brei: *jmdn. zu Brei schlagen CH D (ohne südost), ↗verklopfen CH D-südwest, ↗vermöbeln CH D, ↗Hucke: *jmdm. die Hucke voll hauen D-nord/mittel, ↗verkloppen D-nord/mittel, ↗vertrimmen D-nord/mittel ›jmdn. schlagen, verdreschen; verprügeln‹: *Zufällig sah er dort einen Bekannten, der ihn angeblich vor zehn Jahren mal verhauen hatte* (WAZ 27. 9. 2000, Internet) – Andere Bedeutungen sind gemeindt. Das 2. Part. lautet in A und D-südost *verhaut*, in CH und D *verhauen*. Vgl. hauen

verhohnepipeln D sw.V./hat (Grenzfall des Standards): ↗Schmäh: *jmdn. am Schmäh halten A, ↗pflanzen A D-südost, ↗Seil: *jmdn. am Seil herunterlassen/herablassen CH, ↗anführen D, ↗veräppeln D, ↗veralbern D (ohne südost), ↗vergackeiern D (ohne mittelost/südost) ›jmdn. zum Narren halten; verspotten, hochnehmen‹: *Die Stadt Kleve aber sollte man nicht zu sehr verhohnepipeln, denn dort wurde ja der Kunstheroe Joseph Beuys geboren* (TAZ 17. 7. 2001, Internet) – Vgl. ankohlen, verkohlen

verhökern CH D (ohne südost) sw.V./hat (Grenzfall des Standards): ↗verscheppern A D-südost, ↗verquanten CH, ↗verkloppen D-nord/mittel, ↗verscheuern D (ohne südost) ›verscherbeln, verkaufen‹: *Marmorsäulen mit zwei Grazien werden für 300 Dollar per Stück verhökert* (Federspiel, Beste Stadt 91; CH); *Ich kam mir bald vor, als würde ich die La-*

denhüter vom alten SDS verhökern (Waldhoff, Grund des Meeres 53; D)

verhühnern CH sw.V./hat (Grenzfall des Standards): **1.** ↗VERSCHUSSELN A, ↗VERWURSTELN A D (ohne nordwest) ›in Unordnung bringen‹: *Angestellte einer Firma liessen Computer von 12 Meter hohem Kran auf die Erde stürzen – weil er regelmässig Daten verhühnerte* (Blick 28. 3. 1994, 73). **2.** ↗VERSCHUSTERN A, ↗VERWURSTELN A, ↗VERSCHUSSELN A D ›verlegen, verlieren, vergessen‹: *Wehe dem Soldaten, der sein Armee-Material verhühnert – der Anpfiff seines Chefs ist ihm gewiss* (Blick 21. 2. 1996, 1)

verkälten sich CH D-süd sw.V./hat: ↗VERKÜHLEN A D-mittelost/süd ›sich eine Erkrankung der Luftwege zuziehen; sich erkälten‹: *Nach der Rückkehr nach Quito in Ecuador war ich zuerst mal verkältet* (Samplezone, 2002, Internet; CH) – Dazu: **Verkältung**

verkaufsoffen D Adj.: ›geöffnet (von Geschäften an Sonn- und Feiertagen)‹: *Samstags sind die Geschäfte nur bis 14 Uhr geöffnet, dafür ist aber der Sonntag verkaufsoffen* (Rhein Ztg 1. 4. 2000, Internet) – In A selten

Verkaufspunkt CH STIR der; -(e)s, -e: ›Verkaufsstelle‹: *Die Urner Regierung bekundet offiziell Interesse für einen Verkaufspunkt des Swatch-Autos »Smart«* (Blick 27. 6. 1995, 4; CH); *Offene Wurst und Fleischwaren finden Sie nur bei Verkaufspunkten mit Feinschmeckerabteilung* (Dolomiten 23. 8. 2001, 16; STIR)

Verkaufsstelle (gemeindt.): ↗VERKAUFSPUNKT

Verkehr: *in Verkehr bringen (gemeindt.): ↗SETZEN: *IN VERKEHR SETZEN

Verkehrsamt das; -(e)s, ...ämter: **1.** A D ›Servicebüro für Touristenbetreuung; Verkehrsverein‹: *Das Verkehrsamt ist die zentrale Drehscheibe des kleinen Ortes Gargellen. Dort werden nicht nur die Weichen für den Tourismus gestellt, sondern auch Gemeindeangelegenheiten beraten* (VN 27. 1. 2000, Heimat/Bludenz 18; A); *Radler und Angler will das Verkehrsamt Donauwörth an Altmühl und Donau locken* (Berliner Ztg 9. 5. 1994, Internet; D). **2.** A (Wien) D; ↗STRASSENVERKEHRSAMT CH STRAßENVERKEHRSAMT D ›Behörde für verkehrsrechtliche Angelegenheiten‹: *Die Wunschkennzeichen werden trotz Privatisierung bei der Behörde (Verkehrsamt oder BH) beantragt* (Kurier 20. 3. 2000, 9; A); *Sie bekamen 50 Mark, mussten dafür beim Verkehrsamt zur Anmeldung der Autos erscheinen* (Welt 19. 6. 1999, Internet; D) – In CH selten. Zu 2.: In A übernimmt in den übrigen ↗Bundesländern die ↗Bezirkshauptmannschaft die Aufgaben des *Verkehrsamtes* – Zu 2.: **Verkehrsamtsdirektor(in)** A, **Verkehrsamtsleiter(in)**

Verkehrskreisel CH D (ohne südost) der; -s, –: ↗RONDELLE CH, ↗KREISEL CH D, ↗KREISELVERKEHR CH D, ↗VERTEILERKREIS D ›kreisförmige Regelung des Verkehrs um eine Verkehrsinsel herum; Kreisverkehr‹: *Ein 87-jähriger Autolenker knallte ungebremst in die Granitblöcke im Zentrum des Verkehrskreisels* (Blick 16. 10. 2000, 8; CH); *Für eine Umgestaltung des Verkehrskreisels an der Rhein- und Neissestraße in Teltow ... fehlt bislang das Geld* (Berliner Ztg 5. 2. 1999, Internet; D)

Verkehrsverein (gemeindt.): ↗VERKEHRSAMT

verklagen (gemeindt.): ↗KLAGEN

verklaren D-nord sw.V./hat (Grenzfall des Standards): ›[mühsam] etw. klar machen, erklären‹: *Die Regierung muss ihren Stil zur Methode verklaren und diese öffentlich bekannt machen* (Bündnis 90/Die Grünen, 1999, Internet)

verklopfen sw.V./hat: **1.** CH; ↗VERSPRUDELN A, ↗QUIRLEN CH D, ↗VERQUIRLEN CH D ›mit einem Mixer oder Handrührgerät kräftig mixen‹: *Die Eier mit der restlichen Milch verklopfen und über das Brot giessen* (Bäckerei Honegger, 1999, Internet). **2.** CH D-südwest (salopp); ↗HERSCHLAGEN A, ↗TRISCHACKEN A-ost, ↗ABSCHLAGEN CH, ↗BREI: *JMDN. ZU BREI SCHLAGEN CH D (ohne südost), ↗VERMÖBELN CH D, ↗VERHAUEN D, ↗HUCKE: *JMDM. DIE HUCKE VOLL HAUEN D-nord/mittel, ↗VERKLOPPEN D-nord/mittel, ↗VERTRIMMEN D-nord/mittel ›jmdn. verprügeln, schlagen; verdreschen‹: *Um sie zu retten, muss Semir auf Geheiss des bösen Gregor Rechtsextreme verklopfen und aus explodierenden Autos hechten* (Blick 23. 2. 2001, 2; CH)

verkloppen D-nord/mittel sw.V./hat (Grenzfall des Standards): **1.** ↗HERSCHLAGEN A, ↗TRISCHACKEN A-ost, ↗ABSCHLAGEN CH, ↗BREI: *JMDN. ZU BREI SCHLAGEN CH D (ohne südost), ↗VERKLOPFEN CH D-südwest, ↗VERMÖBELN CH D, ↗VERHAUEN D, ↗HUCKE: *JMDM. DIE HUCKE VOLL HAUEN D-nord/mittel, ↗VERTRIMMEN D-nord/mittel ›jmdn. schlagen, verdreschen; verprügeln‹: *Glaubst du, du bist der erste, der sie verkloppt hat?* (Wolf, Samstags 65). **2.** ↗VERSCHEPPERN A D-südost, ↗VERQUANTEN CH, ↗VERHÖKERN CH D (ohne südost), ↗VERSCHEUERN D (ohne südost) ›verscherbeln, verkaufen‹: *Was meinst du, Oli, wie viel Kohle würde uns das bringen, wenn wir ihr das Teil klauen und verkloppen?* (Romanwoche 3/2000, 42) – Zu 1 vgl. Kloppe

verknorzt CH Adj. (Grenzfall des Standards): ›in einer einmal angenommenen, inzwischen veralteten Denkweise stur verharrend; unflexibel‹: *Vielleicht ist der schweizerische Umgang mit diesem »Tell« einfach zu verknorzt und zu verfahren, als dass man es bei einer sanften Renovation bewenden lassen darf* (Bund 4. 9. 1999, 7) – Vgl. Knorz

verknurren CH sw.V./hat: **1.** ↗ VERGATTERN A D ›jmdn. dazu bringen, eine bestimmte [unangenehme] Handlung auszuführen‹: *Kann man jemanden dazu verknurren, 20 Std. Religionsunterricht zu geben, obwohl er ein ungeeigneter Lehrer ist?* (Kanton TG, Kath. Kirchenrat, 2002, Internet). **2.** ›(zu einer Strafe) verurteilen‹: *Der ehemalige Kreditchef der SLT war wegen seiner angeblichen Vergehen gegen das Bankengesetz … zu einer Busse von 25 000 Fr. verknurrt worden* (TA 23. 10. 1999, 29)

verkohlen D sw.V./hat (Grenzfall des Standards): ↗ ANKOHLEN D ›jmdm. die Unwahrheit sagen und sich damit [heimlich] über die Person lustig machen‹: *Andreas L., … Arbeiter bei Edelstahl Witten Krefeld, kann das nicht glauben: »Die verkohlen uns doch genauso wie die Kumpel im Bergbau!«* (Welt 26. 3. 1997, Internet)

verkosten A D sw.V./hat: ↗ GUSTIEREN A, ↗ KOSTEN A D, ↗ DEGUSTIEREN CH ›(den Geschmack von Ess- und Trinkbarem) prüfen (bes. von Wein); (Ess- und Trinkbares) probieren‹: *Für die Weinbauern war Martini lange der Tag, an dem der junge Wein verkostet wurde* (Ganze Woche 5. 11. 1997, 19; A); *Deutsche Winzer aus allen bekannten Anbaugebieten lassen ihre Produkte des Jahrgangs 2001 verkosten* (Berliner Morgenpost 12. 1. 2003, Internet; D) – In D meist in der Bedeutung ›Wein probieren‹ gebräuchlich – Dazu: ↗ **Verkostung** A

verköstigen (gemeindt.): ↗ AUSSPEISEN, ↗ BEKÖSTIGEN

Verkostung A die; –, -en: **1.** ›[prüfendes] Probieren von erlesenen, besonderen Speisen und Getränken‹: *… eine gute Rindsuppe köchelt vor sich hin, und Rostbraten in Kräuterpanier wartet auf die Verkostung* (Welt der Frau 6/1996, 33). **2.** ↗ WEINKOST A, ↗ DEGUSTATION A CH, ↗ WEINPROBE D ›Veranstaltung in einem Weinkeller o. Ä., bei der verschiedene Weine und kleine Speisen serviert werden‹: *Bei jedem der folgenden abendlichen Degustationsmenüs … werden pro Speisenfolge zwei unterschiedliche österreichische Spitzenweine zur Verkostung serviert* (Gusto 11/1997, 84) – Zu 2.: In CH und D fachsprachlich. Vgl. verkosten – Zu 2.: **Weinverkostung**

verkratzen (gemeindt.): ↗ VERSCHRAMMEN

verkrümeln sw.V./hat: **1.** CH D (ohne mittelost/südost) ›etw. in ↗ Krümeln verstreuen‹: *Ich ass weiterhin meine Thonsandwiches und ärgerte mich über die Knetmasse, die meine Tochter in die ganze Wohnung verkrümelte* (Das Magazin 13. 6. 1997, 48; CH); *Dazu die für Streusel angegebenen Zutaten miteinander vermischen und mit der Hand auf den Kuchen verkrümeln* (SWR, 2001, Internet; D). **2.** sich CH D (ohne südost) (Grenzfall des Standards); ↗ PUTZEN A, ↗ VERTSCHÜSSEN A, ↗ HAUS: *SICH ÜBER DIE HÄUSER HAUEN A-ost, ↗ SCHLEICHEN A D-süd, ↗ VERZUPFEN A D-südost, ↗ ZUPFEN A D-südost, ↗ ABFAHREN CH, ↗ ABSCHLEICHEN CH, ↗ LEINE: *LEINE ZIEHEN CH D (ohne südost), ↗ VERDRÜCKEN CH D (ohne südost), ↗ VERDUFTEN CH D, ↗ ABSCHIEBEN D, ↗ FLIEGE: *DIE/EINE FLIEGE MACHEN D, ↗ VERPISSEN D, ↗ DÜNNEMACHEN D-nord/mittel, ↗ MÜCKE: *[DIE/EINE] MÜCKE MACHEN D-nord/mittel, ↗ PLATTE: *DIE PLATTE PUTZEN D (ohne mittelost/südost), ↗ TROLLEN D (ohne ost) ›sich unauffällig entfernen; verschwinden, abhauen‹: *Rund 200 blauweissen Fans platzte hinterher jedoch endgültig der Kragen. Während sich die Versager in der Kabine verkrümelten, blockierten die Anhänger den Hinterausgang der Tribüne* (Blick 10. 3. 1997, 19; CH); *Ich hätte mich am liebsten gleich wieder verkrümelt, … aber sie winkte mich und Brigitte zu sich ran und wir mussten uns neben sie setzen* (Bieler, Maria Morzek 10; D) – Zu 1 vgl. krümeln

verkühlen sich A D-mittelost/süd sw.V./hat: ↗ VERKÄLTEN CH D-süd ›sich eine Erkrankung der oberen Luftwege zuziehen; sich erkälten‹: *Er hustet sich noch die Lunge aus dem Hals, dachte die Kinobesitzerin. »Sind Sie verkühlt, Herr Schorsch?«, säuselte Ella zuckersüß* (Kneifl, Vorstellung 241; A) – Dazu: **Verkühlung**

verkutzen sich A sw.V./hat (Grenzfall des Standards): ›etw. beim Schlucken in die Luftröhre bekommen; sich verschlucken‹: *Und mit dem 109 Jahre alten »Dampfer«, dessen greller Pfiff die Besucher so wohlig erschreckt, dass sie sich am Schmalzbrot verkutzen* (OÖN 23. 9. 1999, Internet)

Verlad CH der; -s, ohne Plur.: ↗ VERLADUNG A D ›Verladen‹: *Der Verlad von 1 Million Lastwagen pro Jahr … ist auf der bestehenden Lötschbergachse nicht machbar* (Schweiz. Bundesbehörden, 1997, Internet) – Dazu: ↗ **Autoverlad, Bahnverlad,** ↗ **Selbstverlad, Veloverlad** (↗ Velo)

Verladung A D die; –, -en: ↗ VERLAD CH ›Verladen‹: *Dabei sei der Bahnhof nach wie vor für die Verladung von Nutzholz enorm wichtig für das gesamte Mürztal, betont K.* (Kleine Ztg 9. 9. 1999, Internet; A); *Die Tunnelfahrt dauert ohne Verladung etwa 35 Minuten* (WAZ 8. 4. 2000, Internet; D) – Dazu: ↗ **Autoverladung**

Verlagspostamt A das; -(e)s, …ämter: ›Postamt für den Versand von Zeitungen‹: *Als Verlagspostamt gilt das für den Kunden zuständige Abgabepostamt* (Post, 2002, Internet)

Verlängerte A der; -n, -n (Gastronomie): ›Kaffee, der in der Espressomaschine mit der Wassermenge eines großen und der Kaffeemenge eines kleinen ↗ Braunen zubereitet wird‹: *Sie ging zur Espressomaschine, ließ sich einen Verlängerten runter* (Nöstlinger, Bonsai 97)

Verlassenschaft A die; –, -en: ›Erbschaft, Nachlass, Hinterlassenschaft‹: *Wer auf die Verlassenschaft Anspruch erheben will, hat dies binnen sechs Monaten von heute ab dem Gericht mitzuteilen und sein Erbrecht nachzuweisen* (SN 8. 11. 1997, 31) – In CH veraltet – Dazu: ↗**Verlassenschaftsabhandlung, Verlassenschaftsakt** (↗Akt), ↗**Verlassenschaftsverfahren**

Verlassenschaftsabhandlung A die; –, -en: ↗ERBSCHAFTSVERHANDLUNG A, ↗VERLASSENSCHAFTSVERFAHREN A ›gerichtliches Verfahren, das von Notaren im Auftrag des Gerichts durchgeführt wird, um den rechtmäßigen Erben zu ermitteln und das Erbe zu übergeben‹: *Die Bank verfügt, per Gesetz dazu angehalten, bis zur Verlassenschaftsabhandlung eine Sperre über sämtliche legitimierten Werte* (Trend 2/1996, Internet) – Vgl. Verlassenschaft

Verlassenschaftsverfahren A das; -s, –: ↗ERBSCHAFTSVERHANDLUNG A, ↗VERLASSENSCHAFTSABHANDLUNG A ›gerichtliches Verfahren, das von Notaren im Auftrag des Gerichts durchgeführt wird, um den rechtmäßigen Erben zu ermitteln und das Erbe zu übergeben‹: *Ein Altwarenhändler war bei einem Verlassenschaftsverfahren nach dem Tod einer Frau mit der Räumung ihrer Wohnung in Wien beauftragt worden* (Neue Kronen Ztg 15. 11. 2000, Internet) – Vgl. Verlassenschaft

verlautbaren (gemeindt.): ↗KUNDMACHEN

Verleider CH der; -s, ohne Plur.: ›Überdruss‹: *Abgesehen von der Liebe müssen wir etwas unternehmen, sonst kriegen wir endgültig den Verleider* (Heimann, Lisi 76); ***den Verleider haben/bekommen** siehe haben

verletzungsbedingt (gemeindt.): ↗VERLETZUNGSHALBER

verletzungshalber CH Adv.: ›aufgrund einer Verletzung; verletzungsbedingt‹: *Aus dem Feld der Frauen mussten sich Venus Williams und Monica Seles (beide USA) verletzungshalber zurückziehen* (Bund 15. 1. 2000, 38)

verlochen CH sw.V./hat: **1.** ›vergraben, verscharren‹: *Viele fragen, wie werde ich dann beerdigt? Von einem Gemeindearbeiter einfach verlocht?* (Sonntagsztg 14. 12. 1997, Internet). **2.** ›[durch bauliche Massnahmen] unsichtbar machen; verbergen‹: *Kirchen stehen in der Regel auf einer Anhöhe. Durch das Anheben der Mandacherstrasse wurde das Villiger Kirchlein aber regelrecht »verlocht«* (Brugg online, 2002, Internet). **3.** ↗URASSEN A, ↗VERQUASEN D-nordost ›Geld ohne Gewinn investieren; verschwenden‹: *Ich bin gegen die Expo. Da wurde schon zu viel Steuergeld verlocht* (Blick 15. 9. 1999, 15)

Verlustpunkt CH D der; -(e)s, -e (Sport): ›Minuspunkt bzw. nicht erreichter Pluspunkt bei Bewertungssystemen‹: *Ambri … spürt die Langnauer Tiger im Rücken, die bis auf einen Verlustpunkt zu den Leventinern aufgeschlossen haben* (Sonntagsztg 3. 12. 2000, 50; CH); *Damit steht die Mannschaft von E. H. als einziges Team der Gruppe A ohne Verlustpunkt da* (Welt 16. 12. 1998, Internet; D); ***nach Verlustpunkten** ›nach summierten Minuspunkten (bei ungleicher Anzahl bereits gespielter Wettkämpfe)‹: *Doch jetzt sind die Tessiner nach einem 4:2 auf dem gleichen Eisrink Leader nach Verlustpunkten* (Blick 20. 12. 2000, 19; CH); *Die SG Schorndorf … steht zur Winterpause mit 16:4 Punkten auf dem zweiten Platz, nach Verlustpunkten ist die SG Erster* (Zeitungsverlag Waiblingen 15. 12. 1998, Internet; D) – Dazu: **verlustpunktfrei, verlustpunktlos**

vermachen D-südost sw.V./hat (Grenzfall des Standards): ↗VERRAMMELN D ›mit Riegeln, schweren Gegenständen o. Ä. unzugänglich machen; verbarrikadieren‹: *Weil es ihm nicht gelang, unsere schwer vermachte Tür aufzubekommen* (Graf, Gelächter 480) – In CH dialektal. Die Bedeutung ›vererben‹ ist gemeindt.

vermehren (gemeindt.): ↗ÄUFNEN

Vermicelles CH die; nur Plur. ['vɛrmisel] ⟨aus frz. *vermicelles* zu ital. *vermicelli* ›Würmchen‹⟩: ↗KASTANIENREIS A ›Pürree aus gekochten Kastanien, Zucker und Butter, das durch eine Presse gedrückt und so in eine spaghettiähnliche Form gebracht wird‹: *Vermicelles esse ich nur selten, da ich allgemein nicht viel Süsses esse* (Blick 6. 10. 1999, 17) – Wird häufig mit ↗Meringues und ↗Schlagrahm serviert

Vermisstanzeige CH die; –, -n: ↗ABGÄNGIGKEITSANZEIGE A, ↗VERMISSTENANZEIGE CH D ›Meldung bei der Polizei, dass eine Person vermisst wird‹: *Die Polizei geht von einem Tötungsdelikt aus. Aber sonst ist der Fall völlig rätselhaft: Niemand weiss, wer der tote Bub ist. Es gibt keine Vermisstanzeige* (Blick 30. 9. 1995, 1) – Vgl. Vermisstmeldung

Vermisstenanzeige CH D die; –, -n: ↗ABGÄNGIGKEITSANZEIGE A, ↗VERMISSTANZEIGE CH ›Meldung bei der Polizei, dass eine Person vermisst wird‹: *Als Hugo M. eines Morgens einen Unfall hat und nun zwei besorgte Ehefrauen bei der Polizei für ein und denselben Mann Vermisstenanzeigen aufgeben, gerät der Schlingel in eine Zwickmühle* (Bund 9. 5. 1998, 34; CH); *Ansonsten: der übliche Weg, Polizei, Vermisstenanzeigen, es wird schon etwas geben* (Köpf, Innerfern 22; D) – In A selten. Vgl. Vermisstmeldung

Vermisstmeldung CH die; –, -en: ›Meldung in den Medien über eine vermisste Person‹: *Hunderte von Polizisten suchten nach mir, im Radio wurde eine Ver-*

misstmeldung durchgegeben (Diggelmann, Daniela 33) – Vgl. Vermisstanzeige, Vermisstenanzeige

Vermittler Vermittlerin CH der; -s, – bzw. die; –, -nen: ↗FRIEDENSRICHTER CH D-mittelost, ↗SCHIEDSMANN D ›Person, die kleinere Streitigkeiten schlichten soll, damit es nicht zu einer Gerichtsverhandlung kommt (in den ↗Kantonen AI, AR, GR, SG, SZ, UR)‹: *Der Bezirksgerichtspräsident leitet die Amtsübergabe an Vermittler, an den Obmann der Schlichtungsstelle und an Betreibungsbeamte* (Gerichtsordnung des Kantons SG 19. 4. 1991, Internet) – In A gibt es kein entsprechendes Amt. Andere Bedeutungen sind gemeindt.

vermöbeln CH D sw.V./hat (salopp): ↗HERSCHLAGEN A, ↗TRISCHACKEN A-ost, ↗ABSCHLAGEN CH, ↗BREI: *JMDN. ZU BREI SCHLAGEN CH D (ohne südost), ↗VERKLOPFEN CH D-südwest, ↗VERHAUEN D, ↗HUCKE: *JMDM. DIE HUCKE VOLL HAUEN D-nord/mittel, ↗VERKLOPPEN D-nord/mittel, ↗VERTRIMMEN D-nord/mittel ›jmdn. schlagen, verdreschen; verprügeln‹: *Hat Sie als kleines Mädchen tatsächlich fasziniert, wie ausgewachsene Männer sich vermöbeln?* (NZZ 16. 6. 2002, 103; CH); *Bei »Blaze & Blade« prügeln Sie sich mit einer vierköpfigen Crew, vermöbeln Monster, retten Prinzessinnen und lösen Aufgaben* (Stern 13. 11. 1998, Internet; D)

Vermögenssteuer (gemeindt.): ↗VERMÖGENSTEUER

Vermögensteuer A (formell), D die; –, -n: ›Steuer auf Geld- und Sachvermögen; Vermögenssteuer‹: *Die prompte Bezahlung der Steuer mit einem Bankkredit kann erheblich billiger sein. Vor allem für Steuerschuldner bei Einkommen-, Körperschafts- oder Vermögensteuer* (Kurier 11. 1. 1992, 1; A); *Der DGB will eine Kampagne zur Wiedereinführung der Vermögensteuer starten* (WAZ 21. 8. 1999, Internet; D) – Dazu: **Vermögensteuererklärung**

vermöglich CH Adj.: ›vermögend, wohlhabend‹: *Selbst der vermögliche Adrian von Bubenberg muss widerwillig Geld aufnehmen* (Treichler, Abenteuer Schweiz 109)

vermuren A D-südost sw.V./hat: ›durch abrutschende Massen von Geröll und Schlamm verwüsten‹: *Die Griechin verband Ufer und Kaffs bei jedem Wetter verlässlicher miteinander, als der gewundene und vermurte Strandweg es je vermocht hätte, und vernähte mit ihren Routen die Abgründe des Sees* (Ransmayr, Morbus Kitahara 91; A) – Vgl. Mure

vernadern A sw.V./hat (abwertend, salopp): ›[öffentlich] denunzieren‹: *Auch von der Ankündigung einer eigenen Notrufnummer bei der Polizei zum Vernadern von Randgruppen hat man nie wieder etwas gehört* (Zwanzger 3/1999, 15) – Vgl. Naderer – Dazu: **Vernaderer (...derin), Vernaderung, Vernaderungsjournalismus**

vernehmen D st.V./hat: ↗EINVERNEHMEN A CH ›jmdn. gerichtlich oder polizeilich [in einer ersten Bestandsaufnahme] befragen‹: *Am Samstag scheiterte ein Versuch der Wiesbadener Mordkommission, den selbst von einer Polizeikugel im Kopf getroffenen Schützen im Krankenhaus erstmals zu vernehmen* (Kölnische Rundschau 29. 8. 2000, Internet) – Andere Bedeutungen sind gemeindt. – Dazu: ↗**Vernehmung**

Vernehmlassung CH die; –, -en: kurz für ↗*Vernehmlassungsverfahren:* ↗BEGUTACHTUNG A D ›Stellungnahme von ↗Kantonen, Parteien sowie wirtschaftlichen und politischen Interessengruppen zu einem Gesetzesentwurf‹: *Der erste Entwurf eines umfassenden Umweltschutzgesetzes ist in der Vernehmlassung von verschiedenen mächtigen Lobbies ... bekämpft worden* (Gasche, Bauern 173); ***etw. in die Vernehmlassung geben/schicken** ›das ↗Vernehmlassungsverfahren für etw. beginnen/einleiten‹: *Anfang Juni hat der Bundesrat das Gesetz in die Vernehmlassung geschickt* (Beobachter 19. 9. 1997, 29) – Die Bedeutung ›amtliche Bekanntmachung oder Stellungnahme‹ ist veraltet – Dazu: **Vernehmlassungsantwort, Vernehmlassungsbericht, Vernehmlassungsentwurf, Vernehmlassungsfrist, Vernehmlassungsorgan, Vernehmlassungsvorlage** (↗Vorlage)

Vernehmlassungsverfahren CH das; -s, –: ↗BEGUTACHTUNG A D ›Stellungnahme von ↗Kantonen, Parteien sowie wirtschaftlichen und politischen Interessengruppen zu einem Gesetzesentwurf‹: *Im ... Vernehmlassungsverfahren hatten sich bloss sieben Kantone, der Vorort und der Bauernverband, aber keine einzige Bundesratspartei hinter das Modell gestellt* (TA 20. 8. 1999, 7) – Vgl. Vernehmlassung

Vernehmung D die; –, -en: ↗EINVERNAHME A CH ›gerichtliche oder polizeiliche Befragung‹: *Nach kurzer Beratung beschloss das Gericht, auf eine Vernehmung des Angeklagten zu verzichten* (Rhein-Ztg 2. 2. 1999, Internet) – Vgl. vernehmen – Dazu: **Vernehmungsrichter(in), Zeugenvernehmung**

vernudeln A sw.V./hat (salopp, Grenzfall des Standards): **1.** ›zerknittern‹: *Man könnte aber auch leicht Visitenkarten in Form von Chipkarten realisieren, das wäre endlich einmal eine Visitenkarte, die nicht vernudelt und extrem lange hält* (Firma Brigitte packt & pickt's, 1999, Internet). **2.** (meist im 2. Part.); ↗VERGEIGEN CH D ›unsachgemäß angehen; verderben‹: *Bis jetzt musste ich mit dem Vorwurf leben, dass ich zwei Qualifikationen mehr oder weniger vernudelt hätte* (Sport Magazin 10/1997, 28)

Verpackung (gemeindt.): ↗GEBINDE

verpfründen CH sw.V./hat (Recht): ›jmdm. auf Lebenszeit gegen Vermögen oder einzelne Vermögenswerte Unterhalt und Pflege gewähren‹: *Zwar dürfen*

Unverheiratete nicht beieinander liegen; hingegen ist es durchaus erlaubt, dass eine erkrankte und verpfründete Person den gesunden Ehegatten hierherkommen lässt (Treichler, Abenteuer Schweiz 72) – In D-süd veraltet – Dazu: **Verpfründung**

verpissen sich D sw.V./hat (derb, Grenzfall des Standards): ↗PUTZEN A, ↗VERTSCHÜSSEN A, ↗HAUS: *SICH ÜBER DIE HÄUSER HAUEN A-ost, ↗SCHLEICHEN A D-süd, ↗VERZUPFEN A D-südost, ↗ZUPFEN A D-südost, ↗ABFAHREN CH, ↗ABSCHLEICHEN CH, ↗LEINE: *LEINE ZIEHEN CH D (ohne südost), ↗VERDRÜCKEN CH D (ohne südost), ↗VERDUFTEN CH D, ↗VERKRÜMELN CH D (ohne südost), ↗ABSCHIEBEN D, ↗FLIEGE: *DIE/EINE FLIEGE MACHEN D, ↗DÜNNEMACHEN D-nord/mittel, ↗MÜCKE: *[DIE/EINE] MÜCKE MACHEN D-nord/mittel, ↗PLATTE: *DIE PLATTE PUTZEN D (ohne mittelost/südost), ↗TROLLEN D (ohne ost) ›sich entfernen; verschwinden, abhauen‹ (häufig im Imperativ): *Verpiss dich da!* (Lind, Superweib 55) – Andere Bedeutungen sind gemeindt.

verprügeln (gemeindt.): ↗ABSCHLAGEN, ↗BREI: *JMDN. ZU BREI SCHLAGEN, ↗HERSCHLAGEN, ↗HUCKE *JMDM. DIE HUCKE VOLL HAUEN, ↗TRISCHACKEN, ↗VERHAUEN, ↗VERKLOPFEN, ↗VERKLOPPEN, ↗VERMÖBELN, ↗VERTRIMMEN

verpusten [sich] D-nord sw.V./hat: ↗AUSSCHNAUFEN A CH D-süd ›eine kurze Pause machen, um wieder zu Atem zu kommen; verschnaufen‹: *Sie sorgt dafür, dass wir ein bisschen verpusten können* (Stern 7/2001, Internet) – Vgl. pusten

verquanten CH sw.V./hat (Grenzfall des Standards): ↗VERSCHEPPERN A D-südost, ↗VERHÖKERN CH D (ohne südost), ↗VERKLOPPEN D-nord/mittel, ↗VERSCHEUERN D (ohne südost) ›verscherbeln, verkaufen‹: *Wie jetzt bekannt wurde, soll die Schweizerische Unternehmung für Waffensysteme in Thun sogar Kanonenrohre in die Arabischen Emirate verquanten* (TA 25. 4. 1997, 31)

verquasen D-nordost sw.V./hat: ↗URASSEN A, ↗VERLOCHEN CH ›verschwenden‹: *Wer zuerst seine Burgen verquast hat, hat gewonnen* (Magazin für Sportspiele 28. 3. 2003, Internet)

verquast D-nord/mittelwest Adj.: ›verworren‹: *Präsentiert ein Vorleser allerdings verquastes Seelenleben, regnet's auch geballte Buhs* (Allegra 11/1997, 200)

verquirlen CH D sw.V./hat: ↗VERSPRUDELN A, ↗VERKLOPFEN CH, ↗QUIRLEN CH D ›mit einem Handrührgerät verrühren; mixen‹: *Den sauren Halbrahm mit dem Baumnussöl und Zitronensaft verquirlen und mit Salz, Pfeffer und Nelkenpulver würzen* (TA 10. 12. 1998, 19; CH); *Eier, Milch etwas Salz und Pfeffer verquirlen* (Freundin 19/1997, 162; D) – Vgl. Quirl

verrammeln D sw.V./hat (Grenzfall des Standards): ↗VERMACHEN D-südost ›mit Riegeln, schweren Gegenständen o. Ä. unzugänglich machen; verbarrikadieren‹: *Taschenlampen, Batterien und die Bretter zum Verrammeln der Fenster waren bald ausverkauft* (NRZ 16. 9. 1999, Internet) – In A und CH zunehmend gebräuchlich

verraten (gemeindt.): ↗PETZEN, ↗VERRATSCHEN

verratschen sw.V./hat (Grenzfall des Standards): **1.** A; ↗PETZEN D ›jmdn. bei jmdm. anschwärzen; ein Geheimnis verraten‹: *Andere zu verratschen war ihr Lebenselixier, und so packte Barbara eilfertig das vergessene Klassenbuch, um es dem Lehrer hinterher zutragen und ihm gleichzeitig den neuesten Streich der Buben aus der letzten Reihe zu hinterbringen* (Ebner, Phantom 96). **2.** [sich] A D-südost ›die Zeit [unnütz] mit Reden verbringen‹: *Nach den Nudeln geht Max ins Bett, ich treffe Horst aus Hamburg ... wieder und wir verratschen den ganzen Abend bei mehreren Dosen Bier* (Islandreise, 2000, Internet; A) – Zu 2.: In A nur reflexiv gebraucht, in D-südost mit und ohne *sich.* Vgl. ratschen

verrechnen A CH sw.V./hat: ›einen Geldbetrag für etw. verlangen; etw. in Rechnung stellen‹: *Wechselstuben und Banken verrechnen weiterhin viel zu hohe Wechselgebühren* (Profil 30. 7. 2000, Internet; A); *Das ... Inspektorat für die Baumaler funktioniert ... finanziell selbsttragend. Einnahmen gibt es durch die Gebühren, die den Betrieben für die Kontrollen verrechnet werden* (Südostschweiz 17. 7. 2000, Internet; CH) – Andere Bedeutungen sind gemeindt. – Dazu: **Verrechnung**

Verrechnungssteuer CH die; –, -n: ↗ZINSABSCHLAGSTEUER D ›↗Quellensteuer auf bestimmte Kapitalerträge wie Kapitalzinsen, Lotteriegewinne und Dividenden, die nach der ordentlichen Deklaration in der Steuererklärung zurückbezahlt bzw. mit den regulären Steuerschulden verrechnet wird‹: *Um ihren Vermögenszuwachs vor den Steuerbehörden ihrer Herkunftsländer zu verbergen, verzichten zahlreiche Ausländer auf die Rückforderung der 35 Prozent Verrechnungssteuern auf ihrem Ertrag in der Schweiz* (Sonntagsztg 9. 5. 1999, 5)

verreißen (gemeindt.): ↗VERHACKSTÜCKEN

verrückt (gemeindt.): ↗BEHÄMMERT, ↗BEKLOPPT, ↗BESCHEUERT, ↗DAMISCH, ↗DEPPERT, ↗NARRISCH

Verrücktheit (gemeindt.): ↗MACKE

Versager (gemeindt.): ↗WINDEI

Versand (gemeindt.): ↗AUSSAND

Versatzamt A D-südost das; -(e)s, ...ämter (formell): ↗LEIHANSTALT A, ↗PFANDL A, ↗PFANDLEIHKASSE CH, ↗PFANDHAUS D, ↗LEIHHAUS D (ohne mittelost/südwest), ↗PFANDLEIHE D (ohne nordwest) ›Amt, das Wertgegenstände gegen Geld in Pfand nimmt‹: *Nun wurden keine Zeitungen mehr verkauft, sondern bald Ringe, Uhren und Zigaretten-Etuis aus dem Versatzamte ausgelöst* (Doderer, Strudlhofstiege 89; A) – Vgl. Versatzstück

Versatzstück A das; -(e)s, -e: ›Wertgegenstand, der als Pfand beim ↗Versatzamt deponiert wird‹: *Ein beliebtes Versatzstück: ein vorübergehend abgelegter Ehering* (Kurier 29. 1. 1995, 9) – Andere Bedeutungen sind gemeindt.

versäubern CH sw.V./hat: ›die Notdurft im Freien verrichten (von Hunden)‹: *Versäubert sich der Hund auf öffentlichem oder privatem Gelände, ist der Hundehalter verpflichtet, den Kot seines Tieres aufzunehmen und zu beseitigen* (Gemeinde Freienbach, 2000, Internet) – Die Bedeutung ›mit einer Borte versehen (von Stoff)‹ ist fachsprachlich gemeindt.

versaubeuteln D sw.V./hat (Grenzfall des Standards): ›durch liederlichen Umgang verschmutzen, verderben, verlegen‹: *Seit Wochen ... plagen uns Träume von Silvester-Menüs, ... die wir dann trotz generalstabsmäßig organisierter Küchenarbeit versaubeuteln* (Reutlinger General-Anzeiger 18. 12. 1999, Internet) – Vgl. verschusseln

verschauen sich A D-südost sw.V./hat (Grenzfall des Standards): **1.** ↗VERGUCKEN D (ohne südost), ↗VERSEHEN D-nord/mittelwest ›sich beim Hinsehen irren‹: *Später kam ich drauf, dass ich mich um eine Woche verschaut hatte* (Profil 20. 12. 1998, Internet; A). **2.** ›den Zeitpunkt vergessen und zu spät kommen‹: *Ich hab' mich verschaut, war auf einmal viel zu spät dran* (Kurier 30. 1. 2001, 21; A). **3.** ↗VERGUCKEN CH D (ohne südost) ›sich in jmdn. verlieben‹: *Regina musste mir ... schonend beibringen, dass Sylvia sich in meinen Freund verschaut hatte* (Maxima 3/1998, 34; A) – Vgl. schauen

verscheppern A D-südost sw.V./hat (salopp, Grenzfall des Standards): ↗VERQUANTEN CH, ↗VERHÖKERN CH D (ohne südost), ↗VERKLOPPEN D-nord/mittel, ↗VERSCHEUERN D (ohne südost) ›etw. besonders billig oder unter seinem Wert verkaufen; verscherbeln, verschleudern‹: *Wie kann man ein österreichisches Parade-Unternehmen ans Ausland verscheppern?* (Kurier 18. 5. 1997, 7; A)

verscherbeln (gemeindt.): ↗VERHÖKERN, ↗VERKLOPPEN, ↗VERQUANTEN, ↗VERSCHEPPERN, ↗VERSCHEUERN

verscheuern D (ohne südost) sw.V./hat (Grenzfall des Standards): ↗VERSCHEPPERN A D-südost, ↗VERQUANTEN CH, ↗VERHÖKERN CH D (ohne südost), ↗VERKLOPPEN D-nord/mittel ›verscherbeln, verkaufen‹: *Die klauen doch die Dinger nicht für sich selber, die verscheuern sie doch an Hehler* (-ky, Sonst ist es aus mit dir! 17)

Verschiebedatum CH das; -s, ...daten: ↗ERSATZTERMIN A D ›festgelegter Zeitpunkt, an dem Veranstaltungen [wegen schlechter Witterung] ersatzweise stattfinden können‹: *Bauernpferderennen in Schwarzenburg, Sonntag, 1. Oktober (Verschiebedatum 8. Oktober)* (Bund 26. 9. 1995, 29) – Auch in der Form *Verschiebungsdatum* gebräuchlich

Verschiebungsdatum siehe Verschiebedatum

Verschiedene (gemeindt.): ↗ALLFÄLLIGE, ↗VARIA

verschießen D st.V./ist: ↗ABSCHIESSEN CH ABSCHIEßEN D-südwest ›die Farbe verlieren; [aus]bleichen (von Stoffen)‹: *Ihre Klamotten sind verschossen, viele besitzen nur das, was sie bei ihrer Verhaftung am Körper trugen* (Vernetzung gegen Abschiebehaft, 1995, Internet)

verschlabbern D-südwest sw.V./hat (Grenzfall des Standards): ↗ANPATZEN A D-südost, ↗BEKLECKERN CH D-nord/mittel, ↗BESUDELN CH D-nord/mittel, ↗BESCHLABBERN D-nord/mittel ›mit Nahrungsmitteln, Farbe etc. beschmutzen‹: *Jeder, der sich am Arbeitsplatz erfrischt, hat auch schon mal etwas verschlabbert* (3Sat 11. 9. 2000, Internet)

Verschleiß A der; -es, -e (formell): ›[Klein]verkauf, Vertrieb‹: *Unternehmensgegenstand: Herausgabe und Verschleiß von periodischen pharmazeutischen Zeitschriften und pharmazeutischen Drucksorten* (Apotheke 1/1998, 30) – Das Verb *verschleißen* in der Bedeutung ›etw. im [Klein]handel verkaufen‹ ist veraltet. Andere Bedeutungen sind gemeindt. In den gemeindt. Verwendungen ist der Plural selten – Dazu: **Tabakverschleiß, ↗Verschleißer(in), Verschleißstelle, Zeitungsverschleiß, Zeitungsverschleißer(in)**

Verschleißer Verschleißerin A der; -s, – bzw. die; –, -nen (formell): ›Kleinhändler(in)‹: *Dass die Justiz empfindlich reagiert, spricht dafür, dass der Pullover-Verschleißer einen wunden Punkt getroffen hat* (Profil 20. 2. 2000, Internet) – Vgl. Verschleiß – Dazu: **Tabakverschleißer(in), Zeitungsverschleißer(in)**

verschließen (gemeindt.): ↗ABSPERREN, ↗ABSCHLIEßEN/ABSCHLIESSEN, ↗VERSPERREN, ↗ZUSCHLIEßEN, ↗ZUSPERREN

verschlucken sich (gemeindt.): ↗VERKUTZEN

verschnaufen (gemeindt.): ↗AUSSCHNAUFEN, ↗VERPUSTEN

verschrammen D (ohne mittelost/südost) sw.V./hat: ›durch Kratzer beschädigen bzw. beschädigt werden; verkratzen‹: *Der lackierte Stoßfänger kann allerdings leicht verschrammen* (WDR 18. 11. 1997, Internet)

Verschub A der; -(e)s, ...schübe (Eisenbahn): ›Verschieben, Rangieren von Wagen‹: *Sollte es in den kommenden Tagen keine Einigung mit dem ÖBB-Management geben, sei ... mit Unregelmäßigkeiten auch im unbegleiteten kombinierten Verkehr, im Verschub und ... im Personenverkehr zu rechnen* (Standard 15. 12. 1999, Internet) – Dazu: **Verschubbahnhof, Verschubfahrt, Verschubgarnitur** (↗Garnitur), **Verschubgelände, Verschubgleis, Verschublokomotive**

verschupft CH Adj.: ›stiefmütterlich behandelt; verstossen; nirgends zuhause‹: *Verwaist, verschupft und als Magd verdingt, verheiratet, verwitwet und noch einmal verheiratet, führte Agathe R. ein Leben mit vielen Auf und Ab* (St. Galler Tagbl 12. 6. 1998, Internet)

verschusseln sw.V./hat (Grenzfall des Standards): **1.** A; ↗VERWURSTELN A D (ohne nordwest), ↗VERHÜHNERN CH ›in Unordnung bringen‹: *Paul, Kreativdirektor einer Werbeagentur, macht sich Sorgen um seine Firmenteilhaberin und Mitarbeiterin, die in jüngster Zeit alles verschusselt* (OÖN 20. 5. 1998, 6). **2.** A D; ↗VERSCHUSTERN A, ↗VERWURSTELN A, ↗VERHÜHNERN CH ›durch Unordnung oder Unkonzentriertheit verlegen, verlieren, vergessen‹: *Den Wunschzettel an das Christkind haben Sie zwar niedergeschrieben, aber den Zettel wer weiß wo verschusselt?* (Weihnachtsgeschenke, 2001, Internet; A); *Der Schwimm-Funktionär Harm B. verschusselt eine vermeintliche Dopingliste und offenbart Erinnerungslücken* (Berliner Ztg 8. 9. 1998, Internet; D) – Zu 2 vgl. versaubeuteln

verschustern A sw.V./hat (Grenzfall des Standards): **1.** ↗VERWURSTELN A, ↗VERHÜHNERN CH, ↗VERSCHUSSELN A D ›durch Unordnung oder Unkonzentriertheit verlegen, verlieren, vergessen‹: *Kann mir jemand bitte die Seite nennen, wo ich die Folien finden kann? Hab meine nämlich verschustert* (Informatik-Forum, 2004, Internet; A). **2.** ›verschwenden, verschleudern, verplempern‹: *Keiner von uns möchte gerne zwei Stunden seines Lebens verschustern für irgendein Geplänkel, in dem man sich etwas an die Ohren wirft* (Wörtliches Protokoll des Wiener Gemeinderats, 21. 11. 2001, Internet)

verschwenden (gemeindt.): ↗URASSEN, ↗VERLOCHEN, ↗VERQUASEN

verschwiegen (gemeindt.): ↗HEIMLICHFEISS

verschwiemelt D-nord/mittelwest Adj.: ↗GESCHUPFT A ›überspannt, affektiert, verschroben: *Gähnend langweilig sei die Stadt, das Konzept der Expo zu abstrakt, die öffentliche Darstellung verschwiemelt, und überhaupt sei alles völlig unzeitgemäß* (Hamburger Abendbl 31. 5. 2000, Internet)

versehen sich D st.V./hat (selten): **1.** D (ohne mittelost/südost) ›einen Fehler machen‹: *Bei der Geburtsmeldung habe ich mich versehen und jetzt stehen auf dem Rinderpass falsche Angaben* (Firma Informationssysteme Tierhaltung 3. 12. 2002, Internet). **2.** D-nord/mittelwest; ↗VERSCHAUEN A D-südost, ↗VERGUCKEN D (ohne südost) ›sich beim Hinsehen irren‹: *Sie können zu jeder Zeit in Ihren Warenkorb hineinsehen. Sollten Sie sich versehen haben, ändern Sie einfach Ihre Bestellung* (ADFC 29. 11. 2002, Internet) – Andere Bedeutungen sind gemeindt.

versetzen D (ohne südost) sw.V./hat: ↗AUFSTEIGEN A D-südost, ↗PROMOVIEREN CH, ↗BEFÖRDERN CH D-südwest, ↗VORRÜCKEN D-mittelost/südost ›(einen Schüler oder eine Schülerin) aufgrund der schulischen Leistungen für die nächsthöhere Klasse zulassen‹: *Seit zwei Jahren saß er in der Obertertia, und es war fraglich, ob er Ostern versetzt werden konnte* (Trott, Pucki 40) – Andere Bedeutungen sind gemeindt. – Dazu: **Versetzung**

Versicherungsgericht CH das; -(e)s, -e: ›Gericht, das bei Streitfällen um Versicherungsleistungen entscheidet‹: *Am Versicherungsgericht sind eine stark angestiegene Zahl von Fällen und damit entsprechende Pendenzen zu verzeichnen* (Kanton BL, Protokoll Landratssitzung 15. 5. 1997, Internet) – Dazu: ↗**Sozialversicherungsgericht**

Versicherungsschein D der; -(e)s, -e: ↗POLIZZE A, ↗POLICE CH D ›von einer Versicherung ausgefertigte Urkunde über den Abschluss einer Versicherung; Versicherungsurkunde‹: *Vorsicht ist geboten, wenn die erste Prämienrechnung kommt. So endet in der Kfz-Versicherung die vorläufige Deckung mit der Einlösung des Versicherungsscheins* (Welt 13. 11. 1995, Internet)

Versicherungsurkunde (gemeindt.): ↗POLICE, ↗POLIZZE, ↗VERSICHERUNGSSCHEIN

versifft CH D Adj. (salopp): ›verschmutzt‹: *Das Studio liegt im Keller, es hat kein Tageslicht, es ist alles ein wenig versifft, aber wir fühlten uns in dieser Atmosphäre ziemlich heimisch* (Sonntagsblick 21. 4. 1996, M2; CH); *Ein Hotelbetrieb musste geschlossen und abgerissen werden, »weil da wirklich alles komplett versifft war«* (Welt 1. 9. 1999; D)

versorgen sw.V./hat: **1.** A-west (Vbg.) CH ›verstauen, unterbringen, wegräumen‹: *Nasse Äste hängen überall herunter, mehrmals wird mir der Hut vom Kopf gerissen, bis ich ihn endlich wieder in der Tasche versorge* (Heimann, Lisi 34; CH). **2.** CH ›(Schwererziehbare, Kriminelle, Geisteskranke) zwangsweise in einer Anstalt unterbringen‹: *Daniel hat eine klassische Heimkarriere hinter sich. Als Kind wurde er sexuell missbraucht, mit 14 hat er seine ersten Erfahrungen mit Drogen und dem Strich gemacht, später wurde er in einem Heim versorgt* (TA 10. 10. 1998, 15) – Zu 1.: In A (ohne Vbg.) und D veraltet. Andere Bedeutungen sind gemeindt.

Versorgungsgenuss A der; -es, ...genüsse (formell): ›↗Pension für Beamtenwitwen und -waisen‹: *Um diese Geldleistung zu erhalten, ist bei jener Stelle ein Antrag einzubringen, von der eine Pension, eine Rente oder ein Ruhe- oder Versorgungsgenuss bezogen wird* (Wiener Ztg 5. 1. 2001, Internet) – Vgl. Ruhegenuss – Dazu: **Versorgungsgenussbestimmungen**

versperren A sw.V./hat: **1.** ↗ABSPERREN A D-südost, ↗ZUSPERREN A D-südost, ↗ABSCHLIESSEN CH ABSCHLIEẞEN D (ohne südost), ↗ZUSCHLIEẞEN D (ohne südost) ›mit einem Schlüssel schließen, unzugänglich machen; verschließen‹: *Ich versperrte die Tür und nahm den Schlüssel mit mir in meine Kammer* (Haushofer, Wand 13). **2.** ›etw. einschließen‹: *Einen versperrte er in seiner Schublade, den zweiten legte er in einem Ordner ab* (Semrau, Zimtapfel 57) – Andere Bedeutungen sind gemeindt. Vgl. sperren

verspotten (gemeindt.): ↗ANFÜHREN, ↗PFLANZEN, ↗SCHMÄH: *JMDN. AM SCHMÄH HALTEN, ↗SEIL: *JMDN. AM SEIL HERUNTERLASSEN, ↗VERALBERN, ↗VERÄPPELN, ↗VERGACKEIERN, ↗VERHOHNEPIPELN

versprudeln A sw.V. /hat: ↗VERKLOPFEN CH, ↗QUIRLEN CH D, ↗VERQUIRLEN CH D ›mit einem ↗Sprudler verrühren; mixen‹: *Für die Fülle in einer großen Schüssel die Semmelwürfel mit lauwarmer Milch anfeuchten und die versprudelten Eier darübergießen* (ORF Nachlese 9/1997, 70) – Vgl. Sprudler

Verstaatlichte A die; -n, ohne Plur.: ›verstaatlichte Industrie[betriebe]‹: *In arge Turbulenzen kam im abgelaufenen Jahr die heimische Verstaatlichte* (Kurier 1. 1. 1992, 5) – Aufgrund von Privatisierungen seit den 1990er Jahren zunehmend veraltend, in den Jahrzehnten nach 1945 ein Schlüsselwort der österreichischen Innenpolitik – Dazu: **Verstaatlichtenchef(in), Verstaatlichtenkrise, Verstaatlichtenminister(in)** (↗Minister)

Versteckerl A-ost das; -s, -n: **1.** ↗VERSTECKERLSPIEL A-ost, ↗VERSTECKIS CH ›[Kinder]spiel, bei dem sich mehrere Personen verstecken und von einer gesucht werden; Versteckspiel‹: *Ob im Wald Versteckerl spielen, ... die Tiere füttern, streicheln, lieb haben, am Heuboden Heuhüpfen, ... hier kannst du viel entdecken und neue Freunde finden* (Bauernhof Ebnerhof, 2002, Internet). **2.** (salopp); ↗VERSTECKERLSPIEL A ›Verhalten, mit dem etw. vertuscht bzw. verborgen wird; Versteckspiel‹: *Wieder einmal habe die VP »Versteckerl gespielt«, ärgert sich SP-Vizebürgermeister Manfred M.* (OÖN 30. 10. 2001, Internet)

Versteckerlspiel das; -(e)s, -e: **1.** A-ost; ↗VERSTECKERL A-ost, ↗VERSTECKIS CH ›[Kinder]spiel, bei dem sich mehrere Personen verstecken und von einer gesucht werden; Versteckspiel‹: *Kleine Kinder richtig bewegen ... Mit dem guten alten Versteckerlspiel, dabei Hindernisse einbauen* (Kurier 9. 11. 1999, 29). **2.** A (salopp); ↗VERSTECKERL A-ost ›Verhalten, mit dem etw. vertuscht bzw. verborgen wird; Versteckspiel‹: *Nach Darstellung der Sekretäre ist der Wahlkampf ein fröhliches Versteckerlspiel. Die SP verstecke sich und ihren Parteichef S., posaunt VP-Generalsekretär G. hinaus* (OÖN 8. 10. 1986, 2)

Versteckis CH das; –, ohne Plur. (Grenzfall des Standards): ↗VERSTECKERL A-ost, ↗VERSTECKERLSPIEL A-ost ›[Kinder]spiel, bei dem sich mehrere Personen verstecken und von einer andern Person gesucht werden müssen; Versteckspiel‹: *Manchmal ist es schon gut, wenn die Autos auf dem Pausenplatz stehen, nämlich beim Versteckis* (St. Galler Tagbl 4. 3. 1998, Internet)

Versteckspiel (gemeindt.): ↗VERSTECKERL, ↗VERSTECKERLSPIEL, ↗VERSTECKIS

versteigern (gemeindt.): ↗VERGANTEN

Versteigerungsedikt A das; -(e)s, -e (Verwaltung): ›öffentliche Bekanntmachung einer Versteigerung‹: *Im Übrigen wird auf das Versteigerungsedikt an der Amtstafel des Gerichtes verwiesen* (TT 8./9. 11. 1997, 57) – Vgl. Edikt

Verstoß: *in Verstoß geraten A (formell) ›verloren gehen‹: *Die Anfrage ist offensichtlich in Verstoß geraten und wurde neuerlich eingebracht!* (Penzinger Grüne, 2000, Internet) – Das Substantiv *Verstoß* ist in allen anderen Verwendungen gemeindt.

versumpern A sw.V./ist (Grenzfall des Standards): ›verwahrlosen, versumpfen‹: *... nie im Leben wäre aus ihr eine Star-Anwältin geworden, versumpert wäre sie neben dem Macho, der nur sich und seine Karriere im Sinn gehabt habe, und nicht die seiner Ehefrau* (Nöstlinger, Bonsai 88) – Vgl. Sumper

vertäfeln D sw.V./hat: ↗TÄFELN A D (ohne südost), ↗TÄFERN A-west CH ›(mit ineinander gefügten Holzbrettern) verkleiden‹: *Den größten Raum des Schlosses bildet der Festsaal, der bis zur Decke mit Eichenholz vertäfelt ist* (Thüringen 13. 8. 2002, Internet) – Dazu: ↗**Vertäfelung** A D

Vertäfelung A D die; –, -en: ↗GETÄFEL A D, ↗TÄFELUNG A D (ohne südost), ↗TÄFER A-west CH, ↗TÄFERUNG A-west CH, ↗GETÄFER CH ›Holzverkleidung (für Zimmerdecken und -wände)‹: *Jetzt wartet man nur noch darauf, dass ... die unschöne Vertäfelung entfernt und ersetzt wird* (OÖN 6. 10. 1988, 23; A); *Die Vertäfelung wurde teilweise entfernt, um die Zwischendecke nach Brandnestern zu kontrollieren* (Feuerwehr Hamm 17. 11. 2001, Internet; D) – In CH selten. Vgl. vertäfeln – Dazu: **Holzvertäfelung, Wandvertäfelung**

Verteilerkreis der; -es, -e: **1.** A; ↗AUTOBAHNKREISEL CH ›im Kreis geführte große Straße mit mehreren Abfahrten (bei Autobahnen, Schnellstraßen etc.)‹: *Wegen überhöhter Geschwindigkeit geriet … ein 27-jähriger Elektroninstallateur aus Judenburg mit seinem Auto auf dem Verteilerkreis St. Michael ins Schleudern* (OÖN 2. 2. 1998, 18). **2.** D; ↗RONDELLE CH, ↗KREISEL CH D, ↗KREISELVERKEHR CH D, ↗VERKEHRSKREISEL CH D (ohne südost) ›kreisförmige Regelung des Verkehrs um eine Verkehrsinsel herum; Kreisverkehr‹: *Ein … BMW-Fahrer übersah am Mittwochabend im Verteilerkreis Ruhrorter Straße … einen Motorradfahrer* (NRZ 4. 5. 2000, Internet)

Verträger Verträgerin CH der; -s, – bzw. die; –, -nen: ↗AUSTRÄGER A D ›Person, die etw. auf Bestellung ins Haus liefert (z.B. Zeitungen, Pizza etc.); Bote‹: *Wir haben … unsere Verträger angewiesen, die Zeitung generell in den Milchkasten zu stecken* (St. Galler Tagbl 25. 3. 1998, Internet) – Dazu: **Zeitungsverträger(in)**

Vertragsarzt Vertragsärztin A D (ohne südost) der; -(e)s, …ärzte bzw. die; –, -nen: ↗KASSENARZT A D ›Arzt bzw. Ärztin mit einem Vertrag bei einer Krankenkasse‹: *Wer zu einem Wahlarzt geht, bekommt … 80 Prozent jenes Tarifes zurückerstattet, den die Kasse auch ihrem Vertragsarzt bezahlen würde* (SN 4. 4. 2000, Internet; A); *Grundvoraussetzung für eine mögliche Kostenübernahme durch die gesetzliche Krankenkasse ist die Behandlung durch einen Vertragsarzt* (Medizin-Information-Service 7. 3. 2002, Internet; D) – Vgl. Wahlarzt

vertragsbedienstet A Adj. (selten, Verwaltung): ›ohne Beamtenstatus im öffentlichen Dienst angestellt‹: *Jawohl, pragmatisiert und nicht bloß vertragsbedienstet, natürlich war das in Zeiten der Untergrabung des Beamtenstandes vorerst nicht leicht durchzusetzen* (Kurier 11. 11. 1995, 22) – Dazu: ↗**Vertragsbedienstete**

Vertragsbedienstete A der/die; -n, -n: ›Angestellte(r) ohne Beamtenstatus im Staatsdienst‹: *Vertragsbedienstete in der allgemeinen Verwaltung im Bundesdienst erhalten Gehälter, die durch das Vertragsbedienstetengesetz geregelt sind* (Jobchancen, 1997, 23) – Vgl. vertragsbedienstet – Dazu: **Vertragsbedienstetengesetz, Vertragsbedienstetenrecht**

Vertragslehrer Vertragslehrerin A der; -s, – bzw. die; –, -nen: ›Lehrer(in) in einem privatrechtlichen Dienstverhältnis mit dem Staat‹: *Österreich muss Vertragslehrern … die Vordienstzeiten, die sie in anderen EU-Staaten erworben haben, voll anrechnen* (Wiener Ztg 1. 12. 2000, Internet) – Dazu: **Vertragslehrer(innen)stelle**

vertrampen CH sw.V./hat (Grenzfall des Standards): **1.** ↗ÜBERKNÖCHELN A, ↗ÜBERTRETEN CH D-nordost/südwest ›sich (den Knöchel oder Fuss) verstauchen; sich (den Knöchel oder Fuss) vertreten‹: *Ich suche krampfhaft nach einer guten Ausrede, so ohne triftigen Grund kann ich nicht aufgeben. Hätte ich doch nur in der Dunkelheit meinen Knöchel vertrampt* (Laufclub Swissair, 8/2001, Internet). **2.** ›zertrampeln; zertreten‹: *Sie lächelt über seinen Hang zu grossspurigen Reitstiefeln: »In einem Restaurant vertrampt er damit beinahe einen kleinen Hund«* (WW 6/1999, Internet). **3. *(sich) die/seine Füsse vertrampen** ›ein wenig herumgehen, um den Kreislauf anzuregen; sich die Füsse vertreten‹: *An sonnigen Tagen trifft man die Brittnauer meistens an der Wigger an, wo sie ihre Füsse »vertrampen«, ihre neuen Fahrräder ausprobieren oder skaten* (Gemeinde Brittnau, 2000, Internet)

Vertrauensarzt Vertrauensärztin der; -(e)s, …ärzte bzw. die; –, -nen: **1.** CH D; ↗CHEFARZT A ›Arzt oder Ärztin, der bzw. die im Auftrag einer Behörde, Krankenkasse usw. Überprüfungen und Kontrollen durchführt‹: *Er könne die drohende Schliessung etwas gelassener nehmen als viele Kollegen: Als Vertrauensarzt einer Krankenkasse habe er ein zweites Standbein* (Bund 19. 8. 1999, 29; CH); *Sie erzählt noch, dass sie mehrmals krank war und man ihr trotz des Attestes vom Vertrauensarzt mit der Kündigung drohte* (Wallraff, Industriereportagen 13; D). **2.** STIR; ↗BASISARZT STIR ›Hausarzt bzw. -ärztin‹: *Eine individuelle und ausführliche Beratung durch den Vertrauensarzt kann dir wertvolle Hinweise für Behandlungsmöglichkeiten geben* (Amt für öffentliche Hygiene, 2001, Internet) – Die Bedeutung ›Arzt bzw. Ärztin des Vertrauens‹ ist gemeindt.

vertrimmen D-nord/mittel sw.V./hat (Grenzfall des Standards): ↗HERSCHLAGEN A, ↗TRISCHACKEN A-ost, ↗ABSCHLAGEN CH, ↗BREI: *JMDN. ZU BREI SCHLAGEN CH D (ohne südost), ↗VERKLOPFEN CH D-südwest, ↗VERMÖBELN CH D, ↗VERHAUEN D, ↗HUCKE *JMDM. DIE HUCKE VOLL HAUEN D-nord/mittel, ↗VERKLOPPEN D-nord/mittel ›jmdn. schlagen, [heftig] verprügeln; verdreschen‹: *Nur Teutates weiß so genau, ob Asterix bei seinen Abenteuern jemals die Legionen von Haltern vertrimmt hat* (Hamburger Morgenpost 2. 2. 1999, Internet)

vertschüssen sich A sw.V./hat (salopp, Grenzfall des Standards): ↗PUTZEN A, ↗HAUS: *SICH ÜBER DIE HÄUSER HAUEN A-ost, ↗SCHLEICHEN A D-süd, ↗VERZUPFEN A D-südost, ↗ZUPFEN A D-südost, ↗ABFAHREN CH, ↗ABSCHLEICHEN CH, ↗LEINE: *LEINE ZIEHEN CH D (ohne südost), ↗VERDRÜCKEN CH D (ohne südost), ↗VERDUFTEN CH D, ↗VERKRÜMELN CH D (ohne südost), ↗ABSCHIEBEN D, ↗FLIEGE: *DIE/EINE FLIEGE MACHEN D, ↗VERPISSEN D, ↗DÜNNEMACHEN D-nord/mittel, ↗MÜCKE:

*[DIE/EINE] MÜCKE MACHEN D-nord/mittel, ↗PLATTE: *DIE PLATTE PUTZEN D (ohne mittelost/südost), ↗TROLLEN D (ohne ost) ›sich entfernen; verschwinden, abhauen‹ (oft als drohende Aufforderung): *Hakkinen vertschüsst sich noch vor der ersten Rundenzeit mit defektem Motor* (Sport Magazin 10/1997, 52)

vertun st.V./hat **1.** sich CH ›seinem Bewegungsdrang ungebremsten Lauf lassen; sich beschäftigen‹: *Die Kinder können sich in der freien Natur ... nach Herzenslust vertun* (St. Galler Tagbl 16. 10. 1997, Internet). **2. *Da gibt es kein Vertun** D ›Das ist unbezweifelbar‹: *Weihnachten, da gibt es kein Vertun, ist des Deutschen liebstes Familienfest* (FR 5. 6. 1999, 35) – Die Bedeutungen ›etw. vergeuden‹ und ›sich irren‹ sind gemeindt.

verunfallen CH sw.V./ist: ›einen Unfall erleiden; verunglücken‹: *Hie und da fällt ein Artist vom Trapez, oder es verunfallt ein Zeltarbeiter beim Auf- und Abbau* (Helveticus 1975, 93) – In A selten, in D formell – Dazu: **Verunfallte**

verunglücken (gemeindt.): ↗VERUNFALLEN

verunmöglichen CH sw.V./hat: ›unmöglich machen, verhindern‹: *Wir müssten hier und jetzt alles abzubauen beginnen, was diese Auseinandersetzung und damit dieses gemeinsame Suchen behindert oder gar verunmöglicht* (Pestalozzi, Zukunft 147) – In A und D selten

Verwaisartikel CH der; -s, –: ›bezahltes, aber vergessenes Stück Einkaufsgut (an einer Supermarktkasse)‹: *Kurz vor Ladenschluss schlich Reto gerne um die Enden der Kassenstationen, um allfällige Verwaisartikel auszuspähen und dann bei der ersten sich bietenden Gelegenheit diskret an sich zu nehmen* (Oehler, Rappenspalter 344)

Verwaltungschef Verwaltungschefin D der; -s, -s bzw. die; –, -nen: ›Chef(in) einer Verwaltung[sbehörde]‹: *Die Lehrerin Monika B. wurde von der Ratsmehrheit ... zur Verwaltungschefin ... bestellt* (Welt 26. 11. 1998, Internet)

Verwaltungsgerichtshof der; -(e)s, ohne Plur.: **1.** A; ↗BUNDESVERWALTUNGSGERICHT D, ↗STAATSRAT STIR ›höchste Instanz der Gerichtsbarkeit für Verwaltungsakte; eines der drei ↗Höchstgerichte‹: *Der Verwaltungsgerichtshof ist »zur Sicherung der Gesetzmäßigkeit der gesamten öffentlichen Verwaltung« berufen* (Pfaundler, Jungbürgerbuch 967). **2.** D; ↗OBERVERWALTUNGSGERICHT D ›Verwaltungsgericht zweiter Instanz (in Baden-Württemberg, Bayern und Hessen)‹: *Noch drastischer stellt sich die Haftung in dem Beschluss des Verwaltungsgerichtshofes Baden-Württemberg vom 4. März 1996 dar* (FAZ 10. 10. 1997, 50) – Abk. VGH. Vgl. Verwaltungsrichter – Zu 2.: **Verwaltungsgerichtshofpräsident(in)**

Verwaltungspolizei STIR die; –, -en (Plur. ungebräuchl.): ›Abteilung der Polizei, die für alle Verwaltungsakte zuständig ist, soweit diese unter polizeiliche Aufgaben fallen (z.B. polizeiliche Genehmigungen, Verwaltungsstrafen, ↗Strafmandate für Verkehrsvergehen etc.)‹: *Vor kurzem stand aber die Verwaltungspolizei vor der Tür und beschlagnahmte die Geräte* (Dolomiten 20. 9. 1997, 17) – Vgl. Handelspolizei

Verwaltungsrat der; -(e)s, ...räte: **1.** CH BELG STIR; ↗AUFSICHTSRAT A D ›Gremium, das die Geschäftsführung eines Unternehmens überwacht‹: *An der ... Generalversammlung der Oerlikon-Bührle Holding hat der neue Verwaltungsrat mit Präsident Willy K. die Notbremse gezogen* (TA 27. 5. 1998, 35; CH); *1989 entschied der Verwaltungsrat, eine neue Produktionsanlage für Spanplatten zu bauen* (Agglo AG 15. 11. 2002, Internet; BELG); *Der Verwaltungsrat der Südtiroler Volksbank hat in seiner letzten Sitzung den Brixner Alessandro M. und den Brunecker Gregor W. als neue Mitglieder des Verwaltungsrates kooptiert* (Südtiroler Wirtschaftsmagazin 30. 3. 2001, 2; STIR). **2.** D ›Gremium zur Überwachung von Körperschaften des öffentlichen Rechts‹: *Am Freitagnachmittag erfuhr das dann ganz offiziell auch der Verwaltungsrat des ZDF, dem mehrere Ministerpräsidenten angehören* (SZ 2. 4. 2001, Internet). **3. Verwaltungsrat Verwaltungsrätin** CH D STIR der; -(e)s, ...räte bzw. die; –, -nen; ↗AUFSICHTSRAT A D ›Mitglied eines Verwaltungsrates‹: *»Für die Wirtschaft wäre das eine gute Lösung«, meint Vreni S., Zürcher Ständerätin und mehrfache Verwaltungsrätin* (TA 17. 4. 1999, 7; CH); *Die zierliche blonde Verwaltungsrätin ... hatte ihre ersten politischen Erfahrungen in den USA gemacht* (Neue Revue 14. 10. 1999, Internet; D); *Die Ausnahme ist einzig und allein der Donnerstag, weil da Verwaltungsratssitzung ist und S. mit einem Verwaltungsrat mitfährt* (Südtirol Profil 7. 2. 1994, 66; STIR) – Zu 1.: **Verwaltungsratsdelegierte, Verwaltungsratsmandat, Verwaltungsratsmitglied, Verwaltungsratspräsident(in), Verwaltungsratssitzung**

Verwaltungsrichter Verwaltungsrichterin A (informell), D der; -s, – bzw. die; –, -nen: ↗STAATSRAT STIR ›Richter(in) beim ↗Verwaltungsgerichtshof‹: *Wiener Unsitten, wo große Fragen von Verwaltungsrichtern und Rechnungshofbeamten entschieden werden, werden in Oberösterreich nicht einreißen* (OÖN 9. 12. 1998, 16; A); *Seit acht Jahren ist er als Verwaltungsrichter in unterschiedlichen Gebieten des öffentlichen Rechts tätig* (Welt 28. 8. 2000, Internet; D) – Formell lautet die Bezeichnung in A *Richter(in) des*

Verwaltungsgerichtshofes. Vgl. Höchstrichter, Verfassungsrichter

Verwandtschaft (gemeindt.): ↗MISCHPOCHE/MISCHPOKE

Verwarnung CH D die; –, -en: ↗ABMAHNUNG A ›mündlicher oder schriftlicher Tadel [mit Geldstrafe] durch Polizei oder Behörden bei kleineren Delikten‹: *In Genf sei er mit einer Busse und einer Verwarnung davongekommen* (Wyss, Tage 113; CH); *Bis Ende Juni kommen Berliner ohne neuen Ausweis noch mit einer kostenlosen Verwarnung davon* (Berliner Ztg 10. 4. 1996, Internet; D); ***gebührenpflichtige Verwarnung** D: ↗ORGANMANDAT A, ↗ORGANSTRAFMANDAT A, ↗ORGANSTRAFVERFÜGUNG A, ↗STRAFMANDAT A, ↗ORDNUNGSBUSSE CH, ↗POLIZEIBUSSE CH ›(von der Polizei) direkt verfügte und kassierte Strafe ohne Anzeige und Verfahren; Ordnungsstrafe‹: *Wird eine gebührenpflichtige Verwarnung nicht akzeptiert, wird ein kostenpflichtiger Bußgeldbescheid erlassen* (Rathaus Düsseldorf, 2000, Internet) – Andere Bedeutungen von *Verwarnung,* z. B. im Fußball ›Ermahnung durch den Schiedsrichter mit gelber Karte‹, sind gemeindt.

verwedeln CH sw.V./hat: ›Spuren verwischen, vertuschen‹: *Wo wir anders denken, will ich es klar auf den Tisch legen und nicht anbiedernd versuchen, es zu verwedeln* (Schweizerischer Ständerat, 1996, Internet)

Verwendungsgruppe A die; –, -n: ↗BESCHÄFTIGUNGSGRUPPE A, ↗LAUFBAHNGRUPPE D ›Einteilung und Einstufung von Angestellten nach der Art ihrer vorwiegend ausgeübten Tätigkeit‹: *Die Einstufung erfolgt bei Vorliegen eines öffentlich-rechtlichen Dienstverhältnisses in der Verwendungsgruppe »C«* (Berufsinfo Med-Technik, Musiktherapie, 1997, 57)

Verweser Verweserin CH der; -s, – bzw. die; –, -nen: ›stellvertretender reformierter Pfarrer oder Lehrer bzw. stellvertretende reformierte Pfarrerin oder Lehrerin‹: *Die Gemeinde soll ab nächstem Sommer vorerst von einer Verweserin oder einem Verweser betreut werden. Eine Pfarrwahl ist erst nach einer Phase der Beruhigung … vorgesehen* (TA 6. 10. 1999, 25) – Die in A und D früher verbreitete Bedeutung ›Person, die stellvertretend ein Amt oder ein Gebiet verwaltet‹, ist veraltet

verwirrend (gemeindt.): ↗VERWIRRLICH

verwirrlich CH Adj.: ›verwirrend‹: *Das Geschehen im Konfliktgebiet sei verwirrlich, es gebe kaum unabhängige Zeugen, sagt [die] Sprecherin des Internationalen Komitees vom Roten Kreuz* (TA 27. 10. 1999, 5)

verwohnen CH D sw.V./hat: ↗ABWOHNEN A D ›durch langes Bewohnen abnützen (von Wohnungen, Möbeln etc.)‹: *Wer sich nicht daran stört, dass [die Wohnung] einen … etwas verwohnten Eindruck macht …, wird sich schnell wohl fühlen* (TA 20. 3. 1998, 91; CH); *Denn die DDR-Oberen hatten dessen architektonische Reste verwohnen und verfallen lassen* (Bayerischer Rundfunk 12. 4. 2001, Internet; D)

verworren (gemeindt.): ↗VERQUAST

verwurschteln siehe verwursteln

verwursteln sw.V./hat (Grenzfall des Standards): **1.** A D (ohne nordwest); ↗VERSCHUSSELN A, ↗VERHÜHNERN CH ›in Unordnung bringen‹: *Die Wiener verwursteln mit der Bürokratie und mit der Verwaltung die gesamten Pflichtbeiträge der Patienten* (Protokoll Nationalrat 2. 4. 2001, Internet; A); *Die frisch gekämmten Teppichfransen liegen verwurstelt in der Gegend herum* (Berliner Ztg 29. 10. 1997, Internet; D). **2.** A; ↗VERSCHUSTERN A, ↗VERSCHUSSELN A D, ↗VERHÜHNERN CH ›durch Unordnung oder Unkonzentriertheit verlegen, verlieren, vergessen‹: *Nun, die Wagnerianer werden wohl die offizielle Verständigung vom Verband verwurstelt haben* (ESV Knittelfeld, Sektion Tennis, 2002, Internet) – Auch in der Schreibung *verwurschteln*

Verzeichnis (gemeindt.): ↗RODEL

verzeigen CH sw.V./hat: ›gegen jmdn. Strafanzeige erstatten; anzeigen‹: *59 Personen wurden verzeigt, weil sie den Fussgängern den Vortritt auf dem Streifen verweigerten* (NZZ 3. 11. 1997, 18) – Dazu: **Verzeiger(in)**, ↗**Verzeigung**

Verzeigung CH die; –, -en (Recht): ›Strafanzeige‹: *132 Lenker wurden mit Bussen zwischen 40 und 250 Franken bestraft, in 22 Fällen kam es zu einer Verzeigung beim Polizeirichter* (TA 30. 10. 1999, 15) – Vgl. verzeigen

Verzierungsbildhauer Verzierungsbildhauerin STIR der; -s, – bzw. die; –, -nen: ›Person, die berufsmäßig Reliefs, Schilder, Wappen, Ornamente u. Ä. aus Holz schnitzt‹: *Vom 30. August bis 1. September 1997 werden Bildhauer, Fassmaler, Vergolder und Verzierungsbildhauer ihr vielseitiges Können … vorstellen* (Dolomiten 22. 7. 1997, 19)

verzupfen sich A D-südost sw.V./hat (salopp, Grenzfall des Standards): ↗PUTZEN A, ↗VERTSCHÜSSEN A, ↗HAUS: *SICH ÜBER DIE HÄUSER HAUEN A-ost, ↗SCHLEICHEN A D-süd, ↗ZUPFEN A D-südost, ↗ABFAHREN CH, ↗ABSCHLEICHEN CH, ↗LEINE: *LEINE ZIEHEN CH D (ohne südost), ↗VERDRÜCKEN CH D (ohne südost), ↗VERDUFTEN CH D, ↗VERKRÜMELN CH D (ohne südost), ↗ABSCHIEBEN D, ↗FLIEGE: *DIE/EINE FLIEGE MACHEN D, ↗VERPISSEN D, ↗DÜNNEMACHEN D-nord/mittel, ↗MÜCKE: *[DIE/EINE] MÜCKE MACHEN D-nord/mittel, ↗PLATTE: *DIE PLATTE PUTZEN D (ohne mittelost/südost), ↗TROL-

LEN D (ohne ost) ›sich entfernen; verschwinden, abhauen‹ (oft als drohende Aufforderung): *Du verzupfst dich eh noch nicht, gelt?* (Kneifl, Vorstellung 34; A)

Verzweigung CH die; –, -en (Verkehr): **1.** ↗ABZWEIG D (ohne südost) ›Abzweigung‹: *Bei der Verzweigung Bahnhofstrasse fuhr der Lenker über eine Verkehrsinsel, der Wagen wurde abgehoben und stürzte bei der Holzbrücke in die Zulg* (Bund 22. 12. 1999, 29). **2.** kurz für ↗*Autobahnverzweigung:* ›Stelle, an der sich zwei Autobahnen vereinen bzw. eine Autobahn sich verzweigt; Autobahndreieck‹: *Auf der Autobahn A 12 zwischen Flamatt und der Verzweigung Weyermannshaus stauten sich die Autos auf mehreren Kilometern* (Bund 16. 12. 1999, 48) – Andere Bedeutungen sind gemeindt.

Vesper D-südwest das; -s, -/ die; –, -n: ↗JAUSE A, ↗GABELFRÜHSTÜCK A-ost, ↗ZNÜNI CH, ↗ZVIERI CH, ↗ZWISCHENVERPFLEGUNG CH, ↗BROTZEIT D-südost, ↗FRÜHSTÜCK: *ZWEITE FRÜHSTÜCK D-nord/mittel, ↗HALBMITTAG STIR, ↗MARENDE STIR ›Zwischenmahlzeit am Vor- oder Nachmittag‹: *Den gerauchten Speck gönnte man sich als kräftiges Vesper oder als Krauteinlage zum Hauptgericht* (Woll, Feste 18) – In D-südost und D-nordost selten. Die Bedeutung ›abendliche Gebetsstunde, Gottesdienst‹ ist gemeindt. – Dazu: ↗**vespern**, ↗**Vesperpause**

vespern D-südwest sw.V./hat: ↗JAUSNEN A, ↗BROTZEIT: *BROTZEIT MACHEN D-südost, ↗MARENDEN STIR ›eine Zwischenmahlzeit [am Nachmittag] einnehmen‹: *Und durchaus nicht imagefördernd sitzt ungerührt ein angegrauter Herr inmitten seiner papiernen Projekte und vespert aus der Büchse Hausmannskost* (VDI Nachr 9/1992, 44) – In D-südost und D-nordost selten. Vgl. ↗Vesper, ↗Vesperpause

Vesperpause D-südwest die; –, -n: ↗JAUSE A, ↗GABELFRÜHSTÜCK A-ost, ↗ZNÜNIPAUSE CH, ↗ZVIERIPAUSE CH, ↗KAFFEETRINKEN CH D, ↗FRÜHSTÜCK: *ZWEITE FRÜHSTÜCK D-nord/mittel, ↗FRÜHSTÜCKSPAUSE D-nord/mittel, ↗BROTZEIT D-südost, ↗HALBMITTAG STIR, ↗MARENDE STIR ›für eine Zwischenmahlzeit vorgesehene Pause am Vor- oder Nachmittag‹: *Nach einer Vesperpause folgt ein kurzer Abstecher auf Nehrener Hoheitsgebiet zur Dicken Eiche* (Reutlinger General-Anzeiger 16. 9. 1999, Internet) – In D-nordost selten. Vgl. Vesper, vespern

Veston CH der; -s, -s [vɛstɔ̃] ⟨frz.⟩: ↗ROCK A CH, ↗KITTEL CH D-südwest, ↗JACKETT D ›Jacke des Herrenanzugs; ↗Sakko‹: *Der Schneider, der für verschiedene Berner Herrenmodegeschäfte Änderungen vornimmt und Privatkunden einkleidet, hat auch genaue Vorstellungen vom klassischen Veston* (Bund 12. 8. 1999, 25) – Dazu: **Vestonärmel**

Vetter CH D der; -s, -n (veraltend): ›Cousin‹: *Aber der Onkel von der Frau meines Vetters ... arbeitete einen Sommer lang in Deutschland* (Hasler, Pepino 21; CH); *Vor zwei Monaten ... kam ein Brief von meinem Vetter Eduard* (Hildesheimer, Legenden 15; D) – In A veraltet. Die Bedeutung ›entfernter Verwandter‹ ist gemeindt. veraltet

Vetterleswirtschaft D-südwest die; –, ohne Plur. (abwertend): ↗FREUNDERLWIRTSCHAFT A, ↗VETTERLIWIRTSCHAFT CH, ↗VETTERNWIRTSCHAFT CH D ›[gegenseitige] Begünstigung bei der Vergabe von Arbeitsplätzen u. Ä.; Günstlingswirtschaft‹: *Große Wahlversprechen hat es mit ihm nie gegeben, dafür aber ein klares Nein zu Vetterleswirtschaft* (Reutlinger General-Anzeiger 22. 3. 1999, Internet)

Vetterliwirtschaft CH die; –, ohne Plur. (abwertend): ↗FREUNDERLWIRTSCHAFT A, ↗VETTERNWIRTSCHAFT CH D, ↗VETTERLESWIRTSCHAFT D-südwest ›[gegenseitige] Begünstigung bei der Vergabe von Arbeitsplätzen u. Ä.; Günstlingswirtschaft‹: *Es wird gelogen, betrogen, vertuscht, gemordet, Vetterliwirtschaft betrieben, und mit Augenwischerei werden Sünder womöglich noch belohnt und entschädigt!* (Bund 2. 3. 2001, 14)

Vetternwirtschaft CH D die; –, ohne Plur. (abwertend): ↗FREUNDERLWIRTSCHAFT A, ↗VETTERLIWIRTSCHAFT CH, ↗VETTERLESWIRTSCHAFT D-südwest ›[gegenseitige] Begünstigung bei der Vergabe von Arbeitsplätzen u. Ä.; Günstlingswirtschaft‹: *Radio 24 beschäftigt einen unabhängigen Gastrokritiker, der in den betroffenen Restaurants ... die Leistungen der Küchenbrigade ohne falsche Rücksichtnahme, Vetternwirtschaft und Sippenhaft beurteilt* (Blick 26. 3. 1995, 40; CH); *Der kooperative Geist der Japaner, höhnt das Blatt, war nur allzu oft nichts anderes als Behäbigkeit, Vetternwirtschaft und Korruption* (Spiegel 1. 12. 1997, 99; D)

VfGH siehe Verfassungsgerichtshof

VGH siehe Verwaltungsgerichtshof

vidieren A sw.V./hat ⟨aus lat. *vidi* ›ich habe es gesehen‹⟩ (formell): ↗VISIEREN CH ›etw. beglaubigen, unterschreiben; vidimieren‹: *Die Stellungnahme der Generaldirektion hat R. laut Anfragebeantwortung am 20. März 1995 vidiert* (SN 10. 6. 1996, Internet) – In D veraltet – Dazu: **Vidierung**

vidimieren (gemeindt.): ↗VIDIEREN, ↗VISIEREN

Viehhabe CH die; –, ohne Plur.: ›Viehbestand (eines Hofes)‹: *War es seit Jahrhunderten ohne Maschinen gegangen, bei bedeutend weniger Viehhabe und Land, so sah er nicht ein, wieso es jetzt auf einmal ... anders sein sollte* (Kauer, Spätholz 23)

Vier CH D (ohne südost) die; –, -en: ↗VIERER A CH D-süd ›Zeichen für die Ziffer 4; Nummer (auf einer Liste o. Ä.); Verkehrslinie; Schulnote; Augenzahl 4 auf dem Würfel; Spielkartenwert‹: *Gefährdet sind … Lernende, welche keine Stärken vorweisen, sondern Noten um eine Vier herum im Zeugnis stehen haben* (Zürcher Unterländer 15. 9. 2001, Internet; CH); *»Spielereien« klingt so banal, als ob man das Werk seinem Neffen schenken könnte, damit er vielleicht im Jahreszeugnis noch eine Vier in Mathematik erreicht* (FAZ 10. 10. 1997, 46; D) – Vgl. den Kommentarteil zu ↗Eins. Als Schulnote auch in D-südost gebraucht. Zur Schulnote vgl. Ausreichend. Im Ggs. zum Substantiv *die Vier* ist das kleingeschriebene Zahlwort *vier,* z. B. *sie ist vier [Jahre alt],* gemeindt.

Vierer A CH D-süd der; -s, –: ↗VIER CH D (ohne südost) ›Zeichen für die Ziffer 4; Nummer (auf einer Liste o. Ä.); Verkehrslinie; Schulnote; Augenzahl auf dem Spielwürfel; Jahrgang [20]04‹: *Die letzte Note, die sie, kurz bevor sie abgehauen war, nach Hause brachte, war ein Vierer in Mathematik* (Köhlmeier, Moderne Zeiten 105; A); *Willkommen im Frauen-Tram gegen Gewalt; wie Sie sicher bemerkt haben, ist dies ein spezielles Tram. Wir verkehren aber wie ein normaler Vierer zwischen Escher-Wyss-Platz und Tiefenbrunnen* (NGO-Koordination Schweiz, 2002, Internet; CH) – Vgl. den Kommentarteil zu ↗Einser. Zur Schulnote vgl. Genügend. Zur Verwendung des kleingeschriebenen Zahlwortes *vier,* z. B. *sie ist vier [Jahre alt],* siehe Vier. Die Bedeutung ›dritthöchster Gewinn im Lotto‹ ist gemeindt.

Vierkanter A D-südost der; -s, – (Architektur): ↗VIERKANTHOF A, ↗VIERSEITER A, ↗VIERSEITHOF A ›Bauernhof, der aus vier zusammenhängenden Gebäudeteilen besteht, die um einen quadratischen Hof angeordnet sind‹: *So ein Vierkanter schaut aus wie eine Burg, hat einen großen Innenhof und ist von allen Seiten von den Ställen, Wirtschaftsräumen und dem Wohngebäude umschlossen* (Recheis, Lena 33; A) – In Niederösterreich, Oberösterreich und Bayern als Bautyp verbreitet

Vierkanthof A der; -(e)s, …höfe (Architektur): ↗VIERSEITER A, ↗VIERSEITHOF A, ↗VIERKANTER A D-südost ›Bauernhof, der aus vier zusammenhängenden Gebäudeteilen besteht, die um einen quadratischen Hof angeordnet sind‹: *Thomas Bernhard, der … einen Vierkanthof in Ohlsdorf … besessen … hat, hat sich gleichwohl lieber in irgendwelchen Hotels in Mallorca … aufgehalten* (Profil 19. 1. 1998, Beilage 28) – In Niederösterreich, Oberösterreich und Bayern als Bautyp verbreitet

Vierseiter A der; -s, – (Architektur): ↗VIERKANTHOF A, ↗VIERSEITHOF A, ↗VIERKANTER A D-südost ›Bauernhof, der aus vier zusammenhängenden Gebäudeteilen besteht, die um einen quadratischen Hof angeordnet sind, und der an einer Ecke eine Toreinfahrt hat‹: *Soweit sich Theresia erinnern kann, war der Hof im Besitz ihrer Familie. Über 200 Jahre ist der Vierseiter* (OÖN 4. 5. 1993, 18) – Nur in Oberösterreich als Bautyp verbreitet

Vierseithof A der; -(e)s, …höfe (Architektur): ↗VIERKANTHOF A, ↗VIERSEITER A, ↗VIERKANTER A D-südost ›Bauernhof, der aus vier zusammenhängenden Gebäudeteilen besteht, die um einen quadratischen Hof angeordnet sind, und der an einer Ecke eine Toreinfahrt hat‹: *In dem prächtigen Vierseithof findet eine große Jagdausstellung statt, die durch Landesjägermeister Hans R. am Samstag um 14 Uhr festlich eröffnet wird* (OÖN 4. 9. 2000, Internet) – Nur in Oberösterreich als Bautyp verbreitet

viertel Adj. **Viertel** das; -s, – (in Zeitangaben): ***viertel zwölf/eins/zwei…** A-ost D-ost/süd; ***Viertel über zwölf/eins/zwei…** A-mitte ›viertel nach zwölf/eins/zwei…, 12/13/14 … Uhr 15‹: *Bei allem Respekt vor dem Hohen Haus, meine Damen und Herren: Ich halte diese Probleme für mich persönlich für zu wichtig, um sie um viertel zwei in der Früh zu diskutieren* (Stenogr. Protokoll des Nationalrates 14. 3. 1996, Internet; A-ost); *Sehr geehrte Kolleginnen und Kollegen, es ist jetzt Viertel über sieben am Abend, und Ihnen ist wahrscheinlich aufgefallen, dass mehrere Personen bereits den Raum verlassen haben* (Bericht des Sozial-Ausschusses über die Regierungsvorlage 141/1, Internet; A-mitte); *Gegen viertel fünf erschien Frank H. von der PDS* (Junge Union Frankfurt/Oder 26. 2. 2003, Internet; D-ost/süd); ***drei viertel zwölf/eins/zwei…** A D-ost/süd; ***Viertel vor zwölf/eins/zwei…** A-west CH D-nord/mittel ›eine Viertelstunde vor ein/zwei/drei Uhr; 12/13/14 … Uhr 45‹: *Als kurz vor drei viertel elf Uhr die auf den 31. 12. 99 vorgestellte Uhr in der Warte im Umspannwerk Süd auf 0.00 Uhr sprang und den 1. 1. 2000 anzeigte, kam es zu keinem einzigen Ausfall* (Wien online, Rathaus-Korrespondenz 20. 9. 1999, Internet; A); *Er hatte um Viertel vor elf an der Tür geklingelt und war von dem alten Mann eingelassen worden* (St. Galler Tagbl 30. 6. 1997, Internet; CH); *Jeden Morgen um drei viertel fünf muss ich aus den Federn* (Evangelische Hochschule Dresden 26. 2. 2003, Internet; D-ost/süd); *Die Nachttischlampe schaltet sich … pünktlich um Viertel vor eins wieder aus* (TAZ 31. 7. 2002, Internet; D) – Die Bruchzahl *viertel* ist gemeindt. Vgl. Viertel

Viertel das; -s, -(n): **1.** A kurz für *Viertelkilo, Viertelliter:* ›250 g, 250 ml (in Mengenangaben)‹: *Jede Hausfrau und jeder Hausmann weiß, was ein Viertel Butter kostet* (OÖ Energiesparverband, 2000, Internet; A). **2.** A D; ↗ZWEIER CH, ↗ZWEIERLI CH, ↗SCHOPPEN CH D ›ein Viertelliter [Wein] im Glas oder in der Karaffe‹: *Mir bringen Sie ein Viertel Rot-*

wein und dem da einen Kaffee, der muss noch fahren (Köhlmeier, Moderne Zeiten 108; A); *12 Liter reinen Alkohol pro Jahr trinkt jeder Deutsche … Das ist täglich mehr als ein halber Liter Bier oder ein Viertel Wein* (Bayerischer Rundfunk 29. 8. 1998, Internet; D). **3.** A D; ↗QUARTIER CH, ↗KIEZ D-nordost (bes. Berlin) ›Stadtteil‹: *Das Viertel, in dem diese Gasse liegt, ist eines der billigsten und wahrscheinlich das schäbigste der Stadt* (Rosei, Edgar Allan 10; A); *Schon seit zehn Jahren feiert die Dreifaltigkeitsgemeinde im Borsigplatzviertel die Fronleichnamsprozession … Auch in diesem Jahr bewegte sich der lange Zug mit … Katholiken durch das Viertel* (WAZ 16. 6. 2001, Internet; D). **4.** A (meist in Zus.); ↗GAU A ›Landesteil der ↗Bundesländer Niederösterreich und Oberösterreich‹: *Auf Initiative der Kulturabteilung der NÖ Landesregierung wurde die Idee von einem regionalen Festival geboren, das jedes Jahr in einem anderen niederösterreichischen Viertel stattfinden wird* (Informationen zum Viertelfestival Mostviertel, 2002, Internet) – Zu 1.: In A die übliche Mengenangabe für Lebensmittel. Zu 2.: Im Grenzfall des Standards in A (ohne Vbg.) und D-südost auch in der Form *Vierterl*, in A-west und D-südwest *Viertele*. Zu 3.: In CH selten und vgl. Grätzel. Die Bedeutung ›der vierte Teil von etw.‹ ist gemeindt. und in A und D Neutrum, in CH meist Maskulinum, selten auch Neutrum. Auch die Verwendung im Bereich Musik, kurz für *Viertelnote*, ist gemeindt., in A und D Femininum, in CH Maskulinum – Zu 3.: **Cottageviertel** (↗Cottage) A-ost, ↗**Vorstadtviertel** A D-mittel/südwest. Zu 4.: **Hausruckviertel, Industrieviertel, Innviertel, Innviertler(in), Mostviertel, Mostviertler(in), Mühlviertel, Mühlviertler(in), Traunviertel, Traunviertler(in), Waldviertel, Waldviertler(in), Weinviertel, Weinviertler(in)**

Viertelsgemeinde CH-west die; –, -n: ↗BÄUERT CH-südwest, ↗FRAKTION CH STIR ›einzeln gelegener Ortsteil einer ländlichen Gemeinde (im ↗Kanton BE)‹: *Eine eigenständige Gemeinde ist Allmendingen erst seit 1993. Vorher bildete es zusammen mit den anderen Viertelsgemeinden Trimstein und Rubigen die Einwohnergemeinde Rubigen* (Bund 16. 5. 2000, 26)

Vierzehnte A der; -n, -n: ↗GEHALT: *VIERZEHNTE GEHALT A, ↗URLAUBSBEIHILFE A, ↗URLAUBSZUSCHUSS A, ↗URLAUBSGELD A D, ↗FERIENGELD CH BELG ›meist Mitte des Jahres oder zu Beginn des ↗Urlaubs ausgezahlte zusätzliche Vergütung zum Lohn in der Höhe eines Bruttomonatslohns, der aber besonders versteuert wird‹: *Abg. K.: Ihr wollt den Dreizehnten und Vierzehnten abschaffen!* (Stenogr. Protokoll des Nationalrates 2. 10. 1997, Internet)

Vierzig CH D (ohne südost) die; –, –: siehe Zwanzig

Vierziger A der; -s, –: ›eine Ansage beim Kartenspiel (↗Schnapsen)‹: *Mit Trumpf-As und Vierziger braucht man keine Angst vorm Weiterspielen haben* (Kleine Ztg 8. 2. 2001, Internet) – Zu allen anderen Verwendungen von *Vierziger* siehe Zwanziger

Vierzigste CH D der; -n, -n: siehe Zwanzigste

vif A CH Adj. ⟨aus frz. *vif* zu lat. *vivus* ›lebendig‹⟩: ›von schneller Auffassungsgabe, lebhaft, aufgeweckt‹: *Es gibt vife Journalisten. Und besonders vife. Die neigen dazu, auf noch vifere Mitmenschen reinzufallen* (NÖN 22. 6. 1998, 22; A); *Viele, die vielleicht nur körperliche Beschwerden hätten, seien geistig noch sehr vif* (Bund 30. 11. 1999, 23; CH) – In D veraltet, aber mit Langvokal. Vgl. gefinkelt, gefitzt – Dazu: ↗**Vifzack** A

Vifzack A der; -(e)s, -e ⟨Zus. von frz. *vif aus* lat. *vivus* ›lebendig‹ und der Redewendung *auf Zack sein* ›eine Lage sofort erkennen und nutzen‹⟩ (scherzh., Grenzfall des Standards): ›schlaue, aufgeweckte Person [die eine Situation sofort erfasst und nutzt]‹: *Mit diesem Vifzack hast du's ja auch getrieben!* (Kneifl, Vorstellung 165) – Vgl. vif

Vignette A CH die; –, -n [vɪnˈjɛtɛ A, ˈvɪnjɛtɛ CH] ⟨aus frz. *vignette* ›Gebührenmarke‹, ursprünglich ›Weinrankenornament‹⟩ (Verkehr): ↗PICKERL A D-südost ›nach Bezahlung einer Gebühr an der Windschutzscheibe anzubringender Aufkleber, der zur Benutzung von Autobahnen und Autostraßen berechtigt‹: *Weitere Einnahmen kommen von schon jetzt bestehenden Mautstrecken (Brenner, Pyhrn, Tauern), der Vignette und Pachterlösen* (Kurier 21. 1. 2000, 4; A); *Schon im Mittelalter gab es Brückenzölle. Heute heissen sie anders: Treibstoffzoll, Zollzuschlag, Vignette, Schwerverkehrsabgabe* (Blick 19. 2. 1996, 4; CH) – In D als Sache noch nicht eingeführt, aber diskutiert. Als Wort daher zunehmend gebräuchlich. Andere Bedeutungen sind gemeindt. – Dazu: **Autobahnvignette, Jahresvignette, Mautvignette** (↗Maut) A, **Sperrgutvignette** (↗Sperrgut) CH, **Vignettenpflicht, Wochenvignette**

Vikar der; -s, -e ⟨aus lat. *vicarius* ›stellvertretend‹⟩: **1.** CH D (kath. Kirche); ↗KOOPERATOR A-west ›Geistliche(r), der bzw. die einem Pfarrer unterstützend zugeordnet ist; Kaplan‹: *Anfänglich war das Misstrauen seitens der katholischen Pfarrherrschaft gross. Der Pfarrer schickte den damaligen Vikar … sozusagen als »moralischen Spion« an die Proben* (St. Galler Tagbl 1. 10. 1997, Internet; CH); *In Bonn, Göttingen und Zürich studierte W., war danach als Vikar in Mettmann tätig* (NRZ 11. 4. 2002, Internet; D). **2. Vikar Vikarin** CH der; -s, -e bzw. die; –, -innen (Schule); ↗SUPPLENT STIR ›Lehrperson auf Zeit; Aushilfslehrer(in) (in einigen ↗Kantonen)‹: *Die Spitzenspielerin Anouk M. muss als Lehrerin sogar ihre Vikarin selber finanzieren* (Schweizer Familie 3. 6. 1999, 22) – Die Bedeutung, ›Kandidat(in) der evangelischen Theologie nach der ersten theologischen

Prüfung, der bzw. die einem Pfarrer oder einer Pfarrerin zur Ausbildung zugewiesen ist‹, ist gemeindt. – Dazu: ↗**Vikariat**

Vikariat CH das; -(e)s, -e ⟨aus lat. *vicarius* ›stellvertretend‹⟩ (Schule): ↗SUPPLENZ STIR ›Vertretung einer Lehrperson an einer Schule; Aushilfeunterricht (in einigen ↗Kantonen)‹: *Laut W. konnten in den letzten Wochen 30 bis 40 Vikariate nicht besetzt werden* (TA 12. 4. 2000, 17) – Weitere, kirchenrechtliche Bedeutungen, z.B. ›Gliederung einer Diözese‹, ›Stelle eines Vikars‹, sind – regional und konfessionell unterschiedlich – gemeindt.

Villach (gemeindt.): ↗DRAUSTADT

Vinothek A CH die; –, -en ⟨aus lat. *vinum* ›Wein‹ und griech. *théke* ›Behälter‹⟩: ↗ÖNOTHEK CH-süd STIR ›[kleines] Geschäft, in dem Wein probiert und gekauft werden kann; Weinhandlung‹: *Auch Empfehlungen können Türen und Flaschen öffnen – etwa Visitenkarten von Restaurants oder Vinotheken, wovon ja eingangs bereits die Rede war* (Kleine Ztg 2. 3. 1997, Extrablatt 19; A); *Jeden Monat wird in der Vinothek ein Flaschenwein aus dem umfangreichen Sortiment geöffnet, der nicht nur degustiert sondern auch preisgünstiger eingekauft werden kann* (St. Galler Tagbl 18. 11. 1999, Internet; CH) – In D zunehmend gebräuchlich, v.a. als Geschäftsbezeichnung. Die Bedeutung ›[hauseigene] Sammlung wertvoller Weine‹ ist gemeindt. – Dazu: **Vinothekar(in)**

Vinschger STIR ['fɪnʃgər]: **1. Vinschger Vinschgerin** der; -s, – bzw. die; –, -nen: ›Bewohner(in) des Vinschgaus; Vinschgauer(in)‹: *Auch hier könnte man den Vinschgern indirekt etwas zurückgeben* (Wortprotokoll des Südtiroler Landtages 9. 10. 2001, Internet). **2.** indekl. Adj. ›aus dem bzw. im Vinschgau, zum Vinschgau gehörend; Vinschgauer‹: *Suppen sind auch in Südtirol echte Bauernkost, so z.B. die Terlaner Weißweinsuppe, die Gerstelsuppe, die Brennsuppe, die Bozner Saure Suppe und die Vinschger Brotsuppe* (Gasteiger, So kocht Südtirol 12); ***Vinschger Paarl** siehe Paarl – Vgl. Burggräfler, Pusterer

Vinschgerl A D-südost das; -s, -n ['fɪnʃgɐl]: ↗PAARL STIR ›kleines rundliches Brot aus Roggenmehl‹: *Ich nahm ein so genanntes Vinschgerl, ein dunkles Weckerl, höhlte es aus und füllte es mit Sauerkraut* (OÖN 24. 2. 1997, 17; A) – Auch in den Formen *Vinschger[le]* bzw. *Vintschgerl[e]*

visieren CH sw.V./hat: **1.** ↗VIDIEREN A ›beglaubigen, vidimieren‹: *Jedes einzelne Rezept muss von ihm visiert werden* (TA 26. 5. 1998, 14). **2.** ↗ABZEICHNEN A D ›(eine Beglaubigung) mit einem Namenszeichen kennzeichnen; [unter]zeichnen‹: *Er will beispielsweise alle Rechnungen visieren, ohne dass eine Unterschrift von ihm gefordert oder nötig wäre* (NLZ 18. 5. 2001, Internet) – Andere Bedeutungen sind gemeindt. Vgl. Visum

Visitenkarte (gemeindt.): ↗VISITKARTE

Visitkarte A die; –, -n: ›kleine Karte, auf der Name, [Beruf,] Telefonnummer, postalische und elektronische Adressen vermerkt sind; Visitenkarte‹: *Beidhändig überreichen Japaner ihre Visitkarte, mit einer leichten Verbeugung und gesenktem Blick* (Trend 10/2000, Internet) – Wird auf der zweiten Silbe betont, mit Lang- oder Kurzvokal. Das gemeindt. Wort *Visitenkarte* ist auch in A die häufigere Form

Visum CH das; -s, Visa ⟨aus lat. *visum* ›Gesehenes‹⟩ (formell): ›Namenskürzel oder Unterschrift, womit die Kenntnisnahme eines Schriftstückes dokumentiert wird‹: *Jeder muss alles lesen und sein Visum geben* (Brugg online 13. 3. 1998, Internet) – Die Bedeutung ›behördliche Genehmigung der Einreise in einen Staat‹ ist gemeindt. Vgl. visieren

Vita-Parcours CH der; –, – ['vi:tapark'u:r] ⟨zu lat. *vita* ›Leben‹ (ehem. Name einer Schweizer Versicherungsgesellschaft, die die Sportanlagen finanzierte) und frz. *parcours* ›Rennstrecke‹⟩: ↗FORSTMEILE A-west (Tir.), ↗FITNESSPARCOURS A CH LUX, ↗TRIMM-DICH-PFAD D STIR ›[in einem Wald] als Rundstrecke angelegter Pfad, der in regelmässigen Abständen von Turngeräten und Hinweistafeln für Gymnastikübungen gesäumt ist‹: *Wer nie Sport getrieben hat, sollte sich nicht dreimal wöchentlich über den Vita-Parcours quälen* (Blick 10. 6. 1995, 24) – Selten auch in der Schreibung *Vitaparcours*

Vizevorsteher Vizevorsteherin LIE der; -s, – bzw. die; –, -nen: ›Stellvertreter(in) des ↗Gemeindevorstehers bzw. der Gemeindevorsteherin‹: *Als Mitglied der Geschäftsprüfungskommission kann nicht gewählt werden, wer … mit dem Gemeindevorsteher, Vizevorsteher, Gemeindekassier oder Verwalter eines Gemeindegutes verheiratet oder … verwandt oder verschwägert ist* (Liechtensteinisches Landesgesetzbl, 1996, Internet) – Wird auf der ersten Silbe betont, mit Lang- oder Kurzvokal. Vgl. Vorsteher

Vogelesalat STIR der; -(e)s, -e: ↗VOGERLSALAT A, ↗RAPUNZEL A-west/südost D-mittel, ↗NÜSSLER CH, ↗NÜSSLISALAT CH, ↗FELDSALAT D, ↗ACKERSALAT D-südwest ›Salatsorte mit feinen Blättern, die in Rosetten wachsen‹: *Als Antipasto gibt es eine Gänseleberterrine, eine Pastete ohne Teig und zarte warme Thymiankartoffeln mit Vogelesalat dazu* (Z am Sonntag 22. 12. 1996, 35) – Dialektal auch in A-west (Tir.)

Vogelhäuschen (gemeindt.): ↗FUTTERHÄUSCHEN

Vogelheu CH das; -s, ohne Plur.: ›in Ei gewendete geröstete Brotscheibchen‹: *Die neue Brasserie … emp-*

fiehlt Ihnen Vogelheu mit Spiegelei und 4 weitere vegetarische Leckerbissen (Berner Bär 24./25. 3. 1993, 16)

Vögerl A das; -s, -n (Küche): kurz für *Kalbsvögerl:* ›aus dem unteren Teil des Beines vom Kalb geschnittenes Fleisch; zubereitete Speise aus diesem Fleisch‹: *Vögerl parieren (zuputzen), ... entlang der Muskelstränge in Stücke trennen und in Richtung der Faser mit dünnen Speckstreifen mittels Spicknadel spicken* (Plachutta, Gute Küche 302) – Nicht als Kurzform für ↗*Rindsvögerl* gebräuchlich

Vogerlsalat A der; -(e)s, -e: ↗RAPUNZEL A-west/südost D-mittel, ↗NÜSSLER CH, ↗NÜSSLISALAT CH, ↗FELDSALAT D, ↗ACKERSALAT D-südwest, ↗VOGELESALAT STIR ›Salatsorte mit feinen Blättern, die in Rosetten wachsen‹: *Den Vogerlsalat und die Wildkräuter putzen und kurz waschen* (ORF Nachlese 3/1997, 42)

Vokabel das; -s, -/die; –, -n ⟨aus lat. *vocabulum* ›Benennung, Bezeichnung‹⟩: ist in A meist Neutrum, in CH und D nur Femininum: *Speziell in Wien gibt es für Unterwürfigkeit ein besonders deftiges Vokabel* (Fembek, Keine Angst 167; A); *Freundschaft ist eine zu laute Vokabel für das, was Dorst, den Abiturienten, und Ruben, den Fünfjährigen, verbindet* (NLZ 12. 7. 2001, Internet; CH); *»Einschleichen« heißt die dafür gebräuchliche Vokabel der Juristen* (Wallraff, Bild-Handbuch 41; D)

Volk: *Volk und Stände CH ›die ↗Stimmberechtigten und die ↗Kantone (bei Volksabstimmungen)‹: *Am 7. Februar 1999 haben Volk und Stände eine neue Verfassungsbestimmung über die Transplantationsmedizin mit grossem Mehr gutgeheissen* (Bund 2. 12. 1999, 16) – Das Substantiv *Volk* ist in allen anderen Verwendungen gemeindt.

Volker D: männl. Vorname: *Volker Grau träumt zu oft* (Junge, Klassenfahrt 5)

Volksanwalt Volksanwältin A der; -(e)s, ...wälte bzw. die; –, -nen: ›vom ↗Nationalrat als Ansprechpartner(in) bestellte Person für Anliegen und Beschwerden von Bürgern‹: *Voller Elan und Tatendrang präsentierten sich gestern die drei neuen Volksanwälte* (Wiener Ztg 13. 7. 2001, Internet) – Dazu: **Landesvolksanwalt (...wältin)** (↗Landes-), **Volksanwaltschaft**

Volksbegehren (gemeindt.): ↗VOLKSINITIATIVE

Volksbegehrer Volksbegehrerin A der; -s, – bzw. die; –, -nen (salopp): ↗INITIANT CH ›Person oder Personengruppe, die ein Volksbegehren initiiert‹: *Der Kirchen-Volksbegehrer und ehemalige Vorsitzende der Plattform »Wir sind Kirche« will sich vor allem um das Bildungswesen kümmern* (Wiener Ztg 19. 5. 1999, Internet)

Volkshaus A CH das; -es, ...häuser: ↗BÜRGERHAUS D STIR ›öffentliches Gebäude mit Räumen für Veranstaltungen, soziale Einrichtungen u. Ä. in Gemeinden, kleineren Städten oder Stadtteilen von Großstädten; Gemeindehaus, Gemeindezentrum‹: *Das Volkshaus Reichenau wird in der Zeit von 10 bis 16 Uhr zum Paradies für Sammler von Raritäten* (Neue Kronen Ztg 13. 6. 2002, Internet; A); *Schon vor einer Woche, am Telefon, bekannte er aufgeregt, er sei an mehreren Demonstrationen mitgelaufen, allerdings sei er bei Veranstaltungen im Volkshaus oder im AJZ so einsam gewesen wie immer* (Bucher, Unruhen 65; CH) – In D selten – Dazu: **Volkshaussaal**

Volksinitiative CH die; –, -n: ›von einer bestimmten Anzahl von ↗Stimmberechtigten dem Parlament unterbreitete ↗Vorlage, ein Gesetz oder einen Verfassungsartikel zu ändern und den Stimmberechtigten in einer Volksabstimmung zu unterbreiten; Volksbegehren‹: *Von den insgesamt gegen 130 in der Eidgenossenschaft eingereichten Volksinitiativen sind sieben angenommen worden* (Pestalozzi, Zukunft 21) – Vgl. Initiant, Initiative

Volksmehr CH das; -s, ohne Plur.: ›Mehrheit aller Abstimmenden bei ↗eidgenössischen Volksabstimmungen‹: *Das Volksmehr ist mit 59,2 Prozent Zustimmung deutlich, nicht so das Ständemehr: Lediglich 13 von 23 Ständen sagten ja zur nachgeführten Verfassung* (Blick 19. 4. 1999, 2) – Vgl. Mehr

Volksrecht CH das; -(e)s, -e (meist Plur.): ›politisches Recht, eine ↗Volksinitiative oder ein ↗Referendum zu ergreifen und darüber abzustimmen‹: *Die Volksrechte sind das Gegenstück zur breiten Konkordanzregierung. Das Volk soll dann korrigierend eingreifen können, wenn die Vier-Parteien-Regierung keine genügende Mehrheit zu Stande gebracht hat* (TA 27. 10. 1999, 9)

Volksschule die; –, -n: **1.** A; ↗PRIMARSCHULE CH, ↗GRUNDSCHULE D STIR, ↗KLIPPSCHULE D-nordost, ↗PRIMÄRSCHULE LUX ›erste, vier Jahre dauernde Schule zur Vermittlung von elementarer Bildung, deren Besuch gesetzlich vorgeschrieben ist, bzw. Gebäude, in dem diese Schule untergebracht ist‹: *Derzeit ist die Integration behinderter Kinder nur in der Volksschule möglich* (Voneinander lernen, 1996, 3). **2.** CH; ↗PFLICHTSCHULE A /Oberbegriff für ↗Primarstufe und ↗Sekundarstufe I, deren Absolvierung zur Erfüllung der gesetzlich vorgeschriebenen Schulpflicht notwendig sind/: *Nach der obligatorischen Volksschule ist zwar die Schule, aber nicht die Schulung abgeschlossen* (Zürcher Bürgerbuch 99) – Abk. VS. In D veraltet – Zu 1.: **Volksschulalter, Volksschuldirektor(in), Volksschulklasse, Übungsvolksschule**. Zu 2.: **Volksschulabgänger(in), Volksschulgesetz**. Zu 1. und 2.: ↗**Volksschullehrer(in), Volksschüler(in)**

Volksschullehrer Volksschullehrerin der; -s, – bzw. die; –, -nen: **1.** A; ↗PRIMARLEHRER CH, ↗GRUNDSCHULLEHRER D STIR ›Lehrer(in) an der ↗Volksschule‹: *Aber sie waren stolz, als er schließlich als Volksschullehrer zu unterrichten begann* (Profil 7. 2. 1999, Internet). **2.** CH ›Lehrer(in) an der ↗Primar- oder ↗Sekundarschule‹: *Nach den Bezirksschulpflegern wehren sich nun auch die Volksschullehrerinnen und -lehrer gegen die Wiederwahl von Bildungsdirektor Ernst B.* (TA 17. 3. 1999, 24) – Zu 1.: In D informell und veraltend

Vollamt CH das; -(e)s, ...ämter: ↗HAUPTAMT D ›Amt, das hauptberuflich ausgeübt wird‹: *Richter sollen nicht nur im Vollamt, sondern auch im Teilamt gewählt werden können* (TA 30. 10. 1999, 19) – Vgl. Halbamt, Teilamt – Dazu: ↗**vollamtlich**

vollamtlich CH Adj.: ↗HAUPTAMTLICH D ›hauptberuflich‹: *Für die Betreuung von diversen Liegenschaften ... suchen wir per sofort oder nach Übereinkunft einen vollamtlichen Hauswart* (Baslerstab 5. 11. 1997, 19) – In D selten. Vgl. halbamtlich, teilamtlich, Vollamt

Vollerfolg CH der; -(e)s, -e: **1.** ›Sieg im Sport (im Ggs. zum Teilerfolg eines Unentschiedens)‹: *Ein herrlicher Novembertag bescherte den während 13 Partien sieglosen 1.-Liga-Fussballern des SV Lyss im vierzehnten Anlauf den ersten Vollerfolg* (Bund 8. 11. 1999, 33). **2.** ›grosser Erfolg‹: *Er war verantwortlich fürs 1. Winterthurer Oktoberfest, das mit durchschnittlich 800 Gästen ein Vollerfolg gewesen sei, heisst es in der Begründung* (TA 22. 10. 1999, 23)

Vollkoffer A der; -s, – (Grenzfall des Standards): ›Idiot‹ /Schimpfwort/: *Wenn beim Euro etwas schief geht, schimpfen uns die Leute Vollkoffer* (Kleine Ztg 13. 6. 2001, Internet)

Vollpackung CH die; –, -en: ›für einen militärischen Marsch mit der vollständigen Ausrüstung bepackter Rucksack‹: *Mehr als einmal schickte ich meine Soldaten nach dem Nachtessen mit Vollpackung und mit Gasmaske vor dem Gesicht auf einen Übungsmarsch* (Diggelmann, Verhör 121) – Vgl. Packung

Vollpensum CH das; -s, ...pensen: ›Vollzeitarbeit (oft bezogen auf Lehrberufe)‹: *Bezeichnenderweise ist auch die durchschnittliche Arbeitszeit gestiegen: 1993 reichten noch 39,4 Wochenstunden für ein Vollpensum, 1995 waren es bereits 40,5 Stunden* (Sonntagsztg 9. 2. 1997, 69) – Vgl. Pensum, Teilpensum

vollrechtsfähig A Adj.: ›eine eigene Rechtspersönlichkeit darstellend; mit allen Rechten ausgestattet sein (von Personen oder Institutionen)‹: *Weiters wird mit dem geänderten Asylgesetz die Vollrechtsfähigkeit bei Asylwerbern jener von Österreichern angepasst* (Wiener Ztg 7. 6. 2001, Internet) – Vgl. teilrechtsfähig – Dazu: **Vollrechtsfähigkeit**

vollumfänglich CH D (ohne südost) Adj. (nicht steigerbar): ›vollständig‹: *Wer gesellschaftlich notwendige Arbeit gratis leistet, soll deren Gegenwert vollumfänglich von den Steuern abziehen können* (TA 5. 10. 1999, 27; CH); *Manager K. H. trägt das Konzept vollumfänglich mit* (Rheinische Post 13. 3. 2001, Internet; D)

Vollzeitbeschäftigte (gemeindt.): ↗VOLLZEITER/VOLLZEITERIN

Vollzeiter Vollzeiterin CH der; -s, – bzw. die; –, -nen: ›Person, die ↗vollzeitlich einer Erwerbsarbeit nachgeht; Vollzeitbeschäftige(r)‹: *Die Südostschweiz Presse AG operiert ab dem 1. Juli und beschäftigt 5 Vollzeiter sowie 230 Teilzeitangestellte* (TA 25. 3. 2000, 31) – Vgl. Teilzeiter

vollzeitlich CH LUX Adj.: ›die gesamte Arbeitszeit umfassend; ganztags‹: *Der Hauptangeklagte war ein leidenschaftlicher Haschischraucher ... Als sein Arbeitgeber ihn nicht mehr vollzeitlich beschäftigen konnte, begann er, mit dem Stoff zu handeln* (Bieler Tagbl, 27. 9. 2000, Internet; CH); *In einer immer mehr individualisierten Gesellschft müssen Sportvereine und Jugendzentren systematisch gefördert und durch vollzeitlich beschäftigtes Personal verstärkt werden* (Goosch-Zeitung vun déi Lénk 11/2000, Internet; LUX) – Vgl. Vollzeiter

Vollzugsanstalt siehe Justizvollzugsanstalt

vorab Adv.: **1.** CH ›vor allem; in erster Linie; insbesondere‹: *Über 2000 Genfer Gäste vorab jugendlichen Alters nahmen an den Festlichkeiten teil* (Jahr der Schweiz 34). **2.** D ›im Voraus; zuerst; zunächst einmal‹: *Im Unternehmen, bei dem man sich beworben hat, sollte man sich dagegen vorab besser nicht nach den Gehältern erkundigen* (Freundin 19/1997, 124) – Zu 2.: In A zunehmend gebräuchlich

Vorabklärung CH die; –, -en: ›[erstes informelles] Sammeln von Informationen‹: *Die Schweiz erwägt die Beschaffung von ... zusätzlichen Kampfflugzeugen ... Die Gruppe Rüstung wurde jetzt mit entsprechenden Vorabklärungen beauftragt* (Blick 15. 6. 1999, 15) – Vgl. abklären

Voralpe A-west (Vbg.) die; –, -n: ↗MAISÄß A-west (Vbg.), ↗SCHWAIGE A-west (Tir.), ↗VORSÄß A-west (Vbg.), ↗MAIENSÄSS CH ›höher gelegene Weide, auf der das Vieh im Frühling vor der Übersiedlung auf die ↗Alp vorübergehend weidet‹: *Im Gamperdonatal befindet sich außerdem noch die Alpe Vals, das ist eine Voralpe, auf die das Jungvieh getrieben wird, bevor es die Hochalpen abweiden kann* (Wandergebiet Nenzing, 2002, Internet) – Das Pluralwort *Voralpen* in der Bedeutung ›Vorgebirge der Alpen‹ ist gemeindt.

Voranschlag CH D-süd (Politik, Wirtschaft) der; -(e)s, ...schläge: ↗BUDGETENTWURF A, ↗BUDGETVORAN-

SCHLAG A, ↗HAUSHALTSPLAN D ›Zusammenstellung der voraussichtlichen Einnahmen und Ausgaben‹: *Der vom Bundesrat bereinigte Voranschlag für das Jahr 2000 rechnet mit einem Defizit von 1,7 bis 1,8 Milliarden Franken* (Blick 13. 8. 1999, 5; CH)

Vorarbeiter (gemeindt.): ↗KAPO, ↗VORMANN

Vorarbeiterin (gemeindt.): ↗VORFRAU

Vorarlberg (gemeindt.): ↗LÄNDLE

Vorarlberg das; -s, ohne Plur.: wird in A und D ohne den bestimmten Artikel gebraucht, in CH in Verbindung mit *in* auch mit dem bestimmten Artikel. Wird in Vorarlberg selbst meist auf der zweiten Silbe betont, sonst auf der ersten oder zweiten, jeweils mit Kurzvokal: ... *und wer will, kann zwei, drei Stunden über den gefrorenen Silvretta-Stausee und durch das magische Winterweiß wandern, hinauf zur Wiesbadener Hütte, der höchsten in Vorarlberg, die im Winter offen hat* (Trend 2/2001, Internet; A); *Seit rund 25 Jahren unterhält unser Müselbach mit Müselbach im Vorarlberg eine freundschaftliche Beziehung aufrecht* (Gemeinde Müselbach, 2000, Internet; CH); *Grüße überbrachte Karl F. aus Bregenz als Präsident der Bodenseeinternationale und langjähriger ... Fraktionsvorsitzender der SPÖ in Vorarlberg* (Leonberger Kreisztg 12. 11. 2001, Internet; D)

Voraus: *zum Voraus CH: ↗VORHINEIN: *IM VORHINEIN A D-süd, ↗VORNHEREIN: *ZUM VORNHEREIN/ VORNEHEREIN CH ›im Voraus‹: *Dass mir der neue Beruf so gut gefallen würde ... hatte ich zum Voraus gar nicht gewusst* (Hartmann, Eis 16)

Vorausbezahlung (gemeindt.): ↗VORAUSKASSE, ↗VORKASSE

Vorauskasse CH D (ohne ost) die; –, ohne Plur.: ↗VORKASSE D ›Vorausbezahlung‹: *Bei Bestellungen aus der Schweiz kann die Ware nach Lieferung bezahlt werden, bei Lieferungen ins Ausland wird Vorauskasse verlangt* (Bund 25. 2. 2000, 17; CH); *Der Versand erfolgt nur gegen Vorauskasse zuzüglich Porto und Verpackung* (Münchner Stadtmuseum, 2001, Internet; D) – In A selten

vorbehaltlich A D Präp. mit Gen.: ↗VORBEHÄLTLICH CH ›unter Vorbehalt von‹: *Der Nationalrat beschließt auf Vorschlag der Bundesregierung vorbehaltlich der Zustimmung der Sozialpartner – so könnte es in der (ungeschriebenen) Realverfassung der Republik stehen* (Kurier 5. 11. 1997, 3; A); *Vorbehaltlich der Entscheidung des Arbeitsamtes soll die Fortbildungsmaßnahme mit zirka 20 Personen im Mai beginnen* (Freie Presse 17. 4. 2002, Internet; D)

vorbehältlich CH Präp. mit Gen.: ↗VORBEHALTLICH A D ›unter Vorbehalt von‹: *Alle Angaben und Preise vorbehältlich Satz- und Druckfehler* (BeZ 3. 9. 1997, 22)

Vorbezug CH der; -(e)s, ...züge: ›vorzeitiges Einfordern und Entgegennehmen einer zustehenden [Geld]leistung‹: *Der Vorbezug führt zu einer Kürzung der Rente. Der Kürzungssatz beläuft sich pro vorbezogenes Jahr auf 6,8 Prozent* (Bund 1. 7. 1999, 19) – Vgl. Bezug – Dazu: ↗**Erbvorbezug, Vorbezugsjahr**

Vordienstzeiten A die; nur Plur. (formell): ›für die Gehaltseinstufung oder die ↗Pension anrechenbare Zeiten aus einem früheren Dienstverhältnis‹: *Neben den Abfertigungen wird eine bessere Anrechenbarkeit von Vordienstzeiten in der Privatwirtschaft gefordert* (Kurier 17. 9. 1997, 3)

vordrängeln D sw.V./hat: ↗ELLBÖGELN CH ›sich vordrängen; sich rücksichtslos verhalten‹: *Niemals hörte man ihn fluchen über einen dreisten Quertreiber, der sich vordrängelte* (Bick, Tödliche Ostern 17) – In CH selten. Vgl. drängeln

Vordruck (gemeindt.): ↗DRUCKSORTE, ↗STEMPELPAPIER

Vorerhebung A D-süd die; –, -en: ↗STRAFUNTERSUCHUNG CH, ↗VORERMITTLUNG D ›vom Untersuchungsrichter bzw. der Untersuchungsrichterin oder der Staatsanwaltschaft geführtes Verfahren zur Feststellung, ob ein Strafverfahren eingeleitet wird‹ (häufig in der Wendung *gerichtliche Vorerhebung*): *Aber schon tags darauf begann die Salzburger Staatsanwältin Hertha K. mit den Vorerhebungen gegen ihn* (News 15. 1. 1998, 14; A) – Andere Bedeutungen sind gemeindt. Vgl. Erhebung

Vorermittlung D die; –, -en: ↗VORERHEBUNG A D-süd, ↗STRAFUNTERSUCHUNG CH ›Voruntersuchung einer Straftat‹: ... *prüft das Finanzamt Koblenz im Rahmen von Vorermittlungen, ob S. Honorare ... von 140 000 Mark ... ordentlich versteuert hat* (Berliner Ztg 25. 7. 2002, Internet)

Voressen CH das; -s, –: ›Ragout‹: *Oft schon habe ich mir den Kopf zerbrochen, warum das, was in anderen Ländern so wohlklingende Namen wie Frikassee, Ragout oder Blanquette de veau hat, in der Schweiz als Voressen auf den Tisch kommt* (Blick 12. 9. 1995, 24) – Dazu: **Kalbsvoressen, Rindsvoressen** (↗Rinds-), **Schafsvoressen, Schweinsvoressen** (↗Schweins-)

Vorfahrt D die; –, -en (Plur. ungebräuchl.): ↗VORRANG A D-südost, ↗VORTRITT CH ›Recht, an einer Kreuzung oder Einmündung vor einem anderen herankommenden Fahrzeug durchzufahren‹ (meist in Verbindung mit den Verben *achten, gewähren, missachten*): *Aber damit würde der Gesetzgeber nur legalisieren, was in Holland seit langem gilt: Fahrräder haben immer Vorfahrt* (Welt 15. 2. 1997, Internet) – Dazu: ↗**vorfahrtsberechtigt, Vorfahrtsrecht, Vorfahrtsregel, Vorfahrtsschild,** ↗**Vorfahrtsstraße**

vorfahrtsberechtigt D Adj.: ↗BEVORRANGT A, ↗VORTRITTSBERECHTIGT CH, ↗BEVORRECHTIGT D ›berechtigt, an einer Kreuzung oder Einmündung vor einem anderen herankommenden Fahrzeug durchzufahren‹: *Wir fordern weiterhin ... vorfahrtsberechtigte und damit sichere Radwege* (ADFC, 1999, Internet) – Vgl. Vorfahrt

Vorfahrtsstraße D die; –, -n: ↗VORRANGSTRASSE A, ↗VORTRITTSBERECHTIGT: *VORTRITTSBERECHTIGTE [HAUPT]STRASSE CH ›Straße, auf der man bei Kreuzungen und Einmündungen das Recht hat, vor anderen Fahrzeugen durchzufahren‹: *Die Straße im Siedlungsgebiet wurde 1993 als Vorfahrtsstraße ausgewiesen* (Berliner Ztg 14. 3. 1995, 23) – Vgl. Vorfahrt

Vorfenster CH das; -s, –: ↗WINTERFENSTER A D-süd ›zweites Fenster, das [in älteren Häusern] im Winter zu Wärmeisolationszwecken eingehängt wird‹: *Das Haus ist jetzt mit Doppelscheiben verglast, und Mutter musste keine Vorfenster im Estrich übersommern* (Schriber, Kartenhaus 7)

Vorfrau die; –, -en: **1.** A (salopp) ›Frau, die eine leitende Position in einer politischen Partei, Firma o. Ä. innehat‹: *Wenn Othmar Karas, Zweiter auf der VP-Liste für die EU-Wahl, über seine Vorfrau Ursula Stenzel spricht, versteigt er sich in Superlative* (OÖN 28. 4. 1999, 2). **2.** D (selten) ›Vorarbeiterin‹: *Bei Problemen mit den Reinigungskräften ... sprechen Sie die Vorfrau des Gebäudes ... an* (TU Berlin, 2001, Internet) – Vgl. Vormann

vorgängig CH: **1.** Adv. ›zuvor‹: *Der Original-Tachometer mit gemessenen 76'000 Kilometern war vorgängig ausgebaut und durch einen Occasions-Tachometer ersetzt worden* (TA 9. 10. 1999, 19; CH). **2.** Adj. ›vorhergehend, vorangehend‹: *Das Steuerharmonisierungsgesetz könnte deshalb nach Auffassung des Bundesrates erst nach vorgängiger Verfassungsänderung mit Mindestnormen für die kantonalen Erbschafts- und Schenkungssteuern ergänzt werden* (Protokoll der Januarsession der Vereinigten Bundesversammlung, 1998, Internet; CH) – In D veraltet

Vorgangsweise A die; –, -n: ›die Art, wie eine Person vorgeht; Vorgehensweise‹: *Das Wort in der Fraktionssitzung führten die Gewerkschafter, die mit der Vorgangsweise der Regierung nicht einverstanden sind* (Kurier 17. 9. 1997, 2)

Vorgehensweise (gemeindt.): ↗VORGANGSWEISE

Vorhang (gemeindt.): ↗ÜBERGARDINE

Vorhang A CH D-süd der; -(e)s, Vorhänge: ↗STORE A D (ohne mittelost/südwest), ↗GARDINE D ›aus transparentem Stoff gefertigter, dekorativer Sichtschutz für Fenster‹: *Kühlvitrinen bei Nichtbetrieb leeren und abstellen oder mit transparentem Vorhang, Nachtrouleau oder Abdeckung versehen* (Wirtschaftskammer Vorarlberg, 2001, Internet; A); *Gebannt betrachtet der Säugling einen Sonnenstrahl, der seinen Schein durch die Vorhänge ins Kinderzimmer wirft* (Heilpädagogisches Seminar Zürich, 1998, Internet; CH) – Die Bedeutung ›undurchsichtiger, aus dickerem Stoff bestehender Sichtschutz für Fenster‹ sowie andere Bedeutungen sind gemeindt.

Vorhangschiene (gemeindt.): ↗GARDINENLEISTE, ↗KARNIESE

Vorhaus A-mitte/südost D-südost das; -es, ...häuser: ↗VORRAUM A, ↗VORZIMMER A (ohne west), ↗ENTRÉE CH, ↗VORPLATZ CH, ↗DIELE D, ↗VORSAAL D-mittelost ›Raum [mit Garderobe] im Eingangsbereich innerhalb eines Einfamilienhauses, von dem aus die anderen Räume erreicht werden können‹: *Einer der beiden Eheleute muss noch verzweifelt versucht haben, den Glimmbrand zu löschen – der Feuerlöscher, der laut P. normalerweise im Vorhaus montiert ist, lag in der Küche auf dem Boden* (Kleine Ztg 17. 4. 1998, Internet; A-mitte/südost); *Die Mutter lag im Vorhaus ... aufgebahrt* (Wimschneider, Herbstmilch 7; D-südost)

Vorhinein: *im Vorhinein A D-süd: ↗VORNHEREIN: *ZUM VORNHEREIN/VORNEHEREIN CH, ↗VORAUS: *ZUM VORAUS CH ›von vorn[e]herein, im Voraus‹: *Lauter solche Sprüche hatte er ihr vor kurzem noch fast täglich hingeworfen: Begründungen im Vorhinein, Entschuldigungen, wenn ihm eine andere Frau unterkommen sollte* (Wolfgruber, Verlauf eines Sommers 38; A); *Ihre Zustimmungskriterien müssten im Vorhinein festgelegt werden* (Zeit 17. 1. 2002, Internet; D-süd) – In CH selten

Vorkasse D die; –, ohne Plur.: ↗VORAUSKASSE CH D (ohne ost) ›Vorausbezahlung‹: *Lieferung nur gegen Vorkasse per Euroscheck* (Geo 11/1996, 125)

Vorkehr CH die; –, -en: ›Vorkehrung‹: *Einiges ist aber doch in Gang gekommen, und Swisscontrol hat gehandelt, obwohl sich bei laufenden Verfahren die Vorkehren auch als Schuldeingeständnis interpretieren liessen* (TA 4. 6. 1999, 17) – Dazu: ↗**vorkehren**

vorkehren CH sw.V./hat: ›Massnahmen ergreifen, Vorkehrungen treffen‹: *Ich überlegte mir, was bei seinem Tod vorzukehren wäre* (Hartmann, Eis 100) – Vgl. Vorkehr

Vorkehrung (gemeindt.): ↗VORKEHR

Vorlage CH die; –, -n: kurz für ↗*Abstimmungsvorlage:* ›Kredit- oder Sachbeschluss, der in Form eines Gesetzestextes der Volksabstimmung unterliegt‹: *Der LdU des Kantons Zürich hat am Donnerstag die Parolen zu den Abstimmungsvorlagen vom 27. September gefasst. Zu sieben Vorlagen sagt er ja, die Wohnschutzinitiative lehnt er ab* (TA 5. 9. 1998, 21) – Zur Annahme einer Vorlage sind ↗Ständemehr und ↗Volksmehr erforderlich. Andere Bedeutungen, z.B. kurz für Gesetzesvorlage, Regierungsvorlage, sind gemeindt. – Dazu: **Referendumsvorlage** (↗Referendum), **Revisionsvorlage** (↗Revision), **Sachvorlage, Vernehmlassungsvorlage** (↗Vernehmlassung)

Vormundschaft (gemeindt.): ↗Kuratel

Vormundschaft CH die; –, -en: kurz für ↗*Vormundschaftsamt* und ↗*Vormundschaftsbehörde:* ↗Pflegschaftsgericht A, ↗Vormundschaftsgericht D ›Amt, das über die rechtliche Vertretung von Minderjährigen und Entmündigten entscheidet‹: *Das Parlament lehnte es auch ab, die Gerichte zu verpflichten, sich bei der Vormundschaft oder Jugendhilfe nach allenfalls vorhandenen Informationen zu erkundigen, die für das Scheidungsverfahren wichtig sein könnten* (TA 18. 12. 1997, 7) – Die Bedeutung ›behördlich verfügte rechtliche Vertretung einer Institution oder einer (minderjährigen oder entmündigten) Person‹ ist gemeindt. Vgl. Beistandschaft

Vormundschaftsamt CH das; -(e)s ...ämter: ↗Pflegschaftsgericht A, ↗Vormundschaftsbehörde CH, ↗Vormundschaftsgericht D ›Amt, das über die rechtliche Vertretung von Minderjährigen und Entmündigten entscheidet‹: »*Wir hielten es für untragbar, das Mädchen nach Hause zu schicken*«, *sagt Niklaus R. vom Vormundschaftsamt St. Gallen* (SI 18. 1. 1999, 35) – Vgl. Vormundschaft

Vormundschaftsbehörde CH die; –, -n: ↗Pflegschaftsgericht A, ↗Vormundschaftsamt CH, ↗Vormundschaftsgericht D ›Amt, das über die rechtliche Vertretung von Minderjährigen und Entmündigten entscheidet‹: *Im ausserehelichen Kindesverhältnis steht die elterliche Gewalt über das Kind vorerst nicht der Mutter, sondern der Vormundschaftsbehörde zu* (Bund 13. 1. 2000, 44) – Vgl. Vormundschaft

Vormundschaftsgericht D das; -(e)s, -e: ↗Pflegschaftsgericht A, ↗Vormundschaft CH, ↗Vormundschaftsamt CH, ↗Vormundschaftsbehörde CH ›Abteilung des ↗Amtsgerichts, die über die rechtliche Vertretung von Minderjährigen und Entmündigten entscheidet‹: *Bei noch nicht Volljährigen hat beispielsweise das Vormundschaftsgericht ein Mitspracherecht bei der Wiederanlage zurückgezahlter Anleihen* (Welt 16. 12. 1996, Internet) – In A informell und selten

Vornherein: *zum Vornherein/Vorneherein CH: ↗Vorhinein: *im Vorhinein A D-süd, ↗Voraus: *zum Voraus CH ›von vorn[e]herein, im Voraus‹: *Anlagen mit wenigen hundert Quadratmetern sind in der Bauzone nicht zum Vornherein ausgeschlossen* (Tierwelt 15. 8. 1997, 29); *Die Arbeitsgemeinschaft war zum Vorneherein als Dachorganisation vorgesehen* (Jahr der Schweiz 82)

Vorort (gemeindt.): ↗Vorortsgemeinde

Vorort CH der; -(e)s, ohne Plur. (früher): ↗Industriellenvereinigung A, ↗Economiesuisse CH, ↗SHIV CH, ↗BDI D, ↗Industriellenverband STIR ›Dachorganisation der Verbände von Unternehmen der Industrie und von grossen privaten Dienstleistungsfirmen bzw. deren Vorstand‹: *Der alte Name Vorort stammt noch aus der Gründungszeit des Schweizerischen Handels- und Industrievereins (SHIV), als es keine feste Geschäftsstelle gab. Der Vorsitz wechselte jedes Jahr von einem Kanton zum andern* (Pressebüro Geschichte jetzt!, 1998, Internet) – Bis 1798 und zwischen 1803 und 1848 in der Bedeutung ›↗Kanton mit Präsidialfunktion‹ gebräuchlich. Selten noch in der Bedeutung ›federführende Sektion einer überregionalen Körperschaft‹ gebräuchlich

Vorortsgemeinde CH die; –, -n: ›Gemeinde, die vor einer grösseren Stadt liegt; Vorort‹: *So entstand um die alte Stadt Zürich herum ein Kranz von Vorortsgemeinden mit ganz unterschiedlicher Bevölkerung* (Meyer, Geschichte 2, 86) – Vgl. Agglomeration

Vorplatz CH der; -es, ...plätze: ↗Vorraum A, ↗Vorzimmer A (ohne west), ↗Vorhaus A-mitte/südost D-südost, ↗Entreé CH, ↗Diele D, ↗Vorsaal D-mittelost ›repräsentativer Raum [mit Garderobe] im Eingangsbereich innerhalb einer Wohnung oder eines Einfamilienhauses, von dem aus die anderen Räume erreicht werden können‹: *Die Wohnung verfügt über Küche, Essplatz, Gang/Vorplatz, Bad/WC, sep. WC, Reduit, Loggia, Estrich, inkl. 1 PW-Einstellplatz* (BaZ 25./26. 10. 1997, 83) – Die Bedeutung ›freier Platz vor einem Gelände‹ ist gemeindt.

vorprellen CH D-südost sw.V./ist: ›vorpreschen‹: *Der Gemeinderat wolle in dieser Sache jedoch nicht im Alleingang vorprellen, sondern wo immer möglich die Bevölkerung einbeziehen* (Bund 21. 10. 1999, 28)

vorpreschen (gemeindt.): ↗vorprellen

Vorrang A D-südost der; -(e)s, ohne Plur. (Verkehr): ↗Vortritt CH, ↗Vorfahrt D ›Recht, an einer Kreuzung oder Einmündung vor einem anderen herankommenden Fahrzeug durchzufahren‹ (in Verbindung mit den Verben *achten, beachten, geben, missachten*): *Ohne auf den Vorrang zu achten, war ein 67-jähriger Pensionist mit seinem Pkw in die Hauptstraße in Hennersdorf eingebogen* (SN 20. 10. 1997, 8; A) – In D selten und vor allem im Zusammenhang mit Eisen- oder ↗Straßenbahnen. Andere Bedeutungen sind gemeindt. – Dazu: ↗**bevorrangt** A, **Vorrangregel**, ↗**Vorrangstraße** A, **Vorrangtafel** (↗Tafel) A

Vorrangstraße A die; –, -n: ↗VORTRITTSBERECHTIGT: *VORTRITTSBERECHTIGTE [HAUPT]STRASSE CH, ↗VORFAHRTSSTRASSE D ›Straße, auf der man bei Kreuzungen und Einmündungen das Recht hat, vor anderen Fahrzeugen durchzufahren‹: *Die Verkehrsbeschränkung gilt auf allen Straßen innerhalb des Ortsgebietes, ausgenommen Bundes- und Landesstraßen, die als Vorrangstraßen gekennzeichnet sind* (VN 29. 3. 2001, Heimat/Dornbirn 25) – Vgl. Vorrang

Vorraum A der; -(e)s, ...räume: ↗VORZIMMER A (ohne west), ↗VORHAUS A-mitte/südost D-südost, ↗ENTRÉE CH, ↗VORPLATZ CH, ↗DIELE D, ↗VORSAAL D-mittelost ›Raum [mit Garderobe] im Eingangsbereich innerhalb einer Wohnung oder eines Einfamilienhauses, von dem aus die anderen Räume erreicht werden können‹: *Wurde es in der Küche zu heiß, stieß Mutter die Tür zum Vorraum auf* (Glantschnig, Mirnock 25) – Die Bedeutung ›vorgelagerter Raum‹ ist gemeindt.

vorrücken D-mittelost/südost sw.V./ist: ↗AUFSTEIGEN A D-südost, ↗PROMOVIEREN CH, ↗BEFÖRDERN CH D-südwest, ↗VERSETZEN D (ohne südost) ›(als Schüler(in)) aufgrund der schulischen Leistungen für die nächsthöhere Klasse zugelassen werden‹: *Schüler ..., die ... das Ziel der Jahrgangsstufe nicht erreicht haben, können vorrücken, wenn sie sich einer Nachprüfung erfolgreich unterzogen haben* (Bayerisches Erziehungs- und Unterrichtsgesetz, 41. Aufl., 27) – Andere Bedeutungen sind gemeindt.

Vorrückung A die; –, -en: ›automatische Erhöhung des Gehalts durch Aufstieg in eine höhere Gehaltsklasse (von Beamt(inn)en)‹: *Die Unternehmer-Vertreter zeigen sich auch nicht sehr kreativ, wenn es darum geht, Dinge wie automatische Vorrückungen umzulenken* (Kurier 17. 9. 1997, 17) – Andere Bedeutungen sind gemeindt. – Dazu: **Gehaltsvorrückung, ↗Vorrückungsstichtag**

Vorrückungsstichtag A der; -(e)s, -e (Verwaltung): ›Zeitpunkt, der für die Berechnung der ↗Vorrückung ausschlaggebend ist‹: *Im Grunde genommen sind es zwei Kolleginnen, die ... nahezu die gleiche Dienstzeit haben. Frau R. ist jedoch dabei nach dem Vorrückungsstichtag die Dienstjüngere* (Kleine Ztg 30. 6. 1998, Internet)

Vorsaal D-mittelost der; -(e)s, ...säle: ↗VORRAUM A, ↗VORZIMMER A (ohne west), ↗VORHAUS A-mitte/südost D-südost, ↗ENTRÉE CH, ↗VORPLATZ CH, ↗DIELE D ›Raum [mit Garderobe] im Eingangsbereich innerhalb einer Wohnung oder eines Einfamilienhauses, von dem aus die anderen Räume erreicht werden können‹: *Die Wohnungen sind altersgerecht, mit ein bis zwei Räumen, Vorsaal, Bad und Balkon ausgestattet* (Diakonie Westsachsen 25. 11. 2002, Internet)

vorsagen CH D sw.V./hat: ↗EINSAGEN A D-süd ›eine Information zuflüstern (bes. bei Prüfungen in der Schule)‹: *Das war Schummelei. Die Antworten wurden im Publikum durch Husterei vorgesagt* (Blick 15. 1. 2002, 22; CH); *Ich versuche, meiner Banknachbarin Ruby möglichst viel vorzusagen* (Tagesspiegel 3. 9. 1999, Internet; D) – Andere Bedeutungen sind gemeindt.

Vorsäß A-west (Vbg.) das; -es, -e: **1.** ↗MAISÄSS A-west (Vbg.), ↗SCHWAIGE A-west (Tir.), ↗VORALPE A-west (Vbg.), ↗MAIENSÄSS CH ›höher gelegene Weide, auf der das Vieh im Frühling vor der Übersiedlung auf die ↗Alp vorübergehend weidet‹: *Mittlerweile sind wieder zahlreiche Bauern mit ihrem Vieh in die Vorsäße des Bregenzerwaldes gezogen* (VN 13. 6. 2002, Heimat/Bregenz 12). **2.** ↗MAISÄSS A-west (Vbg.), ↗MAIENSÄSS CH ›Wohngebäude und Stall auf (1)‹: *Gern hielt er sich mit seiner Familie und Freunden in der Freizeit im gepachteten Vorsäß auf dem Bödele, das er in mühevoller Arbeit liebevoll ausgebaut hatte, auf* (VN 19. 9. 2002, B 2) – Zu 2.: Heute häufig nicht mehr für landwirtschaftliche Zwecke, sondern als Wochenend- oder Ferienhaus genutzt – Dazu: **Vorsäßhütte**

Vorschlagbrot STIR das; -(e)s, -e: ›dünnes, rundes, weiches Schwarzbrot‹: *So schreiben zwei Schüler zum Beispiel über die Ursprünge des Südtiroler Brotes und liefern gleich die Rezepte für Schüttelbrot und Vorschlagbrot dazu* (Dolomiten 10. 1. 2001, 19)

vorschreiben A st.V./hat (formell): ›eine behördliche Aufforderung zu einer Zahlungsverpflichtung erteilen‹: *Der Fiskus könnte darin einen steuerlichen Gestaltungsmissbrauch sehen und die Schenkungssteuer vorschreiben* (Trend spezial 8/2000, Internet) – Andere Bedeutungen sind gemeindt. – Dazu: **↗Vorschreibung**

Vorschreibung A die; –, -en (formell): ›Bescheid einer Behörde über eine Zahlungsverpflichtung‹: *Bei den neuen Arbeitnehmerveranlagungen kann es, insbesondere bei mehreren Arbeitsverhältnissen, zu kräftigen Steuernachzahlungen und zusätzlich zur Vorschreibung vierteljährlicher Vorauszahlungen kommen* (Trend 9/1995, Internet) – Vgl. vorschreiben – Dazu: **Kostenvorschreibung, Prämienvorschreibung, Steuervorschreibung, Zinsenvorschreibung**

Vorschrift (gemeindt.): ↗MASSREGEL

Vorsitzende D der/die; -n, -n: **1.** ↗OBFRAU A, ↗OBMANN A, ↗PARTEIPRÄSIDENT CH BELG ›Person, die in einer politischen Partei die leitende Position innehat‹: *Der SPD-Vorsitzende S. solle sich stärker um die Parteilinke kümmern* (Welt 30. 9. 1999, Internet). **2.** ↗OBFRAU A, ↗OBMANN A CH, ↗VORSITZER D ›Person, die in einem Verein, einem Verband o. Ä. die leitende Position innehat; Präsident(in)‹: ... *rief die*

Vorsitzende der Frauen-Union, Rita S., die in Fulda tagenden Bischöfe auf, im System der staatlichen Konfliktberatung zu bleiben (Welt 24. 9. 1999, Internet) – Zu 1.: In A und CH selten – Zu 1.: **Aufsichtsratsvorsitzende(r)** (↗Aufsichtsrat), **Ausschussvorsitzende(r)** (↗Ausschuss), **Bundesparteivorsitzende(r), ↗Fraktionsvorsitzende(r), Landesparteivorsitzende(r)** (↗Landes-), **Parteivorsitzende(r)**. Zu 2.: **Verbandsvorsitzende(r), Vereinsvorsitzende(r)**. Zu 1 und 2.: ↗**Ehrenvorsitzende(r)**

Vorsitzer Vorsitzerin D der; -s, – bzw. die; –, -nen: **1.** ↗OBMANN A CH, ↗VORSITZENDE D ›Person, die in einem Verein, einem Verband o. Ä. die leitende Position innehat; Präsident(in)‹: *Ein Mitglied darf nur sprechen, wenn ihm vom Vorsitzer das Wort erteilt wird* (Verband Deutscher Betoningenieure 21. 6. 1990, Internet). **2.** ›den Vorsitz führende Person in einem Richtergremium‹: *Offenbar ist Wattenscheid schon immer ein alter Gerichtssitz gewesen … Vorsitzer war aber immer der Bochumer Amtsrichter* (Stadt Bochum 17. 6. 2003, Internet)

Vorsorgeeinrichtung die; –, -en: **1.** CH ›Einrichtung zur Anhäufung und Verzinsung von Kapital für die spätere Zahlung einer ↗Rente oder Prämie‹: *Sämtliche an Vorsorgeeinrichtungen geleisteten Beiträge können bei den eidgenössischen, kantonalen und Gemeindesteuern abgezogen werden* (Beobachter, Richtig versichert? 12). **2.** D ›Klinik oder Erholungsheim zur gesundheitlichen Vorsorge‹: *Neben der Tätigkeit in Fitness-Centern können Fitnessfachwirte und Fitnessfachwirtinnen zum Beispiel auch in Reha- und Vorsorgeeinrichtungen … arbeiten* (Arbeitsamt 2. 10. 2002, Internet) – Zu 1. und 2.: In A selten. Zu 1 vgl. Pensionskasse

Vorsorgeuntersuchung A D die; –, -en: ↗GESUNDENUNTERSUCHUNG A ›freiwillige, von der Krankenkasse bezahlte medizinische Untersuchung zur Krankheitsvorbeugung‹: *Regelmäßige Vorsorgeuntersuchungen, um Prostatakrebs im frühen, mit großer Wahrscheinlichkeit heilbaren Stadium zu entdecken, sind für Männer eine »Überlebensversicherung«* (OÖN 23. 1. 2003, 24; A); *Der Chefarzt rät deshalb dringend zu einer Vorsorgeuntersuchung, speziell für Personen mit erblicher Vorbelastung* (Nordbayrische Nachr 5. 3. 2002, Internet; D) – In CH zunehmend gebräuchlich

vorspuren CH sw.V./hat: **1.** ›mit Fahrspuren versehen; spuren‹: *Kleine Schneefräsen hatten Wege vorgespurt* (FC Solothurn, 1999, Internet). **2.** ›vorausschauend Entscheidungen auf ein bestimmtes Ziel hin treffen‹ (meist in der Wendung *etw. ist/wird vorgespurt): Kommission spurt vor: Die Fronten hat die Finanzkommission abgesteckt* (TA 7. 12. 1996, 19); *Mit dem Verzicht auf ein Referendum der SVP gegen die bilateralen Verträge mit der EU ist ein Kompromiss vorgespurt* (Blick 26. 10. 1999, 5)

Vorstadtviertel A D-mittel/südwest das; -s, –: ↗AUSSENQUARTIER CH ›Stadtteil außerhalb des Stadtzentrums (in größeren Städten)‹: *Der Wohnraum Rosensteingasse liegt im 17. Wiener Gemeindebezirk, einem gründerzeitlichen Vorstadtviertel mit dichter Verbauung* (Anna Detzlhofer Landschaftsplanung, 2003, Internet; A); *Wer das Hotelessen nicht mag oder wem es zu teuer ist, kann … in die Vorstadtviertel unweit des Zentrums fahren* (WDR 24. 6. 2001, Internet; D) – Vgl. Viertel

Vorstand Vorständin A D-nordwest der; -(e)s, …stände bzw. die; –, -nen: ↗VORSTEHER CH ›Person, die in einer Behörde, einer Verwaltung, einem Institut oder einer Schule eine leitende Funktion ausübt; Leiter(in)‹: *Der Vorstand des Instituts für Politikwissenschaft an der Universität Innsbruck spricht … zum Thema »Wie salonfähig ist der Rechtsextremismus in Österreich?«* (VN 15. 6. 2000, Heimat/Dornbirn 31; A) – Andere Bedeutungen, z. B. ›Leitungsgremium einer Firma, eines Vereins‹, sind gemeindt. – Dazu: **Abteilungsvorstand (…ständin), Bahnhofsvorstand (…ständin)** A, **Bahnhofvorstand (…ständin)** CH, **Institutsvorstand (…ständin), ↗Klassenvorstand (…ständin)** A, **Stationsvorstand (…ständin)**

Vorsteher Vorsteherin CH der; -s, – bzw. die; –, -nen: ↗VORSTAND A D-nordwest ›Person, die in einer Behörde, einer Verwaltung, einem Institut oder einer Schule eine leitende Funktion ausübt; Leiter(in)‹: *Der … Vorsteher des … Amtes für Heimatschutz, Kultur und Denkmalpflege kümmerte sich nicht um die Meinung der Kantonsregierung* (Blick 7. 9. 1999, 9) – In A und D selten und vor allem in Zus.gebräuchlich, z. B. ↗*Bezirksvorsteher* A (Graz, Wien) D, ↗*Gerichtsvorsteher* A – Dazu: **Abteilungsvorsteher(in), Bauvorsteher(in), ↗Departementsvorsteher(in), Direktionsvorsteher(in), Finanzvorsteher(in), ↗Gemeindevorsteher(in)** LIE, **Schulvorsteher(in), Sozialvorsteher(in), Steueramtsvorsteher(in), ↗Vizevorsteher(in)** LIE, **Vorsteheramt** LIE, **Vorsteherkandidat(in)** LIE

Vorstoss: *parlamentarische Vorstoss CH: ↗INITIATIVANTRAG A D ›durch die Parlamentsmitglieder eingebrachter Vorschlag für Verfassungs-, Gesetzes- und Verordnungsänderungen‹: *Sehr oft kommt man mit einer Intervention oder einer Anfrage beim zuständigen Chefbeamten oder beim Departementsvorsteher besser zum Ziel als durch einen parlamentarischen Vorstoss* (Fehr, Helvetia 97) – Das Substantiv *Vorstoss* ist in allen anderen Verwendungen gemeindt. Vgl. Initiative, Motion, Postulat

Vorsuppe D-nord/mittel die; –, -n: ›Suppe als Vorspeise‹: *Immer gibt es eine Vorsuppe, Braten, Gemüse*

oder Salat, Kartoffeln mit Soße und Nachtisch (Wolf, Samstags 58)

Vorteig CH D (ohne mittelost/südost) der; -(e)s, -e: ↗DAMPFL A D-südost ›mit ↗Hefe, Wasser und Mehl zum Vorgären angesetzte kleine Teigmenge‹: *Ohne Ei (im Teig) und weniger Hefe (dafür mit Vorteig) bleibt ein Butterzopf länger frisch* (Brückenbauer 22/1998, Internet; CH); *Aus der Hälfte der Hefe, ein wenig Wasser und etwas Mehl einen Vorteig machen und gehen lassen bis sich Blasen bilden* (SWR, 2001, Internet; D)

Vorteilscard A die; –, -s [...ka:d] (formell): ↗ERMÄSSIGUNGSAUSWEIS A, ↗HALBPREISAUSWEIS A, ↗HALBPREISPASS A, ↗HALBTAX CH, ↗HALBTAXABONNEMENT CH, ↗BAHNCARD D ›käuflich zu erwerbender Ausweis, der zur Benutzung der ↗ÖBB zu ermäßigtem Tarif berechtigt‹: *Egal wohin in Österreich, egal in welcher Klasse: Mit der Vorteilscard bekommen Sie 50 % Ermäßigung auf den normalen Fahrpreis* (ÖBB, Service, 2000, Internet)

Vortragende A der/die; -n, -n: ›Person, die einen Vortrag, Kurs hält; Referent(in)‹: *Wir sind Europas größtes Ausbildungsinstitut für Heilpraktiker und Psychotherapeuten und suchen Sie als: Vortragende/n, nebenberuflich, für unsere Schule in Freilassing* (SN 8. 11. 1997, 70) – In CH selten

Vortritt CH der; -(e)s, ohne Plur.: ↗VORRANG A D-südost, ↗VORFAHRT D ›Recht, an einer Kreuzung oder Einmündung vor einem anderen herankommenden Fahrzeug durchzufahren‹ (in Verbindung mit den Verben *achten, beachten, gewähren, lassen, missachten*): *Bald schon fluchte er leise ... über den zunehmenden Privatverkehr, über die rücksichtslosen Automobilisten, die ihm den Vortritt nicht liessen* (Geiser, von Guntens Traum 263); ***kein Vortritt:** ↗NACHRANG A ›Pflicht, an einer Kreuzung oder Einmündung ein anderes herankommendes Fahrzeug durchfahren zu lassen‹: *Dabei missachtete [die Autofahrerin] das Signal »Kein Vortritt«, und das Auto kollidierte mit dem Motorrad* (NZZ 15. 3. 2002, Internet) – Die Bedeutung ›aus Höflichkeit gewährte Gelegenheit, voranzugehen‹ ist gemeindt. – Dazu: ↗**Kreisvortritt**, ↗**Rechtsvortritt**, ↗**vortrittsberechtigt**, **Vortrittsrecht**, **Vortrittsregel**, **Vortrittssignal**

vortrittsberechtigt CH Adj.: ↗BEVORRANGT A, ↗BEVORRECHTIGT D, ↗VORFAHRTSBERECHTIGT D ›berechtigt, an einer Kreuzung oder Einmündung vor einem anderen herankommenden Fahrzeug durchzufahren‹: *Eine Autofahrerin hatte nach der A-6-Autobahnausfahrt einen vortrittsberechtigten Wagen übersehen, so dass es zu einer heftigen Kollision kam* (Bund 26. 7. 1999, 15); ***vortrittsberechtigte [Haupt]strasse** (formell): ↗VORRANGSTRASSE A, ↗VORFAHRTSSTRASSE D ›Strasse, auf der man bei Kreuzungen und Einmündungen das Recht hat, vor anderen Fahrzeugen durchzufahren‹: *Objektiv gesehen hat der Beschwerdeführer versucht, unmittelbar vor dem Lastwagen in die vortrittsberechtigte Strasse einzubiegen* (Verwaltungspraxis der Bundesbehörden 63.71, 4. 6. 1998, Internet) – Informell wird für *vortrittsberechtigte [Haupt]strasse* meistens die Kurzform *Hauptstrasse* verwendet. *Hauptstrasse* in den Bedeutungen ›Durchgangsstrasse‹ sowie ›wichtigste Strasse eines Ortes‹ ist gemeindt. Vgl. Vortritt

vorverlegen (gemeindt.): ↗VORVERSCHIEBEN

vorverschieben [sich] A CH st.V./hat: ›auf einen früheren Zeitpunkt verschieben; vorverlegen‹: *Die heutige Projektpräsentation im Dompark hat sich auf 15 Uhr vorverschoben* (OÖN 20. 7. 2001, 15; A); *Der ... Monatsmarkt wird auf den 18. Dezember vorverschoben* (Bund 3. 12. 1999, 29; CH) – Dazu: **Vorverschiebung**

Vorweis A D der; -es, -e (formell): ↗VORWEISUNG CH ›das Vorweisen, Zeigen‹ (meist in der Wendung *gegen Vorweis*): *Die abgestempelte Fahrkarte berechtigt dann – gegen Vorweis beim Schaffner – zur Freifahrt bei der Rückreise* (Alpenverein 4/1997, 49; A); *Die Tagungsunterlagen ... werden bei der Registrierung gegen Vorweis der Anmeldebestätigung übergeben* (Verband der Automobilindustrie, 2003, Internet; D)

Vorweisung CH die; –, -en: ↗VORWEIS A D ›das Vorweisen, Zeigen‹ (meist in der Wendung *gegen Vorweisung*, auch in der Wendung *unter Vorweisung*): *Jugendliche bis 20 Jahre ... erhalten gegen Vorweisung eines Personalausweises bzw. einer Legi Karten zum reduzierten Preis von 25 Franken* (TA 10. 7. 1999, 50); *B. wurde unter Vorweisung falscher Dokumente zu einer »Befragung« abgeholt und nach Genf geführt* (TA 22. 11. 1997, 21)

Vorwort A das; -(e)s, ...wörter: ↗VERHÄLTNISWORT D ›Präposition‹: *Präpositionalobjekte sind Ergänzungen (Objekte), die mit einem Vorwort (Präposition) eingefügt sind* (Ebner, Durchstarten in Deutsch 74) – In CH und D veraltet. Die Bedeutung ›Einleitung eines Buchs‹ ist gemeindt. – Dazu: **Vorwortergänzung**

Vorzimmer A (ohne west) das; -s, –: ↗VORRAUM A, ↗VORHAUS A-mitte/südost D-südost, ↗ENTRÉE CH, ↗VORPLATZ CH, ↗DIELE D, ↗VORSAAL D-mittelost ›Raum [mit Garderobe] im Eingangsbereich innerhalb einer Wohnung oder eines Einfamilienhauses, von dem aus die anderen Räume erreicht werden können‹: *Und das alles neben äußerst geschmackvollen Möbellinien für Küche, Bad, Vorzimmer, Speisezimmer, Kinder-, Wohn- und Schlafzimmer* (Wellness 10/1997, 53) – Die Bedeutung ›Raum vor dem Büro des bzw. der Vorgesetzten; Chefsekretariat‹ ist gemeindt. – Dazu: **Vorzimmerkasten** (↗Kasten), **Vorzimmerschrank** (↗Schrank)

Vorzugsbutter CH die; –, ohne Plur.: ↗TEEBUTTER A, ↗MARKENBUTTER D ›Butter der höchsten Handelsklasse‹: *Nur in die Kochbutter lassen sich gefrorene Butterberge einschmelzen. Vorzugsbutter muss dagegen stets frisch sein* (Bund 25. 3. 1999, 17)

Vorzugsmilch CH D die; –, ohne Plur.: ›unbehandelte Milch von guter Qualität mit natürlichem Fett- und Keimgehalt, deren Gewinnung behördlich überwacht wird‹: *Schon die Bezeichnung des Produktes muss gesetzeskonform sein: Tafelwasser und Mineralwasser, Vorzugsmilch und UHT-Milch sind nicht dasselbe* (TA 11. 3. 2000, 65; CH); *Vorzugsmilch ist ebenfalls roh und unbehandelt, wird jedoch abgepackt im Handel angeboten* (Berliner Ztg 22. 1. 2002, Internet; D) – Die Pluralform *Vorzugsmilchen* ist fachsprachlich

Vorzugstitel STIR der; -s, –: ›Qualifikation, die in einem ↗Wettbewerb um eine bestimmte Anstellung Punkte und damit einen Vorzug bringt‹: *Der Zweisprachigkeitsnachweis A oder B gilt als Vorzugstitel* (Dolomiten 4. 8. 1997, 4)

Votum CH das; -s, Voten/Vota ⟨lat.⟩: ›Äusserung in einer [politischen] Versammlung; Diskussionsbeitrag im Parlament‹: *In die gleiche Richtung stiess ein Votum von Gemeinderätin D. mit der Frage, ob es nicht möglich wäre, nur die dringendsten Sanierungsmassnahmen auszuführen* (Engadiner Post 4. 10. 1997, 1) – Andere Bedeutungen sind gemeindt. – Dazu: **Eintretensvotum, Votant(in)**

VPI siehe Verbraucherpreisindex

Vreni Vreny CH: Kurz- und Koseform des weibl. Vornamens *Verena: Abergläubische Bilder, mit denen Schulkameraden das fünfjährige Vreni ängstigen* (Treichler, Abenteuer Schweiz 253); *Noch am Wahltag selber setzten Rechtsbürgerliche auf die Zürcher Freisinnige Vreny S.* (Bund 15. 10. 1999, 3)

Vroni A CH D-südost: Koseform des weibl. Vornamens *Veronika: Vroni, wie war dein Sommer?* (Weite Welt 1/1998, 7; A); *Eine Beziehungskiste? Nur so viel: Vroni und Christa bilden eine Wohngemeinschaft* (Blick 30. 11. 1993, 17; CH) – In A und D-südost auch in der Form *Vronerl*

VS siehe Volksschule

VU LIE die; –, ohne Plur.: buchstabierte Abk. für ›Vaterländische Union‹: *Auf Initiative von VU-Parteipräsident Oswald Kranz hin haben die Vaterländische Union und die Fortschrittliche Bürgerpartei ... jeweils einen Antrag ... eingereicht* (Liechtensteiner Vaterland 4. 12. 1994, 1) – Dazu: **VU-Präsident(in)**

Vulgoname A der; -ns/-n, -n ['vʊlgɔ...] ⟨zu lat. *vulgo* ›gewöhnlich genannt‹⟩: ↗HAUSNAME A, ↗DORFNAME CH ›der überlieferte Name eines Bauernhofs und seiner Bewohner (im Ggs. zum offiziellen Nachnamen der Besitzer)‹: *»Dachreandler« ist übrigens der Vulgoname der Familie, denn ein Vorfahre war ein gefragter Hersteller hölzerner Dachrinnen* (OÖN 27. 1. 1992, 15) – Das Adverb *vulgo* in der Bedeutung ›gemeinhin [so genannt]‹ ist gemeindt.

W

Waadtland CH das; -(e)s, ohne Plur.: ›↗Kanton Waadt‹: *Noch war im Welschland das 700-Jahr-Jubiläum eine ferne, vorab eine Urschweizer Angelegenheit. Im Waadtland beschäftigte man sich mit einem anderen Grossanlass* (Jahr der Schweiz 18) – Dazu: **Waadtländer(in), waadtländisch**

waagerecht D (ohne südost) Adj.: ↗WAAGRECHT A CH D-süd ›horizontal‹: *Wenn der Sturm aus Richtung Neuseeland bläst, schlägt der Regen waagerecht durch Sydney* (Welt 29. 9. 2000, Internet) – Dazu: **Waagerechte**

waagrecht A CH D-süd Adj.: ↗WAAGERECHT D (ohne südost) ›horizontal‹: *Setzen Sie in die waagrechten Kästchenreihen eines der nachstehenden Wörter ein* (Ganze Woche 4. 2. 1998, 44; A); *Im Waldesinneren stellen die Pflanzen ihre Blätter waagrecht, um möglichst viel vom spärlich einfallenden Licht einzufangen* (Wildermuth, Biologie 84; CH) – Dazu: **Waagrechte**

Waal STIR der; -(e)s, -e ⟨aus lat. *aqualis* ›Wasserlauf‹ oder kelt. *buol* ›Wasser‹⟩: ›künstlich angelegter Bewässerungskanal, -graben, künstliche Rinne‹: *Bevor er wegfuhr ..., unternahm er mit seinem Freund ... einen ausgedehnten Spaziergang entlang einem Waal über einem Obsthang* (Zoderer, Lontano 67) – Dazu: **Waalhüter(in), Waalwasser, Waalweg**

wabern D sw.V./hat: ›sich in zielloser Bewegung befinden; brodeln‹: *Mit einer Bananenkiste steigt er in die Unterwelt hinab, aus der noch immer leichter Rauch wabert* (Welt 10. 8. 2000, Internet) – Dazu: **Gewaber**

Wachauerle A-west das; -s, -n: siehe Laibchen

Wache die; –, -n: **1.** A (formell) ›Organ der öffentlichen Aufsicht, das zur Sicherung bestimmter Bereiche oder Örtlichkeiten zuständig ist‹: *Österreichs verstärkte Grenzwache zu Italien machte bis Ende der Vorwoche laut Meldeprotokoll »keine Wahrnehmung«* (Profil 11. 1. 1998, Internet). **2.** D kurz für ↗*Polizeiwache:* ↗GENDARMERIEPOSTEN A, ↗WACHZIMMER A, ↗POSTEN A CH, ↗WACHSTUBE A D, ↗POLIZEIPOSTEN CH D, ↗POLIZEIDIENSTSTELLE D, ↗POLIZEIREVIER D ›für ein bestimmtes Gebiet zuständige Polizeibehörde bzw. Räumlichkeit dieser Behörde‹: *Ich bin noch einmal auf der Wache vernommen worden, man hat auch eine Blutprobe gemacht* (Brückner, Spuren 12) – In CH selten. Zu 1.: Häufig in Zus., z. B. ↗Grenzwache, ↗Justizwache, ↗Sicherheitswache, ↗Wachebeamte (...beamtin), ↗Zollwache. Die Bedeutungen ›Wachdienst‹ und ›Wachdienst versehende Personen‹ sind gemeindt.

Wachebeamte Wachebeamtin A der; -n, -n bzw. die; –, -nen: ›Aufsichtsperson eines öffentlichen Organs zur Sicherung bestimmter Bereiche oder Örtlichkeiten, z. B. bei Gerichtsverhandlungen, Gefangenentransporten etc.‹: *Vor zwei Jahren schlug SOS Oberösterreich ausgerechnet die Wachebeamten des Linzer Schubhaftgefängnisses für den Menschenrechtspreis des Landes vor* (Format 14. 12. 1998, 47) – Vgl. Wache – Dazu: **Justizwachebeamte (...beamtin)** (↗Justizwache), **Sicherheitswachebeamte (...beamtin)** (↗Sicherheitswache), **Zollwachebeamte (...beamtin)** (↗Zollwache)

wacheln sw.V./hat (Grenzfall des Standards): **1.** A ›mit der Hand, mit einer Fahne winken‹: *Rauen, Aufregung im »Plenarsaal« der Bezirksvorstehung. Die Hundebesitzer haben Unterschriften gesammelt. Ein Bezirksrat wachelt mit der Liste* (Presse 13. 12.2000, Internet). **2.** A D-südost ›durch Bewegung mit der Hand Luft zufächeln‹: *Aus Albert wurde ein heiseres Kind, dem das Schlucken und Atmen wehtat und dem der Pfarrer deswegen Weihrauch in den Rachen wachelte* (Payr, Drücken des Schuhs 16; A) – Zu 1.: ↗**Outwachler(in)** A-mitte/ost

Wacholder (gemeindt.): ↗KRANEWIT, ↗MACHANDEL

Wacholderschnaps (gemeindt.): ↗KRANEWITTER

wachseln A D-südost sw.V./hat: ↗WACHSEN CH D ›(die Laufflächen von Skiern und ↗Rodeln) mit Wachs einreiben‹: *Es wird vor allem aufs richtige Wachseln ankommen, da weiterer Schneefall angesagt ist und sich die Temperaturen nur bei null Grad bewegen* (Kleine Ztg 25. 11. 2000, Internet; A) – Zu 1 vgl. Bodenwachs

wachsen sw.V./hat: **1.** D-ost/süd; ↗EINLASSEN A, ↗BLOCHEN CH, ↗BOHNERN CH D (ohne südost), ↗BLOCKEN D-süd ›(den Fußboden) mit Wachs polieren‹: *Anschließend kann der Boden gewachst werden* (I&M Bauzentrum 18. 1. 2001 Internet). **2.** CH D; ↗WACHSELN A D-südost ›(die Laufflächen von

Skiern und Schlitten) mit Wachs einreiben‹: *Ein Board sollte so um die 5–8 mal heiss gewachst werden, damit der Wachs von den Poren voll aufgesogen wird* (Freeride, 2001, Internet; CH); *Die neue Wintersaison ist angebrochen und das heißt: Endlich können die Bretter ... aus dem Keller geholt und liebevoll gewachst werden* (WAZ 5. 11. 1999, Internet; D) – Zu 2.: In A selten

Wachstube A D die; –, -n: ↗Gendarmerieposten A, ↗Wachzimmer A, ↗Posten A CH, ↗Polizeiposten CH D, ↗Polizeidienststelle D, ↗Polizeirevier D, ↗Polizeiwache D, ↗Wache D ›für ein bestimmtes Gebiet zuständige Polizeibehörde bzw. Räumlichkeit dieser Behörde‹: *Viele Anfragen erfolgen nämlich nicht am Terminal in der Wachstube, sondern über Funk* (Profil 12. 11. 2000, Internet; A); *Um 3 Uhr morgens öffnete er die Tür zum Polizeirevier 11 am Steindamm [und] ging in die Wachstube* (Hamburger Morgenpost 12. 10. 2000 Internet; D) – In D bezeichnet *Wachstube* nur die Räumlichkeit

Wachtmeister Wachtmeisterin der; -s, – bzw. die; –, -nen: **1.** A CH /ein militärischer Dienstgrad (in CH ein Unteroffiziersrang)/: *Zu 18.000 bzw. 4.400 öS Geldstrafe wurden ein Vizeleutnant und ein Wachtmeister des Bundesheeres verurteilt, weil bei einer Übung falsche Karabiner verwendet wurden* (BF 24. 6. 1998, 9; A); *Fünf Offiziere haben sich inzwischen auf das Inserat gemeldet. Und so konnte der Ostschweizer sein Kader sogar auswählen. Ein Sanitätsoffizier und ein Wachtmeister erhielten bereits einen Korb* (Bund 19. 1. 2000, 15; CH). **2.** CH D /Dienstgrad bei der Polizei bzw. Polizist(in) dieses Dienstgrades/: *Oben bei den Tischen sass Detektiv-Wachtmeister Madörin im vorgeschriebenen Sommertenue* (Schneider, Flattermann 56; CH); *Marie Maas stürzte aus ihrem Büro ins Nebenzimmer, in dem ... zwei Wachtmeister herumstanden* (Bick, Tödliche Ostern 28; D) – Zu 1.: In D veraltet

Wachzimmer A das; -s, –: ↗Gendarmerieposten A, ↗Posten A CH, ↗Wachstube A D, ↗Polizeiposten CH D, ↗Polizeidienststelle D, ↗Polizeirevier D, ↗Polizeiwache D, ↗Wache D ›für ein bestimmtes Gebiet zuständige Polizeibehörde bzw. Räumlichkeit dieser Behörde‹: *Hinweise erbitten die Kripo ... oder das Wachzimmer Hötting* (Kurier 5. 11. 1997, 11)

wackelig (gemeindt.): ↗kippelig

Wade (gemeindt.): ↗Wadel

Wadel A D-südost das; -s, -n (Grenzfall des Standards): ›Wade‹: *Aber diese Wadeln! Liebe auf den ersten Blick war es, was diese Wadeln in mein Leben brachten!* (Reich, Katze 132: A) – In D-südost auch Maskulinum (der; -s, -). Auch in der Form *Wadl* – Dazu: ↗**Wadelbeißer**, ↗**Wadelstrumpf** D-südost, ↗**Wadelstutzen**

Wadelbeißer A D-südost der; -s, – (Grenzfall des Standards): **1.** ›kleiner bissiger Hund‹: *Zum zweiten fürchte ich diesen Wadlbeißer einfach. Ich wurde schon einmal von einem Hund gebissen* (Neue Kronen Ztg, Talksalon, 2001, Internet; A). **2.** ↗Haxlbeißer A, ↗Wadenbeißer D (ohne südost) ›renitente Person, die durch stichelnde, boshafte Äußerungen ständig aufwiegelt (bes. in der Politik)‹: *Sie haben Hirschfelder in ihre Mitte genommen und Ringelreihen getanzt, ein Dissident, ein Wadelbeißer, ein Dissident, ein Wadelbeißer* (Gstrein, Selbstportrait 58; A) – Auch in der Form *Wadlbeißer.* Vgl. Wadel

Wadelstrumpf D-südost der; -(e)s, ...strümpfe: **1.** ↗Wadelstutzen A D-südost, ↗Wadenstrumpf D ›wollene Beinbekleidung in der Trachtenmode, die nur die Wade, nicht den Fuß bedeckt‹: *Die Tracht des Mannes besteht aus einer schwarzen Lederbundhose mit weißen Wadelstrümpfen, einer roten Weste über weißem Hemd, einem blauen Janker ... und einem schwarzen Filzhut* (Museum des Haager Landes 5. 2. 2003, Internet). **2.** ↗Kniestrumpf A D, ↗Kniesocken CH, ↗Strumpf D, ↗Wadenstrumpf D ›den Fuß bedeckende, bis zum Knie reichende eng anliegende textile Beinbekleidung‹: *Die weißbepulverten Mittelfinger keilen sich in eine zähe Lederschlinge, Hände, Knie und Schienbeine in Wadelstrümpfen stemmen sich gegen die Tischkante* (Bayern erleben 9. 4. 2003, Internet) – Vgl. Wadel

Wadelstutzen der; -s, –: **1.** A D-südost; ↗Wadenstrumpf D, ↗Wadelstrumpf D-südost ›wollene Beinbekleidung in der Trachtenmode, die nur die Wade, nicht den Fuß bedeckt‹: *Um diese Zeit werden in Thaur die »Mullerlarven« hervorgeholt ... und Trachtenhosen, Wadelstutzen und die bunten seidenen Schultertücher der »Weißen« hergerichtet* (Gemeinde Thaur, 2000, Internet; A). **2.** A; ↗Wadschinken A, ↗Beinfleisch D, ↗Hesse D-nordost, ↗Wadschenkel D-südost ›v. a. für ↗Gulasch verwendetes Fleisch vom unteren Teil des Beines beim Rind‹: *Der Wadelstutzen eignet sich auch gut zum Braundünsten* (Kochrezepte, 2000, Internet) – Zu 1 vgl. Stutzen, Wadel

Wadenbeißer D (ohne südost) der; -s, –: ↗Haxlbeißer A, ↗Wadelbeißer A D-südost ›renitente Person, die durch stichelnde, boshafte Äußerungen ständig aufwiegelt (bes. in der Politik)‹: *Außerdem möchte ich nicht, dass der Eindruck entsteht, dass ich mich jetzt als Wadenbeißer gegenüber meinem Nachfolger betätige* (Welt 18. 12. 1998, Internet)

Wadenstrumpf der; -(e)s, ...strümpfe: **1.** D; ↗Wadelstutzen A D-südost, ↗Wadelstrumpf D-südost ›wollene Beinbekleidung in der Trachtenmode, die nur die Wade, nicht den Fuß bedeckt‹: *Der mit seiner*

erhobenen Rechten dozierende Kandinsky ... sitzt in Lederhose und Wadenstrümpfen auf einer Eckbank (Ketterer Kunst, München 5. 2. 2003, Internet). **2.** D (veraltet); ↗Kniestrumpf A D, ↗Kniesocken CH, ↗Strumpf D, ↗Wadelstrumpf D-südost ›den Fuß bedeckende, bis zum Knie reichende eng anliegende, textile Beinbekleidung‹: *Kompressionsstrümpfe gibt es in unterschiedlichen Längen (Wadenstrumpf, Oberschenkelstrumpf oder Strumpfhose)* (Sanitätshaus Bauer, 2000, Internet)

Wädli CH das; -s, – ⟨Dim. von *Wade*⟩ (Küche): **1.** ↗Stelze A, ↗Haxl A D-südost, ↗Haxe CH D-mittel/süd, ↗Hachse D-nordost/mittelwest ›unterer Teil des Beines bei Schwein und Kalb‹: *Schwartenmagen ist nichts anderes als fein gewürfeltes Schweiniges wie etwa Wädli und Schulter, in Cognac, Sherry oder anderen Spirituosen mariniert, mit wenig Gemüsewürfelchen in Fond und Gelatine »eingesulzt«* (Blick 24. 6. 1999, 23). **2.** ↗Stelze A, ↗Gnagi CH, ↗Eisbein D-nord/mittel, ↗Schweinshaxe D-süd, ↗Spitzbein D-nordost ›eingesalzenes und gekochtes oder gebratenes Stück vom Unterschenkel des Schweines‹: *Blut- und Leberwürste, Bratwürste, Wädli, Koteletts, Geschnetzeltes, Speck und, und!!!* (Engadiner Post 4. 10. 1997, 4) – Selten auch in der Form *Wadli*

Wadli siehe Wädli

Wadschenkel D-südost der; -s, –: ↗Wadelstutzen A, ↗Wadschinken A, ↗Beinfleisch D, ↗Hesse D-nordost ›v. a. für ↗Gulasch verwendetes Fleisch vom unteren Teil des Beines beim Rind‹: *Außerdem preisen die Metzger ... Rindfleisch zu Ausverkaufspreisen an, ohne dass deswegen wieder mehr Wadschenkel, Steaks oder Bürgermeisterstückl über die Ladentische gingen* (BR, Bayernkommentar 9. 2. 2001, Internet)

Wadschinken A der; -s, –: ↗Wadelstutzen A, ↗Beinfleisch D, ↗Hesse D-nordost, ↗Wadschenkel D-südost ›für ↗Gulasch verwendetes Fleisch vom unteren Teil des Beines beim Rind‹: *Um aber zu erfahren, was man aus dem Wadschinken außer Gulasch noch Köstliches zaubern kann, muss man vielfach erst mühsam im Kochbuch stöbern* (OÖN 23. 11. 1987, 4) – Auch in der Form *Wadschunken.* Vgl. Knöpfel

Wadschunken siehe Wadschinken

Waffel (gemeindt.): ↗Schnitte

Waffenplatz CH der; -es, ...plätze: ↗Truppenübungsplatz A D ›Kaserne und Gelände für militärische Übungen‹: *Einstimmig bewilligte der Ständerat am Montag einen 18-Millionen-Kredit, damit die Armee auf dem Waffenplatz Bure JU ein Übungsdorf bauen kann* (Blick 8. 6. 1999, 5) – Dazu: **Waffenplatzkommandant**

Wägeli CH das; -s, – ⟨Dim. von *Wagen*⟩: **1.** ↗Wagerl A, ↗Bollerwagen D (ohne nordost/südost) ›kleiner [Hand]wagen‹: *Vor einem Einkaufszentrum stand ein Kinderwägeli, sofort setzte er sich in das Wägeli, eine Morgserei, doch, dachte er, wer Grosses vor hat, muss sich zusammenreissen können* (Dinkelmann, Nachfolger 285). **2.** ↗Wagerl A ›kleiner Wagen mit einem Drahtgitterkorb zum Transport von Waren in einem Lebensmittelgeschäft oder Warenhaus; Einkaufswagen‹: *Man wird wohl Birchermüesli, Brot oder Butter zuhause vom PC aus bestellen können, doch das reale Einkaufserlebnis mit dem Wägeli zwischen den vollen Gestellen ... wird vorderhand nicht ersetzt werden können* (Röm.-kath. Kirche Kanton AG, 2001, Internet) – Zu 1.: **Bäbiwägeli,** ↗**Gepäckwägeli, Handwägeli, Kinderwägeli, Leiterwägeli.** Zu 2.: **Einkaufswägeli**

Wagen der; -s, Wägen/ –: Der Plural wird in A und D-süd meist mit Umlaut gebildet (*Wägen*), gemeindt. ohne Umlaut (*Wagen*). Der umgelautete Plural ist in D-süd ein Grenzfall des Standards, in CH dialektal. Dies gilt auch für die Zus., z. B. ↗Arrestantenwagen A, Eisenbahnwagen, ↗Gebrauchtwagen, ↗Notarztwagen, Triebwagen: ... *ab 14.30 Uhr werden auch heuer wieder rund 50 originell und aufwändig geschmückte Wägen am großen Festumzug teilnehmen* (Kleine Ztg 12. 10. 2002, Internet; A)

Wagenbauer (gemeindt.): ↗Stellmacher/Stellmacherin, ↗Wagner/Wagnerin

Wagerl A das; -s, -n (Grenzfall des Standards): **1.** ↗Wägeli CH, ↗Bollerwagen D (ohne nordost/südost) ›kleiner [Hand]wagen‹: *Das wäre ja schrecklich, wenn jeder ständig ein Wagerl voll von alten Sachen hinter sich dreinzöge* (Doderer, Strudlhofstiege 501). **2.** ↗Wägeli CH ›kleiner Wagen mit einem Drahtgitterkorb zum Transport von Waren in einem Lebensmittelgeschäft oder Warenhaus; Einkaufswagen‹: *Sie stehen sich in der Warteschlange bis vorne durch, während Ihr Auftraggeber hinten in Ruhe gustiert und Ihnen seine Einkäufe zum Wagerl wirft* (Solidarität 3/1998, 23). **3.** ↗Gepäckrolli CH, ↗Gepäckwägeli CH, ↗Kofferkuli D ›kleiner [Hand]wagen zum Transport von Gepäcksstücken auf Bahnhöfen und Flughäfen‹: *Als wir in Schwechat einen Wiener, dem das Gepäck vom Wagerl fällt, lautstark ... wienerisch fluchen hören, sind wir selig – endlich wieder daheim!* (Coco's Trips, 2002, Internet) – Zu 2.: **Einkaufswagerl**

Waggis CH-nordwest der; –, -/-se ⟨ursprüngl. wahrscheinlich ein Schimpfname für die Elsässer, die als roh und ungebildet angesehen wurden⟩: ›Basler Figur der ↗Fasnacht mit Riesennase und -zähnen, Strohmähne, Holzschuhen und blauer Burgunderbluse‹: *Ich erinnere mich an suggestive Musik, schaurig-schöne Aufmärsche maskierter Gruppen, wilde*

Waggis mit Holzschuhen, ... an Mehlsuppe, Bratwürste und laute Beizen (Theater Basel, 1998, Internet)

Waggon A D der; -s, -s/-e [va'go:n A, va'gõ: A D, va'gɔŋ D]: ›Wagen eines Schienenfahrzeugs‹: *Auch der schlechte Zustand mancher Waggone und Lokomotiven sei zu begründen* (Standard 26. 9. 1996, Internet; A); *Drei Waggons eines Güterzuges waren vor dem Troisdorfer Bahnhof aus den Gleisen gesprungen* (Technisches Hilfswerk 12. 3. 2002, Internet; D) – Der Plural lautet bei Aussprache [va'go:n] *Waggone*, sonst *Waggons*. Auch in der Schreibung *Wagon*. In CH selten, Aussprache [vagõ] – Dazu: **Güterwaggon, Waggontür**

Wagner Wagnerin A CH D-süd der; -s, – bzw. die; –, -nen: ↗ STELLMACHER D-nord/mittel ›Wagenbauer(in)‹: *Beim Kirchenwirt Peter G., dessen Vorfahren allesamt Wagner ... waren, kann man die Werkstatt jederzeit besichtigen* (Dorfztg Flachgau, 2002, Internet; A); *Mein Vater war gelernter Wagner, betrieb aber nach dem Tode meines Grossvaters einen kleinen Landwirtschaftsbetrieb* (Dünki, Leben 52; CH) – Dazu: **Wagnerei, Wagnermeister(in)**

Wagnerstadt D die; –, ohne Plur. ⟨nach dem Komponisten *Richard Wagner*, der dort sein Festspielhaus errichtete⟩: ›Bayreuth‹: *Auch der ESV Bayreuth musste am Freitag mit der Erkenntnis heimfahren, dass in Deggendorf die Punkte hoch hängen. Allerdings nahmen die Tigers um Coach B. E. einen Zähler mit in die Wagnerstadt* (Deggendorfer Ztg 30. 12. 2000, Internet)

Wagniskapital D das; -s, ohne Plur. (Wirtschaft): ›Risikokapital‹: *Kleine und mittelständische Unternehmen ... haben im vergangenen Jahr deutlich mehr Wagniskapital zum Geschäftsaufbau erhalten als in den Vorjahren* (Mannheimer Morgen 26. 2. 1998, Internet) – Dazu: **Wagniskapitalfonds, Wagniskapitalgeber(in), Wagniskapitalgesellschaft**

Wagon siehe Waggon

Wähe CH D-südwest die; –, -n: ↗ FLECK A, ↗ BLECHKUCHEN A D ›dünner, flacher, mit Obst, Gemüse o. Ä. belegter Kuchen, der auf dem Backblech gebacken wird‹: *Viele frische, knackige Salate, frische Früchte, Patisserie, Wähen und Torten sind am kalten Buffet erhältlich* (NZZ Intern. Ausgabe 3. 11. 1997, 25; CH) – Dazu: **Apfelwähe, Aprikosenwähe** (↗ Aprikose), **Fruchtwähe** (↗ Frucht), **Käsewähe, Nidelwähe** (↗ Nidel), **Wähenblech, Wähenstück, Zwetschgenwähe** (↗ Zwetschge)

Wahl- A (produktives Bestimmungswort in Zus.): ›Adoptiv-‹, z. B. Wahleltern, Wahlkind, Wahlmutter, Wahlvater: *Das Adoptivkind wird den Wahleltern gegenüber erb- und pflichtteilsberechtigt, behält aber auch das Erbrecht gegenüber seinen leiblichen Eltern* (OÖN 17. 2. 1999, 13) – Die Bedeutungen ›den Ort, den sich jmd. als Mittelpunkt seiner Lebensinteressen ausgesucht hat, betreffend‹, z. B. *Wahlwiener*, und ›eine vertraute Person, die in einer Familie wie ein Verwandter bzw. eine Verwandte behandelt wird betreffend‹, z. B. *Wahlonkel, Wahltante*, sind gemeindt.

Wahl: *Wahl[en] schlagen A ›einen Wahlkampf führen; die Wahl durchführen‹: *(Der Bundeskanzler:) Man soll zuerst die Wahlen schlagen* (News 23. 12. 1997, 15); ***stille Wahl** CH ›Wahl ohne Wahlzettel oder ↗ Handmehr im Fall, dass nur so viele Kandidaten für ein Amt vorgeschlagen sind, wie auch gewählt werden müssen‹: *Stille Wahl von drei Mitgliedern der Steuerkommission und eines Ersatzmitgliedes der Steuerkommission für die Amtsperiode 2002/2005* (Gemeinde Buchs, 2001, Internet) – Das Substantiv *Wahl* ist in allen anderen Verwendungen gemeindt.

Wählamt A das; -(e)s, ...ämter: ↗ TELEFONZENTRALE CH D ›Schaltzentrale einer Telekommunikationsfirma‹: *Agenten eines US-Geheimdienstes manipulierten ein Wählamt der Post in Wien und konnten dadurch alle Telefongespräche eines nordkoreanischen Diplomaten mithören* (Kurier 5. 11. 1997, 1)

Wahlarzt Wahlärztin A der; -(e)s, ...ärzte bzw. die; –, -nen: ›Arzt bzw. Ärztin ohne Vertrag mit einer Krankenkasse‹: *So eine Invertragnahme mit einzelnen Kassen nicht möglich ist bzw. von Ihnen nicht gewünscht wird, werden Sie von Anspruchsberechtigten der jeweiligen Kassen als so genannter Wahlarzt kontaktiert* (Ärztekammer Steiermark, 2001, Internet) – Vgl. Kassenarzt, Vertragsarzt – Dazu: **Wahlarzthonorar, Wahlarztrechnung**

Wahlberechtigte A D der/die; -n, -n: ↗ STIMMBERECHTIGTE CH, ↗ ABSTIMMUNGSBERECHTIGTE D ›Person, die an [politischen] Wahlen teilnehmen darf‹: *Das Amt des Mitgliedes einer Wahlbehörde ist ein öffentliches Ehrenamt, zu dessen Annahme jeder Wahlberechtigte verpflichtet ist ...* (Nationalrats-Wahlordnung 1992 § 6 (4); A); *Wahlberechtigte sind die Personen, die das aktive Wahlrecht haben* (Deutscher Bundestag, 2000, Internet; D)

Wahlbeteiligung A D die; –, -en: ↗ STIMMBETEILIGUNG CH ›prozentuale Beteiligung an Wahlen, gemessen an der Gesamtheit der ↗ Wahlberechtigten‹: *Die Wahlbeteiligung rutschte am vergangenen Sonntag auf einen Tiefstand in der Zweiten Republik* (Presse 5. 10. 1999, Internet; A); *Die Europawahl habe »unter bestimmten Bedingungen« stattgefunden, zu denen die geringe Wahlbeteiligung gehöre* (Berlin online 25. 6. 1999, Internet; D)

Wähler (gemeindt.): ↗ AKTIVBÜRGER/AKTIVBÜRGERIN, ↗ STIMMBÜRGER/STIMMBÜRGERIN

Wählerevidenz A die; –, -en: ↗Wählerverzeichnis A D, ↗Stimmregister CH ›von der Gemeinde anzulegendes Verzeichnis der ↗Wahlberechtigten‹: *In weiteren 62 Wohnungen scheint laut Wählerevidenz kein einziger Wahlberechtigter auf* (Kurier 3. 4. 1992, 20) – Vgl. Evidenz

Wählerverzeichnis A D das; -ses, -e: ↗Wählerevidenz A, ↗Stimmregister CH ›Verzeichnis der ↗Wahlberechtigten in einem Wahlbezirk, das von der Gemeinde angelegt wird‹: *Knapp 2400 Auslandsösterreicher, die keinen Wohnsitz im Inland haben, ließen sich bisher in die Wählerverzeichnisse von Salzburger Gemeinden eintragen* (Kurier 18. 4. 1992, 23; A); *Nach Auskunft aus dem Rathaus ist der Eintrag ins Wählerverzeichnis entscheidend, nicht aber, ob jemand eine Wahlbenachrichtigungskarte erhalten hat* (Weser Kurier 18. 8. 2001, Internet; D)

Wahlhelfer Wahlhelferin D der; -s, – bzw. die; –, -nen: ↗Stimmenzähler CH ›mit der Auszählung der Stimmen bei Wahlen und Abstimmungen betraute Person‹: *Die Stimmzettel werden nicht mehr von Wahlhelfern per Hand ausgezählt, sondern für die Auswertung in den Computer eingegeben* (Passauer Neue Presse 19. 9. 2001, Internet)

Wahlkabine D die; –, -n: ↗Wahlzelle A ›kleiner abgeteilter Raum in einem Wahllokal, in dem bei Wahlen der Stimmzettel ausgefüllt wird‹: *Muss in der Wahlkabine gewählt werden? Ja. Die Wahl ist geheim. Wer vor aller Augen wählt, dessen Stimme ist ungültig* (Berliner Kurier 20. 10. 1995, Internet)

Wahlkarte A die; –, -n: ›Nachweis, der zum Wählen in einem Wahllokal außerhalb des ordentlichen Wohnsitzes berechtigt‹: *Wird dem Antrag auf Ausstellung einer Wahlkarte stattgegeben, so wird von der Gemeinde, die die Wahlkarte ausstellt, in diese Wahlkarte … der amtliche Stimmzettel und ein verschließbares Wahlkuvert eingelegt und die Wahlkarte hierauf unverschlossen dem Antragsteller ausgefolgt* (Innsbruck informiert 4/1998, Beilage 21) – Dazu: **Wahlkartenantrag, Wahlkartenlokal, Wahlkartenstimme, Wahlkartenwähler(in)**

Wahllokal (gemeindt.): ↗Abstimmungslokal, ↗Stimmlokal

Wahlpflicht A die; –, ohne Plur.: ↗Stimmzwang CH (SH) ›verpflichtende Teilnahme an Wahlen‹: *Vorarlberg ist neben Tirol das einzige österreichische Bundesland, in dem es zumindest bei einigen Wahlgängen noch Wahlpflicht gibt* (FPÖ Hohenems, 2002, Internet) – Die Bedeutung ›Auswahl aus Pflichtfächern in der Schule und an der Universität‹ ist gemeindt.

Wahlrecht (gemeindt.): ↗Ehrenrecht: bürgerliche Ehrenrechte

Wahlzelle A die; –, -n: ↗Wahlkabine D ›kleiner abgeteilter Raum in einem Wahllokal, in dem bei Wahlen, Volksabstimmungen u. Ä. der Stimmzettel ausgefüllt wird‹: *Ob jene, die wählen dürfen, Mitte März den Weg zur Wahlzelle finden werden, ist jedoch fraglich* (Zwanzger 3/1999, 5) – In CH und D selten

während (gemeindt.): ↗währenddem

währenddem CH Konj.: ›während‹: *Jetzt werden die AHV-Bezüger gerupft, währenddem für Reiche immer mehr Entlastungen und Schlupflöcher geschaffen werden* (TA 11. 8. 1999, 27) – In D selten

währschaft CH Adj.: **1.** ›sich als gut erwiesen habend, bodenständig, gehaltvoll‹: *Er blieb bis ans Ende seines Lebens ein urchiger Glarner, eifrig und eigenwillig in gleichem Masse, urwüchsig und kraftvoll …, gradlinig und undiplomatisch nach währschafter Berglerart* (Kolb, Niederdorfer 110). **2.** ›nahrhaft, sättigend‹: *Man kann auch mit bescheidenem Einkommen währschafte Menüs zubereiten* (Blick 24. 9. 1999, 37)

Wake D-nord die; –, -n: ›nicht zugefrorene Stelle einer Eisdecke‹: *Außerdem erscheinen für »Tümpel« das norddeutsche Wort Wehl und das süddeutsche Gumpe, während das Loch im Eis als Wake bezeichnet wird* (Ostragehege, Zeitschrift für Literatur und Kunst 1/2002, Internet)

Waldbeere D-mittelwest die; –, -n: ↗Moosbeere A-west (Tir.), ↗Heidelbeere A (ohne südost) CH D, ↗Blaubeere A-west (Vbg.) D-nordwest/mittel, ↗Schwarzbeere A-mitte/südost/west (Tir.) D-südost, ↗Heubeere CH, ↗Bickbeere D-nord, ↗Taubeere D-südost ›Heidekrautgewächs mit kleinen, blauschwarzen Beeren‹: *Die Heidelbeere, auch … Waldbeere genannt, gedeiht nur auf der nördlichen Erdhalbkugel* (Ehrmann, 2000, Internet) – Die Bedeutung ›Beere, die im Wald wächst‹ ist gemeindt.

Waldstatt CH die; –, …stätte ⟨ursprüngl. Bed. ›Siedlung im Wald‹⟩ (meist Plur., früher): /Bezeichnung für die ↗Urkantone Uri, Schwyz und Unterwalden sowie für den ↗Kanton Luzern und für den Ort Einsiedeln/: *Beckenried war mehrmals Sitzungsort der Tagsatzungen, und die Waldstätte versammelten sich hier des öftern zur Besprechung gemeinsamer Angelegenheiten* (Beobachter Jahrbuch 1986, 88) – Vgl. Innerschweiz, Ort, Urschweiz, Zentralschweiz – Dazu: **Vierwaldstättersee**

Wallach der; -en/-(e)s, -en/-e: ›kastriertes männliches Pferd‹: wird in A meist schwach gebeugt (der; -en, -en), gemeindt. stark (der; -(e)s, -e). Wird in A meist auf der zweiten Silbe betont, in CH und D nur auf der ersten, jeweils mit Kurzvokal: *Wallachen … oder gar Stuten müssen draußen bleiben* (VN 26. 1. 2001, Magazin 12; A)

Waller A D-südost der; -s, –: ›Wels‹ /zur Ordnung der Karpfenartigen gehörender Fisch mit schuppenloser Haut und Barteln/: *Ein kleiner Wunsch an die Küche: Sparsamer mit Zutaten wie Limettenöl oder Trüffel umgehen, Kutteln und Waller schmecken auch ohne Parfums* (Presse 5. 1. 2001, Internet; A) – In CH fachsprachlich

Wallholz CH das; -es, ...hölzer: ↗NUDELWALKER A D-südost, ↗NUDELROLLE D-mittelwest, ↗WELLHOLZ D-südwest, ↗NUDELHOLZ D (ohne südost) STIR ›hölzerne Rolle zum Auswalzen von Teig‹: *Das alte Brot haben wir mit dem Wallholz zerdrückt und Brösmeli gemacht – heute kauft man Paniermehl* (Seniorweb CH, 2000, Internet) – Vgl. auswallen

Walli A D-südost: Kurzform der weibl. Vornamen ↗ *Walpurga*, ↗ *Waltraud*: *Die Inspiration für ihre Gouachen ... holte sich die Grazerin Walli Feller im Seewinkel* (Kleine Ztg 13. 6. 2000, Internet; A) – Auch in der Schreibung *Wally*. Bekannt durch die literarisch aufbereitete Tiroler Sagengestalt *Geier-Wally*. In A außerdem noch präsent als Spitzname für den verstorbenen ehemaligen ↗Landeshauptmann von ↗Tirol, Eduard Wallnöfer

Walnuss (gemeindt.): ↗BAUMNUSS

Walo CH: ↗WALTI CH Kurzform des männl. Vornamens *Walter*: *Der Zürcher Filmautor Walo D. hat Ort- und Landschaften am Übergang von West- nach Osteuropa ... mit seinem Aufnahmeteam besucht* (NZZ 9. 1. 1999, 48) – Wird auf der ersten Silbe betont, regional unterschiedlich mit Kurz- oder Langvokal

Walpurga A D-südost: weibl. Vorname: *Das habe mehrere Vorteile, betont Landtagsabgeordnete Walpurga B.* (Kurier 1. 2. 2001, 10; A) – Vgl. Burgi, Walli

Walsche siehe Welsche

Walti CH: ↗WALO CH Koseform des männl. Vornamens *Walter*: *Ex-Polizist Walti lässt die Puppen tanzen* (Blick 14. 6. 2001, 18)

Waltraud A D: weibl. Vorname: *Die ÖVP wird nicht müde, mit aufwändigen Werbemitteln das Image von Waltraud Klasnic als alles überschattende Landesmutter zu polieren* (Presse 29. 9. 1998, 8; A); *Ich heiße Waltraud, aber du kannst Traudel zu mir sagen* (Noack, Hautfarbe 29; D) – In CH selten. Vgl. Traudel, Traudi, Walli

Walzerstadt A die; –, ohne Plur. ⟨nach der in Wien u. a. durch Johann Strauß aufgekommenen Walzertradition⟩: ↗DONAUSTADT A, ↗KAISERSTADT A ›Wien‹: *So war das junge, musikalisch begabte Mädchen ... sofort Feuer und Flamme, als eine Tante, die selber in Wien studiert hatte, die Walzerstadt als Studienort empfahl* (OÖN 25. 8. 1988, 18)

Wammerl das; -s, -n: **1.** A (ohne west) ›minderwertiges Fleisch vom Bauch des Kalbes‹: *In einem großen Topf, in etwas Sonnenblumenöl, das gewürfelte Wammerl nicht zu scharf anbraten, dann die gewürfelte Zwiebel zufügen und glasig dünsten* (Omas Rezepte, 1999, Internet). **2.** D-südost ›geräuchertes Bauchstück vom Schwein‹: *Die Butter in einem großen Topf zerlaufen lassen, anschließend Wammerl und Fleisch leicht darin anbraten lassen* (Fleischerei Spengmann 10. 10. 2003, Internet)

Wampe (gemeindt.): ↗PLAUZE, ↗RANZEN

Wanderschuh (gemeindt.): ↗WANDERSTIEFEL

Wanderstiefel D der; -s, –: ›Wanderschuh‹: *Für ausgiebige Touren sollte man gute Wanderstiefel kaufen* (Hessischer Rundfunk 19. 5. 2001, Internet)

Wandertag A D der; -(e)s, -e: ↗SCHULAUSFLUG A D, ↗SCHULREISE CH ›eintägiger Ausflug einer Schulklasse‹: *Beim Wandertag von Weng nach Schleedorf wurde die Klasse von einer Gewitterfront überrascht* (Neue Kronen Ztg 5. 7. 2000, Internet; A); *Und wie war das nun mit dem Wandertag am letzten Schultag von Sarah Jane?* (Rems-Murr-Nachr 14. 8. 2001, Internet; D)

Wandl A das; -s, -n ⟨Dim. von *Wanne*⟩ (Küche): **1.** ›Terrinenform‹: *Ein Wandl von 30 cm Länge mit Butter ausstreichen und bemehlen* (Kleine Ztg 29. 4. 2001, Internet). **2.** ›in einer Terrinenform zubereitete Speise, z. B. Pastete, Terrine‹: *Nicht unerheblichen Raum nehmen in Urgroßmutters Kochbuch die Anleitungen ein, wie man »Wandeln« herstellt* (Volksbl 6. 9. 1996, Internet) – Zu 2.: **Entenleberwandl, Erdäpfelwandl** (↗Erdapfel), **Hascheewandl** (↗Haschee) A (ohne west), **Leberwandl**

Wandverbau A der; -(e)s, -e: ↗SCHRANKWAND A D, ↗WOHNWAND A CH ›sich über die Länge einer Zimmerwand erstreckende Front aus Einbaumöbeln‹: *Er hatte ja keine Obststeigen als Regale für die Bücher, und die Bücher waren gekauft, er hatte keine Matratzen auf dem Fußboden, sondern ein regelrechtes Wohnzimmer mit Wandverbau* (Wolfgruber, Verlauf eines Sommers 63) – Vgl. verbauen

Wange (gemeindt.): ↗BACKE

Wank: ***keinen Wank machen/tun** CH ›sich nicht rühren, sich nicht bewegen lassen‹: *Der Falke bewegte den Kopf ruckartig hin und her, tat aber sonst keinen Wank* (Wiesner, Jaromir, 56); *Die Eisentür macht keinen Wank* (TA 25. 9. 1999, 21)

Wapperl D-südost das; -s, -n (Grenzfall des Standards): **1.** ↗PICKERL A D-südost ›Abziehbildchen, Aufkleber‹: *Ein gelbes Wapperl an den Wiesnbetrieben signalisiert kindgerechte Leistungen* (München-Tourist 18. 6. 2001, Internet). **2.** (Verkehr); ↗PICKERL A

D-südost (bes. Wien): ›Aufkleber, der ↗Anrainer(inne)n die Parkberechtigung bescheinigt‹: *Die Anwohner kritisieren in zunehmendem Maße die Zustände, die sich nach Abschaffung des Parkwapperls eingestellt haben* (Almanach Au-Haidhausen 8. 5. 2002, Internet). **3.** ↗PICKERL A D-südost ›Aufkleber zur Kennzeichnung von Waren, die bestimmte Gütekriterien erfüllen müssen‹: *Welcher Hersteller sollte so dumm sein und ein teures Bioland-Wapperl bezahlen, das … die neue Kundengruppe … nicht kennt* (Naturkost 8. 5. 2002, Internet). **4.** ›Briefmarke‹: *Die weiteste Verbreitung fand das Wappen durch die Briefmarken … Dadurch wurde der Ausdruck »Wapperl« zum Synonym für Marke* (Bayerischer Landtag 1. 1. 1996, Internet)

Wappler A der; -s, – (salopp, Grenzfall des Standards): ↗HIEFLER A, ↗LACKEL A D-süd, ↗OCHS A CH D-süd, ↗DUBEL CH, ↗GALÖRI CH, ↗SCHLUFI CH, ↗TSCHUMPEL CH, ↗TUBEL CH ›ungeschickter, tollpatschiger, untüchtiger Mann, der schwer von Begriff ist‹: *Wäre freilich auch möglich, dass ihr ein Herr ins Haus stünde, der kein Wappler, sondern ein vernünftiger Mensch ist* (Nöstlinger, Bonsai 23) – Eine weibliche Form ist nicht gebräuchlich

Warenhaus CH D das; -es, …häuser: ↗KAUFHAUS A D, ↗KAUFHALLE D ›[mehrstöckiges] Geschäft mit verschiedenen Abteilungen für Lebensmittel, Kleider, Haushaltswaren etc.‹: *Der Verkauf von Medikamenten im Warenhaus könnte unliebsame Folgen für das Gesundheitswesen haben* (BaZ 17. 10. 1997, 65; CH); *Der Großhandelskaufmann eines führenden britischen Warenhauses hat beschrieben, was er bei einem Besuch … in Taiwan sah* (Welt 25. 10. 1996, Internet; D) – Dazu: **Warenhausgruppe, Warenhauskette**

Warft D-nord die; –, -en: ↗WURT D-nord ›aufgeschütteter [besiedelter] Hügel in Gewässernähe‹: *Das glitzernde Auge im Watt zeigt an, wo einst eine Warft lag, einer jener aufgeschütteten Hügel, wie Halligbauern sie noch heute bewohnen* (GEO 8/1994, 62)

Wärmflasche (gemeindt.): ↗BETTFLASCHE, ↗THERMOPHOR

Warmmiete D die; –, -n: ↗INKLUSIVMIETE A ›Miete inklusive Heizkosten; Bruttomiete‹: *Mit umgerechnet 400 Mark Warmmiete sind wir … wirklich preiswert untergebracht* (Welt 15. 12. 1997, Internet) – Vgl. Nebenkosten

Warnfinger CH der; -s, –: ↗MAHNFINGER CH ›zur Warnung erhobener Zeigefinger‹: *Die Ermunterung der Bevölkerung zu grösserem Trinkwasserkonsum ist sinnvoll und notwendig, sehe ich doch auch jeweils den Warnfinger meines Hausarztes, der mich regelmässig zu grösserer Trinkmenge ermahnt* (TA 27. 8. 2001, 23); ***den Warnfinger [er]heben** siehe erheben

Warnstufe A D die; –, -n: ›Stufe eines Klassifizierungsmodells von Gefahrenlagen (häufig in Verbindung mit den Verben *ausrufen, ausgeben*)‹: *Noch größere Lawinengefahr herrscht derzeit nur in Salzburg, wo bereits die Warnstufe fünf für die Nordalpen und die Tauernregion ausgegeben wurde* (Kleine Ztg 18. 3. 2000, Internet; A); *In vier Landkreisen gilt schon Warnstufe vier* (Tagesspiegel 1. 8. 1999, Internet; D)

Wartestand D STIR der; -(e)s, …stände: ›bezahlte oder unbezahlte vorübergehende Freistellung von einem Dienstverhältnis auf Grund einer anderen Tätigkeit oder aus familiären oder anderen wichtigen Gründen‹: *Kirchenbeamtinnen und Kirchenbeamte im Wartestand führen ihre Amtsbezeichnung mit dem Zusatz »im Wartestand«* (Evangelische Kirche der Union 6. 6. 1998, Internet; D); *Eine solche bessere Bedingung beinhaltet das Landesgesetz aus dem Jahre 1999, mit welchem dieser unbezahlte Wartestand für Eltern vorgesehen wurde* (Wortprotokoll des Südtiroler Landtages 17. 7. 2001, Internet; STIR) – In D vor allem auf Beamte und Beamtinnen bezogen

Waschbecken (gemeindt.): ↗BRÜNNELI, ↗LAVABO

Waschbeutel D der; -s, –: ↗TOILETTETASCHE A, ↗NECESSAIRE CH D-südost, ↗KULTURBEUTEL D, ↗KULTURTASCHE D-nord/mittel ›Tasche [mit Fächern] für die Aufbewahrung von Mitteln und Gegenständen zur Körperpflege; Toilettentasche‹: *Lästiges Ausräumen des Waschbeutels im Hotel entfällt* (Bahnshop, 1998, 20)

Wäschehänge CH die; –, -n: ›feste Einrichtung mit Wäscheseilen zum Wäschetrocknen (in Waschküchen, auf Balkonen u. Ä.)‹: *Über den 3-Zimmer-Wohnungen sind zwei Estrichteile vorhanden sowie die für alle Wohnungen gemeinsame Waschküche, ein Glättezimmer, ein Trockenraum und der Dachgarten mit der Wäschehänge* (Baugenossenschaft Rotach, 3. 12. 2002, Internet)

Wäscheklammer (gemeindt.): ↗KLUPPE

Waschel (Grenzfall des Standards): **1.** A D-südost der; -s, – ›großer, ungeschickter [unbeholfener] Mensch‹: *Und was macht die Tante? Ruft mich an und sagt ich soll ihn holen. So ein Waschel* (Private Homepage, 2003, Internet; A). **2.** A der; -s, –: ›großes Exemplar (von Tieren, Gegenständen)‹: *W. hatte indessen kürzlich eine persönliche Begegnung mit »seinem« Biber: »Fast einen Meter ist der lang, … so ein Waschel«, berichtet er* (OÖN 21. 5. 1999, 17). **3.** A D-südost das; -s, -(n): kurz für *Ohrwaschel:* ›Ohr‹: *In einem seltenen Anfall von Dummheit biss er Samstag Nacht in Las Vegas Evander Holyfield ins rechte Waschel, trennte einen Teil ab und spuckte ihn in den Ringstaub* (Kurier 1. 7. 1997, 26). **4.** A der; -s, –: ›[Draht]geflechtknäuel zum Reinigen von Geschirr; Topfreiniger‹: *Auf das Tragen* *von Kaffeetassen oder auch das Abwaschen von Pfannen wurde verzichtet, dazu verwendet man üblicherweise ein Tablett und einen Waschel, befand die Testrunde* (Standard 5. 4. 1997, Internet). **5.** D-südost der; -s, –: ›großer Pinsel für Malerarbeiten‹: *In den Kübel mit der Malerfarbe hatte ich Quarzsand mit eingestreut und verrührt, ... danach mit dem Waschel ... stark drückend diese Sondermischung verstrichen* (Baunet, 2001, Internet) – Auch in der Form *Waschl*

waschelnass A D-südost Adj.: ↗BACHNASS CH, ↗PFLOTSCHNASS CH, ↗PRITSCHNASS D-südost ›sehr nass, durchnässt; platschnass, pitschnass‹: *Waschelnass hätten am Sonntag auf dem planenbewehrten, wirklich hübsch angelegten Open-air-Fleckchen der Burgbrauerei Clam die Freunde des immergrünen Folk werden können* (OÖN 27. 6. 1995, 16; A) – Auch in der Form *waschlnass*

Wäschespinne A D die; –, -n: ↗STEWI CH ›zusammenklappbare, spinnennetzförmige Vorrichtung zum Aufhängen von Wäsche im Freien‹: *Jener 48-jährige Frühpensionist aus dem Bezirk Braunau, der immer wieder Bikinis von Wäschespinnen stahl, muss für eine ganze Weile hinter Gitter* (OÖN 22. 11. 2002, Internet; A); *Der ... Traum vom eigenen Haus und einem kleinen Garten, gerade groß genug für die Wäschespinne und den Grillplatz* (Welt 24. 8. 2000, Internet; D)

Wäschetrockner (gemeindt.): ↗TROCKNER, ↗TUMBLER

Waschkaue D-mittelwest die; –, -n: ›Waschraum in einer Fabrik‹: *Mit der Errichtung einer neuen Waschkaue für 1000 Mann Belegschaft ... war die entscheidende Phase des Neubaus ... beendet* (Hespertalbahn 10. 2. 2003, Internet)

Waschkommode CH D die; –, -n: ↗WASCHTISCH A D ›Möbel mit [fest installiertem] Waschbecken und Schubladen‹: *Sie ... durchwühlt ... ihr Nécessaire, dreht es um, schüttet den ganzen Inhalt auf die Waschkommode, bis sie das Röhrchen ... entdeckt und mit Mühe drei Tabletten daraus klaubt* (Bund 18. 12. 2001, 8; CH); *Die Waschkommode aus dem Programm »Cleo« zeichnet sich durch natürliche Schlichtheit aus* (Haus & Markt 27. 6. 2001, Internet; D)

Waschtisch A D der; -(e)s, -e: ↗WASCHKOMMODE CH D ›Tisch mit [fest installiertem] Waschbecken‹: *Nivea-Flüssig-Creme-Seife gibt es mit der praktischen Spenderpumpe, die handliche moderne Flasche passt auf jeden Waschtisch und ist in allen Drogeriemärkten und Verbrauchermärkten erhältlich* (Wellness 10/1997, 14; A); *Die Serie 6000 umfasst Waschtische unterschiedlicher Größe mit einem oder zwei Waschbecken* (Schöner Wohnen 4/1995, 238; D)

Waschturm CH der; -(e)s, ...türme: ›Kombination von Waschmaschine und Wäschetrockner, die zu einem Turm übereinander gestellt sind (meist in Wohnungen ohne separate Waschküche)‹: *Wir vermieten 3 1/2-Zimmer-Wohnungen mit modernstem Ausbau, Bodenbeläge in Parkett und Keramik, Bodenheizung, Anschluss für Waschturm vorhanden* (BaZ, 17. 10. 1997, 76) – In D selten

Wasenmeister Wasenmeisterin CH der; -s, – bzw. die; –, -nen: ›Person, die Tierkadaver beseitigt‹ /Berufsbezeichnung/: *Der Kantonstierärztin bzw. dem Kantonstierarzt obliegen insbesondere ... die Aufsicht über den Viehhandel, die Klauenpflege, sowie über die Wasenmeisterinnen und Wasenmeister* (Systematische Gesetzessammlung Kanton BL, 2002, Internet) – In A und D-süd veraltet. Vgl. Kadaversammelstelle – Dazu: **Wasenmeisterei**

Wasser: *gebrannte Wasser CH (die; nur Plur., Verwaltung) ›durch Destillation gewonnene Alkoholika‹: *Für schweizerische und importierte gebrannte Wasser erhebt der Bund die Alkoholsteuer* (Eidgenössisches Finanzdepartement Bern 1999, Internet) – Das Substantiv *Wasser* ist in allen anderen Verwendungen gemeindt.

Wasserfahren CH das; -s, ohne Plur.: ›Sportart, bei der ein spezielles Boot (↗Weidling) flussaufwärts mit einem ↗Stachel gestossen, flussabwärts mit einem Ruder gelenkt wird‹: *Ein Wasserfahrer darf nicht davor zurückschrecken, im Verein einmal mit anzupacken und dabei schmutzige Hände zu bekommen, denn auch das gehört zur Kameradschaft, die beim Wasserfahren besonders gross geschrieben wird* (Rhein-Club Basel, 2001, Internet) – Dazu: **Wasserfahrer(in), Wasserfahrverein**

Wassergeld D das; -(e)s, ohne Plur.: ›neben der Miete zu bezahlende laufende Kosten für Wasser‹: ... *auch andere Kosten wie Wassergeld, Strom, Müllabfuhr würden ständig steigen* (Berliner Ztg 23. 7. 1996, Internet)

Wasserhahn (gemeindt.): ↗HAHNEN, ↗KRAN, ↗PIPE

Wassermeister (gemeindt.): ↗WASSERWÄRTER/WASSERWÄRTERIN

Wassersuppe D die; –, -n (abwertend): ›wässrige Suppe mit wenig Nährwert‹: *In ihren miesen Unterkünften kriegten sie Wassersuppe ... zu essen* (WAZ 3. 4. 1999, Internet)

Wasserwaage (gemeindt.): ↗RICHTWAAGE

Wasserwärter Wasserwärterin D STIR der; -s, – bzw. die; –, -nen: ›Person, die berufsmäßig die Trinkwasserleitungen einer Gemeinde prüft und wartet; Wasserwart, Wassermeister(in)‹: *Zielgruppe: Wassermeister ... Wasserwärter sowie andere Mitarbeiter aus dem Wasserwerksbetrieb* (Bildung, Energie, Wasser 5. 8. 2002, Internet; D); *Bei der Zisterne konnten die 20 angehenden Wasserwärter erleben, was es mit der Trink-*

wasserversorgung auf sich hat (Dolomiten 28. 4. 1998, 16; STIR)

Wastl A D-südost (veraltend): ↗Basti D, ↗Bastian D Kurzform des männl. Vornamens *Sebastian: Wastl hat nun das Anwesen vom Jakob übernommen, dem bei der Übergabe ein Ausgedinge eingeräumt wurde, Wohnrecht und der Lebensunterhalt solange Jakob lebt* (Schöpf, Ausgedingler 7; A)

Watsche A D-südost die; –, -n (salopp, Grenzfall des Standards): ↗Dachtel A D-südost, ↗Fotze A D-südost, ↗Chlapf CH, ↗Backpfeife D-nord/mittelwest, ↗Schelle D-nordost/südost ›Ohrfeige‹: *Da knallte er mir dann drei Watschen, ich haute jedes Mal zurück, und dann riss er mir meine Haare* (Rennbahnexpress 11/1997, 62) – Wird auf der ersten Silbe, mit Kurz- oder Langvokal, betont – Dazu: ↗**watschen, Watschengesicht,** ↗**Watschenmann,** ↗**Watschentanz** A

watschen A D-südost sw.V./hat (Grenzfall des Standards): ↗fotzen A D-südost, ↗backpfeifen D-nordost ›ohrfeigen‹: *Die Bellende kommt und watscht uns alle!* (Okopenko, Kindernazi 42; A) – Wird auf der ersten Silbe, mit Kurz- oder Langvokal, betont. Vgl. Watsche – Dazu: **abwatschen**

Watschenmann der; -(e)s, ...männer: **1.** A-ost (Wien); ↗Lukas: *Hau den Lukas CH D ›Apparat in Menschengestalt [im Wiener Vergnügungspark Prater], der zum Kraftmessen dient‹: *Der Köglhof über Ampass wurde für das Stück von Franz Molnar liebevoll zu einem kleinen Prater umfunktioniert. Schießbuden, Watschenmann und Ringelspiel* (Neue Kronen Ztg Tirol 28. 9. 1999, Internet). **2.** A D-südost; ↗Bölimann CH ›Zielscheibe der öffentlichen Kritik; Buhmann, Prügelknabe, Sündenbock‹: *Watschenmann der Kulturpolitik. Teils unverschuldet, teils durch eigene Slapstickeinlagen* (News 23. 12. 1997, 14; A) – Wird auf der ersten Silbe, mit Kurz- oder Langvokal, betont. Vgl. Watsche

Watschentanz der; -es, ...tänze: **1.** A-südost (Volkskunde) /eine Form des Schuhplattelns/: *Die Maturantinnen zeigten einen amerikanischen Showtanz in bester Vollendung, die Burschen kamen als Schuhplattler und heizten die Stimmung mit »Auerhahn« und »Watschentanz« so richtig an* (Kleine Ztg 8. 1. 1997, Internet). **2.** A ›länger andauernder, wie ritualisiert wirkender heftiger Konflikt‹: *Mit einem Watschentanz ums Budget wurde gestern die sechste Runde der laufenden Koalitionsverhandlungen zwischen SPÖ und ÖVP eingeläutet* (Neue Vorarlberger Tagesztg 13. 1. 2000, 4) – Wird auf der ersten Silbe, mit Kurz- oder Langvokal, betont. Vgl. Watsche

watten A-west (Tir.) sw.V./hat: ›das Kartenspiel *Watten* spielen‹: *Auch bei diesen beiden Spielterminen werden wiederum jeweils 32 Paare um den Einzug für das große Finale im Innsbrucker Casino watten* (TT 28. 8. 1996, Internet) – Dazu: **Preiswatten, Watter(in)**

WBF siehe Wohnbauförderung

Weberknecht (gemeindt.): ↗Kanker, ↗Schneider, ↗Zimmermann

Wechselgeld (gemeindt.): ↗Herausgeld, ↗Retourgeld

Wechseljahre (gemeindt.): ↗Abänderung

Wechte (gemeindt.): ↗Wehe

Wecken der; -s, –: **1.** A D-südost; ↗Strutz A-südost ›mindestens 1 Kilo schweres längliches Brot‹: *Aus dem Teig einen Wecken formen und in einem Weckensimperl zugedeckt gehen lassen* (ORF Nachlese 9/1997, 76; A). **2.** D-südwest; ↗Laibchen A, ↗Semmel A D-nordwest/südost, ↗Weckerl A D-südost, ↗Brötli CH, ↗Bürli CH, ↗Mutschli CH, ↗Weggen CH, ↗Brötchen D-nord/mittel, ↗Rundstück D-nordwest (bes. Hamburg), ↗Schrippe D-nordost (bes. Berlin) ›kleines rundes oder längliches, aus Weizenmehl und ↗Hefe hergestelltes Gebäck‹: *Infomarkt wollte wissen, ob es gesetzliche Normen zur Größe und zum Gewicht von Brötchen gibt. Dazu wurden 50 Wecken von 16 verschiedenen Anbietern gekauft, aus kleinen Backstuben bis zu Großbäckereien* (Südwest-Fernsehen, 1999, Internet) – Zu 1.: **Sandwichwecken** A. Zu 2.: Doppelwecken

Weckerl A D-südost das; -s, -n: ↗Laibchen A, ↗Semmel A D-nordwest/südost, ↗Brötli CH, ↗Bürli CH, ↗Mutschli CH, ↗Weggen CH, ↗Brötchen D-nord/mittel, ↗Rundstück D-nordwest (bes. Hamburg), ↗Schrippe D-nordost (bes. Berlin), ↗Wecken D-südwest ›kleines längliches, aus Weizenmehl und ↗Hefe hergestelltes Gebäck‹: *Die »Weckerln« quer aufschneiden und aufklappen* (Wellness 10/1997, 33; A) – Vgl. Flesserl – Dazu: **Kornweckerl, Kümmelweckerl**

Weckmann D-mittelwest/südwest der; -(e)s, ...männer: ↗Grättimaa CH (nordwest), ↗Grittibänz CH (ohne nordwest), ↗Stutenkerl D-nordwest/mittelwest ›süßes Gebäck in Form einer menschlichen Gestalt [mit weißer Pfeife], das am Martinstag oder zu St. Nikolaus gebacken wird‹: *Schüler und Jugendliche dürfen sich auf einen Weckmann freuen, in den Altersklassen gibt es Urkunden und Sachpreise* (WAZ 7. 11. 2000, Internet)

Weg: *den Weg unter die Füsse nehmen CH ›sich auf den Weg machen‹: *Am Abend war Rocco jeweils kaum mehr imstande gewesen, sich aufzurichten und den stundenweiten Weg zum Gehöft hinauf unter die Füsse zu nehmen* (Kauer, Spätholz 185) – Das Substantiv *Weg* ist in allen anderen Verwendungen gemeindt.

wegbedingen CH st.V./hat: ›(einen Rechtsanspruch durch eine Vertragsklausel) ausser Kraft setzen‹: *Zwar kann die Haftung bei einem Kauf vertraglich wegbedungen werden. Dies ist jedoch nur möglich, wenn der Verkäufer ehrlich ist und nichts verschweigt* (Blick 9. 5. 1995, 13)

Wegbeschreibung (gemeindt.): ↗WEGBESCHRIEB

Wegbeschrieb CH der; -(e)s, -e: ›Wegbeschreibung‹: *Für die Besucher hat Familie W. einen Wegbeschrieb vorbereitet: Nach Thun geht es Richtung Schallenberg, bis ausserhalb des Dörfchens Süderen rechts ein Strässchen abzweigt und steil bergan führt* (Bund 29. 8. 1995, 29) – Vgl. Beschrieb

wegbrechen D st.V./ist: ›abbrechen; ausbleiben‹: *Zu befürchten sei, dass die eingeplanten Steuereinnahmen erheblich hinter den Erwartungen zurückbleiben. Damit werde die Basis dafür wegbrechen, höhere Einnahmen … zu erzielen* (Parlament 9. 9. 2002, Internet)

Wegenetz A D das; -es, -e: ↗WEGNETZ CH ›Gesamtheit von Wegen in einem Gebiet‹: *Die Erschließung der Wälder durch ein ausreichendes Wegenetz ist die Voraussetzung … für die Waldpflege* (Pfaundler, Jungbürgerbuch 800, A); *Im Wegenetz für Fußgänger wird einiges anders* (Rems-Murr-Nachr 21. 8. 1999, Internet; D) – In CH selten

wegessen A-südost D-mittel st.V./hat: ↗ZUSAMMENESSEN A D-südost ›aufessen‹: *Eva Faschaunerin stellte diesen Rest weg und erst nachdem er die Stube verlassen hatte, forderte sie die Stiefmutter auf, sie solle diesen Rest wegessen* (Museum online, Projekt der HTML Spittal/Drau, 1999, Internet; A-südost); *Ich konnte auch leicht ein Pfund Zucker mit dem Löffel nach und nach wegessen* (Glischinski, Lebenserinnerungen, 2003, Internet; D-mittel) – Die Bedeutung ›aufessen, sodass für andere nichts mehr übrig bleibt‹ ist gemeindt.

weggeben A st.V./hat: ›wegnehmen, entfernen‹: *Komm, gib die Decke weg, ich will dich sehen* (Menasse, Schubumkehr 34) – Die Bedeutung ›fortgeben, einer anderen Person übergeben‹ ist gemeindt. Vgl. geben

Weggen CH der; -s, –: ↗LAIBCHEN A, ↗SEMMEL A D-nordwest/südost, ↗WECKERL A D-südost, ↗BRÖTLI CH, ↗BÜRLI CH, ↗MUTSCHLI CH, ↗BRÖTCHEN D-nord/mittel, ↗RUNDSTÜCK D-nordwest (bes. Hamburg), ↗SCHRIPPE D-nordost (bes. Berlin), ↗WECKEN D-südwest ›kleines bis mittelgrosses [süsses] Gebäck aus ↗Weissmehl und ↗Hefe‹: *Nach dem Rezept von 1798 stellte die Bäckerei S. in Rorschach genügend Weggen her. Jeder Besucher der Barbarafeier erhielt … einen Barbara-Weggen mit auf den Heimweg* (St. Galler Tagbl 8. 12. 1998, Internet) – Vgl. Weggli – Dazu: **1.-August-Weggen**, ↗**Birnenweggen**, **Birnweggen**, **Examenweggen**, **Wurstweggen**

Weggli CH das; -s, –: ↗MILCHBRÖTCHEN D (ohne ost) ›kleines, rundes Milchgebäck mit Einkerbung‹: *Ein Müesli und ein Weggli müssen zum Frühstück genügen* (TA 27. 2. 1999, 41); ***weggehen wie frische Weggli**: ↗SEMMEL: *WEGGEHEN WIE WARME SEMMELN A D ›sich besonders gut und schnell verkaufen‹: *Die vergrösserten Wohnungen gingen weg wie frische Weggli* (TA 18. 2. 1998, 21); ***[nicht] den Batzen und das Weggli bekommen/haben/wollen**; ***[nicht] den Fünfer und das Weggli bekommen/haben/wollen** ›[nicht] alle Vorteile geniessen [wollen]; [nicht] ungehörige, unerfüllbare Ansprüche stellen‹: *Gegen Ende des Aargauer Politgipfels hatte L. das Votum eines CVP-Mitgliedes kommentiert mit »Typisch, die wollen den Fünfer, das Weggli und das Herausgeld obendrein«* (Aargauer Ztg 24. 8. 1999, Internet); *Doch kann man eben nicht den Batzen und das Weggli haben!* (BaZ 28. 3. 2001, Internet) – Vgl. Bürli, Weggen

Wegleitung CH die; –, -en: ›schriftliche Anleitung‹: *Kürzlich hat die Schweizerische Gesellschaft für Rechtsmedizin eine Wegleitung herausgegeben, was ein Arzt für eine Führerscheintauglichkeit untersuchen müsse* (Blick 10. 4. 1997, 5)

Wegmacher Wegmacherin CH der; -s, – bzw. die; –, -nen: ›Person, die für den Unterhalt der Strassen und Wege in ländlichen Gemeinden zuständig ist‹: *Im Bezirk Dorneck mussten Forstequipen und die Wegmacher dreimal ausrücken, um blockierte Strassen wieder befahrbar zu machen* (Basellandschaftliche Ztg 6. 1. 1998, 14)

Wegnetz CH das; -es, -e: ↗WEGENETZ A D ›Gesamtheit von Wegen in einem Gebiet‹: *Auch wenn etliche Strassen in diesem Gebiet neu erstellt worden sind, hat sich das ursprüngliche Wegnetz noch fast vollständig erhalten* (Bund 20. 11. 1999, Z7) – In A und D selten

wegschlecken: *Das schleckt keine Geiss weg CH: ↗ABBEIẞEN: *DA BEIẞT DIE MAUS KEINEN FADEN AB D ›Das ist nicht abzustreiten; Daran gibt es keinen Zweifel‹: *Nun, dass ein gewaltiges Personalproblem besteht … das schleckt keine Geiss weg!* (Aargauer Tagbl 25. 9. 1970, Internet)

wegtreten D st.V./ist: ›auf Befehl eine Stelle verlassen; abtreten‹ /militärisches Kommando/: *Bis zur endgültigen Entscheidung steht ihr unter Hausarrest … wegtreten!«* (Burger, Hitler-Jugend 84)

Wegwahl CH die; –, -en: ›Nichtwiederwahl in einem Wahlverfahren; Abwahl‹: *Und der glücklose Vorstand des Finanzamtes, Willy K., der vor vier Jahren nur ganz knapp an einer Wegwahl vorbeikam, wurde diesmal, gut ins Ticket der Linken eingebettet, bequem wiedergewählt* (NZZ 2. 3. 1998, 38) – Dazu: ↗**wegwählen**

wegwählen CH sw.V./hat: ›nicht wieder wählen; abwählen‹: *Fussballfunktionäre aber, die wichtige Posten mit unqualifizierten Leuten besetzen, wollte man wegwählen* (Facts 11. 9. 1997, 17) – Vgl. Wegwahl

wegzählen A CH D-südost sw.V./hat (veraltend): ›abziehen, subtrahieren‹: *Wenn man nun die Zentralraumfunktionen wegzählt …, dann bleiben von den ATS 4.000 in Linz nur mehr ATS 2691 übrig* (Österreichischer Städtebund, 2001, Internet; A); *Von der Gesamtzahl der Stimmzettel werden die leeren und die ungültigen weggezählt* (Thalner Dorfziitig 25. 9. 2001, Internet; CH)

Wegzug CH der; -(e)s, …züge: ›Wegziehen von einem Wohnort‹: *Durch den ausbildungsbedingten Wegzug von Martin S. ist eine Vakanz entstanden* (Rheintalische Volksztg 4. 6. 1996, Internet) – In A und D selten

Wehe D die; –, -n: ›vom Wind zusammengewehte, aufgetürmte Schnee- oder Sandmassen; Wechte‹: *Jetzt kann der Wind hineinblasen, kann eine Schneewehe quer durch das Zimmer formen. Der Versuch scheitert, der enttäuschte Wissenschaftler greift ein, formt die Wehe nach, erkennt dennoch den Unterschied zwischen echt und technisch erzeugt* (Tagesspiegel 11. 9. 1997, Internet) – Dazu: **Schneewehe**

Wehle D-nord die; –, -n: ›durch Deichbruch entstandene Wasseransammlung‹: *Wehlen sind Zeugen von Sturmfluten und zeigen den Ort eines Deichbruchs an* (Gemeinde Welt in Nordfriesland 8. 5. 2002, Internet)

Wehrbereichskommando D das; -s, -s: ↗Militärkommando A, ↗Kreiskommando CH ›regionale militärische Zentralstelle‹: *Soldaten aus dem Wehrbereichskommando VI … haben … durch ihr hervorragendes Verhalten dazu beigetragen, dass die Bundeswehr bei allen Konfliktparteien in Bosnien einen guten Ruf genießt* (Bayern online, 1998, Internet)

Wehrdienst A D der; -(e)s, ohne Plur.: ↗Präsenzdienst A, ↗Barras A D, ↗Militärdienst CH ›aufgrund der Wehrpflicht zu leistender Dienst beim Militär‹: *Im Verteidigungsressort heißt es, die acht Ersatzmonate für den Wehrdienst hätten kaum Auswirkungen auf die Pensionshöhe* (Kurier 7. 2. 1999, 2; A); *Tatsächlicher Wehrdienst künftig nur noch sechs Monate?* (Welt 2. 6. 2000, Internet; D) – In A formell, in CH selten – Dazu: ↗**Grundwehrdienst**, ↗**Wehrdienstbuch** A, ↗**Wehrdienstkarte** A, **Wehrdienstleistende** (↗Dienstleistende) D, ↗**Wehrdienstverweigerer**, **Wehrdiensterweigerung**, **Wehrdienstzeit**

Wehrdienstbuch A das; -(e)s, …bücher (veraltend): ↗Wehrdienstkarte A, ↗Dienstbüchlein CH, ↗Wehrpass D ›Dokument, das alle relevanten Daten des Wehrpflichtigen enthält, u.a. persönliche Daten, Daten zur Ausbildung und Fortbildung, Daten über Einsätze [im Ausland] etc.‹: *Der Hauptmann ließ sich von einem fiktiven Oberst P. telefonisch anmelden und tauchte am 17. Jänner vormittags in korrekter Felduniform bei der Wache auf, wo er ein Wehrdienstbuch mit dem Namen H. vorwies* (Kurier 23. 1. 1992, 16) – Das *Wehrdienstbuch* wurde 1999 durch die *Wehrdienstkarte* ersetzt

Wehrdienstkarte A die; –, -n: ↗Wehrdienstbuch A, ↗Dienstbüchlein CH, ↗Wehrpass D ›Dokument, das alle relevanten Daten des Wehrpflichtigen enthält, u.a. persönliche Daten, Daten zur Ausbildung und Fortbildung, Daten über Einsätze [im Ausland] etc.‹: *Ein Identitätsnachweis und ein Lichtbild sind beim Kauf vorzulegen, bei ordentlichen Präsenzdienern und ordentlichen Zivildienern … zusätzlich die Wehrdienstkarte* (Stadtgemeinde Horn, 2003, Internet) – Vgl. Wehrdienst

Wehrdienstverweigerer A D der; -s, –: ↗Dienstverweigerer CH ›Person, die sich weigert, den Militärdienst zu leisten‹: *Für etliche Zivildiener (zum Beispiel mit eigener Familie) kommt dazu zwar ein Zuschuss, doch für etliche Wehrdienstverweigerer wird es finanziell recht eng* (OÖN 11. 7. 2000, 14; A); *Die Quote der Wehrdienstverweigerer ist 1995, gemessen an der Zahl der tauglichen Männer, leicht gesunken* (Welt 14. 3. 1996, Internet; D) – Vgl. Wehrdienst

Wehrersatzbehörde D die; –, -n: ↗Ergänzungskommando A, ↗Kreiswehrersatzamt D ›für die Einberufung der Soldat(inn)en zuständige Behörde‹: *Die zuständigen Behörden sind verpflichtet, der zuständigen Wehrersatzbehörde … den Wegfall der Voraussetzungen für die Nichtheranziehung … zum Wehrdienst anzuzeigen* (Technisches Hilfswerk Berlin 11. 8. 1998, Internet)

Wehrersatzdienst A D der; -(e)s, ohne Plur.: ›Alternativdienst zum Dienst beim Militär, der in sozialen Einrichtungen, im Rettungswesen o. Ä. abgeleistet wird; Zivildienst‹: *Durch die finanzielle Aushungerung wird der Wehrersatzdienst zu einer Übung für hochgradig Opferwillige* (Profil 21. 4. 2000, Internet; A); *Jugendliche können ihren Wehrersatzdienst als Zivildienstleistende im mobilen sozialen Hilfsdienst … ableisten* (Arbeiter-Samariter-Bund 13. 1. 2003, Internet; D)

Wehrexperte Wehrexpertin D der; -n, -n bzw. die; –, -nen: ↗Wehrsprecher A ›für Militärangelegenheiten zuständiger ↗Sprecher bzw. zuständige Sprecherin einer politischen Partei im Parlament‹: *Der SPD-Wehrexperte Manfred O. hat versichert, dass weit weniger Standorte der Bundeswehr geschlossen werden sollen als zuletzt befürchtet* (Neue OZ 18. 12. 2000, Internet)

Wehrkleid CH das; -(e)s, -er (veraltet): ↗Tenue: *Tenue grün CH ›Uniform des Soldaten bzw. der Soldatin‹: *Der Schutz der Ehre der Armee und des Wehrkleides gilt dabei immer als dienstliche Tätigkeit, und zwar auch während der freien Zeit* (Tschäni, Patriotismus 83) – Vgl. Gwändli

Wehrpass D der; -es, ...pässe: ↗WEHRDIENSTBUCH A, ↗WEHRDIENSTKARTE A, ↗DIENSTBÜCHLEIN CH ›persönliches Dokument aller Angehörigen der ↗Bundeswehr, in dem Einteilung, abgegebene Ausrüstungsgegenstände, geleistete Diensttage u.Ä. vermerkt werden‹: *Als Joan B's Sohn zur Welt kam, saß ihr Mann, der Studentenführer David H.: Er hatte seinen Wehrpass verbrannt* (WAZ 6. 1. 2001, Internet)

Wehrsprecher Wehrsprecherin A der; -s, – bzw. die; –, -nen: ↗WEHREXPERTE D ›für Militärangelegenheiten zuständiger ↗Sprecher bzw. zuständige Sprecherin einer politischen Partei im Parlament‹: *Der Autor ist Wehrsprecher der ÖVP* (Furche 13. 11. 1997, 2)

Wehwehchen (gemeindt.): ↗AUA, ↗BOBO, ↗ZIPPERLEIN

Weibel Weibelin CH der; -s, – bzw. die; –, -nen: ›Parlaments-, Gerichts- oder Amtsdiener(in) oder -bote bzw. -botin‹: *Dann wurde der Gerichtssaal zum Wohnzimmer. Der Weibel legte Orientteppiche aus und schleppte Ölbilder herein* (TA 7. 12. 1991, 23) – Dazu: **Amtsweibel(in), Betreibungsweibel(in)** (↗Betreibung), ↗**Bundesweibel(in), Gemeindeweibel, Gerichtsweibel(in),** ↗**Landweibel(in), Ratsweibel(in),** ↗**Staatsweibel(in), Stadtweibel,** ↗**Standesweibel(in)**

weibeln CH sw.V./hat: **1.** ›zielstrebig umhergehen‹: *Geschäftig weibeln SBB-Beamte durch die Hallen im Zürcher Hauptbahnhof* (Blick 18. 3. 1997, 25). **2.** ›werbend oder bittend Kontakte knüpfen, Lobbying betreiben‹: *Wenn er nicht gerade wie besessen für seine athletische Form trainierte, weibelte er von Pontius zu Pilatus, um Geldgeber zu mobilisieren* (Sport 10. 3. 1998, 11)

Weiberfasnacht Weiberfastnacht D die; –, ohne Plur.: ↗DONNERSTAG: *UNSINNIGE DONNERSTAG A D-südost; *SCHMUTZIGE DONNERSTAG CH D-südwest, ↗ALTWEIBERFASTNACHT D-mittelwest/südwest ›Donnerstag vor Aschermittwoch‹: *Mit Weiberfastnacht beginnt in Köln die heiße Phase* (Welt 15. 2. 1996, Internet) – Vgl. Fasnacht, Fastnacht

Weiberl A D-südost das; -s, -n (Grenzfall des Standards): **1.** ›weibliche Pflanze oder weibliches Tier; Weibchen‹: *Beim Ginko sind Manderl und Weiberl getrennte Pflanzen* (SN 14. 1. 2000, Internet; A). **2.** ›kleine [alte] Frau‹: *Aus Spaß steht das gebückte Weiberl nicht auf dem Markt: Sie ist auf den Verkaufserlös angewiesen, mit ihrer kargen Pension würde sie nicht durchkommen* (OÖN 5. 6. 1998, Internet; A) – Vgl. Mandl

Weichsel A CH D-südost die; –, -n: ↗WEICHSELKIRSCHE CH D-südost, ↗SAUERKIRSCHE D ›säuerliche rote Kirsche‹: *Ingwer, Zitronensaft und -schale zu den Weichseln geben* (Kleine Ztg 22. 6. 2000, Internet; A); *Von den Mauern wachsen nun in buchsgefassten Beeten Birnenspaliere, Weichseln und Blumen* (NZZ 16. 8. 1993, 19) – Dazu: **Weichselbaum, Weichselkompott** A, **Weichselmarmelade** (↗Marmelade) A, **Weichselsaft** A

Weichselkirsche CH D-südost die; –, -n: ↗WEICHSEL A CH D-südost, ↗SAUERKIRSCHE D ›säuerliche rote Kirsche‹: *Sie [die Hobbybrauer] brauen ober- und untergärig, sie pröbeln mit Weizen, Mais, würzen mit Honig, setzen Weichselkirschen an und bringen zu Weihnachten auch einmal ein Zimtbier auf den Tisch* (Sonntagsztg 23. 2. 1997, 107; CH)

Weidling[1] CH D-süd der; -s, -e: ›kleines, lang gestrecktes Flussboot (früher zum Fischen, heute hauptsächlich für sportliche Betätigung verwendet)‹: *Im Gegensatz zu den vielen Arten von Ruderbooten, in denen man mit Blick zurück sitzt, wird der Weidling stehend, mit Blick nach vorne, einzeln oder paarweise gefahren* (Wasserfahrverein Rupperswil, 2000, Internet; CH) – Vgl. Wasserfahren

Weidling[2] siehe Weitling

Weihnachten die; nur Plur./das; –, –: wird meistens ohne, selten mit Artikel verwendet. Mit Artikel oder attributivem Adjektiv ist *Weihnachten* in A, CH und D-süd ein Pluralwort, in D-nord/mittel ein Singularwort im Neutrum. Ohne Artikel oder attributives Adjektiv ist *Weihnachten* ein Singularwort und gemeindt. *Weihnachten* wird in CH und D-süd mit *an* verbunden, gemeindt. mit *zu*: *Wenn Sie dieses Mitteilungsblatt in Händen haben, sind die Weihnachten und der Jahreswechsel bereits vorbei* (OEAV, 9. 7. 2003, Internet; A); *Eigentlich hatte sie gehofft, er würde an Weihnachten kommen* (Faes, Vater 137; CH); *Weisse Weihnachten sind bei uns selbstverständlich* (Gemeinde Hahnenmoss, 2001, Internet; CH); *Für das Weihnachten der Kolonialherren hatten die Sklaven aus Afrika ... kein Interesse* (Rhein Ztg 9. 7. 2003, Internet; D-nord/mittel) – Das Substantiv *Weihnacht* (die; –, -en) ist gemeindt., in A und D aber gehoben

weihnächtlich CH Adj.: ›weihnachtlich‹: *Nach ihrem Einsatz auf weihnächtlichen Früchtetellern fristen Datteln Anfang Jahr jeweils ein kümmerliches Dasein* (TA 29. 1. 2000, 66) – Dazu: **vorweihnächtlich**

Weihnachtsbaum CH (ohne nordost) D-nord/mittel der; -(e)s, ...bäume: ↗CHRISTBAUM A CH-nordost D-mittelwest/süd, ↗TANNENBAUM D-nord/mittel ›Nadelbaum, der an Weihnachten in einen Wohnraum gestellt und geschmückt wird‹: *Ein paar Tage vor Weihnachten besorgen meine Eltern den Weihnachtsbaum, den wir an Heiligabend schmücken dür-*

fen (Bezirksschule Balsthal, 2000, Internet; CH); *85 Prozent der Käufer hatten zuvor schon ein- oder mehrmals diese Baumart als Weihnachtsbaum im Zimmer stehen* (Thalacker Medien 31. 1. 2001, Internet; D-nord/mittel)

Weihnachtsgeld A D das; -(e)s, -er: ↗WEIHNACHTSREMUNERATION A, ↗DREIZEHNTE A CH, ↗GEHALT: *DREIZEHNTE GEHALT A D ›meist Ende des Jahres ausgezahlte zusätzliche Vergütung zum Lohn (in A in der Höhe eines Bruttomonatslohns, der aber besonders versteuert wird)‹: *Einen Anspruch auf Krankenstand, Urlaubs- und Weihnachtsgeld haben diese Leute sowieso nicht* (Solidarität 3/1998, 16; A); *Der 19-jährige Martin … hat 1997 als Schreinerlehrling inklusive Weihnachts- und Urlaubsgeld … 13 900 Mark verdient* (Test 12/1997, 24; D)

Weihnachtskind das; -(e)s, -er: **1.** CH (Plur. ungebräuchl.); ↗CHRISTKINDL A D-südost CHRISTKINDLE D-südwest ›[blondgelockte] Kindergestalt mit Flügeln, die an Weihnachten Geschenke bringt; Christkind‹: *Jetzt, da ich AHV-Empfänger bin, weiss ich verbindlich, dass nicht das Weihnachtskind die Geschenklein bringt* (TA 29. 1. 2000, 21). **2.** CH; ↗CHRISTKINDL A D-südost CHRISTKINDLE D-südwest, ↗FATSCHENKIND D-südost ›Jesuskind; Christkind‹: *Jetzt stehen sie vor der Krippe. Die alten Männer fallen in die Knie. Ja, der Heiland ist zur Welt gekommen! Ein Junge schenkt dem Weihnachtskind ein Schäfchen* (Pädagogischer Verlag, 2001, Internet). **3.** CH D; ↗CHRISTKINDL A D-südost CHRISTKINDLE D-südwest ›Person, die Weihnachten Geburtstag hat‹: *Ein Vorwurf erwächst dem Weihnachtskind (geb. 25. 12. 64) im eigenen Kader und vom Coach allerdings nicht, zu gut kennen diese Wert und Radien des umsichtigen »midfielders«* (NZZ 18. 6. 1996, 7; CH); *Sie ist ein echtes Ahsener Weihnachtskind und hat ein ganzes Jahrhundert erlebt: Martha D. kam am 25. Dezember 1899 zur Welt* (WAZ 29. 12. 1999, Internet; D). **4.** CH ›Person, die unter einem besonders glücklichen Stern geboren ist; Glückskind; Sonntagskind‹: *B. S., der am 24. Dezember 1957 in Zürich geboren wurde, hat im Rückblick auf seinen Werdegang durchaus das Gefühl, ein »Weihnachtskind« zu sein* (NZZ 14. 7. 1997, 7)

Weihnachtsmann der; -(e)s, …männer: **1.** D-nord/mittel ›dem St. Nikolaus ähnliche Gestalt, die Weihnachten Geschenke bringt‹: *Und selbst am Heiligen Abend ist es nicht immer der Weihnachtsmann, der da durch den Kamin rauscht; gut informierte Herren Einbrecher suchen mit Vorliebe die leer stehenden Wohnungen von Festflüchtern heim* (Zeit 26. 12. 1997, 61). **2.** D (ohne südost) (abwertend) ›trotteliger Mensch‹: *»So ein Weihnachtsmann taucht auf und bringt einen um den Erfolg. Aber das kennen wir schon, dass die Schiedsrichter hier ins Westfalenstadion kommen und sich profilieren wollen, mit Entscheidungen gegen die Heimmannschaft«* (Berliner Ztg 22. 12. 1997, Internet) – Zu 1.: In A bekannt und vor allem in ↗Kaufhäusern im ↗Advent auftretend, aber als amerikanischer Brauch empfunden. In CH zunehmend gebräuchlich

Weihnachtsmarkt CH D der; -(e)s, …märkte: ↗CHRISTKINDLMARKT A D-südost CHRISTKINDLESMARKT D-südwest ›in der Vorweihnachtszeit stattfindender Markt, auf dem weihnachtliche Artikel verkauft werden‹: *Um einen Weihnachtsmarkt im Dezember zu besuchen, muss man nicht ins Ausland reisen* (Brückenbauer 3. 12. 1997, 69; CH); *Aber auch in diesem Jahr war man wieder begeistert vom Angebot und der Kontinuität des Weihnachtsmarktes* (WAZ 15. 12. 2000, Internet; D)

Weihnachtsremuneration A die; –, -en (formell): ↗DREIZEHNTE A CH, ↗GEHALT: *DREIZEHNTE GEHALT A D, ↗WEIHNACHTSGELD A D ›meist Ende des Jahres ausgezahlte zusätzliche Vergütung zum Lohn in Höhe eines Bruttomonatslohns, der besonders versteuert wird‹: *S. hatte … bereits 1993 den Gang aufs Gericht gewagt, um Urlaubsgeld und Weihnachtsremuneration … einzuklagen* (Kurier 19. 10. 1999, 9) – Vgl. Remuneration

Weihnachtstag der; -(e)s, -e: **1.** CH D nur Plur. ›Zeitraum vom 24.–26. Dezember; Weihnachtsfeiertage‹: *Trotz des Chaos wegen des Schnees und der vielen gestrichenen Flüge lief das Drogenbusiness auch über die Weihnachtstage auf Hochtouren* (Südostschweiz 30. 12. 2000, Internet; CH); *Der 34 Jahre alte Prinz soll seine um ein Jahr jüngere Freundin über die Weihnachtstage um ihr Ja-Wort gebeten haben* (MDR 6. 1. 1999, Internet; D). **2.** CH D; ↗CHRISTTAG A D-südost ›25. Dezember (in D auch in der Wendung *erster Weihnachtstag*)‹: *Seit dem Weihnachtstag 1998 schlafen Helen und Hans F. mit ihren vier Kindern im Rossstall* (Blick 8. 5. 1999, 1; CH); *Der Weihnachtstag beginnt mit einem Besuch in der Sixtinischen Kapelle und klingt im hauseigenen Restaurant … von Küchenchef Heinz B. aus* (Welt 26. 10. 2001, Internet; D); *Die Mitternachtsmesse bildet den Übergang zum ersten Weihnachtstag, dem Familientag* (Le Menu 27. 12. 2001, Internet; D). **3.** ***zweite Weihnachtstag** D: ↗STEFANI A D-südost, ↗STEFANITAG A D-südost, ↗STEFANSTAG CH ›26. Dezember‹: *Am zweiten Weihnachtstag besuchen die Polen ihre Verwandten und verbringen sehr viel Zeit am Tisch* (Euroregion Neiße 4. 9. 2002, Internet; D) – Zu 2.: In A selten

Weihnachtsteller D (ohne südost) der; -s, –: ›Teller mit Süßigkeiten zur Weihnachtszeit‹: *Walnüsse gehören natürlich auf jeden Weihnachtsteller* (WDR 13. 12. 1999, Internet) – Vgl. Weihnachten

Weinacker STIR der; -s, ...äcker: ↗RIED A-ost, ↗WEINGARTEN A D-mittelost/süd, ↗REBBERG CH, ↗REBHANG CH D-mittelost/südwest, ↗WINGERT D-mittelwest/südwest ›Grundstück [auf dem Wein angebaut wird]; Weinberg‹: *Dahinter, wusste ich, hinter dem nächsten Haus begannen die Weinäcker, die Obstwiesen, dann die Sumpfwiesen mit den Rebhühnern* (Zoderer, Onkel Vigil 107) – In D veraltet

Weinbau (gemeindt.): ↗REBBAU

Weinbauer (gemeindt.): ↗HAUER/HAUERIN, ↗REBBAUER/REBBÄUERIN, ↗REBLEUTE, ↗WEINGÄRTNER/WEINGÄRTNERIN, ↗WEINZIERL

Weinbaugebiet (gemeindt.): ↗REBGEBIET

Weinbeere A CH D-südost die; –, -n: ↗ZIBEBE A D-süd ›getrocknete Weintraube; Rosine‹: *Die Weinbeeren hineingeben und den Teig ca. 20 Minuten quellen lassen* (Gesundheitsplattform, 2002, Internet); *Mit Trockenfrüchten sind gemeint: Weinbeeren, Dörrpflaumen und -aprikosen* (Sonntagsblick 3. 9. 2000, M25; CH) – Die Bedeutung ›einzelne Weintraube‹ ist gemeindt.

Weinbeißer der; -s, –: **1.** A ›Lebkuchen mit Zuckerglasur‹: *Herr T. schreibt, dass er als Wiener automatisch Heurigenexperte sei und als solcher teile er mir mit: »Echte Heurige dürfen nur kleine Buffets haben!« Erlaubt seien maximal: ... Soletti, Mannerschnitten, Salzmandeln und »Weinbeißer«-Lebkuchen* (OÖN 15. 9. 2000, 26). **2. Weinbeißer Weinbeißerin** A D-südost der; -s, – bzw. die; –, -nen; ↗SCHLOTZER D-südwest ›genussvoller Weintrinker bzw. genussvolle Weintrinkerin‹: *Ein richtiger, wenn auch reichlich verschlissener Weinbeißer stand da und macht eine Leichenbittermiene bei jedem Tropfen, der verschüttet wurde* (Kain, Lob 72; A)

Weinberg (gemeindt.): ↗REBBERG, ↗REBHANG, ↗RIED, ↗WEINACKER, ↗WEINGARTEN, ↗WINGERT

Weingarten A D-mittelost/süd der; -s, ...gärten: ↗RIED A-ost, ↗REBBERG CH, ↗REBHANG CH D-mittelost/südwest, ↗WINGERT D-mittelwest/südwest, ↗WEINACKER STIR ›[ebene] Fläche, auf der Weinstöcke angebaut werden; Weinberg‹: *Ein guter Tropfen wird der heurige Riesling vom Ardetzenberg; in den Vorarlberger Weingärten trieb viel Sonne die Öchslegrade in beachtliche Höhen* (VN 29. 10. 1997, A 1; A); *Dieses Häuschen steht ganz einsam im Weingarten* (Bayerischer Rundfunk 10. 6. 2001, Internet; D-mittelost/süd)

Weingärtner Weingärtnerin A-ost D-süd der; -s, – bzw. die; –, -nen: ↗HAUER A, ↗WEINZIERL A-ost, ↗REBBAUER CH, ↗REBLEUTE CH ›Person, die berufsmäßig Wein anbaut und herstellt; Weinbauer bzw. Weinbäuerin; Winzer(in)‹: *Urlaub beim Weingärtner – im milden, sonnenreichen, pannonischen Klima am Ostufer des Neusiedlersees* (Pension & Weingut Storchenblick, 2000, Internet; A-ost); *Gerlingen war lange Zeit ein Bauern-, Weingärtner- und Handwerkerdorf* (Stuttgarter Ztg 19. 11. 2001, Internet; D-süd) – In A meist in Namen für *Winzergenossenschaften*, z. B. *Freie Weingärtner Wachau, Pannonische Weingärtner Neusiedlersee* – Dazu: **Weingärtnerei**

Weinhandlung (gemeindt.): ↗ÖNOTHEK, ↗VINOTHEK

Weinkelter D die; –, -n: ↗TORKEL A-west (Vbg.) CH-nordost D-südost, ↗TROTTE CH, ↗KELTER D-mittel/süd, ↗TORGGL STIR ›Presse zur Gewinnung von Traubensaft‹: *In den Jahren, in denen die Weinstöcke erst einmal heranwachsen, baut der Winzer auch noch eine Weinkelter, damit er die reifen Trauben gleich an Ort und Stelle auspressen und lagern kann* (Kirchengemeinde Atensittenbach 19. 3. 2000, Internet) – Vgl. Kelter

Weinkost A die; –, ohne Plur.: ↗VERKOSTUNG A, ↗DEGUSTATION A CH, ↗WEINPROBE D ›Veranstaltung in einem Weinkeller o. Ä., bei der verschiedene Weine und kleine Speisen serviert werden‹: *Am Sonntag findet in Albrechtsberg der heurige »Bauernmarkt« mit Mostfassanstich, Weinkost, Spezialbieren, Spanferkel im Pfarrgarten und vielen anderen kulinarischen Ereignissen statt* (Kurier 10. 7. 1998, 24) – Dazu: **Weinkostfest**

Weinland CH das; -(e)s, ohne Plur.: ›Region im ↗Kanton Zürich, zwischen Winterthur und dem Rhein bei Schaffhausen‹ (oft in der Wendung ↗*Zürcher Weinland*): *Das Weinland ist eine fruchtbare, liebliche Landschaft mit sanften Formen* (Zürcher Weinland, 1997, Internet) – Die Bedeutung ›weinproduzierendes Land‹ ist gemeindt.

Weinlaube A die; –, -n: ↗PERGEL STIR ›Laubengang, der von Weinreben umrankt und überwachsen ist; Pergola‹: *Neu ist heuer die Weinlaube, ein Erntedankwagen sowie ein Streichelzoo* (VN 30. 9. 1999, Heimat/Dornbirn 6) – Vgl. Laube

Weinlese (gemeindt.): ↗WIMMET

Weinprobe D die; –, -n: ↗VERKOSTUNG A, ↗WEINKOST A, ↗DEGUSTATION A CH ›Probieren von mehreren Weinen‹: *Viele Menschen waren schon in dem Wohnzimmer-Laden, in dessen Mitte ein großer alter Tisch steht, an dem Weinproben stattfinden* (Welt 17. 8. 1999, Internet)

Weinschorle D die; –, -n: ↗MISCHUNG A-südost, ↗SPRITZER A (ohne west), ↗GESPRITZTE A D-süd, ↗SCHORLE D ›mit [Mineral]wasser verdünnter Wein‹: *Fruchtsäfte, Mineralwasser, ja sogar Bier und eine Weinschorle sind den künstlichen Getränken ...*

vorzuziehen (DeutschlandMed, 2000, Internet) – Dazu: **Rotweinschorle, Weißweinschorle**

Weinseligkeit A D die; –, -en: ›durch Alkohol hervorgerufene berauschte Stimmung‹: *Die Weinseligkeit der Wiener ist legendär und sie ist noch heute ein wesentliches Charakteristikum der Stadtbewohner* (Wiener Ztg 12. 2. 2001, Internet; A); *Draußen vor der Tür der erste richtige Herbstregen, drinnen in der Jahnhalle gemütliche Weinseligkeit* (Rems-Murr-Nachr 3. 9. 2001, Internet; D) – Das Adjektiv *weinselig* ist gemeindt.

Weinstube A D die; –, -n: ›kleines Weinlokal‹: *Morgen treffen sich die Hobbyliteraten um 18 Uhr im Nichtraucherstüberl der Südtiroler Weinstube zum Fabulieren* (OÖN 18. 6. 2002, Internet; A); *Wer den Wein kennenlernen will, ist … in der Weinstube »Am Kautenturm« willkommen* (Bonner General-Anzeiger 19. 6. 2002, Internet; D) – In CH selten

Weinzierl A-ost der; -s, -n ⟨aus mhd. *winzürl* zu lat. *vinitor* ›Weinleser‹⟩ (Grenzfall des Standards, veraltend): ↗HAUER A, ↗WEINGÄRTNER A-ost D-süd, ↗REBBAUER CH, ↗REBLEUTE CH ›Person, die berufsmäßig Wein anbaut und herstellt; Weinbauer bzw. Weinbäuerin; Winzer(in)‹: *Die Hauer und Weinzierl erhielten vom Bauherren einen jährlichen Geldbetrag in mehreren Raten, deren Auszahlung häufig an die Vollendung bestimmter Arbeiten im Weingarten gebunden war* (Weinbau in Niederösterreich, 2000, Internet) – Häufig als Orts- und Nachname

-weis A D-südost (produktiver Wortbestandteil in Zus., Grenzfall des Standards): ›-weise‹, z. B. bataillonweis, ↗kleinweis, reihenweis, tröpferlweis, ↗zizerlweis A (ohne Vbg.) D-südost: *Entweder Sie warten geduldig, bis reihenweis abmarschiert wird, oder Ihnen als dem einzigen unter Millionen Erkorenen das Tor bleibt verschlossen* (Schutting, Gemma die Herrschaften, Internet; A)

Weis siehe Wis

-weise (gemeindt.): ↗-WEIS

weisen st.V./hat: **1.** [sich] A CH ›zeigen, erweisen‹: *Ob ich das Recht haben werde, etwas aus unserem Gespräch zu schließen, wird sich erst weisen* (Werner, Wien 89; A); *Die Zukunft wird weisen, ob ein neuer Marxismus angesagt ist* (TA 22. 5. 1999, 12; CH). **2.** A-west (Vbg.) CH (Kartenspiel) ›beim ↗Jass durch eine bestimmte Kombination von Karten gleicher Farbe oder gleicher Art zusätzliche Punkte erhalten‹: *Ich habe erfahren, dass neuerdings stets alle »Quartette« gewiesen werden können. Angeblich sollen auch vier Sechser, vier Siebner und vier Achter 100 Weispunkte ergeben* (St. Galler Tagbl 21. 10. 1999, Internet; CH) – Zu 1.: Die reflexive Verwendung ist häufiger. Andere Bedeutungen sind gemeindt. – Zu 2.: **Weispunkte,** ↗**Wis** CH

Weiß: *[Spritzer/Gespritzter] weiß sauer A-west (der); ***Schorle weiß sauer** D-südwest (die/das): ↗SPRITZER: *WEIẞE SPRITZER A (ohne west), ↗GESPRITZT: *GESPRITZTE WEISSE/WEISSWEIN CH ›mit [Mineral]wasser verdünnter Weißwein‹: *Bei Zillertal Bier und Weiß sauer lässt sich's aushalten* (Gemeinde Finkenberg im Zillertal, 2002, Internet; A-west); *Schorle weiß sauer 0,25 l: Euro 2,10* (Gastro-Stuttgart 7. 3. 2003, Internet; D-südwest); ***[Spritzer/Gespritzter] weiß süß** A-west ***Schorle weiß süß** D-südwest (die/das) ›mit [Zitronen]limonade verdünnter Weißwein‹: *Was ist dein Lieblingsgetränk? – Weiß-Süß* (Hypobank Vbg., 2002, Internet; A-west); *Schorle weiß süß 0,25 l: Euro 2,10* (Gastro-Stuttgart 7. 3. 2003, Internet; D-südwest) – Vgl. Gespritzte, Mischung. Die Substantivierung *Weiß* ist in allen anderen Verwendungen gemeindt.

weiß: *weiße Käse siehe Weißkäse

Weißbuche A D die; –, -n: ↗HAGEBUCHE CH ›Hainbuche‹: *Nach Fertigstellung der Tiefgarage werden Haselnusssträucher, Weißbuchen und Feldahorn gepflanzt* (OÖN 6. 3. 1997, 16; A); *Die Gattung Carpinus (Hain- oder Weißbuchen) umfasst weltweit circa 30 bis 35 Arten* (Bayerische Landesanstalt für Wald und Forstwirtschaft, 2002, Internet; D)

Weisschabis siehe Weisskabis

weißeln A D-süd **weisseln** CH sw.V./hat: ↗WEIẞIGEN A-südost, ↗TÜNCHEN CH D-nord/mittel, ↗WEIẞEN D ›(eine Wand oder eine Decke) mit Kalkfarbe weiß streichen‹: *Die Wände waren geweißelt, eine Seite glänzte verspiegelt* (Rabinovici, Suche nach M. 7; A); *Die Räume waren alle sehr klein. In seiner Erinnerung sind sie dunkel, obwohl wahrscheinlich geweisselt* (Niederhauser, Erich 258; CH)

weißen D sw.V./hat: ↗WEIẞIGEN A-südost, ↗WEIẞELN A D-süd WEISSELN CH, ↗TÜNCHEN CH D-nord/mittel ›(eine Wand oder eine Decke) mit Kalkfarbe weiß streichen‹: *Aber alle Häuser sind ausgebessert, die Dächer sind frisch gedeckt, die Wände geweißt* (Rinser, Bruder Feuer 39)

Weißherbst D der; -(e)s, -e: ›aus nur einer Rebsorte hergestellter deutscher Roséwein‹: *Ein besonderer Wein ist unser Dornfelder Weißherbst mit einem ungeheuer interessanten Aroma* (Weinbaubetrieb Wagner 2. 1. 2002, Internet)

weißigen A-südost sw.V./hat: ↗WEIẞELN A D-süd WEISSELN CH, ↗TÜNCHEN CH D-nord/mittel, ↗WEIẞEN D ›(eine Wand oder eine Decke) mit Kalkfarbe weiß streichen‹: *Die Häuser … werden sowohl innen als auch außen geweißigt und anschließend mit bunter*

Farbe verschönt (Austrian Help Program, 2002, Internet)

Weisskabis CH der; –, ohne Plur.: ↗KRAUT A D-mittelost/süd, ↗WEISSKRAUT A D-mittelost/süd, ↗KABIS CH, ↗KAPPES D-mittelwest, ↗KOHL D-nord/mittel, ↗WEISSKOHL D-nord/mittel ›ein Kohlgewächs mit hellgrünen, glatten Blättern und festem Kopf‹ /ein Gemüse/: *Der Weisskabis wird in dünne Streifen geschnitten und mit Kochsalz in Gärbottiche eingeschlossen, wo im Verlauf von vier bis fünf Wochen der Gärprozess abläuft und der Kabis so haltbar gemacht wird* (Blick 21. 11. 1997, 28) – Auch in der Schreibung *Weisschabis*

Weißkäse D-ost der; -s, –: ↗TOPFEN A D-südost, ↗SCHOTTEN A-west (Tir.)/südost D-süd, ↗QUARK CH D ›cremige Masse aus saurer Milch‹: *Wenn sie Weißkäse, Schwarzbrot, Margarine und Tomatensuppe habe, sei sie zufrieden* (Welt 24. 3. 2000, Internet) – Landschaftlich auch in der Form *weißer Käse*

Weißkohl D-nord/mittel der; -(e)s, ohne Plur.: ↗KRAUT A D-mittelost/süd, ↗WEISSKRAUT A D-mittelost/süd, ↗KABIS CH, ↗WEISSKABIS CH, ↗KAPPES D-mittelwest, ↗KOHL D-nord/mittel ›Kohlsorte mit hellgrünen, glatten Blättern und festem Kopf‹: *Der lange Esstisch ist reich gedeckt: Pasteten, gefüllt mit Zander, Preiselbeeren und Weißkohl* (Focus 4. 8. 1997, 65)

Weißkraut A D-mittelost/süd das; -(e)s, ohne Plur.: ↗KRAUT A D-mittelost/süd, ↗KABIS CH, ↗WEISSKABIS CH, ↗KAPPES D-mittelwest, ↗KOHL D-nord/mittel, ↗WEISSKOHL D-nord/mittel ›ein Kohlgewächs mit hellgrünen, glatten Blättern und festem Kopf‹: *Neben Weiß- und Rotkraut ist der Kohl mit seinen stark gekräuselten Blättern eines der wichtigsten Mitglieder dieser Artenfamilie* (Gusto 11/1997, 48; A)

Weissmehl CH **Weißmehl** D das; -(e)s, ohne Plur.: ›weißes, sehr fein gemahlenes Mehl aus Weizen‹: *Das Kilo Weissmehl verbilligte sich … auf Fr. 1.70* (Bund 4. 10. 1999, 11; CH); *Dem Weißmehl mangelt es an … gesunden Bestandteilen, weil die äußeren Schichten des Korns abgeschält werden* (NDR 2, 1999, Internet; D) – Es gibt keine Entsprechung in A

Weissrübe CH die; –, -n: ↗RÄBE CH, ↗RÜBCHEN: *TELTOWER RÜBCHEN D-nord/mittelwest, ↗SPEISERÜBE D-mittel ›weisse Rübe, die im Herbst geerntet und als Gemüse oder Salat gegessen wird‹: *Je nach Saison können auch verschiedene Gemüsesorten verwendet werden, so zum Beispiel Kohlrabi, Weissrüben, Stangensellerie, Grünkohl etc.* (Waffenplatz Frauenfeld, 2002, Internet)

weiter CH D Adv.: ↗WEITERS A LIE ›ferner, weiterhin, außerdem‹: *Nicht dabei waren weiter die Davoser Partnerspieler* (Engadiner Post 4. 10. 1997, 10; CH); *Weiter fehlen auch die Voraussetzungen für die Verarbeitung von filmischem Geschehen* (BdW 8/1990, 94; D); ***im Weiteren** A CH ›im Folgenden‹: *Im Weiteren hat der Senat beschlossen, der Einladung des Wissenschaftsministeriums zu einem Meinungsaustausch am heutigen Freitag nur teilweise zu folgen* (Pressemitteilung der Universität Innsbruck 3/1996, Internet; A); *Im Weiteren wurde über die Abstimmungsparolen für den 23. November entschieden* (NZZ Intern. Ausgabe 3. 11. 1997, 17) – Die Fügung *im Weiteren* ist in D selten. Vgl. durchweg

Weiterbildungsurlaub CH der; -(e)s, -e: ↗BILDUNGSKARENZ A, ↗BILDUNGSURLAUB CH D ›zwischen Arbeitgeber(in) und Arbeitnehmer(in) vereinbarte Freistellung von der Arbeit für Aus- und Weiterbildung‹: *So soll der Bund 1000 Lehrstellen in der Informatik schaffen und einen Weiterbildungsurlaub einführen* (Bund 1. 4. 1999, 17)

weiterfahren CH st.V./ist: ›fortfahren‹: *Bevor Sie mit der Installation weiterfahren können, müssen Sie den PC neu starten* (Nextra 30. 9. 2002, Internet) – Andere Bedeutungen sind gemeindt.

weitermachen CH sw.V./hat: ›nach der ↗Rekrutenschule einen weiteren militärischen Ausbildungsgang absolvieren‹: *Ich bin in der RS und will auf keinen Fall weitermachen* (Zivildienst, 2002, Internet) – Andere Bedeutungen sind gemeindt.

weiters A LIE Adv.: ↗WEITER CH D ›ferner, weiterhin, außerdem‹: *Und weiters ist es bei Personenschäden absolut Pflicht, die nächste Polizei- oder Gendarmeriedienststelle zu verständigen* (ORF Nachlese 9/1997, 11; A); *Weiters sollen verschiedene Gehege verbessert … werden* (Liechtensteiner VL 18. 3. 1994, 21; LIE) – Vgl. durchwegs, öfters

weitherum CH Adv.: ↗WEITUM A CH D-südost ›im weiten Umkreis; weithin‹: *Alexandre stand an der Kaffeemaschine in der Pension seiner Eltern; das dampfende und pfeifende Ungetüm war weitherum zu hören* (TA 21. 10. 1999, 81)

weithin (gemeindt.): ↗WEITHERUM, ↗WEITUM

Weitling A D-südost der; -s, -e: ↗RÜHRSCHÜSSEL A D ›große Schüssel; Teigschüssel‹: *Nun kommen Mehl, Salz und die abgeriebene Zitronenschale in einen Weitling* (OÖN 17. 1. 1991, 8; A) – Auch in der Schreibung *Weidling*, diese Form ist jedoch nicht verwandt mit ↗Weidling[1]

weitum A CH D-südost Adv.: ↗WEITHERUM CH ›im weiten Umkreis; weithin‹: *Während der Pfarrer noch traute, arbeitete der Wirt an den schönsten Schaumkronen weitum* (Payr, Drücken des Schuhs 16; A); *Mitten in diesem kleinen Ort steht der nun schon weitum berühmte familiengeführte Gasthof – seit 1966* *ununterbrochen mit einem Michelin-Stern ausgezeichnet* (Blick 23. 5. 1995, 28; CH) – Wird in A auf der ersten oder auf der zweiten Silbe betont, in CH und D-südost nur auf der ersten

Weizenmehl: ***Weizenmehl Type 550** D: ↗MEHL: *DOPPELGRIFFIGE MEHL A ›grobkörniges Mehl aus Weizen‹: *Weizenmehl Type 550 … ist Dank seines hohen Anteils an backfähigem Eiweiß besonders backstark und insbesondere für Hefeteige und Brote geeignet* (Firma Diamant, 2003, Internet); ***Weizenmehl Type 405** D: ↗MEHL: *GLATTE MEHL A ›sehr fein gemahlenes Mehl aus Weizen‹: *Weizenmehl Type 405 ist das »ungesündeste« weil es nichts mehr von den gesunden Randschichten des Getreidekorn enthält* (Chefkoch 10. 7. 2003, Internet) – Die Mehltypen, die angeben, wie fein das Mehl gemahlen wurde und wie viel Gramm Mineralstoffe in 100 kg Mehl enthalten sind, werden nur im Handel und in der Küche angegeben. Die in D verwendeten Typenbezeichnungen, z. B. 405, 550, 1050, entsprechen den in der EU verwendeten Bezeichnungen. Diese sind in A jedoch nicht gebräuchlich. Das Substantiv *Weizenmehl* in der Bedeutung ›Mehl, das aus Weizen hergestellt wird‹ ist gemeindt.

Weli A der; –, -(s) 〈aus ital. *il bello* ›der Schöne‹〉: ›niedrigste Spielkarte [einer bestimmten Spielkartenfarbe] mit dem Wert Sechs‹: *Jaja … Denn mit Weli, Spitz und Mottl gewinnt auch noch der größte Trottel* (Falter 3. 11. 1997, 72) – Vgl. Sechser

Welle CH D-südwest die; –, -n: ↗BINKEL A D-südost ›geschnürtes Bündel von Ästen‹: *Die zum Schluss trockenen Wellen werden als Brennholz für den Brotbackofen des Bauern verwendet* (Bildungsserver »Lernwelten«, 2002; CH) – Andere Bedeutungen sind gemeindt.

Wellholz D-südwest das; -es, …hölzer: ↗NUDELWALKER A D-südost, ↗WALLHOLZ CH, ↗NUDELHOLZ D (ohne südost) STIR, ↗NUDELROLLE D-mittelwest ›hölzerne Rolle zum Auswalzen von Teig‹ /ein Küchengerät/: *Wenn das Fleisch nicht dünn genug geschnitten ist, gibt man es zwischen einen Gefrierbeutel und rollt es vorsichtig mit dem Wellholz aus* (SWR, 2000, Internet)

Wels (gemeindt.): ↗WALLER

welsch CH Adj.: **1.** ›die französischsprachige Schweiz betreffend, aus der französischsprachigen Schweiz kommend‹: *Die heutige Bundesstadt verdankt es … den Stimmen der welschen Abgeordneten …, wenn sie und nicht Zürich 1848 zum Sitz der Bundesbehörden erkoren wurde* (Allemann, Schweiz 135). **2.** ›französischsprachig‹: *Von den sieben Freiburger Bezirken sind drei (Broye, Glâne, Veveyse) vollständig welsch, der Sensebezirk vollständig deutsch* (Fenner, Politszene 36) – Andere Bedeutungen sind gemeindt. veraltet – Dazu: ↗**Welsche,** ↗**Welschland,** ↗**Welschschweiz**

Welsche: **1.** CH das; -n, ohne Plur.: ↗ROMANDIE CH, ↗WELSCHLAND CH, ↗WELSCHSCHWEIZ CH ›französischsprachige Schweiz (meist in der Wendung *im Welschen*)‹: *Jocelyne wohnt bei der Familie L., Obbürgen, deren Tochter Sandra ebenfalls das 10. Schuljahr im Welschen besucht* (Stansstad aktuell, 1/2000, Internet). **2.** CH der/die; -n, -n: ↗ROMAND CH ›französischsprachiger Schweizer bzw. französischsprachige Schweizerin‹: *Ebenfalls zur Gruppe gehören zwei Bettler, ein kleiner Welscher mit schwarzen Haaren und ein alter Mann mit zernarbtem Gesicht* (Treichler, Abenteuer Schweiz 41). **3.** A-west der/die; -n, -n (abwertend): ↗TSCHINGGELER A-west (Tir.), ↗KATZELMACHER A (ohne Vbg.) D-südost, ↗TSCHINGG CH, ↗SPAGHETTI D, ↗MAKKARONI D-nord/mittel ›Italiener(in)‹ /Schimpfwort/: *Einer der Holzoberederbuben aus Wegscheid hat seinen Eltern kaltschnäuzig das Ultimatum gestellt, er würde mit einer Welschen, einer Witwe, Mutter zweier Kinder, oder überhaupt nicht mehr nach Hause zurückkehren* (OÖN 23. 8. 1999, Internet) – Zu 3.: Auch in der Form *Walsche*

Welschland CH das; -(e)s, ohne Plur.: ↗ROMANDIE CH, ↗WELSCHE CH, ↗WELSCHSCHWEIZ CH ›französischsprachige Schweiz‹: *Er setzte sich in irgendeinen Zug, fuhr irgendwo hin, Richtung Welschland, das ihn daran erinnerte, dass er Französisch konnte* (Bichsel, Cherubin Hammer 24) – Die Bedeutung ›Frankreich bzw. Italien‹ ist gemeindt. veraltet – Dazu: **Welschlandaufenthalt, Welschlandjahr**

Welschschweiz CH die; –, ohne Plur.: ↗ROMANDIE CH, ↗WELSCHE CH, ↗WELSCHLAND CH ›französischsprachige Schweiz‹: *Im September 1991 erschien der »Nouveau Quotidien« als neue Tageszeitung der Welschschweiz* (Blick 28. 2. 1998, 11) – Vgl. welsch – Dazu: **Welschschweizer(in), welschschweizerisch**

Weltladen (gemeindt.): ↗DRITTE-WELT-LADEN, ↗DRITTWELTLADEN

Wendehammer D der; -s, –: ›eine Straße abschließender t-förmiger Freiraum zum Wenden eines Fahrzeuges‹: *Nach wenigen Minuten erreichen wir den Waldesrand und einen Wendehammer, biegen links ab und unterqueren eine Hochspannungsleitung* (General Anzeiger 5. 2. 2003, Internet) – Vgl. Wendeplatz

Wendelin A-west D-süd: 〈Heiliger aus dem Saarland, 6./7. Jh.〉: männl. Vorname: *Am Brenner gibt es ein Treffen und Festreden von Innenminister Karl Schlögl, Tirols LH Wendelin Weingartner, Italiens Innenminister Giorgio Napolitano und Südtirols LH Alois Durnwaldner* (SN 31. 3. 1998, 2; A-west); *Gute Kunden betreut Wendelin von B. stets persönlich* (3Sat 14. 2. 2003, Internet; D-süd) – In CH und D-nord/mittel selten

Wendeplatz CH D der; -es, ...plätze: ↗ UMKEHRPLATZ A, ↗ KEHRPLATZ CH ›Freiraum zum Wenden eines Fahrzeuges‹: *Die Stimmberechtigten folgten ... dem Antrag des Anwohners Hans S., der den in der Überbauungsordnung vorgesehenen Wendeplatz neben seinem Haus verhindern wollte* (Bund 16. 6. 1999, 33; CH); *Wattführung mit dem Nationalparkservice. Treffpunkt: Wendeplatz am Deich, beim Hotel Lundenbergsand* (Stadt Husum 6. 6. 2002, Internet; D) – Vgl. Wendehammer

wenn: *wenn irgend möglich A D; ***wenn immer möglich** CH ›wann immer möglich‹: *Das hat nichts, oder nicht nur, mit Sesselkleben zu tun – viel eher mit der urösterreichischen Eigenschaft, sich »abzuputzen«, wenn es irgend möglich ist* (Presse 8. 3. 2001, Internet; A); *Ich habe mich entschlossen, wenn immer möglich das Stadtzentrum zu meiden und so teure Luxusparkplätze zu boykottieren* (Bund 23. 10. 1999, 11; CH); *Zeitpunkt und Ort einer Konferenz der Regierungsbevollmächtigten werden, wenn irgend möglich, von der vorhergehenden Konferenz der Regierungsbevollmächtigten festgelegt* (Bundesgesetzbl, 1994, 177, Internet; D) – Die Konjunktion *wenn* ist in allen anderen Verwendungen gemeindt.

wer A D Pron. (Grenzfall des Standards): ›jemand, eine(r)‹: *Ich hätte es problemlos ausgehalten, wenn mir wer widersprochen hätte* (Nöstlinger, Bonsai 13; A); *Kann mir wer helfen?* (Universität Oldenburg 20. 1. 2000, Internet; D) – Die Wendung *wer sein* in der Bedeutung ›jmd. sein, der geachtet wird‹ ist gemeindt.

Werbeeinschaltung A die; –, -en: ›Platzierung von Werbetexten in den Medien; Werbespot, Werbeslogan‹: *Ihr Aufgabengebiet umfasst u. a. die Gestaltung und Ausführung von Werbeeinschaltungen für die in unserem Verlag erscheinenden Medien sowie den Umbruch dieser Zeitungen* (Monatsjournal Tirol 2. 4. 1998, 12) – Auch in der Kurzform *Einschaltung*

Werbefahrt (gemeindt.): ↗ KAFFEEFAHRT, ↗ WERBEVERKAUFSFAHRT

Werber Werberin A der; -s, – bzw. die; –, -nen (formell): ›Person, die sich um etw. bewirbt, einen Antrag stellt, etw. fordert; Bewerber(in), Antragsteller(in)‹: *Zur Sanierungsaktion im Wohnungsbereich merkt der Landeshauptmann-Stellvertreter an, dass es aus seiner Sicht wirklich empfehlenswert wäre, die Einkommensgrenze wieder entfallen zu lassen, weil viele Werber den komplizierten Einkommensnachweis ablehnen würden* (Stenogr. Protokoll des Salzburger Landtages 24. 6. 1998, Internet) – Meist als produktives Grundwort in Zus., z. B. Asylwerber(in), Aufnahmswerber(in) (↗ Aufnahms-), Bauwerber(in), Beitrittswerber(in), Exekutionswerber(in) (↗ Exekution), Führerscheinwerber (↗ Führerschein), Konsenswerber(in), Olympiawerber(in), Prüfungswerber(in), Staatsbürgerschaftswerber(in), Subventionswerber(in), Übernahmswerber(in), Versetzungswerber(in), Wohnungswerber(in). Die Verwendung im Bereich Werbung in der Bedeutung ›Werbefachfrau, Webefachmann‹ sowie die veraltete Bedeutung ›Anwerber von Soldaten‹ sind gemeindt.

Werbeverkaufsfahrt D die; –, -en: ↗ KAFFEEFAHRT D ›gratis oder preiswert angebotener Ausflug, der mit einer Verkaufsveranstaltung verbunden ist; Werbefahrt‹: *Das Schreiben offeriert dem 65-Jährigen eine Werbeverkaufsfahrt und ... einen fantastischen Geldgewinn* (SWR, 2001, Internet)

Werbungskosten A D die; nur Plur.: ↗ BERUFSAUSLAGEN CH, ↗ GEWINNUNGSKOSTEN CH ›durch die Berufsausübung entstehende Kosten, die von der Steuer abgesetzt werden können‹: *Die Kosten eines Computers können von arbeitenden Menschen im Zuge der Arbeitnehmerveranlagung abgesetzt werden, und zwar als Werbungskosten* (Standard 16. 12. 1998, 3; A); *Abzug der Umzugskosten als Werbungskosten setzt voraus, dass der Umzug beruflich veranlasst ist* (Schöner Wohnen 10/1997, 240; D)

Werk- werk- CH D (produktives Bestimmungswort in Zus.): ↗ WERKS- WERKS- A D ›die Fabrik betreffend‹, z. B. Werkanlage, Werkareal CH, Werkbibliothek D, werkeigen, Werkfeuerwehr, Werkgarantie CH, Werkgebäude CH, Werkleitung, Werktor D: *Sulzer hat den offiziellen Festakt anlässlich der Präsentation des neu gestalteten Werkareals im Winterthurer Stadtzentrum ... abgeblasen* (Bund 4. 9. 1999, 17; CH); *Sie haben auch Zugang zu den hochmodernen technischen Anlagen in den verschiedenen Werkgebäuden wie Energiezentrale oder Entsorgungs-Einrichtungen* (Chemiekatastrophe 51; CH); *Im Frühjahr 1989 wurden große Teile der Werkanlage abgerissen* (Stadt Schramberg 29. 7. 2002, Internet; D); *Bei der Revision müssen die Arbeiter sogar die Unterwäsche wechseln und in die werkeigene Wäscherei geben, um keine radioaktiven Partikel mit nach draußen zu nehmen* (Zeit 1. 2. 2001, Internet; D) – In der Bedeutung ›das Schaffen betreffend‹, z. B. *Werkvertrag*, werden die Zusammensetzungen auch in A mit *Werk- werk-* gebildet

Werkdienst CH (ohne west) der; -(e)s, -e: ›öffentliche Dienste einer Gemeinde wie Strassenunterhalt, Abfallentsorgung, Wasserversorgung etc.‹: *Vandalen müssen einen Tag lang gratis beim Werkdienst arbeiten, um die von der Gemeinde drohende Straf- und Zivilklage abwenden zu können* (Südostschweiz 31. 1. 2001, Internet) – Vgl. Werkhof, Werkkommission, Werkvorstand

Werkel das; -s, – (Grenzfall des Standards): **1.** A; ↗ LEIERKASTEN D ›Drehorgel‹: *In Wien wurde nämlich seit Jahrzehnten kein neues Werkel verkauft, schon wegen der 60.000 bis 70.000 Schilling, die ein solcher moder-*

ner Musikkasten auf Rädern kosten würde (Magistrat Wien, 2002, Internet). **2.** A D-südost (salopp) ›Maschine, Anlage, Apparatur‹: *Eine passende Schnittstelle und ein 32-bit-Betriebssystem vorausgesetzt, ist es auch kein Problem, das Werkel in Betrieb zu nehmen* (Kurier 3. 9. 1996, 22; A) – Zu 1.: **Werkelmann**

werkeln D-mittelost/südost sw.V./hat: ↗SCHAFFEN A-west (Vbg.) CH D-südwest ›arbeiten‹: *Das Gefühl, in einer seltsam riechenden Provinz zu leben, verschwand, wenn ich als Koch oder als Schneider werkelte* (Lenz, Herbstlicht 98) – Die Bedeutung ›handwerklich tätig sein‹ ist gemeindt. und oft abwertend

Werkhof CH D der; -(e)s, ...höfe: ↗BAUHOF A D ›Werkstatt, Geräte- und Fahrzeugräume sowie Materiallager für öffentliche Dienste einer Gemeinde wie Straßenunterhalt, Abfallentsorgung, Wasserversorgung, Waldaufsicht etc.‹: *Um Viertel vor sieben ziehen täglich über sechzig Leute der Kanalreinigung in Dreiergruppen mit ihren orangefarbenen Wagen aus, nachdem sie im Werkhof über Funk von der Zentrale Aufträge und Anweisungen erhalten haben* (Helveticus 1975, 264; CH); *Der Werkhof der Stadt Meppen half mit Fahrzeugen ..., einheimische Firmen führten die Erdarbeiten durch* (Neue OZ 22. 9. 2000, Internet; D) – Vgl. Werkdienst, Werkkommission, Werkvorstand – Dazu: **Werkhofchef(in)**

Werkjahr CH das; -(e)s, -e: **1.** ↗BERUFSWAHLJAHR CH, ↗BERUFSWAHLKLASSE CH, ↗BERUFSVORBEREITUNGSJAHR D ›schulische Berufsvorbereitung von einjähriger Dauer (für Jugendliche mit Behinderungen oder schulischen Rückständen)‹: *Das Werkjahr ... ist geeignet für Jugendliche, die nicht wissen, welche Ausbildungsrichtung sie einschlagen wollen, Jugendliche, die schulische Lücken aufzuarbeiten haben oder mit Integrationsschwierigkeiten kämpfen* (Kanton FR, 2001, Internet). **2.** ›von einem ↗Kanton, einer Stadt oder einer Stiftung verliehenes Stipendium für die Dauer eines Jahres (oft verbunden mit Wohnungen oder Ateliers, die zur Verfügung gestellt werden)‹: *Kurt Aebli erhielt 1987 ein Werkjahr der »Pro Helvetia« und 1989 ein Stipendium des Berliner Senats* (Siegrist, Daten, 375) – Zu 1 vgl. Berufswahlschule – Zu 1.: **Werkjahrschüler(in)**

Werkklasse CH die; –, -n: ↗KLEINKLASSE CH, ↗WERKSCHULE CH-süd/ost ›Schulklasse für Jugendliche mit besonderen sozialen und schulischen Bedürfnissen‹: *Unser Sohn besuchte während zwei Jahren die Kleinklasse und absolviert nun das neunte Schuljahr in der Werkklasse* (Blick 15. 2. 2001, 14) – Dazu: **Werkklassenlehrer(in), Werkklassenschüler(in)**

Werkkommission CH die; –, -en: ›für öffentliche Dienste wie Wasserversorgung, Abwasserreinigung, Strassenunterhalt, Waldaufsicht etc. zuständige Kommission der Stadt- oder Gemeindeverwaltung (in einigen ↗Kantonen, bes. CH-ost)‹: *1992 hatten der Stadtrat und die Werkkommission die Anschlussgebühren für Wasser, Elektrizität und Abwasser aufgrund der massiv höheren Schätzung der Gebäudeversicherung auf 4,2 Mio. Fr. festgesetzt* (TA 5. 3. 1997, 25) – Vereinzelt auch für die leitende Kommission in einem Elektrizitätswerk gebräuchlich. Vgl. Werkdienst, Werkhof, Werkvorstand

Werkplatz CH der; -es, ...plätze: **1.** ›Platz im Freien, an dem bestimmte Handwerker(innen) ihr Handwerk ausüben‹: *Auf dem Werkplatz des Steinbruchs der Gebrüder P. herrscht geschäftiges Treiben* (Brückenbauer 3. 12. 1997, 13). **2.** ›Ort, Region oder Staat in wirtschaftlicher Hinsicht, Wirtschaftsstandort‹: *Das Ziel der Konzentration sei die Erhöhung der Produktivität. Der Werkplatz in Uzwil werde gestärkt, und die 900 Arbeitsplätze seien nicht gefährdet* (TA 2. 6. 1999, 33); ***Werkplatz Schweiz** ›die Schweiz hinsichtlich ihres wirtschaftlichen Potentials; Wirtschaftsstandort Schweiz‹: *Da in der Schweiz genügend sehr gut qualifizierte Arbeitskräfte vorhanden sind, glauben die Firmenchefs an die Zukunft des Werkplatzes Schweiz* (Bund 5. 1. 2000, 11)

Werks- werks- A D (produktives Bestimmungswort in Zus.): ↗WERK- WERK- CH D ›die Fabrik betreffend‹, z. B.: Werksanlage, Werksbereich, Werksarzt (...ärztin), Werksbibliothek, Werksbus, werkseigen, Werksfahrer(in), Werksfeuerwehr, Werksgelände, werksgeprüft, Werkshalle, ↗Werkskantine, Werksküche, Werksleiter(in), Werksleitung, Werkstor, Werkssiedlung, Werksspionage, Werksverkehr, Werkswohung: *Der Verbleib der gekündigten Perlmoosermitarbeiter in ihren Kirchbichler Werkswohnungen ist gesichert* (TT 20./21. 9. 1997, 1; A); *Die Vorsorge für 1824 versicherte Werksangehörige der Standorte Hausmening und Kematen/Ybbs und Pensionisten wird von vier Kanzleikräften verwaltet* (OÖN 25. 5. 2001, Internet; A); *Viele trauen sich nicht, mit ihren gesundheitlichen Problemen zum Werksarzt zu gehen, aus Angst um den Arbeitsplatz* (IG Metall 29. 7. 2002, Internet; D); *Die Messer sind werksseitig so eingestellt, dass sie rasch abtragen und dabei große Späne bilden* (Demotec 29. 7. 2002, Internet; D) – Die Bildung mit Fugen-s ist in CH seltener als in A und D, aber auch gebräuchlich. Insgesamt sind die Bestimmungswörter *Werks- werks-* und *Werk- werk-* in CH weniger produktiv als in A und D

Werkschule CH-süd/ost die; –, -n: ↗KLEINKLASSE CH, ↗WERKKLASSE CH ›Schule für Kinder und Jugendliche mit besonderen sozialen und schulischen Bedürfnissen bzw. Gebäude, in dem diese Schule untergebracht ist; Sonderschule‹: *Realschüler, welche Ende des Schuljahres die Erfahrungsnote von 4 nicht erreichen, wechseln nach Rücksprache mit dem Heilpäda-*

gogen bzw. aufgrund einer Empfehlung des Schulpsychologischen Dienstes des Kantons Zug an die Werkschule (Schulen Hünenberg, 2001, Internet) – Die Bedeutung ›werkeigene Berufsschule zur Ausbildung der in dem betreffenden Werk arbeitenden berufsschulpflichtigen Lehrlinge‹ ist gemeindt. veraltend – Dazu: **Werkschüler(in)**

Werkskantine A D die; –, -n: ↗Betriebsküche A, ↗Personalrestaurant CH, ↗Betriebsmensa STIR ›Betriebskantine‹: *Die 700 Soldaten ... haben fortan Wahlmöglichkeiten wie in einer guten Werkskantine* (OÖN 16. 11. 2000, Internet; A); *In Werkskantinen ... waren die Stullenbüchse aus Alu und die Thermoskanne mit Kaffee nicht weit* (Welt 12. 7. 1999, Internet; D) – Vgl. Werks-

Werkstatt (gemeindt.): ↗Kfz-Werkstatt, ↗Kfz-Werkstätte, ↗Werkstätte

Werkstätte A CH die; –, -n: ›Arbeitsraum für die handwerkliche Herstellung von Waren; Werkstatt‹: *Und schräg vis-à-vis befand sich das Gebäude mit der Glaserwerkstätte, einem Maurerbetrieb und einer Tischlerei* (Alfare, Kirchberger 64; A); *Beim Ausfräsen eines Loches aus einem Stück Magnesium haben am Freitagmittag in einer Werkstätte Späne Feuer gefangen* (TA 30. 1. 1999, 19; CH) – In D gehoben – Dazu: **Binderwerkstätte** (↗Binder) A, **Fachwerkstätte** A D, **Glaswerkstätte** A D, ↗**Kfz-Werkstätte** A D-südost, **Werkstättenleiter(in)** A

Werkvorstand CH-ost der; -(e)s, ...stände: ›für öffentliche Dienste wie Wasserversorgung, Abwasserreinigung, Strassenunterhalt, Waldaufsicht etc. zuständiges Mitglied der Gemeindeverwaltung‹: *Walter L.s Reich als Werkvorstand erstreckt sich vom Wasser und Abwasser über den Wald zum Alterszentrum* (Rümlanger Bl 9. 11. 2001, Internet) – Vgl. Werkdienst, Werkhof, Werkkommission

Werre A CH D-süd die; –, -n: ›Maulwurfsgrille‹: *Die Werren suchen nun diese Haufen als schützendes Winterquartier auf* (VN 9. 12. 1994, Magazin 21; A); *Die Werre ist gelb-braun gefärbt, kann bis 5 cm lang werden* (Pflanzenverkauf, 2001, Internet; CH) – Die Bedeutung ›eitrige Entzündung am Augenlid‹ ist mundartnah. In dieser Bedeutung auch in der Form *Wern*

Wert: *auf etw. [einen] gesteigerten Wert legen A D ›etw. besondere Beachtung schenken, auf etw. sehr Wert legen‹: *Selten ringt man sich ... zum Geständnis durch, ... dass Bezirkshauptmannschaften kundenfreuendlich agieren – selbst wenn sie keinen gesteigerten Wert darauf legen, ihre Stammkundschaft zu halten und zu erweitern* (Wienerjournal 10/2001, Internet; A); *Viele Hundehalter legen plötzlich einen gesteigerten Wert auf gehorsame Tiere* (Mannheimer Morgen 18. 7. 2000, Internet; D) – Das Substantiv *Wert* ist in allen anderen Verwendungen gemeindt.

Wertpapier (gemeindt.): ↗Wertschrift

Wertpapierfonds A D der; –, – [...fõ:]: ↗Wertschriftenfonds CH ›Vermögensmasse aus Aktien, ↗Rentenpapieren und Geldmarktpapieren, die zum Zweck einer kollektiven Kapitalanlage unter einem größeren Personenkreis durch Anteilscheine aufgeteilt und bei einer Bank deponiert ist‹: *Wertpapierfonds sind längerfristige Veranlagungsformen, die Ihnen nicht ein kurzfristiges Maximum an Ertrag, sondern ... ein langfristiges Optimum bieten* (OÖN 19. 4. 1991, 9; A); *Bei einem so speziell ausgerichteten Wertpapierfonds müssen Sie mit stärkeren Kursschwankungen rechnen* (Welt 26. 5. 2002, Internet; D) – Vgl. Rentenfonds

Wertschöpfungssteuer STIR die; –, -n ⟨aus ital. *imposta regionale sulle attività produttive* ›Landessteuer auf die Produktionstätigkeiten bzw. unternehmerische Tätigkeit‹⟩: kurz für *regionale Wertschöpfungssteuer*: ›in einer ↗Region eingehobene direkte Steuer auf den Ertrag von Gewerbebetrieben‹: *Die Europäische Kommission ermittelt, ob die Wertschöpfungssteuer (imposta regionale sulle attività – Irap) zu unzulässigen staatlichen Begünstigungen führt* (Dolomiten 29. 4. 1998, WIKU 13)

Wertschrift CH die; –, -en (meist Plur.): ›Wertpapier‹: *»Die Börse ist völlig überhitzt«, warnt Star-Anleger F. Mit phänomenalem Erfolg verwaltet er seit Anfang der 90er Jahre die Wertschriften einer grossen Pensionskasse* (Blick 16. 4. 1999, 1) – Dazu: **Wertschriftendepot** (↗Depot), ↗**Wertschriftenfonds, Wertschriftengeschäft, Werschriftenhandel, Wertschriftenverzeichnis**

Wertschriftenfonds CH der; –, – [...fõ:]: ↗Wertpapierfonds A D ›Vermögensmasse aus Aktien und ↗Obligationen, die zum Zweck einer kollektiven Kapitalanlage unter einem grösseren Personenkreis durch Anteilscheine aufgeteilt und bei einer Bank deponiert ist‹: *Nachhaltige Wertschriftenfonds sind Finanzanlagen, bei denen neben finanziellen Aspekten auch ökologische und soziale Kriterien berücksichtigt werden* (Bank Coop, 2002, Internet) – Vgl. Anlagefonds, Obligationenfonds, Wertschrift

Wertstoffsammlung D die; –, -en (formell): ↗Altstoffsammlung A ›Sammlung von verbrauchtem Material, das der Wiederverwertung zugeführt wird‹: *Die Standbetreiber geben gegenüber 1995 zusätzlich Konservendosen in die Wertstoffsammlung* (Universität Weimar 2. 1. 1996, Internet) – In A selten

werweissen CH sw.V./hat: ›hin und her überlegen‹: *Sie kamen auf der kurzen Fahrt zur medizinischen Fakultät wieder auf Götze zu sprechen, werweissten weiter um sein Wegbleiben, auch jetzt, ohne eine sinnvolle Erklärung zu finden* (Mettler, Keiler 73)

-wesen CH LUX das; -s, ohne Plur. (produktives Grundwort in Zus.): ›in seiner Vielfalt und Gesamtheit umfassend‹, z. B. Abfallwesen, Asylwesen, Betreibungswesen (↗Betreibung) CH, Bewilligungswesen (↗Bewilligung) CH, Bürgerrechtswesen (↗Bürgerrecht) CH, Bussenwesen (↗Busse) CH, Flüchtlingswesen, ↗Heimwesen A CH, Hypothekarwesen, Kaminfegerwesen (↗Kaminfeger), Kassawesen (↗Kassa), Kirchenwesen, Konkurswesen, Kurswesen, Lehrlingswesen, Lehrmittelwesen, Lohnwesen, Offertwesen (↗Offert), Polizeiwesen, Sanitätswesen (↗Sanität) CH, Schatzungswesen, Schiesswesen, Spitalwesen (↗Spital), Stipendienwesen, Submissionswesen, Zivilstandswesen (↗Zivilstand), Zollwesen: *Das Abfallwesen schreibt rote Zahlen, das Defizit wächst bis Ende Jahr auf eine Million* (TA 26. 10. 1998, 18; CH); *Die Entwicklung der medizinischen Wissenschaft brachte die Spezialisierung des Spitalwesens mit sich* (Treichler, Abenteuer Schweiz 265; CH); *In diesem Zusammenhang wünscht sich die Arbeitgeberseite eine sachliche Diskussion aller Beteiligten ... schließlich schlägt das Spitalwesen mit mehr als 50 % der Gesamtausgaben der UCM zu Buche* (Chambre de Commerce du Grand- Duché de Luxembourg 18. 11. 2002, Internet; LUX) – In A und D selten, vor allem in den gemeindt. Zus. *Beschaffungswesen, Bildungswesen, Gemeinwesen, Gesundheitswesen, Hochschulwesen, Steuerwesen, Versorgungswesen* gebräuchlich

Wessi D der; -s, -s (oft abwertend): ›Person aus den alten ↗Bundesländern der BRD‹: *Der Ossi fürchtet den Wessi, weil der alles aufkaufe, der Wessi den Ossi, weil dieser seinen Arbeitsplatz noch zusätzlich bedrohe* (Welt 10. 12. 1999, Internet) – Vgl. Ösi, Ossi

Weste (gemeindt.): ↗GILET

Westentasche: *etw. wie seine Westentasche kennen siehe kennen

Westschweiz CH die; –, ohne Plur.: ›Region der Schweiz, die alle französischsprachigen ↗Kantone, d. h. Genf, Jura, Neuenburg, Waadt und Wallis, sowie den zweisprachigen ↗Kanton Freiburg umfasst‹: *Aufwind zu spüren glauben vor allem die Radikalen, wie die Freisinnigen in der Westschweiz heissen* (Blick 12. 10. 1999, 11) – Dazu: **Westschweizer(in), westschweizerisch**

Wettbewerb der; -(e)s, -e: **1.** CH; ↗PREISAUSSCHREIBEN A D ›[in Zeitungen/Zeitschriften] ausgeschriebene Aufgabenstellung mit Gewinnmöglichkeit‹: *Jeder Besucher ... kann am Wettbewerb ein Peugeot-306-Cabrio für ein ganzes Wochenende gewinnen* (BaZ 17. 10. 1997, 26). **2.** STIR ⟨übersetzt aus ital. *concorso* ›Wettbewerb‹⟩ ›öffentliche [Stellen]ausschreibung und -bewerbung‹: *Wenn Deutsche, Italiener oder Ladiner an einem öffentlichen Wettbewerb teilnehmen, so kann jeder die schriftliche und mündliche Prüfung in der Sprache seiner Wahl ablegen* (Wortprotokoll des Südtiroler Landtages 16. 12. 1999, Internet) – Andere Bedeutungen sind gemeindt. – Zu 1.: **Wettbewerbskarte.** Zu 2.: **Wettbewerbsprüfung**

Wettbewerbskommission CH die; –, -en (Plur. ungebräuchl.): ↗BUNDESKARTELLAMT D ›für Wettbewerbskontrolle zuständige ↗eidgenössische Behörde‹: *Die Eidg. Wettbewerbskommission entscheidet, dass die Preisbindung für alle deutschsprachigen Bücher fallen soll* (Bund 31. 12. 1999, Internet) – Vgl. Kommission

Wetterbericht (gemeindt.): ↗METEO

Wetterfleck A der; -(e)s, -en: ↗PELERINE CH, ↗REGENCAPE D ›ärmelloser, wasserabweisender Umhang [aus Loden]‹: *Mit den geweihten Zweigen, an denen bunte Bänder, Brezeln und Äpfel hingen, waren wir am Palmsonntag, in Wetterflecke gehüllt, dreimal ums Haus gelaufen, um es gegen Hagel und Blitzschlag zu schützen* (Glantschnig, Mirnock 13)

wetterwendisch D (ohne mittelost) Adj.: ›launisch, unberechenbar‹: *Wetterwendisch ist des Menschen Dasein. Mal schwebt er über den Wolken, mal steht er im Regen* (Spiegel 5. 6. 2000, Internet) – In CH selten

Wettex A das/der; –, – (Wz.): ↗ABWASCHFETZEN A, ↗SCHWAMMTUCH A D (ohne ost/südwest), ↗ABWASCHLAPPEN CH D-nord/mittelost, ↗SPÜLLAPPEN D (ohne ost), ↗SPÜLTUCH D-nordwest/mittelwest ›Tuch zum Geschirrabwaschen und für die Küchenreinigung (nur für eine bestimmte quadratische Form eines Herstellers)‹: *Der Vorteil, gerade für Familien mit Kindern: Spinatflecken auf bunten Wänden lassen sich ziemlich einfach mit Wettex wegwischen* (Kurier 17. 11. 1998, 24)

Wettkampf (gemeindt.): ↗BEWERB

Wettkampfglück CH das; -(e)s, ohne Plur.: ›nicht beeinflussbare günstige Fügung in einem sportlichen Wettkampf‹: *Mit etwas mehr Wettkampfglück wäre der Match in der Pause entschieden gewesen* (TA 1. 11. 1999, 40); ***fehlende Wettkampfglück** /häufig benutztes Argument, um eine sportliche Niederlage zu erklären/: *Die knappe Pausenführung von 4 : 3 zu unseren Gunsten entsprach in etwa dem Gezeigten, insbesondere im Abschluss war aber gewisses Unvermögen sowie auch leicht fehlendes Wettkampfglück zu bemängeln* (Floorball Köniz, 2000, Internet)

Wettschießen (gemeindt.): ↗STICH

Wibke Wiebke D-nord: weibl. Vorname: *Wiebke sah ihn zuerst ... den alten grauen VW* (Welt 14. 8. 1999, Internet)

Wichtigmacher Wichtigmacherin A D-mittelost/süd der; -s, – bzw. die; –, -nen (abwertend, Grenzfall des Standards): ↗GSCHAFTLER A D-südost,

↗GSCHAFTLHUBER A D-süd ›Person, die sich wichtig macht; Wichtigtuer(in)‹: *Wenn die Weltbesten eigene Wettkampfserien inszenieren würden, dann wären die Wichtigmacher der FIS von heute auf morgen bedeutungslos* (OÖN 20. 12. 2000, 21; A) – Dazu: **Wichtigmacherei**

Wichtigtuer (gemeindt.): ↗GSCHAFTLER/GSCHAFTLERIN, ↗GSCHAFTLHUBER/GSCHAFTLHUBERIN, ↗WICHTIGMACHER/WICHTIGMACHERIN

Wickel der; -s, – (Grenzfall des Standards): **1.** A ›[heftiger] Konflikt‹: *Geht's dir schlecht, dann gibt's Wickel, und gibt es Wickel, dann geht's dir schlecht* (Standard 24. 2. 1999, Internet); ***einen Wickel [mit jmdm.] haben** ›einen [heftigen] Konflikt [mit jmdm.] haben‹: *Wir haben nie einen Wickel gehabt, auch wenn zum Beispiel die sanitären Verhältnisse manchmal schon etwas belastend waren* (Tirolerin 2/2000, 144). **2. *jmdn. am Wickel haben/nehmen/packen/erwischen: a)** CH D ›jmdn. festhalten, ergreifen‹: *Wie war das jähe Erwachen, als der Rechtsstaat Sie plötzlich am Wickel hatte und Sie erkennen mussten, etwas ist schief gelaufen, ohne dass Sie das mitgekriegt haben?* (TA 21. 9. 1996, 49; CH); *Ihn kriegten die Hilfspolizisten nie zu fassen … Mich hatten sie immer am Wickel* (Welt 24. 12. 1999, Internet; D). **b)** CH D ›jmdn. zur Rede stellen; jmdn. zur Rechenschaft ziehen‹: *Es gilt zu unterscheiden zwischen denjenigen, die nicht zahlen können, und denjenigen, die nicht zahlen wollen – Letztere fassen wir am Wickel* (Protokoll der solothurnischen Kantonsratssitzung vom 20. 6. 2000, Internet; CH); *Wegen Beihilfe hat die Staatsanwaltschaft auch den noch amtierenden Volksbankchef Rudolf P. am Wickel* (Welt 11. 6. 1999, Internet; D). **3. *etw. am Wickel haben** D (ohne südost) ›etw. ausführlich darstellen, behandeln‹: *Sechs Jahre habe ich dieses Thema am Wickel gehabt* (Stern 25. 9. 1997, 23) – Andere Bedeutungen sind gemeindt.

Widerhandlung CH die; –, -en: ›Zuwiderhandlung‹: *Im Kanton St. Gallen wurden drei Waffenschieber wegen schwerer Widerhandlung gegen das Kriegsmaterialgesetz angeklagt* (Blick 22. 9. 1999, 8)

Widum A-west/südost das/der; -s, -e (veraltend): ↗PFARRHOF A ›Wohnstätte eines Pfarrers [mit dazugehörigem Grundbesitz]; Pfarrhaus‹: *Strom- und Heizkosten für das Widum von Oberlienz sind empfindlich hoch* (Kleine Ztg 3. 3. 1999, Internet) – Dazu: **Pfarrwidum** (↗Pfarr-)

Wiebke siehe Wibke

Wiederbetätigung A die; –, -en (Recht): kurz für *nationalsozialistische Wiederbetätigung:* ›Verstoß gegen das Verfassungsgesetz, das die Neubildung aller aufgelösten nationalsozialistischen Organisationen und alle Versuche, sich für die NSDAP und ihre Ziele irgendwie zu betätigen unter Strafe stellt‹: *Die Untersuchungen liefen gegen (die in einem Prozess wegen Wiederbetätigung verurteilten) Fritz R. und Peter B. sowie gegen weitere Verdächtige und unbekannte Täter* (Ganze Woche 5. 11. 1997, 12) – Dazu: **Wiederbetätiger(in)**

wiedererwägen CH st.V./hat: ›sich erneut mit einer Sache auseinander setzten‹: *Wir können nicht immer nur studieren, abwägen, schauen und wiedererwägen, der Moment ist gekommen um für die Matte und die untere Altstadt ein Zeichen zu setzen* (IGLU Bern, 2002, Internet) – Dazu: ↗**Wiedererwägung**

Wiedererwägung CH die; –, -en: ›erneutes Aufnehmen einer Angelegenheit‹: *Bei Ablehnung eines Forschungsantrags kann der/die Antragsteller/-in der Kommission Wiedererwägung sowie eine Anhörung … beantragen* (Ethikkommission, 2000, Internet); ***in Wiedererwägung ziehen** ›auf einen Beschluss zurückkommen‹: *Das Amt kann bis zu seiner Vernehmlassung die angefochtene Verfügung in Wiedererwägung ziehen* (Betreibungsamt Zürich, 2002, Internet) – Vgl. wiedererwägen – Dazu: **Wiedererwägungsantrag, Wiedererwägungsgesuch** (↗Gesuch)

Wiedergewinnung STIR die; –, -en ⟨übersetzt aus ital. *recupero*⟩ (formell): ›Reaktivierung vorhandener Architektur (durch verschiedene Maßnahmen wie Umbauten, Sanierung und Wiederaufbau)‹: *Für Neubauten gelten also die gleichen Bedingungen wie bisher, während die Wohnungsgröße für die Wiedergewinnung auf den ursprünglichen Zustand gebracht wird* (Wortprotokoll des Südtiroler Landtages 6. 4. 2001, Internet) – Die Bedeutung ›das Wieder- bzw. Zurückgewinnen‹ ist gemeindt. – Dazu: ↗**Wiedergewinnungsplan, Wiedergewinnungszone** (↗Zone)

Wiedergewinnungsplan STIR der; -(e)s, …pläne ⟨übersetzt aus ital. *piano di recupero*⟩: ›Festlegung der Maßnahmen zur Erhaltung, Sanierung, zum Wiederaufbau und zur Erhöhung des Nutzwertes einer ↗Zone‹: *Zu den Pflichtaufgaben zählen: … Erstellung des Bauleitplanes, des Wiedergewinnungsplanes usw.* (Pomella, Bauwesen IV–19) – Vgl. Durchführungsplan, Wiedergewinnung

Wiederholungskurs CH der; -es, -e: ›aufgrund der Wehrpflicht bzw. Dienstpflicht bei den Streitkräften zu leistender, mehrtägiger, mehrmals wiederkehrender Dienst‹: *Die Schweizer Post führt seit dem 1. März dieses Jahres schrittweise eine besondere Postleitzahl für die Truppenangehörigen in Wiederholungskursen und in den Verlegungen der Rekrutenschulen ein* (NZZ Intern. Ausgabe 3. 11. 1997, 30) – Abk. ↗WK. Die Bedeutung ›Kurs, in dem Bildungsstoff wiederholt wird‹ ist gemeindt. Vgl. Militärdienst, Rekrutenschule

Wiederholungsprüfung A die; –, -en: ↗NACHZAPF A, ↗NACHZIPF A, ↗NACHPRÜFUNG A D ›Prüfung am Beginn des ↗Schuljahres, mit der eine negative Beurteilung des vergangenen Jahres verbessert werden kann‹: *In jener Hälfte der Ferien, die der Vorbereitung auf die Wiederholungsprüfung dienten, empfiehlt S. den Schülern, den Tag in Lern- und Erholungszeiten aufzuteilen* (Wiener Ztg 30. 6. 2000, Internet)

Wiederschauen: *[auf] Wiederschauen A D-südost: ↗ADE CH D-südwest ›auf Wiedersehen‹ /Abschiedsgrußformel zwischen nicht näher befreundeten, bekannten oder verwandten Personen/: *Die Bankbeamten hörten das Phantom noch »Dankeschön, Wiederschauen!« sagen. Dann waren 131.000 Schilling weg* (Standard 14. 1. 1999, Internet; A) – Auch in der Form *Wiederschaun.* In D zunehmend gebräuchlich

Wiedersehen: *[auf] Wiedersehen (gemeindt.): ↗ADE, ↗WIEDERSCHAUEN: *[AUF] WIEDERSCHAUEN

Wiek D-nord die; –, -en: ›kleine, flache Bucht, bes. an der Ostsee‹: *Die im nördlichen Teil der Bucht gelegenen Salzwiesen leiten zur Sulsdorfer Wiek über, einer kleinen Meeresbucht* (Naturschutzbund Schleswig-Holstein 7. 5. 2002, Internet)

Wien (gemeindt.): ↗DONAUSTADT, ↗KAISERSTADT, ↗WALZERSTADT

Wiener D die; –, –: ↗FRANKFURTER A D (ohne südost), ↗WIENERLE A-west (Vbg.) D-südwest, ↗FRANKFURTERLI CH, ↗WIENERLI CH, ↗BOCKWURST D, ↗WÜRSTCHEN: *FRANKFURTER WÜRSTCHEN; *WIENER WÜRSTCHEN D (ohne südost) ›dünne Wurst aus Schweine- und Rindfleisch, die heiß gegessen wird‹: *Mit einem Paar Wiener auf einem Pappteller in der Hand schaffte ich es in der letzten Sekunde in den Zug* (Broder, Tagebuch 30. 6. 2002, Internet) – Das Substantiv *Wiener* (der; -s, -) in der Bedeutung ›Bewohner Wiens‹ und /eine Kaninchensorte/ sowie das Adjektiv *Wiener* in der Bedeutung ›aus Wien stammend, zu Wien gehörig‹ sind gemeindt.

Wienerle A-west (Vbg.) D-südwest das; -s, –: ↗FRANKFURTER A D (ohne südost), ↗FRANKFURTERLI CH, ↗WIENERLI CH, ↗BOCKWURST D, ↗WIENER D, ↗WÜRSTCHEN: *FRANKFURTER WÜRSTCHEN; *WIENER WÜRSTCHEN D (ohne südost) ›dünne Wurst aus Schweine- und Rindfleisch, die heiß gegessen wird‹: *Vom einfachen Paar Wienerle mit Kartoffelsalat über das Schnitzel bis hin zum Truthahn kommt vielerlei auf den Tisch* (VN 16. 12. 1999, A 16; A-west); *Unsere Wienerle oder auch Wienerwürstchen sind stets frisch produziert und werden, ohne jemals mit einer Konservierungslake in Berührung gekommen, zum Verkauf angeboten* (Wochenmarktseiten 6. 7. 2001, Internet; D-südwest)

Wienerli CH das; -s, –: ↗FRANKFURTER A D (ohne südost), ↗WIENERLE A-west (Vbg.) D-südwest, ↗FRANKFURTERLI CH, ↗BOCKWURST D, ↗WIENER D, ↗WÜRSTCHEN: *FRANKFURTER WÜRSTCHEN; *WIENER WÜRSTCHEN D (ohne südost) ›dünne Wurst aus Rind-, Kalb- und Schweinefleisch, die heiss gegessen wird‹: *Zum Znacht essen wir Salat, auch übrig gebliebene Wienerli* (TA Magazin 27. 1. 2001)

wienern D (ohne südost) sw.V./hat (salopp): ›durch kräftiges Abreiben säubern; polieren‹: *Reiniger wienern täglich. Bahnhof Essen-West soll sauber bleiben* (WAZ 15. 4. 2003, WEW 1)

Wiese (gemeindt.): ↗MAHD, ↗MATTE

Wiese: *eine gemähte Wiese A (Grenzfall des Standards) ›ohne Mühe erzielter Erfolg‹: *Es wäre ein fataler Fehler, würden wir sagen, das sei sozusagen längst eine gemähte Wiese, da geht man hinein, das ist ein risikoloser Einsatz* (Stenogr. Protokoll des Nationalrats 16. 6. 1999, Internet); ***saure Wiese** A (Grenzfall des Standards) ›politischer Sumpf‹: *»Bundespräsident Thomas Klestil soll sich für eine parlamentarische Überprüfung aussprechen«, sagte Schmidt. »Das wäre ein wesentlicher Beitrag zur Bekämpfung saurer Wiesen«* (Kurier 24. 4. 1997, 3) – Die Redewendung *eine gemähte Wiese* ist häufig auch in der verschriftlichten Dialektform *[a] g'mahte Wies'n* gebräuchlich. Die Wendung *saure Wiese* in der Bedeutung ›[kalkarmer] Boden, der Kiesel- und Humussäuren enthält‹ ist gemeindt. Das Substantiv *Wiese* ist in allen anderen Verwendungen gemeindt.

wieselflink CH D Adj.: ↗FIX D ›schnell und flink‹: *Der sportliche Häftling kletterte wieselflink eine Mauer hinauf, sprang aufs angrenzende Flachdach – und weg war er* (Blick 21. 11. 1995, 8; CH); *Sie haben scharfe Zähne, sind wieselflink, können krabbeln, springen und fliegen* (Berliner Kurier 22. 8. 1998, Internet; D)

Wiesland CH das; -(e)s, ohne Plur.: ›Land, das mit Gras bewachsen ist; Grasland‹: *Auf einem Quadratmeter Wiesland stellte ich früher ungefähr drei Pflanzenarten fest* (Burkart, Moor 12)

Wiis siehe Wis

Wil (gemeindt.): ↗ÄBTESTADT

Willensnation CH die; –, -en: ›nicht aufgrund ethnischer oder sprachlicher Gemeinsamkeit, sondern aufgrund des Willens gebildete Nation‹: *Die Schweiz ist eine Willensnation, die sich über regionale Identitäten definiert* (Blick 15. 7. 1997, 11)

Willensvollstrecker Willensvollstreckerin CH der; -s, – bzw. die; –, -nen: ›vom Erblasser bzw. der Erblasserin eingesetzte Person, die den Nachlass verwaltet; Testamentsvollstrecker(in)‹: *Laut Testament sollte die Erb-*

schaft von 43'000 Franken und ihr Hausrat unter den drei Kindern gleichmässig verteilt werden. Als Willensvollstrecker bestimmte sie ihren Sohn Peter (Blick 27. 4. 1995, 11)

wimmeln (gemeindt.): ↗WURLEN

wimmen CH sw.V./hat (Grenzfall des Standards): ↗HERBSTEN D-süd ›(Weintrauben) lesen, ernten‹: *Am Donnerstag und Freitag wurde um 12 Uhr mit dem Wimmen begonnen* (Rheintalische Volksztg 22. 10. 1999, Internet) – Auch in der Form *wümmen* – Dazu: ↗**Wimmet**

Wimmerl A D-südost das; -s, -n (Grenzfall des Standards): ↗BIBELI CH, ↗PICKEL CH D ›Eiterbläschen, Hautunreinheit‹: *Beinahe drei Viertel aller Jugendlichen seien mit Wimmerln und Akne konfrontiert* (Kurier 2. 1. 1998, 19; A)

Wimmet CH der; -s, ohne Plur. (Grenzfall des Standards): ›Ernte von Weintrauben; Weinlese‹: *Der Tag für den traditionellen Wimmet auf dem Forst in Altstätten hätte nicht schöner sein können* (Rheintalische Volksztg 28. 10. 1999, Internet) – Auch in der Form *Wümmet.* Vgl. wimmen

Windbäckerei A die; –, ohne Plur.: ↗MERINGUE CH, ↗BAISER D, ↗MERINGE D-südwest ›Schaumgebäck aus Eischnee und Zucker‹: *Harmloser ist da Windbäckerei. Trotz mehr als 95 Prozent Zuckeranteil kommt man auf bescheidene 21 Kalorien je Stück* (Kleine Ztg 2. 1. 2001, Internet) – Vgl. Bäckerei

Windei D das; -(e)s, -er: **1.** ›nur von einer Haut zusammengehaltenes Ei ohne Schale‹: *Das schalenlose Ei bezeichnet man als Windei* (Informationsbüro der Geflügelwirtschaft 10. 6. 2002, Internet). **2.** (abwertend) ›Versager‹: *Ist Windhorst ein Windei – oder ein außergewöhnlicher Mann, der zu spüren bekommt, dass Neid hohe Wellen schlagen kann?* (Welt 10. 7. 1996, Internet). **3.** (abwertend) ›Angelegenheit, die zunächst vielversprechend scheint, sich dann aber als Enttäuschung erweist‹: *Auch wenn sich der Wirbel um einen früheren Aufsichtsratsposten als Windei erwiesen hat, macht ihre Bayern-SPD jetzt wieder Schlagzeilen* (Welt 24. 5. 2000, Internet)

Windpocken CH D die; nur Plur.: ↗FEUCHTBLATTERN A, ↗SCHAFBLATTERN A D-südost, ↗BLATTERN: *SPITZE/WILDE BLATTERN CH ›Infektionskrankheit [bei Kindern], bei der die Haut von stark juckenden Bläschen befallen wird, die später eintrocknen und verkrusten‹: *Die Gürtelrose … ist ein Wiederauftreten oder Zweitmanifestation der kindlichen Windpocken, vom selben Virus erzeugt* (Thomas Walser, 2000; CH); *Da Windpocken ansteckend sind, bevor die typischen Bläschen auftreten, ist es schwierig, eine Übertragung zu verhindern* (Welt 29. 7. 1998, Internet; D)

Wingert D-mittelwest/südwest der; -s, -e: ↗RIED A-ost, ↗WEINGARTEN A D-mittelost/süd, ↗REBBERG CH, ↗REBHANG CH D-mittelost/südwest, ↗WEINACKER STIR ›Weinberg‹: *Die Autorin … sammelt Eindrücke: … in Straußenwirtschaften und Kellergewölben; im Wingert bei der Lese* (Kölnische Rundschau 8. 8. 2001, Internet) – In CH veraltet, noch in Flurnamen

Winterfenster A D-süd das; -s, –: ↗VORFENSTER CH ›zweites Fenster, das früher [in älteren Häusern] im Winter zu Wärmeisolationszwecken eingehängt wurde‹: *Auch das aufgedoppelte Holztor, die putzbündigen äußeren Flügel der vorgehängten Winterfenster sowie die Läden der glockenförmigen Giebelfenster wurden saniert und mit Standölzusatz lackiert* (Jahresbericht der Denkmalpflege 1996, Internet; A) – In A heute nur noch im Kontext der Denkmalpflege gebräuchlich

Winterschlussverkauf A D der; -(e)s, …verkäufe: ›am Ende der Wintersaison stattfindender Ausverkauf‹: *Die Saison für Schnäppchenjäger wird immer länger: Der Winterschlussverkauf hat längst begonnen und die Prozente steigen wie eine Fieberkurve* (OÖN 25. 1. 2001, 21; A); *Mit Zusatzreduzierung lockten auch einige Oberhausener Kaufhäuser ihre Kunden schon ab 8 Uhr zum Winterschlussverkauf* (NRZ 28. 1. 2002, Internet; D) – Vgl. Sommerschlussverkauf, Schlussverkauf

wintertags LUX Adv.: ›im Winter‹: *Der Flüelapass scheidet künftig als Alternativroute aus, denn aufgrund der Lawinengefahr wird die Passstraße wintertags vollständig gesperrt* (Autotouring 1/2000, 10)

Winterthur (gemeindt.): ↗EULACHSTADT

winzig (gemeindt.): ↗KLITZEKLEIN

wirbelig D Adj.: ↗WIRBLIG CH ›quirlig, agil‹: *Einmal im Jahr jedoch, und das schon seit 1976, wird es in dem Dorf mit seinen 70 Ortsteilen richtig wirbelig* (Berliner Ztg 11. 1. 1996, Internet)

wirblig CH Adj.: ↗WIRBELIG D ›quirlig, agil‹: *Der inzwischen eingewechselte und wirblige Egger hatte mit einem steilen Zuspiel Rudaz lanciert, dieser zog im Strafraum direkt ab und traf wunderschön ins lange, hohe Eck* (FC Düdingen, 1999, Internet)

wirkungsorientiert CH Adj.: ›im Hinblick auf die Wirksamkeit‹: *Gut ausgebildete Förster und Forstingenieure werden dafür sorgen, dass die Steuergelder zielgerichtet und wirkungsorientiert eingesetzt werden* (Bund 8. 1. 2000, 3); ***wirkungsorientierte Verwaltung[sführung]** ›Führung einer öffentlichen Verwaltung im Hinblick auf ihre Wirksamkeit‹: *Die wirkungsorientierte Verwaltungsführung, das so genannte New Public Management, will der Stadtrat sanft einführen* (TA 2. 9. 1999, 24) – Das Adjektiv *wirkungsorientiert* ist in A und D selten

Wirsing D STIR der; -s, ohne Plur.: ↗KOHL A, ↗WIRZ CH ›ein Kohlgewächs mit dunkelgrünen, gekräuselten Blättern und einem festen Kopf‹: *Sellerie, Endivie, Chinakohl und Wirsing vertragen zwar leichte Fröste, sollten aber bald geerntet werden* (Garten 11/1997, 63; D); *Sie können zur Abwechslung auch anderes Gemüse oder Pilze wie Erbsen, Wirsing, Paprikaschoten, Blumenkohl, Champignons usw. verwenden* (Gasteiger, So kocht Südtirol 330; STIR) – In CH selten – Dazu: **Wirsingauflauf, Wirsingkohl**

wirten CH sw.V./hat: ›als Gastwirt(in) tätig sein‹: *Was die alteingesessene Familie Guggenbühl, die nun seit 380 Jahren dort wirtet, geleistet hat, um den Betrieb zugrunde zu richten, ist gewaltig und anerkennenswert* (Salz&Pfeffer 3/1993, 22)

Wirtepatent CH das; -(e)s, -e: ↗GASTGEWERBEKONZESSION A, ↗ALKOHOLPATENT CH, ↗SCHANKERLAUBNIS D, ↗SCHANKKONZESSION D ›[durch eine Ausbildung erworbene] amtliche Genehmigung zur Führung eines Gastwirtschaftsbetriebs‹: *Ein Wirt aus dem Kanton Solothurn darf ohne Wirtepatent im Baselbiet keinen Gastwirtschaftsbetrieb führen* (Bund 28. 7. 1999, 9) – Vgl. Patent

Wirtesonntag CH der; -(e)s, -e: ›Wochentag, an dem ein Gasthaus regelmässig geschlossen hat; Ruhetag‹: *Wirtesonntag kannte der 54-Jährige nicht, von Ferien war nie die Rede* (TA 1. 7. 1998, 23)

Wirtschaft A-west (Vbg.) CH D (ohne ost) die; –, -en: ↗WIRTSHAUS A D-nordwest/süd, ↗BEIZ A-west (Vbg.) CH D-südwest, ↗BEISEL A (ohne west) D-südost, ↗SPUNTEN CH, ↗PINTE CH D-nord/mittelwest, ↗KNEIPE D (ohne südost), ↗KRUG D-nord ›einfaches Lokal, in dem man sich bes. zum Trinken und Plaudern trifft‹: *Aber es krankt oft nicht nur in der Topgastronomie, sondern auch in den einfachen Wirtschaften* (Neue Vorarlberger Tagesztg 7. 6. 1998, 10; A-west); *Nirgends ist unter der Woche in einer Wirtschaft etwas los, so dass man sagen könnte: Jetzt gehen wir schnell etwas trinken* (Rheintalische Volksztg 26. 7. 1996, Internet; CH); *Und er, das Gesicht von ihren Küssen feucht, war allein zurückgeblieben, wenn sie … wieder hinunter in die Wirtschaft musste, um den Bauern das Bier aufzutragen* (Walser, Ehen 40; D) – Dazu: ↗**Bahnhofswirtschaft** D-süd, ↗**Besenwirtschaft** D-mittel/südwest, ↗**Festwirtschaft** CH, ↗**Gartenwirtschaft** A-west (Vbg.) CH D-nordwest/südwest, ↗**Gastwirtschaftsbetrieb** CH, ↗**Straußenwirtschaft** D-südwest

wirtschaften (gemeindt.): ↗GESCHÄFTEN

Wirtschaftspolizei die; –, -en (Plur. ungebräuchl.): **1.** A ›Teil der Kriminalpolizei für Wirtschaftsdelikte‹: *Den Anstoß für die Verhaftung hätten laut Schlögl die beiden österreichischen Beamten (einer von der Interpol, einer von der Wirtschaftspolizei) gegeben* (SN 8. 6. 1998, 4). **2.** CH ›Polizei, die für die Einhaltung des Gastgewerbegesetzes zuständig ist‹: *Nur noch ein Dutzend Wirte machen sich die Mühe, ihr Lokal zu schmücken. Vor zehn Jahren zählte die Wirtschaftspolizei noch doppelt so viele dekorierte Beizen* (TA 20. 2. 2001, 19)

Wirtschaftsprüfer (gemeindt.): ↗BÜCHEREXPERTE/BÜCHEREXPERTIN, ↗BÜCHERREVISOR/BÜCHERREVISORIN, ↗BUCHPRÜFER/BUCHPRÜFERIN, ↗RECHNUNGSPRÜFER/RECHNUNGSPRÜFERIN, ↗RECHNUNGSREVISOR/RECHNUNGSREVISORIN, ↗REVISOR/REVISORIN

Wirtschaftstreibende A der/die; -n, -n: ↗GEWERBLER CH ›Person, die ein wirtschaftliches Unternehmen führt; Gewerbetreibende, Unternehmer(in)‹: *Damit sich Wirtschaftstreibende und Anrainer rechtzeitig auf mögliche Behinderungen durch Grabungsarbeiten einstellen können, gibt das Referat für Wirtschaft und Tourismus … Straßen- und Leitungsbaustellen bekannt, die im Jahr 1998 vorgesehen sind* (Innsbruck informiert 4/1998, Beilage 6)

Wirtschaftstreuhänder Wirtschaftstreuhänderin A der; -s, – bzw. die; –, -nen: ›Person, die für Industrie- und Gewerbebetriebe die Buchhaltung und ↗Lohnverrechnung durchführt und die Unternehmen vor Behörden vertritt‹: *Auch die Wirtschaftstreuhänder und Steuerberater wollen nächsten Montag ihre Abwehrmaßnahmen gegen das brisante Papier festlegen* (Format 28. 2. 2000, Internet) – Meist in Verbindung mit verwandten Berufen, z. B. *Wirtschaftstreuhänder und Steuerberater* oder *Wirtschaftstreuhänder, beeideter Buchprüfer und Steuerberater*

Wirtshaus A D-nordwest/süd das; -es, …häuser: ↗BEIZ A-west (Vbg.) CH D-südwest, ↗BEISEL A (ohne west) D-südost, ↗WIRTSCHAFT A-west (Vbg.) CH D (ohne ost), ↗SPUNTEN CH, ↗PINTE CH D-nord/mittelwest, ↗KNEIPE D (ohne südost), ↗KRUG D-nord ›einfaches Lokal, in dem man sich bes. zum Trinken und Plaudern trifft‹: *Das Wirtshaus ist in unseren Breiten immer auch die Wiege großer gesellschaftlicher Umwälzungen gewesen* (Kain, Lob 72; A); *Auch die Ausflugsgäste fühlen sich nämlich wie »Gott in Oberfranken«, wenn sie ihren Blick über Gebäude, Stallungen und Scheunen … schweifen lassen, um dann voller Vorfreude das Wirtshaus zu betreten* (Welt 26. 10. 1999, Internet; D-nordwest/süd) – In CH selten – Dazu: ↗**Mostwirtshaus** A (ohne west), **Wirtshauskultur, Wirtshausrauferei**

Wirz CH der; –, ohne Plur.: ↗KOHL A, ↗WIRSING D STIR ›ein Kohlgewächs mit dunkelgrünen, gekräuselten Blättern und einem festen Kopf‹: *Egal ob weiss oder rot, der Kabis gehört zu den Kopfkohlarten wie der Wirz* (Volksstimme 15. 10. 2002, Internet)

Wis CH der; -es, -e: ›Kartenkombination beim ↗Jass, die zusätzliche Punkte einbringt‹: *In einer bodenständigen heimeligen Umgebung geniessen Sie die ruhige gemütliche Fahrt in der Schweiz oder mit Tempo 160 durch ganz Europa. Stöck, Stich, Wis gilt auch an Bord dieses Nostalgiefahrzeuges* (SBB, 2002, Internet) – Auch in den Schreibungen *Wiis* und *Wys* sowie selten in der Form *Weis* gebräuchlich. Vgl. weisen

wischen sw.V./hat: **1.** A D; ↗AUFWASCHEN A D-mittelost, ↗AUFWISCHEN A D, ↗PUTZEN A CH D (ohne nordost), ↗FEGEN CH, ↗AUFNEHMEN: *[DEN BODEN] NASS/FEUCHT AUFNEHMEN CH D-nord, ↗FEUDELN D-nord ›(den Boden) mit einem feuchten Tuch reinigen‹: *Die Putzfrau wischte alles mit Reinigungsalkohol* (Menasse, Schubumkehr 38; A); *Eine dünne Decke, frische Luft, ein feucht gewischter Boden sind Voraussetzungen für eine ruhige Nacht* (Test 12/1997, 107; D). **2.** CH; ↗KEHREN A D-ost/süd, ↗FEGEN D (ohne südost) ›mit einem Besen Schmutz vom Boden entfernen‹: *Wir gingen stets in dasselbe Lokal und blieben, bis die Kellner ... alle Stühle auf die Tische gestellt hatten und sich daran machten, den Boden zu wischen* (Blick 19. 2. 2000, 12). **3. *Staub wischen** A D ›abstauben‹: »*Und wer wischt hier Staub?*«, *heißt die häufigste und spontanste Frage von Besuchern im Hause G.* (Kurier 25. 11. 1997, 29; A); *Alles was er tat, tat er gründlich ... auch unnütze Lästigkeiten wie Abspülen, Saubermachen, Staubwischen* (Hettler, Gerd und Gerda 53; D) – Andere Bedeutungen sind gemeindt. – Zu 1.: **Wischmopp** D. Zu 2.: ↗**Handwischer,** ↗**Strassenwischer,** ↗**Wischmaschine**

Wischmaschine CH die; –, -n: ↗KEHRMASCHINE A D ›fahrbares Gerät zum Reinigen von Strassen‹: *Schon bald ist klar, dass sich jeder am liebsten gleich auf den Führersitz der Wischmaschine setzen würde* (Bund 11. 9. 1997, 26) – Vgl. wischen – Dazu: **Strassenwischmaschine**

Wismar (gemeindt.): ↗HANSESTADT

wissen: *[es] ist gewusst LUX ›[es] ist bekannt‹: *Seit längerem war gewusst, dass die Schweinepest bei den Wildschweinen im deutschen Ardennen-Eifel-Raum grassiert* (Luxemburger Wort 8. 10. 1999, 5) – Das Verb *wissen* ist in allen anderen Verwendungen gemeindt.

Wissenschafter Wissenschafterin A CH der; -s, – bzw. die; –, -nen: ›Wissenschaftler(in)‹: *Ein Wissenschafter aus der amerikanischen Denker-Schmiede in Harvard entwickelte ein System, das den Zugriff auf anstößige Bilder verhindern soll* (SN 11. 11. 1997, 3; A); *Einer der russischen Wissenschafter sprach von einer neuen Einstellung gegenüber abgemachten Terminen und Pflichten* (NZZ Intern. Ausgabe 31. 10. 1997, 24; CH) – Wird in A und CH im Vergleich zum gemeindt. Wort *Wissenschaftler(in)* seltener gebraucht – Dazu: **Betriebswirtschaftswissenschafter(in), Literaturwissenschafter(in), Naturwissenschafter(in), Sozialwissenschafter(in), Sprachwissenschafter(in)**

Wissenschaftler (gemeindt.): ↗WISSENSCHAFTER/WISSENSCHAFTERIN

Witz (gemeindt.): ↗FEZ, ↗ULK

witzeln (gemeindt.): ↗SPAẞEN

WK CH der; -s, -s: buchstabierte Abk. für ↗*Wiederholungskurs:* ›aufgrund der Wehrpflicht bzw. Dienstpflicht bei den Streitkräften zu leistender, mehrtägiger, mehrmals wiederkehrender Dienst‹: *Meines Erachtens ... kann man auf Truppen zurückgreifen, die sich gerade in der Rekrutenschule oder im WK befinden* (Protokoll Januarsession der Vereinigten Bundesversammlung, 1998, Internet)

Wochenaktion (gemeindt.): ↗WOCHENHIT

Wochenaufenthalter Wochenaufenthalterin CH der; -s, – bzw. die; –, -nen: ›Person, die sich hauptsächlich, meist wochentags, ausserhalb ihrer ↗Niederlassungsgemeinde aufhält‹: *Der Topmanager ist in Zürich nur Wochenaufenthalter. Am Freitag fährt er jeweils nach Bern, wo seine Familie lebt* (Blick 23. 4. 1997, 3) – Vgl. Aufenthalter

Wochengeld A das; -(e)s, -er: ↗MUTTERSCHAFTSGELD D ›von der Krankenkasse ausbezahlter Durchschnittslohn für Schwangere bzw. Mütter während des gesetzlich geregelten ↗Mutterschutzes‹: *Während der Schutzfrist wird für Frauen ein Wochengeld bzw. eine Betriebshilfe aus der Krankenversicherung gewährt* (Bundespressedienst, Österreich 120) – Vgl. Karenzgeld – Dazu: **Wochengeldbezieherin** (↗Bezieher)

Wochenhit CH der; -s, -s (Handel): ›[günstiges] Angebot, das eine Woche lang gilt; Wochenaktion‹: *Vegifans bekommen heute für Fr. 8.20 Tortelloni mit Riccotta oder als Wochenhit ein Käsefondue für Fr. 13.00* (Blick 15. 1. 2000, 20) – Vgl. Monatshit, Tageshit

wohlschmeckend (gemeindt.): ↗GLUSCHTIG, ↗GUSTIÖS, ↗LECKER

Wohnanlage A D die; –, -n: ↗WOHNÜBERBAUUNG CH ›Gebäude mit Wohnungen und Infrastruktur, z. B. Grünanlagen, Parkplätzen etc.‹: *Großzügige 3-Zimmer-Wohnung ... in neu errichteter Wohnanlage in der Waldburgstraße* (VN 29. 10. 1997, D 4; A); *Wir suchen ... Wohnanlagen für Kapitalanleger* (WAZ 20. 10. 1997, 24; D) – In CH selten

Wohnbau A der; -(e)s, ohne Plur.: ↗WOHNUNGSBAU CH D ›Bauen von Wohnungen‹: *Die volle Erfahrung aus 30 Jahren Wohnbau kommt Ihnen jetzt zugute* (VN 29. 10. 1997, E 3) – In CH selten. Die Bedeutung ›Wohnanlage, Wohngebäude‹ ist gemeindt. – Dazu:

↗**Wohnbauförderung** A CH, ↗**Wohnbaugenossenschaft** A CH, **Wohnbaugesellschaft,** ↗**Wohnbauinstitut** STIR, **Wohnbaulandesrat (...rätin)** (↗Landesrat), **Wohnbaustadtrat (...rätin)** (↗Stadtrat)

Wohnbauförderung A CH die; –, ohne Plur.: ↗WOHNUNGSBAUFÖRDERUNG D ›Förderungsprogramm der Bundesländer bzw. des Staates für Familien zum Erwerb eines Hauses oder einer Wohnung‹: *Höchstmögliche Wohnbauförderung und zusätzliche Energiesparhausförderung, anspruchsvolle Architektur, behindertengerechter Personenlift und Tiefgaragenabstellplätze* (VN 29. 10. 1997, Beilage 7; A); *Der Kanton Bern zieht sich aus der Wohnbauförderung zurück: Ab dem Jahr 2001 will die Regierung keine neuen Wohnungen mehr verbilligen für Mieter mit kleinem Einkommen* (Bund 9. 6. 1999, 25; CH) – Abk. WBF. Vgl. Wohnbau

Wohnbaugenossenschaft A CH die; –, -en: ↗WOHNUNGSBAUGENOSSENSCHAFT D ›[nicht gewinnorientierte] Vereinigung von Personen mit dem Ziel, Wohnraum für die Mitglieder der Genossenschaft zu erwerben und zu erbauen‹: *Bekanntlich hat die Wohnbaugenossenschaft GWS das Talschloss von einem Textilunternehmen erworben und wollte vorerst Mietwohnungen errichten* (Kleine Ztg 29. 8. 1999, Internet; A); *Hilfe für gemeinnützige Wohnbauförderer: Wohnbaugenossenschaften und andere gemeinnützige Vermieter erhalten künftig professionelle Hilfe, wenn sie bauen oder umbauen wollen* (TA 12. 1. 2000, 19; CH) – Vgl. Wohnbau

Wohnbauinstitut STIR das; -(e)s, -e (Plur. ungebräuchl.): ›Südtiroler Institution mit Sitz in Bozen, die günstigen Wohnraum für Familien und sozial Schwächere erbaut oder erwirbt‹: *Laut Beschluss der Landesregierung ist das leer stehende Gebäude an das Wohnbauinstitut übergegangen* (Dolomiten 27. 12. 2001, 22) – Der offizielle Name lautet *Institut für sozialen Wohnbau des Landes Südtirol.* Vgl. Wohnbau

Wohnbeihilfe A die; –, -n: ↗WOHNGELD D ›staatlicher Mietzuschuss‹: *Kleinstverdiener sollen mehr Wohnbeihilfe erhalten, außerdem gibt es mehr Geld für die Verbesserung der Wärmedämmung bei Altbauten* (Kurier 14. 3. 2000, 1) – Vgl. Beihilfe

Wohnblock (gemeindt.): ↗KONDOMINIUM

Wohneigentum CH D das; -s, ohne Plur.: ›Besitz einer Wohnung oder eines Hauses‹: *Die Förderung von Wohneigentum ist ein breit abgestütztes Anliegen, denn die Schweiz hat mit 33 Prozent die niedrigste Eigentumsquote in ganz Europa* (Schweizer Familie 4/1999, 25; CH); *Arbeitsminister Riester macht's möglich: Wohneigentum gilt als Altersvorsorge* (Berliner Kurier 25. 5. 2001, Internet; D) – Dazu: **Wohneigentumsförderung**

wohnen: *jmdn. wohnen haben D-mittel/südwest (Grenzfall des Standards) ›jmdn. haben/kennen, der an einem bestimmten Ort wohnt‹: *Herr Käfer ... hat in Pirmasens eine Großmutter wohnen* (Harig, Wenn sie nicht 244) – Das Verb *wohnen* ist in allen anderen Verwendungen gemeindt.

Wohnfläche (gemeindt.): ↗WOHNNUTZFLÄCHE

Wohngeld D das; -(e)s, -er: ↗WOHNBEIHILFE A ›staatlicher ↗Zuschuss für Mieter(innen)‹: *Zuschüsse bekommen die Kinder, deren Eltern Wohngeld beziehen oder bestimmte Einkommensgrenzen nicht überschreiten* (Rheinische Post 7. 11. 2001, Internet)

wohnhaft (gemeindt.): ↗ANSÄSSIG, ↗DOMIZILIERT, ↗NIEDERGELASSEN

Wohnkubatur STIR die; –, -en: ›in Kubikmetern ausgedrückter Rauminhalt eines zum Wohnen bestimmten Gebäudes oder Gebäudeteils‹: *Auch der angrenzende Stadel muss als landwirtschaftliche Kubatur erhalten bleiben und darf nicht in Wohnkubatur umfunktioniert werden* (Dolomiten 11. 5. 1999, 19)

Wohnnutzfläche A die; –, -n: ›in Quadratmetern ausgedrückte Fläche eines zum Wohnen bestimmten Gebäudes oder Gebäudeteils; Wohnfläche‹: *Bei Eigentumswohnungen, Eigenheimen und Dachgeschoßausbauten zum Eigenbedarf beträgt die Förderung 365 bis 440 Euro pro Quadratmeter Wohnnutzfläche* (Profil 28. 4. 2002, Internet)

Wohnort (gemeindt.): ↗HAUPTWOHNSITZ, ↗NIEDERLASSUNGSGEMEINDE

Wohnüberbauung CH die; –, -en: ↗WOHNANLAGE A D ›[mehrere] Gebäude mit Wohnungen und zugehöriger Infrastruktur, z. B. Grünanlagen, Parkplätzen etc.‹: *An traumhafter, sonniger, unverbaubarer Südwestlage ... entsteht die zweite Etappe einer Wohnüberbauung mit eindrücklichen Eigenschaften* (BaZ 17. 10. 1997, 71) – Vgl. Überbauung

Wohnungsbau CH D der; -s, ohne Plur.: ↗WOHNBAU A ›Bauen von Wohnungen‹: *Der Bund trifft Massnahmen zur Förderung, Verbilligung und Rationalisierung des Wohnungsbaus sowie zur Erschliessung von Land für den Wohnungsbau* (Reform der Bundesverfassung, 1995, Internet; CH); *Wohnungsbau sinkt drastisch* (Welt 27. 9. 1999, Internet; D) – Dazu: ↗**Wohnungsbauförderung** D, ↗**Wohnungsbaugenossenschaft** D

Wohnungsbauförderung D die; –, -en (Plur. ungebräuchl.): ↗WOHNBAUFÖRDERUNG A CH ›staatliches Förderungsprogramm für Familien zum Erwerb eines Hauses oder einer Wohnung‹: *Beispielsweise auch die Höhe der Wohnungsbauförderung steht auf dem Prüfstand* (Tagesspiegel 25. 7. 1999, 4) – Vgl. Wohnungsbau

Wohnungsbaugenossenschaft D die; –, -en: ↗WOHNBAUGENOSSENSCHAFT A CH ›[nicht gewinnorientierte] Vereinigung von Personen mit dem Ziel, Wohnraum für die Mitglieder der Genossenschaft zu erwerben und zu erbauen‹: *Die Potsdamer Wohnungsbaugenossenschaft errichtet und bewirtschaftet Wohnungen in allen Rechts- und Nutzungsformen* (Potsdamer Wohnungsbaugenossenschaft 4. 12. 2002, Internet) – Vgl. Wohnungsbau

wohnungslos D (ohne nordwest) Adj. (nicht steigerbar): ↗UNTERSTANDSLOS A ›ohne Unterkunft; obdachlos‹: *Besonders schwer sich weiterzubilden ist es für Menschen, deren Leben aus der Bahn geraten ist, die mittellos oder sogar wohnungslos geworden sind* (Deutsche Welle 29/2000, Internet)

Wohnwand A CH die; –, ...wände: ↗WANDVERBAU A, ↗SCHRANKWAND A D ›sich über die Länge einer Zimmerwand erstreckende Front aus [Einbau]möbeln‹: *In beliebter Modulbauweise ist eine moderne Wohnwand im Designlook zeitaktueller Form gestaltet, die kanadisches Ahorn mit heimischem Nussholz raffiniert kombiniert* (OÖN 29. 8. 1998, 35; A); *Sie hat Geschichte gemacht: die Wohnwand, dieser schmutzig braune bis kunstharzweisse Möbelklotz, der in den Siebzigerjahren zusammen mit Polstergruppe und Clubtisch die Lounge einer Mietswohnung bildete* (TA 27. 3. 1999, 53; CH)

Wohnzimmer (gemeindt.): ↗STUBE

wolkig Adj.: **1.** A D; ↗BEZOGEN D ›bewölkt‹: *Im Norden und Osten zeitweise wolkig, sonst stellenweise dunstig und Nebel* (Presse 15. 3. 1993, 1; A); *Am Montag ist es meist wolkig, aber überwiegend trocken* (Welt 14. 10. 2000, Internet; D). **2.** D ›unklar, verschwommen‹: *Etwas wolkig erklärt der CDU-Landesfürst seiner Basis, dass er inhaltlich ... wenig Gemeinsamkeiten mit den Grünen sehe* (Welt 13. 7. 2000, Internet)

Wonneproppen D (ohne südost) der; -s, – (scherzh., Grenzfall des Standards): ↗WUZERL A ›wohlgenährtes, fröhliches Baby‹: *Die drei Jahre jüngere Schwester war das Sunny-Girl, der Wonneproppen, der immer gut aufgelegt war* (Hettler, Gerd und Gerda 9)

Wortspende A die; –, -n: ›kurze Stellungnahme in der Öffentlichkeit; Wortmeldung, Meinungsäußerung‹: *Jeder muss eine Wortspende zur Lage der Nation abgeben* (Profil 28. 12. 2000, Internet)

Wörterbuchstadt D die; –, ohne Plur. ⟨wegen der Arbeitsstellen für mehrere wissenschaftliche Wörterbuchunternehmen, u. a. des Grimm'schen Wörterbuchs⟩: ›Göttingen‹: *Tradition und wissenschaftliches Gewicht erlauben es, die »Wörterbuchstadt« Göttingen in eine Reihe z. B. mit Städten wie München, Berlin, Oxford oder Leiden zu stellen* (Broschüre der Göttinger Akademie der Wissenschaften, 2003)

Wrasen D-nord der; -s, –: ›Dunst; Dampf‹: *Der ätzende Wrasen durchwalmt die Küche* (Strittmatter, Ochsenkutscher 9) – Dazu: ↗**Wrasenabzug**

Wrasenabzug D-nord der; -(e)s, ...züge: ↗DUNSTABZUG A D, ↗DAMPFABZUG CH ›elektrische Vorrichtung über dem Herd, die den beim Kochen entstehenden Dunst aufsaugt‹: *Über dem Herd in der Küche sollte ein Wrasenabzug mit Ventilator für den Abzug der Kochdünste sorgen* (Kreis Rendsburg-Eckernförde, 2001, Internet) – Vgl. Wrasen

Wruke D-nordost die; –, -n: ↗BODENKOHLRABI CH, ↗STECKRÜBE D (ohne ost) ›Gemüsepflanze mit verdickter, gelbfleischiger, saftiger Wurzel; Kohlrübe‹: *Die Bäuerin hockte ... zwischen anderen Bäuerinnen und dem Ertrag ihrer Kleingärten: Sellerie, kindskopfgroße Wruken, Lauch und rote Bete* (Grass, Unkenrufe 7)

WU A die; –, -s: buchstabierte Abk. für ›Wirtschaftsuniversität‹: *Als Universitätsprofessor am Institut für Volkswirtschaftslehre an der Wirtschaftsuniversität Wien (WU) plagen ihn weniger wissenschaftliche Probleme als die Sorgen des Alltags* (Trend 11/1997, Internet) – Meist ist die Wiener *WU* gemeint – Dazu: **WU-Absolvent(in)**, **WU-Professor(in)**, **WU-Student(in)**

Wucherer (gemeindt.): ↗GELDSCHNEIDER/GELDSCHNEIDERIN

Wuchtel die; –, -n: **1.** A (Küche); ↗BUCHTEL A ›im ↗Backrohr zubereitete Speise aus mit ↗Germ hergestellten, eng nebeneinander gesetzten, kugelförmigen Teigstücken [die mit ↗Powidl gefüllt und mit heißer Vanillesauce serviert werden]‹: *Tipp: zu warmen Wuchteln passt hervorragend eine heiße Vanillesauce* (Mein Kochbuch Nr. 9, 2002, Internet). **2.** A (salopp, Grenzfall des Standards, Sport) ›[Fuß]ball‹: *Niki nimmt das Geschenk volley an und nagelt die Wuchtel ins Netz: 2:2* (FC Breitenfeld, 2001, Internet). **3.** A-ost (salopp, Grenzfall des Standards) ›Witz, Pointe‹: *Es gibt Kabarettisten, denen die Wuchtel das oberste Gebot ist* (Kabarettist Alfred Dorfer, 2002, Internet)

wümmen siehe wimmen

Wümmet siehe Wimmet

Wunderfitz CH der; -es, -e/-en (selten): **1.** ↗GWUNDER CH ›Neugier‹: *Forscher glauben, ein Gen entdeckt zu haben, das neugierig macht. Wer damit ausgestattet ist, dem ist der Wunderfitz angeboren* (TA 1. 4. 1996, 61). **2.** ↗GWUNDERNASE CH ›neugierige Person‹: *Die Schweizer – nicht ein Volk von Kuhhirten, wie Johann Wolfgang von Goethe im 18. Jahrhundert höhnte – sondern ein Volk von kämpferischen, demokratischen und unternehmerischen Wunderfitzen* (1. August-Feier

2001, Gemeinde Wohlhusen, Internet) – Selten auch in der Form *Gwunderfitz* – Dazu: ↗**wunderfitzig**

wunderfitzig CH Adj. (Grenzfall des Standards): ↗GWUNDERIG CH ›neugierig‹: *Maja ist eine Biene, wie sie die Kinder mögen. Sie ist wunderfitzig und tut nicht nur, was eine Biene tut: Statt Honig zu sammeln, will sie die Welt erkunden* (Blick 28. 11. 1998, 10) – Selten auch in der Form *gwunderfitzig*. Vgl. Wunderfitz

Wundernase siehe Gwundernase

wundernehmen st.V./hat: **1.** CH ›neugierig machen; interessieren‹: *Es nimmt mich wunder, was jetzt mit meinem Bruder wird* (Spinner, Nella 84). **2.** A D (nur in Verbindung mit *es*, geh.) ›in Erstaunen versetzen‹: *So nahm es ihn nach all den Jahren des Wartens nicht wunder – oder nicht so sehr, wie es jeden anderen wundergenommen hätte –, dass mit einemmal ein Wesen jenen Strahl … heruntergeglitten kam* (Frischmuth, Wassermänner 7; A); *Es nimmt nicht wunder, dass er auch heute den Eindruck vermittelt, als sei noch viel zu tun* (Dresdner Neueste Nachr 2. 5. 2002, Internet; D)

Wunderwuzzi A der; -s, -s (salopp, Grenzfall des Standards): ›Person, von der die Lösung aller Probleme erwartet wird; Alleskönner(in)‹: *Lange Zeit galt er in der Finanzwelt als Wunderwuzzi* (Profil 7. 5. 2000, Internet)

wünschbar CH Adj.: ›wünschenswert‹: *Wir können unsere Gedanken formulieren über das, was im Interesse der Gesellschaft wünschbar wäre* (Schmid, Standortmeldungen, 48) – Dazu: **Wünschbarkeit**

wünschenswert (gemeindt.): ↗WÜNSCHBAR

wurlen A D-südost sw.V./hat (Grenzfall des Standards): **1.** ›sich in einer großen Menge geschäftig bewegen; wimmeln‹: *Das obligate Sprachgewirr ist zu hören. Europäer, Japaner und Amerikaner wurlen herum* (OÖN 11. 12. 1999, 1; A). **2.** ›im Körper ein unruhiges, kribbelndes Gefühl haben; kribbeln‹: *Es hat so in meinem Kopf gewurlt, dass ich intuitiv Folgendes wusste: irgendwo müssten ein paar interessante Details zu finden sein* (Blendobox, 2002, Internet; A) – In A auch in der Form *wurln*, in D-südost *wurreln* – Zu 1.: **Gewurl**

Wurstabteilung A D die; –, -en: ↗CHARCUTERIE CH, ↗TRAITEUR CH, ↗WURSTTHEKE D (ohne ost) ›Wurstwarenabteilung‹: *Freitagvormittag arbeitete Doris F. wie gewohnt in der Wurstabteilung eines »Spar«-Geschäftes* (OÖN 20. 3. 1995, 15; A); *Bekanntlich ist ein Supermarkt in Abteilungen aufgeteilt, z. B. Wurstabteilung, Käseabteilung, Obstabteilung* (Technische Universität Dresden 9. 1. 2002, Internet; D)

Wurstbude D (ohne südost) die; –, -n: ↗WÜRSTELSTAND A D-südost, ↗WURSTSTAND CH, ↗WÜRSTCHENBUDE D-nord/mittel, ↗WÜRSTCHENSTAND D (ohne nordost/süd) ›kleiner Verkaufsstand, an dem heiße Würste und andere Imbisse verkauft werden‹: *Gewaltige Traktoren kurvten zwischen Wurstbuden herum* (Rothmann, Wäldernacht 17) – Vgl. Bude

Würstchen CH D (ohne südost) das; -s, –: **1.** ↗WÜRSTEL A D-südost ›kleine, schmale Wurst‹: *Die Serviertochter stellte mir ein Bier hin, etwas später Brot und ein heisses Würstchen* (Honegger, Ehemalige 13; CH); *Die Bedienung kommt, Carmen bestellt eine Linsensuppe mit Würstchen* (Hauptmann, Suche 77; D); ***Frankfurter Würstchen; Wiener Würstchen** D (ohne südost); ↗WIENERLE A-west (Vbg.) D-südwest, ↗FRANKFURTER A D (ohne südost), ↗FRANKFURTERLI CH, ↗WIENERLI CH, ↗BOCKWURST D, ↗WIENER D ›dünne Wurst aus Schweinefleisch, die heiß gegessen wird‹: *Die Streitkultur im Sitzungsraum des Frankfurter Sheraton Hotels entwickelte sich nach dem Verzehr von … Frankfurter Würstchen, belegten Brötchen und frischem Obstsalat* (Welt 23. 8. 1999, Internet); *Es gab Wiener Würstchen und Kartoffelsalat vom Schnellimbiss* (Blobel, Tür 24). **2.** (abwertend) ↗WÜRSTEL A D-südost ›bedauernswerter, unbedeutender, minderwertiger Mensch‹ (häufig in der Wendung *armes Würstchen*): *Hier bei uns haben sie nicht das Gefühl, die Würstchen vom Lande zu sein* (Bund 14. 9. 1999, 19; CH); *Der ewige Sohn, in inniger Unversöhnlichkeit an Mamas tyrannische Liebe sich klammernd, ist hier zunächst ein armes Würstchen* (Tagesspiegel 18. 2. 1998, Internet; D) – Zu 1.: **Knackwürstchen**, ↗**Würstchenbude** (D-nord/mittel), ↗**Würstchenstand** D (ohne nordost/süd)

Würstchenbude D-nord/mittel die; –, -n: ↗WÜRSTELSTAND A D-südost, ↗WURSTSTAND CH, ↗WURSTBUDE D (ohne südost), ↗WÜRSTCHENSTAND D (ohne nordost/süd) ›kleiner Verkaufsstand, an dem heiße Würste und andere Imbisse verkauft werden‹: *Da staunten die Besucher des Homburger Maifestes nicht schlecht, als sie plötzlich zwischen Open-Air und Würstchenbude mit Politik konfrontiert wurden* (Jusos Saarland, 2000, Internet) – Vgl. Würstchen

Würstchenstand D (ohne nordost/süd) der; -(e)s, …stände: ↗WÜRSTELSTAND A D-südost, ↗WURSTSTAND CH, ↗WURSTBUDE D (ohne südost), ↗WÜRSTCHENBUDE D-nord/mittel ›kleiner Verkaufsstand, an dem heiße Würste verkauft werden‹: *Wenn Sie genießen wollen, wenn Sie nicht ständig aufpassen wollen, wo Ihnen was wo hinkleckern könnte, bleiben Sie … am Würstchenstand auf dem Rummelplatz an der dort vorhandenen Abstellgelegenheit (Brett, Tisch) stehen* (Mitteldeutscher Rundfunk, 2000, Internet) – Vgl. Würstchen

Wurstel A D-südost der; -s, –: **1.** ›komische [Theater]figur; Hanswurst‹: *Im Wiener Prater regiert der Wurstel* (Standard 11. 4. 2000, Internet; A). **2.** ↗KASPERL A

D-südost, ↗KASPERLI CH, ↗KASPER D (ohne südost), ↗KASPERLE D (ohne südost) ›lustige Figur [mit roter Zipfelmütze] im Volkstheater oder im Handpuppenspiel‹: *Denn so ein kompliziertes Mikroprozessorbaby hat schneller einen »seelischen« Knacks als der Wurstel, der sich alles gefallen lässt. Die Spielzeugindustrie leistet Verblüffendes* (OÖN 7. 12. 1988, 31; A). **3.** ↗KASPERL A D-südost, ↗KASPERLI CH, ↗KASPER D (ohne südost), ↗KASPERLE D (ohne südost) ›lustige, zu jedem Scherz aufgelegte Person [die nicht ernst zu nehmen ist], lächerliche Person‹: *Ich hab' so viele Bundesregierungen überlebt ..., dass ich die nächste Bundesregierung auch überleben werde, ob der Wurstel Haider, Klima oder Papst Locherl heißt, wird ziemlich egal sein* (OÖN 21. 3. 1997, 6; A) – Auch in der Schreibung *Wurschtel* – Zu 1.: ↗**Wurstelprater** A

Würstel A D-südost das; -s, -(n): **1.** ↗WÜRSTCHEN CH D (ohne südost) ›dünne [heiß gegessene] Wurst‹: *Bei ihm gab es ... Würstel mit Senf oder Kren sowie drei Standardsuppen – diese allerdings von erstklassiger Qualität* (Semrau, Zimtapfel 7; A); ***Würstel mit Saft** A ›dünne heiße Wurst mit Gulaschsauce‹: *Bereits ab 8 Uhr kommen im Cafe Hummel (8., Josefstädter Str. 66) Fiakergulasch und Würstel mit Saft auf den Tisch* (Kurier 31. 12. 1999, 15); ***[bei etw./da] gibt es keine Würstel** A-ost ›bei etw./da gibt es keine Rücksicht‹: *Bei Zydeco, einer mittels afro-amerikanischer Einflüsse auffrisierten Version französischer Free-Jazz-Akkordeon-Waschrumpel-Polka, gibt es keine Würstel* (Standard 5. 8. 1999, Internet). **2.** (abwertend); ↗WÜRSTCHEN CH D (ohne südost) ›[dummer] unbedeutender Mensch‹: *Wir sind doch nur kleine Würstel, international gesehen* (Fembek, Keine Angst 91; A) – Auch in der Form *Würstl* – Zu 1.: **Bratwürstel, Grillwürstel, Würstelfrau, Würstelmann,** ↗**Würstelstand**

Wurstelprater A der; -s, ohne Plur.: ›Vergnügungspark in Wien; Teil des Praters, des größten Parkgeländes in Wien‹: *Erinnern wir uns doch an den »Wurstelprater« in Wien, ein sogenannter Vergnügungspark* (Buchkultur 5/1996, 16) – Vgl. Wurstel

Würstelstand A D-südost der; -(e)s, ...stände: ↗WURSTSTAND CH, ↗WURSTBUDE D (ohne südost), ↗WÜRSTCHENBUDE D-nord/mittel, ↗WÜRSTCHENSTAND D (ohne nordost/süd) ›kleiner [auf Dauer eingerichteter] Verkaufsstand, an dem heiße Würste und andere Imbisse verkauft werden‹: *Nach der Mitternachtseinlage begab sich das Paar zu einem Würstelstand und anschließend auf einen nächtlichen Spaziergang* (Semrau, Zimtapfel 21; A) – Auch in der Form *Würstlstand.* Vgl. Würstel

Wursterei CH die; –, -en: ›Betrieb, in dem Würste hergestellt werden (meist Teil einer ↗Metzgerei)‹: *Heute verkauft Hans-Ruedi S. letztmals Wienerli – nächste Woche schon wird die Wursterei abgerissen* (Bund 24. 4. 1999, 29)

Würstl siehe Würstel

Würstlstand siehe Würstelstand

Wurststand CH der; -(e)s, ...stände: ↗WÜRSTELSTAND A D-südost, ↗WURSTBUDE D (ohne südost), ↗WÜRSTCHENBUDE D-nord/mittel, ↗WÜRSTCHENSTAND D (ohne nordost/süd) ›kleiner [meist für ↗Anlässe vorübergehend aufgestellter] Verkaufsstand, an dem heiße Würste verkauft werden‹: *Wütend reagierten [die Anwohner] ... auf jenen Geschäftemacher, der am vergangenen Sonntag einen Wurststand aufstellte – und die zahlreichen Katastrophentouristen mit Wienerli und »Mütschli« verpflegte* (Sonntagsztg 23. 5. 1999, Internet) – Vgl. Take-away

Wursttheke D (ohne ost) die; –, -n: ↗WURSTABTEILUNG A D, ↗CHARCUTERIE CH, ↗TRAITEUR CH ›Wurstwarenabteilung‹: *Ob der Rindermast-Betrieb im niedersächsischen Umland oder die Wursttheke in der Bremer Innenstadt – die Angst vor BSE-haltigem Fleisch hat sich überall ausgebreitet* (Welt 30. 11. 2000, Internet) – Vgl. Theke

Wurstwaren (gemeindt.): ↗CHARCUTERIE

Wurstwarenabteilung (gemeindt.): ↗CHARCUTERIE, ↗TRAITEUR, ↗WURSTABTEILUNG, ↗WURSTTHEKE

Wurt D-nord die; –, -en: ↗WARFT D-nord ›aufgeschütteter [besiedelter] Hügel in Gewässernähe‹: *Diese so genannte Wurt, die noch heute zwei Meter über das Straßenniveau herausragt, will er jetzt unter die Lupe nehmen* (TAZ 24. 1. 2002, Internet)

Wurzel D-nord die; –, -n: ↗RÜEBLI CH, ↗GELBRÜBE D-südwest, ↗MÖHRE D-mittel, ↗MOHRRÜBE D-ost, ↗RÜBE: *GELBE RÜBE D-süd ›Karotte‹: *Wurzeln, Mais, Erbsen, Petersilie, Liebstöckel und ganz zum Schluss drei Paprika (damit er knackig bleibt) zugeben* (Universität Bremen, 2001, Internet)

Wurzelwerk A das; -(e)s, ohne Plur.: ↗SUPPENPACKL A-west (Tir.), ↗SUPPENGRÜN A D (ohne nordwest), ↗SUPPENGEMÜSE CH D (ohne südost) ›im Handel erhältliche, fertig zusammengestellte Gemüseportion aus Karotten, Sellerie, Lauch und Petersilie für diverse Fleischspeisen‹: *Das Wurzelwerk waschen, schälen, kleinwürflig schneiden* (Maxima 3/1998, 118) – Die Bedeutung ›Wurzelgeflecht einer Pflanze‹ ist gemeindt.

wuzeln sw.V./hat (Grenzfall des Standards): **1.** A D-südost ›drehen, wickeln, rollen‹: *Zunächst wuzelte er eine Zigarette über der hübschen alten Silber-Tabatière, die noch von seinem seligen Vater stammte* (Doderer, Strudlhofstiege 65; A). **2.** sich A D-südost; ↗KNUBBELN D-mittelwest ›sich in einer dichten Menschenmenge bewegen‹: *Der Hörsaal ist voll, die*

Menschen sitzen auf den Treppen, quetschen sich am Gang aneinander, wuzeln sich trotz aussichtsloser Lage in den überfüllten Hörsaal, drücken sich an der Wand entlang (Waltl, Montag, 2000, Internet; A). **3.** sich A D-südost ›sich wälzen‹: *Obwohl Snowboarden und Inline-Skaten große Mitbewerber am Talentemarkt sind, ziehen sich inzwischen wöchentlich 400 Kinder den Kimono an und wuzeln sich Aggressionen abbauend herum* (OÖN 19. 12. 1996, 24; A). **4.** A; ↗TISCHFUßBALL: *TISCHFUßBALL SPIELEN A D, ↗TÖGGELEN CH, ↗KICKERN D ›an einem ↗Tischfußballtisch spielen‹: *Früher haben sie immer gewuzelt, während wir uns damals mit Taschenbillard oder einem echten Fetzenlaberl begnügt haben* (Kneifl, Vorstellung 37) – Zu 2.: **durchwuzeln.** Zu 4.: ↗**Wuzeltisch,** ↗**Wuzler**

Wuzeltisch A der; -(e)s, -e (Grenzfall des Standards): ↗TISCHFUßBALLTISCH A, ↗WUZLER A, ↗TÖGGELI CH, ↗TÖGGELIKASTEN CH, ↗KICKER D, ↗TISCHFUßBALL D ›Kasten auf Beinen, an dem an drehbaren Stangen Spielfiguren befestigt sind, mit denen Fußball gespielt werden kann‹: *Dem studentischen Spieltrieb wird in vielen Ecken des LUI gefrönt: am Wuzeltisch, Dartautomat, Spielcomputer oder Flipper* (OÖN 18. 5. 1999, Internet) – Vgl. wuzeln

Wuzerl A das; -s, -n (salopp, Grenzfall des Standards): ↗WONNEPROPPEN D (ohne südost) ›wohlgenährtes [Klein]kind‹: *Die stolze Mami Sally mit ihren hübschen kleinen Wuzerln!* (Hurra, unsere Babys sind da!, 2002, Internet) – In A-südost/west häufig in den Formen *Wutzel, Wutzele*

Wuzler A der; -s, – (Grenzfall des Standards): **1.** ↗TISCHFUßBALLTISCH A, ↗WUZELTISCH A, ↗TÖGGELI CH, ↗TÖGGELIKASTEN CH, ↗KICKER D, ↗TISCHFUßBALL D ›Kasten auf Beinen, an dem an drehbaren Stangen Spielfiguren befestigt sind, mit denen Fußball gespielt werden kann‹: *Sie trainieren bis zu 20 Stunden in der Woche und erreichen Fertigkeiten am Wuzler, die Amateure vor Neid erblassen lassen* (Kurier 25. 3. 1994, 13). **2. Wuzler Wuzlerin** der; -s, – bzw. die; –, -nen ›Tischfußballspieler(in)‹: *Wuzler aus ganz Österreich treten … an, um den heimischen Meister im Einzel- und Doppelbewerb zu ermitteln* (Kurier 12. 12. 1992, 19). **3.** (salopp, Handball) /Wurf mit Drall/: *Der »Wuzler« – ein den Goalie mit viel Effet umkurvender Ball – wurde seine Spezialität* (Kurier 1. 11. 1995, 24) – Zu 1 und 2 vgl. wuzeln

Wys siehe Wis

Z

z.H. siehe Hand

Zạcken: *einen Zacken zulegen CH D (ohne südost) ›Geschwindigkeit, Kraft, Druck, Leistung u. Ä. steigern; einen Zahn zulegen‹: *Wir üben 30-Meter-Sprints am Strand. Meine Spieler müssen noch einen Zacken zulegen* (Blick 5. 2. 1998, 16; CH); *Wenn ich einen Zacken zulegen kann, merke ich das dann schon, oder es wird mir gesagt* (Forum Verletzte-Helfer 20. 7. 2003, Internet; D); ***einen Zacken drauf haben** CH D (ohne südost) (Grenzfall des Standards) ›schnell sein; etw. mit hoher Geschwindigkeit tun; einen Zahn drauf haben‹: *Es wurde eine Wasserrutschbahn … gebaut. Und die hatte es in sich. … So hatte man doch einen rechten Zacken drauf, wenn man da runter kam* (Pfadi Maggenberg, 2002, Internet; CH); *Am 18. geschrieben und am 19. schon fertig korrigiert?? Huiii, die haben aber einen Zacken drauf!* (Community für Wirtschaftsingenieure, 2003, Internet; D) – Das Substantiv *Zacken* ist in allen anderen Verwendungen gemeindt.

Za̲hlkellner Za̲hlkellnerin A der; -s, – bzw. die; –, -nen: ›Kellner(in), der bzw. die beim Gast kassiert‹: *Suche Zahlkellner, nur Inländer, mit Praxis* (TT 11. 11. 1997, 31)

Za̲hlschein A der; -(e)s, -e: ↗ERLAGSCHEIN A, ↗EINZAHLUNGSSCHEIN CH ›Formular für Einzahlungen auf der Post und für den bargeldlosen Zahlungsverkehr‹: *Ungewöhnlich war auch, dass Hildegard S. über Zahlscheine verfügte, die zwar auf die Firma Gutmann lauteten, jedoch mit der Kontonummer von Frau S. versehen waren* (Echo 23. 9. 1998, 67) – In D selten – Dazu: **Zahlscheingebühr, Zahlscheininskription** (↗Inskription)

Zạhlungsbefehl A CH der; -(e)s, -e: ↗MAHNBESCHEID D ›Aufforderung, eine überfällige Zahlung zu entrichten‹: *Da helfe es auch nicht, dass vom Arbeitsgericht bereits eine Reihe rechtskräftiger Zahlungsbefehle gegen die Firma vorlägen, bedauert L.* (OÖN 18. 6. 1996, Internet; A); *Das Recht bestimmt aber, dass die eingeschriebene Zustellung des Zahlungsbefehls nicht zusätzlich kosten darf* (Beobachter 19. 9. 1997, 23; CH)

Za̲hnfleisch: *am Zahnfleisch gehen/[daher]kriechen A D-südost; ***auf dem Zahnfleisch gehen/kriechen** CH D (ohne südost) (Grenzfall des Standards): ↗FIX: *FIX UND ALLE SEIN D-nordost/mittel ›total erschöpft sein; keine Kraft mehr haben‹: *Weiterhin machen wir Druck und spielen trotz des Rückstandes beherzt und teilweise schon am Zahnfleisch gehend* (Sportecho 40/2001, Internet; A); *Der Meister verfügt zwar über eine prominent besetzte Administrationsabteilung und einen Manager für (fast) jede Lebenslage, die Sport treibende Belegschaft scheint aber auf dem Zahnfleisch zu gehen* (HC Davos, 2002, Internet; CH); *Wir kriechen hier … auf dem Zahnfleisch, verteidigen bis zur Schlussminute den Vorsprung, und dann unterläuft uns so ein Fehler* (Welt 25. 9. 2000; D) – Das Substantiv *Zahnfleisch* ist gemeindt.

Zạ̈ltli CH-ost das; -s, – (Grenzfall des Standards): ↗ZUCKERL A D-südost, ↗TÄFELI CH-west/nord, ↗BONBON CH D, ↗ZUCKERLE STIR ›Süssigkeit zum Lutschen (als Ganzes in den Mund zu stecken)‹: *Der 61-jährige Fahrer hatte am Sonntagmorgen Lust auf ein Bonbon. Er begann auf der Autobahn A7 im Handschuhfach nach »Zältli« zu fischen* (Blick 15. 3. 1999, 9) – Auch in der Schreibung *Zeltli* – Dazu: **Nidelzältli** (↗Nidel)

Zampo̲ne STIR der; –, …ni ⟨ital.⟩: ›gefüllter Fuß vom Schwein‹: *Gemischt-Gekochtes: Dazu verwenden Sie gekochtes Rindfleisch, Pökelzunge, Zampone, Suppenhuhn, Würste usw.* (Gasteiger, So kocht Südtirol 252)

Zander (gemeindt.): ↗FOGOSCH, ↗SCHILL

Zạpfen der; -s, –: **1.** CH; ↗STOPPEL A (ohne west), ↗STOPSEL A-west (Tir.)/südost D-südost, ↗KORK D-nordost/südwest, ↗PFROPFEN D-südwest, ↗PROPPEN D-nord ›aus Kork hergestellter Flaschenverschluss; Korken‹: *Korkeichen brauchen von der Pflanzung bis zur ersten Ernte 25 Jahre und danach jedes Mal 10 Jahre bis neue, für Zapfen brauchbare Korkrinde nachgewachsen ist* (Maîtres d'hôtel suisse, Korken Recycling, 2000, Internet); ***[Jetzt/nun ist der/jetzt/nun jagt es den] Zapfen ab!** ›[Jetzt ist] genug!‹: *Aber er hat uns … schon bei den Abstimmungen zum Anti-Rassismus-Gesetz … und zur neuen Bundesverfassung … im Regen stehen lassen. Nun ist der Zapfen ab!* (Blick 12. 10. 1999, 28). **2.** A (Küche); ↗KUGEL D ›mageres Rindfleisch von der Mitte des Hinterschenkels; Nuss‹: *Der Zapfen (Kugel) eignet sich zum Dünsten von Schnitzeln und Rouladen* (Plachutta, Gute

Küche 66) – Zu 1.: Wird in CH im Vergleich zum gemeindt. Wort *Korken* seltener gebraucht, weil es als dialektal empfunden wird. Zu 2 vgl. Haxl, Knöpfel, Schlegel, Schlögel. Andere Bedeutungen sind gemeindt. – Zu 1.: **Korkzapfen, Zapfengeschmack, Zapfenzieher**

Zapfenlocke CH die; –, -n (meist Plur.): ↗STOPPELLOCKE A, ↗STOPSELLOCKE A-west (Tir.) D-südost, ↗KORKENZIEHERLOCKE D (ohne südost) ›spiralförmig gelocktes langes Haar‹: *Am Abend wickelte seine Mutter ihm sein schönes langes Blondhaar auf viele weisse Bändchen, netzte es ein bisschen, und am Morgen hatte es die schönsten Zapfenlocken um die Schultern herum* (Wenger, Rosalia 46)

Zapfhahn (gemeindt.): ↗KRAN, ↗PIPE

Zapfsäule (gemeindt.): ↗TANKSÄULE

zaundürr A D-südost Adj. (Grenzfall des Standards): ↗BRANDMAGER CH, ↗SPILLERIG D-nord/mittel ›sehr schlank, mager; spindeldürr‹: *Die Mutti sagt mir zwar immer, ich soll ruhig essen, noch sei ich zaundürr* (Thüminger, Entscheidung 15; A)

zäuseln siehe zeuseln

ZDF D das; –, ohne Plur.: buchstabierte Abk. für *Zweites Deutsches Fernsehen:* ↗ORF A, ↗SRG CH, ↗ARD D ›öffentlich-rechtlicher Anbieter von Fernsehprogrammen in Deutschland‹: *Die UFA hat bereits eine Option auf den Stoff und will »Hauptstadt-Roulette« für das ZDF drehen* (Allegra 11/1997, 230)

Zebrastreifen (gemeindt.): ↗FUSSGÄNGERSTREIFEN, ↗FUSSGÄNGERÜBERGANG, ↗FUSSGÄNGERÜBERWEG, ↗FUSSGEHERÜBERGANG, ↗SCHUTZWEG, ↗ÜBERWEG

Zeche A D die; –, -n: ↗PÜTT D-mittelwest ›Bergwerk‹: *Viele Zechen sind in Polen bereits veraltet, die Zahl der Arbeitsplätze wurde halbiert* (OÖN 7. 2. 2002, 22; A); *Die Zeche Nordstern mit dem Förderturm bleibt als Denkmal erhalten* (Garten 8/1997, 35; D) – In CH bekannt, aber wegen des nicht vorhandenen Bergbaus ungebräuchlich. Die Bedeutung ›Kosten für in einem Lokal verzehrte Speisen und Getränke‹ ist gemeindt. – Dazu: **Zechengelände** D, ↗**Zechenhaus** D-mittelwest, **Zechenstilllegung** D

Zechenhaus D-mittelwest das; -es, …häuser: ›von einem Bergwerksbetrieb gebautes, zu vermietendes Einfamilienhaus‹: *Mit zwei Kindern lebt das Paar in einem idyllischen Zechenhaus* (WDR 20. 7. 2000, Internet) – Vgl. Zeche

Zechtour (gemeindt.): ↗PINTENKEHR

Zeck A CH D-süd der; -(e)s, -en (Grenzfall des Standards): ›Zecke‹: *In dieser und den folgenden Ausgaben … eine umfassende Übersicht über das Thema Zeck und Floh und alles, was damit zusammenhängt* (Wuff 3/1998, 20; A); *Und hat ein Zeck einmal zugestochen, dann gilt es Ruhe zu bewahren und das Richtige zu tun* (Schweizerischer Versicherungsverband, 2002, Internet; CH)

Zecke (gemeindt.): ↗ZECK

Zehennagel: *jmdm. rollt es die Zehennägel hoch/auf siehe rollen

Zehn CH D (ohne südost) die; –, -en: ↗ZEHNER A CH D-süd ›Zeichen für die Zahl 10; Nummer (auf einer Liste o. Ä.); Verkehrslinie; Spielkartenwert; Jahrgang [19]10‹: *Im zehnten Schuss musste sie dann jedoch eine Neun hinnehmen, während sich Pfister … eine Zehn notieren lassen konnte* (Zürcher Kantonaler Armbrustschützen Verband, 2002, Internet; CH); *Sobald sich das Schwarze in der Mitte des Ringkornes befindet kann der Schuss gelöst werden, und man schießt eine Zehn* (Schützenverein Walldorf 25. 2. 2003, Internet; D) – Vgl. den Kommentarteil zu ↗Eins. Im Ggs. zum Substantiv *die Zehn* ist das kleingeschriebene Zahlwort *zehn,* z. B. *sie ist zehn [Jahre alt],* gemeindt.

Zehner der; -s, –: **1.** A CH D-süd; ↗ZEHN CH D (ohne südost) ›Zeichen für die Zahl 10; Nummer (auf einer Liste o. Ä.); Verkehrslinie; Spielkartenwert; Jahrgang [20]10‹: *Del Piero, Häßler, Seedorf, Herzog – für viele Regisseure, die bei der WM ganz groß hatten im Bilde sein wollen, wurde der Zehner am Rücken zur Hypothek* (Kurier 14. 7. 1998, 3; A); *Ich rechne die gesamte Punktzahl des Spiels zusammen. Zwei Punkte für den Buben, drei für die Dame, vier für den König. Dazu kommen die Siebener, Achter, Neuner, Zehner und jeweils elf Punkte für die Asse* (Blick 19. 3. 2001, P30; CH). **2.** A ›dritthöchster Gewinnrang im Toto‹: *Gewinnermittlung der 44. Runde: 35 Zwölfer zu je 18.938 S, 1033 Elfer zu je 320 S, 8200 Zehner zu je 40 S* (Presse 7. 11. 2000, Internet) – Die Verwendung in der Mathematik und die Bedeutung ›Banknote oder Münze mit dem Wert Zehn‹ sind gemeindt. Zu Münzen und Banknoten siehe Fünfer. Zur Verwendung des kleingeschriebenen Zahlwortes *zehn,* z. B. *sie ist zehn [Jahre alt],* siehe Zehn

Zehntel der/das; -s, –: ist in A und D Neutrum, in CH Maskulinum, selten auch Neutrum. Als Verkürzung für *Zehntelsekunde* A D, *Zehntelssekunde* CH gemeindt. Femininum: *Das Zehntel einer Sekunde ist vorbei. Stoßstange und Kühlergrill sind eingedrückt, die Motorhaube beginnt sich zu kräuseln* (Freiwillige Feuerwehr Rohrbach, 2000, Internet; A); *Die Einfuhr von Konsumgütern erhöhte sich wertmässig um einen guten Zehntel, real indessen um einiges weniger* (NZZ Intern. Ausgabe 31. 10. 1997, 10; CH); *Berechnen Sie die Taillenweite, die das Zehntel der »Vollschlanken« von den übrigen trennt* (Universität Hamburg, 1998, Internet; D)

Zehrung A-mitte die; –, -en: ↗Totenmahl A, ↗Leichenmahl CH, ↗Leidmahl CH, ↗Raue D-mittelwest, ↗Traueressen CH ›festliches Essen nach einem Begräbnis zu Ehren des bzw. der Verstorbenen; Leichenschmaus‹: *Eine Mühlviertler Wirtin erzählt, dass Schweinebraten und Wienerschnitzel vom Schwein das traditionelle Gericht bei Zehrungen verdrängen* (OÖN 12. 2. 2001, 18) – Die Bedeutung ›etw. Essbares, bes. für Reisen; Wegzehrung‹ ist gemeindt. veraltet

Zeichen- A D (produktives Bestimmungswort in Zus.): ↗Zeichnungs- CH ›das Zeichnen betreffend‹, z. B. Zeichenblatt, Zeichenblock, Zeichenlehrer(in), Zeichenpapier, Zeichensaal: *Der EDV-Raum ist fertig, der Zeichensaal neu eingerichtet und der Innenhof mit Sitzmöbeln gemütlich gestaltet* (OÖN 7. 6. 2001, Internet; A); *Bis zu 20 Bleistifte hält sie in den Händen, wenn sie auf dem Zeichenpapier ihre Kreise zieht* (Welt 13. 6. 2000, Internet; D)

Zeichnungs- CH (produktives Bestimmungswort in Zus.): ↗Zeichen- A D ›das Zeichnen betreffend‹, z. B. Zeichnungsblatt, Zeichnungsblock, Zeichnungslehrer(in), Zeichnungspapier Zeichnungssaal: *Madame Vorsicht verräumte derweil die Farbstifte und Zeichnungsblätter, Klebstreifen, Bücher, Malhefte und Spielsachen in dem lottrigen Büchergestell* (Fink, Zoë 47)

Zeigefinger: *den Zeigefinger erheben siehe erheben

Zeigfinger CH D-südwest der; -s, –: ›Zeigefinger‹: *Ich fingerte derweil verstohlen an meiner Oberlippe herum, ging mit dem rechten Zeigfinger auf heimliche Suche nach dem verheissenen Schnauz und ertastete tatsächlich ein paar flaumige Sprösslinge* (Späth, Unschlecht, 69; CH)

Zeit: *alle heiligen Zeiten [einmal] A: ↗Schaltjahr: *alle Schaltjahre [ein]mal CH D-ost/südwest, ↗Jubeljahr: *alle Jubeljahre [ein]mal D ›nicht sehr oft; sehr selten‹: *Eine Bahn, die nur alle heiligen Zeiten fährt* (Standard 5. 11. 1999, Internet); ***[völlig] aus der Zeit sein** A ›altertümlich, rückständig sein‹: *Es klingt vielleicht, als wäre es ein bisschen aus der Zeit, aber ein Reiter darf nie irgendwie einen fetzigen, wurschtigen Eindruck machen* (Weidwerk 9/1997, 13); ***narrische Zeit** A D-südost ›↗ Fasching‹: *Und dennoch strahlen einige übers ganze Gesicht … zum einen jener Südsteirer, der die narrische Zeit mit einem schwergewichtigen Solosechser ruhig ordentlich verlängern darf* (Kleine Ztg 27. 2. 1998, Internet; A) – Das Substantiv *Zeit* ist in allen anderen Verwendungen gemeindt.

Zeitarbeit A D die; –, -en (Plur. ungebräuchl.): ↗Leiharbeit A D, ↗Temporärarbeit CH ›befristete Arbeit (durch eine spezialisierte Firma vermittelt)‹: *Nebst Zeitarbeit bei diversen Firmenkunden soll es in eventuellen Stehzeiten Weiterbildung geben* (OÖN 16. 12. 1993, 16; A); *Die Ansicht, dass Zeitarbeit eine gute Möglichkeit des Berufseinstiegs sei, wird nicht von jedem Betroffenen geteilt* (Zeit 25. 4. 2002, Internet; D) – Dazu: ↗**Zeitarbeiter(in)**, ↗**Zeitarbeitsfirma** D, ↗**Zeitarbeitsvermittlung** D

Zeitarbeiter Zeitarbeiterin A D der; -s, – bzw. die; –, -nen: ↗Leiharbeiter A D, ↗Temporärarbeiter CH ›Person, die auf Vermittlung durch eine spezialisierte Firma jeweils für begrenzte Zeit in verschiedenen Betrieben arbeitet‹: *Rund 40 Prozent der Zeitarbeiter in der EU waren vorher nicht beschäftigt* (OÖN 16. 6. 2001, 17; A); *Im Betrieb werden die Zeitarbeiter als Reservekräfte betrachtet, die … vorzugsweise für besonders harte Arbeiten eingesetzt werden* (TAZ 13. 7. 2001, Internet; D) – Vgl. Zeitarbeit

Zeitarbeitsfirma D die; –, …firmen: ↗Personalleasingfirma A D, ↗Temporärbüro CH, ↗Zeitarbeitsvermittlung D ›Firma, die Arbeitskräfte für eine bestimmte Zeitdauer verleiht‹: *Denn die normalen Zeitarbeitsfirmen und die Arbeitsämter weigern sich, Süchtige zu vermitteln* (Focus 16. 3. 1998, 328) – Vgl. Zeitarbeit

Zeitarbeitsvermittlung D die; –, -en: ↗Personalleasingfirma A D, ↗Temporärbüro CH, ↗Zeitarbeitsfirma D ›Firma, die Arbeitskräfte für eine bestimmte Zeitdauer verleiht‹: *Seit September 1999 betreiben die Journalistinnen … die erste Zeitarbeitsvermittlung für Redakteure und Grafiker* (Amica 14. 6. 2002, Internet) – Vgl. Zeitarbeit

Zeitausgleich A der; -(e)s, ohne Plur.: ↗Zeitkompensation CH, ↗Freizeitausgleich D ›Ausgleichen von Überstunden durch Freizeit‹: *Vorstellbar seien dabei entweder mehr Selbstbestimmung, blockweiser Zeitausgleich oder eine Art von Beschäftigungsgarantie für Stammarbeitsplätze* (Wiener Ztg 14. 8. 1998, Internet)

zeitgerecht A CH Adj.: ›rechtzeitig‹: *Aber gestern fanden alle … zeitgerecht ins Stadion* (Neue Kronen Ztg 21. 2. 2001, Internet; A); *Am 15. Februar 2000 hat die Studienkommission Untergruppe Nachrichtendienst (SUN) … zeitgerecht ihren Bericht und ihre Empfehlungen abgegeben* (Bulletin 2000 zur schweizerischen Sicherheitspolitik, 2002, Internet; CH) – Die Bedeutung ›zeitgemäß‹ ist gemeindt.

Zeitkompensation CH die; –, -en: ↗Zeitausgleich A, ↗Freizeitausgleich D ›Ausgleichen von Überstunden durch Freizeit‹: *Es ist heute schon so, dass ein Grossteil der Beschäftigten keine Geld- oder Zeitkompensation für Überstunden erhält* (WoZ 8/2002, Internet) – Dazu: **Freizeitkompensation**

zeitlich A Adj.: ›[früh]zeitig‹: *Es werde auch von uns Christen abhängen, ob Europa sich bei seinen zeit-*

lichen Bestrebungen in sich und seine Egoismen einkapselt (NÖN 22. 6. 1998, 2) – Die Bedeutungen ›die Zeit betreffend‹ und ›vergänglich‹ sind gemeindt.

Zeitsoldat Zeitsoldatin A D der; -en, -en bzw. die; –, -nen: ›Soldat(in), der bzw. die sich für eine bestimmte Zeit freiwillig für den Dienst beim Militär verpflichtet hat‹: *Reini ist seit Juli Zeitsoldat in Innsbruck und schwärmt von den Möglichkeiten, die ihm über das Bundesheer geboten werden* (Rennbahnexpress 11/1997, 80; A); *Der 19-jährige Rekrut aus Leipzig und ein 26-jähriger Zeitsoldat aus Lübbecke bei Minden brachen getroffen zusammen* (WAZ 24. 10. 1997, 3; D)

Zeitungsbote Zeitungsbotin D der; -n, -n bzw. die; –, -nen: ›Person, die Zeitungen austrägt‹: *Ein Zeitungsbote … aus Coesfeld fand frühmorgens 40 000 Mark in bar* (Bild 29. 2. 2000, 6) – Die Entsprechungen in A und CH werden regelmäßig aus den Grundwörtern ↗*Austräger* und ↗*Verträger* gebildet

Zeller A der; -s, – (Plur. ungebräuchl., selten): ›Sellerie‹: *Karotten, Gelbe Rüben, Petersilwurzeln, Rote Rüben oder Zeller putzen, schälen und in Salzwasser weich kochen* (Gusto 2/2000, 58) – Dazu: **Zellersalat**

Zelten A-west der; -s, –: ↗BIRNENBROT A-west (Vbg.) CH, ↗KLETZENBROT A (ohne Vbg.) D-südost, ↗BIRNENWEGGEN CH, ↗HUTZELBROT D-süd, ↗SCHNITZBROT D-südwest ›[in der Weihnachtszeit gegessenes] dunkles, süßes Früchtebrot‹: *In besonders religiösen Familien wurde der Zelten drei Mal gesegnet* (Kurier 17. 12. 1996, 24) – In A (ohne west) und D-süd veraltet auch in der Bedeutung ›kleiner flacher [Leb]kuchen‹ – Dazu: **Birnenzelten** A-west (Vbg.), ↗**Lebzelten** A D-südost, **Zeltenbrot**

Zeltli siehe Zältli

zensieren CH D sw.V./hat ⟨aus lat. *censere* ›begutachten‹⟩: **1.** ↗ZENSURIEREN A CH LUX ›(Briefe, Druckwerke, Filme) einer Zensur unterwerfen‹: *Fernsehteams müssen ihre Bilder nicht mehr über die Anlagen des serbischen Staatsfernsehens übermitteln und dabei zensieren lassen* (NLZ 16. 6. 1999, Internet; CH); *Die Briefe wurden manchmal zensiert* (Burger, Hitler-Jugend 75; D). **2.** ›prüfend beurteilen, benoten‹: *Für Lehrer und Lehrerinnen ist es selbstverständlich, dass sie … sich ständig bemühen, gerecht und unparteiisch zu urteilen und zensieren* (Schulordnung Lenzerheide, 2002, Internet; CH); *Und darf die Schule ein Verhalten zensieren, das Kinder normalerweise im Elternhaus erwerben?* (Deutsches Allgemeines Sonntagsbl 26. 3. 1999, Internet; D)

zensurieren A CH LUX sw.V./hat ⟨aus lat. *censere* ›begutachten‹⟩: ↗ZENSIEREN CH D ›(Briefe, Druckwerke, Filme etc.) einer Zensur unterwerfen‹: *Die rivalisierende »Ölbaum«-Koalition unter Francesco R. behauptet dagegen, der undemokratische Medienkaiser wolle die RAI zensurieren* (Kurier 17. 3. 2001, 4; A); *Kolle wurde angefeindet und angespuckt, seine Filme zensuriert und verboten* (Blick 30. 9. 1998, 30; CH); *Ihre Sendungen wurden auf höchste Anweisung zensuriert oder … ganz aus dem Programm gekippt* (Luxemb. Wort 11. 2. 2000, 8)

Zentralausschuss A der; -es, …ausschüsse: **1.** (Verwaltung) ›oberstes Organ einer Personalvertretung (bezogen auf ein ↗Bundesland bzw. auf die Bundesebene)‹: *Die Zusammensetzung des Zentralausschusses und der Dienststellenausschüsse erfolgt alle sechs Jahre aufgrund von freien Wahlen* (Land Oberösterreich, 2000, Internet). **2.** (Hochschule) ›oberstes der vier Organe der offiziellen Studentenvertretung Österreichs auf Bundesebene mit Sitz in Wien, das die Student(inn)en gegenüber den ↗Bundesministerien, Parteien etc. vertritt‹: *Alle Mitglieder der Österreichischen Hochschülerschaft sind berechtigt, bei den Sitzungen des Zentralauschusses als Zuhörer anwesend zu sein* (Hochschülerschaftsgesetz § 5 (3))

Zentralbetriebsrat A der; -(e)s, …räte: ↗GESAMTBETRIEBSRAT D ›gewählte Vertretung der Arbeitnehmerschaft von mehreren Teilbetrieben eines Großunternehmens‹: *1949 zum Vertrauensmann gewählt, war er seit 1952 Mitglied des Arbeiterbetriebsrates der Steyr-Werke, dann viele Jahre stellvertretender Obmann des Zentralbetriebsrats und schließlich ab 1979 Vorsitzender* (OÖN 26. 9. 2001, Internet) – Vgl. Betriebsrat – Dazu: **Zentralbetriebsratsobfrau** (↗Obfrau), **Zentralbetriebsratsobmann** (↗Obmann)

Zentralpräsident Zentralpräsidentin CH der; -en, -en bzw. die; –, -nen: ›übergeordneter Präsident bzw. übergeordnete Präsidentin (einer hierarchisch und/oder geografisch strukturierten Institution)‹: *Erstmals in ihrer Geschichte hat die Neue Helvetische Gesellschaft einen Rätoromanen als Zentralpräsidenten* (Bund 29. 4. 1996, 9)

Zentralschweiz CH die; –, ohne Plur.: ↗INNERSCHWEIZ CH ›Region der Schweiz um den Vierwaldstättersee‹: *Der Startschuss zum diesjährigen Wander- und Velocup fällt in der Zentralschweiz* (Glücks Post, 10. 6. 1999, 42) – Das Gebiet der *Zentralschweiz* ist nicht scharf abgegrenzt, sondern umfasst in etwa die ↗Kantone UR, SZ, OW, NW, LU und ZG. Vgl. Ort, Urkanton, Urschweiz, Waldstatt – Dazu: **Zentralschweizer(in), zentralschweizerisch**

Zentralsekretär Zentralsekretärin CH der; -s, -e bzw. die; –, -nen: ›übergeordneter Sekretär bzw. übergeordnete Sekretärin (einer hierarchisch und/oder geografisch strukturierten Institution)‹: *Heute wohnt er mit Familie in Horgen am Zürichsee und arbeitet in Ostermundigen bei Bern als Zentralsekretär der Ge-*

werkschaft PTT (Bachmann, Vorwort 213) – Dazu: **Zentralsekretariat**

Zentralvorstand CH D der; -(e)s, …stände: ›Gremium, das die Geschäfte eines Verbandes führt‹: *Heute trifft sich der Zentralvorstand des SFV in Bern zu seiner ordentlichen Herbstsitzung* (Blick 22. 10. 1999, 23; CH); *Karl K. … hatte einen Sitz im Zentralvorstand des Schriftstellerverbandes* (NDR 25. 4. 2002, Internet; D)

Zenzi A D-südost (veraltend): Koseform der weibl. Vornamen *Crescentia, Kreszentia, Kreszenz: Die Zenzi auf der Almhütte, die eigentlich Beate heißt, greift zum Sack und schon sind auch die Gäste ergriffen, die weit für eine solche Darbietung angereist sind* (OÖN 18. 9. 1993, 10; A) – In D-südost auch in den Formen *Centa, Zenta, Zenz*

zerknittern (gemeindt.): ↗VERNUDELN

zerkratzen (gemeindt.): ↗ZERSCHRAMMEN

zerkugeln sich A sw.V./hat (Grenzfall des Standards): ↗ZERWUZELN A, ↗AST: *SICH EINEN AST LACHEN D, ↗KAPUTTLACHEN D, ↗SCHLAPP: *SICH SCHLAPP LACHEN D, ↗TOTLACHEN D ›stark, laut, schallend lachen‹: *Früher zerkugelten sich die Leute nur über ihn* (News 23. 12. 1997, 206)

zerschrammen D (ohne mittelost/südost) sw.V./hat: ›zerkratzen‹: *In Hamburg stürzte ein vom Sturm entwurzelter Baum … auf einen Streifenwagen der Polizei. Der Streifenwagen wurde zerbeult und zerschrammt* (Hamburger Abendbl 10. 9. 1997, Internet)

zersprageln sich A-ost sw.V./hat (salopp, Grenzfall des Standards): ›sich um etw. mit großem Arbeitsaufwand bemühen, sich für eine Sache zerreißen‹: *»Dauernd kann ich mich zersprageln«, sagte er zu Hermine K. und machte sich mit einem voll beladenen Tablett auf den Weg ins Extrazimmer* (Kneifl, Vorstellung 54)

zerwuzeln sw.V./hat: **1.** A D-südost ›in Unordnung bringen; (Stoff, Papier) zerknittern‹: *Wer immer künftig bei seinem Passau-Besuch einen Strafzettel hinter den Scheibenwischer seines Autos gezwickt bekommt, sollte … nicht auf die Idee kommen, den schriftlichen »Polizeigruß« einfach … zu zerwuzeln und wegzuschmeißen* (OÖN 5. 4. 1988, 8; A). **2.** A sich (Grenzfall des Standards); ↗ZERKUGELN A, ↗AST: *SICH EINEN AST LACHEN D, ↗KAPUTTLACHEN D, ↗SCHLAPP: *SICH SCHLAPP LACHEN D, ↗TOTLACHEN D ›heftig lachen‹: *Auch bei den heutigen Kabarettisten kann man sich zerwuzeln vor Lachen* (OÖN 29. 6. 1995, 17)

Zeughaus das; -es, …häuser: **1.** A; ↗FEUERWEHRHAUS A D, ↗FEUERWEHRGERÄTEHAUS A-west (Vbg.) D, ↗FEUERWEHRLOKAL CH, ↗FEUERWEHRMAGAZIN CH, ↗FEUERWEHRHALLE STIR ›Gebäude zur Unterbringung der Geräte und Fahrzeuge der Feuerwehr‹: *Unsere Einsatzmannschaft rückte um 20.15 Uhr wieder ins Zeughaus in Vöcklabruck ein* (Freiwillige Feuerwehr der Stadt Vöcklabruck, 2002, Internet). **2.** CH (Militär) ›Gebäude, in dem militärische Ausrüstungsgegenstände gelagert werden‹: *Hatte man ihm nicht im Zeughaus gesagt, damals, vor fünfzig Jahren, mit diesem Gewehr, das ihm nun anvertraut werde, habe er die Freiheit zu verteidigen* (Kauer, Spätholz 88) – Zu 2.: In A und D veraltet und nur noch in Namen von historischen Gebäuden erhalten

Zeugnisausgabe D die; –, -n: ↗ZEUGNISVERTEILUNG A, ↗ZEUGNISVERGABE D (ohne südost) ›Austeilen der Zeugnisse an die Schüler(innen) am Ende eines Schul[halb]jahres‹: *Höhepunkt der Feierstunde war naturgemäß die Zeugnisausgabe, die Klassenlehrerin Annegret M. vornahm* (Neue OZ 25. 6. 2002, Internet)

Zeugnisferien D-nordwest/mittel die; nur Plur.: ↗ENERGIEFERIEN A, ↗SEMESTERFERIEN A, ↗FASNACHTSFERIEN CH, ↗SPORTFERIEN CH ›zwischen den beiden Schulhalbjahren liegende, schulfreie Tage im ↗Januar oder Februar‹: *Am kommenden Montag, 28. Januar, fallen wegen der Zeugnisferien alle Trainingsgruppen … im Schwimmbad aus* (Deutsche Lebensrettungsgesellschaft 26. 1. 2002, Internet)

Zeugnisvergabe D (ohne südost) die; –, -n: ↗ZEUGNISVERTEILUNG A, ↗ZEUGNISAUSGABE D ›Austeilen der Zeugnisse an die Schüler(innen) am Ende eines Schul[halb]jahres‹: *Jetzt drücke ich euch die Daumen für die bevorstehende Zeugnisvergabe und den Wechsel in die Oberschule* (Berliner Ztg 23. 6. 1995, Internet)

Zeugnisverteilung A die; –, -en: ↗ZEUGNISAUSGABE D, ↗ZEUGNISVERGABE D (ohne südost) ›Austeilen der Zeugnisse an die Schüler(innen) am Ende eines Schul[halb]jahres‹: *Und am Tag der Zeugnisverteilung war der Bruder verschwunden* (Wolfgruber, Verlauf eines Sommers 91)

zeuseln CH sw.V./hat (Grenzfall des Standards): ↗ZÜNDELN A CH D (ohne ost), ↗KOKELN D-nord/mittel ›unvorsichtig mit Feuer spielen‹: *Mutter Brigitte stand in der Küche, im Wohnzimmer zeuselten Adrian und Dario. Im Handumdrehen stand das alte Haus in Flammen* (Blick 25. 7. 1997, 9) – Auch in der Schreibung *zäuseln*

ZGB CH das; –, ohne Plur.: buchstabierte Abk. für ›↗Zivilgesetzbuch‹: ↗ABGB A, ↗BGB D: *Ein Blick ins Zivilgesetzbuch (ZGB) oder ins Obligationenrecht (OR) kann nicht schaden – beide sind allgemein verständlich geschrieben* (Zürcher Bürgerbuch 11)

Zibebe A D-süd die; –, -n ⟨aus ital. *zibobbo* zu arab. *zabiba* ›Rosine‹⟩ (veraltend): ↗WEINBEERE A CH D-südost ›große Rosine‹: *M. setzt dabei auf österrei-*

chische Produkte … Kostprobe gefällig? Marinierte Gänseleber auf Quittengelee mit eingelegten Zibeben, zarter Lammrücken mit Auberginen (Auer Pressetexte, 2002, Internet; A)

Zicke D die; –, -n (abwertend): ›launische Frau‹: *Grundsätzlich hatte er natürlich gar nichts gegen Weiber, ganz im Gegenteil, aber wir, Antje und ich, waren eben Zicken* (Bieler, Maria Morzek 11) – In A und CH zunehmend gebräuchlich – Dazu: ↗**zicken** D-nord/mittel, ↗**zickig**

Zicken D die; nur Plur. (salopp): ›launisches Verhalten, das Schwierigkeiten verursacht‹: *Die Reha-Klinik als Ort, an dem sich verwöhnte Yuppies ihre Zicken abgewöhnen lassen* (Focus 28. 12. 2000, Internet); ***Zicken machen:** ↗ZICKEN D-nord/mittel ›Schwierigkeiten machen‹: *Der als anfällig geltende Zentralrechner an Bord … könnte wieder Zicken machen* (Hamburger Morgenpost 17. 3. 2001, Internet)

zicken D-nord/mittel sw.V./hat (salopp): ↗ZICKEN: *ZICKEN MACHEN D ›Schwierigkeiten machen‹: *Wenn jetzt der Computer zu zicken anfängt, kann ich ihn nicht einmal mehr reparieren lassen* (TAZ 2. 1. 2002, Internet)

zickig D Adj. (abwertend, Grenzfall des Standards): ›launisch‹: *Vor dem Besetzungsgespräch mit Kim Basinger machte er sich Sorgen, die als zickig verrufene Diva könnte ihm eine Absage ins Gesicht zischen* (Spiegel 1. 12. 1997, 208) – In A und CH zunehmend gebräuchlich. Vgl. Zicke

Ziege (gemeindt.): ↗GEIß/GEISS

Ziegenpeter D-nord/mittel der; -s, ohne Plur. (Grenzfall des Standards): ›Mumps‹: *Hilft in acht von zehn Fällen … bei Zahnweh und Ziegenpeter, Halsentzündung* (Martin, Blut 105)

Zieger A-west der; -s, –: ↗SCHABZIGER CH-ost (bes. GL), ↗ZIGER CH-ost (bes. GL) ›↗Topfen [mit Kräutern] aus Schaf-, Ziegen- oder Kuhmilch‹: *Im Halbjahresbetrieb wurden in der Kleinsennerei, so Obmann D., respektable 18 Tonnen Bergkäse, Tafelbutter und Zieger produziert* (VN 15. 11. 1997, D 4) – Dazu: **Alpzieger** (↗Alp), **Ziegerkäse**

Zieh- A D (produktives Bestimmungswort in Zus.): ›zur Erziehung von nicht leiblichen und nicht adoptierten Kindern gehörend‹, z. B. Zieheltern, Ziehmutter, Ziehschwester, Ziehsohn, Ziehtochter, Ziehvater; Pflege-: *Sie hat immer wieder nach ihren Zieheltern gerufen* (Hackl, Abschied von Sidonie 122; A); *Und wenn da nicht seine Ziehschwester Gerda wäre* (Bühne 11/1997, 40; A); *Sie verloren im Krieg die Eltern. Jetzt verlieren sie auch die Zieheltern* (Welt 24. 3. 2000, Internet; D)

Ziehbrunnen (gemeindt.): ↗SODBRUNNEN

ziehen: *eine/einen Flunsch ziehen D (ohne südost); ***eine Flappe ziehen/machen** D-nord/mittelwest; ***eine Schnute ziehen/machen** D (ohne südost) (Grenzfall des Standards) ›mit seinem Gesichtsausdruck zu erkennen geben, dass man schmollt oder beleidigt ist‹: *Heini zog gleich einen Flunsch, doch Vater fragte, ob wir denn überhaupt wüssten, was los wäre mit Veitel* (Schnurre, Schnurren 9; D); *Der ungehobelte Praktikant kleidet sich freizeitmäßig … und zieht chronisch eine Flappe* (Allegra 11/1997, 162; D-nord/mittelwest); *Sie zog eine Schnute, verzichtete aber auf weitere Proteste* (Kehrer, Kappenstein 58; D) – Das Verb *ziehen* ist in allen anderen Verwendungen gemeindt.

Ziehharmonika A D die; –, -s/…ken: ↗MAURERKLAVIER A, ↗KNÖPFERLHARMONIKA A (ohne west), ↗KNOPFORGEL A-west, ↗ZIEHORGEL A-west (Tir.), ↗HANDORGEL A-west (Vbg.) CH, ↗QUETSCHE A D-nordwest/süd, ↗SCHWYZERÖRGELI CH, ↗HANDHARMONIKA CH D (ohne mittelost/südost), ↗SCHIFFERKLAVIER D, ↗QUETSCHKOMMODE D (ohne südost) ›Harmonika mit diatonisch angeordneten Knopftasten, bei der auf Druck und Zug des Balges verschiedene Töne erklingen; Akkordeon‹: *Als Neunjähriger erspielte er sich mit seiner Ziehharmonika bei Bushaltestellen die ersten Schilling* (Kurier 5. 11. 1997, 12; A); *Sie sang, spielte Ziehharmonika, bestach mit ihrer Pantomime* (WAZ 23. 2. 1998, Internet; D) – Dazu: **Ziehharmonikaabend, Ziehharmonikaspieler(in)**

Ziehorgel A-west (Tir.) die; –, -n (Grenzfall des Standards): ↗MAURERKLAVIER A, ↗KNÖPFERLHARMONIKA A (ohne west), ↗KNOPFORGEL A-west, ↗QUETSCHE A D-nordwest/süd, ↗ZIEHHARMONIKA A D, ↗HANDORGEL A-west (Vbg.) CH, ↗SCHWYZERÖRGELI CH, ↗HANDHARMONIKA CH D (ohne mittelost/südost), ↗SCHIFFERKLAVIER D, ↗QUETSCHKOMMODE D (ohne südost) ›Harmonika mit diatonisch angeordneten Knopftasten, bei der auf Druck und Zug des Balges verschiedene Töne erklingen; Akkordeon‹: *Bierflaschen werden zischend geöffnet, ein Mineur lässt im Gewölbe die Ziehorgel klingen* (TT 27. 4. 1999, Internet) – Dazu: **Ziehorgelspiel, Ziehorgelspieler(in)**

Zielgruppe (gemeindt.): ↗ZIELPUBLIKUM

Zielpublikum A CH das; -s, ohne Plur.: ›Zielgruppe‹: *Mit viel Humor wollen die Burgenländischen Kulturzentren (KUZ) heuer ein neues, junges Zielpublikum erschließen* (Kurier 25. 1. 2000, 8; A); *Die Euphorie der Werbebranche kommt nicht von ungefähr: Das junge Zielpublikum lockt!* (Blick 28. 1. 1999, 26; CH)

Zierdecke D-mittelwest/südwest die; –, -n: ↗ÜBERWURF A CH D-mittel/süd ›Decke, mit der tagsüber ein Bett, eine Couch o. Ä. abgedeckt wird; Tagesdecke‹: *Einige wussten allerdings nicht, wie man die Betten richtig benutzte und schliefen einzig und allein unter der Zierdecke* (Mauritius Gymnasium Büren 14. 5. 2001, Internet)

Zigarette (gemeindt.): ↗Fluppe, ↗Tschick, ↗Zigi

Zigarettenstummel (gemeindt.): ↗Kippe, ↗Tschik

Zịger CH-ost (bes. GL) der; -s, –: kurz für ↗*Schabziger:* ↗Zieger A-west ›Glarner Kräuterkäse‹: *Bis im Jahre 1967 wurde die Milch in der alten Sennhütte unter primitiven Verhältnissen zu Käse, Butter und Ziger verarbeitet* (Prättigau online, 2000, Internet) – Mit dem österreichischen *Zieger* insofern verwandt, als es sich bei beiden um Frischkäse handelt – Dazu: **Alpziger** (↗Alp), ↗**Zigerkrapfen** CH

Zịgerkrapfen CH der; -s, –: ↗Topfenkolatsche A, ↗Topfentascherl A D-südost, ↗Quarktasche D ›süsses, mit ↗Quark gefülltes Gebäck‹: *Ich finde die Zigerkrapfen von Coop absolute Spitzenklasse* (Coop Schweiz Feedbacks 7. 11. 1998, Internet) – Vgl. Krapfen, Ziger

Zịgi CH die; –, -s (salopp, Grenzfall des Standards): ↗Tschick A, ↗Fluppe D-nord/mittel ›Zigarette‹: *Ich kann es akzeptieren, wenn mich jemand bittet, die Zigi auszumachen – jedenfalls, wenn man mir das anständig sagt* (TA 21. 2. 1996, 12)

Zịlle die; –, -n: **1.** A-mitte/ost D-mittelost; ↗Plätte A D-südost, ↗Ledischiff CH, ↗Nauen CH, ↗Kahn D ›flacher Lastkahn für die Flussschifffahrt; Lastschiff‹: *Früher befuhren die »Schöffleute« auf ihren Zillen die Salzach, beladen mit Salz* (Erlebnis Bahn & Schiff Österreich, 27; A-mitte/ost); *Fanfaren künden vom Aufmarsch der Fischerstecher und Schiffsleute, welche die zehn Meter langen Zillen steuern* (Tagesspiegel 10. 5. 1997, Internet; D-mittelost). **2.** A ›[nur mit einem Ruder gesteuertes] kleines flaches Boot‹: *Die Bewohner des Seeufers … ruderten in Zillen und brüchigen Kähnen über den See* (Ransmayr, Morbus Kitahara 40) – Zu 1.: **Zillenschlepper**. Zu 2.: **Rettungszille** (↗Rettung)

Zilli siehe Cilli

Zimmerdecke (gemeindt.): ↗Plafond

Zịmmerfrau die; –, -en: **1.** A; ↗Hausfrau A D-mittelost/südost, ↗Schlummermutter CH, ↗Zimmerwirtin D (ohne südost) ›Vermieterin eines [Untermiet]zimmers‹: *Diesmal spielte er einer Zimmerfrau übel mit* (OÖN 10. 7. 1986, 7). **2.** D; ↗Stubenmädchen A, ↗Zimmerin A-west ›Frau, die in Beherbergungsbetrieben die Gästezimmer reinigt; Zimmermädchen‹: *Zur Verstärkung unseres Teams suchen wir eine zuverlässige Zimmerfrau* (Schlosshotel Rheinfels 11. 9. 2002, Internet) – Zu 2.: In A und CH selten. Als weibliche Berufsbezeichnung zu Zimmermann gemeindt. selten

Zịmmerin A-west die; –, -nen: ↗Stubenmädchen A, ↗Zimmerfrau D ›Person, die in Beherbergungsbetrieben die Gästezimmer reinigt; Zimmermädchen‹ /Berufsbezeichnung/: *Sowie es Tag wird, beginnt die Arbeit; … im Korridor klopft die »Zimmerin« alle Touristenröcke aus; auf der Gasse geht das Schnalzen an; vor dem Hause laden sie Steine ab, im Hofe laden sie Dünger auf* (Sagen, 2002, Internet) – Als weibliche Berufsbezeichnung zu Zimmermann gemeindt.

Zimmermädchen (gemeindt.): ↗Stubenmädchen, ↗Zimmerfrau, ↗Zimmerin

Zịmmermann CH der; -(e)s, …männer: ↗Kanker D-ost, ↗Schneider D-nord/mittelwest ›Spinnentier mit langen Beinen; Weberknecht‹: *In der Zimmerecke ist das unregelmässige und fadenarme Netz einer Zitterspinne zu entdecken … Sie gleicht einem Zimmermann … der jedoch in modernen Wohnungen seltener auftritt und dessen Körper nicht wie bei echten Spinnen deutlich zweiteilig ist* (Natur- und Vogelschutzverein Affoltern, 2002, Internet) – Die Bedeutung ›Person, die Bauteile aus Holz herstellt‹ ist gemeindt.

Zịmmerstunde A CH die; –, -n: ›Ruhezeit des Servierpersonals‹: *Restaurant Estragon, St. Gallenkirch sucht 1 Bedienung (keine Zimmerstunde) und 1 Bedienung (abends) für 4 Tage pro Woche* (VN 19. 12. 1997, C 4; A); *Die Serviertochter fragte, ob sie einkassieren dürfe, sie habe Zimmerstunde* (Brechbühl, Kneuss 39; CH)

Zịmmerverlesen CH das; -s, –: ↗Befehlsausgabe A, ↗Abendverlesen CH, ↗Stubenappell D ›Appell einer militärischen Einheit im Schlafsaal der Unterkunft vor der Nachtruhe‹: *Der 20-jährige Rekrut hatte sich leichten Arrest eingehandelt, weil er nach dem Zimmerverlesen Alkohol konsumierte* (Bund 16. 10. 1997, 13) – Vgl. Abendverlesen, Antrittsverlesen, Hauptverlesen

Zịmmerwirtin D (ohne südost) die; –, -nen: ↗Zimmerfrau A, ↗Hausfrau A D-mittelost/südost, ↗Schlummermutter CH ›Vermieterin eines möblierten Zimmers‹: *Die allmorgendliche Übelkeit hatte es unumgänglich gemacht, Lisas Zimmerwirtin einzuweihen* (Arens, Nächste Mann 90)

Zinnober das/der; -s, ohne Plur.: ist in der Bedeutung ›leuchtend gelblichrote Farbe‹ in A Neutrum, in CH und D Maskulinum. In den anderen Bedeutungen ist *Zinnober* gemeindt. Maskulinum: *Das chemische, anorganische Kadmiumrot wird 1892 zum ersten Mal erwähnt. Es variiert ähnlich dem Kadmiumgelb von rot bis braun und verdrängt das Zinnober* (Proarte, 2003, Internet; A); *Das wichtigste Hg-Mineral ist der Zinnober* (Chemielehrer Skript, 2003, Internet; CH); *Ein Bestattungsbrauch besteht in einem Überzug aus roter*

Farbe, mit dem die Opfergaben wie die Grabstätte selbst ausgestattet wurden. Der Zinnober bedeckte Leichnam und Grabplatte (Oeser, Indianer, 1999, Internet; D)

Zins A CH D-süd der; -es, -e (veraltend): ↗MIETZINS A CH D-mittelost/südost ›Miete‹: *Während es stinkt und verfällt, lässt er ein paar Ausländer einziehen, meistens zu überhöhtem Zins, aber die können es sich ja nicht aussuchen* (Profil 19. 11. 1999, Internet; A); *Wir zogen immer wieder um. … Mein Vater zog lieber um, als dass er Zins zahlte* (Steiner, Geschichte eines anderen 280; CH) – In D-nord/mittel formell und fachsprachlich. Die Bedeutung ›Bankzins‹ sowie die historische Bedeutung ›Lehenszins‹ sind gemeindt. – Dazu: **Monatszins, Wohnungszins, ↗Zinshaus** A-ost/südost

Zinsabschlagsteuer D die; –, -n: ↗VERRECHNUNGSSTEUER CH ›↗Quellensteuer auf bestimmte Kapitalerträge wie Kapitalzinsen und Dividenden, die nach der ordentlichen Deklaration in der Steuererklärung zurückbezahlt bzw. mit den regulären Steuerschulden verrechnet wird‹: *Die 1993 … eingeführte Zinsabschlagsteuer hatte die Steuerflucht gestartet* (Ostsee-Ztg 22. 6. 1999, Internet)

Zinshaus A-ost/südost das; -es, …häuser: ›Haus, in dem Wohnungen vermietet werden; Miet[s]haus‹: *Die Vorgeschichte: Innerhalb weniger Jahre hatten Itzlingers Firmen achtzig Wiener Zinshäuser aufgekauft* (ORF Nachlese 9/1997, 3) – Vgl. Zins

Zipp A der; -s, -s ⟨aus engl. *zip*⟩ (Wz.): ↗ZIPPVERSCHLUSS A, ↗ZIPPER D ›Reißverschluss‹: *Sissy zieht mit flinken Fingern den Zipp der Jeanstasche auf, fischt den Schülerausweis heraus und reicht ihn dem Uniformierten* (Mayer-Skumanz, Lügennetz 109)

Zipper D der; -s, –: ↗ZIPP A, ↗ZIPPVERSCHLUSS A ›Reißverschluss‹: *Die warme Fleecejacke mit Kapuze wird mit einem Zipper geschlossen* (Theofeel Kindermode, 2003, Internet)

Zipperlein D das; -s, – (scherzh., Grenzfall des Standards): ↗BOBO CH, ↗AUA D ›kleines Gebrechen, Wehwehchen‹: *Bei schweren Krankheiten genauso wie beim kleinsten Zipperlein* (BdW 8/1990, 11) – Die Bedeutung ›Gicht‹ ist gemeindt. veraltend

Zippverschluss A der; -es, …schlüsse: ↗ZIPP A, ↗ZIPPER D ›Reißverschluss‹: *Wer will sich schon mit Knöpfen abmühen, wenn ein kurzer Riss am Zippverschluss schneller etwas offenbart, als nervöses Fummeln an zu großen Knöpfen an viel zu kleinen dazugehörigen Löchern* (OÖN 5. 10. 1996, Internet)

Zirbe A die; –, -n: ↗ARVE CH, ↗ZIRM STIR ›Zirbelkiefer‹: *Auch treten vermehrt Baumarten auf, die in tieferen Lagen nur sporadisch vorkommen oder zumindest niemals aspektbildend sind: die Lärche und die Zirbe* (Nationalpark Hohe Tauern 25) – Dazu: **Zirbenholz, Zirbenschnaps, Zirbenstube** (↗Stube)

Zirbelkiefer (gemeindt.): ↗ARVE, ↗ZIRBE, ↗ZIRM

Zirkularscheck STIR der; -s, -s: ↗SCHECK A D, ↗CHECK CH ›Formular, mit dem der Inhaber bzw. die Inhaberin eines Kontos bargeldlos bezahlen kann‹: *Das Gesuch auf Stempelpapier für Gerichtsakten (20.000) mit zwei Zirkularschecks … muss spätestens am Tag vor der Versteigerung … eingereicht werden* (FF 8. 11. 2001, 10) – Die Kurzform *Scheck* ist für verschiedene Arten dieses Zahlungsmittels, z. B. *Bankscheck,* auch in STIR gebräuchlich

zirkulieren CH LUX sw.V./hat: ›fahren; im Verkehr bzw. in Betrieb sein (von Fahrzeugen)‹: *In dem Ballungsraum, dessen Einwohnerzahl sich seit 1950 von 3 auf 18 Millionen Menschen versechsfacht hat, zirkulieren täglich 4,5 Millionen Kraftfahrzeuge* (NZZ 15. 5. 2002, 75; CH); *Auto des Jahrhunderts … Einige gut restaurierte Exemplare zirkulieren noch in Luxemburg* (Autotouring 1/2000, 83; LUX) – Die Bedeutungen ›auf einer bestimmten Bahn kreisen, in Umlauf sein‹ ist gemeindt.

Zirm STIR der; -(s), ohne Plur.: ↗ZIRBE A, ↗ARVE CH ›Zirbelkiefer‹: *Eine neue Langlaufloipe wird in die schöne Almlandschaft mit Zirm- und Latschenbeständen hineingeschnitten* (Dolomiten 2. 11. 2001, 18) – Häufig auch in Wirtshausnamen, z. B. *Zur Zirm.* In A-west (Tir.) und D-südost dialektal – Dazu: **Zirmbaum, Zirmnuss, Zirmstube** (↗Stube), **Zirmwald**

zitzerlweis siehe zizerlweis

Zivildiener A der; -s, –: ›Person, die den Zivildienst absolviert; Zivildienstleistender‹: *»Der Herr wird die Sünden der Väter heimsuchen bis ins letzte Glied«, zitierte Knoll, als sie den Gedenkdienst in Innsbruck besuchte, der Zivildiener an ausländische Holocaust-Gedenkstätten vermittelt* (Profil 30. 3. 1998, 41) – Die Kurzform *Zivi* ist gemeindt. Vgl. -diener

Zivildienst (gemeindt.): ↗WEHRERSATZDIENST

Zivildienstleistende (gemeindt.): ↗ZIVILDIENER

Zivilgemeinde CH-ost (ZH) die; –, -n: ›Körperschaft mit speziellen Aufgaben (Wasserversorgung, Strassenbeleuchtung, Feuerwehr u. a.) innerhalb einer Gemeinde‹: *Die Zivilgemeinde Brüttisellen ist ein öffentlich-rechtliches Unternehmen ausserhalb der Gemeindeverwaltung Wangen-Brüttisellen* (Zivilgemeinde Brüttisellen, 2000, Internet) – Vgl. Bürgergemeinde, Einwohnergemeinde

Zivilgesetzbuch CH STIR das; -(e)s, ohne Plur. ⟨in CH übersetzt aus frz. *Code civil,* in STIR aus ital. *Codice civile*⟩: ↗GESETZBUCH: *ALLGEMEINE BÜRGERLICHE GESETZBUCH A; *BÜRGERLICHE GESETZ-

BUCH D ›Sammlung von Rechtsgrundsätzen des Zivilrechts‹: *Der Bundesrat hat sich gestern dafür ausgesprochen, dass unsere Vierbeiner im Zivilgesetzbuch als lebende und fühlende Mitgeschöpfe anerkannt und nicht mehr als Sache behandelt werden* (Blick 21. 9. 1999, 5; CH); *Das italienische Zivilgesetzbuch beschreibt in den Art. 147, 315, 316 die verfassungsrechtlich verankerte Pflicht der Eltern …, die Kinder zu erhalten, auszubilden und zu erziehen* (Brugger, Rechte und Pflichten 27; STIR) – Abk. in CH ↗ZGB. In CH auch in der Wendung *Schweizerisches Zivilgesetzbuch*. Vgl. Obligationenrecht

Zivilkammer CH D die; –, -n: ›für bürgerlich-rechtliche Streitigkeiten zuständige ↗Kammer des Gerichts‹: *Vor der Zivilkammer des Berner Obergerichts. Kläger war Erstligaspieler H. G.* (Blick 6. 3. 1996, 21; CH); *Die 12. Zivilkammer des Landgerichts Berlin verurteilte ihn gestern dazu, das vierte Obergeschoss im Kulturhaus an der Mauerstraße 6 zu räumen* (Berliner Ztg 8. 4. 1994, Internet; D)

Zivilstand CH BELG LUX der; -(e)s, ohne Plur.: ↗FAMILIENSTAND A D ›Status einer Person im Hinblick darauf, ob sie ledig, verheiratet, geschieden oder verwitwet ist; Personenstand‹: *F. machte … geltend, sein Status als Staatenloser sei doch nicht eine Frage des Zivilstands – so würde er quasi von den Behörden gezwungen, eine Schweizerin zu heiraten, um zu seinem Recht zu kommen* (Bund 28. 12. 1999, 19; CH); *Zivilstand: verheiratet, 3 Kinder, geboren am 12. Oktober 1943 in B.* (Deutschsprachige Gemeinschaft Belgiens 18. 5. 2002, Internet; BELG); *Zivilstand: Ledig Geschieden Getrennt Verwitwet (bitte ankreuzen)* (Honeymoon Partnervermittlung 22. 11. 2002, Internet; LUX) – Dazu: ↗**Zivilstandsamt** CH, ↗**Zivilstandsbeamte (…beamtin)** CH, ↗**Zivilstandsregister** CH LUX, **Zivilstandswesen** (↗-wesen) CH LUX

Zivilstandsamt CH das; -(e)s, …ämter: ↗STANDESAMT A D ›Behörde, die Geburten, Eheschliessungen, Namengebung und Namensänderungen sowie Todesfälle registriert und beurkundet‹: *Mit der Reorganisation des Zivilstandswesens im Kanton Bern wird … das Zivilstandsamt von Lengnau auf den 1. Januar 2000 aufgehoben* (Bund 17. 12. 1999, 30) – Vgl. Zivilstand – Dazu: **zivilstandsamtlich**

Zivilstandsbeamte Zivilstandsbeamtin CH der; -n, -n bzw. die; –, -nen: ↗STANDESBEAMTE A D ›beamtete Person, die Eheschliessungen vornimmt und Geburten, Eheschliessungen, Namengebung und Namensänderungen sowie Todesfälle registriert und beurkundet‹: *Jodlerin Christine L. darf ihr Baby nicht »Lexikon« nennen! Zivilstandsbeamter Augusto H.: »Nach Artikel 69 der eidgenössischen Zivilstandsverordnung sind generell Vornamen verboten, welche die Interessen des Kindes verletzen.« Darunter fallen auch Namen wie »Brockhaus« und »Duden«* (Blick 14. 5. 1996, 8) – Vgl. Zivilstand

Zivilstandsregister CH LUX das; -s, –: ↗MATRIK A, ↗MATRIKEL A, ↗MATRIKENBUCH A, ↗PERSONENSTANDSREGISTER D ›amtliches Verzeichnis, in das Personenstandsangelegenheiten vermerkt werden (Geburt, Tod, Eheschließung, Familienangaben)‹: *Die Unterlagen im Zivilstandsregister und in der Einwohnerkontrolle gaben die wichtigsten Lebensdaten wieder, Geburt, Heirat, Scheidung, kinderlos* (Lascaux, Totentanz 91; CH); *In der Gemeinde wurden Zivilstandsregister aufgelegt, in denen die Beamten Geburten, Heiraten und Sterbefälle eintrugen* (Les écoles primaires de Differdange 8. 11. 2002, Internet; LUX) – Selten auch in D-mittelwest. Vgl. Zivilstand, Zivilstandsamt

Ziviltechniker Ziviltechnikerin A der; -s, – bzw. die; –, -nen: ›Person, die befugt ist, technische Aufgaben zu bearbeiten und technische Gutachten zu erstellen‹ /Berufsbezeichnung/: *Abends brennt im Atelier des Architekten und Ziviltechnikers Johann S. lange Licht* (Profil 30. 3. 1998, 62) – Dazu: **Ziviltechnikerbüro**

zizerlweis A (ohne Vbg.) D-südost Adv. (Grenzfall des Standards): ↗HÄPPCHENWEISE CH D (ohne südost) ›nach und nach; auf Raten; in kleinsten Mengen‹: *Nicht durch einen Crash wie in Asien, sondern zizerlweis in den letzten acht Monaten* (Trend 10/1997, Internet; A) – Auch in der Schreibung *zitzerlweis*. Vgl. -weis

Zmittag CH das/der; -s, ohne Plur. (Grenzfall des Standards): ›Mittagessen‹: *Auch die auf Veränderungen sehr empfindlich reagierenden Elefanten knabberten einfach lustvoll an ihrem Zmittag weiter, während die Spatzen munter pfiffen* (TA 12. 8. 1999, 13) – Dazu: **Suppenzmittag**

Zmorge CH das/der; -ns, -n (Grenzfall des Standards): ↗MORGENESSEN CH ›Frühstück‹: *Im Preis von 50 Franken ist neben der Übernachtung und dem Zmorge auch das Abendessen inbegriffen* (TA 30. 10. 1999, 72) – *Zmorge* kann Neutrum oder Maskulinum sein und auch in der Form *Zmorgen* (der; -s, -) vorkommen

Zmorgen CH der; -s, –: siehe Zmorge

Znacht CH der/das; -s, ohne Plur.: ↗NACHTMAHL A, ↗NACHTESSEN A-west (Vbg.) CH D-südwest, ↗ABENDBROT D-nord/mittel ›Abendessen‹: *Erst ein währschafter Znacht – dann die Abfahrt im hellen Mondschein von 2865 m.ü.M. bis hinab auf 1500 m.ü.M.* (Bergbahnen Lenzerheide, 1999, Internet); *Aus Ha Long erfahren wir somit die lokalen Preise: 0.60 Fr. für 6 dl Bier und 1.50 Fr. für ein Znacht* (ETH, 1999, Internet) – Vgl. Nacht, nachtessen

Znüne A-west (Vbg.) der/das; -n, -n siehe Znüni

Znüni CH das/der; -s, – (Grenzfall des Standards): ↗Jause A, ↗Gabelfrühstück A-ost, ↗Zwischenverpflegung CH, ↗Brotzeit D-südost, ↗Frühstück: *zweite Frühstück D-nord/mittel, ↗Vesper D-südwest, ↗Halbmittag STIR ›Zwischenmahlzeit am Vormittag; kalter Imbiss‹: *Als ich … am Montagmorgen im Betrieb zum Znüni kam, standen Champagnergläser auf dem Tisch* (Bund 4. 11. 1999, 25); *Frühaufsteher bekommen morgen Mittwoch einen Znüni mit auf den Weg: An allen Bahnhöfen der Stadt … werden zwischen 7 und 9 Uhr kleine Züri-Chorn-Brötli verteilt* (TA 18. 5. 1999, 19) – Kann Maskulinum oder Neutrum sein. In A-west (Vbg) in der Form *Znüne* (der/das; -n, -n) – Dazu: **Znünibrot,** ↗**Znünihalt,** ↗**Znünipause**

Znünihalt CH der; -(e)s, -e (Grenzfall des Standards): ›Unterbrechung einer Wanderung oder Ausfahrt am Vormittag, um einen kalten Imbiss einzunehmen‹: *Erfrischung muss sein: In Elgg, zum Znünihalt, besetzte der Tross rund um den Gasthof Eintracht schlichtweg das halbe Dorf als Parkplatz* (MotoSport Schweiz, 2001, Internet) – Vgl. Znüni, Zvierihalt

Znünipause CH die; –, -n (Grenzfall des Standards): ↗Jause A, ↗Gabelfrühstück A-ost, ↗Brotzeit D-südost, ↗Frühstück: *zweite Frühstück D-nord/mittel, ↗Frühstückspause D-nord/mittel, ↗Vesperpause D-südwest, ↗Halbmittag STIR ›Pause am Vormittag, in der man eine Zwischenmahlzeit zu sich nimmt‹: *In der Znünipause esse ich gar nichts, da ich jeden Tag um 8 Uhr frühstücke* (Blick 9. 9. 1998, 15) – Vgl. Znüni

Zoccoli CH die; nur Plur.: ↗Clog A D, ↗Pantine D, ↗Klotschen D-mittelwest ›pantoffelartige Holzsandalen (ursprünglich aus dem Tessin)‹: *Er ging auf klappernden Zoccoli zu seinem Stall hinüber* (Kauer, Spätholz 158) – Auch in der Form *Zoggeli.* In D selten

zocken D sw.V./hat (salopp): ›risikoreich agieren (insbesondere bei Glücksspielen)‹: *Kleinanleger sollten nicht zocken, sondern Standardwerte kaufen und danach Schlafmittel, um das Geschehen an den Börsen für einige Jahre zu ignorieren* (Welt 22. 9. 1999, Internet) – In A als fremd empfunden, aber zunehmend gebräuchlich – Dazu: ↗**abzocken** CH D, ↗**Zocker(in)**

Zocker Zockerin D der; -s, – bzw. die; –, -nen (Grenzfall des Standards): ›Person, die risikoreich agiert (bes. bei Glücksspielen)‹: *Weltweit einzigartiger Wettkampf – Cuxhaven erwartet 40 000 Zuschauer, Zocker und Züchter* (Welt 23. 7. 1999, Internet) – In A als fremd empfunden, aber zunehmend gebräuchlich. Vgl. zocken – Dazu: ↗**Abzocker(in)** CH D

Zoff CH D der; -s, ohne Plur. ⟨aus jidd. *(mieser) zoff* ›(böses) Ende‹ zu hebr. *sôf* ›Streit, Zank, Unfrieden‹⟩ (Grenzfall des Standards): ↗Zores A D-mittelwest ›Streit, Ärger‹: *Zoff mit der Uno. Israel verweigert der Kommission, welche das Massaker von Dschenin untersuchen will, die Einreise* (Blick 29. 4. 2002, 5; CH); *Ebenso wenig Angst vor Zoff bewies Heidrun K. …, verlassene Frau des ehemaligen CDU-Verkehrsministers Günther K.* (Spiegel-Jahreschronik 1997, 215; D) – Dazu: **zoffen** D

Zoggeli siehe Zoccoli

Zollgrenzschutz (gemeindt.): ↗Zollwache

Zollstab A der; -(e)s, …stäbe: ↗Meter A CH, ↗Doppelmeter CH, ↗Gliedermeter CH, ↗Zollstock D ›zusammenklappbarer Stab mit Maßeinteilung; Meterstab‹: *Mercedes A 160 lang. … 17 Zentimeter Karosserie-Zuwachs und aus dem Baby-Benz wird eine stattliche Ausgabe. Und das nicht nur auf dem Zollstab* (Auto & Motor 13. 9. 2002, Internet)

Zollstock D der; -(e)s, …stöcke: ↗Zollstab A, ↗Meter A CH, ↗Doppelmeter CH, ↗Gliedermeter CH ›zusammenklappbarer Stab mit Maßeinteilung; Meterstab‹: *Er kontrolliert und bestellt die Handwerker und hat selbst mit Zollstock und Schraubenzieher nichts mehr zu tun* (Welt 14. 7. 1999, Internet)

Zollwache A die; –, -n (Polizei): ›öffentliches Organ zur Überwachung der Zollgrenze und des Zollgrenzverkehrs; Zollgrenzschutz‹: *In Innsbruck war Endstation, Beamte der Zollwache nahmen die Männer fest* (Kurier 17. 9. 1997, 1) – Abk. ZW. Vgl. Wache – Dazu: **Zollwachebeamte (…beamtin)** (↗Wachebeamte)

Zone die; –, -n ⟨aus lat. *zona* ›Gürtel‹⟩: **1.** CH STIR ›Teil eines Gemeindegebietes, der für eine bestimmte Nutzung vorgesehen ist‹: *Im Herbst 1999 gaben die Stimmbürgerinnen und Stimmbürger der Stadt St. Gallen mit deutlichem Mehr ihre Zustimmung zur Umzonung … Diese Änderung wurde notwendig, weil sich das Gelände in der Zone für öffentliche Bauten befand und eine Realisierung nur in der Zone für Industrie und Gewerbe möglich ist* (St. Gallen Stadion, 2003, Internet; CH); *Aufgrund der derzeit verschiedenartigen Nutzung der zwei Zonen wird die Fertigstellung der gesamten neuen Siedlung in zwei Etappen erfolgen* (Dolomiten 19. 1. 1996, 24; STIR); ***Zone für öffentliche Bauten** ›eingegrenztes Gebiet, das für Anlagen und Bauten von öffentlichem und halböffentlichem Interesse bestimmt ist‹: *Im östlichen Abschnitt erfährt die Zone für öffentliche Bauten eine grossflächige Erweiterung* (Gemeinde Altendorf, 2002, Internet; CH); *Gemeinde Bozen: Ausweisung einer Zone für öffentliche Bauten und Anlagen (Mädcheninstitut Elisabethinum) in der Runkelsteinstraße* (Amtsbl Autonome Region Trentino-Südtirol 12. 3. 2002, Internet; STIR). **2.** ***blaue Zone** CH LUX STIR: ↗Kurzparkzone A D (ohne mittelost) ›Parkplätze, die mit blauer Farbe am Boden markiert sind und auf denen für eine bestimmte begrenzte Zeit ein Auto abgestellt werden darf‹: *Hug bekommt eine Busse, obwohl er im Auto sichtbar eine Parkkarte für die blaue Zone aufgelegt hat* (Blick 27. 8. 1997, Internet; CH); *Die Stadt Luxemburg stellt spezielle Vignetten an behinderte Personen aus, deren Arbeitsplatz sich mitten in der blauen Zone oder in einer gebührenpflichtigen Stationierungszone befindet* (Centre National d'information et de rencontre du handicap 4. 11. 2002, Internet; LUX); *Die Parkplätze im Zentrum werden zu gebührenpflichtigen Kurzparkplätzen, so genannten blauen Zonen* (Dolomiten 10./11. 11. 2001, 33; STIR) – Zu 1.: In A und D selten. Zu 2.: In A selten. Die anderen Bedeutungen, z. B. ›festgelegter oder bestimmter Bereich‹ und ›größeres geografisches Gebiet mit bestimmten klimatischen Merkmalen‹, sind gemeindt. – Zu 1.: ↗**abzonen** CH, **Auffüllzone** STIR, ↗**auszonen** CH, ↗**Bauzone** CH, **Bergzone** CH, **Dienstleistungszone** CH, **Einfamilienhauszone** CH, ↗**einzonen** CH, ↗**Erweiterungszone** STIR, **Freihaltezone** CH, ↗**Gewerbezone** A CH, **Handelszone** STIR, ↗**Handwerkerzone** STIR, **Handwerkszone** STIR, **Hügelzone** CH, **Industriezone** A CH, **Kernzone** CH, **Landwirtschaftszone** CH, **Naherholungszone, Produktionszone** STIR, **Reservezone, Schulzone** STIR, **Schutzzone, Spezialzone, Sportzone** STIR, ↗**umzonen** CH, **Verkaufszone, Weilerzone, Wiedergewinnungszone** (↗Wiedergewinnung) STIR, **Wohnbauzone** STIR, **Wohnzone** CH, **Zentrumszone** CH, **Zonenänderung** CH, ↗**Zonenordnung** CH, ↗**Zonenplan** CH, **Zonenreglement** (↗-reglement), **Zonenvorschrift** CH, **Zonierung** STIR, **Zonierungsplan** STIR. Zu 2.: **Pickerlzone** (↗Pickerl) A

Zonenordnung CH die; –, -en: ↗FLÄCHENWIDMUNGSPLAN A, ↗ZONENPLAN CH, ↗FLÄCHENNUTZUNGSPLAN D, ↗BAULEITPLAN D STIR ›von der Gemeinde erstellter Plan, der die beabsichtigte Nutzung der Gemeindeflächen regelt und veranschaulicht‹: *Der Hoffnung von Stadtrat Elmar L., der heute präsentierte erste Teil der neuen Bau- und Zonenordnung sei konsensfähig, schliesst sich die SP der Stadt Zürich an* (SP Zürich, 1998, Internet) – Vgl. Zone

Zonenplan CH der; -(e)s, …pläne: ↗FLÄCHENWIDMUNGSPLAN A, ↗ZONENORDNUNG CH, ↗FLÄCHENNUTZUNGSPLAN D, ↗BAULEITPLAN D STIR ›von der Gemeinde erstellter Plan, der die beabsichtigte Nutzung der Gemeindeflächen regelt und veranschaulicht‹: *Im Arbeitsprogramm enthalten sind insbesondere die Revision der Zonenpläne mit dem Einschluss von festen Waldgrenzen und mit der Ausscheidung von Quellschutzzonen* (Engadiner Post 4. 10. 1997, 10) – Vgl. abzonen, auszonen, einzonen, umzonen, Zone

Zopf A CH der; -(e)s, Zöpfe: ↗GERMSTRIEZEL A, ↗BRIOCHE A-ost, ↗ZÜPFE CH, ↗HEFEZOPF D (ohne nordost) ›mit ↗Germ zubereitete süße Backware in geflochtener Form‹: *Kleine Formen werden als Hörnchen, Kipferln, Taschen, Golatschen, Schnecken oder Brezeln hergestellt, große als Striezeln, Stollen, Zöpfe und Kränze* (Mühle Kianek, 2000, Internet; A); *Ein 25 Quadratmeter grosses Alpenpanorama an der Wand hinter dem Podium verbreitet Heimatstimmung. Zopf und Kaffee sind gratis* (Blick 10. 5. 1999, 17; CH) – Andere Bedeutungen sind gemeindt. – Dazu: **Zöpfli** CH

Zores A D-mittelwest der; –, ohne Plur./die; nur Plur. ⟨aus jidd. *zores* ›Sorgen‹ zu hebr. *sara* ›Not, Bedrängnis‹⟩ (salopp): ↗ZOFF CH D ›Unannehmlichkeiten, Ärger‹: *Wenn Betriebe gezwungen sind, Mitarbeiter abzubauen, dann trennt sich der Chef natürlich erst von denen, die ihm am meisten Zores machen und sämtliche Rechte ausnützen, die's gibt* (Wienerin 12/1993, 36; A); *Manche Leute stecken tief im Schlamassel und kriegen dann häufig Zores* (Deutschlandradio 26. 7. 2002, Internet; D) – In A Femininum und ein Pluralwort, in D-mittelwest Maskulinum

zu: 1. A Präp. mit Dat. (ohne Art.) /zur temporalen Angabe von Tageszeiten und Terminen, z. B. *zu Mittag, zu Abend, zu Jahresende, zu Anfang des Jahres, zu Jahresanfang, zu Monatsende, zu Anfang des Monats, zu Monatsanfang*/: *Zu Mittag traf ich auf dem Naschmarkt einen Kollegen* (Freizeit Kurier 27. 12. 1997, 8); *Vier Frankfurter Finanz- und Rechtsexperten wollen zu Jahresende vor dem Karlsruher Bundesverfassungsgericht gegen den Euro klagen* (Kurier 5. 11. 1997, 19). **2.** D-nord/mittelwest Adv. (Grenzfall des Standards) /bei getrennter Stellung von *da* und *zu* bzw. *wo* und *zu* aus *dazu* bzw. *wozu*/: *Es ist tödlich, wenn die Studierenden eine kommunikative Aufgabe lösen sollen …, wo sie keine Lust zu haben* (Radio Bremen 11. 9. 1997, Internet) – Andere Bedeutungen sind gemeindt.

zuarbeiten CH D sw.V./hat: ›für jmdn. Vorarbeiten leisten und ihn dadurch bei seiner Arbeit unterstützen‹: *Wer nur dem Chef zuarbeiten kann, und wer nur wartet, bis er vom Chef Arbeit bekommt, ist bei uns fehl am Platz* (Sonntagsblick 7. 5. 1995, 47; CH); *Vielleicht kann man es ein Glück nennen, dass diese Ehe kinderlos blieb und Louise sich somit ganz auf das tägliche Zuarbeiten für ihren Ehemann konzentrieren konnte* (Welt 22. 7. 2000, Internet; D) – In A bekannt, aber als fremd empfunden – Dazu: **Zuarbeit**

Zubau A der; -(e)s, …ten: ↗ANBAUTE CH ›Bauwerk, das an ein anderes Gebäude ergänzend angefügt wird; Anbau‹: *Lieblos an das alte Gemäuer ist ein moderner Zubau angefügt* (Kirche intern 8/1995, 16)

Zubehör (gemeindt.): ↗ZUGEHÖR, ↗ZUSATZBEHÖR

Zubehör der/das; -(e)s, -e: in D selten Maskulinum, gemeindt. Neutrum: *Der Zubehör ist in die verschiede-*

nen Automarken unterteilt (Car Hifi 25. 7. 2001, Internet; D)

Zuber A CH D-süd der; -s, –: ↗SCHAFF A D-südost, ↗SCHAFFEL A D-südost, ↗BOTTICH CH D (ohne südost) ›wannenförmiges Gefäß [aus Holz]‹: *Ein Zuber mit kaltem Wasser genügte vollauf* (TT 30. 4. 1997, Internet; A); *Zu guter Letzt mussten dann Eimer, Zuber, Waschbrett und Wäschekörbe wieder aufgeräumt und der Boden geschrubbt werden* (Siemens Schweiz, 2003, Internet; CH) – In D-nord/mittel veraltend

Zubringerdienst: *Zubringerdienst gestattet CH: ↗LADETÄTIGKEIT: *AUSGENOMMEN LADETÄTIGKEIT A, ↗ZUSTELLDIENST: *AUSGENOMMEN ZUSTELLDIENST A, ↗ANLIEFERUNG: *ANLIEFERUNG FREI D ›Zufahrt mit einem ↗Motorfahrzeug zum Abholen und Bringen von Personen oder Waren gestattet‹: *So finden Sie uns: … ab Utobrücke rechts abbiegen (Zubringerdienst gestattet)* (Strassenverkehrsamt Kanton ZH, 2003, Internet) – Das Substantiv *Zubringerdienst* ist gemeindt.

Zubrot (gemeindt.): ↗KÖRBERLGELD

zubuttern D sw.V./hat (salopp): ↗ZUSCHUSTERN D ›[Geld] dazugeben, beisteuern [ohne dass es sich auszahlt]; hineinbuttern‹: *Seit drei Jahren habe die Familie zubuttern müssen, um hohe operative Verluste auszugleichen, heißt es aus der Geschäftsleitung* (Welt 25. 11. 1999, Internet) – In A und CH selten

Zucchetti CH die/der; –, -/-s [tsu'k'ɛt'i]: ↗ZUCCHINI A D ›zu den Kürbisgewächsen gehörendes, längliches Gemüse mit gelber oder grüner Schale‹: *Die in feine Streifen geschnittenen Zucchetti und Karotten … kurz … dünsten* (Berner Agenda 4. 3. 1993, 10) – Selten im Singular in der Form *Zucchetto* (der; -s) nach der italienischen Form

Zucchetto CH der; -s, …etti [tsu'k'ɛt'o]: siehe Zucchetti

Zucchini A D die; –, -/A der; -s, – (Grenzfall des Standards) [tsu'kiːni] ⟨aus ital. *Zucchino*, Plur. *Zucchini*⟩: ↗ZUCCHETTI CH ›zu den Kürbisgewächsen gehörendes längliches Gemüse mit gelber oder grüner Schale‹: *Weiße Sprenkel deuten darauf hin, dass der Zucchini Freilandware ist* (Firma Spar, Obst und Gemüse, 2002, Internet; A); *Zu den beliebtesten Themen gehört der Bauerngarten, in dem Kohl und Zucchini, Stangenbohnen und Kartoffeln wachsen* (Welt 28. 7. 2000, Internet; D) – In CH selten. In A im Grenzfall des Standards auch Maskulinum und selten auch in der Form *Zucchino* (der; -s, …ni) nach der eigentlich korrekten italienischen Singularform

Zucchino A der; -s, …ni [tsu'kiːno]: siehe Zucchini

Zuckerbäcker Zuckerbäckerin A der; -s, – bzw. die; –, -nen: ↗CONFISEUR CH ›Person, die Torten, Kuchen, ↗Konfekt, ↗Zuckerln u. Ä. herstellt; Konditor(in)‹: *Florentina ist gelernte Zuckerbäckerin* (Presse 14. 8. 1999, Internet) – In CH historisch, in D veraltet. Vgl. Konfektmacher – Dazu: ↗**Zuckerbäckerei, Zuckerbäckermeister(in)**

Zuckerbäckerei A: **1.** die; –, -en: ›Konditorei‹: *Nicht ganz bescheiden war der Personalaufwand, der für die Führung von Hofküche, Keller, Zuckerbäckerei, Silber- und Wäschekammern notwendig war* (Kleine Ztg 23. 3. 1997, Internet). **2.** die; –, ohne Plur.: ↗CONFISERIE CH ›Feinbackwaren, Konditorwaren‹: *Der machte sich in Siena mit feinster Zuckerbäckerei einen Namen, der im Gegensatz zu jenem seiner beiden Enkel auch heute noch Bestand hat* (Standard 13. 4. 2001, Internet) – Zu 1.: In CH selten, in D-nord/mittel veraltet. Vgl. Zuckerbäcker

Zückerchen CH das; -s, –: ↗ZUCKERL A D-südost, ↗BONBON D (ohne südost), ↗ZUCKERLE STIR ›als Lockmittel eingesetzte Vergünstigung; Anreiz‹: *Und noch ein Zückerchen: Neben den zwei Meet&Greet-Tickets fürs Konzert vom 16. November verlosen wir dreimal zwei Freikarten* (Baslerstab 5. 11. 1997, 25) – Selten auch als Diminutiv von *Zucker* in der Bedeutung ›Süssigkeit zum Lutschen‹. Auch in der dialektalen Form *Zückerli*

Zuckererbse A D (ohne mittelost) die; –, -n: ↗KEFE CH, ↗ZUCKERSCHOTE D-nord/mittelwest ›süße Erbse, die in den Schoten gekocht und gegessen wird‹: *Zu kurz gebratenem Fleisch passen Zuckererbsen als Zuspeise* (OÖN 21. 6. 1997, 24; A); *Zuckererbsen ca. 7 Minuten in Salzwasser köcheln lassen* (WDR 25. 4. 2000, Internet; D)

Zuckerl A D-südost das; -s, -n: **1.** ↗TÄFELI CH-west/nord, ↗ZÄLTLI CH-ost, ↗BONBON CH D, ↗ZUCKERLE STIR ›Süßigkeit zum Lutschen‹: *Die von der Weltgesundheitsorganisation für künstliche Süßstoffe festgesetzte duldbare Menge … wird bei Kindern durch Light-Getränke und ein paar Zuckerln oder Kaugummi rasch erreicht* (Konsument 11/1997, 27; A). **2.** ↗GUSTOSTÜCKERL A, ↗SCHMANKERL A D-südost, ↗ZÜCKERCHEN CH, ↗BONBON D (ohne südost), ↗ZUCKERLE STIR ›als Lockmittel eingesetzte Vergünstigung, Anreiz‹: *Zusätzliches Zuckerl: Die Beamten dürfen im Ruhestand uneingeschränkt dazuverdienen* (News 6. 11. 1997, 20; A) – Zu 1.: **Zuckerlstand, Zuckerlpapier.** Zu 2.: **Lohnzuckerl, Preiszuckerl, Steuerzuckerl, Wahlzuckerl**

Zuckerle STIR das; –, -n: **1.** ↗ZUCKERL A D-südost, ↗TÄFELI CH-west/nord, ↗ZÄLTLI CH-ost, ↗BONBON CH D ›Süßigkeit zum Lutschen‹: *Kids, so zeigt die Kinderstube Mecki, tragen im heurigen Winter Fousseaus, Steghosen und Bermudas aus warmen Naturfasern in »Zuckerle«-Farben* (Z am Sonntag 12. 9. 1993, Internet). **2.** ↗GUSTOSTÜCKERL A, ↗SCHMANKERL A

D-südost, ↗ZUCKERL A D-südost, ↗ZÜCKERCHEN CH, ↗BONBON D (ohne südost) ›als Lockmittel eingesetzte Vergünstigung, Anreiz‹: *Für das Zuckerle, bewundert, akzeptiert und in zu sein, lohnt es sich zu riskieren* (Südtirol Profil 7. 2. 1994, 30) – In A-west und D-südwest Grenzfall des Standards und mit den Flexionsformen (das; -s, -(n))

Zuckerschote D-nord/mittelwest die; –, -n: ↗ZUCKERERBSE A D (ohne mittelost), ↗KEFE CH ›süße Erbse, die in den Schoten gekocht und gegessen wird‹: *Von 500 g Zuckerschoten die Enden abschneiden, die Schoten ... in kochendes Salzwasser geben, zugedeckt gar kochen lassen* (Dr. Oetker, Schulkochbuch 206)

Zuckerstange D-nordwest/mittelwest die; –, -n: ›stangenförmige Süßigkeit aus Zucker‹: *Nach dieser Kalorienbombe rollen sich die Gäste dann als Nachtisch ... ihre Zuckerstange aus Ahornsirup* (WAZ 21. 1. 1998, Internet) – In CH selten

zuckersüss CH **zuckersüß** D Adj.: ↗PICKSÜß A ›sehr süß (von Lebensmitteln)‹: *Speziell erlesene Traubenbeeren werden im Oktober zwei Monate lang getrocknet, bis sie zuckersüss geworden sind* (Blick 19. 1. 2002, 12; CH); *Schließlich werden weder fett- und zuckerhaltige Nuss-Nougat-Cremes noch zuckersüße Bonbons gesünder, nur weil ihnen ein paar Vitamine zugesetzt worden sind* (AOK 29. 5. 2002, Internet; D) – Die Bedeutung ›übertrieben liebenswürdig‹ ist gemeindt.

Zufahrtsplan CH der; -(e)s, ...pläne: ↗SITUATIONSPLAN CH ›[schematische] Karte, aus der die Zufahrt zu einem bestimmten Ort ersichtlich ist; Lageplan‹: *Zufahrtsplan SF DRS: Mit dem Auto: ... Autofahrer aus Richtung Chur/Luzern: Allg. Richtung »Flughafen« – Achten Sie auf das Zeichen »Hallenstadion«* (SF DRS, 2000, Internet)

Zug- (gemeindt.): ↗ZUGS-

Zugabe (gemeindt.): ↗DRAUFGABE, ↗DREINGABE

Zugauskunft A D die; –, ohne Plur. (formell): ↗BAHNAUSKUNFT D, ↗REISEAUSKUNFT D ›Dienst der Bahn, der Reisenden am Schalter, Telefon oder im Internet Auskünfte über Zugverbindungen, Verspätungen etc. erteilt‹: *Um die passende Bahnverbindung herauszufinden, sucht sie im Telefonbuch nach der Nummer der Zugauskunft* (OÖN 22. 11. 2000, Internet; A); *Die telefonische Zugauskunft kostet bei der Deutschen Bahn ... 60 Cent pro Minute* (Benefit 25. 2. 2003, Internet; D) – Selten und informell in A auch in der Form *Zugsauskunft*

Zugbegleiter der; -s, – (Eisenbahn): **1.** A; ↗REISEPLAN D ›↗ Faltblatt, das den Fahr- und Streckenplan enthält‹: *Daraus folgt zwingend, dass ich den Zugbegleiter, ein sehr praktisches Faltblatt, mit dessen Hilfe man immer wunderbar über die exakte Verspätung informiert ist, schon durchgeackert habe* (Private Homepage, 1998, Internet). **2. Zugbegleiter Zugbegleiterin** A D der; -s, – bzw. die; –, -nen: ↗SCHAFFNER A D, ↗KONDUKTEUR CH ›Person, die in öffentlichen Verkehrsmitteln Fahrkarten kontrolliert [und verkauft]‹: *Der Zugbegleiter entwertet die Fahrkarte für die gewählte Strecke* (ÖBB spezial, 2000, Internet; A); *Die S 1 fährt um 12.41 Uhr ein, und die beiden Zugbegleiter in den roten T-Shirts ... und blauen Hosen ... stehen beide draußen neben der Eingangstür, bieten Hilfe an* (Hamburger Abendbl 20. 6. 1997, Internet; D) – Zu 2.: In CH nur als offizielle Bezeichnung

Zugchef Zugchefin CH der; -s, -s bzw. die; –, -nen: ↗ZUGFÜHRER A D ›Leiter(in) eines Zuges in einer militärisch organisierten Einheit‹: *Während die einen unter der Leitung von Zugchef Samuel K. einen Fernsehbrand mittels Löschdecke aus Glasfaser beendeten, wurde ein Flüssigkeitsbrand mit einem Pulverhandfeuerlöscher angegangen* (St. Galler Tagbl 13. 5. 1998, Internet) – Die Bedeutung ›Person, die die Verantwortung für einen gesamten Eisenbahnzug und die Aufsicht über das Personal hat‹ ist gemeindt.

zugehen: *zu- und hergehen CH: ↗HERGEHEN A D-südost ›sich zutragen, ablaufen; zugehen‹: *Im Endeffekt ging es dann trotz Damenbegleitung meistens recht männlich zu und her!* (Waller, Barbi 33); ***strub zu- und hergehen** siehe strub – Das Verb *zugehen* ist in allen anderen Verwendungen gemeindt.

Zugeherin A-west (Vbg.) D-süd die; –, -nen: ↗AUFRÄUMERIN A-mitte/südost, ↗BEDIENERIN A (ohne west), ↗PUTZERIN A-west, ↗ZUGEHFRAU A-west (Vbg.) D-südost LIE, ↗SPETTER CH, ↗SPETTFRAU CH, ↗AUFWARTUNG D-nordost, ↗REINEMACHEFRAU D-nord/mittelost ›Putzfrau, Raumpflegerin‹: *Freundliche, verlässliche Frau sucht Arbeit als Zugeherin, Haushalt, Küchenhilfe, Reinigungskraft* (VN 19. 12. 1997, C 5; A-west); *Seiner Zugeherin schrieb er einen Zettel: »Marie, erschrick nicht, ich häng im Kammerl«* (SZ 29. 7. 2003, Internet; D-süd)

Zugehfrau A-west (Vbg.) D-südost LIE die; –, -en: ↗AUFRÄUMERIN A-mitte/südost, ↗BEDIENERIN A (ohne west), ↗PUTZERIN A-west, ↗ZUGEHERIN A-west (Vbg.) D-süd, ↗SPETTER CH, ↗SPETTFRAU CH, ↗AUFWARTUNG D-nordost, ↗REINEMACHEFRAU D-nord/mittelost ›Putzfrau, Raumpflegerin‹: *Um acht Uhr fünfzehn drehte sich ein Schlüssel im Schloss, und Frau Ripp, seine Zugehfrau, betrat die Wohnung, machte sauber und richtete ihm in der Küche das Frühstück* (Längle, Tynner 7; A-west); *Der Witwer versorgt sich und seine Wohnung immer noch alleine, nur alle 14 Tage kommt eine Zugehfrau* (Nürnberger Ztg 16. 8. 2000, Internet; D-südost); *Vierköpfige Familie in Schaan sucht ... zuverlässige, saubere*

Zugehfrau 2 Tage pro Woche (Liechtensteiner Volksbl 19. 8. 1995, 16; LIE)

Zugehör A CH das; -(e)s, -e (Recht): ↗ZUSATZBEHÖR BELG ›zur Einrichtung, Ausstattung gehörende Teile; ↗Zubehör‹: *Dem an einem Werke der bildenden Künste bestehenden Verbreitungsrecht unterliegen Werkstücke nicht, die Zugehör einer unbeweglichen Sache sind* (Urheberrechtsgesetz § 16; A); *Das Betreibungsamt … hat die Versteigerung des Hotels Anker angekündigt … Die … Schätzung für die Liegenschaft beträgt 2'100'000 Franken und für das Zugehör 100'000 Franken* (St. Galler Tagbl 3. 11. 1998, Internet; CH) – Außerhalb der Fachsprache gemeindt. veraltet

Zügelmann CH der; -(e)s, …männer/…leute: ›Angestellter einer Umzugsfirma‹: *Bald hiess es, man erfuhr es über einen Zügelmann, … Heep habe seine grosse Atelier-Dachwohnung verlassen* (Kuhn, Asket 25) – Eine weibliche Form ist nicht gebräuchlich. Vgl. zügeln

zügeln CH sw.V./ist/hat: ↗SIEDELN A, ↗ÜBERSIEDELN A D, ↗DISLOZIEREN CH ›den Wohn-, Firmen- oder Behördensitz wechseln bzw. an eine andere Stelle verlegen; umziehen‹: *Als es unerträglich wurde, zügelte mein Grossvater mit seiner Familie hinter das Wäldchen hinauf in die Rotenfuhre* (Wenger, Rosalia 8) – In A-west (Vbg.) Grenzfall des Standards. Andere Bedeutungen sind gemeindt. – Dazu: **Zügelei**, ↗**Zügelmann**, **Zügeltag**, ↗**Zügeltermin**, **Zügelunternehmen**, **Züglerei**, ↗**Züglete**

Zügeltermin CH der; -s, -e: **1.** ›Tag, an dem ein Wohnungsumzug stattfindet; individueller Umzugstermin‹: *Nach dem Zügeltermin der Direktion nach Thun hatten wir nicht mehr so einen direkten Draht wie zuvor* (NLZ 28. 4. 2001, Internet). **2.** ›Zeitpunkt, zu dem Wohnungen gekündigt werden und an dem Umzüge stattfinden (je nach Ort 2–4 Daten pro Jahr)‹: *Am Freitag, den 31. März ist Zügeltermin – und Zeit der vielen Fragen* (Blick 23. 3. 1995, 11) – Vgl. zügeln

Zugereiste der/die; -n, -n: **1.** A D (ohne mittelost) (auch abwertend); ↗ZUZÜGLER A D-ost/südwest, ↗NEUZUZÜGER CH, ↗ZUZÜGER CH, ↗NEUBÜRGER D, ↗REINGESCHMECKTE D-süd ›Person, die sich in einer anderen Gemeinde als ihrem Herkunftsort niederlässt; Zugezogene(r)‹: *»Aber eine Handvoll Leute, von denen ohnehin die meisten Zugereiste sind, opponiert gegen alles«, ärgert sich das Ortsoberhaupt* (OÖN 22. 10. 1987, 21; A); *Spätestens als der Zugereiste vom Niederrhein mit seiner Arbeit das Fundament für das Aufblühen der hiesigen akademischen Szene legte, wurde aus der anfänglichen Distanz am Oberrhein Respekt und Anerkennung* (Stadt Karlsruhe 26. 4. 2002, Internet; D). **2.** A; ↗ZUZÜGLER A, ↗NEUBÜRGER A D ›Person ausländischer Herkunft, die sich in einer österreichischen Gemeinde niederlässt‹: *Auch ich bin in Österreich ein Zugereister und lebe hier seit nunmehr 30 Jahren* (Presse 23. 6. 2001, Internet)

Zugezogene (gemeindt.): ↗NEUBÜRGER, ↗NEUZUZÜGER, ↗REINGESCHMECKTE, ↗ZUGEREISTE, ↗ZUZÜGER, ↗ZUZÜGLER

Zugführer Zugführerin der; -s, – bzw. die; –, -nen: **1.** CH D (Eisenbahn); ↗ZUGSFÜHRER A ›Person, die die Verantwortung für einen gesamten Eisenbahnzug und die Aufsicht über das Personal hat; Zugchef(in)‹: *Im Steuerwagen vorn ein erfahrener Lokführer. In den Personenwagen zwei Kondukteure und ein Zugführer* (Blick 4. 2. 1999, 2; CH); *Er wandte sich an den Zugführer und die anderen umstehenden Beamten* (Eckert, Erbe 12; D). **2.** A (Eisenbahn); ↗ZUGSFÜHRER A ›Person, die einen Zug fährt; Lokomotivführer(in)‹: *Eigentlicher Grund für den Umbau der Lok ist die Installation einer Funkfernsteuerung. Damit ist der Zugführer in der Lage, den Zug samt angehängter Waggons außerhalb des Führerhauses zu steuern* (Bildpost 6/2000, Internet). **3.** CH D (Militär); ↗ZUGSFÜHRER A ›Befehlshaber(in) einer militärischen Einheit‹: *Soldaten, Unteroffiziere und der Zugführer bilden eine Art Schicksalsgemeinschaft, in der man miteinander auskommen und die täglichen Probleme lösen muss* (WoZ 1. 11. 2001, Internet; CH); *Der Abteilungs- oder Zugführer ist in einem größeren Netz (Kompanie-/Bataillonsebene) eingebunden* (Magazin der Bundeswehr 1. 5. 2002, Internet; D). **4.** A D; ↗ZUGCHEF CH ›Leiter(in) eines Zuges bei der Feuerwehr‹: *Wenn der Zugführer weit hinten steht, von wo er seine Männer sehen und leiten kann, sagen sie: »Er hat Angst, dahin zu gehen, wohin er seine Leute schickt!«* (Feuerwehr Sitzenberg, 2002, Internet; A); *Die Bestimmungen für Freiwillige Feuerwehren wurden angewandt. Bei den … durchgeführten freien Wahlen wurde Herr S. in seinem Amt als Zugführer bestätigt* (Feuerwehr Bremerhaven 21. 11. 2002, Internet; D)

Züglete CH die; –, -n (Grenzfall des Standards): ↗ÜBERSIEDLUNG A D ›Verlegung des Wohn- oder Firmensitzes an einen anderen Ort; Umzug‹: *Züglete bei Borers: Gestern schleppte das Ehepaar die letzten Habseligkeiten in die Zügelwagen. Heute geht es im Privatwagen ab nach Berlin* (Blick 31. 7. 1999, 4); *Das Archiv des Zoos wird ins Staatsarchiv integriert. Kosten der Züglete: rund 120'000 Franken* (Blick 21. 4. 1999, 6) – Betonung auf der ersten Silbe, kurz oder lang. Vgl. zügeln

zugriffig CH Adj.: ›zugreifend, tatkräftig, wirksam‹: *Dennoch hatte sie die meiste Zeit im Elternhaus zugebracht, wohlgelitten dank ihrer zugriffigen Hilfsbereitschaft und finanziellen Grosszügigkeit* (Jacobi, Kleefabrik 22)

Zugs- (produktives Bestimmungswort in Zus.): **1.** A CH (Eisenbahn) ›zu einem Zug gehörend, einen Zug betreffend; Zug-‹, z. B. Zugsabteil, Zugsbegleiter(in), ↗Zugsführer(in) A, Zugsgarnitur (↗Garnitur) A, Zugskatastrophe, Zugskomposition (↗Komposition) CH, Zugsunglück A, Zugsverbindung, Zugsverkehr: *Der rote Teppich auf dem Bahnsteig ist ausgelegt, man wird von einem weiß gekleideten Steward begrüßt und in das edle Zugsabteil im königsblauen Waggon mit goldener Beschriftung geleitet* (Kurier 12. 2. 1996, 23; A); *Die Zugsverbindungen zwischen Flughafen und Stadt müssen noch verbessert werden* (Bund 17. 9. 1999, 45; CH). **2.** A (Militär) ›zu einer militärischen Truppe o. Ä. gehörend‹, z. B. ↗Zugsführer(in), Zugskommandant(in) (↗Kommandant): *Wenige Stunden später stand Zugskommandant Franz R. mit der gesamten Urlaubertruppe abmarschbereit vor den Panzern und Fahrzeugen* (Kurier 11. 7. 1997, 13) – Zu 1.: Zus. mit *Zug-* sind überall am häufigsten, in A aber formell

Zugsauskunft A die; –, ohne Plur. (informell, selten): siehe Zugauskunft

Zugschule CH die; –, ohne Plur.: ›Schulung einer militärischen Formation in Fortbewegung und Stillstand‹: *Die Vorführungen im Gelände durch die Zugschule und das Flab-Schiessen waren zwar sehr interessant und beeindruckend, aber Männer wohin man schaute* (Schweizer Soldat 4/2002, Internet)

Zugsführer Zugsführerin A der; -s, – bzw. die; –, -nen: **1.** (informell, Eisenbahn); ↗ZUGFÜHRER CH D ›Person, die die Verantwortung für einen gesamten Zug und die Aufsicht über das Personal hat; Zugchef(in)‹: *Der 39-jährige Zugsführer Hugo R. erlebte das Unglück so: »Ich habe gerade meine Sachen zusammengepackt. Dann merkte ich nur noch, dass eine Notbremsung eingeleitet wurde und dass es krachte«, erzählt der Bahnbedienstete* (Kurier 29. 8. 1996, 11). **2.** (Eisenbahn); ↗ZUGFÜHRER A ›Person, die einen Zug fährt; Lokomotivführer(in)‹: *Ein Zugsführer meldete vor dem Unfall, dass Regenwasser den Gleiskörper ausschwemmte* (Kurier 24. 7. 1997, 12). **3.** (Militär); ↗ZUGFÜHRER CH D /ein Chargendienstgrad/: *Ein Rekrut der Miliz erhält zum normalen Bezug ein »erhöhtes Monatsgeld« von 3700 Schilling netto, dazu kommt eine Einsatzvergütung, die für Rekruten und Chargen (Gefreite, Korporäle und Zugsführer) 12 000 Schilling ausmacht* (Presse 11. 5. 1999, Internet) – Vgl. Zugs-

zuhalten CH st.V./hat ›jmdm. etw. [heimlich] zukommen lassen‹: *Nun hiess es im Haus, was der … wohl mit der jungen Aeschlimann habe, dass er ihr immer den Waschküchenschlüssel zuhalte* (Lötscher, Schlüssel 10) – Andere Bedeutungen sind gemeindt.

zuhanden CH Präp. mit Gen.: ↗HAND: *ZU HANDEN A CH, ↗HAND: *ZU HÄNDEN D ›für (insbesondere in Bezug auf Schriftstücke; häufig in Verbindung mit der Präp. *von*)‹: *Eine spezielle Arbeitsgruppe erarbeitet … zuhanden der Baudirektion einen Fragenkatalog* (TA 24. 7. 1999, 15); *Wenn Sie diese Aufgabe interessiert, dann senden Sie Ihre … Bewerbungsunterlagen an unseren Personaldienst, zuhanden von Frau Annelies S.* (BaZ 25./26. 10. 1997, 78)

Zuhaus A das; -es, …häuser: ↗STÖCKL A ›Nebengebäude [von Bauernhöfen]‹: *… schließlich auch das vom Höller bewohnte Zuhaus und schließlich die anderen umliegenden Gebäude, auch die unmittelbar an das Kalkwerk angrenzende Waldstücke* (Bernhard, Kalkwerk 9)

zuhinterst CH Adv.: ›ganz hinten‹: *Das Rechaud versteckten wir tagsüber zuhinterst im Kleiderschrank* (Wyss, Tage 65) – In A und D selten

zukehren A D-südost sw.V./ist (Grenzfall des Standards, veraltend): **1.** ›einen kurzen Besuch bei jmdm. machen‹: *Einmal während dieser Zeit gab es einen schwarzen Tag; da ging ein Almhalter über den Faschaun, kehrte zu und erzählte, dass man unten in Malta zu einer großen Hochzeit rüste* (Steurer, Faschaunerin 25; A). **2.** ›unterwegs bei einem Gasthaus Halt machen; einkehren‹: *Im »Idomeneo« kann man zur Zeit hören, wie befreit ein Orchester klingt, wenn es nach einem Monat nicht mehr ausschließlich »Im Weißen Rößl« zukehren muss* (SN 7. 3. 1998, Internet; A) – Die Bedeutung ›zuwenden, zudrehen‹ (vor allem in der Wendung *jmdm./etw. den Rücken zukehren)* ist gemeindt.

Zukunft: *in Zukunft (gemeindt.): ↗HINKUNFT: *IN HINKUNFT, ↗HINKÜNFTIG, ↗INSKÜNFTIG

zukünftig (gemeindt.): ↗HINKÜNFTIG, ↗INSKÜNFTIG

zukunftsgerichtet CH D Adj.: ›zukunftsorientiert, an zukünftigen Entwicklungen ausgerichtet‹: *Die Initiative »Sparen beim Militär und der Gesamtverteidigung – für mehr Frieden und zukunftsgerichtete Arbeitsplätze« verlangt eine Halbierung der Militärausgaben innerhalb von zehn Jahren* (Bund 10. 12. 1999, 13; CH); *Eine zukunftsgerichtete Berufsbildungspolitik ist ein wesentliches Element zur Stärkung der internationalen Innovations- und Wettbewerbsfähigkeit Deutschlands* (Bundesministerium für Wirtschaft und Arbeit 20. 1. 2003, Internet; D) – In A selten

zulassen A D st.V./hat (formell): **1.** ↗SETZEN: *IN VERKEHR SETZEN CH, ↗IMMATRIKULIEREN CH STIR ›(ein Fahrzeug) behördlich für den Straßenverkehr genehmigen‹: *Im Vorjahr wurden 296.000 Fahrzeuge in Österreich neu zugelassen, 732.000 gebrauchte umgemeldet* (Kurier 27. 2. 1999, 19; A); *Wer ein Fahrzeug zulassen will, … muss sich vorher in der Kraftfahrzeug-Zulassungsstelle ein Kurzzeit-Kennzeichen besor-*

gen (Landkreis Ludwigsburg 26. 7. 2000, Internet; D). **2.** ›sich an einer Hochschule anmelden; an einer Hochschule aufgenommen werden; immatrikulieren‹: *All jene Studierende, die ab Oktober zum Studium zugelassen wurden, können nur mehr nach dem neuen Studienplan studieren* (Universität Graz, Studienplan Rechtswissenschaften, 1999, Internet; A); *Ein solcher Ortsbindungsantrag erhöht die Wahrscheinlichkeit, wieder an der gewünschten Hochschule zugelassen zu werden* (Universität Hamburg 29. 7. 2003, Internet) – Andere Bedeutungen sind gemeindt. – Dazu: ↗**Zulassung**

Zulassung die; –, -en: **1.** A D (Verkehr): kurz für ↗*Kraftfahrzeugzulassung:* ↗KFZ-ZULASSUNG A D, ↗IMMATRIKULATION CH ›behördliche Genehmigung eines Fahrzeuges für den Straßenverkehr‹: *[Für die Ausstellung einer Parkberechtigung] braucht man nur auf das zuständige Magistratische Bezirksamt gehen … und den Führerschein, Meldezettel des Fahrzeughalters, Zulassung und rund 2500 S mitnehmen* (Kurier 16. 1. 1999, 10; A); *Die erstmalige Zulassung zum Straßenverkehr erfolgte nach zweieinhalbjähriger Entwicklungsdauer im August 1997* (WDR 9. 12. 1997, Internet; D). **2.** A (informell, Verkehr): kurz für ↗*Zulassungsschein:* ↗FAHRZEUGAUSWEIS CH, ↗FAHRZEUGSCHEIN D, ↗KRAFTFAHRZEUGSCHEIN D, ↗KRAFTFAHRZEUGZULASSUNG D, ↗AUTOBÜCHLEIN STIR ›amtliches Dokument, in dem die Genehmigung für den Betrieb eines ↗Kraftfahrzeugs für den Straßenverkehr vermerkt ist‹: *Plötzlich kommt die rote Kelle der Gendarmerie. »Guten Abend. Führerschein und Zulassung bitte«* (VN 13. 6. 2001, Internet). **3.** A (Hochschule) ›Anmeldung an einer Hochschule; Immatrikulation‹: *Abhängig von Ihrer Nationalität und der Herkunft Ihres Nachweises der Allgemeinen Universitätsreife (Reifezeugnis, Studienberechtigung) bzw. Studienabschlusses unterscheidet sich der Vorgang der Zulassung* (Universität Innsbruck, Universitätsverwaltung, 1998, Internet) – Zu 3.: Die offizielle Bezeichnung lautet *Zulassung,* früher und noch informell *Immatrikulation.* Andere Bedeutungen sind gemeindt. Zu 1 und 3 vgl. zulassen – Zu 1.: **Zulassungsbesitzer(in)** A, **Zulassungsstelle.** Zu 2.: **Zulassungsbestimmung, Zulassungsfrist, Zulassungsvoraussetzung**

Zulassungsschein A der; -(e)s, -e: ↗FAHRZEUGAUSWEIS CH, ↗FAHRZEUGSCHEIN D, ↗KRAFTFAHRZEUGSCHEIN D, ↗KRAFTFAHRZULASSUNG D, ↗AUTOBÜCHLEIN STIR ›amtliches Dokument, in dem die Genehmigung für den Betrieb eines ↗Kraftfahrzeugs für den Straßenverkehr vermerkt ist‹: *Bei jeder Fahrt sind der Führerschein, Zulassungsschein, Verbandspäckchen, evtl. Rundfunkbewilligung, mitzuführen* (Ebner, Zweiradfahren 8) – In D-nordwest selten. Vgl. Zulassung

Zulassungstitel STIR der; -s, – (Verwaltung): ›für die Zulassung zu einem ↗Wettbewerb um eine Anstellung im öffentlichen Dienst erforderlicher Studien- bzw. Schulabschluss‹: *Gültig ist jener Studientitel, der gemäß den geltenden Bestimmungen über die Zulassungstitel zum Wettbewerb zum Unterricht im entsprechenden Stellenplan der Grundschule oder in der entsprechenden Wettbewerbsklasse der Mittel- oder Oberschule berechtigt* (Rundschreiben des Schulamtsleiters 25/2000, 2)

zum Präp.: **1.** A D-süd (nicht auflösbar in *zu + dem,* Grenzfall des Standards) /in Verbindung mit einem substantivierten Inf. (an Stelle von *zu + Inf.*)/: *Du hörst mir zum Rauchen auf, darauf kannst du Gift nehmen!* (Menasse, Schubumkehr 83; A); *Und zum Trinken bekommt ihr überhaupt nichts mehr!* (Alfare, Kirchberger 20; A). **2.** A mit Dat. /in der Verbindung *Abgeordnete(r) zum …, z. B. Abgeordnete(r) zum Nationalrat, Abgeordnete(r) zum [Salzburger, Steiermärkischen …] Landtag, Abgeordnete(r) zum Europaparlament/: Sigrid M., Abgeordnete zum Tiroler Landtag …, liest sich gerade zum dritten Mal durch »Kassandra« von Christa Wolf* (Monatsjournal Tirol 2. 4. 1998, 10). **3.** A D mit Dat.; ↗MIT A, ↗PER A CH, ↗AUF CH ›am (zur Angabe von genauen Daten und Zeiträumen, z. B. *zum 1. Juli, zum Wochenende, zum Jahresende*)‹: *Mein Herr Erzeuger reist nämlich an und dem muss ich zum Wochenende vorgeführt werden* (Nöstlinger, Bonsai 86; A); *Das Aufhebungsgesetz soll zum 1. Juli in Kraft treten* (FR 29. 5. 1998, 1; D). **4.** A mit Dat. ›an (zur Angabe der Richtung)‹: *Sie setzt sich zum Küchentisch* (Nöstlinger, Bonsai 98). **5. *zum Rechten sehen/schauen** CH siehe recht; ***zum Voraus** CH siehe Voraus; ***zum Vornherein/Vorneherein** CH siehe Vornherein – Zu 2 vgl. Abgeordnete

Zuname A D der; -ns, -n: ↗SCHREIBNAME A ›Familienname, Nachname‹: *Sein Zuname ist den italienischen Ermittlern unbekannt, und die Beamten des Handelsregisters der Stadt am Bosporus sind nicht bereit, weitere Auskünfte über diesen Mann zu geben* (Profil 11. 1. 1998, Internet; A); *Letzte Woche las ich … einen mehrseitigen Artikel, in dem lediglich mein Vor- und Zuname richtig geschrieben wurde* (Welt 29. 5. 2000, Internet; D) – Die Bedeutung ›Übername, Beiname‹ ist veraltend gemeindt.

zündeln sw.V./hat: **1.** A CH D (ohne ost); ↗ZEUSELN CH, ↗KOKELN D-nord/mittel ›unvorsichtig mit Feuer spielen‹: *Da zündelt einer, jedenfalls riecht's danach* (Payr, Drücken des Schuhs 18; A); *Zündelnde Kinder … Ein Brand hat am Freitag Nachmittag in Reconvilier Sachschaden von mehreren hunderttausend Franken angerichtet* (Bund 20. 7. 1998, 17; CH). **2.** A CH D-südost ›einen Brand absichtlich legen‹: *Most und Wein und ein feuriger Actionfilm hatten* *einen laut Gutachter »geistig minderbegabten« Landwirt aus der Südsteiermark auf die Idee gebracht, selbst zu zündeln. Er steckte Heu in Brand und legte sich schlafen* (OÖN 21. 7. 2000, 19; A); *Mehr denn je aber zündeln auch sardische Banditen, die sich gegen die vom Staat dekretierte Umwandlung ganzer Zonen in geschützte Naturparks wehren* (Bund 7. 10. 1998, 2; CH) – Dazu: ↗**Zündler(in)** A D-südost

Zụnder A die; nur Plur.: ↗ZÜNDHOLZ A CH D (ohne ost) ›Streichhölzer‹: *Ja, und ein wenig Geld, eine Uhr, einen Ausweis, ein Taschenmesser, Zünder oder Feuerzeug, sowie gute Sonnenbrillen mit UV-Schutz sollte man auch mitnehmen* (Skitouren-Führer Lungau, 2000, Internet) – Die Bedeutung ›Teil eines Sprengkörpers, der den enthaltenen Sprengstoff entzündet‹ ist gemeindt.

Zụndholz A CH D (ohne ost) das; -es, …hölzer: ↗ZÜNDER A ›Streichholz‹: *Als lebenswichtig erwies sich ein großer Sack Erdäpfel, eine Menge Zündhölzer und Munition* (Haushofer, Wand 42; A); *Mit einem Zündholz kann man auch ein Haus anzünden* (Bund 18. 1. 1999, 2; CH) – Dazu: **Zündholzbriefchen, Zündhölzchen, Zündhölzli** CH, **Zündholzschachtel**

Zụndler Zụndlerin der; -s, – bzw. die; –, -nen: **1.** A D-süd ›unvorsichtig mit Feuer spielendes Kind‹: *Strafen, wie Hausarrest oder Fernsehverbot, werde es für die »Zündler« nicht geben* (Kurier 13. 2. 1997, 13; A). **2.** A D-südost; ↗BRANDLEGER A ›Brandstifter(in)‹: *Der Millionenbrand im Keller des 50-Parteien-Hauses in der Holzstraße 19 geht laut Kripo eindeutig auf das Konto eines Zündlers* (OÖN 22. 3. 2001, 17; A) – Vgl. zündeln

zụndrot CH Adj. (nicht steigerbar, Grenzfall des Standards): ›feuerrot‹: *Zündrot leuchtet bei Hillegom südlich von Haarlem ein mehrere Hektar grosses Tulpenfeld* (Bund 15. 4. 1997, 4)

zuoberst CH Adv.: ›ganz oben‹: *Als wir nämlich fast zu oberst waren, kamen wir in den ewigen Schnee* (Schädelin, Eugen 134); *Zuoberst auf G.V.s Prioritätenliste stehen weiterhin soziale und internationale Themen* (Bund 29. 12. 1999, 11) – Auch in der Schreibung *zu oberst* gebräuchlich

Zụpfe CH die; –, -n: ↗GERMSTRIEZEL A, ↗BRIOCHE A-ost, ↗ZOPF A CH, ↗HEFEZOPF D (ohne nordost) ›mit ↗Hefe zubereitete süsse Backware in geflochtener Form‹: *Die SVP Bümpliz und Umgebung lädt zum »Burezmorge« – mit Züpfe und Konfi, Rösti und Spiegelei, Jodel und (allenfalls) etwas Politik* (Bund 17. 9. 1999, 29)

zụpfen sich A D-südost sw.V./hat (salopp, Grenzfall des Standards): ↗PUTZEN A, ↗VERTSCHÜSSEN A, ↗HAUS: *SICH ÜBER DIE HÄUSER HAUEN A-ost, ↗SCHLEICHEN A D-süd, ↗VERZUPFEN A D-südost, ↗ABFAHREN CH, ↗ABSCHLEICHEN CH, ↗LEINE: *LEINE ZIEHEN CH D (ohne südost), ↗VERDRÜCKEN CH D (ohne südost), ↗VERDUFTEN CH D, ↗VERKRÜMELN CH D (ohne südost), ↗ABSCHIEBEN D, ↗FLIEGE: *DIE/EINE FLIEGE MACHEN D, ↗VERPISSEN D, ↗DÜNNEMACHEN D-nord/mittel, ↗MÜCKE: *[DIE/EINE] MÜCKE MACHEN D-nord/mittel, ↗PLATTE: *DIE PLATTE PUTZEN D (ohne mittelost/südost), ↗TROLLEN D (ohne ost) ›sich entfernen; verschwinden, abhauen‹ (oft als drohende Aufforderung): *Als der Herr Kurti eines Tages von der Sauna kam, standen seine zwei schmalen Koffer vor der Tür, und Frau Lea sagte nur: »Zupf di', du Gauner!«* (Kleine Ztg 25. 6. 1997, Internet; A) – Andere Bedeutungen, in nichtreflexiver Verwendung, sind gemeindt.

Zụrcher CH: **1. Zürcher Zürcherin** der; -s, – bzw. die; –, -nen: ↗ZÜRICHER A D ›Person, die aus der Stadt oder dem ↗Kanton Zürich stammt oder dort wohnt‹: *Die Zürcherin Silvia R. wollte gleich am Montag nach dem Abstimmungswochenende wieder Bünzerin werden* (NZZ Folio 10/1998, 18). **2.** indekl. Adj.; ↗ZÜRICHER A D, ↗ZÜRCHERISCH CH ›aus der Stadt oder dem ↗Kanton Zürich stammend, zu Zürich gehörend‹: *Der Adjudant, ein ehemaliger Zürcher Tramfahrer, war ein richtiger Sadist* (Furrer, My Way 66); ***Zürcher Oberland** siehe Oberland; ***Zürcher Unterland** siehe Unterland; ***Zürcher Weinland** siehe Weinland – Zu 1.: **Stadtzürcher(in).** Zu 2.: ↗**kantonalzürcherisch**, ↗**zürcherisch, Zürcher-Tram, Zürchervolk**

zụrcherisch CH Adj.: ↗ZÜRICHER A D, ↗ZÜRCHER CH ›aus der Stadt oder dem ↗Kanton Zürich stammend, zu Zürich gehörend‹: *Nicht einmal die zürcherische Agglomeration … mutet sonderlich gigantisch an* (Allemann, Schweiz 93) – Dazu: **stadtzürcherisch**

zurẹchtmachen sw.V./hat: **1.** CH D-nord/mittel; ↗RICHTEN A CH D-süd ›einen [kalten] Imbiss zubereiten‹: *Ich ess immer alles auf, was ich mir vorher zurechtgemacht habe* (Ernährungsberatung, 2001, Internet; CH); *Die Attraktivität des Essens steigt zusätzlich, wenn es in Häppchen zurechtgemacht ist* (NDR 5. 11. 2001, Internet; D-nord/mittel). **2.** CH D-nord/mittel; ↗HERRICHTEN A D-süd, ↗ZUSAMMENRICHTEN A D-südost ›etw. hinlegen, bereitlegen, zurechtlegen‹: *Zum Schlafen wird »ein stoffüberzogener Haufen« – das bedeutet Futon wörtlich übersetzt – ausgerollt und mit Decken und Kissen für die Nacht zurechtgemacht* (Bund 10. 12. 1999, 34; CH); *Sie bekamen eine Kuschelbox zurechtgemacht mit Wärmflasche und einem Wecker* (Arche Noah 1/1999, Internet; D-nord/mittel). **3.** [sich] CH D (ohne südost); ↗HERRICHTEN A CH D-süd ›sich für einen [festlichen] Anlass kleiden; sich mit Kleidung und kosmetischen Mitteln verschönern‹: *Sie hatte ihre*

Arbeitskleidung bereits mit einem Strassenanzug vertauscht und sich zurechtgemacht für die Entgegennahme des Preises (TA 19. 11. 1998, 51; CH); *Der Mann hat sich zurechtgemacht: Hemd, Jackett, in der Hand einen großen Blumenstrauß* (Berliner Ztg 7. 2. 1995, Internet; D)

zureden: *jmdm. zureden wie einem kranken Ross A D-süd; ***jmdm. zureden wie einem lahmen Gaul** D-mittel/süd (Grenzfall des Standards) ›auf jmdn. beharrlich einreden, um ihn aufzumuntern und zu motivieren‹: *Wie einem kranken Ross redete er ihm zu, die Zähne zusammenzubeißen, es stünde schließlich nicht dafür, mittendrin die Flinte ins Korn zu werfen* (Zauner, Taubenbaum 152; A); *Lang kann ich nicht mehr so hängen und dir zureden wie einem lahmen Gaul. Komm endlich raus, raus in die Sonne!* (Universität Augsburg 27. 9. 2001, Internet; D-mittel/süd) – Das Verb *zureden* ist in allen anderen Verwendungen gemeindt.

Zürich (gemeindt.): ↗LIMMATSTADT, ↗ZWINGLISTADT

Züricher A D: **1. Züricher Züricherin** der; -s, – bzw. die; –, -nen: ↗ZÜRCHER CH ›Person, die aus der Stadt oder dem ↗Kanton Zürich stammt oder dort wohnt‹: *Die Siegerin, eine 28-jährige Züricherin, gewann eine achttägige Donau-Kreuzfahrt für zwei Personen auf der »Mozart«* (OÖN 19. 11. 1987, 6; A); *Züricherinnen und Züricher kommen heute beispielsweise mit nur zwei Mausklicks zur gewünschten Heiratsurkunde* (Marktplätze Commerce 3. 7. 2003, Internet; D). **2.** indekl. Adj.; ↗ZÜRCHER CH, ↗ZÜRCHERISCH CH ›aus der Stadt oder dem ↗Kanton Zürich stammend, zu Zürich gehörend‹: *Das Züricher Blatt kommentiert den Parteitag der KP Chinas* (Presse 17. 9. 1997, 2; A); *Fröhlich spazierte die junge Frau übers Züricher Trottoir* (Focus 16. 3. 1998, 142; D)

zurück- (gemeindt.): ↗RETOUR-

zurückbleiben: *zurückbleiben bitte D ›nicht mehr einsteigen‹ /Ansage auf Bahnhöfen/: *Das Gemurmel auf dem Bahnsteig wird von einer Lautsprecherstimme übertönt: »Achtung, auf Gleis 6 a/b, Zug Richtung Ahrensburg, zurückbleiben bitte, Türen schließen automatisch«* (Hamburger Abendbl 4. 1. 1999, Internet) – Das Verb *zurückbleiben* ist in allen anderen Verwendungen gemeindt.

zurückbuchstabieren CH sw.V./hat: **1.** ›Zielvorstellungen zurücknehmen, Kompromisse machen‹: *SGB-Sekretär Pietro C. spricht von einem Rückschritt und befürchtet, dass Unternehmen mit grosszügigeren Regelungen zurückbuchstabieren werden* (Bund 23. 7. 1999, 1). **2.** ↗ZURÜCKKREBSEN CH ›einmal erreichte Entwicklungen ängstlich wieder aufgeben und zu einem früheren Zustand zurückkehren; einen Rückzieher machen‹: *Und doch wäre es wunderbar, wenn dieses … Werk in unserem Land, das in einer der konservativsten, zurückbuchstabierendsten Phasen steckt, wenigstens ein befreiendes Lachen auslösen könnte* (Bund 9. 8. 1999, 5)

zurückkrebsen CH sw.V./hat: ↗ZURÜCKBUCHSTABIEREN CH ›einen Rückzieher machen‹: *Ursprünglich sollte eine Französischlektion geopfert werden. Nachdem dies in der Romandie zu heftigen Protesten geführt hatte, ist der Erziehungsrat nun zurückgekrebst* (TA 17. 12. 1997, 1)

zurücklegen sw.V./hat: **1.** A (formell) ›(ein Amt oder eine Funktion) niederlegen‹: *In der jüngsten Stadtvertretersitzung legten zwei Stadträte ihr Amt zurück* (VN 19. 12. 1997, A 6). **2.** A ›(eine Strafanzeige) nicht weiter behandeln; einstellen‹: *Noch im Frühjahr '97 hatte die Staatsanwaltschaft eine nach einem profil-Bericht erstattete Anzeige zurücklegen wollen, war aber vom Justizministerium zu »weiteren Erhebungen« aufgefordert worden* (Profil 19. 1. 1998, 62). **3.** CH (formell) ›[ein Lebensjahr] vollenden‹: *Die Möglichkeit, dass schulentlassene Jugendliche bei der Tätigkeit ihrer Eltern mithelfen, ist in einigen Kantonen erst nach dem zurückgelegten 20. Lebensjahr gegeben* (Fahrende 40) – Andere Bedeutungen sind gemeindt.

zurücksetzen D sw.V./hat: ↗REVERSIEREN A ›mit einem Fahrzeug rückwärts fahren‹: *Eingeblendete grüne Kurven markieren den … Manövrierraum, eine rote Linie die Grenze, bis zu der man ohne Gefahr des Zusammenstoßes zurücksetzen kann* (Zeit 17. 4. 2002, Internet) – Andere Bedeutungen sind gemeindt.

zurückstellen A sw.V./hat: ›etw. zurückbringen, -geben, -schicken, rückerstatten‹: *Meldet sich der Eigentümer in der Folge, so muss ihm nach Abzug der Kosten und des Finderlohnes die Sache oder der erlöste Wert samt den daraus gezogenen Zinsen zurückgestellt werden* (Maxima 3/1998, 162) – Andere Bedeutungen, z. B. ›etw. an seinen [früheren] Platz stellen‹, sind gemeindt. – Dazu: **Zurückstellung**

zusammenessen A D-südost: ↗WEGESSEN A-südost D-mittel ›aufessen‹: *Fertige Bohnengerichte stets zusammenessen, da Reste nicht wiedererwärmt werden dürfen (da sich Gifte bilden)!!* (Kirchenweb, 2002, Internet; A)

zusammenfahren A D-südost st.V./hat: ↗NIEDERFAHREN A, ↗NIEDERFÜHREN A, ↗ZUSAMMENFÜHREN A ›(mit einem Fahrzeug) jmdn. zu Fall bringen; überfahren‹: *Im Dezember 1989 nötigte er Helmut R. zur Bezahlung einer vermeintlichen Spielschuld von 300.000 S. Helmut R. solle an Frau und Kinder denken – und daran, dass ihn jemand zusammenfahren könne* (OÖN 10. 4. 1992, 15; A) – Andere Bedeutungen sind gemeindt.

zusammenführen A sw.V./hat: ↗NIEDERFAHREN A, ↗NIEDERFÜHREN A, ↗ZUSAMMENFAHREN A D-südost ›mit einem Fahrzeug jmdn. zu Fall bringen; überfahren‹: *Dabei darfst du weder einen Unfall mit den anderen Autos bauen, noch die Katze zusammenführen, die plötzlich vor dir auftauchen kann* (Firma Arcade, Lieblingsspiele, 2002, Internet) – Andere Bedeutungen sind gemeindt.

zusammengestellt (gemeindt.): ↗ASSORTIERT

zusammenhelfen A D-süd st.V./hat: ›einander helfen‹: *Klar, auf dem Platz gibt's diese gesunde sportliche Rivalität, aber ansonsten hilft man zusammen, wo immer es geht* (Monatsjournal Tirol 2. 4. 1998, 12; A)

zusammenkehren sw.V./hat: **1.** A D-mittelost/südost ›durch ↗Kehren säubern‹: *Die Hausbesorgerin, Frau Z., hat zusammengekehrt und den Abfall sozusagen aus pädagogischen Gründen auf der Türmatte von Frau W. deponiert* (ORF Nachlese 11/1997, 42; A). **2.** A CH D-mittelost/süd ›auf einen Haufen ↗kehren‹: *Rund 50 Kubikmeter Mist wurden zusammengekehrt, eingesammelt und abtransportiert* (Kleine Ztg 4. 1. 2000, Internet; A); *Sie stehen auf der untersten Stufe, brauchen keine Intelligenz und strahlen glücklich, wenn sie den Müll zusammenkehren dürfen* (NLZ 3. 5. 2001, Internet; CH)

zusammenklauben A D-nordwest/süd sw.V./hat: ↗AUFKLAUBEN A D-süd, ↗KLAUBEN A D-süd, ↗AUFLESEN A-west (Vbg.) CH D (ohne südost) ›etw. vom Boden aufheben; einsammeln‹: *Er ließ auch noch das Sackerl mit den 150.000 Schilling Beute im Institut fallen und musste die Scheine vor der Flucht zusammenklauben* (OÖN 30. 6. 1992, 15; A); *Auch auf meine Entschuldigungen und das hastige Zusammenklauben des Abfalls reagierte man mit Schweigen* (Rothmann, Wäldernacht 31; D-nordwest/süd)

zusammenkneifen CH D (ohne südost) st.V./hat: ›(Augen, Lippen) zusammenpressen, zusammendrücken‹: *Die Augen kneift er zusammen, im Gesicht ein konzentriertes Lächeln* (Blick 27. 3. 1998, 1; CH); *Fang kneift die Augen zusammen und fährt sich mit der Hand über die kurzen, schwarzen Stoppeln seines Schädels* (Tagesspiegel 30. 1. 2001, Internet; D) – Vgl. kneifen

zusammenrichten sw.V./hat: **1.** A D-südost; ↗HERRICHTEN A D-süd, ↗ZURECHTMACHEN CH D-nord/mittel ›hinlegen, bereitlegen, zurechtlegen‹: *Das Geschirr und die Wäsche wird zusammengerichtet* (Reisebericht Amerika, 2002, Internet; A). **2.** sich A D-südost (Grenzfall des Standards) ›sich [zum Aufbruch] fertig machen‹: *Richt dich gleich zusammen, Hans* (Weidwerk, 1997, 31; A). **3.** D-südost (Grenzfall des Standards); ↗RICHTEN A CH D-süd ›reparieren, instand setzen‹: *Oberhalb dieser 2 Glocken … steht … der notdürftig zusammengerichtete alte Glockenstuhl für die kleinste dritte Glocke* (Gemeinde Markt Pfaffenhofen, 2002, Internet)

Zusammenschiss CH der; -es, -e (derb, Grenzfall des Standards): ↗ANPFIFF A D, ↗ANRANZER D-nord/mittel ›in scharfem Tonfall geäusserte Kritik; scharfer Tadel; Anschiss‹: *Es folgte ein kräftiger Zusammenschiss des Trainers, und siehe da, dieser schien etwas bewirkt zu haben* (UHC Zuger Highlands, 2002, Internet)

zusammenspannen CH sw.V./hat: ›sich mit jmdm. zusammentun bzw. zusammenschliessen; gemeinsame Sache mit jmdm. machen‹: *Indem wir mit anderen Fluggesellschaften zusammenspannen, können wir viel mehr Destinationen und Flüge anbieten* (Blick 24. 6. 1999, 5) – Andere Bedeutungen, z. B. ›zwei Gegenstände miteinander verbinden (Technik)‹, sind gemeindt.

Zusammenzug CH der; -(e)s, …züge: ›Versammeln einer Truppe oder Mannschaft (zu Übungs-, Trainings- oder Kampfzwecken)‹: *Beim ersten Zusammenzug fehlen mit Ausnahme von Verteidiger Julien V. sämtliche Spieler von Meister Lugano* (TA 12. 11. 1999, 49)

Zusatzbehör BELG das; -(e)s, -e: ↗ZUGEHÖR A CH ›zu einem Gerät gehörende Ausstattung; ↗Zubehör‹: *Zusammen mit dem differenzierten Zusatzbehör dürfte die gesamte Anlage rund 40 Mio. kosten* (Spital 20/1999, 3)

Zuschauer (gemeindt.): ↗ZUSEHER/ZUSEHERIN

Zuschlag CH D der; -(e)s, …schläge: ↗AUFSCHLAG A D, ↗AUFGELD D-nord/mittelwest ›Aufpreis, Aufzahlung‹: *Seit einigen Monaten muss der Kunde, der in der öffentlichen Telefonzentrale im Hauptbahnhof Bern telefonieren will, einen Zuschlag von Fr. 1.- bis 6.- pro Gespräch entrichten* (Bund 26. 8. 1996, 13; CH); *… müssen Nutzer des Sammel-Taxis zusätzlich zum RMV-Tarif einen Zuschlag in Höhe von zwei Mark zahlen* (Taunus Ztg 11. 10. 2001, Internet; D) – Andere Bedeutungen sind gemeindt.

zuschließen D (ohne südost) st.V./hat: ↗VERSPERREN A, ↗ABSPERREN A D-südost, ↗ZUSPERREN A D-südost, ↗ABSCHLIESSEN CH ABSCHLIEßEN D (ohne südost) ›mit einem Schlüssel schließen, unzugänglich machen; verschließen‹: *Nebenbei lässt sich mit den … Schlüsseln natürlich auch die Wohnungstür auf- und zuschließen* (Focus Money 29. 1. 2003, Internet)

Zuschuss A D der; -es, …schüsse: ↗BEITRAG CH, ↗ZUSTUPF CH ›finanzielle Unterstützung [aus öffentlichen Geldern]; Subvention‹: *Die Empfänger einer Ausgleichszulage erhalten bei einem Kuraufenthalt einen Zuschuss von EUR 5,45 pro Tag von der Ge-*

meinde (Gemeinde Leonding, 2002, Internet; A); *Wie eine sinnvoll dimensionierte Zisterne entsteht und wo sie sogar Zuschüsse bekommen, erfahren Sie beim Informationszentrum Beton* (Schöner Wohnen 10/1997, Beilage 28; D) – In CH informell und mit der Bedeutungsnuance ›kleine, zusätzliche Unterstützung‹ zunehmend gebräuchlich. Die Verwendung im Druckwesen ist gemeindt. – Dazu: **Bauzuschuss, Bundeszuschuss, Staatszuschuss, Urlaubszuschuss** A

zuschustern D sw.V./hat (Grenzfall des Standards): ↗zubuttern D ›(Geld) dazugeben, beisteuern; hineinbuttern‹: *Wie kann man einem Kicker einige Millionen im Jahr zuschustern?* (Seniorentreff 4. 10. 2002, Internet)

zusehen D-nord/mittel st.V./hat: ↗dazuschauen A D-südost ›sich bemühen‹: *Heute muss ich zusehen, dass er überhaupt noch etwas frisst* (Tier 9/1996, 28) – Andere Bedeutungen sind gemeindt.

Zusehen: *auf Zusehen [hin] CH ›bis auf weiteres, auf Widerruf‹: *Nach einem eher verregneten Sommer soll die Schwimmbadsaison auf Zusehen verlängert werden, allerdings mit verkürzter Öffnungszeit von 13 bis 18 Uhr* (Bund 16. 9. 1999, 31); *Eben war uns auch das freie Anschlagbrett bewilligt worden: auf Zusehen hin* (Burri, Bad 114)

Zuseher Zuseherin A der; -s, – bzw. die; –, -nen: ›Zuschauer(in)‹: *Der Freund des Papstes organisiert eine TV-Serie, die den Zusehern das ABC des Glaubens näher bringen will* (Profil 10. 11. 1997, 154) – Vgl. Seher – Dazu: **Fernsehzuseher(in)**

Zuspeise A die; –, -n: ›Speise, die zusätzlich zu einer Hauptspeise gereicht wird; Beilage‹: *Für alle, die zu den Fischen eine besondere Zuspeise, ein spezielles Tröpferl oder ein bäuerliches Produkt suchen, hat Edith Sch. … einen Bauernladen eingerichtet* (Kurier 7. 8. 1994, Internet)

zusperren A D-südost sw.V./hat: **1.** ↗versperren A, ↗absperren A D-südost, ↗abschliessen CH abschließen D (ohne südost), ↗zuschließen D (ohne südost) ›mit einem Schlüssel schließen, unzugänglich machen‹: *Gedankenverloren steckte er den großen, unförmigen Haustorschlüssel ins Loch und sperrte ein letztes Mal zu* (Schöpf, Ausgedingler 82; A). **2.** ↗auflassen A D-südost ›stilllegen‹: *Durch das neue Krankenanstaltengesetz, das die Anwesenheit eines Arztes während der gesamten Öffnungszeiten erforderlich macht, war das Gesundheitszentrum wieder zum Zusperren verurteilt* (Kleine Ztg 2. 3. 1997, 36; A). **3.** ↗auflassen A D-südost ›für längere Zeit oder endgültig schließen; (ein Geschäft) aufgeben, auflösen‹: *Von Allerheiligen bis Ostern müssen wir aus Umsatzgründen an fünf Tagen am Nachmittag zusperren* (Monatsjournal Tirol 2. 4. 1998, 30; A); *Eine Leiche und die Polizei im Lokal, wenn sich das herumspricht, kann ich zusperren* (Semrau, Zimtapfel 29; A) – Vgl. sperren

Zusprache CH die; –, -n: ›Gewährung (einer finanziellen Unterstützung)‹: *Wenn es aber um die Zusprache dringend notwendiger zusätzlicher Mittel geht, verfügen die Universitäten über eine schwache Lobby* (NZZ 9. 7. 2002, 13) – Andere Bedeutungen sind gemeindt.

Zustelldienst A D der; -(e)s, -e: ↗Hauslieferdienst CH, ↗Bringdienst D ›Dienst zur [regelmäßigen] Belieferung von Haushalten mit Waren‹: *Ein feines Service für ältere Menschen sind die Zustelldienste des örtlichen Nahversorgers* (Monatsjournal Tirol 2. 4. 1998, 30; A); *Sämtliche entleihbare Medien können Sie sich über unseren kostenfreien Zustelldienst zukommen lassen und an folgenden Orten abholen* (Erzbistum Köln 11. 9. 2002, Internet; D); ***ausgenommen Zustelldienst** A: ↗Ladetätigkeit: *ausgenommen Ladetätigkeit A, ↗Zubringerdienst: *Zubringerdienst gestattet CH, ↗Anlieferung: *Anlieferung frei D ›Zufahrt für Gewerbebetriebe nur zum raschen Abholen und Bringen von Personen oder Waren gestattet‹: *Eine Zusatztafel mit der Aufschrift »ausgenommen Zustelldienste« zeigt an, dass das rasche Auf- oder Abladen geringer Warenmengen vom Halteverbot ausgenommen ist* (Magistrat Wien, 2001, Internet) – In der Bedeutung ›Auslieferungsabteilung der Post oder bei Zeitungen‹ auch in CH gebräuchlich. Vgl. Hauszustellung, zustellen

zustellen sw.V./hat: **1.** A; ↗überstellen A, ↗aufstellen A D (ohne mittelost/südwest), ↗aufsetzen CH D ›zum Kochen auf den Herd stellen‹: *Selchschopf mit Wacholderbeeren, Lorbeerblatt und Pfefferkörnern in heißem Wasser zustellen* (Echo 23. 9. 1998, 186). **2.** A D-nordwest/südwest ›(Waren, Mahlzeiten o. Ä.) ins Haus liefern‹: *Personen, die nicht mehr in der Lage sind, ihr tägliches Essen selbst zuzubereiten, bekommen ein Mittagessen zugestellt* (Soziale Dienste Wien, 2000, Internet; A). **3.** D ›durch Hinstellen, Aufstellen von etw. versperren; verstellen‹: *Achtlos geparkte Pkw, die … Behindertenparkplätze belegen oder Feuerwehrzufahrten zustellen, werden kostenpflichtig abgeschleppt* (WAZ 11. 8. 2000, Internet) – Die Bedeutung ›Post ins Haus liefern‹ ist gemeindt. – Zu 2.: ↗**Hauszustellung** A D, ↗**Zustelldienst** A D

Zustupf CH der; -(e)s, …stüpfe (informell): ↗Zuschuss A D, ↗Beitrag CH ›zusätzliche finanzielle Unterstützung [aus öffentlichen Geldern]; Subvention‹: *Weil das Einkommen von Peter G. unter dem Existenzminimum liegt, erhält er von der Bürgergemeinde monatlich einen Zustupf von 800 Franken* (Blick 18. 9. 1999, 2)

Zuwaage die; –, -n: **1.** A D-südost ›beim Fleischkauf zugegebene Knochen, die mitgewogen werden‹:

»Rinder, Kälber, Schweine haben leider auch vier Beine. Drum muss beim Fleischabwiegen jeder ein paar Knochen kriegen.« Da freut man sich direkt, dass man inzwischen eine andere Zuwaage nicht mehr in Kauf nehmen muss (OÖN 11. 1. 1993, 5; A). **2.** A; ↗DRAUFGABE A, ↗DREINGABE CH D-südost ›etw. Zusätzliches; Begleiterscheinung, Nebeneffekt‹: *Und als Zuwaage kriegt sie den neuesten Firmentratsch zu hören* (Marzik, Mizzi 84)

zuzahlen D (ohne südost) sw.V./hat: ↗AUFZAHLEN A D-südost ›einen Eigenanteil bzw. eine Selbstbeteiligung für eine Leistung erbringen, die teilweise von Dritten gezahlt wird‹: *Erhöht etwa eine Kasse ihren Beitragssatz um 0,6 Prozentpunkte, so muss der Versicherte für eine kleine Pillenpackung zehn DM zuzahlen* (Welt 28. 9. 1996, Internet) – Dazu: **Zuzahlung**

Zuzel A (ohne west) der; -s, – (Grenzfall des Standards): ↗LULLER A, ↗SCHNULLER A D, ↗NUGGI A-west (Vbg.) CH, ↗NUCKEL D-nord/mittel ›kleines, auf einer mit einem Ring versehenen Plastikscheibe befestigtes Gummibällchen, das Kleinkindern zur Beruhigung in den Mund gesteckt wird‹: *Du hast wohl manches Mal erzählt von deinem Bruder, der als Kind, weil er immer schrie, zu viele Most- oder Schnapszuzel bekommen hat* (Steinwendtner, Rote Lackn 39) – Auch in den Schreibungen *Zutzel, Zu[t]zl* – Dazu: ↗**zuzeln**

zuzeln sw.V./hat (Grenzfall des Standards): **1.** A (ohne west); ↗HÖLZELN A ›fehlerhafte Aussprache der Zischlaute, bei der die Zunge an die oberen Vorderzähne gestoßen wird; lispeln‹: *Neben drei fixen Schulen arbeiten in einem Großteil Wiener Volksschulen SprachheillehrerInnen vor Ort mit Kindern, um kleinere Probleme wie Zutzeln zu beheben* (Kurier 8. 3. 1999, 22). **2.** A D-südost ›saugen, lutschen‹: *Sogar die Vorliebe für billige Leberwurst, die Kolm am liebsten frisch aus der Plastikhaut zuzelt, hat man bedacht* (Franzobel, Shooting Star 9; A); ***sich etw. aus den Fingern zuzeln** siehe Finger – Auch in den Schreibungen *zutzeln, zu[t]zln.* Zu 2 vgl. Zuzel

Zuzüger Zuzügerin CH der; -s, – bzw. die; –, -nen: ↗ZUGEREISTE A D (ohne mittelost), ↗ZUZÜGLER A D-ost/südwest, ↗NEUZUZÜGER CH, ↗NEUBÜRGER D, ↗REINGESCHMECKTE D-südwest ›Person, die sich in einer anderen Gemeinde als ihrem Herkunftsort niederlässt; Zugezogene(r)‹: *Mit einer Werbebroschüre sollen die Vorteile der Gemeinde Firmen und potenziellen Zuzügern schmackhaft gemacht werden* (TA 22. 9. 1999, 29)

Zuzügler Zuzüglerin der; -s, – bzw. die; –, -nen: **1.** A D-ost/südwest; ↗ZUGEREISTE A D (ohne mittelost), ↗NEUZUZÜGER CH, ↗ZUZÜGER CH, ↗NEUBÜRGER D, ↗REINGESCHMECKTE D-süd ›Person, die sich in einer anderen Gemeinde als ihrem Herkunftsort niederlässt; Zugezogene(r)‹: *»Es gibt gerade in unserem Bezirk immer mehr Zuzügler aus Wien«, so die Meinung von Müttern aus Korneuburg und Umgebung* (NÖ-Anzeiger 9/1999, Internet; A); *Die Zuzügler erfreuen sich besonders an den niedrigeren Lebenshaltungskosten an der Spree* (Welt 22. 4. 2000, Internet; D-ost/südwest). **2.** A; ↗ZUGEREISTE A, ↗NEUBÜRGER A D ›Person ausländischer Herkunft, die sich in Österreich niederlässt‹: *Der Generalsekretär der FPÖ, der die Wahlkämpfe seiner Partei erfolgreich als Hetze gegen Ausländer, zumal gegen die Zuzügler aus den osteuropäischen Ländern, konzipiert, ist ein adretter junger Mann* (Eurozine 20. 12. 2000, Internet) – In CH selten

Zvieri CH das/der; -s, ohne Plural ['tsfiːɐ̯rɪ] (Grenzfall des Standards): ↗JAUSE A, ↗ZWISCHENVERPFLEGUNG CH, ↗BROTZEIT D-südost, ↗VESPER D-südwest, ↗MARENDE STIR ›Zwischenmahlzeit am Nachmittag; [kalter] Imbiss‹: *Sofie (5) bekommt ein Stück Brot und einen Apfel, während alle anderen zum Zvieri Süssigkeiten schlecken* (Blick 27. 8. 1998, 27) – Dazu: ↗**Zvierihalt,** ↗**Zvieripause, Zvieriplättli** (↗Plättli)

Zvierihalt CH der; -(e)s, -e ['tsfiːɐ̯rɪ...] (Grenzfall des Standards): ›Unterbrechung einer Wanderung oder Ausfahrt am Nachmittag, um einen [kalten] Imbiss einzunehmen‹: *Biker, Reiter, Wanderer, Velofahrer, die typischen Besenbeizen-Kunden, haben heute für ihren Zvierihalt die Qual der Wahl* (TA 8. 8. 2001, 13) – Vgl. Znünihalt, Zvieri

Zvieripause CH die; –, -n ['tsfiːɐ̯rɪ...] (Grenzfall des Standards): ↗JAUSE A, ↗BROTZEIT D-südost, ↗KAFFEETRINKEN CH D, ↗VESPERPAUSE D-südwest, ↗MARENDE STIR ›Pause am Nachmittag, in der man eine Zwischenmahlzeit zu sich nimmt‹: *Während einer Zvieripause kam es zu Gesprächen* (St. Galler Tagbl 29. 4. 1997, Internet) – Vgl. Zvieri

ZW siehe Zollwache

zwäg CH Adj. ⟨zusammengezogen aus *zu* und *Weg(e)*⟩ (Grenzfall des Standards): **1.** ›bei [guter] Gesundheit; in Form; fit‹: *Die Leute wollen schlank und fit wirken, straff und zwäg sein* (Blick 1. 9. 1999, 6); *Mein Mann ist körperlich sehr schlecht zwäg* (TA 25. 10. 1999, 18). **2.** ›nett, toll‹: *Wir sind eine zwäge Steelband, musikalisch wie auch in der Kameradschaft untereinander* (Carnavaleros Steel Music Horgen, 2002, Internet)

zwängeln CH sw.V./hat: **1.** ↗BENZEN A D-südost ›durch ständiges, lästiges Bitten etw. erreichen wollen; quengeln‹: *Die Kinder auf dem Rücksitz zwängeln, täubeln, kreischen, was Bühler aufregt, immer stärker erregt* (NZZ 26. 3. 2002, Internet). **2.** ↗ZWÄNGEN CH ›hartnäckig auf etw. beharren‹: *Wenn nun die Entente Bernoise unbedingt weiter zwängeln will: Das Grüne Bündnis hat keine Angst vor einer erneuten*

Volksabstimmung (Pressecommuniqué Grünes Bündnis, 2000, Internet)

zwängen CH sw.V./hat: ↗ZWÄNGELN CH ›hartnäckig auf etw. beharren, etw. durchboxen‹: *Obgleich sie der Liebe des Königs gewiss ist, zeigt sie das Gehabe des zwängenden Kindes und entbehrt auch so der königlichen Würde* (Solothurner Ztg 29. 8. 1998, Internet) – Die Bedeutung ›gewaltsam auf engem Raum irgendwohin drücken‹ ist gemeindt. – Dazu: ↗**Zwängerei, Zwänger(in), zwängerisch**

Zwängerei CH die; –, -en: **1.** ↗DRÄNGEREI A, ↗DRÄNGELEI D ›Gedränge‹: *In der Sierra Nevada hätte es eine Zwängerei auf verkürzten oder ungenügenden Pisten gegeben* (Blick 27. 1. 1995, 22). **2.** ↗DRÄNGELEI D ›unnachgiebiges Beharren auf einer Forderung, Durchsetzen eines Ziels‹: *Die Expo nach all den Wirren noch im Jahre 2001 durchzuführen ist eine sinnlose und teure Zwängerei* (Blick 17. 9. 1999, 28). **3.** ↗QUENGELEI A D (ohne südost) ›weinerliches Bitten (von Kindern)‹: *Hören Sie aus dem Hilferuf Ihres Kindes, ob es sich um blosse Zwängerei handelt, oder ob das Kind wirklich in Not ist?* (Frauchiger, Menschen 14) – Vgl. zwängen

Zwangsausgleich A der; -(e)s, -e: ↗NACHLASSVERTRAG CH, ↗ZWANGSVERGLEICH D ›Vertrag, der bei einem Konkurs zwischen Schuldner(in) und Gläubiger(in) abgeschlossen wird und der die teilweise Befriedigung des Gläubigers bzw. der Gläubigerin [durch Dritte] beinhaltet‹: *Er hat die Gläubiger mit fünfundzwanzigprozentigem Zwangsausgleich zufrieden gestellt und steht nicht mehr unter finanzieller Kuratel* (News 15. 1. 1998, 176) – Im Ggs. zum *Konkurs* erlischt bei beglichener Teilschuld auch die Restschuld – Dazu: **Zwangsausgleichsantrag, Zwangsausgleichsquote, Zwangsausgleichsverfahren**

zwangsbeglücken A sw.V./hat: ›jmdm. etw. zukommen lassen und ihm/ihr keine Möglichkeit geben, sich dieser eigentlich unerwünschten Sache zu entziehen‹: *Die Gemeinde wird niemanden zwangsbeglücken, aber wenn die Wirtschaft ihren Beitrag leistet, werden wir an vorderster Front mitmachen* (OÖN 22. 7. 1999, Internet) – Dazu: **zwangsbeglückt, Zwangsbeglückung**

zwangsräumen (gemeindt.): ↗DELOGIEREN

Zwangsvergleich D der; -(e)s, -e: ↗ZWANGSAUSGLEICH A, ↗NACHLASSVERTRAG CH ›Vertrag, der bei einem Konkurs zwischen Schuldner(in) und Gläubiger(in) abgeschlossen wird und der die teilweise Befriedigung des Gläubigers bzw. der Gläubigerin beinhaltet‹: *Ein wichtiges Wort mitzureden hätte dabei die Treuhand-Nachfolgerin BvS. Sie müsste bei einem Zwangsvergleich endgültig auf den Großteil jener Subventionen verzichten, die für die Ost-Werften bestimmt waren, aber bei West-Töchtern versickert sind* (Tagesspiegel 30. 4. 1997, Internet)

Zwangsversteigerung (gemeindt.): ↗ZWANGSVERWERTUNG

Zwangsverwertung CH die; –, -en: ›gerichtlich angeordnete Versteigerung bei Insolvenz eines Schuldners bzw. einer Schuldnerin; Zwangsversteigerung‹: *Sollte der Hauseigentümer zahlungsunfähig werden, so würde die Bank die Zwangsverwertung der Liegenschaft veranlassen* (Blick 11. 1. 2002, 23) – Dazu: **Zwangsverwertungsverfahren**

Zwänzgi CH das; -s, – (Grenzfall des Standards): ›Münze im Wert von 20 ↗Rappen‹: *Die Negerli sassen auf den grün drapierten Kässeli, in die wir unser Zwänzgi stecken durften, und dankten mit Kopfnicken* (Bund 24. 12. 1998, 25)

Zwanzig CH D (ohne südost) die; –, -en: ↗ZWANZIGER A CH D-süd ›Zeichen für die Zahl 20; Nummer (auf einer Liste o. Ä.); Verkehrslinie‹: *Wir schenken Ihnen CHF 20.-, wenn Sie sich in unsere E-Mail Liste eintragen! Dazu klicken Sie einfach links die »Zwanzig« an* (Juwelier Schlegel, 2003, Internet; CH) – Vgl. den Kommentarteil zu ↗Eins. Im Ggs. zum Substantiv *die Zwanzig* ist das kleingeschriebene Zahlwort *zwanzig*, z. B. *sie ist zwanzig [Jahre alt]*, gemeindt. Gilt analog für Dreißig/Dreissig, Vierzig etc.

Zwanziger der; -s, –: **1.** A CH D-süd; ↗ZWANZIG CH D (ohne südost) ›Zeichen für die Zahl 20; Nummer (auf einer Liste o. Ä.); Verkehrslinie; Jahrgang [19]20, Spielkarte‹: *Ich habe einen Zwanziger angesagt, aber keine Punkte bekommen* (Neue Kronen Ztg, Schnapserkönig, 2002, Internet; A); *Zuunterst auf der Tafel kommen die Zwanziger zu stehen, die ebenfalls links beginnend wie die Hunderter senkrecht geschrieben werden* (Jassonkel, 2002, Internet; CH). **2.** A D-südost; ↗ZWANZIGSTE CH D ›zwanzigster Geburtstag; zwanzigjähriges Bestehen einer Firma, eines Vereines o. Ä.; Person, die den 20. Geburtstag feiert‹: *Wenn man so alt geworden ist und so viele runde Geburtstage erlebt hat, gilt es natürlich auch die Frage zu klären, welcher denn nun der schönste gewesen sei: der Zwanziger, der Fünfziger, der Hunderter? »Na, na, schon der Hunderter«, sagt Adelheid H. und lächelt verschmitzt* (Kleine Ztg 28. 10. 1999, Internet; A) – Zu 1 vgl. den Kommentarteil zu ↗Einser. Zur Verwendung des kleingeschriebenen Zahlwortes *zwanzig*, z. B. *sie ist zwanzig [Jahre alt]*, siehe Zwanzig. Die Kurzform *die Zwanziger* für ›Zwanzigerjahre‹ ist gemeindt. Gilt analog für Dreißiger/Dreissiger, Vierziger etc.

Zwanzigste CH D der; -n, -n: ↗ZWANZIGER A D-südost ›zwanzigster Geburtstag; zwanzigjähriges Bestehen einer Firma, eines Vereines o. Ä.‹: *Sie alle waren gekommen, um mit dem »Alpenland Quintett« den*

Zwanzigsten zu feiern (Blick 9. 5. 1994, 8; CH); *Eberhard R. gratuliert der Fernsehserie »Das Traumschiff« … zum Zwanzigsten* (Zeit 8. 8. 2001, Internet; D) – Im Ggs. zum Substantiv *Zwanzigste* ist das kleingeschriebene Zahlwort *zwanzigste,* z. B. *sie feiert den zwanzigsten Geburtstag,* gemeindt. Gilt analog für Dreißigste/Dreissigste, Vierzigste etc.

Zwei CH D (ohne südost) die; –, -en: ↗ZWEIER A CH D-süd ›Zeichen für die Ziffer 2; Nummer (auf einer Liste o. Ä.); Verkehrslinie; Schulnote; Augenzahl 2 auf dem Würfel; Spielkartenwert‹: *Danach musst du unbedingt in der entsprechend darüberliegenden Zelle … eine Zwei (»2«) eintragen* (Berner Fachhochschule, 2002, Internet; CH); *Um eine Zwei im Fach Sport zu bekommen, brauchte ich eine Eins im Unterfach Schwimmen* (Becker, Bronsteins Kinder 31; D) – Vgl. den Kommentarteil zu ↗Eins. Als Schulnote auch in D-südost gebraucht. Zur Schulnote vgl. Gut. Im Ggs. zum Substantiv *die Zwei* ist das kleingeschriebene Zahlwort *zwei,* z. B. *sie ist zwei [Jahre alt],* gemeindt.

Zweibettzimmer A D das; -s, –: ↗ZWEIERZIMMER CH ›Doppelzimmer‹: *Insgesamt werden 52 Pflegebedürftige im Neubau in Ein- und Zweibettzimmern in einer Art Familienverband untergebracht* (OÖN 13. 12. 2000, Internet; A); *Vom Erdgeschoss bis zum dritten Obergeschoss sind pro Etage … ein Zweibettzimmer und drei Einzelzimmer untergebracht* (WAZ 12. 2. 2000, Internet; D) – In CH selten. Vgl. Einbettzimmer

Zweier der; -s, –: **1.** A CH D-süd; ↗ZWEI CH D (ohne südost) ›Zeichen für die Ziffer 2; Nummer (auf einer Liste o. Ä.); Verkehrslinie; Schulnote; Augenzahl 2 auf dem Würfel; Spielkartenwert; Jahrgang [20]02‹: *Ich hätte Raffael ja auch ganz beiläufig fragen können, wie es ihm bei der Schularbeit gegangen ist, und dann noch beiläufiger meine Note erwähnen. Den Zweier* (Thüminger, Entscheidung 18; A); *Die Behörden hoben die Tramlinie auf, den Zweier, der während Jahrzehnten durch die Strasse gerattert war* (WW 8. 10. 1998, Internet; CH). **2.** CH; ↗VIERTEL A D, ↗ZWEIERLI CH, ↗SCHOPPEN CH D ›2 Deziliter [Wein]‹: *Dieser Mensch ekelt ihn an, wie er hastig den Rest des Zweier Roten runterkippt* (Biehler, Nachbrand 35) – Zu 1 vgl. den Kommentarteil zu ↗Einser. Zur Schulnote vgl. Gut. Zur Verwendung des kleingeschriebenen Zahlwortes *zwei,* z. B. *sie ist zwei [Jahre alt],* siehe Zwei – Zu 1.: **Zweierzimmer** CH

Zweierli CH das; -s, –: ↗VIERTEL A D, ↗ZWEIER CH, ↗SCHOPPEN CH D ›2 Deziliter Wein im Glas oder in der Karaffe‹: *So ein kühles Bierlein im Sommer … und bisweilen ein Zweierli Kalterer oder Magdalener waren nicht zu verachten* (Kolb, Niederdorf 51)

Zweierpack A D der; -(e)s, -e/-s: ↗DUOPACK CH ›Packung mit zwei Stück; Doppelpack‹: *Die Kassetten werden einzeln oder im Zweierpack verkauft* (OÖN 4. 10. 1994, 17; A); *Baseballkappen und T-Shirts … sind im Zweierpack für 49 Mark zu haben* (NRZ 21. 5. 2000, Internet; D) – Vgl. Pack

Zweierzimmer CH das; -s, –: ↗ZWEIBETTZIMMER A D ›Doppelzimmer‹: *23 Betten wird das Hotel haben: 10 Zweierzimmer, ein Einzelzimmer und eine Suite* (Bund 4. 3. 1999, 27) – Vgl. Zweier

Zweifränkler CH der; -s, –: ›Münze im Wert von 2 ↗Franken‹: *Mit einem Zweifränkler ist man bei der Wette dabei, der Höchsteinsatz beträgt stolze 500 Franken* (Bund 11. 1. 1999, 17)

Zweigleisigkeit (gemeindt.): ↗DOPPELGLEISIGKEIT, ↗DOPPELSPURIGKEIT

Zweiradmechaniker Zweiradmechanikerin D der; -s, – bzw. die; –, -nen (formell): ↗VELOMECH CH, ↗VELOMECHANIKER CH ›Person, die motorisierte und unmotorisierte Zweiräder wartet und repariert; Fahrradmechaniker(in)‹: *Der Zweiradmechaniker arbeitet im Bereich Ausrüstung, Umrüstung und Instandhaltung von Fahrrädern, motorisierten Zweirädern, Behindertenfahrzeugen und motorbetriebenen Geräten* (Handwerkstag Sachsen, 2000, Internet)

Zweisprachigkeit STIR die; –, ohne Plur. (Verwaltung): ›(für viele öffentliche Anstellungen vorgeschriebene) Beherrschung der beiden großen Landessprachen Deutsch und Italienisch‹: *Die Zweisprachigkeit bei Gericht provoziert einen Rechtsstreit* (Südtirol Profil 16. 8. 1993, 3) – Die Bedeutung ›Beherrschung von zwei Sprachen‹ ist gemeindt. Vgl. Dreisprachigkeit – Dazu: **Zweisprachigkeitskommission, Zweisprachigkeitsnachweis, Zweisprachigkeitspflicht, Zweisprachigkeitszulage**

zweispurig (gemeindt.): ↗DOPPELGLEISIG, ↗DOPPELSPURIG

Zweitrat CH der; -(e)s, ohne Plur.: ›↗Kammer der ↗Bundesversammlung, die als zweite ein ↗Geschäft berät und beschliesst‹: *Als Zweitrat hat der Nationalrat am Dienstag den Beschluss über die Lärmsanierung der Bahnen mit 130 zu 19 Stimmen gutgeheissen* (Bund 22. 12. 1999, 13) – Vgl. Erstrat

Zweitwohnsitz (gemeindt.): ↗NEBENWOHNSITZ

Zwetsche D-nord die; –, -n: ↗ZWETSCHKE A, ↗ZWETSCHGE CH D-mittel/süd, ↗PFLAUME D-nord/mittel ›kleine längliche Frucht mit grünlich-gelbem, süßem Fruchtfleisch und glatter Oberfläche von blauer Farbe‹: *Das Wetter [war] zur beginnenden Hauptblüte der Kirschen, Birnen und Zwetschen Mitte April von relativ niedrigen Temperaturen gekennzeichnet* (Niedersächsisches Landesamt für Statistik, 1998, Internet)

Zwetschge CH D-mittel/süd die; –, -n: ↗ZWETSCHKE A, ↗PFLAUME D-nord/mittel, ↗ZWETSCHE D-nord ›kleine längliche Frucht mit grünlich-gelbem, süßem Fruchtfleisch und glatter Oberfläche von blauer Farbe‹: *Auch anderes haben wir gedörrt, immer mehr fällt mir ein: Apfelschnitze und Bohnen, auf Fäden gereiht, in Leinensäckchen gefüllt; Zwetschgen, Aprikosen* (Hartmann, Eis 22; CH); ***die/seine sieben Zwetschgen [ein]packen** D-süd: ↗ZWETSCHKE: *DIE/SEINE SIEBEN ZWETSCHKEN [EIN]PACKEN A (scherzh.) ›das Gepäck, die Habseligkeiten packen und einen Aufenthaltsort verlassen‹: *Packen Sie Ihre sieben Zwetschgen zusammen und begeben Sie sich aus dem Bus* (Richard Wagner Gymnasium Bayreuth, 2000, Internet) – Dazu: **Zwetschgenbaum, Zwetschgenkompott, Zwetschgenkonfitüre** (↗Konfitüre) CH, **Zwetschgenkuchen, Zwetschgenmarmelade** (↗Marmelade), **Zwetschgenmus, Zwetschgenschnaps, Zwetschgenwasser, Zwetschgenwähe** (↗Wähe)

Zwetschke A die; –, -n: ↗ZWETSCHGE CH D-mittel/süd, ↗PFLAUME D-nord/mittel, ↗ZWETSCHE D-nord ›kleine längliche Frucht mit grünlich-gelbem, süßem Fruchtfleisch und glatter Oberfläche von blauer Farbe‹: *Inzwischen die Zwetschken waschen, mit einem Messer halbieren und entkernen* (ORF Nachlese 9/1997, 71); ***die/seine sieben Zwetschken [ein]packen** (scherzh.): ↗ZWETSCHGE: *DIE/SEINE SIEBEN ZWETSCHGEN [EIN]PACKEN D-süd ›das Gepäck, die Habseligkeiten packen und einen Aufenthaltsort verlassen‹: *Der packte nämlich noch in der selben Nacht seine sieben Zwetschken und jettete für sechs Wochen nach Brasilia* (Kurier 7. 7. 1999, 14) – Dazu: **Zwetschkenbaum, Zwetschkenfleck** (↗Fleck), **Zwetschkenknödel** (↗Knödel), ↗**Zwetschkenkrampus, Zwetschkenkuchen, Zwetschkenkompott, Zwetschkenmarmelade** (↗Marmelade), **Zwetschkenpafese** (↗Pafese) A (ohne Vbg.), **Zwetschkenröster** (↗Röster)

Zwetschkenkrampus A der; -/-ses, -se: ›Figur in Gestalt eines ↗Krampus aus gedörrten ↗Zwetschken und Feigen‹: *Und als die Mutter in einer Lade auch noch einen großen alten Zwetschkenkrampus fand, nahm das pädagogische Unheil seinen Lauf. Denn lauernde Kinderaugen waren dabei* (Kurier 21. 11. 1994, 23)

Zwetschkenröster: *Mein lieber Freund und Zwetschkenröster A (salopp): ↗KUPFERSTECHER: *MEIN LIEBER FREUND UND KUPFERSTECHER D, ↗GESANGVEREIN: *MEIN LIEBER HERR GESANGVEREIN D: /Ausruf des Warnens, Drohens oder des verblüfften Erstaunens/: *Du solltest lieber etwas für die Partei arbeiten, mein lieber Freund und Zwetschkenröster* (Gästebuch Erich Ulrich, 2002, Internet) – Auch in der Form *Mein alter [Freund und] Zwetschkenröster*

Zwickel A D der; -s, –: ↗SPICKEL CH ›keilförmiger Stoffeinsatz (bei Kleidungsstücken)‹: *Dieses mit einem Zwickel versehene Höschen sorgt durch seine Materialkombination für eine formende Wirkung* (Firma Kunert, Strumpfhosentest, 2002, Internet; A); *Alternative an kalten Tagen: Strumpfhose mit Zwickel* (Elle, 2001, Internet; D)

Zwickeltag A der; -(e)s, -e: ↗FENSTERTAG A, ↗BRÜCKENTAG CH D-mittel/süd ›zwischen einem Feiertag und einem Wochenende liegender Arbeitstag, der häufig als arbeits- oder schulfreier Tag genommen wird‹: *Im Bundesschulzeitgesetz heißt es, dass die Schulbehörde, also der Bezirksschulrat und der Landesschulrat, einen Zwickeltag, aus welchem Grund auch immer, nicht unterrichtsfrei geben darf* (Stenogr. Protokoll des Bundesrates 12. 2. 1998, Internet)

zwicken sw.V./hat: **1.** A D-südost (Grenzfall des Standards, veraltend) ›Fahrscheine entwerten‹: *Ich habe nicht gezwickt, um den Entwerter zu schonen* (101 Ausreden, die nichts nützen, 2002, Internet; A). **2.** A CH D-südost; ↗KNEIFEN D-nord/mittel ›von kleineren gesundheitlichen Beschwerden geplagt werden‹: *Ich hoffe, dass es nichts Gröberes ist, in der Nierengegend zwickt's auch* (Standard 22. 3. 2000, Internet; A); *Sie zwicken im Nacken, stechen ins Kreuz und zwingen den stärksten Kerl in die Knie: Rückenschmerzen haben sich in den letzten Jahren zu einer Plage entwickelt* (Blick 10. 11. 2002, M2; CH) – Die Bedeutung ›ein Stück Haut und Fleisch so zusammenpressen, dass es schmerzt‹ ist gemeindt.

Zwicker A CH D-süd der; -s, – (früher): ↗KNEIFER D ›Brille ohne Bügel, die auf die Nase geklemmt wird‹: *Dagobert … ist schlicht und ergreifend eine ganz normale Ente mit Gamaschen, Gehrock, Zwicker und weißen Federn, gesegnet mit der beneidenswerten Fähigkeit, Geld aus jeder Entfernung riechen zu können* (VN 25. 7. 1997, Magazin 17; A); *Vor allem den Zwicker, den er auf der Nase trug, vergesse ich nicht* (TA 10. 10. 1997, 13; CH)

Zwiebel (gemeindt.): ↗BOLLE

Zwiebel der; -s, -/die; –, -n: in A im Grenzfall des Standards Maskulinum, gemeindt. Femininum. Das gilt auch für die Zus., z. B. Perlzwiebel, ↗Jungzwiebel: *Den Zwiebel in wenig Butter glasig dünsten und zu den Kartoffeln geben* (ORF-Studio Sbg. Rezepte 28. 2. 2002, Internet; A)

Zwinglistadt CH die; –, ohne Plur. ⟨nach dem Reformator *Ulrich Zwingli* (1484–1531), der dort gewirkt hat⟩: ↗LIMMATSTADT CH ›Zürich‹: »*Man kann mein Leben nicht anschaulich darstellen, ohne Zürich nahe zu kennen*«, *schrieb Johann Heinrich Pestalozzi, der 1746 am Oberen Hirschengraben in der Zwinglistadt zur Welt kam* (Bund 6. 1. 1996, Z1)

Zwischenaufenthalt (gemeindt.): ↗Zwischenhalt

zwischendurch (gemeindt.): ↗zwischenhinein

Zwischengeschoß Zwischengeschoss (gemeindt.): ↗Halbstock, ↗Mezzanin

Zwischenhalt CH der; -(e)s, -e: ›Unterbrechung einer Reise, Zwischenstation; Zwischenaufenthalt‹: *Passagiere ab Basel-Mülhausen mit Ziel Florenz mussten bisher in Lugano einen Zwischenhalt einschalten* (TA 3. 11. 1999, 37)

zwischenhinein CH Adv.: ›zwischendurch‹: *Zwischenhinein setzen wir uns immer wieder in den Wald ab und verstecken die Ware* (Heimann, Lisi 97) – Wird im Vergleich zum gemeindt. Wort *zwischendurch* seltener gebraucht

Zwischenjahr CH das; -(e)s, -e: ›im Sinne einer Pause eingeschobenes Jahr (häufig zwischen zwei Phasen der Ausbildung)‹: *»Ja, ich habe den Anschluss geschafft«, sagt er und fügt an, dass er nach der Matura im kommenden August wohl ein Zwischenjahr einlegen werde, das er ausschliesslich dem Schwimmen widmen wolle* (TA 11. 12. 1998, 53)

Zwischenmahlzeit (gemeindt.): ↗Brotzeit, ↗Frühstück: *zweite Frühstück, ↗Gabelfrühstück, ↗Halbmittag, ↗Jause, ↗Marende, ↗Vesper, ↗Znüni, ↗Zvieri, ↗Zwischenverpflegung

Zwischensumme (gemeindt.): ↗Subtotal

Zwischenverpflegung CH die; –, -en: ↗Jause A, ↗Gabelfrühstück A-ost, ↗Znüni CH, ↗Zvieri CH, ↗Brotzeit D-südost, ↗Frühstück: *zweite Frühstück D-nord/mittel, ↗Vesper D-südwest, ↗Halbmittag STIR, ↗Marende STIR ›kleine Mahlzeit, die zwischen den Essenszeiten eingenommen wird [zur Stärkung bei anstrengenden Tätigkeiten]; Zwischenmahlzeit‹: *Der Ortsverein hat mehrere hundert Franken für Sprühdosen ausgegeben, Frau Müller kam jeweils mit einer Zwischenverpflegung bei den jugendlichen Sprayern vorbei* (TA 9. 7. 1998, 19) – In D selten

Zwölf CH D (ohne südost) die; –, -en: ↗Zwölfer A CH D-süd ›Zeichen für die Zahl 12; Nummer (auf einer Liste o. Ä.); Verkehrslinie‹: *In John-Daly-Manier jagt er die Bälle im entscheidenden Moment statt über den Teich aufs 18. Green wiederholt ins Wasser, ... locht schliesslich mit dem 3er-Holz ein und schreibt eine Zwölf, die grossartigste Zwölf, die das Kinopublikum je gesehen hat* (NZZ 7. 5. 2002, Internet; CH); *Die Europafahne ... besteht aus einem Kreis von zwölf goldenen Sternen auf azurblauem Grund. Die Zahl der Sterne ist unveränderlich; die Zwölf ist ein Symbol der Vollkommenheit* (Europarat 25. 1. 2001, Internet; D) – Vgl. den Kommentarteil zu ↗Eins. Im Ggs. zum Substantiv *die Zwölf* ist das kleingeschriebene Zahlwort *zwölf*, z. B. *sie ist zwölf [Jahre alt]*, gemeindt.

Zwölfer der; -s, –: **1.** A CH D-süd; ↗Zwölf CH D (ohne südost) ›Zeichen für die Zahl 12; Nummer (auf einer Liste o. Ä.); Verkehrslinie; Jahrgang [20]12‹: *Was der Vorkoster aß als Rahmenhandlung der Chianti-Verkostung kam ihm haubenverdächtig vor, die Gasthofküche (mit verlockenden Preisen) verdient den glatten Zwölfer* (Salzburger Fenster 4. 4. 2001, Internet; A); *Franz S. kommt mit dem Bus aus Horw, muss auf den Zwölfer umsteigen* (NLZ 30. 11. 1998, Internet; CH). **2.** A ›Höchstgewinn im Toto‹: *Für den einzigen Zwölfer (ein Doppeljackpot) erhält er 2,527.896 Schilling; das ist der zweithöchste Zwölfergewinn des Jahres* (Kurier 3. 1. 2001, 28) – Zu 1 vgl. den Kommentarteil zu ↗Einser. Zur Verwendung des kleingeschriebenen Zahlwortes *zwölf*, z. B. *sie ist zwölf [Jahre alt]*, siehe Zwölf – Zu 2.: **Solozwölfer**

Zyklame A CH D-südost die; –, -n ⟨aus griech. *kykláminos* zu *kyklos* ›Kreis‹, nach der Form der Wurzelknolle⟩: ↗Zyklamen CH D (ohne süd) ›Alpenveilchen‹: *In naturnahen Waldgesellschaften kommen weiters die Walderbsen-Wicke, die Erd-Primel, die Zyklame und der stark giftige Echte Seidelbast vor* (Landschaftsschutzgebiete im Burgenland, 2004, Internet; A); *In dem Fall ist es ja gut, dass ich die Ameisen, die meine kleine Zyklame ruinieren wollen, einzeln hinausspediere in die so genannte Natur* (Volksstimme 11. 1. 2002, 6; CH)

Zyklamen CH D (ohne süd) das; -s, –: ↗Zyklame A CH D-süd: ›Alpenveilchen‹: *Alpenveilchen, Gewöhnliches Zyklamen* (Römerstadt Augusta Raurica, Glossar, 2004, Internet; CH); *Berühmt wurde ein Zyklamen mit lachsrosafarbenen Blüten und eine rosarot blühende Seerose* (Religio, 2004, Internet; D)

Quellenverzeichnis

Allgemeine Hinweise

Für das Wörterbuch wurde ein umfassendes, weitgehend aktuelles Korpus standardsprachlicher Quellen aus Österreich, der deutschsprachigen Schweiz und Deutschland – sowie aus Liechtenstein, Luxemburg, Südtirol und Ostbelgien – ausgewertet. Es enthält für Deutschland, Österreich und die Schweiz jeweils folgende Texte:

50 Tages- und Wochenzeitungen
ca. 50 Zeitschriften, Illustrierte, Magazine
40 populäre Sachbücher
40 gehobene Romane
10 Kriminalromane
10 Trivialromane
10 Kinder- und Jugendbücher
1500 Seiten Prosatexte aus literarischen Anthologien
Broschüren, Werbung, Formulare, Gesetzestexte
Mündliche Quellen
Internetquellen

Der größte Teil der Quellen stammt aus den 90er Jahren des 20. Jahrhunderts. Vereinzelt wurden auch frühere Quellen berücksichtigt, die ältesten Romane stammen aus den 1950er Jahren, die ausgewerteten Sachtexte sind nach 1970 erschienen. Für Ostbelgien, Luxemburg, Liechtenstein und Südtirol wurde ein Korpus geringeren Umfangs erstellt, das überwiegend aus den 1990er Jahren stammt. Die Quellen repräsentieren den deutschsprachigen Raum umfassend, da sie in verschiedenen Orten des deutschen Sprachraums verlegt wurden bzw. ihre Autorinnen und Autoren aus verschiedenen Gebieten stammen. Unter den Tages- und Wochenzeitungen befinden sich sowohl regionale als auch überregionale: vom *Appenzeller Volksfreund* bis zu *Die Zeit*. Die belletristischen Werke reichen vom Trivialroman bis zur gehobenen Erzählprosa. Sachbücher und Zeitschriften sind populären Zuschnitts und beziehen sich auf Themen von allgemeinem Interesse wie Bildung/Erziehung, Brauchtum/Volkskunde, Geschichte, Wirtschaft, Gesundheit, Handwerk/Handarbeit, Bau/Architektur, Häusliches Leben/Wohnen, Kinder-/Jugend-/Schüler- und Studentenkultur, Mode, Kunst/Kultur, Landeskunde, Medien, Soziales, Ehe, Natur, Öffentliche Institutionen/Post/Verwaltung, Politik, Recht, Religion/Glaube/Esoterik, Sport/Spiel, Technik/Industrie, Tourismus/Gastronomie, Verkehrswesen. Ferner umfasst das Korpus Broschüren, Gesetzestexte, Werbematerial und Formulare. Auch mündliche Quellen wie Mitschnitte von Rundfunk- und Fernsehsendungen sowie Protokolle von Parlamentsdebatten wurden ausgewertet.

Das Internet mit seinen Millionen deutschsprachiger Seiten bildet eine unerschöpfliche Quelle, die für die Suche und den Nachweis von nationalen Varianten ausgiebig genutzt wurde: Mehr als die Hälfte aller Belege des Wörterbuchs stammt aus Online-Archiven von Printmedien sowie Homepages von staatlichen oder regionalen Organen (Ministerien, Parlamente, Gerichte), Städten, Gemeinden, Ämtern, Behörden, Institutionen, medizinischen und sozialen Einrichtungen, Bildungseinrichtungen wie Universitäten und Schulen, Rundfunkanstalten, Firmen, Vereinen, Interessensvertretungen u.v.a. Auf die Nennung der Internetseiten und ihrer URLs im Quellenverzeichnis wurde verzichtet, weil sie nicht dauerhaft im Netz stehen, sondern sich ständig verändern oder sogar verschwinden. Statt dessen werden sie in den Wörterbuchartikeln unter Angabe ihrer Herkunft sowie des Datums ihrer Erstellung, Aktualisierung oder der Einsichtnahme und dem Zusatz »Internet« zitiert.

1. Tageszeitungen/Wochenzeitungen

Aargauer Zeitung, Tageszeitung, Aarau. CH

Alttoggenburger. Regionalzeitung für das Toggenburg – Amtliches Publikationsorgan der Gemeinden Kirchberg, Mosnang, Bütschwil, Wattwil und Stein, Bazenheid. CH

Amtsblatt des Kantons Zug, Regionalzeitung, Zug. CH

Anzeiger Luzern, Tageszeitung, Luzern. CH

Appenzeller Volksfreund. Oberegger Anzeiger, Tageszeitung, Appenzell. CH

Arlberg. Die Zeitung für Lech und Zürs, Schwarzach. A

Augsburger Stadtzeitung, Augsburg. D

AZ = *Abendzeitung*, Tageszeitung, München. D

Badener Zeitung. Unabhängige Wochenzeitung für Stadt und Bezirk Baden, Baden. A

Badische Zeitung, Freiburg. D

BamS = *Bild am Sonntag*, Wochenzeitung, Hamburg. D

Basler Bebbi. Die unabhängige Wochenzeitung, Basel. CH

Baslerstab, Regionalzeitung, Basel. CH

Bayernkurier. Deutsche Wochenzeitung für Politik, Wirtschaft und Kultur, München. D

BaZ = *Basler Zeitung*, Tageszeitung, Basel. CH

BAZ = *Die BAZ. Burggräfler Allgemeine Zeitung*, Bozen. STIR

Berliner Morgenpost, Tageszeitung, Berlin. D

Berliner Zeitung, Tageszeitung, Berlin. D

Berner Bär. Wochenzeitung für Stadt und Agglomeration Bern, Bern. CH

Berner Oberländer, Tageszeitung, Spiez. CH

Berner Tagwacht, Tageszeitung, Bern. CH

BeZ = *Berner Zeitung*, Tageszeitung, Bern. CH

BF = *Burgenländische Freiheit. Die Burgenlandwoche*, Eisenstadt. A

Biel/Bienne. Die größte Zeitung der Region, Biel. CH

Bild, Tageszeitung, Hamburg. D

Blick. Unabhängige Schweizer Tageszeitung, Zürich. CH

Bote der Urschweiz. Unabhängige Schwyzer Lokal- und Regionalzeitung, Schwyz. CH

Bund. Tageszeitung, Bern. CH

Bvz = *Burgenländische Volkszeitung*, Eisenstadt. A

BZ = *Basellandschaftliche Zeitung*, Tageszeitung, Liestal. CH

Cellesche Zeitung, Tageszeitung, Celle. D

Die neue Südtiroler Tageszeitung, Bozen. STIR

Dolomiten. Tagblatt der Südtiroler, Bozen. STIR

Donaukurier, Tageszeitung, Ingolstadt. D

Do Puschtra. »Dolomiten«-Bezirksbeilage für das Pustertal, Bruneck. STIR

Doppelstab. Regionale Wochenzeitung, Basel. CH

Düsseldorf Express, Tageszeitung, Düsseldorf. D

Engadiner Post. Amtliches Publikationsorgan der Gemeinden Sils/Segl, Silvaplana, St. Moritz, Celerina, Pontresina, Samedan, La Punt Chamues-ch und des Kreises Oberengadin, St. Moritz. CH

Ernst. Zeitung für Jugendliche, wöchentliche Beilage des Tages-Anzeigers, Zürich. CH

Falter. Stadtzeitung Wien, mit Programm, Wien. A

FAZ = *Frankfurter Allgemeine Zeitung*, Tageszeitung, Frankfurt a. M. D

FR = *Frankfurter Rundschau. Unabhängige Tageszeitung*, Frankfurt a. M. D

Furche = *Die Neue Furche. Präsent. Wochenzeitung für die Themen der Zeit*, Wien. A

Gemeindeblatt für Hohenems, Götzis, Altach, Koblach, Mäder, Hohenems. A

Glarner Nachrichten. Unabhängige Tageszeitung für das Glarnerland mit Amtsblatt, Glarus. CH

Grazer Woche, Wochenzeitung, Graz. A

Grenz-Echo. Die deutschsprachige Tageszeitung in Ostbelgien, Eupen. BELG

Gsieser Gemeindeblatt, Gsies. STIR

Hamburger Abendblatt, Tageszeitung, Hamburg. D

HAZ = *Hannoversche Allgemeine*, Hannover. D

Hessisch-Niedersächsische-Allgemeine, Kassel. D

Hildesheimer Allgemeine Zeitung, Hildesheim. D

Innsbruck – Die Landeshauptstadt informiert. Offizielle Mitteilungszeitung, Innsbruck. A

Kieler Nachrichten. Unabhängige Landeszeitung für Schleswig-Holstein, Kiel. D

Kleine Zeitung, Tageszeitung, Graz. A

Kremstaler Rundschau. Regionalausgabe der Oberösterreichischen Rundschau, Wochenzeitung, Kirchdorf/Linz. A

Kunstzeitung, Monatszeitung, Regensburg. D

Kurier. Unabhängige Tageszeitung für Österreich, Wien. A

Landshuter Zeitung, Tageszeitung, Landshut. D

Leipziger Rundschau, Wochenzeitung, Leipzig. D

Letzeburger Land = *D'Letzeburger Land. Unabhängige Wochenschrift für Politik, Wirtschaft und Kultur*, Luxemburg. LUX

Liechtensteiner Vaterland. Zeitung für das Fürstentum Liechtenstein – mit amtlichen Kundmachungen, Tageszeitung, Vaduz. LIE

Liechtensteiner VB = *Liechtensteiner Volksblatt*, Tageszeitung, Schaan. LIE

Linth-Zeitung, Tageszeitung. CH

Lungauer Nachrichten. Regionalzeitung der Salzburger Woche, St. Johann im Pongau. A

Luxemburger Wort, Tageszeitung, Luxemburg. LUX

Luzerner Woche. Grösste Wochenzeitung der Zentralschweiz, Luzern. CH

LVZ = *Leipziger Volkszeitung*, Tageszeitung, Leipzig. D

March Höfe Zeitung. Regionalzeitzung oberer Zürichsee, Zürich. CH

Marktgemeinde Lana. Gemeindenachrichten, Lana. STIR

Miteinander. Die Informationszeitschrift der christlichen Krankenkasse, Eupen. BELG

Mühlrad. Die Informationsschrift von Mühlwald, Mühlwald. STIR

Münstersche Zeitung. Westfalen-Anzeiger, Tageszeitung, Münster. D
Murtaler Zeitung, Judenburg. A
Neue Kärntner Tageszeitung, Klagenfurt. A
Neue Kronen Zeitung, Tageszeitung, Wien. A
Neue OZ = *Neue Osnabrücker Zeitung*, Tageszeitung, Osnabrück. D
Neue Vorarlberger Tageszeitung, Bregenz. A
Neue Wochenschau. Die aktuelle österreichische Wochenzeitung mit Lokalberichten aus allen Bundesländern – Nachrichten und Druck Made in Austria, Mattersburg. A
Neue Zeit, Tageszeitung, Graz. A
Neue Zuger Zeitung. Zentralschweizer Tageszeitung, Zug. CH
NLZ = *Neue Luzerner Nachrichten*, Tageszeitung, Luzern. CH
Nordbayerische Nachrichten, Tageszeitung, Nürnberg. D
Nordbayerischer Kurier, Tageszeitung, Bayreuth. D
NÖN = *Niederösterreichische Nachrichten. Die große unabhängige Tageszeitung für alle Niederösterreicher*, St. Pölten. A
NRZ = *Neue Ruhr Zeitung/Neue Rhein Zeitung*, Tageszeitung, Essen. D
Nunninger Dorfblatt. Nunningen. CH
Nürnberger Nachrichten, Nürnberg. D
NZZ = *Neue Zürcher Zeitung und schweizerisches Handelsblatt*, Tageszeitung, Zürich. CH
NZZ Intern. Ausgabe = *Neue Zürcher Zeitung. Internationale Ausgabe*, Tageszeitung, Zürich. CH
Oberkärntner Nachrichten. Unabhängiges Wochenblatt für Oberkärnten, Spittal a.d. Drau. A
Obersee Nachrichten, Regionalzeitung, Rapperswil. CH
OÖN = *Oberösterreichische Nachrichten*, Tageszeitung, Linz. A
Ostfriesen Zeitung, Tageszeitung, Leer. D
Ostseezeitung, Rostock. D
Osttiroler Bote, Wochenzeitung, Linz. A
OZ = *Oberwarter Zeitung. Die unabhängige Wochenzeitung für den pannonischen Raum*, Oberwart. A
Parlament = *Das Parlament*, Wochenzeitung, Bonn. D
Passauer Neue Presse, Tageszeitung, Passau. D
Pinzgauer Post = *Die neue Pinzgauer Post. Information für die Region*, Saalfelden. A
Pongauer Nachrichten. Regionalzeitung der Salzburger Woche, St. Johann im Pongau. A
Presse = *Die Presse. Unabhängige Tageszeitung für Österreich*, Wien. A
PZ = *Pustertaler Zeitung*, Bruneck. STIR
Rheinische Post, Tageszeitung, Düsseldorf. D
Rhein-Zeitung, Tageszeitung, Koblenz. D
Saarbrücker Zeitung, Saarbrücken. D
Sächsische Zeitung, Tageszeitung, Dresden. D
Schaffhauser Nachrichten. Amtliches Publikationsorgan von Schaffhausen, Stein am Rhein, Neuhausen am Rheinfall und Thayngen, Schaffhausen. CH
SN = *Salzburger Nachrichten. Unabhängige Zeitung für Österreich*, Tageszeitung, Salzburg. A
Stadtanzeiger Bern, Wochenzeitung, Bern. CH
St. Galler Tagblatt. Tageszeitung, St. Gallen. CH
Standard = *Der Standard. Österreichs unabhängige Tageszeitung für Wirtschaft, Politik und Kultur*, Wien. A
Starnberger Merkur, Tageszeitung, Starnberg. D
Starnberger Neueste Nachrichten, Tageszeitung, Starnberg. D
Steyrer Rundschau. Regionalausgabe der Oberösterreichischen Rundschau, Steyr/Linz. A
Straubinger Tagblatt, Tageszeitung, Straubing. D
Stuttgarter Nachrichten, Tageszeitung, Stuttgart. D
Stuttgarter Zeitung, Tageszeitung, Stuttgart. D
Südostschweiz = *Die Südostschweiz. Seepresse*, Tageszeitung, Uznach. CH
Südtiroler Wirtschaftszeitung. Wochenblatt für Wirtschaft und Politik, Bozen. STIR
SZ = *Süddeutsche Zeitung. Münchner neueste Nachrichten aus Politik, Kultur, Wirtschaft und Sport*, Tageszeitung, München. D
TA = *Tages-Anzeiger*, Tageszeitung, Zürich. CH
Tageblatt. Zeitung für Letzeburg, Tagesszeitung, Luxemburg. LUX
Tagesspiegel = *Der Tagesspiegel*, Tageszeitung, Berlin. D
Tennengauer Nachrichten. Regionalzeitung der Salzburger Woche, St. Johann im Pongau. A
Thüringer Allgemeine, Erfurt. D
Trierischer Volksfreund, Trier. D
TT = *Tiroler Tageszeitung. Unabhängige Tageszeitung für Tirol*, Innsbruck. A
TZ, Tageszeitung, München. D
Unterkärntner Nachrichten. Das unabhängige Wochenblatt für das Kärntner Unterland, Wolfsberg. A
Volkmar. Mitteilungsblatt für Gemeinde, Vereine und Bürger von Burgstall, Burgstall. STIR
VN = *Vorarlberger Nachrichten. Auflagenstärkste unabhängige Tageszeitung für Vorarlberg*, Bregenz. A
Walliser Bote, Tageszeitung, Brig. CH
Wann & Wo am Sonntag. Die junge Zeitung, Schwarzach. A
Warte = *Die Warte. Kulturelle Wochenbeilage des Luxemburger Wort*, Luxemburg. LUX
WAZ = *Westdeutsche Allgemeine Zeitung. Unabhängige Tageszeitung*, Essen. D
WAZ, Duisburg = *Westdeutsche Allgemeine Zeitung. Unabhängige Tageszeitung. Ausgabe für Duisburg*, Duisburg. D
Welt = *Die Welt*, Tageszeitung, Hamburg. D
Werdenberger & Obertoggenburger. Amtliches Publikationsorgan, unabhängige Liberale Tageszeitung, Buchs. CH
Wetzlarer Neue Zeitung, Tageszeitung, Wetzlar. D
Wiener Zeitung, Tageszeitung, Wien. A
WIKU = *Dolomiten Wirtschaftskurier. Wöchentliche*

Beilage für Gewerbe, Soziales, Landwirtschaft und Recht, Bozen. STIR
Willisauer Bote. Volksblatt für das Amt Willisau und den Kanton Luzern, Tageszeitung, Willisau. CH
WoZ = *Die Wochenzeitung*, Zürich. CH
WW = *Die Weltwoche. Unabhängige Zeitung für Politik, Wirtschaft, Gesellschaft und Kultur*, Zürich. CH
Z am Sonntag = *Z. Die Zeitung am Sonntag*, Bozen. STIR
Zeit = *Die Zeit. Wochenzeitung für Politik, Wirtschaft, Handel und Kultur*, Hamburg. D
Zuger Presse. Die Zeitung für Zug, Zug. CH
Zürcher Oberländer. Tageszeitung für das Zürcher Oberland, Wetzikon. CH

2. Zeitschriften, Illustrierte, Magazine

[sic!]. Forum für feministische GangArten, Wien. A
'98 die Zeitung la revue il giornale. Die Zeitung zum Gedenkjahr 150 Jahre Bundesstaat und 200 Jahre Helvetik, hg. v. Verein »Aufbruch in die Zukunft«. CH
20er. Zwanzger. Die Tiroler Straßenzeitung, Innsbruck. A
ACADEMIA-Dossier. Das Wissenschaftsmagazin der Europäischen Akademie Bozen, Bozen. STIR
Act = *Act! Das Greenpeace Magazin*, Wien. A
AK für Sie. Mitgliederzeitung der AK Wien, Wien. A
AK Tirol aktuell. Magazin der Kammer für Arbeiter und Angestellte, Innsbruck. A
Aktion. Zeitung der Kammer für Arbeiter und Angestellte für Vorarlberg, Feldkirch. A
Allegra, Hamburg. D
Allmende Nr. 21/22: *Landvermessung*, Eggingen: Edition Isele 1988. LIE
Allmende Nr. 44: *Identität im deutschsprachigen Medienraum*, Eggingen: Edition Isele 1995. LIE
Allmende Nr. 58/59: *Neue Literatur aus Liechtenstein und Vorarlberg*, Eggingen: Edition Isele 1998. LIE
Alpenverein. Mitteilungen des österreichischen Alpenvereins, Innsbruck. A
Alpha. Der Kadermarkt der Schweiz, Zürich. CH
Anima. Österreichs Magazin für Gesundheit, Freizeit und Umwelt, Wien. A
Annabelle, Zürich. CH
Apotheke = *Die Apotheke. Gesund werden, gesund bleiben*, Wien. A
Arunda. Aktuelle Südtiroler Kulturzeitschrift, Bozen. STIR
AUF = *Auf – Eine Frauenzeitschrift*, Wien. A
Augustin. Die erste österreichische Boulevardzeitung, Wien. A
Auto aktuell. Das Magazin für Auto, Tuning, Freizeit, Pfaffenschlag. A
Auto touring. Clubmagazin des ÖAMTC, Klosterneuburg. A
Automobil-Revue, Bern. CH
autotouring. Revue de l'Automobile Club du Grand-Duché de Louxembourg, Luxemburg. LUX
AVS. Alpenverein Südtirol. Berge erleben. Mitteilungen, Bozen. STIR
BahnTours. Schulfahrten 1998. Ausgabe: Nordrhein-Westfalen, Frankfurt a. M. D
Barmer. Das aktuelle Gesundheitsmagazin. Zeitschrift für die Mitglieder der Barmer Ersatzkasse, Wuppertal. D
Basler Schulblatt, Basel. CH
Bauen & Renovieren, Fellbach. D
Bauernztg = *Österreichische Bauernzeitung. Österreichs größte Wochenzeitung für den ländlichen Raum*, Innsbruck. A
BdW = *Bild der Wissenschaft*, Stuttgart. D
Beobachter = *Der Schweizerische Beobachter*, Zürich. CH
Berner Agenda. Das Stadt- und Ausgehmagazin der Berner Zeitung, Bern. STIR
Berner Woche, Veranstaltungskalender, Bern. CH
Besser Wohnen. Die österreichische Wohnzeitschrift, Wien. A
Bibliomagazine. Periodico della Biblioteca Civica di Merano. Zeitschrift der Stadtbibliothek Meran, Meran. STIR
Bliib gsund & positiv, Aarau/Bösingen. CH
Bodensee Hefte. Die Zeitschrift der Euro-Region Bodensee, Goldach. CH
Bodensee Hefte. Die Zeitschrift der Euro-Region Bodensee (Nr. 10, 1993, Schwerpunkt: Liechtenstein), Goldach. LIE
Bravo, Jugendmagazin, München. D
Brigitte. Das Magazin für Frauen, Hamburg. D
Brückenbauer. Wochenzeitung der Migros, Zürich. CH
Buchkultur. Der Sinn des Lesens, Wien. A
Bühne = *Die Bühne. Spielpläne, Kritiken, Erfolge*, Perchtoldsdorf. A
Bunte, München. D
BWZ. Bunte Wochen-Zeitung, Beilage der WAZ, Düsseldorf. D
Campus. Universität Wien-Clubmagazin, Wien. A
Capital. Das Wirtschaftsmagazin, Hamburg. D
Cash. Die Wirtschaftszeitung der Schweiz, Zürich. CH
Computerwelt. Österreichs Wochenzeitung für IT-Anwender, Wien. A
Diese Schweizer. NZZ Folio. Die Zeitschrift der Neuen Zürcher Zeitung, Zürich. CH
Distel. Kulturelemente. Zeitschrift für aktuelle Fragen, Bozen. STIR
Duisburger Uni Report. Gerhard-Mercator-Universität-GH Duisburg, Duisburg. D

Echo. Tirols erste Nachrichtenillustrierte, Innsbruck. A
Einblick. Das Magazin des Südtiroler Kulturinstitutes, Bozen. STIR
Energie in Bewegung. Das Magazin der VEG Vorarlberger Erdgas GmbH, Dornbirn. A
Facts. Das Schweizer Nachrichtenmagazin, Zürich. CH
Familie & Co. Die Familienzeitschrift, Hamburg. D
FF = *ff. Südtiroler Wochenmagazin*, Bozen. STIR
Filadressa. Kontexte der Südtiroler Literatur, Bozen: Edition Raetia. STIR
Filmjournal, Duisburg. D
Focus. Das moderne Nachrichtenmagazin, Offenburg. D
Format. Das Magazin für Politik, Wirtschaft & Wissen, Wien. A
Foyer. Kulturvielfalt im Ruhrgebiet, Essen. D
Freundin, München. D
Gaart = *Gaart an Heem*, Gartenmagazin, Luxemburg. LUX
Gala. Die Leute der Woche, Hamburg. D
Ganze Woche = *Die ganze Woche. Nachrichtenillustrierte*, Wien. A
Garten = *Mein schöner Garten. Europas größtes Gartenmagazin*, Offenburg. D
Geldidee, Hamburg. D
GEO. Das neue Bild der Erde, Hamburg. D
Gesunde Medizin, Leonberg. D
Gezetera. Basler StudentInnen-Zeitung, Basel. CH
Glocke = *Die Glocke*, Kirchenblatt, München. D
Glück. Das Lotto-Magazin, Köln. D
Glückspost, Zürich. CH
GÖD. Der öffentliche Dienst aktuell. Zentralorgan der Gewerkschaft Öffentlicher Dienst, Wien. A
Greenpeace. Magazin für Umwelt und Politik, Hamburg. D
Grün. 1000 Ideen für Haus und Garten, Rheinfelden. D
GSoA-Zitig. Informationen und Anregungen der Gruppe für eine Schweiz ohne Armee, Zürich. CH
Gusto. Das österreichische Kochjournal, Perchtoldsdorf. A
Guter Rat! Das Verbrauchermagazin, Berlin. D
HGV-Zeitung. Fachzeitung für Hotellerie und Gastronomie, Bozen. STIR
Katholisches Sonntagsblatt. Kirchenzeitung der Diözese Bozen-Brixen, Bozen. STIR
Kicker. Sportmagazin, Nürnberg. D
Kirche intern. Forum für eine offene Kirche, für Gesellschaft, Politik und Kultur, Wien. A
Kirchenbote Kanton Basel-Stadt. Kirchenbote für die evangelisch-reformierten Kirchen Baselland, Basel-Stadt, Glarus, Luzern, Basel. CH
Konsument. Das österreichische Testmagazin, Wien. A
K-tip. Grösste unabhängige Konsumentenzeitung der Schweiz, Zürich. CH
Kunst-Bulletin = *Das Kunst-Bulletin*. CH
Kupfermuckn. Straßenzeitung von Randgruppen und sozial Benachteiligten, Linz. A
Lana aktuell. Das Magazin für Lana, Lana. STIR
Land der Berge. Das österreichische Outdoor-Magazin, Herzogenburg. A
Landjugend. Das engagierte Magazin, Klosterneuburg. A
Leben & erziehen. Die praktische Zeitschrift für Eltern, Augsburg. D
Lebendiges Linz. Stadtmagazin, Linz. A
Linzer Theaterzeitung, Linz. A
Literatur und Kritik. Salzburg: Otto Müller. A
Magazin = *Das Magazin*, Wochenendbeilage des Tages-Anzeigers und der Berner Zeitung, Zürich. CH
Maxima. Gutscheine, Tips & Unterhaltung für die Frau, Wiener Neudorf. A
Medizin populär. Gesundheitsjournal aus dem Verlagshaus der Ärzte, Wien. A
Mehr vom Leben. Koordinations- und Informationsstelle Gesundheitsförderung Baselland, Liestal. CH
MEX = *MusenalpExpress*, Hergiswil. CH
Milchztg = *Schweizer Milchzeitung. Fach- und Handelsblatt für die Schweizerische Milchwirtschaft*, Zürich. CH
Mocca. Servicezeitung für junge Tiroler/innen, Innsbruck. A
Moderne Ernährung. CH
Monatsjournal Tirol. Das bunte Magazin für alle Tiroler Haushalte, Telfs. A
Motorwelt = *ADAC motorwelt*, München. D
Mut. Märkte/Unternehmen/Trends. Die Zeitung der Wirtschaftskammer Steiermark, Graz. A
NdS = *Neue deutsche Schule*, Essen. D
Neue BS. Sicherheitsmagazin, Wien. A
Neue Schulpraxis, St. Gallen. CH
Neue Welt für die Frau, Düsseldorf. D
News. Österreichs größtes Nachrichtenmagazin, Wien. A
Nexus, Zürich. CH
Niederrhein. Das farbige Magazin für Fremdenverkehr, Freizeit, Sport, Gastronomie, Kultur, Handel und Industrie, Kevelaer. D
Ö3-Magazin. Die Club Ö3 Popillustrierte, Wien. A
Oekoskop. 10 Jahre Ärztinnen und Ärzte für Umweltschutz, Reinach. CH
OKA-aktuell. Zeitschrift für die Kunden der oberösterreichischen Kraftwerke AG, Linz. A
ORF Nachlese. Manuskripte Radio Fernsehen, Wien. A
Orte. Schweizer Literaturzeitschrift, (Nr. 86, 1993, Thema: Orte in Liechtenstein – Liechtenstein in Orte), Zelg Wolfhalden. LIE
ÖTV = *ÖTV-Magazin*, Stuttgart. D
Palette. Leben pur … an Lippe, Rhein und Ruhr, Oberhausen. D
PM = *P.M. Peter Moosleitners interessantes Magazin*, München. D
Politische Perspektiven. Die Zeitschrift des Österreichischen Akademikerbundes, Wien. A
Profil. Das unabhängige Nachrichtenmagazin Österreichs, Wien. A

Profil d. Lebens = *Profil des Lebens. Zeitschrift der Freien Krankenkasse*, Büllingen, Eupen, St. Vith. BELG
ProZ = *Programmzeitung*, Basel. CH
Psychologie = *Psychologie heute. Das Bild des Menschen*, Weinheim. D
PulsTip. Das Schweizer Gesundheitsmagazin, Zürich. CH
Punkt, Krankenhausmagazin, Mülheim. D
Quelle = *Die Quelle. Mitarbeitermagazin der Rheinisch-Westfälischen Wasserwerksgesellschaft*, Mülheim. D
Rad im Pott. Fahrradzeitschrift für Duisburg, Essen, Mülheim und Oberhausen, Oberhausen. D
Radfahren. Zeitschrift für die Freunde des Fahrrades, Bielefeld. D
Radio Magazin, Rorschach. CH
Reisen. Österreichs führendes Reisemagazin, Wien. A
Rennbahn Express. Österreichs größte Zeitschrift für Jugend, Musik und Szene, Perchtoldsdorf. A
Revier Sport am Donnerstag, Essen. D
Revier Sport am Sonntag, Essen. D
Revue Schweiz = *Schweiz. Reisen, Kultur und Natur: Postauto. Revue Schweiz*, Solothurn. CH
Revue Schweiz. Reisen, Kultur und Natur: Liechtenstein, Solothurn. LIE
Romanwoche. Packende Geschichten und viele Rätsel, Hamburg. D
Rotes Kreuz [Bundesland] = *Das Rote Kreuz. Offizielles Organ des Österreichischen Roten Kreuzes unter Mitarbeit aller Landesverbände*, Wien. A
Salz&Pfeffer. Das Magazin für Gast und Gastgeber, Winterthur. CH
Schlern = *Der Schlern. Monatsschrift für Südtiroler Landeskunde*, Bozen. STIR
Schöner Wohnen, Hamburg. D
Schweizer Familie. Zeitschrift für das Zusammenleben, Zürich. CH
Selber machen. Die praktische Zeitschrift für Wohnung, Haus und Garten, Hamburg. D
SI = *Schweizer Illustrierte*, Zürich. CH
Skip. Das Kinomagazin, Klosterneuburg. A
SLZ = *Schweizer Lehrerinnen- und Lehrer-Zeitung. Zeitschrift für Schweizer Lehrerinnen und Lehrer*, Zürich. CH
Solidarität. Die Illustrierte des ÖGB, Wien. A
Sonntagsblick, Zürich. CH
Sonntagsztg = *SonntagsZeitung*, Zürich. CH
Spiegel = *Der Spiegel. Das deutsche Nachrichten-Magazin*, Hamburg. D
Spiegel Jahreschronik 1997. Nachrichtenmagazin, Hamburg. D
Spiegel Special. Student '98, Hamburg. D
Spiele & Co. Beilage zur Zeitschrift Familie & Co, Hamburg. D
Spital, Krankenhausmagazin, Eupen. BELG
Sport, Zürich. CH
Sport-Blick, Zürich. CH
Sportmagazin, Klosterneuburg/Wien. A
Sprechstunde. Das offizielle Magazin der Ärztinnen und Ärzte für Ihre Gesundheit, Rüti/ZH. CH
Spuren. Magazin für neues Bewusstsein, Winterthur. CH
SSR-Reisen '97, Zürich. CH
Stern, Illustrierte, Hamburg. D
Südtiroler Frau = *Die Südtiroler Frau*, Bozen. STIR
Südtiroler Landwirt. Fachzeitschrift des Südtiroler Bauernbundes, Bozen. STIR
Südtirol Magazin, Innsbruck. STIR
Südtirol Profil. Das unabhängige Nachrichtenmagazin Südtirols, Bozen. STIR
SZ Hochschule & Beruf. Sonderdruck der Süddeutschen Zeitung, Sommersemester 1998, München. D
TCS Magazin. TCS Sektion Bern. CH
Tele. Das österreichische TV-Magazin, Wien. A
Tele. Das Schweizer TV-Magazin, Zürich. CH
Telecran, Fernsehillustrierte, Luxemburg. LUX
Test. Stiftung Warentest, Berlin. D
Textil-Revue, St. Gallen. CH
The Fly. Die überparteiliche und penetrante Jugendzeitschrift, Meran. STIR
Tier = *Das Tier. Die große internationale Zeitschrift für Tier, Mensch und Natur*, Bern/Stuttgart. D
Tierwelt. Schweizerische Zeitschrift für Vogelhaltung, Vogelzucht und Artenschutz, Geflügel-, Kaninchen- und Taubenzucht, Kleintier- und Haustierhaltung, Gartenbau und Freizeitgestaltung, Zofingen. CH
Tina. Für die Frau von heute, Hamburg. D
Tirolerin = *Die Tirolerin. Die Illustrierte*, Fulpmes. A
TR7. Schweizer TV-Magazin, Basel. CH
Trend. Das österreichische Wirtschaftsmagazin, Wien. A
TV Blick, Linz. A
TV-Täglich, Zürich. CH
UIL SGK = *UIL SGK* Inform. Bildungs- und Informationsblatt der Südtiroler Gewerkschaftskammer, Bozen. STIR
Umweltschutz. Das Manager-Magazin für Ökologie & Wirtschaft, Wien. A
Uni Magazin. Perspektiven für Beruf und Arbeitsmarkt, Mannheim. D
UNICUM. Das Hochschulmagazin, Bochum. D
Unipress. Monatsmagazin der ÖH Innsbruck, Innsbruck. A
Unsere Kunstdenkmäler. Mitteilungsblatt für die Mitglieder der Gesellschaft für Schweizerische Kunstgeschichte (Nr. 2, 1992, Thema: Fürstentum Liechtenstein), Bern. LIE
VCS-Zeitung, hg. v. Verkehrsclub der Schweiz, Herzogenbuchsee. CH
VDI-Nachrichten Magazin. Monatszeitschrift des Vereins deutscher Ingenieure, Düsseldorf. D
Velo 98, Beilage der Basler Zeitung, Basel. CH

Velojournal. Magazin für Verkehrspolitik, Alltag und Freizeit, hg. v. IG Velo, Bern. CH
VPOD. Zeitung des Schweizer Verbandes des Personals öffentlicher Dienste, Zürich. CH
Wandermagazin Ritten. Ritten. STIR
WAS = *WAS. Burggräfler Rundschau. »Dolomiten«-Bezirksbeilage für das Burggrafenamt*, Meran. STIR
Weidwerk = *Österreichs Weidwerk. Zeitschrift für Jagd, Fischweid, Natur- und Umweltschutz*, Wien. A
Weite Welt. Zeitschrift für Kinder mit Weitblick, Mödling. A
Wellness. Österreichs positives Lebensgefühl, Wilhelmsburg. A
Welt der Frau. Die österreichische Frauenzeitschrift, Linz. A
Wespennest. Zeitschrift für brauchbare Texte und Bilder, Wien. A
Wiener, Klosterneuburg. A
Wienerin. Österreichs großes Magazin für die Frau, Klosterneuburg. A
Wochenspiegel = *Der Wochenspiegel*, Anzeigenzeitung, Eupen. BELG
Wom Journal. Deutschlands meistgelesene Musikzeitschrift, Hamburg. D
Wuff. Das österreichische Hundemagazin, Maria Anzbach. A
Zebra. CH
Zifferblatt. Literarische Schriften-Reihe, Vaduz. LIE
Zivilverteidigung, hg. v. Eidg. Justiz- und Polizeidepartement im Auftrag des Bundesrates, Aarau. CH
Zug. Für Menschen unterwegs, Hamburg. D
Zukunft in Südtirol. Organ der Südtiroler Volkspartei (SVP), Bozen. STIR
Zwischen Venn = *Zwischen Venn und Schneifel. Zeitschrift für Geschichte, Brauchtum und Kultur*, Brüssel. BELG

3. Belletristik

A.B.S.: Essen für Mombasa, in: ↗Friesel. D
Achermann, Christina: Doktor Schiwago, in: ↗Zeindler. CH
Achleitner, Friedrich: *Die Plotteggs kommen*. Wien: Sonderzahl 1996. A
Achs, Johann: Vom Apfelhüten in der Nacht, in: ↗Heimat. A
Acklin, Jürg: Die letzte Stunde, in: ↗Zeindler. CH
Aebli, Kurt: Aus dem Verkehr gezogen, in: ↗Siegrist 2. CH
Aeschlimann, Felix: Wellauer, in: ↗Zur Feier. CH
Aichinger, Ilse: In das Land Salzburg ziehen, in: ↗Higgs, Salzburg. A
Aichinger, Ilse: Hilfsstelle, in: ↗Fliedl, Das andere Österreich. A
Alberts, Jürgen: Nachruf auf Mehmet Ö., in: ↗Friesel. D
Alfare, Stephan: *Maximillian Kirchberger stellt seinen Koffer vor die Tür*, Wien: edition selene 1998. A
Alge, Susanne: Und eine gute Reise! In: ↗Treudl, Augen. A
Aliprandini, Marco/Huez, Robert/Kontschieder, Ewald/Mautone, Laura/Rossi, Andrea (Hgg.): *Kleines Brevier des Symbols/Piccolo Dizionario del Simbolo. Volume 1 Bandiera/Band 1 Fahnen*, Mantua: Maurizio Corraini 2000. STIR
Altmann, Gerhard: Drunt im Burgenland, in: ↗Unger. A
Amann, Jürg: Zwei Texte, in: ↗Bussmann. CH
Amann, Jürg: *Nachgerufen. Elf Monologe und eine Novelle*, Zürich: Piper 1983. CH
Amann, Jürg: Rondo, in: ↗Siegrist 1. CH
Amanshauser, Gerhard: Daheim, in: ↗Pittler. A
Amanshauser, Gerhard: Ein Kulturdenkmal, in: ↗Eisendle. A
Amanshauser, Martin: *Erdnussbutter*, Wien/München: Deuticke 1998. A
Améry, Jean: Wieviel Heimat braucht der Mensch? In: ↗Fliedl, Das andere Österreich. A
Andersch, Alfred: Jesuskingdutschke, in: ↗Durzak. D
Andersch, Alfred: Mit dem Chef nach Chenonceaux, in: ↗Reich-Ranicki. D
Apitz, Bruno: *Nackt unter Wölfen*, Halle/Leipzig: Mitteldeutscher Verlag, 50. Aufl. 1985. D
Ard, Leo P.: Das Geständnis oder Warum ich Damilow tötete, in: ↗Friesel. D
Arens, Annegrit: *Der nächste Mann ist auch nicht anders*, Bergisch Gladbach: Bastei-Lübbe, 4. Aufl. 1996. D
Arlati, Renato P.: Begegnung »Conti«, in: ↗Siegrist 2. CH
Artmann, H.C.: Brief, in: ↗Higgs, Niederösterreich. A
Artmann, H.C.: Solche Späße tut man nicht, in: ↗Pittler. A
Askan, Katrin: *Aus dem Schneider*, Berlin: Berlin Verlag 2000. D
August, Hans-Jürgen: Neue Schuhe, in: ↗Rottensteiner. A
Außerhofer, Markus: Ohne ein Wort, in: ↗Bernardi. STIR
Bachmann, Guido: Der Engel der Vergangenheit, in: ↗Bussmann. CH
Bachmann, Guido: *Gilgamesch*, Basel: Lenos 1977. CH
Bachmann, Ingeborg: Das dreißigste Jahr, in: ↗Koschel. A
Bachmann, Ingeborg: Das Gebell, in: ↗Koschel. A
Bachmann, Ingeborg: Jugend in einer österreichischen Stadt, in: ↗Pittler. A
Bachmann, Plinio: Schaufenster, in: ↗Simon. CH

Bachmann, Plinio (Hg.): *Die Schweiz erzählt. Junge Erzähler*, Frankfurt a. M.: Fischer 1998. CH
Bachmann, Plinio: Vorwort, in: ↗Bachmann. CH
Bader, Monika: Heimat – Beobachtungen und sehr persönliche Eindrücke aus dem Burgenland 1995, in: ↗Heimat. A
Balàka, Bettina: *Der langangehaltene Atem*, Graz/Wien: Literaturverlag Droschl 2000. A
Balmer, Dres: *Die letzten Abenteuer des Zwanzigsten Jahrhunderts: Sechs Geschichten*, Zürich: Amman 1991. CH
Balzer, Bernd (Hg.): *Heinrich Böll Werke. Romane und Erzählungen* 4 (1961–1970), Köln: Kiepenheuer & Witsch, 2. Aufl. 1987. D
Barylli, Gabriel: *Butterbrot*, Frankfurt a. M.: Fischer Taschenbuch, 14. Aufl. 1999. A
Bauer, Christoph: nur einen gedanken habe ich, in: ↗Bussmann. CH
Bauer, Heribert: Zum Abschied rote Rosen, in: ↗Friesel. D
Bauer, Robert: Burgenland, in: ↗Heimat. A
Baur, Margit: Unterbrechungen der Gewohnheit, in: ↗Siegrist 2. CH
Bayr, Rudolf: Der Lungau liegt nicht einfach hinten, in: ↗Higgs, Salzburg. A
Becher, Martin Roda: Augenblicke in Montevideo, in: ↗Siegrist 2. CH
Becker, Jurek: *Bronsteins Kinder*, Frankfurt a. M.: Suhrkamp, 3. Aufl. 1986. D
Becker, Jurek: Der Verdächtige, in: ↗Reich-Ranicki. 1994. D
Becker, Jurek: Das Parkverbot, in: ↗Fetzer. 1986. D
Bendix, Helma: Ein weißer Lebenslauf, in: ↗Heimat. A
Benvenuti, Jürgen: *Harter Stoff*, Wien: Deuticke 1994. A
Berger, Clemens: Atlantis, in: ↗Unger. A
Bernardi, Rut: Lëtres te n fol. Briefe ins Dunkle. Cuntía de na rujeneda stomia. Erzählung von einer stummen Sprache, in: ↗Filadressa 1/2001. STIR
Bernardi, Rut: Dann wundert ihr euch von wegen Fahnennaturen, in: ↗Aliprandini. STIR
Bernardi, Rut; Locher, Elmar und Mall, Sepp (Hgg.): *Leteratura Literatur Letteratura. Texte aus Südtirol. In Memoriam Anita Pichler*, Bozen: Edition Sturzflüge 1999. STIR
Bernardi, Rut: Anna N., in: ↗Bernardi. STIR
Bernardi, Rut: Der blaue Teppich, in: ↗Bernardi. STIR
Bernhard, Thomas: *Das Kalkwerk*, Frankfurt a. M.: Suhrkamp Taschenbuch Verlag 1970. A
Bernhart, Toni: Ein überflüssiger Band eigentlich, in: ↗Aliprandini. STIR
Bernhart, Toni: Lasamarmo, in: ↗Bernardi. STIR
Berthold, Will: *Die wilden Jahre*, Bergisch Gladbach: Bastei-Lübbe, 3. Aufl. 1981. D
Beurer, Monica: Nach-Sicht, in: ↗Zur Feier. CH
Beutler, Maja: Lebenserwartungen, in: ↗Siegrist 2. CH
Bichsel, Peter: *Cherubin Hammer und Cherubin Hammer*, Frankfurt a. M.: Suhrkamp 1999. CH
Bichsel, Peter: Laufbahn, in: ↗Siegrist 2. CH
Bick, Martina: *Tödliche Ostern/Mörderischer Advent*, München: Knaur 1995. D
Biehler, Armin: Nachbrand, in: ↗Zur Feier. CH
Bieler, Manfred: *Maria Morzeck oder Das Kaninchen bin ich*, München: dtv, 4. Aufl. 1977. D
Biermann, Pieke: Das Gesetz des Auges, in: ↗Friesel. D
Bilgeri, Ricarda: Hoppla! In: ↗Treudl, Augen. A
Birtschitzky, Gertrude: Als die Lacken verschwanden, in: ↗Heimat. A
Biskupek, Matthias: *Der Quotensachse*, Berlin: Ullstein 1998. D
Bizzotto, Luca und Gurschler, Jakob: Warum das Siegesdenkmal nicht in Disneyland stehen kann, in: ↗Aliprandini. STIR
Blaeulich, Max: Viktor, in: ↗Pittler. A
Blatter, Silvio: Schichtpause, in: ↗Siegrist 1. CH
Blauhut, Robert: Das Rheintal, in: ↗Higgs, Vorarlberg. A
Blobel, Brigitte: *Eine Tür fällt zu*, München: Franz Schneider 1988. D
Blumenberg, Bettina: Angriffe, in: ↗Müller-Schwefe. D
Bobrowski, Johannes: Der Mahner, in: ↗DDR 1. D
Bobrowski, Johannes: Mäusefest, in: ↗Hinck. D
Boesch, Hans: Bei den Grosseltern, in: ↗Siegrist 1. CH
Böll, Heinrich: Ansichten eines Clowns, in: ↗Balzer. D
Böll, Heinrich: Der Bahnhof von Zempren, in: ↗Durzak. D
Böll, Heinrich: Du fährst zu oft nach Heidelberg, in: ↗Durzak. D
Bollinger, Max: Sonntag, in: ↗Siegrist 1. CH
Böni, Franz: Am Ende aller Tage, in: ↗Siegrist 1. CH
Böni, Franz: Der Johanniterlauf, in: ↗Lese-Zeit. CH
Böni, Franz: Die Sprache der Wanderschaft, in: ↗Bussmann. CH
Born, Nicolas: *Die erdabgewandte Seite der Geschichte*, Reinbek bei Hamburg: Rowohlt 1976. D
Bracharz, Kurt: Die grüne Stunde, in: ↗Higgs, Vorarlberg. A
Brambach, Rainer: Keine Post für Fräulein Anna, in: ↗Siegrist 2. CH
Brandstetter, Alois: Der Vater, in: ↗Pittler. A
Brandstetter, Alois (Hg.): *Österreichische Erzählungen des 20. Jahrhunderts*, München: dtv 1987. A
Brasch, Thomas: Fliegen im Gesicht, in: ↗Durzak. D
Braun, Volker: Die Bühne, in: ↗DDR 1. D
Brechbühl, Beat: Die Glasfrau, in: ↗Siegrist 2. CH
Brechbühl, Beat: *Kneuss: Roman: zwei Wochen aus dem Leben eines Träumers und Querulanten, von ihm selber aufgeschrieben*, Zürich: Diogenes 1970. CH
Bredel, Willi: Frühlingssonate, in: ↗DDR 1. D
Breinersdorfer, Fred: Drei elegante Herren, in: ↗Friesel. D

Brezina, Thomas: *Eine Katze namens Mozart* (= Sieben Pfoten für Penny 16), illustriert von Bernhard Förth, Wien/Stuttgart: Neuer Breitschopf Verlag 1997. A

Breznik, Melitta: Die Spinnen, in: ↗Thuswaldner. A

Brickwell, Ditha: 1945, Niemandsland, in: ↗Eisendle. A

Brödl, Günter/Kurt Ostbahn: *Blutrausch*, Innsbruck: Haymon 1995. A

Brückner, Christine: *Ehe die Spuren verwehen*, Berlin: Ullstein, 27. Aufl. 1998. D

Brunhart, Hans: Identität im deutschsprachigen Kulturraum: Liechtenstein, in: ↗Allmende 44. LIE

Brunner, Maria E.: Worüber sprechen, in: ↗Bernardi. STIR

Brunner, Marie E.: Rück- und Wiederkehr der Bilder, in: ↗Literatur und Kritik 6/1994, Dossier Südtirol. STIR

Brunner, Christina: Die Braut, in: ↗Siegrist 2. CH

Bucher, Werner: *Unruhen*, Herisau: Appenzeller Verlag 1998. CH

Bugmann, Urs: Die Distanz, die Erkenntnis ermöglicht, ist die Nähe. Zur zeitgenössischen Literatur aus der Schweiz, in: ↗Lese-Zeit. CH

Burger, Hermann: Die Wasserfallfinsternis von Badgastein, in: ↗Siegrist 2. CH

Burger, Hermann: Der Schuss auf die Kanzel, in: ↗Lese-Zeit. CH

Burger, Horst: *Warum warst du in der Hitler-Jugend?* Reinbek bei Hamburg: Rowohlt TB 1998. D

Buri, Rosemarie: *Dumm und Dick: Mein langer Weg*, Zürich: Alltag 1990. CH

Burkart, Erika: Das rote Moor, in: ↗Siegrist 1. CH

Bürkl, Anni Ilse: Ich kratze dir die Augen aus, in: ↗Treudl, Augen. A

Burren, Ernst: Der Schwiegersohn freut sich auf sein Ende, in: ↗Siegrist 1. CH

Burri, Peter: Kein Bad ist imstande, ein Kind auszuschütten, in: ↗Bussmann. CH

Bussmann, Rudolf/Zingg, Martin (Hgg.): *Onkel Jodoks Enkel. Die Literatur und ihre Schweiz.* Erzählsammlung, Basel: Lenos 1988. CH

Bussmann, Rudolf: Es sassen im Saal einige Leute, in: ↗Bussmann. CH

Cantieni, Monica: Hier, in: ↗Simon. CH

Cavelty, Gion Mathias: *ad absurdum oder Eine Reise ins Buchlabyrinth*, Frankfurt a. M.: Suhrkamp 1997. CH

Cavelty, Gion Mathias: Der Ruf der Alpen, in: ↗Simon. 1998. CH

Cavelty, Gion Mathias: Der unheimliche Fall des Alvin Cava, in: ↗Bachmann. CH

Cejpek, Lukas: Warum, in: ↗Eisendle. A

Clemens, Ingeborg: Der Dorfnarr, in: ↗Heimat. A

Czurda, Elfriede: *Kerner. Ein Abenteuerroman*, Reinbek bei Hamburg: Rowolth 1987. A

Dal Lago Veneri, Brunamaria: Ladinien. Von der Schwierigkeit, eine Insel zu sein, in: ↗Literatur und Kritik 6/1994, Dossier Südtirol. STIR

Dalla Torre, Karin und Delle Cave, Ferruccio (Hg.): *Alfred Gruber. 30 Jahre Literatur in Südtirol*, Bozen: Edition Raetia 2001. STIR

Dalla Torre, Karin und Vallazza, Alma: Editorial, in: ↗Filadressa 1/2001. STIR

DDR 1 = *Erzähler der DDR*, Bd. 1, Berlin und Weimar: Aufbau 1985. D

DDR 2 = *Erzähler der DDR*, Bd. 2, Berlin und Weimar: Aufbau 1985. D

d'Henri, Diane: *Die Frau des Geliebten der Mutter*, Bern: Zytglogge 1988. CH

de Bruyn, Günter: Blume, in: ↗DDR 1. D

de Bruyn, Günter: Eines Tages ist er wirklich da, in: ↗Hinck. D

de Rachewitz, Siegfried W.: Cantos aus dem Bauernland, in: ↗Jost. STIR

Dean, Martin R.: Geschlagener Hund, in: ↗Bussmann. CH

Dean, Martin R.: Zoo, in: ↗Siegrist 2. CH

Delius, Friedrich C.: *Himmelfahrt eines Staatsfeindes*, Reinbek bei Hamburg: Rowohlt 1992. D

Dežutelj, Sofija: Stiefvater Österreich, in: ↗Fliedl, Das andere Österreich. A

Diggelmann, Walter Matthias: Reise mit Daniela, in: ↗Siegrist 1. CH

Diggelmann, Walter Mattias: *Die Vergnügungsfahrt*, Stuttgart/Hamburg: Deutscher Bücherbund 1969. CH

Diggelmann, Walter Matthias: *Das Verhör des Harry Wind*, Zürich: Benziger 1962. CH

Dinkel, Robert: Vaters Bedürfnis, in: ↗Zur Feier. CH

Dinkelmann, Fritz H.: Der Nachfolger, in: ↗Siegrist 1. CH

Dittmar, Jens (Hg.): *Europa erlesen. Liechtenstein*, Klagenfurt: Wieser 2000. LIE

Dittmar, Jens: Der Unfall, in: ↗Allmende 58/59. LIE

Dittmar, Jens: Diebsgesindel, in: ↗Allmende 58/59. LIE

Doderer, Heimito von: *Die Strudlhofstiege oder Melzer und die Tiefe der Jahre*, München: dtv, 2. Aufl. 1967. A

Donhauser, Michael: Der Föhn, in: ↗Allmende 21/22. LIE

Drach, Albert: Lunz, in: ↗Higgs, Niederösterreich. A

Drach, Albert: Mikroben zernagen das All, in: ↗Eisendle. A

Dürrenmatt, Friedrich: Der Dritte Weltkrieg, in: ↗Siegrist 2. CH

Dürrenmatt, Friedrich: *Justiz*, Zürich: Diogenes 1985. CH

Durschei, Jon: *War's Mord auf der Meldegg?* Zelg: ortekrimi 1992. CH

Durzak, Manfred (Hg.): *Erzählte Zeit. 50 deutsche Kurzgeschichten der Gegenwart*, Stuttgart: Philipp Reclam jun. 1980. D

Duvanel, Adelheid: Der Dichter, in: ↗Siegrist 2. CH

Eckert, Horst: *Annas Erbe*, Dortmund: Grafit 1995. D

Egger, Oswald und Waldner, Hansjörg: Südtiroler Extravaganzen oder: Was vermag eine Marginalliteratur? In: ↗Wespennest 58/1985. STIR
Eggimann, Ernst: Der heilige Laut, in: ↗Siegrist 2. CH
Eisendle, Helmut (Hg.): *Österreich lesen. Texte von Artmann bis Zeemann*, Wien: Deuticke 1995. A
Eisendle, Helmut: *Die vorletzte Fassung der Wunderwelt*, Zürich: Ammann 1993. A
Eisenreich, Herbert: Zehn Jahre wie nichts, in: ↗Pittler. A
Elzenbaumer, Mathilde Maria: *Christian fliegt ins Zwergenland und andere Märchen*. Bilder von Maria Luise Gasser, Selbstverlag Mathilde Maria Elzenbaumer o. J. STIR
Ende, Michael: *Momo*, Stuttgart: Thienemann, 5. Aufl. 1973. D
Engl, Georg: *Literatur und Politik. Am Beispiel der Zeitschrift »sturzflüge«*, in: ↗Literatur und Kritik 6/1994, Dossier Südtirol. STIR
Engl, Georg: Einer, der über Kalkutta spricht, in: ↗Wespennest 58/1985. STIR
Eppich, Elisa: Der Balkon, in: ↗Treudl, Herzwärts. A
Erb, Elke: Ein Siedlungshaus in Berlin-Hohenschönhausen, in: ↗DDR 2. D
Erdheim, Claudia: Wie war's gestern? In: ↗Eisendle. A
Erichsen, Uwe: Sport ist Mord, in: ↗Friesel. D
Erler, Rainer: *Das Blaue Palais/Das Genie*, München: Wilhelm Goldmann, 2. Aufl. 1980. D
Faes, Urs: Gefallene Engel allenfalls, in: ↗Bussmann. CH
Faes, Urs: Wenn Vater kommt, in: ↗Siegrist 1. CH
Falk, Gunter: Kleine novelle von der großen traurigkeit und ihren kleineren und grösseren ursachen, in: ↗Eisendle. A
Federspiel, Jürg: *Die beste Stadt für Blinde und andere Berichte*, Zürich: Ex Libris 1980. CH
Feichtinger, Josef: Santa Sina, in: ↗Bernardi. STIR
Fellner, Udo: Der Heimatdichter, in: ↗Heimat. A
Fetzer, Günther (Hg.): *Deutsche Erzähler des 20. Jahrhunderts*, München: Heyne 1986. D
Fian, Antonio: Krumm oder Die Nutzlosigkeit der Gefühle, in: ↗Pittler. A
Fichte, Hubert: *Die Geschichte der Nana*, Frankfurt a. M.: S. Fischer 1990. D
Fichte, Hubert: Ein glücklicher Liebhaber, in: ↗Fetzer. D
Fiedler, Petra: Gern ein anderes Mal, in: ↗Müller-Schwefe. D
Findig, Andreas: Der Sumpf, in: ↗Rottensteiner. A
Fink, Christian: *Zoë in der Wüste der Thunfische*, Basel: imbos 1998. CH
Fischer, Marie Louise: *Frauenstation*, München: Heyne, 7. Aufl. 1975. D
Fliedl, Das andere Österreich = Fliedl, Konstanze (Hg.): *Das andere Österreich. Eine Vorstellung*, München: dtv 1998. A
Fliedl, Konstanze (Hg.): *Österreichische Erzählerinnen*, München: dtv 1995. A
Flöss, Helene: *Schnittbögen*, Innsbruck: Haymon 2000. STIR
Flöss, Helene: Maienpfeife, in: ↗Bernardi. STIR
Flöss, Helene: *Dürre Jahre*, Innsbruck: Haymon 1998. STIR
Flöss, Helene: Törggelen, in: ↗Jost. STIR
Flöss, Helene: Aus dem Briefroman »Briefschatten«, in: ↗Literatur und Kritik 6/1994, Dossier Südtirol. STIR
Flöss, Helene: Zwillinge, in: ↗Holzner. STIR
Flöss, Helene: Kindersommer, in: ↗Gruber. STIR
Frank, Leo: *Alles klar, Herr Kommissar? 40 heitere Ratekrimis*, illustriert von Christian Scheidl, Wien: Edition S, Verlag der Österreichischen Staatsdruckerei 1989. A
Franke, Herbert W.: Das Revolutionsspiel, in: ↗Rottensteiner. A
Franzetti, Dante Andrea: Das Angebot, in: ↗Siegrist 1. CH
Franzetti, Dante Andrea: *Die Versammlung der Engel im Hotel Excelsior*, Zürich: Nagel & Kimche 1990. CH
Franzobel: *Shooting Star. Stefan Griebl bildet sich ein, der Dichter Franzobel und von lästigen Verehrerinnen verfolgt zu sein* Oder *Die allerneuesten Leiden einer jungen Wertherin*, Klagenfurt/Wien: Ritter 2001. A
Frei, Otto: Die Schülerzeitung, in: ↗Siegrist 1. CH
Freundlich, Elisabeth: Paris, Frühling 1945, in: ↗Fliedl, Österreichische Erzählerinnen. A
Fridelin, Firma: Der letzte Kreuzzug, in: ↗Wespennest 58/1985. STIR
Fries, Fritz Rudolf: Der Fernsehkrieg, in: ↗Durzak. D
Fries, Fritz Rudolf: Beschreibung meiner Freunde, in: ↗DDR 2. D
Friesel, Uwe (Hg.): *Das Syndikat. Die besten deutschen Kriminalstories*, München: Heyne 1991. D
Friesel, Uwe: Für Elise, in: ↗Friesel. D
Frisch, Max: *Schweiz ohne Armee. Ein Palaver*, Zürich: Limmat 1998. CH
Frisch, Max: Autobiographisches, in: ↗Siegrist 1. CH
Frischmuth, Barbara: *Wassermänner, Lesestücke aus Seen, Wüsten und Wohnzimmern*, hg. von Hans Haider, Salzburg/Wien: Residenz 1991. A
Fritsch, Gerhard: Moos auf den Steinen, in: Higgs, Niederösterreich. A
Fritsch, Gerhard: *Fasching*, mit einem Nachwort von Robert Menasse, Frankfurt a. M.: Suhrkamp Taschenbuch Verlag 1995. A
Fröhlich, Hans J.: Plötzlich erleichtert, in: ↗Reich-Ranicki. D
Fuchs, Christian: Die Katze, in: ↗Thuswaldner. A
Fühmann, Franz: Das Judenauto, in: ↗Reich-Ranicki. D
Furrer, Art: *My way. Spuren meines Lebens*, Zürich: Ringier 1996. CH

Futscher, Christian: *Soledad oder im Süden unten*, Wien/München: Deuticke 2000. A
Gallmetzer, Hartmann: *Südtirol wie es leibt und lebt*, Schmunzelgeschichten, Bozen: Athesia 2000. STIR
Galvagni, Bettina: Charlotte Rampling Simmering, in: ↗Bernardi. STIR
Galvagni, Bettina: Die Ballerinas vom Beethovenplatz, in: ↗Bernardi. STIR
Galvagni, Bettina: *Melancholia*, Salzburg: Residenz 1997. STIR
Ganz, Raffael: Passhöhe, in: ↗Siegrist 2. CH
Gatterer, Armin: *Genfer Novellen*, Innsbruck: Haymon 1991. STIR
Gatterer, Armin: Das Sprachverhalten der »Innerlichkeit«, in: ↗Gruber. STIR
Gatterer, Claus: *Der schwierige Weg zueinander*, in: ↗Jost. STIR
Gaus, Günter: *Wendewut*, Hamburg: Hoffmann und Campe 1990. D
Gauß, Karl-Markus: Der übernationale Fluß, in: ↗Higgs, Niederösterreich. A
Geiser, Christoph: Jakob von Guntens Traum, in: ↗Siegrist 1. CH
Geiser, Christoph: Dämmerung, in: ↗Bussmann. CH
Geiser, Christoph: *Brachland*, Zürich: Benziger 1980. CH
Gerber-Wyler, Verena: Die Spinnerin, in: ↗Zur Feier. CH
Gilgen, Peter: Über eine Landschaft, in: ↗Allmende 21/22. LIE
Giovannelli-Blocher, Judith: *Das gefrorene Meer*, Zürich: Pendo 1999. CH
Glantschnig, Helga: *Mirnock*, Graz/Wien: Literaturverlag Droschl 1997. A
Graf, Oskar Maria: *Gelächter von außen*, München: Süddt. Verlag 1980. D
Graf, Roger: Die Fahrt ins Blaue. Ein Fall für Philip Maloney, in: ↗Zeindler. CH
Grän, Christine: *Dame sticht Bube*, München: Albrecht Knaus 1997. A
Grass, Günter: *Unkenrufe*, Göttingen: Steidl, 2. Aufl. 1992. D
Grass, Günter: Polizeifunk, in: ↗Fetzer. D
Gratzik, Paul: Schüler meiner Frau, in: ↗DDR 2. D
Gruber, Alfred (Hg.): *Nachrichten aus Südtirol. Deutschsprachige Literatur in Italien*, Hildesheim/Zürich/New York: Olms Presse 1989. STIR
Gruber, Alfred: Einleitung, in: ↗Gruber. STIR
Gruber, Marianne/Neuwirth, Barbara (Hgg.): *Frauen sehen Europa. Ein österreichisches Lesebuch zum Welttag des Buches 2000*, Wien: Hauptverband des österreichischen Buchhandels 2000. A
Gruber, Marianne: Abra Kadabra oder Die Totengräber, in: ↗Pittler. A
Gruber, Reinhard P.: Das Wunschkonzert, in: ↗Thuswaldner. A
Gruber, Sabine: Skizze einer Unglücklichen, in: ↗Bernardi. STIR
Gruber, Sabine: *Aushäusige*, Klagenfurt: Wieser 1996. STIR
Grün, Max von der: *Die Lawine*, Darmstadt: Luchterhand 1986. D
Grün, Max von der: Der Betriebsrat, in: ↗Fetzer. D
Gstrein, Norbert: *Selbstportrait mit einer Toten*, Frankfurt a. M.: Suhrkamp 2000. A
Gstrein, Norbert: Einer, in: ↗Higgs, Tirol. A
Gwerder, Alexander Xaver: Brief aus dem Packeis, in: ↗Siegrist 1. CH
Haas, Norbert: All Blues! In: ↗Allmende 58/59. LIE
Haas, Norbert: Ich wüsste gerne mehr von Aline Alber, In: ↗Allmende 58/59. LIE
Haas, Wolf: *Silentium*, Reinbek bei Hamburg: rororo thriller 1999. A
Hackl, Erich: *Abschied von Sidonie*, Erzählung, Zürich: detebe 1991. A
Hackl, Erich: Herr Meisel und seine Söhne, in: ↗Fliedl, Das andere Österreich. A
Hahn, Margit: Ich will es wissen, in: ↗Treudl, Augen. A
Haidegger, Christine: Behaltenwollen, in: ↗Treudl, Augen. A
Haller, Maria: *Jana*, Wien: Ueberreuter 1986. A
Halwachs, Gisela: Großvaters Geschichte, in: »*Heimat, bist Du …?« Bilder und Geschichten aus dem Burgenland*, Eisenstadt: Edition Roetzer 1996. A
Handke, Peter: Das Umfallen der Kegel von einer bäuerlichen Kegelbahn, in: ↗Thuswaldner. A
Handke, Peter: Nachmittag eines Schriftstellers, in: ↗Higgs, Salzburg. A
Handke, Peter: *Mein Jahr in der Niemandsbucht. Ein Märchen aus neuen Zeiten*, Frankfurt a. M.: Suhrkamp, 3. Aufl. 1995. A
Händl, Klaus: Tanz auf dem Schloß des Leuchtens, in: ↗Higgs, Tirol. A
Hannabauer, Franz: Pannonia seitlich hinter dem Rätikon oder Wie ich das Burgenland nicht bringen konnte, in: ↗Heimat. A
Hänny, Reto: Schnee-Fuge, in: ↗Siegrist 1. CH
Hartinger, Ingram: Oran, in: ↗Pittler. A
Harig, Ludwig: *Und wenn sie nicht gestorben sind. Aus meinem Leben*, München/Wien: Hanser 2002. D
Härtling, Peter: *Waiblingers Augen*, Darmstadt: Luchterhand 1987. D
Härtling, Peter: Eine Anekdote, in: ↗Fetzer. D
Hartmann, Lukas: Kein Kuchen für Bahar, in: ↗Siegrist 1. CH
Hartmann, Lukas: *Gebrochenes Eis*, Zürich: Arche 1980. CH
Hartmann, Lukas: *Pestalozzis Berg*, Bern: Zytglogge 1978. CH
Hasler, Eveline: *Komm wieder, Pepino*, Würzburg: Edition Bücherbär 1967. CH

Hasler, Eveline: Anna Göldins Ankunft in Glarus, in: ↗Siegrist 1. CH
Haslinger, Josef: Der Tod des Kleinhäuslers Ignaz Hajek, in: ↗Higgs, Niederösterreich. A
Haslinger, Josef: Hört, Ihr Rothäute, in: ↗Eisendle. A
Haslinger, Josef: *Opernball*, Frankfurt a. M.: Fischer Taschenbuch Verlag 1997. A
Hauptmann, Gaby: *Suche impotenten Mann fürs Leben*, München: Piper, 32. Aufl. 1998. D
Hausemer, Georges: *Die Tote aus Arlon*, Blieskastel: Gollenstein 1997. LUX
Hausemer, Georges: *Das Buch der Lügen*, München: Schneekluth 1985. LUX
Haushofer, Marlen: *Die Wand*, Frankfurt a. M./Berlin: Ullstein 1990. A
Hefner, Alice: Das schwarze Zimmer, in: ↗Treudl, Augen. A
Heimann, Alexander: *Lisi*, Bern: Edition Erpf 1994. CH
Heimat = »*Heimat, bist Du ...?« Bilder und Geschichten aus dem Burgenland*, Eisenstadt: Edition Roetzer 1996. A
Hein, Christoph: *Horns Ende*, Neuwied/Darmstadt: Luchterhand 1987. D
Helfer, Monika: Saba, in: ↗Thuswaldner. A
Helfer, Monika: Mein Wald, in: ↗Higgs, Vorarlberg. A
Hell, Bodo: *die Devise lautet*, Erzählung, Wien: Edition Splitter 1999. A
Hermann, Wolfgang: Mein Dornbirn, in: ↗Higgs, Vorarlberg. A
Hermlin, Stephan: Die Kommandeuse, in: ↗Durzak. D
Herrmann, Horst: Essig und Öl, in: ↗Friesel. D
Hettler, Jürgen: *Gerd und Gerda. Hinter deutschen Mauern. Zeitgeistroman mit ökologisch-psychologischem Hintergrund*, Frankfurt a. M.: R. G. Fischer 1997. D
Hey, Richard: Weihnachten, in: ↗Friesel. D
Heym, Stefan: Der Überlebende, in: ↗DDR 1. D
Heym, Stefan: Der Gleichgültige, in: ↗Fetzer. D
Higgs, Vorarlberg = Higgs Barbara/Straub, Wolfgang (Hgg.): *Wegen der Gegend. Literarische Reisen durch Vorarlberg*, Frankfurt a. M.: Eichborn 2000. A
Higgs, Salzburg = Higgs Barbara/Straub, Wolfgang (Hgg.): *Wegen der Gegend. Literarische Reisen durch Salzburg*, Frankfurt a. M.: Eichborn 1999. A
Higgs, Tirol = Higgs Barbara/Straub, Wolfgang (Hgg.): *Wegen der Gegend. Literarische Reisen durch Tirol*, Frankfurt a. M.: Eichborn 1998. A
Higgs, Niederösterreich = Higgs Barbara/Straub, Wolfgang (Hgg.): *Wegen der Gegend. Literarische Reisen durch Niederösterreich*, Frankfurt a. M.: Eichborn 1997. A
Higgs, Barbara/Straub, Wolfgang: Entlang der Westbahn und in die Voralpen, in: ↗Higgs, Niederösterreich. A
Hilbig, Wolfgang: *Das Provisorium*, Frankfurt a. M.: S. Fischer 2000. D
Hildesheimer, Wolfgang: Das Ende der Welt, in: ↗Durzak. D
Hildesheimer, Wolfgang: Lieblose Legenden, in: ↗Lucas. D
Hildesheimer, Wolfgang: Ich trage eine Eule nach Athen, in: ↗Hinck. D
Hildesheimer, Wolfgang: Das Atelierfest, in: ↗Fetzer. D
Hinck, Walter (Hg.): *Jahrhundertchronik. Deutsche Erzählungen des 20. Jahrhunderts*, Stuttgart: Reclam 2000. D
Hinterberger, Ernst: Der Schani-Onkel, in: ↗Eisendle. A
Hochgatterer, Paulus: Über die Chirurgie, in: ↗Higgs, Niederösterreich. A
Hochgatterer, Paulus: Analytischer Abschiedsbrief, in: ↗Eisendle. A
Hochwarter, Rudolf: Zigeunerwald, eine annäherung an eine ausgelöschte heimat, in: ↗Heimat. A
Hoffer, Klaus: *Bei den Bieresch. Halbwegs. Der große Potlatsch*, Frankfurt a. M.: S. Fischer 1983. A
Hofmann, Gert: *Das Glück*, München/Wien: Hanser 1992. D
Hofmann, Gert: *Tolstois Kopf*, München/Wien: Hanser 1991. D
Hofstädter, Lina: Lustenauer Idyllen, in: ↗Higgs, Vorarlberg. A
Hohler, Franz: Die Rückeroberung, in: ↗Siegrist 2. CH
Hohler, Franz: Private Weltgeschichte, in: ↗Bussmann. CH
Höller, Walter: Dorffragmente, in: ↗Higgs, Salzburg. A
Höllrigl, Siegfried: Katz, in: ↗Gruber. STIR
Holzer, Stefanie: Graniza oder Meine Putzfrauen, in: ↗Gruber. STIR
Holzner, Johann (Hg.): *Kopf oder Adler. Andere Erzählungen aus Tirol*, Innsbruck: Haymon 1991. STIR
Honegger, Arthur: *Der Ehemalige*, Frauenfeld: Huber 1979. CH
Hostettler, Maya: *Moira*, Birmensdorf: Bartschi Publishing 1991. CH
Hotsching, Alois: Der Fortgang der Handlung, in: ↗Holzner. A
Huby, Felix: Schneckentod, in: ↗Friesel. D
Huonder, Silvio: Stille Tage in Österreich, in: ↗Simon. CH
Hürlimann, Thomas: Der Besuch, in: ↗Lese-Zeit. CH
Hürlimann, Thomas: Schweizerreise in einem Ford, in: ↗Siegrist 1. CH
Hutmacher, Rahel: Drachengarten, in: ↗Siegrist 2. CH
Ilmer Ebnicher, Marianne: *Südtiroler Sagen für Kinder erzählt*, mit Bildern von Brigitte Seiwald, Bozen: Athesia 1999. STIR
Ingold, Felix Philipp: Aida N., in: ↗Siegrist 2. CH
Innerhofer, Franz: *Schöne Tage*, Roman, München: dtv 4. Aufl. 1997. A
Ivancsics, Karin: Das Programm, in: ↗Pittler. A
Ivancsics, Karin: In der Ecke steht ein Moor ..., in: ↗Unger. A

Ivancsics, Karin: Die Ex (1 Fuchs; 2 Hennen?), in: ↗Treudl, Augen. A
Jacobi, Hermann: *Die Kleefabrik*, Bern: Erpf 1990. CH
Jaeger, Stefan/Haager, Roswitha/Schulthes, Michael: *Steffi geht zum Zahnarzt*, Luzern: Kinderbuchverlag Reich 1984. CH
Jaeggi, Peter: *Schritte im Kopf: Reto oder die Folgen eines Kinderunfalls*, Aare: Solothurn 1985. CH
Jaeggi, Urs: Heimwärts, in: ↗Siegrist 2. 1990. CH
Jägersberg, Otto: Dazugehören, in: ↗Durzak. D
Janacs, Christoph: Begegnung, in: ↗Pittler. A
Jaschke, Gerhard: *Illusionsgebiet Nervenruh*, Kurzprosa, Wien: Sonderzahl 1997. A
Jaun, Sam: Der Onkel aus Afrika, in: ↗Siegrist 1. CH
Jelinek, Elfriede: Die Kinder der Toten (Ausschnitt), in: ↗Thuswaldner. A
Jelinek, Elfriede: Die Ausgesperrten, in: ↗Higgs, Niederösterreich. A
Jelinek, Elfriede: *Lust*, Reinbek bei Hamburg: Rowolth 1992. A
Jenny, Zoe: Ahorn. Ein Monolog, in: ↗Bachmann. CH
Johnson, Uwe: *Karsch und andere Prosa*, Frankfurt a. M.: Suhrkamp 1972. D
Jonke, Gert: *Erwachen zum großen Schlafkrieg*, Erzählung, Salzburg/Wien: Residenz 1982. A
Jonke, Gert: Wiederholung des Festes, in: ↗Eisendle. A
Jörimann, Albert: What's the dog's name, in: ↗Bachmann. CH
Jost, Dominik (Hg.): *Südtirol. Ein literarisches Landschaftsbild. Mit zahlreichen Abbildungen*, Frankfurt a. M./Leipzig: Insel 1991. STIR
Jost, Dominik: Der Terlaner Kreuzweg, in: ↗Jost. STIR
Jugendliche Träume = *Jugendliche Träume einer Schweiz von morgen*, hg. v. der Erziehungs- und Kulturdirektion Basel-Landschaft, Liestal: Verlag des Kantons Basel-Landschaft 1991. CH
Junge, Reinhard: *Klassenfahrt*, Dortmund: Grafit 1989. D
Jünger, Ernst: Die Eberjagd, in: ↗Reich-Ranicki. D
Kain, Franz: Lob des Wirtshauses, in: ↗Eisendle. A
Kain, Franz: Maria-Lichtmeß-Nacht, in: ↗Fliedl, Das andere Österreich. A
Kaiser, Gloria: *Oktoberfrühling*, Graz/Köln/Wien: Styria 1991. A
Kaiser, Ingeborg: Maiglöckchen für Frau Böhm, in: ↗Siegrist 1. CH
Kaminski, André: Der Sieg über die Schwerkraft, in: ↗Siegrist 1. CH
Kant, Hermann: Eine Übertretung, in: ↗DDR 1. D
Kant, Hermann: Das Kennwort, in: ↗Fetzer. D
Kappacher, Walter: Der Hochkönig, in: ↗Higgs, Salzburg. A
Karr & Wehner: *Geierfrühling*, München: Heyne 1994. D
Kaschnitz, Marie Luise: Lange Schatten, in: ↗Reich-Ranicki. D
Kaser, Norbert C.: brixen, in: ↗Jost. STIR
Kaser, Norbert C.: bruneck, in: ↗Jost. STIR
Kaser, Norbert C.: *Prosa. Geschichten – Schultexte. Stadtstiche. Glossen – Kritik*, hg. von Benedikt Sauer und Erika Wimmer-Webhofer (= Haider, Hans et. al. (Hgg.): norbert c. kaser. Gesammelte Werke. Band 2: Prosa). Innsbruck: Haymon 1988. STIR
Kaser, Norbert C.: bericht des lehrers, in: ↗Wespennest 58/1985. STIR
Kauer, Walther: Kindheit, in: ↗Siegrist 1. CH
Kauer, Walther: *Spätholz*, Zürich: Benziger 1976. CH
Kauf, Felix: Wie es dir gefällt. Ein Monolog, in: ↗Simon. CH
Kaut, Josef: Im Bräustübl, in: ↗Higgs, Salzburg. A
Kehrer, Jürgen: *Das Kappenstein-Projekt*, Dortmund: Graffit 1997. D
Keller, Christoph: Das Loch, in: ↗Bachmann. CH
Keller, Christoph: Das Missverständnis, in: ↗Simon. CH
Kempowski, Walter: *Tadellöser & Wolff: ein bürgerlicher Roman*, München: Hanser 1974. D
Kerschbaumer, Marie-Thérèse: Alma, in: ↗Fliedl, Das andere Österreich. A
Kerschbaumer, Marie-Thérèse: Der Schwimmer, in: ↗Eisendle. A
Kientzl, Karin: Wissen macht wütend, in: ↗Treudl, Augen. A
Kiesel, Helmut (Hg.): *Martin Walser: Werke in zwölf Bänden*, Band 1: Ehen in Philippsburg, Frankfurt am Main: Suhrkamp 1997. D
Kilic, Ilse: Bildgeschichte, in: ↗Treudl, Augen. 1997. A
Kirsch, Rainer: Erste Niederschrift, in: ↗DDR 2. D
Kirst, Hans Hellmut: *Held im Turm*, Roman, München: Goldmann 1984. D
Kleinl, Siegmund: Heimat Dorf. Ein Umsinnen, in: ↗Heimat. A
Kliemand, Evi: Auf Sichtweite, in: ↗Allmende 21/22. LIE
Klier, Walter: Osttirol, in: ↗Higgs, Tirol. A
Klier, Walter: Die Werke oder Canettis Himmelfahrt, in: ↗Eisendle. A
Klier, Walter: *Aufrührer*, Wien: Deuticke 1991. A
Klikovich, Theresia: »Heimat Burgenland«, in: ↗Heimat. A
Kluge, Alexander: Das Zeitgefühl der Rache, in: ↗Durzak. D
Kluge, Alexander: Ein Liebesversuch, in: ↗Hinck. D
Knappe, Joachim: Auf der Strecke, in: ↗DDR 1. D
Kneifl, Edith: *Ende der Vorstellung, Eine Wiener Blutoper*, Hamburg: Hoffmann und Campe 1997. A
Knellwolf, Ulrich: *Klassentreffen*, Frankfurt a. M.: Fischer 1997. CH
Knellwolf, Ulrich: Anstiftung zum Mord, in: ↗Zeindler. CH
Knipfler, Maria: Erinnerungen an 1945, in: ↗Heimat. A
Koeppen, Wolfgang: Tauben im Gras, in: ↗Reich-Ranicki. D
Köhle, Markus: *Pumpernickel*, Erzählungen, Innsbruck: Skarabæus 2003. A

Kofler, Gerhard: Kurzer Aufenthalt, in: ↗Wespennest 37/1979. STIR
Kofler, Werner: Im Verbrauchermarkt, in: ↗Pittler. A
Köhlmeier, Michael: Die Leute von Lech, in: ↗Higgs, Vorarlberg. A
Köhlmeier, Michael: *Moderne Zeiten*, München: Piper 1984. A
Kolb, Guido J.: *Vom Niederdorf ins Aussersihl*, Zürich: NZN Buchverlag Zürich 1978. CH
Kolleritsch, Alfred: Brief an Julian, in: ↗Pittler. A
Königsdorf, Helga: Bolero, in: ↗DDR 2. D
Konrad, Marcel: Die Schlacht, in: ↗Siegrist 2. CH
Konrad, Marcel: Aufs neue, in: ↗Bussmann. CH
Konrad, Markus: Der Mann, der die Männer spielt, in: ↗Lese-Zeit. CH
Konsalik, Heinz G.: *Der Arzt von Stalingrad*, München: Heyne, 39. Aufl. 1997. D
Kontschieder, Ewald: Bovec, in: ↗Bernardi. STIR
Köpf, Gerhard: *Innerfern*, Frankfurt a. M.: S. Fischer 1983. D
Koschel, Christine/von Weidenbaum, Inge/Münster, Clemens (Hgg.): *Bachmann, Ingeborg. Werke.* Zweiter Band: Erzählungen, München/Zürich: Piper 1982. A
Kranz, Walter: Fasola, in: ↗Allmende Nr. 58/59. LIE
Kranz, Walter: Staatsfeiertag, in: ↗Allmende Nr. 58/59. LIE
Kristanell, Roland: Der Stein des Anstoßes, in: ↗Bernardi. STIR
Kristanell, Roland: Der Greis Paul Fliri, in: ↗Gruber. STIR
Krüger, Ilse: … und weiß mich verloren, in: ↗Treudl, Augen. A
Krüss, James: *Timm Thaler oder das verkaufte Lachen*, Ravensburg: Ravensburger Buchverlag 1997. D
Kubelka, Margarete: Kein Mord, in: ↗Friesel. D
Kuhn, Heinrich: Der Asket, in: ↗Siegrist. CH
Kuhn, Heinrich: Der Aufstieg, in: ↗Bussmann. CH
Kunert, Günter: Die Waage, in: ↗Durzak. D
Kunert, Günter: Ich und ich, in: ↗DDR 1. D
Kunze, Reiner: Element, in: ↗Durzak. D
Kuppelwieser, Marlene: Das Kind, in: ↗Aliprandini. STIR
-ky (= Horst Bosetzky): *Sonst ist es aus mit dir*, Düsseldorf: Patmos, 2. Aufl. 1994. D
-ky (= Horst Bosetzky): Fast genial, in: ↗Friesel. D
Laabs, Jochen: Der Besuch der Mutter, in: ↗DDR 1. D
Laederach, Jürg: Mördli, in: ↗Siegrist 2. CH
Laederach, Jürg: Die Schweiz als Dramolett, in: ↗Bussmann. CH
Lange, Hartmut: Der Himmel über Golgatha, in: ↗Hinck. D
Längle, Ulrike: Der Teufel ist der Freund des Menschen, in: ↗Gruber. A
Längle, Ulrike: *Tynner*, Frankfurt a. M.: Collection S. Fischer, Fischer Taschenbuch 1996. A
Lanthaler, Kurt: Weißwein und Aspirin, in: ↗Bernardi. STIR
Lanthaler, Kurt: *Tschonnie Tschenett, Azzurro*, Innsbruck: Haymon 1998. STIR
Lanthaler, Kurt: *Tschonnie Tschenett, Grobes Foul*, Innsbruck: Haymon 1993. STIR
Lanthaler, Kurt: Zum Fall Pigenò (Kurzgeschichte), in: ↗Gruber. STIR
Lanthaler, Kurt: Auszüge aus »coglione!« (Roman), in: ↗Wespennest 58/1985. STIR
Lascaux, Paul: *Totentanz. Kriminelle Geschichten*, Zelg: orte-krimi 1996. CH
Lavee, Ingrid: Kriegsbericht, in: ↗Gruber. A
Lehner, Peter: Die Mücken von Mühleberg, in: ↗Bussmann. CH
Lens, Conny: Koslowski der Mörder, in: ↗Friesel. D
Lenz, Hermann: *Herbstlicht*, Frankfurt a. M./Leipzig: Insel, 2. Aufl. 1992. D
Lenz, Siegfried: *Deutschstunde*, Hamburg: Hoffmann und Campe 1968. D
Lenz, Siegfried: Die Wellen des Balaton, in: ↗Durzak. D
Lenz, Siegfried: Wie bei Gogol, in: ↗Durzak. D
Lenz, Siegfried: Ein Freund der Regierung, in: ↗Reich-Ranicki. D
Lenz, Siegfried: Ein Haus aus lauter Liebe, in: ↗Fetzer. D
Lese-Zeit. Literatur aus der Schweiz, Zürich: Ammann 1988. CH
Leutenegger, Gertrud: Das verlorene Monument, in: ↗Siegrist 1. CH
Limacher, Markus: *Krieg im Kopf: Ronni zwischen Alptraum und Wirklichkeit*, Luzern/Stuttgart: rex verlag 1994. CH
Lind, Hera: *Das Superweib*, Frankfurt a. M.: Fischer Taschenbuch Verlag 1997. D
Linhart, Ingrid Maria: Die Großmutter, in: ↗Heimat. A
Lipuš, Florjan: Die Verweigerung der Wehmut, in: ↗Pittler. A
Loetscher, Hugo: Der Immune wird abgeschossen, in: ↗Siegrist 2. CH
Loetscher, Hugo: Anlass und Ironie, in: ↗Bussmann. CH
Loetscher, Hugo: *Der Waschküchenschlüssel und andere Helvetica*, Zürich: Diogenes 1983. CH
Lucas, C./Nibbrig, H./Jehle, V. (Hgg.): *Wolfgang Hildesheimer: Gesammelte Werke in sieben Bänden*, Bd. 1: Erzählende Prosa, Frankfurt a. M.: Suhrkamp 1991. D
Lukas, Leo: *Wiener Blei*, München: Heyne 2001. A
Lutz, Werner: Wetterberichte und Landschaften, in: ↗Bussmann. CH
Mahlknecht, Bruno (ausgew. und bearb.): *Südtiroler Sagen*, mit Farbillustrationen von Elisabeth Aukenthaler-Oberrauch, Bozen: Athesia, 4. Aufl. 1997. STIR
Mahlknecht, Selma: Die Fahne, in: ↗Aliprandini. STIR
Maier, Andreas: *Klausen. Roman (Auszug)*, in: ↗Filadressa 1/2001. STIR

Maier, Gösta: Die erste Nacht, in: ↗Eisendle. A
Mall, Sepp: *Brüder*, Innsbruck: Haymon 1996. STIR
Mall, Sepp: *Verwachsene Wege*, Innsbruck: Haymon 1993. STIR
Mall, Sepp: Undeutliche Landschaft, in: ↗Gruber. STIR
Mall, Sepp: *Die Gleichzeitigkeit der Ereignisse*, in: ↗Wespennest 58/1985. STIR
Manderscheid, Roger: *Tschako klack: Bilder aus einer luxemburgischen Kindheit*, Blieskastel: Gollenstein 1997. LUX
Marchi, Otto: Keller lesen, in: ↗Siegrist 2. CH
Maron, Monika: *Animal triste*, Frankfurt a. M.: S. Fischer, 3. Aufl. 1996. D
Marseiler, Sebastian: Zeit im Eis, in: ↗Bernardi. STIR
Marti, Kurt: Gesang im Haus, in: ↗Siegrist 2. CH
Marti, Kurt: Einer, der sich nie vordrängte, in: ↗Bussmann. CH
Martin, Hansjörg: *Blut ist dunkler als rote Tinte*, Reinbek bei Hamburg: Rowohlt 1994. D
Martin, Hansjörg: Ein Rabe auf der Schulter, in: ↗Friesel. D
Marzik, Trude: *Mizzi, Ein Mädel aus der Vorstadt*, Wien/Hamburg: Paul Zsolnay 1987. A
Matter, Mani: Missgeschick im Zoo, in: ↗Siegrist 2. CH
Mayer-Skumanz, Lene: *Das Lügennetz*, mit Bildern von Marianne Bors, Wien: Jugend & Volk 1994. A
Mayröcker, Friederike: »Das kleine Mädchen, das ich war«, in: Pittler. Klagenfurt/Salzburg: Wieser 1992. A
Mayröcker, Friederike: Wasche, selig gemacht, in: ↗Higgs, Niederösterreich. A
Mehr, Mariella: Muttertraum, in: ↗Siegrist 2. CH
Meier, Gerhard: In Ruhe altern die Häuser, in: ↗Siegrist 1. CH
Meier, Helen: Gratulation, in: ↗Siegrist 1. CH
Meier, Helen: Zeitlich begrenzt, in: ↗Lese-Zeit. CH
Menasse, Robert: Erzählordnung und früheres Leid – Ein Fortsetzungsroman, in: ↗Eisendle. A
Menasse, Robert: *Schubumkehr*, Frankfurt a. M.: Suhrkamp Taschenbuch Verlag 1997. A
Merz, Klaus: Vom Hochsitz aus, in: ↗Siegrist 1. CH
Merz, Klaus: Das A bis D vom Reisen, in: ↗Bussmann. CH
Merz, Klaus: Verkündigung oder das Drohnenjahr, in: ↗Lese-Zeit. CH
Messner, Janko: Vaterunser, in: ↗Pittler. A
Messner, Reinhold: *Villnöß. Kinderjahre in den Dolomiten, mein erster Dreitausender*, in: ↗Jost. STIR
Mettler, Clemens: Die Abenteuer eines Briefes, in: ↗Siegrist 2. CH
Mettler, Clemens: Der Nachtrager, in: ↗Lese-Zeit. CH
Mettler, Felix: Der Tanzschritt, in: ↗Zeindler. CH
Mettler, Felix: *Der Keiler*, Zürich: Amman 1990. CH
Mettler, Michael: Die Tode des O, in: ↗Bachmann. CH
Mettler, Michael: Mäusesammeln, in: ↗Simon. CH
Meyer, E.Y.: Das Naturtheater, in: ↗Bussmann. CH
Meylan, Elisabeth: Die Abfahrt, in: ↗Siegrist 2. CH
Micieli, Francesco: Im fremden Land, in: ↗Siegrist 1. CH
Mitgutsch, Anna: Das andere Nordirland, in: ↗Gruber. A
Mitgutsch, Anna: *Abschied von Jerusalem*, Reinbek bei Hamburg: Rowolth 1997. A
Mitterer, Felix: Der Bär im Schaufenster, in: ↗Pittler. A
Mitterer, Felix: *Superhenne Hanna*, Esslingen/Wien: Esslinger Verlag, 11. Aufl. 1997. A
Monioudis, Perikles: Die Trüffelsucherin, in: ↗Bachmann. CH
Monioudis, Perikles: Zwei Tage, in: ↗Simon. CH
Morgner, Irmtraud: Weißes Ostern, in: ↗DDR 1. D
Mörth, Wolfgang: Rebland – Webland, in: ↗Higgs, Vorarlberg. A
Morton, Frederic: Marie Heugl zum Gedenken, in: ↗Eisendle. A
Moser, Milena: Der Hund hinkt, in: ↗Bachmann. CH
Moser, Milena: *Die Putzfraueninsel*, Reinbek bei Hamburg: Rowohlt 1991. CH
Moser, Milena: Hier geht die Braut, in: ↗Zeindler. CH
Muggler, Alex: Irrwegsam & andere Prosamen, in: ↗Simon. CH
Müller, Nicole: *Denn das ist das Schreckliche an der Liebe*, Zürich: Nagel & Kimche 1995. CH
Müller-Schwefe, Hans-Ulrich (Hg.): *Von nun an. Neue deutsche Erzähler*, Frankfurt a. M.: Suhrkamp 1980. D
Mumelter, Hubert: Zwischen den Zeiten, in: ↗Gruber. STIR
Muschg, Adolf: Der Turmhahn, in: ↗Siegrist 1. CH
Nachbaur, Petra: fallen in liebe/just macht mich blau oder 1 tropfen + 1 heißer stein, in: ↗Treudl, Herzwärts. A
Nachbaur, Petra: Raspberry Molotov, in: ↗Treudl, Augen. A
Nadolny, Sten: *Die Entdeckung der Langsamkeit*, München: Piper, 22. Aufl. 1991. D
Nester, Marcus P.: Unterversichert, in: ↗Zeindler. CH
Neutsch, Erik: Akte Nora S., in: ↗DDR 2. D
Neuwirth, Barbara: Deine treue Gefährtin heißt Sprache, die Landschaft aber, die du liebst, heißt Hans, in: ↗Rottensteiner. A
Niederhauser, Rolf: Erich, in: ↗Siegrist 1. CH
Niederhauser, Rolf: Eine andere Geschichte, in: ↗Bussmann. CH
Nigg, Irene: Baumfällungen, in: ↗Dittmar. LIE
Nigg, Irene: Am Fluss, in: ↗Allmende Nr. 21/22. LIE
Nigg, Irene: Daheim, in: ↗Allmende 21/22. LIE
Nigg, Irene: *Fieberzeit*. Kurzprosa, Eggingen: Edition Isele 1988. LIE
Nizon, Paul: Canto auf die letzte Reise als Rezept, in: ↗Siegrist 2. CH
Noack, Hans-Georg: *Hautfarbe Nebensache*, Ravensburg: Ravensburger Buchverlag 1997. D
Nossak, Hans Erich: Begegnung im Vorraum, in: ↗Reich-Ranicki. D

Nöstlinger, Christine: Die Ottakringerstraße, in: ↗Pittler. A
Nöstlinger, Christine: *Bonsai*, Weinheim/Basel: Beltz & Gelberg 1997. A
Nowak, Ernst: Hasenjagd, in: ↗Brandstetter. A
Nowak, Ernst: So wie so: Franz und Adolf, in: ↗Eisendle. A
Oberdörfer, Peter: Die Stunde des Echos, in: ↗Bernardi. STIR
Oberhollenzer, Josef: *Was auf der erd da ist. Vom scheitern & gelingen, vom vergessen & erinnern*, Wien/Bozen: Folio 1999. STIR
Oberhollenzer, Josef: 2 Geschichten, in: ↗Wespennest 58/1985. STIR
Okopenko, Andreas: *Kindernazi*, Salzburg/Wien: Residenz 1984. A
Okopenko, Andreas: Lexikon-Roman – eine Montage, in: ↗Eisendle. A
Ospelt, Mathias: Liech-Ten-Stein, in: ↗Dittmar. LIE
Ospelt, Mathias: Ein Phänomen, in: ↗Zifferblatt 19/20, 1999/2000. LIE
Ospelt, Matthias: Die Vision, in: ↗Allmende 58/59. LIE
Ossowski, Leonie: *Die Maklerin*, München: Heyne 1996. D
Palla, Rudolf: Die Gemischtwarenhändlerin, in: ↗Eisendle. A
Pani, Mathilde: Heimat (eine wahre Geschichte), in: ↗Heimat. A
Paulmichl, Ludwig: Vorläufige Notizen und Fragen zu einer Biografie, in: ↗Wespennest 58/1985. STIR
Payr, Georg: *Vom Drücken des Schuhs*, Innsbruck: Haymon 1999. A
Pedretti, Erica: Dunkel auf hellem Grund, in: ↗Siegrist 2. CH
Pelz, Monika: Europas Töchter, in: ↗Gruber. A
Perntahler, Lissy Fly: Die blutende Fahne oder Vaters Fahnen tötend, in: ↗Aliprandini. STIR
Perting, Hans: *Der Kranich*, Erzählung in Prosa und in freien Versen, Brixen: Provinz Verlag, 2. Aufl. 2001. STIR
Perting, Hans: F/ahne/n eines Au-Tor-s, in: ↗Aliprandini. STIR
Pestalozzi Kalender 1992. Kinder- und Jugend-Lesejahrbuch, Zürich: Verlag Pro Juventute 1992. CH
Pichler, Anita: Liebe sechsundsechzig, in: ↗Literatur und Kritik 6/1994, Dossier Südtirol. STIR
Pichler, Anita: Hirtenknaben spielen Mühle auf vorzeitlichen Steinreliefs. Nur die Tiere treten nie auf die Steine, in: ↗Jost. STIR
Pichler, Anita: *Wie die Monate das Jahr*, Frankfurt a. M.: Suhrkamp 1989. STIR
Pichler, Anita: *Die Zaunreiterin*, Frankfurt a. M.: Suhrkamp, 2. Aufl. 1986. STIR
Pichler, Anita: Die Telefonschnecke, in: ↗Wespennest 58/1985. STIR
Pichler, Martin: *Lunaspina*, Innsbruck: Skarabaeus 2001. STIR
Pichler, Martin: 7 Leben. Erzählung, in: ↗Filadressa 1/2001. STIR
Piger, Klaus: »Erstarrung«. Gemäldeausstellung, in: ↗Gruber. STIR
Pinter, Robert: Das Haus, in: ↗Heimat. A
Pirch, Anni: *Die Reise nach Lerra*, Oberwart: edition lex liszt 1996. A
Pircher, Barbara: Das Koordinatensystem, in: ↗Aliprandini. STIR
Pittler, Andreas P. (Hg.): *Prosa-Land Österreich*, Klagenfurt/Salzburg: Wieser 1992. A
Plenzdorf, Ulrich: Kein runter kein fern, in: ↗Durzak. D
Plenzdorf, Ulrich: Dieser Salinger ist ein edler Kerl, in: ↗Fetzer. D
Plieger, Christine: Kirchenfahnen und Wein, in: ↗Aliprandini. STIR
Plörer, Franz: *Ich habe ihn ja so sehr geliebt. Liebe, Gewalt und Träume. Bekenntnisse von Südtiroler Frauen*, Vorw.: Julia Unterberger, Bozen: Edition Raetia 2000. STIR
Pluch, Thomas: Kärnten – Hinterkopf der Geschichte, in: ↗Pittler. A
Pluhar, Erika: *Als gehörte eins zum andern. Eine Geschichte*, München: dtv 1999. A
Popp, Fritz: Schlechte Jahrgänge, in: ↗Thuswaldner. A
Prochazka, Sabine: Das Museum am Stadtrand, in: ↗Treudl, Augen. A
Pröll, Gottfried: Die Klage der Raab, in: ↗Heimat. A
Prossliner, Karl: »Zufritt – Spuren in die Kälte«. Recherchen, in: ↗Wespennest 58/1985. STIR
Prugger, Irene: *Mitten im Weg*, Roman, Innsbruck: Haymon 1997. A
Prugger, Irene: Nachbarn, in: ↗Treudl, Augen. A
Putz, Christian: Die Geschichte vom Adler und den Zecken, in: ↗Heimat. A
Puymann, Ursula: Eifersucht in: ↗Treudl, Augen. A
Qualtinger, Helmut/Merz, Carl: *Der Herr Karl und andere Texte fürs Theater.* Werkausgabe, hg. von Traugott Krischke, Bd. 1, Wien: Deuticke 1995. A
Raaflaub, Hans: Das Festgedicht, in: ↗Zur Feier. CH
Rabinovici, Doron: *Suche nach M., Roman in zwölf Episoden*, Frankfurt a. M.: Suhrkamp 1997. A
Rados, Antonia: *Quotenfieber*, Roman, München/Zürich: Diana 1997. A
Raeber, Kuno: Der Kopf, in: ↗Siegrist 2. CH
Raimund, Hans: Totgestellt. Mein Vater und ich, in: ↗Pittler. A
Rakusa, Ilma: Idyll, in: ↗Siegrist 2. CH
Rakusa, Ilma: Vergessen warten, in: ↗Bussmann. CH
Rampold, Josef: Der Bergbauer, in: ↗Gruber. STIR
Ramseier, Markus: Das Biotop, in: ↗Zur Feier. CH
Ramseier, Markus: Eile mit Weile, in: ↗Zur Feier. CH
Ramseier, Markus: Resus, in: ↗Zur Feier. CH

Ransmayr, Christoph: Kaprun oder Die Errichtung einer Mauer, in: ↗Thuswaldner. A
Ransmayr, Christoph: *Morbus Kitahara*, Roman, Frankfurt a. M.: Fischer Taschenbuch Verlag 1997. A
Recheis, Käthe: *Lena. Unser Dorf und der Krieg*, München: dtv, 4. Aufl. 1996. A
Reding, Josef: Während des Films, in: ↗Durzak. D
Regenass, René: *Vernissage: Ein Roman aus unserer musealen Zeit, geschrieben mit dem Rücken zum Bild*, Zürich: Arche 1980. CH
Reich, Friedl: Diese Katze Grizabella, in: ↗Treudl, Augen. A
Reichart, Elisabeth: Die Narbe, in: ↗Thuswaldner. A
Reichart, Elisabeth: *Fotze*, Erzählung, Salzburg/Wien: Otto Müller 1993. A
Reichlin, Linus: Dutschke ist nicht gekommen, in: ↗Bussmann. CH
Reich-Ranicki, Marcel (Hg.): *Deutsche Erzähler des 20. Jahrhunderts*, Zürich: Manesse 1994. D
Reier, Josef und Waldner, Hansjörg: Literatur in Südtirol, in: ↗Wespennest 37/1979. STIR
Reiter, Andreas: Südtirol, in: ↗Literatur und Kritik 6/1994, Dossier Südtirol. STIR
Remarque, Erich Maria: *Zeit zu leben und Zeit zu sterben*, Gütersloh: Bertelsmann o. J. D
Rheinberger, Hansjörg: Fraktale, in: ↗Allmende 21/22. LIE
Richle, Urs: J.C. James Clean. Ein Szenario, in: ↗Simon. CH
Riegler, Elfie: Ein blaues Wunder, in: ↗Treudl, Augen. A
Rinser, Luise: *Bruder Feuer*, Stuttgart: Thienemann 1975. D
Röggla, Kathrin: So kann man kein Geld verdienen, in: ↗Gruber. A
Romeo, Carlo: Notizen zur italienischen Literatur in Südtirol, in: ↗Literatur und Kritik 6/1994, Dossier Südtirol. STIR
Rosei, Peter: *Wer war Edgar Allan? Von Hier nach Dort. Das schnelle Glück*, Stuttgart: Klett-Cotta 1992. A
Rosendorfer, Herbert: Weinprobe bei den Benediktinern, in: ↗Jost. STIR
Rosendorfer, Herbert: Über das byzantinische Rokoko oder Wie versuche ich, einem Norddeutschen den Herzmanovsky zu erklären? In: ↗Gruber. STIR
Roth, Gerhard: *Der See*, Frankfurt a. M.: S. Fischer 1995. A
Roth, Gerhard: Czernys Tod. Fragment, in: ↗Pittler. A
Röthilsberger, Thomas: Schlachtplatte, in: ↗Zur Feier. CH
Rothmann, Ralf: *Wäldernacht*, Frankfurt a. M.: Suhrkamp 1994. D
Rothmann, Ralf: *Milch und Kohle*, Frankfurt a. M.: Suhrkamp 2000. D
Rottensteiner, Franz (Hg.): *Phantastisches aus Österreich*, Frankfurt a. M.: Suhrkamp Taschenbuch Verlag 1995. A
Rubatscher, Maria Veronika: »Ach Himmel, es ist verspielt!« In: ↗Gruber. STIR
Rudle, Ditta: *Sex Orange*, Roman, München: Droemersche Verlagsanstalt Th. Knaur Nachf. 1998. A
Rudle, Ditta: Der Engel, in: ↗Treudl, Augen. A
Rüegg, Kathrin: *Kleine Welt im Tessin*, Rüschlikon: Müller 1974. CH
Sadler, Henriette: Von der Kälte des Schnees in den Bergen, in: ↗Treudl, Herzwärts. A
Sandner, Oscar: Rom liegt mir näher als Bregenz, in: ↗Higgs, Vorarlberg. A
Sauermann, Dietmar (Hg.): *Märchen aus Westfalen*, Husum: Husum-Taschenbuch, 2. Aufl. 1997. D
Schädelin, Klaus: *Mein Name ist Eugen*, Zürich: Theologischer Verlag Flamberg 1955. CH
Schädlich, Hans Joachim: Versuchte Nähe, in: ↗Durzak. D
Schafroth, Heinz F.: Noch immer nicht bei Ringier, in: ↗Bussmann. CH
Scharang, Michael: *Der Sohn eines Landarbeiters*, Roman, Darmstadt/Neuwied: Hermann Luchterhand 1976. A
Schenker, Walter: *Manesse*, Zürich: Amman 1991. CH
Scherrer, Sigg: Der Berg. Erosion, in: ↗Allmende 21/22. LIE
Schertenleib, Hansjörg: Das Areal, in: ↗Siegrist 1. CH
Schindel, Robert: Die Rituale des Staatsanwalts, in: ↗Pittler. A
Schindel, Robert: Der Spazierstockjohnny, in: ↗Thuswaldner. A
Schlesinger, Klaus: Der Tod meiner Tante, in: ↗Durzak. D
Schlorhaufer, Walter: Deckname Gift, in: ↗Holzner. A
Schmid, Erich: Kumar, in: ↗Zur Feier. CH
Schmid, Georg: Über die Wirklichkeit, in: ↗Eisendle. A
Schmidli, Werner: Ein Scherz, in: ↗Zeindler. CH
Schmidli, Werner: Von Sommer zu Sommer in meiner Nähe, in: ↗Bussmann. CH
Schmidt, Arno: Er war ihm zu ähnlich, in: ↗Hinck. D
Schmidt, Arno: Seltsame Tage, in: ↗Fetzer. D
Schmidt, Peter: Kontrollpunkt, in: ↗Friesel. D
Schmitz, Werner: Wattenscheiß, in: ↗Friesel. D
Schneider, Hansjörg: *Der Flattermann*, Zürich: Nagel & Kimche 1995. CH
Schneider, Hansjörg: Emmental, in: ↗Siegrist 1. CH
Schneider, Hansjörg: Maistötschli, in: ↗Lese-Zeit. CH
Schneider, Peter: Das Wiedersehen, in: ↗Durzak. D
Schneider, Thomas: Prosa, in: ↗Bussmann. CH
Schnell, Robert Wolfgang: David spielt vor Saul, in: ↗Durzak. D
Schnider, Kristin T.: Ein halber Tag, in: ↗Bachmann. CH
Schnurre, Wolfdietrich: *Schnurren und Murren*, Recklinghausen: Bitter 1975. D
Schnurre, Wolfdietrich: Das Manöver, in: ↗Reich-Ranicki. D

Schober, Hildegard: Das Heimatgefühl, in: ↗Heimat. A
Scholl, Sabine: Das Kind kann, in: ↗Eisendle. A
Schönweger, Matthias: FlatterHaftBedingungen, in: ↗Aliprandini. STIR
Schöpf, Luise Maria: *Der Ausgedingler*, Erzählung, Innsbruck: Edition Löwenzahn, 2. Aufl. 1995. A
Schreiner, Margrit: Onkel Hans, in: ↗Eisendle. A
Schriber, Margrit: Moment über dieser Sandkastenlandschaft, in: ↗Siegrist. CH
Schriber, Margrit: Tagebuchnotizen, in: ↗Bussmann. CH
Schriber, Margrit: *Kartenhaus*, Zürich: Ex Libris 1980. CH
Schrott, Raoul: Stiltebraekh, in: ↗Holzner. A
Schubiger, Jürg: Der Meteorit, in: ↗Siegrist 2. CH
Schuch, Albert: Gruft, in: ↗Heimat. A
Schuhmacher, Karl Andreas: Irrenhausidylle, in: ↗Zur Feier. CH
Schulze, Ingo: So viel Gastfreundschaft war beschämend, in: ↗Hinck. D
Schutting, Julian: Am Morgen vor der Reise, in: ↗Higgs, Tirol. 1998. A
Schutting, Julian: Reisefieber, in: ↗Higgs, Niederösterreich. A
Schutting, Julian: Der Tag der Schweine, in: ↗Brandstetter. A
Schwaiger, Brigitte: Besuch beim Papa, in: ↗Pittler. A
Schwärzer, Hans: Mein (ehemaliger) Schulkollege, in: ↗Gruber. STIR
Schwärzer, Hans: Tiroler Humor, in: ↗Wespennest 37/1979. STIR
Schweikert, Ruth: Fabrizio, geb. 1926; Almut, geb. 1933, in: ↗Bachmann. CH
Schweikert, Ruth: Labor of love. Keine short story, in: ↗Simon. CH
Schweizer, Edwin: Das Abschiedsfest, in: ↗Zur Feier. CH
Schwellensattl, Anna Johanna: Hl. Abend. Ausschnitt aus einem Roman, der im werden ist, in: ↗Gruber. STIR
Seiler, Robert Hermann: *Bärwolfgeschichten für Heim und Haus*, Bern: Bubenberg 1977. CH
Semrau, Elfriede: *Zeitzünder Zimtapfel*, Kriminalroman, Wien: Wiener Frauenverlag 1995. A
Siegfried, Anita: *Der blaue Schal*, Zürich: Nagel & Kimche 1967. CH
Siegrist 1 = Siegrist, Christoph (Hg.): *Schweizer Erzählungen. Deutschschweizer Prosa seit 1950*, Bd. 1, Frankfurt a. M.: Suhrkamp 1990. CH
Siegrist 2 = Siegrist, Christoph (Hg.): *Schweizer Erzählungen. Deutschschweizer Prosa seit 1950*, Bd. 2, Frankfurt a. M.: Suhrkamp 1990. CH
Simmen, Andrea: Schokoladentauglich, in: ↗Bachmann. CH
Simmen, Andrea: Stante Pede, in: ↗Simon. CH
Simon, Alexander (Hg.): *Das Netz-Lesebuch. Neue Literatur aus der deutschsprachigen Schweiz*, Ebnat-Kappel/Berlin: Netz Press 1998. CH
Simon, Alexander: Vorwort, in: ↗Simon. CH
Sklenitzka, Franz Sales: *Der Schatz im Ötscher.* Ein Spiel- & Leseabenteuer, bei dem der Leser den Verlauf entscheidet, Würzburg: Arena-Taschenbuch, 2. Aufl. 1997. A
Sollberger, Adrian: Liebesgedichte für Anfänger, in: ↗Simon. CH
Soria, Corinna: *Leben zwischen den Seiten*, Klagenfurt/Wien/Ljubljana/Sarajevo: Wieser 2000. A
Späth, Gerold: Kuster und seine Kunde, in: ↗Siegrist 2. CH
Späth, Gerold: *Unschlecht*, Frankfurt a. M.: Fischer 1978. CH
Spiel, Hilde: Das kleine Weh, in: ↗Pittler. A
Spiel, Hilde: 31. Januar 1946, in: ↗Fliedl, Österreichische Erzählerinnen. A
Spinner, Esther: *Nella. Geschichte einer Freundschaft*, Gümligen: Zytglogge 1978. CH
Sprenger, Stefan: Volkleben, in: ↗Dittmar. LIE
Sprenger, Stephan: *Vom Dröhnen. Texte aus zehn Jahren*, Schaan: Edition Eupalinos 1997. LIE
Sprenger, Stephan: Die Nacht, in: ↗Allmende 21/22. LIE
Stade, Martin: Der Windsucher, in: ↗DDR 2. D
Stadlbauer, Clemens: *Quotenkiller*, Innsbruck: Haymon 2003. A
Staffler, Hermann: Im Schattenreich der Sprache, in: ↗Wespennest 58/1985. STIR
Stefan, Verena: je älter, je lieber, in: ↗Siegrist 2. CH
Steiger, Dominik: Thingummy, in: ↗Eisendle. A
Steiner, Jörg: Die Geschichte eines anderen, in: ↗Siegrist 2. CH
Steiner, Jörg: Bela Lugosi ist tot, in: ↗Bussmann. CH
Steinwendtner, Brita: *Rote Lackn*, Innsbruck: Haymon 1999. A
Sterchi, Beat: Vorwort: Kein Friede, keine Freude, viel Eierkuchen, in: ↗Zur Feier. CH
Sterchi, Beat: Velos anstellen verboten, in: ↗Siegrist 2. CH
Steurer, Maria: *Eva Faschaunerin. Die Nacht der Verheißung.* Zwei Heimatromane in einem Band, Wien: Buchgemeinschaft Donauland Kremayr & Scheriau 1996. A
Storz, Claudia: Spieltod, in: ↗Siegrist 1. CH
Storz, Claudia: Erziehung. Das helle und das dunkle Zimmer, in: ↗Bussmann. CH
Strauß, Botho: *Der junge Mann*, München/Wien: Hanser 1984. D
Strauß, Botho: Das Partikular, München/Wien: Hanser 2000. D
Strebel, Guido: *Globi der Seefahrer*, Zürich: Globi 1986. CH
Streeruwitz, Marlene: *Verführungen. 3. Folge. Frauenjahre*, Frankfurt a. M.: Suhrkamp Taschenbuch Verlag 1996. A

Strittmatter, Erwin: Mein Dorf, in: ↗Hinck. D
Strittmatter, Erwin: Die blaue Nachtigall, in: ↗DDR 1. D
Strittmatter, Erwin: *Ochsenkutscher*, Roman, Berlin/Weimar: Aufbau, 4. Aufl. 1974. D
Strobl, Ingrid: Anna und das Anderle, in: ↗Higgs, Tirol. A
Stuber, Lukas: Das Gichthaus, in: ↗Simon. CH
Supino, Franco: Jäten, in: ↗Simon. CH
Taute, Christl: Episode, in: ↗Treudl, Augen. A
Telser, Jutta: Herz Jesu, in: ↗Aliprandini. STIR
Tews, Lydia: »Alle fünf Minuten …«, in: ↗Friesel. D
Thüminger, Rosmarie: *Die Entscheidung*, Wien: Jugend & Volk, 2. Aufl. 1994. A
Thuswaldner, Anton (Hg): *Österreichisches Lesebuch*, München/Zürich: Piper 2000. A
Timm, Uwe: *Die Entdeckung der Currywurst*, Köln: Kiepenheuer & Witsch, 11. Aufl. 1998. D
Toman, Walter: Busse's Welttheater, in: ↗Eisendle. A
Treiber, Jutta: *Der blaue See ist heute grün*, Esslingen/Wien: Esslinger Verlag J. F. Schreiber, 2. Aufl. 1996. A
Treiber, Jutta: Die Gefragte, in: ↗Treudl, Augen. A
Treudl, Sylvia: Einer schnürenden Füchsin gleich, in: ↗Gruber. 2000. A
Treudl, Herzwärts = Treudl, Sylvia (Hg.): *Herzwärts. Geschichten zum Verlieben*, Wien: Milena 1999. A
Treudl, Augen = Treudl, Sylvia (Hg.): *… dann kratz ich dir die Augen aus! Erzählungen zum Thema Eifersucht*, Wien: Milena 1997. A
Trott, Magda: *Puckis neue Streiche*, Stuttgart: Titania, 36. Aufl. um 1950. D
Tschudin, Paul: *Meine Ehre ist nicht die Eure! Eine Lebensgeschichte von unten*, Basel: Z-Verlag 1986. CH
Tumler, Franz: Ein Buch »Abrogans«, in: ↗Jost. STIR
Tumler, Franz: In keiner Sprache geht etwas verloren, in: ↗Gruber. STIR
Tumler, Franz: 3 Gedichte, in: ↗Wespennest 58/1985. STIR
Turrini, Peter: *Die Verhaftung des Johann Nepomuk Nestroy.* Eine Novelle, München: Luchterhand 1998. A
Uetz, Christian: Nicht, in: ↗Simon. CH
Ujvary, Liesl: Das größere Bild, in: ↗Eisendle. A
Ujvary, Liesl: Geheimer Verkehr, in: ↗Fliedl, Österreichische Erzählerinnen. A
Unger, Franz: Das langwadelige Marterl, in: ↗Heimat. A
Unger, Günter (Hg.): *Der dritte Konjunktiv. Geschichten aus dem Burgenland*, Innsbruck: Haymon 1999. A
Vallazza, Alma: »Kein Tätiger ist seiner brennenden Wünsche sicher«. Franz Josef Noflaner (1904–1989), in: ↗Filadressa 1/2001. STIR
Vasik, Monika: Ares, in: ↗Treudl, Augen. A
Vent, Markus: Ich kann sie ohne Augen sehn, in: ↗Aliprandini. STIR
Veteranyi, Aglaja: Warum das Kind in der Polenta kocht, in: ↗Simon. CH
Vogel, Alois: Pulkauer Aufzeichnungen, in: ↗Higgs, Niederösterreich. A
Vogt, Walter: Die letzte Geschichte, in: ↗Siegrist 2. CH
Vogt, Walter: Ich versuche, einigen Leuten einiges …, in: ↗Bussmann. CH
Vogt, Walter: *Vergessen und Erinnern*, Zürich: Benziger 1980. CH
Wachter, Brunhilde: Winterlicht, in: ↗Allmende 58/59. LIE
Wäger, Elisabeth: D'alp, in: ↗Higgs, Vorarlberg. A
Wagner, Peter: Wie der Wurm ins Weib kam. Eine ländliche Predigt, in: ↗Unger. A
Waldhoff, Werner: *Der tiefere Grund des Meeres*, Frankfurt a. M.: Brandes und Apsel 1987. D
Waldner, Hansjörg: 3 Gedichte, in: ↗Wespennest 58/1985. STIR
Waldner, Oswald: Die Angst des keuschen Josef, in: ↗Wespennest 37/1979. STIR
Waldner, Stefan: Weiss/Rot, in: ↗Aliprandini. STIR
Walker-Nederkoorn, Senta: Das Rüstmesserchen, in: ↗Zur Feier. CH
Waller, Rolf: *Barbi eine Frau*, Basel: Type Verlag im Glaibasel 1994. CH
Walser, Martin: Ehen in Philippsburg, in: ↗Kiesel. D
Walser, Martin: Selbstporträt als Kriminalroman, in: ↗Reich-Ranicki. D
Walser, Martin: Templones Ende, in: ↗Fetzer. D
Walter, Otto F.: Jammers, in: ↗Siegrist 1. CH
Walter, Otto F.: *Wie Beton zu Gras. Eine Liebesgeschichte*, Reinbek bei Hamburg: Rowohlt 1979. CH
Walter, Silja: *Prosa und Gedichte*, Zürich: Ex Libris o. J. CH
Weber, Christa: Auf eigene Gefahr, in: ↗Zeindler. CH
Weber, Peter: Bahnhofsprosa, in: ↗Simon. CH
Weber, Peter: Molasse, in: ↗Bachmann. CH
Weibel, Jürg: *Beethovens Fünfte*, Basel: Xenon 1996. CH
Weibel, Jürg: Mai 68 – Ohne Nostalgie betrachtet …, in: ↗Bussmann. CH
Weibel, Jürg: Rappenthals Rache, in: ↗Zeindler. CH
Weiss, Kurt: Tod in Vaduz, in: ↗Allmende 58/59. LIE
Weiss, Peter: *Fluchtpunkt*, Frankfurt a. M.: Suhrkamp 1962. D
Weiss, Peter: Der Schatten des Körpers des Kutschers, in: ↗Fetzer. D
Wellershoff, Dieter: Bleibe, in: ↗Hinck. D
Welsh, Renate: *Disteltage*, Innsbruck/Wien: Obelisk 1996. A
Wenger, Rosalia: *Rosalia G.: Ein Leben*, Gümligen: Zytglogge 1978. CH
Werner, Christine: *Wien ist nicht Chicago*, Linz/Wien: Resistenz 2000. A
Werner, Markus: Ausgezappelt, in: ↗Siegrist 1. CH
Werremeier, Friedhelm: Brain Trust, in: ↗Friesel. D
Weyrauch, Wolfgang: Uni, in: ↗Durzak. D
Widmer, Urs: Am toten Meer, in: ↗Bussmann. CH

Widmer, Urs: Hand und Fuss – ein Buch, in: ↗Siegrist 2. CH

Wieninger, Manfred: *Der dreizehnte Mann*, Roman, Hamburg/Wien: Europa 1999. A

Wiesner, Heinrich: *Jaromir bei den Rittern*, Bern: Zytglogge 1987. CH

Wiesner, Heinrich: life, in: ↗Siegrist 2. CH

Wigger, Daniel: Die sterbende Biene, in: ↗Siegrist 2. 1990. CH

Wilker, Gertrud: Blues für Klara an Stelle einer Gedenkmesse, in: ↗Siegrist 1. CH

Wimmer, Erika: Fremder Blick auf das Dorf, in: ↗Bernardi. STIR

Wimschneider, Anna: *Herbstmilch. Lebenserinnerungen einer Bäuerin*, München/Zürich: Piper, 1. Aufl. 1984. D

Winkler, Josef: Wenn es soweit ist, in: ↗Thuswaldner. A

Winkler, Josef: *Der Leibeigene*, Roman, Frankfurt a. M.: Suhrkamp Taschenbuch Verlag 1990. A

Wippersberg, Walter J. M.: *Schlechte Zeiten für Gespenster*, Illustrationen und Ausstattung: Käthi Bhend-Zaugg, Innsbruck/Wien: Obelisk 1984. A

Wisser, Daniel: Die Motorspinne, in: ↗Heimat. A

Wisser, Susanne: Träume im Sand, in: ↗Heimat. A

Wogatzki, Benito: Der Preis des Mädchens, in: DDR 2. D

Wohlgenannt, Roswitha: Der Friseur, in: ↗Treudl, Augen. A

Wohmann, Gabriele: *Ernste Absicht*, Frankfurt a. M.: Fischer 1972. D

Wohmann, Gabriele: Ländliches Fest, in: ↗Durzak. D

Wohmann, Gabriele: Verjährt, in: ↗Durzak. D

Wohmann, Gabriele: Sonntag bei Kreisands, in: ↗Reich-Ranicki. D

Wohmann, Gabriele: Deutschlandlied, in: ↗Fetzer. D

Wolf, Christa: *Kassandra*, Darmstadt: Luchterhand, 2. Aufl. 1983. D

Wolf, Christa: Juninachmittag, in: DDR 1. D

Wolf, Christa: Blickwechsel, in: ↗Hinck. D

Wolf, Klaus-Peter: *Samstags, wenn Krieg ist*, München: Knaur 1995. D

Wolff, Karl Felix: Die Malerin von Falòria. Aus den Dolomitensagen, in: ↗Filadressa 1/2001. STIR

Wolfgruber, Gernot: *Verlauf eines Sommers*, Roman, Salzburg/Wien: Residenz 1981. A

Wolfmayr, Andrea: Pass auf! In: ↗Treudl, Augen. A

Wondratschek, Wolf: *Menschen, Orte, Fäuste*, Zürich: Diogenes 1990. D

Wyss, Hedi: Weggehen, in: ↗Siegrist 2. CH

Wyss, Laure: *Mutters Geburtstag. Notizen zu einer Reise und Nachdenken über A. Ein Bericht*, Frauenfeld: Huber 1978. CH

Wyss, Susan: *Helle Tage Dunkle Tage*, Zürich: Ringier 1995. CH

Wyss, Verena: Schwester Judith, in: ↗Zeindler. CH

Zagler, Luis: Das Gesetz, in: ↗Gruber. STIR

Z'Graggen, Yvette: *Erwartung und Erfüllung*, Frauenfeld: Huber 1963. CH

Zahno, Daniel: Mörder und Heilige, in: ↗Simon. CH

Zanon, Christoph: Schattenkampf, in: ↗Higgs, Tirol. A

Zanon, Christoph: Maischa und der Lehrer, in: ↗Holzner. A

Zeemann, Dorothea: Eine unsympathische Frau, in: ↗Pittler. A

Zeemann, Dorothea: Jungfrau und Reptil, in: ↗Eisendle. A

Zeindler, Peter (Hg.): *Banken, Blut und Berge. Kriminalgeschichten aus der Schweiz*, Reinbek bei Hamburg: Rowohlt 1995. CH

Zeindler, Peter: Happy hour, in: ↗Zeindler. CH

Zeindler, Peter: Vorwort, in: ↗Zeindler. CH

Zeindler, Peter: *Die Feuerprobe*, Zürich: Arche 1991. CH

Zelger-Alten, Gertrud: *Das Brot der armen Leute*, Geschichten, Oberwart: edition lex liszt 1996. A

Zenker, Helmut: Die Ordnung auf dem Katzenkopfpflaster, in: ↗Pittler. A

Zier, O. P.: *Himmelfahrt*, Salzburg/Wien: Otto Müller, 2. Aufl. 1998. A

Zoderer, Joseph: *Der Schmerz der Gewöhnung*, München/Wien: Hanser 2002. STIR

Zoderer, Joseph: Die Nähe ihrer Füße, in: ↗Bernardi. STIR

Zoderer, Joseph: *Als Anja dem Christkind entgegenging. Eine Weihnachtserzählung*, mit Bildern von Linda Wolfsgruber. München/Wien: Hanser 1996. STIR

Zoderer, Joseph: Plötzlich in Hermosillo, in: ↗Literatur und Kritik 6/1994, Dossier Südtirol. STIR

Zoderer, Joseph: *Die Walsche*, Frankfurt a. M.: Fischer Taschenbuch Verlag 1995. STIR

Zoderer, Joseph: *Lontano*, Frankfurt a. M.: Fischer Taschenbuch Verlag 1987. STIR

Zoderer, Joseph: o. T., in: ↗Gruber. STIR

Zoderer, Joseph: *Das Glück beim Händewaschen*, Frankfurt a. M.: Fischer Taschenbuch Verlag 1986. STIR

Zoderer, Joseph: Lontano, in: ↗Wespennest 58/1985. STIR

Zoderer, Joseph: 3 Gedichte, in: ↗Wespennest 37/1979. STIR

Zopfi, Emil: Cengalo, Cengalo, in: ↗Siegrist 1. CH

Zorn, Fritz: Jung und unglücklich, in: ↗Siegrist 1. CH

Zschokke, Matthias: Die unergründliche Elektrik, in: ↗Siegrist 2. CH

Zschokke, Matthias: Die Erdbeertorte, in: ↗Lese-Zeit. CH

Zur Feier = *Zur Feier des Tages. Vierzehn Geschichten. Schweizer Arbeiterliteraturpreis*, hg. v. der Schweizerischen Arbeiterinnen- und Arbeiterbildungszentrale, Muri/Bern: Cosmos 1992. CH

Zürcher, Maximilian: *Und jetzt gehört mir alle Zeit*, Zürich: NZN Buchverlag 1986. CH

Zürcher, Tom: *Högo Sopatis ermittelt*, Frankfurt a. M.: Eichborn 1998. CH

4. Sachtexte

Abteilung für Landschafts- und Naturschutz der Autonomen Provinz Bozen in Zusammenarbeit mit dem Landesverband für Heimatpflege (Hg.): *Landschaftspflege in Südtirol*, Bozen: Abteilung für Landschafts- und Naturschutz 1995. STIR

Allemann, Fritz René: *25mal die Schweiz: Panorama einer Konföderation*, Zürich: Ex libris 1965. CH

Arnold, Andreas et al.: *Heimat- und Umweltkunde 4/5*, Herausgeber: Pädagogisches Institut, Bozen/Lana/Wien: Athesia/Tappeiner/ÖBV, 2. Aufl. 2000. STIR

Aspmair, Mathilde et al.: *Minderheiten auf der Flucht. Krieg – Vertreibung – Exil*, Bozen: Gesellschaft für bedrohte Völker und Pädagogisches Institut 1999. STIR

Bachmann, Guido/Burri, Peter/Maissen, Toya: *Das Ereignis. Chemiekatastrophe am Rhein*, Basel: Lenos 1986. CH

Baerens, Matthias et. al.: *Urlaub auf Biohöfen in Deutschland*, Ausgabe 1998/99, Schwerin: Grüne Liga 1998. D

Bär, Oskar: *Geographie Europas*, Zürich: Lehrmittelverlag des Kantons Zürich 1995. CH

Baumgartner, Maria/Fischnaller, Toni: *Ich erforsche meine Geschichte, Leitprogramm* (= Erweiterte Lernformen in Heimat- und Umweltkunde ab Klasse 3, Bd. 2), Bozen: Pädagogisches Institut für die deutsche Sprachgruppe 1999. STIR

Baumgartner, Maria/Mayr, Monika: *Zusammenleben, Rollenspiel* (= Erweiterte Lernformen in Heimat- und Umweltkunde ab Klasse 3, Bd. 6), Bozen: Pädagogisches Institut für die deutsche Sprachgruppe 1999. STIR

Baur, Eva Gesine: *Deutschland. Der Reichtum der einfachen Küche*, München: dtv 1997. D

Beck-Texte *Meine Führerscheinprüfung*, München: dtv, 19. Aufl. 1990. D

Benzer, Arnulf (Red.): *Vorarlberg – unser Land. Vorarlberger Jungbürgerbuch*, Dornbirn: Vorarlberger Landesregierung, 2. Aufl. 1983. A

Beobachter Jahrbuch 1986 = Flüeler-Grauwiler, Marianne: *Das grosse Beobachter Jahrbuch 1986: Ein Hausschatz und praktischer Ratgeber für die Familie rund um das Jahr*, Glattbrugg: Beobachter Verlag 1985. CH

Bernhart, Karin/Bernhart, Udo: *Stadtführer Bozen*, Bozen: Athesia 2000. STIR

Bertha, Alfred: *Hergenrath. Eine Dorfchronik*, Eupen: Grenz-Echo-Verlag 1996. BELG

Bildungswesen BRD = *Das Bildungswesen in der BRD: ein Überblick für Eltern, Lehrer und Schüler. Strukturen und Entwicklungen im Überblick*, hg. v. der Arbeitsgruppe Bildungsbericht am Max-Planck-Institut für Bildungsforschung, Reinbek bei Hamburg: Rowohlt 1994. D

Binder, Julius/Wunderlin, Werner: *Ehe: Rechte, Pflichten, Chancen im neuen Gesetz: Ein Ratgeber aus der Beobachter-Praxis*, Glattbrugg: Beobachter Verlag 1997. CH

Biologie. Klassen 5 und 6. Lehrbuch Mecklenburg-Vorpommern, Berlin: praetec 1998. D

Borrosch, Frank/Stange, Markus: *1000 Tipps für Ihre Gesundheit. Ursachen – Symptome – Therapien*, München: Droemer Knaur 1997. D

Bossi, Betty: *Schweizer Spezialitäten*, Zürich: Betty Bossy 1991. CH

Breitenberger, Markus: *Mein Baumbuch. Lernort* (= Erweiterte Lernformen in Heimat- und Umweltkunde ab Klasse 3, Bd. 3), Bozen: Pädagogisches Institut für die deutsche Sprachgruppe 1999. STIR

Breitenberger, Markus/Mayr, Monika: *Unser Ort. Projektunterricht* (= Erweiterte Lernformen in Heimat- und Umweltkunde ab Klasse 3, Bd. 5), Bozen: Pädagogisches Institut für die deutsche Sprachgruppe 1999. STIR

Brenner-Knoll, Alexander: *Handelsrecht. Eine Einführung*, Herausgeber: Arbeitskreis Südtiroler Mittelschullehrer, Bozen: Athesia 2001. STIR

Briese-Neumann, Gisela: *Erfolgreiche Geschäftskorrespondenz*, München: dtv 1996. D

Broggi, Mario: *Das Postulat Wildnis/Wildheit als eine nötige Ergänzung zur gepflegten Naturlandschaft*, in: Haas, Norbert et. al. (Hgg.): *Was wäre Natur*. Liechtensteiner Exkurse II, Eggingen: Edition Isele 1995. LIE

Brugger, Heinrich: *Rechte und Pflichten der Lehrperson*, Bozen: Athesia, 3. Aufl. 2001. STIR

Brugger, Heinrich et al.: *Wirtschafts- und Gemeinschaftskunde Band 1*, Herausgeber: Pädagogisches Institut, Bozen/Lana: Athesia/Tappeiner 1996. STIR

Brugger, Heinrich et al.: *Wirtschafts- und Gemeinschaftskunde Band 2*, Herausgeber: Pädagogisches Institut, Bozen/Lana: Athesia/Tappeiner 1998. STIR

Brugger, Heinrich/Benedikter, Thomas/Frötscher, Evi/Mair, Gerhard/Pranter, Helmut/Stocker, Rosmarie: *Das soziale Netz. Sozialrecht und soziale Dienste in Südtirol*, Bozen: Athesia 2002. STIR

Burri, Klaus: *Schweiz, Suisse, Svizzera, Svizra: Geographische Betrachtungen. Naturraum, Bevölkerung und Siedlungen, Wirtschaft, Typlandschaften, Karten und Wetter, Zahlen und Begriffe*, Zürich: Lehrmittelverlag des Kantons Zürich 1995. CH

B-VG = *Die österreichische Bundesverfassung. Bundes-Verfassungsgesetz in der gegenwärtigen Fassung mit wichtigsten Nebenverfassungsgesetzen*, hg. v. Hans R. Klecatsky und Siegbert Morscher, Wien: Manz, 9. Aufl., Stand 1. 10. 1999. A

Coming out = Grolimund, Thomas et. al.: *Coming out*, Frauenfeld: Genius Druck 1997. CH

Conze, Eckart/Metzler, Gabriele (Hgg.): *Deutschland nach 1945. Ein Lesebuch zur deutschen Geschichte*

von 1945 bis zur Gegenwart, München: Beck, 2. Aufl. 1997. D
Debeljak, Hans: *Spaghetti und Speckknödel. Italienische und Tiroler Küche*, Bozen: Athesia, 18. Aufl. 2000. STIR
Derwahl, Freddy/Op de Beeck, Gerrit: *Grünes Land Unterwegs in Ostbelgien*, Eupen: Grenz-Echo-Verlag 1994. BELG
Deutscher Bundestag: *Stenographischer Bericht, 109. Sitzung*, Berlin. 9. 6. 2000. D
Dörrzapf, Reinhold: *Eros, Ehe, Hosenteufel. Eine etwas andere Sittengeschichte*, München: dtv 1998. D
Dospil, Joachim: *Das Handbuch für den Rechtsalltag*, Frankfurt a. M.: Fischer 1998. D
Drewes, Maria: *Tiroler Küche. Ein Spezialitäten-Kochbuch mit 480 Rezepten und einer kleinen Kulturgeschichte der Tiroler Küche von Otto Kostenzer*, Innsbruck/Wien: Tyrolia, 10. Aufl. 1994. A
Ebner, Jakob et. al.: *Durchstarten in Deutsch für die 7. Schulstufe*, Linz: Veritas, 3. Aufl. 1999. A
Eckl, Stephan: *Der Führerschein. Grundlagen für die theoretische Fahrprüfung*, Bozen: Athesia 1995. STIR
Egli, Emil: *Dennoch – die Hoffnung Schweiz: Rückschau – Ausblick: Sendezyklus am Schweizer Radio*, Zürich: GS-Verlag 1977. CH
Ehmke, Irene/Schaller, Heidrun: *Kinder stark machen gegen die Sucht. Der praktische Ratgeber für Eltern und Erziehende*, Freiburg: Herder 1997. D
Endriss, Rainer/Müller, Olaf: *Kinder ohne Trauschein. Rechte und Pflichten des nichtehelichen Kindes*, Regensburg: Walhalla u. Praetoria 1996. D
Engelmann, Bernt: *Meine Freunde, die Manager*, München: Goldmann 1983. D
Erste Hilfe. Unfallverhütung. Die Fibel zum Kurs Erste Hilfe und Unfallverhütung, hg. v. Österreichischen Roten Kreuz, Wien: Zentraleinkauf des Österr. Roten Kreuzes, 6. Aufl. 1997. A
Fahren lernen, Grundschulung, Ein Lehr- und Fachbuch für die Führerscheinklasse B, Thalheim/Wels: Hubert Ebner Verkehrslehrmittel 1998. A
Fahrende = *Fahrende unter Sesshaften. Probleme einer anderen Lebensweise*, hg. v. Bundesamt für Kulturpflege, Basel/Frankfurt a. M.: Helbing & Lichtenhahn 1988. CH
Fehr, Christian (Hg.): *Heil dir Helvetia. Die Freude an der Macht*, Hägendorf: Büchergilde Gutenberg 1984. CH
Fembek, Michael/Hammond, Beate: *Keine Angst vor Österreichern. Von Amtspersonen, Philharmonikerinnen und anderen Menschen mit Eigenschaften*, Wien: Ueberreuter 1997. A
Fenner, Martin/Hadorn, Rudolf/Strahm, Rudolf H.: *Politszene Schweiz: Politik und Wirtschaft heute*, Basel: Lehrmittelverlag 1995. CH
Fetz, Anita/Koechlin, Florianne/Mascarin, Ruth: *Gene, Frauen und Millionen. Diskussionsbeitrag zu Gen- und Fortpflanzungstechnologien*, Zürich: Rotpunktverlag 1987. CH
Finanz-Verfassungsgesetz 1948 – F-VG. Bundesverfassungsgesetz vom 21. Jänner 1948 über die Regelung der finanziellen Beziehungen zwischen dem Bund und den übrigen Gebietskörperschaften. A
Fischer, Martha: *Rechtskunde für Oberschulen Band 1*, Herausgeber: Pädagogisches Institut und Arbeitskreis Südtiroler Mittelschullehrer, Bozen: Athesia, 6. Aufl. 2001. STIR
Fischer, Martha: *Rechtskunde für Oberschulen Band 2*, Herausgeber: Pädagogisches Institut und Arbeitskreis Südtiroler Mittelschullehrer, Bozen: Athesia 4. Aufl. 2001. STIR
Fischer, Peter/Walther, Bernd (Hgg.): *Geographie Mensch und Raum*, Ausgabe Schleswig-Holstein, 10. Schuljahr, Schülerbuch, Berlin: Cornelsen 1998. D
Fischnaller, Toni/Flöss, Elisabeth: *Erde, Wasser, Luft und Feuer. Werkstattunterricht* (= Erweiterte Lernformen in Heimat- und Umweltkunde ab Klasse 3, Bd. 1). Bozen: Pädagogisches Institut für die deutsche Sprachgruppe 1999. STIR
Floiger, Michael: *Stationen, Spuren der Vergangenheit – Bausteine der Zukunft, Lehr- und Arbeitsbuch für die 6. Klasse an allgemeinbildenden höheren Schulen*, Wien: Hölzel 1992. A
Flöss, Elisabeth: *Mein Körper. Planarbeit* (= Erweiterte Lernformen in Heimat- und Umweltkunde ab Klasse 3, Bd. 4), Bozen: Pädagogisches Institut für die deutsche Sprachgruppe 1999. STIR
Frauchiger, Urs: *Verheizte Menschen geben keine Wärme*, Zürich: Ex libris 1988. CH
Fremdengesetz 1997 – FrG. Bundesgesetz über die Einreise, den Aufenthalt und die Niederlassung von Fremden. A
Friedrich, Wolfgang: *Profi-Tipps Versicherung: richtig versichert – besser versichert*, München: Heyne 1997. D
Gallusser, Roland: *Meine italienische Reise*, Zürich: NZN Buchverlag 1982. CH
Gasche, Urs P.: *Bauern, Klosterfrauen, Alusuisse. Wie eine Industrie ihre Macht ausspielt, Beamte den Volkswillen missachten und die Umwelt kaputt geht: eine wahre Schweizer Geschichte*, Bern: Zytglogge 1981. CH
Gasteiger, Heinrich/Wieser, Gerhard/Bachmann, Helmut: *So kocht Südtirol. Eine kulinarische Reise von den Alpen in den Süden*, Bozen: Athesia 2001. STIR
Geschäftsordnung des Bundesrates. A
Gielen, Viktor: *Das Eupener Land im Laufe der Zeit*, Eupen: Grenz-Echo-Verlag 1992. BELG
Goop, Adulf Peter: *Ludwig Marxer, Dr. jur. rer. Pol., wirklicher Justizrat*, in: Goop, Adulf Peter (Hg.): *Gedächtnisschrift Ludwig Marxer*, Zürich: Schulthess 1963. LIE
Grießmair, Brigitte/Kompatscher, Anneliese: *Vielgeliebter Bauerngarten*, Bozen: Athesia 1989. STIR
Grzimeks Tierleben = Grzimek, Bernhard (Hg.): *Grzimeks Tierleben. Niedere Tiere*, Augsburg: Weltbild 2000. D

Gschwentner, Maria: *Tiroler Bäuerinnen kochen. Einfach gute Rezepte*, Innsbruck: Edition Löwenzahn, 4. Aufl. 1998. A

Gstöhl, Sieglinde: *Wir sind wer! Wer sind wir? Laute Gedanken zur liechtensteinischen Identität*, Vaduz: Verlag der Liechtensteinischen Akademischen Gesellschaft 1998. LIE

Gufler, Eleonore et al.: *Miteinander leben. Ein Arbeitsbuch zur politischen Bildung*, Herausgeber: Pädagogisches Institut, Bozen: Athesia/Tappeiner 1999. STIR

Haensch, Günther/Lallemand, Annette/Yaiche, Appick: *Kleines Deutschland-Lexikon. Wissenswertes über Land und Leute*, München: Beck 1994. D

Hajek, Renata et al.: *Recht im Alltag*, Zürich: Migros-Presse Editions M, 4. Aufl. 1991. CH

Häring, Cyrill (Red.): *Basler Stadtbuch*, Ausgabe 1991, hg. v. der Cristoph Merian Stiftung, Basel: Christoph Merian Verlag 1990. CH

Harling, Gert von et al.: *Praxistipps für Jagd und Jäger: hilfreich, handlich, kurz und knapp*, München: Herold 1998. D

Heins, Rüdiger: *Obdachlosenreport: warum immer mehr Menschen ins soziale Elend abrutschen*, Düsseldorf: Zebulon 1993. D

Helveticus 1975 = Kälin, Benno/Spirig, Otto/Furrer, Felix: *Helveticus: Das internationale Jugendbuch*, Bern: Hallwag 1975. CH

Hitschfeld, Oswald: *Der Kleinsthof und andere gärtnerisch-landwirtschaftliche Nebenerwerbsstellen*, Xanten: OLV Organischer Landbau Verlag 1995. D

Hochschülerschaftsgesetz 1998 – HSG. Bundesgesetz über die Vertretung der Studierenden. A

Hochschullehrer-Dienstrechtsgesetz 1988 (HDG). A

Hohler, August E.: *Gegen den Strom nach vorne. Stationen einer Lebenswende*, Zürich: Ex Libris 1982. CH

Holzach, Michael: *Deutschland umsonst. Zu Fuß und ohne Geld durch ein Wohlstandsland*, Frankfurt a. M./Berlin/Wien 1985. D

Hörndler, Margit: *Sozialstaat Österreich. Sozialleistungen im Überblick. Lexikon der Ansprüche und Leistungen*, Stand: 1. September '97, Wien: Verlag des österreichischen Gewerkschaftsbundes 1997. A

Huber, Alfred: *Staatskunde-Lexikon: Informationen, Tatsachen, Zusammenhänge*, Luzern: Keller, 3. Aufl. 1988. CH

Hug, Wolfgang (Hg.): *Geschichtliche Weltkunde. Von der Nachkriegszeit bis zur Gegenwart*, Frankfurt a. M.: Diesterweg, 2. neubearb. Aufl. 1997. D

Jahr der Schweiz = *1991, das Jahr der Schweiz: die Chronik des Jubiläums*, Basel/Kassel: Friedrich Reinhardt 1991. CH

Jetzer, Arthur/Leuthold, Walter: *Naturspuren. Biologielehrmittel für Real- und Oberschulen*, Zürich: Lehrmittelverlag des Kantons Zürich 1994. CH

Kaufmann, Günther: *Aspekte früh- und mittelbronzezeitlicher Metallurgie in Südtirol*, in: ↗Schlern. Heft 6. 76/2002. STIR

Kaufmann, Günther: *Ein hallstattzeitliches Armband*, in: ↗Schlern. Heft 6. 76/2002. STIR

Kellenberger, Ralph: *Kultur und Identität im kleinen Staat. Das Beispiel Liechtenstein*, Bonn: ARCult Media 1996. LIE

Kerzenwachs & Fliegengitter. Über 900 verblüffend-nützliche Tipps für Haushalt, Küche, Garten und Garage, Köln: Neuer Pawlak 1993. D

Kietz, Gertraud: *Kinder erleben und verstehen*, München: Ernst Reinhard 1982. D

Kompatscher, Anneliese: *Die Küche in Südtirol. Ein Bildkochbuch*, Bozen: Athesia, 8. Aufl. 1989. STIR

Krause, Erika: *Du & Dein Garten – Gartenjahr mit Erika Krause. 1000 Tipps für den Hobbygärtner*, Leipzig: Verlag für die Frau 1996. D

Kurz, Gertrud: *Unterwegs für den Frieden*, Basel: Reinhardt 1977. CH

Leuzinger-Naef, Susanne et al.: *Richtig versichert? Ein Ratgeber aus der Beobachter-Praxis*, Glattbrugg: Beobachter-Buchverlag, 6. Aufl. 1993. CH

Liechtensteiner Almanach, Vaduz 1989. LIE

Liechtensteiner Almanach, Vaduz 1987. LIE

Liechtenstein Pressebulletin 3/8/9, 2000. LIE

Lindenberg, Christoph: *Waldorf Schulen: angstfrei lernen, selbstbewusst handeln, Praxis eines verkannten Schulmodells*, Reinbek bei Hamburg: Rowohlt TB 1975. D

Lutterotti, Anton von: *Südtiroler Landeskunde*, Bozen: Athesia 2000. STIR

Maier-Bruck, Franz: *Das Große Sacher Kochbuch*, Herrsching: Schuler Verlagsgesellschaft 1975. A

Maier-Bruck, Franz: Klassische österreichische Küche, Weyarn: Seehauer Verlag o.J. A

Mangold, Guido/Marseiler, Sebastian: *Bergbauern in Südtirol. Hoffnung und Widerspruch*, Bozen: Athesia 1994. STIR

Marseiler, Sebastian: *Vinschgau. Versunkenes Rätien. Leben und Landschaft*, Bozen: Tappeiner 1987. STIR

Mayer, Felix (Hg.): *Terminologisches Wörterbuch zur Südtiroler Rechts- und Verwaltungssprache*, Bozen: Europäische Akademie 1998 (= Arbeitshefte/Quaderni 2). STIR

Mazzotta Spitaler, Maurizia: *Gekochte Kultur. Genuss und Scheitern, Versuche und Höhenflüge von 60 Südtirolern in der Küche*, Verona: Frasnelli Keitsch 2001. STIR

Memmert, Wolfgang (Hg.): *Natur begreifen – Physik/Chemie, Arbeitsheft 2: Chemie*, Hannover: Schroedel 1989. D

Memmert, Wolfgang (Hg.): *Natur begreifen – Physik/Chemie, Arbeitsheft 2: Physik*, Hannover: Schroedel 1990. D

Meyer, Helmut/Schneebeli, Peter: *Durch Geschichte und Gegenwart*, Bd. 2: Die Zeit der Industrialisierung. Die Zeit der nationalen Einigung. Die Zeit des Imperalismus, Zürich: Lehrmittelverlag des Kantons Zürich 1996/97. CH
Meyer, Helmut/Schneebeli, Peter: *Durch Geschichte und Gegenwart*, Bd. 3: Die Zeit zwischen den Weltkriegen. Der Zweite Weltkrieg, Zürich: Lehrmittelverlag des Kantons Zürich 1996/97. CH
Meyer, Helmut/Schneebeli, Peter: *Durch Geschichte und Gegenwart*, Bd. 4: Die Zeit des Kalten Krieges. Die Zeit der weltweiten Probleme, Zürich: Lehrmittelverlag das Kantons Zürich 1996. CH
-minu: *Basler Koch(t)köpfe*, Bd. 2, Basel: Buchverlag Basler Zeitung 1987. CH
Nationalrats-Wahlordnung 1992 (NRWO). A
Nigg, Iren: Schaa Schaa Schaa, in: Haas, Norbert et. al. (Hgg.): *Im Zug der Schrift*. Liechtensteiner Exkurse I, Eggingen: Edition Isele 1995. LIE
Noller, Peter/Paul, Gerd: *Jugendliche Computerfans. Selbstbilder und Lebensentwürfe*, Studienreihe des Instituts für Sozialforschung Frankfurt, Frankfurt a. M.: Campus 1990. D
Norden, Gilbert: *Tennis im Kurort Meran. In den Jahren 1884 bis zum ersten Weltkrieg*, in: ↗Schlern. Heft 6. 76/2002. STIR
Notariatstarifgesetz 1973 (NTG). A
Oberhofer, Artur: *Mordfall Waldner. Die neuen Fakten*, Bozen: Die neue Südtiroler Tageszeitung 2001. STIR
Oetker: *Schulkochbuch. Das Original*, Bielefeld: Dr. Oetker Verlag 1996. D
Olscher, Werner: *Der österreichische Hausjurist. Stand: Februar 1999 (mit der neuen Familienbesteuerung 1999/2000)*, Wien: Tosa 1999. A
Ospelt, Gustav: *Erfüllte Jahre. Erinnerungen, Bilder, Dokumente*, Eggingen: Edition Isele 1986. LIE
Ospelt, Matthias: *Kaiser, Beck und Nana: die Geschichte der Menschen Liechtensteins*, Vaduz: Verlag der Liechtensteinischen Akademischen Gesellschaft 1997. LIE
Österreich. Tatsachen und Zahlen, hg. v. Bundespressedienst, Wien: Bundespressedienst 1996. A
Österreichisches Bauhandbuch = Ortner, Bertrand (Hg.): *Österreichisches Bauhandbuch*, Salzburg: Ortner 1998. A
P.M. und Freunde: *Olten alles aussteigen: Ideen für eine Welt ohne Schweiz*, Zürich: Paranoia City 1990. CH
Pestalozzi, Hans A.: *Nach uns die Zukunft. Von der positiven Subversion*, Bern: Zytglogge 1979. CH
Pfaundler, Wolfgang: *Tiroler Jungbürgerbuch*, hg. vom Land Tirol und von den Gemeinden Tirols, Innsbruck: Inn 1992. A
Pfeifer, Hans/Zeuke, Peter: *Hausbau – so packen Sie es an. Was Sie als Bauherr wissen müssen*, Verbraucher-Ratgeber, München: Verlagshaus Goethestraße 1999. D
Plachutta, Ewald/Wagner, Christoph: *Die gute Küche. Das österreichische Jahrhundert Kochbuch*, Wien: Orac (im Verlag Kremayr & Scheriau) 1993. A
Pomella, Gottlieb: *Das Bauwesen und seine Gesetze. Juristisches Handbuch für Projektanten, Bauleiter und Verwalter*, Herausgeber: Arbeitskreis Südtiroler Mittelschullehrer, Bozen: Edition Raetia, 3. Aufl. 1994. STIR
Rampold, Josef: *Pustertal*, Bozen: Athesia 1972. STIR
Ravensburger Naturführer = Mc Gawin, George C., *Ravensburger Naturführer. Insekten, Spinnen und andere landlebende Arthropoden*. Berlin: Urania-Ravensburger 2000. D
Regierung des Fürstentums Liechtenstein: *Bericht und Antrag bzw. Stellungnahme der Regierung an den Landtag des Fürstentums Liechtenstein*, Nr. 49/50/59/61 2000. LIE
Richebuono, Giuseppe: *Südtiroler Volksleben. Brauchtum im Jahreslauf*, Fotos von Christoph Mayr, Bozen: Athesia 2000. STIR
Rutishauser, Hans: *Geschäftsbriefe wirksam schreiben*, Zürich: Verlag des Schweizerischen Kaufmännischen Vereins, 6. Aufl. 1975. CH
Rytz, Walter: *Unsere Bäume*, Bern/Stuttgart: Hallwag 1974. CH
Rytz, Walter: *Unsere Sträucher*, Bern/Stuttgart: Hallwag 1970. CH
Sauer, Benedikt: *norbert c. kaser. Eine Biographie*, Innsbruck: Haymon 1997. STIR
Schaffner, Hans (Hg.): *Mein Weg durch diese Zeit. Frauen und Männer erzählen aus ihrem Leben*, Bern: Blaukreuz-Verlag 1991. CH
Schierbaum, Wilfried: *Modegeschichten. Geschichten aus der Geschichte der Mode*, Berlin: Schiele und Schön 1987. D
Schmid, Karl: *Standortmeldungen: über schweizerische Fragen*, Zürich: Artemis 1973. CH
Schmidt, Heiner: *Eine Wanderung durch die Schweiz im Jahre 1973*, Basel: Privatdruck der Offizin Werner Bischoff 1975. CH
Schnürer, Sepp: *Südtirol. Land zwischen Reben und Firn*, München: BLV Verlagsgesellschaft mbH 2001. STIR
SchUG = *Schulunterrichtsgesetz, mit der Schulgesetznovelle 1997. Im Anhang: Leistungsbeurteilungsverordnung, Schulordnung, Schulveranstaltungsverordnung, Aufsichtserlass*, bearb. von Gerhard Münster, Bundesministerium für Unterricht und kulturelle Angelegenheiten, Wien: Orac Kodex des österreichischen Rechts: Taschen-Kodex, 2. Aufl. Stand 1. 1. 1998. A
Schule und Kindergarten in Südtirol, Autonome Provinz Bozen-Südtirol: Deutsches Landesschulamt, 2. Aufl. 2000. STIR
Schweiggl, Martin: *Zeugen aus Stein: die Südtiroler Burgen. Leben im Mittelalter*, Bozen: Tappeiner 1991. STIR

Schweizer Atlas, hg. v. Schweizerischen Blinden- und Sehbehindertenverband, Bern: Kümmerly & Frey 1989. CH

Seberich, Rainer: *Alfred Quellmalz und seine Südtiroler Feldforschungen (1940–42)*, Rezension, in: ↗Schlern. Heft 6. 76/2002. STIR

Sicher Zweiradfahren. Lehrbuch mit Prüfungsfragen und Antworten, Thalheim/Wels: Hubert Ebner Verkehrslehrmittel 1998. A

Sieber = Pfarrer Ernst Sieber: *Menschenware – wahre Menschen. Vom Bunker zum Suneboge. Die Familiengeschichte der Obdachlosen*, Bern: Zytglogge 1987. CH

Sprenger, Stefan: Filme und Gruben, in: Haas, Norbert et. al. (Hgg.): *Was wäre Natur.* Liechtensteiner Exkurse II, Eggingen: Edition Isele 1995. LIE

Stemmle, Donatus: *Mitenand. Geschichte und Gegenwart für Schweizer Primarschulen.* Bd. 2: Die Bauern und die Herren, Zürich: Sabe o. J. CH

Stüber, Eberhard/Winding, Norbert: *Erlebnis Nationalpark Hohe Tauern. Naturführer und Programmvorschläge für Schullandwochen, Jugendlager und Gruppentouren im Nationalpark Hohe Tauern und Umgebung*, Salzburg: Amt der Salzburger Landesregierung, Referat Nationalpark Hohe Tauern 1990. A

Strafprozessordnung 1975 (StPO). A

Straßenverkehrsordnung 1960 (StVO). A

Südtiroler Landesregierung (Hg.): *Südtiroler Behördenführer. Stand: Oktober 1999*, Bozen: Athesia 2000. STIR

Südtiroler Landesregierung (Hg.): *Südtirols Autonomie. Beschreibung der autonomen Gesetzgebungs- und Verwaltungszuständigkeiten des Landes Südtirol*, Bozen: Athesia 1997. STIR

Südtiroler Landesregierung (Hg.): *Südtirol Handbuch. Stand: April 1991*, Bozen: Athesia 1991. STIR

Südtiroler Landtag: *Wortprotokoll der 123. Sitzung vom 19. Juli 2001*, Bozen. STIR

Südtiroler Landtag: *Wortprotokoll der 122. Sitzung vom 18. Juli 2001*, Bozen. STIR

Südtiroler Landtag: *Wortprotokoll der 121. Sitzung vom 17. Juli 2001*, Bozen. STIR

Südtiroler Landtag: *Wortprotokoll der 41. Sitzung vom 16. Dezember 1999*, Bozen. STIR

Tabakmonopolgesetz 1996 (TabMG). A

Tasser, Rudolf: *Kupferdiebstahl als Delikt im Bergwerk Prettau*, in: ↗Schlern. Heft 6. 76/2002. STIR

Theorieprüfung = *Theorieprüfung für Motorfahrzeugführer*, hg. v. d. Vereinigung der Strassenverkehrsämter, Bern: Strassenverkehrsamt Zürich, 3. Aufl. 1987. CH

Toggenburger Annalen 1997: Kulturelles Jahrbuch für das Toggenburg, Bazenheid: Kalberer 1997. CH

Treichler, Hans Peter: *Abenteuer Schweiz: Geschichte in Jahrhundertschritten*, hg. v. der Direktion Migros-Presse im Auftrage des Migros-Genossenschafts-Bundes, Spreitenbach: Limmatdruck 1991. CH

Tschäni, Hans: *Die Diktatur des Patriotismus: für eine freiere Schweiz*, Basel: Pharos 1972. CH

Tschäni, Hans: *Profil der Schweiz: Ein lebendiges Staatsbild*, Zürich: Rascher 1969. CH

Ullstein Lexikon der Tierwelt, Berlin/Frankfurt a. M./Wien: Ullstein 1967. D

Undritz, Nils: *Gesundheitswesen in der Schweiz*, Zürich: Verlag NZZ 1987. CH

Urheberrechtsgesetz – UrhG. Bundesgesetz vom 9. April 1936 über das Urheberrecht an Werken der Literatur und der Kunst und über verwandte Schutzrechte. A

Verzeichnis der geläufigsten Ausdrücke in der Verwaltung für die gehobene und die höhere Laufbahn und die entsprechenden Funktionsebenen und Berufskategorien, Bozen: Athesia 1996. STIR

Walder, Paul: *Bau und Funktion unseres Körpers*, Zürich: Lehrmittelverlag des Kantons Zürich 1991. CH

Wallraff, Günter: *Das BILD-Handbuch bis zum Bildausfall*, Hamburg: Konkret Literatur Verlag 1981. D

Wallraff, Günter: *Industriereportagen. Als Arbeiter in deutschen Großbetrieben*, Köln: Kiepenheuer & Witsch 1991. D

Weissbrodt, G.: *Fahranfänger im Straßenverkehr*, Bremerhaven: Wirtschaftsverlag N.W. 1989. D

Wiedmer-Zingg, Lys: *Hautnah – Helvetia*, Zürich/München: Ringier o. J. CH

Wildermuth, Hansruedi: *Biologie*, Zürich: Lehrmittelverlag des Kantons Zürich 1994. CH

Wirtschaftspolitisches Jahrbuch 1995, hg. v. Schweizerischen Handels- und Industrie-Verein (Vorort), Stäfa: Zürichsee Druckereien 1996. CH

Woll, Johanna: *Feste und Bräuche im Jahreslauf*, Stuttgart: Ullmer, 2. Aufl. 1995. D

Zürcher Bürgerbuch, hg. v. der Erziehungsdirektion des Kantons Zürich, Zürich: Lehrmittelverlag des Kantons Zürich 1988. CH

5. Sonstiges: Broschüren, Formulare, Kalender, Kataloge, Werbematerial u. a.

Ackermann Mini Prix, Katalog, o. O. 1997. CH

Ackermann Weihnachten, Katalog, o. O. 1997. CH

aktion leben österreich: Aus Lust am Leben, o. O. o. J. A

allkauf aktuell, Werbeprospekt, Duisburg o. J. D

allkauf. Alles Gute für Ihr Geld! Werbeprospekt, Leipzig 1998. D

Alpenverein Südtirol (Hg.): *AVS Kursprogramm Sommer-Herbst 2002*, Informationsbroschüre, Bozen 2002. STIR

Alphabeta. Sprachkurse in Südtirol und weltweit 2001/2, Informationsbroschüre, o. O. o. J. STIR

Älter werden in Duisburg, Duisburg o.J. D

Ansuchen um Anschluß an die Dorfkanalisierung, Formular, o. O. o. J. STIR

Ansuchen um Gewährung einer Studienbeihilfe für die Erarbeitung der Diplom- oder Doktorarbeit 1997/98, Formular, o. O. o. J. STIR

Ansuchen um Gewährung einer Studienbeihilfe für Hochschüler/innen, die im Inland studieren. 1997/98. Formular, o. O. o. J. STIR

Ansuchen um die Zulassung zur Zweisprachigkeitsprüfung, Formular, o. O. o. J. STIR

Antrag auf Erteilung der Baukonzession, Formular, o. O. o. J. STIR

Antrag auf Erteilung der Benutzungsgenehmigung, Formular, o. O. o. J. STIR

Apfelsorten. Obstland Oberösterreich, Informationsbroschüre, o. O. o. J. A

Arbeitskreis Weinbau im Südtiroler Bauernbund (Hg.): Südtiroler Buschenschankführer, Bozen 2000. STIR

Arbeitsmarktservice Österreich: *Berufsinfo. Medizinisch-technische Dienste und Musiktherapie*, Informationsbroschüre, Wien 1997. A

Arbeitsmarktservice Österreich: *Jobchancen Studium. Individuelle Diplomstudien*, Informationsbroschüre, Wien 1997. A

Arbeitsmarktservice Österreich: *Umweltprofis. Berufe mit Umweltrelevanz in Österreich*, Informationsbroschüre, Wien, 2. Aufl. 1995. A

Arge Sehen: Initiativen für Sehbehinderte, Informationsbroschüre, Innsbruck o. J. A

Aus Lust am Leben – aktion leben österreich, Informationsbroschüre, o. O. o. J. A

Autonome Provinz Bozen – Südtirol, Abt. für Landschafts-und Naturschutz: *Naturparke in Südtirol (2)*, Informationsbroschüre, Bozen o. J. STIR

Autonome Provinz Bozen-Südtirol, Ressort Deutsches Schulamt: *Mitteilung des Schulamtsleiters*, Bozen 14. 3. 2000. STIR

Autonome Provinz Bozen Südtirol, deutschsprachige Grundschule, Schulsprengel Sand in Taufers – Campo Tures: *Schulordnung*, o. O. o. J. STIR

Bahnshop, Verkaufskatalog o. O. 1998. D

Basel. Kultur aus Tradition, Broschüre, hg. v. offiziellen Verkehrsbüro Basel 1997. CH

Baselland-Post, Broschüre, o. O. 1997. CH

Basel-Stadt, Gesundheit = *Gesundheit! Informationen und Anregungen zu Gesundheit und Krankheit*, hg. v. Sanitätsdepartement Basel-Stadt, Basel 1995. CH

Beten in der Familie – Advent, Informationsbroschüre, o. O. o. J. A

Bolzano Bozen. Natur – Geschichte – Kultur. Kunsthistorischer Rundgang, Bozen o. J. STIR

Bundesministerium für Arbeit und Soziales: *Ein Fall für das Bundessozialamt? Ein Leitfaden durch das Angebot der Bundessozialämter*, Informationsbroschüre, Wien 1995. A

Bundesministerium für Umwelt, Jugend und Familie: *Sekten, Wissen schützt*, Informationsbroschüre, Wien o. J. A

Bundesministerium für Unterricht und kulturelle Angelegenheiten: *Schulservice, Voneinander Lernen*, Informationsbroschüre, Wien 1996. A

Bundesumweltamt: *In die Zukunft reisen? Perspektiven für unseren Traumurlaub*, Broschüre, Berlin 1997. D

Caravan Park Sexten: *Wellnesswelt Oase Vital. Eine Insel der Lebensfreude*, Werbeprospekt, o. O. o. J. STIR

Caritas Spenderinformationen, Informationsbroschüre, o. O. o. J. A

CasaCrea. Deine Wohnideen schon zum Mitnehmen, Werbematerial, Bozen 2000. STIR

cfd-Zeitung (Christlicher Friedensdienst), o. O. 1997. CH

Chuchi-Chäschtli, Küchenkalender 1999, Zürich: Ringier. CH

Compass, Musikversand-Katalog, Winterthur 1997. CH

Der Pott, Sportwerbung, Duisburg o. J. D

Der sichere Weg: Schweizer Strassenatlas und Ratschläge für Erste Hilfe und Notfälle, Broschüre, hg. v. den Sektionen des Schweizerischen Roten Kreuzes, Bern: Hallwag 1983. CH

DGB-Bayern, Geschäftsbericht o. O. 1998. D

Diakonie Ideenbörse, Broschüre, o. O. 1997. CH

Diakonie Nachrichten, Broschüre, o. O. 1997. CH

Die Neuerungen im Zahlungsverkehr PTT, Broschüre, o. O. 1996. CH

Diversicum, Broschüre, o. O. o. J. CH

Edeka, Werbematerial. Duisburg o. J. D

Edeka. Der Markt fürs Leben, Werbebroschüre. o. O. o. J. D

Edition Raetia, Gesamtverzeichnis 2000, Werbebroschüre. Bozen 2000. STIR

Ehe gemeinsam unterwegs, Informationsbroschüre, o. O. o. J. A

Einfach Liebe. Jugendliche Lesben und Schwule erzählen, Informationsbroschüre, o. O. o. J. A

Epilepsie Information, herausgegeben von der Selbsthilfegruppe für Epilepsiekranke, Informationsbroschüre, Kundl o. J. A

Erleben Sie die Rittner Bauernhöfe im Kreise der Jahreszeiten, o. O. o. J. STIR

Erlebnis Bahn & Schiff, Informationsbroschüre, Straß im Straßertale o. J. A

EvB Erklärung von Bern: *Die Schweiz unter Wasser?* Broschüre, o. O. 1997. CH

Exerzitien – Besinnungstage, Informationsbroschüre, o. O. o. J. A

FAB-kurzdok – 765 Berufe von A bis Z, Broschüre, o. O. 1997. CH

Fahrschule »Alto Adige«: *Führerschein-Skriptum DE*, Kursunterlagen. Meran 2001. STIR

Faltblatt Altersheim, Broschüre, o. O. o. J. CH
Faltblatt Drogen, Broschüre, o. O. o. J. CH
Faltblatt Krebsliga, o. O. o. J. CH
Faltblatt Leprahilfe, Broschüre, o. O. o. J. CH
Fastflash: Das Veranstaltungsmagazin von Fastbox Ticketservice, Wallisellen 1997. CH
Ferien für Menschen mit Behinderung, Informationsbroschüre, o. O. o. J. A
Für unsere älteren Menschen und für die Kranken, Informationsbroschüre, o. O. o. J. A
Gelbe Seiten = *Die gelben Seiten. Das Branchen-Telefonbuch für die Region Baselstadt [...]*, Zürich: Mossee Adress 1993/94. CH
Gesuch um Gültigkeitserklärung des Geburtsscheines für das Ausland, Formular, o. O. o. J. STIR
Gesuch um Verlängerung des Reisepasses, Formular, o. O. o. J. STIR
Globus, Werbematerial, Leipzig o. J. D
Glück. Das Lotto-Magazin, Werbematerial. o. O. o. J. D
G'meinsam: Informationszeitung der Heilsarmee für die Region Basel, o. O. 1998. CH
Goldschmidt, F. – Fine Goods. Das feinste Versandhaus der Schweiz, Versandkatalog, o. O. 1997. CH
Helvetic-Tours, Reisekatalog, o. O. 1997. CH
HMO Aktuell, Broschüre, o. O. 1995. CH
Hochpustertal. Dolomiten – Südtirol, Werbebroschüre, Wien o. J. STIR
Information für konfessionsverschiedene Paare, Informationsbroschüre, o. O. o. J. A
Informationsblatt der SBB, Broschüre, o. O. 1999. CH
Informationsblatt Österreichische Autistenhilfe Landesstelle Tirol, Informationsbroschüre, o. O. o. J. A
Inländische Mission, Broschüre, o. O. 1997. CH
Institut für Sozialdienste, Informationsbroschüre, o. O. o. J. A
Inter-Discount, Broschüre, o. O. 1997. CH
Interio, Broschüre, o. O. o. J. CH
Ja wir trauen uns, Informationsbroschüre, o. O. o. J. A
Jugend ohne Drogen, Broschüre, Zürich 1997. CH
Jungfraujoch, Top of Europe, Broschüre, Interlaken, o. J. CH
KAJ Jahresprogramm 1998, Informationsbroschüre, o. O. o. J. A
Katholischer Familienverband Tirol: *Urlaub von der Pflege, Für pflegende Angehörige*, Informationsbroschüre, Innsbruck o. J. A
Katholischer Verband der Werktätigen: *Programm KWV Meran. Weiterbildung & Kurse – Jänner-Juni 2002*, Informationsbroschüre, Meran 2002. STIR
Kein Recht zu lieben, Informationsbroschüre, o. O. o. J. A
Kirche in Not/Ostpriesterhilfe: *Echo der Liebe*, Broschüre, o. O. 1997. CH
Kirchl. Institutionen = diverse Flugblätter und Broschüren von kirchlichen Institutionen. CH
Kochkurse = *Jahresprogramm Kochkurse*, hg. v. Forum für zeitgenössische Ernährung, o. O. 1998. CH
Krebsliga, Haut = *Ihre Haut ist mehr als Hülle*, Broschüre, hg. v. der Schweizerischen Krebsliga, o. O. o. J. CH
Krebsliga, Wissen = *Wissen schützt vor Krebs*, Broschüre, hg. v. der Schweizerischen Krebsliga, o. O. o. J. CH
Kunsthalle Basel: *Jahresaustellung der Basler Künstlerinnen und Künstler*, Broschüre, o. O. 1997. CH
Kupon-Katalog, Broschüre, o. O. o. J. CH
Kurier Journal, Werbezeitung, St. Vith o. J. BELG
KVW Bildungs- und Erholungshaus: *Interessentenseminar. Unser Programm: Projekt Erde*, Informationsbroschüre, St. Georg/Sarns o. J. STIR
KVW: *Bildung und Programm, Aktion 2001, Februar 2001 – August 2001*, Bozen: KVW Bildungsreferat 2001. STIR
Laubenzitt. Die schönsten Geschenkideen von L., Werbebroschüre. o. O. o. J. STIR
Lutz. Was der alles hat! Werbebroschüre, o. O. o. J. A
Mann + Christ, Broschüre, o. O. 9. 9. 1997. CH
Mariastein, Broschüre, o. O. 1997. CH
Markus liebt Thomas, Informationsbroschüre, o. O. o. J. A
Media Markt, Werbematerial. Duisburg o. J. D
Media Markt, Werbematerial. Leipzig o. J. D
Meine Gesundheit: Heilmittel aus der Natur, Apothekenbroschüre, o. O. o. J. D
Microsoft Info Service, Broschüre, o. O. 2000. CH
Migros-Sano Production, Broschüre, hg. v. Migros, o. O. 1998. CH
Missionarin auf Zeit, Informationsbroschüre, o. O. o. J. A
Mit Lust und Liebe. Ein Leitfaden für schwule, homo- und bisexuelle Männer, Informationsboschüre, o. O. o. J. A
Mit Lust und Liebe. Homosexuell leben, Informationsbroschüre, o. O. o. J. A
Möbel Erbe, Werbeprospekt, Leipzig 1998. D
Möbel Walther. Das große Einrichtungszentrum für ganz Sachsen, Werbeprospekt, Leipzig 1998. D
Möbelstadt Rück, Werbematerial, Oberhausen. D
Modeblatt = *Meyers Modeblatt*, Broschüre, Zürich 1999. CH
Mülheimer Abendblatt, Werbezeitung, Mülheim. D
Müll, Broschüre 1996. D
Multi-Cente, Werbematerial, Leipzig 1998. D
Münchner Zentrum, Werbezeitung, München 1998. D
Musenalp Express, Broschüre, Hergiswil 1997. CH
Musenalp-Versand, o. O. 1997. CH
Öbau Wucher, Wohnkultur, Werbebroschüre, o. O. o. J. A
Öbau Wucher. Meisterbäder für Bademeister, Werbebroschüre, o. O. o. J. A
ÖBB: Man fährt wieder Bahn. 100 Jahre Pinzgaubahn. Auf schmaler Spur zum Nationalpark Hohe Tauern. o. O. o. J. A

ÖBB: *Man fährt wieder Bahn. Autoreisezüge 1997/98. Staufrei unterwegs mit Bahn und Auto.* o. O. o. J. A
ÖBB: *Man fährt wieder Bahn. Die Bahn im Griff 1998. Alles über die Bahn.* o. O. o. J. A
ÖBB: *Man fährt wieder Bahn. Inter Rail 1998. Jetzt auch für alle über 26.* o. O. o. J. A
ÖBB: *Man fährt wieder Bahn. Vorteilscard 1998. Wie Sie das ganze Jahr die Hälfte bezahlen.* o. O. o. J. A
OBI, Werbeprospekt, Duisburg 1998. D
Orientierungshilfen für die Schulwegsicherung, Broschüre, hg. v. Ministerium für Stadtentwicklung und Verkehr des Landes Nordrhein-Westfalen, Düsseldorf 1994. D
Österreichisches Rotes Kreuz: *Mein Befund – Meine Gesundheit*, Informationsbroschüre, Wien o. J. A
Pagine Italia Spa (Hg.): *Nützliche Seiten. Autonome Provinz Bozen. 2000–2001*, Verona: Mondadori 2001. STIR
Pfannkuch, Werbematerial, Leipzig o. J. D
Pfarrbrief der Pfarrei Taufers im Pustertal. STIR
Pfarrblatt St.Gertraud Mühlwald St. Agnes Lappach. STIR
Pfarrnachrichten Pfarrgemeinde St. Nikolaus Meran. Gedanken – Berichte – Mitteilungen. STIR
Photo Porst, Werbematerial, Leipzig o. J. D
Physiotherapie, Somatics, Informationsbroschüre, Innsbruck o. J. A
Porta, Möbelwerbung, Leipzig o. J. D
Porträts. Top-Adressen für Aus- und Weiterbildung, Broschüre, Zürich 1997. CH
Post = *Die Post: Die Zeitung für die Kundinnen und Kunden der Schweizerischen Post*, Broschüre, o. O. 1998. CH
Post und Bank = *Sammel-Couvert mit Materialien Post und Bank*, Broschüre, Bern 1998. CH
PostCar, Broschüre, Interlaken 1997. CH
Posttarif, Broschüre, o. O. 1996. CH
Privatkunden Konditionen und Preise Basler Kantonalbank, Broschüre, o. O. 1996. CH
Raiffeisen-Fonds-Vorsorge, Werbematerial, o. O. o. J. STIR
Raiffeisen Notizen. Eine Information der Südtiroler Raiffeisenkassen 7/2000, Bozen 2000. STIR
Ratgeber Gesundheit, Broschüre, o. O. o. J. CH
Real, – riesig einkaufen, Werbeprospekt, Leipzig 1998. D
RediNews, Broschüre, o. O. 1998. CH
Rehabilitationsstätte für autistische, psychotische und wahrnehmungsgestörte Kinder und Jugendliche, Informationsbroschüre, Innsbruck o. J. A
Reimmichls Volkskalender für das Jahr 2000 nach der gnadenreichen Geburt unseres lieben Herrn und Heilandes Jesu Christi, redigiert von Paul Muigg, Innsbruck/Wien: Verlagsanstalt Tyrolia 2000. A
Renate liebt Monika, Informationsbroschüre, o. O. o. J. A
Rheinknie Session '97, Sonderbeilage der Basler Zeitung, 10/1997. CH
Ritten. Renon. Großer Urlaub für kleine Leute, Werbematerial, o. O. o. J. STIR
Ritten. Renon. Knödel, Krapfen & Co, Werbematerial, o. O. o. J. STIR
Ritten. Renon. Lageplan und Panoramakarte, Werbematerial, o. O. o. J. STIR
Ritten. Zeit und Raum, Werbematerial, o. O. o. J. STIR
Ritten. Renon. Zeit und Raum. Preisliste, Werbematerial, o. O. o. J. STIR
Roller. Der Möbel-Discounter, Werbeprospekt, Duisburg 1998. D
Roller. Der Möbel-Discounter, Werbeprospekt, Leipzig 1998. D
Rote Kreuz = *Das Rote Kreuz*, Linz-Stadt, Informationsbroschüre, Linz o. J. A
SAN, Schwangerschaft und Rauchen = *Schwangerschaft und Rauchen*, Broschüre, hg. v. der Schweizerischen Arbeitsgemeinschaft Nichtrauchen SAN, o. O. o. J. CH
Sarntal. Val Sarentino. Ein Familienglück, Werbematerial, o. O. o. J. STIR
Schrot = *Schrot & Korn*, Verbraucherinformation, o. O. o. J. D
Schulung und Bildung, Beilage der Basler Zeitung, Basel 1998. CH
Schweizer illustrierter Eulenspiegel-Kalender 1999, 111. Jahrgang, Zürich: Ringier. CH
Seelsorge Ranggen = *1498 – 1998. 500 Jahre Seelsorge in Ranggen*, Informationsbroschüre, Innsbruck 1998. A
Sektion des Schweizerischen Roten Kreuzes: *Der sichere Weg: Schweizer Strassenatlas und Ratschläge für Erste Hilfe und Notfälle*, Broschüre, o. O. 1983. CH
Selbstbestimmt-Leben-Initiative, Informationsbroschüre, Innsbruck o. J. A
Seniorenratgeber = *Innsbruck – Die Landeshauptstadt informiert, Offizielle Mitteilungszeitung der Stadt Innsbruck. Sonderausgabe Seniorenratgeber*, Innsbruck o. J. A
Sozialberatung für Menschen mit Behinderung, Informationsbroschüre, Innsbruck o. J. A
Spar. Das Einkaufsmagazin der Spar Gruppe, Werbebroschüre, o. O. o. J. A
Speldorfer Kurschatten, Werbezeitung, Mülheim o. J. D
Stadtgemeinde Meran/Comune di Merano: *MeMo. Erlebnis Meran/Vivi Merano*, Informationsbroschüre, Meran o. J. STIR
Standort hier, Werbematerial, Duisburg o. J. D
Südtiroler Volkspartei: *Weißbuch über den Gebrauch der deutschen Sprache in Südtirol. Die wichtigsten Bestimmungen und Beispiele von Verletzungen. Zusammengestellt von Hartmann Gallmetzer, Landessekretär der Südtiroler Volkspartei*, Informationsbroschüre, Bozen 1996. STIR
Swing – Die Tanzschule. Programm, Werbebroschüre, Meran o. J. STIR

Tappeiner-Verlag: Gesamtverzeichnis 2000, Werbebroschüre, Lana 2000. STIR
Telecom Italia: *News*, Werbebroschüre, o. O. 2000. STIR
Telefonseelsorge Innsbruck: Wir reden mit Ihnen, Informationsbroschüre. A
Theater in der Altstadt: *Programm Oktober 2000*, Informationsbroschüre, Meran 2000. STIR
Tiroler Arbeitskreis für integrative Erziehung Ibk-Land, Informationsbroschüre, Wattens o. J. A
Tourismusverband Hochpustertal (Hg.): *Hochpustertal. Alta Pusteria. 2002 Sommer Estate*, Noventa Padovana o. J. STIR
Tourismusverein Sarntal (Hg.): *Ihr Sarner Ferienführer*, Frangart-Eppan 2001. STIR
Tourismusverein Sexten-Dolomiten: *Im Sexten Himmel*, Werbebroschüre, Bozen: Athesia o. J. STIR
Tourismusverein »Südtirols Süden« (Hg.): *Ferienregion Südtirols Süden. Kalterer See. Weinstraße. Naturpark Trudner Horn. Offizieller Ferienkatalog für Hotels, Frühstückspensionen, Ferienwohnungen, Campings mit Preisen 2002*, Bozen: Athesia 2002. STIR
Treffpunkt Ruhrgebiet, Programm, Duisburg o. J. D
TuttoCittà-Städteführer '97. Bozen und Provinz, Informationsbroschüre, Turin 1997. STIR
Umweltbewusst einkaufen, Ratgeber, Duisburg o. J. D
Uni-Polster, Werbeprospekt, Duisburg 1998. D
Veillon-Selection, Katalog, Lausanne 1997. CH
Verband der Industriellen der Autonomen Provinz Bozen: *Qualitätsprodukte aus Südtirol*, Werbebroschüre, Bozen 1998. STIR
Verkehrsamt Bozen (Hg.): *Bolzano Bozen Jenesien. Natur – Geschichte – Kultur. Erlebnis zwischen Nord und Süd. Hotelguide, Veranstaltungen, Spezialangebote 2002*, Bozen 2002. STIR
Vinschgau. Im Horizont die Freiheit. Sommerferienkatalog, Lana: Tappeiner 2002. STIR
Vinschgau. Im Horizont die Freiheit. Hotelführer, Lana: Tappeiner 2001. STIR
Vinschgau. Im Horizont die Freiheit. Preisliste 2002, Schlanders 2002. STIR
Volksabstimmung Basel-Stadt vom 26. April 1998. CH
Volksabstimmung vom 28. 9. 1997 = *Erläuterungen des Bundesrates, Volksabstimmung vom 28. 9. 1997*, Bern 1997. CH
Volkshochschule = *Volkshochschule beider Basel: Kurse: Winter 1997/98*. o. O. o. J. CH
Zeichen der Liebe, Broschüre, o. O. 1997. CH
Zeitgemässe Ernährung, Kochkurse = *Jahresprogramm 1998. Kochkurse, Seminar, Vorträge*, Broschüre, hg. v. Forum für zeitgemässe Ernährung. CH
Znüni und Zvieri: Was essen Schulkinder in der Pause? Broschüre, hg. v. der Stiftung Pausenmilch, Bern 1996. CH

6. Mündliche Quellen

ARD-Presseclub. Fernsehdiskussion, ARD 7. 11. 1999. D
Barbara-Karlich-Show: Piefke sollen draußen bleiben. ORF 2, 19. 11. 1999, 16.00 – 16.55 Uhr. A
Boulevard Bio. Talkshow, ARD 9. 11. 1999. D
Sabine Christiansen. Talkshow, ARD 7. 11. 1999. D
Sabine Christiansen. Talkshow, ARD 14. 11. 1999. D
Zur Sache. Ausländer in Österreich – zwischen Integration und Ausgrenzung. ORF 2, 14. 11. 1999, 21.55 – 23.10 Uhr. A
Zur Sache. Proporz. ORF 2, 21. 11. 1999, 21.55 – 23.10 Uhr. A

Literaturverzeichnis

Sekundärliteratur (in Auswahl)
Das Literaturverzeichnis enthält nur die wichtigsten Werke zum Themenkreis nationaler und regionaler standardsprachlicher Besonderheiten des Deutschen.

Übergreifende Darstellungen und Wörterbuchtheorie

Ammon, Ulrich 1986: Explikation der Begriffe ›Standardvarietät‹ und ›Standardsprache‹ auf normtheoretischer Grundlage. In: Holtus, Günter/Radtke, Edgar: *Sprachlicher Substandard.* (= Konzepte der Sprach- und Literaturwissenschaft; 36). Tübingen: Max Niemeyer, S. 1–63.

Ammon, Ulrich 1991: Die Plurizentrizität der deutschen Sprache. In: Ekmann, Bjorn/Hauser, Hubert/Porsch, Peter/Wucherpfennig, Wolf (Hgg.): *Deutsch – Eine Sprache? Wie viele Kulturen?* Vorträge des Symposiums abgehalten am 12. und 13. November 1990 an der Universität Kopenhagen. (= Kopenhagener Kolloquien zur deutschen Literatur; 15). Kopenhagen/München: Wilhelm Fink, S. 14–34.

Ammon, Ulrich 1994: Über ein fehlendes Wörterbuch »Wie sagt man in Deutschland?« und den übersehenen Wörterbuchtyp ›Nationale Varianten einer Sprache‹. In: *Deutsche Sprache* 22, S. 51–65.

Ammon, Ulrich 1995: *Die deutsche Sprache in Deutschland, Österreich und der Schweiz. Das Problem der nationalen Varietäten.* Berlin/New York: de Gruyter.

Ammon, Ulrich 1995a: Vorschläge zur Typologie nationaler Zentren und nationaler Varianten bei plurinationalen Sprachen – am Beispiel des Deutschen. In: Muhr, Rudolf/Schrodt, Richard/Wiesinger, Peter (Hgg.): *Österreichisches Deutsch. Linguistische, sozialpsychologische und sprachpolitische Aspekte einer nationalen Variante des Deutschen.* (= Materialien und Handbücher zum österreichischen Deutsch und zu Deutsch als Fremdsprache; 2). Wien: Hölder-Pichler-Tempsky, S. 110–120.

Ammon, Ulrich 1996: Typologie der nationalen Varianten des Deutschen zum Zweck systematischer und erklärungsbezogener Beschreibung nationaler Varietäten. In: *Zeitschrift für Dialektologie und Linguistik,* 63 (2), S. 157–175.

Ammon, Ulrich 1996a: Die nationalen Varietäten des Deutschen im Spannungsfeld von Dialekt und gesamtsprachlichem Standard. In: *Muttersprache,* 106, S. 243–249.

Ammon, Ulrich 1997: *Nationale Varietäten des Deutschen.* (= Studienbibliographien Sprachwissenschaft; 19). Heidelberg: Julius Groos.

Ammon, Ulrich 1997a: Vorüberlegungen zu einem Wörterbuch der nationalen Varianten der deutschen Sprache. In: Moelleken, Wolfgang W./Weber, Peter S. (Hgg.): *Neue Forschungsarbeiten der Kontaktlinguistik.* (= Plurilingua; 15). Bonn: Dümmler, S. 1–9.

Ammon, Ulrich 1997b: Standard und Nonstandard in den nationalen Varietäten des Deutschen. In: Mattheier, Klaus J./Radtke, Edgar (Hgg.): *Standardisierung und Destandardisierung europäischer Nationalsprachen.* (= Vario Lingua; 1). Frankfurt am Main/Berlin/Bern/New York/Paris/Wien: Lang, S. 171–192.

Ammon, Ulrich 1998: Plurinationalität oder Pluriarealität? Begriffliche und terminologische Präzisierungsvorschläge zur Plurizentrizität des Deutschen – mit einem Ausblick auf ein Wörterbuchprojekt. In: Ernst, Peter/Patocka, Franz (Hgg.): *Deutsche Sprache in Raum und Zeit. Festschrift für Peter Wiesinger zum 60. Geburtstag.* Wien: Edition Praesens, S. 313–322.

Ammon, Ulrich/**Mattheier,** Klaus J./**Nelde,** Peter H. (Hgg.) 1998: *Variationslinguistik.* (= Sociolinguistica; 12). Tübingen: Max Niemeyer.

Ammon, Ulrich 2000: *Sprache – Nation* und die Plurinationalität des Deutschen. In: Gardt, Andreas (Hg.): *Nation und Sprache. Die Diskussion ihres Verhältnisses in Geschichte und Gegenwart.* Berlin/New York: de Gruyter, S. 471–524.

Ammon, Ulrich 2001: Die deutsche Sprache in Deutschland, Österreich und der Schweiz. Das Problem der nationalen Varietäten. In: *Text Kontext,* 23, S. 287–310.

Ammon, Ulrich/**Kellermeier,** Birte/**Schloßmacher,** Michael 2001: Wörterbuch der deutschen Sprache in Deutschland, Österreich und der Schweiz. In: *Sprachreport,* 17 (2), S. 13–17.

Ammon, Ulrich/**Schloßmacher,** Michael 2003: Nationale und regionale Varianten im GWDS. Übersicht und Kritik. In: Wiegand, Herbert Ernst (Hg.): *Untersuchungen zur kommerziellen Lexikographie der deutschen Gegenwartssprache I. »Duden: Das große Wörterbuch der deutschen Sprache in zehn Bänden«*, Print und CD-ROM-Version. Tübingen: Max Niemeyer, S. 221–231.

Auburger, Leopold 1993: *Sprachvarianten und ihr Status in den Sprachsystemen.* (= Philosophische Texte und Studien; 36). Hildesheim/Zürich/New York: Georg Olms.

Besch, Werner 2001: Territoriale Differenzierung. In: Fleischer, Wolfgang/Helbig, Gerhard/ Lerchner, Gotthard (Hgg.): *Kleine Enzyklopädie Deutsche Sprache.* Frankfurt am Main/Berlin/Bern/Bruxelles/New York/Wien: Peter Lang, S. 383–423.

Bickel, Hans 2000: Das Internet als Quelle für die Variationslinguistik. In: Häcki Buhofer, Annelies (Hg.): *Vom Umgang mit sprachlicher Variation. Soziolinguistik, Dialektologie, Methoden und Wissenschaftsgeschichte. Festschrift für Heinrich Löffler zum 60. Geburtstag.* Unter Mitarbeit von Lorenz Hofer. (= Basler Studien zur deutschen Sprache und Literatur; 80). Basel/Tübingen: Francke, S. 111–124.

Bickel, Hans 2001: Nicht nur die Deutschen reden richtig. Ein Wörterbuch zu den Besonderheiten des Deutschen in der BRD, Österreich und der Schweiz. In: *LeGes – Gesetzgebung und Evaluation*, 1, S. 75–81.

Braun, Peter 1998: *Tendenzen in der deutschen Gegenwartssprache. Sprachvarietäten.* (= Kohlhammer Urban-Taschenbücher; 297). Stuttgart/Berlin/Köln: W. Kohlhammer.

Clyne, Michael 1984: *Language and Society in the German-Speaking Countries.* Cambridge: Cambridge University Press.

Clyne, Michael (Hg.) 1992: *Pluricentric Languages. Differing Norms in Different Nations.* (= Contributions to the sociology of language; 62). Berlin/New York: Mouton de Gruyter.

Clyne, Michael 1995: *The German Language in a Changing Europe.* Cambridge: Cambridge University Press.

Domaschnew, Anatoli I. 1989: Noch einmal über die nationalen Sprachvarianten im Deutschen. In: *Zeitschrift für germanistische Linguistik*, 17, S. 342–355.

Eichhoff, Jürgen 1977: *Wortatlas der deutschen Umgangssprachen.* Band 1. Bern/München: Francke.

Eichhoff, Jürgen 1978: *Wortatlas der deutschen Umgangssprachen.* Band 2. Bern/München: Francke.

Eichhoff, Jürgen 1993: *Wortatlas der deutschen Umgangssprachen.* Band 3. München/New Providence/London/ Paris/Bern: K. G. Saur.

Eichhoff, Jürgen 2000: *Wortatlas der deutschen Umgangssprachen.* Band 4. Bern/München: K. G. Saur.

Esterhammer, Ruth 2001: Einerlei, zweierlei, dreierlei Deutsch? In: *Tribüne. Zeitschrift für Sprache und Schreibung*, 2. S. 18–20.

Földes, Csaba 2002: Deutsch als Sprache mit mehrfacher Regionalität. Die diatopische Variationsbreite. In: *Muttersprache*, 112, S. 225–239.

Gaetano, Berruto 1988: Varietät. In: Ammon, Ulrich/Dittmar, Norbert/Mattheier, Klaus J. (Hgg.): *Soziolinguistik. Ein internationales Handbuch zur Wissenschaft von Sprache und Gesellschaft.* Zweiter Halbband. (= Handbücher zur Sprach- und Kommunikationswissenschaft; Band 3.2.). Berlin/New York: de Gruyter, S. 263–267.

Glauninger, Michael Manfred 2003: Das Deutsche als genetisch-inhärent plurizentrische Sprache. In: Schneider, Günther/Clalüna, Monika (Hgg.): *Mehr Sprache – mehrsprachig – mit Deutsch. Didaktische und politische Perspektiven.* XII. Internationale Tagung der Deutschlehrerinnen und Deutschlehrer, 30. Juli bis 4. August 2001 Luzern/Schweiz. München: Iudicium, S. 29–30.

Häcki Buhofer, Annelies 1998: Theoretische Elemente einer Variationslinguistik. In: Henn-Memmesheimer, Beate (Hg.): *Sprachliche Varianz als Ergebnis von Handlungswahl.* (= Reihe Germanistische Linguistik; 198). Tübingen: Max Niemeyer, S. 65–74.

Häcki Buhofer, Annelies 2000: Psycholinguistische Aspekte der Variation. Das Sprachbewußtsein in der Variationstheorie. In: Häcki Buhofer, Annelies (Hg.): *Vom Umgang mit sprachlicher Variation. Soziolinguistik, Dialektologie, Methoden und Wissenschaftsgeschichte. Festschrift für Heinrich Löffler zum 60. Geburtstag.* Unter Mitarbeit von Lorenz Hofer. (= Basler Studien zur deutschen Sprache und Literatur; 80). Basel/Tübingen: Francke, S. 173–185.

Hofer, Lorenz 1999: Ein Wörterbuch mit nationalen Varianten des Deutschen. In: *Schweizer Sprachspiegel*, 1, S. 7–15.

Hoffmann, Michael 1999: Thesen zur Varietätenlinguistik. In: *Zeitschrift für Germanistische Linguistik*, 3, S. 309–321.

Klein, Wolfgang 1974: *Variation in der Sprache. Ein Verfahren zu ihrer Beschreibung.* (= Skripten Linguistik und Kommunikationswissenschaft; 5). Kronberg Ts.: Scriptor.

Klein, Wolfgang 1974a: Variation, Norm und Abweichung in der Sprache. In: Lotzmann, Geert (Hg.): *Sprach- und Sprechnormen. Verhalten und Abweichung.* Heidelberg: Groos, S. 7–21.

Knipf-Komlósi, Elisabeth/**Berend,** Nina (Hgg.) 2001: *Regionale Standards. SprachVariationen in den deutschsprachigen Ländern.* Budapest/Pécs: Dialóg Campus Kiadó.

Krech, Eva-Maria/**Stock,** Eberhard (Hgg.) 1996: *Beiträge zur deutschen Standardaussprache.* Bericht von der 16. Sprechwissenschaftlichen Fachtagung am 15. und 16. Oktober 1994 an der Martin Luther Universität Halle Wittenberg. (= Hallesche Schriften zur Sprechwissenschaft und Phonetik; 1). Hanau/Halle: Werner Dausien.

Kretschmer, Paul 1918: *Wortgeographie der hochdeutschen Umgangssprache.* Göttingen: Vandenhoeck & Ruprecht.

Löffler, Heinrich 2002: Austriazismen, Helvetismen, Teutonismen. Zu einem trinationalen deutschen Wörterbuch. In: *Neuphilologische Mitteilungen,* 2 CIII, S. 147–159.

Mattheier, Klaus J. (Hg.) 1997: *Norm und Variation.* (= Forum Angewandte Linguistik; 32). Frankfurt am Main/Berlin/Bern/New York/Paris/Wien: Peter Lang.

Mattheier, Klaus J. 2001: Sprachvarietäten. In: Fleischer, Wolfgang/Helbig, Gerhard/ Lerchner, Gotthard (Hgg.): *Kleine Enzyklopädie Deutsche Sprache.* Frankfurt am Main/Berlin/Bern/Bruxelles/New York/Wien: Peter Lang, S. 351–363.

Moser, Hugo 1982: Regionale Varianten der deutschen Standardsprache. In: *Wirkendes Wort,* 32, S. 327–339.

Muhr, Rudolf 1993: Österreichisch – Bundesdeutsch – Schweizerisch. Zur Didaktik des Deutschen als plurizentrischer Sprache. In: Muhr, Rudolf (Hg.): *Internationale Arbeiten zum österreichischen Deutsch und seinen nachbarsprachlichen Bezügen.* (= Materialien und Handbücher zum österreichischen Deutsch und zu Deutsch als Fremdsprache; 1). Wien: Hölder-Pichler-Tempsky, S. 108–123.

Muhr, Rudolf 1996: Kulturstandards in Österreich, Deutschland und der Schweiz im Vergleich – Sprache und Kultur in plurizentrischen Sprachen. In: Wierlacher, Alois/Stötzel, Georg (Hgg.): *Blickwinkel. Kulturelle Optik und interkulturelle Gegenstandskonstitution.* Akten des III. Internationalen Kongresses der Gesellschaft für Interkulturelle Germanistik. Düsseldorf 1994. (= Publikationen der Gesellschaft für interkulturelle Germanistik; 5). München: Iudicium, S. 743–757.

Muhr, Rudolf 1997: Zur Terminologie und Methode der Beschreibung plurizentrischer Sprachen und deren Varietäten am Beispiel des Deutschen. In: Muhr, Rudolf/Schrodt, Richard (Hgg.): *Österreichisches Deutsch und andere nationale Varietäten plurizentrischer Sprachen in Europa.* (= Materialien und Handbücher zum österreichischen Deutsch und Deutsch als Fremdsprache; 3). Wien: Hölder-Pichler-Tempsky, S. 40–66.

Polenz, Peter von 1987: Nationale Varianten der deutschen Hochsprache. Podiumsdiskussion auf der VIII. Internationalen Deutschlehrertagung in Bern am 5. August 1986. In: *Zeitschrift für germanistische Linguistik,* 15, S. 101–103.

Polenz, Peter von 1988: ›Binnendeutsch‹ oder plurizentrische Sprachkultur? Ein Plädoyer für Normalisierung in der Frage der ›nationalen‹ Varietäten. In: *Zeitschrift für germanistische Linguistik,* 16, S. 198–218.

Polenz, Peter von 1996: Österreichisches, schweizerisches, deutschländisches und teutonisches Deutsch. Über: Ulrich Ammon, Die deutsche Sprache in Deutschland, Österreich und der Schweiz. Das Problem der nationalen Varianten. In: *Zeitschrift für germanistische Linguistik,* 24 (2), S. 205–220.

Polenz, Peter von 1999: Nationale/staatliche Varietäten: Deutsche Standardsprache in mehreren deutschsprachigen Ländern. In: Polenz, Peter von: *Deutsche Sprachgeschichte vom Spätmittelalter bis zur Gegenwart.* Band III: 19. und 20. Jahrhundert. (= De-Gruyter-Studienbuch). Berlin/New York: de Gruyter, S. 412–453.

Polenz, Peter von 1999a: Deutsch als plurinationale Sprache im postnationalistischen Zeitalter. In: Gardt, Andreas/Haß-Zumkehr, Ulrike/Roelcke, Thorsten (Hgg.): *Sprachgeschichte als Kulturgeschichte.* (= Studia Linguistica Germanica; 54). Berlin/New York: de Gruyter, S. 115–133.

Radtke, Edgar 1988: Regionale Vereinheitlichung und Diversifikation von Varietäten: In: Ammon, Ulrich/Dittmar, Norbert/Mattheier, Klaus J. (Hgg.): *Soziolinguistik. Ein internationales Handbuch zur Wissenschaft von Sprache und Gesellschaft.* Zweiter Halbband. (= Handbücher zur Sprach- und Kommunikationswissenschaft; Band 3.2.). Berlin/New York: de Gruyter, S. 1493–1506.

Reiffenstein, Ingo/**Rupp,** Heinz/**Polenz,** Peter von/**Korlén,** Gustav 1983: *Tendenzen, Formen und Strukturen der deutschen Standardsprache nach 1945. Vier Beiträge zum Deutsch in Österreich, in der Schweiz, der Bundesrepublik Deutschland und der Deutschen Demokratischen Republik.* (= Marburger Studien zur Germanistik; 3). Marburg: N.G. Elwert).

Takahashi, Hideaki 1996: *Die richtige Aussprache des Deutschen in Deutschland, Österreich und der Schweiz – nach Maßgabe der kodifizierten Normen.* (= Duisburger Arbeiten zur Sprach- und Kulturwissenschaft; 27). Frankfurt am Main/Wien: Peter Lang.

Wiegand, Herbert Ernst 1989: Arten von Mikrostrukturen im allgemeinen einsprachigen Wörterbuch. In: Hausmann, Franz Josef et al. (Hgg.): *Wörterbücher – Dictionaries – Dictionnaires. Ein internationales Handbuch zur Lexikographie.* (= Handbücher zur Sprach und Kommunikationswissenschaft; 5.1). Berlin/New York: de Gruyter, S. 462–501.

Wiegand, Herbert Ernst 1989a: Aspekte der Makrostruktur im allgemeinen einsprachigen Wörterbuch. Alphabetische Anordnungsformen und ihre Probleme. In: Hausmann, Franz Josef et al. (Hgg.): *Wörterbücher –*

Dictionaries – Dictionnaires. Ein internationales Handbuch zur Lexikographie. (= Handbücher zur Sprach und Kommunikationswissenschaft; 5.1). Berlin/New York: de Gruyter, S. 371–409.

Wiesinger, Peter 1997: Sprachliche Varietäten – Gestern und Heute. In: Stickel, Gerhard (Hg.): *Varietäten des Deutschen. Regional- und Umgangssprachen.* (= Institut für Deutsche Sprache; Jahrbuch 1996). Berlin/New York: de Gruyter, S. 9–45.

Wiesinger, Peter 1999: Die Beurteilung von standardsprachlichen Varietäten der deutschen Sprache und das Problem von Sprache und Identität. In: *Das multikulturelle Europa.* Akten der XXIV. Internationalen Tagung deutsch-italienischer Studien, Meran, 11. – 13. Mai 1998. Meran: Accad. di Studi Italo-Tedesci, S. 233–261.

Die deutsche Standardsprache in Österreich

Bürkle, Michael/**Rusch**, Paul 1994: Einige Thesen zur Ausspracheschulung aus »großdeutscher« Sicht. In: Breitung, Horst (Hg.): *Phonetik, Intonation, Kommunikation.* (= Standpunkte zur Sprach- und Kulturvermittlung; 2). München: Goethe-Institut, S. 41–48.

Bürkle, Michael 1995: *Zur Aussprache des österreichischen Standarddeutschen. Die unbetonten Silben.* (= Schriften zur deutschen Sprache in Österreich; 17). Frankfurt am Main/Berlin/Bern/New York/Paris/Wien: Peter Lang.

Cillia, Rudolf de 1995: Erdäpfelsalat bleibt Erdäpfelsalat: Österreichisches Deutsch und EU-Beitritt. In: Muhr, Rudolf/Schrodt, Richard/Wiesinger, Peter (Hgg.): *Österreichisches Deutsch. Linguistische, sozialpsychologische und sprachpolitische Aspekte einer nationalen Variante des Deutschen.* (= Materialien und Handbücher zum österreichischen Deutsch und zu Deutsch als Fremdsprache; 2). Wien: Hölder-Pichler-Tempsky, S. 121–131.

Cillia, Rudolf de 1997: »I glaub, dass es schon richtig ist, dass der österreichische Dialekt do muaß i sogn, holt bleibt« – Einstellungen der ÖsterreicherInnen zu ihrem Deutsch. In: Muhr, Rudolf/Schrodt, Richard (Hgg.): *Österreichisches Deutsch und andere nationale Varietäten plurizentrischer Sprachen in Europa.* (= Materialien und Handbücher zum österreichischen Deutsch und Deutsch als Fremdsprache; 3). Wien: Hölder-Pichler-Tempsky, S. 116–126.

Cillia, Rudolf de 1998: *Burenwurscht bleibt Burenwurscht. Sprachenpolitik und gesellschaftliche Mehrsprachigkeit in Österreich.* (= Dissertationen und Abhandlungen; Slowenisches Institut zur Alpen-Adria-Forschung; 42). Klagenfurt: Drava-Verlag.

Clyne, Michael 1980: Österreichisches Standarddeutsch und andere Nationalvarianten: Zur Frage Sprache und Nationalidentität. In: *Das Problem Österreich. Arbeitspapiere.* Interdisziplinäre Konferenz über Geschichte, Kultur und Gesellschaft Österreichs im 20. Jahrhundert. Germanistisches Institut, Monash Universität. 16 – 18 Mai 1980. Melbourne: Germanistisches Institut, Monash Universität, S. 54–67.

Clyne, Michael 1993: Die österreichische Nationalvarietät des Deutschen im wandelnden internationalen Kontext. In: Muhr, Rudolf (Hg.): *Internationale Arbeiten zum österreichischen Deutsch und seinen nachbarsprachlichen Bezügen.* (=Materialien und Handbücher zum österreichischen Deutsch und zu Deutsch als Fremdsprache; 1). Wien: Hölder-Pichler-Tempsky, S. 1–6.

Clyne, Michael 1995: Sprachplanung in einer plurizentrischen Sprache: Überlegungen zu einer österreichischen Sprachpolitik aus internationaler Sicht. In: Muhr, Rudolf/Schrodt, Richard/Wiesinger, Peter (Hgg.): *Österreichisches Deutsch. Linguistische, sozialpsychologische und sprachpolitische Aspekte einer nationalen Variante des Deutschen.* (= Materialien und Handbücher zum österreichischen Deutsch und zu Deutsch als Fremdsprache; 2). Wien: Hölder-Pichler-Tempsky, S. 7–16.

Domaschnew, Anatoli 1993: Zum Problem der terminologischen Interpretation des Deutschen in Österreich. In: Muhr, Rudolf (Hg.): *Internationale Arbeiten zum österreichischen Deutsch und seinen nachbarsprachlichen Bezügen.* (=Materialien und Handbücher zum österreichischen Deutsch und zu Deutsch als Fremdsprache; 1). Wien: Hölder-Pichler-Tempsky, S. 7–20.

Ebner, Jakob 1987: Österreichisches Deutsch. In: *Informationen zur Deutschdidaktik*, 1/2, S. 149–162.

Ebner, Jakob 1988: Wörter und Wendungen des österreichischen Deutsch. In: Wiesinger, Peter (Hg.): *Das österreichische Deutsch.* (= Schriften zur deutschen Sprache in Österreich; 12). Wien/Köln/Graz: Böhlau, S. 99–187.

Ebner, Jakob 1995: Vom Beleg zum Wörterbuchartikel – Lexikographische Probleme zum österreichischen Deutsch. In: Muhr, Rudolf/Schrodt, Richard/Wiesinger, Peter (Hgg.): *Österreichisches Deutsch. Linguistische, sozialpsychologische und sprachpolitische Aspekte einer nationalen Variante des Deutschen.* (= Materialien und Handbücher zum österreichischen Deutsch und zu Deutsch als Fremdsprache; 2). Wien: Hölder-Pichler-Tempsky, S. 178–197.

Ebner, Jakob 1998: *Wie sagt man in Österreich? Wörterbuch des österreichischen Deutsch.* 3., vollständig überarbeitete Aufl. (= Duden-Taschenbücher; 8). Mannheim/Leipzig/Wien/Zürich: Dudenverlag.

Ebner, Jakob 1998a: Die lexikographische Darstellung des österreichischen Deutsch. Bestandsaufnahme und Überlegungen zur weiteren Entwicklung. In: Bauer, Werner/Scheuringer, Hermann (Hgg.): *Beharrsamkeit und Wandel. Festschrift für Herbert Tatzreiter zum 60. Geburtstag.* Wien: Edition Praesens, S. 49–64.

Ebner, Jakob 1998b: Austriazismen im Kontakt mit anderen Varietäten. In: Ernst, Peter/Patocka, Franz (Hgg.): *Deutsche Sprache in Raum und Zeit. Festschrift für Peter Wiesinger zum 60. Geburtstag.* Wien: Edition Praesens, S. 323–334.

Ebner, Jakob 1999: Österreichischer Standard und westösterreichischer Wortschatz. In: Pümpel-Mader, Maria/Schönherr, Beatrix (Hgg.): *Sprache – Kultur – Geschichte. Sprachhistorische Studien zum Deutschen. Hans Moser zum 60. Geburtstag.* (= Innsbrucker Beiträge zur Kulturwissenschaft; Germanistische Reihe; 59). Innsbruck: Institut für Germanistik, S. 409–427.

Ebner, Jakob 2000: Nationale Varietäten, österreichisches Deutsch und Lexikografie. In: Bäckström, Kurt/Forsgren Kjell-Åke/Gartner, Isabella/Hollenstein, Gerd (Hgg.): *Österreichische Sprache, Literatur und Gesellschaft. Symposium zu Fragen des akademischen Sprachunterrichts*, Hochschule Skövde, Schweden 1998. (= Acta Universitatis Skovdensis; Series linguistica; 2). Münster: Nodus Publikationen, S. 41–51.

Fenske, Hannelore 1973: *Schweizerische und österreichische Besonderheiten in deutschen Wörterbüchern.* (= Institut für deutsche Sprache; Forschungsberichte; 10). Tübingen: Gunter Narr.

Földes, Csaba 1992: Zu den österreichischen Besonderheiten der deutschen Phraseologie. In: Földes, Csaba (Hg.): *Deutsche Phraseologie in Sprachsystem und Sprachverwendung.* Wien: Edition Praesens, S. 9–24.

Glauninger, Manfred Michael 2000: *Untersuchungen zur Lexik des Deutschen in Österreich.* (= Schriften zur deutschen Sprache in Österreich; 28). Frankfurt am Main/Berlin/Bern/Bruxelles/New York/Wien: Peter Lang.

Huesmann, Anette 1997: Standardisierung und Destandardisierung am Beispiel des österreichischen Wörterbuches. In: Mattheier, Klaus J./Radtke, Edgar (Hgg.): *Standardisierung und Destandardisierung europäischer Nationalsprachen.* (= Vario Lingua; 1). Frankfurt am Main/Berlin/Bern/New York/Paris/Wien: Peter Lang, S. 193–199.

Luick, Karl 1904: *Deutsche Lautlehre. Mit besonderer Berücksichtigung der Sprechweise Wiens und der österreichischen Alpenländer.* Leipzig/Wien (Deuticke).

Malygin, Viktor T. 1996: *Österreichische Redensarten und Redewendungen.* Wien: ÖBV, Pädagogischer Verlag.

Mangott, Doris 2001: Dort, wo die Berge *stickel* sind, sind die *Mander* echt *bärig*. Vom Untergang des Purzegageles und anderen vermeintlichen Tirolismen. Tirolerisch im lexikalischen Spiegel. In: *Tribüne. Zeitschrift für Sprache und Schreibung*, 3, S. 30–33.

Markhardt, Heidemarie 1998: Sprachpolitik der EU am Beispiel des österreichischen Deutsch oder: »Erdäpfelsalat bleibt nicht Erdäpfelsalat«. In: Kettemann, Bernhard/Cillia, Rudolf de/Landsiedler, Isabel (Hgg.): *Sprache und Politik. Verbal-Werkstattgespräche.* (= sprache im kontext; 3). Frankfurt am Main/Berlin/Bern/New York/Paris/Wien: Peter Lang, S. 56–72.

Markhardt, Heidemarie 2000: Von Erd- und Paradiesäpfeln. In: *Lebende Sprachen* 3, S. 105–107.

Martin, Victoria 2000: The German Language in Austria. In: Hogan-Brun, Gabrielle (Hg.): *National Varieties of German outside Germany.* (= German Linguistic and Cultural Studies; 8). Oxford/Bern/Berlin/Bruxelles/Frankfurt am Main/New York/Wien: Peter Lang, S. 103–119.

Mentrup, Wolfgang 1980: Deutsche Sprache in Österreich. In: Althaus, Hans Peter/Henne Helmut/Wiegand, Herbert Ernst (Hgg.): *Lexikon der Germanistischen Linguistik.* 2., vollständig neu bearbeitete und erweiterte Aufl. Tübingen: Max Niemeyer, S. 527–531.

Moosmüller, Sylvia 1991: *Hochsprache und Dialekt in Österreich. Soziophonologische Untersuchungen zu ihrer Abgrenzung in Wien, Graz, Salzburg und Innsbruck.* (= Sprachwissenschaftliche Reihe; 1). Wien/Köln/Weimar: Böhlau.

Moser, Hans 1989: Deutsche Standardsprache: Anspruch und Wirklichkeit. In: Hackl, Wolfgang/Ortner, Brigitte/Saxer, Heide (Hgg.): *IX. Internationale Deutschlehrertagung Wien. 31.7. – 4. 8. 1989. Moderner Unterricht – Deutsch als Fremdsprache. Anspruch und Wirklichkeit.* Tagungsbericht. Wien (Bundesministerium für Unterricht, Kunst und Sport), S. 17–30.

Moser, Hans 1989a: Österreichische Aussprachenormen – Eine Gefahr für die sprachliche Einheit des Deutschen? In: *Jahrbuch für Internationale Germanistik*, 21 (1), S. 8–25.

Moser, Hans 1995: Westösterreich und die Kodifizierung des »österreichischen Deutsch«. In: Muhr, Rudolf/Schrodt, Richard/Wiesinger, Peter (Hgg.): *Österreichisches Deutsch. Linguistische, sozialpsychologische und sprachpolitische Aspekte einer nationalen Variante des Deutschen.* (= Materialien und Handbücher zum österreichischen Deutsch und zu Deutsch als Fremdsprache; 2). Wien: Hölder-Pichler-Tempsky, S. 166–177.

Moser, Hans 1999: Deutsch als plurizentrische Sprache – Das österreichische Deutsch. In: Ohnheiser, Ingeborg/Kienpointner, Manfred/Kalb, Helmut (Hgg.): *Sprachen in Europa. Sprachensituation und Sprachenpolitik in* *europäischen Ländern.* (= Innsbrucker Beiträge zur Kulturwissenschaft; 30). Innsbruck: Institut für Sprachwissenschaft der Universität Innsbruck, S. 13–31.

Muhr, Rudolf 1989: Deutsch und Österreich(isch): Gespaltene Sprache – Gespaltenes Bewusstsein – Gespaltene Identität. In: *Informationen zur Deutschdidaktik*, 2, S. 74–87.

Muhr, Rudolf (Hg.) 1993: *Internationale Arbeiten zum österreichischen Deutsch und seinen nachbarsprachlichen Bezügen.* (= Materialien und Handbücher zum österreichischen Deutsch und zu Deutsch als Fremdsprache; 1). Wien: Hölder-Pichler-Tempsky.

Muhr, Rudolf 1993a: Pragmatische Unterschiede in der deutschsprachigen Interaktion. Österreichisch – Bundesdeutsch. In: Muhr, Rudolf (Hg.): *Internationale Arbeiten zum österreichischen Deutsch und seinen nachbarsprachlichen Bezügen.* (= Materialien und Handbücher zum österreichischen Deutsch und zu Deutsch als Fremdsprache; 1). Wien: Hölder-Pichler-Tempsky, S. 26–38.

Muhr, Rudolf/**Schrodt,** Richard/**Wiesinger,** Peter (Hgg.) 1995: *Österreichisches Deutsch. Linguistische, sozialpsychologische und sprachpolitische Aspekte einer nationalen Variante des Deutschen.* (= Materialien und Handbücher zum österreichischen Deutsch und zu Deutsch als Fremdsprache; 2). Wien: Hölder-Pichler-Tempsky.

Muhr, Rudolf 1995: Zur Sprachsituation in Österreich und zum Begriff »Standardsprache« in plurizentrischen Sprachen. Sprache und Identität in Österreich. In: Muhr, Rudolf/Schrodt, Richard/Wiesinger, Peter (Hgg.): *Österreichisches Deutsch. Linguistische, sozialpsychologische und sprachpolitische Aspekte einer nationalen Variante des Deutschen.* (= Materialien und Handbücher zum österreichischen Deutsch und zu Deutsch als Fremdsprache; 2). Wien: Hölder-Pichler-Tempsky, S. 75–109.

Muhr, Rudolf/**Schrodt,** Richard (Hgg.) 1997: *Österreichisches Deutsch und andere nationale Varietäten plurizentrischer Sprachen in Europa.* (= Materialien und Handbücher zum österreichischen Deutsch und Deutsch als Fremdsprache; 3). Wien: Hölder-Pichler-Tempsky.

Muhr, Rudolf 1998: Sprache und Land. Die soziale und kulturelle Wirklichkeit Österreichs im Spiegel seiner Sprache. In: Bauer, Werner/Scheuringer, Hermann (Hgg.): *Beharrsamkeit und Wandel. Festschrift für Herbert Tatzreiter zum 60. Geburtstag.* Wien: Edition Praesens, S. 143–155.

Patocka, Franz 1997: Syntaktische Austriazismen in der Verbstellung? In: Eichner, Heiner (Hg.): *Sprachnormung und Sprachplanung. Festschrift für Otto Back zum 70. Geburtstag. Mit Beiträgen aus den Bereichen Graphematik, Orthographie, Namenkunde, Österreichisches Deutsch, Sprachnormung und Plansprachenkunde.* 2., verb. Aufl. Wien: Edition Praesens, S. 51–60.

Pohl, Heinz Dieter 1997: Gedanken zum Österreichischen Deutsch (als Teil der »pluriarealen« deutschen Sprache). In: Muhr, Rudolf/Schrodt, Richard (Hgg.): *Österreichisches Deutsch und andere nationale Varietäten plurizentrischer Sprachen in Europa.* (= Materialien und Handbücher zum österreichischen Deutsch und Deutsch als Fremdsprache; 3). Wien: Hölder-Pichler-Tempsky, S. 67–87.

Pohl, Heinz Dieter 1997a: Gedanken zum österreichischen Deutsch. Gibt es eine »nationale« österreichische Variante? In: Eichner, Heiner (Hg.): *Sprachnormung und Sprachplanung. Festschrift für Otto Back zum 70. Geburtstag. Mit Beiträgen aus den Bereichen Graphematik, Orthographie, Namenkunde, Österreichisches Deutsch, Sprachnormung und Plansprachenkunde.* 2., verb. Aufl. Wien: Edition Praesens, S. 33–50.

Pohl, Heinz Dieter 1998: Hochsprache und nationale Varietät: Sprachliche Aspekte. In: Kettemann, Bernhard/Cillia, Rudolf de/Landsiedler, Isabel (Hgg.): *Sprache und Politik. Verbal-Werkstattgespräche.* (= sprache im kontext; 3). Frankfurt am Main/Berlin/Bern/New York/Paris/Wien: Peter Lang, S. 7–29.

Pohl, Heinz Dieter 1999: *Österreichische Identität und österreichisches Deutsch.* Klagenfurt: Kärntner Druck- und Verlags-Gesellschaft.

Pümpel-Mader, Maria 2000: »Tirolerisch isch super!« Eine sprachwissenschaftliche Untersuchung zu regionaler Identität. In: *Muttersprache*, 110, S. 121–136.

Reiffenstein, Ingo 1971: Österreichisches Deutsch. In: Haslinger, Adolf (Hg.): *Deutsch heute. Linguistik – Literatur – Landeskunde.* Materialien der 3. Internationalen Deutschlehrer-Tagung in Salzburg 18. bis 24. Juli 1971, veranstaltet vom Internationalen Deutschlehrerverband in Verbindung mit der Universität Salzburg. München: Max Hueber, S. 19–26.

Reiffenstein, Ingo 1977: Sprachebenen und Sprachwandel im österreichischen Deutsch der Gegenwart. In: Kolb, Herbert/Lauffer, Hartmut (Hgg.): *Sprachliche Interferenz. Festschrift für Werner Betz zum 65. Geburtstag.* Tübingen: Max Niemeyer, S. 175–183.

Reiffenstein, Ingo 1982: Hochsprachliche Norm und regionale Varianten der Hochsprache: Deutsch in Österreich. In: Moser, Hans (Hg.): *Zur Situation des Deutschen in Südtirol. Sprachwissenschaftliche Beiträge zu den Fragen von Sprachnorm und Sprachkontakt. Unter Mitwirkung von Oskar Putzer.* (= Innsbrucker Beiträge zur Kulturwissenschaft; Germanistische Reihe; 13). Innsbruck: Institut für Germanistik, S. 9–18.

Reiffenstein, Ingo 1983: Deutsch in Österreich. In: *Tendenzen, Formen und Strukturen der deutschen Standard-*

sprache nach 1945. Vier Beiträge zum Deutsch in Österreich, der Schweiz, der Bundesrepublik Deutschland und der Deutschen Demokratischen Republik. (= Marburger Studien zur Germanistik; 3). Marburg: N.G. Elwert, S. 15–27.

Rizzo-Baur, Hildegard 1962: *Die Besonderheiten der deutschen Schriftsprache in Österreich und in Südtirol.* (= Duden-Beiträge: Sonderreihe: Die Besonderheiten der deutschen Schriftsprache im Ausland; 5). Mannheim/Wien/Zürich: Dudenverlag.

Rusch, Paul 1988: Die deutsche Sprache in Österreich. In: *Jahrbuch Deutsch als Fremdsprache*, 14, S. 35–57.

Scheuringer, Hermann 1989: Zum Verhältnis Bayerns und Österreichs zur deutschen Standardsprache. In: Eroms, Hans-Werner (Hg.): *Probleme regionaler Sprachen.* (= Bayreuther Beiträge zur Dialektologie; 4). Hamburg: Helmut Buske, S. 37–52.

Scheuringer, Hermann 1997: Sprachvarietäten in Österreich. In: Stickel, Gerhard (Hg.): *Varietäten des Deutschen. Regional- und Umgangssprachen.* (= Institut für Deutsche Sprache; Jahrbuch 1996). Berlin/New York: de Gruyter, S. 332–345.

Schrodt, Richard 1995: Der Sprachbegriff zwischen Grammatik und Pragmatik: Was ist das österreichische Deutsch? In: Muhr, Rudolf/Schrodt, Richard/Wiesinger, Peter (Hgg.): *Österreichisches Deutsch. Linguistische, sozialpsychologische und sprachpolitische Aspekte einer nationalen Variante des Deutschen.* (= Materialien und Handbücher zum österreichischen Deutsch und zu Deutsch als Fremdsprache; 2). Wien: Hölder-Pichler-Tempsky, S. 52–74.

Schrodt, Richard 1997: Nationale Varianten, areale Unterschiede und der »Substandard«: An den Quellen des Österreichischen Deutsch. In: Muhr, Rudolf/Schrodt, Richard (Hgg.): *Österreichisches Deutsch und andere nationale Varietäten plurizentrischer Sprachen in Europa.* (= Materialien und Handbücher zum österreichischen Deutsch und Deutsch als Fremdsprache; 3). Wien: Hölder-Pichler-Tempsky, S. 12–39.

Steinegger, Guido 1998: *Sprachgebrauch und Sprachbeurteilung in Österreich und Südtirol. Ergebnisse einer Umfrage.* (= Schriften zur deutschen Sprache in Österreich; 26). Frankfurt am Main/Berlin/Bern/New York/Paris/Wien: Peter Lang.

Vallaster, Günter 2001: Zur Lexik der Standardsprache in Vorarlberg. In: *Tribüne. Zeitschrift für Sprache und Schreibung*, 3, S. 26–29.

Wiesinger, Peter 1983: Sprachschichten und Sprachgebrauch in Österreich. In: *Zeitschrift für Germanistik*, 1, S. 184–195.

Wiesinger, Peter (Hg.) 1988: *Das österreichische Deutsch.* (= Schriften zur deutschen Sprache in Österreich; 12). Wien/Köln/Graz: Böhlau.

Wiesinger, Peter 1988a: Die deutsche Sprache in Österreich. Eine Einführung. In: Wiesinger, Peter (Hg.): *Das österreichische Deutsch.* (= Schriften zur deutschen Sprache in Österreich; 12). Wien/Köln/Graz: Böhlau, S. 9–30.

Wiesinger, Peter 1988b: Zur Frage aktueller bundesdeutscher Spracheinflüsse in Österreich In: Wiesinger, Peter (Hg.): *Das österreichische Deutsch.* (= Schriften zur deutschen Sprache in Österreich; 12). Wien/Köln/Graz: Böhlau, S. 225–245.

Wiesinger, Peter 1988c: Die sprachsoziologischen Verhältnisse in Österreich. Vorläufige Ergebnisse einer Umfrage. In: *Jahrbuch für Internationale Germanistik*, 1, S. 71–81.

Wiesinger, Peter 1990: Standardsprache und Mundarten in Österreich. In: Stickel, Gerhard (Hg.): *Deutsche Gegenwartssprache. Tendenzen und Perspektiven.* (= Institut für deutsche Sprache; Jahrbuch 1989). Berlin/New York: de Gruyter, S. 218–232.

Wiesinger, Peter 1994: Das österreichische Deutsch. Eine Varietät der deutschen Sprache. In: *Terminologie et traduction* 1 (Luxemburg), S. 41–62.

Wiesinger, Peter 1995: Ist das österreichische Deutsch eine eigene Sprachnorm? In: *Sprachnormen und Sprachnormwandel in gegenwärtigen europäischen Sprachen.* Beiträge zur gleichnamigen Fachkonferenz November 1994 am Fachbereich Sprach- und Literaturwissenschaften der Universität Rostock. (= Rostocker Beiträge zur Sprachwissenschaft; 1). Rostock: Universität Rostock, S. 245–258.

Wiesinger, Peter 2000: *Nation* und *Sprache* in Österreich. In: Gardt, Andreas (Hg.): *Nation und Sprache. Die Diskussion ihres Verhältnisses in Geschichte und Gegenwart.* Berlin/New York: de Gruyter, S. 525–562.

Wiesinger, Peter 2001: Das Deutsche in Österreich. In: Helbig, Gerhard/Götze, Lutz/Henrici, Gert/Krumm, Hans Jürgen (Hgg.): *Deutsch als Fremdsprache. Ein internationales Handbuch.* 1. Halbband. (= Handbücher zur Sprach- und Kommunikationswissenschaft, 19.1.). Berlin/New York: de Gruyter, S. 481–491.

Winkler, Maria 2000: Das österreichische Deutsch und die germanistische Sprachwissenschaft. Emanzipation einer sprachlichen Varietät im Spannungsfeld wissenschaftlicher Datenerhebung und nationaler Abgrenzung und Selbstfindung. In: Grotans, Anna (Hg.): *De consolatione philologiae.* Studies in honor of Evelyn S. Firchow. 2 Bände. (= Göppinger Arbeitern zur Germanistik; 682). Göppingen: Kümmerle, S. 717–732.

Wolf, Norbert Richard 1994: Österreichisches zum Österreichischen Deutsch. In: *Zeitschrift für Dialektologie und Linguistik*, 61, S. 66–76.

Die deutsche Standardsprache in der Schweiz

Arens, Peter 1985: *Des Schweizers Deutsch. Beiträge zum Thema Mundart und Hochsprache.* Bern: Hallwag.

Baur, Arthur 1983: *Was ist eigentlich Schweizerdeutsch?* Winterthur: Gemsberg-Verlag.

Baur, Arthur 1990: *Schweizerdeutsch – woher und wohin?* Zürich: Hans Rohr.

Bickel, Hans/**Schläpfer,** Robert (Hgg.) 1994: *Mehrsprachigkeit – eine Herausforderung.* (=Reihe Sprachlandschaft; 13). Aarau/Salzburg: Sauerländer.

Bickel, Hans 2000: Deutsch in der Schweiz als nationale Varietät des Deutschen. In: *Sprachreport*, 4, S. 21–27.

Bickel, Hans/**Schläpfer,** Robert (Hgg.) 2000: *Die viersprachige Schweiz.* (= Sprachlandschaft; 25). 2. Aufl. Aarau/Frankfurt am Main/Salzburg: Sauerländer.

Bickel, Hans 2001: Schweizerhochdeutsch. Kein minderwertiges Hochdeutsch! Das Deutsche als plurizentrische Sprache aus Schweizer Sicht. In: *Babylonia*, 2, S. 19–22.

Boesch, Bruno (Hg.) 1957: *Die Aussprache des Hochdeutschen in der Schweiz. Eine Wegleitung. Im Auftrag der Schweizerischen Siebs-Kommission.* Zürich: Schweizer Spiegel Verlag.

Burger, Harald 1995: Helvetismen in der Phraseologie. In: Löffler, Heinrich (Hg.): *Alemannische Dialektforschung. Bilanz und Perspektiven.* Beiträge zur 11. Arbeitstagung Alemannischer Dialektologen. Unter Mitarbeit von Christoph Grolimund und Mathilde Gyger. (= Basler Studien zur deutschen Sprache und Literatur; 68). Tübingen/Basel: Francke, S. 13–25.

Christen, Helen 1997: Koiné-Tendenzen im Schweizerdeutschen? In: Stickel, Gerhard (Hg.): *Varietäten des Deutschen. Regional- und Umgangssprachen.* (= Institut für deutsche Sprache; Jahrbuch 1996). Berlin/New York: de Gruyter, S. 346–363.

Christen, Helen 1998: *Die Mutti* oder *das Muti, die Rita* oder *das Rita*? Über Besonderheiten der Genuszuweisung bei Personen- und Verwandtschaftsnamen in schweizerdeutschen Dialekten. In: Schnyder, André (Hg.): *Ist mir getroumet min leben? Vom Träumen und vom Anderssein. Festschrift für Karl-Ernst Geith.* (= Göppinger Arbeiter zur Germanistik; 632). Göppingen: Kümmerle, S. 267–281.

Dürmüller, Urs 1996: *Mehrsprachigkeit im Wandel. Von der viersprachigen zur vielsprachigen Schweiz.* Zürich: Pro Helvetia.

Falk, Alfred 1965: Besonderheiten des deutschen Wortschatzes in der Schweiz. Vortrag, gehalten am 14. Oktober 1964 in Wiesbaden. In: *Muttersprache*, 75, S. 289–306.

Fenske, Hannelore 1973: *Schweizerische und österreichische Besonderheiten in deutschen Wörterbüchern.* (= Institut für deutsche Sprache; Forschungsberichte; 10). Tübingen: Gunter Narr.

Flüe-Fleck, Hans-Peter/Hove, Ingrid 1994: Schweizerdeutsch. Ein Thema im Unterricht Deutsch als Fremdsprache? In: Breitung, Horst (Hg.): *Phonetik, Intonation, Kommunikation.* (= Standpunkte zur Sprach- und Kulturvermittlung; 2). München: Goethe-Institut, S. 49–67.

Haas, Walter 1988: Schweiz: In: Ammon, Ulrich/Dittmar, Norbert/Mattheier, Klaus J. (Hgg.): *Soziolinguistik. Ein internationales Handbuch zur Wissenschaft von Sprache und Gesellschaft.* Zweiter Halbband. (= Handbücher zur Sprach- und Kommunikationswissenschaft; 3.2.). Berlin/New York: de Gruyter, S. 1365–1383.

Haas, Walter 1994: Zur Rezeption der deutschen Hochsprache in der Schweiz. In: Lüdi, Georges (Hg.): *Sprachstandardisierung. Standardisation des langues. Standardizzazione delle lingue. Standardization of languages.* 12. Kolloquium der Schweizerischen Akademie der Geistes- und Sozialwissenschaften 1991. (= Kolloquien der Schweizerischen Akademie der Geistes- und Sozialwissenschaften). Freiburg Schweiz: Universitätsverlag, S. 193–227.

Haas, Walter 2000: Die deutsprachige Schweiz. In: Bickel, Hans/Schläpfer, Robert (Hgg.): *Die viersprachige Schweiz.* (= Sprachlandschaft; 25). Aarau/Frankfurt am Main/Salzburg: Sauerländer, S. 57–138.

Hofmüller-Schenk, Agnes 1993: *Die Standardaussprache des Deutschen in der Schweiz. Ein Leitfaden in zwei Teilen.* Band 1: Beschreibung. Band 2: Übungen. (= Reihe Studienbücher Sprachlandschaft; 5). Aarau/Frankfurt am Main/Salzburg: Sauerländer.

Hove, Ingrid 2002: *Die Aussprache der Standardsprache in der deutschen Schweiz.* (= Phonai; 47). Tübingen: Max Niemeyer.

Kaiser, Stephan 1969: *Die Besonderheiten der deutschen Schriftsprache in der Schweiz.* Band 1: *Wortgut und Wortgebrauch.* (= Duden Beiträge: Sonderreihe: Die Besonderheiten der deutschen Schriftsprache im Ausland; 30a). Mannheim/Wien/Zürich: Dudenverlag.

Kaiser, Stephan 1970: *Die Besonderheiten der deutschen Schriftsprache in der Schweiz.* Band 2: *Wortbildung und Satzbildung.* (= Duden Beiträge: Sonderreihe: Die Besonderheiten der deutschen Schriftsprache im Ausland; 30b). Mannheim/Wien/Zürich: Dudenverlag.

Koller, Werner 1999: Nationale Sprach(en)kultur der Schweiz und die Frage der »nationalen Varietäten des Deutschen«. In: Gardt, Andreas/Haß-Zumkehr, Ulrike/Roelcke, Thorsten (Hgg.): *Sprachgeschichte als Kulturgeschichte.* (= Studia Linguistica Germanica; 54). Berlin/New York: de Gruyter, S. 133–170.

Koller, Werner 2000: *Nation* und *Sprache* in der Schweiz. In: Gardt, Andreas (Hg.): *Nation und Sprache. Die Diskussion ihres Verhältnisses in Geschichte und Gegenwart.* Berlin/New York: de Gruyter, S. 563–613.

Krebs, Gérard (Hg.) 1998: *Schweiz 1998. Beiträge zur Sprache und Literatur der deutschen Schweiz.* (= Der Ginkgo-Baum; Germanistisches Jahrbuch für Nordeuropa; 16). Helsinki: Finn Lectura.

Kühn, Peter 1980: Deutsche Sprache in der Schweiz. In: Althaus, Hans Peter/Henne Helmut/Wiegand, Herbert Ernst (Hgg.): *Lexikon der Germanistischen Linguistik.* 2., vollständig neu bearbeitete und erweiterte Aufl. Tübingen: Max Niemeyer, S. 531–536.

Kuoni, Konrad 1993: Sprachentwicklung in der deutschen Schweiz. In: *Zeitschrift für Germanistik*, 3, S. 562–570.

Löffler, Heiner (Hg.) 1986: *Das Deutsch der Schweizer: Zur Sprach- und Literatursituation der Schweiz.* Vorträge, gehalten anläßlich eines Kolloquiums zum 100jährigen Bestehen des Deutschen Seminars der Universität Basel. (= Sprachlandschaft; 4). Aarau/Frankfurt am Main/Salzburg: Sauerländer.

Löffler, Heiner 1986a: Des Schweizers Deutsch – das Deutsch der Schweizer. Bemerkungen zum Thema des Kolloquiums. In: Löffler, Heiner (Hg.): *Das Deutsch der Schweizer: Zur Sprach- und Literatursituation der Schweiz.* Vorträge, gehalten anläßlich eines Kolloquiums zum 100jährigen Bestehen des Deutschen Seminars der Universität Basel. (= Sprachlandschaft; 4). Aarau/Frankfurt am Main/Salzburg: Sauerländer, S. 15–25.

Löffler, Heiner 1995: Die Doppelte Richtigkeit der Sprache in der Deutschschweiz – oder wie man in der Schweiz richtig deutsch spricht. In: *Sprachnormen und Sprachnormwandel in gegenwärtigen europäischen Sprachen.* Beiträge zur gleichnamigen Fachkonferenz November 1994 am Fachbereich Sprach- und Literaturwissenschaften der Universität Rostock (= Rostocker Beiträge zur Sprachwissenschaft; 1). Rostock: Universität Rostock, S. 153–160.

Lüdi, Georges 1997: *Die Sprachenlandschaft Schweiz.* Bern: Bundesamt für Statistik.

Meyer, Kurt 1989: *Wie sagt man in der Schweiz? Wörterbuch der schweizerischen Besonderheiten.* (= Duden Taschenbücher; 22). Mannheim/Leipzig/Wien/Zürich: Dudenverlag.

Meyer, Kurt 1994: Das Deutsch der Schweizer. In: *Terminologie et traduction* 1 (Luxemburg), S. 9–39.

Panizzolo, Paola 1982: *Die schweizerische Variante des Hochdeutschen.* (= Deutsche Dialektographie; 108). Marburg: N.G. Elwert.

Rash, Felicity 2000: Outsiders' Attitudes towards the Swiss German dialects and Swiss Standard German. In: Hogan-Brun, Gabrielle (Hg.): *National Varieties of German outside Germany.* (= German Linguistic and Cultural Studies; 8). Oxford/Bern/Berlin/Bruxelles/Frankfurt am Main/New York/Wien: Peter Lang, S. 76–101.

Rash, Felicity J. 2002: *Die deutsche Sprache in der Schweiz. Mehrsprachigkeit, Diglossie und Veränderung.* Bern/Wien: Peter Lang.

Rupp, Heinz 1983: Tendenzen, Formen und Strukturen der deutschen Standardsprache in der Schweiz. In: Nerius, Dieter (Hg.): *Entwicklungstendenzen der deutschen Sprache seit dem 18. Jahrhundert.* Arbeitstagung der Bilateralen Germanistenkommission DDR-UdSSR und der Sektion Sprach- und Literaturwissenschaft der Wilhelm-Pieck-Universität Rostock aus Anlaß des 125jährigen Bestehens der Germanistik an der Universität Rostock. (= Linguistische Studien, Reihe A, Arbeitsberichte; 111). Berlin: Akademie der Wissenschaften der DDR, S. 214–275.

Rupp, Heinz 1983a: Deutsch in der Schweiz. In: *Tendenzen, Formen und Strukturen der deutschen Standardsprache nach 1945. Vier Beiträge zum Deutsch in Österreich, der Schweiz, der Bundesrepublik Deutschland und der Deutschen Demokratischen Republik.* (= Marburger Studien zur Germanistik; 3). Marburg: N.G. Elwert, S. 29–39.

Schäuffele, Fritz 1970. *Deutsch, dütsch und andere schwere Sprachen. Ein Vademecum für Mikrophonbenützer der Deutschschweiz.* Bern: Francke.

Schläpfer, Robert 1979: Schweizerhochdeutsch und Binnendeutsch. In: Löffler, Heinrich/Pestalozzi, Karl/Stern, Martin (Hgg.): *Standard und Dialekt. Studien zur gesprochenen und geschriebenen Gegenwartssprache. Festschrift für Heinz Rupp zum 60. Geburtstag.* Bern/München: Francke, S. 151–163.

Schläpfer, Robert 1983: Schweizerhochdeutsch in einem hochdeutschen Wörterbuch für die deutsche Schweiz. In: Haas, Walter/Näf, Anton (Hgg.): *Wortschatzprobleme im Alemannischen.* 7. Arbeitstagung alemannischer Dialektologen. Freiburg i. Ü., 1. – 3. Oktober 1981. (= Germanistica Friburgensia, 7). Freiburg/Schweiz: Universitätsverlag, S. 45–57.

Schmidlin, Regula 1999: Standardsprachliche Phraseologismen in mündlichen und schriftlichen Erzählungen von deutschschweizerischen und deutschen Grundschulkindern. In: Baur, Rupprecht S./Chlosta, Christoph/Piirainen, Elisabeth (Hgg.): *Wörter in Bildern – Bilder in Wörtern. Beiträge zur Phraseologie und Sprichwortforschung aus dem Westfälischen Arbeitskreis.* Baltmannsweiler: Schneider-Verlag Hohengehren, S. 309–326.

Schmidlin, Regula 1999a: Nationale Varianten deutscher Phraseologismen. In: Häcki Buhofer, Annelies/Burger, Harald: *Europhras Bulletin*, 1, S. 24–25.

Schmidlin, Regula 2000: Erzählenlernen in der Deutschschweizer Diglossie. In: Häcki Buhofer, Annelies (Hg.): *Vom Umgang mit sprachlicher Variation. Soziolinguistik, Dialektologie, Methoden und Wissenschaftsgeschichte. Festschrift für Heinrich Löffler zum 60. Geburtstag.* Unter Mitarbeit von Lorenz Hofer. (= Basler Studien zur deutschen Sprache und Literatur; 80). Basel/Tübingen: Francke, S. 211–226.

Schmidlin, Regula 2001: Sprache(n) in der Deutschschweiz: Zum Gebrauch von Hochdeutsch und Mundart. In: *IDV Rundbrief*, hg. vom Internationalen Deutschlehrerverband, 66, S. 40–49.

Schmidlin, Regula 2003: Vergleichende Charakteristik der Anglizismen in den standardsprachlichen Varietäten des Deutschen. In: Dittli, Beat/Häcki Buhofer, Annelies/Haas, Walter (Hgg.): *Gömmer MiGro? Veränderungen und Entwicklungen im heutigen Schweizer Deutschen. Festschrift für Peter Dalcher zum 75. Geburtstag.* Freiburg, Schweiz: Universitätsverlag, S. 141–160.

Schmidlin, Regula 2003a: Deutsch als plurizentrische Sprache. Eine lexikographische und didaktische Herausforderung. In: Schneider, Günther/Clalüna, Monika (Hgg.): *Mehr Sprache – mehrsprachig – mit Deutsch. Didaktische und politische Perspektiven.* XII. Internationale Tagung der Deutschlehrerinnen und Deutschlehrer, 30. Juli bis 4. August 2001 Luzern/Schweiz. München: Iudicium, S. 324–339.

Schmidlin, Regula 2003b: Nationale Varianten standarddeutscher Phraseologismen. In: Palm, Christine (Hg.): *Europhras 2000.* Internationale Tagung zur Phraseologie vom 15. – 18. Juni 2000 in Aske/Schweden. Tübingen: Stauffenburg (in Vorbereitung).

Schmidlin, Regula/**Hofer,** Lorenz 2003: Phraseology and Lexicography. Fixed expressions in a dictionary of national variants of Standard German. In: Allerton, David John/Nesselhauf, Nadja/Skandera, Paul (Hgg.): *Phraseological Units: basic concepts and their application.* Basel: Schwabe, S. 171–184.

Scholz, Christian 1998: *Schweizer Wörter. Mundart und Mentalität – ein Brevier.* Zürich: Nimbus.

Schwander, Marcel 1998: Ein »Europa-Graben« teilt die Schweiz. In: Krebs, Gérard (Hg.) 1998: *Schweiz 1998. Beiträge zur Sprache und Literatur der deutschen Schweiz.* (= Der Ginkgo-Baum; Germanistisches Jahrbuch für Nordeuropa; 16). Helsinki: Finn Lectura, S. 283–291.

Schweizer Radio DRS (Hg.) 1993: *Deutsch sprechen am Schweizer Radio DRS.* (Red.: Ruth Maria Burri et al.). Bern: Schweizer Radio DRS.

Siebenhaar, Beat 1994: Regionale Varianten des Schweizerhochdeutschen. Zur Aussprache des Schweizerhochdeutschen in Bern, Zürich und St. Gallen. In: *Zeitschrift für Dialektologie und Linguistik*, 61, S. 31–65.

Siebenhaar, Beat/**Wyler,** Alfred 1998: *Dialekt und Hochsprache in der deutschsprachigen Schweiz.* Zürich: Pro Helvetia.

Siebenhaar, Beat 2003: Variation im heutigen Schweizerdeutschen: Analysemethoden, Befunde und Interpretationen der Entwicklungen in den Regionen Aarau und Basel im Vergleich. In: Dittli, Beat/Häcki Buhofer, Annelies/Haas, Walter (Hgg.): *Gömmer MiGro? Veränderungen und Entwicklungen im heutigen Schweizer Deutschen. Festschrift für Peter Dalcher zum 75. Geburtstag.* Freiburg/Schweiz: Universitätsverlag, S. 67–83.

Sieber, Peter 1998: Diglossie in den Schulen der Deutschschweiz. In: Krebs, Gérard (Hg.): *Schweiz 1998. Beiträge zur Sprache und Literatur der deutschen Schweiz.* (= Der Ginkgo-Baum; Germanistisches Jahrbuch für Nordeuropa; 16). Helsinki: Finn Lectura, S. 31–47.

Sieber, Peter 2001: Das Deutsche in der Schweiz. In: Helbig, Gerhard/Götze, Lutz/Henrici, Gert/Krumm, Hans Jürgen (Hgg.): *Deutsch als Fremdsprache. Ein internationales Handbuch.* 1. Halbband. (= Handbücher zur Sprach- und Kommunikationswissenschaft, 19.1.). Berlin/New York: de Gruyter, S. 491–504.

Sitta, Horst 1987: Deutsch in der Schweiz. In: *Zeitschrift für Germanistik*, 4, S. 389–401.

Sitta, Horst 1989: Schweiz. In: Ammon, Ulrich/Mattheier, Klaus J./Nelde, Peter A. (Hgg.): *Dialekt und Schule in den europäischen Ländern.* (= Sociolinguistica; 3). Tübingen: Max Niemeyer, S. 115–127.

Sonderegger, Stefan 1982: Zur geschichtlichen Entwicklung eines schweizerischen Sprachbewusstseins in der Neuzeit. In: Moser, Hans (Hg.): *Zur Situation des Deutschen in Südtirol. Sprachwissenschaftliche Beiträge zu den Fragen von Sprachnorm und Sprachkontakt.* Unter Mitwirkung von Oskar Putzer. (= Innsbrucker Beiträge zur Kulturwissenschaft; Germanistische Reihe; 13). Innsbruck: Institut für Germanistik, S. 51–61.

Sonderegger, Stefan 1985: Die Entwicklung des Verhältnisses von Standardsprachen und Mundarten in der deutschen Schweiz. In: Besch, Werner/Reichmann, Oskar/Sonderegger, Stefan (Hgg.): *Sprachgeschichte. Ein Handbuch zur Geschichte der deutschen Sprache und ihrer Erforschung.* 2. Halbband. (= Handbücher zur Sprach und Kommunikationswissenschaft; 2.2). Berlin/New York: de Gruyter, S. 1873–1939.

Sonderegger, Stefan 1991: Die Schweiz als Sprachgrenzland: In: *Literaturwissenschaft und Linguistik*, 83, S. 13–39.

Stebler, Max 2000: Chrischtchindli und Chuchichäschtli. Die (sprachliche) Situation der Schweizerinnen und Schweizer heute. In: *Orbisling*, 15, S. 195–200.

Sterchi, Beat 1998: Randständiges. Notizen zum Spannungsverhältnis zwischen der Standardsprache Hochdeutsch und den Deutschschweizer Dialekten: In: *Text und Kritik*. Sonderband: *Literatur in der Schweiz*, S. 91–93.

Werlen, Iwar 2000: Variation im gesprochenen Hochdeutsch in der deutschen Schweiz – am Beispiel der Nachrichten von Radio DRS I und Radio DRS 3: In: Häcki Buhofer, Annelies (Hg.): *Vom Umgang mit sprachlicher Variation. Soziolinguistik, Dialektologie, Methoden und Wissenschaftsgeschichte. Festschrift für Heinrich Löffler zum 60. Geburtstag*. Unter Mitarbeit von Lorenz Hofer. (= Basler Studien zur deutschen Sprache und Literatur; 80). Basel/Tübingen: Francke, S. 311–327.

Wiesinger, Peter 1986: Das Schweizerdeutsche aus österreichischer Sicht. In: Löffler, Heiner (Hg.): *Das Deutsch der Schweizer: Zur Sprach- und Literatursituation der Schweiz*. Vorträge, gehalten anläßlich eines Kolloquiums zum 100jährigen Bestehen des Deutschen Seminars der Universität Basel. (= Sprachlandschaft; 4). Aarau/Frankfurt am Main/Salzburg: Sauerländer, S. 101–117.

Die deutsche Standardsprache in Deutschland

Ammon, Ulrich 1995: Kloß, Knödel oder Klumpen im Hals? Über Teutonismen und die nationale Einseitigkeit der Dudenbände. In: *Sprachreport*, 4, S. 1–4.

Ammon, Ulrich 1999: Zur Frage der Teutonismen und zur nationalen Symmetrie in der wissenschaftlichen Behandlung der deutschen Gegenwartssprache. In: Pümpel-Mader, Maria/Schönherr, Beatrix (Hgg.): *Sprache – Kultur – Geschichte. Sprachhistorische Studien zum Deutschen. Hans Moser zum 60. Geburtstag*. (= Innsbrucker Beiträge zur Kulturwissenschaft; Germanistische Reihe; 59). Innsbruck: Institut für Germanistik, S. 385–394.

Barbour, Stephen/**Stevenson,** Patrick 1990: *Variation in German. A critical approach to German sociolinguistics*. Cambridge: Cambridge University Press.

Barbour, Stephen/**Stevenson,** Patrick 1998: *Variation im Deutschen. Soziolinguistische Perspektiven*. (= De-Gruyter-Studienbuch). Berlin/New York: de Gruyter.

Davies, Winifred V. 1995: *Linguistic Variation and Language Attitudes in Mannheim-Neckarau*. (= Zeitschrift für Dialektologie und Linguistik; Beihefte; 91). Stuttgart: Franz Steiner.

Eichinger, Ludwig M. 2001: Sprache und Sprachgebrauch im Süden Deutschlands. Konturen eines süddeutschen Gebrauchsstandards. In: Knipf-Komlósi, Elisabeth/Berend, Nina (Hgg.): *Regionale Standards. SprachVariationen in den deutschsprachigen Ländern*. Budapest/Pécs: Dialóg Campus Kiadó, S. 61–94.

Hellmann, Manfred W. 1980: Deutsche Sprache in der Bundesrepublik Deutschland und der Deutschen Demokratischen Republik. In: Althaus, Hans Peter/Henne Helmut/Wiegand, Herbert Ernst (Hgg.): *Lexikon der Germanistischen Linguistik*. 2., vollständig neu bearbeitete und erweiterte Aufl. Tübingen: Max Niemeyer, S. 519–527.

Hellmann, Manfred W. 1989: »Binnendeutsch« und »Hauptvariante Bundesrepublik«. Zu Peter von Polenz' Kritik an Hugo Moser. In: *Zeitschrift für germanistische Linguistik*, 17, S. 84–93.

Hellmann, Manfred W. 1990: DDR-Sprachgebrauch nach der Wende – eine erste Bestandsaufnahme. In: *Muttersprache*, 100, S. 266–286.

König, Werner 1989: *Atlas zur Aussprache des Schriftdeutschen in der Bundesrepublik Deutschland*. Band 1: Text. Ismaning: Max Hueber.

König, Werner 1989: *Atlas zur Aussprache des Schriftdeutschen in der Bundesrepublik Deutschland*. Band 2: Tabellen und Karten. Ismaning: Max Hueber.

Mattheier, Klaus J. 1998: Dialektsprechen in Deutschland. Überlegungen zu einem deutschen Dialektzensus. In: Ernst, Peter/Patocka, Franz (Hgg.): *Deutsche Sprache in Raum und Zeit. Festschrift für Peter Wiesinger zum 60. Geburtstag*. Wien: Edition Praesens, S. 95–104.

Müller, Gunter 1980: Hochsprachliche lexikalische Norm und umgangssprachlicher Wortschatz im nördlichen Teil Deutschlands. In: *Niederdeutsches Wort*, 20, S. 111–130.

Polenz, Peter von 1983: Deutsch in der Bundesrepublik Deutschland. In: *Tendenzen, Formen und Strukturen der deutschen Standardsprache nach 1945. Vier Beiträge zum Deutsch in Österreich, der Schweiz, der Bundesrepublik Deutschland und der Deutschen Demokratischen Republik*. (= Marburger Studien zur Germanistik; 3). Marburg: N.G. Elwert, S. 41–60.

Protze, Helmut 2001: Das Deutsche in Deutschland und seine regionalen Varianten. In: Helbig, Gerhard/Götze, Lutz/Henrici, Gert/Krumm, Hans Jürgen (Hgg.): *Deutsch als Fremdsprache. Ein internationales Handbuch*.

1. Halbband. (= Handbücher zur Sprach- und Kommunikationswissenschaft, 19.1.). Berlin/New York: de Gruyter, S. 505–520.
Ruoff, Arno 1997: Sprachvarietäten in Süddeutschland. In: Stickel, Gerhard (Hg.): *Varietäten des Deutschen. Regional- und Umgangssprachen.* (= Institut für deutsche Sprache; Jahrbuch 1996). Berlin/New York: de Gruyter, S. 142–155.
Siebs, Theodor 1969: *Deutsche Aussprache. Reine und gemäßigte Hochlautung mit Aussprachewörterbuch.* Hgg. von de Boor, Helmut/Moser, Hugo/Winkler, Christian. 19., umgearbeitete Aufl. Berlin: de Gruyter.
Trenschel, Walter 2000: Standardaussprache und Bühnenaussprache in ihrer nord- und niederdeutschen Prägung: In: *Jahrbuch des Vereins für niederdeutsche Sprachforschung*, 123, S. 103–114.
Wolf, Birgit 2000: *Sprache in der DDR. Ein Wörterbuch.* Berlin/New York: de Gruyter.
Zehetner, Ludwig 1997: *Bairisches Deutsch. Lexikon der deutschen Sprache in Altbayern.* München: Hugendubel.

Die deutsche Standardsprache in Liechtenstein, Luxemburg, Südtirol und Ostbelgien

Abfalterer, Heidemaria 2003: Südtiroler Deutsch – eine Besonderheit? Ein Werkstattbericht zum Forschungsprojekt »Datenbank zum Südtiroler Deutsch«. In: *Der Schlern. Monatszeitschrift für Südtiroler Landeskunde*, 4, S. 30–36.
Alcock, Antony 2000: From Tragedy to Triumph: The German Language in South Tyrol 1922 – 2000. In: Hogan-Brun, Gabrielle (Hg.): *National Varieties of German outside Germany.* (= German Linguistic and Cultural Studies; 8). Oxford/Bern/Berlin/Bruxelles/Frankfurt am Main/New York/Wien: Peter Lang, S. 161–194.
Ammon, Ulrich 2001: Die Plurizentrizität des Deutschen, oder: Wer sagt, was gutes Deutsch ist? In: Egger, Kurt/Lanthaler, Franz (Hgg.): *Die deutsche Sprache in Südtirol. Einheitssprache und regionale Vielfalt.* Wien/Bozen: Folio, S. 11–26.
Aufschnaiter, Werner von 1982: Sprachkontaktbedingte Besonderheiten der deutschen Gesetzes- und Amtssprache in Südtirol. In: *Germanistische Mitteilungen*, 16, S. 83–88.
Banzer, Roman 1993: *Die Mundart des Fürstentums Liechtenstein. Sprachformengebrauch, Lautwandel und Lautvariation.* Phil. Diss. Universität Freiburg/Schweiz.
Bauer, Roland 1994: Deutsch als Amtssprache in Südtirol. In: *Terminologie et traduction* 1 (Luxemburg), S. 63–84.
Berg, Guy 1993: *»Mir welle bleiwe, wat mir sin«. Soziolinguistische und sprachtypologische Betrachtungen zur luxemburgischen Mehrsprachigkeit.* (= Reihe Germanistische Linguistik; 140). Tübingen: Max Niemeyer.
Daniel, Erich/**Egger,** Kurt/**Lanthaler,** Franz 2001: Sprachnormautoritäten in Südtirol. In: Egger, Kurt/Lanthaler, Franz (Hgg.): *Die deutsche Sprache in Südtirol. Einheitssprache und regionale Vielfalt.* Wien/Bozen: Folio, S. 208–231.
Egger, Kurt 1977: *Zweisprachigkeit in Südtirol. Probleme zweier Volksgruppen an der Sprachgrenze.* (= Schriftenreihe des Südtiroler Kulturinstituts; 5). Bozen: Athesia.
Egger, Kurt 1982: Mit Konflikten leben. Überlegungen zur Zweisprachigkeit in Südtirol. In: Moser, Hans (Hg.): *Zur Situation des Deutschen in Südtirol. Sprachwissenschaftliche Beiträge zu den Fragen von Sprachnorm und Sprachkontakt.* Unter Mitwirkung von Oskar Putzer. (= Innsbrucker Beiträge zur Kulturwissenschaft; Germanistische Reihe; 13). Innsbruck: Institut für Germanistik, S. 169–178.
Egger, Kurt 1990: Zur Sprachsituation in Südtirol. Auf der Suche nach Konsens. In: *Deutsche Sprache*, 1, S. 76–88.
Egger, Kurt/**Lanthaler,** Franz (Hgg.) 2001: *Die deutsche Sprache in Südtirol. Einheitssprache und regionale Vielfalt.* Hrsg. im Auftrag des Südtiroler Kulturinstituts. Wien/Bozen: Folio.
Egger, Kurt 2001: Mehrsprachiges Südtirol. Planung von Ein- und Mehrsprachigkeit. In: Egger, Kurt/Lanthaler, Franz (Hgg.): *Die deutsche Sprache in Südtirol. Einheitssprache und regionale Vielfalt.* Wien/Bozen: Folio, S. 232–250.
Eichinger, Ludwig M. 1996: Südtirol. In: Hinderling, Robert/Eichinger, Ludwig M. (Hgg.): *Handbuch der mitteleuropäischen Sprachminderheiten.* In Zusammenarbeit mit Rüdiger Harnisch und Ralph Jodlbauer und unter Mitwirkung zahlreicher Fachkollegen. Tübingen: Gunter Narr, S. 199–262.
Eichinger, Ludwig M. 2001: Die soziolinguistische Situation der deutschen Sprachgruppe in Südtirol. In: Egger, Kurt/Lanthaler, Franz (Hgg.): *Die deutsche Sprache in Südtirol. Einheitssprache und regionale Vielfalt.* Wien/Bozen: Folio, S. 121–136.
Gilles, Peter 2000: Die Konstruktion einer Standardsprache. Zur Koinédebatte in der luxemburgischen Linguistik. In: Stellmacher, Dieter (Hg.): *Dialektologie zwischen Tradition und Neuansätzen.* Beiträge der Internatio-

nalen Dialektologentagung, Göttingen, 19. – 21. Oktober 1998. (= Zeitschrift für Dialektologie und Linguistik; Beihefte; 109). Stuttgart: Franz Steiner, S. 200–212.

Heinen, Franz-Josef/**Kremer,** Edie 1986: *Liste der regionalen und umgangssprachlichen Abweichungen im deutschsprachigen Gebiet Belgiens.* Eupen: Ministerium der Nationalen Erziehung, Pädagogische Arbeitsgruppe Sekundarschulwesen.

Hinderdael, M./**Nelde,** Peter H. 1996: Deutschbelgien. In: Hinderling, Robert/Eichinger, Ludwig M. (Hgg.): *Handbuch der mitteleuropäischen Sprachminderheiten.* In Zusammenarbeit mit Rüdiger Harnisch und Ralph Jodlbauer und unter Mitwirkung zahlreicher Fachkollegen. Tübingen: Gunter Narr, S. 479–495.

Hladky, Andrea 1999: *»Zwei Polizeiagenten wurden von Fußball-Supportern verletzt.« Die Besonderheiten der deutschen Schriftsprache in den belgischen Ostkantonen.* Diplomarbeit. Wien.

Hoffmann, Fernand 1979: *Sprachen in Luxemburg. Sprachwissenschaftliche und literarhistorische Beschreibungen einer Triglossie-Situation.* (= Deutsche Sprache in Europa und Übersee; Berichte und Forschungen; 6). Wiesbaden: Franz Steiner.

Hoffmann, Fernand 1988: Luxemburg: In: Ammon, Ulrich/Dittmar, Norbert/Mattheier, Klaus J. (Hgg.): *Soziolinguistik. Ein internationales Handbuch zur Wissenschaft von Sprache und Gesellschaft.* Zweiter Halbband. (= Handbücher zur Sprach- und Kommunikationswissenschaft; Band 3.2.). Berlin/New York: de Gruyter, S. 1334–1340.

Kremer, Edie 1994: Deutsch als dritte Landessprache in Belgien. In: *Terminologie et traduction* 1 (Luxemburg), S. 85–103.

Lanthaler, Franz/**Saxalber,** Annemarie 1995: Die deutsche Standardsprache in Südtirol. In: Muhr, Rudolf/ Schrodt, Richard/Wiesinger, Peter (Hgg.): *Österreichisches Deutsch. Linguistische, sozialpsychologische und sprachpolitische Aspekte einer nationalen Variante des Deutschen.* (= Materialien und Handbücher zum österreichischen Deutsch und zu Deutsch als Fremdsprache; 2). Wien: Hoelder-Pichler-Tempsky, S. 287–304.

Lanthaler, Franz 1997: Varietäten des Deutschen in Südtirol. In: Stickel, Gerhard (Hg.): *Varietäten des Deutschen. Regional- und Umgangssprachen.* (= Institut für deutsche Sprache; Jahrbuch 1996). Berlin/New York: de Gruyter, S. 264–383.

Lanthaler, Franz 2001: Zwischenregister der deutschen Sprache in Südtirol. In: Egger, Kurt/Lanthaler, Franz (Hgg.): *Die deutsche Sprache in Südtirol. Einheitssprache und regionale Vielfalt.* Wien/Bozen: Folio, S. 137–152.

Magenau, Doris 1962: *Die Besonderheiten der deutschen Schriftsprache im Elsaß und in Lothringen.* (= Duden-Beiträge: Sonderreihe: Die Besonderheiten der deutschen Schriftsprache im Ausland; 7). Mannheim: Dudenverlag.

Magenau, Doris 1964: *Die Besonderheiten der deutschen Schriftsprache in Luxemburg und in den deutschsprachigen Teilen Belgiens* (= Duden-Beiträge: Sonderreihe: Die Besonderheiten der deutschen Schriftsprache im Ausland; 15). Mannheim: Dudenverlag.

Mall, Josef/**Plagg,** Waltraud 1990: Versteht der Nordtiroler die Südtirolerin noch? Anmerkungen zum Sprachwandel in der deutschen Alltagssprache Südtirols durch den Einfluß des Italienischen. In: *Germanistische Linguistik,* 101/103, S. 217–239.

Mayer, Felix 2000: Sprachpolitik in Südtirol. Fragmentierung versus Globalisierung. In: Wilss, Wolfram (Hg.): *Weltgesellschaft, Weltverkehrssprache, Weltkultur. Globalisierung versus Fragmentierung.* Tübingen: Stauffenburg, S. 96–111.

Moser, Hans/**Putzer,** Oskar 1980: Zum umgangssprachlichen Wortschatz in Südtirol. Italienische Interferenzen in der Sprache der Städte. In: Wiesinger, Peter (Hg.): *Sprache und Name in Österreich. Festschrift für Walter Steinhauser zum 95. Geburtstag.* (= Schriften zur deutschen Sprache in Österreich; 6). Wien: Wilhelm Braumüller, S. 139–172.

Moser, Hans (Hg.) 1982: *Zur Situation des Deutschen in Südtirol. Sprachwissenschaftliche Beiträge zu den Fragen von Sprachnorm und Sprachkontakt.* Unter Mitwirkung von Oskar Putzer. (= Innsbrucker Beiträge zur Kulturwissenschaft; Germanistische Reihe; 13). Innsbruck: Institut für Germanistik.

Moser, Hans 1982a: Zur Untersuchung des gesprochenen Deutsch in Südtirol. In: Moser, Hans (Hg.): *Zur Situation des Deutschen in Südtirol. Sprachwissenschaftliche Beiträge zu den Fragen von Sprachnorm und Sprachkontakt.* Unter Mitwirkung von Oskar Putzer. (= Innsbrucker Beiträge zur Kulturwissenschaft; Germanistische Reihe; 13). Innsbruck: Institut für Germanistik, S. 75–90.

Nelde, Peter H. 1974: Normabweichungen im Zeitungsdeutsch Ostbelgiens. In: *Deutsche Sprache,* 3, S. 233–251.

Nelde, Peter H. 1977: Untersuchungen zur Standardsprache Ostbelgiens. In: *Germanistische Mitteilungen,* 19, S. 100–105.

Nelde, Peter H. (Hg.) 1979: *Deutsch als Muttersprache in Belgien. Forschungsberichte zur Gegenwartslage.* Mit 6 Abbildungen und 33 Karten. (= Deutsche Sprache in Europa und Übersee; Berichte und Forschungen; 5). Wiesbaden: Franz Steiner.

Nelde, Peter H. 1982: Sprachsoziologische und soziolinguistische Überlegungen zur deutschen Minderheit in Belgien In: Moser, Hans (Hg.): *Zur Situation des Deutschen in Südtirol. Sprachwissenschaftliche Beiträge zu den Fragen von Sprachnorm und Sprachkontakt.* Unter Mitwirkung von Oskar Putzer. (= Innsbrucker Beiträge zur Kulturwissenschaft; Germanistische Reihe; 13). Innsbruck: Institut für Germanistik, S. 35–49.

Nelde, Peter H. (Hg.) 1987: *Wortatlas der deutschen Umgangssprachen in Belgien.* Bern/Stuttgart: Francke.

Nelde, Peter/**Darquennes,** Jeroen 2000: German in Old and New Belgium. In: Hogan-Brun, Gabrielle (Hg.): *National Varieties of German outside Germany.* (= German Linguistic and Cultural Studies; 8). Oxford/Bern/Berlin/Bruxelles/Frankfurt am Main/New York/Wien: Peter Lang, S. 121–138.

Newton, Gerald (Hg.) 1996: *Luxembourg and Letzebuergesch. Language and communication at the crossroads of Europe.* Oxford: Clarendon Press.

Newton, Gerald 2000: The Use of German in the Grand Duchy of Luxembourg. In: Hogan-Brun, Gabrielle (Hg.): *National Varieties of German outside Germany.* (= German Linguistic and Cultural Studies; 8). Oxford/Bern/Berlin/Bruxelles/Frankfurt am Main/New York/Wien: Peter Lang, S. 139–160.

Pernstich, Karin 1984: *Der italienische Einfluß auf die deutsche Schriftsprache in Südtirol dargestellt an der Südtiroler Presse.* (= Schriften zur deutschen Sprache in Österreich; 11). Wien: Wilhelm Braumüller.

Putzer, Oskar 1982: Italienische Interferenzen in der gesprochenen Sprache Südtirols – Faktoren der Variation. In: Moser, Hans (Hg.): *Zur Situation des Deutschen in Südtirol. Sprachwissenschaftliche Beiträge zu den Fragen von Sprachnorm und Sprachkontakt.* Unter Mitwirkung von Oskar Putzer. (= Innsbrucker Beiträge zur Kulturwissenschaft; Germanistische Reihe; 13). Innsbruck: Institut für Germanistik, S. 141–162.

Putzer, Oskar 1999: Die deutsche Sprache in Südtirol. In: Pümpel-Mader, Maria/Schönherr, Beatrix (Hgg.): *Sprache – Kultur – Geschichte. Sprachhistorische Studien zum Deutschen. Hans Moser zum 60. Geburtstag.* (= Innsbrucker Beiträge zur Kulturwissenschaft; Germanistische Reihe; 59). Innsbruck: Institut für Germanistik, S. 449–458.

Riedmann, Gerhard 1972: *Die Besonderheiten der deutschen Schriftsprache in Südtirol.* (= Duden-Beiträge: Sonderreihe: Die Besonderheiten der deutschen Schriftsprache im Ausland; 39). Mannheim/Wien/Zürich: Dudenverlag.

Riedmann, Gerhard 1979: *Bemerkungen zur deutschen Gegenwartssprache in Südtirol.* Tübingen: Max Niemeyer.

Rizzo-Baur, Hildegard 1962: *Die Besonderheiten der deutschen Schriftsprache in Österreich und in Südtirol.* (= Duden-Beiträge: Sonderreihe: Die Besonderheiten der deutschen Schriftsprache im Ausland; 5). Mannheim/Wien/Zürich: Dudenverlag.

Sandberg, Bengt 2000: Zur Stellung des Deutschen in Südtirol: In: Bäckström, Kurt/Forsgren Kjell-Åke/Gartner, Isabella/Hollenstein, Gerd (Hgg.): *Österreichische Sprache, Literatur und Gesellschaft.* Symposium zu Fragen des akademischen Sprachunterrichts, Hochschule Skövde, Schweden 1998. (= Acta Universitatis Skovdensis; Series linguistica; 2). Münster: Nodus Publikationen, S. 109–116.

Steinegger, Guido 1998: *Sprachgebrauch und Sprachbeurteilung in Österreich und Südtirol. Ergebnisse einer Umfrage.* (= Schriften zur deutschen Sprache in Österreich; 26). Frankfurt am Main/Berlin/Bern/New York/Paris/Wien: Peter Lang.

Warasin, Markus 2002: Sprachpolitik. Einheit in Vielfalt. In: *Tribüne. Zeitschrift für Sprache und Schreibung*, 1, S. 18–20.

Weber, Peter J. 1996: *Die multilinguale und multikulturelle Gesellschaft: Eine Utopie? Aspekte einer empirischen Komponentenanalyse zur sprachlichen Identität in Belgien.* (= Plurilingua; 15). Bonn: Dümmler.

Willemyns, Roland 1988: Belgium. In: Ammon, Ulrich/Dittmar, Norbert/Mattheier, Klaus J. (Hgg.): *Soziolinguistik. Ein internationales Handbuch zur Wissenschaft von Sprache und Gesellschaft.* Zweiter Halbband. (= Handbücher zur Sprach- und Kommunikationswissenschaft; Band 3.2.). Berlin/New York: de Gruyter, S. 1254–1258.